项墨庄日记

（上册）

杭州市富阳区档案馆　编

项墨庄　著

中国美术学院出版社

责任编辑：何晓晗
装帧设计：赵国栋
版式制作：正大设计室
责任校对：纪玉强
责任印制：张荣胜

图书在版编目（CIP）数据

项墨庄日记．上册 / 项墨庄著 ；杭州市富阳区档案馆编．-- 杭州 ：中国美术学院出版社，2024.1
ISBN 978-7-5503-3029-0

Ⅰ．①项… Ⅱ．①项… ②杭… Ⅲ．①项墨庄－日记 Ⅳ．①K827=7

中国国家版本馆CIP数据核字（2023）第076327号

项墨庄日记（上册）
项墨庄　著
杭州市富阳区档案馆　编

出 品 人：祝平凡
出版发行：中国美术学院出版社
地　　址：中国・杭州市南山路218号　邮政编码：310002
网　　址：http：//www.caapress.com
经　　销：全国新华书店
印　　刷：杭州富阳正大彩印有限公司
版　　次：2024年1月第1版
印　　次：2024年1月第1次印刷
印　　张：64.75
开　　本：889mm×1194mm　1/16
字　　数：1618千
书　　号：ISBN 978-7-5503-3029-0
定　　价：580.00元（共两册）

《项墨庄日记》编委会

整理说明

一、在日记编辑中，为尽量保持原貌，数量较大或需保持原貌的错、漏处的修改都留有痕迹：订正的字用(　　)标出，脱漏的字用[　　]标出，无法辨认的字用□标出。原文中衍文部分直接改正。

二、日记中用字，除特别需要保留字体(繁体、异体)的，均按照国家颁行的汉字简化字规定进行修改。日记中口语化、不符合语法规范的方言文字，不做改正，保持原貌。

三、日记原文中无标点符号，整理过程中，依据现代汉语标准，添加标点，以方便阅读。

四、脚注均为整理者所加。

项墨庄

项墨庄（1906年1月—1998年2月），浙江省杭州市富阳区新登镇人。1930年秋考入上海法学院，1934年获法学学士学位。同年因父去世，遂承祖业，转入商界，任同裕布庄、恒裕钱庄二店经理。项墨庄先生深受法学院校长褚辅成、教务长沈钧儒等爱国民主人士思想的影响，热心教育和公益事业。新中国成立之初，就将祖孙三代收藏捐赠给浙江省博物馆和富阳县文化馆（今富阳区文化馆），被政府推举为民主开明人士代表，参加了第一届新登县各界人民代表会议，并当选为第一副主席。1966年至1976年，项墨庄先生受到了不公正待遇，1978年12月恢复名誉。1980年至1998年，项墨庄先生被选为富阳县第七、第八、第九届人大代表，晚年为政协联谊会会员。

1923 年项墨庄摄于杭州

1929 年墨庄夫妇携女翊澂、翊沅摄于杭州

1929 年墨庄夫妇携子方中、在中、女翊澂摄于新登

1931 年墨庄与母黄香及长子方中摄于上海

1933 年项墨庄、胡虆祁夫妇携子女祝父母六十寿辰摄于新登行健堂

前排左起：项允中、项在中、项又中、项翊沅、项翊澂、项方中

后排左起：胡虆祁、黄　香、项英蔚、项墨庄

届字下面第二排是项墨庄

1932年上海法学院专门部法律科第六届毕业纪念照

1932 年（项墨庄、29 岁、浙江新登）专门部法律科三年级

1934 年项墨庄毕业于上海法学院

1932 年项墨庄和上海政法大学同学合影

1932 年项墨庄和上海政法大学同学合影

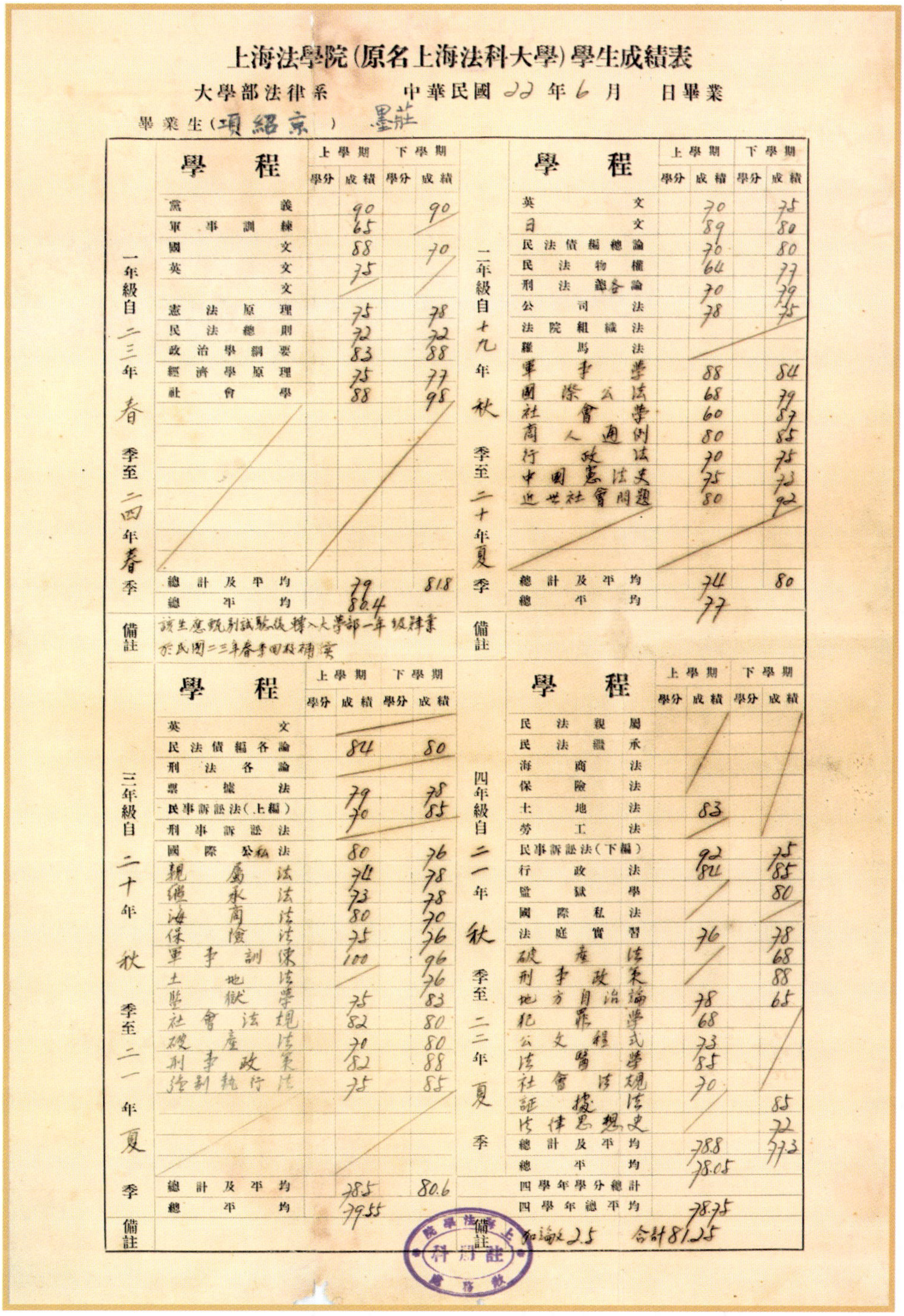

上海法學院(原名上海法科大學)學生成績表

大學部法律系　　中華民國 22 年 6 月　日畢業

畢業生(項紹京)　墨莊

一年級自二三年春季至二四年春季

學程	上學期 學分	上學期 成績	下學期 學分	下學期 成績
黨義		90		90
軍事訓練		65		
國文		88		70
英文		75		
文				
憲法原理		75		78
民法總則		72		72
政治學綱要		83		88
經濟學原理		75		77
社會學		88		98
總計及平均		79		81.8
總平均		80.4		

備註：該生應甄別試驗後轉入大學部一年級肄業於民國二三年春季回校補實

二年級自十九年秋季至二十年夏季

學程	上學期 學分	上學期 成績	下學期 學分	下學期 成績
英文		70		75
日文		89		80
民法債編總論		70		80
民法物權		64		77
刑法總各論		70		79
公司法		78		75
法院組織法				
羅馬法				
軍事學		88		84
國際公法		68		79
社會學		60		87
商人通例		80		85
行政法		70		75
中國憲法史		75		72
近世社會問題		80		92
總計及平均		74		80
總平均		77		

備註

三年級自二十年秋季至二一年夏季

學程	上學期 學分	上學期 成績	下學期 學分	下學期 成績
英文				
民法債編各論		84		80
刑法各論				
票據法		79		78
民事訴訟法(上編)		70		85
刑事訴訟法				
國際公私法		80		76
親屬法		74		78
繼承法		73		78
海商法		80		70
保險法		75		76
軍事訓練		100		96
土地法				76
監獄學		75		83
社會法規		82		80
破產法		70		80
刑事政策		82		88
強制執行法		75		85
總計及平均		78.5		80.6
總平均		79.55		

備註

四年級自二一年秋季至二二年夏季

學程	上學期 學分	上學期 成績	下學期 學分	下學期 成績
民法親屬				
民法繼承				
海商法				
保險法				
土地法		83		
勞工法				
民事訴訟法(下編)		92		75
行政法		84		85
監獄學				80
國際私法				
法庭實習		76		78
破產法				68
刑事政策				88
地方自治論		78		65
犯罪學		68		
公文程式		73		
法醫學		85		
社會法規		70		
證據法				85
法律思想史				72
總計及平均		78.8		77.3
總平均		78.05		
四學年學分總計				
四學年總平均		78.75		

備註：加論文2.5　合計81.25

项墨庄在上海法学院就读期间的成绩表

1933年项英蔚、黄香夫妇六十寿庆摄于新登行健堂

前排左起：陶维澂、余镜侬、项自竑、项杏儿、余宜宝、项杏娣、项翊澂、项柔荪、项元娣、项翊沅、项又中、陶维勤、项自强、余长育、项在中、项涛荣

中排左起：余长辅、项采莲、余祈善、庆年妻、项庆年、项允中、黄　香、项英蔚、彭年妻、岱年妻、项采云、陶葆珍、陶维信

后排左起：陶家樑、陶介清、胡纛祁、项墨庄、项方中、荣根妻、项自治、项荣根、关荣妻、项关荣、吴月中、项虎儿、项关妹

1932 年项墨庄摄于杭州

1933 年项墨庄摄于上海

1934 年 4 月墨庄夫妇携子方中、允中摄于上海王开照相馆

1944 年黄香七十寿庆摄于新登茹口村

前排左起：余宜宝、项翊澂、项采云、项采莲、黄　香、项孚中、胡蘩祁、项翊湘、项墨庄、黄树滋、陶介清

后排左起：余长辅、陶维信、陶维勤、项在中、余长育、项又中、项允中、项翊中

1947年7月“塔二”第一届毕业生留影

前排左起：沈国华、刘廷铨（刘玉良）、潘一鸣、俞世昌、陆秋宏、刘道明、陆千祥、陆云标、汪保成、谢世昌

中排左起：张素贞、应莲英、周大源、陈瑞良、钱肃光、项墨庄、陆秋高、罗国铨、潘定安、罗亚忠、赵文光、徐炳华、朱华廷、王文治

后排左起：白雪槐、王芝英、裘攸圆、王兆英、倪雁湘、董素娟、陆云秀、徐志伟、周大鲲

注：前、后排为学生，中排系教师（缺喻其明），陆秋高系县教育科科长

1955 年项墨庄、胡虆祁夫妇五十寿辰摄于上海

1956 年 7 月，项又中与小弟项正中摄于新登照相馆

1964 年项墨庄、胡虆祁夫妇六十寿辰摄于上海

1965 年摄于上海

1980 年 12 月，富阳县第七届人民代表大会新登代表团代表合影留念

1980 年摄于北京

1981 年摄于沈阳故宫

1982 年摄于上海虹口公园

1986 年摄于武汉长江大桥

1986 年摄于武汉黄鹤楼

1984 年项墨庄八十寿庆和十个子女夫妇摄于上海

前排左起：蒋彦章、邹　克、项在中、项墨庄、项方中、诸翌中、邱静铮
二排左起：项翊沅、程蓉君、项允中、项又中、王汝霞、项翊潋、汪丽明
三排左起：于一邨、项正中、高中君、项孚中、林立成、项翊湘、项翃中

1995 年墨庄九十寿庆携子女摄于富阳

1995 年墨庄九十寿庆携子女摄于富阳

1995 年墨庄九十寿庆携子女摄于富阳

前排左起：项正中、项翊湘、项墨庄、项翊澂、项又中

后排左起：项允中、项翃中、项方中、项在中、项孚中

1992 年墨庄摄于上海外滩

1995 年摄于富阳，时年九十岁

1996 年 5 月长子方中来富阳探亲

1998 年 1 月 31 日，墨庄最后一张照片摄于富阳

项墨庄家世及《项墨庄日记》

一、从歙县到新登：起步与发展

项墨庄出身于新登项氏。新登项氏世居安徽歙县北乡石柱村，大约在清道光年间（1821—1850），由歙县迁居富阳。据现藏于项氏歙县原籍的族谱记载，始迁富阳者为项氏余庆堂四十六世项仁榜（1810—1863），即项墨庄的曾祖父，乳名森福，号杏庄，生于1810。项仁榜兄弟三人，仁榜为长，其次分别为仁模、仁椿。其中，“季居徽……仲子之严贾，因居严”。据《项君家传》，项氏“世为贾”。仁榜“自幼学贾于富阳，后徙家富阳”，在富阳县城经商。纵观项氏在歙县—富阳—新登的历史轨迹，项仁榜由徽州歙县至富阳经商，为项氏后来在富阳—新登的发展揭开了序幕。

项墨庄的祖父项义执（1847—1901），乳名富煜，字锦铭，1847年十二月出生于富阳，为项仁榜第三子。其长兄名义堂，仲兄名义封。《项君家传》称，项义执“束发即丁乱咸丰之季，粤匪自徽、严下窜，略富阳”，项氏家业被毁，项义执父母先后亡故。项义执无依无靠，辗转流离，回归故里，务农为业。因受战乱影响，原就贫瘠的徽歙一带，“衣食益艰”，适逢“浙贼且平”，义执重返富春江畔，得到同乡帮助，营商谋生。因善于“治贾”，再加“节衣缩食，三年改葬父母于徽之丰口。逾年，以其术佐新城某氏贾，已而辄自贾。择人任时，广取而节用，所获常饶……至是，徙新城”，开启了项氏在新登的营商事业。

项义执“状貌瑰伟……性沈毅，有心计”。不仅是新登项氏商业的开创者，还发展壮大了项氏的经营。在他这一代，“项氏之业……大昌”。同治十三年（1874），得到新登行商袁阿满、同乡汪士芬等支持，项义执入股新登同裕布庄，并任经理一职；光绪十三年（1887），项义执与袁亦陶、曹景福、吴筱峰等人合股，在新登县三溪口开设永裕布店；光绪十七年（1891），再与曹景福、袁亦陶等合开大有南货店，并设京号布业，织造和印染土布。光绪十八年（1892），包括项氏在内的同裕股东联合新登曹景福、袁福青，以及富阳余子瀛等，开设恒裕钱庄，项义执担任经理。由此，项氏的经营范围扩展至银钱业。光绪二十一年（1895），项氏又投资开设京号酿酒作坊，其手工业生产由棉织业、印染业延伸至酿造业。19世纪90年代中期，项义执与程雨田、曹景福、吴筱峰等合资开设福裕和茧行、协和茧行，开展蚕茧收购业务。投入正在兴起的蚕茧贸易市场，使项氏的商业经营范围进一步扩大，并与杭州、上海等地的缫丝业原料市场建立了紧密联系。

同治光绪年间（19世纪60年代—19世纪90年代），项义执设立商号，为项氏商业在新登的初创和发展时期。项义执创设项氏最早的行号，将经营业务拓展至手工业、银钱业，并不断扩大规模，从而奠定项氏产业的格局，均在这一时期。此一时期，正是太平天国运动之后江南经济恢复和发展时期，也是清朝历史上的“同光中兴”时代。同时，近代开埠以后新登经济与外部市场关系日益紧密，也是构成项氏产业兴盛的新因素。扩大蚕茧、桐油等的收购与外销，同时增加近代工业品的输入与分销，使项氏商业版图不断延展。项氏产业的发展前后持续约70年时间，与19世纪60年代开始的经济上升周期吻合。项氏产业在富春江—鼍江—葛溪、松溪流域的扩张，可以看作这一经济发展周期在浙西一隅的一个缩影。

二、从鼍江到富春江：项氏商业版图的拓展

项墨庄的父亲项康年（1874—1934），又名礼文，字英蔚，出生于富阳县城。为项义执长子，有弟三人，即礼贤，又名彭年，字仲英；礼和，又名岱年，字山寿；礼庭，又名庆年，字群进。有妹一人，即桂凤。据《项英蔚先生暨德配黄夫人六十双寿征文启》记载，项英蔚“诞生于同治甲戌，髫年聪颖，见者咸拊背以惊”。年龄稍长，由项义执挈来新登，“使就外傅，历从吴孝廉脉川、钟广文如斋、周学博佩芹游，皆许为英器”。在十七岁时，奉父之命，“弃书服贾，然于越绝聚货之言，计然致富之策，无所不窥。兴生举息，其业乃浸浸盛”。当项英蔚二十七岁时，父亲项义执去世。次年，母亲许夫人亦辞世。父母去世后，除仲弟已经成年外，其余两弟、一妹，“悉在龆龀”，项英蔚为之“延师授读。及长，又各为之屏量婚嫁”。其次弟山寿，尤宏抱负，英蔚“乃资遣游学，以成其志”。项山寿后毕业于浙江省“法校，旋以乡选膺省议会议席，声誉藉甚”。论者多赞英蔚提掖之功。

除了抚育弟妹外，项英蔚在商业及实业经营上也使项氏的事业达到极盛。1901年，项义执去世后，项英蔚因熟稔同裕布庄、恒裕钱庄业务，继承父亲的职务，担任两家行号的经理。次年，创立项义记商行，借助银钱业的挹注，首先在分水、建德一带与当地商人合资创办桐油厂，迅速发展成为杭州市场上最大的桐油营销商。除了在富春江流域各县采购土货，项义记商行还与这一地区的本地商人联合，通过分销、合营等方式展开合作，输入并销售近代工业品。1906年，项英蔚与富阳胡泰来号联手取得美孚石油的总代理权，垄断在新安—富春一带的业务。同一时期，项氏与富春江船帮合作，建立运输船队，在航运业中占据一席之地。1911年，项英蔚与其他商家合作，增设茧行，在茧汛期由杭州大同行融资，大量收购蚕茧，直销上海。在不断扩展商业版图的同时，项英蔚在工业上也继续增加投资。先后入股创设致和酱园、蜡烛工场、新兴电力公司等，其工业产品销往杭州、湖州、嘉兴、宁波、金华、衢州等地。这一时期，项英蔚“晨筹夕擘，无寸晷暇”，项氏的商业版图也由新登拓展到富阳、桐庐、分水、建德、於潜、寿昌等地。在项义执时代，项氏的商业活动主要限于富春江支流䆐江（松溪、葛溪）流域。以项义执开创的商业版图为基础，项英蔚将项氏的经营活动发扬广大，拓展至整个新安江—富春江流域，经营主业包括桐油、茶叶、蚕茧、棉布、酿造等，兼营印染、制造、电力和银钱等行业，成为该流域内实力最为雄厚的行商之一。

项英蔚在发展项氏产业的同时，也在新登近代经济、文教和公益事业中起到了重要作用。他是近代新登蚕桑业的主要推动者之一，据《项英蔚先生暨德配黄夫人六十双寿征文启》：“自中外互市以来，丝茧为输出大宗，当逊清末叶，先生即创设茧行于城市，以利农氓而振国产。其后，蚕桑事业之发达，实以先生提倡之力为多。近年，茧业受国际倾销之影响，茧商束手，先生为维护农家经济讲到，明知什九折阅而不忍坐视，续应政府之求，醵资开设。仁者之赐，其利溥矣。”此外，项英蔚还致力于新登地方文教事业。据《项英蔚先生暨德配黄夫人六十双寿征文启》：“民国甲子，邑中议修文庙，询谋至再，佥以工费浩大，款难遽集为虞。逡巡弗敢与其事。时邑令胡公瞿士以此商诸先生，详为规画，并捐巨款。胡公即请先生董其成。及工竣，仅费四千缗，而工程之坚固壮丽且倍于昔。”项英蔚“虽托迹市廛而雅好文事，居恒手不释卷，尤嗜书画，收藏颇富。故邑中名俊咸乐与游。尤与洪孝廉客尘、袁明经仁斋善，每至剧谈竟日无倦容”。项英蔚还继承项义执热心公益的家风，继续致力于新登的地方公益事业。1927年，新登县“上游一带县道为山洪所冲圮，交通中梗。先生慨然斥资修复，行旅称便。其他如平民医院之提倡、寒畯升学之佽助、贫家溺婴之救护，举凡公益之事，先生悉力输助，无役不与，非偻指所得而罄也”。由于对地方实业、文教和公益事业的贡献，项英蔚成为新登地方上具有重要影响的人物。

与家族的产业发展和在地方事业中的贡献相应，项氏一族实现了身份的蜕变，由普通的商人家庭跻身商绅阶层，进入了新登地方社会舞台的中心。20世纪初，项氏已经成为与袁、曹等家族并驾齐驱的新登名门，而且，通过与当地的望族联姻，在商业伙伴关系之外，又与这些家族建立了姻亲、血缘关系，巩固了其在地方经济、社会阶层中的地位。《项英蔚先生暨德配黄夫人六十双寿征文启》称："历任邑令下车之始，必造先生寓，诹询利病。先生无不摅诚以告，献替悉当。先生之懿行，既著于乡，而负商界之物望为尤重。商事之重大者，每谘于先生而后行。间有纷议，质成于先生，片言而决，故历届改选商会主席，佥以非先生莫属。卒固辞。先生笃践履而耻空言，崇信谊而薄虚誉。然实至名归，诚有莫之致而致之者。"

三、项墨庄及《项墨庄日记》

项墨庄（1906—1998），为项英蔚独子，乳名振新，学名绍京，号墨庄。二十岁进店拜母舅黄树滋为师学习经商，帮助父亲办理内外事务。但项墨庄志不在商，1930年秋，考入上海法学院学习法律。毕业后，因父亲去世，转入商界，承继父业，接手同裕布庄、恒裕钱庄，出任经理。抗日战争爆发后，项墨庄购买抗日救国公债5000元，支援抗战。抗战胜利后，致力于教育复兴，向县内各中心小学捐赠图书。1946年，与上海法学院同学罗国铨共同出资创办新登县塔山乡第二国民小学，并担任校长。1947年，当选新登县教育理事会理事，被推举为新登县中学筹建基金委员会理事。同年，母亲病故，项墨庄将奠礼全部充作新登女子升学基金。1949年5月，项墨庄将收藏的明清及近代名家书画近千件、古籍及碑帖千余册，以及金石、玉器和铜器等分别捐献给浙江省博物馆、临安专署文化馆、新登县文化馆。除保留同裕本店外，主动放弃项义记在杭州、分水、桐庐、於潜、建德、寿昌等地的门店行号或股权，全部捐献给国家。1950年，积极参与土地改革。被认定为民族资本家、民主开明人士，出席了第一、二届新登县各界人民代表会议，当选县政协第一副主席。

项墨庄经营项义记商行的时代（20世纪30年代中期至50年代中期），为项氏产业由盛转衰的时期。这一变化与近代经济的周期性变动有关。在项氏产业达致极盛之时，适逢宏观经济变迁发生逆转。1930年，世界经济危机波及新登，蚕茧滞销，价格下跌，仅蚕茧一项，项家就亏损10万银元。未及恢复，1934年，又逢百年未遇之大旱，新登经济凋敝，因贷出银钱难以收回，恒裕钱庄被迫停业。在经济萧条的大势下，项义记经营的致和酱园、京号酒坊所产黄酒在杭州、萧山、余杭等地遭遇与绍兴沈义和黄酒的激烈竞争，双方爆发"商战"，皆以降价争夺市场，前后持续近两年之久（1934年初至1935年底）。受宏观经济下降周期的制约，项义记不得不停下了之前连续扩张的步伐。祸不单行，抗日战争爆发后，日寇侵入富阳，新登成为抗日前线，屡遭日机轰炸和日军窜扰，居民星散，项氏亦数度避难他乡，事业再遭重创。抗日战争胜利后，项氏产业有所恢复，但未见拓展。1949 年 5 月解放后，项氏将大部分产业和各地行号股权捐给国家，仅保留同裕布庄，所有产业大幅减少。1952 年，同裕布庄实行私私联营；1956 年，实行公私合营，同裕布庄改为中国纺织品公司新登分店。至此，前后经过一百余年，由四代人艰苦缔造的项氏商业落下了帏幕。

有关项氏所营产业在富阳、新登发轫和发展时期，直接史料不多。除了现藏于杭州市富阳区档案馆的数件户折、税册外，还有项墨庄后人编纂的《项墨庄胡蘖祁夫妇百年诞辰纪念文集》，其中摘录有徽州歙县项氏余庆堂宗谱，收录了《项君家传》《新登项英蔚暨德配黄夫人六十双寿征文启》等。这些文献记载了新登项氏世系、项义执及项英蔚生平事迹，是有关项氏的重要史料，但对于一个家族的研究来说，未免单薄。只有最后一个时期，即项墨庄时期，保留了较为详细的史料，除项墨庄与友人、亲属的往来书札，最为重要的史料就是《项墨庄日记》。日记起始于 1930 年 1 月，讫于 1998 年 1 月，时间跨度长达 68 年。其中，1933—1940 年、1967—1979 年日记缺失。

20 世纪 30 年代至 50 年代的日记为项氏产业由鼎盛到收束时期的第一手资料。《项墨庄日记》是项墨庄个人生活经历的记录，涉及读书阅报、个人交游、亲情往来、商业事务、购置书画、生活感悟等。1931 年，项墨庄负笈沪上，就学于上海法学院，1931—1932 年的日记主要记载其在上海的学生生涯，除记录了所学课程、学生活动外，还记载了饮食娱乐、个人交游等，从中可看到新登学子及商人在上海生活的诸多细节。日记还详细记载了在上海约见书画名家，购置书画名品及涉足商业事务的经过。1956 年公私合营后，项墨庄的工作日记记录了与商店经营有关的诸多具体事务，包括商品购销、商品定价、店务分工、会计出纳、盘点月结、“商业支农”等。在日记中，除记录所历、所见、所闻之外，还会偶尔记录其个人的感喟，可视之为个人生命独白。这些日记虽属个人日记，但因项墨庄为项氏商业的经营者，故这些记录对深入研究项氏产业经营的实况，也是不可或缺的文献。

从项家商号的学徒，到项义记商号的业主，从民族资本家和民主开明人士，到中国纺织品公司新登分店的普通店员，项墨庄的经历了不同的人生时期。在不同的人生旅程中，他在日记中记录了与之交往的不同人物。主导项氏商业时期的股东、往来密切的商业伙伴及布店中的同事等等，都在日记中留下了记录。尽管这样的记录大部分只是寥寥数笔，但就像绘画中的白描，为阅读者留下了丰富的人物形象。日记又像场景不断变换的历史剧舞台，从中可以观看到项墨庄个人、包括他在内的商人群体及新登地方各色人物的“表演”。而这一幕幕人生戏剧，也就构成了项氏及新登近代经济变迁的连续剧。

项氏在新登的成功虽是乘势而起，得益于19世纪60年代以后经济增长的周期，但同时期致力于经商的并不只是项氏一家，项家能在竞争中脱颖而出，取得巨大的成功，也与其尊崇的经营之道、处世之道密不可分。在商业经营上，项氏诚实守信，崇尚“真不二价”“货真价实”“童叟无欺”等信条，同时能够因应时代变化，相机拓展经营范围。在为人处世上，项氏子孙怜贫恤孤，热心公益，致力于水利、交通、育婴、教育等地方事业。透过日记，可对项氏经营方式、成功之道增加更多的了解。

项墨庄一生中绝大部分时间是在新登度过的。日记中记录了他自己在这个地方的足迹。除了县城外，三溪口、松溪、渌渚等地，也是其常来常往之地。由他的日记，可以看到一个商人生活的日常，同时也可借以观察项氏商业经营的情形，从而对松溪、葛溪及瞿江流域的商况增加了解。

（本文参考《项墨庄胡蘗祁夫妇百年诞辰纪念文集》《项氏三代共创项义记》。资料由项正中先生、项政女士、谢群女士提供，特此致谢！）

目 录

一九三〇年

一月十日　星期五

今日是废历的十二月十一日，就是我二十五岁的生辰，也就是送废历以后无从推算的一天。午后木根来取后河上所定石板洋钱，至电灯放光，木根始去。天已大雪，可怜也。晚上作书，托黄淡如［买］画，呵冻成书，一日二宭。

一月十一日　星期六

早上起来，雪有五寸半厚。数［年］来没有这样大的雪。

一月十二日　星期日

太阳虽出，仅三十［华氏］度。

一月十三日　星期一

张静山今日下富。

一月十四日　星期二

张静山今日又上来。今日去画东门窑墩头塘，踏雪二小时，眼目昏花，鞋多湿透。

一月十五日　星期三

媺朱今日午后五点钟到。

二月十二日　星期三

今日同舅父、筱伯到富，为了简秋同玉琴订婚并讼事。

二月十四日　星期五

今日到杭。

二月十六日　星期日

今日，洪简秋同袁玉琴订婚，在活佛［照相馆］拍照。予自亦照一张。午饭在聚丰园大厅吃喜酒。席半，媺朱由金甫伴至。席终，鲁兄及晓春亦至。

二月十八日　星期二

今日，媺朱往沪，予等回富。

二月十九日　星期三

今日到家。

二月二十四日　星期一

今日，往茹口吊献廷老伯，归来已万家灯火。在二高游览多时，故时晚矣。

二月二十五日　星期二

今日，虎儿妹出阁。

二月二十六日　星期三

今晚请屠君、王君、沂载、进德等十人共餐于祥新馆。

二月二十七日　星期四

今日，虎儿、夫婿双回门，适值新登文明新剧社开幕，留之同往观看，系由驶安请客，彼乃老板之一。商会今日改选。

二月二十八日　星期五

木根今日上来，抬运石板至十五簰。理土地陈报事项。

三月一日　星期六

今日，由王辉等包治北河，今日开始疏浚。庄中票据始于今日对查。

三月二日　星期日

对契及自己契据。

三月三日　星期一

查印花，今日来。

三月四日　星期二

土地陈报。

三月五日　星期三

同。

三月六日　星期四

同。

三月七日　星期五

同。

三月八日　星期六

同。

三月九日　星期日

同。

三月十日　星期一

同。

三月十一日　星期二

同。

三月十二日　星期三

治弟今日到新。

三月十三日　星期四

游青云桥，看高跷。由惠来亭、马站岭急急赶至司城第，跑了一会步。

三月十四日　星期五

同治弟、藜姊游贤明山、百丈山、塔山，看书画。

三月十五日　星期六

今日治弟回富。

三月十六日　星期日

今日又理土地陈报。

三月十七日　星期一

同(上)。

三月十八日　星期二

同(上)。

三月十九日　星期三

水之有心向下也，虽远在千百里，隔山阻岩，日久总归海洋。虽不达海洋，亦必暂注湖沼也。

三月二十日　星期四

今日往富。同内子及亦玄、亦珍四人至草庵，并谒周公墓，到富时已四时。

三月二十一日　星期五

今日往杭，同金甫，因梁往申接大姊也，她未同行。

三月二十二日　星期六

同耿夫往大街办送洪、袁二家礼，同买了一双皮鞋。上半天到马市街去参观洪的新房。

三月二十三日　星期日

今日，简秋同玉琴结婚。因为是父亲同筱伯介绍的，故这次的介绍人，就是子青同我，四点钟结婚的，同乡亲友到的约二百人。晚上，玩大世界。

三月二十四日　星期一

藜祁同我同在杭，是今日第一天。我午后同筱伯、坦平同访李师泌于省立图书馆。三时，乘游艇归来，她(藜祁)同姨已于一点钟到了。

三月二十五日　星期二

上午，往高义泰买布。午后，同李品茗于喜雨台，二点到省联会开预备会。五时归聚英旅舍。她(藜祁)已同叔、岳去玩灵隐。晚因承友桐之请，看《小三麻子》《飞龙传》，二本[戏]共舞台[演出]。

三月二十六日　星期三

上午往信源换饰物。下午出席省联会。傍晚遇阿鲁，拟往醋溜鱼晚餐，不意直至三叉路口回转，始知店已关门，乃至三义楼晚餐，由鲁兄会钞。

三月二十七日　星期四

上午，到方裕和买了只火腿、二个包，去[看]望产母进德嫂，并谒王奔川。午后，去玩西大街。今日中、晚二餐，饭是在旅馆里吃的。倒二个小孩子还不吵。晚由炳林交来挂号信二封，是吴县长为办赈米事，容明去办。

三月二十八日　星期五

上午，到赈会，据云须午后再去接洽。午后又去，须过磅，此事难办，予已复吴县长函。午餐，承进德兄之招。岳母午后一时由治弟陪来。晚上，由义隆送来信一封，说县府又有洋交来。

三月二十九日　星期六

八时，同岳母及内子、诸舅，六部车子一同游云栖、净寺、虎跑、六和塔。惜乎天下毛毛雨。归来三点钟，大姊及金甫等已由沪到杭。晚上借聚丰园请岳母及诸舅姨辈，尽欢而散。

三月三十日　星期日

天微雨，未出门。闻主席到杭。九时即要道停止交通，午餐归，拟到大礼堂看影剧，交通不便，坐游船。天雨，奇寒，不许上岸。及至三点廿分，心急，乃至孤山上岸，经西博会木桥到，可到已开映。看电影同行有萍妹、治弟。晚餐由鲁兄请客吃，[在]协顺兴。

三月三十一日　星期一

用轿游，保俶塔起，到三天竺，玩了一天，同行蘩、萍、治、岳母。予上北高峰，只有予、萍、治三人。得升馆晚餐，亦颇可口。归来驶安叔已到，为赈会办米事，定明日去湖接洽。

四月一日　星期二

全国运动会在杭州东高桥，今日闭幕，予九时同驶安同往，有蒋及诸大人物演讲。至十二时，始归客舍。午后，往商会，据云须明日始可过磅。大舅今晚息客舍。岳母及萍、治今日回富。

四月二日　星期三

今日买零星物件，预备明日回富。

四月三日　星期四

九时往商会，到惟康[钱庄]接洽账米款事，十时往田牙医处，十二时半始出医室，还好急急唤车出城，至南星已一时矣。中饭是在船上吃的，蛋炒饭米硬甚，颇难下咽。

四月四日　星期五

承岳母之挽留，可休息一日。上午游鹳山，又新添四角方亭。午后则闲谈。在新万隆泰，义昶先生大谈万高头，娓娓动听。

四月五日　星期六

同蘩祁回里，因有一轿夫病足，二里一停，三里一歇，到家已四点钟矣。

四月六日　星期日

去会驶安叔，渠因走路太促，又旧病复发。回命吴县长、孙廷荣来会。大姊留晚餐于家中。

四月七日　星期一

去看树到，并在老屋闲谈。晚应孙公安局长眷到之宴。

四月八日　星期二

上午，理土地陈报收条转账。下午作书致王奔川先生及复王沂载兄。转杭用账。

四月九日　星期三

今日清账。晚餐后为古愚兄因陈报事受了处分，因为他是城北村的村副。十一时才回来。

四月十日　星期四

九时党部开四次全区代表会，十二时始返。午后到西门城楼改正陈报单，同翊卿先生同去看园的向导同游马站岭，天闷。

四月十一日　星期五

九时党部继续开会。十点半回来消账。午后二时，平民医院开会。因到会人数太少，四时回来，吃了一碗片儿川，味还可口，天忽转寒。

四月十二日　星期六

下午往北门，看河桥已拆去，须修理。进北门，至一小游玩。

四月十三日　星期日

清理账目。晚上，天雨，大姊谈为花会牺牲者，令人毛发直竖。

四月十四日　星期一

清理自己账目，天雨。

四月十五日　星期二

过今年的账。

四月十六日　星期三

午后作了五封回信。晚同大姊闲谈到十一时，熄灯。

四月十七日　星期四

到平耀局去看米的销路，同国铨哥闲谈。

四月十八日　星期五

上午种菊花，向杨君处分种来，用猪粪培植。午后，赴党部开本日纪念会，往县府问枪事如何领照，取清城河代工[券]，换正式收据。

四月十九日　星期六

午后出席治虫委员会。晚与大姊谈兰丽之妻妾，令人泪下。

四月二十日　星期日

上午，填太平土地陈报。午后，谈王地事，又与国铨、筱伯谈种种。

四月二十一日　星期一

吴松福谈田事。到文波先生处谈王屋事。剃

头，预备明日往富。

四月二十二日　星期二

今日往富，到松溪，已过姑母门，急急回转，谈茧事。后至富，时三点钟，途中将轿布帘上截竹亦架在杠上，倒非常好的一个临时书架。后谒景垒未遇。至新楼，瑞伯云葆兄[坐]晚[班]轮[船]来富。晚饭后去，未细谈即回岳寓，拟明日再去看书。

四月二十三日　星期三

今晨，往葆生家与葆兄谈，葆未起床，谈至十一时，回岳家中。岳母云轮已开出，故改晚轮往杭，五点钟启碇，七点半到杭。饭后，湖滨玩玩。归寓看书至十一点半就寝。

四月二十四日　星期四

晨起，至王先生处交出洋百元(系彼谷洋)。后至进德处午饭，至官巷口寄挂号信。买了水果及零用，五点归。稍坐，王先生至，谈约廿分钟始去。金甫未回，饭在馆吃。后到简秋处闲谈，至九时归来。

四月二十五日　星期五

天雨，买点零物，即吃中饭。十一时即出城，二时半开船，一路与王先生及周寿松畅谈。至五时，到富，寓春江旅馆元号，到怡乐园晚饭，吃的多是鱼。永清兄云，余另照给，予之得能如此，当再进一杯。

四月二十六日　星期六

上午，同王先生、金甫同到鹳山吃茶，并接洽午后[诉]讼事[宜]。至傍午，到怡乐园吃中饭。到县府报到。三时半开庭，七分钟即审毕，被告无一人到。后大观楼吃茶，后遇葆兄，在王家过夜，不在王处晚餐。

四月二十七日　星期日

今朝回来了，与瑗兄畅谈。十一时半，始动身，三名[轿]夫。到新四点钟，一路看了一本蒋著的《丽莎的哀怨》，真令人泪下。如丽莎者，可惜太无毅力了，如此的遗臭自怨。

四月二十八日　星期一

上午复了两封信的底子。榧树到了。下午二时开建设会，后至塔山实地去看如何进行，如何布局。因经费仅收百余元，实难动手。

四月二十九日　星期二

结算往杭川资及零星事务。

四月三十日　星期三

今日，本定本庄同慎昌辩审。因韩永康同筱伯之调和，故未审。徐大声(即慎昌律师)代表王松年同来。

五月一日　星期四

上午，又为慎昌事言论一天。午后，去看徐君代表寅记出席同钟伯声事，予同王松年看其内中情由，大约如此……王颇称是。

五月二日　星期五

今日预备请帖并发出。午后，看国铨及夏松涛等讼案，慎昌事犹未了结。挂画。

五月三日　星期六

今日，补请县长春酒，邀驶安及止戈老等陪酒，酒兴颇豪。十一时坐席，二时半散。因县署开防务会及卫生[部]开清洁运动大会筹备会。

五月四日　星期日

今日，继续请县署各科长及科员酒。上午预备，十一时开席，三时始散。后往商会开防务会及建设公债分派事，至上灯始散晚饭后。

五月五日　星期一

整理抽斗及誊正信稿，看款事稿件。亦(翊)沅今日断乳，晚上吵了一夜。

五月六日　星期三

剪桑出卖叶，锡元肩了一担去。

五月七日　星期三

到文波先生家，借白郎令(勃朗宁，指手枪)，为荣兄往三溪口之用。

五月八日　星期四

在老屋看阿涵宝石之类，并发至富信，促彼三人来[商]行办事。继续出卖桑叶。

五月九日　星期五

阿钦由金甫陪往窄溪转方，傍晚始回。桑叶今日卖完，约共十八担桑叶，卖了五六块钱，亦可云贱矣。裘五峰今日到，关荣也今日回来云。

五月十日　星期六

与关荣谈淮地情形，庭青也来略谈。午后到

老屋，蘩及大姊也在。老屋游玩玉田之枪，弄坏了，久弄不好，后托县府刘某修理。同杰生往致和，同裘君议茧价。

五月十一日　星期日

大姊明日回沪，午后，治行装并回信嫩朱，富阳万栈朋友已来，永清未到，是来帮茧事的。

五月十二日　星期一

七时起床（天骤冷），买水果［糕］点，备大姊动身，由幼生先生伴去。茧捐司事，顾君来闲谈一小时。睡午觉一小时，作信与王奔川及新仁昌。贵庭来闲谈至六时。种罗正文送来的书带草。晚上又潇潇地下雨了。从今天起想振作一下，昨晚睡［得］不好。

五月十三日　星期二

因茧贩出运故涨价，开五角二分，恐未知，晚故用通告。往谒茧捐顾司事未遇。在老屋同阿涵及天贵闲谈。在店同罗树滋闲谈，并谈及吃素、放生、《销魂地狱》及日记，一定得是由春荣同袁亮今日午前带来。

五月十四日　星期三

买笋干，同母亲及蘩拣选。并过账。并拟周之英租票及大生一部分屋押契抵稿，杨福来裁决今日送来。子英的钟今日用皂水洗了一洗。

五月十五日　星期四

早上，宏庆、木匠来谈长兰的树已经去看过了。账今天过完了。写了一封荣有托进德荐位子的信。回复永清不来不要紧的，并询弟媳有否临盆的信。花盆搬了一个地方。天晴热了。

五月十六日　星期五

写了一封给画家黄淡如的信，并寄茶叶同笋干予他，因为他病好初愈。又得到县府的来函，说是公园又要先做一部分，故又拟了一点稿子。天大热，单衣觉闷。《运动会要览》看了一回。

五月十七日　星期六

早上，老陈一早来拿枪，今日要解款上三溪口。绘了一天的公园图，晚上又因事很［多］，甚疲，故睡得再迟，恐明日不能早起了。总想早起习字，不知何日可以。

五月十八日　星期日

今日因祺叔来，有事欲商，睡而不得。睡了一个午觉。富阳的讼事又有讯期了。天闷得很。幼芳今日到来，幼生还未曾到。排来今日可以到的泥水匠，今日（后头的）墙头来动手了。

五月十九日　星期一

今朝又为了泥水匠寻门槛，又不能多睡。到店理了一回关于讼事的事。应诚来邀吃中饭，去请他的先生丽生，席上遇了服三，谈了一回军事的天，及戏的天。后来为了要他唱戏，辩了好多的语，居然唱了。经佩移也唱了一回。晚上我请詹同汪，汪［休］息后，大成代表汪某谈天。三时，落了几点小雨，感觉凉得多了。

五月二十日　星期二

今日到店，同房东沈君谈了一回，画了一回公园图样，看了几回《销魂地狱》。回家种了一回菊花，拔了草。揩杯子，忽而把杯子揩破了，左手中指，竟肉都飞了一块，出了不少血。后请蔡先生来看的。

五月二十一日　星期三

今日手破，不能做事。午后，到蔡先生处换了药。《销魂地狱》将要看完了，还有一回。晚上用了留声机，谭、金、梅等唱片。天雨竟日，晚上更大，城河水已涨二尺，对岸仅一尺余就要上岸。天冷了。

五月二十二日　星期四

今天一日无事可记。午后到老蔡这里去了一回。因手未好写［信］，通知王奔川讼事的审期。罗对于蔡的纸已做来看了一看。略为拔了一点草。收了几个蜘蛛。《销魂地狱》看完了。

五月二十三日　星期五

今天起来天雨，划了几笔账。各茧行在县府开会，拟用改良种，及建设公债云。送袁老太太的银盾今日已经寄到。手仍去看了一看。读冰心的《寄小读者》，觉得充满了自然的爱，词句颇多诗意。同厚诚谈了一回袁某的事。

五月二十四日　星期六

同荣兄及筱伯、先德等谈了茧行的事情，又同罗松涛看了诉蔡的纸。午后，去访了一回服三与汪寓。五时后，他同百年来看我了，幸而我将回来。晚上看《寄小读者》及《春》还有日记，觉得都非常有趣。

五月二十五日　星期日

今朝对账。到蔡先生处去了一回。看报知顾老已去世，拟做点东西去挽悼他。玉堂将《申报》第一期画报邮来，还是一星期的。同壬有谈了种种话，因为他今日失手，使瞳神之外的风轮受伤，还肯信。看《寄小读者》。

五月二十六日　星期一

早晨仍想对账，因想写信去挽顾鹤逸……及去信西神，想他一登报纸，故而又托了舅父，西神的一封快信已经寄去。[写给]顾的一封[信]，因为诗句太长了，手有点酸，故而未曾了毕。洗了一回脚。仍看《寄小读者》及商业传记。

五月二十七日　星期二

今日到县去送查照费，四行十六元，给李启元。又同县长谈了一回关于公园的事及一切，出来又同张科长谈了一回，同沈科员谈了枪的事。看了花，天主堂也去看过。看手，又去了。

五月二十八日　星期三

壬有的眼睛伤还未退，故今日托幼生兄去绍请胡先生看了。寄顾公鹤逸的一封[悼念]信，挂号信寄出了。到蔡先生[处]看手,[手]还未收口。同虆、亦玄(翊沅)到北门去闲步了一回。到老屋去说扇子到了，三婶不在家。(来路[不明]的枪是不会收的)

五月二十九日　星期四

早上看了杭、新二报。饭后到老屋去了一趟，想同宝珍木匠接洽。锦浩来说开会，当代建会出席，为推选县会委员。后同吴县长谈了公园事。又同宝珍买地，去了一次，过渡去看。又去致和会筱伯等，为新仁昌事。

五月三十日　星期五

昨天托治弟买枇杷。他今天送了来了。茧捐局来唤，谈同和商号茧[子]已过秤事。今日开建设会到四五点钟。二点起，先在党部闲谈一回，关于[税]赋等的事。后园今日做好，从此不再堆垃圾。到蔡处看手，今日已觉[手指]肉已长多了，据云五六日可全息。

五月三十一日　星期六

今日同和茧子装下。百年闲谈了许多，又与丁等说陈某之人面兽心。晚上祥新馆请客，县府一班及外界几方赐教，唱昆曲，惜呼带(海宁)二舅唱二三句。晚上将仕女图腰牌改了一改。天大热。

六月一日　星期日

今天是端午，故而一般的人家须照旧例，故我家也挂香囊、□□等。王奔川今已到。幼生同壬儿已返，说不要紧的。兰花十块，买了一盆箭(剑)兰，据说要四五百个洋钱一盆的。夜上陪了客人，王先生也在座。品荣的菜，[上得]非常慢，味还可口中。壬同姗朱同来。

六月二日　星期一

午前指点泥水生活。午后应赵科员之招，去为茧行公债事。后至近之先生家，看王奔川先生。少坐，即来。后归来，吃药。王先生在对面遇见而别。又至天主堂取照片。又往新女子学堂采白菊花种，与幼生种好，浇水。菊花[土里]盖的菜饼。

六月三日　星期二

今日理漏，一个泥水匠。秋回家，因放枪违禁，故已分手。黄又来信含糊。请同人吃鲥鱼一桌一大碗。先德明日往杭。今日出□□，云牢固。《寄小读者》今日看完。觉得现在的脑筋不转，阅后即忘，当修养少思为是。

六月四日　星期三

知王奔川先生傍午已来市，即去邀中饭。聚云弟处吃后，王至季祥处谈，时晏，又因天雨过大，唯明早晨动身，故王宿吾家，并晚餐。同桌其弟及荣兄，九点半就寝。

六月五日　星期四

今天起了一个早，四点半就起床了。五点动身，到富十一点。路上看了[陈学]昭女士的《寸草心》。雨不大，天寒。到怡乐园中饭。一时报到，二时余开庭。因一点而已，至大观园吃茶。送王回杭后至岳家。晚同岳、治弟、萍妹等谈。

六月六日　星期五

昨夜十一点才睡，三点钟已听到治夫人发动。

坐等到八点半，果然生了一个儿子。竟应了四姨婆［那］句话了。十点动身，回来在姑母家吃点心、粥。到家三点半。一路看《寸草心》，人颇倦，因二夜少睡。今晚当早睡也。问宏庆一切。九点了，快睡。

六月七日　星期六

吃早饭，荣兄来了为看陈根事，未遇。后余杭陈灏翔即小郎中来闲谈了一天，谈家世、七姑娘（即葛载初）逸事，讲《金刚经》一切。我又到老蔡处看手，已脱［皮］。今日起早睡早起。吴家有要员来。

六月八日　星期天

起早就到店里去，看陈灏翔先生拟了方子，并劝母亲去看。今天他看了十三四个，一个上午。下午，睡了午觉，又同陈士彬看丝。晚上又同荣兄幼弟来看了二袋，去了，又唤来发、智标来拉。又伤风了。午觉太长一点，多不舒服。

六月九日　星期一

早上到店，知陈医生已由大乐坞回去。过了一刻来了，看了一上午，看得十二三个。国铨饭后回去了。陈先生又到炉头去了。阿冬要看，未遇。归来理了一回花。晚上洗了一双脚。陈先生确有点本领。我又同荣兄到城□看《红楼梦》。

六月十日　星期二

今朝陈先生又看了十二三号，是叫介康代他抄方子。我有听了关于陈的逸事。嵊县来了一个推销茧子的主顾，舅因［此］来，与我到平民医院去一趟。一星期的报同一［批］的都是今朝晚上到的。洪先生早上来，［为］山事。

六月十一日　星期三

天雨，不意陈先生生意更好，看了廿五六号。有的怕羞不肯说。我自己知有二种毛病，一是日事＝夜梦多，成功＝思虑多。开留声机。吃陈先生的药。今日虆钓了鱼佐晚餐。项美仁又回去了。代书是孙仲谋，在平民医院的。

六月十二日　星期四

今日五月十六，天雨，不见热闹，人倒还过得［去］。陈先生看了十四五号，是马火金代书的。饭后谈闲天，国铨来，筱伯来，为茧子事。茧头才根赶回。灶富婶来。国华有信来，要五十元，因邮汇售罄，要后日才可容再寄。陈谈家中事及缪府事。

六月十三日　星期五

天闷类梅雨。陈先生看了十四五号，又到了孙家。今日要往大落坞、朱家坞等处，到收共一百元朝外。为茧行公债，往曹处、吴近之先生、同县署。睡了午觉，采了红白两朵大理花插瓶中，颇觉清雅也，是我同虆的心血。

六月十四日　星期六

我的手已好了两天，不过嫩肉触之还痛。国铨今日由观音勘回家去了，同洪先生谈了不少本地的历史。洪、罗、于等叫金甫为茧公债去了二次。因空气［紧张］，袁倒起了［让］大家熟悉［的作用］。

六月十五日　星期日

接到淡及葆来函，谈到送钱进士，葆说海上受惠于金子的可叹也。中午，赵彬如科员请吃酒，他的妻妾同虆种菜作笋为美。晚［放］唱片为灶富婶听。颈间生了小小的瘘，到平民医院取药。

六月十六日　星期一

金甫今日往松溪。谈了闲天，又同江狱员闲谈。忽而头昏。晚上看画报，子先到楼上，觉得又头昏，估摸报看多了。睡上床后已觉混身发热，知病了。（十八［日］补记）

六月十七日　星期二

晨起大热，请袁振荣先生诊治。小姑丈、洪先生、舅父承他们的情多来问讯。到晚退热。日记是十八［日］补记。灶富婶今日回家，灶叔同归。

六月十八日　星期三

病已去其十之六七。同虆及方秦氏谈了不少的闲天，背了诗文之属，又读了几阕白石词谱。天又雨了，荣兄今日往炉［头］［白家］去。郎述杰已往沪，此人太不公开了。洪先生又来，即去。

六月十九日　星期四

病尚有一成。候袁先生不来。再吃原方一帖，同青闲谈一回。接鲁兄来函，知画未来。承他惠［送］花坞桃，作［书］复鸣谢。孙接小郎中未来。玉辉二更在我家小新楼上。天［下］绵绵小雨。

六月二十日　星期五

筱伯今日回去。吃六一的方子。即到老屋去闲谈一趟，同青闲谈。致大哥函。剃头，老吴剃的。小郎中今日来了。晚上看报，《寸草心》。骤雨，天又转冷，可穿夹衣。

六月二十一日　星期六

雨了一天，河水已涨平混荡桥，较前犹大，同壬戌相仿，略次。小郎中今晨来，同青、大家闲谈。开唱机。致简秋函。看大水。登楼看。读青十五岁时国文。《寸草心》毕前不如后见，重心多思虑。

六月二十二日　星期日

谈青在乌事，同国闲谈。先德到，黄蓉生涯有望，国同行。小郎中到炉头。沈宝藕与金甫同灶甫叔往三溪，为炉交茧分庄。看《商业概论》。致淡函，因星期日再发汇洋卅，送念荪次子病疾金。

六月二十三日　星期一

上午开六二三会。到洪师家托看函件。小郎中今日午后去。二时出席账务会，开到七时。天大雨，风雷。晚看《三民主义提要》。今晚邀陪，告因病未去，因昨泰源[邀陪客人，我]也不去。

六月二十四日　星期二

买了三百五十余株杉树。又到平民医院，人数不足，延会。闲谈了一趟，又到老屋。致鲁兄函。同宏裕陈先生谈了闲天，又接[黄]淡如来函，[张]聿光之画[已求得]。

六月二十五日　星期三

同庆到老园，为小屋去了一回。复了淡(黄淡如)的信函，并将笋干，再寄与他。同洪老谈进京会试等事，清账。《商业概论》看了十面。天闷，甚恐再雨。午后，午觉，人脚手发热类病，幸吃霉菜梗，晚清。

六月二十六日　星期四

十时开建设会，同筱伯谈话。午后又来叫开县积谷，我说我没有的，没有去。看了《民法总则》《渔洋诗集》。洗了脚，看了报，爱睡了。听[弟]寄杨梅二篮，分送。

六月二十七日　星期五

清还了账，接鲁兄函，并能体贴人，心下感动。天热甚，九十六[华氏]度。承许□□买了送来细嫩可口之头笋干。同季和闲谈。

六月二十八日　星期六

接简秋来函，亦允代办。午后[俞]启人来，谈了不少关于日本[的]天。午前，到老屋，杰生来谈上海近状。启人送来浮[世]绘杯一套，颇有趣味。晚上，骤凉。

六月二十九日　星期日

早上到汪家去。约俞启人吃夜饭，请了一回。阿婆留吃中饭。晚上，启人在我家吃晚饭。厚诚、祈善、关荣开留声机。祈[善]的[又跳]又唱，启[人唱]的日本的歌，童谣最合儿童心理，足见日[本]人的注意。

六月三十日　星期一

今日招齐，锡元、彩娥及姑今日来到汪家，是看树使的。小庄子还了，他又借他徐卓年二张片子。听了家鑫在报上发表小学毕业会试，曹村取八十六名，家(鑫)在三十四名。各校共取六百余名。三时沐浴。

七月一日　星期二

木匠来搭一罩皮厂。荷[1]宝母、岳母妹来我家。晚听留声片，理红玫瑰。算清了裕和的代招工账。在店前楼，幼生寻到一枝红玫瑰。锡元先去。

七月二日　星期三

早上接第一科来条，为公园事。适原同何文仁亦定今日，故同往谈了一回。午后，在店午觉。天雨，又到老园去，红玫瑰[打]理好看了，若《山大王》的开场声明。又同荷宝的岳母闲谈。

七月三日　星期四

先到老园去看五间小屋的曲直。又同苏林同何文仁到塔山去估了一回泥水工程，大约在五六百元之间。饭后，修面。又出席账务会议，为检查收支事。建松来为夏茧事。晚看《箬帽山王》二回。王辉早上往富，为听子满月。

七月四日　星期五

早晨仲华伯来谈黄浦港茧行欠银事。到老园去

1. 荷：意为承蒙、承受。

了一回。睡午觉。送公园预算。天雷雨，有一雷响甚，闻打在水碓头民宅内，未识确否。《箬帽山王》三、四、五集，六集至十集赵借去。荷采娥[陪]岳母回。

七月五日　星期六

钟声伯来谈。公园预算造好。百年来谈茧头事。赈务会，油即赈品，交放茂。《秦香莲》属戏剧类，得新知不少。早上拔草，午后又雨。

七月六日　星期日

今日约旺[拿]先德对去裱。到老屋闲谈了一回。看《大夏期刊》[1]第六周特刊。荣兄来自炉头茧行，看了前天捎来的杨梅。在等得博士之盛况，承佩姑送来一小游艺入场券二张。天又梅雨。

七月七日　星期一

上午到县去交了公园预算，又到图书馆借了一本《中国丝业》。午后，为商人统一组织会派来党员鲁星若去党会，四时又去填了表。晚看《商业概论》数页。

七月八日　星期二

这二天专谈壬有们的考童，寄𪨶朱函。清了二三笔账，理抽屉等。看了《万有文库》《中国丝业》(四五页)，可知日本之出丝比较之可惊。梅郎有回国讯。天热，九十二三[华氏]度。

七月九日　星期三

今天到老园去了二趟，一次是同陈炳剑伯同去的。看《商业实践》。说治一次夜饭，吃得很迟。壬儿考第一。云福金同一位女友今日来开唱。放唱片。

七月十日　星期四

交出为仓谷开仓的建议条子。看《中国丝业》。上午，同俊生闲谈了一回。借来《生活报》五份。晚上到同裕剪布送福金子。买了半个西瓜吃吃。寄葆兄函，并寄华成宁绍股单。

七月十一日　星期五

福金起早，四时去看班。适报阿朱午后一时到。复听弟及葆兄函。看了照片、画报。今日叫武工八人扛树。天大热，九十七[华氏]度。阿朱在富岳家过一宿。

七月十二日　星期六

起早看了雪的诗。等荷花开了，二只缸内看了鱼。虆买了二斤糯米荔。同阿朱谈读书。画报今日才附报，分来八期。

七月十三日　星期日

搭牵牛花的棚。铁道部的刘君来查商情，由蒋秘书同来。又得到“桃园三结”今日离职。到老园，同三婶、荣兄闲谈，晚又同宏庆同学英文，天已略凉。发鲁兄函，寄沪江大学。

七月十四日　星期一

上午到老园。今日二婶揭寿材。开建设会后，下午以中来。晚又德同学谈晓明情形。至十时，天已放晴光。官纱已于昨日到，今日荣兄拿来。

七月十五日　星期二

早上买了菜，宰了鸡。来发同阿朱、俊、杰先到塔山玩了，请俊、杰及土根及英甫先生及荣兄又世鑫叔同饭，吃了大西瓜。到店午觉。看《中[国]丝[业]》，晚读英文。天已转凉。因雨后。

七月十六日　星期三

上午到县，县长来唤，为事谈了二点钟天。闻陈为红为来县老园工木，今日已拆棚子。锡元来，未返。同朱复谈了在杭的情形。

七月十七日　星期四

上午看《中国丝业》。午后，到县署问，李蓬仙科长来，王奔川先生来谈蔡事，父云所抵如来现取，尚可通融，余再论。王明晨即往杭，不知何日落地。

七月十九日　星期六

今日同荣兄往柴场袁家送礼，为恒裕事。[袁]又成及孙先生往杭未返，饭后来。读英语一小时。往老屋闲谈。又成已返杭。

七月二十日　星期日

关荣午后请爱娜男人徐子歧营长。午后至家父处吃点心，同爱娜。闻晚至村请，云伊因头痛辞去。有蟹及老菜，承徐极赞许。

1.《大夏期刊》：是大夏大学学生会创办的校园学术类刊物，创刊时间为1930年。

七月廿一日　星期一

今日画报又不到，宏庆司务为我改画箱。稍微患伤风，菊花沏荔枝吃。华章来募修路捐。《中国丝业》将完。《廿四史》样本到。洪先生谈《红楼梦》，盖又讥前朝之说云。

七月廿二日　星期二

画报今日来。天酷热，九十六[华氏]度。《中国丝业》今日看完，送还。又借书《金石索》四册一本。忽患伤风，请袁先生，据云吃六月一日的方子，吃二帖云。

七月廿三日　星期三

理了九件画，去裱一件。去托裁了衣裳。买了零星物件。请袁先生开了一张外感方子。一晚读了李白的诗。听练头的谣言，受了虚荣。

七月廿四日　星期四

帮敦有开了一张印格。昨日致大哥、听弟及青屿函。虆及朱及予三人剃头剪发，已要吃饭之后又再来及春剪。晚上同朱看日本浮绘杯。早上又同宏庆理了白发。亦玄(翊沅)吐，请袁先生治。予吃菜。

七月廿五日　星期五

一周来的账清了清。饭后想习英文。因宏庆改圆桌又抬橱，并清理房间等，故弄了一日。晚上洗了澡。母亲似觉厨的改向不如旧式，后说明如此比较合用才觉安。然昨又同松林先生谈渠、东五货，颇觉累了。

七月廿六日　星期六

国铨、大夏一兄突回。年来闲谈。到老园去了一趟。今日泥水做了可暂告段落。友桐于三日前回，今日才会面。同朱谈达夫事，因渠春日记九种。天雨，时雨少许已觉凉，晚可安席。

七月廿七日　星期日

早上到曹家，请为路事。中午同友桐及江监狱员吃午饭，并闲谈。午后，得洪先生的新消息。晚上同朱谈至十时余。四时下过雷雨，晚凉。后曹家送紫葡萄来，朱亦另有一包[衣]。

七月廿八日　星期一

上午开“为城内修路事”会，至傍午始回。饭后誊了信底，发至姊丈函，及王先生为富批示已出，候据到再写。今日友桐弟仍在。友石、震子均于今日定亲。天又雨，发巨风，不知有害田禾否？今庚只怕空矣。

七月廿九日　星期二

接阿荣先生为亦玄(翊沅)看病。罗树滋来闲谈了一回。天巨风巨雨，恐十二分的年成又减去了二三分。《金石索》第一册今日读完，但须读熟才胜。复了龙铨一书信，失业的人太多了。福康于昨日又来，闻现在做小贩，可云有志。

七月三十日　星期三

早上袁借物及留声机片。江国华来谈。又同先德谈，闻青屿来，在汪家，原为继良时云。徐英杰来，写文书，接阿荣先生为亦玄(翊沅)看[病]。天绵雨不已，晚学拼音，青送水蜜桃。

七月三十一日　星期四

三天雨，田禾恐受[淹]。因同子浩[的儿]子及内[人]往柴场吃喜酒，阿朱在店，同壬有等夺面吃。上午到县，同县长又到陈审员[处]谈了许久。饭后，到老屋。闻四嫂云百根之在沪得意，大家庆幸。

八月一日　星期五

早上戏了半天。下午同青屿、先德谈了。致鲁兄函。晚饭在店内吃。心中有点惊恐，忙了半天，头有点痛，不记了。

八月二日　星期六

抄了一点关于法律思想史课程的内容，又同抱耕谈了一回，他明日去杭。锡元今日来，明日来伴采娥去。明日寄出桃到富。复了葆丈函，为再作轮事，并[复]兄函。天渐热，今日闻重英兄前月二十九号(即闰六月四日)去世。

八月三日　星期日

上半天同王佐清谈八字。午后洪先生来，谈了一回。《金石索》还图书馆。晚上同朱(蠍朱)、虆(虆祁)大谈因果等。又承新富寄葡萄来。采娥同婿今晨回茹口。

八月四日　星期一

起早同朱、壬、敦、真、玄往田野散步，拟自今日起振作一番。阿涵今日来谈了一回。小梅今日往，得信其母昨晚去世。今着金甫往吊，并送礼洋去。天热，米已渐贱。

八月五日　星期二

今天晒皮衣。秋生内人乃父及智刚等说妥，晚至老屋，将返，遇杰、俊生内［人］。晚饭于荣兄家吃蟹等，在其处大谈大话，振作精神，又未获果，可叹达夫知心人也。

八月六日　星期三

因天未见好，拟衣服不晒。又恐无烈阳，故又晒了父母亲的皮衣。三时，天飞小雨。后同俊、杰同往南津桥、青云桥游，看油丝网捉鱼未免太苦，但鱼亦不能不捉，可充数也。

八月七日　星期四

阿珠往干坞，阿娘今日同小亮来。晚同杰、俊、荣、筱、钦六人共食于祥新馆，以应十、九、八、七、六之期，难能可贵。是分开起当振作一些，为履约说诳。

八月八日　星期五

青屿今日动身往申应试。看了关于法律的书籍，晚上助壬儿为小朋友的搬火柴案投了答案。看时事，新娘的春郊试马，色相牺牲，可作青年时髦女子的当头棒喝。

八月九日　星期六

同筱伯谈了半天，送了一席去。陈服仙等关弟明日去杭考艺术院。曹家为混堂桥地契，今日拿来。晚［看］了《民法总则》数页。致缴朱函，寄往申。

八月十日　星期日

国华午后由家来市，谈读书一切。阿朱已由干坞来。又谈了“新谈论界事”。札了《民法》。因为教敦儿书等致火，乱心中。今速睡，明晨要札，今晨略整衣服。

八月十一日　星期一

理了衣服及一切。预备明日同筱伯同往。衣料贴边，幸昨晚邮寄到，可以应用。炳弟特批，因无富足，故邮，故去函道谢。略札了《民法》。故共荣兄招珠明晚饭云。

八月十二日　星期二

今日约筱伯同往杭州。筱伯在烈和动身，予在家动身。在南门外遇筱伯，在新仪咫尺正巧极。在汇源中饭，菜亦可口。□兰好多，六渚亦较为热闹。到岘口豆腐店门口少息，泉极尽挽留，亦少坐即去，到窖才十二点半，在茶店吃茶，来了一位□□。

八月十三日　星期三

发家书及剃头。又至先德兄处，遇国铨在途，少谈回。同返旅，筱伯及简秋已在。又拍照，面悦。来午饭遇大生伙友岳某，苦苦不体恤。

八月十四日　星期四

上午同舅兄至西大街王先生处，在天真中饭，国铨请客。午后，到皮市街简秋处。心泉夫妇正在吃中饭，谈到三时归来，同舅兄谈。午睡不畅。在菊园处晚饭。同郑少青谈，又往大礼堂看□。

八月十五日　星期五

上午到南都花河山里去会了郑曼士先生，谈了许久。饭后，国铨兄去买了书。在喜雨台吃茶。后至子青处一问，知假已准，幸甚，明日当可同行。晚上又到□□□处，又遇张君，明日均同往申。至十二时尤未落觉。

八月十六日　星期六

早上到国铨处，邀来谈刑、民法。午后二时，同往子青处，阿朱亦同行，故今晚夜车同行有六人。到振华旅舍，沈君不多时即来。

八月十七日　星期日

沈来兄无头绪，故洪急急去抬来。据云渠才弄来，转学恐为难，毕［业］反可以让他去军［队］。虽在姊中饭。晚南园看南京《银海春光》。

八月十八日　星期一

洪今晚车要回杭，事又未曾大妥。洪去后，我开一小房间。晚，人不爽，吃泡饭，早睡。继土根来谈了二个半钟头，去正十时半。

八月十九日　星期二

子青往贝勒路未遇朱。来云，须金奈何奈何?出函至洪、沈，云晚无暇领我去。我又恐朱来，故在姊处晚饭，急急归来。子青同治来，坐了少息。

八月二十日　星期三

沈今晚来，送介绍书来，恐少效力。同青山与兄往说学院。

八月二十一日　星期四

今日往南市回家。姊、钦甥同往看医，姊亦非常，奈何?

八月二十二日　星期五

今日出快函，邀简秋来。心绪焦灼万分，同青屿辩论，得少安慰。

八月二十三日　星期六

今晚接简秋快函。未来，再进校，思来反无益，百安。

八月二十四日　星期日

饭后往姊处，又往申庄、陶庄与少楼先生谈了一回。乘夜车回杭，寓聚英旅社。今日一日未曾游。正饭，今晨遇子青友白君，又有旦夕小希望。

八月二十五日　星期一

今日起来已上午。打电[话]问鲁兄、炳弟。将饭，炳弟来。物委渠寄。饭后至简兄处，又乘汽车来谒鲁兄。因喜儿有病，故又要返乘城内与鲁兄聚，邀来渠处。

八月二十六日　星期二

今日同鲁兄夫妇、喜儿乘汽车往城内看医生李天球后，绕天竺桥回来。晚同鲁兄闲谈。睡午觉一小时。

八月二十七日　星期三

早上坐车进城，到进德兄家，知青兄已往硖[石]。至子青兄中饭。又至王先生家。至简秋兄处，后乘末班汽车回闸。用晚饭后，同四姨婆等闲谈。

八月二十八日　星期四

早膳后，同鲁兄、喜儿一同嬉菊园各处风景。饭后同鲁兄闲谈。来了一位富阳姓汪的先生，大言不惭，失乘。晚凉，一天未出。

八月二十九日　星期五

同四姨婆及鲁兄夫妇及喜儿一同游湖。蓝田兄在铁路局西湖站等同游。天雨，谈甚？此地一方，美甚！继因喜儿身热，在净寺先回，后在白布居饭。[竹]萍等[从]刘家庄、西泠印社等归，时六点半钟。

八月三十日　星期六

看《大夏期刊》《法律之一元论》、田鹤鸣[1]医方及各项，颇多新(心)得。又进城往国华处。又去取了长衫。子青不在家，故又归之江，在鲁兄门前遇治弟。

八月三十一日　星期日

治弟说一早出城，至今未至。我又想进城，又苦麻烦。二时后，治弟来，又同往总课堂玩。阿朱妹子[信]托治弟明日带富，寄新。

九月一日　星期一

早上接到青兄快函，踌躇久之，乃乘人力车进城，往财政局去看子青兄，到民政厅去谒简秋，并在简兄[处]中饭，又到王先生[处]坐了一回，乘快车往硖石，在站适遇进德兄。

九月二日　星期二

今晨由硖石乘早车来沪，仍寓江苏[旅馆]。青兄先往，去谒罗师未遇。晚上金甫来，知媺朱已来。今日去考南洋，已取。去小沙渡路，未遇，留车。

九月三日　星期三

早上往姊家。饭后至白克路永年里。又去访[沈]，知新寓，永原路。因送弟往宁，未遇。听电[话]，知已妥当。复子青函，道谢沈。

九月四日　星期四

早上，到徐钧溪处，未遇而返。午后，往商务印书馆买了这支笔。五时往江湾路去报名，因时不及，怅怅返。晚作书与舅兄，促其来申，怅甚。

九月五日　星期五

一早同青兄往法大去，不期为时稍晚，怅怅返。明日续往云。至大姊处中饭，知金甫早车往杭，笔又失掉了一支。晚看《刑法》，并读五页。

九月六日　星期六

又一早往法[大]，岂知吴君因病回家，知无后可言。往沈处，在门口失之交臂，因不认识。青兄先回。将饭，袁伯堂及徐砚安来。在栈午饭后，又到沈处，知未回，又至法。沈见，并见褚，允星

1. 田鹤鸣：人称田八味，字鹤鸣，著名中医学家，生于1883年，卒于1980年，享年97岁，行医70余年。

期一再来报名，又不知耽搁何日矣。

九月七日　星期日

睡至十一时，因多日少睡。看看书，谈谈闲，旁少事记，故从略。

九月八日　星期一

一早同青兄去报名，想随到随考，岂知不可通融，定十一考试云。故青兄又等不及，青兄三点车回杭。故吾亦乘人力车到姊家。

九月九日　星期二

上午同姊及［姊］丈闲谈。午后看《组织法》。又到新中央去看电影。早睡，备明日早起。

九月十日　星期三

上午看刑、民法。傍午葆兄友汪某、陆某来，共饭。又至城隍庙湖心亭品茗，到归时，四点余。

九月十一日　星期四

晨七时，往去一试。至四时余回姊家，急到北站，为时仅七分钟。到杭十一时，寓聚英，一宿无语。发至姊丈及父亲信各一件。

九月十二日　星期五

今晨往冠生园、方裕和买物及为关弟取手饰。天毛毛雨。乘晚轮回富，寓岳家，同岳母谈天。

九月十三日　星期六

今晨动身回里，同李科长同来，知孙局长调省。到姑家少坐。到家二时，同父亲谈了经过。

九月十四日　星期日

上午同父亲谈过去。午后往老屋谈谈。又至汪家，送启人行，已动身，未遇。同婆及原叔谈了就别。

九月十五日　星期一

铨哥今日来账，札了一札，房租等交锦山办理。至晚，信不到，恐无希望。在曹家为路，由金君已包好，计洋500元。又与祈善话旧。

九月十六日　星期二

预备明往富，到吴、洪、孙三处一谈。又到老屋去坐了一回。至晚，信又未到，恐已成泡影。画藏好，天雨不晴，令人更闷。

九月十七日　星期三

一早又至店，同父亲接洽一切，承荣兄、超姊都来相送，实对于我之归途更多一障碍也。九时坐轿。天亮，一路微雨，不暇到富，为时三点。吃了点心，又去修了面。王先生同铺来了，在春江过夜。

九月十八日　星期四

一早锦山到来，知信已来。九时半开庭，十时了毕。黄由侄代，谅可暂告段落。至十二时半同王乘汽车来杭，有一日千里之慨。至大哥处，谈天至四时至站。锦山已在，乘夜车来沪。

九月十九日　星期五

七时，往法学院取缴费单、保单等。又往徐君处取出一函。又至北四川路，未遇。至江西路金城银行缴了费，又买了面盆等。晚上至南市买了一件袍料。至姊家，谈了回来，发至家函即睡。

九月二十日　星期六

早上又上学去办了入学手续。在姊家午饭后，同锦山一同将行李送了进去。到南京路去了一趟，买了零碎。晚上又同出去玩了一趟。渠明日要往杭去。

九月二十一日　星期日

锦山乘九点钟车回杭。予买了点零星往姊家中饭，阿余、阿珠都在，谈了学校生活。五时至校。因夹袄忘记，故又去取。在四川路底遇铨兄，故予至南市取了，即至江苏［路］去看。因渠出走，故另开饭。吃了一会，即回校安寝。

九月二十二日　星期一

早上起来，预备上课。社会问题［课程］因教师不到，故未上。至室，因客满，故又出来。至高中部蔡君处坐坐，同曾君坐了很久出来，回到房中。

九月二十三日　星期二

早上上了二个日文，二个钟头。午后无课，往铨兄去谈了一回。同到悦来楼。夜饭后，因回校中补了物权的札本，熄灯便睡。

九月二十四日　星期三

上午无课，写五书信，是寄青、简、听及家书。下午上课。晚上觉得有点微热，谅是一月之奔波所致。今后当身体日趋健全也。

九月二十五日　星期四

上午上课，下午刑分未上，因师不到。下课

后，即去买《三民主义》，及去看铨兄。在栈晚饭后回校就寝。

九月二十六日　星期五

上午无课，将英文的解释注了二课。午后上课，又看郭沫若的《我的幼年》。接到家信，知子青有信来，晚上上英文。

九月二十七日　星期六

早上又不上，去听了一个半钟的法文。饭后，照常上课。天闷。日来喉间类似渴燥。接父亲来函，知锦山到。子青有函去新。

九月二十八日　星期日

今天早上，日文不上，自己练习了一回。午后，抄了物权的笔记。晚饭作寄鲁兄及家书，为时九时，少息，看了书就睡。

九月二十九日　星期一

午后的课是没有上。日文下课往青、德去，均失望。晚电灯暗了，半支洋烛。今天去力山图书馆借了一本《刑法新论》，看到30页。天雨。

九月三十日　星期二

今天纪念周未曾做。午后听军训的学生不到二十，王先生说了不少的关于军事学识的重要，但恐总难放在急急想出去谋事的大学生吧。

十月一日　星期三

刑法上至一点钟（一小时），起了风波（晚上同孙、曾出外至四川路游了一趟）。课后去铨兄处，遇罗老，同饭。在觉林归来，看书至50页，就寝。

十月二日　星期四

午后的刑分[1]还是如昨日一样。晚上写了家函二通，很详细地告诉他们，十时半就睡。

十月三日　星期五

今天是本校四周年纪念，放假一天。上午，同孙、陈去定西装。同陈午后在聚昌饭后，在三公司玩，到北京［路］看一场电影《情弦变音记》，无票。后知大哥来，急急去访，寻了一个钟头，仍未会到，知在北站旅社。归来致书家中，熄灯就寝。

十月四日　星期六

饭后鲁兄在房内等了，同他同行至南洋女校分别。晚饭后，同曾、蔡至妙机公司，走了三个钟头，回来仅叶一人。

十月五日　星期日

早上同陈、孙四人同至洋服店试样，未好。回至南市吃中饭。后至大新街买了呢帽。又至洋服店，乘车回校。看刑论[2]，就寝。

十月六日　星期一

今朝只有做了纪念周，没有上课。因教员请假，晚上同陈安枢、徐持志去访姚正宗，知国华就在旁边的八号宿舍。写家书，阿焕、阿治、荣兄。

十月七日　星期二

今日布告说十时日本明治大学学长横田博士及社会学教授赤神同校参观并演讲。至十一时一刻始来，讲至十二时三刻，由戴君亮、黄通二先生作传［话］人。午后去取衣包，足足等了一个多钟头，计共来回合二时。幸印子带去，否则还要跑一次。

十月八日　星期三

刑分上一小时，国际未上。三时正，请复旦大学社会学主任应君演讲，大多是理想。晚同叶同步北四川路归，听诉讼实习无甚意思。

十月九日　星期四

午后写了二封家信，并急急预备，俾可往三马路为幼芳买帐沿也。买好了，赶到姊家，饭已吃过。饭后，去看提灯会，算救火会最是精彩。宿在姊家。

十月十日　星期五

今日校中放假，阿朱到中午回家，葆生夫妇午饭返。一桌饭后，同姊去看姊丈。归途去取洋报，面容稍佳。晚上同甥等闲谈。

十月十一日　星期六

今晨先至天主堂街寄帐沿，这一点小小东西邮费竟要三角五分。上课钟点即上课。午后李先生

1. 刑分：指刑事分析。

2. 刑论：指刑事总论、刑事各论。

请假未来校。简秋至北站，未遇。又归来，上社会学。打车去，简秋已走出。

十月十二日　星期日

上午同孙、陈一同去买西装附件，并改裤子。去访简秋未在。饭后又去，适在南园门口遇到，谈了一回。至黄金[大戏院]看《南征北战》。定了大衣回来。今日致函铨兄，又接渠来函。看《公司法》，就寝。

十月十三日　星期一

今日纪念周，院长报告以后，对于上课、宿舍等，均宜分外注意。李先生说要多求学问。惟军训未上。晚同孙去访陈一亮。归来，致函家中二通，并铺一函，为推挑泥事。

十月十四日　星期二

今天是本校前副校长潘力山先生殉校三周纪念，故我早上到姊家中饭，剃了头。至嵩山路，孙未到，至南京(路)看《新群芳会》。归来复卓成及父函。今日天雨。

十月十五日　星期三

刑法不到，午后照常接。晚接国铨兄来函，知致家故急挂邮寄函，家中并函询阿元。今日跑北四川路三次，一为取邮汇，并代曾取药，二同孙去买袜，三寄挂邮。

十月十六日　星期四

刑分课等改在七室上，因今日本校庆祝锦标游艺。今日去同看国华，会到欣甚。晚上时歌舞、魔术之属，人多热甚。

十月十七日　星期五

上午无课，故睡得较迟，后至国华处。傍午正中饭时，听说持志同学被火车轧伤，血流不止。军训未上，今已得阿元复函。

十月十八日　星期六

午后三时，黄家昌同周君来访。因有社会学，故约晚七时去访。后社会学不上，到虹口花园去玩了一次。饭后去访谈，至十时回校。公共汽车已停，改乘一路电车回校，已熄灯。

十月十九日　星期日

早上国华同郎来，致家中函，告黄来。至姊家中饭，姊丈已来家，珠亦到。同姊丈谈，并晚餐。八时动身来校。

十月二十日　星期一

午后五时先德兄来访，同饭。在饭店弄堂买了尺牍等，托他带回去。谈至八时半，回校，作家书，就寝。

十月二十一日　星期二

日文课后去邮[局]领款，又至嵩山路去调了大衣面子，付了款。回校在北四川路吃蟹粉。衣包提单又到，故又去领，回校四时。白丁来访，未遇，即至罗处，知已将动，致书家中，人倦，即息。

十月二十二日　星期三

听了八个钟头的讲座后，去听比较宪法，因临时排定，故不上。晚上致父亲函，并邀进德、青屿。知阿友司将来，故拟明日去买皮统[1]。今天早上起吃牛乳。

十月二十三日　星期四

今日刑分是郭元觉先生来上的，较前好多了。晚上到蔡处去借英文。填了二课生字，看了零星的书睡了。

十月二十四日　星期五

早上同孙至上海医院看曾，病已愈多。至姊家，拟去买皮统，知阿友司尚有数日，故至星期日再去买。在姊家厅吃中饭，吃鳗甚肥。至校，又正打钟上课。

十月二十五日　星期六

照常上课。社会学讲了讲就退班了。写了信，致仲仁并家书。

十月二十六日　星期日

今日无演讲。早餐后，至嵩山路量样。至小东门，遇阿友司同至姊家中饭。饭后同姊丈买皮统。晚同姊丈看程、王二伶，晚宿姊家。今日本房间同学定《申报》。

十月二十七日　星期一

来校，先至嫩朱处交了热水瓶。公司法本今考，因教部派员来查，故至下星期。军训不上，发王先生函。

1. 皮统：指皮大衣

十月二十八日　星期二

上午考日文，军训不上。看《国际公法》，预备明日考。接进德兄函及父亲来信。

十月二十九日　星期三

上午无课，继续预备。下午未考国际公法，汪先生因事回家。天雨甚剧，倒一样也。没有考，致家中函并祁函。

十月三十日　星期四

国际法、英文，今日考了。社会学没有考去旁听，预备国际法。晚预备明日物权法。

十月三十一日　星期五

早上去听廖先生的现代生活，并预备物权，午后考。军训不上，预备明日考债权。接家中来函。

十一月一日　星期六

今日考债权、社会学，抄笔记。晚饭后同孙安枢至奥迪安看电影。想写信，我想明日到姊家去了再有消息再写。精神疲倦，书不看了。

十一月二日　星期日

早上郁文来谈了，至姊家中饭并剃头。又同珠、鑫在东南看电影。回至姊家晚饭。回校，略事看书，就寝。

十一月三日　星期一

考公司法。中宪未上。晚作长函至祁。接进德、阿元来函，知进兄之详情。天冷，风甚大。

十一月四日　星期二

刑法不上，故午后同陈一亮君往南京路，大衣取来，买了零物约二元。接祁来函，并仲仁函，整理了一回，挂大衣。

十一月五日　星期三

我想大学生大多是物[质]的，不读的好。我[视]财物为金钱的呀，可恕也。晚上注英文。做大衣套子。天已较缓，不似昨日之风紧矣。

十一月六日　星期四

作致家书二通。今日孙君提议室内整理，清洁是一种学者应守之道德也。看《民法税则新论》数十页。

十一月七日　星期五

致家书并青屿兄函。明天有晴的希望。吃半夜点心。

十一月八日　星期六

天又雨。致阿元、仲仁并家函，并致函王先生。夜来二时后，二小时不睡熟。

十一月九日　星期日

今晨黄来，同至江苏旅社，在同春馆中饭。饭后至姊家晚饭。四时往黄处，未遇，归来至校又雨。

十一月十日　星期一

中宪不上，去买了零物，至姊家。中返回校，上公司法。社会问题未上，预备了一回。

十一月十一日　星期二

午后至北站同大姊来杭，至杭十时零五分。至聚英[旅社]，急用电话至炳林，为止祺叔明日往申。炳林至[旅]社，谈于十二时回[商]号。

十一月十二日　星期三

今晨往王先生处，知去新，亦甚善。后在三元坊买了送舅兄次子衣料、毛袜后，将物寄在公益昌。延林婶亦在。至三江，大嫂已来杭。饭后大哥来，小谈，至闸。姊亦公益昌来，晚轮来富，葆生夫人亦同轮。

十一月十三日　星期四

在岳家过夜。今晨往黄处，又未遇，至家在二点半钟。路已将竣工。如此一来，倒也能引起社会一般[人]之热心公益。

十一月十四日　星期五

到老屋，及吴、王及曹、路、汪家等处。知黄又来，及方母方寓姊丈家。

十一月十五日　星期六

上午到店，黄已在。后方同胡宝林来，在店中饭，筱伯也在。后同筱伯到路上一看。晚饭后，黄又来，事无结果。

十一月十六日　星期日

去看陈先生，与筱伯及先德谈。又至仲仁处，顺能亦在。已定明晨回富。计路上看了张资平著的《跳跃着的人们》及吴稚晖白话文等。

十一月十七日　星期一

八时动身至富。十二时同王等中饭。二时开庭。至七时三刻晚轮始来，至杭时已十时三十分矣。到栈半夜整，后回为时已近十二时矣。

十一月十八日　星期二

早上打电[话给]鲁兄，未通。去谒子青。金到，乘九时五十分通车来沪，二时至，吃了一碗爆鱼面，三十文。到土根处。又同大姊、王衷海同至永安买物。晚睡姊家。

十一月十九日　星期三

今晨八时至大马路，永安未开门，往土根处，亦未[遇]。又待至九时，调了印，来校上课。晚又致北京路土根处，未遇。物已取来，人觉疲倦。

十一月二十日　星期四

午后去看国华，未遇。考行政法。晚上复进德兄函，并致函鲁兄。睡已灯熄。

十一月二十一日　星期五

大衣今日穿了。国华同郎君来，请他们吃乡物(核桃酥)。晚上致函家中，计二通。早上看《行政法新论》。

十一月二十二日　星期六

午后同罗、郎去看戏剧《哑女情缘》。

十一月二十三日　星期日

今日至姊家，同珠看《铁蹄红舞》，并买毛线。

十一月二十四日　星期一

晚致函家中，并拙作寄虆以作纪念。

十一月二十五日　星期二

刑分不上。同孙在午后去看手套。

十一月二十六日　星期三

晚致家中函，并拙作寄虆以示不忘。

十一月二十七日　星期四

晚复子青函，告姊丈已往杭，不日赴新。

十一月二十八日　星期五

上午同曾出去调衣衬。去看海青裘，海上真无奇不有，定价五万三千两(碎银)。

十一月二十九日　星期六

午后同罗去金神父路，去访徐某某君，未遇而返。珠亦访，亦未遇。

十一月三十日　星期日

早上到小南门，去看黄淡如，遇到了，看了不少画。到姊家中饭，吃蟹。饭后同阿良、阿毛去东南看罗克滑稽片。晚致函朱及家中及葆兄。

十二月一日　星期一

天寒。今日纪念周，教务长报告本校立案问题，并大道堂图案等，即须赴京云，再候佳音。

十二月二日　星期二

午后，陪陈丰往小东门买衣料，又至嵩山路为大衣事。后至姊家，姊留饭、又息在南市。

十二月三日　星期三

今晨同姊至嵩山路，为姊丈定了大衣。我回校，又由该伙友带去大衣。晚致函家中。

十二月四日　星期四

午后，先生多请假，去听张先生的民法二小时。晚致函鲁、听及秉耕兄。天雨，到潘39房间去玩。洋伞给茶房，他竟把我[的伞给]他人借去。

十二月五日　星期五

午后接沈教务长来函曰立案。王先生未来，物权及军事多未上。本校派代表去接教务长，未来。接家中小产函。为恒事，故我即复往司各特路[Scott Road]。

十二月六日　星期六

午后往北京[路]去看《野草开花》，晚承叶元璧邀至国民大戏院看《小船主》，归来已熄灯。

十二月七日　星期日

早上至根兄处，至姊家中饭，饭后至同孚路，因迁居至白克路，至司各特路[Scott Road]，晚同陈、陈、曾四人至虹口戏院看《情海侠盗》，归来微雨，晚甚剧。

十二月八日　星期一

今日纪念周，潘公展先生演讲。致函家中二通，并复鲁兄及进兄函。看公司法及《社会问题大纲》。

十二月九日　星期二

刑分后，至土根兄处，并往永安买物。晚后又去买火酒定明片，归来洗足就寝。

十二月十日　星期三

今日无可足记。

十二月十一日　星期四

商法不上，故我急急去看国华。因立案后，

国华来未遇。晚同吴、唐、陈、刘、倪六人一同去看梅之《红鬃烈马》，归来一时半矣，归途仅十分钟。商法后来上的。

十二月十二日　星期五

英文上了一小时就退课了，作了家书，整了书，早睡。

十二月十三日　星期六

午后看卓别林《淘金记》。

十二月十四日　星期日

晨往姊家，又往嵩山路。饭后买了零物回校。

十二月十五日　星期一

上午又往姊家。寄西装，买糖。军[事]请假，晚作家书二通。

十二月十六日　星期二

午后去看二场影戏《璇宫艳史》《赌城艳史》二剧，均麦克唐纳主演。晚与倪君闲谈。吴君等又至洋服店，说就送去。

十二月十七日　星期三

六课只有上了二课，致函媺朱，看了《时事日报》之画史说过去、现在、未来。天雨。

十二月十八日　星期四

教员不到，叶君又要走了，我就到南头土根处，并买了零物，预备明日往杭。晚锦山果来，准明晚往，收拾物件。

一九三一年

姓名：项绍京
住宅地址：浙江新登县
求学处：上海闸北江湾路法学院
通知上海大东门江夏里廿一号陶寓[1]

二月十七日　星期二

今日起来已十一时，到老屋阿婆等处。雪厚难行，只有［我］同敦有二人去的。

二月十八日　星期三

到同裕里去吃了夜饭。

二月十九日　星期四

到同裕去抄了账。又到老屋去看看元将。拿了点上海东西去。归来清账。

二月二十日　星期五

今日又清账。父亲今晚到店去了。到土根家去了一趟。

二月二十一日　星期六

今日恒裕对账。

二月二十二日　星期日

又对了账，清了账。到城内洪、沈二处去坐了坐。

二月二十三日　星期一

今日［从］三溪口等［地］回来。国铨兄已在报上发表清账。

二月二十四日　星期二

今日请大有、永裕、致和、庆福经理人吃中饭，倪往六川未来。国铨在座。账已清了点，大致已就。又到姊家同雨田先生家。

二月二十五日　星期三

同大姊、钦、顺、锦山坐轿在松溪吃中饭，到富只五点半。晚同岳母谈到十一时，就寝。

二月二十六日　星期四

今日乘大华［车］，至杭二点钟。乘三点五十分车来沪。在中途车出毛病，费二十分钟。到南站已十时余，坐包车至大东门。

二月二十七日　星期五

饭后坐人力车到校上课。

二月二十八日　星期六

英文人数太少，谈了几句，未有上。课后到姊家。

三月一日　星期日

今天在姊家。午后去买了小瓶白兰地。锦山今日回杭。晚上看了一趟相书。

三月二日　星期一

今晨早饭后来校。纪念周，劳［动］大［学］章渊若先生演讲《训政与法治》，并致书一通。

三月三日　星期二

刑分上了一小时。看《社会问题大纲》，柯柏年著。

三月四日　星期三

公司法未上，同曾去买了半天书。玩书坊，关于读本的书，买了四块多钱，是金价一［样］贵。［果］真海上一般做舶来品的大敲竹杠。

三月五日　星期四

关弟今日来过。接家中来函。报载胡汉民病甚危，可虑也。

---

1. 日记扉页上写上项绍京（即项墨庄）的通信地址，是为了万一日记本遗失，可以让捡到者寄送归还。

三月六日　星期五

接杰书，通知已到沪。债编未上。作家书二通。

三月七日　星期六

饭后因考行政法，去约孙某请看奥迪安。渠因咳嗽，买了中药，托妇婿金公同去煎。后来一位穿西装的强坐去。应对无方法，未见巧妙，终不可得，怅怅。至姊[家]晚饭，睡在姊家。

三月八日　星期日

多方教壬有学国技，终未见效。□□□□关荣亦来姊家，因去看展览会，饭未吃，去看杰生，未遇。自早上出，来回跑了□坊，买了零物。回校。夜饭吃了一碗面。

三月九日　星期一

我去听了民[法]总[则]。午后把壁纸张[贴]好了。写了杰、本埠及进德兄函。我想对于英文、日文、大字及照相等宜极力求进，难有此心，苦无门径，奈何？国华之款今日饭后拿去，他是昨天来的。

三月十日　星期二

早上预备日文。曾同学来说，今日纪念□阵亡将士，放假一天。我就到四马路去看杰，不知先德到否。到姊家吃中饭。复又去，又不遇。复回校，作家书二，就寝。

三月十一日　星期三

下午无课，关荣来，坐了一回，同到国华处。后同到杰生处，到振华，正午后四时五十八分也。因约定五时请他们在味雅吃夜饭。后又到永安玩了一回，回校就寝。

三月十二日　星期四

早上九时，到姊家谈了天，吃了中饭。回到四马路，杰生兄遇。想到北京[路]看《西线无战事》，客满，就到新光[电影院]看《朋比为奸》，回校吃晚饭，作家书二。

三月十三日　星期五

民法债编总论未上，同孙出去买书已乏。余课商法回来上。因王先生未来，去买公园券，亦乏，借孙券，由公园出。呀！春天到了，你对于光阴应如何地消磨？你对于何项功课应如何地加紧？勉励(自己)，不要为羞耻而不前，不要因艰难而后退呀。

三月十四日　星期六

只有上社会问题。上课正作书时，杰同周宏模来，陪同游。国铨兄来。晚作书二，同铨兄谈。晚甚吵，睡不安稳。

三月十五日　星期日

上午未出门，国华已来，同至荣弟处坐了一回。又到振华[处]看杰，同杰又到江苏[路]去看先德。至姊家中饭。饭后同珠往上海戏院看《西线无战事》，回来作家信二，荣兄函一。

三月十六日　星期一

民权[课后]，同孙往北四川路买蛋，买公园券。晚同青谈，看断肠诗词，系朱淑贞女士的。就寝。

三月十七日　星期二

晚饭后，先德来。先亦在饭店吃，后同去谈至八时半。读日文，又看断[肠]诗，就寝。

三月十八日　星期三

公司法不上，出去找杰、先德，未遇。往齐天舞台看日本天左天胜魔术、跳舞。往杰生处，先德亦来，共饭聚昌徽馆。归来看《生活报》就寝。

三月十九日　星期四

行政法仅上了一小时。作家书及二舅函。荣弟来坐了一回。

三月二十日　星期五

债务[课]未上，往游一公园，玩了一小时。上课、就寝、游园，看断肠诗。

三月二十一日　星期六

铨兄今日同先德往宁慈。予同孙、曾、陈、徐同步靶子场，后还往上海看《情种》。归来吃面，就寝。

三月二十二日　星期日

早上开社会科学会。十时，听王云五先生演讲《江浙犯罪论》。到姊家中饭。晚饭后回校。去看杰生，未遇。

三月二十三日　星期一

去听民[法]总[则]及法理学四小时。军事学说前次的考大多是不对的，说了应如何如何。看了几篇《爱的教育》倒是很有意思的。

三月二十四日　星期二

军训请假，我就到姊家去问壬有回去否？因种种不能去，后回校就寝。

三月二十五日　星期三

公司法[课]又请假，同青兄往花园街玩了一趟。至先德处，未遇。买了物、书，又去，始遇。永康亦在申，谈天，同吃晚饭。饭后由张茂生招去，到南园看跑狗。归来，因无车，走六七里实苦甚。后息在江苏[路]未回，与先德共铺。

三月二十六日　星期四

早晨来校，社会学[课]又请假。行政法[课]下课，火车已撞死人，一妇女，四十余云。今日天骤寒。

三月二十七日　星期五

今朝课很多，午后有点头痛，托铨兄拟了方。傍晚先德来，知尚无头绪，如此茧业可叹，准明晨早车动身。

三月二十八日　星期六

今晨同铨兄乘九时快车到杭，在聚英[旅社]停一宵。去会了王先生，托他讼事从速。叶芹来访铨兄，铨因应子青邀晚餐，我因忌口未去。后来电话询，知渠有衣料一包要带来新，故谈了“如无热诚则无事可成”。

三月二十九日　星期日

早轮到富。铨兄往窄。富因无轮，为了扫墓，叫不到。在富住了一天。同岳母、治弟谈了不少关于来泰[米行]的事。又同全浩先生谈了关于包恒泰及永清的事。去修了面。

三月三十日　星期一

到松溪吃了中饭，已知了一月来情形。到家已将二时，同父亲谈。土根来，又坐了一回。回家吃药，吃饭，及同蘩叙一切。致姊丈函，告到家[以]慰母。

三月三十一日　星期二

早上去看长富的病，午后又到老屋为关荣送画去。四叔酒饱，与哈林发生口角。晚饭回家吃，吃阿荣先生药。并寄先德函，告大成、同和合作，问协和茧有出售否？

四月一日　星期三

身热虽愈，但便疾未愈。故亦未见舒适。

四月二日　星期四

泥水匠今日来了，故到傍晚将草带来，等种好，是同蘩祁一同种的。今日国铨来，故未谈天。

四月三日　星期五

早上去看了长富。午后到县署，他们正在开建设会。我就到城隍庙去看了一回，又到惠来亭去看苗圃。

四月四日　星期六

衣裳拿去叫徐司务改了改。到小姊家看长富，瞎子正在问卜，后来我也算了一个命，父亲也算了一个，说长富是要避开。我到县去领了建设会车马费，出席五次计二十块大洋。我就[捐]助在公园内。

四月五日　星期日

长富躲避在店内新楼上。我稍稍计了三家账。晚上看《民权》二十页便睡了。

四月六日　星期一

早上把黄杨木种了种。过清了几笔账。二叔为渠事上三溪口中，如此细账没有一个，不设法为尔消去，只顾做守财奴，不来贤德，是一件不容易的事呀！

四月七日　星期二

起身很迟。国铨兄来为了拟复给通事呈文。拟把菖蒲种过，至后园去看了看。种书带草，是从后河头取来的。装衣裳(夏)。

四月八日　星期三

把家内的事接洽了一番，账理理好。预备十号动身。

四月九日　星期四

今天叫泥水匠把后园的地开了开，预备种早六谷之类。高公安局长来访，我因为正在种菖蒲，故挡驾未见。午后同蘩理母亲、壬儿衣服，谈得甚欢。后去回看高局长。又同超姊话了一番。

四月十日　星期五

叫了三名轿夫，一位因为脚痛回转去了。到姑家，天已下雨，乃在姑家借了轿衣来富。晚上在佩钦家吃饭，因为请姊丈，承他送我。回岳家睡觉，同岳母谈至十一时就寝。

四月十一日　星期六

乘早轮到杭。吃了饭，到王先生家。王先生邀同到青年会沐浴，可谓做了三年会员，才今朝第一次享受权利。晚同端林兄弟在湖滨散步，请他们吃了便饭。晚上嬉大世界，券是锦山买的。

四月十二日　星期日

同锦山、端林的弟乘早车来沪，到姊家吃了点心，同到四马路谦吉楼看徐某，想看古董，未允。回姊家，火车[票]是我买的。

四月十三日　星期一

早上同锦山往南京路小东门法租界等购买零物，至姊家中饭。后土根来坐了一回。回校到荣弟处。晚饭后又到国华处坐了一回。买了一本江先生著的《刑法新论》。

四月十四日　星期二

日文请假，刑分今日考了。考后往姊家及金先生处。归来作家书二通，就寝。

四月十五日　星期三

国公[1]今日考的债编，因掉(调)了教员，所以不考。晚上同孙、吴耐安一同到新东方看意大利歌舞。恐怕是罗宋人，是靠不住(也说不定)。公园券由关弟交来，已遗失，不知去向。

四月十六日　星期四

社会学考了，行政法只上了一小时。锦山同关荣来，后往□□，是可忿的一回事。

四月十七日　星期五

锦山今日回家。今天考商法、物权。王先生未来，因病。先德来。

四月十八日　星期六

关荣今日回杭，我课[后]往筱伯同至金处。晚饭宾楼吃饭，及在天蟾舞台看戏。晚息在江苏[旅社]。筱伯同先德睡，让我独睡，厚意可感。

四月十九日　星期日

早上起来到半竺吃了面，我就到姊家，中饭是吃不下了。同阿毛等五人去剃头。吃了夜饭，至江苏旅社，筱伯同先德出外，未遇，我即回校。

四月二十日　星期一

上午，为选代表大会停课及纪念周，我去寄了挂号信。午后，听了民法。晚饭后同铨同至先德兄处，又去看磁盆，岂知多有病的，故帽也不买了。回校就寝，在四至五时作了二家函，因为今日是三月三日。

四月二十一日　星期二

今天先生请假。青为英托人无从想，早有练习，不至如此情。接家书，知大概。一悦习大字一张。同济大学校长胡德华当选，约一千八百余票，惟法政一票也没有，不知何故。

四月二十二日　星期三

午后一课也没有，同张杲往会文堂商务买了书。我又往北京路盆汤弄买了东西回校。学习了英文字，就寝。

四月二十三日　星期四

王先生还是请假。商法的分数到批了来了。天又下雨。看了法学杂志，就寝。

四月二十四日　星期五

商法、物权未上。作家书二通。同铨兄去看了一回工程(造大礼堂)。看了几页江先生著的《刑法新论》。

四月二十五日　星期六

张先生的英文是请了另一位先生来代上的，上了一小时就下课了。温[习]了日文。天雨。往金先生处去了一回。二至三[时]听劳[动]大[学]教授演讲。

四月二十六日　星期日

同铨往姊家中，遇高、楼二君，为合伙事，谈了一回。五时往城隍庙玩了一趟。晚同珠、铨乘车回校。晚作家书。

四月二十七日　星期一

纪念周听大夏[大学]副校长欧元怀先生《论教育的前途》。午后，听民法。晚同铨兄谈感慨语。

1. 国公：国际公法。

四月二十八日　星期二

刑分上了。同孙、曾同往戏院看晨光魔术。出院晚饭后，同铨兄参观工程及往虹口公园一带散步，会同持志。在此地旁观赛球，忽然闹了全武行。

四月二十九日　星期三

民法总则［课］不上。我同铨想去拍照，至四川路车站，天欲雨，急回校，未去。晚上预备英文。

四月三十日　星期四

物权法［课］请假。晚上读。日来开了同学会，又同叶、曾开了社会科学研究会。天雨，又延长时间，甚无意思。

五月一日　星期五

公司法［课］请假，同铨往四马路拍照，跑了书坊，回校。晚饭后又同往公园附近及持志去了一回，罗郎未遇，回校。王先生又请假。

五月二日　星期六

上了国际公法［课］我就到姊家，迟恐姊丈遇不到，或来不及，故当夜宿在南市。次日来校。大姊与珠流了不少社会之泪。

五月三日　星期日

吃了中饭，我想去同他们去看影戏，客满。五时并往金先生处。回校知端林君因急病过在茶园。作了家书，未竟就睡。并作致张科长函，为寄建会收据。

五月四日　星期一

起来继续作竟，寄出。民综请假，时局已大变。知铨兄之担保不适用。我看了法刊及英文，就寝。

五月五日　星期二

铨兄今天去，［担保］又适用了。今天请假，因天雨，未往姊家，看了杂书数小时而已。

五月六日　星期三

课后往工程去看了一回。晚杂看书本就寝。今天原来是立夏，已忘之。如若在家，原当另有滋味。在外亦无少节气也。

五月七日　星期四

晚上同罗君谈到十一时半始寝，精神疲倦不堪。因同孙君往靶子场后玩。同曾［同学］经司各特路回来，足足走了二小时，结果花园未去玩。

五月八日　星期五

晚，王先生请假，无课。电灯出毛病。叶君邀请到戏院看戏，归来遇孙君于途，至校内。熄灯即就寝。

五月九日　星期六

英文后往持志［处］。听民权［课］，与孙同去。在持志［处］中饭，承郎君请客。午后国华来，谈了一回而去。

五月十日　星期日

社会科学。开会，沈教务长关于司法的改革，出题有奖。我于十一时往姊家吃饭及剃头。天雨，回校。先德兄及杰生为恒和茧押款事来沪，谈到九时半始去。

五月十一日　星期一

接家中来函，知讼事开审，王先生关［于］连带责任未提及，故急急写了快函，往四川路寄。大雨。晚来作家书二通，七［张］纸。

五月十二日　星期二

天已放晴，大礼堂今天一日工程倒森森有生气。晚作函寄舅父，告一切，四［张］纸。

五月十三日　星期三

国公［课］请假，王先生有事。债编［课］上了，就往金先生处。折回大马路，至天福，买了护肤品回校。寄家书一则。

五月十四日　星期四

晚上同房学友大谈相法及地理，熄灯后犹洋洋万言。天雨。

五月十五日　星期五

王先生商法来上了，物权还是不肯上。铨兄今日往高等检定考。晚看《道德哲学》，张东荪著。生了二个口疮。

五月十六日　星期六

傍午接朱来函，知渠有往首都意，不得不往一谈。回校上课后知三友实业社今日减价截止，又往。同鑫、壬同往，息在姊家。

五月十七日　星期日

早上往永安，岂知全日休息。回姊家吃午饭。天雨，急回校。登车知是往新中央，看歌女红牡丹。看还天雨，坐人力车回校。同铨兄谈了一回，渠明日往杭回家。

五月十八日　星期一

铨兄今日回杭。校长在纪念周报告关于缴文凭等事。军训请假。民法是去听的。

五月十九日　星期二

今日上刑法下册，上得 30 页。债编也上的。

五月二十日　星期三

物权也请张映南先生上了，讲了物权的意义，未上书。

五月二十一日　星期四

关荣弟及国华来，未遇。国华后又来，遇到，为转学。行政法[课]下[课]，往永安去了一趟。回来正上物权课，走进课堂即大雨骤至，诚事甚也。永安办事，将样印不毁，签名及盖章存据是他写的。我要签字他不可，只说有印已足，不知其理何在。

五月二十二日　星期五

公司法[课]下[课]，孙坚邀去买书，跑了书坊，买了《民法债编总论》及《浮生六记》回校。在四马路石路天津点心店吃面同火烧，回校已七时。

五月二十三日　星期六

李先生请假。荣弟来，因雨不往南市。项云鹏始又遇面，来此小坐。晚看《曼殊集》，曾记数语，备寄蘩、祁。

五月二十四日　星期日

往姊[家]中饭，姊备鸡翅。荣兄亦往，同去看东南暹罗[1]，怕难为情。晚饭回校作书致蘩，明日再寄。

五月二十五日　星期一

民法[课]后，军训请假。着西服去照相。晚去看郁文。拟请白高雯买书，知此小书店可代买，故拟明日去托。

五月二十六日　星期二

刑法上了二个钟头，就退课。债编[课]下[课]，孙邀往持志那边吃饭。饭后，又到郁文处坐了一回。

五月二十七日　星期三

接家书二封，蘩有三封，第一多了土根、关荣来书。叶镇芦君来叫我，就让他去买参并寄回信。

五月二十八日　星期四

夜课下，天闷甚。已熄灯，叶君邀往校外散步，十二时始回。

五月二十九日　星期五

中午请假，同孙同往。国铨兄去买了礼券，是送赵连新君的。今晨做了几句，有关大车轧死人。

五月三十日　星期六

国公[课]未上。荣弟来，天又下雨。拟为蘩、壬子事去接一下头，免叔念。往姊家，丈已往杭，荫青之妻亦在。晚往东南春联看歌舞，丑极。

五月三十一日　星期日

起来已九时。剃了头。往小南门，未遇黄君，回来吃饭。饭后同母亲及壬儿往邑庙拍照，玩了一趟，我即回校。便道去看关弟，少坐，回校。晚看《红叶》刊。回校时先往金先生处谈茧事，并看《时报》，坐很久。

六月一日　星期一

清晨拟往吴淞，因孙坐睡楼下，为蚊所累，我亦有同病，故未往。午后，同罗镇往奥迪安看《兽国春秋》。晚饭是罗邀往广东饭店吃，比前次吃地(的)较好点。又承邀往静园吃冰，我吃咖啡茶。

六月二日　星期二

刑[分课]上了二小时。晚同叶镇兄往北四川路买了蚊帐，晚急试用，钉了半天，钉不上，仍借旧钉挂了。次晨，三个蚊子吃得同红灯一般。

六月三日　星期三

蚊帐太小了。债编[课]下，即去调七码的，又没有，只得调了六五的。傍晚得铨兄快函。晚，他亦到，带来豆豉一包。

六月四日　星期四

行政法限了范围。英文下，就寝。梦很多。

六月五日　星期五

中宪史也限了范围。晚来查了几本参考书。

1. 东南暹罗：指泰国人妖表演。

六月六日　星期六

早上起来太迟了，急去上英文。下课正拟做试卷，罗同学、吴宏宇坐谈，未及做。饭后，社会问题下，往金先生处，回校有雨。

六月七日　星期日

早上下雨，南市想不去，因祺叔之子事，不得不去。往黄淡如处催画，往邑庙取照，不佳。四时劝了炳南一番。晚饭后回校。与铨兄谈。作家书，十一时就寝。校中浙江同学会成立，欢迎毕业，有游艺，是午后一至六〔时〕。郁及郎亦来，未遇，已演完，是铨兄告我的。

六月八日　星期一

早上预备了日文，读了日文，听民法〔课〕。军训请假，拟了行政法试卷。

六月九日　星期二

上午上了日文。午后往金先生处。刑假债〔课〕上的，预备制宪题。作家书，并奔川先生函。

六月十日　星期三

国公〔课〕未上，债上一小时，物〔权课〕是照上。商法〔课〕请假，来把制题誊了一本册上。炳南午前来，同往公园谈。晚作家函，慰祺叔，又致舅父函。

六月十一日　星期四

社会学〔课〕照常上的，行政法〔课〕上了一个钟头。物权课不上了，预备国公题目考卷。社会学分数批出，尚属称足。

六月十二日　星期五

今日停课，上午帽子拿去洗。傍晚同孙、铨同往吃饭。尚早先到后面去玩了一趟。

六月十三日　星期六

今日也停课。我先想今日往姊〔家〕，明日不去。后来一想，还是明日去好，就习了日文，把行政法抄好了。晚听曾之姊丈王君说持志开游艺会送毕业，同孙、镇、王四人一同去的，少精彩。

六月十四日　星期日

起来八时半了。今日是举行毕业式，胡庶华、钱新之等演讲。听到十一时，急往姊家，到姊〔家〕已十二时半，因校中的钟太迟了。吃了晚饭，同珠同回来，到校请假，预备了日文就睡。

六月十五日　星期一

上午考日文，下午考军训。商法可以不考，我就出去买了一回书，跑回来已七时多了，到民生馆吃饭，饭也冷了，幸得干菜汤吃了一大碗。上午作了家书二通。

六月十六日　星期二

上午考了英文，午后考刑分及物权，晚来抄中宪史。抄得晚了，同学坚邀往对面吃了一杯冰淇淋，是罗君请客。

六月十七日　星期三

债编考下，往北市买零物，去看先德。回来铨兄亦在，少坐，又往外买物。回在第一春〔吃〕夜饭，饭后同铨兄回杭。在抛球场又失窃，怅怅回校。晚来为蚊所扰，更不成寐。讲义费今日领回，正囊中空空。

六月十八日　星期四

二时醒来，知洗衣帽之单亦已失去。五时急急赶往光华，挂了失，填了保单，总务处未开门。考了社会学问题，饭后去取衣。

六月十九日　星期五

早上考了公司法，饭是孙请我的。饭后将铺盖、书等装到姊家，坐了。正拟动身乘车，荣根兄赶到，谈了片刻，即同炳南坐电车至北站。等了一个多钟头，坐六点钟车回杭。同行有铨、关、珠、炳、我五人，车中谈笑。微雨到杭，寓聚英，关寓城站。

六月二十日　星期六

早上打雷。会王，因王有庭，约五时。故往清河坊买了零物，回旗下吃中饭。饭后到青兄家玩，又同铨往西大街，又往，惟康、张未会。与宓、孟、余君谈后，叔承先生来栈谈。晚往王先生处，后又往龙翔桥谒吴镕，未晤。与张丹忱谈了一回。回寓买了一瓶冰淇淋，应用热水瓶〔保温〕。

六月二十一日　星期日

起早乘早轮回富，坐旁有狐臭者，故只有时出外间，眺水大。到富已十时余，在岳家饭后，不危姑丈来谈及夫子庙今日开教育展览会，大多不脱土气，恐又多非庐山真面[目]。回来到乾源、新万隆泰及焕兄处稍坐。晚十一时始寝。

六月二十二日　星期一

十时家中轿来，岳母以水涨挽留。因轿来，故坚决与珠同回。到太平庵，乘竹筏至石塔头，约八九里，轿来回[加]筏费竟花二元四角之多。到松溪，吃了点心，天又雨，急回家。到家知父亲之病，已非信中提及的那样。劝父往杭医治，父以出门不便、蔡先生看亦看得很仔细[为由拒绝]。

六月二十三日　星期二

今晨，蔡先生来，[父亲的疖]已有三个，第一个竟深二寸。致函听甫、鲁兄。到县署去了一回，公安局及洪先生家，止戈先生家及蔡先生家。(因发热，吃蔡先生开的药)

六月二十四日　星期三

午后往老屋、汪家去坐了一回。采娥今日来市就医。

六月二十五日　星期四

日来算自己所用三账。晚来看看《妇女杂志》及《罗马法》。午后睡半小时，觉得乏力，脚底热。

六月二十六日　星期五

同上。

六月二十七日　星期六

同上。

六月二十八日　星期日

铨兄今日来市。

六月二十九日　星期一

今晚一小开毕业游艺会，阿南来邀珠往。观南同玉枝及杏儿均在我家晚饭。

六月三十日　星期二

荣根兄今日回来。袜子等已买来。铨兄今晚回家。稿子承渠送至家中来接洽。

七月一日　星期三

旧历五月十六，街上的摊子不多。早上雨，午后晴。说笑话：早上皮匠老婆想吃肉，午后皮匠老婆只好嫁人。听说汪、兰已来。

七月二日　星期四

今日金甫起早往杭接母亲。壬有大约八九号可以回来。铨兄今日又来，为山事。先德兄亦到。

七月三日　星期五

铨兄、先德今日回家。

七月四日　星期六

起早，依旧八时起床，同德新谈了一回。洪先生来谈了一回。倪同荣兄为店事谈了一回。父亲之疖今日收口了一个。

七月五日　星期日

今晨起早了，未六点起床，理了衣裳，挂了帐顶。葱兰头[开]放有七八十朵之多。兰来店中谈东京情形。

七月二十三日　星期四

早上买了肉去送殓垒先生。知挽联已就，即请巍然书于绫上，寄往汉口。又同庚有往蔡先生处看疮，竟[有人]放了空气说我“叉麻雀去，看路人拔草”。在途遇俊生，谈了一会。今晚起，应读英文。

七月二十四日　星期五

上午，謄了信底。午后去托朱先生绘扇面。到老屋去坐了一回。关荣、三婶多都在扭痧。又往曹家，为拔草事，同俊、杰二弟兄同在路上走了一回。晚继续读英文，以后应努力。水声起急。

七月二十五日　星期六

天阴冷，清了账，回家。午睡后，吃挂面鸡蛋。至店中，出函听弟，告书收到，并邀萍妹及三多弟等(来)新游玩。因前信“天冷来玩”，未识来否。

七月二十六日　星期日

上午算丝的账，盘余的账。午后河水大涨，同虁祁、亦珍(翊澂)、亦玄(翊沅)、小兰同往塔山，因惠来亭利生云不能行，因水已涨至夏官地口，由马站岭路回，至江西会馆前为水阻，虁套鞋已印(渗)进水。晚因电灯出病，英[文]未读。

七月二十七日　星期一

早上煮了鸡，摘了桃子。午后又时雨。傍晚又采了桃子，恐为雨伤。晚同壬儿规劝了一回，因渠吃物没有节制，敦儿日间不肯读书。蔡先生处六谷又送去少许。

七月三十日　星期四

上午用燉鸡的碗燉鸭，中午犹未曾熟。二婶

请珠吃，适阿南同玉枝来，我留午饭。后二婶自来邀，未去。周师今日往永昌为洪先生之祖看风水，故壬有等停课一天。阿南来吃晚饭，往后路走一趟。

七月三十一日　星期五

早上到店，同程金镛谈一回天，知他是去秋八月息业至今。午后，敦有太顽皮，我就决意要他看牛，后又来，母亲骗他才罢。闻荣根兄云顺能之病加剧，今日送回家。晚来天气转热，洗浴。桃子今日摘完。

八月二日　星期日

早上接到子青寄来幸运之链索。作了九封［信］，寄朝元、国铨、逢春、国华、允锡、镇蕃、汉英、小镜、晓春九人。姑母来谈了一回。

八月三日　星期一

上午为姑母、阿连吃饭做了帮手，由王奔川之弟关照，知王先生已到新。今天吃大西瓜，有廿一斤重。预备了送姑及阿连之回物。致函国华、毓林，告持志已立案，知之江中学部已立案。晚看报。

八月四日　星期二

昨夜一晚只睏(困)了一个钟头。早上又因为父亲做冬衣，只好走起来裁。适父亲来叫为祥说事，回来又睡了半小时。又为周子鲲先生为友借款。午后，往洪先生家。傍晚，王奔川来，乃弟暨子鲲先生及周虆之共饭晚餐。

八月五日　星期三

上午晒父母的皮衣，今日天气颇好。取了二本《红楼梦》到店里去，有空的时候可以看看。

八月六日　星期四

上午晒自己的皮衣。傍午彩娥来。午后，忽风，毛雨。急收衣服。宏庆司［务］为我裁了棕棚，并铺在母亲的半边铜床上。晚上来，朱为席子，不吃晚饭。晚同母亲谈庆福的局面。

八月七日　星期五

到荣兄家，中饭后，杰生、关荣五人同吃。后来，胡志成来谈了考学校的事。王先生未来，挽留了周先生。晚因方氏同内［子］口角，多解劝了一回，并同春兰、小兰说了一回。

八月八日　星期六

上午漆匠来油窗门。父亲今日脚痛带泻，因昨日吃子鸡受寒云。陪王先生午饭，叫轿送他，已去，西瓜也未请他吃，［招待］不周。晚桂兰因玉辉打她，哭来。因玉辉前日往白家，数晚不回。倪方氏又同朱大为口角。看《罗马法》数页。

八月九日　星期日

父亲请曹先生看泻，有红白积。午后，得顺能耗音(噩耗)，荣兄赶去。晚看《罗马法》。托周先生看八字，周师有病。朱同方氏吵，睡时犹未已。后我［调］解，回始息。

八月十日　星期一

写了赠卓成赠契。同四宝内等谈了彼之前夫。今晨父亲，接阿荣先生来医治。晚同周先生谈金顺［能］受党之［迫害］起病。晚聚谈，连(联)想以前种种，无不凄然。

八月十一日　星期二

父亲之疾已好点。早上送契纸到卓成处。后阿荣先生来，俊生来，俊生在店中饭。午后，微雨。晚同周师谈风水。我内腹中隐痛二三日，故托阿荣先生开方。

八月十二日　星期三

早上，接陈康侯来函，知泰县水灾，我即复了，又致函允锡、镇蕃，问近况及校中情形。晚来周解说了一回各人八字。听父亲说，关荣明日往。接子青来挂号函，为哥泽民投考之江事。

八月十三日　星期四

今晨寄鲁兄函。宏庆司来上窗门。点心［时］荣根来，坐了一回。同梁、壬、敦同往塔山去玩了一回。知大树已斩了三株，一株最大，诚可惜哉！几百年物也。托周先生批的八字已批好了，同父亲谈了一回。谷已粜净。

八月十四日　星期五

曹以忠父亲七十冥寿。早上备了盘担送去。后上钦先生来，同坐了一会回来。午后，筱伯来，祖荣来，代看了框板。锡元来，晚饭。爱弟跌了一跤，头上一伤，额上。洗浴，晚热。周师晚来，多咳喘。

八月十五日　星期六

上午对了同黄淡如的账，今天天之昌的帐友同祺叔大起口角，为日货索寄。昨日起做文明戏。今日来销长期券。我请周先生去看，叫灶富叔陪去。早治来，为长泰买谷。晚同春兰看信。朱起误会。

八月十六日　星期日

上午剃头。傍午晏清又来，叫了荣请他吃中饭、晚饭。晚托利生陪他去看嵊县戏。我稍有喉痛，请阿荣先生开方吃药，喉痛药寻不着，不知放在何处。

八月十七日　星期一

早上姑丈来，与谈，在店中饭。同炳钊谈宝进先生典妾事。遇志同、邵宝益、宝华，谈了离别十余年，请他们吃了茶烟。后姑丈又来，谈金元为献荣房子出屋事，并谈了公墙。复沙山及听弟函。晏清今晨往缪家。

八月十八日　星期二

周先生说明日停课，渠往永昌为洪先生之祖墓卜地。傍午，章桂兄来，为乃弟款事。已脱去山头一块，九百余元。故午后他又为文波先生吃参洋及□□款事，故谈了一番。敬臣及心泉先生来。

八月十九日　星期三

晏清的信退出了，晏清又来。宏庆司务今日来锯匾料。为春来生疮，叫他到荣先生处去。午后，四叔来，他吃了酒面。我因胃火就旺，请曹先生开了一张，吃一帖。又往姊家为谢周先生议决要医否。

八月二十日　星期四

早餐毕，往曹家去坐了一回，为丈量石板及猪栏事。并同父亲谈了三货。午后，周先生来。傍晚，量石板。晚同周先生送别，并出扇面示之。杰与瑾来店中谈了一回，钟镜吾亦谈了一回。

八月二十一日　星期五

早起为亲寄母买菜做周年。午后，做莲子、枣子、米仁、人参糕，父亲吃了还对，晚母亲感事久久不睡。早上阿良、壬儿同看五色祥云，盖今日是旧七月初七日也。

八月二十二日　星期六

周先生今晨回家，请他吃面，以期长寿。后同俊生、杰生看猪栏等。又同壬儿同往曹家园中去玩了一回，承他送葡萄及斛尖。午后，请蔡先生为庚有看天火炮，用朱砂水洗。壬儿误吃，兼之今日玩得过劳，故吐。珠明晨往，幼生接去，同母解释。

八月二十三日　星期日

往洪先生家坐了一回，同心泉先生谈新登社会。午后，筱伯来谈新仁昌，为印花事。祝三先生亦来，谈征收。做莲子、枣子糕。脚向有余疾，晚发鱼翅。催苏林司[务]来做生活，为晒谷之用及理漏。

八月二十四日　星期一

朱风书先生扇面已荷绘来。今日拟晒画，将画搬了下来。因天不定，拟明再晒。因裁缝明日来，又将搬了房内，理了一回对子。叫荣请锦山、三叔吃夜饭，看夜戏。前日请周先生看买重笔了。

八月二十五日　星期二

今日裁缝来，为壬儿、母亲制衣。拟不日往申。泥水木匠来，为拆猪栏。(永亨)小屋，姑母今日来看，阿珍生疖。同锦山、三叔谈了一回嘉兴情形。后日竟日致函家鑫，索育材章程，梁、壬要。壬儿眼尚红。裱画工已付给。

八月二十六日　星期三

今日木匠泥水十余人继续拆屋。午后，往洪先生家，知妻请阿荣先生及谈花款。往老屋坐了一回。富寄来素烧鹅等。晚餐后舒局长来，知适杭回来看画，可理了请他看。约九时半始去。

八月二十七日　星期四

早上洗了足。后[去]公安局，向舒局长谈话，并邀他吃饭，未回。又往洪先生家坐了一回。知阿荣先生已来过。午饭后，正拟午觉，心泉先生来谈了一回，看画多时，极赞玉壶及征明画。晚理书籍报纸，因后日往富。

八月二十八日　星期五

上午晒画。惜乎没有太阳。午后剃头，往县署及友桐、程三坐了一回。回来到蔡先生处坐了一回。回至店中，沈责备炳南，往大有函。回家知地已平好，锁了画箱。幼生来谈了一回。理箱准备明日往富。

八月二十九日　星期六

今日往富。收拾零物，往店拜别父亲，到松溪坐了一回。敢情是一路太阳到石塔头，更热，幸有风来。到富午后三时半，即往包[厢]同全浩先生谈，又至通和裕同柏先生谈。一回旅馆又与陈瑞林先生谈。回胡家知鲁兄明日来，听弟电话。

八月三十日　星期日

早上闻鲁兄要来，又不知钟山先生在不在校，不知鲁兄何日往杭。早轮到，知鲁兄拟当日回。知钟[山]在校，幸甚。故予即拟即日晚别王往杭。一时动身到大桥，已见船来。上船不多时，即开。因人满，开房间。三时半即到杭。

八月三十一日　星期一

早上叫锦[山]去叫先德同游各庄，以刘庄为最壮观，蒋庄亦尚不差，惟高庄零落可叹。共饭于五柳春，吃栗鸡、醋鱼等，归来时已五时。

九月一日　星期二

母亲与壬儿由锦山同先德同往。予同金甫往宏裕，承康先生之邀，吃中饭，往同惟康，均未晤，回栈。同金甫往王先生处，商量过恒泰事，拟洗浴，因雨未果。甫出城，予即往大舅兄处。

九月二日　星期三

早同鲁兄往总课堂边看图书馆及科学馆工程。正在课堂稍坐，杰生电来，知荣兄同，因事不详，故于疑惑不定。后午膳，即往城内，致函父亲。洋车同荣、杰往之江，又往二龙头看工程，往六和塔膳后，承鲁兄用汽车送城来。

九月三日　星期四

乘九时五十分车来沪。车误一刻钟才开到站。锦山已来接，叫车一乘来接，不料弄错，到曹家渡，过渡乘车来栈。到大马路走了一回，回栈就寝。

九月四日　星期五

今日早上起，天雨。同往宁绍，为程掉(调)股单。在南市同华楼中饭，后往大姊家少(稍)坐，同往荣买布加上信。回南往亨达利问表，往永安玩了一回，大观楼晚饭。临睡吃零食，牛奶改葡萄。

九月五日　星期六

早上大雨，未出栈。往北同华楼吃晚饭。后往宁波同乡会，看沈又韩画。又往新世界看俞剑华画。均未脱俗，恹恹归。晚往大观楼吃晚饭，走了一会回栈。

九月六日　星期日

往南市同华楼吃中饭。饭后往姊家谒淡如，未晤。回栈，往穆丰泰吃小笼馒头，往游大世界，在内晚饭，至晚十二时始回栈。知永康在栈，又同先德、杰谈至三时，已精疲力竭，洗足就寝。

九月七日　星期一

早上往金城交费。永康到大姊家吃中饭，杰生、荣兄同座，吃鸭。饭后理书，入校注册，195号。又同荣兄、杰生去虹口寻子文不着回栈，力疲甚。往悦君楼晚餐，吃冬瓜火腿鱼片。记用途。致曾函。定铨艇。

九月八日　星期二

早上往老半斋吃面，午饭悦宾。饭后，往西门谭画，走了半天。回寓承阿祥邀杰吃饭，予与荣求同往吃，义茂源。饭后看天蟾舞台，看十六本《封神榜》，想如此角色生意，竟门庭若市，可笑耶。

九月九日　星期三

早上同杰、荣往钟柏生处，坐了一回，到悦宾吃中饭。回栈午觉，往北站宝山路寻[吴]待秋画寓，久寻不得，后始得知已往苏门。晚共叙悦宾，柏生亦来谈画经，颇合，诚一见如故。承邀明日观画该寓。看南京的影戏。

九月十日　星期四

早上同杰往冠生园买月饼、陈皮梅，托他带新。饭后睡觉。三时，往钟处，钟未回，又往新永安走了一回。钟来看画，看了并到附近知味观吃醋鱼等杭菜，承他会钞。

九月十一日　星期五

早上起早送了他们上站，我打茧条交与钟处，回姊家，知阿珠今日往杭。看了一回报，去睡了半小时，吃中饭后又睡了一回，故晚不大要睡了。作了家书。傍午，忽然腹痛大作，泻了二次。忌口吃素菜。午时茶。

九月十二日　星期六

今日犹未愈，泻了一次。午后往淡如处，知已往苏，要月底边到申。该妻出瑶笙赠彼夫妇四十寿画，一幅上面五只猴子，一对白头鸟等，不如挂得一幅出神。夫人说画画要三百多洋钱。

九月十三日　星期日

早上看看何公为先生之亲家讣文。午后同梁、壬三人去东南看《法宫艳史》即《流浪国王》，往大东买热水壶。晚饭后，知江夏里近来打花会颇甚，受害不浅，另谈种种。

九月十四日　星期一

早上乘车来校，整了一天书籍、床铺，将注册证取了来。教员大多更动，知戴君亮及王去非先生已不来，同黄泉洲谈前清取考等。作书，寄家中，并复吴炉玄函，明晨寄。

九月十五日　星期二

上午上保险法二时。午后去翻新报，陈太傅收件处。上亲属法。晚上法理学二时。到舍大雨如注，后同曾澈往大礼堂上面去玩了一回。[屋顶]上面是用铅皮，有利有弊。记数日来日记。

九月十六日　星期三

债务的教员未有见到。午后同孙、曾、向往会文堂买书。予又往时事新报馆求陈宝琛、宝熙字及看云楼书画，到九福堂买纸，见有王一亭先生画：五老上五峰，五枝松树，五只白鹤翁，画极有情趣，一首五绝也题得趣极。因不遇，各自回校。作家书二通，曾家书一。

九月十七日　星期四

上午上了四课，午后包书整笔记。正将上课，郁文坐谈良久，邀往该校游玩，并邀在该[校]晚餐。上汽车，听说大洋二角，铜板没有，车上无兑，只有下车去兑。不意今去看赛球，故未及时[去兑]，[汽车]即开。后坐洋车回校，路阔人稀，心恐。

九月十八日　星期五

早上，上了海商票据。后债务未上，同孙往四马路买书，见旧书坊有钱谱印谱甚佳，借价昂未买，回校。晚上社会政策（下）课，第十室知朱在内上课。同孙、曾谈各师及读校中同学，谈及将来出路。复青屿函。

九月十九日　星期六

早上同孙、曾往虹口公园玩了一次，看了一回书。午后上课上到六时，晚读《白香词谱》《古今词选》至九时，忽茶房叫说叶叫，即去，知因病问梨膏，其性若何。

九月二十日　星期日

早上到姊家，寄了家书，剃了头。是由南京路去，光买了月饼，就算度中秋了。饭后，往钟先生处，未遇。江夏里内突然来了一位羊癫病，立时倒地，后愈，送以船川。晚吃菜粥，味甚佳。晚同朱回校，起倒同车，半途分路亦奇。

九月二十一日　星期一

日文课之后是纪念周。院长告日本出兵山东事，同学多激忿，有言论发表，至十二时半，因坚决不下，一哄而下。审判课请假未上。晚看《燕子笺》，并将铺位调转来。

九月二十二日　星期二

早上，上了四课，午后无课，往南京路买纸笺，并去取看云楼画。未耽回校上亲属法。阮师请东吴[大学]陶师来上，诸不合度，引起同学之不满，第二时未上去了。故晚亦无课，再看《燕子笺》。

九月二十三日　星期三

八至十[时]，上社会科学课，开会选干事。上债务，是周新民上。午后上刑法，听公文程式。晚补日前笔记，及看《女优泰伊思》及杂项、法令周刊及遗产权等。今日终日[跑]上[跑]下的，就拟改[转]专门部。因外国文要预备的钟点太长了，还未有实益。

九月二十四日　星期四

早上去转专门部，承吴、陆之通融，承蒙允许。仍听了民诉法。午后，无课，因假钉了壁纸，划了课表，作了家书，学《兰亭书》。天雨，天闷。得家书，知舅已到店。我已[参]照专[门部学科]，关于外文这一块石头放下了。自后应好好看中［文］书。

九月二十五日　星期五

上午照专门部上了四小时课。午后开会，为产生反日委会。二时始开会，李、潘、张云、伏诸先生均有相当演说，同学多为争名夺权的。为产生委员及提案，大多无意识。至四时半散会。晚习字及看书，数久就寝。

九月二十六日　星期六

上午七时半，本校同学同往西门体育场开市民大会，到会人甚踊跃。出场时，竟走了半小时余，犹未出门。后雇人力车到姊家中饭。饭后，在姊家未出。晚看《啼笑姻缘》数页，同壬儿就寝，是第二次。

九月二十七日　星期日

午后往淡如处，又未会面。今日，姊夫买了鸡过节。上午同剥栗子，晚又看《啼笑姻缘》上册。终晚□，想是昨日多立又多看书所致。问大姊，云土根以［已］来。午后，候了半天不来。听说同裕已在油漆房子，云九月十六有戏云。

九月二十八日　星期一

早上代大姊至上海银行取了款。我是又往永安取了款，又往时事新报取了画。天微雨，坐车回校。校中正在开会讨论往南京请愿事。午后三时又开。予因二日来精神疲倦，手心、太阳［穴］有点热，恐力不支，未敢往。看二扇面，颇觉有意。

九月二十九日　星期二

一早去解手，遇到同乡李君，就请来，并二位同学去后，作书待秋及鲁兄。午后去听演讲，未讲，又作家书二通。国华同乃舅来。去后，李君又来谈前事，至六时晚餐，七时始去。看《古今词选》《女优泰伊思》。

九月三十日　星期三

早上，李君又来，少坐。予整理。早餐后，往北四川路寄吴老画件。至姊家中饭，看《儒林外史》。晚同甥等谈新城与上海比较，谈至九时。予因午后午觉，故夜来不要睡了。

十月一日　星期四

今晨起来，因钦甥要吃糖炒栗子，故我往小东门买了。饭后回校。知请愿团已于昨日回校，并谈赴京蒋训话情形。并发函鑫甥，为土根事。

十月二日　星期五

上了课，忽得了一个惊人消息，就是本校上学期转学毕业生文凭为教部扣留，心中忐忑。晚实习未上，闻林其传问冯师问题约一小时。回舍，看《女优泰伊思》数页，债问答数则。

十月三日　星期六

上了八小时课，为了将来文凭事，今日觉得稍平。知这学期本级转的约有30人。上午作家书，并为小姊［家］产事。午后，得吴待秋来函，知纸已收到。晚上李子祥来，谈了一回。今日本校五周纪念，因国难大礼堂未落成，故延期。

十月四日　星期日

早上起来吃了粥，往北京路买了驴皮胶。到姊家吃蟹及大黄鱼。午后往淡如处，又不遇。姊邀吃晚饭，我想又要汇款，就明日去吧。晚同外甥、壬儿谈时事、日本，多哈欠连连，犹不去睡。

十月五日　星期一

早上往北四川路，回校，在狄史汇路邮汇了款。回校做纪念周，知军事训练应加紧工作。午后，上课。课下即去寄吴待秋挂号函。还是上午作的。晚上军事学，略谈数十分钟，下课算日来用途。

十月六日　星期二

上午上课，午后看报。□某来叫，不往，怅怅。又看《女优泰伊思》，并作函致家中及卓成。晚六时空气紧张，同学大多出房中。已空，不得意，冒雨朝南，至姊家八时，均已睡觉。同鑫甥谈到九时余。睡晚，为臭虫所扰，起来二次，捉了大小约十数［只］。

十月七日　星期三

今晨乘车回校，债务上了一小时。因讲义未印好，同学不多，故第二时未上。午后，刑事政策上二小时点名，公文程式一小时。同学已有一部分回家，故人心不免惶恐。

十月八日　星期四

监狱学未上，法律思想史也未上。去借了一本《民法总则》看了。午后去听了审判心理学。上了继承法。潘先生的口音，“施行”读如“死刑”，

“制”读如“寄”，多土音，故同学每每学之。晚作家书二通。看《女优泰伊思》数页。口内有疮，不甚惬意。

十月九日　星期五

上午上了四课，午后同孙君往西藏[路]宁[波]同乡会看虞澹涵女士发起赈灾书画展览会。虽有名家几可，或系赝品，或系草率，故亦未能臻美，可叹。惟虞自有数幅尚觉工细。回校仍上课，晚钱端荣来。

十月十日　星期六

早上到姊家，知锦山已去看我。我去剃了头，在姊家吃饭。饭后，往淡如处坐了一回。知待老已置屋苏门。晚同姊丈谈国事至十时始寝。同梁甥同席，晚饭间，同谈在津设行事，并谈津门情形，邀姊丈往为司账职。

十月十一日　星期日

早上起来不早，看报，剃头。后同锦去买衣料，壬儿坚要随去。余后至报馆取了定照，中华取名片来，就回姊家。天欲雨，故我又急急往校，取衣箱，并告同学，回姊家吃晚饭。

十月十二日　星期一

乘九时车往杭，在南站上车。窗因出病不能关，只能关木窗，加之对座病人，亦关木窗。故傍晚到杭后，吃饭，往清河坊买物，回栈。晚同锦山往王先生处谈三门湾开商埠，回栈寝时已十时，为蚊、臭虫所扰。

十月十三日　星期二

四时即醒，五时起床，出城八时，起锚十时半。到富，听弟、金富已候。在轮埠同先德夫妇共饭于怡乐园，乘轮回家，至家五时。另共轮者有荣兄及余大炎并罗秀林，谈杭抵日货情形甚详。

十月十四日　星期三

早上起来已九时。早饭后往市，洪克老到蔡先生处坐了一回。同国铨兄共饭，又往验垒先生处，托代撰挽词，又往老屋坐了一回。晚发函姊丈，告平安抵家，并托转告家母。同罗友石谈多时。

十月十五日　星期四

上午，罗政来看花。傍午，验垒先生送挽句来。午后，托小九写了自送去。同简秋、心泉谈多时。回小姊家亦坐了一回。等小九字，顺便也晚叫裁缝制衣。玉辉扛树，亦唤过。同父亲谈钟百生画，满庆来。

十月十六日　星期五

早上去修了面。午后往舒局长、蔡先生处、汪家、启人坐了一回。县长午觉，未遇。庆福也去看了一[回]。顾焕升一新，汪兰病容憔悴。日来多谈国事，恐是空谈无补。祈善晚来店稍谈去。

十月十七日　星期六

早上，到大生去坐了一回。叫仲仁往桐取画，通通不诺(许诺)。午后，同健安、仲仁往洪先生家吊克老，少坐，李县长亦至，说米积山有匪。往老屋坐一回，知杰弟明年再去插班。晚，子青来。渠明日往杭，晚归途中又遇。阅报，知北四川路又有日本浪人扯去标语，争斗中工人有小伤。

十月十八日　星期日

早上，预备了祭克考路祭，往城内又出来，至袁家厅，心泉先生彬彬有礼。回至洪家吃饭。午后，看方、董及其他画件。晚吃锦山往杭购来大蟹。杭州的大蟹现升五角，恐又有变化。复函致姊丈问询。邑庙做文明戏赈灾。

十月十九日　星期一

起来拔了草，浇了花，正洗面，荣兄陪俊生来，谈久。同往城内，遇阿水叔看菊花。遇树章，至邑庙听讲，汪德模国语，恐有小子何知之憾。由北门回店。午后三元先生来谈至上灯始去，晚致函姊丈葆兄。听说土根已到，予不遇。

十月二十日　星期二

看了一回画谱，作书致朱、孙，询校中近况。寄豆黄饼与听弟。健安先生来，谈多时。傍晚，验垒先生来。晚阿耀送店友来。公安局今日捉二女一男来。三元带大小老婆至父亲处，说来家玩，后未来。文明戏今日来销票子。

十月二十一日　星期三

上午，到老屋，告验垒先生沿水事。傍晚，土根兄来，邀彼吃夜饭，谈乃弟继承事。想世态如此，故往往不免如此。渠言之久了，故受人钱财，不免看人脸色，可叹。[布]庄[隔]壁有戏，店内有数人往郑家吃半夜餐。

十月二十二日　星期四

看西湖风景。午间，心泉先生来谈。午后，往邑庙刘相公庙看戏。回来知郎玉林来，同晚餐，看报，邀至家来宿。铨兄同来，谈至十时，谈革命先烈、前朝科举，归寝。荣兄在店谈，同行多时，胡宝林来，小九家坐了一回。

十月二十三日　星期五

早上同郎玉林往邑庙师讲所及一小，承钟、丁二君之招，在校午餐。往校产会钟先生［住］处，花虽少，倒很精致。二时回家，知铨兄久候，为李志祥有函来、县长来，稍坐。送玉林至下溪埠下渌渚，晚复志祥函。

十月二十四日　星期六

上午，文彬来谈会戏，成头有四个，并谈种种。午后在新大生同继和谈了一回，玩金石，晚同挂纸花。傍午，县内老胡号房来借九月十六日《商报》，不知如何缺了一张。

十月二十五日　星期日

上午，睡得很迟，至店，理了账目，同父亲谈了回天。午后往祈善姊丈处坐了一回，为葆兄划汇款事。满庆先生亦至，为彼子有病在杭，并为装临时灯事。晚为日货应削价并尺头议了一回，回家已十一时矣。

十月二十六日　星期一

预备明日动身，早上到洪心泉先生处，谈了一点半钟，大多振兴新登计划，又往李涵夫处，适复王一亭函在案头，后承取出予阅，知为多福寺树，并出一亭亲笔函。午后，往老屋，适姑母至，谈了，又往曹先生处看菊花。

十月二十七日　星期二

晨六时起来，先到店中，又去促金甫。乘轿至富，正十二时半，在岳家午膳。二时，往包恒泰，承听弟陪伴，谈至四时半上轮。轮中遇满庆先生与仲豪，谈天。七时余到杭，寓聚英［旅社］，往保佑坊买零物，回栈寝，铨兄谈。

十月二十八日　星期三

一觉醒来已八时零，急往城站，到足足候了一个钟头，同金甫上车，买了一份《时报》，到沪坐人力车至姊家，姊丈未遇。晚饭后回校，整理了许多时候书，就寝。

十月二十九日　星期四

上午上了［监］狱学。后到姊家去取了提箱，托金甫去染衣，取名片，并托渠带新送卓兄名片。又同铨兄、祥兄往马当路沈校医处检验身体，回校吃晚饭。铨、祥又来坐，把法律思想史［课］倒忘记上了。因时间改了，把颜画寄鲁［兄］托裱。

十月三十日　星期五

我一本《民事诉讼法》下册也不［知］哪里去了。本校义勇军授旗。故社法只上了一小时，债务、判究都不上。授旗时，钱董事长派代表来训话，校长语有精神，足鼓男儿气概。

十月三十一日　星期六

课程表已改，我犹记国际刑法［课］在下午。后急急去上了一个钟头，想午后再去听，不意他请假了。我因抄了做了点东西，故也觉得疲劳。国华、玉林来。郑初民演讲反日方针。

十一月一日　星期日

早上乘了车到大姊家已十一时，吃饭。算了二笔应归大姊的账。剃了头、阿珠是当日回校。是晚我寝在大姊家。敦有鞋子已做来。金甫因有快函，已回富。

十一月二日　星期一

早上等了珠的衣裳，到校九时半。午后上课，人觉疲倦，早睡。换小衫裤，想在外病了，只有早睡，多吃开水少吃饭。

十一月三日　星期二

早上，吃了一点饼干，就同孙、任同往复旦看义勇军操，回校已十一时，急去一课。午后，上了二课。又开级友会。托铨兄开了一方，似有外感，晚身热。复关弟函，就寝。

十一月四日　星期三

早上因雨，没有催早操，倒安宁。睡到七时，债务课请假，整理了讲义。致家书。晚上忽不知何校女生四人来校招（找）同学胡某，37房间竟有多数的同学出来看，因她们跑了，竟至阻拦，甚至有六七同学跟至校外，不正当举动呀，可叹大学生如此！

十一月五日　星期四

上午上了一小时课，教务长唤予及曾去问昨宵情形可有知否，予告以予对同学大多不识，故不出外，无课则守在自己房中。午后，同曾往新光看《歌场春色》，是中国第一部有声电影，尚有一观价值。

十一月六日　星期五

今天，一天也没有上课，就是晚上上了一小时的判究。计作家书二通。看《民事法规》及整理讲议。国铨来坐多时。我到金鸣盛房间去坐了一回，他很用功习字，恐是毛公鼎。

十一月七日　星期六

上午，开级友会，课教员不到。午后，又开上了破产法二小时，晚看《中国美术史》，可叹译自日本国万有文库中一本贴。致待秋函。

十一月八日　星期日

早上，去叫铨兄，一同朝南，先至吕义泰定了匾托，再往姊家中饭。饭后往黄处，未遇。到三阳道人处，看米船书画，并万某古画，多系赝物，不足一观。回姊家晚饭。饭后谈时事，就寝。

十一月九日　星期一

早上，去[取]了长衫，竟为我染黑了，恶极。民总课请假。晚拟致待老函，并托铨兄斧正。接家中来函，知是日货已封存。我去函家中慰之。

十一月十日　星期二

上午，作致待老函，午后完成了。读《绝妙词选》《中国美术史》，晚又看《债务》。今日王效文说，竟是大学的纸糊窗，竟把他一一揭破。

十一月十一日　星期三

上午，没有上课，在案看《债务》。午后，因开教务会议，又未上课。同铨兄谈了二小时。晚饭后，铨兄又来坐了一回。天雨，昨晚起谈的多为新登社会及将来自己立身，想入世较迟，自虑更深，不知将来如何。

十一月十二日　星期四

早上，看《史记》。天雨，教务长报告[孙中山]生前事迹，述及[孙中山]在日本曾说日本应扶助中国独立，中国人口危险等等。午后，冒雨同铨兄去买书，《饮冰集》仅一部，半价，并买《墨林今话》及定虆与我戒指，以作纪念。

十一月十三日　星期五

早上，社会法规[课]，王孝通请假，周新民亦请假。我作了家书，今日是旧历十月四日，是我十年前婚期，故作函致虆祁，并诗数首以志纪念。看《债务》《古今词选》等。闻得朱的事竟增我无限的烦恼呀，可恨。但愿俟后不闻不问可耳。

十一月十四日　星期六

早上，上了四课。午后，屠来邀谈，又上了破产法。晚因房内有客，到铨兄处坐了一回，使我受无形的痛苦。早睡，看词类等，就寝。珠来函，我先已至珠处，问绒衫收到吗。

十一月十五日　星期日

早上九时出校，先往宁乡会看现代四十书画名家展览会，有符铁年、陈小莲、潘天寿、钱铁瘦数位为最有精彩，似较前展览会良好多多。午后，为关荣买衣料等，回姊家。珠已来，谈了良久。晚餐后，同来。晚看民事诉讼法及作书。

十一月十六日　星期一

早上再预备了民诉，去听纪念周。午后，考民诉，因有少数同学尚未交卷，故强制执行，不上。我就同铨兄、孙同往四马路买了四块钱旧书，竟一大札。又往商务罗庄，虆女士写陶诗，既合我与她的名字，又有习字学诗之意，故当共勉。

十一月十七日　星期二

上午上了保险法，不考试。午后，考民诉。午后，有继承法。借来《中国诗学》及《书画学》等书，也杂看了一回《保险法》同《亲属法》，将来考试必难。复祈善函，并通知鑫、善、荣均获子，以卜老人欢心。天已转寒，国事犹未定。灾民竟不知如何耳？

十一月十八日　星期三

债务、刑策[课]照上。刑策课早退。铨兄拟明日往杭回新，故我就往南京路为荣弟买纸花，寻了一小时，寻不到，折回北四川路买，顺便买了点火腿吃。晚饭后，知军事学今日月考，我就考了。大家又比[手]力。看借来书数页，就寝。

十一月十九日　星期四

早上因铨兄要往杭州，我一看七点钟了，故急急洗盥去看铨，他未起，即起，送他出校，一看报子撤销，我又急急去叫回。上午无课，看了一本《古画微》。午后，考了继承法。晚上看了一本《中国画学浅说》。朱来说，母病牙痛。

十一月二十日　星期五

上午未曾上课，为募捐助力军事。我就往南去看看母亲的牙痛。她说已好了。吃了饭，我去把壬儿买了袜子。我自买了置胶的罐，又去问了白兰地的价。晚拟致潘天寿函，为求画山水。看杂书数页。

十一月二十一日　星期六

因铨兄今日夜车回杭，故我急将虂要买的毛线去把他买了，并到南去取袜，急回校上法医。饭后，同铨到大华拟买牡丹，回[复]沪上没有，故付了定洋，可以七折。回校考破产法。晚看《中国诗学通论》。今日可谓冒雨买物。

十一月二十二日　星期日

早上先至大马路，未就，往小东门买了[做]秋长衫的哔叽[1]。到姊家中饭。饭后，往淡如处，未遇。往西门取谭字回来。姊同姊丈已多气得不语，后解慰了一回。谈时事及三四叔旧事，至九时就寝，至十二时后，醒了二小时。

十一月二十三日　星期一

早上来杭，十时编队，教务长亲自去催，指定了班长，仍未编队。午后走读生编队。近有拉夫，性恐难持久。作致[潘]天寿函。同卢往公园走了一回，晚作致鲁函。看《中国诗学通论》，就寝。

十一月二十四日　星期二

今日停课，上午示威运动，午后，进京请愿，我校去卅人，我辈送到车站。大、中学生几近万，数复旦最多。后同孙、曾往四马路走了一回，买了点旧书。归时，余让坐于西妇，曾即喋喋不休，足见研究此者留心此也，反不责自不让坐，可笑!

十一月二十五日　星期三

军事操开始，院长亲自来催。午后，刑政策下课，同孙往马当路请校医验身，又同往麦家圈掉[调]军事，车往五马路，购了一部《文木山房集》。晚来看《史记》数页。致家中函，并铨兄函，是带出去寄的。

十一月二十六日　星期四

监狱学的时间是暨大教授陈君来校讲东北事，对日本种种。把《中国诗学通论》大略看完了，去还四本，借来一本，梁启超著《中国历史研究法》看了点。晚上法思史下课，警告已布，闻有三百二十余人。

十一月二十七日　星期五

早上考劳工法，因教员迟三十分到，故做不及。王孝通未来校。俊生来函，即复去。午后，无形罢课。余即往新世界看待秋之徒张宜生之婿许溪西画，尚不俗，惜笔法太嫩，定价亦可观。又往功觉林看娄翁的字，虽各体能书，无苍老气。取了定戒回校。

十一月二十八日　星期六

知道今日又罢课，正拟往金、钟二处一道稍息。早上同先德前往公园一玩，饭后，同往金先生、钟先生处，谈到傍晚，同华楼吃晚饭之后，看松波先生单[幅]条[屏]。晚至姊家睡眠，姊同姊丈犹在谈天，我继谈至十一时，吃半夜餐，就寝。

十一月二十九日　星期日

早上起来八点了，看报，吃了饭后，同壬儿、阿良同往小东门[之]东门街买帽、袜，买了点栗子回来吃。姊丈是到何公英先生的亲家章家去吃素斋了。晚又谈，并致函金甫，至十时睡。请姊丈开了一张方子。

十一月三十日　星期一

早上，买了药，坐了黄包车，到校做纪念周。午后，作理由书。去寄了潘先生的函，并汇款。回来补记二日日记。作函致鲁兄及家中。看《中国历史研究法》数页。

十二月一日　星期二

天阴。上午保险法，午后亲属法，均照常点名。

1. 哔叽：一种斜纹的毛织品。棉质的叫线哔叽或充哔叽，简称哔叽。

军科也去上，似不如王之善于辞令也。教务长沈钧儒今日不来，吴待秋的画也没寄来，这是今日［祈］盼的。看《中国宪法史》。子家由天羊回，定有意外。

十二月二日　星期三

午后下课，杰生已候在课堂下布告处，即回至［寝室］，与之谈。同往三大公司玩了一回。往三友，杰生买了二一二呢，二马路大观楼吃晚餐。回栈谈茧事的，谈及日货印花［税］等冤枉气，回校即寝。今日上午，看梁启超的《中国历史研究法》，是觉心泉先生之谈县志，盖亦我云事事归综而来。

十二月三日　星期四

上午上课，接家中来函，午后再买毛线，即去。因颜色恐怕不符，未买。作家函。上继承法下。晚看梁启超的《中国历史研究法》。天雨。龙东又去，又吃闭门羹。那只有向永安去买了。去看杰生，未去。约五时夜车去了，我坐车到永安，又走了不少的路，受了不少的毛雨。杰前日的本埠信才到。

十二月四日　星期五

劳工法说补考，未上。午后，票据法下课，看梁启超的《中国历史研究法》。看至五时半，吃晚饭。饭后，又看至七点半，确信梁启超是非常人，即马克思等无不研究，此书，我在未来此处，决不能看晓此册，每事毕，研究彻底，明晓始已精神，佩服。量军服。

十二月五日　星期六

上午，正常上课。午后，决议罢课。予乃即乘车往姊处取款买白兰地。买就，往洋行街托佩、钦转寄，晚即发致父亲函。姊丈往杭开轮［船公司］董事会。接金甫函，知包事一务［无］头绪。往淡如约，明日上午十时会晤。

十二月六日　星期日

早上起早餐毕，已达十时，即往江苏［路］取烟及烧切糖。回转，即至淡［如］处，谈至十二时。算清前账。佩至，土根未来。午后，天雨，故亦未出外。晚叫壬儿温课，就寝。大伯来，谈至十时半，上楼。良与予共榻，晚雨。

十二月七日　星期一

上午来校，地湿。知南京来沪，请汪赴京，未回。开纪念周，为罢课赴京事，至十二时余，因学联会来电，遂解散。为寻找“昭君怀抱琵琶”典故，至二十时。午后看程十发个人会，买何满子诗稿。往南京［路］看《红颜薄命》归。在新世界遇曾，彼在大世界。

十二月八日　星期二

大雾。上午十时，内政部参事龚君、李剑华先生讲抗日问题。午后，作书致家中二，金甫及听甫。晚同孙君谈彼家事及温风尚。后叶小镜来谈日今党派及二届抗日会事及出席青年会情形，有声有色，政治家手腕也。语未终而灯已熄。

十二月九日　星期三

起来修面，看报，已近十时。午后，往永安买毛线，晚宿姊家，与鑫等谈时事。彼校星期一起，亦未上课。壬儿今日打拳，来晚，又还某拳友图画，跑去跑来，气促甚，母甚惜之。此儿不知自惜，高声力跳，非力疲不息。

十二月十日　星期四

早上来校看报，后知同学已有一部分向市政府邀求交还北大同学，十二时回校，可称圆满。午后二时，同阿珠往南京路买送阿平的物，自四色、虆四色共用去37元。晚即往姊家，正在圆桌会议，宿姊家，晚衣背破。糊匣子至九时息。

十二月十一日　星期五

早上来校，天较热，似要下雨。看报，复作函致虆。午后，作函，知父及松波先生。看新月及补记日来账。看《墨林今话》数则。早睡。外面呼呼的风声一晚未息，每于梦中醒来，呼睡狮何日醒来。

十二月十二日　星期六

一天无事，起来不早。午后风紧，我往新世界看俞剑华画会，有册页纪游。宁馆高锡之画恐是贾夫字学王一亭、觉林名人书画，无足当之，仅一二幅，均是西贝货[1]，诚欺人太甚。三会均不

1. 西贝货：假货或冒牌货。

足一观。至姊家晚餐，un朱亦至。晚与壬儿共睡。

十二月十三日　星期日

土根来吃中饭，接卓成来函。妻[要]买的元绒买就，托土根带去。午后，亦未出外。四时拟回杭，出门等多时，无车。知西门交通断绝，故不往姊[家]，亦未回校。壬儿与我寝。晚梁问我关于时事等问题。

十二月十四日　星期一

因知不上课，姊留我。饭后，往校，我便饭后再去。到校接虆函，知父近患寒热，又生了一个疖，[问]我[回]来否？踌躇再三，乃决行。作书至朱。整理后乘车来姊家。晚同鑫出外买物，又向姊支款买参回。九时寝。

十二月十五日　星期二

早上乘车至南站，等了一小时，乘车至杭。钥匙未带，叫铜匠开锁。修面后往王先生家谈，又至子青处。晚往大街买物。回栈，知国铨同先德亦至，出函至上海及富阳金甫、新登。就寝。

十二月十六日　星期三

早上起即乘车出城，先至南星桥潘子久先生处，谈了父亲的病症，买了药及丸。闸口华兴昌将箱子等寄放该行杨先生处。再至鲁兄处，嫂当[即]促鲁兄回。又去上课，未上，回。饭后，同三多弟同乘轮来富，将送萍物交出。知金富为我已乘夜船往杭。天冷，一夜足未热。

十二月十七日　星期四

乘轿来家。阿唐发流火，另外伙计宿至草庵，打[算]调五元钞，无从兑，稍息。新城，足班至乃完回来。到松溪，在姑处吃中饭，饭后来家。适三时，即往父处，知已较前[痊]愈矣，谈了一回，父亲云，正有事与我接洽。回家洗足就寝，出函听、鑫。

十二月十八日　星期五

起来已九时了，吃了早饭，到店里去。过了一会，蔡先生来了，用手术，心恻恻。饭后，杰生来，荣根来，谈了一回。往赞育堂见何松波，谈约一小时。后至致和，同筱伯、永康同谈茧子、时事，亏本不能计矣。晚饭后，谈了一会回家，记[近几]日来的日记，闻阿培之子为匪掳去。

十二月十九日　星期六

今日备了菜肴，请何松老吃中饭，邀韩永康、季祥根及松老共七人。筱伯已回家。吃菊花膳，躺吃到四点钟，看当代名人字及玻璃版物。晚早归，备明日送姑丈物，书待画签，拟明日同根同往。晚来天雨毛毛，未识明日天肯作美否?

十二月二十日　星期日

睡得太晚了，荣兄来叫，是我约他的。同杰往松溪，姑丈已至畈里，再折回，谈时事及乡里近状，荣有几样是杰代办的。饭后三时回家，约茧款托市了。晚读杨了公“咏梅”百首。约代赈，拟明日去判并揭之。

十二月二十一日　星期一

早上到小阿姊处谈了一回，三次见了面。午后，往老屋，多不在家。三婶为阿培家往该家安慰。二婶往店，叫来谈久。四叔为年关絮絮。王德奎借洋拾元，云是我同学，未曾开口，早回家住。李县长来，又往店，谈一回，归家。

十二月二十二日　星期二

早上帮助烧菜。午后预备送叔岳次子完婚礼，复谢富阳冬节饼。函同严州本家谈，知渠长予三辈，来意是为借洋五元及荣兄五元。松林先生来，云岳叔接吃酒。同杰、梁同到西门裱画。还有徐谈仙兰，知宏庆司务屋已造就。

十二月二十三日　星期三

上午，把账清了一清。午后，剃头，往李、潘处，因开简会，稍坐即出。舒处稍坐，吃糖。往蔡处吃馄饨。晚过节，同父同席，知厅上字已写来，得朱来函，知潘画已到。校中尚未上课。先德来函，知押款为难，予决明日同金甫往富转杭，如何，再定。

十二月二十四日　星期四

今天同金甫动身，由窄[溪]转富[阳]。在窄等了三个钟头。在窄遇健安先生，同轮到富，已六时。至怡乐园吃晚餐。餐后，往岳家宿，晚谈至十时余。

十二月二十五日　星期五

七时就起来，恐早轮不及。到埠早甚，乃

至印花局周菊生处少坐，至轮局与耕余、佩钦夫人、载坤相谈至轮来，已十一时。到杭二时，先往王先生家，到惟康[钱庄]、同康[钱庄]。晚致函家中。

十二月二十六日　星期六

早上叔和先生谈至十一时，即往王先生处拟电稿，在王先生家中饭。饭后，往之江鲁兄[家]，已进城，候至四时来，五时进城。天雨。先至惟康[钱庄] 支款，岂知叔和兄弟已候久矣，共晚餐于贵宾楼，知叔和[兄] 亦爱画。金甫因往湖墅，回来相佐，未同席，晚又致函家中。

十二月二十七日　星期日

早上乘十时快通车来沪。予先至校一转，回姊家吃晚餐，谈叙数日离衷，知微尚未回沪。看潘天寿画，知为《 江州夜泊 》，似不如出品之一幅为佳也。致家中函。蘗尤嫌送□之物为奢，如不知现之好当如是也。

十二月二十八日　星期一

早上同金甫同往三大公司买梳头物件，买不到，回姊家中饭。饭后，往淡如处，相谈甚久。扇面画就，往宁同乡会看何香凝主办的救国画会。看了出来，拟回校，又想起蘗的照袍无衫，先施[百货公司] 仅梳珍约在二十元之内方买得。又回姊家宿，金甫开圆桌会议。

十二月二十九日　星期二

金甫乘七时车回杭。予早餐后来校。天雨。王效文先是说了几句，潘先生上二小时。拟致潘天寿函，作家书二通。鑫为我通挂号函来，为讼事，即同铨商拟函致王先生。今日理整了铺盖等，因尘已盈寸。记日记。

十二月三十日　星期三

早上，债务讲了范围，依旧上书。午后，刑事政策也是如此。上了一个钟头。同曾、陈往西藏路，再看救济国难画展，再看潘题，心反觉不安。因渠曾书明自题《 江洲夜泊图 》。往姊家取款，天飞雪少许，回校，铨兄未返。看致潘函，心始稍安，可留情处且留情。

十二月三十一日　星期四

监狱学不到。午后继承法下。同铨乘六时车往杭，为讼事，此次宜慎。吃了点年糕动身。车中铨兄似觉腹饥。人多，又回至杭，知先德、荣兄、杰均在聚英[旅社]，筱伯亦在杭。晚同铨兄闲谈，竟至鸡鸣(四时)。

一九三二年

一月一日　星期五

九时起来，因听见筱伯声音，即同铨兄往王先生处，知状已寄新，惟稍有不合意处，亦无甚要紧，回来同杰生兄弟、荣兄往清泰路看姨丈，已出外。回栈，晚间铨兄及荣兄、先德等共饭德胜馆，承叔和会钞。晚十时睡。

一月二日　星期六

乘十时快车回沪，车中看林黛玉、笔记，故一瞬即到沪。先回校，后又同铨同往江苏旅社看满庆先生，知已于今晨乘车回杭。往钟柏生处，未遇。时[间]尚早，又往何画展会。因展期至三号也。晚整理大衣箱，拟准备明日往南。

一月三日　星期日

早上起用黄包车车东西，往姊家吃中饭。饭后，往淡如处取画，至钟柏生处托保同和水火险。回校正在开五周纪念会，来宾演说，晚上有大道剧社、中公青红剧社、上海好中等爱国名剧，至十时半息。

一月四日　星期一

今日决定不出外地，把法思大意札[记]好。午后同[学]他们有温州同学来，未能照札。去后，继续进行。晚把刑策的札了札呀，这学期也荒疏了，必不能得好果。将舅兄来函当复，并作家书二通。

一月五日　星期二

早上考保险法，午后考亲属法，均未惬意，怅怅。想是罢课时间太长，又来往杭沪，心殊不定也。晚看海商、债编，以备明日之考试。

一月六日　星期三

今日上午考海商，债编考到将近一点。吃了中饭，考刑策，题是论文，故于二时已就。急去姊家为荣兄调画，及定父亲之热水壶，适有一个定好的，故买了回校吃晚饭。[看]《监狱强制》，备明日之考。

一月七日　星期四

上午考监狱学、强制执行。午后无课，札《国私》。中饭后理书，四时往老靶子路看卓别林之《城市之光》。归来取洗衣，晚看《票据》及《法医》，备明之考。

一月八日　星期五

上午考国私、法医，午后考票据。考毕，至铨兄室，知锦山已到，仍回，整行李。至姊家书。铨兄今晚车回杭。晚大姊正议初三作年福再来，大姊于十二时二刻已分娩，又获一男。

一月九日　星期六

今晨未出外，剃了头。午后，同锦山至钟处，又宁乡会看聿光。晚却等三人画会。晚买小东门等食物，备明日早车往杭。同姊丈谈世故等颇契合。至十时大姊促睡，始寝。

一月十日　星期日

同母亲、壬儿、锦山四人乘九时快车来杭，车中尚不寂寞，一瞬即至。南星下车至通商旅馆，遇大舅，知渠正同治弟、三多在第一楼吃午餐。后同通商旅馆。壬儿被治弟邀去。锦山宿在公义号中。

一月十一日　星期一

母亲由锦山陪乘八时早轮往富，当日可以到新登。予吃了早餐往之江。知壬儿亦始于晨由鲁兄伴到游天文台、图书馆，吃了饭又回，万亲大夏生往总课堂玩，四时乘车由南星取了衣箱来聚英，到闸口遇治弟、三多弟往之江晚饭。饭后去日新洗浴，遇白高雯，由他会钞。回栈，知金甫已来，作致家函及葆兄函，就寝。

一月十二日　星期二

早上起来正拟往同康钱庄，而叔和先生已［光］临。谈至十时去。予同锦山往子青家。子青夫妇均有工作去了，而二位公子在家。生产累属多了，想家症，教育未免欠少，故亦未宜。近饭往买，兄来同往学古里看画，一无佳者。同铺买了零物回楼。晚饭后子青来，往聊约二小时回。高雯亦来坐了一会而去。

一月十三日　星期三

早上起来到王先生家未遇。往惟康钱庄，静山先生未回，同孟馀先生谈一会草草回栈吃中饭。饭后锦、甫游国货陈列馆、国货展会。晚往省府做同康议单。归已十时半多。打电话与王先生。

一月十四日　星期四

起早乘早轮回富。到富与包氏谈包案。轿回新登，同壬儿二人到姑家等做酥糖，到晚六时到家。

一月十五日　星期五

早上起已九时。杰来店中谈了一会回去。午后到老屋又遇杰生等。金元老店新开。

一月十六日　星期六

蘩明日往富。今日略为预备并备送县署各友年节。李县长的已送去。来发未免新昔之感。

一月十七日　星期日

蘩今日同亦珍(翊徽)、亦玄(翊沅)、小兰同往富阳，为寿庆等。饭后国铨、先德等法树至夜深。推了事，铨兄为国扬与志刚脱离事，故汪士奶叫去拿函，致国扬为无条件不能离婚云。

一月十八日　星期一

早上同筱伯谈学名、历史。虎儿来叫有事。予往，为分家着事。事恐无效力，适阿涵、阿庆、俊生、杰生都在座，故荣兄留吃中饭。谈谈笑笑至二时往姊家去坐了一会。备寄申年节。晚为拟夏义隆函，亦至二更始回。

一月十九日　星期二

早上杰生来坐了好久。吃饭。正拟清账，国铨来后，俊生、阿山来到，晚急急清了二笔，吃夜饭了。早上看郁达夫《还乡记》，看扇画。九时乃寝。

一月二十日　星期三

早上为寄蘩的罩衫故早起来。为请俊生、阿山吃中饭，故上午又不能清账。午后清账。晚为等惟康静山信、听弟信，父亲动肝，幸均玉成。故帮致复函，深夜始归。

一月二十一日　星期四

早上到店也不早了。我想一来就吃饭，饭后再清账罢。正清了不多，上海通达昌郑佰昌先生来，乃为通达昌与常玉山土布运输，觅杭布庄担保事。郑是黄锦和干子，年前同在义桥学生意，故邀来一同晚饭。谈运输业之种种，与小师母之涉讼，至二更始回家内。拿了棉被与他睡在店内。

一月二十二日　星期五

早上为致宏裕、刘子瀛函稿，同郑佰昌先生商之。十一时郑君回富，予乃回家裁衣。午后誊函局长。同烈三来坐了一息去，予拟往汪家谒启人。因堂前有乡人，类似写文书，我折回老屋稍坐。同荣谈，渠老婆来寻吃夜饭。饭后往书致葆兄。因佰昌乃姊丈介来，也因喉问医。据振荣伯云，乃肝火也。故今日吃药早睡。

一月二十三日　星期六

上午为准备分邻居东西，又因杭州年货已到，乃拆点分包。午后国治、潜龙夫妇、吴山来，乃陪坐一回。又因买了东门外田一亩，数事一来又是一天。东阳包某有函寄来与嫩朱，乃加封寄去。蘩父亲叫杰来为顺昌款事，后催钟柏生保险单。午后清账。晚预寄富［阳］岳家年节。金甫昨晚来谈了点富阳的事。早晨整理卧室。

一月二十四日　星期日

上午县会计吕君来。相谈一会。午后清账。姑丈来，晚祖荣、满庆来，相谈一会。上午土根来，接治弟来函，知蘩又要多停留一日。

一月二十五日　星期一

叫脚班把石条抬了进来。叫漆匠明日来洗房子。往城内去走了一趟。李往昌化看荒，舒局长那，因门前类似有难民，未进去。沈出外未遇。蔡往申未回。楼宏庆来谈了一会。国铨、白高雯又来。晚韩来谈了一回，往大生小谈，继和晚来。

【杂记一则】

［民国］二十年夏，余来杭受学，寓马所巷，女雇佣许妈有女名阿乔者，拖其履，流其涕，不整衣纽，发乱及眉，年已二八，而长未及三尺。阿母忧之朝夕，对之曰：阿乔乎，汝年已瓜讯，而长未及三尺，奈何？盖爱太殷，忧太深也。旦视而暮抚之，有如宋人之揠苗助长者。然该女时而痧发，时而伤风，盖热懒更衣，冷懒加衣也。三餐不吃饭，吃则一匙足矣。其之所充腹者，席余之菜，肴则大嚼之，母亦不禁。如食之可以滋补身体，然饭后则购食贩之点心以充饥。将饭又曰：阿母，吾腹饥矣。则授之以铜元，则飞奔往买桃李黄瓜之属。母见之亦一笑置之。盖怜而不忍弗女意也。呜呼，如此之爱女，诚害女也。故予不得不告之，以诚授以育儿之道，教女之方。并告以儿时读某氏食饭医病故事。许妈恍然大悟，叩予应进以何种补剂，予对曰：予非医，不知也。养生之道，不求补于身，能不害其长足矣。许妈曰：吾爱女自觉惟周矣，不使作女红，恐乏力也，不使作童工，恐伤身也。吾曰：流水不腐，户枢不蠹，长动故也，为人亦然，不求过度可耳，何能不动？许妈唯唯告女曰：项先生所言如此，其知之乎？

一九四一年

七月二十七日
介清转来沅儿电，沅在景宁。
九月十四日
晨得壬儿电，知到广西。
八月八日
敦儿到家。
十月九日
得凤弟来函（福州，九月十二日发）。
十月十一日
得壬儿来函（七月六日发）。
十月二十六日
得沅儿来函（景宁，九月二十日、十月一日、十月十六日发）。

十一月一日

回家。得壬儿函，知渠上学期得省文化建设学会解析几何奖学金，金额五十元。

十一月二日

下午往长兰。

十一月三日

返店。

十一月十日

回家。

十一月十一日

返店。

一九四二年

十月八日

今日下午，荣根兄来。知杰生兄之左眼生疮出脓，瞳仁凹进，恐无还光之望。险哉！人身最紧要者莫如二目。帮画人物不绘二目、绘目时谓之点睛。佛像中佛蒙二目待启谓之待开光。如何郑重！人生对于双目应如何的保重。此后当更注意，至要［治］敦儿［目］因［其］病中劳顿，竟至晚不能视。据医云，石斛、夜光丸能还光，故托友往杭采购，每两要三百六拾元，日服二钱以观后效。日记屡记屡辍，此后当发愿不辍。

十月九日

天阴。今日偕澂、敦、庚三儿同往长兰午饭。后回茹［口］。待根贤与程德。我将渭良、阿桂委过户户折四枚分别用函托他带去。根贤要往市买盐。故不宿。听说盐傍晚 9610，早上 9510，供求关系相差如此。许朝元来。陈师去后未有师来。见之不无歉疚。

十月十日

今日叫了五个人到家里去搬水缸、厨、棕棚等。玄有、家明今晨往长兰。才宏来支款造坟山小屋。俞大炎来说居棠烂脚。传子今日回去。裘亚民代馆托病不来。

十月十一日

上午八时余，正拟往店，锦山来，带来托买诸物。作书致梁附致壬儿函，及传扬弟函。接凤弟自福州协和医院来函。适一月同时得梁函，亦告凤弟八月二十四日到福州。吴友于亦来信问凤弟。知见单身前往，仍得入医院续学，诚不幸中之大幸。即复函写五张，复吴函，当日寄邮。午饭后偕万有托钟师看口疮。我到店。今日晚饭服鳖甲丸。

十月十二日

傍晚先德兄过潭山。正在晚餐，雪元持梁信来，内附壬儿、凤弟长函。知二人倍尝艰辛，行李均抛了，到今朝可算是冒险成功者。知时局紧张，当晚归路高低，天暗难行，到家才眉月上升。晚饭后回家。长育今日来。

十月十三日

午后往店。钦来，知介清已到家。

十月十四日

幼生来谈金满之无理。杉榭到。午后古竹来，［与］朱布一同回家。与介清谈琐细。下午回家。

十月十五日

过账。看诸儿文课。晚饭后举头望月，不禁想起了沅儿、壬儿。天寒了，沅儿更幼少孤苦。奈何奈何？渭良兄弟来。知户折已到，正契亦挪去。送来南瓜子两斤。

十月十六日

看诸儿日记。过账。誊种户田亩。今日村中放焰火。

十月十七日

介清长兰出来。我理信转账。往岩家岭看杰兄眼痛。沙晋来叫石匠。增兄与介清午后往裘家请亚民教书。日记又断。此后不宜中辍。

十月十八日

写致壬儿、沅儿函。直寄去。改敦儿二附函。往丰田坂看田。

十月十九日

往长兰与万有去。因周坤荣来，问周士乾、

许圣甫的户折，故饭后即回。今日介清往富大树下收租。去看芳园，知他的儿子德来在宣平安好。

十月二十日

来店。午后往街。因袁止西来查上［年］春［天］洪亚涛夫人交来的款。此款由钦荣送去。傍晚洪夫人来。

十月二十一日

今日过账。舅父、国铨、泉藕、言法诸君来。

十月二十二日

核账。

十月二十三日

上午人俊兄来。下午往汪家郑法官处，问沅儿息无着。

十月二十四日

上午回七板桥坐，回店中饭。

十月二十五日

上午来家。晨回来受托谈钟田事。因吴筱峰田（七贤下塘）。钟彦夫来，要想买回吴筱峰在七贤下塘的田，由先德、增德二兄及周子鲲先生、子青兄等折中办法，结果以折桂［乡］东山六担及谷十二担给他了结。

十月二十六日

谈徐田事。日间徐英莆来谈田事。准共赎回一处。晚立陈仁甫契。沅儿信来。

十月二十七日

往长兰，饭后来茹。往柴场。观光晚二时回潭山头，与增兄宿店中。

十月二十八日

上午到松鹤山庄与沙晋谈。泉藕先生来。下午与舅父谈，阿木谈。傍晚神疲少睡，伤风。

十月二十九日

写沅信。俞启人来，在此午膳。下午写周志鉴信，［致］壬、凤、梁信。钟元吉、钟文蔚二君来。

十月三十日

上午九时回家。饭后沐浴。月溪纸今日挑去。

十月三十一日

上午舅父来同先德、增德、芳园诸兄往炉头立契。傍晚归来。

十一月一日

上午九时往店。同善兄同来等王奔川先生不来。同金甫往涨地上，陈水木家，撤他的田，原因欠租，转当种麦。

十一月二日

林魁芳送钟锡山租票来。押租欠几天云。钟彦夫谷壹百九拾斤今日挑去。钦往於［潜］汇款。［志］标陪至洞［桥］。

十一月三日

交平甫洋九元向同春和买火腿。交继堂洋九元送交福朝定晚谷。

十一月四日

上午十时来家午膳。后往长兰。当日回茹口。晚作书寄联初章校长。

十一月五日

因天微雨，知王先生未到潭山头，故未去。结账。看国庆日报。改庚儿致沅儿函。写致沅儿函。

十一月六日

上午九时往潭山头。托钟君代购黑烟。托沈君进行田事。下午四时回家。乡公所开抢购谷事延长至六小时。无人叫我去说明原委，亦不了了之。晚与祈善谈官经及书画，至十一时始寝。

十一月七日

晨继与祈善谈沈阳人参、细皮、书画等，并寄难童衣被。福庆来谈庄款事。芝林来说闲天。下午一时来店。还未动身，阿贞同四定婶来请先德兄保他的婿。钦今日返店。

十一月八日

待王先生不来。往钟家开简师基金会。与祈善兄同往店。

十一月九日

着钦荣往查月溪纸，知已到。下午往长垣国铨兄处。

十一月十日

上午到坟庄与沙晋谈。藕兄来。下午往街，言法今日审问未来。着朝去叫来审供所前。

十一月十一日

上午着锦山、平甫兄谢召棠并通知英莆契只

二张。十时来家，写四信。

十一月十二日

今日与鬘同往长兰理物回茹已万家灯火矣。亚民午后来。与亚民、增兄谈俞自琅之死及本县政务。读画。

十一月十三日

剃须出血。今日用新毛巾新刀片。过账。写信二封。看诸儿日记。训做学生子弟之道。吃柿子一个，长兰产。

十一月十四日

上午来店，途中口占二首诗。一打油诗："亚公述怀诗一张，允我不和也不妨。诸儿随水中流艇，只要先生肯打浆。"另一首："生平最爱读书声，传授无师枉费心。粗烟水酒休嫌慢，三顾茅庐聘意真。"下午同泉藕先生游。天雨山地甚潮湿，回来至沈家与焦石先生谈书画。到店可晚饭矣。

十一月十五日

今日星期日。等王先生于下午四时始来。他先往监署看难童，回来已五时半。适槐林来，将租事解决。结果撤佃，旧欠谷明秋收还 951 斤天秤了事。陶家宏来，由锡年陪往茹口看介清。查[村]有水来。

十一月十六日

王先生去上林沈家。顕臣、阿宗等来。福田之子来。沈小九与丁信义来。下午往街。去时遇耿夫。遇永康。金甫往诗村托巍然刻印。

十一月十七日

上午沙晋、铨哥来。午后往街，空跑。与叔丹先生闲谈。傍晚归来。

十一月十八日

上午十时归来。病了，预备壬儿衣被带广西。得鲁兄来函及壬儿款到电，准备请柬。饯钟秘书行。眼药。请荫郇开方。

十一月十九日

缺。空白。

十一月廿日

托祈善抄契底。下午往七板桥问税事。与店中接洽或须往街。着介清代壬儿製大衣夹制服。停药。

十一月廿一日

中午增兄请钟秘书，继膳晚上。我请邀县长、叔丹先生、国铨、良叔、元吉、先德、增兄、亚民、介清作陪。我因忌口，未陪钟君豪饮[态度]诚恳，举止言行处处合规。他不可多得人才，与十六年时之韩筱文有同样魄力。对[待]军队借米职员闹饭二事，我颇钦佩。饯行亦所以变此意也。渠邀求看画。我集扇面尺页数事及此地名人画，请他观赏。彼亦此道中人，名不少。

十一月廿二日

今中午先德兄宴钟君，钟君去。午后与诸君大开话箱。晚早睡。

十一月廿三日

上午剃头。整账。下午写致鲁兄函。

十一月廿四日

下午往返长兰费时二小时。并致函涛。上午看诸儿日记、作文。晚与亚民谈体育及方岩训练。

十一月廿五日

上午九时往店。着金甫往陆家。钦往青山下取通知单。

十一月廿六日

自往青山下出保管结计谷壹仟八百三拾五斤叁两。

十一月廿七日

永康先生与杰生兄来。

十一月廿八日

查营业税。王君与沈礼文来。中午铨兄饯钟继善行，未去陪。下午三时，吴慧西、子青小九诸兄过此。托钟求罗毅专员写"项氏宗祠"四字并五尺单条一幅以备集锦屏。

十一月廿九日

空白。

十一月三十日

上午请铨兄拟申请书致公安局，因钟□金盗卖毛石。饭后往庄舍看牛屋基。下午四时回家。

十二月一日

今日先父逝世日子。上午往长兰回茹口吃中

饭。拟致壬、沅、凤函。复写纸写就致介清、钦、澂、敦、庚、侬的签名赠言。晚与增、亚二兄戏拟许、罗结婚联。

十二月二日

今日开保民大会。派抢购谷，要我九十担，客户九担，本保只派四十六担，未免太欺客民。写壬、沅、凤、徐馨仁信。王来问宝康后地，复去未进。

十二月三日

上午往店。关荣来，茂林来。

十二月四日

上午往过溪钟家看钟秘书并看谭延闿字及罗判弘字。下午往街回复剃头店次日即动工同裕基挑瓦砾工程。

十二月五日

上午回茹口。午后往长兰。晚看附[近在]读诸生日记作文

十二月六日

上午往店。下午往长垣。钦镕今日往於[潜]。晚锦山来。

十二月七日

钟兄来。午后往市回店晚餐。

十二月八日

上午往坟山，下午往市。

十二月九日

竹来走了。剃头。

十二月十日

今日汇款。请罗杰买毯子给沅。下午开监所协进会。与增兄同往水碓头回茹口晚餐。晚写壬、沅信。

十二月十一日

往长兰理物。今日大姊做霉腐乳。回茹已将晚餐，吃甜豆腐浆一碗。

十二月十二日

上午托阿元查户折。到店午膳。下午往街。钦荣於潜回来。

十二月十三日

永联回。

十二月十四日

着[锦]山往永昌买布已脱，往市，回来晚餐。

十二月十五日

山谢神。核账。

十二月十六日

永钦往深澳。下午往街。

十二月十七日

上午写信致颂、壬、沅、凤。下午与朝往干坞为姑丈祝寿。

十二月十八日

天雨往街。今日同裕屋立柱串榀。午应永康兄陪钟秘书。与增兄巡视街上新屋林立。同来茹口时已晚餐过矣。

十二月十九日

下午来店。

十二月二十日

上午偕敦、长育往白家为义父祝寿。午应杨子虚乔迁之宴。下午同守梅、召棠同往大白家、五里桥、陈家，过街上，回店中。

十二月二十一日

今日烦铨兄往市。未遇归谈，夜深始返。章志浩兄来。徐君文来了账。

十二月二十二日

马克光来了账。核账。今日冬至天雨，过年必天晴云。

十二月二十三日

下午往街。

十二月二十四日

华振来。下午往坟山看泥水工。福朝、金泉回。

十二月二十五日

剃头。下午回家洗浴。

十二月二十六日

午后往长兰。晚劝超姊容姑。

十二月二十七日

上午往街开商会选主席。

十二月二十八日

上午往街开商会选主席。韩仍连任。回潭[山]晚餐。

十二月二十九日

上午往庄泽仓还谷，挑谷壹佰零五斤二两市斤，出墨庄户结十八石四斗五升四，合计壹千九百拾叁斤五两，代芸记出贰石贰斗四升（贰百四拾壹斤十五两），代莲记出三石九斗四升九合（计四百廿六斤八两）。

十二月三十日

下午四时回家。

十二月三十一日

着仙花往店嘱议市。往长兰午膳。今日打年糕。晚写成致壬儿信、广西扬弟信、听弟信。

一九四二年信

二月四日　沅、敦

二月十日　壬

二月十四日　敦、沅

二月二十三日　敦、壬、沅

二月二十日　听、扬、凤、介、沅、方、在

一九四三年

一月一日

饭后与敦同来往街制衣。

一月二日

晨往汪家送止戈先生行。子荣父子、宜之先生来，在此午餐。

一月三日

志浩、宝进先生来。

一月四日

午后回茹口，进雪元屋。

一月五日

晨来店，下午往街。

一月六日

上午往长垣，过七板桥回店。

一月七日

上午来查统税要补税。而出纳说是漏税。而叶沈二君云只要补税决不处罚。而出纳又要如此出法，令人无可奈何。只可照填嘱下午往补。与永兄同往街，等候多时，主任不来，只怅怅而返。

一月八日

上午回来，到沈家遇泉藕兄说起新迁阳宅经过。钟家归来。饭后往长兰回茹口。与浦江亲娘谈助产一切。写信备福朝往洞桥。

一月九日

晨往店。到干坞吃袁家喜酒。与祈善兄往返宿店中。

一月十二日

往邱家开劳资会议。新议价一月二十日起实行泥木工十二元，随篾工十元，剃头五元。

一月十三日

上午与铨、沙谈。午后四时回家。与增兄议粮碾一切。

一月十四日

晨来店。

一月十五日

永往大源。我上午往街。回潭午餐。下午核账。永来说白油售□□价。还货账。

一月十六日

下午三时回茹口。今日湘源中心小学筹基金并备午膳。我因事未能来。准备诸儿赴考。

一月十七日

往长兰。

一月十八日

午夜三时起床，（介清、敦、澂等一行十一人）四时一刻动身，六时至潭山头，东方微白，由介清伴七人同往去考，由雪元、祖荫挑担。烈山来，双喜来，荣兄来。

一月十九日

往街。谈了一日无效果。景雯、光明兄弟均到。至傍晚回店。

一月二十日

上午到长垣午餐再往汪家到烈山家，到刘家理货。晚宿刘家。

一月二十一日

上午到新亭子看田了。潘水根账以田六担一丈八尺梁一对、厚十寸、高十七，送到胥口溪内，贴他燥谷九斤，天秤。四时来店，知内已于今晨分娩，举一女。徐阿桂来。

一月二十二日

上午十时往茹口，到家午膳。蘩于昨晨六时

产一女，母女健好。去函告[之]岳母。到店中膳。

一月二十三日

午后来店往钟家开贫穷学子抚慰会。到店已晚膳吃过。罗阿木在此等候，汪榭荣田事。

一月二十四日

核账。写介、凤信。

一月二十五日

下午往街问议价。往钟家开评价会、工价会。回来已晚膳时节。先德兄来。

一月二十六日

阿木陪汪榭荣女婿来。照契付价。泉藕先生、王焦石来。华振来。

一月二十七日

写致壬、沅信。下午核账。天雨雪，呼冻作书。叫平甫来唤泥水封门，免雨雪使墙倒倾。

一月二十八日

雨雪。

一月二十九日

雪厚尺余，山中有一尺七寸云。

一月三十日

因荣兄置司城第，下午五时踏雪回家，已过餐时。上有机声。晚与仁斧、先德、增兄围炉谈至午夜。

一月三十一日

九时来店，来取袁锦云户折。至沈家亭子，有机声。喻赞郷来。锦山来店。

二月一日

朱金满来。今日雨夹雪，下个不停。

二月二日

天阴晴，街市较闹云。此间闲静。

二月三日

泉藕先生、沙晋来闲谈。宏庆来算工账。

二月四日

下午四时回家。今日除夕。

二月五日

今日元旦。下午往长兰，回茹口晚膳。

二月六日

上午过松鹤山庄拜先父年，到店午膳。

二月七日

下午往街问消息。致和[酱园]官息、盈[利][结]余分来。托荣兄委玉琴汇款给壬。

宜之、炳钊二先生来。

二月十一日

上午回家，下午回店。

二月十二日

阿梁浩涛往干坞拜年。

二月十三日

晚膳往偕朝回家。沙晋、铨兄谈至深夜三时。

二月十四日

春宴与先德、增德二兄合请三席。天雨，介清来。

二月十五日

上午往长兰回茹口午膳。下午介往。在先德兄家晚膳。宝进先生到。

二月十六日

晨三时陪介到潭，送行李往港口，来店风声紧。芳园来。晚定生意。

二月十七日

杰生来，良叔、芳园兄来。营业税要来住新屋。函壬、树范。

二月十八日

与增、铨、仁斧、子鲲在颂平家午膳。同往劝[吴]叔丹任简师算术教师，[吴]不允，归来。天雨甚寒。晚降雪珠。

二月十九日

今日元宵作书寄寿罗卓人。傍晚下雪连夜往板村致和。夜宿上板村永联家。踏雪前往，春雪厚五六寸。

二月二十日

十时往致和午餐。太公请罗君邀我入席。傍晚回店。

二月二十一日

本来今日约定良叔、杰兄往永裕，因杰兄来函说俊未返街，良叔来函因三儿发痘暂缓，故今周书记长邀宴不往。核账、写信、早睡。

二月二十二日

往市。在俊兄家午膳。傍晚归来。

二月二十三日

同杰兄往三溪口午膳。到大有晚餐。往于阿文家谈永裕事、茂林事，均称顺利。

二月二十四日

晨往于渭良家，到三溪开源午膳。因方君意志坚决，所云均成泡影。回来到店已过晚餐时节。足甚疲。

二月二十五日

上午未出。下午同荣兄往街。傍晚归来。

二月二十六日

今日超姊来。善兄病足去赶永联。介康来。

二月二十七日

空白。

二月二十八日

午应国铨、华振宴。与永康订约归家已万家灯火。

三月一日

回店午膳。

三月二日

约今日集议永裕事。良叔由益三代表。杰生、芳园弟兄来。议无结果。

三月三日

子青傍午往街。我赶锦山来。

三月四日

下午往街到杰兄处。今日着[锦]山往三溪口促宝进先生来。炳林到茂林往街。

三月五日

天雨杨魏二君来此算营业。钦荣往碧东坞。下午剃头。

三月六日

下午回茹口取炳存什。

三月七日

上午往长兰与介清接洽回茹午膳即来店。

三月八日

上午往街，与光明叔接洽福喜出屋。我在致和中膳。因跳青狮锣声，误会敌机，苦中寻乐，大可不必。济南文、蔚二兄来募炉头桥修塴，母出面助洋壹千贰百元，即日支去。先德兄来此晚膳已过，吃蛋炒饭。茂林今日回洞。

三月九日

晨偕钦荣往板村看画，没有到刘家春林兄杀鸡为黍，晚邀来栈同膳。宿刘家。锦山到，知宝进先生已来。

三月十日

晨起即来店。俊兄、芳园来。永裕得以解决。归方君自做。待抗战结束再还各东[家]自做。舅父及宜之二人做中[间人]。

三月十一日

介清来。重写永裕租借合同。下午往街。今日送二次款给永康。福康携眷归宁过此宿。

三月十二日

着钦往三溪洞桥盖印。

三月十三日

有机声。约沙晋往长垣归来回家。

三月十四日

上午同介清往长兰。

三月十五日

有机声。上午来店。

三月十六日

下午往钟家开会，延会。

三月十七日

铨兄来。拟稿。

三月十八日

下午四时回家。

三月十九日

上午到长垣。铨兄不在。回店中饭。

三月二十日

今日下午往街。托叔丹先生作书，为壬儿保留保送中央大学时间(理学院院长孙光远)。叫平甫肩(扛)小杉榭。问杰生明日是否往洞桥。作书壬、沅、炳荣。

三月二十一日

本定于同良叔往洞桥，得由茹口发来函，知因家事，要明日再往。我拟回家，同过梅岭，走半里，思及家事二字，恐已回干坞，故仍折回，在此老等，为是等沅儿来此，知申请留校校字误级，使我无谓多忧。

三月二十二日

同良叔往洞桥。

三月二十三日

因天雨桥塌。

三月二十四日

绕范氏桥往陈村回来。坐筏。

三月二十五日

落来到碧东坞。天晴。

三月二十六日

因玉辉去世往街，下午归来。

三月二十七日

下午过长垣到茹口。

三月二十八日

往长兰。

三月二十九日

因天雨在家休息一天。

三月三十日

上午来店。下午往街。

三月三十一日

上午往长垣，下午回店。

四月一日

铨兄往街与永谈。

四月二日

与铨兄往街，傍晚归来。今日上坟。

四月三日

冠雄未来，甚焦急。着振民往，少顷来。

四月四日

天雨。

四月五日

今日清明，往老家祭祖。归来。打水洗脚。

四月六日

下午三、四时回家。

四月七日

上午雨。下午往长兰。回茹。洗浴。

四月八日

上午往长兰。饭后由长垣回店。

四月九日

上午约铨、沙两哥谈话。

四月十日

往观音墈查户档。往上汪[上旺]二姊坟，柏树略高。

四月十一日

与永谈。往白家回年。与华松谈。冠荣回分水。

四月十二日

往钟家开物价管制会。因主任、科长与县座(从天目归来)谈话，延会。

四月十三日

整理账件。元村做戏。

四月十四日

下午往街开商会。公营事业社等股会。元村、街上二处做戏。

四月十五日

下午周木生、沙晋哥、泉藕兄等闲谈多时，听说街上、元村、徐家三处有戏。

四月十六日

谭山、元村、徐家汝庙三处有戏。下午四时同舅父、介清三人回家。晚与沙晋、先德兄弟长谈，至午夜一时，在茹口宿。

四月十七日

本定今日往何阜，因天雨不能成行，延期。沙晋午后回山。我写信。舅父誊户折，整理户档。

四月十八日

天雨。裁衣。饭后同舅父回店。

四月十九日

关荣因大有股归。我事亦无可奈何。

四月二十日

今日着钦往洞盖章。章满生来。

四月二十日

今日满生邀锡云去、板兴来，划价立契了事。钦镕、永联到。

四月二十一日

下午往街，开修邑庙会。

四月二十三日

下午四时回家。

四月二十四日

往长兰。

四月二十五日

上午九时来店。午在曹家宴。傍晚归来。

四月二十六日

下午往商会，开募胜利公债会。

四月二十七日

子庐、华庭、先德诸兄来，问、谈甚得。今日双清塔山开募公债会。

四月二十八日

往松溪。托文祺兄写信至陈义。遇旭光、赞卿到干坞。遇卓人。赞仰亦到。

四月二十九日

得白鱼，请来黄、沈午餐，沙晋陪。永康先生亦到。

四月三十日

今日同沙晋哥往长垣。旭光兄亦到。傍晚归，看铨兄挑田工程。

五月一日

上午十时回家。郁文今日受简师校长、县长亲自交篆。我去邀县长、国华午餐，稍坐见他交印。晚我邀国华、颜、吕、沈、朱、杨、徐科长，先德兄同座。

五月二日

国华上午来谈，餐后始去。我往长兰回茹。

五月三日

上午来店。梁今日往干坞，约惠泉入闽求学。

五月四日

今日下午往茹口。

五月五日

今日同沙晋哥、善兄、雪元四人休假。潘家坞归来在俊卿先生家吃点心。回家已万家灯火。

五月六日

下午来店，上午介康来为母看胃病。

五月七日

下午往街。

五月八日

上午回家，请泉藕先生去看母胃病。下午往长兰。

五月九日

上午回店，写信。善兄因田，晚饭后到。冠雄亦至。

五月十日

梁今晚宿此。

五月十一日

梁今晨动身往福建，我回家。

五月十二日

今日往长兰。陪锦、章中饭，子荣、子湘均在座。

五月十三日

早上来店，上山看沙晋。

五月十四日

下午天闷有雨。四时回家。到各童军营房慰问，问需用具否？晚简师表演哑剧，尚佳。

五月十五日

今日童军检阅。龙门得第一，塔山第二，石羊第三，双清六钦第四，依岭第五，湘源得第六，古城第七，峄忠第八。晚有岭西剧团表演。天雨，湘儿出水痘。晚招各校校长、教职及会长、副会长晚餐，共六席。我与先德、增德二兄做东，各备二席。可谓分工合作。

五月十六日

上午与亦飞、郁文谈。故饭后一时往店。阿木来支款。我剃头。

五月十七日

上午上山看沙晋，手痛，算山上代账。下午往街，交涉同福谷款事。与叔丹先生闲谈，邀他避乡。

五月十八日

汇款给沅儿。今日回家。

五月十九日

下午往潭山头，当日回茹口。写致介、壬、凤、在、寿、沅的快信或挂号信。

五月二十日

今日往长兰看母亲回茹口。

五月二十一日

今日往潭山头寄信。接洽挑谷。

五月二十二日

上午往长兰取簿到茹午膳。下午清簿。郁文来。今日小满天将雨。

五月二十三日

今日准备清账。宝进先生来了。中饭后同他一同往长兰。偕万有三人出来。天雨，掇了二帖药送去母亲吃。

五月二十四日

今日写信，澂、敦、庚、沅、罗杰。

五月二十五日

上午介清来，郁文来午膳。晚与传子谈。

五月二十六日

今早蘩与亦(翊)湘往长兰。拟下午他们出，我往店。因天雨，蘩来晚。看《中国之命运》。

五月二十七日

今日商会发出通知，说《浙西日报》登载，中央小京(版)十元暂缓通用。

五月二十八日

到店午膳。为了打算提前抢购谷事。写致沅、澂函。宿店中。右手腋下、胸前后背均痛。

五月二十九日

请钟医师开了方。回家午膳。叫老杨来剃头。洗澡出来，天雨矣。

五月三十日

为玄儿查问词句解释。仁斧先生在增兄家午膳，我家晚膳。

五月三十一日

送荫邨。天宁来定猪，二十四元算白肉。午后往店。

六月一日

下午往街与永谈。归来遇雨。

六月二日

上午杰来。下午邀荣与杰谈。下午六时归家。

六月三日

晨来，同荣兄往街订契。下午六时回店。归途大雨。宝进先生午后来。

六月四日

上午天雨，看样书。下午与沙晋谈。宝进先生午后去。

六月五日

天雨，写信复敦、庚、钦、澂、寿澂。

六月六日

上午往街。知杰兄往炉头茧行。因周专员来。饭后往长垣，与铨兄谈。

六月七日

到街约杰兄往干坞，仍返街回潭山。一天工作，如此往返一次而已。今日端午节。

六月八日

上午九时回家。下午往长兰。

六月九日

过七板桥来店。下午往街，三时回店。

六月十日

写壬、敦信。永康先生送鲥鱼半尾来。

六月十一日

厚诚、介清、严院长来。上午往街。天阴，下午恐大热大雨，果然三时大雨。

六月十二日

同金甫、福朝往街。在王荣根家午膳。到致和谈盐店事。

六月十三日

着福朝、金甫往街，挑来旧信一大担。

六月十四日

介清、锦山往深澳、场口。有机声。下午往街，与杰、荣闲谈。永康家墙脚尚未砌方圆，叫他盖草。

六月十五日

上午拟商人调理。舅父来。

六月十六日

写致壬儿书。祈善、舅父来，同往茹口。天雨，恐大水。

六月十七日

同舅父同往长兰。午睡后回茹。

六月十八日

同舅父整理账目。

六月十九日

同上，天晴。

六月二十日

同。

六月二十一日

上午回店。下午往街。今日开评价会，恐天

雨，先回店，请维坤代出席。舅父下午出来。听弟着人来打菜籽油。

六月二十二日

看《中国之命运》。今日潘水根、梁抬至胥口下水。

六月二十三日

买得白鱼二尾，带茹口长兰。

六月二十四日

午后同舅父、锦山一同往街，因平甫不在街，即返。写梁甥函、凤弟函。

六月二十五日

同荣兄往街。签[订]袁光明屋后地的[买卖合同]。在曹家午膳。后量同裕地回店。

六月二十六日

上午往七板桥，为袁地。午后剃头。下午三时回家。到钟处开方，因眼颇不适意。要花模样。洗澡。

六月二十七日

今日往长兰看母，回茹口宿。看山东省一册知特产之丰，列强之苛，人物古迹之富，为全国冠。人口密度每平方里为七十人，亦冠二十二行省。

六月二十八日

今日整理同裕坟山账目。写梁信，单挂号。与祈善兄谈。

六月二十九日

天闷。下午一时来店后，雨不止，幸早来。

六月三十日

上午往街。承永康先生之招，为盐店事。我无意，不出席。归途有雨，与荣兄同回。

七月一日

看《中国之命运》。

七月二日

敦儿放假回家，坐船到南津桥。永先来支冠雄款。

七月四日

上午回家。叫善兄往店，调永往深澳办货。

七月五日

往长兰午膳。喉痛。返店。

七月六日

往钟师处开方。

七月七日

在家。

七月八日

在家。

七月九日

拟先父七十生辰书，发壬、沅、凤、梁。

七月十一日

返店。

七月十四日

下午三时杨子庐与袁福禧来，谈甚趣。四时同小姊、长育回家。官塘水出来大，没过套靴。庚儿患疟。

七月十五日

理陈账。介清来。下午又雨。

七月十六日

上午微雨，下午天晴闷热。平甫来，算治芳学费。

七月十七日

晨福朝陪敦、玄二儿往上塘外婆家。我与钦镕到长兰吃早中饭，下午往三溪、洞桥。

七月十八日

午后落来，宿长垣铨兄处。新屋第一次。

七月十九日

与荣兄往街。谈福春、福喜出屋。

七月二十日

查营业税，蒋、吴二君来。

七月二十一日

开物价评议会。下午五时回家。

七月二十二日

在家。

七月二十三日

下午二、三时来店。

七月二十四日

上午往观音勘。午膳与锦山在舅父处吃。陆家，托锦山去托白阿妙。我与金甫到炉头托钟顺，荣兄长盘区契。到家洗浴。

七月二十五日

晨来店，遇玉芝夫妇往街。

七月二十六日

往城东。在街曹家午膳，致和坐到傍晚回店。

七月二十七日

同永、锦在舅父处午膳

七月二十八日

下午二时往长垣。四时回家。

七月二十九日

往长兰。

七月三十日

因腹痛便溏，服藿香正气丸。拟下午回店。天大热，恐再发。故不去[店]，在家。

七月三十一日

上午往店。中午岳母大人、治弟来，傍晚回家。

八月一日

在家闲谈一天。接钟师来替岳母打针。

八月二日

黎明治弟回上塘。上午与岳母闲谈。理谷账。午后往店。

八月三日

上午往街，曹家午膳。

八月四日

在店。

八月五日

写沅、章校长、杰、壬等信。再回复小水内人，叫他另觅市屋。

八月六日

上午往街。下午二时回茹。宿长兰。

八月七日

上午返茹口。

八月八日

上午八时赴店。

八月九日

天大热。

八月十日

下午因舅母来叫，往舅父处，劝他吃点药。

八月十一日

狂风大雨一日夜。清账。

八月十二日

上午如昨，水涨。

八月十三日

下午回家。

八月十四日

上午盛校长来，在此午膳。

八月十五日

上午祭祖。下午与慎兄二次闲谈。

八月十六日

上午回店。

八月十九日

下午五时回家。

八月二十一日

上午八时来店核账。剃头。

八月二十一日

在店。

八月二十二日

往街。在曹家午膳。今日街上打灶。

八月二十四日

今日同金甫往童家看房子。约超姊、姊丈在汪家等，他们已先我们到童家。看后往刘家午膳。在碧凤岭上见敌机一架，知乃日炸上三乡投弹三十枚，毙十余人伤十余人，着弹处约有十处之多。[炸]伤大有栈房墙脚，未伤人。在刘家午膳后回到长垣。

八月二十五日

昨晚谣言甚炽。今晨回家，知姊丈发热。今日又有机声，他还同介清到雪元菜园中观看。傍晚因捉逃兵，误传敌人至平山，人心惶惶。我家晚餐已上桌，草草吃了无事。

八月二十六日

二夜少睡，今日午睡。穿了汗衫未更衣，醒来无汗。晚发热。

八月二十七日

晨往钟家请荫郇开方。

八月二十八日

仍热。亦珍(翊澂)亦病。

八月二十九日

吃奎宁，下午大热。

八月三十日

荫郇开方，再服奎宁。愈好。

八月三十一日

在家休养。

九月一日

请钟师为大姊、善兄诊。

九月二日

钟师自病。

九月三日

钟师病。

九月四日

再请钟师为大姊、亦珍(翊澂)、善兄治。因自病，故此间不来。我往善兄处。长育今晨往校。

九月五日

晨七时十五分，[镜]来叫内人说善兄不语，知有变，即去请秋娥请陆宝琳看，打强心针，知不救。预备后事。棺材系长盘晋卿先生的，甚紧固。

九月六日

晚为善兄做法事。

九月七日

中午善兄出殡。昼做法事。厝先德兄之平山上。在马鞍山东，离茹口约半里。

九月八日

钟庭秀先生送来周士乾、许圣甫、于田寿户折三枚，买椟还珠，喜不可喻。

九月九日

往长兰看母亲、大姊。适荫郇亦来为大姊转方。准备敦、庚往校。得壬儿函，知已进中大。甚慰!

九月十日

晨三时敦等动身。今日简师招考新生一百二十余名。写信。善兄今日做头七。

九月十一日

晚与亦飞、增兄谈上海掌故。午后待介清来，决定玄儿求学问题。

九月十二日

介清来，知荫郇往长兰再往下午着桂香去。因荣娟病，下午拟出。因杰兄来，秘书来多谈。怕热未去，早睡。

九月十三日

上午来店。

九月十四日

上午往山庄，与沙晋作长谈。

九月十五日

华振来。今日开立法团会议。永联妇有病。

九月十六日

着锦山往市，与李、曹谈。中午宜之先生来。

九月十七日

今日姊丈二七。午后回家。

九月十八日

澂与侬往校。

九月十九日

往长兰。

九月二十日

回店。

九月二十一日

下午二时来店。

九月二十二日

秋生来复没有。

九月二十三日

午后二时罗卓人兄来，托他带了些零物及纪念册给翊沅。留他在此吃早夜饭，由平甫送到致和。

九月二十四日

着浩涛送菜，及他父写给他、罗香信。

九月二十五日

下午回家。

九月二十六日

往长兰。看联高特刊。

九月二十七日

在家。

九月二十八日

回上，十时来店。

九月二十九日

[锦]山、福[朝]往场口。

九月三十日

春泉去。

十月一日

写信。

十月三日

下午四时半回家。治弟已来。介亦在。谈知治弟来接岳母。我留，已允十日来迎。

十月四日

晨治弟已暂去，再来为约，故岳母决今日午后回富，由雪元挑担送去。雪元返，可催何阜租谷。

十月五日

晨来店。

十月六日

往街。曹家午膳。傍晚归来看纪春地。

十月七日

付纪春款。下午四时半回家。

十月八日

上午往长兰。到茹口午膳。祁善姊丈今日五七。我家去祭。晚请抬重及房东各重要帮忙共二席。

十月九日

上午九时来店。

十月十日

今日街上空警。

十月十一日

上午往白果潭钟家，问户捐事。

十月十二日

在店。

十月十三日

在店。

十月十四日

回家。

十月十五日

上午九时回家。今日［给］祈善兄［做］六七。由介清来做，请先兄、增兄、驶兄、秋姑、炳嫂吃点心。

十月十六日

懋船来。十时往长兰。下午回茹。

十月十七日

往店。

十月十八日

往街，在曹家午膳。益三亦在座。袁出屋事又要延至十月初十日云。

十月十九日

往人俊兄家。回店午膳。

十月二十日

上午往长垣顺道。午后二时回家。

十月二十一日

今日往长兰。炳林、九婶来。乡长会议声援□□乡长。

十月二十二日

上午来店。下午往街，因公安局提问平甫事。

十月二十三日

下午四时半回家。留曹雷明到家宿，因病迷路。

十月二十四日

今日谈陈全培事，立新租约。铨、增、先生、九、蓉、青、炎、驶等。

十月二十五日

下午四时半来店。炎午后去。下午铨三时半去。

十月二十八日

下午往柴场，出保管谷，结计六千一百五十五斤九两市秤。回店已四时半矣。

十月二十九日

接卫生院要在楼上开开大门。玄儿下午四时半来。岳母今日下午到。

十月三十日

上午往长垣，下午四时回茹口。

十月三十一日

下午一时往长兰。

十一月一日

增兄往韩处。

十一月二日

上午钟师来。下午到店。

十一月三日

下午塔山顶，开忠烈祠卫生院事。

十一月四日

上午往柴场为粮谷事。白皇瑞 1337 斤 2 两，邱根全 67 斤 2 两，共出管保结 1404 斤 4 两，连前 6155 斤 9 两，将来换该处［民国］三十二年十一月一日凭单即付。塔崤办事处六十六石五斗五升二，合计七千一万八十七斤十两，应找332斤3两。

十一月五日

下午一时往塔党部开建忠祠，因人数不足延会。

十一月六日

下午一时再往开会。

十一月七日

天雨。写信。核账一天。平甫往永昌催租谷。

十一月八日

天雨。幼生兄去世。着梁往长垣改稿。

十一月九日

天雨。今日金甫去市。福[朝]到干坞送礼。

十一月十日

天晴。福朝往刘家、陆家。

十一月十二日

下午三时同介清一同回家(茹口)。

十一月十三日

在家候钟君来不来。

十一月十四日

往长兰。

十一月十六日

午后回店。下午往街。继春地筑墙。

十一日十八日

言言、阿振今日出屋、交产。同荣往桐，未返，改明日。

十一月十九日

今日出屋、交产。

十一月二十日

今日增兄在此午膳，同往钟家，开法团会议。我因佃业会今日成立，前往坐三小时。因前会未了，延会，我先走。

十一月二十一日

上午回家。今日先父忌日，与内子自己烹饪二席。

十一月二十二日

上午候俞来，不来。下午与虆往长兰。

十一月二十三日

上午写信。俞来。饭后来潭，往街，开建忠会。烟酒不吃，先归。

十一月二十四日

上午往街，量忠烈祠。下午开评价会。归来往坟庄。沙[晋]未遇。

十一月二十五日

送荣、曹、许羊腿。沙晋、泉藕、郁文来。写沅儿信。

十一月二十六日

张主任(营业税)，王克、章、钱三人往上乡，在此午膳。膳后往街，开建忠会。归来与罗文荣、何木定松板。召棠被押因谷事。

十一月二十七日

今日盘货。

十一月二十八日

今日挑货。

十一月二十九日

今日街上开市。下午回家，因虆咳血。

十一月三十日

今日(上午来潭)下午往街。

十二月一日

上午到铨处午膳。晚宿刘家。

十二月二日

在刘家整理。下午三时回潭。

十二月三日

往街。在曹家午餐。

十二月四日

上午回家。下午往长兰。

十二月五日

今日请一镛、荣、杰、培、华、正、盛、先、增、清、飞，连我十二人。

十二月六日

下午来潭[山]。

十二月七日

上午往街。下午回潭。晚写信。

十二月九日

请客两桌，税务等。

十二月十一日

看忠烈祠工程。

十二月十一日

在店。

十二月十二日

晚膳后回家。

十二月十三日

今日岳母回富。

十二月十四日

今日下午来街。布业改造。复补君函。

十二月十五日

西民在此晚餐。

十二月十六日

上午回家。下午往长兰。

十二月十七日

今日请郑君午膳。商会改选。

十二月十八日

午后来街，看忠烈祠工程。

十二月十九日

在店。

十二月二十日

今日春谢拜先生，三百四十斤谷作伙食。割稻工了帐。开工，挑同裕后地。

十二月二十一日

下午四时回家。中午玉琴请韩处长在金慈。

十二月二十二日

长根送来改。下午往长兰。

十二月二十三日

下午一时来店。

十二月二十四日

下午一时开租赁所得会。因招已缓，征到人极少。

十二月二十五日

忠烈祠墙加高。

十二月二十六日

到家午膳。

十二月二十七日

同虆往长兰，湘亦去。

十二月二十八日

上午来店午膳。

十二月二十九日

今日挑冯家卫。

十二月三十日

天阴。等再振先生来。

十二月三十一日

九时因作风与福朝一同来店。

一九四四年[1]

一月一日
服药。今日母亲做寿衣。
一月二日
家居。
一月三日
家居。
一月四日
家居。
一月五日
上午九时来店。
一月六日
下午开忠烈祠会。
一月七日
人俊、玉麟、延法来。
一月八日
人俊来。写信。
一月九日
核账。午后回家。
一月十日
家居一日。
一月十一日
到店午膳。
一月十二日
泥今日挑好。
一月十三日
秀峰等来。朱金满来。
一月十四日
茂林脱致和股，取款回洞[桥]。
一月十五日
上午十时与梅叔回茹。
一月十六日
上午往长兰。舅父来。
一月十七日
整理契抄底。
一月十八日
结同德账。回店午膳。
一月十九日
下午三时开商会。派合作金库股金。
一月二十日
介清、芝林来。
一月二十一日
天雨。母亲回茹。
一月二十二日
下午回家。请年福度岁。
一月二十三日
家居。
一月二十四日
家居。
一月二十五日
古历新年元旦。
一月二十六日
到坟山拜先父年。到店分岁。

1.1944—1946年原文破损严重，仅整理完整部分。

一月二十七日

写信致罗杰。

一月二十八日

上午八时得翊沅电报，知联高录取，欣慰。汇款五千元，托陈伯昂转。

一月二十九日

下午到致和、曹家贺年。晚定生意裁员。

一月三十日

今日着福朝往家取鸡、鱼干、酒、酱鸭，宴同事。

一月三十一日

下午回家。

二月一日

今日往长兰。

二月二日

今日准备。

二月三日

今日为母亲七十大寿祀神祭祖，拍照。叙家宴二席。增、先二兄送菜去，不邀。大家尽欢。母亲即日胃亦不痛。惜乎晚痛又一次云。

二月四日

天雨。我回米市。

二月五日

午宜之、宝进、子荣、永康、张钱在店午膳。膳后宜之、宝进上去。善生来。炳林来。

二月六日

上午我往潭山头。致和中饭。

二月七日

今日有永昌龙灯店备饭二桌。致和中饭，子荣亦在座。

二月八日

今日元宵。回店。炳林去。

二月九日

在店。

二月十日

今日简师招生。上午往沙[晋]处午膳。午回家洗浴。携锡年同往苏。

二月十一日

同锡[年]往长兰。大妹家午膳。携介清回茹。晚开劝学会。

二月十二日

今日与介清携锡[年]回[潭]山。在沙兄处午餐。下午来店。

二月十三日

今日县长请吃西菜，在公馆。同席有子鲲、铨、志祥、增、国华、亦飞、子青共九人。

二月十四日

天雨。核账。

二月十五日

维坤来说榀梁店四宝今日出殡。亦飞点主。钦荣回。下午二时三十分，陈自新来，知严中定二十日开学。二时五十分陈去，我于三时回家，四时二十分到家。

二月十六日

上午沙晋来简师。午后三时同敦等来店。

二月十七日

四时半起床。敦等六时去，我再睡，七时半起。下午到永康、叔丹两先生谈。在致晚饭，同座有汪局长、陈子荣。

二月十八日

着智标往茹取大菜用具。县长偕主任要来云。

二月十九日

上午仙花来说，大菜用具寻不着。我即往茹。膳后同麖、爵同往长兰。

二月二十日

上午回街。午与致和、祥丰、协大昌合宴各机关。罗杰来，晚在店晚餐，同座永、杰、卓及罗小姐等。

二月二十一日

各友来此吃面。晚在致和陪罗君。

二月二十二日

膳后到潭山。剃头，回家。上午谈小水出屋事，已妥。

二月二十三日

今日家居一天。整理，看《蒋百里言论集》。

二月二十四日

上午八时半来店。有上旺竹马、何阜龙灯为庆祝新生活十周纪念、节约储金云。写壬儿、听函。

二月二十五日

（二月二日）有狮子、龙灯大街大闹。抗战后第一天，玄、万、爵来看，宿店中。

二月二十六日

午往汪家，陪罗卓人，晚在曹家陪。一天酬应。

二月二十七日

上午往看罗君。晚在致和陪罗君。我送鱼及鱼肚去。今日为老母七十生辰往塔山求寿。

二月二十八日

下午往城东，汇重二款。

二月二十九日

寄包裹。写信。上午看忠烈祠墙，柱子应高度。先德宿此。看《天下一家》[1]。

三月一日

午后同先德兄一同返茹。洗浴。

三月二日

上午到钟家开评价会，贺余主任到团部。

三月三日

写信。核账。开老席，窗完竣，光线甚佳。今日到汪家检阅云。天雨。

三月四日

今日大生基地开工。天晴。《轰炸东京》到。

三月五日

今日简师招待贺主任。有四学生面述校长十大罪状。

三月六日

傍晚同仁斧、衣叔往柴场，陪贺主任。席间谈书画、古董、时事国际很多。与增兄回店宿。

三月七日

子鲲、仁斧、进德、国铨诸兄在此午餐。傍晚同增兄回家，已上灯。

三月八日

今日在家休息。

三月九日

携花钵二个至沈泉藕兄家，向他索兰花。剃头。回店。写信，看书报。楙昭在此晚饭。叔丹先生来。

三月十日

楙昭去接仁斧。同子鲲、亦飞在叔丹家晚餐。待裕谋亦在座。

三月十一日

仁斧、正光、亦飞之聘。知母病疟，午后回家。

三月十二日

在家。整理旧书信一天。焚去信一谷筐。

三月十三日

孙师来。午后来店，又焚去旧信一谷筐。

三月十四日

尧根兄来。在此午膳。

三月十五日

下午一时物价评议会。

三月十六日

下午一时开修建忠烈祠会。上午往党部，看简师四青年，上贺函。沙晋从六渚（渌渚）来。

三月十七日

虎儿往下十官。宗文［中学］因脑膜炎解散。写壬儿函。

三月十八日

发寒热（病）。

三月十九日

未愈。

三月二十日

未愈。标来看《新中华》。

三月二十一日

涛四家去看《新中华》。

三月二十二日

下午坐轿回家，看钟师服药。

三月二十三日

再一剂，愈。

三月二十四日

嘱玄儿背读，再上学。午，玄发热。

三月二十五日

拟母亲七十生日辰即景。

三月二十六日

上午旱雨，坐轿来店。今日虆四十生辰，寄

1.《天下一家》是20世纪二战前后美国共和党总统候选人温德尔·威尔基写的一部政治学著作。

诸儿函一通，亦劝学之意，甚善。

三月二十七日

往县，开一县一机会。因人数不足，延会。

三月二十八日

拆新屋鸡舍，移此作猪栏。[给] 慎之寄物。

三月二十九日

今日塔山开工打围墙。苏林、止昌两人做一个（分作二个）。

三月三十日

下午往地行，汇壬币五千元。

三月三十一日

寄壬邮包。开一县一机优委会。

四月一日

清账。下午开物价会。

四月二日

上午扫先父墓。下午回家，洗浴。看《卫生之道》。寄玉芳府绸棉[1]六尺、袜子六双。寄凤弟府绸三尺半、毛巾二块。寄梁庆洋布六尺、袜子两双。

四月三日

上午同介清、湘、藆四人往长兰。傍晚回茹，看《大地人文》。

四月四日

下午来店。

四月五日

天雨。

四月六日

上午维堃、永康来，谈颇久。中午商会请缉私处、税局等。下午往叔丹先生谈。袁浩来。

四月七日

上午铨兄来。下午开筹募简师基金委会第一次会议，开座谈会。

四月八日

写澂、沅函。墨新在此午膳。

四月十日

下午五时同增兄同回茹口。洗浴，颇舒适。

四月十一日

上午看新中学生。理厨抽斗。

四月十二日

上午同增兄到长垣。下午来店。舅父、桂生已在等候。幸着仙花先来通知。天雨。

四月十三日

着苏林再做塔山工作。

四月十四日

止昌亦做。上午到叔丹先生家，楙昭亦到。天晴。有机声。

四月十五日

天晴。有机声。

四月十六日

下午二时，往潭山。剃头。回茹。洗浴。徐司务来做衣服。

四月十七日

上午来店。

四月十八日

厚丰订婚，午餐我亦前去。

四月十九日

上午九时偕福朝往六川，为造太殿戏台事，便去严家湾看山桥、周墨新、钱文灿新屋。由碧沼寺回到店下午五时。

四月二十日

往叔丹先生家，观音殿，开建校舍会。陈尧根来。

四月二十一日

上午再开。下午开简师常[委] 会。

四月二十二日

下午开工价评议会，亦在塔山。先德兄来，宿此。

四月二十三日

上午冒雨同先德兄同往茹口。下午到长兰。归雨。

四月二十四日

上午先德兄请来亚球、一峰等。下午再仍往长兰。天晴。晚在增兄家吃饭来，一峰亦在。

四月二十五日

我请一峰。晚增兄请我决。下午来市，东田来。

四月二十六日

上午东田再来。午后同荣、俊、杰兄看洪氏

1. 府绸棉：是一种优质的面料，由高质量棉花纤维纺织而成。

屋、文庙、韩防空洞、忠烈祠等工程。

四月二十七日

天雨。写信。看《大地人文》。

四月二十八日

上午往党部。下午在叔丹先生家晚餐。

四月二十九日

同子鲲先生一同往官塘，在他家中午膳。在润卿先生家吃点心。湘源中心小学旅行百丈山。

四月三十日

晚到叔丹先生谈，大敌到大源，即回去。

五月一日

下午回茹。晚餐有叔丹、仁斧、国铨、先德、进德、良叔等。

五月二日

下午同铨兄到荫村兄处。后到店。

五月三日

时局紧。捷音剧团在罗家祠演。

五月四日

今天闹了一天不做。要商家弥补，出了错还要骂。

五月五日

今日孟夏。戏又在罗家祠堂开锣了，先德兄在此宿，看戏。

五月六日

下午开简师基金常[委]会。傍晚回家。洗浴。

五月七日

今日简师请各启户认助田事。县长等在茹口晚餐。

五月八日

上午来市。李秘书蓬仙六十寿筵。

五月九日

下午发疟病。戏做五日完。

五月十日

晨热退，服奎宁。下午再发。

五月十一日

晨热不退。服韩尔中方，汗出不解。泉藕先生亦来，平甫开一方。

五月十二日

上午坐轿回家，服荫郇方。罗香要从军。

五月十三日

服药。简师开欢送会。《大地人文》一册看完。小兰来。

五月十四日

在家休息一天。拟明日返店。嘱小兰到市通知叫轿。

五月十五日

上午坐轿来店。寄沅包，写信。

五月十六日

天雨。清账。

五月十七日

故我着人送信。适觅就[送信人]。姚志刚来，信由他带去。今日开贫寒学生扶助会。因上会未结，不开。同叔丹学生看许瑞喜君新屋，来望珍。与传教士看建筑。先德兄宿此。

五月十八日

下午开优委会、评议会。昨晚长兰陈家、德水家遇盗，有长枪四支，手榴弹等云。晚至叔丹先生家。

五月十九日

下午开修忠烈会并经理会。派布业同盟公债。

五月二十日

看《大地人文》中辑。

五月二十一日

上午同先德兄同往。下午往长兰。返，母复拍照。

五月二十二日

要捐田查。

五月二十三日

下午同杰生、张承咸、仙花同来。有敌飞机六架往返过境。

五月二十四日

写信。

五月二十五日

下午发疟。庆福办乔迁酒及人俊娶媳酒，均不能去吃。铨兄、增兄均来。友桐亦来。服尔中药。

五月二十六日

仍服昨方。友石来，荣兄来。看《大地人文》中集。

五月二十七日

知有三百余兵走向前方。福朝往茹取药。维坤兄来。《大地人文》中集看毕。阿培兄来。

五月二十八日

写沅、溦等信。看书报。上午雨，下午晴。

五月二十九日

铨兄来。

五月三十日

郎玉芳、周大源、杨世才等今日各界开欢送贺远征军大会。

五月三十一日

写壬函。看《三国》。

六月一日

下午三时回家。

六月二日

看鲁迅《彷徨》。母病疟。

六月三日

黄院长今日上午来。为家母诊。下午二时回市。

六月四日

上午来店。仙花摘杏子。

六月五日

福往茹挑菜。

六月六日

天热。韩寿田来问谈开店。着福朝去看舅父。

六月七日

天雨。核账。人俊兄来。公安局来通知物资疏散。

六月八日

松板因拢散太多，决搬一部分来街。

六月九日

看《蒋夫人访美记》。

六月十日

上午提官塘谷。下午二时返茹。增嫂、洪师母来街。

六月十一日

上午同超姊往长兰。下午一时回茹。荫村三时来为家母看胃病。增兄云不必返回街寓。

六月十二日

同增兄到长垣午膳。下午二时回街。到叔丹、子鲲先生处。

六月十三日

人俊兄来。铨兄、增兄来此午膳。简师校长更。汪澄、子鲲先生[跳]脚气疯。友桐来。到叔丹先生家谈。志祥宿此。上午往邑庙看民族报馆照片。

六月十四日

志祥往贤明山。会计班特请。

六月十五日

同叔丹先生往岭上徐家。到自卫队看破服装报销。返店午膳。敌机一只往返数次。

六月十六日

天雨。核账。下午晴。陈世昌妻子与长子来。明知滑头，但念老亲，年老，借他川资。

六月十七日

又来说要疏散。

六月十八日

上午茹[口]来二人挑物。午后一时与先德兄同回茹口。

六月十九日

上午往长兰。回茹午膳。下午看《中学生》。算药账。

六月二十日

上午与增兄谈。下午与介清、传子，不及来店，故仍洗浴。

六月二十一日

上午来店。下午天雨。往钟家、叔丹处。

六月二十二日

核账。下午二时往钟家开评议会。

六月二十三日

长沙卫三十告失，省都交通均感困难矣。

六月二十四日

程国栋回来接母亲。

六月二十五日

友桐兄弟来闲谈。

六月二十六日

作整洁一翻。

六月二十九日

上午九时敦儿等来。下午六时长育到。七时珪到。

六月三十日

上午往店。国栋觅[地方] 打电报，人俊托蔡秀陪去。

七月一日

今日得敌至临安青山，县府作疏散之准备。下午来家。

七月二日

上午同虆、澂、敦四人往长兰。傍晚回茹。

七月三日

今日三人往六川，挑敦等行李。春泉宿此。理箱子。晚发热。

七月四日

着春泉挑三号箱到孙仁父先生家，寄送鹅蛋、肥皂去。

七月五日

上午写信。看《国文百八课》。

七月六日

接又中试读通知，晚训。今日小学会考。介清、陈自新、罗玉文、孙锡年来。

七月七日

家居。看《家庭》杂志。

七月八日

上午来店。

七月九日

下午五时回茹。

七月十日

看诸儿日记、作文(上学期)。

七月十一日

下午开简师会。冒暑与增兄同往钟家。因疟发，傍晚六时仍回茹口。

七月十二日

休息半天已愈。看《国语到国文》数课。

七月十三日

本拟明日着玄儿投考一中，今日看儿等暑期日记，知要至二十二、三日考。又着玄儿往长兰受介清指导。

七月十四日

复郎玉芳函。今日起，嘱庚儿今日背英文一课，由澂儿负责。

七月十五日

今日增兄家开财委会。因人数不足，延会。

七月十六日

上午七时来店。旭光、徐裕谋来。

七月十七日

往钟家。虆与澂来。欢今日回富。

七月十八日

上午子鲲、裕谋来。下午回家。

七月十九日

国语到国文。

七月二十日

《唐诗三百首》和该书的白话文对照注释本，这两本书是引学者入门，甚善。

七月二十一日

上午来店。今晚寝中楼。新屋较凉。沅信来。

七月二十二日

黎明同尔中往碧沼寺。路走错，返何家岭，沿山至寺。归来是上午九时。四婶母今晚八时去世。

七月二十三日

友桐相邀吃中饭。商会吃晚饭。请於潜、缉私所长黄东升君。

七月二十四日

四婶母今日出殡。我与钦等十余人送至山。

七月二十五日

上午简师开常会。回茹午膳。

七月二十六日

整理房间、箱子。傍晚浴甚畅。

七月二十七日

看《国语到国文》第四册。着儿等暑期日记。

七月二十八日

今日先父生辰，在家作祭。

七月二十九日

上午与增同至潭山。剃头。来店。

七月三十日

核账。看三四天报。

七月三十一日

下午发热。阿言来。塘水被水田车去，去函理说。

八月一日

又坐轿返家。因昨晚又患夜热。此后当更节

劳自养，当多养数天以期不发。今晚又一幼蝉入帐，如老僧坐禅，看字面是单虫，共鸣声予止了止了……后[翊]湘吵起，抱三次。

八月二日

德国人教育之严谨，最生动的是歌德《时间是我的财产》一文，实是珍惜光阴之名作。

八月三日

麋往长兰。今日吃鸭。写信，看《开明十年》《时与潮》。收到夏郎君函。

八月四日

看《国语到国文》。

八月五日

今日上午作长函寄沅，告敦、澂、不能来，而仍望渠读联高。

八月六日

敦儿午时返。持来郎电一通，索川资。知今日星期日，将电译好加头尾准明晨发。

八月七日

早上着友金持电请诸公签。示意：定下午三时开会，未果，再用函，下午托先德兄派人送街。曹君、仁斧兄来。

八月八日

上午杰兄来函知电不迳至县府，有推诿情形，故下午复电郎君，潘萍来。今日湘小移交。

八月九日

今日大雨，水通。

八月十日

今日玄、家明由介清陪到店宿。明晨赴建德考严中。考期十五、六。

八月十一日

抬厚珪者返，知船已通，到六渚可少走十五里路。玄因发热，早上坐轿到六[渚]。

八月十二日

嘱令庚儿日记重抄。今日母做寿鞋。写沅儿信。

八月十三日

天阴，捧米。

八月十五日

上午来店。阿言又来挑谷。杰兄、先德兄来。

八月十六日

着福往胥口。

八月十七日

着梅叔往刘家。今日有忠义救国军一团宿市。副官处谈此。

八月十八日

人俊兄来。炳林来。写信。下午回茹。

八月二十一日

上午来店。

八月二十三日

上午九时回茹。自提馒头、猪肉，归去。

八月二十四日

着敦、澂往严训庚。上午往长兰。返茹午膳。

八月二十五日

训玄决定复读。

八月二十六日

上午来店。往曹家。

八月二十七日

告荒者甚众。算芳林账。张承咸、李玉祥来。

八月二十八日

上午写信。交出中山所捐簿，共募三千二百四十元。晚有机自杭来，数十分钟返。日来白石岭大神风行一时，焚香求佛者日三四百人，已有四五日均如此。

八月二十九日

雪元来。

八月三十日

珪来。仁斧兄来。仙花来。

八月三十一日

清账。算三年利息，俸金所得。租户札记（梅、平二人）。仙花来。

九月一日

州清账。租户札记。人俊、竹舟来。仙花来。

九月二日

人俊兄、王一山、金雪梅、韩尔中在此午膳。

九月三日

上午回家。洗浴。看玄儿日记，背书。

九月四日

写瑗、涛、澂、壬、沅信。湘小书到。

九月五日

王伯华不来，去请王守怡。

九月六日

上午来店。雨打衣裤湿。中午应志祥宴，陪郑，主客未至。

九月七日

发仁斧函、宜之函。

九月八日

上午十时仁斧来，吃面。往茹口。

九月九日

上午来街。吴先生家午膳。看大昌七月十八日来信，知有五千元交壬儿。此信是八月二十八日到，此款即送去。汇壬二万元。

九月十日

着钦往三溪口。托祖荣往三口，为山桥催砍事。福朝往胥口挑青油。

九月十一日

国栋与乃母来此午膳。延法于昨日下午四时病故。

九月十二日

珪往严中。仙花来，为荣娟忿，劝归。

九月十三日

午五人合请，郑克文不到。下午赵士佳来。蒋小娜来。

九月十四日

复镜侬校中。请叔丹先生不去函。下午回家。

九月二十三日

下午四时与仙花返。买来大鲫鱼一尾，十四两重。

九月二十四日

往长兰商大姊住址及［家明］自修［事宜］。

九月二十五日

下午返店。

十月四日

下午四时来家。今日在增兄家开财委会。洗浴。

十月五日

整理旧簿子、信札。焚去旧信三谷箩。凤弟有电来，已离福州至南平。

十月九日

今接严中金校长函。

十月十四日[1]

傍晚铨兄来。

十月十五日

晨与铨往六川到杨家，维榕来新，回阿韩家午睡，与壮、农四人同住高沙。点心后回来到碧沼寺，韩至家已暗。

十月十六日

上午维榕来，下午与铨兄同观塔山园地，各自回家。洗浴。

十月十八日

王易山、白人俊来，午膳后，同先德兄同来店。

十月十九日

代介寄梁包二个，查阿木账。

十月二十七日[2]

下午来家。

十月二十八日

往长兰，家中吃鸭。

十月二十九日

天雨未去店，腹泻。

十月三十日

便溏。

十月三十一日

天晴，大便正常。午后往店。

十一月三日

阿木来，知土木混账，计划造同裕屋。

十一月四日

托旭光，因回家不遇。天寒。三成租屋稿，交卓兄。汇小款三千元给沅。维榕回分［水］。

十一月七日

沙晋下午回家。

1. 十月十日至十月十三日，原件破损严重，看不清楚。

2. 十月二十日至十月二十六日，原件破损严重，看不清楚。

十一月八日

布置房间，商量一切。

十一月九日

上午来店。沈氏至傍晚始来。汪宜之先生伴行。

十一月十日

替先德兄代借各物。下午回家。

十一月十一日

今日厚封完姻。县长太太借此募妇女界慰劳将士捐款。正大家尽兴，不免耿耿于怀。此事［应］向各家去募，不应在大会中举行，有谣言。

十一月十五日

寄翊澂邮包一个、制服一套。

十一月二十四日

服药。

十一月二十五日

服药。

十一月二十六日至二十八日

看画。澂考试录取。

十一月二十九日

看《曾文正公家书》。

十二月三日

下午来店。

十二月四日

往党部。

十二月五日

亚民与爱莲结婚。晚应县座召，往陪看灾［情］，陈委负实督，征田赋。

十二月六日

天阴，下雨，写信……

十二月七日

天晴……

十二月八日

下午二时半回里。途与陈益新闲谈。不觉寂寞。

十二月九日

上午往长兰回茹口午膳。先父忌辰，适十周年。

十二月十日

上午四时半，虀产七儿，坐褥甚快，约一小时半即临盆，母子安好。得儿函，知澂又加入剧团，终宵难寐。

十二月十一日

着仙花往街买物。介清来。

十二月十七日[1]

上午赵所长来，有敌至大源抢米消息。下午二时回家。

十二月十八日

长育之祖母因关火伤肤肢身故，今日即出殡。有敌至场口消息。

十二月十九日

今日葬好［长育之祖母］，打扫了事，共用约万元。福朝挑衣物归，下午梅根送款来。

十二月二十二日

因呈请缓交二期公益储蓄，七人具名。

十二月二十三日

沙晋、木森、锡勇等来，为恒和房屋。捐助六小，由六小拨万元助双小。

十二月二十四日

与平甫往干坞讨租归来，已万家灯火。

十二月二十六日

汇壬二万一千元。

十二月二十九日

汪澄交来塔峤乡小学收到米二十石四斗八升一合（折合市斤二千三百二十斤）的收据。

十二月三十日

下午回家。

十二月三十一日

整理，查保管等。今日做豆腐，做腐乳。

1. 十二月十二日至十二月十六日，原件破损严重，看不清楚。

一九四五年

一月一日

写致沅信。告其不可从军，并致函敦、壬。

一月二日

介清因早操昏厥，我去二次，并[给他]进参汤。今日做剃头馃。

一月三日

今日七儿弥月(满月)，做简单的斋佛祭祖。请接生婆、房东及帮忙各亲友，计二席，连饭菜不及贰仟元。

一月七日[1]

雨雪珠。写沅、澂、昂、伟的信。维荣、关荣、炳林、李炎来。昨夜侯章贵家因邻居失慎，我寄存之赋谷亦遭焚。(谷)损失三千五百七十三斤。

一月八日

下午往观音堋归来已七时矣。

一月九日

今日赵士佳在服务处留别。

一月十日

上午与赵忠林副团长晤谈，下午回茹口。

一月十三日

上午来店，铨兄来寓此。茂林殴锦山，面鼻肿，炳林出面调解作罢。

一月十四日

赵副处长、旭光、吉人等来，铨兄午后回去。

一月十五日

剪报、看浪花。

一月十六日

阿巧来。炳林明日往严进缉私处。

一月二十日[2]

下午往钟家开会。后归来，将晚餐。

一月二十一日

洗浴。

一月二十二日

今日吴家为筱峰先生追庆八十岁，我去往拜。

一月二十三日

天雨。今日中心学校会考在湘源。

一月二十九日[3]

上午与增、杰兄往服务处，与韩县长及尚股长(兰嘉)，已允无条件退回保队长。

一月三十日

维榕来。写信。

二月一日

得来伟民函，知沅消息，如山。

二月二日

剃头。回家。午睡。洗浴。与虋商讨。

二月三日

写信、看日落。晚到尚德兄家晚餐，因渠家宰猪。

二月四日

中午周秘书来慰劳出征家属。在我家午膳。

二月五日

上午来店。人俊兄下午来。天雨雪。

1. 一月四日至一月六日，原件破损严重，看不清楚。

2. 一月十七日至一月十九日，原件破损严重，看不清楚。

3. 一月二十四日至一月二十八日，原件破损严重，看不清楚。

二月六日

雨雪。买谷数十担(165元)。阿钦来，知玄儿取，庚儿留级。

二月七日

阿钦回茹。[锦]山今日回家。

二月八日

上午往唐家买柱子14只，下午往石岭山钟家。翊沅今日到，同来平鹈鹕。

二月九日

傍晚与雪元同回茹口。今晚谢年。

二月十日

同平甫往侯家，冒雪归来。到永昌雪元送伞来。到长盘已万家灯火。

二月十一日

因大雪不往市。

二月十二日

与敦往长兰吃面归来有雨雪。

二月十三日

春节元旦。忽腹痛便溏。是雪中行走受寒[所致]。

二月十四日

才宏来。着敦与长育往坟山拜先祖父年。到店分岁。作致人俊兄函。托守梅带致邵吉辉老师函。

二月十五日

敦今日往白家。我准备致金校长函。

二月十八日[1]

来店。

二月十九日

上午往观音勘。午刻开紧急会。在曹家午餐。澂、沅来。

二月二十日

今晨[澂、沅]离身往校。

二月二十二日

今日致和开会。汪澄、维榕在此晚餐。

二月二十三日

今日中午到亦飞家午餐。下午三时与介清回茹口洗浴，甚爽。

二月二十四日

整理物件。致听函。

二月二十五日

准备敦、庚、玄明日往严中学校。写致澂儿信。诫庚儿作文。

二月二十六日

上午在店。敦、庚、玄今日往校。在店午餐。

二月二十八日

中午来维堃家午餐，晚周秘书、汪、孙、林、宋、吕、黄、曹在此晚饭。

三月八日[2]

到潭山头剃头回家。

三月九日

炳林陪奔方夫妇及馥娟(五岁)同来。今日增兄四十九岁生辰。

三月十三日

平甫往宋家完粮。

三月十四日

春泉挑厨仓屏绣二次往茹。平甫往宋家、锦山往官塘完粮谷。

三月十五日

春泉往刘家。陈荣仁来。

三月十六日

国华来宿此。天雨雪。

三月十七日

作书寄伟民。

三月十八日

与杨宝生谈继承遗产。

三月十九日

上午开会。在会午餐。下午四时与介清同回茹口。

三月二十日

天雨。

三月二一日

往长兰。

1. 二月十六日至二月十七日，原件破损严重，看不清楚。

2. 三月一日至三月七日，原件破损严重，看不清楚。

三月二十二日

天雨未出。

三月二十三日

上午回店。

三月二十四日

往潭山剃头，催子豪谷。托子铨查历年谷市。看人鉴与李成交二千斤谷。看玉堂花盛开。

三月二十五日

承县座秘座招去钟家午餐。大生基开门背树四十支。

三月三十日

汇壬两万二千元。

四月五日

今日清明，万、鹅、欢、宜来看《樊山判牍》。

四月六日

下午往潭山头剃头。回家洗浴。

四月七日

家居。写信。

四月八日

下午回店。

四月九日

知县座来。分水归来消息。

四月十日

空白。

四月十一日

日来盐、笋成市。

四月十二日

开补给会。增兄来，慎兄亦来。来逸民、苏永和初见，由亦飞介绍。

四月十三日

下午同木匠、仙花、雪娟同回家。洗浴。

四月十四日

家居。

四月十五日

家居。

四月十六日[1]

家居。

四月二十四日

上午拭玻璃窗。人俊兄来。下午岳母来到外房书橱。

四月二十五日

下午回店。

四月二十六日

上午来家。

四月二十七日

在增兄家午餐。下午与钱君等到双凉亭来市。晚在荣兄处陪吴、韩。

四月二十八日

下午三时，开法团会议。因副食税又要续收二期，迫不及待，又想征收菜子税，后委油车代收了事。

四月二十九日

定今日下午重开会议，派垫军谷，因数不足延会。下午一时回家。

四月三十日

下午情形紧张，晚一时半有枪声，五时始息。写信，看《鲁迅全集》。抄笔记。

五月一日

拂晓知王俊卿家作战场，各死伤三人云。

五月二日

□新往街。芝林兄来。俊生子来，知街上情况。

五月三日

上午与雪元、芝林兄父子四人一同来市。绕道七家坞。街上今日查户口。

五月四日

米涨。

五月五日

邮局今日恢复。

五月六日

今日抬树。效泉往茹。

五月八日

剃头，与子青同来到家中午膳。

五月九日

看完《鲁迅全集》之华盖集。

1. 四月十七日至四月二十三日，原件破损严重，看不清楚。

五月十一日

壬儿收到汇款两万二千元。

五月十九日[1]

居家，看《饮冰室》。

五月二十日

居家。

五月二十一日

天雨，上午来店。

五月二十二日

上午汇创夏款。下午开征实监会，人数不足，延会。上午毛顶上开火，获俘十余人、枪十余支。敌死伤近百云。吴建章回家。

五月二十三日

汇澂款。子青来，知明日往衢。标往□□，将衣包拿来。

五月二十四日

木匠来做。[锦]山回家。

五月二十五日

开征实会。增、铨兄又未到。知家中驻兵。

五月二十六日

志祥、铨兄来看《笑林广记》。

五月二十七日

上午偕仙花返茹。

五月二十八日

看《梁记藏事》。上午来店。

五月二十九日

上午回店。汇壬儿三万元。

六月十一日[2]

天热，看《[樊山]判赎》。

六月十二日

维榕来。下午二时至三时下大雨，一小时田禾滋润。

六月十三日

天雨。与平[甫]往松溪干坞吴家寺处慰问。到店已上灯时节。

六月十四日

下午回家与效泉同往。

六月十五日

上午往长兰回茹口吃饭。

六月十六日

上午来店。友于来叫裁缝。

六月十七日

来裁衣，伤风。晚汪君、葆祺请客吃时(鲥)鱼。

六月十八日

叔丹先生来。晚李志祥、顾主任、达一来宿此。

六月十九日

中午朱请，晚我请。

六月二十日

开会，中午县座请。晚周、汪合请。

六月二十一日

下午剃头回家，准备平鹣鹣回青田。

六月二十二日

吃鲥鱼。

六月二十三日

平鹣鹣回青田。友于同去。

六月二十八日[3]

下午与木匠同返茹口。洗浴甚畅。

七月五日[4]

先兄返。平鹣鹣至龙游，信来，壬儿亦有函来。一周得二封，诚意外收获。捨米。

七月六日

今日又收壬儿函。发给壬儿电文:“重庆沙坪坝中央大学项方中，汇币[30000]元到否?寅陷函、辰江函始到，甚慰。知家书无到，我月必发二通。新近战争三次，家店大小均吉，无损失，勿念。墨(9906)沅、玄在严中。”

七月七日

今日抗战八周年，没有举动。

1. 五月十日至五月十八日，原件破损严重，看不清楚。

2. 五月三十日至六月十日，原件破损严重，看不清楚。

3. 六月二十四至六月二十七日，原件破损严重，看不清楚。

4. 六月二十九日至七月四日，原件破损严重，看不清楚。

七月八日

看《王阳明集》，小九兄来。

七月九日

又看《王阳明集》。烈山兄等在此晚餐。

七月十日

上午回家剃头。至茹口午饭。

七月十一日

往长兰，与蘩同往。

七月十二日

上午来店，知又要借米。

七月十三日

杰来邀买会社产谷。决召开会。十时与子鲲先生同往茹。因特二借米事。

七月十四日

上午来街，在卫生院开会，到八折人数。湘推销员四人。

七月十五日

上午回茹，特二借米事，数九十担。

七月十六日

上午回家。下午四时下雨，惜少。

七月二十七日[1]

上午来店。

七月二十八日

敦、汪来裁衣。冯懿茂君来。

七月二十九日

与平往惠泉处，约沅赴丽水期。

七月三十日

天雨较凉，弄账晚，玉林来，知听[弟]明日搬家。

七月三十一日

上午与玉林同往茹[口]。

八月五日

敌至松溪。

八月六日

至练头。

八月九日

上午来茹。

八月十日

嘉根来。

八月廿一日

下午来市。

八月廿二日

今日中元节，沅、敦、庚、爵来。当晚赶加根去叫欢儿。

八月廿三日

欢儿今日与锦林兄、家骧往建[德]投考，并托带款。五汇壬，二汇�，五汇崔。

八月廿六日

十时良叔来，往茹接洽。沅往青田。听嫂返上塘。

八月廿七日

上午往长兰。下午来至钟家。遇雨，到店。惠泉已先至。敦、清宿店内。

八月廿八日

惠、秋娥、厚昌、雪来，往衢。

八月廿九日

填房捐。

九月六日[2]

木森兄来。种菜。

九月七日

木森兄在此晚餐。珪、章宿此。

九月十二日

饭后二时来店。

九月十四日

万、爵亦来。

九月十六日

母亲今日来市。

九月十七日

演剧。减价三天。

1. 七月十七日至七月二十六日，原件破损严重，看不清楚。

2. 八月三十日至九月五日，原件破损严重，看不清楚。

九月十八日

今日庆祝胜利。

九月廿日

今日中秋节。

九月廿一日

上午返茹。

九月廿七日[1]

今日返茹。

九月廿八日

今日上午来市。杰兄午膳。陪子荣。

九月廿九日

今日中午在永康先生处陪子荣。

十月四日[2]

接荫郇替爵儿看泻。烦方连替湘看颚肿。晚与梁共晚餐。

十月五日

捲谷三千斤。晚与梁共晚餐。

十月六日

再接荫郇替爵儿看痢。今日梁回英大。止戈先生来。

十月七日

上午回茹口。赠增兄瓷三星一堂、山水立轴、钟骏声大堂对一对。

十月八日

上午来市。岳母、内子全部迁市居住。超姊亦来。

十月九日

填日寇罪行表。

1. 市桥北首临街楼屋三间。一九四〇年十月十日敌人流窜时焚毁。第一进三间(租与徐珠谱开豆腐店，赵炳南开宿夜店)。
2. 裕和(行健堂前)：楼屋三间二厢，平屋二间(五十万)。住宅十月九日炸毁。二间石井于一九四二年八月廿七日炸毁。
3. 同裕朱其中临街二间，三进三间，一九四〇年十月十日炸毁(损失四十万)。
4. 陈宝生一间、佩文二间、昌二间、詹阿香一间、俞荣卿一间、致和东号二间、饶连根一间、吴榭生一间(损失八十万)。
5. 市桥北首临街楼屋第二进：致和二间，连根一间，榭生一间。
6. 大生：临街平屋十间，二间半一厢(九十万)。
7. 后进楼屋：二间半。
8. 余欲东填报，平屋六间租与朱震和官酱园，二十九年十月十日被焚。(损失十二万)。
9. 汪锦山填报，同裕财产(损失二十万)。
10. 吴平甫填报，裕和财产损失。

十月十日

国华与毓麟来替湘看面部之疽。

十月十一日

增兄今日往杭。先德、木森、尔中在此午膳。

十月十二日

姑丈、一雄、荣兄在此午膳。

十月十三日

着永往。闻[锦]山往杭办货，因资不敷售归。

十月十六日[3]

言元、永康来谈杭州情形。大昌与县座谈詹。

十月十七日

国铨、益山、姑父来谈。大昌今日迁城内。我家宽敞一点。今日平甫、福朝往灵苑收租。陈志鸿来。允明年归渠负责偿宿欠。

十月十八日

介清往长兰着人挑物。

十月廿二日[4]

锦山今往六川，先定船。

十月廿三日

大姊、介清今日往沪治病。庆福昨日失币。

---

1. 九月廿二日至九月廿六日，原件破损严重，看不清楚。
2. 九月三十日至十月三日，原件破损严重，看不清楚。
3. 十月十四日至十月十五日，原件破损严重，看不清楚。
4. 十月十九日至十月廿一日，原件破损严重，看不清楚。

今日着子芳往堰买布。看邑庙、孔庙，知复修不易。米价二千六百元一担。

十月廿四日

前物价又涨。士林布涨三万元，洋细标布一万八千元，大布四十四元。绍祥今晚待介绍人洪华绥、陆友樵二人来购油。晚黄绍祥请大宾邀作陪。米价二千四百一担。

十月廿五日

今日绍祥结婚。米价二千五百元一担。

十月廿六日

中午杰兄宴县座。大布又涨。闻金市跌，米回。增兄午后来即返茹口。米价二千六百元一担。

十月廿七日

各物上涨。米价二千八百元一担。

十月廿八日

韩永康请韩县长工兵队二营到周副团长共席。今日行健堂漏理好。米价三千二百元一担。

十月廿九日

下午往唐山剃头，沫身。晚锦山到。米价三千五百元一担。

十月三十日

今日理谷仓……理小屋漏。米价四千二百元一担。

十月三十一日

整理木料……

十一月一日

整理文件。

十一月二日

子荣来。昨晚松溪、海宁林君京货店被抢。

十一月三日

叔丹先生来。先德兄来。冠雄自杭来。子荣将涛款支去。

十一月四日

世钦发疯，宿在此。午夜后不入睡，至天明。

十一月五日

不适，服奎宁四粒。沙晋、榭荣、止戈三先生来。

十一月七日

今日种万年青等，八年来种花第一次。钟荫郇来市替永康及岳母打针。

十一月八日

上午写了一封信，下了八次楼会客，有些真无谓。下午再写，一共写了八九封。

十一月九日

周书记长来，铨兄、慎兄、国泰来谈重庆政治内幕，甚详。知重庆生活三五万元一月，尚是清苦。

十一月十日

上午与平甫往坟山。中午应又成陪唐惠生飞行员上尉。晚应县长陪唐。今日吴会计打慎初兄。唐的哥哥买肉。□□、杨阿甫、叶巡官三人打在一起。可见教育不够。吃甘蔗汁以[免]便燥烈。铨兄晚归。超姊与房东又起摩擦。看九号报可谓快。杭地契底执照图记一件，托王子芬带杭交王奔川先生登记。

十一月十一日

下午偕母看塔山园地与荣兄等在老屋开此后修理会。剃头。看慎兄受辱如何，金生亦在。有违店规，晚责询。与国泰谈甚久。

十一月十二日

交维坤兄换地稿。晚雨，润泥二寸。

十一月十七日[1]

今日学生节。六钦小学来城表演。铨兄晚回府。

十一月十八日

志辛儿返上乡。贤儿今日周岁，祀神祭祖。蒋君米出粜四十二市斤。周文英今日娶次媳。长元今日嫁次女与罗家。

十一月廿二日[2]

札出次田拟脱[手]。写信。母不肯服参，爵与湘吃橘，吵，均感无能至此。看《我的自传》，克鲁巴特金著。

十一月廿三日

永昨往肖(萧山)。

1. 十一月十三日至十一月十六日，原件破损，看不清楚。

2. 十一月十九日至十一月廿一日，原件破损，看不清楚。

十一月廿四日

先祖母忌辰。我在家吃中、晚饭。天雨。米六千一百元。[锦]山往杭。米价涨，六千一百元一担。

十一月廿五日

写信。

十一月廿八日

先父忌辰。开工资评议会。午夜一时沈家来索白兰地，知泉藕痰[堵]。

十一月廿九日

天雨。先德兄来，知泉藕兄已死，今年六十二岁云。

十一月卅日

郎天培来，在此点心，谈沪上接收情形。写信与玄。挂号去。

十二月一日

天晴。吴士濂来，委叫轿及佚子在此晚餐。

十二月四日[1]

今日往茹口看增兄。□上生疔疮。洗浴。还药账到陈家，金培不在他往。回市已四时三刻。

十二月五日

寄翊沅、安安等七百五十元、六百五十元，雪里青颜色的布九尺。铨兄晚至，知沙兄母病危。宝琴押三担布来。

十二月六日

铨宿此。成章来，临委[锦]山托他料理开山。沙晋母已去世。

十二月十日[2]

旭光、旭丹先生来。周君款由应君支去。着平甫往大山。今日修灶。今日吃颐香斋条头糕，八年未吃之滋味。

十二月十一日

下午去看县座索屋，烈山亦至看。今年特殊，开梨花。我说这是植物经寒遇暖之故，如春蚕之能在秋季孵育同。

十二月十二日

士豪、则明来，在此午膳。下午至吴先生处，与旭光、秋高谈，似有结论。先德兄在此晚宿。天已下雨，转寒。

十二月十三日

写鹣信。算清广陵杉树账。吃药(疟意)。

十二月十四日

铨兄、士豪来。铨宿此。炳南去六川结算保管的米，二十一石七斗三升九合，计市秤二千三百四十七斤十四两，通知单八张。寄翊沅圆规一个、铅笔两支、袜子两双、线哔叽三尺、男厚袜两双、女厚袜两双、女线袜两双。

十二月十五日

子鲲先生在此午膳。托楙昭催沈事。塔山杨姓墙字碑，今日除去。

十二月十八日[3]

洪、罗、陈、吴来。下午祖荣、天培、小培来。罗、陈、袁、郎宿此。万茂来。

十二月十九日

沙晋、木森来。

十二月廿日

午膳在关东新建宴。下午开监所协进会。筹募棉衣十套、棉被四床。

十二月廿一日

下午开建县府会。锦山来。

十二月廿四日[4]

今日选县参员。通知辛不得出席。临时利夺，似有故意，故铨与德均不往。听说七个团体公宴参员。

十二月廿五日

县长请参议员。

十二月廿六日

上午报告，下午讨论。汪烈山宴参员。

1. 十二月二日至十二月三日，原件破损，看不清楚。

2. 十二月七日至十二月九日，原件破损，看不清楚。

3. 十二月十六日至十二月十七日，原件破损，看不清楚。

4. 十二月廿二日至十二月廿三日，原件破损，看不清楚。

十二月廿七日

开讨论县预算会社产云。子梓、国华午前去。铨晚去。旭光宴参员。

十二月廿八日

先德兄傍晚去致函志祥二通。沙晋宿此。

十二月廿九日

沙晋宿此。

十二月卅日

铨兄下午往干坞宿，往杭。德兄来宿此。子芳到。宝琴等二人往修汽车路，付阿七米一千斤。收沙山米一千余斤。

一九四六年(工作日记)

一月一日　元旦　古历土月二十八日

(民国三十五年)

汪澄，打调谷今日挑齐。罗阿木杂柴，今日装来第二批。永联办大布到。子芳往义桥送款办大布。仙花往茹挪锡。平甫往元村秤，洪打调谷。先德兄往干坞问章市地。喜珍姨往红亭子看章田(赵士兰妻)。塔山中心学校在邑庙庆祝元旦，演《锄奸记》，最后胜利。

一月二日(天晴)

益三来，在此午膳。先德兄傍晚与益三同往干坞。益、德、我三人同去看地及大昌栈房。阿木装白栗柴来掇款。驶安叔来委交沙晋礼。华松哥来掇款。

一月三日

店中今日修灶。锦山到店。永联与有木往绍带去锡箔灰出售。根林杉树款交来一部分。

一月六日

舅父不适。福朝砍柴。晒碧东山挑来衣物。

一月七日

锦山福朝往杭，下午简师开会。剃须。与再振先生谈渠出门往事。

一月八日

罗国华、郎舅来，因忙未谈天。凤弟今日到家(下午四时)。一路平安，据云前车在被劫之前车覆，全军覆没。今日下午三时后写信七封，富、佚子二人来接岳母。今日杀鸡，践(饯)岳母。晚与再振先生谈掌故。关荣借款去。祖荣嫂至此往杭售白油。

一月九日

岳母大人今日返富。又成来谈甚久。福朝到，当晚将货布置好。

一月十日

下午三时向县长索还住屋一部分。在家中晚餐，得赵士兰来电，知一月十五日启程来浙云。

一月十一日

周文照子来算谷款。郎玉麟往杭售炭。炳林宿此，我诫以警语。友桐、杰先生来闲谈。小九来谈，问话。殷昌校长、黄宾虹来闲谈。福朝、宝琴往刘家挑物。

一月十二日

吴文章来宿此，促炳林去问汉林究犯何罪，应谨慎行事。因肛门下垂买甲鱼一只，三百元聊以滋阴。

一月十三日

今日是我生辰，买[猪]后腕一只给母亲吃，叫金泉司烧。先德兄将清点下罗汉之数。仁斧先生来。叶昌海来。子芳往绍办大布。言词不肯定，认识不清，会多无谓麻烦的。炳林是其中之一。

一月十四日

着宏庆往三口朱家看榭铨兄，六时返。李榭荣来。简师开会，因人数不足延会。

一月十五日

祖荣嫂杭返。袁金水往杭。金满子来。

一月十六日

与吴师、小九、沙晋往柴场谈，到拂晓四时，到店月明霜白。小九兄宿此，谈至黎明，幸又成、文成双方谅解，得以解决，立草约。永联自绍返。孔宪中今日到店。

一月十七日

袁金水掇款去(到窖折回)。木匠今日来隔房间，收回行健堂之西前楼上二厢房，是初步收回。午饭后上床睡觉到晚饭吃饭，一碗咸白菜汤。晚发热，天明退。

一月十八日

下午三时半澂、沅、庚、玄到，四时大姊到。五时介、钦、敦到。回家修养避客谈天。

一月十九日

先德兄来家中午膳，良叔来谈大昌事，二意相同。今日仍回家休息。

一月二十日

罗杰在此午膳，谈四小时。往吴师处，大昌已于今日由重庆到家。郎玉林、朱阿林杭返，在此晚餐，宿此。叫长水来看两颊肿，名羊夹。今晚大姊谢年。锦山午后往富去杭办货。梁向俞启人支用二万元，由汪余生支去转交俞府。

一月二十一日

今日祭祖，晚三家叙餐。二零八师参谋朱君应与敦等同船，邀来共食。晚与介清话别，带些土产给嫩朱。与金满订杉树。祖荣兄杭返。吴见章母来退款，取得并托宏度带京。叶吴母送来芽茶半斤之谱。

一月二十二日

介清今日往富赴申。湘儿今日返富。年糕，今日去茹口打来。送增荫的东西已送去。复梁函。木匠今日停工。

一月二十三日

汪宝荣来谈超姊走大门事。俞启人款已到，自领取并与超姊谈。今日敦、育、钦往六川送沙晋母殡。青年军今日开到一团是六二三团，我家住无线电队。查有水二十六日送来谷钱。

一月二十四日

青年军六二二团又到。与永康先生谈，知大昌落局，往谒叔丹先生知大昌年内不离家。小桃又来要借，前次无借，往南京川资一千元款项。今日祖父生辰祭祀。国华兄携子来。何顺培、李福庆、江荣记三人款，今日均付出。

一月二十五日

统税杨主任、管查缉员来召同业登[记]，纱布登记，福庆款退回。吴文章来取杭交款，成交杉树三十两款，复记。临安山榉售出计十八万五千元，向渠成交每车七千元。朱金满来，在此午膳。宝琴往富挑肥皂，福朝今日返新。青年军六二四团到，昨团开出，女青年笑话百出。天雨乍晴乍雨，黄监狱署长来通知衣被可拿，晚商会宴杨、林二主任。

一月二十六日

得悉女青年军已遣散一部，将情形告沅儿。打浴灶。与青年军许经明谈家庭小史。因渠一人来无伙伴，我一再申明责任问题。渠云：军人不能照顾自己东西，还能做军人杀敌吗？我说既如此明白，甚善。故与之谈甚久后小酌。铨兄杭返。送年节数处，受年节数处。宋梅煜兄，军水之借款三百，内来归。

一月二十七日

福朝上午往松溪送年节，下午往马坞垅送年节。挑物与宝琴同去。店中今日谢年。统税，今日纱布记登。家中住青年军。周大元来，孙刚同来，请他们吃点心。春泉往洞桥送年节并挑物。雪元往长兰送年节。

一月二十八日

责庚、万，二儿相打。算定徐炳奎、许根生二人代造屋费及地租。天雨。子芳今日往杭，骑自由(行)车去。吴远来(子青长子)。郎玉芳来，请他晚餐(在店杀鸡)。邱静铮、联高田亦在家晚餐，餐后陪玉芳回家茶谈。春泉挑陈村物回。福朝、宝琴将马坞垅物已挑完。

一月二十九日

后生到证租票。明立春。根生、炳奎米挑去，款算记。周大源、孙刚等今日往富归队。白德天与吴大恒来。

一月三十日

今日统税局来盖印子，补统税。店中计一万余市斤米。

一月三十一日

范君送来年节。天雨，子芳到。今晚谢年回家。

二月一日　除夕

写信致崔校长，沅儿决来投考。今年结束甚

早，街上已如大年初一。

二月二日

今日古历元旦，晨起拜先父容像。母亲偕诸儿往老屋拜先祖父母真容。下午偕诸子女及甥等往坟山谒陵。

二月三日

上午议论投考事。晚到店分岁。

二月四日

晚请吴大昌、吴大恒晚餐，借此饯大昌出洋，并指导诸儿甥升学问题，谈至夜深九时半，得科学知识不少。回永康年。

二月五日

回俊、杰兄年。约明日往干坞。上午训玄儿，晚训沅儿。

二月六日

与杰兄等往干坞拜年，我偕凤弟、镜侬往，回超姊年。吴文章来，在店晚餐，因白油事。

二月七日　初六

今日增兄来。县座同来午膳。沅儿随增兄往杭考杭高。宜之先生、宝进先生来。晨岁年往看周大易。

二月八日

宜之先生在店午膳，在家中晚餐。邀永康、宝进入席，连自己四人，座谈甚畅。

二月九日

大山客来拜年。李志祥在家午膳。杰兄请宜之先生午膳，晚林仲贤请宜之先生，我作陪。

二月十日

上午赵士兰偕乃夫、郑垚副师长及六岁爱女来，能歌演说，不愧都市长成。午后往邀晚餐，知有约未来。

二月十一日

今日县府开行政会，我因致和开股东大会未去。在致和中饭，晚县长春宴。［晨］拜居棠年。

二月十二日

今日平畈、练头、白家、郎坞龙灯来市。杜家竹马、六渚狮子来。晚在卢蓉仪家晚餐。下午三时恒新染坊开股东大会。沙晋宿此。关荣来拿涛雄［在］致和、大有［的股息盈余］。

二月十三日

大山龙灯，在家中备饭二桌。月溪、金满、先德诸兄，在此中饭。铨兄宿此。茂林内［人］来拿汉林致和息盈。郑焱副师长、赵士兰夫婿晚宴，县长邀我去作陪，行酒令，吃酒五两，可云最多。归途遇吴秋云，知其去年十二月到新。

二月十四日

今日偕敦、庚、玄、育、钦、明七人往长垣看铨兄学舍，及谈研究国学，并借得书十六册来。晚十人公宴。郑副师长夫妇、士兰女士行酒令。官塘周某打猎，误伤人致命。

二月十五日

今日晨九时，我偕钦、育、敦、庚、玄等五人往柴场又成先生家，看杂志、图画、摄影艺术并讨论建筑工程。返市已下午四时半矣。晚双清十二、三保青狮来舞。晨七时往送吴大昌往沪，将出国。

二月十六日

今日开店。永昌龙灯、城里狮子颇极一时之盛。

二月十七日

今日我等五家店公宴各机关首长共五席。

二月十八日

今日与良叔、杰兄同往洞桥，过三溪口，到祖荣兄家，知渠大病未愈。到大有已四时余矣。

二月十九日

在宜之先生家早餐，同宜之先生、杰兄往上林坞沃家谈大生租地事。在再振先生家午餐，赞文兄处点心。回洞桥在锦皋兄家吃鸡蛋，到三姨家吃茶，在一雄处吃晚饭。

二月二十日

晨返到三溪口，在宝进先生处吃采芝斋猪油酥糖，到祖荣兄和□□车吃中饭。与良叔、杰兄三人步行到市区，亦五点钟矣。天热，步行费力。沅杭高插班取（文组）。洗浴。沅儿到，增兄等我留宿，未遂，仍回茹口。

二月二十一日

志标回家。准备庚、玄去往校。止戈先生谈九香事。

二月二十二日

对庚、玄、明谈话，叫沅旁听。少顷，长育亦至。赵士兰来买布，墨新来接洽，杭款无头寸。胥口阿木子等来包撑梁，言定由铨兄处制谷六百斤，币五千元，千斤十二个由我订，将来归我。曼囡囡来谈九香事。今日屠阿根出丧（昨日死）。今日吴士青办喜酒（去年在杭举行仪式）。来诵芬娶弟妇。

二月二十三日

上午往吴家看。墨新未起床，往赵士兰处。借阿七米四百斤天秤。准备庚、玄明日往严。在家晚餐。韩子湘房子今日遭回禄。叫宏庆已往东阳未返。

二月二十四日　天雨

着福朝陪送庚、玄、明到桐［庐］乘船，往严［州］入学。夜雨，黎明雨止。铨兄下午二时杭返，今日由六川来。汪兰来。梁支三万元，交渠带去。人俊兄来谈塔峤兼并之经过。闻杭全市一万八千米、三万元云。县长往杭。

二月二十五日

今日约许百年、曹杰生、陈先德、王荣根夫妇六人同去吊罗正文先生丧。增德兄来，晚写信。

二月二十六日

今日正文先生出殡，可惜天不做美，下雨，所谓战后第一次盛极哀荣。省主席各所处均有哀挽。晚看商务学生杂志，投考大学。

二月二十七日　天雨

卢渭生兄自杭返，知各货又涨。锦山、宝进、根好三人由富往杭，由福朝送到草庵。今日染布加价，昨日失业，无形损失一万余元，把握时间诚然。晚看学生杂志，投考中大。下午商会开会。友桐来看，吃中饭。白高雯、白经天父子来。

二月二十八日

天雨且寒。着仙花送信至茹，告王韶民录取杭初。晚与长林谈生意及后事。晚看《出使苏联记》。金满子来催与渠掉谷过秤。翻寻东西不着见，最烦闷，复仁斧函。

三月一日　天雨

喜珍姨来，将赵士兰寄存款全部挪去。长育今日起程赴校。看《出使苏联记》。启人款今日到。止戈先生来，要我替大易术，父殡葬，启列名。我说我是白衣恐不够列入。既你来又是丧，勉列是寿或歌颂，我则敬谢不敏。

三月二日

沅儿今日往富赴杭校，由朝送至富阳。剃须洗浴。朱正宿此，到简师执教。写信，看《出使苏联记》。

三月三日

增兄来。祖荣侄来支款。天荣来掇款。《东南日报》到五份，《大公报》到三份。信数封作复。福朝归，知沅因水大未去。

三月四日

老姚、老郁、文章来。春荣来支祖荣［款］，亦提款。天荣来。亚球来。增兄回茹。墨新来支款。一至三保龙灯往六川。双清十四保狮子往六川。

三月五日

高雯、卢地理先生亦来。增兄、亚球往六川。李、孙、增、德兄均来。涛雄下午三时来，自郑州，晚谈至深夜十二时。

三月六日

涛雄今日上午往分水。福庆、应文来。锦山上午九时到（由六川来）。宝进、根好同来。墨新、阿木来支款。

三月七日

铨兄来。先德兄与维坤下午往干坞，与良叔同来地落局。家中今日请汪兰、阿炎妻、渭宏妻。天晴。

三月八日

广陵田今日售去。章氏地亦今日售与袁氏。灵苑谷今日售卅担与李、廿担与铨，价一万零七百元。今日工资平价会。泥水、木匠六百四十元，供膳。天雨寒。再振先生来。仁年涉讼事，明日开庭。

三月九日

周廷采、王世堂、陈德新、陈阿田来，谈阿渭当田事，结果代打墙，算还十三万元。当田价作三万元，仅当时之五百分之一。因契与折均遗失，当出据，嗣后发现作废云。托人俊兄代沙山推验三契。与再振、天荣二先生谈物价、谈因果、谈金融。与钦、敦、澂谈择升学何系。天雨。今日徐司务、老许处铺楼板。

三月十日

天寒飞雪。再振先生回府。看罗家伦先生著《新人生观》。朱正来，持有但丁·罗赛蒂诗集。

三月十一日

看《新人生观》。天雨。六夫先生在此午膳。下午写信。

三月十二日

今日雨止，微露日光。理账。赵士兰来谈甚久。白高雯过此往杭。《杭报》到七、八、十、十一［共］四张。福朝往茹挑米。

三月十三日

今日放晴。洗浴。到六、七、十、十一日的《申报》。潘有义宿此。锦山、朝福下午往六川宿，明日往杭。今日搭花坛。与隆兴定汤圆十二个，方四个，高八十，每个三千元；十一寸四个、高七十五，每个两千五百元；一尺四个，高七十，每个两千元，付定洋六千元。上午先做方的四个。晚看报写信。

三月十四日

今日第一天戴老花眼镜画同裕及裕和临街地图。泉藕的亲家母与媳妇母女二人来谈柏生舅种种事。旭光来邀宝真，话三月计一千元。枋树因价涨，恐有假、次货，不成心。《新人生观》今日看毕。国成兄今日回府。天雨。

三月十五日

天雨。写信，午后郎玉芳、周大源来，晚谈甚畅，九时半睡。买纸。

三月十六日

今日放晴。买点菜，请玉芳、大沅吃午膳，后渠等往观音嘞复来，傍晚去。看正中升学指导。祖荣兄今日往六赴杭。杏花今日放。

三月十七日

中午放晴，光不正。下午四时半下骤雨如注，傍晚止。看升学指导。罗阿木子来挪款。轿夫来挪祖荣款。志标来店。福朝到店。万、爵今日叫剃须者剃。因瘌痢，自［家］无锐刀。以后拟每星期剃一次或可痊愈。

三月十八日

报到杭、沪各二份。晚看教部升学指导及二十六年五月《中大青年》。到叔丹先生处闲谈，维堃处闲谈。

三月十九日

《出使苏联记》看完。陈尧根将振德应付筑墙款挪来与今日工资比较，又亏四分之一。十余日事，可见物价涨度之速。剃头。白家分满月粿来。

三月二十日

天晴。舅父往徐家坞。宏庆来谈造屋事，看克鲁泡特金著《互助论》。一新、阿木来拿款去。维棠、金喜挑芥菜来。杏儿来，或将回夫家。

三月二十一日

请杏儿吃中饭。何以老人料理自己的寿材非常欣悦？先德兄来宿此。煤油到达，［听］弟已递交林仲贤。傍晚转寒又雨。永联宿此。炳炎来。今日洗芥菜。

三月二十二日

先德兄午后回茹。锦山、宝进到富阳来挑油箱。上午雨，下午止。陈炳南今日来进店。猪肉卖八百元一斤。

三月二十三日

从富阳挑油箱返。永联回板村。锦山下午回家。今日平甫、志标到灵苑称谷，给李及罗二侄。天晴。生意较起。汇款邮无花，地行已过。

三月二十四日

阿木子、德全来支款。洗浴。傍晚微雨。晚拟望自修几点稿。白家搬谷捲，借阿七及食米。县长今日到新。

三月二十五日

天雨。锦山、智标、厚丰来店。罗文荣来支款。汇款给庚、玄七千，［家］明三千，复鹏函、庚函。看十一月十六前《大公报》。今日出米五担。

三月二十六日

罗阿木来。水大，米不能尽出。看《伊索寓言》。金泉司来店。弄账。

三月二十七日

舅父今日启程回徽，与宝进先生偕行。傍晚夜间雷雨。吃黍米粿，味甚可口。今日叫木匠、泥水修老园柱及小屋打柱，恐倒。叫宏庆司往三口盖杉树印，借阿七米一千斤。工人挑瓦砾至我地，导问知是四叔，责令挑开，否则我将瓦砾挑至渠地上。

三月二十八日

胡道中借巨款做树生意，我书无力应付，心殊疚痎。铨兄来叫宏庆明日去看麻栗[树]。下午放晴。

三月二十九日

与宏庆、平甫往杜家坞口夏家巅看麻栗树，之后又成叫菜来此地吃，国铨兄饭后回胥。县长来。陆君来普查营业税。金满杉树到二百六十支。背工已包，定三万元，当付定二千元。洗浴。

三月三十日

杉树今日（六人）背。福朝晚上去管。阿钦、凤弟今日往碧东山扫姊丈墓，当日往返。金满来，余三两已算给十一万元作，并付每方一件价两千元。程炳南今日来，下午与谈原因及整理宗旨。应元秦中午到，向他回麻栗[树]似不可能。锦山[吃]早中饭[局]往六赴杭办货，介清台[湾]函今日到，傍晚读致领函恙。今日县开法团会议，我不去参议会。既产生似不应再开这种不合法会议，未免看轻参会无谓杂拉。

三月三十一日

（八人）肩杉树，福朝仍去，晚雨，幸不大。今日扫先父墓，母亲用轿肩去。渠，还是二十八年至今未去。母亲说：你不爱穿，不爱吃，把坟做得这样好，将来我只要简单点，不要太讲究云。赵筠弟夫妇来，因上坟未遇。

四月一日

壬儿复地图已到。杨家与孙家争坟山。柳铨兄往观音坳。下午与友桐到先父坟游玩，归来与人俊兄看谢家麻栗，杨宏庆同去。今日同行在店中议市。敦儿往长盘扫我祖父墓。潋等往扫我二姊墓。杉树今日肩齐（九人）。杉树同裕堆六十七枝。大生基堆一百九十四枝。

四月二日

胡秋生午后回三溪口。晒烧酒及过年画。今日泥水封大生基，背树缺口。汇款给庚买二期米。今晚新老同行及新店会议罚则。回看筠弟夫妇（李莘葵）谈涛雄历史。

四月三日

程炳南携件往永昌工作。今日修平甫屋。铨兄往杨家、孙解决纠纷。振家又跌了一跤（抱贤有），幸贤未伤，[振]家微伤。写寄秉成转达函。陈阿炎晚饭时始来。得宜之函，知款已付炳林。

四月四日

万儿被同学撞伤眼部。剪发洗浴。天热八十六[华氏]度（沪报云六十八年白日无如此热记录）。钦往富上坟已返。参观荣木作。晚看新衣店，他们五六家林立一处。

四月五日

今日清明。智标下午往汪家替先兄修居所。我併账。孙长根款由秦丰支去。赵士兰、韩永康、罗商等闲谈。替炳林为汉林向致和借款准。陕西炳林宿此。烈山兄来为兆兰无信纪念我，再去信壬儿询问。介华来替罗芦借义袋。沙晋、王启来。金林自歙来看乃父。

四月六日

上午杰兄叫我去，因老大生基事。锦山到，昨宿六川。下午往贤明山看杨姓树，不能用。朱姓麻栗树已买来，计十二万元。晚杨培南来谈罗荣有事。我复说情谈说法：休讲大炎事又未了，因上乡有案又须上去。据云从临安往杭。听说杭淳路测量队已到，过岸滩附近云。听说县长又往杭。

四月七日

锦山下午回家。智标上午来店。玉成款付十分之六。卖米三百，两万两千（长林）。卖罗杰杏一百八十九斤（一百二十元）。金满纸挑来。宏庆砍麻栗[树]。菩珍不开。袁益三来谈霭如田。

四月八日

锦山上午来挑岳母衣箱二只，富阳送米饼。巡视自修室，县府某职员在厮混，我贴上一张闲人止步并加附句。陈村于君托我向徐科长取证书。今日去会到。于云贵来谈官司事。赵连英母女及夫婿李莽葵同来。李君明日要去辞行。与朱维坤看地基。程炳南午后到。平甫往干坞。

四月九日

锦山今日从富往杭。炳林与平甫往六川看田。增德兄、于渭良来。吴大昌送敦儿等三人三册书。我傍晚去闲谈。今日益大上午卖布，下午收去。

四月十日

六夫、金水兄弟来。国华兄来，均杭州来。中午铨兄亦至。杜家坞口据工已包定为九万三千元，由金品堂做中。铨兄宿此，睡已十一时。天寒。

四月十一日

六夫、铨兄在此午膳。预备袋皮，明日椿谷。米略回跌。才宏来，与铨兄商谈山榉争执。吴附臣来要续租渠，意由渠负担修理租金。今明后三年每年四千元（按米市涨增跌减）。结果去年一年租金不收，今年准作四千元在二十六年之后至三十四［年］。其中有数年未收，亦作一年。如此合计四，渠应允并与邵事务员同来。

四月十二日

平甫、炳南往涨地上锡山家搬谷三千余斤椿米。增兄夫妇、炳贵、晓章来，在家午膳。北斧来请他吃点心。洗澡。因大布市回同行委待市价。我说一日三四十元似应开会征大家同意。故去朱锦泰叫他召开。结果跌三十元一尺。福朝来。黄缴上麻栗树，今日开锯（木匠）。

四月十三日

黄缴上梁一对。今日七人锯，已锯出尚可。晚上天时骤寒。下午四五时大热。夜雨。炳南今日往六川［叫］谢莲打图。永联、炳林来宿此。益三来谈曹氏兄弟。母亲要我吃杏仁饼。我分与爵、万、湘。福朝今日往胥挑稻禾六十把。

四月十四日

杜家坞门梁今日开始锯。宏庆去监督，交平甫去接洽宿处。福朝因事回家。炳林往嘉善赊制服二套（三万元）。致壬、沅应以学业、美丽、远景为重，勿随便再登台表演。今日天雨，毛笋加倍贵，十一元每斤。今日布跌百分之十至二十。

四月十五日

锦山到货来。今日毛笋还要五十余元一斤。永联来，听说往上海办货。下午与平甫往杜家坞口看锯树。今日福朝清墙垃圾，砍香椿头。

四月十六日

炳南往六川打图。杨氏出产被阻，未画而返。宏庆仍去看锯梁，平甫亦去。知赵独步死，澂儿去函唁吊。见朱懋斌来，听说渠在临安供职。根元今日往兰，托渠带夏布、洋火。锦山午后替会馆上坟后回家。今日售白家谷三千斤，天秤与老李价一万两千五百元。

四月十七日

程炳南因袁朝赓来叫，今日往他处工作。杜家坞口［树］，今日锯好，三十二工，每工有两千八百余元。黄墩上［树］，今日木匠去剔，偕炳林去看。今日生意尚佳。

四月十八日

杜家坞上梁，今日包抬计十一万。司法处开监所协进会，散时时已过午。孙卓人、钱柳梁在此午膳。下午三时后，偕钦、敦往黄墩、杜家坞口看料，并去看陈自新，劝乃婆并励学。

四月十九日

塔山园绍界石今日除去，免了一番讼事。铨兄来，当日返。维榕来往富。文荣、夏家岭、杜家坞款今日挪（拿）去。今日砍黄墩柳婆头。王克章来收本年营业税云。锦山往胥口钟家。傍晚至叔丹先生处谈修志馆事。汪永泉来宿此。

四月二十日

阿言挪（拿）茶叶来。今日大梁二支，抬至南星桥头塘内浸。福朝、宏庆去照料。平甫上午去掼白家谷三千斤，售与李一百二十五斤。下午替荣称毛石，未去。炳南傍晚来。

四月二十一日

仁年、光荣等今日下午来。明日开庭。中午请光章午餐。重伤风，不甚舒适。饭每餐少吃一碗。晚早睡。县座今日傍晚与烈山、旭光同返。

四月二十二日（九十二［华氏］度）

秋高来。下午往谒县座。子芳到。炳南往六川，因和顺在街说下午去，因天热未去。福朝中午送米至简师（给柔孙）。今日澂等整理谷仓、书物。傍晚往叔丹先生处归来。铨兄来略谈即往过六往杭。

四月二十三日(九十三[华氏]度)

超姊来，镜侬来。晨往叔丹先生劝驾。秋高来。各同业颇争新斗艳。我们老大不无感慨系之。炳南上午往六川路。午后归来。今日澂等继续整理。朱正来略谈，往钟家去。

四月二十四

今日下雨。唐惠生补行结婚酒在徐关东家。炳南本拟往干坞，因天雨作罢。抄契。前年定石灰，今日来货甚次。超姊今日来谈，我解劝，实微细之事不足多言，应双方容忍。

四月二十五日

上午九时县府开修筑中山所为县府。十一时往柴场袁家宴惠生夫妇，归来已下午三时。今日忠烈祠开戏馆。

四月二十六日

今日清账。剪花枝。金泉辞职往杭烧饭。陈飞来将去南京。

四月二十七日

上午与吴师谈家庭教育及男女婚姻。下午与超姊、镜侬、宜宝谈二小时。总括是孝亲与谨爱。汪敏来，即以张约与吴通信事烦代为转达。增兄来。福朝回家(下午)。

四月二十八日

上午弄账。炳南午后来。锦山傍晚到。天雨。

四月二十九日

上午清账。下午开账务会。粉二十吨。老屋瓦已经挑齐，砖挑一千余。

四月三十日

今晚备酒宴请同事以励以后业务。今晚冠雄来责问我与涛雄所谈有碍他们友谊等事。归来算历年利得营余。早有来信，何必我说，此后关于冠雄行动，绝口不谈，忠言逆耳，何必再遭人怪。铨兄由沪返，[竞]聘修志馆正副[馆长]。上午桂香发疯斑，以为蛇咬，请徐院打针。

五月一日

久大布庄今日开幕，听说资本贰千万元。今日全市布业生意估计有七百万元。新店估十分之三，我家仅十分之一，余八家十分之六。陪敦往卫生院看胃病，知肺亦弱。因牙坏，叫俞荣钦拔去镶。天雨，忽冷，在七十[华氏]度。

五月二日

叔丹先生来，坚不肯[任]修志正主任。今日天晴，生意较昨日佳。惜乎杭市已浓。开评价会。剃头，洗浴。荣兄今日串榀。关荣去此来店中，未吃饭。报好回洞桥。

五月三日

阿木、文荣来，向文荣买麻栗，言定送店，每斤十六元(老秤)，今日付定洋五万元，月末付十五万，余结账算清。子芳往萧。与凤弟谈婚姻问题。炳南今日午后回永昌。着俞拿定洋。敦儿镶牙，言定，拔三千元，镶四千元。

五月四日

与凤弟再谈婚姻理论。锦山下午回家。得壬儿廿七日来，函知已安抵西安。

五月五日

阿木代买柴七十，收到(每担一千四百元)。今日看见二举动，知雇佣乳母之可怕。锦山上午来店。县长来，闲谈“苦闷”，我说“安贫乐道要有颜回风骨”。今日家与店各买黄鱼一尾，可说战后初吃(因过去虽有，到不新鲜，未买)。

五月六日

四宝嫂来。烈山兄来函。壬儿至西安电来。又成来谈建筑。下午开修理中山厅会，同去观看。县长、局长、钱秘书、孙秘书在店过节。程子英自徽来。

五月七日

锦山今晨五时由富往杭。智标下午回家。何文英、何月溪来。今日侯案开庭，所以取保后由馆祥新馆徐关东保，由何月溪、陈良舟连环保。我亦负一部分责任，友谊关系无可如何。上午往吴师处看周墨新，未遇。后来，并进言劝吴师任修志馆事。罗文荣谈孙昌同梁事，当另图报酬，以之烦言。止戈先生孙子负病来索回春丸及万应锭。

五月八日

天阴雨。阿毛烧饭来谈。我说待锦山到店再

写信给你。增兄今日往杭，在致和午膳。罗香在杭寓自修服装，已改观，在致和午膳。庚儿不知功课重要。晚与子英谈致和股事。子芳今日由六［川］到店。今日筑桥工人与售肉商人打架。

五月九日

忙着采草帚。下午托宝琴、加根往茹口办稻草与草帚各一担（蚕上簇用）。罗香来谈知在杭诸寓情况。凤弟将赴台，下午晴、阴。

五月十日

凤弟明日准备往富赴台。今日家中大忙。蚕有些晚上上簇。舅父傍晚到。亚堃午前来。铨兄来，当日往观音塠、松溪，返家。福朝亦大忙。上午剪叶，日中回家种田，晚来上蚕。福全烧饭，下午做草帚，晚上上蚕。

五月十一日

凤弟今晨往富赴沪，由春泉挑担去。与杰兄作闲谈。下午写信。桑叶有余，售去。

五月十二日

与永康先生、杰兄闲谈。中午吴保恩来，带货三件。知壬已到杭，昨或可到富春。泉来，知岳家今晚叙（聚）家庆，爇祁已来不及去，准明日去。百年来后，知董美荣亦不知悉。晚回家后回店已九时，即睡，洗浴。

五月十三日

天阴。爇、贤、仙今日往富，九年未去。与阔别多年弟妹、弟妇相叙（聚）。俞云飞来谈二次。铨兄、烈山兄来。罗文荣今日成交麻栗段，一部分委作证，尚有一百零五万未付，计三十七段七十七两十四分码子云。

五月十四日

中午壬儿到家，带来黄鱼四尾。下午相谈至晚餐时候回店吃饭。写信致介、嫰。

五月十五日

早上与壬儿闲谈。今日定制水晶色子准备拿到富阳去。荫郇兄夫妇来，是替永康打针。程子英致和股单今日拿去。渠以四百五十元清取，我以四百五十元赠作程仪。人俊兄、易三科长二人来。

五月十六日

今日着轿二乘往富阳。爇祁、三多，午后来。法官来闲谈。董美荣来闲谈。叔丹先生邀壬儿吃饭，晚间我去拜访。仲衍来闲谈。智标午后回家。子芳今日往永昌，当日返。潘家坞管山叶［某］送茶叶来。［锦］山在杭听说朱盗砍潘家坞山，我想不确定，去函叫炳南［查］。剃头、洗浴。

五月十七日

家中摘茧五十余斤。三多、爇祁下午一时到，闲谈，玩城内外，晚谈至八点回。亚堃今日往杭、富，带来鲥鱼，今年第一次吃。

五月十八日

上午陪三多弟上坟山游览。壬儿归来拜坟。敦、溦、钦、湘、贤、仙花同去。归来到塔山大园玩了一趟，午餐。晚上大姊请三多谈至八时回店，困。今日挑茧至茹［口］，准备明日做线。

五月十九日

三多弟今日返富，令他说造店屋问题。下午杰兄、荣兄三人向永康谈。子英股已决定肖字十草（三股）。上午徐珠谱、罗一峰来谈造屋事，已决定订约。晚饭家中吃，与溦、壬谈。壬提灯送大昌行。大昌傍晚来谈工科打铁。

五月二十日

白高雯来。烈山、国铨、子群六夫明日开会。今日大谈物价经济。潘荣达、项美仁来，知误杀人案今日开审。晚叫镜侬、阿钦等叙（聚）餐，谈中大重庆情形。晚八时与子辛同往叔丹先生处谈，谈至十时来。子辛宿吴家。荣兄喉痛，来借福美、明达。

五月廿一日

今日县参会开会。铨兄午后才来，晚宿亟此。

五月廿二日

程子英今日返徽。爇今日往茹。庚致壬［函］，自知不努力。我去函慰勉。子辛、铨兄宿此。潘毓俊亦来闲谈。

五月廿三日

上午洗浴。壬儿分析庚儿似较合理。下午开收购军粮会。晚县长请参议员，我亦被邀。铨兄、子辛兄宿此。

五月廿四日

铨兄午后回胥。收购军粮托毓俊兄去代借。晚应郦心厚、沈钦和之招赴宴。

五月廿五日

着壬儿、敦儿往长垣看罗弢，往汪家看兆兰。叫洗衣者洗被，因家中人少事忙(桂香往茹口)。喉微痛。往致和与永康、毓俊接洽上借军粮事。金宝明日往杭。

五月廿六日

下午往吴师处谈。晚与诸儿谈。祖荣兄款子由六夫兄带去。增兄交汪局长款今日上午送去。

五月廿七日

贤儿腹泻，请钟师处方。晚国定来，谈至十时分别。

五月廿八日

县长以鲥鱼借致和请客，我亦被邀，谈至下午一时同杰兄往荣兄新屋，剃头、洗浴。家中吃晚饭亦有鲥鱼。家中开留声机，是战起后第一次。

五月廿九日

天雨。上午与壬儿谈学校生活，下午开工资评价会。泥水木匠一千一百元，包工二千二百元。六月一日起理账。增兄来(晚八时)，知先德兄已至六川，明日去接。增兄由福朝陪往茹口。闻锦山兄亦到六川。王全奎在此午膳，谈查村事。与钱榭梁看老屋，拟将县府借用房屋让出一部分移至老屋。

五月卅日

今日因有些广货由江阿狗压担被统税局扣送。结果天下本无事，庸人自扰之，闹了一天后杨主任来谈。先德兄今日由杭返，甚狼狈，颇觉悲观。美国人发明透明质梳子到。据壬儿云，牙刷亦有，反较其他原料为廉。长源油款由致和借去。今日简师在松溪表演。

五月卅一日

泥水今日开工，登丰基墙脚。秋生弟金生来。今日砍麻。米今稍涨。六川盖印契，吴乡长拿来。梅国成今日到店。简师在湘源乡主殿表演。

六月一日

晨八时偕壬儿往茹口慰问先德兄之病，荫郇已拟就第二方。在增兄处午膳。良叔亦在茹口。介康亦来开一方，均说极少生机。返市已上灯时候。洗浴，在家晚膳。夜雨。

六月二日

买黄鱼二尾请店友吃。家中王荣根先生送来二尾与姊同食。木匠今日来做登丰门窗。售谷三千斤与李价贰万元算(白家交)。托司法处张先生带契六张、户折三个，与人俊兄代验。候贵卿女拿契二张、户折三个，来委验，由平甫送人俊兄代理，余户折二张无用，取下。今日敦儿生日，弟妹要他请客。大家吃了三斤面。

六月三日

泥水木匠共十二人工作。今日裹粽子，送王荣根先生以答二次馈赠。知先德兄已于昨晚十一时逝世。下午往吴先生处闲谈，并将大昌来函交阅。长源、鉴坤今日由窄来，收新登油款。写信。晨炳南来，知钟夫荣叫他到木行管账。金满率子及月溪子来。我买皮带各一支送赠，托金满买子花篾一件。

六月四日

鉴坤清晨去。泥水停工。今日壬、敦、钦、澂复大昌。似有疟意，晚少食。

六月五日

石匠来打磉板。泥水匠均来。喉痛，傍晚服药，含福美、明达。介清寄来大批三角板、脚规。晨着壬与钦往送先德兄殇，知不出，追回。中午闷，早晚凉。自拟方服。

六月六日

晨向致和同春和借款。子芳今日往萧办大布。在家休息，因喉痛有疟意，诫敦儿要不畏难不怕苦，则习农科也可，对英、算、化三科不可放弃。原方再一帖。

六月七日

在家养病，自拟方服。

六月八日

在家养病，自拟方服。福朝上午采芦根，下

午送山往六。锦山由六往杭办货。

六月九日

背藤椅一把来店休养，仍到家中吃饭。

六月十日

晨四时半起床，五时半生轿往炉头请钟师拟方回来，到家八时半。十时雨，下午大雨。木城坍，泥水下，停工。门未柱好，木匠未来。八时就寝。看《文萃》多篇，甚畅。

六月十一日

子芳由六川到店，买白鱼半尾。晚与诸儿谈社会男女。李炎与林仲贤来募戏金。我说戏可做，时机未至：一、洋粉赈灾，堆在国民党党部，岂有余钱娱乐？城厢附近无米为炊者甚多。二、吃臭水城河无疏济之渠。三、火灾发生无消防设备。四、完整戏台附近没有，何不先修，再待秋收上岸再做？

六月十二日

锦山托协大昌、老许带来布一包。下午洗浴，往吴先生谈了一回。钟先生来函说沈某与吴师竞选省参议。殊属可笑，钟某诚忠厚长者。人俊兄来，说侯之户折与契不符。

六月十三日

吴文章有树来，我去看，向他提了二百二十四支，作十一两码子（据云要买至少四万贯）。归来吃中饭。下午着澂、壬填同恒裕损失表，开救济会，持表到商会，谈不应做戏，大家表同情。日戏没有。晚同行，议明日起足尺加一（三元）。天雨（下午晚）。知凤弟已罗敷有夫。

六月十四日

午时锦山由六［川］到店。与应火娜、老婆阿爱、小水谈。有结论，仍在老登原址，由我造三间，一间租与小水，二间租与登丰。志标午后到店。宪中傍晚到店。今日六人背杉树七十枝。泥水木匠挪款子，明日休息。汇款给庚儿。贵卿嫂十时到，即着福朝赶人俊兄印契，并讨论贵嫂子女产业云。

六月十五日

今日旧历五月十六日。自私者创做戏。天雨，大煞风景，上街人也不多。因天雨，树未背齐，甚急，叫福朝去牵好。据虀云，昨日万。爵是来请我看戏，看我看报，不敢说而返。今日我知，说各奖糖一块，殊不知棒糖贵到百元一块。教师开会，请愿罢教。程子英今日午到。百年来说董与韩事之经过。

六月十六日

天晴。今日竟较好洗浴。晚偕壬、敦、澂、湘、钦、子英同去看剧，一转即返。水阻，报不到。

六月十七日

下午袁云内来谈建筑，到登丰荣兄屋走了一趟。铨兄来，往六赴杭。报［纸］不到。今日下溪埠做火神戏。

六月十八日

晨郎玉芳、周步康来谈。子英替我们修钟。下午三时宜之先生来。班子因水涨，又做了一天戏。三时霭如先生来。今日报到，听说邮务调查员来说沪报要明日可拿。做牛戏。

六月十九日

宜之先生在荣午膳，永晚餐。锦山下午三时过六往杭。天雨。写信。壬儿等做短裤不合身。永来、九金亦宿此。宜之先生宿永康家。梅根代烧饭。挽抖戏。

六月二十日

宜之先生回洞桥。昨晚塔山渡船沉船，毙一男一女（有孕）。荣兄来问项祠，荣记存款查某年二月七日已付清。晚看《文萃》。天晴。今朝又做牛戏。《大公报》十六、［十］七、［十］八不到。

六月二十一日

木匠到家中吃饭。沈再、张公年往杭开庭。罗某来，说知我代带印已到六。卖谷二千斤与李，价一万七千五百元，马坞垅。洗浴。吃杨梅。还有戏，听说路工出资。天晴。《大公报》到十九日的，向协大昌借阅十六、［十］七《大公报》。

六月廿二日

今日登丰定磉。亦飞、刚立来谈。叔丹先生来，说沪有款如何带归。泥水、木业。做戏。说钱秘书来，叫决定住老屋、书房屋，让还我厢房二只。

六月廿三日

今日下午登丰屋立柱串榀，因不搭架，亲自

监阅。到傍晚告竣。铨兄到。

六月廿四日

友桐、小九主持正义，拥吴。傍晚楙昭到。朱正、汤君来。郎玉芳往六返杭。

六月廿五日

福朝往碧沼二次。周君鼻上有“雷达”。省参结果，沈六、吴四、周二。楙昭与阿珠生活问题。子辛宿此。锡勇上午十时到，傍晚去六。

六月廿六日

亦飞前来。止戈来。上午谈了三小时，晚上谈了三小时楙昭与阿珠的事。冬妹八字，王明标拿去。秋高上午来谈。锦山由六到店。子芳到店。

六月廿七日

叫泥水挑余庆堂石灰。叫木匠多来几个人。下午到叔丹先生处，将汉林信给茂林看。通知杰兄、再振、秀峰，在街，同在杰兄处晚餐。晚到，同杰、新春和□□为送信去，并烦渠问，再振申说。阿珠又来，说明日务要替他解决。晨往大华向潘拿提款据，据云向工科长去开。

六月廿八日

晨往叔丹先生处闲谈三事：一劝应选(后补)大学招生建议。三大昌出国日期定否？款有否交出？县府今日还我厢楼二只。晚大炎夫妇又来谈，无结果。天雨。清账。冯子祥在此午膳，谈家世。

六月廿九日(六月初一日)

上午开监所协进会，决议办公室修建费五十万，向上层拨补药费基金十万元，由俞大炎负责劝募。今日洗涤厢房。下午约壬儿、澂等参观荣兄大厦。适杰亦在。少顷，蘩、湘、贤亦同来玩。叫平甫、立新租符。傍晚铨兄来。楙昭与阿珠事已有结论，年付谷一千五百斤。五十万基金息作零用。当付六月谷(作洋二万)、基金之息三万、医药垫款五万，共计十万。当付现四万，尚六万由章学文收取。十一时结。

六月卅日

铨兄往白家。赞文来。献、臣二人有信来，说叫我定日期集谈。

七月一日

铨兄往吴家。阿七算瓦账。写致杭高学生自治会信，因崔校长有撤换消息。志标回家。到杰兄处，荣兄亦来，语多，都激昂，决明日派人往杭促杰兄来云。庚有中午后到家。县长今日返新。

七月二日

铨兄回家。于树青亦回县村。平甫到马坞垅搬谷。下午良叔来。天雨。乍晴乍雨。杰兄来，说人未去杭。福朝回家。炳南回家，妹丈来云。

七月三日

天雨。锦山往洞桥。玄儿、家明午后来。文荣夫妇晚过此，返胥口。银行今日又续休假。芳园由六返家。福朝晚到。

七月四日

天雨整天。(市桥头)城河水已没上路。县府出入过登丰旧址。清账。冯子祥来问阿木款子。爵儿、湘儿均身热。

七月五日

接荫郇替爵儿、湘儿诊身热。朱正来，因我［不］在家，往城内周君处，下午五时返校。铨兄六时到。

七月六日

整日大雨，水又平塴(市桥头)。下午铨兄去吴先生处，我亦去借来《新原道》，冯友兰著。致和今日冒雨拆屋。

七月七日

又接荫郇替爵儿诊治。先父今日生辰。铨兄午后往观音塴，晚修正“建议考生宿食问题”。听说同春和门口又有白头票，有四大张，由公安局扯去，县长交旭光处［理］云。寒流骤至，我穿薄棉衣。

七月八日

铨兄午后返胥。嘱壬儿抄寄《大公报》函。陆亚球在此晚餐。将“建议考生宿食问题”请吴师就上签名。陈炳南来。泥水来做。四宝嫂来谈选举。詹素贞来谈大生地基堆木料及选举。

七月九日

亚球兄来谈壁报，有意义。渠往六，我即往，观附合之处甚多。出来看朱正轿有否去？知碧沼寺今日遭匪，损失法币五十余万，物件等在三百万左右云。清账。投《大公报》“读者来函”，为投考大学学生呼吁，与吴先生同具名。晚得朱正来函，知渠个人要损失五十万元之物件。

七月十日

朱正来谈遭匪经过，今日回家。亚球由六川来，到之林午膳。程国栋与夫婿洪瑞甫来，并送礼物多种。子鲲先生来，[说]不选举理由。清账。着福朝往炉头转方(去函说明病状轻，下午回家即返店过)。看《文萃》。公安局开治安消防会议。我因子鲲先生适来，叫开会一刻数次，着锦山出席。

七月十一日

晨往约国栋夫妇及母晚餐。中午国栋夫妇在杰兄家午膳，路过来生。须儿午后到。士濂与同学晚来闲谈。徐宝元遗体今日运到，夜九时(忽闻哭声)。天晴，中午大热。晚发风凉。澂去拍照。庚去报名(严中)。

七月十二日

阿中、献臣、赞文、树基来为老大生基事。锦山与[福]朝下午往窄、杭。请眼科张之光替澂儿看，因出血量大。叫大姊送点心给国栋夫妇作路点。致和今日上二支大梁。新大生隔壁沈氏基地亦今日串榀。富阳□司今日返富。

七月十三日

备了午膳招待曹、沈及沈氏，谈老大生基地。我太负责了，使沈氏房东怀疑。曹、沈双方肯让步，惟房东要坚持原定年限租金造法，致无结果，忙了一天。晚住致和，陪翁秘书、吕科长、陆财理员晚餐(是直接从税局来)。我寄杭高学生自治会函已登杭高通信。

七月十四日

中午杰兄备膳，请沈氏到。晚十时总算大功告成。新约成立，前约收回。今晚商会宴税局翁、吕、陆。上午往吴先生处，知大恒后日往杭待考，钦或同往。

七月十五日

天热，九十六[华氏]度。献臣、阿平、伯夏回里。张子光替澂儿复诊眼。周、罗、文英来谈租房事。汪永泉与高锡年是辞龙小校职。福朝往马坞垅晒谷。阿钦今晚与金浩、吴大恒三人往岳家宿，明晨往杭转沪考大学。罗荣有、杨培南来，谈妥购回四科所道地。铨兄来，许案今日审，对方不到。许君叫叶来请铨兄，二盘鸡鱼。铨兄当日返家。

七月十六日

致和上梁。叫福泉来量登丰灶间，约要再让进五六尺。为投考大学学生呼吁一文，《大公报》已披露。准备庚儿明日往建[德]投考严高。下午写信。胥口未装一筏来。

七月十七日

庚儿上午三时由福朝陪往窄溪，往建考。将瓦堆在墙边免损，结果破了很多(堆得不好)。叫雪娟来，开导了她一番。天雨，似翻海。锦山与福朝下午七时到店。吴、阿共造房子，廿一上梁。我送礼四千文。张之光在此午膳(澂看眼疾)。

七月十八日

日来泥水清墙脚，较多监工，故其他事少做。晚卫生院院长说明日开防疫事宜讨论会。今日徐玉兰替义父做法事，行香安葬，引起一般人羡慕做伶人。剃头，洗浴。上午风凉。傍晚利用这二时写信。平甫今日马坞垅贯谷(李)。富阳岳家着九金用自由车替我们托他们买鸡送回。

七月十九日

富阳九金去。着福朝往马弓坞挑箱子，雪元同去。雪元当日返茹。墙脚下有墙脚，知过去地盘甚低。下午二时卫生院开会，我说去，要去募捐。我辞去委员因过去太无信用。天雨，乍晴乍雨，俗称“泛海”。听说今晚萧、绍十个人替县长饯行。会议录托春林带汪家。

七月二十日

今日泥水做半工。钱来接洽，楼上归我，楼下还要让出一间，结果右前二间给他们用，后厢房归我。下午与县长谈选举。今日有小册，具名“笔枪社”。听说兰溪米已到富，每石三万。经营此业者亏本，每石要五千元，加川要七千元云。

七月廿一日

新春和沈氏委借竹马，该屋已在开始。文荣

夫妇来款，付半数。行健堂楼上今日全部收回。全家兴奋清洁运动。宜之先生傍晚到。今日掘出明堂，想是洪杨前建筑。

七月廿二日

（本正洗门窗）上午商会开会，为所得税局方派吕科长、陆先生来，结果以三十四年营业税标准，课税一千万元云。下午县府开补给分会，结果酬县联社五万元（实应赔五万余元）。补给会助手徐学圣薪给照发。公谷每担折价一千元。三溪口补给分站食米折价，其余照发。晚饯县座行（闻香，赏兰，读画），蜜腊酒（县长取名，战前陈酒）六时吃起，十时半散席。增兄、叔丹师临时作东。

七月廿三日

增兄昨晚宿家中，我回家共早餐。叔丹先生来，送酒十五斤、菜九盘，请县府同仁共啖之。中午罗文荣来，知阿木与国铨六弟涉讼。洗浴。鸡发病。木匠洗门窗。福朝腹上有疮。下午到杰兄家托益三带信给小祺，我家去考试，定廿六、七去县座又走过来谈。

七月廿四日

人俊兄将验契拿来。王乡长来谈。陈启正被押。王伯华之校长不成。听说黄锦林之女与周文祺之次子订婚。下午训导庚儿、玄儿立志向学。下午五时赴钱榭梁订婚宴（与程驯百之次女）。请韩尔中替敦儿看体瘦。请张之光替瀓、万儿看眼。

七月廿五日

以整理诸儿成绩单为励。庚、玄儿之学，未识有三分微效否。上午八时行总浙署派陈委员来，以百分之四十修建中山所为东西复校。据云要请示。今日发放面粉。周宏九来约敦等一同往沪。

七月廿六日

在致和陪放账委员秦君共午餐。漆匠来做柏油工作及洗刷挂落等。梅根回家（同往六川）。木匠换栏杆边之方柱。泥水把瓦掀开。敦、瀓、侬今日午后二时往六川，锦山同去。陈自新、罗正文来，因事忙，未谈天（商会商谈所得税及租赁所得）。韩县长今日离新，欢送是属下及商人，其他甚少。卓人来借《大公报》看上海所得税简化办法。今日田卜家贯谷。

七月廿七日

江阿娜与许荣炳案今日开庭。曾劝慰各方未知能了结否，要看八月一日宣判。家中漆匠、木匠、泥水做整理工作，在家指导。平甫叫来，不是十号往，十号到是裁缝匠。不知杨主任究为何事。永联来，知谷要借吃，新谷归还。李炎来，说还有糙米款未还，说明后来还。青虫特多。侯贵卿女来，新婚契拿去。

七月廿八日

新任骆审判官来此拜客。朱君来询，陈某原来草书，看错，我代纠正通知。长源钱君谈富阳近况。久寻侯君户折，没有。沈阿珠将五万元拿去。袁浩来，往杭去，何事不说。

七月廿九日

漆匠仍未洗刷。鉴坤晨五时回富。送仲贤陈酒一瓶。下午会钞车工存费。友桐、东光来闲谈。下午往叔丹先生处闲谈。孙沙山、魁芳挑米来。沈氏前来，说胡道水出屋事。智标往胥口贯谷，维棠亦去，中午回来。福朝脐上之疖未愈。

七月卅日

今日因要为新春和建屋，不下乡，先与胡道水谈。次与周祖铭夫人谈一谈，谈到声明言词到吃饭。饭后与杨志英谈、韩永康谈、曹杰生谈、詹素贞谈。一串都是声明言词，才知社会正气是难扶植的。民主是休谈还是做傻子，作佯狂，三缄其口，明哲保身。日来看《文萃》，看李公朴、闻一多都是仗义执言，致遭暗杀。我吃了一连串的冤枉，都是言论太主公道，不善帮凶所致，此后切戒切戒。疲乏已极，八时就寝。

七月卅一日

徐大魁来谈。国铨麻车桥。松树午后叫宏庆去看，知不甚大。韩尔中谈医师公会医理。今晚同业议价。剃头，洗浴。秋高来谈。新县长要五六号，可以到新。锦山由杭返。

八月一日

着宏庆同往白家看树。腹痛吃阳春砂。下午在家休息。晚来店，早睡（八时）。

八月二日

往长垣，先到徐大魁，知渠不要水碓，拟不造舆。铨兄传子杂谈至下午三时半回家。叔丹先生送来大鲫鱼，在家晚餐。《东南日报》一号报到。略看，就寝。

八月三日

陆亚球、白人俊来，相谈甚久。亚球在此午膳，杏梅亦在座。午后往吴先生处。墨森在谈。后因沈氏因为新春和基事返店。徐炳奎家中吵架。家中晚餐吃吴先生送来鳖鱼。

八月四日

晨与杰兄往小九兄处，为胡道水租地事。良叔、世堂来。楚望、武标来。长源鉴坤、陈寿庚来，得达弟函，知万昇在交大与敦等晤面。慰甚。

八月五日

下午在致和开租赁会三小时，傍晚讨论沈氏租屋六小时。睡时已午夜十一时。周旭元送款来。吃馒头。

八月六日

家中晒冬衣，整理储贮室及图书室。吃西瓜。旅外同乡促与韩清算。《商报》全天登载《假民主与真民主》。看《新原道》（冯友兰著）。往吴家略谈。张宝全今日出丧（七十八岁）。

八月七日

与宜宝谈婚姻问题。晒谷。与永康谈汉林及国定事。与徐炳奎谈父子事。雪元挑米出来。

八月八日

芮木清烧了七只菜，请沈子望、武标借此间中午吃，邀屠玉根，我作陪。持汉、炳林来函及我复函给茂林，看他睡在床上。弢来谈了时局。杨逢春的儿子往沪工作。马坞垅谷春千余斤，售［与］李千余斤。家中千余斤亦售与李。

八月九日

楼宏庆往汪家看树（不能用）。汉林谈向农户收租看法。铨兄下午八时来，返长垣。下午六时往姊处与周谈。嘱玄儿去拍照。与铨兄同往吴先生处，未谈天，返。今天又挑汽车路，派工（二人）。何嘉荣（养新）妻来领抚恤。冠雄来（分水）。程子英来（杭）。

八月十日

晨偕壬儿往柴场袁又成家，与谈打样事。午膳后归来，到家即大雨。得介清来函，知凤弟与定毅已结婚。杨先裴来，云清算团在此午膳，与孙卓人兄。因人数不足，未开。铨兄五时半赶到，杨已去。铨兄伤风发热，一夜呻吟。新春和今日定磉。（我后来。詹素贞到店。吴叔丹、卢蓉仪亦在座。）

八月十一日

铨兄将去。沙晋来相谈各自东西。王慕旦来谈了一回（会），未膳亦去。人俊兄来。今日中元祭祖，在家午膳。玄儿报名，托杰兄友人往杭，带元将代办。到老屋与茂林谈，谈及打锦山旧事，痛哭流涕。子英、子芳往永昌。

八月十七日

今晚来店就寝，较安静。日看［邹］韬奋《萍踪寄语》。

八月十八日

晨仍往家休养。晚来店就寝。

八月十九日

晨沈家子望、秀峰子来，人俊兄来。杰兄、永康先生来约会县长，因出周会，未晤。仍在家休养。鉴坤来，油涨，长源又赶人来。

八月二十日

罗国华午后自［长］兰来。上午与永康先生去会见新县长（罗培英）。下午与杰兄至小九兄处。新春和津贴、道水砖及挑基费今日交付，定明日拆卸。晚与杰兄、居棠在门口闲谈。在家中吃饭。福朝往茹挑米。

八月廿一日

晨往长垣，下午四时回家。澂与侬已由沪返家。澂江苏医学院已录取。

八月二十二日

晨叔丹先生、永康、国定先生来。下午三时开法团会议。晚到吴家闲谈，九时归寝。傍晚六、秋高来谈教育。

八月二十三日

传子来塔二校立案事。袁又成绘同裕屋图。

宜宝今晚订婚。荣根嫂今日由杭治病返家。救总分会今日未开成。锦山与玄儿到，知建中已取。

八月二十四日

上午开救总分会。下午与县座接洽塔二中心小学立案事。国定来二次。秋高、传子来。午梦不成。在家晚饭，警告玄儿勿骄(取建中)。

八月廿五日

晨往老屋看嫂病。人多，久坐未谈天。知告会计用项奇具名。下午写信复。上午叔丹先生来谈高雯欠款。大昌寄壬等风景邮片(旧金山)。晚与福泉算工资，约欠渠六万八千七百六十元。

八月廿六日

晨，将汉林信给茂林看。到王荣根家，问渠子考取杭初消息从何得来，知是误会。今日汽车到新上街，吉普卡，群争观看。塔二校徽今到，即着炳南送观音堋。朱金满父子来。何月溪父子来。吃萝葡。下雷雨，惜不大。

八月廿七日

陆亚球与沈子望来。杉树，今日成交十四万六千，人力除两千，大三十一支，小六十支。吃老南瓜。杰兄来谈正大及国定事。武长兴来，报月梅生子。新春和今日串榀。上午往吴先生处。大昌有款交寿徽处。

八月廿八日

与壬儿往长垣，知招生广告、奖学金、招补班广告均在印。膳后往汪家看烈三兄、兆兰姑母，三时半返家。知侬因口角不告而别。我洗浴，晚餐。夜往小姊处，询问知长育已赶往窄溪。

八月二十九日

上午九时司法处开会。下午三时开修建中山纪念所会。庚儿同学来看，不见，责之。玄儿油腔，乘船玩水，禁之。晚秉贵来，知在界牌头十六人，遇盗三人。渠损失五六千元。幸行李先一小时委邮差挑来。塔二招生广告由朱维堃三子交来。与杰兄谈。渠拿去一份去看。

八月三十日

下午俞启人来。晚沙晋来宿此，明日为言法女儿桂儿结婚。上午十时袁祖荣、倪家伦来。下午五时往六，途恐遇雨。今日骤雨自西北来，惜乎不大。长育富归，知侬在富。

八月三十一日

天黎明。沙晋开话筒，今日桂儿结婚，夫婿何育成到。袁振送俞启人等。天热闷。傍晚五时半大雨。墙角坍。铨兄宿此。十时寝。

九月一日

在家训子。午、晚膳均在家吃。白人俊、锡畴来。俞启人来。晚与长育、超姊谈。冠雄来函，复货去。

九月二日

核木匠、泥水工账支款。教育庚、玄、明。张素贞来谈。在家晚餐，提早过中秋节。罗荣有挑谷来。

九月三日

庚儿、明甥由福朝陪往，到窄赴严入学。澂、玄由锦山陪同，乘汽车往杭入学投考。增兄午前到，晚宿此。

九月四日

增兄晨往乘汽车。头班太挤，乘二班去，同行吴士涵。周木生来。下午开各校会议，决议收费、书价、转学、课外活动等。塔一不到，余均来。晚到吴先生家谈。今日串登丰灶间。

九月五日

上午至致和，为塔二接洽泥水，并与永康先生闲谈。秋高又来要后厢房，决让之。今日吴道水造屋上梁。我因服奎宁，谢而不去。今日舂米。陈谷已尽于此。

九月六日

郎玉芳、戴一天、林学义等七八人来闲谈。下午开救赈会，改变工账分配。郎玉芳晚又来，看雪潮。

九月七日

上午去保校与袁承楷接洽汪敏。知漆匠今日已去塔二。金榭、本生、祖荣均由杭返。阿木来支款。剃头。智效杭来，宿此。付福泉泥水、米一百斤，两万五千元。

九月八日(八月十三　白露)

上午洪发生来，良叔来，志祥来。金满、友

桐、小九闲谈十二时至四时。练头老五来。知梁已寻得，在桥下坝上。

九月九日

上午十一时敦、澂、钦、鹣同来，锦山亦到。急款子稍有头绪。晚与维堃、永康先生谈，九时回店。大有、根好、九金、根元都到。

九月十日（中秋）

增兄傍晚由杭到。子英午后由杭到。周伟珍与［镜］侬午后到姊家。长育明日往嘉［兴］。据召棠嫂云，自新考取大同大学。孔宪中因年老眼花，不能再用。石麟款今日托昌火带铨。着福朝往茹，叫［武］长兴到长垣烧饭。柔孙午后来，与来法官子往校，途恐遇雨。

九月十一日

晨偕鹣、澂与万儿同往长垣，万儿笔试。五时半动身返家。天热。宝进先生、志浩夜到市，明日往杭。

九月十二日

塔二淘锅于今日来挑，是沈如林，未给价。富阳来催，要去人收租。今日寺庙做功德。下午国泰、国定兄弟来。写信。浴晚上洗。周大源来宿此。汇款给庚、明。

九月十三日

今日白家松梁抬来二支，放在荣兄园中。袁小再、周大源、应连英来。应往杭购书，晚宿家中。晚大姊请平鹣鹣。晚下雨。宝进、志浩二先生因没车子，今日返，昨宿昌东缪家。售谷二千斤与李，价一百五十五元（每斤）。

九月十四日

应女士晨由沅儿送上汽车。长垣来挑代买各物。长林来搬谷。葆生嫂在家晚餐。平鹣鹣考取上医。宰鸡。袁浩、亚坤、宝进、志浩均宿店中。傍晚下大雨半小时。宜之先生送来鸡二只。

九月十五日

袁浩因无汽车，下午往窄乘船。饯平鹣鹣行，宰鸭一只，闲谈甚畅。永昌做道场，秋生送来鸡二只。大雨甚畅。

九月十六日

上午陈双喜来。此人刁滑，太要便宜。与杰兄谈，知荣嫂病转剧。鹣鹣与沅由福朝陪往窄，乘船往杭。与罗一峰谈，知珠谱有意该产。学徒江长寿进店拜锦山为师。

九月十七日

长垣学生来办货。无伞，借去洋伞一把。罗阿木来，托他看松梁及挑双喜地。六夫先生来。罗爱英来，说要我做地，未见。往老屋与荣兄接洽瓦砖是否须堆好。嫂病剧。罗国华来，明日往兰。锦山由富往杭。下午天雨，泥水停工。木匠二人往长垣做工。

九月十八日

今日参议会开会。周子鲲、俞大炎、曹杰生均来谈谈。杨子卢谈二五减租。今日双喜租地开始，挑五人。茂照晚来谈。应连英买书回。往永康先生处算讫地灶做工。天骤寒。孔宪中薪金今日算给。

九月十九日

阴雨。万儿由福朝陪去入学，油四斤，盐五斤，余未缴。登丰屋今日告一段落。后门封好，前门上锁。与吴先生同到白家，与守梅先生同往西坞慰问仁义先生，瘦甚，精神欠佳，每餐半碗粥，大小便已失常。归来，下午四时。到家大雨，回家洗浴，吃晚饭。

九月二十日

阴雨。荣嫂今日去世，享年四十八岁。晚六时入殓，适壬、敦、澂、钦、侬尚在家，均去送入殓。我去襄助，并慰婶母。登丰今日来做地。晚统税萧主任请客，未去。

九月廿一日

上午理店账。着福朝往汪家，一路催谷。下午写信。陈自新来，俞大炎来，白人俊来。晚微寒微热，似有疟意。萧主任（统税局）请客，谢之，早睡。罗阿典等六人来，放梁要加价。

九月廿二日

六夫兄在此午膳。下午往长垣。市上演剧。

九月廿三日

在塔二开纪念周，对学生讲话。下午回家，剃头，洗澡。市上演剧。锦山到。福朝汪家回来。

九月廿四日

到老屋一趟。到超姊家与宜宝接洽。托朱华

庭带物至长垣。午后与壬儿访罗空，未遇。往吴先生处，将托带布拿去。下午往老屋吃晚饭。晚归。泳文辞生意。

九月廿五日

今日荣嫂出殡，晚放焰火。下午往看罗空、朴庵，知往仁义先生处，未返。往塔山做制服。朱金满、鹤林来，有杭款。锦山由六往杭。风大欲雨，未下。

九月廿六日

整日下雨，河水大涨，平混荡桥。寻沙晋，托验契，得收据六页。中午请益三内中饭（金汝琴亦来）。下午写信。在家晚饭。陈自新亦在，因南津桥涨水，宿家中。荣嫂今日头七。

九月廿七日

下午与周大源同往校，在元村七板桥间涉水而过，深处平臀部。涉如此深水，生平第一次。晚在校开第二次校务会议，至十二时。

九月廿八日

晨起已七时半。开始业式。罗空在长垣书校牌。下午三时偕万有同归，至潭山头。我先得因大梁二支。今日柴、衣、卞、万等同学四人偕行。布价又狂涨。四君子由一千五百八十元涨一千八百八十元。客人六人。

九月廿九日

叔丹先生来。袁又成打建桑园来。詹素贞来谈建屋事。看各家生意。到汪潮家告启人有款。晚得来函，知敦儿取交大，上商备取。钦取交大。

九月卅日

国胜、本生来支款。吴先生款亦送去五分之三。舅父往徐家坞。智标清账。晚与宏庆、长水商建屋。脚似涉水之故，稍酸。晚用黄栀麦粉，服白兰地。塔二来购黄豆等。冠雄往六川。布市又涨。启人款交汪潮带去。

十月一日

与宏庆计划造同裕式样。下午往老园。荣兄园中看榭。罗阿木知潭山头小柏坞口各有香樟，可做柱。明日着宏庆去看。大姊定明日往沪。看筏日未看报。不适，似疟。八时寝。往老屋二次叫木匠接柱子。

十月二日

陆科长来，托请余教员事由他去说。渠与周子鲲先生邀壬儿代课，婉谢。敦、澂清华，请杰兄盖章，托陆代言，均荷允可。着宏庆往方家小柏坞看柱子。下午着福朝送大姊、钦往六，往申。似发疟，服丸不止。在家晚餐。知澂取清华先修班。

十月三日

病，似疟，回家休养。天寒。写钦、庚二函。

十月四日

锦山、梅根往杭。来店，回家吃饭。晚与内子、子女谈战后我家经济概况。永康先生来谈做坟事。与阿七谈砖事。洪锡勇、吴阿臣来。与朱金满、鹤林谈退票事。宝进先生来，往杭。花镜托他去调。陈秘书澄宇为母七十做寿，筵七桌。我因疟忌口，未去。米亦涨三万一千元。

十月五日

白家人来，准备抬梁计划。与赵阿七定砖成交。敦儿交大录取通知已到。叔丹先生来，问江少山基地，萧主任与之叙谈，在大生账房。

十月六日

本定今日抬梁，因天雨未抬。预备之米饭足家中店里二日之粮。天雨，写信。晚九家宴萧主任同事共二桌。听说布价又涨。

十月七日

今日又在哄做戏。下午开修邑庙（县政府）会。沈再振、秀峰、仁年因官司明日开伪证庭。兆泉押大布到。叫福朝整理榭木，种菜，到白家问抬梁日期。罗文荣夫妇来。汇款庚、明。汪广槐来支款。

十月八日

公安局督察员张来叫我去，为要整顿市容，要我裕和门槛拆去。我不到二小时叫泥水拆去。仁年官司今日开庭，对方取保，十四宣判云。晚许百年来谈江来苟地事。黄钦镕到。根好到。孙长根来支款。上午在家谈一部分零布拟出售。敦儿准备明日往。晚写信致澂、钦。剃头，洗浴。

十月九日

今日抬板村大梁二支（三百二十八）上肩。上午八时半开始，下午一时半完工。藏在南津桥四支梁亦同时撩起，五时完成。人手全赖人俊兄代唤。每人工资照零工（一千五百）加倍，三千元，大乾坤烟一包。另有四人临时帮忙，各赠照样香烟四包。李华来宿此。徐志根谈二五减租事。锦山到，钦榕到。宝进先生到。戏今日开锣，舞台每本十五万云。敦儿今日往沪，到交大检查复试。

十月十日

今日生意较好。因澂是否中大录取，多方借报，知钦、敦取浙大，敦、澂取厦大。晚与壬、澂、湘、贤、爵至邑庙走了一圈，只感国人之杂乱无章。徐根贤父子来。茹口小阿娘母女宿家中。

十月十一日

晨与再振先生闲谈。与壬儿量身材，俾可来函制衣。抬梁时把地压实，叫福朝上午去开。晚归家，准备壬与澂往校一切，并告婚姻问题。宝进先生已往三溪口。光荣、志根等房东在此晚餐，并谈及潘毓俊。

十月十二日

晨四时一刻起床，到家中去叫他们起床。澂儿往江苏医学院，壬去探澂中大取否。沙晋来谈九香。戏不做，上乡房东回去家中、店中。福朝下午回家。

十月十三日

锦山过富往杭。舅父往白果潭看戏。章至梁、袁焕来闲谈。洗浴。程国定、王雪琴来，田过户事。郎天培来。往吴先生处交还孙仁斧印及金某挂号回折。售谷一千七百斤与志标，价二万元算。调大布。

十月十四日

晨七时与潘督学、袁承楷一同往塔二开区国教研究会。篮球比赛，双清与塔二（塔二弃权未赛）；塔一与六钦，六钦胜；六钦与双清，双清胜。至四时与袁君一同返市，到已上灯时候。

十月十五日

晨与蘩把牡丹台除去散草。泥水来做与酒店交界墙。又催蔡小水叫泥水打灶。下午写信。平甫、永昌归。李阿富来折价，上租谷作二万元，一百斤老秤。朱金满、何月溪来募青山至临安县道，约我与周旭光、曹杰生同往募。致和沈居棠处归来，晚饭。吴慧西兄来。吴、朱二君宿此，晚谈子女教育费，重投考之难。

十月十六日

汪烈三先生来。我与铨兄相谈甚洽。铨宿此。朱金满、何月溪与周、曹、我、汪局长写青山路捐，成绩欠佳。洗浴。才宏来。晚看《文萃》。又叫蔡小水来，叫他速打灶，迁过去。仁斧兄今日晨去世。

十月十七日

与铨兄谈心事。往吴先生处问仁斧何日出殡。平甫往茹口收租。福朝往白家一路催租。罗荣有契检出由舅父立契。劝镜侬不取勿气馁，解以夏振川之侄考东南学院，国 100 分，英、算均 0 分，后经考官提携，任大学国教。锦山自杭到。子芳自永昌到。钦荣自汪家到。

十月十八日

往老屋与荣兄接洽。隆兴已付款二万元。下午着福朝往长垣挑寄存之件，到已上灯。晚写致五舅及敦儿函，托钦荣、梅根带富。晚与钦荣谈过去。今日沈成玉替父追庆，后日安葬。听［说］乘公车到新，盛极一时，传说汇来四百万元追庆费。有木，货车未到，甚念。

十月十九日

上午约杰生、维堃同往沈［送］奠礼。下午六时郦君、陆君、居棠来此谈谈。铨兄傍晚到。梅根、钦荣晨五时半往富，托他们带去敦、钦应缴费。平甫午后往永昌。福朝晨往。潘桂生送来三枝梨树，由他自种，二枝种在塔山，一枝种在屋后。李过秤，谷二千斤，梅秤。

十月廿日

今日沈月震死后十年安葬之日。锦山往杭，因币轧去脱硬。铨兄往杭过六川。人手少。梨树活根。澂儿信来，气不顺。平与朝何阜返。

十月廿一日

今日中午，我与杰、荣二兄合请沈情和昭弟夫妇。晚赴沈居棠，请送礼，亲友宴。灶金妻死，娘家来吵尸。晨去看荣兄二厢做洋砖，借水平尺及柏油。杰生交来惠泉交启人款。我当即交汪潮母亲。剃头。

十月廿二日

沈成玉、郦心厚乘公车回杭。白高雯来拟筹建中学，傍晚来陪，往见县长。方灶金妻死事听说已说妥。张双培、孙福根来。罗丙火樟树（方柱）已交成，计十二万五千元。洗浴。

十月廿三日

高雯兄晨即来，邀同去舒啸亭。少顷，县座与陈澄宇亦来，同去，约叔丹先生同往，归来已正午。约白兄、吴师至家午餐，知清洪亦到，约同来。今日叫二人把木城重做。叫福朝往胥，催阿典起梁。叫文荣、阿木装柴。晚叫宏庆去锯柱。今日同仁集开会，叫梅叔去出席。

十月廿四日

雯兄因要我做保管会委员，来接洽了几次。做木城，又要去看。将浸在城河中料拿起。下午二时商会开会。派三十三年同盟胜利公债。国定来函，交给永康先生看。叫他们挑城河的泥石，不要再堆到我们地上（已高起三尺）。汪局长要我与卓人去估计新安会馆工程。

十月廿五日

早上为慎声请，跑了保长、户籍等处，向吴师借阴阳合历。下午为回看王耀西县税副处长及防护团开会，忙了一天。挑城河起毛石贴他们三工工钱一万二千元。晚与梅君谈朱君加薪各十成（照正月）。晚查家人阳历出生日期。睡九时。赵月溪派人来收路捐，收八万。宏庆等六人前去锯香樟方柱。

十月廿六日

福朝将六川谷装来。统税局来，将化装（妆）品登记。吴师款送去，并保证吴大恒（清贫）。下午铨兄自杭返。茹口小小来做租工（傍晚）。宋仁泰今日立柱。《延安归来》册还人俊兄。平甫妻打女，伤手骨，向我借医药费，虽付，责渠妻不要打人，伤了还是自己吃亏。李阿富来付谷款，宏庆锯柱归。

十月廿七日

晨看小小挑碎瓦片后，即与福朝往方家坟头看方柱，谢过方炳奎。到九香处，一转即到长垣。铨兄往渠家，与弢谈补班应加紧，使如何兑现。饭后往三义祠，与仕斌到溪边，托他再烦前友去探寻。到峪忠看潘茔，寻定安失事处，三时归。来到元村陈氏祠，知止戈先生在，去坐了一回。到家饥甚，吃炒米粉少许，返店。写信给敦、钦。沈家房东来谈宋与新春和后墙。我劝不应悔言应暂缓，情理均欠缺。洗浴。看报、《文萃》。八时来，做八段锦，就寝。

十月廿八日

晨着福朝往白家催租，自与平甫往廿坞讨吉人之款。在姑丈家午膳。结果得二十万元，天佑出五万，共二十五万数。往谒良叔、森泉、惠泉，知于今日往茹口，三时返。到松溪看文祺兄，益三到双清中心学校，到家已五时十分。敦儿已返家，因校中还要一月上课。与增兄同来云。五尺单条与扇面已递到。十年来未睹之画，一旦相见，如见故人。生、朝在等，相讨抬柱事。根好自杭归来。庆恒来。因女去函虐待，到局反口，□来，愤甚。

十月廿九日

袁祖荣来，由六往杭。写信，汇款。平甫、福朝往麻栗榭下秤谷。来广恒，清晨与梅叔说女去虐待如何如何，不半小时，女来哭诉，说要跟父去。晚梅叔外出未归。虆理衣，改做准备往富。

十月三十日

方家坟头樟榭今日抬来。与泥水看做墙、理漏工程，决先理漏及修老屋墙，书房墙暂缓，明秋再做。袁天佑来，告他查四至。买布要与店员声响。我因开县税座谈会出席，散会已四时半。宏庆来谈造屋事，做砖木模型。锦山往胥口，将大昌致壬函取回，敦仪器亦取回。

十月卅一日

今日为主席六十生辰，全国欢庆。在商会签名善，签名祝寿。将大昌信寄沅，转澂寄壬。洗浴。理活页账。李华自杭来，知杰往杭。叫宏庆做砖木模型。做轴字送喜寿。

十一月一日

荫村兄来，在此午膳，替母亲开了一方。敦儿丸方今日拟来，玄儿丸药今日制来。查营业税来。下午往罗祠完粮。荣兄交来币。

十一月三日

定竹稻草预备搭草棚。同平甫往罗家祠堂还粮，不意因无仓，已迁新堰，迳赴到王世仁保长家，还未到，不知，折回到戏台楼。启明、周阿树来，相与接洽，回店。周木生来，同赴詹素贞娶媳妇宴。下午写信。郎印来，郎伟款交他拿去五万八千零二十元。晚商会请县税人员，陶科长因体弱晕厥，少顷苏愈，大家谈到九时始散。完全敷衍，不着扼要，社会相原来如此。

十一月四日

汪有序、洪文豪、增兄在家午餐，谈时事、新登教育、夏令营等等。下午河下坝开会，无结果而散。后杨文善来谈，甚妥。明日再去，估计□□计划。晚他们做金字，我看报及《文萃》。茹口来四人搬料看板来（把十年前陈尘拂去）。峭乡乡人抬来野猪一头（四人抬），求售，其代价当在七八十万元。锦山今日往杭。

十一月五日

天微雨。今日塔山加披，使梁不致受[损]。将店屋余地理清搭草棚。杨宝生很热心，又来谈河下坝。程国定很热心，来谈正大茧行。下午与王科长、长水去看方家祠工程。剃头，洗浴。顺宝在晚饭时进店，看《罗斯福传记》，更觉说话困难。

十一月六日

今日塔山盖瓦。下午五人合写信致曹氏兄弟，并弃予（这信待曹回信再交由程留着）。章文户折由章应华提去。看《延安十年》。大布二会花二袋，由雪福托大昌伙友代为拿来。森泉来，因各有事相谈。韦畅、吴阿炎来，说人家说山头已拼了，他急了来问。

十一月七日

七人来搭草蓬。天微雨。仁年、秀峰子来。拟复镜侬信。与平甫算租谷账。湘小今日旅行到桐庐。福生来。盖袁志遂、喻其明证明教师证书（因校钤在此），领款，复信。

十一月八日

草棚今日还是继续工作。福朝往何阜背篾子，下午与阿炎贴送轴款字。晚应汪局长留别宴。陈启正夫人今日来买物，快人快语，说兄嫂如何。上午开修建县府会。

十一月九日

天晴。振家准[备]明日往富。锦山晚饭后到。

十一月十日

藆偕贤、湘、桂香往富，由小小肩担子，轿一乘同去。傍晚钱鉴坤到，知藆于午后二时已到大桥。晚下雨。不适，早睡。售给爱弟谷五担（两万两千元）。

十一月十一日

草舍今日完工。小小下午三时返。准备进行健堂祭祀之雄鸡病了，宰了给搭草舍工人吃（他们要吃）。不适，早睡。

十一月十二日

雪元来，明日准备往富。剃头。福康来谈各路商情。与锦林谈。知富营业税情形。福朝回家，传来做法事云。小小挑泥。陈林耀来，说梁寻不到。

十一月十三日

晨偕雪元、福朝挑盘挑二付，往富为岳母祝寿。我到方家并坐车到富。下午为岳母布置寿堂，至十二时就寝，嘈杂难入睡。四时，听弟来叫起床祝寿。当晚吃暖寿酒，共七席。

十一月十四日

中午四席，晚上十二席人情酒，摄影。上午与三多弟及四妹夫胡伯英同游鹳山及街市城西。福朝先归。

十一月十五日

去看照片，写上面眉。准备回家。与杨弟内子同返。坐车至草庵，步行回家。宰鸡向杨弟。

十一月十六日

同杨、敦儿游父陵归来，到超姊家午餐。下午因营业税事由敦儿陪往青云桥玩。看画册、照片、书画。晚宴杨弟，邀仲贤、人俊、荣兄、杰兄作陪，我与敦执壶。

十一月十七日

杨弟回富。仲贤、锦山同往。诫万儿勿闹膳厅及应用旧笔。中午祭先父忌辰。下午填税表。陆亚球券退价错误，明日着子芳往杭与锦山接洽。把书画收好。锦山往杭。罗弢来，钦荣来。

十一月十八日

敦儿往长垣问证明书事。在城西买得麻栗子树一支（十三万元）。子芳今日往杭。洗浴。

十一月十九日

上午在店，为向县府请发核长证明书。下午写信。金满来，与定县府三分杉树一百五十枝，价十一万贯算。子芳到，带回香烟。

十一月二十日

今日叫木匠去取梁。校长证明书今日由陆科长拿来，谈新登教育。周旭光来，亦共谈。晚看文萃。潘宝安来谈周大源与项毅学生不守校规。李孖来，办嫁女零物。我家礼物托他带去。志祥兄送来省党部印主席胜利言论集。

十一月二十一日

梁今日上午可取好。下午做猪圈。敦下午四时往白家吃喜酒。锦山四时到。今日富新客车通，票价二千元。弢来，晚作长谈。同宿行健堂。

十一月二十二日

弢早晨与汪敏等乘车往杭。着福朝往长垣，缴黄豆，挑旧簿子。准备敦明日往沪。永康先生来，谈汤口富阳酱园。下午参观监所。因客来稍迟。旭光、徐院长已去过，据云尚称满意。我在党部座谈多时。沙晋到山上来。售谷两千斤与李，价两万三千元（家仓）。

十一月二十三日

着福朝再往长垣挑寄存物。晨敦儿乘车往富赴沪，钥匙由他带去。《大公报》不续定。由铨杭州定。平甫说又咳血，来拿金墨。朱金满来。我去看王科长，不在。与孙卓人接洽，决定杉树一百二十枝，毛竹看天雨再砍，否则宁缓。晚与汪局长同往百年家吃喜酒，有十五六桌。识马金生。徐根生（允中）来。

十一月二十四日

识王金堂。内子往百年家吃喜酒，十二时半去，六时回来。看《文萃》。写信。叔丹先生来。天雨。

十一月二十五日

兵役审查今日开始。雨。锦山、根生、钦荣今日到草庵，乘车往杭。晚到百年家吃喜酒（娶媳），共九桌。剃头。

十一月二十六日

昨夜发热神疲。委梅叔代为审查。在家休养，看评论报《文萃》。吃青果、萝卜。晚来店睡。登丰来索租票底。我与订约，前收之款作今年古历十月初一起至明年九月底止。十月初一起，租金另订。

十一月二十七日

仍在家中休养，汪局长来辞行。沙晋来长谈共膳。吴阿其来谈，被人告合作放款。晚来店宿。天雨。隔壁大猜拳，不知何人。钱局长行。维堃来商如何送局长行。寄款给庚明。

十一月二十八日

返家修养。晚下雪珠。汪局长今日离新。审查壮丁今日毕。

十一月二十九日

因金满信勉力至县府，王科长不在，往党部与孙卓人接洽，叫王来签款。陶科长来党部委借老屋，叫福朝往询，知吴会计住着。台湾款来。回店宿。

十一月三十日

知范聚星因讼来市，去邀晚餐，未来。县府购杉款领出。天晴。尔中开方，精神稍好。吃腰子，似有胃口。缴营业税。周绍松来折谷款。傍晚杉到。锦山到店，上床作长谈。

十二月一日

服药较有气力。写信。在店完善。金满来算清账并托代料田主约四十担（塘村庄）。

十二月二日

锦山往刘安涉汪二槐款。二槐在此午膳。开佃农仲裁成立会。到方家祠堂看汪买杉树，只能听价不能看货。到荣兄新屋看松梁，如此仍不妥。炳林到，宿此。李华来闲谈。洗浴。福朝往任斧家挑寄存箱。春吃米一千四百斤。人俊兄来，托他叫松料、判松梁。售田，召志鸿种田。

十二月三日

下午与永康先生谈三小时，一正大厂，二开化山（委代笔共出面），三范聚星，四项美仁。与袁杰三谈简秋与亚涛嫂事。晚与宏庆、长水、福泉谈造屋事。木根来谈，定方磉鼓两个，每个两万两千元。

十二月四日

同宏庆、福泉看松梁及城内麻粟梁处置。游真神堂。宏庆下午往乡主殿看香樟。关荣、维榕弟来。与文荣结柴账。收廿六担半，每担作一百五十斤（十六元）。收五担，同。收一担，同。收杂三十二担（一百二十斤），每斤十六元。

十二月五日

永康先生、杰兄闲谈。写信致国定、增法。天气晴正。与平甫看租符。罗弢沪返回家。沙晋来。

十二月六日

理银器、角币、饰物去售。将母饰物换戒子。宝进、根好到（杭返）。母亲胃痛，因天冷加剧。

十二月七日

宝进、根好回家。锦山往杭。智标回家。炳林大老坞返。万儿假归。吃鸭。天阴欲雪。九香送来热麻糍，回毛巾、肥皂。剃头，洗浴。

十二月八日

往炉头沈家，为泉藕生前进出，愿以二十四担谷为沈□□祭十六个甲子来盘视。愿尽义务，不受权利。到四时半返市，到街已上灯火，幸适望日，有月色。晚赴陈载之先生会，酌抖谷令。会渠是老师，既不转轮，情同敬师即欣然往。

十二月九日

铨兄介绍，邹姓刀工因打倒野猪被人向公安局控告。此事似可由关海了解，故已三人当面谈过。止戈、沙晋来，知沈事已了。小九兄印及绮均交渠。闻侯章贵已死。传闻所利得税还要派人来查。着福朝送菜塔二、万之大衣，到茹口催杨君谷。天晴有风，冷。

十二月十日

翻阅了店中账目。载云先生谷挑去两百斤（老秤）。畜小猪二只，五十五斤半（三千元），价十六万五千五百元。下午开修建邑庙会。晚七点钟雨，寒流。今日来查资本印花，催缴薪金租赁所得。买牛肉，店中分吃二碗。

十二月十一日

雨雪积厚。上午商会开小组会。下午商会开会，由富朱、秦二先生说明要增加所利得税至三千万元（原上万余元）。决议向杭州分局请免加。

十二月十二日

融雪。生意清淡。汪兰来谈及欠款事，强调有理。我亦不与之辩，还则收之，不还算了。看报。晚作七年计划梦。维堃说缴利得税，因无款，只有迟数天。杰兄母、卓人兄岳母今日安葬。

十二月十三日

雪元来询永昌田开去。下午开简师基金保会。塔二领八、九二月补给费（五万□千元）校工来带去。天雨雪融。永康先生来看国定函。金堂、炎森等来支款。凤弟有款汇来给母作冬令滋补。叫小山，不来。

十二月十四日

写信。应付杭款客人。叫蔡小水回来问屋事。晚过七月一日至八月十五账。约四晚可把流水清好。天雨。塔二先生送校徽来。

十二月十五日

天阴晴。家人咳，吃糖饼。傍晚锦山到，金价、布价均又涨。晚清账至九月终。因万儿不来，着仙花送衣、菜去。

十二月十六日

货到。洗浴更衣。今日存香烟最多，约四百余条，消耗为第一位。晚与锦山、永裕谈，为时已迟，未清账。下午三时至叔丹先生闲谈。

十二月十七日

生意较好。晚清一个半月账，再一天可过完。与虆谈澂对吴事。超姊委托仙花往长垣叫宜宝。

十二月十八日

着福朝往何阜。增兄杭返由六渚来。下午与增兄往永康先生处谈，无结果。复汪葆祺、赵士佳二君函。洋油飞涨（每听三万八千元）。

十二月十九日

罗华振来谈阿木代借国铨、华振板事。铨

兄款托华振带去。得敦儿来函，知媺朱次女二庆被洋油炉灭命，去函慰问。大乾坤飞涨（每条四千五百元）。

十二月二十日

锦山与福朝往杭。［福］朝在富等。沈会长来叫，因统税兰主任丧，应送礼。晨六时起，写信，［锦］山带去。清账至四月份。天雨，寒，似要下雪。八时半寝。

十二月二十一日

上午沈居堂、许万年来谈。下午袁祖荣、丁步松、曹杰生来谈。开佃农仲裁会。邱世纯与陈事允再无偿种一年撤佃，双方愿意。程菊庭因业主未到，再定期仲裁。晚写信，三封。志标午后回家。

十二月二十二日

今日冬至。剃头。未洗浴，觉微寒。福朝到，香烟、洋火又涨。富寄冬至粿来。晚写锦山及达弟信。万儿今日在，过冬节，明晨去。用萝卜汤洗脚。

十二月二十三日

着仙花送荣敬师生并送冬至粿。买青鱼一尾，重二十三市斤十一两。晚与洪亚涛师母魏氏谈至八时半，足有半小时。用热水洗脚。福朝与顺宝往杜家坪口。福朝返。

十二月二十四日

赠送志愿车。到邑庙看修建工程。新公安局长来拜客。今日挑砖开始。关荣来谈至晚八时。吃卷菜。

十二月二十五日

今日参议会开会。子莘兄上午到。铨兄午后到。十一时就寝。着子芳往杭。吴全桂带杭货到。

十二月二十六日

商讨市桥徐志谱租地有头绪。与铨兄、子华兄谈至十一时。子芳杭返。

十二月二十七日

今日将市桥头徐志谱所租地售与志谱，由罗一峰作中。沙晋北上宿此。与铨兄、沙晋谈至十二时。锦山兄杭返。

十二月二十八日

着福朝、仙花往茹挑桌椅。开冬令救济会，因忙未去。谭专员在县府训话。陆秋高来谈因果。铨兄回家。子莘兄宿此。

十二月二十九日

公安局长请吃中饭。钱家田十一担售与钱金福。熊来拿谷款十八万八千元、致和票据三万。今日迟到瀓及大昌贺年片。根好、宝进先生到（往杭）。着仙花送衣菜给万儿。并致函铨兄。晚清二月份账。

十二月三十日

袁又成来谈选屋、六月田事。陈增德来。下午开修建县府会同邑庙，去看了一会。今日在此议市。纛替宜宝翻定亲被。福朝今日往潭山挑厨仓。米市三万九千元。晚清六月份及工人支款账。

十二月三十一日

王金堂来。冠雄又派人来结股，致和十万、杰生八万、我十万共送二十八万去（致和票三万收回）。晚永康、居棠、杰生、我私人合宴公安局长张景阳。［民国］□年同盟胜利公债。詹素贞来谈租地事。锦山来。

一九四七年

一月一日

《中华民国宪法》颁布。天晴。米涨，每担39000元。今日外甥女余宜宝与周立亨结婚。罗培英先生证婚，林逊铭、曹杰生二先生介绍。席五桌，开四席。晚，双清小学在忠烈祠表演《浪淘沙》话剧。徐志谱车来谷二千斤。

一月二日

阴，有雾有霜。清晨到姊处拿戒子。往杭去证明，少一钱。锦山与梅根往杭。中午应姊邀立元陪亲家母及立亨夫妇。晚请太亲母及立亨、宜宝，邀永康、杰生、小九、二峰、荣兄作陪，均称自烹菜适口。五时起，七时散。八时就寝。泥水修地。

一月三日

来查户口（户籍干训实习）。雪元来。晚朱正来，当晚返校。晚清七月份账。施景福谈生腰疽经过。吴阿言来。下午二时杨春来，三时返六［川］。

一月四日

志谱谷第三次车到。大姊傍晚五时半到。谈至八时，回店就寝。吃广柑、熏鱼。与阿七定瓦二万价二十八万，计米九百斤，币三十七万（米作三万八千元）。祖铭嫂来闲谈。大有、九斤由窄返。汇家明、庚儿回家川［资］。

一月五日

志谱车第四次谷来。福朝、仙花往茹口，协助打年糕。镜侬校中放假，午后到。梅根午后一时半到。货挑到十一件。晚清八月份账。

一月六日

款轧。终日忙于应付。晚写信八封。九时寝。志谱车五次谷来（计共八千零二十一斤）。

一月七日

天雨。应付一如昨日困难。着梅根往杭取现。剃头，洗浴。雪元、彩娥来。清账至十二月十五日。再过账至月终。

一月八日

晨飞雪兼雨。与杰兄、居棠谈。向地行开支票。广合盛、乾泰因营业税簿子查到，加营业额。下午又商讨开支票事。款轧如昨。着福朝去接梅根，未到。晚清十二月份账。对店与流水收账。八时寝。

一月九日

今日又着福朝去接［梅根］，晚六时到。沂载来，小九兄请他吃晚饭，邀我去陪，谈内地情况。铨兄傍晚到。长源王先生来。九时到吴先生处谈。十一时，与铨兄同返，就寝。款轧，事繁如昨。

一月十日

今日收款尚佳，收一数，付出四数，可应付。下午县税召开座谈会。晚召开十四家会议。沙晋来。铨兄共谈至十时半就寝。石灰到，居棠借六百余斤。因月庭嫂去世，益新往杭。

一月十一日

猪肉贱，每斤2240元。着福朝往富送年节、接锦山与玄有。永康先生来二次。晚接锦山来信，召开同业公会。洗脚就寝八时半。天雨（就寝时）。瘟猫，家中、店里死三只。

一月十二日

天雨。永康先生来，知所谈税事无效。章长法来，因款发急，要去杭责问芳园，经我解释，作罢。汪仁旺来谈。应火娜内来缴租金。金山到，衣湿。店鸡发病二只。

一月十三日

福朝今午到，香烟、布袜均打湿。先祖父百辰冥寿。到致和谈，知营业十二月份要照十一月加五成。晚与福泉算账。八时半就寝。周大文、本生、魁芳来此。着春泉送菜八碗，酒壹小坛请塔二先生叙餐。送补习班各生日记薄一册[和]铨兄年节。

一月十四日

得惟信来电，知[庚]儿失踪。关荣来信，将致和款收来，货照付，合十万。来戒[子]二只，委代售价36500元。家中炒花生豆[祭]灶司。吴阿其合作放款，今日审，和解。着福朝采纸筋。鱼干今日起缸。上午放晴，下午阴，酿雪模样。晚查双喜、小水账，及历年谷市。

一月十五日

接沅来函知[庚]在杭。承庐万鍊先生来函询[庚]有否回家，复函谢。着福朝往富接沅等，午后三时到。下午四时往邑庙看工程。年内县府乔迁无望。晚返家，诫[庚]儿至八时回店。读报，九点寝。长源王先生晨来，午后去。

一月十六日

锦山下午由六[川]往杭。春泉送至窄[溪](售东西)。店中宰猪，白肉一百二十六斤老秤。晚再诫[庚]儿。与徐炳奎、许根生定今年下半年房租(各为十万元)。天雨。

一月十七日

上午开太阳。下午阴。生意较起早颇急。款轧下午较轻。与罗一峰谈志谱明年谷事。朱金满来。下午开修建会，讨论公安局修建费。白高雯在此晚餐，大谈三小时(中学)。陈双喜来，地租明年起，去今二年，作挑地津贴。米已出四万大关。

一月十八日

[袁]又成与高雯兄来。生意尚佳。少间家中八时、店里十时均今日谢年。看《文萃》。写《四十感怀》稿。面因粉陈有气味。晚至吴先生处，酬前日不收息。

一月十九日

香烟涨。袁金榭、林魁芳送年糕来。为平甫谢郎毓麟，并付渠年下用途。阿来瘢痢、袁福喜、茂林均来借款。维榕着人送年糕来，要借款。晚八时锦山到，[福]朝往窄[溪]接。天雨。

一月二十日

天雨。冬梅今日来文定。天下人大都唯利自图。利之所在，不照前言。理论口面春风。渔翁得利者比比是也。兆兰持壬儿来函，并陈义之款三百万，存在杭农民银行(存捐特别活期，存款一五三二号)。明日当着福朝往。

一月二十一日(除夕)

着福朝往松溪文祺兄处。晨吃大姊谢年面。剃头。清账。洗澡。祭祖、分岁，宿家中。

一月二十二日旧历元旦

到老屋拜祖先。周立亨、宜宝由大姊请他们吃晚餐。

一月二十三日

因重伤风睡了一天。

一月二十四日

晨永康先生来，同他同往杰生处，至午回家。请店友吃晚饭一桌。

一月二十五日

拜叔丹先生年。王荣根先生邀吃中饭。饭后不适，再寝。晚乾泰邀吃饭，未去。服阿司匹灵二片无效。请店友吃晚饭一桌。

一月二十六日

到止戈先生处，知楼建春之死。下午进城请韩尔中开方服药一剂。到德一[堂]掇药。与周东光、罗友石谈新登中学及杭省合作社。五时服药就寝。七时在床上晚餐。

一月二十七日

上午与荣兄谈店事，渠似有所感，不谈。下午遇杰，知晓一二。下午二时开佃业仲裁会。吴先生送来网球两枚，白鱼一尾三斤余。蕉石与文祺兄来，大谈书画。晚定生意。宜之先生、根好到。再服药。沅儿往甘坞拜年。下午放晴。

一月二十八日

天晴。上午往永康先生处。蒸白鱼一碗送回吴先生，他又回来鸡子。楙昭来。因杰兄在谈，又搁[他在一边]。子芳已允再做。下午往坟山拜坟。晚定庚明日随[锦]山往杭[州]投考杭高。与长育接洽，庚再考嘉兴秀州[中学]。晚八时半就寝。

一月二十九日

晨着庚儿往考杭高，与锦山同去，福朝送至富阳。吴先生来谈。中午应曹杰生、周东光宴。朱文锦先生允仍来为伙[计]。洗浴。于渭良来。程国定来，作晚谈。九时寝。宜之先生宿此。

一月三十日

致和开股东会。晚与国定、永康、霭如、益三诸君同至俊兄处，看正大议单，九时半寝。宝进先生到。

一月三十一日

良叔来邀到曹家谈大有。继宝进先生到谈进记。晚请县长、公安局长、县税统税主任。徐子荣先生请叔丹、居棠、杰生、旭光作陪。永康先生因股东看簿，不满意，下午三时应邀看致[和]簿(良叔、杰生、子荣、我四人)。晚九时半寝。六渚、郎坞龙灯上街(狮毛龙灯)。

二月一日

天晴。玄儿随长育往杭补考。董湾龙灯[来]，备饭二桌，吃一桌。六渚吕家龙灯、梓树湾口龙灯、侬领马灯来市。晚宴县长夫人、二位小姐、陈老太太等。由宜宝、镜侬、亦(翊)沅作陪。根好晚到。货带来九件。

二月二日

增兄来市。着福朝去请蒋其由先生为大姊诊。俞家坞狮子上街。天变阴。晚倦，上楼看表，只七点，写信至八点三刻息。富长源吴建章君来。宝英带来布已到。

二月三日

天雪。中午请陈秘书、陆科长、沈、胡蝶等。下午写信。查账至九时寝。

二月四日

着福朝往六[渚]接锦山、玄有。与[志]标对账。预备塔二报名广告。锦山与玄[有]午后三时由富到家。知长育在火车站失窃，损失旅行包一个，内有币二十六万云。

二月五日(元宵)

今日开店。下午恒新开会，盈升股无分。何云村龙灯上街。城内塔山二处狮子上街。雪融。晨往松溪，罗家祠前遇文祺兄折回(送陈义款去)。程子英傍晚到，送来青粿。

二月六日

元村、大山、上汪、松溪高跷，塔山狮子上街。剃头、洗浴。金价涨五十二万。加薪高古字。杭高新生揭晓，庚儿未取。

二月七日

王金堂来。下午同业拟春宴各机关。龚氏兄弟、胡道中等又在发起行龙灯(二月二日)。开店酒今晚办。看邑庙工程，尚无头绪。督促玄儿假期作业。

二月八日

进款给壬、敦、钦。明、沅、玄明日往校。庚午后二时由富返。听说超姊今日送侬往校(富)。肥皂布匹狂涨。(富来挑)米四千。

二月九日

沅与玄乘车往杭(适昨晚有淳安车四辆息新登站)入学。种月季三种：红粉、紫红、白。锦山往上乡。刘家六家山龙灯上街。富来电，皂狂涨三五万一箱，布亦涨。庚同学陈新民来宿此，(分水人)。家明今日过六[渚]入学，同三泰、罗华等同行。

二月十日

天雨。雪元来。钱鉴坤来收款。潘定安来。校长会议未开，因科长他往。蒋其由来替大姊诊病。

二月十一日

鉴坤往富。张松林款。富来电话，油六万，皂十斤，涨，船皂二十六万。木事至下午二时始了。上四[乡]王金堂、袁金榭来。寄添资本三处申请。晚核账。汪永泉来，到简师服务。

二月十二日

天阴雨。富来电，金子(一百一十五[万])、洋油(八万)又涨。下午二时开筹建中学会议。铨兄来。在家中晚餐。陆科长来，谈至八时半回店。看报。得沅来函知票退。[志]标回家谢年(因去年妻做产)。与铨兄夜谈，自十时半至二时。

二月十三日

九时起床。今年最迟起床。陪铨兄到家早膳。中午回家中膳。因铨兄不在店膳，往家中晚膳。知杭票退，因沅缴费，故由地行汇还正大。写欲东函。庚决进嘉中。

二月十四日

本拟着福朝陪庚儿往杭，因锦山兄到，决改明日再往。中午公安局张局长请汪葆祺，自下午一时至三时半。五时韩尔中儿子弥月吃喜酒，八时返店。与锦飞谈往上乡经过及市上洋油洋皂情形。铨兄下午回家。

二月十五日

晨五时五十分起床。庚儿今日往杭，明日入学。有锦山陪往，福朝挑行李。罗宝贤来（为任督学）。汪永生来。晚至吴先生处，至九时半归。今日放晴晒被褥。下午、傍晚复信。

二月十六日

今日十一家合请各机关。至下午三时始毕。上午着福朝去接蒋其由先生，又未遇。晚读《《大公报》》《蒋聪临致王芸生函》。拟致庚儿书，因寒成冻，乃罢。八时半睡。

二月十七日

天寒，三十四［华氏］度。徐步云、方兆銮、王伯华请校长来。下午二时开校务会议。晚上茂林夫妇谈渠将来如何生活。天冷，八时半寝。家中春米十四挑担。

二月十八日

天放晴。发东风，云有遮。寒流如昨，三十三四［华氏］度。上午送还吴先生邮票。程子英返沪。茂林来三次、弟妇来二次。脑海中更触起庚儿。三时开县府修建会。去实地估。晚写庚儿信。寄家明大衣包。厚垒表叔今日往刘家。

二月十九日

铨兄往杭（知塔二已额满）。郎玉芳来。米捲好。天寒如昨。程圣夫来（奔川外甥）。潭山头来派二月二饭。谈及拟化龙骨，我亦赞助。应将此款办学。今日布贱一二分钱。

二月二十日

邀沙晋到家中吃饭。晋谒县座，应注意救济粉及各校之开学上课。知下午三时开座谈会。锦山到。布疲广货涨。富电来，皂跌洋油涨。告茂林、宜之先生处，自去先洽，我再作中。宜宝学米算三百市斤，折老［秤］六万五千一百［斤］。赵文光来。志标来。

二月二十一日

昨晚因本街行龙灯，子时催锣，至天明未能入睡。剃头，洗浴。郎顺水柴到二十八担半。冠雄来。顺宝、厚垒返店。徐根贤、小狗父子来。

二月二十二日（古二月二）

潭山、长兰、官山、宋家、一至三保龙灯，六邻异和灯，天晴颇闹。袁又成来。郎顺水往杭。

二月二十三日

因冠雄事与杰生往致和二次。灌发油看他们种种法门，深知工欲善其事，必先利其器。铨兄与文荣、桂堂来。与他成交麻栗树一枝，计谷二千七百斤。俞长水到新。

二月二十四日（二月四）

今日母亲生辰。买粉面鱼肉合万元，祝万寿无疆之意。中午家中吃面。再振叔在此谈谈，午膳。因冠雄事，致和去三次。今晨五时坐起，志芳与锦山今日往杭。替福朝拟置屋稿。午后写信。楼宏庆沪归。根元、大有分手。

二月二十五日

上午又往致和。冠雄十时往分水。素娟来索入学书费。去看平甫，已能行动，需钱。核账。写信。《大公报》几篇专载很有价值。着福朝往柴场回年，并请又成来。米价略回跌□□。

二月二十六日

上午微雨。都说“乌鸣口做戏要下雨”。午后又成始来。适人俊、守梅二兄在此谈。县府又来催开会（修政府）。晚与宏庆、长水在家晚餐。阅报至九时寝。

二月二十七日

上午与宏庆司计划了一番，沙晋谈了一番，决定不照又成计划，因费用太大。子芳到货。四家包一汽车至小东门。给大姊吃的腰子，始今日买到，她只吃了一小半。怡大沈金生到，十年未晤。

二月二十八日

晨七时与宏庆司同往何阜，适金满亦在。同往潘家坞、西塘坞、东塘坞看山，至金满家午膳。午后看杉树、纸槽。因鞋紧、脚痛，到家已六时，足足走了六十多里。听弟午后到。谈至十一时上楼。十二时寝。

三月一日

上午脚痛不能行动。听弟由锦山陪往理货，在致和午膳。来叫我未去。午睡后来店。同至颂贤兄处谈。回家同往韩宝林处。晚听应颂贤邀宴，我去陪。十一时回家，谈至一时寝。今日县府迁出(邑庙)。

三月二日

送听弟回富。与杰兄同到致和。我在致和午膳。富来电话。午睡一小时。三时着福朝挑菜二席送长垣，请塔二老师。晚开校务会议，十一时散会。与铨谈至午夜一时寝。

三月三日

晨七时起床。举行塔二第二学期开学式。同铨兄看范聚星助山亩。饭后杂谈。参观罗氏宗祠。三时半回家。洗浴。在家晚饭。叫茂林夫妇来交付大有借款，并勉励刻苦耐劳、持久经营。看《社会大学》三十六页。九时就寝。

三月四日

梅国成今日回里。长源油、火柴到。朱金满来。晚往党部，与陆亚球、旭光、卓人谈学校、社会。上午往邑庙看工程，与陆科长、王科长、徐院长晤谈。午后派梅根送信给铨兄。傍晚写信。九时寝。

三月五日

蒋其由先生来替大姊诊病。阿七挑砖来。来挑米四百斤。去行健堂打尘、扫地。下午二时开修孙公祠会。陆亚球、孙沙山、王省山、黄观宝、王锦文等来。锦山往永昌。王伯华遇到。敦儿、惟勤，下午一时到家。罗弢往杭师。

三月六日

扫洗行健堂，取出碗及玻璃。东光委写信致王省三。天荣来县府买杉榭。永康、来生来说往杭。看永康木料，荣兄房子。凤弟送来台湾席、珊瑚石。晚写信。至九时寝。

三月七日

黄锦林今日嫁女，晚上请客。潘定安来，陪同往卫生院。检证学生请求发牛乳。与周大易谈《商报》登新登学校腐败消息。良叔与益山来，同往永康处。谈话未终，国定电话来。听电话来告，洋油、洋火、肥皂贱。写信九封。大姊今日请叶德全拨草药。

三月八日

准备明日往杭，故而周文琪兄邀吃喜酒，谢绝未去。塔二补助费向县开支款书。剃头，洗浴。洽油及火柴，傍晚来电止售。晚在家晚餐。看报至九时寝。

三月九日

准备明日往杭，正大开会。往永康先生处二次。范秘书结婚。寻恒裕、正大、富松榭资料。汪永泉来，未谈天。晚与大姊、敦、钦谈。

三月十日

走至草庵，乘车到青云桥，车抛锚。十二时到富。承听弟约，与裘主任(地行)、立亨、宜宝共晚膳。宿岳家。同行有良叔、益山、杰生、子湘，他们当日往杭。

三月十一日

晨与听弟、晓春同至杭。住清泰二旅馆。晚承国定请吃晚餐。大世界看京剧《血滴子》。

三月十二日

上午看沅，清河坊。下午二时正大开会。结果朱新予垫九百余元，我垫一百余元，曹垫六百余元。煤垫有二百六十余元。煤售七十余万。川要占半数。每股发十万元。朱股由曹在二十六年创垫款一百元。晚看西片《阿里巴巴与四十大盗》。

三月十三日

晨与听弟往何创夏处。介绍春生交易，共膳于四明银行。下午访安叔和晚看西片《跨海征东》。

三月十四日

晨七时出门。与增兄、良叔、益三四人玩耍一天。先至灵隐、玉泉、岳坟，杏花村午膳。中山公园、博物馆、湖心亭、三潭印月、净[慈]寺，

［在］第一公园上岸。中午大热，傍晚西风大作。到子青家晚饭。看西片《马戏团》。敦、钦今日返校。

三月十五日

天雨。黄包车罢工。至子青兄处。先至奔川先生处。到西大街，与吴世昌谈其他租户不允再租。看楙昭，到他家中午膳。知潜龙被拘（因贪污云）。午后风大，未出门。等候锦山。四时至七时看《情焰》，片子不佳。晚十一时寝。

三月十六日

晨六时起床。乘七时二十分车到富。拟接洽汽车。至二时才动身走路，同行增兄、良叔、益三四人。到甘坞已午后。七时宿良叔家。晚至十二时寝。

三月十七日

晨起，往姑父处。知乾泰伙友遇盗。十时返市。在家午膳。洗浴。与颂贤谈。与永康先生谈。下午三时开县府修建会。锦山到店。金泉司［务］已允再来烧饭。

三月十八日

嘱福朝到家中做清洁工作。下午不慎失足跌了一跤，叫他吃老酒，服人参、三七。福泉司已同他说过，明日由金泉司烧。骆子辛先生傍晚到，明日开参会。

三月十九日

请稽维怀先生为大姊诊病。晚请稽、汪荀山、秦程（税局）、骆、韩、沈小九、袁霭如吃饭。九时三刻雷雨。铨兄今日未来（说来）。家中今日泥水、木匠、漆匠未工作。

三月二十日

今晚县长请议员及各机关首长，我亦邀入。因维榕、冠雄到，辞［不］去未果，仍去。与铨兄、莘谈至十一时寝。写信。志标回家。

三月二十一日

今日永康之屋上梁。一行人大送火炮，响声震天。我怕草棚着火，故事先叫木匠到靠左去放。钱榭樑来谈嵊县县政。今日再请稽县长替大姊复诊。下午四时往吴师处谈未尽。汪以成午睡醒大谈白蒋二先生。铨兄、莘兄均未留住，返［家］。早寝。维榕、冠雄往杭。宝进先生由杭返。

三月二十二日

今日准备迁居工作。下午往坟山接先父灵。杰由福泉司担来。他与先父同年同月生，只小七天（他称老同）。晚与铨兄往吴师处谈。十二时寝，话至一时息。

三月二十三日

晨谢神。已祭祖及送外客。晚宿家中。傍晚雨。

三月二十四日

良叔来谈。士林来谈。塔二来领牛乳九十罐。晚赴永康先生上梁宴。十时寝。

三月二十五日

今日晨至下午二时，与宏庆计划同裕屋图。晚与福全、郭司务谈。塔二牛乳今日挑去。

三月二十六日

木匠九人开始［整修］同裕建筑。泥水二人改厕所。肥皂廉价赠送火柴。本拟明日开始，晚与大孚接洽，决定迟一天举行。遵从决定一天。

三月二十七日

木匠九人。本拟今日抬梁，因大雨未果。亡友泉藕今日扫墓，烦沙晋哥做代表。与富通话六分钟，作二次。晚同行开会。

三月二十八日

今日东南厂出品肥皂。受富长源委托，举行廉价赠品，仅销十二条，同行贱价。打电富阳亦步亦趋，不离远，不鹜高。塔二种痘，因院中少医师，苗不多，故一时未去。徐院长明日往杭，要一周返新。板村梨木椅子等六件、画箱一只今日装来。根好、九斤、德智到。

三月二十九日

今日同行，皂价又贱。我家只有紧紧尾追、不改牌子。晚来一峰来谈。着福朝到塔二通知徐院长，要迟缓数日去种痘。

三月三十日

今日把南津桥之梁四支抬到店中。把城上麻栗［树］浸入城河。与杰兄估计墙工价。我家猪心花边抽了一枚新枝。今日开花二朵，白色有红瓣。

因接玉堂，不知何故，待究多一新种。

三月三十一日

人俊兄谈子虚起病神话。铨兄着人来拌石灰。叔丹先生来谈基地事。传子春假返里。晚与宏庆谈造屋。傍晚写信。今晨请蒋其由替大姊诊病。冠妹着人来赴杭借川资去。

四月一日

今日上午天雨。过二月来账。下午整理箱中活页账及一切。晚应居棠陪李司法官、陈统税主任晚餐。冠雄杭返。一木匠不慎跳在斧上，大足指被鞋破。

四月二日

晨往吴先生家。下午扫父墓。返家洗浴。正昌泥水家失慎，昌火漆匠受害。我有皮箱去漆一只，亦遭毁。蘩头痛，我嘱她吃菊花、玫瑰花，送她上楼。傍晚去吴先生家。杨子虚已去世。

四月三日

百年二度来谈荣春地事。今日做火神戏。肥皂廉价赠送，今日截止。着宏庆往临安三口催杉树。今日扫先姊墓。

四月四日

今日儿童节评判引起舆论，贫富之不匀。火神戏今日演第二天。宏庆今日返。泥水在家中做地。

四月五日

知塔二批改工作欠仔细。庆福楼上失慎，幸发觉早，仅毁帐子、被褥。接杭正大电话，知洋货因纱涨跟。替城内修墙（抬梁毁损）。

四月六日

上午剃头洗浴。下午公安局开消防会议，张局长并招待晚餐。子芳往杭。

四月七日

晨，局长拿名册捐额来，当即往久大共同商讨。中午在久大吃饭。由渭生、居棠做东。工作一天。晚饭在沈小九先生家吃。沈显臣、江鸿、仁年等来，晚与谈造屋事。九时寝。

四月八日

午由朱维堃、杰生兄招待午膳。午后去完成消防捐事。蘩将介清来函、台湾事全盘说出给姐听，实未顾到病家应瞒要诀。今日木匠最多十人。蘩将介清信直告姐。

四月九日

说明报章与写信往往为内心发泄，往往言过事实。如此安慰大姊。中午卓兄约陪王处长夫妇饭。下午写信。晚与宏庆、福泉谈造作。看报。写介清信至九时三刻寝。洗浴。

四月十日

子芳傍晚到。生活较正常。寄介清信读给姊听。雪元来说，做保长受累。俞大炎、炳贵今日往杭。陆科长来谈十七开校长会议。宝进、九金来。牡丹开。

四月十一日

吴慧西来。沙晋与慧农傍晚四时半到街。在杰生家晚餐。归寝十一时。姑父来，在家吃点心。坤山同来。得沅来信，庚受辱。查七日《浙江日报》，始知大概，拟写信没时间。

四月十二日

得庚、育来函稍慰。今日因墙事及大生与洪氏租约，谈至下午四时，始告结束。在我家午膳、点心，请姑父作陪。晚写长源信，十时半始寝。湘身热，不适。孙来根家作法事。永昌失盗（百货店）。

四月十三日

下午写信。接杭子青来电，通知增兄等去接王祺。富电洋油涨五百四。晚与宏庆谈屋事。他宣耶稣，传道理。写信至十时。志标到。塔二老师来。在店中午膳。到家中玩了一趟。招待用水果、糖、饼干。

四月十四日

与杰兄说，做墙料全部由他供给。我因急于要靠，我愿负担工资，彼亦无话可说。与泥水木匠计划砖墩、大樑。昨夜江荣记失窃。子芳今日往杭。布价又涨。洗浴。晚写致庚儿信。复种剑兰。

四月十五日

决定过海樑锯薄寸半。富来电油涨。白高雯兄来。今日开教育特种基金保管会。续开筹建初中会议。复种罗汉松、黄杨。除牡丹坛草。

四月十六日

徐司务替大姊为凤弟制催生衣。塔山锯大樑，定砖及毛石，筑洪姓墙。晚查长源账。写好的六封信，三天了忙得没有寄出，生平第一次。

四月十七日

今日开校长会议。晚清长源账。十时寝。子芳杭返。米三百六。

四月十八日

许根生、徐炳奎一、二、三月房租说妥每间每月缴米六十斤。商会开会议决向县座请顾七项：充实警卫力量，以防匪盗窃贼。向税捐处要求三月勿过估加营业。陆秋高来谈风水、商界人物。福泉何阜返，说杉樹枝大难背。

四月十九日

同永康先生往塔山看工作、谈店务。吴文章来。章春荣、郎顺水自杭来。冠雄来。九金杭返。知南货均涨。米八八一十。

四月二十日

中午杰兄请烈山兄、耀西处长。晚处[长]请烈山兄，均邀我作陪。介清下午四时到。子芳往富，明日去杭。听甫寄来乾源交易捐契。米一零四。

四月二十一日

吴阿言拿茶叶来。吴爱弟谷□□。今日挑去。米□□。

四月二十二日

今日天雨。塔二旅行。保校亦言今日旅行，因雨未举。得杭电话，知布又涨。子芳往萧[山]。锦山已到杭。晚作同裕立体图案稿。

四月二十三日

今日冬梅出嫁。富来电油消皂贵。下午写信。晚到止戈先生家吃喜酒。

四月二十四日

天雨。清账。与介清谈台湾。早睡。谈定月震田由居棠买回(杰中)。

四月二十五日

天阴晴，早晚雨。锦山由六返店。续同裕屋平面图。晚清账。

四月二十六日

爵儿今日旅行。子芳由六返店。富来电皂涨。与宏庆谈屋事。晚书玄、庚儿函。早晚雨。

四月二十七日

何阜劈樹返，共劈十三工、一百五十八筒，计八十支。洗浴。塔二来挑洋油。借去热水瓶一只。

四月二十八日

潘先生来送印，说明日旅行。锦下午同介清、大姊由六往杭。物价狂涨。晚写富及洞桥三溪口信。十时寝。

四月二十九日

将梓樹堆好。到吴先生处谈。下午开修建县府会。十时寝。

四月三十日

晨去吴先生处。师母灸针。我说应问明医师，是火症与湿症。杭、富均有电来。洋油售八百斤。晚看《东南日报》，很动情。

五月一日

昨夜、今日整天雨点未停，河水平岸(屋边)。写信、看报。止戈先生来谈县志。显臣、江鸿来谈。徐锦堂屋事已解决。

五月二日

打了二次杭电，费了三小时等候。蔡小水今日迁居。布货又涨。关荣来。周大源来，知塔二远足太安情形。为要[知]更详尽，再到朱华庭[处]谈说。

五月三日

今日行健堂开临街大门。剃头，洗浴。锦山由富到。关荣售高涨上田，要我作中，得三百五十万，以二百万寄涛雄作结婚费云。

五月四日

台门砖墙应放大。(塔二)罗先生来。程国定来。朱金满来。吴文章杉樹到一百七十四枝，约五分六码子。晚往塔山叫包抬。杰兄来谈借谷事。我因兴建，无余，却之。

五月五日

富来电，知肥皂又涨，洋油亦涨，各物飞涨，人心惶惶。傍晚周大源来，说塔二或明日来。我准备一切至十二时寝。似有胃病。晚与致和、同春和、大生商。临时煮饭，均荷允可。晚叫兆泉、福朝同去布置。关荣回去。

五月六日

晨阴。恐塔二来，准备一切。八时半雨，知不来，脱衣睡一小时。金满榭到。中午在家中与老母过节。下午与志标清长源账。木根算账回六川。晚雨去拿榭。十时寝。看胡适、王芸生《五四运动》。泥水做至九时（上午）。

五月七日

上午天阴，微雨。背金满家杉榭。今日整理房间，设二桌。免时间浪费，与长寿二人花了一天功夫，始草草陈设完整。长源揭单今日寄出。

五月八日

上午晴。着梅根往长垣去问，知今日师生决定，备饭二十桌，计来学生一百四十四人，教师十二人。请陆科长、吴叔丹、孙卓人、曹杰生诸先生训词。三时半大家送到双塘口言别。半小时后细雨蒙蒙，他们往双清返校。下雨，到校恐亦晚矣。人倦早寝（八点四十分）。

五月九日

因昨日下雨，颇怀念。着仙花送城区学生衣服、鞋子往塔二。复函则慰。富电二次。着［锦］山往六装油五桶往富。清理一至六保保校代收付账。晚十时寝。今日四、五、六保，黄墩上二校往塔二参观。

五月十日

家中凳椅重新布置。下午写了十几封信。将一至六保校账送至叔丹先生处。方经赓、李志祥夫人、石海林夫人三人来访，略谈即去。门厅已告一段落，明日拟开始筑墙。子芳傍晚到。布市稍挫。根好晚到。能为力处当为力，应尽劳时应尽劳。

五月十一日

今日泥水开始准备，明日拆墙工作。王省三、汪永泉来。吴文章、朱金满来。罗道隆来。洗浴。看《社会大学》。做周报，汇长源账。复关妹信。天放晴。

五月十二日

今日拆剃头店屋，并大生中段墙。增兄、小九兄谈国大代表事。工人、酒资、俸金均成问题。营业税又来催缴。因估太多，故大家要求四月减下。

五月十三日

同行说久大乱盘戏码，法皂四千八百元、船皂四千六百元。中午议市、晚议市。王耀西来二次谈三月份营业税事。第二次杰兄同来。稍感不适，因倦午睡，谅是着凉。

五月十四日

因税事奔走二次。中午下雨，墙事忧虑。剃头，洗浴。锦山由富往杭。

五月十五日

泥水较多，争口角，排解了事。着福朝往六，邀洪及沙晋。小教请愿，由我与各代表向贾科长、县长商谈。五月十五发每级十万，六月十五每级十万。在这一日内，由陆科长下乡筹足此数。谈至十时，各返校。留潘与钱二先生宿家中。

五月十六日

在家中陪潘、钱二师早餐。维坤来叫，召开同业公会，讨论久大减价事。决派人往杭印“联合九家减价”报纸。锦山杭来电知布回涨。下午复听甫信。往吴师处谈昨事、国大代表事。晚寻建华地址，九时寻得。晚陆科长来。

五月十七日

杨志英、统税主任来。徐长根来。下午商会改组，被选为商会理事长。新登范围虽不见大，因份子复杂，难以治理，经费困难，难图发展。实苦闷，赔钱、赔力。职务既已被选，事亦无论如何，只有秉我主张，勉力为之。十时寝。晚请指导员、周书记长、徐科长、各理事便饭。

五月十八日

王处长、张局长均来致贺，殊觉抱愧。伤风。徐长根又来。联合报纸已到。集会议。十时寝。

五月十九日

吴师来。辞谢示范名义。县座与周书记长一致坚决仍要塔二担任。开欢迎省视团会。吃药，因伤风，尔中开方。晚开明日减价会，店堂改装，二时寝。

五月二十日

久大不肯守信，乱盘生意。大约他是一五，朱是一二，协是一，数我小，庆尚不及协。阮厅长下午七时到，同吃晚饭。晚十时半寝。

五月二十一日

准备八团体公宴。阮厅长十一时开座谈会。下午奔走请客。晚借曹宅请阮老师晚餐。十时半寝。

五月二十二日

晨承杰生兄邀陪，阮先生吃早餐。铨兄到，送至门口，大家谈了一会，返店。又谈到店员薪金事。开分配公宴费。商会派十八万共。增嫂来。骆子辛、铨兄来谈。十一点半寝。

五月二十三日

天雨。山往杭。朝往富。增兄来。铨兄傍晚回去。子梓兄宿小九兄家。

五月二十四日

上午一至六保校开结束建筑会。决议、公告、收据、登记，再行洗心录。下午写信。开兵役成立会。我去会已结束，主任委员孙卓人，常务周廷采、汪烈山。晚看《大公报》。开留声机。九时寝。家中猪因前二日视导团来，油水多，腻胃了，不要吃，好睡。晨着梅根往茹拿杭票。

五月二十五日

上午杭州[锦]山来电。去电富长源。因营业税开商会小组。晚开同业讨论。郎人洽、增兄、亚球兄来。教育会选我为常务理事。

五月二十六日

营业税事纠缠一天。总之大众事不易赶(干)。你要如此，他要如此，目标不一，还有些个性甚强，理智欠缺，真不易为。沙晋、祖荣宿此。

五月二十七日

祖荣兄好心邀永康、维坤、颂贤四人去王处长处，无效。上午塔二赵应周来。金满、月溪、天荣等来。下午开佃业仲裁会。上午与杰兄谈，我与杰兄之令人畸视，都同出一途，可叹。朱正来。舅父侄子长伪到。

五月二十八日

王耀西来。衢帽到。晚请表兄晚餐。富灵川乡太平桥王家庄係二都二图盈字段第三二号，计田税二亩二，售与陈关之正十四万，我十万。传涛中[人]，今日盖章。

五月二十九日

与杰兄拟合宴王处长，因有约赴县长宴，改为明晚。减价最后一天。晚议事，因居棠未到，无结果。罗布天在此晚餐。

五月三十日

托廷庆带杭票归正大。晚与杰生兄合饯王耀西处长夫妇、李审判主任守白一行。卓人杭开所得税会归。上午同行开会。秋高发告校长、师长函。

五月三十一日

将地行押款还了。下午写信，日来眼花，要戴眼镜。关荣送来假山石。各友不睦，原因可能我是外行。晚下雨。

六月一日

理发师因评价而罢工。我曾叫朱心如、寿金荣来询内容。往杰兄处。中午约孙秘书来接洽公文。下午塔二赵、徐二师来。晚看鹈鹈寄来之《五四在北大》[1]。下午与东光谈简师。往吴师处咨询申请补发又中证书事。

六月二日

张局长因理发业罢工，谈及偕往县座谈，由孙秘书、徐华章协调复业。统税局陈主任来谈白矾、石膏做税事，决明天着沃去通知。下午开修建县府会。结潘主任谷账。一军人因买女长筒袜闹事往，后酒醒来道歉。晚看《五四在北大》。子芳今日回家。

六月三日

罗弢来。潘定安来。罗宝贤来。陆科长来。塔二校工来挑洋油。与木匠、泥水确定二进迁移。洗浴。锦山、福朝往富。黄长仂往杭。写涛函。

六月四日

久大报告庆福犯规，二种价与放尺，结果闹

1.《五四在北大》：是北大为纪念“五四”而单独出版发行的专辑。1947年5月，由北大壁报联合会委托风雨社编辑兼发行。

架，送公安局。傍晚调处撤销，在致和吃晚饭。下午开评价会。元将来叫我，我不去，谩骂而归。可见家教之一般。

六月五日

今日上午整理房间，准备迁移。十时往开清理军粮积谷会。不是清理，可说是审查项目，谈不到清理。下午开修建文庙会。有[民国]三十五年带征谷一千担，不足筹募。往二婶母处告以荣兄元将之行为及言语。告杰兄久大与庆福闹架之经过。增兄来，宿此。谈至十时寝。

六月六日

督看工程。中午杭来电。倦，往家中午睡。永康先生询我荣兄及元将经过。晚写鹣鹣函五张。

六月七日

昨前二天被臭虫搅得不能入梦。剃头，洗浴。晚宿家中。

六月八日

桐庐局程、郭二君来查遗印二税。我即着梅根、兆铨往通知各店。中午请程、郭二君午餐啖鲥鱼，并邀张景阳局长等作陪。下午开新安同乡会。承周书记长莅场监票，我被推为理事长，詹瑞祥与汪锦山为常务理事。晚请周书记长、卓人、祁珊、子堃诸兄晚餐。卷子亦在座。大家相谈甚得。宿家中。

六月九日

卷之冒雨乘车往校。上午雨，写信。下午继续写。午睡三时到店汇款。往同春和，与詹先生接洽会馆事。铨兄岘山返。一时寝。

六月十日

元村陈榭昌来为乃义子徐又超尊人遗产税事。周旭光、吴远卿来为双清募经常费，得一百七十四万。潘有义来。中午约募捐诸友午膳。铨兄白家返。根好到。锦山往永昌斩白竹。十二时寝。

六月十一日

塔二来领经费。良叔来。秋高来。与铨兄谈十一时寝。

六月十二日

着仙花去赶增兄。绪昌来。今日店中二进串榀，请匠工吃酒肉。铨兄傍晚返。增兄晚饭后返。八时半寝。

六月十三日

二进店屋盖瓦。洪锡勇来。致函王茂赓、潘永义。下午止戈先生往方家坟。九香与蕉石实行同居婚礼。到元村看阿祥新屋。问明绪昌徐又超祖父。

六月十四日

阅商会公文。与程郭二君谈遗印二税。结果填送徐又超遗产登记单。晚看报。早寝。石督察员来查看当时(二个)军人闹事情形。

六月十五日

介绍程、郭二君往六食宿处。拓界石。一新来谈增兄大事。李华宿此。

六月十六日

金满、月溪、天荣来此。徐楚宾宿此。下午增嫂来。白高雯来。开修建邑庙会。徐棲云来。向县座谈，与旭光同去，[有]周宏光、徐棲云。营业税事不宜先缴。三月份应看处长到再决。

六月十七日

锦山下午往六赴杭。天晴。替柔孙寄炳林鞋。晚应张局长宴，同座有陈与鉴、罗佐县长等。垫湘源中心学校款支回。人俊兄来谈。昨塔开乡民代表会。今日塔一开基金会。塔二来购白蒲等。王继晋同学来任司法官，在张局长席上会到。

六月十八日

往县府问陆科长抽考班次及日时、地址，复铨兄。下午开特种教育基委会。洗浴。阿七邀往杰兄交还沈居棠件价钱及定七千瓦。知王峰被先生体罚。我遇周书记长及远卿兄，即以此事告并叹。收捐款[更]加困难。子芳到。雪元挑松板八块来。

六月十九日

周廷立、良叔来，十时到，三时去。下午商会开质监会。晚同业开会，并谈判。广合盛次布，超过放头。十时归寝。

六月二十日

晨至杰兄处，邀居棠来谈广合盛事。至久大拿同行薄，叫顺昌祥抄。孙天相来商填遗产税事。孙才宏来谈国大。永康借石灰。晚邀孙秘书开同业常务会，因林、沈来畅谈，时宴定明日来开。公安局长张局亦来。蚕桑童松道士员来谈。复做三溪同和事。

六月二十一日

陈克嘉来。吴阿其、雪元来。剃头。往县府九时开修孔庙估工价会，开至十二时。陈一新杭返。倦，午睡。富新今日通车。同卓人去叔丹先生处，请陈绍松担任教会书记。同卓人看潘县税处长于大华旅馆。晚与卓人至朱锦泰推朱为理事未果。翊沅到家。锦山到店。郎玉芳来。蔡惠群夫人来。

六月二十二日

增兄到。一新去赶来。良叔来。铨兄去赶来。亚球早上来。晚十二时寝。

六月二十三日

铨兄起草增兄行略。吴师处去数次。借《东南日报》。下午开因地制宜税。良叔、增兄返家。友桐来。晚与铨兄往吴师处，白高伟在说很久。回家已一时，二时寝。

六月二十四日

蕉石来此书写，一新送去，请蕉石看书画。富来电，油皂贵。吴见章来此往杭。孙天相遗产税单寄出。铨兄往练头，礼托他带去。潘定安一早来说，同教师充（冲）突。午睡二小时。晚早寝。九时长育到家。

六月二十五日

学文、发身。二乡长宿此。

六月二十六日

县长晚招待参议员及乡长寮属。六夫、也堂、学文、发身、邱事务员、钦黄乡长宿此。敦儿回家。

六月二十七日

叔丹先生唱［票］。四人让请白高雯出来调解。增兄来，铨兄到。一时半寝。

六月二十八日

玄儿回家。晚招待参议员。一时半寝。

六月二十九日

庚儿回家。一时半寝。

六月三十日

家明到。锡年今日过此。塔二学生来城抽考，宿此。张局长来要募蚊帐、药品。一时半寝。

七月一日

子青来。因地制宜评价会出席。与严孝本君谈。韩交代新安同乡会开会。开商会执、监理事会，报告营业税问题。周立亨、宜宝来。增兄晚返茹，庚儿陪去。塔二师生回校。倪雅湘因病，挽留张师陪着。十一时寝。

七月二日

铨兄、传子回家。关荣、明标回去。克嘉、榭昌来。晚对诸儿作假归初次谈话。早睡。洗澡，剃头。庚儿下午回来。

七月三日

今日开始做前进后墙脚。做吴师处看高雯、罗道隆。冬梅、林荣来。袁培仁来。陈榭昌来。徐又超件拿去。俞大炎往杭。吴文章来。白高雯来。早寝。柔孙物由林荣带去。

七月四日

今日五月十六日。上午在店。下午增兄来，客由渠应付。四时开特种教育基金会。陈与鉴晚来，说徐水生到，渠愿出而调解。晚与增兄往吴师处，王氏兄弟、白氏兄弟同在座。归来十二时半。

七月五日

徐水生主张仪先承买权起诉，今日开庭，何月庭、潘有义，经陈与鉴、增兄、我三人调解，息讼免到庭，和息由增兄拟。［袁］承楷来补签昨会名。［王］慕曾、吴师、亚球在此晚餐。谈至一时半寝。庚儿留级。沈大成来（亦飞次子，杭高生）。

七月六日

今日较多问［题］，在店中监工时间较多。计划退内进营业。增兄傍晚返家。晚张局长来，签名募帐子、药品。潘处长来。

七月七日

县座、书记长来邀开兵役座谈会。中午夏司令来，县座邀作陪。下午同裕移到内进营业。五时洗浴。往塔二到大塔地亭子处天欲雨，返家。到家大雨倾盆。晚到店中一转，早寝。塔二今晚欢送毕业同学游艺会，不能去参加了。

七月八日

晨与陆科长往塔二，上午拍照举行休业式，

中午宴请诸师。挽留周大源已荷允可。四时返家。到家半小时。不久大雨。晚至店遇才广。与锦山接洽明日往杭事。到曹家与周东光、王省三、汪才广谈商借才广事，恐无望。洗浴寝。

七月九日

往吴先生处签名。往访邮局视察郑君于大华旅馆。介白来宿此。锦山今日往杭。清早与宝进先生谈增兄国大选事。洗浴，十一时寝。

七月十日

介白往良叔处，轿金代付。锦山来电。增兄国大签名今日继续。子青返杭。陈义到。塔二周、王、徐来。孙传廷来。

七月十一日

开兵役协会。处理徐金荣被警局拘留案。雨从南来，店堂水涨。晚居棠、卓人、荣义、德顺来。同往县长处请王局释金荣。晚凉快。

七月十二日

上午正拟写信未了，驶安叔来，约陪陈义博士谈谈。傍晚五时又南来。大雨，店堂水涨。徐棲云、龚玉成谈。晚写函。林荣来。木匠做好地板。

七月十三日

厚珪、杨先生来。知因赶车不及。珪知医专展期返茹。杨仍去杭。今日泥水工作定砖。天阴雨。审查壮丁，我签了名，由梅叔代。

七月十四日

铨兄早上来，知昨晚宿驶安叔处。与陈义晤谈，商谈塔二教师。今日搭架。下午许多乡长来谈。阿言替工人王凤岩来。县保释由我证明，阿言往六川管山。世堂、学文、发身乡长宿此。振岑事务员高宿此。与铨兄谈至一时，洗浴，寝。

七月十五日

上午开军粮清理会。因事请卓人兄代出席。北农金满顺接诸兄来。棲云来。建议县长注重乡村电话及乡自卫队。下午壮丁抽签。晚去看杰兄。世堂、发身、建勋诸兄宿此。

七月十六日

罗弢、汪昌甫、周大源中午来，晚上往吴师。陈兆松来。核账，明日派人往杭。钟天荣来。王中午宴乡长二席。打獾子三只，重二十八斤。

七月十七日

架成串榀，终日监工。下午大雨四十分钟。

七月十八日

今日白家叫蛮工二十六人，泥水十九人，木匠九人串榀上大梁。天气大好。下午阴，微雨二十分钟。礼一律谢不收。晚请匠工共八席。大生[处]，送去三碗鸡、三碗肉以谢雨风飘摇之苦。张局长又来，讲旗插。我实无时间开会。终日监工。

七月十九日

今日再串榀插架。泥水仍上工做。晚用仍香烟、老酒。我终日监工，倦，返家拟休息。中午居棠、又成来。泥水二人吵架，打出鼻血。晚与省三兄谈数小时。今日接县招会旗插，由社会科公安局派员订定，由商会协助。真误会，我向友桐兄解释。

七月二十日

今日泥水休息。木匠钉椽子。增兄来。沅儿、长育往杭投考大学。早起。传子、大源往六。

七月二十一日

增兄回家。铨兄来。一时寝。

七月二十二日

潘有义来。晚开始做砖柱。与铨兄谈塔二。一时寝。

七月二十三日

铨兄返家。做押款。往县府问陈义演讲通知，才发现改我名字。午后往钟家，在塔山相遇。自认疏忽之咎。挽驶安来，烈山兄亦表同情。敦儿往富治胃病。澂儿由校到家，昨宿外婆家。陆科长嘱劝朱华庭任一至三保校长职。铨兄送桃子一担来分。

七月二十四日

吴远卿、项织之款来。晚方灶金请客。我因去今均未任事，不能无功受禄，谢未去。晚到大孚闲谈。

七月二十五日

钟文蔚临阵脱逃。到十时五十九分，由我叫人借凳、烧茶，备中饭。晚应县长宴，陪陈博士。

县长游泳受伤，陈博士、烈山、又成三人陪伴同泳。增兄来。

七月二十六日

中午应陈义兄置产宴。父生辰。晚为乐群成立宴，委员吴师、陈义、俞啟人、陈育初、罗自强、袁又成、我七人，请县长、局长、科长三人作证(罗培英、张景阳、陆秋高)。

七月二十七日

晨起，着梅根往潭山赶。少文因去杭，叫冬田柏(乐群教育文化基金委员会成员)。剃头。增兄往杭，良叔来。民教馆举行篮球赛，商会送去西瓜，铨兄送去桃子。晚商会宴司法处徐主任。王因病回府。稽征处潘主任、郑科长、林科长、黄克章、统税陈主任，由韩永康、沈居棠、孙卓人作陪。啟人、国铨二兄宿此。

七月二十八日

晨到东田处与黄克章交换票据。上午开评断会。泥水工等工资贱，五百元一工(原九千)。请尔中开方服药。郭艾昌要走，挽留，同意砖柱做好。汪才广来。托陈义带戒子给壬儿镶牙。

七月二十九日

再服药，服奎宁二粒。

七月三十日

因尔中往白家，自服藿香丸三钱、奎宁二粒。开文庙修理会，未去。张局长晚宴，汪前局长来邀我，未去。

七月三十一日

服原方，尔中来。营业税郑科长来催我，派沃君挨户去催。叫玄儿读社论[1]。[镜]侬来、超姊来。子芳往杭。新安会馆今日陪屋上梁。又成的同福屋亦今日上梁。开军粮整理会未去。

八月一日

再服第四剂。告各匠作头安心工作。铺阶沿。沙晋来说馆舍事，应另觅看守。

八月二日

竹香回茹。雪元挑板来。铺石板。子芳中午到。

八月三日

与颂贤、渭生闲谈。冠雄又向大有借款一百万，由我与杰出信，九金拿去。请再振、元凤晚饭。锡年傍晚来。叫雪元带信，增兄来。

八月四日

谒吴师赐我《中国青年》，内有吴大昌、美农家十日记。店，铺石板。增兄来。下午大雨(四时后)。晚继大雨。阅商会公文。漆柏油门。石督察员夫人因产后洗澡，亡故云。

八月五日

天寒雨。铨兄傍晚来又送桃梨来。泥水停止。水涨。人倦，有疟意。

八月六日

周廷立来。增兄傍晚返茹。口疮。上午开修文庙会。上午雨。下午微雨。晚与铨兄稍谈即寝。驶安来盖章，推荐汪国钧为一至三保保校校长。事后维堃来，知保长曾荐沈云芗，恐起冲突，与陆科长委荐第三者。

八月七日

天雨。袁金榭在曹家设宴喜酒。我因忌口，去坐了一回，谈增兄勤劳事实。铨兄谈，早寝。

八月八日

请程祖伊开方服药。铨兄返家。

八月九日

今日停药。剑兰开。催砖头。传子来。

八月十日

剃头，洗浴。石督察谈妻产后亡故。再服程方一帖。介白来，宿此。

八月十一日

晚与介白谈增兄国大事。

八月十二日

介白兄晨往三岔埠。增嫂杭返。铨兄、传子傍晚来。

八月十三日

传子、厚梅、徐士伟乘早车去杭投考。铨兄傍晚去。

---

1. 社论：指毛泽东1947年5月30日在新华社发表的社论《蒋介石政府已处在全民的包围中》。

八月十四日

今日晒画，因大部分因战争未曾晒过(大小八箱)。下午整理。今日下午筑加韩墙。晨洗浴。

八月十五日

今日复晒画五箱。我因小疯子包[跑]街，与谈。上午开特种土产估价征税会。沙晋来。

八月十六日

今日晒书。孙秘书来说，直接税局朱主任到。我即与孙往致和商谈，共午膳。六时罗县长履新一周年纪会聚餐。晚余兴，有嵊剧清唱、口琴、国乐、唱京剧等。我商界参加者七八人。知范文湝亦法学院毕业(民国三十五年六月)，在渝(前后同学)。铨兄晨来。

八月十七日

与铨兄、沙晋同往柴场，请又成捐乐群基金。看了很多美国建筑杂志，听了留声机。沙晋南下，我与铨兄返城已上灯时候。晚周墨新兄来，交来租金杭票一纸。

八月十九日

朱主任到。中午在致和吃中饭。下午开商会。小泥水在四档梯子上跌下来，不省人事，打针醒，去请伤科医生。

八月二十日

请阿昌替泥水看，稍愈。晚商会宴朱主任。郭、程二君邀陈主任、潘处长作陪。周廷立，惠泉来。锦山返杭。

八月二十一日

中午惠泉请郭鲁林，我去陪。上午孙秘书与梅叔核所利[所]得税额。下午四时开商会再讨论。

八月二十二日

整日为所利所得税事忙着。陈厚村、孙天相、袁惠泉来。往吴师招天相说永义开会情形。

八月二十三日

铨兄来。沙晋午后到。因叶氏分遗产事。铨兄宿此。与沙晋谈六十寿。

八月二十四日

粉沿口、天花板。铨兄、增兄返家。得壬儿来函，知上电厂笔试及格。

八月二十五日

日来稍闲，多监工。金长贤丝客来。根好返杭。剃头。塔二大小鼓挑去，贴招生广告。

八月二十六日

向王君拿来现款，因林君往杭要迟数日办手续。整理晒谷场。下午四时雨。壬儿下午到。上午富来电，壬到富午膳。永康返洞桥。晚与壬儿谈考经过。卖糖到。

八月二十七日

良叔与朝赓兄来。晚与诸儿闲谈。长育考归。小热昏卖糖。

八月二十八日

惠泉来。晚闲谈。卖糖生意大佳。金长贤子到买丝。下午三时开文庙会。

八月二十九日

嘱壬儿谒祖墓。去访吴师、二叔婆。钦晚车到。缴所得税。卖糖。子芳傍晚到。

八月三十日

壬儿早车往沪。下午老屋祭祖。晚诫玄儿。

八月三十一日

钦往杭，玄同往富。新安会开会，晚兰盆会。晚诫庚儿。

九月一日

营业税听潘处长云又要追加预算。昌火来，开买漆店屋材料单。晚叫兆铨嘱店友夜勿外出。

九月二日

洗浴。到朱华庭处闲谈。到镜侬处闲谈。剑兰做花架二只。庚儿打碎砚瓦，询何感，不答。待壬儿函，不至。姑丈着人送谷款来。吴慧西来查账。

九月三日

再做花架二个。锦山往杭。到老屋问荣汉租屋事。内子血崩。

九月四日

替家明汇款至严[州中学]。郎玉麟来。今日做后墙。营业税开会约定。八、九二月照七月加二成。十、十一、十二照九月加十二成。

九月五日

智标回家。开戏馆。小热昏唱戏止。今日来店宿。

九月六日

晨起着梅根往毓麟兄处。宝进兄来，明往杭。晚返家嘱庚儿。傍晚得壬儿来函知上海电厂录取。介清已安抵台湾。洗浴。锦山杭返。子芳返绍。关荣来函说嫂胎气欲坠。

九月七日

庚儿返校。放后窗。往吴先生谈。县座请亦飞、子青，邀去作陪。增兄亦来，席散到店小坐。雨檐水落地，惜不久一雨成秋。

九月八日

晨子青、亦飞嘱去赶铨兄。中午刘湘女来，烈山兄招待。傍晚五时返杭。晚子青、亦飞、铨、增、秋高谈广大昌事。我宿家中。加夹衣。

九月九日

铨兄往打石山，四时返。今日木匠做踢脚板。铨、增二兄均返里。米涨到前高峰二十二万。促石匠速来做。

九月十日

铨兄上午来。打石山、周家、广大罗三方面，今日订约，至晚十时毕。天雨。沅儿返家。宝进先生杭返。

九月十一日

石匠来。汇炳林款、张局长款。铨兄午后返家。增兄往杭。墨新兄来。祖荣兄宿此。天雨，泥水后墙停。

九月十二日

事闲时督工较多。志标来。孙秘书来谈选举。指导员来。晚写信。洪简秋来。

九月十三日

叔丹先生谈教育会事。敦与澂下午三时四十分车往富赴校。晚雨。听说戏又继续演，名义为筹妇女会及民教馆经费三百万元云。米涨二十三万。

九月十四日

口疮，不适，早寝。服奎宁、佛兰参。沙晋宿此。

九月十五日

工人开会要加价。铨兄来宿家中，口疮不适。少寐。

九月十六日

下午开评断会。泥、木一万三千工。锦山杭返。工人不做，福贤自做。壬儿函来即复。陈自新来，我与他谈婚姻标准。焦石来，请他写字匾。雨。蒋其由送来道情词。米涨二十四万。

九月十七日

木匠上排门。桐直接税韩、陈二君来。亚涛夫人来。叫金桃、根子二人来说明评价原委。

九月十八日

焦石招牌字写来。增兄来。简秋来。良叔来。请韩、陈二君午餐，请永康、卓人、王法官、继晋兄作陪。良叔谈来生、坤山。晚写越光签署，托六川诸名信稿。他们修汽灯。蛇湾何月庭委铺保。我因熟人太多，困难，托许庚生代保，一切仍由我负责。

九月十九日

瓦匠来要孔庙瓦加价。与杰兄谈说益山要抖谷会。下午开选举讨论会。疏濬城河会因人数不足，延会。于渭良兄来。晚韩、陈二君来谈。锦山中午往六川为金越光签名。

九月二十日

晨往商会，问罗石桥俞君店号。写六封介绍信交韩、陈二君拿去。子芳回店。请渭良吃午膳。打铁门闩，今日有关闭。昌火到永康处拿定洋四十万。关荣又来借款。铨兄傍晚杭返。与厚梅作夜膳后返家。锦山六川归。程炳南来，带信叫人俊兄来商谈。简秋今日有上海二友人到长兰，看炭窑，不知可取何种原料。

九月二十一日

人俊兄又来谈。岩金要回家。我叫宏庆来，长水来谈，看他是否肯再来。叫维棠来谈地租事。弢来陪葆梅来制衣服。郁文往杭。鉴坤来付款三数。简秋今日返沪。晚陈兆松来上塔二课程。林阿初来谈打掉租谷。志标今日往汪家收谷收租。锦山替国定收租。洗浴。

九月二十二日

雪元来，知工人要过秋分。石灰到。多忙多恼，修孔庙四。下午一至三保保校开会捐桌椅。今日陈景元班登台做售票戏。

九月二十三日

宝进、金水二兄来往杭。锦山早车往杭。贺耀根来，知款已交庆福支去。下午开商会为租赁、薪给、存款所得及电话杆等九项议案。晚与长水算橱仓。金桃司今日来做。福朝去采纸筋。

九月二十四日

上午去约陈兆松，下午同去塔二。剃头。买了羊肉、羊肝、草鱼，想带往塔二。因不去，天热，自吃。下午得弢来函，知改在明日中午与学生共餐，即去通知兆松。得宜之来函，知陈学梁君失去衣服一件。陈、韩二君来，写六川、松溪永昌介绍信。天热月明夜，喜雨惜不多。去函叫志标买杂柴五十担(向叶逢春)。

九月二十五日

塔二今日一周年纪念。与陈师兆松同往到校，开会纪念并举行开学式。中午师生叙(聚)餐。午后余兴表演歌泳、舞蹈、幻术、京剧。开校务会议。与铨兄谈至一时寝。茹口四人来挑店堂里泥。

九月二十六日

早晨与松同返街。金满、虎儿来。下午开修建孔庙会及修县邑庙会。洗浴早寝。喜雨檐水通。

九月二十七日

晨派福朝往何阜止杉榭，并说款缓支。到地行嘱长育速去函嘉中或杭初梁兄补读。沙晋夫妇来。介华夫妇来。桐庐不安稳。余泥今日挑好。[锦]山杭返。

九月二十八日

维榕杭返。止戈先生送来鸡一只。我复以鸭鸡各一包二个作请介华夫妇及路点。东光请客，晚邀我去作陪。沅赴杭医专。冬梅来。到各家去走了走，问问薪给等。

九月二十九日

今日中秋。款汇庚儿。晚阴，月不出。杰生来叫，知詹大亦在，谈薪事。锦山内往徽收租。看舒新城《论基教》，甚是。

九月三十日

薪给问题又起，布业波动。大孚停业。骆子辛兄来。沈宝昌做阴寿。下午开佃业会。吴远卿与邵百仁纠纷。

十月一日

着子芳往富。傍晚听弟到。铨兄亦来。

十月二日

中午请韩林白作陪。听[弟]下午四时返富。晚杨鼎新新建办酒，未去。林元到大孚，月薪丁字米。

十月三日

增嫂往杭。良叔来。晚张局长请参议员等三席，邀我去入席。晚骆、袁、楼、罗、潘来坐了一回。茹[口]挑泥工人来，共六人。

十月四日

今独眼木匠谈扶梯布法。中午县长请参议员等三席，邀我去入席。铨兄傍晚返家。祯祥来。炳南来。平甫往干坞催租。晚写信八封。明瓦到。工人开会又要涨工资。

十月五日

今日盖明瓦。因洋油价不符，久大来叫我，在家因漏改。李华来，宿家中。请蒋其由替内子诊病后，货一部分到。着炳南往白家，叫人俊兄来，为投标事。汪先生、周大元来。

十月六日

叔儒先生来折谷款。李华赴杭。洪锡智来闲谈。锦山到，司机二人均宿此。今日油排队。地行续做五数。增嫂杭返。晚看报，阅商会公文。炳南往灵苑收租。顺宝回家。冬梅回去，由林荣来陪。

十月七日

梅根回家。漆匠今日可告一段落。邱、王、洪合伙纸事来街。晚写信。叔丹先生送大鲫鱼一尾来。剃头，洗浴。

十月八日

昨夜一夜雨，今日整日未停。今日布置柜台，做夜工铺地板。下午开修孔庙、工资评断会。冒雨挑泥。四人点心后返茹。

十月九日

整日布置店堂。晚摆橱窗至晚三时息。郎玉林来。荣嫂今日周年，做功德。

十月十日

今日国庆，同裕今日迁回新屋营业。祀祖，表示同裕在七十四年后之今日还营业着。日寇纵火是［民国］二十九年十月十日，故我决定今日迁入营业。一、表示日寇摧毁，我还是继续努力。二、同裕与国庆有联带关系。绝好妙联：普天同庆，利国裕民。同心同德，裕国利民。因前二夜只睡八小时，今日早寝。

十月十一日

售给珠谱谷壹千斤。做遮阳篷。生意尚佳。锦山往杭。与县座接洽谷、款一二事。铨兄往杭。晚颂贤、大孚请客。

十月十二日

钉门闩。泥水告一段落。统税指导来。杭锦山来电二次。晚请卓人、颂贤晚餐。准备明晨往杭。到吴师处谢鲫鱼。

十月十三日

晨与人俊、颂贤兄同往杭。在富午膳。同治弟同往杭，途遇铨兄。晚宿清泰第二旅馆。晨与锦山、人俊兄同往岳坟看大姊，返城午膳，午后约梁来。玄、沅均来同吃晚餐。县款尚未领出。晚喝高，长兴、听（即治弟）惠钞。

十月十四日

晨与锦山、人俊兄同往岳坟看大姊，劝她返家。返城午膳。下午约梁来谈。玄来、沅来，晚共餐德升馆，林君惠钞。

十月十五日

晨返富。午膳后返新。杨成、罗弢宿家中。我来店宿。

十月十六日

增兄因乡长、乡民代表主席开会议来城。王先生送面来，女儿弥月。晚十时雨。米涨出四十万大关。俞云飞来谈。

十月十七日

锦山杭返。着炳南往富（下午四时车），因抛锚未去赶。人俊兄来。永联来。金满来。

十月十八日

晨派炳南往富提款。郎印来。晚谈生意。与万儿同吃晚餐，问校中情形。

十月十九日

郎玉麟来支款。徐炳奎送租金来。良叔在德一［堂］，未来谈。汪以成来谈，少顷去。后门一扇做好。与永谈款事。理箱三只：文具、信札、纸张等。穿新鞋。

十月二十日

再做押款。售谷一千斤给徐珠谱，价二千八百四。六夫来。剃头洗浴。晚看“小丹桂自杀”新闻。小热昏又来卖糖。送烈山五十寿礼（从俗）米四十二万。

十月二十一日

祖荣、六夫二兄返三溪。李华来宿此。摩同裕招牌字。同行议市有抄盘之意，因广合盛不同意，未决而散。米价三十八万。

十月二十二日

李华午后返里。王焦石来看木字。往吴师处，为遗产税委员履历。宝进先生杭返。锦山晨往杭。宜之先生因敦秉松段事来城。下午同业为减价事邀开会。晚召同业开会决九折五天。今晚前后进门有关闭。晚十时寝，微雨。米价三十八万。人俊兄往富。桐直接税陈学梁，郝委员来，下午一时半到四时十分车往富。

十月二十三日

杭来电话。铨兄杭返。良叔来谈知宜之先生来。晚永康先生请汪烈三、罗县长夫妇。归来，罗友石说店员开罪他。关荣发飙。好，我向你道歉。焦石先生来同［裕］改字划。县税委销节约储金款十五万，今日送去。人俊兄午前返店。

十月二十四日

听弟、达弟来，装来洋油、肥皂一车。晚宿家中，一时寝。做押款。

十月二十五日

送听弟至车站。午睡（因昨仅睡四小时）。减价广告招到决定明日叫脚班去贴。闻畏斌女婿来兄弟二人。

十月二十六日

着梅根过富往杭。敦炳来与宜之先生谈无结

果。天雨。瓦自去挑，九百张，盖好。邱世孝来。洪益庭来。袁金榭来。听说昨晚东岳庙法事和尚收益二千五百余万。周大源母及妹来。吴月中来。晚做金字。请骆先生看母胃痛。

十月二十七日

服原方。下午县府开会来叫母痛甚，仍叫骆先生看，换方。请项谷儒看，说不必打针。着仙花往炉头约钟师。宜之与敦秉事调解未成。晚布置店堂至四时寝。

十月二十八日

晨着轿去接荫郇。钉同裕布庄四字。晚请宜之先生晚餐。今日减价九折（六天）。

十月二十九日

晨一时二十分母病故（九月十六日）。坐待天明，准备一切。晚十二时大殓（用和尚一名）。留宜之先生一天。茹素。听雨。阿良来。

十月三十日

今日到店应付。听、甫午后二时车返富。梁早七时车往杭。

十一月一日

国铨来。

十一月二日

李华来。郎伟来。接洽汽车，塔二往富旅行。傍晚与铨兄同至吴师处，谈丧事节约办法。同行议事责我新部分煤油售价，自愿罚罚金了事。会开至十二时。今日减价期满。

十一月三日

郎伟返家。李华午后由湘溪返家。大门用旧门二扇做好。锦山晨往杭去接庚儿。晚无事早寝。着福朝往平畈接项美义，看地择日。

十一月四日

先母头七。中午［项］美义来，饭后即陪往山地。做七由振家（蘗）主持。

十一月五日

泥水三人开工。我往山督看，由舅父陪地师督工。

十一月八日

先母今晚接赛神。

十一月九日

今晨一时先母接赛神。

十一月十一日

先母定今日出殡。嫰朱、平甫早车到。塔二师生一百余人来送。县府各机关等共有数百人执绋送殡。十一时出发，到山一时，二时进矿。回程家明在中途遇到。晚请各亲友、警察全体晚餐。同裕饭灶帮忙。继春将棉被烧数大洞，幸未燃烧，诚大幸事。

十一月十二日

今日算账，还借物，忙了一天。壬儿、听弟乘早车往。

十一月十三日

嫰朱乘午后二十分车往杭。

十一月十六日

锦山早车往杭，玄儿同去。晚宿店中。人俊兄往金龙家帮做功德忙。

十一月十九日

今日家母三七，由益三表弟来做。我因选举开会，未与祭及陪。寄澂鞋包。锦山送货车到。驶安叔中午请叶青，邀我作陪。

十一月二十日

忙着付应付款。王慕曾发出放弃竞选函。增兄来市其林处午餐。腰痛吃胡桃。金长贤子来。寄寿澂函。志标返店。

十一月二十一日

到钦贤监察选举。上午七时去，下午四时半返，约来投一千余票。梅峰庭、金林来，未谈话。桐庐税局陈学梁、程庚来。到商会嘱沃君明日通知商号销印花，缴所利得税，标赋谷。晚写信，十时寝。

十一月二十二日

今日仍去钦贤乡公所，仅昨日十分立。游山看坟地数处。归途听说王慕曾又要活动。

十一月二十三日

晨仍往乡公所。今日得投二百余票，均为王票。看浙江余之三的一切油印品，到下午五时半封箱。返家已暗尽上灯。铨兄杭返，谈选举，谈战事，谈学潮。夜雨。选举给付川旅费六万元。我转赠黄乡长女孩（半岁）。惟勤来。

十一月二十四日

卓人未来。县座去见过，解释简师误会。惟勤去。中午应止戈先生邀陪叶青。晚看报。

十一月二十五日

上午打杭电、富电化了二三小时。中午达弟到。午后二时先母四七。退伍军人抚导会开会。晚请各机关首长、地方贤达、同业共三席。晚宿家中。与达弟谈鲁兄。

十一月二十六日

送达弟上汽车。送友桐兄母亲丧。渭良来。锦山杭返。吕荣熙来。又成来。素贞来。晚看报。

十一月二十七日

今日上午九时起，下午至六时在县府开票结束。王慕曾得一万七千余票，周廷采得四千三百余票，叶青得四千零六十余票。晚与永康、百年谈话。看报。志标往汪家搬谷。吕荣熙来（在建师管区）。

十一月二十八日

柏子又涨52—55。人俊兄与炳南晚往万市郎家庄接洽。邵连奎昨晚往梓榭窠黄家，晨返。剃头，洗浴。陈永德谈双高田租。

十一月二十九日

柏子放六十一万期货，期款放六百六十五［万］。郎家庄货成交。做押款。同春和货今日算清。富来电油涨。朱善庆妻死，做功德。高雯来谈中学发起人。

十一月三十日

增兄杭返。塔二学生八人来参加童军考试。徐俊民来。晚赴范文雅长儿汤饼宴四席。程镛坤来谈观音弄房子。我允渠备价买回，代价以四十担米为期，至年内过期作罢。这是宽大与人情相结合。

十二月一日

上午高雯兄来。十一时开会。与县府打掉杭款。下午五时听弟装油来。宿家中。禹庙前田拟与人掉，着平甫去看。钦来。

十二月二日

晨吴阿言妻来。与杰兄、旭光、保辅、祁珊同往汪烈山家吃汪旬珠婚宴。傍晚归来到家中四时半，洗浴。知项美义责我害他丢脸，他在大众前如此狂、吠，实有损自己人格及此后业务。阅报早寝。先母五七，大姊派钦来做。

十二月三日

杭来电。去富电，富来电。焦石晚团来，我将小唱误会事说明。庚儿明晨拟回校去拿行李。问及吴师，先去函，再去提，为是甚然。传子、陈遂良来谈上海育才，知陶先生是实行家，不尚空谈。晚早寝。

十二月四日

邵连奎押白油往杭兜售。今日用书厨桌上一宽。去函嘉中，替庚儿告假。汇款给钦、敦。与内子谈大姊病中改个性。

十二月五日

晨发杭电。［锦］山出外，由王接买香烟等。归来早餐。安金窗槛，坠下，适中我头顶，出血二匙。一瞬目眩，坐地板，用玉榭神油止血，服参。当时吃菜油、鸡蛋、臭豆腐干。中午后忌鱼、豆腐等。铨兄往杭。超姊送来银耳羹。早寝。人俊兄当晚返店。

十二月六日

上午睡在内进，至下午四时移至外串堂。金满来，叫他办毛竹、杉榭、松板。晚为王继晋、范文雅二同学饯行，共二席。补请十一月二十五日未请未到诸君。超姊又送银耳羹来。锦山杭返。

十二月七日

人俊兄到陈自新家帮忙。朱新予派人来看茧机器。周立亨送鳊鱼来。晚请吃饭，邀卓人陪。知昨晚越狱还掳去步枪三支。叫卓人到各大商号关照，夜早闭户早熄灯，只有消极抵抗，有事鸣锣，速叫更夫。杰兄来谈朱派人来事。

十二月八日

袁六夫、祖荣、金水诸兄均来。郎印谭先生、沃兄泉、方秉之均来。人俊兄来。鸡瘟。侬不日订婚。溦来信诫庚把握时机。及时努力。晚与人俊兄闲谈。

十二月九日

昨夜雨，今日继续绵绵。先母六七，由超姊来祭。长辅失足坠河，湿衣未伤。宜之先生杭返。

杨炳生夜来谈油车事。今日开三四个会。因不能久坐，请卓人代出席。丁先生车不来，油未装。今日叫振家替我梳头，痒甚。潘处长来谈杭开会情形。县合作室来调查物价。

十二月十日

镜侬来谈要离校。又来伤兵二人，据云共有八位。鲍巨樑来，托他兜[售]田。许百年来。王仲伯来对填账。郎印夫妇来。洪锡勇来。三时连圭押油往杭售(二 次)。

十二月十一日

吴远卿经手款今日全部移交同春和。洪乡长来。祖荣杭返，交来杉榭款七百万，票一纸。许百年交来米款，安市场少四万元一担，把他便宜三十二万。庚儿今晨往杭拿行旅。天寒似要下雪。米市四十八万一担。

十二月十二日

天雨。汪华松来谈程荣坤屋事，气急多叨，非中人调定所宜。汪芝林来。章南华来。邮资加价。人俊兄返家。

十二月十三日

上午往致和闲谈。下午往汪华松兄处谈程屋事。子芳、梅根回家。铨兄返新。我晚宿家中闲谈。人俊兄来。

十二月十四日

庚儿返家。城□万，川资□万，鞋□万。王继晋二度与铨兄晤谈。秋娥返家。天雨。晚算油部与长源账。[锦]山中午往杭。

十二月十五日

天雨。做押款。程双喜嫁女。冠雄、中南傍晚到。宝进先生到。

十二月十六日

今日先母化座，用一个和尚，办了四席，夜饭草草了事。宿家中。九香、蕉石、冠雄宿家中。谈大姊田事，三十七担，邵瑞种。灵山有雪。

十二月十七日

继晋又来借款，婉却。福喜来兜地借款，却之。项美义顾门不入，招之点首。天寒将雪。《工商报》登我摊派商会捐不公，全非事实，当去函声明。

十二月十八日

天寒雨雪。上午写信。午后往茹口吊先德兄丧。对美义邀他谈话，不理。与高雯、良叔、铨兄谈至十二时寝。晚寒。

十二月十九日

昨宵舒适，晨起放晴，先德兄天缘不错。与高雯兄参观湘小，看穴城(先德兄)。对美义声明，仍一股倔强态度。总算我说算我错，他才说从此不谈。十时半返市。过荫郇兄处，小生到市。永康、荣兄已先我在姊处。周伟珍到。郁、许均未至。晚洗脚早寝。卓人兄来谈定明下午一时开商会。

十二月二十日

今日生意尚佳。下午三时开商会，吐了心头之闷，提出辞职。荷执委允全体具名去函更正。如此，暂缓再辞。晚请孙秘书等六人晚餐。锦山杭返。章南华、镜侬晨八时半车往杭，我送至车站。

十二月二十一日

张局长、项美仁、罗国华均谈项美义及《工商报》事。晚修改去函稿。贤儿面部肿。

十二月二十二日

伤兵三十二人来，付万宿食。国华回家。郭鲁林来。王焦石来。洗浴。周家祥来。

十二月二十三日

今日承局长送来《天行报》，知又有人告我，对我不满意。上午到省行，婉言请他再收所利得税。晚请郭君吃晚饭。白高雯来。沙晋、冠雄宿家中。

十二月二十四日

沙晋往炉头。锦山八时车往杭。超姊往富催生。六夫子梓承、先二兄到，我宿家中。

十二月二十六日

晨与藜打电，等一小时，知鲁兄往鸡笼山。午后又去电，四时鲁兄与达弟到。晚谈北方情形，及看画剪烛，谈至一时寝。沙晋炉头返。铨兄中午到。

十二月二十七日

送鲁兄、达弟往富。知昨晚警卫往岘口说有

匪(其实打猎)。杭来电。沙晋返六川。晨雨午阴。商会、《工商报》登函。生哥贤返家。剃头洗浴。

十二月二十八日

承先下午往查村。

十二月二十九日

子梓、六夫返家。着福朝往富，午前返。超姊、[镜]侬同归来。关照各存中学基金户月终要提。顺培往杭。铨兄傍晚返家。送荣兄乔迁礼。与锦山打电话(晨八时)。

十二月三十日

祖荣、发身来往杭。以文亦来。晚润祥嫁女请客。下午三时开第八次会议。决议收事业费、四月费。冠雄来。陆秋高与居棠口角云。

十二月三十一日

郎伟来。冠雄来。中午荣兄叫去吃饭。今日傍晚荣兄进新屋，虆、贤、湘今日中午往富。南华返，不知何故。锦山杭返。罗一峰今日长女结婚。

一九四八年

一月一日

晨七时起床，偕爵儿乘八时十分车往富（误点九时三十分开），到富顾宜宝处。少（稍）坐。下午乘四时车返新。适登车，颂、达二弟赶来晤谈一刻。到家中，即往致和，久大、同春和、朱锦泰取中学基金。晚到荣兄家吃乔迁酒（计有男九席，女三席）。十时归，宿家中。万、庚儿车站接。

一月二日

下午去看大明，知已往胥口，未遇。

一月三日

上午在店准备一切。十二时二十分偕万儿往富，车赶不及，由文奎介绍，坐邮局车打猎车去。只费三十五分钟到富。彼等获一野猪，重二百余斤，收获不差。文龙、子阶亦在富。渠在浙大任助教，谈多学校情形。

一月四日

晨起拟乘九时车返新。知油车今日开，到下午二时始开。万儿三时半与侬一同往校。庆福在六千一时拿去洋油三听，今日价涨六千九，各有误会，亦多一种经验。洗浴宿家中。锦山晨八时车往杭，在富遇到。连奎乘货车十二时到富，亦遇到。

一月五日

下午开教育基金保管会，黄昏始散。约晚开家母资助女子升学基金会，到十一时散。

一月六日

下午续开修文庙、修县府会，散近黄昏。

一月七日

上午写信八九封。下午高雯兄约罗华、伯强一同往舒啸亭，三时开会。

一月八日

傍晚去看高雯兄，未返，略谈拟行，白君与罗君到，吴师邀晚餐。与公义订购，白君助基金款购米一千斤，价六万八千元（老秤）。

一月九日

右厢楼傍晚将窗及门铰链上好，即将床铺好，今晚宿店新屋中。半载得住宿，心中安慰。因桌未搬来，看报至九时寝。得县府教字（一四）号训令，事由：该校长办学努力，应予以嘉奖。自问塔二确有受奖之可能，惟此乃团体努力，当归功罗主委、诸老师及同学努力。改日休学式当提出表扬并励将来。

一月十日

今日将桌子，书橱搬来。晚拟清账，祖荣兄到，闲谈至九时寝。

一月十一日

锦山杭返。华松来拿来荣坤汇单二纸，来三次，谈起省府会议，新登税捐处易人（四县）。晚拟清账，先与人俊兄谈脚伤筋，与志标谈大有划款错误事。应抄细账。因足病，兴奋骤减，不愿工作。

一月十二日

因左足伤筋，终日睡在藤椅上看报。江光瑞来说返校。杨成杭返，说新疆歌舞团，惜乎不懂。杰兄来说基金、谷田由他保管二千斤。人俊兄往富，当日返。着舅父、志标对账。

一月十三日

祖荣兄来。振家头痛，叫我去家中，免往返，宿家中。

一月十四日

徐根贤来。

一月十五日

司法处开会，走至机器厂门口，脚痛返。卓人来，委他代出席。张景阳来辞行，说新局长到，他即去松阳。晚宿家中。款轧。

一月十六日

金满来。慧西虎儿。开工资评议会未去。烈山兄来拿《马一浮诗集》。款。铨兄下午来。小九、友桐、发起送张景阳匾，邀我具名。我素抱“说人长、不说人短”的[宗旨]，故允之。款轧。钱鉴坤来拿款付杭票去。

一月十七日

张景阳中午车离新，送人甚多。可见应酬是少数人的主动。内外账错，只查明内账。晚应县长宴。倪视察。钦归来，亦九时半看报，宿家中。

一月十八日

公安局新局长张霖生来拜客。郎人洽来说有同事四人往淳。安至此，同川资商借壹佰万元，我在油部及店凑集与之。晚一至三保开基金保管会，谈至九时，无非挽留朱校长未诚能有效否，至后说吴鼎昌说孔子在陈绝粮，设想古事收场。电富传涛来接添听油。

一月十九日

听弟早车到，为汪绍功竞选立委，二人奔波一天。晚应吴刚乾兄之宴。宿家中，十二时半睡。

一月二十日

上午仍继续赶。听二时车返富。晚开商会：(1)营业税；(2)增资本；(3)选立委。铨兄来宿家中。增兄晚返茹。

一月二十一日

回访张霖生局长。王蕉石来。郎玉芳返三溪。孙守斌来。良叔来说陈根荣田。铨兄乘早车往杭。我九时起床云宴。晚用盐包足伤筋处，想早睡。潘处长谈昨开会事，并谈他历史，至八时半去，就寝。

一月二十二日

袁又成来谈同福房屋事。良叔、增兄来。增兄往杭。韩尔中来谈，并蒙邀章尚铨来替我看脚。晚祖荣嫂来电去接，未谈，说是问祖荣兄有否返新。阅报知罗云控汪绍功，去电询听。写信看弢交来元旦献辞。沅儿坐货车，午后到家。

一月二十三日

天雨。拟核账。杰兄来。朱金满、天庆、林海生来对核田换乐事。午后三时去。今日服章尚铨药。增嫂来，午后去。

一月二十四日

上午九时开兵役审查会及优待会。与卓人回家吃午膳。锦山杭返。下午五时应县座五十生辰宴。雨雪。知铨兄、炳章等到。回家吃晚饭，九时半寝。

一月二十五日

积雪四、五寸。铨兄午后返家。今晚店中谢年福。十一时睡。

一月二十六日　天晴

天冻。晨七时起，准备往校举行第二届毕业典礼及休学式。因足伤筋坐轿去。高级十三人，初级十一人聚餐。下午二时半回城。今日立委开标。陈立夫第一，18686票。汪绍功第五，2721票。即晚电听弟。七时半晚餐。看杂志，九时半寝。杨文善、赵阿毛来谈。赵士兰助女子升学谷由他送上田，他借去照章上息。

一月二十七日

王蕉石来，来拿袋。王炳文来，来收款。徐步瀛来算柴账。诸儿制衣服。伤风早睡。与沙晋算账。

一月二十八日

声嘶，吃青果萝卜汤。小九、友桐二兄来门口闲谈。百年来谈梓榭，后无意。托庐保长做程荣坤屋见证。晚与王省三谈教育生产。增兄返杭。关荣偕中南来。九时寝。

一月二十九日

请尔中开方服药。与黄官宝成交十三担田掉桶油。学生来，由弢明日伴往考。蕉石来。铨兄晚饭后到。宿家中。玄儿回。

一月三十日

《升学章则》铨兄拟就，请吴纠正。傍晚又谈了二小时。铨兄回长垣。天雨(晚)。晚整理赙赠各户。觉微寒，有疟意。九时寝。杰兄来邀午膳。与烈山、友桐、小九诸兄去为东光说。县座意决，自兼校长职。诸生由弢伴，乘早车去杭考。内子赏以年糕、粽子，以高中之意。

一月三十一日

因沅儿、庚儿与爵儿口吵，致纛气闷。我各方解释，稍安。送洞桥各年节。二次往吴师处，为女子升学章则请卓人滕定，请范君写钢板。晚准备大姊年节，与长水算工账。

二月一日

锦山早车往杭。金满来。卓人来发出女子升学各节。足上膏药扯去。晚做了好些统计。看白浔儿作文。十时半寝。

二月二日

上午到致和，良叔来。止戈先生来。茂林内小桃来谈了密探很多事实。晚做统计，看皎吾作文。写信，十时寝。

二月三日

今日恢复做八段锦。正急付款，锦来电，公记、油部款均可应用，而支款尚能应付。洗浴。晚核总计。十时寝。范聚星先生脑冲血死。国华、士林、柴来。价照渠开。

二月四日

晨起，积雪三、四寸。入晚又飞。上午与平甫对折谷款。月中来。傍晚澂回。锦山、祖荣兄同来。晚闲谈。看报及《陶行知先生教育之路》。

二月五日

今日先母逝世百日祭祀。邀超姊全家合席叙(聚)餐。祖荣回三溪。沙兄返六川。人俊兄往富往杭。鳊鱼来三尾，商会送张局长、陈主任、潘处长。晚核沈福贤账。

二月六日

放晴，阴，微寒，有时飞雪花。生意较起。朱金满来。人俊兄杭返，塔二投考团返。玄儿又留级。晚与福贤核工账，核总计。至十时寝。

二月七日

香烟涨。子芳往富买。九香来。着福朝往小桐坞。阿瑞、沈炳生来谈押租，因客多，未落局。张局长、潘处长来。晚算油部账并总计知学费约占八分之一。志标。新贤、正刚回家谢年，十时寝。不知何家谢年，大放爆竹约半小时。真可惜，肯将此移赠平民倒是大大功德。

二月九日(除夕)

全市结束甚早，已如大年初一，乡人极少上街。晚十时回家接天地。十一时半寝。下午挂画，诸儿打扫，洗刷，吃香蕉。

二月十日(农历元旦)

早往老屋拜祖。壬儿购来糖果，已能自食其力(供职上海电厂)。到坟山拜墓。下午驶安叔来。壬儿往金富、小九、超姊拜年。晚谈婚姻、医学等，到十一时半寝。吃广柑。

二月十一日

敦儿过杭返校。壬儿往干坞拜年。卷子去聘。吴亚民仍返长垣。到陈兆松先生处请他协助，请吴转托。到荣兄家拜婶母年。疲倦，午睡一小时。晚店中分岁。十时寝。

二月十二日

壬儿拟往沪，待车未遇，返。终日拜年，客络绎来，未出门。晚请同裕同事吃晚饭。九时半寝。午睡，因客来，即起。

二月十三日

壬儿今日乘九时五十分车往沪(每日仍只一班车)。中午在永康先生家膳。到叔丹、杰生、俊生、止戈、亦飞、徐儒海家拜回年。晚章玉良请吃晚餐，辞谢未去。晚早寝八时。

二月十四日

昨日早晨又听得大放爆竹。听说是某店开张。今日往各处回年。下午与永康先生谈心。晚杰生来。尔中上午来谈，将与春元堂合作。晚宿店中，统计至十时半寝。

二月十五日

商讨各友生意。止戈先生、才宏来拜年。晚上乾泰请吃春酒，未终，半席即返。谈各友生意。宜之先生来。十时寝。屠玉根妻昨晚酒后死。到超姊家劝她耐气，勿与王海富顶真。

二月十六日

天雨。中午致和开股东会。洗浴。五时平鹣鹣到。晚应县座宴饮四川大曲、贵州茅台。吴师、陈义、杰兄、贾秘书共六人。十时半寝。

二月十七日

陈义、吴秋雪夫妇来。方宝进兄来。天雨。晚请县长、局长、统税主任、稽征处四太太，请韩、曹、余三小姐作陪，并宴鹣鹣。晚十时寝。冠雄中南到店。

二月十八日

晨起送鹣鹣上车（六时四十分车），适遇华松往杭，已托他照顾。请宝进、宜之先生吃早餐。中午熊阿核、李阿洪、阿水来拜年，同吃午餐。晚餐宜之、宝进、天贵、冠雄、中南同在座。人俊兄来说浔儿拟二十一日往杭，玄儿同行。八时半早寝。《大公报》到二日报。

二月十九日

上午阴，下午朗。中南乘六时四十分车往杭考。宜之、宝进二先生回店。高申甫子来。上午开修建文庙会，我因余梦生、传涛、传扬来，早退。中午请蕉石、炳林午餐。人俊、浔儿亦在座。三时传涛、传扬到车站候车，五时半不到回家。晚谈至十一时寝。到店嘱打听汽车消息，早寝。

二月二十日

雨。传涛、传扬乘八时四十分车往富。归途锦山来电，知文奎车今日来通电。到店已十时。天荣、慧西来。天雨。晚因玄儿明日去杭，到校作最后警告，惜时要自觉，励学。十时寝。荣兄来谈越姊住屋问题。下午二时开校长会议。

二月二十一日

放晴。玄儿从锦山陪往杭进校。湘源五六保龙灯一支。湘源七八保龙灯一支。钦贤上旺龙灯一支。增德往杭。锡年来。沙晋宿此。晚写信三封。与澂、沅、桂香谈婚姻宜慎。十一时寝。

二月二十二日

清早陇坞刘家龙灯上街。观音堋竹马、秧歌。晚六渚袁家狮子（钦一保）。下午二时二保选，保长林国梁当选四十二票，庐渭生十五票。晚十一时寝。

二月二十三日

陆今日由乃父伴送进清华。亦飞、奔川、子青、杨春诸君来。人俊兄因脚发瘤火，前日回家休养。剃头，洗浴。祯祥今日返店。今日永昌铜坑白家龙灯、钟家异和灯。晚早寝九时半。增嫂伴炳章上车，在同春和吃中饭。

二月二十四日

日里查村竹马、大山龙灯、官山龙灯、夜塔山狮子闹元宵。铨兄来。局长因保警队出巡来谈负责保安区域，同来沈居棠等六七人。十二时往亦飞家，知铨兄来宿。三时一刻寝。

二月二十五日

晨六时半起床，庚儿往校，雾大，我到站适车开。二时吃午膳。归来七时睡，至九时早膳。赵振华之夫人及子金荣来谈士兰助谷，仟（欠）她的。下午三时开商会。今日店中办开张酒。铨兄一时半来寝。

二月二十六日

六川阿富来谈房租。根贤回洞桥，托他带信宜之，告京号薄在我处。烈山、高雯、子青诸兄来。富来电油涨（还是报纸价高）。下午开会。杨宝林来。公记股决定。警士告诉我张景阳在新登如何如何。金满、月溪来。晚，早寝九时。

二月二十七日

富来电油涨。永康先生来叫知为辞职事。在致和午膳。午后理事至杰兄家。二时开会选举常务理事。曹杰生、沈居棠、朱维堃当选，杰兄为理事长。我任理事长屈指计二百八十天。我不能随声附和，同流合伍，不如早为引退。沙晋、冠雄宿家中，十一时寝。

二月二十八日

晨往店写信寄亮、连奎。再振，秀峰、六夫、高雯、又成诸叔兄来。中午因荣誉军人三人纠缠一小时。一时半与卓人一同来家午膳。下午五时半到站接省主席。六时二十分到，在县府晚餐。省巡视团有四人宿此，由警局老徐侍候。晚十时寝。

二月二十九日

秀峰、再振二叔来同往送主席（九时四十分）。中午二沈、白高雯、六夫、士林诸先生在家午膳。天寒。晚县座请吃晚膳（昨晚未吃，余菜）。九时寝。

三月一日

郎伟兄送来消夜曲唱片三张。慧农、简秋、

高雯、百年诸兄来谈以文。子芳杭返。天晴。晚向协大昌借唱机试片。九时半寝。

三月二日

沅儿乘八点二十分车去，待车至九点十五分。洗浴。下午三时，开修文庙会至五时半散，实地看。晚看账，过油部户。九时半寝。舅父牙痛在家。

三月三日

俞水、江发、亨金、榭子来拿款。连奎来。陈主任、汉钰来。张景浩之侄志忠来。我送程仪路点香烟。渠已开好房间，故宿旅店中。铨兄来。晚拟恒裕复业稿。十时寝。

三月四日

铨兄乘六时四十分车往杭。看大《雷雨》数页。与卓人兄准备公宴。到吴师处问塔二学生张能否升学改姓。下午开消防会议（在警局）。晚赴关东宴（来叫数次，难辞谢），菜好，人跻。十时寝。

三月五日

电富询油价。锦山乘十二时车往杭。天荣来。根好往杭。因油部售香烟双方价不一，不免起冲突。下午二时永康先生召开质检会，杰兄已允接受。晚与人俊兄谈家务，十时寝。着桂香探望桂花病。

三月六日

油部香烟已谅解，归布号售。上午九时开修文庙会。八家准备明日公宴。鸭春笋由杭带到。剃头洗浴。晚核去年外账。九时半寝。

三月七日

今日八家商店公宴各机关首长，共六席。因有几位未到，留一席。晚辅请再邀主人扫厨一席。晚阅报。写信致良叔贺惠泉高考司法官录取。志标回家。铨兄杭返回家。十时寝。微雨，晨寒。

三月八日

算公宴账，共用一千零五十二万，八家分配，每家一百三十一万五千元，六席每席平均需一百七十五万三千三百三十三元。北农、慧西来。传子、杨成来宿此。与六四谈来伟民结婚事。十时寝。

三月九日

传子、杨成乘早车不及，坐二班车去。锦山来电知大姊明日来。着兆铨、梅根抹玻璃窗（大姊家）。金满来。将钥匙交吴叔丹先生（炳林带来）。看报，九时半寝。

三月十日

大姊十二时十分到，由介亮、锦山陪伴，坐小包车到。车行三小时，平稳，大姊精神尚佳。良叔来谈致和协理及房租。永康、杰生来。晚谈公记事。写信介清、嫩朱、凤珠、壬儿，告大姊到家消息。十时半寝。厚珪杭返新。

三月十一日

中午去看大姊，谈了一回。介亮今日返杭。下午开修建会及县府修建会等。沈世钦拿了拳石来，我先与他和言相待，继察有石，即退避店。友朱君打了一下，我即给他万应膏贴着。此人再出外招人麻烦，恐不久又要怪人。晚理信账。今日玉龙（一至三保）及环龙（东泽龙）往六川。晚十时寝。看陶行知先生著《普及现代生活教育之路及其方案》。春谷四千余斤。

三月十二日

古历二月二日。今日有金华龙灯，晚因上场太快，龙头落地，故未尽兴。本街玉龙。布号生意约过去八十匹大布生意。生意尚闹，人众。物价又跳，今日维持昨价，明日涨一分钱。晚看《东南日报》。十一时寝。有几位女顾客宿家中。

三月十三日

人俊兄在家又发流火。电富添听油。下午看旭光，与县座谈二事，事关地方公益，并无私益。看杰兄。婉言实告大姊，母已去世。晚金华龙灯元村返，巡街一过。十时寝。

三月十四日（古二月四日，星期日）

乘今日星期日，又是先母生日，故上新坟，决定今日。惜乎上午微雨，亲友及自家共有四十人左右到山祭拜，后回家做羹饭。亲友及自家分四席吃。膳后万有返校。托月中带信洪君。下午雨更大。晚看陶先生《活教育》完。九时寝。亲友送来宝盖，连自家共三十七个。

三月十五日

写信富阳买白鱼，请塔二老师。杰生兄来谈关荣事，同往致和，归来吃中饭。汪昌甫先生来家中共饭。下午看《大公报》。吴师来谈二小时半。罗宝贤来。到陈兆松兄处约，同约塔二。晚到吴师处再谈二小时半，回店已十时十分。人俊兄议富援单，十一时寝。

三月十六日

上午张霖生局长来谈一小时半。写信给澂儿，谈自治会事。饭后二时潘处长来。三时挑菜二席送长垣，请老师。我走路泥泞难行。铨兄未返。独看书。晚开校务会议，十时半铨兄返，谈十二时半寝。

三月十七日

晨看杂志。十时开开学式，励同学有好环境应好好努力。中午请老师。饭后与章浤先生、汪先生、应先生、潘校医闲谈。三时半与福朝同回店。钦沪来共吃晚饭。九时寝，看《观察》。

三月十八日

吴慧西来。李华来。汇敦、澂款。整理文件寻粮串。下午二时半电富。陆秋高来。晚请荣嫂、宜宝。郁文兄来宿此。十时寝。

三月十九日

与郁文一同出门，他到城里去。泽华与小兰弄错了。山电询布及烟市。下午北农与慧西来，同到党部谈后，他们回六川。校工来。冠雄搬家来。疲倦睡了一回。晚九时寝。

三月二十日

北农、慧西来谈，我仍归主张县税来填牌照(捐一百五十万)。较间看报午睡。三时杰兄、吴师来谈积谷委员。富来，老司务整理煤油。晚排店友执事单。过二月份账。表发条断，用金表。人俊兄往杭。九时半寝。

三月二十一日

慧西来。锦山十二时往杭。祖荣杭来。墨新来。留午膳。预备奖品赠演讲。放晴一刻，晚雨。爵儿学演讲。王站长女儿弥月宴，谢未去。告永康先生作新应读第一册，嘱万儿此后星期日应午前到校。九时寝。剃头。洗浴。

三月二十二日

鸡又犯病。天欲晴不晴。上午与杰生同到致和，为冠雄事。回来俊兄已返。下午看报《观察》。子芳与炳南二时出外，晚饭未来吃。晚上想弄账，看《观察》，信写好已九点，看了一点杂志了事。十时寝。

三月二十三日

上午请蒋先生替大姊看，据云似有转机。杭锦山来电。鲍巨樑来。章孝仁来谈韩县长在嵊情形。宋来拍派司照[1]。晚注意、爵儿讲演，九时返店。我店菜资超出人家数倍，告兆铨注意。十时寝。阴晴。

三月二十四日

山来电知价稍回。上午写信将票寄杭。今日出言有几处过火，实对方出言也委实太差，此后总应改过为是。爵儿六人比赛得第五，是他初次上讲台，其缺点是少表情。保长来谈壮丁安家款事。庐渭生兄谈同行事。钦今日往洞桥扫墓。晚看报，十时寝。主阴。

三月二十五日

天晴出太阳。慧西来。潘处长、郑主任来。下午开粮食调济会。同永康先生，杰兄谈时局。同业分货事谈妥(十一时)。子芳下午三时出门，七时返店。锦山杭返。十一时寝。晚富来电需款。

三月二十六日

同业某家昨晚签字忽起变故。下午开修文庙会。洗浴。子辛兄来宿此。十时半寝。

三月二十七日

今日中心学校讲演比赛共二十二人。第一名方志一，今晚宿此，听他讲演确实不错。他曾出讲演三次，今为第四次。我赠墨一盒，二锭。中午天雨。钦定明日往沪。塔二来参加，得第五名(四人参加)。

三月二十八日

请蒋先生转方。钦乘早车往校。中午驶安叔请陈义兄吃中饭，邀我作陪。午后参观陈住宅(塔

1. 派司照：指证件照。

山）。晚居棠请客，因子辛兄来，我未去。晚二人谈至十时寝。

三月二十九日

子辛兄回里。款急拷警报三千。为关荣事与杰兄，曾二度接洽。洗浴。天放晴。晚写信一封，二小时半。十一时寝。

三月三十日

天晴，来往人较多，米市活跃。款轧。国成兄今日回里。铨兄来。开了两天太阳，晚雨。十一时寝。着梅根往范家催柴。

三月三十一日

金满还不来。林君时来询问。铨兄晚饭后回家。直接税局程康周、焕棠二君来。晚核账。写信五封。十时寝。从前县府号房的儿子在厦门做钟表生意，此次为乃父扫墓（据云乘飞机往返厦沪间）。

四月一日

九时沈世钦持棍来店，我正在扎钞票，他迎头一棍，我尽力用右手支持，但手已伤筋。第二下打在右腰间。我急乎回避，二膝盖碰肿。当日请阿昌贴膏药三张，幸未至死。诸亲友均来慰问，不能动弹，宿店中。锦山十二时车往杭。四月十四日补记。

四月二日

卧在内进，仍如昨日接洽。一切忌口。锦山傍晚到。我仍宿店中。四月十四日补记。

四月三日

诸亲好友来慰问（受伤）。宝进先生自杭返。傍晚回家寝。

四月四日

六日补记。今日整日在家休息。着爇往，告慰小九兄不必介意。烈山、驶安、大源诸君来。晚早寝。嘱令万、爵看书报。

四月五日

今日清明，试写纸袋。祭祖鞠躬不用拜，因腰间还痛。用黄栀包手乌青出。大沅兄弟来。国华、唐应林来。万、爵看《现代儿童》兴趣甚佳。在家未往店。

四月六日

剃头，洗浴。将膏药扯去。炳林回杭。晨往店。县税填资本保单。直接税程、周二君往富。晚与大姊闲谈。到致和为冠取款。

四月七日

进兄来往杭。金满、国华来。子和来。阿昌来换膏药。传闻深澳、场口有事。朱正堂弟来领谷。

四月八日

电富问油市。

四月九日

上午雨。金水在此晚餐。子芳下午出外，傍晚归（剃头）。铨兄傍晚到。十时半寝。

四月十日

周大源来接洽旅行事。小九、友桐、维坤来邀去参加参议会开幕礼，因事未去。下午四时到吴师处坐了一回，他因往上乡扫墓归来患疾。晚木深来与铨兄谈。十时寝。

四月十一日

锦山往六祀周孝子。干坞姑母和阿贞来此午膳。桂儿的儿子弥月，送包子来。楙昭来雄辩。友桐、小九来雄辩。晚与铨兄谈母基金事。高雯来中学。潘处长来谈去三门。十二时寝。

四月十二日

爵儿看《现代儿童》似有兴趣。沈子和、慧西来。唐科长、［楼］秋宾、六夫先生来。天晴。晚在冠雄处吃晚饭。渠请烈山、秋宾、止戈等。沙锡年来慰问大姊。祖嫂杭返。九时寝。

四月十三日

生寿来。潘处长明日离职回三门任主秘。介白兄来谈至十时半。崔校长来函五月二日五十诞辰。郁嫂往杭，十时半寝。洗浴。效泉返店。

四月十四日

潘处长今午后二时二十分。淳杭车离新，我与杰兄赶去，适车开出，真可说攀辕乏术。天阴雨。写信。祖荣兄来。宿店中。九时寝。

四月十五日

祖荣、永康、杰生闲谈。统税局陈主任调富阳，邵主任富调新。下午开疏濬城河会。天雨。今日开国教研究会，地点双清。附带活动乒乓球比赛。九时半寝。看马一浮诗、楼秋宾诗。

四月十六日

中午请祖荣、汝良、佩华诸兄午膳，请永康、人俊二兄作陪。看报。晚与祖荣、人俊二兄闲谈。十时寝。服铨兄云南白药（五厘）（十七日起）。

四月十七日

祖荣兄返三溪口。其子生寿来，下午回去。吴师来。张局长来。今日泥水来筑高磡厕所。晚应张局长宴。九时半寝。与友桐兄谈世钦应读法，使他念《金刚经》或至老东狱审去镣或用囚室。

四月十八日

锦山往杭。塔二周、徐二师来。许师从六川来。双清镇校往桐旅行。郎玉芳过此往杭。午后二时，一至三保保校开基金保管会。洗浴。章孝仁来。晚九时半寝。沈小九嘱写信付涛介绍邵功力、朱福敬来用（友桐介绍桐某君）。人俊兄回家未来。

四月十九日

徽同乡陈志浩少校因不能返东北回原籍，求助于我。我与瑞祥兄二人合出一张临安至屯［溪］车票（一百四十万）。洪发身杭返。国华出庭。生寿、顺培往杭。观看北度寺碑。志标返店。大源来。晚九时半寝。往县府催王科长同缴谷款。塔一大小款由此转寄。

四月二十日

金满、天庆来。双清旅桐今日返，未过街。大源、万儿来塔二，草帽到。剃头。世堂兄来电，告校去桐公函误用 x，长未识，究属如何。着兆泉去追，衣裤湿透。洗浴。晚与人俊兄闲谈。午后四时下雨。晚九时寝。

四月二十一日

上午雨。写信。下午晴。晚与金福谈。一时宿家中。晨着仙花持函往铨兄并去看彩娥（内子嘱仙花去）。秋高兄来谈桂香定二十四日定婚。

四月二十二日

天晴。塔二今日往桐旅行。镜侬说去同东北。傍晚我去，渠与越姊正在决定暂不去。程、周二君（直接税局）来闲谈。晚早寝。人俊兄下午往富。良叔、成章二先生在家午膳。

四月二十三日

桂香与章孝仁订婚，晚请陆科长证明，王竹樵与吴平甫介绍。

四月二十四日

塔二旅桐归来（前日去）。有二十余同学因乏力宿此。□□亦宿此。准备明日出壁报。十二时半寝。

四月二十五日

下午零点五十分车往富，因这班没有等，一点五十分往，到富三点十分。晚谈至十一时半寝。秉成去年圣诞节送我日记一本，今日由王嫂子交给我。

四月二十六日

上午写信致达弟、张哲明先生。宜宝、立亨来看我，故未去。巡视街道一周，外江边回来。乘三点五十分返新车，甚挤。晚应杰兄邀，陪森泉吃晚饭，谈至十时一刻，十时半寝。

四月二十七日

晨往县府，托唐科长录用章孝仁。中午请森泉午膳，请吴师、局长。唐科长、李秘、小九、杰兄作陪。晚写信，看《时代日报》。洗浴。十时寝。老房书屋已于昨开工修理。

四月二十八日

许先生来折谷款。写信。袁金水、施正芳来送洪礼，托他带去。章锡魁来谈小唱，知又在外宣传，我说在茹口已荷谅解，何以又在宣传。国华来宿此。关东玉根因妻经常进出吵嘴，不敢答言。十时半寝。

四月二十九日

锦山往杭。人俊兄返店。唐照森君来，陪往老屋、荣兄屋及家中，少坐片刻。郎玉麟熊兄杭返。郁文兄往杭。

四月三十日

重行新贴膏药。洗浴。米价二百三十五万（老秤）。天热。宝进先生、何顺培来。今日洪锡智舅父娶媳。

五月一日

今日理发业纪念劳动节。裁缝来制衣。塔一旅行归来，经过街上，为时八点半（夏令钟）。童军服人数六七十人，鼓甚大号，吹得相当好。吴师来谈，大明来访。王保朝校长来谈。芝龄兄来谈。袁浩往杭。十时寝。阿昌来做新膏药二张。

五月三日

晚日塔二汪章应之师来城访问学生家属。国华、阜华回里。昨晚大雨，河水泛黄。生寿嘉兴返过此。柏年兄来闲谈甚久。看塔一壁报，有“模范塔二”句，有“号手偏偏到落伍的学校来”。十时寝。

五月四日

下午开教育基金保管会。晚复信。十二时寝。塔二孙师来。今日布烟又涨。

五月五日

友声旅行团姚、韩、刘、周、杜五人由李志祥介绍，游灵隐洞，十一时到，一时往。今日三夏。宝进先生杭返。不适早寝（十时）。

五月六日

友声团五人返宿家中。

五月七日

友声同人乘早六时三十分车往杭。世钦出街，店内来说勿出去，在家休息一日。叔丹、师清、洪勇涛、李华、李孝仁、许继祥诸兄来杰兄。傍晚雨。早寝。

五月八日

剃头，准备行装，交代一切。下午二时往富。

五月九日

早车往杭。十时上紫阳山看日蚀。回五丰吃午膳。下午与涛往玩西湖中山园，遇雨，乘汽车往灵隐，返上仓桥。夜宿五丰店堂中。夜雨。

五月十日

八时车往沪。天雨。十二时半到沪，乘一路车到吕班路，再坐三轮车到万宜坊。晚看梅兰芳演。寿祺汽车往返。

五月十一日

上午与涛往南市，在复兴庄午膳。下午看全运会田径赛，返刘寓晚餐。晚与寿澂谈别离。十二时寝。清河夫妇五时半来访。

五月十二日

上午往复兴庄。下午看足球。六时与寿澂夫妇、涛，我四人往清河处晚餐。归来已十一时矣。

五月十三日

上午与涛去三大公司玩，到复兴庄午膳。下午看网球。

五月十四日

下午看手。看国泰《海底肉弹》，游法国花园。敦、钦、珠同往。交大放假。

五月十五日

下午往访平先生回。来遇二师母侃如。壬儿来谈谈。早睡。

五月十六日

侃如来。下午去看话剧（侃如请客）。晚在平先生处晚膳。与平先生看李万剧《春》，寿澂请客。

五月十七日

午后到塾业，与柏生遇。看手。到柏生家。到来喜吃番菜。志祥、止戈、镜吾、无敌来，未遇。

五月十八日

到南市。与陆锦章买府绸、毛线、茅台酒等。志祥来。寿澂请客，因心厚夫妇到八时不来，退《玉兰》票。

五月十九日

上午雨。十一时往虹口吃面。看《翠堤春晓》《孤心血泪》二片电影。七时半归。壬儿来买《翠堤春晓》券八张。蜜蜜、甜甜、钦、壬四人去看。

五月二十日

钦去。敦儿来。傍晚去。友声来邀，未去。

五月二十一日

晨八时西湖号返杭。天雨。晚看《悬崖勒马》。写信约诸儿。打电嘱山来杭。

五月二十二日

上午未出门。中午山来。下午买零物。沅、玄来，未遇。

五月二十三日

沅、玄、明、梁、育来同玩了一趟。马路买文具，回栈吃饭，买套鞋。看《艳阳天》。各回校。玄、沅晚饭后去。访奔川先生。小青未遇。

五月二十四日

晨七时到富。中午邱广丰、俞雷云、老万隆泰请杜元雪等，我亦加入。下午三时半车返新，带来鲥鱼、黄鱼，请县长、局长、统税新旧主任、唐、陆科长、吴师、韩曹诸君共啖。谈至十二时散。一时寝。五时往店，知疯人上市，即回家。

五月二十五日

写信。

五月二十六日

今日又自闭。金满兄到家中来谈。增嫂、金娥来。写信。

五月二十七日

摘枇杷送人。塘栖红种、白沙二种。金满二渚返。与永康先生谈，交电灯公司股单。隆兴沙晋米今日算清。柏年来闲谈。晚与人俊兄谈。沙发、椅子抬来。

五月二十八日

章、周二师来。天广来。宝进、六夫往杭。铨兄来，明日往杭。带款给玄育。黄鱼多，价廉。

五月二十九日

铨兄起早往杭。上午开会，与止戈先生谈上海。下午承包涵洞工程(城至峤忠乡)。樑来。孝仁与友二人来宿。桂香往茹做丝。早寝。

五月三十日

汪、许二师来。张局长、刘阿水来。人俊兄返店。唐科长等来。孝仁、友四人在此午膳。樑下午返校。洗浴。吴国治来谈修堰。王保辅来。

五月三十一日

裘先生来。增兄、潘炳林杭返。下午三时简师开扩大校务会议。晚王校长请吃晚餐，请吴师讲演。我亦被邀登台，说进简师是志趣高超，钦佩，希同学努力，将来为新登教育服务。十一时寝。

六月一日

晨同乡谢君来，因夫妇受人殴伤刀创。陈老五谈兵役事。宜宝嫂亦谈兵役事。较闲看报。市上盛传铁匠死了，要解剖验伤。店中议市。烘笋干。

六月二日

上午发寒，下午热。中午回家不食。天明热减。晨往司法处请吴法官迅速提审。

六月三日

木匠来替大姊置寿材。因桂香往茹做丝，人数少。店中今日接小屋一起在店中供膳。驶安叔来借读书桌。增兄下午二时半来，傍晚回茹。看《寄小读者》。叫志芳来嘱多负责，我因病不能到店。下午仍热，较减。冬梅来，月中来。

六月四日

看报。省视导团下午到。月中送鲥鱼来。下午微热。桂香回，竹香来。碧东山女客来。铨兄杭返。来舍谈三小时即回家。祖培、杰兄来谈。晚诫仙花安心做事，读书，只要自修非一二日之功所能成功，要终身用功，虽每日一小时，亦可应付应用。

六月五日

木匠来家吃饭。较好，往店。许先生来往六渚。施先生兄弟来。漆匠来。万有返家。

六月六日

张霖生局长来谈，知县座陪视导团五人往塔峤。许、应、周、陈诸师来。锦山杭返。宝进先生中午杭返。根好来配货。陆科长晚来谈影像还好。洗浴。大姊寿材木匠完工。

六月七日

汇五丰款。托行健带杭。宿店中。

六月八日

富沅信。致函壬儿。

六月九日

沙晋借《丹凤朝阳》画，向永康借《雉牡丹》。因此画借无着。虎儿来。铨兄来。阿昌来。陆科长。瓦挑来。物价又狂涨。一时寝。

六月十日

车瓦盖瓦，似雨未雨。冠雄来。阿兰夫妇、小孩五人傍晚到。涵洞成，揽其来已包定。王科长来。晚与铨谈至十一时半寝。隆兴阿七拿款。今日黄鱼味不美。

六月十一日

铨兄回府。石灰来。李英才来。志芳辞生意。早寝。

六月十二日

与人俊兄谈(送阿兰、葛家桢夫妇上车)。开修建参议会及武庙。荐章孝仁与县府。洗浴。与杰兄往冠雄处。友桐、永康、杰兄来闲谈。晚与人俊兄谈。十时寝。北风转凉。

六月十三日

唐泰、唐济、于思正来。罗员华来。王慕曾来。久旱下午得雨。晚与志标谈说话应含蓄。

六月十四日

写信寄上海、[寄]富阳笋干。金满来。增德兄来。杰兄来。柏年来。塔二章先生、俞先生来。冠雄来。程子英来。物价狂涨。四千万桶油四千八百万。晚诫冬梅夫婿林荣。接杭电话。十一时寝。

六月十五日

增兄往杭。上午九时开县银行筹备会。下午三时商会开会。宜之、介白二君来。员华来。午后二时杭来电，物价又涨。乾坤三十万，洋火九百万。四君子哔叽一千二百八十万。十一时寝。

六月十六日

打富电。写三信与锦山。叔丹先生来。虎儿来。喉痛。裁缝来。物价略回。与子英谈失业应招事，有事要防失业。

六月十七日

漆匠来做大姊寿材。郎家庄田由百年介绍成交。王容、国兴款来，支去。物价又涨。米涨至二百二十万。钟柏森送扇面来。永康先生的墙还要加长。洗浴。

六月十八日

中午锦山来电。傍晚货涨，晚又涨，四君子一千七百万。陆科长来。汪国钧来。钟彦夫来。

六月十九日

店屋瓦重盖。下午四时开修建文庙及县府会议。晚写信。着子芳往杭。接富长垣电告油涨，及子芳电告烟涨。大光明皂厂用三轮汽车做广告。早晚凉。裁缝不来替杰生做。

六月二十日

锦山杭返。再着福朝往富，当日返。月中来。立亨杭返。增嫂杭返。晚荣先嫂五旬冥寿，放焰火。我去与杰、俊二兄、玉琴谈了一回，十一时返。去看吴师，知已往杭。

六月二十一日

[做]与永康先生界墙、封沿、琉璃瓦。剃头洗浴。周、章二师来。友桐、永康、卓人、小潘来。郎款来拿。子芳、效泉来。晚告仙花做人要耐心。立亨来。着福朝再往富，接连三日。

六月二十二日

杰兄告我县座已安插章孝仁。宜宝来。冬梅返六川。月中来。直接税金又派员来。午后杭电物又涨一分钱。晚开保务会议。看报，十一时寝。凤弟寄小凤照来。

六月二十三日

月中来。天小雨。慧农、逊铭、国华、杜斌诸兄来闲谈。金奎子来。泥水做灰缝。书橱改向摆较便利。苦竹坝开会着平甫去。

六月二十四日

石匠来铺二进一间街沿。款轧贴票。天雨，生意不见好。锦山往唐村坞。铨兄来。开中心学校校长会议。蕉石来。唐济、铨兄宿此。十一时寝。

六月二十五日

唐济校长回里。柏年来，高雯来。增兄杭返，当日回府。铨兄回里。万儿回家即返校。物价狂涨百分之二十。请韩尔中替大姊医治。浙保接兵，班长买杨梅，打卖杨梅小童。乃叔看了不服，打班长。排长恨了发怒，责打警察巴掌，打得面肿。总之，双方均缺少忍字，好打。

六月二十六日

知昨晚简师宪兵酗酒闹事，幸已说了。国华对次子不拟放走，不必有高深学问。我劝解让他发展，渠亦同情我说法。唐应麟来。宜之先生杭返。金满杭返。晚劝松庆耐忍气量阔，应努力学业。与人俊兄、永康先生晚谈。写信，寝已一时矣。今日物价又涨一分多钱。子芳下乡收丝。

六月二十七日

锦山往杭。子芳下午返店。宜之先生返洞桥。今日物价平空，米略涨。中午热，改穿白麻绸衫。往杰兄家为塔二收学生缴款单，及冠雄要金履历。梁泳文来。柏年来谈吃经。晚欲雨。十时寝。

六月二十八日

洪发身来说洋油又涨。有说袁祖培任县银行出纳，得二十四票，不知在何处投票。天微雨。晚拟清账，因积信太多，只有复信。米涨千万元大关。居棠来谈了一回。

六月二十九日

早起向想与子芳打电话据云已与炳南洽妥，故未打，理信札。今日轧出现款最多的一天。有二人卖仁丹，我因有售，他不满意，说一包也买，一包了事，油部买五包。做人之难，其实其他复杂，何必包含在商品一起。炳南十一时往杭。永康先生来谈。晚与杰兄谈。与宏庆、福泉、祥水谈闲事。十一时寝。

六月三十日

问超姊拿郎家庄户。百年来。大雨。米柜上漏，幸发觉早。与杰兄谈缴银行股款。叔丹先生来。货车到。

七月一日

杰兄、永康先生、小九、信义诸兄来谈县银行事。巨樑、世孝诸兄来。立智兄来。孙天锡、天相来。舅父膳，郎家庄契。洗浴。下午开县银行股东会议。晚百年、友桐来。锦山、炳南返店。富阳水大，汽车不能过江。子芳出外。

七月二日

在曹家开县银行董监事会结果。董事长曹杰生，常务汪烈山、贾士铭。再根先生、光荣子在此晚餐。晚陆科长、李英才、章传周、白高雯来闲谈。日间林逊铭、王寿镛来闲谈。家明回家。晚洗浴寝。

七月三日

今日款轧票掉现解决。上午开修建参议会及积谷会。传子、厚梅、倪燕香来，当日返家。依领有难民八十余人过境云。张局长来家闲谈。剃头洗浴。看报早寝。晚雷，欲雨。

七月四日

庚玄儿放学回家。亚球、介白兄来。华璋兄着人来挑水泥未到，令人空跑闲路，殊觉抱歉。过不在我，但我忍受。晚应永康先生邀，陪统税局罗主任、邵、赵、许主任。晚杰兄谈挽留永康先生辞县银行总理。晚凉，早寝。

七月五日

割款现钞忙了一天。柏森致杰兄函已到，过杭州。今日清理后院。俊民兄来。洗浴。晚永康先生宴县长合家。阿菱、阿和亦返家，可谓二家春。外客惟烈山、卓人与我。

七月六日

上午大雨，安心写信弄账。傍晚放晴。晚继续弄账。十一时寝。

七月七日

徐文彬来说今年七十七岁。今朝三十七年七月七日可谓难得。新统税局局长赵来谈了一回。宝进先生来。樑来。洗浴。晚吃香蕉，樑买来。弄账因青虫罢手。铨兄来。周大沅来。翢中等十人往严投考，由应先生率领。

七月八日

天雨弄账。卓人来。一至三保保校开家长座谈会，到人寥寥不及十人。阿七杭返。渭良往长过此。徐院长往校打防疫针。溦儿傍晚到。听弄账。百年将郎家庄契拿去。

七月九日

锦山七时往杭。下午大雨，北风。洗浴。晚弄账。

七月十日

早晨打杭电，知货价涨一成。午后电又涨二成，四时来电又涨。增兄杭返。天荣、根荣。汪、徐、陈三先生来。往县府，知孝仁已发表职务。洗浴。弄账。

七月十一日

锦山来电询钱君款未交。物价平。志浩、阿少来。傍晚天雨。晚夏炳全来谈。写信，寝，账已不及弄。十时半寝。樑去杭。

七月十二日

金满来支筏款。塔二考生回新。铨兄末班车杭返。洗浴。王保辅来谈二小时。庚儿成绩单到。晚弄账。觉倦，寝十一时。陈义来，因适晚饭，未谈天。

七月十三日

今日吴子浩、吴德来等均来支款，款轧折谷。徐士林洋油售与庆福。大生今日拆旧屋，嘱兆铨躲楼下。锦山、根好杭返。晚写信。

七月十四日

晨六时起床，七时往校。今日开第□学期休学式，并欢送第三届毕业同学。翢中亦这届毕业。归途微雨，借套鞋。参议会今日开会。六夫、子辛二兄宿此。十二时寝。

七月十五日

陈其训兄来邀六夫、子辛二兄开会。杰兄来嘱，把六夫兄交来款付省行及签出一部放息。下午疲倦欲睡，因事数次未入梦。今日先父生辰。敦有、阿钦到。六夫宿亦飞兄家。晚与高雯、子辛兄谈。十一时半寝。

七月十六日

晨同百年往方家桥看梓榭成交十六支，需白米一千七百斤，鞋袜湿。归来，杰兄来接洽县银行贷款事。今日搭大门庇。罗弢往沪。车砖。参议会开会三日。晚县长宴诸公，我亦被邀。高雯兄来谈。子辛宿此。

七月十七日

上午参议会闭幕，未去。下午领校谷，开粮食调节会、修建参议会及重建关岳庙会。傍晚大雨。汪昌甫下午三时来。子辛兄午后返里。国华兄上午来(出庭)。

七月十八日

晨看《观察》。吹逐苍蝇(粥)。蘩洗衣。无非希望诸儿多读一刻英文。午雷，三时大雨。四时一至三保保校开会。晚饮酒一杯。友桐来谈合作社。十一时寝。知万儿录取严中，塔二分团取八名。

七月十九日

香烟狂涨，大乾坤一百零五至一百五十元。锦往胥口。土方对陆家毛纸让还三分之一了事。人俊兄发瘤，大苦竹未去。写信万儿努力。大姊因痛苦流泪。晚至吴先生处谈(拿《大公报》去)。锡勇舅来谈。阵雨两次。弄账。

七月二十日

阅报知大钞已问世，今日物价稍回。慧西来。下午司法处开监所协进会。阵雨二次。虎啸社出刊物骂人，不知何人所办。晚电来，知杭正大有十余亿交入。弄账。

七月二十一日

大生今日立柱上梁。来往得友人大都都谈虎啸社刊物材料。邱世孝来。铨兄往杭。汪先生、徐先生来。百年来先闲谈。卓人、秋高来谈。米今日涨二百万(一千八百万)。沈荣生来。机米。锦山晨七时车往杭。

七月二十二日

卓人、其训、黄科长、杰兄来此开修教育局为参议会。拟打杭电，因山已函，未打。物价略涨。白梅春的爸爸汪先生来。洗浴。晚弄账。傍晚看报。

七月二十三日

大姊又在流泪，我说“请医生再诊吧”。与锦山谈了一次话。旭光、永康、卓人、杰生诸兄来谈县银行。永康先生来叫县税事。洗浴。铨兄应先生货车到。晚弄四槐堂谷账。

七月二十四日

陈发乾事条来支款。月中来。十一时去开县银行会，我到后半小时小九来(定八时开会，实际十时半开始)。杭来电。金满、月溪二兄来，四时返里。洗浴。对厚垒叔说少做柜上，因年事高，精神不济，常弄错。晚过账二十天，计一小时。锡智舅来。秋高科长来。三益来。乾坤烟霉。米市一千九百万。

七月二十五日

锦山来电。中午与县长、亦飞谈了一回。郎雪根、朱金满外甥来。塔二阿春来。晚再与亦飞谈。晚与家人谈。张义方父子来。着新贤往富掉(调)香烟。因明晨要起早往坟山，宿家中。

七月二十六日

五时起床去邀县长、亦飞、烈山、子湘、百年诸兄，太早，待出发已八时余矣。到山上蒙县座、烈山、亦飞敬礼，回礼谢谢。天热，回家请他们午膳。张义方、辅仁父子在此晚膳。明日用洋车送张老到三溪(因渠只要到三溪只省一部)。人俊兄回里。米市回一千七百万。

七月二十七日

晨起，查范聚星君来柴账。拟打电杭，未通。增兄往杭，知开化山桥有受主。锦山中午到。做押款。知兰山乡民与荣军之冲突。金长贤子来。洗浴，天热，早睡。

七月二十八日

邱世孝、龚秀根来。押款转购。米市销滞，屯一千二百万。金松根回杭。卓人、国定、良叔来。丝市千一百，一千一百五十。达弟来函告毛线价。洗浴。人疲早睡。素贞来闲谈。人俊兄回家。

七月二十九日

杭款轧卖了九担米。天热。与大姊谈家事。晚洗浴，拟谈子女励学事，因倦未谈。往吴先生谈校长、柏华远卿来。

七月三十日

查报理报。米涨一千一百万。下午香烟布匹又涨一分多钱。天热。晚间乘凉天井。

七月三十一日

晨起理料、晒衣。致和与永康先生谈做墙派费。弢与铨兄来。昌富先生来。售米。晚与锡智舅在大生谈。晚与铨兄谈。十二时寝。物价又涨一分。说五百万钞问世。

八月一日

今日晒画。买西瓜一百二十斤。送友桐、小九各一个。十时到店。三时回家。下零星雨，几滴即止。宜宝、立亨来，明日回富。城河水枯，明日水碓停摆。

八月二日

今日晒书。弢陪同学五人乘十一时车往杭，转金投考。国贤来支款。施先生来。范文达及桐庐周先生来荐老师。物价略回。晚洗浴寝。小兰来。阿香去。

八月三日

上午写信，十时到店。炳南中午到店（杭返）。金榭同来。沙晋哥中午来，数月未来。晚谈至十二时寝。今日书晒好。小兰去。生口疮。

八月四日

沙晋哥起来甚早，谈到九时赴店。增兄杭返。今日秉桂父女开审，茹口多人来旁听。傍晚阵雨。晚不去店，告诸儿社会实事。十一时寝。含香来。

八月五日

理厨。督促诸儿读英文。傍晚大雨。物价回跌。晚吃罐头、鲍鱼、痣花鱼（即鲇鱼）。十时寝。小兰去。

八月六日

汪昌甫先生来谈小教训练。陆科长来谈双清一至三保校长更调，非他本意。唐惠生、袁又成来，因欲雨，即去。做馃。本拟敦儿往白家，因闷热，托人带去。敦儿午后患泄病，幸未去。晚与人俊兄闲谈。十一时寝。邱连奎返，未来店，炳南去徐问。

八月七日

锦山早车往杭。理账，应付支款。金榭父子来谈婚姻问题。张队长来赁屋，我以小儿外甥暑假回家，骤增十余人，因天热困难。叫锡匠修格漏。诸儿看报，知世运、篮球，兴奋。永泉来。维榕返杭。炳南回里。布、香烟、黄金又涨。

八月八日

维榕、栖云、亚球、永泉诸兄来。庆慧、施先生、章先生留到家中晚餐。施回文庙训练所，章宿家中。金松根来与人俊兄二人稍有争论。我回家吃饭，听说松根哭了，回杭，殊觉不安。栖云告我心泉先生命名是莒庆堂、钟庆堂，他们记忆不差。他还说我说过“翁同龢失字”[1]典故。

八月九日

早晨回家陪章先生吃早饭。中午章先生毕业证验印拿来。下午我托他验印白梅春家境清贫证。中午太热（九十六［华氏］度），最热。三时大雨，下冰雹，大风五时止。田禾恐受损。罗国华来。罗兰来。与家人谈建筑，要自己注意。晚弄账（店账）。十一时寝。晨锦山自杭来电，问金松根情形。我告，适我回家吃饭，人俊兄与他口角，辇了一回，据云未打。我曾叫子芳邀他回来，他不肯。他是年轻，父辈要好，有所理缺，可以将来与他父亲理涉，我亦觉未妥也。

八月十日

昨雨，今晨较凉。中午山来电。午后开校长

1. 翁同龢失字：据说翁同龢喜欢养鹤，光绪年间他曾养过两只丹顶鹤，后来不慎飞失。于是他亲手写了“访鹤”的招贴，贴在正阳门外，以重金悬赏寻找双鹤。因为他的书法名重一时，那招贴刚张贴出去，转眼就不见了。于是他再写，贴出不久，又不翼而飞。原来都是被字画收藏家和书法爱好者揭去保存起来了。

会议。昌富逊铭、杰生来。德顺委询造屋事。洗浴。潘荣达来。阿春往场口请李师返。听说止戈先生有病，去看看他。

八月十一日

虎儿、秀根、华璋一早均来支款。富又来支毛线款。这事真说不出得吃亏，总是亲戚，认亏算了。国华送子往杭报考是我力劝他的。友人钱君来塔峤办事处办事，宿此间。伤风。铨兄、锦山杭返。沙晋来。听人俊兄说，他们祠堂种的十七株大松树因大风枝条被折断，邀我去看。我说这事你应为祠堂留纪念。晚弄账(店账)。

八月十二日

晨买斛尖给诸儿吃。收钟进士画，挂梅舟人物。款轧做押款。谷春完。增兄来支款椙县银行。知集之兄到富。晚与炳南谈生意经。育才、金满、发乾来支米。

八月十三日

剃头，洗浴。物价又涨一成半。米二千五百万(担)。塔二投考杭中，同学宿此。天荣、天庆、慧西来。富来电邀往。电智标来店。

八月十四日

晨四时半起床。塔二考团学员六人，周师率领。到富秉成尚未进早餐。谈美国一切，看立体风景及五彩照片，美国科学之进步令人敬佩。晚赴方魁年家晚餐。到立亨家坐了一回，洋洋又腹泻。谈到十一时寝。

八月十五日

晨起，知杭淳直达车不能售票，乘九时车，翊澂到富赴校。幸遇浩涛替我拓来一张杭至新票，十时到家。九时车，午后一时半到草巷抛锚。

八月十六日

木匠来修窗门，锡匠来修格漏。复兴、俊才顾及家，可谓每雨难忘之举也。国华、传子、李玉成、徐楚斌来在店中午膳。天热。分水破获造伪钞机关。到永康先生处谈县银行房金事。国华亲戚钱君今日改宿周大易处。徐根贤来。

八月十七日

早上听沙晋喘声。振家来知渠昨晚宿家中。郑连奎回店。沙晋晚饭后由才宏陪往柴场。物价又微涨。今日四百万大钞问世。玄儿不肯努力，摘石榴，融锡管。晚算毛线账。

八月十八日

宏庆来支工资。生寿落来电售白油买盐。高言志之子夫妇来买布，少钞一千万，不知错在何处。炳林、冠雄来谈。永康先生来谈。县银行今日送娟来。铨兄来。厚梅、雁香来。

八月十九日

铨兄、厚梅、雁香六时四十分车往杭。今日结四块槐堂衣衿户修书房账。中午祭祖。下午三时老屋祭祖报告账目。并讨论此后仍公共修屋、书屋。租金亦归修建。六时周大源、翢返(杭考返)。洗浴。来店与百年、杰兄、玉根、友桐、蓉义露天集谈二小时半。十一时寝。

八月二十日

晨知改革弊制，银行暂时停业二天，各尽猜测。十时半报到，略知情形，看物价涨跌又是一谜。今日会议都是说弊制。物价上涨一成(布)，南货香烟涨二成。县银行照常营业。同春和送来油包二十只，百年送来八只。晚与杰兄、永康、关荣、露谈了一回。查折米款及租折款，以便立新租簿。十一时寝。

八月二十一日

今朝做堂前新格漏。天微雨。下午理小钞。晚上理小钞。大家总动员，六小时工作，只有一亿八千万小钞可理，只能买五担米，合战前不过五元大洋。叫平甫来速换收租新簿。周立廷来替周明德说情，让了二百五十斤租，作牛租与割稻工钱。

八月二十二日

天雨，愁谷发芽。物价回。下午到家中整理书橱等。理钞票。疲，午睡。晚清账，亦觉疲。十时寝。留声机片在唱徐玉兰(改良嵊剧)，亦适者生存之旨。

八月二十三日

理好小钞，向省银行换。由油交我大钞、小钞，收油部款。天雨。据云杭富车大水不通。锦山拟往杭，折回。祯祥往富买香烟。四君子洋细稍回。下午四时开会，要兵要粮要款。晚在县长公馆晚餐。晚看化度寺碑，心地间逸一因。弄账（感时间不多）。没报，没杂志，一心看碑帖。天雨，谷芽，人心焦急。

八月二十四日

锦山晨往杭。因大生加墙，室内都是石灰，瓦碎，决心大洗扫。整理了一天，因客来停工，与金燧二人每人足工作四小时。铨兄、厚梅、雁香来，知杭初塔二考生无望。白皎吾考中女中公费。国华兄来。昌甫兄来知简师取五十名，内有塔二的十人全取。沈、百厦、赞、文等四人来。晚又大雨。洗浴寝。看《观察》合订本。四君子洋细账前日盘。下溪埠兰盆会。

八月二十五日

今日杭车通到二十三、四、五三日报。生意尚可。唐济、洪以文、于思正、陆九成诸兄来闲谈。宏庆、桂兰来借簟晒谷。因洋铁匠做花式，致引振家怒。晚过账二小时。十一时寝。罗春光来谈金长贤子事。傍晚到永康家看赵士兰。罗空来函（县银行事）。

八月二十六日

钟天庆来交箔二块、香烟等。增嫂来。增兄晚车来。郎玉书、莲英来款付去。锦山来电。杭经济警察来查八月十九日物价。军人来销药水。兰盆会一日数起（捐款）。晚结账。又下雨。十一时寝。沅中午到家。

八月二十七日

公安局司法科来传，说售价与十九日不符，原来因十九日高，二十六日低，贱果无碍也。下午商会开会。参议会修建会开会。晚宜之来电询近情。知传富盐店被打系谣传。十一时寝。

八月二十八日

剃头洗浴。十时往县府开物价和金元议讨会。樑回家。锦山回家。新格漏今日做好（做十五工）。晚开同业公谈会将各物价折合金元立簿，以免参差。晚过账。十二时寝。

八月二十九日

晨得谈专员（四川人）来消息，街路扫得干干净净，中午到。事间看《观察》。敦儿往白家。晚承周书记长、汪议长邀，陪专员及郭参谋（天津人）。晚袁河钦来谈，金满尚未来。

八月三十日

吴子浩、袁金榭、王蕉石来。郎印来谈基地已购落。打电铨兄问塔二饭司有着落否，告俞大炎来函报告，新生人数转致。周大源有报值信。晚县长、吴师、永康、杰生、我五人合宴专员，借座燕誉堂。晚吴师、杰兄来谈。与杰兄参观万春堂。尔中谈同业竞争。子芳告明日回里。

八月三十一日

通知邵万民考取金农，着俞先生来带去。下午又着祯祥赶去。四时不见来，再着福泉赶去，六时半返。卷子、万民八时到。晚十二时寝。施先生来锡圭重情不能来塔二。田芳、才广来。

九月一日

同人俊兄谈代人受过购盐事，约谈二小时半。冠雄谈田芳长办事处主任。问炳南详情。听说物价杭州有黑市。邵万民今日往金农。刘尧堂后补招二班作止取生，如此邵亦可能可读。

九月二日

早晨得柏年报道知子湘妻死。下午六时半林惠生到韩家。下午三时鲍家八九人到韩家。晚谈至一时，回家寝。

九月三日

晨烈山兄来吃早饭，知林家提出几点。中午司法处到韩家验尸，到下午四时始告成。我午后午睡。四时开商会。六时到韩家。十一时寝。子青、友桐、国治、和生小包车来。

九月四日

子湘妻今日午前十时出殡。晚十时返家。明日庚玄去校。

九月五日

子青今日返杭，包车返。六时雨。李先生来。塔二来挑书。疲倦午睡。庚儿、玄儿、介亮今日去校。十时寝。

九月六日

铨兄、增兄来。百年来。下午开校长会议。午前九时往吴师处。傍晚雨。晚与杰兄、袁世英谈，十时寝。大生昨日有二三人上架子，不知是否偷窃。

九月七日

上午去安慰永康先生，一回坐了二小时半。午后到杰兄、俊兄、卓人兄二处谈了二小时。看报。晚写信。十一时寝。

九月八日

止戈、百年来谈“百忍”二字。天荣来。塔二来挑簿子，知昨日已上课。维坤来。杰兄来谈营业税。晚过账。看《观察》。杭城黑市猖獗，已暗中疏散货物。十一时寝。

九月九日

吴阿含来。孙才宏、邱世孝、袁金榭来。钱鉴坤来。吴阿言来专函去，汪荣感叫他来此与万儿同去。李介白来宿此。十一时寝。天转寒。

九月十日

应先生、汪先生来。张志浩来。汪荣感、吕作民来。二婶母嘱万有带物三黍。富来电人俊。烈山嫂来市。十一时寝。

九月十一日

晨送汪荣感等，弸中到站待直达车，因拥挤，走路到六，乘船到窄，乘轮往建。听弟来。方希臣来。晚谈至半夜，二时寝。

九月十二日

送听弟回富。陈泽钰主任亦是车往富。方希臣到涨地，钟家明晨同往窄赴严中。锦来电。王易山来往白家。晚诫沅儿应有目标用功。十二时寝。

九月十三日

泥水来平晒谷地。久大卖白大布，加二放，被同业发觉。午后至永康先生处。林惠生亦由杭来谈陈泽钰嫁女，林主任调桐庐。店理小钞。杭来电介烟款，开采购证。沙晋陪师看手伤筋。十二时寝。

九月十四日

虆、贤、湘三人乘十一时车往富，敦陪往。敦当日返新。增兄、良叔来。泥水来做过间工作。晚锦山来电，怨采购证不到。十一时半寝。俞周二师二来。国庆日开运动会云。

九月十五日

准备请林主任筵席。杰兄来条，我去接洽，知渠发斑。到永康先生，知子湘妻今日二七。锦山到店。下午六时我们六人公宴林主任、新主任周君。十一时寝。

九月十六日

泥水匠来开门做过间。盐由东号提回。下午二时开米业座谈会四小时。沅、爵诸儿到车站待母，未来。算清昨日公宴账，每人派一千一百万。杰因借座，用茶饭等，只派六百九十八万。晚看蒋经国告青年军的《上海到那里去》。十时半寝。

九月十七日

百年来谈关帝殿前田价。虆富返。子芳返店。夹竹桃蔓草，除去手甚刺痛，但内心甚愉快，似将束缚除去。晚与子诏、祯祥、长寿、亚坤谈应征处及坤薪给。洗浴。十一时寝。

九月十八日

铨兄来，过六往杭。袁浩来，去杭办药。智标回家。晚至吴师处谈罗宝贤。下午四时开香烟小菜评价会。王寿镛谈过去场口。与林逊铭谈生意。渠明日往桐任职。十时寝，微雨。洞桥女客王某宿此。

九月十九日

泥水开上门缺。下午开疏浚城河会。到杰兄、维坤处坐了一回。傍晚雨。仁年来问国定。罗宝贤来谈与陆科长之工作及意见。世孝、本生来。徐月娥去塔二校，因稍迟，写信说明。因佣人雇不到，故稍晚。十一时寝。含香宿此。

九月二十日

向省行小钞换大钞。核账。永康先生来叫师母今日传审。下午商会开会，不允北河负担。郁文兄来。永康先生家晚饭。郁文兄宿此。二时寝。增嫂杭返。

九月二十一日

查大有登记号数。中午在永康先生午膳。与友桐辩商家负担北河三分之一不妥。陈化斌谈昨日永康师母几供不妥，而出于渠几甚核要。方希臣的爸爸来。二时永康、项医师、银行邵先生、锡华应审。洗浴。十一时寝。

九月二十二日

孙如玉、孙天相来说送他哥哥上海去。她来

折点谷款及应先生。施先生来，下午又来。小九对陈茂贤辩子湘事。下午陪湘上学。天闷下雨。写信。罗荣有与山主又来。看《工党一年》(费孝通译)。因二车夫口角，敲我玻桌。[锦]山怒，后由陈林及铁匠和解了事。

九月二十三日

湘今日顺利去上学了。陈其训、黄仲伯、孙卓人来此开参会。估价座谈。拟报式。下午雨。晚核账。看《工党一年》二章。今上杭富货车覆车，伤多人。叶科长、章玉珊等均受伤。府绸衫有凉意。

九月二十四日

邱世孝杭返。袁荣根来。锦山往杭。漆匠今日洗刷门面。周、王二君来闲谈省银行。周大源来。陈茂贤来谈。到杰兄处了一回，金如琴亦在，借来《新闻天地》一册。晚与沅儿谈女同学为尔兄壬有作介绍。九时返店。

九月二十五日

晨锡匠来。店泥水、漆匠、木匠来。往炉头送荫村殡，与闻硕人谈海上情形。此人满口经济财富，殊觉刺耳。下午二时，因三时县府会议，返城。太热，座谈止。县座省区回来，谈枪、兵、粮、币及营业税等事。晚与敦、沅谈此后向学目标及人情世故。十二时寝。

九月二十六日

旧锡理了出来。卷子、李师来。孙如玉沪返。高雯、云内来。到永康先生处坐了一回。徐士林来。杭来电。去富电询岳母病体。敦、钦、沅今日往校。沙晋晚饭后来。十一时半寝。

九月二十八日

昨往富询岳母病体。因晚车人挤，今晨九时车回家。锡匠融旧锡物还大姊锡。六时山来电知香烟有涨。李志祥来。白高雯来约晚至吴师处谈。坐谈三小时半，要我援助中学舍宿。我始终不赞助不反对态度，以债款作助学。你募我若干，我募你若干。十二时半寝。

九月二十九日

炳林来谈保事。高雯兄又来谈捐中学宿舍。我以种种婉言却之。中华文库箱今日刻字。店门面人今日漆。天雨。听说龙门有盗案发生。晚写信。王焦石来。孙卓人来。徐步瀛来。一新嫂来问弹花匠(秋娥做)。十一时寝。

九月三十日

止戈先生、百年兄、高雯兄都来。增嫂往杭。蕉石叫爱儿来拔菜秧买物。锦山兄杭返，知平价物无处买。其他货物涨了百分之二十，做生意加了几成困难。叫锡匠修店后天井格漏。沅儿替我笔买来，金星没有，是华孚503。晚到吴师处，允高雯兄县五中学捐田一百担，变价造宿舍，由先母出面。归来十一时。看报，十二时寝。

十月一日

金榭、袁浩、袁水根等来。与人俊兄谈与高雯兄话。去大华看连奎病，他在煮粥。大姊日来，病体似较重，与杭返时相仿。洗浴。伤风。晚写信。十时寝。才宏来，雯兄叫瓦匠来。我说此事欠早，应先募捐开会决定方针，再定瓦不迟。百年来谈，袁有虎回。苦竹何来，宝租托立智去缓充。

十月二日

吴师来委做保证，支款并谈袁地事。柏年来。尔中来。杰兄来叫为营业税事。下午三时偕维坤、嘉春同往县府，与县长谈替念物价管制，百物亏本，暂加三倍，连原来为四倍，允十月份维持九月份数额不加。晚致吴师处，百年在座，归来九时半。人俊兄往柴场，知袁地情形及算谷账。晚开扩大保民大会，派梅根去听，说县长汪昌富均来演讲。伤风，十一时寝。

十月三日

泥水来做过，问漆匠不来。我去催，下午才来。天已转变有雨，应漆柱子亦把握时机也。柏年来。铨兄、增兄杭返。周大源及妹妹、施先生来。罗国华来。去永康先生家，烈山兄亦在座。闲谈陈小蝶家庭风趣，有苏志泉家庭风度。在永康兄晚餐。写信。盖中华文库印。天雨了，十时半寝。

十月四日

章小法来折谷款。郁文兄来。同义方先生早餐。到塔山去看割三麻。郁文兄不适，在永康先生家。晚劝告同业，谨慎从事，勿抬价格，宁牺牲小头略亏血本，不伤大命。三之尺不应用，宜用市尺，以同度量衡划一。湘儿书袋多二锭墨，呈校长室，不知何人戏弄。后疑一锭是我给湘拿来，不是只这些，都是问题。儿童心理亦大有研究。十时寝。喉间燥，早寝。

十月五日

舅父往苦竹。蕉石来。良叔来。洗浴、修面，接洽。明日菜酒着福朝挑。下午三时往校。四时半到铨兄，往大老坞，与弢谈，共饭。铨兄至，晚开校务会议，详讨一切，十一时毕。与铨兄又谈一小时。十二时寝。

十月六日

子湘夫人今日五七，僧超度。晨起看小说(茅盾香港版)。补行开学式，报告老师、学生人数，投考中学录取人数，以勤俭建国为国策，应配合学校及学生术学。中午待至十一时四十分，福朝才到。生一圆桌，尚有一桌，留在夜里吃。我二时离校，三时到店。开水利会(挑城河)，结束果商会以章工为限，在限内负担十分之三，操三千工概不负责。五时应厚垒叔云王校长(简师)来，有二学生留学籍。我恐是塔二学生，赶到县府。汪昌甫下乡，再至王校长处，知是老生。归来知锦山有电话来。又赶至电话局，知祯祥已接过。又至店，问明，回家吃晚饭。孝顺谈县座错怪他不上去，去叫福纪。明日叫子芳往杭，十时半寝。

十月七日

晨起百年来。一办事处县长及委员来询问芽谷情形。包了样子去，最芽十分之三，次芽十分之六，小芽十分之一。与王荣根、詹润祥接洽，香烟应请求照杭报价，并托他看大姊丈墓地。到县府与王科长接洽，下午开会。估看城河人员。来邀福记，因去叫子英记工。我去北门知他们工作已过。到县府开会后，到党部开商会。五时再同陈其训出小东门，知他们已环城，工作完竣。到电话局接电未通。读寿澂、mstring朱来函给大姊听。才宏来。晚再与渭生兄去听电话，知新登货二车在六和塔六时被扣，至下午二时始返正大。被扣店家有十余家，详情明日约子芳来谈。传子去杭，应先生、孙先生亦来回里。阿春来。

十月八日

上午与杰兄、卓人兄接洽办申请事。十一时子芳到，当再与渭生兄、卓人兄接洽，下午二时到收发处询问，有否送叔长室。与县长接洽，请加急赶办业，即着贾秘书办。因四科不在，由秘书室办，派祁珊稿。至下办公时间(过半小时)连夜送出，再托孙秘书，再王省商会协助。晚间同业公会商讨增资事。炳南生、刘宏亮车午后一时到。伤风不适早寝。九时半寝。

十月九日

伤风不适，请尔中拟方服药。驶安、陈永大子屠、土根、福来来。体力不支，极感谈话乏力。中午至家吃素。下午躺在躺椅上。詹润祥兄来，与舅父同去看地，据云不能用。上午詹君亦来。晚吃胡椒面，吃药来店宿。桐方有焚谷仓消息。早寝。

十月十日

请尔中复方。热较迟退亦晚。孙根泉种户来问考坑，许十六担。施先生来。传子来杭返。友桐交来挑城河标件，我略增，并介绍王科长再考虑。沙晋晚饭后自柴场来。早寝。杭渭生来电说有近期发还可能。

十月十一日

锡匠到店上格漏。沙晋、柏年谈袁基事。友桐来。耿夫陪子荣来，小九兄亦到。子荣谈致和事。爵有与我忌嘴。添资。与人俊兄谈油部。早寝。

十月十二日

送湘儿到平甫家暂住。到电话局接山来电。写信。吴师来。土方来。到吴师家。塔二来电。桂兰来。奔波半天，烦劳半天觉乏力。十时寝。晚十时雨。

十月十三日

剃头。锦山杭返。锡匠算工钱。洗浴。写信。汇款。柏年来。雪元来。周双来接洽。薛百水种十五担。细雨竟日。

十月十四日

天阴晴。漆大姊寿材。王乡长在德一，我去，良叔亦在。到永康先生处。五时至县座，同王乡长、友桐同去。至致和吃晚饭，锦林、小九、森生局长均在，谈至八时半返店。九时寝。

十月十五日

代收月溪礼带去到朱锦泰。郎玉林往杭。买到排骨，问明大姊吃法。子芳往杭。国华来市。到永康家去了二趟。下午开粮食会议。知清和夫妇来。在永康兄家晚饭。晚同耿夫兄去居棠家与心厚兄谈了一回。回店九时半。十时寝。

十月十六日

金龙司来，我急去永康先生家，说灶不敷用打灶。到吴师处。中午回家吃饭。塔二篮球队来。永康先生家晚办人情酒九桌。听施先生说一位学生病了，不放心，九时到家，去问知宿在南门亲眷家。我说明明上午九时半叫学生到双塘口，齐集来城，再到韩家。十时归寝。拟《中华文库》借法。

十月十七日

腹不好。请尔中开方服药，忌嘴。永康先生处照样来去。下午三时到运动会场地，他不胜感慨。十时寝。永康先生先尊甫堂、世伯今日午后由海宁运来。

十月十八日

晨送永康先生封翁之丧。到运动会。县长、汪副会长以塔二发言太多相责，我告领队不要再发言。汪说捐款，我说极是，惜乎为时太宴。塔二参加开幕、闭幕及集合操团体操，余均弃权。宜之先生来。晚十一时寝。

十月十九日

上午开校长会议决定延迟一天，天晴比赛。径赛因场地关系不比。中午回来。永康先生封翁及先妣题主由王晋卿先生鸿题。周干事来看房子住职部分。店屋、住屋、公共场所均查去。晚由烈山先生、我、俊兄三人出面请客，八时开始，十时吃好。十二时弢他们开教师会议，归来谈至二时寝。

十月二十日

晨汪家来人来电叫卷子回去，想是念他不参加运动，回去有事。中午永康先生叫吃宴席，县昨天留下一席。下午预备献书典礼及塔二同学游艺会。晚献书由双清周校长延来就书。因来宾拥挤，无法表演，典礼完成后唱二支歌。塔二在校同学在简师同学共啖茶点、馒头。铨兄各教师弢谈至十二时寝。

十月二十一日

早起到简师去了一回，告谢王校长，及风琴被小看客划了一个“项”字道歉。看了一场篮球回来。下午三时参加闭幕典礼。因团体操锦标说有二个第一保留。学生傍晚回去。铨兄九时回家。增兄、辛兄宿此。李先生宿此，明晨往杭。十时半寝。

十月二十二日

陆科长亲自送来县长赠团体操锦标。打电话通知塔二。铨兄下午三时来。四时弢来电询问。写信汇款。中午六夫、承先二兄来。听说今晚县长招呼各参议员及各科室。十二时寝。

十月二十三日

塔二同学来问锦旗真相。我到议会问钟兄复函。回议会提请求放行扣留货物及在杭山货被限价折款，应易评价货符物物交换。国定来谈东北。锦山往塘村坞。晚与昌富谈。铨兄、卷子谈至十二时寝。

十月二十四日

铨兄拟杭运会二个第一代电登记事同业来接洽。林逊铭兄来。晚邀渠吃晚饭。人俊兄作陪。晚米业来店开会(登记事)。布业来店开会(登记事)。铨兄往杭。六夫兄、子辛兄回家。晚十时寝。参会上午闭幕。

十月二十五日

天雨。到杰兄处。九时到县府，为邻县限价及凭身份证购买必需品。下午洋油改售一月四两。复杰兄。午膳。打富电，塔二来电等二小时。到致和谈油事。到永康先生谈地事。晚拟宿店中。郁文兄来。回家谈，十时寝。

十月二十六日

天雨转寒。十时再与听弟通话，将油搬来。郁文兄在驶安叔午膳。知祖荣嫂去世。陆科长来。叫梅叔抄代电。李先生傍晚来。人俊兄发瘤火。增兄往杭，托带去沅衣款。人倦早寝。汪榭荣女婿赵君夫妇台湾来。

十月二十七日

李先生回校。递团体操二个第一抗议书。下午开田粮会议、民调会，二时去，五时返。晚与果业三代表谈米事。九时增兄来电，知文奎车来。出袁有虎种田三十二，权出卖临时据在二星期内还契据。人俊兄发瘤火。九时寝。

十月二十八日

裁缝来替桂香制衣。木匠来做过间。人俊兄傍晚回去。傍晚谣言窄溪有事，自卫队出动向六清开。纠正简报要发表献书事。天寒有风，人倦早寝。

十月二十九日

祖荣兄往杭，偕幼子治病。下午看培公。因委办石灰事，知专员为伤病院委办石灰事，拍电报，复函，略献意见。富半商间县座，亦略参复言。桂香今日做帐子，略多备数，荣请裁缝。吃蟹，香蕉。九时寝。

十月三十日

炳南上乡返店。看县长告石灰只要托亦飞。杭广达公司邵金来接洽。国定返杭。人俊兄傍晚来店，米、洋油[价格]还是跻(上升)。听说富阳人来活动。米想出境，运回富阳。晚复信七八封。十时寝。天晴。

十月三十一日

张局长、梁秘书来赞同我们的米、洋油应市。荷他派警来维持秩序，着梅根午后往六，再定井圈，知木根已清晨乘轮往淳安，漆匠午后到家中洗楼上门。泥水今日来拆临时灶。封大门，免震动。天晴，已寒流如冬。晚写信。叫福基估挑门前瓦砾。增兄杭返，派来埠山样价一百五十四元。十时寝。

十一月一日

有个别工人倔强，实难管理。九时至十一时，洋油、米市。李华来。柏年来折米款。晚打电杭州山出外。十时寝。今日据报载，限价放宽，有说改议价，究属如何，未悉。良叔、益山来。

十一月二日

晨起，不待李华起来，先到店，再去打电话。杭富八时半返。后才吃早餐，上厕所。商讨今日卖场九时开始。山来电，十时与同业商布及米市。下午二时到县府邀开评议会。四时半返，与汪锡榭、朱金荣、王荣根谈，通知各粮商。与俞致祥谈布、百货，通知各商号。看报。宝进先生来。九时寝。

十一月三日

晨起去看卓人、杰生，告十月份营业税加五分及十五日前缴。去看姑丈[串]梠[1]，送润卿窀穸[2]礼。今日心地较闲。弢来。增兄来。郎伟来。下午开文庙修建会，因人数不足延会。吴见章往沪。与福基估挑门前瓦砾事。晚核阿七、福贤账。九时半寝。

十一月四日

立智、田方、友桐诸兄来闲谈。林逊铭来谈油事。中午杭来电。电告所派指导员何、中学校长舍事。祝、俞二君杭师地方教育辅导来。晚陆科长借座请。晚宿此。十时寝。准备明晨早餐。下午开劳资评断会。修建文庙、县府会。

十一月五日

早晨请何督学竺指导员、俞组长吃洋粉自备面。八时半出发到长垣。在铨兄家午膳。下午开欢迎会，请何讲演，说智德体很新颖，有意义。竺说把握时机，努力就业，开学都要合并。看胥口、汪家小学，环境审慎从事，四时返。晚应王保辅宴，在县长公馆。锦山杭返，物价大涨。晚谈游泳、家庭，九时半息。看报，十时半寝。

十一月六日

何、竺、俞三君往双清校视察，我回店，伤风。因物价又狂涨，永康先生来谈酒酱，杰兄谈南货。拟四槐堂房租约。下午开田价特产税价格。知毛处长过新云。人疲，晚早寝七时。徐根生来谈。百年代买来雄甲鱼一只送姑丈吃。

十一月七日

整理报纸。打电富阳问洋油市。正大来电。理小钞。下午四时往吴师处谈沪上情形及大明结婚。罗宝贤来。宝进先生杭返。着亚坤去赶人俊兄及银山。去电杭询油市。八时半寝。

十一月八日

金满兄来结账。向银行做押款。银山往杭。

1. 串梠：指造新屋上梁。

2. 窀穸：指墓穴、埋葬，引申为逝世。

着子芳往闻堰买大布。物价又狂涨。下午开物价审议会，二时去，五时返。弢来。晚写信八九封。十一时寝。

十一月九日

子芳来电知物价又涨。到万春买西洋参数钱。到林保长处开运米证。王保辅、周建采、良叔来。到杰兄处。知南华尚留北地，晚代越乘姊作函寄李英池。邱世孝子来说谷。晚十时寝。发风下雨。

十一月十日

清晨叫兆铨拿款，托协大昌友带杭还正大沅借款。米价又涨，听说杭沪有人来买少数食米应食。周大源来。汪昌富来。下午拟邀求开审价会，因王科长不在府，未开。四打电至富，与柏年同去待一小时半。通知富，因人挤，闹市明起停业。看《观察》《大公报》，不觉等待之苦。晚洗澡，九时寝。

十一月十一日

拍电嘱澂回家，富来电。康有回来运米。与满斗再定毛石五百担(每担二百半米)。金满来挑米。锦山今晨往杭。上午县银行开会。下午物价审定会、劳资评断会。桂香今日与章孝仁结婚，一切从简。九时半寝。

十一月十二日

庚儿拿米回校。上午米跌一百五十元。电锦山询杭市。家明傍晚来。冬梅来。早寝。挑泥又来接洽。

十一月十三日

九时半来电，十一时三刻通装米五百斤至锦山。剃头。晚请孝仁，邀李秘书等作陪。汪葆祺同乃弟来下溪埠，已有地买落做新登人。吴有朋来装增兄米。陈义回来送润卿殡。李志祥回来，因上海米起恐慌。郎伟谈关荣来。九时半寝。

十一月十四日

友桐、小九来闲谈。借贾秘书《观察》二本。杭来电(二时半)。着标去电(七时)。增嫂在致和吃中饭。官塘、周家二君来谈田事。雪元来。托大恒带物给万儿。铨兄来。晚十二时寝。

十一月十五日

米价跌至七十、八十元一担。写宜之复信。福基等十人今日开始挑裕和基地，言定二千斤米，十双粪箕。下午开评议会，各物下降二三成，洋油六十四元，船皂六十六元，火柴三元，棉花一百七十六元。晚过账。杭来电知丝只有七十元一斤。九时寝。晚寒。周□师先生今日出殡。金泉司明日回家安葬父母云。

十一月十六日

国语比赛上午不开。我去县府知各校长到得极少，巡回图书委会章则抄好。下午二时开比赛会，只有双清源塔二、三校六人参加。塔二第二(有两个)、第三。开会四时半归。晚过账至十一月十五日。九时半寝。锦山早车返新。

十一月十七日

上午同福基、福贤去包牌楼园。外泥堆(二担半工钱伙食)。到河黄坝去看城河工程，最起码疏导亦须一百五十工。回来徐华章来，盖冬令救济通函章。下午到杰兄处谈了一回，促开商会。陈其训、冠雄、芝林、蔡大嫂亦在座，谈了一小时多。陈士斌来。晚到永康先生谈了一回，因大有洋油事，永肝火甚旺。八时五十分归来，看报一百分钟。洗脚，十一时寝。

十一月十八日

告挑泥者塔山务要挑一百二余斤，挑近处。木匠来上玻窗木档，家中钉天花板。下午二时开商会议。挑城河，请发角票，募冬防电油，冬会救济，捐催缴营业税，填营业单(为所利得事)、贴印花税等事。罗国华兄夫妇来。国华兄晚宿此。晚电富，知涛沪今日返。九点半寝。

十一月十九日

六时起床，七时半开车到富吃早餐。下午三时新来电，知陈主任到新，明日曹府请客，委陪。四时散步。鹳山看郁曼陀先生血衣冢，于右任先生题眉，郭沫若先生撰文，马叙伦先生书，均极珍贵，惟设计坟墓式样粗俗。归来已上灯火。晚八时半寝。夜梦癫倒一次。

十一月二十日

晨起与涛谈油事，早车不及，乘坐[富阳至建德早班车]回。买了鳊鱼、河蟹回。中午在曹府陪陈主任。晚在我家晚餐，陈夫人及小妹均邀来。介清先我半小时到。洗浴寝。王金龙来。久大请吃晚饭。

十一月二十一日

百年来谈大生在六经过。邱世孝来。周墨新来。周大源来。十时半寝。邀王金龙吃饭，分身不开。

十一月二十二日

杰兄来叫去谈了二小时。永康先生等亦来。朱金满来。卷子来。周先生去。铨兄来。十二时寝。

十一月二十三日

杰兄来叫商会事。卓人兄又来。中午请王金龙先生。铨兄午往杭。下午商会开座谈会。微雨。晚写信。与欲东接洽，待李先生课，不能同他老师调换。十时寝。

十一月二十四日

天雨。挑泥停。写信，看《观察》《大公报》。先父忌辰，店中二桌，各烧肉一碗。家中二桌，我三家外加舅父家及孝仁。九时寝。

十一月二十五日

王省三来谈子湘。袁荣根来。应阿牛来谈县银行。俞云飞来谈在杭服务。木匠做壁橱门。请省三兄在家吃晚饭。郁文兄来，未谈一会。写信长育往塔二。天寒，毛毛雨，时晴时雨。杭市长易任显群长。十时寝。

十一月二十六日

晨起，县长勤工来通知省方有邓委员来新督导营业税。早餐后公馆会到。邓委员四川人。十时在公馆来座谈会，中午由商会备饭。天雨，百年来谈。罗文荣夫妇来。县府来借被五条。晚看《工党一年》。写信，弄账。十时寝。

十一月二十七日

天寒雨。前坞唐家圆谱，听说六[十岁]以下来人甚踊[跃]。有益之钱，如此化用，殊觉可惜。看报。划写信格子九张未竟，那个戒严之声已起。八时熄灯寝。

十一月二十八日

早餐六谷糊。天晴放阳光。晒剑兰，施菜饼加泥。汪昌甫、王保辅来。金华、何校长来函。茶子树已向应阿牛讨过，允明年二月挑来。洗浴。陈士斌来。晨到电话局，知昨日六川误会，传说昨晚大有隔壁有着盗。国华兄来。晚划格，弄福贤账。十时寝。

十一月二十九日

法亨、文荣等来拿款轧。蕉石、百水、本生等来。叫福贤堆断砖。叫隆兴催毛石。下午二时开四会。因时间不及，开二会中止。晚清账，十时寝。

十一月三十日

文荣夫妇、秀卿来。锦往杭，今日是坐沈家回头[1]的小包车去的。明同业有五六人同去，听说金市二百五十元。米上午百里，下午百十元。郭兆元来邀卓人同午膳。下午开物价评议会及修县府会。下午增嫂来电赶增兄往杭催款。晚抄油部账，写信。十一时寝。

十二月一日

周大源来。着梅根往茹口赶增兄。打电不通。下午周双来来成契事。写白梅春信（家境清贫证）。挑泥工程今日毕，算账分米。为一百份营业税至县府共讨。下午五时在杰兄处遇周诚，谈了一回。晚又去杭电不通。又与周诚谈了一回。郭兆之亦在座。沙晋来。十二时寝。

十二月二日

晨起与锦山通电。沈荣生成交十方松板。徐子骥成交二十五担谷。白高雯兄、志果先生、许百年来。剃头洗浴。吴子浩来。九时半寝。

十二月三日

与介清谈台湾。王伯华闲谈。着梅根往六提款。锦山傍晚。铨兄傍晚到。十一时寝。

十二月四日

晨至吴师处。止戈先生、百年来谈时局。陆科长、周大源来。铨兄回校。维榕来在家晚餐。下

1. 回头：指小包车到沈家即返回。

午至电中华问铜钟。晚写信理账。十一时寝。

十二月五日

晨起，天雨。促爵儿看洁本《水浒》《三国》，惜程度太差，尚不能了解。替越姊写信李池英、镜侬。理账。事烦，很少成就。张局长子弥月，我事前不知。承詹大来，关门，黄昏送礼去。晚六时理账，至九时三刻。觉倦寝。

十二月六日

天雨。方秦氏仍来为我们做饭。吴子浩介绍顾主人。韩子湘案今日公开审问。郁文兄来。下午开评价会，因人数不足延会。通知教育科发小学生文库巡回表。传闻颂弟足碾伤，去函问。友桐、小九、止戈、百年在清晨谈了一回。晚过清账。十点半寝。

十二月七日

寄万儿钱。智标回家。弄完粮单。成立大姊售与九香契。家中配零碎玻璃窗。鲫鱼被大雨冲出至阴沟，蚂蝗一许多扛着。晚清账。十时寝。写信，宜之押款到期。送朱正、高言、志汪、锡林礼。吴先生替铜钟想来很多眉头[1]。

十二月八日

泥水来堆断砖。核账。汪芝林来。朱来支款。李华件去递，要副状三本，去王。沈家房东仁年来。子芳走函。良叔来。友桐、百年来闲谈。弘来。晚核账。十时半寝。

十二月九日

与百年对米账。满斗来拿折。沈荣先生来。翊澂又有书二包寄来。洗浴。八时寝。

十二月十日

核账。锦山中午往杭。陈士斌往杭。郎锡林明日往杭。金满来函。壬儿函来。核账。早寝八时半。

十二月十一日

贤、湘来叫吃六谷馃。知炉头昨晚有枪声。王蕉石、袁浩杭返。弢、玉芳往杭。应先生回家。陈先生陪儿子来打针。吴慧西、袁荣根来。晚清账。人俊兄今晨往杭。十时寝。有枪声。

十二月十二日

邵万民的爸爸来。郎玉林往杭。徐步滨杭返。王秀卿柴[挑]来五十七担。杭来电，纱布涨，因米市疲，不能跟杭盘。下午保内开会。晚清账。到杰兄处坐了一回(五时)。十一时寝。雨。平甫往六。九香往沙晋处。

十二月十三日

知镜侬已到家。下午三时半谈了一小时，知吃尽苦楚。天阴，款轧甚。杭来电，不是锦山，是大新公司。人俊兄杭返。王蕉石拿字样来看，到车站接。九香中午来。纱布又涨一分钱，略增生意清。晚弄账。九点半寝。

十二月十四日

贾钦梅来折谷。锦山杭返。张局长柏年来。宜宝已来新云。晚赴袁仁山兄子完姻宴。九时寝。

十二月十五日

今日放晴。往询宜宝、立亨辞职事。宋土根侄孙来结租谷。姚阿廷来支招工。永康兄来谈。杰兄午后与永康先生同来。据杰兄云，病后昨日第一次到店。晚写信。九时半寝。宝进先生来。九金来，存角拿来。

十二月十六日

家中上下走转一趟。菜地、塔山园去了一回。竟有人又想在塔山园地转年头。洗脚。到大姊处坐了一回，晚写信。弄账。十时寝。下溪埠今晚作福。到致和去坐了一回，与长林先生谈时事。邵根泉来借米一百五十市斤。

十二月十七日

吃六谷馃。介清往杭。袁浩、增兄亦往杭。奔川先生夫妇来往杭，拿来还地价税通知，还粮证，仍由他代保管。月中来。玉林来做菜园工作，立契赠田。洋油涨。林堂与舅八时来，因车抛锚。晚弄账。茂秦晚做木工。十时半寝。

十二月十八日

晨起止戈先生来邀吃面。九时约润祥舅父三人同游钱坞，[看]徽州山田有否墓地。归来已四

1. 眉头：指在铜钟表面的题字

时半。竟日作山游。百年兄来，约至止戈先生家吃寿面。孙二权今日续弦。九时寝。木匠来做书箱（纪念外婆）。

十二月十九日

叫泥水挑纸筋。书箱做好。世钦函来。我回家整理。一峰来问幼童文库。剃头，洗浴。阿廷来支招工。晚看报。九时寝。天雨欲雪。

十二月二十日

天雨。下午开物价评断会。沙芝林来谈。许百年来谈。介清傍晚到晚理箱子。九时半寝。林某得壮丁费，传说赌输。

十二月二十一日

劈柴来。天雨写信。王金棠来。炳南四时到，知壬儿今晨来富。吴师壬儿到。九时半寝。何某榧子千余斤运窄销。

十二月二十二日

今日冬至。世钦又出来。家居与壬儿闲谈。晚与清壬同往店过节。晚在大姊至八点三刻。十一时寝。我、蘩、壬儿三人闲谈。

十二月二十三日

天雨。大姊请尔中诊。壬儿往吴师、越姊、二婶处。县座来叫知邻县欠告清云。晚与壬儿谈，十时半寝。

十二月二十四日

壬儿乘七时半早车同锦山同往杭赴沪。吴木根来，知茶园前付之款大吃其亏。以一千四百斤米代价，仅作三万斤米，替他代函，再与交涉。郎锡根来。袁浩往杭。罗桂堂、徐七瀛来。下午开会未成。往杰兄处坐了一回。晚看报，清账。十时半寝。

十二月二十五日

晨起知洋油、肥皂、火柴均涨。子芳回家。去杭锦山并电王科长。天雨。今日挑泥者来挑零碎砖块。又与约挑杏榭下石子。陆九畴、九成、天方、王保辅、吴师来。李华、罗国荣来。陈发乾夫人来。晚与二华谈，十时寝。啖园中广柑，五只大家分食。结十四校国庆前去少去七校。

十二月二十六日

与国华共进早餐。往店。赵阿毛来谈赵士兰案。午后念安、介白来。国华谈赵案。沙晋来。晚十时半寝。

十二月二十七日

念安、介白兄往曹家。中午锦山来电，知又涨。寄澂、庚款。下午开评议例会。子湘案今日审判。国华兄来谈。锡智、沙晋共晚餐。一时寝。

十二月二十八日

米跳物价涨一百八十元。中午山来电。沙晋午后往潭山。锡舅回六川。天寒欲雪。下午县府开会，卓人来邀。晚山又来电告物价涨，开会。将款托朱君带杭。九时寝。

十二月二十九日

山来电物价又涨，通后忽告线断（因电）。米一百元。沙晋来。送范老先生、王老先生轴。铨兄来买轴。商会买肉。炳南回店。橡子每百斤要一百六七十斤米，殊不合算。晚写信看报。九时寝。外砌砖矮墙坍。杏榭拔，厕屋坍。

十二月三十日

请大易拟金满堂老七十寿诗登谱册。天雨雪融。下午四时六渚警所被焚，街上戒严。晚写信。看剧本《三国》一回。九时半寝。下午保长开会。上午到致和与永兄谈了一回。

十二月三十一日

孙乡长、徐栖云来谈。剃头，洗浴。叫铁匠打门闩。傍晚茹口德兄委柏打电话与子青转增兄，促子厚荣勿赴台从军。十时寝。看《三国》一回（二时）。锦山杭返（六时）。

一九四九年

一月一日

叫刻字匠刻书橱门。叫木匠、泥水修厕所，没功夫。吴竹田来。周大源来。李君来。到吴先生处坐了一回。九时寝。今日太阳出。

一月二日

下午三时乘货车往杭过富。略生到杭已八时一刻，吃点心。到五丰宿。听收音机与三多谈时事。足伤，精神、胃纳均尚佳。十时寝。

一月三日

晨起与三多谈了一回，到佑圣观路增兄处，约渠散步。行至法院路，邀王先生同往西大街。与吴世昌约定到明年正月十五日祗允、住、渠弟兄三家（共十人）余户均迁出。到王家吃午膳。二时往民教馆看画展。五时回增兄家吃晚餐，谈话，听无线电。十时寝

一月四日

晨起去杭。初看樑夫妇。买火熜，到五丰告三多多吃骨质肉食。买零物。十二时到增兄家午膳。到清泰开房间。到医专看沅儿，约澂晚到旅舍吃晚饭，出来看电影《你爱我吗》。同澂、沅吃饭后买零物，回旅舍，知山已到杭，电约。九时半寝。

一月五日

六时起床乘车竹垒街。乘文奎车九时开到虎跑大桥边抛锚，直至七时半修复。回城吃了一天西北风，立了十小时。吃了晚饭，到五丰三多处，颂贤兄亦在，谈谈。听无线电，十时寝。

一月六日

七时起床，仍乘原车到富。九时半吃白鱼面。十二时开车，一时到家。洗浴。沙晋、慧农来。杰兄邀去吃晚饭谈谈。一时寝。

一月七日

通杭电二次。修灶。澂中午到。县府开会。一时寝。

一月八日

良叔来。买青鱼几尾晒干。通杭电。写信。十一时寝。

一月九日

渭生来谈。金榭来。年喜来。着标往汪家搬谷，福朝同去。弢、大源来。铨兄来。晚渭生又来邀谈。十一时寝。富五时来电，岳母病重。

一月十日

虆与贤乘早车往富。打电话知岳母于四时已去世。与渭生兄通杭电。铨往杭。宝进先生来。下午开校长会议及其他二会。万儿下午七时到。久大无意经营，货由四家分销。晚早寝，八时半。

一月十一日

乘十一时车往富。岳母晚八时大殓。秉成、焕文、大哥、听、甫、达谈至十一时寝。

一月十二日

晨八时岳母出殡。十时半到山。十二时半回丧。沅到富十一时寝。

一月十三日

沅与万返新。听因分析事留我与焕谈。晚一时寝。

一月十四日

晨九时半车偕虆、贤返。到庚亦自嘉来。增兄、厚梅、雁香来。晚友桐、小九、梁、丁、唐、王在店中便膳。人乏力早息，八时寝。剃头洗浴。

一月十五日

周大源窄溪返。郎玉林来。冠雄来。炳林来。下午与舅父到七家坞、畚叉湾看地。二时去，五时返。陈寿康来。沙晋来。九时半寝。

一月十六日

王亦香来。折米款。沙晋午后回六。楼秋宾先生来。冠雄来。炳林来。阿钦请郎玉林为母看病。着玄儿去(玄今日到)。戴一天、周大源来。晚写信。志芳返。十时半寝。三时往潭山看毛石抬有多少。

一月十七日

戴劲军赴台求学。郎玉芳、戴一天往杭。卷子来传说坠车下水。郎玉林再往柴场看小兰姑。阿樑夫妇中午到。米市略起。下午开物价会。八时半寝，人倦早睡。玉林兄来吃酒，闲谈至十时寝。

一月十八日

准备亮祀神祭祖。金满兄来。伤风忌荤油。铨兄来。陈遂良、汪昌甫来。王保辅来。洪文豪、朱庆成、楼秋宾子来。因账簿放在家中未取来，早寝休息。八时半寝。

一月十九日

陈义兄来。章弘兄来。王维榕来。增德兄来。汪芝林兄来。王锦文来。鲍巨樑来店里谢年。十一时寝。智标迁街上住。邵万民来。万儿同往塔二开同学会。

一月二十日

六时起床。七时半出发，九时到校。十一时举行五届休学式，四届毕业式。下午三时返城。邵万民、李化民、汪荣干等六人与万儿同返城，宿家中。九时寝。

一月二十一日

俞先生来。王蕉石来。同杰生往致和，为冠雄事。晚写信。阿安来挑米。春米。袁浩、何顺培杭返。九时半寝。店宰猪一百一十四斤白肉。

一月二十二日

徐士林来。罗文荣夫妇来。百年来。元村秀英来。家宰猪。杭来电。下午访吴师。弢往郎坞。施先生来。清账。十时寝。

一月二十三日

传子来，明晨赴杭。沙晋来，宿家中。九时半寝。

一月二十四日

慧农来。弢、莲英往杭。沙晋下午返六。锦山杭来。铜钟八只到。晚弄账。十一时寝。物价动。

一月二十五日

金满来。巨樑来。杨成来。傍晚先看《东南报》，知洋油失窃、香烟失窃(扒手)。弄账。十时寝。修表。

一月二十六日

准潘款。兆泉往富买香烟。天转寒。今日肉涨斤四十四元，昨日三十六元。小桃来。炳林来。茂林嫂来。着福朝往干坞，送年节，到邱家催谷。晚弄福贤账。十时半寝。

一月二十七日

白高雯来。袁荣根来。王蕉石来。市景已萧条，若除夕模样。谢年、锦山等来吃面。十一时寝。传子杭返。

一月二十八日

除夕。结束甚早，乡人已少。街景早若大年初一。物价又在涨中。今晚分岁二桌。十二时半寝。

一月二十九日

宿家中。今日古历元旦，天晴阴。拜先祖父母后，十时往坟山，一时到家。下午往店。二时午睡四时起。晚饭后诸儿玩拔萝卜、跳狮子戏。八时半寝。戏拟沙晋寿词三阕。九时半寝。

一月三十日

荣兄来。钦昨晚十一时三刻到，由杭步行至新。驶安叔、其训兄、黄站长、徐院长、张局长来。阿根、玉林等来。锦山、人俊诸兄来。晚至店分岁。八时寝。卷子来往郎坞。立亨来往富。

一月三十一日

弄账。荣林、长兴来。月中偕弟，邵万民来。往曹家、韩家。坤山、韫旃来。曹氏昆仲来。素贞来。晚请店中同人吃饭。弄账。十时寝。荣根邀吃饭，因病未去。

二月一日

觉杰生往罗处及张处。弄账。孙才宏、锡山

来。永康先生邀吃中饭。下午往驶安叔与靖详谈。塔二投考，金农托他带去。吴师处坐了一回。大明今日返沪。止戈先生处坐了一回。车站百卡车十余辆。施先生、施启德、万民。《东南日报》。早寝。

二月二日

弄账。与杭通电。傅玉田、爱儿、水松来。通电问杭初报名。施启德、周百恒二人往金农投考。到越姊家嘱欲东努力准备，投考大学。替长辅去讨简章。晚约炳林、冠雄、茂林来晚饭，规诫一切希望经营小本生意。九时寝。

二月三日

着庚往干坞。腹痛水泻，请尔中开方服药。下午一时梁坊开会。晚店谈生意。泻七次。周主任来。张局长到店中。

二月四日

天明泻。着庚往六川。着爵往方家坟头。十时梁坊开会，锦山去。钦荣、国铨、金富、阿贤来。九金来。晚叫标来。八时半寝。沅、澂、陪、赵璧到越姊家午膳。

二月五日

着祯祥往观音礀方家坟头通知袁、王二君。国华来。又成来。洪学来。郎玉芳、何顺培子来。庚玄到越姊家晚餐。到致和谈了一回。到俊兄家坐了一回。看报。十时半寝。

二月六日

良叔、子青来。致和开股东会。永康辞职，二曹为黄推波，结果荣兄仍留，永康官息收食。朱吃过晚饭回店。曹氏退，大有京息盈。九时寝。晨澂偕爵、贤往富做四七拜年。晨沅携万往杭考杭初。

二月七日

晨往杰兄家与良叔谈大有京息事，已允收。托锡年带鱼、春饼、皮子。贴招生广告。双清学生扯我同裕门口的一部分。李双葵夫妇来。晚写信。居棠请酒，我因疾辞。九时寝。

二月八日

昨晚雨雪。六时半起床准备到六渚去。九时蕉石来。九时半杭来电，去接知是厚珪打来，促增兄早日去杭，永康来叫。十时古愚兄到，十时一刻出发，至青云桥，铨兄来。十一时半到沙晋家。沙晋甚喜悦，同吃糕饼，同吃酒茶，看祝词。四时回来，到阿安冬梅家略坐。到家已六时十分。饭后到永康先生处，十时归来，铨兄改词，十二时寝。归来下雨。

二月九日

晨起至致和，与锦林、锡均、子松、长林、嘉春谈，上下午二次约四小时。良叔、俊兄五时驻店。赵阿毛来借款。结含香账。铨兄下午回里。宝进先生来。晚应朱维堃春宴。晚与良叔闲谈。十一时寝。慧儿十一时车返富。

二月十日

邀陈义与良叔共进早餐。宝进先生来邀他午膳。汪荣感、白梅春来。周大源来赶弢回。徽庆来。慧西来。富沙晋、锡勇函。洗浴剃头。理整箱物。九时半寝。

二月十一日(正月十四日[宿店中])

友桐小九周五诸君来闲谈。写信与听。官塘龙灯来，不允进邑庙。沅与万由杭返。陈子荣来。杰兄来。宝进先生回三溪口。传说三溪口开火。晚早寝，宿店中。到驶安叔家问清洋去后有信来否(无)。

二月十二日

今日开店较上年略迟。祭祀神在内进。潭山头龙灯往六。庚儿与元村同学一同往六，傍晚回。四十余汽车往桐，经六折回三辆。下午有兵开到。晚邀子荣父子来吃晚餐。餐后往永康先生家略谈。九时寝。锦山午后一时由杭返。货车今年第一次到。

二月十三日

上午县府开会。铨兄、张维贤来。施启德、周百恒回来吃了千辛万苦。邵万民今日回家，明日启程往校。商会开会。到车站导明日有无汽车。惠泉、一镛、益山、简秋来。十一时寝。

二月十四日

庚玄今日往杭。铨兄今日往杭。共军钢板字写得确有功夫。百年来谈知丁信义母亲去世。小九兄函、止戈先生函说时势。鲍巨樑来。汪永泉来。孙锡年来，明日往校。看《克鲁泡特金自传》。九时半寝。

二月十五日

沈榭、基克强、赞文来谈老大生造屋事。汪先生、应先生传子来。根好来。物价又涨。洋油等加三成，布匹加一成。买米准备装杭缴学米。增嫂往杭。吕作民、章绍裘来。万儿考取市中通知来。晚看中建写信。[看]《克鲁泡[特]金[自]传》。九时半寝。沅浩、阿顺、培子来。

二月十六日

林荣来，冬梅来。万儿考取杭初。壬儿买来金星笔奖他。根贤来。万年来谈永康事。方希臣信托了三人带不出，邮寄一封去。晚县长请吃晚饭。秋宾先生函丰子恺信并润格示我。十时半寝。

二月十七日

潘炳林来知今日货车。文奎来预备玄、万二儿米。汪先生、陈先生来谈调外动工作对学校极有关系。与旭光谈学校。施先生、施启德、周百恒来知金农已取。章等来考县中。罗明龙明日往严中。沙晋来。十二时寝。

二月十八日

种剑兰分四盆为六盆，种梅瓣、黄杨、红月季。邱世孝来。俞先生来。施先生、陈先生来。今日县中招考。锦山与舅父争辩。慧农、沙晋邀来晚餐。闲谈至十一时来。

二月十九日（正月二十二日）

大姊在十时三十分逝世。写信媺朱、凤珠、壬、敦、庚、玄、万。晚二时寝。仙花母亲来往柴场去。下午谣言甚炽。南华来。

二月二十日

晨起准备大姊出殡事。下午四时出殡，暂厝新安义所。铨兄杭返。晚又有谣言来说出殡不打锣鼓。一时寝。

二月二十一日

晨起准备大姊座。付酬谢。算账。中午钦到。由沪带来台湾西瓜、巧克力、冰淇淋。剃头洗浴。金满来。九时寝。

二月二十二日

准备下午献钟献书事务。着福朝往长垣。下午开文庙修建会。开校长会议。晚举行先母赙仪献钟典礼，外祖母百龄诞辰献书典礼。请各校校长、县长、教育科长资助会委员及热心教育人士合二席。科长张、洪二君宿此。十时寝。

二月二十三日

陆科长起床就去。洪、张二君吃了早餐。罗一峰来。杰兄来委写信致沈家。良叔来，未谈天。刘忠来谈刘金葆被押，我去探望一次。项局长今日接事。晚请镜侬夫妇、阿良夫妇。写信准备明日往杭。十时寝。

二月二十四日

晨起乘早车往杭。亮、璧、明同行。我到富午膳，一时半邀治同往杭。天雨，到杭四时。先到东成家，晚饭后到五丰宿。与三多谈至十一时寝。

二月二十五日

晨起与治一同到增兄处到里塘巷午膳。到奔川先生处约同至西大街，到关之桥看铨兄屋。到杭初看玄、万过后，亮、璧来。到五丰同晓春一同到财源巷晚餐。治弟来看画册。听无线电，闲谈至十一时半寝。

二月二十六日

乘八时车返富。车中遇郎文荣等到富。未息，乘十时车返新，遇许先生到家。铨兄在店。墨新来。郁文兄来，郁兄宿此。九时半寝。张霖生局长卸任往慈溪。钦往沪。

二月二十七日

锦山早车往杭。蕉石来。陈先生、遂良、阿春来。石羊俍领铜钟领去。德泰来折米款。国盛、慧西。国华回去。久大又在闲谈。山杭来电。九时寝。

二月二十八日

久大货又来说四股分。铨兄来。邵根全来委汇款。雪元、一新来说厚来出走。沈荣先生板来一百一十三块。家明来。百娥章、阿富带弢衣箱来。九时寝。

三月一日

铨兄借物照理价。县银行开会。修面。四时同沙晋、陆科长三人同行，沙宿松鹤山庄，陆回家，我至长垣与益山诸老师谈谈。十一时寝。

三月二日

晨起。今日罗弢与应连英结婚，委我证婚，我祝：(1)家庭美满过廿年五世同堂；(2)夫妇康乐健美家庭，清静环境；(3)事业蓬勃，弢富创告，莲善守成；(4)子孙绵绵，二人姓的腹中均是佳人，即十一个是十一。晚与华振、阿三、阿玄、国贤、罗家太公、我六人谈。十一时寝。

三月三日

晨起，天微雨，借雨具。八时返市，撑伞未穿套鞋。久大货已分好。锦山杭返。宝进先生来往杭。米市涨至九千元。沙晋返六。晚写信。人倦，九时半寝。澂、家明十二时车去杭(改一时建杭车)。潘怀常来。

三月四日

指导泥水坡石路种花，分了一部分给塔二种。种由挑东西来还者带去。卷子、莲英近日回门。于一镛由崇德返。洗浴。写信。朱金满、陈发乾来。沙晋返六川。九时寝。

三月五日

叫宏庆量板。大姊今日二七，由赵璧来做。介亮夫妇回杭。铨兄来。弢已到郎坞，有回音来。物价今日略回。伤风。九时寝。

三月六日

十时良叔、俊、杰二兄、我四人坐独轮车往洞桥，到三溪永裕吃粉干。到祖荣兄处坐了一刻。蕉石亦在。到大有晚餐。晚宿宜之先生家。

三月七日

在宜之先生家早餐。往上林沈家为老大生基地，言定三年内建筑完成。因大生去年造[营业场所]，缓一年付，沈氏亦允。惟柯德顺基地营业所应代为设法[解决]。已五时。到渭良兄家坐了一回。到一镛家晚餐，宿一镛家。

三月八日

在一镛家早餐。与智校谈心后。锦文兄家午餐。到黄万元谈谈，汪人旺谈谈。修面。到敦、炳油车谈谈。杰、俊兄往万市桥。晚在锦皋兄家晚餐。开大有股东会，京号加资，南号官息以实物。晚宿一镛家。

三月九日

晨起，与宜之先生、水朝、智校个别谈后车，在桥头别了，上车。祖荣兄着女婿来看我们，参观了潘宝棠油车。到祖荣兄午餐。到六夫兄家看诗稿。到进记说了回来。到长垣吃点心，回家已上灯时节。瑞祥兄与李大英君适看了坟地回来。九时半寝。

三月十日

到大生坐了一回，知良叔昨晚即返。陆秋高来。到吴师处坐了一回。赵阿毛来，知赵士兰案败诉。剃头，天雨。早寝。

三月十一日

上午写了几封信。金满兄来。下午三时与永康兄在大生谈了很久，吃糕饼。唐科长到大生加营业税事。晚过账。九时寝。

三月十二日

在床上听得号声，即起，写信，带款给沅(胡关根去)。大姊今日三七，由我家去做，并请陆科长寻地。天微雨。罗空来。袁浩、赞文、务本来。百年寿镛、世孝来。寻罗盘未得。厚垒叔下乡做客。晚清账。九时半寝。

三月十三日

百年来。赵月江请吃中饭(三桌)。到居棠家小坐。良叔来，杰兄来邀。为致和房租事到永康家谈商。晚在杰兄家晚餐。拟复涛雄函。周百恒父亲来。方希臣妈来。十时寝。项介康兄来。

三月十四日

晨起，杀鸡，买肉。托杰嫂代庖，请姑丈及昆山，趁良叔亦在，亦可了前言。携回活鸡共啖(洞桥回)。中午到杰兄家吃，并携了一本日记(簿)及日用品作送崑山之行。王金堂、王玉山来。天雨，天寒。杨成来，郎人洽来。百年送来蛋饼一包。袁浩杭返。国华杭返。晚写涛雄信。十时寝。今日县参议会开会。

三月十五日

先母生辰，祭祀二月初四忘记，今日补行。到致和坐了一回。杰兄、友桐、项局长来。锦山兄、宝进先生午后往三溪口。铨兄来开会。兆铨因今日无淳安车未去。十一时寝。子芳来。

三月十六日

驶安叔夫妇来看铨兄。木根来知母墓门石来，提米并定大姊墓门。王金棠、金文、玉山、应林等来。《新小学文库》为外祖母百龄而献，今日托雪元带湘小。布又涨。周大源来。十时寝。中午简师楼校长请客。我因事忙，未能到。三时后送还子恺先生信及画。庚、汪、驶安来。

三月十七日

我先铨兄早餐。驶安叔又来。到店杰兄来找我，知今日上午开结米会（戡乱）。下午二时县银行开会。中午杰兄叫吃饭。叔丹先生十时来，十一时我们同去。铨兄午后回校。杨成来。傍晚同介清谈工作作伴侣。晚看克鲁泡特金《我的自传》。十时寝。杭富来电。人俊兄往杭。舅父往平海请小昌看日子，母坟开工及监墓门日期。

三月十八日

晨六时起床，到家中吃了早餐。到长垣是八点半钟。补行了开学式，吃了中饭，回来到潭山头坟山去看毛石。到家知今日店中大事。锦山洞桥返。洗脚，九时半寝。看《育才通讯》。看克鲁泡特金《我的自传》。

三月十九日

今日大姊四七由凤弟祭祀，我代办。共用金元一万四千元，函告嘱勿汇来。金满兄来。坤荣、天荣、徐子骥诸兄均来。爵儿回家。子芳下午出外，晚不来。弢、莲英、陈先生往松溪。九金、智校杭返。李华往六川。玉山金文来。浩、涛杭来。善生、德智来。弄账，觉神疲。十时寝。米一千六百元。

三月二十日

与志标谈主管处事要［信守］承诺。天雨，告爵儿雨中行路不要畏雷。章显送来毛笋十斤。人俊兄中午杭返。下午三时后回家，整书籍到黄昏。晚觉人疲，看新闻报及第十三期《钮司》（三月十八日出版）。今日中午米涨二千二百元。上午一千八百元。九时寝。

三月二十一日

王金雯、王玉山、钟天荣来。卷子、莲英午后来。国华来。李华、亚球在此晚餐。夜谈风水。十时半寝。

三月二十二日

天雨。阴寒。下雪珠。更冬衣。得国胜来电拟着长寿送去。徐海贤由杭来，由渠自带去。晚与亚球、介白谈书画并看画数桢（帧）。十时寝。

三月二十三日

介白、亚球二兄早上吃了面，他们都回去了。今日天晴。下午介清同舅父去马坞垅看地，因子祥不在家，无收获。昌甫先生来。阿春来，到杨家替作勇先生挑行李到校工作。虆头晕。小猫三只被野猫吃了，同类相残，殊觉可痛。九时寝。九时半有枪声。锦山午后二时货车往杭。大新公司来电派烟。

三月二十四日

久大来折布。和兴根、荣杭返。阿七来支款。国盛来支款。木根来支款要米。中午锦山来电。铨兄来。剃头，洗浴。九时寝。

三月二十五日

天寒，天雨。十时开难民救济会。白高雯来。文奎来，生意轻支付亦少。国成兄今日回严。九时寝。

三月二十六日

杰兄来邀，为谈商业登记事。锦山来电告久大布事及国胜款。天雨。晚写信。与仙花谈人的关系主要就是感情。十时寝。

三月二十七日

天晴。介清邀润祥舅父去看坟地。金堂来算账。昌富先生来。增嫂杭返。士濂杭来。请钟兆南替虆打针。雪元、春源抬来。锦山杭来电着长寿送款国胜。九时寝。

三月二十八日

昨日米市三千八百，到中午涨至四千五百，对客做到四千九百。午后三时接杭电，布匹价照昨日涨二成。弢来。李英才委我去送县长函，请假二天。我去遇旭光县长开会，信交老凌。着长寿送六渚款。国荣来。九时寝。

三月二十九日

宝生来，知山因车挤，邀傍晚才来。今日米市略回四千三是最高。傍晚有军队到。十时半寝。

锦山傍晚到。种万年青。荣军来销毛巾。

三月三十日

因日来少睡，喉间惟痛。先母坟墓今日开工。下午微雨。军队往县西开。八时寝。

三月三十一日

天晴。布要米换。项美义来。冯子祥来。喉痛吃永联药。早寝八时。忌荤油。下午知周诚发表新登县长。镜侬今日下午六时产一女。

四月一日

公用事业今日加倍。富阳桥今日通车。玄、万今日春假回家。爵亦春假回家。介清往洞桥扫墓。洪大舅来。八时寝。今日物价又狂涨一二成。菊香来。

四月二日

晨起知共军昨晚曾到城区。天阴午后雨。今日大姊六七寿。澂来做，由我代理。朱金满来。午后县府开会。八时寝。与烧饭亲娘算账。今日喉痛，服西药。

四月三日

送烧饭亲娘上车，买了一张票给她。天阴晴。二路去扫墓。小九兄中午由汪家返市。弢、莲英由郎坞回校。六源兴、王锦文、国胜来。晚看《交大生活》。八时半寝。今日忌荤油，吃西药。

四月四日

钟兆南先生第三次来替蘩打针。天阴。周大源来。弢、莲英往杭。良叔来。人洽来。锦文来。米市涨至七万元。洗浴。玄、万定明日去校。十时寝。

四月五日

今日清明节。玄、万两儿同王兆铭一同往杭进校。陈八时早车。锦文来。唐科长家属今日往杭。施先生来。罗知一今日往校。朱维堃、卢蓉仪来。黄阿昌来、玄儿等米装走。九时寝。

四月六日

晨起同介清堆假山，一小时完成。敦儿中午到。烧饭亲娘回富过清明。亦中午到。郁文兄来。国铨兄来。邵根全来。我午后同福泉、平甫往坟山到大塔地折回。晚十一时寝。物价略回。

四月七日

到店，施先生来。铨兄写信，去提教师谷，结果已被游击队分散。马涉波来。增嫂来。厚梅来。朱处长来谈三月份营业税须待会长到。王芝辉军队率领部队到城。今日福贤上山做母墓。沙晋来。十一时寝。

四月八日

晨往坟山看拜堂脚子回来祭先祖母。兆南先生来。慧农、壮农二姻长来。因静农有某嫌疑人噬有枪子，陈乡长来担保释回。沈冰茹指导员因相识，晚请他便饭。剃头，洗浴，与敦儿、介清闲谈。十时半寝。湘溪石南榭，关荣已替我采来。

四月九日

沃先生来谈开会，决定明日下午，今日物价狂涨。早上叫福泉到山上种石楠榭。今日大姊满七。下午开税契土产捐会。介白、亚球来。晚请润祥先生吃饭。长育南华作陪。敦儿定明晨往。十一时寝。

四月十日

敦儿乘八时早车往杭返校。我去通知亚球、介白，他们才走起。下午商会开会，核定营业税加成。下午四时雨。晚整理什物箱子。唐科长来委借留声唱舞片。九时寝。爵儿似发疟，未去校。

四月十一日

县府来派劳军。周县长中午到。下午二时开受职典礼。浙保一连宿城。晚整理。天晴。晚十时半寝。钟兆南先生来。

四月十二日

浙保开去听说逃走一兵。罗县长今晨去杭。杰兄杭返。下午天雨，傍晚晴。四时到吴先生处闲谈。弢中午由杭返。晚看近五年历年账目。九时半寝。

四月十三日

天晴。松溪、茹口车谷来。中午商界九人请驻军及新县长，推二人作陪，以节省糜费，我未陪。陈义、吴心如来。陆科长来。晚做整理作工。九时半寝。

四月十四日

上午到坟山，因石楠榭种错，在罗手改种。下午与周县长谈了一回天，知道副队长失踪。钟兄来。施先生来领谷票。增嫂来。十二时寝。洗浴。午前张德明校长、古城章文照校长来。

四月十五日

晨起乘八时车往杭，炳林同行到杭旅舍，客

满。膳后到增兄家，再往中华书局询问铜钟。到五丰，与颂贤、杏生谈了一回。到中华书局定好了。回增兄家，良叔、超然均到。十一时寝。长水木匠来。

四月十六日

晨起约八时去看亦飞。旭光、杰生、已先我数分钟到第一公园。与亦飞谈。罗县长亦来，十时辞出到荐桥，兑饰物换银元。到中华定铜钟。到里塘巷吃午膳。回到佑圣观巷，遇子鲲先生、吴钰谈谈。晚到里塘巷吃了三多子满月家庆。宿该处，与大哥阿萍谈谈。十一时寝。

四月十七日

天雨。委慧儿去拿雨具到陆处。约良叔同去买参、买骨痛露。到杭初知玄儿已去胡寓。今日岳丈忌日，饭后到大炎处、奔川先生处、子青电约未陪。乘车回陈寓。杰兄亦在，增、良我们四人步行到沈寓。菜由亦飞嫂烹，甚丰盛。回增处宿。十一时寝。

四月十八日

六时到车站。人俊兄嫂已先我到达。八时开到富，有兵四五十人。上车到方家井，下车到城。午膳后略睡，修面。到周县长吃坐了一回。洗浴。九点半寝。

四月十九日

晨与福泉上山，看工程。增嫂来。汪昌甫来。铨兄来。大源来。钟北南来。培榭种菜。晚过账。十时半寝。

四月二十日

锦山中午杭返。写信木根、啟人。汪兰之信未发。姚阿廷来。过账。十时寝。邱世孝来。到致和与嘉春谈了一回。到同春和。

四月二十一日

白高雯来。徐步瀛来。刘得效来。良叔来。白梅春父来。到吴师处谈毛纸。晚写信。十时寝。

四月二十二日

上午与介清、藔、贤四人做理旧铁的生活二小时，又到谷仓楼上整理二小时。吃午膳。国华兄来。王兆铭爸爸来（阿唐）。剃头。到汪敏去坐了一回。胡玉成由杭来。施先生、章先生来。汪荣仁来。洗浴。看报。十时寝。

四月二十三日

陈义来。驶安叔来借报子，知郁文未去杭。李君来。到县长处告谷楼不到捐谷，亦只可从缓。孝仁亦提及。锦皋、宜之来，留在店中晚饭。宜之宿家中。十时半寝。

四月二十四日

晨起写信，托德一带良叔，恐迟延，特专人前去。午后二时到。荣兄来谈。阿廷又来。长水来。国华来。天寒雨。十时寝。杭来客谈省垣情形。

四月二十五日

百年来。到曹家去看杰兄儿。上午工作，抬米缸、抬厨等。宜之往洞桥。雪元来。天晴。看镜侬，或是血管破，近乎血瘤而肿。徐大恒结婚不收礼，邀去吃喜酒。傍晚写信，梅根来。同陆亲娘谈了一回。看介清等循环信。洗脚。十时寝，天雨。

四月二十六日

上午十时县府开会垫副食，预借营业税。益三来。大源来。下午参议会开会。晚看杂志。今晚包茶叶煮豆。

四月二十七日

晨起，同杰兄到简师，楼校长正在剃头。回来到坟山，归来在杰兄家午餐。同楼秋宾先生、杰兄到县座处坐了一回。四时后派副食。洗脚。写信。九时半寝。

四月二十八日

昨夜十二时枪声起至三时半止。间发知中共接火，我等避宿楼下，二军人口安好无伤亡云。下午进城一次。下午睡了一个中觉一小时。晚与介清谈主义，世界各国认英之工党专政应变，人民牺牲最少。天晚雨。九时寝。

四月二十九日

日来大家闲谈，绝少正事。本来上午到县府去灵灵消息，因陈去，故改下午去。天雨寒。晚摘与油部合开支。看《平民世记说阎老》。九时半寝。喉间不利，服元参、泡大海。

四月三十日

上午微雨。誊于庆堂账。午后到县府灵无线

电消息。陈先生、汪先生来。余欲东被扣，祖铭嫂告我托崔队长同往，知已出城。《东南日报》《上海报》到。晚看报。九时半寝。

五月一日

天晴。着福贤往大姊坟地估车工及工作。周昌荣来。九金来。知大恒来往吴家询医专近况。到老屋看泥水工程。百年来。曼玉来。德玉来。九时半寝。八连开杭，王部队来。

五月二日

天晴。八时往母墓看工程。十时半回家。钟先生来。下午县府开会。到九号《东南日报》，傍晚看。部队到。九时半寝。

五月三日

晨起知店中亦住军队。下午各界开会。传县长七时半离城。九时半同俊杰兄来往城中探究竟。十二时半寝。

五月四日

晨八时半解放军进城。下午二时在县党部开救济会。十一时寝。中午周大源来。

五月五日

整日谈商会供应分配。下午在机米厂商会，大家大都均为自己打算，深明大义者极少，替念时艰更不多。晚与杨成、吴百朋谈了一回。周大源午后去一。九时寝。

五月六日

整日为派袁大头及垫米开会二三次。晚十二时寝。剃头。洗浴。

五月七日

大姊坟墓今日开工。介清舅父詹先生同往。天晴。下午杰兄、维坤、晋三人同代表来商会慰劳。下午开商会。增嫂宿此。十点半寝。

五月八日

杨先生来剪意料。到大姊坟地看了一回，到先母坟地，回家午膳。下午去看永康未晤。烈山兄、秋宾先生谈了一回。金元如潮涌到。开会设法将米票换一斤票，将万元作辅币。卷子来。十二时寝。

五月九日

今日以米票计物价至二十斤，向办事处换一二五斤者。金满来。下午同吴叔丹、楼秋宾、杰兄同往办事处，建议注意粮荒、治安殷富米及月米。增嫂早车往杭。陈遂良、施先生来。晚查押租。今日杭来报贩，得看当日杭报。十时寝。

五月十日

六渚石筏来。谷筏下大姊墓门。当日送到山地。应先生回校。汪先生回校。章先生回校。洗浴。早上托致和带衣包给玄。晚接沅、玄来信。晚核账。十时寝。

五月十一日

金满来车米。林荣打菜子。午后雨。写信。商会开会，派慰劳酒肉。同杰兄见财粮科为借麻袋事才知做事只要做，不要估计收获。九时寝。

五月十二日

祁珊、陈其训来。九时半晚大姊坟山、先母坟山，归来午膳。吴国治来。周立亨省银行主任来。晚十时寝。

五月十三日

介清早膳后往洞桥。春泉傍午往洞桥。天雨。维坤来谈。章先生来。阿根来此宿，明日往大郎坞。理信。十时寝。

五月十四日

阿根清晨送余子往大郎坞，信忘记，着亚坤送至大塔地。袁祖荣杭来。王绍民带来玄儿信。卷子来。晚十时寝。下午二时走至马站岭，得介清来函，知姊丈柩要明日来，故折回。竹香、玉根来。

五月十五日（四月十六日）

晨起替卷子换人民券，乘汽车。准备菜饭。今日大姊丈柩由碧东山运下。大姊柩由义厝运至杜墓俞家山下安葬（下午四时[申时]）。姊丈柩由碧东山友好抬下来十六人。根贤兄同来。洗浴。十时寝。

五月十六日

碧东山人回去。到致和去坐了一回。杰兄、良叔来。看袁世英带来当日杭州《天行报》。知王绍民明日往杭。晚与介清谈谈。九时半寝。

五月十七日

将食蓝、乾蔡、肉及银元四元送至汽车站，

托王绍民带杭玄儿。惠泉来。同舅父、介清、福贤、往母坟地。增嫂来。秋宾先生、洪文豪、汪兆钧、汪克勤、曹耿夫来，拟发起办报事。洪、钧、勤三人又来谈助收音机事。孝仁明日返里(淳安)。九点半寝。

五月十八日

赵文光、钱肃光来，传子杭返。又成嫂来。郁文来宿此。到永康兄家坐了一回。上午到吴叔丹先生家去谈了一回。徐栖云亦来。十时寝。孝仁回家。

五月十九日

昨晚大雨。上午查收租簿并列表。洪文豪、汪兆钧来，杰兄来，同至永康先生处谈了很久，只有捐物抵数未结果，散。渭生谈不用镍币事，五公告规定，可用可不用。晚约算分类账及百分比。十时寝。

五月二十日

上午先求出了油部应派给京号。问捐及过年费。余庆堂衣衿租谷修屋清单编造好。知新县长已到，说是山东人，姓王(王耐臣)。王炳文来知桐庐富阳市况。晚知致和谈人民券及米价事，有不能符合处。写信。澂儿来信知安好。十时半寝。门上上玻璃。

五月二十一日

商会召开会为人民券二十五元一斤米调整为四十元一斤米。新县长、赵主任列席。詹瑞祥陪柴滔夫人来，由詹及同春和保释，要杰兄、小九兄与我同去。向指导员进言，结果因病，允暂出外医治。在同春和谈了好久才知道柴经过一切。剃头，洗浴。与王炳文谈了一些天。十时寝。

五月二十二日

杰兄云县长认为人民券折米价四十元太多，云说富阳米每升只五十元。章浤陪陈君(问教育会及中心学校概况)，坐二小时。看《工党一年》数页。王荣根训子，永康与我去劝慰。县政府来传柴滔，知为移交事。天雨。爵儿无伴，由长寿陪去。九时半寝。

五月二十三日

木根来上姊山去做。田方孙佐廷来。商会奉令暂时停止饭米票。胡季祥子派仂因玩擦米票被传。卷子来。柴滔移交，传闻前朱副队长有枪，要叫他负责交出来。大生等待朱得夫人未遇。十时寝。

五月二十四日

上午往母墓、姊墓，归来午膳。雪元抬柜来。下午开会、人民券涨，米回前，为四十元对一斤为三十六元对一。看郭沫若出使西欧回来演讲，知备受欢迎。洗浴。十一时寝。下午四时往吴师处，师母病危。

五月二十五日

今日种黄豆六谷。修牌楼园门。宜之、智校、根好、如林、徐根生来。上午去市，吴师母她下午出殡。木根、隆兴大姊墓字做好。天晴。下午五时看《天行报》号外《说上海》。今日上午八时解放大军十一时开进。湘源乡二命案押介司法处询问。九时半寝。

五月二十六日

锦山七时往杭，带去沅、万帐子。良叔、增嫂来。宜之先生在家中午膳。下午荣兄、俊杰兄来谈了大有事。良叔回去。宜之。根好邀来晚饭，邀杰兄作陪。大雨。晚简师有庆祝上海解放表演。十时寝。

五月二十七日(四月三十日)

晨起对玉林讲要镇定，努力学本职，谈一小时。吴师来谈教育会移交理事，要填自新书。下午一时约润祥、舅父三人，先到母坟计划了一番，后到姊坟(今日下午四时立墓门)。回来已六时余，遇微雨。晚木根来谈了人生哲学。九时半寝。今晚简师仍续表演庆祝上海解放。

五月二十八日(五月初一日)

统计同裕正月至四月生意及开支。劝导程子英要有正常生活(职业)。锦山杭返。竟日下雨不停，水涨同壬午年。陈义上午来，将菊花十余种拿去，送塔二并送塔二书十一本(儿童读物)。我看至中午(六本)。晚与宜之先生、才广谈人生。九时半寝。

五月二十九日

河水退，水缸满。张阿福来说墙坍屋坏。我说修理困难，不值得修，怕危险，为是希另拆房屋，否则由你修理，我愿三年不收房金。到叔丹先生家咨询填教育会自新表，回家午膳。二时同嵴忠、六钦、石羊、古城连我往校，向教科咨询，提出三条请科长示，说容开会再告。晚到荣兄家晚餐（请宜之先生）宜之、才广宿此。虋霍乱吐泻。九时半寝。

五月三十日

章浤陪李先生来答复问题说一切照旧，已向专员公署请示，不得提早放假，通知要到接收后。召开商家劳资选举，下午一时未举行，改在下午七时。洪锡勇、王世堂、庐蓉义、龚玉成来。写信通知嵴忠、古城、石羊、六钦。带一信，铨兄、爵儿绒背心。到塔山看坍墙屋漏，百废待举。韩尔中替虋开方。我吃山楂粉、建釉，忌口。店友去开会，叫介清守店，十时半返。十一时寝。雪元来。长兴来。金满来。

五月三十一日

上午本拟到母坟山去，因等待良叔、宜之先生说下午要回店，故未去待商。下午在冠雄家（大有事）谈了三小时，有结论。晚店员再开会添选代表。到永康先生家谈了一回。铨兄来谈一月余离衷。一时寝。

六月一日（端午）

挂钟进士画。寿林司来。张学俊、陈加根、陈济祥、白石林来。维堃来。下午资方开端午计划会。铨兄回家。章浤、陈晓平（杭高生）来问塔二学生名册及师聘书验印。晚资方开会，赵先生来指导，开二小时半。增嫂来。十一时半寝。

六月二日

人俊兄来家问昨日开会情形。渭生、荣兄、炎庆来。叔丹先生来。贯之先生来。国中枇杷早熟，始今晚吃了五六枚。增嫂早车往杭。卷子、大源来。晚十时寝。

六月三日

百年、生潮来。上午写信。下午集晚上与各友谈话材料及生意开支数字等。得壬儿、敦儿来函（解放后第一封）。王国成勿痛惜遭劫之损。晚与诸友谈同裕历史及虚骄之忧，问题不在薪金而在生意与支出。归来洗浴。十时寝。因阿福来说，叫福贤、长水看塔山要坍屋拆工程。

六月四日

天放晴。割麻。写致庚、沅儿信。俞云飞来。周坤荣来。孙才宏来。锦往唐村圩。秋生回家。看王芸生在中大讲演。啖枇杷。蓉义、维坤来。九时半寝。大姊坟今日做罗手。

六月五日

晨雨。往杰兄处告宜之先生，问空号是否合并。俊杰兄云一切暂时如旧，知九时仍要召开商会讨论四月份营业税要追缴，得扣还前垫还金元。以一万三千五百元对一（人民券一元），以十一月五日，十二月五日杭报作证，知杭亦以二月实缴为例。查资本申报。晚店员开会。吃枇杷。白衡山杭返。剃头，洗浴。十时寝。菊香来做苧麻。锦山回店。

六月六日

今天整日为商会开研讨四月份营业税补交分配会。晚店中约计存货。罗承先来。木匠今晚开会。十时寝。

六月七日

泥水来做鸡屋。大姊坟今日续做。结存货。子梓、承先二兄来。巍成兄来。学新来，同至县府文教科公出。下午同陈官兴同去问赵主任，谈金库券及四月营业税事。詹、沈、曹、我四人同去王指导员处谈保结，明日送出。白梅春款今日汇出。承先、子梓兄宿此。与六夫兄谈闲天，至十时。十时半寝。

六月八日

晨起到街上，知金库券出事，即与杰兄接洽，应与王县长接洽如何。同介清往姊坟并看母坟工程（已停工），并询泥水在山情形。回家午膳。木根来装米（二百斤）。泥水、木匠今日串猪舍（昨之鸡舍今改）。为金库事往各家询富桐情况。今日商会杂业开会，重估营业事。往吴师处，与大明谈上海解放前往情形。回家与子梓、承先、晋晚餐。六夫兄在章效良吃饭，来此宿。谈至十时半，洗脚，寝。赵文光、罗霞中、李镜波、程沧波、钱肃光、李杰往余杭受训，云云徒步。

六月九日

卷子来，知铨兄因病不来。六夫兄等事毕，

要回去。我说今日特宰了一只鸭，吃了去。中午孝仁父子来，承先、子梓、六夫三兄膳后去。下午开商会，为四月营业税事再开了会，并推为代表去。郭局长谈，似亦了解个情。惜乎为时稍宴然，洗浴。晚看《斯大林》，及郭沫若之《列宁馆参观记》。十二时寝。天晴，叫金泉洗水缸盖。

六月十日

今日木匠泥水折塔山右首的二间屋，因白蚁毁损。九时同杰兄同至简师，因修建事。回家午膳。下午在天主堂开会，由王县长、郭局长、赵党委指导营业税事，开后商会开会六日，开会结果仍以三月份数额为分配数。晚饭后各同业重行分配，比较合理。十时回家，十时半寝。

六月十一日

塔二阿春送李玉成先生铺盖及皮鞋去，我附一函。上午各同业商讨分配四月份营业税及填资本申报表。午后同杰兄往简师，为修校舍及添置校具。在文庙修建会拨支，因系补行会议，荷、温科长允可到会，汪烈山代表陈其训，王仲伯、曹杰生、我四人及支付陈载之监工、事务员某。沙晋来。子英借资本，我以诚开导，希望觉悟。十二时寝。

六月十二日

今日古历五月十六日。今日街上行人摊贩骤然增加。铨兄来。满庆金水来。昌甫先生来。阿春场口返。与志标弄账。晚与铨兄、沙晋闲谈。一时寝。银元略挫。写信宜之先生借米，代价五百斤。天秤给子英，其款在桐油项下如除。

六月十三日

百年来。锦麟来。查户口。王华根来。铨兄傍晚回家。沙晋下午三时返六川。看《城市政策》。锦山回到家中来，十时寝。阿渭杭返。摊贩较昨日少一半。

六月十四日（五月十一日）

冠雄起早往分［水］，故急于就去为堂中田亩登记事。程先生、俞先生来。亲娘今日请朱天大帝，请我们吃鸡肉。满斗来支米支款。我订定再付二百斤止付。百年来。荣兄来。永康来。下午往姊坟去看了一回，二时半返家，四时半雨。洗浴。看山东教材。写信。十时寝。

六月十五日

晨雨。杰兄、永康来。锡来来。何顺培来。永裕来领米仟，袁永会钞似未妥。傍晚雨。看《农村调查》及教材。晚写信。过账。九时半寝。

六月十六日

整理田亩。将新兴公司吴筱峰股票送交韩永康。下午开指导商会催缴营业税及资本应实报。晚上开保民大会，为填借军粮问：1. 人民解放军为何人而战；2. 借粮是否合理；3. 应如何征借才得其手。菊香来。雪元挑米来，福朝进去挑。九时半寝。方希臣、章绍表放学回。

六月十七日

今年店里睏（睡）得太少了，原因很多，第一因内子病足。今日整理田亩户折。下午拟将祖遗田产户折七个送荣兄保存。结果未及半小时，由王丰送来。十八年前替我们烧饭得（的）凤英来，与内子谈的（得）很好，只（这）是真感情。晚留她来宿。我因户折等铺开没有收好。晚拟好好的（地）睡一晚。明日同平甫、梅叔整理户折田亩报保长。八时半寝。下午到保校去。湘儿见了赶来牵手，叫我，表现非常愉快。去年秋我送她去真可对比。叫我替她小茶壶拿回来，我不好拂她意。

六月十八日

回家吃早餐，同介清谈谢詹先生及舅公礼物。整理田户折。良叔来，锡元来。祖荣兄、蕉石来。茂林洞桥返。傍晚到塔山。施先生来，杨先生来。大源来。晚与祖荣兄谈。油车各种经验及渠家务。十时半寝。听说杰兄昨日返杭。

六月十九日

祖荣往杭。往塔山去看了一回。庚儿午前到家。饭后人疲午睡。剃头。张子光来，知他现住窄溪。回家与庚儿谈。逢星期日到新登。晚饭后向各号问铜元情形，因骤多拟改为二十四枚一斤米（因邻县三十二枚一斤）晚洗浴，在与庚儿谈。十一时寝。

六月二十日

大姊坟十八日告竣。介清早车往杭。我往店知无人民币，多因今日要补交四月份营业税。增嫂来，我因四房共有产申报事去老屋商讨，结果四家分报。下午城郊区开地主会议，谈军需恐亟，大家要尽力协助粮草，不要隐匿不报或少报。增嫂来谈厚来事。傍晚增兄到。虆头痛。晚开保民大会，托昌明去再与庚儿谈做人做事道理。十时半寝。

六月二十一日

万年青加泥，剑兰移到天井里。林荣来报生（得一子）。月中来接洽柴事，着祯祥去交臂失之。卓人、渭生来。葆祺来。墨新子来。锦山杭返。写信。晚与陆亲娘、仙花谈至十时，说做人道理及我幼时生活。同庚儿谈至十一时半，上楼就寝。车六谷小麦到六渚，换柴介军柴。

六月二十二日

寻同裕户折田亩。今日保公所披露。规劝仙花。周大源来。章浤请假往塔二。林荣来。到塔山看工程。与杰兄谈杭州近况。铜元与人民币购米价又须调整。到徐炳奎店规劝渠父子婆媳，杰兄同往。洗浴。再与庚儿谈。十一时寝。

六月二十三日

今日决定整理楼房。来二八路看房子，未来住。叔丹来函附温科长招见条，因已着手整理，延下午去谈二小时。县银行开会折官股改业土产。桂荣来。保开会，我已去，县府未悉未去为催柴草。洗浴。送吴先生陈酒一瓶。人疲早寝（九时）。庚儿今日去杭。

六月二十四日

看《进步青年》。百年来，送他酒二瓶，父子各一。采娥来。秉桂嫂来。下午开会为勿轻信谣言，协助征借。施先生来。章先生来，留他晚餐。晚再看《进步青年》。高锡泉自开货车来，下午三时到。九时寝。

六月二十五日

今日下了决心整理所有历年剩下来的中药、西药及滋补品。与虆共同劳动。下午四时开会为标价，应完全用人民币不得用其他。增嫂来知增兄往杭。晚看报及《目前形势及我们的任务》。洗浴。十时寝。

六月二十六日（六月初一日）

人俊兄谈谈。中午铨兄来。雪元来。菊香返茹。晨雨泥水盖猪舍。下午写信。晚等铨兄门至十二时不来，上楼寝。微雨。铨兄宿吴先生家。

六月二十七日

铨兄早餐后来店，同回家查田亩。午后到文教科问放学前应办事，项说一切如旧。七月八日专员公署召简师中心学校教师训练班，一月一切再定云。湘源朱先生亦在，还带来剧本，拟表演。傍晚同杰兄至永康先生处，谈致和与一般商号不一致的折价方法。与铨兄闲谈至十二时寝。天雨。

六月二十八日

天雨。铨兄午后回家。巍然兄来谈徐行在鞍山厂。汪昌甫、俞逞祥来。下午开商会，铜元要一律，资本要实报。古龙区区长昨日受伤，今日抬回城中医治。周百有来。朱金满堂弟来。九时寝。采娥、玉林来。下午三时着福泉晚姊及母坟视察，恐连朝阴雨，水路毁坏。视后归来说无恙。

六月二十九日

天雨。朱金满来。整理母丧时送礼账目。下午写信。有军队来住，由临安来。晚写庚儿等函。十时半寝。与傅参谋谈了一回。

六月三十日

军队已向南开去，因水大被阻，仍宿城区。上午商会开会，借粮至四时半。看《毛泽东自传》《陶行知是人民教[育]家》及《今后动向》等新知识丛书。九时半寝。因时宴大水，未去塔二。

七月一日

清晨五时起床。参谋处开而病兵来，住三大间，五厢房。我往塔二，大雨，大水，路滑，沿山去。今日开第六学期休学式，第五届毕业式。用座谈会方式并照人民政府一切暂时如旧，故各教师亦续聘，不可暂离。三时同爵儿一同回家。爵儿脓疮大发。晚抹身。看《陶行知纪念集》。十时寝。

七月二日

今日中、夜饭由店中拿来吃，因灶他们要用。房子四周均尿屎满地，臭气四溢。晚饭后上楼困觉。

七月三日

天放晴。病兵军队准备开拔，十四人动员。清除工作做了一天未了，明日再继续。听说七板桥有小接触，对方挂白布。九时寝。春泉来，得巧托他帮助。

七月四日

昌富先生着公郎送一函来为训练事。因祖父年迈，不可远离，我将此事此函着长寿送长垣。施先生、湘源陈正义、朱先生来。陈遂良、杨作勇来，均拟去训练。罗弢来，阿春挑孚中铺盖来。良叔来。下午三时商会开会，为资本营业税（五月份）事要增加。六时祭先父（今日生辰）。今日六人做清洁工作。九时寝。毛纸客洋粉到。听说上午乡主殿、下午垅坞[1]有小接触。

七月五日

彩娥、玉林、湘儿回去。雪元来。周东光来，益三来。洪学新来。章浤来知尚有余额（训练）。洗浴。下阵雨不大。听说垅坞仙坑发生接触。今日到［六月］二十九、三十、七月一、二、三、四共六日报。袁祖荣杭返。金泉病。九时半寝。

七月六日

晨起，复亚回信，并致函鹣鹣。八时开各代表会，骂奸商，应以人民币折价田亩实报，注意反动派地下工作。杨先生、章先生今日去余杭训练。阿春来借报。晚开保民大会，一为借粮自报公议，一为注意反动派地下工作。我因头怅怅，由万儿与家明去。傍晚玄儿、万儿、家明放假回来，带来秉成替先母写来墓门碑。十时半寝。今日用席。

七月七日

庚儿今日来信，知已入伍。写了几封信。上午与各同业谈了一回米价，与人民政府核定米价，绝对不可有差别。关于五月份营业应速报。远乡曼团来。天雨。下午再写信。晚看报。十时半寝。

七月八日

昨晚因邻居双喜得（的）女儿死了，叫哭了一夜，不能入睡。清晨叫家明去通知布业同业，人民币一百元为铜元三十枚（昨为四十枚）。写信。小九兄来。满斗来算账。下午一时开七七大会，游行至五时。看《陶行知纪念集》。卷子、莲英往郎坞。市桥西门外因看牛牧童坠落争吵多时，人声甚沸。洗浴。十时寝。玄与万同床，争吵，诫应敦睦。

七月九日

晨起，看《陶行知纪念集》。木根来。增兄来。下午保甲长开会，为八保分配借粮办法（借七百八十担）。下阵雨。长兴来。阿龙来。阿其来。九时寝。爵儿发大头瘟。

七月十日

挂画。阿福来要石尺。周芳榕来谈了很久，邀他回来便饭，没有菜（是三碗素菜，一碗汤番茄蛋汤）。他倒很同意，吃了很有味。阿龙来。下午到吴先生处谈了一回，芳榕亦在。晚再看《陶行知纪念集》。十时寝。

七月十一日

吴远卿、孙卓人来。雷雨。整日看《陶行知纪念集》。今日午晚饭早。来睡还是九时零。

七月十二日

家中早上换水缸脚。雨到中午才小。傍晚放晴。整理母亲丧时礼薄（簿）及保管部份（分）。天寒。看《陶行知纪念集》。九时半寝。

七月十三日

晨起，告长水零星生活。今日整理母丧时礼洋，叫梅叔协助。吃糊麦馃。周财标来。汪兰来。保长来通知暑假回来学生要去报到受训。九时寝。傍晚放晴。

七月十四日

徐履谋来。汪才广来。周东光来。卷子郎坞回来。郎印来问余米。天晴。陈其训来。良叔来。保长来叫玄儿等到区署说明日八时再去。九时半寝。

七月十五日

与舅父整理田亩。吴关保来。吴阿言来。黄阿昌来。林（五保）保长谈经过廉洁。晚写信。壬儿买一支派笔来，由听弟带杭。行健今日带新大、水富到新，步行，汽车只能到青云桥。今晨汪才广去杭。

1. 垅坞又叫外坞，现胥口新峤村。

七月十六日

晨看《陶行知纪念集》数页。玉山来。阿龙来。益山来。用钢笔复壬儿函。早田亩清册。沈赞文来。程炳荣嫂来。人俊兄来。玄与万争吵。晚诫玄儿不考英文，校方成绩单上提及。贤儿出鼻血。十一时寝。

七月十七日

晨起(四时四十分)，去看锦山往渌渚。锡来来。子芳、才广杭来。弢及铨兄来。增兄中午往杭。林国樑保长来替人民政府城郊区借去棕棚一张(小号)。十二时半寝。

七月十八日

锦山往杭。铨兄往杭。弢往沪。五时起床。震刚来。阿其来。志浩来。周金培来。洗浴。写信。米市杭州大涨，折实四万。十时寝。

七月十九日

晨起(五时)到商会去问米价有否核定。到杰兄家去了一回。替湘儿开了一张引格内容(我要好好读书，默书，背书，写字，做算术，在学校听老师指导，回家来跟妈妈好好学些能做得[的]家事)。汪金宝来。章老虎来。止戈先生来。杰兄来。人民币今日市上骤较多。吴师处坐了一回。看报。九时半寝。

七月二十日

督玄儿读英文，我看陈著《大盗袁世凯》。陈熊福来，何顺培来。徐关东来。吴阿言来。爵儿与贤儿吵架。晚诫诸儿。九时半寝。永昌何培连来(金满姊夫)。

七月二十一日

晨起看《政治经济学》。袁金榭父子来。吴官保来。徐锡来杭返。锦山料车返。下阵雨。湘源跷脚保长。章德明来。汪驶安来买杂扣，自己打碎药水瓶。施启德要百恒带来邵万民信。晚写沅函。十一时寝。

七月二十二日

报六川水灾，减收成十分之四(估计)，上渌五亩，谢莲四亩。子芳早车往杭，我五时起，托他带猪油给沅。陈熊福来。朱金满来。百年来。下阵雨。铨兄杭返。炳章杭来。汪焕如伯母今日中午病故。立亨来。十一时寝。晚凉。贤儿吐泻。

七月二十三日

铨兄先我起来，我即起。程国定来。罗石泉来。天热无阵雨。黄昌荣来。袁阿琴来。铨兄留下二本书。良叔三本书来还。人疲早寝(九点半)。晒麦。

七月二十四日

今日晒画，太阳不见好，明日再晒。南门外更三的妻缢死，听说是因家中绝粮，因今年借贷无门，闻之惨甚。周坤泉来说有人砍，杨维棠亦说。雪元来问牛出售否。工芳杭返。今日下阵雨二次。顺宝万氏桥来。增嫂来去汪家，十一点寝。

七月二十五日

看《共产主义人生观》。天晴，画又不能晒。洪慧农来。袁荣根来。四时到吴师处坐了一回。去看杰兄，知杭返，患腹泻。贤儿请仁山兄看(吐泻胃纳不佳)。九时半寝。

七月二十六日(七月初一日)

晨起，写壬儿、颂贤信。今日画再晒，太阳甚烈。下午四时后收画至七时半。洗浴。金满来函要人民币，市上甚少，间或有的亦乘汽车要用带杭办货，大都不肯。今竟按官市贱一、二十元以米易之。陈阿魁夫人来买布。人俊兄今日来店。市上麦极疲，少人顾问。黄豆与六谷更无人问津。

七月二十七日

整理楼厕。铨兄来函，我去曹家与杰兄接洽不在，到店，永康亦在。长兴冬苟来。邵万民爸来。中午暴雨，店中留换纸，顾客二、三桌午膳。陈其训来二次。沈公华来向我借他筛物锡及景泰蓝水仙花瓶作榀，汽车投资云。晚凉。十时寝。项母会赠中心学校镜子三面，由申运来，今日到。挂碑帖以观摩写字笔法。

七月二十八日

晨看《共产主义人生观》。章佩堂来。徐锡来替我们调毛纸。祯祥因与舅父公务上冲突，回来告诉我。程国定来谈了一回。到杰兄处坐了一回。沈家房东敦秉等来。晚饭后锦山兄来说明日往杭。我再去店为解释祯祥事，大家谅解。十时寝。上午爱儿来挑麦。

七月二十九日

章佩堂之子章尚锦来。吴木根来。五阿言来。晒谷，晒书。徐锡来夫妇来，明日往杭。硬性规定要越姊垫半数借贫户，叫平甫来关照他。他问田卜家不应如此，对外万一没有，应来与我商量。锦山早车往杭。杰兄来。九点半寝。

七月三十日

晨起到吴先生处。章君金泉为新安会馆借米事来。我到越姊处，越姊到几处女友接洽，限午前办好云。姊与镜侬到区长处，到县长处。中午保长回说已允，由五家分派。章佩堂、袁荣根来。增嫂来。才宏、阿钦来我地们代做严家湾。铨兄为鱼潭事区署召开会。王省三来宿此。十一时寝。

七月三十一日

晨起去看杰兄，知往干坞。陈其训来。吴子敬先生来买布。罗佐杭来。铨兄回家。知越姊要借出麦一百二十八斤市秤。剃头，洗浴。止戈先生来。知炎庆来到，朱锦泰去坐了一回。九时寝。

八月一日（七月七日）

诸儿起来争看巧云，因雾失望。写信。陈其训、金炳全来访铨兄。八时下午一时纪念“八一”，全市每户留守一人，余均参加。袁金榭、荣根来。施启德、陈瑞良来。晚开“八一”劳军会（八时半至十时）。听说杭新车下午六时在草巷被劫。十一时半寝。

八月二日

陈其训来。徐雪来子来。徐海贤来。朱金满来。上午十二时开劳军会，至四时。洗浴。周水松来，知山上有三四十人来砍树。到塔山托阿福龙号疏通。下午八时至十一时又开劳军会。十一时半寝。

八月三日

晨起至店，着友至车站带信。上午八时至十一时讨论商店劳军费。李华来函挑亚球米。金满来挑米，因米不多，去五十斤介省三谷。晚写信至锦山。八时至九时半开劳军费通过。洗浴。十一时寝。

八月四日

晨起又带信给锦山。省三兄回去。上午商会又开会。下午同业开会。国胜、永康坚要支米退。鬃在责玄（理解）。晚亲娘与仙花又吵嘴（理解）。看报。十一时寝。中午着子芳去杭（上办货）。上午着子芳去永昌（商会带信）。

八月五日

晨起看《农村调查》数页。汪驶安、徐雪来。卞永林、徐宝榭来。子芳中午货车到。下午访杰兄，为区长劝县银行慰劳军队献金。叫尔中替金燧看，知是疟疾。王省三着袁君来还保管谷。荣兄来说再泻到家。洗浴。十时半寝。

八月六日

阿春来。陈其训来。炳章、王绍民来。上午九时开劳军会。下午一时开商会、执监会及乡区组长会议。宜之先生来。锦皋兄来。锦山晚车来。十一时寝。

八月七日

宜之、锦皋二位起早回去谈了一些上乡情形。惟勤来信嘱家明领导诸表弟自修。鬃嘱万履行吵嘴被罚。下午同保长炎庆到地主按户宣导捐献慰劳金。尔中来谈同业摊派不公。我劝导以爱国主义来表现双重意义，并不全是计资本营业。区长叫保长来说修扶梯。早寝。九时半。

八月八日

晨起陪木匠到区署（我们书房屋）修扶梯。填房屋调查表。中午货车来三辆，第一辆文奎车被劫。我店损失约值米九百余市斤。庆福、广合盛均有总值约在三四万元。下午开劳军会。四时至洪家，去缴芸、超姊劳军款。傍晚客车有被劫，旅客三十余人。晚凉。洗浴。九时寝。

八月九日

着子芳往招缴劳军款。白高雯来。张之光来。上午七时到商会，七人一同出发，宣劝缴劳军费。回来吃午膳，略睡。填房捐调查表，整理押租户。土根来。尔中来。百年来。杰生来。九金来往富。梅国成来（金生来），晚叫桂兰、春榭、培榭来，来劝解一翻（番）。十一时寝。林保长替区署借水缸六只（小号）。

八月十日

写信寄惟勤。问秋送劳军收据来。割苎麻。

誊清田亩。增嫂来。秀清来。下午三时开执监会、劳军会，大雨倾盆，狂风半小时止。神疲早寝。家明发寒，请尔中看。沈之望之子群达已出来，听说赔偿二百四十斤米了事云。九时寝。蕉石来借箪。

八月十一日

晨起看《农村调查》。今日劳委会指定我到三溪口、胥口，我因不善骑自由车，托昌明去。上午做了田亩工作半天。下午午睡一小时。致和去坐了一回。六谷已吃第二次。鸡病，宰三只。九时半寝。鸡死三只。

八月十二日

晨看《农村调查》数页。虎儿来。省三来。下午开会，为营业税用不合理方式投票，可以说是良心测验，不用限度，科学方法极难合理。布业已成众，天天的不容你辩说，如此决定，要负担城区百分之六十。舌尖痛，吃莲心汤。九时半寝。

八月十三日

写信给庚，未了，维坤来。上午九时至十一时半，同业开会讨论百分比。下午到杰兄处，到永康先生处论至五时半，无结果，决定明日上午开执监会讨论。晚章浤、湘沅、分水先生来。八时至九时半叫桂兰、老王、春树来劝导了一番。中午俞、杨、施、陈先生来（余杭小教训练回来）。增兄来县府报到，为会社产事云。托章先生带被、席、枕各一。阅报。十一时寝。保长通知十一时灯火管制。

八月十四日

晨写好寄庚儿函。八时商会开会，同业嫌营业税额大，想邀出其他同业分负，无结果，维持原决议。十时增嫂来。茂林因借米误会，又来条谴责我，走前彼意说肯接济米，不肯代谋职业，大发雷霆。我忍受，认不对，米自来挑走了事。秉桂、学礼来。人疲，早上服奎宁（因有疟意）。九时半寝。

八月十五日

晨写复敦、澂儿信。长育来。洪学新、白乃昌来。寿春来。知增兄上午在写经历。阿元来。晒衣。下午一时雨凉。午睡一刻，剃头。吴师侄来。施启先来。洗浴。同业开会研究米价和铜元。看报。十时寝。

八月十六日

米价一百六十元市斤。

寿仁清晨来叫，说桂香发动，尚未分娩。十时半产双女已毙。看《农村调查》。八时至九时商会召开同业公会为分派营业税。到袁家去了一回。雪元来。下午到桂英姊处了一回。大沅来。晚看报。十时半寝。

八月十七日

晨起，去看锦山，知他拟中午坐货车去。今日生意较旺，新米上街亦较多。钟付苟来。请尔中替桂香看产后（得双女孩已毙命）。叫土工葬孝已毙双女孩。周大源、章浤、王文治来。国昌、水全来为越姊田。锡来。到永康先生处坐了一回。锦山中午往杭。王县长、范科长来看房子，拟摆粮。晚写信。十时半寝。李志祥夫人来，李拟来市就医，借屋，我允他。

八月十八日

晨写锦山信。小五来。吴先生来。朝玄来。百年来。雪元来。增嫂来。到陈义家去。十一时开店员大会。章一尘来。十时寝。复鹣鹣函。

八月十九日

子祥来。吴师来城郊中心学事。才宏来往杭。慧农来。二时往茂林处。四时同杰兄往吴师处（简秋谈冠雄、陈兆松、林国樑）。增兄回茹口。晚清札记。十时寝。

八月二十日

看《农村调查》。邱福生子车早谷来。卓人，杰生，茶兄来。章一尘、绍裘等来委代办人民币六万元，困难之至。十一时职工开会。四时至茂林处。商会开会为调查物价。增兄回城。炳章、卷子来（杭）。十一时寝。菊香回茹。

八月二十一日

写致锦山信稿达函。袁家来叫。送章一尘、绍裘二人去严中。炳章回茹。俞先生来。中午开商人会，说知识分子应研究马列、新民主义，一起革命。我们除坦白外，应慎言，不要乱说。人疲乏力，早寝九时半。袁叔儒先生、惠泉、朝庚过市。同昌因装米小东门，与下溪埠争执。

八月二十二日

替虁复治函稿。维坤兄来。商会开会。茂林来家说二小时内答复。我至店，炳南、梅叔去。蓉义、冠雄、人俊兄来。谈至六时。晚人俊、炳南、连奎兄来慰劝。诫诸儿努力学业，免将来失业。万一失业，要自力更生，勿做昧良心事。十时半寝。

八月二十三日

晨起，拿信至店，叫长寿送车站，请妙晋看店，我回家整理簿子，信札。吴阿言来问田遭水灾，是否报保长。陈义来说后日赴南京。陈炳章来，明晨往杭。听说米禁运，但今日有货车三车装米往杭去。平头未隔字。我们没有装。九时半寝。

八月二十四日

炳章早车去杭。陈义兄来说明日往校。维棠来。袁阿土来。许百年来。韩尔中来。林子文来。卷子来。增嫂来。老陈来借笔。人疲早寝。九时半。

八月二十五日

晨着子芳往杭止装。卷子往杭，朱维坤来。许百年来。沈止戈来。袁福喜、袁福春、袁阿根来。徐生贤来。锦山中午到。人疲脑涨。九时半寝。炳章杭返。

八月二十六日

晨托智标的侄带信至芳。慧农舅来市。阿福来。袁仁山来。袁福春回家去。袁阿根回家去。午后较闲，午睡。下午理信。人俊兄因银山有病回家。商会晚开会，锦山去。增嫂来，同炳章回茹口。九时半寝。

八月二十七日

晨起写信至芳。九时地主开会。城郊八保派额一千担，我二百担。下午二时半开毕。三时茂林嫂来。我叫人俊兄、厚坣叔去叫茂林来谈。五时半去。炳南亦来。增嫂回茹。锦山来。九时半寝。

八月二十八日

晨起叫平甫来过租谷簿。吴关坤父子来。福春又来。整理旧信。剃头，洗浴。九时半寝。

八月二十九日

许百年来。沈美元来。正昌嫂来。整理旧信等。人疲早寝。九时。

八月三十日

今日开小九、应麟二兄会。袁仁山来。林保长来。到杰兄家去稍坐。益三来街。介白兄来。到吴师家去坐片刻。十时寝。吴阿瑞来。陈雪元来。傅玉田来。邵根泉来。

八月三十一日

介白兄由干坞回里。子祥兄来回复堂泉田不要种。子文兄未谈即去。杨春陪二位徐姓来声称回赎。荣兄来。县银行开结束会。商会开会，均托锦山兄出席。傍晚子兄来。

九月一日

晨往杰兄处为奔川先生支银行股市。到俊兄家看陈茂贤。到吴师家约同去询，要否登记。承吴师送来梨子一只，重一斤，味美。同去询问，说停息通知。理着荣嫂玉照一张，送给荣兄(因上次寻不到)并酒一瓶。到永康先生家去坐了一回，为炳林借油事。整理与平甫对租票。十时半寝。一路炳南带催。

九月二日

朱维坤、吴叔丹二先生来，同到人民政府伪人员登记(我因是教育会理事，起主要今后如何将功赎罪)。周墨新子来。荣兄来说收租有些用市秤。邵根泉来。施启德、徐广胜等来。施启先、杨作勇来，知今日为分配下乡接收工作。对租票押租有无。十时半寝。

九月三日

到县银行领回谷款米一百五十六市斤。借给王世堂归还银行欠款(林保长来说)，并代奔川先生领四股款二斤米二百四十元寄杭。章浤来。徐广胜、徐光河来，明日考县中。施杨二先生今晨去嵊忠接收。罗谐杭来。百年来，整理。一路托人俊兄代催。菊香来一路托雪元代催。炳章来。十时寝。

九月四日

上午八时开地主伪人员会议，为伪人员将功赎罪，地主奉公守法，到十一时开会，二时三刻毕。林保长因诽谤陈将军被教育。冠雄来。怀亮嫂来，问简秋谷。晚与志标、志芳、祯祥三人谈，好好向佃户，借粮应急，千万要和气，暂借性质。一切将来依照人民决定。杰兄来说，居棠说我要做商会会长，所以没得做，真冤枉我。是大家选举为执行委员。有九执行委员选举三人为常务，再由三常务选理事长，并非要与不要可决定。十时寝。今日政府借我家收谷堆厢房地板上（约有百余担）。

九月五日

晨起到店，着志标往汪家一路，子芳往古竹一路，祯祥往永昌一路。止戈先生来。到店晤百年。整理信簿。今日征借三千斤。堆三厢房可有三万斤。喉间不利，吃乌元参泡大海。下午一时到二保，按户调查有无武器弹药，人口移动要向户人籍登记。如有伪职人员，今日截止登记，至四时半毕。九时半寝。梅叔来。

九月六日

仁山来。玉芝来托她乃翁转言慰问。周荣泉来。吴阿瑞来。梅叔来。章浤来。周大源来。今日粮堆永康先生家。整理文件。理出传涛与大昌黄锡均讨合同二纸及期票三纸，代塗交杰兄当面毁了。我并送杰兄酒一瓶。宜之先生来。九时半寝。喉噪，再服元参泡大海。二十六年前锦第表伯送我歙砚一方，久藏不用。今日试用见物怀人，良有意也。

九月七日

终日与各路来租谷，及到各路去催，情形道谢说情。人俊兄。仁山兄。维棠兄借箪。王绍民来。锦山兄来。晚九时半寝。今日闰七月十五日祭祖。梅叔来。

九月八日

法榭来契还他。福来来。整日为租谷说情。百年来。旭之来。人俊兄来。施杨二君宿此。炳章来。雪元来。十时寝。老屋之桌及烛台归还。到吴师、韩君处略坐。

九月九日

整日借谷收谷。今日介出一百三十余担。茂林来叫背元桌，托炳南、梅叔劝解一天，藁前去亦不接受。施先生送弟来。启德明日往金华。雪元今日来帮助介谷。喉痛吃粥。十时寝。

九月十日

周墨新君次子来。叫福记来协助介谷，因来迟，人已叫好，略坐即去。杰兄来。施启德、炳章早车往杭。看《辩证唯物论》。整理。老屋元桌因茂林催叫多次仍背来。十时半寝。仍吃三餐粥。

九月十一日

叫福贤堆老屋瓦。亲娘回富。人俊兄来。吴银有受教育。周子鲲公审。章满生、琴香来。周百恒来。国定来。整理。小桃与妹阿兰来。炳章杭返。喜雨。十二时寝。

九月十二日

连奎来坐了一回。福喜来。冬梅来。旭元来。隆兴来。俊兄、杰兄来。荣兄来。根大来挑炳章杭来件。汪玉崑今日结婚，不收礼，后送见面礼。竹香来，雪元去。十时寝。

九月十三日

西云来借报。连生来。徐长根来。荣兄来。炳南来。才宏来返六。与梅叔理画。阿香来。十时寝。菊香返茹。林保长借棕棚一张（区署用大号）。

九月十四日

舅父往小柏坞（因蕉石病）。朱华庭、罗明广、吴友文三人来说十时城郊区开筹备会。十时往，一时返。下午三时去估工程，六时返。杨春同徐姓来。何来二只种户。周百恒来。吴师来。十时寝。

九月十五日

晨起，剃了头。八时半同吴师、维坤兄、杰兄暨吴、罗二位先生一同到街上去募城郊中心学校筹备开办费。到十二时半返。一时半再往柴场五里桥白家劝募。归来已上灯时节。杨步彩老三来。中学校长俞自谨、陈家福来，我已将助中学契折交给。施启宇来。周百恒早车去杭。宋在明母来。十时寝。

九月十六日

晨起再叫泥水木匠各一班。估计以求准确出发，邱家到三里亭。知今日观音堋开斗争会（胡），回来观音街劝募。下午三时出发南津桥一带，回至吴师处略坐。杨春、徐姓来赎回。荣兄来。到致和兆松处坐了一回，看《大公报》。十时半寝。公安局借棕棚一张去（中号）。

九月十七日

家明今晨往校。除草。来昌等来。上午八时

开城郊高小筹备会，请泥水木匠估定工夫。下午高雯来。到中学看俞校长未遇。到吴师去看白君。洗浴。炳章来。十时寝。

九月十八日

炳章往杭。九时开地主会，说明要奉公守法，现在斗恶霸。十二时开毕。凌家金昌等五人来。施启宇爸爸来。舅父去慰问蕉石病。虋去看素贞病。到吴师处。高雯兄来。查房租及房捐。十时寝。今日城郊中心学校开工修理。巍然来。

九月十九日

为忠烈祠前墙拟再用柱顶。与维坤、友文再去察看。丁水根陪凸上罗家祖坟左邻来。调查房租收房捐。到吴师处看高雯兄。增嫂来。杰兄来。关荣来。边章富来。沅儿中午到。九时半寝。

九月二十日

到同春和遇元卿。到吴师与高雯兄谈。到袁宝书处叫他补领铜钟收据。炳章杭返。永康子湘今日公审。凌来、昌来。亲娘到。增嫂返茹。十时寝。

九月二十一日

晨起，杰兄来，渭生来，为农协保永康。事后同至维坤家(永康看守处)商谈，至再下午又去，决不要我们赔钱，只要赔力。后由致和、协大昌、大生、同裕、朱锦泰五家连保：一、不脱逃；二、不反动；三、协助将财产清算；四、保护工商不破坏。下午商会开会。午中来谈胃口不开，实是肝旺。虎儿杭返。十时寝。永康回家。

九月二十二日

请尔中开方开胃。同篾匠包工定校中挂簾。白高雯回家。国华过此往杭。虎儿回六。下午到永康抄房屋用具清单。杰兄来叫为柯房子事。锦山傍晚杭返。凤英来。金榭侄来。住商登记。十时寝。下午告罗明广注意几点(修建，校事)。

九月二十三日

到吴师处交中学存折。到万春请章医师看下颊疽。凸上罗家来。于渭良的本家来。下午去永康家抄磁器。钟仲林来。十时寝。

九月二十四日

上午到农协主席团讨论永康付一部分情形。下午到城郊中心学校监工并同付错物反实物。下午估计衣着。人疲早寝。十时寝。查田亩。

九月二十五日

上午农会来问进行了如何。到忠烈祠看工程，叫福贤未来。下午一时至六时在永康家整理衣服。尔中来。菊香来。九时半寝。人倦觉不舒。天变，仍不下雨。

九月二十六日

得邵万民来函，为申请奖学金到县府，知汪先生已先半小时回家。回来写信，专人送去。根全下午四时到。颊下出毒。上午在永康家编号估价。中午到校看工程。农会来叫去谈后，仍工作至四时。因邵君来，同到县府填表。章浤来，知要区署证明。知茂林与锦山又发生摩擦。晚札账。十时寝。喜雨一雨成秋。

九月二十七日

晨起玉堂之光来。至店与同仁谈，承诸容忍感激万分，但决不有损你们利益，勉励大家合作。到永康家谈。虎儿来。炳章来。长发来犁地。祖荣兄来。昌富兄来。下午到农会，区署来代表要我们保人努力。返到永康家再叮促。十时半寝。今日吃饭。

九月二十八日

嘉春来，到校监工。祖荣有梅往杭。满生来，平甫来。时雨时晴。秋生来。根全来，同至文教科。万民申请书不知有望否。叫桂香、孝仁来。才宏来。俞坤生，锡元来。十时寝。今日吃饭有味。

九月二十九日

剃头洗浴。监工。看章尚铨。麦子借完。下午来借均婉言道歉，老他们往返对不起。五时去永康家。蕉石送牛肉来。种萝卜白菜。沅儿早车去校。理信。看左派幼稚病。十时寝。

九月三十日

到万春看疽。到校监工。农会来叫永康事午前要准备好。下午开各保各组大会。忙了一天，到下午至六时。五时来知中学开会。金生来。子潮来。下午七时开会，筹备广祝协商会谈，谈至八时三刻回来。伤风。九时半寝。锦山往杭。

十月一日

上午去定制国旗。到城郊校监工。隆兴来交借麦账。福贤来挑大生谷。才广来，益新来。杨陈二师来。与人俊兄谈节后。今日较闲，店中多坐。下午去缴同裕房捐。召同业开会为通知庆祝准备事。城内青山下都来借麦子，婉言道歉。九时半寝。

十月二日

人俊兄来。平甫兄来。上午八时永康家物开始分配至下午三时休息，尚未分了。大家闲谈了一回。农协三联会区署均参加。下午四时去政府缴家中六、七、八、九四月房捐(每月约需米三百斤)。才广来宿此。今日为“保卫世界和平，人民共和国成立”纪念游行。通知商会明日亦同参加。杰兄杭返。十一时寝。

十月三日

为庆祝人民政府成立城郊区到观音勘竹林中开大会。上午八时半出发，下午一时回来。天微雨，未终了散会。庆福挑饭来，我亦在他们一同吃。爵有天成，翊湘在他们吃了饭。回来去缴老屋房捐，途遇王寿镛托他代缴。宝进先生来。郁文兄杭返。晚吃酒一杯解水气。十时半寝。今晚因小雨龙灯未行。

十月四日

晨起商会上午九时开会，为七、八月份营业税。农协会来叫为永康事，去了到商会至十一时。依农来函问陈事，答复系遗命并非威胁。下午一时又至农会，二时至商会，五时散会。六时至韩家，因时宴，定明晨答复。今日事忙，未去监工。九时半寝。

十月五日

晨起，人俊兄、连圭兄来。到永康家说叫他住小屋，周君住平屋。下午一时农协会来叫开会。三时再理永康衣物。阿爱姊来。孝仁要摆摊做小生意，我允借资。邵根全、春泉(雪元来买物，秋娥死)。九时半寝。孝仁伙食今日止。

十月六日

到城郊中小监工。叫平甫抄县中租田户。吴先生来。雪元来。孝仁做香烟摊生意，饭回家吃。金森之子来问押租，将租票检阅，始大白回去。下午游行大会。四时同业开分配七、八月营业税事，未结果。晚七时提灯庆祝。十时回来。人俊兄、炳南弟来。洗浴。十一时半寝。

十月七日

到区校监工中午。晨起到杰兄处去正大看，朱君来看铁器(国定介绍来)。到永康家，农会未来。同业派营业税。下午二时开商会公开讨论。三时到永康家再估衣物。来昌来。晚看县中移交。十一时寝。

十月八日

造代收县中租谷表由表叔复核。炳南来。到永康家分物。篾匠来，同到区校量加阔二尺(篾帘)。下午三时开商会为印花税事。魁芳来。三时县中基金会开会，件托吴师代送。钦荣来。百桃来。铨兄杭返。增嫂来。等门至十一时铨兄未返，谅宿吴家。十一时半寝。

十月九日

铨兄起早来，下午由白家回里。增嫂回茹。上午去城校叫阿七挑瓦。下午又去看老屋门窗，上去叫开。锦山杭返。今日染价贵。雪元回去。下午四人同去永康处。晚弄铜钟保校及校名。十时寝。周大源妹周孺琴来投考医职，托新春和保我，出函感激，并愿负责。

十月十日

上午去区校监工。下午又去，恐挑瓦。土根未来。挑三千瓦，不幸大堆瓦坍下，损失约二三千张。维坤同去区校。章志浩来。林逊铭来。钟天荣来。周坤荣来。九时半寝。

十月十一日

叫二泥水匠把瓦重堆。章志浩告我与炳钊事。下午去中学问上次由吴先生带奉各件有否错误，我可去通知佃户送校。到吴师处查报纸。晚弄账。写浩涛信，钢钟刻字。下午到沃先生处为阿田未过。知荣兄去杭，尚未与再谔晤面。十时寝。

十月十二日

今日伪人员劳动服役增加生产。上午八时开始，我亦参加。因永康事二保还有尾找今日完毕。下午继续服役，叫培、榭协助。晚写壬儿信。十一时寝。泥水今日停工。

十月十三日

到商会与沃先生谈，阿田到。同一峰同到祥泰看昨日屋坍。我借他瓦三千三百张又四百张。到老屋看堆瓦，约损失二千张。区校木匠明日可完工。才宏来。智标去信。百良来。炳章来。雪元来。长兴来。粮证人员训练，我家做膳厅。二炊事员宿此。十时寝。

十月十四日

田粮科工作人员来。杰兄来。远卿来市。下午劳动服役隔篱笆。家中拿去篾子及榭梢。商会开会为提高米价一百元改一百一十元。剪发。洗浴。沈、敦、炳来。张维贤去杭。九时半寝。景山来。木工今日完毕。

十月十五日

上午去区校约明日开会，并通知工匠。中午木匠来，为免再浪费时间，定今日下午三时开，再去通知校方及区署。下午三时开至六时，约用去一百二十担之数。晚写弢函。替福贤写信。去请毓麟，不在家。渭生、维坤来。今晚职工开会，欢迎福贤去杭出席归来。十时寝。邵根全来。小兰来。

十月十六日

到校去看背杉榭。栖云来。福来派来。下午再去认估工，大大重估。晒黄豆。农协来查有无枪弹(按户查)，查人口。文彬来。杰兄、荣兄来。十时寝。冬梅来。作勇来。长水来，允减二工[工钱]。校[工]阿田米今日[送]去。

十月十七日

到永康家去了一回。骆顺星来。沈生潮来。今日较闲，看《苏联合作社》。城区校今日平操场。韶民来。晚到杰兄家看良叔。吴正大来修钟。十时寝。

十月十八日

祖父坟山邻居来。蕉石来，病未复原。木根来，亦病后。锦山杭返。新安同乡会催移交，金如开回乡证(我不知要收回)。晚去叫维棠明日割麻。看《目前形势》。郊校木匠做好泥水，因毛竹未买，落雨未做。九点半寝。着阿狗往茹。

十月十九日

袁福生母去世。上午八时地主伪人员开会，为二大任务，三大注意，要奉公守法。十时开始。下午一时半毕。今日做三麻。店里打灰抹玻璃。今日城郊校开组织基金保管，定吴先生与我仍入选。罗、潘、朱、俞四先生特来。我说非常感激，当秉过去初衷为城郊校服务。晚看《目前形势》与《整风文献》。十时寝。

十月二十日

到曹家为致和租金益三、惠泉来。请尔中为虆拟方。俞荣卿夫人来。王金棠来。傅玉田来。到城郊校问篮球架圈。银山杭来，洋油到。诚贤儿勿常到摊边去玩。陈汉荣来。晚誊项母会账。十一时寝。

十月二十一日

生贤来谈志浩。请麒由先生为内子开方。八时往观音坳开减租减息废贷大会。我被邀入主席团谈话。下午二时半回来到吴师处了一回。三时往城郊校，知到六时半开。到农协会为永康事至六时回来吃饭。晚到郊校开会。被推为基金会主任，将项母会田助交城郊校(计五十一权)。晚与席、陈、杨三先生闲谈。因他们今日粮证训练已结束。十时半寝。

十月二十二日

晨起写信至宜之，由志浩带去。商会开会提米价。我提议必须起早提掉，否则小摊吃亏有反应。为永康事农协下午来接洽，到永康坐至六时回家晚饭。七时至农协，到十时半回家，谈至需再补六百五十万元。杨步彩子刘福寿来，多挑谷提还。吴阿言来。吴竹田来。人俊嫂来。

十月二十三日

晨起去致和支锦林做生意小本。钦贤、四保来叫开双，六保亦来叫。结果到方家祠开减租废贷会，又推我入主席团代表，讲话。十二时回家吃饭。阿春来，百桃来。下午去永康家。越姊来说三置田。我去方家祠。下午一时因塔十四保亦开去条请假，后去折算，已散去。六时芳士孙与陈家福订婚，筵二席。归来看报。十时寝。

十月二十四日

阿春来，前存麦子拿去。四宝嫂来为致和押租。慧农舅来。关保、阿言、继祥、生潮来。送复写器至县府，由吴高翔□席。会计亦在。至简秋家看慧农。下午送水缸至区校。同长水去看篮球架尺寸。张质普侄来，为同乡会移交事。在同春和开座谈会。今日商会开资本登记事。虆请仁山开参给我吃。九时半寝。

十月二十五日

今日胥口三里亭松溪叫开会。八时同维坤兄同去。炳、康同去到三里亭裘培荣处坐了一回。到松溪祥源乾元德大去坐了一回。益山处午膳。到广利庙双八保开会，我又代表地主讲话。散会同平甫到长山后宋家、甘坞袁家姑丈家坐了一回后回来。锦山兄来坐了一回。长根来，未晤。九时寝。

十月二十六日

晨起请仁山替虆转方。到永康家王保人谈了一回。到元村开会，五保集开。我与钟文蔚、又安三人答话。三时回来。子祥来。汉荣、国昌谷发还。再到永康家谈了一回。同方君去看赵君未晤。介白来。锦山往六，知刀工管山柴已放行，未去归来。九时寝。

十月二十七日

介白回去。到店去看老方未晤。到永康家略谈。赵指导员来叫我去。吴师亦在，知为写经历。到兆松借报看。炳章来。杰兄来。维坤来。晚二保开会，为揭发黑田高利贷。七时去，七点半结束。十一时寝。

十月二十八日

写经历送区署。增嫂来。炳章来。雪元来。铨兄来。十一时寝。

十月二十九日

上午荣兄来说，塔一保开会。过一回佃户来，正拟问，同元弟前去在店门口折回，托元弟代。因谢莲，农协来问严家湾柴事。到吴师叫铨吃饭，结果我亦在吴师家吃。维坤来。杰兄来。贾、钦、梅等来挑回租谷。百年来。到永康家去再整理些鞋子等兜售。九时寝。

十月三十日

许百年来。杨步彩子来。刘福寿来。在家抄田亩种户册，准备送农协会。想剃头，金荣未来。九时寝。

十月三十一日

虆与贤往富，因虆病后去看医生(上次由他看好)(洪仰山)。剃头。魁芳。国浩。坤荣。到永康家催明日到期。洗浴。雪元来。罗阿坤、何锡琴来。九时半寝。种户清册今日松农协会。看《民族主义与国际主义》。因口疮，早寝。

十一月一日

晨起整理家具。叫春榭带棉衣给虆。八时傲永康处为今日交付第二期款。子至中午告一段落。子湘亦可保释。下午开商会，为七、八月份一时营利所得与印花税。孟代表非常认真，解释为人民服务要坦白，要秉公。为了支援前线，在从前得(的)公务员决没如此努力。会后我们同业会讨论为输入八、九、十三月统计。叫城郊区老师来选择锣鼓。看报。九时寝。

十一月二日

晨往至七时四十分得店转来通知，知定今日八时集中区署至县府，开各界代表会议。同吴先生同去。至十一时始去县府。十二时饭后回来拿被。晚饭后七时举行开幕式。王县长讲话，黄局长又要我讲话。九时半返生活小组(罗友桐家)。城郊区男代表十七人，女代表五人。罗家住城郊崤山古龙三区。女生宿方板家。虆富返。

十一月三日

八时起至十一时陈正委报告目前形势。下午一时至五时讲农村六大任务。晚在宿舍小组讨论。县长来闲谈。

十一月四日

在宿舍小组讨论，上午八时开始至十一时。下午一时开始至五时。晚开快乐晚会，有茶点，扭秧歌。

十一月五日

上午再开小组讨论，为房捐及米市。八时开闭幕会，陈正委致词。又叫我讲话。十时商人及开明人士到县府小组讨论。十二时叙餐，三荤三素，用酒。午后返家。到区署，赵指导员又勉励一番。晚七时商会开会欢迎陈代表(新贯)出席归来，并议米价等。十时寝。

十一月六日

定八时城郊开地主会，至十一时人始大部到

来。由吴先生与我传达此次会议经过及观感，并应完成使命。至下午一时回来。邱福生来。为朱锦泰事开同业会，并邀职工参加。铨兄来。今日先母忌日。十一时半寝。

十一月七日

晨起待木匠来背杉榭。来了同至俊兄、杰兄处给果买来杉榭。同维坤兄至渭生兄家中(因他脚发瘤大)。酌献给共一村农协会，并同维坤到这五家商洽。下午到吴师处，到栖云兄处，到大生坐了一回。今晚店中盘货。九时返家。傍晚到城郊校去了一回。木匠做篮球架。十时寝。

十一月八日

裁缝来做。上午同业开会，为资本登记详(翔)实盘存货定价。同吴师到区公所咨询指导员为冬衣事。下午去城郊校，四时至商会。晚再报告开商会情形。写信。十时半寝。

十一月九日

渭生兄、水林兄结算存货。商会回来开同业会。晚农协会开会说我有二百发木壳枪子弹在乡下发现。我当即向大会坦白说此物系早托周君代缴。倘是实在，一定是周君隐藏未缴。十时寝。

十一月十日

晨起填资本登记表。农会交还佃户名单，委将各路分开。人俊兄来店。到区公所向赵指导员声明所说子弹情形。如有，定是周君未全部缴出。谈一小时半，回家午膳。到城郊校看木匠工程。陪阿三到商会缴大有登记证。商会开会提米价。今日人民币骤多。同银山闲谈。十时寝。

十一月十一日

早晨着长寿去六渚六源，具因划款已代，没法现币。子芳去杭替职工会办货，因水大车阻折回。农协来叫，知需四百七十担农业税。满生来。到吴先生去坐了一回，简秋亦在。今日商会中谈了很多问题，每日会议大有意义。九时半寝。

十一月十二日

晨起往校看篮球架，共做一百二十米。八时半吴先生来，耿夫来。九时往区公所等候二小时，会散，因午膳时节回来。下午三时约吴先生再去，因指导员公出又未遇。四时嫂商会谈了一回。晚叫孝仁、桂香来问月来生意如何。九时半寝。

十一月十三日

八时同吴先生去区公所，与赵指导谈农业税问题，承他多方鼓励。我们总觉得艰巨。九时半开村民大会，斗争朱维坤。缴农业税大会下午三时回来。福喜来。到吴先生处坐了一回。回来吃晚饭。到平甫处拿收谷账。十时半寝。

十一月十四日

晨起剃头。理出箱子六只，拟求售。吴师来，同去区公所。回来午膳。下午去协大昌。吴大生。同吴师去看张科长，咨询关农业税问题。到简秋处谈他二嫂田事。洗浴。十时寝。看《新建设》一卷五期。

十一月十五日

晨起理了些旧衣。到店与王寿镛闲谈。到大生与杰兄、荣兄谈。到各同业托销煤油与皮箱。并请各同业注意交易要公平合理，不可唯利自图。下午农协来要造田表册。叫平甫、梅叔三人合造至晚，未完成 1/3。到城郊校说了些明日教师全体下乡催租。我因册未造好，只有请他们偏劳了。阅《新建设》。九时半寝。

十一月十六日

晨起到城郊校说要先生等偏劳，问明说傍晚务要归来(杀黍以饷)。今日上午八时半起，与梅叔、平甫三人札抄种户地址亩分、担数，至三时半毕。再到城郊看已有几位先生返校，托阿晶来拿。到店知洋油已拿去。晚整理衣服。看《苏联共党史》[1]。十时寝。

十一月十七日

晨起叫平甫扎未收租户，托祯祥往催。到区公所开通行证。到吴师处一转。九时往茹口，途遇增嫂。到茹口，本拟同业协会员董阿荣与寿延同往马公坞，后遇一新，说去叫大源出来可矣。

1.《苏联共党史》即《苏联共产党历史简要读本》。

来后我往乡主殿未返，阿荣已先我等候。大源先白，“我不知情。因渠先因弟事畏不敢说，后来三次看一新未遇”。后来一次来问，我当即同去，全数交出等等。我再将我如何托他代缴说了一番。回来到家已上灯时节。天寒霜风起，遇公安局长，当即将此情形坦白。九时寝。

十一月十八日

着子芳、祯祥下乡催谷，缴农业税。将各处谷子集中，以备缴。我及大小姊各户。上午去区公所申明昨日到湘、沅查问周大源情形。下午二时开伪人员会。九时寝。

十一月十九日

寄衣箱给玄、晚、沅、明及亮的小孩。为粮事到吴先生处。铨兄中午到。韬来电催大源去考合作训练班。专人去叫。到县府到罗家祠为接洽完粮事。下午一时开九、十月营业税分配会。下午四时与吴先生各家访问，并告赈粮待归。晚临安项剑及二位临安人来访，他是干训班毕业，谈了一小时去。洗浴，十时寝。

十一月二十日

晨起理铜锡。托兆铨、长寿、梅根装札，准备装杭求售，锡二百一十三斤，铜五十一斤半。小桃来。下午三时再同吴师访问各地主。晚开全村大会，定明日缴公粮。十时半寝。荣庭内来拿米。

十一月二十一日

今日我们二保送公粮总动员我家粮谷存入我家家仓，省了劳动。我去替其他各户协助，我亦能抬一百四十斤谷袋。中午回家。铜钟四十只到。三时又与吴师去四保三保宣传缴粮要积极。沙晋来。一时寝。

十一月二十日

晨起同杰兄去农协会。炎庆亦在。谈了一回回来。陈鹏夫妇来。增嫂来。下午又去农协会为维坤事。下午三时同吴师去访问塔十四保。八时寝。

十一月二十三日

晨八时出门为朱维坤事及同吴师到各保协助劝导缴公粮。至一时回家吃饭。炎庆来，十五分钟后又去。至九时回家吃晚饭。十时半寝。

十一月二十四日

上午为朱维坤事到农协去谈了一回。下午到罗家祠去接洽未遇。张局长来店倚柜谈了很久。下午开商会。晚二时议米价，原四百八十元，明四百二十元。写鹣鹣信。十时半寝。

十一月二十五日

昨遵赵指导指示，今晨同吴师跑塔山一、二、三保农协会劝导袁祠孙昌同弟兄，贤明寺陈自新、白石麟、吴银有等。到白守梅先生家中午膳(下午三时)。到吴银有家已放下夜幕。月上天空。到家七时吃晚饭。看当日《浙江日报》第二期、《新建设》。九时半寝。

十一月二十六日

晨起七时半同吴师到赵处，知尚须到五里桥去，即出发。今日送出粮谷四千零九十九斤十两。把他们去年今年租谷簿算了一算，及收支大概，并尽量叫他们向亲邻商借。天雨，黑，用火把回来，中途熄灭。至八角亭、开津亭重点，火把尽，暗中摸索回来。到区公所，赵不在，同秦区长说了一声。到家七时十分。九时半寝。

十一月二十七日

晨起同吴师再到五里桥，为陈来发农业税。下午亚堃来叫，知今日来过秤。二时回来，再向各方借足缴数。尚有二千余斤因时间不及，明日还毕。吴阿瑞来，农协会人同来，再补三百零六斤十两了事，米改日来提(约定七天内)。铨兄来。十一时寝。

十一月二十八日

铨兄回去。炎庆同渭生来，委去保维坤兄。同到农协会接洽。到中午回来吃饭。炳章到，押车来，即去。到区公所见赵指导。下午再去农协，将保单交出。回来剃头。晚理衣箱。十时寝。

十一月二十九日

到吴先生处，同至四保查罗友桐、罗声租收事。到城内钩子处去拿粪萁。挑米至大米厂。到罗家祠换粮单。到农协谈朱维坤事。汪昌甫来。章浤、俞逞祥来。十二时寝。

十一月三十日

晨起到农协将朱维坤衣物谷米送交该会估价。

九时半同吴师到柴场查又成租收。与康寿、阿根洽谈回来。一时半回来，再到农协会四时半。估毕，维坤保出。晚开商会。米价回五十元，明日为五百元一斤。看报，九时寝。

十二月一日

上午召开同业会，推派代表出席职工会。讨论劳资合同。散会后到吴家出发，再访问宋立文的太婆及江光正的母亲。到区公所回报。午膳后三时出席劳资章则讨论会。看报。九时寝。周百华来城，知明日去受训。

十二月二日

上午同吴师往郎家庄德春家及袁又成缴农业税事。中午炒的饭，把虫牙应痛废食。何景祺来。玄儿投考二十一军文训班录取回来。四时同吴师到一、二保为江光瑞、宋立文农业税事。因牙痛早寝。九时寝。

十二月三日

晨同玄谈了一番。写至壬函。晚再与玄长谈。结收租谷数字。子芳今日下午往杭。十时半寝。

十二月四日

玄儿去杭。到吴师家去一趟。到永康先生家去一趟。下午到农协会去一次。到维坤家去一次。牙痛吃六谷糊。铨兄来完粮即回去。到兆松处借《大公报》。九时寝。

十二月五日

炳南来讲挑石头。我叫他们堆在自己地上，因他们不知舅父元去挑开下下。朱维坤作商谈，付第二次款物。永康来还杉榭。枝打下梅瓣，黄杨一扠扦种在花坛，不知会生长否。整理房间。晚做农业税田亩小统计。九时半寝。朱金满来。

十二月六日

到商会同沃先生谈金元事。到杰兄家问姑丈近来情况。正要回来，良叔来，至十二时回来吃六谷糊。沈赞文来。孙沙山来。越姊处去了一回。到福记处看仓。十一时半寝。

十二月七日

今日晒蕃（番）芋片。到吴先生家拟发各初级校来取铜钟（项母会）。白高雯兄来完粮。增嫂来。雪元来。托商会白先生印通函（取铜钟）。十时寝。

十二月八日

晨八时农协通知开会，是全区干部及各代表会议。作前段工作总结及今后任务。十时开始，下午四时结束。今日全县冬学会议在城郊校开。托他们带去各初级学校提取铜钟通知，送了一挂肉去慰劳慰劳。九时寝。

十二月九日

去区校托他们带通知。中午再去区校接洽。今日开伪人员会讲情形大致与昨日同。下午与梅根理铜钟，挂标杆。晚写信。与张局长、李科长谈。十时半寝。

十二月十日

焦石、止戈、百年来店。我因在看信，均未谈天即去。下午叫长根裁棉袄。到朱维坤家坐了一回，今日第二期到期。到农协说明铺板及凳情形。到吴先生家去坐了一回。服桑叶、菊花、淡竹叶，看幽浮如何。九时半寝。

十二月十一日

止戈、蕉石二先生来略谈了一回。今日公粮借用我仓收一天。向杰兄家借来仓一只藏县中、城郊校谷。油部向卓兄借仓一只贮米。到郊校去查修建工账，适陈正委、赵指导在，陪伴了谈了一回。晚看《新建设》七期。十点寝。

十二月十二日

上午叫沈福贤算工账。到城郊校查捐助谷。看《苏联党史》。到兆松处还《大公报》。洗浴，浴缸没空。晚农协开会，六时半去，八时回来。九时寝。

十二月十三日

九时往店。锡未来。下午到维坤处。三时半到农协。晨起洗浴。今日先父忌日，用四碗菜祭祀。十时半寝。晚结城郊校账，写信。

十二月十四日

吴先生来。茂林又发雷霆，炳南气得回去。下午商会因杭国税局李局长、骏昇莅会，指导商人对税收各问题。开会三小时。五时到农协，因朱维坤事。六时开同业会讨论日间会议问题。六时半因受李局长约去城内袁家，谈四小时，回来十时半。十一时寝。

十二月十五日

晨起到致和耿夫来，吴先生来。到商会开会讨论昨日李局长指示各点。到国税局见李局长。下午一时开城乡代表商人会议，分配十一月营业税。因曹会长去杭未返，由我代理。杭国税局林股长报告昨李局长各点。晚知镜侬来去谈一回。看报，十时寝。

十二月十六日

关妹来借车费。人俊兄、老邵往永昌叫炳南。同荣兄、渭生兄到农协，决定朱维坤拿出斗争果实。下午一时商会开会，分配十一月份营业税。大家谅解，照前月。陈菊香到余杭去。铨兄来，增嫂来。县社会科刘君来询城河水利会事。剃头，洗浴。爵儿等去职工会看表演。叫茂林来油部，谈他对各友情形，只有另自谋生。十一时寝。

十二月十七日

到城郊校促他们明日再去催租谷。到区署为袁又成农业税由房客同春和官息项下垫付，总共约一百十余担。下午同业分配十一月份营业税。晚开米价评议会由五百元降至四百五十元。晚到区署赵指导谈。九时半寝。玉根来。小兰来。

十二月十八日

晨起到区署，赵指导已公出。到荣兄家看一铺，亦未遇。再去区署。致和到吴家看一铺。叔儒先生来。杰兄杭昨日返。应连英遇市，赴茶垣。增嫂来。桂香说公安局嘱咐米柴，不必送饭。看报。八时半寝。

十二月十九日

晨起因雨，军未开拔。止戈先生来。看《苏联共党史》。下午到吴先生家查八月三十一日报布价(折资本)。到城郊校请兆松来谈，为庆才宏来严家湾农协会元旦事。方慎之来谈茂林。杰兄杭返。永康未来。晚同业商讨资本及明日再盘事。十点半寝。捐助谢莲农协七百担，不论不足，乞谅，或有余，亦借给作基金。

十二月二十日

才宏回去。杰兄杭来电，知永康决下午车来新。到城郊校去问汽灯有否借到。到区公所告永康决下午五时可到。十时半寝。到李局长处谈了一回。十二时到致和，叫永康拟坦白启事。一时回家，二时寝。今晚店中盘存货。

十二月二十一日

六时起床，将永康坦白登报稿送交李局长看。填保单。下午一时回来午膳。上午到致和与永康商谈。打长途电话吴子青、陈子荣。晚同业开会。到区公所未遇。洗脚。八时半早寝。

十二月二十二日冬至

晨六时起床，至商会回店开同业公会。到区公所。到致和。到县委。到致和(今日缴五百余万元)。良叔来。到区公所开通行证。洗浴。十一时寝。

十二月二十三日

天雨，同永康先生到松溪，乘车赴杭。十一时开车，至杭下午三时到永大落脚。到各处通话。晚宿永大。十一时寝。

十二月二十四日

晨起到竹垒街在裕号吃早餐。九时至十一时半为最紧张时间，承大家帮忙，八九人总合作，总算完成致和补税款任务。子言回来已下午四时，到三元坊走走，回永大晚餐。餐后到旗下六公园，因打烊，书未买。十一时半寝。

十二月二十五日

上午八时半铨兄来，张学俊、阿榭来。九时去杭初。介清、介亮、家明、沅儿、万儿均会到，在亮处午膳。膳后去西大街王先生家，后在二舅嫂处晚餐，适萍迁来。回永大寝。十一时寝。增兄回家。

十二月二十六日

八时到永康兄处。九时去看李局长。十时到五舅处，打电话十一时半始通。午膳后三时半离别。同介清谈了一回，回知味观吃点心代晚餐。回永大宿。子芳、钦镕均在。十时半寝。

十二月二十七日

六时起床，七时到湖山路坐货车。八时半开车，到江干，到六和塔。十二时到富。到怡乐园吃点心。与鉴坤、秉文、焕文略谈，离别一时四十分到站，三时半到家。阿言来。杰兄来。九金来。沈浩看信，看《大公报》二十三日起。十时寝。

十二月二十八日

晨起，白小苟又来。潘校长来。到县委。到区公所。到统税局。到致和。到永康。祖荣来。阿言来致函才宏。阿三来(大有)。十时寝。腰痛。

十二月二十九日

晨起，汪永生来。詹润祥、潘老师、施老师、杰兄来。准备开会报告。中午区公所钟君来条去未晤。下午一时中心学校开会，为一九五〇年学生问题、冬学问题。我报告租收问题及筹备收支大略情形。五时散会。晚六时去职工会，看洋铁筒及滑稽剧，十一时散。十一时半寝。沈氏房东赞文来，地租米已告他，催他们领去。

十二月三十日

上午问店中账目。同杰兄去看荣兄，因他吐血。今日把城郊校项母会县中租谷缴仓库。中午把奖优秀小朋友的竹笛、铅笔、日记簿、墨、彩色笔等送城郊学校。晚开同业会，推代表签劳资合同。上午到永康兄处，同杰兄、嘉春算补税账。去城郊校知因肇事，预演未做。九时半寝。

十二月三十一日

俞锡庵来二次，要辞签字代表，我解释众意难辞。九时去职工会，知为时尚早。去看俊兄，谈致和补罚税事，他谈及出售茧厂铁器。十时去职会，下午一时半晚成。收增县中幕布款。去税局知缓期已接洽。去教育科谈一镛职位。城郊校来要二支汽灯。今天始值除夕及盘账，借多处始成功。送去番芋一篮，作慰劳。店中盘货，我七时半去城郊校观看娱乐晚会。八时毕。看斯大林著《列宁主义问题》。十时寝。

一九五〇年

一月一日　元旦　农历十一月十三

上午八时，县府大操场开团拜庆祝大会。天阴。下午同杰兄店中计算谷米估斤两。余了共六百只粽子献给职工、县中、城郊校等各演员。晚看场地二次。十二时寝。天雨。章浤父亲亡故。

一月二日

晨起剃须。到商会开会，为合作社未成立前，各商号米可暂收。中午至晚为致和开股东会为补税及罚款事，议决每股垫缴六万元。七时同杰兄去小仓山邑庙看青狮及县中表演《红灯记》，未终剧。九时半回来洗浴。十二时寝。

一月三日

晨至致和抄会议录。同杰兄至陈政委谈会议经过。到赵指导处。良叔、宜之先生来。冠雄来、杰兄来，在此午膳。一时至农协结束。朱维坤事二时半毕。知增兄来，去访寻几处，未晤。三时至商会为账簿问题到城郊校。晚同业开会为账簿事到致和。九时回家看报。十时半寝。

一月四日

收到庚儿校方贺年片及成绩单。

晨到协大昌致和，托明奎带款致浩涛。下午各店送农协会煤油一二斤。三保农协棉衣拿去。维坤尚有六枚款送农协。商会开会决定以人民币记旧账与十号后未提之米。锦皋、一镛落来，叫宜之、永泉来吃早餐并叫杰兄、良叔来谈了一回。下午稍闲看报。簿子送去盖印。区公所来叫，因二保农协与职工组织合作社事。晚劝导亲娘与仙花。十一时寝。

一月五日

上午检查铜钟及收据。杰生兄来，对店账询问，到吴师处查报纸。到区署问合作社事。下午一时至五时在职工会开筹备农工合作社事。六时到区署县府开采购证。锦山来。晚看苏联合作社。十时寝。

一月六日

上午为协助农协职工会售脱布匹、白糖，厉宝仁、徐昕善二人。中午去杭采盐。下午为布置及装备明日开业事务。下午三时去国税局、人民银行查合作社构机及任务与银行进出利赢。晚开商会通知各业明日开业，希望大家拥护。到农协开合作理监会定米价。九时半寝。汪荣幹同学偕杨、王二君来为向县府桐新农税事。

一月七日

晨六时起床到农协区公所劝一、三保亦组织或［联合］组织合作社。九时合作社开业售价六百［元］，每人限购二十斤。今日全市以人民币做交易。今日共收进六千二百八十五斤，共售出一千二百八十五斤。有证明还农业税者亦出售。下午四时休息结账。晚十时半回家。十一时寝。

一月八日

六时起床拟合作社启事，因无款不能开门，到区公所、县府、县委。九时开门。今售价六百四十［元］，收六千零二十九斤，售三千一百五十斤。下午去税局开致和罚款五百万元，十一日前缴。杭来电，地图照［片］，明日致和有人［来］，托带杭。祖荣兄、沙晋来。十二时寝。

一月九日

祖荣兄乘早车往杭。六时半起来到区公所到商会开会。九时合作社开门，下午四时休业。傍晚王县长来，同到区公所，至合作社与秦区长研究明日起自由买卖，谈至十时半，赵指导亦来。十一时寝。

一月十日

晨起汇报，开商会告食米自由买卖，进出均七百[元]。今日一天收进仅五百余斤，售出四千余斤，售完仅余一百余斤，接近抢购。人疲晚饭后拟寝，福纪来。同去看傀儡戏，票价五百[元]。八时半回来。九时寝。

一月十一日

晨起到农协找福纪、阿木，到区公所汇报说合作社坚决要做下去。商会议出七百八十[元]、进七百五十[元]。十时区公所召开全区干部会议为食盐及合作社事。晚商会开十一人坦白会，因不遵议价买卖。到合作社开会。九时半寝。今日有部队来住二厢房。

一月十二日

方慎之兄先来看我。(我因誊写札记，下楼较迟)同至家门口遇陈政委、秦区长、赵指导三人，因他们忙于找房子无暇及此。到胜利村看合作社，盐今日又到二十包(齐)。晚议价照昨天未更动。整理札记写信。十一时寝。粮政会结束散去。职工会往六公演。锦山兄杭返。

一月十三日

今日来米较多，札款。民桥村来分盐后到县府另开二千斤购盐证由他自办。打电去问松溪合作社至一时半，复电未转。回家吃饭。五时打电松溪与文祺兄谈话，知他们一切。晚开评价会照昨市。晚写信看报。十一时寝。

一月十四日

今日合作社开始售盐美金二百二十[元]。米来货不多，购者踊跃存货出清。高雯来、子祥来。晚开米价评议会明市出九百[元]，出八百五十[元]，盐二百六十[元]。三四保合作社名大家合作社明日开业。九时半寝。

一月十五日

晨起同大家合作社开联席会议，决议米由工农社独家维持，五大再行决定。今日米比较昨日略多可以应付。下午早退十五分钟剃头。晚开评议会八时回来。洗浴。十时半寝。

一月十六日

今日合作社已开业十天。请城郊校画了几幅墙画。阿春来、水根来。晚商会开会，秦区长说三大纪律八项注意。晚约合作社十日进出。九时半寝。

一月十七日

同福纪、慎之一同到区署汇报十日略经过。上午算账(同四能二人)。下午算账(同)。五时六时开理监事会。晚商会开评议会。下午二时县府开研讨折实公债问题。七时至八时到永康家略谈。九时半寝。

一月十八日

晨到致和去商谈二十缴款事。今日天雨。来米踊[跃]。下午去看荣兄。平甫兄因噎，我去看了一回。晚评议会后。到永康家谈缴款事。十一时寝。

一月十九日

到税局开税票。杰兄中午车往杭(致和罚款)。下午到区公所，同福记同去。晚开评议会，米照昨市。预定六时至七时同大家合作社开联席会，待至八时未来，回来。十时寝。教师今日领到米。晨电松溪合作社盐调整改二千五百九十[元]。

一月二十日

晨去通知永康速赶人去催垫款。到商会再召开米价评议会定进九百元，出九百五十元。盐老盘。下午一时商会开折实公债宣传。今日湘源茹口送鞋子劳军。本保亦今日送区公所(我家三双，共三十二双)。晚开米价评议会后，同大家、社工农同到区公所，共同研究米的业务，十时半回来。十一时寝。

一月二十一日

邵根全来。布业同业今日认胜利公债。到县委为合作社事。晚区公所秦区长召开商会及合作社明日起变更买卖米方式。许锡康来。九时半寝。

一月二十二日

今日袁家所设米市场。合作社只卖油盐，工作轻松得多。下午二时到县府汇报折实认购大略数。杰兄中午回新。杨春来、钟来、宝等来。晚合作社开半月检讨会及津贴伙食（每天二斤米）猪油半斤、黄烟二两。九时寝。

一月二十三日

今日米市场米市十二万、十三万、十万、九万交易。盐价如昨。天晴。赵指导问。初三日头、初六雪成雨。接到县长告各界代表书。洗浴。今日七三师文艺团表演歌唱《毛主席》《无敌三勇士》《红星舞》三剧本我去看了二幕，因天寒即返。九时寝。

一月二十四日

今日米市场米价上午十万、十一万，三四十担交易云。明日着福康往杭办盐。今晚去看七三师文艺队表演，去时《红星舞》已过，仍是《无敌三勇士》上演至九时毕。九时半寝。得康儿来信。

一月二十五日

着许福康往杭办食盐。雪元来。晚下时雨夜止。写信。十点半寝。一镛中午去杭，写信至韬兆铨、长寿，明晨要去沪。学习机械。

一月二十六日

兆铨同长寿去杭赴沪。因致和有三期罚款去税局开缴款书。工农合作社今日开业二十天，第二旬报以米计要亏耗六七百斤米。晚福记与金甫略有口角，后来和好。九时半寝。嵊山区胥口村送鞋子。

一月二十七日

锡来来。炉头沈家、元村等四报送鞋子劳军。第二批盐到，二千三百七十［元］。晚开商会一月份营业税准备认购公债。清账。发现洋油燃烧率甚速，内中必有汽油成分。永康去杭。

一月二十八日

天微雨似要下雪。米市略回价十万担。今日是我生日，虆买鲜鱼几尾佐餐，晚吃老酒几杯。人俊兄杭返，带来兆铨、长寿到杭信。［锦］山拍电。晚清账。十时寝。今日周土根悔过，违反劳资协定。

一月二十九日

晨至大家研究盐价，如昨到合作社转。九时开商会，职工向商家挑战。商家下午续开会，再认购三百零四份。凌锡炎来谈坟山。家中吃鱼子有戏。晚到农协为朱维坤事。清账。兆铨、长寿傍晚来。十时寝天雨。

一月三十日

同启海查田亩租售、负担农业税数。下午二时城郊区中心学校及商会踊跃认购折实胜利公债，计一天认一千余。慰劳鞋子二百三十八双。邵万民、周百恒到。铨兄从白家来返长垣，到吴师处略坐。晚店中谢年。家中今日修灶（泥水三工）。十二时寝。

一月三十一日

邵万民、周百恒回家去。同启海去查田租及农税比率。王君来找，要我加入城郊区校产整理委员会。替合作社接洽杭款。下午开陈贯新修改劳资合同坦白会。四时到区署研究整理会。晚合作社开第二旬工作报告检讨会。造共一街田租税员表。十时寝。今日修大门上是石板（泥水四工）。

二月一日（农历十二月十五日）

上午做收租统计。到合作社、到致和将掇借交还。下午一时商会开一月份营业税会。合作社自扣自缴一月份一时所得及营业税。徐士林、江临仙杭返，天雨，天黑留宿。晚统计共一街地主富农收盘及纳税。天下雪珠。十时寝。

二月二日

上午同业开会讨论一日营业税事，十一时半毕。中午因工农合作社少收二千元盐款事，大众社来告知，知此事确有错误，以后应更正。下午一时至三时半商会开分配一月份营业税事。剃须、洗浴。晚看报。九时寝。万儿下午六时到。

二月三日

九时城郊中心校开休学式及第一届毕业式。下午商会献旗七三师干训班。三时同业开一月份营业税分配会。晚九时寝。

二月四日

蕉石来谈了一回。永康来谈了一回。到米市场塔山园地去走了一趟。尚铨来叫到尔中处坐了一回。是［经济危机］。晚看《大公报》华东军会成立。十时寝。

二月五日

到蒋、韩、汪处问杭款，为合作社去办盐。

九时区召开会议，为下届各代表推选候选人出席，下午二时散会。青山下孤老头去世。今晚六渚农协剧团来县中庆贺七三师干训。县府大操场某团开庆功大会。有《元宝回家》《打渔杀家》、乐队、海陆空舞。十时回家。十时半寝。

二月六日

徐士林柴装来。合作社准备款子，明日去办盐，到县府开采购证。下午陈贯新再坦白及登报七天。到城郊校拿筹备账目文件、租收簿等。晚店中开讨论会。根贤来。十一时寝。

二月七日

铨兄来市到杭。连英因通行证未开，明晨去万宝仁，去杭办盐。根贤回去，春泉来。下午将城郊中心校幕布募好。洗浴。晚共一街开全村大会为光荣匾及优居问题。十一时半寝。

二月八日

九时区公所召开会议为劳军荣属会议，下午二时半散。（午膳。四时半晚餐。）今日祖母生辰，在厨灶祭祀（二荤三素）。卷之来。晚合作社开一月结账会议。十一时半寝。

二月九日

晨写了信致壬、敦，托陈荣生带杭，投邮以期速捷。同郎新贤即去区公所研究军。因油价不涨，通知油业商货业售油商号。商会开会劳军。同业公会开会劳军，共一街开会劳军及金长发坦白。朝赓、朝玄来。传子往杭。十时半寝。

二月十日

天雨。到合作社为接洽杭款事。为酬谢永大及寄点东西给亮。寄款给敦、钦。壬仍无信来，甚念。今日楼下厢房内的谷子已出清由驻军住。晚写信。十时半寝。

二月十一日

城郊校幕布等已到。仁山谢礼送去。七文绉亦到，天雨生意轻。子芳往杭。壬儿尚无信来，甚念。九时半寝。

二月十二日

到县府开购盐证（三千斤）。到文汉处开保付票。本来定今日拥军改为明日。许福康中午去杭办盐。晚开全村大会拟发还一部分慰劳款（春节）。黄昏发教师领导薪金。天雨寒。九时半得敦儿来函，知壬儿安好。

二月十三日

上午区公所开优属会，我因他们没证件，所以我辞谢了，没有去。下午一时各单位送锦旗及土产，扭了秧歌劳军大会。到城区二保及塔一、二代上汪职工会等单位，三时散。微雨下雪。晚三十八华氏度。九点半寝。许阿荀同晨还我们及店中肉未过印（税是缴的）到商会坦白。

二月十四日

晨起积雪厚几寸。查去年今年过年节约多少。催致和派友往杭还债。合作社贷款买物。铨兄杭返。文奎车来。九时半寝。

二月十五日

今日全街生意最好。准备明日再去办盐。子芳晚车到。米市一万四千［元］至一万五千四百［元］。敦儿函来说大哥安全，系电话中得知。九时半寝。

二月十六日（除夕）

晨看许福康往杭办盐。中午宝仁到知富盐售涨至五千二百［元］斤。到银行缴折实公债。得壬儿来函，始慰。澂亦来函已去度岁。今由各村农协上光荣匾（子弟参加革命）。剃须、洗浴。十二时半寝。

二月十七日（农历元旦）

晨起吃面时，家中陈粉记面店代制，略有酸味。到坟山谒墓。午膳后与万儿谈减租减息。理报纸。晚间诸儿猜谜。八时半寝。农协会到参军参工烈属家拜年、扭秧歌。

二月十八日（初二）

吴大明来。到二婶娘家去坐了一会。店里今日分岁。今日各单位有秧歌，热闹一天。湘羊区也有四村秧歌队来。晚有提灯大会及［跳］狮子。八时半寝。自煎可可糖。

二月十九日

到陈义处去谈了一会，简秋亦在座（他带了儿子同去）。到杰兄家谈了一会，廷儒往松溪未遇。到万春堂借看《浙江日报》。晨到县府开盐票。许福康往杭办盐。谷仓楼上一班军人去了，又来一班，由张局长自来叮嘱把门开了。万民、百恒来、施先生来。晚看《苏联合作社》。九时半寝。

二月二十日

同渭生谈了一会。在家整理了书信，看《苏联合作社》。今日炉头、白果谭、上汪等秧歌整日在锣鼓声中。晚到合作社去了一会。九时半寝。城市儿童队狮子，我们备了烛、水果等欢迎它。雪元、春泉、玉田来。

二月二十一日

晨起到吴师处同到区署，门禁深严，说了始允进去。七时打电话至问盐市未知。下午托打电通知，知盐市委二千五百五十［元］。同吴师到周廷儒兄处坐了一会。合作社下午一时半开市盐价四千［元］、食油八千八百［元］。沙晋夫妇陪孙炳年来城治病。施先生、杨先生来。九时半寝。

二月二十二日

根好来，我同志效谈了一会。关元嫂姊妹来谈上乡近况。合作社今日盐到。到人民银行谈透支及进出事。下午三时商会开座谈会农历新年还是第一次。六贤农村剧团演《穷人恨》。由职工会七农协会招待我看三幕。十时寝。许福康杭返。

二月二十三日

三山村（塔山十三保）秧歌来街。晚合作社开会为农会员要多购食盐做小贩事。下午商会开会为新增货物税，月之二十六日完成。洗浴。下午到城郊校潘校长未遇。百恒来说不去农校，我未晤。十点半寝。

二月二十四日

致和开股东会。接洽合作社杭款。职工会来函，依据划等米市发薪。大有红单交良叔。晚写信。傍晚锯芙蓉花梗，加泥。舌生疮吃青果萝卜汤。施先生来。十点半寝。今晚店里盘货为货物税登记。

二月二十五日

今日盐售价四千四百［元］。打电通知松溪合作社，我因事由子芳去。久大事区公所要我与杰兄、渭兄料理。到县府文数科问陈自新、方绍友人事。为久大事上午下午均去询问。到吴师处问字。春泉来铲油菜。万民来。潘定芳来谈程圣翰先生。九时半寝。

二月二十六日

九大事已有头绪，合作社销丝草与毛纸（四十二万四千）职员十人回家生产，缩小范围五人主持。邵万民回去，明日去校。锡年过此赴嘉到校任助教。吴□生死。到商会看同业登记货物税。知银行星期日休业。到吴师家去一次。十时半寝。

二月二十七日

上午到合作社将现款理好。下午去存银行开户是合作社第一号。准备万儿明日去杭。春泉来铲油菜。下午到荣兄处去谈了一会，知在杭医治虽略好些，因不能负担费用，只有返新静养。职工会干部讨论来叫我问运销合作社事，我并提供提高毛纸品质如期售价，可与富阳一律。九点半寝。

二月二十八日

万儿今晨往校。仙花回富。在车站同陈政委、赵指导谈了一会，王县长亦赴杭开会。下午开水利生产会议在区公所。三时商会开会搞一千九［百只］粪箕。傍晚合作社职员开讨论会。晚七时同业开会分派粪箕。九时开店内小组会议，讨论今后工作及生计问题。十一时寝。

三月一日

上午算同业二月份营业额。阿木来计划铲城河二岸田亩。大山粪箕他们接洽来，十六日晨可交二百余双。缴合作社二月份营业税，送去因开会未收。林荣来。下午妇女开会为开荒察参加出席会议第一次。晚村开生产运动，开荒挑城河。十一时寝。春泉油菜［地］铲好。

三月二日

合作社今日再去缴营业税。官塘秧歌队来。徐小荀来。铨兄来。汉民脱离生产参军。晚店内开小组讨论节约。十点半寝。上午去久大再推销南货发薪。

三月三日（晴）（旧元宵节）

很热闹，有民桥村秧歌队、炉头村秧歌队、马坞垅、大山白家村秧歌队。荣兄来信说杰兄亦在，要我去。小荀下午二时回去。铨兄十时去。阿连、春泉、小兰等来。晚店内开讨论节约。打电至松溪，明日盐价四千［元］。九时半寝。

三月四日

今日起，店里职工他们自觉节约。早上吃粥吃大锅菜一只菜。下午生产来三人［做］种菜工作。区来叫开会为挑城河。下午一时出发环城视察，划段分工。粪箕今日挑来二百三十余双。共一街妇女今日下［村］劳动生产。城区今日各村来城献花劳军。九时寝。

三月五日

上午分配粪箕。今日八时半出动。今日八时半发动八村疏浚城河，动员七百二十三人，内有妇女。洋芋到，共一街妇女劳动生产，藔亦去。晚在商会开工作检讨会（疏浚城河委会）。九时寝。

三月六日

今日是挑城河第二天。粪箕来多只，有预订的，把手下多余的酌情销售。晚开庆祝中苏签订友好条约大会及三八妇女节会。十一时半寝。仙花富返。

三月七日

晨把粪箕整理一下后回来吃早餐。十时微雨。整日天阴转寒。九时睡。

三月八日

今日恐各村协助来领粪箕，全日驻商会等待。上午八时半至十二时。十二时半至四时。到合作社叫福纪去存款。天寒雨雪珠。看史太（斯大）林《伟大卫国战》。八时半寝。

三月九日

雪厚数寸。到店尚未开门（八点半）。下午一时半，开全村大会，为户口、畜牧、车辆事，四时散。晚东（秉）贤街开会，为南津桥上首筑堤，大家认为利少害多。九时寝。今日师部文工团在县中干会表演，家中很静。

三月十日

上午到合作社接洽十日结算付伙食（计二月十一日七至三月十日止）。区召开生产救灾大会。下午一时同吴师环城测量河道图，六时回来。洗浴、看报。九时半寝。徐庆河明日赴金［华］农校。

三月十一日

光明来。胜利村来叫秤毛竹算账，在河堰至十二时。下午打挑城河图及募地主田户款参考。到合作社看二月廿一日至三月十日总结。晚看报。九时寝。

三月十二日

晨起再秤（称）毛竹。下午开商会六时散。为二月份营业税。中午到吴先生家拿图。晒了挑泥粪箕。晚看七三师文工团《山西实事民兵忠勇》，十时散（剧名不知道）十时半寝。［说明］三月十二日看，十九日《大公报》知悉剧名《刘胡兰》（女党员）。

三月十三日

商会开会布置各业二月份营业税。照实际营业 53.5‰。下午在楼上整理。晚村开挑城河评功大会。公安局来宣传调查户口，九时半散。十时寝。

三月十四日

上午同业开会算二月份营业纳税。施呈祥、陈烈二先生来。下午一时共一街发动清沟运动，我自动参加。晚饭胃纳较好。九时半寝。二时至胜利村看堰工程。

三月十五日

去看沈冠荣先生，要他帮忙绘图，他说要迟二星期后到县中与白师商量，亦要迟缓，我再说了才允。今日下开始到胜利村看工程。下午同吴师往五里桥为县中工读生设法租田去，后知田已于去冬接洽好无多。到合作社。到致和催垫款。十点半寝。

三月十六日

晨起与合作社议盐价三千六百［元］、菜油七千六百［元］，并电话通知松溪合作社。同吴先生去柴场与农协会接洽，袁又成田亦均已有户耕种。中午回来去县中与沈先生接洽奔走至进口才会到。四时开垦后花坛及清除道地。长发来劈柴。九时寝。贤儿今日上学。同阿木去看指导员。

三月十七日

上午同吴师出发劝募粪箕等米。下午再继续（七十六斤）。沅儿鞋等今日带去。炳林先来、铨兄来。徽州同宗有出来。九时半寝。祖荣兄来。

三月十八日

晨再同吴师往城内外募粪箕事，不慎在新安

会馆跌了一跤，到超姊家等待，托超姊来拿衣裤。下午三时再继续工作(募得五十斤)。临睡吃红糖山薯、老酒少许。九时半寝。

三月十九日

看新建设。写庚儿信。晚六时合作社开会。十时寝。剃头洗浴。

三月二十日

军队开，上午我与蘩、仙花三人做清洁工作。郑根泉来。下午汇郑款。看炳林。中英在老屋。为合作社开购盐证汇款。施启先来。九时寝。蘩头痛。

三月二十一日

上午去县中看沈先生，去拿图。下午去吴先生家坐了一回。晚店内开小组会，自动少支薪。九时寝。浩涛来。

三月二十二日

今日我三人再做清洁工作一天。中午去合作社，知盐杭价已跌末(先一日二千七百[元]，不知进何价甚念)。关林婶来为猪事留她吃饭去。福记，知盐进价是二千五百[元]，幸甚。十点寝。公安局、县府来看房子。

三月二十三日

晨潘校长来说今日举行开会式要我去参加，九时去十一时回。区公所送来条子要我填履历，午前要送去，简单再写，三时送去。杰兄杭昨返来。区公所送来条子明日开代表会并去通知吴先生(因两人共一张)。八时半寝。

三月二十四日

今日召开各界代表会议，午前到区报到。韩秘书来谈关于县合作社址事。我与杰兄到各处接洽以自愿民主，顾到房东、房客等原则下，在方大约定。县中来借锄头十把，结果替他借了五把。二十二[所]初级小学校来接洽借铜钟。为时不早在家吃了晚饭去报到。县长来谈了一回。九时寝。

三月二十五日

上午因人数不多。下午一时开开幕式由王县长、王局长讲六大任务及今后加强生产渡荒，四时休息。晚饭后小组讨论。张局长、王县长来谈。九时寝。

三月二十六日

上午继续小组讨论。下午一时各组回报。三时半陈政委报告，检讨几月来《六大任务》优点和偏向。晚继续报告，七时至八时半。九时寝。

三月二十七日

上午陈政委报告几月来《六大任务》优点和偏向。生产渡荒计划。十一时半休息。十二时半开始总结讨论。选举常务委员及主席、副主席、委员。王局长致休会词，叙餐。五时半到区公所报告结束。洗浴、看报。九时寝。

三月二十八日

今日竟日同吴先生、丁德康研究三日来笔记。晚八时共一街来叫，报告大会记录。十时半寝。

三月二十九日

上午抄大会报告。下午一时商会开营利所得税(一九四九年九至十二月)。三千零六十万元。三时报告大会记录。磨六谷，晚吃六谷粉。九时寝。

三月三十日

罗两峰来谈修胡衙坝事。同陆楼氏到农协会说明她自己要回去。与陆楼氏算工资帐，除工资算清外，赠她猪肉五十五斤。到农协会调查事，去二次未遇。合作社去坐了一回。晚同裕开小组会，提出要厚垒表叔回去。九时半寝。米十四万二千[元]。

三月三十一日

宰猪(一百零七斤白肉)给亲娘五十五斤。她叫春榭车去。打电话问松溪盐价三千[元]一斤。今日米回[落]。下午填生产节约表。晚开全村大会为生产节约表事。十时半寝。

四月一日

上午去看炳林、荣兄。炳林中午十一时半病故。放晴，十时日出。定生产节约计划，抄三份，一张贴家中，一缴区公所，一张贴农协会。恒新坊开股东会，下午二时至四时。城郊校开校产委员会，下午五时至十时。十时半寝。

四月二日

上午去老屋接洽一切。十时剃头。介亮来。

下午一时炳林出丧，葬界石庵祖父山。我亦去，四时返。洗浴。民主街农协来店中，因某夫妇事。十时半寝。

四月三日

晨六时起来，同亮、超姊、爵儿四人去先姊、先父母墓。因介清有皮球带来送汪云生子侄，故先到姊坟。回来午膳后，亮乘十二时车返杭。下午去魏主任处抄合作社农协股东名单及数字。找合作材料准备开会。四时至六时铲草削菜。九时半寝。

四月四日

上午到怡裕，询问做盐生意经验。到顺昌坐了一回。小虞也来谈了一回（同昌）。下午到县府开购盐证。到陈义家去谈了一回。钟熊杭返，在陈处会到，程国治来止。良叔来、芝林来、杰兄来。十时寝。

四月五日

上午九时商会召开三月份营业税，协商会议由周科长、左股员、秦区长。职工会商会，我作商讨结论：为支援前线建设新中国，我们要咬紧牙关维持原额。下午一时整理合作社材料，晚继续。九时半寝。

四月六日

在家参酌合作社开会资料。上午三小时、下午四小时、晚二小时。下午五时同福记到区政府研究社股。区长通知孝仁可出来叫保，傍晚又到区政府。九时半寝。

四月七日

因店中有三人下乡兜售货品。恐人少，我到店中天井中工作。为合作社开会准备材料。上午九时至十一时，下午十二时半至五时。嘉春来问米事，气甚急，我仍以和缓态度应付，后来他叫店里来人来叫我，再去解释。晚到合作社开座谈会，为社员分阶级填表事。惜力早息。九时寝。

四月八日

上午整理合作社报告稿件。下午开合作社执监理事会。晚六时合作社开社员大会。七时开始至十一时，尚未终结，明晚再续。十一时半寝。

四月九日

晨起去了看福记，知渠昨晚气急。今日我们全家六人去扫二姊墓，冬英、葆琴同去。我们因已吃过早中饭，到福记，韩家坚要我们吃饭，他们四人先走了。我与蘩、爵四人各吃了一碗。晚六时再续开社员大会，圆满结果，十时半散。十一时寝。

四月十日

晨起到杰兄家，去了未遇。到合作社劝解福记茂林。下午去开盐票。汪先生、潘先生来谈围墙粉饰贴壁板事。造农协会社员名册。赵文光、王县长来。吴先生来。过去税局吴经纬来。十时寝。锦山往杭。

四月十一日

晨八时赵文光来谈至九时半，到城郊校至十一时半回家。下午商会开会为闭歇商号研究及填商号近况表。晚六时开全村建镇预备会。十一时十分回来。十一时半寝。

四月十二日

上午周宏度来，二人清算学田租谷到。十一时去校中。下午妇女开会。我一人守家拟合作社稿。因潘校长来、章先生来、施启先来。陈鹏来要西药敷疮。孙孟麟来借《大公报》。县府来问新登风景古迹。晚开建镇选代表。十一时半寝。

四月十三日

晨起在合作社谈了一回。到观音街适双溪村在挑毛纸，闲谈了一回。到平甫家劝解一番，并教育他二位女儿及妻慎言。下午一时商会开会分配三月份营业税。四时去维坤家解释斗争意义。去顺昌详谈说话核心要点、要理智、要认错、要善改。洗浴。十时寝。

四月十四日

计算填三月来近况（资本四月十二月盘存）。下午来城区，三月份营业分配因大家不同意，要求召开定四月十六日重开。合作社开社务委员会。傍晚剪大叶黄杨。锦山杭返。十时半寝。

四月十五日

上午到吴先生家，李同志来，为文献、书画、照片等国粹。下午一时同兆松同去炉头钟家看汪德扬，托他去分水下十管询问德振，回来已五时。做蓬青果。七时开同业会为填工商情况表。妇女开会。十时半寝。梅根等下乡售布回来。

四月十六日

晨五时半黎明起床。六时三刻全家及超姊、长辅一同去祖父坟及余太亲母坟寿，姊夫厝扫墓。在雪元家午膳并去湘小，俞校长在开学习会。增兄数月没有见面，今日去看他，已劳动得很可以。一时十分赶回，二时二十分到商会开三月份营业税重配，五时散。剃头。到城郊校。晚洗浴、看报等。爵儿去校学表演。十时寝。

四月十七日

上午开城区三月份营业分配会。上午十时同业开分配会及审核营业一时毕。致和开座谈会月底缴一千九百晚税，商讨结果再召开股东会议。四时汪德振兄来。在吴师处咨询关新登文献及罗隐年谱等，在吴师处晚餐。九时回来。九时半寝。

四月十八日

上午八时半去吴师家共[同]研究报告，新登名胜古迹文物。下午三时同吴师去县府，问如此是否合适。五时半李君来谈了一回。晚再去吴府。今日中午我送了一碗菜去，晚上兆松送了一碗菜去，谈掌故至十时回家。十时半寝。

四月十九日

上午去吴师处同德振三人看县志及《昭谏集》《笠翁集》。十一时回来吃午膳。大郎坞莲英来。下午去致和。二时半查户口来。四时十分去。再去吴家。民政科李君来，将名胜古迹、文献概况交卷。晚妇女开会。整理挑城河及生产节约计划。十时寝。

四月二十日

上午同杰兄、山木、在明同算畚箕、米账。十一时半去叫汪德振兄来吃中饭。吴师坚邀未来，守梅先生亦在。下午把清单抄好交镇公所。二时去陪德振兄来玩，看书画家润格及先父寿征讣告、古琴筝板，他说将来这些收集有成，很有意义。因渠是集古家、考古家也[会]书画，只有将来目录给他看一看(今日他去炉头)。晚看报、拟合作社表、等爵儿门。十一时寝。

四月二十一日

天雨。上午跑致和二趟，因到人不多，下午开会至四时无结果跑散，我又去解释一番。我认为说话要负责任不可随便，晚志校到谈大有京号困难情形并与同事闲谈至九时半回家，磨六谷。十时寝。

四月二十二日

上午到合作社致和去了一回到店看报。下午一时职工会开劳资协商会。二时半去城郊校参加家长会为此后改进及民办准备小组讨论。晚同业开会准备明日起春季减价七天各货一律九折。七时半去城郊校游艺晚会，一朵红花、传家宝及歌舞叫花戏。十时毕。十时半寝。

四月二十三日

荣兄来。超姊来。下午一刻动身。途遇载之先生告往上乡同杰兄、锡、杨三人同去到查村三溪口稍息，到大老坞遇雨，听说甚苦。到洞桥已六时。十时寝。

四月二十四日

上午阿文哥来。谈大有京号事。下午一刻同往万市桥聚源桂子鑫处，古龙中心学校。晚与宜之先生谈。九时半寝。

四月二十五日

晨起到陈村渭良家，他在昨日生了一个儿子，我送去红糖二斤。到一锦家去坐了一回。到三溪口万顺和兴合作社去谈了一回，在进记吃中饭。十二时落来到峪山中心学校同施先生、陈先生坐谈了一回。到汪家纬科正刚去谈了一回。到长垣至六时回家。到家已七时。文教团有五六人到位排演《王秀鸾》。十时半寝。

四月二十六日

沙晋来。到金华会馆看合作社过街招牌。到县中问法一借锄头。到德一问允替他代修理。到致和。到吴师处。到商会查会员及税额。途遇政委及区长谈上去情形。区长来说要借用我们房子及出让小屋。到店同舅父、锦兄谈。十时半寝。

四月二十七日

春泉来。合作社定下午三时开会，因人数不足未开。晚上因公安局开户籍会。文教工作团排演《王秀鸾》。店中三月份营业税今日去缴。十一时寝。

上午到城郊校问要代请教师帮忙。店告一锦

我看到他妈。上午九时至十一时合作社挂过街招牌。下午到协大昌、朱锦泰闲坐了一回。

四月二十八日

晨去看杰兄。知渠因营业税未搞好，去约丁德康兄去六渚。在慧农大舅家午膳。到高沙金家坞、严家湾。回来到虎儿、冬梅家，六渚合作社。回来到家已晚六时四十分。晚合作社因镇公所开会又未开成功。晚看排演一小时。十时半寝。

四月二十九日

晨起同杰兄由马站岭去，先至清岭中心学校，到松溪合作社及顾李等商号。因林先生租周德大房子事谈结果，请林自动退让。十一时一刻再至永昌，天雨。到何阜知金满昨晚杭返。去朱家，正大雨，坐了一回。来到家六时四十分。晚七时半合作社开会议八时半散。九时半寝。

四月三十日

到县府去看周科长未遇。沙晋来。百年来。写信复敦。晚看表演《王秀鸾》十三场。十二时寝。

五月一日

上午合作社准备着福康往杭办货。去县府看周科长、左科员。下午一时商会开会分配去年九至十二第二期利得税。晚文工队预演《王秀鸾》（化装），天雨，十二时毕。

五月二日

上午九时同荣兄谈了一回。下午一时商会开城区一九四九年九至十二月第二期利得税分配。四时同业分配至八时未有结局。文工队九时再化装预演《王秀鸾》，比昨晚进步，一时半毕。吃稀饭。三时寝。

五月三日

再开同业公会分配利得税。看《王秀鸾》剧本五场。十时寝。

五月四日

上午再来同业与几家会，为解决第二期利得税。托雪元、福朝替介亮搬家。上午开五四会。下午游行。晚文工会演《王秀鸾》，九时开始一时半毕。我们招待他们晚餐及半夜餐。四时寝。楚宏来。

五月五日

文工会算伙食未给我们。长兴来，小兰家工人来挑粪。下午睡了一个午睡。晚开村大会，为要切实做到计划迎接夏荒，十时散会。今日剪发、洗浴。十一时寝。替沙晋汇锡年款。

五月六日

县委今日搬来住楼下前厢楼。锦山、舅父、介亮住后厢楼及楼上后厢楼。堆假山（汪宝仁协助）。除草。到店吃晚饭，写信。十点寝。

五月七日

九时职工会召开劳资会议，为救济上海失业工人。下午商会开会。三时我同丁德康去劝导，共得十一万余元。政委说可用板隔开方便些。开地。李孖来、荣兄来。晚写信欲睡。九时半寝。

五月八日

同荣兄谈了一回闲天。俞祥水文工团做工，米九十斤背去。子芳、金燧来开地，我锄大蒜及种茄秧。到杰兄家去了一趟，看他们菜园。县府韩秘书借去双龙摆钟一只（须修）。合作社因居民委员开会延期。九时半寝。

五月九日

浇花浇菜，到大园看桑叶。沙晋来。把文教工会布景搬出大门楼外。二间组织部要。听说石膏贵。大刘说盐要贱。晚合作社因开会冲突仍未开。九时半寝。写信。

五月十日

五时五十分起床扫门前道地。早膳后同梅根、金燧收菜籽。下午子芳来帮忙至五时半毕，菜园工作。七时洗浴。晚饭后，合作社开会。看报。十时一刻寝。

五月十一日

到合作社，庆福、致和谈了一回。上午除苋菜地草二小时。下午种番茄、施肥二小时。恒新染坊已负债。城郊校委带剧本。九时半寝。下午到阿财家去参观他们园地，因采茶叶近荒芜。

五月十二日

上下午菜园工作七小时。合作社今日六组挑石膏。洪、许、周、吴、诸老师来。开捕虫大会。

十时寝。

五月十三日

栅苋菜[1]，出售七斤。到平甫去谈了一回。午睡一小时。合作社开社务会。晚店开小组会。十时寝。

五月十四日

删苋菜出售八斤。到合作社。朱锦泰去坐了一回。拟合作社股票式标及购盐证。庆福摆厨仓。晚合作社扩充营业部。农会开治虫干［事］会。十时半。十一时寝。

五月十五日

收集捕螟捉虫材料。晚开村民大会，我说捕虫重要及方法。雪元来。十一时半。

五月十六日

同吴师去捕虫。重点在螟蛾青虫卵块黑穗麦。晚开村民大会。十时半寝。

五月十七日

删小白菜。同吴师去捉虫，十一时半回来。同杰兄去县长、周局长处研究四月份营业税。商会开会二时半至六时。合作社为分红开会至十时。知盐今日二千三百［元］。十一时洗浴。十一时半寝。

五月十八日

晨起到吴师处约去捉虫，适陈政委来谈及寄生蜂和卵块事，拟派员去杭研究，再同吴师、丁君、法康同去，十二时返。下午一时商会开会六时毕。晚有反映重开，我因合作社开会未参加，知商会无结果。十时半寝。晚膳时发大风欲雨。

五月十九日

上午商会讨论营业税问题，周局长来。在同裕午睡。下午本拟开同业会，因职工借同裕分配合作社红利。打电话通知松溪合作社盐价二千三百［元］。六时敦有回到公安局登记。九时半寝。

五月二十日

上午同吴师、丁德康、陈兆松等，敦儿同往捉虫，十时半回来。下午一时同业公会算四月份营业，因渭之、雪粉未到待晚上再开。二时半包心菜上泥，枇杷粉因虫把粉皮吃了，用石灰医治。晚八时同业开会。十时半寝。

五月二十一日

上午因实业所派来治虫委员来验场，为研究卵块、螟蛾、稻螟、蛉青虫等至十时半。朱君到同裕谈了一回。下午一时恒新开会无法维持。公安局开洋油业钟声火警。到城郊校区，因《大众欢喜》五册已到。到致和谈补税事。四时后劳动，梅根、金燧、敦儿均动手。到店去谈了一回。十时半寝。

五月二十二日

因蘩腰痛，我起做炊事。同敦去先考妣墓及大姊墓，回来中午。下午去合作社同杰兄去周局长处。同赵部长谈。超姊来说镜侬来。晚因兆铨进县合作总社，辞住民小组长，选民奎、月溪当选。剃头。十时寝。

五月二十三日

晨天雨。桑不足，我去大园肩了几十斤回来先饲。因背酸痛贴樟脑膏。蘩因背气痛，请仁山来看。到合作社同县合作社宋君谈了一回。晚服酒四两，活血。九时半寝。

五月二十四日

敦儿乘七时三十分早车赴杭回沪。蘩腰背酸痛请仁山来治。晚浦江亲娘来。下午一时陈政委在商会讲话说明保护工商业，目前虽有困难，应设法克服，讲七十分钟。余杭来调查合作社填表。托城郊校印股单购盐证。城郊校谷寄存同裕，同古龙放在一起。十时寝。

五月二十五日

晨再叫仁山兄替蘩医治，吃红糖山姜汤能暂治。到合作社，因忙，我待四人能去吃饭了再回家。下午捉青虫四十六条、蛹六只。在包心菜内。人疲午睡一小时。致和来叫杰兄再把大月季及剪秋花移地方。晚镇公所开和平签名运动。十时半寝。

五月二十六日

将合作社购盐证及股票烦城郊校代印。九时恒

1. 栅苋菜：新登土话，指将地上长出来的苋菜小苗，拔掉一部分，拉开间距，给其余小苗长大提供更大的空间。删除的小苗，也是可以吃，可以出售的。

新坊开会，因用具不可抵职工薪金，决议每股出资三万。下午一时商会开和平签字大会。晚共一街开和平签字大会。四时后拔草除虫，包心菜虫二十六条。施肥。蘩请西医项医师诊。十时半寝。

五月二十七日

再请项医师为蘩诊治。县总社召开合作社会议十时至下午三时。五时至吴师处坐一回。合作社去办盐。看报。十时寝。

五月二十八日

再请项医师来看，只用药膏。请仁山拟方，证是过劳。合作社股票及购盐证，承城郊校代印，一部拿来。人俊兄来。天雨。到杰兄家坐了一回。九时半寝。

五月二十九日

到吴先生家、朱震和、二叔家接洽桑叶。再请仁山复诊服原方。五时同俊兄同去周国税局长处谈税事。洗浴。十时寝。到平甫处劝他不应顽固要改造。

五月三十日

到朱震和剪叶。理些瓷器送各学校（城郊、塔峤、清岭）“六一节”。午睡了一小时。到致和去谈了一回。包心菜施肥。看报。合作社开社务会。十点半寝。

五月三十一日

去接洽剪桑叶。到合作社知奉电食盐停售二天。至中午知弄错，只要公营停售，其他可照售。下午一时合作社由县府召开报告存盐及日销月销。打豆。春泉来做牌楼园工作。浇包心菜，由猪粪产生。种番茄秧。着金燧送六一奖品，峤山区小学（爬山比赛）。十一时寝。开同业会要奉公守法。

六月一日

晨为桑叶接洽。今日“六一节”城郊区在城郊校后开运动会。我午后去看了一小时。福朝来替我们上蚕。傍晚与夜里共上了二十二晒箕。十二时寝。

六月二日

今日蚕上山五个晒箕。合作社多坐一回。下午一时致和开劳资座谈会。到同昌与杰兄去坐了一回。晚到店去坐了一回说洋油要节约。十时寝。福朝午后回去。

六月三日

今日盐价一千六百［元］一斤，贱七百［元］一斤。电知松溪合作社。上午合作社营业较忙，多坐了一回。下午到县府开盐介绍信。午后四时园场工作。九时半寝。春泉万市桥回。雪元来买石膏白矾。

六月四日

章先生印好合作社股票。七时半同周先生、校工阿江同去何家坞寿家讨［要］校产谷。十二时回。剃须。到县府开购盐证，介绍购油证。五时挑水浇菜至七时半。晚开全村大会开荒，爵儿去。洗浴。十一时寝。

六月五日

晨浇水。仙花去开荒（八村每户一人）。虎儿来。下午同蘩搭豆架。晚合作社开社务会，组长联会提出辞职。十时寝。潘校长、周先生来。

六月六日

上午邀同业填业务近况报告表。中午去托城郊校章先生写蜡纸。下午同沃先生［说］印技术不好发现芝麻点。雪元来报告小组长。黄昏时节，合作社盐到。此次盐是从海宁翁家埠来，价较杭一万九千五百五十［低］。晚到合作社十时返。十时半寝。

六月七日

四时起来摘茧，雪元九时去万市桥出售。下午二时商会开会产生捐税评议会，八人和职工六人及县府三人，共十七人（我布业卢渭生、汪锡如二人）。晚开全村大会。组织自卫队。定九日拍住民照。九时半寝。

六月八日

晨四时起托春泉去售茧。雪元中午返家。价六千八百［元］，计重四十六斤。春泉傍晚亦到，价七千［元］，计重三十八斤。晚本组用汽灯捉虫约二十分钟，因纱照破中止。十时寝。

六月九日

四时起摘茧，仙花、冬英去售茧。我同锦山去居民小组，证明报公安局治安科登记，农会、镇盖章，往返二小时。铨兄过此往杭。晚开组织自卫队大会。十时仙花、冬英到。十一时寝。

六月十日

居民证拍照。到公安局报。仙花售茧回来。商会开会（代报利得税）。月梅来。赞卿来，蒋全有期票由他带去。到城郊校为幕布［字、颜、物］作决定。晚店盘存货。锦山往杭。十时寝。

六月十一日

晨四时起摘茧，托秋生上去出售。割苧麻。晚合作社开会。农协会开文化教育研究会。洗浴。十一时寝。

六月十二日

晨挑水浇菜。下午镇开共一街识字研究会。下午二时至吴师分组调查不识字人数。晚七时村召开妇女会，推定小组长，十时散会。十时半寝。玉根来协助铲黄豆。

六月十三日

晨起浇水。店内同志标谈了一回。下午一时商会开会分配五月份营业税。天闷似发痧。晚饭后较清快。章浤来谈请吴师任县中教师九时五十分去。十时飞雨点。十时半寝。

六月十四日

晨起浇水毕。微雨。觉得枉费劳心。终日微雨，檐漏无滴水，又觉得并未枉费。到吴先生谈三小时。饭后至文教科与章君谈二小时。番茄搭架。八时半同章君至吴师处谈二小时半。九时晚餐。十时寝。

六月十五日

今日晨起仍浇水。十时微雨至晚，泥未浸透一寸。合作社今日轮我值日，担为识字班及育蚕报告。晚开识字编辑。十时到农会值日自卫队。为守候时刻阅《社会发展史》四十页。天明入睡。渭生夫人临盆次日六时半产一女云。

六月十六日

五时回家睡觉七时起床到吴先生家。午后午睡一小时。晚妇女识字班开始分新书。先母为女子升学设基金会，因时代关系未能照行。今适为女子升学，而又感经济困难，为机遇难得，各赠新书一册，十一时散。十一时半寝。

六月十七日

福记来说小龙他要往杭。到银行汇款提款到县府开介绍信。午睡。到吴先生家又谈一回。写信致敦玄。到县府报到。晚到识字班。十时半寝。敦玄。

六月十八日

晨四时半起床，盆洗后，约兆松同去劝吴师受县中师聘。不久到县府开第一届各界代表常务会议推定陈侠、夏静一为出席有代表。上午七时开至下午六时毕并研讨土改诸问题。同兆松到吴师处再劝驾无功。晚至识字班。十一时寝。

六月十九日

晨四时半起床拔小白菜及四季豆出售，并送了城郊校包心菜和腌鸭蛋，并访了仁山和尔中。兆松来。我到吴先生家坐了一回到文教科谈了一回。午睡一小时洗浴。合作社石膏，因纪察报关，挑错到利民社。到店里过节，到吴先生家又坐了一回。到下午五时三刻回家看报。十一时散上楼寝。

六月二十日

卖小白菜、四季豆至七时半。到吴先生家，兆松同去，至九时半到县府，十时半回来。午睡沙晋来。剃须。尔中、沙晋来。三时半至七时半园中工作。晚至吴师处，夜校十时回来。核账。十一时寝。

六月二十一日

今日召开。新登全县文化教育工作者代表大会。下午四时报到。五时半至七时自由活动回家一次。晚小组研究。九时半寝。

六月二十二日

五时起床填表。八时王县长报告目前形势。下午再报告三时毕。小组研究。晚慢谈回报。九时半寝。

六月二十三日

下午王县长报告回报总结。九时半寝。

六月二十四日

八时章浤同志报告一年来工作。下午继续报告。九时半寝。

六月二十五日

上午五时半至七时半小组慢谈。八至十二时总结中午叙餐一时。章浤同志再报告散会。我们到镇公所报到。洗浴。八时我们三人到镇公所：召共和城市双溪三村干开会研究十时散。十时半寝。

六月二十六日

合作社已在代县总社售零米，因来米不多求过于供。谈关荣先生来查家母助县中田土名及种户。啖杨梅（桂兰送来）。五时看学习杂志。晚七时镇开干部会议，我们因代表回来告组织教育委员会及签名小学教师登记等。十一时回来。十一时半寝。

六月二十七日

上午韩尔中、卢渭生、曹杰生和我四人同至县府，因县长不在，秘书因病看，与周局长谈税各问题。搭南瓜棚。晚共一街开全村大会为生产计划，秉贤街来叫为宣传教育问题。今晚值自卫队哨守时刻看学习。二时半入睡。

六月二十八日

晨五时回家割包心菜十二棵送亲友。八时入睡，九时半起来。午睡一小时。定生产计划。同志标到税局为印花税，已购贴。先未计入重税交涉至再缴款，允重开。晚镇公所再开六村教育委员会，研究各问题并产生镇教育委员会。十一时散会。十一时半寝。

六月二十九日

早上将四季豆架牵好。填节约生产表。下午城小三村研究联合办识字夜校，牵番茄架。晚七时半镇开镇教育委员成立会，讨论学校民办。十时散。十一时寝。

六月三十日

早上割包心菜送人。合作社我今日值日，因要拟调查会社产表式，由新泉代理。上午去校未晤。下午再去拟印好分各农协会城内三村由镇区分。晚合作社开会。天雨。民主街今日成立妇女识字班，秉贤街今晚编辑。又中得奖状。十一时寝。

七月一日

割包心菜送人。镇公所召开地富四人会议，为地委派人来访土改情况。白乃昌同志来了解夜校情况。晚合作社开社务会，为薪给问题。今晚县大队在县中表演。十一时寝。

七月二日

合作社因福记去开会，我比较多坐些时间。雪元来。玉山谈虫害。晚到夜校大家闲谈。吴先生弄来驴皮胶，因脚底痛吃。十一时半寝。

七月三日

割包心菜送人。写信。晒包心菜。晚本定开镇教育会，因表未送齐未开。到村开全村会，自卫队值班，十时去看报，人疲休息。

七月四日

晨五时回家入睡，八时起来。拟作合作社半年总结，因琐事牵制，定午后开始。县总社来出填表，下午同小龙整理。晚镇教育会开会。十一时寝。

七月五日

今日竟日为合作社填县总社发来表册。到城郊夜校去三十分钟（来叫）。十二时寝。吃番茄。

七月六日

今日同小龙二人在同裕二进造表，下午六时半完竣。洗浴。晚镇开教育会，为会社祭产统计事。十一时寝。吃冬瓜（白家拿来）。

七月七日

割包心菜送人。因篱笆太狭，我们重打。缩进一尺，转角亦缩进。竟日为合作社准备开大会材料。剃须。浇菜。晚镇召开合作社会，为贷蚕种款。十一时半寝。

七月八日

早上给小白菜浇水、拔草。早饭后整日读报，摘材料为合作社开大会。洗浴。今晚看报。十时寝。

七月九日

早上挑水浇菜。阿木、阿钦来去募凳子、借帐子。天闷。下午一时到峥山区捉虫，仙花去。大雨。金龙来吃晚饭。自卫值班。

七月十日

五点回家抹桌、扫地。则林来叫。到吴先生家坐了一回，他送我们梨子四只（大树吹折）。上午八时开纪念七一七二大会，到十二时散。下午开盐票提款办盐。午睡大雨。晚饭后往合作社，十一时半回来，去看六渚农村剧团演《穷人恨》一小时，因投石秩序乱即回家。十二时半寝。

七月十一日

早上因职工会通知已发出决定，今晚开社员大会。世龙来共同准备材料自晨至下午五时。五时开社务会。七时开社员大会至十二时。十二时半寝。

七月十二日

孙师母来到公安局去登记。城郊校米与合作社换谷以便存储。合作社做布蓬。今晚本拟开社务会，因镇开干部会延会。到夜校去了一回，回家看报、抹身。十时半寝。

七月十三日

春泉来开地。孙师母傍晚到山上去。上午因福记开会我去送银行款，晒早小麦。店里叫劈柴。洗浴。十一时寝。

七月十四日

冠雄来。新华书店钱君来议东号屋。章浤来通知吴师，二十日前到杭报到学习土改。职工会要我代物色导演。镇公所研究有福、骆子生计及剧团洋油、帐子事。晚电闪未雨，较凉。十时半寝。赵部长谈土改。

七月十五日

今日合作社我全日服务。下午因寄敦包裹及根贤来。去登记缺席。晚再来合作社员大会。十二时到农协站哨。

七月十六日

五时回家拟睡，记起城郊校老师恐一部要回家，即去同潘老师研究酬谢。在合作社商量业务及去采办布置日来业务较忙。扦蕃(番)芋。午后人疲午睡。去注销。下午根贤去合作社布置营业处。晚二次到合作社，陈阿传亦在。万儿下午回来。十一时寝。

七月十七日

晨起浇蕃(番)芋藤、豌豆、番茄等。汪云生来查大姊坟地税。吴师来。合作社送款到银行，错付公安局王志仁同志五万元，他送来还我们，很诚实。下午协助点钞。洗浴。晚看报。村开大会，万有去(打防疫针，检查水利春修)。十一时半寝。

七月十八日

周文祺来。吴梅根来谈。关荣来。晨起浇水。合作社二米顾客(一说秤少，一说款错)结果均他们自错。仙花洗浴，小汪(女)破门而入骂他剥削劳动力(因她挑的水不洗，我们先用已挑一担，烧热还她)。合作社开会，因人走散无结果。看报。十时半寝。

七月十九日

晨起浇水。打电话至松溪收毛纸事作罢。到吴先生家坐了一回。新华钱同志来。潘校长、罗先生来。施先生来。二婶母送六谷来。到镇公所同陈副镇长谈，知错误很多。晚镇开委会。合作社开会。十一时半寝。

七月二十日

晨起浇水、架番茄。吴先生今日往杭学习土改，承他送来小猫一只。下午一时城郊校点交校产。二时大雨惜不多。晚至夜校去坐了一回，同三春谈论。中下午六时同永康谈东号。十时寝。

七月二十一日

晨起整理一些书报。送款至银行。公安局同志要我查现在消防实力。下午同杰兄查水龙水枪。傍晚至县府与县长谈(有条来叫)，知有误会。八时晚饭到合作社坐了一回，到农协会值自卫队班。看学习。

七月二十二日

五时回来，因边门关，过大门未开。同严阿毛谈了些做油货常识。想躺不能入睡。剃须。想到今日合作社收毛边纸，即去刻印，用小票发款。分二人到县总社收购毛边纸，去参观了一回。午后午睡一小时半。再同杰兄去查水枪水龙并去永康处问过去商会消防事，造表交公安局同志。洗浴。新华书店钱君来责问我，我说去与任主任谈过，其实是他误会我。我同致和劳资代表谈过，晚去合作社。看报。十一时寝。

七月二十三日(六月九日)

今日先父生辰，宰鸡请同裕各友吃。白乃昌来委借桌子。潘校长来委借食米。到超姊处借桌子，问镜侬哪知她已早数日来。立亨来，草药拔来。草药送长林四颗。职工会委诸导演，我将此事托兆松代访。十时寝。

七月二十四日

早晨写信。八时往合作社。今日售米、售毛边纸及盐油日用品业务较忙。职工会借城郊校桌凳办夜校。晚写信。九时半寝。

七月二十五日

晨起写信。邵根全来委写信。下午接镇通知合作社要填表。明午前要缴。孙师母过些回六渚。下午六时同杰兄至赵月溪先生处谈学会计事。晚同世龙去看王寿镛君，因在学习未谈。在合作社大家研讨。十时寝。

七月二十六日

晨雨，晚午晴。杨阿夫来说码子打错。叫世龙共同填表，晨八时至午夜十二时（镇交下送区公所）。晚七时至八时半合作社，职员开讨论会初次检讨，大家很认真。十二时半寝。

七月二十七日

晨去合作社填表至中午就。午后开盐票。为新华书店房子事到周局长及工商科谈。为杭地证明户籍事到公安局三次。晚值班到农会，因在开干部会去夜校看陈嘉赓著《新中国观感集》。

七月二十八日

城郊校田户来校名。周先生送存谷册，汪昌甫拿款子来。八时县总社召开全县合作社会议。许福康、沈世龙、我三人参加。晚福记，四人参加。杭地登记信寄出，公安局跑三次。十一时寝。

七月二十九日

晨六时去开会（全县合作社会议）九时闭幕。去问魏主任填表式样。徐士林伯来市。洗浴。九时半寝。

七月三十日

今日为土改土地申报田亩，土名、佃户、住址等。托梅叔、炳南三人一同工作，傍晚送册。今晚城阳镇剧团预演《白毛女》一幕四场（嵊剧）。伤风不适早寝。十时寝。

七月三十一日

晨理衣服。傍晚理报。今日下雨乍晴三次。桂兰契拿去。小兰来。雪元、桂花来。水松来。九时半寝。

八月一日

晨起门口扫地，叠短断砖墙，八时早膳。参加八一纪念，开会游行回家午膳。下午合作社制幛送人民剧团。晚七时开会。城阳镇人民剧团表演《劝夫识字》《白毛女》一幕四场均唱嵊剧调。十一时寝。

八月二日

上午同世龙填表。下午午睡。今晚值哨。

八月三日

晨五时回家七时半起来。今日上午去看吴大昌，早询问土地申报表填法，至城市街遇到镇公所说三日要完成。同章粮政局长谈，知新登尚有黑田未报，今年农业税全省约减百分之六云。下午同梅叔抄种户田亩。陈副镇长说，杰生说我造谣剧团用款，我说此三十五万数字从何而来，调查水龙。这一天后杰生亦承认：我没有同他说过这话。晚开村民大会为公安办生产、为治虫、为户籍。十一时寝。

八月四日

今日竟日摘抄查田、查四至、住址准备。梅厚三叔工作到晚九时去。平甫到六时半去。十时半寝。

八月五日

晨五时起到农会开通行证同平甫去查田，由庄津、观音勘、松溪、水村、宋家、施家、干坞、考坑坞、俞家坞、上汪、庄泽回来，到家已下午七时。中午在姑丈家午膳。晚饭后合作社填表至天明五时。沈世龙、韩根叶、［我］三人。

八月六日

晨五时回家睡二小时，因嘈杂不能再睡。到县府开盐票。午睡小一时。三时再同平甫到谢家、朱家、白家等处，六时半回家。合作社填表、抹身。十一时寝。

八月七日

晨六时同平甫出发官塘。同赵部长谈后到涨地上、马坞陇、直坞里到七板桥、元村、潭山头，到马摘塆回来到家吃晚饭。今天吃米虾、黄鳝，均万儿同仙花们去捉来。早寝。

八月八日

晨起同平甫往严家塆、谢莲、高沙、金家坞再沙晋处。午膳到六渚，为邱与章田事至杨家、前坞，回家已七时一刻。到农协会请假。惟信来，到小组长处登记。到合作社谈填月报表。洗浴。十一时寝。

八月九日

八时为家明登记。上午在城区城东过岸滩等处。中午到合作社去知尚未统计好。下午同平甫到陈家、芦家、石嵌上、何家坞等处，回来已七时上灯时候。晚饭后到合作社。十一时寝。

八月十日

晨同平甫去贝山骆家，游贝山寺，经桃源三学古院，出永昌到何阜。朱金满去杭未回。到潘家坞，管山非常客气，请我们吃西瓜、三花梨，经何阜，金凤请我们吃点心，到黄泥桥回来。因痱子有汗，肛门痛、脚底痛。平甫亦脚底痛。二人不能快行，到家已傍晚。十时半寝。

八月十一日

晨同平甫到塔山童家折回。早上小毛来问冠荣田。四至八时始，再去到炉头查沈华贤，代长育去催薪给，到茹口，中午吃稀饭，到长兰马弓坞口。回家已七时半。十时半寝。

八月十二日

今日在家整理七天调查工作，未出门。林荣来送来蟹八只。十时半寝。

八月十三日

晨去询问吴大章，关[于]登地事。到农协开通行证。在家整理。平甫上午去调[查]四至。下午去永昌叫炳南。因要在地方服务不能来。眼镜坏要正大代修。惟勤信来。十时寝。

八月十四日（七月初一日）

晨起同平甫出门到塔山，因有几户户折未抄折回再去，先到查村、到灵苑潘洪发适在灵苑药号，回胥口，过长垣，到直坞里。回来到已七时一刻。洗浴、看报。十时寝。

八月十五日

今日拟在家整理连日下乡工作。上午因要算出同裕住宅，平甫处及徐炳奎、许阿苟、饶璋林基地亩分。下午周玉芳来调查城郊完小上期结存及本期结存及租收实存。过去均由周宏度先生计算，未曾核对，今日审查出入甚多，更正，由周转文教科。平甫往永昌一路（因上次去未遇）。十时寝。

八月十六日

今日整日为整理填表工作，叫梅叔来做帮手，叫家明划格子。平甫往长盘、俞家涨。十时寝。农协会来叫为大堂众申报。合作社开购盐介绍信。

八月十七日

今日整日再同梅叔整理填表工作。托卓人兄印表。托子芳往坟山。平甫赴乡询查。晚至九时息。看报。十时寝。下雨。

八月十八日

今日仍同梅叔作整日的整理与校对。吴金玉来。徐方河从金华来。托卓人兄代填表。十时寝。

八月十九日

今日上午八时将户折册子送农协会核对，还有二本（陶）中午送去。下午查城郊校产。何益三挑谷米，毛纸挑去。大章将城郊校产包送回。晚雨。十时寝。

八月二十日

上午造助各学产备查录。县府来填履历表。因学产登记到文教科接洽。下午去农会。合作社今日去三次。晚开社职员第二次检讨会。因销米业务滞销，市场价低于牌价。会扩充业务土头铁与棉花棉布等。十时寝。秋蚕子今日发下。

八月二十一日

晨起应县长约至县府，六时适他们开会回来，早膳，八时又去，适在县门口遇到，走谈至西门。到县府开煤油介绍信。周左股员谈营业税，知工商联将筹备工商将推代表出席地委。下午同梅叔校对把各校的备查录送去。晚看关荣拿来经济周报和学习资料。写信。吴先生回来去座谈一回。十时寝。

八月二十二日

晨起农会来拿些草收据，寻不着，后记忆起是交农协会登记。周百恒来。雪元来。晨瑞良来查城郊校民本经济基础。知毛纸价回，即去通知合作社。会计事总社已先来指导。写信。十时寝。

八月二十三日

今日竟日在楼上写复信。合作社来借油缸。吴先生来坐了一回。十时半寝。

八月二十四日

上午合作社研究月报。札八月来工作。下午二时县府召开房捐评议委员会五时半散。分甲、乙、丙、丁上、下八级，丁下估建筑费米三千斤，乙上为二万四千斤，余按推。吃面，散会。到合作社吴师处。厚梅同来，明日去杭促乃父参加临安民主人士座谈会。十时半寝。

八月二十五日

整日再楼上札记，但则林来借米突尺。方洪根来。周文祺来，县府老杨来。晚饭在县府吃。铨兄到。锡舅到宿此。文祺兄宿黄家。十一时半寝。

九月六日

沅儿赴杭进校。今日整理笔记。雪元来。下午三时到商会开会。周局长说税收政策及商人应如何老实了。我传达此次往临安专区开会。一、目前形势；二、工商座谈经过及大会讨论及工商部分；三、对此次出席我个人对政府对工商业及郡县观感。公安局陈同事谈组织卫生及推选委员七人。晚开劳模大会。仙花去。十一时寝。

九月七日

在合作社谈天，庆福、章先生、徐先生等来谈凳桌催还。晚饭后家庭闲谈此次出席临安情况。十时寝。

九月八日

上午到合作社。同荣兄谈徽州来信。松溪合作社来借洋油桶。人俊兄来谈农家经验。下午二时往商会。三时同业在商会开讨论会五时散。坐谈半小时回来。长兴拿梨子来。十时寝。

九月九日

翊澂、万有往校。朱金满来，我在店中陪吃午膳。本定午后三时京货布业来账房研究会，因商会开评议会及西业开会人多延会。晚七时镇开干会及文教会，九时半返。十时寝。

九月十日

晨章校长来约去接桌凳，后来说催还借物缓借，候统一借拨到万主任处催借物。合作社座谈。下午三时开社务会。晚村开大会定生产节约计划、卫生计划、土整值日计划、土整费用计划，十时半散。十一时寝。方宏上午来。

九月十一日

约章校长下乡催学谷。香港《大公报》推销员江、邬二君来销报，我婉言辞谢，闲谈一小时半，十一时告退。十二时同章校长往何家坞、新殿边、小桃花催陈学租，回来到巍然家略坐，到家已六时半，晚饭后到店看八期展览数页。回家抹身。十时寝。

九月十二日

晨吴友三先生来谈区校召开乡校及教育会委员联席会议。吴先生来问砖瓦建中学，我以愿半送半卖成交。八时半同吴友三去松溪开会，下午二时半毕。到合作社坐，遇秦指导员谈召十六日开地主会议。回家五时。打电通知许乡长说籐榻有，希来抬。洗浴。十时寝。

九月十三日

上午参看土改文献。漆匠来拿里板供料谷。下午去寄万民函。合作社来叫总社来查账。六渚来借藤榻。会钞合作社油款。到商会参加会计商讨会。城郊校具检点。看报。九时半寝。

九月十四日

到工农区谈了一回。到茂林处接洽房捐事，周坤泉来。袁益三来。言法嫂来。徐巍然来。下午三时来同业会，因打架不甚了解及手续，不及延迟盘货改账法（定九月二十五日至十月一日）回报税局允可。龙羊汪昌甫委周、施二君来叫做书保。到粮政局去查黄涤青缴粮可否换收据。九时半寝。

九月十五日

今日宰猪白肉六十五斤。竟日整理明日材料。到合作社、市上去了一趟即回。晚饭时许福康来通知明日松溪开会。十点半寝。

九月十六日

晨七时同振家往松溪区政府开地主会议。上午由区政府王绍祥、秦指导员、周文祺，我传达。下午讨论。结果大家一致拥护土改。五时回家。到店合作社去一趟。晚九时寝。

九月十七日

到合作社计算春夏结盈等。章校长来。贤儿由锦山兄早车带往杭拔牙。总社章会计谈了一回。

晚核账。下午写玄儿信。十时寝。今晚人民剧团在官山公演(第一次)。

九月十八日

晨七时出发至松溪区政府再往永昌开会。中午在炳南家吃饭。下午四时二十分返家途中遇雨到家已六时。南华来。九时寝。

九月十九日

同裕和合作社(上午)。镇公所来叫。朱善庆、汪潮房捐有反映。去税局查后说报申请亦只有下一季。去汪潮及朱家。晚开全村大会。为生产节约定计划表,农业税任务。管制反动分子。十时寝。

九月二十日

到合作社店里去了一回。写信。中午来叫我到镇政府谈土整要下乡去查。定生产节约治安表。晚六时半往农协会,同智标同去抄至十二时回家。今晚职工会公演《秦洛正》及有了土地多生产。未去看。

九月二十一日

晨七时至农协会托锡华协助核对,抄至各乡询田等级公文。八时同至镇政府联合办理。上午托维坤带至永昌咨询。平甫下午至四合乡咨询。下午五时回家。贤儿下午一时回来。写信看报。九时寝。

九月二十二日

晨起着平甫往炉头、茹口查甲乙等均说没了。天明过拨单送来。我往六渚,在林荣家午膳。沙晋亦在镇政府协助办公,回来已二时半。剪发。九时寝。

九月二十三日

晨同超姊到镇公所问,秉贤街为超姊田。到平甫处。到长垣午膳后到灵苑同邱阿钦一同到汪家农协会。回家已五时。培榭来。晚看报。九时寝。

九月二十四日

早上因仙花、繁采桑,我煮粥,看整风文献数页。春泉来到镇公所对,不符。我去山上先与金君查。吃了中饭到沈家乡政府核对,错误很多,均经农会证明,荷张根林作证。回来四时。在山上被乌蚊子叮得同生疮一般。坤泉嫂她以为我生疮。到镇核对,晚到农会再对。今晚合作社布置布厨仓(橱窗)。九时半寝。

九月二十五日

晨起去看了超姊,南华随至。我因急乎下乡,回家早膳,往沈家三山村来至到茹口,同乡长等去福光寺看长育,到乡主殿村长出证明,再至沈家对好更正,回来已五时。知阿贤来,即赶至南门外折回家中。晚去合作社,厨仓(橱窗)增加,摆好。到致和借香港《大公报》看。十点半寝。

九月二十六日

晨整理楼厕准备上蚕。八时到镇公所,把阿贤带来过拨单核对,因内有一张不是送南津乡的,阿贤回去。锦山兄家送来鸡一碗。下午往白家。回来后给葵花打桩。看整风文献。开全村大会,定春蚕、种桑秧及教育偷窃蕃(番)芋赔偿。劳动者,国民得升下,人民不劳动,国民田地不得分,原有者分给劳动人民。今日摘大南瓜二个(一个三十三斤、一个二十六斤)。

九月二十七日

晨蚕上簇我煮粥。八时往四合乡城北村,因工作人员未来等至十一时来,因放农会印子的人未来,无结果,据云送来。中午南华来午膳。人俊兄来。农会催过拨单。下午在油部谈今后业务。看香港《大公报》。九时半寝。

九月二十八日

晨着平甫往苦竹催拨单。我往炉头茹口,下午回来。大生去坐了一回。看报。写凤弟信。九时半寝。

九月二十九日

上午去镇公所核对,下午去四合乡、松堰乡回来。遇雨,鞋、袜甚湿,幸带去雨伞,身上未湿。四时商会开税务会议,我亦参加。晚合作社开社务会议。九时半寝。

九月三十日

晨起,着平甫往松溪官山大坝,归来说干部开会去要停三天继续。我去九儿、三岭、桥岭,到土根兄家午膳。回来已五时半。天雨,一天溪水涨尺余。苦竹有二农剧团在学习。今晚在店中盘货,明起实行销货销滞。九时半寝。

十月一日

上午把昨日过拨单送农协会。提早吃午膳。到鱼冗长龙寺、到九儿农会一回。至南津乡回家已五时。晚看报。今日一天毛毛雨。九时寝。

十月二日

上午去镇公所对过拨单。下午去南津乡查邵维棠租地，又去塔山查阿福、纪春。到陈义处坐了一回，到吴先生处坐了一回。晚饭后洗锅碗，蘩已把茧子摘好，只有十斤四两。九时去大操场去看城阳镇人民剧团嵊剧调《白毛女》，至十二时回来。蘩等看到。

十月三日

晨去鲁村。午膳后去雷公、平畈、汪家，到汪姑母处谈了一回。胥口回来已九时三刻。晚看报。九时寝。

十月四日

晨魏先生来。今日联合分工下乡。我目的地更动，遵指示去湘主乡、新峤乡，八时出发，板村归来已下午三时，至金慈罗处（为学田）回来四时午膳。晚合作社开会。今日有小热昏卖糖。十时寝。

十月五日

上午去塔山同阿福更正及补报土地，因他们报少，我报多。合作社去了三次。下午拔了一些毛豆。雪元来，晚看报。十时寝。

十月六日

木匠来做厨房短门。农会来叫。十时再往湘主乡。下午四时回来。到合作社去坐了一回。今晚六渚农村剧团来城表演《仇深似海》，十二时演毕（干部大会）。

十月七日

晨七时半去炉头沈家处、石桥头到官塘。到永昌在炳南家午膳。到大见、到花塘坞。到李志祥家看他的爸及夫人。再到官山施家查后返家。到家已五时半。晚合作社在农会开社务会。讨论薪给问题又到合作社坐了一回。十一时寝。

十月八日

晨托金甫去六渚、石前。平甫去九儿、苦竹。我十时半去四合乡、炉头、茹口，四时回来。晚至农会。看报。九时半寝。

十月九日

晨去南津乡查王长发种田，回来交农协会。只待三溪口的到，可告完成，待至中午未至，着长寿去，正出门遇到。下午整理资料。晚去农协会。看报。九时半寝。

十月十日

为城区定小组谷款存银行。向校中跑二次、银行跑二次，仍以镇小学出面。合作社及店里坐了一回。午后人俊来在油部谈一回。去税局问房捐事，遇周局长谈营业税及一至六月利得税。晚同业开会去参加（协大昌）。看报。九时半寝。

十月十一日

今日上午阴。中午比较开朗（古历九月初一日）。三溪村又送来产量更正单。下午商会通知开商人大会，王县长讲话，结果因事未开。合作社因农会、镇开会亦延会。晚七时镇开各村教育会讨论经费问题，十时散。十时半寝。

十月十二日

上午徐学进来。罗老师来查学田产量（本拟下乡）。去民主农协查学田。下午二时商会开会，王县长、周局长、银行（新来）葛主任讲话。晚共一街农会开会，为筹小学经费，陈镇长目标对我而用了种疾言厉色，看我是一吝啬之流、对教育毫无认识然。十时寝。柳桂福、徐福桂二人宿此去杭售栗子、白果。

十月十三日

上午放晴。下午晚上微雨二次。下午三时农会开研究会为学校募谷问题。晚合作社开会为社职工薪给评定会议。十时散。十时半寝。

十月十四日

晨九时同福记世龙去税局开会。为合作社五、六、七、八、九月营业税及一至六月份利得税，十二时回家。下午一时同章校长去共一街为酝酿城区完小募经费，四时毕。到县中去问砖瓦，参观洋鸡。锦山今晨去杭。国成今晚回店。炳南来学习征粮工作，过店。十时寝。

十月十五日

晨时七时半同罗先生同去苦竹、小桃花为学田旧欠租事。下午五时半回家。在周士根兄家午膳。七时县各界代表会开常务协商座谈会十时回来。洗浴。十时半寝。

十月二十一日

上午大会发言。下午王县长致闭幕辞，陈政委解答各问题，黄局长、刘大队长发言。三时半闭幕，四时叙(聚)餐。四时半开劝捐寒衣委员会，往区报开会回来联系，再到镇报到。到农协会查哪几户减租，[批]条未来。九时三刻寝。

十月二十二日

晨去农协会说十时前要谈好，不必去矣。至十时徐某要去，我与金甫、平甫、梅根、长寿于十一时半出发。我去何阜，六时回来。晚去农协会，十时回来。今晚开全村会，为议后日送粮、卫生处罚赌、遗失通行证，由虆去出席。十时半寝。

十月二十三日

晨七时半着平甫去鲁村、平畈，金甫往长垄、大见，我往六川、谢莲，在冬梅家午膳，回来已五时半。到农会，民主街来叫，为学田。晚到农会协助，十二时回来。长寿亦去。十二时半寝。听百初说大昌夫妇由美返国，今日下午车到家。

十月二十四日

晨同长寿去农协会，他们没有来，去叫。知[锦]山因无佃户归自耕，我家需二千余斤，想方[设]法商借，终日为此事奔波。晚咽舌痛。看报。九时寝。

十月二十五日

上午准备梁谷，下午送粮。天微雨。王县长叫我去，有事要我去说。晚去农协会，十时回来。上午剪发，十时半寝。

十月二十六日

晨去县府取介绍函往杭。七时半开车，未至松溪，车胎爆破，换胎二十五分钟。之江抛锚十分钟，到杭已十二时。文祺兄松溪上车，下车后在德胜馆午膳，同文祺兄同至奔川先生处议，后至子青处。四时至医学院看沅儿，同去中山北路耶稣堂弄清[泰]里二号。知治弟去杭，五弟亦去广州。我未去，回至旗下。晚餐去子青处与国定、国治闲谈。九时半宿子青家。

十月二十七日

晨起去奔川先生家。大便后，吃早餐。遇静铮谈一小时又二十分。十时去西大街与吴世昌、吴华民谈，要他们负担本年地价税，因十三年来未收他们一个租金，去年地价税亦我一人负担，论理亦应由他们负担一年。华民在武林合作社，比较知理，似有允意。世昌说负担一半。我要他们讨论后来信。十一时去杭，初在良处中饭，回来到王先生处。转同王先生外孙媳同来，五时一刻到新登。将王先生户折八枚及信交王县长。晚饭后洗浴。九时半寝。

十月二十八日

晨去民主农协拿学校代缴，因他们没有人，我去何阜，金甫去长兰一路。我六时三刻到家。晚饭后去吴先生家，大昌去村开会稍等半小时，来谈一小时，因时已九时，急返家，看报就寝。十时寝。

十月二十九日

着平甫往见山。我去民主街农会及城区完小，为学田，与章君谈土改。下午钟阶培来代乡因谷毛代风。四时去与吴大昌闲谈。今日打黄豆。晚开全村会，为选土整征粮模范先峰(锋)，提及我完粮经过与事实有出入，我问是否需说明。徐同志说不必，群众不会错，时间关系可从免。十时散会，十一时半寝。

十一月九日

上午整理抽斗，写信。晚合作社开社务委员小组长联席会议，传达三月工作业务社员。大会延至年终再开。九时半散会。十时寝。金甫来拆簿子。平甫往长盘及完粮。

十一月十日

上午整理挑城河及修建城郊校账目。下午剃头，到税局、县府去了一趟。晚长岭、苦竹农剧团来表演《白毛女》。洗浴。九时半寝。

十一月十一日

寒衣是否可缴款？亦请[示]王县长、陈政

委。商会需缴衣。金彬过来查代缴粮数。促商会开会速赶杭购办。下午往南津四合乡调查，到罗祠粮仓换串，因临时收据重复，候示再制云。晚镇开文教会，办学校、修建冬学等问题。十时半散。十一时寝。

十一月十二日

上午去叫春泉，到坂山叫他们把篁皮背下。去合作社填表。下午去罗家祠，去双溪村查募寒衣数字。看报。九时半寝。

十一月十七日

晨到共一街商会查助寒衣数，到商会托单人协助查数字造表，到城郊校问袁镜钊学租谷及星期日去苦竹催学租，到县民政科出收据，回来午膳。下午去镇公所缴寒衣款。三时合作社开会传达总社精神并推定劝股组二队。晚合作社开劝服材料及宣传动员方式。九时回来。九时半寝。

十一月十八日

查看箕米、查幕布账，造寒衣、助村浇斗送县府。挑水浇菜。晚到合作社，到学校给，明日下乡。九时寝。

十一月十九日

罗先生来说他没有空，我一人去苦竹，到白果潭遇阿其，他还是狡辩。到益三处去说明风[吹][日]晒[损]耗。在土根家中午膳。叫黄水耀来亦无办法，决定下次由农协会去催讨。到涤青处，他口口声声说无办法，一家四口无法维持。回来已五时。上午去吴师处略坐。晚到合作社同裕略坐回来。九时半寝。

十一月二十日

整理文献。到校同罗先生去促民主街农协，出三联单催佃户速缴送缴租谷。下午镇开地主会议，邢同志说明地主要老实并读十月十四日报上之惩办不法地主条例。黄局长讲，伪团、党自新[人员要]登记。杨同志讲要全家老实，大家争取开明。徐铮来，因没有通行证，只有厂工作证，要我保宿此，明日。

十一月二十三日

蘩昨夜发热，我煮菜。下午一时镇召开军烈属会，发放大米四百斤，补助生产，计到三十二户，地、富及自愿不受者计十户，余二十二户，分配每户得十八斤三两。余为黄福海约有二十二斤零。今晚城郊校演义卖助寒衣。蘩早睡，爵去校协助。九时寝。

十一月二十四日

整理箱子、房间。下午风扇麦，铜钱去售，还老杨借谷。晚看整风文献。九时寝。蘩不适。

十一月二十五日

整理。锦甫兄来协助，下午去售铜元及钱。介亮的钱亦代售去二十五斤。蘩寒热。九时寝。天转寒晴。去城阳小学。

十一月二十六日

去城阳小学知老师已全体去校学习，苦竹不能去。去通知民主农协只有缓去，整理物件还垫套款。商会今日移交工商联，来叫我去，因吃饭回来。铨兄来为人员登记，去公安局记户口，遇县长去略坐。九时半回来。十时寝。

十二月七日

天雨。写信至吴品有(杭地)。下午三时开社务会研究，晚大会进行。晚六时半开大会讨论发还多余股款转向生产。十时散。十时半寝。看合作社月刊。

十二月八日

晨起，我往杨袁六渚谢莲取户折收据，到金家坞，沙晋在六渚。在冬梅家午膳。四时到郎家庄再折回百丈袁家，来回往返走了很多弯路，到家已七时。因月晦天暗，路有水塘，刮大风，合作社会议未参加。八时半寝。

十二月九日

腹痛、伤风不适，未出门。金甫往四合乡松溪因开会，收据一张没拿来，到家已六时。蘩替我翻好丝绵袄，很温暖。午睡半小时比较舒适。晚六时半去合作社开会。八时一刻回来，作第二次大便较畅。九时寝。

十二月十日

金甫今日往青何乡送县中户折。因腰酸痛，上午十时至下午四时半为合作社同张福纪、沈世龙、总社汪君四人去按户换股票。晚上六时半至八时为生活检讨，至八时四十五分。九时半寝。

十二月十一日

七—八合作社学习合作社法，九至十二同福纪、世龙去共一街换股票。下午农会来接收农具，检查用具。我同蘩均很乐意地返还群众。晚六时半，工商联开摊贩评估资本营业会议，十一时散。十一时一刻寝。

十二月十二日

上午早上学习后，同福纪、世龙去调股票。下午因股票赶印未去。去登丰蔡小水协商租金事。晚合作社学习，八时半回来。因灯油关系即寝。章孝仁、桂香来。

十二月十五日

早晚合作社学习（社务讨论）。决定召开社代表筹备会。整理账目及向各租户商借稻，春作余粮，之后返还农会。八时半寝。

十二月十六日

终日为筹借稻谷及款项、解缴余粮数字［忙碌］。晚合作社开会为讨论明日会议如何进行。八时半散。九时寝。

十二月十七日

八时合作社召开社员代表会议。到二十九人决议社名，社员大会分村举行（双江十七日晚，城北上汪十八日晚，官塘乘庄十九日晚），法定配购食盐每人每月一斤半。下午三时散会。晚合作社开生活检讨会。八时半寝。

十二月十八日

晨学习农村供销合作社准则。今日缴农余粮谷三千斤。向卫生院籴来。晚合作社因人数少未学习。看报。八时返。八时半寝。

十二月十九日

晨学习讨论与总社订约问题。到工商联产谈一回。晚学习，因大都去农会开会未开。工商联等开委员讨论成立学习小组，推出正组长二人，副组长二人，分二组。八时一刻散。八时半寝。

十二月二十日

今日区召开优待军属会议。八时半去，下午四时回来。午膳由区招待，很丰盛的莱蔬。开会大意是写一封信去，让出征子弟安心在岗位上努力并报导土改后家中情况。大家不要自满自豪，以家属自居。晚同章校长算账、开支票。八时半寝。

十二月二十一日

晨晚在合作社学习。今日再向卫生院购米七百斤。下午陪孝仁去注销［户口］，回淳安。下午三时至五时工商联学习会。八时半寝。

十二月二十二日

上午合作社学习。介余粮今日三千斤。下午三时工商联学习。孝仁、桂香今日回淳安。今日冬至，在店中晚餐。晚合作社因职工会、农会开会，学习未举行。我看报至八时回家。八时半寝。

十二月二十三日

晨合作社学习。下午工商联学习。晚开全村大会，地主要订守法公约，明晨九时送农会。九时一刻回来即寝。

十二月二十四日

上午订地主守法公约，九时半送农会。下午二时农会来叫开会，说我抄田亩底，其实这些底子都是购置时抄下，都请人抄录，没有我们笔迹，都是解放前抄（正在准备销毁）。三时半由农会二人同我一同去县府见王县长，留在人民法庭号房室。八时寝。

十二月二十五日

六时半起床。竟日在房中看报。早上稀饭，中、晚大米饭，茶比家中好，每餐有豆腐或豆腐干等。晚上时县长叫我可以回家，到店中住。八时寝。锦山去公安局报。

十二月二十六日

晨镇公所来叫去后，邢同志对我讲今日你可回家整理。我将书画移文化馆，由吴士清同志负责。旧账等拆毁、焚化。洋瓷盘碗移公共食堂。因未成立由政府保管。还有少许药水（父亲留下）及卫生器皿移卫生院。锦山、舅父今日亦迁大华旅舍住。八时寝。到公安局报迁移。

一九五一年

一月一日

晨起乘车往杭。同沅同走了几处亲友。

一月二日

同沅走了各街市。

一月三日

九时零五分车去沪，到沪一点三十九分，到𡎺朱家。

一月四日

晨去十六铺，午膳后回来。

一月五日

去看平亚回先生，渠约朱侃加，同到新雅午膳。到永安先施新家走了一趟。

一月六日

去十六铺走了一趟。回来电车因争闹等了一百分钟，到刘寓已八点钟。

一月七日

今日星期日，在家等候。壬儿来，朱侃如来，同午膳。壬儿邀我们六人去看《解放了的中国》电影。晚膳后应平先生邀去看杨宝森《空城计》，平先生亲自陪看十一时回来。

一月八日

上午同达弟去看集之，在他那里午膳。下午寿征请我同达弟看沪剧《蝴蝶夫人》五时半散。寿征已在剧馆前等候回家。

一月九日

五时同寿珠我三人去杨树浦，六时零五分到，大昌、大明亦在座，军代表程君待人非常和气，大家谈。我们到九时回来，到家已十一时（到外滩坐三轮车，因电车汽车已停）。

一月十日

十时去南市。下午知介清来，返刘寓晚饭。晚看嵊剧《宝莲灯》。珠、介清、寿、我四人同往，灯光配合，衣着均好，十一时散。

一月十一日

下午乘三点二十五分车回杭宿达弟处。

一月十二日

乘十时车到六和塔。在鲁兄处午膳。知马校长在之大讲谈。下午二时俞副所长讲话。同鲁兄只谈了一小时天。乘三时四十分车来富。

一月十三日

乘九时车返杭。同沅去西大街。晚宿达弟处。

一月十四日

先至杭初看亮、万，午膳后去看弢未遇，去看小章，回子青处。晚宿子青处。

一月十五日

六时起床乘六时半淳安车返新，到十时。午膳后去农会、镇公所、公安局、县政府报告回家并缴销通行证。写信。八时寝。

一月十六日

写信。下午去县中告吴先生在沪会到大昌、大明。替仙花到农会开通行证未开来。到城阳小学。八时寝。

一月十七日

晨同宝进先生谈杭市及生意。替仙花去农会小组长、居民委员、镇公所开通行证，到公安局知要仙花自去。写信。脚痛包黄桅麦粉。

一月十八日

为城阳小学核对学田、学谷。贤儿身热请假。

晚职工开会。阅报十时半。十时三刻寝。

一月十九日

整理学田学租。锦山中午杭回。户折遗失托邮局取浙江日报登广告。银行来谈保险。八时寝。工商联下午开会选代表出席劳资协商会。

一月二十日

在店。下午坟山周坤泉等四人来，拿来农会字条，来取户折文契，因此证件已由吴镇长交炉头村农会，出有收据，由农会及镇出具回信给三山村并向农会开通行证。晚职工开会我看报等门九时五十分回来。十时寝。

一月二十一日

上午去炉头农会去询问知文契户折确在该处。回来将农会镇公所致三山村条子交周坤泉，回来再告农会镇公所。回家吃饭。晚开全村大会为抗美援朝节约、冬耕冬学、地主不老实等，八时半散。洗脚。八时半寝。

一月二十二日

上午在太阳中整理校中管账。下午抹身、洗脚。看报。晚职工开会工商联开会九时散。九时一刻寝。

一月二十三日

晨拟清销货簿。张福纪来，知开第四次各界代表会，八时半去报到。晚宿会中。

一月二十四日

晨起分组。八时陈政委传达常委会决定，讨论工作，十一时小组讨论。

一月二十五日

上午小组讨论。下午大会发言。下午一时城岭区送来参军同志，我们整队去欢迎，在三里路外，回来四时。晚上继续发言。

一月二十六日

陈政委总结。中午县中表演腰鼓。下午小组讨论表明态度。四时叙晚餐。到区、镇汇报。回家。职工开大会。十时半寝。区召开优属会，蘩去参加。

一月二十七日

城阳小学因有二村借军乐后由校方自动参加欢送，日来各区送来参军同志非常踊跃。工商联开会。职工会开大会。十时寝。

一月二十八日

吴大明来。仙花上午松油菜。下午蘩、我、仙花三人施肥(油菜)。同裕宰猪。看报。仙花上冬学。工商联开会。九时半寝。

一月二十九日

雪元来送玉根参军。出肥。整场地。晚对学田。九时半寝。

一月三十日

发票填号子。今日做豆腐、霉豆腐。晚农会开会对我和雪元优待可坐，八时半散。九时寝。

一月三十一日

今日店里做豆腐、霉腐乳。同渭生到县府去了一趟。发动慰劳新军，工商联献出毛猪四只、鲜鱼二百斤。晚工商联开会自动捐献。八时半散会。九时寝。

二月一日

晨起，算利得税同油部分担数。尔中来说中午陪新军同志叙(聚)餐，渭生兄同去。施启德下午车子到，晚七时工商联借职工会开会。为明晨欢送新军去临安学习，为援助朝胞献金。为消防推代表二人出席公安局开会，结果我与赵月溪二人。九时半散。十时寝。

二月二日

施启德上午谈些金华及校中情况。下午算工商联劳新军款子。晚把账交工商联。农会开会为乐助朝胞及讨论项卓成、韩子湘、陈嘉喜三人违反户籍地主逃跑公约。十时五十分散。十一时寝。

二月三日

涛雄来看乃哥冠雄，我再叮嘱要奉公守法，对人谈话态度要和气，绝对服从农会决议。上午同金燧整理，清洁内进，下午填发票号码。晚再同金燧整理清洁店堂。九时半寝。登报户折遗失收据，今日送农会。

二月四日

上午村里来上光荣匾四方，为子参军参工。下午汇报十日工作日记。晚村里优属座谈会，一再问有无困难，军属亦提出写信给子弟安心学习替人民服务。十时一刻散。十时半寝。

二月五日

今天旧历除夕，营业各业较上年好些。接县长致代表函。接县长及政委致军烈属函。剃头，沫身。十时寝。阅报，知爵儿不敢，嘱努力。

二月六日

阖家七人一同去谒父母坟，开通行证去。中午吃年糕、菜泡饭。看私营企业各文件。晚六里店里盘货。九时完毕。九时半寝。胜利村狮子去南津乡跳。

二月七日

晨八时，去农会整队去大操场。春节团拜军属优待有茶点。今里店里分岁。晚农会招待优待军属，有茶点。胜利村狮子来跳。回来已十一时，即寝。

二月八日

晨七时去农会参加到区拜年队伍，启程时，据杜先生云，我不必去，回家。职工去松溪，锦山去工商联，我与梅先生守店。晚职工会开会，锦山等候。八时寝。

二月九日

吴大恒来。上午在店工作。下午一时工商联开会，王县长、葛主任、任科长、宋同志讲话，为调整资本、重估生财等等。晚因秋生到双溪村坦白，店开小组，梅叔气急病发，去叫金林来。十二时半寝。

二月十日

吴先生来。国贤来。庚儿信到。工商联定下午二时开始学习私营企业条例，因卫生院检验干部身体，延定晚上。我去农会，各干部均未遇到。晚因检验未毕，未开始。八时半寝。

二月十一日

天下雪，一天未停。扫大门口街上。下午工商联学习。晚与店员谈家常及今后店务。写信。九时寝。城阳小学委借米，后因有买作罢。

二月十二日

晨起扫雪。下午二时工商联学习。顾君委采办二担燥柴。晚与店友闲谈业务。写信。

二月十三日

晨起扫店堂。农会来问四儿入伍年月及如何介绍入伍。邵根全来。下午工商联学习，写长函致诸儿。九时寝。

二月十四日

爵儿去考县中，只有三人。施启德来，我到公安局去登记。下午开全村会，我助塘泥畚箕十双，置汽灯，助人民币一百元。晚湘山区剧团春节公演，金燧等去看，我等门。九时锦山、智标回来，他们说他们等，要我来睡。

二月十五日

根全来。春泉来。施启德下午车去杭赴校。工商联今日学习会因开资代会未开。晚协大昌、朱锦泰、同裕三家协商联营。十时寝。

二月十六日

今日深浦秧歌竹马来城。天放晴。下午工商联学习。万、爵、贤三儿作园地工作。晚八时半寝。

二月十七日

万儿早车去校。上午同智标算账。下午因开劳资协商会，学习会势必停开，未去。秋生、昌、明来，子芳本定今日回家，留着。晚店中开小组会，讨论今后业务及薪给。十时散。十时一刻寝。

二月十八日

志芳回家。万有裤子托袁浩带去。吴子青函托王金龙带去。工商联开劳资协商会，锦山出席。陪仙花去开迁出证。晚，店开小组会，定薪给及业务。九时散。九时半寝。

二月十九日

上午至下午二时，我与虆、爵、贤、湘五人堆断砖作墙。下午去开学习会，因人少，未举行。闲谈至三时半回来。同仙花去盖移出证印。晚店开小组，十时半散。仙花来谈回家及加快过去。十一时半寝。

二月二十日

乡间上街人尚称热闹，购买极少，有苦竹打花棍队来城，四合乡听说有龙灯，因亟需开塘挖沟，中止。叫爵儿去县中问开学。今日旧元宵，店中略增菜，合乎节约优待劳方原则下行之。晚职工组长以上去镇开会。九时寝。

二月二十一日

上午，我爵儿、仙花三人种油菜。八分地完成三分之二。中午万来信，拿家长调查表。下午油菜地施肥，四时出猪栏，至六时半毕。七时农会开会，挑官塘地，为每人修畚箕一双，八时三刻回来，虆、仙花亦去，开会。十时寝。

二月二十二日

三时起床，六时二十分到官塘挑塘。下午四时五十分回到家里。晚七时开全村会，八时半散。九时寝。

二月二十三日

三时起床，六时飞雨点，去官塘挑泥，曾飞雨点数次。下午因雨，二时半休息，归途遇雨，衣裤湿。晚与杭第二联销处谢君晤谈。八时半寝。

二月二十四日

天雨，今挑塘停止。早膳后举行，早睡三小时，起来午膳，精神恢复。下午一时开全村会，讨论用锣催人问题、生产计划问题。四时散。晚同行议市。八时半寝。

二月二十五日

晨起询问爵儿今后计划。写信。

下午一进开全村会。下午一时我与卢渭生去县府参加座谈会，来咨询新登情况，并招待晚饭。文祺兄亦在。文祺兄宿此。八时半寝。

二月二十六日

上午写信。订春季生产节约计划表。职工会开大会。八时半寝。

二月二十七日

天雨。剪发。下午三家开联营协商会。晚店小组关联营协商问题，看报，收集联营及慰信材料。九时半寝。建立夜自修制度。贤，七时半。湘，六时半至八时。爵，八时半。由虆督促。

二月二十八日

上午同渭生、善庆、锦山诸兄讨论联营。下午整理联营章则。晚七时听省反对美帝武装日本，由秘书广播，八时完。八时半寝。

三月一日

送仙花上汽车回富阳娘家生产，八时去。下午开全村会，我看到会场甚脏，就用扫帚来扫，后来维堃来了，也同扫，华松嫂来，亦同工作，大会为反对美帝武装日本订守法公约、爱国公约。八时半寝。

三月二日

上午龙羊区校存谷，杨作勇先生来提，会同农会杜阿荣先生同去提去 468 斤谷。下午开店后园地。晚开全村大会为抗美援朝、大生产运动、兴修水利。九时寝。

三月三日

承人民宽大说我少劳动力，允我在家学习，故挑官塘今日未去。上午因人少在店工作。下午同虆、爵三人去松油菜、浇肥。贤、湘下午亦放学剪马兰头。爵儿今日因校借给老师开全县老师会议。农代、妇代会议、医师会议、合作社会议。八时半寝。

三月四日

四时起床，叫金燧、秋生去挑塘。五时半出门。闩门上楼。七时起床。上午在店工作。应连英杭州来，回长垣。下午我与虆、爵三人松油菜、施肥，湘、贤剪马兰头。扫大街及店堂地。任科长说联营暂停讨论。八时寝。

三月五日

上午店中工作。下午写信汇杭款。晚开全村大会，三八妇女节，地装示威。讨论爱国公约。挑官塘，保证明完成。中午挑第三组饭到官塘，八个人饭，四个人菜。九时寝。

三月六日

上午天雨不能挑官塘。因店内人手较多，我来整理书橱。下午对学谷账。朱维堃账因塔一风琴款，列入重抄。晚诫劝诸儿努力学业。切勿玩疲嬉笑，在油部。晚开全村大会。农代妇代开会回来布置加强生产、抗美援朝，订爱国公约，明日挑塘。九时寝。

三月七日

今日小组长送茶，我送饭，到惠来亭。因与福朝抬，反不便，将我挑的饭合并挑去。今日放晴，店中生意较起。今日城阳镇挑官塘完成。八时寝。蘩与湘睏。

三月八日

天晴，店中人手较多。我整理去年挑城河畚箕、米账。下午抹身换衣。下午锦山、新泉去签订劳资合同。晚开全村会，讨论兴修水利，保护森林，劳动生产，劳资两利，搞好业务、税务。地主、伪人员分二小组，加上奉公守法，不听谣言，不造谣言。十时半寝。

三月九日

上午签订爱国公约及同裕生产计划和爱国公约。下午到招待所报到，开常会。因人到少不齐，我看报，和山东同志、县长谈山东特产。晚七时陈政委报告一九五一年新登生产计划，到十时三刻散。十一时寝。

三月十日

今日七时起至下午四时半为常会讨论昨日陈政委报告。一九五一年生产计划草案。晚七时至九时半为常会座谈，今通过草案。九时三刻寝。

三月十一日

上午仍常会讨论，叙餐，到镇报告回来。午后人疲睡觉。晚开全村会。一、镇多余田地分配给本村五户。二、明日天晴继续兴修水利。三、生产十大政策讨论。四、地伪订爱国公约。九时散，九时半寝。

三月十二日

上午在店工作。十时起为学校谷账抄清单。县府来询问一九四五年烈士埋葬处。职工晚开会。下午一时开全村大会，宣读爱国公约。二时回来。九时半寝。

三月十三日

劈柴挑水。爵儿上课证寻不到，不以理智克服而恸哭。我一寻便得。上午店内工作，整理谷账，下午一时同章校长接洽。晚开全村大会，明日挑外沙塘。推行《农民日报》，我共一街七份，各组讨后二十份。八时半散。九时寝。

三月十四日

买米。上午收米、送饭到塘边。下午整理洋灯柜内破纸。晚开全村大会，选冬学模范及明日挑塘改进计划。八时半散。九时寝。

三月十五日

挑塘送饭。铁萍来，同玉根一同回家。下午整理开掘园地。晚看报。九时寝。

三月十六日

送饭到塘边。下午砍柴、劈柴、捞菜皮。晚守门。锦山到工商联开会，职工开会。八时半散。九时寝。

三月十七日

送饭到外沙塘。今天迟了二分钟。下午开地，叠短垣。晚看报，九时寝。

三月十八日

上午店内工作，接县长来函，去知为建估工。送饭到挑塘处。下午在店工作。晚六时到县府估工，至九时四十分回家。九时五十寝。

三月十九日

天雨不挑塘。在店工作。上午兼编号码。下午，送谷账清册。晚工商联开会，锦山、长寿学打腰鼓。八时半寝。

三月二十日

店中工作。挑塘送饭。下午雨，送笠伞。我送孚伞，蘩送翊湘、贤伞。锦山过杭往徽。仙花傍晚到，去办移入手续。未准，暂作来客登记。晚工商联开会讨论劳资合同及学习工商三文件，定集体学习五天。九时散。九时半寝。

三月二十一日

上午到工商联为会进行集体学习及订爱国公约。下午开全村大会，由蘩去。我到工商联续开贷肥及订爱国公约。晚同木匠去县府谈估工。八时半寝。

三月二十二日

剪发。周雨田户折拿去。天晴，有风。锦山办货到。同襟在其谈畚箕、米事，他一味强调。晚小逸飞卖糖唱绍兴实事陆贵记米行。九时寝。

三月二十三日

在店工作。下午一时至五时到工商联开始学习私营企业条例及分二十组。晚同泥水、木匠到县府估工及写成揽。十一时三刻回家。十二时寝。

三月二十四日

上午八时至十一时，下午到镇开消防会。下午二时半至五时、晚七时至九时，在工商联学习私营企业暂行条例。九时一刻寝。

三月二十五日

上午八时至十一时、下午一时至五时、晚七时至九时在工商联学习。九时半寝。

三月二十六日

上午在工商联学习。下午因工商联土特产代表会议，我们移到共一街农会学习。晚亦在农会。农会买到腰鼓在学习。九时半回来。十时寝。城阳小学提去谷五百斤（李凤林）。

三月二十七日

在店工作。今日全镇挑城河。我们烧饭送饭。下午写信。晚到农会开工商联学习小组，因人少漫谈，八时半回店，职工开会。等门至十时半。十点三刻寝。

三月二十八日

下午在农会学习重估财产。晚开全村会，明日挑沙堤。九时寝。子芳来。

三月二十九日

今日挑大溪（潭山头至塔山），送中饭、晚饭，送衣服。晚开全村会，明日再一天完成任务。九时散会。九时一刻寝。梅根来。

三月三十日

今日送中饭，送点心。昨晚说妇女不必去，仙花下午去协助，到公安局询问仙花迁入问题。晚下雨。八时半寝。

三月三十一日

上午挑堤送饭。至塔山，因下雨他们回来。下午去县府韩秘书处，为省各界代表公函到，常会要我去看这公文。新泉来。九时寝。

四月一日

今日送饭。今日送点心。大雨，没有雨衣的回家，妇女先回家。晚闲谈。八时半寝。

四月二日

天雨涨水。生意清。看报，写信。八时寝。

四月三日

天晴，磨米粉。晚同行议市，晚开全村大会（地主不必参加）。晚职工开全体大会。九时一刻寝。

四月四日

今日城阳、南津两乡大会。晚农村及联工开大会，九时散。做清明粿。今日王自强结婚，新式婚礼。

四月五日

天雨，填发票号码。下午开学习会，因人数不多，未实行。晚开小组长及筹委会议，贷肥，缴税及处理穗如（黄锡均）问题。九时五十分散。十时寝。

四月六日

上午工商学习。下午一时同业开小组讨论会。至五时散。晚看报。九时寝。

四月七日

上午、下午在工商联学习表册。晚王一飞［用］［灯］术宣传抗美援朝、保家卫国，并推销医学常识一百五十余条及丸药、十字油等。九时三刻寝。

四月八日

上午同志标札三月份收支账。下午整理货房。晚在工商联布及酒酱二组讨论爱国公约。十时四分散。十一时寝。爵儿今日在县中补课。城阳小学红领巾生到六渚区校去旅行。

四月九日

吴镇长委查寒衣救助朝胞及捐手榴弹各村数字至中午。下午，去各村未遇，未造。晚看报与嘉昌账，友王君谈杭商情。九时寝。晚雨。

四月十日

在店整理打扫。王镇长来问所查数字。开全村会，蔡去，为生产问题（下午一时）。智标去工商联学习填表，上、下午去。下午同业札三、四月份现金收支。晚看报。天雨。九时寝。

四月十一日

智标去工商联学填表，写信锦山，工商联职工会来借油部后部作文化室之用。仙花去办野菜。理发，抹身。晚看报，九时半寝。子芳去开干部会。智标去工商联核三月账。

四月十二日

今日学填财产重估表。下午一时开百货业小组，开签订爱国公约响应上海提篮桥小组挑战如何实际把爱国公约行动起来，评好二、三月营业税。晚续开至十二时一刻。十二时半寝。

四月十三日

上午学习填表。下午开同业税收评议会。晚工商联各同业开会将百货组经验介绍。十一时一刻散。十一时半寝。锦山下午车到。

四月十四日

上午看惩治反革命条例及有关文件。下午同业开会讨论挑战具体情况十一条。晚工商联开会，各组讨论应战条约。十时散。十时一刻寝。

四月十五日

上午去开通行证。将镜子送城阳小学，交教委会决定。十一时全家去先父坟、先大姊二姊坟扫墓，四时回家。四时到县府，为评估修建工程。晚十二时毕回来。十二时一刻寝。

四月十六日

上午去县府，为监工及验收材料应加强注意。下午同智标对账。晚听收音中央储行长报告肥贷情况（七至八时）。九时寝。

四月十七日

上午订守法公约。下午同智标札月结。晚临安专署实验剧团来城表演。看报，十时寝。

四月十八日

准备公布城郊援筹建费和学谷。下午同业小组开会，委我起信稿，唱歌由锦山兄表。金龙先生谈会计事。晚七时到县委听控诉日本侵华暴行，十时回。选清单，十一时半寝。

四月十九日

城阳小学上午八时至下午一时开家长会，我将一九四九年筹建经过收支公告。下午拟百货业函稿。五时开同业小组会，通过各稿件，交小组长去研究。晚看报。锦山去听收音。职工有去看《信陵公子》。天下雨点。十时寝。下午招待优属看剧，蘩去看《三世仇》剧本。

四月二十日

上午填发票号数。下午一时至五时、晚七时至十时工商联开筹委会，听取韩尔中、蒋文汉、贺耀根、陈双荣去临安开土特产会议，晚讨论。十时寝。

四月二十一日

买米。下午一时至五时、晚七时至十时工商联开讨论会。店今晚盘货。十一时寝。

四月二十二日

早上去学歌。整理店堂纸货等。下午工商联开会。晚公安局在耶稣堂召开消防会，筹备会成立，推我为正主任。十点一刻寝。

四月二十三日

天晴。上午去县府看泥水、木匠工程。下午工商联开联席会。晚开商人大会，十二时散。十二时一刻寝。蘩去农会开地伪会。

四月二十四日

在店。上午核用款。下午学习因人数不多，卫生院检验身体。会场关系，不开。晚职工开会学习唱歌。写广告字。十时寝。

四月二十五日

早上到工商联学歌。上午三人对销货。下午工商联开小组长以上会议。晚工商联学习歌曲及明日集体缴税问题。文化馆看了二十分钟幻灯。九时三刻寝。

四月二十六日

上午八时城阳镇工商界集体缴税，九时半完毕。三人对销货。下午同。晚工商联开会，为总结今日集体缴税。筹备五一游行。消防设备讨论，十时半散。十时四十分寝。

四月二十七日

上午对销货，下午同。至一时百货组为五一游行准备。晚同。十时散。十时一刻寝。

四月二十八日

上、下午对销货账。晚工商联开会唱歌，十时散。十时半寝。

四月二十九日

上午对销货，下午同。下午二时开去省参观团会议。晚同业决定五一至五四减价及唱歌。九时散。九时一刻寝。

四月三十日

上午填发票号码。城阳小学街头宣传五一节。下午农会召开地伪会议，订爱国公约、守法公约。晚工商联开会学唱歌。五一节意义、消防助款汇报。十时三刻散会。十一时寝。

五月一日

对销货。县中宣传五一。下午工商联开棉布百货业同业公会成立会，推选筹委会员，推选重估财产委员。晚开会，村大会，布置明日大游行。八时一刻散会。八时半寝。

五月二日

五时起床，五时半早膳。六时到农村集合，到大操场开五一纪念会大游行示威，分六大队，经大街由塔山桥过朱家，过南津桥，进观音弄，到官塘，过新堰王家，到松溪，少息，整队由汽车路进北门到大操场，回农会，回家四时三十分。八时半寝。

六贤区、湘山区游行大队亦来城中，待我们回来，他们已回去。

五月三日

上午在店，去县府看工程通知，催汪家匠人来开工及催松板。下午城小会，区里六乡来城举行示威大游行，人数一万左右。开通行证。理发，抹身。九时寝。

五月四日

乘早车往杭参加土特产展览，参观团同行二十人。

五月六日

上午参观展览会。下午同看飞车。

五月八日

参观展览会。晚到人民大会堂看《无枪敌人》。

五月九日

下午再去参观，五时回。

五月十日

乘早车回新。下午去公安局农会报到。抹身。看报。九时寝。

五月十一日

上午为重估定价格。下午同。晚将土特产参观情形告家人。九时寝。

五月十二日

上午为重估定价格。下午同。晚在镇公所开消防会议。九时一刻散。九时半寝。

五月十三日

整理工作。清洁工作。九时寝。

五月十四日

同智标编号对物，晚锦山往工商联开会，职工开会。等门。写敦、玄儿函。十时寝。

五月十五日

售油筒及银元等手续将所得缴助消防费及助学校费。堆柴。下午同业开会，这么调整资金将店存十八元银元十八角银角及自己银元宝及锦银十二两、金戒五只九钱亦报出。晚镇公所开消防会议。九时三刻散。十时寝。仙花下去协助割麦。

五月十六日

欢送新军往专署。锦山、子芳往杭集一九五零年十二月三十一日物价。下午三时评审总会召第一次分会主任会议。晚学习损益计算书，十时散。十时一刻寝。

五月十七日

开始抄存货表格，开始抄固定资产。把后楼扫了一扫。晚札损益，计算书稿。九时半寝。仙花下午去协助打油菜籽。

五月十八日

做清洁工作。计算重估账外物件。晚工商联开会，王县长、陈政委报告如何做好重估财产及镇压反革命分子要大胆实事求是。十时四十分散。十点三刻睏。

五月十九日

上午开小组会讨论昨晚陈政委、王县长报告。下午同志标算去年收支。晚同十进息。今日打油菜籽。仙花晚去捕虫。

五月二十日

上午、下午计算损益表。晚开全村大会，伪人员、地主户口登记。十一时半散。十一时三刻寝。

五月二十一日

上、下午为结算一九五零年收支。晚地主、

伪人员登记分小组举行。十二时二十分散。

五月二十二日

上、下午审固定资产价格。晚评审流动资产价格。札账。十二时寝。

五月二十三日

上、下午札账。晚同。捉虫，锦山去。十时寝。

五月二十四日

上、下午结算损益材料。晚开全村会，为抗旱做斗争，修车灌田等。十时半散。十时三刻寝。

五月二十五日

上午集体缴税。十时回来。同兆泉对账。山同梅叔对。下午沈百金同志来了解我们情况。晚百货小组来了解情况。十时寝。

五月二十六日

计算校对一九五〇年账。晚百货业剪字为赠六一儿童节锦旗。十一时半散。十一时三刻寝。

五月二十七日

核账对账。晚十一时寝。

五月二十八日

核账。晚开全村会讨论车水割麦。十时三刻散，遇雨，赤脚归。十一时寝。

五月二十九日

填工商联发下表格。核账。去看连珪兄病。金泉司病了。十时半寝。理发。

五月三十日

核油部账。傍晚青虫飞入眼中，不适。十时寝。

五月三十一日

上、下午叫长水、福泉、隆兴估工填店屋。晚填工商联表。九时半寝。

六月一日

今日是儿童节，为优待儿童，百货业今日起九五折，优待三天。上午把同裕房屋各工料列表。下午札油部账。晚看报。九时半寝。

六月二日

同裕房屋送表。油部账核。对布号账。晚开一生六所利得税估缴。开全村会，为车水清沟讨论。十时半散。十时三刻寝。

六月三日

今日起早摘茧半方蚕子采了十八折茧。同裕屋补填方尺，札油部账。九时三刻寝。

六月四日

桂花送来田螺及茧款。核油部账。九时半寝。

六月五日

重核同裕账。晚开评税会。十二时散。十二时一刻寝。

六月六日

核账。晚开店内小组，因金燧去学会计，改为明日上午。十时寝。

六月七日

核账，填表，天明送表去。

六月八日

到分会去核对。晚因油部表填错重填。三时半回来。晚七时开全村大会，为抓紧春耘拔草。三时三刻寝。

六月九日

八时起来。核对账。同业开会。理报纸。晚表册退回。十时半寝。

六月十日

因表册退回，作查审工作。及帆部之经过始末作报告。晚开消防会。十时散。阅报。十时半寝。

六月十一日

上午写信寄敦、澂儿。下午开评税会。晚同业开评税会。十一时寝。城阳完小晚开庆祝晚会。

六月十二日

上午去县府讨论起[出]睡眠资金，发展工商业。去农会接洽，到妇女会请假。仙花一同回来，职工协助到中午。叫泥水工人二人至四时始，掘得数超出记忆数。傍晚去回报县府，送消防收据至农村。到会中去为城阳镇地图事。晚开全村会，十时三刻散。十一时寝。

六月十三日

锦山、子芳到刘家、大岭上、胥口、汪家、潭山头查询我们店里是否尚有用具及滞销瓷盘等遗存在他们那边。致和来叫我，要我添资。晚看报。

九时寝。天雨。

六月十四日

上午去县府研究，致和职员提出问题，知不甚合适。同梅叔对账。晚算收支。抹柜台。十时半寝。

六月十五日

下行四时到会场报到，开各代[表大会]常[务委员]会。

六月十六日

开常会。

六月十七日

开常会。

六月十八日

开常会。

六月十九日

常会结束，开税务会议。下午大会报到。

六月二十日

开大会。

六月二十一日

开大会。

六月二十二日

开大会。

六月二十三日

开大会。

六月二十四日

上午开抗美援朝分会，下午去区政府报开会回来。晚开商人大会，检查爱国公约。十一时半散会。十一时三刻寝。

六月二十五日

上午请大章兄核油部账。下午同业开检查爱国公约会。晚开消防会议，九时半散。九时三刻寝。

六月二十六日

上午店里开小组会讨论如何搞好业务。下午同业讨论爱国公约。晚农村开地主伪人员会，检讨爱国公约及自动捐献飞机代金。十一时半散。十一时三刻寝。

六月二十七日

上午店开小组[会]，一小时半。理书橱、书桌、抽屉。下午开同业小组。晚开居民小组，对捐献大家进一步认识增加了。八时半散。看报。十时寝。

六月二十八日

整理半年账目、收支及准备七一寄诸儿函。晚工商联开小组长以上会，为检查爱国公约。十一时三刻散。十二时寝。

六月二十九日

上午四时半起床，店内开小组，七时同业讨论。至下午六时。晚工商联小组讨论及参加镇公所会议，批评工商联落后。十一时三刻散。十二时寝。

六月三十日

四时半起床学习。同业七时起讨论至下午六时。到各组看情形。二十时寝。店盘货。晚工商联开小组会，十一时散。

七月一日

上午拟订增产计划及信稿材料，长育来，大明来，谈校况及壬儿近况。下午开肉业同业会及参加豆腐、铁业小组会议。晚庆祝七一开会，到西门口遇陈渭林先生，说□龙今晚可到，我与陈阿顺折回，至九时一刻到。翊沅中午到。十时寝。

七月二日

订生产计划。同裕订增产计划。下午开同业会。晚订生产计划。十时寝。

七月三日

晨去农会开通行证，到杜墓山头，至观音塂、庄泽，到长盘，到官塘、杨家，到石桥头、坂里凌家，回来到镇研究晚开消防会，十时半散。十时三刻寝。沅午后二时车回校。

七月四日

上午接福朝带来土政负责人证明书，知俞村坂山已分配，将此送农会。修订公约，整理消防账件。晚看报。教贤儿读书公约。九时寝。

七月五日

早上五时至六时半、傍晚六时至七时，店中开小组。日间上午盘报纸等数量，下午拟信稿。晚工商联开会，为传达三十年来党史及土特产联营问题。十时半散，十时三刻寝。

七月六日

早上店中开三组。上午写信。下午同业开小组会。晚农会地伪开会讨论三十年来共产党的简史，要我传达分组讨论。十时三刻散。十一时寝。

七月七日

上午写信诸儿。下午同业开讨论会。晚去各村为消防员人数。工商联同蒋文汉收各团各组汇报。十时半回来。十时三刻寝。

七月八日

上午核半年来总结。下午工商联开会。县长报告：一关（于）捐献问题，暂缓收集，希望再生产捐献。二税收评比。晚同业开小组评比分数及表明听王县长报告思想。十二时散。

七月九日

城阳小学去欢送县中参干同学四名。上午同志标核账。下午开评分会。晚开评分会至十一时三刻。十二时寝。

七月十日

上午同智标弄账。下午工商联开大会，主要处决朱延庆事件。政治宽大，经济处罚二十万，任主任，并为重点财产，要大家尽量把资金估入，并土产联营加股。晚同杏英到公安局，同陈同志去双溪、共和、城市三村为消防员报名问题。九时三刻寝。

七月十一日

上午札油部半年总结。下午同业在工商联评税。晚锦山去工商联开会。我去农会开会，少坐，知今日地伪不开，会来天雨，人疲，早寝。九时寝。

七月十二日

上午填同业分数表。八时同业开会。下午继续。二时工商联开评分会。晚农会地伪评分会十一时半散。十二时寝。

七月十三日

同业开小组，为了解赵月溪过去历史。下午二时工商联开评比分数及赵事。晚七时继开至九时半散，十时寝。

七月十四日

同业研究问题，为土特产四人下乡了解情况。造消防员名册。同业上坚决书，致工商联抗美援朝分会。同业同银行订业务契约。四时，公安局陈体忠同志来通知消防大会推行常会正式成立。十一时半散。十二时寝。

七月十五日

上午王吕成及诸同业来谈检查增产计划。下午三时开评税会（四至六利得税）。天雨。晚因研究召开消防会，不及，未去谈。看报。九时寝。

七月十六日

上午同业为谈，大家算利得税、营业税。下午一时开工商联消防人员座谈会。五时散。晚看报，看《二心集》。锦山去听广播扩充业务。九时寝。

七月十七日

上午造消防表册。下午同。下午四至五时同业学习小组开会。晚看报。九时半寝。

七月十八日

上午同业开议价会。下午二时去参加防汛工作，胡衙填（堤塘）筑堤。七时回来。晚抹身，看报。九时半寝。

七月十九日

上午填消防队表册，杏英、连珪把轮盘推动加油。下午四时至五时，同业学习。晚看报，陈旭同志来，葛继元同志来，十时寝。

七月二十日

上午写同业爱国公约。下午开评税会。晚同杏英去各村通知填消防人员表。今日黄山脚七家坪火起，烧毁草屋一所。九时半寝。剪发。

七月二十一日

下午四时去抗美援朝分会报到，晚宿致和号内。九时半寝。

七月二十二日

上午六时至八时张政委报告。十时到车站迎接赴朝慰问团。下午二时至五时，赴朝团报告。晚讨论，九时半寝。

七月二十三日

上午讨论。十时欢送慰问团去桐庐。下午晚上讨论，九时半寝。

七月二十四日

上午大会汇报。下午赵部长总结。选举抗美援朝分会(扩大)。晚同业开会讨论答案。九时寝。

七月二十五日

上午各店自订计划，答问题。下午小组发言总结。晚看报，九时寝。

七月二十六日

上午整理同业讨论答案。下午同杏英去公安局研究常会问题。四时至五时学习会。晚七时至十一时同业讨论会。十一时一刻寝。

七月二十七日

上午记汇报。中午十二时至二时开消防常会。三时试龙。四时学习。晚看报。九时寝。

七月二十八日

上午同志标核账。下午学习。晚工商联开会布置镇开会情形，成立镇抗美援朝分会、中苏友好分会，建立汇报制度，推广宣传员。九时一刻散会。九时半寝。

七月二十九日

讨论增产问题。下午同业讨论会。晚同业研究布机问题。九时散。九时一刻寝。

七月三十日

上午寄宜宝及震旦信。下午开学习会。晚共一街农会招待军烈属吃茶点、西瓜。九时三刻散。十时寝。今晚工农剧团预演《父子争先》《一餐饭》街头剧，仙花、爵、湘、贤都去看。

七月三十一日

为俞长水设法向县府算工账，催建筑工会做消防人力龙揿棍及提灯柄，大有厂做保证。下午店内盘货。晚消防会做手旗，十时毕。十时一刻寝。

八月一日

上午店员工会、工商联、手工会等游行庆祝八一。消防队亦参加并演习(胡衕填)。晚店小组会。村开全村会，仙花、虂祁去。十一时寝。下午仙花去挑水灌田。

八月二日

上午填发票号。下午写信。晚虂、仙花去农村。爵、湘、贤去少儿队，我去工商联参加[庆]祝八一建军节。文娱节目有大队秧歌舞，工农剧团活室街头剧《父子争先》《一餐饭》，我同贤、湘十一时回来。十一时半寝。

八月三日

上午同国成兄对六月份账。下午同业开会，为估地价。晚同业开会，为估房屋工程。虂、仙花、爵、贤、湘去看省电影放映队《大西南凯歌》，后农村送来优军属(这票子是送农村干部的，他们转送给我们)。八时去，九时一刻回来。十时寝。下午仙花去挑水灌田。

八月四日

上午同国成哥对同裕账。下午写信。晚土特产联营来叫我去列席。为煤油部房子，八时回来。看报，洗浴。九时寝。万有上午十时到家。

八月五日

粜米买盐。理发。小组会。下午一时评审总会学习填表。五时散。晚看报，因职工会借店堂开会，提早上楼。今日诸儿学习尚认真。九时寝。

八月六日

今日上午、下午同国成、锦山二兄对一九五零年进货分类。晚因国成兄去开大会，我们二人对至十时半息。抹身，十一时寝。仙花去农会开会。

八月七日

上午消防队接洽买松树四枝，木匠来做门，为方亲娘写信查进货。下午查进货，划格。同业开会中止。晚划格填表，因布业店员及少儿队来开会，停，十时散。十时一刻寝。

八月八日

木匠做消防队人力龙前门，锦山去糊胡衕填。查进货。下午同业开会评进价。晚开全村会，抗旱，明日车水。九时散。九时半寝。下午二三时[气温]到一百[华氏]度。

八月九日

上午仙花、锦山兄去抗旱(车水)。写致敦儿信，做同裕统计。下午二时喜雨。订同裕增产计划材料。晚核家用账。九时半寝。

八月十日

上、下午查同裕去年进销货，作统计。傍晚城阳小学街头教《抗旱车水歌》。看报。九时寝。

八月十一日

仙花去抗旱挑水。上、下午查一九五〇年销货。晚听广播为检查爱国公约，增产捐献(八时至和八时半)。九时一刻寝。锦山去车水。

八月十二日

上午查销货。下午同业共同查进销货。晚听广播朱正生同志被害事件。回来同业拟汇报，写信。十时四十分散。十一时寝。王金龙来。

八月十三日

上午查销货。下午同业开会，写信致《浙江日报》朱正生同志家属及汇报文化馆。晚看报及学习日记上的资料。九时三刻上楼。十时寝。

八月十四日

上午告同业送总会进货价格。汇销货。下午同。晚看税务公报。九时寝。

八月十五日

昨日接到通知，今日开第二届第三次常务会议，自上午七时起至下午五时至止，为推选出席省代表(王县长)，为秋收前后准备。晚看报，守让。布职在此开会，十时散。十时一刻寝。

八月十六日

去县府盖章。俊兄来讨论股单。同业造商品名单。下午三人销货(山、成)。下午五时开工商联消防会，为守夜问题。晚商业登记学习及提出落后几家，同裕亦其中之一。十时散。十时一刻寝。

八月十七日

上午、下午同国成兄对札销货。晚在工商联开会，一时散。宿消防队。

八月十八日

上午对札销货。下午同业开会。晚在镇，在工商联研究，九时半回来，今晚广播未听。九时三刻寝。

八月十九日

上午研究晚开同业检查修订爱国捐献计划。下午同业小组会议。晚七时其他同业主任列席开至十二时结束。十二时半寝。

八月二十日

上午在工商联端庄开会办法。十一时致和开股东会，晚到致和开。国药、南货、土纸、酒酱四业修订爱国公约，检查捐献计划到十二时散。十二时一刻寝。

八月二十一日

上午开店内小组会，由长寿掌握。上午、下午为调整填表准备。晚工商联鞋帽、成衣、面食、其他业检查爱国公约、捐献计划，十二时三刻散。一时寝，回来时，适毛毛雨，此刻已雨很大。

八月二十二日

上午填表。文祺兄来，开大有厂股东会。中午君谦兄来，下午卓人兄来，开油部股东会。晚工商联六业检查捐献计划，修订爱国公约。一时三刻散。二时寝。锦山下午车去杭。

八月二十三日

上午填同业捐献缴款表，核销货。今日下午同业送调整酱方案。晚登记处召开集体办公，漫谈至十时回来。十时半寝。今日锦山兄有点货办事。

八月二十四日

今日整日为登记准备。晚七时至十时集体办理。今日调整方案，同意账外资金可以动用。锦山兄有些办到。十一时寝。

八月二十五日

早开小组说明昨日日子值得纪念。准备登记材料。锦山中午到。下午二时十分大雨二十分钟。晚又下雨。天凉。晚九时寝。

八月二十六日

整日为计算调查统计。晨开小组会。晚九时半寝。

八月二十七日

整日为登记作准备。今日集体办公至十一时散。十一时一刻寝。

八月二十八日

整日为登记事。晚至十二时半散。十二时三刻寝。

八月二十九日

整日为登记事。长寿、昌明协助。晚送共三十五张(尚有三张明日送)。十一时半寝。

八月三十日

今日为收缴各国营[公司]及基层社的消防费，

把欠款汇出，不可能，至下午去了一封信。登记件改下，核对[填]补好，今日下午及晚均锦山兄去。下午一时工商联开干会，为明日集体捐献，经县委研究改期。理发。九时寝。

八月三十一日

准备转账方式。请教吴大章君。晚十时寝。今晚月底盘货。

九月一日

表格退下，因同裕印少新登二字，掉换刻印，至三时完竣。为汇震旦款，至六时汇出，信寄出。为万开证明(七时至八时半)宜之、王先生来谈店，九时半散。看报，洗浴。十时寝。

九月二日

晨去公安局替万儿办证明。早车不及，下午二时车去杭。同志标札一至八月账。同业填表。上午八时集体缴飞机大炮捐献。九时至十一时半，看通讯，读书，展览苏联及《浙江日报》及新登通讯居多。晚同仙花谈婚姻。十时寝。

九月三日

仙花今日订婚，由赵月溪夫妇介绍富阳小源姜元元。洗厨仓。填送申请，调整大布、大众呢价报告。晚举行九三六周纪念，放幻灯，九时散。看报。九时半寝。

九月四日

上午工商联审查第一小组。下午把申请主要商品总结。晚文化馆放幻灯《苏联集体农场》。九时寝。

九月五日

上午村里送捐献。十时拟抄盘簿。下午三时工商联开评审会。下午一时第三组推进小组来协助。晚镇召开文教会。十时寝。

九月六日

今日上下午晚上均审题查申请，登记南货酒酱，晚九时半散。利用空隙划货编号表，看《评武训》。十时寝。

九月七日

上午送消防名册，抄八月盘簿。下午工商联审查。晚店内开小组，十一时散。十一时一刻寝。

九月八日

上午造同业登记总表。下午工商联审查登记。今日整日伤风，流清水涕甚多。晚人疲早寝(八时)。虆到组里开会。

九月九日

今日上、下午填同业登记总表三张。晚虆去开全村会。下午致和[酱园派人]来叫我去，为造酱合[伙]资本。参加他们会议，未获结果。八时半寝。

九月十日

上午把表中尚未填的写上“无”字，并寄钱给蹦儿。午后为八月盘簿工作。晚看报。天雨聚寒。八时半寝。

九月十一日

同国成兄算八月份盘簿。同仙花谈些婚姻问题。下午继续工作。到登记处去改正一码子。晚看报。九时寝。

九月十二日

今日上午开小组。上、下午查去年销肥皂。下午来通知总表要重对，召开同业，因人数不足，未开。晚听说十三家同业去领登记证，我店等四家尚未准许。九时寝。

九月十三日

前楼打扫及整理发票。上午八时至下午五时。晚看报等门。职工开大会，十时半散。十时三刻寝。

九月十四日

在前楼整理发票及查肥皂销货。晚看报。中午去接洽消防开会(工商联)，定十六日举行。九时寝。雪元来。

九月十五日

上午整肥皂销货。十时一刻，公安局陈同志来谈消防设备。下午建筑公会估工至四时造册，六时送核。晚韩尔中家开座谈会至十时。造表至十二时寝。

九月十六日

上午四时起床，造消防设备及建房屋册子，七时完成，送公安局。下午工商联开登记评审，三时开消防值夜会。晚看报。农村开居民会，虆去。九时半寝。

九月十七日

上午查肥皂销号。下午工商联审查登记。晚工商联开干部会讨论问题。一时半散，一时三刻寝。

九月十八日

锦山去杭。上午在店堂。下午工商联审查及周局长布置八月份税。晚同业开会，九时散。九时三刻寝。今日打草扇。

九月十九日

今日盖草棚。上午查销肥皂。下午开审查会。范科长在镇公所来了解商业情况，有关地主官僚被镇压者。晚开审查会。宿消防队。九时寝。

九月二十日

到工商科开采购白细布证。上午整理旧草扇（草棚上）。下午填致和股东简历及祈善兄的。大昌倪君闲谈，晚再谈。看报。九时半寝。

九月二十一日

理发。在店堂时间较多。晚镇开干部会，十一时半散。十一时三刻寝。

九月二十二日

在店堂时间较多。下午去领工商登记证。五时镇公所开抗美援朝会。晚工商联开小组长以上干部会，为抗美援朝检查工作。十时半散。十时三刻寝。锦山中午返杭。

九月二十三日

上午为橱窗广告画。下午同。晚间商人大会为捐献筹庆祝国庆，十时散。十时一刻寝。

九月二十四日

今日为招牌画。晚间全村会为总结生产功夫、资本及收获、妇女调查、副业生产。十二时散会。瓦业借此审查表册。十二时半寝。

九月二十五日

上午为消防一九五二年添置预算奔走至下午一时。下午为同业总表挖改。晚看报。九时半寝。

九月二十六日

上、下午画丰收副业生产广告画。晚工商联开干部会，应桐庐战书。十时半寝。

九月二十七日

上午拟送临［安］专［署］运动大［会］锦标词句。下午工商联开劳资仲裁会。晚工商联开商人大会，我同王、卢三人研究工会法。十时散。十时一刻寝。

九月二十八日

上午代工商联拟十月一日［致］电毛主席稿，致《浙江日报》稿，应桐庐函。晚工商联开会学唱歌，九时半散。今晚消防值日（卢渭生）。

九月二十九日

今日写工商联认捐名单数目。时十时半散。十时三刻寝。

九月三十日

謄（誊）正工商联电信。对同业总表（罗贤东）。晚写消防队手旗、工商联牌帜。十一时寝。

十月一日

三时半起床，把军属减价牌还有三个字写好。五时参加游行队伍。今日开国庆二周年暨一九五一丰收评模先锋，发土地证，开全镇大会。十二时半游行。经塔山、钟家、孙家回南津桥回来（三时一刻）。晚工农剧团表演《改造懒汉》《水淹春花田》《美满姻缘》。我看报。游行，留贤一人在家。晚我一人在家。余全家参加。九时一刻寝。

十月二日

上午由渭生先生约同冯老贵估计电厂预算，并看路线，在致和午膳。一时回来。今日南津乡庆祝国庆来街示威游行。下午，修订爱国公约。看同业开会讨论国庆费用及设备费用。看报。九时半寝。工农剧团今晚在南津乡表演。

十月三日

上午去开采购白细布证明。买米。下午守油部（老邵去种菜），订爱国公约。看二年来伟大成绩。晚店里盘货。工商联开干部会。十时三刻寝。农村开全村会。

十月四日

整理灯罩及前楼扶梯。工商登记处来叫，同锡根、贤东同去，至下午六时完毕。晚同业借协大昌开检查爱国公约，至十时回店，在外进屋开会至十二时，移到里进屋，开至十二时四十分。十二时三刻寝。

十月五日

上午想布置墙报，因登记处来叫到登记处填

表。下午回店填。晚工商联评分，午夜一时散。一时一刻寝。

十月六日

上午八时至十一时、下午一时至五时登记处填表。晚六时半至八时文化馆听工商联汤文炳讲二年来浙江经济。八时至十时在登记处工作。十时半寝。䕷今日下午开地伪会，检查爱国公约。晚农村开全村会，为学校筹款。

十月七日

今日上午八时半起至十一时，下午一时至五时，晚七时至一时，在登记处填对表册。

十月八日

今日上午八时半起至十一时、下午一时至五时、晚七时至二时在登记处填对表册。

十月九日

上午八时去登记处对表。下午一时至三时对表完毕。去工商科开采购证。晚开全村会，补报告城阳小学建设设备费。十时半散。十一时寝。理发，洗浴。

十月十日

上午同业写信给杭橡胶厂。到工商科去拿采购证。晚农村开会，地伪［人员］到农协去开。参加团体在学校开，我同旭元回来。看梁漱溟《两年来我有了哪些转变》一文。九时半寝。

十月十一日

看彭真《马克思列宁主义在中国的胜利》。下午六时，村开人民大团结镇压反革命。十一时半散。十一时三刻寝。

十月十二日

核同裕六月份账。复看《浙江日报》七月一日几篇重要文章。晚代平甫写反省书。䕷去村开会。十时半寝。

十月十三日

上午拔黄豆。下午替平甫重抄反省书。晚挂黄豆。同业开会，看报。十时寝。

十月十四日

整理包招纸。订今冬明春生产节约计划。刻印。晚工商联开大会。十一时半散。十一时三刻寝。

十月十五日

上午去开采购证。下午为同业哔叽价格调整追问（责）代笔。我们动机是核定再调整，并未先调整，是同业决议代书。晚本店开小组，长寿提伙食店付，每月十五个单位由膳食会主办。我提意见。一、暂试一月。二、薪水支几天，伙食支几天。但求付账查账无问题。三、每日菜金规定不超过（职工决议每日不超过一万一千元）一定标准，免旁人议论。四、希开支不超过过去开支。五、开会茶水费仍照常供应，买主留膳亦照常招待。九时半散。十时寝。

十月十六日

今日旧历是九月十六日会期，上午十时始生意起色，至六时做销货八百余万元，核对至十一时半，十二时寝。下午七时为消防值夜分组，由正副组长负责。

十月十七日

今日整理昨日销货，每项总结。晚看报，看时事手册。拔黄豆，䕷与仙花二人拔。十时寝。

十月十八日

上午去开采购证。因门锁上，回来。下午再去，说待研究再定。锦山午后去杭。晚开全村会，乐助畚箕兴修水利。文教费保证二十日前完成，冬作保证二十二前完成生产计划表。廿二日前完成兴修水利保证，有信心比去年更好。九时半散会，九时三刻寝。

十月十九日

因锦山去杭，在店堂。开采购证，上、下午各去一趟。杏英拿来人力帮浦图样，送公安局及建设科接洽。七时至县府，晚消防值日渭生、月溪、我三人。

十月二十日

上午向工商联支消防费，下午拿来六十万元，把印就收据拿来，仙花开通行证。晚工商联开干部会。

十月二十一日

将大有函交卓成兄同俊兄接洽。同去到同昌、久新去坐了一回。仙花去富阳拍照，检查身体。我去车站托月溪带信给锦山。晚同业开讨论税及物价等问题。十一时散。十一时三刻寝。上午去吴先生略坐。

十月二十二日

上午同志标结一至九月份总结。卢中民、王吕成来闲谈。看《时事手册》。镇政府虎水利贷款账。钢笔修好。晚店开一周小组。九时寝。天雨转寒。

十月二十三日

本拟去洞桥回，昨晚接通知，去临安开会。六时去县府乘七时车去杭。下午乘三时车去临安。晚小组漫谈。九时寝。

十月二十四日

上午小组讨论。下午省专员报告。晚会。

十月二十五日

小组讨论。晚小组讨论。十时寝。

十月二十六日

小组讨论。晚总结。十时寝。

十月二十七日

上午张政委报告。下午小组讨论。下午三时大会发言。晚叙(聚)餐。晚会电影。十时半寝。

十月二十八日

大会发言。陈副专员报告，省专员总结，下午一时半闭会。三时车回杭。晚去王先生子青处。十时寝。

十月二十九日

上午去王先生处同至西大街，谈地租。去上仓桥，回至尚德里。午后乘一时车返新。到政府吃晚饭，八进回店。洗浴。十时寝。

十月三十日

同仙花去开迁出证。写信壬儿、澂儿。晚同业开会，谈生意经验。十时半寝。

十月三十一日

到工商科开采购证。同俊兄同去，为大有登记事。仙花开迁出证。填同业中苏友好协会证。晚同业开会议价改平尺。十时三刻寝。

十一月一日

填同业中苏入会证。赵月溪兄委结消防收支。晚开全村会。九时半寝。

十一月二日

仙花今日出嫁。由赵月溪师母送去。今日到担米塘挑泥。晚同业开会，九时散。九时一刻寝。

十一月三日

早晨浇油菜。担米塘挑塘。傍晚浇油菜。晚同业开会。九时寝。

十一月四日

上午挑塘。下午去报到。开会，县第一届第六次各界代表会，宿职工会边屋。九时寝。七时开常会。

十一月五日

上午张政委致开会词。王县长报告。下午、晚上小组讨论。

十一月六日

上午、下午、晚上小组讨论。

十一月七日

上午大会发言。我代表士绅组发言。下午张政委总结。三时晚餐。晚庆祝苏联十月革命三十四周年大会，工农剧团表演《美满姻缘》《小放牛》，因十时天雨，回家。十时一刻寝。湘儿今日戴红领巾入少儿队。

十一月八日

领到中苏友好证及证章。下午出猪栏。晚同业开会，九时散。九时半寝。

十一月九日

开通行证，准备明日去杭，同业填总表。店填十一月十二日计划采购表。十时半寝。开全村会，虁去。

十一月十日

晨去杭，为缴地价税。

十一月十一日

在杭。

十一月十二日

在杭。

十一月十三日

在杭。

十一月十四日

上午看《毛泽东文选》。下午一时乘车返新。

九时寝。

十一月十五日

上午在油部守店。看报。下午去县中问吴先生借县志。晚因守门，看书看报，至十时半。十时三刻寝。

十一月十六日

上午七时今日完粮，至下午一时半完毕。下午三时消防组长研究值日表。晚工商联开会，十时散。十时一刻寝。

十一月十七日

看斯大林著《列宁主义问题》。管油部，写敦儿函。于渭良兄来谈。许子铨同周来谈今后职业。晚开全村会，托记录。十一时半散。天雨，虋送雨具来。十二时寝。

十一月十八日

六时起来整理昨日农村汇报记录，八时三刻送王主任处。管油部。晚工商联开干部会，九时去消防会宿。

十一月十九日

管油部。晚工商联开会，组长没有来。叫小组讨论，时赵主任来叫才知道。十二时一刻散。十二时半寝。

十一月二十日

管油部。整理挑城河账。晚工商开会。十一时散。十一时半寝。

十一月二十一日

整理去年挑城河畚箕账及消防收付铁器款。晚八时开同业会推代表三人。十时散。十时半寝。

十一月二十二日

天转寒，阴雨。抄畚箕账。晚看报。九时一刻寝。因寒独宿外房。

十一月二十三日

砍柴。下午同业开会讨论昨晚代表到镇开会诸问题。晚看报，九时寝。

十一月二十四日

劈柴堆柴。爵儿远足至茹口。向工商科开采购证。晚看报至十时三刻。十一时寝。

十一月二十五日

开地种油菜。春原挑白菜来，协助挑猪栏。晚到久新谈业务。九时寝。

十一月二十六日

上午六时起床，把帽子去寻回。把抹桌布洗净，劈柴。下午守油部，老邵下乡追账。晚工商联开大会。讨论。填表。朱震和问题。十时散。十时一刻寝。

十一月二十七日

在油部核同裕上半年账。晚同业开会讨论四问题。九时宿消防会。

十一月二十八日

在油部核同裕上半年账。天雨，似欲下雪。晚农会开军属会，检查思想。同业开会检查思想，作填表。准备十时散。十时一刻寝。

十一月二十九日

今日在油部统计同裕上半年账目。晚看报。吴大章来谈学会计。十二联销陈来宿协大昌。十时寝。天雨。

十一月三十日

为追问过去同善社开会检查思想，上午九时至下午四时。店内盘货及晚看填表至十二时。十二时一刻寝。

十二月一日

上午填同业购销总表，至下午二时完毕。后拟思想问题。晚同业为填表检查思想。十时半散。十一时寝。

十二月二日

在油部写自白书。晚同业在同昌开会，九时半散。十时寝。

十二月三日

上午去告王村长启海为城河地事。去县中为爵儿求学不努力。为挑城河畚箕清单，请吴先生核阅同启。下午工商联开大会，县长来谈填表不要有顾虑，私营企业有前途，我公布畚箕账目，晚同业开会，九时半散。十时寝。

十二月四日

在油部填同业报表。下午去工商科开采购证。晚要我去酒酱、南货业开会，问及油部同裕、恒裕账外资金问题，十时散。虋去农村开会。十时半寝。

十二月五日

在油部填同业一至四[月]购销报表，下午二时完竣。下午同卢主委同去聘吴大章教会计(统一账册)。今晚开始学习，人二十六七人。九时半散。十时寝。

十二月六日

在油部查上半年账。晚学统一账册。九时半散。蘩去农村开会。十时寝。

十二月七日

今日去挑塘。城阳小学后面，晚工商联开会，讨论账外资金漏税问题、夜校问题。十时半散。十一时寝。

十二月八日

查六、七二日同业报表(因错退回)，继续查上半年同裕账目。同渭生去天生及百货公司看房屋。晚学统一账册。九时散。十时寝。

十二月九日

今日松油菜，出猪栏，叫罗德坤协助。晚学统一账册，为油部房子事。九时后，店开小组。十一时寝。

十二月十日

在油部核账。挑塘处送茶。晚小组会提油部址，还是让天生来，还是让久新来。学会计，九时散。九时一刻寝。翊湘入少儿队，戴红领巾。

十二月十一日

填同业报表。核账。为油部房屋征求同事意见。天生迁入。晚学簿记，八时半散。九时一刻寝。

十二月十二日

上午填同业表，在油部核账。下午油部收场(久新迁入)，下午去挑塘(上午出代金)。晚学簿记。九时半[寝]。

十二月十三日

办久新迁入，到各上级报告。蘩开通行证。核账。学簿记，九时半散。十时寝。

十二月十四日

核账。填同业表。向工商科开采购证。晚学簿记，九时十分散。九时半寝。

十二月十五日

堆柴，焚灰堆，橱柜上中进、排门清洁工作。填同业表。县中吴老师来。晚开学习会。传火警出龙，知是焚灰堆之误传(实是长垅灰间草蓬失火，损失约三十余万元)，十时寝。

十二月十六日

振家一人乘早车去杭，同萍赴沪检查。上午写信及填表。下午同杏英，去镇及工商科任主任谈消防。检查爵儿思想，去吴先生处。晚村开庆模大会，因锦山、振家不在，我学簿记，只有告缺。十时二十分散。十时半寝。

十二月十七日

晨五时在床上四人开小组会，讨论爵有思想问题。六时半起床。填表核账，中午同爵至初中，晚路上再谈一小时。晚工商联开大会，为普查税源及整理公股问题。散会十二时。十二时一刻寝。

十二月十八日

家庭小组床上谈。查同裕及油部查税材料。下午去民政科军属登记，因办事人不在，到财政科坐谈了一回。晚小组同业开会检查思想，说出顾虑。十时一刻散。十时半寝。

十二月十九日

查一九四九年账。下午去民政科军属登记，到工商科开采购证。晚续开小组思想顾虑，十时二十分散。十时三十分寝。

十二月二十日

煮猪食，撩菜皮，出猪栏。换衣服抹身。得壬儿来函，知结婚日期。晚工商联开大会。调整税源，整理公股。十时散。十时一刻寝。

十二月二十一日

复敦儿信。核账。晚在宏源平同业开补税(十、十一月)会议及账册问题。十时一刻散。十时半寝。

十二月二十二日

填同业表。核账。上午去接请吴大章先生。下午三时半来。下午二时住民小组开会。晚同业开会评税。开全村会(锦山去)。十一时三刻散。十二时寝。

十二月二十三日

上午填表，查一九五二年何家用何种簿，立

表去购。下午工商联开税收民评会。晚同业小组开酝酿会，九时半散。十时寝。

十二月二十四日

上午煮猪食。填同业报表及购簿表及二封信。下午一时工商联评税。晚工商联开大会，李镇长作长谈。十一时半散，天雨，赤脚。十二时寝。

十二月二十五日

店中小组来动员我增加资金，搞好业务。下午核账理报。当代报同业会的自一至廿五日交章玉良处，晚工商联开大会，王县长来解释政策，打破顾虑，九时三刻散。同业小组续开，广合盛报出账外资产，十一时散。十一时一刻寝。

十二月二十六日

核印花账。下午开年节议价会（工商联），晚小组报出账外资金。十时散。十时一刻寝。

十二月二十七日

核账。剃头。抹身。往工商科开采购证。晚同业开小组，九时半散。十时寝。

十二月二十八日

填报销表。填一九五二年一月采购预算。核账。写信给壬、澂。晚同业开会，九时半散。十时寝。

十二月二十九日

查［一九］五〇年账。晚工商联借天主堂开大会（劳资合开）为调查税源公股公产，报账外资金，召开偷税抽资典型人物坦白检举会（四人）。十二时散。十二时一刻寝。

十二月三十日

天雨转寒。查自账。晚开小组讨论，昨晚开会感想及盘存准备，十时半散。十时三刻寝。

十二月三十一日

上午大明来，没有时间谈天，他即去。下午开全村会。晚盘货造表，四时半完成，四时三刻寝。

一九五二年

七月一日

早上振家去扫街道，我炊早餐。整日的做些家务，因天热没有时间坐下，想写信没有动笔。看书拿起放下。接玄儿致爵儿函。湘、贤成绩单拿来。爵儿去三人小组温课，振家（蘩）去小组开会（副业生产），晚有表演。王正泰今日迁进（原油部址）。晚八时半寝。

七月二日

挑水浇菜。上午造同裕四、五、六月进销货表。下午拟信稿。天热。九时寝。下午蘩做酱饼。

七月三日

上午闷热。蘩炒黄豆。拟信稿。下午凉，蘩理衣服。湘去开会。九时寝。

七月四日

天雨转凉。振家（蘩）扫街（每三天一次）。

七月五日

写信。店开小组会，十时半寝。

七月六日

镇公所吴同志同另一位同志来了解情况，店向银行贷款拟表。蘩、爵上午去坛上松土。爵去共和村开会，回来十一时半。

七月七日

省商业厅派员来工商联了解情况，上午八时半去，计有同春和、乾泰、新春和、朱锦泰连我五家，十一时回来。蘩、爵、长辅去坛山拔草。九时寝。爵回十一时半。

七月八日

写信。督子女写信。看鲁迅《三闲集》。九时一刻寝。爵到农村开会，十时十分归。

七月九日

蘩去坛山下黄豆。看《列宁主义问题》。促贤儿温国语一遍。晚农村开地伪会，至十时散。

七月十日

上午清洁工作。蘩去农村开会，看幻灯，明日捉虫。桐庐小教过此，委烧开水。德坤来替我劈柴。晚农村开会，至十时散。

七月十一日

振家（蘩）上午七时至十时捉虫，我堆柴。湘学洗衣。下午我堆柴，振家（蘩）、爵黄豆加灰，德坤来劈柴。晚农会开会，十时散。

七月十二日

看《列宁主义问题》。督湘读国语。

七月十三日

上午开地，拔去四季豆，同蘩筛炭。剪发。冬梅、一椿来（下午二时到）。天阴。店在晚间开小组，实行汇报，健全账册。十时散。爵去农村开会。湘读国语。

七月十四日

上午镇政府来叫专署蔡秘书来谈了一回。湘读国语。看鲁迅《三闲集》。八时半寝。

七月十五日

看《列宁主义问题》。督贤课常识，湘常识。看《鲁迅全集》。爵去开会。九时寝。

七月十六日

看《列宁主义问题》，督爵儿课。下午统计四家营业比较。晚蘩、湘、爵去开会。我看《鲁迅全集》，九时寝。

七月十七日

蘩组里来叫，猪有病。湘去检查卫生。看《列宁主义问题》。晚虀去开会。我到店守门，促全国妇联看书。九时半，锦山来。湘、贤、一椿、冬梅看幻灯。卓成兄今日下午一时病故。

七月十八日

时雨时晴。看斯大林著《列宁主义问题》。写信。虀下午四时去组里开会。国成今日到店。九时寝。

七月十九日

促湘、贤写信。看儿童日记伟大人物幼年。晚看《鲁迅全集》，九时寝。

七月二十日

看《列宁主义问题》，促湘、贤写信给澂。诫诸儿不要用三把斧（一骂、二打、三哭），要学陈鹤琴先生三把钥匙（一请、二谢谢、三对不起）。晚店开小组，闲谈至息（熄）灯。虀、爵去开会，息（熄）灯后来。十一时半寝。

七月二十一日

虀、冬梅、湘、贤、我五人今日上午八时至下午四时清洁工作（楼上）。天雨。城河发黄泥大水。九时寝。虀去组开会。

七月二十二日

虀、冬梅、我今日上午八时至下午四时清洁工作（楼下座间）清洁沟。天时雨时晴。九时寝。傍晚虀发痧，晚大雷雨。

七月二十三日

今日清洁灶间。洗桌凳。晚八时半寝。

七月二十四日

今日清洁草棚间（虀与我），箍柴。虀去组开会（晚），下午爵去村协助秉贤扶六谷。爵、湘去开会（晚），同贤儿闲谈，八时半寝。

七月二十五日

我整理厕所清洁（上午）。虀、冬梅洗衣被。下午灶间清洁。一椿跌了一跤，下唇出血（扶梯）。虀去开全村会，又来叫我去。后知明日为防洪工作，散会十一时半。十二时寝。

七月二十六日

四时起床，五时集合工作，至下午七时十五分回家。十时寝。动员店员亦去参加，勿使组长为难。

七月二十七日

四时起床，五时集合至下午七时十五分回家，洗浴，九时寝。林荣来。

七月二十八日

我因体力不支，叫苦竹洪根代替，说今晚可。九时寝。冬梅、一椿、林荣上午六时去。

七月二十九日

今晨来叫我，因体力不支，而临时叫替工，同人未去。人疲。九时寝。

七月三十日

督湘、贤写信给万有。看报。吃冬瓜。吃西瓜。九时半寝。

七月三十一日

一百［华氏］度。看报，吃西瓜。督贤写国语。下午虀去开小组会。虀去开全村会评模范。湘、爵去开会。九时半寝。

八月一日

一百［华氏］度。挑水烧早饭，浇缸豆。虀去扫大街。吃新酱，吃西瓜。虀、爵、湘、贤去开大会。九时半寝。

八月二日

晒衣。吃西瓜。热，一百［华氏］度。看连环画片。晚雷雨。爵、湘去开会。九时寝。

八月三日

看《列宁故事》。农村拿来民兵被洗补。晚雷雨。九时寝。

八月四日

造同业月报。下午四时雷雨。晚虀去开全村会，防风、清洁、打防疫针，加紧生产，十时回。我九时寝。虀腰痛。

八月五日

城河水浑。督贤写小楷。下午去机米厂边清洁工作。晚雷雨。九时寝。

八月六日

上午去机米厂旁清洁工作，回来洗藤椅、扶梯等。下午三时雨。吃老南瓜八斤十二两。晒后少二斤一两。晚九时寝。

八月七日

今日清洁大检查。上午阴，下午晴。看《列宁主义问题》。上午清洁工作，蘩去小组开会。湘去读报。九时寝。

八月八日

同业写信上海联业办庄。看报。看《列宁主义问题》。蘩、爵、湘、贤去看电影《胜利重逢》。晚七时。下午二时湘、贤去祭烈士。守门。九时回来寝。下午春泉来。

八月九日

蘩与湘去墰山拔草。我做家务。蘩、爵、湘、贤去看电影。九时寝。下午桂花来。

八月十日

爵有、翊湘去墰山松黄豆。看《列宁主义问题》。同业四家一月半来比较。四时雷雨。蘩去小组开会，为烈士墓碑筹款。八时寝。

八月十一日

看《列宁主义问题》。上午写同业至上海厂家函六通。九时寝。

八月十二日

写致凤珠函（罗弢）。诸儿及邻作捡黄豆及藏物游戏，点心吃糯米饭。蘩去小组开会。九时寝。

八月十三日

锦山去杭，托带去介亮碗箱。看《列宁主义问题》。开菜地（北园西畂）。傍晚拾石子。九时寝。半夜起来收酱。

八月十四日

蘩去扫大街。将石子拾出，将石及断砖砌短垣。下午看书报。晚蘩去开全村会，十一时回。锦山下午车到。湘儿腹痛。九时寝。

八月十五日

拾石砌短垣。下午看书报。晚九时寝。

八月十六日

上午砌短垣，今日完成。结半月销存。湘晚去开会，九时回。晚九时半寝。

八月十七日

上午开地（北园中畂），断砖乱石碎瓦很多。下午看报。晚九时寝。

八月十八日

上午在小南园砌小短垣。下午看报。晚九时寝。

八月十九日

上午天雨。札同裕半月销售存布金额表。札毛利开支益表。九时寝。

八月二十日

农历七月初一日。开南园地一畂。下午札同裕开支营业等。晚七时工商联开六家座谈会（万春、新春和、同昌、乾泰、协大昌），十时散。同业在店评七月份税，十时半散。十一时寝。

八月二十一日

上午五时店开小组会，讨论今后业务，大家不发言。填同裕近五年营业税务。下午发下重填。晚九时寝。

八月二十二日

上午核同裕账。下午开南园中畂地，掘出石头数块。晚八时半寝。

八月二十三日

上午核同裕一至七月份销开支等。下午造同业订购交流大会货。傍晚智标到，要我们去开股东大会。晚九时寝。

八月二十四日

九时到公安局登记，同智标同去。到三溪口，自强才来。下午四时到洞桥即开会。晚继续，至十二时寝。

八月二十五日

于乡长参加。上、下午、晚讨论。十一时寝。

八月二十六日

陈区长报告。下午讨论。晚讨论。十一时寝。

八月二十七日

上午七时去万市桥，九时回洞桥。郭指导员报告讨论问题。下午订经营计划。晚订经营公约。十二时寝。

大有京号一九五二年八月底止，固定资产一百三十四万五千七百九十元，流动资产一百三十一万四千二百一十元。

日　期	添资数
九月十五日	50 万
十月十五日	49 万

日　期	添资数
十二月十五日	8万
一九五三年一月十五日	8万
二月十五日	8万
三月十五日	8万
四月十五日	8万
五月十五日	8万
六月十五日	8万
七月十五日	8万
八月十五日	8万
九月十五日	8万

八月二十八日

晨讨论填股子分配问题，仍照老股。八时起程回城，下午一时到家。到公安局去报已回家，将洞安乡证明延迟三天。九时寝。

八月二十九日

看报。核家用。补日报。洗浴。九时寝。

八月三十日

写知校信。写寿徵、仙花信。晚洗浴。湘去开会。九时寝。

八月三十一日

上午南园开地。下午看报。晚店开小组，为支薪问题。锦山去工商联开会。我说了话，受到冷言热语，还是不说好。十时散。

九月一日

上午看报。核半月存销。核家用。晚九时寝。

九月二日

上午印同业表格（日报表）。下午核半月存销。晚八时半［寝］。

九月三日

上午看西蒙诺夫《日日夜夜》（通信本）。下午造同业月结表。傍晚陈一民来说爵儿发热，在校晚饭已吃过，我吃过晚饭即同贤儿去看他，因热嘱明晨退热时回家休养。晚在农会开地主伪人员会，十一时一刻散。十一时半寝。

九月四日

上午看报剪发。看银行对省交流大会服务。催各号月报。写学中请假条。晚看邹韬奋《对反民主的抗争》。

九月五日

上午造同业月报总结。赵主任说每日汇报能提早尽量提早。今日午后一时零五分送去。晚看韬奋文，九时寝。

九月六日

上午看韬奋《对反民主的抗争》。下午写澂儿函。今日汇报十二时五十分送出。蘐晚去小组开会。看书，九时寝。

九月七日

上午看初中第三册语文课本。因锦山去杭，店堂多去几次。隆兴来借笔砚一用。同智校谈今后业务。周同志来通知九日去洞桥开会，今日汇报下午一时送出。晚工商联开会中百公司为批发牌价等。

九月八日

上午看《高尔基传》。将昨晚开会情况告职工。今日汇报上午十一时二十分送出。晚九时寝。

九月九日

上午七时动身往洞桥开股东会。晚七时县府周同志报告南号每股股金，京号前欠桐油一千斤，退回京号，暂不接收。晚十时寝。

九月十日

上午、下午、晚上讨论。

九月十一日

上午讨论，下午会议录及收款表及付款表。晚闲谈。十时寝。

九月十二日

上午七时半和王峰二人一同回城。下午十二时三刻到家。下午三时去致和合同盖章。晚九时寝。

九月十三日

上午锦山说向银行贷［款］，要我和职代同去。下午银行徐君来。晚七时至九时开小组。

九月十四日

早上开小组，自今日起营业时间在店堂协助。天雨。晚开小组。晚十时寝。

九月十五日

上午贷款。上午、晚上开小组。锦山下午车

去杭。晚十时半寝。

九月十六日

下午去镇政府开座谈会，听镇长、范科长、陈工会主任报告说如何搞好长期计划。上午、晚上开小组[会]。杭货到。晚十时寝。颣去村开会。周同志来通知十八日再去大有开会。贤儿与关林玩，在协大昌门口被推倒，晕去，头上起肿块。

九月十七日

到公安局登记去洞桥。

九月十八日

上午七时去洞桥，同五峰同去。到三溪口吃中饭，下午一时到洞桥。说要次日上午开会。看《当代日报》。十时寝。

九月十九日

大雨水涨。锦皋到，一镛未来。中午去叫五峰来，一镛送信去范氏桥，下午三时开会。晚继续，十时半散。十一时寝。

九月二十日

六时半起程回来。三溪口吃早饭，上午十二时到店。顾店业务。晚九时寝。

九月二十一日

顾店务。

九月二十二日

顾店务。

九月二十三日

顾店务。锦山兄下午车回新。

九月二十四日

顾店务。

九月二十五日

顾店务。晚工商联开大会，为交流大佬汇报思想。十时寝。晚寄信锦山兄。锦山早车去杭。

九月二十六日

上午为退所得税，下午奔走。今日不能提来。晚寄信锦山同贤，去公安局，为同裕四人迁出。销货号息(熄)灯寝(十一时)。今日由镇公所介绍昌明去三溪乡合作社，效泉去永和乡合作社。金燧去高平乡合作社，徐新泉因妻病，子去就学，回家劳动。

九月二十七日

为同业退所得税。上午奔走到下午五时完毕。晚工商联开会，仍讨论交流大会，订经营计划。十时散。十时半寝。今日起庆祝国庆，九五优待顾客十天。

九月二十八日

札销货。颣去农村开会，九时三刻回。十一时一刻寝。

九月二十九日

息(熄)灯寝。

九月三十日

顾业务。札销货。身发热，七时寝。

十月一日

颣、爵、贤、湘均去参加国庆游行大会，我因昨晚发热未去。

十月二日

息(熄)灯寝。

十月三日

息(熄)灯寝。

十月四日

息(熄)灯寝。

十月五日

息(熄)灯寝。

十月六日

减价今日止，百货公司今日尚有一天。息(熄)灯寝。

十月七日

九时半寝。

十月八日

锦山早车去杭。札销货。汇款给锦山。晚同业在工商联开会讨论交流会预备货，十时散。十时半寝。洗浴。

十月九日

札销货。造交流会预备货。汇款给锦山。写同业交流会公约。晚十时一刻寝。天阴，晚十时雨。

十月十日

作交流大会购货计划。晚造同业总表。息(熄)灯寝。

十月十一日

上午继续造百货业。下午三时后拆南瓜棚堆石块。锦山下午车到。晚工商联开会作交流会准备，九时散。札销货。息(熄)电灯寝。

十月十二日

统计销货。造同业十月一日至十日百货销售数。晚工商联开大会至十时散。为做好交流大会准备工作如何搞好卫生工作。十时半寝。长辅今日替我们挑碎石至南津桥。

十月十三日

销货统计。程金泉来。虁下午去看孙师母。长辅今日替我们拔毛豆。虁、爵、湘、贤去看电影《苏联拖拉机》。十一时寝。晚雨。

十月十四日

上午挂毛豆。销货札清。下午三时后堆石块。晚同贤、湘看《玛丽黛传》，下微雨，九时散。九时半寝。

十月十五日

上午做清洁工作。下午销货札清。晚工商联同业开会为交流大会售货、贷款问题。九时散。九时半寝。

十月十六日

札销货。结半月总结。长辅下午来，替我们拔毛豆。晚札销货。十进四十分息。十一时寝。

十月十七日

札销货。抹身。今日销货当晚札好，十时毕。十时半寝。贤儿随赵家去看电影。

十月十八日

今日即六千书包招纸。晚札销货。开全村会，为交流大会。十时一刻散(虁去)。十时半寝。

十月十九日

札销货。送同业日报表。印招纸。晚工商联开会锦山兄去为交流工作，由税局银行来作报告。九时一刻寝。

十月二十日

札销货。印招纸。晚开全村会，为取缔道会门。为交流会人员、作物积肥汇报，十一时散。十一时一刻寝。

十月二十一日

去农会，派我去小东门扎牌楼。中午得壬儿来函，知翌中于十八日产一女，母女均好。晚销货。十一时寝。

十月二十二日

札销货。替联购组写信寄苏州。晚店开小组札销货。十一时寝。

十月二十三日

札销货。虁去开全村会，十时散。札销货，十一时。十一时一刻寝。长辅替我们开地。中午九香来买布。

十月二十四日

拆南瓜棚。札销货。晚札销货。十时一刻毕。十时半寝。

十月二十五日

拆南瓜棚架，砍柴。札销货。晚城市街开会，取缔会道门。十时散。看报。十一时寝。

十月二十六日

上午札销货。下午印同业日报表。锦山兄下午去杭。晚工商联开会，王县长报告志愿军出国二周年伟大成绩，我们如何来实际行动纪念，如何做好交流大会工作，十时散。再印装。十一时寝。汪直之先生来宿店中。

十月二十七日

札销货。县委来看，要我们坐起[间]办公。晚同业开会讨论交流大会、志愿军出国二周年、税收发票问题，清洁卫生问题。十一时寝。分省交流会订袜子，虁去开全村会，十时散。

十月二十八日

上午搬坐起[间]让交流大会用(会计室)，下午销货。晚开退道大会，在民主街农会，九时半散。札销货，息(熄)灯寝。仙花、中楠来(晚车)。

十月二十九日

上午销货。农村来叫去印饭票。去后，因机油墨关系，修林君来叫再去，到晚，未来叫。晚工商联开会布置交流大会工作，十时散。札销货，息(熄)灯寝。

十月三十日

札销货。店门前铺砂。晚盘货，札销货。至十一时半息(熄)灯。今晚临安剧团表演《玉面狼》。

十月三十一日

札销货。晚息(熄)灯寝。

十一月一日

下午六时去睡，晚发热。

十一月二日

交流大会今日开始。烦子英、来兄替我札销货。同业日报仍由我抱病填造。上午睡、下午睡，竟日只起来三小时。晚发热。

十一月三日

起来协助轻松工作。晚十时寝。

十一月四日

因中[间发现]发票没有了，自去税局盖印。息(熄)灯寝。

十一月五日

下午四时舅父去核账，我坐账桌。息(熄)灯后半小时寝。

十一月六日

上午贴过街旗，欢迎印度和平代表。下午四时贤左脚跌伤，请章尚铨看。今晚我同虈宿楼下，免贤移动。寝在息(熄)灯后。

十一月七日

上午九时去松溪请黄阿昌，到永昌遇到我，回来已下午一时。十时寝。

十一月八日

上午十时阿昌先生来。晚工商联开会，陈镇长报告端正商人思想作风，十时散。息(熄)灯寝。

十一月九日

日报今日赶好，今后可按日送出。十时寝。

十一月十日

造同业月报，今日送出。十时寝。

十一月十一日

十时寝。

十一月十二日

上午阿昌来市买钉，顺便来看贤。十时寝。

十一月十三日

今晚准备去分水，印渚埠，交流货物。十时寝。

十一月十四日

志芳今晨去分水交流会工作。今晚盘货。十时寝。

十一月十五日

上午九时阿昌来医脚。今晚卫生衫已提出一半，准备再送印渚埠交流会交易。十时寝。

十一月十六日

十时寝。

十一月十七日

冬梅上午来，下午即去。晚同业开会，中百参加订三联合同。十时寝。

十一月十八日

上午把草棚内整理，砍柴。

十一月二十日

今晚举行中苏友好月。我去农村同至县府大操场开会，有马剑剧团表演武剧新剧，银行广场电影《攻克柏林》。交流会时，因心，没有去看，今晚同湘参观二处，十时半散。十一时寝。

十一月二十二日

晚锦山去工商联开会，我去农村开会，回来札当日销货。十一时寝。

十一月二十三日

札进货。晚札当日销货。同志标对进货，十时半寝。

十一月二十五日

税局徐同志来查一至九日营业概况。下午同志标札十月份月报。虈去农村开会。十时半寝。

十一月二十六日

剪发。黄医师阿昌来换贤儿膏药。整理店堂抽屉。晚札销货守门。虈做鞋底。十时寝。

十一月二十七日

统计店账。晚札销货。虈工作。十时寝。

十一月二十八日

札销货。十时寝。

十一月二十九日

核家用。札销货。十时寝。

十一月三十日

天放晴。札销货。晚九时寝。

十二月一日

天晴。虈去杭州赴沪(乘七时早车)。结上月总结。札销货。九时寝。

十二月二日

天骤寒，降至三十七[华氏]度。结上月总结。山去工商联开会。札销货。八时寝。

十二月三日

天寒，降至三十二[华氏] 度。结上月总结。九时寝。

十二月四日

十时寝。

十二月五日

十时寝。

十二月六日

十时寝。

十二月七日

写澂儿信。十时寝。

十二月八日

十时寝。

十二月九日

写澂儿信。黄阿昌来。锦去工商联开会。我去农村开会。九时半回家。十时寝。

十二月十日

晒番芋干。上午札销货。晚札销货。十时半寝。同业开百货物价会、所得税会。

十二月十一日

仙花、中楠今日回富。填农村户口调查表，同店及自己。下午三时同组长去调查户口，至六时半回。晚填户口表。十时寝。

十二月十二日

上午札销货。下午三时同组长去调查，六时回。晚填表。十时寝。

十二月十三日

上午札销货。下午四时去农村记收农业税谷算账，六时半回来。晚农村开会，十时三刻回。十一时寝。

十二月十四日

今日共一街缴农业税，我们上午十时去，下午一时回来。敦儿来函，已到北京工作。晚农村开会，九时半[息]。十时寝。

十二月十五日

札销货。下午转寒。天阴。晚札销货。十时寝。

十二月十六日

志芳乘早车回家。锦山下午车往杭。晚农村开地主伪人员会，写坦白书、检举书，十时半散。

十二月十七日

天晴。上午札销货。晚工商联开大会讨论所得税缴纳计划，十时半散。十一时寝。

十二月十八日

札销货。锦山下午车回家。晚札销货。十一时寝。

十二月十九日

铲菜施肥。晚销货。十一时寝。

十二月二十日

上午写信。黄阿昌来。下午印招纸。

十二月二十一日

晒黄豆，印招纸。下午打黄副总。晚札销货。看报，十一时寝。

十二月二十二日

晒黄豆。替贤抹身。打黄豆。抹身。纛下午五时到家。晚闲谈，札销货未竣。十时半寝。

十二月二十三日

做营业，札销货。十时寝。

十二月二十四日

札销货，十一时寝。

十二月二十五日

札销货。十一时寝。

十二月二十六日

札销货。十一时寝。

十二月二十七日

札销货。十一时寝。

十二月二十八日

缴十一月营业税。晚札销货。十一时寝。

十二月二十九日

札销货。十时半寝。

十二月三十日

晚札销货。十一时寝。

十二月三十一日

缴所得税尚差二百七十万元，向五处掇借职工薪金，凑合缴上。晚盘货，札销货。十一时寝。

一九五三年

一月一日

县中来贺新年，送来历本、光荣花。共一街农会来贺年，送来光荣花，下午二时店中休息。今日起减价九五折，庆祝新年三天，农村来叫看临安剧团，虆去晚，农村来协助电影成本，不售票，我背贤和爵、湘四人六点 半去，十时一刻回。看毛主席到苏联、中国农业模范代表访苏联、中国政府代表刘少奇同志去苏联胜地重光（四明山实事），十一时寝。收到玄儿来函。秋生下午三时回家。

一月二日

做营业。锦山下午去工商联报到，开会五天。秋生中午到。札销货。晚札当日销货。看报。十一时寝。电影放映队今日去松溪放映。

一月三日

上午札月结。宰鸡做风鸡。贤儿续假，向银行申请贷款。统计月报工作。十时寝。锦山去工商联开会三天。

一月四日

统计月报工作。志芳晚车来店。晚写诸儿信。十时寝。

一月五日

印同业日报表（可有二月），办银行贷款手续。罗德坤劈柴。晚札销货。看《新观察》。工商联会今晚闭幕。十时寝。长辅山上铲麦。

一月六日

上午堆柴。下午做营业，晚札销货，十一时寝。晚工商联召开会对百货公司撤销及订购货。九时散。

一月七日

上午包风鸡，下午做营业，晚造同业月报。晚札销货，十一时寝。

一月八日

上午去农村向厉主任说明日陪贤去杭治足并拟去沪看子女，定三星期回家。晚开地主伪人员会，九时半散。十时寝。

一月九日

拟乘早车陪贤去杭治足，差五分钟脱班。乘下午二时车去杭，晚宿亮处，九时寝。

一月十日

晨去看蒋彦章，中午同贤同去，因上课未遇。同贤坐车回家。四时半回亮处。

一月十一日

我等蒋彦章同贤去河坊大街游，贤去浙医诊后，同到西湖闲眺。写信。下午去西大街。晚九时寝。

一月十二日

同贤漫步清河坊大街，饭后到浙医诊治。下午三时后，西湖闲眺。晚九时寝。

一月十三日

上午同贤去拍 x 光，下午去庆春街玩了一趟。九时半寝。

一月十四日

下午同贤去浙医再诊，看六时至八时电影《她在保卫祖国》，晚九时半寝。

一月十五日

陪贤儿去西湖玩，灵隐、中山公园、博物馆，下午回来，晚九时寝。

一月十六日

晨送贤、万二儿回家，我去二嫂、进嫂处。

晚九时半寝。

一月十七日

乘八点四十三分车去沪，宿媺朱处。

一月十八日

澂、静铮来。下午参观上海博物馆，回媺朱家晚膳。

一月十九日

下午去南市。

一月二十日

下午参观匈牙利展览会。

一月二十五日 星期日

同静铮去杨树浦午膳。晚八时半返。十时寝。

一月二十六日

同澂去江湾看秉成。晚静铮来，十时回去，十时半寝。

一月二十七日

乘九时三十三分车回杭。下午三时到杭。四时到亮处。九时寝。

一月二十八日

上午去吴子青处、王先生处、蒋彦章处，替桂花买钢精锅，回至良处，晚饭再去子青处，九时回亮处。九时半寝。

一月二十九日

乘七时半早车回新。剪发，换小衫裤，写信给壬、澂。九时半寝。

一月三十日

天寒飞雪。写信给敦、沅、玄、又、仙花，核川用账。下午四时造同业日报表。晚札同裕销货。十时寝。

一月三十一日

核家用账。补日记。晚札销货看报。十一时寝。

二月一日

六点半起。十一时寝。

二月二日

十一时寝。

二月三日

第三次交流大会开始。十一时寝。

二月四日

交流会。十一时寝。

二月五日

交流会。十一时寝。

二月六日

交流会。十一时寝。

二月七日

交流会。徐根贤来。关妹来。十一时寝。

二月八日

今日交流会延长一天，抹身。徐根贤去。中南来。十一时寝。

二月九日

十一时寝。

二月十日

关妹去。十一时寝。

二月十一日

十一时寝。

二月十二日

天热七十八[华氏]度。十一时寝。

二月十三日

天转寒。吴师来闲谈。晚农村去开茶话会，有烟、茶、糖果，九时半回。来札销货。十一时寝。

二月十四日（新春）

造同业上月月报。下午核家用账。晚看报。八时半寝。

二月十五日

补日记。超姊来闲谈。分析家用。晚看报。八时半寝。

二月十六日

上午写信。下午指导湘、贤写信。晚看陈报。八时半寝。

二月十七日

长育来闲谈。孙锡年夫妇来、乃叔楚宏来。午饭后，去崇德。下午二时去吴先生家谈，五时回来。晚看报八时半寝。

二月十八日

今日造日报。下午锦山兄去行龙灯。晚八时半寝。

二月十九日

三十六[华氏]度。城阳镇龙灯去松溪。锦山兄去。炉头车子灯、六渚邵家龙灯来。林荣、于喜庭来。晚去看农村剧团会演十时半散，后下雪。

二月二十日

锦山早车往杭办货，我去车站替他买钢笔二支，九时半去工商联欢迎新入伍志愿军，下午五时半回来。晚札销货，核家用，看报。十时寝。

二月二十一日

日做营业。晚同业开会检查爱国公约及中百三角合同。九时半散。十时寝。

二月二十二日

锦山兄中午车到店。晚行龙灯。晚札销货。十时寝。

二月二十三日

日做营业。求真回去。晚有城里狮子，晚札销货，十时寝。

二月二十四日

问中百进毯子、面盆等，橱窗较充实。日做营业，晚札销货。来通知明晨六时欢送志愿军，再去通知锦山兄。看报。十时一刻寝。冬梅、一椿中午回去。十时寝。

二月二十五日

天雨。志愿军未去。核家用。做营业。晚札销货。看报。十时寝。

二月二十六日

送志愿军。东车乡蒋家竹马上街。晚札销货。统计去年收支。看报。十时寝。

二月二十七日

上午做营业，早上劈柴。下午大家抹玻璃橱，清洁运动。晚札销货。看报。十时寝。

二月二十八日

上午写致沅函。天雨。晚盘货。札销货。看报。月中来，她们三姊妹宿此。月中明日去杭。十时寝。

三月一日

月中去玩。䕩五时半起床。做营业。晚札销货，看报。十时寝。

三月二日

上午堆柴、晒柴，收进，做营业。晚农村开会，十时散。看报。十一时寝。晚雨至天明，短墙坍一部分。

三月三日

上、下午核同裕月结账。晚札销货，核账。看报。十时寝。向中百造订购计划。实行三角合同。

三月四日

核月底报表，今日送出今日向中百订三角合同，晚划三角合同表。看报。十时寝。子芳下乡去玩。

三月五日

核同业月表，今日送出。今日上午子芳到店，下午秋生回家。写信。晚札销货，看报。十时寝。

三月六日

今日上午抹坐起［间］[1]橱窗、桌凳。下午到工商联去开加工厂和电厂股东会议。下午五时造同业日报表。晚开股东会，九时半散。札日销。十一时寝。

三月七日

工商联电厂代表会。晚继续开，九时散，晚札销货。十一时寝。

三月八日

十时寝。

三月九日

十时寝。

三月十日

县府杨同志要我去洞桥开股东会，并邀费、项二股东去，结果同五峰二人同去，正待起步，厉主任、黄昌桂、朱阿二三人来，要我去法院作证，为许阿苟住屋事，至十一时半出发，行至三溪口，下雨，到洞桥下午五时，晚饭后即开会，至九时即就寝。

三月十一日

上午继续开。下午同五峰回城。九时寝。

三月十二日

腹病，水泻，人疲。下午、晚上多睡。

三月十三日

九时寝。

三月十四日

造同业日报。札销货。贤看电影。万、爵、

1. 起间：新登土话，指客厅或公共区域。

湘因要购票折回。十一时寝。

三月十五日

十时寝。

三月十六日

十时寝。

三月十七日

晚到县府大操场看电影《斯大林格勒保卫战》上、下二集，一次[放]映完。十二时回来。

三月十八日

万儿乘早车去校。上午晴。傍晚雨。工商联开评所得税会。札销货。九时半寝。剪发，更衣。

三月十九日

还银行贷款。十时寝。

三月二十日

十时寝。

三月二十一日

十时寝。

三月二十二日

十时寝。

三月二十三日

子芳早车回家，锦山下午车去杭。向银行贷款。十时寝。

三月二十四日

十时寝。

三月二十五日

关妹来，宿此。晚工商联开会，中百召开，为染坊用浆和青莲。九时散。札销货。十一时寝。

三月二十六日

日来上四乡由六渚售木料回来，故生意较增。今日做四万余元。锦山下午车来，晚他去工商联开会，我札销货。十一时毕。十一时半寝。

三月二十七日

申请四月一日起我店棉布、百货分别按率稽征，由工商联转税务局，晚札销货，核家用，补记日记。九时寝。小兰中午陪子来就诊。

三月二十八日

写澂儿回信。做柜上。晚到工商联算所得税。九时半归。十时寝。

三月二十九日

上午复王先生信，写壬儿信。傍晚关妹来。晚店开小组，九时散。札销货，十一时寝。

三月三十日

湘到岘口春游。傍晚六时半才回家。

三月三十一日

晚盘货，九时毕。札销货，十一时寝。

四月一日

早上札昨日未札好销货。札月结。晚锦山去工商联开。今日电灯试光。九时息。札销货，十时寝。秋生回家。

四月二日

今日营业较好。晚镇公所召开非会员地主伪人员会，要抓紧生产，不造谣，不破坏，婚姻法自由，借贷及时，施肥，注意清洁卫生，搞好业务，完成税收，不投机，不倒把，九时散会。九时一刻寝。今晚电灯放光。

四月三日

上午同志标对上月份进货，做柜上。晚再共同对销货。十时半息。十时三刻寝。爵儿腹痛，服人丹。

四月四日

晨札月结。做柜上。寄存货，弄错，幸闲问你们哪里，她说官塘。看这女人是同她一同回去。梅先生去追，七点未来。锦山、秋生去接，七时半回来。失物已提回，札销货。十一时寝。

四月二十五日

清洁值日。锦山兄早车去杭，向银行贷款，托同春和担保。晚札销货。十一时寝。

四月二十六日

向棉布市场办布已到，托明奎带信给锦山。下午工商联召开所得税代表会议。晚我店算所得税。剪发，洗浴。十一时寝。

四月二十七日

早上托销货。下午三时后札完竣。晚工商联开大会，所得税和搞好业务，税局徐局长、镇陈主任报告。九时半散。札销货。十一时寝。店友卷布，工作到十一时。

四月二十八日

上午做营业。下午三时工商联开会。晚又开会，七时至九时。锦山兄下午回店。札销货。十一时寝。

四月二十九日

天雨，营业尚佳。舅父下午回家，搬房间。中百今日提货。晚提货，参加永昌交流会秀盘月底存货。十一时寝。

四月三十日

下午三时半去永昌参加交流会，晚十时寝。

五月一日

今天营业只做一百零点。

五月二日

今天做二百二十余万。

五月三日

今天做一百八十余万。

五月四日

今日收束，造清册。下午四时同邵连珪一同回市。十时寝。

五月五日

十一时寝。

五月六日

立夏。蘩今日早车去杭赴沪，为澂生育问题，爵、湘、贤伙食搭在超姊处。接玄来信，知他已在朝鲜前线保卫祖国。晚札销货。十一时寝。

五月七日

得静铮来信，知澂产小孩已窒息。下午印同业日报表，造上月终至五日、六日报告表，贤、湘去看。爵因明日要考，未去。札销货。十一时寝。

五月八日

查札昨日销货，拟五月份中百购货计划，午后神疲，午睡一小时。晚开小组，札销货。十一时寝。

五月九日

札月结，中午做营业。下午去杨启潮家（因乃父有信委转交），昨札销货。爵儿去看木偶戏。十一时息（熄）灯寝。

五月十日

札月结。晚札销货。锦山兄去工商联开所得税会。息（熄）灯，洗浴。十一时半寝。

五月十一日

店中上月报告今日送出。同业三月份报表亦今日送出，天雨，锦山兄去工商联开所得税会。回来大家搞业务至十时半。十一时寝。

五月十二日

核销货，做柜上，同业四月份报表，今日送出，晚工商联开所得税会，九时半散，十时半寝。秋生今日上午乘自由车去富阳中百买布，下午三时回来。

五月十三日

札销货。做柜上。得静铮来信，知又中已由朝鲜回来。将在星期日和蘩会晤。十时寝。

五月十四日

做柜上。关妹来宿此。晚札销货。十时半寝。

五月十五日

锦山兄去杭办货（早车去），札销货。爵儿下午发虐。湘、贤校中开运动会。晚札销货，神疲，九时四十分寝。

五月十六日

晨札销货。锦山已下午车回。晚省总工会电影放映队来放映《三家春》。晚札销货，十一时寝。

五月十七日

札销货，做柜上。秋生下午五时回家。晚饭后去寿金荣［处］剪发。贤、湘去看电影《光芒万丈》，爵未去。洗浴，札销货。十一时寝。伤风。今日下午钟提早离店去文化馆。

五月十八日

做柜上。今日清洁值日（店）。晚札销货。十时寝。

五月十九日

天阴雨。生意轻。晚札销货。八时半寝。

五月二十日

天晴。生意亦轻。秋生中午到。晚开小组，十时散。锦山兄七时半去工商联开会。

五月二十一日

上午札销货。做柜上。下午写信写申请。晚开小组，七时三刻。同业做座开营业税会，柴忠拍桌和江阿苟争论，十时散。十一时寝。

五月二十二日

长水来改橱窗，铇卷布板，我上午把杉板理拢洗净，招呼顾客。晚札销货。今日中百提货。十一时半寝。

五月二十三日

早上查解放前中交存款。同业讨论三角合同。札销货。爵、贤、湘看中苏友好放映队《勇敢的人》，十时回来。十时半寝。

五月二十四日

今日清洁值日。晨起催锦山兄往富买布（一九〇士林布），结果也没有。今晚寄存款登记函、身份证明。札销。十一时息。十一时半寝。长辅拔豆。

五月二十五日

银行贷款今日归还。写致澂信。长辅拔豆。洗浴。晚同业开小组会。札销货。十时半毕。十一时寝。

五月二十六日

今日营业较好。晚智标去职工会开会。札销货。十一时寝。

五月二十七日

天阴。早上春泉来。拟割麦，恐天雨，麦未老，未割回去。晚开小组说办货，札销货。十一时半寝。

五月二十八日

今日为同业做退税工作。晚八时，税款退出。开来人文票，明日往杭办货。十时半寝。

五月二十九日

乘七时早车去杭办货。

五月三十日

上午在杭办货，下午乘车去沪，晚宿嫰朱处。

五月三十一日

上午去澂处，同爇、铮、澂四人去壬处午膳，下午同在。

六月一日

在沪办货。

六月二日

在沪办货。

六月三日

乘九时车回杭（同爇），在杭办货。

六月四日

在杭办货。

六月五日

上午办货，下午乘车回家（同爇）。

六月十四日

去杭。当日去沪。宿嫰朱处。

六月十五日

在沪办货。

六月十六日

在沪办货。

六月十七日

今日九时车回杭，在杭办货。

六月十八日

在杭办货。

六月十九日

上午在杭办货，下午乘车回店。

七月一日

核月报。

七月二日

核月报。

七月三日

月报上午完成。

七月四日

核同业月报。

七月十八日

徐根贤子小苟来。

七月十九日

晚托镜侬教贤、湘。工商联开大会，锦山兄去。

七月二十日

写壬儿函，寄草药。犕中放假回家，中午到。

七月二十二日

同俊生兄一同去洞桥。为县府拆大有南公股事。

七月二十三日

在洞桥大有。

七月二十四日

在洞桥大有。

七月二十五日

上午同俊兄一同回家。十一时到。

七月二十九日

今日清洁值日，把天井后道地也打扫一下。爵儿上午大考。

七月三十日

晨去四合乡，为王奔川催问身份证明。桂花来协助做百布。

七月三十一日

今晚盘货。金泉司傍晚回店。

八月一日

核七月份表。

八月二日

核七月份表。今日下午二点五十分，在大有二十分钟。

八月三日

核月底表。冬梅来买糠买布，同乃叔同来。

八月五日

抄日报表。晚工商联开大会讨论学习及卫生工作。

八月六日

抄日报表。晚蘩去农村开会，打防疫针及讨论完小做地[坪]。

八月七日

万儿陪爵儿去杭校，考杭一中。

八月八日

下午下雨。晚札销货。

八月九日

日抄日报表。下午雨从北面来。

八月十日

茂林来。今日日报表抄当日。上午做营业。

八月十二日

晚看《毛泽东选集》。

八月十三日

上午吴先生来。

八月十四日

爵、万儿下午车回来。

八月十五日

秋生傍晚回家。晚看《毛泽东选集》。

八月十六日

上午我、帆(蘩)、万三人整理草蓬内堆柴草。下午札明日汇报，抄日报，造同业日报。秋生上午来。

八月十九日

今日印招纸。爵儿下午车去嘉兴，投考。

八月二十日

今日印招纸。

八月二十一日

上午札销货。下午印招纸。

八月二十二日

上午札销货。下午印招纸。

八月二十三日

下午印招毕。核家用。

八月二十四日

上午札销货。中午爵儿到家。吃馒头。

八月二十九日

晚与万、蘩谈自学。

八月三十日

万儿赴杭到校。我去四合乡人民政府为王奔川先生催证明。

八月三十一日

晚盘货，十一时寝。

九月一日

札销货。核月底账。晚札销货。十时寝。

九月二日

札销货。核月底账。今日市上传说灵菩萨到黄坝陇，有病妇女、男人均去拔草挖药，药状似黍，米似小珠，王县长去解释，晚韩县长、卫生院作报告，有病要医治吃药，勿迷信自害。蘩去开全村会，亦有[拔]此种秋种。十时寝。

九月三日

核月底账。

九月四日

今日报表送出。

九月五日

今日核同业月报表。

九月六日

准备去杭、沪事件。

九月七日

乘七时车赴杭办货。晚七时去看介亮、子青。

九月八日

办货。

九月九日

上午乘七点五十三分钟去沪。到沪候三轮车到嫩朱家，已下午二时五十分。傍晚去澂处。

九月十日

上午提款。到各处看市况价格。

九月十一日

办货。

九月十二日

办货。

九月十三日

晨至静铮处，知凤弟和壬儿约在重庆南路会唔。中午翌中亦来，大家叙谈至下午五时。买车票。

九月十四日

乘九时慢车回杭。在杭办货。晚七时去看万儿。

九月十五日

提货办货，中午又至万处，取回衣包。晚去看子青。

九月十六日

上午办货。乘下午一时半车回新。

九月十七日

札账。

九月十八日

札销货。

九月十九日

札销货。

九月二十日

上午札销货。天雨。嘱爵儿致函万有。

九月二十一日

札销货。

九月二十二日

上午做营业。下午札销货。晚到农村代填田亩迁入迁出表，十时回来。

九月二十三日

上午做营业。下午札销货。晚开劳资合同检查会。

九月二十四日

上午做营业。下午札销货。

九月二十六日

有电影。

九月二十七日

有电影。

九月二十八日

札销货。积压日报表抄好。晚札销货。

九月二十九日

札销货。烧垃圾。

十月十四日

札昨日销货。理发。

十月十五日

今日早车去杭办货。

十月十六日

上午在杭办货。乘下午一时车去沪。

十月十八日

上午办货。中午壬儿、翊澂、静铮来，同午膳。今日夜车回杭。

十月十九日

在杭办货。

十月二十日

下午由杭返店。今日中百提货。

十月二十一日

今日起开交流会五天。

十月二十二日

今日子时壬儿添第二女。

十月二十六日

交流会延长一天。

十月二十九日

下午招爵儿曾去县中看到新校舍。

十月三十日

蘩去杭赴沪。

十月三十一日

晚盘货。十一时寝。

十一月三日

月报表送出。

十一月四日

今日放晴。店中理漏。

十一月五日

上午叫泥水匠理漏。

十一月六日

晚到公安局去拿办证明手续。

十一月七日

晚到公安局去拿证明，说明晚可拿。

十一月八日

晚到公安局去拿证明。

十一月九日

寄钱业登记处函。

十一月二十三日

电灯公司定今日开理监事会议，因日间恐慌误生产，改晚上进行。晚六时开始，八时结束，决定年终给息并扩大经营，添购50匹马力引擎，增资投资最低八千万元。九时寝。

十一月二十四日

上午札昨天销货汇报。晚札当日销货。核家用。晚八点半下雨。九时寝。今日给爵儿贴上学学习时间。

十一月二十五日

天雨。生意清淡。晚札销货。看报。等门。八时半寝。今日店中汽灯停点。

十一月二十六日

天晴。同业申请贷款。镇政府来查［一九］四九年后每年主要商品下降数。晚札销货。看报。九时寝。

十一月二十七日

天晴。下午札每日进销存。晚札销货，看报，等门。十时寝。

十一月二十八日

天晴。下午札一月来主要百货销额。晚电灯公司借工商联开股［东］大会。八时二十分散。九时寝。

十一月二十九日

天晴。上午札昨日销货。湘下午去百丈山，冬游队旗活动。晚札当日销货。等门。八时四十五分寝。

十一月三十日

天晴转热。下午四时叫爵去接蘩，未来。晚盘货。九时半寝。

十二月一日

上午札昨日销货。中午蘩由沪返家。下午结月结账。晚札当日销货。看报。等门。蘩去开全村会，陈镇长报告总路线总任务。九时寝。

十二月二日

天雨转寒。上午申请贷款。下午准向中百提货。晚札销货，看《鲁迅全集》。八时半寝。蘩下午去农村开妇女会，听报告总路线总任务。

十二月三日

天阴寒。上午超姊来。札月底账。晚札当日销货。九时十分寝。锦山去开会。

十二月四日

天阴寒。上午周文祺先生来谈总路线总任务。上月报今日送出。晚札销货。教导贤儿。十时寝。下午蘩去开会，是搞通老年人思想。剪发。

十二月五日

补填十二月份向中百订购货物表，结百货存货，查昨日销货。晚札当日销货。锦山去工商联开会订购仓米计划。看谭主席报告总路线总任务。九时五十分寝。

十二月六日

札十、十一月损益计算资产负债概况送银行参考。札蘩去上海及家用账。晚札当日销货。电灯今日下午五时试光。晚八时一刻亮。八点三刻寝。天寒雨。

十二月七日

上午接到通知，下午开会。下午二时去报到。晚宿会中漫谈。八时半寝。

十二月八日

上午韩县长报告常务会工商代表座谈会报告总路线总任务。下午小组讨论。晚讨论。八时半寝。

十二月九日

上午讨论。下午讨论。晚上讨论。八时半寝。

十二月十日

上午小组讨论。下午大会发言。三时后韩县长总结。晚续总结。八时半毕。漫谈半小时，回家。九时半寝。

十二月十一日

月溪来说消防队账目要共同整理，准备公布。北门发生失火，火龙未出即息(熄)灭。炳南来。晚札当日销货。九时寝。

十二月十二日

上午做营业。下午清理消防队账目。晚工商联开小组长以上会议及代表会讨论学习方针及计划，八时半散。九时寝。

十二月十三日

上午做营业。下午札昨日销货。晚到工商联开学习总路线总任务学习，八时半散。九时寝。

十二月十四日

上午做营业，下午札昨日销货。晚到工商学习，因赵月溪参加另一组，推我为副组长。九时回来。理行装。十一时寝。

十二月十五日

晨乘七时三十分车去杭，即去办货。傍晚去介亮处和子青兄处。九时半寝。

十二月十六日

上午、下午办货。晚看《张生煮海》。七时十五分开场，十时一刻停锣。十一时寝。

十二月十七日

上午在杭办货。下午乘一时三十分车回新，同车来有蒋文汉和倪福茂君。八时三刻寝。

十二月十八日

上午核去杭账。下午做营业。晚工商联开会，自报补讨论，九时半散。十时寝。小可、锡根来。

十二月十九日

上午八时镇政府报到开会，十一时半回来吃饭。下午一时至四时半开会，晚五时半至八时半开会，听陈镇长报告总路线总任务。晚订守法公约五条。九时半寝。

十二月二十日

上午讨论。下午讨论，三时散会。晚去工商联学习会，九时散会。九时半寝。

十二月二十一日

上午做营业。下午写信。晚札销货，看报。锦山去工商联开大会。九点十五分寝。

十二月二十二日

上午顾营业。下午写信。晚札销货，看报。锦山去工商联开讨论会。十时十分寝。

十二月二十三日

晚札销货。看报。锦山去工商联开会。蘩去农村开会。十时一刻寝。

十二月二十四日

下午同赵月溪核消防队账目。晚工商联开讨论会。锦山等门。蘩去农村开会。十时半寝。

十二月二十五日

上午、下午写消防队清单。晚农村开工业化会,[说]有哪些好处，并布置普选工作。十时半散。十一时寝。舅父守门，我、蘩、锦山都去。

十二月二十六日

下午写消防队清单。锦山守门，晚我和蘩去农村听广播生产节约典型，韩县长报告。十时寝。

十二月二十七日

晚我工商联学习，蘩去农村开会。十时十分寝。

十二月二十八日

上午写消防队清单。下午写消防队清簿。晚工商联开大会，我、锦山、蘩都去。九时十分散。九时五十分寝。

十二月二十九日

上午抄清消防清簿。下午同。晚工商联开小组供应问题。九时半寝。锦山去议年终盘存价目。

十二月三十日

上午动员骆永仁订《爱国公约》。同春和去了一趟，到县府去了一趟。下午工商联开大会。三时代大有缴县府款送银行。晚复核消防队账。十时寝。锦山去议百货价。

十二月三十一日

上午把消防队账核好。下午公布。晚盘货。十时寝，天雨转寒。湘校中开晚会。

一九五四年

一月一日

天阴转寒。上午结百货盘存。下午同。晚札昨、今两日销货。十时五分寝。

一月二日

转暖。上午结盘存百货来价。下午同。晚农村开地伪会。锦山去工商联开会。九时三刻[寝]。

一月三日

上午札昨日销货。下午核进销存结百货来价，晚札当日销货、看报。九时二十分寝。

一月四日

上午核月报表。下午同。今日送出。晚札当日销货、看报。省城阳剧团表演《妇女代表》《成亲》，贤、爵去看。十时半寝。剪发。

一月五日

上午百货抄表。下午在店堂。晚同志标对账二小时，札当日销货，核损益。锦山去工商联开会。十时寝。

一月六日

上午填核百货时价（中百购货）、售价（非中百购进商品）。下午同。晚札当日销货、看报。锦山去工商联开会。九时半寝。

一月七日

上午在店堂。下午同。晚整理行装，明日去杭。晚十时寝。

一月八日

乘七[时]半车去杭。同行有柴忠同志。下午买货。晚看《秦香莲》。

一月九日

上午办货。下午乘三时车去沪。宿嫩朱处。

一月十日

晨打电话给壬、澂。十时去布庄及参观三大公司。四时回来，壬儿五时来。晚未出。

一月十一日

上午去中纱、中百及号家，中午回来。澂下午来。六时，壬亦来。

一月十二日

上午再去北头。下午乘三时半车回杭。宿青年旅馆。

一月十三日

上午办货。下午办货。晚去看万儿。去城站付运费。九时寝。

一月十四日

早起，早餐后去永安等一小时。后到荐桥纱花布公司，买十磅市布，再去清河坊打铜巷，回栈房午膳，将货送汽车站，再去税局盖出口[章]。乘一时三十分[车]回新。四时半到。晚饭后抹身、看报。九时一刻寝。

一月十五日

晨六时半起床，核杭、沪账。中百来查十至十二月份进货。超姊送来面，中午吃面。下午同。店中晚札当日销货，等门。九时三刻寝。下雨。

一月十六日

上午在店堂。下午同。中午吃面。晚札当日销货、看报。守门。九时一刻寝。求真来。下雨。

一月十七日

上午在店堂。下午同。晚开家庭会议，订自学钟点。同志标查资产负债表。札当日销货，等门。十时寝。

一月十八日

上午写售货价目表。下午同。在店堂中。晚札当日销货，未竣。工商联来抽查，因不符，查对至十一时。十一时半寝。晨六时半起床读报。

一月十九日

查核不符商品。札昨日销货。晚工商联来算损益。札当日销货、看报。今日中午赴朝慰问团来，虋到农村集体去欢迎，贤亦去。十时一刻寝。今晚动雷下雨。

一月二十日

上午补札进销存每日表。下午因锦山、志芳去大礼堂听第三届赴朝慰问团报告，我在店堂。晚札当日销货、看报。九时半寝。城河水大涨。

一月二十一日

核存货百货售价。在店堂。晚札当日销货、看报。九时一刻寝。爵、湘、贤去大礼堂看电影。天寒。

一月二十六日

六时起床，六时四十分到车站排号。八时三十分开车。十二时到新登。下午在店堂。晚工商联开会发购米证。九时十五分寝。

一月二十七日

结出去杭川用。在店堂。剪发。晚札当日销货。九时一刻寝。

一月二十八日

上午在店堂。下午同。晚农村开拥军会，八时散。看报。九时一刻寝。

一月二十九日

上午在店堂。下午在店堂。晚农村开地主伪人员会。要四防，火、特、贼、盗。四查、四比：查思想比守法，查生产比积肥，查增产比节约，查计划比执行。九时回来守门，十时寝。

一月三十日

上午做营业。下午同。晚札当日销货。共一街今晚普选。守门，十时半来。十一时寝。有电影（《成渝铁路》）。

一月三十一日

上午在店堂。下午同。晚月底盘货。打尘。十点半寝。

二月一日

上午在店堂。上午十时农会厉主任来送来三儿立三等功奖状。中午敦儿寄来给我过春节和弟、妹学费。五时翊澂和静铮到。晚札当日销货。十时半寝。

二月二日

上午在店堂。下午同。秋生下午三时回家。晚札当日销货。有电影。吃粽子。十时半寝。

二月三日

晨起吃面。到姚先生［处］报告。同静、澂、爵、湘、贤同去父墓和大姊墓，归来二时，吃午饭。下午同去县中、青云桥、县府大操场散步，回来吃晚饭。晚开家庭会议，定一年计划。九时三刻寝。一月份月历由湘得。

二月四日

陪静铮、翊澂去看二阿婶。澂去看赵师母。我回来写信给壬儿等。写庚儿信，告得喜报，阖家欣慰。湘将月历邮寄庚作道贺。静、澂乘一时半，淳杭车回杭。抹身、更衣。下午看工农联盟展览会。督湘、贤课。晚开军民联欢会，我守门，阖家均去。看《毛泽东选集》。十二时零五回来。十二时半寝。

二月五日

上午核自用账。下午同。晚看《毛泽东选集》。守门。十时一刻寝。

二月六日

上午在店堂。下午同。晚同王金龙闲谈。守门。十时寝。

二月七日

结上月百货。上午在店堂。下午同。晚札当日看报。富阳人慧山妻来玩。守门。十时一刻寝。

二月八日

上午在店堂。下午同。晚札当日销货。求真今日中午回分水。对爵说今后要改变学习及言语举动作风。等门。九时一刻寝。

二月九日

上午在店堂。下午在店堂。周大源弟来，自

由车今日提去。晚札当日销货。有电影(《南征北战》),十时十分散,十时半寝。

二月十日

上午在店堂。下午同。写致壬、万、澂函。晚有电影(《南征北战》)。守门至九时一刻。锦山兄来,由他守门。九时半寝。

二月十一日

上午在店堂。下午同。写致沅、庚、玄函。晚有电影《光明照在高地村》。蘩与诸儿均去。札销货、看报。今晚锦山守门。我九时一刻寝。

二月十二日

上午在店堂。下午同。中午吴先生过店门口。下午二时半,我去吴先生家问升学。晚看《毛泽东选集》。爵、湘去看电影《走向集体化道路》。札当日销货。十时寝。夜雨二次。

二月十三日

上午在店堂。下午同。徐庆和来,今日去杭赴校。晚札当日销货。看《毛泽东选集》,守门。九时半寝。天转寒,下雨。冠妹来。

二月十四日

上午在店堂。下午核月结。晚札当日销货。看《毛泽东选集》。爵、贤、湘去看电影《卫国保家》,九时半寝。

二月十五日

上午在店堂。下午核月结。晚札当日销货,看报。晚锦山、智标去工商联算去年账。九时三刻寝。

二月十六日

上午在店堂。下午同。看《卓娅》数页。晚札当日销货。核家用。爵、贤、湘去看电影《丰收》。九时半寝。

二月十七日

上午在店堂。下午在店堂。晚札当日销货。看《毛泽东选集》,锦山去工商联开会。九时一刻寝。

二月十八日

上午在店堂。下午同。今日做水磨汤圆吃。晚札销货。报未到。有电影《丰收》。九时寝。

二月十九日

上午在店堂。下午同。今日还有粉,再做[水磨汤圆]吃。晚札销货,看《毛泽东选集》。贤一人去看电影《高歌猛进》。九时三刻寝。

二月二十日

晨雨雪,报告卢主委、姚小组长,我去洞桥开股东会。十时半起身,同一镛女华华同走至七板桥,她由楼老师偕行,我在三溪口午膳(下午二时)。三时到洞桥,一镛来。晚十时寝。

二月二十一日

晨去旺来、老韩两店略坐。看《当代日报》小品。晚七时开劳资协商会。十时半散。闲谈至十二时寝。会由乡政府、工商联、基层工会列席,经理报告,劳资同意歇业。

二月二十二日

早晨起来,同一镛谈了一回,过桥,渭良家略坐,即回到三溪口。午膳到致和。同俊兄谈经过。下午四时到店,又到自强家,告经过。洗脚。七时半寝。

二月二十三日

上午在店堂。札昨日销货。下午在店堂。晚札当日销货,看报及《毛泽东选集》。湘自习,爵、贤去看城阳镇剧团。爵八时回来,贤十时回来。十时一刻寝。

二月二十四日

上午在店堂。下午同。晚札当日销货。看《毛泽东选集》。守门。十时寝。

二月二十五日

上午核上月底账。下午同。晚札当日销货。核自用账。潮湿。九时一刻寝。

二月二十六日

上午下雨。为了寻收据和眼镜,并在店堂。下午同。放晴。晚店中、家中,去看改进越剧团《秦香莲》及《蹈火》。十时三刻散。十一时一刻寝。雷雨。冬梅、一椿和他的婶同来。晚札当日销货并结家中去年伙食。秋生回家。

二月二十七日

上午在店堂。下午同。晚札当日销货。守门。核去年家用账。九时一刻寝。

二月二十八日

上午在店堂。下午同。月底盘货。晚听广播,并札诫爵自学努力语。九时半寝。今明又有改进越剧团《斩李广》三、四本，《狸猫换太子》。天雨，家中，店内无人去。

三月一日

上午结月底百货盘存。下午核进销存。晚札当日销货。兆京、韩本仁二君来宿此，明日去工商联开会。九时一刻寝。

三月二日

上午核月底总结。下午在店堂。晚因牙痛，晚六时一刻寝。

三月三日

上午在店堂。下午结去年用途分类。晚工商联开学习研究会。九时一刻寝。

三月四日

上午在店堂。下午同。晚工商联开大会。布置开分学习小组等，九时一刻散。九时半寝。

三月五日

上午在店堂。下午同。晚电厂开股东会，在工商联内，发股息增资添资，八时三刻散。贤去看电影《六号门》。九时半寝。秋生去上乡讨账。

三月六日

上午在店堂。下午同。晚同业开学习会，在同裕内，六时半开始。八时半散。贤去看电影《胜利前进》。九时半寝。

三月七日

上午在店堂。下午同。札昨日销货。晚同业开学习会，时间同，学习《人民日报》社论，私营工商业光明大道（昨、今二日毕）。九时半寝。

三月八日

上午在店堂。下午三时，电厂开理监事会，通过增资，酌情分别办理。晚农村小组开会调查土地更动情况。八时散。王美华哥来。九时寝。秋生今日回来。

三月九日

上午在店堂。下午同。晚工商联开大会，沈科长报告三日来学习总路线成绩和缺点，布置建设公债学习方式，九时一刻散。九时三刻寝。锦山今日去胥口。

三月十日

上午在店堂。下午录进销存底稿。晚开同业小组讨论。昨日沈科长报告，八时半散。九时寝。九时，夜雨。

三月十一日

上午在店堂。下午同。晚开店内小组讨论出讨论透支薪金返还办法，预计三、四、五、六月营业额亏损数字、增产节约计划。九时一刻寝。八时微雨。

三月十二日

上午在店堂。下午同。傍晚农会厉主任着人来叫我去，知为蔡泉海说我与他房屋纠纷未清。真气人，其实他因屋主将屋售去，他想出这恶计。六时半回来，读报，开小组会，宿业亦来参加。九时一刻寝。

三月十三日

上午在店堂。下午同。晚小组开始认购公债数字，店一百五十万，自五十万，分五月、六月两次缴款。九时半寝。

三月十四日

上午在店堂。下午同。晚开小组继续认购公债，八时二十分散。九时寝。剃头，抹身。

三月十五日

上午在店堂。下午同。晚工商联开大会总结认购公债经过，九时散。九时一刻寝。

三月十六日

上午在店堂。下午同。晚有话剧《丰收》，参加互助组。仙花、中楠来。九时三刻寝。

三月十七日

上午在店堂。下午同。锦山兄今日去六渚上坟。秋生下午回家。晚工商联开大会，钱局长报告所得税汇算清缴问题。九时十分散。九点半寝。

三月十八日

上午在店堂。下午同。晚守门。有电影《上饶集中营》，九时半寝。

三月十九日

上午在店堂。下午因牙痛睡觉，四时起来，晚七时再睡。甏去农村开地伪会，要加紧生产。锦山去工商联开会，所得税会议。

三月二十日

晨下冰雹，下午晴。上午在店堂。下午同。晚虆去农村开会。锦山去工商联开会。我因牙痛，七时一刻寝。

三月二十一日

上午在店堂。到联合诊所由袁仁山医师开方服药。下午同。晚早寝（四时）。虆去农村开会。锦山去工商联开会。

三月二十二日

上午在店堂。下午同。吃药，晚发热。晚我早寝（七时），虆去农村，说今晚停止一天。锦山去工商联开会。

三月二十三日

上午在店堂。下午同。晚虆去农村开会。我七时寝。上午到杨幼堂君家讨止牙痛药水。秋生下午回店。子芳上午回家。

三月二十四日

天晴。上午在店堂。下午同。晚因牙痛早寝（七时）。锦山下午二时同业小组开会，因王正泰以一千元一斤收糯米易货。晚去工商联开大会。俊兄下午去往洞桥，大有歇业事。

三月二十五日

上午在店堂。下午同。街道门前浇水三四次，共水二担。晚有电影《智取华山》。我守门。农村来叫开会，因只一人，未去。又来叫订《守法公约》。电影九点半散。九时三刻寝。仙花去柴场。

三月二十六日

天晴。上午在内进订《守法公约》。下午在店堂。看鲁迅《三闲集》。晚札当日销货。七时五十分农村来叫开［地伪］会。九时二十分散，九时三刻寝。

三月二十七日

上午在店堂。下午同。札昨日销货。俊兄洞桥回来。晚农会开会。九时散。九时半寝。仙花柴场回来。晚雨。

三月二十八日

五十华氏度。阴雨下过，冰雹。上午在店堂，核家用账。下午在店堂。晚锦山去工商联开大会，看报、《三闲集》。九时一刻寝。得沅儿来函。

三月二十九日

五十六［华氏］度。上午在店堂。写致沅信。下午一至四时去寻爵儿学习，写致澂函。晚同业开小组学习会。九时寝。

三月三十日

上午阴，下午晴。上午在店堂。同业写填表制度。农村送生产计划。下午在店堂。做清明粿。晚札当日销货。看报。锦山去工商联开会。职工去开会。守门。九时三刻寝。

三月三十一日

上午造四月份订购计划表。在店堂。下午填表（去年主要商品成本、售价），晚同。九时三刻寝。贤有［年］级主［任］老师吴先生来访。

四月一日

结上月账。下午同。晚札当日销货。八点三刻寝。

四月二日

今日乘上午七时半车去杭。下午办货。晚九时半寝。

四月三日

乘八时三十七分车去沪。下午三时到嫩朱家，打电话未通。晚十时寝刘家。

四月四日

晨八时去澂处，沅已先我到了。谈谈。晚在晋隆，彦章与沅订婚，壬夫妇来。晚十时回到家宿。

四月五日

晨去澂处。十时到南京路。五时半回澂处。今日虆五十生辰，澂备鸡、长寿面，大家吃。八时回嫩朱处宿。

四月六日

上午去南京路，下午二时至澂处，同寿澂到淮海中路买板刷和线团，十时寝。

四月七日

上午八时三十七分同静铮乘车来杭，先至青年旅馆，七时至蒋家吃结婚酒。晚宿青年旅馆。

四月八日

上午办货。下午同。下午六时一刻到蒋家晚

餐，宿蒋家。晚九时半寝。

四月九日

上午雨。十时我去岳坟，看太平天国展览会。十一时半，赶回汽车站挂号，只有三张，又赶回元宝街，知他们已挂到号，饭后同沅、章、铮四人四时半到新。晚十时寝。

四月十日

阴，上午晴。下午令静铮、翊沅、彦章、爵、湘、贤同去坟山，由黄山岭回来。晚闲谈，十时寝。

四月十一日

上午去二叔婆处，同彦章、翊沅同去。再同沅去赵师母处，回来吃饭。静、沅、章乘下午二时早车回杭，晚八时半寝。

四月十二日

上午在店堂。核川用。下午在店堂。晚看报。九时半寝。核上月亏损。

四月十三日

上午在店堂。下午同。贤上午春游百丈山。湘整日春游天柱山。晚看报。爵、贤去看电戏《牧鹅的少年》，马季今日杭州上来。小贩柿饼，卖二千元一斤，民主街合作社流动卖一千元一斤。

四月十四日

上午在店堂。下午同。晚开同业小组检查劳资合订和建议修订，八时半散。九时寝。

四月十五日

上午在店堂。下午同。晚锦山兄去工商联开会。我守门。看报及《毛主席故事》，基层工会在楼上开会。十时寝。

四月十六日

上午在店堂。下午同。堆柴。金泉上午到。志芳下午到。小可下午来。晚镇政府开地伪会，为增加生产，检查过去，计划将来。十时散。夜雷雨。

四月十七日

上午在店堂。下午二时至五时在镇政府开会，下午六时半至十时四十分在镇开会。十一时寝。

四月十八日

上午在店堂。下午同。开地种南瓜。晚镇政府开会。十时四十分散。十一时寝。

四月十九日

五十二[华氏]度。上午在店堂。下午同。天雨转寒。晚同业小组及陶瓷业合组称第八组，开始学习，七时至九时。九时半寝。

四月二十日

上午在店堂。下午同。晒豆豉。晚开学习小组，订学习制度。九时散。九时半寝。

四月二十一日

天微雨。九时半同俊生兄去洞桥大有南开股东劳方座谈会，下午三时半到洞桥。晚九时半寝。

四月二十二日

上午去万市桥二小时，下午在大有。晚京号、南号开座谈会，十一时散会，吃面。十二时半寝。

四月二十三日

天晴。上午在大有。去陈村。下午一时，同俊兄离洞桥到三溪口，略坐到家已六时五十分。晚饭后看报。九时一刻寝。

四月二十四日

上午雷雨，下午阴晴。上午在店堂。下午同。晚开学习小组，九时半寝。

四月二十五日

上午在店堂。下午同。今日下午电灯公司，把门前路灯改装在马路中心。晚看书报。九点十分寝。

四月二十六日

上午核家用。下午在店堂。㸦下午去农村开会，增加生产，多种南瓜、葵花。晚工商联开小组长、读报员会议，汇报及布置五防工作。九时半寝。

四月二十七日

上午在店堂。下午同。晚锦山去工商联开大会，理发，我因腰痛，七时半寝。

四月二十八日

上午在店堂。下午同。下午午睡，晚发热早寝。

四月二十九日

上午在店堂。下午同。四时因发热，早寝。六时半，省里方罗君来了解解放前伪政府的一些情况。八时余去。

四月三十日

上午去看韩尔中开方服药。晚有电影《伟大的土地改革》，爵、贤、湘三人去看。我七时半寝。

五月一日

服原方。湘上午七时去永昌，参观卞竹农业生产合作社及采茶茶场。天闷。我八时半寝。

五月二日

上午在店堂。下午同。晚开纪念五一劳动节大会，锦山去开会，子芳等去开。爵、贤去参加，看表演，湘中午到。人甚疲倦。我九时一刻寝。晚天雨。

五月三日

上午在店堂。下午同。六时微寒。六时半寝。

五月四日

上午在店堂。下午同。锦山兄今日去工商联。担城河。六时半寝。

五月五日

天雨竟日。上午在店堂。下午同。晚学习小组长、读报员会议，我因身热，请假。七时一刻寝。

五月六日

上午在店堂。下午同。市上多苋菜、竹笋，惟猪肉供不应求，夏饼亦同。七时寝。

五月七日

上午在店堂。下午同。请韩尔中医师再复方服药。七点三刻寝。核上月亏损。

五月八日

上午雨，在店堂，水大涨。下午雨，在店堂。水稍退。再服韩方一帖。七时半寝，晚仍发热。电厂今日上午新机器装到。今日上午水位最高（三十年来最大）。

五月九日

上午阴晴，在店堂。下午雨，在店堂。晚虀去农村开会。我八时寝。

五月十日

上午在店堂（阴）。下午同（晴）。锦山晚去工商联开会。八时半寝。今日修坝。志芳晚饭后去协助修坝。

五月十一日

上午在店堂。下午同。晚同业开学习会。我七时半早寝。下午挑城河。

五月十二日

上午雨，下午晴。上午在店堂，下雨。核用账。下午晴，在店堂。山去同业开会，讨进货公约。晚看报。九时寝。

五月十三日

上午雨，在店堂。下午晴，在店堂。晚工商联开大会，锦山兄农村开会。我因晚发热，请假未去。七时半寝。

五月十四日

天寒。上午雨，在店堂。下午雨，在店堂。晚核账。八时半寝。

五月十五日

上午阴，在店堂。下午阴，同。晚参加同业学习小组，锦山兄去，同业议价。九时雨。九时半寝。

五月十六日

上午晴，在店堂。下午阴，在店堂。晚锦山去同业议价，八时半寝。

五月十七日

上午晴，在店堂。下午阴，同。晚工商联开小组长、读报员会议。九时半散。十时寝。菜地短墙因大雨坍掉，虀等堆好。

五月十八日

上午在店堂。下午同。晚锦山去同业开会讨论议价。我在同业开学习会。九时散。九时半寝。

五月十九日

上午在店堂。下午同。晚同业在我店议价，职工开会。九时寝。天雨涨水，晚水退。

五月二十日

上午天晴，在店堂。下午同。理发，抹身。晚虀去农村开会，今日学习停。八时一刻寝。

五月二十一日

上午阴、晴、雨数次，似黄梅。在店堂。下午同。晚看报。锦山议同业百货价。八时一刻寝。

五月二十二日

上午在店堂。下午同。锦山去挑坝。晚工商

联开大会检讨。郁应生抗拒检查。九时半散会。小可来。十时寝。

五月二十三日

上午晴，在店堂。小可去。下午晴，同。傍晚雨半小时，晚看报，九时寝。

五月二十四日

上午阴，在店堂。下午阴，同。下午三时雨。晚雨，开小组长读报会，九时散，九时半寝。

五月二十五日

上午天雨，在店堂。下午天雨，同。送中百六月订购计划，购建设公债。晚小组同业议百货价格。九时半寝。竟日雨点未停。

五月二十六日

上午微雨。写棉布价牌。下午同，阴晴。晚同业小组开议百货会，九时十分散。水涨，报纸不到。晚九时一分至九时二十分。九时五十五分寝。

五月二十七日

上午核上月月结。下午在店堂。晚开学习小组（货运管理），九时散。九时半寝。

五月二十八日

上午在店堂，阴。下午同。晚锦山去工商联开大会，看报，核家用账。冬梅上午来，我下午去函告林荣。晚九时半寝。

五月二十九日

阴，早上微雨。上午在店堂。下午同，阴。晚农村三村联开地伪会，四查四比。十时散。十时半寝。林荣午前到，同冬梅午后去。

五月三十日

上午在店堂。写百份内价目牌。下午在店堂。洗浴。晚农村[会]续开，九时五十分散。十时一刻寝。

五月三十一日

上午在店堂。下午同。下午四时后又下雨。晚盘货，写百货牌价。农村开会，去请假未去。九时三刻寝。

六月一日

上午在店堂，阴，晴。下午同。晚小组会因数不足，未开。虋、爵、湘、贤去参加六一儿童节晚会，九时四十分散。十时寝。

六月二日

上午在店堂。天晴日出。下午同。抹玻璃。税局来查一至四月损益。晚工商联开组长干部会议，九时半散。十点五分寝。

六月三日

上午在店堂，天晴。下午同。税局继续来查，晚抽查货物。晚工商联开大会，锦山兄去，小可来。九时三刻寝。

六月四日

上午在店堂。天晴。下午同。晚看报。虋裹粽。九时半寝。寝时下雨。

六月五日

端午。上午在店堂。下午同。晚税局来盘存货，九点五十分完毕。十点五十分寝。天雨。

六月六日

上午在店堂。下午同。锦山兄去挑城河口，我因体弱，叫了一个代表去工作。晚爵儿去镇开会（未升学，高小，初中生）十时回来，十时一刻寝。春泉来剥黄豆。

六月七日

上午在店堂。下午同。晚有电影《冷酷的心》。七时三刻放映，十时散。观音弄发生火警。十时一刻寝。

六月八日

上午在店堂。下午同。今日营业较好。晚志芳去开会。十时三十分回，十时三刻寝。

六月九日

上午在店堂。下午同。今日向中百购货七百余万元。晚虋去城阳小学参加家长会议。十时三刻散。十一时寝。

六月十日

晨乘七时三十分至富阳，替超姊买缝纫机。乘十二时三十分建[德]至杭[州]车去杭。因在起站抛锚，迟到富阳一小时。五时到杭。晚去子青兄处，略坐。九时三十分寝。

六月十一日

上午去纱花布公司买物。下午去中百买物。

晚去湘儿处。九时半寝。

六月十二日

上午去纱布公司买零物。下午又去纱布公司。晚去介亮处。九时半寝。

六月十三日

晨乘八时车回新。下午在店堂。傍晚去理发、洗浴。九时寝。下午四时，骤雨，晚九里，又雨。

六月十四日

上午在店堂，下午同。晚看报。今日绍兴大班改进剧团演剧，筹募消防经费。九点半寝。

六月十五日

上午在店堂。下午同。武玉千来，晚去看剧。十时回。晚看报，守门。志芳去巡查。十二时来。十二时一刻寝。天雨。交流大会今日开幕。

六月十六日

上午在店堂。下午同。晚看报。九时寝。今日竟日下雨，傍晚，晴，雨止。

六月十七日

上午在店堂。下午同。晚看报。九时十五分寝。今日竟日下雨。晚微微雨。

六月十八日

上午在店堂。下午同。晚看新词典，报未到。天雨。九时寝。交流会今日闭幕。

六月十九日

上午在店堂。下午同。天晴。今日剧团还表演，蘩、爵、湘、贤均去。九时半寝。

六月二十日

上午在店堂。下午同（洗浴、更衣）。晚看报。锦山兄去工商联开会。九时一刻寝。

六月二十一日

上午在店堂。下午同。晚工商联开大会，锦山与我同去（为公债及春夏联评），九时五十分散。十时一刻寝。爵去镇开会，十时一刻来。

六月二十二日

上午在店堂。下午同。晚看报，锦山去工商联开会，志芳去工会开会，五十分散。九时五十五分寝。

六月二十三日

上午在店堂。下午同。核上月份损益。晚职工全体去开会，锦山兄亦去，在人民大会堂开会。十时三十分散，十一时寝。

六月二十四日

上午在店堂。下午同。晚看报。九时一刻寝。

六月二十五日

竟日大雨。上午在店堂。查去年肥皂销售金额。下午在店堂。同志标结去年主要百货数种。晚核账。十时寝。

六月二十六日

上午在店堂。天雨。下午同。雨停天阴。晚看报。爵去镇开会。九时一刻寝。

六月二十七日

上午在店堂。阴晴。下午同。晚核家用。九时一刻寝。晚雨。

六月二十八日

上午在店堂。雨。下午同。小雨。林荣来，午后去。因伤风、腰痛，早寝。八点寝。

六月二十九日

上午在店堂。下午同。晚上韩尔中同志来，谈卞竹生合作社改集体农庄，和他们诊所的学习及轮训。九时四十分去。爵儿去镇开会，九时五十分来。十时寝。锦山去工商联开大会。

六月三十日

上午在店堂。下午在店堂。今日月底盘货。晚有电影《卡塔林婚姻》。十时二十五分散。十时三刻寝。爵、贤二人去看电影。

七月一日

八十六[华氏]度。上午在店堂，核结存百货。下午同。晚看报。九时一刻寝。

七月二日

金泉司今日回去，由有木陪去，乘早车去。上午核上月百货账。下午在店堂。二时半同业会议填表，智标来，回去。理发。晚看报。九时一刻寝。志芳、国成、我三人伙食由家中供应，余均由各家自己供应。

七月三日

上午在店堂。下午同。晚看报《中国青年》。爵去镇开会，十时来。十时一刻寝。

七月四日

上午填[表]。中花来查报告，同标二人同查。下午同。晚看报。爵去镇开会。九时一刻寝。

七月五日

上午在店堂。下午同。晚看报，新词典。九时半寝。

七月六日

上午在店堂。洗晒工作。下午在店堂。晚看报。九时半寝。

七月七日

上午在店堂。下午同。向银行贷款。晚看报，守门，职工去开会。九时五十分散。十时寝。

七月八日

上午在店堂。下午同。上午骤雨二次。晚看报。同业在店开小组。职工去开会，山守门。九时一刻寝。

七月九日

上午在店堂。下午同。今日早上吃新麦粉。晚看报，守门。志芳去开会，九时五十分散。十时寝。

七月十日

上午在店堂。下午同。下雨一小时。晚守门。九时三刻寝。

七月十一日

上午在店堂。下午同。爵儿晨七时乘车去杭投考。上午大雨。下午阴晴。湘儿发热，请医师诊治。晚凉，看报。九时半寝。

七月十二日

上午在店堂。天阴凉。下午同。晚看报。同业贴迎接代表会旗。九时半寝。

七月十三日

上午在店堂。天阴微雨。下午核家用账。晚看报。九时寝。

七月十四日

上午在店堂。下午同。晚人疲不适。七时半寝。

七月十五日

腹痛人疲，在家休息。下午同。晚七点半寝。得庚儿来函。冠妹来。

七月十六日

上午在家休息。下午同。傍晚、晚上到店中去略坐。晚有电戏《小二黑结婚》，贤去看。九时寝。

七月十七日

上午在家休息。下午同。傍晚、晚上到店中去略坐。晚有电影，贤去看。有雨。八进半寝。

七月十八日

上午在家休息。核家用。下午在店堂。晚看报。九时一刻寝。

七月十九日

天阴，傍晚日出。上午在店堂。下午同。晚看报。今日临安实验剧团演出《梁红玉》。九时一刻寝。

七月二十日

天阴晴。晨起，城河水黄。上午在店堂。下午同。扫寝室。晚农村开地主及管制会，检查生产。九时五十分散。十时一刻寝。

七月二十一日

今日做清理工作。洗同裕灶面、灶上用具。下午同。三时后在店堂。晚工商联开会讨论工商界改造及今后走上社会主义改造，拟先定私私联营。九时五十分散。十时寝。林荣、一椿来。

七月二十二日

今日继续做清洁工作。洗同裕灶头、厨及其他用具。下午同。一椿、林荣去。晚去工商联开会（一至六月所得税），虆、贤去看临安剧团《吕布与貂蝉》。我十时寝。天雨。

七月二十三日

天阴晴。今日上午在店堂。下午同。下午二时，工商联开会（所得税）。晚工商联开会（社会主义改造）。十时二十分散。十时四十五分寝。

七月二十四日

天阴晴。上午在店堂。下午同。下午三时，工商联开会（同上问题）。晚看报。九时一刻寝。

七月二十五日

上午在店堂。下午同。晚工商联开小组长、读报员会议。卢主委报告代表会。报告九时半散。十时寝。理发。春泉来铲黄豆。

七月二十六日

天晴。上午在店堂。下午在店堂。晚看报。九时寝。贤去看电影《魔鬼的峡谷》。

七月二十七日

天晴。上午在店堂。下午同。晚开同业小组会。十时寝。爵儿、万儿下午车来。临安剧团晚演《玉面狼》。

七月二十八日

上午在店堂。下午同。去工商联、农会报告明日去杭、沪。晚十时寝。

七月二十九日

上午去杭。下午去介亮处。晚九时寝。

七月三十日

上午乘火车去沪。下午四时去看澂儿。沅儿亦在沪。晚十时寝。

七月三十一日

上午同寿澂去南京路各公司。下午同。三时回来，去澂处晚餐。今日适静铮三十岁生辰，壬儿夫妇来，晚九时回来，十时寝。

八月一日

上午去澂处。同沅、静铮四人，去壬儿处。下午三时回来。晚十一时寝。

八月二日

上午回杭。四时到亮处。晚同万、湘去看电影，日本片《不，我们要活下去》。湘儿同宿旅舍。万去校寝。

八月三日

上午万、湘、我三人去灵隐、岳坟、博物馆、中山公园。下午五时，乘西湖船，回来晚，游人民游艺场。十一时寝。

八月四日

上午到百货公司参观买物。下午乘车回新。晚九时寝。

八月五日

上午核去沪用款。下午在店堂。晚工商联开会反映情况及学习宪法分组，九时三十分散。十时一刻寝。

八月六日

上午在店堂。下午同。晚农村开会（地伪会），为讨论如何是我们出路，在原有基础如何把生产搞好。十时廿分散。洗浴，十一时寝。

八月七日

上午在店堂。下午同。晚农村继续开会。九时三刻散。十时四十分寝。冬梅来。

八月八日

因水泻，在家休息。下午同。晚九时寝。冬梅上午去。

八月九日

上午在家休养。下午同。长育夫妇来，略坐。晚看报。湘儿考取明远中学。爵儿通知不取。替介亮晒旧衣。

八月十日

上午在店堂。下午同。晚守门。他们去开会听广播。九时半寝。替介亮晒旧衣。

八月十一日

上午在店堂。下午同。晚在店堂。九时半寝。关妹来。

八月十二日

上午在店堂。下午同。晚纳凉。爵儿去县中开会，十时十分来。十时半寝。

八月十三日

上午在店堂。声哑，手足发热，请韩尔中，处方服药。晚守门。九时半寝。

八月十四日

上午在店堂。服原方。下午同。爵儿去县中开会。十时十分回，十时半寝。

八月十五日

上午在店堂。下午同。晚去农村开会，后因工商联开大会，无田未出租户，可回来。去工商联开。万儿录取同济大学。九时半寝。

八月十六日

九十五［华氏］度。上午在店堂。下午同。晚工商联同业六家开小组会，九时散。十时寝。下午雨。

八月十七日

上午在店堂。下午同。晚同。准备万、湘去校行李。冬梅、一椿下午来。九时半寝。

八月十八日

上午在店堂。下午同。为儿等整理衣服。向

镇、校开迁出证及转学证。晚看报。九时寝。

八月十九日

上午在店堂。振家迁出证未准。下午在店堂。晚同万［有］、［翊］湘谈在校就（应）如何等。十时寝。

八月二十日

上午去询厉主任振家去沪是否可去。整理家物。晚同诸儿谈学习应如何努力，并举例说明住校应如何。十时半寝。晚大雨。

八月二十一日

晨去询问厉主任，允振家去沪二月，准备他们去的行李。振家和万儿乘下午二时汽车去杭。晚同诸儿谈小姑母家附膳应如何，我们应如何的，使母亲在沪安心，使大哥安慰。九时一刻寝。

八月二十二日

天晴。上午在店堂。下午同。晚锦山兄去工商联开会，爵、湘、贤去看电影《陕北牧歌》。关荣同一位姓陆的教师来宿此。十一时半寝。

八月二十三日

上午在店堂。下午同。晚工商联开大会，锦山兄去。职工会亦开大会。爵、贤去看电影。湘自学。九时半寝。

八月二十四日

上午在店堂。下午同。晚工商联开大会，任科长、徐科长报告，九时五十分散。十时寝。

八月二十五日

上午在店堂。下午去农会开会，讨论生产。晚同舅父、锦山兄同去工商联开讨论会，社会主义工业化对私营工商业之改造。九时半散。十时寝。

八月二十六日

上午在店堂。下午同。晚工商联开会继续讨论，九时半散。十时寝。仙花、中南下午五时半到。

八月二十七日

上午七时，陪湘去杭赴校，下午三时，送校注册。缴费因款不敷，奔走向友人处借，买零物，九时半寝。

八月二十八日

上午六时，去汽车站登记。买零物，取印。九时半，去湘校。十一时半返。下午乘二时车返新。五时到家。晚去工商联开会，九时四十分散。十时二十分寝。

八月二十九日

上午拟誊同业申请合营书。下午写信，核去杭用款。晚同业开小组讨论，在我店明堂中。九时四十分散。十时二十分寝。求真来。

八月三十日

上午在店堂。下午开会讨论，求真去。晚开会讨论。舅父、锦山自动离职转业。九时四十分散。十时半寝。

八月三十一日

上午札二十五至三十日六天销货。下午盘货。晚与爵、贤谈学习进修及个人前途大道理。九时寝。

九月一日

上午札销货。核月结存货。下午同。晚看报。守门。九时一刻寝。

九月二日

上午札销货，核百货存货价格。下午同。晚看报。九时一刻寝。

九月三日

上午在店堂。下午同。晚开劳资协商会，讨论些具体问题，九时十分散。十时寝。同意五家合营。

九月四日

上午开会。下午同裕、协大昌停业。盘货，点交新联。晚工作至十二时，因腹痛、腰痛，早寝。标至一时寝。五家今晚报歇业，准。

九月五日

上午赵洪泰、楼裕昌盘货，朱锦泰下午盘货。王焦石来，写新联招牌。晚开会计、出纳会议，九时散。十时一刻寝。

九月六日

王先生上午写二部招牌，漆匠把同裕招牌除下，洗门面，四块光荣匾挂到内进。做调拨单、发票登记等工作。理发。晚开调整人事会，九时十分散。十时寝。

九月七日

上午对楼裕昌货。晚开联欢会，欢送转业同志和非会员及资方。八时三十分散。九时一刻寝。

九月八日

上午把固定资产编号贴上。下午同。整理前楼。晚查[19]51、[19]52、[19]53、[19]54年流动、固定资产数字和七、八月棉百货营业额。九时寝。

九月九日

上午为税局申请税务移交，新联办理退保及公安局登记户口及拟工商登记等事项。晚开小组会，杨同志来，领导来，讨论：一、制度问题；二、休假问题；三、组织学习领导问题。九时半散。十时寝。

九月十日

上午为各店退保手续及进货登记，拟工商登记各种准备。晚开小组[会]讨论昨晚三问题及向中百要货计划。九时散。十时寝。

九月十一日

上午写九月份二十天计划，印调拨单，到工商科办好歇业手续。下午写调拨单，对固定资产开支票等。晚上大家叙(聚)餐，开小组会，选组长，拟十月份计划，九时三刻散，十时半寝。

九月十二日

上午拟工商登记手续。下午先通过资方札百货下月份计划，晚计划通过大会。看报。九时寝。

九月十三日

上午排招牌字，拟登记手续。下午同。晚开小组[会]研究伙食及通过登记各问题。八时三十分散。九时寝。

九月十四日

上午为准备登记手续。下午为棉布统购统销棉布盘存。晚各单位开会为发棉布及讨论，我和善庆守门，十时散。十时一刻寝。

九月十五日

上午填送十月份要货计划。下午开票登记。下午三时，中央人民代表大会开幕广播毛主席报告。晚开小组会。城阳小学、县中、城阳剧团到街头宣传棉布统购统销，今日起购布用购布票。九时半寝。

九月十六日

上午造开出票纸表。下午保险、发薪金。晚看报。九时寝。

九月十七日

上午整理账目、核用途、造单、送会计。下午整理橱仓。晚看报。秋生值日回去，我守门。九时半散。九时三刻寝。

九月十八日

上午核收支，到银行对账。退保险，填四家调查数字表二三种，写登记表。晚开小组[给]讨论事务业务，九时散。今日值日守门，至九点四十分。十时寝。今日门口小菜摊划出白线，行路较宽。

九月十九日

上午填报数字，整理各件资料。下午登记开票。晚开小组，三人。九时寝。

九月二十日

上午、下午合伙契约盖印签字。开支票登记开调拨单，晚守门，九时一刻寝。西门内四科厅内生火，工商联开会，有一部分会员来此宿。

九月二十一日

今日盖印淡旺季情形表数字及原有工作。晚有电影《结婚》，因机器坏，要到后日放映。爵、贤、仙花、中南均去即回。晚开小组[会]、看报、洗浴。九时寝。

九月二十二日

下午写经营计划及日常事务。今日值日。晚开本店大会讨论学习棉布统购统销及管理膳食问题。爵去黄友处学习，九时半寝。

九月二十三日

上午填登记表。下午同。办经营计划，晚农村开会。有电影《结婚》，爵、贤、仙花均去。九时四十分寝。

九月二十四日

上午集资产盘存簿，盖印。下午三时，送工商联。今日，向中百购一千五百余万元货，自开业来最多的一天。晚农村开评比。十时五十分散。十一时寝。元源晚车到。

九月二十五日

上午核银行账。下午做进报拨工作。晚农村继续开会。十时二十分散。十时半寝。

九月二十六日

上午将一、二部送款簿和支票簿同张会计详细核对均符，不知错在何处。十时到店堂做营业。至下午二时进内做开票登记工作。晚农村续开会，至十时一刻散。每晚承章金同志守门，心感之至。十时半寝。

九月二十七日

上午银行来谈营业摘要及业务计划。十时至下午二时做业务。二时后开支票及登记调拨等。晚开小组[会]，上午[亦]开小组[会]，九时半寝。

九月二十八日

整理积件，九时半至下午二时在店堂做营业开票登记调拨等工作。晚七时到二部开小组会，因一部借百货业开会。今日我和善庆值日，我因身体不适，他要我先寝。八时一刻寝。

九月二十九日

上午十时，发冷。向赵主任说明上楼睡觉。午饭未吃，至下午一时未起来工作，至三时半，发热。上楼再至次日晚，吃粥，由超姊烧来。

九月三十日

六时半起床支持工作。下午四时后，协助盘货工作。至七时十分，因农村开宣判大会，十时十分散。十时半寝。今日吃粥由超姊烧来。

十月一日

上午整理来价，将二十四种商品售给宏沃事，他们将布及袜子、面盆售给我们。下午日常工作。晚有电影开庆祝大会，爵、贤去看。我守店，利用时间写信。电影散十一时半。十一时三刻寝。

十月二日

上午核账。中午，在店堂。下午做日常工作。晚开小组[会]，九时半散。十时寝，天雨。

十月三日

上午核账。填送交流会，追加订账，十时至下午二时在店堂。下午做日常工作。晚小组会至六时散，写信。至十时寝。有电影《先进耕作法》，爵、贤去看，八时半散。

十月四日

核账，整理业务制度。中午做营业。今日清洁值日。泥水工今日来加明瓦。晚对棉布开小组会，订出十一月份要货计划。十时寝。

十月五日

造十一月份计划，向中百购货。下午理发、抹身。做日常工作。晚开大会半小时，通过计划，看报。八时寝。贤、爵去看电影《锄奸记》。

十月六日

上午开小组。到银行对数字。银行来问十一日至廿日现金数字。下午做清洁工作。晚本店开大会，八时半散。九时寝。

十月七日

上午写业务公约二份。下午完成。抹玻璃窗。晚开小组(六时半至七时半)。八时寝。

十月八日

上午核账，把交流证送二部及名字竹牌同时送去。核二部上月营业相差一百万，对后知他错在十百多写一万元，中百公司错结一百元及错结一万元，均去纠正。延庆错点牙膏二支。对中百应填旬报，我没有及时送去。平时说是说过，今后不论何种表格，及时送出，责任便轻。晚农村开会，八时半散。我因爵、贤去看电影，我等门，看周总理报告。

十月九日

上午录进货、钉名牌、挂报架，把室内外扫了霉灰，今日进货最多。明奎晚车到。晚开大会，业务计划、签名发大会证明。晨起，早上吃饭，业务忙时点心用粽子，半小时散会。八时寝。爵今日去宿展览室，贤去看电影。

十月十日

上午写棉布百货牌价。上午到工商科取登记许可证，去时因他们开会，又是第一期，只有明日再去取。交流会今日开始，因天雨，参加人不多。营业五百余万元。余九时一刻寝。振家下午六时到。

十月十一日

上午把牌价贴好，摆出到工商科去四次，新

联登记证今日领出，晚把明日上午核账搞好。九时五十分寝。贤、小兰、求真等去看电影。九时半散。

十月十二日

今日上午、下午在店堂做营业员。晚同。代出纳。晚十一时寝。

十月十三日

上、下午做营业员及日常工作，跑税局、银行。晚看了半小时报。十点半寝。

十月十四日

在店堂做营业，今日交流会最后一天。晚代值日守门至十一时散。十一时半寝。

十月十五日

今日在内做日常工作，并札十四日百货汇总。晚代值日守门。至十时四十分来。十一时寝。

十月十六日

十四日百货查核未准，今日值日并做日常工作。晚八时寝。

十月十七日

十三日百货汇总。下午三时复同启岳同核对。晚核家用。九时寝。

十月十八日

上午把十三日百货查准、抄表。下午日常工作。晚看报、核账。八时半寝。爵、贤去看电影《虎将》。

十月十九日

今日上午整理假休记录。下午资本簿贴花及謄会议录。晚共同对百货。八时寝。

十月二十日

上午做日常工作。复清理猪栏及王祯祥灶间，可将清出，把柴炭堆在王门灶间。下午做日常工作。晚看报，看美术杂志。八时四十五分寝。爵儿去协助县体育运动会工作。

十月二十一日

上午做日常工作。理出厨房用具。今日敲铁柜。下午做日常工作。整理厨房。晚开大会。八时二十分散。八点三刻寝。

十月二十二日

上午做日常工作。抄会议录，送扩大商品，向中百批准。下午同章先生对百货销货的卫生衫裤及球衫裤。晚开会学习，比较大企业、大商家十余人，在新联学习企业公私合营暂行条例。八时十分散。运动会明日开始三天，九时寝。

十月二十三日

上午做日常工作。去车站提发票，开调拨单等，同章先生对百货。下午同施秉鸿对百货。晚开大会，因数不全，漫谈。八点十分散。八点半寝。

十月二十四日

上午做日常工作。下午同章先生对布存尺寸。做日常工作。晚开大会，杨同志来报告。改订十一月份百货计划，要与棉布各占百分之五十。讨论十一月分订货计划。八时半散。九时寝。

十月二十五日

上午做日常工作。整理领用纸笔等。下午做日常工作。晚开小组会，拟十一月份要货计划。八时一刻散，八时半寝。运动会今日结束。

十月二十六日

上午做日常工作。到银行对账，核支票簿。下午划领物簿。做日常工作。晚开大会，到，因假缺席，仅十四人。通过十一月、十二月份要货计划。八时半寝。

十月二十七日

上午做日常工作，到银行对准存额，造十一月要货计划，至下午四时完成。做日常工作。晚因计划太大，开小组[会]再讨论缩小。七时散。八时寝。

十月二十八日

上午做日常工作。抄十一月份要货表。下午抄好。做日常工作。抄十二月份要货表。晚七时寝。

十月二十九日

上午造十二月份要货计划。做日常工作。晚核家用。工商代表在此开会。晚九时寝。

十月三十日

早起挑水。做日常工作。下午同。晚与爵、贤谈做人道理。八时寝。工商代表在此开会订合同，今日结束。

十月三十一日

做日常工作。下午理发。晚先开小组[会]，后开大会，议三问题及检查制度。八时四十五分散。虆去农村开会。后日挑城河（九点十五分）。九时半寝。

十一月一日

上午做日常工作。划表格。下午同。晚写信，替赵月溪守门。职工开会，八时五十分散。

十一月二日

上午做日常工作。牙肿近二三十天，今日拔去。九时睡床休息。下午做日常工作。晚看报。七点三刻寝。今日，挑城河。我因牙痛不能去，出粪箕二双。

十一月三日

上午做日常工作。划本月用表。下午同。晚开小组[会]，后看报。八时寝。

十一月四日

上午做日常工作。查移交发票本数、号码，并报税局、工商联。下午做日常工作。并准备去杭事务、定发票等。晚漫谈。八时寝。

十一月五日

上午做日常工作。整理报纸及纸、橱窗。下午做日常工作。在店堂。晚先开小组[会]，后开大会，报告上月收支情况，七时半散。八时寝。

十一月六日

今日天雨。上午做日常工作。到银行对账。下午在店堂，跑银行。晚看《解放报》佛子岭水库。今日我值日。晚八时十五分寝。

十一月七日

上午做日常工作。提货。下午做日常工作。晚看报。八时寝。

十一月八日

上午做日常工作。札录提货记录。料袋款今日汇出。下午做日常工作。准备明奎明日去杭汇款。晚看报。七时半寝。

十一月九日

上午做日常工作。在店堂。下午同。晚看报。阅《红楼梦评论》。八时一刻寝。

十一月十日

上午做日常工作。在店常。中午，前去看二婶母，已病床不起，风烛残年，命在旦夕矣。下午同。傍晚虆来一表妹，三十余年未会面矣（巧莲）。晚明奎到折货。八时寝。

十一月十一日

上午做日常工作。核对杭来货发票及本地发票至下午。晚与赵算布票及看报。因爵去文化馆画画，九时一刻来。九时半寝。

十一月十二日

上午做日常工作。今日提货八百余万。富中百陈同志来要材料。晚看古文。八时寝。天雨。

十一月十三日

上午做日常工作。材料已交陈同志，因与工商联数字不符，再查知因四家九月一日至五日共进布二十四匹，未报工商联，九月份月报只有新联报，故不知会。晚与爵儿谈。八时寝。下午巧莲去。

十一月十四日

上午做日常工作。巧莲女来看医生。进货登记。下午做日常工作。在店堂。晚看海外传说集，等门。虆去农村开会，九时二十分散。九时半寝。

十一月十五日

上午做日常工作。记提货，核半月来营业。棉布进货。下午做日常工作。在店堂。半月检查，晚看报。虆去农村开会，发购粮证，核家用。九时寝。

十一月十六日

上午做日常工作。今日下午发薪给。晚对百货。九时寝。札百货汇总。

十一月十七日

二叔婶母今日上午六时逝世，我和虆均去。晚虆去送殓。我日常工作。晚因百货汇总未竣，爵去开会。九时五十分寝。

十一月十八日

上午做日常工作。十一时，去送二婶，殡丧葬在马粪弄，与荣根嫂姑媳合墓。回来时，马粪弄吴家失火。回家再做下午工作，今日我值日。爵去开会。

十一月十九日

上午天较寒，日常工作。九时半才开始。下午同。晚看报。八时寝。

十一月二十日

上午做日常工作。中午做营业。下午同。晚看报，等门，九时后善庆来店，他守。我九时一刻寝。

十一月二十一日

今天上午因到前楼工作，有太阳，和暖。中午做营业。下午同。晚职工去开会。我们讨论业务及汗衫初步计划，守门至九点。爵去开会，八点五十分来。九点一刻寝。

十一月二十二日

上午做日常工作。核布票，在前楼。下午同。晚看报。同朱、赵谈业务，守门。他们八时去，我核家用。爵、贤去看城阳剧团表演，九时半散。十时半寝。

十一月二十三日

上午做日常工作。核中旬布票表，送出。下午同。晚看报、看古文。守门。九时三十五分散。九时三刻寝。天转和暖。

十一月二十四日

上午做日常工作。下午同。在店堂。晚守门。看《红楼梦评论》，九时十分上楼。开会，九时十二分来，九时十五分寝。

十一月二十五日

上午做日常工作。在店堂。下午同。今日天晴。晚看报。守门。工会开至九时一刻散。爵去文化馆协助开会代表布置，十时十分回来，十时一刻寝。

十一月二十六日

上午做日常工作。下午一时，因发冷请假半天，即上楼睡觉。发热。晚饭吃粥，在床上吃，未起床。

十一月二十七日

上午做日常工作。下午一时半，请假半天。理发，虆明日去沪。晚九点半寝。

十一月二十八日

今晨五点半起床，虆乘七时三十分车去杭赴沪。上午做日常工作。下午在店堂。晚守门。爵去小组开会，贤去看代表会表演。九时半寝。

十一月二十九日

上午做日常工作。下午同。三时半，小腹胀，大便欲下不下，到中联去请袁仁山处方服药，药由德一[堂]代煎。晚吃粥，由超姊代炊。

十一月三十日

上午做日常工作。下午同。四时后腰痛，即上楼就寝。小腹胀，腰疲，至九时不能入睡，人疲。爵、贤去看电影《白衣战士》。

十二月一日

上午做日常工作。下午同。三时后，去看仁山后，由韩尔中拟方服药。四时即寝。今晚腰痛转好。贤、爵去看电影《鸡毛信》。

十二月二日

上午做日常工作。下午同。晚看报。门口卖糖谈滑稽。同韩尔中先生谈医道。拟申请查账稽征稿，九时寝。今日仍服韩方药。

十二月三日

上午做日常工作。上月报表，今日报出。下午同。中午做营业。晚开学习小组[会]，在本店。讨论革命三条道路。八时半散。九时寝。

十二月四日

上午做日常工作。下午同。印发票簿到编号。晚开学习小组，八时散。天雨，寒，倾要下雪。九时一刻寝。

十二月五日

上午做日常工作。缮申请查账稽征书。下午做日常工作。代缮工商联置屋契，晚开小组讨论第三题，八时散，九时寝。天寒，雨。

十二月六日

上午做日常工作。下午同。三时后，整理三晚小组讨论笔记。晚开小组讨论第四题及以上三题，六时半开始，八时半散。九时半寝。

十二月七日

上午做日常工作。缮正昨晚小组讨论。下午做日常工作。并准备去三溪交流工作及跑税局、银行等。晚同上，八时看报。九时寝。天微雨。

十二月八日

上午做日常工作及交流会工作。下午同。因舅父休假，跑税局、银行，得虆来信，澂产一女，母子均安，甚慰。晚电厂开理监会，决定添股催股问题，询查五四年决发股息，减低费。八时散。九时寝。

十二月九日

上午做日常工作。准备他们去三溪口交流。

下午同。在店堂做营业员，晚工商联学习宪法，金泉司傍晚到，九时半寝。

十二月十日

上午做日常工作。下午同。今日天晴。抹身，更小衫。

十二月十一日

上午做日常工作。并打住商外销，因结错，由赵先生自由车去追回更换，累他踏了卅六里路(到练头十八里)。下午同。晚到工商联学习。九时一刻寝。有霜。

十二月十二日

上午做日常工作。报上旬布票数。中午做营业。下午同。晚工商联学习。九时一刻寝。有霜。

十二月十三日

上午做日常工作。造中百代销商品表，送税局盖印。下午同。晚工商联学习八十四分，九时一刻寝。有霜。

十二月十四日

上午在前楼做日常工作。下午同。汝银今日来剥核桃树皮。金秀鸿下午三时后去三溪口。晚工商联学习。九时一刻寝。

十二月十五日

上午做日常工作。中午做营业。下午同。晚工商联学习。九时一刻寝。今日得玄儿国外寄来自己纪念品，很愉快。明日当去函告鬗。

十二月十六日

上午做日常工作。中午在店堂。下午赵先生去永昌租房子，参加交流，我在店堂。三时半，做日常工作。晚工商联学习，中间工商科来布置收农产品，叫农民纳农业税，后继续学习，至八时半散。金燧宿此。九时一刻寝。

十二月十七日

上午做日常工作。中午做营业。下午同。三溪口交流会今日回来。汝银树皮今日剥好，共四天。晚因临安剧团演剧，学习停，我写信，九时一刻寝。

十二月十八日

上午做日常工作。造一九五五年一月份要货计划。下午同。晚守门。爵、贤去看临安剧团《薛刚闹花灯》。九时半散。十时寝。

十二月十九日

上午做日常工作。缮复写好一月份要货计划。下午同。晚守门。爵、贤去看剧。十时四十分寝。

十二月二十日

上午做日常工作。今日上午本店去永昌参加交流。下午同。晚值日守门。十时半散。十一时寝。看报。阅《红楼梦评论》。

十二月二十一日

上午做日常工作。下午同。晚人疲早寝。七时寝。

十二月二十二日

上午做日常工作。下午同。爵去永昌看交流。晚看报，苏联文化会报告及中共贺电。八时一刻寝。

十二月二十三日

上午做日常工作。下午同。晚看报。爵、贤去看电影《民间体育运动》。八时寝。

十二月二十四日

上午做日常工作。下午同。晚看报，等门。爵去工会工作，八时四十分回来。八时三刻寝。

十二月二十五日

上午做日常工作。下午一时，支工商账册盖印，三时回来。晚看报，八时半上楼。富纱花公司同志来。爵去画。核家用。九时一刻寝。今日草棚拆去。

十二月二十六日

今日微雨，幸昨日拆。上午日常工作，并查女爱司(S的谐音，将头发固定成S状的发夹)和文具。下午同。晚看报。八时三刻寝。

十二月二十七日

上午日常工作，并整理准备移交。下午同。查销货。晚同。并做好明日上午工作。晚八时五十分寝。

十二月二十八日

上午将工作交给张会计和朱出纳二人，整理了自己工作。理发。整理行装。晚八时半寝。

十二月二十九日

上午乘七时半车去杭，替店中办货。晚去寻赵璧，未遇，回栈。九时半寝。

十二月三十日

上午办货。中午，去看湘，知赵璧在，要定晚六时去，遇到，七时回栈。核账、看报，九时半寝。

十二月三十一日

上午乘七时车去沪。到澂处，适一时。午膳后，闲谈未出。晚铺床，十时寝。

一九五五年

一月一日

昨日来沪，宿澂处。中午壬儿夫妇来，晚饭后去。闲谈。晚听广播，十时寝。

一月二日

上午去嬸朱处。九时半同帆（藜）去壬儿处。午膳后翌中值日去公司，我们三人闲谈至二时半一同出门至南京路。五时半我和帆（藜）回澂处晚饭。晚听广播，十时寝。

一月三日

上午在大时鸣钟附近玩。下午去南京路。五时半回来。晚听广播，十时寝。

一月四日（十二月十一日）

同三日。今日是我生辰。澂宰鸡吃面。

一月五日

同三日。

一月六日

上午在大时鸣钟玩。下午去淮海路及嬸朱处。五时半，回澂处。晚听广播，十时寝。

一月七日

上午在附近玩。下午去南京路。晚听广播，十时寝。

一月八日

晨乘八时车返杭。下午二时到杭，替店中买物。晚上时去亮嫂处。回来看报、核账，九时半寝。

一月九日

上午买物至中午去看湘。下午替店中买物。晚整理货物并札。十时寝。

一月十日

上午将货送出办货。下午同。晚看六龄童孙悟空剧。十一时散。

一月十一日

上午再办货。打出口印。乘下午一时四十五分车回新，到站被（背）包不见，不知卸在富阳抑或松溪。晚九时半寝。

一月十二日

上午做日常工作。中午去车站将被（背）包背来，知卸在富阳。下午同。晚九时半寝。

一月十三日

上午做日常工作，下午同。晚看报至十时寝。

一月十四日

上午做日常工作，下午同。晚工商联开大会，王镇长做报告。抹身更衣。超姊来整理草棚上卸下的竹杆。晚十时寝。

一月十五日

上午做日常工作，下午同。舅父今日做出纳。跑银行、税局由我兼。晚工商联学习，九时散。九时一刻寝。

一月十六日

上午做日常工作，下午同。晚工商联学习。九时一刻寝。十时寝。

一月十七日

上午做日常工作，下午同。晚工商联讨论王镇长的报告。九时一刻散。九时三刻寝。

一月十八日

上午做日常工作。下午同。晚核家用。九时三十分寝。

一月十九日

上午做日常工作。下午同。晚准备爵去沪，

与他谈。九时寝。

一月二十日

爵儿今晨乘七时三十分车去杭，赴沪。为接受大哥劝导，对自学有所帮助。上午日常工作。下午同。晚看报写爵、壬儿函。十时半寝。

一月二十一日

今晨为了寄壬儿函，想早一些到，拖明奎带杭投寄。上午做日常工作。下午同。三时后写三、四组决心书。晚看报。今晚值日、接班、等杨同志门。十时十分镇开会散。十时寝。

一月二十二日

上午做日常工作。下午同。明奎早车返。晚看电影《幸福的生活》，贤去看。我今日值日守门。九时一刻寝。今晚农村开军属会。我回[复要]守门，未去。送门对一付、信一封。

一月二十三日(除夕)

上午做日常工作。下午同。晚理发，替舅父关门，十时去。十时一刻寝。贤儿去看电影了。

一月二十四日(农历元旦)

晨七时半起床，九时半同贤儿、欲东夫姊、超姊、长辅同到潭山头谒父墓。他们回家。我和贤再去大姊夫妇墓。本想去二姊墓园，来雨，折回到家。午后一时至三时店中叙(聚)餐。晚同贤看书，补记日记。八时寝。

一月二十五日

七时半起床。上午写信给爵儿。下午同贤儿做清洁工作。晚开军民联欢大会招待军属。九时半散。十一时寝。

一月二十六日

上午八时开店营业至下午一时。我一时去永昌，四时二十分回店。晚和贤[儿]看万[儿]来函和他校中函。八时寝。

一月二十七日

上午做日常工作。下午同。晚五时半即开始与贤儿夜自修，今晚贤[看至]二十时。我看古文及拟壬儿函稿。八时半寝。夜雨。

一月二十八日

上午做日常工作。下午同。晚五时半开始学习。贤儿[看至]二十时。我看古文报纸。八时半寝。接惟勤来函。

一月二十九日

上午做日常工作。下午同。今日有农村剧团会演竹马、异和灯。关荣、关妹来。晚守门，看陈报。十时五分寝。

一月三十日

上午做日常工作。中午在店堂。下午同。晚守门。看报载《西游记新解》。九时半寝。今日又有狮子及农村剧团会演。今日下午、晚上盘货。

一月三十一日

上午做日常工作。下午同。抹身更衣。晚看报守门。十时半寝。

二月一日

上午做日常工作。下午同。晚看报守门至十一时一刻。贤九时五十分回来。十一时二十分寝。

二月二日

上午做日常工作。下午同。晚城阳镇青龙上街。爵儿下午车到家。晚十一时一刻寝。

二月三日

上午做日常工作。查上月肥皂销数。下午同。今日值日。晚看报守门。贤儿去看狮子，爵儿去看剧团。十时一刻寝。

二月四日

上午做日常工作。查上月肥皂。下午同。宜之先生傍晚到宿。晚开小组会，讨论三月份计划。八时半寝。喉间燥，服乌元参、胖大海。

二月五日

上午做日常工作。查肥皂今日差异。下午同。傍晚关荣来。晚与宜之先生谈天，和贤、爵谈天。九时寝。天晚雨。

二月六日

上午做日常工作。整理布票及表格。下午同。晚出石灰缸。与宜之先生、关荣略谈。九时寝。天雨。

二月七日

上午做日常工作。下午同。天雨。晚与宜之先生、关荣谈天。九时半寝。

二月八日

上午日常工作。下午同。关荣今日回去。晚与宜之先生闲谈家常。八时寝。天晚雨。

二月九日

上午日常工作。下午同。下午二时开小组会至四时。今日膳食开三桌吃。晚农村开会，厉主任布置生产，杜同志报告。信用合作吕香英[谈]棉布统购统销，九时一刻散。九时三刻寝。天雨。

二月十日

上午做日常工作。下午同。下午二时半开小组会至四时，讨论五五年经营计划。晚农村开会，发布票、煤油票，每户半斤。早上买过的自报返还，我家已买过半年，故返还煤油票。归来，爵、贤在店堂。八时半刻寝。

二月十一日

上午做日常工作。下午同。下午二时半开小组[会]继续讨论。晚工商联开大会，工商科报告一九五五年建设公债的意义，陈院长报告柴阿明违反市场管理、不守法令、赌博、套购食油、妻窃取等违法行为。九时一刻寝。

二月十二日

天雨雪。我在楼上工作，整理自用帐。督贤儿看《苦儿努力记》。晚在本店开小组[会]讨论。昨晚沈科长报告。九时一刻寝。

二月十三日

天晴日不出。上午做日常工作。下午同。写惟勤信。晚继续讨论会。明日我值日扫地。九时半寝。章全回店。

二月十四日

上午做日常工作。下午同。今日值日。贤有的级任老师吴先生来访问。上午发薪(下半月)。下午整理料材。晚工商联开认购公债，我认三十万元。九时半寝。今日日出，更衣抹身。

二月十五日(天晴)

上午做日常工作。下午同。造一九五五年营业及开支。晚督贤儿看书。核家用。八时三刻寝。

二月十六日

上午做日常工作。下午同。拟合营前后情况。晚工商联开会，甲方填表。九时二十分寝。

二月十七日

上午做日常工作。下午同。晚看报、督贤课。九时寝。

二月十八日

上午做日常工作。下午同。下午二时开资方小组讨论总结。四时整理。晚继续开会。我录宋庆龄语作日历。九时一刻寝。

二月十九日

上午做日常工作。下午同。做总结。晚看报、听故事。九时寝。

二月二十日

上午日常工作。下午同。将总结及估计收支表交职工代表看。晚到工商联听报告，后庆祝大陈岛解放，反对美帝原子战争签名。城阳剧团表演，爵、贤去看，十一时十分散。十一时一刻寝。

二月二十一日

上午做日常工作。下午同。下午五时半开资方小组会，讨论劳方建设三点。晚工商联开大会，沈科长报告币制改革，九时半散。贤未归，我到家，他才来说亦在人民大会堂听报告。十时寝。

二月二十二日

上午做日常工作。下午同。把合营前后概况誊好。藆祁三时捐建特班次到。晚看报听广播，在前楼店堂职工开小组会。九时寝。

二月二十三日

上午做日常工作。下午同。今日营业二部共八百余万元。晚工商联开大会，沈科长报告目前形势、解放台湾、反对原子战争、我们的任务。税局钱局长报告，所得税汇算清缴问题。十时散，十时半寝。

二月二十四日

上午日常工作。下午同。再复写合营前后概况。今日理发。晚各组在店开小组讨论，反对美帝试用原子武器及明日准备缴二月份公债。九时一刻寝。小可来宿此。

二月二十五日

上午日常工作。下午同。合营前后再缮，今

日缮毕。即日起银行停止对外收付。三月一日卖行新币。晚小组讨论，九时散。虆去农村开会，妇女三八节生产，九时十分散。理发更内衣。

二月二十六日

上午日常工作。下午同。下午三时后盘百货、今日我值日。小可上午去。求真下午来。晚看报。八时三刻寝。

二月二十七日

上午日常工作。下午同。晚上开小组会讨论新币，准备一切工作。九时寝。合作社同志来布置迎接新币工作。

二月二十八日

上午做日常工作。下午同。周文淇先生下午一时来和芦经理谈至二时，和我谈至三时半去。晚盘棉布。九时三刻寝。

三月一日

上午日常工作。今日发行新币（新与旧比是万比一即万元换一元）。上午发薪水用新币。下午做日常工作。晚与超换成新币价。中百来检对商品价拾。九时半寝。

三月二日

上午日常工作。下午同。下午五时开小组讨论四月份计划。晚工商联开会组织。五联营小组推小组长及学习制度。九时一刻寝。更外衣。

三月三日

上午做日常工作。下午同。晚核家用。九时半寝。

三月四日

上午做日常工作。下午同。晚开联营小组，八时半散。冠妹来闲谈，十时二十分寝。四月计划表造好。

三月五日

四月份计划修好再缮。上午做日常工作。下午同。七时开小组会讨论中百协议书，到期再申请延长。看报。与冠妹闲谈家务。十时四十分寝。

三月六日

上午做日常工作。下午同。抹身更衣。查上月百货，向中百申请经销延长，晚写信。冠雄十一时十分来。十一时半寝。

三月七日

上午做日常工作。下午同。查百货售票。晚五时学习小组。九时寝。

三月八日

上午做日常工作。下午同。天寒晚雨。晚去农村开三八妇女会，十一时散。十一时一刻寝。看报。天雨，脚未洗。

三月九日

上午做日常工作。下午同。晚札材料，拟答敦儿信。九时寝。

三月十日

上午日常工作。八时半开始，赵、施、我三人替中百理布票十二万余尺，至五时五十分毕。晚五联小组学习。今日我值日。等门。因杨读夜书今日第一天开始，十时散。十时一刻寝。

三月十一日

上午日常工作。下午同。下午十二时半开资方小组二小时。晚开业务小组至九时十分散。十时寝。

三月十二日

上午做日常工作。下午同。晚看报闲谈。八时三刻寝。中午热，傍晚转寒。

三月十三日

上午做日常工作。下午同。晚看报，听广播。模范给奖大会。写敦儿信。十时寝。抹身更衣。

三月十四日

上午做日常工作。下午一时至五时与赵同理中百交来布票。晚联业小组[开会]，因人少漫谈，八时半散。守门（杨、程去开会）。十时寝。

三月十五日

上午做日常工作。下午同。洗厨仓（橱窗）一座。晚把给敦儿信写完。九时寝。

三月十六日

上午做日常工作。发薪。下午做日常工作。晚看报，守门。八时半写信。十时寝。

三月十七日

上午做日常工作。下午同。晚开联会小组会，八时半散。与高闲谈至九时。九时半寝。

三月十八日

上午在店堂。下午同。晚看报，守店。八时后上楼写信。九时一刻寝。今晚致和门口有唱有说卖(白牙精)。

三月十九日

上午做日常工作。今日小百货二十四种提来经售。下午做日常工作。晚开资方小组。闲谈扒手、骗子、衣滑头。今晚在二部门口说唱，春泉来隔园。十时寝。

三月二十日

上午在店堂。下午同。今晚店里吃蒸糕。今晚施、许、赵、杨、我，讲古事笑话，九时散。九时半寝。

三月二十一日

上午做日常工作。下午同。天雨理发。晚开联业小组学习。抹身更内衣。十时寝。中午林荣来。

三月二十二日

上午做日常工作。下午同。今日检查计划，下午三时提货。晚看报，等门。施、许二人读历史，九时二十分散。九时三刻寝。

三月二十三日

晨与爵儿把店中柴理好，准备泥水来做路。上午做日常工作。下午同。晚饭后挪门，好后面的台门。同鬈再理出断石，为减少泥水工作。晚看报，九时寝。

三月二十四日

上午做日常工作。下午同。民主社来，要十二月一、二日营业数字。晚学习，八时半散。有卖糖在同春和门口，十时散。九时三刻寝。关妹来。

三月二十五日

上午在店堂。下午同。晚看报，看《中国青年》。有卖糖。八时半散。九时寝。关妹去。

三月二十六日

上午在店堂。下午同。晚看报，守门。九时寝。春泉中午来隔园，张会计来。

三月二十七日

上午在店堂。下午同，今日星期日，下午缴所得税。晚看报，程值日，因开会，我守门，八时五十分散。九时寝。

三月二十八日

上午做日常工作在店堂。下午同。晚看报，守门。有电影《勇敢的人》，贤、爵去看。微雨。九时一刻寝。

三月二十九日

上午在店堂。下午同。盘百货。晚看报，守门。九时一刻寝。

三月三十日

上午做日常工作。检查提货情况，准备下月用表格。下午检查不符百货物品。晚看报，守门。电影《勇敢的人》不售卖，重映。九时一刻寝。

三月三十一日

上午做日常工作。折卖公债今日开始兑付。下午同。下午十二时至一时四十分开业务小组会，为工资问题，为新安会所问题，后推方慎之、詹润祥二人为代表，四时散。晚五时至七时四十分职工开会。七时四十分至九时由张明奎代表传达资方小组会。九时三刻寝。爵、贤去看电影《斩断魔爪》。

四月一日

上午检百货传票。下午到银行支款发薪。晚讨论五月份要货，守门。今晚有电影《人往高处走》在大礼堂放映，因天雨。九时一刻寝。爵、贤去看。

四月二日

五月要货计划上午造好。下午到银行支款，杨出纳多付我五十元(支一百五十元，付我二百元)，到店查多五十元即送去还他。到工商联开采购证明，到农村告假。晚理行装。爵、贤去看电影《南征北战》。九点三刻寝。

四月三日

晨去杭。饭后去亮处及湘处，把倮倮送出，再去钱庄及中下和上仓桥。晚看报。九时寝。

四月四日

上午买店要办物。下午去买元书。三时后去钱庄。晚看报。九时寝。

四月五日

上午七时湘来，同去赵嫂处。午饭后同去亮

处。看四时电影《银灰色的粉末》。湘宿馆中。九时寝。

四月六日

早饭后湘去校。我略迟，去平湖秋月同看蜡人展览会，她回校，我回旅馆。下午三时去上仓桥拿百布。晚看江南越剧团《梁山伯祝英台》剧。十一时寝。

四月七日

起床整理行装吃早饭。去买糖，将行李车至车站。乘四路车去西山公园，乘西湖船回湖滨。吃中午饭，再至清河坊问中药价格。乘二时三十分车回新，五时五十分到站。晚看报，核账。九时半寝。

四月八日

晨核去杭用账。八时去工商联开致和股东会，开了五四年股息、五二年股东垫资款。都入股。赵姊提出困难想发还，后来我将我的股息作入股十股抵她的股金，如此，她可将上次垫款收回。晚店开小组[会]，我将杭钱庄提来的二百元七角五分中之二百元，拟百元购公债，百元拿来存店中，作必要之需。晚九时半散，十时寝。

四月九日

今日照常工作。下午同。并核去杭用账，中午银行杨同志特来表示[感谢]，说我将上次算错的五十元钱还他，非常感激，说少了钱，不但要赔还要检讨。晚看电影，爵、贤去看，我守门，九时三刻散。十时寝。卫生宣传片。

四月十日

上午做日常工作。九时同杨启岳做里进清洁工作，许先生也来协助至五时吃晚饭。晚看报，守门。九时半寝。

四月十一日

上午做日常工作。核计旬布票数。下午同。晚看报。爵八时半回来，我和蘩同他谈到十一时寝。

四月十二日

上午做日常工作。拟推销上山袜合同。下午理发，抹身更衣。日常工作。今日值班。晚看报，守门。爵协助农村填表，十时半回来。十时三刻寝。

四月十三日

上午做日常工作，今日舅父休假。银行税局成立。下午同。晚饭后开小组[会]。晚七时札第四季要货材料。九时一刻寝。晚九时半即郎家庄失慎，城阳镇消防队去救，乘汽车去，在小东门失事，伤多人。

四月十四日

上午在店堂。下午同。跑银行税局。晚工商联开学习会，九时十五分散。九时三刻寝。

四月十五日

上午在店堂。下午同。月溪往富买纸包皮布。晚职工在店堂开会。我在家中核家用，爵、贤同灯学习。小兰来宿此。十时寝。

四月十六日

上午做日常工作。发薪。下午同。到镇公所去了一趟。在店堂。晚看报及《伟人少年时代》，守门。九时半寝。

四月十七日

上午做日常工作。富纱花布公司来重填月报及抽查，布票缴数不符。下午小组学习，守门。晚看《大公报》。有电影《五一劳动节六亿人民的意志》，贤、爵去看，九时散。九时一刻寝。

四月十八日

上午做日常工作。在店堂。下午同。晚开学习小组[会]，今日重整后第一次，七时开八时半散。九时一刻寝。

四月十九日(天寒)

上午日常工作。在店堂。下午同。晚看报，看《伟大人物少年时代》，守门。九时寝。芦经理去开人民代表会。

四月二十日

上午日常工作。富纱花公司来查材料。下午同。晚看报守门。有电影《渡江侦察记》，十时十分散。十时二十分寝。求真来。

四月二十一日

上午做日常工作。在店堂。下午同。今日值日。更内衣抹身。晚开学习小组[会]。九时寝。

四月二十二日

上午做日常工作。在店堂。下午同。晚看报

闲谈。赵先生去工商联开会。九时寝。求真去。

四月二十三日

上午做日常工作。在店堂。下午同。今日善庆头痛，柯任出纳。晚看报、看《伟人少年时代》，爵、贤去看城阳镇剧团和城岭区校剧团为代表会表演。九时三刻寝。天阴晚微雨。贤今日戴红领巾。

四月二十四日

今日请假，因是星期日，同蘩、爵、贤四人，八时出发先至父母墓，至长盘祖父墓，至大姊夫、大姊墓、二姊墓回来。下午四时，随带蓬青稞、甘蔗糖作野餐。晚看报，来一峰来略谈。九时寝。天阴晴。

四月二十五日

上午做日常工作。在店堂。下午同。富纱花布公司来问四月份计划不能完成原因。晚开联会学习，小组学习民丰、华丰合营后情况。九时一刻寝。抹身更衣。

四月二十六日

上午做日常工作。在店堂。下午同。晚看报，守门。八时三刻进来。九时寝。

四月二十七日

上午做日常工作。在店堂。下午同。赵月溪先生去湘溪推销上山袜。晚看报看书，守门。九时二十分钟善庆来，我上楼开会来。九时半寝。

四月二十八日

上午做日常工作。在店堂。下午同。做三小时清洁工作（明瓦棚下抹玻璃）。晚学习小组［会］，因人少延期。守门、看报至九时。九时半寝。

四月二十九日

上午做日常工作。在店堂。下午同。三时理发。今日值日。晚看报守门。今晚学习小组［会］又开不成，消防队在店开会，八时至三十分散。九时寝。

四月三十日

上午做日常工作。在店堂。下午盘棉布，打防疫针。晚看报。八时一刻上楼。八时半寝。

五月一日

上午做日常工作。在店堂。上午发十元薪金。下午做日常工作。在店堂。薪发齐。晚看报。八时半寝。启岳今日回店。今日起有午睡。

五月二日

上午做日常工作。在店堂。下午同。六时半开小组［会］，七时开大会，九时一刻散。九时半寝。

五月三日

上午做日常工作。在店堂。下午同。晚拟订六月份计划。爵儿出外，九时零五分回来。九时一刻寝。今晚有月色。

五月四日

上午做日常工作。在店堂。下午同。晚修订六月份计划。大礼堂庆祝五四青年节文娱活动。看报守门，十点十分散。十点半寝。

五月五日　天晴

上午做日常工作。六月份要货计划今日中午送出。下午在店堂。理发沐浴。晚工商联开会，许百年、奚文如作检讨，王镇长、宋翰同志作报告，九时五十分散。十时一刻寝。

五月六日（天阴晴）

上午做日常工作。向银行贷款。下午同。准备到城岭区参加茶市，未午睡。晚各同行开小组［会］，讨论昨晚王镇长报告。守门看报九时十分。九时半寝。

五月七日

参加城岭区茶市。我店今日去四人，芦经理亦去当日回来。上午做日常工作。查百货、下午同。未午睡。晚看报守门。九时一刻寝。

五月八日（天阴晴）

上午做日常工作。在店堂。今日值日。晚守门看报。九时一刻寝。张会计咳血。王信晚到。

五月九日

上午在店堂，做日常工作。下午同。金泉司今日咳血。晚开学习会。九时半寝。王信晚到。

五月十日

上午在店堂，做日常工作。下午同。跑税局银行。晚洗浴看报。今晚有电影《钢铁战士》爵、贤去看，九时半散。九时三刻寝后雨。王信来。

五月十一日

上午做日常工作。在店堂。下午同。晚写信

等门，职工开会，九时二十五分散。九时三刻寝。求真来。

五月十二日

上午做日常工作。在店堂。下午同。杨启岳去何阜送货去（下午）。晚守门［至］九时一刻。今晚学习九时散。九时半寝。

五月十三日

上午做日常工作。在店堂并去工商科。今日午时起售红白糖。下午同。在店堂。晚看报守门至九时十分。九时半寝。

五月十四日

上午做日常工作，在店堂。下午同。今日开始售糖果。晚看报、守门至九时半。九时三刻寝。

五月十五日（天晴）

上午做日常工作，在店堂。下午同。晚中百公司召开大会，财务会，杨同志亦来参加，为七月我店收支不能平衡、中百棉布部撤销我店资金问题开会，我店如何来端正经营作风，八时半散。洗浴，九时半寝。

五月十六日（天晴）

上午做好工作。今日起开支票调拨单由善庆工作。我在店堂。今日起向人民银［行］押款借款。晚看报守门至十时五十五分。金泉司要去农村开会。十一时一刻寝。

五月十七日

上午在店堂。下午同。下午因善庆去镇公所工作，开票调拨仍由我做。今日值日。晚守门。去农村开会，九时半回来。善庆去镇工作，十时三刻回来。十一时寝。

五月十八日

上午在店堂。下午同。晚守店至八时一刻，因连日至十一时。午睡未睡。善庆去镇填发购粮证，由章全关门。八时半寝。

五月十九日

上午在店堂。下午同。晚守店至八时上楼写信。九时半寝。今日下午有江苏南通红旗马戏团演出。

五月二十日

上午在店堂。下午同。今日因善庆请假，开票及调拨单工作仍由我做。晚守门至八时上楼写信。九时半寝。贤去看马戏。

五月二十一日

上午做日常工作。在店堂。下午同。晚看报守门至九时。九时半寝。

五月二十二日

上午在店堂，做日常工作。下午同。未午睡。晚看报听广播。八时上楼核家用。九时半寝。

五月二十三日

上午做日常工作。在店堂。下午同。晚学习会，因人少未开。下午五时半开业务小组［会］。九时寝。

五月二十四日

上午做日常工作。在店堂。下午同。晚看报载有关胡风等篇章。守门至九时半。九时三刻寝。日来红糖大销。

五月二十五日

上午做日常工作。在店堂。下午同。晚看报八时半回来。九时寝。

五月二十六日

上午做日常工作。在店堂。下午同。何阜外销，下午四时回来。晚去工商联学习小组会，因人少未开。九时半寝。理发抹身。

五月二十七日

上午做日常工作。请袁岳拟方服药，因脚掌心热，下午晚上更甚。在店堂。下午同。晚守门、看报。九时一刻回家。九时半寝。

五月二十八日

上午做日常工作。仍服袁方药。下午发票编辑送工商联税局盖印。没有午睡。晚看报、听周末广播。九时寝。

五月二十九日

上午做日常工作。在店堂。下午同。晚看报，八时后写信。九时半寝。店门口今晚有一自拉自唱。坛山上割麦，爵、贤二人自去自割。

五月三十日

上午做日常工作。在店堂。下午盘棉布。晚开小组［会］。九时半寝。

五月三十一日

上午做日常工作。在店堂。下午同。晚准备

明日往万市桥参加茧市推销组。九时寝。

六月一日

今日去万市桥、春英外销。同行四人。

六月二十日

晨五时起床同金同志把外销表造好，缴上税。同杭即荀同志坐独轮车回城。在洞桥吃中饭，下午至七板桥。今日月蚀，至三溪口时，街上儿童老小均在用玻璃涂上墨或用面盆置水观看。到家已六时，洗浴更衣。九时三刻寝。

六月二十一日

核出外销用款及分配账。下午一时电厂开董监事会，公私合营批准。晚继续开会九时半散。研究些具体问题。九时三刻寝。

六月二十二日

上午做日常工作。下午同。把外销传票装订及其它工作。理发沫浴。九时寝。

六月二十三日

上午日常工作。检查六月份提货计划。下午同，有午睡。晚看陈报。今日值日，接班扫地。九时半寝。

六月二十四日

上午做日常工作。下午同。在店堂。今日值日，里外大扫一次。晚守门。綮去农村开会，节约大米，九时四十分散。十时寝。

六月二十五日（九十四［华氏］度）

上午做日常工作。下午同。在店堂。晚看报、天热。九时半寝。

六月二十六日

上午做日常工作。在店堂。下午同。今日请仁山拟方服药，因脚手心热。晚早寝，八时半。三时半店开大会半小时。

六月二十七日

上午做日常工作，在店堂。下午同。六时开资方小组会。晚有电影，因天雨延期三十分。八时寝。

六月二十八日

上午做日常工作，在店堂。下午同。今日对百货。晚开业务小组。今晚有电影《山间铃响马帮来》九时寝。

六月二十九日

上午做日常工作，在店堂。下午同。盘棉布。纱花布公司来要材料。晚有电影，因雨未放。写信。九时半寝。

六月三十日

上午做日常工作。下午同。今日进一批［货］。中百在永昌展览，百货登记及调拨，人少未午睡。晚看报。有电影，爵、贤去看。四姊来。九时一刻寝。

七月一日

上午做日常工作。下午同。上午售红糖一百斤，一小时多即罄（每人半斤）。晚抹身。六时一刻寝。

七月二日

上午做日常工作，在店堂。下午同。二部调拨较多。今晚糖果分专柜，由杨启岳同志负责。晚写信。九时一刻寝。今日红糖二部发售。

七月三日

上午做日常工作，在店堂。把记事工作牌改订过。下午同，抄六月底存货表。晚看报。九时半寝。玉根［用独轮车］来车石子。

七月四日

上午做日常工作，抄存货表。下午同。晚在店堂，九时打烊。洗浴，九时三刻寝。玉根去。春泉来削黄豆［草］。

七月五日

上午做日常工作。八时在店堂。晚至九时打烊。抹浴，因贤儿去看马戏，十一时一刻寝。冬梅、一椿来。

七月六日

上午做日常工作，在店堂，抄存货表。下午同。晚六时三刻骤雨天凉。看报。九时一刻寝。小兰、南华来。

七月七日

上午做日常工作，抄存货簿。下午定八月计划。晚包火柴。爵儿明日去杭投学，谈一小时半。十时寝。冬梅去。

七月八日

上午做日常工作，填布票表，总八月份计划表。下午同。爵儿今晨去杭投考中学。天雨(傍晚)转凉。八点半寝。小兰、南华去。

七月九日

上午做日常工作，抄存货表。查同裕五三、四年销布。晚蘩去开家长会与贤同去，十时十分散。十时半寝。

七月十日

上午做日常工作。查五四年同裕布、土布货销售金额和尺数，周志标二人查审。下午造总表，抄六月盘存表，今日完成。晚有公安局电影，贤去看。十时一刻寝。

七月十一日

上午做日常工作。上午周志标查五三年，下午造总表。湘中午到，贤去等三班车不到，贤到家。十几分钟湘来。下午二时开业务小组[会]，晚开大会，三时半开始七时半散。洗浴，十时寝。

七月十二日

上午做日常工作。做清洁工作，把书橱圆桌抬下楼来。下午同。在店堂。晚看报。九时半寝。

七月十三日

上午做日常工作，下午同。今日有午睡。对百货核销。晚有电影《智取华山》，贤、湘因看过均未去。

七月十四日

上午做日常工作，在店堂，查百货核对传票。下午同。晚百货调整牌价。九时三刻寝。

七月十五日

上午做日常工作，申请外销。下午电厂开理事、监事会议，撤销理监事机构，提常会候选人，五时散。晚守门八时半回来。九时寝。

七月十六日

上午做日常工作。发薪金。下午同查六月份六尺以下鱼纹布票数。晚看报，在店堂，八时半回来。九时寝。芦经理到二部工作。

七月十七日

上午做日常工作，填布票表二页。下午同。填员工休假表一份。晚开小组会。守门至八时半。九时寝。长育来给湘、贤补课。

七时十八日

上午做日常工作，写潘信。下午同。因舅父请假，去税局登记。今天实行晚市两班制度。天雨。八时半寝。

七月十九日

上午做日常工作，查七月份六尺以下零散布数。下午同。今日值日。晚八时半洗浴。九时半寝。

七月二十日

上午做日常工作，开代销调拨单。下午布置专柜。晚同。九时毕。看报，九时半寝。求真来。

七月二十一日

上午做日常工作。检查七月计划。中百来查制成品，同裕、广和盛销布尺寸。今日代销专柜开业，由谭王信同志负责。晚看报，九时寝。调拨单核金额。

七月二十二日

上午做日常工作，核代销单。下午同。午睡未睡。晨拆南瓜棚(因大风塌)，晚拆四季豆棚。晚九时寝。看报，洗浴。中午到镇政府给爵儿的品德证盖印寄去。求真下午去。

七月二十三日

上午做日常工作。商改室王兆铨同志来了解情况，写信写稿。下午同，未午睡。晚电米厂开改组、公私合营大会，九时一刻散。九时半寝。

七月二十四日

上午做日常工作，在店堂。下午同。五时后开业务小组[会]。晚洗浴写信。十时寝。

七月二十五日

上午做日常工作，摘一至六月杂志及文具包札分类。下午同。晚值班，看报，八时三刻回来。写信。九时三刻寝。

七月二十六日

上午做日常工作，查一至六杂志分类。下午同。同在店堂。晚农村开地修会，十时散。十时半寝。

七月二十七日

上午做日常工作，分类誊正。下午同。在店

堂。晚商改办公室找来新联资方会议，十时散。十时半寝。

七月二十八日

上午做日常工作，查制成品布票自一九五四年九月至一九五五年六月。下午。晚六时札九月份计划。九时三刻寝。晚有电影，贤、湘去看。

七月二十九日

上午做日常工作，要货按号排先后，填代销合同。晚守门看报。洗浴。今日盘棉布。晚有电影，贤、湘、保华去看。小兰来当日回。九时半寝。

七月三十日

上午做日常工作，查开支料、代销数，把成衣账顶表填造。下午同。今日盘百货。守门，八时半回家。洗浴。保华午后回家，关荣来。九时半寝。

七月三十一日

上午做日常工作，核开支统计袋，兆铨同志来谈。五时半开业务小组［会］，兆铨同志来参加。晚有电影《山中防哨》，苏联五彩片，十时半散。十时三刻寝。

八月一日

上午做日常工作，九月份计划排前后。下午同。在店堂。理发、开小组会。九时半寝。

八月二日

上午做日常工作，填九月棉布要货表。下午同。晚开纯商大会准备，会十时散。十时半寝。爵儿下午车回来。

八月三日

上午做日常工作，七时半去大礼堂听纯商大会报告，十一时半回来吃饭。下午二时去讨论，五时半回来晚餐，七时半开会至九时半回来。今晚来军民联欢大会。十时寝。

八月四日

上午讨论，下午大会发言董主任总结，晚沈科长报告，十时三刻散。十一时半寝。

八月五日

上午七时半开会讨［论］，下午同，晚在店订出营业和开支指标，十一时散。十一时半寝。

八月六日

上午造布票表，请假未去出席。中午写小组发言稿，写经营计划，三时半去开会。晚董主任总结，十时一刻散。中午玄儿［从］朝鲜［请］假归来。十时半寝。

八月七日

上午做日常工作，编九月份要货计划。下午同。晚开大会讨论下半年营业指标、节约指标及九月份要货计划，十时散。十时半寝。

八月八日

上午做日常工作，重造要货计划表。下午同。晚开学习小组［会］，九时散。洗浴，写信。十一时寝。

八月九日

今日请假。对开支票、登记等工作，仍照常做。可抽出一些时间和玄谈谈。晚上亦同。九点三刻寝。

八月十日

上午五时半同玄、爵、贤、湘五人去父田和大姊夫坟，九时半回来。下午做店中事务。和玄聊些。晚开家庭会议，玄谈离家后一切经历。九时，玄、爵二人再谈。我抹浴，十时寝。

八月十一日

上午做日常工作。中午同玄儿、爵儿等谈话。下午同。爵去床睡。晚爵去开会，我们谈话。十时一刻寝。

八月十二日

上午做日常工作。中午与诸儿谈。下午做日常工作。晚与诸儿谈。十时半寝。

八月十三日

上午请假。仍做日常工作。玄儿今晨乘七时三十分车去杭赴沪，往朝鲜原防。下午照常工作。晚虆去农村开会，九时三刻回来。我因人疲，八时寝。傍晚下雨。

八月十四日

做日常工作。下午同。晚五时半开业务小组［会］。晚沫浴。九时半寝。别处下雨天转凉。

八月十五日

上午做日常工作，在店堂。下午同。跑银行。

晚看报。雷雨。隔壁有一雷从墙下，损桌楼板云。九时寝。木根断磨。

八月十六日

上午做日常工作。发薪。下午在店堂。五时半开业务小组[会]。晚电灯损耗(因昨震雷)。冬梅来、一椿来。晚写信。九时半寝。

八月十七日

今日请假，工作照常。回来在家写信整理。虀明日去津。晚大雨。九时半寝。

八月十八日

虀乘七时三十分车去杭赴沪往津。上午做日常工作，札去年开支。下午同。晚开学习小组[会]。晚开百货业小组[会]，商改会召开，九时半散。写信。十时一刻寝。

八月十九日

上午做日常工作，查去年开支分类。小收制成品布票说明。下午同。五时半开业务小组[会]。晚百货业开会，九时半散。十时寝。

八月二十日

上午做日常工作。在店堂，查去年开支。晚开百货业学习会，九时半散。十时寝。湘发热请袁仁山医治。

八月二十一日

湘请袁仁山专方转愈。做日常工作。在店堂。理发。晚看报，今日星期日学习停。八时三刻寝。

八月二十二日

上午做日常工作。赶紧去，即发票工作、布票填送工作。在店堂。晚七时开会为组织联合食堂。洗浴，九时二刻寝。

八月二十三日

上午做日常工作，札七年开支。下午同。晚守门职工开大会，十时十分散。十时半寝。

八月二十四日

上午做日常工作，在店堂。下午同。晚因职工开会，洗浴。同爵儿谈话。贤往马路，九时回来。九点一刻寝。

八月二十五日

上午做日常工作，在店堂。月末布票将满期，营业较好，但不及二部。下午同。晚看报。职工在店堂开会，我八点十分回家。九时一刻寝。

八月二十六日

上午做日常工作，在店堂。今日业务比昨日上升。接上海福州路邮局来函。知贤有物遗失，贤今日到。邮局办事认真，对人民负责。九时寝。柏祺回店。

八月二十七日

上午做日常工作，在店堂。下午同。今日业务比昨日上升。金秀鸿、葛金京回店。晚协助舅父理布票。十时寝，澂儿信。十时三刻寝。

八月二十八日

上午做日常工作。今日星期日。在店堂时间较多。下午同。晚农村开会为粮食供应问题，十一时零五分散。十一时半寝。关妹来。

八月二十九日

上午做日常工作。发票登记，因昨日星期日，发票登记[要]今日上午去[办]。在店堂。今晚盘百货开零布调拨单，守门至十时三刻。十一时寝。

八月三十日

上午做日常工作。进货调拨单较多，跑税局银行次数亦增加，忙时带做柜上。下午同。晚理布票，十一时毕。十一时半寝。

八月三十一日

上午做日常工作，在店堂。下午同。晚城阳镇开大会，镇压反革命分子四人，十时半散会。整理布票，守门至十一时一刻上寝。

九月一日

因昨晚棉布未盘，今晨上午六时十分开始，八时十五分毕。创表册，跑银行、税局。中午发薪。晚理布票，九时半回家，十一时寝。

九月二日

上午做日常工作。发票簿登记，关于新布票计划等，做了一些进货销价等。下午五时半开业务小组[会]，王兆铨同志参加，十时半散。晚工作至九时半洗浴，扫地。十时三刻寝。

九月三日

今日上午至下午整日理上月布票，造表、填

表送，上午还请秋生协助点数至中午。晚开大会，再做工作至十一时。晚有电影《少年游击队》，爵、湘、贤三人去看，十时回来。十一时一刻寝。金泉司，今日回家。

九月四日

今日缮写分工记录，申请分红，申请做日常工作。今日星期日，买货开支票。同芦经理说银行存五百元，忘告昨晚购文具已用三十余元，至成不足十一元，关心这问题今后更应该注意。晚开小组，过十月份要货计划，因感不适，七时半寝。

九月五日

上午做日常工作。写申请分红指示。下午写十月份要货计划，晚核当日账。今日有表演，湘、贤、爵均去看。我守门，洗浴。九时十分核自用账。十时一刻寝。

九月六日

做日常工作。检查八月二十六[日]后进货。下午总合三旬收布票数字等工作。晚写信守门至九时半。九时三刻寝。爵、贤、湘去看电影《鸡毛信》。

九月七日

做日常工作。划表填存票表。下午同。晚做日间未了工作及明晨日常工作。九时息，洗浴。十时寝。

九月八日

今日请假一天班，拟将十三张表送出，可与湘、爵、贤三儿谈话或玩。抄存货表至下午一时半。晚与诸儿谈话，九时半。十时寝。

九月九日

湘儿今日乘七时半车赴校，我去送她上车。上午请了半天假，除送她上车外做了些楼上、楼下和厨灶间清洁工作，和爵二人。下午照常工作。二时开劳资协商会。今日镇召开中学家长会会议。我因时间关系由朱延庆代表。晚工商联开大会，[镇]压、反储税、防火三问题。九时二刻散。十时寝。中午洗浴。

九月十日

上午做日常工作。为统计去年、今年，第一年度布票办进销存尺数工作。跑税局银行。因芦经理请假，我分在店堂一些时间。晚写信。九时寝。

九月十一日

上午做日常工作。重填布票表，理十大布票填表。晚工商联开大会，讨论前晚报告，十时散。十时半寝。

九月十二日

上午做日常工作。整理缴送布票统计。下午同。三时理发。晚核家用。洗浴，九时半寝。

九月十三日

上午做日常工作。发票薄编辑。下午看填报说明并着杨刻膡(誊)纸及表格。晚开反革命分子宣判大会。天雨，九时散。九时一刻寝。

九月十四日

上午做日常工作。今日决先写八月份总结材料。下午同。晚在店堂至八时上楼核家用账。今晚放映《梁山伯与祝英台》，爵、贤去看，还有一部《要解放台湾》，十时散。十时半寝。

九月十五日

上午做日常工作。去中百和黄同志对了一回布票账，也困难，后来摆存他处，请他有时间烦代录出把二、一部布票数登入札记，下次容易查对。下午同一椿、代丰来四娜。晚至七时三刻上楼核家用。十时电影散，贤、爵去看，片同昨。十时一刻寝。

九月十六日

上午做日常工作。发薪。向银行贷款。向中百进货。下午同。五时开业务小组[会]，晚来调拨。九时息。九时半寝。

九月十七日

上午做日常工作。申请分工，申请万市桥外销，写总结。下午同。晚因舅父看病，我替他核结。晚做明晨工作。九时寝。工商联开大会。

九月十八日

今日因舅父请假，我做出纳工作，开支票，拨调登记由谭、吴分担。晚写八月总结，九时休息。店开会。工商联二组加上职工一组，九时散。九时半寝。

九月十九日

今日仍做出纳。上下午同。晚同。九时三十分休息。开会亦至九时十分。九时三刻寝。工商联二组职工去学习。

九月二十日

今日仍做出纳工作。明日店拟派四人去万市桥芳市外销，故工作觉更忙。九时四十分息。十时一刻寝。

九月二十一日

今日让出纳工作。万市桥外销今日去四人（葛、张、胡、朱）。叫爵协助包火柴、点布票。十时息。十时半寝。工商科、工商联，供产开会。

九月二十二日

今日仍做出纳。今日工商科、工商联在内进开会讨论。晚有电影，爵、贤去看，九点半散。九点三刻寝。

九月二十三日

今日工作同。晚核账，包火柴等门。贤、爵看电影《解放大陈岛》《妇女代表》二片，九时散。十时寝。

九月二十四日

今日做出纳工作。贤儿晚发热。今晚有电影《保卫蔡里京》，爵去看。九时三刻寝。工作八时息，写信等门。

九月二十五日

今日仍做出纳。贤儿已愈好。工作八时息。看报等门九时十五分回来。九时半寝。

九月二十六日

今日仍做出纳工作。舅父来做柜上。向总社订要货计划，拟向中百要货计划初稿。看报、等门。今晚有电影《拾玉环》和《梁山伯与祝英台》，十时十分散，爵、贤去看。十时一刻寝。

九月二十七日

今日仍做出纳工作。晚看庚儿历年信。爵、贤去看电影《土地》，九时四十分散。十时半寝。下午着爵去六渚回夏乳母事。

九月二十八日

今日仍做出纳工作。晚对百货。八时写庚儿信。十时半寝。

九月二十九日

今日做原来工作，出纳由施担任。整理布票总结，晚做百货日结单，八时半回家写信。晚有电影《一寸土》，爵、贤去看。十时半寝。

九月三十日

今日在内做日常工作和准备下月份表格。晚札百货汇报。贤跟我在店堂看书，爵去开会，八时来后亦同看书。今晚六时至七时，县中在店门口宣传解放以来伟大成就。

十月一日

今日做日常工作。晚札百货汇报守门。晚开庆祝大会，有剧团表演，爵、贤十时三刻回来尚未散。十一时一刻寝。

十月二日

上午做日常工作。下午理布票，札百货总结。晚镇政府开会，为搞好生产，改变经营作风，接受社会主义改造，主功赎罪。九时半散。有电影《团的儿子》，贤、爵去看。十时寝。扫地拾钢笔一支。

十月三日

上午做日常工作。理布票，因人少，为照顾营业在店堂内工作。下午把布票进出造表格，跑银行，工商联。做日报，昨日百货汇总。晚守门，把昨日做好，今日做了一些，因电灯忽息（熄）忽明，至九时半息。九时三刻寝。

十月四日

上午做日常工作。编写十一月份计划。下午同。晚札昨日百货总结，未成。九时三刻息，十时一刻寝。

十月五日

上午做日常工作。编写十一月份要货计划。札三四日百货日结单。晚做明晨工作。守门。写了一封福建中路邮局信。九时半寝。

十月六日

起早写了一封给玄儿。上午做日常工作。今日送出三张布票表。晚职工他们在楼上开会。我看陈《大公报》，九时一刻息。上楼看《中国青年》。

十月七日

做日常工作及整理工作。检查九月份进货与要货计划。晚看报，看李富春对青年讲《前三年后三年》的讲话和沙文汉国庆节讲五二年计划。今晚有桐庐民艺剧团演《靖海曲》，爵、贤去看。我十点半寝。章先生因要等亲戚，故我上楼先睡。

十月八日

上午做日常工作并将二百本发票薄(簿)编辑送工商联。今日因芦经理请假，杨启岳请假，我立刻暂缓做工作，不坐在店堂。晚看报、守门[至]九时十分。程同志由他开门，我上楼寝，十时寝。今日演《白蛇传》。

十月九日

上午做日常工作，在店堂。下午理发，在店堂同。晚贤儿发热，我八时上楼，九时半，因喉痛早寝。店职工在楼上开会。

十月十日

上午做日常工作，综合四家[一九]五三年、[一九]五四年料进销存。午后一时送去。跑银行。下午在店堂，晚理布票守门。人民越剧团演《春香传》，爵、贤去看，十时四十分散。十一时寝。

十月十一日

上午做日常工作，理布票。下午同。在店堂做营业员。晚看报守门(值夜读书)。九时上楼，九时一刻寝。

十月十二日

上午做日常工作，把二百本百货发票编辑交工商联向税局盖印。下午跑银行、税局，贷款今日还出。晚守门，明日值日。爵、贤去看《秦香莲》，十时散。十时一刻寝。

十月十三日

上午做日常工作，整理会议记录和请假。下午同。下午二时把二张扶梯扫了一扫。今日值，因三时后买货送银行，开调拨，未及扫店堂，人家替我代了。晚守门、看报至八时，与爵儿谈至十一时寝。

十月十四日

上午做日常工作，整理请假条及总核。下午同。晚守门至八时上楼，九时寝。理发，更衣。

十月十五日

上午做日常工作，今日向银行贷款，进货三千六百余元。下午同。整理请假条。晚开调拨单。店堂内开同业小组，九时息。九时半寝。今日小菜市场迁观音街。

十月十六日

上午做日常工作，请假结出公布，今日发薪金。晚看报。七时参加同业小组会，九时散。店楼上职工开会。十时寝。

十月十七日

上午做日常工作，因登记封面将罄，他们不肯刊印，我今日学刊印。下午做日常工作，在店堂。晚看报守门至八时三十分上楼。八时三刻寝。

十月十八日

上午做日常工作，查布票月报工作及划了二份表格。下午同。准备了一些月结材料，下午五时半开业务小组会后继续学习小组[会]，七时半散。看报等爵门八时半上楼。八时三刻寝。

十月十九日

上午做日常工作，九月总结问题，查股份及资方认公货等问题、布票问题。下午在店堂。晚开学习小组[会]，八时散。九时半寝。因耳鸣服黄芪、党参、黑枣。

十月二十日

上午做日常工作，今日想写九月总结，因百货柜秋生舅父请假，故我出去至下午二时做日结单，下午核专柜、二旬报表及进货毕，日结单未札好。晚开学习小组[会]至七时半，开调拨单，札销货至九时半未抄好。晚有电影《春风吹到诺敏河》，爵、贤去看。九时三刻寝。

十月二十一日

上午做日常工作，理布票，抄好昨日汇结调拨，昨日进货。下午同。晚札百货汇报，九时息。九时半寝。今日下午赵姊、长辅，爵打黄豆。

十月二十二日

上午做日常工作，札百货日结单，在店堂。月末有很多人来城开会，故在中午、傍晚较忙。晚城阳松堰剧团表演，贤、爵去看，九时五十分散。十时寝。

十月二十三日

上午做日常工作，札百货日结单。下午来装内进电灯。札盈余分配报告及九月总结。五时半开小组［会］，七时开大会，九时半散，扫地。十时半寝。

十月二十四日

上午因谭请假半天，我坐在专柜工作。下午仍到里进工作。今日值日，扫地。因舅父今日调二部，税局、银行我去。晚开股东会，通过股东盈余分配方案。守门至读书回来。九时一刻寝（今日税局已移许福康家办公）。

十月二十五日

上午做日常工作，今日到交流会，发票盖印，将盈余分配报高配报告送工商联，申请交流会，临时支出交商改办公室王同志。下午在店堂，晚盘百货，今晚有电影《侦察兵》，爵、贤去看。九时三刻寝。

十月二十六日

上午做日常工作，把盈余酬劳分配工作做就。下午做清洁工作，抹出面，楼上门面及玻［璃］桌等。晚看报守门，因手背痛，吃人参、三七。八时半寝。今晚下雨，已久晴将近二月。

十月二十七日

上午做日常工作。下午在店堂。鬃傍晚到家，晚理发。天微雨，九时半寝。

十月二十八日

上午做日常工作兼理七天布票。下午同。晚写牌价，今晚蜜蜂剧团开演《打金枝》，鬃、爵、贤去看，十时二十分散。十一时寝。

十月二十九日

今日交流会开始，上午做好日常工作即在店堂。今日营业六百余元与平日相符。陈村渭良来，晚有鬃陪去看《白蛇传》，十时十分散。贤去看电影《侦察兵》。今日下午我去参观农业馆，晚十时半寝。

十月三十日

今日做日常工作外在店堂。晚做日常工作至十时。今晚越剧演出《宝莲灯》，电影《梁山伯与祝英台》，十时二十分钟散。十时三刻寝。

十月三十一日

今日全日在店堂。跑银行、税局代老施。晚核账，十一时半息。十二时寝。今日营业二千五百余元。

十一月一日

今日整日在店堂，跑银行。今日营业只有昨日八折，晚做日常工作。十一时半息（熄）电灯。十二时寝。

十一月二日

交流会今日闭幕（五天）。上午在店堂及做日常工作。下午同。晚同。到十时半息，十时三刻寝。冬梅因和林荣口角傍晚到。

十一月三日

今日做日常工作，主要理布票。下午五时送出。晚开拨调等。九时半看报等门，十时半散。十时三刻寝。鬃、渭良、田冬梅、爵、贤去看《红楼梦》。

十一月四日

上午做日常工作，在店堂。下午同。晚六时致和批准公私合营筹备开股东会议，大家却很愉快，由沈科长报告并讨论至九时散。九时半寝。

十一月五日

致和开会至下午三时散。今日请假一天。三时后做日常工作。晚镇召开地伪会，查生产，十时三十分散。十时半寝。

十一月六日

今日因芦经理请假，我工作在店堂做。下午同。今日星期日。晚在镇政府，九时二十分散。九时三刻寝。

十一月七日

今日因芦经理去人民委员会开常会，我在店堂做日常工作，外做营业员。下午同。五时半开业务小组会讨论，十二月份计划。晚到镇政府继开“四查四比”，十一时散。十一时一刻寝。

十一月八日

上午在店堂至十时半，王兆铨同志来要十月份盈亏数字，在屋内进复核存货。晚在民主街继开“四比四会”，十时散。十时半寝。

十一月九日

今日在内进做日常工作，填12月份要货计划。

晚做明晨工作，守门。蘩去农村开妇女会，动员养猪。今晚得介清来函，他自解放出门后未来信，是第一封。十时寝。

十一月十日

今日在内进做日常工作，布票表三张，今日送出。下午预理布票。晚工商联开大会，董主任报告第三季度总结及今后工作方针，沈科长报告税局，冯股长报告，十时三十分散。十时三刻寝。

十一月十一日

今日在内进做日常工作，大部分时间理布票造表。下午四时半送出。晚同。业务小组会并讨论昨晚董主任报告，九时散。九时半寝。

十一月十二日

今日做日常工作，主要把三百本棉布发票编辑送工商联交税局验，即晚开业务小组［会］（六时至七时），七时至九时开同业讨论会，九时至十一时。写社会关系及介绍信。十一时半寝。

十一月十三日

上午做日常工作。下午同。自写经历稿。晚同。九时三十五分寝。

十一月十四日

做日常工作，外写反省书。晚同。十一点半寝。

十月十五日

今日做日常工作。下午同。写反省书。晚蘩去镇开会报告以人定粮。爵去看公审，贤同蘩去，九时一刻回。看报，九时半寝。

十一月十六日

上午做日常工作。下午同。三时去报到（工商联学习班）。理发。晚六时开学典礼，董主任报告。八时半寝（因在致和后楼上）。

十一月二十六日

今日上午闭幕结业。中午叙（聚）餐，七人一桌，七只菜（肉、酥、猪肝、鱼、鱼、青菜、咸菜）。下午到店做清洁工作，移到前楼。晚开学习小组［会］。十时半寝。有电影（《游击队之子》《走向幸福道路》）。

十一月二十七日

上午做日常工作。下午同。晚开学习小组［会］。有电影《丹娘》，八时四十分散。九时一刻寝。

十一月二十八日

做日常工作，因谭下午去永昌，我在楼下工作。三时后同谭同去百货公司为报告会计等工作。晚至七时半后自己工作写信，九时半寝。

十一月二十九日

上午做日常工作，因谭去永昌，我在专柜工作。下午同。四时去镇领购米证。晚开股东座谈会，六时至八时谈学习十天情况及读报。晚有电影《女司机》。蘩下午去镇领米票。晚九时半寝。晚寒有霜。

十一月三十日

上午做日常工作，在专柜。下午同。晚理布票，九时息，九时半寝。晚寒。

十二月一日

上午做日常工作，发薪，布票合总，造表。晚同下午，复专柜报表。九时半息，十时寝。

十二月二日

上午做日常工作，在专柜，下午同。晚订一月份计划。晚有绍剧、国力绍剧团《平顶山》，十时四十分散。十一时寝。

十二月三日

在专柜兼做日常工作。下午同。晚统计进棉布分数。十点三刻寝。明奎五信，以庄主大，志标、百祺、金京等七人，今日下午去报到，晚开学习典礼。

十二月四日

在专柜工作。下午同，做营业员。晚做日常工作，填计划一份，九时三刻息，十时寝。

十二月五日

在专柜工作，做营业员。下午同。晚做日常工作，造一月份计划，十一时息，十一时一刻寝。

十二月六日

在专柜工作，日间在做营业员。晚股东座谈会，八时散。做日常工作，十时半休息，十时三刻寝。

十二月七日

在专柜工作，日间在做营业员。晚开股东座

谈会，沈科长、邵主任、王同志均来参加，八时半散。再工作至十一时息。扫地，明日值日，十一时一刻寝。

十二月八日

在专柜工作。今日把账册退回。下午同。晚政府宣布批准公私合营，开大会，九时半散。大家做门彩。十时半息，十一时寝。

十二月九日

在专柜工作，今日敲锣打鼓放爆竹，大家很高兴地挂上“庆祝筹备公私合营”。晚开会盘货至十一时四十分。章先生、杨启、岳听他们去协助二部到十二时半，十二时三刻寝。

十二月十日

在专柜工作，今日主公私合营筹备，户造十日旬报销货。晚工作至九时五十分。十点二十五分寝。

十二月十一日

在专柜工作，造十日旬报（存货）。下午同。晚工商联开大会，家属同去，故和蘩同去，七时半开始九时半散。义务兵役制及商改不必顾虑等宣传。十时半寝。

十二月十二日

在专柜工作。下午同。晚工作至十时息，十时三十分寝。

十二月十三日

今日在专柜工作。下午同。晚收拾，专柜结束。晚开调拨，今日进三十余元货，十一时息，十一时三十分寝。蘩去农村开会，在完小宣传义务兵役制，九时四十分。

十二月十四日

在店堂做日常工作，核计划金额。下午把新联者户结清。晚开调拨登记，十一时息，十一时半寝。

十二月十五日

在店堂工作，报告筹备结束。做日常工作，专柜，开提货单。晚工作至九时半息，十时寝。

十二月十六日

上午开固定流动资产审查会，将同裕土地证变新企业申请刻印，对专柜存货查询。下午做日常工作。晚开庆祝大会，成立公私合营，七时开会，九时散。工作至息（熄）灯，十二时寝。

十二月十七日

今日正式挂牌公私合营。上午做些迎接工作及日常工作，下午把专柜商品全部清点返还。晚开大会分工，大家都表明态度，八时四十分散。工作至十一时三十分息（熄）灯，十二时寝。

十二月十八日

今日六时起床，六时三十分学习一小时，今日将原有工作交楼上财务，我担任一部出纳工作，九时并将发票存根整理一下，等门，十时半散。今日有绍兴大班演剧，爵、贤去看。十时寝。

十二月十九日

今日任出纳，晚九时毕。十时半寝。

十二月二十日

今日仍任出纳工作，晚七时二人到填票部听韩主委报告私营工商业改造的各方面，税局冯科长宣布不法商人公盈和偷税漏税，回来再工作至电灯息（熄），十二时寝。

十二月二十一日

今日仍任出纳工作，晚七时毕。代写卢主任明晚广播稿。今晚盘百货。叶江永、秦柴忠、广合盛、宏沅丰，孙馥村五家守门至十二时二十分钟，十二时三十分寝。

十二月二十二日

今日第三、第四门市部开业。晚工作至七时结束。我去理发。蘩今晨［带］奶妈去杭检验身体，如合格陪往上海，否叫返新。今晚店盘［货］黄主昌，十时五十分结束，十一时寝。

十二月二十三日

今日第五门市部开业。工作至九时息。看报至十一时寝。

十二月二十四日

今日上午托老施代出纳至午后一时，我造代销，专柜中百提回商品清单。晚开大会至九时五十分，核账至十点三刻，看报十一时半寝。

十二月二十五日

今日任出纳工作，七时毕，札十一月进货报表至十时，看报至十一时，十一时一刻寝。今日星期日，学习停。

十二月二十六日

工作如昨，七时半毕。整理及资本填简历，十时半寝。今日右手大指有麻痹状态。

十二月二十七日

工作如昨。晚六时半工商联开大会，董主任报告目前农业发展形势及商改中一些问题及今后希望注意五点，九时半散。回来工作到十一时一刻，吃荸荠。十二时寝。

十二月二十八日

工作出纳，晚七时毕。因人疲，今晚拟早寝。看报，八时寝。

十二月二十九日

工作出纳，晚七时半毕，写简历(本店)。看报十一时息，十一时半寝。

十二月三十日

任出纳工作，七时半息。仍札百货，十一月份登记，十一时息，十一时半寝。

十二月三十一日

早上六时起床，六时半学习讨论企业章程，王经理并报告提拔干[部]输送百货公司(谭、金)，合作社(赵)，工作晚八时毕。对百货至十一时，十一时半寝。

一九五六年（工作日记）

一月一日

芦经理、卜志莲同志调二部工作，郑志芳同志调一部工作。今日任出纳，多付明奎同志找头五角，由他返还，未赔钱。工作至八时毕，查十一月份棉布进货，至十时半息。

一月二日

今日天雨，生意不如昨日。二部比昨日好，比一部好，落雨也不是主要条件。上午利用空隙，把上月营业逐日做了一张表，晚工作于十时半息。

一月三日

上午任出纳，兼理上期布票。下午出纳工作。开大会，总结上月报告。会开至十时散。早上，修订企业章则，后改延至八点十五分开门。

一月四日

晨讨论如何来完成指标。总结是三点：一、货进得适当，勿积压，勿脱销；二、对顾客服务要好；三、要弄清商品各方面，对顾客宣传推销。上午，把布票理好交出。今日营业较好，至九时毕。替芦经理写稿，出席省商联会，题是《企业改造和个人改造的一些体会》。今天八时开门。

一月五日

晨学习王经理报告，关于财经管理问题及增产节约问题。芦经理乘八时半车去杭出席省商联会。工作出纳。晚六时半，工商联开地主工商户会至十时十分散，回来工作至熄灯。

一月六日

今晨王经理报告绿化运动，分小组讨论。今日下午开始植林。我因工作关系，由赵关林、王正祥去，虆亦同工商联同去。晚工商联继续开地伪[1]评比会。十时散。我回来工作至熄灯。

一月七日

今晨学习王经理报告业务。要争取上旬、中旬，到下旬是来不及的，他要到龙羊区去做商改工作，为期十日至十五日，可能今日要在中午即去了。关于各店报闭歇工作要及时做。他去后，一切他的工作由张副经理担当起来。张经理也对大家讲，要共同努力关歇，工作要我协助。晚工商联开大会，家属也要去。故虆亦去。王镇长报告，除“四害”工作，要积极行动起来。董主任报告商改工作已完成百分之七十，并宣布应志伦解放后一贯违法反抗社会主义改造，也进行种种活动，抽逃资金有一千三百余万，在杭、沪嫖女人，种种破坏新登商人道德威声，已于今日下午被捕法办，并勉励商人奉公守法。目前，农民对商家反映很好，希望对春节供应工作做得更好。九时半散。回店工作至十时三刻。

一月八日

今日星期[日]，学习停[一天]。六时三刻起床。工作照常。今日有干部来开会，人很多，我们营业时间延至七时。七时去工商联开地伪评比会。十一时二十分散，承章鑫同志守门，很感激。

一月九日

今日学习由张经理掌握，讨论除“四害”及争取旺季业务，制订各种制度，讨论应志伦被捕。八

1. 地伪：指地主和曾在旧政府任职的人员。

时开门。今日工作照常。晚做昨晚未了工作及核对每日长、短准确的数字，熄灯息。

一月十日

早学习读报，（我读）《大公报》社论《供应工作不要松懈》，今日为各店补申请歇业手续，出纳由老施代我。一时三刻，由我自任。晚工作至十时半息。

一月十一日

晨学习，读《大公报》。九时去镇政府盖歇业证明。中午去，未遇。工作八时毕。

一月十二日

晨学习，读报，工作出纳。中午去镇政府取企业歇业盖印。晚工作。八时毕，包火柴。王经理由龙羊区回来。

一月十三日

晨学习，讨论春节计划。今日任出纳。上午去税局出证明歇业，到工商科，因上午听报告，拟明晨再去，晚把 1—10 日长短报表送给程主任，十时半息。

一月十四日

今晨学习，再讨论春节供应计划。王经理论十日来工作情况，并提出一些缺点，应如何来纠正，出纳长短亦提及。今后更应注意这问题。工作至九时息。

一月十五日

今日星期日，学习停。工作如昨。晚九时息。看报，守门，至十时。爵、贤去看电影《双推磨》和《杂技团》。

一月十六日

晨学习张经理报告。他在十七日要去建德开会五天，门市职务由葛鑫泉同志担任。柜上由倪百棋同志担任。学习改为三、六、九晚上，每次二小时。二十三日开始。上午要老施代。八时三刻，去工商科、税局、银行办好歇业手续。十时十五分，回店。晚工作至十时三刻。

一月十七日

工作如昨。今晚六时三刻至八时，到工商联听广播，中央副部长报告商改高潮。工作至十时半息。张副经理今日去建德开代表会。

一月十八日

工作如昨。工作至六时半息，由总社王同志（女）来开座谈会，了解合营后一些情况及反映。八时散，再工作至八时半散。

一月十九日

工作如昨。晚六时一刻工商联集合到县府大操场开除“四害”大会，听镇长报告，游行，从胜利村回来，再工作至十时二十分毕。十时三刻寝。

一月二十日

工作如昨。理发正抽不出时间，在八时半请了假，去理发。今日，理发业也合作，故我到第二组去理发，由周文标（即梅英的丈夫）理的，技术很好。晚工商联开大会，由沈科长、王镇长、钱科长报告商改后的优缺点、除“四害”、税收等问题。十时散。回来搞清洁工作，洗排门，由倪百棋同志协助赵关林、王正祥，十一时毕，继续工作至十二时七分毕（用台灯）。

一月二十一日

上午叫老施代出纳。我和爵洗厕所毕了，协助金泉同洗锅盖等。中午任出纳。晚开大会，九时半散。再工作至十一时，检查清洁工作。我店评为二等。

一月二十二日

工作如昨。今日下雪，天气转冷。晚八时半息。王经理去龙羊区。

一月二十三日

工作如昨。晚六时半开会，[了解]二部（资方）、一部（劳方）合营后的思想情况及工作，今后的做法及保卫工作。九时散。回来再工作至十时息。

一月二十四日

工作如昨。晚八时息。

一月二十五日

工作如昨。九时毕，因梅先生石碱错开七角五分，幸杨启岳同志指出，可少赔钱。重做，至十时息。

一月二十六日

工作如昨。晚九时毕。今晚学习讨论二月份

要货计划，分部门讨论。

一月二十七日

工作同昨。芦经理、朱延庆午后到(去建德开会回)。晚工作至九时五十分息。

一月二十八日

工作如昨。张经理中午车回店工作。晚八时半息。

一月二十九日

工作如昨。晚八时半息。春报等门。秀鸿去外销，今日回来。

一月三十日

工作如昨。晚芦经理来通知(六时三十分)到人民大会堂去开会。我七时去(是公审应志伦)，八时三刻散，回来工作至十时半，协助盘百货。熄灯息。王经理由龙羊区回来。

一月三十一日

工作如昨。湘儿下午车回来。晚七时开大会。王经理报告情况。

二月一日

今日还是出纳工作。因正祥月结工作未弄清，上午应王镇长指示工作和乃母谈了一回。今日兼理布票，上月下旬，布票工作拖延。至十时息。

二月二日

工作如昨。上午去汇报王镇长，未遇。晚工作至九时息。

二月三日

工作如昨。晚九时息。张经理今日去开会。

二月四日

工作如昨。晚开大会。王经理报告，主要春节供应和一些存在问题。芦经理报告，春节第二天，庆祝进入社会主义。张经理报告吸收好的资方为会员。王经理报告，明晨自我检讨大会。七时至九时后，工作至十时三刻息。

二月五日

工作如昨。今晨六时起床，生活检讨会。八时落排门。晚开大会(七时至九时)，再工作至十一时一刻息。

二月六日

工作如昨。张经理提出明日与正祥交换工作，已做好准备。章金同志回王工作尚未告一段落，只有暂缓。楼下企业与中百成立商业工会，我在楼上工作，十时半毕。

二月七日

工作出纳，晚九时移交王正祥。看报，理报，十时三刻息。

二月八日

今日出纳工作由王正祥担任，我做王工作。上午先做了一下清洁，工作开始，做日结单。今日完成二天半。晚十时半寝。

二月九日

昨日札好六日、八日汇报。今日札好七日、九日汇报。晚八时，剪字等，筹备庆祝。今晚宿店堂中任保卫工作。

二月十日

工作如昨。中午做营业。晚工作至十一时半。宿店堂中。

二月十一日

工作如昨。晚守门，值日头班，至二时回家。

二月十二日

今日春节放假。

二月十三日

今日城阳镇[举行]庆祝进入社会主义社会大游行。

二月十四日

今日放假。

二月十五日

今日把六至十日汇报札好。九时半息。因二至四时要守夜，早息。

二月十六日

今日重做二月二日汇总。下午做二月四日。晚开大会。王经理报告工作及薪金学习等问题。

二月十七日

天寒，降雪，过一至五时调拨。

二月十八日

核昨日汇报。复一至五日总汇。窗上糊纸。札当日汇报草单。晚在三部开会讨论成立工商联推选代表三人。芦渭生、王兆铨、朱延庆三人当选，开会至九时五十分散。

二月十九日

上午一至五日销货。下午过六至十日调拨。晚资方开会讨论定息。今晚值日守门。有炉头剧团。十一时一刻散。

二月二十日

过六至十日、十一至十五日总汇，晚八时半息。

二月二十一日

上午办柴忠记、庞合盛、合记染坊歇业手续，跑银行、税局、工商科、工商联，至十一时半毕。下午汇十六日至二十日总，至九时五十分息。

二月二十二日

今日把积压工作做清。晚工商联开大会（工人俱乐部）。沈主任报告商改前后一段工作。总结优缺及专业公司的成立，财贸部，并发表各专业负责人。公安局章同志报告，要提高警惕，注意一切反革命分子。十时散。

二月二十三日

今日已工作做好。上午在店堂营业，张经理要我去核残次商品损失额，至十一时半。下午仍在店堂。十时拟五年计划，因二部要布置，给二部。三时后，做汇报。晚开会，讨论昨晚报告。

二月二十四日

同秋文剪锦旗字，至中午、下午，我一人粘贴至二时，送去职工开会，我重抄残次商品表，九时息，工商联代表会今日开幕。

二月二十五日

上午抄残次表至十时，在店堂。下午同。晚工作。政府罗、李二同志来了解情况，至九时息。

二月二十六日

上午完成昨日汇报，并完成五日汇报、当日汇报。晚残次商品分类，九时息。

二月二十七日

今日出售残次商品工作。三时后搞棉布和残次汇报。晚工作至九时息。

二月二十八日

上午札残次汇报。下午二时后，札当日汇报及三日汇总。晚因公安局开会，未工作。今日盘棉布。

二月二十九日

上午同章金对棉布尺寸。下午同柴忠对残次商品，开发票销号。晚同。至十时息，工商联会今日闭幕。今晨开会讨论公债及今后改造，争取中百门市部。

三月一日

晨残次商品结全额，继结棉布损耗。下午同。晚开学习会，八时半后工作至十时。

三月二日

上月棉布长短损益表造好。晚上学习会，讨论膳食。八时半散。

三月三日

上午抄残次汇报。下午在店堂。晚在三部开会讨论孟县长报告，九时散。继续至一部，王经理报告二月总结。芦经理报告开展服务运动月（四月份），因农忙送货下乡。张经理报告《毛主席指示四十条纲要》来完成五年计划四年完成，十时三刻散。

三月四日

今日过上月差错售耗。下午同。晚开从业人员大会。九时散。继续讨论百货差错，十时散。

三月五日

过一至五[日]进拨，对棉布。下午划一月红线。晚工商联开大会，副主任报告孟县长大会报告，沈主任报告[19]56年公债意义，王镇长报告农民对工商界要求。九时三十五分散（二部今晚日光灯一支放光）。

三月六日

上午结五日总结，并过入备查簿。下午和秋文洗墙柱（一时至四时）。晚开大会，讨论十条服务纲要及营业指标。十时散。

三月七日

上午在店堂工作，因要札二月份销零布数量及增数尺寸（十时至十一时）。下午在店堂。晚资言开捐献电杆木（六至六时半）。六点四十分到八时半开大会，通过工资调整方法及营业数字，再至三部认购公债会议，九时散。札汇报，十时息。

三月八日

上午抄就昨日汇报。九时至店堂。下午同。

晚工商联开大会，各组自报在夏季中争取营业办法及认购公债。九时散。

三月九日

上午拟稿，葛主任晚上发言。造残次申请表，抄8日、9日汇总。晚七时棉、百、金业开劳动竞赛方法指标报告，中百门市部向我们挑战。会议九时散。（一部日光灯二支今晚放光）

三月十日

因葛主任去杭（张经理、二部朱延庆三人同去参观、办货），我在店堂。拟申请分股息，可购公债。四人学习，申请去二人，余二人。缓下期。日结单亦在店堂做，七时打烊回家。八时半再抄八、五日汇报。十时息。

三月十一日

在店堂，把昨日日结抄入五日总结结好，五日总结过入销号簿，至下午二时二十分毕。三时札日结单，抄入五日总结。六时去理发。今晚值周，宿店堂中，和江永才二人看报，九时半寝。

三月十二日

在店堂工作。下午三时札日结。五时毕，晚有电影《民间歌舞》。我守门，看报，九时半寝。

三月十三日

在店堂工作。下午三时札日结。下午六时毕。晚守门，写信，看报。至十时寝。张经理、葛主任、延庆今日杭返。

三月十四日

上午、下午在店堂。三时札日结。晚开大会，九时后，札就日结单，十时半息。

三月十五日

今日任一部出纳，营业282.30元。今日很准，没有长短。晚工商联第三次学习班开始，董主任作报告，要个人改造赶上企业改造，九时半散。因正祥去工商联，门已关，宿店中，我回家息。今晨六时至七时学习。

三月十六日

任出纳。晚因程同志开会，我结五日汇报。十时息。今日芦经理、葛主任、江永才同志三人去龙羊区外销。

三月十七日

札五日汇报毕，过入备查簿，进拨入账。晚八时开大会（袁、倪二同志到富阳中百学习）。九时散。工作至十时毕。金泉司今日回家，志芳今日来店，继昌婶来炊事。

三月十八日

工作出纳，工作较闲。晚有电影《沙家店粮场》，守门，看报，十时寝。宿店中。王经理来，章金来。

三月十九日

工作出纳。早学习农业纲要，读报。晚开大会，讨论指标工资调整、服务态度。九时散。

三月二十日

出纳，七时四十分打烊。工作毕，回家。

三月二十一日

任出纳，今日兼复五日汇报及销号。晚工作至九时三刻息。今日业余夜校开学典礼，我店职工同志和从业人员的练习生均参加。

三月二十二日

工作出纳，晚一部开小组讨论工作业务，八时半散。再工作至九时十五分息。

三月二十三日

工作出纳收理布票并二部汇总，天雨，玻璃橱窗有湿气，用燥布抹拭。晚工作至八时半息。看报。关林、秋文今日去读夜校（六时半至九时）。

三月二十四日

晨为店中堆柴，腰折痛。任出纳，晚上排门不便，他们叫我不必做，晚早寝。

三月二十五日

今日早上学习停，工作出纳，晚八时息，正祥学习毕，葛主任、江永才回来（傍晚），九时一刻回家。

三月二十六日

今日出纳工作移交王办，我仍担任棉布营业和日结。今日结五日汇报，复五日汇报。晚守门，看郭沫若著《今昔蒲剑》。九时一刻回家。

三月二十七日

今日在店堂，下午札残次，札当日汇报。晚盘百货。爵儿去看寿昌越剧团。守门。荷金同志允准代开。九时一刻回家。

三月二十八日

今日上午在店堂，对残次商品过账。晚对百货。十时回家。

三月二十九日

上午在店堂，下午芦经理谈及内进企业候用，我即和他去看房子。看了几处，后来同蘩去看。下午三时札日结单。晚七时半回家。

三月三十日

上午请了半天假，至城东看宏庆。知他在县府大操场工作，约他到姊家设法加阁楼。九时照常工作。下午盘棉布。晚对棉布至十时三刻毕。

三月三十一日

今日在楼上结月结棉布耗损。晚开小组会，讨论四月份指标。九时半散。扫雪（值日），梅先生今日中午回家。

四月一日

月结。下午三时日结做了一半。晚店开大会，总结三月情况。八时去镇开会。今日保卫值日，宿店堂中。

四月二日

上午在楼上工作，下午因葛、金同志去县中兜售煤油，江永才外销，人少，我在店堂工作。晚去镇政府开会。

四月三日

工作在楼上，利用昨晚休息时间写申请登记书。晚去大礼堂开讨论会，我一人，九时半散。

四月四日

上午过损耗，对销售簿。下午对昨日日结。三时后做当日日结。六时三十分去大礼堂开会。

四月五日

今日札要货计划，下午三时札当日结单。五时半因农村开会，请假去。王经理回来。

四月六日

计划今日中午填好，下午过五日销货日结。晚理发。芦经理去杭开会，中午回来。

四月七日

在楼上过五日日结总结，下午三时札本日汇报。晚开第一季度给奖大会，优胜单位二部，工作优良者郑志芳、金秀鸿、黄秀华、葛金泉、朱延庆五人，表扬者朱善庆、梅国成二人。二部得中百红旗。九时二十分散。

四月八日

今日在楼上核六、七日结及过入五日结，过进拨。下午三时，札当日日结。晚工商联在工人俱乐部开大会，沈主任报告开展劳动竞赛。九时散。其他讨论地主伪人员等级问题，填表。申请人先回来，我守门，至十时二十分散。

四月九日

上午对布票表，准备把五日销货过入备查账。下午三时札当日日结，并抄入五日报表，九时半息。

四月十日

上午把布票表二张造出。下午在店堂。三时札日结。晚结五日日结至十时一刻毕。今晚建德剧团演《玉堂春》，十时半散，我守门。

四月十一日

上午销号。下午在店堂。今日去税局盖印，札当日日结，五时毕。晚一部开小组［会］半小时，金秀鸿同志明日回家（因父病）。又至三部开资方会，讨论认购公债及付款日期，八时半散。

四月十二日

金秀鸿今日上午乘车回家，我在店堂做营业员。下午四时后做日结单。今日因等外品花布廉价［销售］，晚营业至八时零五分散。日结单至九时半做好。

四月十三日

在店堂业务。晚札当日汇报及服务纪律，至十时未了，人疲，回家寝。

四月十四日

在店堂工作兼营业员。晚王经理报告，讨论五月六日营业指标。小组讨论至十时一刻息。

四月十五日

在店堂工作，兼查昨日日结。晚因主任开会，守夜场。打烊后，工作至十时一刻息。

四月十六日

重札十三日日结。今日做毕五日汇报。当日日结未做成。十时息。

四月十七日

上午过五日进拨，过五日销货。当日日结未札成。晚工商联开大会，公安局庄局长报告镇压反革命政策。九时半散。

四月十八日

销五日号，补结前二日日结单。札当日日结，抄入五日销号。十时半息。

四月十九日

过进货，核准前二日日结。今日日结札成过入。晚九时半看报。十时回家。

四月二十日

上午做营业和改制收验分发。下午同。四时做日结。晚七时开处理自首反革命分子、犯罪分子大会。十时五十分散。

四月二十一日

札成昨日日结，送出上旬布票表，汇结五日汇报送核，今日日结札下未核，十时息。

四月二十二日

为改制核账子和过五日销货，中午毕。下午在店堂。晚开大会讨论挑战，九时半散。札竞赛书，十一时寝，宿店堂。

四月二十三日

今日上午，写竞赛书二份，一送南货业，一份送工商联核准。三日日结，至十时息。

四月二十四日

核准廿一、二、三日日结，抄入五日日结。当日日结未毕，晚八时半回家。

四月二十五日

服制收发，札日结，十时息。

四月二十六日

上午做标价布置工作。下午结五日汇总，五时送上。晚过进[提拉]电灯，[发现]有毛病。九时半息。梅国成先生九时到。

四月二十七日

做日常工作，晚拟竞赛工作简则八条，要章先生亦参加意见，十一时寝。

四月二十八日

上午为胡月仙向中百订纱帐，由芦经理负责，因他去杭，要我代验，送核账。至下午一时。晚工作至十一时。

四月二十九日

上午札就昨日汇报。过了三日汇报。上午对棉布。十一时息。今晚回家。

四月三十日

今日结出损耗，因差错多，重盘。十时息。

五月一日

今日结二十九、三十日日结，过入。札当日日结。晚开大会，我店守门，工作(做当日日结)。九时半息。看报。十时回家。

五月二日

填就损耗长短表。晚十时半息。今晨学习提早十五分，五时起床，六时半开门。

五月三日

上午划布票表。后在店堂工作。下午同。三时札当日日结。六时去理发。七时半开会，小组评分。十时半散。

五月四日

在营业柜上工作，营业工作效能低。晚造棉布外销清单。札当日日结。未准。十时半息。

五月五日

江永才去永昌外销服装部工作，由我和王正祥负责。今晨学习提早半小时，王经理总结四月份优缺点，查零布数量和尺寸。填布票表。晚送出。工作至十一时息。

五月六日

晨学习停，因江同志去外销。我今日在服装部工作兼做昨日日结，至午后，过(核看)损耗和增溢。晚开一部小组[会]，九时一刻再工作至十时半寝。

五月七日

在服装桌上工作。上午对棉布销号簿。过二、三、四日结，晚九时三十分息。天雨。

五月八日

抄过五日总结。下午四时送会计室复核。晚过调拨进货，开小组讨论工作至十一时一刻。

五月九日

今日葛、金二同志下乡推销，将出门，即下

雨。我工作到晚七时，中百钟同志叫我到镇开会，工作，即息。

五月十日

在服装桌上工作，忙时做营业。晚开一部小组(七时半至九时)总结汇报，至十一时。芦经理提升百货公司副经理云。

五月十一日

工作在服装处。今天大意，少量一尺布给顾客，由她来补，给她一尺二寸。二寸由我会钞，向她道歉。葛、金二同志晚饭后到店，晚工作至十时三刻息。

五月十二日

核准九日当日日结，札一部分。今日营业较好，加上外销，故今日可说突出。晚九时三刻寝。

五月十三日

在服装部工作。今日过好汇总六至十日日报。七时后过调拨。九时五十分息。

五月十四日

在服装部工作，销好五日销号(6—10日)。晚核十二日汇报。晚十时息。

五月十五日

工作。因天时转寒，可穿冬衣。晚七时开大会总结四月份劳动竞赛况及柴听朝列席先进工作者会议情况及决心书，收回废铜烂锡及青风茶亭募茶资等问题，十时十分散。

五月十六日

工作如昨。今日货到，进货较多，晚工作至十时半息。

五月十七日

工作如昨。晨起床叫子误事，离学习只有五分钟。晚开大会讨论。王主任四月总结讨论汇报，至十时二十分散。

五月十八日

在服装部工作，承吴会计代我做日结单(十五日的也是他做的)，获章金同志代我结五日结，我可在备查账册上过进销拨账。工作至十时一刻，明日值日扫地。

五月十九日

工作如昨。晚工作至十时息。今日县府窗帘布销入。

五月二十日

工作如昨。今日业务尚佳。程以实回店。十时息。

五月二十一日

工作如昨。今日午后，江永才回店，一转即去。晚工作至十时一刻息。

五月二十二日

工作如昨。今日日结单由程以实同志担任。晚工作至十时十分息。

五月二十三日

工作如昨。晨讨论措施(工作)。晚小组会，十分散。晚工作至十时十分息。

五月二十四日

工作如昨。晚同事去看杂技团和电影，守门。十时息。准备去龙羊外销。晚江永才来配货。

五月二十五日

工作如昨。今日下午有时间立柜头。晚和程对二十一日日结。晚守门。明日值日，晚扫地。

五月二十六日

工作如前。晚工作至十时息。今日值日。中午有二位同志找经理来向我了解一些解放前情况。

五月二十七日

工作如昨。张经理去万市桥。晚工作至十时息。今晚富阳□□班演《杨忠保》，延长至十一时四十，我守门。

五月二十八日

工作如昨。今日盘百货。晚工作至十一时。

五月二十九日

工作如昨。今日对棉布，工作至十一时二十分。

五月三十日

工作如昨。至九时一刻息。看报。守门。至十时四十分回家。

五月三十一日

工作如昨。晚工作至七时半。工商联开大会，为处理反革命罪行，坦白从宽。对蒋、周二人从宽处理，十时十分散。葛、金二同志正在和王经理谈指标问题。

六月一日

今天起，早主学习停，改为晚上，逢星期二、四。五时半起床，工作如昨。昨晚七时开小组评分，至十一时半息。

六月二日

工作同。今日到楼上工作。楼下服装部、一部工作，由马主任担任。程先生今日去永昌，江永才回店，为服装部月结工作。晚工商联开大会。我守门。结损耗工作，十时半息。卫生院二位女工作同志来抽血，验有无血吸虫病。

六月三日

工作如昨。上午填就损耗长短表。下午填金额。晚和永才对服装及验收。晚十一时息。

六月四日

工作如昨。江同志工作今日完毕，明日可去永昌工作。晚九时三刻息，喉间痛，早息。

六月五日

工作如昨。晚工作至十时一刻息。

六月六日

工作如昨。今日与成衣组订加工布 1000 尺。晚开大会总结五月份情况（王经理报告），十时散。

六月七日

工作如昨。晚开小组讨论昨晚王经理报告。十时散。贴码外销短裤，十一时息。

六月八日

张经理今晨去龙羊外销组工作，如昨晚开小组［会］讨论第三季度指标，晚十一时息。

六月九日

五日销货今日才送出，晚工作至九时半。今日星期六。

六月十日

工作如昨。今日初填领料单、合成本单。晚工作至熄灯十一时半。

六月十一日

工作如昨。成衣组加工衣服。大部分今日交来。晚有电影《天河》。我守门。工作至十时息。

六月十二日

工作如昨。晚工商联开大会。防洪工作决定明晨七时出发工作。九时散会。工作至十时息。

六月十三日

上午七时工商联集合到黄坝滩挑沙、披草皮，为防洪工作加高加阔堤塍。十时半回店。下午照常工作。至晚十时一刻息。

六月十四日

工作如昨。成衣组衣服今日交齐（6 日成交）。晚有新民俗剧团来演《斩李广》。十一时十分散《孙悟空大闹黑蜂怪》。

六月十五日

工作如昨。日间划码、合成本。工作晚守门。查 6—10 五日汇报不准问题。十一时十五分息。

六月十六日

工作如昨。张经理今日去永昌外销组。王经理去谭山做防洪工作。我晚工作至十时一刻息。

六月十七日

工作如昨。永昌货物由张经理带回。江永才未返。晚工作至十时一刻。明日我值日。今晚扫地。今晨韩剑伟代表工商妇女去建德开会共四人（芦渭生师母、罗春兰、吴正大师母）。

六月十八日

工作如昨。永昌撤销江永才。今日下午到晚工作至十时一刻。今晚有电影。守门至十一时一刻息。

六月十九日

工作如昨。工商联开大会。王正祥、赵关林去。我和永才因工作积压未去。知为工作作风和交流准备工作。工作至十时一刻息。

六月二十日

工作如昨。晚开大会。王经理报告五月十六［日］准备工作（保卫工作）。晨五时至六时开小组会讨论［旧历］五月十六日［将］到，关于准备工作及工作安排、服装计划等。晚十时一刻息。

六月二十一日

工作如昨。昨晚九时半后做清洁工作至熄灯，中百百货到，晚分配。十一时一刻息。

六月二十二日

工作如昨。过永昌外销号。晚工作至十一时

十五分。葛、金、王三人还继续工作用磺石灯。

六月二十三日

交流会今日开始。营业五百余元。晚开小组会，抓紧明日营业额。内部工作暂缓。待交流会落。补做。十时息。

六月二十四日

今日旧历五月十六日热闹工作。营业全日2400余元。晚调剂等。工作至十二时一刻息。

六月二十五日

今天交流第三天。营业只昨日之十分之四。晚九[时]半息。

六月二十六日

今日工作如前。20日号今日销。就再去龙羊外销。十时息。

六月二十七日

今日在内进工作。销二十日号和龙羊外销并札二十四日结一部分。晚在三部开资方从业人员会议。讨论合营后有哪些优点和潜在问题。十时散。

六月二十八日

今日在内进工作。二十四日日结1/2，尚未完成。晚工商联开大会，为选举工作报告。我因工作未去。至十时半息。晨五时三十分起床。五时至六时开会。还申请国营公司门市部。

六月二十九日

在内进工作。晚十时一刻息。

六月三十日

在内进工作。下午二时开大会宣布批准国营公司门市部。下午五时起开始盘货至十二时息。

七月一日

今日中国纺织品公司成立。我[是被]录用工作人员之一。日间在内进工作。晚上开成立大会。吴同志报告及建德分公司李经理传达。九时半止。工作至息(熄)灯。

七月二日

今天仍在内进工作。六月二十五日札不准。晚工作至十一时五分息。

七月三日

今日仍在内进工作。六月二十五日总结也结成。晚上销号三分之一日。十一时息。今日值日。晚扫地。

七月四日

在内进工作。晚在玻棚下工作至十时半息。

七月五日

在内进工作。晚至十时半息。

七月六日

在内进工作。晚八时开大会。张经理总结第二季度工作。总结十时散。

七月七日

今晨开小组总结评分。延迟至七时开门。在内进工作。中午吴同志要我为房子间去看一下。至五时决定让出楼上楼下。留楼上一间堆物及我住。晚再续开小组评比。晚八时工商联开大会。十时一刻散。

七月八日

今日为了楼上二间腾出楼下一间。腾出做整理清除工作。金泉司睏一间收回自用。上午我、帆(藜)、贤、长辅四人工作。公司内吴、瞿、芦、郑、钟同志均来协助。下午赵姐来协助。下午三时洗浴后工作。晚间工商联开续大会请假未去。工作至十时。

七月九日

今日在内进工作。听晚报告财经管理。我和金秀鸿看门。我销30日号至九时半息。

七月十日

今日在内进工作。上午毕。下午同善庆对账册。晚整理布票。今晚听报告我守门十时息。

七月十一日

今日到批发部工作。共同打包，上午札十日销货。下午销九日号及造报表。晚看郑同志销十日号及造十日报表。十时一刻息。

七月十二日

今日札十一日日销。晚抄好报表十时息。中午吴同志指示暂回门市部工作待八月再回批发部工作。

七月十三日

上午回门市部工作。理有要造表送(6月下旬)

下午一时毕。午睡。二时开始换新簿。晚八时息。今晨开始学习五时半至六时。

七月十四日

今日过(核对)新簿。五时(下午)毕和延庆对到七时。晚理发。天雨。人疲早息。

七月十五日

今日把一至十日进货过入并销一至十日。销货过三分之一。抄日录一份。晚十时三十分息。

七月十六日

工作如昨。十日销货过毕。晚送报表一张。十时息。今日傍晚雷雨。俞同志由富来。

七月十七日

日夜造报告9张。十时息。

七月十八日

今日十五张。造齐复核并过十一至十六日进货。晚九时半息。

七月十九日

上旬报告上午由延庆交。中午交秘书处。今日进十日后货，立簿划格记来[货损]耗。晚省公司[来人到]施同志处。改至十时十五分息。今晚工商联在新屋开红旗优胜先进工作者给奖大会。十一时十分散。

七月二十日

登[记]来耗，结[算]来耗。晚十时息。

七月二十一日

复十日总销货并过账。晚九时半息。今天今夏节，天热。

七月二十二日

今日早来耗表。晚九时一刻息。开大会王经理理报告今后任务。十时三刻息。

七月二十三日

今日核来耗、交报表。晚九时一刻息。98[华氏]度。

七月二十四日

中旬报表来耗表。今日中午和延庆造就，赶下午汽车奔富。下午过来耗。并发五六年一二季度股息。晚开小组[会]王经理参加讨论二十四天情况。十时十分息。

七月二十五日

今日过二十四销。下午五时盘货。晚十时一刻息。

七月二十六日

上午同葛主任对色织布。中午毕。下午札白布色布损耗。因天暗将雨。工作减。晚七时半开老企业同事评比会。十时息。

七月二十七日

今日在里进早长短溢耗表。晚札。葛主任准备去建德开会材料。十时一刻息。

七月二十八日

今晨学习。仁山来转方。上午札葛主任赴建德回报[销的]旅[费]。下午札损耗毕[已]下午三时，工商联开会座谈过渡后对薪金、房屋、清股、定产等情况，五时半散。晚和延庆对长短销入备查账。九时三刻寝。

七月二十九日

上午填就长短溢[损]耗表，下午寄出。下午进货造复尺溢[损]耗表。七时半理发。九时回来。

七月三十日

今日中午送出复尺溢损表及九日大额尺寸和金额。下午填十九日月底进销存表。晚他们去车水。我守门至九点三刻息。老柴因妻腹痛将临盆回家去。卜先生今日上午来公司。

七月三十一日

白布色布月底报表造好核进销存总表及计划表。九时开旧企业评比会。十时十分散。

八月一日

今日上午把报表填就。下午在店堂工作。晚小组讨论工作，会计共同研究。九时散。再工作至十时息。雨有飓风八级。

八月二日

二时醒后风大雨急。不能入睡。楼下芦中民身困。着我二人常联系雨有没有漏到下面。五时起大家做准备工作。今日排门未下，门开着至十二时。大水涨到街沿后续退。今日泥墙坍很多。晚分班值日。四时整理麻袋和绳(和孔先生)及后园十六人值班。余照顾年老体弱早息。有事再起。

八月三日

今日照常营业。我在门市部和卜先生二人做40余元。早上去汽车站为爵儿问汽车。晚饭后去水碓头去一躺。晚工作至十时息。

八月四日

工作如昨。在门市部和卜先生二人进日做78余元。晚工作至十时到塔山去走了一趟。

八月五日

今日过账、销号。晚工作至九时。工作积压做清。九时息。

八月六日

在店堂内做营业。三时后札日结。晚八时开资方座谈会讨论1955年新联股息和报酬。十时散。

八月七日

工作如昨。延庆下午去杭。他的[值日工作]由我代理，晚十时息。工作未了。上午做分股息等工作。

八月八日

工作如昨。延庆来傍晚。今晚有电影。我守门兼工作至九时半抹身洗脚。

八月九日

在店堂工作。今日下午三时葛主任去开会，为发放布票要我代核船票金额。晚有电影。我和程以庄守门至十时息。

八月十日

为爵去迁户口。去镇政府和公安局未得迁出。晚工作至十时五分息。

八月十一日

晨王经理报告。工作如昨。今日营业兼旬报。晚七时听王经理报告关布票问题。十时散。

八月十二日

旬报今日送出。晚过昨今销货。九时半息。屋后塔青色毛棚可吃饭开会用。

八月十三日

今日营业和卜先生二人做103元余。晚销货未过。开会读陈云副主席6月30日报告，[内容]为私营工商业过渡的一些问题。七时(至)九时。

八月十四日

上午做营业。今晚总开会。九时一刻散。

八月十五日

今晨填泥劳动。我因日来吃粥有病告假未参加。在礼堂落排门。今日十五日机关发薪，业务较好。工作至十一时十分。札好大数，未进入备查底册。

八月十六日

今日营业上升。晚工作至十一时。大数报表尚未准备。今日大圆钟加油修理过。

八月十七日

今日营业比昨日略降。工作如昨。晚工商联出题测验陈云副主席6月30日关私营工商业报告。工作至十一时息。

八月十八日

晨学习讨论布票。工作如昨。至十一时息。

八月十九日

今日因十七日大额未札准。在楼上工作至下午时才查出。睡在店堂。工作十时四十分息。

八月二十日

在楼上工作。晚十一时息。早上下午在店堂做营业。

八月二十一日

在楼上工作至下午。三时来店堂工作至晚十时三刻息。

八月二十二日

在店堂工作。早上学习分组选组长。十一时息。

八月二十三日

晨五时起床。今日第一天做广播操。学习讨论，台风、洪水，回忆工作，在店堂至晚十时三刻息。

八月二十四日

上午在楼上。承善庆协助查出错处二点，二点自查出才札准[账]。下午在店堂工作。今日因业务较忙未午睡。晚在工商联洪局长报告，关[于]工资改革问题报告，二小时，九时散。回来工作至十一时散。

八月二十五日

今日上午到楼上工作（比较静）。下午三时下楼。晚工作至十一时兼守门（今晚嘉兴红星京剧团表演）。

八月二十六日

今日星期日学习停。工作如昨。今晚盘货。工作至十二时息。

八月二十七日

上午核差错。中午做营业。晚工作至十一时二十分。

八月二十八日

晨销昨日号。中午做营业。三时后札日结。晚十一时三十分息。

八月二十九日

早上学习讨论工资改革。在明瓦棚下工作。晚工作至十一时十分息。

八月三十日

上午晨学习。在明瓦棚下工作。十二时做营业。未午睡。晚工作至十一时十分息。

八月三十一日

今日第二年度布票销。业务较忙。晚营业至晚十时。半夜餐水子花生粥每人各一碗。十一时三十分息。王经理宣布第三年度布票收回备理。

九月一日

晨学习讨论工资改革测验。在明瓦棚下工作。晚七时半至九时半测验。九时半后工作至十一时十五分息。

九月二日

今日星期日。早上学习停。我为了报表仍五时起床工作晚至十一时息。和延庆二人在楼上办公室工作。

九月三日

今日报表送出。晚开五七年计划。会议四十五分钟。工作至十一时息。

九月四日

今日札1—4日销。晚至熄灯息。天闷多虫。

九月五日

今晨填经历表。札一至四大类表。销四天号。晚十一时息。

九月六日

今日葛主任结上月升溢损耗和销号。晚商业局开会。（地址在公司内部）局长报告工资改革上阶段经过情况及今后讨论方针。七时开始。九时十分散。工作至十一时十分息。

九月七日

工作如昨。今晚盘色织布。工作至十一时息。今晚有富阳剧团演《一缕麻》。

九月八日

今日晨学习。上午札溢耗。晚札日结。工作至十一时十分息。

九月九日

今日星期日。学习停。上午约了大黄未札准。重查。晚七时开大会成立工会。九时半散。继续工作至十一时十分息。

九月十日

晨学习评考试分。晚工作至十一时十五分息。

九月十一日

晨学习评考试结束。工作如昨。今日填上月长短溢耗表。晚工作至十一时息。

九月十二日

今晨学习第二防队工资改革内容。做旬报工作。晚十一时息。

九月十三日

晨起较早。天商广播操未举行。工作旬报在下午四时报出。晚工作至十时四十分息。

九月十四日

工作同。晚七时半至九时由宁会计谈销货计算办法。九时后继续工作至十一时十分息。

九月十五日

晨点灯把大数报出。积压工作今明二日可以出清。晚工作至十时五十分息。芦经理、俞一大同志回来。

九月十六日

填号及差错表。晚开业务讨论会。决定明日起用出纳收款。葛主任销号由延庆和我二人分担。九时半散。继续工作至十一时一刻息。

九月十七日

工作如昨。午后程午睡，我代出纳。三时后核账，我代。今日花布[销售工作] 由我兼，十时十分息。

九月十八日

工作如昨。晚工作至十时三十分息。

九月十九日

工作如昨。晚林经理(建分公司)谈销货问题。宁会计共同研究。九时散。工作至十一时息。

九月二十日

工作如前。晚七时半洪局长报告。关当前旺季供应问题。九时半散。工作至十时三刻息。

九月二十一日

工作同昨晚。工作至七时五十五分息。

九月二十二日

工作同。晨学习。晚开大会。王经理报告财产受理、旺季供应，总结八月份成绩和缺点。七时开始九时三刻息。工作至十一时息。

九月二十三日

工作如昨。晚工作至十时三十分息。晚雨。

九月二十四日

工作。全晚开会。王经理提工资等级。由大家评定我。一等五级。我自感觉工作技能是评不上五级。此后当努力争取。工作至十时十五分息。

九月二十五日

晨学习。工作如昨。晚盘花布。工作至十时十分息。

九月二十六日

工作如昨。中午镇来电话要我去问一些过去的事。晚盘色织布。十一时十分息。

九月二十七日

工作同。今晨出售另(零)头花布。事先准备不够，事后才知有失布失收款情况。晚工作至十时十分息。金泉司今日下午车来店。

九月二十八日

工作同。晚工作至十一时。因外间同事就要休息，我回家中后继续工作至十一时四十分息。

九月二十九日

工作同。昨晚工作至十时。因明日星期六，大家早息。再工作妨碍人家睡眠。十时五分息。

九月三十日

工作如昨。长短溢耗表今日填就。晚准备联票售货法。五时半上排门[1]。开始工作，十一时二十分息。

十月一日

今日国庆。批发部今日放假。门市部照常营业。可轮值休假二天。不休假者给薪。晚有电影。工作至十时十分息。

十月二日

工作同。晚工作至十时三十分息。

十月三日

工作同。昨日月结。工作大部分完毕。尚有色布折扣差错表未造。晚理发。工作至十时息。

十月四日

今日我申请休假(一日例假)。在家。

十月五日

今照常工作。造存货售价表。晚至十时十分息。

十月六日

今晨因庚儿早上去学习，我请假送他去，回来正在开排门。工作[是] 存货表造好后填另料差错表。晚和梅先生查色织布，九时息。看报。九时半回家。

十月七日

工作查九月零布差错。今日查毕。对色布花布。十时一刻息。

十月八日

早上学习。今日把上月另(零头)布折扣差错表及九月二十五日至十月一日存量更正表[做好]，今晚送出。晚王经理报告工资改革通过。九时半息。看报至十时十分回家。

十月九日

今日结零布数据。晚札大额。十时息。

1. 排门：指一排可以拆卸的木门。

十月十日

工作同。今日立账页，核进货。晚开大会给公私合营第二季度及中纺第三季度总结。十时一刻散。工作至十一时息。早上学习自由活动。我把消防队账目整理一下。

十月十一日

早晨学习。请假札大额报表。晚小组讨论昨王经理报告。七时—九时工作至十一时息。对色织布。（葛郑梅）

十月十二日

早上学习。门市部讨论优缺点。工作札零布折扣。晚工作至十时三刻。这月今天最好。

十月十三日

今晨学习自由活动。我做了些清洁工作。工作同。晚工作至十时零五分息。人民代表会今日开幕。

十月十四日

今日星期日。身困早睡。工作同。十时五分息。

十月十五日

早上讨论交流会，一切准备。晚工作至十一时息。今晚抹玻[璃]窗。

十月十六日

早上仍布置交流会工作分配。宣布交流会期间学习暂停。工作至十时十分息。

十月十七日

交流会近日开始。我任出纳。三时后札大额。九时毕。九时三十分回家（看报三十分）。今晚放假他们去看电影和戏剧。

十月十八日

工作出纳。三时后分大类札汇总。十时毕。今日公司装霓虹灯。杭州来装。下午车到连夜工作。

十月十九日

今日旧历九月十六日，热闹。营业厅最好今晚装红灯发光。工作至十二时。总公司发点心费一角。

十月二十日

今晨营业。即起大都来吃早饭。我吃了些点心。晚工作至十二时五十分息。今晚每人面包三只。

十月二十一日

交流会近日结束。任出纳工作至十时息。今晚有嘉定越剧团演《解放台湾》。

十月二十二日

今日札每人金额尺寸表及交流会日结。五时后札当日日结。九时半守门。工作至十时二十分息。

十月二十三日

今日工作。九时毕。守门。看茅盾纪念鲁迅报告。十时二十五分散（嘉兴剧团演《十五贯》）。

十月二十四日

工作同。结算零料及销售存根。延庆协助核十九二十日大额。晚九时半息。

十月二十五日

工作同。昨晚守门。有电影。工作至九时四十分息。芦经理、郑志芳同志回来（电影《春节大团叙（聚）》）。

十月二十六日

工作同。晚盘色布。我札大类。十时三刻息。

十月二十七日

工作同。秀鸿今日回公司（父病回家）。晚盘色织布。我札大额。十一时息。

十月二十八日

今日把十一至二十来耗售耗表造出。晚工作至九时半息。

十月二十九日

早上王经理报告。晚上小组讨[论]工作至九时四十五分息。

十月三十日

晚看报。十一时一刻寝。

十月三十一日

今日日结提单做七点三十分完成。做月底工作至十时一刻息。

十一月一日

月底工作。缴送一部分表。王经理复述秦、郑二政委关农业报告。工作至十时二分息。

十一月二日

今日过账。总结下旬大类对账。晚财贸部召开公营会和人员会议。章局长报告建立组织关系填表。六时半开会，八时十分散。工作至十时十分息。

十一月三日

今日查大类错误。晚开会讨论昨晚报告并发表。九时继续，工作至十时三十分息。

十一月四日

工作同。查零布扣折。晚工作至九时一刻息。

十一月五日

工作同。晨学习。准备写检查。晚工作九时四十分息。

十一月六日

工作同。上午写检查。晚工作至五十分息。

十一月七日

工作同。上午种棉花，晚打码。晚工作至九时三十分息。

十一月八日

工作同。今日兼写检查。晚九时五十分息。今晚有电影《海花》。

十一月九日

工作同昨。今晚十时息。晚雨。

十一月十日

工作同。晚王经理传达昨秦政委报告，埃及、波兰、匈牙利事件。九时散。工作至十时息。

十一月十一日

工作同。晚十时息。检查书今日交上。

十一月十二日

晨学习读报。黄同志读。晚开会财产管理。九时散。工作至十时息。

十一月十三日

裤带断，换新裤带工作。早上学习伟大苏联。晚讨论昨晚财产管理责任制。工作十时息。

十一月十四日

今晨自由活动。写诸儿信和申请书。工作同。晚开小组讨论门市部账货不错问题。工作至十时二十分息。

十一月十五日

晨黄同志报告讨论对埃及问题。发表每个人思想。工作同。晚工作至九时三十分息。

十一月十六日

晨讨论指标。工作同。晚开小组[会]讨论三季度工作。我札当日大类。九时半讨论。十月短长款。十时息。

十一月十七日

早上经理报告四十五分钟。工作同。工作至九时一刻息。

十一月十八日

星期日早上未学习。工作同。晚九时一刻息。

十一月十九日

今日早晚总结第三季度优秀工作。日间工作同。晚十时息。

十一月二十日

晨学习。继续讨论评比。工作同。晚九时三刻息。

十一月二十一日

晨自由活动。我和纂理衣物一小时。工作同。晚九时三十分息。

十一月二十二日

早上学习。王经理布置执行布票问题。工作同。上午因葛主任夫人生儿子请假。延庆查听报告。我在店堂。下午照常工作。晚工作至九时四十五分。

十一月二十三日

早上王经理传达昨日徐县长报告工作。上午在店堂营业。下午造表分大类。晚十时息。开供销会议。

十一月二十四日

上午出售零布。我顾柜上至下午。四时后札日结。晚有电影。守门。九时息。

十一月二十五日

今日星期日。早上学习停。工作同。过二十三日、二十四日账。核零头布折扣表。中午至三进做营业。晚分大类至九时二十五分。回家工作至十时一刻息。

十一月二十六日

早上讨论向民主社棉布部挑战。十时至下午二时做营业。今日较好。晚盘布色。我分大类十时息。

十一月二十七日

早上学习，仍讨论昨日挑战。工作同。晚盘

色织布。十时息。

十一月二十八日

晨广播操后自由活动。我做整理和清洁工作。中午做营业。晚工作至十时。今晚盘白布花布。

十一月二十九日

早上王经理报告，黄同志补充。工作同。晚至十时息，

十一月三十日

早上学八大文件。工作同。晚讨论一季度指标。工作至十时十分息。

十二月一日

今日星期六。早上自由活动。我修面、燉蛋、清洁工作。日间工作同。晚工作至十时一刻息。

十二月二日

学习停。我看报。工作同。今日业务较好。中午营业。晚工作至十时十五分和梅先生扫地。

十二月三日

早上学习芦经理报告，黄同志补充学习相关业务。工作至晚十时十五分息(查上月付票)。

十二月四日

早上学习《大公报》。棉布统购统销照章办事。社论查棉花大类分错。晚守论。他们去听报告学习八大文件增产节约。九时五十分散。同时息。葛主任今日去富阳催发票据。

十二月五日

早上学习。工作同。晚学习二小时(今日开始)。工作至十时三十分息。

十二月六日

早上学习。芦经理讲增产节约的结合本单位情况。王经理补充。工作同。晚工作至十时四十五分息。

十二月七日

早上学习，自由活动。工作同。中午营业。晚工作至九时三刻息。得金泉司务嫂来信知金泉司已在五日晚上去世。公司近日寄人民币五十元作善后。

十二月八日

早上学习。仍第一节各自发言。工作同。晚工作至十时十分息。今晚有建德越剧团演歌剧。

十二月九日

今日星期日。学习停。工作同。今日出售花布零布。晚守门。有剧，至九点五十分息。剧团九时四十分散。

十二月十日

早上学习讨论增产节约。晚工作至九时三十分息。天转寒。

十二月十一日

早上自由活动一小时。工作同。晚讨论年边工作一小时半。工作至九时五十分息。

十二月十二日

早上学习。仍讨论当前主要任务。工作同。今日结零布折扣等。未做营业。晚十时息。

十二月十三日

早上学习。订出增产节约计划。上午抄正算零布折扣。总核上旬报表。下午三时毕。晚工作至九时三十分。守门。有剧《西厢记》。

十二月十四日

早上天雨，补课学习八大文章。工作同。晚九时半息。天寒，山上已飞雪东面山上。芦经理去建德开会。上午做了些对厕所尿栏移方向、把门隔上平地等工作。

十二月十五日

早上学习八大。俞同志读一节。大家讨论。黄同志传达亲眼看到的新建设。晚盘色布。工作至十时十分息。

十二月十六日

今日星期日。早上自由活动。工作同。朱延庆今日到工商联工作。晚盘色织布。十时十分息。我到家中工作至十一时三十分息。

十二月十七日

早上学习。王经理报告困难户提出来申请救济并说了要有计划增产节约并说了摊贩小组的典型例子。工作同。晚盘色织布及白布花布其他等。工作至十时二十五分息。

十二月十八日

早上自由活动。我去参观了球场，也去看小

麦。工作同。晚十时二十分息。

十二月十九日

早晨学习八大文件。工作同。晚工作至十一时十分息。因百货公司在烧番薯。

十二月二十日

早上学习。王经理报告增产节约在设备方面、资金流转方面、错误方面带来损失都是浪费。芦经理中午到。郑文芳同志傍晚到。工作至十时十分息。

十二月二十一日

早上因雨，补学习讨论门市部业务差错问题。工作同，中旬报表今日下午三时送上。晚工作至十点十分息。回来。雨雪积白。

十二月二十二日

早上学习八大。工作同。晚学习王经理报告增产节约的讨论。我门市部讨论至九时散。工作至十时十五分息。

十二月二十三日

今日星期日。学习休息。工作同。晚工作至九时五十分息。我值保卫工作。荷子芳替我代理。

十二月二十四日

早上学习业务讨论差错问题。工作同。晚工作至十时十分息。

十二月二十五日

今日早上全体去送新军。我和孔小二先生守门。工作同。晚重盘色布十时四十分息。

十二月二十六日

早上学习讨论差错缺点。工作同。晚开大会并研究账货记法。八时半散。工作至十时四十五分息。

十二月二十七日

早上学习王经理报告。工作同。晚九时半毕。整理、发布票凭证。十时一刻息。

十二月二十八日

早上自由活动。我把报纸整理一下。吃鸡蛋。工作同。晚十时十分息（查本月差错）。

十二月二十九日

早上学习。王经理复述昨在公安局开会。要做好四防工作（特、火、盗、匪），并说他將离开公司，另有工作。今日查调差错。晚工作至十时一刻息。

十二月三十日

今日星期日。学习停。我在家做了些清洁工作。在公司工作同。札零布折扣等。晚部分同志去民主社棉布部工作。我和程同志守门。工作至十一时十分。电灯打灭时息。

十二月三十一日

早上未学习。工作同。今日到民主社盘货。明日设第二门市部。晚工作至十二时十分息。

一九五七年（工作日记）

一月一日

早上学习停，今日调出纳工作，晚分大算工作至十一时息。今日设第二门市部，秀鸿任主任，以庄任出纳。

一月二日

早上学习仍停，工作同。晚至十一时息。今日营业比昨日较升。

一月三日

早上王经理传达徐县长等报告当前中心任务三点，晚大会，黄同志报告增产节约，接收民主和救济等问题，七时至九时工作，至十一时息。

一月四日

早上自由活动，工作同。晚工作至十一时息。

一月五日

早上学习八大文件，工作同。晚十一时息。

一月六日

今日星期日，早上学习停，工作同。晚六时半去理发，七时半回来，工作至十时息。

一月七日

早上学习八大文件，我读，工作同。时十一时息。

一月八日

早上学习停，自由活动，工作同。晚至十时三十五分息。

一月九日

早上学习八大文件，工作同。晚至十一时三十分息。晚六时半至八时开大会，芦经理报告，王经理补充，邵主任总结（金泉嫂今日下午携子来）。

一月十日

早上学习，黄同志分析昨晚芦经理、王经理、邵主任报告。工作同。芦经理今日去杭开会，工作至十一时十五分息（今晚湖州越剧团演《大闹金水桥》）。

一月十一日

早操后，自由活动，我洗了面盆架。工作同。晚工作至十时四十分息。（今晚演《双阳与狄青》）

一月十二日

早上学习积累和消费，工作同，晚七至九时，学习同。工作至十一时息。

一月十三日

今日星期日，学习停，工作同。晚七时至九时黄经理报告，十一时十分息。

一月十四日

今日起床，大家误点，早上未学习，工作同。晚工作至十时三十分息。金泉嫂和他的儿子今日中午回绍去。

一月十五日

今日自由活动，我利用时间在家扫地，开门叫子未听到，待我到店，排门已下，工作同。晚县中大礼堂听报告。我和卜先生等四人守门，工作至九时五十分息。

一月十六日

早上学习，把后门上闩，我们几人因洗面迟到（梅、孔、卜、我等），后来葛主任说你们为何不来，知是门上了闩，由他开门，我们进去，迟十余分钟。工作同。晚十一时十五分，［守夜人］打招呼后息（熄）电灯。

一月十七日

早上学习布票问题，工作同。晚工作至十一时息，今日业务较忙。

一月十八日

早上自由活动，工作同。晚十一时十五分，［守夜人］打招呼后息电灯，天晴，出太阳。

一月十九日

早上学习潘同志报告，关于年节供应问题和清洁运动、除“四害”等，工作同，至十一时息。

一月二十日

早上学习停，工作同，晚至熄灯息。

一月二十一日

早上黄经理报告增产节约、四防工作、除“四害”工作。我工作同，晚至熄灯息。

一月二十二日

早上自由活动，我因昨晚工作未毕，今晨补。工作同。熄灯息（十一时十分）。

一月二十三日

早上黄经理报告不只要学习测验。工作同。晚至熄灯回家，工作至十二时一刻。天寒，今晚厕所装电灯一支。

一月二十四日

早上政治测验半小时，工作同。晚十一时二十分息。今晚食堂搬横街（祥新馆旧址）。

一月二十五日

今日起，学习暂停。工作同。晚至熄灯息。芦中民建德学习回来。

一月二十六日

今晨学习，郑业务股长谈通报，黄经理报告业务。工作同。晚至十时三刻息。

一月二十七日

今日星期日，学习停，工作同。送银行，少送六元，因掉换小钞弄错，晚荷吴立大共同核对，查出确实少送。十一时十分息。

一月二十八日

早上清洁工作，门市部没有做。工作同。晚十一时息。

一月二十九日

早上学习停，我因昨日账错，起早燃灯算核，并烦吴立大会计代核，其实银行多造少填。工作同。晚十时二十分息。

一月三十日

早上学习停，工作同。今日比较空闲。下午十二时三十分请芦经理代出纳，我去理发。晚七时至九时开农民代表联欢大会，并有余兴。十二时回家。

一月三十一日

春节，旧年初一。值上午六至九时哨，下班请假去谒坟。四时三十分回公司。

二月一日

今日上午九至十二时实非我值日，我看错了。值晚六至九时是我值日。核三十日账。九时回家。

二月二日

晨三至六时，我值班。落班后，再来睡觉至九时起，核账，早回家。

二月三日

今日二门市部照常营业，下午六时打烊，工作至九时四十分息。今晚大礼堂有工农兵联欢晚会。

二月四日

早上学习芦经理报告，学习评比等。工作同。下午五时三刻至六时三刻请一小时假去看袁培仁。晚富阳剧团在大礼堂演《杨八妹》。我守门，至十时十分回家。

二月五日

早上学习黄经理报告，增产节约，对工作问题。工作同。晚八时息。

二月六日

早上学习黄经理报告，学习刘胡兰刻苦耐劳、坚贞不屈精神。工作同。晚六时半至八时半，学习讨论早上报告，八时半回家。

二月七日

早上广播操自由活动，葛、郑二人去听报告。我们三人守店，业务尚好。晚工作至八时十五分息。

二月八日

早上学习王经理总结公司半年来成绩和缺点。工作同。郑和梅上午去听报告，晚六时开会至十时，讨论二天报告。

二月九日

早上学习各人发言。工作同。晚六时半开会，讨论至十时三十分息。

二月十日

今日星期日，早上学习停，门市部仍我和卜先生二人工作。余三人开会讨论。晚大会给奖，我和卜先生守门。九时回来，认购公债，总数 351 元，我认 100 元。九时半散。

二月十一日

早上学习停，七时半其他同志去听报告，我和卜先生、葛主任做营业。工作同。晚六时半开会，讨论几日报告及应战准备。九时散，再工作至十时十分息。

二月十二日

早上学习停，工作同。晚有电影《花木兰》。我工作至八时半息。

二月十三日

早上学习停，工作同。今日有一双江村来领布票，因月份改，出生年月不符，大社印和乡即不同，曾打了电话说下午去联系。我在一时去，和杨镇长谈。他说双江村因过去属松溪，印未刻过，叫我发给他。他说好呀（表示对），晚企业开给奖大会。七时开始，九时散。工作至十时五分息。

二月十四日

晨学习停，工作同。芦经理去建德开会，晚工会开会。我们列席，亦表明态度。九时息，工作至九时四十五分息。

二月十五日

晨学习讨论工会救济医药费问题。工作同。晚经理报告[一九]五六年写自我检讨，八时散，今日因布票问题，后由邵局长来说发给（因与钟同志指示不同）。

二月十六日

晨学习停，工作同。今日有一说是建德顾客在梅先生手里买布票用[一九]五六年度用特种布票，填[一九]五七年十尺来用，付钱要他布票，他说：“我还要建德坐了车子来拿。”不告而去。将此事已口头汇报黄经理。晚有电影，九时散，回家。

二月十七日

今日星期日，早上学习停，工作同。晚他们去听报告，增产节约（大礼堂），城阳镇在县府大场开社会主义改造三大胜利（农、手工、商）会，九时二十分散。我和卜先生留公司守门。卜因脚肿，要他去睏（困）。九时三十分息。

二月十八日

早上学习，黄经理传达昨晚报告精神，增加生产，厉行节约，要各部门多余文具报表送交秘书处，并展开讨论。工作同。晚二部盘货，子芳去协助。我写对二部友谊《挑战书》。九时二十分息。鲍同志说门由他开，要我休息。

二月十九日

今日星期二，早上自由活动，学习停。今日定作息时间表。工作同。晚有电影，工作至九时息。

二月二十日

早上早操，学习黄经理报告，关[于]生活时间表和请假制度等工作。晚工作，九时一刻寝。今日二部盘货。

二月二十一日

早上学习。因昨晚二部盘货，学习停。工作同。今日营业差。卜先生请假回家休息十天。晚他们去参加业余夜校开学典礼。九时散，我看报至十时息。

二月二十二日

今日星期五。自由活动。工作同。晚他们去读书，我工作至九时十分。王经理来，我息，他替我关门，可免叫子芳起来。

二月二十三日

早上学习，黄经理传达三问题。上午郑、葛学习，我和梅二人守营业。下午四人，三时半我去理发。晚盘色布、花布，十时息。

二月二十四日

今日星期日，学习停。工作同。结色布存量。子芳肚痛有病。晚盘色织及其他。八时三十分息。今晚有电影，八时四十五分散。

二月二十五日

今日星期一，晨学习，黄经理报告棉布统购问题及《大公报》答问，按寸收布票等。工作同。晚待读书回来，息。看《今昔蒲剑》。

二月二十六日

早上学习，黄经理报告，要大家去上学，并布置明日开始。上午半日学习。工作同。晚有电影《八千里路云和月》，九时散，九时回家。

二月二十七日

今日上午半天听报告，肃反学习。下午工作。晚查白布、土布。九时二十分息。

二月二十八日

今日上午半天在楼上讨论，下午工作，晚开公私合营资方从业人员会议。芦经理报告，黄秀华同志谈毛主席在座谈会讲话，并认购公债，我认200.00元（3月6日二次），九时十分息。

三月一日

今日上午学习讨论，下午工作，晚看《毛泽东文选》，九时息。

三月二日

今日上午学习讨论，下午工作，晚邵局长报告节约增产尚有潜力可挖，九时散，工作至十时息。

三月三日

今日上午学习，听李部长动员报告，九点散。继续讨论至十一时三十分。下午工作，晚看董必武同志肃清一切反革命报告。有电影，九时散。九时十分回家。

三月四日

上午、早上学习讨论节约指标。上午半天学习讨论意义。下午工作。天雪，转寒。晚看喜报。九时十分息。

三月五日

早上学习讨论节约，上午半天学习肃反。下午工作同。晚讨论节约及个［人］节约计划。因贤去看电影，十时回家。看《新观察》《大公报》。

三月六日

早上订计划，上午半天学习、工作。下午、晚看报，看《观察》，订个人生产节约计划。贤八时二十五分回家，我同归。

三月七日

上午听报告，肃反方针和政策。下午工作，晚开本门市部小组会。八时三十分回家。

三月八日

早上自由活动，上午学习，下午工作，晚工作至八时半，息。看报，十时回来。因贤去看三八节双江村演剧。

三月九日

早上学习，黄经理报告。今日发薪，对制度执行不够。上午学习，下午工作。晚写私信，九时回家。

三月十日

今日星期日，早上学习停，上午学习班照常开始早一小时息（十时三十分）。下午工作，晚总核发布票凭证等，九时息。

三月十一日

早上王经理报告三八节秦政委报告，关于男女婚姻等问题。上午学习，下午工作。晚和梅先生对布票证件。看报，十时三十分息。

三月十二日

早上黄经理报告外部门对增产节约已有行动起来，也有停滞不动，提出了优缺点。上午学习讨论条文，我把过去社会所知道的谈了。下午工作。晚看《大公报》，守门至九时三十五分回家。

三月十三日

早晨学习《大公报》关于棉布问题及紧张的平衡。上午学习，下午工作。晚看报。八时三十分息。

三月十四日

早上自由活动。我整理消防队账目。上午学习，下午工作。五时半，到大礼堂听报告，宣判大会。宣判农林局何文英反革命分子。七时会散，工会开会，讨论章则，九时散，工作至九时三十分息。

三月十五日

早上到南津桥抬沙泥，铺园地。上午学习，下午工作，晚看《大公报》。八时二十五分息。

三月十六日

早上黄经理报告，上午学习，下午工作。晚六时到大礼堂听报告，九时散。

三月十七日

今日星期日，早上学习停，多睡四十五分。上午本单位讨论昨日徐县长、刘局长报告，工作干部施用方针。下午工作。晚同志[们]去看桐庐剧团[演出]，九时芦经理归，我回家。

三月十八日

上午听李部长第三单元《忠诚老实》，田县长补充。下午工作。晚听报告并局长、戚监察长报告法制和提高警惕、如何防制等。九时散，工作至十时息。

三月十九日

早上黄经理传达楼部长关于农业社生产农具等报告，上午学习，黄组长提出施阿毛和我发言比较积极，下午工作，今日有长款，定是发票漏开。九时息，看《忠诚老实》学习材料。

三月二十日

早上芦经理报告节约花布、零布等，订计划，检查第一季评比等工作，上午学习，下午工作。晚看报，八时三十分息。

三月二十一日

早上门市部小组讨论，昨日芦经理报告，上午在楼上讨论，李部长和我个别谈话。下午工作。晚看报及看《忠诚老实》。八时三十分息。

三月二十二日

早上自由活动，上午学习（分批），下午工作，晚看报，九时息。

三月二十三日

早上工会小组讨论会员表，上午讨论学习，下午工作，要梅根代，我去理发，要等（看报约二十分钟），晚看报，九时息。

三月二十四日

今日星期日，早上学习停，上午学习也停。他们开会，上午、下午工作，查二月份卷花被胎绸大类有否理错。晚看报，九时回家。

三月二十五日

早上黄经理报告增产节约、政治领导。上午学习，下午工作。晚看报，八时三十五分息。

三月二十六日

早上黄经理报告，自由活动，七时三十分到大礼堂听李部长、田县长"忠诚老实表现哪些方面"。九时半散，继续讨论。下午工作，晚有电影，九时二十分回家。

三月二十七日

早上芦经理报告会说发特种布票，要统一步调。上午学习，下午工作。晚他们去浦江剧团和读书，我守门。至九时十五分，钟同志叫我来睏，他守门。

三月二十八日

早上黄经理报告，钟同志谈文件。上午学习，十时半散。各人自写。下午工作。今日发定息，不慎将应盖印收据遗失了。晚写历史。十时息。

三月二十九日

早上门市小组总结一季度工作。上午听报告。下午工作。晚写历史。十时息。

三月三十日

早上小组讨论，上午学习，十时三十分散，自写。下午工作，晚写，十时三刻息。

三月三十一日

今日星期日，早上学习停，上午学习一小时，要大家回去考虑，我写至下午二时半，到店工作，晚工作至九时三十分息。

四月一日

早上学习芦经理报告业务、一季总结。上午学习讨论，还要自思问题，准备检举。下午二时半工作至晚七时半余，反省，写历史，九时五十分归。

四月二日

早上讨论一季度总结，上午到大礼堂听报告，下午工作，晚讨论总结，九时十分息。

四月三日

早上一季度总结缴上，上午仍写历史，至下午二时半，出纳工作至晚七时半，写查材料，至九点三十分息。

四月四日

早上自由活动，上、下午工作，晚六时三十分芦经理总结第一季度工作优缺点，黄经理补充。九时十五分散。

四月五日

早上讨论，昨晚报告，评出先进工作和积极工作者，上午营业，九时半参加讨论先进工作、积极工作。下午营业。晚黄经理通过优胜小组我第一门市部获得，芦经理补充，八时一刻散，小组讨论，至九时一刻息。

四月六日

早上自由活动，我拟优胜单位材料，全日工作，附拟材料，午后陈义在新春和叫厚昌来叫我去，略谈，约下午去谈。下午四时五十分到葛主任去问意见，至市桥去看陈义，谈了二十分钟，回店。晚工作至九时息。

四月七日

今日星期日，早上停。上、下午工作，写单位事迹。下午将稿由子芳送葛主任看，晚七时开三公司给奖大会，单位优胜中百公司，我公司优胜组，我第一门市部得红旗，并每人圆珠笔一支，九时五十分散。

四月八日

早上芦经理报告，要大家发言，对昨晚会议的回忆发言极少。黄经理分析发言少的原因。上、下午工作，晚和二部合开小组讨论。晚，昨大会回忆及棉布工作简［报］学习，九时一刻息。芦经理有病，黄经理来守。

四月九日

早上自由活动，上、下午工作。晚抄正总结及订保持十要及十项措施。九时三十分息。

四月十日

早上黄经理谈通报，关于保护现状问题，并号召节约、注意卫生，防止染时疾。上午，半天学习，无产阶级专政论。下午工作。晚抄保持（红旗）十要和措施十项，九时三十分息。

四月十一日

早上工会郑同志报告第一季度先进工作者、积极分子、先进单位已评出，希望今后已评上先进的更先进，落后的要赶上先进。芦经理补充修订计划，展开讨论。今日上、下午出纳工作，兼写十要十措施。秘书处已将十项措施登里版报。晚工商联开会讨论互助储金及工商业今后应努力方向，九时三十分散。

四月十二日

早起广播操后自由活动。上、下午工作，晚因人不适，七时零五分息。

四月十三日

早上［听］黄经理报告，订计划，写稿，出黑板报。说读书，有部分报了名，不上（抓）紧学。上午学习无产阶级专政，一小时半去看布之后工作。下午工作。晚七时到大礼堂听徐县长报告，欢送七位同志回到农业生产。八时一刻回公司欢送俞一大同志 。九时半散。

四月十四日

早上学习停，上、下午工作。傍晚去理发。晚看报，三门峡及关于中学生参加农业问题。等门（看电影《葛麻》），九时五十分散。

四月十五日

晨芦经理报告，王前经理读文件，关于棉布统购情况。上、下午工作，晚开会讨论指标及节约。八时十五分散。公安局户籍开会，为户籍填写问题。九时三十分散。黄经理去杭，因金秀鸿胀气病，要动手术，葛主任去建德照X光。

四月十六日

早上自由活动，我做家中室内清洁工作。上、下午工作，黄经理下午回来，葛主任回来。晚拟填户籍，因有些不懂又搁笔。九时十五分息。

四月十七日

早上黄经理报告节约、卫生、防疫等问题。上午学习二小时，因业务忙，黄经理叫我们回门市部工作。下午同。晚工会开会选举，九时四十五分散。

四月十八日

早上黄经理报告要大家节约挖潜力。上、下午工作。七时息，回家。

四月十九日

上午请假，下午请假。至下午三时回公司工作。晚与二部开会，芦经理报告，为特种布票供应问题，九时息。

四月二十日

早上芦经理报告，王经理报告，国务院命令，对五月一日[将启用]第二期布票问题。中午《浙江日报》已登载。上午学，十时三十分散，工作。下午同。晚报四月份特种布票分类，九时二十五分息。

四月二十一日

今日星期日，早上学习停。上午、下午工作同。公司内下午一时半至三时半部分同志去俱乐部平运动场，部分同志下乡。晚写竞赛书，任会计爱人傍晚迁来。我九时息。

四月二十二日

黄经理在早上报告总结四月的优缺点，要我门市部去二人，只去了一人，也提及了今后当改正。上、下午工作。晚[到]大礼堂听徐县长报告，[要]端正思想，搞好工作和学习。九时五十五分散。

四月二十三日

早上黄经理报告昨晚听报告，将公司人员分为二组，每星期三个半天。分一二两组，我和郑志芬在第一组，梅和卜在第二组。今日下午一时三十分开始。一开始，要我们去大礼堂听报告，到后知是欢迎复员军人回乡搞社会主义生产。四时半散，继续学习至五时三十分。晚六时三十分，邵局长报告昨晚精神及分组、分时间、组长等说明。八时散。工作至九时息。

四月二十四日

早上学习停，上、下午工作。梅、卜二同志下午半天学习，晚工作至九时二十五分息。

四月二十五日

早上学习，检查四月计划执行情况。上午工作，下午学习，晚研究记卡售货法。九时三十五分寝。

四月二十六日

早上自由活动，我把竞赛二张今日上午十时完工，一送二部，一贴财会处。上、下午工作。晚上听韩政委报告，为[迎接]“伏老[1]”到浙江进行中苏友好教育。六时三十分开始，九时三十分散。

四月二十七日

早上学习芦经理报告，关于业务。黄经理报告，关于学习分组有变动。上、下午工作同，下午我和郑到专卖公司学习(共十五人)。晚到大礼堂听刘部长报告目前形势。至九时五十五分散。

四月二十八日

早上学习停(星期日)，上、下午工作，晚工作至九时半息。

四月二十九日

早上芦经理报告将要一月把各单位总结一下(四十分钟)，七时开门。芦、钟到应先落排门，再吃早饭。鲍落几近二间，我落一间，其他内部同志协助落一间。上、下午工作，晚他们去开欢迎复员军人，我和卜先生守门，因销货账不符，重核，八时五十五分回家。

四月三十日

早上大家做清洁工作一小时，七时开门，上、下午工作，晚洪局长报告省开会精神，九时四十分散。

五月一日

早上我把昨大类报表造成。上、下午工作。今日内部人员放假。我门市部照常营业，给薪给。晚札四月总结。九时二十分息。天雨，今日上午庆祝五一大会，因雨未举行。

五月二日

早上总结讨论，上、下午工作。晚写总结。九时二十分回家继续写。十一时三刻息。

五月三日

今日早上自由活动，我门市部为通过四月份总结要他们开会，大家同意。上、下午工作。晚七时开五一纪念会。九时散。工作至九时三十分息。

1. 指苏联最高苏维埃主席团主席伏罗希洛夫，1957年4月15日至5月5日曾访问中国。

五月四日

今晨芦经理报告业务及家属生活，上、下午工作。晚庆祝五四青年节，有文娱活动。九时四十分散。

五月五日

今日星期日，早上学习停。上午同下午他们组补学习，下午仍二人工作，晚二门市部讨论洪局长报告，九时散。

五月六日

早上潘秘书报告工会选代表及互助储金会问题，郑志芳同志谈节约计划、费用等，展开小组讨论，损耗率及包扎等。上、下午工作。同晚因贤校中开庆祝五四纪念会，至十时五十分归来。烦子芳，已睡的，再起来关门。

五月七日

早上黄经理报告学习情况，说梅、施、我发言比较多了。上、下午工作。下午学习。晚工会开会，工作至九时三十分息（开会八时三十分散）。

五月八日

早上芦经理报告县人委号召干部农业生产讨论报名，我门市部由郑志芳报名，时间到秋收上岸。我三人轮流去。上、下午工作同。晚九时息。

五月九日

早上自由活动。我看《人民日报》。上午工作同。下午学习。晚工作毕，看报，九时五十五分息。

五月十日

早上工会主任报告关于轮流休息问题、支持农业生产问题。上午、下午工作。晚开小组讨论郑子芳。上午听黄经理谈话传达讨论门市部情况。晚大雨，大家准备工作，九时二十分息。

五月十一日

早上自由活动，我看《人民日报》。上午工作，下午学习。晚上听范部长报告关于人民内部矛盾问题，七时至九时，九时一刻回来工作，至十时息。芦经理把布堆好，防洪工作。

五月十二日

今日星期日，早上学习停。上午芳去支持农业生产，耘田。我公司去十三人，耘二十担谷田，八时去，十进半回来。下午工作，晚九时息。

五月十三日

早上芦经理报告，大雨时，同志们的动态表扬了和批评协助农民耘田工作，黄经理补充。上午、下午工作同。晚八时二十分息。

五月十四日

早上自由活动，打球，我在家做清洁工作。上午工作，下午一时半至三时听洪局长小结。三至五时半讨论。晚芦经理总结四月份优缺点。九时二十五分散。工作至九时五十分息。

五月十五日

早上讨论门市部损耗等问题。上、下午工作。晚因电灯停光数次，工作至九时息。善庆今日到一部工作，在批发部协助反仓。

五月十六日

早上打球，我在家做清洁工作。上午工作。下午学习（到中专），晚工作，至九时三十分息。

五月十七日

早上卢经理报告，一部到二部去抬四口厨仓来，布置内部人员讨论工会问题。上午工作，下午同。今日子芳因母病回家，到富来电说遗失钞票十元，要我替他寻寻。我中午还到汽车站也去问过，也没有听到有人拾得钞票。晚九时息。今日芦中民出来替子芳协助门市部。晚九时三十分息。

五月十八日

早上看《大公报》《人民日报》。上午工作，下午学习。晚工作。九时一刻息。

五月十九日

今日星期日，早上学习停，我去超姊家，要她替贤备早餐。上、下午工作同。今日劳协农村是芦中民去，共去八人，耘田二十担。八时去，十时半回来。晚开欢送卜志莲同志退休大会。七时开始，八时四十五分散。

五月二十日

早上芦经理报告，讨论卜先生退休问题及半日休息和中午休息问题的讨论。上午工作，工作同。卜先生今日乘四时十分汽车回家。今日下午，芦中民学习，我和梅先生营业。晚工作至八时息。看报，至九时回家。

五月二十一日

早上打球，我预备晒棉衣，打了几点雨，只有收进。上午、下午工作（学习改在星期六晚），有卖糖唱曲，九时息。

五月二十二日

早上芦经理报告讨论月内要做好准备盘货一次，上午、下午工作同。今日上午大雨，下午阴。晚到工商联开互助储金会，九时三十分散。

五月二十三日

早上自由活动，上午工作同。下午到专卖处学习。晚工作，守门。梅同志到二部协助盘货，芦中民因不适，回家休息。九时三十分回家。

五月二十四日

早上广播操做后没有开会，我看报，上午工作，下午工作同。今日上午听报告，门市部只有三人，未去听。子芳中午到，晚我去二部协助盘货。九时五十分回来。

五月二十五日

早上自由活动，我到前楼去拿矿烛。上午工作兼理消防账目。下午学习，晚工作至九时二十分回家，善庆去二部协助盘货。

五月二十六日

今日星期日，早上看《人民日报》。上午、下午工作同，内部人员去大礼堂听报告，毛主席讲人民内部矛盾。晚一部盘色织布，九时十分息。

五月二十七日

黄经理报告，一工作，二学习，三劳动，总结五月份工作。上午朱善庆整日学习，我们三人工作，郑、梅晚听报告，我守门，他们都去。十时五十分散（地委来报告人民内部矛盾）。

五月二十八日

因昨晚睡迟，早上没有开会。上午学习，梅同志参加。下午听秦政委农业报告，我去。晚盘色布。九时三十分完毕。

五月二十九日

早上芦经理报告，要准备五月份总结，展开各小组讨论。上午、下午工作同。晚盘花布。九时毕。查传票至九时三十分息。今天午睡一小时（第一次轮到我和梅同志）。

五月三十日

早上没有开会。我看《人民日报》《浙江日报》。上午、下午工作同。今日午睡，芳、善晚工作，八时息，看报，守门，十时十分归。

五月三十一日

早上讨论五月总结，上午工作，中午我和梅同志午睡，晚工作至九时五十分息，结领布票工作。

六月一日

早上钟同志读关于棉布统销收回布票文件，上午工作同，今日午郑、朱。晚看报，因他们未了总结，未讨论。八时四十分，贤校中回来，我亦归。

六月二日

今日星期日，早上学习停，上午工作同，中午午睡，四人轮值。下午工作，晚工作毕，小组讨论月结。九时后，看报，守门，九时二十分电影散。

六月三日

早上讨论总结，上、下午工作同。晚芳、朱去财贸部开会，我和梅在经理室和经理座谈人民内部矛盾，十时散。

六月四日

早上讨论五月总结和讨论葛申请问题。上午工作同。下午亦同。晚工作至八时三十分息。工会开会，看报。九时息。营业缴款由顾客自缴、出纳等问题。

六月五日

早上善庆谈昨晚会议情况，讨论总结。上午作休假，我整理总结，下午工作，晚九时息。

六月六日

早上讨论个人优缺点。上午、下午工作，晚工作毕后写总结，守门，至十一时三十分芦经理说由他开门叫我来睡（今晚有绍兴大班，因开锣迟延迟）。

六月七日

早上讨论个人优缺点，总结今日上午九时缴上。上、下午工作。朱、芦下午学习，梅今日因病休假。晚守门，十一时息。

六月八日

早上自由活动，我写信。上午工作同。下午二时至五时半学习，晚工作至九时息。

六月九日

早上自由活动，我写信，到前楼去寻照片，没有。上午工作，请假去拍了一张一寸工作照。下午工作。晚划布，九时二十分息。

六月十日

早上黄经理报告芦经理今日往龙羊区访问（人民代表），上午、下午工作同。晚准备五月十六日货物，因上灯时，不能发电，十时息。

六月十一日

早上自由活动，看《人民日报》。上午、下午工作，因葛主任今日来工作，午后，午睡后未来。晚卷布准备，九时二十五分息。

六月十二日

早上看报。上午工作同。下午工商联开座谈会，由顾义召开。晚工作至八时半，看报，九时回家。卜先生今日来，晚有湖州越剧团演《薛刚闹花灯》。

六月十三日

早上学习停，六时开门，上午工作，下午同（今日旧庙会，五月十六日），营业较好，晚工作至十时息。

六月十四日

早上看了一些报，六时开门工作。上、下午同。晚工作至九时十五分息。

六月十五日

早上广播操后看报，上午、下午工作同，今日因会期尾声和十五日发薪业务较忙，晚工作至九点五十分息。

六月十六日

今日星期日，上午、下午工作同。晚工作至九时二十五分息。

六月十七日

早上黄经理总结五月十六一段［时间］的工作。上午工作同，下午朱、梅学习。晚我和芦中民到工商联开小组座谈会，为大鸣大放，九时散。工作至十时息。

六月十八日

早上讨论上月差错。上午工作。下午二时学习。晚八时三十分听毛主席在北京讲话录音（十一时毕），听不清晰。十时回家。

六月十九日

早上小组讨论，上午工作，下午朱、梅学习。晚盘白布，九时三十五分息。

六月二十日

早上自由活动，看报，上午工作，下午学习，今日未午睡，晚工作至九时息。

六月二十一日

早上小组讨论，决定今晚盘花布。上午工作，下午工作，同晚盘花布。九时五十分毕，今晚大雨。

六月二十二日

早上学习停。上午工作同。朱今日休息，下午同。晚八时半息。

六月二十三日

上午轮值休息。十一时照常工作。晚盘色布，十时息。

六月二十四日

早上芦经理报告，关于业务整理、清洁、团结等问题。黄经理说防洪防雨等问题。上午工作。今日子芳休息，下午工作。晚开门市小组，点裤腰斜条由我做（因葛主任请假），九时三十分息。

六月二十五日

早上看报、扫地，工作同。下午学习，晚盘色织布。今日起腰斜条由我查点。九时三十分息。

六月二十六日

早上工会报告，上午、下午工作同。晚八时息，看报，九时一刻回家。

六月二十七日

晚九时二十分息。

六月二十八日

早上门市部小组讨论。上午工作，下午工作。晚听报告，正确处理人民内部矛盾。十时十分散。

六月二十九日

早上讨论差错更正表。上午、下午工作同。晚四公司听洪局长报告，关于人民内部问题、学习报表，八时散（一小时），小组讨论总结，九时散。

六月三十日

早上小组讨论六月份总结。上午工作，下午工作同。晚结布票发给月结，九时十分息。

七月一日

早上小组讨论。上、下午照常工作，芦经理、钟同志下乡购木材，建筑仓库。九时息，看报。九时二十分回家。

七月二日

早上讨论总结，上午、下午工作同。晚上有报告（地委采购），因门市部研究总结，未去。九时息。看报。九时二十分回家。

七月三日

早上总结讨论。上午工作同。朱、杭总结。下午同。晚上息，看报。九时回家。朱、郑去看电影《上甘岭》。

七月四日

早上通过六月份本部总结。上、下午工作同。我上午把门前招牌上打刷一下。晚讨论上月份发生长短差错原因，开会十分钟，因郑去看木头戏，明晨开。我看毛主席报告。九时息。

七月五日

早上学习棉布统销简报及差错问题，上午、下午工作同。今日我营业额最大（比过去我个人），一百余元，因售出蓝夏布四匹。晚看毛主席报告及《浙江日报》，关于马林可（科）夫、莫洛托夫反党消息。九时息。

七月六日

早上看报。上午工作。下午二时至五时半学习。晚工作毕，看报。看《新观察》，至十一时，等贤儿回，未回。

七月七日

今日早上学习停。上午工作，下午工作。晚开大会，芦经理总结第二季度报告，九时三十分息。

七月八日

早上黄经理报告政治思想情况总结，上午工作，下午工作同。晚开门市部、加工场自我总结介绍，九时四十分息。

七月九日

早上小组评比先进。晚门市部加工组和二部先进事迹讨论。九时半散。上、下午工作同。梅先生参加评比小组。

七月十日

早上开评比小组［会］，晚评比大会结束。上午、下午工作同。晚大会，十点二十分散。

七月十一日

因昨晚会议延迟，今日早上学习停。今日上午，我和梅同志各休息二小时，后照常工作。下午同。晚工作至九时十分息。今日热，九十九［华氏］度。

七月十二日

早上黄经理对总结的建议报告，上午工作，下午工作同。午睡二十五分钟，休息，未睡。晚理发毕，八时半回家。

七月十三日

今日早上清洁运动，上午工作同，下午学习，职工会开大会，郑组织员报告，黄经理补充，九时四十五分息。

七月十四日

今日星期日，早上学习停。我把昨晚未了工作做好，上午工作同，下午同，晚在露天开反右派斗争会，九时五十分息。

七月十五日

早上学习，晚上学习，九时四十分息。下午、上午工作同，今日教师会议结束，十五日发薪日期，业务较好。

七月十六日

早上学习，再讨论向右派分子作斗争。上午工作，下午工作同。晚工作至九时息。

七月十七日

早上自学，看毛主席报告。上午工作同，今日子芳轮休，因忙，他只去请医诊治，后即做整理工作。晚卷布，下午梅一人学习，九时息。

七月十八日

早上集体自学，提前吃早饭后，再开门。上午工作，下午工作同。天热，晚在大礼堂听向右派分子作斗争报告。九时五十分散。工作至十时息。

七月十九日

早上自学，上午工作同。今日我轮休。，我在十时十分请了假，做了些自己的工作，到十一时二十分回公司。下午三时至六时学习，晚七时半至八时半，黄经理读报，八时半到九时半要每人写感想，九时三十分息。

七月二十日

早上答问题，自学。上午工作，善庆头痛不适，下午同。天热，晚工作毕，答问题。九时半。

七月二十一日

今日星期日，早上学习停。我做些家务。上午工作，下午工作同。晚九时半息。

七月二十二日

早上学习。黄经理报告国营四公司优胜属我公司葛主任今日来公司工作。上午工作，下午工作同。晚开会通报昌化统销工作做得很差。协助农民工作抢收、抢种、抗旱，明晨担谷子。八时四十五分散。

七月二十三日

早上抬细石子（造仓库用），抬一次，上午工作，下午工作同。晚有电影，我守门，钟同志来，我回家洗浴后，再回店守门（电影《川剧集锦》），十点三十五分回家。

七月二十四日

早上自学，上午工作，下午工作同。晚工商联通知到大礼堂听韩政委反右派斗争报告，十时三十分散。

七月二十五日

关于商品排队及推销问题，上午工作同，下午工作同。晚工作早毕，八时四十五分回家。

七月二十六日

早上黄经理读报。上午工作，下午我和子芳、金泉三人学习。晚子芳去抗旱，九时十分回家。

七月二十七日

早上学习，宁会计读报，讨论。上午工作，下午工作同。晚卷布工作，至九时四十五分息。今日热度下降十［华氏］度（九十一［华氏］度）。

七月二十八日

今日星期日，早上学习停。上午工作至八时，今日轮值，我休假。十时半照常工作。下午工作同，晚七时半息，子芳去抗旱，今晚起，葛主任值日。

七月二十九日

早上芦经理报告，关于增产节约问题、二部差错问题，建仓运输问题。上午、下午工作同。晚一、二部门市部开［会］，讨论差错问题，十时散。

七月三十日

早上建仓库，洋瓦已到一车，八百七十张。早上总动员，运至工地。五时半开始，六时十五分毕。上午工作，下午工作同。晚三公司给奖大会。七时一刻开始，九时半散。优胜单位，我公司获得。我门市部郑、梅得先进工作者，朱得积极分子。

七月三十一日

早上黄经理报告订三季度计划，即展开讨论。上午工作同。下午朱、梅学习。晚，朱、郑去抗旱，有雨，即返（郎家关）。通知明日上午三时起床，再去郎家庄担水抗旱，早息。

八月一日

早上三时起床，早膳后，到郎家庄抗旱。到目的地，天未明（四时）。挑水抗旱至六时。我和程以泉二人先回，他们六点四十分回来。上午工作，下午工作。同。晚芦经理报告第三季度指标，黄经理报告月结纲领。八时半散。工作至九时十五分息。

八月二日

早上运瓦。我因爵今日拟去杭为湘报名，下午车去，我向黄、芦经理请假，未去搬。上午照常工作。十时至十一时，请假，和爵交谈，并理须带去旧衣。下午工作，三时和葛、郑学习，晚工作至九时息。

八月三日

早上门市部讨论第三季度计划，上午工作同。子芳流休。下午工作同。晚七时半息。朱、梅、郑去看宁波越剧团演《貂蝉与吕布》。我去理发，葛主任守门。九时回家。

八月四日

今日星期日，早上学习停。上午工作，下午工作同。晚洪局长报告进一步展开反右派斗争，八点三十分散。工作至九时三十分息。（整发布证统计）

八月五日

今日早上讨论总结，今日我轮休，七点四十五分开，十点三十分工作，下午同。晚小组讨论总结。九时二十五分息。

八月六日

早上总结讨论。上午工作，下午工作（今日葛主任休息）同。晚上小组讨论，九时四十分息。

八月七日

早上小组讨论。上午工作，今日朱轮休，郑、梅开会。下午梅、朱学习。工作同。晚小组讨论。九时息。看毛主席报告，九时二十分回家。

八月八日

早上自学，写稿。上午工作，下午工作同。晚葛去法院听公审。我们在公司听收音（增产节约）。八时散。看报。九时十五分息。

八月九日

早上黄经理报告，宁会计传达徐则林贪污罪行。上午工作，下午，我、郑、葛学习。晚工作毕，看报，九时十五分息。

八月十日

早上自学。上午工作，下午同。朱因头痛请假（一天半）。晚自学，九时息。

八月十一日

早上三公司在此开会，黄经理报告反右派斗争。今日要以礼向右派斗争。下午二时开始，我门市部葛主任去，朱请假，晚梅守门，我们都去，九时三十分散。

八月十二日

早上自学，上午工作同，今日善庆假休，下午工作同，晚开大会（公司），黄经理报告，九时十五分息。

八月十三日

早上自学，我写反右派。今日梅先生轮休，我和他协商，今日我轮休，他改明日。我在七时四十五分回来，上午把稿写毕，交鲍同志。下午工作同，今日钟同志因发放布票会议下午天热借我家中开，晚他们去看电影《铁路游击队》。我守门，九时三十五分散。今日葛主任因腹痛请假。

八月十四日

早上黄经理报告，问斗争稿有没有写就。上午工作同。今日梅先生轮休，葛主任腹痛，面变色，去睡了一觉，较好。下午梅、朱学习。晚他们去看电影《国庆十点钟》，志芳回，我八时四十五分回，今日写稿，未午睡。

八月十五日

早上三公司开会，黄经理报告专卖，高经理补充反右派。上午工作，下午工作同。今日因十五日营业较好，我不及午睡，未寝。晚大礼堂听沈主任报告欢迎移民（新安江来三千人），九时散。朱、郑二部盘货，梅守门，开斜条，我共同折，九时半寝，守门至十时回家。

八月十六日

早上抬石子（仓库用），朱叫我守门，我做了些清洁工作，然后看毛主席在宣传会上讲话一段。上午工作，下午工作同。我因中午较忙，未午睡。晚我和朱守门，在公司工作。郑、梅去大礼堂听报告。廿时十分散。今日公司给我们吃棒冰一支（每人）。

八月十七日

早上自由活动。上午、下午工作同。大字报今日贴出。晚九时息。广播报告有台风。

八月十八日

今日星期日，早上自由活动，我自做清洁工作，把浆板桶拿到前台去。换衣，送姊家洗。上午工作同。下午郑去接移民。傍晚郑、朱去听报告（防台风洪水）。大家做了防雨工作，十时息。

八月十九日

早上五时半起床，早上学习停（因昨晚守夜）。

上午工作同，子芳去协助抬老酒。下午工作同。晚郑、朱去看电影《刘巧儿》，因雨归。九时，我看《人民日报》，守门，九时归。

八月二十日

早上学习棉布统销宣传材料，由郑文发读。上午工作同。下午同。葛主任下午由建德回，病有进展。晚七时开大会讨论早上宣传资料。九时半息。继续工作至十时一刻息。

八月二十一日

三公司在早上听黄经理关于反右派斗争思想情况。上午工作，下午同。下午我睡一小时，潘和赵在楼下，在谈，我醒，起床去工作。晚郑桂芳同志和我与善庆谈情况，九时半散。工作至十时十五分息。

八月二十二日

早上早操后自由活动，我看报。上午工作，下午工作同。因较忙，我未午睡。晚划布、卷布。九时四十分息。今日下午人民医院来给我们防痢水剂，吃二种。

八月二十三日

早上芦经理报告报上关于棉布统销问题，黄经理说宣传资料。上午工作，中午郑、朱、我均未午睡。三时学习，我与郑今日业务较高。晚七时半至九时，开二门市部小组会，讨论每人思想不足及如何对待顾客，散后，核账，十时十分回家。

八月二十四日

早上，黄经理谈增产节约，宁会计、郑桂芳二同志发言，时间已到，告结束。上午工作，下午工作同。我、郑、朱未午睡，晚工作至九时四十五分息。

八月二十五日

今日星期日，早上做清洁工作（厕所亦打扫），上午工作，下午工作同。几月来，今日营业最好，超出八百元。晚开大会。我守门，请了假，工作至熄灯息，尚未完工（今天大家没有午睡）。轮休今日交二部。

八月二十六日

早上学习小组讨论斗争右派分子。上午工作，下午工作，大家均未午睡。营业和昨日相仿。晚工作至十时五十分息。

八月二十七日

早上自由活动。我门市小组写右派程天尧材料，上午、下午工作同。晚我和梅先生守门，郑、朱去听报告反右派程天尧广播，我们在公司工作亦听到。十时四十五分散，我们工作至十一点二十五分。电灯已打招呼［后熄］。

八月二十八日

早上核昨日账。上午、下午工作同。朱下午半天学习，晚工作至十一时十五分息。今晚有电影《钢铁战士》，门市部因工作关系，均未去。

八月二十九日

早上芦经理报告，黄经理补充，说增产节约，为了这二日供应紧张，早上学习暂停二天，上午工作同。晚工作至十一时息。卜先生上午来，下午回去协助我们做营业。

八月三十日

起床迟半小时，学习停。上午葛主任来协助做营业，下午三时后来协助朱、郑核全款、尺寸，我们晚工作至十一时，内部人员今晚去银行开会，我十一时五分回家。

八月三十一日

早上学习停，上、下午工作紧张，今日今年营业最好，邵局长亦来协助。晚吴立大协助我门市部核账至熄灯。今日工作内部均出动协助。我十一时三十五分回家，今晚营业时间延至十时打烊。

九月一日

今日星期日，起床五点四十五分。上午核账，下午工作同。我未午睡，晚去理发，回来工作，十一时回家。郑、梅去看湖州越剧团演《杨八妹游春》。

九月二日

早上大家去仓库扫地，背布架。仓库完竣，还是今天第一次看到。上午、下午工作同。晚三公司开大会（在此露天场地上）。七时半开始，邵局长报告。十时毕，工作至十一时十分息。

九月三日

早上、晚上小组讨论，王兆铨、王济芬同志参加，上午、下午工作同。晚九时二十五分散。我写信至十时二十分回家。

九月四日

早上二门市部共同讨论。上午工作，下午工作。朱下午因病请假。晚全部讨论，十时散。散后工作至十时三十分息。

九月五日

早上学习，邵局长报告学习情况。上午工作，下午工作。朱下午有病，晚黄经理报告，命葛检讨，九时三十分散，工作至十时二十五分息。

九月六日

早上学习布票宣传资料（第二份），和朱理布票。上午工作，下午工作同。晚上郑去车水[1]，我们三人在店工作，卷布，九点五十分息。

九月七日

上午学习黄经理报告，关于投入抗旱问题及人员调动问题。二部孔先生到一部工作，自九月九日起。上午工作，下午工作同。晚郑去抗旱，九时五十分回来，我们工作十时息。

九月八日

早上黄经理报告本公司将抽出七人下乡抗旱，家内工作要大家挑起来。上午工作同。今日轮午睡。晚理布票。十时二十分息。郑去车水，十时十分回来。

九月九日

早上学习停，上午工作同上。郑、胡要朱替他造表，他来代做营业。下午回二部。郑上午去永昌，下午去松溪，为统销材料。晚朱去百丈车水。工作至十时息。

九月十日

早上学习停。上午工作，下午工作。晚开全体会友，由芦经理报增产节约问题。邵局长指示会议展开讨论，九时二十分散。

九月十一日

早上学习停。起床迟半小时（五点三十分），上午工作，下午工作同。因中午较忙，今日未午睡。晚电灯有病，放光迟，光不足，郑去车水，九时三十分回来，我十时回家。

九月十二日

早上学习停。账桌抽斗钥匙遗失，要铜配了一个。上、下午工作同。今日我午睡一小时，晚郑、朱去车水，我和梅工作至九时四十五分息，他们回来息。

九月十三日

早上学习停。上午、下午工作同。今日午后，，腹痛，大便又一次。午睡一小时，晚吃泡饭，无味。工作，八时四十分息。梅先生叫我先睡，他守门。

九月十四日

早上学习停。上、下午工作同。卷花被胎，今日开始发售。我下午午睡一小时半。朱未睡。晚郑、朱去车水。今日微雨，早归（八时），八时四十分息。

九月十五日

早上学习停。上、下午工作同。今日十五号，又是星期日。业务较好。下午三时，哲朱去开会。晚开全体会，对今年货源问题、第三季度评比问题、劳动竞赛问题、棉布政策问题，九时二十分散。工作至十时二十五分息。

九月十六日

早上学习停。上、下午工作同。中午，因工作关系，未午睡。晚工作至九点廿五分息。

九月十七日

早上学习停。上午工作同。朱因病，上楼睡觉。芦经理来协助，下午同医师来替朱诊治。晚开二门市部小组［会］讨论节约用布和推销大众商品。邵局长参加指导。八时三十分息。我门市部讨论应战（今日第一门市部提出向我们挑战），九时十五分散，工作至十时息。

九月十八日

早上学习停。上午工作同，今日上午把应战书交工会，下午工作同。晚郑去车水，梅开协调工作，至九时五十分息。

九月十九日

早上学习停。上午、下午工作同。晚小组讨论九月份总结。七时开始，八时三十分息。工作至九时五十分回家。

九月二十日

早上学习芦经理报告，广播操、打球，要继

1. 车水：用独轮车运水。

续活动，总结要提前准备，差错要留心。上午、下午工作同。晚工作八时毕，看《新观察》八时三十分回家。

九月二十一日

早上学习讨论[丢]失棉花问题。上、下午工作同。今日梅先生脚痛□□，不便行动，去人民医院诊治，休假，晚二部盘货，郑、朱去协助，八点四十分归，工作至十时四十分息(做牌票)。

九月二十二日

早上学习停。上、下午工作同。梅先生今日病，休息。黄经理、钟、郑、瞿、芦诸同志去抗旱。今日均回来，晚等门，郑未去看《叶香盗印》，十时四十分归。

九月二十三日

早上学习芦经理报告，下乡抗旱同志今日起听报告学习，必要时还要下乡。在公司同志，工作仍要挑[起来、担]当起来，月内做好盘货工作。上午、下午工作同。晚朱、郑去二部协助盘货，我做牌票，守门。去看戏，十时四十分散。

九月二十四日

早上学习停。上、下午工作同。晚盘色布。九时息。

九月二十五日

早上学习停。我去前楼拿冬衣。上午、下午工作同。今日售茧人较多，业务亦较忙。晚盘花色织二大类，内部二部都来协助工作，至十时完成。

九月二十六日

早上自学，上午工作同，下午同。今日业务比昨日上升。晚开会学习秦政委报告“大鸣大放”。九时散。工作至十一时十五分息(孔先生在二十七日来一部工作)。

九月二十七日

早上黄经理报告评比国庆保卫工作。上、下午工作同。晚二门市部联合讨论“大放大鸣”，九时半散。工作至十时四十[分]回家。

九月二十八日

早上学习。工会郑同志报告工会建议答复潘同志报食堂问题，上午工作，下午同。朱总结月结、季度总结。晚继续昨日“大放大鸣”讨论，九时半息。工作至十时三十五分回家。

九月二十九日

早上学习停。上午工作，下午工作同。梅先生今日在内进结算工作，晚续开讨论会。九时十分息。工作至十点十分回家。今日虽有电灯，我公司路线不亮。

九月三十日

早上学习停。上午工作，下午工作同。晚有电影，我门市部未去，因月终结账。十时三十五分息。

十月一日

今日国庆，早上未学习，在门前挂庆祝标语红布。上午、下午工作同。梅先生今日虽有病，仍做开斜条缠麻丝工作，晚有电影，我门市部未去，九时三十五分息。

十月二日

早上学习停，上午、下午工作同。梅先生整理发票簿，晚朱去开评奖会，工作至九时三十分息。

十月三日

早上黄经理报告值日三要责，一、生活管理，二、保卫工作，三、卫生工作。上午工作同。我在十时去理发。十一时回来。下午工作同。晚在二部，芦经理报告三季度总结。

十月四日

早上学习讨论昨晚季度总结，五六人发言。开门时间已超过十分。晨微雨。上午工作，下午工作同。内部人员去听报告(地委来作)。晚门市部讨论，九时十五分散。工作至十一时息。

十月五日

早上评先进工作者。晚继续评，评出积极分子。晚九时三十分散。上午、下午工作同。今日白斜条、元羽斜将卖完，催朱提出，由梅先生开十方，得勿脱销。

十月六日

上午分组自札单位成绩，朱今日开会，郑晚上参加，晚八时单位成绩向大会介绍，十时半散。

十月七日

早上学习评先进单位。我组评业务组和第一门市部。上午、下午工作同，晚开大会评比先进工作者和积极分子，十时一刻散。工作至十一时一刻回家，继续工作。

十月八日

早上学习停。上午、下午工作同。晚评先进

小组，我第一门市部评上先进单位觉得是不够的，今后应大家努力保持优胜，会议十点半散，再工作至十一时二十分息。

十月九日

早上学习停。我核账。上午、下午工作同。梅先生开斜条。晚有寿昌剧团演《三打祝家庄》，黄经理、王经理、沈去看。我工作，守门，看报，十一时十五分散，我即回家。

十月十日

早上我门市部座谈对今后工作改进，上午、下午工作同。晚电灯不放光，讨论工作如何防止差错。九时半息，工作至十时，电影散回家。

十月十一日

早上芦经理报告抽调三人为检查小组，开始查二部购销。朱为小组[成员]之一。由芦中民出来代替。晚在二部开会，我守门，工作至九时三十分散，看报，至十时回家。卜先生今日来，当日回去。

十月十二日

早上二门市部合并讨论昨晚报告。上午工作，下午工作同。晚开大会(二部)，散后，朱、郑去看剧。我九时三十分回家。

十月十三日

早上为了保卫，洗面到门市部洗。早上学习停。上午、下午工作同。黄经理今日上午去杭治病。晚有剧，我守门。到十时四十分，梅先生叫我回家，他开门十一时十分散。

十月十四日

早操后，自学。上午工作，下午工作同。晚三公司开给奖大会。我门市部得单位优胜奖，热水瓶一把、玻盖杯五只。晚九时半散。我公司由芦经理再布置工作，十时散。我工作至十时四十分回家。

十月十五日

早上自学，芦经理去杭开会。上午工作，下午工作同。晚朱财会开会，工作至八时三十分息。

十月十六日

早上学习停。上午工作，下午工作同。晚九时半息。晚七时至八时三十分开小组会，向批发部挑战问题。

十月十七日

今日我值日，早上学习停，上午、下午工作，晚工作至十时息，黄经理今日下午由杭回来。

十月十八日

早上看《人民日报》，上午工作，下午工作同。晚朱、郑去协助二部盘货，我们工作至十时息。

十月十九日

今日因惟勤劝我请了一天假，下午二时四十五分照常工作，至十时息。朱、郑去二部，协助盘色布。

十月二十日

今日星期日，早上起床较迟，上午、下午工作同。晚工作，八时半息。

十月二十一日

早上黄经理报告要积极投入工作，搞好企业，本星期要继续学习关于差错问题等。上午、下午工作同。晚二门市部讨论差错问题，并把差错问题介绍出来，布票收回，差错也介绍出来。九时散，工作至十时息。

十月二十二日

早上二门市部合并讨论。上午工作，下午工作同。今日送银行款子少写三元，七时荷老杨来通知，免再追查。自担任出纳后，送银行款第一次不符。晚开一门市部小组[会]讨论改进方式，七时半至九时再工作，至十时五分息。

十月二十三日

早上自学。我看《人民日报》。朱今日去杭检[查]身体。上午工作，下午工作同。晚至十时息。

十月二十四日

早上学习停。我看《人民日报》，上午工作，下午工作同。晚工作，九时半息。

十月二十五日

早上黄经理报告做好旧会期准备。钟不日下乡工作。上午、下午工作同。朱晚车到，晚开小组[会]，一小时讨论准备问题。九时十分息。

十月二十六日

早上自由活动。上午、下午工作同。朱早上开会，晚开会为准备九月十六日旧庙会问题。晚卷布，工作至九时三十分息。

十月二十七日

今日星期日，早上学习停。因[闹]钟早十分，故开门也早了十分。起来洗面，不多时即须开门。开门后对钟[表]，知早了十分。上午工作，下午工作同。晚同总工会召开会议，我和朱在内进工作。九时息，食堂今晚吃夹麦馃。

十月二十八日

早上学习，开会。黄经理报告说，工作不够抓紧，尚有重星期日休息思想。上、下午工作同。晚工作至十时半息。他们有些去学文化，九时回来。

十月二十九日

早上自由活动。今日我值日扫地，上午、下午工作同，晚八时三刻息，今晚有电影。今晚京音相生(声)(大礼堂)，我九时回家。

十月三十日

早上自学。芦经理杭州开会归来，郑文发同去沪。芦中民同志去杭。上、下午工作同。今晚上影招待机关干部看《柳林曲》和《山城春色》。我和郑桂芬同志守门，十时三十分散。

十月三十一日

今日早上自学，上、下午工作同，芦中民今日从杭回来，晚盘大众商品，工作至十时一刻息。

十一月一日

早上广播操后，自学。上午、下午工作同。晚工作至十时十分息。

十一月二日

早上自学，上午工作，下午工作同。晚卷布，有部分同志参加上影举行文娱晚会，十时五十分散。十时五十五分回来。

十一月三日

早上学习停。上午工作、下午工作同。晚九点二十分回家，这几天内部人员忙着搞庆祝“十月革命[四十周年纪念]”做准备。

十一月四日

早上黄经理报告说，旧庙会将到七日，又是庆祝十月革命在准备中，有些同志努力，有些不够，谈到保卫工作、值日制度等。上午工作，下午工作同。晚布置工作，十时十分息。

十一月五日

早上自学。上午工作，下午工作同。晚部分同志去大礼堂听报告，五位工人评上省级先进工作者，一时息。

十一月六日

早上芦经理报告人员协助分配问题及工作讨论，今日棉花腰布斜条由老潘经售。上午工作同。我在十时托朱代出纳，我去参观展览会，内有徐效荣解放前后生活对比、养猪饲料、卫生节约用布、全县文化经济情况等展出。十一时十分回来。下午工作同。晚他们去看文华越剧团演出，我守门，梅先生未去。十时四十分散。

十一月七日

今日是纪念十月革命四十周年纪念，又是旧庙会九月十六日，很热闹，营业亦较好。上、下午工作同。黄经理协助出纳工作，今日发生差错，少二元。昨工作至熄灯，十一时五十分。

十一月八日

今日上午停止学习。下午工作同。营业比昨日略差，晚工作至熄灯。郑文发同志协助出纳。

十一月九日

早上学习停，今天是旧庙会习惯最后一天工作，晚至九时四十分息。大家疲倦，早寝。我九时四十分回家。

十一月十日

今日星期日，今日工作已如会前正常。晚工作至九时五十分息。

十一月十一日

早上芦经理报告业务，上午工作，下午工作。晚开小组[会]，由财会参加讨论会期差错问题及今后改正。九时散。继续工作至十一时一刻息。

十一月十二日

早上广播操后，自由活动。上午工作，下午工作同。晚八时三十分息。

十一月十三日

早上黄经理报告总结了全市[商品]优缺点及大宗商品冷、背二问题，上午工作，下午工作同。晚盘花布。八时息。因善不适，我守门，至九时。

十一月十四日

早上自由活动，朱有病，请假一天。上午工

作，下午工作同。晚二门市联合开会，讨论应昌化门市部战及自报推销冷、背商品指标。八时三十分散。我誊记录，九时回家。

十一月十五日

早上芦经理报告年终结算准备及人员安排，黄经理补充。上午、下午工作同。晚九时息。读书，八时四十五分回来。今晨芦经理报告，朱善庆同志因身体关系，中午休息二小时，营业少做，做些其他工作。

十一月十六日

早上学习停，看《人民日报》。上午工作，下午工作同。晚九时息。

十一月十七日

早上学习停。上午工作同。下午工作。晚三公司开大会，洪局长报告，支援农业去抢收抢种，为节约粮食，希望食堂二粥一饭，写信家属，不要瞒报产量，八时后，分组讨论，九时散。

十一月十八日

早上黄经理报告，提名我日来早操和开会也有迟到现象，主要因天冷，大家迟到，我认为迟点不妨，兼甏来，在早晚谈些家常。的确不能按时到，今后当更正。上午、下午工作同。子芳今日去协助农民割稻，金秀鸿来电说，因车路要明日到公司。晚宁会计来领导学习剪布先进经验，晚九时息。

十一月十九日

早操后自学，上午工作，下午工作。秀鸿上午到。晚大礼堂听范部长报告整风总结，以及劳动节约粮食三报告，九时一刻散。

十一月二十日

早上学习，在内进旁间，黄经理报告讨论农作用具，我买锄头三把，上午工作，同子芳去割稻。晚工作至学习归来，回家八时五十分。

十一月二十一日

早操后自学，上午工作，下午工作。晚工作至九时息。六时至六时四十五分，郑同志报告协助农村劳动订计划。九时回家。

十一月二十二日

早上芦经理报告，黄经理补充，谈请假制度。鲍新南同志到一部分做营业，孔先生休假。上午工作，下午工作同。晚八时息，早归。

十一月二十三日

早上广播操后，自由活动。上午工作，下午工作同。朱开会，晚三公司开会，邵局长对如何协助农民劳动、积肥支援八百斤等作了报告，再由公司讨论具体措施，信心很高。当晚把前门街道上垃圾也扫了，回来九时散，回家。

十一月二十四日

今日星期日，学习停，上午工作，下午工作同。晚工作至七时三十分，看《新观察》至八时十五分，贤来，一同回家。

十一月二十五日

早上先自学，后由领导芦经理分三组选出队长，今日下午三时，种菜，我门市部去二人，叶彩卿、郑子芳。今日叶彩卿来门市部当营业员，日来业务较轻，工作八时毕，看报，至九时扫地回家。

十一月二十六日

早上自学。今日我值日，上午工作，下午工作同。下午郑与叶订师生合同，下午三时朱去种菜，晚三公司开会，洪局长报告，做好旺季供应，九时十分散(我守门)。

十一月二十七日

早上讨论昨晚洪局长报告商业旺季供应问题。上午工作，下午工作同。晚工作至八时息，看报，八时三十分回家。

十一月二十八日

早上学习，黄经理报大众商品要大力推销，生活制度要严格执行，重视劳动等。芦经理作补充，说劳动要行动起来，不要存等待思想。上、下午工作同。晚工会在中百批发部开会，我和朱二人守门，工作至八时三十分回家。

十一月二十九日

早上讨论昨晚工会黄经理报告，关于工人劳保条例。七时三十分开门，上午工作，下午工作同，傍晚接工商联来电话，要我六时去，我向芦经理、朱负责人告假。六时去，八时半回来，工作至九时三十五分息。

十一月三十日

今日早操后，没有开会自学，我看《人民日

报》，上午同，下午工作同。下午一时，郑、叶去积肥，四时回来，晚朱开会，他们填表。我七时去理发，八时回来，守门至九时回家。

十二月一日

今日星期日，起床较迟，六点四十五分起，七时十五分开排门，上午工作，下午工作同。今日上午，鲍和叶去积肥，晚工作至九时十五分回家。今日银行开始发行硬辅币5分、2分、1分三种。

十二月二日

早上学习黄经理报告，上午工作同，下午工作同。九时回家。

十二月三日

早上门市部讨论大众商品、个人计划。上午工作同，晚有电影放映《家》，上海五星偶剧在县府大操场演，朱、郑去看木偶剧，其他同志去看电影八时半三公司，开会由商业局邵局长报告总结"大放大鸣"的一些认识问题和划清界线问题，并号召要做好当前供应工作。九时散。

十二月四日

起床略迟。上午工作，下午工作同。晚盘色布，十时三十分息。

十二月五日

今日早上自学，我看《人民日报》。上午工作，下午工作同。晚盘色织布。八时三十分毕，九时回家。

十二月六日

早上芦经理报告，黄经理补充，关于盘货问题、政策执行问题、厉行节约问题，上午工作同，下午同。晚盘花布八时郑、梅、叶去看木偶剧，九时三十分回家。芦经理、钟同志下乡到湘溪参加丰收大会。

十二月七日

早上学习停。看《人民日报》，上午工作，下午工作同。晚收听省广播农村纲要和争取明年大丰收八百斤，并讨论十一时散。

十二月八日

今日星期日，早上学习停。上午工作同，并订决心书，支援农业生产八百斤指标，我并捐献兴修水利资金。下午工作同，晚和鲍、潘守门，他们去听报告争取明年大丰收，每亩八百斤，并讨论。十一时散。

十二月九日

早上黄经理报告每人决心书情况，上午工作，下午工作同，芦经理、钟同志今日又去六贤，晚邵局长来主持开三公司大会，讨论向银行总社挑战签名及昨晚韩政委报告体会，九时散。

十二月十日

早上黄经理报告，抓紧积肥，今日第二组为主。上午朱去，下午鲍去，上、下午工作同，晚鲍去镇代算工作，叶亦去。我九时回家，郑守门。

十二月十一日

早操后，自学。我、郑、鲍三人去参观新登旅馆和汽车站，回来十五分钟开排门，上午工作同，下午鲍去劳动，叶今日因病请假，晚镇开大会，郑去参加，十一时四十分回来，我守门。

十二月十二日

今日早上自学，我看《大公报》。今日我值日，上午工作，下午工作同。芦经理和钟、郑（文发）二同志均回来，晚工作至九时回家（今日卖十月、十一月二个月的调和白布，晚再复盘）。

十二月十三日

今日早郑桂芬同志和钟华东同志为抖面水展开辩论，黄经理要大家分析并说今日去挑水库，门市部我和郑子芳去到工地，据云太湿，不能使基坚实，不挑回来，上、下午工作同。复十一月十日白布和绸，晚再盘色布。八时三十分回家。

十二月十四日

早上芦经理报告大家去仓库搬石灰，除值日守门（鲍）外，都去。七时二十分毕。上午工作，下午工作同。今晚卷布。八时四十五分息。

十二月十五日

早上自学。我上午去挑水库，中午回来。鲍同志上午五时即去。下午叶和朱去。晚上郑去挑城河。今日星期四，又是十五日，又干部开会营业特好，故中午十二时至三时大忙，三时要潘来协助。晚工作至九时三刻。挑城河回来，我回家。

十二月十六日

早上自学，七时三十分由芦经理率领我等六人去挑城河，在机米厂至下流桥洞一段约五六丈，挑至十一时三十分完毕。下午工作晚，鲍去听报告。九时十五分散。我守门。他们回来，我回家。

十二月十七日

早上学习停，自学，我看《人民日报》。上午工作同。郑、鲍上午六时即去挑水库，中午回，下午朱、梅去。晚有电影。门市部没有人去。我工作至八时十五分。电影散回家。

十二月十八日

早上学习停。今日我值日。上午工作同。朱复核传票(九、十、十一月份)。下午同。晚八时三十五分回家，梅先生下午发冷。

十二月十九日

早上学习，芦经理报告业务情况。郑桂芬提出记工分问题，辩得很久。上午工作，下午工作同。晚讨论工分会。八时半散。工作至九时回家。

十二月二十日

早上自学。我去前楼拿被、棉裤。上午工作同。下午朱学习。晚朱、鲍、叶听报告，卷布。九时半散，息，回家。葛在临安疗养，来信致子芳及一部分同仁，告近况。

十二月二十一日

今日早上公议自报工作，上午工作同，叶去专卖，搞移交账。下午朱、鲍参加学习，晚有电影和富阳剧团，十一时十五分散。我十一时十分回家。

十二月二十二日

今日星期日，早上学习停，上午工作同。叶去参加城阳镇丰收大会。下午朱去积肥。晚三公司在仓库开大会。洪局长报告改变体制，一月一日三公司合并为什么，要合并如何合并，并讨论。九时半散。工作至十时回家。

十二月二十三日

早上黄经理报告，[要注意]对劳动的态度及言词，对劳动的认识，七时四十五分开门，上午工作同，下午朱、郑去仓库，把地重做，挖泥，晚继续打，七时三十分去，九时回来。

十二月二十四日

早上黄经理报告仓库劳动分工，说门市部学习不够主动，上午我和鲍同去仓库掘地，下午鲍与梅去，晚洪局长发表一月一日保卫工作分配，有电影，朱、郑、梅去看。我守门，九时五十分回家。

十二月二十五日

早上广播操。去仓库开地，我守门。十一时去银行报送人民币，八时十分去仓库开地，至十一时三十分回公司。下午工作。晚同。上午我和郑。下午梅、叶。晚，郑、梅、朱均去。鲍读书，八时四十五分回家。

十二月二十六日

早上去仓库掘土。七时至七时三十分。上午八时至十一时三十分同。下午工作同。鲍、叶下午开学习会，晚我工作守门，他们去仓库工作，八时三十分回来。

十二月二十七日

早上芦经理去挑石子，黄经理来说开会，说劳动的要自觉，并提出表扬和批评，上午工作同，朱、鲍去车(运)石子，叶去看病，我剪破纸及整理玻璃桌下碎纸。下午学习，叶、鲍去参加。晚开会，鲍去参加，卷布，九时息。

十二月二十八日

早上芦经理报告搞清洁运动(除“四害”)及二部少段问题，并讨论。上午工作同，鲍去车石子。下午学习，鲍参加。晚邵局报告，述秦政委昨晚报告精神，并讨论。大家纷纷表示态度。九时散。工作至十时息。

十二月二十九日

今日早上起，即附带搞清洁工作，至中午。下午工作同。晚三公司开大会，讨论写大字报、决心书问题。九时息。各人写大字报，十时十五分回家。

十二月三十日

早上芦经理报告仓库地工作及差错问题。上午工作同。郑、鲍全日去挑石子。晚我去理发回来，工作至十时回家。上午十时至十一时三十分，我写上山下乡，响应党政号召。

十二月三十一日

早上门市部讨论学习统销通报二期及业务，上午我和小叶去塔山挑仓库石子，下午工作如昨。晚芦经理报告表格及新机构工作。八时三十分散，工作至十时一刻，等贤回家，一同回家。会计室尚在工作。

一九五八年（工作日记）

一月一日

早上自学。上午朱去欢迎下放干部。叶和朱今日休假。我结发布票，总结。下午工作同。晚鲍去捉麻雀。八时十五分回家。

一月二日

早上做清洁工作。上午轮值。我、梅先生、小鲍休假，因郑去车石砂，故梅也只有楼上扫了地。我回家，一小时把楼上、楼下、前楼扫了一扫，洗了一个面，即去工作。鲍理布票。下午郑再去车石砂。晚七时至九时二门市部加工场开会，暴露[不想]下乡思想，工作至九时三刻回家。

一月三日

早上自学。上午工作同。下午梅去挑石砂，朱亦去。叶在二时三十分头疼，回家。晚开大会（全局），小结和暴露思想。九时散。我工作至十时后，写大字报。十一时一刻回家。

一月四日

上午工作同。下午一时伤风咳嗽，头晕痛，向芦经理请假，写了假条，请袁仁山开方服药，回家即寝（下午二时）。

一月五日

早上学习停。上午工作同。郑和鲍去挑砂石。梅下午去挑。晚工作至九时回家。杭州水产公司用汽车装饰来新宣传。晚接公司电线，发广播。

一月六日

上午工作。梅先生开会。下午工作同。晚邵局长动员报告，即将展开整风学习。九时半散，工作至十时回家。

一月七日

早上自学。上午朱、郑去挑砂石，下午工作同。晚有电影，放假。我工作至八时三十分，电影散，回家。

一月八日

早上自学。上午工作同。鲍、叶去绿化。下午郑、朱去，二时半折回吃饭。去炉头水库，至深夜十二时三十分回来。我和梅先生守门，工作至十一时二十五分，梅去睡，我看报。待他们回来，我回家。

一月九日

早上自学。上午我和梅先生去塔山挑砂石（仓库用）。下午工作同。晚开大会，洪局长报告动员写大字报。我十一时回家。

一月十日

早上自学。上午工作，下午工作。今晚写大字报。十一时一刻回家。下午五时把葛主任印子送还葛师母。卜志莲先生下午一时来，当日回去。

一月十一日

早上自由活动。上午工作，下午工作同。同志们轮看大字报。晚座谈一小时，后写大字报一张。把工作做好，十一时回家。

一月十二日

今晨因闹钟停了，到公司已开门后十分钟（七点三十分开门）（到已七点三十九分），真不应该，今后当注意。因天雨未去绿化。上午看了二小时大字报。下午工作。晚工作，兼守门，至十时电影散，回家。

一月十三日

早上自学。上午七点五十分芦经理对我说“我们厕所处要开一扇门，通中百后面肥缸”，问我借一借，我们要用，还我们(泥水匠是昨天挑泥的，今晨七时三十分来工作的)，和我协商一下。我说“好，同意”。下午工作同。上午去看了一小时大字报。晚六时半洪局长再作动员报告，要大家大放大鸣。八时散，小组讨论。九时自写。十一时十分回家。

一月十四日

上午工作，下午工作同。下午去看了四十分钟大字报。晚写大字报二张。十时三十分回家。

一月十五日

上午工作同。看大字报四十分钟(九时半至十时十分)。下午工作。晚八时黄经理对大放大鸣再开座谈会。十时散，工作至十一时息。

一月十六日

上午下午工作。鲍抄大字报，朱开会，写大字纸。晚九时至十时开会，黄经理布置要写县委、商业局、粮食及本企业不团结原因等四起大字报。我写大字报一纸，十一时十分回家。今日下午子芳去植树。

一月十七日

日来起床较迟，正好开门。上午工作，下午工作同。下午芦经理去植树，今日种毕。晚开小组讨论，后写大字纸。十时三十分回家。

一月十八日

上午工作，下午工作。鲍抄大字报。晚朱值日，守门。全体去听报告，县大会发言，谈县委领导和方针政策是否地方可以制订，及下放干部。九时半散(六时半起)。九时四十五分回家。

一月十九日

上午工作，下午工作。朱上午开会。鲍下午去开会。晚二小组合并放鸣，关[于]领导及粮食和食堂问题比较多。十时三十分散，散后即回家。

一月二十日

上午工作，下午工作同。晚二组讨论，王兆铨同志掌握大放大鸣。七时散，二门市开会，十点四分散，回家。讨论通过门市部制度及计划、服务态度等。

一月二十一日

上午工作，下午工作。今晚洪局长再动员大放大鸣，黄经理报告公债意义。十时半散。

一月二十二日

上午工作，下午工作同。晚先到二部，由芦经理召开资方从业人员为认购公债[会]。我想270元分三期缴付，一月底，三月底，六月底。七时三十分回公司，开对干部下放[会]。九时散，小组讨论，十一时开始写大字报。十二时十分回家。

一月二十三日

上、下午工作。今日我值日，晚守门。梅先生开斜条，因臀部有痘不能坐，亦未去守门。其他同志都去听报告。关下放，大会发言，十时十分散。下午去看半小时大字报。

一月二十四日

上午去看半小时大字报。下午工作同。晚二组合并开小组会，讨论昨晚郭政委报告，各人表明下放态度。六时半开始，十时十分散。认购公债今日缴第一期(人民币90.00)。

一月二十五日

上午下午工作同。今日县总社银行送来挑战书。晚开小组会讨论。十时六组互相挑战应战。十一时十分散。

一月二十六日

上午下午工作同。因连日晚上开会，工作尚有部分未了。今晚有电影，放假。我已补起一些，尚未清。九时三十分回家。

一月二十七日

今日六时起床，大扫除，至七时三十分。上下午工作同。内部八点党日，搞清洁工作，把后院整理得清洁。晚二组合并讨论，九时三十五分散。我工作至十时十分，回家，在家再工作一小时。

一月二十八日

早上清洁工作。上、下午工作同。晚在仓库开大会。我和梅先生守门，十时散，再讨论至十一时二十分散。

一月二十九日

早上起来，只有五分钟要开门了。上午工作下午工作同。晚开改造下放干部大会。九时三十分息，续由城阳剧团演剧。十时三十分散。

一月三十日

今晨朱、鲍去欢送下乡干部（49人）。上午工作下午工作同。晚去听秦政委报告“关于城阳镇如何实现千斤镇”。报告九时散，开小组［会］讨论大放大鸣，兼工作，至十时三十分回家。

一月三十一日

上午工作，下午工作。晚二组合并放鸣会。六时半开，如十时十分散，工作至十一时十五分回家。

二月一日

上午下午工作。晚放鸣。十时十分散。我因玄儿假归，我早归。

二月二日

上午下午工作同。晚刘部长报告（补充），讨论至十一时一刻。工作至十二时回家。今日营业上升。

二月三日

上午工作，下午工作。今日与昨日仿佛。主要大社已分红，日期已将近春节。今日内部人员来协助。晚开小组讨论，我因账未搞好，黄经理同意我请假搞账。十一时三十分散。我亦息，回家。

二月四日

今晨七时二十分才醒。郑、梅他们二人都来叫我，很感激。上、下午工作同。晚本门市部开订工作计划和参加农业计划。十时散，工作至十二时息。

二月五日

上午、下午工作同。下午［钱］送银行，［金额］多填一万元，到傍晚分大类时才发觉，在六时十五分补送［交款单］。晚讨论“大跃进计划”，由朱起草。工作至十时三刻回家。

二月六日

上午下午工作同。今日银行又错，多送十元。六时去拿回。日来头晕，精神不好，服补脑汁。工作至十二时，同志们听报告回来。吃过半夜餐，继续去听到天明。我们门市部在十二时搞清洁工作，至三时息。

二月七日

上、下午工作同。今晚鲍去开会。大家在八时左右都休息了，我在九时也回家来。

二月八日

上午下午工作同。晚放假看电影《移山倒海》，干部下放意义。九点半散。我工作至十时十五分，回家。

二月九日

上午下午工作同。晚开大会，洪局长报告大放大鸣暂告段落，今日起为整改。报告九时半散，工作至十一时二十分息。今日卜先生来。内部同志今日去挑城河。叶翠柳决离职回家。

二月十日

上午下午工作同。晚工作至十时（内部人员去听报告），知今晚大家搞清洁。在十二时开始，搞至三时十五分。我在二时时请假回来，搞家中清洁工作。三时四十五分寝。

二月十一日

上午下午工作同。下午五时请假去车站，追问玄儿棉衣有没有从杭州寄回。晚开小组会，八时二十分散。搞清洁工作，十时二十分回家。

二月十二日

上午下午工作同。今日秘书处把打来的麻雀用牌加标语挂在门前，来看的人很多。晚搭牌楼。我工作至十一时十分息。今晚在搬食堂，明日在此炊餐。

二月十三日

上、下午工作同。今晨叶翠柳回家。晚工作至十一时十分回家。内部同志今晚在札牌楼。芦经理今日去桐庐参观。

二月十四日

早上工会开会讨论困难户协助问题。上、下午工作同。晚工作至十时十五分息。内部人只在画画，札亭子准备宣传工作。

二月十五日

上午工作，下午工作同。芦经理上午由桐庐参观回来。晚黄经理报告春节回家保卫工作，除“四害”情况。洪局长报告春节回家只准假三人，郑子芳，鲍新楠，杨启岳三人，余十余人不准。八时半散，工作至十一时回家。

二月十六日

上午下午工作同。郑子芳，鲍新楠早早回家，柯潮林来协助。晚大礼堂听秦政委报告。九时三十分散，散后回家。

二月十七日

今日古历除夕。上、下午工作同。中午饭后立即扫地，做清洁工作。不久一清洁工作人员来，评上“清洁”二字。晚工作早毕，八点五十分回家。

二月十八日

今日春节放假。上午梅先生值日，下午我值日。我上午去坟山，下午做未了工作。至九时三十分电影散回家(《梁山伯与祝英台》)。

二月十九日

久约郑文发同志去打麻雀，今日才实现。上午郑、吴、梅、我四人八时出访，十一时三十分回来，一共打了十只鸟。下午(十二时五分)到大操场集合，到一时半才出发，经胜利村仍回到大操场，三时三十分回来。晚六时去大操场开大会，九时五十分散(城阳镇庆祝春节大会)。今日放假，上午小柯，下午朱值日。

二月二十日

上午工作。柯去协助搬批发部到新仓库(合在一起)。下午工作同。晚工作毕六时五十分，到内进做清洁工作，做俱乐部，梅先[生]也来做，朱造报表，守门。柯到仓库整理。九时回家。后门未闩，未锁，据说是施阿毛未锁的。

二月二十一日

上午工作同。查钟条，裁封面纸。下午工作同。晚听报告。刘部长报告目前国内外形势，及“大跃进”和今后任务，十时散。搞卫生工作，至十一时二十分。

二月二十二日

上午下午工作同。小鲍上午九时到。晚开大会，分二组讨论昨晚刘部长报告。十一时息。

二月二十三日

上午工作，下午工作同。朱参加讨论(内部一起)整天。晚洪局长报告全年总结，讨论评比，评出二个先进工作者，九个积极分子(门市部)。十一时五十分散。

二月二十四日

上午工作，下午工作同。朱下午去除“四害”，打麻雀。晚开大会评比，至八时三十分写大字报，十一时再开，评比至十二时三十分结束。傍晚朱、鲍去大扫除城内二小时。六时半后柯亦去，七时五十分回来。

二月二十五日

上午工作同。今日朱将厨仓下木板启开，将数年灰尘全部扫出。下午工作同。子芳午后一刻到。晚放假看电影《盖叫天舞台艺术》。我八时回家。

二月二十六日

十二点五十分起床，由朱来叫我说，说大礼堂开给奖誓师大会。二时开始，七时散，七时三十分开门。上午工作同。芦经理陪儿子去屠山看病，梅先生因足病复发同去。鲍、柯下乡协助农防冻。今天我们三人工作。晚六时上门后，七时三十分工作毕，回家。

二月二十七日

起来遍地白雪。上午工作同，兼看《大公报》。下午工作同。晚工作，七时半毕。看报至八时三十分回家。梅先生回来。

二月二十八日

上午工作，下午工作同。小柯防冻工作做了回来。黄经理由杭看病回来。今日又有雨雪，不多。晚工作至八时三十分回家。

三月一日

上午工作同。下午工作同。协助老郑整理发票簿。晚放假，有部分同志去看桐庐越剧团演《血罗衫》。九时洪局长打电话来说要开会。今晚干部28人下乡防冻工作，即煮饭，在十一时出发(加演《姑嫂修水库》)。

三月二日

上午工作，下午工作同。略看报，顾营业。晚八点回家。芦经理晚上回来。

三月三日

上午下午工作同。芦经理下午回来(早上去)。许经理去，晚卷布，九时息。

三月四日

上午工作同。今日营业较好。晚提大月。我工作毕，翻阅去年《人民日报》。九时回家。

三月五日

上午工作，下午工作。今日提来布三十余匹。晚工作至九时回家。十时再出，看报至十一时回家（郑算段）。

三月六日

今日我值日。上午下午工作同。晚工作至八时毕。看报，写信。守门至九时回家。

三月七日

上午下午工作同。晚正想算，段秋生、沈西来，胡谈打猎，至八时半，工作至九时。广播九时息，我回家。

三月八日

上午工作同。我用水抹桌凳。下午同还。鲍下午回来。郑小柯晚饭来。晚开大会，洪局长报告，郑补昨开会情况，八时息。工作至九时，梅先生休息。我和郑至十时息。

三月九日

今日早上五时半起床，六时测验时事，我得七分，主要平时看报不认真，马虎。上午工作，下午工作同。晚搞清洁，至九时三十分回来，洗包钟条布，十时息。

三月十日

上午工作同。朱上午开会。十时朱头疼，休息。下午工作同。晚七时半工作毕，理发。八时半至九时半做清洁工作一小时，抹排门。九时二十分回家。黄经理今日去杭。

三月十一日

上午工作同，兼理废纸。下午工作同。晚大礼堂听报告（郭政委），反贪污，反浪费，精简机构部分，下放动员报告，后朱部长留下，合并机构人员，动员，思考写大报。回来十时。梅先生守门，卜先生来，当日回去。

三月十二日

上午工作同。下午工作同。晚到县总社开会，我和梅先生守门。我工作毕，搞清洁工作。九时开会，回来写大字报稿，十一时二十分回家。

三月十三日

上午工作同。我今日写就“大字报”二[张]纸。下午工作同。朱早上回去吃早饭，未来，知头痛，请假。晚八时半洪局长报告，反浪费，反保守动员报告。十点十五分息。

三月十四日

上午工作，下午工作。朱请假未来。晚写大字报，十一时回家。上楼，看大字报。

三月十五日

上午工作，下午工作同。晚写大字报。十时二十五分回家。

三月十六日

上午工作，下午工作同。晚六时三十分去大礼堂听郭政委报告肃反学习，十时一刻散，回来参加小组，在讨论看过大字报和反浪费反保守的感想。十一时寝。

三月十七日

上午工作同，补写大字报一张（出纳不用）。下午同。上午看大字报九十分钟。晚学习四小时，十一时回来。我参加饭馆组，朱、陈宁参加南货组，芳守门，我来，他去睡，至十一时三十分回家。郑、鲍去种蕉芋（下午）。

三月十八日

上午工作，下午工作同。晚去学习，十一时回来。今晚於潜酒装到。下午我、郑、黄秀华三人去县中看大字报一小时。

三月十九日

上午郑、鲍去挑塘泥到试验田。中饭送去吃。下午工作同。我们到南货合营三组大会，邵局长报告，九时，回到饭馆小组讨论至十一时三十分散。

三月二十日

今日上午同小鲍二人参加农场试验田挑塘泥，七时去，十一时三十分回来，下午工作。晚参加面食业筛泥。因雨，八点四十五分避雨。他们开会在待命，等晴。至九时五十分散，我回来。朱已先我到来。

三月二十一日

上午工作同，下午工作同。晚我和老朱去挑河泥，至观音附近公路上（约三华里）。六时三十分去，十时三十分回，送四次。十时三十分回家。饮食店备有青米粿，每人五枚（一角）优待。

三月二十二日

上午工作。我和朱在后空地做清洁工作，和收作展览室。九时半在内营业场。晚到大礼堂听地委张政委报告，参观介绍号召新登模范县先实行“四无县”。十一时五十分散。

三月二十三日

上午工作同。兼理破纸。下午工作同。晚参加肃反学习。十一时零五分散。

三月二十四日

上午工作同。裁传票封面纸。郑、鲍去积肥，做秧田。下午同。晚我和朱学习肃反。我今晚并入南货组。十一时散，回来开会，洪局长报告未听到。同志们已在应战。十二时三十分散。今日食堂备点心，线粉、红枣。大扫除至二时，电灯亦“大跃进”。二时一刻息。建德葛经理在会上讲了话。

三月二十五日

上午工作同。陈文甫来协助。芦、朱、鲍、郑做清洁工作。晚参[加]南货学习，十时散。搞清洁工作，一时三十分息。

三月二十六日

上午工作同，兼搞清洁。下午同。晚到大礼堂，听报告，一小时回，小组讨论，十一时散。他们卷布，剪字，十二时息。

三月二十七日

上午工作同，洗门前砖柱。下午工作同。晚到小组学习，八时到工商联开大会，处理坏分子蔡永乐，十时回，小组讨论，十一时寝。

三月二十八日

上午工作同。鲍剪字，写黑板。朱头痛。下午同。晚我和梅先生整理厕所。鲍、郑运肥料（土）。朱守门，工作至十一时息。

三月二十九日

上午工作同。我兼做清洁工作，下午同。晚八时打烊。打烊后遇二门市部一同讨论服务标准，十时散。我守门，至十一时二十分。

三月三十日

上午工作同，看报。下午工作同。晚到专卖处后面筛泥。八点半至十二点半。午夜餐藕粥。

三月三十一日

上午工作同，下午同。朱去积肥。晚二门市部学习天桥百货商店，十时十分息。省检查团到。

四月一日

上午工作同。今日宁波参观代表团回去，临安代表团来。下午工作同。晚门开至十时打烊。学习天桥服务态度，十一时散。今日盘色布。

四月二日

上午工作同。接通知说临安代表团要来公司参观，未来。下午工作同。今日盘色织。今晚十一时打烊。宁波代表团今日回去，听说昌化代表团今日来新。十一时回家。

四月三日

上午工作同。我在七时三十分回家，睡了一小时半，修面、扫地等三十分。下午工作。晚十一时打烊。今日盘花布。朱因臀部生痘，早回家休息。

四月四日

上午工作同。下午工作同。晚到大礼堂听朱部长肃反动员报告。九时半散，小组讨论，十一时散。郑十时半去总社听报告，十一时三十分回来（除“四害”）。

四月五日

上午工作同，下午同。朱今日请假，郑去打麻雀。晚他们到总社开会。我和朱去南货合营开会，十一时一刻回来。

四月六日

今日上午七时半至下午二时，我请假在家搞卫生。二时后照常工作。晚学习，十时一刻散。

四月七日

上午我仍请了假，回家搞卫生，至下午一时半，照常工作。今日建德来召开现场治安会议，在新登开。今日下午一时来公司参观，座谈。晚我和朱参加学习，十时一刻散。

四月八日

上午工作同，做清洁（营业场所），下午工作同。晚到南货合营，王经理布置今后工作。八时回公司开会。银行王经理动员储蓄，邵局长报告学文化。分开讨论。我谈初中一段，再回公司本单位。王经理布置不要向农民买茶叶。十二时寝。今日查卫生，我门市部最清洁。

四月九日

上午工作同。写了一张大字报。下午一小时三十分在家写核定。下午工作同。晚七时至南货合营学习窗交代，十时散，十一时一刻回家。

四月十日

今日请了假，在家写交代。下午二时回商店，工作至五时回家写。七时在工人俱乐部开大会，八时三十分散，继续学习，至十一时散，回家，钟已十一时一刻。

四月十一日

今日上午范同志来，和他谈三问题，谈至二时，后来他要我写，并要找寻他的来信，至下午四时三十分毕。晚餐后其他同志去总社听报告，发表工商业人员103人。我工作未确定，我在家写交代，未去。他们十一时回来，转工业者23人，连总社二共原有187人去。

四月十二日

在家写交代。范同志来二次，又找寻了信和报告书数份。晚至南货合营学习。今晚静思，考虑检举。十时三十分散。

四月十三日

上午工作同。核条钟等账。下午工作同。芳、吴立大（今日在门市部工作）下午去劳动积肥。晚我、朱到南货学习，写交代题纲。十时一刻散。

四月十四日

上午工作同。下午同。建德越剧团上路宣传除“四害”。晚我和朱去学习。今晚小结，每人发表学习感想和进步，九时三十分散。今晚在准备送货下乡，十时息。

四月十五日

今日芦经理、鲍同志、朱善庆三人和二部及中百诸同志送货下乡。今日至炉头云。上午工作下午工作同。吴、郑、梅三人下午我要他们轮流午睡。我因结账未睡。下午六时半听省商业厅举行跃进大会。九时十五分息，至大礼堂听徐县长“新登跃进规划”“五年内设厂计划”。十二时散。

四月十六日

上午工作同。我请了一小时假去看看舅父病。据说是四号请假，已十余天了，脚发瘤火、发热。下午工作同。晚到大礼堂听报告，肃反告一段落。八时五十分散。

四月十七日

上午工作同，下午同，送货。芦、鲍、朱三同志今日中午回来。晚写信未成。九时三十分回家。晚芦、鲍、朱去开读书会，八时回来，续开计划会，九时散。

四月十八日

上午工作同，下午工作同。晚八时开棉布组会，讨论第二季度指标，并人事问题。鲍同志明日调中百工作。九时四十分散，回家。

四月十九日

上午工作同。我兼做清洁工作。下午工作同。晚上八时打烊后，八时三十分回家。小柯今晚来。

四月二十日

上午工作同。我看《中国青年》数页。下午工作同。晚理发。八点四十分回家。今晚有电影。朱、柯去看片子《肃静的山林》云。

四月二十一日

上午工作同，我剪牛皮纸做封面。下午同。陈玉娟下午四时到。今晚开大会，报告下放，退休、退职一批。十时散，我守门。十时一刻回家。

四月二十二日

上午工作同，下午同。四时洪局长要我去个别谈话，问我新登要发展工业，有没有晓得，我说听说过。问我准备怎样，我要投资，我回：平时有钱都认购公债，他要我考虑一下。晚我守门，柯去看电影。十一时十分散（今日放二场）。

四月二十三日

上午工作同，下午同。晚六时三十分我和小柯、芦经理等去总社出发，到百丈山水库。十时三十分回来，到店已十一时五分。

四月二十四日

上午工作同，下午工作。芦经理下午去种田。晚开会讨论防霉问题，整理清洁问题在月内要行动起来，迎接“五一”大检查。九时四十分散。陈玉娟听说明日调畜牧场工作云。梅先生今日退休回家。

四月二十五日

上午工作同。芦经理今日去种田。小柯十时送饭去，下午一时回来。晚八时打烊。今日听广播除“四害”和“天桥商场”介绍。九时息，回家。县中宣传“小株密植”[1]。我回家上楼，还在敲锣打鼓。

四月二十六日

上午工作同。我兼做清洁工作。下午工作同。晚七时开会，省商业厅陈股长报告关于清仓排队指示。九时二十分息(七时开始)。九时广播站报告天雨，有风，防风，防冰，做好准备。

四月二十七日

上午工作同。今日整理厨仓，挂出滞销商品。下午同。晚听许局长报告，韩支书补充。九时四十分散，散后回家。

四月二十八日

上午工作同，下午工作。我因牙痛，请了一小时半假，回家休息了一下，比较好些。二时半回店工作。晚七时三十分到城里开会，洪局长报告办工业情况，动员投资。迎接医专大检查，做好一切工作。十时三十分散。

四月二十九日

上午工作，下午工作同。今日芦经理等把总社席子车来。晚听报告，沈主任报告，新登评比得第二，富阳第一。明日动员干部下乡协助种田。九时半散，散后即回家。

四月三十日

上午工作，下午工作同。晚门市部讨论，芦经理报告“五一”节休假和补发薪金一天，问题不作决定，待洪局长回来决定。今后搞清洁卫生，服务公约等。九时散(八时开)，小柯今日去军堰乡种田。

五月一日

上午工作，下午工作同。晚搞门市部楼上清洁工作。晚官塘用书灯送决心书来(已晚上九时)。九时十五分回家。邵局长开会回来。

五月二日

上午工作同。下午同。芦经理仍去整理仓库。门市部三人朱、郑、我晚在百货批发部讨论洪局长报告及各人投资数字。我投三百元。十时三十分散。

五月三日

上午工作同，兼清洁工作，下午同。小柯七时到来开会。晚开会祝本县评为先进县。大会有安庆杂技团表演。十一时三十分散。我守门(我值日)。

五月四日

上午工作同，下午工作同。晚他们去选举开会，我守门。九时十五分回，我回家。

五月五日

上午工作，下午同。晚守门，看报。他们去选举。十一时五十分回，我待他们到，我回家。

五月六日

上午工作，下午工作同。今晚粮食局给奖大会，本县评上先进县(四无仓库)，同志都去参加。今日我值日，守门。十时二十五分散，我回家。

五月七日

今日早上紧急会议，由王股长(兆铨)报告昨晚接省委电话通知(午夜一时三十分)，说在十日前多雨，要防洪报告，一要做好本身防洪工作，二支援农业及洪灾中供应工作。六时二十分散，开门。上午工作，下午工作同。晚开会，由芦经理报告分组，分部负责做好防洪准备。九时一刻散(陈玉娟感冒病，林觉民医师来诊)。

五月八日

上午工作同，下午同。小柯今日下午回来。晚朱去开会(填报表事)。九时回来，我填残次商品表(王股长交来)。九时四十分回家。

五月九日

上午工作。九日朱去耕试验田。下午工作同。我晚饭后去理发。七时去总社，听邵局长传达出席省先进工作者会议精神，及参观新安江水力发电站和上海工业馆、农业馆介绍。刘部长报告“双反双

1. 小株密植：指“大跃进”期间，把稻禾小苗密密麻麻种植在一起，虚报产量的荒唐事。

比”情况时指标措施，认为尚可，干劲不足对冷背，要损失一万余元，视为前段“双反”不够彻底。十一时一刻散会。晚郑守门。

五月十日

上午工作同。芦经理去县人委开会。下午工作同。晚我守门，其他同志去百货批发部开会，讨论昨晚报告。九时十分散，我九时三十分回家。

五月十一日

上午工作，兼做清洁工作。下午同。晚上因县委吴同志来了解解放前情况，要我写材料，其他同志布置厨仓（橱窗）。因通知写大字报，得邵局长富阳来电，告富阳情况。十一时散。

五月十二日

上午工作同。大家搞清洁工作，更新厨仓（橱窗）上面贴纸。下午工作同。晚在批发部开大会，许经理报告第一季度评比，定出14条准则。棉布组回一部讨论。十一时散。

五月十三日

上午工作，下午工作同。晚棉布组讨论服务公约和决心书。芦经理说二个门市部先成立一个试验店，人员二门市部本来略有小变动，现在决定七个人暂不动，下半年忙也七个人。十时五分散。

五月十四日

上午工作同，下午工作同。郑在院子里做整理清洁工作。晚外面单位在批发部开会，许局长报告，写大字报。我守门，他们回来八点半，写至十一时一刻回家。

五月十五日

上午工作同。郑、柯去搞清洁，郑又去开会。下午工作同。郑去开会。晚朱、郑、柯去看建德剧团演《周仓救嫂》，十一时散。我守门，写大字纸。十一时十分回家。

五月十六日

上午工作同。今日对面在出售残次品商品，削价出售。郑去开会。下午工作同。郑去开会。晚去大礼堂，听邢政委报告，九时三十分散，讨论至十一时二十分散，回家。

五月十七日

上午工作同，兼做卫生工作。郑早上要呕。下午工作同。晚郑、柯订大字报，我写大字纸。十一时回家。

五月十八日

上午工作同。郑搞清洁，下午工作同。黄老师来了解吴老师情况，要我写书面。晚七时半他们去总社开大会，我守门，写书面。九时半回来，到批发部讨论。十时搞清洁，至十一时二十分息，回家。

五月十九日

上午工作同。十时左右专区商业检查团到局。下午工作同。四时检查团由洪局长等陪同，检查工业和厂。今晚八时三十分打烊，学习局对检查团工作汇报书。十时写大字报，十一时息。陈玉娟痰中有血，请假休养。今日挂证章（九中百第22号）。

五月二十日

上午工作同。下午工作同。晚我守门。他们去听报告，回到批发部讨论，九时半散。找材料，明日起学习，至六月五日止，为整风运动第四阶段。

五月二十一日

早上六时至七时三十分学习（整风学习）。郑守店。下午工作同。郑去学习。晚郑、芦守店，我、朱、柯七时半分开始，十时十分散。

五月二十二日

早上六时至七时三十分学习，组长许经理。上午工作，下午郑学习。晚上我们学习，并讨论对专区检查汇报，十时五十分散。

五月二十三日

上午六时学习，八时去郎家庄割麦（鲍、金、赵、徐、云峰）五人同去，中午回来吃饭。下午五人去三里亭农场耕耘十二担试验田。四时一刻回来。晚学习，十时散。

五月二十四日

上午工作同。大家兼搞卫生。下午工作同。检查团下午回城（傍晚）。晚各厂送制成品到县委报喜。九时检查团出来，到各门市部参观。棉一部未进来。晚看元木社大字报及与他辩论的大字报。十二时回家（袁、章二同志起草）。

五月二十五日

上午工作，下午工作同。朱下午去耘试验田。芦亦去。晚十时打烊后回家。

五月二十六日

上午工作同。十时专区检查团来我们门市部检查，略看情况，即到里面去了（大约看大字报，看仓库）。下午工作同。小柯上午去人委开会。晚郑、小柯去学习。我和朱守门。十时打烊回家。

五月二十七日

上午工作同。早上学习停。中午小柯去欢送检查团。下午工作同。芦经理说“你们可好好安排一下，每人中午休息一小时”。晚朱守门，我们七时三十分到城里会议室听洪局长报告。九时十分散。到批发部讨论。十时四十分散。

五月二十八日

早上五点三十开门，郑、柯学习。晚我、朱学习。芦经理认为我们（指过渡的几个）发言少，因时间关系，我认为不要浪费宝贵时间，今后争取主动发言。十时三十分散。下午工作同。今日中午轮流休息。开始我十二点四十五分回来，二点十分回店，超过时间（原定一小时）。

五月二十九日

上午学习同。七时四十分我请假写黄君要材料，十时三十分毕，照常工作。下午同。午睡一小时。晚我守门，郑君来阅照，学习（个人），用小电灯，不用开日光灯（因开日光灯虫多），即日改正。十时三十分学习散，谈出纳用否问题。十一时寝。

五月三十日

早上柯、郑学习。上、下午工作同。晚我、朱学习，八点后郑、柯亦来，后来结合实际，讨论百货一部、棉一部内部不团结问题，十一时散，都得到圆满解决。今日订出学习计划。

五月三十一日

上午我和朱学习，解决同志间矛盾。上午工作，下午工作同。晚开小组讨论工作等问题。十点三十分散，工作至十一时回家。

六月一日

早上学习停。小柯上午去耘试验田。下午工作同。我因工作关系，在下午三时后休息。晚城阳初中老师们联合宣传总路线。八时打烊，到批发部学习报上发表问题。十时散。

六月二日

早上学习停。郑全日去拉石子，造电影院。芦经理亦去。上、下午工作我们三人。午后阵雨，我正在午睡，未知悉。晚在批发部大会。许经理报告部局长参观和评比情况，新登第二，富阳第一。九时半散，挂门采，十时三十分回来。

六月三日

早上学习停。小柯去车石子。上下午工作同。晚有电影，放假。我去理发，十时回家。

六月四日

早上学习停。上下午工作同。晚和小柯去学习，十时散。今日提货，郑挂发票，朱值日未去。今日因没有时间，郑和我未午睡。

六月五日

早上学习停。上午工作同，我兼做清洁工作。下午工作同。晚九时去总社开会，杭州报告，苦三五昼夜搞清洁卫生，除“四害”工作。十时三十分散。门市部放“六六烟熏剂”二筒。今日早上吃醉花生佐粥。

六月六日

早上学习停。郑搞内院地清洁卫生。和芦经理二人上、下午工作同。晚搞卫生，至十一时息。

六月七日

早上学习停。上午下午工作同。上午柯去劳动（中百仓库拔草）。晚我值日，柯剪字。郑、朱去学习，十时三十分散，我十一时十分回家。

六月八日

早上学习停。上午工作同。下午工作。晚九时后小柯去看电影，十时散。十时三十分回家。今日《红旗》第一期到（我和小柯二人合订）。

六月九日

上午工作同。朱因便血，请假三天。下午工作同。晚我与柯守店，郑去大礼堂听范部长报告，“大跃进”目标：七年赶上英国，十五年赶上美国。十时散。我和柯剪字。十一时寝。

六月十日

上午工作同，兼做清洁工作。九日镇来检查，评最清洁。下午工作同。晚学习，因要造旬报，未去。今日杭州水产公司以摩托卡来宣传，吃黄鱼。晚上虞越剧团来新演出。晚十一时二十分回家。小柯复旬报，同至十一时二十分。

六月十一日

许经理今晨送乃父问沧回家退休，我们工作同。晚听广播，柯、郑工作毕去。我守门，十时散。他们都去看上虞越剧团。十一时三十分回来。我回家，未午膳。

六月十二日

朱今日照常工作。上、下午同。中午因忙，没有休息。晚工作至十时回家。芦经理去工商联开会。

六月十三日

上午工作，工作同。晚搞卫生，十一时息。

六月十四日

早上朱、柯五时去听报告。五时三十分开门，上午工作同。晚学习。我打烊后去写了总结。十时散，我十时三十分回家。

六月十五日

上午工作同。门前换上“欢迎专区检查团来店检查”字样。因原定九月一日开始用的第二期布票，今日提前用，因此业务较忙。晚朱、柯去看《牧童从军记》(在新登拍摄)。郑九时半去睡，我守门。十时散，我十时三十分回家。

六月十六日

郑早上去开会。上午、下午工作。晚郑去搬办公室，移至城外。广播站和机关托儿所宣传总路线。谭五信参加相声，昨日第一次，今晚第二次。城口挪来。洋芋子作半夜点心。因电灯不放光(十一时)就息，回家。

六月十七日

上午工作，下午工作同。晚谭他们再来作宣传，观众很多。打烊后写总结。十一时息，回家。今日与隔壁开通圆洞门。

六月十八日

上午下午工作。郑今日去看医生，坚持工作。晚在经理部开会。八时至九时三十分讨论总结典型介绍。回来写稿，至十一时回家。

六月十九日

上午下午工作同。晚专属财贸工作团来开座谈会。九时五十分开，十一点十分散。主要谈计划完成情况，整风后“大跃进”情况等。晚八时—九时五十分朱、柯、郑去看电影《女篮五号》。

六月二十日

上午工作，下午工作同。晚二门市部批发部开座谈会，讨论五月十六日准备工作和七月一日起实行计价实物包干制等问题。十时半散，写总结稿，至十一时三十分回家。

六月二十一日

今日端午。上、下午较忙。晚在经理部开会。芦经理主持除“四害”，旧会期火药爆炸通报等，十时十分散(八时三十分开始)。回来写总结，十一时回家。

六月二十二日

上、下午工作同。晚商业局开大会，洪局长报告，专署金专区定每日总动员“打麻雀”运动。报告九时半散，讨论到十时散。写总结一小时。十一时回家。

六月二十三日

早上芦经理通知我搬，要我叫朱代出纳，我整理物件。九时同志们协助搬运至冯家街。局内房子我住一间，查住上、下，芦经理说用具摆不起可摆在隔壁楼上。下午我把房间扫了一下，用药水洒了一些。晚上抹身更衣，略休息一下，九时到店中睡。

六月二十四日

上午一时半起床，二时三十分出发，至龚车湾阵地，哄吓麻雀。我局除看家外，全部出动。下午七时回来。我工业品经理组共消灭敌人三十四只(全局约三百只，全镇1977只)。九时半至冯家街宿。

六月二十五日

上午工作同。我在七时去理发，八时回来店。下午工作同。八时小柯去种蕃(番)芋。十一时四十五分电灯打招呼，我回家宿。

六月二十六日

上午工作同。柯去协助大会监督炊事工作。下午工作同。开扩大干部会议(4000余名)。业务较忙。晚开门至十一时，打烊。十一时十五分回家。

六月二十七日

上午工作同，下午同。因业务较忙，中午未休息。晚十一时打烊回家。内部人员和芦经理早上三时起床，四时听报告。中午讨论，晚报告至熄灯。

六月二十八日

上午工作，下午工作同。今晚扩大干部会闭幕给奖，朱去参加。十时四十分散，我十一时回家。今日石门乡妇女多人来买裙子布，参加晚会穿裙子，是我县先进乡。

六月二十九日

上午工作同，下午同。刘部长报告。晚开大会，给奖龙羊社。十一时三十分散。我门市部卷布，十一时四十五分息。

六月三十日

五时开会，讨论拨货计价负责制。六时十五分开门。上午下午准备盘货。七时半打烊，盘至十二时息(熄)灯止，未盘完。因汽灯只有一支，二部盘，我们准备明晨续盘。芦经理去建德开会。

七月一日

早上四时三十分起床，盘货工作延至七时开门。今日起取消出纳，各人自己收款，不开发票，在售出布上划上单价、数量、金额，作收款收票记号。晚卷布，十一时四十分电灯熄，回家。

七月二日

今日五月十六日。上午下午工作同。晚十一时打烊回家。

七月三日

上午下午工作同。我在下午四时曾回家休息一小时。晚至十一时四十分将息(熄)灯回家。

七月四日

朱和二部吴一同去建德开会，参观先进事迹展览会。营业我们三人。我没有午睡。到晚九时三十分回家。

七月五日

上午下午工作同。晚工作至十一时回家。芦经理建德开会归来。昨日去新安港参观，今日回来。

七月六日

早上工作，下午工作同。晚工作至十时回家。

七月七日

早上二时十五分起床，三时出发，到界石巷水库抗旱挑水。七时回来。上午下午工作同。晚开业务讨论会，和二部一起在后院开地。十一时散。

七月八日

上午工作同，下午同。晚开会讨论第三季度计划，及新登要建高炉，和支援七里垅水库等。十一时散。新登干冰今晚一时可出厂云。

七月九日

昨晚说四时半起床，去浇蕉芋等。我守门，上午工作同。晚许局长报告第三季度工作方向。十时三十分散，十一时回家。今日有阵雨。

七月十日

上午工作下午工作同。今日有阵雨。晚学习，十时三十分散。

七月十一日

上午下午工作同。今日下午有阵雨。晚写总结。十时三十分回家(因明晨四时郑去割稻，早息)。

七月十二日

上午工作同。郑去割麦，九时回来。下午工作同。柯晚去种田。我因虆明日返沪，我九时回家。

七月十三日

上午工作，下午工作同。晚开大会，洪局长报告“多快好省，大办工业”。八时开始，十时散，写总结，十一时四十分回家。

七月十四日

早上午工作，下午工作。晚开会(工厂未参加)，邵局长报告，写总结内容、方式、时间等半小时。分开讨论，十时散。自写，至十一时四十分回家。

七月十五日

上午下午工作同。今日下午柯去种田。我下午休息，因大门史师母锁上，我在食堂椅上睡了一下。晚写总结，十一时回家。今日上午开防台风会议。芦经理工商联学习暂停。

七月十六日

上午照常工作，下午我和小柯去拔秧、秧田。六点四十分回来。晚抹身。工作至十时，因小柯要休息，我回家。

七月十七日

上午工作，下午工作同。晚写总结，十一时三十分回家。

七月十八日

上午工作，下午工作同。晚开大会，邵局长报告办红专学校，及写总结问题。八时开会，九时散。小组讨论，至十时各人补充，写至十一时三十分，回家。

七月十九日

上午工作，下午工作同。朱在十时头发晕，下午未息。晚开会，九时散。防台风和写总结。因电灯不放光（坏），回家写至十二时三十分息。

七月二十日

今晨四时老郑来通知，即起床，去耘田。我和老郑、芦经理等去至南门县委试验田，耘至七时三十分回来。上午工作，下午工作同。晚开业务小组[会]，吴立大明日去绍兴，开干天桥现场会议。我们讨论至十时散，工作至十一时回家。总结今日下午五时送缴。

七月二十一日

朱今日调二部工作（因吴去开会）。三人早上较忙，早饭都到七时三十分后才吃。下午工作同。晚郑去开大会（反侵略）。十时散，挑门头，迎接全省工业大检查。十一时回家。

七月二十二日

早上郑、柯去培养蕉芋。上午下午工作同。晚全部去经理部开会，许经理报告写总结情况，农村三合一情况（供销社、信贷、农业生产社），抽七人去工商联学习交心（朱、江、黄、芦、陈、王七人）。十时散，工作至十一时回家。

七月二十三日

早上挑太平缸水，蕉芋浇了一担水。上、下午工作同。十时四十五分回家。

七月二十四日

今日四时起，约关、林二人培养蕉芋，至七时照常工作（开门五时三十分同同志们说过迟到）。上、下午工作同。今晚电灯又放不出，因明晨要耘田，十时回家。

七月二十五日

三时起床，四时去耘试验田。七时十五分回来，七时四十分开门。上、下午工作同。晚十时三十分回家。朱今晚去工商联听报告。

七月二十六日

上午工作，下午工作同。今日不幸在上午十时左右有一窃贼，偷去大约九尺零布一块，幸发觉早，由胡秋生追至涨地上[1]，将贼物拿回（大约是郑子芳发觉少了）。晚开大会，邵局长、许局长报告，要办小高炉，要写履历，三社合一等等。十时散，十时一刻回家。

七月二十七日

今晨四时起床，去挑砖头，打小高炉。六点三十分回来。上午下午工作同。郑下午去二部协助。晚守门，理布票，十时四十五分回家。

七月二十八日

早上四时起床，到局没有变动（今晨没有去运砖）。上午工作同。中午通知去一人打小高炉，我去。十二时三十分回家休息。一点五十分到局，去运泥运沙，至六时脚蹩了一下，古同志要我回家。吴同志到机械厂去拿红药水，碘酒搽搽回来。晚放假。今日新登县越剧团第一次公演（杭州新六越剧团班底）《梁红玉》。郑、柯去看，我值日，守门，十二时回家。

七月二十九日

上午工作同。朱今日回一部。下午，晚上工商联学习。晚柯去打小高炉，郑去工商联开会，供应问题、反处理、反物价等。三人十点三十分散，我即回家。

1. 涨地上，是新登一处地名。

七月三十日

上午工作，下午工作同。提货，开袯布。十一时一刻回家。

七月三十一日

早上四时起床。四时三十分开会。许经理报告“八一”准备，服务态度。五时四十五分开门。上午下午工作同。晚布置营业场所，十一时四十五分回家。

八月一日

今天新登庆祝早稻丰收。建德专区十三县推代表三百余人来新祝贺。业务较好，王自强、倪百琪均来协助。晚午后二时打烊，十一时回家休息一个半小时。

八月二日

今日五点开门。上午工作，下午工作同。晚朱、郑、柯去看新登越剧团演XX。十一时散，我十一时十分回家。

八月三日

上午工作，下午工作同。朱学习今日继续开始。晚工作到十时。这周轮到我值夜。今晚我睡到营业场所来。十一时一刻睡。

八月四日

早上四点半起床，五点开会。许经理报告关于安全问题及写履历。六点十五分开门。上午工作，下午工作同。晚九时后写履历稿。十一时三刻寝。

八月五日

上午工作同。我在十时去人民医院看脚伤筋，由林觉民医师给我医治。下午工作同。晚札履历。十一时息，十二时寝。

八月六日

今晨四时三十分起床，约同关林同去浇蕉芋，将没用的花草子已臭，猪不要吃，抬去作肥料。劳动至七时回来工作。上午下午同。晚九时打烊，开会。许经理告填表，至十一时四十五分又紧急集合，说今晚务要填毕。我因烛光下花镜已不适用，不能辨别到，一时三十分寝。

八月七日

今日上午工作同。到九时半，我写履历至十一时三十分。下午工作同。晚经理部开会，许经理报告要订红专规划，写先进经验，履历没有写就的抓紧写。十时三十分散，我一时寝。

八月八日

今日早上小柯去劳动，车黄泥，造高炉，八时回来。上午下午工作同。晚工作至十时，写履历。十二时寝。

八月九日

上午工作同。我在八时四十分后写履历，至十一时。下午工作同，晚八时半打烊后再写至十一时，十二时寝。

八月十日

上午工作同。柯上午休息，下午工作同。郑下午三时去二部协助盘货工作。晚继续去。柯八时打烊后亦去。今日下午有雷雨。我十二时一刻寝。

八月十一日

今晨把履历写成。上午下午工作同。上午朱去二部协助。十二时息，今日卜先生来，当日去，我一时寝。

八月十二日

上午下午工作。晚做清洁工作。明日迎接省委慰问团莅临新登。一时寝。许经理要我们先睡，门由他代关。

八月十三日

札彩牌楼至通宵，我们开门（五时三十分）。省委慰问团九时三十分到。今晚演出，我守门，有广播。十二时寝。

八月十四日

上午下午工作同。晚我守门。郑、柯去看富阳剧团演《孟丽君》。我十二时寝（我做清洁整理工作）。

八月十五日

上午下午工作同。晚电影因雨不放，电影停。十时一刻寝。

八月十六日

早上朱、郑、柯拾肥，去浇试验田。我去借粪桶等，守门（因脚睡）。开门达一小时。上午下午工作同。芦经理下午二时去杭开会（二星期）。晚柯、周叫他去划表。我十二时寝。

八月十七日

昨晚听老郑说去锄蕃（番）芋，我说我去，他没有表示。今晨我听老郑起床，我亦立即起来（五时）。待我出去问阿培，他说“许经理带了六人去的，你门市部老郑去，只有一亩地蕃（番）芋”。我没有去。上午工作，下午工作同。晚慰问团（歌舞团）在大操场表演最后一场。柯、郑未去看，我守门。因电灯光不足，我早寝（十时一刻，他们回十一时一刻）。

八月十八日

上午下午工作同。晚十一时寝。

八月十九日

老郑上午六时十分去杭参观。上午朱、柯、我三人工作，下午我、柯二人工作。晚十时息，十时三十分寝。

八月二十日

上午三人工作。下午二人工作。晚九时息。郑九时五十分到，十时三十分寝（看《新观察》）。

八月二十一日

上午工作，下午工作同。晚在经理部开会，潘晒传达今日参加县委会议，听报告，总结丰产经验座谈会，十时三十分散。八时大雨，门市部楼上骤雨侵入，有几包卫生衫打湿。十一时四十五分寝。

八月二十二日

晚在经理部学习《浙江日报》，干部红专如何加速问题。十时四十五分散。卷布至十一时一刻息，十二时寝。今日傍晚有雨，天气转寒。

八月二十三日

上下午工作同。晚我守门。财贸系统开大会，一时三十分散。我值日守门。

八月二十四日

上下午工作同。晚八时三十分打烊。郑、柯去看新登越剧团演《珍珠塔》。十二时散，我守门。

八月二十五日

上下午工作同。晚在经理部开会，内部人员参加，主要整风。九时五十分散，十时回家。

八月二十六日

朱在今晨三时去挑官山公路（学习班去）。上午下午工作同。晚理发，理布票。十一时回家。

八月二十七日

上午下午工作。朱下午晚未去学习（因他同学去做公路来回）。晚在经理部开整风会，朱参加。郑去人委开会（盗窃贪污案破）。学习会十时散，写大字报。十一时三十分回家。

八月二十八日

上午工作，下午工作同。柯同志未休息，去锄蕃（番）芋。晚经理部开会，至九时半散。写大字报，至十一时三刻回家。

八月二十九日

上午下午工作同。晚郑、柯去学习，我守门。九时半散，写大字报至十一时三刻回家。

八月三十日

上午朱去拔稻。三人工作，营业较好。中午X同志来调查材料。今日郑、柯早饭九时吃，午膳二时吃。我略早。晚卷布，十一时三十分息，许经理去种田，十一时三十分回来。

八月三十一日

上午下午工作同。内部人员去拔稻，种田。晚上同。今晚将冬令与夏令商品掉（调）上，下厨仓（橱窗）。理布票。十一时息。

九月一日

上午下午工作同。下午郑去开会，为捐献废铜旧铁，支援大办高炉。晚听广播，也是支援旧铁。十一时回家。

九月二日

上午工作同。朱下午、晚仍在工商联学习。晚许局长报告在杭开会先进经验介绍，朱同志去北京、河北开会，十四面红旗介绍，韩局长报告。十二时十三分散，我上午十时请假，理废铜、旧铁。

九月三日

上下午工作同。晚在经理部开会，自我检查至九时三十分散，防台风工作。我宿舍内十二时寝。

九月四日

上午工作，郑去拷石盖，午后柯去拷石盖。四时我去背毛竹。七时回来。晚写大字报。十一时寝。

九月五日

上午下午工作同。晚柯值日，我、郑去经理部开会，帮助赵。十一时散，十一时三刻回家。傍晚工作，同志又来调查。江世和、芦经理回来。

九月六日

上下午工作同。晚柯去看电影《海魂》，十一时散，我工作至十二时回家。

九月七日

上午工作同。晚听广播，反对美帝国主义侵略。收听后到经理部讨论。我值日，守门。十一时散，十一时一刻回家。

九月八日

上午工作同。朱被工商联派到水力发电站[工地]挑[沙石]。下午工作同。晚大操场开“反对美帝侵略台湾，坚决收回领土”誓师大会，全体参加。柯守门。郑、我、吴三人八时去，十一时回来。晚有新登豫(越)剧团演《宝玉与黛玉》，开锣我们即回来。申请生小孩，申请时间已超过，镇还批发空白申请，医院盖印，镇也盖印。这二事转告小周。

九月九日

对这里厨房近羊蓬(棚)事，已报告许局长。上、下午工作同。朱去挑水力发电站。晚我守门，郑、柯去看新登豫(越)剧团演《状元斩母》。十一时半放电影。十二时三十分回来，电影未散场，我十二时三十分回家。

九月十日

上午下午工作同。晚我值日，守门。郑、柯去经理部学习，九时散。我工作至十一时十分回家。

九月十一日

上午工作同，下午朱写规划。我因超姊去世，去支款，打电话，与农村谈明日抬出事。请假出约一小时三十分。晚郑、柯去看浙江话剧团，我守门。十一时四十五分散，十二时回家。

九月十二日

上午下午工作同。朱今日已学习结束，回店工作。晚邵局长报公社。郑守门，我和他划布，卷布，工作至十一时五十分息。芦经理往龙羊，当日回来。

九月十三日

上午工作同，下午同。晚工商联开大会。柯去看电影，我守门。十一时三十分回家。

九月十四日

上午下午工作同。晚七时起，搞卫生，至十时三十分息，十二时三十分寝。

九月十五日

上、下午工作同。晚工作至十一时三十分，搞卫生，至一时三十分息，回家。

九月十六日

上午下午工作同。晚搞卫生，至十一时息，回家。

九月十七日

上午下午工作同。营业上升，主要售猪，售废铁，旧铜缸有收入，买工业品。晚开大会。许局长报告杭开会，传达办公社今后任务。十一时散，工作至十二时七分回家(失去铜尺一支，店内回)。

九月十八日

上午下午工作同。晚朱去经理部开会，关服务态度，人人做好准备，到工业上去。未去之前，要安心工作。十时半散，我们工作至十一点三十五分回家。

九月十九日

上午下午工作同。上午天雨，营业较轻。下午好转，不亚昨日。晚盘货。许经理、卢经理协助吴立大，吴高翔、鲍新南均来协助。吃老南瓜。盘货至十一时。工作至十二时三十分回家。

九月二十日

上午下午工作同。朱上午结账。卢经理给我们进了一大批货。晚上做了一些工作。十一时三十分回家。

九月二十一日

上午下午工作同。晚八至九时三十分学习讨论“人民公社”。回来工作至十二时一刻息，回家。今晚值夜，郑代。

九月二十二日

上午下午工作同。晚学习，九时半散，工作至十一时，十二时寝，今晚宿门市部，值夜。

九月二十三日

上午工作同。柯同志被人委叫去开会，芦经

理也去。中饭，休息一小时。继续开会。后发布柯同志到松溪第三高炉，芦到人委高炉后勤队。柯同志下午去开会，三时回来，四时到汽车站集中。晚开会（在局楼上），九时开始，十时四十五分散，小组讨论，十一时三十分散，工作至十二时一刻息。我一时三十分寝。

九月二十四日

上午工作同，下午同。晚郑去看《碧玉簪》。十一时十五分散。

九月二十五日

上午下午工作同，傍晚小柯来城开会，至十时息。我不适，早寝（十一时）。

九月二十六日

上午下午工作同。晚工作至十一时息。十二时寝。今晚饭，内部敲铁石。朱亦去，因质差，九时息。

九月二十七日

上午下午工作同。晚郑敲矿石，朱去母子岭车耐火石，十二点三十分回来。我守门，一点一刻寝。今日在局内后院筑小高炉。

九月二十八日

上下午工作同。晚邵局长报告，一部分去官山车矿石，一部分搞小高炉。分水送炭来。我们供给开水，饮食店在煮稀饭。我守门，一点五十分寝。

九月二十九日

上下午工作同。晚朱、郑去经理部开会，未做好国庆日供应工作。参加叙（聚）餐，九时半散。十一时寝。

九月三十日

上下午工作同。晚十二时四十分郑去经理部开会，我一时十五分入睡。老郑二时回来云。

十月一日

今日国庆。上午微雨，下午阴晴，业务较好。晚叙（聚）餐，由膳食会支付，八人吃八大碗面包。晚郑、朱去看新登越剧团，十一时四十分回。我守门。

十月二日

上午我复九月盘货单。下午一时毕。晚开大会。许局长报告公社好处，乡村农民干劲足。八时开会，十时散。讨论至十一时毕。我十二时寝。

十月三日

上下午工作同。晚在经理部学习。朱守门。十一时散，工作至十二时三十分寝。

十月四日

上午工作同。晚大家六时理九月份布票。上午郑去郎家庄寻小周，为符号款（与黄秀华同去）。十一时息，十二时一刻寝。

十月五日

上下午工作同。朱、郑去百二部协助盘货。我和倪卷布，理布票，守门。十二时一刻寝。今日在银行建小高炉。

十月六日

上下午工作同。晚郑因明晨到小高炉工作，早休息。我和朱理布票。十一时息，十二时寝。

十月七日

上下午工作同。朱今日参加小高炉工作。晚郑去参加，九时三十分回来，因炉坏了。工作至十一时息，十二时寝。

十月八日

上下午工作同。晚商业局办公室搬专卖处。专卖处搬同春和。第一次搬至九时回来，来叫，搬至十时，说暂不要搬。十一时三刻寝（一部我去搬）。

十月九日

上下午工作同。晚整理布票。十一时息，十二时寝。

十月十日

上下午工作同。晚算八九月每人营业额。九时半息，十时半寝。

十月十一日

上下午工作同。郑因二部胡秋生有病，去代。九日二部来姓周的女同志。工作晚卷布，十一时息，十二时寝。

十月十二日

上下午工作同。郑仍去二部协助。晚朱守门。我去经理部开会，郑亦去。九时半散。十一时一刻寝。

十月十三日

上下午工作同。晚本拟去车(运)总社陶器，郑因等朱、倪再去，他们车一次，因路不平。朱、郑去看电影《蒋贼军》，九时半散。我十时三十分寝。

十月十四日

上下午工作同。倪雅娟今日去。徐月娥傍晚来做了一个卖主即去。晚我和朱等(黄、芦、江、柴、张、王)到炊金馆听邵局长报告"如何争取做公社社员"，要积极劳动。当晚去汽平路积肥。我们因无农具，准备明日备妥，明晚去。九时半散，十一时寝。

十月十五日

上午下午工作同。晚到传丁馆处开会，听邢政委报告，邵局长补充。大家写申请，到农村支援粮食。元帅后来发表，二十二人批准。当晚叙(聚)餐。我们先散，十二时回家。大家讨论写临别赠言。

十月十六日

上下午工作同。倪、韩、徐、王由桐庐商业局小车来接。上午十时去。晚我、朱、黄、王、柴五人去过岸滩运矿石，天雨，十时回来。十一时半寝。

十月十七日

上下午工作同。晚朱守门。我、郑、徐三人到经理部开会，听许经理谈新安江现场会议，谈到货源，工作服务态度，十时散，我十二时寝。

十月十八日

上下午工作同。晚开大会，处理三同志违法乱纪、贪污、与右派共鸣、对粮食统购销不满、自高自大、不服从领导，三人作不同处理，关人民公社。邵局长报告，至十时散，搞橱窗宣传，至十二时三十分息，一时三十分寝。

十月十九日

上下午工作同。晚在经理部小组会讨论昨晚三人处理，和结合个人认识。八时开始，十时散，十一时三十分寝。

十月二十日

上下午工作同。晚经理部学习。我守门。十一时散，我十二时寝。今日布到，提布较多。

十月二十一日

上下午工作同。晚朱值日，守门。我、郑、徐去经理部开会，学习商业局第四季度规划。十时许经理来，说杭州货源。十一时散后，十二时一刻寝。

十月二十二日

上下午工作同。十时我去理发。今晚桐中街头宣传人民公社好，在营业场所，人很多。八时学习许经理报告，讨论第四季度指标。十一时散，十二时寝。

十月二十三日

上下午工作同。晚七时半我、朱、徐三人去生产资料部把花坛的泥出空，准备做油池。九时三十分回来。十时四十五分寝。

十月二十四日

上午下午工作同。晚去郑会。八时散。朱去劳动，筑油池。郑、我、徐卷布。十一时一刻息。我回家宿。永联来，给邵局长爱人看喉痛。

十月二十五日

上、下午工作同。郑今日去六渚车(运)货，下午回来。晚郑乏力，休息，未去筑油池。我守门，徐协助我理布票。她九时半去，朱十时四十五分回来。我回家寝。

十月二十六日

上、下午工作同。朱今日全日去筑油池。徐去百二部协助摆货柜。郑因人不适，我叫他去休息，我一人守门可矣。至十一时十五分回家。

十月二十七日

上、下午工作同。朱上午去开会。晚一部座谈，朱传达关于旧全期准备工作，至十时半回家。

十月二十八日

今日旧庙会(九月十六日)。因"大跃进"不放假，故上街均老小，较平日热闹。门市部仍四人工作，不忙。晚十一时息，回家。

十月二十九日

今日上、下午工作同。棉[布]、百[货]营业[额]均比昨日上升。晚十时息，回家。

十月三十日

今日上、下午工作同。营业比二十八日略减。晚郑去割稻，十时半回来。我十时四十分回家。

十月三十一日

上、下午工作同。晚我参加筑油池，人多，力气小，搬毛石，修工具时间他了很多，效率不高。十时三十分息，十时四十分回家。

十一月一日

上、下午工作同。朱上下午去筑油池工作。晚财贸召开四单位会议，财、粮、税、商。邵局长报告，到桐庐开会，传达大办钢铁，大搞农业，人民公社总结十个月成绩，今后二个月努力方向。十时十分散，讨论至电灯息十二时。我十二时一刻回家。

十一月二日

上、下午工作同。朱下午去筑油池。晚在经理部开会，讨论公社好处，并在准备迎接商业检查。十二时散，十二时一刻回家。

十一月三日

上、下午工作同。湾仔一部开大会，四单位均参加，各部门发言，对邵局长传达体会，及今后如何放卫星及措施。工业品经理部由芦中民代表发言，妇女程秋娥发言。大会至十时三十分散，十时四十五分回家（排门订攀）。

十一月四日

上、下午工作同。郑今日去乡主殿协助供销社理货，因近日邻居失火，商品凌乱。朱下午去割稻。我和徐晚上去割稻。十时半回来（小东门城河边）。

十一月五日

上、下午工作同。徐上午去稻田寻钢笔，未。下午去运黄泥，断砖。晚朱、徐、郑去封元洞的。我值日守门，至十一时回家。

十一月六日

上午下午工作同。上午我九时请假，做后屋清洁工作。和虋二人先将店灶间整理，把灰入坑。把石灰搬至灶间。十一时息，午膳。下午朱、徐去割试验田稻，十二人割了一半云。晚讨论布置检查台。十时四十分回家。

十一月七日

上午下午工作同。郑今日到二部工作。因芦中民去杭开会，吴代芦。晚朱去筑油池。我、徐到马站岭割稻。六时三十分去，十一时三十分回，即回家。

十一月八日

上午工作同。朱去筑油池。郑、徐去二部。晚卷布。十一时息，回家。

十一月九日

上、下午工作同。朱上、下午，晚去筑油池。郑、徐、我搞卫生。六时打烊，十时息。工作至十时四十分回家。

十一月十日

上、下午工作同。晚早打烊。朱去经理部开会。徐、郑做纸花，扎牌楼，我做整理清洁工作。朱开会回来，做顾客检定台。深夜二时十分息，郑守夜。

十一月十一日

上、下午工作同。今日全专县支部书记来新参观小高炉。晚朱、徐去看电影《十五贯》。十二时十分散。郑未去。早寝。

十一月十二日

上、下午工作同。晚九时半寝，回家。

十一月十三日

上、下午工作同。晚早打烊。坐布置工作。美化城市。一时十分息（电灯十二时熄，点洋烛工作）。

十一月十四日

上、下午工作同。晚在经理部开会讨论服务检定台红彩旗、章秋文的服务态度。八时散，再做厨仓（橱窗）宣传，至十时四十分息，回家。

十一月十五日

上、下午工作同。晚十时后搞装饰宣传。十一时回家。

十一月十六日

早上五时起床。我、朱去油池挑水。六时三十分回来。上、下午工作同。晚开大会。邵局长报告财贸会议精神，要大家放卫星，争取红旗。十时休会，讨论至十一时三十分。我十二时三十分寝。今日我值夜，宿店中。

十一月十七日

上、下午工作同。晚卷布。我九时后收大字报。十二时三刻寝。晚有广播，这时未息。许经理、芦中民今晚离新去采购商品。

十一月十八日

上、下午工作同。晚卷布。九时半息。看报，十一时寝。

十一月十九日

上、下午工作同。晚我和朱去百货仓库整理废品。十时三刻息。

十一月二十日

上、下午工作同。晚理布票。十时息。郑牙痛。我十二时寝。

十一月二十一日

上、下午工作同。晚卷布。十时息。朱宿家中。

十一月二十二日

上、下午工作同。晚我与郑去理发。九时回来。十时息。十一时寝。

十一月二十三日

上、下午工作同。晚我整理本月布票。十时息，十一时三十分寝。

十一月二十四日

上、下午工作同。晚电灯光不足，工作八点三十分息。守门。韩会计来说后门跳板未抽，不知何人布的。有流感状态。

十一月二十五日

上、下午工作同。晚因电灯不明，影响工作，早息。我裹衣守门，至十一时十分寝。今日流感较剧。

十一月二十六日

因流感更甚，朱叫我休息。我去人民医院，看韩医师，服药。回家休息。

十一月二十七日

今日原方再服一帖。续假，在家休息。

十一月二十八日

今较好，去医院转方，照常工作。晚本来朱值日，调我。他们朱、郑、徐去经理部开会。讨论计划问题。十时散。我回家。郑到二部工作，徐回一部。昨日开始。

十一月二十九日

上、下午工作同。晚朱、徐去看电影《羊城暗哨》，在城阳完小放映大操场，建德剧团今日到，演《辕门斩女》。我十一时一刻回家（守门）。

十一月三十日

上、下午工作同。晚开大会，邵局长报告，财贸部将开第三次会议，地点新登。我们应如何做好工作，迎接大会召开，也可说是来检查我们工作。十时散（会后讨论）。

十二月一日

上、下午工作同。晚理布票。卷布。今日到224公分被料。十时息，回家。

十二月二日

上、下午工作同。郑今日仍回一部工作（芦中民昨日来）。晚划色织布，作盘货准备。十时息，七时半知九时半在经理部开会，许经理报告（许晚回来去锡等）。一、清洁卫生，二、商品陈列，三、服务态度。

十二月三日

上、下午工作同。全县财贸工作会议在新召开，今日报到。晚重卷色布。十时息。十时三刻回家。

十二月四日

上、下午工作同。晚在经理部开会。郑值日，我、朱、徐去讨论红旗河年终盘货。十时散。徐今晚宿店中。我十时一刻回家。

十二月五日

上午工作同。晚进货，卷布。十时三十分息。

十二月六日

上、下午工作同。葛主任今日病愈回来（十一点，已休养一年）。晚开大会，李主任报告二日来会议精神，要大家努力迎接十五日全县大检查。会后讨论许经理报告，讨论十一时一刻散。

十二月七日

上、下午工作同。晚点缎，结十一月份特种布票。十一时息，回家。徐去大操场，看公审大会。十时四十五分散。

十二月八日

上、下午工作同。晚郑、朱、徐去二部，协助盘货，我守门，正在包装。寄三儿上山袜，和邵局长谈了些家常，未寄。十一时回来，我回家。

十二月九日

上、下午工作同。郑去二部协助，因葛来，去约一小时回来。晚做盘货准备。十一时三十分息。

十二月十日

上、下午工作同。晚盘货，二部吴、胡来协助黄秀华，爱光亦来协助。今晚开大会，要支援高炉生产。会散后吴高翔、葛金泉二同志亦来协助。十时三十分毕。扎现款。十时四十五分回家。

十二月十一日

上、下午工作同。朱抽些时间结账。今日多

提货，批发部十二日要放卫生。晚十一时十分息。徐晚去百一部协助盘货准备。

十二月十二日

上、下午工作同。晚在经理部学习。十时散。工作一小时。十一时回家。

十二月十三日

上、下午工作同。晚朱去百二部协助盘胶鞋，吴立大协助一部复账，郑去二部卷布。我和徐复查绸类。十一时二十分息，回家。

十二月十四日

上、下午工作同。晚卷布，盘以前问题，十时三十分息，回家。

十二月十五日

上、下午工作同。今日营业较忙。因今天是十五，有些大社今日放假发薪，晚做饭，复盘准备。十一时十分息，后回家。

十二月十六日

上、下午工作同。今日营业只有昨日的75%。晚早打烊，盘货。吴立大、许经理来协助，十二时煤球车间失火。我们工作至十二时四十分息。我回家。

十二月十七日

上、下午工作同。晚在经理部开会（八—十一时），为保卫工作问题。工作至十一时四十分回家。

十二月十八日

上、下午工作同。上午徐去欢送四位在农业生产中积极分子，四人去北京开会。我、商业局生产资料部叶经理其中之一。晚朱去二部协助程盘百货。十二时十分息，回家。

十二月十九日

上、下午工作同。晚到粮食局听报告。桐四级干部会议精神八时三十分散，回来工作，至十一时四十分回家。

十二月二十日

上、下午工作同。晚徐守门。郑工作，我和朱去经理部开会。十一时一刻散。工作至十一时四十五分回来。

十二月二十一日

上、下午工作同。业务较忙。晚开大会，为去富阳开红专学校现场会议传达，十时散。工作至十一时，我为点缀，至一时三十分寝。今晚起值夜，宿店堂中。

十二月二十二日

上、下午工作同。晚我门市部开业务会议。十一时半散。我工作至一时息。今日冬至，飞雨点。

十二月二十三日

上、下午工作同。晚工作至十一时三十分息。我一时三十分寝。

十二月二十四日

上、下午工作同。晚工作至十二时息。我一点四十五分寝。

十二月二十五日

上、下午工作同。今日我插上二面红旗，不知是何人来鼓励我，据朱说二面是一位复员军人和一位妇女给我插的。荷顾客高贵的评价，我今后对服务态度更应注意。晚工作至一时，二时寝。

十二月二十六日

上、下午工作同。晚提货来，工作至一时息。我二时寝。二面我今晚问起，郑说是向你买维也呢的复员军人和一位妇人给你插的。我没有知道。

十二月二十七日

上、下午工作同。晚卷布，葛来协助卷十余匹。工作至十一时，写大字报，二时息。我三时三十分寝。

十二月二十八日

上、下午工作同。晚其他部门去看大字报。我部因工作关系，工作至一时息。我二时三十分寝。

十二月二十九日

工作同。晚卷布到十二时三十分息，我二时三十分寝。

十二月三十日

上、下午工作同。下午黄洋、张学山等来协助送旅行，已八点钟。晚工作至二时半息。我四时三十分寝。

十二月三十一日

今日布票到期，业务较忙。晚十二时打烊，整理内部工作至四时。我五点四十五分寝。

附：一九五八年五月二十七日晚七时三十分

至城里会议室开会内容

洪局长报告：这一次专区商业检查团来新检查，到龙羊六贤城岭城镇检查，对我们[给予]很高的评价(是大字报)。我们估计成绩是有的，但对某些地方还是不够的。我们要通过“双反双比”做出成绩，巩固这荣誉，也指出先进事迹和个别的不跃进，作了警惕。对八届二会文件要学习。我们工业经理部三十人有许经理任组长。九时十分散。到批发部讨论九时三十分开始学习。

由陈仲二读报第一段《刘少奇报告》：目前形势国际方面，匈牙利反革命叛乱，埃及和叙利亚反侵略斗争。一九五七年十一月苏联两个人造卫星上天。莫斯科举行社会主义国家共产党和工人党的会议。又举行了六十四个国家共产主义政党的会议，发表了二个有历史意义的宣言。这一切说明了东风压倒西风。

美帝国主义现在已陷入新的严重的经济危机，生产猛烈下降，失业大量增加。这个危机正在冲击整个资本主义世界，并且使得资产阶级政客、资产阶级学者、改良主义者、修正主义者在战后所散布的资本主义经济可以逃脱危机的欺骗宣传(暴露)。

中间状态的对于社会主义事业半心半意，中间的多数现在感到形势逼人。有一部分人到劳动人民中间去参加体力劳动，必须争取进步，不能停留在中间状态。

两面性：以苏联为首的社会主义阵营在人心归向、人口众多、生产发展速度等方面早就超过了帝国主义阵营。

问：整风运动的目的？

就是要用批评和自我批评的方法，提高人民群众的共产主义觉悟，有系统地调整人民内部矛盾的关系，使它适应于巩固社会主义制度和进一步发展社会生产力的需要。

问：苏联人造卫星

	上天时间	重量
第一颗	1957年10月4日	83.0公斤
第二颗	1957年11月3日	508.3公斤
第三颗	1958年5月15日	1327公斤

问：现在有几个阶级？

一、剥削阶级

(1)反对社会主义的资产阶级右派，被打倒了的地主买办阶级和其他反动派。资产阶级右派实质上是帝国主义者、封建买办残余势力和蒋介石国民党的代理人。

(2)正在逐步地接受改造的民族资产阶级和它的知识分子。他们的大多数人在社会主义和资本主义两条道路之间处在动摇的过渡状态。

二、劳动阶级

(1)农民和其他原先的个体劳动者，这些劳动者的绝大部分已经加入合作社，愈来愈成为社会主义的热烈拥护者。

(2)工人阶级，这是全国人民中的最先进的队伍，是我国国家政权和社会主义事业的领导力量。

问：“三风五气”。

(1)三害(三风)：官僚主义、宗派主义、主观主义。

(2)五气：官气、暮气、阔气、骄气、娇气。

问：现在国际形势特点是什么？

东风已经压倒西风，而且将继续压倒西风。苏联为首的社会主义阵营在人心归向、人口众多、生产发展速度等方面早就超过了帝国主义阵营。

[其他问题]

国内主要矛盾？

建设社会主义的总路线是什么？

当前国际形势的任务是什么？

当前国际共产主义运动重大任务是什么？

一九五八年（家中日记）

十月十一日

失去订书机一架。

十月十二日

失去蓝灯芯绒零头一块。

十一月十六日

贤昨晚宿家中。藜今日下午二时车去杭。明日返沪，五时去校。晚膳，我十二时一刻寝。

十一月十七日

贤中午来晒衣，没太阳，明日再晒。

十一月十八日

贤今日没有回来。

十一月十九日

贤中午来，晚写信（得爵在炼铁中又评上二级积极分子）。关荣今日去杭买书云，一时寝。

十一月二十日

贤中午来，我写信。十二时寝。

十一月二十一日

贤今日未来。我十一时三十分寝。

十一月二十二日

贤今日又未来。我十一时寝。理发。

十一月二十三日

贤午后三时来说，病了一天，流行性感冒。不出门，要我给他搽清凉油。看报。十一时三十分寝。《新观察》今日到。

十一月二十四日

贤今日未来。我十一时三十分寝。

十一月二十五日

贤。

十一月二十六日

整日睡在床上休息，除起看医生、吃饭、吃药外，均休息，约二十小时。贤今日拿衣来，要长辅说。

十一月二十七日

今日和昨日同。仍请假在家休息。贤今日中午来。

十一月二十八日

今日论理还是我值夜，到二十九日。朱说由他值夜，我回家寝，十一时一刻寝。贤今日未来。

十一月二十九日

今日贤来，去看电影《羊城暗哨》。我十二时一刻寝（更衣抹身）。

十一月三十日

今日贤来。袁君仁山今日改为煎胶药。晚转寒。十一时寝。

十二月一日

贤傍晚来。我十一时寝。

十二月二日

贤傍晚来。我十时回家，十一时寝。

十二月三日

贤今日未来。我十一时三刻寝。

十二月四日

贤今日未回来。我十一时一刻寝。今日看到袁叔门口经过，知他已退休（四月间）。今年六十五岁云。

十二月五日

贤今日未来。我十一时三十分寝。

十二月六日

贤今日回来。得敦航空信，知工作要调动，

来问我去北京否。我连夜复函，明晨去寄航空［信］。十二时三刻寝。

十二月七日

今日得敦儿航空函，已发布他与宗森均到陕西省工作。贤又不来。

十二月八日

贤未来。我十二时一刻寝。抹身更衣。

十二月九日

贤傍晚来。我十二时三十分寝。今日寄包给庚儿。

十二月十日

贤今日未来。我晒被。十一时三刻寝。

十二月十一日

贤今日傍晚回来过。我十二时一刻寝。今日开始用新扁箕。

十二月十二日

贤今日没有回来。我十二时寝。

十二月十三日

贤中午来，我十二时三刻寝，寄《新登报》。

十二月十四日

贤午后来，要他抹身，理发。我抹身，更衣。十二时寝，看虆来信。

十二月十五日

贤今日没有回来。我十二时一刻寝。

十二月十六日

贤傍晚来，我要他看信。我一时四十分寝。

十二月十七日

贤今日没有回家，得虆来函，知庚已迁至贺兰县西湖农场。我一时寝。

十二月十八日

贤晚饭后来。我一时十五分寝。

十二月十九日

贤未回。我一时四十五分寝。

十二月二十日

贤今日傍晚来，得敦儿函，知他和宗森已同到西安。我一时寝。

十二月二十一日

贤今日回来三次。抹身，更衣。敦寄邮包来。我宿店中。今日《新观察》到。

十二月二十二日

贤今日未回来。今日收到宗森从哈尔滨买来补剂，在京寄来包裹，昨日傍晚收到，今日取来。

十二月二十三日

贤傍晚来。复敦儿信。

十二月二十四日

贤今日未回。晚十一时下雨。

十二月二十五日

贤今日傍晚来，说文教厂要到新登来开现场会议，可以这几天不回来云。

十二月二十六日

贤今日傍晚回来。

十二月二十七日

贤今日没有来。有一鲍同志来征集革命文物，由许福康同志陪来。

十二月二十八日

贤今日傍晚来。

十二月二十九日

贤今日没有回来。

十二月三十日

贤傍晚回来。

十二月三十一日

贤傍晚回来。

一九五九年（工作日记）

一月一日

今天元旦。上、下午工作同。街上人较少。晚叙（聚）餐，吃九碗菜，八人一席，吃面包，白米饭。今晚新登剧团在城演戏。我十时三十分寝。

一月二日

上、下午工作同。晚我守。郑、朱、徐去听报告（市桥的招待所）。我一时寝。

一月三日

早上六时起床学习。上午工作同。晚讨论。

一月四日

上午下午工作同。我守门，朱、徐、郑去学习。我点缎，二时三十分寝。

一月五日

上、下午工作同。色织缎交给朱点。晚学习，徐守门。我自昨起回家寝。

一月六日

上午工作同。白布、其他类朱交给我值理。晚朱、徐去看新登剧团演《无盐搜宫》。郑去后，因人疲早息，代他值日守门，十一时二十分散，我回家。

一月七日

上、下午工作同。今日下雪。晚在经理部学习测验"人民公社好"课题。我守门（值日，十一时回家）。

一月八日

今日上、下午工作同。天雨雪，营业较差。测验题缴上。晚在经理部开会。邵局长报告年节供应问题，十一时散。我回家。郑、徐、我学习，朱守门。

一月九日

上、下午工作同。晚开大会，商业部门及各厂，黄校长总结人民公社测验，李主任报告。九时半散，我回家。

一月十日

上、下午工作同。晚郑守门，我、朱、徐到批发部学习讨论六试题，邵局长来掌握，十时三十分散。

一月十一日

上、下午工作同。晚早打烊。六时开始大会，缪主任报告，邵局长补充总结［19］58年成绩，做好春节供应。各基层社亦来参加。十时散，讨论至十一时息，做清洁工作。十一时三十分回家。

一月十二日

上、下午工作同。今日问批发处提货。晚朱守门，我、徐、郑到经理部，听邢政委北京回来报告，李主任报告动员青年去新疆。许经理报告做好春节供应，如何改善服务态度。十一时散，我十一时一刻回家。

一月十三日

上、下午工作同。今日开裤腰。晚放假。朱、徐去看电影（二场），十时十五分散，我十一时十分回家。小柯、小柴回来。

一月十四日

上、下午工作同。小柯、小柴、任布置工作。晚放假，看《党的女儿》。徐去，朱、郑工作。我因胸下痛，十时三十分回家。

一月十五日

上、下午工作同。郑仍去二部协助。晚开大会，缪主任再布置动员下放指标，讨论一季度指标及个人指标。我第一季度7500元，在春节前完成55%。十一时散，扫地后回家。

一月十六日

上、下午工作同。晚徐去看电影半场。朱、郑、王股长至十二时息。我回家。今日再去联合诊所，要许医生转方服药。

一月十七日

上、下午工作。晚开给奖大会和动员大会（写大字报），大放大鸣，如何巩固人民公社，如何改进今后工作。十时三十分散，他们继续开工会，我回家。今晚会议商业部分均来。

一月十八日

上、下午工作同。晚把放绸［缎］的玻［璃］桌移到上面，大菜桌移到右边，因太阳要晒在绸［缎］上。晚开学习会，讨论昨晚邵局长报告，许经理分册子，要写年终总结。十时十分散，扫地。十一时三十分回家。

一月十九日

上、下午工作同。晚我和朱到棉二部，由邵局长、芦经理掌握，要大家大放大鸣，至十时散。我从批发部回家店堂。他们讨论未散。

一月二十日

上、下午工作同。今日送会计室对账单。朱云由他填，故我将送银行单交他。晚有电影《林冲》，徐去看。郑去后即返。朱守门。我工作至电影散。十时三十分回家。

一月二十一日

上、下午工作同。徐下午去劳动，挑试验田。晚在门市部小组讨论（棉布）：1. 大放大鸣；2. 看公安局展览观感；3. 劳动造大礼堂。至十时散，由吴立大掌握。我十时三十分回家。

一月二十二日

上、下午工作同。郑去背树（从过岸滩钢铁一厂背至城内大礼堂）。晚开大会，市桥头招待所，由叶经理作报告，北京开会情况，农展会丰收硕果。十时散，再去背树。徐、朱、郑都去。今日本郑值日，我和他对调。十一时十分回来，我回家。

一月二十三日

上、下午工作同。晚学习会，朱、郑、徐去经理部，我守门八时散，讨论至十时休会（讨论叶经理报告，订治安公约）。我十一时回家。

一月二十四日

上、下午工作同。徐下午去劳动积肥。晚到家写年终总结，至十一时四十分息，我回家。

一月二十五日

上、下午工作同。晚写总结。我十一时回家。

一月二十六日

上、下午工作同。晚经理部开会（在一部），十时散，讨论“二放三统一包”和棉布零布免收问题。

一月二十八日

上、下午工作同。晚写总结。十一时十五分回家。

一月二十九日

上、下午工作同。我写总结。晚守门。他们去看分水滑稽剧团，因停演回来，开学习会《财贸系统文件》。九时半散，我回家。

一月三十日

今日六时起床，搞卫生至七时三十分。上、下午抽出人来搞。晚有桐庐滑稽剧团演《上海小姐》。朱、郑、徐去看，我守门。十时十分回，我十时二十分回家。

一月三十一日

上下午工作同。我上午去人民医院看袁医师，因手指甲裂缝发炎，用药包上。对腰间隐痛，许医生要我吃人参、三七。韩医师说还是吃药全面，并要我去照X光，我即挂号去拍照（好没有病）（九时去，十时二十五分回来）。晚郑去开会，我守门。十二时十分回来。

二月一日

上午下午工作同。今日业务较忙。晚到市桥招待所开大会，缪主任、邵局长报告，春节供应问题，服务态度、“大跃进”、奖金等问题。九时二十分散，讨论至十时散，工作至十一时息。

二月二日

上、下午工作同。晚，工业品、药管社一同开大会，讨论“大跃进”奖金和陈柏初检讨，陈柏初检讨，大家帮助，韩同志帮助。我说：“人家跃进，我不跃进，拖拖拉拉，磨洋相，时间一点不在乎。我认为跃进是跃进的，不及人家。”十二时散。昨晚起值夜，宿营业场所，一时寝。

二月三日

上、下午工作。葛主任来一部工作。晚棉布开，小组工作有调动，调我到二部，胡秋生到一部，工作也对调。十一时三十分移交毕。承郑代我值夜，我回家。

二月四日

今日到二部工作。晚七时半后来整理放在店书报等。十时三刻回家。今日我值日夜，吴同志代我，我回家。

二月五日

上、下午工作同。我下午去看手，由林医生换药，韩问方。晚开给跃进奖大会。我守门，把缎点了一下。十时十分散，我回家。

二月六日

上、下午工作同。晚吴去开会，后开大会，安排春节保卫工作和去建德开会。吴工作至十二时一刻回家。今日我值夜，看报，一时寝。

二月七日

上、下午工作同。今日还忙。下午收束较早，晚无市。八时打烊。今晚参加人民公社招待所叙（聚）餐，共五席（每人五角）。

二月八日

今日春节休假。我八时起床。下午一时再睡。五时起床。晚看《论共产主义社会》。八时三十分寝。我和吴守门。

二月九日

今日给我休假。我八时半去坟山，下午四时回来。今日营业甚热闹，幸芦中民、翟振民等同志协助（700余元）。四时后我守门，周回家，吴去除“四害”，打麻雀。九时寝，今日有城里狮子。

二月十日

今日八时开门，四时打烊（下午）。周休息，袁来，芦（中民）来协助，业务忙。晚十时息，十二时寝。今日大山龙灯上街。

二月十一日

今日一部照常营业。上午工作同。我去医院治手指。晚开大会（工业品）：1. 小心火烛；2. 检查计划；3. 盘货；4. 下乡访问情况；5. 工资调整（金华专区）。十一时三十分息，芦中民来协助。

二月十二日

上午工作同。晚做盘货，准备至十一时来，十五分息，天雨。

二月十三日

上午我在八时四十分去看手，出脓，有血，痛不能工作。上午在店堂，下午由翟同志协助，我休息，去楼上睡觉。四时三十分荷富来叫我起床晚餐。今晚盘货。我因手痛，不能工作，去理发。到吴老师处坐了一回，八时三十分回来。盘货至十时毕，十二时寝。

二月十四日

上、下午工作同。晚学习省党委代表大会，确定今年任务文件。棉布部因盘货等准备工作，未参加。晚十一时十分息。

二月十五日

起因手红，肿溃破。假休（五天，十九日止）。

二月二十日

续假十天（三月一日止）。

三月二日

在沪来信续假十天（十八日止）。

三月十二日

在新续假七天（十八日止）。

三月十九日

今日芳去桐庐开会。我去二部，芳来通知说牙痛不能工作是实情，去坐坐看看也好，我即去（昨晚即去守夜）。今日一位顾客给我插红旗。因我傍晚正坐着，看他进来，我[赶]忙起来，要他坐着说。我来帮他看看[哪块料合适]。后来[顾客]买了一条春花呢裤料去。

三月二十日

上午八时四十分—九时四十分去医院换包扎。晚葛去经理部开会。我守门，十时回家。

三月二十一日

上、下午工作同。晚秋生来通知，要我今晚早点回去。总大约嫌我昨晚回来（十时）太迟。朱已电灯打息（熄），用煤油灯过去。食堂老汪说

"你门市部区这样早就休息，太舒服，何以有灯叫门不留"。故我今晚对葛说"我今晚早归，以后只有躺在店内"。

三月二十二日

上、下午工作。上午我去医治，去五十分钟。晚听袁主任报告，广播。九时散。九点五分回家。

三月二十三日

上、下午工作同。晚葛同志去开会。周九时回去。我十时二十分回家。晚雨。保卫生安全问题。

三月二十四日

上、下午工作同。上午去医院换包扎，开方打针(一点五十分)。晚我守门，葛、周去开会，准备盘货。我九时三十分回家。

三月二十五日

上、下午工作同。今日做准备工作。中午芦经理、郑子芳开会回来。晚盘货，胡秋生、芦中民、郑子芳、芦经理协助。十一时息。

三月二十六日

我今天结盘货账，没有做营业。晚葛、周去二部协助盘货。十一时毕，我回家寝。

三月二十七日

今日我再复核盘货账。晚到大操场，听吴同志报告，关于毛主席指示人民公社若干问题，及省六级干部大会精神。九时半散，到百货二部讨论一小时，邵局长，缪、许经理均在。我十时三刻回家。

三月二十八日

上、下午工作同。下午去医院换包扎。徐不在家，未打针。中午要长育给我打针。傍晚搬床铺。今晚和贤儿宿二部楼上左首间。晚七时开大会，人到得很晚，八时开始，十时散，十时息。公社钱同志报告公社十大措施。十点四十五分散。

三月二十九日

上、下午工作同。葛下午去胥口为布票发放，车傍晚回来，发痧。晚七时我去经理部(一部)开会，讨论昨晚邵局长报告。十时四十五分散。

三月三十日

上、下午工作同。葛今日为布置"十好商店"在一部共同搞晚间大会。今日在高平乡184个英雄插秧比武，要新登五万人投入这一比武。九时散，讨论一小时，回来共同布置。十一时一刻上楼。

三月三十一日

上、下午工作同。下午周去学习插秧。晚去百二部盘货。我核月底账。十时三十分息。

四月一日

今天成立城阳供销部(在棉布一部内)。我们是城阳供销部棉布二部。上、下午工作同。晚我去开会，缪主任报告，邵局长补充，说供销部成立主要懂得人民公社好"二放三统一包"道理。十一时散(周因小孩种痘，葛因腹痛守门)。

四月二日

上、下午工作同。我今日上午去医院换包扎和打针，一小时二十分回来。葛下午去百二部协助布置工作。晚有电影，放假。我核上月每人营业与收回布票。看报。十时息。

四月三日

上、下午工作同。下午葛去百二部协助布置。二时我去叫他到批发部提货。晚开大会。周因小孩种痘请假回去。葛去听李主任报告，我守门，点假，理葛布票。十时十分看报，十一时十分散。电灯十一时熄，不放光。

四月四日

上、下午工作同。今日一部营业很好，超过我们一倍多。晚有电影，放映(《沈凤英事迹》)。我看报，守门。至十一时上楼。

四月五日

上、下午工作同。周下午去百[货]批[发]部整理竹壳[热]水瓶。晚我工商联开会，邵局长报告工商联要改造，推代表去桐庐开会。七时开，八时半散。我九时一刻上楼。

四月六日

上、下午工作同。今日营业与一部相差甚巨，我二部只有他们三分之一，今后应努力注意赶上。晚开大会，缪主任报告，要写大字报。会八时散，写大字报，至十二时寝。

四月七日

上、下午工作同。晚写大字报，建设先进工

作者积极分子。十一时息。我下午三时半去医院换包，一小时回来。

四月八日

上午工作同。我十时半去医院，要韩医师复方。周发痧头晕，下午去要韩医师开方。晚开大会，朱部长报告，迎接财贸大检查，要根据毛主席指示和省委提出十项措施，和新登公社根据以上精神订出十项措施。九时息，讨论十一时散（如何报“十好商店”达到真正十好）。

四月九日

上、下午工作同。晚工业品部开会讨论先进单位，先进工作者。十时十分散。

四月十日

上、下午工作同。今日营业较好，而一部更好（上山袜布 1500 尺）。晚造旬报。我十一时息。

四月十一日

上午照常工作。九点半接到通知防洪，十时通知打烊防洪。我说我与同去，葛说他与同去。我守门，我理去年十、十一、十二、三月布票。晚九时半息。葛协助我同整理。

四月十二日

上、下午工作同。天晴，水退，营业较忙。晚我与周卷布。葛去办事处开会，九时散，十时四十分息。

四月十三日

上、下午工作同。知葛在昨日忽吐血。今日已上申请请假。我下午三时四十分去医，四时四十分回来。晚李主任报告，总结三月份成绩和今后任务。十时一刻散，许局长今日来，亦在听。

四月十四日

上、下午工作同。葛今日请假，芦经理要小柯来代，小柯来不久，叫去，没有来。今日营业较好，忙。葛仍无力来协助工作。晚开讨论会。韩会计主持，十时散。

四月十五日

上、下午工作同。今晚迟半小时打烊（八时），工作十时毕，上楼。

四月十六日

今日早上较空。葛同志回家休息。之后即渐渐忙起来，一直到下午三时。晚开（工业品）讨论会，评先进，十时二十分散。我与葛工作至十一时三十分息。

四月十七日

今日上、下午工作同。晚打烊后理布票，点缀。十时息。葛今日傍晚和夜间布置内进，十一时息。今日下午一个参观者万市桥姓沈的，他给我插了一面红旗（我招呼他，和他谈了些绸类商品）。县中一位同学给我写了一条意见，我替他挑选了一件褂衫料（因限于二元以内布票 5.5 尺）。

四月十八日

上、下午工作同。今日起中午有休息一小时半。我值二班，一时三十分至三时。晚工作至十时三十分息（理去年布票）。今日桐庐财贸检查团来新检查。

四月十九日

上、下午工作。今日检查团来后去永昌云。晚开给奖大会，十时三十分散。我值日，守门。朱善庆调桐庐工作。

四月二十日

上、下午工作同。晚造中旬报表。九时三十分毕。看《新观察》。十时三十分上楼。

四月二十一日

上、下午工作同。我中午去医院换药（三十分）。晚葛守门。我和周去开会（迟到约十分钟，已在开）。八点三十分散，讨论九时散。工作至十时三十分息，上楼。

四月二十二日

上、下午工作同。周因长女有病，上午请假。晚我们门市部讨论总结“十好”。复写［资料］至十一时毕。

四月二十三日

上、下午工作同。上午将总结用毛笔写红纸上。晚在百批部开大会，讨论长短款问题。十一时午饭散。

四月二十四日

上、下午工作同，兼做准备盘货工作。晚我守门。葛、周去一部开大会，九时半散。工作至十时三十分上楼。

四月二十五日

上、下午工作同。做准备工作。晚盘货。吴、郑来协助。开会后邵、徐也来协助。十一时三十分息，我十一时三刻上楼。

四月二十六日

上午把昨日盘货汇总了一下。下午营业，轮流略事休息。晚葛守门，我与周去大操场开会，典型发言交待秦政委发言，算细账，反贪污。十时二十分散，回来，朱部长动员报告，十一时二十分散，我十二时上楼。葛下午六时去开会，七时回来。

四月二十七日

上午八时后我上楼核账，十一时下楼。下午工作。晚开大会。先小组讨论，后许局长解释，王县长报告，大会交待，再小组讨论，邵局长分析。十二时五十分散。

四月二十八日

上午八时后仍上楼核月盘。十一时下楼。下午照常工作。晚葛、周去开会，我守门，把盘单核出。他们开会，十一时三十分回来，写材料，一时上楼。

四月二十九日

上午下午工作。晚周守门。我和葛去开小组会（一部），八时三十分去人民大会堂（尚在建筑中）听报告。董书记总结，李主任工作报告。十一时十五分散，回小组，许经理传达。十一时三十分散。

四月三十日

上、下午工作同。晚葛、周去开会，我核月报，一时散。我搞到三时寝。

五月一日

今日上午继续搞，至中午十时完成，邵来拿（我正要送去）。下午葛去开会。今晚我守门，周、葛去开会。我十一时一刻寝。

五月二日

上、下午工作同。葛上午去参加白天学习组。晚饭后我去理发。晚七时半开大会（一部内），缪主任报告，许经理小组动员，写材料。十一时十分息。

五月三日

上、下午工作同。今日老周去一部代翟振民，因翟去种田。晚我守门，葛去开会。十一时三十分散。

五月四日

上、下午工作同。周仍去一部协助。天雨。晚葛守门，我与周去茧行听许局长报告贪污分子检查会议。十一时二十分散。

五月五日

周仍去一部工作。上、下午工作同。我下午休息一小时。葛未息，他说昨晚睡眠很足。晚葛、周去开会九时散，卷布。工作至十一时三刻。全协助。

五月六日

周仍在一部工作同。我下午休息一小时。今日人不适，似有病。晚葛去开会，我九时二十分上楼。

五月七日

畏寒，发热，胃口不好。照常工作。下午休息一小时半。晚我守，早休息。今日分水参观团来参观，由芦经理陪同（十余人）来。二十分钟，把“十好”抄去。

五月八日

畏寒，发热。葛主任要我打申请请假。我请假三天。

五月九日

假休。

五月十日

假休。下午三时三十分下楼，准备旬报。到晚上九时半毕，上楼。

五月十一日

工作。因人仍发热，葛主任要我去看医。发出很多红肿块（头部）。医院证明继续三天。

五月十三日

今日假满。

五月十四日

今日续假。附林医师证明。

五月十五日

今日去点假。十时上楼（七时半开始）。

五月十六日

上午写账交代和收发。下午休息后把去年冬季布票整理封好。晚九时息。

五月十七日

今天上午写了七张大字报。下午休息。晚看《三十年征文》。

五月十八日

今日假满。下午去楼下做了些营业。上午和中午卷了点麻丝。今天写了一张大字报。晚葛、周去开大会。我点了假，没有点准，因电灯光暗。明晨再点。卜先生今日来，他将印交给我，要我下月起替他代领，由他写条来支云。

五月十九日

我今日照常工作。晚写大字报，十时三十分息。

五月二十日

今日上、下午工作同。晚核旬报。葛、周去看麒麟杂技团。十时散。我十时三十分上楼。

五月二十一日

上、下午工作同。下午一时半接到通知，去抢收小麦。葛与周去，我一人守店。上午五时葛回来。晚七时半开大会。葛、周去，我守门。十一时散，为抢收与处理郑文发。

五月二十二日

今日上、下午工作同。葛下午十二时三十分去割麦。五时一刻回来。晚放假。今晚淳安越剧二团来新演出《大闹金水桥》。周回家，葛未去。

五月二十三日

今日五时起床，搞清洁工作，至八时三十分息。上、下午工作同。葛上午去割麦，周下午去。晚通知做盘货准备。葛去看越剧二团淳安《碧血扬州》，我守门。写信至十一时十分上楼。

五月二十四日

上、下午照常工作。大家做了些准备工作。晚九时三十分上楼。

五月二十五日

上、下午工作同。做盘货准备。周上午去割麦，走了一小时，招不同队伍回来。晚盘货。曹、翟、郑来协助。周去开会。十时三刻息。

五月二十六日

今天我在楼上核盘货账，只有在吃饭时到营业场所去略做营业。晚我和葛主任二人去一部协助盘货。五时五十分去，八时二十分回来，即上楼。

五月二十七日

今日仍在楼上核盘货账，到下午三时半完毕。本月尚符。下楼。晚填盘结情况。九时半上楼。

五月二十八日

今日上午工作同。下午葛去割麦。晚饭后周去割麦，八时回来（五时半去）。我今守门，九时三十分上楼。

五月二十九日

今日上午周去割麦。下午葛去割麦。晚因一部重盘，在晚饭后葛去协助。到七时三十分上了门，葛回来，去刮痧，我去协助，至九时三十分回来。

五月三十日

上、下午工作同。晚葛去开讨论计划，检查计划，九时一刻回来。九时半我上楼。我在五时三十分去理发，六时三十分回来。

五月三十一日

上午工作同。晚核月底账。因周布票数和盘纱布数未悉，我去她住处问。我工作至一时十五分上楼。

六月一日

今晨五时起床，把月报搞好，下楼开门（六时十五分）。再吃早餐（蚕豆）。上、下午工作同。葛上午去割麦。晚士林假错，我查至十时十五分上楼。

六月二日

核布票。上、下午工作同。今日提布。中午大家没有休息。晚开大会。葛、周去，我守门，核布票报表。会十时三十分散，我十时四十分上楼。

六月三日

上、下午工作同。卷布。晚会。我和葛去，周守门。八时三十分散。防洪，搞卫生。我九时四十五分上楼。

六月四日

上午工作，兼搞清洁卫生。十时接沪来电，告振家病重。我请假一星期，乘十二时汽车过杭去沪。

六月十日

［请假］到期，在沪来函续假。十四日下午五时到新，十五日假期，整理工作及陪振家看医。下午复［核］发票。

六月十六日

照常上、下午工作。准备五月十六日销售工作。晚我与周去一部开会：1. 讨论昨晚处理二人；2. 统计工作；3. 五月十六日旧会期销售准备。十时三十五分散。

六月十七日

周今日请假。上午工作同。葛晚去开大会，邵局长报告。十时三十分散，我守门点假。

六月十八日

周仍请假。上、下午工作同。晚工作至九时一刻上楼。

六月十九日

上、下午工作同。会期准备卷布。葛腹痛。我九时五十分上楼。（下午六时至六时五十分理发）

六月二十日

九日吴高祥同志来协助。今日尚未起市。今日［做］旬报。晚我守门。周、葛、如看金华京剧团，因雨，十时即返。

六月二十一日

今日旧五月十六日。上午微雨。吴高祥来帮忙，业务不忙。晚九时打烊，我十时二十分上楼。

六月二十二日

上、下午工作同。晚放假。周回家，葛休息。我九时一刻上楼。

六月二十三日

周仍请假。晚九时三十分贤归，上楼。

六月二十四日

周仍请假。工作同。做盘货准备。晚我去一部盘货，七时三十分至十时三十分回。

六月二十五日

上、下午工作同。周上午来过。晚来盘货。今晚盘货。吴立大、郑子芳、曹良英、朱善庆来，柯、朝林来协助。十时三十分息。

六月二十六日

今日陈七妹来工作。周亦假满来工作。我在楼上货房算盘货账。今晚全街用烟熏“四害”，七时至九时。下午十至十一时继续工作。

六月二十七日

上午盘货账，结毕。下午下楼工作。晚七时三十分街道通知搞卫生。我和葛二人搞至十一时息。

六月二十八日

葛今日上午八时去临安检查病体。晚邵局长来通知，去工商联听芦主任去桐庐开会回来传达报告。九时散，讨论至十时三十分息，由黄秀华掌握。我们六人在本二部讨论。

六月二十九日

上、下午工作同。晚因百货盘货，学习停。我守门。芦经理宿此。

六月三十日

上、下午工作同。做些准备和造月底报表。十时三十分送去。今晚讨论会未去。芦经理仍宿店中。

七月一日

晨起，托芦经理去问楼下房子，和朱家［是否］同意。今日因第二期布票开始使用，业务大好。芦经理、芦中民、翟振民均来协助。陈到下午腹痛，不能工作，回去。我晚上公安局来盖指印，为储蓄部失窃作查考。八时去工商联，邵局长作报告：1. 当前市场情况；2. 学习中一些问题。十一时散，翟在守门。

七月二日

今日周未来。葛今晨来（昨晚临安返，宿家中）。芦经理、芦上午来协助，吴、翟、韩均先后来协助。陈今日来。晚我去开会，十时三十分散，点假。十一时五十分上楼。

七月三日

今日工作同，比上二天略减。晚分二处开会。我和王正祥参加棉一内进工商联学习，二部开会讨论二季度总结（个人、单位），金华专区要到新登来开现场会议。会议十时三十分散。

七月四日

上、下午工作同。晚工商联学习十时十分散。晚雨。陈下午请假。

七月五日

周、陈请假，芦经理协助。下午一时三十分去开会。今晚开大会，我与葛请假未去，卷布。十时五十分息。

七月六日

今日周来，上、下午工作同。业务比昨略升。进货。晚周去开团会。我去工商联听邵局长报告，九时半息。到棉二讨论，十时三十分散。

七月七日

上、下午工作同。营业略降。晚周去开会。我去工商联开会，葛守门。十时三十分散。

七月八日

上、下午工作同。陈今日来。晚我去工商联听报告。大会发言。九时三十分散。

七月九日

上、下午工作同。晚搞点假。十二时上楼。

七月十日

今晨请假，送玄儿上车。上、下午工作同。晚造旬报，核账。一时上楼，说今日有参观团来。

七月十一日

今日老吴来我部工作。葛将调工业品站管理伙食工作云。葛今日仍在此工作。陈请假。周上午工作半天。我晚整理点假。工作十一时三十分，上楼。今晚有电影，放假。

七月十二日

今日周半日工作。葛中午傍晚来协助。晚吴去开会。我守门，十一时散。

七月十三日

今日上、下午工作同。晚吴去开会（增产节约），十时三十分散，听广播，十二时息。我十二时上楼。我今日在中午十时吃饭后，要周迟一点回家。我去理发。十二时零一分回店。

七月十四日

周上午去公安局开会学习灭火机使用及保卫工作。晚吴、周去听报告，为评比［19］59年二季度工作。周听报告后再来工作，九时三十分回家。吴散会后共同工作至十一时四十五分息。

七月十五日

上、下午工作同。周今日照常工作，葛来协助。晚吴去开评比会，十二时散。我十二时十分上楼。今日防台风。

七月十六日

上、下午工作同。吴发痧，继续工作。晚周去开团会。今晨去棉一开讨论会，十一时散，我守门，十一时一刻上楼。

七月十七日

工作同。上午我做清洁工作（抹）。今晚开评比优胜单位（一部得）。十一时散，我十一时一刻上楼。

七月十八日

上、下午工作同。晚开宣传优胜单位先进工作者大会，吴去参加。周请假回家，我守门，十一时三十分散。

七月十九日

上、下午工作同。周下午三时请假，休息三天。晚十时上楼。

七月二十日

上、下午工作同。今日旬报九时送。吴今晚回家，我宿楼下。

七月二十一日

上、下午工作同。晚吴去开会，十一时三十分散，吴回家，我宿楼下。

七月二十二日

工作同。今晚有电影，放假。吴宿楼下，我上楼寝。

七月二十三日

周今日继续请假。上、下午工作同。晚开大会，叶主任报告特击三昼夜，迎接检查团（金华专区）。吴守门，写厨仓（橱窗）标语。我和葛去开会，忽传观音巷火警，中止（烟堆误传）。搞卫生。抹厨仓（橱窗），十一时二十分息。

七月二十四日

上、下午工作同。上午吴去割稻。开本门市部讨论会。吴、葛、我三人讨论服务态度。十时二十分息。

七月二十五日

周今日来工作。上、下午同。晚听广播，清洁卫生，积肥运动。晚十时三十分上楼。

七月二十六日

上、下午工作同。晚饭后做盘货准备工作，接到通知，葛、吴、周去开会，我守门。九时散，知为了人心不安，将小仓库布提到营业场所堆着。十一时三十分上楼。

七月二十七日

上、下午工作同。今日业务上升。晚吴、葛去开会。十时散。整理布，堆前上用黑板报，安定人心，不要轻信谣言，布票要折扣使用，为一叠加高。十一时十五分上楼。

七月二十八日

上、下午工作同。谣风（言）略平。今晚盘货。小柯、秋生来协助，十时毕。点现金，理布票，抹衣。十一时上楼。

七月二十九日

上、下午工作同。吴抽时间核盘单。晚吴、葛去协助一部盘货。十一时上楼，我核复盘单三纸。

七月三十日

上、下午工作同。上午八时至十时复盘单。晚十一时息，十一时一刻广播大会开始。

七月三十一日

晨三时三十分起床，四时去抗旱，棉花地浇水。我挑铁靛青桶去挑，六时回来。营业如常。晚造月报（同葛去抗旱，吴同造月报，一时寝）。今晚吴回家，我宿楼下，一时三十分寝。

八月一日

上、下午工作同。有部分请假来街，故今日上街人比较多。晚核特种布票，卷布。十一时息。我十二时寝。

八月二日

上午工作同。晚吴、周去开大会，搞清洁卫生、公安问题。吴宿店中。我工作至十二时亦同宿店堂中。

八月三日

上午工作同。上午吴去割稻，傍晚饭后吴、葛与割稻，打烊前返（七时三十分）。我造布票表，十一时三十分息，上楼。韩剑伟今日销假，来店工作。

八月四日

上午吴在楼上整理商品。做清洁工作。下午我将楼板下格打扫一下。傍晚吴去割稻。晚开会，我和周去参加，如何迎接检查。十时散。吴又去开会，知有台风。明晨起早要去割稻。我十时一刻上楼。

八月五日

上、下午工作同。吴三时三十分起床去防台风（扶棉花）。下午又去，晚归。晚九时上楼。

八月六日

上、下午工作同。葛今日迁回二部工作，兼食堂账目。晚周请假，吴、葛去开会。十时三十分散。我上楼，葛亦宿此楼上。

八月七日

上、下午工作同。葛今日来此，上午呕吐，下午休息。晚开给奖大会。楼书记报告传达省五级干部会议精神，缪主任报告。十一时四十分散。吴守门，周和我听报告，葛休息。

八月八日

上、下午工作同。晚周守门。我和吴去开会，因要做清洁工作和整理工作，为迎接明日省检查，十时散会，工作至十一时息。

八月九日

上午工作同。今晚吴、周去开会，我值日，守门。十时三十分散，十时四十五分上楼。

八月十日

上午工作同。旬报吴造。晚我和周去开会，十一时散。吴守门。我十一时一刻上楼。

八月十一日

上午工作同。晚周守门，我和吴去开会，讨论，十时十分散，十时二十分上楼。施秉鸿来略坐片刻。

八月十二日

上午工作同。晚我值日守门。吴、周去开讨论。葛请假。早息。

八月十三日

上、下午工作同。葛因出鼻血，请假回家。

晚周与我去学习，吴守门。十时三十分散（今晚仍讨论方针、政策、任务）。葛假休回家。

八月十四日

上、下午工作同。葛仍假休。晚我和吴去学习。今晚测验，十时散。

八月十五日

今日葛来工作。我因爵明日去校，今日假休在家。晚仍值夜，宿店堂。晚吴、周、葛去开会，十一时十分散。

八月十六日

上、下午工作同。周下午休息。晚葛因病请假，我去参加学习，吴守门。十时三十分散。

八月十七日

上、下午工作同。周下午来，晚值夜。吴、葛、我去开大会，缪主任报告讨论、汇报。十一时三十分散。

八月十八日

上、下午工作同。晚我守门，吴、葛、周去开会，十时散。吴去送肥二次，十一时三十分回来。葛、周、我卷布，十一时息。我十二时上楼。

八月十九日

上、下午工作。晚吴值日，守门。我、葛、周去开会，听缪主任报告，章股长补充。十时散会，我回家上楼。

八月二十日

上、下午工作同。晚周守门（晚饭后周去团开会）。我、吴、葛去开会，十时一刻散。

八月二十一日

上、下午工作同。吴下午二时三十分去积肥（锄草），五时三十分回来。晚放假，看电影《群英会》。我守门，十时三十分散，十一时上楼。

八月二十二日

我上、下午工作同。周上午去百货仓库锄草。晚饭后吴去郎家庄抗旱挑水。八时打烊，十时上楼。

八月二十三日

上、下午工作同。晚周守门。我、吴、葛开会。十时十分散。

八月二十四日

晨四时三十分去致和后挑水抗旱，我、吴去。周守门，葛因病，二人搞业务。我七时回来。晚十一时上楼。

八月二十五日

上午工作。七时半接通知，到茧行内学习。回来午膳，休息亦在茧行。下午四时三十分散。晚学习，写大字报。十一时息。

八月二十六日

上、下午工作同。晚周守门，我和吴、葛去开大会，缪主任报告总结十天跃进成绩和缺点。各站汇报。

八月二十七日

吴上午四时去车水，八时回来。今日假休至十时三十分，来店工作至晚。周上午去车水灌棉花。葛下午去灌棉花。晚听广播，讨论。十时一刻散。吴宿家中。

八月二十八日

上、下午工作同。晨吴、葛去车水。晚放假。吴、葛去看《胭脂狱》。我守门，十一时散。

八月二十九日

上、下午工作同。晚吴去防洪（抬酒）。葛有病，周脚眼痛，我守门。十时接到通知，将下厨仓（橱窗）布搬上楼，防风雨。金将部分布堆在我们房内。贤宿楼下。十二时吴又去搬酒，周一时四十分回家，吴二时回，我二时二十分上楼。

八月三十日

上午照常营业。排门未下，须售商品到楼上拿。下午一时三十分大风大雨。通知将楼下部分商品上楼，营业停，休息。晚饭后葛守门。我、吴、周去抬酒，十一时五十分息，沐身，十二时一刻上楼。

八月三十一日

早上接通知后开门营业，排门未下。晚通知明日照常营业。将货搬下，要贤来背布，理整后九时三十分。吴、我填表。葛数饭菜票。十一时上楼。

九月一日

今日大星期日，有些单位放假，业务较好。晚工作至十时上楼。天阴雨。袁仁山来给振家看病。傍晚孙才宏来，知他现在行医，要他拟方。十二时一刻寝。兆铨来归队云。

九月二日

今晚盘货。吴高翔来协助，十一时毕。十一时三刻上楼。

九月三日

上午吴核盘账，下午进绸，晚守门。我、葛、周听广播，省管土产同志报告，工会总书记动员新登争第一个，缪主任大会发言，向全省供销部挑战。十时息，讨论。我回，吴去。十一时三十分散。

九月四日

上午工作同。卷布。晚吴去开会，知桐庐有代表来参观。晚听县委广播（“大跃进”，农业）。十一时上楼。

九月五日

上、下午工作同。今日分水、桐庐财贸工作代表来新参观。晚听广播。我值夜。今日进大批女绿呢，将柜仓调换。十一时三十分息，开会，十二时散，电灯熄。

九月六日

上、下午工作同。晚吴守门。周请假回家。我和葛去听报告，缪主任讨论，至十一时散。二时起床，布置厨仓（橱窗），清洗，将旧字抹去，叫贤儿起来，一同搞至天明六时，未寝。

九月七日

上午照常工作。下午午睡。晚周去开会，我守门，吴回家。我守店，十一时三十分寝。

九月八日

上、下午工作同。今日大家没有午睡，订决心书。晚饭后吴、周去送肥料，我守门。葛因食堂有工作（送肥至小东门）。晚我守门，吴、葛、周去开会，讨论至十时，周来，我去。十一时一刻散。

九月九日

上、下午工作同。晚吴去协助百二部，美化厨仓（橱窗），葛、周、我在店整理。十二时息。

九月十日

上、下午工作同。今日旬报日。晚布置厨仓（橱窗）宣传，至深夜一时息。葛呕吐。一时十五分上楼。

九月十一日

上、下午工作同。葛今日病，三饭没吃。晚各做工作，十一时息。

九月十二日

上、下午工作同。葛因病请假。晚吴、周到百二部开会，我守门。会后讨论服务公约，吴写，我整理厨仓（橱窗）。十二时上楼。周十时回家。

九月十三日

上午周去车站迎接省代表团（六十余人），从桐来新检查。傍晚去云。晚卷布，十时四十四分上楼。

九月十四日

上、下午工作同。提被胎。晚放假，吴去看建德剧团演《神灯》，我守门，葛去粮食局开会。我十二时寝，宿楼下。

九月十五日

上午工作同。今日分水财贸系统工作人员又来参观。晚紧急会议（防台）。十一时上楼。

九月十六日

上、下午工作同。葛因大便不通，服药泻，体力不支，请假五天，回家休养。晚吴去办事处开会，十时散，我十时一刻上楼。

九月十七日

上、下午工作同。吴晚去工业品站开会，九时三十分散。吴今晚回家，我宿楼下。十一时三十分寝。

九月十八日

上、下午工作同。晚吴去办事处劳动，十时三十分回来回家去。我宿楼下，十二时寝。

九月十九日

上、下午工作同。晚开大会，我和吴去。周守门，九时散。许经理报告如何迎接“国庆”，富春江、建德、嵊县将来参观。国庆前后可能外宾也要参观。我们要搞卫生，除“四害”。九时回来，搞卫生。十一时息，十二时寝。吴回去，我宿楼下。

九月二十日

上午工作同，今日富春江市参观团来参观。

吴同志今日下午五时五十分去桐庐开会(比武，志标、秉鸿亦去)。晚我和周整理，周十时回去，我搞材料，至一时三十分寝，宿楼下。

九月二十一日

葛今日来广工作。上、下午工作同。午后休息一小时二十分。晚到办事处开大会。我去。葛请假，周值日，守门。大会散后到批发部讨论至十时三十分散。我十二时寝，宿楼下。

九月二十二日

上、下午工作同。嵊县参观团明晨离新。晚整理，自学。我宿楼下，十二时寝。

九月二十三日

上、下午工作同。吴上午八时由桐庐回来，比武红旗新登得。建德代表团来新指导，周去迎接。晚八时回建。葛、吴去送。今日第三季度计划完成，送喜报至办事处。晚开会，吴传达去桐庐比武情况，后讨论"反右倾，鼓干劲"。十二时散。吴回家，我宿楼下，十二时三十分寝。

九月二十四日

上、下午工作同。晚吴、葛去一部开会，讨论月底盘货问题。八时三十分散，葛去人民公社开会，反映国庆顾客思想。十时三十分散。我们做盘货准备。十二时息，我上楼。

九月二十五日

上、下午工作同。上午吴、葛楼上盘货。晚盘货。吴、葛、周去开大会。今晚处理四贪污分子，三个回家，一个记大过一次。我守门，十一时散，继续盘。十二时息(熄)灯止，胡、柯、芦经理来协助。

九月二十六日

上、下午工作。吴早晚抽时间核盘货账。晚周、葛去协助，九时毕。早上吴、我五时三十分开始盘。七时十五分竣，比平日开门迟一小时。晚十一时息，上楼。

九月二十七日

上、下午工作同。晚周守门，葛请假。我和吴去办事处听广播，缪主任、许经理补充。十一时散，十一时三刻上楼。

九月二十八日

上、下午工作同。下午三时葛去办事处开会。晚搞美化，一时三十分息，上楼(吴去协助百二盘货，十一时回来)。

九月二十九日

上午十时接办事处朱会计通知，说要我准备乘十二时开往永昌汽车到湘溪供销部工作。明日要周梅根出来。我立即准备，饭后到车站，要贤儿先去买票，到永昌十二时三十分，访王吕成。适信用部朱同志同车至永昌。我即同他一同来，他到埠头，我再沿汽车路来。湘溪据说路十八里，有说二十里。到湘溪供销部约下午三时。一路由朱同志谈谈，知石门岭的一些情况。他是富阳人，在解放前即来做纸。

九月三十日至十月十日

空白时工作毕谈一小时。他回去，我看报。十一时寝。

十月十一日

上、下午工作同。晚关荣来。

十月二十五日

上午来电话说，今日梅根进来，我可以出来。十二时三十分梅根到，我把布票代付款交接一下，又到关荣家去告别。下行二时离开湘溪，四时十分到永昌，五时四十分回城，六时十分到小东门，六时三十分到店。适在盘货。我洗面稍息即共同盘货。九时三十分毕，十时三十分寝。

十月二十六日

照常工作。晚我守门。吴、葛去一部协助盘货，九时半回来。我十时半上楼。

十月二十七日

上、下午工作同。葛中午去临检查身体。周因女病，下午去料理病人。吴晚饭后去副食品站协助收购，我守门，看报。宿楼下。

十月二十八日

上、下午工作同。晚放假。我开钟条，吴复花布。周今日因小女病请假。我宿店堂里。

十月二十九日

上、下午工作同。周仍请假，晚吴去听报告，我守门。十一时散，我十二时寝。

十月三十日

上、下午工作同。周今日来工作。晚吴、周去学习，我守门，查月盘账及特种布票。电灯出病。吴十时三十分散，我十一时一刻寝。

十月三十一日

葛、周去刨蕃（番）芋丝。晚吴值日，造月底账，给我对账单亦填好。我、葛、周去开会，徐亚英掌握，十时散，十二时寝。

十一月一日

上、下午工作同。葛今日结饭票账。晚葛、吴、周去开会，我守门，理特种布票，点缎开腰。十时会散。今晚葛（一周）值班。我十时三十分上楼。

十一月二日

上、下午工作同。周上午去刨蕃芋丝。下午开会。晚周守门，吴、葛、我去开会，十时三十分散。

十一月三日

上、下午工作同。吴去仓库提货（上午），傍晚卷布。晚开大会，洪主任报告读文件，成立学校，读文件。十时散，回来小组讨论四季度指标分配。

十一月四日

上、下午工作同。晚吴守门。我、葛、周去开会。许经理主持，十时散，回来讨论至十时三十分上楼，葛值夜。

十一月五日

上、下午工作同。晚周值日，吴、葛、我去批发部开会，金掌握会场，十时散。我十时三十分上楼。

十一月六日

上、下午工作同。晚我守门，吴、葛、周到办事处听中央广播（群英会）。十时息，我十时三十分上楼。

十一月七日

今日人员齐，工作同。我剪斜条。吴下午去割稻。晚葛守门，我、吴、周到办事处开大会，叶主任报告桐庐开会情况，如何拿红旗，小组讨论。十时散。葛守夜。我十时三十分上楼。

十一月八日

今日上午再剪斜条。晚开会（棉一部），同志们检讨及帮助，十二时散。吴守门，我、葛、周去开会。今晚吴守夜（这周）。电灯十一时息（熄）。

十一月九日

上、下午工作同。吴今日工作移交。明日去办事处工作。晚在批发部讨论，同志们检查。十时三十分散。吴今晚回家，我宿店堂中。

十一月十日

上、下午工作同。吴今日去办事处工作（代王儒伟）。今日业务较忙，晚我守门，造旬报。葛、周去听广播。九时葛去办事处开会。十二时寝。

十一月十一日

上、下午工作。今日业务较忙。晚开大会，葛守门，我、周去办事处，张余检讨，大家帮助。十二时三十分散。葛亦宿店中。我一时寝。

十一月十二日

上、下午工作同。下午二时我请假半小时，同贤去对公债。三时后周去种菜。晚周守门，我和葛去棉一部开会讨论。朱会计来解释，十时三十分散，十一时三十分寝。

十一月十三日

上、下午工作同。傍晚周去浇菜根。晚开大会，我守门。葛、周去，葛大会发言，和同学。十时半散，十二时寝。

十一月十四日

上、下午工作同。晚葛守门，我去办事处听广播，才知听桐庐广播关农业问题。十时息，我回店听。仍宿楼下，十一时寝。

十一月十五日

上、下午工作同。晚开大会。财贸洪同志、许经理报告。昨晚省群英会精神，八时回来。在棉一部讨论，芦经理、金秀鸿报告去临安参观情况。十时回来，本部门讨论，十时三十分葛、周汇报。我仍宿楼下，十二时寝。

十一月十六日

上、下午工作同。上午抽出一小时搞二部战斗指标。晚七至九时小组讨论（二部三人）后到百二部汇报。周守门。十时三十分散，我上楼寝。葛守门，宿楼下。

十一月十七日

上、下午工作同。晚葛未听报告。黄县长说“群英会”报告团在二十日左右来新作报告，临安约二十二日来，要做好准备迎接。我写服务标准，做标价牌。再抹厨仓（橱窗）。十时报告毕。周去二部（3），讨论十一时散，我十一时三十分上楼。

十一月十八日

上、下午工作同。葛今日整理内进，布置店营。晚我去读书，葛、周卷布，上厨仓（橱窗）。我们工作至十时五十分息。上楼。

十一月十九日

上、下午工作同。我上午在楼上整理小仓库，搞清洁工作。要贤抹擦栏杆，帆（蘩）亦来协助。晚放假。葛、周去看同力绍剧团。十时三十分散，我和葛布置至十二时息，我上楼。

十一月二十日

上、下午工作同。葛今日做整理，美化工作。晚去公安局开会，周去百二部开会，九时三十分散，协助文具部整理云。关荣来，我要他写“国营棉布零售部”七字。十一时三十分他回幼儿园寝，我十一时四十分上楼。

十一月二十一日

上、下午工作同。今日业务较忙。晚在棉一开会，芦经理掌握，如何迎接“群英会”生活检讨会。十时三十分散，我十时五十分上楼。

十一月二十二日

今日上、下午工作同。今日我二部只有一部之50%营业。我们虽一人，实相差太远。晚我守门，核对保管发票，点缎，剪字。葛去工商联开会，周亦去。葛十时三十分回来，座谈十分钟回去。今晚我宿店堂，十一时三十分寝。

十一月二十三日

上、下午工作同。晚到一部听“群英会”代表团在桐庐报告。广播我和周去听，十时息，回来写决心书，至一时寝。

十一月二十四日

上、下午工作同。我上午写集体战斗指标，代葛写决心书。下午自己写决心书，兼做营业。下午二时毕。三时群英大会代表到。晚六时在人民大会堂开会，周守门，我和葛去，十时毕。放电影，“五一”劳动节另一部电影《种田》，开始我即回来，免周再等。到家十一时十分，宿楼下。十二时寝。

十一月二十五日

工作同。今日高飞善因要米票，和葛口角，咬葛于背上。晚我值日。葛、周去一部开会，讨论昨晚报告。我十一时三十分寝。

十一月二十六日

葛今日在家中。上午四时半即起床学习，我因守门，未去。上、下午工作同。今日做了一部盘货准备工作。晚放假，看电影《画中人》。葛、周去看，我守门。十二时寝。

十一月二十七日

上、下午工作同。今日上午做准备工作。晚盘货。吴立大、柯朝村、胡秋生三人来协助。十时息，十时三十分毕，我十二时寝。

十一月二十八日

今日我核月底盘账。晚葛、周去一部协助盘货。我守门，至十一时葛不来，我十二时寝。

十一月二十九日

昨晚连续呕吐三次。晨起欲泻，大便后痛稍减。上楼睡，服山姜红糖汤，拟略睡即起，腹始痛。早餐中餐未进。晚吃粥二分。睡了一天。今晚葛值夜。

十一月三十日

晨起，照常工作。核月底报表。十二时一刻上楼。晚葛、周去二公局听报告，十时三十分回来。

十二月一日

上、下午工作同。今日月报，下午二时五十分才送出。晚我值日，守门，复盘单。葛、周去批发部开会，九时半回来，知临将在三日来。我和葛工作至十一时三十分息。我上楼。

十二月二日

上、下午工作同，兼写应战书（临安棉二部），“十好商店”。周十二时回去，我一时三刻息。葛二时息，我二时上楼寝。

十二月三日

上、下午工作同。今天上午兼写向百二零售部挑战书。临安检查团过新赴桐，说明日来。今日温州区治安代表来新参观。晚开大会（在人民大会堂）。我守门。葛十时三十分回来，谈明日介绍，至十二时上楼。

十二月四日

上、下午工作同。上午周去开会。下午本拟写汇报资料，因提货营业关系，仍未写。晚办事处开大会，缪主任报告，葛、周去，我值日。葛十时三十分回来，我和他研究至一时十五分息，我上楼。

十二月五日

上、下午工作同。葛今日准备发言，临安工业品代表下午五时从桐来，周到站去接。晚在办事处开大会，葛发言，十二时散。

十二月六日

上、下午工作同。晚将布票缴上。我守门，葛、周去开会，九时半散。葛工作至十一时回去。今晚我值夜，宿楼下。十二时寝。

十二月七日

上、下午工作同。中午把保管货全部收回。晚放假，葛去看电影。周回去。今忙，全镇熏“66粉”。我复发票，看报。十二时寝，宿楼下。工业品内部人今日去打麻雀。

十二月八日

上、下午工作同。今晚各人做准备工作。周理布票。葛点缎。我核盘账。我十一时三十分寝。上午整理楼上仓库。

十二月九日

上、下午工作同。下午葛同洪进德去大山借鸟枪。傍晚来。晚我核盘账，十时写“新五害”，安全公约。十二时息，一时寝。

十二月十日

上、下午工作同。晚周、葛去开会，八点三刻散。葛十时回家，我十二时寝。造旬报。九时后下雨。

十二月十一日

上午四时起床，搞卫生，叫贤儿起来协助。葛、金去叫开会，二时半来，同搞卫生，开门。上、下午工作同。晚九时来指示，搞卫生。一时三十分来检查。镇小周、刘医师、葛一时五十分回家。我二时寝。

十二月十二日

晨四时木匠来钉门闩。上、下午工作同。晚周去开会。打苍蝇。周十时三十分回家，葛十一时去，我十二时寝。

十二月十三日

六时起床，六时四十五分到葛家交钥匙给他，我去汽车站送振家。七时二十五分到店。上、下午工作同。钱美儿下午四时来店工作。晚去办事处开会。我点缎，核盘账。十二时寝。今日葛主任捉到偷布窃贼（偷卡其60余尺），在批发门前不到捉，幸送办事处。今日杭州制衣厂来新拍纪录片《救火》云。

十二月十四日

上下午工作同。晚我和钱去开，为年终统计，我技术革新（第二个会钱一人参加）。我们工作至十二时寝。我在九时去。吴立大同志问盘单，他喉痛在家。

十二月十五日

上、下午工作同。我兼整理季报材料。晚放假，看电影《南征北战》。周、钱七时去。葛九时回去，十一时来，搞卫生回去。我二时寝。

十二月十六日

上、下午工作同。晚周、钱去开会，准备文娱晚会。我和葛工作至十二时。我一时三十分寝。查第一季度材料。

十二月十七日

上午下午工作同。晚周、钱去送新兵。葛同工作至九时半，来叫开会。因徐哭，为谈鬼。十时半散。葛十二时回去，我二时寝。

十二月十八日

上午我盘楼上货。下午盘内进货。晚盘货，十二时息，我二时寝。

十二月十九日

上午工作同。今日下午葛同志又捉到一个窃贼，偷北京其布16.20尺。晚周、钱去一部协助盘货，我和葛在店划书。十时后我核账，葛卷布。周、钱来理布票。我十二时三十分寝。

十二月二十日

葛上午提货，插被胎。我结盘账。因尺寸［损］耗未结做营业。晚周七时半去，葛十二时三十分去。我十二时三刻寝。今晚去修二张大案桌。

十二月二十一日

上、下午搞营业。晚开大会。周、钱去。我和葛在店工作至十二时。葛去，我一时三十分寝。

十二月二十二日

上、下午工作同。晚核账。葛、周、钱卷布，十一时回去。葛十二时回去。我二时寝。

十二月二十三日

上、下午工作同。晚搞卫生。明日有参观团来，周、钱九时回去。葛十时半回去，我一时寝，宿楼下。

十二月二十四日

上、下午工作同。晚二时寝。

十二月二十五日

上、下午工作同。我上午八时至十一时在楼上核账。晚葛去办事处开会。晚工作十二时息，我二点寝。

十二月二十六日

上午月底盘账二小时，下午一小时。今晚核出。周十、钱十一时回去，葛十二时去，我二时寝。

十二月二十七日

上、下午工作同。晚钱头痛回去。周去开会，钱搞食堂账。我工作至十二点，看报，写信。二时寝。

十二月二十八日

上、下午工作同。葛上午搞食堂账。晚通知自己门市搞工作，美化，收听广播。十时息，一时二十分寝。

十二月二十九日

上、下午工作同。晚葛十二时回家，我二时寝。

十二月三十日

上、下午工作同。芦经理、仲二、中民来协助。晚洪进德来协助拉布。十二时听百布。

十二月三十一日

今日是1959年布票可以使用的最后一天，业务较忙。芦去，吴来协助。晚开门至十二时，九折。数布票一时散。今晚吃咸菜，□企叶负责报销。

一九五九年（家中日记）

一月一日

贤今日回来过。

一月二日

贤今日回来过。

一月三日

贤说今日是他的生日。

一月四日

理发。雪元来。今日回家寝。

一月五日

今日天寒。在零［摄氏］度以下。我一时寝。今日开始吃鲜牛乳。

一月六日

今日贤傍晚来。我十二时一刻寝。

一月七日

贤傍晚来，据说今日去大山砍柴劳动学习。我十二时寝。黄祖耀来要开水，据云从新安江来。

一月八日

贤傍晚来过。我十二时寝。

一月九日

贤傍晚来过。我十二时寝。

一月十日

贤傍晚来说，一位同学体育很好，选拔到建德学习，准备参加全国运动会。他送贤纪念册一本。我要他也买点纪念品送他。文祺先生来买布。知他已退职。他说曾去南京、无锡、苏州、上海、杭州各地游览。

一月十一日

贤中午、傍晚均来，要他抹身洗脚。今日早上大便又溏，服山姜红糖汤霍香丸。十二时三十分寝。

一月十二日

贤傍晚回来理发。我十二时三刻寝。

一月十三日

贤傍晚回来过。我十二时三刻寝。

一月十四日

贤说因裤带断，请假回来。我对他说平时不要随便请假，譬如星期一请假理发，其实是星期六、星期日正可做清洁工作。我十一时三十分寝。

一月十五日

贤傍晚回来过。我十二时三十分寝。

一月十六日

贤未回来。我二时一刻寝。

一月十七日

贤下午来。我要他星期六回来困是否可以，他说要先请假。我说那仍住校中吧。我十二时寝。

一月十八日

我今日要许先生转方，要徐先生打脚上针。贤来我未遇带信去，要他傍晚再来。蘩寄来包裹，棉鞋、带鱼鲞。晚上取来，内有万儿从合肥带来烘糕，很好吃，别有风味。我十二时十五分更衣寝。

一月十九日

今日是我生日，吃蘩从上海寄来带鱼。万儿从合肥带来烘糕，吃得很愉快。贤儿今日未回来。我十二时寝。

一月二十日

贤傍晚来。我回家后把带鱼煎一下。看报。一时寝。

一月二十一日

贤回来说搬运砖头造大礼堂借工具。我十二

时寝。

一月二十二日

贤回来。我十二时一刻寝。

一月二十三日

贤回来。我十二时一刻寝。

一月二十四日

贤中午傍晚均回来，说今日考，不放假。我十二时四十分寝。

一月二十五日

贤今日回来三次。我要他抹身更衣。我十二时三刻寝。

一月二十六日

贤今日回来过。青云桥小娘舅今日路过（周善来），久未晤面。我一时寝。

一月二十七日

我十二时一刻寝。

一月二十八日

贤未回。我一时三十分寝。

一月二十九日

贤回来二次。写年终总结。经明日去缴。我二时四十五分寝。

一月三十日

贤回来。我十二时寝。

一月三十一日

贤未回。我一时寝。

二月一日

贤今日来过。求真来，送来粽子。我十二时二刻寝。

二月二日

贤回来。求真下午回去。我十二时三刻寝。

二月三日

贤未回。爵儿傍晚到。我请假宿家中。十二时一刻寝。

二月四日

早上和爵儿谈四十五分话。贤回来过。晚十二时寝。

二月五日

贤和爵准备明日去沪。我又和他谈谈。十二时寝。

二月六日

贤和爵今晨乘七时车去杭赴沪早上三人共同吃年糕。今日报纸送二部来（我四日调二部工作）。

二月七日

贤成绩单送来，物理不及格，真不用功呀。品德“丙”。我因抽不出时间，过年发也不理了。十二时寝（食堂叙[聚]餐）。

二月八日

今日春节早餐到长育家吃（他来约我）他又送来牛肉，约明日去坟山（轮我休息）。上午十时和维堃哥从水碓头至塔山转惠来亭回来，作一小时的散步。今晚有桐庐滑稽剧团演《三毛学生意》。今天牛乳没送来。

二月九日

早餐到长育家吃汤圆。和长育、又成八时半出发先到超姊舅父坟上。又成还带了锡箔，我说这是迷信，不要提倡。表示纪念我们要从工作中实际行动来纪念，最后他仍带回。他先回家。我和长育再至父母坟转茹口姊丈坟。长育已认不出那[坟]冢，是我要他赶快做一石碑，不论大小都好。再往长盘吃所带干粮（粽子）至祖父母坟再至大姊姊丈坟，再至二姊坟回家已下午四时正。足七小时约行五十里。吃老酒早寝（九时）。

二月十日

赵师告我仙花昨日来送来羊肉、桂圆。雪元送来牛肉。

二月十一日

接玄爵来函，仙花今日下午车回富。我回她酥糖牛肉水果糖。桂圆给关林外婆吃。十时寝。

二月十二日

今日回家一次，看漏否。下午镜侬来过。电灯十一时十五分息。我十二时三十分寝。

二月十三日

到吴师处谈贤情况。接湘儿来信，更顾虑贤的品德。

二月十四日

贤下午六时从上海回来。在八时和他谈二十分钟话。他早睡。在芦经理铺上，被自拿来。我十二时寝。

二月十五日

今晨六时起床。同贤儿作一小时谈话。晚贤校中夜自修未开始。今日午准假在家休息医治，晚和贤在七时至八时三十分作了一小时半谈话。我九时三十分寝。

二月十六日

上午去医院换药，打了一针，把手皮剪开。下午睡三小时。今日看《观察》，有一篇河南应举县从亩产十五斤，克服一切灾害丰收，到一千三百斤，向毛主席报喜一文，要贤儿看（他八点十分到家）。要他从丙到甲，从二分到三分到五分。

二月十七日

今日上、下午打青霉素各一针。午睡三小时。晚九时寝。要贤看陈毅《人民解放军如何教育我》一文（在解放军文艺，1957 年 8 期）。天阴雨。

二月十八日

我去医手，顺便又去县中问贤儿宿食问题，不可能。只有附长育处。晚长育来，同意在他那边背去铺板。贤八时三十分回来。我九时三十分寝。午睡二小时。今日求真来。

二月十九日

接玄来信，要我写解放前后简历。贤去看电影。我九时三十分寝。

二月二十日

接仙花、爵来信。我简历写抄本五页，明晨寄去。午睡二小时，九时十五分寝。

二月二十一日

昨日打申请去沪医治。先准备行装。十二时批准，一时四十分再打一针。二时去车站。贤和雷民送我上车。因车子抛锚，三时二十分才开出，六时三十分到杭。一时没有三轮车，只有将行李寄存寄物处，再去叫三轮车。八时三刻去旅馆，客满。幸熟客搭铺楼上走道边。十时三刻寝。

二月二十二日

乘十时四十四分快车去沪。四时到壬寓。先去第四医院看。因星期日下午停诊，再去联合诊所，用金霉素敷服，晚九时澂与静铮来要我去她处住，治理较便。当晚宿壬儿三楼。十一时寝。

二月二十三日

早上去澂儿寓处，到纺建医院由刘医师给我看，中午到沃门路午膳。回阿瑞里宿。与湘儿谈谈，十一时寝。

二月二十四日

早上去纺建医院医治。晚回阿瑞里。早晚和壬儿、大嫂谈谈，十一时寝。

二月二十五日

早上去嬍朱处略坐。去纺建医院诊治。今晚宿沃门路，惟澈给我敷药。十一时寝。

二月二十六日

住沃门路。十一时寝。

二月二十七日

上午医治。午膳后回阿瑞里到四时半和虋去看大哥大嫂。虋先回。我晚餐后由大哥陪我回阿瑞里。他略坐回去。十一时寝。

二月二十八日

上午诊治。午后静铮、澂、我三人去南京路。在大光明看电影《三海旅行》宽银幕看《飞车》，看全国二次摄影展览。七时三十分回沃门路。十一时寝。

三月一日

早上去北京路看平先生。荷陆同志告诉我，他们去广州，鹣鹣在广州工作。他能道出我的姓名，真难得。知平的母亲在去年已去世。回沃门路看手，宿阿瑞里。

三月二日

上午看手，宿沃门路。

三月三日

上午看手，宿阿瑞里。

三月四日

上午看手。下午去西郊公园看动物。到已二时三十分。广播报告四时有雷雨，七时会有飓风，走马看花，很快地[看了看]，在三时四十分赶到汽车[站]排队，六时到澳门路。晚和澂夫妇谈谈。十一时寝。

三月五日

上午看手。下午到阿瑞里，嬍朱亦在。六时

我和蘩去看秉成。八时回来宿阿瑞里。

三月六日

上午看手。晚宿沃门路。静铮明日要出差去滁州云。十一时寝。

三月七日

上午看手，下午回阿瑞里。

三月八日

上午去看手，回阿瑞里午膳。与壬儿去中苏友好馆看技术革新预展（一时到七时）看四小时，机械、纺织、农艺三部，余尚在布置。与湘、蘩谈谈。十一时寝。

三月九日

早上乘十时五十二分车回杭。蘩送我上车。并给我买来点心。距开车尚有半小时，我要她先回去。到杭后，开好旅馆。吃过点心，去元宝街看小伟。很不凑巧，他正乘十时四十四分快车由他娘娘陪往沪。要澂给他检查。我和铁八谈了一回。我回来去培弟姊坐了一回，吃晚饭到介亮处，他们夫妇均未回来，雨果雪果已入睡乡。我要她们起来谈了谈。我回来到子青处谈了谈，回客栈十时三十分，十一时寝。

三月十日

上午去武林门购票，到湖滨官巷口去走了一转。乘二时三十分车回来。车站遇徐月娥大嫂偕双生子从西安回来。因水土不服云。长育给我去车站拿行李，口头向芦经理、葛主任续假。十时寝。当晚打针。

三月十一日

看医生打证明续假。写致平先生信。理发。晒被。晚十时寝。

三月十二日

上午核往沪账。下午午睡二小时去医院打针。去联合诊所看徐水生，说他在家中。因我左眼有时发现黑丝，右脚中指无名指麻木未愈。他给我打了针，四时三十分回来。胡秋生同志说罗阿苟（十好食堂）介绍北京来的余、吴二同志来了解情况。我晚饭后（五时）即去新登旅馆，谈了一个小时回来。到二部去拿了书报翻阅。九时三十分寝。

三月十三日

上午做了些整理工作。十时芦经理通知，最好下午把楼上迁出给炊事员睡。楼下可暂不搬。东西放不下可放在门外一间。我即去与梅冰接洽，要长育中午回来协助，是否能请半天假。他利用中午休息给我做到下午一时。荷炊事员三人协助我一小时，和贤做到一时前总算把搬的工作搞好。我午睡一小时去院看手。四时半回来。长育再给我做一小时把帐子挂好。我略看书报。九时半寝。

三月十四日

上午写沅信。又写了三张申请，放弃（棉布、酿造、电厂）。午睡二小时看医生打针。贤今晚六时三雨具发回。我九时三十分寝。

三月十五日

上午整理账目，下午和贤布置房间。三时我去看医。四时继续整理。他去授课、晚餐。晚听许局长报告（七时到九时）今日未午睡。我九时三十分寝。针今日打完。晚吃面包。

三月十六日

上午做整理工作。下午去看医。浸药水今日用完。明日起可隔日检查云。今晚吃面条。晚听银行某同志报告。八时三十分回。我九时三十分寝。昨晚贤看电影《春水长流》。

三月十七日

上午补记日记。看《解放军文艺》。傍晚长育来协助搁东西。工作约三刻钟。晚九时三十分寝。

三月十八日

上午去银行储蓄部医院。晚去二部守门，让周同志来参加学习（七时到九时三十分）。十时寝。下午小兰来，送来鸡蛋十枚。

三月十九日

今晨六时三十分起床，去二部。晚九时回来。贤回宿家中。今日老花镜落地，鼻架断。

三月二十日

人俊兄今日来过。傍晚我要小山嫂带去敦寄来参精。十时三十分寝。

三月二十一日

贤下午在家中搁沉很久。吃晚饭我催他。今

晚他早寝，我九时三十分寝。

三月二十二日

贤下午发痴，睡后较好云。我九时三十分寝。

三月二十三日

贤今日愈好去校。我十时四十五分寝。

三月二十四日

贤中午傍晚均回来。我十时寝。

三月二十五日

贤云梅冰于昨日又举一男云（上午十时左右）。我十一时三十分寝。

三月二十六日

接玄来信，知他工作分配在浙江，离家较近，是对生活莫大的照顾。贤考时事得四分云。我十二时寝。

三月二十七日

我去开，忘记将房门锁匙交出。再回来交给芦经理（值夜守门）免他没睏（困）处，不使他失望。看毛主席七游长江，他老人家锻炼确是注意，敬他能有这样的好体格。我十二时寝。

三月二十八日

今日荷仲二给我换来眼镜脚。买来藕节灌糯米饭，托朱家代蒸熟，分食。十一时寝。

三月二十九日

贤今日星期天在家。晚去夜自修。我十一时寝。天雨。

三月三十日

玉林今日来。我晚写信。十二时一刻寝。沅儿今日寄来维生素给我吃。

三月三十一日

贤九时回来。我十一时寝。

四月一日

天雨。贤今日在商业食堂吃（校内不能搭火）。我十一时一刻寝。

四月二日

长育送来清明粿分食。贤今晚回来较早，八时二十分。天雨。我十时三十分寝。今日副食品上午售糕饼很多。

四月三日

天雨。我十一时一刻寝。

四月四日

接凤弟来信，知要我带信给桂花，要她来接一下。贤去看电影。我十一时一刻上床。

四月五日

桂花很早就来（七点半）。要她和贤去接。九时十五分凤弟来。贤没有来。九时半凤弟和桂花去大姊坟上和父母坟上。在桂花处午膳。我没有去。她一时十分来，乘二时零七分车返杭。我要长育去买汽车票，车误点二时四十五分开。我九时三分寝。

四月六日

贤今晚校中演党员登记表（桐庐剧团演）十一时回来。我们写大字报至十二时寝。贤校中今日起有午睡，但他没睏。

四月七日

贤今日午睡时间已到，我叫醒他。我十一时一刻寝。

四月八日

贤今日午睡过十分。我因做营业没有看钟，没有叫他。晚他去看电影《红霞》。十二时回，我即寝。

四月九日

贤说今日广播操比赛。

四月十日

晚雨。贤今日没有午睡。说要政治测验云。我十二时寝。

四月十一日

贤今日在校参加防洪。上午在过岸滩，中午云校午睡，没有吃中饭。晚早归看新观察。葛家中做清明粿，送来给我们吃。十时寝。上午七时水涨。傍晚水退。

四月十二日

贤上午云校上课。下午回家。乘龙要邀他去文化馆。五时回来。我十一时寝。

四月十三日

我今日去徐水生处打针，已谢他报酬。晚锁匙（钥匙）忘记交出。我九时十分送来，贤已在等着我。十一时寝。

四月十四日

贤今日中午没有休息，据云去拾猪饲料。我

十一时一刻寝。

四月十五日

今日想洗帐子。因天雨未拿去。到十时转晴。贤今晚说腹痛，八时二十请假回来。我写信至十一时三十分寝。

四月十六日

今日把帐子二顶去洗。十二时寝。

四月十七日

贤今晚九时二十分回来。我十一时三十分寝。

四月十八日

贤看电影《永不消逝的电波》。九时三十分散。我十一时寝。

四月十九日

今日贤上午去校，预备运动会。下午在家做清洁工作。给我挂好帐子（他自动的）。我十一时寝。

四月二十日

脸上生了一个热疥，有小脓头。贤今日又将锁匙拿去未交出。我十一时寝。

四月二十一日

贤中午吃饭没有回来，没有午睡。据说队开会云。晚十一时寝。

四月二十二日

傍晚贤说要云石门采茶协助茶农，为期一星期。为他准备。晚来说领导说功课为重，不去。我十一时十五分寝。

四月二十三日

晚十二时寝。

四月二十四日

晚十一时寝。

四月二十五日

贤说中午刻腊纸未午睡。下午上课云。晚自修九时来。我十二时三十分寝。

四月二十六日

贤上午去校劳动。下午要他做的工作没有全部做了。我十二时三十分寝。

四月二十七日

我钥匙忘记交出，贤自来拿。我一时一刻寝。

四月二十八日

贤今晨比较早去。他要我叫说是要学歌。中午不休息。我在一时一刻寝。

四月二十九日

贤日来中午不休息，据云刻腊纸、唱歌云。十一时三刻寝。

四月三十日

乘龙今晚十一时回来说贤有校中练歌不回来。

五月一日

今晨贤来说去石门慰劳一天往返约须（需）一百里云。今晚未回。今日食堂中午吃黄鱼，晚吃咸菜。炒牛肉过五一佳节。

五月二日

贤上午去校上课。下午去校。晚看电影《地下尖兵》。我十二时寝。

五月三日

贤在家。我要搞清洁。他上午在一部，中午去袁雷民处，到三时半才回来。我知他睡在楼上，到六是（时）才起来吃晚饭。我晚十二时寝。

五月四日

要贤去修钢笔。晚十一时立刻寝。贤鼻出血。

五月五日

今天食堂有红烧肉。我因去迟未买到。晚十二时寝。

五月六日

今天九时回来。我九时三十分寝。

五月七日

贤儿日来不午睡。我十时半上楼。

五月八日

上午看医后上楼休息。即大部分时间睡眠（韩医生处方）。穿衣觉畏寒，入被又发热。中、晚饭由贤去买。批准假期三天。

五月九日

服原方，大部分时间睡眠。余同。

五月十日

上午同，下午三时三十分起床去造旬报。到晚上九时三十分毕上楼。

五月十一日

上午照常工作。因热未退，葛主任要我去看医生（颈部发出红块，小便赤），昨日药已煎，不吃。开另方，续假三天。

五月十二日

今一早去看韩医生。我问他是否要在患处敷药。他说你去看外科。好的，我去林医生处，他说不是游丹，别配了西药(故药虽配好，尚未煎中药)。得澂儿来信，知藼因病曾去他处休养，由她配药。因她常挂念小孩，又只得回阿瑞里。

五月十三日

今日去看，验血，说可能游丹，打青霉素。上、下午均休息各二小时。晚写致澂信。晚九时寝。贤去看电影。

五月十四日

今日继续请假去看林医生。他正要出门，拉回看了。正巧配药的那位同志服务态度不够，我去退药，问他昨天林医生要我不要吃是这药吗?他说这什么药，我不晓得。我说你这样讲不对的。他说只值六分钱。我说并不是为钱的多少问题，是为了免得浪费。等我付钱后，向他领药，我说药为大众利益，公共利益，不退妥当，你还我，他说已去除了。

葛金泉同志主动给我向食堂接洽烧面，这是他对病人的关心。王龙虎炊事为我将面拿去交给谢松平司时，他很主动说我来烧木，大伯他主动给我把中午的冷面热热。

今天早上吃豆浆，中晚吃的面，胃口比较好些。今日面部[斑点]亦较[前]退了，右耳尚热，发痒痛。

五月十五日

今日中午、晚饭同贤分吃面。十时寝。日看《难忘的行程》。

五月十六日

今日上午去医院，林医生说服地下仁。上午写算账，交代检举等。下午休息后理去年一部冬季布票。至晚九时封好完毕。九时三十分寝。

五月十七日

贤今日照常上课。我上午写了七张大字报。下午休息。将玄来信即复。晚饭时要长育和贤去搬了书厨和衣厨。晚看解放军三十年征文。九时三十分寝。

五月十八日

今日医院看西医。韩医生今日去分水。我本来想他诊一下。晚九时三十分寝。

五月十九日

贤今日说准备写信爵。我十时寝。贤课后去看麒麟杂技团，十时回来。

五月二十日

今日洗被。今日老应给我去将上次做格漏多的半张铅皮去做只箱。我十一时寝。贤九时回来。

五月二十一日

贤下午二时回来说三时半出发去深浦抢收，为时三天。天雨转寒。我十一时一刻寝。关妹来即去。

五月二十二日

今晚写了三封信。十时四十分上楼，十一时寝。

五月二十三日

贤未回。我写信，十二时寝。

五月二十四日

贤晚八时到家，人似很乏力。雷民来说同学他们贴他大字报，说他三丰收。我十时三十分寝。

五月二十五日

贤上午在楼上，下午去校，晚早寝。我十一时寝。今日吃八宝饭。

五月二十六日

今日贤校中第二放假。我要他写信给爵和做功课。他在八时去袁雷民处，到十时半才回来，晚早寝。我看报，十时三刻寝。

五月二十七日

要贤写信，他上午说不兴写了，去校。下午仍校。他寄出爵与玄信。我看《新观察》。十一时寝。今晚有电影《宋景诗》。

五月二十八日

贤今日吃中饭没有来转。我对他说了。晚上楼看报。十时一刻寝。

五月二十九日

我在傍晚给贤看《浙江日报》好学生一则。他晚上没有回来，由乘龙带来口信说准备“六一”，今晚住在校里不回来。我十时三十分寝。葛家中来叫他回家去。

五月三十日

晚写庚、湘信。贤九时回来。我十一时寝。

五月三十一日

贤去看电影《三毛学生意》。我一时三十分寝。

六月一日

早起在楼上工作。六时十五分下楼。晚十时三刻寝。

六月二日

贤今日中午回家休息。我十一时寝。

六月三日

贤今日晚饭没有来转。我看报，十一时寝。

六月四日

接澂来电，报告振家（蘩）病重。我请假乘十二时车去杭。贤不及话别，我留条嘱咐。乘六时去沪，九时三十分到［壬］儿寓。适壬儿因局务回来。我十一时三十分寝。

六月五日

澂儿晚七时三十分来。我上午去上海配眼镜架。

六月六日

壬儿晚十时回。

六月七日

下午四时，澂与静铮来晚饭共话。

六月九日

我写挂号信续假五天。澂晚七时三十分来。

六月十日

壬儿晚归。

六月十一日

下午去上海（四时去，七时五十分回）。

六月十二日

发函致贤告归期。

六月十三日

壬儿下午五时半回家。澂七时三十分来。

六月十四日

我和振家（蘩）乘七时五十六分快车来杭。由壬儿陪上车，乘下午二时三十分汽车返新。到新，长辅和贤在车站迎接。晚宿二部楼上。

六月十五日

振家（蘩）吃泻药，请韩尔中看吃中药。下午热，晚雨转凉。十时三十分寝。

六月十六日

我今日照常工作。晚十一时寝。

六月十七日

晚十一时一刻寝。

六月十八日

蘩今日要韩医生复方。晚十一时寝。

六月十九日

今日把帐门换了。晚十一时寝。

六月二十日

我十一时一刻寝。

六月二十一日

我十一时一刻寝。蘩今日停中药。

六月二十二日

蘩今日药仍停。我十一时一刻寝。

六月二十三日

蘩今日仍请韩复方，要服五帖药。我十时三刻寝。

六月二十四日

我十一时一刻寝。

六月二十五日

我十一时一刻寝。求真今日路过去富再回分水云。

六月二十六日

蘩云城河边坐，避烟气（薰除“四害”）。我十一时一刻寝。

六月二十七日

贤晚自修未去，在家自学。我十一时一刻寝。

六月二十八日

十一时三十分寝。

六月二十九日

玄儿下午三时到。贤今日劳动，拉砖云。我十一时寝。

六月三十日

贤说肥皂一块去洗冷水浴流去。我和玄儿谈

谈。十二时寝。

七月一日

今日要玄儿晒衣和写信，致他哥姊等告我去沪，妈已回家休养。我十一时三十分寝。

七月二日

今日和朱说，昨芦接洽事，他说得很好，同意我们住。晚十二时寝。

七月三日

今日木匠说来移板壁没有来。十二时寝。

七月四日

今晚二位木匠来隔板壁（七至十时）作一工。十二时寝。

七月五日

玄今日把楼下用旧报纸糊上。我十一时三十分寝。

七月六日

玄今日去一部内整理家中什物。我晚十二时寝。

七月七日

玄今日去一部整理家中什物。我晚十二时寝。

七月八日

玄今日仍做清洁工作。我晚上十二时寝。

七月九日

今日在楼下由玄布置的休息室午膳。愉快地聚了一次餐。晚十二时上楼，一时寝。

七月十日

玄儿今晨去，我送他至车站，五分钟即开车（六时三十分）。贤今日考毕。晚一时一刻寝。

七月十一日

贤今日上午去劳动拉砖头云。下午同。我十二时寝。

七月十二日

贤今日放假。明日开始集体温课。今晚开始云。我十一时三十分寝。

七月十三日

贤今日开始温课。我十二时上楼，十二时一刻寝。

七月十四日

贤今晚去看电影。十二时三十分寝。

七月十五日

宏庆木匠今日来给我修厨改柜。我已叫了他半年了（去年九月十六日）。承他念老交情在百忙中抽空来给我们做。我十二时三十分寝。

七月十六日

贤对功课太不努力了。我十一时三刻寝。

七月十七日

上午阴寒，中午日出转热。贤汗衫由沪寄来。十二时寝。

七月十八日

晚写敦、澂、湘信。守门十一时四十分上楼，十二时三十分寝。

七月十九日

贤说钢笔失去。我十一时寝。

七月二十日

贤今晚去看电影《梁山伯与祝英台》。闹钟短针不正要修，钟整理说不要收费。

七月二十一日

我一时寝。

七月二十二日

我今晚回楼上寝。

七月二十三日

贤在家中自学。澂给蘩安眠药寄到。我十二时寝。

七月二十四日

看报写信。十一时三十分寝。

七月二十五日

周立亨下午一时来，二时去窄溪下港。壬儿要他带来搪瓷盆和食物。贤明日去桐庐投考。

七月二十六日

贤儿今日四时三十分起床，去桐庐投考。晚写信，十二时寝。

七月二十七日

今日［蘩］再请韩尔中诊，开方又服药。我十二时寝。

七月二十八日

今日天闷欲风，深夜转凉，不知是否其他地区已下雨。十一时三十分寝。

七月二十九日

写信。十二时十五分寝。

七月三十日

贤儿上午五时半回来。昨晚宿校中，因去桐庐考试回来，汽车抛锚，由同开汽车到新后去接到校，据云已十时三十分。十二时寝。

七月三十一日

今日冬梅来，当日贤云溪浴，将大雨急归。我宿楼下。

八月一日

我要贤自觉抓紧学习。今晚食堂牛肉炒冬菜。写信。十二时寝。

八月二日

今晚我宿店室中。十二时电熄寝。晚饭后去理发。

八月三日

今晚上楼睡觉十二时寝。

八月四日

看报。十一时三刻寝。

八月五日

看报。十时一刻寝。

八月六日

成绩已分晓。贤的尚未到。我十一时三十分寝。

八月七日

今晨请韩医师复诊振家（爇）。我十二时寝。

八月八日

爵儿下午八时从上海回来。我十一时三十分寝。贤宿楼下。

八月九日

今日四时即醒。振家（爇）和我谈。五时起床。晚十二时寝。

八月十日

希望振家（爇）出去走走，她没有同意。舅母今日来看她病。我十一时三刻寝。

八月十一日

舅母送来鸡肉。九香来看振家（爇）。我十一时寝。

八月十二日

我今晚因吴回家，我宿楼下。十二时寝。

八月十四日

晚和爵谈谈，至十二时二十分寝。

八月十五日

今日在家休息。上午小兰来。下午、傍晚关妹来。晚与爵谈谈，十二时寝。

八月十六日

爵今日乘六时三十分汽车去杭（车误点，迟一小时云），明日返沪。我十二时寝（写信给澂、沅、湘）贤儿上午级任老师找他去谈话。

八月十七日

要贤和雷民谈谈。下午六时去理发。十二时一刻寝。

八月十八日

贤去看电影《平原游击队》十时散。我十二时三十分寝。

八月十九日

天闷。晚看《新观察》。十一时一刻寝。

八月二十日

天热（秋老虎）。晚十一时一刻寝。

八月二十一日

贤去看电影《群英会》。我十一时三刻寝。

八月二十二日

贤通知来，高中未取。看《新观察》。我十一时寝。

八月二十三日

湘来信说今日回来，到杭乘五时三十分车来新。因到青云桥抛锚，到十时才派小车去修。十二时一刻才到家。由贤去车站等候。我去看两趟。一时寝。

八月二十四日

晚十一时三十分寝。

八月二十五日

今日苏联参观团来参观。听说参观幼儿班、敬老院、机械厂等，后日回杭。今日［新登］人民大会堂开幕。义乌婺剧团演出《打金枝》。贤和湘去看。十一时一刻散。我洗浴，十二时寝。

八月二十六日

湘去吴某家。爵儿来函。十二时寝。

八月二十七日

湘明日回沪。我今晚工作毕九时。到十时四人谈了一小时闲天，共吃白梨。我十一时三十分寝。

八月二十八日

湘今日上午六时三十分离新返沪。关妹送来鸡，方亲娘送来苋菜梗。长育嫂也送来食物。

八月二十九日

下午雨。防飓风。宿楼下。

八月三十日

一时寝。

八月三十一日

湘、爵信来。天微雨，水略涨。气象台报告风向江西云。我十一时三十分寝。

九月一日

贤晚上去看电影。今天在大会堂放映。九时半散。看报。十一时寝。

九月二日

今晨袁仁山来，给振家治痢。傍晚孙才宏来，知他现在行医要他拟方。我十二时一刻寝。

九月三日

才宏今晨来（昨宿酿造厂竹和子处）。中午小兰来。我十一时三刻寝。

九月四日

贤今日下午云参加工会，知误传是食堂及居民开会云。晚十一时三刻寝。晚雨添凉。

九月五日

今日吃力鲞。十二时三十分寝。

九月六日

今晚贤有看电影《英雄虎胆》十时散。我十一时回。十二时寝。二时起来。

九月七日

昨晚通宵未睡。今晚宿楼下。

九月八日

接庚、澂来函。十二时一刻寝。

九月九日

孙才宏今日下午四时来给振家复方，留他晚饭。他宿酿造厂儿子处。我十二时一刻寝。

九月十日

午睡。下午四至五时。晚一时三十分寝。

九月十一日

今日九香来邀振家到她云住了。我十二时寝。看报。（今日中午我们吃饭乘浪将扶梯压门倒下，吃晚饭他从楼上滚下来，我急忙将他抱住，没有落地。我转身忙了，将眼镜抛出袋口。）

九月十二日

今晚吴、周去开会，我卷布，要贤下楼。八至九时，我和他谈了些他今后的思想和学习。十二时一刻寝。

九月十三日

晚写信。十二时寝。

九月十四日

晚宿楼下。写信五封。

九月十五日

无将嫂给我们煮藕，味美，给吴师母拿去。十二时寝。看报。（全运、北京车站）

九月十六日

工作毕写梅国成信。十一时三刻寝。

九月十七日

求真来。送来米馃，芝蔴馃。采娥来拔牙齿。于渭良女来，送她去杭，明日去北京云。

九月十八日

求真今日上午回去。今日傍晚遇蒋其由，要他给振家拟方。我宿楼下。贤《青年报》今日开始。

九月十九日

贤晚去看电影。苏联神话片《萨达阔》。

九月二十日

小兰来看振家。长育嫂亦来。

九月二十一日

振家翻丝棉衣，已能小操作。

九月二十二日

下午暴雨。我看报。十二时寝。

九月二十三日

同贤谈了三十分钟（七时二十分至五十分）。

九月二十四日

接湘来信，并寄来粮票。我十二时三十分寝。

九月二十五日

接沅来信。晚十二时三十分寝。

九月二十六日

十二时一刻寝。

九月二十七日

接沙山嫂来看振家。她去潭山头。我十二时一刻寝。

九月二十八日

贤去看电影。

九月二十九日

上午十时接到通知去石门湘溪供销社工作。调周梅根出来。

十月二十五日

中午十二时三十分，梅根到，我二时出来，六时三十分到店。

十月二十六日

十一时寝。

十月二十七日

和贤儿谈，吃食衣着学习一小时半。十一时三十分寝。

十月二十八日

晚写信劝振家（即虆祁）。

十月二十九日

贤今日起早去说给化工厂做汽车路，挑土方。去后不久来说没有和领导接洽，明日再去云。

十月三十日

贤今日六时起床去，中午来发瘫。下午去医院，由西内科开方服药。泻二次，说已清楚云。

十月三十一日

今晨开排门。老葛将热水瓶放在桌角上，我没有顾到后面，打碎了。配瓶胆没有，买了一把［新的热水瓶］赔给企业。晚宿楼下。今日番薯在茧灶烘（食堂的）。

十一月一日

贤今晚我要他去协助搞番薯丝干。九时回来。我看报，十一时三十分寝。

十一月二日

贤今日上午晚上去协助刨番薯丝。晚虆腹痛吐。我十二时寝。

十一月三日

铁萍来。贤晚去看电影《海阔天空》。我看报。十一时三十分寝。

十一月四日

要贤把水缸挑满。我十二起寝。

十一月五日

吴平甫来数次。要我代他填表。我因没时间要贤给他写。贤不能给他填。我到会散晚十时去问他给他填，知他已请人代填。他开会亦适到家云。我们隔门问了一声。我即返。十一时寝。

十一月六日

要贤把房中做清洁工作。我十二时寝。

十一月七日

虆去长育家车衣服。我十一时三十分寝。

十一月八日

小兰来，竹娥来看虆。我十二时三十分寝。今日晚饭后去理发。

十一月九日

阿香来看振家（虆）。十二时寝。要虆吃莲子。我宿楼下。

十一月十日

今日天转寒戴帽。

十一月十一日

今日给涛买背心。

十一月十二日

今日给涛买民兵帽。贤去看杭州木偶剧。

十一月十三日

今晚我写信给敦、沅。

十一月十四日

贤去看电影《长江舰起义》。虆洗圆蚊帐。

十一月十五日

服青果、萝卜。

十一月十六日

沅寄来布鞋给贤穿。敦寄来肉松。我十一时寝。

十一月十七日

今日杭州动物园来新展览，又有淳安越剧团，又有电影云。我十二时寝。

十一月十八日

今日傍晚林荣送鸡来给虆吃。贤喉痛。周给我吃豆芽。我十二时寝。

十一月十九日

贤今日把水缸边施石灰，防沿油(蜒蚰)。我十二时一刻寝。我想去看展览馆。今日在整理内部，没有开放。动物园去看了一看，来回二十五分钟。

十一月二十日

关荣晚上八时来看振家(蘩)，九时去吃半夜餐。十时半来，我要他写字。我十二时寝。

十一月二十一日

看报。十二时寝。

十一月二十二日

要贤剥莲子。三人只剥得很少。

十一月二十三日

今要贤给店里做些剪字贴字、厨窗宣传工作。我宿店中。

十一月二十四日

今日天气转寒。梅冰脚痛疯。我叫她吃药。

十一月二十五日

今晚七时到八时又和贤谈一小时。

十一月二十六日

振家给我的放长衣袖。

十一月二十七日

振家给我炖补胶。到一部楼上拿东西。日来她睡眠比较好。

十一月二十八日

冬梅来，桂花来，关妹来。贤晚上又发癍。

十一月二十九日

关妹去。

十一月三十日

我吃面。有味。十二时三十分寝。

十二月一日

吃关妹送来粽子一只。晚雨。上午热。十二时一刻寝。

十二月二日

贤晚八时去看电影。十时回来。要他协助划布。

十二月三日

今日袁雷民休息。我要贤和他谈谈。我十二时三十分寝。

十二月四日

冬梅做来鞋底一双。今晚雷民叫贤去谈谈。我二时寝。

十二月五日

贤晚七至九时去看电影《万水千山》。今晚放二场云，运输段包场。我一时寝。

十二月六日

叫贤划布。方亲娘来看蘩。我宿楼下。

十二月七日

贤去看电影，十时多回来。十二时雨转寒。下午李桂英来买布。昨晚在永昌开会云。腹痛，请袁仁山开方服药。

十二月八日

今日振家(蘩)给我修大棉袄袖子。今日再服一帖药。

十二月九日

晨早起写致韩尔中函。

十二月十日

今日去湘、澂函。贤去协助居民工作。

十二月十一日

贤去居民会协助工作。

十二月十二日

蘩准备明日去，由贤儿陪往。

十二月十三日

今晨提早起床，我去站送她。车迟十二分钟开。今晚我继续宿楼下。

十二月十四日

雪元到松溪要绿化，来借碗。

十二月十五日

小兰来。蘩到沪信来。

十二月十六日

贤报转寄沪给她看。

十二月十七日

打报告去给蘩报销已返沪。新布票发下。

十二月十八日

敦来信，到北京。我写回信附寄蘩。

十二月十九日

晚神疲。十二时三十分寝。报告派出所蘩已

去沪。

十二月二十日

今日开始吃牛乳。

十二月二十一日

叫长育嫂，问她是否要买布。据说有家向她交换了不买。

十二月二十二日

今日冬至。得桂香来信说要来。

十二月二十三日

日来每晚吃老酒五分。今日牛乳没有送来。

十二月二十四日

今日牛乳又没有送来。

十二月二十五日

今日牛乳送来。

十二月二十六日

接爵、庚来信，知庚已在汽车修配厂学习。爵将放寒假。

十二月二十七日

接贤来信说：“妈要回新登”。我去信安慰。要贤耐心劝解。要壬等在元旦和春节对贤来一个指导。

十二月二十八日

今天困。早饭开后想吃，因忙没有吃。大便也在中饭后解。今日更衣。这次的衣服穿得日子最久。

十二月二十九日

小兰来买布。

十二月三十日

贤来信，说他将回来。

十二月三十一日

看报。十二时寝。

一九六〇年（家中日记）

一月一日

今日接到万、爵来信，拜年片。

一月二日

中午吃馒头（因饭没有了）。

一月三日

贤下午五时十五分到，我正在吃晚饭，我后去理发，同贤去洗浴。

一月四日

贤自洗衣服。

一月六日

吃敦儿寄来杏仁酿香口。

一月七日

徐栖云嫂给我黄蜡。我晚上用菜油涂擦开裂处，不知是否有效。

一月八日

今天我要贤把白斜文［布］落水。

一月九日

贤今晚同进德一同去拆马路、劳动，十时三刻回来。

一月十日

贤小孩要说讹，不诚实，我非常不安。玉芝来买布，知姑夫有病，去电报，要她回来（桐庐）。

一月十一日

贤今晚又去劳动。我们排门上了，亦去。

一月十二日

贤换石灰筒，他今晚在食堂搞土自来水。

一月十三日

食鱼（松平司休息，在六渚，得知窄溪放大网，他去买来［潮鱼］）。

一月十四日

孙师母送来鸡，我写信，一时三十分寝。

一月十五日

今晚和贤谈一小时，写信，看报，一时寝。

一月十六日

贤晚上去劳动，我写信一封。今日牛乳漏送。

一月十七日

今日牛乳吃二瓶，孙师母在此吃中饭，要贤送她上汽车。

一月十八日

要贤做室内清洁工作。晚十一时下雨。

一月十九日

长久没吃青菜，今日老周炒来青菜，给我半碗吃，吃味美。

一月二十日

贤晚饭后不在家。据说在袁雷民处，九时回来。

一月二十一日

天转热，雨。今日是全县青年妇女积极分子大会在新召开。桐庐越剧团来开演。

一月二十二日

今日转寒，飞雪。

一月二十三日

今日去领中纺定息和去存，给工商联互助储。全晚飞雪。

一月二十四日

今日去提储蓄款，买毛线。贤在批发部协助卖袜子。

一月二十五日

今日听陈绍松嫂嫂说她也犯过同帆（蘩）一样

病，由叶心春诊治，服药，用了三四百元。据说是多口多思虑关系，的确，我拟抽时间去和她谈谈。今日她又去协助，我告诉她要小心，要注意，要负责，要认真。

一月二十六日

今日银行来通知，二十四日送款弄错了。我以后要注意。贤今晚也和同学们去参加联欢晚会。

一月二十七日

贤在食堂附膳，也可买菜二只。今日小兰送粽子、鸡肉、粟米糖来。

一月二十八日

今日春节。今日贤儿同小柴、仲二去除“四害”，打麻雀，上、下午都去参加。

一月二十九日

我和长青、贤有三人去父母、祖父母、姊丈、姊坟上转了一回。上午九时去，下午三时回来。朴真来（求真弟），晚我陪朴真去大会场看桐庐剧团演《大堂会》。因上午托维堃兄去定，我得6排10、12位子，这戏票是让给他看的，要贤明日去看。

一月三十日

铁萍来，朴真去。贤今晚和袁雷明同去看桐庐越剧团演《双狮图》，十时三十分散。

一月三十一日

贤今日又去接爵，晚九时三十分归来，仍未来。周文祺委人来问爵有否到，今晨我去看镜侬。

二月一日

林荣、一椿来，长辅今晨送富阳年糕来，晚叫贤到镇开会。傍晚我去看镜侬，说今晨已返富。

二月二日

爵儿下午六时到，我叫他去食堂吃面。一椿、贤、爵三人去看电影，据爵说是乘今晨三时火车来杭云。

二月三日

铁萍、一椿在此午膳，我在晚上7—8时和爵、贤二儿作一小时谈话，要爵帮助贤订计划，定学习时间。

二月四日

今日食堂有肉（自养猪，因病）。晚7—9时，我与爵、贤谈。九时三十分—十时五十分，与爵谈，我十二时寝。

二月五日

今晨五时三十分起床，爵乘七时车去杭，贤送他上车。晚算账，我十一时三十分寝。贤去看电影。

二月六日

贤学习不够抓紧。

二月七日

我腰微痛，今晚十时三十分早寝。

二月八日

铁萍上午八时回去。

二月九日

中午，我要贤换店里太平水缸，乘龙来，协助挑水。

二月十日

我和雷民说电灯因煤油没有，要贤学习，他很快的向电厂借来花线，装上临时灯，在大表外接线，电费直接缴电厂（25支光今晚，我家第一晚有电灯，解放后）。

二月十一日

贤今日准备明晨要去杭投考。

二月十二日

贤与乘龙今晨乘七时车去杭投考，铁萍回茹口乡政府盖印。

二月十三日

铁萍今晨去杭，贤、爵今晚来信。

二月十四日

看报，学习沈凤英责任感。今晚有小雨，我把天井中商品搬去。

二月十五日

贤和铁萍下午六时到，知没有考，是招业余新生，不留膳宿，非住杭州不可，只有要他努力再等机位。小兰送茶叶蛋来。

二月十六日

铁萍今晨回去，贤下午协助朱搬家。

二月十七日

今晚我宿家中。

二月二十一日

今日贤发斑，铁萍来，因他胃口不佳，晚餐我和他吃面。

二月二十四日

贤出鼻血，今日此楼梯退进，我十二时一刻寝。

二月二十五日

今晚贤一人宿，我来店寝。

二月二十六日

我今晚仍宿店中，家中贤一人寝。我十时去看他一次，他醒来。他今日吃马兰根、红枣，今日牛乳未来。

二月二十七日

晚我看贤不在，灯泡给泥水借去，一椿来宿乃父处。

二月二十八日

一椿今日回去。天雨。

三月二日

晚九时我去，贤不在，说去看同学，自杭报名回来，去考艺专。

三月三日

晚九时三十分去，他正上床云。

三月四日

晚去，贤不在家。十一时再去，他已入睡。

三月五日

晚，微雨。一椿来宿乃父处。

三月六日

下午二时，接亮来信，贤乘四时车去杭投考。

三月七日

乘龙来问贤有无信来，和俊生女一同来。

三月八日

贤来信，含糊不知能参加考试否?

三月九日

晚归来，知订牌价工作在此工作。我一时寝。

三月十日

今日中午得敦儿来函。在工作，营业争分夺秒，为旬报准备。到晚饭后才拆看[来函]，欣悉宗森已产一男。我在一时后复信给敦儿，我二时寝。

三月十一日

今日得贤儿来函，知已报名，在十日笔试，今日郎印说爵已好转，自知要学习。

三月十二日

贤吃晚饭的时光到家，晚去看桐庐越剧团，我十二时寝，宿家中。

三月十三日

晚归来，贤未来。十一时来，据说在协助小柴工作。我规劝他学习要抓紧，有学习机会，不珍惜时间，责任自负。我十二时寝。

三月十四日

中午得新中招春季新生，我回家通知贤，他不在，留条要他回来即来。下午三时来，我要他从速准备去考，我十二时寝。

三月十五日

要贤通知铁萍，他傍晚到。看报，一时寝。

三月十六日

铁萍下午回家，棉被来还。关荣弟二子二女来加考学校，听说二子考取桐庐剧团。我十一时回来，看广东英德县马口造纸厂失火，公安干部英勇抢救，献出生命的壮烈事迹。十二时一刻寝。

三月十七日

关荣的女儿来借伞，我看马□事件，新人新事给我新的启发，我应向他学习崇高风格，我十二时寝。

三月十八日

关荣女儿伞来还，晚雨，十二时三刻寝。下午一时，仙花的弟弟陪他哥哥来(他在富阳太平供销部工作，来采购)，仙花的弟弟说他哥哥很感激我们收容仙花云。因我正在工作，忙，没有多谈天。

三月十九日

我要贤信给介亮和乃妈，我十二时三十分寝。今日接玄来信，知在湖州集训。

三月二十日

昌岭去买炒米，今日带来。早上寄信介亮，问他贤有否取，烦他代询。

三月二十一日

催贤衣，叫洗衣者，说上衣短袄要他交倪去裁做，今晚工商联分来戏票，我交给他去看。我因要技术革新做模型，看报，十二时三十分寝。

三月二十二日

看报。十二时三十分寝。

三月二十三日

看报。十二时二十分寝。晚间，木匠锯木声，还在工作，泥水击砖声。

三月二十四日

晚，写信二封，十二时寝。

三月二十六日

今日我买了一本汉语拼音，我要把普通话学会，十二时寝。

三月二十七日

今晨我把桌凳抹了，做了几分钟清洁工作，晚十一时寝，早息。

三月二十八日

今日我、贤想谈话，他等我回，正将上床，我对他说，明日再谈。我就写了一封信，一点十五分寝，贤说长育哥来说，梅冰病了，没奶。

三月二十九日

看报。十一时三十分寝。

三月三十日

小兰送鲫鱼来，今日叫贤来同吃。今天，因食堂增加一百余代表附膳，我们提早半小时先吃。晚十二时三十分寝。

三月三十一日

阿钦送来青米粿，看报，十二时三十分寝。

四月一日

求真送青米粿来，他去富阳，据他说，年已二十岁，还只有十三四岁的长。写爵信，十二时四十分寝。

四月二日

要去叫祥仂嫂洗被子，做好准备。我十二时三十分寝。

四月三日

今日叫贤把脚厨上加锁。十二时我去转过。

四月四日

小兰来还棉被，制就鞋底一双，求真富来，当日回去，我十二时寝。

四月五日

长育嫂来，生奶疽，要屠山去医。我同意她去叫，说乘龙也去。我要贤去联系，俾路上有照顾。贤晚去看电影《十三陵水库》，我宿店中值夜。

四月六日

小兰送菜来给我吃（笋鸡肉），爵儿寄来《古文观止》，他能关心我学习很好，可是不是文言白话对照，和上次贤给我买《唐诗三百首》一样情况。

四月七日

贤今日中午饭没有来吃，到傍晚才来吃晚饭。我问他在哪里，他说同雷明在畜牧场装灯云，今晨吃铁萍拿来青粿。

四月八日

贤，我叫他今日不要[去玩]，应自学，他先说喔。中饭没有来，到吃晚饭才回来。

四月九日

贤今日又去畜牧场，中午不回来。

四月十日

今日午后得杭来通知，知贤儿录取在中央农垦部办学，十三日前报到，今日下午已去信报到。今晚我写二信，一致壬儿，一致介亮，要贤也附函，我一时三十分寝。

四月十一日

我上午请了一些时间假，陪贤儿去改衣、织毛衣、买袜等。晚十二时一刻寝。

四月十二日

贤今晚去看电影，我十二时一刻寝。

四月十三日

晚拟对贤儿临别赠言，十二时寝。

四月十四日

我看贤考取学校介绍。

四月十五日

贤儿明日要去新学习，我协助整理行装，十二时寝。

四月十六日

贤今晨我与他乘六时三十分早车去杭，因抛锚，一时才到杭。中午饭已吃过，到二时贤即去听报告，我到三时用粮票买到一斤年糕，到颐香斋门口买花生酥五个，我吃一半，一半送到嵊新旅馆，他们正在开会。我给他，他说已吃不饿。我拿回来，四时去坐等吃晚饭，我和贤吃了，贤说只要十八日上午行李集中，我即决定当晚夜车去上海。

四月二十一日

晨起即去知味观吃早点，去已一批坐满（五时五十五分），我等一座，第二批适有一人说如油腻给我吃，他看了不吃，给我。我吃后，乘公共车去元宝街看小伟，他还睡了，只有铁伯兄起床在洗面，再叫小伟起来，和他吃了白糖鸡蛋，他自己吃炒粉干。我坐九十分钟，小伟还讲《雪人送信》连环画，认方块字，因一时无糖果买，我给他钞票，要他阿婆买，即到武林门乘白沙汽车，因抛锚，十点四十分才开，到新一点三十分。在车站吃笋丝蛋皮炒糯米饭。到家二时，做清洁工作，到邮局拿钞票，付箱子款。晚写信六封，十一时寝。

四月二十二日

今晚再写给万、庚函，希望他们来信鼓励贤儿安心努力学习，将来为边疆建设出力。一时寝。

四月二十三日

今晚看报载关列宁事迹。十二时寝。今日电线要袁雷民剪去。

四月二十四日

今日小兰来问乃母身体好吗?

四月二十五日

今日天闷，下午因种田，蘩衣，未去理寄。

四月二十六日

中午利用休息，包蘩衣包，晚寄出，六至七时理发。

四月二十七日

与贤儿在杭拍照今日寄来。

四月二十八日

今日把蓑衣做数，免遗失。

四月二十九日

今晨六时二十分出工，下午七时三十分回来。

四月三十日

今日上午去拔秧。

五月一日

今日我想将棉大衣要锦山嫂去翻，知她去练头抱小孩未回，改日再去翻。

五月二日

胡去采茶，我说被和背包我有，你去用。

五月三日

今日下午五时回来，接贤四月二十七日来航空信，知他已到哈密，何校尚未分配。

五月四日

今晨复贤儿函，及贤儿函寄湘信，今晨寄出。

五月五日

今日牛乳到储蓄部去拿来，据说一瓶给城内某人拿去。储蓄部是给他的，周接头，拿去我这瓶。

五月六日

看报《新观察》。

五月七日

接庚儿来函，我复挂号信。

五月八日

今晚我回家来宿，在煤油灯下看《新观察》《浙江日报》。十一时三十分寝。

五月九日

明日准备吃三七，十一时三十分寝。

五月十日

今日接贤、爵、玄来信，晚复贤信，十二时寝。

五月十一日

写湘信，十一时三十分寝。

五月十二日

接湘来信，我十一时一刻寝。

五月十三日

今日上午六时前在家做清洁工作，十一点三十分寝。

五月十四日

今晨六时前去看梅冰患乳疽，要她去打针治疗。十时三十分，我回家。十二时寝（看《古文观止》）。

五月十五日

今日卜志连女儿来领卜先生退休养老金，我先垫。一时四十五分寝。

五月十六日

今晚在布置俱乐部，我十一时十五分寝。

五月十七日

今时十一时三十分寝，照片今日寄出（贤、蘗）。

五月十八日

今日理了三小时衣着、帐子，要赵师母放大，闹钟去修，鞋子配帮，上午去看郎医师，贴膏药，服中药、西药片止痛。我十一时寝。

五月十九日

拟决心书稿，十二时寝。

五月二十日

《毛主席关怀警卫战士学文化》看了一半，要睡，即休息，十一时三十分寝。

五月二十一日

今日买了梅子，腌梅子吃，十二时一刻寝。

五月二十二日

晚归来，写万、庚信，十二时寝。

五月二十三日

我五月三日寄贤信退回，明日再寄。我十二时寝。今日再去看郎医生，贴膏药。

五月二十四日

今日把寄贤信再航空寄乌鲁木齐，我看报，十二时寝。

五月二十五日

十二时一刻寝。

五月二十六日

抹身。写信，看报，十二时寝。

五月二十七日

写贤儿信，十二时寝。

五月二十八日

看报，王富洲、贡布、屈银华在二十五日清晨，北京时间四时二十分登上海拔八八八二米珠穆朗玛峰。十一时三十分寝。

五月二十九日

接爵来信，他关怀我身体，要注意休息营养。很好。我十一时三刻寝。今日端午，晚吃大黄鱼（每碗0.25元），味好，早晨吃南枣。

五月三十日

看报。林伯渠同志逝世。我十一时寝。

五月三十一日

读《吊古战场文》《陋室铭》。十一时三十分寝，今日未午睡。

六月一日

整理了一下账目，胡今日送我鸡蛋吃（他自己养鸡），我十一时寝。

六月二日

今日吴同申来信，写复信，我十一时三十分寝。

六月三日

我晚上十一时三刻寝，江永才来借藤躺椅。

六月四日

今晚我宿店中，下午七时半至八时半理发。

六月五日

今日下午不适，似有热，服人丹，稍愈。

六月六日

今日泰泉来问我黄芪有无，因市上无买。我亦没有。略坐，去。他人瘦。我一天三次大便，下午微热，晚后畏寒，请许医生开方服药。

六月七日

抹身。天热。晚十一时下雨。写信（爵、贤），十一时寝。

六月八日

因活钱、零钱用罄，今日发薪，汇贤儿、爵儿，小兰来还款，雪元来借款，做鞋取来，衣未可拿。

六月九日

小衫裤要赵师母去修补。

六月十日

看报《新观察》。十一时三十分寝。

六月十一日

今晚挂圆蚊帐，写信，看报，十二时寝，宿店中。

六月十二日

关妹来，在此晚饭，制衣今日拿来。

六月十三日

关妹昨宿曹家，今日上午回去，我给她贤旧衣数件。

六月十四日

赵师母给我旧小衫修补好，拿来，得贤来信。

晚十一时四十五分寝，宿店中。

六月十五日

柴今日洒过臭药水。

六月十六日

把二把坏小剪磨了磨。牛乳明日起一律停，因少，要供应棒冰云（只有二三只牛挤乳）。今日吃皮蛋。

六月十七日

今日铁萍来，得孝仁来信。

六月十八日

我今日中午请了三十分钟假，给贤去理鞋料。

六月十九日

今晚写信给桂香，早寝。

六月二十日

朴真来给桂香去问伞斗事，镜侬来信。

六月二十一日

庚来信。

六月二十二日

韩剑伟借去《浙江工商》（6—10 期）。

六月二十三日

今晚饭有鲥鱼，每碗 0.35 元，夜雨。

六月二十四日

今晚再有鲥鱼，味不及昨晚。

六月二十五日

今日补丁糕，味较前好。

六月二十六日

今日关林来问新疆信来回要几多天。

七月三日

今晚回家寝，下午二时三十分冬梅来，是孙师母叫她来借款，五时去。

七月四日

今晨把帐子除下去洗。贤儿来信。

七月五日

六渚孙才宏妻来买布，关林将贤信拿来给我看。

七月六日

将帐子送去给赵师母修理，将衣送去给祥仂嫂洗，今晚布置明日上海业余夜校来新参观检查，我十二时寝。

七月七日

今日中午我没有休息，晚十时后包了一个包裹给贤，写了一封信给侬，十二时寝，接敦儿来函、龙照片。

七月八日

今日去领定息，寄贤鞋子、旧衣包裹，汇镜侬款，十二时寝。

七月九日

赵师母给我们做鞋底，新布已买给她。

七月十日

十二时寝，今日永康剧团在新演出。

七月十一日

写敦儿回信，接万儿来函，知他评上先进工作者。

七月十二日

秋笙给我酒酿吃。

七月十三日

写信，十一时三十分寝。

七月十四日

晨早起，写信给壬，要他去信给贤。

七月十五日

今日接澂、桂香来信，我一时寝，晚七—八时理发。

七月十六日

今日听说前日分水亦失慎，损失很大云。

七月十七日

今日陈玉林来，采娥手心生毒，要郎医师开刀，她宿长育处，要住数日云。我十二时寝。今晚风凉，我去看杭州京剧团、杭州歌舞团来新慰问，促进“双抢”工作。今晚演《打渔杀家》《三岔口》《柔软操》《西藏舞》等节目。

七月十九日

采娥今日上午回去，过此，我十二时寝。

七月二十日

衣服拿去要赵师母修，袋破。

七月二十一日

求真来说来买山道宁没有，晚宿曹家（俊生），我十一时三十分寝。

七月二十二日

中午求真来，他中饭不要吃云。晚接涛雄来明片，十时寝。

七月二十三日

求真回去。

七月二十四日

今日值夜，宿楼下。

七月二十五日

睡不好，脚手心热，出汗，退(昨晚)。

七月二十六日

昨日晚防台风(下雨)，十二时前，脚手心热，也睡不好。

七月二十七日

手上生痱子。

七月二十八日

将收工时，刀伤左手中指，吃西瓜一块。

七月二十九日

食堂常出现馊粥饭。

七月三十日

吃西瓜，因脚肿，服蒋其由土方。

七月三十一日

［镜］侬来信，她又想去东北。

八月一日

富阳越剧团今日来新演出。

八月二日

九时寝，今晚演《杨七郎》云。

八月三日

关林来说曹的女儿说贤暑假要回来，我目下(眼下)认为是他误听为孚中了。天雨，我九时寝。

八月四日

求真来说前日去富阳，今日回来(看病)。我写贤信，十一时寝，今日开始吃牛乳。

八月五日

求真回去。我十一时寝。

八月六日

得贤来信，知他做乒乓评判员，获得先进工作，十时三十分寝。

八月七日

去六渚割稻。

八月八日

虎儿的幼子在田头送蓑衣来给我穿，要我到他家里去玩，是温暖。李主任也说有这样好外甥送雨衣来给你穿。昨晚、今日上午衣裤几次打湿，我吃烧酒、红糖、山姜，八时三十分寝。我的衣服蓑衣吴经理要人送来，没有到手，给人家穿了，我没收到。但这要感谢吴经理的关怀。正值夜的连续，也是他的休息，给我比较多的休息时间。

八月九日

闹钟今日修来，十二时寝。

八月十日

今日桂花来，小兰来说阿庆病在医院，伤寒痢疾。

八月十一日

接爵来信，知他已到沪，知帆(蘩)比前好，多甚慰。我十二时寝。

八月十二日

接玄儿来函，说待人接物要适合大众化，很对。今后应更注意。十二时三刻寝。店里在理漏，楼上二点漏，也叫人［站］在高凳上加了瓦理好。

八月十三日

今晚把粗布被拆出，拟给涛雄改衣服，做了一些整理工作。抹身，十一时三十分寝。

八月十四日

叫赵师母给涛雄制衣，被面换了一条大腰便裤和二块钱，收回七尺布票，当即买了七尺大［胸围］制服上衣一件，添 0.87 元，我三时寝。

八月十五日

十一时三十分寝，今日未开门，吃饭、大小便最自由，小柯这样说，的确平时不可能。

八月十六日

郑因顾客失去 6 尺布票，后来在二张桌子中间夹着，我看报，十二时寝。

八月丨七日

今晚十一时寝，今日有一女顾客，她说交给货款一元不错，后来她总核说少一元，今后对这种问题更应注意。

八月十八日

爵今日从上海来，下午七时半到家，十时

半息。

八月十九日

庚邮包今日要爵寄出，得贤来信，我十一时寝。

八月二十日

和爵儿谈谈，十时三十分寝。

八月二十一日

寄涛邮包，并警告他不要再写信给我伸手要，我十二时寝，爵今日搞前楼清洁。

八月二十二日

爵今日搞中楼清洁，十二时寝。

八月二十三日

与爵谈，十一时四十五分寝。

八月二十四日

与爵谈，算账，十二时寝。

八月二十五日

拿款去了数次，因楼昨日有病，今上午、中午去，他去吃饭。到一时三十分才由爵去拿。我因忙于工作，爵今日乘下午二时三十分车去杭，明日去沪云。我十一时上楼，十二时寝。袁雷民明晨去郑州粮食学院学习，为期二年云。我晚八时去电，适他来接。要他来，我说明晨不送你，你去买一支笔，好好学习。

八月二十六日

关荣来，据说去桐庐为工作，我托他办扁担杆子。

八月二十七日

十二时三十分寝。

八月二十八日

旧堂寻着盖杯，盖不见，谅是爵儿遗失。

八月三十日

今日午后冬梅来，她看我忙。走出后，我也没有招呼，她后来不知去不去。

八月三十一日

今日捡得顾客失落布票六尺，问明归还原主，她请人给我在意见簿上受到表扬。

九月一日

得万儿来函，知他下放锻炼，为期一年。

九月五日

今晚宿家中，十二时寝。

九月六日

今日铁萍来过，我十二时一刻寝。

九月七日

得庚儿、爵儿来函，看了三次，没有看完，中饭、晚饭，临睡三时寝。

九月八日

人俊兄送菜来给我吃，我十二时寝。

九月九日

关荣子送农业工具三件来，他晚饭已吃过，我给他零钱，要他去看电影、买吃，我十二时三十分寝，葛给我布票。

九月十日

今日天骤寒，我穿毛线背里夹袄，十一时三十分寝。

九月十一日

今晚我宿楼下。

九月十二日

今晚庐主委布置定规划，要投资鸡、猪、蛋、废品。

九月十三日

晚雨，日闷，把爵困被晒了一晒。

九月十四日

晚十时后我写信二封，十二时寝，还是爵儿在新时丢失12寸白瓷盖杯盖，今日在食堂窗上看到，拿回。

九月十五日

晚守门，写信三封，讨论时参加讨论。十时息，十二时寝。中午休息时汇贤款。

九月十六日

人俊兄来。

九月十八日

今晚我宿楼上，十二时寝。

九月十九日

和老柴谈周文祺，看报。

九月二十日

杭平司给我泡开水、燉酱、送衣去洗，给我代劳，非常感激。我十二时寝。

九月二十一日

今日有鱼，买了二角，吃了一小半，尚有。拟留作半夜餐。二分饭，放在厨内避老鼠，吃过，只有放弃不吃。十一时三刻寝。

九月二十二日

今日吃配给月饼，一人三个（黑芝麻壳馅子），我十一时寝。

九月二十三日

得爵儿来信。桐庐滑稽剧团《三毛学生意》。今晚公审杨作栋（电米厂工人）。我十二时寝。

九月二十四日

今晚写信三封，看报，十一时三十分寝。

九月二十五日

今日第一天吃到蕃（番）芋。

九月二十六日

领导仍留我在本单位工作，我荷（承蒙）领导照顾，我只有尽更大努力搞好工作，报答党。

九月二十七日

长育子穗丰拿六谷二蒲来给我吃。

九月二十八日

今日汽车装来柿子，一来一拖车，育绍来。

九月三十日

今日食堂配给栗子一斤，红糖四两，过国庆。

十月一日

我今晚去看剧二小时，时装戏。

十月二日

今日宿家中楼上，关妹来，手生东西，因忙未谈天，去，我十二时寝。

十月三日

上楼后，理衣，修补，今日得庚来信。我十一时三十分寝。

十月四日

关妹今日富回返家。我十二时寝。

十月五日

晚十二时一刻寝。今日中秋，吃栗子、烧猪头肉（每碗0.35元），每人分购栗子4斤。

十月六日

小兰今日送栗子烧肉来给我吃，胡给我糯米饭吃，我晚上十二时寝。玄儿来信说，对涛的物质援助可不理。

十月七日

寄桂香信已二个半月，今始复信，说款到无信。

十月八日

十一时四十五分寝。

十月九日

腹隐痛，胃纳不佳，大便三次，十时寝。

十月十日

腹痛，大便五六次。下午去公社医院要许先生开方。今日挂号，要0.25元，据说不买药，诊要0.25元，否则只要0.08元云。今日，泻八九次。桐庐越剧团今日演毕。

十月十一日

今日杭州曲艺团来表演，我今日服第二帖，泻八九次。

十月十二日

今日食堂开始吃蕃（番）芋（晚餐，早、中粥）今日我服方，泻仍十次左右。晚昨袄上染污，先自洗，再交洗衣店洗。

十月十三日

今日腹泻好些，晚上已觉知饥，吃饼干几片。

十月十四日

今晚去理理做鞋料作，今日腹泻愈好。

十月十五日

今晚再看沅儿信，才知她的女儿名“珈”。

十月十六日

今晚抹身、更衣，早上拿布去托赵师母做贤和我的棉鞋。晚写信。十二时三十分寝。要储蓄部检公债息。

十月十七日

看报，十二时一刻寝。

十月十八日

今日食堂吃萝卜，都是贤明山自种蕃（番）芋，也是分配给家属。日来市场上老菱很多，据说是炉头水库产品，有五万斤云。十时三十分寝。

十月十九日

吃竹叶青酒一小杯。寝十二时了。

十月二十日

十二时寝。胡给我煮栗子来。

十月二十一日

得敦、爵来信，今晨理架上杂纸，一颗虫蛀牙在摇，[牙龈] 肿，酒不吃。

十月二十二日

得湘来信。我十一时寝，今日要老钟将蛀牙拔去。

十月二十三日

今日雪元来，即去，听胡说关荣走过，未来。今晚吃鸭烧黄花菜，每碗 0.25 元。

十月二十四日

赵师母来说鞋已去上了。

十月二十五日

晚头痛发热，不适，勉开斜条，因明晨要下乡销售，在门市部美化，守门至十一时三十分息。

十月二十六日

今日比昨日好些。

十月二十七日

今日因发寒热，下午二时半上楼寝。

十月二十八日

今晨六时起床，服药吞丸药，庐经理说张同志说要我写详细历史一本云。

十月二十九日

今日孙师母来，储蓄部小金下放在他屋前，认识。故她来看病，小金留寝。饭后，请她看临安剧团演出。

十月三十日

今日得爵来信，并附来玄函，我十二时三刻寝。

十月三十一日

今日理了三双袜子，要赵师母去补，洗衣的没来。澂儿回信来，正因补剂一付亦不易，要她们留意。我二时寝。

十一月一日

晚十时三十分寝。

十一月二日

今日得沅、敦来信。

十一月三日

今日看《人民日报》一号报二张，我十一时寝。

十一月四日

今日求真送兔子肉来，他在此晚餐，去同中南看电影，宿他处。我十二时寝。

十一月五日

求真中午在此吃蕃(番)芋，留给他一个点心吃，吃后回分水。我十一时三十分寝。

十一月六日

赵师母给贤鞋(棉、夹各一双)今日做来。

十一月七日

今日下午五时三十分去理发，一小时回来，抹身，更衣，后去看表演。

十一月八日

我写贤信，今日寄贤棉鞋、邮包。

十一月九日

今日去看郎医生，把脚上贴上万应膏(昨晚另补了一口)。寄贤儿航空挂号信，错将 8 分纪念邮票作一角贴，窗口业务员打电话来补，她工作细致，不致我取罚。我对她感谢，我说托老吴带来还你，吴未来，她到银行，过此来拿，我再向她道谢。

十一月十日

今日吃带鱼，不甚新鲜，龙虎妹阿花来要我给她写一信及金荣乃弟。

十一月十一日

龙虎给金荣通讯处拿来。

十一月十二日

得爵儿来信，说计算尺被窃，目前不易买到。很可惜。我记得这尺还是静铮给他用的。我过去自动节约粮食二斤(即三十斤节约二斤，二十八斤)，今晚再节约一斤(即二十七斤)。

十一月十三日

今日看飞车，到后五分钟即开演。《 十五贯 》做得很真，座满。我们由胡爱人给我起早买来第七排中间座，座很好。十一时三十分寝。

十一月十四日

今日去割稻。十时一刻寝。

十一月十五日

晚写爵儿信，代龙虎写信。吃猪婆肉炒萝卜

（每碗 0.10 元）。十一时寝。

十一月十六日

得万儿来函，知他调回，要他兼工学院教师。我要他努力搞好这一工作，来报答党对他的信任和培养。来信说，在下放时，对工作踏实，一些劳动争取。同志们评他先进生产者。我要他虚心学习，服从领导，和同学们共同研究，做好这工作。我十一时三刻寝。

十一月十七日

今日得玄儿来函，说贤在十月一日给他信说，将在外劳动四十天再回校云。我十一时三十分寝。

十一月十八日

卜先生养老金由周梅根带去。买《上海名菜》一本，今日去领定息。十时三刻寝。

十一月十九日

雪元来。他告诉子女要督促劳动。我说很对，大家忘我劳动，我们也要积极劳动，不能珍惜身体，不积极。他说听我谈谈，确应转变思想。关荣来，没谈天，他去了。十一时一刻寝。写致敦儿函。

十一月二十日

关荣来，他要想写信至立亨到沈阳去。我说你身体也吃不消。现在荐人都要经劳动局，不是随便可以荐人的。

十一月二十一日

工作早息，看报，今日起吃三餐蕃（番）芋。

十一月二十二日

长育拿来糯米饭，我晚上回他熟蕃（番）芋。

十一月二十三日

接爵儿来函，平鹣鹣送给我麻纱手帕，交洗衣者，说没有拿来。我向她查，她说在家中，今带出来，到酱园服装店遗失，不知失在何处，查不着了呀，很可惜。

十一月二十四日

给穗丰黄岩橘糖（由杭来）。

十一月二十五日

今日天骤寒，加衣加被。

十一月二十六日

我去问长育冬衣如何。

十一月二十七日

长育来买布，孙师母送菜来（蛋糕、鲫鱼、咸菜、香干、黄豆等）。十时四十五分寝。

十一月二十八日

贤儿的挂号信回折收到了，谅信再迟数天可到了。十时寝。天雨，寒。

十一月二十九日

右手大姆指、中指开始开裂。看报，十时一刻寝。

十一月三十日

舅母来买布，我问及天成、又成。她说，天成因厂里失窃，说他有嫌疑，他不去，她也若不关心。我对她说，你因（应）很好了解清楚，好好教育他，你有责任，不能随便。我有时间拟对他谈谈。

十二月一日

我临睡，各供销部经理开会，尚未散，今日酒价调整。

十二月二日

关荣次女来游。

十二月三日

玄儿来信，临睡才看。晒棉衣。

十二月四日

左脚又酸痛，去看郎医生，贴膏药二个，并服药，叫我略吃药酒活血。

十二月五日

热灶内用瓷杯燉饭，办法很好，不会太热。王给我兔肉吃。

十二月六日

得庚儿来函，知他想吃乡味。

十二月七日

今日得玄儿转贤儿来信，给他准备旧大衣寄去。

十二月八日

今晨托赵师母给贤翻棉大衣，棉花我自己半斤，承松平师协助半斤，胡协助半斤（加一斤半）。小兰来带物来给我吃。柴忠因昨日失去薪金 23 元余，将公债 10 元与我调掉的。

十二月九日

今晚公毕，十一时起，给贤儿包邮包，至二

时才息，足足搞了四个小时，手痛灯黑(因电灯十一时息)。针镛线脆，夜深手僵，天寒，我坚持，艰难完成任务，至二时息。

十二月十日

卜先生薪金今日由许锡康带去。寄贤大衣。

十二月十一日

今日接虆来信，也是身体好了的证明。很好。我十一时寝。今日理发，蔡相全工作技术尚好。

十二月十二日

孙师母今日又由小金转来菜一杯。得敦儿来函，知照片收到。我十时一刻寝。

十二月十三日

今日给帆(虆)准备一些冬令补品。

十二月十四日

写贤、虆信，看报，十二时寝。

十二月十五日

看到胡失布票问题，更感觉工作不能大意。在工作时应一心一意，为工作、为企业，不应专为个人、为私事。十二时寝。

十二月十六日

晚看报。写庚儿信。十二时一刻寝。

十二月十七日

看报。十二时寝。

十二月十八日

今日接帆(虆)第二封信来。

十二月十九日

本拟明日寄帆(虆)邮箱，因时间不及，只有从缓寄。

十二月二十日

今日零下五[摄氏]度，日出和暖些。

十二月二十一日

今晚九时后，准备寄帆(虆)邮箱。十一时一刻宿店堂中。

十二月二十二日

今晨请了假去寄邮箱，给虆让她冬令滋补。明年愈好不发。长育送猪肉来给我吃。今日食堂吃面包，每人三只，萝卜炒牛肉丝，每碗0.15元(用甲级菜票)，每人可买带鱼一份，一斤左右。今日拾得人民币一元，和郑说后，包入拾得包内。

十二月二十三日

孙师母又送豆腐、腌菜来给我吃，由小金转(她去分水自己带来)，我劝她有病要医治。

十二月二十四日

锦山兄分给我一些红辣茄。

十二月二十五日

钱送给我老酒一碗，我十时三十分寝。

十二月二十六日

关妹来过。晚拟几条，要她写信给涛雄时提及。十二时一刻寝。

十二月二十七日

早晨去俊兄家看关妹，说已走出，即去酿造厂。她在俊兄处，我将贤棉袄及要写信给涛雄内容交给她。天雨，转寒，似要下雪。

十二月二十八日

看报。十二时一刻寝。

十二月二十九日

看报。十一时三十分寝。

十二月三十日

把酱和辣酱用钵晒，使它易干。

十二月三十一日

今日食堂有四份红烧肉、牛肉，每人可购一碗。我二时寝。今日食堂有面包，每人可购四只。

一九六〇年（工作日记）

一月一日

今日元旦。工作同。上午、下午工作同。晚核上月底账。我守门。放假。葛、钱、周去看桐庐剧团。我上床已十时十五分。

一月二日

报表中午送去。晚，钱去工商联开会，缪主任作报告，总结五九年成绩。今日下午三时给周□□少格子线呢一块。疑□□白家妇女拿去。芦经理用自由车追去，无着，后回理厨仓（橱窗），发现包在衣里。

一月三日

上、下午工作同。周上午［被］许经理叫去，吃午饭时回来。晚学习，我和钱去。葛守门、算食堂账，周请假（脚痛），十一时四十分散。一时三十分寝。

一月四日

上、下午工作同。葛今日开斜条一天。晚去百二部协助美化。周、钱折斜条。十一时回去。我二时寝。

一月五日

上、下午工作同。晚要贤来划布，我查布票账。葛布置美化，周、钱整理，搞清洁，十一时三十分去，葛十二时一刻去。我三时三十分上床。

一月六日

上、下午工作同。晚，葛、周、钱去办事处送喜报。晚，周、钱八时四十五分去，葛十一时回去。我一点三十分寝。

一月七日

上、下午工作同。晚，周、钱去工商联开大会。九时三十分在一部讨论。我填布票表，葛搞食堂账。葛十一时三十分回去。我一点四十五分寝。

一月八日

上、下午工作同。今天有一位顾客买花哔叽 19.4尺，我误剪八尺四寸，由服装店量出，补给她。今晚在一部（摆布），开会评比工作，后来评比棉布操作，我最差，十二时散。我上楼。

一月九日

上、下午工作同。晚，钱去公社前义务劳动，扫马路。我核发票，葛核食堂账。十一时三刻葛去，我一时息，二时寝。

一月十日

上、下午工作同。晚造旬报，守门。葛、周、钱去一部开会，评比个人、单位优胜，十一时一刻散。我一时四十五分寝。

一月十一日

上、下午工作同。晚周值日，我、葛、钱去公社门前扫马路工，十时息，回来。十二时寝。

一月十二日

上、下午工作同。晚葛去劳动，我、周、钱卷布，守门，十一时息，一时寝。

一月十三日

上、下午工作同。今日葛算食堂账，芦经理来协助。晚在一部开大会，讨论技术革新，芦经理掌握，至十时三十分。许经理来会，十一时散。今晚九时卷布机完成试用，尚好。我一时寝。

一月十四日

上、下午工作同。葛上午在改修卷布机。晚，葛、周、钱去学习卷布，九时回来开斜条，十时息。我一时三十分寝。

一月十五日

上、下午工作同。今晚放假，看电影。葛、周、钱都去。我守门，一时寝。

一月十六日

上、下午工作同。晚，葛去办事处开会，九时半回来。周、钱去城内义务劳动。十时三十分息，我一时寝。

一月十七日

上、下午工作同。晚在工商联开大会。许主任、缪主任报告[一九]五九年“大跃进”，发表先进表扬名单。缪主任报告参观桐庐、建德、兰溪、永康、金华五县商业和公社情况，介绍革新事物，十时三十分散。葛在守门。我们散会，他来开门。我十二时一刻寝。

一月十八日

今日上、下午工作同。晚读书，评跃进奖。我守门，点缎、开斜条、裤腰。葛、周、钱去开会(棉一部)，十二时散。

一月十九日

今日上、下午工作[同]。晚，葛、周、钱去读书，我核发票、理布票。一点三十分息。

一月二十日

今日上、下午工作同。晚造旬报。葛、周、钱去开大会。许经理报告，打破常规，春节不休息，开门红，十一时散。我十二点三刻寝。

一月二十一日

上、下午工作同。晚葛值日，守门。我、周、钱去读书。九时十五分散，回来讨论。十时半息。我一点十五分寝。

一月二十二日

上、下午工作同。晚，葛、钱去一部协助盘货。我和周在本部读夜书、上算术(周值日)。九时息，继续。朱会计、韩报告关开展优良服务力和现金管理，十时半散。我一时寝。

一月二十三日

上、下午工作同。我上午在楼上库房和贤搞清洁工作和盘货，九—十一时。下午做营业。三时后盘货。晚，芦、郑、柯来协助。七时—十时半开大会，给跃进奖。盘货至十二时三十分，我二时寝。

一月二十四日

上午周、葛盘货，下午工作同。葛去城内马路劳动。晚放假，周、钱九时回去，我十一时寝。

一月二十五日

上、下午工作同。上午周、葛盘内进及楼上货物，下午做营[业]。晚我五金部和黄听广播，九点四十分散。葛守门，周、钱在棉一听。我十二点三刻寝。

一月二十六日

上、下午工作同。晚在新登剧院、公社召开工农商学兵联欢大会，我和钱去，周值夜。我九时回来，十二时寝。

一月二十七日

上、下午工作同。下午三时钱、周去理发、洗澡。四时半为值日，先叙(聚)餐。今日本来是周值日，因她未来，领导要我去先吃。他们五时半叙(聚)餐。我们今晚吃十四碗，并有糖、水果、葵花籽。我看报，十二时寝。有广播(十一时半开始)，晚有桐庐越剧团演。

一月二十八日

葛、钱、我在八时开门，下午一时打烊。周亦来。我值日值夜，今晚早寝(九时)。我值夜，宿店堂。

一月二十九日

葛、周、钱搞业务。我请假到潭山头、长盘、上旺去上坟。上午九时去，下午三时回来。晚，葛值日，我去看桐庐越剧团演大堂会，十一时散(七时半开锣)。葛回家，我宿店堂。

一月三十日

今日钱到一部协助周。下午请假，因生疽。晚，我守门，把盘在草单上商品清入，十一时三十分息，十二时三十分寝。我宿楼下。

一月三十一日

今日周请假，钱仍回来。晚开大会，钱、葛去，我造月报。周来理布票。算零布差。钱开会回来，给我算盘单尺寸。十一时三十分回去，我二时息，二时三刻寝。

二月一日

上午把月底报表结成送出。下午工作同。今日上午提货，下午卷布。晚，周请假，我读书，钱开会，葛值日。朱给他算食堂账。十二时息，我十二时三十分寝。

二月二日

葛上午搞食堂［账］，张下午卷纱布。周今日到批发部剪字。晚学习。葛、钱去，我守门。周因手臂生疽，请假回去。我十二时一刻寝。

二月三日

钱今日去龙羊家里（请假三天）。周剪字，手痛。葛咳嗽，晚放假。葛打烊后回去。周晚饭后即去。我搞布票报表稿，十二时一刻寝。

二月四日

上、下午工作同。周晚饭后回去。葛打烊后回去。今晚开大会，我值夜，无人去。我十二时寝。

二月五日

上、下午工作同。今日罗来协助。周请假。晚，我守门。十一时三十分寝。

二月六日

钱今日来，小孩有病。晚，葛去一部剪字。我与钱抹厨仓（橱窗）。钱八时回去，九时我复点布票填表。二时息，三时寝。

二月七日

上午我与葛贴字，周剪字，钱做营业。葛下午去临安检查身体。晚，周请假回家，钱去开会（技术革新），十时三十分散。我十一时三刻寝。

二月八日

上、下午工作同。晚，周七时回去，钱八时回去。十时来通知搞卫［生］。缪主任叫瞿振民同志来协助。十时二刻钱来，搞至十一时二刻，钱去，我十二时半寝。

二月九日

今上午我搞楼上卫生、内进卫生。下午做营业。晚，周请假回去，钱去开会技术革新，十时散。我工作至十一时因电灯息（熄）停，十二时寝。

二月十日

上、下午工作同。晚，周去欢迎代表开技术革新会，九时回去。钱给我钉桌上量尺子尺。十时回去。庐经理十一时拿软尺来说一部已订好。柴送点心来，我造旬报，陈月盘账。十二时三十分息，一时一刻寝。

二月十一日

今日开始不用竹尺量布，记在桌子上。今日有专区文教卫生代表、绍兴县商业代表来新参观。周、钱晚去一部开会，九时半散，十时回去。我十二时一刻寝。卜先生来领款。

二月十二日

上、下午工作。下午周卷布，晚放假。钱去看富春江越剧团。我十二时寝。

二月十三日

上、下午工作同。今日绍兴商业代表来参观。晚，周、钱去开会。写决心书。九时公安局庐同志偕二位同志来再问解放前情况、先进人物和先进事迹，十时去。我十二时寝。周、钱九时五十分去，听说葛已到家。

二月十四日

今日我去批发部审价，瞿、柯、我三人上午九时开始，下午四时告毕。晚，周去办事处听广播（省开青年积极分子大会），钱去镇开治安会。周九时回来，钱十一时回来。我十二时寝。许经理来电话要葛明日去庐比武。今日起除值日外，晨六时到办事处学普通话。葛今日请假续一天。

二月十五日

葛今日下午去桐庐开会，比技术。周、钱去一部开大会。明日起厨仓（橱窗）宣传和顾客对话一列（律）用普通话。我点假。十二时寝。

二月十六日

周今日上午去一部，楼上腾空。晚，周、钱去开大会，知棉二部在三五天内先搬至棉一部楼上。九时回来，他们即去。我看报，查材料，十二时寝。

二月十七日

上、下午工作同。七时通知今晚将全部商品搬一部楼上，至十二时三刻息。芦经理宿一部楼上。我仍回来，身困。

二月十八日

上午整理照常营业。葛主任桐庐回来。晚百货一部搬二部地址。我和周轮流协助，十一时息。

二月十九日

葛协助设计美化，晚。

二月二十日

钱协助一部，三时后（下午）周去协助。晚在一部开大会，许主任报告桐庐比巧情况，九时散会。搞请顾客讲普通话宣传，至十一时三十分电灯息（熄）回家。十二时一刻寝。

二月二十一日

今晚周、钱去开会。我守门值日。十一时回来。

二月二十二日

福泉泥水事通知我住房间要拆墙头，要将东西搬在一旁。我和兴整理半小时。钱今日去任讲解员。晚开公审大会，周去。葛仍担任布置。我守门，十二时回家寝。

二月二十三日

营业仍我和周二人。周十二时回去，我十二时来此。在针棉织品协助一下。一时许经理来通知休息。

二月二十四日

上、下午工作同。钱去当讲解员。晚上周剪字，我抹玻璃窗。十一时三十分息。全省土产收购现场会在新召开。今日报到，我回家。

二月二十五日

上、下午工作同。芦经理今日下午去桐开会，关于监［工］工作（泥水木匠）。要葛主任兼任。葛来说明晚盘货。晚放假看电影《龙飞凤舞》。小柯去看，十一时五十分回来。我十一时上楼。今晚因芦经理不在，我宿一部楼上（即我二部营业场所），十时三十分寝。

二月二十六日

上、下午工作同。晚间大会研究盘货及报表和三月份工作方式。会议十时散，十一时三十分寝。钱在展览馆，葛搞布置。

二月二十七日

今晚盘货。一部小柯来协助。晚开大会，缪主任、许主任报告，晚十时散。财会协助算。柯十二时息，我二时寝。

二月二十八日

因账不符，上午复查一部分。今日一部不营业，盘货。葛去协助。晚，周去协助。今日摘大类数量、金额。周、钱十一时去，我一时寝。

二月二十九日

今年闰年。今日存货重盘。楼下一部营业。月报下午四时三十分报出。盘存差错已查出，22日送款未填对账单上。晚核今盘账，二次盘相差一元六七角。周、钱十一时回去。葛六点半去办事处开座谈会。今日办事处仍搬回原址。此间还镇政府。我十二时三刻寝。

三月一日

今日上、下午照常营业。一部今日盘点。晚分组，楼下［盘点］花布、女线呢[1]、绸缎，楼上［盘点］男线呢、色布、白布、色织。工作至十二时。我至二时，二时三十分寝。

三月二日

今日郑、胡、我三人在楼上工作，柯、钱、周在楼下工作。晚，胡去送肥。晚工作至十时，看报，十一时寝。

三月三日

上、下午工作同。晚，郑去开会，明日兰溪代表来新参观，胡下楼协助卷布。十二时三十分息，一时一刻寝。

三月四日

周因昨晚吐，请假。胡下楼去协助。钱去做讲解员。楼上二人，楼下二人。下午胡因乃女去桐庐律所见习生学习，请假，只柯一人，葛协助。晚开大会。九时三刻韩会计等来开会，要建立备查账。订销售计划。十一时一刻散，我十二时寝。

---

1. 女线呢：线呢是一种棉织品，其特点是用染色的纱或线织成，质地厚实，外表有些像毛呢。女线呢是指适合做女装的线呢。

三月五日

上、下午工作同。今日营业做得少，索赔轧账，同小柯、老吴（下午）。晚同开会，韩会计报告（一小时）。我和柯十二时三十分息。吴协助，十时后去。我一时三十分寝。

三月六日

今日上午布票表报出。柯登好备查薄（簿）。晚，财经系统沈同志来协助搞资金金额，十时去。吴协助，十一时息。今晚郑值夜，我回家宿。

三月七日

上、下午工作同。上午我去理发（一小时）。晚，桐庐商业参观团来我站参观，盛赞计销多样化，显示优越。今晚放假，女同事去开三八妇女大会，我十一时一刻回家。

三月八日

上、下午工作同。晚开给奖大会。国营企业奖先进工作者 20 人。缪主任报告。十时三十分散，工作至十一时三十分回家寝。

三月九日

上、下午工作同。晚开大会，九时棉布开业务会分工，我管卡其、纱卡、大月类。十一时半散。工作至十二时回来。今晚电灯早息（熄）。

三月十日

今日营业，兼轧旬报工作。总表由小柯造。晚上大家工作至一时息，胡比较先回去（十一时三十分）。我一时回家。

三月十一日

今日上、下午工作同。我今日剪错一块卡其，心中有怀疑，芳看可疑，我要他复，果错开。学习毛主席著作，九时半息。工作至十二时息，回家寝。今日起开始点缎。

三月十二日

上、下午工作同。我把周的上月份布票复点。晚学习，九时半散，工作至十一［时］息，回家。

三月十三日

上、下午工作同。胡今日下午送女儿到六渚做练习生。晚工商联召开会议（在饮食三部），庐主委传达这次往新安江、衢县、金华参观技术革新、人民公社优越性，张同志补充。十时三十分散。我十时三刻回家。今晚葛主任值夜。

三月十四日

上、下午工作同。胡来。葛晚饭后因家务回家宿。由郑值夜。今晚各人动脑筋技术革新。我十一时一刻回家。

三月十五日

上、下午工作同。晚在针棉织品组开会。韩会计报告商品定额、加速资金周转。九时半散，搞美化技术革新，十一时一刻回家。

三月十六日

上、下午工作同。晚开业务会讨论二季度计划，九时散。给一部卷布工作至十一时回家。

三月十七日

上、下午工作同。今日葛主任没有来，搞美化在家中。晚搞商品定额、商品排队。各部门自搞。我十一时回来。今晚电灯时亮时暗。

三月十八日

上、下午工作同。胡因和爱人口角，看他精神不愉快。晚开大会，许主任、杨镇长报告技术革新动员报告，讨论十一时三刻息，十二时十五分回家。

三月十九日

上、下午工作同。晚，我和小柯核二季度商品定额。十时半开始庐经理召开［会议］，要订决心书、大字报。我工作至十二时，回家寝。

三月二十日

上、下午工作同。上午抽空写技术改革决心书。晚，庐经理指示大家动脑筋，创造发明。在二十五日前每人至少三件。我工作至十二时回家。十二时三十分许主任走过前，问你写什么还不困，我说将回来，在看报。我一时寝。

三月二十一日

今日因胡腹痛，呕吐，他的儿子来要我代请假一天。楼上我和郑二人工作，晚放假（桐庐越剧团《红色四明山》）。葛去看，我守门，工作至十一时五十分回家。葛守夜。

三月二十二日

今晚胡嫂子来要我替胡续假一天。上、下午

工作同(我和郑二人)。晚各自搞革新。十一时四十分回家。

三月二十三日

胡今日来照常工作。晚开会，吴主任报告统计革新条数，报告五月省开技术革新会议，七月京开革新会议。十一时一刻回家。葛守夜。

三月二十四日

天寒有雨。下午二时接到通知，葛、小柯去防洪。晚，郑、胡去防洪，我守门，十时一刻回家。

三月二十五日

今日上、下午工作同。晚放假。开学习徐双喜同志誓师大会，我、小柯去参加。看桐庐越剧团演徐双喜越剧《钓鱼台》，十二时三十分散。今晚葛值夜。应平时我守门至葛来寝，今晚托郑，我去参加(先胡说他守门我去，后来郑说他不去，他守)。

三月二十六日

今日六时起床，在许主任办公室开会至七时，为技术革新比武、美化等作座谈全日。葛主任通知说庐经理说要协助柯先搞一只土计算器，再要柯协助我搞。故我今日在楼下同柯一同搞。晚在一部开大会、读书，十时散，为省扫文盲现场会到新登来开。我十时三十分回家。

三月二十七日

我仍回楼上做营业，兼给柯做土计算尺。晚学习，我和柯请假，继续做计算尺。十时接通知，明晨五时半起床搞卫生。柯和我把工作结束，早休息。我十时二十分回家。今晚起，胡值夜，葛代(改日胡代葛去)。

三月二十八日

上、下午工作同。晚，我们三人集体做土计算机。十二时息，回家。

三月二十九日

今日胡到楼下学习用刀片裁布法。中午郑去整理展览馆，胡仍回楼上。晚到戏院听报告。因葛人乏力，他值夜，我去听报告。到九点四十分许经理来看，到里面一转出来，对我说，今晚是农业报告，叫我回来。因葛已入睡，门闩上，我即回家。

三月三十日

上、下午工作同。晚学习、比武，十一时三刻散。许主任报告节约电费每月130余元。

三月三十一日

今日月底结出各种资料交给小柯造月报、开斜条，十一时三十分息，回家。今晚葛因芦经理宿店中，他回家。

四月一日

工作同。上午九时庐经理要我代写一文件寄桐。我写到下午七时才完毕。晚开会，芦经理报告。八时三十分在饭店开会，许经理报告全省扫盲现场会来新召开，九时三十分散。工作至十一时息，我回家。

四月二日

上、下午工作。上午郑去搞清洁工作，晚去黄壩滩挑土。六点半去，十一点三十分回来。其他未来。听说到二点。我十一时二十五分回家。葛今日上楼来做土计算器。

四月三日

上、下午工作同。葛今日上楼，仍做土计算器。晚学习。我和小柯搞拼音。九时通知去挑黄壩。我、韩茂生、黄秀华、小徐、小柴、缪有福、金福泉、计阿苟、老来、柴忠等十二时回来。今日会计在此算账，一时去，我一时三十分寝。今晚我值夜，宿店中。

四月四日

上午将造布票表材料搞好，由小柯造表。上午造出。晚，郑、胡去人民大会堂开大会、听报告，知全省扫盲会议来新召开，我们要特(突)击三天，迎接来新召开，九时散。搞卫生至十一时。我宿店中。

四月五日

今日庐经理要我抄文件寄金华(八张)。晚开大会，高支书总结一季度情况，我守门，十时散。看报，十二时寝。

四月六日

今日上午我和郑搞清洁工作，拖地板、扶梯。胡有一个移民，买个布票，喉咙很响。我到黄壩去叫移民干部邵君到配造厂门口，胡来，知该女人已回去。我宿店中（十二时寝）。今晚全镇用烟熏66剂。

四月七日

上午做营业，九时半给芦经理抄文件。下午准备盘货。晚盘一部，同志三人均来协助，十一时息。我们十二时息，迟三十分钟寝。

四月八日

上午同葛去小库仓盘货，十时毕。下午做营业。晚，葛、郑开评比会，十一时散。盘货至十二时毕。看报，到一时寝。

四月九日

上、下午工作同。今日把上次放单据拿来整理了一下。晚，柯算盘单，我、胡、葛、钱参加评比会，郑去办事处开会，周因腰痛请假，会十时散。

四月十日

上、下午工作同。晚开大会，缪主任报告扩大国营，调正（整）商业，绸棉布组安排六人，葛和我未发表。大会说未发表人员另行安排再通知。葛今日已去桥岭供销部工作。大会十一时散，我回家休息。今晚起，这周郑值班。

四月十一日

上午我请了一些时间假，为贤儿作起程赴新准备。下午工作同。晚学习会，许主任主持，十一时散（讨论昨晚缪主任报告）。

四月十二日

今日上午我去小仓库整理了一下，要小柯来协助营业。下午我准备去把备胎堆堆好，要小柯来协助，他个人已堆好了。晚放假看电影《风从东方来》，是在新登拍摄的。我在店写信，十一时三十分散，我回家。

四月十三日

今日柯上楼算账，做计算尺及协助划布。我算上月布票数兼营业。晚学习徐双喜英勇事迹。小百货、日用品商店今晚合并。学习分二组，久别的汪锦山今日也同在一起学习，十时散。我十时一刻回家。

四月十四日

今日做营业兼开斜条。晚学习至八时五十分散，去看《为了六十一个阶级弟兄》一片。九时三十分开映，十时二十分散，我回家（今晚映五场，我们看第三场）。

四月十五日

今日胡请假往三溪口为房子事。云晚开大会，我因中午接到贤儿去新疆的通知，我荷（恳请）领导准假陪往，八时回来。我未参加大会。

四月十六日

我今日请假六天，陪贤儿去新疆学习，去沪看内人病。今晨与贤乘上午六时三十分车去杭。

四月二十一日

今日我乘上午十时车回来，正下午二时我到店略坐半小时，请假回来做清洁工作。

四月二十二日

上午、下午工作同。晚开会，诸葛、寿华、培举、诸葛玉奎很中肯。我写信二通，一时寝。

四月二十三日

今日郑因内人来，请假去找房子。我和小柯二人。郑做得很少。胡往三溪口，傍晚回来。晚开大会讨论技术革新鸣放，对小徐帮助。我十时一刻回家。

四月二十四日

今日郑去送内人回去。开会，会后胡、郑二人去防洪。我和柯二人工作。晚开大会考试。九时后投入防洪。我亦去背纸七块（七次），十一时三十分回来。今晚我值夜，十二时一刻寝。

四月二十五日

上午四人齐，柯去看病（足）。楼下换布置，我扫扶梯，加布卷布。下午一时三十分接到通知停止营业，大家去种田。我们到东门外种，晚饭送到田头吃，种至七时息，回来洗脚。去看杭州越剧一团演《百花公主》，十一时三十分散。我值夜，宿店堂中。今日王兆铨从桐庐来。

四月二十六日

今日我、郑、胡三人，上午七时至下午五时半种田。杨上楼工作。晚开会议，八时二十分散。我守夜十时寝。

四月二十七日

今日三时三十分起床，五时出发插秧。下午五时五十分回来。晚放假，看杭州越剧团，我守门未去。九时三十分接朱会计通知，要芦经理去。因他已休息，我去。朱会计要我到戏院挂牌，要高支书回来，有电话，我陪他回来。十时三十分戏散。我十一时寝。

四月二十八日

今日胡、郑去插秧，我与柯搞业务。八时三十分杨来。我今日开腰带斜条[1]。晚开大会，许主任传达参观柯桥情况，韩会计补充，叶主任总结四天插秧情况，九时三十分散。我十一时寝。

四月二十九日

今日我、郑、钱去种田。郑回来调胡去（中午）。杨早上去，因产后即叫她回来。我们七时二十五分回来，九时三十分寝。今田因种得不合准标，5x2后来重种。

四月三十日

我上午去插秧，下午因今天月底，回来结斜条、袄、腰、零布等月结材料。晚早息。

五月一日

今日郑、胡上午三时三十分起床去插秧，下午七时三十分回来。晚放假，开大会，看戏，临安越剧二团演《凤还巢》。我和柯搞业务，今日较忙。晚看报，十时五十分寝。

五月二日

今日人员最齐，上四下三，我即将小仓库布提出来卷。郑去批发部提货。柯造核销账，胡核布票等工作。晚发表去采茶人员，胡、钱、杨三人。柯下楼协助六—七时。下午开会。七时放假看电影《万水千山》。郑、柯、胡、钱、周去看电影，杨未去。我整理厨仓，扫地等工作，十时散。我十一时寝。

五月三日

上午九时接到通知，要抽一人去插秧。我去，到下午五时回来。天雨衣湿。晚开大会，要去插秧。吴主任要我去，我们即去到田。暗看不见，雷雨很大，衣湿不能工作。吴主任去公社请示，同意我们回来。在公社食堂听领导报告，说今晚、明日有大雨150公厘（毫米），明晨雨大，要防洪应变，天晴插秧。回来洗脚，看报，十一时寝。

五月四日

上午一时催起床，四时三十分出，全都主动插秧，留柯、周二人在店守值。我们五时五十分回来，九时寝（停止营业）。

五月五日

今日继续停止营业。我、郑去插秧，五时出门，下午四时回来。晚开会，讨论章、柯、柴三练习生转正及技术革新，吴主任将去京开会，成立技术革新小组、美化小组，九时五十分散。十时二十分寝。

五月六日

今日郑将满天帐除下（下午）。晚，柯去参加5.4运动会庆祝。我点叚（假），十一时一刻寝。

五月七日

今日我开斜条兼营业。郑提布卷布。晚开大会，许主任报告服务态度。九时息，讨论，十时散。我十一时三十分寝。今日我起早打尘、做清洁工作三小时。

五月八日

今日上午同小柯把提铁箱及裁布机绳子挂好。今日宁波市供销部商业同志来参观，郑表演了卷布操作。下午又来，柯作了使用解释。晚放假，我们三人，郑、柯理布票，十时息。今日郑值夜，我回家。

五月九日

胡今日下午回来。晚开会，庐经理掌握劳动任务，每人种蕃（番）芋500支，葵花十支，蓖芝每万人种一斤，收一千斤，在二十日前每人要技术革新，向北京报喜，十时散。我十时一刻回家。

五月十日

今日四人到齐。郑协助楼下工作，又去贤明山看中蕃（番）芋地。晚开大会，许主任报告市委将来新检查，要大搞卫生，迎接接收（新登划为杭州郊区）。宁波市象山庄市供销部来新参观，开欢迎会，并送来红旗、大字报、奖状等，十时三十分散。我回家。

---

1. 斜条：把面料按45度角剪裁布条，布条的宽度是滚边宽度的4倍。这样剪下来的布条就叫斜条。斜条布常用于做裤腰带或布鞋滚边。

五月十一日

今日上午搞卫生，下午郑去耘田。晚，我、郑、柯、胡都去做马路，城内、公社食堂前，十时散。我回家寝。

五月十二日

今晨四时起床搞卫生，至十一时。郑下午去拉沙铺马路。晚开小组会，讨论计划，十时散。我回家。

五月十三日

上午郑去开会，卷布。下午柯协助楼下。晚开大会，听广播后讨论五定（定资金、定销售、定开支、定损耗等）。许主任参加，庐经理掌握，十时散。郑去办事处开会，十时未回。我回家。柯值夜。

五月十四日

今日柯到楼下工作。因周病脚，钱怀孕乏力，杨亦乏力，我兼开斜条，卷布。晚工会开大会，工商联会员卢、芦、韩、陈、黄和我共六人开会学习，十时三十分我们散。

五月十五日

今日柯仍在楼下工作。胡因女儿事，四时后回家一趟。晚，我、郑、柯去看桐庐滑稽剧团。十时接工业品站通知，即回来，知要去郎家庄照灯剪桑。在公社集合，一时回来，到家一点三十分。我中午一时三十分去理发，二时三十分回来。

五月十六日

晨五时郑、胡去割麦（三里亭），到下午六时回来。晚开会讨论五定，九时十分散。今日胡到楼下值夜至十一时回去。

五月十七日

今日上午我工业品棉百三人送肥棉布部，我去。我会同吴炳生招人粪去的。到三里亭问袁培荣的，要到孙家坞去登记，即农场。我们去问，说送一队。我们在三里亭，他们倒在这块田里了好了。后来我问才知他们是六队（七时去，九时回来）。今日下午杨口吐鲜血。晚六时半郑值日，我、胡、柯去清风亭割麦（六时三十分去，十时十分回来）。今日写诗一首。晚插秧。

五月十八日

今晨二时起床去割麦。到地已三时，六时回来，七时下雨。荷领导关怀，要我们休息。我九时起来工作。下午我请假整理衣服。二时半回，工作。晚开会讨论五定资料，十时散。回家。

五月十九日

上午四人齐。柯核账，我整理斜条等。下午柯、郑去割麦，一时去，五时半回。晚八点开会，吴元娜布置写决心书。我十时三十五分回家。

五月二十日

今日柯核旬报。我们在开门后七时三十分前都写了爱国治安决心书，卷布。轮流午睡，每人一小时。晚六时打烊。六时三十分去割麦，郑、胡、柯、我都去到郎家庄场柴，中间麦因大水淹过，收成欠佳，十时二十分回来，我回家。

五月二十一日

今日柯、郑为桥岭布拨入。葛他们三人工作一天。晚开大会，缪主任报告鼓干劲，上北京，许主任参观东阳供销部报告，十时三十分散，我回家。

五月二十二日

今日上午我兼开斜条。下午轮流休息。三时三十分接通知，四时出发割麦。我和郑去，七时回来。晚开反美帝破坏四国首脑会议，大会十时散。我回家。

五月二十三日

今日上午郑开会提货，柯开会。晚开学习会，讨论缪主任、汪书记报告。全县部柜核算现场会在新登召开。十时后来参观。我十一时十分回家。

五月二十四日

今日做盘货准备。下午胡胃气痛。晚楼下一组盘货，九时半散。回楼上工作，十一时回家。

五月二十五日

今天做准备，晚上盘货。今天我四人盘着，没有要楼下来协助。在九时盘好，事后理布票，十一时一刻息，回家。

五月二十六日

上午我和柯盘小仓库，下午郑、胡去送肥。晚放假看电影。我在店理布票。十时回来。

五月二十七日

上午柯去办事处做询问工作。晚职工们开大

会，我们过渡人员学习扩种套种，见缝插针，种农作物油类、蔬菜、蕃（番）芋，十时四十五分散。我回家。

五月二十八日

今日楼下周请假休息，钱请假回龙羊拿小孩衣服。胡下楼协助柯核盘货账。我开斜条兼营业。晚开会，我们学习毛主席著《自由主义》，他们继续讨论云，十时三十分散。我回家。晚饭后送肥（石羔）到民桥生产队（南津桥油车里）。我、郑、胡去，我挑二次。

五月二十九日

胡仍在楼下工作。柯核账，中午毕。今日轮流休息。晚，郑、柯、我去看义乌剧团演《满堂红》《断桥相会》《双巡印》。十时五十分回来，我回家。晚值日。荷（麻烦）郑替我代。

五月三十日

今日胡因泻请假，柯下楼协助。晚青年开大会（剧院）。我在店理布票。十时十分因电灯熄，不工作，回家。

五月三十一日

今日月底，营业兼月结材料。今日下午五时小柯造好送出。晚仍分组学习，我组长，王、韩、我三人。我看《浙江日报》一小时，散。我回楼上划格（零布出售用），扫地，十时半回家。看古文。十一时三十分寝，宿家中。

六月一日

上午做清洁工作。十时后做营业。下午一时二十分回家休息，看病。四时三十分来，晚听广播，八时四十分后讨论，我回家。

六月二日

胡今日请假去桐庐治鼻病（四天云）。钱今日替倪亚娟工作，她去杭治脚病。晚开计划完成情况会，十时散。郑晚饭后去扦蕃（番）芋，七时半回来，我十时一刻回家。

六月三日

胡下午从桐庐来，医生要他住院休养，他未决定。提布，晚卷布，我、郑。十时一刻金秀鸿来协助，十时三刻散，我回家。今晚总值夜，我十一时后托小柯代劳。

六月四日

胡今日上午来工作，卷布。郑下[午]三时去桐庐开会。晚，我值夜，理布票，十一时息。今晚放假，柯九时寝，胡下午不来，休息。我十二时寝。

六月五日

胡上午来工作，下午回去休息。我和柯二人搞。晚，我参加工商联，高支书报告目前形势和今后任务，刘主席对工商界解答五问题，十时三刻散。我值夜宿店中，十一时三十分寝。

六月六日

胡今日全日请假不来。柯、我二人搞业务。我今日中午去联合医院请许医生诊治、服药。晚在饭食三部学习，十时三十分散。十一时三十分寝。

六月七日

胡今日上午八时来，中午十二时回去。晚戏院开大会，我值夜未去，十一时寝。

六月八日

胡上午来。今日发薪给。晚开大会，吴主任报告，传达出席技术革新、技术革命会议精神，主任报告组织人民经济生活，要干部动员亲属参加，十时四十五分散。十时五十分传来火警，是观音街移民麦草起火。出[动消防水]龙扑灭，十一时三十分寝。

六月九日

今日旧庙会期，人比较多，但不如上年。胡今日上午来，下午四时三刻才去。晚学习会讨论吴主任昨晚技术革新报告。柯、我请假，为旬报做好准备。至十一时五十分息，我十二时一刻寝。

六月十日

今日胡上午来，下午因体力不支，回家。今日旬报柯以推算方式在下午五时送出。晚，我往工商业学习，十时散。十一时三十分寝，宿店中。

六月十一日

胡上午来，下午二时回去，晚休息。我点缎、销缎等工作。

六月十二日

胡上午来，下午一时回去。晚，我到工商联

学习。今日厨仓（橱窗）下午八时才整理完毕。柯整理，我去开会。

六月十三日

今天大家抽些时间做积压工作。胡下午回去。晚，柯去开拼音学会，我在店讨论计划。庐经理报告要完成计划，要大搞革新，要搞清洁美化，迎接文教群英会来新指导，九时散。十时一刻寝。今日我值日开始。

六月十四日

今日业务较闲，柯提货卷布。胡下午工作至四时四十分回去。柯四时开会，知要防洪。我们在饮食一部学习，桐庐统战部吴同志作指示，讨论至十时二十分散。

六月十五日

上午我搞清洁工作至中午。胡、柯做营业。胡午后回去。晚熏66粉。工商联在三部开会，桐庐统战部吴同志传达刘少奇、李维汉报告，接（结）合韩部长桐庐会议总结，十二时散。我一时寝。

六月十六日

今日胡上午也没有来，不知什么事。晚放假，柯去看电影《拜月记》。我因排门翻倒（我在上直柱），背上敲一下，我上楼休息。睡一小时，起来洗面洗脚，记日记。准备今晚抓睡眠。十时寝。

六月十七日

胡今日上午来，昨因妻病未来。今日上午柯、我将被胎、卷花搬至楼下。下午一时搞好。钱同杨均先后来协助。晚在饮食三部学习讨论前晚吴同志传达，十时三十分散。我十二时寝。

六月十八日

胡上午来工作，下午去。晚，柯去开生活会（食堂问题），我去工商联开讨论会，十时三十分散。杨请假，同陆去看建德越剧三团，十一时三十分回来。我十二时寝。

六月十九日

今日上午柯核发票，我和胡兼卷布。晚放假。柯去看电影，我写信。十时寝，今晚没有电灯。

六月二十日

上午柯去开会。下午一时又去开会。我一人工作至四时四十五分，周上来协助我缴钞工作。五时十五分周代送银行去。晚学普通话，吴主任报告技术革新、服务态度、清洁卫生、营业指标四问题，会后讨论，十一时十五分散。今日厨仓（橱窗）尚未整理好。十二时寝。今晨五时起床搞卫生，晚熏烟剂回家（要三天三晚）。

六月二十一日

今日胡下午迟，要小柯和我休息后再去。故他是二点三十分去的，是去理发后，四时曾再来。晚学习。今晚我们在新登酒家学习讨论吴主任报告食堂问题、读书问题，十时五十分散。我十二时寝。

六月二十二日

今日胡去桐检查身体，吴经理来协助，我兼开斜条。晚熏烟，早晨搞卫生，晚在三部饮食店学习，十时三十分散。十一时三十分寝。

六月二十三日

胡今日上午来（昨下午桐返）。午后柯休息，我理发休息。他二时四十五分回去。晚，柯学习普通话。一部盘货，十时毕。今晚工商联开大会，我请假，他们十时三十分散。十一时办事处来拿纸笔。我十一时三十分寝。上午我打扫小仓库，家中亦打扫了一下。

六月二十四日

郑学习今日上午回来。我和柯今日抓出售零布为盘货省力。晚，我在工商联学习、订规划，十一时十分散。郑去戏院听报告。十一时三十五分回来。我十二时寝。

六月二十五日

今日大家除做营业外，兼做盘货准备。周上楼协助。晚五时开始，十时毕。我和柯理布票，至十一时息。楼下工商联在此开会，订自我改造规划，我请假，未参加。十二时寝。

六月二十六日

上午我和郑盘小仓库货物。胡、柯搞业务。胡下午回去，我和郑未休息。晚，我在工商联学习，回来写规划。杨去戏院听报告、看电影，十时三十分回来。郑卷布未去。柯因人疲，抹浴休息。

我十二时寝。

六月三十日

今日上午开斜条。晚划布，因电灯黑了，一时间工作不能按计划完成。写了一些规划，十二时寝。

七月四日

吴经理来协助。张学山来协助。胡下午二时半回去。晚开大会（在戏院）。我、郑、柯工作至十时三十分息，我回家。

七月五日

今日上午开门后，胡不支，不能工作，在店休息。庐经理来协助。张学山来协助。吴经理协助一部。今日钱因脚肿，请假。杨因病在医院。今晚我工作至十时三十分回来家，十二时寝。

七月六日

胡今日未来，杨请假要去桐庐。晚饭时丁（德康）来协助。日间吴经理（元娜）来协助今日提布。晚，我去工商联开大会，结束学习情况袁主任总结，十时三十分散。

七月七日

今日庐经理协助，吴经理有时也来。叫徐月娥来调我晚饭。她给我理布票，我到十时给自己做了点工作。他们去开会，研究指标、研究记账、销售是否可销，十一时散。我回家。

七月八日

胡今日上午来，下午回去休息。晚来，十一时去。我们工作至十一时三十分，厨房烧饭，我们吃南瓜下饭。十二时回家。洪进德、柴将生、罗惠英将去支援工业。

七月九日

今日吴经理、丁德康来协助。晚开大会，到戏院听报告。柯去管农业，我理布票至十一时三刻上楼。金小、柴仲二去岘口提货，因大风，房屋受损。

七月十日

今日丁、吴来协助。我们晚听广播，因电灯到九时才亮。我理布票至十一时五十分回家。

七月十一日

今日三山货检收。上午柯、郑去搞，下午柯去结算。晚放假，我理布票。十时后写家信，十一时回家（今晚永康剧团演京剧《马超追曹》《马前泼水》）。

七月十二日

今日、昨日下午钞，银行来电通知我去，知多二元。她（朱）说你没有错过，那会错。我觉得真惭愧。因他们掉钞和协助，缴钞搞错，今后应注意。晚开大会讨论“双抢”，食堂人员协作，十时散。我十时三十五分上楼（我守门）。

七月十三日

上、下午工作同。晚开大会，缪主任报告目前形势、今后工作，十时散。今晚食堂有面点。

七月十四日

今日上午四人工作。柯抽时间核账，我抽时间开斜条，郑开裤腰。下午他们先休息，我一时十五分休息。二时三十分听人声嘈杂，我即起下楼，知生产资料仓库因试验炸药，帐篷被毁，损失可观（四万余元云）。晚因大家救火出力，放假早息。我核账，十一时上楼，内进在开基层合作社经理会议未散。

七月十五日

上午、下午工作同。今天吴经理因忙，只有上午。郑去医院转方时协助了几分钟。晚在运输段开大会，批判违反交通大会。吴社长报告，高书记、械机厂书记、化工厂书记均发言。今日中午十二时机械厂因屋坍，四人重伤，去杭医治，三人比较轻些，在新医院医治（副厂长亦其中之一），余轻伤。晚大会，十时五十分散。回来讨论，十二时散。

七月十六日

上午较忙。下午稍缓。晚放假。杭州京剧团、杭州民间歌舞团来郊区慰问“双抢”工作。胡今晚本来值日，因他有病，下午回去不来，我值日，十一时一刻散。我回家。

七月十七日

上、下午工作同。下午四时大雨。晚讨论，我昨晚守门，吴经理给我优待券，要我今晚去看，照顾周到，十一时散。到店十一时十分，小柯给我开门，回家寝。

七月十八日

上、下午工作同。晚开大会，讨论缪主任报告，总结半年来成绩，十时半散。

七月十九日

柯今日到一组工作，我组三人。胡下午二时三十分回去。晚开评比会。职工在一部讨论，我们在饮食总部讨论（市桥头），十一时三十分散。因小柯睡在楼下，我仍在楼上寝，值日归我。

七月二十日

上午、下午工作同。今日因整理布票，三人均未午睡。胡吃过晚饭才回去。晚放假，看杭州京剧团（从万市桥回来）。我在店核 1—10 日销货，十时息。上楼和柴闲谈，十二时寝。今日吴经理、丁达根去割稻。

七月二十一日

上、下午工作同。胡下午二时半回去。晚开大会，胡来。明日起投入夏收夏种，十天不营业。胡、丁、章、江四人守门，余均参加。四时三十分起床，五时半出工。会议十时散。我今晚值日守门，把缎点了一下，十时三十分上楼。

七月二十二日

今日停业，大家去参加割稻，在北门外郑家坂附近汽车路边。四时三十分起床，早饭后去，十一时回来，吃饭休息。二时去，七时十五分回来。今晚因是我值夜，待柯到，我九时四十分上楼。

七月二十三日

今日劳动第二天。早上四时三十分起床，晚上七时十五分到店工作，割稻同。

七月二十四日

四点半起床，七时三十分收工。今夜值夜，十时寝。

七月二十五日

昨晚睡不成寐，前半夜脚手心热出汗热。四时半起床，上午照常割稻，下午请假未去。送衣去洗，睡在一部大床上，一天吃粥，早睡。

七月二十六日

今日照常割稻。晚七时三十分回来。

七月二十七日

上午割稻，下午防台风，未去，在店做防台风工作。

七月二十八日

今日在五里桥、八角亭割稻。上午四时半起床，七时回来。在收工前五分钟刀伤左手中指，搽红药水，血止，幸塔山、光裕协助。十时寝。今日盘棉布。

七月二十九日

今日上午因大雨，未出工，在店。上午和郑盘小仓库，芦一人营业。下午芦、郑、我三人营业。晚造斜条，对账单。九时三十分息，十时寝。下午雨小，晚饭后雨止。

七月三十日

上午算账，下午搞营业，未去割稻。今日在三里亭割。中午没有回来吃饭，是送去的。在农场休息。七时半回来。晚十时一刻寝。

七月三十一日

今日胡协助一部盘货。我部一月来售款 23.91 元，约损耗率 0.014%。晚整布票。十时上楼。今晚郑值夜。

八月一日

今日又全部出工。割稻在三里亭白塔坂。上午四时半起床，晚六时四十五分收工。到店七点零五分，晚回家寝。

八月二日

今日四时半起床，去双堰割稻。今日分任务，我百货商店割打种四亩。今日中饭送到田头吃。十二时即开工，四时一刻毕，回家。今晚早寝，八时四十五分已很静。广播九时结束。（陈七妹来，胡、丁、德康三人搞业务）

八月三日

今日我、胡二人搞业务，比昨日上升 30%。陈在一部，柯、郑去拔秧，送龙羊区云。他们七时十五分回来，我八时一刻上楼（开斜条）。

八月四日

胡因要吐泻请假。郑因出冷汗，领导要他休息。今晨四时起来，搬布防洪。郑除看医生煎药外，仍来协助工作。丁来协助。晚开大会，宣布“双抢”基本结束，明日正常营业。

八月五日

今日提货，很多未及搞好。晚自由活动。郑去看电影《女驸马》，我理布票（七月份）。十时上楼，今晚韩值夜，胡回去。

八月六日

今日上午卷布，丁来协助。晚开大会，讨论计划、保卫制度，九时一刻散。柯下午去割稻。

八月七日

上、下午工作同。丁因上午发薪，不能协助门市部，布不能卷。下午休息后，胡剃头来。他要吃晚饭后再回去。我即去理发，回来知已早打烊。说要出发割稻，五时四十五分乘汽车到六渚喻家山头。黄昏下雨，晚雨。割到深夜二时，到六渚供销部仓库休息，吃面包一只，月饼二个。用稻草二把，茶袋一只夹湿衣，卧下有蚊（睡楼上），蒙眬至五时起。

八月八日

吃面包一只，月饼一只。六时出工，到十时三十分。几次大风，我们大家立着少息，继续割。十一时同步行回来。路上又遇二次大雨。到家十二时三十分，抹身更衣，吃红糖、山薯、烧酒。二时寝。五时吴经理来叫吃晚饭，起，今晚本要我（应昨晚即是我），郑说他再续一星期，也好。我七时上楼休息，八时三十分寝。

八月九日

丁今日上午回家未来。布在傍晚卷。晚45岁以下开会学习，我和郑卷布，理厨仓（橱窗）、点缎、守门。十时三十分上楼。

八月十日

我开白斜条，庐经理叫我到楼上开。我上午开，下午调换休息。晚，胡亦来。我三人卷布，折斜条。十时三十分上楼。今日戏院开大会。

八月十一日

今日丁协助棉布批发部盘货未来。我、郑、胡三人工作。我在四时至五时二十分休息。晚开大会评比，十时三十分散。今日胡值日。

八月十二日

今日丁没有来协助。傍晚卷布。晚开大会，给奖29名先进工作者，余39名积极分子表扬，会开至十一时五十分散，即上楼。

八月十三日

今日上午我送肥到白塔畈晒谷场试验田二次。回来吃中饭（十时），去七时（柯亦二次，郑一次）。下午搞业务。上午胡、丁二人。晚桐庐越剧团来，吴主任爱人亦艺员之一。晚放假，郑去看，我九时半上楼。

八月十四日

上午接到通知送肥，我去送到车门外汽车路旁边，和饮食部汪箴心抬的。下午做业务。晚开会讨论。高支书、缪主任报告，十时三十分散，接到任务，我、郑、胡守门。我二时三十分上楼。

八月十五日

四时三十分起床，去叫小柯到汽车站服务部查针织品。今日针织棉布部分不营业。我们划布、卷布、开腰、开斜条。三人做了一天工作，并协助一部卷布。晚八时开大会，缪主任报告针织品收布票意义，以及分三类收布票数量。今日广播亦同时宣传讨论，十时三十分散。我上楼。昨晚起，胡值夜。

八月十六日

上午三人搞业务。下午同。今日营业上升，可能因卫生衫要布票购买的反映。晚饭后，我和郑去送土化肥，到民桥村（陈家祠堂前），和丁德康抬二次。回来已漆黑（八点十五分）。晚柯去开会，放假。我们三人工作，我点缎，十一时上楼。今日起九种针织品凭布票供应，五种针织品凭证供应，其余和过去一般（第一卫生衫等，第二毛巾被子等，第三其它针织品）。

八月十七日

今日上午三人搞业务。有时丁来协助。晚，郑、丁去送肥（化肥民桥）。晚放假。我理布票，整理厨仓（橱窗），因电灯不亮，布未卷。看报（李富春《高举总路线红旗继续前进》），九时三十分上楼。

八月十八日

今日停业送肥。今日胡守门，郑、我、柯去送肥。我今日上午同张学山抬猪肥、人肥四次。下午抬二次，送化肥一次到民桥陈家祠。晚饭后先接通知送化肥，后接通知休息、卷布。我因爵儿到，未卷好即离开。

八月十九日

今日上午劳动，抬化肥三次，到陈家一次，潘家二次。回来抬石羔（同张学山抬），后张说他要挑，我到长育处借熏香，挑二次。吃午饭。下午搞营业。晚开会学习《人民日报》社论《以粮、钢为中心的增产节约运动》，讨论计划，分任务：郑14千（斤），胡14千（斤），丁8千（斤），项1万（斤）。十时散，上楼。

八月二十日

上午劳动，在生产资料部敲石子。下午搞营业。在五时三十分捉到小偷吴细细，苦竹青坞里人，妇女，年约三十左右。偷79元，含群呢11尺，被我捉到送派出所。晚放假，我打报告、理厨仓（橱窗）、销假等。胡来，九时三十分上楼。

八月二十一日

今日上午送肥料至双塔青山下（和老丁抬），到方家桥，省记者来钢丝录音（送肥）。下午搞营业，至二时搬肥皂，三时去搬稻草，六时回来。晚到戏院开大会，公审林海发、叶长华造成大火一案，损失23000元。叶判徒刑二年，林判徒刑一年，缓期执行，监督劳动，十时一刻散，我们回家。今晚有电影。这星期本来是我值夜，因爵儿回来，我和郑协商交换，下星期我。

八月二十二日

今晨准备口罩、面盆去施六六粉治虫。到西门口，吴经理要我和小柯回来开门营业。今日整天营业，我、胡中午休息，郑未休息。晚开会讨论昨晚大会事件及吴社长、陈局长报告，讨论《爱国公约》，十时三十分散。理厨仓（橱窗）。十时五十分上楼。

八月二十三日

上午郑勿（忽）头晕，少顷愈好。下午我劝他先休息，胡亦云腰间痛。他第二休，我待丁到，休息（三时）。因时间迟，恐即要送银行款，睡二十分钟即醒。晚开会讨论前晚大会精神，九时半散，郑说仍由他值夜，我上楼。

八月二十四日

上午郑、丁搞业务，我搞卫生，整理小仓库。下午搞业务。晚放假（衢县杂技团来）。郑、胡、丁卷布，我开斜条。九时上楼。

八月二十五日

丁、柯去耘田（上午十一时回来）。丁下午三时来搞业务。胡、我未休息。晚开会讨论计划及市场情况，许主任主持，十时三十分散。我、胡、丁卷布等工作。我十一时上楼。

八月二十六日

上午四人搞业务。下午同。郑提货。晚卷布，协助人很多。郑、柯与缝纫工人开节约用布会，十时散。十一时上楼。

八月二十七日

今日四人搞业务，日夜都是最高纪录。晚放假，丁协助徐盘货，郑、我十一时三十分息，胡十时回去，我十一时三十分上楼。

八月二十八日

今日我去学治虫技术。郑、胡搞业务。丁亦治虫，四时五十分回来，我七时三十分回来（下午）。今晨因失了队伍，套了一个大圈。三里亭化工厂后同孙阿毛。中午阵雨，小雨，我们还是继续拔草。回来后抹身，洗脚，卷布，开斜条。十一时息。胡、丁十时息。郑十时五十分息。今晚我值夜，宿店堂中。今日中、晚在田头吃点心，面包亦送田头。

八月二十九日

郑、胡、丁搞业务，我参加劳动，耘田拔草。上午六时去，下午七时十五分回来，中饭在田头吃。今日业务比昨日更忙。谢、袁均来协助。晚卷布，开斜条，至十二时息。我十二时三十分寝。

八月三十日

今日没有参加体力劳动。四人搞业务。庐、吴二经理亦经常来协助。今日做超前几天。晚开大会，高支书报告要支援农业，大搞农业，节约用布、节约用粮、节约一切，八时半散。卷布、开斜条，十一时三十分息。今日银行领回1.00，系丁点、郑复，没少一元，补上实不多。

八月三十一日

今日仍四人搞业务，比昨日稍下降。晚开会

为美化，搞清洁，重视服务态度，迎接杭市委检查团来新检查。9月2日云。开会一小时散。我们卷布，十一时十五分息，我值夜，十二时一刻寝。

九月一日

胡今日筋骨痛，请假。郑、丁、我三人搞业务。晚布置美化清洁工作，十一时三十分息。我十二时三十分寝。

九月二日

胡未来，丁下午三时去供销部刻腊纸尚未回来。晚放假，我和王正洋划布、卷布、开斜条，十一时息。郑陪爱人、儿女去看电影，十时回来卷布，我十二时寝。市委各供销部主任来新开生产资料现场会。

九月三日

丁刻腊纸、油印。郑要开会，去叫胡来工作。郑开会，上午十时回来。胡下午休息，后说发热。我今日休息一小时半。晚理布票(上月份)，大家理，韩剑伟、郎家英来协助。周、陈打烊后即回去。我十一时三十分息，十二时三十分寝。

九月四日

郑、袁上午盘小仓库，午后一时结束。今日下午郑没有休息，我、胡休息。晚盘货，十时息。我十一时息，十二时寝。今晚本来是胡值夜，他因[忘]记对家中说，恐等门，我要他回去困，由我值夜。

九月五日

今日中元节(即旧七月半)，人比较多，比较早，业务亦比昨日上升。晚开会，由吴经理主持，后因办事处吴主任来叫，由袁再喜掌握，为讨论节约用粮、节约用布等问题，十时散。我十时一刻回家。

九月六日

今日上午我和小柯盘卷花、被胎。中午搞业务。晚一部复盘，我二部开腰、斜条、卷布。我核零布折扣、复尺账。十一时息，上楼。

九月七日

三人搞业务，晚核盘货账至深夜。三时寝。

九月八日

钱美儿今日产假来工作，到二组工作。郑今日理零布划码，晚划布。我开斜条。各处会计在此开会，十一时上楼。

九月九日

丁中午来营业，今日钱最高(有部分丁做的)。晚卷布。郎、吴、俞均来协助开斜条，胡、丁协助工作至十一时息，上楼。今日进货，庐经理进。郑今晨五时陪爱人子女回萧过杭，给次子医项(脖子)粗云。

九月十日

今日分水调来棉布。练习生罗冬连女同志，她的爱人在桐庐机械厂工作。她晚宿机械厂。晚卷布至九时半。我和胡开斜条至十时二十五分息。我上楼。

九月十一日

胡因昨晚身发热，未睡，今日请假。今日我在四时十五分休息，五时四十五分起来。晚在戏院开大会，邢政委作形势报告，我守门，九时三十分散。我整理零布、抽斗(抽屉)。今晚我值夜。

九月十二日

罗冬连下午去收蛋。郑下午到店，胡今日仍未来。晚卷布，我七时四十分参加工商联听报告(吴正大传达桐庐去开会精神，大办粮食，大办钢铁，开展增产节约运动)，张、庐补充，十时十分散。我守门，十时三十分寝。

九月十三日

我今日开斜条、腰裤。郑折件整理零布。胡、钱、罗、丁四人搞业务。晚开会，许主任、庐经理讨论刑政委报告，十时散。吴经理下乡收土产。我十一时三十分寝。

九月十四日

上午我开斜条。郑、柯去大礼堂听报告。晚卷布到八时，去听报告。我守门，十一时回来。

九月十五日

上午我开斜条。郑折布。晚开大会，黄秀华值夜，要我守门，黄听报告，九时散。讨论到十时息，为三人违法乱纪(昨晚大礼堂报告)。

九月十六日

今日我、郑参加后园开地种菜，下午四时回来缴银行款。晚学习讨论昨晚高支书报告，十时三十分散。写申请去农业锻炼。

九月十七日

上午我将一些刚进货来的面料，用尺丈量复算一遍。下午搞业务。今日钱去代倪工作，丁种菜，胡上午给我开了三十方斜条。晚开会讨论大会，个别表示决心，讨论写决心书，十时一刻散。写决心书至十二时息，十二时一刻寝。

九月十八日

今日早起，把决心书抄正送许主任案头。今日上午把上月复尺长短造表。下午搞业务。晚开会谈去农业如何，在店如何。七时半听桐庐广播。九至十一［时］开讨论会。散后上楼，今晚郑值夜。

九月十九日

我上午整理几月来对账单等，整理前楼上抽斗。下午营业。晚开会，庐经理主持讨论业务，九时半散，我整理柜内零布。十时三十分上楼，十二时寝。

九月二十日

丁今日购买证上打印。罗下午搬家，请假。晚，郑去文具部协助摆厨仓（橱窗）。罗、钱九时回去，胡、我数布票，十时息，我十时三十分上楼。

九月二十一日

丁今日上午还是盖购货证印。晚开会。韩会计来，庐经理掌握，还是讨论节约增产问题。土产站金、徐二同志亦来参加学习。主要他们只剩三人，故参加我们组学习。十时散。与柯、郑、金闲谈，十时三十分上楼。

九月二十二日

今日上午我、罗、钱三人浇菜施肥，丁协助卖煤油。今日开放一天，卖八大桶。晚，郑、钱、罗协助一部盘货，我、胡参加学习讨论增产节约，支援农业，十时散。

九月二十三日

今日我把拨回零布表、复尺长短表、零布出售表改制升溢表，到下午二时四十分完成。晚盘货，袁、柯来协助，周、陈、罗盘零布，柯、郑、袁八时后上楼盘小仓库，十时毕。今晚讨论，九时三十分散。我十时上楼，钱因小孩发热，保姆来叫，九时回去。

九月二十四日

上午核盘单，下午搞业务。晚放假，我守夜，十时三十分下雨点，他们回来，我上楼，雨止。

九月二十五日

今日庐、柯、我三人卖残次商品。庐经理、丁达根、徐月娥、黄来根均来协助。下午二时息，款送银行，回来送银［行］款休息一小时，起来晚饭。晚开会讨论，九时半息，理厨仓（橱窗）、布票。十二时寝。今晚因胡身体有病，不值夜，我接班。

九月二十六日

今日仍和小柯等售残次商品，营业额不及昨日 50%。今日结账要短少 8 元，不知如何差错，也不知是［否］被窃。晚开大会，邵局长报告，宣布下放名单：百货商店柴到农业，章退职，丁回家。九时四十分散。我十一时三十五分寝。

九月二十七日

今日罗上午请假。今日作准备工作。晚盘货，柯、周、陈七妹来协助。钱今日去茧行当出纳，盘货至十时十五分息，我、郑十一时息，十二时寝。今日接受特种布票发放工作。

九月二十八日

今日上午和小柯算出盘单，下午一时结出。晚协助一组盘货。十一时息，十二时十五分寝。今日接收旬报、月报工作任务。胡卷布，我、郑、罗去协助。

九月二十九日

上午复盘账。晚，郑、罗、我协助一组重盘至十时三十分息，理布票，十二时一刻寝。

九月三十日

今日上把复尺、零布出售，盘耗三表造好。晚造月报。晚七时开会，九时散，为保卫等工作。我十二时寝。

十月一日

今日国庆，厂矿、农村放假，请假、准假很多。故今日街上车水马龙，人山人海。农业亦比平日大三四倍。晚开庆祝大会。放假开会时郑去参加，我守店。他回来后，我去看剧。我看至十一时回来，十二时寝。

十月二日

今日比昨日上街人数较少。晚放假。我和郑把上月布票理、包好，七时烟熏剂。我十时五十分上楼。今日郑值夜，我上楼。

十月三日

上午四人工作。下午得休息。晚放假，我、胡、郑核账至八时半，胡回家，我、郑开腰至九时半息。我九时四十分上楼。

十月四日

上午我准备填布票报表，因郑去卷布，业务忙，我停了做业务，下午休息同。晚饭后接通知，我、阿根、中民三人去生猪仓库搞卫生。因到那边他们还没有晚饭，据说畜已上舍，不能搞。我们到加工厂坐一回，回来我理发，听广播。许主任报告食堂问题，十时半散。

十月五日

今日上午我、罗、郑搞业务。胡开斜条。郑去配货。今日旧历中秋放假。我守店，工作到十时四十五分，戏散，我上楼。

十月六日

今日上午郑提货。晚开大会，在文具部讨论安全保卫公约，十时散。工作至十一时上楼。明日起七时开门，晚六时三十分打烊，中午不休息。

十月七日

胡今日下午因病请假回去。晚开会，许主任主持，讨论服务态度、长短款问题，九时三十分散。我十时上楼。郑提出说钱送银行，银［行］数点太慢，每日要一小时。

十月八日

胡下午开斜条，晚放假。今日我们部门值日，郑去看桐庐剧团《杨八妹盗刀》，我守门，十时四十五分散，我上楼。

十月九日

今日胡未来，许主任问他向谁请假，要芦中民去叫，未来。我上午复发票后，因忙，即停搞业务。晚搞卫生。九时息，上楼。今日本来是我值夜，因人不适，郑续一夜代我。

十月十日

我上午抹玻璃窗，下午搞业务。晚开会，讨论治安问题。我造旬报，守门，郑、胡、罗去开会。八时半胡来，我和他划布。会九时散。今晚我困，楼下守夜，十时三刻寝。

十月十一日

胡上午开了几方斜条，因许主任问他，即止开。下午二时后卷布。晚食堂开会，郑去，因人不适，由胡代开会（胡家属应到）。我因腹泻，人疲早寝，十时寝。

十月十二日

胡下午开斜条。晚罗九时回去，我和郑理零布，开元羽斜[1]。十时息，我十一时寝。

十月十三日

胡开斜条。晚开会，为明日开始销售的一些棉布百货类商品如何供应的问题。九—十时听广播，缪主任在杭州，广播为秋收、冬种、冬耕做好准备工作。我十一时寝。

十月十四日

胡今日开斜条。下午卷布。今日卷花在一组，开始凭购货证发售，每人半斤。晚听桐庐广播七—八时，卷布。九时息，我十时半寝。

十月十五日

胡开斜条。今晚没有通知，大家打烊后走散。我整理公债等。十时三十分寝。

十月十六日

早上庐经理叫我和他去浇菜。下午胡卷布，郑提布。罗上午去医院诊治。晚开会，许主任说情况，九时半散。今晚郑值夜，我上楼。

十月十七日

晚开会，庐经理掌握，讨论计划、讨论长短款、讨论工作，九时散。我和郑工作至十一时息，我上楼。今晨许主任用水龙浇菜。我揿水龙。

十月十八日

罗今日去分［水］拿冬衣。陈玉娟过此说尚要

1. 元羽斜：剪成像羽毛一样圆弧形的斜条布。

迟一星期来。晚开会，许主任谈后去开会，芦经理主持，九时散，我上楼。

十月十九日

今日三人，仍三人搞业务。晚卷布，数布票，核账。胡十时回去。郑、我十一时息，我上楼。

十月二十日

罗未来。今日二十日造旬报。晚十一时息，上楼。

十月二十一日

罗昨晚来，今晨来店。胡下午开斜条，郑下午二时理零布。晚放假，我值夜守门，九时后散。郑值夜，我上楼。

十月二十二日

胡上午开了一些斜条，下午又开。晚时事测验，十时息，我上楼。

十月二十三日

胡手指红肿出脓。今晚放假，罗值日。她到八时半已瞌睡。我叫她回去，由我守门。许主任亦在内进等候，未休息。今晚我值夜，宿店堂中。上、下午抓时间核复尺长短。

十月二十四日

胡今日手开刀，请假。晚开会，许主任报告测验情况及其他门市部技术革新、服务态度、清洁卫生等，至九时散。卷布至十时息，我十一时寝。

十月二十五日

晚，我剪斜条，搞美化。九时后我发热、美化，十一时息，我十一时三十分寝。

十月二十六日

胡到搪瓷部协助。章下乡。晚协助一部盘货，七时半开会，九时散，再盘货。我、郑工作至十一时息，十二时寝。下乡下午去，十一时二十分回来。

十月二十七日

我上午开了30方元羽[斜]，兼做营业，并划布，准备晚盘。胡因章开会，时去时来。我工作至二时半，发寒抖。顾客问我冷吗？我说因病已穿棉衣，不能支持。和郑说了，急提了一瓶开水上楼，上床暖后发热。胡上来问我要开水吗。我说有，正要小便，脚浮，人歪来歪去，一直没退热。郑来问我盘有表有否，我说没有，要向袁会计拿。睡楼上。

十月二十八日

早起勉力支持去看许医生，服药并吞奎宁，每日六粒。核账至十一时息，十二时寝。宿楼下。胡今日仍去搪瓷部代罗去开会。

十月二十九日

今日把小仓库货复查盘点，核账。今晚听广播，我因发热，请假上楼，早寝。八点十五分寝。郑说要我上楼寝，他值夜。

十月三十日

胡手病，时好时坏。小罗同十姊妹送货出门。我上午抽了些时间核账。晚放假。郑、罗、柯去看临安剧团演《三打白骨精》。江值夜，他想先去睡。我说好。我开门，至十时四十分散(今晚散早)。我理布票到十二时上楼。

十月三十一日

今日因月终，准备表材料到深夜，一时三十分息(小柯息，我亦可告假落息)。今日她们十姊妹下乡送货，本来小罗也要去，因胡手痛，我要造表，要她同领导讲迟一天去。郑提货，大家很忙。晚开会，听广播，并讨论长短款问题。许主任提出在十时半时休息，明晨五时开始再讨论。大家一致说到十一时四十五分息。十二时电灯息(熄)，我们用煤油灯工作。我在一时三十分上楼，吴经理回来了。

十一日一日

上月报表今晨报出。罗下午送货下乡。晚开会，吴经理、庐经理掌握，九时三十分散，我上楼。

十一月二日

胡今日踏布。晚整理厨仓(橱窗)，搞美化。我核账，十时上楼。

十一月三日

今晚开大会。今日起我部门值日。我因要造布票表，与郑调换。今晚大会，许主任报告冬防治安问题，九时散。我十时上楼。庐经理昨日去杭学习3月(工商联主办)，这期学员80人，云桐庐县仅庐一人。

十一月四日

今日旧庙会日期虽无举行任何形式，但上街人数还是很多，营业亦比较热闹。晚放假，我将上月布票汇总包送庐中民（因庐经理去学习），晚九时四十分上楼。

十一月五日

胡下午头晕休息。晚十姊妹开会。余除值日、守门外全部到戏院听报告，解释农业十四条，对照十四条。罗、十姊妹开会回来为时尚早，她说理布票，我说布票可暂缓，我和你卷几匹布好不好。等我上楼背布下楼，钱美儿对我说布待郑回来再卷。因罗有孕，身体吃不消，只能理理布票，不能做其他工作。我说好的。我今晚先整理厨仓（橱窗），理货柜。就这样说，我将布另放，我个人划元羽一匹，开羽斜 20 方。郑回来九时四十分，我十时上楼。

十一月六日

今晨罗冬连爱人来和郑说，罗身体不适，请假不来。是否我昨晚说有时间和她卷布，如何触动她，认为有孕，工作重而流泪。这也是一次经验教训。今日三人工作，下午郑去卷布，吴经理协助做营业。晚，我值日，郑、胡去参加大会，许主任、高支书报告，九时五十分散。今晚起我值夜，十一时寝。

十一月七日

今日发薪给。罗今日来工作。晚吴经理分票子去看杭州文工团为丰收慰问演出。我座位是三十排第 22 号，演《双亲家》《刘海戏金蟾》《歌唱桐庐机械厂》《盗仙草》。十时十五分散，我看报，十一时三十分寝。

十一月八日

郑提货，晚开会讨论许主任、高支书报告，毛主席指示 12 条，九时一刻散。工作到十时。我十二时寝。

十一月九日

上午我复核进货。晚，胡、郑、我理布票，罗学习普通话，九时散。今日沈桢祥爱人来说，她上次买纱卡 8.5 尺，下水后只有七尺六寸，估计要少一点，但长短划码 85 尚留着。我划码已不可见，我无从认错。当然有这种情况，今后应更提高警惕，不可再有类似事发生。看报，十点四十五分寝。

十一月十日

今日据胡说，罗送货，可不去，后来罗去的。今日旬报，下午六时报出。晚青年学普通话，老年读报，李福祥同志读报，九时散。我核账，十时三十分寝。

十一月十一日

今日我抓紧做营业，开斜条。傍晚胡、郑卷布。晚开会。许主任报告支援农业抢收、服务态度、节约粮食、分配毛线、办好食堂等问题，并讨论，九时三十分散。吴经理、柯、郎、俞、章、章等到桥岭食堂夜宵。回来已十时半，我十一时一刻寝。

十一月十二日

今日我兼核账，晚开会讨论节约粮食和毛线，八时十五分散。我核账、看报、守门，至十一时一刻寝。

十一月十三日

郑去割稻，我三人搞业务。罗、郑一时去看飞车，我和胡六时去看。晚放假，我、胡、郑、罗都去看苏昆剧团演《十五贯》。很好，十时一刻散。今晚郑值夜，我上楼。

十一月十四日

今日我去割稻，同行只有张学山一人。十时三十分回来，下午十二时三刻去，四时十五分回来。晚工作至九时十五分上楼。

十一月十五日

我开斜条。晚青年读书。我工作毕，看报，写信，九时一刻上楼。

十一月十六日

听说胡去永昌工作问题，叫他暂安心仍在此工作。郑、韩、江去看《墙头马上》。吴、丁、柯、章、俞到窑备做夜交流，十时二十分回。郑十时四十分回来，我十一时十五分上楼。今晚八时许达汉化工厂失火，救后火熄灭。我今日兼开斜条。

十一月十七日

胡上午浇菜。我下午打扫楼上仓库。晚自由工作。我核账，八时半后写信，十时三十分上楼。吴经理等送货下乡未回。

十一月十八日

胡上午协助花布部，下午去割稻。晚开会，吴经理主持，业务主要因王会计、我都说新登服务、陈列美化好，我们更应注意，九时一刻散。我上楼。

十一月十九日

我上午为像亭除柏枝。饭后罗送货下乡，我做营业，胡卷布。晚自由工作。十姊妹由桐庐剧团教剧，八时半散。她们开会至九时散，我理布票，核账，九时四十分上楼。

十一月二十日

罗今日协助花布部，郑下午提货，晚卷布。我造旬报，九时息。今晚我值夜，宿楼下。十一时寝。许主任今日我们晚饭后来。

十一月二十一日

罗协助一部，周来，罗回。下午十姊妹下乡送货，郑卷布（下午）。晚放假，看电影，我守门（电影有两场，八时散）。我九时寝。

十一月二十二日

我核复尺账。晚自作准备盘货。晚九时吴经理要我给徐月娥算备查账二本，十一时息，我十二时寝。

十一月二十三日

罗协助一部，今日兼做盘货准备。晚，郑协助一部盘，我和胡划布，开斜条。晚九时吴经理交来韩盘账备查簿核账，后来江亦来同核至电灯息（熄）。十二时息（电灯十一时三十分熄），十二时三十分寝。

十一月二十四日

今日准备盘货。下午郑和小柯盘楼上小仓库。晚，钱、周、袁、庐中民分四班。九时核出，约略多，恐有错。我十时三十分寝。下雨天转寒。

十一月二十五日

我复盘单。今日供销部来叫我们去验沙眼。我有，胡、郑正常没有，罗未去。验货单错，复出二笔基本相符。郑、罗晚复盘楼上仓库。六时开会，许主任主持讨论盘点问题，总结经验。八时三十分高支书来。总的说要总结这次经验，总结是胜利的开始，十时息。我十一时寝。天雨。

十一月二十六日

罗今日去搪瓷部协助小章。我核盘账，晚自由工作（星期六）。各代销店员来此开会，许主任作报告，九时三十分散，周在此送风做针线。十时二刻回去，我十时四十分寝。

十一月二十七日

我上午搞营业场所卫生。罗下午协助文具部。晚青年开会，我们也开会讨论。吴经理主持讨论经营管理，并读通报，另就布票在诸暨发现要收回，布票部门注意，九时一刻散。今晚起郑值夜，我上楼。

十一月二十八日

今日傍晚罗去协助文具部。吴经理、小柯下乡做夜［交］流（民桥，八时三十分回来）。晚七时开会，许主任主持讨论商品陈列、美化、服务态度。这次桐庐开会，牛部长说你们十六个供销部去参观新登。这样我们更应注意。九时三十分上楼。

十一月二十九日

郑今日卷布，我兼开斜条。晚，今日整理厨仓，搞清洁卫生，卷布，理布票。小罗去开会。九时三十分息，九时四十分上楼。

十一月三十日

我准备月报，郑明日将回家伴子医头。今日各供销部主任来此开会，膳食在内进灶上炊。晚各人理布票，造月底。小柯来，一起搞，节约电火，有伴。十时半电灯息，煤油灯下搞，十二时寝。因明郑去，我提出我来值夜，叫他睡楼上。葛今晚同小柯宿。

十二月一日

郑今晨乘车回里伴子看病（项粗）。胡收款，手续不清，领导叫去询问。业务较忙。晚《主席指示 12 条测验》，吴主任批分，我得 80 分，再由吴传达再学 12 条指示，十时十五分散。我工作至十一时息，十一时一刻寝。

十二月二日

今日业务比昨日较差。今晚电灯不明，点煤油灯。开大会，职工在俱乐部开，高支书报告。我们工商联会员在棉一部开，分二组，服务组、业务组，九时十五分散，里面十点五十分散。我守门，十一点三十分寝。

十二月三日

罗今日请假未来。小李来说我和胡二人。民和吴经理有时来帮。晚卷布。周、钱、张小儿、朱会计均来协助，八时息。胡九时回去，吴经理十时回来。柯十时三十分回来，许主任十一时回来。我十二时寝。今日印渚供销部十人来参观。

十二月四日

罗上午九时三十分来。今日她值日，晚九时去，晚放假。我造布票表，胡、罗卷布，包布票，剪小方斜条，我开大方。十一时息，十一时三十分寝。今晨五时五十分起床，吴经理要我去关照食堂，对分水、印渚供销部参观团收伙食费问题。

十二月五日

胡、罗、我三人工作，我兼斜条。晚放假，企业招待看电影《杨家将》。很好。六时三十分—九时三十分。我值日，守门内部。金秀鸿值日，他因岳父女儿来，回去。十时三十分寝。

十二月六日

胡上午库仓提货，他问我还是上午去提好，下午去提好。我说上午去提，下午对单吊票。到二时后搞业务，卷布数匹。幸得如此。晚上开食堂放鸣会，九时半散（许主任报告讨论一小时半）。楼老二内人今晨来说，昨日向妹子借来6.00元，买了二块钱布，只剩二元。她说昨日多付2.00元，她还说倘是我，一定能查明，说我收款很仔细，如多，当时即返还，全部查算亦能查出。承她这样说，我对工作更应仔细。

十二月七日

今日中午时节，有新建二个移民妇女来买布，偷去市尺（3.45元）长21.5尺。我捉到，在搪瓷部退回。晚卷布，开斜条，朱会计、张学山均来协助。开会到六时四十分略迟几分，我们抓紧等人到齐再去，九时散，工作至十时息。

十二月八日

小罗上午在一部剪斜条。晚开会讨论计划完成情况及食堂决定问题。六时三十分—八时三十分散，卷布。九时三十分息，十一时寝。郑晚七时到店。据说昨日因轮船赶不着，仍回家中去。

十二月九日

晚大家理布票，准备旬报。我十时息，做些自己工作，仍宿店中。

十二月十日

胡开斜条（在一部）。我九时请了十五分假去寄新疆邮包，晚轧旬报，九时递交。今晚吴经理召开节约用布会议，棉布、服装、成衣均参加，由庐中民传达在杭开［会］精神，八时三十分散。小柯在我部造旬报，十姊妹送货三山，九时三十分回来，我十一时寝。

十二月十一日

胡开斜条，今日售华达呢四匹。业务上升。晚放假，我部卷布。我在五时三十分去理发，洗浴。七时回来，郑八时去洗浴。我、郑均写信。十时息，我上楼。

十二月十二日

胡开斜条，晚电灯不明。郑参加开供销部为发放布票会议，八时半散，我九时上楼。

十二月十三日

今日四人搞业务。晚开会，电灯没有。吴经理主持讨论最近情况和业务。她自己反映思想及工作，要同志们帮助。八时三十分息，我十时上楼。今日验大便。

十二月十四日

今日罗请假未来。傍晚卷布，晚开三清会，袁会计和吴经理主持，八时十五分散。我整理上月布票，封包交庐中民。九时上楼。

十二月十五日

罗仍未来，据吴经理说腹痛。三人搞，业务忙，柯来协助（有时）。中午十二时后，胡在罗位抽斗中失去布票90余尺。晚开会检查讨论这问题，吴经理、吴主任掌握，八时三十分散，郑吊布票[1]，我理布票，胡静思。九时回去，我十时二十分上楼。

1. 吊布票：老式布店，会用夹子把布票夹住，夹子吊挂在钢丝绳上，推送给出纳结算。

十二月十六日

今日罗虽来过，未工作。小张（成玉）来工作，吴经理、小柯有时也来协助。晚开大会，缪主任报告当前情况如何做好保卫工作、服务态度、食堂问题、种菜问题等，九时散，讨论到九时半散。韩会计率领同志参加，我九时五十分上楼。

十二月十七日

今日张、胡、郑、我四人。晚开会讨论缪主任报告。本来今晚星期六放假，说下星期一补放。讨论九时息，工作至十时一刻上楼。今日丁、小柯给我们装钞票、布票箱，上下可抽。

十二月十八日

今日胡开斜条，罗来。下午三时，柯、张等去长九夜交流，九时五十分回来。今日罗值日，我交换。今晚工会请看电影《扑不灭的火焰》，让去看。胡回家，罗回家，郑未去。我今晚宿门市部，十时三十分寝。

十二月十九日

胡开斜条（下午）。罗上午剪小斜条，进货。复日间抽不出时间。我晚数布票数和复进货。罗值日，因有孕，吴经理叫她早休息。值日我说我来代替。许主任傍晚到。我守门，十一时三十分寝。

十二月二十日

胡开半日斜条。晚开大会，缪主任、许主任报告关市场供应问题。新登将开四级干部大会一千余人（十天，二十二日报到云）等问题，九时散。我旬报十时送出，十一时寝。

十二月二十一日

胡上午开斜条。晚，周、钱去调查布票事，由我们值夜。工作至九时，我十一时一刻寝。许主任今晨起早去公社，乘早车出门云。

十二月二十二日

胡开斜条。晚吴经理去大礼堂听报告，召开干部大会500余人。我们工作至九时息。我宿楼下，十一时寝。

十二月二十三日

郑上午去供销部开会。晚开讨论会，朱会计报告传达大会精神，讨论目前市场情况。九时散，我十一时寝。

十二月二十四日

我附结复尺。晚，郑协助一组盘，我核。九时息。胡晚去六渚，罗剪斜条，我十一时寝。

十二月二十五日

胡去医院看病，我兼核开斜条账。晚放假，胡、罗早回去，郑划布，我结零布。九时半上楼。王兆铨同志来。晚开会为收购市场等问题。我九时四十五分上楼。今晚郑值夜。

十二月二十六日

我兼做些盘货准备。郑、胡、罗、周晚盘货，中民、小柯、正祥协助。小罗参加开妇女会。九时盘毕，我十一时上楼。

十二月二十七日

上午核盘货。郑提货卷布。晚我复盘单。九时半息。今日上午得悉胥口供销部失窃。许主任、朱会计去。晚九时三刻回来，冒雨衣湿。吴经理说中民会晚回去，要我宿棉布仓库。我十一时去，柴忠已先我睡了，门关。我仍回楼寝。

十二月二十八日

郑卷布，我兼核账。晚开大会，许主任报告关胥口供销部失窃经过，是形式主义、麻痹大意造成，市场问题、食堂问题，主要讨论保卫安全问题，九时三十分散。工作至十时十分上楼。

十二月二十九日

今日罗协助一部。今日九时开始毛线售四千余元（九时—二时）。晚放假看桐庐滑稽（后来因布景未到，未开演）。我核盘账，十时一刻上楼。

十二月三十日

罗仍协助一部，吴经理去桐庐。晚仍放假，罗回去。郑、胡工作至十时，我十一时上楼。许主任爱人今日来。

十二月三十一日

今日因布票延期使用，故业务不甚跻（挤）。准备月报，晚一时上楼。今日厕所及库房均买新锁锁上。胡、郑工作至十时息，罗放假，剪斜条后（九时）回去。吴经理桐庐今日下午回来。

一九六一年（家中日记）

一月一日

得帆（蘩）来信，并附来万儿函。洗脚，抹身，更衣，换下帐子去洗。幸得柯搞账，代值日守门，我把这些工作做了一下。

一月二日

看报，洗脚，十二时寝。

一月三日

今晚本可和柯去看戏，因前日值日吴经理说补给我们去看，我们听今晚开大会，即不去。

一月四日

孙师母来宿小金处，给我带来辣茄、辣酱，还给我粽子。我写复帆（蘩）信。

一月五日

整理衣橱及信札，看报。十时五十分寝，宿楼下。

一月六日

今日得贤儿来信，在工地上劳动，有成绩，评上突击手。他们一班共十四人云，很好，他还说有奖状，得到后，我去信。

一月七日

今日下午寄庚儿邮包，看报，十一时寝。方海泉给我车手套二双，他肯接手新事物，改良做创造，做很好，我很感激。

一月八日

听了缪主任报告，干部不应特殊化。干群关系不应距离太远。农民冬季吃五两六两，我们应如何节约用粮，用代替品。下午请了一小时假，拆帐子。去看手上冻疮。

一月九日

孙师母送干菜、霉腐乳来（由她媳妇送小金处转来），手指今日青霉素胶布包起来，好些。

一月十日

今日有煤油灯罩子到。

一月十一日

用耳朵套，当晚失落一只，寻不到。

一月十二日

人俊兄来要金星［笔］，寻不到，容有暇再寻。铁丝火熄盖失去。

一月十三日

今日傍晚再去人民医院。看衣，买胶布、纱布。

一月十四日

铁萍来寄麦（换面）。

一月十五日

得玄儿来信。今晚六时三十分去洗浴，十二时寝，写信致骃。

一月十六日

十一时寝。

一月十七日

今日去人民医院看袁医师，他用凡士林、青霉素调，要我一天一换。我只有从今日起晚洗脚，明晨洗手、洗面，改变平时习惯。今天看《人民日报》《青年报》《延安作风万岁》社论，主要艰苦朴素。我十一时三十分寝。

一月十八日

晚看《五岭风云》，江西赣南书记刘建华作“艰苦勇干”。

一月十九日

看《人民日报》，城市要多种蔬菜。十一时下楼关门，十一时四十五分寝。

一月二十日

看报。十二时寝。

一月二十一日

十一时三刻寝。看报，寄信。贤鞋外婆上的。

一月二十二日

换石灰缸。防手裂，戴手套工作。

一月二十三日

得万儿来信，知他妈有邮包寄给他，帆（虆）亦有信来。

一月二十四日

铁萍今日送来黄豆烧肉（据说小队分肉，每人半斤云）。松萍司给我吃青菜，是一位农民送给他的。想写信，今晚没电灯，要珍惜煤油。早寝。手上冻疮，天和暖，好了很多。

一月二十五日

孙师母又送菜来给我吃，真不好意思，只有内心感谢。

一月二十六日

看报，十时三十分寝。

一月二十七日

今日是我生日，生活过得很好，孙师母前日送来菜，昨日食堂买来油沸鱼，还下了面吃。

一月二十八日

今日小兰送菜来给我吃。

一月二十九日

孙师母今日回六[1]。

一月三十日

今日中午接虆来信，没时间看。到十一时才看，吃半夜餐，看信。觉得轻松愉快，一天疲劳顿时消失。抹身，更衣，十二时寝。

一月三十一日

桂花来还款。

二月一日

今日接玄来信，知他校课已结束，他于三日回部队，说贤劳动中积极，喜报已递到。他准备先寄妈，要我保存。很好。我将抽时间写信给他，今晚盘去年一年收支概况，因贤在家学习和去新疆，多支出一些。我十一时三刻寝。

二月二日

舅姆来借款，给天成买手车。我问她有无问题，她说是可以的，没问题。我十一时寝。

二月三日

对舅姆问天成在化工厂有无问题，居民组是否知悉，对交管站有无问题。我对她说，要合法守法情况下为生活而工作。十一时寝。关妹送菜饭来，这是迷信，认为是转花甲子，要女儿做饭给父母吃，长生不老。我对她说，你的用意是很好，希望我健康长寿，但这是迷信，人云亦云，人做亦做，不用理智分析，古语说知哥莫若妹，你尚不知我个性，很可惜。

二月四日

今日立春，下雨，舅姆款来，还说售给集体，单干不售，我仍定期一年。关妹今日未回来，我写信，十一时三十分寝。今日理出短棉袄一件，夹裤一条，被里一条，旧棉花絮一块，面巾二条，旧鞋八双，旧袜二双，由吴经理支援阶级兄弟们。

二月五日

今日接湘来信，并寄来贤奖状，我当晚写好复信，寄壬儿，要他写信寄贤。关妹今日过此回家。我十二时寝。今日起床已七时，今天大家迟，今后应提早。借秋生棉被一条，借小兰棉被一条（白洋布里子，白绒面子）。

二月六日

我鼻间、颧骨边有瘰，手上冻疮，因天热，已好转，我十一时寝。

二月七日

小兰送干菜萝卜条来。听徐富春说，被衣热了，要吐血，冷了要咳嗽，我的鼻中生疮和颧骨上有瘰，恐亦太热之故。今晚减薄些。十二时寝。

二月八日

今日晚饭后，我请了二十分钟假去看看章玉良，和他谈谈，要他思想开敞，学习劳动，他也很同意我规劝。十时四十五分寝。

---

1. 六：指渌渚。

二月九日

我因鼻中生疮，颧骨上生疮，去医院诊治。林医生说，打青霉素。上午因试针剂未开，要我下午去。下午因卷布，四时三十分才去，针头正在消毒，要我晚上去。故我七时去寄信，并去打针。晚上楼看报，十点五十分寝。

二月十日

上楼后看报，十时寝。

二月十一日

胡、我吃点心，求真来即去曹家，后未来。白[人俊]来，金星给他就诊。去医院，今日吃地霉素。

二月十二日

求真今日过此回去。今日再吃地霉素。

二月十三日

小兰送菜来给我吃(肉烧咸鸭)。

二月十四日

袁阿钦早上来问爵有没有回来，下午三时南华过此，我告诉他爵已来，他在四时五十分又来，叫爵同去分岁。晚，未来，夜雨。

二月十五日

上午，因爵儿除夕去小兰家分岁未归，坟山不能去，爵在柴场吃午饭来，我在楼上和他闲谈。晚饭后，他去长育家，承秋生给我买来戏票，我们六时去看一场徐玉兰演的《追鱼》，桐庐越剧团演《三滴血》，十一时三十分散。我宿楼下，虽天寒，雨雪，演员很少。爵儿从上海赶来，陪我度春节，很好。

二月十六日

得玄儿来电，盼我去沪，他在初九日返队云。我午后去吴先生处闲谈，已有三年未去，还是[一九]五八年春节去后未去，因[一九]五九年我在二部，春节开门。[一九]六〇年开门红，亦未休假，故亦未去。今日十一时三十分去，三时回来。去医院换药，便到舅姆家和天成谈谈，回来松平司给我们烧面，味很好。晚和爵谈，我九时下楼。

二月十七日

我和爵、长育去潭山头父亲坟山，雪厚平套鞋，转杜墓山头大姊坟上，回来到家十二时整。求真来，送来米粿、菜，他去富阳，明日回来云。我下午、晚上和爵闲谈，八时三十分下楼。

二月十八日

爵儿去六渚，我因冬梅上次来，我未和她谈天，昨日得长育谈，始悉她和林荣吵嘴，要爵去规劝她。爵下午三时到家，晚我和他谈谈。他九时上楼，舅姆送咸鸡笋来。

二月十九日

求真过此回去。冬梅、一椿来。小兰来。我在晚上六时三十分上楼，和爵话至十时寝。九时后下雨。

二月二十日

下午三时，仙花带次子来，我要爵烧青菜年糕给他们吃。晚去柴场宿。晚八时，我上楼和爵吃仙花送来羊肉。

二月二十一日

今日假准。我乘下午二时三十分车赴杭。爵儿乘晨七时车赴杭去沪。我因开车误点，三时四十五分开出，到杭已六时十五分，即去旅馆，已没有铺位，即去等候。吃晚餐归来，已九时，即去火车站，知今晚十二时五十五分有加班车，我即乘此车去沪。

二月二十二日

到达是六时整。徒步到阿瑞里，谈了一回。我休息二小时，下午蘩、玄、我三人去南京路看电影一场，六时回来吃晚饭，爵、湘去看八时一场，大家谈谈，十二时寝。

二月二十三日

上午蘩、我、玄、爵、湘五人去阿萍处。十一时启身，回来到门口，秉成下课回，拉我回转，他们回阿瑞里，留我午餐。我二时到鲁兄处，坐半小时。他们来到，四时出到虹口公园。玄给我们拍照，有些玄亦参加(有自动机)。回家吃晚饭。我、蘩、玄、湘同去澂处、凤弟处，他们九时回来。玄今晚离沪去宜归队，我宿澂处。

二月二十四日

晨起，七时三十分同澂一同出门，我去嫩朱

处，到十时出来，由南京[路]转，十二时到家。下午，又去南京路跑了一趟，五时回来。晚饭后定毅、凤弟来，八时，壬儿来，九时，翌中来，大家谈谈，我、虋、爵谈至十二时，爵和同学去乘火车赴宁。

二月二十五日

早上我出外附近看。鲁兄来，今日中午十一时吃，虋送我到车站，乘下午一时五十五分车返杭。到杭六时整，汽车站三轮车站队伍排得很长，而车辆很少。我怕房间没有，晚饭吃不到，即提起行李徒步到栈，即去知味观吃点心，回来已九时一刻，休息，寝。

二月二十六日

清晨一早去武林门买票，只有二十八日上午八时三十分车最早了。遇庐蓉仪，我想和他换一张车票，他说对儿子说说话，认为留恋不好，不肯交换。我要他带回续假条。中饭后，去看介亮、进嫂，晚看浙婺剧团《卧薪尝胆》。十一时寝。

二月二十七日

上午，去西湖、灵隐、岳坟游玩，下午去凤台、吴、钱处，晚看浙江青年越剧团演《双贵图》，十一时寝。

二月二十八日

清晨一早到武林门等车，因轮胎损坏，延到中午十二时三十分开。三时到新。五时工作。晚开会。我守门。十二时上楼，十二时一刻寝。

三月一日

得玄儿来信，因没时间，晚上楼启视（拆看）。人俊兄，我亦未谈天。上楼后，看这近十天报。十一时一刻寝。

三月二日

我利用守门，先核账，后写信。十时一刻上楼，十一时三十分寝。

三月三日

我写信给万，要他转敦，我免再写。十一时寝。

三月四日

写致贤儿信，十二时寝。今日腹痛，去看许医生，服中药。

三月五日

长辅又来告诉我，我去问长育，知因食吃问题分炊，明日起又共炊云。

三月六日

今晚重写贤儿信。

三月七日

今晨去看了方亲娘、吴平甫，晚写庚儿信。

三月八日

得敦儿来信，我写信（重写庚信），关荣来，今晚打碎热水瓶一只，袁雷民将去郑州粮食学院学习。

三月九日

告梅英尔二舅父在清明将来新，她说今日我要去潭山头告吾妈云。

三月十日

看《新工商》，确实对工商业者改造，必须看是书。许主任父亲，他在许主任坐处开电灯，不明，我给他开，他说不能走上去。我说，我送你上楼。后来看到照手电。我问他何事。他说，倒尿乎寻肥桶。因门锁，他说算了。我准备代他倒，待他睡后，免他推托。后来我去，许主任坚不肯，说他会的，要我回来。

三月十一日

听秋生说，雪元穿素，今日生寿、泥水来，知雪元的妈去年年下死，他也谈起月梅死。我工作毕，看报，九时息。雷民家送青米粿来。

三月十二日

今晚我早上楼做做清洁整理工作，十一时寝。

三月十三日

求、朴来，在此晚餐，宿曹家。小兰子来借伞，小兰来还。赵师母今日去富阳，看乃父病云。我十时三十分寝。写致贤、虋信。

三月十四日

求、朴早上过此，说回去。今晚买煤油，许主任、庐经理问我今后有电灯点电灯，当尽量节约煤油。

三月十五日

整理收据，去查贤儿包裹，邮局说新疆包裹是有年无月，不一定。今大便足有二十余分钟，据许医生说，这是陈粪下达。他说之有理，因事先类似有痰咽不下，吐不出，药中要用全当归，药店没有。后来，我将家中大姊送给妈吃的放在石灰缸内，已有二十余斤，据药铺诸葛说，可用，是十五支的（大的意思），色白（切开看）。我十时三十分寝，今日表和钟均修过。

三月十六日

今日开会，回来九时。做整理行装和结算药账款。下午三时下楼，送银行款。下午五时，下午交待理布票。八时上楼，十时三十分寝。

三月十七日

今日往桐县工商联参加学习。

四月十六日

今日乘八时二十分车返新，到家九时一刻，为搞家中清洁工作和写信，今日请假半天，未上工。傍晚去看锦山哥病体，知他曾去杭二天医治，晚洗浴，九时三十分寝。

四月十七日

我去看长辅，长青约我一瓶老酒，说是清明配给他的。今晚看到苏联宇宙飞船载人上天胜利归来（四月十二日电），十一时寝。牛乳今日继续吃。

四月十八日

今日又听到秉贤街人说长辅“瘦得快”，奇怪。说村内任何人没有这样快，诚然。我傍晚去问，说已请袁寿民看过，可能肺痨，服药。再去照X诊断云。十时三十分寝。

四月十九日

孙师母、田楚强送萝卜条、咸菜来，十一时寝。

四月二十日

邵根秀来，关荣来，福朝来借碗。十一时寝。今日又去长育处，要他给长辅去桐照X光，他说有一老太婆会灸。我说，先照X光再说。

四月二十一日

关荣来，晚我上楼整理衣服及账目，十时三十分寝。

四月二十二日

张明奎拿来胡秋生要他代售女大衣。胡从胥口带来麦粉、肥皂。我在下午二时送去，他岳母在家，他内人已去桐庐云。我十时三十分寝。今日晚上开始吃蒸饭，市上出现完全蓬青做的粿（每只三分），青菜每斤五分，可说已和去冬未开放时相仿。筑铁路的在松溪驻足，已买去菜秧180余元，云未来先种菜。丁坤水的妈卖辣茄秧获70余元云。

四月二十三日

长辅明日由长育陪往桐庐照X光，诊断病况。坟山周水松送来樱桃，我给长育家小孩吃。我十时五十分寝。

四月二十四日

今晚看报，写庚、玄儿信，十时三十分寝。傍晚知长育陪长辅去桐庐检查身体，是消瘦性浮肿病，韩开服三帖，吃浮肿食料。

四月二十五日

我使人去问长育去桐长辅病况，十时寝。今日大便五次，今日去看许医生，他下乡未遇。农民说汽车路旁大棕树移植死的多。

四月二十六日

根香女来说，她妈为庚顾虑跳醒来，罗阿满嫂说她去南京会至爵儿，志兴来说，月梅第一天还到乡（湘）主殿打针，次日即死。他已续弦，他去淳安买车胎云。长辅来说，他日来在吃药。

四月二十七日

十时寝。

四月二十八日

电灯不亮，点煤油灯。十时寝。

四月二十九日

看周瘦鹃一篇《采香雪海梅花》文，他今年约有七十多了，已二十余年没有看到他的作品了。李可染《谈艺术实践中的苦功》一文，勤学苦练是正路，功夫学到家。十时三刻寝。今日上午去要许医师诊服中药，要郎医生为我手臂上疖毒换了药，服地下仁，今日手臂有点红肿作痛。

四月三十日

小兰送豆腐笋来给我吃，说宝华今晨回来，明日回去，他在七里泷，五一放假，故回来。我十一时一刻寝。

五月一日

今日去人民医院要林医生看，他已出诊，去二次，未遇。明日再去。十时三刻寝。十时下雨，很幸运。

五月二日

今日去长育家问长辅服药情况。据说有好转。我给钱，要他叫医生开证明，买点滋补物品给他吃。我十时寝。我今日下午去人民医院，林医生说要袁医生开中药方服药，因其中一味药没有，拿中新药来煎点。

五月三日

今日长育送来青蚕豆给我吃，我十一时寝。得万儿来信，说对丽、明结为终身伴侣，征家属同意。

五月四日

今日去医院，袁师生给我敷黄药膏。晚十时三十分寝。

五月五日

今晚松平司送我碗蚕豆，合一大碗。他六渚家中送来给他吃的，分给我吃。

五月六日

今日孙先生妹夫周送来蚕豆一大杯，长辅亦送来，我说有，要他拿回，长根嫂送我米粿三枚。晚抹身，更衣。

五月七日

接玄儿来信，知他在医院割扁桃腺炎。长辅拿青蚕豆来，据说无法保管，只有掺饭里吃掉。我今日早上去过，要他托松溪宜宝阿叔采草药，他说他已认识到，端午前后他去采，我十一时四十五分寝。

五月八日

今日去人民医院看疖。袁医生要我服金霉素，据说过去每管 2.50 元，今每管 0.58 元。

五月九日

晚服金霉素，十一时寝。关荣傍晚来说气急来看医生，我午时若要呕吐，服红糖生姜汤。

五月十日

今日呕吐比较好些，去医院，袁已下乡，林在，再服金霉素，八小时一次，每次二管。九时三刻寝。再起来服第三次。

五月十一日

我今日要许医生给我看，开方，服二帖。下午，关荣来，才宏来，谈了一息。今日中午、晚上要梅冰给我煮粥吃。上午睡了三小时。下午睡了一小时三十分。晚上九时寝。下雨，急。

五月十二日

我今日买了竹笋，要梅冰去烧，感觉淡，我自带干菜到食堂去。蒸汽热炙手，敷玉树油。今日仍吃粥，胃已略转。

五月十三日

今日拟叫许医生转方，他已去乡，到人民医院看手，外科出诊，未换。晚写贤儿信。十时三十分寝。

五月十四日

寄贤航空信。幸昨晚写成，去寄。到医院换药。到芦家去看荣仪生肚臃。因中民去学习，我去看他一次，到平甫家，问上次六四嫂谈他想做寿材事。玲妹问不妥，拟暂不做，也好。到长育家，去问长辅加营养费有没有用完。她说已用完。今日松平司给我烧干面一斤，吃二顿。晚看杭州京剧二团演《西游记》，十时三十分散。人满嘈杂，座位十五排二十六号。十一时一刻寝。

五月十五日

今日继续要梅冰煮粥。昨日笋松平司给我热过。

五月十六日

今日舅妈送炒元豆来，食堂有鳝丝，每盘 0.25 元。煮粥米今日完。

五月十七日

今日仍在食堂吃，有元豆，可节约饭票二分。

五月十八日

今日罗医师给我换药。

五月十九日

今日松平司又给我菜吃，是人家送他，分给我吃。晚雨。今日人民医院某人来说，他上次剪的蓝卡七尺七寸，今日服装店方海泉说要补一尺才能做，即少一尺，后来将布拿来，要少二尺，头上有划分划着。那天剪时有查村王君同来，他说上次我看还要长，项先是看他复尺，后来方承认赔，到下期布票发时赔偿。据说，当时方复尺过，尚说不但做单衣够，棉袄亦能关上。当然我自认没有错，但今后更应当心，免发生差错。接帆（虆）来信，亦同意万儿他们结为终身伴侣。还附来张瑛信给我看。今日牛乳味更差，似米粳气，有馐意。

五月二十日

昨晚、今日下了一天雨，到傍晚才放晴。

五月二十一日

昨、今日食堂有小黄鱼，水鲞有气味。我未买，今日有大黄鱼，也不新鲜。我买了一尾小号的（0.40 元），大的 0.45—0.65 元。今日去医院换药。

五月二十二日

关于念慈要洋机，小兰要旧衣，已得帆（虆）来信，均答复他们。今日吃黄鱼。今日市上特别多螺蛳，据说大水后向上爬关系，豌豆多，有些已发芽。

五月二十三日

今晚我宿楼上，得沅儿来信，知她有一位同事去乌鲁木齐，她要他去看贤儿，带些物品去，还亲自会到，谈一小时天，还参观贤宿舍之一切，都好，就感用水困难些云。十一时三刻寝。

五月二十四日

今日在家搞清洁，整理公债票，记定息账等。那边楼上也去扫了一扫，把贤的奖状和一些照片装到柜内，挂在案头。晚十时三十分寝。电厂定息维坤兄交来（二季度）。

五月二十五日

晚十时三十分寝。

五月二十六日

今日中午，食堂优待割麦者吃饭，余吃粥、蕃（番）芋馃，饮食店优待每人可买咸菜、豆腐，每人一角，晚吃粥、蕃（番）芋馃。晚找寻今春在沪拍照片，仍寻不到。不知丢在何处。九时寝。

五月二十七日

中午回来，得知桂香来，要来我和郑谈，他说，他去我即去，和梅冰说写字给长辅看，要他们去接我，和周协商要她先去休息到一时三十分来，我可去接待，周来，我走至西门城门边，桂香来，我即陪她住新登旅馆，在中午已定好房间，29 号。晚放假，我和桂兰谈了，她亦去看桂［香］，一同谈到九时回来。中午，桂香、我是买了四个饼去，要梅冰煮粥，她说有面，下面也好。晚煮粥，幸得她们协助，桂兰说要桂香住到她家里去。桂香同意。我想也好。我写了一封信给孝仁。十一时寝。

五月二十八日

小兰来过，桂香今日上午即迁到桂兰家住，桂香在下午四时后曾来店中，我六时后去桂兰处，要她买点菜给桂香吃。晚开会，在俱乐部。我十一时寝。元将嫂清晨一早送来早点。

五月二十九日

小兰来接了桂香到她们家里去玩，我早上去桂兰家，想对桂香说每日可指定一次，由她自己来我处，我叫人给她买点米饭吃（因她们日来都是吃麦食），但去不见，知她由舅姆叫去宿在舅姆家，早上请了假去陪长辅去看许医生，开放开介绍信，买营养品。我自己也要许医生开了一张方子，今日桂兰送来洋芋子一碗，今天第一天吃食堂。今日晚饭也洋芋子蒸糯米饭。晚归来，看报。十一时三十分寝。

五月三十日

今晨去同梅冰说将药分煎和燉，知她母亲来在烧火，长育已出门，未遇。晚上楼，看报，社论有肯尼迪的紧急需要。十一时三十分寝。在下雨。

五月三十一日

小兰陪桂香来，给她到人民医院看病，开方三帖。我上楼后，写信给虆，十二时寝。

六月一日

桂兰送来洋芋子，我收了一半，胡给我苋菜一碗，孙师母送来鸡蛋和豆。晚看报。写信。十一时寝。

六月二日

得贤来信和照片，觉得他写的字和老年人一般。要写信给他，要他注意学习“整齐秀丽，清楚有劲”这八个字。要时时为这八个字而奋斗。今日，章玉良要我去一趟，我在下午六时三十分打烊后去，坐了二十分钟。十时三刻寝。

六月三日

茹口采娥今日上午到，拿来洋芋子、麦糕、熟豌豆、鸡蛋，我即带信给桂香。下午，小兰、桂香同来，到桂兰家吃点心。桂香仍去小兰家，知她已由才宏拟方服药，采娥仍回茹口。我十一时寝。

六月四日

采娥送来蛋有一只碎了，我托松平司炒了四只，写信，十一时寝。

六月五日

我守门，写信，看报。今日误传观音弄火警。我十一时寝。

六月六日

要袁阿钦约长育、桂香定六月八日去桐看病，照X光。我十时三刻寝。胡送面来给我吃。我给他饭票，他一定要饭票，代价只有粮票。

六月七日

桂香来坐了一回，长育做事不够仔细。昨晚没有遇到我，今晨说去桐庐，据桂兰说，长育昨晚说今晨去，既不去，应去关照桂兰。他又不去，应去不去，可不去，则又去。我今日跑他家三次。据他说，疯痛起，泡草药。他在此间已采到几粒。

六月八日

今日晨，长育陪长辅、桂香去桐庐医治，下午四时车回来，承韩医师仔细诊治，介绍买营养品，桂香肺部无病，主要生产后失调所致云。长辅已基本上好转，只要调养就是。

六月九日

桂兰家门口水涨，到傍晚退。长育家水未进家，小桥头有水。九时寝。

六月十日

桂香来坐一趟，在上午十二时至一时很忙，也没有谈天。我看报，十一时三十分寝。桂香向我要在50岁和虆拍的一张照片给了她。

六月十一日

桂香今日下午又去小兰家，阿钦来陪。早上我将致孝仁信给她看了，寄。晚再补一封。虆寄来蛋卷、糖。我十一时三十分寝。中午九时去理发。给老胡钥匙失了，配了赔他。

六月十二日

写信，十一时三十分寝。

六月十三日

阿钦来磨麦，桂香未来。求真去富阳拿蕃（番）芋藤过此，拿粽子来。因我在开斜条，他在饮食店吃。我看报，十一时三十分寝。

六月十四日

孙师母送来酒，让桂香、小兰来，知桂香后日去，阿钦陪她去，也好。

六月十五日

桂香中午来，明日去。晚饭我叫她到这里来吃，因这里没有吃过。我去做了二碗面，各吃一碗。她说舅姆给他吃过点心，故留了一部分未吃。傍晚，我到舅姆家和她谈了三十分钟话，知她一些家中情况。我十一时三十分寝。

六月十六日

桂香车票因地址排号弄错，白沙虽排，待买，费了一个半小时，结果第一人买了四张，售票员就把窗子关了，一声不响。旅客真难！有一位旅客说已买了四天，买不到。我们排队的有十五六人。晚，我买了黄鱼给桂香吃，分了一部分给长辅吃。十一时寝。求真今日富返，回去，给我吃炒蚕豆。

六月十七日

桂香今日去，我先去叫梅冰排队去买车票，后托桂英去，我又托百年去叫长育到车站，通知后遇钟同志，我又托她。到八时三十五分我自去转了一转，即回来。今日胡送我粽子，周送我粽子，林荣拿甜酒酿来，元将嫂拿饼来，松平司给我面吃，食堂里今日有黄鱼（中午），晚上腌肉（每人五六片），浇洋芋子（每碗0.24元）。晚寻捐助给文化馆书画底账，抄一份给他。十一时三十分寝。

六月十八日

我到□□去，她说已有。故我半途回来。晚菜南瓜，生，未熟。我将汤开水泡下饭。南瓜给长育，要他们烧了再吃。十一时寝。天热，出汗，很多到塔山杨家吃茶（挑泥休息时）。写致贤儿信，书画目录那（拿）去。

六月十九日

七时一刻上楼，抹身，休息，写信，十一时寝。

六月二十日

小兰来，知因村里要地改田，赶种。故阿钦不能去，桂香说了那面总要住几天，加来回路程要十余天，故不能准云，事先是同意的，我十一时寝。

六月二十一日

正祥送饼干给我吃。十二时寝。

六月二十二日

预计桂香今日有信来，未到为念。

六月二十三日

今日得敦儿来信。敦还寄来宗森和项龙照片。十一时三十分寝。

六月二十四日

因平时常吃舅姆、元将嫂拿来东西，今日买了些杨梅回送她们，长育处也拿了些去。我十一时三十分寝。

六月二十五日

阿钦来谈，不能送桂香去，因工作关系。十一时寝。下午五时半至六时半去理发，腰病，许医师开方服药(上午十时去)。

六月二十六日

小兰来，听说他们分了五六十元红，除预支，尚有二十余元。拿了些来还我。我十二时寝。沅儿她们过沪，拍摄照片。今日下午寄到。

六月二十八日

关妹来，没谈话。萍儿来，没招呼。今日吃时鱼(食堂买，0.40元)。中午吃了一只半面包，没吃饭。工作毕，吃伊拉克蜜素(0.30元)。

六月二十九日

桂香他们十四[日]、廿一[日]出信一起今日到。我十一时一刻寝。

六月三十日

六谷已上市，包心菜已不多，白蒲早的落市后的，上市洋芋价不贱，豇豆、茄子已有上市。我十二时一刻寝。顾客整天的等着不散，也不回去。一时哄到这里，一时哄到那里，总应想出措施才对。

七月一日

中午买了一碗大约是沙鱼之类，有臭味。我放了二颗大蒜去蒸。晚上吃起来，还是臭味。今日富春江越剧团在新演出，十一时二十分散。我十一时三十分寝。

七月二日

集市贸易开放，我认为对资产阶级又是一次的考验。究竟能否自食其力，是否爱劳动，是否专讲享受。抹身，十二时寝。傍晚元将他们送来苋菜馃。

七月三日

早六谷已上市，很顺利，一时抢光。听说每斤0.48元云。我十二时寝。

七月四日

今年今天比较热，桌上玻璃有热度。中午睡醒，汗很多。十一时三十分寝。

七月五日

今日去给长辅营养费。长育来说病已差不多，可停止。我说这事对你能减轻责任，对长辅能恢复健康。对死者(超姊)来说，能得到安慰。对我来说，是完却道义。四方面有利，我认为应做到。新谷出，供应宽一点，再停止。我十二时寝。

七月六日

这次我没有买紧张商品和绸类等，故提及检查，亦颇自慰，当初我也想买这买那，想到应从节约出发，减少供应等问题，就不想买了。十一时三十分寝。

七月七日

今晨起早，洗藤椅、席子。晚整理摆藤椅地方，打扫了一下。抹身，写万儿信。十一时寝。天热，有旱象。幸早稻接近收割，对丰收有利。

七月八日

雨后，较凉。晚写致玄儿信(他已来二封问)，休假回来，想他三人同来。我十一时一刻寝。正祥送来瓜一个(黄金瓜)。因耳鸣，去看许医生，服药。

七月十日

叫长育嫂去磨了一斤炒米粉，今晚食堂吃面包。

七月十一日

写致澂、爵信，今日要许医生转方，耳鸣较好，小便不甚利。

七月十二日

今日水果店也成立，故我服药能买到花红（每斤 0.64 元）。十二时寝。

七月十三日

章一椿送嫩六谷蒲来，他傍晚回去，中饭请谱嫂叫他去吃。

七月十四日

今晚工作毕，想写信。看报看到《黑奴恨》，把写信工作拖拉了。十二时寝。明日起，早上五时半开门。

七月十五日

今晚整理灰缸，并抹厨桌椅凳，清洁工作。理棉衣。至十时三刻，抹身。十一时三十分寝。

七月十六日

接帆（蘩）来函，并附来爵、贤函。深夜二时寝。

七月十七日

晚写信致贤、玄、湘、帆（蘩），十一时三十分寝。今晚吃面，听说麦粉供应 30%，大米 70% 云。遇玉娟妈，说玉娟在十一［日］去杭医病。

七月十八日

将冬衣去拆洗晒。十一时三十分寝，葛分酒给我吃。

七月十九日

月中来信，要我国庆节到她厂里去玩。这不能不说她在远不忘盛意，感激。我当晚即复信给他。章荪来说，阿巧死。铁萍来，知玉根在本月二十一日和一淳安移民结婚，爱人 23 岁云。

七月二十日

小兰来要旧汗衫，实在没有。今晚开梨酱吃。十一时一刻寝。王同志给我一根油赞子吃和云南红茶一包。

七月二十一日

抹身。栏干上打了一下。十一时一刻寝。

七月二十二日

十时上楼，十一时三十分寝。今日上午洪锡智来。

七月二十三日

今日中午十时，我请了二十分钟假去看了看锦山哥，已很瘦了，声音也提不起，很低。听说只能吃粥一碗，走路脚软。晚我看报，剪斜条，写信。十一时寝。得桂香来信，并寄来阖家照片一张。

七月二十四日

邵连珪今日上来，铁萍陪乃姊夫应祖根（不知是否此名）过此，即回去，应往官塘去。看报。十一时一刻寝。读《触龙说赵太后》（《古文观止》）。

七月二十五日

读晁错《论贵粟疏》。十一时一刻寝。

七月二十六日

微雨。檐水未下。我要梅冰给我磨米粉。我十一时寝。

七月二十七日

今日雨，比较时间长一些。檐水未下。看报，十时三十分寝。

七月二十八日

我上楼后，十二时三刻寝。天雨，已有秋意。比较凉快。

七月二十九日

今晚听到药店盘货声。十一时一刻，声止。我十一时三十分寝。

七月三十日

今晚吃蛋糕一块，味尚佳。十一时三十分寝。

七月三十一日

晚十一时上楼。十二时一刻寝。今日食堂吃鲫鱼。

八月一日

得蘩来信。我十二时寝。

八月二日

把麻绳、草鞋还，只有七折新了，我认［为］袁某这种给人带货情况是不对的。我看报，十二时寝。

八月三日

日来有小雨，不大。早晚凉，中午热。得爵儿来信，知他于一日早晨到沪。我今晚复信给他，十二时寝。

八月四日

我上楼把二张床铺尘打了一下。十二时一刻寝。十一时三十分，雷雨。我去看漏，郑亦在看。

八月五日

方亲娘今日由她的女儿陪了来，坐了一趟，消瘦了，精神亦差。据她女儿说，已死过，活过来。说大剪刀没有买，针线工作不能做，没有晒处，衣裳不能洗，只能种种菜。因园子小，也种不多，气急疮。我给她白松糖浆一瓶，我对她说，去冬我抢买了两瓶，吃了一瓶，好好留着，就没有吃，送给你吃。她很感激。今日，我上午做些清洁工作，郑、瞿把二支柱子用花纸贴上，晚雨，有凉意。十一时三十分寝。久未遗精，昨晚泄。

八月六日

我上楼抹席子，抹身，看报，十一时寝。小兰送豆腐、鸡腿肉合一碗。

八月七日

郑听人家说用六六粉涂电线上能避粪食蝇停，罗说只有一两天好的，久即失效。十一时三十分寝。

八月八日

陈平儿来，据说跟她阿婆来看戏，在陈兆松家晚餐云。我抹身，十二时寝。电灯十一时二十分息。今日立秋，因旱，四联西瓜今日已没有。

八月九日

卜先生退职工资今日托许锡康带去，十一时寝。汪锦山兄今日上午八时逝世。

八月十日

衣服换下，洗衣者没有来。

八月十一日

阿钦来过，知他病已愈。十一时电灯息（熄）。十一时三十分寝。

八月十二日

袁雷明今日放暑假回来，下午五时许来。晚看报，读唐诗，看诗一小时，十一时一刻寝。邵建珪昨日来过，今日下午三时又来，我问他何事，他说明日要开现场会，来赶东西，拿了即乘自由车返，这种精神，钦佩。

八月十三日

上午孙锡年来，他说阿婆要他来看看我，他还买了月饼和桃酥来［给］我。他吃了中饭去。晚看报，上楼，抹身，吃点心。十时三十分寝。

八月十四日

玄、爵、湘下午五时到，我请了一些时间假，和他们一起在楼上吃晚餐。在七时二十分—五十分，又谈了半小时话。我十时上楼，十一时十五分寝。

八月十五日

今日因只有二人，玄儿他们吃饭要他们自己去买。我仍在营业场所吃。晚上楼，和他们杂谈一些（一小时）。我十一时三十分寝。黄昏，骤雨，晚凉。人俊嫂带澡儿的小孩来，我买了三只黄庄梨给他们吃（还有一位是嫂的嫂嫂）。

八月十六日

今日我休假，和玄、爵、湘共进早餐，闲谈。上午陪玄儿去看郎大伟外科，玄打针。因大雨，打赤脚回来。晚十一时寝。

八月十七日

玄、爵、湘上午搞二个房间清洁工作，晚饭后他们去小兰家，归途遇雨，看电影后段，闲谈了一息，十一时寝。他们到小兰家，还吃了麦馃云。

八月十八日

下午四时，玄来说湘发热，请许德进师生诊治，服中药。我上楼后，和爵、玄略谈，爵先寝，再和玄谈至十二时寝。

八月十九日

我和玄儿谈谈，壬儿致玄儿信要给他。在解放后来信和解放前二年信，我交出，要玄、爵二人理出，后来，爵儿也起来，谈至十一时，他们寝，我十一时三刻寝。

八月二十日

湘儿昨晚热退，今晨爵儿去买车票，准明晨去。

八月二十一日

湘儿晨去解尿，很久，我知有异，即下楼，她已上楼，说腹痛，很乏力。他们都主张去，我请了假，送他们上车，去是去了，很挂念。晚虽有戏，我因要抹席子，写贤儿信，故没有去。十一时寝。□□因车水，胸部受伤，在章尚铨处医治，过此，元将嫂送来鲜毛豆炒笋干，有鸡丁，一三鲜碗。

八月二十二日

今日寄贤儿挂号信。晚看戏《三滴血》，十二时寝。

八月二十三日

今日接帆（蘩）来信，知湘录取在武汉钢铁学院，有学习机会，很好。我守门，写湘、万、蘩信，十一时十分，电灯息（熄）。我十一时四十五分寝。下午，黄连生来，说兰州情况。

八月二十四日

求真送来米馃包碗豆（十五只），我留他在此吃饭，当即下午回去。晚看待秋来信及扇面。抹身，十一时寝。得玄来信，知他们在杭待车，游玩了一天半。

八月二十五日

得庚儿来信，复信，抹身，十一点十五分寝。

八月二十六日

小兰送来豆腐干炒菜（南华送来），将庚信再重抄，拟待玄信到，由他转。十一时三十分寝。天雨后秋凉。

八月二十七日

铁萍来送来面包、咸鸭蛋，他没有在此午膳。我十一时寝。兑储28元。

八月二十八日

午后正轮到休息，上楼，郑叫，知袁主任找我谈话，并要书面。待写就去，他不在，托朱会计转。发热，休息二小时起来，款郑已给我送去。七时不支，瞿叫我来休息。我即上床，发热，盖被。

八月二十九日

上午六时正出汗，叫正祥给我向郑告假（除排门赶不上）。六时三十分起来，看医生，服药。晚盘货，十时五十五分上楼。吴邮递员将玄儿来信邮票扯去，我说吴邮票呢，他立即去拿来，说没有盖戳。我说应盖不应扯（这权利所在不能放弃之旨）。写玄儿信，将给庚儿信附去，再写湘儿信，十二时四十五分寝。吴正大给我修表，不肯收费，说接内圈手续而已，不化成本，很客气。

八月三十日

午膳上楼，蒙被，似着似醒，蒙眬至次日上午四时，热减。

八月三十一日

四时热减，王镇长来叫门，买电池，正祥起来卖，我看看已四点多了，药未吃（二煎），勉强起来服药。上午，去看医生点药，到元将去了一转，即来。下午（晚）送银行，将爵寄来至长育函送去。十时一刻上楼，十一时三十分寝。给柏年镇江醋半小瓶（二两左右）。

九月一日

元将嫂来说厂内可暂欠云，要长育给翊沅去采能起泡草药，他在下午就采来了。今日武长兴夫妇来略坐，我晚八时上楼，看报，十一时三十分寝。

九月二日

今晚八时三十分上楼，看了一篇戴不凡作，说梅兰芳戏剧向新的道路上发展，占半面篇幅，约有一万二三千字，又看了其他，共阅二小时。抹身。十一时三十分寝。贤成绩单到。

九月三日

今夜整理信札等工作，十一时寝。又成来，借入学费。今日上午去许医生转方服药，写致爵儿信。

九月四日

晚上楼，拟致贤儿函，及致克俭同志信稿。十时息，十一时寝。

九月五日

晚上楼，整衣服，看古文，读唐诗，九时息，十一时寝。

九月六日

午睡一时开始，郑说要我二时即起，我按时去，他已去医院。晚，我理行装，十一时三十分寝。

九月七日

早起，乘六时二十分汽车往杭，到杭，即去

火车站排队买票。十时买到晚十时二十二分开快车，到沪十二时五十七分，走到四川北路，已一时三十分。在门口等候一小时，待内有咳声再叫门。他们以为帆（蘩）叫湘起床去买车票，说二时三十分太早，后来他们三时三十分去南京路外滩买船票。

九月八日

上午休息二小时，午后帆（蘩）、湘、爵、我四人去大哥处和萍妹坐谈，遇雨（归途），晚去永安看《勐龙沙》彩色电影。

九月九日

上午我和爵、湘三人去南京路买物、修表，中午回来吃饭，爵下午五时去火车站，乘车返校。我和帆（蘩）六时去天蟾舞台看上海京剧团演《满江红》。七时十五分开演，十时四十分息，回来已十一时一刻。

九月十日

静铮来，协助湘去做行李。我去买车票。上午我一人去永安看一场进口美国进步影片《社会中坚》，听说解放后第一部影片。中午静铮、澂、壬儿、翌中共进午膳，四时，我、帆（蘩）、湘应静澂在菜馆中进晚餐。餐后，到澂寓处，和凤弟、定毅谈谈。十时回来，到家已十一时一刻。

九月十一日

上午去修表，看走廊宣传照片，中午到鲁兄处午膳，鲁兄感冒未起床。湘儿今日下午四时离家，我和帆（蘩）送她上船，七时开，我们回来，九时进晚餐，后和壬儿、帆（蘩）我们三人谈至二时寝。

九月十二日

上午我去南京路买物，中午回来，帆（蘩）给我上鞋，没有午睡，下午五时应秉成约去俱乐部进晚餐，回来已九时。十时，帆（蘩）送我到车站。

九月十三日

上车，帆（蘩）回去。车一时零五分开，到杭六时零七分，即坐车至武林门买车票，等二小时，买到。至青年旅馆，洗面，休息。十时起来吃饭，去看介亮。十二时遇到赵璧、雨果等，介亮未回来，略坐即至车站，因买车票时志祥女儿要我给她买车票，我要去寄小行李，她说她有一个姊姊（叫叫的），湘主殿人，她家中好寄，我一时三十分去拿，她还没有来，我给她们几粒糖吃（有四个小孩），至店已五时五十分（三时开来）。上楼，搞卫生，写给帆（蘩）信，九时即寝。

九月十四日

抹厨碗等。写信致玄儿，十二时寝。

九月十五日

去看电影《突破乌江》，战斗片。十时四十分回来，十一时一刻寝。

九月十六日

晚写贤儿信，十时三刻寝。

九月十七日

今日梅冰产一女。朴真来，送来罗䅟馃，在此晚膳，宿中南处。我中午未休息，晚写致敦儿函，九时三刻寝。

九月十八日

朴真早饭后回去，萍儿、铁萍下午来，我十时寝。

九月十九日

得万儿来信，知他定国庆节结婚。我复他信，到车站去问汽车时刻。给玄儿到医院取证明。下午二时半，要正祥给我代半小时，我去，我未午睡。

九月二十日

今日似有脚底热，不适，早寝。十时一刻寝。王龙虎将乃弟拍来电报给我看，知他二十日在长沙启程，节前到新云。

九月二十一日

晚八时上楼，读古文，韩愈《原道篇》。抹身。十时一刻寝。十时下夜雨。

九月二十二日

因人疲发热，未洗脚即入寝。

九月二十三日

晨五时半起床，晚七时去看王炳荣，有客六、七人在（王岁庆、陈绍松、银行阿毛、汪兰生等），九时回来。九时三十分上楼，十时三十分寝。

九月二十四日

上午十时又发热，待午膳后，不支。托正祥告假，要他代我，上楼入睡。

九月二十五日

上午去要许医师开方服药。帆（蘩）、祁下午五时到。服药。我九时入寝。

九月二十六日

我上楼写庚信。帆去元将嫂家，八时半回来，我九时寝。

九月二十七日

桂花来看帆（蘩）。炳荣来说明日去问及上海。我告帆（蘩）在他到上海时去看他们。帆（蘩）晚饭后去舅婆处，回来七点三十分。我同去塔山。回来八时十分。松平亦在。我们同回来。我和帆（蘩）看照片及敦、爵来信。十时三十分寝。

九月二十八日

采娥、南华、桂花来看帆（蘩），在灶间旁小屋接待，勿上楼。我十时三刻寝。

九月二十九日

上午帆（蘩）去买车票，准备三十日离新返沪，在站中遇到万有、丽明来了，中午共同吃饭。晚同。晚上我工作至九时三十分，上楼，四人谈谈，至十一时三十分寝。

九月三十日

晨我四时起床，写了些要帆（蘩）和万有要做的事，他们四时三十分起来，乘六时二十分车去，我送他们上车。晚十二时寝。

十月一日

我晨送梨糖给吴方吃。六渚一椿来，我要他带点吃食去，他饭没有来吃。他说他有饭票带来。我十二时三十分寝（中午休息九十分）。

十月二日

我写信，九时半上楼，十一时寝。

十月三日

求真拿酒酿来，我上楼写信，十一时寝。

十月四日

求真在此午膳，将碗等仍收回那边去放。晚雨绵绵未停。恐水有涨未退。十时三刻寝。

十月五日

求真今日中午回去，我写平鹣鹣信，因照片添洗，要十一日可寄。长辅送来蕃（番）芋。

十月六日

阿钦来，知昨日他因事未去后门口。我和帆（蘩）还在等待他来。治芳来信，我复他，送到他家即回来（打烊后）。查历史，拟复壬儿信。九时寝。今日起废午睡。

十月七日

我买了本《革命斗争回忆录》（江西出），看方志敏事迹。九时十五分电影散，九时三十分寝。

十月八日

看《何香凝回忆录》、缪敏《方志敏同志》。下午四时后去理发。九时寝。

十月九日

公债去兑息，核公债账。喉间痛，九时十五分寝。林荣来，阿钦送，仍同去富阳。

十月十日

武长兴次子由乃婆带了来此，我给钱要他去买柿子吃。晚把公债整理了一下，喉痛。今日请许医生开方服药，十时寝，没电灯。

十月十一日

晚六时十五分上楼，写了一封信，在七点半即就寝，没电灯。发热喉痛。

十月十二日

在家休息，未去工作，要梅冰煮粥吃。许医生转方，终日休息，发热，喉肿痛。

十月十三日

同昨。许医生要我加服金霉素。今日左上盘牙肿浮痛。

十月十四日

同昨。今日许医生要我再叫沈西医，他说要打青霉素针，中午我叫长育去板村请工永联来看他，在下午三时半到，四时即回去。我在中午已溃破出脓，痛稍好，疲亦减少，施说明日应加倍打（王送他报酬，不肯收）。

十月十五日

今日再去沈医生，不在，小施要再注射和昨

日一样，2小瓶二十万，他说一次消炎片，仍如昨日一样，每次二片，服六片，今日服王永联方，到书店去看了看，买了五本书。几天来没看报，也没看书。今日把各人生日查了查，糖也没吃。今天晚上吃了二粒。

十月十六日

药店老洪，我叫他点一帖，他点二帖，只有再吃一帖（吃了头汗）。晚，《十万个为什么》邮到，九时半寝。今日，元将嫂的爸爸来坐了一趟，谈谈。我与他已有十余年未说话了，中午念慈送来兔子炒青豆一碗。人俊从长兴来，谈谈他脚上留火，很厉害。我说你［为］什么不去治足、去望亲呢。他说浔儿有病，来去八天，女家只住了三天，路上等车，买票困难，拥挤，谈出门苦。

十月十七日

晚九时半上楼，看报时爱好篇幅还是剪报方法好，从今日开始。今日下午间，我用废纸学写钢笔字。

十月十八日

早上长育送粽子来，小兰要南华送粽子来，中午，念慈送粽子来，秋生送粽子来，下午，九香送鸡肉饭、花生来，晚写沅儿信，九时半寝。

十月十九日

今晚把衣服放在柜内。今晚仍理了放在脚橱中。九时寝。

十月二十日

今晚写致贤信。至十时息。写了一半，今日电灯五时放光，是从新安港电富阳接来，争取在九月十六日前发电，工人努力，今晚放光（九月十一日）。十一时寝，今日孙师母送来粽子、咸菜、炒毛豆、鱼，说和小金分食。小金去杭未归。

十月二十一日

晚写就贤信并湘信，由她转，十时息，十时三十分寝。

十月二十二日

抹身，更衣，十一时寝。

十月二十三日

天雨，转寒，今日剪斜条，未做营业。九时四十五分寝。

十月二十四日

徐雪来来，知庆和又想回来。陈培根来说，到杭想买虎骨木、西瓜酒、大补丸。旧衣、旧棉被均不能买。说吃菜炒高白要0.75元，旅馆（清泰）找不到，后来统铺0.80元。说杭州已焕然一新，认不得。陈金朝来说卞竹生走群［众］路线，群众拥护，故虽受挫折，仍立不败之地。章树泉（林荣父亲）送来粽子四只，我九时四十五分寝。

十月二十五日

宝华、南华曾来，因忙亦未招呼。陈金朝亦来，听说戏票买不到，回去。明日再来云。周宏水来，给我们菜包子吃，郑、我各一。他很客气。一定要送给我们吃，不好意思，只收下。九时三刻寝。

十月二十六日

宝华来，一椿来即去（因正是城阳完小在宣传，待宣传毕，他早走了，他叔叔来找他，也看不到）。我九时一刻寝。

十月二十七日

福朝今日上街来说病了，二月未上街，十时三刻寝。

十月二十八日

我因右眼角微红，左牙根胀痛，左大拇指微酸，因休息，故写了三封［信］，八时寝。

十月二十九日

我因右眼角红，左太阳穴胀痛（牙痛关系），左大拇指酸痛无力，上午九时去要水生医生打针，开方，上眼药。十时回来。晚九时上楼，得帆（蘩）来信，照片亦寄来。十时一刻寝。今日月饼减33%，方糖减50%。

十月三十日

孙师母拿茶来，竹筒今晚交小金托六渚妇女带去，我十时一刻寝。

十月三十一日

我今日去孙水生处转方，打针（上午九时一刻去），十时三十分寝。

十一月一日

我眼疾较好。十时半寝。

十一月二日

朱金满来换锅子，因全国粮票不能吃饭，在我处吃。傍晚九香来说定十月初六去江西娘家，人俊兄中午来说，要去杭治瘤，大动手术，接万、敦、庚来信。

十一月三日

得爵儿来信，百年来说，他有豆腐干买着，问我要否，给我炒来。我拼二十块，荷他代炒。

十一月四日

徐庆和晚上来，他宿旅馆，我十时寝。

十一月五日

白人俊来，我送百年虾子酱油、鲜味精少许，理发，抹身，九时三十分寝（下午一时去理发）。

十一月六日

我去塔山看王龙虎回来，即剪斜条，后来同王去看电影回来，上楼，九时三十分寝。

十一月七日

小兰来，永联送我鲫鱼四尾，约有一斤多，今日用红辣茄洗手脚，说可治冻疮。胡秋生告诉我，他今日特再来通知我，恐我忘记。九时三十分寝。

十一月八日

百年送来熟黄豆一杯，水饺子八只，我九时寝。

十一月九日

上楼，看报，九时三刻寝。

十一月十日

王锅子今日由郑买到，款由我付，作谢医喉和赠鱼。九时三刻寝。

十一月十一日

在四十年前的今天（农历十月十四日）是我和藔祁结婚的日子，故我今日下午休息，上午闲时看《唐诗三百首》，下午理《鲁迅全集》《新名词辞典》等书。今日看书看报，写信，看画，看照片。九时三十分息。十时寝。做了些清洁工作，开了一个罐头吃。

十一月十二日

上楼看报。十时寝。

十一月十三日

九香今日去江西云，许交来她给我炒米粉一包（一斤多），许还给我买来方糖，我看《鲁迅［全］集》，十时寝。

十一月十四日

今晨去长育家，知梅冰和长育有口角，梅冰去六渚母家，因她□□，对长育会有一定影响。我看报，十时三十分寝。

十一月十五日

看报，十一时寝。

十一月十六日

我正要吃晚饭，朴真来，买饭给他同吃。他拿来粽子（小米）、花生。五时半，关荣来，他送来六谷馃、蕃（番）芋干。我看报，十一时寝。

十一月十七日

朴真上午回去。得湘儿来信。十一时三十分寝。

十一月十八日

中南交来关荣信，说他已回去。我十一时一刻寝。

十一月十九日

得庚儿来信，知他已解劳教处分，摘掉右派帽子。十时三十分寝。

十一月二十日

下雨，有微风，我十一时三十分寝。

十一月二十一日

看报，十一时三十分寝。

十一月二十二日

得帆（藔）来信，说庚有信给她，已摘了帽子。这事我没有写信给她，是失礼的。今后应及时作书。十一时寝。今日午后有一位塔二同志何建中，他现在杭州市公安局人事科工作，路过此，特来访问，很难得，办事确是有志趣。他临走说，到杭州要我到他那里玩，还祝我身体健康，很有礼貌。他开口说你还认得我吗？我是你的学生，你是我的校长。他还说，他在四九年同赵文光一同离开，参加工作的。他问起了翢中等等。

十一月二十三日

今日冬梅来，永联来，他还送来鲫鱼给郑，郑分给我吃。冬梅饭在她姨婆家吃。我十时三刻寝。今晚盖丝棉被。

十一月二十四日

晚十一时三十分寝。

十一月二十五日

汪永生嫂送来二个鸡蛋，今晚吃了。十一时一刻寝。

十一月二十六日

小兰来。晚饭后，我去理发。九时三十分上楼，看报，抹身，十一时寝。

十一月二十七日

晚九时上楼，看报，看《鲁迅[全]集》，十时三刻寝。

十一月二十八日

松平司给我买来笋干，惜已有点转红。十一时三十分寝。

十一月二十九日

腹痛，大便今日三次。袁阿钦来，知他曾去上四乡，说六谷丰收。我九时三十分寝。

十一月三十日

得澂儿来信。看报。十时三刻寝。

十二月一日

今日吃荤菜，用甲级菜票，每人一张。我十二时寝。日来牙齿有点浮。

十二月二日

看报，读爵儿来信，十一时寝。

十二月三日

看报，十时寝，抹身，更衣。

十二月四日

得纛来信，知澂遭扒手，邱玲校中退回八种票给扒去了。我更衣，十一时寝。

十二月五日

九香来说，昨晚宿百年家，她江西回来，尚有二个鸭蛋，一小包炒米粉给我。我十一时三十分寝。

十二月六日

百年送来豆沙包一只。看报。十一时息，十二时寝。天转寒，上午九时半才日出，松平司给我采来猪油籽。

十二月七日

小兰来买洋油，因油箱漏，来借破瓶去。我十二时寝。松平司给我搞来老酒。

十二月八日

晚八时十五分上楼，写庚、纛[信]，十一时寝。

十二月九日

上楼看报，十一时一刻寝。

十二月十日

今日甲级菜买到猪脚爪，0.50元一碗。我十二时寝。

十二月十一日

关妹今日下午三时半来，晚宿曹家。我十时三十分寝。

十二月十二日

纛来信，附来庚信。冠雄又来信，复他。关妹今日中午去，因忙亦未谈。天晚，十一时三刻寝。

十二月十三日

关荣来，因忙，未谈天。他即去。十二时寝。

十二月十四日

关雄来，据说今日回去，女要结婚，女婿同来。要买布，没有中意的。想杭州去买。我说去杭要买到中意的也困难。我说简省一点，以后来穿罢。款借他，我劝他不能干农活，可给人画像，你有基础，农村经济活跃，如上门去干，吃食问题也可解决。他说目力差，花镜已太嫩。孙师母又送菜来，有鸡、有鱼，炒咸菜一罐。

十二月十五日

百年说，他去湖州一趟。我十一时三十分寝。

十二月十六日

看报，关周信芳舞台生活六十年。十二时寝。

十二月十七日

看报。十一时一刻寝。理发。下午打烊后，五时十五分—六时。

十二月十八日

柏年送黄豆炒冬笋一杯(七寸瓷杯)，看报。十一时三刻寝。

十二月十九日

工作告一段落。八时三十分上楼。写了纛、爵、贤、湘、玄五封信。十一时三十分寝。

十二月二十日

锐风分水回来，关妹要他带来麻糍。十二时一刻寝。

十二月二十一日

周洪水给我买来石灰，今晚换好，十二时寝。

十二月二十二日

晚长育送来冬至米粿。我十一时寝。

十二月二十三日

上午，仙花从大源来，带次子来，因忙，未谈天。说下午来，未来。桂兰送来鸡一只，我开了一个罐头，掺入，加笋干重炖，十二时三十分寝。袁雷明弟送来皮蛋四只，据说是他哥哥来信要他送来的。

十二月二十四日

晚一时寝，更衣。

十二月二十五日

姜元源、金南上午七时四十分来说，已买车票，八时四十分去富。我和他略谈，知仙花在最近有生一小孩（大，中楠；次，金南；三，银南；四，月南），我给金南五元，方糖八块，水果糖二十粒。晚十二时一刻寝。今日腹痛，大便三次（水泻二次）。

十二月二十六日

郑给我熟蕃（番）芋，芋子烘热吃。桂兰送来菜，亦炖热吃，有味。十一时三刻寝。

十二月二十七日

小兰来信，要帆（蘩）买布。我十一时寝。

十二月二十八日

上楼后，看报等，十二时寝。

十二月二十九日

变压器今日从街上运过，我十时三刻寝。早、晚寒，今晨面盆中有厚冰。

十二月三十日

早上锐风信，乃姊月中来，二外甥女亦同来。我给二小孩一点糖。打烊时，沈士芹和乃女来谈了几句，他是昨天来的，晚饭后冬梅、一椿来，我给一椿零钱，要他买东西吃，他们饭在饮食店吃。我十二时一刻寝。求真将晚饭前来，给涛雄物件由他带去。

十二月三十一日

因求真川资未给他，我今晨六时起床，去车站，先看未到，再去运输站问，知锐风将出门，我再到车站，遇到。十二时三刻寝。

一九六一年（工作日记）

一月一日

今日元旦。华达呢、白粗布、红元灯芯绒已断了很多日期。今日继续出售。下午，胡、罗去理发，胡去洗浴。晚放假，看桐庐滑稽剧团演[戏]，十时三十分散。我、小柯、丁守门。今晚我宿楼下。

一月二日

胡今日开斜条。我兼整理[一九]六〇年单据。今晚是整理厨仓（橱窗）。我部卷布、开斜条，九时息。我、柯十时息。我十二时寝。

一月三日

胡开斜条。今日供应斜条须买当面者给付，否则停售。虽有反映，供应压力较松。晚听缪主任报告关集市贸易问题（毛主席指示12条的第10条），王（兆铨）股长补充，九时半散。我守门，十一时寝。

一月四日

胡开斜条。我填布票表送出。晚开会讨论昨晚缪主任报告。许主任来，要老郑掌握，小张记录。王兆铨来作指示，讨论至九时十五分散。我十一时一刻寝。

一月五日

胡下午开斜条。今天下午飞雪花，晚积白。晚吴经理对我、小柯说你们上次守门，今晚可去看桐庐越剧团戏。买好票子，因到迟，未开演。我趁此做了些自己工作。八时听到许主任叫腹痛，我即去看他，要我叫阿根打电话人民医院叫医生，罗医师来（内科西医）。我守门。吴经理在供销部开各经理会议，十时四十分散。

一月六日

胡开斜条。今晚放假，看桐庐越剧团《斩驸马》，新（秦斩），十时一刻散。我和小柯，吴经理为照顾我在元旦守门，叫我们次日先去看。因小柯没时间，昨日因到迟未开演。故今晚大家放假，才一同去。座位很好，是2排2号、2排4号，是可说最好的，是朱会计妈不来，让给我们的。吴经理今日到，去看婆病。今晚我十二时寝，照门户。

一月七日

胡开斜条。我下午寄邮包，请了一小时假。晚放假，罗、胡回家，郑、我工作至九时息。我十一时寝。

一月八日

罗今日开始产期休息（在家，尚未去分水）。郑因昨晚发冷，晚饭后休息。今晚值夜仍由我继续。晚开大会，缪主任报告当前形势很好，问题很多，前途光明，总结[一九]六〇年成绩和问题，为[一九]六一年工作作出良好指示，九时五十分散，十一时寝。

一月九日

郑因病，睡楼上休息，我去看二次。我二人搞业务。中午不幸失去大约一零料约六七尺（0.41元每尺）。晚开会，许主任掌握，讨论缪主任报告。小张谈《红旗杂志》社论，九时三十分散。夜雨，我十一时寝。没有失去，因漏写一零字误会，实已分次售出。深夜醒来，记得。

一月十日

郑病，有时来搞业务。今日十日造旬报，晚八时送出。晚放假，胡去看戏，我查[一九]六〇年失窃问题，看报，十一时三十分寝。今日母猪生九胎，死四只。母猪野蛮，松平司很担[心]，反映领导，要出售。

一月十一日

郑照常工作，晚学习，高支书、许主任、吴经理均在。高说不发言，不如休息，为什么要学习，对目前情况、市场变化作精确指示，九时三十分散。我十二时寝。

一月十二日

郑上午去医院看病，晚副食品组和我们组合并讨论，发言热烈，九时半息。回忆过去，对比说明大好形势。我十一时寝。吴经理（松菜、锄菜）。

一月十三日

富阳剧团来（桐庐越剧二团）。晚开大会，大会发言对比回忆过去，比比现在。缪主任总结，十时散，我十一时寝。

一月十四日

胡下午三时后回去（发冷）。晚开会，讨论会个别发言。九时三十分散，吴主任未参加。十一时三十分寝。

一月十五日

我上午九时十五分去理发。晚放假，今晚郑值夜。我十时上楼。

一月十六日

晚开会讨论，吴主任主持，讨论［一九］六〇年成绩并布置明日起食盐供应方式。九时三十分散，因顾客少钞来查问，买冷霜少找。云系二人经手，没有少给他。我十时上楼。

一月十七日

胡因病，叫儿子来对郑说请假。今天我和郑二人在吃饭时，小柯来协助。吴经理傍晚来，许主任往桐开会，正祥桐开会回来。晚缪主任报告目前形势，谈［一九］六〇年供应情况，要烧尽（彻底纠正）"五风"[1]。九时十五分散，今晚没有电，用汽灯。金爱人在此翻被，金和爱人十一时回去。吴经理开会不知几时回来。

一月十八日

胡今日继续请假未来。晚学习，吴经理提出我和王正祥未发言，的确思想冷漠不好的。学习时有一陌生人参加，不知是何处机关来的。高支书总结，九时三十分散。我上楼，十一时下楼锁门。张回来，来通知我，免我再去看他，这样很好。

一月十九日

胡继续请假未来，吴经理去看他，不在家。晚饭后，叶同志来说胡有钩虫病，要叫我去通知他在八点钟以前去医院吃药，最好空心肚去。我去时他正阖家围坐吃晚饭（稀饭）。传晚上讨论发言最多，事实也多。九时三十分息。许主任来问日来市场情况，盐、火柴、袜子、毛巾、雨伞袋多销。十时散，我上楼学习时，吴经理总结自己缺点。

一月二十日

胡今日来。跑医院问钩虫病，到塔山买香芋等。晚开［会］，他请假回去，我造旬报。郑一人参加会议，讨论工作开后门及工作作风，讨论热烈，九时三十分散。我上楼看报，十一时下楼锁门。

一月二十一日

胡上午去看医生，下午给桐庐剧团团员寄存物件。晚开会，胡参加，大家自我总结，对领导作风协助［总结］，九时三十分散。我上楼，十时三十分下楼锁门。

一月二十二日

胡今日开本白斜条，晚放假，电影《铁道游击战》。胡回家，郑亦未去，我回家做些私事，九时三十分回店，十一时值夜寝。

一月二十三日

郑去医院开方，晚在饮食三部听王社长报告目前形势，为什么粮食产量减少、物资紧张、烟酒脱销等问题，九时三十分散。郑值日守门，我十时三十分寝。

一月二十四日

晚开会讨论昨晚报告。九时息，练习生开会，九时三十分散。我看报，十一时寝。

一月二十五日

郑上午去看医生，晚开学习会写大字报。九时三十分息。我十一时三十分寝，写大字报一张。

1.“五风”：1960 年 11 月 15 日，中共中央作出《关于彻底纠正“五风”问题的指示》。

一月二十六日

胡下午替亲友去订小猪，五时回来。晚在供销部开大会，高支书报告讨论方式，大字报概要、核要中肯简明，八时散。写大字报，九时三十分息。我十时三十分寝，写大字报四张。

一月二十七日

胡下午请假去上四乡岳母家。晚开会，大放大鸣，对许主任、吴主任、吴经理、十姊妹，九时半散。高支书亦来听，吴主任掌握。十时三十分寝。

一月二十八日

胡今日下午打电话来，要明日落来，续假一天。晚，我棉布一部、二部做准备工作，未参加学习，工作九时半息。我看大字报三刻钟。郑说工作慢，不跃进，不能一人顶二人、三人用。很对，今后应注意。我十一时寝。

一月二十九日

我斜条。晚同郑剪小斜条，胡未到。花布部今晚盘货，柯、庐协助，没电灯，用汽灯，九时息。我、郑九时三十分息。今晚郑值夜（他侄婿来宿此）。我十时上楼。

一月三十日

胡到傍晚吃晚饭时才到。下午吴经理，三时后中民都来协助。晚点汽灯盘货，秉鸿、小柯、中民来协助盘毕，吴来协助。后来蒋文孝来还自由车（自行车），看见在算账。他问吴经理是否要协助，经他算启发很大，大家算的劲头大了，九时半息。我十时息，上楼。

一月三十一日

今日月底结总报表，晚十时息，上楼。今日学习会讨论发言积极，我造报表未参加，同志自我检查和帮助同志。陈玉娟昨日回店工作。

二月一日

我月报账上午送出。胡开斜条，下午续开。晚开大会，鸣放开后门情况。我下午核盘账损溢，晚报出。讨论会九时三十分散，我上楼。

二月二日

日来业务较轻，晚在三部开大会，个别发言（回忆对比）。柯银行长作学习总结及今后学习方法。高所长作警卫报告。九时三十分散，我上楼。

二月三日

胡上午去医院，下午去打针。晚在生产资料仓库开大会，高支书报告学习情况，［一九］六〇年工作总结、春节供应、防火防盗等问题，九时散。为体现阶级友爱支援旧衣服。回家后讨论，我上楼理衣着。

二月四日

胡开斜条。晚开大会，我百货一部门，余分组评比，九时三十分散。我上楼。

二月五日

天雨。业务闲散，我兼看《浙江工商》。晚学习会，吴主任来掌握。吴经理八时由桐回来，亦参加主要评比。对我一般，认为工作好，慢一些。我因成分关系不作评定，九时三十分散。今晚胡来值夜，我十一时下楼锁门。

二月六日

天雨。业务轻，我看《浙江工商》。晚在供销社开大会，宣布先进工作者及综合奖等级并讨论，九时十分散。今晚我值夜，胡亦未去，先睡。因人不适，早寝。我九时半上楼，十一时下楼锁门。

二月七日

今日发薪给。庐中民下午富阳回来。晚各人自写学习心得，听庐谈，均未写成。九时十五分上楼。

二月八日

胡今日中午开斜条。晚，我们各人自己写学习心得，九时三十分息。我上楼。许主任今日往桐庐开会。

二月九日

我今日医院去了三次（请假去）。晚上吴主任通知我春节上海不要去，叫你们儿子来好了。我说他没有时间，不能来待。郑先去，我是否待郑回来，我再去。他说看情况再研究。吴还说你写信给他，你不去好了。我写信去。今晚开大会，七点半开始，九时散。主要为蔬菜商郎生风一人买十斤带鱼，是新登公社决定每人半斤带鱼过春节，她一人占二十人数量。我九时四十分上楼。

二月十日

我中午去医院打青霉素针剂，胡亦去看病。

晚，我造旬报，郑、胡写心得。我因鼻上疼和枕骨上疼，不适，八时三十分上楼休息。

二月十一日

郑在准备回去。晚各自工作。我九时十五分上楼。

二月十二日

我去医院配药，晚开[会]，许主任主持报告，县人委指示春节物资六项指示及保卫工作。九时散，今晚我值夜，宿楼下。

二月十三日

郑今晨乘七时车回家。我和胡二人搞业务，胡去理发（上午八时），小柯代。晚去洗浴，今晚自由工作。我十时寝。

二月十四日

今日我做营业兼搞卫生。抹玻璃、抹桌。今日二环洞门栅门装上，可上锁。今晚除夕叙（聚）餐。我们二桌下午四时三十分开始，胡他们十桌六时开始。我看报，九时半寝。桐庐越剧团今晚上演。

二月十五日

今日古历春节休假，雨雪。我上午整理厨仓（橱窗），点缎。九时上楼，做些私事。经常下楼看看。晚去看电影越剧。十一时三十分回来，宿楼下。庐经理、许主任开门，十二时一刻寝。

二月十六日

我在楼上搞私事，仍经常下楼。晚九时下楼看报，十时寝。

二月十七日

今日休假第三天。胡秋生值日，我下乡。中午回来，胡下午去打猎。我代他值日，和爵谈谈。晚九时三十分下楼，看戏，十时回来。

二月十八日

今日第一天开始营业。上午七时三刻开，四时一刻打烊。我去医院换药包，要吴经理代。晚看戏，我值日守门，十时四十五分散。下午去理发。

二月十九日

郑今日未来，下午四时三十分打烊。晚饭后我六时三十分上楼，中间下楼几次。胡九时来，今晚值夜。张十时回来，我关门上楼寝。小柯晚八时来。

二月二十日

我今日仍和胡二人搞业务。胡因女来，不安心，要送她回六渚。下午四时三十分吃过晚饭，送女去。我造旬报，八时填毕送出。因胡去六渚，我宿楼下，十时寝。郑深夜十二时到，是昨日出门，今日由杭乘轮船，从富阳徒步回来。

二月二十一日

今晨我将请假条递给吴经理，她说要我交吴主任。上午八时交吴主任，九时吴同意我请假六天（去沪探亲），准26日回来。我上午工作，下午二时三十分车赴杭去沪。

二月二十八日

我在二十五日下午车到杭已下午六时，徒步到栈房等吃晚餐。归来已深夜九时一刻，不及去买汽车票。在二十六日清晨去买票，只有二十八日上午八时三十分第607次车到。今晨候车，知因轮胎损坏，到中午十二时三十分才开出，到新三时正。五时工作。今晚开会，郑、胡去参加，我值日守门，八时散。开始讨论棉织品供应方式有更改，讨论至十二时息，电灯息（熄），每人买榧子半斤。郑值夜，我上楼。

三月一日

郑、胡下午开始盘货。我造月报，重做对账单，造改制升溢表，复核尺损耗。晚和郑盘楼上小仓库。九时四十五分息，我上楼。

三月二日

我核盘账。今晚放假，有电影，有桐庐越剧团演《万花楼》。我值日守门。十时一刻剧散，我上楼。

三月三日

我今日再复账。晚开会，许主任主持，反映日来情况，八时三十分散。我上楼。

三月四日

郑上午协助一组盘货准备。下午胡亦去，周来搞业务。晚二组均盘，十时十分息。今日二组合并，我十时二十分上楼。

三月五日

今日一、二组合并营业，账未并，待盘单核

准再并。晚放假。我、郑均去看桐庐越剧团演《满江红》，十时二十分散。今晚我值夜，宿一部处，十一时三十分寝。

三月六日

胡去新建发布票，周、钱亦去。我和郑二人搞业务，我兼查账。晚，郑去开会，我守门。他们三人仍去，为布票事。我十一时寝，吴经理往上羊龙。

三月七日

周搞发布票工作，胡下乡发布票。我、郑、钱三人工作。晚，我、郑卷布。胡下午因跌了一跤，请假未来。钱、周晚核对名册。我十二时寝（守门）。

三月八日

今日郑、胡、我、周、钱五人齐。晚妇女参加“三八”节。今晚章小儿值日守门，我去同她说，我给她代，叫她去参加开会，她很高兴。今晚男子开会，许主任、庐经理掌握，讨论业务，八时半散。我们理布票，九时半息。

三月九日

郑今日下午在扶梯下搞清洁卫生。晚开会讨论计划及商品销售情况，部［门］柜［台］核算及开支节约等问题。九时三十分散。我十一时寝。

三月十日

罗冬连今日下午到新。晚放假，看爱国剧《卧薪尝胆》。我造旬报，八时送出。看报，十时三十分寝。

三月十一日

今日二组合并，周去协助徐月娥。胡明日去杭治病。晚放假，我九时三刻寝。

三月十二日

今日罗冬连来工作，做不久，庐经理来，要她到针织部协助。胡下午一时车去杭治病。我下午四时至五时理发。晚放假，我八时上楼。今晚郑值夜。

三月十三日

天雨。四人搞业务。晚没有会，郑去参加座谈会，我代守门，九时三十分散。许局长今日来此。我九时四十分上楼。

三月十四日

日间工作同。晚开会，庐经理报告，要管好种菜，要将削价商品整理好，以及（并将）紧俏商品供应办法［制订好］。许主任来报告县里开会为国民经济、生活问题，主要卖啥、修啥、补啥，基本上要做到这点。我今晚买煤油一斤半，提出这问题，今后当节约用。我十时寝。

三月十五日

日间工作同。晚自由工作。我八时三十分上楼。今日报5日布销售数量。

三月十六日

今日工商联张镜卿同志和庐经理通知上午八时去工商联开会。到后我们八人［接］通知明晨七时乘车去桐集合，到分水煤灰厂学习开会二十天左右，学习政治和劳动。同学八人。每日劳动五小时，政治学习带《浙江工商》（第19—20二期）。我们组长丁金宝。我工作移交给钱美儿。我将布票理毕封好交出。

三月十七日

丁金宝、诸葛雪奎、金百顺、王大奎、孙阿毛、柯梅林、金甘霖、我等八人，早上乘六时汽车往桐县工商联参加学习。车到八点四十五分开出，十点四十五分到桐，住工商联楼上。午后我们游桐君山和元通寺。晚有电影招待我们。早寝，有几位去看富春越剧团。

三月十八日

上午八时上船到塘坞村已下午六时（十时离开桐君山）。晚休息，吃稀饭。

三月十九日

上午听报告。今天在农民食堂吃，菜由自办食堂供应。下午学习五时息。晚餐六时半。学习八时半散。九时入寝。

三月二十日

六时半起床。今天上、下午，晚上都是讨论陈主委来指导。下午窄溪组来增加二人。晚八时三十分息，九时入寝。讨论对高级菜点发言最多。

三月二十一日

上午讨论，下午窄溪组来我组参加六人晚讨论。八时三十分息，九时入寝。讨论和昨日相仿，农村市场情况。我颈边生一瘰。

三月二十二日

上午七时半，去煤灰厂实习。我挖泥沙，挖65头休息后挖72头，回来吃中饭。十一时半息工。今日中午吃蕃（番）薯丝饭。下午雨，学习，晚学习。金谈到棉杆厂情况。窖溪组谈畜牧场情况。晚八时半息，九时寝。

三月二十三日

上午学习，下午去劳动。今日休息前挖石子198头，休息时由丁金宝陪去医务室包药，遇到黄支书，由黄支书关照包药。挖沙石96头。晚餐今晚吃花草子调米糊。晚学习，大都摆问题。八时三十分息，九时寝。

三月二十四日

学习前写信给介亮，免他来扫墓失之交臂。六时半同志们去挑米，托带至南寄去。上午学习，下午因雨，我组分三组学习，新登、窖溪、七里垅三组。金谈永昌、清河、湘溪他的工作情况。现在富阳组，开文娱晚会、古事、笑话、唱戏、唱歌等，汽灯坏，未到钟点散。我在晚会时荷郁组长给我送来《人民日报》八份、信四封，得庚、虋、雷来信更安慰。九时寝。

三月二十五日

上午学习。九时邵秘书长总结一周学习。总的说，问题摆了要分析，要统一思想，否则会犯错误，有不正确的看法和说法。中午来电出工去灰厂劳动。晚讨论。邵秘书长报告。八时三十分息，九时入寝。挖［石头］165头、124头。

三月二十六日

晨将衣服拿去让一绍兴妇女帮洗。上午学习，下午劳动。第一次挖石沙111头，第二次挖98头。今天是到此后第一天晴出太阳。晚讨论，朱秘书长报告。八时三十分息，九时寝。深夜约十一时来敲门，说是丁子根（名字不知有没有错），在十八日红石洞劳动中，因跌一跤落水病重。约在二时又来敲门，天亮又来叫，陈评委去。

三月二十七日

天晴，上午讨论，下午出工。第一次挖石沙296头，第二次挖156头。晚讨论。今日吃菜包子，每人七只。晚讨论，八时三十分散。

三月二十八日

上午学习。休息后有些提出天冷，要到太阳底下去讨论。在食堂横边讨论。下午学习劳动。挖256头，第二次挖140头。晚他们去看电影。我未去，诸葛亦未去。和王松庭谈他的业务。八时入寝。

三月二十九日

上午学习，下午挖泥石。第一次264头，二次148头。晚到学校，听和平生产队黄支书报告生产情况。八时三十分散入寝。

三月三十日

今日回桐庐，先将行李挑港埠。听说尚有鞋子等遗落，我再回食堂，将自己食堂用具带来，先说我离组，可三人坐船，孙、诸葛、我三人坐船后，看船重，我走路。下午三时半到桐。我们和柯、诸葛等同行时间较多。九人同行到后，船亦到。将行李如传袋搬上岸。晚宿钱江旅馆楼上（对面）。晚看临安越剧团演《青春误》约九时半散，入寝。

三月三十一日

上午讨论，下午讨论。我休息时去人民医院看颈上瘰子。晚放假看电影。因电灯未明，人挤。我回来入寝。

四月一日

上午学习，下午学习。晚上学习。平组长下午去七里垅。郁组长上午来讨论当前“大跃进”好的标准。晚八时三十分散，入寝。

四月二日

上午学习讨论。梓芳坞生产队余支书报告该队情况，十时散，讨论。在休息时，我去医院，换药。下午参观元通寺展览馆。一时出发，四时回来讨论。晚讨论，九时息，入寝。

四月三日

上午学习，下午到猪头坞开荒劳动。晚讨论说明日上大会发言。九时入寝。

四月四日

上午讨论片刻集合。个别发言。下午劳动。因天乌云四起欲雨，郭与我守伙房防漏，丁组长说好二时后转晴，诸葛亦未去。我要他守，我去理发洗浴，三时四十分回来。他们劳动四时十五分回来。晚放假看电影《战上海》，我组大都未去。八时入寝。

四月五日

今日清明。上午学习，下午到顾家坞劳动种北瓜、采茶。四时半回去。人不多，李主委提出来说，人这样少，晚学习小组王同志提我组十八人只去八人，余未请假。今后应纠正。王提出，在至南时，带羹少一碗，面包多买，蕃（番）薯，四两粮票，次日要走，还要农民深夜来讨。我认为工商界还要学习是必要的。九时散。九时半入寝。

四月六日

天晴。上午今日不知谁又将尿在桶外。我用灰扫去，否则他们又要来骂。

四月七日

早上五时起床。吃面包四只。乘车到七里垅工地参观水库。看到工程伟大紧固，机械化、自动化。先由徐秘书介绍。电站是1958年由上海在跃进开始，6月份设计，8月3日施工，边设计边施工。一百零五公里，发电还可□电力。以新安江、七里垅为浙江电力中心。新安江最高70公尺，这里仅35公尺，最高155公尺（新），这少迁移民房为原则。电站水库面积65平方公里容水量，这里移民三万多人。梅城用防爆工事可少移民几十万，稻田能受益。第一，鱼道养鱼，有名鲥鱼，“鱼梯”。第二，厂房施工。第三，预留坝17孔，泄道多余的水往下一放（洪水大的时候）。第四，船闸325尺宽，15公尺高，每天24小时船只可以来往无阻。安徽茶、竹木都经过此间。现在暂时不通。我们搞通以后，钱塘江、太湖、运河、北京，可不从外海，100吨船轮可以往来南北。今天放炮，为了船闸工程……

七里垅参观后，十一时回旅馆。15号房间，我组18人。休息到饮食店吃盖浇饭。回栈休息，下午一时去七里垅钓台参观。有东钓台、严子陵钓台，有石笋、石平台。西为宋谢皋羽先生钓台，和巨石直冲云霄。我们步行来去，回到栈房已下午四时三十分，五时乘专车回桐（经芝厦去时，横路近）。晚放假看电影。六时下雨。我早寝。朱善庆来谈，他明日回新云。杨小春因女病，回桐庐。在四十年前，高小旅行，游严子陵钓台，我父不同意我去，没有去。在五十年前，同妈、姊去徽州，曾坐船经过七里垅。今已五十年了，山在变，水在变，诚然。

四月八日

上午讨论，天雨天寒。下午、晚上均讨论参观七里垅钓台情况。晚上李维汉部长报告“三不得”，党反不得，右派当不得，资本主义道路走不得。陈主委也来参加半小时讨论。勉励同学要认真学习，争取改造。九时入寝。

四月九日

天晴，仍寒。上下午晚学习李维汉部长报告第四节。杨小春五岁女儿亡。

四月十日

上午讨论为什么同一事物有两种看法和说法。下午讨论为什么听到改造有特别感觉，党以病治病比较易懂。晚放假看绍兴同兴绍剧团演《凉亭会》《三打白骨精》，十时一刻散，就寝。

四月十一日

上午讨论第二次，邵秘书长指导讲得很易懂。下午讨论，晚讨论，学文件。九时息，入寝。

四月十二日

上午听李部长报告，十二时息。下午讨论，晚讨论。孙、王、顾上楼向领导小组发言。九时散入寝。

四月十三日

上午讨论人民公社等问题。下午晚上讨论。晚孙、王、顾预备发言。九时散，入寝。

四月十四日

上午大会发言六人，下午、晚上写总结。

四月十五日

上午写总结，下午听报告。晚聚餐。九碗：一面盆油沸带鱼、蒸带鱼、笋底炒大蒜叶（熟些）、炒大蒜叶（生些）、笋炒大蒜、芹菜、青菜、大蒜烧鱼。王同志寻给我和筷粗一寸长的鱼一块（因水大，只有三四斤重一条鱼），红烧毛笋，一碗大蒜烧豆腐，一盆青菜豆腐，面包每人半斤。饭后再写总结。六时三十分缴郁组长，晚听陈主委、邵秘书长、李主委报告，九时三十分散。

四月十六日

归心似箭。有很多同学三时即谈话。我、孙、柯、丁、金、王六人乘八时二十分建德车返新，九时一刻到新。请假回家。

四月十七日

今日上午做业务，下午去七家坞小坞里劳动。因去迟一些，不知在什么地方，寻得很久（因我要小柯略等，他先去了），四时二刻回来。晚开会评一季度成绩，九时五十分散，我上楼寝。

四月十八日

我和周搞业务，郑、钱上午播种苋菜，下午去七家坞种南瓜。晚开会讨论挑战书及部门和部门、个人和个人挑战，九时散，我上楼。

四月十九日

上午搞业务。周去协助老江。我兼核进货。下午去劳动，共七人。晚开大会，应挑战。高支书报告60条，补充12条指示。因事（去公社），由缪主任报告。十时散，我上楼。

四月二十日

周仍在百货部协助老江。今日旬报我造。晚开会学习60条。吴主任主持，张学山读文件，青年去生产资料部开会。我们九时二十分散，我上楼。

四月二十一日

郑今日开斜条，我、钱二人搞业务。晚放假看电影。我七时上楼做些私事，下雨。

四月二十二日

还是三人搞业务。今日工商联开座谈会，陈主任来（听说邵秘书长、朱秘书长亦来，可能分工已下乡，王正祥参加，听说十余人）。晚开会，芦经理主持讨论，二季度计划棉零部16200，后学60条，仲二读，九时散，我上楼。今日吴经理下乡。

四月二十三日

上午我把仓库打扫了一下。下午郑去劳动，晚饭后我理发。晚放假，青年去大礼堂听报告。我九时三十分上楼。

四月二十四日

今日下午钱去劳动。晚放假看电影《烽火列车》。我值日守门。九时四十分散，我五十分上楼。今日下午陈政委来，知他现在杭市委工作，人胖，他说我瘦。

四月二十五日

天雨，上、下午工作同。晚，钱去供销部开会，我们在门市部开会，学习十六条。今日业务较闲，我便看《解放军渡长江》和《大办农业》等长篇记载。晚九时上楼。这月补发票粮一斤。

四月二十六日

上午我抹玻、桌等，搞清洁。晚放假，我、郑、钱去看杭州歌舞团表演歌舞。十时散。

四月二十七日

我今日上午擦玻璃窗，下午划布码。钱划花布，郑划色布，做盘货准备。庐经理傍晚到。晚开会，准备盘货、计划种菜及棉布销售改进，八时五十分散，我上楼。

四月二十八日

我上午造开斜条、复尺表，下午三时同钱盘小仓库货。晚饭后等电灯不亮，各自回去。我核盘单。九时电灯亮，不明，十五分钟后又黑。我九时十五分上楼。

四月二十九日

今日起早盘货约一小半，完事。我结算，周来协助。下午晚饭后钱、郑去浇菜。晚放假，我八时三刻上楼。

四月三十日

今日月底，把月盘账复了一下，把溢上报。晚造月报，结自己日结。十时三十分上楼。

五月一日

今日市上人比较多。晚放假，工商联送来电影票《12号列车》。我去看，九时五十分散。先放映《建国十年北京集会情况》。今日食堂吃腌肉，烧沸豆腐，每人一碗，每碗0.28元。

五月二日

钱去大食堂听长征干部（富阳敬老院院长，57

岁)报告长征革命情况、敬老院情况、志愿[军]在朝鲜情况。上午至十一时，下午十二时三十分开始，三时散。晚青年去供销部开会，批发部开业务会。我、郑、吴经理剪斜条，八时三十分息。我看《新工商》，九时上楼。

五月三日

我上午吴经理要我去大仓库园地摘小白菜给食堂。这地针织部管理，因他们忙，我去。今日五人共摘了小白菜57斤，莴苣菜57斤。下午把布票表造就，连布票一同送出(中民)。晚开大会，高支书报告关支援农业问题、服务送货问题、劳逸结合问题、当前农业四抓问题、季节质量问题，九时散，我上楼。

五月四日

郑开斜条。芦经理说叫我去种田。我因手臂上生病，他说可不去。后来恐也没人去。晚青年去开会，剩下芦经理、丁、柴、郑、我五人，谈了劳逸结合、休息安排问题、开荒蔬菜等问题，九时散。今晚有电影《党的儿女》。下午把周座、大菜桌抽斗整理了一下。

五月五日

郑今日中午去窄溪参加交流会，和张小儿一同去。钱四时三十分和周去拔苋菜地草和施肥，五时五十分回来。晚开会，芦经理主持讨论存在问题及寄售等问题，九时散。今晚我宿店堂中，十时三十分寝。王正祥、芦中民去富参加桐工商联学习班。

五月六日

芦经理上午去窄溪参加交流会，晚八时回来。郑未返。我和钱二人搞业务。钱值日，八时回去。我仍宿楼下。晚有电影。

五月七日

今日仍与钱二人搞业务。晚放假。我、钱去看金华京剧团演《樊梨花》，十时三刻散。郑晚上八时来，我上楼宿。

五月八日

郑上午去七家坞劳动。晚开会讨论劳逸结合。我这月休息，是十四日和廿四二天。九时散，上楼。

五月九日

钱上午去摘小白菜。今日起，下午轮流午睡，每人一小时三十分。晚开会学习六十条。因喻更生提出自留地问题，[受到]打击，陈仲二、丁连根、郑子芳帮助辩论至会散(九时)。我上楼，下雨。

五月十日

我上午去医院敷药，核账。晚造旬报，参加学习一小时，九时散。学习60条(至三十九条)。今日施秉鸿来。

五月十一日

今日我上午因欲呕、腹痛，请假。到十时三十分下楼，调换吃饭。晚放假，看金华京剧团。我七时上楼，郑亦未去。

五月十二日

今日上午我去拔小白菜，后因郑将布背下，钱来叫我划布。晚因人少，会未开。我和郑剪斜条，看报。九时上楼。晚学习，钱因小女有病，请假。

五月十三日

卷土帆布，晚放假。郑在看。钱因女病回去，未来。看到八时三十分，有一双轮车席子到。去叫柴忠，他不在室内，叫拉车妇女去叫。我再去叫，他爱人也如此说，叫他儿子去寻不得。我到大仓库门锁。拉车者叫急，肚子饿了。我把门除下，让她将席子拿进。我九时上楼。

五月十四日

今日是我休假日期。我想住在店内，应去协助下排门。钱未到，我和郑二人下。我大便后，钱来。我问她，因小孩有病，她是否要请假，我可缓休。她说看医生已委托保姆，可不必。我七时回家，至十时去调他们午餐。知钱已去医院，因得家中来信说，内人有胃病。郑请假一星期，准备明日回里，21日回店。钱因小孩病重，要住院，下午回去。晚放假，郑值日，我去看戏。十时三十分回来，上楼寝。

五月十五日

郑今晨回绍。钱未来，先由芦经理协助。七时后周观凤来。我和周二人搞业务。晚开会，许主任主持讨论业务，要货备夏令和交流会商品，九时散。今晚我宿营业场所，十时三十分寝。

五月十六日

今日仍周来，同搞业务。晚放假，我立账册。九时息，十时寝。下午四时三十分要小柯代我去医院换药。吴经理回来。

五月十七日

今日上午我去看了钱同志，知她的女儿已好些，在昨日出院，拟明日来店工作云。我问了她卷花和花胎存放所在。我在午睡，少一小时去理发。晚开会，许主任主持学习六十条，知他在富学习，也是学习材料之一。据说本来五十条，尚有十条是富阳东洲沙建议增加，由中央工作组来领导云。九时散，我抹身，十时三十分寝，寝时下雨。

五月十八日

今日钱来，三人搞业务。周上午去劳动，拔苋菜地草。下午五时前我去医院换药。晚开会，许主任主持，芦经理去工商联开会，九时散。我仍宿店堂中，十时三十分寝。

五月十九日

今日上午我搞卫生，整理二个柜和上横头[1]。晚开会，金秀鸿亦到，谈要货、搞卫生、迎接检查、计划完成。许主任、芦经理、吴经理均参加。九时散，我十时寝。

五月二十日

上午我搞卫生，周去协助文具部。她们自己搞卫生。晚造旬报。我、周、钱去看杭州绍剧团演《龙虎斗》，小柯、小郎亦去，十时四十分散。我十一时一刻寝。

五月二十一日

我上午去摘豌豆（共摘56斤）。郑请假至今日。今日未到。周今日休假。晚放假，小郎值日。她九时半来，我叫她去睡，我给她守门。我十一时十五分寝。

五月二十二日

下午钱去开会。晚财贸系统全部到饮食三部听公社孙秘书报告目前形势（新登情况农业）和今后工作，九时五十分散。我十时三刻寝。郑尚未来。

五月二十三日

上午钱去摘苋菜劳动。下午四时后周去休息，兼种高粱。七时三十分来。晚放假，今晚郑值日。郑下午五时到，因他绍剧没有去看，我守门，他去看，十时五十分散。小柯去看电影《斗诗亭》，绍剧《满江红》。我十一时上楼。

五月二十四日

今日我五月份第二天休假。上午去落排门，下午去钞票汇总送银行。晚上排门，参加学习，七时三十分开，九时三十分散，我上楼。

五月二十五日

今日上午我挑灰，钱抬肥到七家坞，锄花生，共去八人。沈、黄、郎、柯、丁、韩回来吃午饭。晚开会，分二组，工商联会员一组，职工一组。七时半开始，九时散，谈农村形势，布置明晨割麦，故早半小时散，我上楼。

五月二十六日

今晨六时一刻出发去割麦。郑、我去，钱、周搞业务。我们组十五人，许主任、芦经理、吴经理都去，到南津桥杨家油车边小桥头割。上午十时三十分回来，下午一时去，五时回来。晚放假，我排门上了，上楼。

五月二十七日

上午我和钱去割麦。中午回，得孝仁来信，知桂香今日从淳安来。下午一时三十分可到。我和郑说了，郑说他去，我即在店。下午因雨，郑、钱亦未去割。晚放假，早寝。防台风，我排门上了，即回家。

五月二十八日

今日钱调到茧行当出纳，周调到针织部协助。我和郑二人，我核五日销货记账。晚开会，仍以会员、非会员分为二组，学习八届九中全会公报，学习六十条指示，九时三十分散。今晚电灯无光。

五月二十九日

今日还是我和郑二人搞业务，兼做盘货准备。

1. 上横头：江浙一带方言，指坐席或厅堂的尊位，上首位。

晚到戏院听法院审判大会，审判胥口供销部偷窃犯，刑六年，九时五十分散（法院院长还作了指示，要干部提高警惕，做好安全保卫工作，爱护国家资财）。

五月三十日

今日胡从胥口回来了（据说是前天回来的，昨天困了一天）。周今日亦回到本部。他们二人搞业务，兼划布封头。我和郑盘小仓库，九时毕。我算盘单，郑去扦豇豆杆。下午轮休。晚盘货，至九时三十分息，我上楼。

五月三十一日

郑搞布置，下午去扦蕃（番）芋。胡上午复账，协助搞布置。我算盘账，周搞业务。晚开会学习。我造月报，九时三十分息，我上楼。今日我中午没有休息。

六月一日

我查盘单，郑布置玻瓦，下厨仓，胡先复账，后协助周搞业务。晚在三部开大会，听报告，九时散，我上楼。

六月二日

我今日将上月份布票汇总填表送上。周中午回家吃面，休息，下午来。晚开学习会，他们放食堂，我们放四部（水果蔬菜部），九时半散。

六月三日

今日上午将厨仓（橱窗）上零落褪色宣传擦去。郑同我一齐动手。晚开会讨论，九时三十分散。

六月四日

我趁空整理花布厨仓（橱窗）。周上午去摘苋菜。晚放假看电影《马兰花》。胡值日。九时我们要他先去[看]电影，十时一刻散，我上楼。

六月五日

今日送肥，原定去一人，胡去，后来临时通知，芦经理要我也去，说部门会另调人来协助（张子芳来）。上午送二次，下午送二次。把猪栏肥大部分是毛笋壳，送去上加肥（芦、柯、张、章、沈、黄、邱、韩和罗上午去）。今日我值日。晚开大会，在饮食三部，李局长报告，主要是放下顾虑，大放大鸣，九时四十分散。我上楼。

六月六日

郑、胡去开会。上午小罗来协助。会散，郑配货。下午打包。晚仍分组开会，将散，李局长作指示，九时四十五分散。我上楼。

六月七日

郑、胡去永昌参加交流会。柯、章、张、黄同去。周今日来，我们二人搞业务。晚开会，我写大字报二张，九时三十分散。今晚我宿楼下营业场所，十时三十分寝。

六月八日

今日我和周二人搞业务。晚开会，讨论放鸣，写大字报，九时三十分散，我宿楼下，十时三十分寝。

六月九日

今日上午九时接到通知，将排门上好，把下格布匹搬上楼上。郑下午四时到。中午我因周来十二时三十分，我一时上楼休息。吴经理一时三十分来叫开会。晚休息。今日每人可购古巴糖一包、酒或水气。我七时上楼。

六月十日

郑、周、项三人搞业务，将厨仓（橱窗）复原状好。晚开会。我请假造旬报，十时毕。会九时五十分散，我十时上楼。

六月十一日

胡中午到。郑今日开斜条。晚开会，我们在饮食三部开，芦经理傍晚来学习，九时四十五分散。我上楼写二张。

六月十二日

郑开斜条，我剪小块。晚学习（仍分组），九时三十分散。我写大字报一张。王正祥、芦中民学习，今日下午回来。

六月十三日

郑核对交流商品。我上午开小斜条，下午营业。郑下午开斜条。晚放假，我值夜。她们把毛线，他们打老开。芦经理对去学习会员反映学习情况。仲二谈他们阿公及一件事件，说十年无头案水落石出。九时五十分散，我上楼（阿公即坤才，今年88岁，城阳，男人中可说最年长）。

六月十四日

今日提布。我剪了些小斜条。晚仍在三部学习，九时三十分散。我写大字报一张，十一时寝。

六月十五日

郑下午开斜条。我上午剪小斜条。因胡去医院，我搞业务，晚开大会，大会发言。芦经理要我值日守门。章秋文去参加开会。十时二十分散，我上楼。

六月十六日

我七时三十分请了假去给桂香买车票。票买不到，九时回来。晚学习放鸣，今晚放洪正函历史、蔬菜店、饮食店、钟表照相店情况、吴主任作风，十时散。我上楼。

六月十七日

郑去挑黄壩。我和胡二人搞业务。我因桂香去，在上午八时三十五分请假去，八时五十分回来。晚开鸣放会，芦经理叫我值日。办事处叶同志陪来杭州文物保管会，来查五零年我交给文化馆书画，同志姓朱。晚会议，十时散，我上楼。

六月十八日

我今日去挑黄壩。胡、郑搞业务。中午通知郑一点三十分开会。胡说叫我下午不要去，要郑去向芦请假。芦说项去调别人来，故我下午仍去。到四时，胡、郑来，胡五时半回家。晚来开会，韩去开会，芦要我值日守门。十时散。郑、张十时四十分来，我开门。

六月十九日

今日胡去挑黄壩，我和郑搞业务，我兼核进货。晚放假，我七时一刻上楼。

六月二十日

郑去挑黄壩，我和胡二人搞业务。我因今日旬报，业务较忙，中午未休息。晚请假造旬报。今晚会分钱，开会员、职工一同开，十时散。我守门，十时四十分上楼。

六月二十一日

今日我去劳动，挑黄壩。纱布开始供应，每本购货薄买二尺。晚开大会，芦主任要我守门（盛值日），十时二十分散，我三十分上楼。

六月二十二日

胡去劳动。据说今日有加倍人劳动（40余人），基本上已完工。晚开会，我守门。剪纱布一匹，开小斜条200条。会十时十分散，我十时三十分上楼。

据张学山同志说批给鞋革社布料是95折。芦经理开购布证批上按92折供应，故我们批给鞋革社是92折□。在21日芦经理说纱布开始供应，每一本购货簿可购2匹。今日下午三时芦经理、徐主任说已售完，停止供应。

六月二十三日

今日售纱布134百尺，较忙。晚到戏院，听解放军讲革命回忆录，放电影《革命家庭》。芦经理叫我守门，十一时散，我上楼。

六月二十四日

今日来买纱布人很多，和颜对付。郑开斜条。晚开大会，许主任、芦经理、吴经理自我检查，再要同志们帮助，十时散。我上楼。

六月二十五日

郑开斜条。晚开会，许主任掌握，关五月十六供应及销售计划。芦经理在批发部讨论，九时散。我们开斜条至九时四十分息，我上楼。吴经理昨晚十一时半腹痛很甚，我叫张学山打电话至人民医院，罗医师来。霍乱，［项］水濡来打针。去时已十二时二十分。小郎、小王、师母也起来。

六月二十六日

郑开斜条。我兼核五日账。傍晚张震刚来协助我们。晚大家开斜条，开小纺，十时二十分息，我上楼。张宿大华旅馆。

六月二十七日

今日郑、胡、张、我四人搞业务。晚开会半小时，工作至十一时息，上楼（开斜条小纺）。

六月二十八日

今日四人搞业务，销一千余元。晚开斜条，理布票，工作至十点四十五分息（八时打烊）。

六月二十九日

今日上街人数虽比昨日略减，但涌来踤去，排队买商品人数不减昨日。晚开会，八时半散，我九时一刻上楼。

六月三十日

今日我核复尺，开斜条，造表和月报，至十一时三刻息，未造成，息。胡、郑做了一些盘货准备。今日因上街群众还是很多。一谣传布票六月底到期，二想来买买排队商品，故到下午五时才散。郑、胡为布票等工作也到十一时才息。

七月一日

今日做盘货准备。到上午九时我将月报报出。和郑去盘楼上小仓库。下午三时郑、胡开始盘花布、色织。吃过晚饭，盘色布到十时息。我核盘单，十时十五分上楼。

七月二日

核账不准，下午三时单盘花布。晚开大会，体制改革，市场调整，李局长报告，九时散。回来讨论，十时散。我十时三刻上楼。

七月三日

核账，仍未符。今日下午三时开始，全部重盘。晚共同算到十一时寝。开会，十时散，在俱乐部讨论。

七月四日

盘单今日上午算出，填表送会计室。下午把布票报表送出。晚开大会宣布体制改革调整单位和人员名单，宣布我和郑在原单位，胡、郎、张到对面搞合作棉百商店，十时散。我上楼。

七月五日

胡今日休息。我和郑二人搞业务。晚开会，郑、我值夜，十时散。我上楼。我今日搞清洁卫生（营业场所）。

因售横罗事许查问，郑查不明白，气忿说大会提出来好了。我对郑说应查明，告诉许主任，大会提了还是要查的，责任来讲也应查明才能释疑。结果查明上次说短耗 5.2 尺，富敬老院售去 5.1 尺，郑漏记，实损耗只一寸。

七月六日

我上午兼整理上半年报表票据零包。晚开会，我值夜，亦去参加讨论，计划商品排队。许主任提出来，营业员先买绸料，外界意见很多。十时二十分散，我上楼。今晨我五时即去会计室印腊纸，七时回来，再洗面吃早饭。

七月七日

胡来续假（第三天）。晚放假，我八时上楼。

七月八日

胡今日第四日仍未来。下午二时我上楼休息，三时大雨（已 22 日未下雨）。我下楼即去看小仓库，因恐郑一人，不能离店堂。晚开［会］，许主任主持讨论食堂管理人员等问题，九时散，我上楼。

七月九日

胡今日来。郑上午去锄蕃（番）芋，下午、晚均有雨，不大。晚协助搪瓷部搬货，吃半夜餐，餐毕电灯已息（熄）（十二时）。我上楼（吃面）。晚，胡去参加供销部开会，我九时前剪斜条，看报，九时后搬商品。

七月十日

郑、胡上午协助黄秀华搬货。下午胡去，郑、我工作，晚造旬报，郑、胡协助搬货。十时五十分息，我十一时上楼。盛、郎尚在盘货。

七月十一日

胡在供销部布置拿货柜，在胸下受伤，去医院贴膏药。晚，我守门，郑去协助搬百货。十时息，我十时一刻上楼。我昨晚朱会计给万市供销部买豆腐、布 15 元，我误剪五尺，今日退下。工作大意，今后应很好注意，不应再错。

七月十二日

日间郑、我二人工作。晚，城阳供销部，胡在此卷布，郑、我协助。善庆、荣泉亦来工作。晚，张学山、芦中民、俞爱光、韩桂英、谢关兴、章成玉工作至十时四十五分息。胡、郑、我工作至十一时十五分息，我上楼。今日吃饭在百货食堂，松平司和任和尚任炊事。今日菜饭都比较便宜，听说要亏八斤米，早上粥亏的云。

七月十三日

荣泉上午来，后即调到他处工作，要郑协助城阳。先吴主任来说未去，后来许主任叫他去，郑去协助。后来因写票插是他一手落[1]，仍由他写，我去协助。我上午和胡划布。下午调休息。我在本部门工作，晚仍和胡划布（供销部城阳）。十一时三十分息。今晚领导赏给我们每人吃黄金瓜一个。

七月十四日

供销部今天第一天营业，胡请假去治腋下伤，领导要罗冬连去代替。我和郑二人搞［业］务。郑上午把昨晚卷一万余匹布上架，上厨仓（橱窗）和布架桌上。晚开会，我守门值夜，选管理委员会，我部门郑当选，会十时散。郑十时四十分散，我上楼。今日出售阔幅花布。今晚食堂吃面。

七月十五日

罗今日仍在城阳供销部代胡工作。我、郑二人兼划布。晚放假，我八时一刻上楼。今晚食堂吃面包、粥，多样化。

七月十六日

罗仍未来，我二人搞业务。郑配服装厂布料，我卖阔幅花布。上午较忙，下午四时十五分后我去理发，半小时毕。晚，郑去参加消费者代表会。今晚新建［供销棉百部］，准备明日开放。协助人约有三十人左右。深夜一时二十五分毕，我上楼。

七月十七日

郑、我二人工作。今日新建供销部棉百开张，由韩桂英挂主任一职。今晚，郑去开［会］，我守门。九时后自写信。十时三十分上楼。傍晚来自部队的一位女同志来寄行李，知来此工作。

七月十八日

上午八时郑去开会，九时女同志王秀英来我部工作，知她是云南人，曾在贵州市百货大楼工作过。今日傍晚又自部队来一位女同志，听说来办事处搞统计工作云。今晚韩剑伟值日，要我代一下，她去抹身。后来，她去开会，我值日，看报，十时散。我上楼。

七月十九日

三人工作。晚放假，我写信，九时三十分上楼。问胡爱人，知胡昨日回来。今日上午胡来，知他服药五帖，还要去复方云。

胡秋生和我用的一张写字台，因吴经理要将这张写字台带走，芦经理拿了一张搭桌来给我们用用。这不能不说他对我们的关怀。

七月二十日

今日上午我去黄壩挑城河二小时，回来整理小仓库。因下面开会，未竣事，息。晚放假，未开会，我造旬报毕，九时上楼。

七月二十一日

上午划布。今日到一包白布零头布。晚开［会］，打烊后陈玉琴值日，要我代一下。八时开会，我把门关好，去参加开会，讨论营业员守则十六条，十时散，我上楼。下午六时较空闲，王同志和我谈谈她的家庭，也问问我的家庭。

七月二十二日

郑理漂布零头。晚开会讨论16条（营业员），十时散，我上楼。

七月二十三日

郑理漂布，在中午整理毕。晚开会，今晚我们值日，我守门，郑去参加。天热闷，有雷，飞小雨点即止。晚开会，十时散，我上楼。

七月二十四日

郑上午配鞋革土布。晚放假，我值日，九时三十分上楼。下午有雷，略飞雨点，檐流水不下。

七月二十五日

王因爱人患泻，今日下午去松溪。罗今回来（胡今日已上工）。晚开会，罗值日，我代。看报，写信，十时散，我上楼。今日傍晚微雨，檐流未下。

七月二十六日

王今日中午到店，知她爱人病已好些。晚，她值日，我们参加开会，讨论消费者代表会议，对该会的代表权利、义务及为何要设此会意义，会议十时散，我上楼。

讨论开后门很热烈。许主任提绸，营业员说天蓝底花色的绸布，的确市面上少见穿，而本单位比重较大是更会引起群众反映，我这样想。

---

1. 一手落：从头到尾都是一个人做。

七月二十七日

我剪小斜条，郑、王去医院开方。晚开会，经理、主任因桐有工作人员至，开会由盛根弟主持。一讨论三季度计划，二评种菜等级。主任、经理下柜劳动安排。八时四十五分散，我上楼。

七月二十八日

今日上、下午做准备工作。郑云今日是否可盘尚未决定。因领导说今晚要开会。到晚饭后，芦经理说你们盘电灯亮时。许主任来说今晚电灯光不足，甚暗，还是不盘。郑说我们已盘了一部分。结果盘到八时，黯淡的电灯也熄灭了，只有用煤油盘，速度慢，到十二时息，吃老南瓜（自种）。

七月二十九日

我今日核盘单，郑、王二同志亦协助我打算盘。晚开会，我请假，核出差额，九时散（会）。我上楼看吕骥纪念聂耳、冼星海文。十一时三十分寝。

七月三十日

我上午开斜条，核账。下午核账。晚放假，给胡核账90分钟后再核账。十时上楼。今晚有电影，郑亦未去。写信，剪斜条。王和郑今晚不回来宿，听不懂云，大约是爱人来，宿旅舍中（电影《小二黑结婚》）。

七月三十一日

王爱人听说今日在她寝处吃晚饭，营业处未来。晚开会，美化门市部，全写字。我造月报。十一时息，上楼。

八月一日

我上午将月报表送出。晚在食品厂道地开大会，牛部长报告一月来改变市场体制改革，总结成绩和缺点，及今后工作，许主任作讨论时间安排，九时四十五分散，我上楼。

八月二日

罗冬连今日调百货部，接陈玉琴工作，陈去县中工作。傍晚王秀英假归（松溪部队里），驾马车去。晚开在批发后门口，许主任主持讨论昨晚报告（牛部长），肯定成绩，十时散，我上楼。今晚过，有秋凉意。今日许主任发下顾客意见簿二本（我部门）。

郑今日上午理布票，将布票截去三分之一（对截），不是剪角。下午我正在做营业，看到一个小孩，将一把布票拿去，我追至门口，夺下。我和郑说，这剪法不好，旁留弊。

八月三日

王今日来续假，要和爱人去山西看姑，病假四十天，已准，傍晚去。晚开会，郑请假早休息，讨论存在问题，十时散，我上楼。

八月四日

郑、我二［人］搞业务。郑腹痛。晚饭后开会，晚间评比。他请假，我守门值日。十时散，我上楼。

八月五日

今日翟振民从半山钢铁回来，到我棉零部工作。今天三人搞业务。今天营业可说是差的一天。晚开会，郑请假，我值日，十时二十分散。

八月六日

上午郑配服装社布，下午四时翟、郑贴二柱小字，上面挡风，宋、陈中写“批发部”给我们剪。晚放假，我八时三十分上楼，戏散，我下楼开门。

八月七日

今日郑、翟抹挡风、贴字。晚，郑请假，我、翟参加开会，小组讨论，他们要我写。我十时十分写就，上楼，今晚电灯出病，息。

八月八日

郑、翟贴厨仓（橱窗）横头宣传标语。晚开大会（在食品厂），高支书报告，各单位个人表示决心及今后努力方向，互相竞赛。倪部长总结并指今后努力方向，奖励办法，说县委决定到新登来开现场会。十时五十分散，我上楼。郑请假未去，我组俞爱光代表发言。

八月九日

翟上午协助五金部搬货，我和郑兼划布。晚开会讨论昨晚报告，研究评功计分优缺点，十时散，上楼。昨日下午三时接到通知，民用布票临时调剂，布票延长使用到［一九］六二年二月底。

八月十日

我上午剪了一小时斜条。晚造旬报，郑、翟去开会，说明日起评功计分开始，十时散会，我上楼。

今晨有一位四十余岁妇人说，前日来买布三匹，付他有四尺八寸布票。对瞿说，瞿说不错的，主要收布票，没有仔细说给她听，不知错在哪里。据她说是借来的，故对工作要仔细要说明。

八月十一日

今日起开始评分。七时打烊后开始，八时开会讨论，计划重新自报，公议。我棉布零售部计划2500元。十时三十分散，我上楼。

俞爱光今晨下排门，因她背二块，第一块没有摆好，倒下，打中观音街一小孩（约八九岁）。据说还好，无碍。今日评功计分开始。

八月十二日

上午三人，我去剪了一小时斜条。晚开会，谢主持，定四包，九时四十五分散，我上楼。

八月十三日

三人搞业务。业务因布票延期使用，更轻。晚放假，看电影《红色娘子军》，大操场放（七—九时）。听说今晚还要到董湾去放丰收现场会（双抢快速）。罗值日，我代，看报，九时半上楼。

八月十四日

翟早上给许主任送信至永昌，落排门后去，八时来。下午五时玄儿等来，我请假，到楼上和他们一起吃晚饭。晚参加学习。许主任报告火柴、肥皂改变供应方式，并讨论资金周转，扩大花式品样，十时散。

八月十五日

翟今日休假未来。我和郑二人搞业务。四时（下午）后郑去开会，领导叫江永才来协助（江今日第一天回上工，已休息在家二月）。晚开（今晚我们值日）会谈增加服务行业为便利群众，提早开早散，八时三十分散。我开斜条，九时上楼。

八月十六日

翟来，我今休假。早上开了排门，将找零交出，上楼。下午下楼，他们已送出。晚，我去参加上排门。八时下楼，参加学习，九时三十分散，我上楼。

八月十七日

郑提货，我和翟兼划布、卷布。晚放假，我值日，守门。有电影《林海雪原》。十时上楼。

八月十八日

我核15账，核发票。晚开会，我因玄儿等明日要返沪，我先退(九时退，郑叫我才先退)。九时上楼。

八月十九日

我上午剪了些斜条。郑、翟下午三时后把时钟面子剖去，浮起的白沫，加上白漆。晚搞美化卫生。我门市部开斜条，剪斜条。九时二十分息，我上楼。

八月二十日

上午我搞卫生，翟调去大会服务。晚开消费者代表会，我造旬报，会九时四十分散，我造就亦上楼，十一时一刻寝。

八月二十一日

早上我因送玄儿去汽车站，请了假（计70分钟），六点四十分上班。晚放假，工业财贸干部会议昨日报到，今日开始，会议地址在俱乐部。我七时三十分上楼，郑去看桐庐滑稽剧团《借亲配》，十点五十分散。

八月二十二日

三人搞业务，业务轻。晚放假，我、郑去看杭州滑稽剧团演《三滴血》，十时五十分散，我上楼。

八月二十三日

三人搞业务。晚放假，郑去看电影《追鱼》，徐玉兰演。我守门，十时五十分上楼。工作组在许主任住处赶夜工，电灯息（熄），继以煤油灯。

八月二十四日

日间同今日。我开排门，没有赶到。因今晨来买（过旧历七月半）东西的人很多，乌黑很早即来，谈得很健。我在三时后不能入睡，到四时后蒙眬睡着，醒来已六时了。晚开会，芦经理主持开一小时会议，讨论评分计划及商品调查，变质、残次积压等问题。八时半上楼。

八月二十五日

郑将积压滞销变质布匹理了一下。晚放假，我八时上楼。

八月二十六日

工作同。晚学习，许主任主持工作组，银行刘股长参加（工作组留四人在此工作），十时散，我上楼（主要评分工作）。

八月二十七日

工作同。下午郑去开会，我五时后（下午）去理发。晚放假。张、翟、葛等闲谈，九时会散，上楼（下午雨，天凉）。

八月二十八日

工作同。午后微热。袁主任来要我去供销部谈话，为了解一位先生的情况，并要我作一书面送给朱会计转交。回来午睡，发热，五时起，晚饭吃二份。郑去开会，翟看我不支，叫我来困，发热。

八月二十九日

早上出汗，热，喊叫王正祥给我告知老郑排门赶不上。除六时三十分起床，去看医生，服药，造月需报表四份。下午休息超时（二小时）。晚盘货，葛、中民来协助。学山、小柯也来算，十点五十五分息，我上楼。

八月三十日

上午核账至九时，微热。十时三十分午膳，膳后即上楼，蒙被睡觉，未起床，大雨不知。

八月三十一日

核盘账。上午去看医生，晚造月报，至十时十五分上楼。

九月一日

今日上午将月报表送出，下午再核盘单，还是不对。傍晚和郑谈如何，他说重盘。晚开会，芦经理主持，说明日上午桐庐工业品站有十位同志来参观，要搞清洁整理一下，半小时散。翟、郑划布码。郑八时半上楼，我核单到九时半上楼。

九月二日

上午查对核准。上午十时报出，计二月合并损耗尚算合理。晚开会，银行刘同志来督导（工作小组）。芦经理主持定指标，五包五定。八时半散，我上楼，郑日来腹泻亦病。

九月三日

今日上午把布票包好，表造好送出。晚放假，六时三十分打烊。工作至七时三十分，和翟闲谈他采购时走天津、北京情况，八时上楼。

九月四日

今日上午本来我去拔草，因身体病中，荷翟说他去，改日我去（七时—九时）。工作闲，有时看报。晚放假，我七时二刻上楼。

九月五日

今日上午我剪了些斜条。工作闲。下午二时我下楼，看到许主任来，我将请假条由芦经理转递。晚放假，我七时十五分上楼。

九月六日

郑去看病。下午开会。晚开会，评比等级底分，十时一刻散，我上楼。今日中午我假准，我请假即去车站购票。我上午核五日销货。

九月七日

劳逸结合，假准。今晨乘六时三十分车往杭赴沪。

九月十三日

今晨乘火车，六时零七分到杭州，即去买汽车票，下午三时车，返新到店已五时五十分。

九月十四日

照常工作。翟今日到批发部工作。晚放假，我七时五十分上楼。

九月十五日

郑今日回家，翟仍回来。我上午抹玻璃桌子等。晚放假，看电影，八时三十分—十时三十分（因头场县中包场）二场，我在八时十分去，尚有一卷未放，灯泡烧掉。经过二十分钟，仍不亮。我回来十时四十分。十一时十五分寝。

九月十六日

我核十和十五日账。晚放假。我晚七时五十分上楼（今晚电影）《借年》。

九月十七日

今日下午翟去茧行工作。因二人，我中午未休息（因王生疏，口语不懂）。晚放假，我七时上楼，午前去理发。

九月十八日

我和王二人搞业务。芦经理、翟同志来协助开关排门。中午我不休息。今日王少收灯芯绒 3.36 元，我听到更正补收。晚放假，葛、翟、芦来闲谈。八时三十分上楼。黄拿《浙江日报》，知日本水灾。

九月十九日

王、我二人搞业务。晚放假。许主任到店务开会。我九时三十分上楼（今晚值日）。俞爱光昨晚到，今晚评分。

九月二十日

王、我二人搞业务。晚开会，我造旬报，剪斜条，九时散。我息，上楼。

九月二十一日

晚放假。我剪斜条，八时上楼。

九月二十二日

晚放假，有电影《斗诗亭》《突破乌江》。我因人不适，略有发热，七时上楼即休息。

九月二十三日

晚放假。有电影《借亲配》。我七时去看，王炳荣九时回来，剪斜条。九时四十分上楼。

王秀英对吴梅根说果皮不要乱丢，吴对她说态度好点，略辩几句。吴骂对农村顾客态度与城市不成，否则是要听骂声的。

自九月十五日至九月二十五日，郑回去一段时间，瞿又调至茧行工作。仅我和王二人搞业务，在下午休息时我怕王口语不懂，注意疏忽，会出问题，故我宁放弃休息，终日工作。

九月二十四日

上午工作，至中饭后发热。和正祥说了一声，我上楼睡觉，至天明热未退。

九月二十五日

早上因热未退，未出汗，托正祥和芦经理告假，要迟一点上班。吃了两次开水，出了微微一点汗。七时起床，芦经理对我说托学山协助我，在店堂坐着，做些理布票、核昨日账。中午要学山先去休息，待他来，我再上楼。三时半下楼，秀英已告假去。五时郑到，帆（蘩）祁亦到。一只旅行包，荷（辛苦）他拿来。晚放假，我七时上楼，服药，九时寝。

九月二十六日

王今日下午将晚饭时到。晚放假，我上楼。

九月二十七日

郑、王兼划布码，我兼结优待、缝补、折差表、复尺表。晚放假，自由工作。我七时三十分上楼。

九月二十八日

今日上午做准备。下午王去医院看病、打针。我和郑在三时开始盘花布，盘毕吃晚饭。晚，我们三人盘至八时半，学山、老谢来协助算。九时半息，我和郑十时息，我上楼。

九月二十九日

核盘账，兼营业。晚放假，我核账，九时半上楼。

九月三十日

核账兼造月报。晚十一时上楼。

十月一日

瞿今日来工作。王秀英休息。晚放假，去戏院开军民联欢会。初因灯光未弄好，费很多时间。先文娱活动，后放电影《红旗谱》。我至十一时四十回来。我十二时三十分息。

十月二日

瞿和王二人请假，我、郑二人搞业务。晚放假，我值夜。九时三十分上楼。

十月三日

王请假，瞿去劳动，种菜、挑花生、种萝卜一天，很晚归来。晚放假，我七时一刻上楼。

十月四日

今日下午三时五十分朱会计来通知打烊，去防洪。我将款送银行后穿了雨衣，赤脚。长育要我穿他旧套鞋，去背扫帚、畚箕，从汽车路旁草舍里搬到银行里。今日下午吃花生（每碗 0.08 元），是自己种的。据说是第一年，长壳不长肉。晚防洪，又煮花生作半夜餐，我又吃一碗。十时半寝（七时上楼）。

十月五日

王上午来，瞿今日在协助食堂装玻璃等。晚开会，许主任主持，谈计划，谈工作，九时散，我上楼。

十月六日

今日王、郑、我三人搞业务。晚不开会，我

七时上楼。

十月七日

缝补业今日配布，故业务较好。晚放假，郑去看电影《胡蝶杯》。老江值日，他要我替他开门。他七时半回去，我八时上楼。

十月八日

薪给到富，去批准，今日发。晚自由活动，我七时上楼。

十月九日

王下午去松溪。晚评分总结后自由活动。我七时三十分上楼。

十月十日

郑上午九时开会。晚我造旬报，郑、王去开会。翟昨晚回来。晚开会，八时散，我旬报送出上楼。

十月十一日

郑下午去种菜。晚上上了排门，我因喉、牙齿浮痛，即上楼。

十月十二日

因喉痛发热在家休息。

十月十三日

同。

十月十四日

同。

十月十五日

同。

十月十六日

我今日照常工作。上午核五日账，造四日对账单。下午印日报表，兼营业。晚开会，庐主任说明日去劳动，收蕃（番）芋，将残次商品理出，即将处理，七时半散（开一小时），我上楼。

十月十七日

今日郑去劳动，掘蕃（番）芋（得880斤云共）。我、王二人搞业务。王下午去医院看病。晚开会，许、芦都来为96种商品供应方法。六时半开，九时半散。

十月十八日

王素英今日病了，未工作。我、郑二人。晚开选举会，我无权，未去。七时上楼。

十月十九日

王今日续假。晚自由活动，早打烊，我七时上楼。

十月二十日

王今日已下楼参加工作。上午去看病，下午去打针，傍晚爱人来云。今晚自由活动，郑值日，我旬报造毕，七时二十分上楼。

十月二十一日

郑下午、晚上开斜条。晚开会，布置九月十六日旧庙会工作，八时十五分散，我上楼。

十月二十二日

郑开斜条。晚放假，王值日。我、郑去看富阳越剧团演《御河桥》。七时开锣，九时五十分散，我上楼。

十月二十三日

我写小斜条300余尺。晚开会，许主任主持，对旧庙会的一些准备和应付方针。六时开，七时三十分散，各部门布置。我八时四十分上楼。

十月二十四日

今日旧庙会九月十五日，算我部门和针织部最空闲，营业额最小，老江和黄秀华最好。晚开会，许主任主持，芦经理去开会。晚八时半上楼。

十月二十五日

今日是旧九月十六日，业务比昨上升，郑卖土帆布、工作服为主。晚开会，许主任主持，八时一刻散，我上楼。今日中午吃面包。

十月二十六日

今日下午去上楼，去剪斜条二小时。晚自由活动，郑、王去看戏，我七时上楼。

十月二十七日

王下午去医院，我下午剪斜条一小时。晚放假，看诸暨越剧团演《碧血扬州》，十时散，我上楼。

十月二十八日

郑去看病。晚放假，看诸暨剧团演[戏]。我未去，六时三十分上楼。

十月二十九日

今日上午做些准备。我去徐水生医生处去看

眼科。下午一时半我和郑开始盘花布。晚饭后盘色布、色织。楼上九时息，我上楼。

十月三十日

郑下午说明日回家。晚，我和郑对货核账。九时一刻息，我上楼。

十月三十一日

郑因事今日不及，明日去。王知此消息，她说去，下午来。到排门上了，已六时三十分，尚未至。我甚急，要影响月底。正拟去，同志谢说万一王不到，只有明日交件。幸得来了，在九时造毕，我上楼。

十一月一日

郑今日去萧山，假四天。王上午去送衣包给同乡，下午去医院看病。晚开会，许主任主持，为评分问题，至九时散，我上楼。因郑不在，我今晚宿店堂中。

十一月二日

上午我去看医生，打针。要老翟给我代（去四十五分钟）。晚小组开会评分，六时一刻开始，七时三十分散，我仍宿店堂中，十时寝。

十一月三日

上午将布票及表交上。晚开会。开会许主任主持，七月份评比及一些商品供应问题，八时三刻散。今晚人比较齐。芦经理下乡，我宿楼下店堂中，十时寝。

十一月四日

我上午在九时要金秀鸿代替，我去看眼睛，打针，半小时回来。郑下午五时四十五分到。晚评分后散，我值日，看报，九时上楼。文具部在盘货。

十一月五日

郑下午开斜条。晚我剪斜条。今晚开代表“分配物资会议”，八时半散，我上楼。

十一月六日

郑上午开斜条。上午九时半我去孙医生处打针。洪锡智亦来，手上打针（我半小时回来）。下午郑开斜条。晚，郑去供销部开会，我开斜条。王来说同去看电影，我同去《战胜黎明前的黑暗》。六时四十分开映，八时十五分散，我上楼。

十一月七日

郑开斜条。晚自由活动。晚，我和小柯同志去看电影《祖国好儿子》。八时三十分散，我上楼。

十一月八日

上午卷布（三人），下午我剪斜条。晚开会，芦经理主持（一小时），关种植、居民供应、盘货等问题。七时三十分上楼。

十一月九日

上午我做些几月来凭证整理一下。下午剪斜条。晚，郑打门攀［锁扣］[1]。王在下午四时半去松溪。晚自由活动，我七时三十分上楼。

十一月十日

王今日请假，天雨。晚开会，许主任主持，为发放布票，收集反映，了解情况。每三人、四人一组，分村和单位负责包干。八时三十分散会，我上楼。

十一月十一日

王上午十时来，我中午去告假。十一时三十分上楼送款及打烊，下楼协助。晚送斜条款。六点十五分上楼。郑略有新布票见面。

十一月十二日

今日新布票上市了，业务骤升，可说十倍。晚自由活动，我七时二十五分上楼。

十一月十三日

今日业务比昨日上升50%，预计还会上升。晚开会，许主任、芦经理为分发布票汇报、服务态度。六时开始，八时三十分散，我上楼。王今晚洋包忘记交我，我向她催，才包好交来。

十一月十四日

今日业务比昨日减20%。晚开会，庐经理先主持，后许主任来，还是继续昨夜讨论。章成玉先强辩厌工作后哭了。八时四十分散，我上楼。

十一月十五日

今日业务和十三日相仿，比昨日上升。将打

1. 门攀锁扣：指房门锁扣。

烊时突然也忙一些，用鞋票的多。晚各人造分类表，十时息，我上楼。

十一月十六日

今日因华达呢没有[到货]，比昨日差。晚自由活动，郑去供销部开会，我把日销轧好，把花布、橱窗整理一下。九时上楼。郑来，派出所同志来说要注意保卫工作。我说是最好和领导谈，可通知大家。

十一月十七日

今日上午卷被布。晚自由活动。王值日，郑未去。我去看建德越剧一团演《半把剪刀》。七时十分—十时五十分散。

十一月十八日

晚，郑去看《半把剪刀》，我守门，核日销，理布票。九时三十分上楼。郑十时三十分戏散回来，我先下楼，去看报，等门。

十一月十九日

晚，王去看《唐知县审诰命》。郑、我因没有戏票，未去。郑和袁走棋，我看报，写信。九时零五分上楼，扫楼上仓库。

十一月二十日

傍晚提货，晚划码。芦经理协助卷。我造旬报。郑、我理布票，十时三十分上楼。下雨。今晚吃饭，菜已没有。许主任问为何不多备一点，和尚说他们都吃二碗，今晚豆腐有一百多碗。许问哪些人吃二碗，盛说百货部多吃二碗。

十一月二十一日

今日售棉工呢、灯芯绒、华达呢、蓝帆布等，营业骤增，较忙。晚开会，芦经理主持，新来王经理由吴主任介绍见面。会至八时二十分散。三十分，小柯、郑说有戏票，我们三人去看，至九时五十分散(《唐知县审诰命》)。十时上楼。

十一月二十二日

今日又进些布，卷布。晚开会，许主任提出看戏要看，不要东挖西挖票子，今后要看，要盛根弟去办，联系一下是否开会，不要事先将票子买好。据许主任说，天热时我们花布部偷去花布二块，由贼自己招出，我们自己未发觉。七时散会，我、郑、王去看戏，九时五十分散，我上楼。

十一月二十三日

郑下午去开会，芦中民来代。今日许主任来调郑吃饭。芦经理、王经理来协助卷布。晚开会，三请章秋文不到，会议至八时三十分散。芦经理不在，大约去工商联开会。我和郑工作至九时三十分，我上楼。

十一月二十四日

芦经理来协助，今日卖钱额最高，近壹仟元。王下[午]四时后到松溪去云。晚放假，有些打老开，我和郑理布票。谢、郑九时去看戏，十时一刻散，我十时三十分上楼。

十一月二十五日

今日芦经理来协助。晚放假。我因要轧五日报、核日销、理布票，守门。郑六时五十分去看《乔老爷上轿》。王五时五十分来做五日报，七时二十分去看。我理布票，十一时息。九时四十分戏散，我上楼。

十一月二十六日

今日因没有灯芯绒，棉工呢亦少，买钱额亦降低，忙差不多。晚自由活动。王出去，我核账，郑与葛对弈。八时，郑、我均整理布票。九时三十分我上楼。

十一月二十七日

日间核进货。晚算来布复耗，准备明日盘货。我九时上楼。

十一月二十八日

我今日算零布，优待差，复尺耗，斜条开等表。庐经理来代做营业，我兼做。晚盘货，九时二十分毕，理布票核算。十时二十分上楼。

十一月二十九日

今日我在俱乐部核盘账。晚八时十五分上楼。

十一月三十日

今日再复核，报出短耗。晚造月报，九时十五分交出，上楼。

十二月一日

今日出售棉工呢，在账桌上售，由庐经理主持。他有事，由我们做。晚查各类布金额、数量，八时查毕，后理布票。十一时零五分上楼。

十二月二日

今日棉工呢郑和我二人出售。晚放假，我去看电影《林家铺子》。王晚饭后去松溪。电影七时映，八时散。我工作至九时十五分上楼。

十二月三日

王未来。晚，我去看电影《秦香莲》。六时三十分去，八时三十分回来，工作至九时二十分上楼。

十二月四日

王上午九时到店。午后抓紧划了几匹被布。傍晚急急整理厨仓（橱窗）。晚开会，许主任宣读三个文件，八时一刻散。我们工作至九时三十分上楼。我上楼再核账，十时三十分息。

十二月五日

郑今日上午在内开斜条，下午在店堂开。晚自由工作，我部理布票，日结。八时半息，我上楼。今晚把布票重点，少票，找到至少一寸，工作至十一时毕（今晚公审五里桥因婚事聚赌，捉到赌徒27人云。经理、主任去参加，女同志排演，准备元旦演出）。

十二月六日

晚开会。许主任主持，谈到食堂问题，用水问题，农产品超产，优待专柜问题，八时散，我工作至九时上楼。

十二月七日

郑开斜条，我造布票表送出。晚放假，我工作搞好，七时三十分上楼。复三划布票至十一时，自问不准确，要重复，右无名指开裂。

十二月八日

王今日重整理布票。晚放假，桐庐越剧团到，八时开锣，演《钟离英》。我八时一刻上楼。

十二月九日

傍晚进布卷布，葛来协助，吴立大亦来协助。晚，许、王来查龙羊布票。芦经理、中民、郑子芳、袁明善均工作，我自点布票，王打老开。今晚六时十五分电灯出病，听说是富阳以下。富阳也没有光亮。九时三十分上楼。今日部队运来橘子，分给我们一部分，每人一斤多可买。

十二月十日

王在准备请假往杭治病云。晚，我造旬报，王、郑划绸，王经理、中民、关兴协助卷。郑九时半上楼。我工作至十时五十分，俞爱光她们回来，我上楼。

十二月十一日

王秀英今晨去杭治病，假期四天云。今日我、郑二人搞业务。许主任、芦经理、王经理去公出。晚自由活动。我八时三十分上楼。

十二月十二日

郑、我二人工作。晚提前开会。芦经理主持，主要季度计划，年度将了，对商品清洁工作要及时安排搞。会后去一部分人去邑庙，公审大会犯罪分子。赌博、盗窃、贩卖耕牛、违反市场、物资贩运等五个犯罪分子。我们六时四十分去，已在宣传。会散回来八时十分。我、郑工作至十时息，我上楼。

十二月十三日

因十二日存根与传票不符0.10元，上楼后再核，至十一时半，发觉色布19.98误写19.88，我一定要彻底弄清才息。今日下午有谣言，故业务骤忙，多来用鞋票。芦经理到，吃晚饭前后来协助。我九时三十分上楼。

十二月十四日

今日业务全日忙。芦经理来协助。晚卷线呢，袁明善、金秀鸿、芦中民、章成玉来协助（卷线呢400公尺）。王傍晚来，我、郑工作至九时四十五分息。郑打烊后去开会，我整理厨仓（橱窗）。上楼后工作至十一时（算传票）息。

十二月十五日

王上午来上工，中途由芦中民来协助了一会。她出去，将近十时，她又去。据云往松溪，她爱人来。五日报交出。晚开会，来参加。晚间许主任说年关将到，要大家准备一切，搞卫生，残次品提出来，问题提出来。八时三十分散，许主任说炒白菜吃（二斤约十人吃）。十时我上楼。

十二月十六日

今日业务比昨日上升。据晚上郑和我说，王本来要休息二月，因领导上研究认为人少半游半忙，因人少，坐坐看看也好云。我工作至十时上楼。

十二月十七日

上午填上月底存棉花、棉布，由王正祥汇总

表。晚自由活动，芦经理炒白菜二斤，九人吃。我九时五十分上楼。

十二月十八日

今日上午给郑传票与存根不符，查出。傍晚卷布。晚开生活会，许主任主持，分三组讨论。八时三十分息，我和郑工作至十时上楼。

十二月十九日

我上午核账，郑下午开腰。晚放假，我工作至八时三十分上楼。

十二月二十日

有一个妇女批评王服务态度不好，因她去拿布，王说要哪一块，拿哪一块，不要拿好几块出来。晚测验学习，九时散。我、郑工作至十一时，我上楼，工作至十二时(旬报)。

十二月二十一日

王因腹痛请假。郑、我二人搞业务。晚开会提早开，王经理主持，许主任、芦经理均不在。七时三十分散。有部分去看淳安越剧团演《火里桃花》神话剧(小柯、谢去)。因王病，我值日，我工作至八时三刻上楼。

十二月二十二日

王今日已去松溪休息。晚自由活动(今日冬至)。我、郑去看淳安越剧团演《火里桃花》，六时四十五分开演，十时散。我上楼。我们回来，许主任、芦经理、王经理均在我们门市部研究工作。

十二月二十三日

今日售灯芯绒，十匹尚不敷应付。芦经理、谢关兴来协助。柴、袁来看清。晚卷布，许主任来协助了一回。柴拉布，许去，我划。我、郑工作至十一时息，我上楼。今日陈政委来新看看云。我和他谈了一回，他和我分别握手，他要我去杭时去玩。

十二月二十四日

今日售华达呢、阔幅纱卡[1]、女线呢，忙，芦经理来协助。下午二时去富开会，晚放假。郑去看戏，我理布票，核账，十二时三十分息(十时上楼)。

十二月二十五日

今日郑、我二人搞业务。晚开会，许主任主持讨论法院判决男女关系、套购、赌博、受贿、受馈赠等等，九时散。我和郑工作至十时四十分。我上楼。

十二月二十六日

我和郑晚工作至九时五十分，我上楼，工作至十一时一刻寝。

十二月二十七日

今日抓紧时间把五日销货登毕。晚，郑因人不适，八时上楼。我工作至九时上楼，再工作至十时三十分息。

十二月二十八日

今日芦经理搞业务，郑划布，封头，我造表，王秀英来(下午三时来)。晚盘货，吴立大、谢关兴、柯、朝林、芦经理、罗冬连、袁明善来协助。吴还给我算账至九时半回去，食堂煮泡饭、粥吃。我、郑工作至十时息，我上楼。

十二月二十九日

今日我主要核盘账兼做营业。晚开会，分配照顾干部一些紧张物资，我得香皂一块，手帕二块。会许主任主持，后来开会去，王经理、芦经理主持，年关春节冬防工作、清洁工作。九时散。我九时三十分上楼。

十二月三十日

我上午核账，下午搞业务。晚开会，许主任主持讨论长短款问题及赔赎问题，九时散。郑工作至十一时上楼，我十一时三十分上楼。

十二月三十一日

郑上午扫楼上，下午提货，晚卷布，开会，工作至十一时。我十二时一刻上楼。

1. 阔幅纱卡：指幅宽 1.45 米、比较厚的、斜纹的棉质面料。

一九六二年（家中日记）

一月一日

傍晚林荣来，知他来看晚戏。我感到布置还好，多买了一张票，叫长辅去见识见识，位6排21号，21排19号。我给他座6排。散时，人一时踊跃，我要是上前去招呼长辅，方向向背，不意扒手给我披在身上短大衣抢去，正电［影］收场暗时，这时又没有门警，无法追寻，只有自认晦气。痛惜在心。十时二十分散，我上楼，把三十一日和今日收下布票剪角整理后，十二时三十分寝。

一月二日

听报告，看表演，归来九时五十分。上楼，整理当日布票后，十二时寝。求真今日去涛雄处回来，下午回去，秀华他们去叙（聚）餐，给我买来一个菜。

一月三日

过元旦，干部每人发饼干半斤、白糖四两、老酒［数］两。我今日将糖、饼去买来。一时一刻寝。

一月四日

理出布及棉袍子，准备补偿失去短大衣和手套。十二时三十分寝。

一月五日

棉袍要元将嫂给我截改短大衣。到长育家，知长育已回来。十二时三刻寝。

一月六日

近来牛乳晚上燉开吃，味比较好。棉袍改短大衣，今日倪全来量尺寸。我十二时一刻寝。

一月七日

今日郑、我二人搞业务，中午许主任来调郑吃午饭，郑调我。我去洗碗，才知许主任尚未吃。晚，我、郑工作。我九时上楼，因袁主任，我写材料。我一时十五分寝。关荣叫中南送来笋烧肉一碗，榧子、蕃（番）芋片一包。

一月八日

十时上楼，工作至十二时三十分息。一时寝。今日食堂吃面。

一月九日

今日桂兰送来洋山姜干、干菜、萝卜条一篮，一时寝，在楼上核账二小时，老柴送给我小日记本、信壳、抄本。

一月十日

今日早上很冷，约在零下二三［摄氏］度。中午后，日出，较暖和。晚多买二分饭，作半夜餐。今日大便三次，谅是服地霉素关系有时腹痛。

一月十一日

今日大便四次，晚十二时三十分寝。

一月十二日

因大便日数次，今日上午去看许医生，他不在所，由袁仁山开服二帖。晚上楼后，写复帆（藔）一信，一时寝。

一月十三日

今日拟寄帆（藔）、贤邮包，理东西，不慎将热水瓶翻倒打碎。就此不搞，即下楼工作至十二时上楼，一时十五分寝。工商联会议今日结束。

一月十四日

十时上楼理贤邮包，搞好已一点，一时三十分寝。

一月十五日

上午将贤邮包用空运寄去，晚十一时上楼，

写致爵、贤信。一时寝。

一月十六日

今日求真富阳回来过此。桂花来买布。我上楼数布票，一时三刻寝。今日我生日，开火腿蛋罐头吃。

一月十七日

上楼后没工作。十二时三十分寝。早上去要袁仁山转方。

一月十八日

小兰今日送沸豆腐烧肉一碗来。十二时三十分寝。

一月十九日

上楼后开发票，算日销，一时一刻息，一时三十分寝。

一月二十日

托仁山给我煎膏子，我十二时三刻寝。

一月二十一日

上楼后装打寄帆(蘩)邮包，一时一刻寝。

一月二十二日

仁山兄给我膏子煎来，晚上楼后，一时三十分寝。今日寄上海邮包。

一月二十三日

九香要百年带来肉票一斤给我。晚十二时三十分寝。今日收到庚一月十七日来信。

一月二十四日

赵师母送来萝卜条、花生，桂花拿来干菜、萝卜条。

一月二十五日

雷明款，中午后要正祥代我去曹处拿款再邮寄。核账后，在一时三刻寝。

一月二十六日

得贤儿来信，知他元旦过得很好，正在准备迎接大考，一时寝。

一月二十七日

上楼后核账，一时三十分寝。

一月二十八日

看绍戏拍电影《三打白骨精》。十二时三刻寝。

一月二十九日

上楼后，写信，更衣。一时十五分寝。

一月三十日

晚上楼后再工作至一时四十五分入寝。今日食堂宰猪，每人分肉三市斤。

一月三十一日

爵有下午二时半到，他睡我床上，我为保卫工作，因郑不在，我睡楼下店堂中，胡秋生送我粽子四只，晚上楼工作至二时入寝。

二月一日

孙师母送来生鱼生肉一包。

二月二日

晚八时上楼，和爵儿谈心至十一时。我下楼工作后再寝。

二月三日

今日要爵寄敦、沅邮包，晚谢仁山液体味精、高级点心送去。八时—十时和爵儿谈谈，正祥送来冬笋四支，花生一捧，人俊兄送鸡烧肉一罐。

二月四日

我今日上去理发、洗浴，芦经理一人搞业务。九香送来鸭烧沸豆腐、鱼、米馃，我回她饼四只、水果糖一盒。雷民送来饼干二盒、皮蛋八只，我回他液体味精一瓶、水果糖一盒。十一时寝。

二月五日

今日春节放假，长育、爵有、我三人八时三十分出发，去徽州[山]看小阿姊坟，上父母坟、大姊坟、二姊坟，到俞村畈遇到来凤，知阿小在古历十二月十二日去世，他的儿子阿毛在十四[日]去世。他说十二天死二个，伤心得很，说项荣根已死十一年，他完全是急死的云云。爵儿因穿皮鞋，脚起泡，痛。他到大姊坟后即回家。我和长育去俞村畈，向小东门转，迟他一小时到家。到家后，松平司务烧青菜炒年糕。吃后我去[新登]文化馆看展览，有梅兰芳艺术照、灯谜、古画。[馆长]吴士青说：过去书画是掌握在地主手里，现在是人民艺术人民欣赏。三时，我去吴老师[家]去谈家常。三时，我去吴老师[家]，去谈家常。四时三十分回来，吃晚饭。和爵儿二人学做蛋糕。到十时半息，我下楼寝。

二月六日

爵儿今日去六渚。傍晚同一椿同来。上午，

袁雷民来，送来鸡烧肉粽子，坐谈一小时半去。我上楼不早不晚了一下。午后去长育家、雷民家。回他咸肉六两、年糕八条、鱼一碗。一椿送来鸡儿子、肉粽子、米馃。晚，爵、一椿去看电影，我要他陪长辅亦去，《林海雪原》，九时散。我写致万、庚信，十时寝，宿店中。

二月七日

爵儿今日去茹口，未回来。朴真、一椿吃午饭后回去。下午袁玉琴来坐，闲谈一小时三十分。我今日上午写信四封，寄后得万儿来信。整理历史资料，十时三十分寝。

二月八日

爵上午十时始从茹口回来，去车站买票。下午去柴场，回来吃晚饭。晚九时后，我和他做点心糕，十二时息。我下楼，玉琴今日午后回去，来此告别。元将送他过门口。

二月九日

一椿又送萝卜条、茶叶蛋来，忘记瓷盘拿回去。晚九时三十分我上楼，再和爵儿谈。十一时，我下楼，爵今晚到桂兰家吃晚饭。

二月十日

爵儿四时起床，五时十分去车站，六时三十分开车。我回来六时四十五分。开排门七时三十分。开排门七时三十分。关荣女婿来拜年，送来粽子、番薯片，回他饼干二盒、年糕、方糖。舅妈送来咸鸡，锐风送来小米糖。我有支钢笔要漏水，爵儿说和他调换一支。他这支头已磨过，故写起来也不流利。晚十一时寝。

二月十一日

今日起早送衣去洗，知祥伪嫂在初二去金华未回，将衣拿回来，早晚有小雨，晨热晚凉。

二月十二日

罗冬连今日来我部工作，分水带来花生给我吃。今日食堂里吃炒年糕，十时三十分寝。

二月十三日

爵儿到沪信来，看报，十时寝。

二月十四日

贤来信说春节过得很好，美中不足，把钢笔失去了。复爨信，说在二月内不能来沪了。抹身，更衣，十一时一刻寝。

二月十五日

秋生送来兔子肉一碗。

二月十六日

老葛给我买来冬笋约五斤，他钱不肯收。得爵儿由沪来信，知沅将在二十日到沪，要我去。我因郑续假，我在十四[日]已去信，不去。

二月十七日

得敦儿来信，知寄邮包已收到。壬儿信确不够及时。我十一时一十五分寝。永生嫂上次送我蛋吃，一直记在心头。今日回给她小孩甘蔗一支、水果糖十粒。

二月十八日

根午要她女儿送来熟羊肉一包。九香来。

二月十九日

将羊肉加大蒜叶、冬笋加烧。晚吃面。十一时三刻寝。香烟纸给小兰阿婆拿去，梅冰来说要磨番薯粉可拿去[她那里]磨，足见她关心我。拟迟点再磨。

二月二十日

抹身，更衣，今日去医院要郎医生给我看左脚圆包肚[1]上一个疖，敷药，服药。我十二时寝。

二月二十一日

黄秀华协助人是好，不怕麻烦，给我扯花线、放电灯，他还将去富开会开幕词、闭幕词、决议给我看，故我先将它看了，可以明日即还。他今日电灯厂在安装大线。

二月二十二日

孙师母又送来霉豆腐乳、咸菜、炒豆干，有肉片，不慎将钢笔落地，头歪，不知能修理否。今日再去郎医师复诊，敷药，今日耳鸣，铨兄过此，进来略谈，知他今年牛已不看，今日交替，他做做积肥工作云。

---

1. 圆包肚：当地土话，指小腿肚。

二月二十三日

因郑来，我今晚回来宿，房中看报，十二时寝。罗冬连送我蕃(番)芋(人家送她)，晚八时后，下雨转寒，有雷。

二月二十四日

关妹傍晚来，在此晚饭，同去看绍剧，她坐12排25号，我坐23排25号，老旦最好，武旦还可以，一班武场还可以，唱不见得。十一时三十分寝。

二月二十五日

八时上楼，写些材料，给壬儿，十二时寝。吃浓肝汁。今日请许医生开方，筋胀不舒，大便不畅，食欲亦差，开方服二帖。

二月二十六日

上楼看报，十二时一刻寝。

二月二十七日

九时上楼，核账，至十一时复不出，十二时寝。

二月二十八日

关妹富阳看病回来，人俊兄来，张才贵子来，去七里泷。上楼后，十二时三十分寝。

三月一日

今日理货，叫许医生转方，郎先生换膏药，关荣来，他想画画，要墨，想做纸花，要寄售。十二时寝。整理行装，明日去沪。

三月二日

四时半起床，乘六时五十分车赴杭，过富，车子抛锚，修一小时。十时五十分到武林门车站，即去买车票。当日已售罄。只有软席尚有二张，买软席，在车站门前等候，九时半上车，到沪已深夜一时。

三月三日

早上一点钟到阿瑞里，蒙刘家小妹起来给我开门，帆(蘩)祁起来，烧粥给我吃。二时三十分就寝。七时起床，北四川路走了一趟。今日未出外，晚十一时三十分寝。

三月四日

今日星期日，翊澂、静铮、邱玲来，共进午膳，吃我带去风肉和自养铣鸡，下午澂做蛋糕，铮整理洋机，再共进晚餐，谈谈，澂九时半回去，我们十二时寝。

三月五日

同帆(蘩)去看鲁兄，在路上遇到大嫂，一同回去，在鲁兄家吃午饭。下时(午)一时半去秉成家，进晚餐后回来，晚十二时寝。

三月六日

同帆(蘩)去看平亚，回兄家共进午餐。出来在南京路买物，回家吃夜饭。十二时寝。

三月七日

上午再去南京路。下午同帆(蘩)去嫰朱家，铁将军把门。去寻，不遇。约一小时后，由隔壁阿姨去寻来，谈至五时。吃面后，到澂处。晚，澂家二人、凤弟家五人、我们二人，九人共进晚餐。二家菜蔬、面点共啖，谈笑有味。九时半回来。

三月八日

我同帆(蘩)在北四川路买物，后又去南京路，即回来午餐。凤弟来，继则平先生来，因时间关系，《刘三姐》电影票退去未看，谈谈，要平先生吃了点心再去。五时半出门，去徐汇看姚水娟、范瑞娟演《小忽雷》(是铮早已预定[订]票。11排1，3，5号，不易购得。铮还购了十日滑稽剧，我因要超假，坚决不看回来)十时散，到已将近十二时，一时寝。

三月九日

四时起床，帆(蘩)陪送我到车站。六时开车，十时零一分到杭，即去买汽车票。乘一时三十分淳安车回新，到是下午四时十五分。略搞卫生，即吃晚饭。晚整理一下，十时寝。

三月十日

郑在六日去富开劳模会，金秀鸿来协助。晚造旬报，十一时上楼，十二时寝。复仙花信。

三月十一日

拿点东西给方亲娘、平甫吃。晚写复袁雷明信，十二时寝。九香来。

三月十二日

九时半上楼，人俊兄来，看报，十二时寝。林荣来过。

三月十三日

赵师母、舅姆送来东西，没好好回她们。今

晚各送零物。写贤信，仅写了一半，十二时寝，正祥送来酱鸭。

三月十四日

袁南华来借伞，我要他带去烟用香精、水果糖。桂兰来借款。写贤儿信毕，十一时三十分寝。

三月十五日

今日吃到黑芝麻酥糖，味佳。十一时三十分寝。关荣要墨，要中南带去陈星松烟二两锭一锭，今日食堂吃腌蛋，未成熟，尚淡。

三月十六日

上楼后写致月中信，看报，看《工商新［报］》，十一时寝。

三月十七日

今晚去看电影《春》，擦眼镜，将四十花，一付鼻架上二个搭脚落脱，借了电筒，亦找寻不着。十一时寝。

三月十八日

九时上楼，因仙花明日要去。略给她一点水果糖、蕃（番）芋片、萝卜条、干菜，同时整理一下，十二时寝，仙花今晚七时到。

三月十九日

仙花和中楠来此早膳（吃粥、蕃［番］芋丝），去乘汽车回去。晚十时上楼，抹身，更衣，十一时三刻寝。

三月二十日

百年给我代买，分来栗子肉、腌肉，新秤四两。晚十一时三刻寝。

三月二十一日

今日将笋煮腌肉，因裤袋破，寻布去补，看报，写信，十一时三十分寝。

三月二十二日

致庚儿，认为有修改必要，故今日改了，拟上楼写，在下午七时得来电，拟明日去复。今晚十时三十分寝。文祺兄来谈了一回。

三月二十三日

梅冰交给我碗票二张，优待券3.34元。我买了二只，给她们一只，在这种场合，我不应收了她的票券，完全我用，故分一只给她们。她一再说要我拿来了，我说分用、分用。今日中午要小柯代我去邮局拍电报，买碗，半小时回来。晚写信致蘩，十时五十分寝。

三月二十四日

上楼后写信，沅、湘，敦信写了一半，十二时寝。

三月二十五日

写致敦、万信，十一时三十分寝。

三月二十六日

今日把帐子拿去洗，晚上换上，十一时三十分寝。

三月二十七日

补拍电至庚，并告蘩电文，十一时三十分寝。

三月二十八日

林荣来说到龙羊区去，九香来，手跌伤，说来买糖，晚写信，十一时十五分寝。

三月二十九日

仙花到家，信来。孙师母送来干菜，内有鸡、猪肉，累次同她媳妇说，不要拿来。我们吃得很不好意思（小金也有）。看报。十一时十五分寝。孙师母处送她方糖。

三月三十日

得庚儿来信，写复信，十二时寝。

三月三十一日

关妹送来青米馃，因我没时间，少谈天。十二时五十分寝。

四月一日

关妹上午回去，借去我旧力士鞋一双，代雨鞋。中午关荣来，据说来叫箍桶匠，现在叫匠工大不易。看报。十时寝。

四月二日

接爵来信，复他。接帆（蘩）来信，知庚行李已到上海。他去北京。关荣箍桶匠又要迟三天去，他今日回去。人俊来借伞，我因大便多次，腹痛，头涨，畏寒。请许医生开方，服中药。八时十五分寝。

四月三日

我走过市桥，吴秋云看到我，叫我，我回头，知陈义他们三人回来。幼女来谈了约三四十分钟天，谈到周润卿，因他写信说你们弟兄为什么［会有]这样歧视你父亲之念、之差，今日一个国家功臣(学医)，一个国[家]罪人(学政治)，他自己也认为这样讲是不对的。抹身，更衣，十二时寝。汇爵款。秋生送我青粿，我因不能吃，还他。关妹送来青粿，我给长育十二个。

四月四日

柴忠送我青粿，我也谢了不收。九香要罗梅生带来青粿一包，我送给元将小孩吃。晚上楼后写信给梅国成，已有17个月没信。十一时寝。今日要许医生转了方。

四月五日

九时十五分介亮、赵璧来，我九时二十五分请他们上楼，我去买了点心(因面饭尚未开始出售)吃了，九时四十五分出发去潭山头，到大塔地，遇吴叔丹先生在草屋中避雨，说去借雨伞(吴师母来)。我们到潭山头春泉家，他们正在要祭祖。他们要留我们吃饭，我认为不妥，吃了茶，即告辞。到杜墓山，到大姊坟上，赵璧还献了黄纸花六七朵(从杭州带来)。我们又吃了点心，即回来。到店已十二时三十分。去饭店，他们歇火，再加柴起火，烧了三碗面。至一时四十分同去车站(二点二十分建德车误点)。二时三十五分开。我回来，晚九时四十分上楼看报(楼上电灯亮)，十一时十五分寝。今晚吃猪肉(肉栏里猪脚疯，不肯大)，听说宰了四十斤白肉云。念慈送来青粿六个，我转给了介亮。

四月六日

接庚儿来信，知他已到沪。接玄儿来信，知他已有知己，将结成婚(程蓉君)。我今晚均复信，写就十二时寝。

四月七日

舅姆送来茶叶蛋七枚，下午九香来，手伤未愈，我要她去郎人伟处去看她，回来说，要动手术，只有去屠山。看报。十一时寝，吃黄鱼。

四月八日

桂花送介亮鸡蛋，他一定要分给我一半，我坚决收了二个。今晚做蛋糕二个、面包二个，把纸扎整理了一下。搞个人清洁卫生，十一时三十分寝。

四月九日

庚儿说今日来，未到。得敦儿来信，知项龙发高烧，已十余天，看报。十一时寝。今日食堂吃鸡蛋。孙师母送来青米粿11个。

四月十日

正在挂念庚今日还不来，晚七时到，知因汽车抛锚，他是乘上海昨夜一时车来杭，故叫他早休息，八点三十分。我九时十五分上楼，看报。十一时寝。知虆因项龙出麻疹。在九日下午七时去北京。

四月十一日

今日上午陪庚去公安局登记，知要先向人委批准，即去镇人委说下午一时半去，待下午一时半去说，思想上到农业上去，作准备地点和工作，待六七天后去接洽，今天整日和庚儿谈谈。搞清洁工作，写了一封信，十时三十分寝。

四月十二日

余载坤来看长育，来问我门牌。我陪他去，傍晚他又来说我对长育态度，他很感激，因他今日买不到票，明日去富。我在打烊后去看他，谈及阿治。我恐长育没被给[载坤]盖，他说有，我即回来。十时三十分寝。今日吃四月份分来肉票6两，煮早笋，春节分来肉票6两，赠给介亮。

四月十三日

孙师母来，送来芥菜干一包(三斤半)，根香女来(邵采儿)，根香儿子亦来(王金根)，我叫庚儿下去，和他们见见，看报，十时三刻寝。

四月十四日

早上，我拟让孙水生给孙师母打疯气针[1]。待我去小金处，她已去石桥头，庚下午去附近走了一趟，说这里庄稼诚与宁夏比不了，可说几倍云。今晚我和庚同去看《孟丽君》，十时四十分回来。十一时十五分寝。

1.疯气针：指中医气针，是通过毫针针刺的手法，将消毒过的空气或氧气注入穴位，对该部位的经络和穴位进行良性刺激，以达到治疗疾病的目的。中医气针疗法具有调节阴阳、疏通经络、扶正祛邪、调和气血的作用。此处是用于治疗疯、瘫。

四月十五日

陈玉娟买了戏票，邀庚儿去看，我看报，十一时一刻寝，回送孙师母夏饼二筒，水果糖一小包，写致玄儿信。

四月十六日

庚今晚去长育处，到九时，我会散去，叫他回来，谈至十时四十五分息。我十一时一刻寝，庚把被翻好，得玄来函，庚衣服账子均能自补自洗。

四月十七日

庚今晚饭后去长育家，因长辅昨去他已睡，七时回来，我上楼后闲谈至十一时三十分息，十二时寝。

四月十八日

晚七时三十分上楼，和庚闲谈至十时息，我十时三十分寝。

四月十九日

庚陪长辅去看电影，我因今晚不开会，放假，我亦去［看］电影。陪庚去镇问登记，说王书记未来，陪庚去看许医生，说他肝肾亏，因齿少用退化，要锻炼，要吃补肝肾药。回来看报。十一时寝，得澂来信，梅先生来信，才宏过此。

四月二十日

于谓良来后，渭良嫂亦来，良去上海接他的女儿（从北京来）。十时三刻寝，今日吃大黄鱼。

四月二十一日

上午七时令庚儿同去先父母坟上，再至茹口雪元家，又到乡主殿，正在修戏台，和志标谈谈药店，陆绍芬一人工作，已有小孩五个。我在雪元家午饭，他们还宰了鸡，又到福光寺去玩了一趟。陈绍松、樟树里陈先生会到，谈了一回，正好雪元今日请假休息，回家后又去杜墓山头去。采儿、银儿家都送鸡蛋，回来已五时三十分，和庚儿闲谈至九时五十分息，我十时二十分寝。

四月二十二日

今晚七时三十分上楼写信，致敦、蘩、贤和庚谈谈，十二时寝。

四月二十三日

庚儿今日由王银儿陪往垅坞。待庆河来、国铨兄来，上楼写贤儿信，梅先生信（尚未竣）。十时三刻寝，洗衣，给肥皂半块。

四月二十四日

银儿回来说，庚要二十六日回来，夏饼糖我叫她带去，九香今日又送来茶叶蛋十枚，我再三同她说最好不要送东西。梅先生信写成。十一时寝。今晚没有电灯。

四月二十五日

晚去看电影《306 案件》（反特片，苏联），七时四十分开始，九时二十分散。我十时十五分寝。今晚电灯六时五十分亮，九时二十分息。坏了，阿钦、阿钦妈、楠华来叫，庚去玩，雪元来买酱油，去看电影时，遇到汪书记，他说先去林场，暂时，将来再更动。

四月二十六日

庚上午九时三刻到，王显庭同来，要他在此午膳，朱金满来，晚与庚谈去林场思想准备，十时三十分息，我十一时寝。

四月二十七日

下午二时，陪庚去镇政府出介绍至林场，我即回来，庚一人去，因未接洽妥，说明日再去（汪书记是和林场长接洽，林场长未与金场长接洽云）。我九时上楼，和庚谈谈，至十时息，十一时寝，采儿送鸡、鸭蛋来（10 枚）。

四月二十八日

晚写信致玄、澂，十时三刻寝。

四月二十九日

今日上午庚自制蛋糕，晚与他同去看昌化越剧团，演《刘玉娘》，十时半散，十一时寝，去时天雨，回来晴。

四月三十日

下午同庚去粮管所，说要王书记批后才能供应，国铨兄来，我十一时三十分寝。

五月一日

我与庚儿去看昌化剧团演《花亭会》，十时四十分散，上楼，十二时寝。今日食宰猪三只，得肉一百余斤，借出三分之二，每人吃肉约 12 两左右。庚下午曾去杜墓山头汪家。

五月二日

接敦、帆（蘩）来信，欣悉钦在五一结婚，她与龙要迟至十二日回上海，如此玄恐五一不会去沪，庚今日下午去汪锡灶家，庚粮食已开来，至六月底，十时三刻寝。

五月三日

八时五十分上楼，和庚谈至十时四十五分，关妹上午来此，拿来茶叶、豆豉，据说去富阳。

五月四日

庚儿今日去垅坞、横溪，我晚上八时上楼，十时三十分寝。

五月五日

银儿来说锡灶今日回来，晚我与关妹去看杂技团。关妹宿俊生家。我十一时十分寝，贤儿今日校中来信，说将转业和短期学习，分工，征求家长意见。

五月六日

关妹今日回去。季连来，我和她说娘舅去垅坞未回，她说娘舅说今日来。我用盐卤梅子。抹身，更衣，十一时寝。

五月七日

庚上午回来，下午去杜墓汪家，晚去看杂技，我拟致贤校方信，十一时三十分寝。

五月八日

今晨和庚儿去杜墓汪家，汪锡灶和汪来春将去六渚，在猪场门口遇到。在采儿家中午膳，膳后回来，到家十二时三十分，写致贤儿信，及誊写致校方信，晚饭后去寄，和庚闲谈，看报，至十时三十分寝。

五月九日

晚与庚谈至九时三刻息，我十时一刻寝。

五月十日

庚今日做蛋糕给秋生、月娟各一，谢答他们。庚下去采儿家，晚看电影《宋士杰》，看报，十时三十分寝。

五月十一日

今晨四时三十分起，五时五十分出门，乘汽车到白家七时，到横溪七时五十分，下午一时回，来到胥口国铨兄处坐谈一回，四时回来，到家已五时三十分。今日送庚儿去垅坞学农业，晚写信，十时三十分寝。

五月十二日

沈士芹、王银儿来。上楼，看古文，十时三十分寝。有人说长育劳动不及应樟本夫妇俩，没有打算，穷也得有穷打算，要细水长流，他们有粮时，日用六七斤，没时，吃豆、吃萝卜丝。哑子也很懒，地也不肯扫，长育待哑子好，嫂待叔不够。这话很对。

五月十三日

看报，写致庚儿信，抹身，更衣，十一时三十分寝。今日早上吃蚕豆，中午吃豌豆，可节约饭票三两。

五月十四日

锦锦上午九时十分到，在此午膳后，去长育处，下午回去。晚十一时十五分寝。

五月十五日

今日闲时读《唐诗三百首》内数首，十时三刻寝。

五月十六日

听说饮食店老许停职交代（内拾皮夹隐瞒不报，恶劣作风），许先生和我说，我说了华盛顿忠诚实作风，程麻皮诚实结果。十时十五分寝。福朝来磨麦，在此午膳。碧东山阿桂来谈了一回。

五月十七日

下午三时，庚和根香阿婶到，陪她去拔牙根三个，到明、后日还有二个要拔。晚去看香港电影《冷暖人间》。上楼，庚回来略谈。十时四十分寝。

五月十八日

庚上午去汪锡灶家（代他们买菜去），下午又去（接洽明日阿婶是否回垅坞）。庚晚去看电影《冷暖人间》，与他略谈。

五月十九日

庚晨五时四十五分即去车站（根香在五时即过门口），去垅坞。九香来。今日接玄在沪□□来信，知奶妈已于十六日下午到沪，由他去站接。我九时四十五分寝。

五月二十日

今日吴木根来，我问他酒吃没有，他说吃了，吃了两块钱半斤白酒。他说每日挣挣有十几元好挣，吃也有，不愁。

五月二十一日

我去看郎医师，右太阳穴旁边生一疖，要出毒。我因去三次未遇，在下午六时去看的，遇到他在楼上，特下来为我敷药。

五月二十二日

碧东山三姨来坐谈一回，知她自织粗布、养猪等等，丰衣足食，正合毛主席话“自己动手，丰衣足食”。十时寝。

五月二十三日

今日我把要做的工作安排好，去看医生，换药，买肥皂，洗草帽、套鞋，蒸蕃(番)芋、面包，核账。睡觉，上午一小时，下午一小时。晚十一时十五分寝。整理衣服，给庚去做短裤及汗背，接澂儿来信，知虆去京有不愉快感觉，本来今日想写信，因时间不及，未写。接贤来信，知已分配到机械厂工作(是他第一志愿)。

五月二十四日

写致万儿信。核去年用账。十一时一刻寝。

五月二十五日

虆款汇到，中午未休息，写虆回信，到邮局去领款。给庚写申请，晚写庚信。十一时寝。

五月二十六日

接沅儿来信，知敦出差江西曾过汉口，和沅、湘会面。看《萍踪寄语》二则，十时三十分寝。

五月二十七日

采儿来，布拿去。汪大荣送来洋芋子八斤。上楼看报，十一时三十分寝。

五月二十八日

以为烟秧是采儿要送。牛乳老汪带去，不多时，钟又安来问烟秧，知是他遗忘(他也没说寄存)，我即冒雨去寻送牛乳者至机米厂前，遇钟又安，我即回来，买了六把烟秧追上去，到双塘口，叫了声，他已到塔山，我即交他。他以为是寻回，一看，不是，我已回来走远。我说我将来可以问他算回，他才拿走。庚儿中午到，傍晚显庭来，略坐。上排门后，我与庚谈，晚上楼，略谈，十时四十五分寝。

五月二十九日

庚上午去看医生，下午去杜墓山头，显庭今日回垅坞，过此，银儿送他来，我十一时四十五分寝，下午我去要许先生转方。

五月三十日

庚下午从杜墓回来，接虆、澂、敦附一起信，看报。十一时寝。

五月三十一日

庚今日去办购货证手续。我十一时四十五分寝。接敦儿从江西来信。

六月一日

庚今日下午去杜墓汪家，晚八时三十分到。傍晚关妹来，在此晚膳，宿曹家。和庚谈，十时四十五分寝。

六月二日

庚今晨乘六时车去垅坞。垅坞阿婶又带信来，催他到里面去养。关妹今日中午回去，我晚上楼，写澂及贤信，十二时寝。

六月三日

采儿来，因忙未谈天，她即去，晚写信。十一时十五[分]寝。

六月四日

得玄儿来信，再寄澂儿信。看报，十一时十五分寝。

六月五日

写了一封信至沅，先寄玄，由玄寄爵，由爵寄沅，由沅给湘看，这样节省劳力。十二时一刻寝。抹身，更衣。

六月六日

秋生送粽子五只来，银儿送粽子四只来。今日吃白切肉(约八两)，腌鸭蛋三只，大蒜蒲四五个，价一元。写至虆信。十时三十分寝。今日端午，今日茶店内有说书，每壶茶增 0.10 元，说《上沥城》(三国戏)。

六月七日

我和长育去贤明山看长辅，即安葬在毙命电线下田角边。看看电线好多处有发生危险可能，安装真大意。只图自己便利，省力省材料，不顾人命。可叹！可恨！我和长育还到陈家岭，知装电灯的是张德奎家和张阿牛家，二家各装一盏。听说是大队里青年，十八九岁，名叫培青(姓不知)，第一次下雷雨，刮风，二线相碰，烧了十五只电话机。第二次是他借铁齿脚爬电杆用，上午去借，说用半天，到下午开闸放电，不知他还在安装，从电杆上甩下来。第三次说接进去，电是 350 恩配(安培)，电灯泡是 200 恩配(安培)，爆炸，玻[璃]片飞在他的儿子手臂上。陈玉娟送来粽子三只，饼二个。晚写信，十时三十分寝。

六月八日

给长育申诉整理了一下。十一时三十分寝。听照相的老宋爱人说，罗道隆妻因夫要纳妾她的妹妹，在结婚当天哭[闹]碰[撞]，狂吐血，不过数日即[病重而]死。

六月九日

香儿灯芯绒今日拿去。我十一时一刻寝。今日电影是优待票(王经理给我)。

六月十日

长育将“起泡草药”标本采来。我已夹在书中。十二时寝，因晚了，不抹身，不更衣了(今晚电影仍是《刘三姐》)。今日吃黄鱼。

六月十一日

上楼看唐诗，抹身，更衣。十一时一刻寝。

六月十二日

今日还有黄鱼。晚吃半碗面(和郑分)。

六月十三日

采儿送来腌肉、茶叶。下午银儿亦来买手帕云。上楼后，看报，瀓款今日汇来。十二时三十分寝。念慈送来酒酿。

六月十四日

瀓信到，款兑来。十二时寝。求真去富过此，他袋里自吃元(圆)豆豆拿给我吃。

六月十五日

晚七时三十分上楼，八时一刻寝。服许先生方药。

六月十六日

庚和根香阿婶中午到，到饮食店去吃面，拔牙根。庚陪往杜墓山头。庚晚八时来宿此。谈谈。十一时一刻寝。求真过此，回家，徐锡来谈做毛纸。

六月十七日

根香阿婶来，今日去垅坞。今日食堂早上吃粽子，中午吃豆沙包子。我十时五十分上楼。十一时三刻寝。

六月十八日

庚今晨乘六时车去练头，回垅坞。上午采儿、阿兰姊带了一个孙儿来，锡灶拿米来，十二时寝。

六月十九日

接玄、爵儿来信，因时已晏，未作复。十二时一刻寝。

六月二十日

接蘩来信，知她十一日寄出信已失去未收到。十一时十五分上楼，十二时寝。长育送麦馃二张来。

六月二十一日

写信给爵汇款，给蘩信、瀓信、玄信，只有到明晚写。十二时一刻寝。今日吃自己用盐水浸鸭蛋，比食堂的好，主要蛋新鲜。

六月二十二日

接沅儿来信，晚复玄儿信。今日吃腌猪头肉，0.40 元一盘。我十一时三刻寝。

六月二十三日

天转变，傍晚及晚上有时有雨。我十一时三刻寝。

六月二十四日

今日天雨，蕃(番)芋藤特别多，一头到市桥，一头到观音街，都有，先每百[斤]0.40 元，后来每百[斤]0.20 元。长育送麦馃来，今日我要梅冰给我磨炒米粉一斤半，加芝麻。十二时寝。今日理发。今日《浙江日报》不到。

六月二十五日

将洋芋子分了一半给长育，写贤信，十一时三十分寝。昨天、今天的《浙江日报》一并到，说有美[国]支持蒋[介石]妄图反攻大陆消息。

六月二十六日

接蘩来信，并附来鹏、贤、湘、沅信，我十一时四十五分寝。

六月二十七日

瀓儿将蘩北京来信寄来，庚下午四时回来，我晚十一时寝。

六月二十八日

庚上午去杜墓汪家，下午来做饺子吃。我十二时三十分寝。

六月二十九日

庚今日下午二时后去乘车往垅坞，接爵、蘩

来信。晚十一时一刻寝。惟勤同学方绍权过此。

六月三十日

虋包裹今日寄到。无暇拆看。二时寝，未午睡。

七月一日

今日仍未午睡，小兰来送豆来。十二时一刻寝。

七月二日

我们晚饭后显庭兄来，吃了面，去杜墓宿，带来庚儿寄沪信。会散后，上楼写贤、虋信。十二时一刻寝。许先生带华达呢，今午送去。

七月三日

上楼看报。十二时十五分寝。今日发酒票三斤、水产二斤、肉二两。

七月四日

杭剧团演《三搜店》《断桥》《双下山》《小姑贤》。玄儿来信，我十二时寝。采儿来，显庭来，他们在饮食店吃晚饭后回去。方亲娘送来酒酿一碗。

七月五日

天已渐热，如六月[夏天]。抹身，十一时三十分寝。关荣来过，因忙未谈天(他来二次)，蕃(番)芋丝饼到市来，无人顾问。

七月六日

入夏来，天阴雨，棉衣被不能洗晒。虫蛀多，洋芋多，亦少人顾问，是好现象。

七月七日

抹席子，写虋、澂信，十时一刻寝。

七月八日

澂信今日取来，被、夹衣送去晒洗。十一时十五分寝。

七月九日

中午接敦从南昌来信(六日发)，说估计九日可以到新，因水阻新，只能过一夜，即去沪。我接信后，即去要长育到垅坞叫庚出来，未一刻，敦到，因饮食店均已息炉，买半斤粮面包他吃了，我和他一同去白家吃了点心饭，回来已下午五时。晚十一时，长育和庚到。三人谈谈。一时寝。

七月十日

敦今日乘八时十分车去杭往沪，晚十一时半工作息，我上楼，工作至十二时三十分，一时寝。

七月十一日

庚今晨乘六时车去垅坞。十时上楼，十二时寝。

七月十二日

九时上楼，整理石灰罐。何阜叶嫂送来茶叶，我回赠她汤粉一瓶。萝卜条有花，要长育嫂洗晒，傍晚拿来。

七月十三日

干菜一小包发霉，拿去长育家。看报。十时三十分寝。

七月十四日

王显庭来说庚到垅。次日他来杜墓，今晨过此返垅。我十时上楼，看报，十二时三十分寝。

七月十五日

中午前，冬梅来。我在上午去理发归来，冬梅来告诉我家庭问题。我劝她要好好劝导，不能离心。接爵来信，知敦到沪，定十三日夜车离沪去京。他十七[日]来新。我十时三十分寝。柴忠送我酒酿一茶杯。

七月十六日

昨爵儿来信，知他明日可到家。我上楼吃点心，抹身，十一时寝。元将嫂送酱一碗来。

七月十七日

爵上午九时到。我上楼后，闲谈至十一时三十分息，十二时寝。

七月十八日

上楼后和爵闲谈至十一时三十分息。我十二时寝。

七月十九日

爵今日上午七时去柴场小兰家。下午五时回来，我上楼看报，十一时寝。

七月二十日

晚十一时上楼，工作(旬报)至十二时三十分息，一时寝。

七月二十一日

武玉铨来，今晚慈溪放蜂云。我上楼后，看报，九时三十分寝。

七月二十二日

爵晨去六渚，下午五时，大雨。他今未回来。我今日上[午]睡了二小时，看了一小时书画，晚十一时一刻寝。

七月二十三日

爵儿将午从柴场回来，晚上楼，与他闲谈至十时四十分息，十一时寝。许先生下乡，要袁仁山开方，要梅冰煮粥吃。

七月二十四日

庚儿上午十时到，下午去杜墓。根香婶送来酒酿。晚闲谈至十一时寝。今日吃粥。

七月二十五日

庚、爵今日将南京带来肉罐及我六、七二个月的肉票买肉包韭菜饺子，到长育家去煮，作晚餐。上楼后，玉娟亦来闲谈一小时(九时去)。我们谈至十一时息，我即寝。

七月二十六日

庚上午去杜墓，下午三时和爵一同去垅坞。我上楼，看报，整理。十一时一刻寝。傍晚，铨兄来，去富归来，在此晚饭。因钩虫病去富医，因医去杭，未遇。上午，春树来。下午袁雷明来。

七月二十七日

20寸瓷盆失踪，我急，二次到厨房各处寻不得，但轻易不好问人，旁在出来不好意思。傍晚到厨房，有一只类似，问松平司是谁的。他说詹子文，你拿去好了。他是随便的，人家的，他要用，他的，也乱抛。盛根弟亦说你拿去好了。一定是你的。但我看看总不是像，小一些(18寸)。到九时上楼，盆在桌上了，原来是爵送点心给王先生，他还回了鸡蛋来，用盘盖着。我十时三十分寝。工商联来填表，填就送交黄秀华同志和陈云来同志，谈谈关于义乌红糖、南枣等常识。雪元来，送来元元(圆圆)豆十斤，他没有在此间吃饭，他来手指开刀。

七月二十八日

九时五十分上楼，吃点心，抹身，十一时一刻寝。雷明来，略谈。正中信给他看。

七月二十九日

八时三十分上楼，看报，王正祥同诸儿谈谈。季连来问衣料，去制。我十一时寝。

七月三十日

爵上午九时三刻从垅坞回来。晚上楼，闲谈至十时三十分息，寝。今日再去请许医生转方。

七月三十一日

上楼后和爵谈谈，至十一时三十分息，就寝。

八月一日

晚七时三十分爵和厚坤来，在店堂中谈谈。九时去，我上楼和爵谈至十时三十分息，我十一时五十分寝。

八月二日

上楼看报。十二时寝。

八月三日

看刘少奇《共产党[员]的修养》一部分。十一时十五分寝。

八月四日

厚坤和陈义女儿来。爵上午八时三十分到，上楼后，看报，十二时寝。十时四十分上楼。

八月五日

爵去看电影《十级浪》，十时十五分回来。我十时三十分上楼，我十一时四十五分寝。季连来还米票，接澂儿来信，附来宗森信。

八月六日

庚中午到。晚我八时三十分上楼。三人闲谈至十一时息。我十一时三十分寝。天时雨时息。

八月七日

庚、爵晚饭后同长育去贤明山看长辅毙命处。晚九时我上楼，玉娟亦来闲谈，九时三十分去。我和庚、爵闲谈至十一时息，十一时三十分寝。

八月八日

爵、庚今日六时乘车去上海，玉娟起早去送(太客气)。晚上楼，看报，十一时寝。

八月九日

晚十时上楼，开发票，做日结单。十二时息，十二时三十分寝。(今日副食品商店出售酒酿做馒头)

八月十日

晚十一时上楼，十二时寝。

八月十一日

今日电影是《李二嫂改嫁》，歌剧，十时十五分散。我上楼，看报，十二时息。十二时三十分寝。兑储。

八月十二日

上楼看了一小时报。十二时三十分寝。

八月十三日

今日铨兄带来《唐宋词选》一本，借去《古文观止》二册、《人民日报》半个月。上楼后，看词选一小时后，十二时寝。

八月十四日

九香要她养女送来肉一碗、馃八只。移民罗同志送来馃八只，分给同事大家吃。我上楼看报，写信，抹身。十一时三十分寝。

八月十五日

得贤儿来信，今晚上楼，吃点心，抹身，扫地，未做其他事情。十一时十五分寝。

八月十六日

上楼后，工作至十一时息。十二时寝。

八月十七日

得敦、庚儿来信，我即日复函。据邮局说，五时打邮包，过后要明日。四时收，五时打了。上楼后，工作至十一时，十二时寝。

八月十八日

孙师母送来麻糍、麦馃。我十二时二十分寝。

八月十九日

金满来，送来笋干一包。我回他汤粉一瓶。十一时上楼。十二时寝。

八月二十日

下午二时四十分上楼，午睡到三时五十分醒。大雨未知。晚一时三十分寝。

八月二十一日

九时上楼，看报二小时，今日老胡送来酒酿一杯。十一时三十分寝。

八月二十二日

庚今日下午二时到家。晚上楼闲谈至十时三十分息。我十一时寝。

八月二十三日

庚儿上午去杜墓，下午二时回来，遇雨。今晚因富至新路总出病，没有电灯。我也早息。十时三十分寝。澂儿面包做得不错，质量也好，有牛乳、葡萄。

八月二十四日

庚儿今晨乘五时五十分车去垅坞。午后采儿来。傍晚银儿来。晚我上楼后看报，十二时寝。

八月二十五日

庚今日过此，说杜墓去车糠，明晨一早去，不来转。上楼后，理整一下。十一时三十分寝。

八月二十六日

上楼后，写了虊和贤信。十一时三十分寝。庚儿买来纪念邮票多种。明日开始用。

八月二十七日

过账。晚开[始]填表。我工作至八时三十分。上楼，作填表稿。十一时息，十一时三十分寝。

八月二十八日

今晚九时上楼，读唐宋词二小时。十一时息，十一时三十分寝。今日将被晒了。

八月二十九日

十时上楼，看报。十一时三十分寝。

八月三十日

上楼后，吃东西，抹身，十二时寝。

八月三十一日

上楼后，未看报、书，抹身后，一时寝。

九月一日

上楼后，寻购货簿不得，看报。十一时息。十一时三十分寝。今日荣园又来一说书。

九月二日

上楼，七时四十五分，看词，九时息，九时三十分寝。

九月三日

上楼后看报，十时半息。十一时寝。明日起开门六时三十分。

九月四日

上楼后看报一小时，十时三十分寝。

九月五日

接爵来信，附来宗森致虊信及八个小孩在公园拍的照片，二张集邮（旧邮三枚）。上楼看报，九时半息，十时寝，牛乳今日继续来了。

九月六日

庚到三义祠运肥，因水涨，桥坍，回来到此午时。我日间写致宗森、敦儿信。十一时寝。

九月七日

庚儿下午去杜墓汪家。七时十分回去看富阳

越剧团演《张羽煮酒》，十时三十分散，谈谈，我十二时寝。中午开鳗罐头吃，下午采儿来过。

九月八日

今日给武玉铨买了一顶帐子，改好，准备明日寄去。七时去看电影《春天到海滨》。十时散。写玉铨信。十一时三十分寝。庚儿今日上午七时去，从汪家转（锡灶）。

九月九日

八时三十分上楼，缝寄武玉铨帐子包，看五册《十万个为什么》。十一时寝。

九月十日

九时上楼造旬报。十一时三十分息。十二时寝。今日九香过此。寄玉铨帐子、湘布票。

九月十一日

接敦、爵来信，我八时三十分上楼，看报，写湘信，十时十五分寝。

九月十二日

知农村每人在中秋节供应月饼一枚，价0.06元。我去问梅冰，她们在前日即买来。晚七时三十分上楼，看报，看《十万个为什么》及唐宋词。十时息。十时三十分寝。

九月十三日

今日中秋。下午三时袁雷民妈送来鸭一只，我再三和她说不要送东西来，过节店内也有吃，留着你们自己吃。她说，养了十四只鸭子，被黄［鼠］狼咬坏七只，还说等雷民，月饼没带来。我上楼看《十万个为什么》和唐宋词。十时三十分息。十一时寝。今晚每人九两新秤扣肉（是节日供应），价0.75元，听袁说此番他、生发、其昌三人去场口比象棋，五比四胜场口。

九月十四日

关妹来送来米馃，咸六枚，甜十二枚，叫梅冰去蒸，分一半给她们吃。和关妹谈了一些家常。我七时三十分上楼，看书、报。九时息。九时三十分寝。

九月十五日

关妹今日下午回去。下午采儿、银儿来，采儿还送来芝麻馃六枚。关妹还谈起涛雄，谈起他们那边姑娘。晚上楼后，看《红岩》。十时息，十时三十分寝。

九月十六日

晚七时三十分上楼，抹身，抹橱，抹凳子，［做］了些清洁工作。看《红岩》二章。十时三十分寝，他们去看电影《51号兵站》。

九月十七日

看报，将大蒜浸入醋内。十一时寝。蓉仪、百年来过。

九月十八日

今后每晚十时息，十时三十分寝。应尽量把睡的时间伸长一些。今晚上楼看报，感觉人疲。上床略休息，入睡半小时后才睡。十时息，十时三十分寝。春树席子买来，惜乎短小。

九月十九日

庚下午二时来。我上楼后，闲谈至十时三十分，十一时寝。

九月二十日

庚今日下午去汪家晚饭后回来（七时）。十时四十五分寝。

九月二十一日

今晨我和庚六时三十分出门到胥口去铨兄处略坐，吃了一碗酒酿，胥口过水，到垅坞，她们今日蚕正忙"上山"。我和阿婶说正因你要我抄庚八字，我特来谈谈。一切很好，三时吃了点心，庚送我到闻家桥，乘筏回来，庚回去，我到店正六时。吃了晚饭，略看书报，九时寝。

九月二十二日

今日因要买点礼品，乘早车时间已过，步行去，左脚有疔，右脚有紫泡，行路难，但为了机会难得，只有去，到六渚已八时四十五分。中途遇一妇人，抱了小孩，手中还提一小包，我给她拿，她很感激。她到百前村袁家外婆家。到六渚劝劝冬梅、林荣要和好，冬梅肝旺性更燥，公媳不和，我要他们畅叙情况，劝了一番。我要冬梅陪我去高沙，这样一路更可谈谈。到孙师母处，她正在炒花生。她说墨庄叔老运很通，长生不老，真难得。她正在准备去分水，下十管。我吃了花生、糖鸡蛋。我说要你们孙儿陪我去孙先生坟上去一趟，你可准备行装。我由双年陪到金家坞，由燕宏嫂陪我上山，上山路很矗，回来沿水库山脚，亦很难走，似要下水。念为了来看看老友的墓，心坚了，也就走通了。天闷热，虽遮伞，亦汗流浃背。回来去合作社看看老友邵连珪，又去看老亲邵雨来，回到林荣家，又吃了一只面包。我要林荣陪我走一段，和他谈谈，不知不觉走到百丈山。我要他回去。我到店已六时二十五分。上楼吃饭，略事休息。九时三十分寝。（回来到郎家过来，过岸滩，看斜阳正落在贤明塔边，深蓝的溪水，碧绿的稻浪，远山晚霞，天蓝的天，美丽的傍晚，只有步行六渚归来，夜幕将下的前一忽儿能见到，正几年来没有欣赏到这种景色。）

九月二十三日

今晚上排门前，银儿、来春他们来，要开水吃。是送芋子来，满头汗。时虽秋分，中午还是闷热。十时四十五分寝。

九月二十四日

今日接爵来信，知他分发在安东电业局工作。当晚作复寄上海、寄北京。十二时息，十二时三十分寝。

九月二十五日

上楼，再工作看报。知欧阳予倩去世。我十二时息，十二时三十分寝。玉娟有病，回家休息。分水表妹来。

九月二十六日

小兰将底线拿来，晚上兰溪婺剧团演《混天珠》（即《虹桥遗珠》）。七时四十五分开演。十时十五分散。我上楼，十一时十五分寝。接宗森来信。

九月二十七日

庚下午三时来（售茧），晚去看婺剧《碧血花》。十时五十分散，十一时三十分寝。

九月二十八日

接玄来信，知国庆他们准备到上海结婚。虆亦有二封信来，并附来信，爵、森复治芳信。一时寝。

九月二十九日

接虆来信，来问我和庚是否能去沪。我在中午简复，日来眼睛糊，想去看水生，吃药，抽不出时间。今日林荣父亲来过此即去。我十二时十五分寝。

九月三十日

接壬来电，要我和庚去沪。一时十五分寝。

十月一日

庚儿午后到，从分水来，知是求真来叫他去玩，是二十九日去。晚我上楼后，闲谈至十一时四十五分息。就寝。上午我去复壬儿电，不能来沪。

十月二日

庚儿今晨五时五十分去。今日眼睛好些。十时四十五分寝。

十月三日

今日接玄来信，知他们八日来新。我上楼后整理信札、邮票、照片等工作，十一时一刻寝（息），十一时三刻寝。在下毛毛雨，写庚信。

十月四日

黄秀华手指触电，在腐烂。看《红岩》。十一时寝。

十月五日

今日大便，下半不通。请许开方服，仍上工。打烊后，即上楼寝。

十月六日

今日托王师母请病假，足睡了二十小时。上厕所也有二十次左右。动则欲解，饮食欲解，解则不下、不畅。这种病像可说是第一次。

十月七日

今日比较好，因郑只一人，我勉强上工，请许复方，亦日解三四次。庚儿上午九时来，晚我七时上楼。九时三十分寝。

十月八日

上午十时，虆和玄儿、蓉君、项捷、项龙五人同来，同进午膳。晚去长育家煮粥吃粽子。九时上楼后，与虆、庚、玄闲谈。十一时寝。

十月九日

上午和虆、庚、玄、蓉闲谈，下午七人同到石桥头父母坟一走，拍了二张照，正拟归来，听孙师母叫声，回到山庄，闲谈二小时。孙师母谈了很多她的做人道理，归来遇微雨，天闷，抹身，晚间谈至十二时息，今日杀鸡为黍。

十月十日

今晚买了五张戏票，他们六人先去，我工作

了一些时间。七时十五分到，正开锣。七时三十分演《杨家将》，十时三十分散。

十月十一日

玄儿与蓉君、项捷三人今乘七时早车去杭返沪。庚和虋送至车站。虋今晚去长育家。八时一刻回来。九时三十分寝。

十月十二日

虋今日去方亲娘家，回来午膳。因雨，借来伞。我八时上楼，看信，看报。十时一刻寝。朴真来，在此晚餐。宿曹家。

十月十三日

今日在新登旅馆一部开 24 号房间。上午小兰来，下午长兴偕次子来。庚下午四时偕孝真来，晚去看杭州曲艺剧团演《双玉蝉》鹦歌调。庚、虋、兰、孝、春、龙六人去。十时十五分散，回来，我十点五十分寝。接玄至上海信，附来万信。

十月十四日

虋在桂兰家，冬梅、铁萍、金根弟来，虋、冬、军、采、银婆五人去看戏，庚、孝、玉娟他们去看电影。我十一时二十分寝。福金送来茶叶蛋十二枚。

十月十五日

孙师母过此，关妹来，今日旅馆再续一天。十一时四十分寝。

十月十六日

孙师母、冬梅今日回去。关妹午后和孝真回去。三时，方亲娘由爱金陪来，略坐，回去。我要木根给长辅凿一块墓碑，字句去和长育商量后，再要他去做。九时四十五分寝。

十月十七日

六时四十分上楼，把夏衣收起，冬衣取出，写信、烘栗子。今日理发，抹身，更衣。十时寝。

十月十八日

今日微雨整天，虋未来。昌昌送我黄岩青橘一枚，据说是吴大章儿子从黄岩带来，他转送我。写信。十一时寝。

十月十九日

虋、庚、龙午后二时到，上楼，略谈，至十时三十分息。

十月二十日

秋生送来酒酿，九时二十分上楼，闲谈，十一时十五分寝。

十月二十一日

虋、龙、庚今日乘六时五十分汽车去杭，到桂兰家吃早餐。庚当日回来，我在七时去看建德越剧团演《钟离春》(《齐王斩后》)。十时四十五分散。庚七时零五分到家。我十一时三十分寝。

十月二十二日

庚上午去杜墓。中午回来。晚去看《是我错》。十时五十分散。我十一时十五分寝。写敦、爵信。

十月二十三日

庚今晨去垅坞，晚上楼，做整理工作，今日薄被晒过收藏。十一时十五分寝。

十月二十四日

接虋来信，知已到沪，一路平安。复虋信，并告庚更衣。十一时三十分寝。

十月二十五日

五峰从青海回来，在文具部略谈(玉娟在)。国铨送曼人去杭州，他在此晚餐。十一时寝。

十月二十六日

今晚泡开水放在桌上，去拿，滑倒，打破水，溅到章成玉袜上，幸是从桌上流下，抱歉。上楼后，十一时十五分寝。

十月二十七日

今日开了一罐荔枝酱，味尚可。十一时十五分寝。长育送来猪肉一碗(猪已卖给国家)。

十月二十八日

今晚去看电影《洪湖赤卫队》。九时十分散。我上楼工作至十一时。十一时三十分寝。下午银儿来。

十月二十九日

我工作至七时去，电影已开映,《怒海轻骑》，九时散。我上楼，工作至十一时息。十一时三十分寝。

十月三十日

抹身，更衣。十一时三刻寝。

十月三十一日

今日得四媳程蓉君来信，知她一些工作情况。

十二时十五分寝。

十一月一日

上楼后看报。十一时一刻寝。今日阴雨。

十一月二日

得爵、湘来信，我写致蘩附爵信。十二时息。去联合诊所，知许给我胶方已开好。

十一月三日

今晚去看杭州杂技队演武艺，余杭越剧团演《孔雀东南飞》，十一时散。我上楼，天骤寒，十二时寝。

十一月四日

七时四十五分上楼，为湘儿写我家庭情况。写致庚信。十一时寝。天已转寒，武玉铨送来蜜一瓶。

十一月五日

上楼后又写了一些要寄湘的材料。六渚一椿来，他脚起泡了。我给他一点玉树神油。十一时寝。今日食堂宰猪，是脚疯，不能行走云。

十一月六日

九时上楼，湘要材料，今晚连前二晚，已写就六张，准备明日挂号寄去。下午去理发。今晚十二时寝。食堂搭二十一斤蕃（番）芋买米，是蕃（番）芋丝，折合是一斤六两云。

十一月七日

今晚因小柯去富开会，我宿店堂中。

十一月八日

今日中午，冬梅来。我陪她去看，许德政开方给她，掇了三帖药去，要她服了再来转方。人俊兄来说，收了蕃（番）芋晒干，没农具，想买竹打簾子。晚我宿店堂中，十时三十分寝。袁雷明送来富强粉面条两斤。今日立冬，用红辣茄洗手，说可防冻块。

十一月九日

采娥、铁萍、萍儿外孙四人来给萍儿看疯气病[1]，外孙做大衣。略坐，去。十一时十五分寝。接蘩来信，及附还爵信。

十一月十日

晚吃雷民送来面条作半夜餐。十二时寝。

十一月十一日

冬梅今日来转方。庚儿晚饭后六时五十分到来，晚十一时寝。

十一月十二日

公安局去，问我“项自治和邵来民及我家庭情况及本部门工作人员及工资”等。十时上楼，和庚至十一时三十分息，十二时寝。寄贤邮包。

十一月十三日

庚今日乘上午九时车去分水，我上楼，十一时五十分寝，食堂宰猪。

十一月十四日

于渭良下午来买布。当时回去。我今日大便三次，晚十二时一刻寝。抹身，更衣。

十一月十五日

上楼略看报，十一时二十分寝。桂兰送来酒酿。

十一月十六日

上楼后盥洗。在十一时三十分即寝。秋生送来炒黄豆。

十一月十七日

冬梅今日来转方，说比较好些。上楼后，未看书报。十一时四十五分寝。关荣上午来说今日去分水送喜日去（中南结婚），食堂宰猪。

十一月十八日

今日金笔落地，头坏，不知尚能修否。十一时三十分寝。

十一月十九日

上楼已十二时四十分，一时三十分寝。

十一月二十日

九时上楼，写给蘩信。金笔已修过，但笔尖粗发毛，写时不流利。今日理发。十时三十分寝。

十一月二十一日

九时三十分上楼写贤儿信 6 张。十二时息，十二时三十分寝。

十一月二十二日

看报，写蓉君信，工作毕，到黄秀华处听了十五分钟无线电。十一时寝。

1. 疯气病：神经错乱、精神失常。

十一月二十三日

铁萍来，存在此间的宽紧绒[1]拿去。银儿送来麻糍八块，晚十一时十五分寝。

十一月二十四日

上楼后即寝，十二时十五分寝。

十一月二十五日

庚儿下午五时后到，因民办夜校师资训练班，他来学习，我十一时十五分寝。

十一月二十六日

天转寒，穿二件棉衣，穿棉鞋，与庚儿闲谈，十一时四十五分息，十二时十五分寝。

十一月二十七日

庚今晚听报告，在九时二十分回来，即寝。我抹身，更衣。十一时十五分寝，下午小兰来，要藙给宝升买卡其。

十一月二十八日

藙寄来项龙布票。庚今晚放假，看电影、看戏。他未去。我略看报，十一时四十五分寝。

十一月二十九日

藙寄包裹今日到，庚衣服及贤寄来葡萄干。关妹来。我十二时十五分寝。

十一月三十日

庚儿业余夜校学习，下午三时散，他去杜墓山头回来吃晚饭，我上楼很迟，要他先休息。我一时寝。

十二月一日

庚儿今晨六时三十分去垅坞，早点未吃。今日食堂有猪头肉。晚下面一两，作半夜餐。十一时寝。九时四十五分上楼。仁山兄今日给我煎膏子，他今日休息日，有一部分药亦烦他买来。

十二月二日

今晚打烊后，我去拿膏子，送给袁原子笔一支（上海产）、铁罐橘子一罐。抹身，十一时一刻寝。

十二月三日

上楼后，因藙［附有］保值［债券或购务券］的信未拿来，信亦不写，看诗，读画，搞清洁。十一时寝。

十二月四日

上楼后，写致藙信。十一时十五分寝。

十二月五日

上楼后复盘单小码。十一时十五分息，十一时四十五分寝。龙、爵、湘、布票换来寄出，因每封不得超过十五市尺，分二封寄。

十二月六日

九时上楼，核账，十二时一刻寝。

十二月七日

上楼后吃点心，扫地。今日理发。梅冰磨炒米粉。十一时十五分寝，手已在开始生冻疮开裂。

十二月八日

今晚去看巴金著《秋》，九时散，看报。十时三十分寝。一椿来调面，宿姨婆家。

十二月九日

一椿午后回去，抹身，更衣。十时十分上楼，十一时四十五分寝。

十二月十日

汝霞回信来，拟明日抄寄。一时寝。

十二月十一日

晚十时上楼，抄霞信，写庚信。十一时四十五分寝。

十二月十二日

接藙来信，附来爵、贤信。庚信今日上午投邮。一时四十五分寝。

十二月十三日

膏子上面发现白花点。我炖了一小罐，吃余，拟再炖。十一时寝。

十二月十四日

庚中午到，说早上麻糍吃多了，不想吃。我十一时上楼。十二时一刻寝。

十二月十五日

庚午后回垅坞去。他一再要我不要吃蕃（番）芋。我认为他们都可以吃，我也应少吃些。吃了反映确不甚好。他把蕃（番）芋拿去。诸儿均关心我和藙起居饮食。我们自己也应注意一些才是。晚写致贤儿信，十二时十五分寝。

---

1. 宽紧绒：宽条绒面料或带子。

十二月十六日

上楼九时，看《人民日报》社论《全世界无产者联合起来反对我们共同的敌人》。更衣。十时四十五分寝，食堂吃猪肚货。

十二月十七日

九时上楼，看报，十一时寝。

十二月十八日

银儿、显庭来说，庚儿和根香今日来，未见到，银儿要我去吃晚饭。我谢未去。今日要许先生开方服药，因腹隐痛，欲大便，不畅，腰酸，早寝（九时寝）。

十二月十九日

根香阿婶中午到，饭已吃过，做面给她吃。她牙齿痛，来拔牙。我陪她到老钟处拔。银儿来接她妈。八时上楼，九时三十分寝。服许医生药，中、晚吃粥，胃口较好转。

十二月二十日

王显庭今日上午过此返垅坞，傍晚根香、采儿来此，根香说明日返垅坞，我今日请许医生转方，已好些。许医生[说]如未好尽，还要服。十一时四十五分寝。

十二月二十一日

一椿托珠谱调面，今日来拿，在此午膳，膳后，即去。今晚看杭州滑稽剧团演《大闹洞房》，十时散，上楼十时十五分。

十二月二十二日

六时去元将家看再谔，他已去保恩家。晚饭六时四十五分，念慈去叫，再谔、五丰来，坐谈至八时回来，工作至十一时上楼。十二时寝。得爵儿、沅儿来信、沅照片。

十二月二十三日

冬梅中午送米馃、肚子、猪干（肝）来，因忙亦未多谈天。她当日回去，因昨日店务会议开会，不要用火熜[1]，将开大会贯彻。即已有决定，故我今日不烤火。十二时四十五分寝。

十二月二十四日

听长育奶妈说梅冰今晨给雪元麦[子]换面[粉]，放在旁边不说，梅冰去炊早饭，给一个移民拿走了，又听说长育赶茹口，梅冰赶六渚。不小心大意这样大事闹出来。十二时寝。

十二月二十五日

小兰拿来布票，准备明日寄去。十时上楼写爵、纛信，十二时息，十二时四十五分寝。

十二月二十六日

酿造厂定息今日拿来。朴真下午四时来出售蕃（番）芋龙须。理发，抹身。晚十一时三十分寝。将公债对码，尚有中签未去兑，准备明日去兑。寄纛信、爵信。今晚去将膏子热了一热。朴真送粽子十二只来，他在此晚饭。

十二月二十七日

求真早上回去，今日市上不见熟花生，原来是因油类作物不能自由出售，只有蕃（番）芋、甘蔗、南瓜子、蒸花子，十一时三十分寝，看报。

十二月二十八日

将长育棉花鞋面晚上交去，今日季连来。

十二月二十九日

今晚开水已完，松平为我烧二瓶。上楼看报《新工商》。十二时十五分寝。

十二月三十日

今日工作没有完毕，一时上楼，一时三十分寝。得玄儿、澂儿来信。

十二月三十一日

庚今日下午到，因忙没有谈天。今日食堂里分给每人一碗鱼。二时寝，天转冷。

---

1. 火熜：是个通称，按制作的材料不同可分为篾火熜、铜火熜、洋铁火熜三类。是一种可以移动的小火炉，是冬天的农村家家户户不可或缺的一种取暖御寒用具，可以用来烘手、搁脚取暖，还可以烘衣物、烘干被窝、煨米萝、烤地瓜等。

一九六二年(工作日记)

一月一日

今日芦经理和郑出售卡其阔幅纱卡、帆布等，我造月报，王售其他棉布。晚放假，郑、我、王都去看淳安越剧团演《孔雀仙子》神话剧，十时二十分散。我上楼。今日值日，郑、小章在下午六时五十分才交来值日旗。

一月二日

今日上午芦经理和郑出售阔纱卡帆布。晚去开会(戏院)，王部长报告[一九]六二年工作方针，总结[一九]六一年成绩。我供销部十姊妹表演《三摆渡》。我九时五十分回来，即上楼。

一月三日

三人搞业务。晚开会，讨论法制问题。大家谈了外界的违法乱纪、男女关系，讨论了富阳判决书的几个人。九时散，我们工作，王十一时上楼，我和郑十二时息，我十二时一刻上楼。

一月四日

三人搞业务。今日三人都去人民医院看病。晚自由工作。章成玉盘货，明日去富学习，由周观凤接手，陈玉娟也去学习。十二人到(国营)饭店吃青菜面，工作至十一时十五分，我上楼。

一月五日

王秀英今日告假回松溪休息。据云医嘱一月，她说如好点，一星期来。郑、我二人搞业务。晚开会，芦经理主持，许、王均不在店，八时三十分散。我、郑工作至十时，我上楼，核账至十二时一刻息。

一月六日

芦经理来协助(中午、傍晚)。晚开大会，在国营饭店开，李局长报告机构调整、人员更动、服务态度问题。我和郑理布票未去。工作至十一时，郑上楼。我十一时三十分上楼。

一月七日

我晚时上楼，因为袁主任要我写历史材料。

一月八日

芦经理今日在王位子出售线呢。晚开会，讨论计划和昨晚报告，讨论八时半散。我和郑工作至十一点，我上楼。

一月九日

芦经理卖线呢。晚自由活动。芦经理动员大家协助卷布四五十匹，一小时毕。我和郑工作至十时三十分，我上楼。再核账，十二时三十分息。

一月十日

芦经理今日仍售线呢。晚工作至九点，郑十一时上楼。我造旬报，十二时四十分上楼。

一月十一日

芦经理今日去工商联开会，盛根弟来代。晚查月底主要商品库存，核账。郑十时三十分上楼，我十一时三十分上楼。

一月十二日

盛来协助搞业务。晚，我去工商联开会，听区委黄部长报告目前形势、农村情况。六时三十分开始，八时三十分息。我回来工作至十一时四十分上楼。

一月十三日

中午吃饭时吴立大来协助我。小吴(生产资料站)代郑、小柯代盛。郑工作至十一时上楼。我十二时上楼。今晚大礼堂听报告，处理违反治安问题。

一月十四日

上午又是吴立大代郑，小吴代我。晚，吴协助卷布，开棉工呢。王经理、罗冬连、黄秀华、江永才、韩剑伟、周观凤都来协助卷布，理布票。我、郑工作至十时上楼。盛去，仍芦经理来。

一月十五日

晚，郑去开会，九时半散。郑、我工作至十一时上楼。今日售棉工呢。

一月十六日

上午芦售棉工呢。晚开大会，许主任报告六一年总结。李局长指示评比意义、目的。九时散，我、郑工作至十一时，我上楼，数稻谷奖励布票，一时十五分毕，二时寝。中午要王正祥代我，我去理发(四十分钟)。

一月十七日

芦上午售棉工呢。晚开会，芦经理主持，谈六一年成绩，八时半散。我、郑工作至十一时一刻上楼。

一月十八日

晚开会，王经理主持，评先进工作者，谈及开后门问题界线，九时散。我、郑工作至十一时三十分，我上楼。

一月十九日

芦经理、小柯出售纱卡、线呢一千余元。晚大家协助理布票。开会讨论先进工作者及出席县代表，八时三十分散，工作至十一时一刻上楼。我工作至一时一刻息。

一月二十日

小柯、谢来协助。晚，王、韩、俞、黄、丁、袁来协助理布票。郑工作至十一时上楼。我十一时三十分上楼。

一月二十一日

晚理布票，大家协助。郑、我工作至十时三十分，我上楼。

一月二十二日

今日没有阔幅，未售，排队人还是很多，久侯不去。晚开会，王经理主持，讨论二问题，主要商品96种要结出，一月份到现在进销存困难户提出来。讨论九时散，卷布。郑今日眼睛黑，去云上楼休息后，仍下楼工作，晚工作至十一时上楼。我十二时半上楼。

一月二十三日

今日出售主要昨日接来富春呢，元线9支。郑带病工作。晚大家理布票，未开会。百货组盘货，我十一时三十分上楼。

一月二十四日

今日盛、柯均独立协助。郑因病休息。我工作至十二时上楼。今晚开大会，高支书报告关商农合同及一些供应方式(自二十五日起有些凭证有证凭票)。秀华去听，我代值日(好工作)。

一月二十五日

今日上午、下午我和芦经理二人吃饭，由吴立大、小柯、老谢来协助。晚百货部盘货。我工作至十一时三十分上楼，核账至一时三十分息。

一月二十六日

下午小柯、老谢来协助。晚开会，许主任主持，春节供应分配，练习生要考试，证票问题。九时散，我工作至十二时上楼。郑病未愈，休息。芦经理到工商联开会。

一月二十七日

我、芦二人今晚盘货，中民、学山、关兴、朝林来协助。十时半息，我十二时上楼，核当日账，一时息。

一月二十八日

张学山来协助，我核账。晚放假。章、王、韩去看《三打白骨精》电影第二场(第一场大操场放，第二场剧戏放，九时开始，十时半散)。我复核至十一时四十五分上楼。

一月二十九日

今日因蓝布没有，新哔叽、线呢都没有，业务较轻。晚开会讨论春节回乡问题，安排分配。许主任说等郑、罗来后再定日期。会议九时散，我工作至十一时三十分上楼。

一月三十日

将优待零布折扣查出造表。

一月三十一日

郑今晨回家。晚，我宿店堂中，核月报。二时息，二时三十分寝。

二月一日

月报上午造毕，送交小柯。晚开会，供应凭证凭票，略有更动。今日出售肥皂，每户 1/2 块，4 人以上供应一块。七时三十分会散，盘凭证商品。我工作至十时三十分息。今日发工资。

二月二日

下午我上楼将仓库打扫，二时因卖呢片，我下楼搞业务。晚自由工作。我工作至八时上楼，十一时下楼，工作至十二时三十分，宿店堂中，一时寝。

二月三日

业务较闲，百货针织部忙。晚自由活动，我十一时三十分寝。

二月四月

我今日上午去理发，洗浴。芦经理一人搞业务。昨日打扫楼上，今日楼下打尘，理厨仓(橱窗)。十时半息。

二月五日

今日春节休假。我向芦经理告假去石桥头上汪，并和袁明善、黄秀华要他们代为照顾。晚十一时四十五分寝。

二月六日

今日休假。我在店堂中，未出远门。晚宿店堂中，十时寝。

二月七日

今日休假。我在店堂中，未出远门。晚宿店堂中，十时三十分寝。

二月八日

今日开始营业。芦中民来协助。七时四十分开门，下午四时打烊。六时开会讨论凭证凭票进销存报告问题、练习生转正问题，八时半散。十二时三刻寝，宿楼下。

二月九日

芦经理、小柯、老王在我离开时来协助。晚开会(饮食三部)发奖挑战。九时三十分散。我九时三十分上楼，十一时下楼。晚，梅根三弟兄来坐了一回。我十一时三十分寝，宿店堂中。

二月十日

芦经理协助搞业务，晚自由工作，我造旬报，十时息。

二月十一日

芦经理协助。晚自由工作，有些去看电影《 李时珍》，九时三十分散，十时寝。

二月十二日

罗冬连今日来我部工作，上午将存[放在] 仓库的布，和芦经理[一起] 背出来。晚开审判大会。我值日，十时息，十时三十分寝，宿店堂中。

二月十三日

我兼封上月份布票。晚开会讨论昨日审判大会情况。本部门及副食品部 [响] 应挑战。八时三十分散。我宿店堂中，十时寝。天转寒，飞过雪。

二月十四日

罗冬连今日因腹痛未来。芦经理、韩剑伟、黄秀华去富阳工商联开会。我一人搞业务，有时要小柯协助，叫施阿毛有时来照看。今日业务较昨前好一倍。晚开会，用票证略有更动。七时半散，我们小组讨论竞赛挑战书，陈玉娟起草。八时半散，我工作至十时息，十一时一刻寝。今日郑来信续假十天。

二月十五日

冬连来，今日早上粥已卖完，我吃蕃(番)芋片，中午吃蕃(番)芋。郑的蕃(番)芋有一半已烂，我拿去给他嫂。到市场遇到，将面盆亦交给她。晚批发部送挑战书给五金、文具、棉布组。我造五日报。十时息，十一时寝。

二月十六日

上午我将口仓库提出，写标签，下午有开印，和罗划卷十余匹。傍晚吴立大、袁明善、小柯、施阿毛来协助上厨仓(橱窗)。七时完毕。我将芦经理 1—4 日分类立表。工作至十时。看报，十一时一刻寝。

二月十七日

今日因有线呢，业务比较上升。晚放假，我工作至九时三十分息，看报，十一时一刻寝。

二月十八日

我兼理去年证据等。晚放假，罗很积极，据说打烊后夫妇俩去种洋芋子。我、小柯等去看电影《林海雪原》，九时三十分散，回来核日销。十时三十分息，十一时寝。

二月十九日

罗、我二人搞业务。晚开会，许主任、王经理主持，许说劳动种洋芋子，王读《人民日报》新年献词，九时散会。今日开门七时十分，打烊六时，提早延迟（早二十分，迟三十分）。我工作至十一时息，十一时三刻寝。

二月二十日

晚开会，讨论目前形势，九时散。我造旬报，五日报，十一时毕，十二时寝。

二月二十一日

今日电灯因装放牌剪去，未接，黄秀华、韩剑伟处灯亮，我部、批发部停电。承华秀给我扯花线，仍有电灯用。我值日。晚，他们去看同兴绍剧团演《孙悟空大闹无底洞》，十时散，我十一时寝。

二月二十二日

上午阿毛、大清、师务来协助。把还有一件花胎去抬来给我拆出。我搬上楼。许主任要花式、品种、数字，晚将五谷仓收入，叙（聚）餐。芦经理、金秀鸿夜班，车到叙（聚）餐，回来早息。王、韩、柯去看电影《群英会》，九时散，罗饭后即去。我代值日，十一时寝。

二月二十三日

下午三时后罗有分水女同志二人来。她说回去翻被招待客人。四时她来说客没有在家。我说她们来，在旅馆，她去看看说有男客在洗面，她没去。郑来，他到舅嫂家晚餐。晚开会。江、陈他们参加谢谈小组。我们由[于]许主任、王经理、芦经理不在，今晚人不多，讨论有利条件，有那（哪）些有利条件。王经理读报。九时散，我工作至十时上楼。

二月二十四日

郑今日工作，我抽出时间搞账。晚放假，我去看同兴绍剧团演《包公巧拿庞吉》《孙悟空大闹无底洞》。郑亦去。十时散，我上楼。

二月二十五日

郑配服装店零布，我复尺核[对]。今日罗做业务，划码、封口。晚放假，郑去看《后珠砂》，我工作至八时上楼。

二月二十六日

郑今日再配修补业零布，罗划布，我因盘单没有，想要谢刊一张蜡纸，谢说没时间，我以复写纸复了四次（20张）。晚盘货，芦中民来协助，楼上仓库，四时后郑和罗盘货。晚盘至九时，郑、我工作至十时四十五分息，我上楼。

二月二十七日

郑做业务，小罗请假不来，我复账。晚同核至十一时（九时上楼），相差尚巨。十二时寝。

二月二十八日

金给我复盘单，不错后，二人算进货，知有错。晚造五日报、月报。十二时息，上楼。

三月一日

上午布票表造就，送出，向芦经理请假去沪。他说问问许主任。中午通知我叫我去。罗今日有病，未来。我去理发，整理行装。晚开会讨论计划、业务，芦经理主持，七时开，八时三十分散，我上楼。

三月二日

准假去杭赴沪，探亲为期七日。

三月九日

因等待车辆费时，不能如期到店，续假一天（在杭写信）。

三月十日

金秀鸿来协助工作，郑去富开劳模大会（六日去）。造旬报，十一时上楼。

三月十一日

金时来时去，协助主要结花布、复尺日销单。晚，小章、玉娟他们搬房间。今晚章值日，要我代她值日（开门）。我十时上楼。

三月十二日

金去山上拔油菜，郑上午九时三十分回来。晚开会，黄经理读文件和劳模会倡议书，九时二十分散，我上楼。

三月十三日

小柯他们今日下午去劳动。今晚提货（放假），罗打烊后回去，我守门，电影十时散(《三打白骨精》)，在大操场上放映。听说票子售出四千余张云。

三月十四日

上午划花布尺寸，晚开会，检查计划，九时散，我上楼。

三月十五日

今日出售灯芯绒、卡其阔幅纱卡，业务上升。芦经理、老谢、小柯来协助。晚，我造五日报，九时三十分上楼。今晚郑、芦经理开棉工二匹。俞爱光开会回来。

三月十六日

今日卖棉工呢、鞋面。郑卖棉工呢。我卖斜条，人不多。晚各自工作。我八时三十分上楼。

三月十七日

小罗今日假休不来。郑、我二人搞，出售灯芯绒、卡其棉工呢等，小柯、老谢来协助。晚放假，我去看矛（茅）盾编《春》。七时三十分开，十时散。

三月十八日

罗今日仍继续休息。郑、我二人搞。今日只出售棉工呢，销亦略减（销50块）。晚放假，仙花来（六时十分）吃晚饭，坐谈至八时，送她到新登旅馆宿，我九时回来上楼。

三月十九日

罗今日续假未来。晚开小组评分检查工作，核查计划、服务态度、劳动纪律等，八时半散，我、郑工作至十时，我上楼。

三月二十日

罗今日再续假，未来。晚造旬报。十时三十分上楼。罗旬报由小李代做交来，我十时三十分上楼。

三月二十一日

今日罗来，我将六一年十一月、十二月，六二年一月、二月四个月布票包扎好，送缴芦收。晚自由活动，我九时上楼。

三月二十二日

我今日抽些时间数布票，核传票。晚开会讨论计划。王经理读文件，商品凭票有些更动。讨论种蔬菜问题。八时四十五分散，罗因小孩有病，三时后去医院看病。晚早归，我九时上楼。

三月二十三日

郑今日去六渚，下午三时回来。今日出棉工呢、蓝帆布，又来了四十块玻璃窗帘布，每块六元，一时争购。晚自由活动。我核账，九时上楼，九时半电影散，我下楼开门。

三月二十四日

小罗今日午后同小李给小孩去医院看病，后来她扑在桌子抽斗中哭了，是韩剑伟看到。郑要回去休息。晚放假，我工作至七时三十分上楼。

三月二十五日

今日卖玻璃布四匹200多公尺。这东西不能洗，不能贴肉穿，还是争先恐后的（地）抢购，二小时售完。晚放假，我值日，九时上楼。中午去理发，要小柯代。

三月二十六日

我划表格造改制表，郑划布封头。罗今日仍请假未来。王秀英今日来过。今晚开大会（在饮食部），斗争赵月溪、朱正荣不法地主资本家，九时五十分散，我上楼。

三月二十七日

罗仍未来。郑、我二人搞，兼做盘货准备。晚盘货，谢、中民二人来协助，芦八时后给章算账，谢给我算至九时，郑至十时，我十时三十分上楼。

三月二十八日

核盘单，下午二时核毕，基本相符。晚自由活动，郑去供销部开[会]，散八时三十分，我九时上楼。

三月二十九日

朱延庆今日来我部门工作，他是改造进步摘了帽子，回原单位工作。

三月三十日

郑将零花布一律提出，划尺寸，玉泉白布亦提出。晚开会在楼上会议室（第一次），我在楼下守门，九时散，我九时十五分上楼。

三月三十一日

我札总结材料及准备月报，郑明日将回家。

我晚十二时一刻上楼。

四月一日

郑今日回去，罗今日来上工。月报我上午报出。晚开小组会，总结第一季度成绩和缺点，八时十五分散，我上楼。

四月二日

天寒，雨雪珠。王秀英傍晚来，我和老朱给她行李搬上楼。我因腹痛畏寒，请假上楼（七时十五分）。

四月三日

早上请假去寄信，汇款。芦经理拿出散火柴要我们糊袋分装。我们做到下午四时五十分，装了四十斤。楼上谢、小柯、吴老师也来协助。晚开会，汇报各小组总结，九时十五分散。布票报表上午送出。2尺门面、麻纱今日上午补报。

四月四日

罗冬连今日调到周观凤那部门。我们上午包火柴，芦经理、金秀鸿都来协助。朱上午去劳动，种四季豆（和俞爱光）。下午，我、朱糊袋。晚，我守门，郑六时四十五分到。今晚我值夜，八时四十五分上楼。

四月五日

上午我裁纸拟去印表格，请张学山同志印时，问是否须二小张联在一起印？荷（承蒙）他说："我去给你印，但上午没时间"。我说："好，迟点不妨。"我下来和朱二人做封袋。郑秤火柴。到九时十五分，介亮和赵璧来。我向郑请假至下午二时三十分（我送介亮上车后回来），仍继续做封袋。晚电灯不亮。我守门，郑去开店务会。九时三十分散，我上楼。

四月六日

今日火柴连前几天已包上200斤之数。晚开会评比一季度先进工作者。九时十分散，我上楼。

四月七日

早上郑和朱去翻棉花胎，知着地摆，［几］床棉花胎有损。幸得昨晚漏湿，才去翻理。晚开会评先进单位、先进工作者。一致意见，单位内部先进人物袁明善、韩剑伟、郑子芳。表扬丁连根、谢关兴。九时十五分散。我今日查棉花优待卷、布票、一季度进销存情况。我九时二十分上楼。

四月八日

王经理通知，绸旧花贴斜条要盘点一下。我和朱盘（上午）。我下午汇总了三月份布票。晚放假，我六时三十分上楼。

四月九日

我和朱还是兼做纸袋，下午纸做完。郑、王上午包了些火柴。晚开会，王经理主持，一奖金，二评分，三宣读总结稿。九时十五分散，我上楼。

四月十日

朱下午去医院看病，听说他也有浮肿病。近来吃米皮、糠，已好些。晚，我造旬报，朱自理布票。九时十五分息，我上楼。

四月十一日

我今日休假，上落排门。我还是按时去做，下午四时送银行。我去，郑已在搞，我也就回来。

四月十二日

今日本来定朱休假，他仍在工作，未休息。郑上午去看医生，说梦中要咳。晚，我、朱、黄秀华三人去工商联开会，张同志报告，今后每周逢星期五、六开会。八时散，回店后参加本店学习会。八时五十分散，我上楼。今晚开会未参加，谅是请假。

四月十三日

王秀英今日休假。朱去协助染坊（沈休假）。晚自由工作。我七时四十五分上楼。今日这边电灯不亮。

四月十四日

朱下午去锄马铃薯，王休假。晚，郑去参加消费者座谈会，我去看萧山越剧团演《孟丽君》。十时四十分回来。

四月十五日

我下午去理发，洗浴。晚放假，我值日。郑、王去看《恩仇记》，十时十五分散，我上楼。今日王经理发指令票。

四月十六日

我因芦中民要二月底一些库存材料，把它查

[清]造表。晚开会，许主任读文件，说广州私分布票，服务态度说小章嫌顾客不叫她同志，说染坊孙对顾客对骂。九时散，我上楼。

四月十七日

郑配服装部零布。晚本小组开会讨论服务态度等，八时三十分散，我上楼。

四月十八日

许主任今晨对我说，你们儿子迁回来，这里有二间房子是你们的，企业要用，你可要他在外找一房子，租金由企业会钞。我对他说"虽已登记，地点尚未决定，待决定。如在城区，则外面去寻房子，如在乡下，则可不必去寻"。他说好的。今晚自由活动，我七时三十分上楼。朱因岳母有病，上午八时三十分去，下午三时回来。

四月十九日

我上午去看医生转方。今晚自由活动。我去看电影《三毛流浪记》，九时三十分散，我上楼。王去看萧山越剧团演《梁山伯祝英台》，十时三十分散。

四月二十日

朱今日上午去挑已化好的石灰(打灶用剩的)，同黄秀华做五金部地面。晚，我造旬报，朱、黄去工商联开会(当时黄值日，我造旬报，二人不去，后来我叫黄去，我代值日)。朱九时回来。金秀鸿来，他宿店堂中，由他开会(看剧回来的)。要我上楼十时十五分。

四月二十一日

今日休息，落排门，上排门还是赶上。

四月二十二日

今日上午我搞卫生。郑下午休假，因友人来，出外仍工作。我晚七时三十分上楼。今日我、郑、朱都去洗浴，朱还理发。

四月二十三日

我上午抹桌子、玻璃窗。王秀英今日傍晚搬戴念椿家住。晚放假，我七时三十分上楼。

四月二十四日

我上午抹玻璃窗。晚开会，计划执行情况，分商品票。席子只有三条，六人要，说我、翟、周(五月份优先给)。九时三十分散，我上楼。

四月二十五日

今日包火柴，做袋。晚，我去看电影，电灯出病，回来即上楼。

四月二十六日

今日做盘货准备。晚开会，学习《人民日报》《假如我是一个顾客说起》，出墙报，纪念"五一""五四"。八时三十分散，我上楼。

四月二十七日

上午大家做准备。下午我和郑先盘楼上。下午二时我请了假，陪庚去镇公所。二时四十五分回来。晚盘货，谢来协助。王休息，我们四人盘至九时息。朱回去寝(因严子君来)。

四月二十八日

今日核盘账，朱协助算。今晚我值日至十时上楼。

四月二十九日

盘货长短今日报上，拟"五一"壁报。晚放假，去看《刘玉娘》，十时半散，即上楼。上午柴到，我亦去扛了些。

四月三十日

写壁报，糊火柴袋。晚造月报，十一时息，上楼。

五月一日

今日售紫红灯芯绒、蓝卡其、华达呢、阔幅蓝纱卡、棉工、白粗布，业务上升。芦经理、金秀鸿来协助。今日一天对账，上月一日至二十五日。晚，郑、我二人去看昌化越剧团演《花亭会》，十时四十分散。今晚、明日轮流值班守夜。

五月二日

上午抽闲我把布票封好，我要郑分类布票数字，他说已交给我。我寻寻，确没有。我说三十晚布背好已将十时，你还问我布票分类数字就要，我说倘小柯不要，可等到三日。倘要，则明晨要。他是在一日晨分类的，他还说我乱说，我也不与他辩，我想他如回忆，是会明了的。我用的双尺已开裂，经理昨日将此尺打一小孩，小孩说你好打人呀，后来他在凳上用力一打，碎了。今晚王去看朱，因没有前排票，他未去。陈玉娟上排门时，排门打在头上。我走过去问她去医院看一看，后来盛给她前排戏票，她说要我替她守门。我守至十时，芦经理来接班守夜，我上楼。玉娟同俞爱光说要她守门。我看她要睡模样，我说你去困，我来守。芦经理十时来，我上楼。

五月三日

上午把布票封好，表填好，送芦。晚开小组评分，讨论指标、服务态度。八时五十分散，我上楼。

五月四日

天时雨时晴。晚青年去会堂开会。我晚八时上楼。今晚郑值日。今日起已实施午睡。

五月五日

今日将旧花胎削价，不收优待券出售，造表批准报销。晚放假，我去看杭州杂技团，十时二十分散。今晚王值日，我回店即上楼。

五月六日

今日包火柴，我晚饭后去理发。晚，我值日，朱、王去看杂技。我守门，十时十分来，我上楼。

五月七日

上午将批发部分破盒火柴调换包好。晚自由活动。我八时三十分上楼。庚去看杂技，我十时下楼，四十分上楼。根香要庚带来兔子肉。

五月八日

今日我休假，开排门，上排门，送银行款。我仍去工作。

五月九日

今日华达呢亦不多，业务比较闲。晚自由活动，我七时三十分上楼。

五月十日

今日准备旬报，晚造旬报。王今日休息，晚开小组[会]讨论计划、服务态度、资金周转，八时三十分散，我上楼。

五月十一日

今日休假。

五月十二日

今日王休假。郑、朱、我三人工作。晚放假，我工作毕，看报。八时三十分上楼。

五月十三日

王今日继续休息。晚，郑去开工代会，我值日。待会散，九时十分我上楼。

五月十四日

朱休息。晚开会，计划，传达富阳竞赛，通讯我们要投稿，如何加速资金周[转]，服务态度如何，推销冷背商品，处理残次商品等等。九时散，我上楼。

上午下雨。九时郑有二位友人坐在柱后方桌边，二把雨伞放在布橱窗下，桌上有搪瓷杯、瓷杯，过一回二客离去。我在做营业，忽见一人头戴笠帽，手拿雨伞，走出。我看可疑，即回头看客放的二把伞，只有一把。我即查问该人，他言语含和（糊），知他是窃去。他说天冷，将他手中伞拿（放）下。后来二客来，郑对他说是我看到，追回。二客道谢，说幸亏你。

五月十五日

朱今日下午去富工商联学习（为期一月）。晚开小组会，富物价股顾君参加讨论指标措施等，九时散，我上楼。

今日晚餐我洗碗，见批发部无人（时为五点二十分），我立了十分钟。小柯来，我和小柯说，小柯去通知王经理。今天是王正祥值日。后来王经理一人坐着等他们来，五时五十五分芦中民来，六时柴、丁、王等亦到。

五月十六日

郑、王、我三人工作。晚自由活动。我看报，九时三十分上楼（先郑上楼）。

五月十七日

晚王值日，我去看电影。九时三十分散，郑来开门，我上楼。

五月十八日

郑今日回家，利用假休（五月3天，六月2天云）。我和王二人搞业务，要许先生来此多坐坐。我要王在二时去午睡。晚他们去看电影，我值日守门。九时四十五分散，我宿店堂中，十时三刻寝。

五月十九日

许问沧先生时来坐，协助我们。小柯来协助

上排门，张学山给我们落排门。晚放假，电灯到七时二十五分才放光。

五月二十日

晨，小柯、老谢、老张来协助开门，晚上排门同。今晚我造旬报，午后要小柯代了一息，让王同志去休息。九时毕，十时寝，宿楼下。今日王剪布票，在地上落下一张5寸的，她去买中饭了，我起来看看，从地拾起还给她，要她今后小心。今日财会处在门市部折卖残次商品(上午七时至九时半)。

五月二十一日

上落排门，小柯、老袁、老张、老谢都来协助。晚开会，许主任报告检查计划，是否尚有业务好抓，哪些能推销，说这次在富开会情况，九时十分散。我开门给他们，回去我宿楼下。十时二十五分寝。我们散，店务会开会，十时散。

五月二十二日

开门，张、柯来协助袁，晚同。郑下午六时到。晚开小组会讨论指标及六二年商业方针政策。九时散，闲谈说书、记忆力等。九时三十分上楼。储蓄部今日在搬家到对面。

五月二十三日

今日休假，我开排门，上排门，调他们午睡。十一时四十五分下楼，下午二点三十分上楼，送款亦下去，他们已送去。

五月二十四日

王今日起休息。郑、我二人搞业务。下午进货卷布。晚自由工作。我八时十五分上楼。

五月二十五日

今日出售卡其灯芯绒七八匹，二人搞。晚开会读二文件，分商品票，九时十五分散，我上楼。

五月二十六日

今日开始供应绸，要绸票优待票才能供应，或稻谷选购票亦可供应。晚自由活动，我九时上楼。

五月二十七日

一顾客早上来和郑交涉，说钱算错0.34元(说找0.30元)。少顷一顾客拿落水卡其来，说现在忙，等会儿和你谈。我认为量错了，算错了。他说不是。我奇了，问他为什么，他说你看，我看不出。他照起来说有花，我说这事万一有问题，责任也是厂和染，不能怪我。他说是我，说你去晒燥再说，可能不会有花。后来听许问伦先生说他来过，略有行踪(痕迹)，说了也就去了(算了)。晚开会，读二文件，有些商品变更供应方式，八时散，我九时上楼。

五月二十八日

郑划布，我造表准备盘货。晚上排门后我上楼。下楼七时四十分，已在批发部开会(今日第一次)。郑在本部打老开。我说你去开会，我来守门。他说不要去。我看报，会散，九时我上楼。

五月二十九日

我和郑，日[里]做准备，晚[上]盘货。在晚饭后，二人即开始，至七时。张学山、金秀鸿来协助，九时息。我工作至十一时上楼。小柯和老谢尚在针织部协助盘货。

五月三十日

中午把盘账算毕。下午提绸，卷划。晚九时毕，上楼。俞爱光来协助。

五月三十一日

兼复账和月报准备。晚造月报，十一时上楼。郑开会，十时三十分散，继续工作，我先上楼。

六月一日

兼查盘账，尚短少，拟再盘。晚开小组[会]，谈生活，谈计划，谈保卫保密等等，九时散。查绸金额。我九时三十分上楼。

六月二日

今日作准备拟重盘，在下午三时开始到四时三十分，找到差错，核对，果然因119.8和191.8之误。晚自由活动，我八时三十分上楼。

六月三日

布票汇总表造出。晚自由活动。我八时上楼，九时大雨。我去看后再上楼。

六月四日

鞋革社今日来配货。晚开会总结上月完成与不完成或超额情况，九时四十分散，我上楼。

六月五日

晚饭后我去理发。晚小组讨论六月份计划如何争取，护爱财物，保卫工作等。九时散。我上楼。

六月六日

郑休息后，得［知］长辅被电触毙命。我在等待长育，未回音，和等许主任借款。下午二时四十五分上楼，三时十五分梅冰来，我即下楼。晚自由活动，我八时上楼。

六月七日

今日上午八时三十分我请假，和长育一同去贤明山。九时二十五分到店。下午郑、我兼搞清洁卫生工作。晚同。我八时三十分上楼。

六月八日

我上午打扫楼上仓库，郑扫左扶梯下面。下午我又把柜下打扫，在壁角整理出细麻丝一袋。晚自由活动，我八时上楼。

六月九日

今日下午王经理要老郑将二十王日哔叽条、245彩平条，查数量，要我报小柯处。晚放假，郑不去，我去看电影《刘三姐》（歌剧）。十时三十分散，玉娟来开门，我即上楼。

六月十日

今日城阳镇合作社销绸纸，要优待票，业务好，约一千元之别。我们比昨前也好些，但只有它1/3。晚造旬报，十一时上楼。

六月十一日

晚开会，各人优待票登记缴上后，楼上开店务会议，我守门，九时散，我上楼。

六月十二日

今晨挂牌商品票十三日截止，十四日起用工业券，故今日绸销独好，我部九百余元。晚开会，我值日，守门，工作至十二时一刻上楼。今日郑、我均没有午睡，朱下午四时三十分到，芦经理亦到。

六月十三日

今日绸销和昨日仿佛。朱、郑、我三人搞，比昨日上升，小柯有时来协助。晚工作至十一时二十分，我上楼。

六月十四日

今日郑配零布，我和朱挂被面。晚十时五十分上楼。今日开始用购货券，按工资发5%。

六月十五日

今日批发部给我们接上收音机、喇叭，是谢同志、郑动手。晚开会，我因寒，微热、头痛，请假早寝。

六月十六日

今日虽来土帆布，价高质次。只销16.5尺。晚自由活动，朱晚饭后协助整理旧衣，我九时上楼。

六月十七日

朱今日去中药批发门市部场所。四人出售旧衣。罗冬连来我部协助，有时汪、盛根弟来协助。业务不忙，主要管看。晚工作至十时五十分上楼。

六月十八日

罗冬连因原部门要出卖席子，叫她回去。今日只有我和郑二人。晚自由活动。暴雨，仓库花胎有部分漏湿，幸芦来通知。朱今日还是协助出售旧衣。我十时三十分因蚊多，上楼，工作至十一时三十分息。

六月十九日

朱仍在旧衣部协助。晚饭后回来。晚开会，九时四十分散，工作至十一时上楼。柯等理批部售商品布票，同上楼。

六月二十日

朱今日核旧衣账，晚造旬报，缴上购货券、优待券、绸票。十一时十五分上楼。今日服装部来二人，机二部修补帐子，我们供应纱布，通知是在2—3尺之间云。

六月二十一日

朱今日还是核账。晚放假，我八时四十分上楼，下午四时—四时四十五分休息三刻钟。郑在休息。

六月二十二日

上午八时接通知，绸类可用优待券供应，今天一日售出一千尺。朱本来在核账，故也出门共同搞。我晚核账整理。郑去看电影《夜半歌声》，朱九时息，我十时四十分散，我上楼。

六月二十三日

朱校对旧衣部销售及营业。晚放假。今晚有二个剧团，萧山绍剧团在邑庙、淳安睦剧团在戏院［演出］。我工作至十时三十分上楼。

六月二十四日

朱对销号。晚，郑、我去看萧山绍剧团演《龙虎斗》，十一时十分散。朱守门，回来即上楼。

六月二十五日

今天三人搞业务。下午三人轮流休息。正我上楼休息时，朱放票箱跌下来，玻璃桌子玻璃打得粉碎。晚，郑去《后珠砂》，我守门，十一时散，我上楼。

六月二十六日

今晚朱去看剧，我工作至九时三十分上楼。剧十一时十分散，我下楼开门。王正祥、江永才回来。朱回家去未来，王经理开会至十时回来。

六月二十七日

今日售呢片，兼做些盘货准备。晚在酿造厂开大会。

六月二十八日

今日当日通知当晚盘货，故日间作准备。晚盘，芦中民来协助，分二组，盘至九时，芦有事回去。郑、朱盘楼上，我核账，三人共同工作至十二时息，吃半夜餐面。

六月二十九日

今日我主要核账，尚不多，明日尚须再核。朱今日捉上次偷衣服的妇女，待章用自由车到她家中百丈去了解，这件衣裳她的儿子穿着，要她去借钱偿还。她去借钱没回来。晚开会讨论高支书前晚报告，讨论至九时半散。郑查盘账，发现朱将斜条单价以每条作每尺，适加一倍，值百元。我九时四十分上楼。

六月三十日

上午七时王经理将绸摆出。今日一天销2000余斤。张学山、谢、柯、王经理均来协助。晚七时三十分—九时三十分开会讨论。郑、朱、我均工作至一时三十分息，我上楼。

七月一日

今日绸销还是好，我兼报表。今日我协助朱，朱自己晚到工商联开会，徐同志（是富阳新派来工作同志）、我、孙阿毛、徐金堂四人谈谈。八时开始，十时散。我回去工作至十时五十分，上楼再工作至十二时息。

七月二日

清账。晚开会读报，讨论，九时半散，我上楼。

七月三日

今日天雨，业务比昨日上升一些。晚开会继续讨论，九时半散，我工作至十时五十分上楼。

七月四日

布票月报表送缴。下午朱去翻旧衣。晚，我、朱二人去看杭州杭剧团，十时五十分散，郑守门，我即上楼。

七月五日

郑上午和染坊大清司整理新胎。我过账。晚开会，小组讨论（在批发部开），九时三十分散，我工作至十时三十分上楼。

七月六日

我核账。晚开会，许主任主持分析几日来讨论情况及下达三季度指标，九时三十分散。要写学习园地。九时四十分上楼。

七月七日

我再核账，兼做营业。晚放假。郑今日上午打尘。我七时三十分上楼。

七月八日

盘存升溢。今日送上批下。晚在供销部开大会，高支书报告，由杜金松、邓阿毛、刘子贵三人发言。十时四十五分散，我上楼。

七月九日

上午朱去劳动铲蕃（番）芋。中午敦来，我请假半天。晚开小组讨论，许主任谈经过云。

七月十日

郑上午乘七时车回萧山。我、朱二人搞业务。晚造旬报，至一时息。

七月十一日

我上午旬报造好送上。票券送王经理，我和朱票券均有错，工作粗心。郑票券我在上午经他数点交上，他未错。晚开民兵会，我和朱工作，九时五十分息，我上楼。

七月十二日

今日区干部开会，教师开会。市上人比较多。

流动组去富办棒冰。晚青年们去看电影，朱、我守门，我九时上楼。

七月十三日

今日区干部会散，我和朱二人搞业务。晚自由活动，开店务会。我九时上楼。

七月十四日

芦经理来问起补帐子纱布用了多少，查了一下，明日调班修补。王经理要我们把绸再盘查，工分票、优待票、邮字。我十时上楼。韩在踏洋车，她十一时上楼。

七月十五日

王经理要绸及票证报表。上午十时送上。郑下午四时三十分到，子同来。晚八时，仲二来叫［去］工商联开会。我、朱、黄三人同去。九时五十分散，我上楼。

七月十六日

我今日上午销五日报。朱今日晒衣服。晚百货线在饭厅前露天开大会，许主任报告半年来工作情况要评比及今后工作，支援“双抢”等，九时四十五分散。明日起开门仍六时，打烊延迟至八时，亦支援“双抢”之一。我上楼。

七月十七日

朱移交旧衣服。晚工会开会。我在门市部工作至九时散会。我上楼。今日起为支援“双抢”，延迟打烊，八时关门。今日老师化装宣传。

七月十八日

朱今日在新成立旧衣部工作。晚自由活动，我在九时上楼。柴主动来给我们印泥加换如新。

七月十九日

我、郑二人搞业务。傍晚四时雷雨，惜乎时间不长，约二三十分钟。晚小组讨论，九时十分特听到火警发生，知是生产资料部六六粉放在楼上，因天热发出声音，蝙蝠逃命飞出，冒烟。王经理、张学山、谢关生等去营救，幸未蔓延即扑灭。我看报，九时五十分上楼。

七月二十日

我上午去要袁仁山医生开了方。晚开小组会讨论半年来成绩和缺点。八时开始，十时息。我工作至十一时上楼。

七月二十一日

早上填好旬报送出。今日王秀英来工作(产后复工)。下午一时大雨。晚放假，我九时上楼。郑和介华去看电影《歧路》。

七月二十二日

今日上午六时开门到七时，他们早事了毕，我请假(休假)半天去看病，上楼休息。十时三刻我下楼，继续工作。下午郑去开会，五时散。今晚，本是例假不开会。因针织百货部有意见，开会，十时二十分散。我认为是无事生事，小事变大事，可说是小题大做，主要为帮助同志搞好工作，改进态度，应善意劝导，不应有不利团结问题搬来搬去，团结更恶化。

七月二十三日

今日上午仍七时离开，十时三十分上班，休息半天。晚开会再讨论昨晚问题，及先进及表扬名单。分小组讨论，九时三十分散，我上楼。

七月二十四日

日来业务轻。晚开店务会。我八时十分上楼。王同志爱人来。

七月二十五日

晚放假。我八时二十分上楼。

七月二十六日

王秀英今日下午休息。晚开会，芦经理主持：1. 长短款，2. 盘货，3. 推销削价商品。小组讨论至九时散会，我上楼。

七月二十七日

王秀英今日请假未来。晚自由活动，我九时上楼。

七月二十八日

今日王秀英来，大家做准备工作。本来定明日盘来得及，改今晚盘。朱来协助，九时五十分毕。本来想算账，因郑除大灯泡时碰线，灯息(熄)，不能工作，我亦上楼。

七月二十九日

核盘单，郑协助算。上午朱要我去仓库协助盘旧衣。晚放假，我八时三十分上楼。

七月三十

查核账，晚理布票，九时上楼。

七月三十一日

晚造月报到十时三十分上楼。

八月一日

王秀英今日休假。晚，他们去戏院开会，放映《上甘岭》电影。我守门，十时分散。

八月二日

今日提布、划布，进八九千货。虽营业额不多，但忙了一天。晚在后进开会，许主任主持研究残次削价商品出售情况及消费者代表会问题等，九时五十分散，我上楼。

八月三日

王今日又请假。今日出售灯芯绒、卡其、华达呢、棉工呢，衣料亦可剪，业务将近千元。芦经理上午来协助。晚开消费者代表会。我和郑因工作关系，俞爱光来通知可工作，不参加会议。我九时三十分上楼。

八月四日

今日业务和昨日相仿。晚放假，我工作至十时四十五分上楼。晚饭后去理发。

八月五日

王今日又请假。郑、我二人搞业务。晚放假。我工作至十时三十分上楼。

八月六日

下午广播报告有台风。晚饭前开紧急会议，防台风。郑去参加。晚自由活动，我工作至八时三十分上楼。

八月七日

我上午搞店堂内清洁，郑配修补业零布，王搞业务。下午我搞业务，我未休息。晚工作至九时上楼。

八月八日

听说王将调去芜湖工作。晚自由活动，我九时十分上楼，看报，十一时寝。

八月九日

王今日来将布票日结单交出，已办妥手续，调芜湖工作。我今日兼做进货。晚开会，工作至九时三十分散，工作至十时上楼，做至十二时息。

八月十日

郑、我二人搞业务。晚开小组会讨论清仓物资问题，九时散，我在旁造旬报，工作至十一时上楼。

八月十一日

王秀英今晨已去芜湖工作。罗冬连来我部工作。晚放假。我去看电影，十时十五分散，我上楼，补帐子，今日调一部来。

八月十二日

今中午休息。我同罗冬连说了，最好郑十一时三十分去，你十二时三十分去，我一时三十分去，这样比较恰当，她同意的。晚放假，我理布票，十一时上楼。批发来货，亦等门到十时，卸毕十一时。

八月十三日

日间业务三人搞。晚在后屋开会。芦经理主持，讨论计划及推销削价商品问题。九时散会，宣布明日起七时十五分打烊。工作至十时，我上楼。

八月十四日

郑本准备明日去陪他儿子介华回去，因他舅嫂家要做喜事，留他过了喜日再去。但郑因将忙起，没时间回去。他舅嫂说由她送去，留介华，故郑明日不去。晚开本部大会，宣布先进工作者及奖金，九时一刻散，店务会再开至十时散。我九时一刻上楼。

八月十五日

郑今晨伴他儿子介华回去，说三天回来。罗、我二人搞业务，比昨日上升。下午小柯来协助，我休息。因罗一人，故要他协助。晚自由活动，我工作至十时上楼。

八月十六日

罗、我二人搞业务。中午休息，柯来协助。今日提绒布60余匹。谢、张、柯协助。晚开会讨论摆摊，明日削价，削布票，商品停售，摊改售百货，八时四十分散。我工作至九时四十分上楼。再工作至十一时息。

八月十七日

上午许主任来协助卖卡其、灯芯绒。郑下午三时四十五分到，柯来调我们休息。晚开会一小时，销售有变动，我工作至九时上楼，继续工作至十时三十分息。

八月十八日

下午微雨，檐水未下。晚放假，我工作至十时上楼。再工作至十二时。

八月十九日

今日下午欲雨，不大。我们把排门先上了。晚放假，我工作至十一时上楼。

八月二十日

日间未能做好准备。晚工作至十一时上楼，继续工作至一时十五分息。

八月二十一日

旬报和票证表均在上午交出。晚自由工作，我九时上楼。

八月二十二日

郑舅嫂今日儿子结婚，郑去吃晚饭。晚放假。我工作至郑归后，我九时上楼。

八月二十三日

上午芦经理通知说，许主任从富来电，布票延长使用至九月底。少顷由小柯照接到文件写黑板报。下午我在二时后上楼休息。骤雨，黑板报又被雨淋，去要小柯再写。晚开会讨论计划，八时三十分散，店务会委再开会。我工作至九时四十五分上楼，十时三十分寝。

八月二十四日

今日主要销些棉工呢、鞋面。打烊后郑通知罗说她下放，要她将布票、找零、工分券、优待票等交给我。她工作至九时三十分回去。我工作至十时三十分上楼。郑去参加开会，十时十一分散。

八月二十五日

罗今日已休息，不来。郑、我二人搞工作。晚工会开会，我们由芦经理召工商联会员谈谈，九时三十分散，我工作至十时上楼。

八月二十六日

晚饭后要小柯给我代替三十分钟，去理发。晚放假，我八时上楼。

八月二十七日

我过账。晚开会、填表。我工作至八时三十分上楼，备填表稿。

八月二十八日

将月终与郑略作准备，盘货。九时上楼。

八月二十九日

今日做准备工作，晚盘货。我下午休息后，朱善庆为我们做准备。郑已做毕，他回去。晚，朱氏兄弟均来。九时三十分息，我十时上楼。

八月三十日

日兼复盘账，郑提货。晚，郑去开会，自由工作，我数理布票，十一时上楼。

八月三十一日

今日为了小组计划，将土帆布提出来出售，对月报表要延迟了。销售忙一些，争取三四百元营业额。晚，郑、我工作至十二时息，我上楼。

九月一日

上午将月报送出。傍晚将证券和表送出，整理了一下。九时三十分上楼，他们去看电影，已散回来。

九月二日

兼过账。晚放假，我七时四十五分上楼，九时下。他们打老开。我息。

九月三日

兼过账。晚开[会]，许主任报告关于计划、进货、服务态度及清洁卫生等问题。九时散，我上楼。

九月四日

上午将布票及表送出。今日业务轻。晚开会，讨论九月份计划。我们四人讨论，俞、陈、郑、我，九时散，我上楼。

九月五日

今日整整下了一天雨，紧急防台风。我企业去了年轻体壮的同志。下午给副食品搬盐(生猪仓库)。晚上再去，雨还是不停。我七时三十分上楼。

九月六日

我四时听楼下有响动，我起来。百货部在搬下层商品，防水进家。我五时仍上楼睡觉。六时起床，在店堂守门。晚开会，许主任总结防洪成绩，评分，最多的 105 分，最少的 0，我 10 分。八时上楼。

九月七日

今日照常开门，晚开会讨论计划，九时散，我上楼。

九月八日

郑上午配修补合作社配零布。晚，我去看电影，十时散。陈玉娟、老郑来开门，我即上楼。

九月九日

郑今日忙一天，配零布，比上二月多。晚放假，我八时三十分上楼。

九月十日

晚造旬报。七时开会，九时散。讨论十日来实绩。因蚊，我上楼工作（开会时参加）。开会至十一时半息。

九月十一日

晚宣判许培丰拿用公款乱搞妇女，在工商联宣判，罪三年。郑去旁听，我守门。八时三十分来，我上楼。今日订值日制度，今天第一天韩剑伟。

九月十二日

今晚星期三，放假自由活动。我七时三十分上楼。今日下午有骤雨。服装部修补帐子，今日还在车（做）玻布（透明布）帐顶，说十四日要缴，因日来修补较少。

九月十三日

今日虽旧中秋节，业务和昨日相仿。二家肉铺今日出售很多鲜肉，满足有余。晚放假，我七时三十分上楼。

九月十四日

日来业务轻。晚自由活动。我七时三十分上楼，小章在哭。我想去叫爱光，她已参加开会。叫玉娟，她今日休息。芦经理说随她好了。要哭出气，会停。今日起，午睡休息停。

九月十五日

今日提料袋，提布。晚放假。我七时三十分上楼。

九月十六日

日来门前蕃（番）芋六谷独多，有些因大水，只有早收出售。晚放假，我七时三十分上楼。下午一时去理发，要谢会计代了三四十分钟。

九月十七日

日间无变动，同。晚开会，芦经理主持，霉季到，商品检视一下，重保卫，做准备。三季度将完，明日去掘蕃（番）芋。八时三十分散，我上楼。

九月十八日

许主任回来。晚未开会，自由活动。我八时上楼。今日下［午］掘蕃（番）芋，我们没有去劳动，也分得10斤，说在店工作也是劳动。

九月十九日

今晚和黄秀华、朱延庆、芦经理去工商联开会座谈。美U–2机被我华东空军击落。至九时散，我上楼。

九月二十日

今晚造旬报。九时五十分毕，适他们开会散，我上楼。

九月二十一日

今日我休息，芦经理要芦中民来代我。

九月二十二日

今日休息第二天，同。

九月二十三日

今日照常工作，郑兼搞卫生。晚放假，郑去看婺剧团演［戏］。我未去，工作至九时上楼。

九月二十四日

今日我兼搞卫生。郑晚又搞卫生。我工作至十时上楼。

九月二十五日

日来平条已销罄。今日售卷花。许主任和丁连根协助。先在花布桌前，后移至批发部。今晚我抹排门七时—九时，郑卷绸，九时三十分息，我上楼。

九月二十六日

今日批发部还是给我们售卷花二百余斤。晚上我去看戏，丁同志值夜，我要他先去休息，托王同志给我开好了。他说他有客，由他等。为我一人，觉得很不安，很感激。

九月二十七日

我兼过账，郑兼做些盘货准备。今日批发部棉花未出售。晚，郑、我工作至十时，我上楼。

九月二十八日

日间未做准备。晚，盛、谢、柯、芦中民来协助，八时三十分盘毕。我、郑工作至十时，我上楼，工作至十二时息。

九月二十九日

盘单，虽[尽量]抽时间，但不可能[完成]，只算了几笔账。晚工作至十时上楼，再工作至十二时。他们去看戏，张学山值日，在守门，十时三十分散。

九月三十日

今日因布票截止，零星买主很多，故营业额虽不大，倒也很忙。小柯有时来协助。郑工作至十一时，我工作至一时上楼。

十月一日

老布票已不能使用，顾客需要高档布亦没有，业务骤降。我扎月报底稿。晚叙(聚)餐，工作至十时上楼。

十月二日

上午月报告毕，并整理优待票。晚月盘单。九时上楼，郑去看长兴越剧团，十时三十分散。

十月三日

今日优待票、工分票上午交出，布票报表下午交出，兼复盘单。晚开会，小柯主持报告三季度计划完成情况。小组讨论八时散，我上楼。

十月四日

盘存长短报表今日上午送小组。晚，他们去县中听报告。许主任要我值日，守门，张学山也值日。九时三十分散，放电影，十时十五分散，我上楼。

十月五日

今日上午大便在厕所将近四十分钟。郑进来大便，我说腹痛，便不畅。我问外面谁在代看，他说袁明善。过后欲小便时若要大便，仍痛不畅。我看，请许开方。至晚不开会，我上楼即寝(七日补记)。

十月六日

昨晚一晚起十余次，要王师母给我请病假。至晚九时始通又若痢疾(七日补记)。

十月七日

今日勉强上工，亦四五次。请许复方。晚放假，我七时上楼。补帐子今日已结束。

十月八日

郑将冬夏季花布掉档(上、下)，把用优待券出售棉花充实厨仓(橱窗)。将午，玄儿们到。学山同志说要我客来打茶水，由他给我代。晚开会讨论沈书记报告(今晚已两晚)目前形势，讨论为什么单干比队好，合作商店比国营好思想。六时开，九时散。淳安方老师去杭学习一月余，回来说区干[部]业余学校，问及过去业余学校情况。九时上楼。

十月九日

今日休息。芦中民同志给我代上落排门，我去。

十月十日

今日十日晚造旬报，至七时十五分，柯说明晨可以。我去看萧山绍剧团演《杨家将》。十时三十分散，我上楼。

十月十一日

日来业务大部分是劳动布[1]和次捲花[2]。晚开会，关旧庙会日一切，八时散，我上楼。

十月十二日

今日郑提货。今日销劳动布。晚，郑去看浙江曲艺剧团，我八时上楼。

十月十三日

富阳李同志来棉零部协助。今日主要销劳动布。占90%，业务上升。晚，我八时上楼，芦中民来协助。

十月十四日

今日仍李、芦、郑、我四人，因免布票少，今日不如昨日。晚工作至九时上楼。

十月十五日

今天是旧会期第三天，业务比昨日稍次。晚，我去看杭州曲艺剧团演《红书宝剑》，十时二十分散。袁在等门。庚、虆送客至栈来迟，我去催来，十时四十分上楼。

---

1. 劳动布：是一种质地紧密、坚牢耐穿的粗斜纹棉织物，又称坚固呢、牛仔布。

2. 次捲花：次品中厚蓝色印花布。

十月十六日

今日郑、我二人搞业务。街往的行人看客还是有，有些已在准备回家。我工作至八时二十分上楼。

十月十七日

今日业务骤减，比平时还少。晚，郑去开会，我六时四十分上楼。

十月十八日

天雨，业务轻。晚开会讨论三季度成绩和存在问题，九时散，我上楼。

十月十九日

郑今日回去，芦经理来协助。晚小组讨论总结三季度成绩和存在问题。今日谢值日。因郑不在店，小柯拟宿他母处。我因要他宿店中，我等去，后来再上楼，九时三十分。

十月二十日

今日仍由芦经理来协助。晚造旬报，八时毕。参加开会，许主任报告四季度工作方向及任务，八时四十五分散。今日柯值日，门锁毕，上楼九时二十分。

十月二十一日

今日芦中民来协助，有时芦经理来协助。晚放假，我去看建德越剧团演《齐王斩后》。十时四十五分散，我上楼。

十月二十二日

今日小柯来协助。今日芦经理仍去掘蕃（番）芋（丰收）。八时上楼。

十月二十三日

今日陈玉娟来协助。今日提货，写标签。晚工作至九时三十分上楼。

十月二十四日

今日小柯来协助。中午十时三十分郑到。今日卷布，下午提布。晚开大会（五单位国营在棉布门市部开），吴主任报告，富阳统战部汪同志补充报告，九时十五分散，我工作至九时五十分上楼。

十月二十五日

今日出售卡其、灯芯绒、棉工呢、蓝纱卡，业务骤升。晚开会，孙荣堂主持，讨论昨晚报告，九时散，我工作至十时二十分上楼。

十月二十六日

今日我和郑仍出售灯芯绒、卡其、棉工，业务较好。晚开会，孙荣堂主持，统战部同志来参加。会议九时散，工作至十时四十五分上楼。郑亦工作至十时四十五分（他明日去杭休养）。陈玉娟、俞爱光、章成玉均打毛线至十时四十五分。

十月二十七日

今日郑乘下午一时车去杭休养。今日芦经理来协助，有时小柯来帮助。晚工作至十时息。隔壁陈、俞、章、柯谈得很起劲，我也走过去立了二三十分钟。十时三十分回来扫地。我上楼。

十月二十八日

上午芦经理代。下午芦中民来代，三时芦有病，仍由芦经理来协助。晚放假，我去看电影，九时十分散，我上楼。

十月二十九日

上午芦经理，下午芦中民、小柯来协助。晚因杭总工会来放电影，放假，我亦去看，九时散，我上楼，工作至十一时息。

十月三十日

今日芦经理去富人会开会。善庆来协助。晚，我整理布票、优待票等工作。十一时上楼。

十月三十一日

今日芦中民来协助，有时要老朱来代替。晚开会，许主任从富阳来，有些供应方式变更，九时十五分散，我造月报，至十一时三十分上楼。

十一月一日

今日我主要填优待券、工分券表及票。晚开会继续讨论目前形势。九时散，我工作至九时五十分上楼。

十一月二日

今日仍由朱善庆来协助。中午芦经理来调，朱去划衣码，由谢来协助，有时小柯来。听说本部门公章不见，谢、柯很急，不知究竟落在谁手。晚学习，由孙荣堂主持，十四人发言，九时散。我、朱工作至十时息，朱回去，我上楼。

十一月三日

今日仍由朱来协助。晚放假，我去看余杭越剧团《孔雀东南飞》，并有杭州杂技队演艺武，十一时散，我上楼。

十一月四日

今日朱善庆来协助，九时他去看武术队表演，要小柯来协。下午去理发，同。晚放假，七时四十五分我上楼。

十一月五日

今日染坊在下午搬到我部收件。晚开大会，中新药［某］君、酿造陆树荣、旅馆杜俊松三人发言，工作组汪家坤同志总结。九时散，我上楼。在我部开小仓库，临走去仓库检查，窗未闭，我再去关好。

十一月六日

今日金秀鸿来协助，有时朱来，小柯有时也来。晚先大组讨论，后小组讨论，九时散，我上楼。谢因他岳母去看剧，他等门。

十一月七日

今日上午金来协助，下午朱来协助。晚小组讨论，许主任、芦经理在我组谈对比说上海黑暗很多，旧商业道德很差，九时散，工会杨作勇也来参加批发组。小柯去富开会。今晚我宿店堂中，十时三十分寝。

十一月八日

今日朱上午、下午均抽一些时间划旧衣，有时柴忠来做了业务，我一人居大部分。小柯富回来，谢去。今晚大组讨论，杨作勇同志来参加，九时散。今晚我仍宿店堂中。

十一月九日

老郑上午十时到。今日有时朱来协助，有时我一人。下午郑照常工作。晚，我和老黄二人到工商联学习，领导人二人富来，不认识，听说一位姓徐，一位姓俞，共八九人（曹俊生、汪锡树、徐关东、朱子淇、丁金宝、奚若如等），九时散。今晚向饮食店买来油条赞子，每人一份二件，粮票一两，币八分。这种点心已多年不吃。九时三十分上楼。

十一日十日

今日出售灯芯绒、卡其，业务较忙，上升。晚造旬报，十一时十五分上楼。

十一月十一日

今日比昨日出售更多，业务上升。晚，我、郑工作至九时三十分息，我上楼。

十一月十二日

今日比昨日上升。晚，许主任通知要我到派出所去一趟。我在打烊后去，六时十五分—七时，回来参加学习讨论竞赛书。九时散，我工作至十时上楼。郑还在工作。

十一月十三日

今日芦经理来协助小柯，有时亦来，业务比昨日又上升一些。晚小组长开会，郑去参加。八时后回来工作。我和他工作至十一时息，我上楼。周芳华来协助，卖鞋面布。

十一月十四日

我上午填残损不销棉布，填表兼做，周今日兼售棉花。晚开大会，应［对］挑战。李局长作指示，吴主任总结学习情况。九时十五分散。我、郑工作至十一时上楼。

十一月十五日

今日因卡其没有，灯芯绒亦少，业务只有昨日一半。晚小组讨论［响］应挑战，八时半散，我、郑工作至十时四十五分息，我上楼。

十一月十六日

今日灯芯绒也没有，比昨日又打七折。晚大组讨论，许主任来，向他汇报二晚情况，八时三十分散。我、郑二人工作至十时，郑上楼，我十时四十分上楼。

十一月十七日

今日盛根弟来工作，周芳华回单位。下午我去印表格。晚放假，郑工作至八时三十分，自补袜子，九时三十分上楼。江值日，我工作至十一时上楼。小东风剧团十时十五分散，小柯、俞、小章她们去看。

十一月十八日

今日仍由盛售卷花、鞋面。晚放假，李桂英、章成玉、郑、柯打老开，至九时息。我工作至十一时上楼。

十一月十九日

郑上午去整理卷花。因小柯明日要去开会，故旬报提早一日造，今晚造。十二时三十分毕，再上楼。

十一月二十日

今日上午我准备把仓库打扫，郑说他去。晚去大礼堂参加公审大会反革命分子、赌徒。晚七时去，八时十五分散。回来工作，九时上楼。

十一月二十一日

天雨转寒。想把工分票、优待券交出，未做成。晚开会，许主任主持，八时半散。我工作至九时三十分上楼。

十一月二十二日

上午将工分券、优待券缴上。晚放假，我八时四十分上楼。

十一月二十三日

郑上午摘棉花，下午开会，兼做业务。晚开会评底分，先将我组作典型，后展开评比，再大会评定，九时三十分散。我工作至十时五十分上楼。郑还是写应战书。

十一月二十四日

今日郑、小柯出售卡其、纱卡，我售其他。晚放假，我整理布票，写决心书，十一时三十分上楼。

十一月二十五日

今日芦经理和善庆出售灯芯绒，小柯和郑出售卡其，我售其他。盛今日去办交待，由陈七妹来搞。今日营业额最高。晚，他们去听黄书记在县中大礼堂报告，我、郑、朱因工作未去，小柯因搞资料亦未去，同办公，十时十五分散。我上楼。

十一月二十六日

今日还是陈七妹售卷花等，仍有差错。孙云秀因子有病，仍由施阿毛代。孙今日向企业借款，为子在杭住院治病。今日没有蓝卡、灯芯绒，业务仅昨日 1/6。晚小组会测验，九时半交缴，工作至十时四十五分上楼。

十一月二十七日

今日民主社出卖灯芯绒、卡其，较忙。我们和昨日相仿。晚，郑参加五金部，富阳来的同志谈货源情况、市场情况。我工作至十时上楼。

十一月二十八日

今日郑在兼做准备，拟明日盘货。我工作至十一时上楼。

十一月二十九日

日间兼做准备。晚盘货，盛、张学山、章成玉、朱延庆、王经理来协助，九时半息。郑十时息，我十一时十分上楼。

十一月三十日

今日月底核账。郑十一时息，我十二时十五分息，上楼。

十二月一日

月报中午送上。晚卷布、理布票。九时四十五分上楼，郑同息。

十二月二日

开扩大干部会，千人上街，业务上升。晚放假，郑仍工作，郑工作至九时上楼。我十时十五分上楼。爱光、小章来协助划布。

十二月三日

今日上午优待券、工分券缴上。晚开会，芦经理主持讨论计划，讨论服务态度，八时三十分散，我上楼。

十二月四日

上午兼布票汇总，造表未成。晚放假，我八时二十分上楼。

十二月五日

布票表上午送出，下午想复账，未成。晚开会，郑去参店务会议。我们学习，关于中印边界问题，孙荣堂主持。九时散，工作至十时上楼复小码，十一时十五分息。

十二月六日

日间，我除［管］柜台外，想核账，不可能。晚，当日工作搞好，九时上楼，核盘单至十一时三十分息。盛售棉花。

十二月七日

今日盛售棉花改在右手，和孙云秀相衬。芦经理认为不符，重盘。晚开会，许主任报告五日扩大干部会议精神。八时息，展开小组讨论，九时散。主要准备检查，我工作至十时二十分上楼。账已查出，是呢片少盘。

十二月八日

上午布票、棉花票交出。晚自由活动。小张

值日，我去看电影。九时回来即上楼。

十二月九日

上午打尘。晚抹桌，扫小仓库，八时搞账。十时十分上楼。郑抹玻璃窗，抹桌。

十二月十日

今日上午卷了布。下午郑去理发，故准备工作没有做好。晚搞就已十二时十五分，上楼。晚领导通知再作准备，迎接检查。

十二月十一日

上午郑去开会，下午也比较忙。优待票、工分票尚不能交上。晚开小组会，要总结一年成绩，九时散。我工作至十时十分，等小柯回来，我上楼。

十二月十二日

工分票、优待票今日上午交出。郑在做准备盘货。晚小组讨论，我组各自总结。我扎材料，至十一时上楼，再写至一时十五分息。

十二月十三日

我今日上午把一年来总结资料拟就，交老郑。晚放假，我工作至八时十五分上楼。

十二月十四日

日间做准备，晚上盘货。小柯、二朱来协助，九时盘毕。我算至十一时。今晚练习生在供销部测验，亦在十一时才回来，吃熟栗。

十二月十五日

上午兼复账。晚开会，妇女会、店务会。十一时三十分散。我们参加第一会，我工作至九时上楼。

十二月十六日

盛今日去开会，柴来代。盛早上开棉工。九时去开会。晚自由活动，我、郑工作至九时上楼。

十二月十七日

今日还是柴代。晚自由活动，有些部门盘货。我和郑工作至九时，我上楼。

十二月十八日

今日盛来，柴回去。晚自由活动，我、郑工作至八时，我八时十分上楼。

十二月十九日

今晚自由活动。我八时上楼。今日七时十五分开门，五时三十分打烊。

十二月二十日

晚造旬报。十一时十五分上楼。

十二月二十一日

上午将工分券、优待券表交出。晚自由活动。我去看杭州滑稽剧团演《大闹洞房》，七时开演，十时散，我上楼。今晚陈玉娟值日。

十二月二十二日

晚自由活动。小组长及内部人员开会。我六时去访再谔，八时回来。工作至十一时上楼。

十二月二十三日

今日上午芦经理、小柯协助出售，用工分票买绵绸。下午虽小柯协助，今日业务达二千元外。晚核账，七时去看杭州滑稽团演《打新娘》，十时散，工作至十二时息，上楼。

十二月二十四日

来问白绵绸的人很多，但其他色绸销路甚微。晚开会，许主任报告去富开会情况，及月度季度计划总结情况。八时息，各小组讨论至九时散。我工作至十一时十五分上楼。

十二月二十五日

今日出售劳动布，阔幅北京蓝市布，没有人来协助，二人干较忙。晚，郑去开会，到九时，他请假工作。我工作至十时上楼。

十二月二十六日

今日美丽绸可收优待券。已动北京蓝市布，业务费钱额仅昨日 50%。晚会读文件，关于棉布、针织收票证问题，七时散。去参加运输段文娱晚会（16 张票纸）。我和郑工作，我十时上楼。今日早上托小柯代，我去理发。

十二月二十七日

今日售美丽绸、劳动布、北京蓝市布，营业比昨日上升。晚小组讨论等级先进，八时息，工作至十时上楼。

十二月二十八日

晚工会请看电影。郑因到货作准备，未去。我和他工作至十二时上楼。

十二月二十九日

今日出售蓝灯芯绒、卡其色织帆布、北京蓝、美丽绸等。芦经理、朱善庆来协助，卖钱额在二千元外，终日忙。晚，郑先去开小组会，后来讨论，九时散，我和郑再工作。我十一时上楼，文具部今晚在盘移交盘。

十二月三十日

今日我大部分出售优待券买美丽绸，郑其他布，二人搞，似比昨日忙。晚先搞清洁，再进货理票证。郑十一时三十分息。我一时息，上楼。

十二月三十一日

今日优待票满期，顾客先买磁盆，完了买棉花，花完了买电池，到傍晚才静下来。今晚造旬报，郑先去开会，后来工作，同至一时息，我一时十五分上楼。今晚先老孙给我整票证，后来朱协助我，今晚到饮食店吃了一碗面。

一九六三年（家中日记）

一月一日

今日食堂里我百货商店每人熟扣肉一碗，其他单位每碗0.80元（听说是五谷仓积余款付给食堂）。本来今晚想工作毕和庚谈谈，他忽然发热，也就不多谈。得蘩来信。

一月二日

庚儿给我搞卫生，那边楼上也打扫过。九时上楼，和庚闲谈至十一时四十五分，十二时寝。

一月三日

庚儿今日过杜墓吃中饭，下午返垅坞。武玉铨来说要养蜂，借款。我因手头没有，回复他，上楼后十一时三十分寝。

一月四日

整理衣着，准备去做去修。看报，十一时三十分寝。

一月五日

澂款由蘩先汇来，明日去拿。晚去看衢州杂技团演丢草帽、皮球，技术还纯熟，余一般，不及杭州杂技团。十时四十分上楼，十一时三十分寝。

一月六日

今日是我生日。澂款已由蘩先汇来。十一时上楼，十二时一刻寝。

一月七日

中午庚托人送来信及汝霞信，贤旧夹衣一件，托他带去给求真。镜侬中午到，送来火腿一只，花生一包。打烊后我去和她谈了五十分钟天。照衣一套今日要倪金来去做。十一时四十五分寝。

一月八日

八时四十五分上楼，抹身更衣。今日贪污犯黄翰增、台州韩金送派出所。今日中午袁明善通知我，派出所有电话，要我去一趟。上午十时去，为了解过去看守长竺某。我不甚了解，另外介绍一位老司法警。我即回来上楼。写信，看《鲁迅诗歌注》。十一时四十五分寝。

一月九日

今日九香送来风鸡一只，炒米粉一包，肉票四斤，粽子十只。看报，十一时寝。听吴师母说叔丹先生由大明陪了去山东、北京玩。

一月十日

阿兰姊去董湾。今日回来，过此。我买太史饼四个，给她做点心。晚十二时三十分上楼，一时十五分寝。兑（锐）峰来说求真开年去临平。

一月十一日

到工商联学习，荷俊兄给我坐凳，会散，归还，道谢。十二时三十分寝。

一月十二日

关荣女婿来说郎中林已脚伤刺，不能来，要向我借中南鱼肉款。我对他说我上次已同关荣说过，勤俭办一切，我没钱。看报，十一时寝。

一月十三日

今日分来年糕一斤，熟食券三斤。上楼后复金根信，因他来信，殷诚要我去度除夕。我复谢，十二时三十分寝。

一月十四日

桂兰送来蕃（番）芋丝粉一袋，朴真过此，后来没有来，也不知晚饭在何处吃，宿何处。十二时寝，更衣。听说贸易市场已有红黑枣、红糖、赤砂糖、莲子、白鲞出售，高价。

一月十五日

十时上楼，得贤儿来信，知款收到。看报，十一时三十分寝。

一月十六日

十时上楼，看报。十一时三十分寝。

一月十七日

接虋来信，说庚和我短大衣已由壬去办了，定做。我想一定会太小。我晚去信，如过小，暂不做。十二时寝。

一月十八日

今日食堂宰猪二只，我分得肉三斤，挂风肉。十一时三十分寝。

一月十九日

得孝仁、爵儿来信。看《中国青年报》。银儿给我石灰买来。十一时三十分寝。

一月二十日

得玄来信，知他已在填志愿(地区)。我写复信，十二时寝。

一月二十一日

庚下午三时来，八时我上楼，略谈。郑叫我下楼工作，至十一时四十分上楼，十二时三十分寝。

一月二十二日

庚今日中午回垅坞。采儿又来叫，如[我]不去垅坞，到她们家去分岁。

一月二十三日

采儿送来腌鸭蛋15枚，雪元送来肉鸡、菜一杯，人俊兄送鸡肉一大器(器皿)。孙师母二十二日送来猪膀子一只，鲤鱼四尾。十二时十五分寝。传子从杭州来，我们正要叙(聚)餐，略谈即去，要我去长垣去玩。

一月二十四日

九香送来鱼一碗，鸡半只，猪舌一个，豆腐一碗。我乘下午三时四十分汽车去到白家，下车步行至垅坞已五点钟，在金根家分岁。

一月二十五日

晨八时去珠村，到关妹家，中午到阿方家吃点心，从平畈回来，到长垣吃粽子，回来到店已六时三十分，吃菜泡饭。九时三十分寝。

一月二十六日

我因钥匙丢在庚床上，仍要庚乘晨七时汽车去拿，十一时回来。今日郎、王、求真来，在此吃点心。要梅冰炒了二大杯粉干。写信给虋、丽、沅，给敦回信。江、柯、胡，他们问我写了多少信，督促子女学习情况。十时上楼。庚为我换石灰及整理行装。十一时十五分寝。

一月二十七日

今日庚去六渚高沙冬梅、孙师母处。傍晚归来。我今日写信，致鹣鹣、梅先、爵。晚核账，十时寝。

一月二十八日

秋生炒来炒年糕一大盘，我吃了一半。求真来，我要梅冰热了一热，请求真吃。今日食堂晚上也是炒年糕，每盘粮票半斤。十一时十五分寝。

一月二十九日

传子晚上来谈一小时，谈及乃父住宅事。我认为四处托人，不如说服乃父来。经理来叫我去替小儿分类别，秋生因弟病重去三溪口，我替他发理一单，价错二，尺码错。约半小时回来。小郎、小金都在扎进销存。十时三十分上楼，十一时二十分寝。南华送鸡蛋来(16枚)，白糖一包(13两)(计四人)。

一月三十日

方希臣父亲来，送来笋干、冬笋。他伯父同来，谢会计母送来粽子七只、米馃五只。十二时十五分寝。阿竺姊来。

一月三十一日

庚儿中午到，我十二时十五分上楼，十二时四十五分寝。

二月一日

庚给我整理行装。我九时上楼，十时三十分寝。金根、雪儿过此，回垅坞。明晨去沪。

二月二日

庚送我到杭州，他当日回来。我下午七时四十分到沪，先去1856弄吃面，再至车站提行李，已十时三十分。一时寝。

二月三日

万儿、丽明、澂儿、静铮、邱玲上午来，大

家叙叙（聚聚）餐，共餐二次。晚饭后我和虋、澂、邱玲同去华山路万儿处吃苹果羹，回来已十时十五分。一时三十分寝。

二月四日

我和虋去平亚回先生处吃午饭。出来到南京路百货公司。晚到澂儿处晚饭。静铮、舅父、定毅、凤弟，大家共进晚餐。回来已十时十五分，一时三十分寝。

二月五日

我和虋去秉成处吃午饭。后到大哥处，大嫂不在家（喜儿处去），由虋代炊。吃过晚饭，回来八时。一时三十分寝。上午去买车票，六日已售完，买来七日的。

二月六日

和虋再去南京路。吃了点心。虋二时回来。我看画展，五时回来。万儿、丽明来共进晚餐。澂上午来。午后平先生夫妇来，由翌中招待。晚一时三十分寝。

二月七日

晨三时三十分起来，六时火车返杭。到杭即去买车票，七日、八日上午均售罄，买八日下午车。去介亮处吃晚饭。在胜利杭州话剧团演《螺蛳姑娘》，九时四十五分散。

二月八日

上午去看四嬷嬷，厚珪亦在家。解放后没有会（见）到过，坐谈一［小］时三十分，回来吃中饭。乘一时四十五分车（误点二时三十五分开）到新，五时零五分适庚儿在车站等。晚十一时寝。

二月九日

朴真杭返，在此午膳。桂香下午偕木青来，我要她在此晚饭，要桂兰去煮腌鸡和热鱼。梅冰送来鸡一碗，饭后和她闲谈一小时，给她看了照相。我九时上楼，看报。十时十五分寝。庚上午去杜墓汪家，下午三时回垅坞。桂香宿舅母处。小成来叫。

二月十日

小成来叫我去吃晚饭，辞谢了。桂香在他们家吃。国成兄信来。九时上楼，看报，十时三十分寝。我将每月加4.50元存储，叔丹先生送来雪腿罐一只，凤尾鱼一罐，味精一瓶。陪青木去看袁仁山，感觉是肠胃积食。

今日在［工资］定级讨论中给我套上，这是企业领导和同志们对我工作的鼓励。今后我应更加有信心，更好地负责，认真工作。

二月十一日

人俊兄来，将罐头还给他，回送他参糖一盒。上楼后看词。十时三十分寝。

二月十二日

上楼看报《雷锋》事迹。桂香今日去茹口。十时四十五分寝。中午送果酱及饴糖给大为吃（元将子）。

二月十三日

淳安罗明俊给我吃点心多次，今日我回送他天厨汤粉（味粉）一瓶。上楼后未做什么。十时十五分寝。

二月十四日

庚下午到，来买鱼苗。我九时上楼，闲谈至十一时三十分息，十二时寝。

二月十五日

今日上午要庚去庄泽看福朝。十时回来，已吃过点心，即回垅坞。桂香下午三时从茹口回来。十时上楼，十一时三十分寝。要庚送去，给福朝桂圆肉一玻［璃］罐，鸡蛋糕一斤。

二月十六日

桂香今日上午去六渚。上楼后看报。十一时十五分寝。

二月十七日

今晚六时三十分我去吴师处闲谈至九时回来。抹身，更衣。十一时十五分寝。补袜，钉纽扣。

二月十八日

桂香、青木下午来，在此晚餐，吃面。九时三十分上楼，十一时十五分寝。日来饮食店做夜生意，锅铛铛响。采儿过此，说来看医生，已服三方，有效。

二月十九日

袁阿钦带来信，说因点汽灯，腰痛了，一时

不能去淳安，要桂香多停几日。他陪她去，如桂香等不及，只有先去。我在打烊后开会前去舅母家，将信交给她，她决明晨去购车票，后日去云。上楼理点东西回桂香。十一时寝。

二月二十日

今晚要桂香、青木来此吃夜饭。炖了一只风腕（风干的猪腕）、腌肉冬笋、蒸鲫鱼、青菜、豆腐，四碗菜。在打烊后我将给桂香物品送去，计富强粉面条一斤，红枣一斤，芝麻酥一斤，带鱼二斤，上海糖，鲜辣粉，给青木铱金笔一支。晚工作至九时三十分上楼，十一时寝。今日周大源下午来，谈了一回，他回去。

二月二十一日

桂香今日去淳安。袁阿钦来，送她去。晚我去看浙江越剧二团演《雏凤凌空》。十时四十五分散，上楼，十一时三十分寝。

二月二十二日

八时上楼，写贤、纛信。十一时三十分寝。

二月二十三日

八时三十分上楼。今晚再写纛及贤儿信。十一时十五分寝。

二月二十四日

午后林荣来说，冬梅想去桐庐治病，向大姊借款，没有。后来由我借他五元去。九时上楼，读诗、看报一［小］时三十分。十一时寝。得玄来信，知工作分配在富阳县财贸系统。

二月二十五日

今日旧历二月二日。到百丈山去，妇女很多。王福朝昨晚已亡故。今日来买［棺］材里放的货（物品）。幸得十四要庚去探望。看旧信稿。十一时十五分寝。

二月二十六日

今日买野鸭一只，是秋生兄来通知说由他给我代买代烧，因未熟，未拿来。先听郑说今晚放假，我买了一张票，想去看《金沙江畔》，后来说要开会，去退还。十一时十五分寝。午后去理发。

二月二十七日

今日国铨兄来。我劝［他］一切要让步，不要斤斤计较。他来还报纸，工问他诗词要看否？他说有。阿钦过此，知他送桂香临安上车。他回来去看医生云。我十一时上楼，十二时十五分寝。秋生给我炖野鸭，中午送来。

二月二十八日

玄儿下午五时到（到富报到）。一时十五分寝。

三月一日

庚儿下午五时到。我十时上楼，闲谈至十二时息。十二时三十分寝。

三月二日

九时三十分上楼，玄、庚、我三人闲谈至十一时三十分息，十二时寝。关妹来。

三月三日

庚儿今日上午回垅坞。关妹回去。上楼后更衣，抹身，与玄闲谈至十时四十五分寝。

三月四日

玄儿今日上午八时乘车去富报到。十时来电，说要等待，不日可发表，故今晚不来。九时十五分上楼后，今日得水（汝）霞来信，拟复稿。十二时寝。十时略飞雨点，即停。

三月五日

晚九时十五分上楼，再续拟致水（汝）霞信稿。十一时息，十二时寝。上午周文祺来染衣，略谈片刻即去。

三月六日

九时十五分上楼，看报，写信，十二时十五分寝。

三月七日

晚九时十五分上楼。写水（汝）霞、庚儿信。十二时寝。天阴雨。

三月八日

晚九时十五分上楼，看报。十一时十五分寝。

三月九日

晚七时二十分上楼，拟写爵儿信，未成。今晚有苏州木偶剧演《白蛇传》。未去看。十时十五分寝。

三月十日

晚八时二十分上楼，抹身，更衣，看报，写

信爵、虆。十一时四十五分寝。正祥送来年糕，约二斤。

三月十一日

晚九时十五分上楼，看报。天雨雪。十一时三十分寝。关荣来，下午回去。等中南，中南中午从分水来。

三月十二日

庚儿中午到。我九时十五分上楼，闲谈至十一时，在十一时三十分寝。

三月十三日

庚今日下午三时回垅坞。看报。十一时三十分寝。

三月十四日

九时三十分上楼，看报。十一时寝。富棉批发部某同志王在招待。今日杭州京剧团来新演出。

三月十五日

今晚去看杭州京剧团演《摘星楼》，十时十五分散，得庚来信。晚复水（汝）霞、孙师母、庚儿信。十二时四十五分寝。给长育蕃（番）芋丝、蕃（番）芋粉。

三月十六日

晚九时十五分上楼。看师长曾雍雅《虎口拔牙》，革命回忆录，《1948年战争记录》，看苏共中共交换信。十一时四十五分寝。

三月十七日

庚中午到。关荣女婿来，送来粽子十五只。我留他吃面。回送他猫耳朵饼一包。晚上楼，与庚闲谈至十一时三十分息。十一时四十五分寝。

三月十八日

庚中饭后乘十二时车回垅坞。晚我九时十五分上楼，看报。十一时寝。梅冰今日送蕃（番）芋粉、炒米粉。

三月十九日

十一时上楼，看报。十二时十五分寝。

三月二十日

十一时三十分上楼。看鲁迅诗数则。今日上午卜先生来，我送给他点心、上海糖、辣粉。他下午午睡，二时去车站。石灰二木箱，送给治芳打泥墙。十二时十五分寝。

三月二十一日

锦锦上午九时到，在此午膳。晚宿长育处。晚放假，我去看台州杂技团。十时散，回来写致镜依信。十一时三十分寝。

三月二十二日

我今晨去长育家交给锦锦信及币。梅冰留她玩，我说今晨要去了，免尔妈挂念。锦说早上要去。我要梅冰送她上车。上楼后略看诗，即寝，十二时四十五分。晚饭后去理发。给锦锦栗子、小胡桃合一包。

三月二十三日

庚中午到，在杜墓山头吃中饭。孙师母、水（汝）霞下午六时到。我在打烊，未开会，去一较（见）即回来。九时三十分去宿新登旅馆。和孙师母、王水（汝）霞、庚四人谈至十一时三十分息。分三室寝。

三月二十四日

今晨五时半起床，因旅馆未开门，到六时出门，食堂又未开门。食堂门开了，通内部门未开。到六时二十五分才开门。上午十时我又去旅馆，向孙师母说，这次来没有很好招待，又没有同吃一餐饭，托她的事要她跑来，很感激。庚下午杜墓车糠。晚九时三十分上楼，和庚谈，十一时十五分息，三十分寝。孙、王上午十一时三十分车去。晚临睡时下雨。

三月二十五日

庚今日因雨，糠不能车，未去。晚，我到工商联开会。有韩、朱及徐传丁、许秀英、周旭元、曹俊生几人，九时散。我上楼，拟湘儿信。十一时四十五分寝。敦寄来《雷锋》学习资料一本。

三月二十六日

庚今晨八时车糠去垅坞。蓉君下午四时四十五分到。我七时十五分上楼，和她略谈。写湘、虆信稿未成。十一时四十五分寝。将八月米换饭票贴菜票0.40元。

三月二十七日

七时十五分上楼，和蓉君略谈，即写湘、虆信。十一时息。十一时四十五分寝。富春江剧团来演。

三月二十八日

十一时二十五分上楼，十二时寝。蓉君致虁信今日写。我信在下午三时付邮。

三月二十九日

今日在打烊后，来楼上和蓉君谈十五分钟。八时三十分上楼，谈三十分[钟]，工作至十时三十分。上楼，略看报。写庚信。十二时寝。舅母送来茶叶蛋十枚。二十七日秋生送来甜饼二个。

三月三十日

玄下午二时到。我在打烊后上楼，和玄、蓉谈二十分钟，在九时后会散，上楼谈三十分钟，十二时三十分上楼，一时十五分寝。

三月三十一日

在打烊后和玄儿、蓉君谈二十分钟话，即下楼开会。十二时十五分上楼，一时寝。求真来，送来蓬青馃、菽米糖。他在此晚餐，武玉铨来要外婆住址。

四月一日

玄与蓉君乘晨八时车往富，求真今日中午回去。我买了一只十六寸磁盘及肥皂一条给他。九时上楼看写致敦儿信，更衣，抹身。十二时寝。

四月二日

采儿下午来问，庚说要小猪，我不知要否。我说他没有和我谈及。因忙，采儿即离去。上楼后十一时三十分寝。

四月三日

今晚九时十分上楼，写平鹣鹣信及虁信。十二时息，十二时三十分寝。

四月四日

庚下午二时来。晚谈至十一时十五分息。我十一时三十分寝。梅冰送来青馃四枚。

四月五日

九香要养女送来青馃，说起昨日她们三人一同到妈坟上为我们加泥，盛情至感。念慈送来腌猪头、煮笋，我送去青馃十枚。阿婶送来青馃。采儿又要庚[带]来青馃。庚今日去父母坟上及大姊坟上，因长育病足，我辞去不要他陪去。十一时四十五分寝。

四月六日

庚儿今晨七时三十分去。我晚上七时三十分上楼，写虁信。十二时寝。

四月七日

金根下午过此，因忙未谈天。他说去阿姊家。十时四十五分上楼，十一时三十分寝。

四月八日

七时十五分上楼写蓉君信及宗森信稿未成。抹身。更衣。十一时寝。

四月九日

上楼十时十五分，看报。十一时三十分寝。

四月十日

林荣中午来说腰疼，来看医生，借款。留他吃饭，他说不吃，即去。晚去看十三龄童小兰芳演《孙安动本》，十一时散。我工作至十二时三十分上楼，一时十五分寝。

四月十一日

雪元来过。才宏来过。晚九时十五分上楼，拟致宗森函。十一时三十分寝。

四月十二日

今晚九时三十分上楼，写致宗森信。十二时寝。

四月十三日

今下午关妹来打针。晚，我去看电影，九时三十分回来，上楼写湘儿信。十一时三十分寝。

四月十四日

关妹今日中午来。略谈。下午回去。晚写爵儿信。十一时十五分寝。今日傍晚去理发。

四月十五日

九时四十五分上楼，看报札。致梅先生稿。十一时十五分寝。得敦儿来信。

四月十六日

晚十时上楼。雷响似将雨。十一时十五分寝。

四月十七日

今日下午芦经理通知一时去工商联开会。到，徐关东、黄秀华、徐洪庆、芦经理、我得一好消息，富阳县组织参观团去京、南京、上海参观，为期约二星期(自费)。我十时上楼，写敦、虁信。

十一时三十分寝。

四月十八日

今日发给我选民证，得参加选举，地点饮食商店。七时开始，九时四十分散。天雨。十一时寝。

今日发给我选民证，这是党和政府给我争取改造的鞭策。今后应更慎重，守法，拥护政府，更好为人民服务。

四月十九日

今日采儿到合作社卖免毛，奖[券买]绸，过此(经过这里)。晚我十时上楼。十二时寝。看报。

四月二十日

庚午后到，在杜墓吃午饭。闲谈至十一时三十分息，四十五分寝。我十时上楼。

四月二十一日

庚上午九时从杜墓回垅坞。中午接水(汝)霞来信。晚，我去看芜湖京剧团演《杨门女将》，七时三十分开锣，十一时散。到店十一时十五分。荷正祥同志给我开门。十二时寝。

四月二十二日

中午我正在吃饭，求真陪水(汝)霞母亲到。请他们吃面。晚请他们看芜湖京剧团演《摘星楼》。宿新登旅馆十八号。我晚饭后他们来，略谈半小时。打样(烊)后我去谈二十分钟。九时上楼。抹身，更衣。十二时寝。水(汝)霞妈送来鸡蛋糕十只，炒黄豆一纸袋。

四月二十三日

水(汝)霞妈早餐后由求真伴送回去。晚十时十五分上楼，看《中国青年》。十二时寝。今日中午要小柯代我。我将棉袄剪短一寸。袜子上底[1]，配[工作穿的]鞋。正因我这双鞋子宽帮，早上穿时太大，要鞋匠给我缝小一点。穿庚儿的那双，又脚底痛，即穿爵儿安东寄来力士鞋，较舒服。穿到他们工资收入买来的东西，已能自立，稍慰。

四月二十四日

得宗森回信。她因身体不甚健好，怕累，不能来。我十一时三十分上楼，十二时十五分寝。荷秋生买来戏票，仍还他，未去看(昌化越剧团演《杨立贝》)。

四月二十五日

接虋来信，寄来凯照片。袁主任来了解秋生在同裕年份。晚去看昌化剧团演近代戏《杨立贝》，十时五十分散，回来上楼，十一时三十分寝。

四月二十六日

兑储二十元。十二时骤下雨急。我再下楼，看漏。十二时十五分寝。

四月二十七日

晚去看昌化越剧团演《刘玉娘》。十时二十分散，和十时三十分上楼。十一时三十分寝。下午四时去诊所，要许医生给我开方，喉若欲哑然。

四月二十八日

上楼是十时三十分，看报。十二时十五分寝。

四月二十九日

九时三十分上楼，写蓉君、虋信。抹身，更衣。十一时三十分寝。有雷雨。

四月三十日

十二时十分上楼，十二时五十分寝。

五月一日

上楼看报。札些资料。十时寝。

五月二日

今日下午接富县工商联通知，参观北京，定十日起程，到富集合。上楼后写虋、敦、玄、庚信。十一时四十五分寝。

五月三日

毛线背心今日去取来。中午要许医生给我转了一方，说服二帖药，下午煎来。上楼后看报。十时三十分寝。

五月四日

晚七时上楼，看报，拟《一厘钱》学习后心得，未成。写信二封。十时四十五分寝。今日穿澂给我织虋旧毛线背心，她让给我穿。

五月五日

晚七时三十分上楼，因芦经理通知北京暂不去，

1. 袜子上底：袜子脚底部位用针线缝厚实了。

我写信四封，又写了一封给梅先生。十一时三十分寝。

五月六日

上午搞营业，下午造六折、七折布表。晚开会，为增产节约问题。十时上楼。玄今日中午到，我十时上楼，和玄闲谈，十一时息，十一时三十分寝。中午去理发。

五月七日

庚午后二时二十分，适我在楼休息。晚七时上楼，三人闲谈至十一时十五分息，十一时四十五分寝。天在雨，老防涝。

五月八日

今日中午煮豆饭，吃桂香送来腌肉，煮笋吃。庚午后从杜墓回垅坞。我七时十五分上楼，与玄闲谈，整理信札。十一时四十五分寝。送给长育笋煮腌肉一瓷杯。

五月九日

玄今日上午八时返富。我晚七时上楼，写信，看《中国青年》，拟稿。十一时四十五分寝。

五月十日

十一时上楼，十二时寝。略看报。

五月十一日

这二天因中午休息，只有三人，分三班休息。我第三班，在下午二三时后，故我下楼已接近晚饭。今晚上楼，拟致鹣鹣信稿。十一时三十分寝。

五月十二日

接敦儿航空信，指导我到他住所行径和电话号码。我十一时二十五分寝。抹身，更衣。荷蔡子全给我买来戏票，老胡亦给我买来，退还他。

五月十三日

晚十时上楼，复蓉君信。写六张信纸。十二时十五分寝。给长育家蕃(番)芋丝一篮。

五月十四日

在等门时，写信，看报。十时上楼，十一时十五分寝。梅冰给我磨来炒米粉。

五月十五日

九时三十分上楼写信，看报。十一时四十五分寝。

五月十六日

九时十分上楼，看报。十一时寝。许医生来给我拟方。

五月十七日

今日续服药，耳鸣好些，头痛未减。十一时寝。

五月十八日

晚十一时十分上楼，十二时寝，看电影《先进序曲》，并映《向秀丽平凡的事》片。上午十时阿木、阿冬来，因忙未谈话，即去。

五月十九日

今日打烊后我去陆师母家，知她是同阿冬同来。阿冬为娘携骨灰葬在杭州，是前年死的。她们今日上午八时车即回杭去，未遇到。九时三十分上楼，抹身，更衣，看报。十一时寝。

五月二十日

晚十时三十分上楼，看报，十一时三十分寝(今晚义乌婺剧团来演)。

五月二十一日

晚看电影“八一”厂出品《江山多娇》(造林种果树)及《雷锋专号》，意义很好。十时十分散，我上楼，看报。十一时四十五分寝。朴真过此即去。

五月二十二日

今晚去看义乌婺剧团演《送米记》。十一时十分散。我即上楼。十一时四十分寝。

五月二十三日

朴真今日上午过此，要他来吃中饭，他说已吃过。我八时三十分上楼后抹席，扫地，抹身，修须，搞清洁卫生工作，至十时看报，至十一时三十分寝。

五月二十四日

晚十时四十分上楼，看报，写信。十二时二十分寝。

五月二十五日

八时上楼，写信。十一时四十五分寝。

五月二十六日

今晚放假，我去看义乌婺剧团演《碧玉球》，十时三十分散，我上楼，十一时三十分寝。

五月二十七日

十时十五分上楼，看报，十一时四十五分寝。

五月二十八日

九时三十分上楼后，看报，读诗。十一时三十分寝。

五月二十九日

今日午后一时王金根来售茧，说庚儿腹泻，本来他来有三日，已好些云。晚十时上楼，看报，抹身，十一时三十分寝。

五月三十日

十时三十分上楼，酒放在楼下泥地上，很好，不坏。袜破，要穿，连夜补。

五月三十一日

十时三十分上楼，造日报，至十二时息，十二时二十分寝。

六月一日

我下午二时上楼，倒补脑汁才知庚儿中午来。玄儿下午三时三十分来。晚我去看湖州越剧团演《玉蜻蜓》，七时四十分开演，十一时十分息。回来上楼。十二时寝。

六月二日

要庚去联诊所请许医生开方，服药。晚，玄、庚去看湖州越剧团演《顾鼎臣》。十一点十分散，我九时三十分上楼，看报。

六月三日

玄下午一时回富。晚，我十时三十分上楼后看报，看古文。十二时寝。

六月四日

要庚今日再去转方，服药。我八时三十分上楼，和庚闲谈至十时三十分。我十一时寝。雷明母亲来说她十三女儿吐血，就医借款，我允她。

六月五日

庚今日下午三时回垅坞。阿婶要王再香的儿子来问，并要带点米来。我告他在下午三时已回垅坞玩，在四时，已可到达。十时十分上楼，写信。十二时寝。

六月六日

寄虋函，得虋来函。晚我去看电影《哥俩好》，［放映的］纪录片是中印边界事件及节育、避孕图片展。十时三十分散，十一时三十分寝。

六月七日

十一时十五分上楼，写信。十二时三十分寝。

六月八日

得爵儿来信。晚去看萧山绍剧演《九江口》。十一时散，我即上楼，看报。十二时寝。

六月九日

楚宏来买蕃(番)芋藤。我留他在此午膳。正在午膳，才宏夫妇来，留他吃饭，说已吃过。午后袁雷明来，送来绿豆糕十二块。我中午未休息，七时三十分上楼即寝。十一时戏散。我醒即起，工作至三时，三时十分寝。

六月十日

晚十一时上楼，看报。一时十五分寝。

六月十一日

晚八时上楼。写信，看报。十一时寝。

六月十二日

今日中午吃饭，将下盘牙根四齿脱落(已被虫蛀空)。阅《浙江日报》，知教务长沈钧儒老师于一月十一日上午三时五十五分逝世，享年九十岁。当晚举行火葬。我十时上楼，看报，十一时三十分寝。临街二点漏，今日泥水来理。

六月十三日

九时四十分上楼，看报，写信。今日下午铁萍来，巧儿来看病。晚十一时十五分寝。

六月十四日

晚去大操场看公审大会。十时散。我上楼，看报，十二时寝。

六月十五日

今日含香来，已大腹便便。问她，知庚儿进去几日，身体尚未愈好。近来已好，人还消瘦云。晚八时二十分上楼，看报，写信。十一时三十分寝。

六月十六日

七时四十分上楼，补裤子，脚布。看《大公报》(《给商业新工作职工信》)。十一时十五分寝。天雨，帐顶漏。下午三时去理发(抹身、更衣)。

六月十七日

九时上楼，看《大公报》。十一时四十五分寝。

六月十八日

得蓉君来信。今晚我去看小东风演《七星庙》。十时四十分散，老韩来开门。十一时寝。

六月十九日

今日因拔牙脚，微寒微热。八时三十分上楼即睡，到十二时三十分起床，中饭不吃，饮了一杯牛乳。二时十五分再上楼。七时下楼收款。请假，再上楼。

六月二十日

郑开会，我造旬报。十时上楼。沈去看戏。十一时戏散。我下楼开门。郑先我已在开。十时上楼，看报，十二时寝。

六月二十一日

晚十时四十分上楼，看报。十一时四十五分寝，抹身。

六月二十二日

晚十时上楼，写信，十二时寝。

六月二十三日

晚七时三十分上楼。玉娟来谈至九时五十分去，她宿俞爱光处。我写信至十一时三十分，抹身，十二时寝。

六月二十四日

十时上楼。看《中国青年》。十一时三十分寝。

六月二十五日

今日我午睡醒来，知庚在二时零点到。晚同去看电影《冬梅》，［胶片］是35厘米，最后一场，即撤回。十时二十分散，上楼。庚拿来酒酿。今日长育拿来粽子，志应岳母拿来粽子，九香拿来粽子，红绕肉由凌来春拿来。我买了一盘炒猪肝叫他吃了饭去，闲谈至十二时寝。

六月二十六日

庚今日下午去杜墓山头。我九时上楼，闲谈至十一时三十分息。我十二时寝。今日替顾客拾得布一包（海昌纱卡十点六尺，腰带一根），又免了郑去汽车和各处追寻麻烦。

六月二十七日

庚今晨七时去垅坞。晚，我九时三十分上楼，看报。十一时三十分寝。今日才宏来问及，说信已收到，孙师母未说起云。

六月二十八日

八时三十分上楼，看报、诗。十一时息，十一时三十分寝。

六月二十九日

庚借来伞，托罗带去。后来来春的弟锡灶均来过。我七时五十分上楼，看《大公报》，十封信。十一时寝。

六月三十日

得敦儿来函，知龙到京情况。十一时上楼，抹身，十二时寝。

七月一日

虈下午五时由玄陪至，上楼略谈。晚九时上楼，十一时三十分寝。

七月二日

今日中午在楼上，玄、虈、我三人共进中餐。晚亦在楼上与虈共进晚餐。玄下午四时车去富。虈晚去长育家。九时我去陪她回来。十一时三十分寝。

七月三日

庚下午六时来，虈去补衣服，七时来。晚三人同去看湖州越剧团演《好逑传》。荷（承蒙）秋生、老蔡、老盛代购票。荷（承蒙）老蔡、郎印、徐生贤等协助，要我和虈坐在一起。十一时散，十二时寝。

七月四日

我要庚写信给敦、沅、贤，告妈到新。中午根香阿婶由锡灶车来，邀他们到桂兰家借坐。下午去，我要他们雨后再去。我进内小便，待我出来，他们已去。九时三十分上楼，抹身，闲谈至十一时三十分寝。

七月五日

碧东山三姨来，送来茶叶、笋干。今晚要离去，回赐一点东西。九时我去陪虈。回来工作至十时三十分上楼。三人闲谈至十二时寝。

七月六日

寄桂香邮包。托秋生买到戏票二张，要庚送去，请阿婶及采儿来看《玉蜻蜓》。虈在桂兰家看到小兰、一椿、长兴等。晚十一时上楼。虈、庚明日去。二时寝。

七月七日

虈今晨六时三十分去富。庚今日下午四时去垅坞，过分水转。关妹上午八时赶来，看虈已不及。晚我请她看戏。十一时上楼，看报，看《中国青年》。

七月八日

关妹今晨回去。她昨日送酒酿一瓶。晚饭后我去理发。晚去看湖州越剧团演现代剧《冬梅》，革命意志坚强，忠贞不屈。十时五十分散，回来后继续工作至十二时十五分息，十二时三十分寝。

七月九日

十时三十分上楼，写信。看《中国青年》。十二时寝。

七月十日

天热，老酒发酸，不能吃，给食堂烧鱼鲞。十时十五分上楼，看报。十一时二十分寝。

七月十一日

得玄来信，知蓉君于九日上午产一女。母子均好，甚慰。八时三十分上楼，抹身，写信，看报。十一时寝。

七月十二日

九时三十分上楼，整理石灰箱，看报。十一时三十分寝。抹身。今晚比昨晚凉些。

七月十三日

厚丰过此，知他遇到阿婶，说蓉君已出院。他今日来，我下午遇到，问兑(锐)风，说厨今日可运出(上午遇到)。晚去看《延安游击队》，沈、我去看。十时散。我上楼，抹身，看报。十一时十五分寝。

七月十四日

今晚八时十五分上楼，挂帐子，搞卫生。九时四十五分息。抹身，更衣，看报。十一时寝。

七月十五日

七时三十分上楼，躺藤椅休息半小时起来，抹身，更衣，看报。十时寝。小兰送来小蜜桃十只。玄厨由兑(锐)风运麦同去，打电通知招待所二部来提云。

七月十六日

九时三十分上楼，看《唐诗》，抹身。十一时十五分寝。

七月十七日

九时三十分上楼，看《大公报》，十封信的一部分。写信。在打烊后开会前十八分钟去看车站晚景，匆匆即返。已七时三十分。抹身。十一时四十五分寝。

七月十八日

十时三十分上楼，十一时十五分寝。

七月十九日

今日金根来，带来庚信，要他吃中饭。他去姊处，未来。中午复庚信。晚九时三十分上楼，看报。十一时十五分寝。听说叔丹先生患肺结核，已休养三月，最近去杭检查。

七月二十日

金根今日上午过此，回垅坞，七时去。我九时五十分上楼，十时五十分寝。

七月二十一日

整理行装，明日起休假二天，请假一天，去富探亲。今晚七时十五分上楼。十一时寝。

七月二十二日

今晨乘六时三十分车往富。玄在青云桥等，虆在富车站接。下午三时去看四娘姨。六时回来，在她处吃鸡蛋，甜麦馃。六时回来，玄儿亦到。晚谈家常。十一时我与玄宿县人委招待所一部，由蓉君去与所长说，作优待家属。

七月二十三日

晨七时玄儿返青云桥。上午我去看陈玉娟，遇到黄锦林，黄家骧。下午三时和虆一同去看王焕文。他住楼上，脚疯，已蓄须，生活还是和过去尚舒适，女儿有款接济他。我们在他处，和虆二人吃了一碗鸡蛋番茄面。六时回来。晚九时三十分玉娟来，谈至十时三十分，娟去。十一时由蓉陪我，仍宿一部。

七月二十四日

今晨上午和虆七时三十分去鹳山，八时三十分回来。下午三时乘汽车返新，虆送我至车站，四时到，搞卫生，写信，抹身，休息，看报。十时三十分寝。

七月二十五日

晚十时上楼，看报，抹身。十一时四十五分寝。今晚看《柳毅传书》及《乌鸦怎样会黑》。十时散，上楼。

七月二十六日

九时十五分上楼，看报，看《词源》。抹身。十一时十五分寝。富阳街道马路用水泥做，没尘沙，很洁。下街头一带在晒谷。鹳山东吉祥寺改做中学，门前绿树成荫，岸上停了很多渔船。小姑娘在上午凉风中织鱼网。“春江第一楼”已坍倒。小菜在贸易市场内交易，不妨害交通，很好。水用自来水，比较清洁。露天粪缸亦已全部灭迹，很好，随处有公共厕所。

七月二十七日

得玄来，知他在开会。他来，我车已开，知他将去收茶叶。十时上楼，抹身，看报。十一时四十五分寝。

七月二十八日

八时三十分上楼，写信，看报。十时三十分寝。

七月二十九日

下午五时三十分去理发，遇雨，躲雨后向宜富老借伞。荷(承蒙)他借[我]套鞋，并要他儿子来拿，九时三十分上楼，看报，抹身。十一时寝。今日喜雨，约雨一小时。

七月三十日

九时上楼。看报。十一时寝，天雨凉。

七月三十一日

天雨，凉。十一时上楼，十二时寝。

八月一日

庚中午到，吃饭时他下楼才知他来。晚同去看上海川沙沪剧团演《杨乃武小白菜》。十一时三十分散，上楼略谈。十二时四十五分寝。这剧本：一、杨乃武的姊姊是个好姊姊；二、知识学问理解，坚强是必要的，杨乃武具此得生。

八月二日

今晚食堂吃面包。这月蕃(番)芋丝改麦粉。朝鲜《红色宣传员》是一部优秀电影片(李善子是初出校门的女学生，响应党号召，下生产队当宣传员，初碰到钉子不少。她以一扇门一把锁，要用每把锁的钥匙来[开]门，一次不成十次，十次不成百次，总(终)究给落后的生产[队]变成先进生产队。到平壤开会，见到金日成首相，回来备受欢迎，剧终)，十时十分散。我上楼，看报，十一时四十五分寝。

八月三日

庚今晨去富。下午玉娟来说，庚要待湘五日到富再回来。我七时三十分上楼，看《鲁迅诗》《大公报》，写信，抹身。十一时二十分寝。

八月四日

庚上午十时从富回来，我七时三十分上楼，与闲谈至十时三十分息，我十一时三十分寝。

八月五日

庚今日下午四时去分水回垅坞。我七时三十分上楼，看报，写信，抹身，十一时三十分寝。

八月六日

蘩、湘、小珈上午十时到。今晚我们线电灯无光，用煤油灯，我九时三十分上楼，闲谈至十一时三十五分寝。

八月七日

采娥来到厨房，问吃饭。晚九时三十分上楼，与湘、蘩闲谈至十二时息，十二时十五分寝。

八月八日

水(汝)霞上午十时过此，我叫蘩下楼，和她闲谈至车站，水(汝)霞又送蘩至区委前，九时三十分上楼，与蘩、湘闲谈至十一时。我十二时寝。

八月九日

冬梅来，送来鸡、酒酿，晚宿桂兰家，一椿同来。九时三十分上楼，闲谈至十一时息，十二时寝。

八月十日

今日在新登旅馆开了一个大房间，水(汝)霞陪孙师母到，庚儿陪关妹来，冬梅、小兰共叙(聚)晚饭后，我请了假，六时十分—七时二十分。往旅馆和孙师母、关妹、水(汝)霞谈了一回。她们去看杭州小飞飞杂技团表演，十一时散。我十一时十五分上楼，闲谈至十二时三十分寝。

八月十一日

冬梅、小兰回去，和水(汝)霞、关妹共进晚餐。七时四十分我去旅社和孙师母、关妹、水(汝)霞共闲谈至十时三十分回来。十二时寝。

八月十二日

蘩今日去探望过方亲娘。我十时上楼，写信，十二时十五分寝。

八月十三日

蘩、湘、小珈今晨乘六时三十分车去富。我给她们拿来行李，开车回来。晚十时上楼，整理抽斗等。十二时寝。

八月十四日

九时十五分上楼，做些清洁整理工作。写信，十二时寝。

八月十五日

九时三十分上楼。拟稿，抹身。十二时三十分寝。

八月十六日

上午十时十五分庚与水(汝)霞来。三人共进午餐，谈至十二时三十分，水(汝)霞去沪，学洋机。庚送妈和她至杭上火车，折回。晚九时三十分上楼，写信，抹身。十一时四十五分寝。

八月十七日

午后王龙虎嫂要我给她代写了一封信，一封寄乃叔金荣(履新)，一封给他的侄子、开元的爸爸。庚下午六时到，闲谈至十一时息，十一时三十分寝。今晚又去看陈义，他去县中，未遇，我折回。秋云在，略谈，即返。

八月十八日

要庚再去许医生处，开方服药。晚九时二十分上楼，闲谈至十时息。我十一时寝。晚饭后去理发。

八月十九日

要庚给我拉邮票。庚下午去汪家。晚饭后回来，我十时三十分上楼，十一时三十分寝。

八月二十日

庚下午四时去分水。我晚十二时上楼，一时寝。要庚给我去领公债息。关荣来二次。因忙，未谈天。在食堂吃晚饭。

八月二十一日

湘信来。我十时三十分上楼，看报。十二时息，十二时十五分寝。

八月二十二日

晚十一时上楼，看报，十二时三十分寝。

八月二十三日

云仙来，借款给儿子缴学费。我十一时上楼，十二时寝。

八月二十四日

今晚放假。我去看《李双双》，富阳越剧团演。十时四十五分散。我上楼，看报，看唐诗，抹身，十二时寝。

八月二十五日

十时三十分上楼，看《十万个为什么》。十二时寝。大雨。公社打电话来说水涨，胥口桥坍云。

八月二十六日

庚中午到，去杜墓汪家午膳。我上楼休息。他说去看了关荣，他即回垅坞(因领布票棉花，因桥坍水阻，来市即去)。准[备]明日去砍灰梢。我十时三十分上楼，看《中国青年》，至十二时三十分，一时寝。

八月二十七日

我十一时三十分上楼看报，十二时四十五分寝。

八月二十八日

午睡，休息时正要起身，老朱叫说有人看我，四时下楼，知是关荣。他准备五时坐车回永昌。返家，晚十时三十分上楼，看报。十二时寝。

八月二十九日

今日上午雷明来说，昨晚来送弟上学，今日乘八时车去。来时已七时十分，略谈即去。晚十一时十五分上楼。抹身后，十二时十五分寝。

八月三十日

晚十时十五分上楼，抹身，写信。十二时寝。

八月三十一日

晚十二时十分上楼，十二时三十分寝。抹身。

九月一日

晚八时上楼，写了三封信。看报。十一时四十五分寝。

九月二日

晚十时上楼，写信，看报，抹身。十一时四十五分寝。

九月三日

晚九时三十分上楼，看报。来春带来庚儿信。十一时四十五分寝。

九月四日

晚十一时上楼，继续工作至十二时三十分息，略看报，一时寝。

九月五日

晚十时二十分上楼，看报，看《鲁迅诗选》，抹身，十二时寝。

九月六日

晚九时三十分上楼，看报，抹身，十二时寝。

九月七日

晚十时上楼，看报，抹身。十二时寝。

九月八日

下午三时三十分去理发。晚去看杭州杂技团。十时三十分散，上楼，看报，抹身，十一时四十五分寝。

九月九日

十时十分上楼，看《中国青年》《人民日报》，蘩、玄来信。抹身，十二时十分寝。

九月十日

晚说今晚有台风，要注意，说比一九五六年还要大。今晚我把衣服整理一下，看报，看学习资料。抹身，十二时寝。

九月十一日

晚八时上楼。看报，看《中国青年》学习资料，写信。十一时三十分寝。

九月十二日

晚七时三十分上楼，八时三十分寝。分得明晨三至五时值夜，故今晚早寝。八时三十分上楼。

九月十三日

晚七时三十分上楼，写信，十一时寝。

九月十四日

金华越剧团十二日已到，因道具被水阻，不能来，停演。下午五时到，说开演。我部门去买票，买到14排票。荷老蔡一定要他1排15号座位让给我。故我获得在很前排看，十时四十分散。我即上楼。十二时寝。

九月十五日

今日去挑黄墒。晚去看金华越剧团演《胭脂》，十一时散，即上楼，抹身。十二时寝。

九月十六日

晚十时二十分上楼。今晚用新灯泡。看报。十二时寝。

九月十七日

晚十时十分上楼，看报。十一时四十五分寝。长育处借来长育处借来长甩粪箕，因挑沙用坏，今日去修好还他。

九月十八日

晚十时上楼。看《胭脂》剧本，看报。十二时寝。

九月十九日

庚下午二时半来，我三时午睡。晚同庚同去看《春香传》，十时四十五分散。上楼闲谈至十一时四十五分，十二时寝。

九月二十日

庚今日下午买了菜秧回垅坞，我十一时上楼，看报，抹身。十二时三十分寝。

九月二十一日

今晚去看电影《草原上的人民》，意思是牧民巩固人民公社，女主角驰马、歌唱、搏斗均佳。厚雪、羊群、马群，场面很好。九时散，十时上楼。写信，看报。十一时三十分寝。

九月二十二日

看《中国青年》（[第]18期到）。写信，看报。十一时三十分寝。

九月二十三日

十时上楼，写信。十二时十五分寝。日来蕃（番）芋票可买饭。

九月二十四日

晚十时上楼，拟信稿。十二时十五分寝。

九月二十五日

晚去看上虞越剧团演《舍妻审妻》，十时三十分散，内容结构很巧，加演《盗仙草》。写信。十二时寝。

九月二十六日

晚九时十五分上楼。写潋、水（汝）霞信，寄庚阅后寄。今日脚肿，去要郎医生敷药。十二时寝。

九月二十七日

晚十时二十分上楼，写信至一时二十分寝。

九月二十八日

今日分国庆配给票证，月饼。晚十时三十分上楼，看报。十二时十五分寝。

九月二十九日

雪元中午来，在此午膳，送来炒米粉。晚十时上楼，看报，十二时寝。到医院去换药，郎医生回家，由潘医生看。今日太阳好，晒被。

九月三十日

庚下午四时来，关妹来，在此晚餐。我十一时上楼，工作至一时，一时三十分寝。

十月一日

今日中午和晚上均和庚一同进餐（在楼上吃），吃面包、红绕肉（食堂分给每人红绕肉一碗、面包二只）。晚同庚去大操场看《青云曲》和《地雷战》二电影，十一时散。上楼，和庚谈了一小时。下楼寝。

十月二日

庚今日上午去珠村望节，明日回垅坞云。我十时上楼，写信。十一时三十分下楼寝。

十月三日

晚九时上楼，看报。十时四十五分寝。

十月四日

晚七时上楼，看报，抹身。十时十五分寝。

十月五日

晚九时上楼，填表，看报。十二时十五分寝。

十月六日

今日又去院看脚。晚七时三十分上楼，看报，读诗。十时寝。

十月七日

九时上楼，看《萍踪寄语》。十一时十五分寝。

十月八日

十时上楼。正祥和我谈他弟弟和小伯情况。看报。十二时寝。短大衣念慈拿去，给我拆。得贤儿来信。

十月九日

九时上楼，抹身更衣。看报。十一时十五分寝。

十月十日

今晨郎支书（富来）在灶间对我说你媳妇带信来说，她工作、小孩都好。《中国青年》已收，信不写了，说蓉君和他爱人同在三部工作（干校）。晚十一时上楼，看《中国青年》（十九期）。十一时十五分寝。晚六时陈玉娟来电话，说他父亲于今日来新，要我给他准备一下宿、食问题。她已打电话给她妈。明晨出来云。

十月十一日

上楼后（九时）看报，写信稿。十一时息，十一时三十分寝。

十月十二日

打烊后到老屋去了一趟。七时三十分上楼，看《中国青年》，看报，写信。十一时五十分寝。

十月十三日

金根中午到此，请他吃面、包子。他去富兜售石灰。真误会，我以为他去富要买石灰。待庚说了才明白。庚下午五时到，我八时上楼，十一时息，十一时三十分寝。

十月十四日

玄来电话，因他交出粮票一斤及钞票一元放在汽车站，襄转交的。我交庚带去还他。金根中午过此，和庚会面即去。晚八时三十分上楼，和庚谈至十时息，十一时寝。

十月十五日

庚今日中午十二时去乘车去垅坞。晚八时三十分上楼，写鉴定题材。十一时十五分寝（我们文具部好的）。

十月十六日

晚九时上楼。今晚小组领导对郑总结认为不够全面。我上楼，抹身，更衣。后给他拟十条，给他作参考。我自备四条给他补充。十二时十五分寝。

十月十七日

今日中午王显庭来，从杜墓来，已吃过中饭。他要白纸卷香烟，我给他五张。要他吃了点心去，他即去。他批评庚儿几点很中肯，说庚晚上去睏，懒拿灯，并说拿灯有种种益处，说庚儿在塘里洗冷浴时间太久，要成病，很对。晚九时三十分上楼。看报。十一时十五分寝。今日天转凉。我用二条褥子。

十月十八日

晚十时上楼，看报。十一时寝。

十月十九日

杜阿培来讨旧报纸，我将自己的送他五张。晚九时四十五分上楼，十一时寝。今起晚喝酒停，菜节约吃。

十月二十日

晚十一时上楼，十二时寝。衣包到，未去提。邮包到（韩桂英来了）。

十月二十一日

今日将邮包取来，准备明日托锦山嫂去翻。晚整理，夏衣收藏，将冬衣取出。看报，十一时寝。帽子用烧酒刷了一刷。

十月二十二日

今日将棉衣送去，托锦山嫂翻。晚九时上楼，写信，抹身。今日理发，十一时寝。

十月二十三日

七时三十分上楼。整理，写信。十一时寝。

十月二十四日

郎支书带来口信，说莹莹腹泻。我十时上楼，写信给蓉、玄，要他们给莹请医就诊。十一时三十分寝。

十月二十五日

今日重阳。长育送来粽子二只，防坏，去煨焦了。秋笙送来粽子五只。晚上当饭吃了三只。九香要炉火，沈家一妇女名杨琴送来芝麻麻糍八只，兔肉一罐。中午我吃二只，饭二分。晚十时上楼，十一时寝。过溪陈家温州人王培树74岁了，他说今朝重阳，上百丈山礼佛，下午吃老酒，半斤肉，五角云。

十月二十六日

庚中午十一时到，十二时三十分仍回垅。今晚去下十管（来拿沪寄来东西），去协助水（汝）霞爸爸工作云。今晚沈、柯三人去看了汽车站、南津桥、排灌站（塔山）。八时回来，上楼，做改信壳，约计一下至下月上旬用途。十时十五分寝。

十月二十七日

晚七时上楼，看报，《新名词字典》。十时寝。

十月二十八日

晚十一时上楼，十一时三十分寝。

十月二十九日

玉娟妈来，交来人民币，要我在十一月十六日至茂林。晚我十一时上楼，十二时寝。中午去看脚。

十月三十日

晚十时三十分上楼，看报，《中国青年》（二十、二十一合订本）。十二时寝。

十月三十一日

上午九时三十分，显庭、车根香来看郎医生，因腿上生流丹，我陪去，饭没有来吃，因一新安港妇女同来，到她妈家吃的。到杜墓山头去息。下午五时玄儿和殷同志来外销（书二社）。我十二时上楼，十二时四十分寝。

十一月一日

林荣、一椿来过，锡灶来说他岳母今已看过医生，即回去了。我因忙，亦未多谈。晚十一时五十分上楼，十二时四十分寝。

十一月二日

晚九时上楼。与玄儿闲谈至十二时寝（昨、前二晚虽同寝一室。因我睡迟，均未闲谈）。

十一月三日

玄儿今日上午返富。晚九时上楼，看报，抹身，更衣。没有去看富阳越剧团今晚演《杜鹃山》。官塘沈阿连送我炒熟花生约一斤，六谷四穗约一斤。我坚谢，她说自己阿弟一定要收。倪金来给我改好短大衣。

十一月四日

我晚八时四十分上楼，看报，看新词典。十时十五分寝。锦山嫂给我翻来丝棉袄棉裤。

十一月五日

今日陶家宏来装蕃（番）芋粉，谈起，知他在海月桥公兴南货店工作，今年四十九岁，有六个小孩，最大的十四岁。我和他还是在三十余年前他父亲死时会到（见到）过，大约他只有十三四岁。晚十时二十分上楼。十一时四十五分寝。

十一月六日

锦山岳父给我棉衣拿来，说锦山嫂因外孙出痨，去百丈。晚九时五十分上楼，看报，十一时三十分寝。

十一月七日

今日下午后时雨时息，毛毛雨。晚九时十五分上楼，看报。十一时三十分息，寝。

十一月八日

晚八时四十五分上楼，看报，看陆游诗，写信。十时十五分寝。

十一月九日

晚十时上楼，看报。十一时三十分寝。

十一月十日

晚九时三十分上楼，看报。十时十五分寝。天晴，雨转寒。今晚披大棉袄。老韩、我外孙来看我，适我进内，后来没有来，不知何人（说他叫我外公）。到柴场问起，知是宝华车谷来市，来问起我。

十一月十一日

下午三时去理发。晚九时上楼，抹身更衣。十时五十分寝。

十一月十二日

今日因灰制服袋破，裤腰小，拟去修理一下。故改穿中服，把钢笔插在衣襟内。早上插上，到晚上五时三十分要用，只见套子没有笔。急了，幸今日没有出外，到厕所、厨房、扶梯下、楼上遍寻，没有，更穿一定落脱。第二次再到扶梯下寻，在洗面脚橱下面。幸得滚进里面，没有踏碎，否则很危险，要破了。是倒跌到地，故头亦很好，真幸事也。八时上楼，看报，读唐诗。十时三十分寝。

十一月十三日

九时十五分上楼，看报，十时三十分寝。

十一月十四日

晚八时上楼，夜雨，写信，看报。十一时寝。

十一月十五日

今日休息，往柴场六渚。天阴雨。正因阴雨，店内四人到齐，能抽身。天雨他们能在家休息，走去走回。防路上不好走，带了手杖。一路还好，大都沙泥路。在小兰家吃中饭，到冬梅家吃点心，并去探望雨来嫂（因她剖腹［宫产］在休养中）。晚到家正下午五时，去六渚，和阿钦一同去。晚去看电影，中国杂技团和邓小平、彭真出席（访）苏联回来，毛主席、刘主席到机场迎接。七时放映，八时二十分毕。回来看报，写信，十时三十分寝。

十一月十六日

晚八时三十分上楼，今晚去看八一制电影《槐树庄》，意思集体好，意志坚决。写信，看报。十一时十五分寝。

十一月十七日

八时三十分上楼，看报，写信。十一时三十分寝，去医院看脚。

十一月十八日

庚中午到（十一时）。我八时三十分上楼，闲谈至十二时。我十二时十五分寝。

十一月十九日

庚今日上午八时去垅坞。我晚上九时十分上楼，看报，写信，抹身，更衣。十一时寝。

十一月二十日

晚九时十分上楼，看报。十时三十分寝。

十一月二十一日

中午十一时三十分来，小兰到，我请了假，陪她去车站，买了一张一时三十分车票。我回来打电话，和玄儿、蓉君联系，问要带被来否，说带来也好，待我送到，时间还有十分钟，而车已开出，理由说同时间尚有一辆，故一辆先十五分钟开走了，只有将被包拿回。适黄天畈国营农场合作社在新办货，将被包托他们马车带青云桥，玄收。晚七时王支书通知要我去派出所，谈塔二学校情况。一小时回来，要我明日上午再请假半天，写些材料。我为了具体些，去城阳完小和朱华庭谈。他因今晚有一办民校文件要搞，约我明晨六时半去。九时上楼，写信，看报，摘材料，十一时寝。

十一月二十二日

上午在楼上写过去塔二情况（派出所要）。十一时下楼。晚八时上楼，看报，写信。十一时寝。

十一月二十三日

晚七时十五分上楼，看报，写信，至十一时寝。

十一月二十四日

上午将贤儿款汇出。晚六时十五分上楼，抹

身，整理信。看报。十时寝。

十一月二十五日

八时二十分上楼，写信，看报。十时四十五分寝。去医院看脚疔。

十一月二十六日

晚去看电影《北大荒》《运河上山》《英雄小八路》三片。九时五分散，我上楼。雪树妈今日去世（即徐玉兰母亲）。我十时寝。梅冰给我炒米粉磨来。

十一月二十七日

九时十分上楼，整理破衣。锦山嫂给我短大衣翻来。明日起开门打烊延迟提早。我十时四十五分寝。

十一月二十八日

晚十时上楼，看报，十二时寝。

十一月二十九日

晚七时十五分上楼，写信，看报。十时四十五分寝，在刮风。

十一月三十日

晚十一时十五分上楼，十二时寝。

十二月一日

今日下午去理发。晚去看电影《杨乃武小白菜》。九时十分散。上楼，看报，抹身。十时四十分寝。

十二月二日

晚十时三十分上楼，看报。十二时寝。

十二月三日

庚下午三时来。晚我九时五十分上楼，与庚闲谈至十一时十五分。十一时四十五分寝。

十二月四日

庚上午八时乘车回垅坞。晚我九时上楼看报，十时三十分寝。武玉铨来，要我明日进去（上午八时）。九时又有一人来要我去，说坐了他的车子进去。我说明年正月里来，现在不便请假，辞了。

十二月五日

玄儿中午过此，去龙羊区采茶籽。在此午膳，乘十二时车去。晚我去看金山锡剧团演《杨金花夺帅印》，七时开锣，十时散。我回来。荷沈说你去看，我给你开门。往后走，王支书听到，由他开，走进。后来老吴来叫门，我下去开。我回来时俞爱光在等门（我先来看电灯光没有，再走后门）。

十二月六日

铁萍陪巧儿去杭治病，今日中午回来（去杭近一月）。晚九时上楼，看报书。十一时二十分寝。

十二月七日

今日上午九时三十分，蓉君偕莹莹和小兰一同来，小兰饭后回去。晚饭后玄来电话，知他已坐料车返富，在富来电。晚六时四十分我和蓉君去看上海金山锡剧团演《金玉奴棒打薄情郎》，十时十分散。我把当日工作续搞好，至十一时四十五分毕上楼，十二时二十五分寝。

十二月八日

玄儿下午五时到。晚我十一时十五分上楼，十二时寝。

十二月九日

今日早上吃汤圆，中午吃炒粉干。玄、蓉、莹下午三时车回富。晚我十时三十分上楼，看报，抹身，更衣，十二时寝。

十二月十日

二十三期《中国青年》到。我十二时五十分上楼，略看，二时寝。

十二月十一日

今日我拟兑了储折，不中，兑了还老朱及小柯的借款。小金说因兰不同意不到期兑付。荷她借我 14.00 元，把折子拿回。晚十时上楼，看报，《中国青年》。十二时寝。

十二月十二日

晚十一时上楼，十二时寝。

十二月十三日

晚十时十分上楼，看报，写庚信。十二时寝。

十二月十四日

晚九时三十分上楼，看报，今日九香来市，在此买些鞋面、布等，偕一十二三岁男小孩来，我问他叫九香什么，他说妈妈，大约是道班某某的儿子寄住她处。看报，十一时三十分寝。

十二月十五日

九时五十分上楼，抹身，更衣，看报。十一时四十五分寝。

十二月十六日

庚儿十一时来，知金根肝炎加重，拟来市就诊。下午去杜墓，拖来双轮车。晚我一时上楼，一时三十分寝。

十二月十七日

庚今晨回垅坞。晚十一时四十分上楼。看报。十二时四十五分寝。

十二月十八日

中午我正去买饭，郑来说垅坞阿婶来了，知庚儿车金根来治病。我去医院，安慰他们不要急。他们在医院吃饭，金根住院，阿婶往杜墓。庚晚饭后回来。我十二时四十五分寝。

十二月十九日

庚儿早饭后即回垅坞。晚十一时十五分上楼，十二时十五分寝。梅冰炒米粉给我磨来。

十二月二十日

冬梅来，先排队想买卡其，轮到，没有了，买鞋面。据她说少了九寸，布票内有一张一寸，她当一尺收了（中民手）。在此午膳。中午根香来，知她今日回垅坞。晚十时上楼，十二时寝。

十二月二十一日

晚九时上楼，写信。十一时三十分寝。

十二月二十二日

晚十时上楼，抹身，更衣。十二时寝。

十二月二十三日

今日下午三时三十分后，我请了假，去医院看王金根。据他说拟出院，去杜墓休养。我劝他要遵医嘱咐，安心静养。回垅坞有家累，愈好慢，放弃一切，安心静养。晚十一时十分上楼，十二时十分寝。

十二月二十四日

今日中午根香、阿婶来，知她起黑早来，为要金根再住院，不要出院。晚十时上楼，看报。十一时寝。

十二月二十五日

阿钦今日何阜回来，过此，根香路过，匆匆未进来。晚十时三十分上楼，十一时十五分寝。

十二月二十六日

棉胎今日买来。晚十时四十五分上楼，十一时四十五分寝。

十二月二十七日

晚十时三十分上楼，十二时寝。

十二月二十八日

今晨人俊兄送来鸡烧肉、一罐头。晚去看吴兴越剧演《红书宝剑》，十时散，工作至十二时十五分上楼，一时寝。今日食堂宰猪。

十二月二十九日

今日下午三时三十分去理发。晚工作至十一时上楼，抹身，更衣。十二时三十分寝。

十二月三十日

根香来还杯子，说金根出院，到杜墓姊处去，她今日回去。晚十二时十五分上楼，一时寝。

十二月三十一日

下午我三时三十分上楼拿伞，知庚儿来。晚一时十分上楼。天雨，转寒。一时四十五分寝。

一九六三年（工作日记）

一月一日

今日老郑将国旗穿竹竿倒穿了，幸得一位顾客来关照更正了，我已向他道谢，借来问他姓名。幸得沈文化同志来，他做营业，故我可做月报工作。今晚通知开十分钟会，为了有些商品票证供应方式略有更动。今晨起来，就听到中新药门市部后面小仓库失窃，失去健肝灵一箱，尚无下落。下午我送款银行间隙，竹器厂国旗也倒穿了。我通知他们，在打老开，若无其事然。

一月二日

兼整理工分票表、优待票表、月报表，今晨送去。晚六时去工商联开联欢会，八时回来，工作至九时上楼。

一月三日

今日把工分票、优待票、布票及表送上。今日业务较轻。晚开会，先大组后小组，再大组，为奖金、先进工作者、出席县代表，九时结束。我工作至十时三十分上楼。

一月四日

今日我做业务，金额我第一位。晚，郑去楼上开会，我们小组讨论计划，八时三十分息。我工作至九时三十分上楼。

一月五日

今日因没有对路商品，业务降。晚，郑、我、沈都去看衢县杂技团表演。七—九时散。盛值日守门，我们三人均工作至十时四十分息，上楼。今日我为郑准备营业数字、布票，收回数字集材料。

一月六日

今日中给郑资料，查齐交出。晚代谢值日。张在刊蜡，十一时去，我十一时上楼。今日业务较差，棉工呢中午售完。

一月七日

今日因棉工呢不收布票，土帆布等均售完，业务减。晚芦经理布置后，由小组长掌握，至八时三十分散。讨论计划。我工作至十时二十分上楼。

一月八日

盛今日休息，孙今日继续休息，施代孙。今晚自由活动，我、郑、沈均工作至八时四十五分息，我上楼。

一月九日

今孙来，盛尚未来。我和郑代账，我核。今日和昨日相仿。晚，郑去（工商联座谈）开会（学习要开始），我们在店开会，芦经理主持，讨论计划，八时散。今日孙值日，她八时三十分回去，郑开会，九时十五分回来，我上楼。

一月十日

盛今日来。晚开会，许主任主持服兵役应征问题、工会劳保问题。我造旬报，十二时三十分上楼。郑去公安局开会，九时回来。工作至十一时三十分上楼。沈同盛今晚开棉工，也九时后回去。

一月十一日

今日芦经理来协助，出售卡其，和沈一组。郑、我卖线呢，其他业务较忙。晚，我去工商联开大会，芦经理报告［19］62年一年来情况，王镇长报告市场情况及国内外形势，派出所袁科长报告改造及治安保卫问题，徐秘书说学习要正常，要坚持下去，十时散。回来工作至十二时上楼。郑同。

一月十二日

今日来，等待的顾客很多，但只有二匹栗壳色卡其，不到二小时售完。晚自由活动。我工作至九时四十分上楼。许主任在我部看报，查问内售情况。我建议只要定出办法，防止以后，对以往取不咎。他说这办法对，但以往也要摸底。郑已上楼，他还在看《人民日报》社论《加强生产队的领导核心》。

一月十三日

今日棉工呢已没有，由圆灯芯绒代替，对路布少，业务下降。晚，郑去开会，沈工作至九时，郑回来。我工作至十时上楼。

一月十四日

晚开小组会讨论计划完成情况，如何抓紧安排春节休假，如何过春节等等问题。八时三十分散，我工作至十一时二十分上楼。朱会计、吴主任因供销门已关，过此回去。

一月十五日

今日富春呢到，业务较忙。中饭大家迟吃。晚自由活动，我工作至10时上楼。

一月十六日

今日中午棉工、灯芯绒、鞋面均售脱，有些大队方案才造出，只能先预支，尚不能结算。晚，郑、我、沈去看杭州曲艺剧团。七时开始，九时五十分息，回家上楼。

一月十七日

今日业务更轻了。晚开会，工资套级，先小组，后大组，再店委会。我们九时十五分店委会，我上楼时尚未散（十时）。

一月十八日

今日午后许主任通知可盘货。晚由朱延庆来协助。盛因落腰，她先回去。九时毕，我核当日账。十时三十分上楼。

一月十九日

今日我主要核盘货账，还是多错，不［知］何处未得出。晚自由活动。我九时十五分上楼。

一月二十日

郑今日去协韩剑伟。晚开小组，由郑传达对保卫工作、春节值日、回乡、搞卫生等问题。我工作至九时三十分上楼。

一月二十一日

今日业务更清淡，盛没有去协助韩剑伟，因工作忙，有孕，吃不消云。晚开会，为注意春节保卫、值日、供应、服务态度、明日供应商品。我八时上楼。郑叫我下楼，工作至十一时四十分上楼。

一月二十二日

今日一［时］开门，即开始售灯芯绒、卡其阔门面纱卡，至下［午］三时售完。由芦经理、小柯、老沈三人主持，郑售优待布，我主要［售］再生布。今日业务最高，3000余元。晚工作至十时三十分上楼。

一月二十三日

郑今晨去肖（萧）山，沈下午去洗浴，孙、盛去洗头，我亦到邮局车站去了一趟。晚叙（聚）餐之后工作，沈、我均至十一时三十分息，我上楼。

一月二十四日

今日上街较少。我下午三时二十分离店，由施阿毛暂代到上排门。我乘三时四十分车去垅坞。

一月二十五日

今日春节，我下午六时三十分回店上楼。

一月二十六日

今日我部门值日。丁家林、我为了恐有顾客来买丧事货及亲友来关系，我守在门市部。晚十时上楼。

一月二十七日

今日在店堂中守了一天。晚七时上楼。

一月二十八日

今日七时三十分开门，四时打烊。打烊后开会半小时，芦经理主持，假期已过，要安心搞业务，抓计划，注意保卫。我理布票，九时五十分上楼。沈亦理布票，至九时四十分上楼。

一月二十九日

今日四时三十分打烊，传子来闲谈一小时。经理来叫我去替小儿分大类。我去半小时，要沈守门。我工作至十时三十分上楼。

一月三十日

晚工作至十一时三十分上楼。谢会计今日下

午来，今晚文具百货盘货。

一月三十一日

郑下午三时到。晚工作，郑、沈至十一时，我十二时十五分上楼。

二月一日

月报、布票表今日赶造，三时毕，送银行款，四时去理发。晚理零布，开斜条。九时上楼。郑去城头上吃晚饭，准假，明晨去沪。

二月二日

请假五天去沪探亲。

二月五日

上午去买火车[票]，六日没有，买七日，函（写信）让老郑代[我]续假。

二月七日

上午到杭，当日上午、八日上午车客满。买八日下午车票，到店下午五时二十分。

二月九日

今日照常工作，我为100，郑60，沈50。荷批准我薪级为35.50元。今后应更努力报答企业。晚九时上楼。

二月十日

今日业务较轻，我已在等沈出日报表。因他在晚饭上排门后，休息时间出外散步。我闲着看陆游诗。旬报九时毕，上楼。郑在开店务小组会。散后因搬运组有电话，我转告老袁上楼。因朱窗未关，袁误会是我，要韩转告。

二月十一日

上午工分券造表缴上。晚小组讨论国外形势，六时三十分开始，九点散。我上楼。

二月十二日

上午早晨郑在搬卷花，我一同去搬。因要大便，我把扫地工作留在便后。把后楼也清扫一下。扫毕已将近十时。晚开会，在楼上会议室（已打扫干净，卷花搬出），许主任报告在富开会精神及计划，九时十分散。我上楼。

二月十三日

今日营业额我比较多，业务轻。晚，郑值日。我、沈去看《小刀会》，电影九时散。九时十五分上楼。郑他们还在打老开。

二月十四日

郑下午去工作组开会（工商联）。晚小组学习，九时散，我上楼。讨论单位成绩。

二月十五日

沈今日去富。郑、我二人搞业务。晚先大组，后小组讨论计划、经营管理，九时散，我工作至九时五十分上楼。

二月十六日

晚开小组[会]。因芦中民部门由韩、江二人代，今日少2.00元，为此事检查讨论。各部门自谈成绩，芦部门盘查，确少2.00元，九时散会。工作至九时五十分上楼。

二月十七日

郑下午去洗浴，小柯给他代。郑晚去看电影，我去吴老师处。九时回来上楼。九时三十分电影散，我再下楼，郑谈他明日去，谁来代，说由袁明善和许主任接洽，要旧衣部派人来。

二月十八日

郑今晨去富开工代会。善庆来协助。晚开小组讨论计划完成措施，九时散。工作至九时三十分上楼。到九时五十分再下楼锁门（因俞、柯在楼下参加会议，散时）。故我去，柯已锁上、熄灯，正要上楼。

二月十九日

今日善庆仍来协助。今日开门七时整，打烊六时。正符合早开晚关。打烊时郑、沈到。郑今晨有一封家中来信。他对我说有信来即转，实因他知内人胃病，卧床不起，很挂念。我送邮局去转时，他们说转去慢，他即来。我一再说，他们才同意托开会人带去。在打烊时，南津桥一妇女带回来，说郑早已回来，由她代转。但郑尚未到，我在想或者他已赶回家去，不一会郑到了。爱光开晚讨论会时说我，说他即来，不必转回。我对她说转去已退回。她也很诧异，说这样快。我九时十五分上楼。

二月二十日

今日郑、沈、我三人。晚小组讨论，我造旬报，会九时散，我工作至九时三十分息，上楼。

二月二十一日

下午郑、沈为被絮整理。晚，郑、沈、我去看浙江越剧二团演《雏凤凌空》，十时四十五分散。

二月二十二日

今日到些女线呢。许主任已回来。晚自由活动，我八时上楼。

二月二十三日

今日又到些线呢。上午卷划，孙云秀亦协助。晚打烊后即开会，由谢会计读文件，关劳保及企业费用开支等问题。八时三十分上楼。

二月二十四日

今日出售元华紫灯芯绒、华达呢、元华阔沙卡、灰卡，业务忙，延庆、小柯来协助，卖钱额超二千大关。晚工作至九时上楼。

二月二十五日

今日售华达呢、灯芯绒、阔沙卡，仅及昨1/3。晚，郑去开会，我、沈及丁、施、孙连根、柴忠、正祥将仓库被胎搬至大仓库，七时十五分毕。我再将混合胎搬至门市部。七时五十分工作，至九时二十五分上楼。

二月二十六日

上午我过五日账兼售其他布，郑、沈售棉工。晚开会，许主任报告[19]63年销售计划，八时三十分散。闲谈至九时上楼。

二月二十七日

今日准备盘货，做准备。晚盘，延庆来协助。九时盘毕，我算至十一时上楼。

二月二十八日

今日核盘单。晚开大会，崔局长报告。九时三十分散，工作至十二时十五分上楼(月报)。

三月一日

我上午将月报送出，下午将布票购货券及表送出。晚开会，表示学习决心，九时散，我和郑研究盘单审查至十时上楼。

三月二日

今日复账，业务轻。晚开会，九时散。工作至九时三十分上楼。

三月三日

今日再查账。晚开讨论[会]，许主任作指示后，去镇开会，芦经理参加，崔局长亦来坐了一小时，九时散。我上楼。

三月四日

今日过(核对)备查账。晚学习，仍自我检查，九时散。我九时十五分上楼。

三月五日

今日再过账。晚开大会，吴主任总结几日来讨论情况，八时散。再小组，端正学习态度，九时散。我上楼。今日店堂中换电线。今日晨、晚有微雨。

三月六日

今日摆摊出售文具及五金小商品，由郑、俞、小柯。下午施平等售六七十元。晚开会，仍自我检查。九时十五分上楼。

三月七日

今日郑仍参加摊工作。晚学习，许主任来。九时息，我九时十五分上楼。

三月八日

郑今日仍协助摊上，兼做救济灾害。晚开会，许主任读文件、“三八”节违反婚姻法四十五分钟，小组讨论经营管理，九时散。我九时十五分上楼。

三月九日

郑今日仍协助摊上。今日摊业务较差。晚六时三十分开会，至七时十五分息，检查计划，采措施。我七时二十分钟上楼。

三月十日

郑仍协助摊[上]。今晚自由活动，我造旬报。八时二十分钟上楼。

三月十一日

今日兼查账。晚开会，先大组后小组，九时散，还是自我检查。九时十五分上楼。

三月十二日

今日出售蓝灯芯五匹，三人同卖，不及二小时即罄。晚小组讨论，许主任去富开会，芦经理划衣包，会九时散。我九时十五分上楼。

三月十三日

今将近中午才摆摊，下午二时即收，业务差。晚开会讨论[19]63年计划，芦经理主持分组讨论，至九时散。各订措施。今日起，布票、棉花票每日缴翟振民。我工作至十时三十分上楼。

三月十四日

郑今日仍协助摊[上]，但业务轻。沈下午去打[包物]件，准备下乡。晚开会，由芦经理主持，分组再讨论措施，九时散。我工作至九时三十分上楼。

三月十五日

郑今日仍协助摊上。沈准备下乡工作。晚，郑、沈、我去看杭州京剧团演《摘星楼》，十时十五分散。我上楼。

三月十六日

沈今日同延庆上龙羊区外销。今日我和郑二人搞业务，摊主要由大青司。中午后爱光来。上午孙云秀主持。晚学习会二组合并，先由袁支书总结学习情况(工作组来)。八时毕，再由小组讨论，九时散。正祥、秀华、芦经理到工商联开会。小柯去粮食局开会，爱光去镇开会，我九时十五分上楼。

三月十七日

郑今日开会。搞卫生迎接检查。孙云秀休息，施阿毛代。晚开[会]，崔局长亦来参加，先读通报，华侨、布票问题，九时散。我工作至十时上楼。

三月十八日

今日上午我和郑卷线呢。晚开会，部分同志给五金文具部摆厨仓(橱窗)(芦经理、小柯、老谢)，会议由袁明善、郑子芳主持，九时散(大都是采购和批发情况多)。我九时十五分上楼。

三月十九日

今日出售灯芯绒、卡其，营业上升，小柯协助郑。上午翟来协助我二小时。晚开大会，酿造厂余主任介绍经营管理情况，李局长报告新登五商店情况及今后努力方向，九时十分散。我工作至十一时上楼。沈文波爱人傍晚到。

三月二十日

沈文波下午四时到。晚开会，许主任、芦经理自我检查，工作组同志作进一步动员，九时散。我造旬报。十一时三十分上楼。

三月二十一日

旬报、工分券表等上午交出。晚放假，郑、沈(同他爱人)、我去看台州杂技团，十时散。我上楼。

三月二十二日

今日出售灯芯绒、卡其、棉工、鞋面、麻袋布，业务比昨日上升。晚开会，郑楼上开会，我们由袁明善记录、主持，对主任、经理自我检查如何，九时散。我和郑工作至十二时上楼。

三月二十三日

沈今日下午去万市出售灯芯绒、卡其。晚学习，张学山记录，芦经理参加，九时十五分散。我请假，今晚宿新登旅馆。

三月二十四日

今日开门提早半小时，打烊延迟半小时。晚因店堂内修厨仓(橱窗)，我搞账，我组在楼上讨论。

三月二十五日

天雨。三人较闲。晚，我和韩剑伟、朱善庆去工商联开会，九时散，回来上楼。

三月二十六日

今日施、平二人摆摊，业务轻。晚自由大组。我七时十五分上楼。

三月二十七日

今日上我过账(五日账)，棉工呢，剪衣料，业务七数。晚自由工作。我七时十五分上楼。今晚木匠来做。

三月二十八日

今日日间三人共同兼做准备。晚盘货，柯来协助。我和韩一组，韩八时毕休息。柯九时休息。郑提绸及土布，十时休息。我十一时二十五分息，上楼。

三月二十九日

今日出售蓝灯芯绒、棉工呢、线绨绸，业务七数不旺。下午我兼核账。晚同。十时三十分上楼，文具部尚在盘货。

三月三十日

上午八时三十分前我核账，中午搞业务。晚开会，许主任报告去富先进工作者会议情况，并介绍先进事迹，九时十分散，评分。我九时二十分上楼，十时下楼，工作至十二时三十分息，上楼。

三月三十一日

上午兼过账。中午做业务。晚小组讨论至八

时息。我造月报至十二月十五分，上楼。

四月一日

上午将月报报出，中午做些营业。下午还是核账。晚学习讨论今后措施，九时散，我上楼。今日开始用出纳，由韩剑伟担任。

四月二日

布票表、工分券表今晨送上，并准备工作。下午三时和郑盘楼上商品。晚延庆来协助文具部。今晚亦盘，工作至十时三十分上楼。

四月三日

今上午核盘单，下午托善庆复。傍晚交给郑转主任盘长情况。晚开会，许主任说存在问题还要继续讨论。报告一小时，分组讨论一小时。我们一组，工会一组。九时十分散，我上楼。

四月四日

今日沈在中午仍去外销三溪口。晚先许主任将毛主席著作中《反对自由主义》一篇读给大家听，是批评昨晚小组情况。半小时后分组讨论。我组袁、章主持和记录，九时散。我上楼。

四月五日

今日孙休息，由施代。郑下午为棉花奔走城内。晚开会，小组讨论，九时息，我工作至九时三十分上楼。

四月六日

今日下［午］出售人造棉，收30%布票，比较忙。晚自由活动。我七时四十分上楼。

四月七日

今日全日我和郑二人出人造棉1200尺。晚放假，我、郑去看绍剧团演《龙虎斗》。七时三十分开锣，十时三十分散，我十时四十五分上楼。

四月八日

今日上午尚有人造棉出售，下午来问很多。昨打烊后即开会，谢会计读文件，关银行和资金问题，翟关布票问题，七时十五分散，我上楼。

四月九日

沈因富有友人来，他爱人打电话去，午后到。晚陪客人去看戏。今日粗洋布到。晚开大会，李局长报告精简，崔局长总结第二阶段所摆事实作了分析，九时四十分散。扫地整理，十时十五分上楼。

四月十日

沈今日中午送客去。他下午二时车亦往三溪口。晚放假，郑、我去看新民绍剧团十三龄童演［孙安动本］、小兰芳合演，有劲、紧张，十一时散。回来工作至十二时三十分上楼。

四月十一日

旬报上午送出。下午兼查盘账。晚仍分组讨论，许主任在我们组，九时散。我上楼。

四月十二日

盘查溢余今日报上。晚开大组讨论［会］，崔局长参加分析，芦发言很中肯。九时三十分我上楼。

四月十三日

今日查花布品名兼做营业。晚放假，去看电影《蓓蕾初开》（即《挡马》《柜中缘》二剧）。九时三十分散，我上楼。

四月十四日

今日上午查阔幅花布品名，下午营业。晚工会开会，我守门。染坊今晚在盘货，将迁出加入合作商店云。我八时五十分上楼。

四月十五日

日来四人工作，不忙。孙今日收染款归合作商店计算云。晚开会七时—八时，八时—九时小组讨论。九时四十五分我上楼，在未上楼前听津买供销社情况。

四月十六日

上午因绸收购货券，调整盘查，核算上月盘溢批下，须进一步调查升溢情况作准备。晚开，郑在楼上开，我们在楼下讨论。九时散，我再做一些传票检查工作，十时上楼。

四月十七日

郑进货，午后清阴沟，沈协助。晚开会，小组讨论订出各种制度，九时散。郑、沈、俞划布、卷布。我拟制度稿，十时上楼。

四月十八日

沈本来定今日伴爱人回家，因天雨，退票未去。今日售人造哔叽。晚参加选举，地点饮食商店。九时四十分散。天雨。

四月十九日

沈今晨伴爱人回去，请假四天。我上午抓闲拟各种制度稿。晚，郑、我、韩三人小组讨论，增加通过。我誊缮一份缴上。十时上楼。

四月二十日

昨、今两日人造到哔叽，业务较好。因沈回去，二人较忙。晚造旬报，十时上楼。

四月二十一日

旬报上午八时送出，购货券表底稿已扎好。因兼营业，未及填送。晚放假，我去看芜湖京剧团，十一时一刻回来。荷正祥同志给我开门。

四月二十二日

今日出售凡立丁十匹，较忙。晚开会谈本企业今后措施和规章，还要讨论，九时散。我上楼。

四月二十三日

今日业务较轻。晚打烊后搞卫生至八时开会，九时十五散，再搞至十时十五分上楼。

四月二十四日

今日出售灯芯绒、卡其纱卡、华达呢，分三组出售，财会、批发部均来协助袁、张、翟，傍晚摆厨仓（橱窗）。我和韩搞清洁，他们开会，我工作至十一时三十分上楼。

四月二十五日

今日上午郑协助芦经理把厨仓（橱窗）下板放下，可放较阔布匹。晚放假，除值日外，大家去看我部，郑、沈、我去，韩未去（因头痛云），十时五十分散。我上楼。

四月二十六日

今日出售灯芯绒、卡其、棉工，营业也有二十四日之50%。晚查狭幅花布及硫化性染布，沈、郑一同查对至九时三十分息。十时芦经理来，再查。我工作至十一时三十分上楼。

四月二十七日

我上午为了富和省派人来查狭幅布造表。陈报下午搞业务。晚放假，我去看昌化越剧团演《刘玉娘》，十时二十分散，江永才给我开门。郑还在造五日表，十时三十分上楼。

四月二十八日

我上午过五日账，兼做业务。下午做盘货准备。郑、沈有问，即做准备。晚盘货，我十时三十分上楼。

四月二十九日

我今日核账，在吃饭前后做营业，可调班给他们吃饭。晚自由工作，我、郑、沈复核。我九时三十分上楼。

四月三十分

今日再查盘账兼做业务。晚开会，造月报，至十二时十分上楼。

五月一日

今日在内进造月报，吃饭时参加一下。晚放假，我在七时十五分上楼。

五月二日

今晨将月报送上，造布票表和购物券表。晚开本店大会，许主任先读文件和报，主要增产节约及本店存在问题，九时五十分散，我上楼。

五月三日

今日做业务。晚开会，大组讨论后分二组讨论，九时散。许主任去富开会，我九时后上楼。

五月四日

今日沈病了，没起来，我给他泡了一壶茶，打了一瓶开水。他急忙就喝了，谅是口渴。晚放假，我七时上楼。

五月五日

郑今日划漂白布。下午我和他盘存狭［门］幅布。晚放假，我七时三十分上楼。因电灯黑，小柯叫我拿电筒，又下楼，半小时上楼。

五月六日

上午搞业务，下午造6折7折布表。晚开会，为增产节约问题。十时上楼。

五月七日

上午我写《一厘钱》学习后心得。下午今日开始中午休息，韩先我代。我一时开，二时三十分下楼。晚，我七时上楼。

五月八日

日间三人搞业务，中午轮流休息。晚自由活动，我七时十五分上楼。沈、韩去看余杭越剧团演《沉香扇》，十时四十五分散。正祥值日。

五月九日

沈傍晚去看医生(胸乳前痛)。晚自由活动，我七时上楼。十时大雨，我下楼看漏。

五月十日

今日沈去协助摆摊。郑、我二人搞。中午休息，三人分三班休息。晚，我去工商联听李主任报告，传达二会精神。七时三十分开始，九时三十分散。我回来，再工作(旬报未搞好)至十一时上楼。

五月十一日

我上午将旬报、工分券报报出。沈今日仍去摆摊。晚，郑去派出所开会。许主任来，他自己主持。芦经理去工商联开会。许主任问各组情况，各组向他汇报。张读文件，票证有更动。九时二十分散，我上楼。

五月十二日

沈今已回来，三人搞业务。中午休息分二班。晚放假，我去看余杭越剧团，老王给我开门。十时三十分散，我即上楼。

五月十三日

今日漂复布，免收购货券，600余尺半天售完。晚开会，许主任主持，谢读二文件，芦经理去富工商联开会。晚讨论会八时三十分散。郑去派出所开会，我等门，看报。郑十时来，我上楼。

五月十四日

今日业务三人可说是最平均的一天，金额均九十余元。天雨。晚自由活动，郑仍去派出所开会，我等至十时，他们回来，我上楼。

五月十五日

天雨，业务差。晚开会。先工会开，我们大组在七时四十分开始，九时二十分散，我上楼。

五月十六日

今日条[纹布]改售漂[白布]。收布5折，三人忙了半天售完。麻纱改6折，售去一半。花布仍7折，销极细。晚在饮食店开大会。武装部余科长读八届十中全会公报，并他个人学习心得。区委沈书记报告。九时十分散。我上楼。

五月十七日

郑今日准备标头。晚开会，许主任主持讨论昨夜报告(八届十中全会公报)。七时半开始，九时息。提布，十时息，我上楼。

五月十八日

今日出售各色卡其、枣元灯芯绒、花灯芯绒、线呢，但营业不甚忙，没有要人帮。晚放假，我、郑去看电影，沈守门，十时二十分散。我再工作至十一时十分上楼。

五月十九日

今日再售灯芯绒、卡其，业务比昨日上升。晚自由活动，我工作至九时三十分上楼。

五月二十日

今日再售灯芯绒、卡其，业务和昨日相仿。晚开会，我造旬报请假。沈件到八时三十分交我，他再去参加开会，九时三十分散。我工作至十时三十分上楼。

五月二十一日

我售完填就旬报，并购货券表，兼做业务。下午同。晚放假，看《江山多娇》《雷锋专号》，电影十时十分散。今日本江值夜，由郑、柯他们在守门，沈亦去看电影。

五月二十二日

今日三人搞，渐降。晚自由活动。郑、沈、韩、我去看义乌婺剧团演《送米记》，十一时十分散。周值日，丁代替不来开门，我上楼。

五月二十三日

今日完成计划，已略有超额。晚开扩大干部会。沈出外去，周值日，要丁代。我只有在楼下看报。到八时三十分锁门上楼(干会九时五十分散)。

五月二十四日

今日郑晒呢片，小柯来代。小柯中午休息后，沈去休息，但沈去，柯亦离去。我、沈来，再休息已下午三时。晚开会，许主任提出布票一定要当场剪，否则要在评分时扣分，会九时三十分散。我再工作至十时四十分上楼。

五月二十五日

今晚放假，我工作毕，八时上楼。

五月二十六日

郑下午去割麦。中午休息分三班，我三时—

四时三十分。晚饭后我去理发。晚，我去看义乌婺剧团演《碧玉簪》，十时三十分散。王值日，给我开门。郑因开会未去。

五月二十七日

今日日间三人乘隙作了准备。晚盘货，拉延庆协助至十时十五分息，我上楼。

五月二十八日

今日上午我复账。吃饭时调吃饭，搞营业。晚，沈去供销部开座谈会，我再核账。九时沈来，我九时三十分上楼。

五月二十九日

日间搞业务。晚自由活动，我核账至十时上楼。

五月三十日

日间搞业务。打烊后再核账，错处查出，要亏损。十时三十分上楼。

五月三十一日

今日特价出售条[纹布]、漂[白布]，芦经理来协助，共售1600余尺(条漂)。晚开会，我、郑、沈搞月报，十时息。我十时三十分上楼，继续搞至十二时息。

六月一日

我今日上午将月报及折扣布表送出。下午轮流休息，我三时五十分班。晚放假，沈、郑、我去看湖州越剧团演《玉蜻蜓》，十一时二十分散。我上楼。

六月二日

我今日上午将布票表、购货券表填就送上。下午搞营业。晚，沈、韩去看湖州越剧团演《顾鼎臣》，我们学习雷锋，九时三十分散。我上楼。

六月三日

下午我代出纳时，芦经理做业务，记在我销货上。晚学习雷锋，许主任参加。九时三十分散，我工作至十时三十分上楼。

六月四日

今日上午小柯要我查棉花自去年九月起至今年五月销售情况。我并过账。十时做业务。晚小组活动，我过账。八时三十分上楼。

六月五日

郑今日回家。芦经理来协助，有时许主任亦来和芦经理一起搞。晚讨论，孙读文件，九时散。我工作至十时十分上楼。

六月六日

小柯来协助，芦经理有时亦来。我们在晚上去看市工会来放映电影《哥俩好》及《中印事件纪录片》《避孕》等。十时三十分回来。沈守门。

六月七日

今日有时(我吃饭，我午睡)小柯来协助。晚开会讨论如何完成计划、服务态度等问题，盛谈富营业员问题。九时三十分我给芦经理协助做营业布票及大类账，至十一时十五分上楼。俞和我谈谈交友问题。

六月八日

今日许主任、芦经理和小柯有时来协助，二人业务忙。晚放假。我和沈去看肖(萧)山绍剧团演《九江口》(火烧陈友谅)，十一时散。爱光守门，我即上楼。

六月九日

今日小柯来协助。有时许主任、芦经理也来。小柯到中午十二时三十分才去休息。韩一点去，二时三十分来，沈二时四十分去，四时十分来。我在打烊后七时三十分上楼，上床。十一时起来，将自己布票账核好，复查昨日布票，再给芦二日布票账核对好，三时毕。三时十分寝。

六月十日

沈今日早晨感到来不及工作，竟跑去和芦经理说，让芦来场所。晚民主社退来卡其说12.5尺(短少)，许主任开会时暗暗提及。晚造旬报。十一时上楼。郑回去，今日傍晚到。

六月十一日

上午搞旬报，及工分券表，上午交出。下午卷布。晚自由活动。我八时上楼，沈在开裤腰。

六月十二日

今日泥水来，我棉布部理漏。中午较[忙]，故休息也延迟。晚开会，许主任读八届十中全会公报关商业决议，九时散。我再工作至十时上楼。

六月十三日

对折布，今日打开提来的最后一件。晚开会，分二组。许主任在我们组，讨论昨晚所读决议，九时散。我九时四十分上楼。

六月十四日

郑上午搞卫生，下午沈和韩亦间或抹抹。晚大家去操场看公审大会。七时三十分开始，十时散，我上楼。

六月十五日

今日卷些黄岩土布。晚放假。我工作至八时二十分上楼。

六月十六日

今天又卷了些土布。晚自由活动，我在七时四十分上楼。

六月十七日

今日天雨，有医生开会，业务比昨日好些。晚开会，芦经理主持，讨论业务、长短款问题，八时三十分散。我工作至九时上楼(看报)。

六月十八日

今晚放假。我、秀华、正祥同去看小东风越剧团演《七星庙》，十时四十分散。韩来开门。

六月十九日

上午为折扣布查材料、填表。早上去拔了臼齿脚。到八时三十分微寒不适。向郑说了声上楼睡觉。到十二时三十分下楼，去代韩。二时十五分上楼再睡至六时四十五分下楼。吃了三分饭，七时去收款。七时二十分上楼，再睡至次晨五时。

六月二十日

上午在内进搞报表。下午搞业务，代韩。晚，沈去看戏，郑开会，我造旬报。十时毕，上楼。十一时再下楼给沈开门，郑已先我开。

六月二十一日

上午营业兼做准备，大家同。晚四人盘货至十时四十分息，我上楼。

六月二十二日

上午在内进算盘单。十时因郑去看医生，我出来。下午调班休息。晚放假，我在楼算账至十时息，上楼。

六月二十三日

晨核账至八时三十分，核准后搞业务。晚放假。七时三十分陈玉娟来，我即上楼。

刘月二十四日

今日上午造表，八时三十分搞业务卷布。今晚开会，许主任主持，九时散，折腰至十时上楼。

六月二十五日

今日我全日搞业务，下午代出纳休息。晚放［假］去看电影《冬梅》。沈、韩、我去，郑值日守门，十时二十分散，我上楼。

六月二十六日

今日郑配修补业布，忙一天。晚开会，介绍新来经理，姓黄，云从富调来。大家见面后，各组去整理拉练皮夹。我整理了一打。九时息，上楼。今日上午约十时左右，我整理郑桌上乱布，发现一包，我问郑是谁的。他说啊呀，是三溪口裁缝司漏下的。他即起立拉自由车，想赶到汽车站去。我一想到可能他到对面去看看，或到饮食店去吃点心，洋车店他是不会去的。我走到王正祥处一张，果然尚在对面。即告老郑，适他自由车已拉到打电话处。郑向他们说，他二位老人说我们已记得放入布袋中了呀，真糊涂。故而勤劳动脑筋，仔细是有帮助的。

六月二十七日

今日在工作中张学山和芦经理来，要我每日送布票底稿。查了一次又一次，要六月，要五月，要四月，又问我有没有收过军用票。到晚饭后张才同我说，城里有一个人，据说拾得布票一包，内中有军用票 9.8 尺，未剪角，其他布都剪角，共 174 尺。是我四月二十三日说是在棉布零售部捡去的，说有五尺四已用到民主社，尚有四尺四寸是借出了。我当即说军用票不是剪角，是撕下副本即作废，有小红字印在正票上。后来张去一查，果然。

六月二十八日

今日业务较轻。晚因所擦皮夹已缴上，但另外又没有领来。我工作至八时看报，八时三十分上楼。郑上午开斜条。

六月二十九日

郑上午开斜条。晚自由活动。我七时五十分上楼。

六月三十日

上午我核账，要郑不开斜条，搞营业。晚造

月报，郑、我均十一时息，我上楼。

七月一日

上午将月报填就，下午代出纳，兼填布票及工分表。晚开讨论三季度计划，八时三十分散。工作至九时息，上楼。

七月二日

今日提黄岩土布。晚小组讨论五月十六业务，第二季度总结，九时散。我上楼。

七月三日

晚放假。郑、韩、我去看湖州越剧团，十一时散。大朱开门，今日又来。

七月四日

昨日接通知，布票延期至 12 月 31 日，今日出通知。晚开会，许主任谈旧庙应注意等问题，八时散。小组讨论至八时三十分，卷布，做一切准备。九时三十分息，我上楼。

七月五日

今日街上人已逐渐增加，剧团演日戏业务比平时亦增加。晚提货、卷布，十时三十分息。芦经理来协助。我十时三十分上楼。

七月六日

今日是旧庙会，五月十六日业务尚佳，富来一同志协助。晚工作至十一时上楼。沈、韩口角，韩哭了。

七月七日

今日营业仅昨日之百分之六十。晚工作至十一时上楼。

七月八日

来街过旧庙会节日的，昨、今二日已陆续回去，故今日业务也还算不错。晚韩、我、小柯等去看湖州越剧演最后一场《红松林》现代剧，十时五十分散。我上楼，继续工作至十二时十五分息。

七月九日

下午三时郑去开会至五时。晚小组讨论二季度总结。九时散，我工作至十时三十分散。

七月十日

今晚造旬报，开小组会总结二季度成绩和缺点。九时十五分散，我工作至十时十五分上楼。

七月十一日

旬报早上送上。今日进些黄岩土布。今日天比较热。晚，郑要我给韩账核一下。十七错，究如何。我八时三十分上楼，十时小柯来下楼开门。

七月十二日

今日上午核韩出纳账，复出二笔错误，挽回损失 0.91。购货券表亦送出。晚开［会］，谢会计报告五、六二月奖金问题、利润问题、资金周转问题等等，九时散。我上楼。

七月十三日

郑今日开斜条。日来已进入农忙，天热，故业务减降。晚放假（星期六）。沈、我去看电影《延安游击队》，十时散。我上楼（小柯值夜）。

七月十四日

郑今日开斜条。晚放假。我八时十五分工作毕，上楼。九时五十分小柯上楼来拿钥匙。我下楼开。

七月十五日

沈今日上午去协助仓库做防洪工作。晚，郑开会，我们自由活动。我七时三十分上楼。

七月十六日

今日业务可说几月来最少的一天。晚开会，许主任报告二季度总结，九时息，分组讨论至九时三十分散，我上楼。

七月十七日

沈、韩口角，韩哭了，不吃中饭。晚小组评先进工作者，并谈及沈、韩口角问题，九时三十分散，我上楼。

七月十八日

晚开会。评选小组评定后，再要各小组重复讨论。先大组，后小组，再大组，九时散。我工作至十时三十分上楼。

七月十九日

沈今日休息。郑上午开小组会。晚开会，黄经理报告如何支援“双抢”，如何为农业服务。八时各小组讨论，九时散，我上楼。

七月二十日

沈今日继续休息。郑早上开会，下午四时开会。晚搞卫生，美化，我造旬报，九时五十分上楼。明日开门五时三十分。

七月二十一日

清晨将表交小柯，向张索表填送，请假去买就车票。晚，郑去开会，十时三十分散。

七月二十二日

假休往富。

七月二十三日

假休往富。

七月二十四日

请假一天往富。今日下午三时车回来，四时到。上楼搞卫生，休息。打烊时下楼，上门。

七月二十五日

日间三人工作，不忙，郑提货。晚，我、韩去看电影，十时散。我上楼。

七月二十六日

日间三人除业务外，兼做盘货准备。郑去小组开会，我五金、棉布、文具小组讨论。九时十五分我上楼。

七月二十七日

今日日间做盘货准备。晚盘货。十时息，我上楼。

七月二十八日

今日上午我算盘单。晚核。八时三十分上楼。郑、沈去开会。

七月二十九日

今日上午将盘单核准。下午提折扣布。晚卷布。善庆、芦经理来协助，郑去开会。九时毕，我九时三十分上楼。晚饭后去理发。

七月三十日

今日出售折扣布，业务上升，但单价不大，故卖钱额并不多。晚，郑去开会，我们小组讨论，八时散。我工作至九时上楼。

七月三十一日

上午八时三十分后我到内进做些月报准备。晚开会，我请假，八时散。小组讨论，九时散。我、郑工作至十一时息。我上楼。

八月一日

韩剑伟去杭看病，我代出纳。因月报尚未造毕，上午兼造。晚放假，沈、我去看上海市川沙话剧团演《杨乃武小白菜》，十一时三十分散，我上楼。郑因开会未去。

八月二日

我仍做出纳工作，兼造购货券表、布票表，上午毕。晚放假，指定看电影朝鲜片《红色宣传员》，十时十分散。我上楼。老沈在守门。

八月三日

我仍代出纳。晚，郑去开会，我们自由活动。我七时三十分上楼。

八月四日

我仍做出纳工作。晚自由活动，我七时三十分上楼。

八月五日

任出纳。晚自由工作，我七时三十分上楼。

八月六日

韩今日仍未来。我仍出纳。晚开小组[会]，九时散。韩傍晚来协助上排门，参加小组会。我九时三十分上楼。

八月七日

我今日仍做营业工作，韩任出纳。晚开大会，许主任报告总结前二季度情况，反浪费、反贪污，开展增产节约运动，镇黄镇长、商业局陈科长补充。九时三十分散，我上楼。

八月八日

郑提货。晚开会有几人迟到，我亦其中之一。我因上楼闲谈，铃声响时未注意，郑来叫，才去，今后当注意。九时三十分散，我上楼。

八月九日

今日到1185元蓝卡，售白布、纱布，业务较好。晚学习，九时三十分散，我上楼。

八月十日

日间照常工作。晚分组讨论（我参加工商联会员组），九时十分散。我造旬报，工作至十一时十五分上楼。

八月十一日

旬报上午在兼营业中工作毕。晚放假，郑、沈、韩去看杂技团。我去旅馆和孙师母、关妹闲谈。十时三十分待杂技散，一同回店。沈今日休假。

八月十二日

沈今日续休假，二人较忙。晚共同学习，许主任读文件，九时三十分散。我工作至十时上楼。

八月十三日

我今日给虆拿东西到车站，请了假，排门未落着（许主任亦去富）。沈今日去劳动遇雨。晚开会，黄支书主持讨论，九时三十分散。我十时上楼。

八月十四日

今日提黄岩土布。晚到食品厂内进露天开大会，工作组陈局长作报告，九时散，我上楼。

八月十五日

今日日间较闷。晚学习到九时，雷雨交加，电灯息（熄），九时三十分我上楼。

八月十六日

今晚开会，黄支书报告去富开会三报告精神。八时三十分息，分组讨论，九时三十分散。

八月十七日

今晚为学习《一厘钱》精神后的转变作小结。各人均收集了一些资料，拟明日整理汇报。今晚放假。我七时三十分上楼。

八月十八日

今晚许主任传达县委指示、检查标准，八时三十毕，分组讨论，九时散，我上楼.

八月十九日

今晚写大字报，我十时三十分上楼。

八月二十日

农村已发下布票，有预支，故业务上升。中午郑、韩休息时看我们来不及，许主任来协助。吃饭时来不及，小柯来协助。晚造旬报，写大字报。十二时郑息，我上楼。

八月二十一日

我上午八时才能到内进，把旬报搞到九时缴上，搞业务。沈因人不适，午饭不吃，去休息。今日午睡，我在二时三十分开始，四时下楼。晚先参观浪费展览室（工商联）。七时三十分开会，许主任报告，王支书补充，八时三十分散，写大字报。十时三十分上楼，会散，写大字报。

八月二十二日

今日提黄岩土布。晚写大字报七时三十分—九时三十分。我工作至十时，去看大字报，至十一时上楼。

八月二十三日

郑提布。晚开会。许主任、吴同志报告后，仍写大字报。我工作至十一时上楼。

八月二十四日

今日蓝卡、蟹青卡出售，业务上升，较忙。棉花将要满期，销路亦好。晚放假，韩去看电影《追鱼》。我去看富阳越剧团演《李双双》。郑代韩值日守门，沈未去。戏十时四十五分散，我上楼。

八月二十五日

今日业务比昨日略差，但棉花销数还是上升。晚分组讨论，我们工商联会员在五金文具部开，芦经理主持，九时三十分［散］。我工作至十时三十分上楼。

八月二十六日

棉花的销［数］更上升了。中午因在富学习老师回来，更显得热闹，休息延迟了。晚先集合，再学习《一厘钱》报纸，八时三十分散。分小组讨论，九时三十分散。我、郑、沈工作至十时三十分息，我上楼。老沈棉花票少了，很急。我三次走过去和他谈找差错的方法找寻。他坚持说不错，定是给人偷去了，或风吹了。我耐心同他说再寻寻算算看，后来果然寻到了。他很感激的（地）说幸得你给我找门路，找到了。

八月二十七日

今日业务比较忙。晚看大字报，写大字报，九时三十分息。我、郑均工作至十一时三十分上楼。

八月二十八日

本来准备今晚盘货，因日间忙得不能做准备，故改为今晚二人先盘楼上小仓库。二人在门市部做准备，到十时三十分息，我上楼。

八月二十九日

今日棉花销售数增加200斤。另，晚盘货及日销，工作至十一时十五分上楼。

八月三十日

今日核盘账，到晚开会时才核准。中午韩休息，也叫小柯代。晚开会，许主任报告，继续再放鸣、写大字。我写至十时息，上楼。

八月三十一日

郑今晨回家去带儿子来新读书，芦经理、芦中民来协助售棉花。因今日满期，销约300斤。晚先开会。沈工作至十一时息，我工作至十二时息。小柯、老张尚在整理大字报。我十二时十分上楼。

九月一日

因月报未造好，在郑桌搞。九时芦中民来，我到内进搞，十时三十分出来。因韩不适，饭后沈来说让她去休息，很对。我在账桌兼搞，二时毕。晚放假，评分，八时上楼。

九月二日

芦中民来协助。郑下午五时到。沈喉痛、畏寒，早寝。晚开会，许主任总结这阶段反浪费、大字报及整改情况，八时三十分息。分组讨论，九时十五分息。看大字报。我十时上楼。

九月三日

韩今日去镇妇联代表会一天。许主任代出纳。上午卷布，芦经理来协助。沈今日扁桃腺炎，卧床未起。我给他送药，送茶水，送给他雪梨三只。晚做了一碗番薯粉羹给他。他先说不要，不能吃。临睡他说经韩尔中看过后，服西药，已觉松动，故羹亦吃了。晚开会，小组讨论，领导他们在开整边方案，九时三十分散。我上楼。

九月四日

沈病卧楼上。晚开会，郑、俞主持，要我记录，九时三十分散。工作至十一时上楼，再工作（因楼下蚊子多）至十二时三十分毕，一时寝。

九月五日

今日芦经理、张学山同志来协助，出售绵绸、绢纺，业务上升。晚放假，看电影，我去（《锡城的故事》《英雄虎胆》），因机器坏，未终，我回。十时二十分我上楼（袁值日）。沈今日自己起来，尚休息。

九月六日

沈因病休息，已起床。芦经理来协助。晚开，继续昨晚讨论，仍要我记录，九时三十分散。

九月七日

沈今日照常工作。晚开会，继续讨论，许主任主持，九时三十分散。我工作至十时上楼。

九月八日

今日人造哔叽销得比较多。晚放假，我去看杭州杂技团，王正祥给我开门，十时三十分散。即上楼。

九月九日

今日还是人造哔叽占重点。晚开会，许主任报告整改初步方案，九时三十分散。我工作至十时十分上楼。

九月十日

晚小组讨论[会]，我参加。因郑五日报没有完成，不能造。九时四十五分上楼，十时四十五分下楼去，还是没有好，只有明日再造了。十一时上楼。

九月十一日

我在上午八时三十分将旬报送出，照常工作。晚防台风，未开会。我八时上楼。

九月十二日

今日天雨。因出售绸，营业尚可，但销数不多。晚开半小时会，为防台风防洪作准备。晚分工轮班值夜，我分得明晨三—五时，故今晚八时三十分即睡觉。

九月十三日

今日只有我们和文具、五金部排门落下。针织百货必要商品亦供应，没有落门。因下面厨仓（橱窗）商品已移动搬走，上街人很少，我们只有平时20%。营业六时打烊，看书报，七时三十分上楼（恐要开会在等着）。

九月十四日

今日中午吴同志和小柯给我门市部桌子用一字方式改摆，内外隔绝。顾客要商品，由营业员拿出来挑选，这样谨慎些。据说区委提出要立即行动。晚放假。郑、沈、韩、我均去看金华越剧团演《小忽雷》。七时四十分开演，十时四十分散，我即上楼。

九月十五日

今日郑、我去挑黄壩、沙泥。上午八时去，十一时回来。下午一时去，五时回来。中午休息，我、郑略做营业。沈一人搞业务，今日大忙。晚放假，韩、我去看《胭脂》，十一时散。七时三十分去已开锣。

九月十六日

今日挑壩只去五人，我门市部未去。晚，郑去开干部会，我给韩查账（因昨有错），至十时二十分息，上楼。新工作证今日发下，我是002702号，一九六三年八月发。

九月十七日

晚开小组［会］，许主任因电话停留很久。今日批发部摆新玻璃厨仓（橱窗）。九时三十分散，我工作至十时十分上楼。

九月十八日

今日将营业场所桌柜布置方式又改了一个样，芦经理来协助。郑不慎将左脚大拇指受（弄）伤。晚开大组会，他没有参加会议，八时散。我工作至十时上楼。正祥今晨去杭。

九月十九日

晚放假。我、沈、韩去看金华越剧［团］演《春香传》，十时四十五散。丁家林同志值夜，我即上楼。

九月二十日

今晚郑去开工委会。我造旬报，十一时上楼。芦经理来安装铅丝（打钞票给出纳用）。

九月二十一日

晨将旬报交上。晚提早打烊。六时三十分大家搬肥皂，三十分毕。放假，我、沈去看电影（《草原上的人民》）。七时三十分开映，9时散，我工作至十时上楼。

九月二十二日

郑晚饭后去开会，打烊后评分。郑提及短款事，韩又不安、下泪，话语生硬。八时我上楼。

九月二十三日

日来业务主要棉工呢、黄岩土布、蓝达呢三种。晚卷布，把七折布、狭幅布收起，据说要上调。工作至十时上楼。

九月二十四日

今日郑闲开斜条，业务情况与昨日相仿。晚七—九时搞卫生。我工作至十时上楼。抹账桌灯头被电触了一下，幸手挥得快，今后应注意（大约电线陈久漏电）。

九月二十五日

今日郑提货。晚熏烟剂（全市）（下午六时）我、沈去看上虞越剧团演《舍妻审妻》，十时三十分散。正祥给我开门。我给沈开门（他后来在等我）。

九月二十六日

许主任来。晚六国营单位一起在俱乐部开会，许主任报告富学习精神、国外形势，九时十五分散。我上楼。

九月二十七日

晚开大会，在批发部，许主任报国内形势及今后努力方向，九时三十分散。我工作至十时二十分上楼。

九月二十八日

今日日间营业亦不闲，兼做盘货准备。老张又要全年销定量棉花数字。晚盘货至十时三十分息，我上楼。

九月二十九日

今晚我在内进核盘单，中午、晚吃饭时出来工作。晚八时三十分核准。工作至十时上楼。中午填表，主要工资情况、工作演变等问题。

九月三十日

郑上午提货，下午介民协助划布，晚造月报。沈宿店堂中。我工作至十一时上楼，楼上工作至一时息。

十月一日

今日国庆。月报表上午八时造成，即搞售布。今日芦经理来协助。晚，我去看电影《青云曲》《地雷战》二场电影，十一时散。我上楼和庚略谈。十二时下楼，宿店堂中，任保卫工作。

十月二日

今日中秋。业务亦尚可，略差于昨。晚开合并，开后分开讨论。九时三十分息，我上楼，宿店堂中，十二时寝。韩、沈今日二人又吵嘴。

十月三日

郑卷布、划布，介明协助。晚自由工作，我九时上楼。

十月四日

上午搞业务，下午填布票表、工分券表，搞业务。晚自由活动。我七时上楼。

十月五日

今日棉工呢已只能是鞋面，蓝卡亦不多。晚自由工作。我工作至九时上楼。

十月六日

韩今日没有来工作。准备去富工商联开会。下午二时去，芦中民来代她。我和郑划二尺花布（要调回去）。晚放假，我七时三十分上楼。

十月七日

出纳仍由芦代。今日业务因蓝卡，棉工衣料已缺，不及昨日。晚干部开会，王、许、吴均到。要孙荣堂开会，他已早睡。大家寻了很久，到八时三十分由许月娥来，才发觉他电灯灯黑，睡在床。叫多次不去，后来由谢会计大声叫，才去参加。我九时上楼（今晚俞值日）。

十月八日

芦出纳。晚，郑去派出所开会。下午开小组会，我、沈开小组［会］，讨论计划及九月十六日准备。晚十时上楼。

十月九日

芦代出纳。今日兼划狭幅布，作调回准备。晚开大会，许主任报告，六家国营均参加。在我店俱乐部开，郎支书补充（工资调整）。九时散，我上楼。

十月十日

今日出纳仍由芦代。韩下午五时来。晚小组讨论［会］在本部，许主任在我组。芦经理、王正祥今日去杭宁办货。会九时散。我造旬报，十一时上楼。

十月十一日

我今晨将旬报送上。今日韩又泪流，因郑找款，韩没有单洋，找10角，郑数只有9只，韩坚说有10角。郑说顾客六七人都看到是少的，后来郑自拿出一角给顾客。我说了韩，拿出来。我认为印子漏倒还可以坚持一下，不宜说，到核账再说。找款复数少了，应立即补上，还应表示歉意。这样态度是不对的。晚开会前许主任叫去个别谈话。小组讨论会九时散，我上楼。

十月十二日

日间工作较闲，卷布，充实厨仓（橱窗），搞卫生。晚放假，我七时三十分上楼。

十月十三日

今日天时阴时雨，业务差。晚，郑去开组长会，我将交织男女绿呢停止出售，并盘查数字。八时上楼。

十月十四日

今日天气还是阴，微雨。业务轻。晚六点开大会，许主任报告，李局长报告，八时三十分散，我上楼。今晚电灯七时才亮（因修理）。

十月十五日

今日郑提布。晚开小组会，许、袁、郑主持，电灯病，在文具部开，八时散，写检定。八时三十分我上楼，各人自写。

十月十六日

今晚开小组会，许主任主持，袁记录，各人自我总结，九时散，我上楼。

十月十七日

今晚先大组，由许主任作指示，分组讨论如何评定，后来王支书也来作指示。九时十分我上楼。今晚有一位住永昌新安江妇女赶来，说找她四尺布票，到家一看没有了，赶说（赶紧来问）晚上核算有多否？我说是当场找你的，你有没有放好，有没有落脱，账是不错的，这里也没有。她说找是找我的，她也就拔脚就走（下午七时十分）。

十月十八日

日间工作，一般划布。晚开小组会，小组评比评四人，九时散。我工作至十时上楼。

十月十九日

日间工作一般。晚开小组［会］（提早到六时三十分），自我检定帮助、睡迟、工作缓慢、仔细过头、对领导不反映情况、长款不及时申报等等，在九时二十分散，九时四十五分上楼。

十月二十日

今晚先大组汇报，分小组讨论，再大组汇报，九时五十分散，再领导小组讨论。我造旬报，工作至十一时上楼。

十月二十一日

上午八时将旬报送上。今日出售人字呢，业务尚可，否则要下。因旧庙会将届，有些存等待。晚因富来财会人员八人，由谢招呼。晚开座谈会，江、俞他们参加。我部门自由工作。我七时三十分上楼。今日中午十一时，郑去挑城河，下午三时毕，回来。

十月二十二日

今日业务平常。晚先开小组[会]，再大组[会]，九时散，我上楼。

十月二十三日

韩今日休假。因桂英来搬房子，我代出纳。下午略做准备，定明晚盘货。今晚百货针织组盘货。我七时三十分上楼。

十月二十四日

今日日间三人轮做准备工作，晚盘货，八时毕。我、郑算至十时息，我上楼。

十月二十五日

今日内天井下没有桌子。小柯说你楼上去算，故我在楼上算，不符。晚和郑查对，楼上查到一半还不符。再查，算至十时上楼。拟明日复盘。今晚开消费者代表会，芦经理主持云。

十月二十六日

今日出售交花布，业务上升。芦经理、小柯来协助。晚自由活动，针织百货摆厨仓（橱窗）（回来看到）。沈、小柯、我三人在六时三十分去汽车站南津桥塔山排灌站看了一趟，回来正八时，我上楼。

十月二十七日

今日业务较轻，兼搞卫生。晚自由活动。我七时上楼。

十月二十八日

今日比昨日好些，提货。晚开会汇报旧庙会期准备情况，参观各部门，再集合讨论，八时散，各回单位工作。我部卷布，许主任、芦经理、小柯、老吴同志、张学山、俞爱光、翟振民、朱延庆均来协助。十时三十分息，我、郑、沈工作至十一时息，我上楼。

十月二十九日

今日兼卷布。开会，主任报告评等级、分奖金。沈留店，为芦经理、王支书、芦中民、王正祥布置。我部提取材料。总结时沈等亦参加。八时评定，沈即去休息，韩亦回家。我、郑等待他们，给我们布置毕，上楼时十一时正。

十月三十日

今晚放假。我因工作至戏文散上楼（十时二十分），沈、郑亦未去。孙值日。

十月三十一日

今日旧庙会。九时十五分富来[人]协助我棉花部。今日上[午]还人来不多，到中午比较多起来。晚造月报。郑十时三十分息，我十二时息，上楼。

十一月一日

今日旧庙会九月十六日，出售蓝卡、元灯芯绒、青卡、人字呢被面、绸、棉工呢，接近计划。晚，郑、我工作至十一时五十分上楼。包子、点心不收粮票。

十一月二日

今日业务略差于昨，但沈、我超昨。晚工作至九时息，上楼（九月十七日）。

十一月三日

今日来参加会期的已纷纷回去，业务亦骤减，比平时还是加倍。来帮忙徐同志乘十二时车返富。晚放假，我工作至九时上楼。

十一月四日

今日业务比昨日又减。郑下午去理发，来后我去印表格。晚自由活动，我八时四十分上楼。

十一月五日

日间大家准备工作。晚盘货，楼下八时二十分毕，韩回去。楼上九时二十毕。郑、我十时二十分息，我上楼。

十一月六日

我今日在楼上会议室算账，吃饭时调他们。晚开会，许主任报告在富开会情况，传达并总结旧庙会供应情况，八时息，各小组讨论，我查账。九时五十分上楼。

十一月七日

今日韩休息，我代出纳。晚开小组[会]，后来财会[部]、批发[部]亦来参加，总结九月十六日工作总结，九时十五分散，我上楼。

十一月八日

韩今日续假，我再代出纳。晚自由工作，我八时四十五分上楼。

十一月九日

韩今日来，沈今日回家。今日出售绵绸，小柯来协助。许主任、王支书来维持秩序。今日排队用进出口，情况还好，一小时售完。晚与韩交接代出纳账，工作至十时上楼。郑同。

十一月十日

今日业务虽不太忙，但亦不空。晚放假，我造旬报，九时三十分毕，上楼。小柯尚在，批发部门由他锁。

十一月十一日

今日业务比昨日好些。因老师开会，今日下午散，回家。晚自由工作。郑开斜条，我工作毕，略看报，九时上楼。

十一月十二日

今日卷了些线呢、白布充实厨仓（橱窗）。晚大家整理蛤蜊油（老式面油）。芦经理说我组（棉百文具五金小组）整理得最好。六时开始，七时五十分毕，八时上楼。

十一月十三日

今日还是卷些布，充实厨仓（橱窗）。今日韩出纳工作交接朱延庆。晚放假，我去看电影《林海雪原》七—九时，九时散，回来即上楼（今晚俞爱光值夜）。

十一月十四日

今日出纳由朱延庆担任（韩调百货旧延庆职，韩未到）。郑中午饭前到（十时左右）。晚七时去工商联参观人民医院组织节制生育、晚婚展览会。七时四十分回来，我上楼。

十一月十五日

今日休息，往六渚。

十一月十六日

今日四人齐提货。晚放假，大家去看电影《槐树庄》，八时三十分散，我上楼。

十一月十七日

朱出纳今日出售蓝元灯芯绒、蓝沙卡，业务上升。晚本店开大会，许主任传达富开会精神，并由张读通报，八时三十分散，我上楼。

十一月十八日

今日业务比昨日上升，能完成计划。晚，郑在楼上开会，我们合组讨论如何完成四季度计划，八时三十分散，我上楼。

十一月十九日

今晚开会，提出要整理布置二晚，到二十一日汇报。故今晚郑去开会，我、朱、沈三人搞卫生、摆卷花。八时三十分会散，郑一同卷布、摆厨仓（橱窗），至九时十分息，我上楼。

十一月二十日

上午做些旬报，准备进货。晚造旬报，九时毕，沈去饭店开会，郑在楼上开，朱亦去饭店开会，八时三十分散，我九时十分上楼。

十一月二十一日

下午摆厨仓（橱窗）。我请了一小时假陪小兰去车站和打电话。晚，郑开会，沈、朱再摆厨仓（橱窗），我接王支书通知，去派出所谈塔二经过情况，一小时回来。九时上楼。

十一月二十二日

今日上午我请假写情况，十一时下楼，十二时半朱去割稻，我代出纳。晚各小组互相检查讨论，八时散，领导、组长继续开会。我八时上楼。

十一月二十三日

今天我搞了一天卫生，将内进及扶梯下面打扫整理。上午七时三十分—下午四时（中午一小时搞业务和吃饭）。今晚放假，我七时十五分上楼。

十一月二十四日

今日我整理楼上小仓库。晚放假，我六时十五分上楼。天雨，店堂湿。

十一月二十五日

晚开大会，许主任报告整改方案，八时十五散，我八时二十分上楼。

十一月二十六日

天晴，忙于收割，单位补助棉胎来买，故业务尚好。晚杭总工会来放电影。放假，沈、朱、我去看，郑守门，九时五分散。到店我即上楼。

十一月二十七日

日来中午至下午三时忙。晚开小组讨论会，

盛、郑主持，八时三十分散，讨论整改，九时十分上楼。

十一月二十八日

今日日间做准备工作。晚盘货，十时息，我上楼。

十一月二十九日

今日上午八时、十时、下午十二时—三时算盘单。晚卷布，七时十五分上楼。日来销麦尔登呢，对象是制服装工人和五金机械高级工人，每公尺24.16元。

十一月三十日

下午二时后略做准备，晚造月报。十一时十五息，上楼。

十二月一日

上午将月报表和购物券表在八时、十时填就，送上，做营业。下午四时去理发。晚，郑、朱、我去看电影《杨乃武与小白菜》，九时十分散。我上楼。

十二月二日

今日进货，花灯芯绒、元灯芯绒到，业务不减。昨日晚小组讨论整改情况，八时三十分散。我工作至十时三十分上楼。

十二月三日

今日业务和昨前略减，忙还是忙。晚为外调及不调部分仍卷了上厨仓（橱窗）。工作至九时五十分上楼。

十二月四日

今日业务比昨日差些，计划不能完成。晚，郑、沈去业余夜校念书。今日开学典礼，我和善庆去看《女审》。六时三十分去，到已放映，八时二十分散。读书，八时三十分散，我工作至九时上楼。

十二月五日

今日业务比昨日又下降些。张今日在楼上发各单位新布票。晚，我去看金山锡剧团演《杨金花夺帅印》。七时开锣，十时散。我荷老沈说来叫门，我给你开。后来王支书听到，开门，我进。

十二月六日

今日业务上升。桐庐顾客已有新布票来买，此间正在分发。晚放假，朱、郑、沈去看《珍珠塔》，十时散，我下楼开门。我九时上楼。

十二月七日

今日有些单位发工资，有些单位新布票已分到，故业务上升。今日又是星期六，晚放假。我去看锡剧《金玉奴棒打薄情郎》，十时十分散。我补工作，十一时四十五分毕，上楼。

十二月八日

今日业务比昨日上升，小柯时来协助。晚剪鞋面、拉布、卷布。芦经理、小柯、袁明善来协助。俞后来来协助理布票。郑、沈、我工作至十一时，我十一时十五分上楼。

十二月九日

今日出售蓝灯芯绒、蓝卡、灰条卡、阔北京蓝布，业务上升。芦经理、小柯来协助。晚，沈参加民兵开会。我们工作至十时三十分息。我上楼，调拨布，翟搞错，我告更正。我们将息，天雨，我叫沈下楼，共同将天井下堆布移放，免漏湿。

十二月十日

今日业务略次昨日，但旬报工作无法准备。晚，沈、郑、朱去酿造厂开大会。王镇长、李局长报告服兵役、卫生、市场防火、工资改革等问题。我造旬报未去。大家工作至十二时三十分，我工作至一时整上楼。

十二月十一日

我上午在十时前把旬报搞好。芦经理来协助售布。晚，沈、郑去读书，我、朱工作至十时上楼。

十二月十二日

今日业务细碎，芦经理协助我共同工作。晚核布票少，复查复点。十一时上楼。

十二月十三日

今晚将今日布票核算，昨晚的又不少，可能是隔夜收落留存数搞错了的缘故。今晚沈去开民兵会，郑、我工作，我十时十分上楼。

十二月十四日

日来到货不多，出货多，库存下降。晚放假，我工作至九时三十分上楼。

十二月十五日

今日天阴，有时有小雨。业务在九时—二时有时很挤。在沈的桌边，有一年轻妇女来买布，没有选择好，有人向她调布票，她同意了。正在交换时，后来发觉皮夹给人扒去，内有售猪来人民币十一元，哭得很久，亦没有找到。晚放假，我部门理布票。九时五十分上楼。

十二月十六日

今日日间业务没有空隙时间可作准备，故在打烊后才开始。芦经理、许主任来协助剪布票，七时开始盘货，至十一时毕。许主任算账至九时三十分息，朱算至一时，沈十二时，郑十二时三十分，我一时上楼。今日饮食店做地坪，浇水泥。

十二月十七日

今日我在内进算账，由许主任、芦经理来协助。今日售蓝卡。晚大家卷布、开腰、开棉工、开斜条，许、芦均来协助。我十一时四十分上楼。郑比我略迟。

十二月十八日

许主任今日给我们卖棉花、鞋面、斜条。今日布到。晚提先划布、卷布，郑、沈读书，未去。大家工作至十一时，我十一时五十分上楼。

十二月十九日

许主任仍来卖棉花等。芦经理、小柯、老谢上午均来协助出售卡其十余匹。晚，沈、郑读书，均未去工作，至十一点。我十一时十五分上楼。

十二月二十日

今日上午售卡其、白帆布，小柯、老谢来协助，许主任售棉衣等。晚开会一小时，大家工作至十一点，郑、我工作至十二点，韩、俞来协助老郑理布票。我十二时上楼。芦中民在出售卡其时，许主任维持秩序，他售棉花。

十二月二十一日

昨日旬报到今日下午三时才送上。晚大家工作至九时息，我上楼。今日许主任、小柯、中民、老谢四人来协助。晚，翟、盛给郑理布票。我九时上楼。

十二月二十二日

上午许主任要小柯代，下午郑去库仓提货。晚提货，大家工作至十时，我上楼。

十二月二十三日

今日出售阔门幅的北京蓝布、男交织呢、枣灯芯绒，业务忙。小柯因病，早上略协助，即去。我饭在十一时三十分吃。晚工作至十一时十分上楼。我对郑说春节我拟去沪度过。

十二月二十四日

今日出售春乐呢，中丝出品，类似人造哔叽。孙荣堂、谢关兴、芦中民、许主任协助，业务忙。晚大家工作至十时息，我上楼。郑打烊后去开会，朱、许、黄给他理布票，我十时上楼。

十二月二十五日

今日芦中民来协助卖棉花等。中午大家吃饭很迟，郑最迟，后来由谢来代，才去吃。晚，郑去开会，我们开小组［会］，关元旦等问题。大家工作至十时十五分息，我十时三十分上楼。

十二月二十六日

今日芦中民来协助。早上略有空暇，我在内进整理零布。八时说正祥要去杭，要芦去代，故今日整日忙。晚工作至十时四十五分上楼。

十二月二十七日

今日仍只有四人。中午许主任、小柯、老谢来协助。因人手关系，鞋面、斜条及一切工作不能周到。晚大家工作至十时。郑开会，朱代他理。我十时三十分上楼。

十二月二十八日

我今日上午在内进开鞋面，零布零剪。九时搞营业。中午许主任、小柯来协助。晚王支书来说，你们一定要去看戏，工作时要安心工作，娱乐要娱乐。我们说票子没有准备。少顷，周芳华说二张票子。沈去，要我去，我要郑去，郑说不去，我去。朱乃弟给他一张票子。故三人同去看长兴越剧团演《红书宝剑》。七时开演，十时毕。我和沈工作至十二点，沈上楼，我十二时十五分上楼。

十二月二十九日

今日孙荣堂、小柯、郑三人出售蓝达呢一件，五小时毕，饭迟吃，有时由谢、许代。晚，郑去开会，我们理布票。工作至十一时，我上楼。郑还在工作。

十二月三十日

昨日有一新安江妇女在郑处买布说新临时调剂布票3尺没有找给她。郑叫她至内进，要她袋里仔细找寻，没有，允她晚上理布票时再看看是否有多，结果不但没多是少。次晨她又来，谩骂老郑，说他不老实。沈与她对口，很生硬。到晚上，我对沈说我是这样对她说，你是查肯定是少了布票，郑他是日常找布票，打交道熟了，不会错，错一定错在其中第三人，例如给你的人弄错了，或者你失手搞掉了，或者找给你时被旁人捡去了，同她这样说，她气也平了，去了。我晚上对沈说，先要平她气，使话听得进耳朵，不要批评她，使她增怒，她少了布票是心痛的。朱也认为对，沈也默认不语。晚十二时十五分上楼。

十二月三十一日

今日虽布票使用（[一九]六三年度）最后一天，但不忙，忙在前几天，主要原因新旧可合并使用，倒是好办法。晚大家造月报，至一时尚未完成。我一时十分上楼。

一九六四年

一月一日

天雨，有时有雪珠，转寒。庚儿上午去杜墓，我和他共进晚餐。因五谷仓积余，每人得扣肉和笋炒肉片各一碗（代价一元）。晚和庚略谈半小时，再去工作至十一时上楼。十二时寝。

一月二日

庚儿上午去杜墓，下午过分水返垅坞。我晚十时上楼，看报，十一时寝。小兰要阿钦送来莹莹棉鞋两双。

一月三日

晚八时上楼，写信，看报。十时十五寝。

一月四日

晚十时十分上楼。今晚看杭州曲艺队演《盘妻索妻》，惜乎没有布景，没有幻灯，小生艺术尚可。莹莹棉衣一件，今日托张学山带去。

一月五日

宝华来叫明日去玩，大约阿钦大女明日要出嫁了。晚十时上楼，看报，抹身，更衣。十二时寝。

一月六日

汝霞妈托人带来大米叁拾斤，带给汝霞。九时上楼看报，十一时寝。脚底下午发热，人疲。下午四时去请许医生开方，明日服药。

一月七日

晚十时上楼，看报，写信。十二时寝。

一月八日

桂兰今日傍晚送来腕子一盏杯（宰猪）。晚六时四十五去看电影《赤道——城市赤道》《雪山下城市》《刘主席访问印度尼西亚》，三部都是彩色片。八时十五散。我、郑工作至十时四十五，我上楼，看报，十二时寝。

一月九日

庚晚饭前来。我九时上楼写信，看报，十二时寝。

一月十日

庚上午去杜墓。午后来，知金根昨日已回去。下午放晴，他下午二时去。晚造旬报。我十二时十五上楼，一时寝。林等今日下午来此说上午来换面。

一月十一日

眼镜鼻梁脚脱，要张济生去修。上次没有收费，这次收贰角。晚十时三十分上楼，看报，十二时寝。

一月十二日

今日有一位自称垅坞横溪［人］，问我是又中的爸爸（吗）？说庚要做条裤子，要他来拿十块钱。我说今日没有，你去回复他。我问他：你（是）横溪的，他说是的。我问他姓，说姓王，拔脚就走。我问他叫什么名字，他已走远，听不见。晚九时四十上楼，抹身更衣，十一时十五分寝。

一月十三日

今晨失觉，六时三十分沈开门才醒，即下楼，沈已下排门第六块。晚十时二十分上楼。看报，看《中国青年》第一期。十二时寝。

一月十四日

晚去看电影绍剧《三打白骨精》。七时开映，八时二十分完，八时三十到店。我工作至九时三十分上楼，看报，写信。十一时四十五寝。

一月十五日

今日看到一顾客有一本《毛主席诗词》，知新登已到，去买。一位营业员说到不多，待单位联系后再出售。另一位说将来售好一些的线装本给你。我说只要平装，先睹为快。他就卖一本给我。晚九时四十分上楼看完诗词，十一时寝。得澂儿、邱玲来信，很好。

一月十六日

晚九时上楼。看报。十时十五寝。明晨将去富参观。

一月十七日

今晨去富参观社会主义阶段教育展览馆，共四室。下午四时二十到店，晚八时三十上楼。庚儿下午二时来。晚十时十五分寝。到富阳排灌站去看了蓉君和莹莹。

一月十八日

庚上午九时车去垅坞。晚九时上楼，写信。十二时寝。

一月十九日

今日下午三时后我去理发。晚十一时十分上楼。抹身更衣。十二时十五寝。

一月二十日

十二时十分上楼，一时十分寝。

一月二十一日

晚十时十分上楼，看报。十一时三十寝。

一月二十二日

晚九时四十上楼，看报，十一时三十寝。

一月二十三日

晚九时十五上楼，看报。十时三十寝。今日发来一月份购货券，按工资60%，我双份。

一月二十四日

我在九时五十上楼。写信，看报。十一时三十寝。

一月二十五日

上午八时三十玄来电知爵到富。他们二人下午一时十分到。晚打烊后闲谈四十分钟。九时上楼，闲谈至十二时息。我十二时三十分寝。

一月二十六日

打烊后上楼。与爵闲谈半小时。玄今晨乘七时三十分车去青云桥。庚尚未来。十时三十分上楼，十二时寝。

一月二十七日

庚儿下午二时来。晚八时三十分上楼。电影十二时十分散，我等门。十二时四十五寝。

一月二十八日

庚今晨去杜墓，从垅坞去分水。爵下午一时车去杭接妈，我十二时十五上楼，十二时四十五寝。玄从青云桥来电问妈来信，我正在银行送款，转来告我，爵已去杭。王显庭过此，我正忙，喝开水即去。

一月二十九日

庚中午到，虁、爵、霞下午四时四十分来，共进晚餐。我十一时三十分上楼，十二时三十分寝。

一月三十日

爵去柴场、渌渚，庚、霞去高沙未返。爵傍晚归来。我九时三十上楼。虁、爵闲谈至十二时寝。

一月三十一日

庚、霞将午饭时到。小兰、关妹来看虁。我晚十一时三十上楼，十二时十五寝。他们已寝，未谈天。

二月一日

关妹送来肉鸡。今晚九时上楼，虁、庚、爵、霞五人谈家常至一时寝。

二月二日

虁、爵今日下午乘一时车去富，庚、霞去分水。我在十时三十分上楼。抹身更衣，十一时四十五寝。

二月三日

十一时三十上楼，十二时三十寝。

二月四日

庚今日下午四时从分水来。我十一时上楼，十二时寝。表发条断。

二月五日

今日上午八时回垅坞（我去杭汽车票已买来）。晚去看电影《黄浦江故事》。九时十五散，我工作至十时上楼整理信札等。十一时四十五寝。

二月六日

庚傍晚来。我十时上楼。十二时寝。

二月七日

庚今日午膳后去。军宏同去。晚十时十分上楼，写信，看报。十一时十五寝。

二月八日

晚九时五十上楼，看报，写信。十二时寝。

二月九日

晚十时五十分上楼。整理衣着，看报。十二时三十寝。

二月十日

庚儿下午四时到，从分水来。晚我九时三十分上楼。十二时寝。晚九时三十二分时接爵从沪来电，买安车票。

二月十一日

上午七时和庚儿一同乘车去垅坞。因明日庚儿与汝霞完姻，一切从简。对阿婶应表示谢意，她对庚的安身就业、今后还要住她房子、一切要她照顾，申说一下。吃了中饭，和庚一同去珠村。金根病体已好些。天已飞雪花。到珠村，先至汝霞家，稍坐，去关妹家，谈些家常。要她去信乃弟，要依靠党，依靠组织，从劳动中改造，从艰苦中锻炼自己。不要再依靠亲人、同姓。在她家吃了米粿，回来在汝霞家吃晚饭，和她爸爸妈妈、弟妹、阿叔（炎初）共进晚餐。我对她爸爸妈妈表示："现在汝霞骤然回来，衣着又不多，一切从简，不办酒，你们二老很开通，同[意]了我们的建议，故我特来表示一下。"饭后大家吃了糖果、花生，谈谈家常。约十时就寝。

二月十二日

晨七时左右，别了汝霞爸妈离开珠村。汝霞送我至桐岭将近处，庚送我至胥口。十时三十乘车来市。饭后即忙。至车站坐一时三十分车去杭。至站，忆起猪油未拿，拟回来提取。站务员叫"有车至富阳杭州，十二时十五开"。为了早刻到杭，故我即坐上车去，仅六位旅客。到杭二时三十分，即乘车去车站，买上海火车票，告已售完。后来她说尚有一张，是另外窗口留给她妹妹的。我吃过点心，即至候车室等候。近六时，忽来二旅客，我问他往何处，他说上海。没有先去开旅馆不安，想去沪，候退票窗口尚有，他买了二张。我听到这消息，赶[紧]去将车票售（买）来。买安东票，乘六时四十七分车去沪。十时十分到站。乘三轮车去阿瑞里。十时三十到，蘩与爵未睡，蘩正在给项卓赶做西裤，春节穿。十二时寝。壬儿在厂搞通宵，没有回来。

二月十三日

春节。晨起，爵去电万儿、澂儿。万儿和丽明中午到。澂和玲下午三时来，静[铮]四时到。大家共进晚餐。壬儿仍未回来。

二月十四日

中饭后我和爵去南京路。早饭后要爵给我去排队买火车票。八时去，十一时三十回来。我、蘩、爵三人去大舅处吃晚饭，大嫂给我们吃沙拉、炒肉片。蘩说这是大嫂拿手好菜。回来已八时三十分。回来知定毅和凤弟六时来八时去，由壬和翌中陪。我和爵闲谈至十二时寝。

二月十五日

上午蘩、我、爵三人去澂处，排队等车近一小时。到已十一时，吃汤团。玲烧蹄膀给我们吃，拉手风琴，吹口琴给我们欣赏。二时去凤弟处，定毅已去值日守店，小孩去拜年，均未晤面。四时去万儿处，丽明忙于烧菜，我们和项凯玩玩，饭后回来已九时，十二时寝。

二月十六日

晨起，饭后，爵、蘩、我去南京路。我和蘩到王开[照相馆]拍了一张三寸半身，要排队。到亨达利修表，要排队。修钢笔，买零物，吃了一碗馄饨，爵先回家（有同学要来）。我和蘩去北京路看平亚回夫妇，吃了茶就走。他要我们吃晚饭，我说夜车要回杭，下次再来。别了返阿瑞里，又即去阿平处，我和蘩去。爵因有同学未去。到平处集合，去喜娜处吃晚饭，说已等好久。饭后回来，遇雨，鞋湿。八时三十回来，和壬谈了些家常。爵、蘩寝时已十二时。

二月十七日

蘩送我到车站。我乘八时二十二分慢车来杭，至杭十四时三十五分。大雪，三轮车排队（已有二班车子客人等着）。我就步行到青年旅馆，即去寻访买洋机车油。去介亮家已四时三十。赵璧忙着烧菜煮饭，把酱肉整起来，吃好。七时十分，踏雪寻晓春，略叙离衷。回栈已九时十五，就寝。

二月十八日

去汽车站，说雪大，车不能行。我想只有乘

轮渡。到十二时又去问，说到九溪车有，要中途换车去富。乘一时车去九溪，站务员不负责，杭开来已三四辆车，人多抢上车，不得上。放第二辆到中村。第三辆排好队，才坐上，到富已四时。蓉君去电通知玄，玄已先来富，大约二十分钟到。晚闲谈，十一时寝。

二月十九日

晨去问富，新车不开。至下午还是一样，至二时三十分退票，和玄一同步行至青云桥，吃了四两老酒解解水气。七时早寝。玄去开会，九时散之后，开无线电，拉胡琴，文娱很活跃。

二月二十日

晨六时起床。玄去炒年糕。七时三十起走路，玄陪我同行。将至执中亭，我要玄回转。到草庵只有一家门开着。我想进去将背包换个肩，哪知那是熊阿和的儿子家。他爱人忙泡了一碗茶出来，坚要我留吃午饭。我说：有要事，故走路，否则待车通，坐车回去了，谢谢。告辞走到汽车站(新登)已十一时四十五分。到店十二时。先用温水洗，再热水洗。饭已吃过，吃面。朱说在十一时玄来电询。我二时去电玄、蓉，告慰他们。回来搞搞室内清洁工作。四时三十分吃晚饭。饭后下楼，造旬报。朱已给我打好基础，到九时造毕，上楼。抹身更衣，十时寝。

二月二十一日

上午做营业。雨雪，营业较轻。汝霞、庚儿下午二时从杜墓来。晚同去看《刘三姊》。九时三十回来，十一时寝。雪元送来鸡肉一器皿。

二月二十二日

日来中午、晚上饭均上楼来吃。晚庚、霞、我三人闲谈至十一时寝。

二月二十三日

晚五时三十分上楼。看报，补记自二月十一日起日记。霞、庚、我三人闲谈，九时息，我十时寝。

二月二十四日

庚、霞上午九时去珠村。我下午五时打烊，去吴老师处座谈一小时，回来上楼。整理去年用账，十时寝。看到吴老师比去年衰退多，一健忘，二听会慢，三面容、牙均衰退多了。

二月二十五日

晚九时上楼。略有腰酸，指亦[因]写原子笔觉酸，略看报。九时四十五寝。

二月二十六日

军宏、军儿过此，即回垅坞。我晚上九时三十上楼。十一时寝，看报。

二月二十七日

晚九时上楼。朱、丁均在俞爱光室，我亦进去。俞请我们吃粟米糖，给我、东阳带一支。看报，十时十五寝。今日中午开太阳，雪融。熊阿和来说，我那日为什么不吃饭，我说因事，故走来，否则待车不走了。

二月二十八日

庚下午一时到。去杜墓，五时来。我九时上楼，和庚闲谈至十一时三十分寝。小兰要宝华送来鸡蛋十二枚，冻米糖十二个。

二月二十九日

庚今日上午九时车家具去垅坞。我九时三十上楼，复写。下午一时再来复写，下午四时十五分毕。晚十时上楼。十一时三十分寝。

三月一日

下午三时去理发。打烊后去塔山灌溉站参观了一回。小柯、许主任先去。晚八时上楼写信。十时三十分寝。

三月二日

要梅冰磨米粉，问长育：锦锦及她家中情况。八时上楼，看报，写信。十时十五寝。

三月三日

打烊后送衣去青云桥洗。今日傍晚五时到，由汽车站谢同志带来。七时上楼，写信，看报。十时寝。

三月四日

晚十时二十五上楼。十一时寝。武玉铨夫妇过此去窄溪。

三月五日

人均兄今日过市。我晚九时二十上楼，看报，核账。十一时十五寝。

三月六日

七时三十五分上楼，看报，写信。十一时三十分寝。今晚有电影，未去看。一椿来，在此午膳。九香男人鲍某来此寄放米。《中国青年》四期到，略看。

三月七日

八时上楼，看报，写信。今日听小柯说，梅国成同志已死，许主任说已很久，明日再问问老顾看。十时二十分寝。

三月八日

今日我值夜守门。打烊后在店堂看报，写信，十一时寝。十时三十分去老江家取钥匙。

三月九日

晚九时三十分写信，看报，十一时三十分寝，宿楼下。

三月十日

晚去看杭州杭剧团演《青年的一代》。青年演员演成功的，尤其说“劳动是真正幸福”一句话，最能令人寻味。十一时四十寝。宿楼下。

三月十一日

庚下午二时来。打烊后下楼谈半小时。我宿楼下值夜。

三月十二日

庚上午九时去垅坞。下午六时回来。我宿楼下值日。

三月十三日

庚十一时去垅坞（上午因雨不能去）。晚八时二十分上楼，整理了衣着。十时三十分上楼。

三月十四日

晚写信，宿楼下。十一时三十寝。

三月十五日

庚今日中午十一时到，即回垅坞，车［载］柜去。晚我去看《红灯传》。十时四十分散，我上楼，抹身更衣，十一时十五寝。

三月十六日

九时上楼，看报。十一时三十寝。

三月十七日

小兰送来腌鸡、猪肉一大碗。晚十时上楼，十一时寝。

三月十八日

晚十时五十分上楼，十一时五十寝。今日富工商联通知来，二十一日去报到，二十二日会议开始。

三月十九日

铁萍今日午后来。晚九时上楼，看报，写信，十时三十分寝。

三月二十日

十时上楼，抹身更衣，十二时寝。

三月二十一日

上午搞业务兼做去富准备。下午乘一时三十分车去富。芦经理、黄秀华等同志在春江旅馆落脚，十七人共一室。去县工商联报到，买饭菜票。去看蓉君，适玄儿亦休息在家。晚饭在玄处吃。晚谈至十一时寝。

三月二十二日

早饭在玄处吃。晚饭吃玄自己包肉包子。晚看建德越剧团演《千万不要忘记》，近代剧。晚宿玄处。

三月二十三日

今晚去看《唐知县审诰命》。惜乎演员去一半到铜矿演出，否则还要好。玄今晨回青云桥。

三月二十四日

蓉二日值夜班，宿旅馆，不值班二天，回来休息。今晚蓉去看《染血的哈达》。

三月二十五日

我晚宿蓉处。

三月二十六日

今晚我去看电影《从踪追迹》。今晚放二场，小柯同去（我们看七时场）。

三月二十七日

今晚去剧院看《两个小足球队》电影，和汪雪树、黄秀华、大梅同去。

三月二十八日

晚叙（聚）餐。五时三十回宿舍，写了一封信，给蓉四张信纸。又拟订了一份个人规划，参考给蓉。

三月二十九日

乘上午八时车来新，更衣，搞卫生。下午照

常工作。晚盘货。十时三十分上楼，写信，十二时寝。

三月三十日

晚去看电影《秘密的伴侣》，九时二十散，四十五分上楼，补记日记。十一时十五寝。

三月三十一日

晚十一时十五上楼，看《中国青年》，十二时寝。要许医生给我开方。

四月一日

汝霞中午到。打烊后休息时，我和她略谈家常。我九时上楼，看报，十时三十分寝。今日服中药，据说是天霉时蒸。筋、眼不舒，头涨。

四月二日

庚下午五时到。晚庚、霞去看小东风演《白蛇传》。十时三十分散，我十二时寝。

四月三日

今日和庚儿去父母坟山、大姊、二姊坟地，并坟山三家，和采儿、银儿家、福朝家去转了一转。在采儿家吃中饭。回来一时三十分，上楼三人谈至饭后六时。打烊下楼，开会后十时上楼，十一时三十寝。

四月四日

庚、霞今日上午八时半去分水。我晚上八时上楼，看报，写信，十一时十五分寝。

四月五日

今日九香送来米、馃、肉、豆腐、蛋交我，将三分之一送大伟吃，三分之一送长育，三分之一店内吃。秋生送来蓬青果7个。晚宿店堂内，十二时寝。

四月六日

今日天转寒，宿楼下。得贤儿来信。

四月七日

今日去联合诊所，要许医生转方。宿楼下，十时十五分寝，看《中国青年》。

四月八日

今晚放假。我、沈去看绍剧团演《三岔口》、《包公智斩鲁齐郎》。十一时散，到店下雨，十一时四十五寝。

四月九日

晚写梅信，看报，十一时寝，宿楼下。

四月十日

今日念慈来说自强[人]要不得，今日杭州去过，富没有燕窝卖，要我去沪带。我说尚有一点毛燕、光燕交给她。晚宿楼下。今日要许医生转方。

四月十一日

今日打烊去锦山嫂家坐谈一小时余。后来大嫂、蔡春兰亦来谈。六时四十去，八时回来。再工作，看报，十一时寝，宿楼下。

四月十二日

庚中午回来，当日回去。来哺鸡、车糠，因雨，迟二三日来云。晚我八时十五上楼，理衣，拆旧裤，拟去补。抹身更衣，十时四十五寝。

四月十三日

晚九时十五上楼。看报，十一时寝。

四月十四日

求真中午来，在此午膳。我晚上九时三十上楼，看报，抹身，十一时三十寝。今晚吃面，剥了些花生煮吃。今天是豢的生日。

四月十五日

今日下午天闷热，似有雷雨，但未下。九时上楼，看报，十一时寝。

四月十六日

关妹陪朴真到观音埗，因忙未细谈。庚儿上午到，即回去[运]粮。晚十时上楼，看报，十一时寝。

四月十七日

关妹在此午膳。晚九时十分上楼，写信，看报，十一时三十寝。

四月十八日

九时三十上楼，理旧衣，看报。今日打烊后去长育处，要他复镜依信，坐四十五分钟回来。十一时三十寝。

四月十九日

莹莹的坐车今晚托运出。接梅国成来，写湘沅信。十一时三十分寝。

四月二十日

晚十一时上楼，抹身，十二时寝。铁萍过此。

四月二十一日

蓉君来信，知坐车已收到。我十时二十分上楼，十一时四十五分寝。

四月二十二日

九时三十分上楼，看报，十一时十五分寝。

四月二十三日

晚九时十五分上楼。看报，十一时寝。正开始下雨，天转寒。

四月二十四日

晚九时十五上楼，看报，十一时寝。

四月二十五日

中午姜元源来，在此午膳。去洞桥接剥白竹。晚九时三十分上楼。写信，看报，十二时寝。

四月二十六日

元源自洞桥返，在此晚餐。玄儿、蓉君下午五时到。晚放假看戏，我退票，闲谈至十一时，十一时回楼下宿。

四月二十七日

玄今日七时车返青云桥。蓉君今日下午一时四十分车返富。我要小柯代我送她上车。晚小柯、郑、朱、二周去看建德越剧二团演《血手印》。八时四十五至十时三十分，看半场，十一时十五分寝，宿楼下，值夜。晚饭后去理发。朴真中午到，在此午膳，带来汝霞给我补来二套小衫及面巾块。元源今晨回去。因昨晚关门，左胸部不慎有声，微病。去人民医院看袁医生。人民医院，我在1960年1月12日到联合诊所后，今天第一次。一因韩尔中很忙，有时调桐庐、富阳，有时当老师，还有医生是常驻的，比较熟悉。从1964年起，小柯通知我可享受公费治疗。

四月二十八日

宿楼下。

四月二十九日

九时上楼。信写二封，仍下楼宿。

四月三十日

寄湘布票。晚造月报，提货，卷布。未看报，写信。十一时十五寝，宿楼下。今日食堂里分来一挂生肉，约有二斤。

五月一日

老蔡给我买来票子，看淳安睦剧团演《朝阳沟》。十一时散，我宿楼下。

五月二日

晚七时三十分上楼，整理写信，十时三十分下楼，十一时寝。

五月三日

八时上楼，看蓉君的《妇女》杂志。写信。十一时三十分寝，抹身，更衣。

五月四日

接沅儿来信。九时上楼。看报，看杂志。十时三十分寝。铁萍今日过此。听月娥妈说冬梅有病，饭只有一碗好吃云。

五月五日

虆寄来邮包收到。寄来毛巾一条，照片确不够自然。九时上楼，写信。十一时三十寝。中午秋生送来豆饭，我吃了二餐。舅母送来茶叶蛋12枚，花生一包。

五月六日

庚儿下午四时来。晚饭后去杜墓，八时回来。我九时上楼，闲谈。十一时三十分息，十二时寝。修表今日到。

五月七日

庚今日中午十二时去垅坞。我晚上九时上楼，看照片，信稿，报纸。十一时十五寝。今晚十时四十分水泥电杆用5辆汽车装到。

五月八日

晚九时上楼，看报，写信，十一时二十寝。

五月九日

晚去看富阳越剧团演《红缨激浪》，十时四十散，微雨。到店正在吊车调电杆，郑、沈、柯在门口看。十时四十五上楼，十一时四十寝。

五月十日

晚十一时十分上楼。抹身更衣，十二时寝。

五月十一日

今日打烊后同小柯、老沈去到塔山折回，黄泥桥回来作半小时散步。晚九时上楼，写信，十一时四十五寝。

五月十二日

今日将庚一［床］被晒了一晒。晚九时上楼，写信。十一时四十五寝。

五月十三日

晚盘货。十时上楼。翻1959年日记，知这时我在二部和葛、周、钱等。十一时十五寝。

五月十四日

晚十时上楼，十一时三十寝。

五月十五日

晚八时三十上楼。今日中午休息一小时。朱来叫，即起(因沈、郑去派出所开会)。写信，十一时寝。

五月十六日

晚放假。我去看渚登越剧团演《斗争的青春》，演得还好，都是壮年演员，都有上十年八年舞台生活，举动以话剧姿态出现。十时四十五散，我上楼。十一时四十五寝。

五月十七日

晚九时上楼，写信，看报，十二时寝。今日吃大黄鱼(食堂)。休息后去理发。晚抹身更衣。

五月十八日

晚九时上楼，统计今年娱乐情况，看报，十一时三十寝。

五月十九日

晚十时上楼。看报，看《十万个为什么》。打烊前韩医生来，大家谈了医药卫生常识。说到癌症，近来还不能下结论有特效药。我说有，说是如老树生菌，全把新生机能拔尽，寿命终结。他问我何以知道，我说书报上常识累积，如动物癞皮狗同。十一时三十寝。下午四时去人民医院看胸，尚有微痛。袁医生要我吃云南白药。

五月二十日

晚十一时上楼。十一时三十寝。

五月二十一日

我在下午一时至二时午睡。庚来拔菜秧，二时仍回垅坞。我晚上请了假，去看浙江话剧团演《斗争在继续中》。十时十五散，二十五到店即上楼。十一时二十寝。姜元源要关林带来炒米粉、茶叶、茶叶蛋，说他直接去洞桥了。

五月二十二日

汝霞上午十时到，从珠村来售茧。下午三时回珠村。我晚十时上楼，写信，十一时十五分寝。

五月二十三日

九时上楼，整理衣着，拟去做鞋子一双。十一时三十寝。

五月二十四日

晚七时上楼，整理信札，看报，抹身更衣。十时下楼，宿楼下。

五月二十五日

中午冬梅和一椿来，因韩去富未返。她因猪病，不能久等，回去说二十七日来。晚九时三十上楼，看《十万个为什么》。十时四十五下楼，听说陈玉娟来新云。腰痛，袁仁山拟方。

五月二十六日

晚十时上楼，十时四十分下楼。服袁仁山药。

五月二十七日

晚十时三十分上楼，十一时三十分下楼，宿楼下，值夜。

五月二十八日

冬梅上午八时三十分来，我陪她去看韩尔中 。在此午膳，胃口很差，吃二分饭泡馍。乘一时三十分车回六(渌)渚。门前水泥电杆今日上午十一时树立，听说可用60年。晚九时上楼，看报。十时四十五下楼。

五月二十九日

今晚换水泥电杆，没接线。晚九时十五上楼。用煤油灯。十时三十下楼。

五月三十日

晚去看电影。省工会来放映《古刹钟声》《马里散记》《矿血泪》三片。九时四十五散，我上楼。当初认为电灯没接好，到十时试开，已接好，能亮。十时三十分下楼，宿店堂。今日已有公家蚊帐。

五月三十一日

晚十二时上楼，抹身更衣，一时寝。梅冰送来麦粿四张(有鸡蛋)。

六月一日

今日儿童节，幼儿班来街头表演。今晚剧院

放映儿童电影。晚我九时二十上楼，看报，十二时寝。

六月二日

晚九时三十上楼。看报，订纽子等，十一时三十寝。

六月三日

冬梅今日上午来转方。韩开二帖，据说好些，便用。我给她半瓶蜂蜜、今日羊肉。阿堂的女儿宝娥病脚痛了，由二位鞋匠的儿子送她去医院。听说去年去沪医，费时三个月，钞票用好几百。因她学踏洋车，虽病足不踏，但踏时用劲，不免牵动内中受伤，故病起来。这说明痛足不能不注意。今晚我九时三十分上楼，看报。十一时四十五寝。

六月四日

九时三十分上楼，看报，十一时寝。茂林来，我复他有问题。

六月五日

招弟女儿，或许不要再来生产队了。得蘩来信，并附来爵信。晚十时二十分上楼，看报，看信，十一时十五上楼。

六月六日

晚看桐庐越剧团演《十三郎》。十一时十分散，我上楼。十二时寝。

六月七日

我今日下午三时去理发。打烊后和小柯共部门四人一同去散步八十分钟。八时二十上楼，看报，写信，抹身，更衣，十一时四十寝。

六月八日

晚十时三十上楼，看报，十二时寝。今日穿蘩做来新鞋。

六月九日

冬梅今日来转方。晚十时四十五上楼，写信，看报。十二时十五寝。

六月十日

蓉君的肉松等托韩介高中午带去，卜先生款由昌成带去。十一时上楼，十二时寝。

六月十一日

姜元源过此即去。显庭兄来，在此吃面。晚九时三十分上楼，看报，写信。关妹、孝真来送来粽子十只。汝霞给我补来袜子二双。写复信，十二时寝。

六月十二日

晚十时上楼，写信，看报。十一时四十五寝。给关妹肥皂一条，给孝真小手帕二块。

六月十三日

上午来春陪显庭过此回去。我寄庚信已七时四十。我去寄投邮回来，王到，差一步。冬梅今日来转方，据说这三帖药吃后好得多。有些活让林荣去做，稍迟定好些云。晚和小柯、郑、介民四人因熏六六粉，去塔山南津桥、五里桥散步，看夕阳，看远山，看绿水，看高压线架，晚景宜人。散步八十分钟回来。八时二十工作至九时上楼，看报，十一时寝。

六月十四日

汝霞要春霞送来粽子。念慈早上亦送来粽子。我分些给长育他们。晚七时去大操场参加审判杀人犯吴浩元。我九时出来，去看杭曲艺剧团鹦哥队演《红色家谱》。十一时散回来，朱给我开门，即上楼。抹身，更衣，十二时十五寝。

六月十五日

今日休息。去垅坞乘车至白家，到阿婶家知庚去掘洋芋子，汝霞亦于昨日到。中午我、霞、庚、客人（霞同乡）都在阿婶家吃。晚饭吃庚和霞包饺子。晚庚教夜书，九时三十散。我和霞、显庭谈了半小时，庚来，显去，谈到十二时三十寝。

六月十六日

今晨六时起床。我走到新登站，吃了一碗面。再走到六（渌）渚村。章一椿在街上遇到，出工地改田。和冬梅谈了三小时。乘二时三十分车返城午睡。吃晚饭起来搞卫生。晚学习二小时《六好职工》。九时三十上楼，写信，十一时三十寝。冬梅家吃鸡蛋，糊麦粿一张半。

六月十七日

晚九时三十分上楼，看报，十一时十五寝。

六月十八日

晚十一时十五上楼，十二时寝。

六月十九日

今日接蓉、湘、丽来信。九时上楼，写信，

看报，十一时寝。电灯十时十五停电。发针织票3尺，今日领到。

六月二十日

晚十一时上楼。十二时十分寝。

六月二十一日

庚中午到，来车(载)糠。晚我八时三十上楼闲谈。抹身，更衣。十时三十下楼。宿楼下，值夜。

六月二十二日

庚上午去等糠。十时三十回垅坞。我十时三十上楼，十一时三十下楼。

六月二十三日

听垅坞有人来买糠，说庚儿亦来，未见来，不知有否来。晚九时上楼，十时十五下楼。

六月二十四日

今日旧庙会五月十六。因整天下雨，上街人不多。剧团，杭州曲艺剧团(还是上次来了到乡间演了)昨日回城再演。我八时三十上楼，九时三十下楼值夜。

六月二十五日

章一椿来，给他钞票、粮票，要他自己去吃面，看戏。晚八时四十上楼，九时四十下楼。抹身。

六月二十六日

晚七时四十五上楼，看报，写信。十时四十五下楼。

六月二十七日

今日有一位妇女说她的儿子祭拜香儿的妈。她已有三个小孩，今日带来是第三个小孩，说巧儿已不在了，病故在最近。她问我日来有人来吗？我说最近没有，故她将这消息和我谈。我十时上楼，十一时下楼。

六月二十八日

今晚我去看吴兴京剧团演《关公走麦城》。十一时十分散，郑开门，我即上楼，抹身更衣。十二时三十寝。求真傍晚来，在剧院遇到，说宿弟处。

六月二十九日

孙师母在小金处，送来糊麦粿7张。她去元村，因阿苟有病云。晚十一时上楼，看报，十二时三十寝。

六月三十日

上午孙师母来坐谈片刻。我叫她看戏，她说小金已去买票。到下午我去问小金说，票已买就，她午睡。待我四时三十买了包糖托小金转交，说她已于三点半去富。晚十一时上楼，十二时寝。吴兴京剧演五天，天天客满，还卖立票。主要卖力肯做。

七月一日

晚九时三十上楼，看报，写信，抹身，十一时三十寝。今日没有午睡。

七月二日

打烊后我上楼抹席子。晚九时十五上楼，看报，抹身，十一时三十寝。

七月三日

晚九时三十分上楼。看报，写信，十时寝。

七月四日

晚八时上楼。看报，写信，抹身，十时三十分寝。

七月五日

晚九时上楼。今日听垅坞人说，庚曾车(用独轮车送的意思)金根去杜墓医病(臀部生疖)云。看报，写信。十一时三十寝。

七月六日

晚九时三十上楼，挂帐子，写信，看报。今晨洗藤椅。中午在椅子上休息。十一时三十寝。

七月七日

晚十时上楼，十一时四十五寝。小兰拿干菜五斤来。

七月八日

庚上午来修车。我晚上十时上楼，十一时三十寝。小兰干菜已由庚打包寄出。

七月九日

庚今晨五时三十分回垅坞。我晚上八时三十上楼。十时三十寝。

七月十日

很久没有接玄儿来信。今日得来信，知蓉君在休息，曾到青云桥住四天。晚十时上楼，十一时寝。

七月十一日

晚八时四十上楼。抹身，看报，读诗。十时

三十寝。

七月十二日

淳安越剧团演朝鲜实事《红色宣传员》，演得认真。扮李善子的最合身份。十时四十五散。我上楼，抹身。十一时三十下楼，值夜。

七月十三日

我上午在高内进楼上房间，下午在玻蓬下看报，誊通讯录，理发。夜宿店堂中。托韩介高带物给蓉君。

七月十四日

今日又接贤儿来信，说工作调动。晚九时三十上楼，抹身。十时三十下楼。

七月十五日

晚九时三十上楼，抹身，十时三十下楼。值夜。

七月十六日

关荣来开会，来借水桶（庚已拿去）。晚放假，去看滁州京剧团演新戏《台湾来的女客》。十时四十五散，我上楼，十一时三十下楼。

七月十七日

铁萍过此。玄、蓉来信。九时五十上楼，十时五十下楼。欢荣来开会。

七月十八日

今日季达勇上来医院看瘰过门前。朴真今日下午五时过此，吃晚饭回观音礅。小兰来买夏布。我晚九时上楼，写信。十时十五下楼。

七月十九日

今日下午三时至六时我去挑城河。晚九时上楼，看报，抹身，十一时寝。

七月二十日

久晴，昨晨微雨，今晚下大雨，约四十分钟（二次），白田谅可起水。十一时上楼，看报，十二时寝。

七月二十一日

晚九时三十上楼。看报，抹身，十一时寝。

七月二十二日

得湘来信，知她已到沪。晚十一时十七上楼。抹身，十二时寝。

七月二十三日

今日春霞过此。汝霞染绸托她带去（下午）。晚九时三十上楼，写信，十一时寝。

七月二十四日

今晚放假，去看舟山朝民越剧团演《边关审子》。十一时散，我上楼，十二时寝。

七月二十五日

晚去看舟山朝民越剧团《芦荡火种》。十一时三十散。我上楼，十二时二十五寝。

七月二十六日

今日打烊后六时三十写个人规划，至七时三十上楼。写至十一时息，十二时寝。

七月二十七日

我今日下午休息。乘三时三十车去富，四时三十到。玄儿五时五十到。和蓉君及蓉君妈四人共进晚餐，吃了我带去西瓜。九时三十我和玄宿一部。熄灯，谈至十一时寝。中午理发。

七月二十八日

晨玄先回青云桥，我去鹳山看阿焕去。乘九时三十车回来，十时三十到。孙师母来。下午我工作。晚盘货至十时上楼，十一时四十五寝。

七月二十九日

今日秉贤街一渔民设法弄到炸药，在昨晚三时炸鱼未遂，右手和右眼炸坏了。今日下午二时三十分救护车去杭医治云。听说是阿三女婿，退伍军人。晚九时三十上楼，看报，十一时寝。

七月三十日

晚八时上楼。看报，写信。十时四十五寝。

七月三十一日

胸前乳下又有微痛，去人民医院要袁医师看，吃药片。晚造月报。十时四十五上楼。看报，十二时寝。今日看过《愚公移山》。尚有三个罐头，他们不来，久藏恐坏，今日开一肉罐头。朴真过此去分水。

八月一日

晚十一时上楼，看报，抹身。十二时寝。

八月二日

中午关妹过此去观音勘，谈起求真婚事。晚我去看工会放映《沙家店粮站》《骄傲的将军》。十时散，回来我即上楼。看报，抹身，十一时三十寝。

八月三日

晚九时三十上楼。看报，写信，十二时寝。

八月四日

晚九时三十上楼。看报，十一时十五寝。

八月五日

今晚放假看电影《天马》《小李大李和老李》故事喜剧片。十时散，加映《雁荡山福建手工业产品》，散后上楼。十一时三十寝。今日医院来打防疫针。

八月六日

早晨宏贵妹子来说茂林死。我说此事你去通知他女儿居委会，我不能来。后来吴师母来（说打过电话，要他女儿来）。陈玉娟说找我，我说我不再上她当。万一她不来，由居委会代她处理。她说将房子卖了给他葬不够，要他女儿负责。过了一会，她来说袁家厅前袁全林说茂林妻是他阿嫂，茂林一切已由她负责，她去叫。吴师母说这样再（最）好。下午三时吴师母又来，问葬地潭山头是否可葬。我说没有地税，不能葬。后来王镇长又过此，说葬到潭山头去。我说没有得到该村同意，恐不能随便，徽州山上是否可葬？后来（六时四十五分）玉娟妈来买洋钉，延庆七时十五分来说已抬出，七时四十五玉娟始过门前，善庆看到，谅已葬好。晚开小组讨论规划。九时三十散，我上楼，看报，十一时寝。

八月七日

晚九时上楼。写信，十一时三十寝。今日沪寄来邮包，湘从京带来茯苓糕特产。

八月八日

晚七时三十上楼。写信，抹身，十一点寝。今日九香过此，朴真过此，米儿过此。晚买点红枣给大伟吃（病后），白糖半斤。

八月九日

晚七时三十上楼。冯泽三来信。写信，十一时十五寝。下午五时三十去理发。

八月十日

晚十一时上楼，看报，抹身，十二时寝。

八月十一日

晚看电影。傍晚下过微雨，晚比较凉快。八时开映，十时二十分散，我上楼，十一时寝。

八月十二日

晚九时三十上楼，看报，抹身，十一时寝。

八月十三日

今日休息，本拟整理搞卫生。后正抄通讯录，捉漏来指点漏处，故搞清洁工作打消，但一天过是过得生动特殊。看画，谈诗，看报，看杂志，整理衣着。等打烊后和沈去散步，看晚景。晚开会答试题三。九时三十上楼。闹钟去修，拿来说因摆略有移动，不收手续费。今日陈玉娟妈来说玉娟将调富阳云。

八月十四日

朴真过此，在此午膳。九香过此。晚十时上楼，抹身，看报，十一时寝。

八月十五日

湘来信。冯信准备明日退还。打烊后去汽车站，散步即折回，看报。八时上楼，整理衣着，睡裤破，打补丁。十时四十五寝。

八月十六日

中午季达来说庚去杜墓，下午四时来。晚我八时上楼，闲谈，抹身，十时三十下楼，宿店堂中，值夜。

八月十七日

庚上午九时杜墓，十二时回来，即去垅坞。晚我九时十五上楼，十时三十下楼，抹身。关荣来谈乃妻病况。

八月十八日

晚九时上楼，写信，看报，十时三十下楼。

八月十九日

关荣来略谈。晚放假，杭工会来放映《五更寒》，加演《上海民兵比学干帮争上游》。十时三十散，我上楼。十一时三十下楼，值夜。

八月二十日

关荣来略谈。七板桥阿元来谈了几句，他已二三年没来过，今日来买油。这三日买油排队分票子（贸易价人民币 1.10 元一斤菜油）。

八月二十一日

晚七时三十上楼。看报，写信，十时三十下楼。

八月二十二日

打烊后我去医院看关荣弟妇，谈约十五分钟回来。来去因西门口遇在放氨水，气甚难闻（嗅）。

七时三十上楼，写信。八时二十丁家林、小柯来，俞爱光亦来，略谈几十分钟去。我十一时下楼。

八月二十三日

金根陪乃岳母来拔牙。我正忙，又只三人，故未陪去，要他对钟说我介绍去的。后来略坐，已吃过面，给关荣弟妇古巴糖一斤，饼干一斤，要关荣带去。我晚八时三十上楼，看报，十一时寝。

八月二十四日

听说吕局长前妻在控诉不给她子女抚养费云。晚十时四十五上楼，看报，十二时十五寝。

八月二十五日

小兰来，要向玄儿借款，要工分票。问毛线，问虆要不要布票、被单等。关荣来说他内人明日回去。晚十时上楼，抹身，十二时寝。

八月二十六日

晚七时三十去工商联开会。九时回来上楼，抄小组规划，十一时三十毕，十二时寝。

八月二十七日

孙师母托人带来麻糍馃十二个（小金交来）。晚八时三十上楼，看报，十一时三十寝。

八月二十八日

小兰儿子媳妇来买衣料，要我写信给玄有和上海。晚九时三十上楼，十一时寝。

八月二十九日

晚九时上楼，写信，看报，十一时十五寝。

八月三十日

晚十时十五分上楼。读唐诗数首。十一时四十五寝。

八月三十一日

晚十时十五上楼，工作至十一时三十，十二时十五寝。今日下午六至七时雨一小时。

九月一日

晚十时上楼，复账十一时三十，十二时十五寝。

九月二日

汝霞中午到。我在晚上七时三十上楼，闲谈至十时三十息。我抹身，十一时十五寝。

九月三日

汝霞今日晨还给我补了一块脚布。她八时三十去乘九时三十分车回垅坞。晚我九时上楼，看报，抹身，十二时寝。

九月四日

晚九时上楼，做针活一小时，看报，十一时寝。

九月五日

上午显庭兄来，过此即去。我请他吃月饼。中午小兰来，款交她。晚看电影。十时散，上楼，抹身，十一时十五分寝。

九月六日

傍晚作四十五分钟散步。晚九时上楼，看报，十一时寝。

九月七日

宝华过此。采儿过此，说明日去垅坞。阿元来说进嫂去过新安江、桐庐，已回杭。说朴真已说妥另一位老师。我今晚看报。八时上楼，再看报，十一时十五寝。

九月八日

今日去要许医生转了方。晚八时上楼，看画报，抹身。十一时三十寝。

九月九日

晚九时上楼，看报，抹身。十一时十五分寝。求真过此，在此午膳，往六渚去。

九月十日

晚九时三十分上楼，看报。今日下午五时下过雨，我适（适逢、恰巧）到厨房买饭，不能出来。大雨倾盆，赤脚出来。十一时十五寝。

九月十一日

求真过此。酱糟托他挑分水。晚九时十五上楼，抹身，更衣，十一时寝。

九月十二日

晚八时十五上楼。看报，补脚布一小时，抹身，十一时十五寝。

九月十三日

下午三时去理发。晚十时上楼，抹身，十一时下楼，宿楼下，值夜。

九月十四日

今日打烊后，六时十五分到供销部去和吴同

志谈话了，当场解决。七时回来去看电影，十时散，十一时下楼，值夜。今日八月初七日，长育拿来甜酒酿一碗。

九月十五日

庚中午到。晚十时三十分上楼，略谈，十一时三十分下楼。

九月十六日

庚上午八时返垅坞。晚我去看电影，《五彩民族》（彩色片）。九时三十散，我上楼，看报，抹身，十时四十五下楼，值夜。

九月十七日

午后我正午睡，庚来带菜子。来人说略迟不妨，故起来后他来拿，正忙，没有，要他喝开水。晚学习班开始。七时开会讨论，八时十五散。我看报，九时上楼，十时三十下楼。

九月十八日

今日休息，搞卫生，把楼上打扫整理了，上午七时至十时三十分。午睡，下午一时三十至四时三十。晚学习，看报，抹身。十时三十分下楼。今日荣店没开水，说龙头坏了。分来糖票二张（节日）。

九月十九日

今日傍晚金根杭返，借扁担，我给他借了（去杭买旧胎）。阿方、炎初过此（去窑买米）。晚看报，十时三十下楼（九时上楼）。念慈送来鸡肉一盖杯。白梅春继母过此，梅春同来。

九月二十日

藖寄来月饼，今日到。晚十时三十上楼，十二时十五寝。

九月二十一日

晚十时上楼，看报，十一时四十五寝。

九月二十二日

蓉将上海寄给他们月饼还分一部分来给我吃。我送给方亲娘四个月饼（两个上海两个杭州）。十时上楼，写信，看报，十二时十五寝。关妹过此，说昨日遇玉娟，和她妈陪她去富云。

九月二十三日

今晚去看浙江绍剧团演《智取威虎山》。十一时十分散，我上楼，十二时十五寝。

九月二十四日

今日我上午、下午、晚上做了十小时整理工作，抹身，十二时寝。今日在家休息。今晨托小柯带酥糖给小莹吃。

九月二十五日

晚十时上楼，洗脚，十一时寝。

九月二十六日

要秋生买一张戏票，老蔡也拿来一张。正拟今晚去看浙江绍剧团演《红霞》，郑来说要开会。在四时即退还他们。玄来一信，知他工作调动。十一时三十寝。

九月二十七日

今日接澂儿来函，并寄来玲八、玮五个月照片。因昨晚布置，故今日仍有午睡，至十月一日云。晚十时三十上楼，看报，洗脚，十二时寝。

九月二十八日

今晚因熏烟剂，去看电影《满意不满意》，是表现一个服务员工作态度不好转好。九时三十散，大家搞卫生，卷布至十时三十。我算账至十一时上楼，十二时寝。

九月二十九日

晚十时三十分上楼，看报，洗脚，十二时寝。

九月三十日

晚十一时三十上楼。十二时三十分寝，略看报。

十月一日

今日食堂给我一只甲［鱼］（0.50），还有一只菜，大约是五谷仓收入。晚十一时三十上楼，十二时四十五寝。

十月二日

晚九时上楼，看报，抹身。十时三十寝。

十月三日

晚十时上楼，抹身，更衣，十一时三十寝。

十月四日

晚去看富阳业余剧团演《红双喜》，三轮车夫服务态度好，演五金农具部服务态度，要去看电影，不专心对付顾客。我因工作未看全局。十时三十上楼（待他们来，今晚朱值夜），看报，十二时寝。庚来买蕃(番)芋，当即去，说他现在划入副业队，共17人云。

十月五日

晚九时三十上楼。写信，十二时寝，看报

十月六日

今日来报三份，看报。八时三十上楼，十一时寝。微雨转阴。今日中午去托锦山嫂翻棉袄(要小柯代二十分钟)。

十月七日

晚六时三十上楼。今日活期开新折，账号3355号，折号0203935号。上楼看报。锦山嫂很快给我棉衣翻好，十时三十寝。

十月八日

昨晚一夜雨，晨起又下大雨。拟去退票，说退票要0.5(票价0.30)。售票员说有人回，给他。等了一回，有人来说久旱了，溪水不涨，水清。有去垅坞的，有去三溪口。我就去不退。乘七时五十，到八时四十分。庚去胥口。我到，他没回来(他去买肉)。午后睡了一小时，起来三人谈了一小时半。晚庚去夜校，早归(6时去，7时30回来)。与根香、显庭谈到八时三十，他们去。我们上楼，谈至十一时寝。

十月九日

晨七时三十，我过三义祠桥，到长垣九时。谈至十一时回来，到城十二时十五，吃面。午睡一小时起来，寄邮包。参加打烊晚学习，八时三十散。我翻被，被俞爱光同志看到，她给我翻。九时上楼，看报，写信，十一时三十寝。肖山越剧团今晚上演。

十月十日

炎初、求真过此。晚十一时上楼，十二时寝。

十月十一日

今晚六时三十上楼。把照相整理一下，九时三十结束，抹身。十时三十下楼，值夜

十月十二日

晚十时三十上楼，十一时下楼。

十月十三日

晚九时四十五上楼，十时三十下楼。

十月十四日

今晚许主任去买票，我、沈去看萧山越剧团演《红嫂》。十时三十散，我上楼，十一时十五下楼。

十月十五日

今晚十时上楼，十一时下楼。今晚吃大胡桃二枚，据说对腰对齿有益云。

十月十六日

晚十时上楼，抹身，写信，十一时十五下楼。方亲娘今日去世云。

十月十七日

晚八时三十上楼。十时下楼。今晨广播报告，我国第一颗原子弹试验成功。

十月十八日

晚九时上楼，十一时十五寝。

十月十九日

九香子送来甜酒酿。我请他吃片儿川，买了六只香蕉给他。他下午二时回去。晚十二时上楼，一时寝。夜点心吃汤粉干。

十月二十日

汝霞下午三时三十分到。蓉君、小莹于五时三十分到。我去旅馆。晚她们看富阳越剧团演。票是老胡临时去向他要来，大约是自己让出来的。十时十五散，我去旅馆转了一下，即回来看报，十一时寝。

十月二十一日

今晨蓉君抱小莹来玩，略谈。晚饭时蓉君、汝霞来略谈到十时。我去旅馆，她们来略谈(十分钟)我即回。十时四十五上楼，十一时四十五寝。

十月二十二日

蓉君今日上午去。汝霞去看方海泉裁衣。下午二时四十车去分水。晚我九时上楼，十时三十寝。

十月二十三日

晚饭后去理发。晚卷布，十时上楼，抹身，看报，十一时三十寝。

十月二十四日

晚七时上楼，整理信札。写信，看报，十一时三十寝。

十月二十五日

晚九时三十上楼，看报，十一时十五寝。

十月二十六日

晚十时上楼，看《新名词词典》。十一时三十寝。

十月二十七日

晚去看电影，九时散。我上楼，写信，看报，十一时寝。

十月二十八日

庚要同里人来带蚕豆子。我托他带去。晚九时上楼，看报，看《中国青年》。十一时寝。

十月二十九日

晚十一时上楼，看报，洗脚，十二时寝。

十月三十日

汝霞爸爸阿方过此(来买糠)。汝霞二十七日信今日才到。莹子昨日来，口信已带去。晚九时上楼，看报，画报。十一时寝。方海泉今日来玩，说汝霞向他请教裁衣，他说各种都裁给她看，并书也给她看云。

十月三十一日

晚十时三十上楼，看报，十二时寝。

十一月一日

晚去看杭州滑稽剧团演《热气腾腾》，十时十五散，我上楼，抹身，更衣。十一时四十五寝。

十一月二日

晚他们开民兵会。我上楼正七时，整理旧衣至八时十五，看报，十时寝。

十一月三日

晚八时上楼。写信，看报，十一时寝。

十一月四日

我去信玄、蓉君，休息日去富阳。晚我去看杭州滑稽剧团演《笑面无私》。九时四十五散，我上楼。看报，十一时寝。

十一月五日

晚九时十五上楼，准备明晨往富。看报，看《中国青年》第20期。十一时寝。

十一月六日

今日休息。乘七时车去富，八时到。玄在街遇到，同善庆同车去富(他检查身体)。上午十时同去玩鹳山。下午四时去看阿焕。晚玄、蓉、我看电影《永不消逝的电波》。九时散，闲谈至十一时寝。

十一月七日

蓉今日也休息。我下午四时二十分车回新。晚看报，写信，十时寝。

十一月八日

今晚放假。我八时四十五上楼，抹身更衣。十时下楼，值夜，写信。

十一月九日

今日托秀鸿带粉干条、糖给蓉。晚九时上楼，九时三十下楼，写信，看报。

十一月十日

蔡惠群夫妇今晨过此去金慈。蔡师母已退休(65岁，蔡68岁)。晚十时上楼，十时三十下楼工作。

十一月十一日

今晚六时三十去看蔡惠群于新登旅馆。三十号他已去城内，未遇。晚八时三十上楼，九时十五下楼。

十一月十二日

晚八时三十上楼，九时三十下楼。看报，看《中国青年》。十一时寝。

十一月十三日

金根来街买肥，没有。晚我九时上楼，十时下楼。

十一月十四日

小兰来邀我们去吃喜酒。我对她说：我早同你说过，我家做事不收礼，不办酒，亲戚做事我亦不送礼，不去吃喜酒，谢谢。采儿过此。晚九时三十上楼，十时三十下楼。

十一月十五日

我对阿钦讲，我对亲友婚丧大事不送礼，不参加宴会，希他和他妈解释，我有空时会来玩的。晚九时上楼，听说大青供销社失窃，去信玄、蓉问询。理发，抹身，看报。十一时三十寝(打烊后去理发)。

十一月十六日

晚去看东风越剧团演《岭上春》。九时五十散，我上楼，看报，十一时寝。今日新布票发下13.2尺。

十一月十七日

人俊送来鸡肉。我对他说，今后希望他不要再送东西来，吃了反觉不安。九时上楼，看报，十一时寝。

十一月十八日

晚十时三十上楼，看报，十一时四十五分寝。厕所门外挂开关坏，袁明善通知我，很好，否则我进去一定先将开关打亮，不使同事再触电，这种精神作风很好。今日有点回热。

十一月十九日

晚十时三十上楼，写信，看报，十二时寝。

十一月二十日

接玄来信，知是大源失窃。晚十时三十上楼，再工作至十一时三十，写信，洗面，一时寝。

十一月二十一日

晚十时上楼，看报，十一时十五寝。

十一月二十二日

晚九时上楼，看报，抹身，更衣，十一时寝。

十一月二十三日

晚九时上楼，工作一小时，看报，十一时寝。

十一月二十四日

晚十时三十上楼，看报，十二时寝。

十一月二十五日

晚十时三十分上楼，写信，看报，十二时寝。

十一月二十六日

晚九时上楼，整理，看报，十一时十五寝。

十一月二十七日

十一时上楼，十二时寝。

十一月二十八日

十时上楼，看报，十二时寝。

十一月二十九日

今日下午四时半去请许医生，开了一张方子。晚七时四十五上楼，看报，看《中国青年》，抹身，更衣，十时寝。

十一月三十日

庚今日上午十时到，下午三时去。晚我十时三十分上楼，十二时寝。

十二月一日

晚十时三十上楼，看报，十二时寝。

十二月二日

晚九时上楼，看报，十时三十寝。

十二月三日

我下午四时去要许医生转了一个方，他说吃了还要再转一张。他们半天学习，他也在学习。我去，他下楼来给我诊治。晚十时三十上楼，十一时四十五寝。

十二月四日

晚十时三十上楼。看职工业余语文，《毛主席》《中华民族》《谭震林学徒生活回忆》。十二时寝。

十二月五日

晚去看电影。十时上楼，看报，十一时三十寝。

十二月六日

晚上楼一小时，下楼值夜。抹身，更衣，看报，写信。十二时寝。

十二月七日

晚十时上楼，十一时下楼。

十二月八日

晚十时三十上楼，十一时三十下楼。

十二月九日

晚十时三十上楼，十一时三十下楼。写信，看报，工作。十二时三十寝。

十二月十日

晚十时三十上楼，十一时二十五下楼，写信。

十二月十一日

得爵儿来信知他到沪。写复信，看报，十一时寝。

十二月十二日

晚十时上楼，十时三十下楼。写信，看报，十一时寝。

十二月十三日

汝霞和阿婶中午到。我在六时至六时二十分到旅馆略谈，要她们去看戏。因看客不多，停演。我在七时三十至八时三十又去坐谈一回。八时三十上楼，看报，整理。十二时十五抹身，更衣。今日理发。

十二月十四日

汝霞今日上午回垅坞。阿婶往杜墓。晚十时上楼，看报，十一时三十寝。

十二月十五日

晚十时上楼。写信，看报，十一时三十寝。

十二月十六日

中午我要根香吃了面再回垅坞。下午三时玄

来，知蓉君已去宜兴。因我病，来信来电话。今日去，二十三日回来云。我十时上楼，十一时三十寝。

十二月十七日

晚十时三十上楼，十一时四十五寝。

十二月十八日

藔和霞下午五时到来。我晚十时上楼，十一时三十寝。

十二月十九日

晚八时上楼。汝霞下午三时到。我、藔、爵、霞四人闲谈至十一时息。我十一时四十五寝。

十二月二十日

庚儿今日中午到。大家共进午晚餐。晚我十一时三十上楼，十二时三十寝。

十二月二十一日

汝霞上午去高沙。庚下午三时回垅坞。我晚上十时三十上楼。藔、爵谈至十二时三十息寝，抹身，更衣。

十二月二十二日

今日冬梅、一椿来。汝霞傍晚从高沙回来。我十时三十上楼，闲谈至十二时寝。

十二月二十三日

藔、爵于今日中午乘十二时四十分去富。霞于下午三时回垅坞。我晚十时上楼，看报，写信，十二时寝。

十二月二十四日

晚十时上楼，看报，整理，十一时四十五寝。

十二月二十五日

晚十一时三十上楼，看报，十二时四十五寝。

十二月二十六日

得玄来信。晚十一时上楼，十二时寝。

十二月二十七日

晚十时上楼，抹身更衣，十二时寝，看报。

十二月二十八日

晚十一时上楼，看报，十二时寝。

十二月二十九日

晚十一时上楼，看报，十二时寝。

十二月三十日

晚十时五时上楼，看报，十二时十五寝。今晚杭州越剧团上演《赤叶河》。

十二月三十一日

晚十一时上楼，看报，十二时十五寝。

一九六五年

一月一日

晚十一时上楼，看报，十二时寝。晚去看戏。

一月二日

晚十一时上楼，十二时十五寝。

一月三日

晚去理发，洗澡，写信，看报，宿楼下。十一时三十寝。

一月四日

庚要运输，假垅坞人带来霞给我补小衫裤。晚会后看《人民画报》及《人民日报》。十一时十五寝。得贤来信，知他又评上“五好工人”云。

一月五日

晚去看杭州京剧团演《首战平型关》。十时二十分我上楼，十一时下楼。

一月六日

晚八时三十会散。写信，看报，十一时四十五寝。

一月七日

晚九时上楼，十时下楼，宿楼下。

一月八日

晚八时三十上楼，九时三十下楼，宿楼下。

一月九日

晚九时三十上楼，十时三十下楼，宿楼下。看报。

一月十日

今晚郑值班。我十时上楼，抹身，更衣，看报，修面。十二时寝。

一月十一日

晚十时三十上楼，十二时寝。

一月十二日

霞[1]下午一时三十到。晚我十时上楼，看报，十一时十五寝。

一月十三日

今日农历十二月十一日。我休息。早上七时起床，和霞搞卫生，糊纸窗。五时半下楼上排门。十时上楼，十一时三十寝。今日霞、我搞清洁工作、针线工作，至十时寝。

一月十四日

今晨六时四十汝霞去汽车站，乘车返垅坞。晚我十时上楼，十一时四十五寝，看报。

一月十五日

下午四时仙花来。我陪她去宿旅社（她来向越师母讨木床）。八时三十会散，我去旅社谈半小时回来。工作，十时三十上楼，十一时四十五寝。

一月十六日

仙花今晨回富。藆寄来邮包，取来，念慈布上午拿去。晚十时上楼，看报，十二时寝。

一月十七日

今日假休。七时起床，整理小组发[言]及抄录。庚中午到。晚十二时寝。

一月十八日

今日在店门焚毁迷信封建图片，立轴很多。

一月十九日

庚上午八时回垅坞。九时三十上楼，抹身，更衣，十一时四十五寝（写信，看报）。

1. 即汝霞，项墨庄的儿媳。

一月二十日

晚九时三十上楼。看报，修鬓。十一时三十寝。

一月二十一日

蓉君和小莹于下午三时到。蓉来要韩医生给她拟方子，小莹发晚热。我十时三十上楼，十一时三十寝（蓉说她的父亲死了，来了电报，她去叫玄出来，说昨日死的）。

一月二十一日

晚九时上楼。我整理支付款，十二时寝。蓉君、小莹今日上午九时五十车返富。我请了半小时假送她们上车。

一月二十二日

晚九时三十上楼。得虆来信，上楼后才看，知爵已到安东。十一时寝。

一月二十三日

银儿衣来，春来拿去。据说显庭今日来市，看我忙，没进来。晚十时上楼，十一时寝。

一月二十四日

打烊前晚饭后去理发，洗浴回来。楼上遇王支书，他走来和我谈了约三十分钟。我看报，写信，十一时三十寝。

一月二十五日

晚十时上楼，写信，看报，十一时三十寝。

一月二十六日

晚十时三十上楼。十一时四十五寝，看报。接蓉来信。

一月二十七日

庚、霞要同村人带来高沙孙衣服。九时上楼，看报，十一时寝。

一月二十八日

晚十时三十上楼，十二时寝。

一月二十九日

庚中午到，饭后即去。晚十时上楼，十一时三十寝。孙师母孙女罩衫已托小金觅高沙人带去。

一月三十日

晚九时上楼，写信，看报。十一时三十寝，今晚有电影《抓壮丁》，没去看。

一月三十一日

今日同时爵儿、贤儿来信，他[们]也知道佳节来信慰亲。的确孩子们边疆书信是最大的幸福和安慰。十一时三十寝。

二月一日

晚饭后去洗浴。今日晚朱值夜，王支书说我可上楼寝。看报，十一时寝。九时上楼。

二月二日

庚上午十时五十到，玄十时五十五到，同进午餐。下午闲谈，兼理报纸，整理邮票（旧）。晚略谈，九时下楼（今日春节）。

二月三日

午饭后十一时玄、庚、我三人去汽车站，因玄不能上车，同散步至青云桥回转，又不能上，再向北汽车站步行三十分钟，又不能上，三人回来。二时庚、玄去，我下楼做工作。晚去看电影《农奴》。九时三十回来，上楼，看报，十时四十五分寝。

二月四日

七时起床，上午到楼下把报表填就，整理了一番。下午在楼上核去年总收支。晚饭后去看看叔丹先生，谈一小时回来。再做整理工作，看报，十一时寝。

二月五日

今日照常营业。我八时上楼，九时下楼，宿楼下值夜。

二月六日

蔡来问，今日星期六，戏去不去看，我说写信。对军属卡买戏票，我们不能去受此优待，友人代买则可以。他说他军属卡也已经还了不用了。我八时上楼，九时下楼。

二月七日

傍晚季达交来庚儿信，知霞至分水。我八时上楼，抹身更衣，九时下楼。

二月八日

澂儿给我买来《毛选选读》甲、乙二种。晚写信看报，宿楼下，一椿来。

二月九日

澂寄来年糕，酥水果糖等一小箱。晚写信，

八时上楼，八时五十下楼。

二月十日

蘩附来春树信，要我交还。打烊后朱来。我七时去。桂兰往窖，和庆堂说七时十分回来。十时寝，看报。

二月十一日

冬梅中午来，在此午膳。即去。晚我八时上楼，九时下楼。关荣送来花生、橘子、蕃芋片一包。

二月十二日

今日劳动箍泥。晚六时三十上楼，八时三十下楼。整理账目，宿楼下，值夜。

二月十三日

晚八时十五上楼，修包，九时下楼。

二月十四日

金根过此，知庚今日去珠村。晚九时上楼，十时寝。略看报。

二月十五日

晚八时三十上楼。我札点发言提纲。看报，十时寝。

二月十六日

晚八时四十五上楼，看《洪湖赤卫队》连环画，看报，十时四十五寝。

二月十七日

晚去看富阳越剧团演《江姐》(《红岩》中[人物])。演江姐的陈书君是演得成功的。十时五十散，我即上楼，十一时三十寝。今日打烊后，抹身。晚饭前理发。

二月十八日

打烊后上楼，写信，争取早点上床。

二月十九日

晚八时三十上楼，十时上床，十一时寝。看报。

二月二十日

晚七时三十上楼。接蘩来信。看局长假我集邮杂志三本。我《新工商》今日亦到。十时上床，十时三十寝。

二月二十一日

今日休息。七时起床，九时至十时三十写信。下午一时至四时写信。晚核分类账。九时上床，十时寝。天寒，竟日小雨。

二月二十二日

今日七时起床，核账，写信，看报。晚参加学习。八时三十上楼，九时三十上床，十时寝。

二月二十三日

我今日照常工作。晚八时三十上楼，抹身，更衣，穿爵儿给我的绒布，蘩给我做的小衫、裤更觉温暖。十时上床，十时三十寝。阅报《毛选》《古今词选》今日还。铨借去《人民日报》二个月。

二月二十四日

晚去看杭州杂技团。九时三十散，我上楼。看报，看《毛选》。十时四十五寝。

二月二十五日

今晨要许医生开方服药。[吃]饭胃[口]差，腹痛泻六七次。九时四十五上床，十时寝。

二月二十六日

今日再服药，好些。晚写信，看报，八时三十上楼，十时三十寝。

二月二十七日

打烊后上楼写信，看报，十时上床，十时三十寝。

二月二十八日

晚八时四十上楼。今晚本值日是我，因上次我带(代)郑，故今晚郑值。写信，看报书。十时上床，十时三十寝。

三月一日

晚八时四十五上楼，抹身，更衣，十时上床，十时三十寝。

三月二日

晚八时三十上楼，看报，《毛选》。十时上床，十时十五寝。

三月三日

晚八时五十上楼。看报，十时上床，十时三十寝。

三月四日

早晚抓点时间给正祥搞先进事迹(据他说王支书叫他来要我整理)。晚八时三十上楼，九时三十上床，十时寝。

三月五日

晚八时三十上楼，九时三十下楼。向组长请假，因他们开会未散，九时三十上床，十时寝。

三月六日

今日休息。七时起床，整理[19]63年支用。九时上床十时寝。看报，看《毛选》。

三月七日

今日休息。七时起床，整理[19]62年支付。下午去青云桥看造桥工程，理发，抹身，看报，写信。九时四十上床，十时五分寝。

三月八日

今日晚八时三十分上楼写信，看报，十时上床，十时三十寝。电米厂寿南山到平畈亲友家吃中午酒，回来骑自由(行)车下岭反(翻)身。二时打电话来，没有人去。汽车经过看到，装[运]来，已致命。听说脑心肾三处均受伤云。

三月九日

庚儿带来信及孙师母衣服。晚我去看电影《千万不要忘记》。九时散，我上楼。今日去人民医院看胸部，旧伤有微痛。晚九时上楼，看报，看《毛选》。十时上床，十时十五寝。

三月十日

庚带来孙师母衣服二件。今日托小金儿伴带去。晚九时三十上楼，看报，看《毛选》。十时四十五寝。

三月十一日

玄下午三时来。我八时十五上楼，十时上床，十时三十寝。下午三时桐庐有一位同志来了解方情况。

三月十二日

玄今晨乘七时三十车返富。晚我八时三十上楼，看报，九时四十五上床，十时十五寝。今日关荣过此。

三月十三日

今日章林荣来过。晚我七时三十上楼，挂帐子。看报书，十时十五寝。

三月十四日

上楼七时三十分，抹身，更衣，写信，看报、书。九时三十上床，十时寝。听说陈炳南的长，19岁，因学自由车(自行车)，臂部受伤，今日死在杭州云。汽车站站长张水才的儿子，因搁几翻下，亦致命。今日供销部井旁边溺死女小孩一个，五岁，老杜之女云。

三月十五日

得玄儿来信，知他已到沪，会到澂、铮、虁。今晚去看电影。九时四十上楼，十时二十上床，十时四十五寝。

三月十六日

晚九时十五上楼。十时上床，看书、报，十时三十寝。

三月十七日

今日打烊后我去陈炳南家和他母亲谈了一回，安慰安慰她，知炳南夫妇已去岳家。谈十五分钟即回来。九时十分上楼，十时上床，十时三十寝(看报、书)。

三月十八日

晚八时四十五上楼，看报、书。九时四十五上床，十时十五寝。昨午夜听到说六渚失火。

三月十九日

玄沪返来信。湘到本溪来信。晚八时四十五上楼。我十时上床，十时三十寝。

三月二十日

蓉君要醋油厂同志带来沪，玄带来东西已收到。晚去看杭州曲艺剧团。十时二十散，我上楼，十一时上床，十一时三十寝。

三月二十一日

晚打烊后我去洗澡。七时十五上楼，写信，看书报。十时上床，十时三十年寝。

三月二十二日

庚和霞下午三时到。我在打烊后上楼谈二十分钟。八时三十上楼，十时三十息。我上床后看报、书，十一时寝。

三月二十三日

庚上午回垅坞。打烊后上楼，和霞谈二十分钟。晚八时四十五上楼，和霞谈到十时息。我上床看书、报至十时三十寝。霞给我做些信壳。

三月二十四日

霞今晨七时回垅坞。晚我八时三十上楼，十时三十上床，十一时寝(写信)。

三月二十五日

晚八时三十上楼。九时三十上床，十时寝。

看书报。

三月二十六日

晚八时三十上楼写信，九时三十上床，十时寝。今日要许先生开方，有点气闷，饱嗝，若气滞湿阻现象。

三月二十七日

中午显庭兄过此，吃了面，去杜墓。晚我六时三十上楼，写信，看报、书。十时寝。

三月二十八日

晚六时三十上楼，写信。孙师母带来鞋子一双给汝霞。九时下楼，宿楼下。

三月二十九日

晚八时三十上楼，九时下楼，写信，看报、书，十时寝。

三月三十日

晚八时三十上楼。九时下楼，写信，看书、报，十时三十寝。

三月三十一日

晚九时上楼，九时三十下楼。

四月一日

晚九时上楼，九时三十下楼。得平先生来信，托祥仂嫂做干菜。

四月二日

晚八时四十上楼，九时十分下楼，看书、报。十时三十分寝，宿楼下。

四月三日

打烊后去桂兰家谈十五分钟即回。六时三十上楼，写信，八时三十下楼。

四月四日

六时三十上楼，写信，抹身，更衣。十时十五上床，十时三十分寝。

四月五日

孙师母送来青粿十五枚。晚八时三十上楼，写信，十时上床，十时三十寝。

四月六日

晚八时四十五上楼，写信。十时上床，十时三十寝。

四月七日

晚八时上楼，写信，看报、书。十时上床寝。

四月八日

晚八时三十上楼，九时三十上床，十时寝。看书、报。

四月九日

得电米厂同志带来蓉口信，问我何日休息，希去信。八时四十五上楼，写信，看书。十时三十寝。

四月十日

晚七时三十分上楼，看书、报。九时上床，十时寝。

四月十一日

打烊后上楼，抹身，更衣，看报，十时寝。

四月十二日

今日休息，乘八时三十车去富。玄九时三十来站看我。因车迟开，迟到20分钟。玄、蓉，均今日休息。晚看电影《刘巧儿》。晚谈至十一时三十分寝。我曾去焕文处，略谈近况即回。

四月十三日

上午买了车票，到鹳山去走了一趟。午后乘二时四十分车回新。玄、蓉、小莹送我上车。三时四十到新。晚因今煤到，挑煤。今晚休息，不学习。看报，写信。九时上床，十时寝。

四月十四日

六时四十五上楼。看《妇女》杂志，《中国青年》。十时上床，十时十五寝。

四月十五日

晚九时二十上楼，十时上床，看书、报，十时三十寝。

四月十六日

晚九时上楼，十时上床，十时十五寝。看报、书。

四月十七日

庚下午四时来。晚我六时五十上楼，十一时寝。

四月十八日

庚今日上午八时返垅坞。晚我六时三十上楼，抹身，更衣，去看电影苏联片。九时散，我上楼，十时十五寝。今日在晚饭后去理发。

四月十九日

晚九时十分上楼，十时上床，十时十五寝。

四月二十日

晚九时上楼，十时上床，十时十五寝。金根过此。

四月二十一日

晚九时上楼，看书报。十时十五寝。

四月二十二日

今晚九时十分上楼，看书报，十时十五寝。

四月二十三日

今晚九时五十五上楼，看书，十时三十寝。今日上午十时三十上海电力公司张同志过此。据说住9号，壬儿隔壁。五人同来，都已退休去新安港参观。因车抛锚，到街上来玩，来回均来转问及老郑。他说："你是方中妈妈的爱人吧？方中处有事吗？我可给你带去。"他说："我很好。"我说在新登吃了饭去吧，他说还早，到桐庐去吃。略谈即去。

四月二十四日

沅儿来信。晚九时上楼，十时寝。

四月二十五日

晚七时三十上楼，搞卫生，抹身，九时下楼。写信，看报书，十时寝。

四月二十六日

晚九时三十上楼，十时下楼，宿楼下。

四月二十七日

晚九时上楼，九时三十下楼。

四月二十八日

晚九时上楼，九时三十下楼。

四月二十九日

晚七时三十上楼，八时三十下楼。二处房间搞搞卫生。

四月三十日

晚十时上楼，十时三十下楼。

五月一日

晚八时三十上楼，九时下楼。今日食堂晚饭吃面包，冰肉。今日起午睡九十分钟。

五月二日

晚看杭州滑稽剧团演《人强马壮》，七时三十至十一时。十二时寝。

五月三日

晚九时上楼。抹身，更衣，十时上床，十时三十寝。

五月四日

今日下午我休息，去青云桥看打桥脚工程。三时去，四时回来。晚学习。九时上楼，看书报，十时上床，十时十五寝。

五月五日

晚九时上楼，看《前线》杂志，十时上床，十时十五寝。

五月六日

晚去看电影。十时十分回来，我上楼，十时三十上床，十时四十五寝（略看书、报）。

五月七日

晚九时上楼，写信，看书、报。十时上床，十时十五寝。

五月八日

今日休息。上午理发，抄杂志。下午看报。到塔山去走了一趟。晚抹身，更衣。九时三十上床，十时寝。

五月九日

晚七时上楼，看古文，看《毛选》。九时三十上床，十时寝。

五月十日

晚十时上楼，看报、书，十时四十五寝。

五月十一日

下午休息。三时至四时三十下楼工作。晚七至九时学习，余看书、报，整理衣着。晚九时上楼，九时四十五上床，十时寝。

五月十二日

小兰来三次，看我忙只说了一句话"我要出门去做保姆"。晚九时三十上楼。十时上床，十时十五寝。

五月十三日

晚九时上楼。九时三十上床，十时寝。

五月十四日

显庭兄来。因忙，未招呼。晚一时上楼，一时十五寝。

五月十五日

冬梅下午来，即回去。晚十时上楼，抹身，更衣。十时四十五上床，十一时寝。金华京剧团到，演《芦荡火种》。

五月十六日

晚九时三十上楼，十时十五上床，十时三十寝，看书报。今晚演《霓虹灯下哨兵》。

五月十七日

晚去看金华京剧团演《江姐》。十时四十五散，我上楼，十一时十五上床，三十分寝。

五月十八日

蓉君下午一时四十到，说今年还没来过来一趟，拿去大木箱一只。要干菜，给她一包。我送她至站，把木箱拆开带去。晚九时上楼，十时上床，十时十五寝。看书、报。宏庆司今日去世。

五月十九日

晚九时三十上楼，十时上床，十时三十寝。

五月二十日

晚九时十五上楼，九时四十五上床，看书、报。十时十五寝。宏庆司今日出丧。

五月二十一日

下午四时三十去车站买了张车票。晚九时上楼，十时十五上床，十时三十寝。

五月二十二日

晨七时乘车垅坞，七时三十到练头白家。步行至横溪八时十五。庚在垅坞山里工作，晚六时三十到。我到横溪，适根香、阿婶要动身去松溪治牙病。会到她即动身。晚九时上楼，因庚、霞未午睡，略谈，十时寝。

五月二十三日

十五和庚去看水库及他自留地小麦。午饭后我休息半小时后，庚、霞上楼略谈。二时我动身回城。到胥口，说车要到四时三十到。我即步行，四时四十五到店。抹身，更衣。八时三十下楼，值夜。

五月二十四日

九时上楼，九时三十下楼。

五月二十五日

九时十五上楼，九时四十五下楼。

五月二十六日

十时上楼，十时二十下楼。

五月二十七日

晚九时三十上楼，十时下楼。

五月二十八日

晚十时上楼，十时三十下楼。

五月二十九日

晚九时上楼，九时二十下楼。

五月三十日

今日休息，迟一小时起床。午睡多睡一小时。上午工作，下午工作，理发。抹身，更衣。晚写信，看报。十时上床，十时三十寝。

五月三十一日

晚十一时上楼，十一时三十上床寝。

六月一日

晚九时上楼，看报，十时上床，十时三十寝。

六月二日

晚九时上楼，修面，看报。十时上床，十时三十寝。

六月三日

晚九时二十上楼，看书报。十时上床，十时十五寝。

六月四日

大伟拿来粽子六只（尖粽）。我分二餐吃，并佐以饭3分。晚九时十五上楼，十时上床，十时十五寝。

六月五日

晚九时四十五上楼，十时十五上床，十时三十寝。

六月六日

霞下午四时到。晚九时回来略谈，即休息。我抹身，更衣。十时十五上床，十时三十寝。

六月七日

中午我在楼上和霞共进午餐。后午睡一[小]时，我下楼。霞三时三十回垅坞。晚九时十五上楼，看书报，十时上床，十时十五寝。

六月八日

晚九时十五上楼，看书、报，十时上床，十时三十寝。

六月九日

晚看电影。十时上楼，十时三十上床，看报，十一时寝。

六月十日

晚九时三十上楼，十时三十上床，十一时寝。

六月十一日

今日休息。上午搞四小时卫生，下午搞四小时卫生。打烊下楼，搞50分钟卫生。晚开会（工商联讨论要我记录）。九时三十散，我上楼。十时三十上床，十时四十五寝。

六月十二日

晚九时三十上楼，看报看信（蘩来信）。十时三十上床，十时四十五寝。

六月十三日

今日休息。上午写竞赛书及政治业务。下午代朱休息，三至四［点］誊写。晚饭后抹身，更衣。到青云桥去看造桥。一到即回，来回50分钟。晚学习，九时三十上楼，十时下楼。

六月十四日

晚八时上楼，九时下楼。今日暂停午睡。

六月十五日

晚九时上楼，九时三十下楼。今年五金摆小杂货摊比去年多些。

六月十六日

晚看戏。上楼将面盆拿下楼来洗。十一时三十寝。

六月十七日

得爵儿来信。打烊卷布后去要长育拔草药。七时三十工商联学习。九时三十散，九时四十上楼，十时十分下楼。袁雷明来。

六月十八日

今日袁雷明来略谈，知他因母有病来，明日去。晚九时三十上楼，十时十五下楼。

六月十九日

晚九时四十上楼，十时十分下楼。

六月二十日

今日休息。因宿楼下，仍在四时五十起床。上午抄竞赛书规划，下午代出纳。十一时三十下楼，一时上楼。下午看报，做零活，搞卫生，理发，抹身，更衣。晚工商联学习。今晚分三组。我百货商店许阿与参加。今晚谈不息，读《丢掉幻想准备斗争》。九时三十散，我上楼，挂帐子，略看报，十一时寝。

六月二十一日

晚十时十分学习，散即上楼。下午五时半吴月中来，谈了三十分钟。她明晨回肖（萧山）。十时四十五上床，十一时寝。

六月二十二日

蓉衣裳报托小柯带去。晚学习。九时三十散，上楼。十时上床，十时三十分看报，寝。

六月二十三日

今日袁阿钦走过，知小兰去临安，知她因和儿子阿婆不和云。九时三十上楼，看报，十时十五上床，十时四十五寝。

六月二十四日

晚九时三十上楼，看报，十时上床，十时三十寝。长育来要玉树油。

六月二十五日

晚十时上楼。看报，十时四十五上床，十一时十五寝。

六月二十六日

晚九时十分上楼，看《前线》。十时上床，十时三十寝。

六月二十七日

今日休息。上午写改造规划，中午去代出纳。下午写信，抹身。十时上床，看报，十一时寝。

六月二十八日

九时十分上楼，写信，看报。十时三十上床，十时四十五寝。

六月二十九日

今日天气转热。七时二十上楼，写信，看书报。十时上床，十时三十寝。

六月三十日

晚九时三十上楼，抹身。十时三十上床，十一时寝。

七月一日

十时上楼，抹身，更衣，看报，十一时上床，十一时十五寝。今晚吃鲥鱼，每碗0.26（幸工作组从富带来，下午三时到）。

七月二日

晚七时三十上楼，看报，抹身，十时上床，十时三十寝。

七月三日

原定今日休息，因徐有病，我仍工作。晚九时三十上楼，十时三十寝。

七月四日

九时半汝霞到，知她舅父舅母来，宿旅馆中。晚饭饮食店吃。晚四人同看电影。她舅父舅母因小孩初出痞子（出水痘），早归。我和霞看完，先到旅馆。霞宿楼上，我宿楼下值夜。

七月五日

霞今晨送舅父六时三十上车后，上楼一次，再送舅母回下十管，再回垅坞云。晚九时上楼，九时三十下楼。

七月六日

晚九时上楼，九时三十下楼。

七月七日

晨下楼开门，沈再通知叫我休息。七时十分上楼，写信。中午代班，理发，抹身。晚看电影。十时十分上楼，十时三十下楼。

七月八日

晚七时三十上楼，看报，九时三十下楼。

七月九日

晚八时四十五上楼，抹身。因值夜已走，我速下楼三次开门，九时三十下楼。

七月十日

晚十时上楼。十时三十下楼即寝。

七月十一日

晨四时起床，四时四十即去冯家街和他儿子谈，使他同意。今日不去砍柴，说人乏力，吃不消，不去。六时三十他去上工（化工厂）。六时四十五他父亲来，我们同他谈了，叫他先将鱼卖了。和他一起搬至九时三十分，我又去另一家闲谈一小时。十一时又去，他们同意将钥匙交给我。我将二间卫生搞搞。到四时三十来通知，要我略休息，要待县里批下才能决定。我抹身，略休息，至十时上床寝。

七月十二日

根香婶来拔牙，当日回去。我要她带信，叫庚、霞不必来市。晚九时上楼，十时十五上床寝。

七月十三日

接霞11日来信。晚七时三十上楼。看《解放军文艺》《中国青年》。写总结，抹身，十时上床寝。

七月十四日

今晚放假看电影，我未去。八时上楼，抹身，看报，看《解放军文艺》。十时四十五寝。今日听到陈村来客说，渭良的妈已于前日去世，昨日出丧云（今年80岁云）。

七月十五日

晚九时十五上楼。今日下午五时三十有风，暴雨。看《解放军文艺》。十时三十寝。

七月十六日

晚七时三十上楼。看报，看《新工商》6期，抹身，十一时寝。

七月十七日

今日休息。上午扎总结材料。下午午睡，顶班去补袜，领款存款。晚饭后拟搞卫生，人疲，休息至九时，觉得好了，再搞卫生一小时，抹身。十时三十上床，十一时寝。写信。

七月十八日

庚上午十时三十到。下午四时发热。晚九时二十上楼。抹身，看报，十一时寝。

七月十九日

庚今晨回垅坞。我晚十时上楼，十一时三十寝。

七月二十日

晚九时上楼，抹身，看报，十时三十上床，十一时寝。

七月二十一日

晚九时上楼，抹身，看报，十时三十寝。

七月二十二日

晚七时三十上楼，抹身，看报，十时寝。

七月二十三日

晚七时三十上楼，抹身，看报，十时三十寝。经常有点头痛，需许先生给我开方，明日服药。

七月二十四日

虋给我邮包今日寄到。晚七时三十上楼，写总结稿。十时息，抹身，十时三十寝。

七月二十五日

今日休息。上午写总结。下午顶班，理发，看报，抹身。晚听报告。九时十分上楼，九时四十五下楼，值夜。

七月二十六日

晚九时四十五上楼，抹身，十时十五下楼。

七月二十七日

晚十时三十上楼，抹身，十一时下楼，十一时十五寝。

七月二十八日

今日接到通知，八月底截止布票延至十二月三十一日止。九时十五上楼，抹身，九时四十五下楼。

七月二十九日

垅坞新安港来说，庚儿脚上被竹梢[1]戳伤，在家休息云。晚九时五十上楼，十时四十下楼（抹身）。

七月三十日

上午七时上楼，看《新工商》，写湘、沅、庚信。下午六时三十下楼核账。九时上楼，九时四十五下楼。中午代休息。

七月三十一日

晚八时四十五上楼，九时十五下楼。把草帽带子缝好，明日去割稻。

八月一日

三时三十起床，四时四十五出发，五时乘汽车去干坞坂割稻。下午五时五十回来，到店六时正。抹身，更衣，下楼。打烊再上楼，抹身二次，九时寝。劳动回来，待墩儿来信，知宗义于七月二十七日又生一男，母子健好，甚慰。九时寝。全县老师今日来新开会。

八月二日

晚九时十五上楼，写信，抹身，十一时寝。

八月三日

晚九时上楼，抹身，看报，十时四十五寝。

八月四日

上午八时半蓉君和项莹来，下午四时四十五返富。庚下午二时半来，因胸部痛，来叫郎医生诊。上楼后略谈，十时十五寝。小柯有报表一卷要蓉君带去，忘记拿，我送去给她们。上车，我回来。因庚来，由庚送去，本来我不去。

八月五日

庚下午二时回垅坞。晚九时三十上楼，抹身，看报，十时四十五寝。

八月六日

晚八时上楼，看报，抹身，十时十五寝。

八月七日

晨四时三十起床，晚四时回来。陈来说尔女来过，是我回家抹浴时，不知道是小兰还是冬梅。看报《红灯记》。感到必须以加新的细胞才能保持壮健。十时二十五寝。

八月八日

晚九时上楼，十时寝。今日立秋，早晚已很风凉。

八月九日

得湘来信，知她已到沪工作，分配在武钢，中旬来新富云。看报，写信，抹身。十时寝。

八月十日

晨四时三十起床，六时三十车去干坞耕田。六时三十到店，九时三十寝。

八月十一日

晚八时三十上楼，看报，抹身，十时三十寝。

八月十二日

晚八时三十上楼，看报，抹身，十时三十寝。

八月十三日

汝霞上午九时半到，下午去车站。湘儿于下午二时五十到。我晚八时十分上楼，三人闲谈。十一时寝。

八月十四日

霞、湘、我三人共进晚餐。我八时上楼，先三人谈，后个别谈。十一时寝。

---

1. 竹梢：竹梢指的是竹子的末端。

八月十五日

霞上午七时回垅坞，湘送她上车。庚下午一时四十分到。晚八时三十上楼，十时四十五下楼。抹身，三人谈谈。

八月十六日

湘今晨过富去沪，要庚送她。我接通知，我今日休息，即和湘一同去富。庚七时回垅坞。七时三十到富，蓉君到站来接。玄和小莹在半路遇到。我和湘剥毛豆，摘豆芽菜。玄烧菜，煮饭。午后休息。乘四时三十五车返新。六时抽二人去设摊，我看只郑一人，即来工作至七时三十打烊。八时上楼，抹身，九时下楼，看报，十时寝。

八月十七日

晚七时三十上楼，抹身，九时下楼。今日去会计室，剪公债息及中千票，可提前兑现。

八月十八日

晚八时上楼，九时下楼，抹身。

八月十九日

晚八时三十上楼，修面，抹身，九时十五下楼。

八月二十日

晚八时十分上楼，八时五十下楼。

八月二十一日

请许医生复方。晚八时上楼，抹身，看《毛选》。九时三十下楼。今日《人民日报》未到。

八月二十二日

晚八时三十上楼。看报，抹身，十时四十五寝。

八月二十三日

晚九时上楼，写信，洗脚，十一时寝。需许医生转方。

八月二十四日

晚九时十五上楼，抹身，看报，十时四十五寝。

八月二十五日

晚去看电影。十时散，我上楼，抹身，写信，十一时寝。

八月二十六日

上午十时得爵儿来电，告妈病，半身麻木，要我即去请假。得王支书批准，二十六下午起，九月二日上午至(7天)。我乘十三时车去杭。到杭下午十五时三十，即去购火车票，只有十九时车票到沪。晚十一时在附近宿夜，四川路新铭旅馆(0.80)。洗面，洗脚睡。

八月二十七日

晨三轮车去华山路。到藆已由爵陪去看医生。于渭良、渭生由阿姨陪来，要他们吃了午饭，我陪他们去，看了百货公司、人民公园、二十二层大楼、外滩、石厦、大轮船。陪他们上五路车去火车站。我回华山路已下午五时。晚静、铮、翊澂、凤弟同进晚餐。藆右手右脚不能举动，胃亦差。每餐一碗粥，晚亦不能很好安神睡觉。

八月二十八日

藆大便已五六天不通。找通便药，定今日上午能通。中午亦了一次，轻多乏力。

八月二十九日

壬儿来电说下午来。下午四时到。晚饭后，八时回去。万、丽明大家闲谈。

八月三十日

澂、玲、玮、阿姨、铮来午餐，并拍了照。他们回去，因铮乘十一时车去徐州。

八月三十一日

湘今晨乘七时三十轮赴汉。我和爵送她上船。看沿路打拳，练武，配眼镜，拍照，买零物。在外面吃饭，下午二时三十到家。秉成、阿萍来，澂来，未遇。晚和贤去看3万支光日光灯。

九月一日

上午和贤乘八时四十八火车来杭。乘三轮车去亮处坐一刻，即去汽车站，买就三时十分(下午汽车)，到富四时四十五分。玄在火车站等我们。闲谈，十时寝。

九月二日

上午去鹳山游览，九时到大桥看水底取桥脚。乘十时和贤一同来新。下午照常工作。晚七时三十上楼，理物，写信，抹身。十时三十寝。

九月三日

晚八时三十上楼。因贤已睡觉，我抹身，看报，十时三十寝。

九月四日

贤给我整理报纸。庚、霞中午到。我七时三十上楼，闲谈至十时四十五，抹身，十一时十五寝。今日理发。

九月五日

庚今日下午二时三十回垅坞。晚我七时三十上楼，贤、霞、我三人闲谈至十时。我十时三十寝。

九月六日

霞今晨七时回垅坞。晚九时上楼，和贤谈一小时，洗脚，十时三十分寝。

九月七日

贤今日下午三时三十五车去富。明日返沪。我送他上车，店内要柯同志给我代了一下。晚看电影。九时四十散，上楼，十时十分下楼。宿楼下值夜。

九月八日

上午八时三十分桐庐袁雷明来电，问贤儿有去否，如未去，他下午来。我告他于昨日已去。晚十时十五上楼，洗脚。十时四十五下楼。

九月九日

晚九时上楼，洗脚，修面，十时下楼。

九月十日

晚去看绍剧。十时四十五散，上楼。十一时十分下楼。

九月十一日

晚八时上楼，整理衣服，须去修补。十时下楼，写信。上午卜志达先生来。

九月十二日

晚七时三十上楼，仍为修补衣服作准备。修面，抹身，更衣。九时五十下楼。

九月十三日

晚九时上楼，九时四十下楼。

九月十四日

晚九时二十分上楼，理衣，看报，十一时寝。

九月十五日

晚十时二十上楼，写信。十一时四十五寝。

九月十六日

接彦章来信，知他爸已去世。他即来新。我写信。晚去看盐城杂技团。十时三十散，我上楼，十一时三十寝。

九月十七日

我八时上楼，搞卫生，看报，十时三十寝。

九月十八日

今日得湘儿来信，知她到武汉进武钢公司及住宿情况。晚七时三十上楼。整理，抹身，看报，十时四十五寝。

九月十九日

庚、霞上午九时到。下午一时玄来电，知彦章下午三时来，要庚、霞去接。晚四人同去看盐城杂技团。十时二十散。我上楼闲谈至十二时寝。

九月二十日

彦章今日上午乘九时五十车返杭。庚、霞乘下午三时三十车返垅坞。晚去看电影。九时三十散，我上楼，看报，十时三十寝。

九月二十一日

晚七时三十上楼，看报，洗脚，九时十五寝。得爵儿来信，寄来相片。

九月二十二日

晚七时四十五上楼，看《前线》杂志。十时三十寝。

九月二十三日

晚九时上楼。今晚《人民日报》未到，看《浙江日报》。十时三十寝。

九月二十四日

晚七时十五上楼。整理旧衣去补，看报，十时三十寝。阿方兄今日过此。拾弟妇来就医。

九月二十五日

晚参加欢送青年支农大会。十一时十五散，上楼，十一时四十五寝。

九月二十六日

晚九时上楼。抹身，更衣，十时四十五下楼。

九月二十七日

霞照片已拿来。庚、霞二人的因未修好，要明日可取。晚九时上楼，十时下楼。值夜。

九月二十八日

庚、霞二人照今日取来。晚十二时上楼，十二时十五即下楼。在楼下抹身。

九月二十九日

晚十时十分上楼，十一时十五下楼。

九月三十日

晚一时三十上楼，一时四十分即下楼。

十月一日

因晚放假看电影，小柯给我留好票子，沈给我拿来。我因账未算毕，将票回给人家，我未去。十时四十五下楼，值夜。

十月二日

接爵儿来信，知他已到安东。我在楼上搞报表。十时三十下楼。

十月三日

接澂儿来信，知虋好，情况很好，甚慰。十时上楼，略看报，十一时寝。

十月四日

今日接敦儿来函。晚去看电影。十时散，我上楼，十一时寝，看报。

十月五日

今晚十时三十上楼，略看报，十一时四十五寝。眼镜今日寄到。

十月六日

晚十时十五上楼，看报。十一时寝。

十月七日

晚十一时上楼。抹身，更衣，十二时寝，略看报。

十月八日

晚十时上楼。写信，十时三十寝。

十月九日

得贤儿来信，知他九时三十到乌。晚九时三十上楼，十一时寝。

十月十日

晚十二时二十上楼，一时十五寝。

十月十一日

庚中午到，饭后即去，来买白藤打箪皮云。没有买塑料藤去。晚我十时三十上楼，十二时寝。

十月十二日

王显庭来市买糠。因忙，只得倒碗开水，没有其他招待。晚十时上楼，理布票至十二时，十二时三十寝。

十月十三日

晚七时二十上楼。看报，写信，十时寝。

十月十四日

晚八时三十上楼。看报，十时寝。

十月十五日

晚七时四十上楼。看报，九时四十寝。

十月十六日

今日休假。上午搞屋内卫生，理破衣。中午午睡。一时三十分理发，去过岸滩看新桥。晚饭后打烊时下楼搞账，兼守门。八时四十五上楼，十时三十寝，看报。

十月十七日

玄上午八时三十来，同进中、晚餐。晚九时上楼，十一时下楼。

十月十八日

晚九时三十上楼，十时下楼。玄晨乘七时三十车返富。

十月十九日

晚九时上楼，九时三十下楼。

十月二十日

晚十时上楼，十时三十下楼。

十月二十一日

玻[璃]桌平时一样整理，今日不知何故碎裂，想玻[璃]砖已老，又缺一角，补角摸擦所致。晚九时上楼，十时下楼。

十月二十二日

晚十时上楼，十时二十下楼寝。

十月二十三日

午后显庭、采儿过此说，庚、霞因工作忙，富不去。晚我去信给蓉。晚九时上楼，九时三十下楼。接贤来信。

十月二十四日

今日上午九时玄来电，问庚、霞去富否。晚九时上楼，抹身，更衣，看报，十时三十分寝。

十月二十五日

晚九时上楼，看报，十时三十寝。

十月二十六日

接澂儿来信。晚九时上楼，十时三十寝。

十月二十七日

头痛脑涨，不舒服，去要许医生开方服药。晚九时上楼，看报，十时三十寝。

十月二十八日

晚十二时上楼，十二时四十五寝。

十月二十九日

晚十时十分上楼。十一时十五寝，看报。今日要许医生转方。

十月三十日

冬梅上午来此，在徐处中饭。我晚上十时五十上楼，十二时寝。

十月三十一日

晚十一时上楼，十二时寝。

十一月一日

今日上午在楼上核账。下午三时下楼工作。晚去看电影。九时回来，卷布半小时，九时三十上楼，再查账。十一时三十息，十一时四十五寝。

十一月二日

晚十时三十上楼。凡是工作在中途是谨慎细致核对，对期初、期末大意也会出差错。看报，十一时三十寝。第十期《新工商》到。

十一月三日

今日休息。上午搞账，晚下楼搞账。下午在楼上写爵、贤信，写澂信。写到一半，觉有感触，不能成书，即止。晚九时上楼，写庚信，抹身，更衣。十一时三十寝。天转寒。今日开始戴帽。

十一月四日

晚九时十五上楼，写信，十一时三十寝。

十一月五日

晚九时五十上楼，看报，十一时寝。

十一月六日

晚九时十五上楼，看报，十一时寝。

十一月七日

晚去看电影。九时散，九时五分上楼，九时二十五下楼。值夜。

十一月八日

今晨去理发。晚九时四十五上楼，十时十五下楼，十一时寝。

十一月九日

今日休息。十五写湘、沅、彦伟信。十二时去石桥头杜墓山。到采儿家去坐谈一小时。四十三十到店。晚九时上楼，九时三十下楼。

十一月十日

晚十时十分上楼，十时三十下楼，看报，寝。

十一月十一日

晚九时上楼，十时下楼。接爵儿来信。

十一月十二日

晚九时二十上楼，十时十分下楼。接澂儿来信。

十一月十三日

晚九时上楼，九时三十下楼。

十一月十四日

汝霞上午十时来，晚同去看电影。九时散，我上楼。十时二十五下楼。

十一月十五日

汝霞中午十二时回垅坞。晚我九时上楼，抹身，更衣，看报，十一时寝。

十一月十六日

晚九时上楼，看报，十时三十寝。

十一月十七日

晚九时上楼，看《人民日报》《浙江日报》。十时三十寝。

十一月十八日

晚去看余杭越剧二团演《红灯记》。十时散，我上楼。十一时十五寝。

十一月十九日

今日休息。乘七时五十车至白家（8:30），至横溪九时十分。今日庚、霞均在家。和婶、庚、霞个别谈话。下午二时动身回来，到胥口理发。陈同志上次买华达呢的3.20元还给他。至店，四时四十五下楼，打烊。十时三十寝。

十一月二十日

晚八时三十上楼，看报，十时三十寝。

十一月二十一日

晚九时四十分上楼，抹身，更衣，看报。十一时寝。

十一月二十二日

晚八时上楼。我记起大月和北京其布未验收，明日要出卖。我下楼和郑说，和他一同验收。八时三十上楼。写信，看报至十一时寝。

十一月二十三日

显庭去杜墓过此。晚七时四十上楼，写信，看报。十时十五寝。

十一月二十四日

晚八时上楼，写信，看报。十时十五寝。

十一月二十五日

今晨去看许医生。晚打烊后即上楼，上床。

十一月二十六日

今日休息。去人民医院找袁医生，吃丸药，贴膏药。上午睡，下午睡，晚上亦早睡，以祈明日愈好，好上班。

十一月二十七日

今日休息。大便不通。

十一月二十八日

今日休息。大便仍不通。吃熟香蕉四只，分二次，饭后吃，看明日如何。今日小便拿去，因没有电，要我明日再拿去(他先说现在搞基建，要他一列暂停，要过元旦，新兵送出)。我想是12月1日，他说错吧?要韩医生诊脉，说明日再来看。去吃面。程金花问我吃什么面，吃饭时无味，想吃面，腰痛，她说腰痛要吃腰子面。她急忙给我去问，说有吃。我说烧得熟一点。后来我去拿，云香对我说:“今日面给你烧得很熟的。”他们对我都很关心，真要谢谢他们。

十一月二十九日

今晨送去小便，说又停电。承韩医生说，同小王谈谈看是否能化验一下。接澂儿来信，心更闷烦。我想这事只有汝霞能担当完成任务，不知她能承诺否?

十一月三十日

霞上午九时到。庚下午五时到。晚十时寝。霞给我旧衣裤。

十二月一日

庚今日上午七时三十回去。霞上午给我补旧衣裤。九时三十寝。

十二月二日

今日休息，仍服韩方药。上午、下午睡三小时，搞报表四小时。晚和霞谈谈。接沅来信，知她因公事来杭学习，希我去。我因病休息六天，不能再请假，写[信回]复。十时十五寝。

十二月三日

霞今晨乘上午七时四十五车回垅坞。晚九时三十上楼，十时三十寝。

十二月四日

晚九时上楼，十时三十寝。

十二月五日

冬梅下午二时来。庚下午四时到。冬梅宿旅社。我在八时十五去，九时就回来。十时四十五寝。

十二月六日

庚今日上午陪冬梅去六渚，饭后回来。下午乘三十二十分车去富宿，明日去沪。晚九时十五上楼，看报，十时四十五寝。

十二月七日

今日我去要韩医生给我开方，明日服，喉痛音哑。七时四十上楼。八时寝。

十二月八日

今日喉咙和腰比昨日好些。晚九时上楼，十时四十五寝。略看报。

十二月九日

今晚接万儿、爵儿来信。庚去已四天，尚无信来，不知情况如何念了。晚十时二十上楼，略看报，十一时四十五寝。

十二月十日

今日旬报。晚十时十五上楼，写信，十二时寝。得庚、宗义来信。上午去转方。

十二月十一日

晚九时三十上楼，略看报，于十一时寝。

十二月十二日

晚九时三十上楼，抹身，更衣，拟信稿。十一时寝。

十二月十三日

今日休息。上午写了一小时半信，下午睡了二小时，写了二小时信。晚十时上楼，写信，略看报，十一时三十寝。

十二月十四日

今日寄沪信过重，老吴来补贴邮票8分。晚八时三十上楼，略看报，九时四十五寝。

十二月十五日

得庚来信，知他即回，蘩决不来，留沪。十时上楼，十一时寝。

十二月十六日

庚上午十时到。晚我九时三十上楼，十一时三十寝。

十二月十七日

庚上午七时四十分去垅坞。得霞来信。晚十时上楼，略看报，十一时寝。庚在16日下午给我糊好纸窗。

十二月十八日

晚十时上楼，略看报，十一时寝。

十二月十九日

晚十二时十分上楼，将被拿楼下。洗面，洗脚，在楼下洗。

十二月二十日

晚上楼，半小时即下楼。今日在楼上算账。

十二月二十一日

我今日休息。在楼上搞账。十时玄儿和小莹来，下午三时回去。他们乘自由车来，下午雨。买了汽车票，临行天又放晴，退了票，仍乘自由车回去，估计五时可到。不及四时三十下雨，四时四十五雨大如注，不知打湿否，我去问。晚十时上楼，抹身，更衣。十时四十下楼。

十二月二十二日

晚十一时上楼，十一时四十下楼。

十二月二十三日

晚去［看］电影。十时上楼，十时三十下楼。宿楼下。

十二月二十四日

得玄儿来信，知□日到富尚有10里时遇小雨，5里时大雨，尚好。我十时三十上楼，十一时三十下楼。

十二月二十五日

庚今日下午三时半来。晚我九时三十上楼，十一时下楼。

十二月二十六日

庚今日上午去高沙，未回来。晚九时四十五上楼，十时四十五下楼。

十二月二十七日

庚今日中午十一时高沙回来，下午二时三十回垅坞。晚我十时三十上楼，抹身，更衣，看报，十二时三十寝。

十二月二十八日

今日在楼上休息。早上多睡半小时，下午休息一小时。晚看电影，写信，工作至十二时寝。

十二月二十九日

晚十一时三十上楼，一时寝。

十二月三十日

得澂儿来信。晚十一时三十上楼后才拆看。十二时三十寝。报略看。

十二月三十一日

晚十二时上楼，略看吴晗《关于海瑞罢官的自我批评》。一时寝。

一九六六年

一月一日

今日我在楼上造报表。十时三十分略看报。十一时三十寝。

一月二日

今日休息，搞报表。晚九时上楼，写阅读心得，略看报。十一时四十五寝(今日我生日)。

一月三日

庚上午十时三十到。知他们大队要他管电管机米，今日来配零件，十二时即去。我晚九时四十五上楼，看报，十一时四十五寝。

一月四日

今晚去看第一场电影五时三十，第二场八时三十。九时三十上楼，工作，看报，十一时寝。

一月五日

林荣来拿来水磨粉一包，要我带沪给乃妈。晚九时三十上楼。略看报，十一时十五寝。

一月六日

晚九时上楼，写信，看报，十一时四十五寝。

一月七日

今日接澂来信，要我早申请春节去沪探望蘩。我十时上楼，略看报，十一时十五寝。

一月八日

晚十时上楼，略看报，十一时三十寝。

一月九日

晚十时十五上楼，十时四十五分下楼，宿楼下，值夜。得万儿、爵儿来信。

一月十日

今日休息。上午在楼上搞上月报表二小时。中午顶班，晚下楼工作二小时。饭后去潭山头来回。二时三十分理发，抹身。汽车站去了一趟，晚宿楼下。

一月十一日

晚九时上楼，十时下楼。写经历寄万儿。十二时寝。

一月十二日

晚十时上楼，十时三十下楼，写信。

一月十三日

晚十时上楼，十时三十下楼。

一月十四日

晚九时上楼，十时下楼。

一月十五日

晚十一时上楼，十一时三十下楼。庚今日上午十时来，下午二时回去。石灰今日换过。汝霞妈给我做来棉鞋，霞给我做来绒小衫。

一月十六日

今日在楼上核账。晚九时十五上楼，略看报，十一时三十寝。

一月十七日

晚九时上楼，写信，略看报，十一时三十寝。

一月十八日

晚八时上楼，看报，十时三十寝。

一月十九日

今日李全财儿子回来，爵儿要他带来橘子、香蕉、糖、花生、橘并甜青果。晚我去洗浴，九时二十回来，即上楼。今日打烊后我上楼，打尘，略看报。十一时十五寝。

一月二十日

今日旧厂年终。四时后我去李全财处，和他儿子谈了几句。他说孚中在那边很好工作，不错。我说你休息日可来我处玩玩，我星期日是休息的（李说坐二十分钟，他正在和他妈烧菜，他在烧火）。晚我七时上楼，看报，十时寝。

一月二十一日

今日春节，我值日，上午八时至晚上八时。我去看电影《秘密图纸》。十时散，我上楼，十二时寝。

一月二十二日

今日我乘七时五十五车到白家下车，去垅坞。霞因工作很忙，庚在协助锁纽扣洞。晚略谈一小时，我先睡。霞、庚他们二时寝。我在下午午睡二小时。

一月二十三日

晨和庚去机米厂看了一看。下午时即动身回来。庚送我过开家桥。到店四时三十。今晚我值夜，十时寝。看报。

一月二十四日

今晚有电影《青年一代》。我因值班，未去。看报《海瑞罢官》，写信，十一时寝。

一月二十五日

晚七时三十上楼，九时下楼，看旧信。

一月二十六日

晚七时五十上楼，八时四十下楼。

一月二十七日

晚八时上楼。王支书叫，八时三十下楼，搬布，叫王朱。九时二十上楼，九时五十下楼。

一月二十八日

今日上午方金奎来，略坐即去。晚九时四十上楼，十时二十下楼。

一月二十九日

今日晚九时上楼，十时下楼。

一月三十日

今日接爵儿来信。我九时四十五上楼，十时四十五下楼。

一月三十一日

晚十时三十上楼，再工作至一时寝。

二月一日

晚九时后整理行装，明晨去沪。十二时三十分寝。

二月二日

乘七时三十早车去杭，到富，玄、蓉、莹在站会晤，乘下午七时十一快［车］去沪。晚九时五十五到站。十时三十到沃门路。十一时三十寝。

二月三日

和振家谈，未出门。

二月四日

澂休息。下午二时蘩、澂同去大时鸣钟走一圈。凤弟来。

二月五日

我去南京路。中午在外吃饭，下午六时回来。壬儿来。

二月六日

万、丽、凯午后来。

二月七日

澂休息。我上午去萍、继处。

二月八日

晨六时二十八分和蘩乘快车回杭。玄、莹在汽车站会，到乘下午一时三十车来富。三时到。

二月九日

下午二时乘车来店。庚、霞上午十时来，宿此。我抹身，更衣，十时寝。写信。

二月十日

庚今日中午回垅坞。我晚上八时四十上楼，和霞略谈即寝。我看报，十时十分寝。

二月十一日

霞今日中午十二时去富。在九时三十分玄来电，知蘩不来（下雪珠）。晚九时上楼。沈来闲谈半小时。十时三十寝。

二月十二日

霞定今日回来，未回来，谅是雨雪，蓉他们留她。晚九时四十上楼，十时四十寝。

二月十三日

霞今日上午十时到。共进晚餐，去看电影。九时上楼，我再工作，略看报，十一时寝。

二月十四日

霞今晨七时三十分回垅坞。晚放假看电影，我部全体去。今晚百货值日。抹身，更衣，略看报，十一时寝。

二月二十四日

今日乘十时返新，十一时到。庚在站接。玄送我们上车，和蘖一同来。九时上楼，抹身，更衣，十一时寝。

二月二十五日

庚今日中午回垅坞。晚我九时三十分上楼，十时三十寝。

二月二十六日

庚今日上午十时来。晚六时十分上楼，和蘖庚。十时三十寝。

二月二十七日

蘖今日由庚儿用手推车车（运送）去垅坞。十一时三十动身。天晴，有太阳。晚九时四十五上楼，十时十五分下楼。

二月二十八日

晚九时上楼。九时三十下楼。

三月一日

接庚儿来信，蘖到垅坞尚早，人亦尚好，不累，甚念。晚九时上楼，九时四十五下楼。今日在楼上算账，查货。

三月二日

接霞来信，知蘖较好。得万儿来信问妈病况，或仍返沪。下午五时去理发。

三月三日

今日接敦来信。晚九时三十上楼，十时十五下楼。

三月四日

今日在楼上算账。晚学习。九时上楼，九时四十下楼。

三月五日

我今日在楼上查账。晚看电影。散后八时十分上楼，八时四十五下楼。

三月六日

求真过此。晚戏院听报告。十时三十散，我上楼，十一时二十下楼。

三月七日

今日在楼上查账。晚学习。九时三十散，我上楼，十时十分下楼。

三月八日

晚九时上楼，九时五十下楼。

三月九日

晚九时上楼，九时四十下楼。

三月十日

孙师母过此，说明日去垅坞。适我亦去，给她买了车票。九时上楼，十时下楼。

三月十一日

上午七时五十去垅坞，同孙师母一同去。她在合作[社]等再放独轮车来接。十一时五十到。晚蘖、我、庚三人略谈，寝十时三十。

三月十二日

上午和蘖谈谈。过后霞、孙师母亦上来，四人谈。中午项关仁到（庚去请），要他给蘖拟方。我二时十五动身回来，在白家三时二十，乘车三时五十到站。晚放假，我去看电影。九时散，上楼。九时五十下楼。

三月十三日

晚七时上楼。整理工作，抹身，更衣，看报，十一时寝。

三月十四日

今日休息。先核算盘单。八时三十派出所来电，要我去。九时十分回来，要我写材料。今日为报表约三小时，为找资料四小时。写信一小时。晚十一时寝。

三月十五日

今日在楼搞报表。晚九时上楼，写些历史材料。看报，十一时寝。

三月十六日

晚放假，看电影。九时散，我上楼，写材料，看报。十时三十寝。

三月十七日

庚陪孙师母中午到。送玄去高沙，晚六时十分到。我打烊后休息，上楼。七时下楼，学习。九时上楼，谈至十时四十五寝。

三月十八日

今日中午十一时三十去垅坞。有微雨。晚九时二十上楼。沈来谈取名字。我看报。十一时三十寝。

三月十九日

晚六时二十上楼。写材料，略看报，十时三十寝。

三月二十日

晚六时四十上楼，查些材料。沈来略谈。我十一时寝。

三月二十一日

今日休息。在楼上写材料。得湘儿来信，写了一封信给蘩和庚。晚听学习《毛选》积极分子报告。十二时三十散，一时寝。

三月二十二日

派出所要我写伪委员稿。今日写就，计29行，纸13张（自我检讨）。十一时四十五寝。

三月二十三日

自我检讨今日上午送去。要看我日记，我送去[19]36年、[19]37年、[19]38年六本。晚九时上楼。抹身，更衣，看报，十一时寝。今日上午显庭过此，要他带去甘蔗十枝，青菜6斤。

三月二十四日

今日蘩生日。因庚来信，希我去。我因工作关系，和安排日期不便提出，未去。晚吃青菜开洋面，表示祝她寿意。晚九时上楼。看报，十一时寝。

三月二十五日

晚九时上楼。今日买了二本《十万个为什么》（7—8卷）。九时上楼，十时四十五寝。

三月二十六日

晚七时上楼。写诸儿信（用复写纸写），十一时寝。

三月二十七日

今晚五[时]看电影。九时散，工作至九时四十，上楼。复万儿信，看报，十一时二十寝。

三月二十八日

晚九时五十分上楼。看了《霓虹灯下的哨兵》电影。解放军艰苦朴素的优良传统，是我们学习的好榜样。十一时寝。

三月二十九日

庚今日上午十时来给碾米机配零件。中午十二时即回去。晚我九时四十五上楼。略看报，十一时十五寝。

三月三十日

上午八时玄儿乘自由车（自行车）前来，八时三十分去垅坞探母，下午五时三十分回来。晚九时上楼，谈至十一时十五寝，略看报。

三月三十一日

玄儿今日早上七时四十五分回上高，乘自由（自行）车去。天微雨。今日在楼上。上午核盘单子，下午造复尺优补表。晚看越剧。十时三十散，我上楼。略看报，十一时二十分寝。

四月一日

今日上午夏秘书长来。黄经理要我和延才三人去，谈至十一时三十散。下午搞日报。晚开会，九时上楼，再搞。十时三十息，略看报，十一时寝。

四月二日

晚七时上楼。写澂、沅、湘、爵信。略看报，十一时十五寝。贤汇款来。

四月三日

贤信到。晚九时上楼，抹身，更衣。九时四十下楼，写信，十一时十五分寝。宿楼下。

四月四日

今日休息。写信，整理信札。下午去青云桥走了一回。晚九时上楼，十时下楼。

四月五日

晚九时上楼，九时五十下楼。宿楼下。

四月六日

晚九时上楼，九时四十下楼。

四月七日

晚九时上楼，九时四十下楼。

四月八日

接玄儿来信。晚九时上楼，十时下楼。略看报。

四月九日

得庚儿来信，知汝霞于昨晚产一男，母子安好，分娩尚快。接万儿来信。晚去看绍剧。十时二十散，我上楼。十一时下楼。

四月十日

接玄儿来信，并发起要兄妹对妈[付]生活费，要肯定。晚我去看桐庐越剧团。十时二十散，我上楼。十一时三十寝。

四月十一日

晚九时上楼，修面，抹身，更衣。十一时三十寝。

四月十二日

晚七时上楼。看《工人日报》《做一个彻底革命无产阶级商业战士》。十一时寝。

四月十三日

晚十时上楼，十一时寝。

四月十四日

今晚去看电影。九时十五上楼，看报，十一时寝。得澂、国成兄来信。

四月十五日

晚九时上楼，写信，略看报。十时四十五寝。

四月十六日

晚六时三十上楼。拟申请放弃定息房租书。十一时寝。

四月十七日

晚六时三十上楼。写申请，看报，十一时十五寝。晚饭后去理发。

四月十八日

晚九时上楼。申请修改复写。十二时寝。

四月十九日

晚去看电影《红岩故事》。十时十分上楼，又复写二份申请。十一时四十五寝。

四月二十日

晚九时二十上楼。今日去洗帐子。十一时寝，看报。

四月二十一日

晚九时上楼，十一时寝。准备明日去垅坞。

四月二十二日

乘七时五十分车至胥口下车，去约项美仁。我十时到垅坞，适汝霞亦在。下午读报二份。晚谈至十一时寝。

四月二十三日

六时三十分起床。上午谈谈。下午到二时，动身至白家，乘三时十五分车至元村。到坟山一转，步行回店。到时适下午五点。晚看报，得沅来信。十时寝。

四月二十四日

今日有香蕉一筐带垅坞去。晚放假。七时上楼，挂帐子，理衣服，抹身，更衣。十时下楼。

四月二十五日

打烊后上楼休息三十分钟，九时上楼，十时下楼。

四月二十六日

晚九时上楼，十时下楼。

四月二十七日

晚九时二十分上楼，十时下楼。

四月二十八日

今日休息。我六时四十五出门，先至小兰家。今日正保、华汇渡到小兰家略坐。小兰、宝华烧茶，吃了和小兰一同到六渚。在林荣家午膳。一椿在拔秧草，林荣去垅坞。我、梅、兰三人去高沙。二时去，三时回来。五时十分六渚动身，六时五十到店。晚看电影第二场八时至十时十分。回来上楼，十时四十下楼。

四月二十九日

晚十时十分上楼，十时四十下楼。

四月三十日

晚十时上楼，十时三十下楼。

五月一日

今晚十时十分上楼，宿楼上，十一时寝。

五月二日

今晚九时三十上楼。略看报，十一时寝。

五月三日

晚九时上楼。看报，十一时寝。

五月四日

冬梅去富，乘十时车来新，正我中午休息。十二时四十我工作，她来略谈即去。晚十时四十五上楼，十一时二十五寝。

五月五日

晚八时五十上楼。看报，写信，十一时寝。

五月六日

晚十时十分上楼。略看报，十一时寝。爵、贤来信。

五月七日

晚九时上楼。看报，十一时四十五寝。得湘来信。

五月八日

今日休息。我上午在楼上复核盘单。八时至九时到车站县中去一趟。新中有三种月季花很好，黄玫瑰、红深、粉红三种，千层大朵。下午顶出纳班。写信，略看报。十一时十五寝。

五月九日

下午三时三十去理发。晚十时上楼。略看报，抹身，更衣，十一时三十寝。

五月十日

上午工作至十时，整理布票，造十月旬报。下午顶出纳后休息。乘下午三时二十五分汽车去富。晚七时三十分开会，九时三十散，宿蓉儿处。

五月十八日

上午九时十分乘车返店。略搞卫生，即午膳。后去顶班，午睡。晚评比会十时散，我上楼，十一时十五寝。

五月十九日

今日澂寄来包裹邮汇、保价信。万、庚来信。万九时三十上楼，略看报，十一时寝。失落眼镜壳在食堂，白同志给我收着。

五月二十日

今日去拿汇款和保价信，说因时间已过，要明日去拿（他们工作时间上午七时三十至下午五时）。九时上楼，翻陈报，略看今日来报。十一时三十寝。

五月二十一日

今晨去邮局拿澂汇来粮票、钞票。七时五十分乘车去垅坞，下午四时到店。晚去工商联开大会，传达去富开会情况。夏秘书长来作指示。十时二十散，我上楼，十一时三十寝，略看报。

五月二十二日

晚七时上楼。写信，十时三十下楼，值夜。

五月二十三日

晚九时上楼，十时三十下楼。略写信，值夜。

五月二十四日

庚下午二时来，三时回去。晚九时二十上楼，十时下楼。

五月二十五日

晚九时上楼，九时四十分下楼。

五月二十六日

对面老吴给庚多付半尺花布。今日将布票、金额归还他 0.28 元、布票 0.5 尺。晚九时上楼，十时下楼。略看报，十一时寝。

五月二十七日

下午四时三十打电话至庚，告磨麦皮带到。晚十时二十上楼，十一时下楼。

五月二十八日

庚中午到，十二时十分回去。我在楼上算盘单。晚九时上楼，十时下楼。

五月二十九日

今日休息。上午写了的澂、爵、沅、湘、万、丁信。中午顶出纳。休息后写贤、玄信。晚饭后去理发。回来打扫前后楼，抹身，更衣，补袜子。略看报。十一时寝。

五月三十日

晚九时上楼，看报，十时三十寝。

五月三十一日

晚九时上楼，看报，十一时寝。

六月一日

晚七时上楼，看主席著作，写定息私房租一篇，略看报。十一时寝。万儿给尔妈衣包寄到。

六月二日

晚九时上楼。看《欧阳海之歌》一小时，略看报。十一时寝。

六月三日

项介康过此，我要他去珠村时给霞诊治。时九时上楼。写信通知霞。看报。十一时寝。

六月四日

今日休息。上午整理衣服，理报。下午顶班，午睡。三时三十去潭山头，五时回来。下楼去打烊。晚看杭州文工团，十时四十散。我上楼，十一时四十分寝。略看报。玄儿来信。

六月五日

晚九时上楼，抹身，更衣，十时下楼。

六月六日

晚九时上楼，九时五十下楼。

六月七日

晚九时上楼，九时四十时下楼。

六月八日

晚八时十分上楼，十时下楼。

六月九日

晚九时十分上楼，十时四十分下楼。

六月十日

今日休息。乘七时三十车去垅坞。庚在加工厂，霞未回来。和帆（蘩）谈谈。晚给帆（蘩）剪发。十一时寝。项医生谈霞病情况。

六月十一日

上午给帆（蘩）洗头，洗衣服，理衣服。下午一时三十离垅坞乘车，四时三十到店。抹身，更衣，略休息，写信，看报。十时三十下楼。

六月十二日

庚上午九时三十来买机房零件，十二时去。晚九时二十上楼，九时五十下楼。

六月十三日

晚九时上楼，十一时三十寝。

六月十四日

显庭今日下午四时三十分过此。车来，庚儿等车。晚工商小组开会。九时散，我上楼。略看报，十一时寝。

六月十五日

晚九时十五上楼，略看报，十一时寝。

六月十六日

晚十时上楼，看报，十一时寝。

六月十七日

晚十时上楼。看《浙江日报》（《人民日报》不到），十一时寝。

六月十八日

庚、霞、敏上午十时三十来。下午去看医生。庚下午四时回垅坞。霞从分水来。晚七时上楼和霞略谈。拟修稿，看报，抹身。晚饭后去理发，十一时寝。

六月十九日

天雨。要阿庆去搬了一只火炉烘尿布。晚七时上楼，看报。与霞谈。十一时寝。

六月二十日

霞今日去转了方。敏亦看了看，吃点西药。晚十时上楼，略看《浙江日报》。十一时寝。

六月二十一日

冬梅上午到。下午二时同汝霞一起去垅坞。庚上午到。霞和敏乘车到胥口，由庚车到垅坞。冬梅一起去。晚八时十四时我上楼。修面，抹身，看报，十一时寝。

六月二十二日

冬梅上午垅坞出来，过此即去。晚九时四十上楼，略看报，十一时寝。

六月二十三日

晚十时三十上楼。抹身，略看报，十一时三十寝。

六月二十四日

今日休息。突然通知三人去看县中、城小大字报。我下午照常工作。晚工商小组学习。九时三十上楼。写信，十一时三十寝。

六月二十五日

得庚来信。蘩短袖衣二件托银儿婶带杜墓，托显庭带去。晚十时三十上楼。抹身，十一时四十五寝。金梅给我桃子一枚。

六月二十六日

今日在楼上算。晚九时上楼，抹身，十时下楼。

六月二十七日

中午月中来坐谈四十分钟。去六渚听说瑞峰有电报，叫她来。我晚七时上楼。庚儿来配机零件。身热，晚十一时上楼，抹身，十一时五十下楼。

六月二十八日

澂将尔妈布寄来。晚十时上楼，十时五十下楼。

六月二十九日

晚九时三十上楼，抹身，十时四十下楼。

六月三十日

晚九时三十上楼，十时三十下楼。

七月一日

今日休息。我在楼上看江华同志报告札记，上午四小时。下午顶班，看二小时。晚九时三十上楼，抹身，更衣，十时三十下楼。

七月二日

沅儿汇款来给乃妈。晚九时三十上楼，十时三十下楼。

七月三日

晚七时三十上楼，将学习江华同志报告后决心书重抄一次缴芦经理。抹身，看报，十一时寝。

七月四日

晚八时上楼，抹身，看《欧阳海之歌》。因今日未午睡，早寝，九时三十寝。

七月五日

晚九时三十上楼，抹身，看报，十时三十寝（未午睡，早寝）。

七月六日

晚九时三十上楼，抹身，看报，读主席诗。十一时寝。

七月七日

得爵、敦来信。晚九时三十上楼，略看《欧阳海之歌》（报未到）。十二时寝。

七月八日

今日休息。理衣，去裁衣，对记账单号码，造改制斜条表。下午四时去理发，爵寄包裹到。晚九时三十上楼，看报，十一时寝。

“放东西要小心！”今日下午四时去理发，顺便去拿爵寄来邮包。理发店改装，我将邮包搁在镜子板壁上，一搁上去，掉下去了。老周去寻了一支铁千，说扎破不要紧吧？我看如跌在镜旁、放物橱下，那就就无法取出，只有破板而出。老周用梯子去拿，很幸运，这邮包摆在放物箱上，随手拿出来了。当时我也很急、抓狂。

七月九日

晚八时二十分上楼，查销货单号码二个月，费时二小时。看报，看《欧阳海之歌》至十一时寝。

七月十日

晚九时三十上楼，继续核账，十二时寝。

七月十一日

今日上午我学习（讲话扎笔记）。下午工作。晚九时三十上楼，十一时寝。

七月十二日

今日去杭参观李素文展览馆。下午八时十分到店，即上楼，抹身，十一时寝。

七月十三日

晚九时三十上楼，抹身，看报，十一时寝。

七月十四日

晚九时三十五上楼，抹身，略看报，十一时寝。

七月十五日

今日休息。乘七时三十车去垅坞。下午乘四时三十车回城（白家上车）。晚学习。九时三十上楼，抹身，十一时寝。

七月十八日

晚九时三十上楼，十时三十下楼。

七月十九日

晚九时三十上楼，十时三十下楼（抹身）。

七月二十日

晚十时上楼，十时五十分下楼（抹身）。

七月二十一日

晚九时三十上楼，因守门，拿了水，即下楼。

七月二十二日

今日休息。在楼[上]写日来发言。中午去顶班。晚工商小组开会，写作缴上。

七月二十三日

昨七时上楼，十时三十下楼。抹身，整理书札。

七月二十四日

晚八时十五上楼，抹身，看报，十一时寝。

七月二十五日

今日《浙江日报》发表毛主席在七月一日又横渡长江，身体健好。重读他咏游泳《水调歌头》，如看到他在游泳一般。

杭州市富阳区档案馆 编

项墨庄日记

（下册）

项墨庄 著

中国美术学院出版社

责任编辑：何晓晗
装帧设计：赵国栋
版式制作：正大设计室
责任校对：纪玉强
责任印制：张荣胜

图书在版编目（CIP）数据

项墨庄日记. 下册 / 项墨庄著 ; 杭州市富阳区档案馆编. -- 杭州 : 中国美术学院出版社, 2024.1
ISBN 978-7-5503-3029-0

Ⅰ. ①项… Ⅱ. ①项… ②杭… Ⅲ. ①项墨庄一日记 Ⅳ. ① K827=7

中国国家版本馆 CIP 数据核字（2023）第 076326 号

项墨庄日记（下册）
项墨庄　著
杭州市富阳区档案馆　编

出 品 人：祝平凡
出版发行：中国美术学院出版社
地　　址：中国·杭州市南山路 218 号　邮政编码：310002
网　　址：http://www.caapress.com
经　　销：全国新华书店
印　　刷：杭州富阳正大彩印有限公司
版　　次：2024 年 1 月第 1 版
印　　次：2024 年 1 月第 1 次印刷
印　　张：64.75
开　　本：889mm × 1194mm　1/16
字　　数：1618 千
书　　号：ISBN 978-7-5503-3029-0
定　　价：580.00 元（共两册）

一九八〇年

［武汉］

一月一日　星期二　农历十一月十四日

在青山区［翊］湘处［看］电视，上午八时三十分《熊猫百货商店》。今日［翊］湘、小林、小字辈都休息在家。

一月二日

电视《在漩涡中》，山东电视剧，翊湘、小林照常上班。

一月三日

电视《红与黑》，法国故事片，蒋见伟拿来北京茯苓夹饼，知翊沅与壬有十二月三十日下午到家。

一月四日

电视《红与黑》下集。

一月五日

电视《不拘小节的人》。

一月六日　星期日

电视，美国科技片《大西洋底来的人》（第一集）。下午看电影《雏燕飞》，林立成、向耘、林滨。

一月七日

电视《五朵红云》广东舞剧。

一月八日

电视，音乐舞蹈（江苏歌舞团纪念周总理）。胡鉴大爱人阚惠芳，偕长子禄禄和女友、次子东东，四人于晚七时来，八时回去（因东东明日考试）。

一月十日

上午八时二十分，见伟来陪我去［江岸区］堤角。下午六时，翊沅、蒋珈、我三人去看电影《乳燕飞》，晚与翊沅、见伟闲谈。

一月十一日

电视《三哭殿》豫剧。昨晚下雪不厚。

一月十二日

晚电视，《大西洋底来的人》（第二集）。

一月十三日　星期日

电视，《救救她》，女青年李晓霞受蒙蔽后，在老师方媛、男朋友徐志伟“不遗余力拯救”下改邪归正。

一月十四日

中午十二时，沅、我二人去中山公园（二时三十分至四时三十分），和珈三人去黄埔百货公司，珈三点半去黄陂。

一月十五日

电视，北京、天津曲艺。

一月十六日

电视，音乐歌舞，部队文工团等。下午三点四十分，看电影《佐罗》（法与意合制）。电视《打神》。

一月十七日

电视《三打陶三春》（京剧），八点四十五分电停。

一月十八日

电视，停电。

一月十九日

电视《大西洋底来的人》（第三集）。电影《铁弓缘》，云南京剧团，看六点三十分场（晚）。

一月二十日星期日

停电。

一月二十一日

停电。

一月二十二日

电视《中国花鸟画》，京剧《打渔杀家》，谭元寿、刘秀荣。彦章和我去解放公园，中午，老晋通吃豆皮。下午一时，去访程国栋，谈九十分钟，爱人老洪去看电影，回来亦会，下午三时回堤角。

一月二十三日

电视。彦章上午去黄陂。

一月二十四日

晚六时，看日本影片《追捕》，停电。

一月二十五日

晚六时，看香港电影《可怜天下父母心》、电视《山乡风云》。

一月二十六日

电视，停电。晚八时项自治来。

一月二十七日 星期日

电视，《多瑙河三角洲的警报》（罗马尼亚故事片）。

一月二十八日

电视，汉剧《发霉的钞票》（常德汉剧团）。

一月二十九日

晨飞雪，电视《半屏山》（上海歌剧院歌舞团）。

一月三十日

电视，《忆妈》。平鹣鹣和我看下午六时场电影《瞧这一家子》。

一月三十一日

电视《非洲》（英国纪录片野生动物）。下午二时日本电影《人证》。

二月一日

电视，童话《刺猬母子》《静寂的山林》，九时停电。

二月二日

停电，晚九时电来。《大西洋底来的人》（第五集）。

二月三日　星期日

电视，《长江游记》。

二月四日

电视，武汉球赛，上午十时，沅出差上海。

二月五日

电视，《熊猫百货商店》，下午二时三十分，由蒋见伟陪我来武汉青山区翊湘家。中午，看电影纪录片《冬猎》，武汉青山公园看菊花展。晚看电视《激战前夜》。

二月六日

晚看《小说月报》（一九八零年第一期）。《将军的故事》《大海作证》。

二月七日

上午看小说《解脱》，电视《叶塞尼亚》，墨西哥片。落齿一枚。

二月八日

上午九时看电影《新闻人物》（香港），晚电视《卷席筒》（郑州曲艺）。

二月九日

电视，《三峡传说》《大西洋底来的人》第六集。

二月十日　星期日

电视，上午《牧鹅少年马季》（匈牙利），《美人计》（北京部队京剧团）。

二月十一日

电视。

二月十二日

上午回堤角，电视，《最后一班车》。

二月十三日

电视看不清，因眼镜损坏，下午彦章回来。

二月十四日

翊沅下午五时回来。电视，《佐罗》。

二月十五日

电视《春节联欢》（广东）。《大西洋底来的人》（第七集）。

二月十六日　春节

翊湘、三泰他们二家来沅处吃午饭。《大西洋底来的人》（第八集）。

二月十七日

中午在三泰处吃中饭，晚在国栋处吃晚饭。

二月十八日

电视《清宫外史》。

二月十九日

彦章去上班，《丝绸之路》。

二月二十日

见伟给我下午四时电影票《306号案件》（苏联

片）。晚电视《赣水春梦》。

二月二十一日

翊沅、蒋珈去上班，电视《天仙配》《槐荫记》（七仙女）。

二月二十二日

上午翊沅陪我去红钢城，七时动身，八时三十分到。晚饭后，小林、翊湘、向耘、林滨同去胡鉴大家看彩色电视，《西出阳关》，回来已十时三十分。

二月二十三日

电视，《五台山》《大西洋底来的人》（第九集）。

二月二十四日

去［胡］鉴大家吃饭，电视文艺晚会（天津电视台）。

二月二十五日

电视，《红鬃烈马·武家坡》（湖南京剧团）。

二月二十六日

到青山剧院看中央音乐院芭蕾舞剧教师演出，组团演出，晚七时场，小林陪去。

二月二十七日

电视，河南梆子《蝴蝶杯》，九时三十分寝。

二月二十八日

电视，《龙子太郎》童话片，日本。

二月二十九日

电视，《何日彩云归》（福建电视台）。

三月一日

电视，《大西洋底来的人》（第十集）。

三月二日星期日

上午七时，湘同去看《蝴蝶梦》（美国），《红旗谱》《王老虎抢亲》湖南电视台。

三月三日

电视，《生活的颤音》。

三月四日

电视，广播歌曲评选。

三月五日

电视，《长白山》《海外赤子》（晚九时三十分钟寝）。

三月六日

电视，《走向生活的道路》（朝鲜片）。

三月七日

电视，《桃李劫》。

三月八日

电视，《山水奇秀数桂林》《大西洋底来的人》（第十一集）。

三月九日 星期日

上午天放晴，去青山公园玩一小时，下午五时二十分钟看电影《405谋杀案》，向耘同去，晚电视《吟公主》（日本片）。

三月十日

电视，《纪念马连良》演出片段，《傲蕾·一兰》（下集）。

三月十一日

电视，歌舞（北京部队战友歌舞团演出）。

三月十二日

电视，《绿化祖国》。

三月十三日

电视，《生死恋》（日本片）。

三月十四日

电视，《菊花》《苦难的心》，故事片。

三月十五日

电视，《大西洋底来的人》（第十二集）。

三月十六日　星期日

电视，《法国幼儿滑雪》《文成公主》（江苏电视台）。

三月十七日

电视，《银屏公主》，京剧（天津电视台）。

三月十八日

电视，《生物进化》。晚七时四十分，沅来陪我，来堤角，彦章亦在家。

三月十九日

电视，《北京人》，晚六时，翊沅、彦章、见伟、我看电影《排球之花》。

三月二十日

电视，《美丽姑娘》（湖北电视台）。

三月二十一日

电视，贺绿汀歌曲。

三月二十二日

电视，《大西洋底来的人》（第十三集）。

三月二十三日　星期日

电视，纪念文联五十周年朗诵演唱实况，《世界各地》（巴基斯坦）。

三月二十四日

电视，《从奴隶到将军》（上集），故事片，下午四时，沅陪我回，绕走一周附近。

三月二十五日

电视，巴基斯坦普卡歌舞团演出实况。

三月二十六日

电视，《啊！摇篮》。

三月二十七日

电视，《从奴隶到将军》（下集），日本童话片《向日葵的一生》。

三月二十八日

纪念马连良，电视［播放其］演的《群英会·借东风》

三月二十九日

上午九时一郇偕项晓到堤角。

三月三十日

星期日。电视《白衣少女》（日本故事片）。

三月三十一日

电视《樱》（日本故事片）。

四月一日

上午八时，同一郇、项晓去玩中山公园、武汉商场等处，下午三时回来。天晴。

四月二日

下午二时，见伟陪一郇、项晓去红钢城。旧电视，《二泉映月》。晚电视，《茶馆》（老舍）。

四月三日

电视，《格林童话之白雪公主》，匈捷合拍故事片《圣彼得的伞》。

四月六日

星期日。湘、成、耘、滨、泰、涛、栋、洪来沅家中饭，下午二时同去玩，解放公园，沅、彦、珈、伟同去（鹏晨去上学未去），下午五时回来。故事片《小花》。

四月七日

沅、章、珈、郇、晓、我六人去东湖玩，上千里七时出门，下午一时回来。伟陪我去青山区。电视，《七品芝麻官》。

四月八日

右上落一血齿。

四月九日

上午八时三十分，立成陪我和一郇去武钢，冷轧、热轧、联铸、冶金四厂。下午三点三十分回来，小林陪我们到三阳路。我和一郇回堤角。晚六时看《柳暗花明》，故事片。

四月十日

下午一时，沅陪我去看肉联宰猪。晚湘到堤角。

四月十一日（武汉）

上午八时，沅、彦、湘、见伟陪我到轮埠，十一时，立成赶到送我和一郇、项晓上船，十二时开。

四月十二日

在轮船上。

四月十三日

上午十一时到上海，万有、项捷到检票门口等我，到四川北路，翌中在做午饭，项龙亦在壬有家，项建出来提行李。晚电视，《李四光》（部分，故事片）。

四月十四日

上午，写信。电视《韶山灌区》，相声（沈阳），话剧《雷雨》，俞振飞演剧生活六十年纪念活动开幕。

四月十五日

下午三时，去看大舅嫂，谈一二十分钟回来，翊澂来，晚九时三十分回去。

四月十六日

上午同邹一郇、项晓去俞平伯母亲家，逛中百商店等，在外吃中餐。下午二时到家午睡。四时三十分阿姨陪我去大上海看《水晶鞋与玫瑰花》，八时三十分回来。

四月十七日

上午郇、晓、我同去翊澂处，和铮、玮同进午膳，膳后去郇姑母家会见姑母夫妇和次女及婿，游复兴公园，下午六时看美国故事片《蝴蝶梦》（我个人）。

四月十八日

上午写信。下午三时项莹到。晚电视《琵琶行》，九时三十分寝。

四月十九日

上午去虹口公园，看袁廉民黄山摄影画展。

四月二十日

电视，《桥》。上午一郇、项晓、项莹去子翢中处。

四月二十一日

贤有来信（晨），傍晚回复。晚，电视《吉鸿昌》故事片。

四月二十二日

晚七时，朱侃如来，据说昨晚去澂处寻问，今晚来此。

四月二十三日

晚电视，《燎原》。

四月二十四日

电视，《冰海沉船》。

四月二十五日

电视。

四月二十六日

电视，《我的十个同学》。

四月二十七日　星期日

看斯大林女儿斯维特兰娜·阿利卢耶娃的《致友人的二十封信》和《第二次握手》，捷回来。

四月二十八日

电视，上海乒乓球邀请赛。

四月二十九日

看电视《富士山》。《京剧舞台》节目后，七点前后，平炎坤来。

四月三十日

电视，国际劳动节联欢晚会。

五月一日

澂、铮、珈、伟、沅、郇、晓、莹［等］共十三人同进午餐（缺壬、平二人）。在壬有家，电视《北斗》（上、下集）。上海乒乓邀请赛（初）。

五月二日　星期五

上午出去散步，十一时回来，壬有回来。电视，上海乒乓邀请赛（复）。

五月三日　星期六

上午七时五十分，郇、晓、莹、我四人去西郊公园，回到四川路已下午三时，电视，《居里夫人》、花样游泳。

五月四日　星期日

电视，《桃李劫》。

五月六日　星期二

上午六时二十八分乘火车来杭，壬、沅、建、捷送我们上车，一郇、晓、莹同行到杭，乘公共汽车来（富），玄去杭接，未遇。晚电视。

五月七日　星期三

玄去上班，傍晚回来。上、下午写信。晚与玄闲谈，去（王）文治处，他今日搬入新居。

五月八日　星期四

上午去鹳山一玩。

五月九日（新）

上午九时，一郇、晓、莹我们四人来新登。

五月十日

晚六时，看电影《狐狸的生活》（日本片），郇、晓、莹、霞、我。

五月十一日

中午，借在长育处午餐。下午去青云桥。晚仍在长育处吃。

五月十二日（富）

上午，乘十时车同来富。晚七时，看电影《樱》，郇、晓、莹、蓉、玄、我。

五月十三日

电视，话剧《吝啬鬼》。

五月十四日

电视，气功。

五月十五日

电视，《双玉蝉》。

五月十六日

电视，歌曲欣赏。

五月十七日

上午，五时，我、玄、蓉、郇、晓去杭参观之江大桥、六和塔、虎跑动物园、灵隐，下午四时车回富。

五月十八日

上午，玄、蓉、郇、晓、莹、琪、琳去杭，我在富休息，他们游西湖、中山公园、玉泉、岳坟、儿童公园等。晚电视，《撩开你的面纱》。

五月十九日

电视，《清宫外史》。

五月二十日（杭）

上午五时四十五分乘车赴杭，送一郇、项晓去沪乘八时五十五分快车，玄陪同。十时去六公园看望崔老（指崔东伯），未遇。往元宝街会翊沅婆婆。下午一时到高凤台处。下午三时再去看崔老，会到。下午六时十五分车回富，七时十五分到。看电视，《瞧这一家子》。

五月二十一日

电视，《杨乃武与小白菜》，接贤来信。

五月二十二日

蓉君带信给玄有，下午六时三十分到。玄有去开项琳家长会。

五月二十三日

我买就上午八时三十分车，庚八点到富，同乘车返新，蓉送上车。到新适汝霞妈亦在新，同进午餐，晚与庚有、汝霞闲谈，九时寝。

五月二十四日

去看老卢，下午三时去看陈、凌二经理。五时回来。晚饭时，吴师母来，庚灶间闲谈。

五月二十五日

去七妹、老韩处闲谈，下午去看老翟，下午六时，我、庚、霞、政去看《苦恼人的笑》电影。

五月二十六日

上午没出门，下午三时同俊兄走一圈。五时回来，六时去元将家，玄来即返。

五月二十七日

上午庚、玄、我去塔山，回来去看陈经理不在，和凌经理谈三十分钟送玄上车，庚先去厂上班，下午三时，我去看少卿谈一小时，六时去永才家，嫂去厂工作，同她三女谈永才病中情况。

五月二十八日

上午同沈福泉去塔山，九时整理，下午三时继续，四时半去塔山，袁宝书家，晚整理。

五月二十九日

晨五时和庚、霞谈半小时。去塔山袁处，遇到林、张，回来午膳。

五月三十日（新）

打电话填表，旁晚六时玄来。

五月三十一日（富）

玄五时回富，我中午去富，写申请。

六月一日

上午去鹳山走一趟，遇银行老徐。

六月二日

写申请，玄下午五时回来，晚饭后去鹳山，劳郁天民来，坐等未会到（八时十五分回来）。

六月三日

写申请，傍晚和玄去江边散步，累，天民久等未遇。

六月四日（沪）

上午五时蓉送我们上汽车，玄陪我上火车，都赖站接，下午万有来壬有家。

六月五日

上午项捷给我们在虹口公园拍照，我看画展，十一时回来。

六月六日

下午四时翊澂来，六时回去。晚电视，《三约湖心亭》（山西秧歌剧）。

六月七日（沪）

中午丽明送车票来，下午六时郇、晓、我去看电影《等到满山红叶时》，项龙来。

六月八日、九日、十日 、十一日

澂中午来，我、郇、晓购就下午四点车去新疆，澂、铮、捷、建、龙送我们上车，十二日晨一时零四分准时到新疆，贤和四位同事以自行车来站接，二时三十分寝。

六月十二日　星期四

九时起床，贤有今日休息日（星期四），一郇休息一天。写信。

六月十三日

郇、贤上班。晓、帆上学上托儿所。写信。

六月十四日

写信。晚电视，《武松》。中午，贤、我去南公园玩一趟，花一时三十分钟。

六月十五日　星期日

今日星期日，郇休息，晓、帆在家，郇搞卫生，电视，《居里夫人》(一集)。

六月十六日

郇休息，搞卫生。

六月十七日

今日端午，郇休息，做粽子吃，晚电视相声(北京)。

六月十八日

晚电视，《三约湖心亭》，不看即寝。

六月十九日　星期四

晚“六一儿童”北京实况电视。上午十时，贤陪我去解放街走一圈，二桥四桥百货商店。

六月二十日

电视足球赛(中美)。

六月二十一日

晚电视，《人生的希望》故事片(抗日时)。

六月二十二日　星期日

金城上午来，下午二时同贤、晓、我四人们四人去看电影《玉色蝴蝶》，晚电视，《居里夫人》(第二集)，郇休息。

六月二十三日

接鹏来信(六月十五日发)。

六月二十四日

电视，《沙漠追匪记》。

六月二十六日

上午九时去人民公园(西公园)红山，红山商场在西公园烈士纪念碑旁，看到一位四十左右男人没有二手，用右脚大拇指第二指之间夹钢笔，字很小很整齐，对面坐一男人看着他。红山商场一进大门，迎面橱窗上方有玻璃窗，即看到红山和塔亭，走到一条马路，在尽头处也看到红山，惜乎红山脚下是很多平屋，建一红山公园，都好呀，回来一时三十分。郇参加补考已回来，在炊餐，晚电视，电影《悔恨》(巴基斯坦)。在西公园看华侨香港摄影家、中国摄影协会副会长陈复礼摄影近时作品一百幅，早期二十幅(日本、泰国、香港、黄山、庐山、新疆、桂林等处)。看后觉得是一次好的艺术欣赏。

六月二十七日

下午去理发，回来时起风、飞沙，广播云今日有七级风，大约即此，晚电视，《茶馆》。

六月二十八日

电视，《丝绸之路》《西游记》。

六月二十九日 星期日

电视，中央歌唱会、气功，《居里夫人》(第三集)。

七月一日

晚电视，《泪痕》。

七月二日

晚饭后，贤、晓、帆、我，四人同去火车站玩，能看到全市部分视野，灯火辉煌。

七月三日　星期四

贤休息，陪我去烈士公园(因在整修)。十二时三十分回来，晚电视，《蓝光闪过之后》。

七月四日

晚电视，《佐罗》，看《李自成》二集，下册完。

七月五日

玄第二次寄什物到。

七月六日　星期日

晚美国大学歌舞团演出实况。金城送来针液西药两盒。《居里夫人》(第四集)。

七月七日

电视，国际新闻。看小说《第二次握手》。

七月八日

电视，《撩开你的面纱》。吃杏子，虽小，鲜甜。

七月九日

晚电视，《杨三姐告状》，二姐被姐夫谋杀，她和母亲去送丧，见姐手指出血可疑，回家后，母受姐夫送来礼物和花言巧语蒙蔽，三姐却怀疑不受欺骗，要去替姐伸冤，告诉到县告状。因她只有十五岁，不及年龄、没有证人、没有证据，驳回。第二次又去告状，和哥哥一起去县府，将她哥哥入狱，她被赶出。第三次她又去告状，县官威胁她，如诬告要办罪种种恐吓。她说如不开棺验尸，她死在堂上也不去，说证人就是县官，县官无奈，只得再开庭审问。后来县官想了办法，要她姐夫拿出一百五十两白银，要她回去，息事宁人。她不言，拿了钱，再去到天津某讼师申请，后来律师陪她去监察所去见监察长，她大胆叙述事的经过、始末，得开棺验尸。法医先说上、中、下无故。大家都很着急，三姐说明情况，要求再验，情愿办罪。法医将他姐夫运动他的五百元拿出呈缴为公，说头身分开，真相大白。因她姐夫有钱，处处贿赂，隐避罪恶，法医认为受了五百元害人命二条。良心发现，情节、词句、做工均可，是平剧，惜没有看到全部，首中漏看。

七月十日　星期四

贤有今日未休息，加班。电视内蒙古歌舞团实况。

七月十一日

贤有去运煤，下午去上班。郇在家作准备晚饭。晚电视《巴黎圣母院》。

七月十二日

（六月初一日）电视《西游记》（第二集）。日本《望乡》电视剧（中日合作）。

七月十三日　星期日

晚电视，《居里夫人》（第五集）完。

七月十四日

电视，国际新闻。看小说《第二次握手》。

七月十五日

电视，《寂静的山林》。

七月十六日

看《啼笑因缘》。

七月十七日

今日吃绿葡萄，鲜甜无核。

七月十八日

晚电视，《呼延庆打擂》，看至十一时息。

七月十九日　星期六

电视，《故都春晓》。

七月二十日　星期日

郇加班，电视，《农民英雄》（朝鲜）。看半小时，吃水蜜桃。

七月二十一日

啖蜜桃、葡萄。电视，《世界各地》。

七月二十二日

电视，《聂耳》，看小说《官场现形记》。

七月二十三日

贤有提前一天休息，下午去工作。晚电视，《白雪公主》《三毛流浪记》《阿凡提》。上午十时，去装升降机。

七月二十四日

晚电视，《十字街头》（赵丹、白杨演）。吃黄金瓜。

七月二十五日

晚电视，《清宫外史》。

七月二十六日

电视。

七月二十七日　星期日

电视，西班牙和中国女子体操。晚吃西瓜。

七月二十八日

理发，晚电视。国际新闻，郇加班。晚十时始回。

七月二十九日

电[视]，《[天]涯未归人》。

七月三十日

电视，国际新闻。

七月三十一日

上午十时去人民公园看影展。晚看电视《我是八路军》半小时。

八月一日

晚看电视，《官场现形记》（下集）。

八月二日

晚看电视，《一尊金佛像》，《丝绸之路》。

八月三日　星期日

郇休息。贤加班。晚看电视，《世界各地》。

八月四日

电视，《世界各地》。

八月五日

晚电视，《摸花轿》，安徽歌舞剧。

八月六日

晚九时三十分，带项晓去三建俱乐部看日本电影《沙器》。

八月七日

上午九时三十分去乌鲁木齐市动物园。晚看电视《不夜城》。

八月八日

晚看电视《雷雨》。

八月九日

晚看电视《三岔路劫案》。

八月十日　星期日

晚看电视，西德与中国足球赛。

八月十一日　星期一

晚看电视，国际新闻。吃黄丹瓜。

八月十二日

金城上午十二时来。晚看电视《三家福》。

八月十三日

晚看电视,《瓦尔特保卫萨拉热窝》。吃白皮瓜。

八月十四日　星期四

郇休息。晚看电影《今夜星光灿烂》。

八月十五日

郇休息。今日得敦来信，知项清考取市里重点学校，二十六中。

八月十六日

晚看电视,《飞吧，鸽子》。

八月十七日　星期日

去邮局寄信，晚看电视，童话片,《取宝石献英后》。

八月十八日

郇、贤由单位回家，买来西瓜。

八月十九日

下午四时，胡祥偕爱人邱景媛、女儿胡浩平来。晚同看电视,《柳毅传书》。

八月二十日

上午，胡祥他们去二桥商场。贤上班。郇，上午检查身体，下午休息。晚电视,《居里夫人》。

八月二十一日

上午贤、郇去上班。祥、景、平、晓去人民公园玩。下午三时半回来，五时去招待所。明晨回场。晚看电视，南京杂技团表演、中央音乐院青年歌唱。十一时寝。

八月二十二日

晚看电视,《动物生活》《居里夫人》。十时三十分寝。

八月二十三日

晚看电视,《一个赶不上车的青年》。

八月二十四日　星期日

郇、贤均加班。天雨。郇下午回来休息。晚看电视,《阿娜尔罕》。

八月二十五日

晚看电视,《世界各地》。郇加班。

八月二十六日

给翊沅写信。看《小说月报》(8期)。晚电视。

八月二十七日

晚看电视，花样滑冰。十一时寝。

八月二十八日

上午去寄信。下午去理发。一郇加班未归。晚看电视《画中人》。

八月二十九日

晚看电视《美国玫瑰花竞赛》。十时三十分寝。

八月三十日

晚看电视剧《梧桐雨》。

八月三十一日　星期日

贤、郇今日均休息。给项晓去报名上学。晚看电视《山乡风云》。十一时寝。

九月一日

晚看电视，国际新闻。

九月二日

上午去乐器公看轻工业展览。下午五时，贤、晓、我去看《徐秋影案件》电影。

九月三日

上午去人民公园看电影宣传画展。东风和石河子天鹅很多，可惜围圈很小。晚看电视《工农学校》。

九月四日

晚看电视，国际新闻。

九月五日

上午去南公园看花展，十时去，十二时回。郇加班未回。晚看电视《彩云归》。

九月六日

晚，电视剧《信任》，没看即睡。

九月七日　星期

晚电视,《纱器》我已看过电影。十时三十分寝。

九月八日

上午去南园看花展。晚电视，国际新闻。

九月九日

上午去寄信。贤晚去买火车票。晚看电视，《大渡河》。

九月十日(新疆)

晨贤又去排队购火车票。

九月十一日(上海)

今日，乘54次快车回上海。贤、郇和贤的二位同事送我上车。十一时五十五分开。我在5车厢7号中卧铺，7号下铺是一位解放军，名刘宝兴，他把下铺让给我，一路对我非常关怀。有位无锡外语教师，还有联铺几位同志，对我亦很关心。到上海站，壬、万、澂、玲、捷来接我，故不觉劳累，旅途愉快。

九月十五日

上午洗浴更衣，写信。晚看电视《真是烦死人》。

九月十六日

写信。晚看电视《林则徐》

九月十七日

写信。晚闲谈，没看电视。

九月十八日

看电视《405惨案》。

九月十九日

写信。晚看电视《叶塞尼亚》。

九月二十日

上午去铁路徐同志家。

九月二十一日　星期日

翊澂、万有来，午饭后回去。

九月二十二日

看电视《盼》。澳大利亚芭蕾舞剧《吉诃德》。

九月二十三日

晚看电影，德国片《古堡幽灵》，壬、翌、捷、我四人去。

九月二十四日

晚看电视，湖北花鼓戏《十三款》。

九月二十五日

下午放晴。晚电视未看。

九月二十六日

上午去虹口公园看家具展览和“只有社会主义能救中国”图片展览。

九月二十七日

上午理发。晚电视,《娜拉》亦名《玩偶之家》。

九月二十八日

上午九时澂、铮来，同往南京路外滩。中午在大德吃西餐。晚电视,《玉色蝴蝶》《豆蔻花开》。

九月二十九日

晚看电视剧《女兵》。

九月三十日

项龙上午五时来。晚看电视，国庆文艺晚会实况。

十月一日

澂、铮、玲、玮、万、丽、凯、明均来，中午十六人共进午餐。晚看电视,《好好叔叔》《女兵》。

十月二日

看电视，明代园林古漪园。

十月三日

项龙回校去上课，壬有、翌中等去上班。晚看电视《女友》。

十月四日

项平回望亭，乘五时车。

十月五日　星期日

壬有，上午去开会。

十月六日

大阿姐回无锡。

十月七日

洗衣。晚看电视，四川武侯祠，广东电视剧《盼》。

十月八日

翌中去杭。晚电视,《爱情与遗产》。

十月九日

捷晨六时去排队，七时四十五分购来火车票。打电报发信。晚看电视《金孔雀》。

十月十日

上午去虹口公园、鲁迅纪念馆。

十月十一日

项龙傍晚来。

十月十二日（杭州）

晨四时起床，乘六时快车来杭。捷、龙送我上车。九时二十分到杭。玄在站接，乘下午一时四十分车来富，汝霞亦在富。晚电视，浙江青年演员表演实况。

十月十三日

汝霞晨回新登。

十月十四日（新登）

晨七时二十分和玄有一同回新登。晚和庚、霞谈。

十月十五日

写信、理发。晚开会，选举县、镇代表，镇四名，县二名。

十月十六日

上午十时，曹根华送来我当选县人民代表证。晚和庚闲谈：我年老了，精力衰退，当县人民代表，很不够格。既承选民信任，我愿在有生之年，好好干。要反映人民的疾苦和呼声，忠实地替人民办事。要帮助党克服官僚主义，纠正不正之风。要尽绵力协助政府推行各项政策法令。总之，要当好人民的勤务员，不辜负选民们对我的期望。

十月十七日

天雨，未出门。写信，看书。

十月十八日

晚去元将、五丰家闲谈，归途遇袁世英略谈。

十月十九日

上午去七美、俊生家闲谈，杰生来。回家午膳。下午顾义来闲谈。

十月二十日　星期一

上午同俊生去杰生家闲谈。中午回家。

十月二十一日

上午去韩、王处闲谈，城河边走走，培娜在浇菜。今日饭到水碓头去吃，和陈贯生、方海泉略谈。

十月二十二日

上午，吴镇长、朱国斌来座谈一小时。

十月二十三日

下午，托张秉鸿带张信。

十月二十四日

上午刘海根区长和谢海水镇长来座。下午去看翟振民，陈经理，谈十分钟。

十月二十五日

晚，与庚、霞、炜看电影《乳燕飞》。

十月二十六日

上午去区委与刘海根、孙玉元、闻全元、叶复华谈。下午与丁、徐、吴子坤闲谈九十分钟。

十月二十七日

我整理资料。霞去新登镇小代课。

十月二十八日

下午乘下午二时半车来富，项琪在站等候。晚电视《黑旋风李逵》。

十月二十九日

下午玄、我二人看电影《珊瑚岛上的死光》。晚电视，《报童之歌》《祥林嫂》《不准出生的人》连场。

十月三十日

上午看画展。晚电视，《娜拉》。

十月三十一日

晚电视《盼》获一等奖舞蹈。

十一月一日（富阳）

晚看日本电影《绝唱》，莹、琪、我三人去。

十一月二日　星期日

上午看电视。下午看《故乡》《忆聂耳》。晚看《丽人行》。

十一月三日

上午去鹳山。晚看电视《宝贝》。

十一月四日

晚看电视，《摸花轿》（安徽）。

十一月五日

晚看电视，《谁是母亲》（沪剧）。

十一月六日（富阳）

下午五时蓉陪我去看电影《诸葛亮吊孝》，赵丹主演。

十一月七日（新登）

上午乘汽车来新登。下午三时，去看赵士兰。

十一月八日

领工资。晚，霞、炜陪我去看电影《庐山恋》。

十一月九日

上午理发。

十一月十日

上午搞卫生。下午，赵士兰、树朝嫂、春树爱人来看照片。

十一月十一日

晚六时，庚、霞陪我去看电影《海之恋》。

十一月十二日

写信。停电。

十一月十三日

上午叶复华来。下午，谢海水来，说富阳李部长想看我书画。我说捐的已捐出，被抄的未发还。

十一月十四日

下午，去惠来亭、马站岭走一圈。遇袁宝书、詹子良，闲谈。晚朱延庆来闲谈。

十一月十五日

食堂中午冬笋炒肉片 0.25 元。晚菊花茶 0.10 元。傍晚，欲雨，未去南津桥。

十一月十六日

中午钟念慈来。傍晚去南津桥，遇袁世英、任和尚，闲谈各半小时。

十一月十七日

城阳越剧团在塔山演戏。做小生意人很多赶去。到方海泉家坐十分钟。

十一月十八日

下午理漏。傍晚五时，庚、霞陪我去看《西园记》电影。晚看报。

十一月十九日

晚饭后，去南津桥散步。

十一月二十日

晚饭后，去散步。和石英和尚闲谈。

十一月二十一日

庚有去杭，当日返。知玄有要二十五日左右到沪。

十一月二十二日

遇长育，知玄有二十五日左右到沪。

十一月二十三日

晚饭后同庚有散步，城河边、惠来亭、东岳殿边。

十一月二十四日

上午与俊兄去杰兄处闲谈、看菊花。下午写信。傍晚与袁、任闲谈。六时二十分回来。

十一月二十五日

上午十时，赵士兰来说即回云南。下午我去沈有根处，傍晚到徐树朝处，知赵要出国去。

十一月二十六日

整理东西。

十一月二十七日

上午理发。赵士兰来说明晨要走，下午来说徐不让她走。晚，庚、霞来看鹣、贤、捷的信。

十一月二十八日

上午看书报。下午，同六四嫂去塔山一小时。

十一月二十九日

晚散步，遇杨作勇、白衡山，说林仲贤在杭二药厂（庆余堂）工作。回来遇徐金梅在值班。朱延庆来谈半个小时。

十一月三十日

上午去江永才家。下午去卢渭生家、沈有根处。晚，与长育、庚、汝霞谈小孩学习。俞忠烈夫妇来坐半小时去。

十二月一日

霞去珠村。

十二月二日

去俊兄家，遇到阿生。玄来电话，丽娟代接。

十二月三日

去杰兄家，遇到水松。

十二月四日

上午，去俊生兄处。十时赵士兰来。中午去看蔡大嫂，去士兰寓处告辞。

十二月五日（富阳）

晨九时，庚送我上车，来富阳。

十二月六日

十二时，翊沅婆婆、嬢嬢偕小女同来，闲谈家常，乘三时三十分车回杭。晚我一人去看电影《王老虎抢亲》。

十二月七日（杭州）

上午八时半去杭州，在六和塔午膳。去中山南路，说胡晓春带孙去登城隍山。回来后我们闲谈。

十二月八日

上午和胡晓春闲谈。和玄去莫干新村。晚闲谈。

十二月九日

上午同玄儿去莫干新村，张君在家，谈至十时。同车去湖滨，在素春斋午膳。十二时乘车回，二时十五分到富阳。

十二月十日（富阳）

上午写信。晚看电视，《公审四人帮》。

十二月十一日

上午去鹳山。晚看电视，同上。

十二月十二日

上午去桥西走一走。晚电视，美国花样滑冰。

十二月十三日

去新华书店，买了些有关语文进修书籍。晚看电视。

十二月十四日（新登）

上午乘九时车返新，知庚儿已于今日晨去京。

十二月十五日

上午理衣服，买饭菜票。我和长育同敏谈学习。

十二月十六日

上午整理东西。下午钟念慈送钥匙来。

十二月十七日

借《辞海》。晚饭后散步。归途遇袁世英邀去合作商店，和任和尚、老洪闲谈四十五分钟，回来看报。

十二月十八日

看《辞海》。

十二月十九日

看《辞海》。

十二月二十日

下午四时月溪子陪仙花三子来谈半小时。晚饭在汝霞处吃。

十二月二十一日

上午看报。中午到七美处和吴镇长处稍坐。

十二月二十二日

理发。去还《辞海》。整理衣物。霞给我做好棉绒小衫。

十二月二十三日（富阳）

上午九时乘车来富阳。晚看电视，外国片《贵人迷》。

十二月二十四日

上午，去县招待所报到。下午，开预备会。晚，看电影《将军之死》。

十二月二十五日

上午，开大会（富阳县第七届人民代表大会）。下午，讨论。晚看电影《红牡丹》。

十二月二十六日

上午，开大会、讨论。下午，开大会、讨论。晚看富阳越剧团演《吴文秀》。

十二月二十七日

上午，讨论。下午，开大会、讨论。晚看电影《胭脂》。

十二月二十八日

上午，小组讨论。下午，开大会。晚看电影《基督山恩仇记》。

十二月二十九日

上午，小组讨论。下午，讨论。晚看电影《巴山夜雨》《貂蝉》。

十二月三十日

上午，大会选举。下午，大会闭幕。晚看电影《隐形人》《带手铐的旅客》。庚儿到富。

十二月三十一日

早餐后，散会。上午九时，庚儿返新。

一九八一年

一月一日（富阳）

上午去逛大街。鹳山（今日起售门票每张1角）。晚看电视，相声。

一月二日

晚电视，武术、气功、话剧《勿忘我》。

一月三日

晚电视，《敢死队》。

一月四日

翊湘，中午到。她这次自去年十二月十五日从武汉—北京—本溪—鞍山—大连—青岛—南京—上海—武汉，于一月四日到富阳（中午）。庚有下午来。晚电视。

一月五日

下午湘、霞、我三人去鹳山。晚电视，《破晓》。

一月六日

午后二时，玄送湘去杭上火车返沪。晚电视，越剧。

一月七日

写信给张任天、崔东伯。晚电视，《三毛流浪记》。

一月八日

晚电视，《包公铡国舅》。

一月九日

写信给翊沅、敦有。晚电视，美国魔术。

一月十日

写信给贤有、爵有。晚莹、琳陪我看电影《第十个弹孔》。

一月十一日

晚电视，《蜜蜂和狐狸》《无名英雄》。

一月十二日

晚电视，方成漫画《红牡丹》。

一月十三日（富）

下午一时，看电影《神女峰的迷雾》，我一人去。下午四时，和玄去看陈仁文同志。

一月十四日（新）

晨，九时车，返新。下午去镇政府和中百公司，晚饭在庚有家吃。六时去长育家。

一月十五日

上午去镇委和陈书记略谈。下午和庚有去黄山岭。

一月十六日

上午七时四十分和庚去垅坞。下午，三时五十分乘车回来。

一月十七日

上午去镇政府与朱镇长闲谈半小时。中午去黄山岭。晚看电影《花好月圆》。

一月十八日

上午七时去黄山岭过潭山头，会见钟振吾、桂花。下午午睡。

一月十九日

中饭后去黄山岭和潭山头。上午理发，晚早寝。

一月二十日

雨雪。

一月二十一日

雨雪。傍晚六时三十分停电。

一月二十二日

玄上午十时到，下午一时三十分回来。

一月二十三日

晚，庚、霞闲谈一小时。

一月二十四日

上午去渭生谈一小时。下午和平甫嫂谈。

一月二十五日

上午去王正祥家、陈七美家。中午去江永才家。晚去元将处。

一月二十六日

上午，去俊兄处，遇求真。

一月二十七日（富阳）

上午七时车来富，庚送我上车。下午四时三十分项龙来。玄去杭，下午六时回来。晚电视，徐秋影案件。

一月二十八日

空白。

一月二十九日

晚，《盘妻索妻》。

一月三十日

下午，二点零五分去看电影《血沃中华》（方志敏）。玄、蓉、莹、琪、琳、龙、我七人同去。晚电视，《两家春》。

一月三十一日

英国皇家芭蕾舞演出。

二月一日（富）

晚电视，《牧笛》《金刚石》。

二月二日

晚，《译林》（1980年第2期）。

二月五日

今日春节。

二月六日（富）

今日中午十二时，去看电影《摩羯星一号》（龙、莹、琪、我四人去）。

二月七日（新）

上午九时，龙、莹、琪、琳、我五人来新登。下午，去青云桥、南津桥拍了照。

二月八日

上午他们学习。我、龙、莹、琪、琳、政在长育家晚饭。

二月九日

上午玄来电话，没有亲自接。中午十二时二十分龙、莹、琪、琳返富。

二月十日

上午去看二经理，陈回家，和凌一小时三十分。下午，去七妹谈一小时。看朱同志，他在休息。四时，遇人俊约来谈一小时，他回去。

二月十一日

上午和陈经理谈半小时，金谈半小时。中午陈七美来坐谈二小时。晚，庚、霞、敏、政、炜同去看电影《天云山传奇》。

二月十二日

上午和庚谈，去约长育。为敏的上学期功课做了检查并促他加紧。抹身更内衣（中午）。

二月十三日

上午打开水。下午一时三十分去渭生处，闲谈近二小时。

二月十四日

上午，去看正祥、振民。中午和子坤去看邮局宿舍及未建竣公房。

二月十五日

上午延庆来谈一小时。十时十分玄到。下午三时十分蓉到，同去走了一趟。他俩五时十五分回富。敏、政、炜今日开学。

二月十六日

写信致龙。再写信给敦有、壬有、项捷信。

二月十七日

给爵有、贤有、翊湘信。旁晚，去南津桥走一趟。

二月十八日

上午去俊兄处，杰亦在，谈一时三十分钟。晚饭在庚今日迁新居处吃。写信。

二月十九日

上午去俊兄处。晚看报。

二月二十日

上午理发。中午去吴师母处。去俊兄处。下午去渭生兄处、塔山六四嫂处。晚到五丰、元将、庚处略坐。

二月二十一日(新)

上午去杰兄处谈。中午在庚处同他岳母吃午饭。饭后，他岳母来宿舍谈一小时。

二月二十二日(富)

上午乘八时来富。晚电视，《无名英雄》。

二月二十三日

下午三时，蓉君陪我去拔牙根两只(上右)。

二月二十四日

读古文、看报。晚电视，《新声新秀音乐会》。

二月二十五日

读唐宋诗词，看报。晚电视，《恶梦醒来是早晨》。

二月二十六日

下午三时，蓉陪我去拔上左犬齿两枚。

二月二十七日

晚电视，浙越青年演员六位优秀奖。

二月二十八日(富)

晚电视，《运河纪行》。《大卫·科波菲尔》

三月一日

上午去拔门牙两颗(上颚)。晚，早休息。

三月二日

晚电视，《相遇》。

三月三日

晚，看书报。

三月四日

晚看电影,《绅士流浪汉》(美国电影，查理·卓别林演)。

三月五日

上午看电影《白蛇传》。蓉同去。晚看书报。天晴。

三月六日

天阴。晚电视，舞剧《奔月》(上海歌剧院)。

三月七日

晚电视。

三月八日

晚电视。

三月九日

晚电视，《乡魂》。

三月十日(富)

蓉陪我去治牙。晚电视。

三月十一日(新)

早上九时乘车来新。玄送我上车。

三月十二日

整理。买点零物。

三月十三日

下午看电影《啊！摇篮》。庚、霞、阿祥、我四人看。

三月十四日

上午整理旧衣。下午三时后写信。

三月十五日

上午九时长育来谈。十一时三十分陈荣仁在水碓头会到，来坐谈。下午二时三十分回来，约长育、项敏谈一小时。下午五时，去约陈吃晚饭。

三月十六日

写信。理发。抹身。

三月十七日

写信。

三月十八日

写信。

三月十九日

写信。

三月二十日(新登)

今日庚休息。晴。

三月二十一日(新登)

上午九时同庚、敏、政四人去看《假婿乘龙》电影。

三月二十五日

今天放晴。晴。晚七时停电。八时三十分电来。

三月二十六日

要霞给我做中山装一套。

三月二十七日

下午，庚来整理房间，搞了三个小时。

三月二十九日

下午一时三十分长育来谈家常一小时回去。

三月三十一日（新登）

整理。下午三时三十分去打开水，遇锦山嫂，来谈一小时。晚饭后散步南津桥，遇许德政。

四月一日（新登）

上午，整理、搞卫生。

四月二日

今日，中百开展销会，搞账。

四月三日

整理旧衣修补。

四月五日　星期日

拆旧衣。

四月六日

上午去医院请韩医师检查。下午心电图检查。

四月七日

上午，去医院、理发、抹身、换衣。下午，一时去镇开县人代会。四时散。韩医生说服中药好，故今日服中药。

四月八日

理报纸。贤有下午五时到（今晨六时离上海）。

四月九日

下午四时，玄有、蓉君到。晚叙谈。

四月十日

晨六时，玄、蓉回富。晚叙谈。

四月十一日（新登）

上午八时，贤、政、我三人拟去瑶琳洞，等至九时四十分，车未到，回来。晚，育、梅、庚、霞、敏、政、炜、贤、我九人同去看电影。

四月十二日　星期日（富阳）

上午六时五十分和贤来富，庚送我们上车。电视，《无名英雄》。

四月十三日

玄、蓉、贤、我四人乘六时四十分车去杭玩玉皇山。在杭州奎元馆吃中饭。乘下午车去岳坟。五时三十分到富。

四月十四日

晨八时二十分和贤去瑶琳洞。中午十二时二十分回来。十五时三十分和贤去看电影《蓝色档案》，丢失呢帽。晚电视，《盈盈一水间》。

四月十五日

上午，贤、我去鹳山。贤下午一时回沪。晚电视。

四月十六日

晚电视。

四月十七日

下午二时，我一人去看电影《走向深渊》。晚电视，《盘妻索妻》《宝玉哭灵》。

四月十八日

晚电视，女子柔道。

四月十九日

晚电视，《无名英雄》《漆黑的夜晚》。

四月二十日

晚电视，《葫芦坝的故事》。

四月二十一日

中午吃面。蓉给我戏票，于十二时正去看嘉兴越剧团。下午三时，长育来陪我去牙科请张医生镶牙。晚电视，《深夜静悄悄》（我一个人去看）。

四月二十二日

庚晚六时五十分到富去上海。晚电视，中央音乐会。

四月二十三日（富阳）

晚电视。

四月二十四日（新登）

下午二时来，通知去开人代会，四时来通知明去新。

四月二十五日

上午八时十分到新，朱镇长报告。下午去看人民医院、镇小幼儿园联合医院（县委车来新）。

四月二十六日

上午去塔山大队、农机厂、塔山中学、粮油加工厂。下午去新农厂、粮管所、五金厂参观。

四月二十七日

上午参观新登中学、杭农厂。下午，大组讨论。

四月二十八日

上午参观镇办企业。下午开大会。下午五时三十分专车来富。中午前后去韩剑伟、俊、杰处略座谈。

四月二十九日

上午休息。下午听汇报。晚看嘉兴越剧《汉宫怨》。爵、项力下午五时到。玄从宜兴回，六时到。

四月三十日（富阳）

上午听汇报。庚从上海回来。晚电影，相声、歌唱。

五月一日

汝霞上午九时来。晚电视《婚姻介绍所》。

五月二日

玄送爵、项力去杭。爵乘下午四时三十分车赴沪。我、莹、琪、琳中午十一时三十分看电影《梅花巾》。电视，五一节晚会。

五月三日（富阳）

蓉君下午四时自宜兴回富。下午长育来陪我去镶牙。

五月四日（新登）

上午七时二十分来新登。整理衣服行李。

五月五日

上午和庚谈，乘十二时二十分来富。晚电视，“9·13”事件。

五月六日

下午，十二点五十五分去新登，三时三十分回富阳。

五月七日

上午七时二十分离富赴杭。玄陪我上。下午四时三十分火车来上沪，爵进站来接，龙在站口等。十一时寝。

五月八日

晨三时四十分，爵去买船票。下午，爵、力、我去海宁路走回来。

五月九日（沪）

上午去虹口公园。下午三时庚来。

五月十日

澂、铮、万、小明来。中午，捷、龙从望亭来。下午四时，乘长锦轮来大连。澂、庚、万、小明送我和爵、力来大连。

五月十一日（大连）

在船上，第一次看大海。

五月十二日

上午六时到大连，周立亨在埠头等我们。到他宿舍少息。到食堂吃早餐。九时出发，游览老虎滩公园。中午在海味饭馆吃午餐。下午游星海公园。晚住宿舍。

五月十三日（丹东）

晨，乘七时零五分火车来沈阳。下午，二时三十分到沈阳，中君哥哥和中君姐的第四个儿子在站接。在中君哥家晚餐。饭后去中君姐姐家，他四个儿子我们都会到。晚到宜宝家宿，已九时零五分。

五月十四日

乘七时五十五分车来丹东。宜宝她的女婿、中君姐姐的二个儿子送我们上车。下午一时四十分到丹东。中君和爵的同事。爵的同事来，双轮车接到家二时十分。

五月十五日

晨去鸭绿江公园。项毅、项力五点去，六点回来。写信。

五月十六日

晨，五时和项毅去鸭绿江公园，五时四十分回来。写信。

五月十七日　星期日

爵和我，八时三十分出门。中午十二时三十分回来。往回闹市贸易市场一圈，买来布鞋。晚八时。

五月十八日

接玄来信。

五月十九日

上午和项力走一圈买茶。晚八时，爵、中君陪我去访问王德顺、兰士林二家。下午四时，爵、力、我三人去看电影《古堡幽灵》。

五月二十日

上午去公园。下午和力去鸭绿江公园，照像处很多，有单位，有个体，听说有工作人［员］70多人。

五月二十一日

九时，君、力、我三人去四道桥贸易市场和

长征公园走一圈。到爵办事处去一趟。

五月二十二日

和力去幼儿园付款。到仙露芳一带走了一圈。

五月二十三日

去公园。

五月二十四日　星期日（丹东）

爵休息。爵、毅、力、我四人上八点去锦江山公园游览。十一时回来。李洪文和爱人陈节吾来谈一小时半回去。爵给我理发。

五月二十五日

君给我洗刷怀表。接溦来信。

五月二十六日

接玄来信。

五月二十七日

下午、晚上下雨。接敦来信。

五月三十日

君下午休息。

五月三十一日（丹东）

君休息，买来西瓜、草莓。

六月一日（丹东）

鹈来信。

六月二日

贤来信。玄寄衣到。

六月五日

吃草莓。万来信。

六月八日

晚七时，爵、君、毅、力、我同去鸭绿江公园散步，八时回来。

六月九日

沅来信。吃草莓。

六月十日

上午七时雨，未出门。下午去寄信。给爵看信。

六月十一日

借来《小说月报》。吃草莓，很肥大。敦来信。

六月十二日

上午去寄信。

六月十三日

晚，爵、君、毅、力、我去市区俱乐部看《白蛇传》电影。

六月十四日　星期日

上午去四边桥。

六月十五日

庚来信。

六月十六日

庚沪来信。

六月十七日

晨，雨。未去公园。

六月十八日　星期四

湘来信。

六月十九日

晨，雨。未去公园。

六月二十日

六时五十分君陪我和力去手表厂参观，乘厂车去，回来乘便车到站前，到家九时三十分。

六月二十一日　星期日

理发。上午，雨。下午去公园。

六月二十二日

立亨下午六时来。晚，爵五人去看电影《神秘的大佛》。

六月二十三日

吃樱桃、番茄。玄来信。

六月二十五日　星期日

君休息。

六月二十六日

爵去沈阳参观。4号送来菜四色。

六月二十八日　星期日

［中］君休息。爵［有］午后二时回来。晚六时三十分，我们四人去站前走一回（会）。项毅去校表现（表演）。

六月二十九日

中君给我买来棉纶丝袜。

七月二日

整天下雨。公园未去。

七月三日

吃牛肉。

七月四日

上午九时中君、项力去沈阳兄妹处。大雨。公园未去。

七月五日　星期日

今日，阴。雨止。

七月六日

今日放晴。

七月七日

爵今日休息，要同事来做厨门。晚无煤气。

七月八日

仍无煤气。中午、晚上到蓝同事他们家煮饭。天雨。

七月九日

天晴。

七月十日

鹅来信。晚煤气来。晚饭自炊。

七月十一日

中君、项力，下午二时沈阳回来。写信。

七月十五日

晨，下雨。中午理发。下午四时去公园。

七月十七日

晨寄庚信。庚来信。

七月十八日

晨细雨。写信。下午四时，没有煤气。

七月十九日　星期日

上午八时来抽水，有煤气了。晨雨。吃羊肉。

七月二十日

毅校放假。

七月二十三日

上午，毅、力、我去邮局。得壬来信。

七月二十四日

吃黄鱼。中午没有煤气。晚饭时，有煤气。

七月二十六日 星期日

为小事争执己见，团结是重要的。深夜大雨。

七月二十七日

晨，去公园后，即雨。水涨。

七月二十八日

晨，雨，公园未去。敦来信。庚、沅来信。

七月二十八日

爵为防洪值夜。与中君闲谈至十一时。

七月二十九日

晨，雨。下午四时去公园。中君买来棉纶丝袜。吃河蟹。庚来信。敦、沅来信。

七月三十日

晨，无煤气。天晴。中午，煤气来。

七月三十一日

天晴。23—31［摄氏］度。

八月一日

晴。下午四时，下小暴雨。

八月二日　星期日

中午没有煤气。傍晚和夜有雨。

八月三日

上午八时四十分，煤气来。晨，雨。下午四时去公园。玄来信。看到江上有十二只鸟不知是否是海鸥。

八月四日

天晴。

八月五日

天晴。晨转凉。吃茄子。

八月六日（七月七日）

煤气车来抽水。吃鲜荔枝。

八月七日

立秋。上午，阴。寄信。理发。

八月八日

今日煤气仍在开沟。

八月九日　星期日

爵有一家和我去照相馆拍照片。寄宜宝信。

八月十日

寄敦信。

八月十一日

天晴。

八月十二日

天晴。

八月十三日（丹东）

宜宝信来。

八月十四日

晨，重雾。

八月十五日(沈阳)

晨九时二十分乘快车来沈阳。爵、君送我上车。后小兰(中君女友)，同我下午二时二十七分到沈阳。宜宝、丽华、园园来迎。

八月十六日　星期日

上午八时，宝、华、园去北陵公园游览，中午十二时回来。傍晚六时下毛毛雨，不久即止。

八月十七日

晨，丽华陪我去辽宁工业馆附近游览。八时宜宝陪我去故宫参观，有些古字画。中午到李连贵［买］油饼，回来吃。

八月十八日

上午宜宝、园园陪我去中山广场和太原街一带参观。中午在沈阳饭馆吃汤包，十时—十二时看电影《花开花落》。

八月十九日

上午八时宜宝同去中山公园，十时—十二时看山东马戏。晚看电影《永恒的爱情》(巴基斯坦)。

八月二十日

上午八时宜宝陪我去动物园，十一时十五分回家。天阴。吃肥鸡、吃力鱼，此地叫快鱼。晚电视，《红蝙蝠公寓》《小马虎》。

八月二十一日

上午八时宝陪我去东湖公园看金鱼，花圃月季、大理花。晚吃饺子。爵来信，附敦信。

八月二十二日

上午宜宝陪我去沈阳工业馆参观。晚七时去沈阳体育馆看上海杂技团表演，到家已十时。

八月二十三日　星期日(丹东)

上午八时四十五分乘车来丹东，宜、华、园送我，在站等一小时。下午二时二十分到丹东，爵、毅、力来站接。

八月二十四日

上午写信，下午三时上街买物。天晴。

八月二十五日

晨去公园，回来下雨，整天阴雨。

八月二十六日

今日天晴，爵下乡工作，下午买来母鸡。

八月二十七日

气温16—28［摄氏］度。上午去邮局寄信，回来去公园。爵今日又下乡。

八月二十八日

看《小说月刊》。

八月二十九日

爵中午十二时从乡下回来。吃苹果，农历八月初一日，爵生日。

八月三十日　星期日

理发，爵、君、毅、力、我去鸭绿江公园拍风景照。去四道桥走一圈。下午三时，爵、我去看李洪文和爱人陈节吾，到家座谈约一小时。

八月三十一日(丹东)

经理王俊发同志傍晚来。晚吃巴梨。

九月一日(丹东)

天晴。爵下乡。晚，毅、爵、君谈至九时三十分。

九月二日

乘28次列车离丹东去北京，下午五时五十三分开。爵、君、毅、力送我上车。邹同志送来点心，同车有中君他们的王师傅、李洪文亦乘车送行。同车有解放军董同志，有嘉兴纺织公司同志闲谈。

九月三日(北京)

上午九时零一分到北京，敦来站接。在食堂吃饭，住他职工宿舍。

九月四日

敦去计委楼听报告。我拟去拍一寸照，到站问没有拍，要一星期可取，折回。中午，我自去食堂吃。中午十二时一刻，敦回来。今日，写信。敦借来《中国青年》《中国妇女》《科学画报》。

九月五日

三时三十分，电影《体育幼苗》和《先驱者之歌》，敦同去，看电影五时三十分散。我八时四十五分回宿舍。

九月六日

敦、我去天安门广场，八时十分到。克、亮九时三十分到，去拍照，到全聚德吃烤鸭。下午一时出来，同游陶然亭公园。下午四时，克、亮回房山。清回校。敦、我去再锷（谔）处吃晚饭。八时十分回到宿舍。

九月七日

去动物园商场买饭匣等。去时九点，回来十时。下雨，看澂致敦信。

九月八日

天晴。看书报。中午，敦陪我去农垦部外事局看汪潮，谈一小时。敦赶回上班。

九月九日

中午看电影，《警察局长的自白》，敦同去。

九月十日

湘来信。

九月十一日

上午十时三十分，再锷（谔）来，拿来月饼、苹果，坐谈一小时去。接玄、沅来信。

九月十二日

中秋农历八月十五日。上午八时去理发。晚饭仅项清、克、亮来，同看电影《远山的呼唤》（日本彩色片）。

九月十三日　星期日

乘游览车去长城八达岭，八时零五分出发，十时零九分到。十五时三十五分到北京车站，去西单取照片，克、亮回房山。清同回校。中午吃锷（谔）送来月饼、苹果。接爵附来沅、湘、壬、鹈、信。澂来信。

九月十四日

敦上午去报到。下午开预备会。晚看报。

九月十五日

今日敦正式听课。上午五节课，下午自学。晚看杂志《鸭绿江》。

九月十六日

我上午八时去动物园。中午十二时出来。下午八时十分看电影《午恋》。

九月十七日

晚看报。

九月十八日（北京）

车票购得。晚，雷阵雨。敦借来报纸。

九月十九日

整理行装。下午二时十五分敦送我到火车站，乘 13 次特快 5 车厢 4 下铺。

九月二十日（沪）

上午十时三十分到上海万有、项龙进车厢接，铮，彦，章在出口处等。中午壬、翌、铮、澂、万、丽、章、我、龙、凯、捷、建、玮、明 14 人共进午餐。澂、章送来大蛋糕祝贺壬有。

九月二十一日

写信。下午三时彦章来闲谈。他晚饭后去沃门路宿。看电影，《梅花巾》。

九月二十二日（沪）

写信。看报。

九月二十三日

天阴雨。看报。

九月二十四日

赛足球。

九月二十五日

晚电视。

九月二十六日

上午八时，去虹口公园参观鲁迅纪念馆和鲁迅墓。十二时回来。

九月二十七日

得庚、炜玮来信。看爵、庚寄壬信。庚寄爵转我信。（迁坟、贺信、县代表）。

九月二十八日

上午去虹口公园看鲁迅故乡摄影。据说，十余人费时半载去绍兴、杭州、南京、北京等地摄 4000 多幅，取 400 多幅，这次展 220 余幅，有香港陈复礼比较优。我八时去，十一时回来。

九月二十九日

上午去祥德路看舅嫂，留我吃饭。临行给我喜糖，知她的孙女阿福结婚。

九月三十日

项平中午从望亭来。项龙吃晚饭时到。

十月一日（沪）

澂、铮、玲、玮来，龙、我中午十二人共进午餐。得敦来信。

十月二日

看电视《盾》(一、二集)。

十月三日

上午九时，平陪我去澂家吃午饭、吃蟹。下午二时回来。看电视，《天山深处》《卡斯特桥市长》。

十月四日　星期日

晨，平回望亭。《凤鸣岐山》《阿童木》。

十月五日

电视，《花开花落》。四川抗洪。

十月六日

电视，《盾》(三、四、五集)。

十月七日

天雨。电视《逍遥津》《挡马》。

十月八日

天雨。电视《兵临城下》。

十月九日

写信。接庚、玄来信。电视，《护国抗袁》(蔡锷与小凤仙)、《知音》。

十月十日

上午去理发。看《姿三四郎》。

十月十一日(沪)

晨八时三十分，壬和我经静安寺至徐家江去漕溪，十时二十分到李家，秉[成]去看同事。阿四(治四女)陪宝官去西郊公园。[竹]萍陪我们去会[三]多，他正在休息，谈一小时，秉来。十二时午餐。[宝]官和[阿]四下午二时回来，闲谈至三时三十分，一同下楼去逛徐家汇百货公司。后壬和我从外滩回四川北路。(晚饭后)闲谈家务。八时三十分寝。

十月十二日(沪)

上午去公园。

十月十三日

去[四]马路新华书店。看电视，儿童营火会等舞蹈。

十月十四日

去虬江路一带。晚电视。看至九时三十分。

十月十五日

天雨。上午写信。

十月十六日

天雨。上午写信。

晚电视，《他在祖国大地上永生》(彭加木)。

十月十七日

晚《姿三四郎》(第十七、十八集)、《卡斯特桥市长》(第三集)。

十月十八日 星期日

上午八时三十分出门去溧阳路看俞启人。在他家和他的二、三子、长女同吃中饭，谈至下午一时三十分。他送我从塘沽路至四川北路第七百货公司处，我步行来回。今日项平、项卓生日，吃蛋糕。晚电视，《阿童木》。

十月十九日

上午去虹口公园走了一圈。晚电视，天津歌舞剧院选播，黄梅戏《罗帕记》。

十月二十日

晚看《十月》(双月刊)。

十月二十一日

玄来信，湘信玄附来。下午五时，澂来陪我去沃门路。晚电视，长城足球赛。

十月二十二日

今日澂休息。晚因风大转寒。电视《爱情啊你姓什么》。

十月二十三日

上午去大自鸣钟走一圈(两小时)，中午玲回来休息。晚，澂陪我去太原路刘一明家。

十月二十四日

玮下午回来。晚电视，《姿三四郎》(十九—二十集)、《卡斯特桥市长》(第四集)。

十月二十五日　星期日

玮陪我至北京东路702弄，在平家吃午饭。下午十二时三十分回来，知捷因病昨晚住院。龙去沃门路及医院，同捷回来。在平家，炎坤和他的爱人、二个女儿一同吃中饭，红方腿肉、菜心、狮子头、红肠、鲜菇炒蛋、肉炒豆荚、酱炒、蛋花线粉汤等七八个菜。电视因捷休息没看。

十月二十六日

上午写信、看杂志。晚看电视，《不该凋谢的玫瑰》(故事片)。

十月二十七日

下午四时三十分，澂来访，寄平鹣鹣信、爵有信和纸箱。通知捷住进医院。建、澂一同去医院看项捷，晚没看电视。

十月二十八日

农历十月初一日，星期三，晚电视，《公安局长》。

十月二十九日

写信。晚电视，《卖烧饼的姑娘》《乔迁之喜》(淮剧)。

十月三十日

写信。晚电视《南岛风云》。

十月三十一日(沪)

农历十月初四日。电视未看。早寝。

十一月一日　星期日(沪)

静铮上午九时来，携来刘一明送的麦乳精和糖果。晚电视《彭加木》。

十一月二日

看报书。晚电视，《女兵》。

十一月三日

看书报。凯傍晚六时三十分给我提托运来，在此晚饭。晚电视。

十一月四日

看《金陵春梦》(卷六)。晚看电视，朝鲜歌舞。

十一月五日

上午十一时，沅来。下午二时去四川北路药房办事和沃门路。

十一月六日

沅晚宿此。闲谈，没看电视。

十一月七日

沅下午四时来，平来。沅晚八时去沃门路。晚电视，《姿三四郎》《卡斯特桥市长》。

十一月八日 星期日

沅上午十时三十分来，去海宁路，十二时回。下午二时去轮埠回武汉。

十一月九日

上午去武昌路走来回一趟。晚电视，《喜盈门》，看至八时四十五分止。

十一月十日

上午去四川北路、海宁路来回。晚八时四十五分寝。

十一月十二日(沪)

上午去武昌路折回，下午二时，敦到即打电话给万有，要他来。看电视，足球。

十一月十三日(富)

上午乘九时零八分49次火车，由敦陪到杭，再乘车到富阳。十八点车来富，玄四时三十分来。晚四人谈家常。敦、玄已22年未会晤。晚，我们三人宿饭店招待所。

十一月十四日

敦晨六时去杭返沪。庚七时三十分返新。上午去鹳山、大桥一转。下午，去桂花马路一圈。晚电视《卡斯特桥市长》。

十一月十五日

晨五时遇钟已(以)亮闲谈半个小时。晚电影，玄、蓉我们三人去《血溅美人图》(昆剧)。

十一月十六日(富)

下午去晤郭书记、陈同志。长育来。晚电视，中—日赛，女排。

十一月十七日

晨八时，玄陪我回新登，同去中百晤陈经理。下午，庚、玄、我同去镇委晤谢书记。下午五时到庚处吃晚饭，谈至九时寝。

十一月十八日

晨，玄七时三十分回富阳。下午二时遇白人俊来，坐谈一小时。晨四时三十分息。

十一月十九日

写信，整理。

十一月二十日

庚来，我叫霞亦来，为整理房间事谈。庚花了三个小时初步具整齐。

十一月二十一日

今日起在食堂吃。布票今日领来15.5尺。

十一月二十二日

去看朝、伟，均未遇，晚庚来说明日去杭玩。

十一月二十三日

阴雨。饭到庚处吃，庚去杭。

十一月二十四日

阴雨。整理。庚下午回新。

十一月二十五日（新）

阴雨。整理。

十一月二十六日

天阴雨。上午去看望韩剑锋。

十一月二十七日

晚，庚、霞、炜去看电影《忠烈千秋》。庚送我回寓。

十一月二十八日

天晴。去看庐渭生，闲谈九十分钟。

十一月二十九日

上午到小柯家和长育家，在吴同志处吃中饭。下午再去小柯家、长育处。得澂、敦、玄来信。

十一月三十日

上午去沈有根谈造屋，去塔山看朱造屋，到善庆处略谈。回来吃午饭。下午四时路遇凌孙，略谈造屋事，与延庆又谈半小时。

十二月一日

天晴。抹身更衣。

十二月二日（富阳）

晨七时，庚陪我上车来富阳，到弄口，适蓉君去上班，给我提旅行包。玄晚给我设法铺床位。看电视，“亚非拉歌曲”（东方歌舞团）。

十二月三日

上午去市场一走。去看七美。晚看电影《小街》，和玄二人。晚电视，《孟丽君》。

十二月四日

上午九时去看钟以亮同志。上、下午写材料。电视，《辛亥革命在广州》《风流千古》（陆游和唐婉）。

十二月五日

上午，玄和我在人民来信来访室遇何同志和冯学昌，递申请到人民来访来信。晚电视，《苦果》。

十二月六日

下午偕玄去看文治，听说去新登，未遇王老大。晚看杂技、魔术。

十二月七日

上午九时，和蓉君、商业局人事科徐科长和财务股长周康三时见县长，谈情况半小时，据说有些问题要反映给财税局徐科长庆如。晚电视《女兵》。

十二月八日

写申请。看《民主与法治》。晚玄陪我去会王文治，六时去八时回来。

十二月九日

上午九时，蓉君陪我去财税局见蒋局长，他说要反映给劳动局、建设局，不成找统战部。晚吃饺子。电视《英俊少年》（外国电影）。中午十二时和蓉君看电影，《特高科在行动》。

十二月十日（富阳）

早上到鹳山外沿江走一圈，八时四十五分回来。下午我一人去县府交了申请。晚电视，相声。

十二月十一日（新登）

晨七时二十分车来新，玄送我上车，庚今日休息。理发，抹身，饭在庚处吃。

十二月十二日

上午八时五十分，章清木、胡春红来，九时五十分陪去庚家，午膳。十二时回来，他们下午二时回平畈。

十二月十三日

上午去俊兄家座谈九十分钟，下午去看望李全才（82岁），能烧饭，买菜，有气管疾病。

十二月十四日

鞋底加橡胶底，说十六日可拿。

十二月十五日

上午去中百问陈经理，他说要老曹去接洽，再决定。秀鸿陪我去镶牙，说十七日再去试样。

十二月十六日

整理探视历程，下午去拿鞋子。

十二月十七日

天雨。下午二时去看吴医师，据说他到富阳去，未回来。

十二月十八日

霞今日休息，去横溪。晚，坤来谈半小时，

辉来谈三小时。下午二时去看吴医师，遇许医师说去富参观牙科未回。

十二月十九日

今日放晴。下午，去看吴牙医，说二十四日再去。

十二月二十日

晨，育来说玄今明来。下午五时到庚处吃晚饭，坐定五分钟，玄到。吃了晚饭，回来宿舍，庚、霞谈到九时，他们回去。

十二月二十一日

玄、我九时去中百和陈、凌二经理谈，十时庚来略谈，陈有事出外，我们和凌谈至十时三十分，陈来略谈，我们回来，玄下午二时乘车回富。今晚饭后我和庚、霞谈一小时回来，已晚。七时。玄昨日给我带来新棉胎一条。

十二月二十二日（新登）

上午阴，下午晴。整理[材料]。下午五时，途遇罗玉德。她今年84岁还很健。今晚吃冬至粿饼，据说王老师家送来。整理[材料]，寻材料。

十二月二十三日

同昨，大晴。

十二月二十四日

天晴。整理材料。下午二时去镇医院，吴牙医为我亲手制作模型近一小时，要我在二十九日或三十日再去试试。

十二月二十五日

检查。天晴。抹身，更小衫。

十二月二十六日

遇水源，内子患眼疾。农历十二月初一日。

十二月二十七日

整理旧邮票。天晴。

十二月二十八日

整理旧邮票。天晴。

十二月二十九日

今日天阴，整理安排。

十二月三十日

得程国栋来信。下午二时去取镶牙，遇李作民（塔二学生）。晚五时三十分，庚、霞、炜、我去看电影《沙鸥》。

十二月三十一日

上午搞二扶梯及弄堂卫生二小时。下午去中百领票证及理发费，提栋寄来物，写信谢。

一九八二年

一月一日 （新登）

今日新年元旦。晚在项辉家吃晚饭。

一月二日

下午一时去看老朱嫂新居，遇章玉良嫂三人闲谈二小时。

一月三日

看《成语词典》。

一月四日

今日遇袁阿庆。

一月五日

今日晚餐吃面。

一月六日

中午杰到庚处，知关妹、月中来，约我去会。大家谈到下午五时，去杰家吃晚饭，关、月宿庚处。

一月七日

晨我去庚处同吃早餐，煎肉包，关[妹]回分水，月[中]回六渚。我八时三十分回宿舍，去中百看文件。下午去镇开会，未遇。

一月八日

理发。去中百，去镇，遇俊、杰，同吴镇长谈，尚不知。问谢，也说不知。问袁书记，说有夹在夹子中，取出给谢看。说城河边十五户已分配，将来城里安排。郭亦说要给你先安排。下午去看孙、陈谈一小时。

一月九日

上午七时二十分乘车来富阳，出站不远遇蓉来上班，给我提行李到寓处。她去上班。少息，我去工人文化馆看邮票展览。

一月十日

和项琪一同去看邮票展览，并买来二集邮本，给琪一本，并买了些特种邮票。下午十二时，长育来谈二小时回去。晚和莹谈勤俭之道。电视(中国—新西兰)足球赛。

一月十一日

上午沈文波来谈半小时回去。中午十二时，蓉给我电影票去看《蒙根花》电影。晚电视剧《藏金记》。

一月十二日

上午和琳去文具商店买点文具给她(她被评三好学生)。晚电视,《光明行》(待业青年)。

一月十三日

阴雨。下午五时庚到富阳。晚电视,《药》(鲁迅)。

一月十四日

看《小说月刊》。下午阴晴。

一月十五日

今晨玄、蓉陪外婆去杭。玄、蓉下午三时回来。中午十二时琪、琳、我三人去看电影。

一月十六日

今日下午三时蓉取来霞信和附来沅、玄、宜宝一月九日寄出照片。晚电视《秋瑾》《牧马人》。

一月十七日

写信。看《浙江日报》。晚电视《响铃公主》。

一月十八日

写信看报。下午庚有到。晚电视，香港片《夺命钱》。

一月十九日

晚电视。“蓉城之秋音乐会”(四川)。

一月二十日

上午七时去新登。下午三时回富。十九时三十分去看法国片《蛇》。

一月二十一日

上午和琪去农贸市场。晚电视《重任》。

一月二十二日

晨微雨，阴。晚电视《状元与乞丐》。

一月二十三日

阴，微雨。晚电视，日本美术片《天鹅湖》。

一月二十四日（富）

今天除夕，上午去农贸市场看看。晚电视，联欢晚会。

一月二十五日

春节，天阴微雨。电视《迎春文艺晚会》。

一月二十六日

天阴。看报。电视，文艺晚会，《凤凰山》。

一月二十七日

上午九时同莹看电影《哑女》。晚电视，《古墓香魂》。下午十二时春江供销社，回来已下午二时四十五分。

一月二十八日

下午一时蓉陪我去看望文治同志。晚七时去看望生昌。晚电视《三接新娘》。

一月二十九日

晚看电视，《唐太宗和魏征》。

一月三十日

晚看电视《革命中马前卒》。玄、琪、琳、我去看电影《智截玉香笼》。

一月三十一日（富）

早晨六时玄去杭接湘、成、耘、滨，中午十一时三十分到，下午三时湘、成、耘、滨、琪、琳去新登。晚电视，豫剧《换猪》。翌中要湘带来无锡“王兴记”小笼[包子]。

二月一日

玄做菜，湘、成、耘、滨、琪、琳今日去瑶琳洞游览下午四时四十五分到富。晚电视，《秋瑾》。

二月二日

晨六时和立成去鹳山，七时回来，玄、湘、成、耘、滨、莹八时去杭，下午五时回来。

二月三日

上午闲谈，下午去鹳山。下午五时去拍照（玄、湘二家和我，共十人）。晚电视，《孔雀东南飞》，湘带来铱金钢笔一支给我。

二月四日

晨八时三十五分，玄、蓉、我和湘、成、耘、滨到杭州游览六和塔、虎跑、动物园，游湖三潭印月、孤山、湖心亭到湖滨、六公园。去解放路百货公司走一圈。下午三时三十分大家告别，玄、蓉、我乘四点车回富阳，他们乘五时零五分火车去上海。晚早寝。

二月五日

玄今日去上班，上午八时三十分下雪，带回《浙江日报》《睡美人》。

二月六日

看报。晨起雪厚 2 寸。晚电视。

二月七日

看报。今晚又下雪。晚电视，《血染青山》《妯娌仨》《安娜·卡列尼娜》（第五、六集）。

二月八日

晨起。雪一寸半厚。加天线收六频道。

二月九日

下午二时，蓉、我二人去看梆子戏《智收姜维》。玄做面包夹猪油年糕。晚看电视。

二月十日（富）

电视《空谷兰》。玄盘存值夜未归。

二月十一日（富）

阴雨，天寒。上午电视，《第十四个冬天》（朝鲜）。晚电视，《天目风姿》《表的风波》。

二月十二日

中午庚来，玄亦回来，庚下午回新登，湘给笔带去。今晚琳陪蓉去值夜班。

二月十三日

今日天放晴。晚看矛（茅）盾《子夜》。

二月十四日

傍晚长育代宜宝带来苹果泥及罐头、黄桃、果酱。看《唐诗三百首详析》。

二月十五日

莹今日休息。晚电视。

二月十六日

今日放晴。晚电视,《你是共产党员吗?》。

二月十七日

今日天晴。晚电视,《伤逝》。

二月十八日

晨阴雨。晚长育来谈至八时回去，电视《多么美的除夕夜》。

二月十九日

天阴雨。晚电视，杂技、魔术。

二月二十日

天阴多云，有小雨。

晚电视,《火苗》《山重水复》(陈毅)。

二月二十一日　星期日(富阳)

今日上午阴。中午天晴日出。晚看电视。

二月二十二日

上午阴雨。下午四时去看七梅，坐谈三刻钟回。晚电视《盈盈一水间》《潇湘夜雨》。

二月二十三日

拟晨七时去新。因雨未去。晚电视,《钟声》。

二月二十四日(富阳)

天阴，有时有毛毛雨。我五时二十分去看电影《苏小三》一人去。

二月二十五日(新登)

晨七时二十分车来新登。上、下午搞卫生，在庚处进膳。晚七时三十分庚陪庭庭、兆兰来谈一小时回去。

二月二十六日

去中百，知陈在盘货，新经理李才来，在搬家。念慈来，拿来糕点。

二月二十七日

上午八时三十分去潭山头，在塔山双塘口遇郎玉芳同走，同谈到塔山烈士墓。竹笙、水松、镜吾都会到，留吃中饭，到家已十二时三十分。

二月二十八日(新)

昨夜雨。今日上午十时日出。

三月一日(新登)

上午去中百，先和秀鸿闲谈，继木来，同去看新经理李同志。午饭后去看杰，在吃中饭。十二时后，沈白、夏维来谈，到二时三十分回来看电影《剑魂》。

三月二日

上午九时去看俊兄，适杨炳生亦在，我和俊闲谈至十时四十五分告别。遇诸葛五奎略谈。晚八时寝。

三月三日

晨七时，遇桂惜华，向她道谢赠鸡，九时去镇，因忙未谈，去区未遇。去城墙边新屋，遇朱、王等，知分配房租单已发，自三月一日起租。吃水、厕所未解决，电亦未接通。

三月四日

上午九时，遇丁德康，到他家谈一小时回来。晚饭后，在市桥遇求真，知他脚受伤在医。

三月五日

今日去买信壳，是连邮票每只九分。

三月六日

庚处拿来油沸花生一罐。下午敏、政、炜、我去看电影《午恋》。

三月七日(新登)

上午八时，长育、立亨来，知立亨送媳妇去沪。他弟弟亦同来，乘九时车去窄溪。中午在庚处午膳。我回来到振民处，坐了半小时，和菊花谈家常。

三月八日

上午整理。理发、抹身，更内衣。丢钥匙。

三月九日

领退休金。今日放晴。日出晒被。

三月十日

找钥匙，无着。今日晴。

三月十一日

早上遇邬嫂。中午遇根香和莲儿幼女，同去庚家午膳。晚八时，看电影《乡情》，旁坐有于一镛、小柯、小华。

三月十二日

中午途遇周大源略谈。上午九时遇吴师母去她家谈。天晴。下午五时途遇郭政委谈公房事。

三月十三日

去看一镛，他已回去。我去看锡勇，他未起床，中午遇王奔川外甥，略谈。

三月十四日

日来霞业余课改在下午六至八时。学山来还杂志，略谈去。

三月十五日（新）

上午十一时去庚处，根香来，陪她来看了照片，陪她去车站。我送她桂元和香烟。下午五时，途遇延庆谈二十分钟。

三月十六日

上午八时四十五分去看智标。同去看区委新楼。到韩医师处小坐。下午抹身、更衣。晚饭后散步南津桥遇李经理，至塔山遇邬继福一同回来。重看蘩旧信。

三月十七日

写毛笔字。汝霞说长兴来看我过。

三月十八日

遇甫次女说武长兴来看我，未遇。晚五时三十分，去看电影，《当代人》。

三月十九日

学山嫂说大老坞郎天伟带信要我去玩。

三月二十日

天阴雨。学山买来长寿面。

三月二十一日

上午写字。看旧信。晚庚来给我开锁。饭后在弄口遇黄阿香来此闲谈。她年74岁。

三月二十二日

上午写字，看旧[信]。下午日出，晴。

三月二十三日（新登）

晨雾重，到十一时，日出放晴。赶快洗鞋和巾。下午一时钟以亮来看吴子坤，说买就车票去龙羊。下午两时念慈来谈家常，半小时回去。学山送来气功书给我看。得沅来信。

三月二十四日

晨雨。晚五时三十分霞、炜、我去看电影《警察局长的自白》。

三月二十五日

写信。今日下午霞去桐庐。天阴有小雨。

三月二十六日

写信。天阴有小雨。

三月二十七日

写信。下午二时三十分立亨、宜宝来谈，四时回去。

三月二十八日

上午九时去电话约玄、蓉来，他们下午四时到。同到庚处吃晚饭，谈至八时三十分回来。约宜宝、立亨长育、梅冰吃晚饭。

三月二十九日

上午七时三十分，玄去中百会陈、李，八时十五分车回富。写信。霞母今日中午来。

三月三十日

天放晴。抹身，更衣，写信。下午五时三十分，去看电影《蛇》。

三月三十一日

今日天晴，大太阳。下午四时霞陪她妈来略坐。晚八时二十分张学山来。

四月一日（新登）

今日天晴。中百明日开展销会。晚，庚、霞、霞妈、我同去看电影《回头一笑》。

四月二日

上午九时新登房管会，王全海同志由沈福贤的女儿陪同来了，解房住问题，谈半小[时]去。

四月三日

上午去老庐处谈一个半小时，下午三时去沈福贤处闲谈，陈阿炎来，我至五时回来。

四月四日

上午七时遇瑞儿妈。九时去小柯家，遇一镛、杏弟，知沈成玉、吴秋云来过。霞、敏去垅坞，下午回来。

四月五日

写信。买物。看报。

四月六日

知传颂于三月二十日病逝（壬来信）。我去塔山遇洪霖（79岁）、陈大成（81岁），李全才、孙利安在晒太阳。早上曹根华说这次房子可能分到我，问谁说他说老钱。

四月七日

看旧信。整理。霞未回。

四月八日

理发。得沅、玄信。沅亦告三舅病死。

四月九日

今日庚、霞休息，去桐庐。霞未返。

四月十日

晨去看沈，成玉、知吴秋云去六(渌)渚。下午四时念慈来说元将要我去吃晚饭。

四月十一日

晨遇沈会计，知吴秋云尚未回来。晚看旧信。

四月十二日(新登)

看旧信。

四月十三日

庚下午富赴杭。看旧信。

四月十四日

庚下午回来。看旧信。

四月十五日

晚六时去沈会计家，遇秋云谈一小时回来。接澂来信。

四月十六日

下午四时去邀沈成玉、吴秋云来吃晚饭，邀汪人侠作陪。来宿舍看照片，谈一小时，到城内庚处吃饭，闲谈二小时。

四月十七日

看旧信，下午去看新建电影院和公房。

四月十八日(新登)

去[长]育家，知他这星期没回来。我修补旧小袴裤二套。

四月十九日(富阳)

庚送我上车，乘六时五十分车来富。去饭店适遇蓉，她给我拿行李。买来九时电影票，我一人去看。晚电视《陕西唐墓壁画》。

四月二十日

得敦来信，如去沪，他来陪我。即写信复不去。

四月二十一日

霞上午九时三十分来富，她带来敦、万信。看《小说月报》(四期)。

四月二十二日

玄今晚值班，未归。晚电视，朝鲜故事片《木兰花》(第五集)。

四月二十三日

中午吃面。晚电视，《徐霞客和他的游记》《西安唐三彩》《山民》。

四月二十四日

看青年报。晚电视，《挂钥匙的孩子》《乡情》。

四月二十五日(富阳)

晨微雨，去鹳山一圈。上午看电视《丹凤朝阳》。晚看足球赛。

四月二十六日

看《三姐妹》小说。越剧《龙凤花烛》。晚电视，跳远新秀李惠荣、独臂独脚全能运动员李成刚。

四月二十七

晚电视，《花田八错》(云南台，关肃霜)。玄今日值夜满，回来宿。

四月二十八日

晨遇徐正同去，宿舍谈半小时。晚电视，四川音乐舞蹈。

四月二十九日

晨遇金梅夫妇。蓉购来电影票，我和莹去看。晚看电视，《木兰花》(第六集)。

四月三十日

晚电视，刘海粟在福建现场挥毫书画，晚电视，《秦王李世民》。

五月一日

上午电视，现代魔术。中午放晴。看《黄河源》(宁夏台)。

五月二日

看《小说月报》。晚电视，足球赛。

五月三日

上午去理发。晚电视，《歌德故居》。

五月四日

看古诗文注。晚电视，第九届亚洲女子篮球赛(中国胜日本)。

五月五日

看报。晚电视，“文明礼貌月”、曲艺专场。

五月六日

今日立夏。晚蓉、玄、我去看电影《新天方夜谭》。

五月七日

下午二时，蓉给我电影票去看《幸福之歌》。晚电视，《三看御姐》《长城》(香港片)。

五月八日

看《小说月报》。晚电视，浙江省优秀青年歌唱比赛。

五月九日

看报。晚电视，绍剧。

五月十日

看《小说月报》。晚电视，浙江省优秀青年歌唱比赛。

五月十一日(富)

天大热，晚下雨。玄今晚在春江值班。电视，浙江省优秀青年歌唱比赛、《秦王李世民》。

五月十二日(新)

晨乘七时车来新登。中午日出，晚暴雨。晚看《人民日报》。

五月十三日

晨去中百取款，和柴略谈。下午去志标处，闭门，再去沈福贤家，知房屋已分配，给我通知单。

五月十四日

晨七时三十分打电话给玄，他上午九时三十分到，下午三时玄、庚去看中百李经理谈三十分钟。晚玄、庚谈至十时四十五分回去，十一时十五分寝。晚七时至九时停电。

五月十五日

晨五时五十分玄、庚去富，庚上午十一时回来，得玄信。我下午二时去房管会未遇，托沈代缴。写壬信。晚饭后，遇袁志林谈。

五月十六日　星期日

上午写沅信。中午十二时我和敏、政、炜去潭山头。归途遇钟镜吾，去杭医治回来。

五月十七日

写信。看报。

五月十八日

写信。下午五时遇房管会华同志，问通知收到否。

五月十九日

上午八时遇李经理谈房子事。写信。

五月二十日

看成绩单。晚六时三十分，庚、霞、炜去看电影《白奶奶醉酒》，庚送我回来。

五月二十一日

去取来公房钥匙。写信。

五月二十二日

写贤信。接贤、鹣来信。

五月二十三日

星期日。看旧信。

五月二十四日

上午去智标处，并交给他钥匙三个，托他把房间门打开通通风，谈二小时回来。

五月二十五日

气温早上22—24［摄氏］度，中午32—34［摄氏］度。写信。晚庚来给我翻被。

五月二十六日

写信。理信。

五月二十七日

整理。理信。

五月二十八日

上午俊来闲谈二小时去，下午五时百金来看集邮册半小时去。理信。

五月二十九日

理发。理信。

五月三十日

晨七时长育来，同去公房，闲谈至八时五十分回去，谈电影《牧马人》和《西安事变》的一些概略。

五月三十一日

整信。

六月一日

得清和来信。庚去富开会，晚回。写信。

六月二日

整理旧信。下午四时李记者送来县人代会开会通知。

六月三日

写信。上午八时同俊、杰又去看房子，去看吴师母。

六月四日(新登)

中午买车票遇王金根、徐林凤略谈。

六月五日（富阳）

晨六时五十分车来富，到富七时四十分。晚看电视。蓉给我织就背心。

六月六日

上午去县委报到。下午开会，预备会。晚看电影《杜十娘》。

六月七日

上午大会，听报告，下午讨论。晚看绍剧《包公打銮驾》。

六月八日

上午讨论，下午讨论，送提案。晚看电影《红象》。

六月九日

上午大会，下午讨论，中午去广播局。晚看电影《升官记》。

六月十日

上午讨论《宪法》，下午大会。晚看电影《阿Q正传》。

六月十一日

写信。玄买来奶粉、饼干。天晴。

六月十二日

写信。蓉今日去杭公干，当日回来。天微雨。

六月十三日

写信。晚电视，《模范丈夫》。天晴。玄值夜。

六月十四日

上午七时在车站遇长育、梅冰及儿媳妇和孙女。下午一时，莹陪我医院看七妹，孙亦在，略谈，回。

六月十五日

微雨。看《芙蓉夜香港》。晚电视《凄凉辽宫月》。

六月十六日

晨雨天。电视，《飞天》。

六月十七日

看《最后的女证人》。晚，一人去看《笑比哭好》电影。

六月十八日

看《富阳风貌》。晚电视《午恋》。

六月十九日

上午八时，玄有说仙花和她的第三个儿子要来看我。已有十五年未(会)到了。九时仙花来，送桃子、月饼、皮蛋。下午，蓉买了话剧团票和仙花去看，玄去上班，我理发。

六月二十日

（上午七时）仙花回去。接沈成玉、吴秋云、爵有来信。晚电视，《美国魔术师》。写信。

六月二十一日

晨起城河水涨至对岸上，富春江水涨，轮渡不开。电视《郑成功》。晚电视，《银幕内外》。因发大水，玄不能去[上班]（新安江放水无轮渡）。

六月二十二日

中到大雨，水涨，玄仍不能去上班。通电话。上午我去边江看大水。我、玄去看《少林寺》。晚电视《新闻联播》。

六月二十三日

天晴，水退。玄乘生产队船去上班，下午轮渡通。晚电视，《歌曲欣赏》。写信。

六月二十四日

天晴。写信。晚电视，《燕燕》（越剧）。

六月二十五日

看《160名自学成材故事》。看报。

六月二十六日

晚电视《虾球传》（一、二集），下午四时，同玄去看老钟，约明晨谈。

六月二十七日　星期日

上午八时去看老钟，谈一小时回来，写申请。

六月二十八日(富)

上午写申请。晚饭后，琪、琳、我三人去鹳山走一圈。

六月二十九日(富)

写申请。下午五时去看老钟。

六月三十日（新）

上午六时三十分车来新登。看报。找资料。

七月一日（新登）

阴雨。上午去付房租。看旧信。

七月二日

看旧信。阴晴。

七月三日

看旧信。晴。

七月四日

上午八时三十分去户口登记。由一位姓吴的女同志询问登记。中午吃汝霞买来香蕉。霞今晨去胥口户口登记。

七月五日

室内气温中午31［摄氏］度。早、晚29［摄氏］度。大晴。整理旧信。

七月六日

整理旧信。

七月七日

晨写信。整理旧信。

七月八日

上午去取退休金。下午去取秋季粮票。理旧信。

七月九日

七时去理发。八时去塔山，据说看延庆跌伤，住在城阳医院七号病房，嫂在家。略谈即回宿舍。理旧信。庚他们五人去旧院看《少林寺》。

七月十日

寄信。洗汗衫、袜。理旧信。

七月十一日（新登）

上午整理旧信。午饭后一镛三子（丹心）来和一位姓郎的朋友谈半小时回去（于一明妈陪来）。项敏今晚宿此。

七月十二日

晨五时十五分，汝霞给我购来新影院《少林寺》电影票。根华通知十三日上午七时区委开讨论宪法草案会。向洪纪风借来宪法草案，下午、晚上阅读三遍。

七月十三日

上午七时，去问柴，劳他通知，谢谢他。他说开会一天最好先至镇委问问，去镇委谢书记处，说不接头，问问老朱，老朱不在。问姓吴的说是得开一天，即去区委。陈区长等在门口，送客后即至楼上会议室。至十一时，在区委午膳。回家午睡。下午一时三十分再去继续讨论。四时三十分散。天热37［摄氏］度。

七月十四日

去还宪法草案，到医院配药。看报。

七月十五日

七时去俊兄处坐谈一小时回来。天闷热。中午遇沈文波。

七月十六日

要庚去白家望白人俊病。七时三十分去，十一时三十分回来。写信。

七月十七日

气温29［摄氏］度。阴。写信。中午秀鸿对我说富阳打来电话要我去富。晚饭后，雷雨稍小。敏陪我回宿舍。

七月十八日

整理信稿。

七月十九日（新）

上午去杰兄处（八时至十时）归途遇微雨，回来更衣。

七月二十日（富）

上午七时十分乘汽车来富。玄十九日至二十二日在家休息。

七月二十一日

上午八时去看钟，他出差。十一时四十分去看电影《刀光虎影》。晚电视《齐王斩后》。

七月二十二日

晨去看钟未回。晚电视《爱情被遗忘的角落》。

七月二十三日

晚七时五十分，玄、琪、我去看《升官记》电影。

七月二十四日

上午去看钟，尚未来。晚电视《少林寺》，主演李连杰。晚电视，《喜鹊泪》。得知新登五金厂出了一个公伤事故。

七月二十五日

晨去看钟，未见。寄信。晚电视，《笑的晚会》。

七月二十六日

晨去遇钟（四题交）。晚看报。

七月二十七日

晨遇周关锡君，说要带口信给庐、朱二君。因陈同志没时间，要稍后来新登，整理工商联互助会等事。晚电视，“家庭养花——月季花”。

七月二十八日

上午八时去看钟，遇到。购得《古文观止》《精神文明与心灵美》,《一个记者的日记》。和玄讨论申请问题。

七月二十九日(富)

晨五时四十五分,去鹳山,途遇雪花。至山顶,遇文治。回到家六时四十五分。拟稿。看1982年第5期《小说月报》。晚电视,李燕杰报告。

七月三十日(新)

晨,乘七时[车]来新登,七时四十分到后不久即小雨。搞卫生。

七月三十一日

上午写信。天阴,微雨。拟信稿。

八月一日(新登)

晨七时三十分去看卢,将富周口信带给他。又去看元将和长育。十时四十五分,念慈送来水蜜桃和三花梨。路上遇陈渭林略谈,回来吃中饭。

八月二日

拟信稿。午饭后,关荣的女儿(小猫),三子岳南来坐谈一小时去。接沅来信。拟信。

八月三日

整理申请,晚庚、政、炜来坐谈半小时,三人同回去。晚九时三十分,狂风暴雨,前后房间漏六七处,一小时后渐小,后息。

八月四日

上午七时长育谈至九时二十分回去。托徐司务带水蜜桃给蓉。下午五时三十分狂风暴雨,改穿高帮套鞋回来,一小时渐小,雨止。

八月五日

上午去看吴,未遇,到镇亦未遇。晚去,蒙他的儿子去找,谈一小时半回来。

八月六日

抹身,更衣。傍晚去吴家,过长育处。

八月七日

上午拟稿。晚饭时到即倾盆大雨,门前水流成河。

八月八日

上午去看陈邦仪,中百经理李永仁,新来同志陈士根,亦在座,略谈一小时回来,中午去中百和李、陈继续谈半小时回来。

八月九日

庚、敏去垅坞车谷。晨去,下午二时回来。写信。中饭后到混荡桥,遇到张宝昌,到他家谈半个小时,出来遇春树,稍坐,他爱人亦到。

八月十日(新登)

今晨,去寄申请玄信去回来有阵雨,到家,放晴,衣衫均湿。今晨敏、政随舅去珠村。

八月十一日

阵雨数次,似秋水秋雨。主要是飓风从福建登陆。晚,去看电影《金鹰》,庚送我回来。

八月十二日

看报。理旧信。

八月十三日

晨去看春树,他已去窄,爱人尚在家,托她洗照片。写信。

八月十四日

看《金陵春梦》第六集,数页。理旧物。

八月十五日

接富工业局通知,知自来水已拨款,改进供水。但把我名字弄错。晚子坤来闲谈一小时。

八月十六日

去信更正名字。看《收获》。整理旧物。

八月十七日

看徐悲鸿爱人廖静文《往事依依》。写毛笔字,撰小史。

八月十八日

上午搞卫生一小时半,得富常会复信。

八月十九日

上午搞卫生一小时半。下午三时唐太来,来陪富县府龚同志来了解项汉林情况,坐谈一小时回去。玄傍晚七时到。庚来谈至九时十五分回来,霞来略坐回去。

八月二十日

晨八时,庚、玄、我三人去中百李、陈二经理,谈到十时回来,玄乘下午六时十五分车回富阳,交中百被借用拖散家具什物清单。

八月二十一日(新登)

理旧信札在后房。

八月二十二日

看旧信。晚政问女排得冠军日期，我查至八时三十分，知是一九八一年十一月十七日。

八月二十三日

晨五时将报送给政。看旧信。

八月二十四日

天阴转凉。晨起穿上制服，看旧信。得敦来信。

八月二十五日

天阴有时有小雨。看旧信。

八月二十六日

天阴有时有小雨，中午遇孙玉娟（仁斧女）略谈近况。看旧信。上午十时去看长育，略谈一小时。

八月二十七日

晴。日出。整理石灰筒。

八月二十八日

晨去理发。今日停电，上午六时至下午六时。

八月二十九日

理旧信札。

八月三十日

理旧信札。晚饭后去南津一走。晚吃面。

八月三十一日

理旧信札。

九月一日（新）

理旧信札。

九月二日

在后房理旧信。看《大众医学》。

九月三日

在后房理旧信。

九月四日

今日中百开展销会。晚六时，庚、霞、敏、政、炜去看电影，我不去。

九月五日　星期日

中午霞要政去给我买来《赛虎》电影票，加演事迹片《彭德怀》《贺龙》。周大源在庚处等我去闲谈，回来午睡一小时，去吃晚饭。

九月六日

看旧信札。早上读了一篇古文，晚饭途中遇阿贞，她从阿南家回家去。

九月七日

在后房理旧信。晚饭。途中遇袁阿兰从阿贞家回家。

九月八日

中午下颚第三个虎齿断（右），下午三时去请吴医师拔去，说要过一个半月才上镶配。领退休金，发八斤油票。

九月九日

整旧旧报。处理旧信。以“撕、暂存、存”分类。

九月十日

中午区委陈到宿舍来找我，我已走出。饭后孙对我说陈来过。下午二时，我去区委稍坐。他想问周廷儒情况，已向新登中学问来，我略坐即回来。

九月十一日（新登）

十二日中午听说在请客为土地事云。

九月十二日

尼克松来华消息。城河水不下雨即臭。今下午五时去吃晚饭，在混荡桥头，看到三个移民（父、子女）在挖河泥晒干，是个办法，一举两得。

九月十三日

何北仁谈毛主席给亲友五封信。晚饭将半，陈顺德和陈邦仪同志来，略坐后去新登中学。十九时回来又略坐。

九月十四日

看报，十二大选举、闭幕等情况。寻报，毛主席给亲友的五封信。

九月十五日

上午九时半，陈仁文同志来谈，同郭说不久范即来了解情况。李经理中午送（政委）的信给我，说迟几天要和我商量一件事体，他已去过富阳，说已协商。

九月十六日

上午六月十五分，霞陪陈荣仁来坐谈一小时，说他昨晚去了陈绍松家。

九月十七日

得沅来信，知彦章调工作尚未成。晚六时场，庚、霞、我去看电影《天山行》《人参果》。

九月十八日

略整旧报。天闷。培要旧报纸，理些给他。

九月十九日

写信。晚，坤来闲谈近一小时。

九月二十日

理旧信。

九月二十一日

得贤、壬、湘来信。去澂信。

九月二十二日

复壬信。理旧信。

九月二十三日

理旧信。

九月二十四日

中午，在庚处午餐，正要离去。陈荣仁来，和陈谈二小时。晚饭后去他亲戚家，回看了他，他爱人和孙儿均会到。得玄、鹣来信。整旧信。

九月二十五日

整旧衣。晚，庚、霞、政四人去看《哑女告状》，越剧。

九月二十六日

整衣。看报。

九月二十七日

整书报。下午五时四十分，庚、霞、我去看《孔雀公主》电影。

九月二十八日

上午十时，区里来电话要我去一趟，因县里有一位姓徐的干部（徐士剑）说要收集“五四”“五卅”“北伐”等资料。陈区长、陈邦仪均在座，谈一小时回来。

九月二十九日

中午一时傅春树送来代洗旧照片（问他爱人名吴玲仙）。晚饭后，庚送我来，谈一小［时］回去。

九月三十日（富阳）

晨乘六时五十分早车来富，霞送我上车，到富后去街上走一回。晚看电视。

十月一日（富阳）

上午看电视。下午五时四十分琪、琳、我去剧院看《佩剑将军》。电视“中国广播艺术团晚会”。

十月二日

上午电视，《夏令营》《山道弯弯》。晚，《上海屋檐下》（一、二集）。

十月三日

上午《南京小红花》、《幸福的孩子》。下午同琳去鹳山走一圈，贴出有画展，作者都知悉。晚看《上海屋檐下》（三集完）。

十月四日

今日看《因为我是共产党员》《新天方夜谭》（英国故事片）。

十月五日

写信。晚电视。

十月六日（富阳）

看报。晚电视。

十月七日（新登）

晨七时乘车来新，项莹送我上车。新登今日停电、缺水。搞卫生。写信。

十月八日

上午八时去城阳医院，吴医师说改日镶比较好。去缴房租，该所已搬迁，去问福贤，在途遇二妹同去所缴。到中百领退休金，李、陈二经理谈已去富，问过有答复（九月二十五日）指示，房屋同意折款，房租照补发，活动工资，从平反按工资折扣补发，自后照发粮价补贴，补发二年（［19］80年至［19］81年）。抄家问题由县府处理，家具存在返还，失去折价补偿。中午我去电话。玄下午六时到，庚来同谈到十时三十分，庚回去，我和玄十一时十五分寝。

十月九日

上午七时三十分，玄、庚、我三人同去，谈至十时三十分。下午一时又谈至三时三十分回来，房屋由李经理、朱镇长去富协商，危房应速处［理］。玄乘下午五时车回富。途遇吴大恒，知吴师母病。

十月十日

星期日。和长育谈一小时，和小柯谈四十分钟，去看吴师母，未遇。晚看报。

十月十一日

晨去看吴师母，门关着，未遇，回来。晚看报。

十月十二日

晨去镇委，镇长未遇。去看吴师母谈一小时回来，途遇俊兄略谈回来。写信。下午又去镇委，谢去富开会，朱今日有事未遇。中午汪桂儿和她的侄女来，知因房子纠纷，今日第二次出庭。

十月十三日（富阳）

上午，庚出差陪我到富阳。霞到站来送。到富，蓉回家安排即去上班。庚八时三十车去杭。下午莹给我买来电影票，我一人去看。蓉也给我买来电影票，退掉。晚电视，国庆晚会。看《古文观止》。玄值夜未回，蓉、莹去值夜。

十月十四日

中午莹又给我买来电影票，我一人去看，玄代蓉值夜。晚电视。宁夏越剧团《霓裳恨歌》，看到九时。

十月十五日

玄中午回来，下午二时看陈仁文同志，谈半个小时，上午写信，晚电视，小品《人与人之间》。

十月十六日（富）

看《古文观止》。晚电视，《背井离乡》（故事片）。

十月十七日（沪）

玄、蓉和我乘十二时三十分［车］来杭，行李寄城站，到晓春处一转，谈数小时回城站上车，乘十七时十六分车来沪，九时零五分到，壬适在家吃晚饭。十一时寝。

十月十八日（沪）

上午去四川北路商场，下午三时去看舅嫂，福福在家休产假，坐谈一小时，吃了月饼回来。晚电视。晚，壬、玄、我三人闲谈。

十月十九日（沪）

上午去南京商场。下午二时去看平伯母。她健好，耳朵重听。晚电视，《玻璃桥》。

十月二十日

上午去淮海路，下午五时去澂家，澂适前一刻钟到家。晚饭后回来。略看电视，检察官片段，十一时寝。

十月二十一日

玄、蓉去豫园金陵东路外滩，我在家休息未回。晚电视，《芦笙恋歌》，略看。晚十时三十分寝。

十月二十二日

上午去四川北路。十时回，玄、蓉去南京路，十一时三十分回。下午一时，玄、蓉、我三人去漕溪新村秉成处，回到家已下午六时。晚电视《动物天地》《刀光虎影》。

十月二十三日

晨三时，玄去购车票。平，下午来，带来河蟹。晚电视，《神秘的旅伴》《蹉跎岁月》。

十月二十四日

玄、澂、明下厨。中午我、壬、翌、平、卓、捷、澂、铮、万、丽、凯、明、玄、蓉十四人聚餐，玲下午下班来，饭后去虹口公园，晚饭十五人共进，捷去建家，只有她和小潘未到。晚电视《蹉跎岁月》。

十月二十五日

玄、蓉乘五时五十五分快车回杭去富，送他们上汽车后我去理发、拍照、洗浴。下午三时三十分建和小潘到，送来蟹、柿子。上午和平闲谈，她下午出去公干。晚电视，《一个不可思议的企业》三集。

十月二十六日

上午八时三十分去看启人，他已于十月七日去安徽教书，和他女儿谈四十分钟回来，也谈起她外婆家房屋纠纷事。晚电视，续昨，说今年产值四千万元、利润四百万元。

十月二十七日

晨二时下小雨，即止。天转寒，小照片取来，写信。晚电视《喜鹊泪》。

十月二十八日

写沅、鹣信。［项］龙工作是水利电力部电科院系统所措施组工作。晚电视，《车田村的小客人》《沙漠王子》，看至八时三十分。日间有小雨。

十月二十九日

晨雨。十时晴。写信。看报。壬晚十时出差去淮北。晚电视，《战斗的年华》（贺龙、篮球）。

十月三十日

天晴。写信。晚电视，《邻居》。

十月三十一日

上午和项平谈谈，建来，三人谈，看《傅雷家书》。晚电视，庚附来启人信，写有“老牛遥看夕阳短，不待扬鞭自奋蹄”。

十一月一日

今日晴。上午去虹口公园（平晨去望亭）看安徽美协展出木刻、油画、国画。晚电视，《继母》。

十一月二日

找寻陈其才资料无着。晚电视，《阿里巴巴》法国故事片。

十一月三日

上午去虹口公园。今日菊展开始，有八种颜色的花一千余盆、标品种展出。晚电视《新闻联播》。

十一月四日

给政信。天阴。晚有小雨。晚电视，儿童小品集锦、歌唱集锦。

十一月五日

看报。《傅雷家信》。晚电视《居里夫人》（1—3集）。

十一月六日

看《傅雷家书》。晚电视《世界动物》。

十一月七日

看《杜月笙》，徐铸成著，大公报记者。壬有凌晨到家。晚电视，《花样飞行》。

十一月八日

上午去虹口公园，称体重116市斤，长1.67米。

十一月九日

天阴，有时有小雨。看书报。晚电视《当代人》。

十一月十日

晨七时出门，八时到画展门前，排队半小时，八时三十分进场，看法国二百五十年绘画展，九时五十分出场。有三张感到“叹为观止矣”，有二三十幅精品，其余一般。十时到人民公园看菊展，来自十四个城市的菊花，据云有品种有三千余种，十万盆，十多万株。回到家十一时五十分。阿姐于十二时三十分去开会，领烈属证。午睡，因兴奋未能入睡，一时三十分至四时十五分起来。晚电视，广播台文艺晚会王文娟、徐玉兰、丁士娥等演唱。今日可称三丰收：天晴很好，看花、看画。详情录另本。

十一月十一日

上午摘荠菜，看报。下午去买抄本、砚台。买砚台我给二元钞一张（0.75），她找我2.25元。她去招呼另一位顾客，我说同志多找一元了，她收下说谢谢你。晚电视，“胡晓平独唱音乐会”。她是不久前代表中国参加第二十届布达佩斯国际声乐比赛，荣获大赛第一名和特别奖。她用德、奥、英、意、法等歌唱多首歌曲。记者问她有什么感想？她高兴说：今晚音乐会上没有任何扩音设备，场内没有一点杂音，我再一次谢谢听众。

十一月十二日

上午八时三十分去虹口公园去参观鲁迅纪念馆，十一时三十分出来。晚电视《居里夫人》（4—5集）、话剧《孙中山》（第四幕看起至结束）。

十一月十三日

写信，画菊。晚电视《新闻联播》。

十一月十四日

查陈报。看世界之窗。晚电视《复仇》（罗马尼亚故事片）。

十一月十五日

看世界之窗。晚电视，《孔雀公主》。

十一月十六日

看《世界美术》（捷借来）。晚电视，《新闻联播》。

十一月十七日

上午去虹口公园，再看菊展，有黄绒（似黄绒球一般）、雪兆丰年（白球状很大）。看《世界之窗》。晚电视，《梅岭星火》（陈毅）。

十一月十八日

天晴。去海宁路一带走一圈回来，晚电视，《灰姑娘》、亚运会预赛。

十一月十九日

天阴小雨。晚电视，亚运会开幕式、《动物世界》。

十一月二十日

天晴，看《海外风情》。上午去虹口公园到江湾路旧校址走一圈。晚电视，《小小杂志社的人们》《罗宾汉》（一集）。

十一月二十一日

下午澂来，陪我去沃门路。到时赵定毅、凤弟同在看电视，赵因身体欠佳由玮陪回去。晚饭吃蟹，吃大广柑（福建产）。看《罗宾汉》（第二集），十一时二十分寝。玮晚饭后回校。

十一月二十二日

晨六时二十分，澂陪我至北京东路，乘21路上车到四川北路。我睡二小时。看《新民晚报》。晚电视，《革命军中马前卒》《刀美兰独舞》。

十一月二十三日

翌上午九时出差去京，项平下午七时因出差来沪。晚电视亚运会，歌舞晚会。

十一月二十四日

上午去虹口公园。晚电视，亚运会。捷借来《外国美术》四本。

十一月二十五日

上午去虹口公园，看市中小学办摄影和盆景，有一盆仙人山摆在地上，高过人头，枝丫宽及一米。接玄、琪、琳信。平返望亭。晚，亚运会。

十一月二十六日

天阴雨。看旧报。晚电视，亚运会（一集）。

十一月二十七日

看旧报。晚电视，五届人大、亚运会。《罗宾汉》（第三集）。

十一月二十八日

天阴雨。今日星期天。壬仍上班，卓、捷休息。建中午来。上午电视，木偶、《红孩儿》节目，风景艺术均佳。晚电视《山胖子》山东电视剧，拍摄有水平。《罗宾汉》（第四集）。

十一月二十九日

查旧报。天阴，有时有雨。晚电视，亚运会、《彭大将军》。

十一月三十日

上午理发，去虹口公园。下午洗浴。得敏、政信。整日有太阳。晚，亚运会、歌舞集锦。捷借来《列宾》《世界美术》（[19]81年1期）、委拉斯凯兹等的美术画册。

十二月一日

项捷陪我上午八时看《茶馆》电影，表情（演）艺术有水平。打信稿。晚电视，《鲁迅》电视剧，好题材没有演好。亚运会直播，中国歌舞团表演片段。

十二月二日

上午写信。晚电视，《新闻联播》、亚运会、《小不点》《斩马谡》。

十二月三日

上午去虹口公园。中午十二时看亚运会中朝女篮决赛，中国胜。下午四时三十分亚运会中日女排，中国胜。晚电视，五届人大小组讨论会，亚运会。

十二月四日

上午写信，星期六。晚电视，五届人大、亚运会、《动物世界》《罗宾汉》（第五集）。

十二月五日　星期日

项建来，拿麻球来吃，并给我电影票（十二月八日下午），翌给我奶粉，建给我萨其马。晚电视，五届人大、亚运会、《罗宾汉》。

十二月六日

上午去虹口公园。写信。晚电视，五届人大、亚运会。

十二月七日

天阴。写信。晚电视，五届人大、亚运会。

十二月八日

天雨。看报，看下午四时二十五分场电影。晚电视，《新闻联播》、五届人大。得庚来信。

十二月九日

上午阴雨。下午止。看《译林》中短篇数则。晚电视，《新闻联播》，招待参加亚运会运动员，十一块金牌。

十二月十日

闲谈看报。天阴有小雨。壬有去宝钢。晚电视，国际新闻、《牧马人》。

十二月十一日

天阴。壬晨去台州，傍晚平到。下午三时徐海雪来谈贤近况（半小时），晚电视，《新闻联播》、体育。

十二月十二日 星期日

今日都休息。建十一时来。天晴。晚电视《人世间》片段、亚运会。

十二月十三日

项平晨返望[亭]。我、阿姊去看电影《人世间》，捷给我票。晚电视，《卫生与健康》、关肃霜《战洪州》，看到八时三十分。

十二月十四日

天晴。上午去塘沽路、四川北路。无锡来二客。晚电视，日本芭蕾舞剧《葛佩利娅》，日本芭蕾舞剧团演出。

十二月十五日

壬上午八时回来。晚电视《佩剑将军》。

十二月十六日

天阴，蓉下午二时回去。晚电视，《枸杞红了的时候》。

十二十七日

天晴。上午去虹口公园，看安徽五人画展。下午四时捷陪我去看《阳光下的罪恶》。晚电视《新闻联播》、话剧《安娜·克里斯蒂》(第三、四幕)。

十二月十八日

晴。看《新民晚报》。晚电视，滑稽戏《中意不中意》、中央歌剧院歌唱。

十二月十九日　星期日

晴。大家休息在家。晚电视，《新闻联播》、沪剧滩簧戏[1]，体育。

十二月二十日

晴。上午去虹口公园看画展，五人(朱宝善、葛庆友、郭公达、朱松发、徐欣民，展54幅，据布告有部份出版社借去摄影，少22幅，6幅画家题字祝贺)。晚电视，《新闻联播》《蹉跎岁月》剧组与观众见面(第三集)。

十二月二十一日

晴。看报。晚电视，《蹉跎岁月》(第四集)。

十二月二十二日

上午去虹口公园。晚电视，《新闻联播》。

十二月二十三日

上午看《艺术世界》《健康之友》。晚电视，木偶剧。

十二月二十四日

上午去虹口公园。晚电视，稍看，客来，改看《李宗仁晚年》。

十二月二十五日

上午九时三十分去刘子奇家，他去开会，爱人崔倩卿在家，谈一小时回来。下午三时三十分庚来。晚饭后，回旅馆宿。

十二月二十六日　星期日

上午去虹口公园。庚、澂、铮、建十一时来，下午四时回去，庚八时回旅馆。天晴。晚电视，《南京路上好八连》《星火燎原》。

十二月二十七日

上午八时十分无锡三客来(青年是翌中表弟)。庚今晨乘五时车回去。晚电视，沪剧《大雷雨》。接沅、鹣信。

十二月二十八日

冯逸人他们五弟兄，(分别叫党人、起人、吉人、逸人、玉人)他排老四。晚电视，《新风尚》《蓝色的秋天》。

十二月二十九日

上午去公园。晚电视，《跳台明珠》。

十二月三十日

上午理发。下午一时十五分，捷陪我去上海博物馆参观书法展览，参观一小时，回到家三时十五分。晚电视，《新闻联播》。

十二月三十一日

晴，阴。三个无锡客上午八时去。老大党人下午六时来。平上午十一时到。

1. 滩簧戏：中国传统曲艺的一个类别。

一九八三年

一月一日　元旦(沪)

天晴。去值班，下午三时回来，建中午来。上午电视，儿童歌舞,《新闻联播》《骆驼祥子》《魂系蓝天》。

一月二日

晴。看报《新民夜报》。上午，花样滑冰、《家风》。

一月三日

项平去望亭。上午九时，去公园看复旦之春书画展。

一月四日

上午九时，去看贤有的朋友海夕，坐谈一小时，回来十一时。晚看电视，吉林植物、动物，长白山珍奇。上音小乐会，小草青青。

一月五日

项卓买来奶油大蛋糕。晚电视，《新闻联播》《白衣少女》(日本故事片)。

一月六日

上午去公园再看华珍。晚电视，《新闻联播》《名画与名著》(一)、《三家巷》(上)。

一月七日

上午敦出差上海、南京来此，即去浦东。他在澂处晚饭。八时三十分到宿此。晚电视，《杨八姐盗刀》《三家巷》(下集)。上午写信。

一月八日

敦出办事，写信。晚电视，《战斗在大别山》(第一集)。

一月九日

星期日，大家休息在家，上午看电视。下午敦出去签票。晚电视，《战斗在大别山》(第二集)。

一月十日

敦于八时去车站，去南京，我送他上电车。壬因血压高医嘱他回来休息。晚电视，《战斗在大别山》(第三集)。

一月十一日

壬在家休息，天阴。晚下雪，不厚。晚电视，《新闻联播》《南北采风行》。

一月十二日

上午去公园，园丁在裁桐树枝。退休工人在唱京剧。晚电视，《新闻联播》。壬今日去上班。

一月十三日

壬在家工作。上午七时二十五分，捷买电影票去看《三十九级台阶》。晚电视,《名画和名著》《牛牤》。

一月十四日

去山阴路买书，看报。晚电视，《新闻联播》。

一月十五日

壬在家工作。

一月十六日

晚电视，《女儿情》。

一月十六日

星期日，十一时得庚来信。知开县人代会，安排在本月下旬。即去信给庚、玄。傍晚六时，再发信给庚、玄，免前信失误。

一月十五日

晚电视，巴西故事片《生活之路》。

一月十七日

整理报，看新民晚报。晚电视，《卫生与健康》。

一月十八日

今日，布、服装、鞋帽、化纤等因调整零售价，停业二天，盘点划码。晚电视，《新闻联播》。专题报导。

一月十九日

上午写信。翊沅、湘、壬今日去京开会。晚电视，《极乐家庭》。

一月二十日

上午去换伞。中午，接玄、庚来信即复玄。晚电视，《孔庙》、木偶剧。

一月二十一日

晨，去买车票。捷来代买。下午去虹口公园。晚电视。

一月二十二日（沪）

上午去海宁路，中午回来。万下午六时回来。平下午六时回来。晚整理行装，未看电视。

一月二十三日（富）

晨，乘五时五十八分车来杭。万［有］、项平送我上车。我九时十七分到杭。等半个小时未见玄或庚来，我只得一人拖六件行李一步一步地向前行，还要过地道到出口，大铁门已关。先我有二体行李被扣，补运费1.20元，罚一元贰角。坐三轮车至工人路富阳运输公司汽车（三轮车费2元）。十时二十分上车，十一时二十分到富阳。再将行李一步一步搬到车站饭店，寄存三件，三件我提到宿舍。玄、蓉正在大搞卫生，说我电报打错是二十四日，是他们缺少电报常识和没有认真看，下午理发。写信。晚电视。

一月二十四日

晚煮鸡吃面。晚电视。

一月二十五日

写信。下午一时三十分，长育来，谈二小时，晚电视。

一月二十六日

上午去看陈七美。蓉陪我去，她在住院。晚电视。庚来富，取电子记算器。

一月二十七日（新）

乘七时零五分汽车来新登。搞卫生。下午去中百略谈，请他们提题案。看俊兄，知他们去七里垅去看韩剑伟。晚霞、政送我来宿，送报纸、热水瓶，略坐，回去。

一月二十八日（新）

上午去看庐渭生、杰兄。下午去看志标、延庆、福贤。下午四时遇沈亭亭，知周廷儒去黄山开会，返里一转问起我云。

一月二十九日（富）

晨，七点车来富阳庚送我上车。下午去县招待会报到，小组在该所123室。晚到商业局会议室开预备会，宿玄处，玄值夜。

一月三十日

晨，六时起床。饭在县招待所食堂吃。上午到县中型会议室。新登龙、羊二组开学习会。下午到商业局会议室听报告。晚看富阳越剧团演《杨排风》。

一月三十一日

上午小组讨论。下午继续小组讨论。晚看电影，《心灵深处》。玄回来宿。

二月一日

上午大会听报告。下午小组讨论，提提案。

二月二日

上午大会报告。下午讨论。

二月三日

上午大会结束。饭后，小组话别。下午和琪、琳去镇中看长育后，峰说知他和梅冰已于昨日去杭州。房间略坐，回来。晚电视，《此路必通》片段。

二月四日

晨去鹳山。写信。晚电影，《状元媒》（北京京剧四团）。

二月五日

晨去桂花马路。晚看报。晚蓉五分来电影票，给我去看《诱捕之后》。今日，储蓄开奖。

二月六日

晨去杭接捷，下午一时三十分到。下午三时，我去打电话给庚。要他到站接。四时，莹陪捷去新登。天热。晚电视，《庭长》（浙江）。

二月七日

去买菜。天飘雪花。捷、莹、政下午五时到富。晚电视，没看，看报。

二月八日

上午捷们去鹳山。我准备蔬菜洗切。晚电视，《莫问奴归去》(越剧)。

二月九日

上午八时。玄、捷、莹、琪、琳、政、我七人去鹳山拍照，我们沿江回来。晚电视，杭州大学艺术操。

二月十日

下午二时送捷去杭回沪，政下午三时十五分由庚带回新登。晚电视，《懿贵妃》(上集)。

二月十一日

上午买菜，写信。晚电视，《懿贵妃》(下集)。

二月十二日

今日除夕。晚电视至次日一时，《喜迎春》(京、津、沪、浙、粤五市省文艺大联欢)。

二月十三日

今日春节。蓉加班未休息。政来信。晚电视，《新春乐》《开封马戏》《排球女将》。

二月十四日

下午五时二十分。蓉、琪、琳我四人去看《人世间》。下午三时，南华四女志娟来。爵、敦来信。晚电视，《苏东坡月夜访》。

二月十五日

志娟上午来谈一小时。晚电视，《武松》(第一集)。

二月十六日

陈玉娟和儿子毛毛来谈三刻钟去。玄今晚值班。晚电视，越剧《拜月记》。

二月十七日

上午去寄信、写信。晚电视，《排球女将》。晚六时，玄、蓉、我去玉娟处，七时回来。玄去值班。

二月十八日

上午写信。晚电视，《沈家门渔港》《武松》。十二时去看电影。蓉、琳、我三人去看《三十九级台阶》。

二月十九日

上午写信。晚电视，《苦儿流浪记》《武松》。

二月二十日

看报。晚电视，《排球女将》《初恋情泪》《碧波情泪》。

二月二十一日

蓉出差，去宜兴。晚电，《梭鱼》《熊猫计划》。

二月二十二日

看《傅雷家书》。晚电视，《熊猫计划》(下集)。

二月二十三日

琪、琳今日开学。八时三十分长育来谈到十时回去。晚长育、厚丰来吃晚饭。晚电视剧，《大篷车》。

二月二十四日

天阴雨。看《传雷家书》。晚电视，《排球女将》。

二月二十五日

五时四十五分和玄出门去礼源仙花家，吃午饭。后乘车三时二十分到家。晚电视，《新闻联播》《武松》。

二月二十六日

理发。下午同来(十四岁)。晚电视，《武松》《我有一双勤巧手》。

二月二十七日

天阴多云。看书报。晚电视，《武松》《排球女将》。

二月二十八日

晨，我排队买豆腐，我回。晚电视，《新闻联播》、越剧《巡接斩父》(富阳剧团)。

三月一日

上午去买馒头，玄做蛋糕，细砂馒头吃面(琪生日)。晚电视，《春节晚会》《花城少年迎春》、日本片《啊，野麦岭》。

三月二日(富)

有小雨，未跑步。莹买来电影票，给我去看电影。

三月三日(新)

晨，琪、琳、我三人去跑步。玄和我乘一时五十分的车，来新登。我们稍做清洁工作。三时三十分去中百看李、陈二经理谈家具及领款和丈量事。四时三十分去庚处晚饭，谈至八时来宿舍，庚九时四十分去，我和玄十时寝。

三月四日

早餐时遇钟以亮，八时庚来，九时去中百。

今日还给我们桌椅和部分家具，玄下午三时回富阳。晚饭我从小路去，政从大路来叫我，相差未遇，累她空跑。她即去夜自修，庚送蛋糕给她吃。今晚我因二天未午睡，早寝。（九时）

三月五日

上午去中百领款，存银行。到梅冰处去。中午小兰来，知阿庆病重，我要庚明日请假一天（休息日）去柴场一趟，我去买就送物。庚、霞、政、炜去看电影《三十九级台阶》。我已看过，叫他们去，菜我来炒，我、敏二人先吃（敏已看过）（下午五时三十分场）。看报。

三月六日

今日去镶牙，下午三时去。庚今日下午去看阿庆病回来，已六时三十分寄捷信。

三月七日

上午去俊兄家和他一起去杰家。因有客略坐折回，中午阿庚来谈，杰来同谈。至一时三十分，因门关不好，去五金厂去锁匙。霞来关，来回需四十分钟到。再回家舍宿已下午二时三十分，抹身更衣三时寝，四时十五分起。去晚饭，略谈回来已七时。

三月八日

还来了四件家具，洗抹了一回。今日，天阴。晚七时，庚、霞、我去看越剧《沉香扇》。看《傅雷家书》。得玄来信，知莹亦在。晨跑，这样三人跑步。

三月九日

因天雨，没有去成洗衣。庚午后去富，四时三十分回来。今日用还来家具，有亲切感。政说这灯泡还是后房的亮，我洗去浮尘，果比前房亮。抄了一份气功六气和去头皮屑法给蓉君。

三月十日

晨，《芥子园画谱》半小时。去看志标，途遇歆义同去，知黄锦林一些情况，他十时离去，我十时三十分回来（坐谈九十分钟）。

三月十一日

上午八时三十分去看延庆，九点去看渭生，十时回来。天晴多云。据朱说富李和统战某来。新工商联互助信者金已结算汇富，说五六百元。据卢说4300元内息有1000余元云。

三月十二日

上午阿根泥水司来略谈。今日理漏 。于一明的第二个孩子名许卫华，他的哥哥许卫军，今日看到小孩在模仿少林寺武打和跳。我警告他们不好在水泥地跳，要到操场上、沙地上学。项政晚，打扫后房，她准备星期一起，来此宿，早上跑步（因早饭不方便，食堂要七时供应。二因晚间太吵、音杂不宜学习，果未来）。庚去杭出差。

三月十三日

今日星期日，准备去看长育，途遇红儿，知他去元将处谈一小时回来。庚中午回来。

三月十四日

晨去去杰兄家少顷，俊来谈至十时，俊嫂来有事，我回来。杰约晚餐，我们三人加韩尔中。回时至庚处知阿庆病亡。庚明晨七时三十分要开会，会后去送丧，庚送我至宿舍寝。

三月十五日

庚今日上午去柴场送阿庆丧。下午三时回来。我今日代龙虎嫂写信。中午去寄。晚写信看报。国定来闲谈。

三月十六日

晴。晨跑、寄信、修笔、洗旧椅，洗衣。下午看马克思逝世100年纪念日［节目］。晚，庚、霞、我去看电影《婚姻的波折》。

三月十七日

今日准备理集邮册，整一小时，无法分类，只有依原样。改整影集，要分五类。霞给我做漂［白］斜［纹布］小衫。日来感冒不利声音。

三月十八日

患感冒多休息。

三月十九日

多休息。

三月二十日

多休息。霞给我她们大门钥匙。

三月二十一日

寄信。多休息。

三月二十二日

今日，晴、多云。下午三时去配牙，说还要迟三天，多休息。今晨咳喘，告诉汝霞，庚晚饭后要陪我去，我说我明晨去。

三月二十三日

今日晨七时三十分去挂号。十一时十分诊毕。下午三时去取药，三时三十分回来，庚给我煎。晚六时三十分吃头煎，临睡吃二煎。

三月二十四日

上午搞卫生，今日天阴。还是少看书、报。

三月二十五日

今日天阴、多云、有时要雨。下午一时三十分庚陪小兰来谈半小时回去。今日下午去配牙，吴医师不在。

三月二十六日

今日上午去转方。下午三时去上牙，说因石膏断档，还要迟一星期。后来遇詹小文说江西会馆仓库曾放过有些书画。

三月二十七日

天阴。霞、敏去垅坞车谷和木料。下午五时十分到。庚调休。中午去看电影《陈奂生上城》。

三月二十八日

天转寒，微雨。写毛笔字一小时。庚去富开会（业余学校事）。

三月二十九日

上午去理发。周东水和周禧仁父子在说承包之事。

三月三十日（新）

上午去缴房租，叫沈福泉代缴。庚去富开会，下午三时回来。

三月三十一日（富）

晨乘七时十分车来富阳，庚送我上车。在站时，罗宝亭来问我说，陶家宏要介清和介亮的通信处。我说一九六六年之后没有通信过，只知他们都退休了。介清过去是奉贤配造厂，介亮是杭州外语学院，住家不知道。晚看电视，《新闻联播》，九时三十分寝。

四月一日（富）

晨和琳去慢跑，我从鹳山折回（三十分钟），看钢笔字写法。晚电视，《新闻联播》《张良纳履》《京音琴书》、相声《弄虚作假》。

四月二日

上午照贴法写钢笔字一小时。晚电视，《世界各地》。

四月三日

看《今古奇观》《杜十娘怒沉百宝箱》。晚电视，仿唐乐舞。

四月四日

爵下午四时三十分到富，打电话给玄，他五时四十分回来到家。晚电视，《空中抽油》《一张电影票》《二十个存折》。我十时寝。玄、爵十一时寝。

四月五日

爵十时去杭。莹购来电影票。玄，今日休息，我与玄去看《人到中年》。十时寝。

四月六日

上午阴。下午二时起，微雨。四时，中雨。下午四时，雨。我送琪、琳伞。晚电视，《天平在你心中》《珠坛争艳》。

四月七日

晨跑，遇雨。琳送伞来，拟回忆稿，下午四时雨。晚电视，《排球女将》《贝贝》《老牛和小牛》。

四月八日

阴晴。买来肉骨头，下午用高压锅煮。晚电视，《新闻联播》《西园记》（看二集）。九时十分，息。

四月九日

上午看《古今奇观》。晚电视，相声《哈哈笑》。今日，琪、琳在校外补课。

四月十日

天阴，有时有小雨。下午二时十分，蓉、琪、琳、我四人去看电影《独立与死亡》。晚电视，《排球女将》。

四月十一日

天阴，晚雷雨。星期一、二、三老师去绍放假，琪、琳陪我去看电影。晚电视，《新闻联播》《三试浪荡子》（乐清越剧团）。

四月十二日

天阴，晚雷雨。晚电视，《一个失足者自白》《仇侣》（故事片）。

四月十三日

上午八时玄、蓉、莹、琪、琳去杭州，邀我同去，我怕劳累不去。中午吃面。晚电视，《懿贵妃》(上、中、下三集)。

四月十四日

白天阴晴，晚雷雨，有冷空气南下。晚电视，《排球女将》，访越剧丑角。

四月十五日

今日，阴雨。晚大雨、雷雨，天渐寒。晚电视，《新闻联播》《川鄂大江名胜》。

四月十六日

上午阴。下午少云。晚电视，《金鹰奖、飞天奖大会文艺晚会》。

四月十七日

连日大雨，今日放晴，抹身、更衣。星期日。电视《蹉跎岁月》《排球女将》(第五十五、五十六集)。玄，下午去上班。

四月十八日

晨，阴，小雨。今日水退。玄去上班。晚电视《孤山》《深深的井》。

四月十九日

阴，小雨。玄配货在家，上午九时三十分庚来，略谈。九时五十分去新登。晚电视，《新闻联播》《澳大利亚掠影》(一)。

四月二十日

晨，阴，有小雨。晚电视，《新闻联播》、全国优秀女排在杭集训赛(江苏队—浙江队)。

四月二十一日

阴，多云，有小雨。晚电视，《新闻联播》《排球女将》(第五十七、五十八集)。

四月二十二日

阴，多云。下午少云。晚电视，《新闻联播》《鲁迅》(第一、二集)、《桃李梅》(已放映一半)。

四月二十三日

天阴。下午多云。晚电视，《新闻联播》《鲁迅》(第三、四集)。

四月二十四日星期日

今日，晴。全日，少云。下午一时长育来未遇。晚电视，《新闻联播》《排球女将》(第五十九、六十集)。

四月二十五日

今日，阴。上午去理发。回来遇长育，后来下午四时，长育再来。知已托韩代办。晚电视，访成都市歌舞团。

四月二十六日

天晴，三[摄氏]十度。晚电视，《新闻联播》《苏小小》。

四月二十七日

天晴。晚电视，《新闻联播》《警犬》《白桦林中的哨兵》。

四月二十八日

天晴。《今古奇观》下册。晚电视，《新闻联播》《排球女将》(第六十一、六十二集)。

四月二十九日

天阴。天转寒。晚电视，《新闻联播》、京剧《潇湘夜雨》。

四月三十日

天阴，有小雨。晚电视，《新闻联播》。

五月一日

上午七时四十分庚去杭来转，带来湘等信。莹、琪、琳在家休息。晚电视，《新闻联播》《排球女将》(六十三、六十四集)。

五月二日

蓉买来电影票，莹、琪、琳、我四人去看《典子》。庚和无锡的夏工程师来坐一小时。晚电视，八二年新歌评选。

五月三日

看报。晚电视，《新闻联播》、三十七届世女乒(乒乓)赛实况。

五月四日

看《古今奇观》。晚电视，《生活之路》(巴西片)。

五月五日

晨步，遇雨。玄送伞来。晚电视，《新闻联播》《排球女将》(第六十五集)。整理行李。

五月六日

晨，七时零五分车来新登。玄送我上车，庚在新车站接，一路雨，到后，雨止。上午搞卫生，下午去中百。途遇徐水木，略谈。晚，抹身、更衣。

五月七日

上午去塔山向龙虎嫂取。晚看刘宾雁报导张海迪事迹，题《向命运挑战》，团中央举行表彰大会。

星期日五月八日

上午装上牙。晚看报。晨步南津桥，桥头在建铝杂货店。

五月九日

上午八时，去看杰，同去新登中学。十时回来。下午周大源来，谈到三时三十分去。晚看报。

五月十日

上午去塔山。中午分水汝霞亲戚借去热水瓶。晚看报，晨步南津桥。

五月十一日

晨步塔山至烈士墓回来。看书报。

五月十二日

晨雨，去智标家座谈二小时回来。看书报。

五月十三日

晨步，六时三十分去柴场桥，回来八时三十分。天阴，欲雨。小东门田畈西区部都种蔬菜，用薄膜护根基。东区一部分建屋，余仍种麦。柴场桥据说今日来验收。佛婆认为是圆桥，都燃香烛、佛经、焚化、膜拜、口念弥陀佛，三堆香烛，用沙作座，约有十余个佛婆，桥长约四五十米、六孔，据说省出十万元、县出十万元，本地供应沙石。有说每人出伍元代工，去工作付工资，于去年四月动工，一年完竣。云、霞购来电影票，下午二时，霞、我去看，庚下午回来。今日天阴。

五月十四日

上午去走惠来亭、马站岭回来，去中百。下午又去定日期。下午三时念慈来座谈一小时。晚写字、看报。

五月十五日

晨雨。整理后房。今日，天转寒。

五月十六日

今日天晴。下午三时，韩子湘知程国栋来。韩谈一小时去。晚后五时，我去陆培荣家，她正在吃晚饭，饭后詹素贞、栋、洪昊、厚丰同来，先到元将家稍坐，来宿坐谈，后来丁、朱、黄河、女眷等约十人。知八三年年历是她(程国栋)送来，庚粗心拆开说是翊沅寄来，真抱歉，当再去正[式]道歉。今日中百开展销会。

五月十七日

上午去约她(程国栋)吃饭。她说正要去富阳，没有来。送给麦、洪二小朋友糖果二小包。晚整理，看旧报，展销会据说十七日至十九日。接澂、玄信。天晴。

五月十八日

午时，看到张海迪说，打算抓紧时间尽快学写自传体小说。一年后向党和人民汇报。整旧报。天晴。

五月十九日

晨，散步南津桥，杂货[店]已在营业。中午十一时正在吃饭莹到。玄二十日不能来新，因二处打电话来过，特使她来，一到她看电影时间已到，未尽欲言即去。我在宿舍候至二时五十分，未来，知她已买下午三时回富车票，我至十字街头会到，同行送她上车。晚庚、霞、炜、我同去看电影。

五月二十日

上午写信、写字、看报。晚庚给我翻被。霞和他同送来。略坐谈，看照片，约一小时回去。

五月二十一日

晨去惠来亭马站岭。城西与城北之间约二棵大白果树，一株因捉岛用稻草烧火，爋着焦心，还有一株不知何时被人砍去。在这段城墙坍下，一堆石块和泥沙下面，正有一穴古坟(当时大约以二株白果为背景)。

五月二十二日

整旧信。下午二时去看长育，谈一小时半回来。写字，今日多云晴。二十四[摄氏]度至三十[摄氏]度。

五月二十三日

上午写信。下午看报。晚六时四十分，炜陪玄到来闲，谈至十一时寝。

五月二十四日

晨去关照，庚不必请假，因陈去割麦农忙，同玄随走一回。下午又走一趟，玄下午三时回富。晚，写信。天阴多云。

五月二十五日

写信，寄邮包，下午三时后晴，日出。晚七时十分停电。八时龙虎嫂陪王履新和爱人陈慧琴来，和外孙（五岁），谈至九时三十分回去。九时电来，停电一小时三十分。

五月二十六日

上午买点床上用品和室内日用品，搞清洁。中午要庚来铺床挂帐子，一时四十五分庚去上班，搞至二时三十分去塔山，二时三十分和履新一同来谈至三时，他回去。我去城内，知霞去开家长会。晚五时四十五分，庚、霞、我去看电影。晚停电一小时二十分。

五月二十七日

得陈百昂信，玄来信附湘。下午三时，房管王同志来问房子事，我说暑假孙毕要来过暑假。下午四时三十分，大雨稍小即去。炜在十字路等，我说要大东门弄过去，进土弄，水涨走不过。政给我先送热水瓶来（她去杭上夜课）。后房理了多次，漏还是漏。晚停电一小时。

五月二十八日

找资料，复伯昂信。中午去吃饭，霞的母亲来买小猪。今晚电没有停，晚饭后，政和我中途遇雨。

五月二十九日

找资料。午饭后，下雨。拟信稿。

五月三十日

写信。去塔山王佐才处，午饭后回来遇大雨，虽有车衣，裤袜均湿。街上如溪，满街大水。

五月三十一日

上午阴，下午晴。

六月一日

镇校在新影院庆祝活动。幼儿园在杭农礼堂，孩子们少年们均欢声喜跳。写信。今日天晴。

六月二日

上午八时，俊、杰来闲谈至十时十五分回去。下午五时玄来。晚庚谈至九时回去。

六月三日

玄协助烧菜，约王金荣和他爱人及外孙女同来午饭，闲谈到至四时回塔山。玄乘下午五时十分车回富，晚雨。

六月四日

今日晴。洗衣，看信。十时三十分听到四号、五号房间口角，甚至动武，即唤曹根华解劝。庚送敦信来。

星期日 六月五日

晨去看城墙白果树处，坍方在修复，遇翟振明嫂略谈。看信、写信。

六月六日

上午八时，同俊、杰去双联看柴场桥，回到家已十时三十分，看旧信。

六月七日

上午寻物，看旧信，《傅雷家书》。晚五时四十五分庚、霞、炜同去看电影《竹山青青》（婚姻财礼问题）。

六月八日

晨，写信、寻物。政五时去。我看《解放军报》。门锁扣上。晚八时三十分我到天主堂弄口，立五分钟。政到，取匙开。

六月九日

誊旧信。晚饭后途遇陈子春（云仙子）说房屋事。晚看报。

六月十日

上午八点念慈来谈一小时回来（预借款事）。

六月十一日

上午抄写旧作。下午三时念慈来谈一小时去，下午政、我、炜去看电影《清宫怨》。炜。

六月十二日

上午学字。下午念慈给我送来热水瓶胆，晚饭后途遇杰，要我约［元］将明日去俊家谈谈。

六月十三日

上午八时杰、将、我、俊四人谈，在俊家十时十五分。庚中午从富回来，知他去看过望中，接鹏信知昂如巧在她家云。

六月十四日

上午去看王全荣洗衣、学字。傍晚雨。停电，晚八时来电。

六月十五日

今日端午。写字。去塔山，给小孩点心。霞的爸爸来望端午节，小兰亦送来粽子云。

六月十六日

上午学字。中午，霞爸爸来此，闲谈二小时，今日回分水，谈家常、谈农业。他也认为现在科学种田好。

六月十七日

上午写字。看翊沅回信和我寄校长回信稿。听广播知人大和政协主席等人选于十七日和二十日宣布。

六月十八日

晨去塔山。遇金春苟谈一小时，遇药店老洪同去烈士墓，沿马路边谈边走，去时六时十分，回来已八时二十分，得新知识新情况不少。

六月十九日

去看长育，没有回来。念慈来谈一小时，九时三十分莹和建华(建英姐姐)同到城内去吃中饭，来此午休。下午二时三十分离此回去。昨晚已宣布选举结果。玄下午六时到。庚、玄晚至，九时庚回去。

六月二十日

上午八时玄、我去中百谈房屋折款事，庚因试锅炉不能同去。下午一时三十分继续，沈居棠、德林、招弟来中百找我，下午四时去谈，半小时回。晚和玄谈。

六月二十一日

上午再去中百。下午庚同去。晚，玄、庚、我三人谈信稿。九时三十分霞来，十时庚、霞回去。

六月二十二日

玄上午写信一封，同去公房。送他到车站乘运输公司车，八时五十分去富。罗保亨送通讯来。今日吃麦馃，下午三时，念慈来谈三刻钟去。几天没午睡，神疲需要靠一靠[打个瞌睆]。连日雨。今日雨止。早中微雨。

六月二十三日

晨去理发。理旧报。中午霞买得杨梅。我吃四颗，酸。午睡。有微雨。幸瑞儿上班，一时三十分唤我下雨，我即收进，不到十分钟，大雨。今晚再吃麦馃，天闷热。

六月二十四日

理旧报。中午遇元将。

六月二十五日

理旧报。晚庚、霞、我去看电影《夕照街》是社会写照，各阶层的形形式式。晚吃麦馃，庚送我回来。

六月二十六日

星期日去看长育，途遇梅冰，知他未回来。理报。天雨。吃晚饭，天晴未带伞。将庚伞拿来，再送还他。

六月二十七日

拟去俊处，天黑，雨，不去。理旧报。作点迁居准备。下午理旧信。吃晚饭时，感到噎，吐痰不多。夜梦惊心。清晨叶关贤问我，他说如再噎，要叫他来敲门看看，他关心。

六月二十八日

晨寄信。预立遗嘱。政说他们校门前墙坍塌。看报。

六月二十九日

今日雨。继昨日工作。晚饭后，隔壁应乃武通知，叫晒衣竹杆收进泥墙，已湿潮。他们是将竹杆收到贴墙。归途遇陈区长说水涨，一路上来来往往的都是去南门、南津桥，看水涨情况。

六月三十日

晨四时三十分至六时二十分大雨，去买早餐，六时二十分雨小去。

七月一日

晨去关照庚，要他把“刷墙、做隔漏、做栏杆”等事先干，迁房子摆在第二位。[我]去缴房租，拟信稿。久雨未见日出，今日晴，整日气温转高，三十一[摄氏]度。写信。

七月二日

写信。看报。去取闹钟、改衣，均未遇□□。

七月三日

晨去要做栏杆。考虑今日已在运沙泥，去银行支款。中午送款去，加上买火表款。晚看报。六点，老孙来闲谈。七时，长育来，八时三十分回去。庚休息。

七月四日

晨七时，王金荣来送来八时三十分去游览瑶琳洞的车票，车误点九时开。开至距瑶琳四公里处，遇到塞车，进退两难，独[轮车]、拖拉机车还要抢前塞后，竟抛锚九十分钟。后来通车后，知有公安人员约十人在维持交通，因路狭，因久雨大水，有些地方[坍]陷下凹，山路基太高，老爷车爬不上去。车到瑶玲(琳)只有一小时(十二时到)。下午一时，是至新末班车，故王爱人、孙儿、舅嫂我们五人走马看花，急急行动。到车站只剩二分钟，按时开(一时)。开回到新登二时三十分。我到庚处吃泡饭。回来抹身、睡觉。四时四十五分去吃晚饭，略看报。八时寝。

七月五日

晨，庐渭生于今晨去世。傍晚同庚、敏、政、炜去看区委内公房，与志标谈，我们不日即来住。今日又雨。

七月六日

晨，俊、杰来，八时同去至庐渭生灵前致哀。八时三十分回来，中午十二时举行追悼会。写信。看《浙江文史》(二十三辑)。

七月七日

天阴雨。看旧信。

七月八日

去取退休金，听说退休安置费不发，要收回。看张海迪事迹。

七月九日

晨写信给玄，要琳来与政订自学计划，回来遇项岳南(关荣三子)和他妈医风痛。九时来，十时三十分陪他们去庚处吃中饭，他们乘十二时车回湘溪，问至三子中南、金南、岳南，四女中英(小毛)、小雪、小云、静英，都已婚嫁。

七月十日

上午拟去小柯家，在观音街口遇到，知他上午工会有事开会，约下午。我下午二时三十分去谈到四时，他陪我从另一条路回来，南门外一带田均已改基房屋和基地。晚看报。

七月十一日

上午去俊处，五丰亦在，略谈。顾义来，朱亦来约一小时去看王正祥，谈一小时回来，吃中饭，下午整理。傍晚五时三十分，蓉陪琳到。晚闲谈，庚、霞谈二十分钟。九时寝。

七月十二日

蓉乘六时车回富，与琳学习至十时，她洗衣。十时四十五分去吃中饭。同去看公房，初订学习规划。政、琳午睡后去搞卫生，晚在庚处学习，八时十分来。

七月十三日

晨，琳五时三十分起床学习。六时三十分去庚处，政同去，来此午睡。晚八时来。上午写字。

七月十四日

上午去买物，去公房，搞卫生，结账。日来在粉墙。

七月十五日

日来有阵雨，阴、多云时多。接敦来信。中午朱交来，由政下楼去接。

七月十六日

上午搞分类帐。午后，午睡后去看电影《特急警报333》，政、琳、炜、我四人去，回来遇雨，衣湿。我去至中百门前遇到政，去滚泡饭吃。

七月十七日

上午去看秉荣，他去镶牙未遇，遇锡树内略谈。下午去车站走一趟。玄下午四时四十分到，霞去买菜，玄代炊，蓉不吃去。

七月十八日

今日农历六月初九日，是先父一百岁生辰，我、玄、琳、敏、政、炜六人去黄山岭，路在修，泥经拖拉机有轨，深更难行。七点去十一点回。下午玄去看政、琳学习处。我送他到车站，乘四时二十分去富。

七月十九日

昨日面没有买，改今日吃。洗衣，整理室内。向许春秀借来竹榻一张，庚、敏抬到城河洗。

七月二十日

晨五时二十分，我、琳、政从观音街、惠来亭、混塘桥回来(30分钟)。核账。洗衣。

七月二十一日

晨五时十分，从横街、下溪埠、南津桥回来计三十分钟。上午写信。霞妹来，霞说衣被拿来洗晒。

七月二十二日

今晨，我去庚处要霞买皂粉等，要敏来拿，

没有去散步，气温三十二［摄氏］度，有时阴。

七月二十三日

今晨去南津桥，即回来三十分钟。今日星期六，他们去看电影，我有事说不去，气温三十四［摄氏］度。

七月二十四日

今晨，政、琳同去买菜。今日她们俩人任炊事。［下午］去摸螺蛳，我提出批评。今晚回来早。气温三十四［摄氏］度。

七月二十五日

晨去惠来亭、马站岭。今日停电，自来水，有时有，有时无，去理发。日来搞搞日常卫生，洗衣，书报亦少看。敦来信。

七月二十六日

晨去南津桥，日来，天晴水浅。今得贤信。

七月二十七日

琪七时四十分来新登，蓉八时三十分来信，叫他回去做临时工，下午一时回富。

七月二十八日

晨去惠来亭、马站岭回。洗衣。

七月二十九日

晨去南津桥，上午去银行。上午履新来，说他上午去理发，下午去拍照，二人闲谈约二小时。

七月三十日

晨去塔山，上街买物。下午去取照片，说要明日八时［可取］。下午四时去塔山，坐半个小时后［为履新］送行。

七月三十一日

晨，政、琳、我去买菜。她们今日任炊事。庚晚给我洗晒衣被拿来。

八月一日

上午写信。晨去惠来亭，晚李［校长］、何老师通知政中专录取（镇中有五名），琳陪她去告知父母。八时四十五分去，九时三十五分回来。

八月二日

晨去南津桥，搞卫生、洗衣，没做其他事，去取闹钟、照相，均未成。晚八时，电视《排球女将》开始后，房灯息（熄），知有异，开门知政、琳去看《排球女将》。我即叫回关门，我又叫她二人来坐，二小时一言不发。电视将完，我写了四个问题要她们答，她们十时回去寝。我久不能成寝，到天明才入睡（醒来已五时二十分）。

八月三日

我［对政、琳］说：今晨散步不去了，你们吃点心去买点，读英语。她们今日早十分钟去。晚饭后她们说去散步，我说时已晚不要去，略谈。学山来约谈半小时，九时入睡。

八月四日

晨五点出门去惠来亭方向，给她们买来各人面包一个，要他们不要多吃糯米饭，去拿来豆腐票，买菜票。与虞谈他水果业，说发八折工资。下午五时玄来，政、琳、敏、炜去看电视《苗子》。我、玄、庚、霞谈至九时。我、玄来宿舍。十时十五分琳来。我和玄十一时三十分寝。

八月五日

晨，我、琳送玄乘六时零五分车去富，回来后，再将水壶送去。上午八时袁官宏来，今日上午得捷信。下午得龙信。晚和政、琳谈些故事，九时寝。

八月六日

晨去南津桥，写信。琳回来，她拟不去，我说政要挂念，你去，如乏力可休息。下午贤从武汉来信。

八月七日

今日星期日。琳、政、我去买菜。她两人任炊事。今日作文题《我的志愿》。

八月八日

晨去惠来亭折回。蔬菜瓜果均晒干枯。今日立秋。下午二时三十分有雷阵雨二十分钟。

八月九日

晨去南津桥，水浅。七时三十分去长育处，谈至九时三十分回来。下午二时后有雷阵雨三十分钟。

八月十日

我［对政、琳］说：你们早上英语读得太少。她们说：那早上不去散步。我说：好。庚下午二时三十分送素菜汤来。我说公房不必送去，让她们回来吃。晚饭后略谈，天已转凉，在三十［摄氏］度左右。

八月十一日

今晨不散步。［长］育七时二十分来，我和他去公房，到了，琳、政尚未到，我去找她们，到大门口会到。我说你们来迟了，七时三十五分(要她们七时三十分以前到)。育和她谈到九时，我们回来。中午得玄信知龙曾来富。下午接敦信，下午写信。

八月十二日

上午写信。下午写信。洗衣。今日星期五，庚休息。敏来说妈同学来。买菜、搞室内卫生、洗衣、看报。没做别事。气温稍上升，三十三[摄氏]度。

八月十三日

霞来，知她爸来买菜。气温同昨。政、琳去看电影。晚八时二十五分回来。

八月十四日

今日星期日，霞爸来，菜由霞买。作文题《总结昨天、掌握今天、计划明天》。上午上街买物，霞爸下午回去。修改预立遗嘱。

八月十五日

晨散步，琳、政跑步。晚饭后，炜来告贤来，我即回城内，谈至八时。庚、贤来宿舍，庚九时回去和贤谈，十时寝，十一时三十分贤说有鼻血，即用冷水毛巾和棉花蛋塞。至十二时不止，去医院挂急症，由值班钱医师诊，经一时三十分，回来已二时，至三时入睡。

八月十六日

晨五时叫政、琳去跑，我不去。七时三十分去挂号，八时去就诊，由王医师诊，他说这里没鼻科，最好去富阳看。十二时四十五分由霞陪贤去富阳。霞五时回来到家，知四时玄已到家，陪他去医院看。我六时回来，政、琳七时回来，促她们洗浴、洗衣后谈十分[钟]，题是《排球女将》的回忆和感想。九时寝。

八月十七日

晨我们三人去跑步，八时三十分玄来电话，知贤改期回沪(改十九日)。下午三时我去公房看她们学习情况。

八月十八日

晨六时四十分去富，去看贤，并问琳录取情况，到桂花马路中百商店看看。下午三时四十分车回新，去看政、琳她们，早退十分钟。晚去长育、元将处，六时至七时三十分回来，九时寝，拿回苹果。

八月十九日

晨三人，同去跑步，写信。今日上午[政、琳]回来吃饭迟十分钟补昨日早退。午睡政没有来，在家整理房间、书籍。晚政、琳各看《徐悲鸿一生》半小时。

八月二十日

晨三人跑步。上午八时去长育处。九时回来。十时政、琳同莹、建英来，我、政、琳下午一时五十分去看电影。散出来，雨，莹说回去了(建英同去)。晚饭吃面，霞生日。

八月二十一日

今日星期日。晨，三人去买菜，我对[琳]说：昨日看电影，今日中午要三嫲嫲烧，你[和政]补课。玄上午十时三十分到。炜下午二时三十分来说，敦、清到，同去公房。玄下午四时四十分回富。政、琳宿庚处。

八月二十二日

清由育陪去瑶琳、我、敦去白家，在衡山家吃鸡蛋茶，在小山家吃中饭，下午回来，一时到家。晚去元将、五丰家，至八时回来，我们九时寝。

八月二十三日

敦、清乘七时二十分车去富，我、政、琳送他们上车，中午政、琳仍来此休息，晚出题《假期自学杂感》。因二十六日散，提前作文。晨吃枣泥方脯。

八月二十四日

给龙虎嫂写信，代她寄眼镜给王履新。天阴微雨。晨吃广东饼。

八月二十五日

上午理发，去长育家，晨吃广东饼。

八月二十五日(新登)

上午去理发，到长育处，到公房看琳、政(十时去，十一时至庚处)，和志标闲谈半小时。下午二时二十分霞、政、炜、琳、我去看电影《少林寺子弟》，三时五十分散，四时来长育来坐谈半小时。晚与政、琳谈至八时散。

八月二十六日(富阳)

晨，我陪琳乘七时二十分车去富。一陪琳去，二问莹二十日宿何处，三问敦去杭情况。蓉对我说了。我说这样，玄不必电话，要他回来。我下午三时车回新，琪乘六时五十分车来新，七时三十分到，拿电影票来，准备次日陪琳回富。琳和政睡，看邮和风景片。九时寝。

八月二十七日(新登)

上午琪、政看照片，并去三工厂区和南津桥。琪下午乘三时十五分车回富，我、政送她上车。晚饭时听庚说，他厂今日起门前挂两块牌子，[加]杭州叉车分厂牌。政今晚仍来寝。

八月二十八日

晨，政、我去惠来亭散步，看政作文并提出意见，中午交给她，要庚、霞亦参加意见。政仍来此宿。她日来加紧，中午、晚上均看物理、英语，不看报和杂志。九时寝(看琳作文)。

八月二十九日

晨仍去惠来亭。看琳作文，要政明日带去，也要玄参加意见。写信。政今晚和同学柴女友来，我给政日记本并题三页警语。她们略坐去。

八月三十日

政乘六时十分车去富，进校，庚送去，我和敏送她至车行。庚下午乘四时车回来，知政编入高一(1)班，分数陈拥军最高，政第四名四百六十七点五分。亦有一位去年转入富中同学，和她先去寝室找铺位。我八时三十分寝。

新八月三十一日

晨去马站岭。看《徐悲鸿一生》。庚岳母来。

九月一日

晨去南津桥，看《徐悲鸿一生》。庚岳父来。有时有雨。

九月二日

晨去塔山。看《徐悲鸿一生》。庚岳父下午回分水。晚六时我、庚、霞、庚岳母去看电影。庚送我回宿舍，晚九时雨。

九月三日

晨去惠来亭，八时知今日放映《张海迪报告》，我去要霞去买票。晚六时霞、庚、敏、我四人去看，庚送我来宿舍。

九月四日

晨去南津桥，晨雨后晴。上午整理后房，晚饭后看霞对作文提出的意见，整理看《徐悲鸿一生》。

九月五日

晨去惠来亭。中午庚交来玄托人带来他、政、琳信，我当晚即写信。

九月六日

晨未去重抄信。中午眼镜忘记，炜给我送来。

九月七日

晨去南津桥，《徐悲鸿一生》书看完。晚我分类账。

九月八日(新登)

上午去志标处，借给长寿五本，托他向韩医师开药方。晚饭后去取来。上午九时在医院门前遇陈荣仁，立谈半小时。晚饭后去取药方。

九月九日(富阳)

晨乘七时二十分车来富，庚送我上车。蓉在会计班学习一周。琪在做临时工，售冷饮。琳读镇中高一(1)班。莹今日坐下午班。玄在富搞采购。

九月十日

晨去鹳山，遇郭政委，问及抄家物资，据说在清理，将来通知我。政下午一时半来，我和琳下午四时去看电影，晚政、琪去看夜市，琳自学(政星期一学校集体去看)。

九月十一日(富阳)

星期日。晨政、琳、我去鹳山。写信，下午二时霞来，政陪她去富中。三时琳陪霞去镇中。晚饭后乘六时车回新。政下午四时回富中。

九月十二日

晨去鹳山。上午七时三十分去看七美。少顷，周芬华来谈至九时十分回来。王金元在号房(门房、传达室)工作。看《青年报》一位父亲的苦衷。

九月十三日

晨去鹳山。遇邵丽娟、德振、忠烈略谈。吃广东月饼，看《浙江日报》。

九月十四日

晨起五时十七分，迟十七分钟到人医院即回。庚中午来(十时)，下午四时回。去写信，看《参考消息》。

九月十五日

晨去鹳山。洗衣。看《报刊文摘》。

九月十六日

晨去鹳山。看《青年报》。

九月十七日

去鹳山。庚上午八时来，下午四时回去。长育来谈一小时半回去。下午四时玄去叫育来他谈，末班车回去新登。晚看电视，《A.P 案件》。

九月十八日

今日，星期日，九时去看政，知她下午要来看我。看乌云密集，欲雨，略谈即返。政下午一时来，三时回校，来洗头抹浴，天又似要下雨，不留她。晚莹、琪、琳、我四人同看书结束，玄出来。我说学习方法要改正，谈十分钟。

九月十九日

晨去鹳山。中午去寄庚信，遇柯说给带去。洗衣，今日晴。看《青年报》。

九月二十日

晨，鹳山，琳同去。写信、看旧《青年报》。

九月二十一日

去鹳山。看《参考消息》。

九月二十二日

去鹳山。看《经济报》。

九月二十三日

晨去鹳山。玄上午七时去杭。下午四时回。买来《团结报》，知他去看过清，知他国庆来。

九月二十四日

晨去鹳山。庚上午九时来，下午一时回新。政下午四时来，晚和琳、琪去看电影。

九月二十五日

晨去鹳山。理发。看政语文课本。下午十二时政回校。

九月二十六日

晨走鹳山。今日有风，阴，微雨。看《自学成才之路》。晚玄、我对琪们谈。蓉去杭采购，当日回来。

九月二十七日

晨走鹳山。看书《自学成才之路》。累她一日没起来，今后慎言。晚看自学。

九月二十八日

晨月色甚好。今日天青气正。

九月二十九日

晨去鹳[山]。

富九月三十日

晨去鹳。下午五时三十分政和女同学来，知她明日返新登。说清来。晚看读者文稿。

十月一日(富阳)

晨，琳，鹳。上午清、琪、琳、我去参观邮展，与清去书店。下午我又去春江路邮局。晚莹去看电影，清、琪、琳看下一场。我看电视，津、京沪、杭粤五市联办国庆电视，十时三十分息。

十月二日

晨，琳跑。我上街走一回。清乘下午二点十分车回杭，玄送到站即去上班，我送他车开回来。《华罗庚》(第一、二集)，我不知道认为可惜。

十月三日

政下午一时五十分到富，我陪送到校。中央台今晚有《华罗庚》(第二、三集)，因不转播。

十月四日(新登)

晨七时零五分车来新。玄送我上车，七时五十分到站，到进士弄一转，回来搞室内外卫生，九时去付房租，回来再搞。十一时去吃中饭。下午再搞洗洁，二时毕。天雷雨交加。我午睡。八时三十分寝。

十月五日

上午去俊处，去约杰来俊处谈，因客多至九时三十分回来。我去智标处。今日阴雨。去配药，要曹签字。晚写信。今晚店在准备交流会，[赶]做夜工。因负荷重，电灯息(熄)即放明。九时寝。晨去南津桥。

十月六日

早餐后去塔山。雨，路上有水，绕小路。搞分类账。

十月七日

去惠来亭、马站岭回来。天雨，傍晚阴晴。搞分类账。

十月八日

晨去惠来亭，回来得翊沅来信，庚给我拿去

棉被翻。晚又保险丝断，停电，幸不久即通，今晚有夜市。

十月九日

晨去南津桥。整理分类账。看报。

十月十日

晨雾重未去散步。去洗夹袄。赵士学送来云南白药。玄下午四时来参加中百展销会，晚间闲谈至十时寝。今日中午至下午五时晴，余阴。

十月十一日

玄去打电话。中午在食堂吃饭和二位同事同看样定货。饭后来宿舍吃茶，吃苹果，下午三时回富。晚敏给我提水瓶，来理分类账。今日中午至四时晴，余阴。

十月十二日

晨步南津。写信，理整室内。晚看《人民日报》。

十月十三日

晨去惠来亭。上午十时四十五分小伟和小邵（兰兰）到宿舍。稍停片刻即去进士弄吃中饭。午睡后，看照片，风景片。去吃晚饭后，继续看。十时寝。

十月十四日（新登）

要庚陪小伟、兰兰去瑶琳洞游览。下午去休息。晚去长育家和元将、五丰家。晚九时寝。

十月十五日（富阳）

上午九时同小伟、兰兰同来富阳，到时，玄和蓉正在准备午餐。中午莹去通知政和长育吃晚饭。伟、兰二人去看电影，我看电视，《华罗庚》（第一、二、三集）。下午伟、兰、政、我四人去鹳山和百货商店。

十月十六日

上午八时五十分伟、兰回杭州。我、琳、政、玄送他们上车。政晚饭好回校，夜自修。晚电视，《华罗庚》（第四、五、六集）。

十月十六日

晨去鹳山。长育要琳带来《邓小平文选》。看国际新闻。

十月十七日

去鹳山。上午写信。看国际新闻。

十月十八日

去鹳山。上午写信。玄买来《蒋后主秘录》上册，并预购下册。

十月十九日

晨去鹳山。上午写信。玄买来《金陵春梦》（七集）。晚看《新闻联播》。

十月二十日

晨雨。去鹳山。晚看《参考[消息]》。

十月二十一日

晨雨。去市场即回写信。晚《新闻联播》。

十月二十二日

晨去鹳山。微雨。写信。天阴雨。下午三时庚来给政送衣被，来稍坐即乘三时四十分车回新。政晚六时三十分来看电视，《依依花草情》。

十月二十三日

天雨。上午琳做功课二小时，同看电视，《妈妈你在哪里》。晚看《新闻联播》。政下午二时来，四时即回去。

十月二十四日

琳晨跑同去，天晴，洗衣。琳今日开始去校夜自修。晚电视，《驸马削发》（建德越剧团）。

十月二十五日

晨跑。洗枕巾、毛巾、理发、晒被。下午多云。玄上午八时出差杭州，下午四时回来。晚，《新闻联播》《飞蛾》。

十月二十六日

晨跑。晚电视，《新闻联播》《动物世界——丹顶鹤》《赤桑镇》。

十月二十七日

晨跑。下午五时陈玉娟来。

十月二十八日

晨跑。下午看到澂给玄回信。晚电视。买鱼（食堂饭菜）。

十月二十九日

晨跑。看《邓小平文选》。政下午二时来。晚电视，《海蒂》（七集、八集）、天津歌舞剧院音乐会。政、琳同看。

十月三十日

晨、琳、政、我去鹳山。晚陈玉娟，来谈四十分钟回去。政下午一时回校。晚电视，五省市儿童节目。

十月三十一日

晨跑。(午后)得鹣、湘来信。

十一月一日

晨去鹳山。看《邓小平文选》。

十一月二日

晨步鹳山，九时三十分玄陪我去看电影《火烧圆明园》。天晴。晚电视，看马戏(罗湖)。看邓选。

十一月三日

晨走，琳考，不去。

十一月四日

晨走，同上。看长寿。晚电视，《五业兴旺》《打金枝》《盛京三陵》(永陵、福陵、昭陵)。

十一月五日

晨走，同上。中午去看政，知她下午回新，我同她来玄处。晚电视。

十一月六日

晨走，乘七时五十分车来新。琪、琳送我到站。政在新站接。搞卫生。中午霞宰鸡。晚作分类十月账，写信。中午十二时，日出晴，四时后多云。

十一月六日(新)

晨，[南]津。中午十一时，日出，下午二时阴，洗衣。政来去看吴老师，写字。中午遇王文治，在肉店和日用杂货店门口。

十一月八日

晨塔，中午十一时日出，十二时阴，领退休金，遇王正祥、金梅亦在领。查分类账，写字。

十一月九日

晨去马站岭。查账。遇元将。

十一月十日

晨，雾重未散步。中午十一时日出，遇杰兄。晚六点停电。八时三十分复电(查账日间)。

十一月十一日

晨，雾重未散步。十二时太阳出。洗衣。晚五时三十分停(查账日间)。七时十五分复电看报。

十一月十二日

晨雾未散步。作分类账。洗衣。今日晴。看报。

十一月十三日

晨去[南]津。补衣准备，霞今日去珠村，当日回。看《人民日报》，存根分类账。中午庚来告诉她(政)：照你妈，可能是问明中再决定。

十一月十四日

晨去[南]津。上午八时去俊兄处，坐谈九十分钟，回来知杰兄去杭看菊展。得赵士兰回信，做分类账。

十一月十五日

晨去[马站]岭。向行支回来，晓春来(他从七里垅来，九时到)。中午去进士弄吃中饭，饭后走一圈，三时回来，闲谈到下午四时去吃晚饭。庚来闲谈至八时，他回去，我们再谈至十时寝。

十一月十六日

晨吃早饭后，晓春乘七时四十分车回杭，决自做一件大衣，买料量尺寸缺驼毛一斤，托长育去买(不知富阳有否)。听长育说琳成绩尚可，但应努力争上游为要，诚至论也。

十一月十七日

晨去[南]津，晒被等。查分类账。

十一月十八日

晨去[南]津。听说杭州运来鲢鱼售0.6，鲫鱼售0.7(听说是非洲进口种，腹大背有似口笔斑纹，据说味胜鲢鱼不及溪鲫鱼)。查分类账。

十一月十九日

晨去[南]津。中午王芝交给我梅冰带来驼毛。下午去樟根处，他说三四天后可取。洗刷鞋子，再作分类账。

十一月二十日

上午七时二十分来富，庚来开会，同来说弄错日期，明日开。庚饭前回新。玄、政、我去看电影。

十一月二十一日

晨，鹳山散步，招工出榜。琪去看。庚买来《人民日报》《参考消息》各一份。知庚来，我们中饭吃毕，湘出差无锡，从上海来，十二时到。玄、庚、湘、我四人闲谈至三时三十分，庚回新登，湘因时促说不去新登，如霞有时间盼来富会。庚说日来正忙，湘说干事吧，晚又闲谈同看电视。

十一月二十二日

晨去鹳[山]。早饭后，我和湘去鹳山、桂花街、富春路走一圈，十时十五分回来。下午三时后，又谈了一些家务。蓉君晚十时从宜兴出差回来，去饭店吃晚饭。十一时回来寝。长育下午来谈二小时。

十一月二十三日

晨去鹳［山］。早饭后，和湘又去富春路、江滩沿走一圈，十时回来。下午一时蓉君上班。我和琪送湘。玄下午一时五十分车去杭州同去沪。晚，八时五十分我即休息、洗脚。

十一月二十四日

晨［去］鹳［山］。买邮票书。

十一月二十五日

晨［去］鹳［山］，看《海迪选集》，陈、王来谈报名事，等蓉来才回去。中午十一时市心弄口点心店失火。

十一月二十六日

晨起迟，去人［民］医院即回。七时去理发，等到七时三十五分，大约是部门负责人来对我点了头，旁边一位女理发师对我示意，要我坐下去。等他出去约一分钟即回说：坐嘛。我即坐下，至八时十分理毕。他到店后，［要］大家像上班的样子，说：赶快卖票，好工作了，不要眼睛白大白大。又听了一个父女、女婿的故事。玄中午十二时三十分到，知湘二十七日下午六时上船。

十一月二十七日

晨［去］鹳［山］，九时去七美处，十时十五分回来，孙今日休息在家，共同闲谈了一回。下午玄我去看文治未遇折回。政下午四时从新回校。

十一月二十八日

晨［去］鹳［山］。晚电视。

十一月二十九日富

晨［去］鹳［山］。下午五时玄、蓉去七美处谈半小时回。晚电视。去买车票。

十一月三十日（新）

晨至百一折回，吃稀饭。上午七时三十分车来新，蓉、琪送我上车，车行速四十分到新，搞卫生。十时三十分去庚处，十二时回来，去看大衣，知已制成，待量出手，明日下午可取。瑞儿告诉我说：前两天芦中民陪一客人来看你，我说老项起床很早，这两天没看见，恐已去富阳。

十二月一日

晨去南津乡。日来［自］查“在沪子女被抄书画”。

十二月二日

晨去塔［山］。中午洗衣。日来同上查忆。

十二月三日

晨去马站岭。接国栋、敦、玄信。晚，庚、霞、炜、王琴五人去看电影《贺龙将军》。日来同上，中午函寄出，项亮期中考试又获班第一。

十二月四日

晨去南津。整信。

十二月五日

晨写信未去，整理。下午三时去医牙，略修即好，是牙床受损。

十二月六日

晨写信。整信。

十二月七日

晨整信。

十二月八日

晨整信，上午十一时才日出。庚、敏今日去杭州。接栋寄来年画，去缴公房房租。晚五时四十分和霞去看电影。

十二月九日

晨整信。接赵士兰信。下午二时玄到，庚、敏下午五时三十分回来。

十二月十日

晨八时五十分和玄同来富阳。十时三十分庚来，下午回去。政下午四点半来去看电影。复赵士兰信。

十二月十一日　星期日

晨乘六时十五分到杭州，买九十时三十七分车来沪，下午五时五十五分到站。来四川北路，他们还没吃晚饭。知项建的娃娃今日出生一百天，拍了照。建、小潘、项平均在，同吃晚饭，看电视。九时寝。

十二月十二日

上午写信。下午二时，同玄去虹口公园看沪东美艺社画展，青年社员约一百幅画。澂、静、万来同吃晚饭，闲谈至九时十五分。他们回去。

十二月十三日

晨起。写被抄情况和清单。上午看报。玄去买物。下午三时，玄陪我去北京路平家，知他们买菜，阿姐于上月十八日上街跌跤中风，回南翔。我们坐谈四十分钟回来，傍晚丽明同吃晚饭，八时三十分她回去。晚电视，《牧马人》。

十二月十四日

玄今晨乘五时五十五分快车回杭返富。晚七时捷陪我去看建、小潘，潘为我们［冲］咖啡，建去买来大补膏、银耳。我们坐一小时回来。天下微雨。回来和壬、翌谈。

十二月十五日

晨整画资料。晚电视，《小丫》木偶毛毛小淘气（辽宁）。

十二月十六日

整富信、资料。壬下午六时三十分出差松江。晚电视，《新闻联播》。

十二月十七日

整富信。晚电视，《新闻联播》。

十二月十八日

整富信。上午八时去溧阳路看启人，谈二十分钟即回，到家已十时。晚电视，《话说长江》。新凤霞近况。齐白石生卒年月实是九十四岁卒。

十二月十九日

整理富信，壬晚六时回来。晚电视，（重庆）纪念碑前话英烈。鹌鹑。

十二月二十日

晨去邮寄，到自由市走一回（八时至十时），得湘来信。

十二月二十一日

写玄、湘、敦、庚信。看《斯诺眼中的中国》。翊沅来信。晚电视，《新闻联播》《谢瑶环》。

十二月二十二日

上午写信。看《斯诺眼中的中国》。捷买来绿豆糕。今日冬至。敦、爵来信。壬二十时出差无锡。晚电视，天津幼儿歌舞《诚实的孩子》《小哥俩》《献身大海》。

十二月二十三日

上午写信。晚电视，《毛主席在□□》。

十二月二十四日

上午写信，看报。

十二月二十五日

星期日。去寄信，买物。看三峡大观。

十二月二十六日

看报。晚六时三十分，小林爸爸来谈谈，同看电视，八时五十分回旅馆宿，看长寿杂说。我上午八时三十分去虹口公园。晚电视，《长征组歌》《毛泽东》，十时寝。

十二月二十七日

上午理发、写信、洗浴。捷买来绿豆糕。晚电视，《新闻联播》（纪念毛主席九十诞辰）。

十二月二十八日

上午写信。晚电视。

十二月二十九日

上午写信。平下午六时回来。晚电视。

十二月三十日

上午写信，下午捷、我去看电影《国家利益》。壬下午六时回。晚电视。

十二月三十一日

上午写信。玄来信。

一九八四年

一月一日

晨七时起床。上午十时得贤来信。晚电视。

一月二日

晨，写信。晚电视，《艺苑之花》。九时休息。

一月三日

晨上午写信。晚电视。

一月四日

上午写信。晚电视。翊沅、敌人来信。

一月五日

玄、庚、湘来信。写玄、庚信。玄款到。翌代我去取。捷买来大蛋糕。晚电视。

一月六日

上午写信。早餐吃大蛋糕。晚电视，《女大当婚》《忘不了你》。

一月七日

上午写信。晚电视，《新闻联播》。

一月八日

星期日。上午写信。澂上午十一时来，下午二时陪我去南京路，五时回来，他五时三十分回去。晚电视，《新闻联播》。

一月九日

上午写信。壬今日上午去北京。晚电视，《新闻联播》。

一月十日

上午写信。晚电视，《新闻联播》。

一月十一日

晨寄信。写信。晚电视。

一月十二日

上午写信。晚电视，《新闻联播》。

一月十三日

星期日。农历十二月十一日，我的生日。庚的表格寄到。上午去海宁路、七百商店等处走一圈，回来吃中饭。晚电视，新天新地、侯宝林相声。下午三时去虹口公园。江西共青羽绒厂。晚吃橘。

一月十四日

上午拟买物、规划理报。下午摘齐白石报载。晚电视。

一月十五日

上午阴。看书报。傍晚得[爵]来电，知十七日晨到沪。万有上午九时来，十时三十分回去。晚看电视，镇江三山[金山、焦山、北固山]，刘海粟画家九上黄山。

一月十六日

上午要翌中去电话与万，要他去车站接，上午看齐白石画。晚电视。

一月十七日

晨晚去接爵、君、毅、力来，六时四十五分到。中午下雪。晚饭后，澂和玲来同看电视，九时回去。

一月十八日

雨雪。晨写信。晚电视。

一月十九日

今日天放晴。得富县委来信，知四项建议信收到。晚电视。

一月二十日

上午写经历，去寻他们接贤来信，万下午四时来谈半小时回去，得贤来电，知二十二日晚十一时可到沪。电视《皇子复仇记》，看至八时三十分息。

一月二十一日

上午爵陪我去配手表，我买纸回来，天阴。晚电视。

一月二十二日

上午爵、君、毅力、我去沃门路吃中饭，仅澂一人在家。下午去华山路，万凯正在粉刷房间，回四川北路。晚餐。晚电视。晚十一时，爵去站接贤、敦、晓、帆，我在被中等他们来再寝。

一月二十三日(沪)

上午写信。晚电视。

一月二十四日

上午写经历。晚电视,《含笑花》(第一、二集)。

一月二十五日

上午写经历。下午五点三十分，庚到，带来冬笋、酥糖。晚电视，《含笑花》(第三、四集)。

一月二十六日

上午整理、写经历。晚电视。下午接鹈寄来三人经历。

一月二十七日

上午写信。庚、爵去办业务，贤来陪帆(蘩)去澂处看目疾。晚电视。

一月二十八日

庚乘晨五时五十分车返杭。爵、贤去接翊沅、鹏，他们八时三十分到埠，十时三十分到，爵、贤没有接到，十一时来翊沅、彦，宿澂处，玄、琪、琳下午六时三十分到。

一月二十九日

翊沅、彦上午十时来，今日彦做菜。玄、爵、贤三人去买衣。珈、鹏亦去澂处宿。

一月三十日

玄去买笔。贤、爵去拿被子。玄中午回富。翊沅、彦下午回来，今晚做春卷，宿此。珈、琪、琳去澂处宿。

一月三十一日

上午爵去买物，彦、翊沅、鹏去访友，十一时项平来，贤去接。下午三时湘、成、耘、滨、伟、兰到，贤、鹏去接。庚、霞、敏、政、炜六时三十分的到，贤、伟去接。晚翊沅一家去澂家。庚一家去万家宿，万来接。大家讨论日程。未见电视。

二月一日(沪)

莹下午四时三十分到(贤正要去接车，早到，故她一人来)。下午六时三十分，敦、邹、克、龙、清到，由贤、湘、卓、滨、毅、敦六人去接。亮据云因暑假要报考高中，已约二个同学同补习，故不来。晚分岁，31人分岁，饭七点开始，八时玄、蓉赶到，九时毕。敦、克、龙、清去新雅旅饭宿。翊沅、彦、伟、兰、珈、鹏在澂家分岁，庚、霞、敏、政、炜在万家分岁(壬家阿姐仲秀英)(澂家十人、万家九人)。

二月二日

春节。早上吃春卷、汤圆。八时五十分，凤弟、定毅送来蛋糕、洋酒略谈。九时，我们四十八人去南京路中国照相馆拍照，拍四张。十时三十分我们回来，项捷、龙等十八岁以上十二人去饭馆叙(聚)餐、拍照。晚上大团叙，拍照，十时散。

二月三日

今日自由活动。三姐妹三女婿准备晚餐。

二月四日

上午自由活动。下午一时三媳妇、三孩子准备晚餐，告别宴拍照、讲话、发纪念品。十时散。

二月五日

上午七点四十八，玄、蓉、莹、琪、琳去杭，十一时二十七分到杭回富。下午三时零六分车，翊沅、彦、伟、兰、珈、鹏去杭。

二月六日

上午五时五十六分车，庚、霞、敏、政、炜去杭(九时二十分到)，返新。毅、龙、清、克去杭宿。翊沅婆家在杭，玩一天去富、新。下午我、湘、爵、贤四人去看秉成，坐谈一小时回来。

二月七日

晨四时四十二分，爵去南京。下午六时回来。下午湘、小林、向耘、滨、邨、晓、中君、毅、力、我十一人去大世界，贤去取照片样，我们四时三十分回来。

二月八日

贤去照片加印。湘、小林、向耘、滨四人，

下午三时，乘轮回武汉，爵、贤、中、君去送行。

二月九日

上午写信。晚电视。

二月十日（沪）

起来一片白雪。贤、郇、晓、帆、君、毅六人乘五时五十分车去杭。上午写信。晚电视。十一时，伟、兰、珈、鹏从杭来，饭后去澂处。

二月十一日

上午看报。晚电视。

二月十二日

上午看报。十时伟、兰、珈、鹏来，饭后爵、捷送她们去十六铺，下午三时轮回武汉。

二月十三日

看报。湘来信。晚电视。

二月十四日

看报。晚电视，《蛇侠》。晚九时四十分贤、郇、晓、爵、中君、项毅从杭回来。

二月十五日

上午爵去加印照片等事。去南京路，贤去办厂务。我看报。晚电视。壬从无锡出差回来。

二月十六日

上午看报。晚电视。

二月十七日

上午九时，爵、贤、我去看大舅嫂，坐谈三刻钟回来。接玄、敦来信。晚电视。

二月十八日

八时去理发。爵、郇、毅、力、晓、帆去西郊公园。贤先去冠龙，后去西部。下午三时回来。翊沅、彦下午三四和四时分别来，晚宿此。

二月十九日

翊沅、彦上午九时去澂家。今日下午三时回武汉。贤去办事，爵、君去澂、万家，准备明日回丹东。下午四时凯来，要我去他家吃夜饭，我、郇、晓、帆五人先去，后贤来，毅、力亦回来。他们三人同到万处吃晚夜八时三十分回来，九时十五分到壬家。

二月二十日（沪）

爵、君、毅、力今晚乘车回丹东，七时三十分离四川北路，贤、郇、捷送行。晚电视，国际新闻。壬今日上午出差北京。上午写信。

二月二十一日

上午阴。上午看美食家。晚电视，国际新闻。

二月二十二日

上午看报。晚电视，《秋瑾》。

二月二十三日

上午九时贤陪我去看平嫂嫂，带去给鹣的大照片四张，坐谈四十分钟回来。小林爸爸来，送来温柑、白脱油，同看电视，将近十时回栈宿。送出门外，知下雨，要贤送伞，追寻未遇。

二月二十四日

今日上午，日露面即阴。

二月二十五日

天阴看书报。晚电视，《海蒂》（第二十三集），克拉娜上阿尔卑斯山。

二月二十六日

上午九时贤陪我去沃门路，澂留在家任炊事（有亲属来）铮陪我，贤去凤弟处吃点心，闲谈。一小时半回来吃中饭（久阴今日乍晴）。饭后回四川北路，钦和凤小女婿来此。

二月二十七日

上午九时贤陪我去看俞啟人，谈一小时半回来。下午五时澂给我送回旧巾、手套。晚看电视《女记者的话外音》。晴。

二月二十八日

天阴。看书报。十一时三十分壬出差回来，晓不告出去，我去追了一趟，未遇回。晚电视，《新闻联播》，后足球赛。我八时三十分，晓到中午后回来，知她在看书。

二月二十九日

看《人民日报》。晴。中午万送贤车票来。

二十七日电视结尾引用辛弃疾的名句“青山遮不住，毕竟东流去”。

三月一日（沪）

贤今日上午十时四十分离此，去车站上车，由小潘、项捷、阿姐协助上车。晚电视，迎春晚会。下午写信。

三月二日

上午写信。看报（爵）。晚电视，相声。看报。一郇给我汕橘分吃。

三月三日

上午九时，去虹口公园门前解放军为人民服务，医疗、修理无线电等。园内灯会（延至三月四日晚）约有二百只左右灯影，四条大龙悬在天花板下，一条游龙在平地中央旋转，[做]工不及广州的细致逼真。园中尚有大龙船，一只搭有大棚，还有一只龙船用保膜作方罩在园中进门内部。鹣来信，卓来说钦不来了。晚电视，《海蒂》（二十四集）。

三月四日

今日星期日。知钦不来，乘十四次车回京。小林爸爸、祖馨上午十时来闲谈，看报同吃午饭，他一时去火车站去无锡公干。晚电视，《话说长江》。

三月五日

上午九时去武昌路、海宁路到七百处折回，一路看市容信息，回来十二时整，晚电视，李先念访巴基斯坦。

三月六日

看书、报。晚电视。

三月七日

看书、报。晚电视。

三月八日

上午写信。晚电视。

三月九日

看文汇杂谈、世界之窗。晚电视，《简爱》美国片。

三月十日

上午作寄照片准备。下午写信。晚电视，《海蒂》《诸葛亮》。右腿膝盖发痛，知觉麻木。

三月十一日

今日星期日。今晚脚病木，难入睡。

三月十二日

晨起，要壬打电话，给溦要她落班来此一转。我上午也去睡，休息二小时。下午五时溦来，她说不红肿，不妨过几天会好，也不需贴止痛膏。八时回去，我即寝。

三月十三日

今日天阴雨。核账。晚电视，《霍元甲》（武术片广东，一集）。

三月十四日

上午写信。阴雨。晚电视，《桃花岛》。

三月十五日

上午写信。阴雨。晚电视，《霍元甲》（第二集）。

三月十六日

理发、拍照。得敦来信、亮照片。今日上午阴，至十时五十分日出。收翊沅来信、复敦信。晚电视，《卡桑德拉大桥》故事片。

三月十七日

接玄、庚来信。万，中午送照片来，还是不齐，捷今日中午给湘送表去。晚电视，《海蒂》《霍元甲》（第三集）。

三月十八日

晨和昨晚下雷雨。上午写信。得政、爵来信。给湘信说表已送去。晚电视，《新闻联播》。

三月十九日

上午分寄照片（六处）。写信（鹣）。彦章下午五时到，出差来办药，宿此。晚电视，访日本中曾根。

三月二十日

彦章去办公。写信。晚电视，《霍元甲》（[第]四集）。

三月二十一日

晴。上午七百等处（八时四十五分至十一时四十五分）买书等。接小林来信。下午五时溦来，五时三十分彦来，六点铮来，九时三十分玄到，闲谈至十时寝。晚电视，商业新风、浔阳楼。

三月二十二日

彦九时出门。玄九时十五出门。晚电视，《霍元甲》（[第]五集）。壬晚十时出差衢州。

三月二十三日

上午玄陪我去南京路。中午在五芳斋吃面、小笼回来，到家已下午五时，玄又即去沃门路。晚九时三十分回来。晚电视，我看到八时五十分息。

晴。彦上午七时三十分来，八时五十分去看她母亲。下午三时飞回武汉。

三月二十四日

玄去买物。明日回富。晚电视，[曾中根]（第二天）。

三月二十五日

玄陪我回来，卓送上车，乘661次车，七时四十八分开，十一时二十七分到杭州。下车遇中雨乘公共车到龙翔桥乘14路车来富。十四时三十分到富阳又遇中雨，玄去借来双轮车踏行李。下午三点到鹳山路20号寓处。晚看电视，曾中根将离京去武汉。《霍元甲》（第十六集），十时寝。

三月二十六日

上午写信。玄整理房间铺床。下午一时庚来，三时回新登。政下午四时三十分来送开会信，来即回去校，吃夜饭。晚看电视。

三月二十七日

写信打电话到新登。下午一时去寄信，报到。晚看电影《乡音》。

三月二十八日

上午开预备会。下午讨论，晚看电影。

三月二十九日

上午听报告，下午讨论。晚电影《自古英雄出少年》。

三月三十日

上午听报告，下午讨论。三十到教育局开会。晚电影《最后的选择》。

三月三十一日（富）

上午讨论，下午选举，统计选票时，放电影。四点宣布选举结果。晚看电影。

四月一日（富）

下午六时电影《杀人狂》。商业局会堂上午八时开会闭幕。九时去杭州春江棉纺厂参观。十一时回来。来回路上一小时。下午讨论。

四月二日

早饭后，散会。九时去看七美，坐谈一小时回。下午四时长育来谈九十分钟。晚饭后和玄去鹳山散步。晚电视。晚雷阵雨。

四月三日

写信。核账。农历三月三日。蓉君日去宜兴扫墓。晚上吃面。看电视。下午四时去看赵文光。晚雷雨。

四月四日

看《徐霞客游记》。天阴雨。下午二时庚从蚌埠回来。他三时回新登。晚电视，《话说长江》（[第]二十四集、黄浦江畔）。

四月五日

看书报。晚电视，《智力竞赛》。

四月六日

晨和琪同去鹳山慢跑。得壬来信附来鹏、敦信，复壬、鹏信。晚电视，《爸爸妈妈今天毕业》（第一集）。

四月七日

复敦信。晚六时看电影。我、玄、莹、琪、琳五人电视，《霍元甲》（[第]十八、九集）、《爸爸妈妈今天毕业》（第二、三集）。

四月八日

寄照片。写信。晚电视，《生命的故事》《动物世界》。

四月九日

天阴雨。看书报。傍晚，饭后长育、梅冰和孙女来坐谈一小时回去。晚电视，《笑声之外》。

四月十日

晨看长寿，并去问滁卡。上午九时遇陈继木，在县府门前。晚电视，捷克《非凡的艾玛》。

四月十一日

砚已由玄找到。今晨写毛笔字。晨微雨。晚电视，南京春节晚会。

四月十二日

上午七时上鹳山折回去大街，到峡岭笔店闲谈。李福祥来。九时回来习字。晚电视，《话说长江》。九时五十分仙花、银南来。银南十时去杭。午饭后我、花、琪三人去鹳山。花下午三时三十分轮回家。晚得蓉来电知她十三日回来。

四月十三日

今日放晴。久雨初晴。蓉君下午三时到，玄、琪去杭接。晚电视。

四月十四日

晴。中午去买车票。下午一时三十分，玄、我、琪去看电影。晚电视。

四月十五日

我乘六时二十分车来新登。玄儿陪我来，他乘八时二十分回富阳即去春江上班。中午去杰兄处，知阿贞近来不适。晚看电视，《霍元甲》。九时寝。今晚第一晚宿这公房。

四月十六日

九时三十分庚、霞、敏、我去看电影。中午吃面。晚饭后庚、霞、敏、炜来看照相和信。

四月十七日

上午去看延庆、元将回来，午膳。霞去分水。下午我去看正祥、剑伟。晚看报。

四月十八日

写信。去银行。去穗丰家、买灯泡等。整理衣着等。晚写信，看《武汉大学》。今日阴雨连绵。气温转冷。

四月十九日

去塔山，去看五丰。在家陪我楼上、下走一圈。我回来在双塘口，遇桂惜华买菜回来，搞卫生。要项敏拿被去晒。霞剪来蓬青。晚写信。

四月二十日(新)

晨去南津桥，去各店，看到中百，去领退休金和蒋支书略谈造屋问题(是红珍通知我去领)。中午雨。得玄来信。

四月二十一日

晨雨止(黎明才雨止)。写信。又阴雨。晚饭时政回来，未去玄处，不知他来否。下午三时［赵］文光来略谈半小时，约晚上来谈。晚七时玄、蓉、莹、琪、琳到，赵六时四十五分谈到九时去。我们十时三十分寝。

四月二十二日

星期日。晨四时四十五分起床，乘六时五十分车去垅坞。庚因厂内工作要紧没去。我们四人去山上野餐。下午乘十二时三十分车回至元村，到黄山岭，九人去，霞回来准备晚餐。玄、蓉、霞、琳四人乘五时二十分车回富阳。琪留宿，明日回去。我九时寝(同去看电视六时四十分至八点，《聪明的一休》)。

四月二十三日

我五时起床。琪七时起床。七时五十分庚来说，玄来电话要琪即回去面试。她乘八时二十分(八时零五分即开)车回富。上午晒被、洗另物。晚六时二十分［志］标来谈，七时回去，我八时三十分寝。

四月二十四分

上午把厕所洗刷。看情况还是不能使用。中午抹身更内衣。下午三时庚知他即去沪，参观展览。上午晴下午阴傍晚有小雨。

四月二十五日

晴。核账。洗衣。与标闲谈。下午去中百，与子坤闲谈一小时回来。至桂花弄口遇罗明俊(恐错)老师邀我去他家闲谈二十分钟。晚写字，看报。

四月二十六日

晴。核账。中午知汝霞父和三弟来去。晚饭时知军雄来，阿婶送来鸡、鱼、鸡蛋、白糖。晚看电视，美里根来访，敏陪我回来。

四月二十七日

上午八时，敏(今日休息)陪我去杜墓山头采儿、连儿家。在秉儿家吃中餐(面)，到大姐坟上去走一趟。汪云生的妻子遇到，她说老汪已去世六年了。孙卓人的女儿是给她做第三房媳妇，在上海做越剧，十一时半回来。下午六时再谔的女儿出差杭州(今晨遇元将对我说晚上七时来)来座(坐)谈三刻钟。因雨，庚去拿伞送他们回去。我八时寝。庚下午三时回来(去上海)。

四月二十八日

搞卫生。标来座谈半小时。整理写信。晚六时三十分，去中百开会，选举八时回来。

四月二十九日

整理。拟写信。八时三十分，俊、杰二兄来，送来横幅、画、字、糖和茶叶蛋，坐谈至十时回去。晚看电视。

四月三十日(新)

上午写信。下午，午睡。上街。晚看电视，西安秦墓兵马佣，长城。八时十五分回来，敏送我回来。

五月一日(新)

晨七时二十分庚陪我去渌渚，七时三十五分到。一椿夫妇在车站。她们来烧菜、烧白糖蛋。庚吃两个余四个，给两个小孩吃(我一再说我不吃，不要煮或少煮)。到阿庚、一喜、穗丰家坐一回，阿庚同来，在冬梅处吃面，乘十时五十分车到上柴场小兰家、南华、炳华、宝华家。步行回来烧粉干吃，我上街买物，下午三时午睡，四时三十分起来晚饭。晚看电视，里根在上海，后回国，看浙江电视。八时三十分回来(庚送我)。

五月二日

天晴，在车站遇八十九岁徐关东回杭，遇八十岁洪锡仁在渌渚街上。晨七时三十分庚陪我去湘溪，八时二十五分到，中南、小南均上街未遇，岳南在摘叶，我们去后回来。他陪我们去看中南和小南新屋，在关荣嫂处吃中饭之后，岳南陪我们到雪雪家略坐。一时三十分到河山剧场前乘二时三十分车回来，二时五十五分到新登站。智标来谈一小时去。吃晚饭。看到政来信即写一封复信。七时去并看电视。八时回来遇关贤、春秀谈竹榻损事，关贤态度很好，说不是你们原故，算了这事真抱歉，当另谢为是。

五月三日

上午整理写信。上街。门钥匙九个，送中百交曹根华(原只有五个，我们加配四个一起交给中百)。晚看电视，敏送我回来。

五月四日

上午上街送点东西作回谢俊、杰、东光的祝贺。今日阴雨。晚写信。得爵来信。

五月五日

雨。上午写信。上午雨。傍晚多云，明日有晴可能。晚电视，《聪明的一休》。庚送我回来。

五月六日

星期日。去看小柯，他去富未遇，下午三时三十分再去，谈到五时回来。阿庚中午在庚处吃中饭，谈他合办厂事。晚看电视，《聪明的一休》等。九时敏送我来，得玄附万信、澂信。抹身、更衣。知蓉脚趾骨折。

五月七日

上午九时去看善庆，谈一小时三十分。下午三时去看舅母，她来照相。晚庚、敏做夜班。我看电视八时回来。霞送我来。

五月八日(新)

整理搬来什物，庚、敏来协助。下午去领退休金。准备明日去富阳。七日得崔、敦来信。

五月九日(新)

上午乘六时五十五分来富，庚因出差陪我来，七时三十分到富阳。九时去春江路走一趟，十时三十分回来，晚电视，看《新闻联播》。九时寝。

五月十日

五时起床。五时三十分去鹳山。六时回来。上午写信。蓉脚趾骨折，今日去复诊。晚电视，《祖国各地》。

五月十一日

看《新民晚报》。晚电视。

五月十二日

看老人杂志。抹衣更衣。下午琳、我去看电影(莹拿来票子)。晚电视，《聪明的一休》《血疑》([第]七集)。政和女同学七时三十分来看电视，十时回校。晚雷阵雨。

五月十三日

看外国笑话。天阴雨。写信。中午莹给我电影票(14日)，琪亦去看，一时十五分回来。晚电视，《新闻联播》《16号病房》。十时二十分寝。13日晚电视，《聪明的一休》《血疑》([第]七集)。

五月十四日

上午写毛笔字，看杂志，天阴雨。晚电视，《16号病房》。

五月十五日

上午阴小雨。看《浙江日报》，写毛笔字。玄傍晚六时回来，说庚来电，说统战部来电，要我十六日出席，并约杰兄同去。晚电视。

五月十六日

晨。杰于七时二十分到，同去统战部座谈，推选出席省工商联代表二人，吕、关锡高。下午听互助储金报告，推选该会□□，新登二人，汪锡树、陈仲二。送杰到车站。他乘下午三时五十分车回新。晚电视，《杨家将》（第一、二集）。十时二十分寝。

五月十七日（富）

雨止。蓉今日去上班。看报并摘录。政、长育、梅冰和孙女来。晚电视，《新闻联播》《杨家将》（第三、四集）。十时寝。

五月十八日

还借来《光明日报》，写信。今日晴。杰来信。晚电视，《最后一片叶子》（后记）。

五月十九日杭

星期天。晨六时四十分，玄陪我去杭州，七时四十五分到杭州买物。八点去朝晖新村，有三个朝晖新村。十时四十五分到浙大吃点心后去看项清。二时去看陈伯昂、昂如谈一小时，去洪春桥看崔东伯。三时去看吴月中。四时去工人路，乘五时十分车回富阳，六时十五分到富。晚看电视，《聪明的一休》第十七集和《血疑》第八集。

五月二十日

星期日。上午写信稿。天阴雨。下午五时蓉、我去看电影。晚电视，《聪明的一休》（第十八集）、《血疑》（［第］八集）。政带来壬、湘、钦信。

五月二十一日

上午写信稿。琪今日去棉纺厂上班（第一天）。晚电视，“常州盆景”。

五月二十二日

上午写信。天阴雨。晚电视，《罗汉洞奇观》。

五月二十三日

上午写信。中午搞炊事。晚电视，玄移楼上放。

五月二十四日

上午写信。晚电视，《新闻联播》。

五月二十五日

上午写信。汝霞来，下午四时回去。晚电视，《姑嫂塔下新姑嫂》、美国故事片《孤独的长跑者》。

五月二十六日　星期六

上午写信。蓉在家休息。晚电视，《聪明的一休》（第十九集）、《血疑》（［第］十一集）。

五月二十七日　星期日

政晨回校。上午去桂花路大桥、春江路走一趟，七时至九时三十分。晚电视，《聪明的一休》（第二十集）、《血疑》（第十二集）。

五月二十八日

晨遇王文治略谈，十一时三十分，念慈陪再谔到。吃粉干，闲谈。下午三时陪他去车站，他买了票，再同逛富春路至市心街。他们去车站，我回来。今晚宿楼下。晚电视，《新闻联播》《浙江新闻》。

五月二十九日

晨去鹳山。核账、鹣来信。天晴。晚电视，《工会小组长》。

五月三十日

今日三十年教龄老师开会。元将来知再谔已离新。敦来信。晚电视，《铁桥三》（武打）。政晚饭后来。天晴。

五月三十一日

晨去鹳山遇赵文光、剧院张同志。去县来访来信办公室，由沃贵良同志接待我，谈三个问题：一、前捐献的［书画］希展出；二、抄家的物资请速清理发还；三、中百拖用家具应速归还，少、损的折价。他说已知道，不必再书面申请。买点心回。天阴小雨。晚电视。

六月一日

玄要给爵信说寄出茶叶等。去县府来访来信室看沃同志。寄给陈仁文、袁柏舟信，告《新民晚报》物还原主。晚电视。

六月二日　星期六

天阴雨。看报。下午二时，政来新登。晚电视，《聪明的一休》（［第］二十一集）、《血疑》（［第］十三集）。

六月三日　星期日

上午八时长育来谈二小时回去，庚去杭，下午三时来，乘五时车回新。晚电视，《聪明的一休》（［第］二十二［集］）、《血疑》［第］十四集）。今日放晴，抹身更衣。

六月四日

晨去鹳山。上街理发。九时三十分回来，政

下午五时来洗头，六时回去。晚电视，《新闻联播》《浙江新闻》，八时三十分休看。

六月五日

玄六时三十分去无锡旅游(三十年工龄待遇)。九时广播公判消息，一小时结束。晚电视，《新闻联播》《浙江新闻》，八时休看。傍晚去鹳山遇(银行)老孙，谈三十分钟。

六月六日

上午看报、习字、核账。晴、热。晚电视，《新闻联播》《浙江新闻》。

六月七日

看报。阴雨、天转冷。晚电视，《新闻联播》《浙江新闻》。

六月八日

上午习字，去看七妹。闲谈一小时回来。玄下午三时旅游回来。晚志娟来，同看电视。

六月九日　星期六

写信。政晚饭后来。晚电视，《聪明的一休》([第]二十三[集])、《血疑》([第]十五[集])、《贺龙》。

六月十日　星期日

公安小周遇到略谈。政早饭后回校，傍晚遇凌经理。晚电视，《聪明的一休》([第]二十四[集])、(《血疑》[第]十六集)。

六月十一日

天晴。中午只有我、琳二人吃中饭、傍晚去鹳山遇许志远。晚电视，《新闻联播》《浙江新闻》。九时寝。

六月十二日

去买参丹片。寄信看到绣球花(邮局)。晚电视，女篮中、古比赛，《失去妈妈以后》(上集)。

六月十三日

七时后大雨。晚电视看《新闻联播》《浙江新闻》。

六月十四日

上午六时，我、玄、蓉三人去看电影。七时三十五分散。他们去上班。晚电视看《新闻联播》《浙江新闻》。

六月十五日

协助看报。晚电视，同上。

六月十六日　星期六

写字。看冯玉祥《我的生活》。政下午四时去新。晚电视，《聪明的一休》([第]二十五集)、《血疑》([第]十七集)。

六月十七日　星期日

政下午四时回富(昨今二次)，均未遇。晚电视，《聪明的一休》([第]二十六集)、《血疑》([第]十八集)。

六月十八日

中君中午十二时到。莹今日休息，晚电视，《罗汉洞奇观》《晴雯》(昆剧)。

六月十九日

玄上午、下午去打电话，托友购车票。玄、君、我去车站从富春路回来。晚电视，杭州五一节。

六月二十日

晨玄陪中君乘六时汽车往杭，乘下午五点352快车去沪。蓉因公差同去。玄、蓉下午回来。晚电视。

六月二十一日(富)

写字。街上去一趟。中午项政来说她校中教室要作考场，停课自学，问我是否去新登，我说好。明日和你一同回去。晚看电视。八时十五分息。整行装，寝。

六月二十二日(新)

晨政六时三十分来，政、我乘七时五十分车来新。蓉、玄送我们上车，八时二十五分到新登。汝霞来协助提行李。政帮搞卫生，至十时先去，我十一时去。下午继续搞，洗澡。三时下雷阵雨一刻钟。午睡。五时去吃晚饭。九时寝。得任天来信。政来此自学。

六月二十三日　星期六

今日电停、水停。下午三时水来。上午上街买物、洗衣，托子芳舅嫂带物二色，去医院慰问子芳。写信。晚看电视，《聪明的一休》([第]二十七集)、《血疑》([第]十九集)。

六月二十四日

写信、寄信。去看春秀，带去礼物二色作酬。政下午五时乘车回校。星期日。晚看电视，《聪明的一休》（[第]二十八集）、《血疑》（[第]二十集）。

六月二十五日

天阴。写信。下午日出，晴。洗澡。晚写信、看报。

六月二十六日

写信。洗衣。中午晒衣、鞋。志标和嫂嫂常恐下雨，协助收。晚看报。有雷阵雨。

六月二十七日

写信。中午晒衣、鞋。晚看报。

六月二十八日

上午去杰兄处，他去办移交。和阿贞谈一小时，去俊处谈一小时。今日鳊鱼。炜下午二时去分水。

六月二十九日

项敏来给我安装挂衣物绳。午后有雷阵雨。正是窗前有瀑布，门前有人造湖。晚写信。

六月三十日

七时去理发后，到俊兄家坐谈一小时。回来遇杰兄，来此坐谈一小时，约我明日去吃中饭，看鞋等。晚看电视，《聪明的一休》（[第]二十九集）、《血疑》（[第]二十一集）。敏送我来，十时三十分寝。

七月一日

今日星期日农历六月初三日。写信。上街。洗衣。十时三十分去杰兄家吃面，同进餐俊、杰、东光、我四人。餐后东光来此稍坐即去。晚看电视，《聪明的一休》（[第]三十集）、《血疑》（[第]二十二[集]）、《投考前夕》。

七月二日

晨去南津桥，遇阿香的女儿，谈婆、夫死，母背脊骨歪，子考大学未取在补习，今年再考。

七月三日

晨去塔山。洗衣。庚、敏厂今日停电，休息。昨晚加班。敏来给我提下纸板箱，晚饭后，下雨给我来拿雨具。

七月四日

上午上街买物，多云，只晒了帐子。看《杭州日报》，有无认领会有消息。

七月五日

老周对我说子芳、舅嫂已回来，我去问问情况。下午二时四十分炜给我送开水，他很聪明，放在门口。政下午三时三十分坐谈三刻钟回去。

七月六日

将藤椅等洗洗、洗浴、洗衣。九时长育来，同去超姊坟上，来去一小时。晚写信、看报。

七月七日

上午重写。今日政、炜来此自学（星期六、日）。晚看电视，《聪明的一休》《血疑》（第一集）。晚十一时敏送我来。

七月八日

上午。上街。子芳来信去告知丁献臣母和阿九袁世英，闲谈一小时回。炜、政下午来。这样星期日上午政可一心专心自习。晚看电视。

七月九日

去买蓝黑[墨水]没有，买纯黑[墨]水。杭手表厂在中百展销免费修理。晚抹身。锁匙因门风吹去，政处去取。政看电视回，由霞陪来。

七月十日

看报。晒信。晚停电。赵关兴（老四）来闲谈一小时，八时十五分去，八时二十分电来。今晚政不来，敏十时三十分来。

七月十一日

今来水。电时有时无。看报。晚去通知政，如九时[左]右不来我可关门。

七月十二日（新登）

上午寻报载。洗衣。下午三时去中百城内分店，今日开幕。联营买了三四种东西。小兰由汝霞陪来，看了照片。四时回去。晚看报，政八时三十分来。

七月十三日

洗窗帘布。下午晒札记等。晚看《红与黑》数页。

七月十四日

星期六。上午七时二十分，庚、霞、敏、政、炜、霞的弟等七人去看电影，五时二十分场。晚看电视，《聪明的一休》《血疑》。

七月十五日

洗衣。搞卫生。晒书札。下午有阵雨。晚看电视，《聪明的一休》《血疑》。下午六时子坤来，闲谈。

七月十六日

上午去俊兄处坐谈一小时，去杰兄家未遇，念慈送来水蜜桃。下午有阵雨，晚凉。和政闲谈半小时。

七月十七日

上午去杰兄处，托他借书，适俊兄夫妇亦在，谈一小时回来。标送来水蜜桃。下午四时后，雷阵雨。晚凉。看《成才者的足迹》，此书给政。

七月十八日

晨噩梦，承标嫂唤醒。四时五十分即起床。晚看书报。九时寝。有阵雨。理报。

七月十九日

上午写信。买书寄书。舅母送来茶叶蛋二十枚。有阵雨。政更帐子。看《杭州日报》。得湘来信。

七月二十日

写信去邮局遇杰，约我去镇。吴问沈屋事，杰答后来签字，要我也签。情况不明，年月忘记。

七月二十一日　星期六

晚电视，《聪明的一休》《血疑》。九时三十分回来。

七月二十二日　星期日(新登)

上午去中百盖印，托杰兄去借书，看《杭州日报》。晚电视，《聪明的一休》《血疑》(第二十八集)。下雨。敏来给我取雨具，九时三十分回来。

七月二十三日

上午写信，寄信，理发，看旧信札。星期一，有阵雨。

七月二十四日

上午上街去一趟。写字。晚看报。有阵雨。

七月二十五日

晨七时二十分政去车站接琳。琳七时五十分到，带来宜兴她舅妈送来西瓜、素鸡、百合。琳和政一起自学(今没阵雨)。

七月二十六日

上午九时要政、琳上街买物。看《杭州日报》。下午四时对炜教育。晚政、琳带来百合羹(没雨)。

七月二十七日

上午写信，上街。下午洗衣、午睡。看《杭州日报》。程国定夫妇来谈一小时，下午五时来。晚政、琳去看电影，七时三十分至九时三十分《皇亲国戚》。没雨。

七月二十八日　星期六

上午核账。写信。晚看电视，《血疑》(第二十九集完，又看第七集)、《聪明的一休》。回来十一时。

七月二十九日　星期日

去寄信。七时四十分，看电视奥运会开幕式，十一时结束。晚看电视，奥运会开幕式。回来下雨(九时十分回来)。

七月三十日

七时三十分，上街遇周宏光，在中百门前(经理部)略谈。晚看报。政、琳下午看电视，晚学习。

七月三十一日

上午寄信去银行。洗衣。晚看报。

八月一日(新登)

看报。写字。洗衣。晚政、琳去看电影，《银幕天使》。霞来看书，半小时回去。

八月二日

上午本拟去看电影，后因开座谈半小时中止。晚看《杭州日报》。

八月三日

星期五。上午想去看电视，不清晰回来。洗衣晚看报。晚政、琳去看电视，九时十五分回来，霞送来。

八月四日　星期六

上街买白糖，买来绿豆送庚处。洗衣。晚看电视，奥运会、《聪明的一休》《血疑》。十时回来。

八月五日　星期日

上街去买早点。琳八时三十分去看电视，九时小兰、冬梅来闲谈，十时三十分去吃中饭。下午看照片。他们去街看看。下午二时蓉送来西瓜。三时小兰、冬梅回去。蓉下午四时回富。晚电视,《聪明的一休》《血疑》、奥运会。十时回来。

八月六日

上午八时三十分，小柯来说陈经理要我去一趟，为[百货公司]和五金交电墙界事。我说他们有南阳寄庐墙界，我们有洋砖、柱墩作界，很分明。晚看电视。十时回来。

八月七日

上午找寻材资，上街一次。政、琳上午学习，下午看电视。三时下阵雨。得鹏信。

八月八日

上街领退休金，买桃子，借来面盆去还，得壬信。晚看电视，女排(中—美，3—0获胜)。九时二十分回来。

八月九日

上午写信。得湘、栋、敦信。晚看报。写栋、啟人、玄信。

八月十日

琳回富。我、政送她上车，乘六时二十分车。八时中百陈继木着人来要去中百证墙事，一小时回来。下午六时十五分，庚、霞、敏、政、我五人去看《三打陶三春》电影(炜已看过)。政去家，庚九时送来。

八月十一日

去中百还报纸三张，杰兄送来黄杨木二盆、西湖月季一盆。下午五时去登谢。晚看电视。九时十五分和政回宿舍。

八月十二日

写信。星期日。写信。看旧信。找资料。晚电视，奥运会、《聪明的一休》《血疑》。

八月十三日

星期一。看报，拟信稿。下午四时杰兄来谈半小时，他来看韩(启人来信)。晚看电视，奥运会闭幕式。九时二十分回来。《血疑》电视配音演员。

八月十四日

寄信。看到银行展出储蓄黑版(板)报，在人医画廊处(未细看)。拟信稿。晚看《浙江日报》(女排三连冠等消息，六至九时)。

八月十五日

上午六时四十五分至八时二次去等琳，未来。政、炜九时去外婆家，外公上午八时车到。晚六时庚、霞、外公、他孙女、敏、我六人去看电影。

八月十六日

写琳信。今晨凉，穿制服。琳上午九时二十分到。晚写信给玄，告琳到。

八月十七日

看报。摘录奥运会。天渐寒。琳借长袖衣穿。晚看书报。

八月十八日　星期六

政、炜下午三时到。晚看电视,《聪明的一休》《血疑》。十一时十五分息。庚送我们回来。抹身后睡已十二时。

八月十九日　星期日

上午写字。洗衣。晚看电视,《聪明的一休》《血疑》。

八月二十日

上午九时和琳、政读(谈)学习，谈过去，十时十五分息。上午写字。晚六时三十分政、琳去杭农厂看录像《蛇形雕手斗螳螂》，炜同去。

八月二十一日

上午七时关妹来，谈至十时五十分到庚处吃中饭。琳、政八时回来说开水才开。

八月二十二日

上午上街买物一个半小时。政、琳送伞，庚、敏遇雨。晚饭时，大雨南窗雨打入，地湿。

八月二十三日

理发。上午停电。写励学语。晚庚全家、琳去看《生财有道》。我已看过不去。

八月二十四日

晨遇小南。下午二时来谈谈一小时回去，三时霞来说她去分水。晚政、琳闲谈一小时半。

八月二十五日　星期六

今晨琳、政去买菜(庚已买来)。晚看电视,《聪明的一休》《血疑》，十一时十五分回来。

八月二十六日　星期日。

上午七时十五分政、琳、我三人去看电影《忍无可忍》(香港武打片)。晚看电视,《聪明的一休》《血疑》。九时十五分回来。

八月二十七日

看报摘。洗旅行包。政下午不来在家包饺子。晚看报。

八月二十八日

上街。洗衣。晚看报。

八月二十九日

政今日不来,在家写字、晒被。晚八时三十分政、秋霞同来宿此。

八月三十日

晨政乘五时五十分车去富上学。庚送去,我送她上车。庚、秋霞六时到,早已开出。庚九时回来。牙菇病,多休息。

八月三十一日

去人医院取韩方服中药。今日星期五。庚给我煎药,牙床,睡,多休息。

九月一日

药上午七时霞给我煎来。多休息。晚八时寝。

九月二日

吃中药第三剂。写信。晚八时寝。

九月三日

吃土霉素。写信。多休息。汝霞发热、喘嗽。晚八时寝。

九月四日

今日牙床肿退,去南津桥,看到水黄牛在成交易,看到中百三商店有奖展销,看到中百批发开展销[会]。

九月五日

上午买料做裤,补棉毛衫裤。晚看报。

九月六日

整理衣物。晚看报。

九月七日

整理书籍。要敏给我搁上。晚看报。

九月八日

上午去塔[山]约春苟同至文具部,买了支钢笔和日记本送娄一中。领退休金。到俊兄处,杰亦在,谈一小[时]回来。

九月九日(富阳)

我乘上午六时二十分车来富阳。敏陪我来。庚、霞送我到车站。七时十分到富阳。琳、政来接,到金桥信用社门口遇到。中午长育来,晚吃饺子。长育、政一同吃。

九月十日

天阴雨。五时二十五分去鹳山。中午政来说要包书纸。晚看电视,《十五贯》(昆剧,色彩带紫蓝)。

九月十一日

玄去杭办事,政中午来取包书纸,遇杰兄知来开台胞会。玄晚去值夜班。看长寿,九时寝。上午写信。

九月十二日

天阴雨转凉。写信。晚莹、我去看电影《岳家小将》。电视《瓦楞上的草》。

九月十三日

上午写信。十时日出上街。晚电视,《汉宫怨》。

九月十四日

上午写信,晚看书报,上街。晚章志娟来,八时三十分吃晚饭后去同学处宿。

九月十五日

买纸笔。看奥运会宣传窗。玄去杭、琳今晨开始跑步至车站。晚看电视,《聪明的一休》([第]五十一集)、《出租的新娘》。

九月十六日

星期日,敏上午七时来,厂同事四人来[学]计算语言。政十时四十分来,我们十时至十一时看奥运会颁奖实况、升五星红旗,给金牌,看了真扬眉吐气。政带来县人代会信(通知开会),[还有]敦信。

九月十七日

上午上街。八时去看七美。九时回来。今日项莹、琪中午在家。晚看电视,杭迎接日本青年和国庆等节目、《鸳鸯宝石》(一)。

九月十八日

上午准备炊事中饭,晚电视,《鸳鸯宝石》(三)。

九月十九日

看《老人天地》。写字。晚电视,《广州之夜》。

九月二十日

上午理发。玄去杭当日回来。写字。莹煮中饭。

下午我去县委招待所。看无动静去富阳旅馆，也无动静，去县府遇到永炎，他说听说延期，不知其详，适又一位同志来说，他知道，问知上午通知发出，下午接到杭州市电话，说停止、暂缓、延期，明日再定。［晚看］电视，宁波港。琪今日没回来。

九月二十一日

晨遇项政买早点。七时敏来，九时四十分回去。为电大事，托莹问。下午五时二十分，蓉、琪、琳、我去看电影，《提高警惕》。电视，吉林，养鸡状元曹胤祥、陷车之后。

九月二十二日

看报。晚电视。

九月二十三日　星期日

看报书。上街。政回来，适莹今日去新安江千岛湖，当日来回。晚我去看五时五十分电影，《西子姑娘》。

九月二十四日

星期一。中午政来，交来［人大代表］（当选证）。晚电视，西德体操表现。

九月二十五日

星期二。上午写字。下午午睡后更衣洗浴。今晨玄乘自行车被人撞，左脚盖受伤。晚看电视，《西施》第二集。

九月二十六日

天阴。八时，遇沈文波来，坐谈一小时。晚看电视，《西施》（第三集）。

九月二十七日

去给琪买药，遇俊兄来，座（坐）谈四十分钟。晚电视，浙江欢迎中日友好青年团、《西施》（第四集）。

九月二十八日

晨雨，郭政委说［书画］大部分失散，正在清［理］。政信大部分收到。晚电视，《西施》（第五集）。

九月二十九日

和琪上街。晚电视，《西施》（第六集）。

九月三十日

和琪上街。晚电视，联欢晚会、富阳灯影游行。我看电视，听说渡船人拥挤失足死三人。

十月一日

（国庆35周年）九时三十分，中央阅兵典礼，十四万人组成队伍游行阅兵。志娟来说她母因肠胃不好，不来了。晚电视，《新闻联播》。礼花烟火（看电视没出外看灯彩烟火）。

十月二日

上午看书报。下午同琪去看富第三次邮票展。晚看电视。九时十分休息。

十月三日

上午去桂花路、春江路走一圈。晚看《达夫游记》。八时三十分寝。

十月四日

上午为敏去报电大名来回多次。十时去打电话要庚、敏来。他们下午一时到陪去，我二时回来，庚三时回来已报旁听生，三时回去。莹傍去医院未回。

十月五日

上午八时和玄去富阳文化馆，领被抄文物，十时回来，领得改七芗《折枝花绢本》尺页四帧，装裱、损污，其他一般字画十一幅，茶碗有二只，破匙一尖，破墨，总共六十二件。其余还要待清理，认领后发还，但说画、照片、日记本、邮票已没有，真可叹，也只有说了胜于无。玄十时去上班。得鹣来信知她已到杭州住她姐处（浙大宿舍）。晚看书，让他们休息。

十月六日

上午写信，寄信。政中午来说这周不回去。傍晚来，再次看电视，我九时休息。

十月七日

上午去市上寄信。星期日。晚看冯玉祥《我的生活》。九时休息。

十月八日

上街寄信。

十月九日

上午整理报纸（分类）。晚看书。

十月十日

上午九时去富阳文化馆，九时三十分回来。晚看电视，《徐悲鸿》（第三集）。

十月十一日

上午上街。玄七时三十分去杭，接鹣鹣。下午四时到。晚闲谈，九时寝。政傍晚来一转，即去夜自修。

十月十二日

上午八时，我和鹣鹣从桂花路到大石桥，由富春路回到家。晚闲谈，九时寝。政来转，回去夜自修。

十月十三日

晨八时二十分车和鹣鹣来新登。玄、蓉送我们上车。玄致电庚到站接。上午十时上街至烈士墓回转到家，十一时三十分吃中饭。下午午睡。二时去五金厂看庚、敏，参观工程，四时回来，政下午五时到，六点三十分吃晚饭，晚鹣看杂志。我九时寝。

十月十四日

上午八时三十分庚陪鹣去瑶琳。我去中百遇建春、陈闲谈，十时三十分回来。去看俊兄，知去杭未回。下午去看杰兄，又知去市桥未遇。政下午五时去校。我理出照相、信札给鹣看。我十时寝。

十月十五日

上午八时，我和鹣回富阳。蓉在家休息。十五日七时上午拍照。莹借来听筒血压表，鹣给我量血压126/86，心跳68/分钟。晚看电视，《陶行知》，鹣同看。九时息。

十月十六日

上午九时三十分鹣由庚陪往杭。十六日上午去拍照。庚上午八时到，下午四时杭返。我下午四时去镇中长育处。我回来已五时二十分。晚十时去看《五女拜寿》，蓉同去。

十月十七日

晨去寄信。买丹参片。再写申请资料。今晚30支光日光灯学习(琳目力下降)。

十月十八日

寄信去文化馆，领来对联一付半，说以后查有再还给我。晚与玄、蓉、琳谈，决定转到新登中学，高二第一学期玄写申请。

十月十九日(新登)

晨乘八时十分车去新登，知霞因同学来，于十八日去桐庐看姓翁的同学未回。我和杰兄去新登中学，朱友成在上课，遇方老师，说在严中和在中、翊澂、翊沅等是同学，与翊沅同班，他教语文。许艺萍来接待我，稍[等]待，张琴花支书来。同意[项]琳转学。因校中危楼在改建，宿舍紧张，说仅800多铺位，现在铺满1100多床位。下午去看元将谈了一小时，我乘下午二点五十分车回富。三时四十分到站，琳四时十分回来。晚再与玄谈申请转学书。八时三十分寝。

十月二十日

上午七时三十分去镇中和长育谈，递上申请转学书，已批准。长育陪我谈到富春路。下午四时长育送来。晚看电视，《徐悲鸿》(第三集)，十时十五分息。

十月二十一日

玄、琳、我三人乘九时十分车去新登，即去看元将，约下午一时去新中见张政委，到各课室等处走了一趟，四时回来。晚六时三十分元将再陪玄、琳去校。晨上鹳山遇袁柏舟，说物资返还自十月五日至十月三十一日止云。琳夜自修今晚开始。

十月二十二日

琳晨去上学。玄乘六时车去富，知因调班未落实，误十五分钟开。去中百领退休金，知粮票霞已取。来遇吴穗丰谈月中已迁居，照已拍出，说原照拍得好。遇朱友成，道麻烦。标去富，今日上午回来。晚写信。琳偕同学袁等来。

十月二十三日

晨去寄信、照片。晚写信。琳被褥已由敏去富提来。琳寝室手续已办妥。今晚宿校中。上午理发、抹身。

十月二十四日

上午上街给琳买热水瓶、面盆、邮票、信壳等洗衣。晚看报。九时寝。

十月二十五日

上午七时三十分去看渭生嫂，说去富阳，去看延庆嫂，谈一小时。去看沈明珠，要我代他写一封信寄腌桂花给王履新。去百货仓库，木匠在做浇水泥匣子。晚看书、报。八时三十分息。接到县人代常会信，知召开八届一次会议。

十月二十六日

上午送信和寄包裹单给龙虎嫂。找寻诗稿及文件。中午琳来，接玄来信、鹓来信附政、琳信。晚看报至八时三十分寝。晚遇建春说开会时有提案，希来信。中午杰送来菖蒲一盆，约去看邮展。

十月二十七日

上午去中百问提案事。琳下午四时回富阳。政下午三时来知她已回来，到中百知二十八日下午一时镇开预备会。晚庚、霞、政、敏、炜、我去看电影《东方之花》《夜明珠》。停电，政宿家中。

十月二十八日(新登)

上午写字、扇面、诗词。中午吃鸡。下午一时镇开会。三时三十分政、我乘四时车来富。琳乘四时五十五分去新，未遇。晚看电视，浙江台。

十月二十九日

上午，文化馆。下午去报到。晚饭在招待所吃。晚看电影，《滴水观音》。

十月三十日

上午预备会议。下午讨论。会后去拍照。晚看电影，《拂晓前的爆炸》。

十月三十一日

今日上午七时十分集合排队入场。县委、政协会、人代会、法院四团体在会场门口迎接。上午听报告、行开幕典礼。下午分组讨论。晚电影，《五女拜寿》，我已看过，不看回来。

十一月一日

上午分组讨论。下午讨论。晚看电影，《白玫瑰在行动》。

十一月二日

分组讨论，提题案。晚看富阳越剧团《德操行》。

十一月三日

上午预选。下午举行大会选举。晚电影，《木屋》。

十一月四日

上午举行闭幕式。报告。下午散会。晚看电视，球赛。

十一月五日

上午乘八时二十分车来新登，去中百知陈回家，要七日傍晚来云。晒被。核账。中午琳，来晚八点寝。

十一月六日

去中百知未来，收集资料。找旧报和尔中闲谈，到他家谈一小时。晚九时寝。

十一月七日

上午去中百陈经理已到，谈后知项龙单位来咨询，小林单位也来咨询。我写就下午二时送去。下午五时我去看项琳。明日起考。我要她注意各点。晚写信。九时寝。

十一月八日

晨去南津桥。到中百理旧报。人民银行、农民银行均已在有奖储蓄，100元三年，头奖五十平方米房子一套。晚看书报。九时寝。

十一月九日

晨去塔山，在打石围墙脚，约需五百方云(每方三元多)。晚看书报。九时寝。

十一月十日

星期六。上午去舒啸亭车站遇关妹略谈。我去散步，七时三十分至九时三十分回来。琳下午二时三十分来，乘四时去回富。政四时五十分来。四时五十五分敏送匙来。我于三时三十分已取得。晚饭后政送我来宿舍。九时寝。

十一月十一日星期日(新登)

本拟和韩一起去茹口。因晨五时大雨未行。写字，陶渊明《归去来辞》。中午政问我，何时去富，我说随你，她说吃了饭即去。我等到她一时三十五分才来说，乘一时四十分车去，赶到车站，车早五分开。等乘二时十分，司机误十分钟，二时二十分开，到富三时。出站到杭富旅馆门前遇玄、琪，知他们送琳，她是乘二时五十五分车去新。晚看电影《少林小子》，七时十分广播说延迟一小时放映，回来看书半小时再去看，八时十分至九时五十分剧终。

十一月十二日(富阳)

天雨。上午去二街走一圈。中午一人吃饭。

晚电视，《欧阳海》（［第］5、6、7集）。

十一月十三日

天雨，阴寒。上午理旧报。晚七时五十分看《少林小子》，玄、蓉、莹、我四人去看。

十一月十四日

玄今日上午看电影（已换票昨晚看），同去文化馆。晚电视。

十一月十五日

整理物件。晚电视。

十一月十六日

上午写信整理。晚电视。

十一月十七日

上午乘八时二十分车来新登。中午十二时后去看琳，知她们运动会已结束。她准备下午一时回富阳，我送她到车站乘一时十分车去富，离富前得壬来电。知蜜蜜送来文物认领入场券。

十一月十八日

晨七时三十五分车和韩医师去乡（湘）主，到顺德家，去福广寺中学走一圈，遇洪校长、吴友朋老师在监考。去铁萍家略坐，他去买来西湖牌香烟、葵花子，下午一时三十分步行回来。到炉头遇县委车到潭山头，坚要韩上车，我亦被邀，至区委门前，去银行支款。晚饭后庚送我至十字街头，看到末班车很多新中学生，但未看到项琳。我将开水瓶放下，再去要霞去新中看看琳有没有来，知又来了。今晚听讲故事会。陈、张杀鸡为黍，还买来方起水的胖头鱼（重三斤）。豆腐花、菜炒肉、青菜叶烧沸豆腐、菜梗炒香干、栗子烧鸡，许多菜。橘子、葵花子。

十一月十九日

上午七时二十分，庚陪我来富阳（他公差）。玄已去杭，购车票，玄下午五时二十分到。庚下午三时回新登。晚看电视。

十一月二十日

在富阳整理行袋。玄今日去春江上班，傍晚回来。晚看电视。

一月二十一日（沪）

玄陪我从杭来沪，乘554次慢车，十一时四十六分开，误点十二时三十分开，到上海晚九时十分到站，九时三十分住处，十时三十分寝。

十一月二十二日

上午玄陪我去康平路处理处，说于二十日已第一期结束。要我们到第二期（二十五日）开始再来查询。回来吃中饭，下午去看市容。下午五时去沃门路，在澂处吃晚饭，回来已九时三十分到家，看电视，十时寝。

十一月二十三日

上午去南京、淮海路。下午三时去鹣鹣家，炎坤亦在家，平伯伯很健，客人很多。我们坐谈一小时回来。晚看电视。

上午玄去修表（不成），去金陵东路。下午三时，下微雨乘车回来，去买车票回来。

十一月二十四日 星期日

上午玄陪我无秉成家。中饭后回来再去南京路。晚看电视。

十一月二十五日

上午去康平路（天平路口）徐汇区人民政府抄家财物处理组。我们八时三十分进场。蜜蜜九时到，三人查看目录及实物，均无己物后，已请查询清单，填了三份共二十一项。据说送交市府处理处查询，如有，会用函通知。已写蜜蜜名字（刘一明），她的单位上海耐火材料厂。中午在静铮新居吃中饭（他们正在装饰），菜由澂送来，饭铮单位买来（煤矿机械设计院）。晚看电视。九时十五分寝。

十一月二十六日

玄今晨乘七时返杭回富阳。核收支。写信。晚看电视。

十一月二十七日

上午写信。晚电视。

十一月二十八日

理发、洗浴、写信。晚电视。

十一月二十九日

上午去看大嫂，宝亦在，坐谈一小时三十分回来。晚电视。

十一月三十日

上午去看敌人。吃午饭后，回来去七百公司

一转回来，宝送来蛋糕、苹果。晚看电视。

十二月一日

上午去虹口公园。晚看电视，《女奴》([第]一集)。

十二月二日

星期日。写信。万上午十时来，饭后回去。晚看电视。

十二月三日

上午写信。晚看电视。

十二月四日

上午写毛笔字。天阴。晚看电视，李先念访马耳他。王蒙谈文学《阿诗玛》，看至九时三十分。

十二月五日

上午看报，去[虹口]公园鲁迅馆。晚电视，《女奴》([第]二集)。

十二月六日

上午去海宁路折回。晚看电视。

十二月七日

上午去虹口公园看到王震题中日青年世代友好，84年9月1日。纪念碑象征长城、富士山，上有二面钟，若中日二字。翌因母病去京。得政来信。晚看电视。

十二月八日

上午八时小林爸爸和友送来青蟹、鳗鱼干、蜜橘(据说是美国引进种子)。晚看电视，《长夜行》。

十二月九日

上午八时小林爸爸和友人来，在此吃中饭，他上厨做青蟹鱼面汤、鳗鱼干。今日星期。饭后略谈一小时三十分回去。

十二月十日

上午买物，找寻报纸。下午三时十分，鹈鹈和她姐姐来送来蛋糕、蜜橘、苹果。四时回去。晚要捷去买蛋糕、糖参、蜂皇浆、咖啡、蜜橘，代我和壬儿送去。她六时三十分至八时三十分回来(去买去送)。晚电视，广东台三十五年文艺晚会。

十二月十一日

上午看报、写字。晚电视，《神奇绿宝石》。

十二月十二日

上午理报、买物、拟寄。晚电视，《女奴》。

十二月十三日

去买杂志报，看报。晚电视，《新闻联播》。

十二月十四日

天雨。去看帆布背包。晚电视。

十二月十五日

拟复信，看报。晚看电视，《香港100天》《泥人张》(第二、三集)。

十二月十六日

拟信稿。星期日。看报。捷去南京路给琳买书和书包。晚电视，《新闻联播》《上海青年演员大奖赛》。

十二月十七日

写信给琳看报。下午一时，国栋和啟人来闲谈一小时，据说要去看钱青。下午四时去寄邮包，回来下微雨。晚看电视，《上海青年演员大奖赛》。

十二月十八日

整理看报。晚电视。

十二月十九日

上午去海宁(路)、七百，九时至十二时回。下午雨雪。玄、蓉下午四时五十分从宜兴来。晚电视，撒切尔夫人访华，中英香港联合声明签字。《女奴》([第]六集)。记在后隔页。

十二月二十日

今日放晴。玄、蓉去南京路买物。下午回来。晚看电视，《新闻联播》。

十二月二十一日

上午玄、蓉君买物，中午回来。晚电视。下午玄、蓉、我三人去外滩看二座高天桥，外滩公园走一圈，下细雨。四时回。

十二月二十二日

今日冬至(农历十一月初一日)玄、蓉乘五时五十五分特快回杭，返富。上午去武昌路中午回来，写信。晚电视。洗浴、更衣。

十二月二十三日

上午写信看报。晚看电视，《新闻联播》。

十二月二十四日

上午去虹口公园，小河结冰。鲁迅馆售票处在拆除。中午回来，项平中午到。翌下午五时回来。晚电视，《新闻联播》。翌带来奶粉及炖的梨膏。

十二月二十五日

上午写信。晚看报，电视。

十二月二十六日

上午七时五十分翌、阿姐和她的女友、我四人去北京影剧院看八时四十五分场电影。十一时五十分散场。回到家下午一时。晚电视，《新闻联播》《女奴》(第八集)，九时三十分。

十二月二十七日

上午写崔老信。晚电视，《摩羯星一号》。

十二月二十八日

上午理发去海宁路一带折回。洗浴。晚看报和电视《新闻联播》。

十二月二十九日

上午去公园。买书寄邮包。晚电视，《新闻联播》。

十二月三十日

星期日。上午去武昌路回来。晚电视，《女奴》(第九集)。

十二月三十一日

上午去海宁路回来。天晴。晚电视，《新闻联播》《芳草心》。

一九八五年

一月一日

晴，上午十时项凯从单位来，先到(说他做夜班，直接这里来)。我出去走，一回来，万、丽、项明来。同吃午饭。凯、明先走，我们闲谈至下午二时三十分，万、丽回去。五时建、小潘，见迅来，同吃晚饭，看电视。九时休息。

一月二日

星期二。壬、翌、卓、捷去上班。项平上午十一时去车站赴杭考。天阴雨。晚电视，《新闻联播》《女奴》(第十集)。

一月三日

天阴。今日《解放日报》载沈钧儒教务长——百十周年诞辰三篇报导。一、北京民盟座谈会，二、习仲勋讲话全文，三、上海各界座谈会。

一月四日

上午写信，看报。晚电视，《新闻联播》《女奴》(第十集)、英国皇家芭蕾舞。

一月五日

上午写信，看报。晚电视，《新闻联播》。

一月六日

星期日。去虹口公园。晴转多云。晚电视，《新闻联播》《女奴》(第十一集)。

一月七日

阴，小雨。晚飞小雪点。上街。晚电视，《新闻联播》。

一月八日

天晴。整理报纸。洗浴更衣。晚电视，《新闻联播》。

一月九日

天晴。上午写信。晚电视，《新闻联播》《女奴》(第十二集)。

一月十日

上午看“花环”征文。写信。天晴。晚电视。

一月十一日

上午去武昌路。十一时三十分回来。澂来，送来她单位索来市文物清理清单。她饭后去上班。午睡后查看一下。看电视。

一月十二日

上午查看至中午，午睡后查。晚看电视，《新闻联播》。

一月十三日

星期日。上午查看摘录。午睡后再摘。晚饭后致澂信，札抄被抄清单。晚八时看电视。《女奴》(第十三集)。要捷送送楼下，哥哥带去，因他做夜班，明日再送。

一月十四日

上午写信。壬给我一块电子表，可摆可挂，可怀藏，能闹。晚电视，《新闻联播》。

一月十五日

上午去公园。晚电视，《新闻联播》。

一月十六日

上午写信。晚电视，《新闻联播》《女奴》(第十四集)。

一月十七日

阴，小雨。上午写信。晚电视，《新闻联播》。

一月十八日

上午写信。晚电视，《新闻联播》。

一月十九日

上午写信。晚电视，《新闻联播》。

一月二十日

星期日。天晴。项捷给我电影票，我一人去看看《“九一三”事件》。晚电视，《新闻联播》《女奴》([第]十五集)。壬给我一本日记本，有金银婚等等。

一月二十一日

看报，理报。壬下午出差望亭。洗浴，更衣。晚电视，《新闻联播》，对青年健康，歌曲很好，爱国勤学。

一月二十二日

天转暖。看报。晚电视，《新闻联播》。

一月二十三日

天阴。看格言。晚电视，《新闻联播》。

一月二十四日

晨雨。捷说中午回来吃，中午吃面，捷说正好。今天是她的生日。晚上她送我一本日记本。壬晚上七时从望亭回来。晚电视，《新闻联播》。下午二时蜜蜜单位赵同志打来电话，我去接。回来后当即写信纸，他并给蜜蜜一信。

一月二十五日

今日多云。晚电视。

一月二十六日

上午看报。晚看电视。下午五时半来。

一月二十七日

星期日。晚电视，《洛神赋》([第]三、四集)。九时三十分寝。

一月二十八日

平返望亭。上午理发。下午四时丹东王化普、刘德发来，据说孚中要他带来长寿人参葡萄酒二瓶、奶油蛋糕二盒(一盒“一定好”，一盒“大丰”)。坐三刻钟去。晚电视。

一月二十九日

去武昌路。晚电视。写信。

一月三十日

上午去公园。晚电视。

一月三十一日

上午去山阴路。今日农历十二月十一日。我生日。下午三时王化普和刘德发二同志来，托他带给爵的东西，并送他们路上点心。晚电视。

二月一日

看书、报。晚电视，《新闻联播》。蓝屋浴缸下水塞。

二月二日

上午写信。晚电视。

二月三日

星期日。吃广州叶橘。晚看电视。

二月四日

今日立春。晨阴，小雨。今日去房管所来修。晚看电视。

二月五日

今日阴有小雨。寄信，看报。晚看电视。

二月六日

上午八时小林爸爸来，送来欧橘、紫菜、虾皮、乳油。捷、澂来信，知约我次日上午八时去看被抄书画。晚看沪剧，翌中、壬、阿姊、我四人去。

二月七日

上午七时五十分澂来，同她乘医院车去沪太路501号去看被抄书画。下午四时三十分到家。晚看《新闻联播》，后即睡觉。八时三十分寝。

二月八日

天阴雨。去修提包。山阴路不能修。今晚看到马宝官给壬信。晚看电视，《新闻联播》、日本魔术。

二月九日

天阴。写信。看报。晚看电视。

二月十日

星期日。看报。晚看电视，《新闻联播》。

二月十一日

上午写信。洗浴。下午阴，下午晴。晚看《新闻联播》。

二月十二日

上午看报，写信。

二月十三日

看报，未出门。晚看电视。

二月十四日

接玄来信。看报纸。上午去武昌路。晚看电视。

二月十五日

天阴，壬出差去无锡。接政来信，壬当晚回沪。上午整理报纸。晚看《新闻联播》。

二月十六日

上午整理报纸。晚看电视，《新闻联播》。

二月十七日

看报。晚看电视。

二月十八日

上午天阴雨，转寒。接敦信。平下午五时到。捷小潘二时三十分去，四时三十分回来，没接到。晚看《新闻联播》。

二月十九日

天阴，下午少云。晚看北京、中央台《春节联播》，围绕一个奖，精彩节目少。九时三十分寝。

二月二十日

农历元旦。上午九时三十分我、壬、翌、平、卓、捷去肇嘉浜路澂新居。十时三十分到达。万丽、凯明十一时三十分到。下午一点三十分翌、捷去市政联欢会。三时三十分拍照。媺、徵、定毅来，澂邀拍照。万、平等回去。我和壬座谈至四时五十分，告别回来，五时四十分到四川北路。晚看上海台《春节联欢会》。十时寝。

二月二十二日

上午看报。卓奶妈来。晚看电视，《新闻联播》。

二月二十三日

上午写信。晚看电视。

二月二十四日

上午写信。卓奶妈中午回去。中午十二时五十五分去看电影，我、卓阿姊。晚看电视，《新闻联播》。卓失手表。

二月二十五日

雨雪。上午十时去理发。洗浴，更衣。晚看《新闻联播》。

二月二十六日

阴雨。理《解放日报》。清下午七时到。晚看《新闻联播》。八时十五分洗脚，上楼。

二月二十七日

上午清看《译林》和《文汇月刊》，我看报。清下午二时三十分车去车站，乘三时十二分311列车去杭到校。晚看《新闻联播》。八时三十分寝。

二月二十八日

今日修自来水管。工人来修，上午九点—十点，下午一点—三点三十分。

三月一日

上午去武昌路。洗浴，更衣。晚看电视。

三月二日

上午写信，看报。晚看电视。

三月三日

星期日，看报。晚看电视，《阿信》。八时十分息。

三月四日

写信，看报。晚看电视。

三月五日

看书、报。中午一时三十分耐火厂［赵］来电话，去接。下午四时三十分赵又来电话说，明日上午有车去江湾看文物，要我八时四十分在弄等。晚看电视。壬说要捷陪我同去。

三月六日

捷陪我在门口等，八时四十三分开车，九时三十分到，步行二十分钟到。今天是看书籍，认领了二十六本旧书回来。到家下午一时。他们厂车送至山阴路口。下午三时三十分俞启人来，略谈陈义情况。四时三十分回去。卓手表寻得。晚看电视，《新闻联播》。

三月七日

上午天雨，阴。写信。晚看电视，美国故事片《女警察》。在十五平方米室收藏很多钟表。

三月八日

阴雨。平下午来。晚电视，上海台《“三八”节联欢》。施美日化四厂，戚雅仙、毕春芳、金采风、陈琦、陈述等清唱。

三月九日

上午看报。晚看电视。

三月十日

上午九时去溧阳路，下微雨。因应俞约去吃中饭。另一位钱姓客人说因患微热不来。俞宰鸡，备了十碗菜，闲谈。看鹅，寿春旅游名胜名片。

中午十二时回来，到家一时。晚看电视，《阿信》二集。

三月十一日

晨屋顶有雪。晚看电视。

三月十二日

少云，晴，捷陪我去认画。耐火厂货车上午九时到（说八时四十五分到），同去连司机共九人。我和赵同志三人坐在司机房，捷等六人在后面。到已十一时。看至一时出来，二时到家。赵同志交给我二件画，说是区里交来，是上次去填了委托咨，查证寻来的。晚看电视，《新闻联播》。洗浴，更衣。

三月十三日

晨阴小雨。中午阴，看书报。晚看电视，《姐妹俩》（[第]一集）。

三月十四日

今日晴，去虹口公园看迎春盆景。十二时回来。晚看电视，《姐妹俩》（[第]二集）。

三月十五日

天晴，少云，写信。晚看电视，《新闻联播》。

三月十六日

写信，看书报。晚电视，《新闻联播》。

三月十七日

星期日。去寄信。晚电视，《阿信》（[第]三集）。

三月十八日

上午去武昌路，回来十一时。下午五时四十五分莹到，五时五十五分溦来同吃晚饭，同看《新闻联播》。溦和莹去肇嘉浜路。

三月十九日

莹下午四时回来，说去南京路。晚看电视。

三月二十日

莹上午和溦去，说今日休息，去淮海路。莹去电问。晚看电视。

三月二十一日

莹上午九时去问，说要。晚看电视。

三月二十二日

上午九时我、莹去虹口公园，十一时回来。鲁迅纪念馆，莹和平去，金陵东路。

三月二十三日

晨六时莹去买火车票，八时三十分回来。莹上午十时去金陵东路。上午十时电报来说不买。

三月二十四日

星期日。理报。晚电视，《阿信》（[第]四集）。

三月二十五日

莹今日来，五时五十五分车去杭，回富阳。适项平去望亭，同去车站。昨晚今晨雨。晚看电视。万寄来电影票一张。

三月二十六日

上午理报。傍晚看电影。晚看电视，《新闻联播》《姐妹俩》（[第]三集）。

三月二十七日

上午理发、理报。晚电视，《姐妹俩》（[第]四、五集）。

三月二十八日

上午去武昌路回来。中午去邮寄。四川北路今日再装新路灯。有一家饮食店门前挂一幅宣传画“周信芳九十诞辰纪念”，俞鹏飞画剧照（如年月历式）。晚电视，《新闻联播》。

三月二十九日

上午去虹口公园。小学生约有八九百人。日本华侨约有百余人在鲁迅像前拍照，墓前献花。晚电视，《新闻联播》《三个和尚》。

三月三十日

整理报子。晚电视，《新闻联播》《蓝宝石》。

三月三十一日

星期日。整理报纸。晚电视，《新闻联播》《阿信》（[第]五集）。

四月一日

上午整理报纸。晚电视，《新闻联播》。

四月二日

上午整旧报。晚看《新闻联播》。

四月三日

上午看旧报。晚看《新闻联播》。

四月四日

上午整旧报。接玄来信。晚看电视。

四月五日

今日清明（二月十六日）。阴晴。晚看电视。

四月六日

阴雨。晚八时四十五分玄到。晚看电视。

四月七日

玄陪我去华山路。中午吃饺子（十时到下午二时去瀓处）。在瀓处吃夜饭，点心，吃蛋糕，知邱玮今日生日。晚吃黄鱼。

四月八日

上午玄陪我去南京路。下午去四川北路。中午在外吃汤包，馄饨。晚来电视。

四月九日

晨乘五时五十二分特快来杭。阿姊起，烧早饭，送我们到汽车站。火车八时三十五分到杭州，再乘九时四十五分汽车来富阳，十一时十五分到站。莹一人在家吃中饭。下午三时二十分玄、我去看电影。晚电视，《女秘书》。

四月十日

上午写信。下午四时三十分去看政，知去看电影。她五时五十分来，六时十五分回校。晚看电视，《血的锁链》（日本电视剧）。

四月十一日

上午去看街市，十一时回来。知莹临时去上班。正在动手淘米，莹来。晚电视，《血疑》。我拟写信，断续看，信未用。

四月十二日

天晴。上午九时去七美处，十时三十分回来。她二嫂同谈闲话。下午四时去长育处，五时回来。玄下午三时二十分去新登，去看琳。六时二十分回来。晚电视，《汉玉璧》（越剧浙江）。

四月十三日

今晨五时五十分去鹳山，六时四十分回来。天阴雨。晚政来坐一小时回校。晚看电视，日本动画片、《命运》（[第]八集）。八时，（项）平不看。

四月十四日

星期日。晨去鹳山。看报。下午二时庚来，三时五十分庚陪我回新登。五点到。晚庚、霞来谈，八时回去。

四月十五日

上午七时三十分镇召开人大代表预备会，十时三十分散。去看杰，知去平畈。晚庚，霞来，谈至八时回去。

四月十六日

上午九时去看杰，他不在家，未看。我和贞闲谈，至十时三十分，杰来，谈至十一时，我回来吃中饭。下午十二时十五分去看琳，知午睡，未遇。下午五时她来。我五时十五分去吃晚饭，看报，至八点休息。停电七—八点晚。天晴。

四月十七日

晨七时，庚来，陪我去潭山头扫墓。和周如松谈种蘑菇和养蜂，和陈竹笙谈坟事。来回走约二个半小时。上午十一时十五分到家。下午更衣、洗浴。下午三时杰来，闲谈至四时二十分，他回去。五点琳略谈，去吃晚饭。回来洗衣，停电。八时寝（知庚厂休）。天晴。

四月十八日

上午去中百领退休金，会到陈经理。和张学山、陈、金秀鸿闲谈，知王正祥因病去永昌。晚八时庚、霞来说关妹跌伤，来医治，要翊瀓住址，要给她外孙去沪医目盲。我八时三十分和庚、霞去（看关妹），说应考虑（好）再去。回来已九时三十分，寝。

四月十九日

晨乘六时五十分车来富阳，庚送我上车，遇灵山邵老师，下车时他为我提大旅行袋（初次见面问我赠各校铜钟事）。七时三十分到站，八点到宿舍。琪上夜班。九时回来。上、下午写信。蓉下午三时回。玄，莹下午六时回。晚初看电视，七时停电，八时亮。寝，未看。

四月二十日

整理，核账。下午去报到。晚我、蓉看看电影。玄因迟到，票给人去看。

四月二十一日

上午在剧院开预备会。下午全区会议，晚看电视，《阿信》（七）、《万水千山总是情》（[第]二十七集）。

四月二十二日

上午开大会，听报告。下午小组讨论。晚看电影，《万水千山总是情》([第]二十八集)。

四月二十三日

上午大会听报告。下午讨论。晚七时四十五分玄、蓉、我三人去看电影。十时五十分到宿舍。

四月二十四日

上午预选，下午大会选举。晚在宿舍看电视连续剧《血的锁链》(七)、《一代风流》(九)。

四月二十五日

上午在中型会议室听答复，下午听报告，宣布大会闭幕。晚看电视，《血的锁链》(八)。

四月二十六日

天雨。买菜。理发。写信。扫扶梯。下午五时三十分长育来谈一小时回去。晚电视,《三美图》。玄今晚起值夜。

四月二十七日

写信、寄信，政下午三时三十分来，知她明晨去新登，当日回校，云下午。晚电视,《命运》(十)。

四月二十八日

上午写信。下午二时琳回来。政今晨去新。下午回校云。晚电视,《万水千山总是情》([第]三十集完)、《阿信》(八)。

四月二十九日

写信、写书画，回忆目录。晚电视,《花生阿狗》。

四月三十日

继续写书画，回忆目录。晚电视,《新闻联播》。

五月一日

上午写书画录毕。琳下午三时五十分回新中。政下午三时四十分来，四时三十分回校。晚电视，"五一"联欢晚会。蓉做账。和玄同看电视《血的锁链》(九)。

五月二日

上午去看传苟，未遇，件交刘鸿。客来二批，坐约四十分钟回来。核账。晚蓉再做账。和玄看电视《血的锁链》(十)。

五月三日

晨去鹳山。写字。晚饭后，玄、蓉、琪车、衣厨去漆。晚看电视,《金色童年》《羊城小花》《兵暴》等。

五月四日

晨去老街，至文化馆回来。洗衣，写字。晚看电视。

五月五日

今日立夏。农历三月十六日。星期日。写字。晚看电视。

五月六日

星期一。写字。去文化馆折回。天阴雨，转寒。晚看电视,《新闻联播》。

五月七日

晨阴。写字。晚电视,《犬笛》(一)。

五月八日

晨阴。写字。晚电视,《血的锁链》(十一)、《有口难言》。

五月九日

晨阴雨。九时朗。写字、抹身、更衬衣。晚电视，牛年话牛、《血的锁链》(十二)、两人婚礼。

五月十日

上午写字，洗衣。晚看电视。

五月十一日

上午写字。琳下午二时三十分到。晚看电视。

五月十二日

上午写字。遇洪载之(管交通)，谈三溪口过去。政下午二时五十分到。琳下午乘三时五十分车去新。天闷热。晚电视,《新闻联播》。八时息。

五月十三日

天阴雨。下午闷热。晚看电视。

五月十四日

天转寒。上午写信。中午煤炉乌。热冷饭。因琪要二时上班，故到下午一时吃饭，比较晚了。晚看电视。

五月十五日

上午写字，看小说，报纸。玄未回来吃晚饭。晚电视,《血的锁链》(第十三集)。(玄)值夜，今晚满。

五月十六日

上午写字，洗衣。蓉今日去宜兴。傍晚玄回

来。晚七时黄小成和他的儿子黄河来闲谈。电视《血的锁链》([第]十四集),心不在焉的看了。九时,他回去。

五月十七日

上午写字,看小说《红与黑》。晚电视,《新闻联播》、全国女子柔道比赛。

五月十八日

晚看电视。七时长育来,谈至八时三十分回去。《命运》([第]十三集)。上午写字。看冯著《蒋介石》。

五月十九日

厕所水管塞。出外遇项政,她说去新华书店。今日是星期日。蓉和她妈下午三时五十分到家。晚电视,《新闻联播》。

五月二十日

农历四月初一日。写字。中午小龙到(开旅游车),下午二时去。晚电视,《囚犯》([第]一、二、三集)。

五月二十一日

上午走一圈。写字。庚于下午一时来,二时三十分回新登。晚电视,《犬笛》([第]四集)。

五月二十二日

上午写信。看冯著《蒋介石》。去县人大常委投信。晚电视,女子美容、二谈(化)妆。《血的锁链》([第]十五集)。

五月二十三日

上午写字,看冯著。晚电视,《血的锁链》([第]十六集)。

五月二十四日

上午写字,看冯著。晚电视,《新闻联播》、七时五十分《金殿拒婚》、富阳越剧团《宋弘拒湖阳公主婚》。

五月二十五日

晨去鹳山脚,转富春路,理发。琳下午一时二十分到。晚电视,《新闻联播》、下周节目预告。八时二十分息。

五月二十六日

星期日。晨去鹳山。广玉兰开白,夹竹桃开,芭蕉结果(开花)。上午写字。琳下午三时五十分车去校。晚电视,《新闻联播》《木鱼石》([第]五、六集)、《魔术奇观》([第]十五集)。

五月二十七日

上午九时去看长育。他适下课,十时—十二时有课,略谈即告别。晚看电视,《雾锁南洋》。

五月二十八日

上午写字,看报。晚看电视,《犬笛》([第]五集)。

五月二十九日

庚上午八时到,去购来九时十分车票,到站八时五十分车未开,即乘该车来新。九时三十五分到新登站。搞室内卫生。十一时去吃中饭,饭后继续搞。下午二时午睡。三时三十分起床,洗浴、更衣。八时寝。

五月三十日

上午七时三十分去俊兄家,隔窗遇建春,吃他喜糖。同俊去杰兄家,坐谈一小时半。去看韩,门虽可启,无人应声。回来下午四时去新中,遇朱和吴书记。下午六时琳来收衣。晚写信。九时寝。

五月三十一日

上午写信。搞卫生。晚停电,八时亮。九时寝。

六月一日

市桥头饮食店今日重修开张。九时三十分镇袁同志要我填二十年代新登商业情况。九时五十分杰兄来谈,到十时三十分回去。下午三时琳来。五时回杭。晚,政七时来,八时回去。

六月二日

上午韩医师给我拟方。我上街。庚今日去杭。我们饭吃好,他回来。政下午三时去富回校。琳下午三时三十分回校。

六月三日

上午八时涛雄来,谈至十时四十五分,去庚家吃中饭。饭后他去连襟家。下午七时停电,去车站走走,遇金美。稍顷,庚、霞亦来。下微[雨],我回,庚即回家。过二十分钟,霞来看杂志,八时去,电来。我八时四十五分寝。

六月四日

上午雨。找资料。晚八时寝。

六月五日

上午去杰兄家，三人札商业情况。十时三十分回。下午二时去，四时三十分回来。琳来添衣。晚停电。

六月六日

上午去杰兄家。下午同。天雨。晚写信。晨和志标谈一小时，做资料（七至八时）。

六月七日

上午去杰家，他因有事，说停半天。中午他孙送条子来说下午有事，又停。晚七时他来，七时十五分停电。谈至八时回去。据说十时三十分电来。

六月八日

上午去，三人商讨至九时三十分停，去中百。十一时三十分和琳同来富阳。晚看电视，《新闻联播》《命运》。十时寝。蓉单位通知九日—十日休假二天，拆除基层平屋。

六月九日

上街寄信札，明日去认领资料。玄今日在家。晚电视，《血的锁链》（十二）。整理，蓉店内采购。下午整理。

六月十日

上午七时三十分玄、我去广播站二楼，去认领文物。王小丁接待我们，认来书、墨、玉少量品。下午四时三十分去看长育。玄和蓉继续整理出清小屋存积物件。开始看《法规选编》。晚电视，《新闻联播》。

六月十一日

上午七时三十分我再去广播站二楼领物室，胡浩青和何生法接待我。少顷，王小丁亦到，知他是去公安局为捉五个砚瓦走私犯，要他去鉴审是否宋物。我领回小鸡血石未刻章一枚。晚电视，《新闻联播》《血的锁链》（［第］二十一集）。九时二十分息。

六月十二日

晨去鹳山，微雨。晚电视，《血的锁链》（［第］二十一集）。

六月十三日

送物上街。买纸，写字。晚电视，《血的锁链》（［第］二十二集）。

六月十四日

上午去县委看刘同志，范培忠亦到。坐谈四十五分钟回来。介绍改日去看方、张二同志。下午四时四十五分政来。给她看信。我们吃晚饭。她已吃过。晚电视越剧《沉香扇》（上海虹口越剧团）。看了一半即睡。

六月十五日

上午写信。下午写信。晚饭后和琪去看星期六夜市，七时—八时三十分。到车站后从老街回。九时十分看电视，《命运》（［第］十七集）。

六月十六日

上午写字，上街。十时霞、政来，饭后去。上午在中百遇李桂英，在中百前遇袁培仁长女和女婿，知培仁已卧床8个多月，吃能吃薄粥，上下楼不能行动，要背。晚电视，好莱坞魔术。

六月十七日

晨去寄信。在农业储蓄银行前遇罗俊，到石油化工公司门前遇周宏光夫妇和他的儿子和孙。贤下午五时三十分到。晚电视，《新闻联播》《华罗庚》（［第］一—三集）。

六月十八日

上午八时三十分我，贤、玄去车站，桂花路老街。玄十时回，我和贤十一时三十分回。晚电视，《新闻联播》《华罗庚》（［第］四—六集）。

六月十九日

玄去上班。贤上午七时去新登。晚看电视，《血的锁链》（二十三）。

六月二十日

我上午八时去街上，九时回来。仙花送粽子、干菜来，知贤下午四时回富。玄留她宿。晚看电视，《血的锁链》（二十四）。

六月二十一日

上午贤，我去江沿走一圈，八时至十时。贤下午十二时四十分玄送去车站，乘一时车去杭返沪。今日夏至。晚电视。

六月二十二日

今日农历五月初五日，端午。政下午十二时

四十分到，问我是否同回新登。我说如琳来，明日下午同回，她不来，我上午回新登。她说到站接我。我说票未买就不知哪班，不用来接。下午三时我去看刘，适关锡在，他给我去叫刘来，知文化馆三位同志在我后三天时来，但县长未来。刘说县长未来，改日县长来再共同谈吧，说县长去开会，大约在月底可回来(考试)。我说这样我下月来。告别了。晚看电视，《新闻联播》。

六月二十三日

晨七时小蒋来，用自行车推行李。他给我买票，还陪我来新登。志标给我昨日开水，倒了一杯给(小蒋)。他洗了个面，还协助我晒被。留他吃中饭或点心，他坚持即回富。做些清洁工作。晚陈顺德来(七时至八时)，坐谈后他回去。玄要我带来粽子。我想热一热，到十时前送去(政说她同去)。未出门，琳来。我说你爸要我带来粽子给你吃，要你安心复习考试，争取好成绩。不要去，好吗？她说要去，她走了。下午一时三十分政来买车票，谈了一回。她看书，三时四十分回校。晚停电一小时。

六月二十四日

上午去理发，回来遇周林水，谈至十时，志标邀去吃中饭。我十一时去吃中饭，五时去吃晚饭。欲雨，我将雨具带去。下雷阵雨。吃了，五时三十五分即回。开水由敏稍后送来。六时二十分停电，我准备睡觉。上床七时十五分，电来。再起来，记此。八时寝。

六月二十五日

上午八时去杰兄家。三人回忆二十年代新登商业。下午(又)会面。(上午八时至十时三十分，下午二时至四时)

六月二十六日

三人分头外调。我去找方海泉、林国良、陈嘉福、芦仲华、王荣海、陈元有等，上午八时至十时三十分，下午二时至四时三十分。琳下午四时三十分到。抹身后去校。晚六时我、庚、霞三人去看电影，《阿混新传》。庚、霞送我到宿舍。

六月二十七日

上午八时去杰兄家，遇王介南，谈至九时三十分，詹素贞来，谈至十时三十分散，回来。下午三时我去看琳。五时她来洗浴，五时四十五分回校。我看报。八时息。房管会来查住户姓名、年龄、居住人口面积等普查。

六月二十八日

上午八时至十时三十分在杰兄家，将三人外调查填入，尚有数处，(拟)今日下午、明日上午九时前去调查后再(填入)。下午二时三十分去塔山找金春苟，未遇。五时十分回，五时三十分到家。琳来洗浴。六时五十分回校。

六月二十九日

上午六时十分去塔山看春苟，遇到。九时去杰兄家，三人再作填写。十时三十分回来。下午三时去中百，四时三十分回来。琳六时十分来，六时五十分回校。写信。抹身。九时寝。

六月三十日

上午写信。琳下午五时三十分来，说晚上去看电影云，说明日回去。我九时寝。

七月一日

琳今日放假，将行李搬来，她乘八时四十分车回富，我送她上车。今日新华书店新屋落成开业，横街富阳广播站服务公司饰新门面亦今日开业。气温27［摄氏］度，阴有时有小雨。

七月二日

上午看报，理报、洗衣、晒被。写信，看报。

七月三日

上午八时去杰兄家，俊三人闲谈，少顷，周东光来。他重听，只能做手势。上午十时三十分项政回来。

七月四日

项琳八时四十分到来。我去新中。下午三时三十分又去。政下午二时三十分去富阳，玄信由她带去。

七月五日

上午上街去买物。回来洗衣。

七月六日

上午七时三十分去街，八时三十分回来，遇孚中同学章太安，来闲谈，十时回去。下午六时十分庚、霞、炜、琳、我五人去看电影。八时散，九时寝。

七月七日

上午七时三十分上街买衣料，去加工，十时回来。遇周大源，谈半小时。下午四时去取短裤、门帘等。晚和琳谈半小时，她只回答一二句话。九时寝。

七月八日

上午写字。九时三十分去中百领，想另办二件事，均未成。晚七时炜交来自强送来琳讲义四份。

七月九日

上街买布。向志标借匾板凳，晒晒书、东西。政下午六时十五分到家。晚九时二十分来。

七月十日

政上午九时去富阳。琳去看下午六点电影，停电，八时十分电来。太阳下午二时后才少云，东西未晒。敏下午一时去杭参加考试。

七月十一日

标协助我晒东西，洗衣刷刷，防衣物损。

七月十二日

洗衣、晒书。晚电停。和琳闲谈。八时政来，八时十五分电来。洗浴，十时寝。周大源上午九时来，同去庚处吃中饭，他回去。

七月十三日

琳乘六时三十分［车］去富阳。晚政她们去看睦剧[1]，宿家中。我未去，九时寝。

七月十四日

琳乘九时十分车，十时到达。敏中午杭回。晚八时我、琳、敏三人去看《白蛇后传》。十一时寝。

七月十五日

上街寄信，写字。琳、政晚饭后去新中走一圈。

七月十六日

写字，洗被包等。晚停电。九时电来。

七月十七日

上街。整理信件。玄下午六时十分到，琳去拿开水。庚来闲谈至九时回去。

七月十八日

上午玄、我去中百，知陈很忙，明日要去汇报，不便打扰，我即回。玄到批发部看货。玄下午乘五时车回富阳。晚饭后政、琳、我三人谈了一回。

七月十九日

今日学习各点。晚饭后七时二十分下阵雨。看旧信稿。

七月二十日

星期六。政、琳和分水小客人等八人去看下午六时十分电影，我不去，看旧报。

七月二十一日

琳上午六时三十分车去富阳，我送她上车。晒零物及旧记录。晚和政闲谈一小时（星期日）。

七月二十二日

洗衣，晒杂件。政晚八时二十分来，说有初中同学来约二十五日叙级会（同学聚会）。

七月二十三日

上街。晒信。琳上午九时五十分到。晚饭后和政、琳谈半小时。政回家。九时来。

七月二十四日

去理发。去中学。洗衣。政同学邀去，十时十五分回来。十时三十分去吃饭。下午三时我再去中学，四时五十分回来。庚今日休息。上午去富，下午去胥口。

七月二十五日

晨五时政去参加初三级夏令营（同学聚会），下午二时三十分回（共二十人到胥口龙洞等处）。晚饭后和琳、政谈三十分钟。庚、敏、炜来，谈一时三十分，九时回去。庚今日下午三时厂开退休工人欢送会。

七月二十六日

看旧信。下午多云，转凉。晚琳、政来，同看杂志一小时。

七月二十七日

上午上街、写字、洗衣。晚六时十分我，庚、霞、敏、炜、政、琳同去看。

1. 睦剧：是一种古老的地方戏曲剧种，流行于浙江淳安、遂安、开化一带。

七月二十八日

上午九时大翊沅来，十时去。洗衣，看报。韩交来资料。晚琳、政谈半小时，看杂志。今天是唐山地震九周年(1976年)。

七月二十九日

霞，炜去分水。政回家抄讲义(画图用仪器)。看杂志，和琳、政谈要提高警惕。看杂文。

七月三十日

晨五时我、政、琳三人去塔山烈士墓，农贸市场，六时十分回。写字。中午有雨(台风)，五分钟即止。

七月三十一日

晨雨。琳乘六时三十分车去富。晚看报。

八月一日

接贤信，写复信。接玄信，写复信。霞、炜上午九时回来。今日城内粮站新开业。晚遇，台风(六号)来。

八月二日

晨去寄信，收去壁上警句。上午八时五十分杰来，九时五十分去。韩来，十时五十分去(九时二十分来)。看报。晚写字。下午四时有阵雨。晚凉。

八月三日

上午去取衣，因他手烫伤，要再迟些日子。旧邮票脱背纸。下午四时四十分富政协干部叶某(深浦人，说是叶青同族)、镇青年女干部童某(说是塔山人)、林高春(名恐错)三人来，说政协主席郭善龄委托他们来访问台胞家属和一些社会人士，五时十分去。晚看报。庚今晨五时三十分乘车去普渡旅游，厂车去十二位退休人员。

八月四日

上午写字。看报。中午去吃饭。下雨，裤脚湿。今天客人许多，分二次吃。晚六时二十分政、敏去看录像。下午三时杰送来水蜜桃一袋。

八月五日

现在是八五年八月五日八点五分，“三个八五”的珍贵时刻写此留念。政正在隔室一人自学，我说这是最珍贵时刻。今日看到八月三日《人民日报》报道武钢一米七轧机基本达到核定设计水平。

八月六日

看报。找资料。

八月七日

上午七时三十分镇召开县人大代表(二十人到十四人)，十时休息，回来休息。下午一时三十分继续开，四时三十分散(政送来雨具，也带来韩医师的)。晚看资料(政中午十二时去看电影《浪子燕青》)。

八月八日

上午七时三十分召开，县人大代表分二组，上午十一时散。中午招待午餐(听说每席20元)，我没去吃，回家吃。霞爸爸和两位侄女同来。下午一时继续开，至四时散(富阳来常委二人，县府二人，常委是刘鸿，吕关锡)。晚六时，我、庚、庚岳父、二个孙女五人去影院看电影。政在家。

八月九日

袁宝华来谈半小时。霞和她爸、弟媳、二个侄女同来，坐半小时。霞和她弟媳妇及一个侄女去下十管(珠村)，霞父下午回分水。秋霞来，政晚陪去看电影。我整旧衣，看报、洗浴。九时寝。

八月十日

上午八时庚陪五峰来闲谈一小时去。晚和政闲谈(七时—八时)一小时。九时寝。

八月十一日

上午上街。写字。洗衣，看报。汝霞中午回来。晚饭时听庚说，明日将去双溪农机场工作。

八月十二日

上午写字。庚今日去上班。晚看杂志报。

八月十三日

上午写字。小兰中午十一时到(中饭她吃得来)。下午三时去。晚看杂志报。

八月十四日

上午去曹家(八时至十时)，含上街。晚看《人民日报》《参考消息》。

八月十五日

上午八时去中百，陈经理他们在开业务会议。

我在物价调运等办公室闲谈，九时三十分回来，下午三时再去。建春打电话，要他带口信，陈说近来很忙，最好国庆节后。我说好。少顷，陈因事出来，说单子曹根华处有，我们有时间通知你。四时三十分我回来。项炜发热。晚来玩，七时三十分回去(半小时)。停电，七时来。

八月十六日

(农历七月初一日)庚去富，下午五时前回来。晚停电。七时二十五分电来。政去看电影。七时三十分至九时十五分。

八月十七日

写信、寄信、看报。晚深夜天明前雨。晚政、我去看《骆驼草》。

八月十八日

上午去过岸滩，到百丈打回来(六时四十五分至七时五十五分)。写字。敏双溪农机场录取浙江职工学院机械系通知来。他厂录取二人。

八月十九日

上街取衣，没做成。晚看报。

八月二十日

上午上街一趟。整理旧账。晚政七时四十五分来。晚看报。

八月二十一日

农历七月初六。我准备六、七、八三天去看彩云。晨五时出发，汽车站北方向去，遇二位看牛中年老人。我，他们谈，一位是方希臣的姐夫，一位是朱雨帆的儿子。他们俩收入都不错，一位春花耕田收入1300多元，一位收入800多元，加蘑菇收入一千七百多元。统计旧账，看报。

八月二十二日

今天七月七日。晨五时和政同去青云桥，回来六时。天上云霞倒影青云桥水中，波动。桥上轧死一只大老鼠，约有一尺长。当时认为是小兔子，回来已磨没有。桥上有几处鼠死血迹，三四处(陈的)。晚看报。

八月二十三日

天雨，没去看巧云。写字。有时有雨(台风过境)。晚看杂志《东西南北》，致中学生丛书。

八月二十四日

晨政、我五时去方家桥，回来看到很多田不种，谅是已卖给企业。建筑桥上有坝，如小瀑布，桥下也有坝，同如小瀑布。近桥一段晚稻油绿，欣欣向荣。写字。晚我、政、霞、炜去看电影。

八月二十五日

晨去南津桥。上街买菜，理发、洗衣。今日吃炖菜鸡和肉等。晚七时院内露天开刑事犯罪分子审判大会，七时三十分结束。韩医生明晨去杭工人疗养院休养(二个月)。庚中午没回家吃饭，陪协助人员吃饭。

八月二十六日

上午去街一次。核陈收入。看报，知新疆乌恰县地震，距市一千多公里，七点四级，发现死五十三人，伤一百多人，离县治五十公里。

八月二十七日

政早餐后没来，在家有事。庚上午去富，中午回来。得壬来信。晚写信。

八月二十八日

写信。洗衣。政上午、下午均在家。晚去翻被。庚、霞来，略谈回去。九时寝。

八月二十九日

核账。看报。看杂志。

八月三十日

上街补衣。上午八时小南来谈四十五分钟回去。整理报纸，停电。九时寝，未来(电)。

八月三十一日

上午八时拟去看元将，途遇，来宿舍闲谈，八时—十时，政回家。整理行装。下午三时我上街，到俊、杰兄二家各坐谈半小时。晚七时座谈会，八时三十分散。涛雄于晚六时四十分来，七时十分回去。

九月一日

上午六时三十分我、庚、政乘车来富。霞、琳在站送我们上车。政八时去校，十一时来吃中饭。庚送政校。九时三十分乘车去杭，下午五时三十分由校返富。晚宿二轻招待所。蓉、玄晚饭后去工作。晚七时我、琪、外婆看电视。我九时三十分寝。琪今日休息(星期日)。

九月二日

庚六时三十分来，七时半去富访问。八时上街，九时回来。今日天雨。晚八时二十分琪、我二人去看电影。看电视七时至七时五十分。

九月三日

上街买水果，点心。下午三时去看政，四时三十分回来。长育已来，谈至五时三十分回去。晚看电视，《四世同堂》（[第]一集）。

九月四日

晨乘七时五十分汽车来上海。蓉、莹、小蒋送我们上车，玄陪我同行。车至嘉兴小镇半小时，我吃自带点心。下午三时开至松江境内上海服装疗养院，前后外轮胎坏，换胎花半小时。开到上海北路，下午四时到家。翌中已上班回家，壬一家都好。抹身，寝（电视看到九时）。

九月五日

上午写信。玄洗衣。上午十时同去四川北路走走，回来吃中饭。午睡后下午三时同去肇嘉浜路，五时到，扣门。澂今日声带动手术，休息在家。之后玲、玮来，五时三十分静下班回来。晚饭后谈至八时回来，九时到家。看《四世同堂》（[第]二十二集）。十时寝。

九月六日

看报，写信。八时三十分玄去南京路等处。晚看《四世同堂》（[第]二十三集）。

九月七日

玄乘五时五十五分特快返杭回富。看报。晚看《四世同堂》（第二十四—二十五集）。

九月八日

星期日。翌，捷，我三人去友谊商店。翌先回，我和捷去各楼参观（九时去，十一时回来）。蒋建国来，小潘、建、毛毛来。晚看《四世同堂》（[第]二十六—二十七集）。

九月九日

去虹口公园，池荷尚有三五朵（九时—十一时回）。晚看电视。

九月十日

上午九时去海宁路，折回。到家十一时三十分。晚看电视。八时息。洗浴寝。

九月十一日

上午看报。晚看电视。八时息。

九月十二日

上午看报书。中午得澂来信，即复。晚饭后项平回来。晚看电视。洗浴。九时寝。

九月十三日

晨写信。晚看电视。八时息。洗浴寝。

九月十四日

写信。看报《新民晚报》和捷、平、卓个别略谈。晚看电视。八时息，抹身，寝。

九月十五日

星期日。看报。晚看电视。

九月十六日

看报，写信。晚电视，《新闻联播》《希特勒之死》（上集）。

九月十七日

上午写信。晚电视，《新闻联播》《希特勒之死》（下集）。

九月十八日

上午写信，看报。晚看电视。八时息。

九月十九日

上午寄信。买药。敦下午四时到。少息即去万家。晚九时三十分回来。看电视，休息。等敦回休息。

九月二十日

上午九时三十分万来，十时十分去拿来月饼。敦下午去南京东路。晚看电视。八时息。天阴雨，转凉。

九月二十一日

上午看报。天转寒。穿四股绒背心（23.50），牙根发炎，饮食感困难。傍晚万来[告]知，北京车票大约在二十四、五日云。晚八时休息。

九月二十二日

星期日。上午上床休息。假牙不上。晚吃面，食鸡汤面。八时寝。

九月二十三日

上午敦、翌中约他同去买英文打字机。八时—九时三十分回来。牙床肿，吃面。八时寝。

九月二十四日

上午去理发。去虬江路回。傍晚万来。敦晚八时去买车票。凤娣和定毅晚六时来，八时回去。九时寝。

九月二十五日

同敦去武昌路，折回。敦下午去打电话给万。晚看电视。八时息。

九月二十六日

同敦去虬江路，买月饼，整行装。万晚六时来，我和敦晚乘七时五十一分第二十二次列车来北京。壬送我上电车，万、捷、蒋建国送我们上火车。列车整洁、清静，吃烟到两车厢舍接空隙吸，走路处有起毯。九时寝。静晚有坐，候值班。

九月二十七日

我们早上吃自备面包，豆沙月饼。中午吃快速面、水果，吃天津苹果。下午二时四十五分到北京，乘103汽车到动物园，再乘16路至四道口(校车门)。正下午五时到家，没有五分钟，即下大阵雨，真好没遇到雨。晚后写信，至十时洗脚，寝。

九月二十八日

晨写信。八时敦去寄。我在家再写信。下午二时敦陪我去看再谔，不在家。敦去美校看他爱人，遇到了。再去看阿钦，他一人在家。坐谈三刻回来，到家已六时三十分。晚看报。敦送翌中给她哥哥月饼。我九时寝。

九月二十九日

上午写信。下午一时去看吴大昌，回来四时，知项自竑来过，送来蛋糕、鸭梨。邹克上午十时到。晚四人同吃月饼，赏月。九时寝。

九月三十日

早上吃蛋糕。写信。天晴。温度6—20[摄氏]度。

十月一日

上午九时三十分吴大昌来，十时我、敦三人同去看周廷儒，闲谈。吴十一时三十分回去。陈茂贤和周坚持要我吃中饭。饭后略坐，一时三十分陈她儿媳、孙子送我到北校门。到宿舍已二点十五分。克、亮去游大观园，后我们五分钟到家。我八时三十分寝。

十月二日

敦、克、亮、我四人去雍和宫参观，换三车，八时出访，十时到。游览二小时。吃苹果，十二时回来，二时到家，吃中饭。午睡。晚八时三十分寝。殿内有一尊白檀香木大佛，高十八米，直径八米，座面十二米，据说六米在地下。

十月三日

上午八时敦、亮、我三人去参观人民大会堂和天坛祈年殿、三响石、回音壁、七星石(有八块)。十二时回来，二时到家。亮失散，他理发回，三时到。壬下午四时三十分由他乃舅褚宗海陪同来，知他是今晨七时离沪，十时到京。办好报到及宿舍(招待所)，到舅家吃鸡汤面，后来此。留褚同壬共进晚餐。敦所长钱仲候和爱人同来，坐半小时，辞去。八时壬、褚已去。

十月四日

上午七时五十分我、敦去参观毛主席纪念堂和中山公园，大理菊盛开，桩矮花大(和新疆同)，黄白菊花亦多。有一株柏槐合抱树，紧紧合抱，如出一枝，很大，旁有古柏数十株，大的有团抱一丈九尺，千隋种有千年。十二时回，到家一点十分(亮回家，饭已吃)。

十月五日

晨八时去动物园参观(动物和两栖动物馆二馆)，回来下午一时四十五分。克由公司因事来市。

十月六日

星期日。上午九时五十分去北京展览馆看电影《中国革命之歌》，十二时二十分散，上、下二集。敦、克、亮我们四人同去。晚看报，八时三十分寝。

十月七日

星期一(农历八月二十三日)。今日到交大校园走一圈。敦去办煤气事，九时—十时三十分回来。克下午三时去机场，敦送到航空售票处，回来五时三十分。克乘七时机去广州，我八时三十分寝(七时停水)。

十月八日

敦去办煤气事，七时五十分去(天阴)，十一时四十五分回来。看老舍《四世同堂》。晚八时三十分寝。

十月九日

上午八时敦、我去琉璃厂东西街参观，回来已十二时四十五分。舍看报纸。八时三十分寝。

十月十日

上午敦去参加离休干部生活会，十时三十分回来。写信。看报。晚九时寝。中午今晨刮风(天阴)。

十月十一日

敦八时上街。八时三十分修门。自来水工人二人来看，半小时后来修，三刻修毕。有一妇来叫，去修。敦回来，写信。晚八时三十分寝(天阴)。下午有时日出。

十月十二日

上午八时我随敦去买煤饼(120个)，十时回来。敦没法用煤炉，到下午三时才火红。中饭去食堂买来吃。晚饭在煤炉烧。今日日出。晚九时寝。

十月十三日

上午敦将出门，修电灯来。送走老司务，修自来水来，又同回来。送定去街买物，九时三十分至十一点回来。

十月十四日

农历九月初一日。未出门。晚八时三十分寝。

十月十五日

敦去校学习文件《七五计划》。晚八时三十分寝。

十月十六日

去王府井百货公司、东风商场、新华书店及其他书店。上午八时去，下午二时回来。晚九时寝。

十月十七日

去颐和园游览。七时十五分去，下午一时三十分回来。

十月十八日

上午敦去买电影票。下午去看徐悲鸿画、纪念馆，一时—三时。晚八时三十分寝。

十月十九日

上午八时去景山公园—西郊菜场和百货商。晚七时敦、亮、我三人去交大电影场看《谋杀没有证据》(东德片)。九时十五分寝。

十月二十日

中午没有睡好，休息不出门去玩，敦说已通知煤气有供应。下午四时看到壬从巴黎来信，信附给捷。抹身，更衣，洗衣。晚八时三十分寝。

十月二十一日

上午敦送煤罐去取液，说放着明日来拿。摘录《解放军英雄汇报团英雄简历》。晚八时三十分寝。

十月二十二日

上午煤气罐领来。十时去故宫，十二时进场，下午三时出来乘车，等到宿舍已五时三十分。晚九时寝。看到白皮松、古连理枝柏。

十月二十三日

上午六时三十分去香山，八时三十分到。游到十二时一刻回来，到西四排队买棉胎，排了二小时，没有。我排队买豆腐，四十分钟买得回来，到四时五十分到家。晚八时三十分寝。

十月二十四日

敦学习(星期日)。今日开始看老舍《四世同堂》(第一集)。下午二时一刻去理发，等半小时。晚八时寝，抹身、洗脚。

十月二十五日

晨四时起床，五时出门，有小雨，似雾，回来，拟不去。半小时后小雨止，改道去卢沟桥，五时三十分去，十一点三十分回来。看新桥和老桥，回来参观六里滨河公园(有黄文欢题词)。晚洗衣，八时三十分寝。厕所甚清洁高雅(收费二分)。

十月二十六日

晨五时十五分出发，八时十五时到长陵，十一时十五分去定陵，十二时三十分回来。四时三十分到宿舍。晚九时寝。

十月二十七日

星期日。今日天阴。晨有微雨，休息不去游览。写信(开灯)。晚八时三十分寝。

十月二十八日

上午写信，没出门。木匠来修门(九时)。看报书。晚克来电报，知明日来。九时寝。

十月二十九日

上午写信。邹克下午六时三十分到家，七时

吃晚饭，吃香蕉。晚九时寝。

十月三十日

上午看书纸。敦下午去宗海家问消息，没有，去招待所也没有，回来。

十月三十一日

邹克晨六时去娘家。敦学习。我核收支。十时宗海来问情况。略谈即去，不肯坐。晚九时寝。九时五十分叫有电话，我以为是敦去接，其实是亮去。五分钟后我问谁来电话，是不是你大哥？他说是。我听是亮口音。敦问他说住招待所二楼，要上午七时三十分前到所。

十一月一日

晨五时三十分起床，六点出门。到招待所七点，谈至十点回来，十一点到家。敦即煮饭。他去打电话。饭后去叫惟勤。我在家准备。壬和宗海五时三十分到，白经天、陆锦芳六点到，再谔七点十五分到，小青七时十分到。壬他们九时三十分回去。敦至车站。收拾好，十一点洗脚，十一点三十分寝。

十一月二日

上午看书报。十时壬来电话，说六日返沪。给爵电报，我跟出去看牌。有敦的挂号信，饭后敦去取，知是爵信和玄寄来包裹。敦十二时去看壬，遇丽明。下午四时敦、丽同来。丽饭后回招待所（下午五时我们同吃白送来蛋糕）。晚看《作文通讯》。

十一月三日

星期日。上午八时壬来，在此吃中饭。晚饭八时敦至，上车站去招待所宿。下午三时惟勤来。我午睡起来，三时二十分出来，和他谈了三句天，他即告别，投下一信，给敦、启视，是给我。睡不好。

十一月四日

上午写信。邹克下午二时三十分到。敦十二时三十分上街，三时十五分回来。晚看老舍作。八时寝。

十一月五日

上午看旧信。写信。今日水汀有热。室内15—20［摄氏］度。晚八时三十分寝。

十一月六日

写信。翊沅上午十时三十分到。克、晨去上班，翊沅下午二点出去办公，五时回来。晚九时寝。

十一月七日

翊沅上午七时四十分出门去办公，说今日不回来，要到三处去办事。庚上午八时学习，下午三时三十分下小雨，即止。今日农历立冬。

十一月八日

上午庚续借书。我看报，洗照衫裤。天晴。晚九时寝。

十一月九日

庚上街。天晴。看书报。下午六时三十分翊沅来。邹克六时四十分到。翊沅晚饭后七时四十分回招待所宿（取药样品去）。晚八时三十分寝。

十一月十日

星期日。翊沅，上午十一时来，晚宿此。克七时二十分去上班。晚九时寝。

十一月十一日

克上午七时二十分去上班，中午十二时三十分我和敦去前门大街大栅栏看市容。下午四时四十分到宿舍。晚八时三十分寝。

十月十二日

上午七时五十分敦和我去陶然亭公园。下午回来，一时三十分到家。翊沅先我们半小时到，由亮开门。晚翊沅宿此。晚八时三十分寝。

十一月十三日

敦、翊沅、我三人去游览北京大观园（南菜园地处），有菊展，价三元一盆。下午翊沅去工作，我们回来到家。到家下午二时。敦四时去开家长会。翊沅任炊事。六时五十分敦回，八时十分到家（翊沅五时来）。晚八时三十分寝。

十一月十四日

克上午去上班。敦去听报告。因停电，十时回。吃红豆饭。翊沅炊事，宿此间（送来参观券）。晚九时寝。

十一月十五日

晨七时五十分翊沅去招待所。我和敦七时五十五分出门，去紫院林公园。在北京体育馆旁有流水，湖干，在建筑，有菊展，比陶然亭品种多、大、好，价二元一盆。十一时五十分回到宿舍。

十一月十六日

晨十时五十五分去中南海，下午一时十五分到，参观至三时十五分出来。到家四时五十五分。克六时十五分到。晚八时三十分寝。

十一月十七日

星期日。在家看书报。十一时三十分翊沅来，饭后三时去彦章大姊家，说章的妹从西安来。晚抹身，更衣。九时寝。

十一月十八日

敦去订车票，说前三日太早。八时三十分去月坛，十一时三十分回来。洗衣。午睡。晚八时三十分寝。

十一月十九日

晨七时五十五分出门，去参观宋庆龄故居。九时到，先看录像《国之瑰宝》九时十五分—九时五十五分，参观三室，十一时二十五分出来，到家一时十五分。晚九时十五分寝。

十一月二十日

上午八时三十分敦、我去玉渊潭（钓鱼台旁，教育部亦在旁边）。范围很广，连东湖、西湖、八一湖，自然区柳树很多，水面亦广。有坝，如瀑布有声。不收门票。一时三十分到家。亮去看电视《女排》，七时四十分回来。克八时十分到家。我九时寝。

十一月二十一日

上午去取车票，知没有，敦打电话。学习。下午翊沅三时来电话，未收到。立成三时三十分从武汉来，吃了点心，五时报到。翊沅饭后八时回招待所宿。八时三十分寝。澈来信。睡欠佳。

十一月二十二日

敦去给小林定车票。天小雨（要明日才能买）。看《老舍文集》（5）、《郭沫若选集》（1卷上册）。晚八时三十分寝。

十一月二十三日

敦去买票买得。克下午六时十五分到家。今日煤气用完，敦去买面包。晚九时寝。

十一月二十四日

星期日。晨小林六时十五分到，七时四十五分我、敦、克、亮、小林同去北海游览。小林拍照。白皮松、大松树、大柏树、团城。下午三时到东风商场，排队东来顺吃涮羊肉，到四时说客满（120人额）。回来，五时三十分到家。林去退一张座票。

十一月二十五日

立成去街买物。八时三十分我、敦去理发，等一小时，十时回来。立成十二时四十五分回来吃饭。下午三时敦送他到展览馆，去东站。敦回来六时四十五分。晚九时寝，抹身、更衣。

十一月二十六日

晨七时五十五分出门，去军事博物馆参观。九时三十分到，下午三时出来。中午吃饼干，橘水。下午四点十五分到家。

十一月二十七日

敦去搞煤气事。写信。下午三时三十分煤气罐取来。克晚八时回来。看老舍著。九时寝。

十一月二十八日

克七时十五分去单位。敦晚七时交大礼堂看电影。敦、亮、我三人去。

十一月二十九日

上午八时去参观劳动人民文化宫书展（祖庙）。晚抹身、更衣。

十一月三十日

上午八时敦、我去故宫参观文房四宝，钟表馆、金饰馆、绘画馆。下午一时出来，到家二时五十五分。克六时五十五分回来。

十二月一日

上午八时出门，到中国美术馆参观日。十二时去看再谔，在他家吃中饭。一时回来，三时到家。知中午贤同事雷成武同事三人，给贤带来葡萄干。幸邹克在家招呼他们。晚九时寝。

十二月二日

八时出门，去日坛参观。有一枝古柏（九龙柏），据说有一千多年，惜乎半枝已枯，琉璃祭日图，水榭石坊亭台等。十二时回来，在北太平庄参观自由市场。二时十分到家。

十二月三日

敦去打电话(龙事)。八时四十五分出门，去参观郭沫若故居(说从未开放)。折回，去看鲁迅故居，十时三十分至十二点十五分。到家下午一点。抹身、更衣。(晚)九时寝。

十二月四日

上午写信。看老舍著作。晚八时三十分寝。

十二月五日

敦去学习。晚八时三十分寝。

十二月六日

天阴。上午写信。晚八时三十分寝。

十二月七日

上午写信。晚八时三十分寝。

十二月八日

星期日。上午看老舍著作。晚八时三十分寝。

十二月九日

上午写信。晚抹身、更衣。晚八时三十分寝。

十二月十日

上午看老舍著作。洗衣。晚八时三十分寝。

十二月十一日

上午看老舍著作。洗衣。晚八时三十分寝。

十二月十二日

农历十一月初一日。上午写信。晚八时三十分寝。

十二月十三日

敦去开会，听报告。我写信，看老舍著作。克上午四时来。敦上午听报告，中午我和亮动手做午饭。十二时十五分敦回来，由他续做。

十二月十四日

克去受诊。下午三时回来，看老舍著作。晚八时三十分寝。

十二月十五日

星期日。老舍(卷六)，鼓书艺人。晚八时三十分寝。

十二月十六日

邹克去上班。行后敦有去市。我札(摘录)《北京名胜》，看老舍著作。晚八时三十分寝。

十二月十七日

今日天阴。看老舍文集上卷《正红旗下》。谔来信，寄来参观券，说典已买到。晚抹身、更衣，八时三十分寝。

十二月十八日

中午十二时去看再谔。他校一时三十分上班，一时四十分去参观意大利画册展览、赖少其画展、石油摄影、中国画展、侨胞摄影。三时参观波兰现代画展。再谔来。三时五十分我们到他教导科，他四时十五分到，我们四时二十五分回来，到家六点。洗衣。晚九时寝。我托再谔买《中国书法字典》，不肯收款，只有改日设法酬谢，克没回来。

十二月十九日

星期四。敦去学习。看《老舍文集》。晚八时三十分寝。

十二月二十日

看《老舍文集》，札报录。晚八时三十分寝。

十二月二十一日

敦去参观瑞典现代画展。克下午六时三十分到家。晚八时三十分寝。

十二月二十二日

上午十时四十五分爵到。敦中午十二时去参加严中同学会，六时回来。晚九时三十分寝。

十二月二十三日

晨五时敦，爵去购车票，九时回来(已买得)。敦去买物。晚八时三十分寝。

十二月二十四日

整理行装。晚八时三十分寝。

十二月二十五日(北京)

看书报。中午和项亮谈话。临幸晚饭后又和他谈了几句。下午七时出门。亮用自行车搬行李，送我们到四道口车站。敦送到火车站上车(九时五十五分21次特快)。九时三十五分敦回家，恐要走一段路(没车)。十一点熄灯。

十二月二十六日

下午五时十五分到上海站。建国进站接，项捷在出口处等，乘天津大发车，到宿舍五时四十五分。人六时十五分回来，同吃晚饭。十一时寝。

十二月二十七日

爵上午、下午去四川路走走。我写信、寄信。

晚九时寝。

十二月二十八日

去汇海路等处走走，下午回来。上午去看电影，我、爵、阿姊。晚看电视，中国女排和明星队比赛，三胜一负。

十二月二十九日

上午九时爵、我去华山路，在万处吃中饭。下午二时去肇嘉滨路。澂一人在家。铮、玲、玮先后回来，同吃晚饭。八时回来，九时到家。壬今晨去杭，下午回来。

十二月三十日

爵八时十五分去隆昌路办事。晚看电视。

十二月三十一日

上午去南京路。爵、我去。下午三时十五分到家，四时看女排决赛，打五场，二个半小时。晚看电视。除夕，唱其他很少。

一九八六年

一月一日

农历十一月二十一日。十一时项捷来，瀓、邱玲、万、丽、小明、建迅、铮、玮、凯、宜陆续到。十二时三十分同吃中饭(壬、翌、卓、我、爵、仲)。国下午四时五十分到(加班)。建、捷晚饭后回去。晚电视，家庭歌唱初选(四家复赛)。我看到九时息。

一月二日

爵去杨树浦办事。上午写信。晚看电视，《新闻联播》、男篮比赛。九时寝。

一月三日

爵乘六时十二分车去苏州办事。上午写信。晚看电视，中男篮和南朝鲜赛。八时我息，八时三十分寝。

一月四日

上午看报。爵晚六时三十分从南京回来。晚看《家庭歌唱比赛》。八时三十分寝。

一月五日

上午捷陪我去平家。八时三十分去，九时到，坐谈半小时回来，十时到家。晚八时十分寝。壬、爵去外贸，建、蒋来，同进中或晚餐。

一月六日

爵乘五时三十分特快去杭州。卓八点去。无雪。休养。晚电视，《新闻联播》。八时三十分寝。

一月七日

写信。去海宁路折回。吃中饭。晚电视。我八时息。下午五时来此宿。

一月八日

上午抄信底。晚看电视，《家庭歌唱比赛》。

一月九日

上午抄信底，捷去上班。晚看国际新闻，电视。八时三十分寝。平晚九点从杭州回来。

一月十日

上午去海宁路折回。和平闲谈一小时。晚看国际新闻。八时三十分寝。

一月十一日

上午八时去溧阳路看敌人，九时到他家。他炊中饭，有外孙和孙媳从江西和他同来，吃饭，谈至三时回来，四时到家。爵晚十时十分到(他去甬、新、富)。

一月十二日

上午壬、翌、卓、建、宜、迅捷、国、爵、我去瀓家，万、丽、凯、明、瀓、静、邱玲、玮共十八人同吃中饭，面。我和爵吃了晚饭，回四川路寝，九时到(项平十一日晨五时三十分车去无锡)。

一月十三日

爵去办事，我看报。上午去看舅嫂，知她们已迁居。星期三再去(知她孙女休息日)。晚看电视。八点息。

一月十四日

爵去办事。我看报。晚看电视。八点息。

一月十五日

上午八时三十分去广中四村看舅嫂，在她家中午吃面。下午回来。二时十分到家。爵、平先我回来。洗衣机、冰箱已买来。捷傍晚来。平今晨去报到。因厂车不遇，折回。晚看电视。八时三十分寝。

一月十六日

平今日去石龙口上班。捷去上班，爵去办事，丹东中君上午八时打来电话，翌接。我去武昌路折回。十二时铮来电问爵，捷来搞卫生。翌，给我去汇款。

一月十七日

平、卓、壬、翌、爵均比平日提早出门。捷八时去上班。晚看电视。八时三十分寝。

一月十八日

上午我、爵去四川路走一回圈，十时三十分回来。捷、蒋上午二时来。三时捷、蒋送爵去轮船码头，乘长秀轮四时离沪，预计二十日上午五时可以到大连。看电视。八时三十分寝。

一月十九日

上午写信。晚看电视。

一月二十日

今日农历十二月十一日。写信。上午出去走了一趟。晚电视，《诸葛亮》([第]一、二集)。九时三十分寝。

一月二十一日

上午写信，看报。晚电视，《新闻联播》。

一月二十二日

上午去武昌路折回，到家十二时。晚电视，《新闻联播》，小提琴、钢琴获奖者演出。

一月二十三日

上午去武昌路，下午寄邮包。晚电视，《新闻联播》、花鼓戏《喜脉案》(1—2集)。十时寝。

一月二十四日

上午写信。中午爵同事高君拿回手挽小车架，取去电动剃须刀(25日)。晚电视，《新闻联播》。九时二十分寝。

一月二十五日

上午理发。写信。天阴。下午晴，洗澡。晚看电视。

一月二十六日

星期日。看报，找寻报。晚电视。越剧新秀选场。八时四十五分我息寝。

一月二十七日

上午去虹口公园，对面在新建二十多层天鹅宾馆。看报，知胡愈之在南洋七年任陈嘉庚创办的《南洋日报》，说在抗日战争时期曾去马来西亚和郁达夫办酿酒厂和肥皂厂。晚电视。

一月二十八日

看报，摘录。晚电视，《新闻联播》《诸葛亮》(第十一、十二集)。九时息。

一月二十九日

看报，摘录。晚电视，《诸葛亮》第十三集。美国挑战者号航天飞机空中爆炸，七名机组人员全部罹难。

一月三十日

上午看报，摘录。和壬，翌谈家常。晚电视，《诸葛亮》(电视剧第十四集，鞠躬尽瘁，完)。

一月三十一日

看报。晚电视，《新闻联播》。八时三十分寝。

二月一日

上午写信。天阴。晚看电视。

二月二日

今日星期日。看报。正要吃晚饭，六时三十分炎坤夫妇来，说是预先拜年，送来红参、麦乳精等六色礼物，实在使人不安，如何回报呢？我们吃饭。他们看电视，坐谈了一回，到八时他们回去。八时三十分寝。

二月三日

上午写信。洗浴，更衣。晚看电视。八时三十分寝。

二月四日

上午写信。晚看电视。八时息。

二月五日

上午核收支。晚电视。

二月六日

上午去武昌路，回来十二时十五分。晚电视。

二月七日

上午写信。晚电视剧，《济公》第一集《济公出世》，俗姓名李心沅。

二月八日

上午写报。晚电视。

二月九日

九日农历春节。澂、铮、玲、玮、万、丽、凯、明、建、迅、捷来，同吃午饭。国因加班，来同晚饭。上午看《济公》第二集《阴阳泪水》。

二月十日

上午九时五十二分《济公》第三集《古井运木》。十时四十五分去四川路，山阴路看看新春商情。

二月十一日

上午电视《济公》第四集《妙手移瘤》。十时四十五分去看看虬江路商情。晚电视,《新闻联播》。

二月十二日

上午电视《济公》第五集《巧点紫金钗》。壬上午值班回来吃中饭。晚电视,《济公》(第六集《大闹秦相府》)、《西游记》(四)。

二月十三日

今日都去上班。我上街走了一回。晚电视。

二月十四日

上午看报。中午勤至，壬信下午六时交给他看。晚电视。

二月十五日

上午去虹口公园。上午九时十五至十二时，腊梅花放后将落。晚电视。

二月十六日

星期日。看《新民晚报》等。晚电视，《西游记》(五)、《莫非仙[1]魔术生涯五十周年汇报演出》(一)。

二月十七日

上午阴有小雨。晚电视，《包公》六集。

二月十八日

阴，小雨。上午写信。

二月二十日

上午。

二月二十一日

上午理发，洗浴。

二月二十二日

上午看书、报。下午二时二十分邱玲来陪我，三时出门下午四时三十分到肇嘉滨宿舍，澂在家。

二月二十三日

今日元宵节，星期日。晚澂一家、铮的三子和他儿子邱骏七人，欢度元宵佳节。

二月二十四日

邱骏发烧，他爸陪来。澂给他看护、敷药。中午热退。晚饭后他爸陪他回去。下午二时三十六分苏、浙、沪滑稽会串。

二月二十五日

上午九时澂陪我去看秉成。他去医院取药。萍因身体欠佳，闲谈三刻钟回来，到家十时三十分。

二月二十六日

上午九时澂陪我去徐家汇走一圈，十一时回到家。晚铮友人的外孙小孩病，要澂为他诊治。秉成下午三时来看我们，四时三十分回去。电视《包公》([第]十一、十二集)。

二月二十七日

上午看书报《读者文摘》。晚电视，《三剑客》(片段)，《访日见闻》之四《京都风光》。

二月二十八日

上午八时四十五分澂、玲、玮、我去桂林公园和普科公园。十一时到家。晚《新闻联播》《车站》(美意合拍)、《世界各地》。

电视《昨夜情》，二十四晚[第]一集，二十五晚[第]二集，二十六日[第]三集，二十七日晚[第]四集，二十八晚[第]五集。

三月一日

上午十时看《昨夜情》第四集前一段(因昨未看到)。十一时去铮单位。洗淋浴。澂给理铮衣，更换，很舒适。浴后很暖和，回来吃中饭。晚《西游记》(第八、九集)、《黄石公园》(美国)。

三月二日

上午摘录报、杂志。晚电视,《新闻联播》《西游记》([第]十、十一集)、《三剑客》(片段)。十时息。

1. 莫非仙(1919—1992)：原名子奇，小名小齐，杂技演员。

三月三日

上午九时至十一时去徐汇商场走一圈。中午十二时四十五分去上海植物园参观兰花盆景、松柏、广玉兰等，在园内二［小］时三十分钟回家。下午四时丽明去象山回来，拿来黄鱼、带鱼、昌边、游鱼四种海产。晚看电视，《外国名曲欣赏》。看到九时十五分。

三月四日

上午看书报。中午十二时五十分溦陪我来四川路，到家正二时十分。翌上午去公司。下午正休息在家，溦三时三十分回去。我写信。

三月五日

上午写信，看报。晚看电视，《新闻联播》。八时三十分就寝。

三月六日

看报。晚看电视,《新闻联播》。八时三十分寝。

三月七日

上午整理。中午去寄邮包（阿姊协助）。晚八时三十分玄、蓉君到，九时三十分寝。

三月八日

星期六。上午九时我、玄、蓉三人去南京路。下午五时回到四川北路。晚看电视。

三月九日

星期日。上午九时我们三人去华山路，在万处吃中饭。下午二时去肇嘉滨路溦处吃夜饭。八时回来。九时十分到四川北路。晚十时寝。

三月十日

农历二月初一日。我、玄、蓉去豫园。上午九时去，下午二时到四川北路。晚九时寝。

三月十一日

玄、蓉去淮海路。我看报。整理行装。壬今晨出差去镇江。晚看电视。八时三十分息。

三月十二日

晨乘五时三十七日特快回杭，到站八时三十三分，再乘杭富汽车九时五十分开，十点五十分到。小雨。更衣、写信。九时寝。

三月十三日

晨阴雨。中午晴，日出。上午九时去看陈七美。十时四十五分回来。下午一时去鹳山饭店报到，遇唐太来、罗文木、曹俊生。三时回来，写信。四点三刻去吃晚饭。看电影，遇雨，蒋致中给我送伞来。

三月十四日

上午八时开预备会。下午大会开幕，听报告（八届三次会议）。晚小成和他的儿子黄河来（10岁）。他送来桂圆、荔枝各一袋。章子娟来，知她昨晚来，我未遇。今晚再来。

三月十五日

今日上下午讨论。晚饭后回来。晚看电影，和项琪、琳三人去看《迷人的乐队》。

三月十六日

星期日。上午大会听报告，下午讨论。晚看电影曹禺编《日出》。

三月十七日

上午预选讨论，下午大会投票，闭幕。晚饭叙（聚）餐。下午五时三十分先电影，回来雷阵雨。和蓉同回来。玄去值班。八时四十分回来。

三月十八日

去吃早饭，回来到农贸市场走一圈。八时长育来，十时回去。晚电视，看国际新闻后即息。下午去看俊兄，坐谈，一时三十分回来。

三月十九日

上午写信。洗睡衣。今日放晴，日出，街上走一圈。晚看《新闻联播》《寻找回来的世界》（第十集）。

三月二十日

阴雨。街上去走一回。去长育处，他领我去看孩子的新房。晚整理行装，准备回新登。

三月二十一日

上午八时玄送车站，蒋志忠陪我来新登。搞室内卫生。中午去新中，给琳送菜去，正上课。遇元将，他给我转交。我回来，十一时去庚家吃中饭。敏例假回来，同吃晚饭，停电。晚八时十分来，琳回来睡觉。

三月二十二日

上午上街买早餐。写信。理发（下午）。上午停电，搞卫生。楼采菊出来，和她谈教会事。今天的理发先后易三人。晚饭后略谈后回来。

三月二十三日

上午去中百看陈继木、张学山、朱洪贞（红珍）、张琴玉、项辉、郑文发、曹根华、吴来根等。中午洗衣，下午去看杰生、阿贞。下午五时韩来，约我去吃晚饭（请杭书画家中医生詹君），八时回来。

三月二十四日

上午去新中，看元将。八时至十时，再去看方爱金。中饭后看朱善庆、韩剑伟。晚看《中国书法大字典》。晚九时寝。

三月二十五日

上午去农贸市场、蔬菜市场。下午开始写字。今日开始午睡。晚看报。琳九时十分来。我九时十五分寝。

三月二十六日

上午查记录。八时三十分元将来，谈至十时去。志标八时来，谈三十分钟去。停电，八时十分来。琳八时四十分回。

三月二十七日

上午查账。九时杰陪昆山夫妇及幼女来，十时离去。晚饭后霞给我送开水来，少坐回去。琳八时四十五分回来。

三月二十八日

搞门前卫生。天阴，微雨。查账。敏下午回来。查账。

三月二十九日

星期六。敏饭后回杭。琳下午四时二十分车去富。政下午三时回来。宿琳铺。查账。

三月三十日

星期日。政中午十二时四十分回富。琳下午四时到新。天雨。查账。

三月三十一日

今日天晴，来新登的[第]三个太阳（晴天）。下午三时三十分去看舅母，坐四十分钟回来。晚抹身，更内衣。八时三十分寝。查账。

四月一日

农历二月二十三日，阴有小雨，10—15[摄氏]度。核收支。中午洗衣。

四月二日

查账。霞今日做清明粿，压冻米糖。

四月三日

上午九时三十分罗韬来到庚处午饭。饭后应连英来谈至下午二时三十分去胥口，说去扫墓，明日返杭云。

四月四日

七时三十分霞来说去垅坞。八时三十分小兰送清明馃来。晚项子清来座谈一小时回去。

四月五日

上午八时去杰兄家，俊老二阿生亦在，谈至十时，去中百一转，回来吃中饭。下午上街走一趟。七时五十分，我、庚、霞三人去看电影《流亡大学》，炜和琳已看过，不去，票退回掉。

四月六日

我看报核旧账日记。

四月七日

上午七时十分出门，庚陪我去黄山岭拜谒先父母坟。一路油菜和花草籽比往年少种，有些田荒着。麦有些下种后没有培育，收成恐要减。有些田角起池状，要养鱼未养。据说贷款未养。易农经商，或工，或种蘑菇，养蜂。收入好的兴建房屋，置办四大件等。和周水松谈了一回。阿炳未遇，送物托水松代交。陈竹生爱人在家，据说陈在谭山头水泥杆厂工作。去时阴天，回来微雨，十时十分到宿舍。饭后回，琳在洗衣，有女同学同来。下午阴。晚饭后回宿舍，又遇微雨。看报，复查。九时寝。

四月八日

上午查日记。下午二时三十分去中百领退休金。他们在检查物价。承洪贞代我去领粮票，因经管人不在，明日再去。和春秀谈小孩子学习。

四月九日

上午九时去领粮票，和雅娟谈小儿偏食和学习。和项辉谈小孩学习。今日约定王卫家长和南津桥杨司机在下午四时至五时洽谈。我候至五时不来，和去庚处吃夜饭。项琳陪王卫来，知她的父母均来，在孙阿毛儿子处吃晚饭。我要琳和卫到宿舍等，防杨某来。我饭毕，即来宿舍。要卫去通知她爸妈，要琳去晚学习。卫和她妈等我们四人去催杨某。孙说雷雨大，你年老，不要去，我乘自行车去叫。他来到七时，杨夫妇和孙来。谈到八时，卫回校。杨和王等八时十五分回去。卫父母宿孙处，约定明日下午四时三十分至五点去请汪木英复诊。琳八时四十分回来。我九时寝。

四月十日

上午八时元将来谈至十时回去。查待查包。下午四时三十分雷雨大作，停电。晚静坐休息。八时洗脚寝，点煤油灯。

四月十一日

晨听广播说富阳大源等十余乡下冰雹，大的如蛋，小的如蚕豆。查账，日记。下午三时杰兄来，拿来再谔、三泰信稿谈，结果认为改日我去富时他一同去，和俊三人讨论，再发。说明日上午九时富阳政协同仁来，祝贺杰兄夫妇八十大寿，中午设宴，约我去陪。琳下午五时四十分去看电影《巾帼》，学校包场。散后回家自学。今天农历三月初三日。

四月十二日

我上午八时四十五分去杰兄家。九时三十分孙仁山、钱先足、叶振宇、蒋衍、傅立宾、张秀云（女）、何永庭（画家）、吴士金、徐柏年（场口）、韩尔中、汪荣干等共二桌。到十二时入席，二时散。拍照后到韩医师处座谈。三时他们专车回富。琳今日中午十二时五十分车回富。下午四时五十分寿雄来，同去庚处。晚饭六时三十分，他宿连襟处。我七时庚陪我回。看报。八时三十分寝。来一峰次子送骨灰安葬在十字街头，会到（六四子乘自行车，他坐在后面，由六四子告知始悉，说他哥哥惠民瘫痪多年，我说知道）。

四月十三日

天阴雨，查日记。霞去富，十时五十五分到家。我去吃饭，在进士巷口遇到，继则庚亦到。炜在家里踏袜底，知霞的妈来街买物一转已去，后未来。琳下午四时五十五分到宿舍，五时同去吃晚饭。饭后庚给我送来开水，看信件。七时三十分霞亦来看照片，八时十分回去。王卫爸要琳送来补品两色。明晨要琳去退还。

四月十四日

上午八时去买袋布，要徐长根制中山装一套，九时回。珍袖半导体如何装电池和使用去请教老周（他头发白，问年纪，他说是57岁）。查账，日记，至八时三十分（琳今日起，午睡，夜自修改九时十分散，原先八时三十分散）。

四月十五日

查日记账。中午少云，有时日出，有风。晚写信。

四月十六日

查账，札记。午后庚来谈三十分钟。三时杰兄来，四时十五分回去。晚饭时庚、霞、我三人又谈。晚九时十五分寝。

四月十七日

上午写信。庚持信来，阅后寄琳，说昨晚跌一跤，膝盖乌青，已由校医处取伤筋膏贴上。

四月十八日

查看日记，账册。今日下午晴，日出。韩医师送来詹瀛生送来他以音乐能改变病情的一篇实事报导“琴音”，托韩去函时代谢谢。敏下午五时五十分到。我在饭后来宿，路上遇到。

四月十九日

查继续。琳下午三时回来，同去庚处晚饭。阿毛子来问王卫伤后情况，并送卫水果，罐头二个，要琳送去。理发。

四月二十日

今日星期日。晨，琳将罐头送去。我继续查。琳上午在宿舍自学，下午去校学习云。三时后来，在庚处晚饭，去校夜自修，九时十五分回来。

四月二十一日

上午去拍照，核对生日。下午看报、书。晚七时三十分沈阿毛子和媳来，要琳带口信，叫王卫明日课余到他家一趟。晚琳九时二十分归，告之，要她照办。晚写字一张。

四月二十二日

上午今日少云，晴有希望。上街买布制衣，十时回来。玄来，同去庚处吃中饭。今日给琳室换新窗帘布。下午三时中百陈同郎长华来核对户籍，三时五十分去。玄四时去大街一转。晚玄、庚、我三人闲谈。九时霞来，十时二十分庚、霞回去。十时五十分我们寝。

四月二十三日

玄上午七时十分车返富。我上街买布制衣，十时回来。今日整日风和日暖。晚庚、霞、我去看电影五时五十分。今晚七时三十分停电，八时零五分电来。琳九时二十分回。

四月二十四日

琳今日五时三十分田径补考试，四时四十五分起床，五时十五分出门，查旧记录。晚九时寝。

四月二十五日

今日写信。下午四时去寄。晚九时寝。

四月二十六日

今日再查问琳这周去富否，先说不去，到中午说要去。我说自己决定，主要要你自己决定。我写几句东西给她看看。中午和我告别说去富阳。我说好，你去。一时她回来了说，我不去了，晚上买了两张电影票。我说你思想转变很快。我即用六五边写了。政下午三时来新，我早十五分钟去，晚饭尚未炊。五时三十分吃。项中南子开源从富棉纺厂回。我到影院，琳已先我五分钟在门口候。八时二十分散，回家，九时二十分寝。

四月二十七日

琳上午在家自学。政下午一时乘车往富。琳中午去庚处取富带米。今晚庚回家才开始炊。晚饭五时四十分吃，六时十分回宿舍。看报。再查。琳今晚八时二十分回家。我九时寝。

四月二十八日

上午八时上街，遇阿九，同去看关东(91 岁，阿九今年 79 岁)。他女婿(兰珍)在家，经他做家务，58 岁，已离职，谈一小时回来。去看袁仁山，他 84 岁，在药店坐诊(陈宝生自开药店)，谈半小时回。要樟根做衣，已做好，取回。

四月二十九日

上午再查。中午在庚处，谢海水师母陪富阳县妇联朱思慈(杭州口音)、赵月娟(富阳东山人)。来，我们将要吃饭，留她们吃便饭，她们推辞，约下午一时到宿舍谈。一时朱、赵二同志来询问 1927 年第一次革命有关妇联情况。谈一小时去，我二时三十分至四时午睡。晚看报。琳九点二十分回来。

四月三十日

星期三。琳中午十二时二十分车回富，我十一时五十五分赶去车站，车挤，看不出人。一车门关不上，一拉二人倒地，五六人向后退。售票员忙说没拉，是立不牢，倒下。晚查。九时寝。

五月一日

查。中午去吃饭，知敏昨晚到已九时云。“五一”只见墙上标语，其他没有扫墓动静。志标今年 77 岁，属狗，爱人 73 岁。晚九时寝。

五月二日

上午八时霞陪镜侬、子娟来。侬说新登已有十多年没来，谈一小时。她们去看穗丰，铁将军把门。十一时在庚处同吃午饭，已买就下午二时二十分车票回富。琳下午四时四十五分到，晚自修。九时二十分回来。

五月三日

上午核账。琳感冒，在校医处配药服。晚九时二十分回来。晨遇张明奎，今年 62 岁。晚饭后我、庚、霞对炜要自觉，努力争取优异成绩。

五月四日

今凌晨尊国务院公告，在凌晨二时把表拨至三时，实行北京夏令制，自五月四日至九月十四日。琳晚九时四十分回。我十点寝。

五月二日至四日的某日，在新华书店门口遇吴元娜，她对属下很关心，即想起在六渚大雨中抢割小麦情景。承她约我去玩，说空气好。

五月五日

今日有半天少云，日出。气温亦升至十八[摄氏]度。晚昨抹身、更衣。今日中午洗衣。晚九时五十分寝。

五月六日

今日再查。中午洗衣。今日天晴，气温二十二[摄氏]度(来新第五个好太阳)。晚九时五十分寝。

五月七日

今日札记，汇总，拟稿。晚琳九时四十分回来。我九时五十分寝。

五月八日

晨新帚打尘。购车票。再查。晚琳九时四十分来，我十时寝。

五月九日

七时四十分去领退休金，出纳出外。九时再去，还未来。红贞说给我代领。中午十一时三十分红贞来，谢谢代劳。下午和琳（三时四十五分考毕）乘四时四十分淳至富车来富。它早十分开，到松汗富水电局装木料（圆大料）。车在松溪桥上，出车祸，把乘自行车的人、车，从桥上跌（撞）到溪中。据我们车王司务（师傅）说，司机应负责。司机不承认错，不肯陪去医院诊治，僵持在那。我们车停三十分钟，车前二人二边照顾（指挥），才开过桥。在桥上时，司机老爷说：桥如超重桥坍，则完［蛋］了。五时五十分到站。到宿舍玄、蓉已下班，莹今日休息，琪上中班，要深夜二时回来。我十时三十分寝。

五月十日

玄七时去上班。十时三十分庚来，知安排他于十四日去厦门疗养休息。十一时他即去会。项政下午一时来吃午饭，略谈即回新。下午五时去看长育，知他们夫妇子媳四人去看电影《日出》。我从桂花路、春江路在饭后去走了一圈，知今日是星期六，有些店有夜市。回八时（七时去）。抹身、更衣，九时三十分寝。

五月十一日

晨六时二十分去鹳山，途遇金梅，大老李。归来有毛毛雨，七时二十分。琳下午四时五十分去新赴校。莹给我茶叶一包。玄购来桐庐草莓。晚七时三十分育来，和玄、我三人谈往事。玄十时十分休息，育谈至十时三十分回去。梅值夜到十一时云。我十一时三十分寝。

五月十二日

写信。看报。晚饭后去看俊兄，和人侠谈。富妇联朱、赵来谈第二次合作，新登妇女革命活动，又谈到广福屋，闲谈二小时，回来已八时三十分。九时三十分寝。

五月十三日

晨去寄信。今日是护士节。写信。晚饭后六时十五分去桂花路散步，七时三十分回来。回来看电视，巴基斯坦《纯洁》、日本《阿信》（［第］十七集）。十时三十分息，洗脚，十一时三十分晚寝。

五月十四日

上午写信。十一时去寄信。下午一点庚来，去看政，二时来未遇，再去老离干办处，知下午六时三十分在邮局前上车。五时四十分玄来，同吃晚饭。庚六时十分去。六时三十分我去桂花路江边一转，七时三十分回来。

五月十五日

上午八时去鹳山东门馆驿站，看王介南，他去镇中教书法。和师母谈了半小时回来。十一时去政，知庚给她菜，她还未知。晚七时去看育，半小时回来。看电视小品。八时三十分停电即息，九时寝。

五月十六日

上午整理资料、报纸，看连载。十一时二十分去镇中，看看王介南有没有上写字课。午后去馆驿路看王介南师母，正要出街，看到在民将一株大万年青已结有子买回。王正在写钢笔、墨笔字（用年历画纸反背书）。下午一时四十五分去，二时十五分到，谈至三时回来，到家三时三十分。中百遇陈玉娟母子，很长瘦，在富中念书。莹给我电影票去看。九时琪来看电视四十五分钟，《缉私行动》。

五月十七日

晨六点十五分出门，去鹳山，遇郭善林、赵文光、介南夫人。回来七时十五分。八时三十分去和育说，介南已会到过，不必再和他约日子。下午五时十五分政来，车票交给她。下午七时去看夜市，八时三十分回来，九时三十分寝。

五月十八日

晨去鹳山，七时回来。看《新民晚报》。晚电视，《阿信》（［第］十八集）。十时寝。

五月十九日

今日蓉、琪休息，说陪我去杭参观浙江宾

馆。富上午八时乘十四路车去杭，九时到湖滨，乘二十七路车去双峰，下车参观，地下宫仅开放一号室，余的作宾馆不开放。游泳池售票，等待和参观约一小时，乘车回岳坟参观。略进点心，步行去黄龙洞。琪看到山上“妙子”，采来给我们尝。黄龙仿古园用古装招待。出来乘十六路车到湖滨七公园参观，[逛逛]销售进口货的商店、龙翔农贸市场及附近市容看看。下午三时到十四路站，立等一小时，四点车来，售票，我们是第三、四、五号座。五时十分到富阳吃晚饭(莹已做好)。洗浴，八点寝。雨。

五月二十日

昨晚一夜雨，晨继续。整日阴，有时有雨。看《新民晚报》和巴金《家》。晚看《新闻联播》(与巴基斯坦建交35周年)、《阿信》(第十八集)。十时五十分寝。

五月二十一日

晨去鹳山，七时回来。玄、蓉均在家休息。看报。下午三时三十分去街上走一圈，春江路、富阳第一食品商场，前街后街，通路(一路上)货物比较多。莹、玄、蓉、我去看电影。八时十分回来，九时十分寝。

五月二十二日

上午又去上街一次，购车票。看报。下午四时三十分去长育处坐半小时。晚看电视，女排和苏联(中国胜，看二场)。即洗面、脚，休息。

五月二十三日

七时玄、蓉陪我到车站。玄要买票送我来新，蒋志忠陪我来。乘七时五十分车，八时二十分到站。蒋八时四十分返富，知关妹来过，送来茶叶一包，知琳今日去富。送我去理发(停电)。下午六点来电。九时又停电，后来电来。

五月二十四日

上午洗衣，看报。下午三时霞持政信给我看。晚七时我致政信给霞看。八时元将来谈，项欣来，明日上午七时来，将谈至九时三十分回去。我十时寝。

五月二十五日

将陪项欣上午八时来，将的四女儿开车来接他去千岛湖参观。洗衣。午睡。琳来，她去看校方包场电影《少年犯》。看报。十时寝。

五月二十六日

上街。十时捷来告我项欣来过。晚看报。

五月二十七日

看旧信(勤)。晚七时五十分去看《阿信》([第]二十一集)。九时十五分霞送我回来。琳已回。

五月二十八日

看凤信(旧)。下午四时庚去厦门，福州疗休。归来携来厦门、福州干饯果。琳晚九时四十分回来，十时寝。下午六时停电，九时五十分来。

五月二十九日

庚在家休息，发热，服西药。琳九时四十分回，我十时寝。

五月三十日

整旧记。洗衣。敏下午五时到家。琳九时四十分回，我十时寝。

五月三十一日

上午八时涛雄来，问他父母坟地在何处，坐谈三刻钟，说回湘溪。去整旧札记。敏下午去杭返校。琳今晚邮夜自修(星期六)。写字，核收支。十时寝。庚上午去上班，不适，仍回来休息。

六月一日

上午去南津桥农贸市场。整理旧札。政下午二时到家，三时二十分霞陪来看我说，四时车返富，匆匆，没说什么。晚八时五十分《阿信》，第二集。庚、霞送我回来，已十时二十分琳已归来。我回来后，熄灯。

六月二日

上午整理。晨读《古文观止》。晚看书报。琳九时三十分回来。我十时寝。

六月三日

上午整理。晚去看电视。《阿信》([第]二十三集。机坏，也不知是电视台问题，只能听，看不到。九时庚送我来。琳九时三十五分回来。

六月四日

上午整理。下午去街买瓶墨。晚看报。十时寝。

六月五日

上午整理。晚看报。琳九时四十分回，十时寝。

六月六日

上午上街。整理。琳九时四十分回。我十时寝。

六月七日

上午上街，整理。八时三十分关妹和涛雄谈一小时，说去寻寻爸妈的葬处。留他们吃饭，说如不去，晚上来吃，未来。我和琳去看电影。回来写信。十时寝。

六月八日

星期日。写信。琳上、下午去校补习。中南爱人在庚家。晚看《阿信》（[第]二十四集）。庚送我回，琳已到舍。我十时寝。

六月九日

上街去领退休金，遇陈渭林，谈医病。经过去领退休金，百年媳妇谈他家官司，回来听七美和老孙口音，出去迎她，进了坐二十分钟。志标闻声亦来坐谈。韩来问我过去参加县代表会和去临安专属开会情况。我查开会记录和日记，答他一些时间。

六月十日

写信，看报。晚看《阿信》（[第]二十五集）。九时二十分庚送我回。写信。十时十五分寝。琳九时四十五分回来。

六月十一日

今日端午。看《晚报文摘》（一期）、《香港风情》《电影画刊》。晚霞、我拿来一个粽子给琳。她晚九时四十分来，我十时寝。素贞七时四十分来看七美，知她去看电影。我留她坐等，和她闲谈。八时四十分七美来，去看她。

六月十二日

今日仍翻阅上述三本杂志。天雨。霞又要我拿来一只粽子给琳，是分水外公送来的。

六月十三日

天阴。潮似霉天。写信。庚去富。下午二时三十分回来，给我带回棉胎和相夹。敏下午五时二十分到。晚看报。琳九时四十分回，我十时寝。

六月十四日

上午看《浙江招生通讯》，我中午回来。琳未归。中午庚、霞说叫琳吃晚饭，我等到五时三十分，她未回。去校，她又不在。晚夜自修，九时四十分回。我十时寝。

六月十五日

看《浙江招生通讯》。中午我、琳同去庚处午膳。琳上午去校学习。今日星期日。玄下午四时三十分到，琳五点回去。庚处晚饭，知项开源，项文雅亦来，姬共晚饭。晚玄、琳谈到十时十分寝。

六月十六日

上午上街，九时三十分回来。天暗，似要雨。晚看报。琳九时四十分回来。

六月十七日

上午看《浙江招生通讯》。晚饭后写字。晚看《阿信》（第二十七集），二十时二十分。十一时三十分回。十一点五十分寝。

六月十八日

上街去市场。九时三十分罗国铨六弟罗国贤来，陪他去庚家午饭，谈谈过去。晚洗浴、看报。琳九时四十分回来。

六月十九日

上午写信。札《陈云文选》。洗衣。晚看书报。琳九时四十分回，我十时寝。

六月二十日

上午整理。晚停电。写字。九时十分电来。琳九时四十分来，我十时寝。

六月二十一日

上午写字，整理。下午看《中国书法大字典》，看杂志。晚十时寝。

六月二十二日

今日星期日。我整理信札。中午项琪和同事沃某来，我去找琳，未遇。琳同学周某来找琳，回去告琳。琳赶来尚有十分钟，琳去站，会到琳同学，同来此共学，宿此。我九时十五分寝（周丽群永昌人）。

六月二十三日

上午整理信札。琳、周在此自学。今日下午

二时三十分有雷阵雨，半小时后日出放晴。晚看报。琳她们课二十三日至二十五日招考高中，新生教室作考场借用。

六月二十四日

上午去理发。看陶旧信。晚抹身更衣。晚去看《阿信》([第]二十九集)，放不到一小时，他们小组电灯息(熄)。因雨后，用庚套鞋回来，庚陪来。洗足，十时寝。

六月二十五日

上午看陶信。得壬来信。看旧信。今日天好，大太阳。晚周回校，琳在家，夜自修。九时四十分寝，十时庚来叫看电视，我已睡着。

六月二十六日

今日借晒衣三脚架晒被。对琳说为日不多，复习要抓紧。晚又和她谈二十分钟。今日她学习很专心。我十时寝。

六月二十七日

上午上街。晒褥子。看旧信。欲雨，收进。日出再去晒，四分之一的位置给人[占去]晒被了。智标要去查问，我说算了。邻居往往因这种小事闹意见。晚八时二十五分庚来，看信，拉电灯息，用煤油灯。九时他回去，九时四十分寝。水停。十时十分电照常。

六月二十八日

上午写信。九时三十分琪来，我将带来西瓜送庚处，说琪、琳来吃中饭。琳因耿同学来，在食堂买吃。我、琪去取回西瓜半个，1/2赠志标，1/2琳、耿吃。琪下午三时二十分返富。晚十时拉线断，将总开关拉琳，我十时寝。耿十时三十分来。我对琳写了一条，要她一人安心学习。

六月二十九日

琳日来学习比较安。我看报。晚庚来给我装床头开关。晚七时五十分去看[第]三十集《阿信》。周文标走过，亦来看。九时二十分息，庚送我回来。和琳谈十分钟，十时五十分寝。

六月三十日

上午去农贸市场，回来去银行，九时回来，将坐下，大雨来到。十一时天暗，又雨。

七月一日

旧历五月二十五日。上午上街、看报、洗衣。下午二时三十分有一新中学生拿来照片，说要转交某，我问他，吱唔不清。我对琳说今后应注意，不能随便。晚琳在家自学。我十时寝。

七月二日

琳去校，听老师讲座。十时回来。我八时去杰兄处，十时三十分回来。琳下午七时去校，听数学。晚九时四十分回来，我十时寝。

七月三日

上午上街。琳去校，说晚上老师讲，上午回来自学。我看报刊文摘。琳晚九时四十五分回来。我十时寝。表送来西瓜。

七月四日

上街。琳上午去校听讲，下午在家复习。晚又去听讲回来。我在晚饭后看电视，国际儿童电子琴大奖赛(十二名儿童发奖，最小的四岁，大的八岁)。七时看《新闻联播》，七时三十分回来。琳九时四十五分回来。我十时熄灯。丽群来宿。

七月五日

晨听琳说她爸带来口信，她去听，回校不能来此。我问她谁带来口信，在何处谈，内容什么。她一言不发，愤愤而去。我因昨晚十时后一夜未能入睡，今日上午七时上床，仍不能入睡。十一时午睡，不能入睡，怅怅。琳今日上午去学校，下午、晚上也去，九时四十分回来。给她服参液浆(人参蜂皇浆)。我十时十四分寝。

七月六日

琳去校，说今日发准考证。上午去，午后去，下午三时去。玄下午六时来。我晚饭后六时二十分回来。晚庚来谈。我十时休息，庚十时三十分回去。

七月七日

琳今日开始考。上午语文，二时三十分下午化学，琳四时四十分回来。玄乘五时四十分车返富。琳晚不在家自学。我十时寝。

七月八日

琳上午考数学，下午外语。我写信。琳晚自

学。我十时寝。据说数学难，十二张，有一题未做，余不知对否。外语十二张，题外题做了一半云。晚琳在家自学，我十时二十分寝。

七月九日

琳上午考物理，下午二门，政治、生物。上街去领退休金，买物。九时三十分回来。下午五时十五分我给她晚饭买好。她五时五十分回来。晚八时和琳谈谈。她九时说，今日早寝。十一时五十分丽群来敲门，宿此。我到五时没睡好，叫琳来谈。

七月十日

上午六时五十分琳说去校拿物，五分钟后王卫来说今日去湘溪，他们共十位同学，八辆自行车去，大约是七时出发。下午我等到六时。琳未回。我留字桌上，我去吃晚饭。适庚肩谷去杭。六时二十分琳来庚家，六时五十分吃晚饭。琳去看电影，九时十分至十一时四十分(我以为是八时至十时，同意她去)。今日太阳甚烈，我要休息，电影改日可看。她说不累，要去，便听她。她们回来后，我又一晚未睡好。

七月十一日

晨五时叫琳起来学习，要周去校睡。我上午八时至十时睡二小时，比较舒适。庚今日去富，为政填校事。上午十时政来，知她先来此。他爸到富即陪她回来。去家谈二十分钟，炜来。我要政先回去，再谈吧。中午吃西瓜(霞要政送来给琳吃)。晚饭我和琳一起去。今晚吃面。政去看电影(六时四十分场)。我九时三十分寝。

七月十二日

上午七点琳要回富。我要她去买票，至七时二十分不来(买七时三十分)。我将她包送站，久等，才知她们要她同乘自由车去。我要她乘七时五十分车，她说去和她们说一声。到区委食堂门，我说你去不要误车，我在此和她们说。适有一同学乘车来，琳通知她。我不等，回来洗衣。买来蝇拍，第一下即拍死一个。今晨起来天花板上有蝙蝠一只搂着。涛雄来说他父坟事，他说请教我。我以我的看法和他说了作参考，主意你自己定。今晚很清静，很好。洗浴后十时寝。

七月十三日

琳同学周末来此洗面，说面布忘记拿去。上午写信。中晚饭均约琳同去庚处吃。晚看电视,《阿信》([第]三十三集)。九时琳同学、老师来看她，先回。九时三十分毕。霞、炜送我来。同学、王老师，赵少坐，十时去。我十一时寝。下午三时政算出分数。琳上午十一时到，下午去填表。

七月十四日

上街。去买了一尾鲜活草鱼，乘政、琳在，汝霞也买来了活鲫鱼。中晚大家畅吃二餐。中晚都谈了选校的问题。晚八时三十分庚和政来，填的学校给我看看。我即以李鹏的办学方向谈谈。他们十时回去，我十一时寝。

七月十五日

政来。上午乘七时五十分车去富，要琳送她上车。八时三十分小蒋来，给琳拿行李，我送她上车，乘九时十五分车回富阳。整理，看报。晚很静，十一时寝。晚八时至九时二十五分看电视,《阿信》([第]三十四集)。庚送我回来。

七月十六日

庚今日乘七时五十分车去富，给琳铺盖带去，我晒被、洗衣、看报。庚下午四时回来。晚看报。八时十五分停电。我九时三十分寝。

七月十七日

庚给我去洗帐子、被及琳用棉毯。我晒被、搞卫生。九时三十分看书、报。晚十时寝。

七月十八日

中午去吃饭，知政于十时到家。玄要她带来奶粉一袋。今日下午三时有风，飞雨点，比昨凉。今日晒被、写信。晚政来此宿。庚送来，我十时四十五分寝。

七月十九日

上午看报、洗衣。晚政看《小街》(上、下集)。我十一时寝。

七月二十日

今日晒书，看杂志。抄一家出生年月。晚看《阿信》。我洗浴，十一时寝。

七月二十一日

上午理发，核账。晒书物。晚看书报。十时寝。

七月二十二日

政拿来同学留言给我看。敏上午十时回来。神疲乏力。晚《阿信》([第]三十六集)。十时三十分和政回来，十一时三十分寝。

七月二十三日

上午看书、报，洗衣，晒书物。晚八时和政谈同学情况，八时五十分息。我抹身。霞来，在政处看书，九时四十分回去。我十时寝。

七月二十四日

志标说中百带信来，要我去一趟。去后知将退休证拿去，并要书一简历，着手拟。敏上午八时去杭校。晚八时与政[孙]谈《曾国藩家书》。[又谈到]商品生产，不讲质量，追求产量，美其名"翻两番"，实际是自欺欺人。和现在有些高中毕业生一样，其实素质不[行]，也发给毕业证书。实有同感。八时十分霞来。我八时二十分抹身，九时寝，嘱政九时三十分寝。霞九时十分回去。

七月二十五日

上午写简历。下午四时送中百(知为了工龄的核实提薪问题)。晚八时政回去。看电视，球赛。我今日中午晒札记等。

七月二十六日

洗衣、看报、晒书籍等。晚政去看电视。十时三十分庚送来，我已入睡。

七月二十七日

上午洗围巾、帽子，晒脚橱、零物。政中午看电视。在家休息。傍晚发风，有雨点。将晒物收了，再去吃晚饭。晚八时看电视，《阿信》([第]三十七集)。九时四十分回，十时十分寝。

七月二十八日

写信、晒物、洗衣。晚饭后政说跟爸去学游泳，我先回来。十时霞送开水，西瓜来，说政要看越剧，今晚不来。九时《夜间新闻》，听得一句529分。

七月二十九日

多日未写字，想写字句，语已不合时代，辍写，改看《高考优秀作文》。九时三十分琳到。中午去吃中饭。琳分数单霞已代取来，总分291、266分。晚去看电视《阿信》([第]三十八集)。政宿家长，和琳回来。我洗浴。十时四十五分寝。

七月三十日

琳乘七时五十分车返富，我送她上车。庚来说霞送我去富。炜来说今日他一人来学习。晚饭后庚子女三人去游泳，我回来。九时炜送西瓜来。我十时寝(政宿家中)。

七月三十一日

送我看杂志。下午看《徐霞客游记》。下午五时多云，起风，转凉。政晚七时三十分回家宿。我九时三十分寝。晚看政给我看她首届"兰亭杯"钢笔书法二等奖品(1986年5月4日)。

八月一日

上午看书法、写字、平张、洗衣。晚饭后去车站，向北散步回，四十分钟，遇于一镛，知他在棒冰厂守门。晚九时三十分寝。

八月二日

写字。看政的二本书法书。先民下午三时回来，据说制图，故迟数日回来。政九时三十分回来。炜送来西瓜。

八月三日

上午写字。十时敏来，听说同学来(方敏)。下午说要去。四时政陪她去车站。霞留，改明日去。晚看《阿信》([第]三十九集)。我们三人回来，洗浴，十时二十分寝。晚饭时杰要他孙儿女二人送来水蜜桃，大家分食。

八月四日

上午写字。上街。九时政陪方敏去街上。敏下午四时五十分回富。政九时三十分的来。我十时寝。

八月五日

上午八时去杰兄家。十时回来上街。下午洗衣。三时三十分有雨点，即晴。炜上午八时来。政今日没有来，在家整理旧书。晚七时三十分来，她说不看电视，早寝。我去看《阿信》([第]四十集)。敏送我来。抹身，十时二十分寝。

八月六日

我八时去舒咏亭一带，遇金华正在和儿子同

送公粮四袋一手车(八时—九时十五分)。我散步,七十五分钟。下午洗衣。晚饭后要敏给我取下搁在上面的纸板箱。抹身。政九时来。我九时三十分寝。

八月七日

上午写信、写字。中午洗衣,晒书、被。下午四时有阵雨。政晚去看电视,十一时返,由敏陪来。我九时三十分寝。

八月八日

整理行装。去中百领退休金。写信。政九时三十分来。晚我十时寝。

八月九日

我、敏、政、炜四日乘七时五十分汽车来富。庚送我们上车,到富八时正。小蒋到车边来看我们。我们到玄处说一声。蓉正在车站饭点店堂中。她今日休息,一同来宿舍。琪夜班,正同时回来。蓉休息,做饭,琪、琳陪敏、政、炜去鹳山玩、拍照。下午去桂花路、春江路走一圈。晚八时去看夜市。我中午休息二小时,晚也不去。洗浴,十时寝。

八月十日

上午琪、琳、敏、政、炜去平沙落雁去玩、拍照。蓉宰鸭,做饭。政下午去校。傍晚饭后我拟去江边散步,途中遇徐正安。他坚持要我到他家中玩,去谈了一回,即回来。看八时《阿信》(第四十一集)。我抹身,十时二十分寝。

八月十一日

敏、炜乘早车回来。政和方敏约八时十分去三山看同学,下午六时回来。晚电视。十时息。我九时三十分寝。

八月十二日

上午七时十分同政去车站。她购得八时五十分车票。同到老街,去新华书店买了些书。七时二十五分我去回家,她往车站返新。

八月十三日

六时三十分去鹳山,七时三十分回来。上午去看长育,知为了查询新生录取否,甚忙。但[查询方法]不科学,感[觉]更麻烦。晚洗浴,九时三十分寝。

八月十四日

六点去鹳山,回来到家七点。晚洗浴。九时三十分寝。

八月十五日

上午洗衣。上街去鹳山,回来六时五十分。遇长育,知他日来很忙(查学生考试成绩),梅冰脚被开水烫起[泡]。上街买白纸。晚洗浴,九时三十分寝。玄这两天一人当柜,更忙。

八月十六日

上鹳山。早饭后写字,看法律书。晚洗浴。十时寝。

八月十七日

上鹳山。今日玄休息。和琳谈学习。日来天闷热。晚看电视,《阿信》([第]四十三集)。十时三十分寝。

八月十八日

我和玄、琳再谈。上街买书、写字、看杂志。晚饭后去看长育,同到北河散步、闲谈,遇凌经理。

八月十九日

看杂志。写字。晚欲雨,未落。晚看电视,《阿信》([第]四十四集)。莹、琪、琳去看八时五十分电影。十一时寝。

八月二十日

晨七时十五分玄、琳陪我到车站,小蒋也来看我,承他要同车同事协助我提行李。车迟六分钟起,路上开三十五分钟,到宿舍。炜一人在学习。我晒被,搞卫生。十时敏来,买煤饼,炜去取开水。政知我来,来谈了一回。下午二时有风有雷。三时大雨二十分钟,小雨二小时。四时我将玉树神油信交穗丰,要他们兄妹谁能抽身送去。政八时三十分来。我九时洗浴。十时寝。

八月二十一日

写字,洗衣,看陈报。晚抹身。九时三十分寝。

八月二十二日

上午理发,去杰兄家。上街和韩师谈,知韩医师有病,在三楼休息。在杰兄处遇孙卓人。晚九时三十分寝。

八月二十三日

晨写信，整旧札。看《世界名人集》。晚洗浴。九时三十分寝。

八月二十四日

晨写信。整旧札。中午霞桐庐同学来，晚饭后回桐庐。晚电视，《阿信》（[第]四十五集）。和政同回。抹身，十时三十分寝（今日星期日）。

八月二十五日

上午上街买物。托项辉上电池，知内部生锈。洗衣。晚饭后政去看六时四十分电影，炜不去，庚去。政十时十分回来。我九时三十分寝。中午十二时遇小兰（在剧院门口），她先去庚家，一时来谈至三小时。她上街买零物。四时她来，四时三十分回家。我躺一会，去吃晚饭。

八月二十六日

整理照片。晚电视，《阿信》（[第]四十六集）。今日整理影集。晚十时二十五分寝。

八月二十七日

晨阴有小雨。中午为学争辩，借伞回来，裤脚湿。回来午睡后燥，整理。今日饭时少言学。晚饭后政八时五十分回来，给她看曼谷开放大学。我九时三十分寝。

八月二十八日

今日整理书橱，改竖摆为横摆。整理集邮。我九时三十分寝。

八月二十九日

上午看《中外名人》。去杰兄家一转即回。中午霞陪政女同学小齐来。晚政、齐去看电影。晚停电。我九时三十分寝。晚停电，十时后来。

八月三十日

庚、霞、齐上午九时去富。霞上午回。下午霞、政去富，炜一人在家。庚晚七时回。

八月三十一日

札学习方法。晚看电视，《阿信》（[第]四十七集）。庚送我回来。闲谈至十时十分回去。我十一时寝。

九月一日

札学习方法。上街，八点至中学看元将，九时回来。上午影院开宣判大会。下午核账。霞上午往富。庚下午去杭。今日午、晚我们三人吃，政下厨。政说今晚有体操赛，结果放不出。我即回，札学习方法，十时寝。

九月二日

上午札笔记。洗衣。十一时三十分去吃中饭。霞先我十分从杭富返。今晚电视又放不出。我八时去，九时回来。霞送我回。十时寝。下午去问，政去新中问补班情况，因老师在研究，她和同学谈。九时三十分霞去接回云。玄中午十二时到，下午三时回富阳。

九月三日

我上午九时去问，知政昨晚去新中情况。庚今中午杭返。下午三时三十分政来，谈至五时三十分回去。我十时十五分寝。

九月四日

我乘七时五十分车来富阳，庚送我上车。八时三十分到富。玄来站接我，将学习方法抄本给琳看。剥毛豆，等玄回来炊午餐。晚十时寝。玄日来有胃病。

九月五日

晨去鹳山，回来有小雨，要注意安全。南窗仍要琳学习，我到坐起间看报。晚八时看电视，中国—苏联女排，结果三比零。十时息，洗脚，十一时寝。

九月六日

晨去鹳山路，至贸易市场被农民自行车撞伤，左手痛，右手掌乌青，贴伤筋膏。中午玄去买来黄山栀，以烧酒、麦粉和黄山栀捣烂包上。下午四时莹陪我去富人医看伤科，贴膏药，服人参、三七，五时回。小蒋同去。晚八时看《阿信》（[第]四十九集），调光不甚好。谅是直接收，浙台不转播。十时寝。

九月八日

霞吃中饭后回浙。过十分钟，爵到。玄、蓉日来正忙。到吃晚饭，大家畅谈。我十时寝。玄、爵谈到深夜。玄五时起床宰鸡。

九月九日

早饭后我和爵从桂花路到车站，由老街因在

做路，我又折回，从市心巷从西，再去老街，回来已十时三十分。午饭后爵二时三十分车往杭，乘晚五时特快去沪。

九月十日

庚来富开科技会，说下午一时回新，有专车送。他十二时四十分去。等霞十二时五十五分在园中花坛边叫我，我告诉她庚一时回新，她即去。我即去长育处等一小时下课，雷雨大作。五时二十分回来吃晚饭。晚饭后又去看小成、黄河，坐谈一小时半，知长育来过，但已夜深，待明晨再去咨询。上街买文具盒、苹果、字帖等。

九月十二日

晨六时我去长育处，知悉一些情况，将去站，有大雨。玄送我到站。蒋、我购票。七时五十分来新，八时三十分到新。庚到站接我。我、庚即回家，告政、霞去买菜，未遇。我即去曹家和韩家。曹来，已到吃中饭时候。室内卫生不及搞，水也不及喝。到家霞讲了两句话，我也不开口。中饭少讲话。晚饭同样。晚七时我云要菜油，将膏药渍洗去。只有庚和政在，少谈。霞来，以她为中心，说要行使母权。略坐，庚送我来。十时寝。

九月十三日

上午七时三十分我去问政，去富否？去。带信和伞，套鞋交玄，八时三十分去站。中午后霞去富，庚去杭。下午五时三十分我去，政已回。六时霞、庚亦回来。我看《新闻联播》后回来，炜陪来七时四十分。九时三十分寝。

九月十四日

今晨二时拨正北京时间。晨写信，给育拿去给政、庚、霞看。七时五十分政来说仍去富中补习。我去进士巷，知他们正整理，准[备]饭后去。我说应饭前去。到九时四十分他们去站。我去，知他们买的是十时五十分车票。待至十一时零六分才开车，有座位8—9座。天雨，我回来，去庚家吃中饭，霞、炜、我三人。下午五时去吃晚饭，看庚到，霞在剥毛豆。我问庚，弄好啦，他第一句话，条件是差。霞即发火，怨不该去富，应在新登，说我看你很热心，忙碌于给政去富，你晨时应说服政不要去，在新登又说你们三人商量，不同我说。我说我没有参加商量，是政去中学后，炜陪去。她匆匆来对我说，我去富阳报名。我问爸爸知道吗？说知道，电话未打通，已在给我整理行李。妈知道吗？说她去买菜。我还和她说的我即去车站，没有即去庚家。问炜，说爸、政在楼上整理东西，妈去买菜。我坐在凳上不做声。他们说饭后去。我说因信已去，说不去。要赶在邮信来，一人先去止信。庚走去，霞说有些东西我也会送去。霞、庚出去，一小时后回来。我和炜烧夜饭。

九月十五日

晨六时三十分我去庚家。我对霞说，你心要静下来。我和你讲，政到富阳去是她自己的主意。倘她是不愿在富阳读书，可回来新登读。我对庚说，你去请你岳父母过来，说明情况。庚说已去信。我八时和智村谈闲天，到九时三十分，我洗衣。因手痛加上停水，承智标嫂给我到城河里洗。霞卧床不起，不下楼。我晚饭后七时三十分回来，庚送我回，九时寝。

九月十六日

庚七时十分车去富阳，陪政回来。十时三十分我去在书店门口，看到庚已回来，说政正去看你。政从食堂门口出来，一同去进士弄。饭后我回来。玄下午四时到来。我中午去新中，傍晚去新中，晚饭后回来。和玄谈至八时二十分。我洗脚，九时寝。玄拿报看，宿隔室。

九月十七日

庚七时二十分来，我正买回早点。庚说去富阳开科技会。玄九时去富。我八点拿空热水瓶去，霞正在吃早饭。我叫她，将水瓶放下，即回来。政去买菜未回(是玄说的)。政说菜不是她买，她在楼上。去吃晚饭，知庚下午二时回来，开会在新登，开成立会，不是富阳。晚饭后六时十五分停电，六时四十五分电来。九时寝。

九月十八日

庚上午去富开科技会(弄错，实是新登成立分会)，说又要求真带信去。下午五时我去吃晚饭，庚岳父已到，说是乘两点钟车来。饭吃毕，敏到。他问庚：来信要我来有何事？大家将经过说了一番，共和街妇女主任也来谈了一些。九时敏陪我回来。我要庚明晨去买点酒。我十时寝（今日中秋节）。

九月十九日

今晨八时我去庚处，［庚岳父］在协助庚退鸡。他洗洗手出去。我问敏，你外公到什么地方去？敏问霞，说到街上去。九时霞送雨具给炜。十一时回来说他好到家了。五时我去吃晚饭。政今晚开始夜听课。我六时十分回来。下午三时三十分小兰来买柴油，说她六渚已去过。晚九时寝。

九月二十日

上午九时小蒋持玄、澂信来，坐［数］小时回富。我搞卫生，整理。敏下午二点返杭，要我和政谈谈。我下午二时五十分去庚处，霞和她婶母在谈天。霞轻轻叫我一声。我听说今日星期六，下午要上课，我来看政有没有去。四时三十五分来，谈至五时二十分回去。晚饭后庚、我回寝室。九时寝。

九月二十一日

晨政七时来谈至七时二十分，她回去上课。庚送来富，乘七时三十分车来，误点五分，到富去看玄，庚坐半小时即去，乘十时十分返新。晚和玄谈谈，九时寝。

九月二十二日

上午八时去桂花路（桂花飘香），在贸易市场遇陈七美、孙玉元等，四人略谈，知她去打针。我走一圈，到长育处坐半小时。十时回来，核账。晚饭前玄、琳谈了一些。晚整理，九时寝。

九月二十三日

上午整理，看报。玄因公九时去杭州，我、蓉、琪三人来沪。琳在富，送我们上汽车。小蒋陪我们协助拿行李，乘下午二时三十分车，到三时四十分。玄在车站等我们。小蒋推小车到火车站，乘下午五时十分特快，玄、小蒋送我们上车。中途让路，车停五分钟，原定八时十分到站，迟三分钟。蓉、琪推旅行小车，步行到四川北路，正九时。吃晚饭，搞卫生。十时三十分寝。

九月二十四日

上午写信。付邮。打电话给静铮、万有（万未通），看老年作文奖。蓉、琪上午八时去南京路。中午我下面吃。蓉、琪下午四时回来。晚看电视，《新闻联播》。九时寝。翌中晚三时从绍兴回来。

九月二十五日

蓉、琪出去买物。中午翌回来烧饭吃。中午十时十五分澂陪清来吃面，十一时十分清去站，去杭，返校。下午蓉、琪出去。我看报。晚看电视，《新闻联播》。九时寝。

九月二十六日

上午八时蓉、琪、我去徐汇澂家，饭后玲、琪去淮海路买物。我、蓉二时三十分回来。蓉再出去。晚看电视。九时寝。

九月二十七日

蓉、琪四时起床，四时三十分出门，去杭返富。我八时去理发。翌中上午八时三十分去机场，乘十时飞广州休假。中午我下面吃。午睡，二时起，二时三十分玲来陪我，四时到。晚看电视《三口之家》。九时寝。

九月二十八日

上午写信，看书报。晚看电视。

九月二十九日

上午看书报。晚看电视。

九月三十日

上午八时三十分澂、我去徐家汇商场走一圈。十时三十分回来。晚看电视。十时三十分寝。

十月一日

旧历八月二十八日，天晴。澂、玲准备菜肴招待。壬、万两家来吃午饭。十一时项明、丽明、项凯、万有先后到来。过半小时，壬、项平到。十二时三十分开始吃，二时散席，看电视。下午三时他们不来谈，回去。三时三十分我午睡，五时三十分起。铮的三弟来，小陈来，同吃晚饭。还有铮四弟的女儿（今复考取华东化工学院）。八时二十分他们回去，回校。我十时三十分睡。

十月二日

维、澂、定毅来，上午十时来闲谈，留他们午饭。十二时十分回去。又送来礼物。我看《青年一代》。晚看电视，十时三十分寝。

十月三日

上午看《梁启超与中国近代思想》。老阿姊来。中饭后回去。洗浴。晚电视，《三口之家》（日本）。

十月四日

上午看《报刊文摘》。晚电视，《傲慢与偏见》。

十月五日

上午《解放日报》。写信。晚电视，亚运会中国获冠军。十时寝。

十月六日

写信。看《小说选刊》《白玉霜》（《解放日报》连续小说选刊）。晚电视，《雨花魂》（[第]6—7集，晚[第]7、8、9集）。

十月七日

写信。看《新民晚报》。晚看电视，《钟鼓楼》。

十月八日

上午看书，琼瑶著《梦的衣裳》。晚电视。亚运会球赛。

十月九日

上午看书《梦的衣裳》。晚电视。亚运会、《新闻联播》。

十月十日

看报。晚看电视，《三口之家》。

十月十一日

上午看《新民晚报》。看电视《钟鼓楼》。下午澂同去徐家汇，走一圈，买零物。

十月十二日

上午澂、玲去买物。我看书报。午后铮三弟来。下午二时小陈来，我们吃了点点心。三时三十分出，铮三弟送我们到门口。玲、晨、炜送我们上船。六时三十分开，九时寝。

十月十三日

晨六时起床。下午三时过南京，晚九时过芜湖。九时三十分寝。

十月十四日

晨看日出，六时十五分[太阳]露面，六时二十五分见圆。上午八时过安庆，[城东南]有迎江寺。下午一时三十分看[到]小孤山。下午四时三十分过九江大桥，基墩正在开始建。九时寝。

十月十五日

晨四时四十五分起床，顶定六时到，因在九江货多，装卸人员少，误四十五分，故到汉口亦缓四十五分钟。翊沅、鹏在码头等。翊沅陪我们去吃早餐，鹏在门口看行李。七时四十五分钟我们回。翊沅要鹏去上班，七时五十五分彦章乘院车来接我们。翊沅去上班。车行三十分到院宿舍。午饭后休息。下午章去上班。二时三十分湘，小林来。翊沅下班后回来。湘、林晚饭后即回青山区，六时四十分离此。看电视。十时寝。《蒲公英》（3）。

十月十六日

上午写信。午睡后二时澂、铮、我三人去梨园公园，到东湖走一圈。

十月十七日

下午沅、澂、铮、我四人去磨山（二时—六时）去游览。晚看电视，《蒲公英》（4）。

十月十八日

上午写信。晚电视，《话说运河》。

十月十九日

星期日。湘、琳、耘、滨、玮、竺、鹏、秦都来，同吃中饭。在宿舍前后拍照。五时、湘、林、耘滨回去，鹏宿此。晚电视，《蒲公英》（5）、马拉松赛。

十月二十日

星期一。沅、章、澂、鹏、我去武汉大学，东湖晚。下午三点三十分到家。晚看电视，《女儿们》（[第]一、二、三集）。十一时寝。

十月二十一日

上午理发。看书、报。下午沅去上班。章、澂、铮去看蒋咖。下午一时三十分去，六时三十分回来。晚看电视。玮宿此。

十月二十二日

上午七时三十分章叫来车子，章、澂、铮、

我四人去中科院看白豚鱼（二尾）。去黄鹤楼，八时三十分到。湘，林八点到。到十二点出门去武汉大桥，湘、林去汉口，我们回来。到家一时三十分。饭后休息。湘、琳三时三十分来，五时三十分回去。晚电视，《厂长和夫人》，还有模特。

十月二十三日

上午天晴。我、澂、铮、章、沅五人去东湖走一圈，拍照。到月光亭附近。

十月二十四日

刘正德雕塑家设计第一期工程，《曾子不说谎》《盲人摸象》《射手与卖油郎》《猎人争雁》四座任务正在进行。我们看了回来。下午二时铮去看钓鱼。晚看电视，《月亮总会圆的》（湖南台）。铮下午去钓鱼（小鱼十尾）。

十月二十五日

天雨。看书报。沅晨去上班，下午四时回。章用车送澂，铮去轮埠。沅送他们上船，乘申五去沪。晚八时开行，预计二十七日下午二时三十分可到埠。章、沅七时四十分回来。晚看《蒲公英》、智力测验赛揭晓发奖。九时三十分后洗脚。十时寝（今日宿中间室）。

十月二十六日

阴小雨。看《深圳风采》。今日星期日，章、沅在家休息。鹏傍晚回来。晚看电视。日本动画片、《新闻联播》。九时十分息，九时四十分寝。

十月二十七日

上午九时三十分沅要鹏陪我去九女墩参观。十时十分回来。今日看《中国青年》［19］86年10期。晚电视，《新闻联播》（北京成立梅兰芳故居）、电视喜剧《借妻》。九时十分息，九时四十分寝。

十月二十八日

沅晨七时去上班。中午章去食堂买饭，菜自烧。看《深圳风采》。晚饭后看电视《新闻联播》。九时三十分息，十时寝。

十月二十九日

章今日上午去老年大学授课，去看《武汉晚报》周末版。上午十时去九女墩，阳光灿烂，风和日暖。走一圈，十一时回来。看《老年保健学》。晚电视，《新闻联播》（为无名者雕塑）。十时寝。

十月三十日

上午看《青年咨询》《台港与海外文摘》（现名《海外文稿》）。上午三时去九女墩，四时回来。沅下午五时四十五分回来。晚电视，《新闻联播》《黄兴》（［第］一、二集）。

十月三十一日

上午沅去图书馆。我看《父母必读》。下午三时三十分—四时十分向东（医院）去一圈。下午四时三十分和沅闲谈三十分钟。晚电视，《新闻联播》《黄兴》（［第］三、四集）。

十一月一日

星期六。天晴。上午九时去东湖散步，回来十一时了。沅下午五时三十分回来。晚看电视，《新闻联播》《黄兴》（［第］五、六集）。十时寝。

十一月二日

沅在家。上午看电视。看书报。晚电视，《黄兴》（［第］七、八集）。

十一月三日

沅上午去上班。鹏晚饭后去，今日写信。晚电视，《新闻联播》《黄兴》（［第］九、十集）。十时寝。

十一月四日

上午去电业局综合商店折回（九时—十时）。看《东方青年》《青年咨询》杂志。晚电视，《新闻联播》《黄兴》（［第］十一、十二集）。十时寝。

十一月五日

章上午去武汉医院。写信看文化娱乐杂志。晚电视，说杭州岳坟部分失火，损失约五六万元。严顺开《望夫成龙》。九时三十分寝。

十一月六日

晨雨。写信。看《幸福》《知音》《青年文摘》。阴雨。晚电视，《新闻联播》。九时三十分寝。

十一月七日

下午去电力局商场。沅下午五时三十分回来。看《青年文摘》上午。晚电视，《保卫察里津》。晚十时寝。舒适。

十一月八日

上午看报，杂志。下午去九女墩。沅下午六时十五分回来。晚电视，《新闻联播》。九点休息，九时三十分寝。

十一月九日

九日星期日。十一时王汉民来看我，送来许多礼物。章上午八时十五分去钓鱼。中午我、沅、汉三人吃中饭。汉午后一时回去。湘、成下午三时来，晚饭后六时十分回去玮八点来，九点回去。下午看电视。晚九时四十分寝。成拿来照片十九张（晚一鸡逃失）。

十一月十日

上午七点去沅堤角，九时去九女墩，门前在用网捕鱼，有二十余人在捉。十时回来。中午章吃好，看到鸡停在窗外松树上，捉回来。午睡后，抹身，更内衣。晚电视七时三十分开始，《孙中山和宋庆龄》（第一、二集）。九时三十分息，十时寝。

十一月十一日

天阴，有小点雨。塘边走一圈，扣落钉扣。晚看电视，《新闻联播》《继承人》（巴基斯坦）。九时十分息，九时三十分寝。

十一月十二日

上午在医院塘边走一圈，微雨。看《幸福》《青年咨询》。下午三时沅回来。晚电视，《新闻联播》《孙中山和宋庆龄》（[第]三—四集）。十时息，十时二十分寝。

十一月十三日

沅去开会，上班。我上午九时去东湖，拟去看石雕，走到多景台附近看菊展，不亚万株，有许多是名花佳种。正有三人在拍菊影，想是记者。回来已十一时三十五分。章先我到家。看《长江报》《工人报》，沅拿来。晚电视，《新闻联播》《孙中山和宋庆龄》（第五集）。九时十分息，九时三十分寝。

十一月十四日

阴雨。上午看东湖风光。

十一月十五日

上午去九女墩。午饭吃时，沅回来。晚电视，《话说运河》（16）。电视《孙中山和宋庆龄》（第八集）。

十一月十六日

星期日。鹏下午五时三十分回来。电视，《孙中山与宋庆龄》（第九集）、《米老鼠和唐老鸭》（美）。

十一月十七日

鹏，我去看石雕、东湖菊花展。八时三十分去，十一时三十分回来。鹏晚饭后回厂。电视《爱神与财神》（吃珈送来鸡）。

十一月十八日

上午查旧报，试拖地。下午三时二十分去九女墩，回来正四时。晚电视，《新闻联播》。

十一月十九日

上午查旧报，札记。澂寄来照片。晚电视，《人到老年》（上、下集）。九时二十分息，十时寝。

十一月二十日

上午旧报。晴。洗睡衣，晒被。鹏和同事取床被回。下午二时回厂去。沅下午六时二十分回来。晚电视，《新闻联播》后，《一女四婿》（上、下集）。十点息，十时十五分寝。

十一月二十一日

沅去上班。我看旧报，天晴。下午三时去电业局综合商店一带散步，四点二十分到宿舍。晚电视，《新闻联播》。九时十分息，九时三十分寝。

十一月二十二日

上午去九女墩一转回来。理发。下午三时四十分去洗澡。看旧报。武汉皮鞋厂青年学生野餐。沅六时二十分回来。晚电视，《新闻联播》。九时十分息，九时三十分寝。

十一月二十三日

上午看《工人报摘》。下午三时后去九女墩。院门前小塘东塘有八九人携了铅筒拾小鱼。章去钓鱼，下午六时二十分回来。晚电视，《新闻联播》、足球赛。我九时息，九时二十分寝。

十一月二十四日

上午看报。下午三时十五分去九女墩走一圈。回来鹏晚饭后回厂。晚电视，《新闻联播》《钟鼓楼》（[第]一、二、三集）。十时二十分寝。

十一月二十五日

沅晨七时去上班，拖地面。下午九女墩一走。晚电视，《新闻联播》、(文化生活)菊。九时息，九时二十分寝。气温4—9［摄氏］度，穿棉衣。

十一月二十六日

上午看《旅游天地》(84—86)。下午去电大楼走一回。天阴。晚电视,《新闻联播》《钟鼓楼》(［第］四、五集)。九时二十分息，九时四十五分寝。

十一月二十七日

上午看《旅游天地》，下午去九女墩一转。下午三时后少云，太阳露面，气温4—9［摄氏］度。沅下午五时三十分来。晚看电视，《新闻联播》，看报告文学。八时五十分息，九时十分寝。［明］天阴，气温3—7［摄氏］度。

十一月二十八日

沅神精痛。八时三十分去上班。今日换煤气。下午二时三十分去九女墩，三时回来。看《爱情婚姻家庭》杂志。晚电视,《新闻联播》《贫穷的富翁》。十时息，十时二十分寝。

十一月二十九日

章去开会。珈上班，十时携小孩晋杭来。汉民父子来，未吃饭即回去(因下午有课)。沅下午六时十分来。晚电视，《新闻联播》、《钟鼓楼》(［第］六、七、八集)。十时十分息，十时三十分寝。下午去洗浴，更衣。

十一月三十日

上午看杂志。湘下午三时来。鹏二时三十分来。玮、汉民五时三十分来，同吃晚饭。湘、玮六时十分回去。晚电视，《新闻联播》。我八时五十分息，九时十分寝。今日多日来第一个好天气，少云，日出。

十二月一日

上午看《武汉晚报》《球迷》。下午二时三十分去电大楼，四时回来。沅上午去买船票，回来中饭。下午去报到开会。汉、鹏晚饭后回去。晚电视,《新闻联播》《朱德》(朱德百年诞辰电视，第一、二集)。十时十分息，十时三十分寝。沅为外孙制袜。十时十分息(晴)。

十二月二日

沅晨去中科兽药开会。晚乘轮去南京开药物审定会，看《每周文摘》(《福建日报》办)。晚电视，新闻联播》。九时十分息，九时三十分寝。汉民晚五时四十分来。下午三时我去九女墩一转，散步。《朱德》(［第］三、四集)。

十二月三日

珈、汉民上午七时四十分回堤角，搞搬铺。下午去湖心亭(九女墩过去)，来回一小时。晚电视，《新闻联播》、和平大奖赛。八时五十分息，九时十分寝。全市动员灭鼠。

十二月四日

上午搞卫生。下午章去钓鱼，我三时去东湖听涛处折回，到家四时三十分。今日溜冰场开放，回来时已打烊，有些人在打羽毛球。晚电视，《新闻联播》《雪野》(第一、二集，辽宁)。下午章去钓鱼。五时四十分回来。

十二月五日

上午看《父母必读》。下午去九女墩，见三青年，两人对弈，一人看着带有鸟枪，打到鸟四只(似斑鸠)。守渔舍人用小船摇过竹簾边，用鱼枪凿鱼一尾鲢鱼，约一斤半重。门前小卖部砖墙有五六人在用挖脚，将墙推倒。晚电视，《新闻联播》《阵痛》(上、下集)。十时五十分息，十一时十分寝。

十二月六日

上午看杂志，看报。晚看电视，《新闻联播》《话说运河》(19)。

十二月七日

星期日。彦九时四十五分去钓鱼。沅九时五十分从南京回来。看《读者文摘》。下午二时三十分去九女墩。下午五时三十分回来。看电视，《新闻联播》、民间舞蹈大奖赛。十时息，十时二十分寝。

十二月八日

鹏给我去邮局拿棉大衣。学习、看报。他晚六时回堤角。去九女墩散步。沅、鹏下午去医牙。晚电视,《新闻联播》、报告会(越南反击自卫战士)。十时十分息，十时三十分寝。

十二月九日

蒋七伯来。沅七点去堤角。天阴。下午三时三十分去九女墩散步。晚电视,《新闻联播》、和平大奖赛(两个特等奖)。天晴。动员室外灭鼠。

十二月十日

上午搞卫生。洗睡衣。核支付。晒被。沅下午五时回来。我散步院花圃。今天晴。晚电视,《新闻联播》、民歌大奖赛。十时十分息,十时三十分寝。

十二月十一日

沅晨去上班。晒被。看报、杂志。下午去电大楼回来。天晴。晚电视。七时四十分开始(沅,章去探望病友),《雪野》(第七集)。九时十分寝。

十二月十二日

沅晨去上班。看《长江日报》《湖北日报》。下午二时四十分去九女墩,门前湖有十余辆卡车,用油布置水,在取活鱼、过秤,有六七十人在看和工作,每兜六十斤左右。天阴。晚电视,《新闻联播》。鹏七时三十分回来,《雪野》([第]八集)、晚秋流行色。

十二月十三日

鹏七时十五分去上班。天小雨。沅中午十二时来。章回来已四时三十分,去洗浴。我感时间不及,未回。晚看电视,《新闻联播》《人与人》《东方龙》([第]一、二集)。

十二月十四日

星期日。晨阴,有微雨,雨止。章、沅、我三人去蒋玲家吃中饭。湘、林、耘滨九人。下午三时十五分回来,四时四十五分到宿舍。晚电视,美《米老鼠和唐老鸭》(8)、《东方龙》([第]三、四集)。十时二十分息,十时五十分寝。

十二月十五日

上午抹身,更衣。九人中午晚上吃章俊来武昌鱼(鳊鱼)。鹏晚饭后回堤角。晚电视,《新闻联播》《刘家桥传奇》(上、下集)。十时十分息,十点三十分寝。预报明日。1—14[摄氏]度,有雨雪。

十二月十六日

有小雨。上午看报。下午二时十分去东湖李自珍馆折回,到家三时四十分。晚电视,《新闻联播》《姐妹皇后》([第]一、二集,看一集)。九时四十分寝。预告明日3—11[摄氏]度,有小雪。

十二月十七日

小雨。沅去上班。看报,摘札记。下午三时去九女墩,三时三十分回来。天小雨。晚电视,《新闻联播》《海岛巨变》。话剧看到十时息,十时三十分寝。

十二月十八日

上午看报。洗睡衣。鹏六时十五分回(下午)。今日天晴。上午看报。下午去九女墩。下午六时十五分[蒋]鹏回。晚看电视,《新闻联播》;日本电视剧《入冬之前》,讲人到老年的时候,老人晚景,单身旅游。

十二月十九日

天晴,晒被。下午二时去理发,三时午睡。四时十五分起来,四时三十五分去九女墩,回来五时。晚电视,《新闻联播》《尊严》(遗产律师辩护)。

十二月二十日

天阴。看报。沅下午三时回来。上午去理发。池边走一圈。晚看电视,《新闻联播》《太阳从这里升起》(黄土高原古物发掘守旧与创新)。十时十分息,十时三十分寝。

十二月二十一日

星期日。上午看《文化报》与《武汉晚报》。下午三时去九女墩前近湖心亭,遇车阵十余辆,前后有警卫车。有一男一女赶毛猪七头去市投售。我回来时下午四时(来去一小时)。晚看电视,《新闻联播》《米老鼠和唐老鸭》([第]九集)。八时五十分息,九时二十分寝(帮剥花生)。章去院上夜班。

十二月二十二日

电工来装排风管。今晚吃饺子。章去院上夜班。鹏晚饭后去堤角。晚电视,《新闻联播》《鲁迅》(第五、六集)。十时十分息,十时三十分寝。

十二月二十三日

沅晨去上班。今日排风电工要来安装。上午

九时来装上，因铁窗关系，说要锯去。工作十分去。我以为下午来，故整日未出门，但不来。电视《新闻联播》、女足球决赛(中国—日本，在香港看一场)。八时五十分息，九时二十分寝。

十二月二十四日

晨看《武汉晚报》试投版。沅下午六时回来。晚电视，《新闻联播》《老肖别传》(湖北喜剧)。九时三十分寝。

十二月二十五日

排风电工今日来装竣，适章回来。他来装了。下午我去电楼街一转。晚电视，《新闻联播》《还债》(法制)、湖北—八一男足球赛。看至九时，我息，九时二十分寝(沅晨去上班)。天晴，晨雾重。

十二月二十六日

天阴。看旧报。下午一时蒋见伟来。下午三时去九女墩一走。晚我一人看电视。下午六时三十分开始，日本舞蹈，《新闻联播》《攻克南京》(上、下集)。十时三十分息。章回。我十时五十分寝。

十二月二十七日

天阴。看杂志。沅下午四时来。洗浴。晚看电视，《新闻联播》《凯旋在子夜》([第]七集)、《话说运河》([第]二十二集)。十时寝。

十二月二十八日

星期日。整理行装。下午湘来陪我来红钢城。下午三时二十五分出门。沅送我们到梨园公园站，乘63路到徐家棚区，再乘16路到红钢城。四时四十分步行十五分钟，到宿舍。晚看电视，《新闻联播》《米老鼠和唐老鸭》([第]十集)。十时二十五分息，十时四十五分寝。《飞车神童》《好说好说》《张仲景》。

十二月二十九日

晨六时十五分起床，湘，耘滨七时出门，林七时三十分去上学。看报。天阴。晚电视，《新闻联播》《秋海棠》(第一集)。九时三十分息，十时寝。

十二月三十日

林今日下午在家学习。天阴，有小雨。写信。晚电视，《新闻联播》《秋海棠》([第]四集)。八时五十分息，九时三十分寝。

十二月三十一日

天阴。写信。有小雨。耘滨下午开联欢会。耘五点回。湘五时十分回，滨六时三十分回。五时三十分停电，五时四十五分电来。晚看电视，《新闻联播》、湖北台《名家名歌》。九时三十分息，十点寝。耘滨学习至十时后看电视，至十一时三十分寝。

一九八七年

一月一日

旧历十二月初二，天气阴，有小雨。彦章、蒋鹏于十一时到来。沅因将要去宜昌开会，作准备。蒋珈、晋杭因冷、有小雨亦不来。章饭后同看电视，下午三时回去。蒋、玮，兰兰下午五时来，同吃晚饭。鹏晚饭后去。晚看电视，至九时寝。

一月二日

上午十时，日出。去八大佳三十一街邮支局，走回。他们均去上学上班。晚电视，《新闻联播》。

一月三日

上午去八大佳去走一回。晚电视，《新闻联播》。

一月四日

星期一。日电视《普通的牺牲者》，夜电视《米老鼠和唐老鸭》（十一）。上午十一时，湘陪我去一一八街坊走一圈。晚九时寝。

一月五日

下午三时去一一八街坊走一圈。看杂志。上午多云，下午日出。晚看《新闻联播》，后看杂志。九时息，九时二十分寝。

一月六日

上午去八达佳三十一街走一圈回来，雾大。十时日出。晚看电视，《新闻联播》。后看湘借的斯诺《西行漫记》，九时寝。

一月七日

上午看《西行漫记》。去三十一街邮局折回。晚看《新闻联播》，后看《西行漫记》，九时寝。

一月八日

上午九时向西，到街口折回，至八大佳回来（一小时）。看湘借报，《长江日报》《报刊文摘》《武钢工人》《武汉科技》等报。下午三时湘回来说，外面（东南方向）失火，约五分钟救火车来。晚看《新闻联播》并《当年今日》（周总理事迹，总理1976年的今日逝世）。九时二十分寝。

一月九日

上午去三十一街一带折回。湘给我借了《武钢工人》《长江日报》等报。晚电视看《新闻联播》和《湖北新闻》。成今日下午口试。我九时寝。

一月十日

旧历十二月十一日，天阴。看《西行漫记》。晚电视看，《新闻联播》《红楼梦》（简介，只看几幕）。洗浴了。

一月十一日

今日星期一。今晚成和老师同学叙（聚）餐，各人备一菜。晚电视，《米老鼠和唐老鸭》（[第]十二集）。九时十分寝。

一月十二日

去八大佳、四延商场（来回九十分钟）。中午成谈起还有几张胶卷拍完可去冲，我说等湘，大家一起时再拍，他说也好。晚电视，《新闻联播》《湖北新闻》《当年今日》。八点三十分息，九时寝。

一月十三日

成说去。焊工来，晾晒衣架焊一焊，看《武钢工人》和《长江日报》，天晴日出。下午三时去四延路一转，回来成去火车站大东门取温州带来东西。晚看电视，《新闻联播》《湖北新闻》《文化生活》（腊梅）。八时三十分息，九时寝。成回来。

一月十四日

上午在舍写信。下午去一一八商场走一圈。天阴，成在家。略看电视小品数则。下午五点十五分停电，成、耘滨去校夜自修。七点十五分电来，七点二十分看《新闻联播》。

一月十五日

晨去录音。耘滨今日又开始大考。写信。下午三点三十分去八达佳回来，湘因腰受挫不能动，由同事六七人送来。天转和，飞小雨点。晚看电视，《新闻联播》《湖北新闻》，八点三十分，九时寝。日停电，晚六点四十五电来。

一月十六日

天微雨。出寄信，看报、杂志。停电。下午六点二十来电。晚电视，《新闻联播》。八点二十分息，九时寝。

一月十七日

去四建路一转折回（九十分钟）。天阴。成给我理发，洗浴（星期六），晚看电视，《新闻联播》（八点）。八点四十分息。

一月十八日

上午看报、杂志。中午十一时沅和章到，冒雨来，携来鹏给她信和伯昂给她信，她从宜昌开会回来，在省市医药协又各开了一次短会。下午二点十五分回去。湘有好多同事来探望她。晚写信，看《新闻联播》，九时寝。

一月十九日

成今晨去厂上班，搞来车子。上午十时，湘去医治，十二时十五分返。拍照要空腹，招呼司机吃中饭之后，成随车去厂上班。晚电视看《新闻联播》后，九时寝。《惨案之后》（一至二集），上午十一时。

一月二十日

今晨成很早起，七点五十分扶湘上自行车去空腹拍片。我九点三十分去八达家，十点四十分回来，湘已回，知问题不大，成已去上班，滨为湘煮早饭吃。晚饭俩弟兄共炊。晚看《新闻联播》，成借来《长江日报》。九时三十分寝。

一月二十一日

上午九时去三十一街邮局回来。十点二十分，成、湘去上班，耘滨放假在家。十一时电视剧《惨案之后》（四集完）。上午九时一冶二招门前有赛跑，终点在计名次。成买回蛋糕，说湘生日（旧历今日）。晚看电视，《新闻联播》，九时寝。

一月二十二日

微雨。寄信，看杂志，晚看《新闻联播》。九时三十分寝。

一月二十三日

上午九时，阴，去八达佳折回，三十分钟。红山区和平乡召开人大会。晚电视，看《新闻联播》，九时二十分寝。

一月二十四日

上午九时去建四西（红钢城方向）折回，青山苗圃防空室回来十一时。晚看电视，《新闻联播》。洗浴、更衣。九时三十分寝。

一月二十五日

星期日，天晴。上午十时我和湘去四达折回，从一一九到宿舍十一点三十分。晚电视，《新闻联播》。八时三十分息，九时寝。

一月二十六日

天晴，去三十五至三十一街转，回来看《文荟杂志》。晚看《新闻联播》。九时寝。

一月二十七日

上午延四路一圈。在冶一俱乐部二楼有石力等青年书画家七人联名展，我去看了看。下午三时，湘回来，知沅有电话，要湘去拿澂给她织的毛衣。三时，耘滨去拿，五时二十分回来。湘，我去买小菜，五时二十分回来，门口遇到耘滨。晚看电视，《新闻联播》《金蔷薇》（一至四集，看二集息）。九时三十分寝。

一月二十八日

今日旧历除夕。去一一九街坊农贸市场三十一至三十五街（来回九十分钟）。晚在湘处，大家吃年夜饭。看电视《新闻联播》、春晚。

一月二十九日

旧历兔年，初一日。上午十一时沅、章、珈、汉民、晋杭、鹏来，同吃午饭后，三时十五分，章搞来车子。章、沅，晋、珈、我回来（二十分钟），三时三十五分到梨院。汉、鹏四时三十分回来。日

《秋海棠》(一、二集)。晚看电视,《新闻联播》《金蔷薇》。看报。

一月三十日

《秋海棠》(三、四集)、《红楼梦》([第]一、二集)。去九女墩折回,看报。

一月三十一日

上午程国栋、汪兆钧来谈家乡。去梨园医院前后去走一圈。他们下午二时回去。午睡。四时三十分去九女墩走一圈。五时回来。晚看电视,《红楼梦》([第]三、四集)、《戴面纱的人》([第]一、二集)。看报。

二月一日

今日星期日,天晴。电视《红楼梦》([第]五、六集)、《戴面纱的人》([第]三、四集)。看报。晚看《新闻联播》。

二月二日

上午写信,看《秋海棠》([第]八集后半集)。彦章去上班。汉民下午二时来。看报。去九女墩走一圈。

二月三日

上午九时三十分看电视,《秋海棠》([第]九、十集)。写信。看报。去梨园电楼走一圈。晚《新闻联播》《荷花》(8)、日本连续剧《夫妇》(1)。

二月四日

上午九时三十分《秋海棠》([第]十一、十二集)。沅、鹏、珈,汉、晋下午二时四十五分去堤角。写信。晨起,在梨园第一次看到积冰在门前假山上。晚看《新闻联播》。九时寝。

二月五日

上午写信。看报。下午三时去电大楼回来。四时三十分停电。天阴,多云。沅下午六时回来。晚看《新闻联播》、人民子弟兵、辽宁春节晚会。九时十分息,九时三十分寝。

二月六日

上午十时二十分看电视《蛙女》([第]一、二集)。晚看《新闻联播》《九州方圆》(16)。

二月七日

上午九时去东湖口,今天阁回来十一时。下午一时四十分看《蛙女》([第]三、四集)。去洗浴。沅下午来。晚看《新闻联播》。

二月八日

晨八时五十分沅、章、我去东湖,乘汽船至磨山植物园,看红绿盆梅庄。回来一时二十分,吃面。午睡。章去钓来鲫鱼。吃鲜鱼萝卜汤和红烧鲫鱼。晚电视,《新闻联播》《夫妇》(2)。九时三十分息,十时寝。

二月九日

上午看报、杂志。下午二时看《蛙女》。五时去九女墩。晚看电视,《新闻联播》。十时息,十时三十分寝。

二月十日

上午九时去先月亭。看四寓言。雕塑有铜牌说明,我抄来。十一时三十五分到宿舍,章已在烧午饭。晚电视,《新闻联播》《夫妇》(第三集)。九点息,九时三十分寝。

二月十一日

上午去电大方向(八时五十分—十时十分)。天阴。沅下午四时来。下午一时五十分看《蛙女》七—八集。晚看《新闻联播》、元宵戏曲晚会(上)。九时三十分息,十点寝。

二月十二日

沅去上班。我八时五十分去湖光阁,回来十一时十分。下午一时三十分看电视,《蛙女》(九、十集)。晚电视,《新闻联播》、农家乐、元宵歌舞晚会(常香玉出场,"嫦娥奔月")。九时三十分息,十时寝。今日元宵。

二月十三日

天阴。上午九时去九女墩,回来九时三十分。看报、杂志。下午十三时五十分看《蛙女》(十一—十二集)。晚看《新闻联播》。

二月十四日

上午有小雨,未出门。看书报。下午一时湘来电话,说下午三时有便车来接我。沅于下午二时三十分来,湘下午三时十分车来。彦回来说陪我去洗浴。我说三时后要湘来陪我,不去了。三时二十分离梨园,车行十五分钟到钢花宿舍(成是下午这车去计委宿舍待考，我们即乘该车来的）。下午十二时五十五分至二时二十五分看《蛙女》（十三—十四集完）。晚七时看《新闻联播》和《红楼梦》（［第］六集）。九时三十分息，十时寝。

二月十五日

星期日。八时三十分和湘去买小菜，九时二十分回来。写信。十二时五十五分《钟鼓楼》（［第］六集），看一段。晚看电视，《新闻联播》《米老鼠和唐老鸭》《夫妇》（第四集）。九时三十分息，十时寝。

二月十六日

湘去上班。耘滨上学。天寒阴，小雨，气温4—8［摄氏］度。写信。中午煮面吃。中午去八大家回来。下午四时成回来。晚电视，《新闻联播》。九点息，九时三十分寝。

二月十七日

天阴，小雨。下午三时去四大街，回来四时十分。晚电视，《新闻联播》《夫妇》（第五集）。九时二十分息，九时四十分寝。

二月十八日

天阴，小雨。下午四时去一一八农市场。风大，阴寒。晚电视，《新闻联播》。九点息，九时三十分寝。

二月十九日

上午去一一八坊。写信。晚湘，成去市场。晚电视，《新闻联播》、春节联欢晚会（武汉荆州台）。八时五十分息，九时二十分寝。

二月二十日

昨晚雪。写信。晚电视，《新闻联播》《九州方园》。九点息，九时三十分寝。

二月二十一日

八时三十分去理发。飞有小点雪，回来鹅毛大雪。到家九时三十分（四建路）。晚电视，《新闻联播》。九点息，九时三十分寝（洗浴）。

二月二十二日

星期日。今日天晴。小林下午五时请老师同学（八人）来吃晚饭。八时十分散。看电视十分钟，九时三十分息，十时寝。

二月二十三日

今日晴，多云。去三一街走一回（四十五分钟）。九时去看《西厢记》部分。晚电视，《新闻联播》、潍坊春节文艺晚会。九点息，九时三十分寝。

二月二十四日

晴。上午九时去建三街，回来十一时。工业路在植树。滨中午回来吃，自下面（我正吃好）。晚电视，《新闻联播》《卞卡》（第十六—十七集）。九时息，九时三十分寝。

二月二十五日

上午去买豆腐，要排队等四十分钟，豆腐车来。晚电视，《新闻联播》《夫妇》（第七集）。九时三十分息，十点寝。

二月二十六日

天阴，3—8［摄氏］度。上午去三一一街回来。晚电视，《新闻联播》、滑冰决赛。九时十分息，九时四十分寝。

二月二十七日

晴。看报，札记。晚电视，《新闻联播》《九州方圆》（9）。九点息，九时三十分寝。

二月二十八日

晴。去买豆腐，只能买三张。下午二时再去，又买三张（每张三块）。今日旧历二月初一日。晚电视，《新闻联播》、乒乓球赛。九点息，九时三十分寝。

三月一日

旧历二月初二日，星期日。十二时二十分六楼小林、小同、翊湘的同事有车去中南商场购物，问我们去否。小林、湘、我三人随车同去，又到梨园医院一转。彦、珈、鹏、沅都在，略坐，我去［购］了物，沅、鹏亦随车来钢花村。晚饭后乘六时三十分车回梨园。晚电视，《新闻联播》《夫妇》（八集完）。九时三十分息，十时寝。

三月二日

上午去四建路（九时—十时二十分）。看报。晚电视，《新闻联播》《世界各地》，电视剧《每天都是新的》。九时息，九时三十分寝。

三月三日

上午去一一九街买菜。看报。玄来信（2月27

日），知他和蓉三月四日启程赴沪来武汉，陪我回沪。晚电视，《新闻联播》、武打（大意独条好汉）。湘、林同事严鲍来看。吸［顶］灯装就。

三月四日

上午去任家路邮局寄信。晚看电视，《新闻联播》未看。看《商业工作要不要顾客谅解》。九时息，九时三十分寝。

三月五日

上午去农贸市场。看报。晚电视，《新闻联播》、茅盾《农村三部曲<残冬>》（《春蚕》《秋收》前已播，未看）。

三月六日

今日大家起晚（六时十五分）。吃快速面。去农贸市场种树，搬家。晚电视，《新闻联播》、印度片（内容：假姐夫真妹夫）。九时五十分息，十时二十分寝。

三月七日

上午排队买豆腐。下午排队买饼干。午睡后去三五街买酒。洗浴。晚电视，《新闻联播》。

三月八日

今日星期日。上午去八大佳三七路。下午三时三十分湘和我去红钢城青山商场，回来已五时三十分。晚电视，《新闻联播》《米老鼠和唐老鸭》。九点息，九时三十分寝。（天阴、小雨）

三月九日

星期一。小林、湘五时三十分出门去轮埠接玄、蓉，十一时到。蒋、鹏下午三时三十分来。小林下午去上班。傍晚伟、兰来，同吃晚饭。饭后回去。晚电视，《新闻联播》。

三月十日

上午玄、蓉在家，下午去武汉大桥、黄鹤楼参观。六时三十分回来。下午我去农贸市场。今日上午阴、小雨。下午晴、日出。四时后又转阴。晚电视，《新闻联播》。

三月十一日

天阴、小雨。玄、蓉跟湘厂车去参观，中午回来吃面。一时去沅处。晚未回。晚电视，《新闻联播》。九点息，九时三十分寝。

三月十二日

天阴、小雨。上午去农贸市场。中午玄、蓉回来下面吃。晚看电视，《新闻联播》。九时三十分息，十时寝。

三月十三日

上午去四达路，想去青山公园，因小雨折回。晚看电视，《新闻联播》。九点息，九时三十分寝。

三月十四日

上午我、玄、蓉去红钢城游览青山公园。中午在青山商场旁餐馆吃豆皮、天津包。回来下午二时。我去理发。晚看《新闻联播》。九时三十分寝。

三月十五日

今日星期日。上午九时湘、小林、耘滨、玄、蓉同来梨园，在徐家棚遇鹏，一同来，伟、兰已先我们到。同吃午饭。彦日来特别忙。鹏、耘滨去钓鱼。湘她们下午四时回去。晚看电视，《新闻联播》。十时寝。

三月十六日

星期一。天晴。沅、我、鹏、玄、蓉五人去武汉大学。樱花开放，没门票。蓉去访问同学马莜君，先问不在，已回宿舍。正在留条告别，她来了。同玩，参观。蓉和她拍照。她邀我们到她家吃中饭。饭后同游磨山。马老师来沅家吃茶后，蓉送她到东湖前门，乘十四路回校。晚电视，《新闻联播》。九时三十分寝。

三月十七日

晨起写信。五时三十分出门。玄、蓉、我去购船票（它预售三天，是从当天算起，和预售点不同，次日算起）。到四季美吃汤包，参观市容文明一条街、六渡桥、中华街、民生街，往东来顺（豆皮名家），到小吃点吃酒酿、蒸糕粉、湖桂花汤。回来已四时。晚看电视，未几十分钟，电断，其他亮，肯定是保险丝断。玄去小店买矿烛，点旺，电来。九时寝（夜间到天明电又断，彦接好）。

三月十八日

玄一人去购票。彦今日上午去老年大学讲课。

三月十九日

上午玄、蓉、我去东湖先月亭、落霞水榭、寓言雕塑。中午回来已十二时十分。彦已去上班。我们烧面吃。下午去九女墩。晚看电视，《新闻联播》。

三月二十日

上午六时四十分彦院车，沅送我们到轮埠。七时十分沅去上班。湘、立成已在门口等，送我们上船，经黄石、武穴、九江。

三月二十一日

经安庆、池州、铜陵、芜湖、马鞍山、南京。

三月二十二日

星期日。经镇江、南通，下午二时十分到上海。小蒋进站接，邱玲、玮、小陈、蒋建国、潘显宜均在门前接。下午三时三十分到澂宿舍。五点万来，知他三时三十分亦去埠，知船已于二时十分到，他折回，在澂处同吃晚饭，铮六时十五分回来。同看电视。九点息，九时三十分寝。

三月二十三日

玄、蓉八时三十分出去，在壬处吃晚饭，八点回来。看电视，《新闻联播》。

三月二十四日

上午九时去植物园，看插花展，其中有蔡仲娟的最文雅，有艺术性(命名亦符合)。插花研究组有西洋味。回来十一时。晚电视，《新闻联播》《命运》(日本)。

三月二十五日

上午玄、蓉出去取照片，中午回来。我和澂去徐汇六百商场(九—十一时)。下午一时我、澂、玄、蓉君看秉成，他出外，三时回来。我们再谈一小时回来。晚看电视，《猎鹰》。

三月二十六日

玄、蓉二时四十五分起床，三时十五分出门，去乘五时零五分快车赴杭回富。玮今晨四时三十分出门去苏州出差。九时澂、玲陪我来壬处。十一时到，澂、玲下午三时回去。晚看电视，《新闻联播》。

三月二十七日

天阴雨。晚电视，《新闻联播》。

三月二十八日

壬去上班。翌陪平去医所咨询。九时建买菊花菜来。十一时回来。天雨。翌平回来。中午吃面。下午三时三十分出去四川路，四时四十分回来。天雨。

三月二十九日

今日阴有小雨。晚电视，《新闻联播》。

三月三十日

阴有小雨。晚电视，《新闻联播》。

三月三十一日

今日旧历三月初三日。上午九时去崇明路，回来十一时四十五分。中午吃面。天晴、日出。晚电视，《新闻联播》。

四月一日

旧历三月初四日。写信、看报。晚电视，《新闻联播》。

四月二日

上午八时三十分去看大舅母，回来十一时三十分。仲阿姨在，同吃面。一时她回去。晚电视，《新闻联播》。

四月三日

上午翌、壬、平去就医。我未出门。晚电视，《新闻联播》。

四月四日

天晴。我八点出门，去看啟人，在他处吃中饭。慢步回来，到家下午三时。午休，五时起来。晚电视，《新闻联播》。

四月五日

上午写信。天阴，有小雨。今日星期日。天阴，有小雨。上午写信。晚看电视，《新闻联播》。

四月六日

上午去中州路看仲阿姨，九时—十一时回来。晚电视，《新闻联播》《草原小屋》(3)、北京—杭州中学生智力竞赛(一)。

四月七日

上午九时又去仲阿姨处。她留我吃中饭，回来已三时。晚看电视，《新闻联播》《话说运河》(二)。

四月八日

今日上午九时去虹口公园。晚看电视，《新闻联播》《话说运河》(三)。

四月九日

上午看陈报。天晴、少云。

四月十日

天阴，看书报。晚电视，《新闻联播》，九时寝。

四月十一日

天晴。上午去理发。看书报。下午六时将晚饭，庚来，知他五时到沪，饭后来。晚电视，《新闻联播》未看，杂技给奖播给奖项目。九时庚回旅馆。他说玄、项莹明日来沪。庚带来退休证和居民身份证。

四月十二日

今日星期日。晨二时拨正为夏令时间。壬、翌陪平去受诊。晚电视，《米老鼠和唐老鸭》《新闻联播》。

四月十三日

翌、平去取药。修门窗，理漏工来。十时去看阿姨，未遇。九时玲来电话，知莹，小蒋来沪。爵有信来，出差北京，将于二十五日左右来沪(庚带来，庚九时回)。洗浴。晚电视，《新闻联播》未全看。与庚谈话。

四月十四日

上午去中州路，阿姨又不在家，未遇。晚电视，《新闻联播》《长江第一漂》(一集)。八时三十分息，九时寝。

四月十五日

上午八时又去中州路，听邻居老太说她已转言，刚刚出门不过三五分钟，我留条折回(一小时)。下午三时三十分阿姨来。她送来东西。晚电视，《新闻联播》。

四月十六日

上午去天水路阿姨妹妹处。上午八时三十分到她家，她九时去上班，儿子十时去上班。我坐到九时五十分回来。下午一时庚来，知他明日返新。他二时回旅馆，我休息。晚电视，《新闻联播》。

四月十七日

上午翌、平、我于八时二十分去虹口公园，十时二十分回来。下午三时三十分去海宁路折回。下午文具店。晚看电视。阿姨将“完璧归赵”。

四月十八日

翌陪平去医诊，我在家。今日下午一时(蒋打电话)知玄六点来沪，陪我回富开会。晚八时十分到。翌给我去买火车票。

四月十九日

玄晨去打电报，买汽车票，退火车票，去澂处拿物。中午回来。爵下午三时出差，从北京来，和同事王海山。壬留他吃晚饭。玄、爵谈至深夜(九届一次会议今日下午报到)。

四月二十日

晨五时三十分起床，六时三十分出门。壬起来送我们，爵协助送我们上车。翌中给我们备干粮作午餐(面包、水果、素鸡)。十二时到桐乡。休息半小时。下午三时十分到站，蓉已于昨日给我办手续报到。我四时三十分去招待所，向同组同乡了解一些情况。晚电影不去看。写信。洗浴。闲谈。十一时寝(今日上午举行预备会，下午学习报告)。

四月二十一日

上午大会，下午讨论。

四月二十二日

上午讨论，下午大会。

四月二十三日

上午讨论，下午酝酿。中午回来。爵有和王洪山同来(壬宿鹳山饭店，饭来吃)。

四月二十四日

上午大会选举。下午大会选举。中午庚来富，同吃中饭。

四月二十五日

上午选举，下午闭幕，晚叙(聚)餐，五时四十五分去看电影(《密令截击》)，琳同去。遇雨，小蒋送伞来。莹在路口等。下午四时俊杰、我同去惟敏处看汪人侠。

四月二十六日

上午八时半，琳陪我去看长育，我要她先回自学。十时三十分回来。下午三时罗弘、原梅、钟以亮谈一小时三十分。他们返杭。晚看电视，《新闻联播》、京剧会唱。九时息，九时三十分寝。

四月二十七日

上午去看七美，坐谈一小时三十分回来。今天天晴。写信。琪今日出院，回家休养。晚饭后去玉娟处坐谈三十分钟回来。长育来谈二小时半回去。十时三十分寝。

四月二十八日

上午写信。农历四月初一日。看报多份。晚饭时去看黄小成、黄河。我们饭已上桌，他们要去看电影，我们未坐即回。晚看报。

四月二十九日

上午琳去新华书店走一回。她先回来学习，我去老街看看，回来十时。晚电视，《新闻联播》。下午寄庚一封信（因玄接到电话，我决定五月二日回新登）。

四月三十日

晨去鹳山。看书报。《新闻联播》看十五分钟。晚黄小成爱人顾［某］、孩子黄河来坐谈一小时回去。

五月一日

晨我和琳去鹳山走一圈（六时—七时）。八时三十分去富阳一百西厅，今日开幕营业，小商品商场也今日开始营业。十时回来，亦琳陪我去。晚玄值夜，蓉加班。我看电视，《新闻联播》。九时寝。

五月二日

庚上午十时三十分到，下午一时乘供销社旅游车回新。玄送我上车，蓉亦赶来送，要我稍住即回富阳。一时三十五分到新。小雨。搞卫生。五时去吃晚饭。庚、政来看照片。写信、抹身、更衣。九时寝。

五月三日

上午九时去看杰，知俊未去杭，28日返新。同到俊兄处，闲谈至十一时回来。去韩处。下午去还杰鞋，取回套鞋。晚洗衣、核账。在上午晒被。九时三十分寝。

五月四日

上午去中学看元将，坐谈二小时回来。晨去农贸市场，比以前闹多，品种也多，有大鲤鱼、草鱼、带鱼、小黄鱼、甲鱼、肉摊多到三十个，笋、茶叶、豆、蔬菜、鳝鱼（剖丝）等等。看书报。九时四十四分寝。天阴雨，转冷。

五月五日

上午写信。天阴雨（只有三日晴、大好）。晚看《长寿》。九时寝。

五月六日

天阴。去俊兄家。到市上走一圈。核账。晚看杂志。九时三十分寝。

五月七日

上午元将，念慈来。慈先回去，将约坐一时三十分（十一时三十分）回去。中午洗衣。傍晚夜写信。九时三十分寝。

五月八日

上午标来闲谈一小时。敏和同学章君来。晚写信，杂志。九时三十分寝。

五月九日

上午去中百领退休金。下午敏和章来。我和敏到隔壁房中略谈，让章看杂志（一时三十分—二时五十分回去）。晚看杂志。八时十分息，九点寝。

五月十日

上午走大街去塔山，遇海泉处坐谈一小时，遇银水，又在门前谈二十分钟。一路遇熟人，略寒暄。到塔山已十时，扣门无人应。去徐雅琴、阿宋家，知不在。回到洪琳，去坐，等至十时五十分未来。回家十一时三十分，去吃中饭。下午二时去看俊杰兄，谈至四时四十分回来。晚看书报。九时三十分寝。

五月十一日

上午九时俊杰兄闲谈，十一时回去。下午三时去方爱金，恐雨，稍谈即回，到家飞小雨点。中午在电影院遇汪云生的儿子汪洪，谈陶上坟事。晚九时寝。

五月十二日

去看五丰，又未遇。物托洪林代交。找正大资料。下午三时去俊杰兄处闲谈，五时回来。七时庚来订箱铰链。因钉短，未完成。晚九时寝。

五月十三日

上午约和杰去葛处。八时三十分雨，九时雨。时时去裱画室，看葛收藏，有米芾《烟雨图》、王维《雪霁图》，有日人题跋，据说是他岳家物。十一时回来。傍晚收燥，明日可能放晴。晚九时寝。

五月十四日

上午八时三十分去中百仓库，陈经理在，闲谈四十分钟，曹根华谈三十分钟，楼亚娟谈十分钟，丽娟谈五分钟，吴子坤谈十分钟。陈[某]、丁连根谈十分钟。十一时回来。傍晚庚说玄来电话，说陈伟康来富开会，十六日返沪。问我有事否。晚九时三十分寝。

五月十五日

去中学，因元将去富，未遇。中百领医药费，买零物。到杰处，阿宁来闲谈。十一时回来。下午三时三十分去看韩剑伟，谈一小时回来。晚写字。八时三十分停电，九时十分复明，九时三十分寝。也九时后大雨。

五月十六日

上午去问徐树潮嫂：赵爱娜是何时来？她说：去年十一月，住一星期回云南。九时三十分去善庆处，谈至十一时回来。下午四时小兰来售草药，买担索（绳索），来看看我有没有来。谈至五时二十分回去。晚写信、写字。九时三十分寝。

五月十七日

上午写信、寄照片。今日杭州中医名医来新应诊（门诊挂号二元）。听说原定挂号名额三百四十名，后来看四百多号云（看到下午五点）。

五月十八日

上午去杰兄家谈九十分钟，同去裱画室，回来十时五十分，遇关荣二女（小雪）。坐十分钟，去车站。下午二时涛雄来坐五十分钟回去。晚拟信稿。九时寝。

五月十九日

上午写信。晚饭吃面。下午六时去杰兄家、俊兄家，再同回俊兄家。八时十分回来。九点寝（开水已给我送来）。

五月二十日

上午写信。十时三十分黄锡坤来说，詹医生你侄来杰处，要他来通知。下午庚来给我钉箱锁。晚九时寝。

五月二十一日

上午七时三十分去寄挂号信，业务员说挂号信晚打包，不是八时后打包。下午三时三十分去寄信，到韩、曹二处转。晚饭后韩来闲谈一小时。九时三十分寝。

五月二十二日

上午去中学，元将已回来，谈二小时。校长吴国兴亦来谈半小时回。下午整装，准明晨往富。九时三十分寝。

五月二十三日

晨乘六时五十分车来富。庚送我上车。七时二十五分到富阳站（花月楼北）。外婆由蓉君去接来（二十一日下午二时到）。晚洗浴、更衣。十时寝。

五月二十四日

晨六时去鹳山，七时回来。下午三时去报到，遇陈仁文，知明日去肖山，当日回来。

五月二十五日

晨八时开车去肖山，九时十分到。同行八人，袁、吕、谢、高、郎、卢、我、司机。九时三十分坐谈。汪、沈等四位。十二时午膳钱江饭店。一时三十分毕，继续坐谈，三时三十分回来，四时十分到富阳。九时三十分寝。

五月二十六日

上午八时讨论，十一时三十分散。下午二时继续，四时三十分散，结束。天闷热，十时寝。

五月二十七日

晨雨，天转寒。晚看电视，《新闻联播》。八时三十分息，九时寝。

五月二十八日

晨遇赵文光，道谢代递信。去看长育，知他去上课，未遇。壬五月三日信今日由庚寄到，和九届一期小组照。玄寄新信。爵到丹东，来信。看报。晚七时长育来谈至十时，他回去。十时二十分寝。

五月二十九日

上午写信、看报。天晴，气温20—30[摄氏]度。晚看电视，《新闻联播》《卞卡》（[第]45、46

集）。十时十分息，十时三十分寝。

五月三十日

晨去鹳山。看报、摘录。晚看电视，《红楼梦》（［第］17、18集）。十一时三十分息，十二点寝。

五月三十一日

晨七时十分汽车由小蒋陪来，八点到新。他协助搞卫生，九点回富。晚洗浴、更衣。十时寝。

六月一日

上午雨。看书、报。写信。下午三时去杰兄家，遇詹医生。后阿香女招弟亦来，遇詹素贞。后俊兄来，他给我影印来俞曲园，百空曲。晚写信，看《百空曲》。九时三十分寝。

六月二日

上午七时三十分去寄信。九时去看杰。他去富，和贞谈一小时回来。途遇舅母，知她端午来灸针。志标感冒，韩医师来诊诊后闲谈四十分钟。霞学英语。晚我找资料。八时三十分息，九时寝。今日洗衣。天晴。

六月三日

上午七时十五分玄、莹、琪、琳、小蒋到，八点我、庚、玄共七人去横溪，到繄墓地，叙（聚）野餐，吃蛋糕、橘水、香蕉。十一时动身到洗马桥头代销店，等十二时三十分车，迟十分钟到，我们共等四十分钟。知店主姓章。他们吃橘子水，到谭山头下车，去父母坟，二点到。到水松、竹生二家闲谈，三时三十分回来，四点十五分到家，大家吃面。玄他们乘五时车回富。晚吃泡饭，洗浴，九时寝。根香重听，已用助听器，她说大约机器坏了，可能电池没力了，还是听不见。

六月四日

上午八时去理发，等五十分钟。拍照回来已十一时，和子芳舅嫂谈，知她去年十二月去萧山吃喜酒，在子芳［家］住三天，共住四个月。晚写信。下午三时去俊杰［处］闲谈，至五时三十分回来。晚九时三十分寝。遇柴忠嫂，同去医院看望柴忠。理发，老陈亦在住院。

六月五日

自来水关不牢。晨我去要庚来给我关，他来关上。因他要去杭州，下午四时回来，给我修好（工具向双清借）。知项敏回来，同吃晚饭（生炒鸡）。八时三十分电停。九时敏来，说妈要洗衣，照片不来看。他明晨即回杭备课，要考。我九时三十分寝。

六月六日

晨去市场买豆腐皮回来，遇卢中民、徐金荣、董仁华、阿根嫂。贸易市场走一圈。回来遇舅母、汪桂儿爱人吴育成（1946年结婚）、徐庆和。遇周文标去看寿金荣，遇国泰丈人金慈程、阿贵，知寿已于月前去窄溪。洗衣、晒书。去看袁子遂，约他同去袁朝元，遂未遇。下午六时子遂来，说明日或后日同去。晚九时三十分寝。

六月七日

上午雨。袁子遂问我小雨去否，我说去。走四十分钟，到观音墈。袁朝元立在门口。走近，认入座。天寒。九时三十分寝。

六月八日

上午去看舅母，知她住彭家井边又成处。中午二时再去看她。下午三时三十分去俊杰兄家，五时十五分回来。晚看旧报。九时三十分寝。

六月九日

裁富阳宣纸，写《祖的传记》。新笔，不由你使，半途息。下午又找些资料。晚同。九时三十分息，十时寝。上午八时公房来换门牌号（20076）。

六月十日

去中百领退休金，查资料。九时三十分庚（休息，星期三）陪冬梅来，至十一时三十分去吃中饭（吃鸡）。中午陪她去买被里布。她去庚处取伞和套鞋。我去买蚊帐。一时四十分她去乘车回渌渚。晚九时三十分寝。

六月十一日

上午找资料。志标来谈三十分钟。下午四时文光来谈五十分钟。乘五时三十分车返富。晚查旧记录。九时三十分息，十时寝。

六月十二日

九时上街一次。查。下午同，晚同。九时三十分息，十时寝。

六月十三日

上午查。杰兄九时三十分来谈。十时尔中来

谈，至十一时十五分回去。下午洗衣。晚查。九时息，九时三十分寝。

六月十四日

天雨(星期日)。查。下午查。晚查。九点息，九时三十分寝。

六月十五日

上午查，下午查，晚查。柴忠今日凌晨一时去世。晚九时三十分息，十时寝。

六月十六日

闹钟响，开灯不亮，知灯泡坏，将间壁(隔壁)的[灯泡]拿来用。上午查。柴忠尸体去桐庐火化。下午上街买灯泡、药棉。听说桐庐停电运回。晚再查。九时三十分寝。

六月十七日

上午查，下午查，晚查。晚洗浴。九时三十分息，十时寝。

六月十八日

上午查。下午三时去俊杰兄处查出大概情况，和他们谈。晚查其他。九时三十分息，十时寝。

六月十九日

上午去元将处。下午二时三十分富阳司法庭长姜万年来谈三十分钟，他回富阳。三时去俊杰兄处，五时十五分回来。晚写信。十时寝。

六月二十日

上午八时去惠来亭和林国梁谈，他边做生意，边和我谈，项芸记田只有二十亩另(四十亩)，说当时认真、大公、严肃，确是三八作风。他们不知解放、土改新登情况，他这样查是多余的。谈到十一时我回来。下午去看善庆、福泉、龙虎嫂，均未遇(小雨)。写信，看黄鹤楼知识台历。晚写信，看杂志。十时寝。

六月二十一日

上午去善庆家。塔山龙虎嫂家门大开，说去挑猪食浆水。托月江修钢笔，遇汪锡树，谈工商联。十时回来到横街，大雨。到家衣裤湿。在塔遇中民嫂，略谈回来。志标告诉我杰生昨日陪两个客人来，前十分钟朱善庆来看我。过下午三时去杰兄家，知是有两位朋友要来看我的收藏画。谈至五时回来。晚饭后六时三十分去看善庆，谈土改事。秉贤街大街理发店(个体户)，小吃店灯光辉煌，顾客盈门。十时三十分寝。

六月二十二日

上街一小时，洗衣。找资料。去看龙虎嫂几次，没会到。晚抹身，十时寝。

六月二十三日

上午八时标来闲谈三十分钟。葛冠吾同志来，画经借去三十年代国难和赈灾义演画展目录两张。谈一小时三十分，回去。中午去看龙虎嫂，会到了，谈谈。晚写信炳荣，让他知悉托月江修钢笔两支，给我修好。晚抹身，十时寝。

六月二十四日

上午去缴下半年房租，查旧录。下午查。庚厂休息，忙没休息。晚旧记。洗浴。十时寝。

六月二十五日

上午查资料。九时三十分俊杰来，谈至十一时二十分去。中午太阳强，借圆匾晒物。洗衣。下午三时后午睡。晚查。十时寝。

六月二十六日

上午标来，闲谈三十分钟。写信。下午二时小兰来谈。上街买煤油，给她点旧衣，四时三十分回去。中午陈东海老师来查询跟湘主中学有关的校史，沅、庚、玄、万修业或毕业证。下午去杰兄处，知陈老师他到过俊、杰兄家。晚十时寝。

六月二十七日

杰兄陪二客来，我不在。傍午我去，知想看看画。我略坐即回，查。晚十时寝。

六月二十八日

上午查。去元将处略坐即回(三十分钟)。下午三时小兰来买煤油。我给她一点旧衣。四时回去。

六月二十九日

上午查。途遇朱贵卿女，知他母84岁，尚健好。下午涛雄来，我正上床午睡，他说你休息吧，他即去。晚十时寝。

六月三十日

上午去银行。理发。去杰处，同去葛处看画。有黄宾虹给他岳丈、宿宇山水小幅。回来即午睡。

下午整理行装。晚十时寝。

七月一日

旧历六月初六日，星期三。天小雨。庚陪我乘七时十分车来富，到时雨止（车行四十分钟）。庚坐半小时，据说去老干部活动室一转，回新登，下午还要将烟囱搞一搞。据玄说他九时二十分车回新登。今日中午吃冬瓜。晚吃西瓜。玄今日值夜，闲谈至九时去。我抹身。十时寝。

七月二日

晨六时去鹳山，七时回来。休息。午睡。后同。晚浴。十时寝。

七月三日

去鹳山。看报，摘录。玄值夜三晚。看《卞卡》。晚抹身。十时寝。

七月四日

上午上街去一小时，回来札旧。晚玉娟来，送来杨梅。看《卞卡》。十时三十分寝。

七月五日

上午札旧。今晨迟十五分钟起床，不上鹳山，折回，仍七时到家。晚黄河送西瓜来。洗浴。十时寝。

七月六日

晨在县府前遇洪德生同志。今日停水，下午二时来半小时，又停。电力不足，日光灯午夜前开，不亮。洗浴。晚看《新闻联播》。十时三十分寝。

七月七日

晨六时去鹳山，七时回来。今日高考第一天，查旧札录。自来水有时有，有时无。晚看《新闻联播》。玄上屋顶扶天线，因天雨、狂风。洗浴。十时三十分寝。

七月八日

晨去鹳山，遇永昌。他寓县一招下山，一路谈谈。长育下午三时来，五时回去。晚看《新闻联播》。十时三十分寝。

七月九日

上午查札、看报。十一时三十分敏从新来。午膳后十二时三十分去乘车返杭回校。晚抹身，看《卞卡》。十一时寝。

七月十日

六时去鹳山，七时回来。看报、再札。项政九时到，下午二时三十分回去。霞二时二十五分到，二时四十分回去，拿来国定致俊兄函给我看，仍要她带回还。晚看《新闻联播》（七时十分—七时三十分）、《卞卡》。十一时寝。

七月十一日

上午整理。九时四十五分庚来，知他看电视（教导片），因停电，看了半场。十时十五分来回新（饭后十一时五十分车）。小蒋上午去买车票。晚看《新闻联播》《红楼梦》。十时三十分寝。

七月十二日

上午整理照片。看书、报。晚看《新闻联播》。十时三十分寝。

七月十三日

停电、停水。八时去看舅母，九时三十分回来。琳陪我到，她回来去大江洗衣。电九时十分来，水十二点来。九时三十分寝。

七月十四日

玄、蓉起早提水洗衣。六时即无水。八时三十分后回[家]休[息时]有水。下午二时十五分莹、小蒋送我上车。玄、蓉陪我来杭。三时十五分到湖滨，转二车，三时四十五分到城站，乘四时五十八分特快来沪。八时十八分到上海站。天气好，阴晴不闷，亦无雷雨。八时四十五分到壬家。大家谈谈。抹身。十时三十分寝。

七月十五日

九时玄打电话，铮、瀓十一时到。大家谈谈，瀓、万九时回去。我抹身，十时三十分寝。

七月十六日

上午写信。玄、蓉九时出去，下午五时回来。九时三十分同项平去虹口公园，十一时三十分回来。晚看电视，《新闻联播》。十时寝。

七月十七日

玄、蓉九时出门去。在瀓处晚饭，到万处一转，九时回来。我九时三十分寝。

七月十七日

上午九时三十分同项平去虹口公园参观鲁迅

纪念馆楼上各部，十一时回来。晚看《新闻联播》。项建、小潘、建迅来。捷今晚宿此。

七月十八日

翌陪项平去受诊。玄、蓉九时出去。十一时三十分回来，翌、平稍后再回。玄、蓉下午出去，三点回来。晚看《新闻联播》。抹身。十时寝。

七月十九日

玄、蓉四时起来，四时五十分出门，我送他们上电车，乘五时四十分特快去杭，返富。十一时可达富阳。今日星期日，小潘、建买菜。今日他们主厨，建、小蒋来搞卫生。十一时澂、静来，大家谈谈。静先去（下午二时）看表阿姐，澂四时回去。我休息一小时。晚翌的侄、哥哥嫂嫂来，同吃晚饭。看《新闻联播》《米老鼠和唐老鸭》。抹身，九时寝。

七月二十日

上午写信。晚电视，《新闻联播》。洗浴。九时寝。

七月二十一日

看报。上午九时建迅来，和她玩耍。我折天鹅、孙悟空。她高兴，叫我太公，跳迪斯科。午睡，要我陪她闲谈一小时，为了要吃冷饮。睡不着，二时下来。我去睡二小时下来。晚看《新闻联播》。九时寝。

七月二十二日

洗衣、看报，未出门。下午同。日间晚上壬床上漏，夜睡沙发。晚看《新闻联播》。九时寝。

七月二十三日

上午写信、看报。天雨，转凉。下午四时三十分房管所来理漏。五时三十分回去。晚看《新闻联播》。卓［近］日来牙病（痛）。我九时寝。

七月二十四日

今日比昨日凉，颇有立秋现象。寻报、看报。晚看《新闻联播》。

七月二十五日

看报，札记。捷下午来搞卫生，说防明日缺水。晚看电视。九时寝。

七月二十六日

今日星期日。建迅来，同玩，很高兴。壬、捷辩论失业问题。晚看电视。九时三十分寝。洗浴。

七月二十七日

看书报《新民晚报》。晚看电视。九时寝。晚狂风大雨。

七月二十八日

上午阴雨，大风。拟写信未成。大风、阴雨，时断时续。晚看《新闻联播》（天气反常，西欧高温达 44［摄氏］度）。九时寝。

七月二十九日

今日放晴。市绿化来射药水。晚看电视。八时三十分息，九时寝。

七月三十日

上午七时二十分和项平出门，到延安饭店电影场看电影《湘西剿匪》《夏令旅行》（日本片）（八时三十分—十二时正）。到家下午一时，二时午睡，四时起来。晚看电视。八时十五分息，洗浴，九时寝。捷中午回来搞卫生。小蒋下午五时三十分来。

七时三十一日

上午去理发。今日日出，转暖。晚九时有雷阵雨。晚看电视。八时三十分息，洗浴。九时寝。

八月一日

星期六。翌陪平去受医。写信。中伏，33［摄氏］度，晚看《新闻联播》。九时洗浴，寝。

八月二日

看书报。每日下午三时吃西瓜。晚九时雷阵雨。九时十五分寝。34［摄氏］度。

八月三日

看书、报。洗衣。晒画。看电视。洗浴。九时寝。35［摄氏］度。

八月四日

看书、报。洗衣。晚洗浴。看《新闻联播》。九时寝。36［摄氏］度。

八月五日

核账。看报。晚看电视。八点息，八时三十分寝。35［摄氏］度。

八月六日

上午看报。洗衣。下午五时接政来信，知她考分508分，上线。捷上午十时来，说发烧。晚看《新闻联播》，洗浴。八时三十分寝。

八月七日

翌去石洞口，下午一时三十分回来。晚看《新闻联播》。今日阴，风凉。九时寝。

八月八日

翌陪平去受医。万下午五时来。晚八时回去。晚看国际新闻大奖赛。九时息，洗浴。十时寝。

八月九日

晨起写信。今日星期日。吃水蜜桃、北京葡萄，小蒋买来。和建迅玩。晚看《新闻联播》。九时三十分寝。

八月十日

看报、摘记。27—33［摄氏］度。晚看电视，《新闻联播》。九时寝。

八月十一日

看报、摘记。晚看《新闻联播》。九时寝。23—33［摄氏］度。

八月十二日

捷八时去奉贤工作。下午五时回来。看报，看札记。晚看《新闻联播》。八时三十分抹身、洗脚，寝。

八月十三日

看报、杂志。灯泡钨丝断。晚看《新闻联播》。八时十五分寝。

八月十四日

星期五。澂上午九时五十分到，带来沅信和晋杭照。她给陶信稿。我正在写郑、玄信，暂息。十时二十分捷回来，知今晚她要去望亭，抹身，六时五十分车去。澂吃了晚饭，六时四十五分回去。晚看《新闻联播》《卞卡》(一段)。八时十分息，八时三十分寝。

八月十五日

卓今日起早去考试。翌陪平去复诊。搞卫生。看报。晚看电视。抹身。八时三十分寝。

八月十六日

今日星期日。卓去考试。今日只有项建、建迅、小潘来。雷雨。晚看电视。抹身。八时三十分寝。

八月十七日

上午八时十五分，同项平去虹口公园参观鲁迅纪念馆楼下部分，回来十一时。晚看电视。洗浴。八时三十分寝。雷雨。

八月十八日

上午八时十五分同项平去塘沽路，回来十时三十分。晚看电视。抹身。八时三十分寝。上午八时项明来电，知回沪。雷雨。

八月十九日

上午写信、看报。26—33［摄氏］度。晚看《新闻联播》。抹身。八时三十分寝。

八月二十日

上午札记。晚看电视。八时十五分息，九时寝。26—33［摄氏］度。

八月二十一日

上午札录。晚看电视。八时三十分寝。雷雨。

八月二十二日

星期六。翌陪平去复诊。晚看电视。抹身。八时三十分寝。

八月二十三日

今日捷、小蒋、建、小潘、建迅、小潘的侄儿均来，吃哈密瓜。晚看电视。洗浴，八时三十分寝。

八月二十四日

上午札录(摘录)、看报。晚看《新闻联播》。抹身。八时三十分寝。

八月二十五日

上午札录(摘录)、看报。下午写信。捷、小蒋来宿此。晚看电视。八时三十分寝。

八月二十六日

上午和项［平］去群众剧场看《罗马假日》(九时三十五分—十一时三十五分)。今日强烈气温上升，室内33［摄氏］度。今日无阵雨。晚看电视。八时三十分寝。

八月二十七日

上午八时三十分中君到。知她是昨日下午乘二时四十分火车来沪。今晨七时三十分到站，公共车八时三十分到方中家，知项亮录取大连财经学院。

八月二十八日

上午中君和项平去四川北路走一圈。晚看电视。八时三十分寝。

八月二十九日

中君去南京路(九点—十七点)买物。翌陪项平去复诊。晚看电视。八时三十分寝。

八月三十日

上午七时三十分铮来电说澂上午来。她十时三十分到。捷小蒋十时二十分到。卓今日虽星期,到另一工厂去。晚饭后澂和中君去肇家浜路。晚看电视,《新闻联播》《米老鼠和唐老鸭》。抹身。九时寝。

八月三十一日

上午八时去理发。看报。下午核月结。晚。

九月一日

晨起,左大指足趾痛,似痛疯,早晚按摩,得庚、政来信,知政录取无锡轻工业学院。写信。晚看电视。抹身,八时三十分寝。

九月二日

写信、看报。晚抹身。八时三十分寝。

九月三日

上午和项平去虹口公园爬山。平说今日很舒畅、适意。天晴,微露阳光,有轻风。夹竹桃开红、白花。晚洗浴。九时寝。

九月四日

翌和项平去南京路。上午看报。晚看电视。八点息,洗浴。八时三十分寝。

九月五日

捷上午九时来,说身体不适,去请医诊治,服中药。下午庚四时三十分乘汽车到沪。捷五时二十分回去。晚抹身。八时二十分庚、政,九时三十分寝。

九月六日

庚六时去购车票,八时三十分回来,八时五十分去肇嘉浜路澂、万处,未遇,折回。澂与中君中午十时十五分到,庚、政十一时回来。澂、君下午三时四十分回徐汇。晚看《新闻联播》。八点息,八时三十分寝。

九月七日

庚、政八时十五分去澂、万处。晚九时十分回来。在澂处吃中、晚饭。写信。晚看电视,等庚。我九时二十分回来。

九月八日

庚、政上午去虹口公园、四川北路。中午回来。捷下午五时来。晚看电视。八时三十分寝。

九月九日

晨五时四十五分起床,庚、政六时零五分出门,壬为他们煮泡饭。八时天微雨。写信。捷、蒋来。晚看《新闻联播》、京剧。八点息,八时三十分寝。18—22[摄氏]度。

九月十日

阴、小雨,凉爽。可穿毛背心。下午五时接爵来信,当即写信给中君,六时寄出。晚看电视。抹身。八时三十分寝。

九月十一日

拟信稿。十一时接贤来信,说他厂副厂长冯东晓与他爱人去浙海宁休养,过沪要去招呼。中君下午五时到。晚看《新闻联播》。八时三十分寝。

九月十二日

上午九时十分爵长途电话来。中君接她午后来。天雨。晚看电视。抹身。八时三十分寝。

九月十三日

星期日。小潘、小蒋来,托他们去导问旅馆价目和近况。今日恢复冬令时间。看《历史告诉未来》([第]九—十一集)。九时息,九时三十分寝。

九月十四日

中君去商店买物。下午三时三十分我和项平去群众[剧场]看《少爷的磨难》,六时回来。中君五时回来。晚看电视。八点息,八时三十分寝。

九月十五日

看报、写信。中午,上午去买物,中午回来。我看报。晚看电视。八时三十分寝。

九月十六日

中君上午去买物,下午给楼上和翌中改种君子兰。我看书报。晚看《新闻联播》。抹身。八时三十分寝。

九月十七日

中君上午去买物。下午二时三十分邱玲来。三时三十分玲陪中君去徐汇。晚《新闻联播》。八时息，八时三十分寝。

九月十八日

上午看书报。上午八时三十五分群众[剧场]看《灵与肉》，是拳打摔跤夺魁等情节。晚看电视。八点息，八时三十分寝。

九月十九日

翌陪项平去复诊。下午一时项捷来，四时十分去杨树。洗衣。晚看电视。八时息，八时三十分寝。

九月二十日

上午十时捷、小蒋来搞卫生。晚七时回去。中君今日在，澂陪她上火车回丹东。晚看电视。八时息，八时三十分寝。

九月二十一日

洗衣、看报、下午一时三十分去市府大礼堂看电影《巴陵窃贼》《来历不明的日记》。晚看电视，抹身。八时寝。

九月二十二日

洗衣、看报、写信。晚看电视。八时三十分寝。

九时二十三日

今日上午十时六分日环食。翌中做了观测卡。翌中、项平、我三人在阳台看得很清楚。十时十五分我去海宁路“一定好等”家买月饼，回来正十二时。午睡，起看报。晚看《新闻联播》，抹身。八时二十分寝。

九月二十四日

翌中去开会。我写信、看报。晚看电视。七时三十分息，八时寝。

九月二十五日

上午和项平八时三十分去虹口公园，看到街上烟纸店门前排了长队，说在买外烟和高[级]烟。每人一条，昨日开始[多]云、天阴，骤冷，汗衫换棉毛衫。晚看电视。八时息，八时三十分寝。

九月二十六日

翌陪项平去复诊。搞卫生。下午一时三十分我和项平去大世界游览，去时车行一时三十分(停红灯)，四时回来车行(一时二十分)，到家五时二十分。晚九时三十分玄到来，因商场要他送行，购货用商业登记证(副本)。闲谈到十一时寝。

九月二十七日

星期日。玄晨六时去购火车票，八时四十五分回来(只有立票)。建潘、迅捷、蒋均来。晚看《新闻联播》(“世界旅游日”、华亭、锦江三家庆祝会)。晚九时三十分息。十时寝。

九月二十八日

玄今日再去徐汇。下午回来，晚看电视。八时息，八点三十分寝。

九月二十九日

玄上午八点三十分出门去，中午回来。下午又去购物。下午三时小蒋来搞卫生。晚饭后回去。我上午理发，去虬江路，折回。晚看电视，《新闻联播》，抹身。八点寝。壬给我买来《孟子》。

九月三十日

晨玄四时起床，四时四十分出门，乘五时四十分特快回杭返富。晚看电视。九时息，九时三十分寝。核月结。

十月一日

凯做夜班，下班即来，八时到。捷今日来得早，七时五十分到来，做菜。万丽、小明十一时到。晚看电视。九时寝，九时三十分到。

十月二日

上午九时静、铮到。澂稍迟亦到，知澂十月一日下午二时到沪，谈武汉情况。澂下午三时回去，写信。晚看电视。八点息，八时三十分寝。

十月三日

看报、写信。晚看电视，《新闻联播》、红楼联合晚会、红楼知识大奖赛。十一时十分息，十一时三十分寝。

十月四日

今日星期。看报。晚看《新闻联播》。后客来，我即上楼。八时寝。

十月五日

看书报。莹、小蒋下午四时到(坐汽车)。五时去澂、万处，回来十时。晚看电视，《新闻联播》

《啼笑因缘》。等门。十时寝。

十月六日

莹、小蒋八时三十分出门去玩，晚六时回来。晚看电视。八时三十分寝。

十月七日

莹、忠上午去买物。澂约她们去吃晚饭，晚十时三十分到。晚看电视。等他们回来，十时四十分寝。

十月八日

看报、写信。莹、蒋下午吃了点心、面。四时二十分去十六铺，乘江申五号，十八时三十分开，去武汉。晚看《新闻联播》。八时三十分寝。

十月九日

上午九时澂来。下午一时回去。天晴。晚看《新闻联播》。八时息，八时三十分寝。

十月十日

上午翌陪项平去复诊。天雨。下午二时翌和项平去火车站接一郇和项帆，从北京来沪。去接晴，回来时又下雨。晚看电视和雀巢大奖赛。八时我息，八时二十分寝。

十月十一日

小潘来，大菜桌加工。项建、建迅、捷、小蒋来，一共十二人，同吃中晚饭。看电视。晚九时寝。

十月十二日

一郇上午去第四医院，问眼验光，说要安排到十二月才能排上号。澂今日未见来。我写信给她。翌去买项平药，十八时十五分回来。晚看电视。八点息，我八时三十分寝。一郇、帆去她姑母家吃晚饭。

十月十三日

一郇去她姑母处，说汇海路有一家五官科医院。她下午三时回来。晚看电视。八点四十分息，九时寝。

十月十四日

翌中五时三十分起床。她今日和局里离休同志去新安江发电站。一郇八时三十分去溧阳路，找铁路友人带物。澂九时三十分来，下午二时回去。壬绿豆已买来。晚看《新闻联播》。八时二十分寝。

十月十五日

上午看报、写信。一郇上午八时三十分去导问配眼镜，下午三时回来。晚看电视。七时三十分息，八点寝。

十月十六日

看报、书。晚看电视。八点息，八时三十分寝。

十月十七日

星期六。七时三十分一郇陪项帆去验光，取得验光单。十时一郇偕项帆即去南京路、汇海路订眼镜。下午三时邱玲来陪一郇。一郇三时三十分到，四时去徐家汇。五时接贤来信，六时我即去，给一郇(寄徐家汇)。捷来，小蒋来。晚看电视。八时三十分息，九时寝。

十月十八日

星期日。今日项平生日，吃蛋糕。建潘、迅捷、蒋来，蒋修洗衣机。天骤寒。一郇、项帆下午三时来，翌中去新安江回来到家。晚七时看电视。八时息，八时三十分寝。放灭鼠药。

十月十九日

看书报、札记。一郇、项帆宿楼下。下午一时翌中和一郇老干部活动室。晚看电视。七时三十分息，八时寝。

十月二十日

上午一郇、项帆去看他们姑母，下午五时五十分回来。天阴雨。晚看电视。八点息，八时二十分寝。

十月二十一日

上午看报、札记。晚看电视。八点三十分寝。

十月二十二日

看报、札记。晚看电视。八点三十分寝。

十月二十三日

上午写信。捷中午来，下午五时回去。晚看《新闻联播》。八时三十分寝。

十月二十四日

上午八时三十分，忠车行李来，莹排队买车票。下午去外滩、南京路。翌平去复诊。澂、静上午十时来，下午二时回去。

十月二十五日

星期日。莹、爵、忠、郇、帆五人去万处吃中饭。莹、忠七时三十分回来吃晚饭。郇、帆在万处吃晚饭，回爵、万处，饭后去澂处。九时三十分回。我八时三十分寝。

十月二十六日

莹、忠晨五时出门，爵协助上车，五时五十分特快回杭。爵整理衣服。电熨斗烫。

十月二十七日

看报、札记。晚看《新闻联播》、中日足球赛。八时三十分息，九时寝。

十月二十八日

上午去理发，下午四时三十分壬、翌、郇、帆、我五人去珠江饭店，应邱玲结婚宴，会到许多久别亲友，见到许多新亲友（共7席）。七时四十三分澂雇面包车送我们三人壬、翌、我，赵及女婿、养母（六人），到宿舍八时三十分，抹身，九时寝。

十月二十九日

爵晨六时去南京，晚十时三十分到来。我上午写信。晚看电视。八点息，八时三十分寝。天闷热，27［摄氏］度。

十月三十日

一郇下午一时去万处，持号码去购票。四时三十分回来。天骤寒，18［摄氏］度。

十月三十一日

写信、看电。晚看电视。八点息，八点三十分寝。

十一月一日

晨雨，写信、看报。晚电视十三大。八时三十分息，九时寝。

十一月二日

天雨。一郇、项帆由爵、小潘、小蒋三人送他们上火车。中午十二时十八分开。爵回来吃中饭。晚看电视，十三大情况。八时三十分息，九时寝。

十一月三日

天晴。我、项平送爵民航局。十时动身，十一时四十分到局，五十分开车门，我们送他上车，回来十二时开车。爵乘下午二时飞机去大连。次日上午回丹东。晨六时我和项平慢跑至虹口公园回来，计三十分钟。晚看电视，十三大情况。八时三十分息，九时寝。

十一月四日

晨六时和项平慢跑至虹口公园，进园，回来六时四十五分。九时我去海宁路，给项莹扩印照相，回来十一时。壬今日中午出差台州。今日《解放日报》载《十三大政府报告》全文，其他没有。晚看电视，《新闻联播》。七时三十分息，八时寝。

十一月五日

和项平去公园，七时回来。看报、写信。晚看电视。八点息，八时三十分寝。

十一月六日

同。七时回来。札（摘录）陶件（陶家资料）。上、下午共六小时。晚看电视。八点息，八时三十分寝。

十一月七日

同。七时回来。项平去复诊，十时回来。中午面由平做。翌老干部学习十三大文件一天。下午四点三十分回来。

十一月八日

今日星期日。捷、小蒋、建、小潘、建迅来，吃无核橘。中午吃菜饭。晚看《米老鼠和唐老鸭》《新闻联播》。八点息，八时三十分寝。

十一月九日

札旧、看报。天晴，晒被。洗浴。翌中，下午去贺同志寿，五时回来。晚看电视，《新闻联播》。八点息，八时三十分寝。

十一月十日

看报、洗衣。看一郇致平信，知她们到乌。贤定八日去广州，约需十五日。下午三时我和项平去看电影《大明星》（深圳厂出品），加演科技片二集。五时回来。晚看电视。八点息，八时二十分寝。

十一月十一日

看报、札录。郇十一月六日信，十日到上海。晚看电视，《新闻联播》。八时三十分息，九时寝。

十一月十二日

接电话，知壬今日返沪。翌去电话，要局派

车去接。中午十二时到，吃天台无核橘。玄下午四时乘汽车到。晚看电视，八时三十分息，九时上楼。玄略谈，十时寝。

十一月十三日

翌中上午八点去参加某同事追悼会。玄去徐汇、九百看织毛衣机。上午看报、札记。翌中午回来。玄下午四时三十分回来。晚看电视，《新闻联播》《雪城》(第一、二集)。九时息，九时三十分寝。

十一月十四日

翌检查身体。平去复诊。玄九时三十分去澂处。晚八时来电话，说宿澂处。晚看《新闻联播》《外国人唱中国歌》(第一)。晚九时息，九时二十分寝。

十一月十五日

今日星期日。捷、蒋、建、潘、迅来，捷做五水果冷盘，中、晚各一盘。玄中午在澂处吃，下午三时三十分回来。晚看上海台《外国人唱中国歌》(第二)。晚八时四十分息，九时寝。

十一月十六日

玄晨乘五时四十分火车去杭，返富。写信。晚看电视，新闻后《雪城》。八时五十分息，九时二十分寝。

十一月十七日

晨平六时未出门，我六时零五分去公园，回来七时零五分，知平亦去，先我回来。天小雨。看报，杂志。晚看电视，新闻后《雪城》。八时四十分息，九时寝。

十一月十八日

天阴，转冷，看报。晚看电视，《新闻联播》(李先念访意大利、河北吴桥国际杂技艺术节)。九时息，九时三十分寝。

十一月十九日

今日晴，少云，看报。晚看电视。八点息，八时三十分寝。

十一月二十日

看报。下午五时全运会在广州开幕，直播团体操，非常壮观、特色。晚看电视。八时三十分息，九时寝。

十一月二十一日

翌陪平去复诊。澂上午十时来，带来立成照片二张，开洋一包。谈沅病。玲十二时三十分来，下午二时澂、玲回去。晚捷、小蒋来宿此。我九时寝。

十一月二十二日

今日星期日。吃红糯粥、乌贼炒雪菜、冬笋。建、小潘来。晚看《新闻联播》，全运会体操、游泳。八点息，八时二十分寝。

十一月二十三日

翌去开会。天阴。中午回来。晚看电视全运会。

十一月二十四日

看书报。洗浴，洗衣。晚看电视，全运会。八点息，八时三十分寝。

十一月二十五日

看书、报，札记。晚看电视，全运会。七时三十分息，八时二十分寝。夜雨。

十一月二十六日

翌今晨七时十五分出门，乘机去厦门度假。今日天热，24［摄氏］度左右。晚看电视，全运会。八点息，八时二十分寝。晚饭改六时三十分吃，因卓要到六时三十分才能到家。

十一月二十七日

上午看报。晚看电视，《新闻联播》、全运会。八点息，八时三十分寝。

十一月二十八日

天寒，晨10［摄氏］度。项平去复诊。晚看电视，全运会。八点息，八时三十分寝。

十一月二十九日

星期日。捷小蒋、建小潘迅来。晚看电视全运会。八点息，八时三十分寝。

十一月三十日

晨慢跑，不慎跌一跤，幸今日戴皮手套，不伤病，以后更应小心，锻炼要安全第一。今日晴，3—9［摄氏］度。晚看电视。全运会。八点息，八时三十分寝。

十二月一日

天晴。写信。今日购月票。游公园，风大。

零下1—9度。核账。晚看电视。全运会。八点息，八时二十分寝。

十二月二日

晴。邱玲为我送棉鞋毛裤来。上午十时十五分没坐即去。晒被，洗外衣。晚看电视，全运会。八点息，八时三十分寝。

十二月三日

看报。壬今日出差去泰山。晚看《新闻联播》。八时二十分息，八时四十分寝。

十二月四日

上午看报，洗枕衣，睡衣。项龙下午四时十分到，捷三时五十分来问项龙。她出门五分钟，龙到。龙停十分钟即去办事。晚八时回来。我八时三十分寝。

十二月五日

龙七时三十分去交大，项平八时十五分去复诊。十时捷来电话问项龙。壬晚八时三十分回来。捷、小蒋来。龙九时回来。我八时二十分寝。

十二月六日

星期日。龙去溦、万家。晚未回来。晚看电视。八点息，八时三十分寝。

十二月七日

抹身、洗衣、看报。龙回来，知他明日要去南京，后回北京。我八点息，八时二十分寝。

十二月八日

晨四时，龙去乘火车去南京，回北京。翌中下午五时三十分到家，吃厦门买特产肉皮、烧麦、花生酥、绿豆酥。晚看电视。八点息，八时二十分寝。

十二月九日

看书、报。晚看电视。七时三十分息，八点寝。

十二月十日

和项平去静安寺，中山公园，地占320亩，有一株悬铃木，身围5.3米，已有110余年。十二时回来。九日雾特别大，浦东陆家棚出事故。晚看电视，七时三十分息，八点寝。

十二月十一日

因翌要学习，我改在三楼看书、报。晚看电视。八点息，八时二十分寝。

十二月十二日

星期六。翌因感冒、过敏，项平一人去复诊。上午看报。晚看电视。八点息，八时二十分寝。

十二月十三日

星期日。小蒋来装电灯开关。捷、建、小潘、迅来，吃菜饭、青鱼、鳊鱼。卓单位购来。晚看电视《米老鼠和唐老鸭》、吴桥国际杂技赛（重播）。八点息，八时二十分寝。

十二月十四日

天阴。写信、看报。晚看电视。七时三十分息，八点寝。

十二月十五日

天阴。看书报。中午洗浴（用红外线取暖）。晚看电视。八点息，八时三十分寝。

十二月十六日

溦上午十一时到，给我送来大衣、半导体、护膝。下午二时三十分回去。平今日去复诊。晚看《新闻联播》和《李知凡太太》（即邓颖超的化名，上、下集）。九时三十分息，十时寝。壬买来《老年生活指南》一书给我。

十二月十七日

晨有雾。中午日出，温上升。壬给我买英雄二用笔。晚看电视。八点息，八时三十分寝。

十二月十八日

上午写信。壬今日下午去参加杭高校友会，知崔东伯子崔监生专程来沪参加，会到吴士涵，说星期日来玩。吴说汪有序去年回国，到新登对曹的顶礼报恩。晚看电视。八点息，八时三十分寝。

十二月十九日

上午写信、看报。晚看电视。八点息，八时三十分寝。

十二月二十日

星期日。上午九时三十分吴士濂来，同吃午饭之后，二时三十分回去。捷、小蒋、建、小潘、建迅来。晚电视，《米老鼠和唐老鸭》。八点息，八时三十分寝。

十二月二十一日

上午写信。午饭后洗浴、更衣。卓今晚同事

叙(聚)餐，不回来吃。晚看电视。八点息，八时三十分寝。

十二月二十二日

今日冬至。翌去老干部开会，午后回来。我洗衣物，晚看电视。九时息，九时二十分寝。

十二月二十三日

翌去老干部开例会(上午八时去)。写信、看报。晚看电视。八点息，八时二十分寝。

十二月二十四日

上午七时十五分翌中、项平、我去南京西路444号仙乐剧场(风雷剧场)，看电影，日本侦破喜剧片(《片山刑警在海岛》)、墨西哥片(《被绞死的人》)。壬八时三十分至，十二时散。壬仍回单位，我们回来。三时午睡，五时起来。晚看电视。八点息，八时二十分寝。

十二月二十五日

星期五。今日圣诞节。政寄贺年片来，望亭项平同事来看她，八时到，九时回旅馆。看电视，八时五十分息，九时十分寝。翌中今日两次去老干部活动室。

十二月二十六日

项平今日第一天去上班。翌中去代转方。看报、摘录。晚看电视。八时息，八时三十分寝。

十二月二十七日

今日星期日。项平上午去寄一郇皮鞋、帆眼镜。捷上午九时来。小蒋中午来，今日下午去考试。建上午来。小潘今日日班，傍晚来。

十二月二十八日

项平去上班。我去理发。写信、看报、洗浴、更衣。晚看电视。八点息，八时三十分寝。

十二月二十九日

看报、洗衣。楼下刘伯伯送来永安电影票，法国片《警官的诺言》，上午十时三十分场。晚看电视。八点息，八时三十分寝。

十二月三十日

澂上午十时三十分到，送来对虾八只，据说由铮亲戚奉贤养殖场送来。下午二时四十五分回去。我洗衣，三时三十分午睡。晚看电视。项平说石洞电厂(今日)一号机组建成投产，累计1237万度。八点三十分息，九时寝。

十二月三十一日

上午写信、看报。晚看电视。八时三十分息，九时寝。

一九八八年

一月一日

农历丁卯年十一月十二日，星期五。凌晨五时三十分和项平去虹口公园(今日改为六时开门)买月票。六时三十分到家。中饭项建、项捷来，晚饭同。今日捷主厨。项龙复旦同学三女友在下午一时三十分来，奶粉拿去。晚看电视，《新闻联播》、上海台《迎春大世界》。九时三十分息，九时四十分寝。

一月二日

我、项平五时三十分出门，公园是六点开门，回来六时四十分。因昨晚雨，地湿，行动较慢。壬、卓去上班，捷休息(调班)。晚电视，《新闻联播》《迎春大世界》。九时息，九时二十分寝。

一月三日

项平去上班。今日星期日。建、迅、捷晚饭后七时五十分回去。小蒋去常州，八时来，知捷去。蒋因车等在门口，未坐即去。我九点寝。

一月四日

上午写信，看报。晚看电视。八时三十分息，九点寝。

一月五日

天阴。看报、杂志。晚看电视。八点息，八时三十分寝。

一月六日

今日去公园，月圆皎洁。九时太阳出来，洗浴、更衣。晚看电视。八时息，八时二十分寝。

一月七日

上午写信。天阴。捷，小蒋来，蒋回去宿。晚看电视。八点息，八时二十分寝。

一月八日

翌、壬上午去参加离休周会。天晴，洗衣。晚看电视。八点息，八时三十分寝。

一月九日

上午。

一月十日

今日星期日。捷、小蒋、建、潘、迅来。晚电视。八点息，八时三十分寝。

一月十一日

上午摘报、看报。晚电视。八时息，八时三十分寝。

一月十二日

晨雨。公园我一人去。晚电视。八点息，八时三十分寝。

一月十三日

翌去开会。中午自煮面。今日天晴。晚电视。八点息，八时二十分寝。

一月十四日

上午看杂志《啄木鸟》。天晴。洗浴，更衣。晚电视。八点息，八时三十分寝。

一月十五日

看杂志和报。翌去买年糕，去三次，排队。晚看电视。八点息，八时三十分寝。

一月十六日

项平今由翌陪同去复诊。十二时十五分回来。我下午二时三十分上楼午睡，听叫门声，以为是壬或锡客人，未起床。四时三十分下楼，知是静铮来过。晚看电视。八点息，八时三十分寝。

一月十七日

星期日。天阴。小潘、建、迅来。捷、小蒋来。午后蒋回去值班。晚看电视，《米老鼠和唐老鸭》《新闻联播》。八时息，八时三十分寝。

一月十八日

天晴。洗衣、写信、看报。晚看电视。八点息，八时三十分寝。

一月十九日

天阴，多云。看报。晚看电视。八点息，八时三十分寝。

一月二十日

翌去房管所。九时三十分澂陪她婶婶（静铮弟妇）来第四医院，为她妈配助听器。因医师不在，要明日再来。翌回。她们约坐三刻钟回去。不久静铮来，窗口谈了几句，他即去姑母处看澂等云。晚看电视。八时息，八时三十分寝。

一月二十一日

昨晚有雨，地湿，晨有雾，天晴。翌去老干部活动室。晚看电视。八点息，八时三十分寝。

一月二十二日

晨有雾。翌去老干部活动室。十时四十五分无锡翌表弟和女友来。十二时煮面招待。十二时四十五分翌回。捷下班来宿此。晚电视。八时息，八时三十分寝。

一月二十三日

今晨转冷，冰冻（毛巾）。壬、翌同去开会。晚看电视。八时息，八时三十分寝。

一月二十四日

捷今日生日。壬买来蛋糕，说我和捷生日。翌表弟冯吉人和女友今晚来此晚饭。冯去洪湖住，小蒋去杭新安。江下午六时回来，共进晚餐。看电视，《米老鼠和唐老鸭》。八时息，九时寝。

一月二十五日

晨飞雪。平、我仍去公园。晚看电视。八点息，八时三十分寝。

一月二十六日

看报。肝炎病患者日增。晚看电视。八点息，八时三十分寝。

一月二十七日

今日天晴。日出，去理发。中午洗浴，更衣。翌要我换被。她洗被单、被。晚看电视。八点息，八时三十分寝。

一月二十八日

气象说晴，实阴。看报。晚看电视。八点息，八时三十分寝。

一月二十九日

日来传说患肝炎病很多，说涮羊肉有关（先说毛蛤）。晚看电视。八点息，八时三十分寝。

一月三十日

晨雨。平说不去，我一人去到鲁迅墓折回。翌去给平转方。捷中午来，购来两袋奶粉（市上是从来没有）。她说昨日出去说不凭票，她即购二袋给我，不肯收钱。天转寒。晚看电视。八点息，八时三十分寝。

一月三十一日

翌上午去参加同事追悼会。星期日。小蒋、捷用吸尘器除尘。建、迅、小潘上午来搞卫生。小潘晚饭未来吃。八点息，八时三十分寝。

二月一日

看报，洗衣。晚电视，《新闻联播》《西游记》（第三、四集）。卓晚加班。九时五十分回来。

二月二日

天晴。看报，洗衣。卓正日班，晚加班，九时三十分回来。晚电视，《新闻联播》《岳父》（第一、二集）。

二月三日

天晴。洗衣、看报、写信。晚看电视。八点息，八时三十分寝。

二月四日

洗睡衣、看报。晚看电视。八点息，八时三十分寝。

二月五日

天晴。上午去走一回，中午热，傍晚刮风转寒。中午洗浴。晚看电视。八点息，八时三十分寝。

二月六日

九时去武昌路折回。洗衣。量体重123市斤，高 1.67 米。晚看电视。八点息，八时十分寝。

二月七日

星期日。登小山。天阴，飞小雪，即止。捷、小蒋来搞卫生。建、小潘、迅来。晚看电视。八点息，八时三十分寝。

二月八日

翌中去老干部[室]开迎春茶会。天晴。写信。晚看电视，《新闻联播》《西游记》(第七集)。八时四十分息，九时二十分寝。

二月九日

天阴。翌去老干部室。下午澂午睡，三时四十分她上楼，我正拟起。她晚饭后看《新闻联播》，七时三十分回去。《西游记》([第]八集)。八时四十分息，九点十分寝。

二月十日

天阴，看报。晚电视，《新闻联播》《西游记》(第九集)。

二月十一日

看报。晚电视，《新闻联播》《西游记》(第十集)。

二月十二日

写信，去邮局，看报。晚看电视。七时四十五分《西游记》([第]十一集)。八时四十分息，九时十分寝。

二月十三日

翌陪平去复诊。天阴。晚看电视。八点息，八时三十分寝。

二月十四日

今日星期日。看报。捷、小蒋、建、小潘、迅来搞卫生。晚看电视。八时三十分息，九时寝。

二月十五日

看报。项平下午二时三十分回来。晚看电视。八点息，八时三十分寝。

二月十六日

上午写信，看报，搞卫生。捷来搞卫生，做菜。下午四时回去分岁。晚看电视。九时息，上楼，因放爆竹声十二时二十分静，才入寝。年三十夜除夕。

二月十七日

今日春节，旧历正月初一日。昨日大雪，今晨我一人去虹口公园，游人只有平时 1/10 人(五六十人)，平时等开门有五六百人。一片雪景，厚处二寸，薄处一寸。项捷、项建、小潘、建、迅、万、丽、凯、明[等]人同吃中饭。万下午 3 点回去。晚看电视。八时三十分息，九时寝。

二月十八日

写信。澂、玲上午十一时三十分到，同吃午饭，谈至三时四十分回去。四时午睡，五时起来。晚饭看电视。八时三十分息，九时寝。

二月十九日

翌今晨乘七时二十分车去南京，祝父九十岁寿辰。壬送她上车。中午建、小潘、迅、捷、小蒋来。建等晚饭后回去，今日转阴，多云。晚看电视。八时三十分息，九时十分寝。

二月二十日

晨有小雨雪。我一人去公园。写信，卓今日接夜班，上班。捷掌厨，建一家今日未来。晚看电视，新闻、《西游记》(第十三集)。八时三十五分息，九时寝。

二月二十一日

阴，多云。中午后日出。洗衣。今日星期日，项平去上班。捷掌厨，午后回去。晚看电视。八点息，八时三十分寝。

二月二十二日

上午去海宁路回来。十一时三十分卓给我下面。晚看电视。八点息，八时三十分寝。

二月二十三日

上午去理发。卓夜班归来。她下面我吃。十二时四十分去看俞敔人。下午三时四十分回来。晚小雨兼雪。看电视。八点息，八时二十分寝。

二月二十四日

卓上早班。翌今日回来，壬、卓去接，下午四时三十分到家。三舅舅、大舅舅同来。晚看电视。七时四十分息，八时十分寝。卓睡三楼。

二月二十五日

看报，洗衣。不阴。

晚看电视。八点息，八时三十分寝。

二月二十六日

晨小雨。下午捷、小蒋来，建、迅来，建去开家长会。晚饭后回去。卓今日上日班。晚看电视。八点息，八时三十分寝。

二月二十七日

天阴，小雨。翌上午去转方，我去溧阳路买物。晚看电视。八点息，八时三十分寝。

二月二十八日

星期日，捷、小蒋、建、小潘、迅来。五舅、大舅下午六时十五分乘车回北京，小潘、蒋送到车站。晚看电视。八点息，八时三十分寝。今日晨雨。我一人去公园，鲁迅墓前一转。

二月二十九日

今日天阴雨，气温2—5［摄氏］度，微雨。今日服澂拿来人参、大补膏。晚看电视。

三月一日

星期二。天阴、小雨。楼下刘家伯伯送来永安早场十时二十分澳大利亚彩色故事片《戈利波里》电影票。晚看电视。八点息，八时三十分寝。

三月二日

上午写信。中午洗浴。晚看电视。八点息，八时三十分寝。

三月三日

今日天晴。晨八时五十分去广灵路广中四村看舅嫂，步行，十时二十分到。敲门不应。邻五十多岁妇告我，老太耳重听，家人都去上班，敲不开。我对她说，便时说一声，我是她同乡亲戚，来看过她。她说好。等我走到扶梯，要下楼，她门开了。她说我不能过门，门要关上。我和她做做手势，她说你上海总要住一个时期再来。我说好好，即回来。到家十一时三十分。晚看电视。八点二十分息，八时四十分寝。卓今晚加班。十时三十分回来。

三月四日

今晨失觉出门，迟三十分钟。要项平跑到公园门口，即乘车回来返样。六时三十分可到家。我慢跑至华侨面包公司门口，散步回来。到家六时三十五分。先飞小雪，后晴。洗衣。晚看电视。八点息，八时三十分寝。

三月五日

上午去东宝兴路，修伞。捷中午来，饭后即去。天晴。晚看《新闻联播》。八点息，八时三十分寝。

三月六日

星期日。建、小潘、迅、捷、小蒋来。澂上午十时来，下午三时回去。晚看电视。八点息，八时三十分寝。

三月七日

上午看书报。晚看电视。八点息，八时三十分寝。

三月八日

上午写信，去邮局汇款。下午三时三十五分去永安［电影院］看电影，翌同去(《京都球侠》四川峨眉出品)。五时三十分回来，玄已到。晚看电视。八时三十分息，九点寝。

三月九日

上午九时和玄一同来澂处，十一时到。玲在家。下午一时澂、玄、我三人去徐汇路，五时回来。玄去万处。我看电视，九时三十分息，十时寝。

三月十日

上午九时去石门二路，看修补牙。下午十二时三十分澂、玄、我三人去淮海看市容，回来五时三十分。静铮上午十一时从温州回来，小林爸爸要他带给我桂圆、香菇。下午六时我、玄、铮三人先去万家岭，六时三十分到。小明去叫澂、小陈，万处吃晚饭，小徐亦来。九时三十分回澂处宿，十时寝。

三月十一日

玄上午去南京路。下午一时十五分我、玄回四川路。二时下雨。电车上落同站，衣未湿。二时四十五分到四川路。我午睡。玄去淮海路。晚看电视。八点息，八时三十分寝。

三月十二日

上午八时三十分我、玄去南京路，下午二时三十分回来。翌做面吃后，三时三十分午睡。玄去买物。晚八时三十分寝。捷下午来，晚饭后回去。

三月十三日

星期日。玄出去，十一时五十分回来。捷、蒋、建、潘、迅来，晚饭后回去。玄下午又去买物。晚看电视。七时三十分息，整理行装。九点寝。

三月十四日

晨四时十五分起床，五时十五分出门，壬协助提行李，六点到站。壬守行李，玄去看看大概情况。壬回四川路。六时三十分我们进老少候车室，接待员很有礼貌，即叫我们排队轧票(验票)。离开车前四十分放行上车，坐下后旅客涌上。七时三十二分开车，按规定十二时零七分到上海，误九分钟。十二时十六分志忠在出口处等。上汽车到杭富站乘一时二十分车，我坐司机室，二时二十五分到富阳。富阳行李托志忠提，他于下午五时五十分到家。洗浴，更内衣。写信。九时寝。

三月十五日

晨六点起床，六时三十分出门，拟去鹳山，阵雨折回。中午出去寄信，半小时回来。饭后出去走一走，写信。晚看电视，三十分钟。九时寝。今日时雨时停，有雷阵雨。天气转寒。

三月十六日

中午雨、冰雹雪。六时起床。六时三十分去鹳山。七时二十五分回到家。晚五时三十分去富阳电影院看《两宫皇太后》，玄、蓉、蒋、我四人去看。陈玉娟来，琳看第二场。

三月十七日

今日县人代会开九届第二次大会。晚电影让莹去看。写信、看报。九时寝。

三月十八日

下午开大会，上午讨论。下午四时去长育处，五时三十分回来。晚看报。九时寝。

三月十九日

今日上下午讨论。天雨。晚俊兄邀同杰兄去吃晚饭。继敏送我到宿舍，看了《西游记》([第]十七集)。九时三十分寝。

三月二十日

上午讨论。九时三十分开大会选举。下午十二时三十分重选，开闭幕式，三时三十分散。四时三十分叙餐，五时三十分散。六时去富阳影剧院，看《谁是第三者》(上、下集)，九时散。回来十时寝。

三月二十一日

上午写信。小雨。下午看报。晚同。九时寝。

三月二十二日

上午写信，看报。晚小方父母来。我看《新闻联播》。八时三十分息，九时寝。

三月二十三日

上午八时和珊上街，九时三十分回来。下午四时和玄去看玉娟。回来时李福祥住二楼，同下楼送我们出门口。晚饭后去看小成，他未归，爱人在家，谈五十分钟。回来《新闻联播》已过，看《文苑漫步》(新油画)，看至八时三十分息。九时寝。

三月二十四日

天阴，小雨。上午写信，看报。下午三时四十分庚杭返。过此少顷，陈玉娟、陈厚坤来谈至四时五十五分。庚去乘车回新，继则玉娟、厚坤亦走。玄陪孝仁、二女婿来为他爱人买药。饭后六时五十分去旅馆宿。我看电视，中央政协七届一次会议和专题答记者问。八时三十分息，九点寝。

三月二十五日

上午八时四十五分去看陈七美。十一时回来，下午三时看电视，七届全国人大开幕。晚看电视。七时三十分息，八时三十分寝。

三月二十六日

上午写信。去供销社仓库看沈文波。晚玉娟来，她谈以往。看电视，她回去，看《新闻联播》《西游记》。九时二十分息，十时寝。

三月二十七日

星期天，阴雨。去理发。遇大老李，谈新中国成立之初老同志情况。晚电视，《米老鼠和唐老鸭》《新闻联播》。八时三十分息，九时寝。

三月二十八日

上午写信。中午十二时庚来说开会，听报告。玄今日上午打电话给玲，因病假未通。晚看电视，

《新闻联播》和专题报导。

三月二十九日

上午八时长育来，谈到十时三十分回去。天阴雨（给宜宝过去照片，要他便时附去）。玄今日下午打电话给翌，知她，壬27日去看翊沅。晚看电视。八时三十分息，九时寝。

三月三十日

上午雨，下午雨止。傍晚天看明日有晴可能，即去购车票，通知庚我们明日来新扫墓。

三月三十一日

上午八点我、玄、琳三人乘车去练头。九时到新登站。庚上车九时三十分到练头，步行去垅坞阿嫂家一转。在虆坟前，玄培土，庚削草，吃带去水果点心。回到练头，乘一点车到潭山头，上山到两家邻居一转，步行回，到庚家四时三十分，吃早晚饭。五时二十分到站，晚班车已早十分钟开出。玄、宿琳新登。

四月一日

农历2月15日。在新登。上午去老街——新街农贸市场、小商品市场走一圈。下午一时去杰兄家，邀俊兄来，一起闲谈。三时三十分回来，去看韩医师。五时去吃晚饭。饭后去新中和元将闲谈，八时回来，元将一定要念慈送来。庚送开水来，谈至九时，庚回去。我整理，洗脚，十时寝。

四月二日

上午八时汝霞来。八时五十分小蒋到，乘九时车来富，到十时。下午一时午睡。晚看电视，《新闻联播》《西游记》。九时三十分息，十时寝。

四月三日

今日星期日。玄出差杭州。蓉去宜兴扫墓。扫扶梯。写信。晚看电视。八时三十分寝。

四月四日

上午去县府看朱岫云，扣门不应。据他同事说可能回家去过清明。晚看《新闻联播》。八时三十分寝。

四月五日

洗睡衣。蓉下午五时宜兴回来。晚看电视。八时三十分寝。

四月六日

阴小雨，十二时三十分玄、蓉、我三人乘汽车到（70人车）杭，乘下午四时二十分特快来沪。汽车不到新桥（行7分钟）抛锚，等半小时来车（40人车）。玄先去杭，坐司机室。我与蓉富一时开出车（我坐司机室，蓉立），到杭二时十分，乘公路车到城站（小蒋拿送清明粿来），在蓬下候车。中雨。小蒋四时回富。四点开门，甚拥挤。十九时四十四分到沪，乘64路到北京东路江西路，改乘21路车到横滨桥。九点到方中家。壬、翌、平未睡。饭后十时寝。

四月七日

八时五十分玄、蓉、我乘车去澂家，只有铮一人和鹏在家。不久澂回。饭后三点去看翊沅。坐四十分钟回来。玄去万处。凯来，知万出差去杭。晚饭后玄送晚饭给翊沅，八时二十分回来。我们乘车回壬处。九时四十分到，十时寝。

四月八日

玄、蓉八时二十分出门，下午四时回来。又出去，六点回来。晚看电视。选举开票。八点息，八时三十分寝。

四月九日

翌、平、我去虹口公园。玄去购火车票。翌陪平去复诊。壬候车，不来，乘公共车去，八时三十分车来。问老项，我查肿瘤和癌应注意事项。下午一时去四川北路走一圈，二时回来。二时三十分午睡。

四月十日

今日星期日。晨五时起床，和项平一起去公园，同散步，回来六时三十分。玄、蓉上午九时去，十一时四十五分回来。建、迅、国、捷大家同吃午饭。潘因上全日班未来。下午一点玄、蓉出去，六时回来。晚看电视。八点息，八时三十分寝。

四月十一日

上午八时二十分玄、蓉、我三人去澂处，九时三十分到。维澈、定毅在，中午同吃饺子面。下午二时澈去看翊沅。三时我、蓉、君去看翊沅，四时澈、玄、毅、铮分别去看玲。晚饭吃烧麦面。七时玄、蓉、我回四川路，和壬谈。八时三十分息，九时寝。

四月十二日

晨三时起床，玄、蓉、我四时十分出门，换二次车，五时十分到站，上站就座五时二十八分。五时四十分开车，到杭九时五十五分（应九时十分到，误四十五分）。乘十时二十分车，迟至十时五十分，开十二时零五分，到富十二时二十分。到宿舍吃面。一时三十分午睡，四时起来。晚看电视。八点息，九时寝。

四月十三日

晨五时起床。五时三十分去鹳山。六时四十五分回来。写信。下午洗澡。琳去读夜电大英语，每周一次。晚看电视，八时三十分息，九点寝。

四月十四日

上午写信，看报。晚看电视。解放军演习、菲律宾工艺、雪鹅。八时三十分息，九时寝。

四月十五日

上午写信。晚玉娟来。未看电视。九时寝。

四月十六日

小蒋今日上午七时四十分汽车去沪，十七日下午回来。晚看电视。初不清晰，琳调好，看至七时三十分。八时三十分寝。

四月十七日

上午写信，寄信。去街道走一圈回来。今日实行夏令钟。今日星期日。晚看电视。不稳定，不看。看书、报。八时三十分息，九时寝。

四月十八日

上午九时玄回来，说去苏州参加展销订货，富阳要开展销会。十时蓉来说庚有电话来，区镇通知召开台属座谈会（19日上午八时）。小蒋给我购来车票。我下午三时乘车来新。蓉下班二时四十分，在杭富旅馆门来遇到。她协助我上车，迟至三时零七分开车，三时五十分到新。霞给被已晒过，开水亦送来。到后搞搞卫生。五时去吃晚饭。庚给我送开水来，谈至九时三十分回去。十时寝。

四月十九日

上午八时去镇政府参加台属座谈。据云通知15户，后来大约有30多人（有些弟兄数人，有关亲人亦来参加）。区镇报告接待应注意事项，县台胞接待。钱同志亦来作报告，十一时三十分散。区镇以新茶、香蕉、苹果、香烟招待。下午五时杰兄来谈汽车接待情况。晚玄送开水来，谈至九时回去。九时三十分寝。

四月二十日

晨欲雨。八时三十分我带伞去农贸市场，看到在收购毛笋，价0.25元一斤，过长，黑头，不要，农民零售0.30元一斤。去塔山，一路遇黄竹生、祁珊、袁宝书，同去烈士陵园（[19]84年县立碑，云54名烈士墓是富阳重点保护之一）。山巅立有纪念碑，叶飞题字。有碑文载烈士有400多人名，碑后有越南战争烈士墓碑一名。下午四时罗老师陪李椿芳老师来约我明日上午八时至九时来谈谈，云今日停水、停电，晚八时十五分电灯亮。九时寝。下午六时在庚处，遇求真夫妇。中午在医院遇小南。

四月二十一日

七时三十分庚给我送来开水。罗明俊和李椿芳二位老师来谈新登镇志问题，八时至十时十分回去。晚八时三十分息，九点寝。

四月二十二日

昨夜雨。晨小雨。上午八时去看杰兄，在俊兄[处]闲谈，李、罗二老师来略坐。我到杰兄处。文秀外科医生来，闲谈至十时，俊兄来，谈至十一时二十分，回来吃中饭。霞舅母（新疆）同吃中饭。午睡后三时去南门，到南津桥回来五时三十分，走一圈。晚饭霞陪舅母去白家。晚饭毕，项敏来（南京实习回来），谈至八时。回来八时二十五分，停电。九时寝。九时二十五分电来。

四月二十三日

上午九时去问敏，家中有多久可休息，他说中午，下午一时即去。我说和他一起去。庚中午回来，告知他霞校开运动会未回来吃中饭。我、敏乘一时二十分车来富。敏送我到宿舍，他二时三十分离此乘车去杭。晚看电视，断断续续，后来看《西游记》（[第]二十五集）。九时三十分息，十时寝。

四月二十四日

送我理发，跑三次。九时开幕。下午洗浴，更衣。琳下午二时去杭，下午五时回。核账。晚看《新闻联播》《动物世界》。八时三十分息，九时寝。

四月二十五日

上午八时三十分去看朱岫云，陈友仁亦在，坐谈一时三十分。到王文治处，陈友仁又在，谈三十分钟，十一时辞出。遇孙仁山，约我去吃面、拍照，要他作东。后看到一张联名祝贺他80大寿的《桃花源图》，才知他的用意。一时三十分回来午睡，不能成寐。四时起。晚看电视。八时三十分息，九时寝。

四月二十六日

上午写信。下午看书报。玄中午十一时三十分由沪回来。晚看电视。八时三十分息，十一时寝（写信八时四十分至十时三十分）。

四月二十七日

上午九时三十分念慈来，十时二十分去。今日雾重。晒毛笋干。晚看电视。八时三十分息，九时寝。

四月二十八日

晨雨。鹳山游人少。看《美术词典》。有的来拿毛衣，未织成，累人空跑，感到内疚，玄批评。玄中午吃饭时噎，我劝他戒烟，早晚服蜂乳。晚看电视，《新闻联播》、美国片《健美》。九时息，九时三十分寝。

四月二十九日

去取照片，看岫云不在，看《美术词典》。晚电视，《新闻联播》《喻培伦大将军》（上集、中集）。九时息，九时三十分寝。

四月三十日

晨跑回来，遇李桂英、李福祥。扎报刊。天晴。星期六，旧历三月十五日。晚看《新闻联播》《西游记》（第二十五集）。《西游记》在美国拍摄。九时三十分息，十时寝。

五月一日

今日早晨即断水。庚九时来，九时三十分回去。中午不能成寐。起床作书，付邮。再睡，仍不成。起床剥豌豆（今天第一次6.0元一斤）。晚看电视，《新闻联播》。八时三十分息，九时寝。

五月二日

上午去看朱，因放假未遇。遇周运生同志，说秦政庭在富。去访，知他去老年大学学习。晚看电视，《新闻联播》（台湾大学和复旦大学答辩“孔子哲学是否能抵制世界歪风”）。九时十五分息，九时三十分寝。

五月三日

晨跑，遇徐东海，知他将陪县长去沪。遇孙玉远。玄今晨七时去桐庐，下午三时回来。琳上午九时出去，下午五时回来。晚八时二十分我、玄、蓉三人去富阳电影院看《最后的疯狂》。黄小成来，琳开门应。回来十时三十分，十一时寝。

五月四日

晨跑，遇七美、玉远。回来遇黄小成。九时发大风，下小雨，不久止。阴多云。晚六时四十五分玉娟来，七时四十五分回去。看电视。八时息，看书，九时寝。

五月五日

晨跑后搞卫生。九时去看郑、朱。下午午睡。三时写信。今日立夏。晚看电视。八时三十分息，九时寝。

五月六日

晨跑，明月在天。六时出门，七时回来。晚看电视。八时三十分息，九时寝（赵忠祥说社会新貌、深圳教师、企业家）。

五月七日

晨六时雷雨，鹳山未去。出去寄信，买面，看札记、报纸。琳学习七点十分去，十二时回来。晚看电视。八时三十分息，九时寝。

五月八日

今日星期日。上午九时去看王文治，谈至十时三十分回来。蓉今晚店有酒席，不回来吃饭。晚看电视，八时三十分息，九时寝。

五月九日

上午看《美术词典》，札录下午看报。晚看电视，《新闻联播》《养女》（[第]一集）。八时三十分息，九时寝。

五月十日

上午去看秦敬亭不在(大约去老年大学学习)，遇龙、羊二人，亦来看秦。回来遇汪家小苟(他在县委工作)。琳八时十分知琪购电影票，她亦购，没有回来，遇我去看秦。我九时回来，她一直到十一时四十五分回来。我对她说了几句。过三分钟，莹回来。再三分钟，玄陪东阳推销员来家吃面。晚琪、小方、我、玄、琳去新影院看《屠城血证》(八时四十分—十时四十分)。回来洗面、脚，十一时十分寝。

五月十一日

起来已六时三十分，未去鹳山。天下小雨。玄去退去杭车票，仍上班。琪、琳上午出去，一小时回来，据说买裤料。晚看电视，至八时二十五分拟息，玄持电报来说，翊沅下午一时已病故，沪来电。九时二十分寝，难成寐。琳十一时三十分回来。

五月十二日

玄出差，乘七时车去杭，办事毕，乘车去沪。我洗衣。今晨大雾，鹳山亦未去。蓉打电话给庚，他委蓉明日去沪汽车票。庚下午六时到来。晚看电视，《新闻联播》。七时三十分息，我先寝。

五月十三日

庚乘八时三十分汽车去沪。晚蓉、琳、我三人去富阳电影院看《长江龙》。八时二十分至十时二十分。十一时寝。

五月十四日

上午蓉接玄来电话，要琳明日乘汽车去沪。他在人[民]广场接。说章、澂健好。翊沅18日火化，庚已到。玉娟来谈会，到乙润。晚看《新闻联播》。七时三十分息。莹、小蒋黄山回来，拟写信。十一时寝。

五月十五日

晨五时起床写信。琳乘汽车去沪。中午小方来，在此吃午膳。他买来猪肝、鳝片许多(出手太大)。大约他认为是礼貌，但我认为要节俭为是。晚看电视，不稳定，蓉拿到坐起间(客厅)放，稍好。七时三十分息。看莹去黄山带来《黄山散记》。九时三十分信。十时寝。

五月十六日

今日五时起床，照前去鹳山(已中断五天)。走一小时，遇七美、玉远、善龄。上午札《美术词典》。莹拿来电影票。晚六时三十分我、蓉、莹三人去新影院看《港客谋杀案》。九时寝。

五月十七日

晨去鹳山。写信，寄信，看书、报。下午洗浴，更衣。晚看电视。七时三十分息，八时五十分寝(看报、书)。

五月十八日

晨跑，遇文治、七美、玉远等。中午莹来烧饭，略谈。晚蓉、琪、小方去看电影。我武打片不爱看，未去。琪、小方看半场回来。我看书。九点息，九时三十分寝。

五月十九日

晨跑，遇传苟等，小雨。琪同事上夜班，略谈。遇项莹夜班回去休息。中午十一时四十五分琳、玄、湘、小蒋从上海回来，吃面。晚七时十五分至十时三十五分琳去夜[校]读英语。我九时三十分寝，十一时入睡。

五月二十日

允今日在家休息，和湘谈，给她看信。晚看电视。八时三十分息，九时寝。

五月二十一日

晨湘随蓉去菜场买菜。晚看电视。八点息，看书、报。九点寝。

五月二十二日

星期日。上午八时二十分彦章、玮、珈、鹏、汉民从杭州来。九时四十分庚、霞、炜到，小蒋、小方协助，共十七人同吃中饭。玄上厨。彦、鹏回杭，湘、珈去杭返沪。蒋、玮、汉民去杭，乘车到九江，乘船回武汉。霞、庚去杭。炜下午四时回新登。晚中央台不清晰。看中[央]二台。八时三十分息，九时寝。

五月二十三日

晨去鹳山。扫扶梯。理发。午后洗浴，更衣。晚看电视。八点息，写信，九时三十分寝。

五月二十四日

晨跑，遇王秀华(富缫丝厂女工，在新工作过)。写信，玄出差去杭，下午五时回。晚看电视，《新闻联播》《黄河》([第]二十七集)。九时息，九时三十分寝。

五月二十五日

上午九时玄陪杰兄、乙润、匡人、金浩两弟兄，方人、建人、元将、再谔、五丰等去萧山扫墓，去老屋(四村曹)。28日回杭州，回台湾。车到汽车站后，到龙山路上车，内大约还十人左右。俊杰的女儿们坐十五分钟，即下楼候车。大约他们在富阳停半小时。晚看电视，《新闻联播》后，八时十五分息，八时四十五分寝。玄去接琳，十时三十五分去，十一时二十五分回。琳十时五十五分回。

五月二十六日

晨微雨，遇周金生，他说飞车走壁这个玩意儿在富阳有几个月的表演，可能还会留上半年(上次的就是停留了半年市心街口)，广告富阳、桐乡、建德、余杭、嘉善五县。青年少年书画展在青少年宫25日—30日。晚看电视，八时三十分息，九时寝。琳晚十一时回来。长育下午三时来，谈到五时五十分回去。

五月二十七日

上午九时去青少年宫看五县青少年画展，大部和富阳差不多。有一幅棕色妇女裸体油画，没有标名称和作者，大约是老师之作。尚有铅笔画、木炭画，也有大幅，胜富阳。总的说字画，学草书，写意派，不学基本功，将来功底不实。鹳山遇七美、玉远，问台来曹氏，谈及翊沅去世。晚看电视。听中一《新闻联播》后，看中二电视。八时三十分息，九时寝。

五月二十八日

上午上街。看书、报、札记。晚看电视。听中央一台《新闻联播》，看中央二台。八时五十分息，九时二十分寝。

五月二十九日

星期日。上午九时去看秦敬亭区长，谈一小时回来。写信。

五月三十日

晨小雨。写信。札谈话题纲。上午九时元将、再谔来谈一小时去。留吃饭，说要到五个地方，转后回新登，改日再来。玄问琳昨晚几点回来。她答复无礼貌。晚看电视。八时息，九点寝。

五月三十一日

晨雨。写信。今日电视很好，不比平时，谅是接收台工作人员比平时注意关系。晚看到八时三十分，九时寝。核收支。

六月一日

上午写信，洗衣。晨小雨。中午多云。洗浴，更衣。晚电视。看到八时三十分，九时寝。

六月二日

晨大雾。遇小毕、郭、徐、谢等熟人。写信，札记(晴)。晚蓉买来电影票，未看，去退。晚看书报。九时寝。

六月三日

星期五，晴。写信。下午四时玉娟来谈一小时回去。晚看《新闻联播》《警花出更》([第]五集)。九点息，九时三十分寝。

六月四日

上午写信。晚琳去读书。晚看电视，《警花出更》([第]六集)。

六月五日

今日星期日。看报，札记。飞车今已拆去回去。晚看电视。八点息，九时寝。

六月六日

上午写信，未去鹳山。玄去发电报。今日花坛在锄草。34[摄氏]度，晴。晚看电视，《新闻联播》后，洗浴。八时二十分看《警花出更》(第七集)。九时零五分息，九时三十分寝。

六月七日

晨去鹳山。写信，看报。晚看电视。八时三十分息，九点寝。

六月八日

去鹳山。写信。蓉今日下午做好事，四时才回来。听说是协助抬孕妇去医院。晚看电视，洗浴。九时半息，十时寝。琳上夜校。

六月九日

晨未去鹳山。写信。天热。晚看电视。八时三十分息，九时寝。琳上夜校。

六月十日

看报，札记。天热。晚看电视。九时息，九时三十分寝。

六月十一日

玄、蓉休息。蓉单位来叫去杭购柜橱装饰。下午四时回来，买不到。晚看电视。八点息，九时寝。洗浴，更衣。琳上夜校。

六月十二日

天雨。本来玄、蓉均休息等，晓春和项清到来，适休息在家，则玄、蓉仍去上班。早约莹、忠中午来，看看晓是否来，可会会和协助。莹、忠如期至。琪中午饭烧不多，即临时去买面包一斤热。中午蓉亦归来看看。穿袜。接晓信，知因热不来。晚饭后我问琳今晚是否出去，不答。再问有没时间，不答。说谈十分天，仍不答。我看《新闻联播》毕，即休息。蓉身体不适，早寝。

六月十三日

上午看报，写信。今晨大雾。莹来给蓉挂盐水针。晚看《新闻联播》《警花出更》([第]九集)。十时寝。

六月十四日

晨去鹳山。九时去问赵新住处，走到幸福村，遇金梅生，谈四十分钟，去老干部活动室。问适遇一位住隔壁陈同志(书家)。十时去，韩在，赵出门。约我略坐，他即回来。十时三十分赵来。他夫妇俩留我吃中饭。遇袁小荣的女儿(在农业银行)，共谈至下午一时，她去上班，我即辞出。下午五时三十分玄回来，知吴国新来访，失候，甚歉。晚七时二十分琪、琳去小方家陪夜。看电视，《上海滩》([第]十二、十三集)。十时三十分息，十一点寝。

六月十五日

上午写信。中午午睡(琳电视学英语)。晚饭后对琳的工作、学习、生活谈了些。晚看电视，《新闻联播》《上海滩》。九时五十分息，九时四十分寝。左脚大拇指痛风。

六月十六日

晨六时三十分玄送我到车站，志忠陪我乘七时车去新登，七时四十五分到。八时志忠去看庚。八时十五分庚、霞来，我去见。九时零五分乘车回富，十时到达。小蒋因事，中饭未来吃。晚吃白鱼。蒋说饭已吃，要他尝尝。晚看电视，《新闻联播》《警花出更》([第]十三集)(琳电视学英语)。九时零五分息，九时四十分寝(脚趾红出)。

六月十七日

今日因脚行动不便，鹳山未去。上午写信。下午一时三十分琪陪我去人民医院看脚病。二时莹下班，陪我挂号、就诊、验小便、诊治、配药，药名布洛芬片。二时三十分小蒋来，要琪先回来。小蒋、莹陪我回家。三时十五分午睡，五时起床。敦五时十五分到。玄五时四十分回家，闲谈。九时寝。

六月十八日

敦乘七时十五分 14 路市车回杭。中午十二时十五分玄、蓉去杭看看。邹克和清下午七时二十分到家。我札翊沅资料。晚看《新闻联播》。八时息，八时三十分寝。

六月十九日

今日星期日。上午八时十分玄用三轮车送我医院复诊。莹在小儿科门诊处等，陪我再看内科医生，一看，要转外科医生(女)，姓洪(新登和山人云)。下午莹来给我挂盐水，青霉素(二小时)。后午睡，四时三十分起床(挂盐水 90 分钟左右)(左)。看《新闻联播》后即休息。琳十一时零八分回来。今晚难入睡，一时才睡着。

六月二十日

连日写抄翊沅 1949 年参加军官会事(7 张)、彦信 2 张。中午要玄去挂号寄。下午三时三十分莹来给我挂盐水青霉素(左)。今日快，只用了五十分钟。晚看电视，《新闻联播》。八时二十分即寝。

六月二十一日

阅翊沅信，再札，从简。下午十二时三十分莹来给我挂盐水(右)。晚看《新闻联播》《上海滩》。九时零五分息，九时四十分寝。

六月二十二日

上午琳去给我信纸，牙膏回来，略谈。下午玄回来谈，我亦参加几句。晚六时四十分莹再来，给我挂盐水(右)。息后洗脚。八时三十分息。

六月二十三日

玄今日休息，给我补衣、修旅行包扣。洗浴，更衣。今日大晴，气温上升，莹下午四时三十分来信，给我挂盐水(右)。今晚电视，移至外室，有彩色。我未看，看书、报一小时。八时三十分寝。

六月二十四日

玄休息，今日上下午用复写纸抄三份翊沅部分来信。晚看《新闻联播》，三十分钟，看《警花出更》四十五分钟。九时零五分息，九时四十分寝。

六月二十五日

玄去上班。星期六。琳读夜书。今日起服壬寄来药。晚看电视，《新闻联播》《警花出更》(第一集)。九时零五分息，九时四十分寝。

六月二十六日

今日星期日。琪、琳买好电影票，因小方的姐来叫琪去，票多，琳说公公你去看，我说让你妈去，我的脚将将好点，不去。琳阿婆来，玄陪谈。我看《新闻联播》和外国电视。九时息，九时四十分寝。琳送婆去，给我裁裤样，送去即晚取回。

六月二十七日

上午札翊沅42年信。下午六时三十分下雷雨三十分钟。晚看《新闻联播》《上海滩》([第]二十三集)。九点息，九时四十分寝。

六月二十八日

天晴。札翊沅旧信。服药三次。晚看电视，《新闻联播》。

六月二十九日

札翊沅旧信，服药二次。晚看《新闻联播》《影子》。九时息，九时三十分寝。

六月三十日

庚八时三十分来，开老干部会，带来粮票。下午十二时四十五分去车回。晚琳读书六时三十分至十时四十五分，看电视，《新闻联播》《影子》(第六、七集)。十时零五分息，十时三十分寝。

七月一日

星期五，农历五月十八日。天晴，气温24—35[摄氏]度(昨晚电视，报告)。上午九时庚给我带来退休金和手杖。他去老干部活动室，度“七一”节。庚下午一时三十分去办事，四时车回新云。晚看电视，《新闻联播》。八时息，八时三十分寝。洗浴。

七月二日

今晨本拟去鹳山，忽右拇指发痛风，不能去。要琳去给我买信纸。晚蓉、莹去看电影。玄、我看电视。琳去读夜书。八点息，八时三十分寝。

七月三日

今去寄信，出去一趟，来回半小时。晚看电视。八点息，八时三十分寝。

七月四日

札佛教“逢苦不忧，得乐不喜，持戒忍辱”等等。玄晚去看小蒋病。晚看《新闻联播》。七时三十分息，抹身，八时三十分寝。

七月五日

晨玄送去纱门给小蒋装。中午蒋、莹来此午膳，休息。琳下午三时去游泳，六时回来。蒋、莹晚饭后回去。我看电视剧第一、二集。九时三十分息，十时寝。

七月六日

日来高温达37—38[摄氏]度。庚上午略札。下午看报。晚看《新闻联播》。八点息，九时寝。

七月七日

上午札记，看报。晚看《新闻联播》。八时三十分息，九时寝。

七月八日

上午札记看报。晚看《新闻联播》。八点息，八时三十分寝。

七月九日

上午六时四十分玄陪我去新登请韩医生诊断，他说关节炎初期，开中药方七贴，说即会全愈。略谈，即去宿舍。志标送来开水。我们洗洗面，吃茶，略休息，即到车站候车，乘九时三十分车回富阳，十时三十分到宿舍。中午吃面，今日玄、蓉均休息在家。晚看《她从异乡来》([第]四集)、《警花出更》([第]二十五集)。九时零五分息，洗浴，十时寝。

七月十日

上午写信，出去寄信。蓉去开会，谈添造阳台事。晚看电视，《新闻联播》、上海歌曲赛。我九时息，九时三十分寝。

七月十一日

上午看书报，札记。晴27—37[摄氏]度。晚看电视，八时三十分息，九时寝。

七月十二日

今晨六时去鹳山脚下人医折回。遇永昌王会计金涛和韩竹英及孙女。晚看电视。九时息，九时三十分寝。《代理检察长》([第]一集)。

七月十三日

今晨去鹳山(自6月15日后未去过)。遇赵新和他孙女。晚看电视。八时三十分息，九时寝。

七月十四日

去鹳山。遇孙玉远、七美。晚电视《新闻联播》《代理监察长》([第]三、四集)。温州电视台。九点息，九时三十分寝。

七月十五日

遇老孙、七美、王科长等。莹买烤鸭，琪买来香烟，祝玄生日。晚电视，《新闻联播》《红的冲击》(日本山口百惠)([第]二集)。九时零五分息，洗浴。九时三十分寝。

七月十六日

上午九时三十分政、炜来，十时三十分去新华书店，十一时三十分回来。下午午睡一躺。乘下午五时[车]回新。晚《新闻联播》《浙江新闻》。八时三十分息，九时寝。

七月十七日

上午写信。琳去取澂寄来药。晚看电视，《新闻联播》。九点息，九时三十分寝。

七月十八日

上午写信。晚看电视，《新闻联播》《浙电视大奖赛》([第]一部)。九时息，九时三十分寝。

七月十九日

上午写信。下午看报。晚看《新闻联播》《虎啸太行》([第]一集)。九时息，九时三十分寝。

七月二十日

上午写信。看报。晚看电视，《新闻联播》《河殇》《灵光》。九时零五分息，九时三十分寝。

七月二十一日

上午写信，看报。晚《新闻联播》《虎啸太行》([第]四集)。九时零五分息，九时三十分寝。

七月二十二日

上午写信，看报。晚看《新闻联播》《红的冲击》(日本山口百惠，[第]四集)。九时零五分息，九时三十分寝。

七月二十三日

上午写信，看报。天阴。报杭州有雷雨，富阳没落着。晚看《新闻联播》《不知秋思在谁家》。九时零五分息，九时三十分寝。

七月二十四日

上午理发，看报，《永别了武器》。晚电视，《新闻联播》《不知秋思在谁家》(下)。九时零五分息，九时三十分寝。

七月二十五日

上午看旧《新民晚报》，傍晚四时下雷阵雨五分钟，温度下降。晚看《新闻联播》《红的冲击》([第]五集)。九时零五分息，九时三十分寝。

七月二十六日

上午写信。去邮局。晚凉多，可盖毛巾毯。晚看《新闻联播》《虎啸太行》([第]五集)。九时息，九时三十分寝。

七月二十七日

晨遇秦区长夫妇(昨亦遇)，张维贤的媳妇高范士。写信。琪、琳去杭。下午五时回来。晚看《新闻联播》《邹韬奋》([第]三、四集)。

七月二十八日

上午看书报。今日名烟名酒提价。晚看电视，《新闻联播》《邹韬奋》([第]五集)、《挽救女儿二百天纪实》。

七月二十九日

上午看报。下午七时下雨约三十分钟，旱约四十天是一场喜雨。晚看《新闻联播》《红的冲击》

（［第］六集）。

七月三十日

晨去鹳山。花草树木经昨日傍晚久晴初雨，真是万物经洗涤一次一样，绿的鲜艳，但游人极少，只二十人左右。一路遇熟人，亦只二三个。天阴，光线不足，只能看比较大字（《巴金六十年文选》）。晚看《新闻联播》。琳十时五十分回来，我九时息，九时三十分寝。

七月三十一日

晨去鹳山，遇郭委等。看抄家画清单。晚看电视，《新闻联播》《米老鼠和唐老鸭》。九时息，九时三十分寝。

八月一日

上午九时项敏来富，说来陪我回新。中午玄回来吃饭。对他说敏来，我即去新小住，购得下午四时车票。三时零五分离宿舍，玄、琳协助我们上车。四时四十分到新登站，来宿舍，敏回家。政、炜来，庚亦到。知他上午去杭，经玄门口，说我已来新。六时去吃晚饭。政同学董某和霞内侄女（共八人）。霞来略谈。庚陪炜来挂帐子。炜宿此。我搞卫生，抹身，写信。十一时寝。

八月二日

上午八时韩医生来看我。有病人来，他回去看了。再来，又有病人来，他再回去。九时三十分，我想不应要他再来，我应去他家复诊，十时三十分回来。晚饭后庚、霞、敏、政、炜、霞侄女来看照片。闲谈，九时回去。洗浴。十时寝。

八月三日

二日晚遇韩，说明日来看我。三日上午八时来。洗衣。晚八时去看电视，《末代皇帝》（［第］一、二集），八时至九时四十分。回来抹身。十时三十分寝。

八月四日

上午八时韩来，同去杰兄处。九时三十分去看俊，劝他服药开胃，十时三十分回来。去问剑伟病房号码，去看桂英，在陪她。十一时回来。晚九时洗浴，九时四十分寝。

八月五日

上午八时上街，十时回来。晒被、晒木箱物。下午五时收。太阳很烈。晚看报书。九时抹身，九时三十分寝。

八月六日

上午八时晒书橱书、被等。霞的弟来，晚饭后携女回珠村。晚看报。九时洗浴，九时三十分寝。

八月七日

上午八时政给我送开水来。我说要去塔山烈士墓走，问她去吗？她说好，同去。烈士墓于6月30日落成，有怀英亭，惜乎朱漆柱子已有部分剥落。栏杆是中西合璧，烈士纪念碑设计亦欠庄严艺术，特别可惜。原来塔山烈士陵墓五十三烈士石碑弃在墙边，已截去一半作另用。原来县有明文规定，碑记是重点保护，新墓碑立后（半用半弃）。我们从观音街到混荡桥向马站岭方向折回，从市桥到西门上，向南城墙上，到南门，回宿舍已九时三十分。在里面晒零物。下午二时下几点过云雨。标协助收，收好日出。晚看书与画、杂志。九时息，九时三十分寝。

八月八日

晨二时下雨，发风，九时才息，转凉。志标说大雨，衣要湿。他煮点泡饭、粉干给我作早饭，不要上街，无论如何委屈一餐。言词恳切，应允。煮好送来一碗，还新鲜，煮了一个咸鸭蛋，干菜很可口。晚洗浴。九时三十分寝。去裁便衣裤。

八月九日

上午去杰兄家，坐谈一［小］时三十分去俊兄处坐一小时，回来午饭。下午三时三十分和政闲谈至五时，去吃晚饭。

八月十日

上午八时炜陪我去镇中看看一小时。炜回来学习，我去新中和元将谈一［小］时三十分钟，回来吃中饭。下午去取衣。詹素珍来，四时三十分至五时三十分。晚洗浴。九时三十分寝。

八月十一日

上午九时三十分玄、蓉、琳来，蓉请韩医生处方。中午九人同吃中饭。午睡后玄、蓉、琳乘四时三十分车回富。上午八时去徐炜林处取衣回来，遇丁金宝，托他带信给袁南华。遇杰，到他家略谈。遇厚丰夫妇在门口，约坐，因急于想去中百，辞改日来。到区委大门口，玄在后叫，真凑巧，或先或后即不能遇到。晚洗浴。九时三十分寝。

八月十二日

八时上街，八时三十分去中百。陈正和富来中百谈业务。略坐，告辞，改日再来。遇亚娟，她右手乘自行车受伤。到门口，和丁连根谈，知他去年七月脑受伤，曾去杭动手术，十日即愈。今日再晒衣被、书信等。晚九时息，九时三十分寝。

八月十三日

今日晒被及旧札记等。晚看书、报。九时息，九时三十分寝。

八月十四日

上午七时三十分炜陪我去柴场，八时四十分到。小兰邻居通知来村口接，九时三十分回来，十时三十五分到宿舍。敏外公来。中午吃庚单位分来鸡。接澂8、9日信，知项龙已得校方通知，限期报到。

八月十五日

上午九时小兰来，十时三十分回去。晚看报。九点洗浴。九时三十分寝。

八月十六日

上午七时三十分政陪我去观音磡。到郑庄，遇袁世永的次子炳荣(长子金荣，三子三荣)，一路谈至观音磡。八时十分到袁朝元家，八时五十分回来。九时三十分到区委去问汪丽娟，未遇。吴镇长追来，回去坐谈三十分钟回来。中午霞的四弟来。下午三时三十分雷雨二十分钟。晚看报，核收支。九时息，九时四十分寝。

八月十七日

早上七点三十分去抄宣传窗。八时三十分去银行。九时去杰兄处。九时三十分去俊兄家。老二来新，朱成年亦在。十时回来，整理。中午吃饭，敏回来，下午去。汪丽娟今日遇到，去塔山，龙虎嫂遇到。路上遇徐月娥、周观风、丁阿根嫂、五峰。从老街回来，整理。六时去吃晚饭，吃鸡。晚整理。九时三十分息，十时寝。晚八时四十五分停电，十时十五分电来。

八月十八日

晨六时雨。上午去新街农贸市场一转回来，整理。下午去庚处吃面。下午二时小蒋到，三时乘车来富。小蒋、政三人同来，到富，走到桂花路北门路口，雨至。我、政在小店塑栅避雨。蒋回来取伞。只差五分钟可以到宿舍，后下雨。三时汽车，三时十分才开出，误点十分。倘按时开车，不致遇雨。琳送伞来，邻居家明母子同车来。他们送来青岛葡萄。晚看《新闻联播》和日本电视剧《第三个母亲》([第]一集)。洗浴，十时寝。看《末代皇帝》一集。

八月十九日

上午写信。政上午九时出门，下午三时五十分回。四时十五分离此，送她到北门路桂花路，我回来。到宿舍即下雨，即止。晚看《新闻联播》《末代皇帝》(第十集)、《第三个母亲》([第]一集)。十时息，洗浴。十时三十分寝。

八月二十日

上午去掇药。晚看电视，《新闻联播》《末代皇帝》([第]十一集)。九点息，九时三十分寝。

八月二十一日

上午写信。晚《新闻联播》。看报。九时息，九时三十分寝。

八月二十二日

上午写信。下午五时陈玉娟来催毛衣，说她儿子高考录取浙江电科院(531分)。晚看《新闻联播》《红的冲击》([第]十三集)。九点息，九时三十分寝。

八月二十三日

上午写信，看报。晚看电视，《新闻联播》《浙江新闻》(水灾镜头)。

八月二十四日

上午写信，看报。晚看电视，《新闻联播》《末代皇帝》([第]十二集)。九点息，九时三十分寝。

八月二十五日

上午去理发。写信。札记。晚电视，《新闻联播》《第三个母亲》(看一段)。八时十分看《末代皇帝》，再看《第三个母亲》第二集后半段。九时三十分息，十时寝。

八月二十六日

上午札录。晚电视，苏联木偶，《红的冲击》([第]十四集)、《第三个妈妈》(第十一集)、《末代皇帝》([第]十四集)。九时三十分息，九时五十分寝。

八月二十七日

晨小雨，天暗。六时二十五分出门，到人医回转，到家七时零五分。札录。晚电视，《新闻联播》《末代皇帝》([第]十五集)。九点息，九时三十分寝。

八月二十八日

八时三十分去王处，未遇。九时三十分庚来，因长育误会，累他空来，十时三十分回去。下午三时去会，到不久，县府来电，要他去。略谈，即告辞回来。晚看《新闻联播》《动物世界》。八时三十分息，九时寝。

八月二十八日

天亮迟，六时二十五分出门，七时零五分回来。写信。上午去看文治，未遇。下午三时去，回到。星期日。晚看《米老鼠和唐老鸭》《新闻联播》。八时三十分息，九点寝。

八月二十九日

札被抄件。上街，写信。晚看《新闻联播》《红的冲击》([第]十五集)。八时三十分息，九点寝。

八月三十日

上午写被抄信。莹来吃晚饭。晚看电视，《新闻联播》。

八月三十一日

上午十时去寄信。遇长育，路谈四十分钟。核收支。小方来，琪同去。晚《新闻联播》《第三个妈妈》([第]十三集)。九点息，九时三十分寝。

九月一日

拟写信稿。项琪抱病仍去上班。下午四时回来，下午二时十分蓉购来电影票三张。项琳、蓉、我三人去看《南岭传奇》(武打片)。小方来陪琪去医院治病。晚电视，《新闻联播》《末代皇帝》([第]十七集)、《第三个妈妈》。九时三十分息，十时寝。长育送来月饼，即去，未谈天。

九月二日

再改信稿。琳上午去学缝纫。下午四时五十分去寄信，并去文治处，遇到略谈，信请他过目。回来晚饭后看《红的冲击》《末代皇帝》(第十八集)。九点息，九时三十分寝。

九月三日

上午再拟信稿，看报。晚看电视。《红的冲击》《末代皇帝》(第十九集)。九时十分息，九时四十分寝。

九月四日

今天星期日。再拟简化些。下午五时得邻居交来敦信，启视，欣知龙孙已购得三十日上午九时半机票去洛杉矶，转机到路易斯安娜州立大学攻读博士。他交大毕业后在[国内]工作五年，工作努力，争取出国，“有志者事竟成”，来之不易，可说是“我要学”的典范，欣慰。晚看《米老鼠和唐老鸭》《新闻联播》《历史上的今天》《罗宾汉的儿子》。九时十分息，九时四十分寝。

九月五日

六时十五分出门。今日上鹳山，七时十五分回来。写信。晚看《新闻联播》《红的冲击》([第]十七集)。八点息，八时三十分寝。

九月六日

上午札录，看报，写信。晚电视，《新闻联播》。八点息，八时三十分寝。

九月七日

看报，札录。下午二时王文治来座谈四十分钟回去。晚电视，《第三个妈妈》([第]十七集)。九点息，九时三十分寝。《末代皇帝》([第]二十集)。

九月八日

玄去杭接澂、铮。十二时四十五分到，误点(本来十一时三十分可到)。《末代皇帝》([第]二十一集)、《第三个妈妈》([第]十九集)。九时三十分息，十点寝。

九月九日

上午澂、铮区去鹳山桂花路，十一时回来。

下午我、澂去看舅姆。晚电视，《红的冲击》([第]十八集)、《末代皇帝》([第]二十二集)。九点息，九时三十分寝。

九月十日

上午去老街(春江路)，沿江，十时三十分回来。下午三时澂、铮去看长育。他来谈至六时。晚看电视，《新闻联播》《末代皇帝》([第]二十三集)。九时息，九时三十分寝。

九月十一日

星期日。庚九点来，晓、春九时三十分来，同中饭。庚下午二时三十分回新。春三时三十分回杭。玄、澂、铮四时四十分去新。晚看《新闻联播》《米老鼠和唐老鸭》《地心游记》(上、下)。九时四十分息，十时二十分寝。

九月十二日

上午八时去看郦志瑀画展，约有一百多幅，看一小时、出来到新华书店一转，九时三十分到家。早饭前黄小成来即去，说要上班。晚电视，《新闻联播》《传奇夫人》([第]八、九、十集完)。中看《红的冲击》(十分钟广告时间)。

九月十三日

玄上午七时到富，八时回来。转去邮局汇款。澂、铮下午二时三十分到，知他十二日先去瑶琳再去垅坞。十二时到街上，在五峰处吃中饭。庚晚上请他吃晚饭。晚看电视，《新闻联播》《草原小屋》(第二部[第]十三集)。九时十分息，九时四十分寝。

九月十四日

澂、铮上午七时四十分去杭铮舅父婶母处(二位都是87岁)。晚看电视。

九月十五日

玄、蓉休息。玄、我、蒋乘十二时五十分车来杭，蓉送我们到车站。到杭，蒋去取车票，玄推小车，我们步行，二时四十分到站。澂、铮亦同时到。乘四时二十一分96次特快来沪，乘64路，21路到壬家九点十分。谈谈，洗脚，十一时寝。澂、铮去徐汇区。

九月十六日

壬上班，翌去听报告。中午吃饭。午睡后洗浴。玄去四川北路。平、卓上班，捷已回去上班。下午四时洗浴。捷、小蒋下午六时来，他们吃过晚饭来。晚看电视，《新闻联播》《末代皇帝》([第]二十六集，演员介绍)。十时息，十一时三十分寝。

九月十七日

上午十时看奥运会开幕式，一时结束。洗衣。下午二时寝(午睡)。玄去澂处。写信。晚电视，《新闻联播》《末代皇帝》([第]二十六、二十七集)。十时息，十时三十分寝。玄未回来，宿澂处。

九月十八日

星期日。上午九时三十分澂、玄来。十时二十分看《奥运会》。看至下午二时。下午一时邱玲来，二时三十分澂、玲回去。三时午睡，四时起来。晚看《新闻联播》《奥运会》([第]二集)。九时息，九时三十分寝。

九月十九日

玄去购物。札改。上午看《奥运[会]》一小时。玄下午再去给我买来纸板箱。晚看电视，《新闻联播》《奥运[会]》([第]三集)。九时息，九时三十分寝。

九月二十日

玄四时十分乘21路去车站，赴杭返富。翌去学写字。中午捷煮面吃。下午三时我去到喜临门，一路看看回来。晚看电视，《新闻联播》《奥运会》([第]四集)。九时三十分息，十时寝。

九月二十一日

上午札信，稿要壬看看。晚看电视，《新闻联播》《奥运会》([第]五集)。九点息，九时三十分寝。

九月二十二日

上午札信，看报。晚看电视，《新闻联播》《奥运[会]》([第]六集)。

九月二十三日

上午札信，看报。晚看电视，(奥运会得第二块金牌)、《奥运[会]》([第]七集)。

九月二十四日

上午八时三十分邱玲来问贤通信处。澂送来梨子、月饼。捷、小蒋回去。下午五时万来，送来月饼。晚看电视，《奥运[会]》([第]八集)。

九月二十五日

今日中秋建小潘迅来。晚小戴来，同吃晚饭。看电视，《新闻联播》(今日发第三块金牌)、《奥运会》([第]九集)。九时十分息，九时四十分寝。

九月二十六日

上午去理发，写信。晚看电视，《新闻联播》《奥运[会]》([第]十集)。九时息，九时三十分寝。

九月二十七日

去海宁路，武昌路回来。下午洗浴。晚看电视，《新闻联播》《奥运会》([第]十一集)。九时息，九时三十分寝。

九月二十八日

上午写信，洗衣。晚看电视，《新闻联播》《奥运会》([第]十二集)。九时息，九时三十分寝。

九月二十九日

看报，洗衣。晚看电视，《新闻联播》《奥运会》([第]十三集)。九时息，九时三十分寝。

九月三十日

上午搞卫生。益民一厂瓦斯爆炸，伤30余人，四医院救护车繁忙。晚看电视，《新闻联播》《奥运会》([第]十四集)。九时零五分息，九时三十分寝。

十月一日

星期六，旧历戊辰八月二十一日。中华人民共和国成立三十九周年。天阴，晴多云。澂、玲、玮上午十时来，捷、蒋、建、潘、迅、大家同吃午饭。下午玲、贤回去，澂、玮、平、迅、我二时三十分去虹口公园拍了十余张四寸。澂、玮回去，我们三人回四川路。小戴来同吃晚饭。晚看电视，《新闻联播》《奥运[会]》(第15集)。九时十分息，九时三十分寝。

十月二日

整理，核收支。看报。晚看电视，《新闻联播》(奥运会今日落幕，下届在西班牙举行25届1992年)。八时三十分息，九时寝。

十月三日

今晨六时去虹口公园。七时回来。天阴。写信。晚翌表侄夫妇天天来。晚电视，《新闻联播》《家》([第]一集)、《昭君》([第]一—二集)。九时三十分息，十时寝。

十月四日

翌去练字。捷今日开始工作。蒋午饭后回去。写信。晚看电视，《新闻联播》，看《家》第二集。九时息，九时三十分寝。

十月五日

看书报。《新闻联播》《家》([第]三集)。九时息，九时三十分寝。

十月六日

看书报。中午洗浴。晚《新闻联播》《家》([第]第四集)。九时息，九时三十分寝。

十月七日

看书报。洗衣。晚《新闻联播》《家》([第]五集)。九时二十分息，十时寝。

十月八日

翌去开会，看电影，壬同去。中午蒋煮粥。晚看《新闻联播》《家》([第]六集)。九时息，九时三十分寝。

十月九日

星期日。小蒋、捷、小潘、建、迅均来，同吃中晚饭。卖烟台苹果在弄内。晚看电视，《新闻联播》《家》([第]第七集)。九时息，九时三十分寝。

十月十日

上午写信。玄晚上八点四十五分到，说去丹东。晚看电视，《新闻联播》《家》([第]八集)、《昭君》([第]八集完)。九点息，九时三十分寝。

十月十一日

玄晨六时去购火车票，下午二时回来，四时去澂处，晚未归。晚电视，《新闻联播》《家》([第]九集)。

十月十二日

上午洗衣，看报。玄中午回，他煮面。壬、翌去听报告。《家》([第]十集)。晚看电视。七时十五分玄去等火车去丹东。八时三十分息，九时寝。

十月十三日

上午写信。壬、翌去学习文件。小蒋中午烧面。晚电视，《新闻联播》《家》《春》([第]十一集)。

八时三十分息，九时寝。

十月十四日

上午上街，看报。晚看《新闻联播》《春》(第十二集)。九点息，九时三十分寝。

十月十五日

看书报。中午洗头，洗浴。晚看电视，《新闻联播》《家》([第]十三集)。九点息，九时三十分寝。

十月十六日

星期日。虹口公园，虹口区敬老节庆祝会，七时至九时，太极拳表演，我看了第一个节目即回。晚看《新闻联播》《春》(第十四集)。九时息，九时三十分寝。

十月十七日

晨至公园，有小雨，即折回。壬、翌去。晚电视，《新闻联播》《春》([第]十五集)。广告说鲁迅公园有画展。九时寝。

十月十八日

晨散步后，八时三十分再去虹口公园，说没有画展。我想去鲁迅纪念[馆]看看，到十时二十分，正要出口，看到对面铁门拉拢[处]有画展，王个簃题字。晚看电视，《新闻联播》《春》([第]十六集)。八时三十分息，九时寝。

十月十九日

今日重阳。晨去公园，门牌上盖以红绸。八时三十分再去，问馆门口职员，说今日公园改名鲁迅公园，只接待收到红帖[的人]，不对外开放。十时回来。翊澂于九时三十分到来，送来照片、饼干、香蕉。吃面。她下午一时去参加单位敬老节招待。晚看《新闻联播》《秋》([第]十七集)。公园九时三十分出来，园名更换鲁迅公园。

十月二十日

翌去老干部活动室。中午她来电话要我吃，不必等她(下午一时三十分回来)。洗衣。今日晒画。小蒋来，今日捷未来(去南桥)。晚看电视，《新闻联播》《秋》([第]十八集)。八时三十分息，九时寝。

十月二十一日

上午写信。今日再晒。晚看电视，《新闻联播》《秋》[第]十九集完。

十月二十二日

天阴天。[看]书、报。洗衣。晚电视，《新闻联播》。

十月二十三日

星期日。小潘没来(去帮人)。天多云。晚电视，《花鸽子》，看不懂。八时三十分息，九时寝。

十月二十四日

星期一。上午去理发。天阴，有小雨。晚九时玄从丹东回来。邱玲、小陈到车站接。因静弟等来沪，玄宿此。十时玲、小陈回去。晚看电视。九时三十分息，十时三十分寝。

十月二十五日

玄晨六时去购车票，小蒋饭后回去。晚看电视，电视节服装展览大奖赛、《小屋》等。九时息，九时三十分寝。

十月二十六日

玄上午去给爵有当向导买汽油磅衡量仪，中午回来。晚看电视，《新闻联播》。九点息，九时三十分寝。

十月二十七日

玄上午去买另物，下午四时回来。

晚看电视,《新闻联播》。九点息，九点三十分寝。

十月二十八日

玄晨四时离此，由小蒋协助，乘五时三十分特快去杭。回信，上午写信。翌、小蒋下午去老年商品展销，五时回来。晚看电视，《新闻联播》电视节。八时三十分息，九时寝。

十月二十九日

上午写信，看报。晚电视，《新闻联播》未看，看《上海电视节闭幕式》。八时三十分息，九时寝。

十月三十日

星期日。公园在砍树(因中空)，假山上的。晚电视，《米老鼠和唐老鸭》《新闻联播》。八时三十分息，九时寝。

十月三十一日

写信。眼镜鼻梁断，只能用 150 度[这副]眼镜写字。下午四时庚来电话，知韩尔中于 29 日逝世。五时我去拍了唁电。晚看电视，《新闻联播》。八时三十分息，九时寝。

十一月一日

翌去学大字，小蒋因事回去。中午自煮面。洗头，洗浴。晚看电视。《新闻联播》断断续续看了一些。八点息，八时三十分寝。

十一月二日

洗衣。因眼镜坏了，少看书报，多听收音机和电视。晚看电视，《新闻联播》《蜀道难》。下面刘家送来电影票，上午十时三十分香港片《廉政风暴》。

十一月三日

洗衣，看报。下午五时三十分小蒋给我眼镜架换好。晚看电视。七时四十分湘到来。我九时息，湘十时息。

十一月四日

上午理报。湘出去寻旅馆，中午回来，下午去海宁路看看。晚看《新闻联播》《花烛》（第三集）。九时三十分寝。

十一月五日

湘上午去轮埠，下午去澂、万处。晚九时三十分回来。晚看《新闻联播》《越剧评选》。九时息，九时三十分寝。

十一月六日

湘上午和卓去买物。接电报，知同事周女士下午三时三十分到站。湘去接，当日去宝钢。六点半来电话，知周同事已到宝钢，住进招待所。晚看电视。

十一月七日

湘晚八时三十分来，同事和她住地毯招待所。湘九时三十分去招待所。晚看电视。

十一月八日

早上湘来吃早餐。八时去，晚七时来宿此。晚看电视。

十一月九日

湘早上去，晚饭来吃。傍晚去买水果点心。晚看电视。

十一月十日

湘早上去，将行李送来招待所，结账。下午二时五十分来。小蒋烧面给她们吃，送到虬江路。乘车乘下午六点轮船回武汉。晚看电视。八时三十分息，九时三十分寝。项清晚七时三十分来，九时三十分去。

十一月十一日

上午去武昌路折回。晚看电视，《新闻联播》。八时三十分息，九时寝。

十一月十二日

看报，写信。晚看电视，《新闻联播》，八时三十分息，九时寝。

十一月十三日

星期日。看报。小潘一家、小蒋、捷来。晚看电视，《米老鼠和唐老鸭》《新闻联播》。八时三十分息，九时寝。

十一月十四日

星期一。看报。洗浴。晚看电视，《新闻联播》。八时三十分息，九时寝。

十一月十五日

小蒋回去。翌去写大字。中午我自炊。洗衣。晚看电视，《新闻联播》。八时三十分息，九时寝。

十一月十六日

翌中去学烹饪。中午自炊。晚看电视，《新闻联播》。八时三十分息，九时寝。

十一月十七日

上午小时有小雨，天转寒。晚看电视，《新闻联播》《警犬》。八时三十分息，九时寝。

十一月十八日

晨雨，公园游人只有1/10。八时雨止，日出。晚看电视，《新闻联播》。八时三十分息，九时寝。

十一月十九日

翌陪平去复医。我去武进路，塘沽路回来。晚看电视，《新闻联播》《鹰冠庄园》。八时三十分息，九时寝。

十一月二十日

星期日，天晴。晚九时十五分小方从富来，带来火腿。坐五分钟即去，乘车去锡。项清下午七时来，下午九时去。晚看电视，《新闻联播》。九时二十分息，十时寝。

十一月二十一日

星期一。翌去开会。中午小蒋、我二人吃面，小蒋烧。卓中午也回来吃(粥)。洗浴。晚看电视。八时三十分息，九时寝。

十一月二十二日

小蒋回去，洗衣。看《巴金60年文选》。晚看电视。

十一月二十三日

翌过敏，上午休息。中午仍起来煮面。晚看电视。

十一月二十四日

翌习大字。我在洗菜。澂来，谈起去四医院挂号验血，十一时三十分回来。翌煮面。玲下午二时十五分来。三时澂、玲去。二时三十分陈老师来电话给小蒋，我留条给翌。上楼休息。晚小蒋来看《新闻联播》和《警犬曼克》，八时三十分息，九时寝。

十一月二十五日

去验血，单分二份。据云今日只能验一单，星期一来二单均可验，改星期一去。壬、翌去听报告。今日停电维修电路。上午八时停，下午四时三十分来电。晚看电视，《新闻联播》。八时三十分息，九时寝。

十一月二十六日

看报。去四川路，至喜临门回来。晚看电视，《新闻联播》。八时三十分息，九时寝。

十一月二十七日

星期日。捷、建二家来。中午吃面。下午三时四十五分贤来电，卓接，说直飞乌，还来沪，葡萄邮寄。晚看电视，《米老鼠和唐老鸭》《新闻联播》《鹰冠庄园》([第]一集)。八时三十分息，九时寝。

十一月二十八日

今日到鲁迅公园，去鲁迅墓，六时三十分回来。七时壬儿陪我去抽血。七时十分回来。晚看电视。八时三十分息，九时寝。

十一月二十九日

上午理发。去江湾路折回。晚看电视。八时三十分息，九时寝。

十一月三十日

看书报。晚看电视。八时三十分息，九时寝。

十二月一日

去公园。去医院取验血单。写信。去买药。晚看电视。八时三十分息，九时寝。(11月24日检查，28日去抽血，12月1日取来验血单。)

十二月二日

今日右足背微痛。写信。晚看电视。八时三十分息，九时寝。

十二月三日

今日足有微痛，仍去公园。翌去开会。中午我自煮面。晚看电视，《新闻联播》《鹰冠庄园》半集。右脚肿。八时三十分息，九时寝。

十二月四日

今日星期日。起来地上湿，不知是何时下雨。因右足背痛，公园未去。天阴。看报，看书，写信。晚看电视。八时三十分息，九时寝。澂上午九时三十分来，下午二时三十分去。

十二月五日

公园不去。只去取乳奶出门。服消炎片。晚看电视。八时三十分息，九时寝。

十二月六日

翌去练写。九时二十分铮来电问我足疾。写信。晚看电视。七时三十分息，八时寝。因足病，早休息。

十二月七日

天晴。翌去练字。小蒋上午十时回去，给我信纸、牛皮信封。晚电视，看到八点。八时十分寝。壬给我买来消炎片。

十二月八日

翌去老干部活动室。澂十时十五分来给我送来消炎片。翌十一时三十分回来吃面。澂十二时三十分回去。天阴。晚看电视。八时三十分息，九时寝。捷、小蒋来。

十二月九日

天晴(星期五)。写信，看报。晚看电视，《新闻联播》。八点息，八时三十分寝。

十二月十日

星期六。写信，看报。晚看电视，《新闻联播》《鹰冠庄园》。九时息，九时三十分寝。

十二月十一日

星期日。天晴。今日恢复去鲁迅公园，六时四十五分至八点回来。今日吃年糕。捷今日仍去开会(因外教要回国过圣诞节)。晚看电视。

十二月十二日

去公园。晚看电视。八时三十分息，九时寝。

十二月十三日

看报，洗浴，更衣。晚看电视。八时三十分息，九时寝。

十二月十四日

看报，洗衣。晚看电视。八时三十分息，九时寝。看《鹰冠庄园》。

十二月十五日

看报，晚看电视。八时三十分息，九时寝。

十二月十六日

今日0—7［摄氏］度。看《河殇》，剪报。捷今日去检查胎位。晚看电视。八时三十分息，九时寝。

十二月十七日

晨陪捷去抽血，验后去上班。平去复方。翌给我晒棉胎加褥。晚看电视。八时三十分息，九时寝。万下午三时三十分来，四时三十分回去。葡萄干要他带去。

十二月十八日

今日星期日。天阴。澂上午九时三十分来，下午二时三十分回去。晚看电视。八时三十分息，九时寝。

十二月十九日

翌、壬去开会。中午自炊吃面。写信。日来有点感冒、流涕。晚看电视，三十分钟。上楼写信。八时三十分息，九时寝。

十二月二十日

晨去公园。大便竟日不下。写信，中午寄出。晚七时早上楼休息。大便欲解不下，小便动则下，急不可待一夜。

十二月二十一日

到凌晨三时三十分才下二粒，如蚕豆板羹二粒，稍松。壬儿七时上楼来问我，牛奶要他去拿。洗裤七条，毛巾二块。吃素食，喝开水，吃水果。壬要我打电话要澂来问问，电话未打通。

十二月二十二日

晨写信。要小蒋给我去寄。今晚吃鱼，生暖锅。我怕火气，只吃汤。

十二月二十三日

写信。壬、翌去老干部。中午回来。信托小蒋去寄，买点水果。下午二时澂来，拿来黄连素，四时回去。晚八点息，八时三十分寝。

十二月二十四日

大便通，痰浓，咳嗽。卓今日休息在家。晚看《新闻联播》，即休息上楼。

十二月二十五日

今天星期日。迟点下楼。翌问我好些吗，我说好些。她说昨夜漏电，对面29号变压器处爆发火点，有人呼叫：有电话的人家赶快打电话通知电力局。有人叫呼，有电话的人家赶快打电话通知电局。我们即去电，消防队车亦来。割断电线，火熄。我说在昨晚十时三十分我听到噼啪声，以为是圣诞节，也有人放炮竹。救火车来时我以为是不是飞机低飞巡视。到凌晨二时三十分开灯不亮，以为是拉电。上午九时澂要玲打电话来，问我病情况。壬接电说：好多了，告诉你妈妈。晚八时三十分上床。

十二月二十六日

今日大便好些，咳尚有，故单吃麦迪素。小妹回来。晚看电视。八时息，八时三十分寝。

十二月二十七日

今日大便正常。早饭后，今日上午九时半华东电业局成立中国华东电业总公司，壬、翌去参加。晚看电视，《新闻联播》后，八点息，八时三十分寝。

十二月二十八日

翌去学烹饪。中午十二时回来。我九时去理发。到公园买月票。一路看看回来。十一时二十分煮面吃。下午一时午睡。晚看电视。八点息，八时三十分寝。

十二月二十九日

今日去公园，五时四十五分至七时回来。九时玲来电话说妈问外公痊愈没有，她爸爸1月2日要去温州，白酒是否要带去。元旦他们要上班，妈不来了。晚看电视。八时三十分息，九时寝。

十二月三十日

去公园，七时回来。阴有小雨。晚看电视。八点息，八时三十分寝。

十二月三十一日

上午九时四十五分去永安电影院看《红蜘蛛》（长春片）。十一时三十分回来。晚看电视，《元旦晚会》。九时三十分息，十时寝。

一九八九年

一月一日

星期日。旧历十一月二十四日，天晴。晨五时十五分起床。六时出门，到鲁迅公园。先去谒陵，后登小山。回来去取牛奶，到家七时三十分。早餐吃炒年糕、马蹄蛋糕。核去年十二月收支。看报。晚看电视。澂因铮一月二日去温州，玲、玮上班未来。万因岳母病，亦未来。建、小潘、见迅来，捷、小蒋来。中、晚吃火锅涮羊肉。电视，上海台元旦晚会。九点息，九时三十分寝。

一月二日

晨五时四十分去公园，六时五十分到家。看《茅盾六十年》。八时下楼，吃捷自制猪油年糕。写信。今日天阴。晚看电视，《新闻联播》、上海台元旦晚会。八时三十分息，九时寝。

一月三日

上午看报告。捷、小蒋傍晚来。晚看电视。电视八时息，八时三十分寝。

一月四日

晨去公园。九时三十分去公园前折回。落衣，幸楼下刘家妈拾后晒在竹竿上的，关心，真谢谢她。晚看电视。八时三十分息，九时寝。

一月五日

早上吃蛋糕。上午九时澂来，也带来蛋糕。中午邱玲来，下午一时三十分澂、玲回去。晚看电视。八点息，八时四十分寝。

一月六日

吃蛋糕。翌写字。晨二时小雨。用雨具去公园。晚看电视。七时三十分息，八时三十分寝。

一月七日

昨晚二时(今晨)雨较昨日大些。用雨具去公园。吃澂的蛋糕。翌去老干部活动室。今日有车接送。十一时三十分回来。晚看电视，《鹰冠庄园》。八时十五分息，九时寝。

一月八日

星期日。天阴。五时四十五分—七时十五分去鲁迅墓、小山(8100步)。吃蛋糕。晚看电视。八时三十分息，九时寝。

一月九日

星期一。上午看报、洗衣。晚看电视。八点息，八时三十分寝。

一月十日

上午看报、搞卫生。晚看电视，《新闻联播》。八时三十分息，九时寝。

一月十一日

上午去湾角看报。晚看电视，《鹰冠庄园》。八点息，八时三十分寝。

一月十二日

上午抄画、题字、看报。晚看电视，《东方大酒店》。八时三十分息，九时寝。

一月十三日

星期五。翌去闵行电局开会。下午去南桥参观。我上午写信，下午一时三十分午睡。似要下雨雪，即起收晒出衣裳。二时小雪，不多。晚看电视。八点息，八时三十分寝。

一月十四日

上午看报。下午二时又飞小雪，不久即止。下午洗头、洗浴、更衣。晚看电视，《鹰冠庄园》(半集）、《大饭店》（七集半）。九时零五分息，九时三十分寝。

一月十五日

星期日。天晴，0—7［摄氏］度。九时三十分澂来，带来小林爸送的开洋。我、壬各一大包（二斤袋）。澂下午一时三十分回去。晚看《米老鼠和唐老鸭》《新闻联播》。七时三十分息，八时十分寝。《大酒店》（9—10）。

一月十六日

晴，洗衣。阴，有小雨。星期一。晚电视，《新闻联播》《大酒店》（11—12）。

一月十七日

阴，有小雨。看报。晚看电视，《大酒店》（［第］13—14集完）。九时息，九时三十分寝。

一月十八日

旧历十二月十一日。天阴，有小雨。气温4—10［摄氏］度。看剪报《河殇》。晚看电视，《上海新闻》《新闻联播》《鹰冠庄园》。政于今日下午五点三十分到四川路。

一月十九日

阴雨。政下午二时三十分离此去杭州。我送她上电车。我去买花生酱瓜。下午三点午睡。五时起来。晚看电视，上海台、我中央台《新闻联播》。八时三十分寝。

一月二十日

今日壬、翌去老干部活动室。晚看电视，《新闻联播》。八时三十分息，九时寝。

一月二十一日

星期六。翌中今日（烹）饪、考核、叙（聚）餐。晚看电视，上海台《新闻联播》。八点息，八时三十分寝。

一月二十二日

星期日。中午吃菜饭。晚电视，《米老鼠和唐老鸭》《新闻联播》。八点息，八时三十分寝。

一月二十三日

天阴。晴，中午日出，4—7［摄氏］度。晚看电视。七时三十分小林弟和他侄来，住北京路旅馆。八点息，八时三十分寝。

一月二十四日

天晴，1—10［摄氏］度。晒被。下午四时三十分湘、成、耘、滨到。据说船一时三十分到埠上岸。等车，路上红灯，足足三小时。澂来电去杭火车票已买就（玲来电）。小林顺便，票亦买来。饭后，他们四人于七时三十分去澂、万处，回来十时二十分。我九时上楼。他们十一时寝。

一月二十五日

湘四人于九时出门，下午二时回来。三时三十分又出去。六时三十分回来。晚看电视。九时寝。

一月二十六日

湘、林晨三时起床，早餐后四时零五分出门。我送他们上电车，四时十七分开。我回来五时三十分，去鲁迅公园。洗衣。晚看电视。八时三十分息，九时寝。

一月二十七日

晴，气温0—5［摄氏］度。看报。晚看电视。八点息，八时三十分寝。

一月二十八日

上午去鲁迅公园，回来时飞小雪。不到片刻即止。天阴，多云，气温-2—5［摄氏］度。洗罩衫。翌、建去老干部商场买物。晚看电视。八点息，八时三十分寝。

一月二十九日

今日星期日。公园多转一点时间（9200步）。七时三十分吃早餐。小蒋中午有应酬，未同进餐。湘等五人晚九时三十分到（误点十五分）。晚十时寝。他们十一时寝。

一月三十日

湘等去南京路买物，下午回来。晚看电视。八点息，八时三十分寝。

一月三十一日

湘等去浦东煤气厂。向耘、林滨和他叔叔去锦江公园。晚看电视。八点息，八时三十分寝。

二月一日

翌下午一时去参加座谈会。下午三时五十分回来。湘等上午出去买物，下午又去。四时二十分得贤来信。湘等下午四时二十五分去船埠。壬送他们鲁迅公园前上电车。晚八时三十分寝。

二月二日

贤下午四时到。晚我抹身、更衣。晚看电视。八点息，八时三十分寝。

二月三日

晨写信，公园未去。邱玲来电说中午或下班来。九时三十分我去理发。买纸回来。十时五十分玲下午有事，提前来，累她等。

二月四日

贤上午十时去新客站。下午四时回来。洗衣。晚看电视。八点息，八时三十分寝。

二月五日

贤去新客站航空售票处去看看，买物。中午十二时回来。晚看电视。八时三十分息，九时寝。

二月六日

今日春节。己巳年正月初一日，去公园。星期一。上午溦、静、邱玲、小陈、邱玮、万、丽、明、凯、项明、项建、小潘、建迅、项捷、小蒋来。大家同吃午饭。翌、卓、小潘、建主炊事。溦们上午十一时四十五分到，下午三时回去。晚看电视。八点息，写信。十时寝。

二月七日

晨三时三十分起床。贤乘四时十八分 21 路电车去新客站，去富阳、新登。我送他上 21 路车。回来再睡。七时三十分起床。天昨晚有小雨，今阴。晚看电视。八点息，八时三十分寝。

二月八日

晨去公园。回来看《巴金六十年》一小时。下楼吃汤圆。九时凤弟来坐谈一小时，十时回去。抄录《河殇》，看报。天阴寒，气温 4—7［摄氏］度。晚看《新闻联播》和《鹰冠庄园》。九时零五分息，九时四十分寝。小蒋、捷回家。

二月九日

（年初四）壬、捷、平、卓均照常上班。去鲁迅公园。晚看电视。九时二十分，贤、蓉君、琪、琳到。我十时寝。他们十一时寝。玄十一时三十分到（次晨知悉）。

二月十日

上午九时三十分湘、小林、耘、滨到，去徐汇宿。晚宿溦处。晚看电视。八点息，八时五十分寝。

二月十一日

今日贤、湘等会到。湘一家、玄一家在壬处吃晚饭，去溦处宿。晚看电视。我八时息，九时寝。

二月十二日

湘、小林四人上午九时三十分去轮埠。玄、贤八时三十分到。他们乘十二时轮回武汉。晚看电视。八点息。八时三十分寝。

二月十三日

贤去机场候票，得十四日上午七时二十分去广州票。贤、我去看平伯母。四时四十分乘 21 路车去，我送他上电车。玄、贤送他上机局汽车（要前二小时到局）。贤、玄、我去看大舅嫂，未遇，返。上午去看启人，坐一时三十分回来。和梅川谈谈，启卧床不起。回来吃中饭。

二月十四日

晚看电视。八时三十分息，九时寝。

二月十五日

上午玄、蓉、琪去南京路。下午四时我、玄、蓉、琪、琳来溦处。玄、琪晚饭后七时三十分回壬处宿。我九时看电视息，九时三十分寝。

二月十六日

玄送琪上五时二十一分特快去杭，回富。玄八时到溦处。晚看电视一小时。九点息，九时三十分寝。

二月十七日

上午溦陪我、蓉去看萍妹，坐谈九十分钟回来。秉成因白内障住院。说不慎跌一跤，手和额有微伤，要推迟动手术。

二月十八日

上午溦陪我去凤弟处。她陪定毅去看耳疾。小凤休息在家，任炊。凤留我吃中饭。谈到下午一时回来。晚看电视。九时息，九时三十分寝。

二月十九日

星期日。上午看电视，《鹰冠庄园》。十一时三十分溦、铮、玄、蓉、琳、我去万处吃中饭。

十二时三十分万去华亭宾馆参加业务谈判，二时回来。三时三十分回四川路，五时到。晚看《新闻联播》。十时息。

二月二十日

晨五时起床，五时四十五分出门。玄陪我再去看大舅嫂。六时十五分到她住处，等到七时去敲门，小沈应开门。和大舅嫂谈，七时三十分告别。八时十分到四川路。蓉君、琳去买物，一时回来。玄二时三十分回来，整理行装。十时寝。

二月二十一日

玄、我晨三点起床，三时五十八分到车站等21路。四时十八分到，转乘64路，四时四十五分到站。旅客已进站。小蒋(建国)协助上车，正八点。整个上午小雨。八时五十五分到杭站。小蒋(志忠)在出口处等。乘车至龙翔桥，坐面包车来富(车价4元一张)。十一时零五分到宿舍。莹、琪昨晚上夜班，在家休息。同吃中、晚饭。小方晚饭后来。晚九时寝。

二月二十二日

晨六时去鹳山，七时回来。鹳山公园又新建亭台、走廊。吃小妹奶油蛋糕。天阴雨，写信，午睡。别处未去。晚八时息，八时三十分寝。

二月二十三日

上午将小林照片寄出。玄今日去象山。天阴、小雨。晚琳买来《阿潭内传》电影票，严顺开主演。六点至八点。我、琳、蓉、莹、忠、琪、方七人同去。九时寝。

二月二十四日

天寒、阴、小雨。去鹳山，遇徐亚英买菜回。写信。玄中午回来十二时三十分，汝霞来，和她弟一时回去。晚看电视。八时三十分息，九时寝。

二月二十五日

星期六。去鹳山，遇吕关锡。写信。庚来开会，下午四时三十分回去。晚看电影《出水芙蓉》(五十年前老片)。我、玄、蓉、琳四人去看，六至八点。

二月二十六日

上午看报、写信。今日天大好、雾重、日晒好。陈玉娟下午四时来，五时回去。晚看电视，《新闻联播》《第三个女人》(看一段)。八时三十分息，九时寝。去鹳山，遇徐徽垣院长。

二月二十七日

去鹳山，遇赵文光、粮站小孙，还有一位新疆回离休干部。理发、抹身、更衣。今日也天晴气爽。核收支。同玄去农贸市场看市容和物价(上午八时)。晚看电视，《新闻联播》《大凤凰》(19集下，20集上、下集完)。九时十分息，十点寝。

二月二十八日

上午九时去看七美，王远亦在。坐谈九十分钟回来。下午三时去看赵文光，师母俞寒三在，拿出苹果、酥糖。少顷，赵回来。坐谈一小时回来。晚看电视，八时三十分息，九时寝。

三月一日

天阴、小雨。玄去海宁，看《孟子译注》。晚看电视，浙江台、中央台。八时十分息，九点寝。

三月二日

晴。看赵导，问寻不着，去老街。琳去买菜，我十一时回来。玄在烧饭，琳未回。琳、琪下午大约三时去杭回来。晚六时十分去影剧院，看香港片《无敌小子》(李连杰主演)。八点回来，遇钟有亮，略谈，知他去年秋去临海工作，翻车，脑振荡。医生有的劝他动手术，有的说用化疗能治愈。据说化疗一月后复原，人发胖。回来洗面、足。九时寝。我、玄、蓉六时十分场，琪、琳八时十分场。票莹买来。

三月三日

天阴、小雨。山上晨练人不多。晚看电视。八时三十分息，九时寝。

三月四日

今日晨小雨，七时朗。九时去看赵新，十一时十五回来。下午三时三十分去看秦。附近在建筑，不知改道从何处进，折回。晚吃大馄饨，看《法制文学选刊》《梁漱溟与毛泽东》。晚看电视。八时三十分息，九时寝。

三月五日

今日星期日。气温3—9［摄氏］度。上午九时三十分去看王文治。他们正在粉饰房间，略谈三十分钟，即回札。《梁漱溟与毛泽东》。晚看电视，

《新闻联播》《流氓大亨》([第]一——二集)。八时三十分息，九时寝。

三月六日

上午写信、寄信。鹳山未去。整理整理。看报、札记。洗外罩衣。晚看电视,《新闻联播》《流氓大亨》([第]三—四集)。我八时三十分息，九时寝。

三月七日

上午札《梁漱溟与毛泽东》。下午三时三十分小方爸来。我们打打招呼。晚饭后去看小成、黄河。七时三十至八时三十分看电视。八时三十分息，九时寝。

三月八日

上午准备行装，定明日去新登。晚看电视。八时息，九时寝。

三月九日

晨七时四十分小蒋陪我来新。他九时十分回富阳。我搞卫生。霞已有开水二瓶，放在桌上。她九时三十分来看有没有来。十一时去吃中饭。晚饭后庚送开水来，谈谈。八时三十分霞来。他们九点回去。我九时三十分寝。

三月十日

五时三十分起床，去买早点。炉子才生火，等半小时。买豆浆、面包回。九时去看杰兄。谈至十时三十分，去看俊兄，他已出门，未遇。十一时回来，去时遇厚丰，谈半小时。午睡。下午到标处、韩师母处略谈。晚八时息，八时三十分寝。霞给我送开水来，谈一小时回去。

三月十一日

玄七时十分到新，打电话给庚，同去潭山头坟上一转。与竹笙、水松谈谈。十一时回来到家。十二时十五分吃面。晚谈谈，九时寝。

三月十二日

蓉、琳、小蒋七时十分到。因七时四十分车是去广陵，乘八时十分车，洗马桥步行至垅坞。项敏、项炜在坟上除草。我、玄和金根谈谈。我去坟山，大家吃干粮。天有小雨、阴。十一时出来，乘十二时十五分车回城吃面。庚、玄下午一时再去潭山头，四时回来。蓉、琳、蒋乘三时三十分车回富阳。玄拟乘五时四十分车回富，至六时没有，折回宿。下午四时俊、杰二兄来，约我去吃晚饭。五时去，七时回来。玄、我谈谈。九时寝。

三月十三日

上午玄、我去新街贸易市场看看。傍晚五时长育来谈四十五分钟。他回去吃晚饭，六时再来谈谈，至九时回去。我九时三十分寝。

三月十四日

竹笙说上午来，至十一时到，谈了一回。十时四十五分去志敏和某职工家。吃中饭。玄乘下午一时二十分车回富阳。晚七时我去看庚。他上夜班，由霞去电话。八时三十分来，谈至九时，他回去。我九时十五分寝。

三月十五日

上午我核收支。中午庚来，说下午早点下班去潭山头。三时三十分来，乘自行车去。四时二十分下小雨。我中午抹身、更衣、洗衣。晚八点三十分息。九时寝。

三月十六日

上午不出门，等陈来。十时到，谈谈，十一时去。说下午三时来，未来。三时三十分我去中学看元将，四时五十分回来。知霞去下十管。今日停电。庚送开水来，谈一小时，七时回去。我八时三十分息(电九时三十分来)。

三月十七日

上午搞搞卫生，门前扫扫。九时去杰兄处，和俊谈谈，十时五十分回来。上午八时三十分出门，想去看看桂英，慰问韩剑伟去世。走至门前，遇到。谈谈，知韩是农历十二月十日去世，合作[社]门口讣告，一月十八日载明，一月十七日病逝。下午十二时三十分陈来取款。玄下午五时三十分到。晚八时三十分寝。

三月十八日

晨雨，广播说有中到小雨。玄、庚去潭山说改期。十时竹笙来取款。玄给。我去看方爱金到中百取药费，到塔山看龙虎嫂，未遇。十一时回来，下午去看元将。晚八时三十分寝。

三月十九日

晨。玄、庚六时三十分去潭山，到垅坞。十一时回来，竹笙和他的儿子的舅子来，同吃中饭。一时他们回去。我、玄乘一时四十分汽车来富阳。晚看电视。八点息，八时三十分寝。

三月二十日

上午整理收支。下午一时去报到。晚看电影《长城大决战》（富影院），六点至八点。回来适蓉下班回。同回宿舍，看电视。

三月二十一日

上午在中型会议厅三室开小组会。下午影剧院听报告。晚看电视。八时三十分息，九时寝。

三月二十二日

上午大会开幕，听报告。下午在富阳旅馆讨论。晚看电视。杭一台转播富阳人代大会实况，有富阳工商企业镜头。八时四十分息，九时十分寝。玄今日下午去新登、潭山，下午五时回来。天晴。

三月二十三日

阴，有雨。上午在富阳旅馆讨论。下午在影剧院听报告。三时二十分息。孙仁山、杰兄来看法专纪念册及金鱼，四时二十分回去（册孙借去拍）。晚看电视，有富阳电视台节目。八时三十分息，九时寝。

三月二十四日

上午讨论，下午专题座谈。我和俊休息在家。玄下午三时去新登。晚看电视，有富阳台新闻。八时十五分息，九时寝。章子娟来同看电视，宿同学处。

三月二十五日

琳起早和我同去进早餐。昨晚、今晨有雨。五时后转晴。定今日庚、玄扶虋遗骸迁葬潭山头黄山岭，我先母墓右侧附葬。会议上午分组讨论，下午大会通过决议，行闭幕式，三时五十分结束，拍照。四时三十分叙（聚）餐（新登区七桌）。六时散。回来看电视，富阳台电视。八时十五分息，九时寝。

三月二十六日

晨重雾。上午整理。玄、志忠上午十时到。玄谈虋遗骸迁葬情况。下午一时去理发，等一小时。午睡。晚看《米老鼠和唐老鸭》《新闻联播》。八时三十分息。九时寝。蓉下午二时去杭，晚八时回来。

三月二十七日

晴。琪、琳去杭，下午五时回来。晚六时十五分俊由次女陪，来坐谈。我们今晚迟，饭没有吃。他们七时三十五分回去，玄送他们下楼。看电视，外长答记者问。八时息，八时三十分寝。写信。

三月二十八日

玄上午去黄山岭看工程，下午二时回来。知已大部分竣工。定三十日，如天晴，我们去。晚看电视。八时三十分息，九时寝。

三月二十九日

上午写信，看报。晚看电视。八时三十分息，九时寝。

三月三十日

晨，我、玄、莹、琪、小方、琳去新登。庚、霞、敏、炜同去黄山岭扫墓。回城在庚处饭，后回富阳。晚看电视，写信。九时寝。

三月三十一日

看报，核收支。晚看电视。八时三十分息，九时寝。

四月一日

上午阴，有小雨。写信。下午三时长育来谈一小时，仍回新登。晚看电视，《新闻联播》。广东省长、辽宁省长谈广东开放和辽宁改革，对记者答得很麻利。八时三十分息，九时寝。

四月二日

玄、蓉今日下午一时去宜兴。上午九时去杭。我今晨去鹳回来，到粮站门前大雨，停十分钟（六时三十分）。晚看电视。人大代表谈农业的重要性。省长、地委、水利农业专家发表言论很热烈。八时三十分息，九时寝。

四月三日

去鹳山回来七时，今日七时三十分天黑，雷雨约一刻钟，比昨日推迟一小时。整理报纸。晚看电视，《新闻联播》。八时二十分息，九时寝。

四月四日

晨阴雨。看札记。中午蒋、莹、琪、琳、我一起吃中饭。下午五时十五分琳正在工作，有一位好友来访说这么晚还在做。琳，你听到这表扬作何感想？我特记上一笔这“佳音”。今晚饭六人吃。晚看电视，《新闻联播》，企业家、专家论当今改革要点，要发扬艰苦奋斗、勤俭节约，从我做起，长久打算等等。八时三十分息，九时寝。

四月五日

今日清明。星期三，天阴。看杂志，札记。晚看电视。八时三十分息，九时寝。

四月六日

去鹳山。抹身、更内衣。看书报、札记。晚看电视，《新闻联播》，大会专题讨论。九时十分息，九时五十分寝。

四月七日

今日去抄《小学生行为规范十条》（30分钟）。没上山，回来七时。下午三时玄、蓉从宜兴回来。晚看电视，《新闻联播》《大酒店》（[第]11—12集）。九点二十分息，十时寝。

四月八日

今日再去抄[《小学生行为规范》]十条，并看科技局前的画廊，[破除]迷信漫画。回来七时十分。农历三月三日，天晴朗。晚看电视，《新闻联播》。练钢笔字。八时三十分息，九时寝。

四月九日

星期日。《米老鼠和唐老鸭》《新闻联播》。八时三十分息，九时寝。晨再去看《漫画》，上午誊20条《小学生行为规范》一份，看报。

四月十日

晨走桂花路、春江路，走一圈回来。写字，看报。晚看电视，《新闻联播》。八时三十分息，九时寝。

四月十一日

玄应小方爸的约，七点去乘车赴上海。看报，写字。晚看电视，《新闻联播》《环球大观》。八时三十分息，九时寝。

四月十二日

鹳山五天未去，今日继续去。烈士墓前有许多纸花和花圈，因连日天雨受损。晚看电视，《新闻联播》。写信。九时三十分息，十时寝。

四月十三日

天阴雨。看《报刊文摘》，做摘记。天阴，小雨，气寒，山上人最少的一天。晚看电视，《新闻联播》。八时二十分琳陪我去富影剧院看《敦煌》，中日合拍电影。十时三十分回来。十一时寝。县人代、县政协开，合照在市心街口工商银行前宣传栏展出。

四月十四日

去鹳山，去文具店。今日“计划生育宣传日”。摸奖，邮局门前，建设银行门前市心弄二处。玄下午五时三十分到家，谈遇到壬、澂情况。晚看电视，《新闻联播》等，八时三十分息，凌晨二时拨早一小时，为夏令时间，到九月十四日。

四月十五日

去鹳山，遇文波、七美、老孙。山上商店早已开门。晚看电视。八时三十分息，九时寝。

四月十六日

星期日。上午去想买简装信笺，没有。看《中国美术词典》。天晴，洗浴，更衣。晚看电视，《新闻联播》《米老鼠和唐老鸭》已播二十分息。八时三十分息，九时寝。

四月十七日

晨琳回鹳山。今天是一次看陈报札记。温度渐升，10—20[摄氏]度。晚看电视，《新闻联播》。八时三十分息，九时寝。

四月十八日

看报、杂志，札记。天渐热，拿去一床被褥。10—28[摄氏]度。晚看电视，《新闻联播》。八时三十分息，九时寝。

四月十九日

今晨雾重。回来遇雨，衣半湿。玄、蓉上午十时去杭。下午六时琪三人同回到家。晚看电视，《新闻联播》《康德第一保镖传奇》。八时三十分息，九点寝。

四月二十日

晨细雨即止。看报，札记。晚看电视。八时三十分息，九时寝。

四月二十一日

晨阴、小雾。看《生活周刊》。晚看电视。八时三十分息，九时寝。琳今晚未出去。

四月二十二日

晨小雨。琳山上未去。上午九时四十五分，蓉陪程国栋到来，知她是陪袁韵秋从广州来新，昨宿杰生处。今日来此，十时四十五分玄陪她去车站乘十一时二十分车去杭州。晚看电视。八时三十分息，九点寝。

四月二十三日

今日星期日。写信、看报(《杭州日报》蓉、志忠拿来两天的)。晚看《新闻联播》(长沙百货公司等大商店给暴徒打毁，西安秩序乱，公安人员出动，已基本安定)。八时三十分息，九时寝。

四月二十四日

晨天晴月明，路遇谢、郭、赵等。回来天出现大雾。上午十时文光来看君子兰、九节兰、茶花，坐谈三刻钟回去。下午小方来，纪念钢笔给他。晚看电视《新闻联播》《杭州新闻》、越剧(陈书君演《巡按斩父》)。九时十分息，九时四十分寝。中午洗浴、更衣。

四月二十五日

晨没上山。去看工人文化馆宣传廊。洗衣。得项平四月二十三日来信。项捷于四月十五日二十点钟分娩，产一女孩。琳说明晨叫我。晚看电视，《新闻联播》《黑猫旅社》([第]1—2集)。九时十分息，九十四十分寝。

四月二十六日

晨一人去鹳山。写信。中午有一女人来学织毛衣，玄给她安置织机。琳有人在楼下叫。我午睡。琳、琪、玄十时三十分回来。晚看电视，《新闻联播》《黑猫旅社》([第]3—4集)。九时三十分息，十时寝。

四月二十七日

晨去鹳，遇老谢、惠英等。玄、琪、小蒋上午八时去杭，下午五时回来。晚看电视。八时三十分息，九时寝。

四月二十八日

看书报，札记。晚看电视。八时三十分息，九时寝。

四月二十九日

上午写信、[看]报。晚看电视，《新闻联播》《黑猫旅社》。十时息，十时三十分寝。雪。

四月三十日

上午作清洁工作。庚九点来，下午二时回去。蓉侄内侄下午四点来。晚黄小成来谈，后看照片。黄河来。我十时寝。

给龙信，曾引用哈利迈·索尔兹伯里著《长征：前所未闻的故事》中邓小平十六岁去法勤工俭学的故事，告知他，以资鼓励。

五月一日

晨雨，鹳山今日开盆景展览。邮局窗栏宣传1949年富新解放图说。影剧院富阳霹雳舞会票价2.50—2.60。山上练功人少，旅游车多(息在鹳山脚)。敏上午十一时到，霞十一时三十分到。下午四时项琪结婚车来接。五时四十五分车来接客，宴设在富阳饭店(蓉服务店)。七时三十分去看永富新房。他妈招待我们。八时回来，我九时寝。

五月二日

敏七时去乘车回新登，霞八点去，回新登。琳陪宜兴二位、蓉内侄去鹳山。我去理发、抹身、更衣。晚看电视，《新闻联播》。蓉回来。《黑猫旅社》7—8集。九时三十分息，十时寝。

五月三日

晨去鹳山。蓉二位内侄今日返杭，明日去宜兴、南京。小蒋陪去杭，明日回来。晚饭时，文光送来参加庆祝富阳解放四十年纪念会。晚看电视，《新闻联播》(袁木对记者谈话)。九时三十分息，十时寝。

五月四日

鹳山有盆景展出。春江棉纺厂有二盆龙柏。房内门锁，不能看。据蓉说，庚来电话：五月四日下午一时县中型会议室“五四”节四十周年活动。下午一时三十分开座谈会。遇陈侠、韩长春、赵新、郭善龄、孙玉远、孟锡吾、赵文光、汪兆虎、周步康、徐东林、范培忠等同志。水果、糖果、香烟、清茶招待。会场由余大白主持，各界代表讲话。三时三十分散。遇陈厚坤约我去玩，谢谢。回来吃晚饭。六时四十分影剧院文艺晚会。八时四十分散，回来洗脚，九时三十分寝(天晴)。

五月五日

晨去鹳，遇中学王莉莉老师(韩尔中儿媳妇)，她说领队来参加表演。我说我未看，很好。洗外衣(四月初一，立夏，天晴)晚看电视。八时三十分息，九时寝。

五月六日

晨去鹳山脚下。小店老板余某他招呼我说项允中我在大青认识，问允中有三个女儿已出嫁几个，我的家庭情况他也略知一二。遇政协夏同志，也谈了一些晨练情况。晚看电视，《新闻联播》。八时三十分息，九时寝。

五月七日

晨练遇老谢，谈知孙阿毛嫂因车祸死亡，某人早婚早能被查惩罚。晚看《米老鼠和唐老鸭》《新闻联播》。

五月八日

上午九时县地方志编室何玉泉来了解新登过去政治、经济、文化等方面人和事，半小时去。晨，中百大楼前窗上挂富阳改革十年成就图片展览海报。晚看电视《新闻联播》。蓉参加考试。玄去方家。我看日本片《幸福的明天》。九时息，九时三十分寝。

五月九日

晨，中百前展[富阳改革开放十年成就图片展]收起来了。[改在]市心弄、银行前展出，文艺、书法、艺术，有陈礼君的字、陈书君的[越剧]艺术、刘海粟的题字、摄影作品，还有达夫作品研究[成果]等展出。

五月十日

中午蓉回来说，庚电话告曹惟敏、三泰等下午二时来富阳看我。二时四十分到。惟敏、三泰、乙润夫人、匡人、方人、五峰的女儿、三泰的儿子，方人去杭州，玄、我八人去鹳山玩、拍照。四时三十分我们回来，他们回新登。元将的女婿司机。晚玄、琳去小方家。我、蓉看电视。中央一台不清，日本电视剧一集。九时息，九时三十分寝。

五月十一日

晨雷雨。六时十五分出门，七时回来(未去山上)。上午写信。晚看电视，《新闻联播》。我九点息，九时三十分寝。

五月十二日

上午看杂志、札录。晚饭后玄对琳织衣工作提出警告。莹、琪、蒋协助整理。我停看电视，亦说了几句。七时玄、我看电视，《新闻联播》等。九时息，九时三十分寝。

五月十三日

天小雨，山上人很少。

五月十四日

上午玄、我乘七时四十分车去新登，去看舅婆，会到十时去曹家，会到很多亲友，有许多生疏。十二时在新城饭店赴宴，会到程国燚老同学。我们四位老同学坐在一桌。俊杰、敦、我、国栋、韵秋等十人。路上遇到涛雄夫妇，说在住院。晚饭在杰兄家吃，同席杰、国栋、昆山夫妇、乙润夫妇。玄、我七时回来去五峰家，桂惜华坐谈至十时十五分回来。十二时寝。庚、霞、敏来谈至十一时十五分回去。

五月十五日

上午八时玄、我去元将处吃中饭。下午一时回，略休息。三时知三泰们去福光寺尚未回来。六时吃晚饭，饭后去杰兄家，八时回来。停水、停电。玄去约长育来谈。庚来，玄去五峰处。十一时敏来，问玄未归。敏去接玄，十二时回来。电、水来。

五月十六日

晨乘六时五十分车来富。玄、庚去参加开会。十一时三十分庚、玄回来。一时我休息。庚二时三十分去新登。我上午洗浴、更衣、洗衣。晚饭后看电视。九时息，九时三十分寝。

五月十七日

晨去鹳，遇老谢、徐、张、前医院长(微垣)。蓉、琪、琳上午八时十分离此去杭。今晚我一人。晚看电视。九时息，九时三十分寝。

五月十八日

莹今日她去买菜，小排骨肉、樱桃肉、茄子、黄瓜、草莓等。我说买得太多，可节约一点。蓉、琪、琳下午七时五十分到来。晚电视。看到九时息，九时三十分寝。今日中午翊沅骨灰安葬于西湖南山公墓。

五月十九日

玄、章、铮、澂、鹏九点到来。九时四十五分离此去新登。下午四时回来。晚饭后他们去看莹、琪小家庭。我看电视。九时息，九时三十分寝。

五月二十日

澂、铮、章、我、玄、琳去龙山饭店拍照。九时他们回杭。十时玮、珈、兰、杭、祎到来。下午三时三十分去饭店拍照。蓉、琪来，再去拍照。他们乘四时回头车去杭。晚看电视。琳将外出，玄阻之。看电视。九时息，九时三十分寝。

五月二十一日

晨雨。六时十五分出门，雨止，又下中雨。从北门路回来。六时四十五分札点建议。晚看电视。九时息，九时三十分寝。

五月二十二日

细雨不断。中午吃面。玄给我改衣、补裤。晚看电视。九时息，九时三十分寝。

五月二十三日

看报、札记。天阴，小雨。晚看电视。九时息，九时三十分寝。

五月二十四日

看报、札记。下午天气转好。明日可能晴。晚看电视。九时息，九时三十分寝。

五月二十五日

天晴，理发，经理徐富章。今天是另一位职工理。札点想谈的资料。晚看电视。九时息，九时三十分寝。

五月二十六日

晨六时，玄陪我去应国勬之宴，华侨饭店二楼包厢，同席俊、侠、杰、绮、敏、该店总经理王经理、润、定、我、敦十一人。十二时入席，一时三十分席散。勬一定要小车［送］我、玄回富。二时至三时十分到富。琳不在家，蓉、琪在。晚我一人看电视。八点有重要新闻，隔壁小余他来同看。他畅谈他的观点和家教。九时蓉、琪说有菜焦味，他即去，说肉。九时三十分寝。

五月二十七日

拂晓不寐。六时二十分醒，即去桂花路看窗宣。回来七时二十分，整照片。晚看电视。九时息，九时三十分寝。蓉在，未上班前参加。

五月二十八日

整理照片，拟发信。晚看电视。九时息，九时三十分寝。

五月二十九日

整书包，拟发信。晚看电视。小方、琪来。晚来，知他去桐庐回来，不久他父亲来。九时息，九时三十分寝。

五月三十日

晨去鹳山，遇赵新。上午写信。晚看电视，《新闻联播》《狮城勇探》(［第］一集)。九时息，九时三十分寝。

五月三十一日

晨遇陈仁文，上午写信。今日定为“世界无烟日”。晚看电视，《新闻联播》。九点息，九时三十分寝。

六月一日

上午札了点对话，考虑不一定提出。中午洗头、洗浴、更衣。核五月份支出。晚看电视《新闻联播》《浙江新闻》《三毛寻亲记》《狮城勇探》(［第］八集)。九时三十分息，十时寝。

六月二日

洗衣。晚学徒邀她去看八时四十分电影。晚看电视。九时二十分息，九时五十分寝。

六月三日

去鹳山回来。在剧院处看有一妇人临产，有七八妇人围着，在告诉她要如何如何。有人去医院求援，六时三十分。晚看电视，八时三十分息，九点寝。

六月四日

上午写信、看报。中午看电视。晚看电视。

六月五日

今日“世界环境日”。看旧报、洗衣。晚看电视，《新闻联播》，宣读少图。晚十一时，有天安门镜头数分钟。

六月六日

晨道听途说、整理报纸、洗衣。玄多年不用收音机，重新收听天安门戒严后情况。晚看电视，部分有[声]音无图[象]。八时三十分息，九时寝。

六月七日

晨去鹳山。看旧报。今日气温上升，24—34[摄氏]度。晚看电视，八时三十分息，九时寝。

六月八日

今日回来过富阳饭店，看到万市人民医院88年被评为富阳县第一（今日端午），院长何浩成、骨科张绍虎，门诊二万七千多人次。该院管辖八个乡，一万人。只有部分来自分水、临安和石羊古城、毗连乡份。到邮局前窗口有松溪乡介绍，书记闻国胜、乡长葛荣发。上午九时三十分至十一点和琳谈今后她的学习、工作、生活计划和安排。中午只有我们三人吃饭。晚四人（蓉）。蓉、玄给我洗毛衣。晚看电视。九时十分息，十时寝。

六月九日

晨影剧院舞剑学人减少。室外不冷（凉快），室内闷热。十一时，政和一位同学[到]，说是他们组长，说学校不上课，回乡。我说今日《杭州日报》刊登国家教委会通知和省教委致全省学生家长书。八人同吃中饭（琪没来）。饭后政去购车票。我午休。二时四十分政告辞，说她购得三时二十分车，同去新登同学购得明日去嵊县车票（中午十二时）。晚看电视。晚看电视，八时三十分息，九时寝。

六月十日

晨去鹳山。影剧院门前舞剑运动人只有往常的2/10。鹳山纪念堂前没有跳老年迪斯科舞。一路只有往常的几个老的锻炼人，议论声亦没有。某早点店也在恢复往常一样，生产做小点心。晚看电视。隔室（隔壁邻居）借梯出去。我八时三十分息，九时寝。

六月十一日

今星期日。因昨晚深夜一时三十分才睡着，醒来复睡，醒来已六时二十五分。去鹳山脚即回，七时零五分。琪、富自七日晚去后，今日下午二时三十分来。晚看电视。九时息，九时三十分寝。

六月十二日

去鹳山。蓉休息。八时三十分我约玄、蓉、琳，我四人座谈，十时三十分息。莹来。下午二时琪来。晚看电视。九时息，九时三十分寝。琳晚上去陪琪，去琪处睡。[因方永]富去桐庐。

六月十三日

去鹳山，六时四十五分回。上午写信。今日玄晒冬衣。琪晚回去，琳同去。晚看电视，八时五十分息，九时三十分寝。

六月十四日

晨去鹳山。一招开全省五金交电展销订购会（有部分在二招）。烈士墓前对面石栏杆推倒，落在磡下。九时至十时和琪谈谈。下午五点后琪、琳上街回来说小叔叔来了。晚谈谈。略看电视、洗浴。九时五十分寝。琳、琪去。

六月十五日

今日路上有二人在打架，小韩在拆劝。九时贤、我去鹳山走一圈，拍了照。去订报处看。朱乘龙回来吃中饭。饭后，玄即送贤乘一时三十分出租车去杭返沪。晚看电视。九时息，洗浴，九时四十分寝。琳同琪去。

六月十六日

五时三十分中雨，六时止。写信。晚看电视，《新闻联播》一小时后，《三笑》，看到晚间新闻。九时四十分息，十时十分寝。琳随琪去。

六月十七日

晨，中雨。遇谢，略谈。未上山，折回，七时到家。琳已回。晚看电视，《新闻联播》后，九时息，九时三十分寝。琪，琳去。

六月十八日

晨去鹳山回，琳已回。下午琪来。三时三十分我起床，小方来。晚看电视，《新闻联播》四十五分钟。九时息，九时三十分寝。

六月十九日

晨走。知金融大楼、建行今日新厦开业。鹳山烈士墓前石栏杆又倒二块。遇小孙、七美、小谢。上午写信、看报。晚六时四十分莹送来影剧院《燃烧吧，火鸟》（台湾片）。我、玄、蓉、莹、忠去看。琳看八时五十分场。九时洗脚。九时三十分寝。

六月二十日

晨去鹳山，遇镜侬长女津津，再遇老周、赵新闲谈。边走边谈，站了谈。到家七时三十五分。今晨大雾，江水泛黄。洗帽、手套。晚看电视，九时息，九时三十分寝。

六月二十一日

晨散步，知富阳运输公司富新汽于六月十三日恢复通车。六时二十分至四时五十分。上午写信、看报、洗外衣。晚看《新闻联播》。九时息，九时三十分寝。

六月二十二日

上午看报、杂志。中午洗浴、更衣。晚看电视。九时息，九时三十分寝。

六月二十三日

上午看《长征：前所未闻的故事》（完）。午饭。下午看八九年六月十一日《生活周刊》，毛泽东卫士长，他跟随毛泽东十五年，名叫银桥，载四版，占一半（八版）。封耀松、子龙、银桥、高智、敬先、林克、东兴七个。

六月二十四日

上街。看报札记。晚看《新闻联播》一小时、《秋日私语》。九时息，九时三十分寝。

六月二十五日

上午看报、札记。下午三时得杰来信，问五月三十一日信有否到，同时收到庚六月二十一日信，大约付邮是二十三日下午，同时附来杰信。搁了二日余，使人挂念。只有去信道歉，请他原谅。当晚写二处。晚看电视。九时息，九时三十分寝。《米老鼠和唐老鸭》（动画片）。

六月二十六日

晨早去早回。阅陈报。晚六时十分莹购来富影院《银蛇谋杀案》。我、玄、蓉、琳同去，富、琪亦来。少年不宜片，凶险，八时散，到门前小雨，十分钟大雨，有雷。看中央台《新闻联播》。九时息，九时三十分寝。

六月二十七日

晨去鹳山、看报、札记。晚看电视。九时息，九时三十分寝。

六月二十八日

上午去理发，等了一个小时，又停电了，理发师说你还是下午来吧。我下午一时二十分去，正好理了回来午睡。今日吃西瓜。晚看电视，《新闻联播》。九时息，九时三十分寝。

六月二十九日

晨去鹳山，看报、札记。晚看电视。九时三十分息，十时寝。

六月三十日

去鹳山，看报、札记，核账。晚六时四十分莹买来影剧院《某男和某女》（喜剧片）、《珠江》。蓉、莹、琪、琳、我五人去看（玄因琪来让她去看）。回来看中央一台“七一”联欢晚会。看至十时息，十时三十分寝。

七月一日

晨小雨。去鹳山回。今日早餐吃面（有昨日鸡汤）。今日上午、下午玄对琳说工作。天雨，还要去。临行，我对她说爸妈的话应听听。今天是七月一日，她们去约一小时回来。这样快，从未有过。看电视至九时三十分息。今日富阳电视台第一天播放县领导开会情况。《水浒》。十时寝。早上看到有二辆汽车满载持有长杆及行李（约一百余人），我以为是去参加钓鱼竞赛。

七月二日

晨雨。山上晨练人极少。细雨绵绵一天。下午看到七月二日《浙江日报》有一条，说杭州富阳等十四支长跑队伍1000多名男女长跑健儿手举火炬，打着彩旗横幅，庆祝“七一”。火炬长跑从白堤至北山街，全程4300米。最长的年逾花甲，最幼的七岁孩童。上午看报，札记。晚看电视，《新闻联播》《水浒》。九时三十分息，十时寝。

七月三日

夜雨，凌晨止。今日晨练人比较多些。水涨上岸，长廊有部分水浸没，地平。西部无水。晚看电视。九时息，九时三十分寝。

七月四日

晨去鹳山。水涨至厚石栏杆，只剩柱的四方顶。长廊地平有水。庚中午我们正在吃饭到，据说老干部开会谈[如何]教育好子女。下午二点半回新。下午三时洪水涨到长廊矮墙的一半。晚看电视(一人)。他们去看大水。晚吃饺子。祝玄生日。小方、琪亦来。九时息，洗浴。九时三十分寝。

七月五日

晨想说不说，又写了一些。六时五十分至七时三十分去桂花路。沿江轮埠船停着，栏杆柱子已拉倒。上午看报。晨有雾，无日出，阴。晚看电视(富抗洪电视)。九时息，九时三十分寝。

七月六日

晨去鹳山。水退二尺多。去老街一趟。天阴，日不出。看《生活周刊》、报纸等。下午四时于海陪丁老师(女)来闲谈，为县志事介绍。今日不谈。晚看电视，《新闻联播》(陈市长报告北京暴乱情况九十分钟)。九时息，九时三十分寝。

七月七日

晨去鹳山。途遇两熟人，闲谈十分、三十分钟。九时三十分时约琳谈十分钟天，她谈近一小时。她去淘米烧饭。午睡后看报。晚看电视。九时息，九时三十分寝。

七月八日

今晨雾重。琪上午落班，来信给她看。款玄去取，给琪的交琪，汇我的二处。小方去桐，琪宿此。晚看《新闻联播》、富阳电[视]台。九时三十分息，十时寝。日来头部颈项强直感觉。

七月九日

晨去鹳山。晨练人不多。看昨、前报。水退，天阴，温度略升。晚看电视，富阳电[视]台、《从秋到夏》(大连台摄)。九时息，九时三十分寝。

七月十日

晨去散步，大雾。轮渡用人招呼轮渡2号。水退，洗衣毕。泥梁台级上淡下浓，露出下五阶，泥厚也无人除扫，大家只顾自洗自涤。小蒋又借来报纸。今日下午气温上升，有时日出。晚看电视，《新闻联播》《21岁的父亲》《石人圈》(片段)。九时三十分息，十时寝。

七月十一日

晨散步。邮局前窗廊有文化馆三人画展(谢富强、王凡、周诗成)。琳今日清洁机器。晚看电视，《新闻联播》(凡尔赛宫画展，二人对话，男说文艺不但要求象形等等，最重要的是题材和品德，女的说艺术只求艺术至善至美，不要受其他限制)，约一小时。九时三十分息，十时寝。

七月十二日

晨前去看看三人画，遇老谢。回来吃面。琳继续整洁机器、书架。我整行装，准备去新。下午又和琳谈了几句。晚看《新闻联播》《动物世界——骆驼》《石人圈》。九时息，洗浴，十时寝。

七月十三日

我乘上午八时车来新。小蒋陪我来。琳协助送行李至车站。车八时十分开，八时五十分到新登。庚、炜正在给我搞卫生。十一时去吃中饭后，午睡二小时。继续搞卫生。六时去吃晚饭。庚今日厂休息，送我来，谈至八时三十分，他回去。我洗浴，九时寝。

七月十四日

晨五时三十分起床，六时三十分去买早餐。八时三十分去杰兄家，谈至十时三十分，同杰去俊家，谈半小时回来。去庚处，知他们上午七点至十二点，下午一至六点洗衣。午睡。中午遇长育，说晚间没来。写信、看报、抹身。九时三十分息，十时寝。今日晒被。

七月十五日

晨上午本拟出外，标说今日二枝竹竿可晒被。不去，改写信。霞今日去富。晚饭敏没来吃。九时息，洗浴，九时三十分寝。

七月十六日

上午去中百银行、樟根、长育处。九时长育来，谈至十一时三十分回去。中午庚厂中有事。敏炊中饭。晒棉胎毯子等。四时三十分至五时三十分标来谈。晚七时至八时敏来谈，写信。九时三十分息，八时三十分停电。

七月十七日

晨晒衣、棉胎，去樟根做衣，到中百报销药

费，和小章谈三十分[钟]回来。下午长育拿来甜酒酿。晒衣、棉胎。晚写信。八时四十五分息，九时十五分寝。

七月十八日

晨想去看报。玻璃脏，看不清，费劲不看。去看新楼和卫生间，因路旁流泥上面干，下面潮泥。梁圭帮洗鞋、洗衣，不去。九时五十分念慈来，送来水果，谈四五十分钟回去。下午午睡。洗衣、收晒物。标来谈四五十分钟。晚写信、洗浴。八时三十分息，九时寝。

七月十九日

晒书。八时三十分竹生来，九时三十分回去。写信。出吃晚饭，知庚岳母萧山回。据说在门外弄堂口等两个多小时。七时十五分吃晚饭。七时三十分回来整理。九时息，九时三十分寝。中午小蒋来站开会。十二时十五分来至庚处。十二时三十分来此，一时去开会。写信。晚八时三十分息，九时寝。

七月二十日

晨去樟根处。去时他在。要老胡理发，说还没有开始，就动手。八时三十分去看元将。十时三十分回来。至校门口，炜来叫吃中饭。庚岳母饭后回珠村。下午二时小兰来街，上街替人买物。四时十五分回去，午睡。五时敏来，叫吃晚饭。霞回来，说至七时回来。八时三十分息，九时寝。

七月二十一日

因昨雨，地湿，不能晒。写信，整理。晚饭后雨，借伞回。晚八时三十分息，九时十五分寝。

七月二十二日

上午去樟根处，各店无府绸，细布没有。拟回来，看看有没有零布。遇富商业局韩宗尧、何永根，由詹子文陪同去[买]酒、烟、糖，在詹办公室谈。九至十一时关于《县志》商业系统问题。晚看报。八时三十分息，九点寝。

七月二十三日

星期日。上午去樟根处，取来小衫裤，修改衣。说二十五去拿。到新街农贸市场、小商[品]市场一转，八时三十分至十时三十分。庚今日去杭，下雨，欲雨未雨，天阴。天阴洗衣，没晒书。晚庚送水瓶来，谈一小时。我九时息，九时三十分寝。

七月二十四日

晨标八点来，谈四十五分钟去。晒信札。等天晴。昨、今吃西瓜。晚整理，看报。九时息，九时四十分寝。

七月二十五日

上午去取衣，到中百和项辉谈三十分钟。途遇金秀鸿谈十分钟。下午阴，不晒东西。晚整理信件。九时息，洗浴，九时三十分寝。

七月二十六日

晨去中百，和郑文法、陈土根谈三十分钟，和来根谈二十分钟，和陈经理谈十分钟。回来，杰在标处等我，谈一小时。十一时二十分回去。午睡后三时日出，晒件，札记。晚庚送开水来，谈一小时即去。九时息，九时三十分寝。凌晨四时有雷雨。

七月二十七日

今晨起来。于凌晨二时醒来。右下面犬齿摇，多日落下，含在嘴内，幸未吞入肚。晒书札，今日太阳不出，不热。炜中午送来西瓜。晚看报、书。九时息，九时三十分寝。敏帮同事割稻。

七月二十八日

今日太阳好，晒札记、会议[资料]等。得敦来信，欣慰。左足大拇指微痛。炜送开水来。他好问，谈谈三十分钟回去。晚八时三十分息，九时寝。

七月二十九日

星期六。去理发。整理日记。晚九时息，九时三十分寝。

七月三十日

今日阴，下雨。整理日记。俊兄要他女儿送来水蜜桃和巧克力。整理旧记。八时三十分息，抹身、洗脚，九时寝。

七月三十一日

阴晴，地湿。上午洗衣整理旧记。晚核账。九时息，九时三十分寝。

八月一日

晨去要庚打富电话，整理。晚庚帮我来裁锁、倒石灰，即去。我整理。九时息，九时三十分寝。

八月二日

晒物、整理。晚八时三十分息，九时洗浴，寝。

八月三日

整理。杰三女来约我。等杰，九时三十分谈至十一时三十分回去。不午睡，整理。一时三十分去大街一走，为商店道路的回忆。二时三十分到。杰他们在看《西游记》。因俊、侠均在午睡，至三时十分去，谈至四时二十分。庚来，和小蒋来陪，乘四时五十分车来富。五时三十分到宿舍。看《新闻联播》后，《动物世界》。八时息，洗浴，九时十分寝。

八月四日

五时三十分起床后，写信至九时。同玄送项钧墓照片三张交玉娟。她因去江西车祸（六月二十一日）卧床，她妈也卧床。写信，晚看电视，《新闻联播》。九时息，九时三十分寝。

八月五日

晨去鹳山，遇夏和周东（二老）谈了一回。写信。晚看电视，《新闻联播》《富阳新闻》《调色板》（新加坡电视剧，第13—16集）。十一时息，抹身，十一时三十分寝。

八月六日

六时三十分起床（因昨睡晚）。写信，没去鹳山。星期日。《米老鼠》。晚看电视《新闻联播》《米老鼠和唐老鸭》《调色板》（第17—20集完）。九时十五分息，十时寝。

八月七日

晨去，没上山（因时稍晚）。看报。晚看电视，新闻。九时息，九时三十分寝。

八月八日

晨去鹳山。庚九时到，带被衣、玄书、湘信，便车来。八时乘原车回新。晚看电视，新闻、《石人圈》。九时息，九时三十分寝。琳去做售货员，代琪。

八月九日

晨六时十五分才黎明，到文化宫看，回转。晚看电视。九点息，九时三十分寝。

八月十日

晨去鹳山。看报。晚看电视。九点息，九时三十分寝。

八月十一日

晨去鹳山。清洁工将垃圾焚在门口处，烟雾回绕，极不卫生。晚看电视。九时息，洗浴，九时三十分寝。

八月十二日

晨遇老谢（星期六）。天热。看报，未做别的。琪、琳他们今晚有晚市。水紧张，五楼时断。晚看电视，《富阳新闻》《樱桃行动》。九时息，九时三十分寝。

八月十三日

晨步。遇老周，说去富阳宾馆看看。到后就在此处练练，不走了。我仍去鹳山。遇钱同志，这样回来已七时十分。早餐后看报。晚看电视。九时息，九时三十分寝。

八月十四日

晨去鹳山。政九时三十分到，知她是十一日到新。敏他们三五同事去中沙游泳，可能下午回去，前来转转（未来）。晚政去看同学。我看电视。九时息，九时三十分寝（政九时回来）。

八月十五日

晨去鹳山。政上午看看书报。晚看电视。政八时三十分回来。我九时息，九时三十分寝。

八月十六日

晨去鹳山。遇夏老、仁山、傅老、张院长（子陪）。上午和政谈二十分钟。她九时三十分离此返新。写信，去邮局。晚看电视，新闻、《石人圈》。九时息，九时三十分寝。

八月十七日

晨去鹳山（一招开展会）。张走得很快，一妇女陪着，在马路对面，未招呼。晚看电视。九时息，九时三十分寝。

八月十八日

天小雨、阴。六时十五分出门，不上山即回。途遇七美、玉远。玄、琳去杭，琪去店回来烧饭。玄、琳下午一时三十分回来。晚看电视。九时息，洗浴，九时三十分寝。

八月十九日

上午去新老街一圈，即回，正七时。写信。星期六，有夜市。莹问我为何不去，我说不准备买物，不去。晚看电视。九时息，九时三十分寝。

八月二十日

去鹳山。看报、札记。下午三时霞来，半小时后乘四时二十分车返新云。晚看电视。九时息，九时三十分寝。东方饭店自报，上赞卫生搞得好，每晨用水洗地。

八月二十一日

晨遇关锡、老沈、新堰王某，在鹳山工作，面熟。某说北渠水稻研究所处空气好。写信寄。晚看电视。九时息，九时三十分寝。

八月二十二日

晨散步。写信、看报。玄、琪上午十时三十分去杭，下午四时三十分回来。晚看电视。九时息，洗浴，九时三十分寝。

八月二十三日

看《生活报》。天阴雨。蓉休息。看报、核账。晚看电视。九时息，洗浴。九时四十分寝。

八月二十四日

晨练。整理、看报。蓉休息。晚看电视。九时息，洗浴，九时四十分寝。

八月二十五日

晨练。写信、札记。傍晚日出。晚看电视。九时息，抹身，九时三十分寝。

八月二十六日

晨练。整理札记。庚上午十一时来，下午一时离去。晚看电视，《新闻联播》《白色罪恶》（上、下集）。九时十五分息，洗浴，九时十五分寝。

八月二十七日

星期日。写信、看[报]。晚看电视，《新闻联播》。富阳电视说下周起暂停。

八月二十八日

晨练。玄、蓉去杭，下午四时回来，写信。晚看电视，《新闻联播》《石人圈》。九时三十分息，十时十分寝。

八月二十九日

晨练。遇中百退休老同志和老谢。理发。东方饭店早上搞清洁，今日不搞了。晚看电视，《新闻联播》。九时三十分息，十时寝。

八月三十日

为了寻钥匙，晨练没有去。玄、琪去杭。中午仁山偕孙女和另一姑娘来，是还我同学录。留他们吃便饭，说去看中午十二时电影，不留即去。玄下午五时四十分回来。晚看电视。九时息，九时三十分寝。

八月三十一日

上午写信。去鹳山遇文光，说九月三日老年各项锻炼、棋赛。下午三时下阵雨。东方饭店卫生工作又继续。晚看电视，《新闻联播》《几度夕阳红》。九时二十分息，十时寝。

九月一日

晨练。遇阵雨，在鹳山防空小店阶沿下息六七分钟。雨止回来。核账、看报。晚看《新闻联播》《南征北战》部分。九时息，九时三十分寝。

九月二日

晨练回来七时十分。天阴。看报。天阴，有时有雨。今日琪上午售货，下午琳。晚有夜市。晚他去看电影，我辞不去，日来还是在家看电视。今晚通知九月五日起轮、车、航调价，汽车不动。九时息，九时三十分寝。

九月三日

晨去鹳山。日来离退休老干部老年体育比赛。今日星期日。比赛乒乓。八月三十日开始比赛，六日结束。看书、报，《世界名言录》。晚看电视《新闻联播》《动物世界》。九时息，九时三十分寝。

九月四日

晨去山。遇郎仁山、老柴，郎和韩某说袁培仁病都是他陪看医生等云云。晚看电视，《新闻联播》《动物世界》《石人圈》。九时息，九时三十分寝。莹今日迁居。看虆祁旧信。

九月五日

晨有小雷雨。六时十五分出门，知金融楼人民银行昨日开业。体委过街红布风吹雨打，字落布破。看旧信札。晚看电视，《新闻联播》。十时三十分息，十时五十分寝。

九月六日

晨练六时十五分出门，七时零五分回来。札信。蓉今日休息。我说去治治假牙。九时蓉、玄陪我去请傅志清牙医，拔两蛀牙。十时回来。中午吃面。晚看电视。八时三十分息，九时寝。

九月七日

晨练。多休息，看看报。晚看电视。八时三十分息，九时寝。

九月八日

晨练。庚九时到，说通知开会。到后知中午备饭，会下午二时开始。他坐谈，十一时三十分去，十二时三十分再来，至一时五十分去开会。带来乙润给我百恩健步器。晚看电视。八时三十分息，洗浴，九时寝。

九月九日

晨练，计5778步。上午九时玄陪我去拔牙一枚。九时三十分回来。今日星期六，有夜市。晚看电视。我九时息，九时三十分寝。

九月十日

晨练，计5948步。看《人民日报》。琪中午不来吃，琳亦不来（去杭）。晚看电视（四十年成就）。九时二十分息，十时寝。

九月十一日

晨练，计5787步。遇王冠耀爱人方阿玉、吕、郭等熟人，到家七时零五分。小雨。九时三十分陈仁文来，说有请柬寄新登。约我九月十日下午六时三十分在中型会议室（赏月）。坐谈一小时去。晚看电视，新闻。九时息，九时三十分寝。

九月十二日

晨计5706步。到纪念堂回转，遇李、耿等，回飞小雨。九时玄陪我去拔牙（拔一牙根）。遇（项琳奶、阿公），九时四十分回来。晚看电视，新闻。九时息，九时四十分寝。（陈补来请柬交蓉处）。

九月十三日

晨步，遇耿，回来将小雨，计6274步。晚看《新闻联播》《秦始皇》《石人圈》。九时息，九时三十分寝。

九月十四日

晨练，计5910步。到家前小雨。写信。中午我一人吃面。玄去小蒋家过节。晚六时三十分去县府中型会议室参加县委、政委主办中秋赏月活动，有十五个圆桌到约百人，每人一份（月饼、苹果），三泰和一些新登［人］亦专车来参加。九时散。小蒋来陪我。洗浴，十时二十分寝。

九月十五日

晨练，计6258步。上午八时三十分玄陪我去拔牙二枚，因等，九时三十分回来。晚看电视（第二届文艺节开幕）。八时至十时。十时三十分寝。

九月十六日

晨二时电停。六时十五分出门，计2100步。回来七时。电话线阻门口。看《毛泽东》（银桥述），报纸。晚看电视。九时息，九时三十分寝。

九月十七日

晨六时三十分出门，七时三十五分回来，5839步（今日拨正北京时间）。遇周文林等。水涨。星期日。《米老鼠和唐老鸭》。晚看电视，《新闻联播》《浙江新闻》《动物世界》。九时息，洗浴，九时三十分寝。

九月十八日

晨练，五时四十五分出门，六时四十五分回到。计5312步。八点玄陪我去拔。今日陆续来三人，故九时回来。晚看电视，新闻、杭小百花越剧《海明珠》。九时十五分息，九时四十五分寝。

九月十九日

晨四时四十五分至六时三十分，计5821步。遇谢、郭等。江水黄，雾重。晚电视，《新闻联播》《苦难的历程》。九时息，九时三十分寝。

九月二十日

晨练，五时四十五分至六时五十分，计5575步。晚看《新闻联播》《丹青奇缘》（唐寅、秋香）。

九月二十一日

晨五时四十五分至六时四十五分，计5985步，雨。晚玄和琳谈，七时三十分至十一点。晚电视，《新闻联播》《月亮是故乡圆》。九时息，九时三十分寝。

九月二十二日

晴，晨计 5871 步。莹给我取来鸡眼膏。晚洗脚后贴上(应贴24小时)。晚看电视,《新闻联播》(北京中学生知识竞赛)、《秦始皇》等。九时十五分息，九时四十五分寝。

九月二十三日

清晨练计 5799 步。晚看电视。九时十五分息，九时四十五分寝。

九月二十四日

晨计 5458 步。星期日，晴。庚下午三时从杭参观钱塘江大桥回来。四时回新。晚看电视。九时息，九时三十分寝。《米老鼠和唐老鸭》。

九月二十五日

晨计 5939 步。晴。晚看电视。九时息，九时三十分寝。

九月二十六日

晨计 5744 步。有一位水墨写生画者在荫道上写生。少年宫国庆前后画展。中百窗前有县统计局统计图表展览。影剧院于九月二十七、二十八日有杭州百花精粹文艺晚会来表演两天，票价 6 元。上午十时至十一时四十五分。江泽民答中外记者问。晚看电视。九点息，九时三十分寝。洗浴。

九月二十七日

雾重。晨练，计 5850 步。方凌九时三十分至十时二十分咨询金融界情况。晚看电视。九时息，九时三十分寝。

九月二十八日

晨 6265 步，遇王、詹等。晚看电视,《新闻联播》《孔子》。九点息，九时三十分寝。

九月二十九日

晨计 6169 步，遇汪、唐、王等。上午八时三十分去理发，九时十五分回来。看《人民日报》。天阴，下午小雨。晚看电视,《新闻联播》(国庆前夕，在中南海各歌唱艺术家演出)。九时息，九时三十分洗浴，寝。

九月三十日

晨中雨，计 7359 步。各街道闹事。转角搭临时售货场。六时四十五分去，七时回来。

十月一日

星期日，旧历九月初二日。晨五时四十五分出门。影剧院在放气球。看画廊回来七时，计 3977 步。龙山旅馆和城北村委会各有一个。下午三时下去取报，到龙山市心转角看看。和费生根闲谈，知他病的起因。下午五时四十分蓉分来电影票，她因工作，让我、玄去看。到影院已五时五十分，加演片完。七时二十分完，回来看电视(中央台，天安门烟火及舞蹈表演)。看到十时，洗脚，十时三十分寝。莹孕，腹有微痛，去医院宿。玄、蓉去看她。九时三十分去，十时三十分回来。

十月二日

晨五时四十五分出门，遇新登邬、崔、周、夏等。回来七时，计 6211 步。玄去医院看莹。中午送饭去，知莹于十时三十五分分娩，产一男，重 3400 克。今日天晴，大好。晚玄、蓉去看莹。十时四十分回来。我看电视。十时息，十时三十分寝。

十月三日

晨六时十分出门，遇邬、汪、王昆等，王、夏等。回来六时五十五分，计 5589 步。八时五十分去少年宫参观邮票展。遇胡国胜、黄小龙，并给我、胡拍照二张。蔡乐群、羊晓君字画展。蔡、羊二位均是[身材矮小]之人。九时三十分回来。十时玄、我去医院看项莹和小宝宝。十时三十分出来，玄回家任炊事，我去影剧院二楼看富阳历代名人像、字画展。十一时四十分回来。晚看电视,《新闻联播》(各民族歌舞)。九时十分息，九时四十分寝。玄去院，十时回来。

十月四日

晨五时四十五分出门，六时四十五分回来，计 5411 步。九时去老新街，回来十时三十分。晚看电视。九时息，九时三十分寝。(玄、蓉去看莹)

十月五日

晨五时四十五分出门，计 5780 步，六时四十五分到家。莹今日上午十时出院，由玄、琪，小蒋他妈陪同来。晚看电视。九时息，九时三十分寝。

十月六日

晨五时四十五分出门，计 5835 步。六时五十五分到家。第二期桂花又开。晚看电视。九时息，九时三十分寝。很多亲友来看莹、小孩。

十月七日

晨五时四十五分出门，六时五十分回来，计5348步。上午九时去牙医看牙床肉情况，据说最好再晚十天。晚看电视，新闻。九时息，九时三十分寝。

十月八日

晨五时四十五分出门，六时四十五分回来，计5235步。晚电视，《新闻联播》。九时息，九时三十分寝。

十月九日

晨五时四十五分出门，六时四十五分回来。遇谢、周、吴、李。医生问莹。计5390步。据霞说五丰嫁女，他们已代我辞。晚看电视，《新闻联播》(各省国庆歌舞)。九时息，九时三十分寝。

十月十日

晨五时四十五分出门，抄部分统计。天雨，折回，六时四十五分，计3434步。看墙柱推到。八时三十分去县府，看王、朱、陈、朱不在，陈去新，回途遇朱、夏。九时三十分回来。看江书记讲话。札记。晚看《新闻联播》(各省学江泽民讲话)。九时息，九时三十分寝。

十月十一日

晨五时四十五分出门，七时回来，计5112步。看[富阳第]一[实验]小[学校前]教学橱窗。晚看电视，《新闻联播》(潍坊风筝节4月24日—5月4日，国际很多参加)。

十月十二日

晨六时十分出门，六时五十五分回来，计4339步。看宣传。晚看电视，新闻。九时息，九时三十分寝。

十月十三日

晨五时四十五分出去，六时五十分回，计5930步。遇赵、蒋(百)等。看宣传新登机床厂画廊。接玮给玄信，知中君明日下午来。整报纸。晚看电视(各民族歌舞)。九时息，九时三十分寝。

十月十四日

晨五时四十分出门，六时三十分回来。计5198步。遇周、陈、孙、郭等。午饭后，玄十二时去杭接中君。下午四时十分到。晚蓉陪去看夜市。晚电视，新闻。九时息，九时三十分寝。玄去莹舍宿。蓉舍扩建，阳台装煤气，工程今日开工。

十月十五日

晨五时四十五分出门，七时回来，计5815步。遇谢、夏祖浥，谈余和笙、韶，据说可能不在。早餐吃上海奶油蛋糕。澂要君带来饼干、果汁、面包。富阳大桥定今日动工，有许多中学生、小学生向桥基处走去。晚看电视，《新闻联播》《动物世界》。九时息，九时三十分寝。

十月十六日

天小雨。五时四十五分出门，六时五十分回来。遇邮、百丈、唐君，略谈。车、人少，没有1/5，计步5605步。整日阴，有时有雨。看报、札记。晚看电视，新闻、中央台国庆节目等。九时息，九时三十分寝。

十月十七日

天晴。晨五时四十分去，六时三十五分回。计5370步(二同)。遇郭、谢、夏等。给中君看影集。下午二时三十分君、蓉、玄、我四人去鹳山玩、拍照。蓉、玄三时三十分回。我、君四时三十分回。晚饭后拍玄全家照。琪、小方、玄、蓉陪君去琪家看看。晚看七时三十分电视。九时息，九时三十分寝。

十月十八日

晨玄送君乘五时三十分车去杭，乘362列火车去沪。玄回来下午四时。我五时四十五分出门，六时四十五分回来，计5595步。晚看电视，新闻、国庆晚节目。九时息，九时三十分寝。

十月十九日

晨五时四十五分出，六时五十五分回来，计5691步。遇夏祖浥，同步回至影剧院，分路。八时三十分玄陪我去牙[医室]打样，九时二十分回来。中午十二时三泰、匡人、庚来，知他们来参观无线电元件厂。要下午一时开始，办公坐谈四十分钟去(中君10月8日到沙。澂要玮写给玄信，10月11日写，邮戳1989.10.12.11，到实戳

1989.10.13.6，据说是10月11日上午七时去拍电报，电报戳1989.10.12，六时到富，邮局员到15日上午九时十五分才送来）。晚看电视，新闻、动物、国庆晚会部分。九时息，九时三十分寝。

十月二十日

晨五时四十五分去，六时四十五分回。计5701步。下午二时玄陪我去牙医室核样，二时五十分回来。中午洗头、洗浴、更衣。晚看电视。九时息，九时三十分寝。

十月二十一日

晨五时四十五分去，六时四十分回。遇和香、夏等，略谈。今天一招亦挂上富大桥开工红旗。晚看电视，新闻、国庆节目。九时息，九时三十分寝。（20日上午十时玉娟和厚坤来说，上电有人来订床位，知方中情况，问我有事可代劳。坐谈一小时回去。娟和莹谈。）

十月二十二日

晨五时四十五分出门，六时四十五分回，遇赵去新，夏、詹、李等，计5219步。影剧前悬保险四十周年红旗红布。（21日玄买来煤液管，煤气炉，今晚试用。）今天星期日。晚看电视，《唐老鸭》、新闻、《在劫难逃》。看到九时息，九时三十分寝。

十月二十三日

晨五时四十五分出门，七时回来，计6182步。今日去龟川阁。回来遇韩、夏、陈等。看报。拟信稿。今日大便借用邻居厕所（修管道）。晚看电视，新闻（国庆部分）。巴西电视剧《石人圈》。九时息，九时三十分寝。

十月二十四日

晨五时四十五分出门，六时五十分回来，计5808步。两同。遇刘永炎、夏、谢、詹、袁等。写信、看报。晚看电视，新闻。九时息，九时三十分寝。

十月二十五日

晨五时四十五分出门，六时五十分回来，计5572步。回遇中百李京生、周、刘永炎等。看报、书等。玄、琪去店搞卫生。晚看电视，新闻、《孔子》《密探》等。九时息，九时三十分寝。

十月二十六日

晨大雾。五时四十五分出门，六时五十分回来，计5950步。遇周、李金城等。看报，札记。玄、琪布置新营业场所。晚再去。晚看电视，新闻、《调色板》。九时息，九时三十分寝。

十月二十七日

晨五时四十五分出门，六时五十分回来。有雾，天转热。计5431步。看报、札记。琪他们新营业场所今日开业。晚看电视，新闻、《石人圈》。九时息，九时三十分寝。

十月二十八日

晨小雨。五时四十五分出门，六时五十分回来，计6224步。西面在做水泥，弄口改道，西面出去。看报，旧报。晚星期六，有夜市。玄、蓉去市场。我看电视新闻、球赛、上海台相声、歌唱。九时息，九时三十分寝。

十月二十九日

星期日。晨五时四十五分出门，六时五十分回来，计5735步。遇郭金梅爸爸等。玄、琪早车去杭。下午一时四十五分回来。今天是旧历十月初一日。晚看电视，新闻、《中国故都》。九时息，九时三十分寝。

十月三十日

晨五时四十五分出门，六时四十五分回来，计5806步。遇老周等。傅医生去钓鱼。八时二十分去理发。看书报、札记。洗浴、更衣。晚看电视，新闻、戏剧大奖赛、动物等。九时息，九时三十分寝。

十月三十一日

晨五时四十五分出去，六时五十分回来。计6135步。遇谢、周等。“秋风扫落叶”。上午十时玄陪我去上假牙。十一时三十分回来。庚十一时五十分来，同吃午饭。二时三十分回去。晚客来。七时十分看电视新闻。九时息，洗面、洗脚，再看《新闻联播》九时三十分寝。

十一月一日

旧历十月四日，星期三，晴。晨五时四十五分出门，六时四十五分回来，计5651步。遇徐、夏、傅等。回来取牛乳，写信。晚电视。九时息，九时三十分寝。

十一月二日

晨五时五十五分出门，六时五十分回来，计5810步。遇周、夏。今日人少1/3。瓶放在箱，回来去取。今晚欢欢公公婆婆给他办满月酒。玄、蓉、琳、小方、琪去赴宴，小蒋爸、小蒋一定要邀我。因镶牙初上，不能嚼，辞谢。晚自煮面吃。晚看电视，新闻。九时息，九时三十分寝。

十一月三日

晨五时四十五分出门，六时五十分回来，计6120步。遇徐、周、夏等。据说鹳山要开菊展，杭已有约百大盆装来，花大叶壮，借的品种不多。晚看电视，新闻。九时息，九时三十分寝。中君姐姐赵夏下午三时到，即去。

十一月四日

晴。晨五时四十五分出门，六时五十分回来，计6182步。遇谢、夏、沈等。今日有老桩发叶盆景，四五十盆。赵下午二时三十分来，三时三十分回去。欢、忠、莹晚饭后来，九时回去。晚看电视，新闻。九时息，九时三十分寝。

十一月五日

阴，小雨。五时四十五分出门，七时回来，计6621步。鹳山看菊盆景展。春江棉纺厂、新登松溪塘也有菊花来展。蓉七时十五分去二招帮扶。今日厨工理论和操作竞赛。蓉下午八时三十分回来。幼年听妈和舅父说许国老的故事和八脚牌坊，今日看到《人民日报》歙县许国石坊，才知国是国家的国字。晚看电视，新闻、《米老鼠和唐老鸭》《上海的早晨》（片段）。九时十五分息，九时四十五分寝。欢、莹下午五时来，九时回去。

十一月六日

晨五时四十分出门，七点回来。计6598步。看菊展盆景，家明亦去看。天阴，多云。看报，写信。欢、莹、忠，晚六时三十分来，九时回去。晚电视《新闻联播》。九至十一点“吴桥国际杂技节”闭幕式演出，国际许多杂技团参加。十一时三十分寝。

十一月七日

星期二。天阴。晨五时五十分出门。七点回来，计5323步，没上山，去走廊再看菊展盆景。盆景数杭春棉、湘主元村陈伯健、新登龙羊徐志华三家单位或个人最多。菊，杭春棉品种比较多，松溪塘家有菊花来展，县政各单位均有菊花来展。玄七时十分去杭。下午一时三十分回来。欢下午五时来，九时回去。晚看电视，《新闻联播》《弹指一挥间》（今晚结束），看。八时五十分息，九时二十分寝。

十一月八日

晨五时四十分出门，七点回来。计6939步。出去小雨，到山中雨。再看展览。由幸福路回，计1350步。松溪塘家吴生根，黄满天星、盘龙和菊，某师傅称说是他的徒弟。有一座九层宝塔，牌因雨水浸误，看不出姓名。杭春棉盆景亦不少。据载［杭春棉有］职员共2600名，近年创利税2564万元，创汇2873万元。看报。欢未来，因晚雨大，忠来说。晚看电视，新闻、《调色板》。九时息，九时三十分寝。

十一月九日

晨小雨。五时四十分出门，六时五十分回来。遇韩、周，计6012步。晚看电视，新闻。九时息，九时三十分寝。

十一月十日

晨。玄、我乘七时二十分车去新。八时三十分到新。十时去派出所，遇朱所长。十一时回来，下午二时再去，三时回来。乘四时十分车回富，五时十分到富。晚看电视。八时三十分息，九时寝。

十一月十一日

晨。玄、蓉、我乘七点车去杭，八时十分到。莹、小蒋、欢欢八时五十分到。柳浪闻莺菊展，第三届全国性［展］。我认为杭园林花环最佳。四时十五分回到家。五时三十分大家吃面。欢等回去。七时看电视。九时息，九时三十分寝。

十一月十二日

晨六时出门，七时回来，计5925步（同）。再去看富菊盆景展，计盆景约二百盆，菊约五六百盆，大盆只计一盆。遇夏、王科长、袁等。洗衣。琳、琪、小方去看杭菊展。玄代琪、蓉中午烧饭。

琪等四时回来。晚看电视，《米老鼠和唐老鸭》、新闻。八时三十分息，九时寝。

十一月十三日

晨小雨。五时四十分出门，六时四十分回来，计 5825 步。菊花已停展撤去，盆景未撤。遇谢、韩、詹等。看报。莹今晚未来。晚看电视，新闻，知金日成来访，茅以升逝世。九时息，九时三十分寝。

十一月十四日

五时四十分出门，毛毛雨，六时四十分回来，计 5959 步。同遇李、严等，气温降低 7—13［摄氏］度。晚看电视，新闻、《七巧板》《五年以后》。九时十五分息，九时四十分寝。

十一月十五日

晨五时四十分出门，六时四十五分回来，计 5793 步。天晴，邮宣窗扫黄。富阳、渌渚几处。昨晚报气温 7—11［摄氏］度。九时去看七美，十一时回来。晚看电视，新闻、《母亲》等。九时息，九时三十分寝。

十一月十六日

晨五时五十五分出门，六时五十五分回来，计 5458 步。同遇夏、詹、李等。莹晚饭后来。欢拍照。中午抹身、更衣、写信。晚看电视，京剧、新闻、《母亲》。九时息，九时三十分寝。

十一月十七日

晨五时四十五分出门，六时四十五分回来，计 6020 步。遇夏、周。莹下午来，晚回去。晚看电视，新闻、《狮城勇探》《母亲》《聊斋》（婴宁片段）。九时息，九时三十分寝。

十一月十八日

晨五时四十五分出门，六时四十五分回来，计 5919 步，同遇郭、袁等。写信，看报。晚电视，新闻（世界十大都市）、《母亲》。九时息，九时三十分寝。欢天冷未来。

十一月十九日

晨五时四十分出门，六时四十分回来，计 6203 步。影剧院至龙山路 900 步。温度 3［摄氏］度，遇谢、唐、刘永炎、继明（协大昌税务工作，寓龙山路）等。晚看新闻，《米老鼠和唐老鸭》《母亲》等。九时三十分息，十时寝。庚上午十时到，下午二时去杭开会三天云。

十一月二十日

星期一。晨六时十分出门，六时四十分回来，计 2683 步，气温 1［摄氏］度。到影剧院回来。写信、看报。蓉休息。欢中午来，晚回去。晚看电视，新闻、《林苑酒家》。九时息，九时三十分寝。

十一月二十一日

晨五时四十分出门，六时四十分回来，遇谢、詹、陈、孙。玄五时三十分去杭，九时二十分回到家，计 5891 步。同贤取物来。庚下午五时三十分到，饭后去二轻招待所宿。晚看电视（江泽民讲话等）。九时息，九时三十分寝。

十一月二十二日

晨六时十分出门，六时四十分回来，影剧院回，计 2911 步。遇谢才全，在城北村委办公楼工作，说 73 岁。贤要他们同事卿美英带来葡萄干、杏干。写信，看报。莹中午来，晚回去。晚看电视，新闻、《母亲》等。九时息，九时三十分寝。

十一月二十三日

有雾。晨六时零五分出门，六时三十分回来，计 4222 步。遇本楼阿姨。看报、札记。欢晚上来，九时回去。晚看电视，《新闻联播》《母亲》。九时息，九时三十分寝。

十一月二十四日

晨五时四十五分出门，六时四十五分回来，计 6152 步。同微雨，气温回升。看报、札记，抹身，更衣。晚看电视，新闻、《母亲》。子娟八时来，九时去。九时息，九时三十分寝。

十一月二十五日

晨五时四十五分出门，六时四十五分回来，遇谢、郭、夏、李、董、方等，计 6203 步。写信、看书报。欢中午来，洗浴后即回。晚电视，《新闻联播》。

十一月二十六日

晨五时四十五分出门，重雾。六时四十五分

回来，计 6818 步。遇唐、夏等人。写信，看书报、札记。欢下午四时来，晚回去。晚电视，《新闻联播》《母亲》([第]19—20 集完)。十时三十分息，十一时寝。星期日，《米老鼠和唐老鸭》画面亦赶时新。

十一月二十七日

晨五时四十五分出门，六时四十五分回来，计 6551 步。回遇桐岭在市场做生意的老年妇女，说媳是下十管(珠村)的，说早上锻炼身体好。唐、孙、陈、周等。有雾。晚电视，新闻(在八宝山礼堂开茅以升追悼会、戏剧大奖赛)。九时息，九时三十分寝。

十一月二十八日

晨扫楼梯碎砖等。五时四十五分出门，六时四十五分回来。去看轮埠，计 6649 步。遇周、孙、陈、赵，回再遇周。今天旧历十一月初一日。晚电视，《新闻联播》(无手摄影师郑龙华[临安人])。九时息，九时三十分寝。

十一月二十九日

晨五时四十五分出门，六时五十分回来，计 6542 步。晴。遇郭、谢、唐等。上午理发、看报。玄去协助搬迁。欢下午一时三十分来，晚回去理发、抹身、更衣。晚电视，新闻、音乐集锦(洋琴、小提琴)。我九时息，九时三十分寝。

十一月三十日

晨五时四十五分出门，六时四十五分回来，计 6591 步。昨报 3—14［摄氏］度。上午九时三十分去老街桂花路回来。十一点洗衣。玄、蓉工作，没看电视。晚电视，新闻。九时息，九时三十分寝。新登镇城阳医院院长柴凤睦于 11 月 27 日因病去世，终年 54 岁，三十日火化，开追悼会。此消息于 12 月 1 日晨鹳山回到县府前看到。

十二月一日

星期五，旧历十一月初四日，晴。晨五时四十五分出门，有霜，3［摄氏］度，回来六时四十五分，计 6038 步。遇谢、沈等。晨扫楼梯碎砖等。个体户在商业局今晚开会。晚电视，新闻等。九时息，九时三十分寝。

十二月二日

晨五时四十五分出门，六时四十五分回来，计 6414 步。遇谢、唐等。邮局造的是电讯火电，日本引进，富阳公交 302 自鹳山至横凉亭。欢下午二时来，晚回去。晚电视，新闻。

十二月三日

晨五时四十五分出门，六时四十五分回来，计 6110 步。遇唐、夏等。天晴。看报，札记。欢下午二时来。晚看电视，《米老鼠和唐老鸭》、新闻。今日星期日，九时息，九时三十分寝。

十二月四日

晨五时四十五分出门，六时四十五分回来，计 6099 步。遇谢、夏、唐等。看书、报。晚看电视，新闻。八时五十分息，九时二十分寝。

十二月五日

晨五时四十分出门，六时四十分回来，计 6624 步。遇唐、周、夏等。看报。欢下午一时三十分莹抱来，晚七时三十分回去。晚看电视，新闻、日本电视剧、999 摩托车。九时三十分息，十时寝。

十二月六日

晨五时四十五分出门，雾浓，六时四十五分回，计 6625 步。遇唐、谢、夏等。回来时牛奶未到，下午吃。看报、札记。晚电视，新闻、《李大钊》。九时三十分息，十时寝。

十二月七日

晨五时四十五分出门，六时四十五分回来，计 6725 步。天转和暖，小雾。遇沈、唐、谢等。看旧报。欢下午二时来，九时回去。晚吃营养菜。晚看电视，新闻(金华庙会吃狗肉)、《樱桃行动》。九时三十分息，十时寝。

十二月八日

晨五时四十五分出门，六时四十五分回，天暗有风，计 6462 步。遇沈(嘱我小心暗)、唐、袁等。欢下午二时来，九时回去。晚看电视，新闻、《聊斋》等，九时三十分息，九时五十分寝。

十二月九日

晨五时四十五分出门，六时四十五分回来，计 5836 步。遇沈、袁、唐等。气温 3—13［摄氏］

度。看报，加墨水。下午三时四十分庚从杭州回来，四时十五分去乘四时三十分车回去。晚看电视，新闻。九时十分息，九时四十分寝。

十二月十日

晨五时四十五分出门，六时四十五分回来，计6558步。同遇谢、唐、夏等。预报气温3—13［摄氏］度。欢下午三时来，晚八时三十分去。晚电视。因在拆阳台栏杆，到他们息。七时十五分看新闻、《小公主》。九时三十分息，十时寝。

十二月十一日

晨五时四十五分出门，六时四十五分回来，计6741步。遇唐、沈、方等。欢下午二时来，晚九时去。看报、札记。晚电视，新闻、《秦始皇》。九时三十分息，十时寝。

十二月十二日

晨五时四十五分出门，六时四十五分回来，遇谢、沈、夏、刘等，计6160步。天阴。今日敲顶棚，在后房看报。晚电视，新闻、《樱桃行动》。九时息，九时三十分寝。

十二月十三日

晨四时三十五分出门，六时四十五分回来，计6909步。遇谢、沈等。今日浇水泥，走廊平地。看报、札记。晚看电视，新闻、《中国女足》《马阿虎轶事》等。九时息，九时三十分寝。

十二月十四日

晨五时五十分出门，六时五十分回来，计6699步。遇沈、夏、唐等。天暗，报导阴有雨。九时少云，日出。看札记。欢下午来。晚电视，《新闻联播》《樱桃行动》《七巧板》等。九时息，九时三十分寝。

十二月十五日

晨五时五十分出门，六时五十分回来，计6496步。遇郭等。气温1—10［摄氏］度。看报，旧报。欢下午一时三十分来，晚八时四十分回去。晚电视，新闻。抹身、更内衣。明气温3—11［摄氏］度。晴多云。

十二月十六日

晨五时四十五分出门，六时四十五分回来，计6341步。遇沈、唐、夏等。看报、札录。霞下午三时五十分来，四时十五分去。晚电视，新闻。八时三十分息，九时寝。

十二月十七日

晨五时四十五分出门，六时四十五分回来，计6056步。遇唐、沈、周等。看到富阳中学老师的女儿，在柯梅仙老妈妈个体摊上买瓜子，将金戒指落下，去上学。下午放学回来，抱着万一希望去问问，果在摊上。老太说做人靠良心，讲信用，还你，不要酬。上午八时三十分玄去新有事。中午在庚处遇良夫妇及次子。玄下午四时三十分回来。晚看电视，《米老鼠和唐老鸭》、新闻。八时五十分息，九时二十分寝。

十二月十八日

晨铲除碎石泥土。五时四十五分出门，七点回来，计6006步。遇沈、治、唐、谢，谈十五分钟。看报。欢下午二时来，八时三十分回去。晚电视，新闻、《中国女足》。八时五十分息，九时寝。

十二月十九日

晨五时五十分出门，六时五十分回来，遇谢等。邮电打桩，三支水泥杆有“百年大计，质量第一”红横幅挂着。天阴。计6801步。邮局昨日起打桩。据顾说他看了二小时，打下两枝水泥杆。写信、看报。晚电视，新闻、《樱桃行动》。九时息，九时三十分寝。

十二月二十日

晨五时四十五分出门，六时四十五分回来，计6625步。雾重。遇谢、唐等。看书报。晚电视，新闻、歌唱、山东皮肤医生专家方汝荣。九时息，九时三十分寝。

十二月二十一日

晨五时四十五分出门，六时四十五分回来，计6539步。遇养鸟三人上山，唐等。天阴。写信。去老街。欢上午十时来，晚八时三十分回去。晚电视，新闻、《樱桃行动》。八时五十分息，九时寝。

十二月二十二日

阴，有微雨。五时四十五分出门，六时四十五分回来。扫楼梯、写信、看报，计7195步。写信、看报。晚电视，新闻、《北国情》、李可染追悼会。八时五十分息，九时寝。

十二月二十四日

晨五时五十分出门，六时五十分回来，计7093步。上山，遇一人练功。人极少，小雨。看邮局通告，知新登邮电大楼今日上午八时落成开业。晚看电视，新闻。八时五十分息，九时二十分寝。

十二月二十四日

星期日。晨五时四十五分出门，六时四十五分回来，计7285步。两次遇沈。玄八时十五分去新，下午四时回来，知福光校况一二。抹身、更衣。晚电视，新闻。八时五十分息，九时二十分寝。

十二月二十五日

晨五时四十五分出门，六时四十五分回来，计7199步。遇谢、王、袁等。工人粉顶。写信、看报。欢下午二时来，八时三十分小方送去。晚电视，新闻、《北国情》（［第］17—18集）。八时五十分息，九时二十分寝。

十二月二十六日

晨中雨。五时五十分出门，六时五十分回来。上山人很少，影剧院亦很少。玄八点出去，计步6519步。遇一矮老人，手持杖，可能是张院长，听莹说，他住院。晚电视，新闻。玄下午三时回来，腰病。八时三十分息，九时十分寝。

十二月二十七日

晨五时四十五分出门，六时四十五分回来，计7190步。遇谢、唐等。今又遇到在前，未招呼。写信、看报。欢下午四时来，晚八时三十分回去。晚看电视，新闻（台湾歌唱，台景新颖，是艺术拍摄）。八时三十分息，九时寝。

十二月二十八日

晨四时四十五分起床，洗漱。五时四十五分出门，天中雨。一路人稀。六时十五分到公园，后门未开，去前门。六时二十五分又未开，回来到邮局对面，遇到唐在百货公司阶沿练身，计7192步。小雨雪，天气预报-1—5［摄氏］度。晚电视，新闻。

十二月二十九日

晨五时四十五分出门，六时四十五分回来，计7159步。遇谢、刘等。天晴。洗衣、写信、看报。欢上午九时来，晚八时三十分他婆婆抱去。明气温0—8［摄氏］度。晚电视，新闻。八时五十分息，九时二十分寝。

十二月三十日

晨五时四十五分出门，六时四十五分回来，计6359步。遇谢、唐等。剧院前掘得一米多深，不知建何？写信，欢上午九时来，晚去未知。下午六时三十分，玄、我去文化宫看电影《开国大典》，先放《农业养猪》。九时十五分散，回家，洗脚。十时寝。

十二月三十一日

晨五时五十分出门，六时四十五分回来，计5776步。遇谢、唐等。摄影师在给清洁工拍工作照。写信。阳台在试用（虽未竣工）。上午八时三十分敏到，说陪来新过年。我说下午去买了一时四十分车，二时二十五分到站。到宿舍炜在温语文。敏给我地平刷上暗红色油漆。五时庚来略谈，知他又病了，才出院。晚饭后庚陪我来，六时三十分谈到八时十五分。敏、炜来，略谈。庚说公公要睡了，我们去，明天再谈。我整理。九时四十分息，十时二十分寝。

一九九〇年

一月一日

元旦，星期一，旧历十二月初五日。晨小雨。五时三十分起床，六时四十分去寄信，买早餐。九时去看俊杰兄，九时去，十一时回。下午三时去老街，霞、敏去桐庐，［霞］弟结婚，未回。下午去老街，核帐，阅报，听半导体。九时寝。

一月二日

上午八时三十分和庚同去新街，去看三泰。吃点心。回来十时五十分。霞、敏下午四时二十分回来，晚饭后六时庚送我回来。长育已去宿舍，一同到宿处，三人闲谈，八时三十分育回去。我九点寝。

一月三日

上午九时去看元将，十时三十分回来。庚下午一时去富阳开会。十一时日出，我晒衣，晒被，抹身，更衣。下午一时许经理(大约来看志标去投票)便来我处，谈四十分钟，志标闻声迎去。我上街，五时去吃晚饭。六时停电，霞陪我来宿舍。作闭目静坐，洗足。八时来电，八点三十分寝。

一月四日

上午八时三十分去新街，去南津桥。今日天好，日出，遇梅亚堃、袁尚，闲谈至十时四十五分回来。俊杰兄已在［志］标处等我，携来字、画册各一。饭后，抹身，更内衣袜，洗后看报。九时息，九时三十分寝。六时三十分中百选区选举，我去，七时三十分结束，敏来陪回。

一月五日

天阴。看字、画册摘录。下午、晚续整理。得敏来说玄要小蒋明日来陪回富。九时息，十时寝。今日是我生日。

一月六日

晨去老街，还杰兄书、画册。他正在进早餐，我说俊兄，望代致意。小蒋九时五十分到，霞九时五十五分来看我。我和小蒋乘十时车来富，十时五十分到。庚十一时三十分来，饭已吃，已散会，汇政款由庚去。庚再来谈至二点十五分，他乘二时二十分车返新。晚吃莹、琪、琳送来大蛋糕，八菜。晚看电视，新闻、香港电视剧《京华烟云》。八时五十分息，九时二十分寝。

一月七日

晨五时四十五分出门，六时五十分回来，计6951步，吃蛋糕、泡饭。今日旧农十二月十一日，我在86年前今日生。搞搞清洁卫生，虽冷，气温2—8［摄氏］度。搞好后，坐下来写写信，看看书报，感到适意愉快。晚看《新闻联播》节目、歌唱表演、《米老鼠和唐老鸭》，有新意，超时讽刺。八时三十分息，九时寝。

一月八日

晨五点四十五分出门，六时四十五分回来，计6985步，遇谢、唐等。天阴暗。上午九时去老街，看看新开的江滨百货公司，房屋新建，只开放一楼，商品新进不多，老街各店都缩小了出租柜台。蓉他们富阳饭店只留进出一间，又新开中国银行，租他们门面。看报，晚看电视，新闻。明8—14［摄氏］度。

一月九日

晨六时十分出门，晚了，不上山折回。六时五十分牛乳未到，略等取回。今日洒水车未洒，计4935步。去购药没有。晚电视，新闻、《京华烟云》([第]7集)。八时四十分息，九点十分寝。明8—12[摄氏]度。

一月十日

晨五点四十五分出，六点四十五分回来，遇谢、沈、唐等，计6380步，有风。看报、书，整理。晚看电视，新闻、体育、《汉武之恋》。八点五十分息，九点二十分寝。明4—8[摄氏]度。

一月十一日

晨五点四十五分出门，六点四十五分回来，遇谢、唐、芬、王等，计6192步，有风。看报，整理。庚下午五点二十分到，明去杭开会。饭后，玄，他去小蒋宿舍住，晚看电视，《新闻联播》《京华烟云》。八点五十分息，九点二十分寝。阴—小雨，明4—8[摄氏]度。

一月十二日

晨五点四十五分出门，六点四十五分回来，计5882步，遇沈、唐等，天暗似欲雨。庚七点来，去乘车赴杭，下午四点二十五分到，即乘车回新。写信，寄邮件，看书。阴[有]小雨，明气温1—6[摄氏]度。晚电视，新闻、日本电视剧。八点五十分息，九点二十分寝。

一月十三日

晨五点四十五分出门，六点四十五分回来，计6524步，遇谢，天冷、有风。看书、报，整理。去老街。阴转小雨，明气温1—6[摄氏]度。晚看电视，新闻、《京华烟云》。八点五十分息，九点二十分寝。

一月十四日

晨五点四十五分出门，六点四十五分回来，计5810步，遇沈、谢、唐。看报，札录。欢下午二时来。晚，莹、蒋去吃喜酒，由玄、蓉带，甚欢不哭。晚看电视，新闻等。八点三十分息，九时寝。

一月十五日

晨中雨。五点四十五分出门，六点四十五分回来，计6693步。一路人甚少，山上只有茶店前一人，回来遇唐，在邮局对面练功。晚电视，新闻。明0—7[摄氏]度。

一月十六日

晨五点四十五分出门，六点四十五分回来，计5956步。扶梯东西堆得很多(装织)，携电筒。途遇谢、沈。晚看电视，新闻、《京华烟云》。八点五十分息，九点二十分寝，明0—7[摄氏]度，阴、多云。

一月十七日

晨月清朗。五点四十分出门，六点四十分回来，计6117步，遇谢。在山上鹳山后门上83级，踏步前上154步。春江路商店门联：千客千意千拿不厌，百货百态百问不烦。写信，看报。上午去理发，抹身，更衣，看报。晚看电视，新闻，七点三十分小成送水果来，八点十分去，《红伶泪》，八点五十分息，九点二十分寝。阴有小雨，明温0—7[摄氏]度。

一月十八日

晨天暗欲雨，月朦朦，不如昨日。五点四十分出门，六点四十分回来，计6297步。在鹳山停车场遇小韩撑伞，说你这样早回来啦！路人少，东阳工程有的集体乘车回去。洗衣、看书。晚电视，新闻、《七巧板》《京华烟云》。八点四十分息，九点二十分寝。

一月十九日

晨六点十分出门，六点五十分回来，计4551步，遇袁、周、夏老，知棉纺厂一警卫员许金山、一职工锡进，均32岁，车祸，因公殉职，19日开追悼会。写信。因阳台在修筑，玄朋友邵定保今日来协助。晚电视没看，看报，八点三十分息，九时寝。

一月二十日

晨五点四十五分出门，六点五十分回来，计6129步，遇谢、唐。写信。上午十时县委、政协三人来慰问，陈仁文(县委)等。晚看电视《新闻联播》《神州风采》。八点三十分息，九时寝。明0—5[摄氏]度。

一月二十一日

晨五点四十五分出门，六点四十五分回来，遇谢，计6265步。九时庚来，车挤，知政沪转到家，壬要她带来年糕。十一点十五分庚说有厂车，饭不吃，立即回去。晚看《米老鼠和唐老鸭》《新闻联播》。八点三十分息，九时寝。定保上午来，晚饭后回去。小蒋、小方饭后来帮忙，玄做到十一点三十分才息。

一月二十二日

晨五点四十五分出门，六点四十五分回来，计 5814 步，在山上遇谢、唐。看报，札记。晚看电视，新闻。八点三十分息，九时寝。

一月二十三日

晨五点四十分出门，六点四十分回来，遇谢。经船埠市心街回来，计 6458 步。看报，摘录。晚电视，新闻、《京华烟云》([第]19 集)。八点五十分息，九点二十分寝，明 0—8[摄氏]度。

一月二十四日

晨五点四十分出门，六点四十分回来，遇沈，计 5896 步，有霜。看报、札记。晚玄、小方、小蒋给走廊厨房间赶制成功，没看电视。我七点三十分看书、报息，八时寝。

一月二十五日

晨五点四十分出门，六点四十分回来，遇老沈。我带半导体听《中央新闻》，计 6339 步。晚电视，新闻、90 年迎春晚会，八时—十时。晚十时息，十点三十分寝。

一月二十六日

晨五点四十分出门，六点四十分回来，计 6509 步，遇沈、唐。今日穿毛绿袴大衣。去扫扶梯花 90 分钟。中午有开水。洗浴，更衣。下午三时午睡，五时起床。年夜饭玄、蓉、琳、我四人叙(聚)餐。今晚八时至十二时中央电视联欢节目，一片欢乐喜笑气氛，看了大家高兴。我看到十一点四十五分息，十二点十五分寝。

一月二十七日

旧历春节，星期六。晨七点四十分出门，八点五十分回来。山上只遇袁同志在练功，老沈在家门前修汽车(二三人)，个体商店有几家已早开业。沿途卖气球，有数处，有的三人一组，价在 1 元—5 元云。计 6936 步。晚看电视，新闻、春节联欢晚会，八点五十分息，九点二十分寝。政、炜上午十一时到，炜下午三点四十分回去，政留下。新年饭玄、蓉、莹、小蒋、欢欢、琪、小方、琳、朋友小石、我 11 人。

一月二十八日

晨七点十分出门，八点十分回来，计 5682 步，遇人医袁长子等。十时三十分去桂花路，遇李、费。政下午三点四十分车回新登。下午五时玄、蓉、莹。晚小蒋、欢、我去小方家吃晚饭，琪、方来陪，八点四十分回来，九点二十分到宿舍，十点二十分寝(琳未去)。

一月二十九日

晨六点三十分出门，七点四十分到舍，计 6299 步。带半导体听新闻。琳上午八时去杭，晚归。天雨。晚看电视，新闻、聊斋剧《云翠仙》。八点三十分息，九时寝。

一月三十日

晨雨。六点三十分出门，七点三十分回来，计 6090 步。看报，札记。欢上午来，晚去，已下雪。珠、琪、小方来吃晚饭，饭后回去。晚电视，《新闻联播》《京华烟云》。八点五十分息，九点二十分寝。

一月三十一日

晨六点三十分出门，七点三十分回来，遇几位老上山练晨功的人，人熟，名不知道，大家点点头，计 6208 步。在山上东西观望富阳大半风景，一片大雪，瑞雪兆丰年。棋桌不知何人在两张桌上写下八个大字：雪兆丰年，万事如意。看报，核收支。明 -5—1[摄氏]度。晚看电视，新闻、《中华之最》、七省一市联欢。八点五十分息，九点二十分寝。

二月一日

五点三十分起床，水龙头冰冻。六点三十分出门，遇小韩上山看富阳市区，遇几位晨练熟人，但不知姓名，有的好心要我小心滑。遇老沈，说你[今]天还上山，本事。回来七点三十分，计 6231 步。一路一片白雪冰冻。莹、小蒋、琪、小方均来，同吃晚餐，春卷、百宝饭。晚看电视，新闻，《几度夕阳红》。八点四十分息，九点十分寝，明 -1—5[摄氏]度。

二月二日

晨六点三十分出门，飞小雪，七点三十分回来，计5901步。遇耿、养鸟二人，赵公安，姑娘某，她认识我，我记不起她是谁。莹、欢没来，小蒋来，说天寒雨雪不来。晚看电视，新闻、《哥们长高了》。八点三十分息，九点寝。有雨雪，明-1—5［摄氏］度。

二月三日

晨五点三十分起床，六点三十分出门，七点三十分回来，出门无雨，回来有雨，计6432步，遇［晨］练人比较多。阴，上午有雨雪，下午较少。欢下午来，晚八点回去。晚电视，新闻、《京华烟云》(［第］27—28［集］)。八点四十五分息，九点十五分寝。雨雪，明-1—5［摄氏］度。

二月四日

晨电力不稳，灯泡丝断，光强，我其他灯不敢开，防再断。六点三十分出门，七点三十分回来，计6615步。遇老谢(说昨日回富)、养鸟二人、渌渚金梅和她女儿(公安局人员)。今日星期日，旧历初九，今日立春。晚蓉、琳去看电影二集。晚看电视，新闻、《米老鼠和唐老鸭》《秦始皇》(［第］53集)。八点四十五分息，九点十五分寝。明-1—5［摄氏］度，小雨雪。

二月五日

晨六点三十分出门，七点三十分回来，计6891步。雨雪止，阴晴，遇赵、养鸟三人等。玄、蓉上午九时去，下午三时到家。看报。天阴寒。晚看电视，新闻。黄小成来闲谈徽州，八点五十分回去，九点二十分寝。

二月六日

晨六点三十分出门，七点三十分回来，计5898步，二同，遇赵、养鸟人、沈等。看报，札画录。欢下午莹、蒋陪来。琪中午来，傍晚去亲处晚餐。晚电视，新闻、《几度夕阳红》《京华烟云》。八点四十分息，九点十分寝。明0—5［摄氏］度，阴、小雨。

二月七日

晨雨，六点三十五分出门，七点三十五分回来，遇百［货公司店］长、［老］文、邮［局老］唐等，计6518步。十一时又响起锣鼓鞭炮声，不知是什么灯上街。下午二时又响起了催锣声，谅是催回去的信号。看书、报。晚电视，新闻、恐龙动画片、《老干探》。八点四十分息，九点二十分寝，明0—5［摄氏］度，小中雨转阴。

二月八日

晨六点三十分出门，七点三十分回来，计步器忘带了，估6500步。遇养鸟人、吴经理等。看报，札字画得失等。欢、琪均来。晚电视，新闻、《京华烟云》。八点四十分息，九点十分寝，明0—5［摄氏］度，阴多云。

二月九日

晨六点三十分出门，七点三十分回来，计5982步，遇赵、养鸟人等。到家五分钟，政来，知她今日乘汽车直达无锡，来此一转，八点去车站，有一同学同行，她至苏州。看报，札记，抹身，更衣，洗头。晚电视，新闻、《卖油郎》《偷瓜的小兔》《海灯法师》。八点四十分息，九点十分寝。明0—5［摄氏］度，阴。

二月十日

晨六点三十分出门，七点三十分回来，计5931步，遇赞育堂孙女夫妇、养鸟人等。九时去看赵，知他去山东，折回。天阴。板龙上街，据说60多节。下午四时玉娟来，约1小时回去。欢来，晚八时回去。今晨一至二时月食。晚《新闻联播》。我八点四十分息，九点十分寝。有些工建队在早餐，约百人。明3—8［摄氏］度，阴转小雨。

二月十一日

晨六点二十五分出门，七点二十五回来，经双烈亭，遇养鸟人和小腊内人等，计5915步。雾重。又有小吃店新开。九时去看七美，十点四十五分回来。下午三时去看玉娟，看她有事，折回。晚蓉去看电影。明温5—14［摄氏］度，阴、小雨。晚玄、我看电视，新闻、《动物世界》，八点四十分息，九点二十分寝。

二月十二日

晨六点二十五分出门，七点二十五分回来，

计5981步，天晴。中午去看玉娟，叫门无应，回。欢午后来。明7—14［摄氏］度，阴小雨。晚电视，新闻，《动物世界》《风雨见真情》。八点四十分息，九点二十分寝。

二月十三日

小雨。出门六点二十五分，七点二十五分回来，计6703步。邮［局老］唐、石老在百［货］公［司］前［锻］炼。看书、报，札记。晚［看］电视，新闻、蒙特卡罗马剧艺术节（中国有水流星表演）、《京华烟云》（［第］35集）。我八点四十分息，九点十分寝。明7—14［摄氏］度，小雨、多云、阴。

二月十四日

晨六点三十分出门，七点三十分回来，计5732步，阴。欢下午一点三十分阿婆送来，晚八点二十分回去。琪、小方下午来，晚回去。看报，札记。晚电视，新闻，《七大古都》《海之光》等。八点四十分息，九点二十分寝，明7—14［摄氏］度，阴转小雨。

二月十五日

晨六点二十五分出门，七点四十分回来，计5828步，遇周、周、王等，回来微雨。看报，札记。余后丰十点三十分来，十一时去。明阴、小雨，明7—14［摄氏］度，晚［看］电视，新闻、京剧、《七大古都·成都》《京华烟云》（第37集）。八点五十分息，九点二十分寝。

二月十六日

晨六点三十分出门，七点三十分回来，计5948步，［遇］唐在百［货公司］前，养鸟二、三人。山上遇朱风钧等。回来有小雨。看报，札记。去春江路一转。晚［看］电视，新闻、《几度夕阳红》等。八点四十分息，九点十分寝，明7—14［摄氏］度阴雨。

二月十七日

晨六点二十五分出门，七点二十五分回来，计6280步，遇唐百大等。鹳山［脚下］县［委］招［待所］、人民医院后的山石，昨晚打炮移山石。上午十一时和玄去玉娟处坐三十分钟，回来看报，复信。晚看电视，新闻、《八月桂花香》《京华烟云》（第39集）。八点四十分息，九点二十分寝，明7—14［摄氏］度，阴有小雨。

二月十八日

晨六点二十分出门，七点二十分回来，计5845步，遇唐、小朱、养鸟等人。雾重，一轮红日在东方升起。写信。晚看电视，新闻、《米老鼠唐老鸭》《苦难的历程》。八点四十分息，九点十五分寝，明7—11［摄氏］度，阴有小雨。

二月十九日

晨六点二十分出门，七点二十分回来，计6415步，遇养鸟［人］、福祥、家明。早看报，写信。下午二时吴雄飞来访，为解放前商业情况闲谈一小时回去（他在县商业局编篡县商业志）。晚小蒋妈送来杭乡文艺团来富慰问［票］，我、玄、琪三人去，小蒋妈妈亦来（七时至九点十五分），内容歌唱、杂术、滑稽等。到家九点三十五分，十时寝。

二月二十日

晨六点二十分出门，七点二十分回来，计6245步，遇养鸟［人］、耿等，玄、小蒋、莹于七点三十分去杭，为欢看肾瘤病，下午五时回来。札资料。晚看电视，新闻、杂技、《爱的权力》。八点三十分息，九时寝。

二月二十一日

晨札资料，没去鹳山。午睡休息。晚电视，新闻，《八月桂花香》。八点三十分息，九时寝。

二月二十二日

晨没去鹳山。上午十时携稿去，在楼梯处会到吴，资料交他，略谈，他去。我去老街，从市心弄回来。知县八届党代表（会）召开。看报。天雨。晚，这里一幢［房子］的电灯都不亮，用矿烛、电筒。八时寝。

二月二十三日

晨六点二十五分出门，七点二十五分回来，计6577步，遇老周、养鸟［人］、唐、沈等。小雨。气温1—10［摄氏度］。看报，拟信稿。晚看电视，新闻等。八点四十分息，九点十分寝，明1—7［摄氏］度，阴转多云。

二月二十四日

晨六点四十分出门，七点三十分回来，计5514步，遇养鸟人、唐、衣、小蒋回。天阴寒。写信，看报。晚电视，新闻、《几度夕阳红》。八时雪积白，欢今晚宿此。八点四十分息，九点二十分寝，明1—2［摄氏］度，雨雪。

二月二十五日

晨六点二十分出门，七点二十分回来，计6179步。看雪景。大桥在［施］工。遇阿姊、养鸟人、老唐等。雪厚一寸多，鹳山树竹如挂棉花球。明0—2［摄氏］度，阴多云。晚电视，《米老鼠和唐老鸭》、新闻、《爱的权力》《几度夕阳红》。八点三十分息，九点十分寝。

二月二十六日

晨六点二十分出门，七点二十分回来。天晴，红日东方升起，回来多云、阴，遇阿姊、小韩、养鸟人等。九时去理发，中午抹身、更衣。今天有时日出，温度不高。看报，札记。吃春卷。晚电视，新闻片段、杂技、《几度夕阳红》。八点三十分息，九点十分寝。明0—7［摄氏］度。

二月二十七日

晨六点二十分出门，遇福甜姊、养［鸟人］、水等，七点二十分回来，计6090步，二处90分钟。看书报，寄信，包饺子。上午十时遇李福祥、凌经理，到他家谈。明0—5［摄氏］度，阴雨。晚有雨、小雪，电视新闻，《话说大海》。八点三十分息，九点十分寝。

二月二十八日

晨六点二十分出门，七点三十分回来，遇长、养［鸟人］、衣等，计5831步。天寒，小雨，整日阴。晚玄、蓉去看电影，七点三十分回来。看报。札记。明1—5［摄氏］度，阴雨。晚看电视，新闻、《几度夕阳红》。八点三十分息，九点十分寝。

三月一日

晨小雨，六点二十分出门，七点二十分回来，计6999步，遇长、衣、小、养。玄七点四十分去医院（欢动手术），上午十时一小时完毕，顺利，下午回来。二时去看他。小方来，晚琪同去。蓉下午、晚去看欢。阴，明3—8［摄氏］度。晚电视，新闻、《中国古都》《几度夕阳红》。我一人看，八点三十分息，九点十分寝。

三月二日

晨六点十分出门，七点十分回来，计6669步，遇养、衣、沈等。玄、蓉八时去杭，九时回来说鸽子已有，不去。下午、晚玄、蓉去，我一人看电视，看报。晚电视，新闻、《恐龙》《海外遗恨》（第3集）。九点四十五分息，十点十五分寝。明4—7［摄氏］度，阴雨。

三月三日

晨六点十五分出门，七点十五分回来，遇沈、养、小等，计6351步。小雨。写信，看报，札旧日。玄、蓉晚去院。明雨4—8［摄氏］度，晚看电视，新闻，《古都说海》《海外遗恨》（第5集），独自看。八点三十分息，九点十分寝。

三月四日

晨六点十分出，七点十分回来，计6330步，遇养、詹等。天阴，多云。看晚报，札旧着记。玄、蓉去医院，九时回。明阴5—10［摄氏］度。晚看电视新闻，《米老鼠和唐老鸭》《白求恩》《雷锋》，天津文艺晚会，我一人看。八点三十分息，九点十分寝。

三月五日

晨六时出门，七时回来，计6402步，有雾。八点三十分上街，有许多“学雷锋、白求恩，为民服务”。九点去看赵新，谈一小时，作画赠我（梅花）。十一时回来，遇姜元源儿子，要他带信要仙花来玩。中午十二点三十分庚来富开会，［老干部］“关心下一代”［协会］，谈至二点十五分去乘二点四十分［车］回新。玄、蓉晚在医院，九点二十分回。晚电视《新闻晚播》（以白求恩、雷锋为榜样，亚运会、天津文艺等）。八点三十分息，九点十分寝，我独人看。明5—10［摄氏］度，晴转阴。

三月六日

晨六点十分出门，七点十分回，计6166步，遇周、谢，说咳嗽一月，昨在鹳山遇我，我没有看到他。玄、蓉去医院，欢今日上午可出院（昨已拆线）。九时来此，十时吴熊飞来询富阳商业情况，谈五十分钟去。明3—15［摄氏］度，晴。晚莹客来。电视看国际新闻。八点三十分息，九点十分寝。

三月七日

晨五点五十五分出门，六点五十五分回来，计5911步。墙标话“学习雷锋、赖宁、马立军、张子新、白求恩”。看报，札旧。晚电视，新闻、《晋中大捷》（［第］1—2集）。八点三十分息，九点十分寝。明5—18［摄氏］度，晴转阴。

三月八日

晨，六点五分出门，七点五分回来，计5964步，遇养［鸟］妇、刘等，回来雾重。九时将书画、辞典借赵新看，十点钟即回。罗韬来，饭后十二点三十分去钟处。晚八时玄、蓉去看电影。我一人看，莹、琪在打毛衣，抱欢。晚电视，《新闻联播》《凌汤园》。我八点三十分息，九点十分寝。明5—19［摄氏］度，晴转阴。

三月九日

晨六时出门，七时回来，计5995步，遇养、水、朱等。有一位妇女向我身边跑过，叫我老项伯，说你健，每天晨跑。琳今日去上班。玄跟我说昨晚电影《随心所欲》的搞笑事实（情节）。晚看电视，新闻。八点三十分息，九点十分寝。明7—19［摄氏］度，晴多云。

三月十日

晨五点五十分出门，六点五十分回来，计6200步，遇谢、顾、夏、沈、养等。看报，札录，去老街一小时回。晚看电视，新闻、《小飞龙》。八点三十分息，九点十分寝。明8—24［摄氏］度，阴、小雷雨。

三月十一日

今天星期天。晨五点五十分出门，六点五十分回来，计6262步。遇谢、徐亚英、夏、养［鸟人］等。牛奶未到，后蓉去取。看报，札记。去邮局取书，来回五十分钟。看该书。晚看新闻、《米老鼠和唐老鸭》《动物世界》。八点三十分息，九点十分寝。明10—23［摄氏］度，晴、多云。

三月十二日

晨五点四十五分出门，向西看月未下山，如红日一轮，奇观过后，向西即没见。上山看日出，只露上半个。回来六点四十五分，遇谢、夏、水、养等，又有一妇人向我招呼，我记不起是谁，计6001步。上午十点三十分蓉去饭店，回来说庚有电话来，说罗在新，15日要回去，澂知，已去电报。十一点十五分澂、铮到，饭后澂、铮乘一点四十分车去新。搞卫生，看报。晚看电视，新闻、相声。八点三十分息，九点十分寝。明晴转多云，10—23［摄氏］度。

三月十三日

晨五点四十五分出门，六点四十五分回，计6000步，遇唐、养［鸟人］、建春妈、医等。看报，札记。晚看《小飞龙》《新闻联播》。八点三十分息，九点十分寝。明5—17［摄氏］度，晴转多云。

三十四日

晨六点五分出门，六点四十五分回来，未上山，有小雨。澂、铮上午八点十五分到，饭后下午一点二十分车去杭，明日返沪。下午三点三十分周建业来谈，问新登小学事，谈一小时去，他住对面三楼女婿家。晚电视《小飞龙》《新闻联播》。八点三十分息，九点十分寝。明温5—17［摄氏］度，阴、多云。

三月十五日

是国际消费者权益日。晨五点五十分出门，六点五十分回来，计7193步，遇养、衣、方等。县十届代表第一次县政协三届第一次会议十四日下午报到。晨有雾。上午十时仙花来，和仙花谈谈离［新］后情况。小蒋和玄抬冰箱来用。晚电视，新闻、《八月桂花香》（［第］39—40集）。十点三十分息，十一时寝。明温10—15［摄氏］度，阴雨。

三月十六日

晨六点五分出门，六点四十五分回来，由幸福龙山路回来，计3058步，遇长、唐等。今天牛奶只供应三分之一，说余的明日补（先取，有不足的明日补）。晚电视《新闻联播》。

三月十七日

晨五点四十五分出门，六点四十五分回来，计6565步。去中雨，回雨止，遇长、唐等。七点庚从新来，去杭，八点三十分和仙花去桂花路、鹳山、春江路大桥，回来十点三十分，计9309步。整理。晚看《电视新闻》。八点三十分息，整理行装，九点三十分寝。明晴转多云，10—19［摄氏］度。

三月十八日

晨五时起床，和仙花、玄、蓉、莹、欢、小蒋共十人，乘七点四十五分车来新，八点十五分到新。八点三十分去潭山，九点三十分到山上拍照，吃蕉、橘、苹，一人三色水果。去陈、周两家略坐，十一点三十分回来，十二点三十分到家吃中饭。玄、仙花一点三十分回富阳，蓉、莹、小蒋、欢四人三时去富。我一点三十分去曹家，与贞谈。二点四十分俊兄家，谈至三点五十分回来。搞卫生。五点十五分去吃晚饭，六点十五分庚送我来，我再搞卫生。八点十五分息，九时寝。

三月十九日

晨五点三十分起床，六点四十五分去买早点。在粮站门前点心店，有糖浆、刀切面包，很满意。遇方海泉、陈天尧、吴老师、管自行车阿和、中学陈校长等。去樟根处补内衣，搞卫生。晚八点三十分息，九时寝。

三月二十日

晨五点三十分起床，七时早餐，八点三十分去樟炳家，到中百遇吴晃、章琴玉。九时去农贸市场，十点三十分回来，吃中饭。遇三泰来，要他同吃。下午二点三十分去中百批发部，和曹根华、吴来根、夏茂华闲谈，四时回来，五时去吃晚饭。中午要炜、晚要敏给我纸板箱里找资料，八点二十分息，九时寝。

三月二十一日

晨去塔山烈士陵园抄摘《新登战役》。回来遇阿根嫂，去看丁连根，坐谈半小时回来。吃中饭，抹身，更衣，找资料。遇陈竹笙，在塔山老路。庚去上夜班。澂来信给三泰。晚札录。八点三十分息，九时十分寝。

三月二十二日

晨五点三十分起床。中午抹身，更衣，找资料，札录。敏去杭。晚八点三十分息，九时寝。

三月二十三日

晨雨，中午放晴。找资料，洗衣，晚找资料。八点三十分息，九点十分寝。

三月二十四日

晨雨。去车站一转，看看车站已重新装饰，站［名］字不知是何人书写。中午吃饭知敏于昨晚归。晚八点三十分息，九点十分寝。

三月二十五日

星期日。去中学看朱老师，由念慈去办公楼找来，谈一小时三十分，看表已十点三十分，告辞。到元将处一转，即回来。午饭吃毕，十二时回来。途遇政回来，将热水瓶放下，去谈到二时回来午睡。晚政六点三十分送我来，谈至八点三十分回去，九点十分寝。

三月二十六日

上午去看明俊，未遇。庚谈俊杰要来看我，九时来，谈至十点四十五分回去。中午遇陈区长（途中）。下午二时送政上汽车，二点二十分去罗明俊老师处，谈到二时五十分回来，上街回来，午睡。晚查核。九点二十分庚送来玄信，九点三十分息，十点十分寝。

三月二十七日

上午再查。今日庚十一时上班，下午六时下班。十点三十分去吃中饭，等炜到。回来遇陈传苟、李文明去医院。晚六点三十分庚陪来，谈至八时回去。九时息，九时三十分寝。

三月二十八日

七点五十分俊兄三女来。我再查资。上午敏送开水来。晚六点三十分周建业来，谈三十分钟回去。八点三十分息，九点十分寝，阴，晚小雨。

三月二十九日

庚上午去富开会，下午四时回来。我仍查资料，造表。晚去看舅母，知她已回新。晚饭后去看她，已睡，她说起来，免我再来跑，等五一六分钟，她起来点煤油灯，用电筒，坐谈十五分钟。回来再工作至八点三十分，九点十分寝。

三月三十日

上午去车站，门面装饰过，三十分钟回来，查找。晚至八点三十分息，九点十分寝。

三月三十一日

晨去车站，朝富阳方向去，农机什么单位很多。回来去胥口方向，有新登大生商店店门，谅是曹家开的。再查找，晚八点三十分息，九点十分寝。

四月一日(在新登)

晨去出南门，朝邮局大楼走，后面有新造挑向古式房子，尚未竣工。听说厚丰的新房在税务大楼方向。再查找。霞知托儿所房东来新扫墓，备菜，请他们吃中饭，但他们上坟后即回去，未来。晚核账，再做一点查找工作。八点三十分息，九点十分寝。

四月二日

五时起床。拟今日把草稿搞成，明日誊正。中午遇王柏华，惊知袁朝元于去年十月间已去世，知他在新疆多年，于1977年回来云。晚八点三十分息，九点二十分寝。夜雨。

四月三日(在新登)

八时去俊兄家，九时回来。罗韬来。十时去白家。下午二时庚来，说小蒋有电话来，玄已从宜回来。贤今晚七时到杭机，玄去接。我整理行装。九时寝，夜雨。

四月四日(在富阳)

晨四点四十五分起床。庚五点四十五分来，乘六点十分车来富，车到松溪有十七八人上车，到金桥中学下车。内中有一位老师(松溪中学)周[某]，过去在城郊完小任过教，他和我攀说，松溪中学吴友三、王柏华、吴亚民等均退休，又说过去，都大改观，你们(指项母会)赠的铜钟还是警钟常鸣。六点五十五分到龙山路宿，小蒋、玄、欢欢、贤都下楼，在半梯处会。八点四十分庚和贤去新登扫墓，我去理发。贤下午二点三十分到，大家谈谈。晚看电视，八点三十分息，九点十分寝。

四月五日

晨散步，遇养鸟人、老唐等。上午玄、贤去街上走走。下午二时我、贤、玄、蓉、莹、小蒋、欢欢、琪、琳去鹳山游，拍照，适富越剧团在拍电视剧。四时琳去上班，我们四点三十分到家。午睡一小时(一至二时)。晚看电视，八点三十分息，九点十分寝。天晴大好，洗衣。

四月六日

晨去鹳山，遇谢、养鸟[人]、唐等(五点四十分至六点四十分)。贤去杭，我、玄送至车站，他乘八点二十分小车去杭。天晴。晚[看]电视，新闻。八点三十分息，九点10寝。

四月七日

晨五点五十五分出门，六点四十五分回来。人医门前遇冯正明的弟弟，问翊湘近况。遇老周、养鸟人等。天闷(昨气报有雷阵雨)，计5928步。上午九时陈仁文和政协喻同志来，访谈四十分钟回去。摘核。晚看电视，新闻，八点三十分息，九时寝。

四月八日

晨五点三十五分出门，六点三十分回来，遇谢、唐、养鸟人、建母、朱，回来遇七美、老孙，谢她馈赠，谈谈家常。鹳山西门同步至邮局，计6298步。晚看电视，六点五十分开始《米老鼠和唐老鸭》《新闻联播》。探险者知识分子报告会(南极探险经过，有劲有力，生动快速，确女界强人。四好能力：一政治思想好，二艰苦锻炼，三外语口才好，四经历坚强。和美国合作，各国三人，她是其中之一，讲70分钟)。八点三十分息，九时十分寝，明11—23[摄氏]度。

四月九日

晨五点三十分出门，六点三十分回来，遇水、田、养鸟[人]等，计6085步。再查造。晚电视，新闻、《动物》、探索者报告会(原子能，三十分钟)。八点三十分息，九点十分寝。

四月十日

晨雨，五点四十五分出门，六点四十五分回来，路上遇熟人不多，都在亭子里檐下等处，如游鸡。计6285步。誊表。略看报。吃贤广州带来糕点。明14—19[摄氏]度，有雷雨。晚电视，新闻《文化生活》《雷锋歌》作者谈访雷锋部队情况。

九点十分寝。

四月十一日

晨五点四十五分出门，六点四十五分回来，遇汪孙女、邵友、养鸟人、[王]文治等，计6386步，回来有毛毛雨。九点三十分杨、汤来访，而后裘来，杨、汤去。十点三十分去问商情，再札。明温10—15[摄氏]度，多云转阴。晚电视，新闻、《环球大观》等。八点二十分息，九时寝。

四月十二日

晨五点三十五分出门，六点三十五分回来，遇打铁老周，他说81岁，和老伴同年，他很健。[遇]老沈、老谢、养鸟[人]等。晨云如巧云，旭日东升早，计6717步。晚六点三十分赵指导员、韩慧英来访，谈至七点二十分回去。我看至八点二十分息，九时寝。

四月十三日

晨五点三十分出门，遇[赵]文光、原新副食品公司某阿姨，边走边谈。老唐、养鸟人等，六点三十分回来，计6760步(出门月当头)。蓉九时和莹、欢、琪同去杭州，下午六点三十分回来。玄今日上、下午学习。晚看电视，新闻、《巨案》([第]六集)。八点二十分息，九时寝。明气温13—23[摄氏]度，多云阴。

四月十四日

晨五点三十分出门，六点三十分回来，遇老唐、老沈、老周等，计6096步。天晴。中午小蒋来，说庚来电话，说明晚来富宿，16日乘汽车去上海云，田亩事已搞清楚。晚看电视，新闻、《文化生活》《巨案》等，八点二十分息，九时寝。

四月十五日

今日改夏令时间。五时起床，六时出门，七时回来，遇老谢、沈、唐、张院长、建春妈等，计6232步。谢说前后均未开，我上去已开。上午九点二十分去看郭善龄，坐谈四十分钟回来。下午三时庚到富，明日去上海参观大观园，晚宿二轻招。晚看电视，《米老鼠和唐老鸭》《新闻联播》《真情》、北朝鲜电影《女英雄爱国事迹》。八点二十分息，九时寝。

四月十六日

晨五点四十五分出门，六点四十五分回来，遇老夏、何、韩等，计6492步。填表。晚电视，新闻，中央台画面不清，有时无声，看浙江台。八点二十分息，九点寝。明13—19[摄氏]度，阴有小雨。

四月十七日

晨五点四十分出门，六点四十分回来，牛乳未到，计6899步。天晴。再核对。晚六点三十分周建业来，谈了约二十分钟回去。我看电视新闻。八时息，再查一小时。九时息，九点三十分寝。

四月十八日

天暗。五点五十分出门，六点五十分回来，遇徐、亚英、建春妈、养鸟[人]等，有风，计6655步。再查。晚看电视，新闻。八点三十分息，九点十分寝。

四月十九日

晨札资料，想总结好，后来一想还是写信，概况总结(二信纸)。到下午二时正要去投邮，庚到，知他已买就三点十分车回新。谈这三天的旅途情况，信由带交。晚看电视，新闻、日本电视剧《赤魂》([第]四、五集)。八点三十分息，九时寝。

四月二十日

晨五点四十分出门，六点四十分回来，计6591步，遇俞、周、吴、周等，有雾。中午下楼寄信，取报，得翌、万信，知[项]平和刘必华于四月二十七日结婚，万信说[项]凯和徐继红于四月二十七日结婚，拟二十五日由玄陪去沪参加婚礼。晚看电视，新闻、《赤魂》([第]七、八集)。九时息，九点四十分寝。

四月二十一日

晨五点四十分出，天暗若欲雨，回上楼取电筒、伞去，遇谢二次，庚、养鸟人等，计6821步。看报。晚电视新闻和泰国合拍《正大剧场》等。九点十分息，九点四十分寝。

四月二十二日

晨六点二十分出门，七点回来，遇秦区长，计2200步，玄、蓉、项、莹、欢欢都去吃小蒋的弟弟结婚喜酒。项琪来，她煮面，我们两人吃。看电视《新闻联播》《米老鼠和唐老鸭》、南极队长回来报告会并儿童南极作文赛给奖大会。八点三十分玄等回来。九时息，九点三十分寝。

四月二十三日

晨五点四十五分出门，六点四十五分回来，雾重，遇老谢、养鸟人、建母、洪书记、俞贵人等，计6380步。九时去县府，去看陈，他出差，信交［某］同志，吕亦在，约我坐，我说你们有事，不打扰，再见。晚看电视，新闻。八时息，整理整理行装，九时寝。

四月二十四日

晨乘七点五十分汽车来上海。到嘉兴桐乡沙家浜餐厅前车停，我们吃自备面包，喝了开水。停十五分钟，开到徐家汇。下午二时因在修地铁，不能停到常熟路，横路停，下车我们再乘305电车到肇家浜路1029弄，只有玲在家，开门片刻后澂回来。玄陪我来沪，同行有蓉、莹、欢欢。晚玄、澂去万家搬床。我们看新闻后洗脚，十时寝。

四月二十五日

玄、蓉随铮、澂去晨练，我休息。八时早餐，九时玄去四川路。因车挤，我不去，玄一人去。我看报，写信。下午看《朱熹与丽娘》（［第］二、三集）。晚看新闻。九时息，九点三十分寝。

四月二十六日

上午八点三十分铮陪我去他单位，理发室在六楼（屋顶临时棚），十时三十分回来。玄、蓉、莹、欢去南京路。中午吃无锡馄饨。下午四时看《朱熹与丽娘》［第］四、五集。玄他们五点三十分回来。晚饭后八时看电视。万丽来，谈至九点三十分，他们回去，我十时寝。

四月二十七日

上午铮给我和玄烫衣服。下午睡一觉，二点五十分起来。壬、翌到，说他们已去万家看过新房。卓到，她、莹去看，约我同去，时间太匆促，改日去。他们回来，丽明、小明来，车已到，四点三十分去，五时到，中科外宾所在门厅沙发上休息。女方车子五点多才到，凯去接，放录像。六时入席，七点三十分席散，有舞会。八时我们四人先回来，看电视。九时息，九点三十分寝。

四月二十八日

上午八点三十分玄、蓉、莹、欢欢、我五人去壬家。蓉、莹去四川路，中午回来。无锡大阿姨、姨夫十一时到。下午捷、小蒋、宇超到，我上楼休息。三时下楼，小潘、建、建迅均到。五时去西湖饭店地下室赴宴，天太闷，欢哭，到室外好，但总不舒服。莹知捷、宇已早回家，吐即去医院，我们席终，七时回来。八时新郎、新娘来新房，给我回来车亦到，我们即来徐家汇。丽明、项明、政、澂到新房看看，玄、蓉、莹、欢先回肇家浜路，带回新婚录像。十时休息寝。

四月二十九日

澂陪我去看胡竹萍、秉成，据他自说每天下楼散步约四里，据澂说比春节好些。我们去乘车，回来散步，坐谈1小时。回来洗浴，午睡。玄、蓉去壬家，五时回来。晚看新闻、《大舞台》（［第］十七集）。八点三十分息，九点十分寝。

四月三十日

昨晚、今天明雨，八时黯黑，玄、蓉去六百，问我未去，看报，札录，午睡，天还是阴暗欲雨，晚看新闻、电视，八点三十分息，九时寝。

五月一日

星期二，旧历四月初七日。上午八点三十分玄、蓉、我三人乘26路车到外滩，走到天桥，在桥上拍了一张以海关钟楼为背景照。走到西藏路（老的新世界），穿马路，乘15路回徐家汇。十二点三十分吃面，午睡。玄、蓉去看路线。晚看电视，新闻。八时息，整理行装，九时寝。下午五时壬到交大开同学会，来晚饭后看凯婚录像，九时回去。

五月二日

晨三时起床，四时出门。澂、玲、玮起来送行，走到淮海路，乘113路车到火车站上车，十分钟后车开（五点二十分开，到杭九时整）。乘杭富车，到站十一时，琪在守家，为我们做午饭。洗浴，午睡到四时，起来写信。晚看电视，新闻。九时息，九点三十分寝。

五月三日

晨写信，没有去鹳山。核账，整理。政上午十一时到（新登来），十二点三十分去杭返校云。晚看《新闻联播》。九时息，九点三十分寝。

五月四日

晨六点十分出门，七点回来，遇唐姊、福祥和他二位女亲属，代代花盛开，惜乎风吹雨打，花瓣满地。计5712步，遇韩慧英等。写信，看报。晚看电视，新闻，《情义无价》。九时息，九点三十分寝。

五月五日

晨五点四十分出门，六点四十分回来，遇养鸟［人］等，计6427步，天晴。写信，看报。晚看电视，新闻。玄、蓉去看电影。我九时息，九点三十分寝。琪今晚宿此。

五月六日

晨六点五分出门，遇阿姊、养鸟人等，七点回来，计5711步。写信，看报。晚电视《米老鼠和唐老鸭》《新闻联播》《情义无价》。九时息，九点四十分寝。今日立夏。

五月七日

晨五点四十分出门，六点五十分回来，看镇小和银行前窗画。遇老孙、七美、夏、徐亚英、建母、沈、谢、刘等，计6199步。吃富阳夏饼。玄去琪家。晚看《新闻联播》《山羊、白兔与老狐狸》。九时息，洗浴寝。玄十二点三十分回来。

五月八日

晨五点四十分出门，去看宣传窗，札录赖宁和礼源中学，计4655步。九时去看赵指导员，坐四十分钟，略谈，回来。洗衣，午睡。气温上升，19—30［摄氏］度。晚电视，新闻。九点息，九点三十分寝。

五月九日

晨五点五十分出门，六点五十分回来，遇俞忠烈等，看宣传窗，约计5000步。晚看电视，新闻，《情义无价》。八点三十分熄，九点十分寝。

五月十日

晨五点四十五分出门，六点四十五分回来，遇谢、唐、轩等，计5909步。整理，看报。晚电视，新闻、《赤魂》。八点三十分息，九点十分寝。

五月十一日

晨五点三十五分出门，六点三十五分回来，遇夏、詹等，计6218步。室闷，窗外风凉。晚《新闻联播》《情义无价》。八点三十分息，九点十分寝。

五月十二日

晨五点四十五分出门，六点四十五分回来，遇沈、詹、养、桂英等，计6459步。洗内衣，看报。晚电视，新闻，《综艺大观》（4）。九时息，九点四十分寝。

五月十三日

晨五点四十分出门，六点四十分回来，计6677步，遇养、何、吴、詹等。黄河、蓉去宜兴。晚看电视新闻，《米老鼠和唐老鸭》《情义无价》。八点三十分息，九点十分寝。

五十四日

五点四十五分出门，六点四十五分回来，计6419步，遇文治、唐、俞、夏等。牛乳迟到。晚看电视，新闻、《情义无价》。八点三十分息，九点十分寝。蓉十点三十分从宜兴回来。

五月十五日

晨五点四十五分出门，六点四十五分回来，遇谢、养、唐、俞、治等，计6345步。因昨日新登镇镇长闻［某］和李老师来，要我祖父和父亲在日对商业一点概况找寻一下。晚看电视，新闻、劳模报告、《赤魂》。八点三十分息，九点十分寝，牛乳迟到。

五月十六日

晨六时出门，七时回来，遇建、养、唐、詹等，计6139步。写信。晚看新闻、模范报告、《赤魂》。八点三十分息，九点十分寝。

五月十七日

晨六点五分出门，七点回来，遇唐等，计6200步。烈士坟墈下两只癞蛤蟆在雨水中跳，两同。农行在影剧院前［发］布储蓄超两千万元标志。看报，札记。晚电视，新闻、劳模报告、《聊斋书痴》。八点五十分息，九点二十分寝。

五月十八日

晨五点五十五分出门，六点五十五分回来，遇谢、沈、养、杨等，计6642步。看报，写信，下午放晴。晚看电视，新闻(重要视察会议，出国访问)、《情义无价》([第]十八集)，八点三十分息，九点十分寝。

五月十九日

晨五点四十分出门，六点四十分回来，遇养、詹、邵、百等，计6090步，天晴。拟信。洗照片。看报。晚夜市，电视新闻。九点三十分息，十时寝。

五月二十日

晨五时爆竹声，五点四十分出门，六点四十分回来，遇谢、周、养、徐、建等，计6183步。天晴。上午十点十分霞来，下午四时二十分回去。晚看电视，《米老鼠和唐老鸭》、新闻、《正大剧场》《情义无价》([第]21—22集)。九点二十分息，九点50寝。

五月二十一日

晨五点四十五分出门，遇周、王，知罗杰昨日在富，晚饭去杭宿，往万市回，说杰83岁，很健、耳不聋，问起我、徐、吴、周等，计6295步。写信，看报，晚看电视，新闻、报告会、《赤魂》。八点三十分息，九点十分寝。琳去绍兴。

五月二十二日

晨小雨。五点三十五分出门，六点四十五分回来，遇詹、史、夏等，计6155步。看报，写信。晚电视，新闻、《赤魂》([第]19—20集)。八点五十分息，九点二十分寝。

五月二十三日

晨雨。五点四十五分出门，六点四十五分回来，路人少，遇徐、吴、方、唐、长在百[大]门，计6342步。看报，札资料。晚看电视，新闻、《情义无价》。九点十五分息，九点四十五分寝。

五月二十四日

天暗欲雨。五点四十五分出门，六点四十五分回来，遇养、吴、唐等，计6291步。看报，找料。晚电视，新闻等。八点二十分息，九时寝。

五月二十五日

晨五点四十分出门，六点四十分回来，遇孙、七美、文治、养、关、王、吴等，5905步，回来雾重。看报，写信。晚电视，新闻、《情义无价》，八点三十分息，九时寝。

五月二十六日

晨雾重。五点四十分出门，六点四十分回来，遇唐、陈等，5849步。上午(综艺大观)。十时去老街走一圈，十一时回来。庚来富体检，十点五十分来此，下午一时去会友，后回新。晚看电视，新闻、《正大剧场》。八点三十分息，九时寝。

五月二十七日

晨雨。五点四十分出门，六点四十分回来，回来遇王、沈等，计6655步。鹳山塌塌已修好。晚看电视《米老鼠和唐老鸭》、新闻、《侠胆雄狮》([第]六集)。八点二十分息，八点五十分寝。

五月二十八日

晨五点四十分出，六点四十分回来，遇养、唐等，计6159步，天晴。玄下午去协助，看报，札资。晚看电视，新闻、《情义无价》。八点二十分息，九时寝。

五月二十九日

晨六点十分出门，七时回来，计5755步，遇百、夏、方等。看《长征报纸》《论语》，上午理发，中午洗浴，更衣。晚看电视，新闻。八点三十分息，九点寝。

五月三十日

晨雨。五点四十五分出门，六点四十五分回来，遇王、詹、养、唐等，百[大]路口，计6383步。看报刊。晚六点十分玄、蓉、我三人去影剧院，看北影制《红楼梦》([第]一、二集)。九点十五分到宿舍，九点四十五分寝。

五月三十一日

晨重雾，回来已收。五点四十分出门，六点四十分回来，遇谢、养、俞等，计6102步。看报，核月结。晚看电视，新闻、越剧《何文秀》、陈书君拍电视剧。八点五十分息，九点二十分寝。

六月一日

雨。晨五点五十五分出门，六点五十五分回来，[遇]唐在百[大门口]，计6901步。“六一”节，学生大都白裤绿短裙。看报。上午雨，阴。下午放晴，晚电视，新闻、《情义无价》。八点三十分息，九点十分寝。

六月二日

晨雾重，五点四十五分出门，六点四十五分回来，遇沈、养、衣等，计6293。富镇小“六一”窗展、庆元越剧、银行窗、新登镇小童画展。看报、书。晚电视，新闻、《正大剧场》《侠胆雄狮》七集。八点五十分息，九点二十分寝。

六月三日

星期日。晨五点四十五分出门，六点四十五分回来，遇谢、养、夏、孙、陈、吴等，计6113步。看上海人买桃贪小[便宜]被打。看书，看报。晚电视《米老鼠和唐老鸭》《新闻联播》《情义无价》([第]34集)。八点二十分息，九时寝。

六月四日

晨五点四十分出，六点四十分回来，遇谢、养、吴、百等，计6116步。阴沉，欲雨。看报，札录。晚六点十分玄、我去看美国电影《间谍505》，于富影院，八点十五分回来。看越剧电视《柳玉娘》，马[可导演]、周[云娟主演]。九点四十分息，十点十分寝。

六月五日

晨五点四十分出门，六点四十分回来，遇郭、谢、养、陈、孙等，计5828步。看报、书，札。晚看电视，新闻、《赤魂》([第]24集)。八点二十分息，洗浴，九点三十分寝。

六月六日

晨五点四十分出门，六点四十分回来，遇姨、养、舒在拍照，洒水车进县招[待所]。文馆严去世。计6208步，看报，拟信稿。晚电视，新闻、《三个侦探》([第]8—9集)。八点二十分息，八点五十分寝。

六月七日

晨五点四十分出门，小雨，遇李、唐、詹、夏等，六点四十分回来，计5916步。[洒]水车仍[进]出。看报、书。晚电视，新闻、儿童电影《飞来的仙鹤》。八点三十分息，九时寝。

六月八日

晨五点四十分出门，六点四十分回来，遇百、衣、钟、吴等，阴，昨夜雨，计5855步。看报、书。晚看新闻，《珍珠传奇》([第]17集)。九时三十分息，十时寝。知九日零点十五分世界杯足球赛在意大利米兰开幕，十二点二十分起来，看到一点四十五分，阿根廷对喀麦隆，上半场结束停，寝。

六月九日

晨六时起床。今日晨未出，早饭后去老街，九时去，十时回来。琪、方六时从杭回，看报，札录。晚电视，新闻、《正大综艺》。八点三十分息，九时寝。

六月十日

晨六时出门，六点五十分回来，遇唐、养、建等，计5813步。玄、蓉九时去杭，下午三时回来。琪十点三十分来烧中饭，我吃(我们二人吃)。看报，札资料。晚饭迟，《米老鼠和唐老鸭》没看，七时新闻(野生动物保护区)。八点五十分息，九点三十分寝。

六月十一日

晨五点四十五分出门，六点四十五分回来，遇谢、养、詹等，计5995步。看报，札资。晚电视，新闻、《动物世界》(鸵鸟)。八点三十分息，九点十分寝。

六月十二日

晨小雨，五点四十五分出门，六点四十五分回来，遇老唐、吴、养等计5970步。影剧院立体[广告]牌，宣传人口普查，市心银行窗，亦宣传人口普查。写信。晚电视，《新闻联播》、亚运会报告。九时息洗浴，九点四十分寝。

六月十三日

晨五点四十分出门，六点三十分回来，遇养、衣、百等计6154。鹳山待月桥边大樟树(枝丫早用假山支撑，不胜支持，折倒如城门洞)。看报，札资。晚看电视，新闻、《三个侦探》。八点三十分息，九点十分寝。

六十四日

晨五点四十分出门，六点四十分回来，遇谢、养、百等，到倒樟树处，在砍主杆，当路折回，下山回来，再去寄信，6336 步。看报，札资。庚下午一时来富听报告，一点三十分去。玄去[听] 报告，四时三十分回来。晚电视，新闻、亚运会一百天、《劈山救母》。九点五十分息，十点二十分寝。

六月十五日

晨五点四十五分出门，六点四十五分回来，遇赵、唐、养、衣等，计 6094。樟树[倒]，绕道走。看报，整理。晚电视，新闻、亚运会距开幕一百日宣传报导、各京剧团重演。八点五十分息，九点二十分寝。

六月十六日

晨五点五十五分出门，六点四十五分回来，遇养、鸿、詹等，计 5685 步。看报，札录。晚电视，新闻、《正大剧场》《珍珠传奇》（[第] 18 集）。九时息，九点三十分寝。

六月十七日

晨五点四十五分出门，六点五十分回来，遇唐、养、袁等，计 6685 步。倒樟树已切断，路可通行。晚电视《葫芦兄弟》《新闻联播》、歌唱、相声。八点息，洗浴，九时寝。

六月十八日

晨五点四十分出门，六点四十分回来，遇唐、俞、李等，计 6040 步。电子计步器坏，不能抹去步数，累增。看报，札记。晚电视，新闻、亚运会宣传、杂技、文艺晚会（王文娟唱《红楼梦》片段）。九时息，九点三十分寝。

六月十九日

晨五点四十五分出门，六点四十五分回来，遇袁、养、谢等，计 5922 步。整理，明日去新。下午四时，蓉陪琪去医院，晚八点四十五分琪分娩产一男孩，重 5 斤 4 两，2700 克，母子均安。我一人看《新闻联播》。七点三十分洗浴，八点寝。琪产子消息，20 日晨五时起床，玄、蓉告知。

六月二十日

晨五时起床，早餐。小蒋六点五十分陪我，乘七点三十分汽车来新登，七点五十分到宿舍。我要小蒋抹一把冷水面，要他即回富，可去富多照料一些。我搞卫生，十一点三十分去吃中饭，回来再搞。二时午睡，四时起来。五点三十分去吃晚饭，六点五十分回宿舍。洗浴，九时寝。

六月二十一日

晨五时起床，八点四十分去寄信。问[信] 箱已开过，麻烦她能投入今日包封吗？她同意去包房。九时去杰兄家，半小时后俊兄来，谈至十时四十五分回来。十一点三十分去吃午饭，十二点三十分回来。洗衣，写信，二时午睡。长育上午去上班，来谈十五分钟，他去上班。洗衣，理整。晚饭后整理，抹身，九点三十分寝。

六月二十二日

晨五时起床，搞（整理）卫生。下午四时，富县工商局来五位同志，送来信，要去富出席，谈二十分钟回去。札资料。晚继续洗浴，九点三十分寝。

六月二十三日

晨札资。九时去俊兄家，略谈，看看人侠，即去杰兄家，沈百夏在，三人共回忆，十点四十五分回来。吃中午饭后洗衣。有阵雨，半小时晴，五时又下，即晴。晚再札。九时抹身寝。

六月二十四日

晨雨。去庚处，说中饭可能不回来吃。八点三十分去曹家，下午一点三十分回来，在他家吃中饭。因客人不断，正事谈得极少。回去打了一个电话问，邀三人，信只二封，何故？晚饭和炜谈学习。庚送我来，又谈一回，七点三十分才开始找资料。九时息，抹身，九点四十分寝。

六月二十五日

晨八点三十分去曹，十一点回来。饭后去理发，午睡。夜，杰的孙送来字条，知明日上午八时去曹家等。九时息，洗浴，九点四十分寝。

六月二十六日

晨七点五十分去杰兄家等，他因脚破皮，瘸，[不] 能[去]。我和俊，九时车到，去至青云桥，郎雪山上车，十时到龙山饭店。略谈，十一点三十分午餐。下午二时继续谈。饭前有三位领导来讲话，下午又另二位干部来。六时晚饭，七点三十分散，俊回女[儿]处宿，我回玄[儿]处宿。看新闻，洗浴，九时寝。

六月二十七日

晨七点五十分去龙山饭店，他们吃早饭。九时至十一时写资料卡。十一时午饭，十二点三十分我和俊兄由局车送我们回新。至杰兄家，略谈情况。到俊兄家，朱成年来开门，回来二点三十分。扫洗，通知霞我已回。三时午睡，四点三十分起来。五点三十分去吃夜饭，六点三十分回来。洗衣，写信，抹(沐)浴。九时息，九点三十分寝。

六月二十八日

洗衣，写信。晚抹身，九时息，九点三十分寝。

六月二十九日

晨七点三十分去寄信，遇朱镇长。三泰。洗衣。庚28日下午去上海。问政有没有到沪，翌中接，说未到。下午五点三十分政到。晚洗浴，九点息，十时寝。

六月三十日

上午去银行。梅冰在守店，我说身体不好要多休息，守店也辛苦。去贸易市场，熟人遇到许多。庐志贤谈工商联柯、王、柴、罗、朱、黄等等。政、敏去杭。九时庚来说已回来。十时寝。

七月一日(新登)

七点三十分去寄信，遇南津杨厂长。上午九时长育来，闲谈至十一时回去。今日星期日，旧历闰五月初九日。晚政来闲谈，七点三十—九时回去，知她昨日是末班车回新。我九时洗浴，九点四十分寝。晚雨。

七月二日

晨小雨。札录。敏、政去杭，下午回。晚庚送开水即去。我九时。

七月三日

晨五时起床。敏今日去杭，给政取行李。葛冠吾谈书画(九—十一时)。晚庚送我来，取下纸箱，寻札。九时息，九点四十分寝。

七月四日

晨五时起床。八点三十分出去杰兄家，知他去医院挂盐水。到俊兄家稍坐，遇仙里徐君，谈陈义，十时回来。下午三点三十分去杰兄家，遇杨成俊兄，谈至五点三十分回来。看《富阳文化志》征求稿，杰兄给我看。八点三十分息，洗浴，九点十分寝。

七月五日

晒被二杆。看札，《富阳文化志》征求稿。往老街一转。晚看项母会[资料]，札资。七点三十分袁南华来，谈到九时回去。洗浴，九点四十分寝。

七月六日

托寄小兰信，承邮。炊事员很好，陪我去看南华，遇炳华爱人，烦她带去。晚洗浴，九点三十分寝。

七月七日

晒被、洗枕衣、洗衣等。中午，中百出纳很好，打电话给敏，将我七月退休金、粮票拿来。晚工作至九时洗浴，九点三十分寝。

七月八日

庚今日全家休息，洗晒，独炜在高考。今日在内晒零物、书等。晚阅看至九时息，洗浴，九点四十分寝。

七月九日

晨起月明。内晒。上午九时小兰来，拿来西瓜。十一时她说要回去，留她吃中饭。后一时她回去。晒整理。晚看《新闻联播》。庚买来17寸西湖黑白电视机。我七点三十分回来，九时息，九点四十分洗浴，寝。炜三天考毕。

七月十日

上午八点四十五分去杰兄家，十点四十五分回来，知庚、政去富，下午四时回来。二点三十分至三点阵雨，天骤凉，降至30[摄氏]度。晒物遇雨，志标夫妇帮忙抢收。晚工作至九时洗浴，九点四十分寝。

七月十一日

晨七点三十分去青云桥，八点三十分回来，计7000步。去中百转，遇曹，知陈去开会，未遇。九时去看自治，十点三十分回，他皮肤病已痊愈，据说是吴中一中药方治愈，主要药知草石羔，他是儿科，及一切卫生职务很多。晒物四点三十分收。

晚九时息，九点四十分寝。

七月十二日

晨七点三十分去塔山，回来九时，在烈士陵园遇林光裕，谈三十分钟。一路遇很多熟人，略招呼即别，计6400步。晚看电视《新闻联播》，回来九时息，九点四十分寝。

七月十三日

整理，晒书，炜送我回来。晚看电视《新闻联播》，回来九时息，九点四十分寝。

七月十四日

整理，晒物，政送我回来。晚看《新闻联播》，回来九时息，洗浴，九点四十分寝。

七月十五日

上午八时去看三泰，知他去沪，九时回来。项炜来叫，说湘到，即去，知她出差上海、杭州，来富、新弯一弯。晚饭后和湘去看三泰爱人芳芳，谈半小时。敏、政来，同湘去潭山头。回来去看长育。湘下午四时到宿舍，略谈，五点三十分去吃晚饭。九时我洗浴，十时霞陪湘来，湘十一时寝(我十时寝)。

七月十六日

湘、政乘六点三十分早车去富，赴杭返沪。政今日未回，上午整理，清除垃圾。湘在沪购得旋风牌转页式电风扇一架，价149元。晚看《新闻联播》，七点三十分息。庚送我回来，看书。电风扇开了。九时息，洗浴，九点四十分寝。

七月十七日

整理。中午停电一次，晚又停电。八点四十五分来电。洗浴，九时寝，没看电视。

七月十八日

洗椅子。上街去善庆家，坐谈一小时回来。晚看电视，庚送我来。晚八点三十分息，九时十分寝。

七月十九日

八时去拍照。到俊兄处略谈，至杰弟处，十时回来。去吃晚饭，和政回来。敏去杭即回来。看《新闻联播》，政送我来，谈至九点二十分回去。洗浴，十点二十分寝。

七月二十日

上午整理。下午去取照，邮寄。晚看电视，《新闻联播》，回来看书。八点四十分息，九点二十分寝。

七月二十一日

要晒东西，晒毕，整理。晚看电视，《新闻联播》，回来，九点息，九点四十分寝。

七月二十二日

上午整理。午饭后看到电视在报告(道)亚运会，到二点三十分结束。回来午睡，四点三十分起床，五点四十五分去吃晚饭。看电视，《新闻联播》，七点四十分回。晚整理至九时，洗浴，九点四十分寝。

七月二十三日

上午整理。去家吃中饭。政因工作下泪。晚饭吃园菜，政谈工作又下泪。她小舅[来]。和叉车厂厂长金一鸣谈。七点十五分我看新闻，七点四十分回来，看书。八点四十分息，九点三十分寝。

七月二十四日

今日整理基本就绪。晚饭后要炜来，给我[把纸箱]放到槅板上，晚看《新闻联播》。我八点五十分息，洗浴，九点三十分寝。

七月二十五日

上午八时去理发，九时回来。洗头，洗衣。吴大年的儿子闲谈半小时。晚看《新闻联播》，七点四十五分回来，九时息，九点四十分寝。

七月二十六日

整理。看翊沅信。政今日去杭云，晚未回来。看新闻，炜送我回，搁纸板箱。我九时息，九点三十分寝。

七月二十七日

上午没做什么，我少看书、报，感到腰板硬，弯曲不便。知炜高考得467分(上线487分)。听庚说玄来电话，政在富，要庚去富。晚看《新闻联播》后回来。看书，八点四十五分息，洗浴，九点二十分寝。

七月二十八日

晨正想写信给玄，庚来，信即要庚带去。他

下午回来，晚看电视七点十五分—七点四十五分，炜送我回来。八点四十五分洗浴，九点三十分寝。

七月二十九日

上午去老街即回。霞今日去富阳，下午回来。晚看电视，七点四十五分回来，九点二十分寝。

七月三十日

上午写信，去寄，知明日（七月三十一日）起邮资加价，平信本埠1元，外埠2元。政下午五点三十分到，知富有阵雨，知小蒋明日来陪我去富。庚、政送我宿舍，谈至九时回去。洗浴，十时寝。

七月三十一日

晨整理。八点政来，八点三十分小蒋到。庚来，送我上车，乘九时车来富，九点四十五分到站。午睡后核账（大便三日不通，今晨下有血）。

八月一日

上午六时去鹳山，七点十分回来，计7000步，遇中百、沈、吴、刘、养鸟人、李、钟等。上午写信，去邮局寄信。莹今晚开始做夜班。（今日大便不通）。晚看电视《新闻联播》《公关小姐》。九时息，洗浴，九点四十分寝。

八月二日

晨去鹳山，遇唐、姨、养、朱，五点四十五分出门，七点回来，计7000步。写信去寄，遇孙仁山义子朱岫云。大便通。午睡。晚看电视，新闻。八点五十分息，九点三十分寝。

八月三日

六时出门，七点五分回来，计7400步，遇养、鸿、衣、李福祥等。琳宿友家。写信。晚看《新闻联播》《公关小姐》（[第]19集、中央台）。八点五十分息，九点四十分寝。

八月四日

晨五点五十分出门，蓉说要带伞，七点五分回来，计7600步，遇养、白等。写信，看《100个富阳人》（昨日开始莹借来阅）。晚火腿炖鸡。晚看《大舞台》《新闻联播》，九时息，九点四十分寝。

八月五日

晨五点四十五分出门，六点五十五分回来，计7700步，遇吴、衣、徐等。看《100个富阳人》。晚看新闻。八时黄小成来，十时回去。洗浴，十点四十分寝。

八月六日

晨五点四十五分出门，六点四十五分回来，计7100步，遇周、谢、夏、养、吴等。看书、报。晚看《新闻联播》，九时息，九点四十分寝。

八月七日

晨五点五十分出门，六点五十分回来，计6600步，遇唐、夏、赵、方等。看书、报。庚、政上午十时到，下午二时去会友后回去。有小阵雨。晚看《新闻联播》，八点三十分息，九点十分寝。

八月八日

晨五点五十分出门，六点五十五分回来，计7400步，遇张、孙、陈、王、吴、徐、养等。看书、报。下午四时霞来，四点四十五分去新。晚看电视《新闻联播》，八点三十分息，九点十分寝。

八月九日

晨五点四十五分出门，六点四十五分回来，计7500步，遇方金梅、养鸟[人]、夏、良、陶、小成等。看书、报。晚看电视《新闻联播》《潮流》。八点三十分息，洗浴，九点二十分寝。

八月十日

星期五。晨五点四十五分出门，有小雨，回来取伞，不落[雨]，六点五十分[回来]，计6600步，未上鹳山。看文化馆画廊，有政协书画，遇周、耿、王、汤、王等。看书、报。晚看电视《新闻联播》《潮流》。八点四十分息，九点二十分寝。

八月十一日

晨五点五十分出门，六点五十分回来，计7400步，遇养、沈、周等。看《100个富阳人》。晚电视，《正大剧场》、新闻。八点三十分息，洗浴，九点二十分寝。

八月十二日

晨五点五十分出门，月当头，六点五十五分回来，计8000步，遇徐、金、夏、养、吴、赵、周、业。《100个富阳人》一书今日下（午）要莹去还。晚看新闻。八点五十分息，九点三十分寝。

八月十三日

晨一时起小便，爬一个多小时才起来，三时睡下去，醒来已五点三十分。六点二十分出门，七点回来，山上未去，计4500步，遇老周，他说今日迟了。看旧报等。晚看电视，新闻等。九点息，九点四十分寝。

八十四日

晨五点四十五分出门，六点五十分回来，遇周、养、方等，计7500步。整理旧报，看书、报。晚看电视《新闻联播》，八点三十分息，九点十分寝。

八月十五日

晨五点四十五分起床，六点十分出门，七点五分回来，没上山，遇夏、吴、银、钟等，计5800步。莹借来电震动器，玄、莹给我试震。晚看电视，新闻、越剧大奖赛(上海，袁雪芬参加)。八点三十分息，洗浴，九点十分寝。

八月十六日

晨五点四十五分出门，七点回来，计7750步，遇周、唐、钟、洪、养等。玄、莹下午、晚上给我震动器按摩。今日下午四时来装太阳能暖水器。晚饭较迟，电视没看，九时洗浴，寝。

八月十七日

晨玄给我震治。六点二十分出门，七点二十分回来，计4800步(没上山)，遇夏、麓等。写信，看报。晚看电视，新闻。七点四十分息，洗浴(用太阳能热水，约35度，今日下午雨有风，日照不强，时间短)，八点十分寝。

八月十八日

晨玄给我用震器。六时出门，七点五分回来，遇袁、赵、钟、养等，有过云雨，在鹳山约三分钟，计7250步。看书报。晚看电视《新闻联播》《正大剧场》，八点二十分息，洗浴，九点寝。

八月十九日

晨雨，六点10出门，七点十分回来，遇史、钟等，计6000步，回来雨止。笑笑上午十时去公公家。二姑母来接玄，十时去杭，下午三时回来。晚看电视，新闻。八时息，八点四十分寝。下午写信。

八月二十日

晨五点四十五分出门，遇沈医师、谢、养、唐、袁、徐、沈、陈等，计6600步。上午九时去邮局，琪、笑晚饭来，晚看电视，新闻。八时息，洗浴，八点四十分寝。

八月二十一日

晨五点四十五分出门，有雨，至百货公司门前大雨，躲雨，裤脚袜子湿，我想还是回来写信，计2100步。政上午十时到，饭后下午二时回去。看书、报。晚看电视，新闻，八点二十分息，九时寝。

八月二十二日

晨五点四十五分出门，六点五十五分回来，遇唐、袁、茅、养，计6400步。看富硬钢笔书法赛，一等奖10名，二等20名，三等30名(毕亚南一等奖)。八时电视播出亚运火炬在天安门广场由江泽民点燃，由四名体育名将分四路出发(十五分钟)。政、庚九点三十分到，今日报到，27日上班，庚、政四时回去。晚看电视，新闻。八点二十分息，九时寝，床上备薄被。

八月二十三日

晨五点五十分出门，六点五十五分回来，遇谢、养、徐等，计6750步。天阴，写信，看报、书。晚看电视，新闻。琪回去，小方爸来，琪八时回来。我八点三十分息，九点十分寝。

八月二十四日

五点四十五分出门，六点四十五分回来，遇小王、杏、费、陈等。晚看电视，新闻、《胯下将军》。八点三十分息，九点二十分寝。

八月二十五日

晨六点十分出门，七点十分回来，计6200步，遇吕、养、银等。看书、报。欢今晚跟玄睡，明日七月七断奶。晚看电视，新闻，八点二十分息，九时寝。

八月二十六日

晨五点四十五分出门，六点五十五分回来，遇养、汪、周、方、吴等，计7200步。八时去理发，看书报。下午二时政、霞来，去布置宿处，五点三十分来，霞回新，政晚饭后去宿。晚看电视，新闻等。八点三十分息，九点十分寝。

八月二十七日

晨五点四十五分出门，六点五十五分回来，遇汪、养、唐等，计7500步。有雾(溦24日给玄回信问电震器)，庚八点十五分到，同玄去政宿处，下午二时回新，晚[看]电视，新闻。八点二十分息，九时寝。

八月二十八日

晨五点四十分出门，六点四十分回来，遇唐、周、詹、夏等，计7100步。看书报，晚看电视《新闻联播》，八时政来，八点三十分息，洗浴。九时政回去，我九点十分寝。

八月二十九日

晨五点五十分出门，六点五十分回来，遇汪小苟子(略谈)、养、夏等，计6500步。看报，写信。小蒋今晚车去沪，明晨六时去溦处。晚看电视，八点二十分息，九时寝。

八月三十日

晨小雨。五点四十分出门，回来取伞，六点五十五分到舍，遇分、养、衣等，计7150步。看书报。晚看电视,《新闻联播》。八点二十分息，九时寝。

八月三十一日

晨五点五十分出门，风大雨急。到中百遇唐，少停不懈，折回，计2500步。因15号强台风温州登陆，路上玻璃窗打碎，树枝打下。回来遇琳去上早班，我对她说伞当心吹喇叭，她说备有雨衣。晚莹来，欢不吵。政来，我看电视，八点二十分息，政回去。洗浴，九时寝。

九月一日

旧历七月十三日。晨五点四十五分出门，七点十分回来，遇沈、陈(盛美琳爱人)，一路谈。回来与沈再谈老唐。邮报亭明玻在修盖，[遇]杏、姨等，计6600步。鹳山尖大樟树加铁焊柱。莹上午来，小蒋下午三时来。晚看电视，政七时来，八时与琳同去，我对她说了两句要注意的话。八点二十分息，洗浴，世女排与苏决赛，浴后又看了十分钟(苏冠中亚)。九时寝。

九月二日

晨五点四十五分出门，六点四十五分回来，天暗。我前面上山，看大樟树柱四枝(我感到昨日大约有八枝，没数)，遇徐、夏等，计5600步。琪上午来，下午回去。政上午十时来，下午二时回去。《人民日报》到，九月一日报。晚看电视，新闻。八点二十分息，九时寝。

九月三日

晨五点四十五分出门，六点四十五分回来，遇唐、洪、姊、养等，大樟树四支架亦除去，计6800步。写信，看报。晚看电视,《新闻联播》《异国情缘》(看一集)。八点息，洗浴，八点四十分寝。

九月四日

晨五点四十分出门，六点四十五分回来，遇养、衣等，计7000步，亚运火炬今晨二时从江西到杭，九时开接受仪式，下午七时支火炬到富，政八时回去遇雨，晚看电视，八时息，洗浴，八点四十分寝。

九月五日

晨五点四十分出门，六点四十五分回来，遇唐、养、衣、李等，计7000步。去取邮包，喜糖分食。写信，看报。晚看《新闻联播》，八时息，八点四十分寝。

九月六日

晨五点五十分出门，六点五十分到舍，遇徐、养、沈、陈、小井、静贞、孙女婿，计走7100步。看《人民日报》，晚看《新闻联播》。政来，七时回去，说今晚值班，说炜决在新登补读。八点二十分息，九时寝。琪今日来，晚回去。

九月七日

晨五点四十五分出门，六点四十五分回来，遇养、夏等，计6750步。看税务栏，知讲演比赛，新登所有项桂桢演讲，不知是何人(浙江财院毕业)。庚下午三时来，四时回新。政六时来，七时回去。晚看电视，新闻，奥运村开幕。八点二十分息，九时寝。

九月八日

晨五点四十分出门，六点四十五分回来，遇养、谢、汤、郭等，计6500步。蓉、莹去杭，下午回来。政下午四时来，去杭返，饭后回厂看。欢随莹睡。晚看电视《新闻联播》，八点二十分息，九时寝。

九月九日

晨五点四十五分出门，六点四十分回来，未上山，将雨，遇谢、邵等，计6600步。星期日。政六时来，知爬山活动没举行，叙（聚）野餐，八时回去。晚电视《新闻联播》，八点二十分息，九时寝。

九月十日

晨小雨。六时出门，六点四十分回来，遇赵公、新、邵等，计4600步。天暗，山上没去。琪来，晚去看报。晚电视《新闻联播》，八点二十分息，九时寝。

九月十一日

晨五点四十五分出门，六点四十分回，遇谢、云、百等，计5500步。看书报，晚看电视《新闻联播》，八点二十分息，九时寝。

九月十二日

晨五点四十五分出门，六点四十五分回来，遇沈，我到一招折回，从北门路回到宿舍，计5300步。天暗未上山。写信。晚电视，《新闻联播》，八点二十分息，九时寝。

九月十三日

晨五点四十五分出门，六点四十分回来，中途到一招门、停车场折回，计5300步。看书、报。政中午、晚均来，知她明晨出差上海。晚看电视《新闻联播》，八时息，八点四十分寝。

九月十四日

晨五点四十五分出门，微雨，六点三十分回来，［经］一招、幸福路、龙山回来，计5000步。看书报，晚电视《新闻联播》，八时息，八点四十分寝。

九月十五日

晨五点四十五分出门，六点四十分回来，［经］一招、农［行］回来，计5000步。看书、报。政下午六时出差去沪回来，带来壬委带的“杏花楼”广东月饼、项平的太阳神［口服液］，八时三十分回厂。晚我看电视《新闻联播》，八时息，八点四十分寝。

九月十六日

今晨二时夏令时拨回（二时拨为一时）。五点四十五分出门，六点四十五分回来，天亮，遇唐、杏、姨等，计6350步，上鹳山。看书报，写信。晚看电视,《新闻联播》。八时息，洗脚，八点四十分寝。

九月十七日

晨五点四十分出门，六点四十分回来，遇云、钟、养等，5850步。看书、报，整旧。今日天放晴。晚看电视《新闻联播》，海南市迎亚运。八点三十分息，九时洗浴，寝。

九月十八日

晨五点四十分出门，六点四十分回来，遇阿香的女儿、养、邵等，计6000步。天晴。晚六时政来，八时回去。看报书。晚看电视《新闻联播》。八时息，八点四十分寝。

九月十九日

晨五点四十分出门，六点四十分回来，遇孙、七、赵、史、赵、徐等，计5750步。写信，看书报。晚看电视《新闻联播》，八点息，九时寝。

九月二十日

晨转寒，雾重。五点四十分出门，六点四十分回来，遇吴、邵、养、汪等，计6000步。看报书。十点三十分赵文光来，谈三十分钟回去。晚看电视，《新闻联播》（天安门火炬到达，晚八时）。八点三十分息，九点十分寝。

九月二十一日

晨五点三十分出门，六点三十分回来，遇钱、英、汪、养、邵、陶、金梅、七美、老孙、夏祖渑等（夏交来政协信），计5800步，雾重。彦章于上午八时到，下午二点十分回杭，他大哥来探亲。政晚六点三十分—八点三十分去。晚看电视，《新闻联播》（火炬经30个省市，火炬接送情况）。九时寝。下午洗浴。

九月二十二日

晨五点三十分出门，六点三十分回来，遇韩、周、王、养、汪、陶等，计6300步。气温转变，看书报。下午三时十分，十一届亚运会开幕，政来看。六点三十分结束，再看《新闻联播》，八点十分息，九时寝。

九月二十三日

晨五点三十分出门，上鹳山，下雨点即折回，遇郑传苟、汪木英、李福祥等，计5200步。上午电视昨晚亚运会开幕重播，下午播举重。《人民日报》未到，送来《新民晚报》。去虎山邮局，窗口邮务员[去]交分报值班表(下午四时到五时，来回一小时)。电视举重比赛，六时息。晚看电视，《新闻联播》，举重、游泳、体操比赛。九时息，九点四十分寝。

九月二十四日

晨五点五十分出门，六点四十五分回来，遇婶、李、王、汪、徐、养、周等，共计5700步。看书报。下午一点三十分去县中型会议室(二楼)听《实践论报告》(朱部长，宣传部)、政协主任讲话，四点四十五分散。遇俊兄、韩尔中媳岫云、传、老郑、谢、吕、张、孙等。俊当日回新。回来看亚运跳水、举重。六时至七时息。晚看《新闻联播》，后亚运。九时息，九点四十分寝。

九月二十五日

晨五点四十分出门，六点四十分回来，遇婶、周、孙七、养、张等，计6700步。上午八时去理发。看报。政晚七时来，八点五十分回去，说明日出差去沪。晚看电视，《新闻联播》，亚运举重、游泳、体操。九点十分息，十时寝。

九月二十六日

晨五点三十分出门，六点三十分回来，遇朱、白、养、孙、陈、夏等，计6250步。看报、书。晚看新闻、亚运会。九时息，九点四十分寝。

九月二十七日

晨五点三十分出门，六点三十分回来，遇费、谢、朱、养、韩、赵等，桂花被雨打落地很多，计7150步。看报、书，亚运会。晚看电视，亚运会游泳、举重、乒乓决赛，紧张。十点三十分息，十一时寝。

九月二十八日

晨五点三十分出门，六点三十分回来，遇潘、养、邵等，计6750步。看书报。中午十二点三十分，袁观洪、李椿芳来采访《镇志》资料。晚六点三十分政从沪返，带来万儿给的月饼、放大镜。晚看新闻，亚运会游泳、举重、女篮等决赛。九点三十分息，十点二十分寝。

九月二十九日

晨五点三十分出门，六点五十分回来，遇汪、养、邵等，计7250步。看书、报。晚看电视《新闻联播》，亚运会举重、乒乓、摔跤、自行车等。九点三十分息，十点十分寝。

九月三十日

晨五点三十分出门，六点五十分回来，鹳山石墈砌好，出东门看了看，遇行人很少，有中雨。山上有小黄菊展出，展销会摊位架子搭起，货物均未搬来摆出，计7800步。看报、书。晚看电视，新闻，亚运会羽毛球、摔跤、柔道。九点三十分息，十点十分寝。

十月一日

今天是建国四十一周年，旧历八月十三日。晨五点三十分出门，六点四十分回来。小雨。富阳第三届展销会沿街摊、蓬许多，货物大都未摆出。遇唐、谢等，我过山顶转，看富市镇全景。鹳山只有小黄菊和洋花数盆，计7100步。写八四年春节[买的]永生依金笔。看书，看报。晚看电视，新闻、亚运会比赛。九点二十分息，十时寝。

十月二日

晨四点三十分起床，看报，九时去鹳山折回，未上山。经停车场、市心街，新华书店注重磁带，新书极少。十时回来，计6850步。回来看电视，跳水、乒乓。中午吃面(他们吃年糕)，看书，看报。晚看电视，《新闻联播》，亚运会跳水、摔跤、乒乓、曲球、手球等。九时息，九点四十分寝。

十月三日

晨四点三十分起床，看报。晨未出，看书、报。二时政来，带来九月份款。晚来洗浴，八时回去。看电视，《新闻联播》，亚运会拳击、摔跤、跳水、女排等比赛。十时息，10点三十分寝。

十月四日

晨五点二十五分出门，六点四十分回来，到龟川阁，回来遇唐、袁、洪、云、孙七等，计7300步。看书报、电视。晚看新闻，亚运会男子跳水、篮球、跳水等。九点息，九点四十分寝。

十月五日

晨五点三十分出门，六点三十分回来，遇养、史，萧山去观潮，已到富阳，在影剧院门前集合，计6100步。八点三十分去新老街，看看节日情况，到龙山市心北路口有公安警值勤，立一路牌告：机动车禁止前进。到桂花路听到炮竹声，在影剧院门前走过去，知三山镇舞龙队，并有许多小学生背着“迎接国庆、亚运会的召开”绶带。我出春江路，到车站电影院，烟糖酒副食公司新屋竣工开张，计90分钟(来回)。晚看电视，新闻，亚运会女篮、男篮球等。九点三十分息，10点十分寝。

十月六日

晨五点三十分出门，六点二十分回来，遇养、云、洪、赵(去杭)等，计6000步。看书报电视。晚电视，新闻，亚运会跳水、女排、羽毛球等决赛。九点三十分息，十时寝。

十月七日

晨五点三十分出门，六点三十分回来，遇养、邵、韩等，计6600步。上街看书报。汝霞下午二时来即出去。五时偕政同来看亚运闭幕式，九时回去。九点四十分寝。

十月八日

晨五点三十分出门，六点三十分回来，遇唐、刘、养等，计6300步。秋风起，月当头。看书、报。霞十点三十分来，饭后十二点三十分回新。晚[看]电视，新闻、亚运会答记者问。八点三十分息，九时寝。

十月九日

晨五点三十分出门，六点三十分回来，遇洪、养、邵、袁等，计6000步。看札资料。下午五点四十分和玄电影院看台湾片《妈妈再爱我一次》，七点四十分回来。看电视亚运闭幕重播。八点二十分息，九时寝。

十月十日

晨五点三十五分出门，六点三十五分回来，遇朱、汪、养、邵、刘、赵等，计6350步。第二期《桂花飘香》，札资料。有耶稣教徒十余人在大樟树下唱赞歌。晚看电视《亚运之光》(各省各市火炬到达迎送盛况)。九时息，九点四十分寝。

十月十一日

晨五点三十分出门，六点三十分回来，遇朱、养、汪，教徒放录音机，同伴未到，计6450步。札资料。晚看电视，《新闻联播》《人在旅途》(第四集)。八点三十分息，九时寝。

十月十二日

晨雨，树下燥。五点三十分出门，六点三十五分回来，遇汪、孙、陈、养、谢等，计6600步。闷，欲雨。札录。政傍晚来，知她明日去新，洗浴。晚看电视，新闻,《人在旅途》([第]5—6集)。八点二十分息，九时寝。

十月十三日

晨五点三十分出门，有小雨回。再于五点四十五分去，六点五十分回来，遇香女、夏、养、沈等，山上去厕所小便，计8000步。晚看电视，新闻、《正大剧场》。八点二十分息，九时寝。

十月十四日

晨五点三十分出门，有雾，六点三十分回来，遇养五、六人，夏、余、袁等，计6200步。看报，札资。政下午六时去新回。晚看电视，新闻、《世界各地》《动物世界》、安徽花鼓等，八点三十分息，九时寝。

十月十五日

晨五点三十分出门，六点四十分回来，有雾，遇汪、养、百、周等，计6800步。看报，札资。晚看电视，新闻。蓉、玄去搞卫生，十二时返。我八点三十分息，琳来，我九时寝。

十月十六日

晨五点三十分出门，六点三十分回来，遇邵(知朱鸿来富)、百、郑等，计7200步。看报，札资。晚看电视，新闻、《动物世界》。八点二十分息，九时寝。

十月十七日

晨五点三十分出门，六点三十分回来，遇谭、邵、养、汪、沈等，计6600步。去看小蒋弟的点心店。政晚饭后来借毛衣、书，八时回去。晚看电视，新闻，各国使节来看灾情后情况，妇女秋季植树。八点二十分息，九时寝。

十月十八日

晨五点三十分出门，六点三十分回来，遇谭、养、邵等，计6450步。看报，札录。晚看电视，新闻（徐向前遗体告别），电视纪录片《徐向前》（八一厂）。九时息，九点四十分寝。

十月十九日

晨五点三十分出门，六点三十分回来，雨，一路行人甚稀，遇沈等，计7400步。看报，札资。晚看电视，新闻、舞蹈、《人在旅途》。九时息，九点30分寝。

十月二十日

五点三十分出门，六点三十分回来，遇养、汪、柔、谭等，计7300步。去订报，遇周。看报，札资。晚看电视，新闻、《正大剧场》。八点三十分息，九时寝。

十月二十一日

晨五点三十分出门，六点三十分回，有小雨，路上人少，计7000步，遇养、谭、邵等。看报，看杂志半天。琪、小方晚来。晚看电视，新闻、《调色板》。八点三十分息，九时寝。

十月二十二日

晨五点三十分出门，六点三十分回来，计6850步，遇养、袁等。杭富电缆会宣传，做马路两旁旅馆长幅宣传，有30余幅门前竖，凭代表证入场。晚七时政来，知她前日去新，昨日回来，八点四十分回去。蓉、玄去，结束，点心店。晚看电视，《新闻联播》《人在旅途》。八点三十分息，九点寝。

十月二十三日

晨五点三十分出门，六点三十分回来，遇小王阿姨、丁金宝、陶、邵、养、谭等，计6400步。看报札，写信。晚六点五十分政陪检察院（中南之子）［项开诚］来，没说清，沏茶招呼，没谈什么，七点四十分回去。鹳山芙蓉花开。晚看电视，新闻、《人在旅途》，八点二十分息，九时寝。

十月二十四日

晨六时出门，微雨，六点四十分回来，未上山，遇养等，计5350步。玄上学，看报，札资，写信。政六时来还书。晚看电视，新闻、工人业余小品大奖赛决赛。十时息，十点四十分寝。

十月二十五日

晨五点三十分出门，六点四十分回来，遇沈、谭、养、邵、夏、郑、百等，计7100步。天放晴。看报书。中午十二时庚来，下午二点三十分回去。我上午八点十分去理发。晚看电视，新闻、《人在旅途》。八点五十分息，九点二十分寝。庚说中百来电话，邀出席老人节。

十月二十六日

晨五点三十分出门，六点三十分回来，遇养、谭、邵、孙七、赵、徐、朱等，计6450步。秋高气爽，寒风起（今日重阳老人节）。莹添菜给三位老人。看书报，札记。晚看电视，新闻。九时息，九点三十分寝。明8—22［摄氏］度。

十月二十七日

晨五点三十分出门，六点三十分回来，遇养、朱、谭等，计6200步。看书报。莹、蓉、琪、晓去杭，当日回。晚看电视，新闻、《正大剧场》。八点五十分息，九点二十分寝。

十月二十八日

晨五点三十分出门，七点回来，遇养、汪、朱、赵、叶、王、谭等，计6150步。离休老人书画展三天（26—28日）。看书、报，札记。政六时来，七时回去，说今日钓鱼活动。晚看电视，新闻、豫剧《五世请缨》。九点四十分息，十点二十分寝。琳去海宁。

十月二十九日

晨五点三十分出门，六点四十分回来，遇养、赵、徐、袁，葛冠吾夫妇（去沪），计6550步。看书、报，洗外衣。晚看电视，新闻、《人在旅途》。八点五十分息，九点二十分寝。

十月三十日

晨五点三十分出门，六点三十分回来，遇小王、徐、韩、史、夏等，计6550步。雾浓，看书、报，札资。下午三点四十五分再谔、元将来，四点四十五分去元将女儿处。晚看电视，新闻，《人在旅途》等。八点五十分息，九点二十分寝。

十月三十一日

晨五点三十分出门，六点三十分回来，遇孙七、养、谭、赵等，计6500步。看报，札资。晚看电视，新闻、《庄妃轶事》，八点五十分息，九点二十分寝。第四次人口普查，今日《人民日报》头版发表。

十一月一日

晨五点三十分出门，六点三十分回来，遇养、朱、谭、袁、邵、秦等，计6700步。雾浓。看报，札资。晚看电视，新闻，《人在旅途》([第]1—5集)，《慈禧外传》《庄妃轶事》《孝庄秘史》三种妃剧。九点四十五分息，十点二十分寝。

十一月二日

晨五点三十分出门，六点三十分回来，遇养、徐、朱、谭、袁等，计6650步。看报，札记。晚六时政来，说今晚去沪。晚电视，新闻、《人在旅途》。八点五十分息，九点二十分寝。

十一月三日

晨小雨。五点五十分出门，暗，七时回来，遇寿、唐、养、谭、赵、韩、寿，6550步。昨少《钱江报》取来，看报，写信，札资。琪来，晚回。琳傍晚回来。下午三时玉娟送嫁女，请吃酒，车来。晚看电视，新闻，八点四十五分息，九点二十分寝。

十一月四日

晨五点三十分出门，六点三十分回来，有雾，遇养、谭、孙七、耿、邵等，计6550步。电视《正大剧场》。星期日。政九点三十分来，知她沪返，想睡，新登下周再去，饭后回厂。看报，札资。晚看电视，新闻、《金瓶梅》《西安事变》。八点四十分息，九点十分寝。

十一月五日

晨五点三十分出门，六点三十分回来，遇谭、养、孙、陈等，计6750步。雾浓。看报，札资。晚看电视，新闻、京剧、歌舞、《变迁》等。八点四十分息，九点二十分寝。

十一月六日

晨，五点三十分出门，六点三十分回来，月当头，遇徐、谭、养、周、夏等，计6450步。看报，札资，文摘荟萃。晚看电视，新闻、《人在旅途》。八点四十五分息，九点二十分寝。

十一月七日

晨五点三十分出门，六点三十分回来，有雾，遇养、谭、邵、徐、老等，计6650步。市心街有一弃婴，约五六个月。琪傍晚来宿此。晚看电视，新闻、《变迁》。八点三十分息，九点十分寝。

十一月八日

晨五点四十五分出门，雨止，回来六点四十五分，遇养、邵、谭等，计6050步。报下午四时去取，才到。蓉下午一点三十分车去宜探亲。晚电视，新闻、《人在旅途》([第]26—27集)。八点五十分息，九点二十分寝。夜雨。

十一月九日

晨雨，五点四十分出门，六点四十分回来，途中人稀少，遇面熟五六人，计7000步。看报，札资。晚看电视，新闻、《人在旅途》。八点五十五分息，九点二十分寝。

十一月十日

晨五点四十分出门，邮钟楼指针准，六点四十分回，月当头，清晴，计6400步。遇政协，说要我上午去政协一趟。遇孙七、广播、张、邵、养、唐、袁等，看报，整札。上午九时去政协，周玉安(大易侄女)谈一小时回来。晚看电视，《人在旅途》(30集完)、《正大剧场》。八点三十分息，九点十分寝。明2—14[摄氏]度。

十一月十一日

晨五点四十分出门，月当头，六点四十分回来，遇养、周、徐等，计6200步。政上午九时去新登。看报，札资。晚看电视，新闻，《浙江[新闻]》，上海电视节晚会。八点四十分息，九点十分寝。

十一月十二日

晨五点四十分出门，六点四十分回来，遇孙七、沈、徐、谭、养等，计6100步。鹳山有几盆菊花。看报，札资。政晚饭来即去。蓉胃病打嗝。晚看电视，新闻。八点三十分息，莹去，九点寝。

十一月十三日

晨五点五十分出门，七点回来，遇周、李、王姨、王科长、孙七等，计6900步。看一小前展廊，银行前、法院前展廊。札录，看报。晚看电视，新闻。八点三十分息，九点寝。

十一月十四日

晨五点四十五分出门，六点四十五分回来，遇周、养等，计5800步。政来，说六点三十分车乘不上，乘八点车去沪。九时去政协，张女士说周同志去萧山，即回去。看报，札资。晚看电视，新闻、《动物世界》。八点三十分息，九点寝，明晨10—24［摄氏］度。

十一月十五日

晨五点四十分出门，六点四十分回来，遇养［鸟人］徐、袁、周等，看画眉在笼，防［互］斗。计6100步。看报，札资。蓉下午二时宜回。晚看电视，新闻、《慈禧外传》。八点五十分息，九点二十分寝。

十一月十六日

晨阴，五点四十五分出门，六点四十五分回来，遇夏父、寿、周、养等，计6150步。回来有雾，小雨点。看报，札资。晚看电视，新闻等。八点三十分息，九点寝。

十一月十七日

晨五点四十分出门，六点四十分回来，遇金梅、小王、彦青、养等，计6200步。看报，札资。下午四时玉娟来邀吃喜酒。晚看电视，新闻、《慈禧外传》。八点四十五分息，九点二十分寝。

十一月十八日

晨五点四十分出门，遇周女、老谢、养、孙七、百等，计6050步，赵，回来六点四十五分。上午九点三十分蓉叫看《七君子案件》(［第］四集，十二点二十分完。琪买来河蟹，晚餐吃。晚看电视，新闻。八点三十分息，九点十分寝。

十一月十九日

晨五点四十分出门，有小雨，六点四十分回来，遇李、百等，计6700步。看报，札资。晚五时玉娟女吕春出嫁，玄、蓉、我赴宴，七时回来，知政也来过。莹购物放在余处。看新闻、《血魂》。八点三十分息，九时寝。

十一月二十日

晨五点五十分出门，小雨，回来中雨，遇唐，路上人少，计7000步。流清水涕。看报。晚看电视，新闻、《血魂》。八点三十分息，九时寝。

十一月二十一日

晨失觉，六时才起床，六点二十分出门，七时回来，没上山，遇政协三君、周等，计5200步。上午九时去县，周去，严未遇，回。下午三时贤和三建潘同志(女)同来。政、琪同吃晚饭。贤和同事宿龙山饭店。看电视新闻，玄送去，八点三十分回来，我息，九时寝。

十一月二十二日

晨五点四十五分出门，六点四十五分回来，遇朱、养、史等，雾浓，计6500步。贤、潘乘八点三十分车去宁波前站、余姚之间云。看报，札资，伤风服连翘丸。晚看电视，新闻。八点三十分息，九点十分寝。

十一月二十三日

晨五点四十五分出门，六点四十五回来。遇养、谭、周等，计6500步。雾浓。看报，札资。晚看电视，新闻、《杜十娘》。八点三十分息，九点十分寝。

十一月二十四日

晨，五点四十分出门，六点四十分回来，遇养、谭、政等，计6300步。看报，札资。晚看电视，新闻、《综艺大观》《劈棺惊梦》。八点三十分息，九点十分寝。

十一月二十五日

晨五点四十五分出门，六点四十分回来，遇养、谭、沈、史等，计6300步。看报，札资。晚看电视，新闻、《张生莺莺》。八点三十分息，九点寝。

十一月二十六日

晨五点四十分出门，六点四十分回来，遇养，有人叫我，往前跑不知何人，徐、沈、孙七等，计6350步。八点十五分去县委中型二楼开政协联谊会。八点二十五分入场，俊、杰亦到。中午在富旅午宴。十二时去三人拍照。回会室我和俊在一楼，二人闲谈。杰去开理事会，一时下楼。他们回新登，我回宿舍午睡。知政来，带来新登工商联信。晚看电视，新闻、《慈禧外传》(最后一集)。八点三十分息，九时寝。

十一月二十七日

晨写信，去寄，未去鹳山，计2000步。晨八点三十分出门，折回，九点再出去政协。在门前遇到交还，看看报。晚看电视，新闻、《都市风流》([第]3—4集)。八点三十分息，九点寝。

十一月二十八日

晨五点四十五分出门，六点四十五分回来，遇云、小王、养、衣等，计6400步。雾重。看书报，札记。政在晚饭后回去。晚看电视，新闻。刻印。九时息，九点三十分寝。

十一月二十九日

晨五点四十五分出门，六点四十五分回来，遇养、李、徐、衣等计6300步。看报，札记资，洗外衣。晚电视，《新闻联播》《调色板》《都市风流》。八点五十分息，九点二十分寝。

十一月三十日

晨五点四十分出门，六点四十分回来，遇养、谭、衣等，计6550步。看报，札资，核账。晚看电视，新闻、《都市风流》([第]7—8集)。九时息，九点三十分寝。

十二月一日

晨五点四十五分出门，六点四十五分回来，冷，遇养、衣等，计5700步。看报，札资。政来，晚饭回去，问我去她宿舍，我说改日再来。晚电视，新闻、《王昭君》。八点息，八点四十分寝。明-4—6[摄氏]度。

十二月二日

晨五点四十分出门，六点四十分回来，遇谢、小王、云等，计6000步。福祥带外孙女学步。看报，札记。琪晚来，下午回去。晚电视，新闻、《浙江新闻》《健美》(气功、溜冰)。八时息，八点四十分寝。明0—10[摄氏]度。

十二月三日

晨五点四十分出门，六点四十分回来，遇张院长、李等，计6050步。上午八点三十分去中百买物，九时回来。看报，札资。九时三十分三泰来，午饭后一点三十分去会友，当日回新登，借去书一本。莹宿此。晚电视，新闻，《情义无价》(1—2集)。八点三十分息，九点十分寝。

十二月四日

晨五点四十五分出门，六点四十五分回来，遇政、养、姨等，计6500步。对[面]车，碰碎牛奶三十余瓶。月当头西(旧历十八日)。上午九时叶振宇来说联谊，新登小组五人。看报，札资。晚看电视，新闻、《情义无价》。八点三十分息，九点十分寝，明1—14[摄氏]度。

十二月五日

晨写信。五点四十分出门，六点四十分回来，遇养、老、衣等，计6650步。看报，札资。琪来，晚去。玄洗大批衣服、被套，今晚换厚被。晚看电视，新闻、《世界各地》(日本水产馆)。八点二十分息，九时寝。明3—17[摄氏]度。

十二月六日

晨五点三十分出门，六点三十分回来，遇谢、养、政、周等，计6250步。看报，札资。晚看电视，新闻、现代舞。八点二十分息，九时寝。明7—17[摄氏]度。

十二月七日

晨五点四十分出门，六点四十分回来，遇谢、养、谭、回、周，计6000步。看报，札资，写信。晚看电视，新闻、《情义无价》。八点二十分息，九时寝。明7—20[摄氏]度。

十二月八日

晨五点四十五分出门，六点四十五分回来，

遇周、养、谭等，计6550步。看报，札资。去政协取信，县开妇代会（第十次）。晚看电视，新闻、《正大剧场》。八点二十分息，九时寝。

十二月九日

晨五点四十分出门，六点四十分回来，遇夏、吕、养等，计6150步。看报，札资。晚看电视，新闻，《情义无价》。八点二十分息，九时寝。明10—22［摄氏］度。

十二月十日

晨五点四十分出门，六点四十分回来，遇夏、李、养等，计6200步。看报，札资。晚看电视，新闻、《情义无价》。八点二十分息，九点寝。风七级，明10—22［摄氏］度。

十二月十一日

晨五点四十五分出门，六点四十五分回来，遇周、养、李等，计6450步。看报，札资。政晚饭后来，知已去过新登。玄给我订抄录。晚看电视，新闻、《情义无价》，八点二十分息，九点寝。

十二月十二日

晨五点五十五分出门，六点四十五分回来，遇衣、养、王、周、李等，计6000步。看报，札资。下午一时三十分去县府大楼，二时午睡。晚看电视，新闻、《西安事变》。九时息，九点四十分寝。明小雨3—7［摄氏］度。

十二月十三日

晨五点四十五分出门，回来六点四十五分，小雨。遇养在百前，上山遇一同志，说我今日迟了，答迟了十五分钟，遇杏等，计6400步。看何新和日本经济学家的对话。晚看电视，新闻、《情义无价》。八点二十分息，九时寝。明阴晴3—10［摄氏］度。

十二月十四日

晨五点四十分出门，六点四十分回来，遇养、郎、衣等，计6100步。看报，札资。晚看电视，新闻、《情义无价》。九点息，九点四十分寝。明阴，多云3—10［摄氏］度。

十二月十五日

晨五点四十分出门，六点四十分回来，遇周、衣、养等，计5800步。看报，看《老年百科》。晚看电视，新闻、《正大剧场》。八点三十分息，九点十分寝。明阴、多云，3—8［摄氏］度。

十二月十六日

晨五点四十分出门，六点四十分回来，小雨。遇养、李、衣等，计6150步。省五金交电开会（在富），农机台球回来还在打。明阴、小雨，3—8［摄氏］度。晚看电视，新闻、文艺（［19］90年8月歌唱晚会）。八点五十分息，九点三十分寝。

十二月十七日

晨六时出门，七时回来，遇小方、徐亚等，计6000步。小雨。看报。札资。下午二点三十分据玄说叶来过，他会再来。晚六点三十分叶来，谈半小时，回友人处宿。晚看电视，新闻、《情义无价》，八点五十分息，九点二十分寝。明1—10［摄氏］度。

十二月十八日

晨五点四十分出门，六点四十分回来，未遇熟人，台球回来还在打，计5850步。看电，札资。晚看电视，新闻、新越剧、《情义无价》。九时息，九点三十分寝。明多云，4—8［摄氏］度。

十二月十九日

晨五点四十分出门，遇周、郎、衣、沈等，计6400步。看报，札资，写信。明阴、小雨，2—8［摄氏］度。晚看电视，新闻、《情义无价》（［第］27—28集）。八点三十分息，九时寝。

十二月二十日

晨五点三十五分出门，六点四十分回来，遇养、徐和等，计6300步。看报，札资，写信。晚看电视，新闻、徽剧进京200年开幕式、京剧《龙凤呈祥》。10点四十五分息，十一点二十分寝。琳去杭，晚未回。明2—12［摄氏］度。

十二月二十一日

晨五点三十分出门，六点三十分回来，雾重，遇养、徐、陶、衣等，计6100步。看报，写信，札资。政晚饭后来，说明日去新，稍坐即回去。晚看电视，新闻、《情义无价》。八点五十分息，九点二十分寝。明2—10［摄氏］度。

十二月二十二日

晨五点四十分出门，六点四十分回来，遇养、夏、陶等，计6050步。看报，札资，写信。明2—12［摄氏］度。晚看电视，新闻、《正大剧场》、聊斋《辛十四娘》。九时息，9点三十分寝。

十二月二十三日

晨五点三十分出门，六点三十分回来，路遇［养］鸟人，计6000步。看报，札资，写信。晚看电视，新闻、海洋文艺晚会。八点二十分息，九点寝。明0—12［摄氏］度。

十二月二十四日

晨五点四十五分出门，六点四十分回来，遇谢、养、路、夏等，计6100步。明1—12［摄氏］度。看报，札资，写信。中午政来，知她前日去新，昨日回富。琳下午四时回来。晚看电视，新闻、《变形金刚》《情义无价》(［第］21—22集)。九点二十分息，十时寝。

十二月二十五日

晨五点三十五分出门，六点四十分回，看银行宣窗、文化宫窗，计7150步，遇谢、养、郎等人。看报，札资，写信。晚看电视，新闻、《乌龙山剿匪记》。八点五十分息，九点二十分寝。明0—14［摄氏］度。

十二月二十六日

晨五点五十分出门，六点五十分回来，遇养、谭、王等，计6450步。看报，札资，写信。晚看新闻、《毛主席诗词歌咏会》等。八点五十分息，九点二十分寝。明-1—7［摄氏］度，晴转多云，阴。

十二月二十七日

晨五点四十分出门，六点四十分回来，遇周、养、谭、衣等，计6200步。上午理发，看报，札资，写信，抹身，更衣。晚看电视，新闻，《情义无价》。九点二十分息，十时寝。明1—9［摄氏］度。

十二月二十八日

晨五点五十分出门，六点五十分回来，遇唐、袁(姓袁名百信)，与袁百棠、袁世英自己,［遇］谭、养、小王等。花坞路去走了一段，从龙山路回来，计7150步。明2—7［摄氏］度。晚看电视，新闻、《情义无价》(［第］27—28集)。九点五十五分息，十点二十分寝。

十二月二十九日

晨，五点四十分出门，六点四十分回来，遇养、衣、郎等，记(计)6250步。看书报，札资，写信。晚五点三十分玄、蓉、我去看电影《三笑》(香港片)。七点三十分回来。八点息，九点寝。

十二月三十日

晨小雨，五点四十分出门，六点四十分回来，天暗，计6450步。上午八点三十分去虎山邮局，去取湘汇寄信。看报，札资。晚看电视，新闻，杭元旦歌唱会。八点五十分息，九点二十分寝。明天2—7［摄氏］度，阴雨。

十二月三十一日

晨五点四十五分出门，小雨，六点四十五分回来，计6200步。中百有八条长幅广告，服装开架售。思美门前有七条长幅广告。看报，札资，写信。晚看电视，新闻、元旦联欢晚会彩排。八点五十分息，九点三十分寝。明天阴雨4—7［摄氏］度。

【补记】

十月五日

去萧山看8月17日大潮。

十月三十日

在富，元将陪再谔于上午3点30分来坐谈，4点30分回到他女儿处，说明晨去大树下。

十一月十七日

政协定于11月26日政协联谊会成立，上午开会，中午备餐。

十一月二十一日

在富，贤和三建女同事潘［某］来富，宿龙山旅馆。22日上午8点30分车去宁波。

十一月二十九日

政协联谊，会议纪要(30期)。

十二月三日

在富，三泰上午9点30分来，午饭后1点30分去会友，后回新，即去武汉。

十二月七日

政协联谊章程(启用会印)。

十二月八日

政协联谊，第二活动，去杭参观市政建设(3号文)。

一九九一年

一月一日

今日元旦，旧历庚午年十一月十六日，星期二。

晨四时三十分起床，浴洗后看报，五时四十五分出门，路上山上人少。饮食小吃店开门亦少。六时四十五分回来，计 6850 步。下午五时三十分政来，带来粮票。晚饭后回厂。晚看电视，新闻、《乌龙山剿匪记》、元旦晚会、相声。看书、报，休息。八时五十分息，九时二十分寝。日 2—7［摄氏］度。

一月二日

晨五时四十五分出门，六时四十五分回来。遇养［鸟人］、衣等，计 6300 步。看报，写信，札资。晚看电视，新闻、《变形金刚》《情义无价》。八时三十分息，九时寝。明 2—5［摄氏］度，阴雨。

一月三日

晨五时四十五分出门，六时四十五分回来。遇养［鸟人］、徐等，计 6000 步。八时三十分去青云邮局取月历，并取来汇款单。遇原中百［公司］陈文仁亦在取件。九时四十五分到宿舍，写信。下午一时三十分去寄、取报。三时午睡，四时四十五分起来。晚看电视，新闻、《情义无价》。九点息，九时四十五寝。明 0—5［摄氏］度。

一月四日

晨五时四十五分出门，有雨。六时四十五分回来。遇百、高、袁、养［鸟人］等，计 6750 步。看书、报。上午十时下雪至晚上。晚看电视，看不清，因下雪。只看天气 2—4［摄氏］度，杭大雪。七时三十分息，八时二十分寝。2—7［摄氏］度。

一月五日

晨五时四十五分出门，我到钟边敲六点，回来到钟边敲七点。遇山人、衣、赵等，人少车少，雪厚 3 寸，计 7100 步。今日持杖行。山上树，小杈枝雪压倒许多。看报、书，写格言。晚玄、蓉备了丰盛晚餐，邀莹、忠、琪、富、琳、勇。政带来礼物，大家欢叙（聚）。看电视，新闻、《正大剧场》。八时二十分息，九时寝。明 0—4［摄氏］度，阴多云。

一月六日

晨五时五十分出门，六时五十分回来。遇谭、养［鸟人］、赵等，计6250 步。看报，写格言。政、中晚来此吃饭，叙（聚）餐（昨日生日）。晚看电视，《变形金刚》、新闻。八时三十分息，九时寝。明 0—4［摄氏］度，阴、多云。

一月七日

晨五时四十五分出门，六时四十五分回来。遇蓉、养［鸟］人、李福等，遇章玉良子，计 6250 步。去青云邮支局取贤信，照片。八时三十分去，九时三十分回。看书报。晚看电视，新闻、《渴望》（［第］十三集）。九时息，十时寝。明 0—4［摄氏］度。

一月八日

晨五时四十五分出门，六时四十五分回来。遇养［鸟］人三人、郎等，计 6550 步。出月当头，回来日出。

一月九日

看书、报。十时庚来参加开会。他还认为报到早，幸蓉说“昨日报到，今晨开会”，去已结束午膳。他晚看电影，七时三十分坐同看《十五贯》，八时三十分去鹳山饭店宿。我新闻未看，看《十五贯》。八时三十分息，九时寝。气温未看。

一月八日

看书报。晚看电视，新闻、《情义无价》(最后二集)。九时二十分息，十时寝。3—4[摄氏]度。

一月九日

晨四时起床，写信，未晨散[步]。

一月十日

晨五时五十五分出门上鹳，遇谭、遇养[鸟人]六人，周、范等，计6000步，看报、书。午后一时三十分庚来，知已散会。玄、我略谈至二时，[庚]乘车回新。政六时来，知父女已会过，七时即回厂。琳回宿。晚看电视，新闻，《乌龙山剿匪记》《京剧清唱》《渴望》。八时三十分息，九时寝。明0—4[摄氏]度，雨[转]小雪。

一月十一日

晨五时四十分出门，恐要下雨，回来取伞，遇养[鸟人]五人，医院门前[遇]长、荷等，计6550步。看报，札记。晚看电视，新闻。八时三十分息，九时十分寝。明晴，0—8[摄氏]度。

一月十二日

晨五时四十五分出门，六时十五分回来。遇医、养[鸟人]六人、何等，计5850步。有雾。晚，政来约我明上午去新登。晚看电视，新闻，"进京200年"(徽剧)演出(杜近芳、谭元寿等均出台表演)。十时三十分息，洗套鞋，十一时三十分寝。

一月十三日

晨和政乘八时汽车来新[登]，八时四十五分到。庚在搞卫生，政协助他搞，至九时三十分回去。十一时政来叫吃午饭，因她舅父和二位客人在，提前吃。十二时和庚去他居所收被，看房间。出来遇小南，谈看照片。二时四十分他回去(二小时)。晚饭后庚送我来，谈至七时三十分回去，八时十分息。

一月十四日

晨，七时去买早餐。九时，去看杰兄、贞，谈至十一时回来。下小雨，敏来叫吃中饭，拟信稿。晚[敏]送我来。晨，遇胡、周、朱。晚读，八时寝。

一月十五日

晨七时吃早餐，日出(九时)晒被如昨。遇元将，去富开会。晚，敏送我来取下纸箱。七时三十分息，八时寝。

一月十六日

晨七时进早餐，写信，找资料。下午去寄信，修电筒，足足等了有一个小时。晚饭后至八时息，九时寝。庚送来。

一月十七日

晨七时进早餐，找资[料]。中午抹身，更内衣裤。晚，六时庚陪来即回去。八时息，九时寝。

一月十八日

晨七时进餐，找资[料]写信，札资。晚、中，庚给我送开水。晚札资。八时息，九时寝。

一月二十日

晨七时进早餐。八时去访袁宝喜，遇金春苟、祁珊。十时三十分回，吃午饭十二时。衡山东看电影，来舍谈至一时三十分回去。庚在座。叶振宇来约开政联谊会。二时十五分去俊兄家，至三时杰来，少息，三时休息三十分钟，叶来会谈至四时二十分，叶回家(新、富)。汪荣棠说已下乡，三时可回，但未到。我四时三十分回吃晚饭。洗衣。八时息，九时寝。

一月十九日

晨七时进早餐，札资。中午去买物，札资。晚庚来，将资给他看，明日去。晚八时二时分息，九时寝。

一月二十一日

晨七时进餐。八时去老街，到祁珊处闲谈一小时。去塔山金春苟处谈二十分钟，回来吃中饭。标送来橘子。庚今日去杭，下午回来。晚送我。我看旧录。八点息，九时寝。

一月二十二日

晨七时早餐，写信札资。庚送来。晚札资。八时息，九时寝。

一月二十三日

晨七时进早餐，沿城河去北门不通，一直至罗家祠。直对北门，进北去看方二次，未遇。晚长育来，六时先到庚处，六时三十分来宿舍。八时三十分回去，九时三十分寝。

一月二十四日

晨七时早餐，八时去看方问小朋友后，遇到今日退休老师开会，遇到许多久未见面的老师。庚送来，晚札资。八时二十分息，九时寝。

一月二十五日

晨七时进餐，八时三十分去中百，会到曹根华，陈经理、吴、杨、袁、孙、夏、吴七人在开会。后在楼亚娟处坐谈，谈至十时回来。下雪。下午三时去元将处谈，一时三十分回来。晚饭后敏送来，庚晚加班。晚八时息，九时寝。

一月二十六日

上午去杰兄家谈一小时，去俊兄家。杰同去，谈十分钟，回来吃午饭，去看朱老师，说去上班，可能下午四时回。我再去，他女儿说未回。晚饭后庚、霞来谈七十分钟回去。八时息，九时寝（旧历十二月十一日）。

一月二十七日

上午七时十分庚陪我来富。七时五十分到站，雾浓。庚去杭，下午二时三十分来，乘三点车回新。政上午十时三十分有物要带新，下午五时四十分来，在此晚饭之后即回厂。看电视，八时三十分息，新闻、《渴望》（片段）。九时十分寝。

一月二十八日

晨六时出门，七时回来上鹳山，遇养［鸟人］三人、衣等，计6250步。上午理发，中午洗浴，更衣。三时吕关锡和政协三位青年（内一女）来慰问，送来白糖、黑枣、苹果，坐谈三十分钟去。晚《动物世界》、新闻，《渴望》看一集。八时三十分息，九时十分寝（开县工人代表会）。明4—8［摄氏］度，阴转小雨。

一月二十九日

晨五时五十分出门，六时五十分回来，遇老吴、郎、衣等，养［鸟人］四人，计6450步。琪中午来，晚八时回去。晚电视，新闻，《渴望》看一集。九时十分息，九时四十分寝（眼镜架断，玄给我去配来）。明4—8［摄氏］度，阴转小雨。

一月三十日

晨六时出门，七时回来。玄欢不在，已出去。我遇养［鸟人］三人等，计6000步。上午去虎山邮局取信，札资。欢去医院治病回来，挂盐水，有时吵，有时还好。晚看电视，新闻、《动物世界》《银幕掠影》。八时息，八时四十分寝。

一月三十一日

晨五时起床，未去鹳山。写信，八时二十分寄，核账。雨雪。查资料，写信。政来，明去沪。晚看电视，新闻。八时二十分息，九时寝。明1—7［摄氏］度，阴［转］多云。

二月一日

晨六时出门，七时回来。遇养［鸟人］二人、陶衣等，计6050步。有霜，晨月当头，阅旧记。晚看电视，新闻、《浙江新闻》。八时二十分息，九时寝。明1—8［摄氏］度，阴［转］多云。

二月二日

晨五时五十分出门，六时五十分回来。遇沈、李、养等，计5950步。有霜。看旧札记。晚看电视，新闻、《正大剧场》、中央电视台《迎春晚会》。九时三十分息，十时寝。

二月三日

晨六时十分出门，七时十分回来。遇养［鸟人］四人、邵、陶、衣等，计5600步。回时有小雨。看旧记，札资。晚看电视，新闻、《调色板》。八时二十分息，九时寝。明0—7［摄氏］度，阴［有］小雨。

二月四日

晨五时四十五分出门，六时四十五分回来。遇养［鸟人］二人，院前遇衣等，计5850步。上午去虎山邮局取挂号信，写信。晚看电视，新闻。八时二十分息，九时寝。明1—11［摄氏］度，阴［转］多云。

二月五日

晨五时五十五分出门，六时五十分回。遇养［鸟人］四人、衣、孙七等，计6400步。有雾。写信，整资料。晚看电视，新闻。八时二十分息，九时寝。明0—7［摄氏］度，阴雨。

二月六日

晨五时五十五分出门，六时五十分回来。遇沈、邵等，计6800步。叶落，独腊梅更艳。因阴多雨，香不甚浓。写信札资（居民处老头姓潘，桐庐人）。晚看电视，新闻。八时二十分息，九时寝。明0—7［摄氏］度，阴、多云。

二月七日

晨五时五十分出门，六时五十分回来。遇养［鸟人］二人、衣、孙七等，计6150步。上午九时至十时取虎山取挂号信（汇单），札资，冰箱修好取来。农市7—14宣传交通管。晚看电视，新闻、滑冰赛。八时二十分息，九时寝。明2—11［摄氏］度。

二月八日

晨五时五十分出门，六时五十分回来，雾浓。遇养［鸟人］四人、陶、衣等，计6000步。理札资。晚饭政来说中百有物送来，略谈即去。晓去医院挂盐水，退热。晚看电视，新闻。八时二十分息，九时寝。明4—11［摄氏］度，晴转阴。

二月九日

晨六时零五分出门，七时零五分回来。遇陶、养［鸟人］四人、渔夫二人。衣、张说过年93岁，老犯有背痛。计6000步。春气到，转热。下午二时，吕陪县工商联主任汤同志来慰问（荔枝、苹果）。看报，札资。晚看电视，新闻、《变形计》《正大剧场》。八时二十分息，九时寝，明7—9［摄氏］度，阴雨。

二月十日

晨五时五十分出门，六时五时回来。小雨，山上人稀。计6800步。上午九时庚、炜来买离休干部优惠年货。庚、炜、政在此同进午餐。庚、炜下午二时四十分车回新。札资。晚看电视，新闻等。八点息，九时寝。明7—12［摄氏］度，多云转阴。

二月十一日

晨札资一小时，散步。六时三十分出门，七时回来。遇熟人很少，计4950步。札资。晚电视，新闻。八时二十分息，九时寝。明7—12［摄氏］度，阴、小雨。

二月十二日

晨六时三十分出门，七点回来。有雨，计3250步。札资，写信。晚电视，新闻、春节文艺晚会。八时三十分息，九时寝。

二月十三日

晨五时起，七时出门寄信。七时三十分回来，计3000步。看报，札资。晚看电视，新闻（春节军民联欢）。十时息，十时五十分寝。明7—9［摄氏］度，阴雨。

二月十四日

晨五时五十分出门，上鹳山，六时五十分回来。遇周、养［鸟人］一人、袁、袁、李等，计6500步。八时十分去虎山邮局，九时三十分回来，6500步。整理，小方送来物六色。晚餐玄、蓉、莹、小蒋、欢、我六人。晚看电视，《新闻联播》《祖国各地》，八点春节晚会。看到十点息，十一点寝。晚十一时五十分炮竹烟火放到十二时二十分才静。

二月十五日

旧历正月初一，星期五。晨六时出门，七时回来。遇养鸟［人］、孙浩生同志一人，门未开（公园）。回来遇张薇垣院长。饮食店大部分不开炉，没菜担上街，行人少。计5950步。琪、小方、莹、小蒋、欢来，晚三家叙（聚）餐。莹上班。今日报、牛乳未到。上午七时后看到邮局前方有烟（后知春苑照相馆楼上全部焚毁）。晚看电视，新闻、《妈妈不在家的夏天》《黄山情》等。八时三十分息，九时寝。

二月十六日

晨五时五十分出门，六时五十分回来。遇养鸟人二人、袁等人，比昨稍多，有菜五六，遇到韩、应，计6900步。札资。晚饭后七时，阿香的二女儿（素娟？）和她的儿子娄一中来，谈至八时回去［带来荔枝干、双宝素］。晚看电视，《新闻联播》《正大剧场》。九时息，九时三十分寝。明2—6［摄氏］度，阴。

二月十七日

晨六时出门，七时回来。遇养［鸟人］五人，袁、孙七等，计6400步。下午三时玉娟来［带来荔枝干、双宝素］，我睡，未晤。晚看电视，新闻、春节晚会。九时三十分息，十时寝。明2—5［摄氏］度，多云、阴。

二月十八日

晨四时三十分起床，札资。六时三十分出门，七点回来。遇福祥，未上山。计步5450步。札资。玄、蓉去琪家晚饭，我因写，未去，婉辞，玄给我煮面。他们八时回来。晚看电视，《新闻联播》《宋庆龄和她的姐妹们》（［第］三、四集）。十一时二十五分息，十二时寝。明2—5［摄氏］度，小雨转阴。

二月十九日

晨六时起床，取牛乳，计800步。中午小息。有客二人在此。琪、小方来。札资。晚看电视，新闻、《七巧板》《宋庆龄和她的姐妹们》（［第］五集）。九时十分息，九时五十分寝。明1—5［摄氏］度，阴、多云。

二月二十日

晨四时三十分起床，六时三十分出门，七点回来。计3500步。政上午来，我们饭已吃。她被子晒好来吃的。晚亦来吃。说明日同学结婚，要她来帮忙。晚看电视，新闻，《宋庆龄和她的姐妹们》（［第］六集）。九时十分息，十时寝。莹等宿此，明日去宜兴。明1—5［摄氏］度，晴。

二月二十一日

晨五时四十五分出门，六时四十分回来。遇袁、养［鸟人］四人，计5900步。蓉、莹、欢七时三十分车去宜兴。札资。晚看电视，新闻，《宋庆龄和她的姐妹们》（［第］七集），九时十分息，十时寝。明1—11［摄氏］度，晴。

二月二十二日

晨四时三十分起床，六时三十分出门，去镇中方向，七时回来，计2600步。冷，有风。政上午十时来，和她谈父的资料事。给她看我的札记，要她参加意见，要玄参加意见。政下午又来，晚饭即去。晚看电视，新闻、《宋庆龄和她的姐妹们》。九点息，九时四十分寝。明3—13［摄氏］度，风七级。

二月二十三日

晨四时三十分起床，五时五十分出门，六时五十分回来。遇养［鸟人］四，孙七在练，计5700步。札资。琪下午三时回来，晚回去。政稿拿来。晚新闻、《正大剧场》。八时十分息，九时寝。明晴3—13［摄氏］度。

二月二十四日

晨五时四十五分出门，六时四十五分回来，遇养［鸟人］三人、衣、陶等，计6800步，有风，有烟草专卖横幅。政晚六时三十分来，七时二十分回去（去新回）。琪宿此。晚七时二十分看电视，《武术之光》。八时二十分息，九时寝。明3—13［摄氏］度，阴、多云。

二月二十五日

晨五时五十分出，六时四十分回来。遇人少。计4750步。未上山。影剧院看光荣榜，二大一小广告牌。小蒋去杭接蓉。莹、欢下午二时到。政中午来，傍晚又来，未吃晚饭即去。誊抄。晚七时看新闻和《宋庆龄和她的姐妹们》（［第］九集）、《少帅》。九时二十分息，十时寝。明2—12［摄氏］度，多云、阴。

二月二十六日

晨四时三十分起床，六点出门，六时五十分回来。遇养［鸟人］五人，狼犬很大，衣、方、袁等，计6150步。光荣榜上约有五六十个单位，个人约上千个左右。玄给我去虎山［邮局］取孝仁信。政中午十二时二十分来。我二时五十分去寄。琳回宿。晚看电视，新闻，《宋庆龄和她的姐妹们》（［第］七集），九时十分息，九时五十分寝。明7—12［摄氏］度，阴、小雨。

二月二十七日

晨六时二十分出门，七点回来。未上山，遇袁，计4400步。九时去理发，去老口。11时回来。札资。琪中午去杭。晚看新闻、《宋庆龄和她的姐妹们》（第十一集）。九时十分息，十时寝。明7—9［摄氏］度，阴转雨。

二月二十八日

晨六时出门，雨，七时回来。遇柏舟，计6500步。札资。晚看电视，新闻、《宋庆龄和她的姐妹们》（［第］十二集完）。九时息，九时四十分寝。晚阴雨，2—5［摄氏］度。

三月一日

晨六时出门，六时五十分回来。遇袁、养［鸟人］五人等，计6150步。今日旧历元宵节。札资。今日元宵。知南京、河北昨大雪。晚看电视，新闻。九时息，九时四十分寝。明3—8［摄氏］度。

三月二日

晨五时五十分出门，六时四十五分回来。遇养［鸟人］五人、邵、陶、郎、任、田文光等，计6300步。札资。琪来买物，下午又来，晚归。晚电视，新闻、《正大剧场》。九时息，九时四十寝。明5—10［摄氏］度。

三月三日

晨六时出门，七时回来。遇养［鸟人］五人、服等，计5750步。有雾。去看王，约三十分钟。下午政来，感冒，饭后去。晚看电视，新闻、《动物世界》（广西蛇）。八时三十分息，九时十分寝。明雨，5—10［摄氏］度。

三月四日

晨六时出门，六时五十回来。遇养［鸟人］一人、徐迎生、邱等，计5850步。上午九时去看老孙、七美，十一时回来。琪来宿，小方出差宁波。外贸厅开广［式］早餐三天。晚看电视，新闻。八时三十分息，九时寝。明5—10［摄氏］度。蓉下午去杭返。

三月五日

晨五时五十分出门，六时五十分回来。遇养［鸟人］四人、邵、徐等，计6100步。雾重。札资。庚上午十一时到杭，返乘十一时五十分回新。晚电视，《新闻联播》。九时息，九时四十分寝。5—15［摄氏］度，阴。

三月六日

晨五时五十五分出门，六时四十五分回来，遇养［鸟人］六人、衣、乌、长、邵、郎等，计6150步。雾浓，札资。晚看电视，新闻。八时五十分息，九时二十分寝。明5—15［摄氏］度，阴雨。

三月七日

晨五时五十分出门，六时四十分回来。遇养［鸟人］六人、谭、赵、耿、刘、朱等，计6300步。雾浓。札资。七美之女来。晚电视，新闻。八时三十分息，九时十分寝。阴雨，7—12［摄氏］度。

三月八日

晨四时三十分起床，六时三十分出门，计3350步。去邮局二次，3500步。中午遇关云飞。札资，整理。小方下午一时来（宁波回）。晚电视，新闻，《浙江新闻》《山外山》（26）。八时三十分息，九时十分寝。阴雨，5—15［摄氏］度。

三月九日

晨四时三十分起床，六时出门，六时四十分回来。遇袁、郑等。札资，写信。晚电视，新闻、《正大剧场》《综艺大观》。九时三十分息，十时寝。明5—15［摄氏］度，多云。

三月十日

晨五时五十五分出门，六时五十分回。今从文化宫停车场、春江路、影院、北门路回来。遇袁、大老李、顾、于等，计5370步。简秋、孙洪龙于八时三十分来，九时回去。九时去看赵新，十一时回来。中午洗浴，更内衣，写信。晚看电视，新闻、元宵晚会。八时三十分息，九时寝。

三月十一日

晨六点出门，六时五十分回来。遇养［鸟人］二、衣等，计6000步，阴。写信，看报。晚看电视，新闻，［植树］造林、［纪录片］孙文等。八时三十分息，九时十分寝。明5—10［摄氏］度，阴。

三月十二日

晨五时五十五分出门，六时五十分回来。遇养［鸟人］一人、蓉、徐连生等，计6700步。小雨。看报，写信。项莹、小蒋来，知庚因腰病、胆结石来富院医治。玄去院看，送面去（因大家吃面）。晚饭由政来此吃，送去。我和玄去看电影《焦裕禄》，（蓉说在宜兴电视中看过）。下午五时四十分回来，看《澳门轶事》（赌厅）。九时息，九时四十分寝。

三月十三日

晨五时五十五分出门，六时五十分回来。过街红布宣传“晚婚晚育”“植树”“爱护土地”“香烟专卖”等，计6400步。遇养［鸟人］六人、谭、李、七美、谢等。下午三时敏来，我、莹都睡着，敲门不知，幸玄回来收衣，遇他。看报，札资。晚看电视，新闻。八时五十分息，九时三十分寝。5—15［摄氏］度，雨。

三月十四日

晨五时五十分出门，六时五十分回来。遇养［鸟人］六人、谭、袁、徐等，计6050步。中午出街。看报，札资。周女婿交来信和校志。晚看电视，新闻、《澳门轶事》。九时息，九时四十分寝。明雨，5—9［摄氏］度。

三月十五日

晨五时五十五分出门，六时五十分回来，遇杏、蓉等，计6400步。中雨。庚晚饭来。新闻联播。政来，同莹、欢、忠回去。八时五十分息，九时二十分寝。明5—10［摄氏］度，雨、阴。

三月十六日

晨六时出门，六时五十分回来。遇养［鸟人］五人、谭等，计6000步。看报，札资。中午十二时三十分，蓉、我去水产宿舍看［某］老，他爱人阿香次女，二时三十分回到家。政来吃晚饭去后，霞、政七时来，七时四十分去。霞大约十时来此宿。晚看电视，新闻，上海台《综艺大观》（侯宝林子和另一女主持人合作小品《不懂装懂》《错误的决定》《空谈的报告》等）。九时息，九时四十分寝。明5—15［摄氏］度，晴、多云。

三月十七日

晨五时五十五分出门，霞已起来。我六时五十分回来，说霞已去医院。我计6150步。遇百、衣、养［鸟人］六人、邵等。中午一时洗浴，更衣，午睡。霞下午二时三十分去医院，回新。云说敏、炜来，未来。晚看电视，新闻、《澳门轶事》。九时息，九时四十分寝。明5—15［摄氏］度，多云、晴。

三月十八日

晨六时出门，六时五十分回来。遇蓉、养［鸟人］五人、谭、衣、许、孙七、百等，计6150步。今从山下行（郁亭处）去老街。札资，看报。晚看电视，新闻。八时五十分息，九时二十分寝。明7—22［摄氏］度，晴、多云。

三月十九日

晨五时五十五分出门，六时五十分回来。遇养［鸟人］六人、谭、徐、庚（在粮食局）遇到，计6000步，看报，札资。看新登镇小校志。晚看《新闻联播》。八时五十分息，九时三十分寝。明晴、多云，15—20［摄氏］度。

三月二十日

五时五十五分出门，六时四十五分回来。遇养［鸟人］六人、谭、郎、邵、云、周、徐，从剧院路走，计6300步。札资，看报。十时玄回来，仙花同来，知她九时即在下面等。下午二时去取报。接澂信知秉成于2月15日（春节）去世，即去信慰问竹萍。晚电视。新闻、上海台《综艺大观》、中央台《智力竞赛》。八时五十分息，九时三十分寝。7—14［摄氏］度，阴雨。

三月二十一日

晨六时五十分去寄信，七时二十分回来。札资，看报，和仙花谈家常。晚看电视，《张爱萍》（4）、《新闻联播》。八时五十分息，九时三十分寝。明6—12［摄氏］度，阴雨。

三月二十二日

晨写信，寄信。仙花下午三时四十五分车，玄来送她上车。看报，札资。霞晚饭后六时三十分到，去医院宿此。晚看电视，新闻。八时三十分息，九时十分寝。明阴雨，5—12［摄氏］度，阴雨。

三月二十三日

晨五时五十五分出门，六时五十分回来。遇衣、养［鸟人］四人、谭、李、陶、邱等，计5900步。霞六时乘车返新。写信，札资，看报。庚晚饭后和炜同来，炜饭后政来。七点后三人同去。晚看电视，新闻、《民族文艺大奖赛总赛》。八时五十分息，九时二十分寝。5—15［摄氏］度，雨、阴。

三月二十四日

晨五时五十五分出门，市龙山路口两货车相碰。六时五十分回来。遇朱、炜、赵等，计5700步。玄去电询澂，知湘未去转，谅今日不来。晚饭吃好，有的还在吃，湘到，知她今日八时三十分从南京来。看电视，新闻和竞赛，人大政协开会等。八时三十分息，九时寝。玄、湘尚在谈，我先睡，知霞、政来谈后去。

三月二十五日

晨六时出门，六时五十分回来。遇杏、衣，计 6250 步。知十届县人代三届政协代表开会，琳来。庚来，知他明日出院。蓉、湘去项琪家，下午去看项琳新房。24 日下午二时十五分蓉、我去看台湾片《风雨人家》。四时十五分到宿舍。晚湘、蓉去看电影，我和玄看电视，新闻，政协七届四次会议会员讨论等。八时三十分息，九时十分寝。明 7—12［摄氏］度，雨、阴。

三月二十六日

晨看报，去取牛乳。湘七时五十分去上海。我、玄、蓉送她上汽车。写信，理发，看报。晚看电视，新闻。八时三十分息，九时十分寝。玄、蓉去看八点场电影。明 7—14［摄氏］度，雨。今日上午十时天黑暗，雷雨二十分钟。晚电视，知晋今上午有 5.8 级地震。

三月二十七日

晨五时五十五分出门，六时四十五分回来。今从前面上鹳山，遇养［鸟人］七人、衣、谭、雷云、金梅等，计 6000 步。庚晚饭后来说今［医生］没空会诊，没做［出院］，七时回去。晚看电视，富阳县人大政协大会实况转播、《新闻联播》。八时三十分息，九时十分寝。明 4—9［摄氏］度，雨。

三月二十八日

晨五时五十五分出门，六时四十五分回来。遇杏、澂等，计 6450 步。雨，阴雨。写信，看报书。晚看电视，富阳人大大会直播、《新闻联播》。八时三十分息，九点寝。明 6—9［摄氏］度，雨。

三月二十九日

晨五时五十分出门，六时四十五分回来。遇周、养［鸟人］六、谭、邱、陶、沈等庚，计 6250 步。看书报，札资。晚看电视，富阳人大大会、《新闻联播》。八时三十分息，九时十分寝。明 5—10［摄氏］度，雨阴。

三月三十日

晨五时五十分出门，六时五十分回来。遇徐、衣等，计 6600 步。琳等庚今日出院。上午九时来，下午四时政陪他去新。看报。晚看《新闻联播》《综艺大观》。八时四十分息，九时二十分寝。明 5—10［摄氏］度，阴雨。

三月三十一日

晨五时五十五分出门，六时四十五分回来。遇养［鸟人］九人，新、陶、恩、德等，计 6000 步。看报，札资。晚看电视，《新闻联播》，人大专题。八时三十分息，九时十分寝。明 7—14［摄氏］度，多云转晴。

四月一日

星期一，旧历辛未年二月十七日，二月二十一日清明。

晨五时五十分出门，六时四十分回来。遇养［鸟人］八人，外地上山人多，遇周娟女等。晴，计 6200 步。看报，写信，札资。晚看电视，《新闻联播》。八时三十分息，九时十分寝。明晴、多云，4—15［摄氏］度。

四月二日

晨六时零五分出门，日出红大。六时五十分回来，遇养［鸟人］八人、周等。计 6050 步。看报，札资，洗衣。晚看电视，新闻。八时五十分息，九时二十分寝。明 5—15［摄氏］度，阴、多云。

四月三日

晨五时五十分出门，六时五十分回来。遇养［鸟人］八人、周、徐、吴母、袁、李等计 6650 步钟。看书报，札资。晚看电视，新闻（答记者问，分组讨论，暗得看不出是什么）。八时三十分息，九时十分寝。明 7—15［摄氏］度，阴、小雨。

四月四日

晨五时五十分出门，六时四十五分回来，遇养［鸟人］五人、邵、邱、周、谭等，计 6000 步。看书报，札资。政晚饭来，七时三十分回去。晚看电视，《新闻联播》。八时三十分息，九时十分寝。明阴雨，7—15［摄氏］度。

四月五日

晨五时五十分出门，六时五十分回来，遇耿、周、养［鸟人］六人、谭、孙七、方等，计6250步。赵。看书报，札资。晚看电视，《新闻联播》。八时五十分息，九时二十分寝。明9—16［摄氏］度。阴雨。

四月六日

晨五时五十分出门，六时四十五分回来，遇袁、沈、谢等，计6850步。看报，札资。晚看新闻。八时三十分息，九时十分寝。明10—18［摄氏］度，阴、多云。

四月七日

六时三十分下楼取牛奶，复看资料一篇。九时去看王老师，他在修天线，半小时下来，谈二十分钟，回来。政晚饭后来知她去新。今日回，略坐即去。晚看电视，新闻、越剧《五女拜寿》。八时三十分息，九时十分寝。明雾，10—22［摄氏］度。

四月八日

晨五时五十五分出门，六时五十五分回来，遇周、徐、养［鸟人］八人、邵、陶、沈、小王、柴等。雾浓，计6500步。看书、报，写信。蓉单位旅游，杭［州］北高峰。晚八时三十分回来。晚看电视，新闻、《婉君》。八时三十分息，九时十分寝。明阴、雨，10—20［摄氏］度。

四月九日

晨五时五十分出门，六时五十分回来。小雨，遇吴、邵姨等，计7050步。看书、报，札资。晚九时大雨，［轰］天雷。晚看电视，《新闻联播》。八时三十分息，九时十分寝。10—20［摄氏］度，阴，［有］雷雨。

四月十日

晨五时五十分出门，六时五十分回来，遇养［鸟人］五人、周、郎、邵等，计6050步。看书、报，九时二十分朱正、李椿芳、袁观洪来谈，十时去。晚《新闻联播》。八时三十分息，九时十分寝。

四月十一日

晨五时五十分出门，六时五十分回来。阴，遇养［鸟人］八人、谭、方等，计5850步。看书、报。下午三时三十分爵到，四点开门进。他从珠海、广州到杭，来此。晚看电视，新闻。八时三十分息，九点寝。明多云，有雷阵雨。

四月十二日

上午八时五十分车去新，玄、蓉、琪、爵、欢、笑九时四十分到站，庚处。中饭后长育来。庚等九人同去黄山岭扫墓，到山下午二时，他们上墓前扫墓，我同去。下来乘四时三十分车，恐不及。我在山边农家（做茶叶）休息。庚去叫三卡，我和爵仍步行回来。我和爵在四时三十分去看俊、杰二兄。五时四十五分回来。晚饭宿公房。我九时寝，爵、庚、霞谈至十时回去。

四月十三日

晨，爵去吃炒年糕，我吃浆儿面包。去中学看元将，谈一小时。去看朱老师，谈一小时，约元将回庚处，和爵会会。上午七时去看项金南，略谈半小时。中午去，他已回湘溪休假（星期六）。乘一时四十分车来富，二时二十分到站，二时三十分到宿舍。蓉先去代班，玄还在家。略谈，他去上班。晚看电视，新闻。琳、石勇来，八时三十分息，九时十分寝。明阴有雨，18—24［摄氏］度。

四月十四日

今日改夏令时间（星期日）。我、玄、爵拍了一张三人照。玄送爵去，爵乘七时五十分车（只有二十分［钟］时间，我同去恐误时）。下午三时小蒋电话给爵。晚看电视，新闻、小品、《法制宣传》。八时二十分息，九时寝。明14—24［摄氏］度，阴，［有］雷雨。

四月十五日

晨五时五十分出门，六时五十分回来。遇养［鸟人］六人、徐，孙七、俞等，计7750步。回来即有雷声，后雨，时断时续。看报，写信。晚看电视，《新闻联播》《朱熹和丽娘》。八时三十分息，九点寝。明11—20［摄氏］度，阴，［有］雷雨。

四月十六日

晨六时二十五分出门，七时回来。计3450步。看报，札资。晚看电视，《新闻联播》《朱熹和丽娘》。八时五十分息，九时二十分寝。阴、雷雨，13—21［摄氏］度。

四月十七日

六时十分出门，七时回来。遇养［鸟］八人、谭、衣、蓉、杏、方等，计6250步。看报，札资，看镇商业［志］。今日3月3日，笑笑断乳，琪宿此。晚看电视，新闻。八时三十分息，九时寝。明13—18［摄氏］度。阴，［有］雷雨。

四月十八日

六时出门，七时回来，遇养［鸟人］八人、谭、沈、杏等，计6550步。看书报，札资，写信。莹、琪去杭，政晚饭后来，知去无锡，未过沪。晚电视，《新闻联播》《杨乃武与小白菜》。八时三十分息，九时寝。明9—13［摄氏］度，阴，［有］雷阵雨。

四月十九日

晨六时十分出门，六时五十分回来。从走廊、轮埠回来，遇杏水等，5650步。天闷。看书、报，札资。中午庚来谈。我看报，二时三十分午睡。晚看电视，《新闻联播》《杨乃武与小白菜》。八时三十分息，九时寝。10—18［摄氏］度，多云、晴。

四月二十日

晨六时出门，六时五十分回来，遇养［鸟人］七人、谭、张、嶶垣等，计6500步。晴。看书、报，札资。晚看电视，《新闻联播》《综艺大观》《大舞台》。八时五十分息，九时二十分寝。明晴、多云，9—21［摄氏］度。

四月二十一日

晨六时零五分出门，七点回来，从北门路，遇养［鸟人］八人、谭、沈、百、小杨等，计6450步。看书、报，札资。庚午后一时三十分来，二时五十分去乘车回新。晚看电视，《新闻联播》《富阳新闻》。八时三十分息，九点寝。明晴、多云，10—20［摄氏］度。

四月二十二日

晨六点出门，六时五十分回来。遇养［鸟人］二人、谭等，计6600步。看书、报，札资。政晚饭后略坐，即和莹一起去。晚电视，《新闻联播》《杨乃武与小白菜》。八时五十分息，九时二十分寝。

四月二十三日

晨五时五十五分出门，六时五十分回来。遇养［鸟人］四人、谭、周、沈等，云儿、赵吉等。计6000步。看书、报，札资。晚看电视，《新闻联播》《杨乃武与小白菜》。八时五十分息，九时二十分寝。明16—25［摄氏］度，多云。

四月二十四日

晨五时五十五分出门，六时五十分回来，遇养［鸟人］三人、谭、衣、刘等，计6650步。看报，札资。晚看电视，《新闻联播》《围城》。八时五十分息，九时二十分寝。明多云，15—25［摄氏］度。

四月二十五日

晨五时五十五分出门，六时五十分回来。遇袁、养［鸟人］七人、谭、衣、郎、陶等，计6550步。看书、报，札资。晚看电视，《新闻联播》《杨乃武与小白菜》。八时五十分息，九时二十分寝。明多云，15—20［摄氏］度。

四月二十六日

晨五时五十分出门，六时五十分回来。计步6500步。八时四十分彦章、小珈、晋杭、蒋鹏、钱新毅到，谈看照片。十一时十分玄回，十一时二十分蓉饭后。一时二十分他们回杭，玄去上班。看报。三时午睡，四时三十分起来。下午二时琪、笑笑、琳来，未遇。九时息，九时三十分寝。晚看电视，《新闻联播》、中国杯世界女子体操赛。明雨，15—20［摄氏］度。

四月二十七日

晨六时出门，六时五十分回来。遇养［鸟人］六人，八时五十分霞来，通知参观幼儿［园］，下午一时三十分回去。晚电视，《新闻联播》《天鹅之死》《正大剧场》。八时五十分息，九时二十分寝。明14—21［摄氏］度，阴雨。

四月二十八日

晨六时出门，六时五十分回来。遇吴、袁、蓉、方、衣、沈、李等，计6450步。捷爸去西德。看报，阅《孟子》，札资。晚看电视，《新闻联播》《正大剧场》。八时五十分息，九时二十分寝。明阴、雨，

15—19［摄氏］度。

四月二十九日

晨五时五十五分出门，六时五十分回来。遇养［鸟人］六人、警兵等。计6400步。上午去理发，中午洗浴，看报。晚看电视，《新闻联播》、乒乓赛。八时五十分息，九时二十分寝。15—18［摄氏］度，阴、多云。

四月三十日

上午九时三十分我、玄、蓉三人去杭，十时五十分到杭。素春斋吃素面。十二时乘38路车去曙光新村看竹萍稿，大鹏的夫人开门、沏茶后，她去上班。我们坐至一时四十五分告别（大鹏他二时上班）。逛马路。四时去元宝街。在四时三十分元宝街分别拍了照。项敏先我们到。五时去烤鸭店宴，宴席四席。蒋鹏和钱新毅、蒋彦明与女作家［姚承秀］，叔侄同日结婚。七时三十分宴终，到门口等车至九时，立来。知车未至，我们乘8路车至元直街。彦章不在桥头，知车已到家。莹、琪、欢到，知小蒋又去接我们。到十时十五分开车，珈、杭、彦、珠小妹和我们同来富，十一时十五分到宿舍，十二时十五分寝。

五月一日

晨六时三十分起床，取报。上午玄、珈、彦、珠小妹去琪家，十二时回来。敏同来午膳，后送珈、小妹，二时三十分车回杭，他去新。我取报略看。三时午睡，四时四十五分起来。晚看电视，《新闻联播》《杨乃武与小白菜》（［第］九、十集）。九时息，九时三十分寝。明阴、多云，10—19［摄氏］度。

五月二日

晨六时十分出门，七时回来，遇福祥夫妇、养［鸟人］七人、谭、张、赵、徐、刘等，计6500步。洗衣，写信，核上月账。晚看电视，《新闻联播》《杨乃武与小白菜》（［第］十一、十二集）。八时五十五分息，九时二十分寝。明阴有雨，13—21［摄氏］度。

五月三日

晨六时出门，六时五十分回来。遇养［鸟人］、谭、袁、王科长、赵指导等，计6000步。蓉七时去绍兴游览，下午五时回来。看报，写信。晚看电视，《新闻联播》《杨乃武与小白菜》（［第］十三、十四集完）。九时息，九时三十分寝。明13—21［摄氏］度。

五月四日

晨五时五十五分出门，六时五十五分回来，遇袁、养［鸟人］六人、谭、方等，计6350步。看报，写信。晚看电视，《新闻联播》、全国第三届杂技比赛（有德、苏、法、朝鲜开幕，十二日闭幕）。十时三十分息，十一时寝。明11—17［摄氏］度，雨，大雨。

五月五日

晨六时出门，六时五十五分回来。小雨、有风。遇养［鸟人］、谭、杏、垣、沈、袁、衣等，计6500步。旅［游］大车二［个］。中午洗浴，更衣。晚看电视，六时五十分时电停，认为保险丝断，久停不亮。玄下去看，知是线路问题，知今晚不会复亮。八时洗脚，八时三十分寝。

五月六日

晨五时五十分出门，六时四十分回来。遇杏、沈、衣、袁、郎、邵等，计6100步。出门有小雨，回来停电，上午十时通。玄下午六时去杭看灯会，晚十时回来。晚看电视，《新闻联播》。九时三十分息，十时寝。明阴、雨，11—17［摄氏］度。

五月七日

晨五时五十五分出门，六时四十五分回来。遇养、谭、周、文、郎、邵等沈，计6050步。看《孟子》，［看］报、书，札资。晚看电视，《新闻联播》。八时三十分息，九时寝。明阴雨，12—18［摄氏］度。

五月八日

晨雨，五时五十分出门，六时四十五分回来。遇袁、衣、杏、云等，计6350步。看报，札资。今晚吃饺子。政来，和她略谈。晚看电视，《新闻联播》、戏剧大赛（梅花奖）。八时五十分息，九时二十分寝。12—24［摄氏］度，多云、晴。

五月九日

晨六时出门，六时五十分回来。有大雨点，不多。遇养［鸟人］八人、谭、周、袁、张、夏等，计 5950 步。看报，札资。接敦有来信，知清[情况]属实，无二话，只有"可惜"二字，他对不起他妻子。晚看电视，《新闻联播》《真假野玫瑰》。八时三十分息，九时寝。明阴转晴，14—21［摄氏］度。

五月十日

晨五时五十五分出门，六时五十分回来。遇养[鸟人]八、谭、周、治、郎、沈、孙七等，计6200 步。看报，写信。李椿芳来，携来《镇志》编纂情况汇报，要我写新安会馆情况。阴雨，明，16—25［摄氏］度。夜间新闻时播《富阳新闻》。晚看电视，《新闻联播》，《真假野玫瑰》剧终，《海瑞传奇》亦终。九时息，九时三十分寝。

五月十一日

晨六时二十分出门，六时五十分回来。去县府报信，一路雨，人少，未遇熟人，计 3650 步。雨。看报，札资。政下午五时三十分，饭后七时回去。明阴雨，16—25［摄氏］度。晚看电视，新闻、上海台、中央一台《正大综艺》。八时五十分息，九时二十分寝。

五月十二日

晨五时五十分出门，六时四十五分回来。遇养[鸟人]八人、沈、段、谢等，计6350步。小雨。上午九时去看王老师，即回。看报，札资，玄大搞厨房卫生。明阴雨，15—24[摄氏]度。晚看电视，《新闻联播》、中国杂技(第三届闭幕表演，武汉)。九时息，九时三十分寝。

五月十三日

晨五时五十分出门，六时四十五分回来。遇养[鸟人]八人、袁、李、沈、赵等计 6600 步。看报，札资。明阴，有雨，16—25[摄氏]度。晚看电视，政来稍坐即去。《新闻联播》《一代风流》。八时五十分息，九时二十分寝。

五月十四日

晨五时五十分出门，六时四十五分回来。养[鸟人]八人、李夫妇、衣、百、袁、郎、邵、沈等，计 6250 步。有竹叶青[蛇]被踏死。蓉、琪十时去杭。晚看电视，《新闻联播》。八时三十分息，九时寝。明阴，16—25［摄氏］度。

五月十五日

晨五时五十分出门，六时四十五分回来。遇养[鸟人]八人、谭、袁、王、衣、张、冯步文等，计 6350 步。看报，札资。明多云、晴，15—31［摄氏］度。晚看电视，《新闻联播》《一代风流》。八时五十分息，九时二十分寝。

五月十六日

晨五时五十分出门，六时四十五分回来，遇养[鸟人]十人、袁、治、赵、孙、七等，6650 步。闽、浙二省羽运来富赛。下午 17—21 时，晚一日二场。看报，札资。下午四时三十分叶振宇来谈一小时去(明去义乌观)。晚看电视，《新闻联播》。九时息，九时三十分寝。明晴，19—31［摄氏］度。

五月十七日

晨六时出门，六时五十分回来。遇大犬后，左脚被破玻璃所伤，再用舌舔[我]足趾。鹳前门草坪在摄录像，舞大刀，舞长枪。遇养[鸟人]，十余人围观，谭、衣、邵等，计 6350 步。看报，札资。政中午来，即去。晚看电视，《新闻联播》。八时五十分息，九时二十分寝。明阴、多云，17—31［摄氏］度。

五月十八日

晨五时五十分出门，六时四十五分回来。遇养[鸟人]八人、谭(说阿三昨日来的)、张百衣等，计 6750 步。看报、旧信，一封信寄去，退回足足二个月。晚看电视，《新闻联播》。八时五十分息，九时二十分寝。雷雨、多云，19—34［摄氏］度。

五月十九日

晨六时出门，六时五十分回来。遇养[鸟人]十人、谭、衣、沈等。晨三时雷雨二十分钟，计 6800 步。看报，旧信。因天雨，他们忙，浴没洗，改日洗。

晚看电视，《新闻联播》等。八时五十分息，九时二十分寝。明 19—31[摄氏]度，多云、雨。

五月二十日

晨六时出门，六时五十分回来。遇养[鸟人]八人、谭、袁、李、衣、沈、赵、夏等，计 6450 步。新登区副区长冯炳荣去世，年 42 岁，病治无效。翻阅旧报，找老年要三清不获。洗浴，更衣。茶杯打破。晚看电视，《新闻联播》。八时五十分息，九时二十分寝。明19—31［摄氏］度，多云、雷雨。

五月二十一日

晨五时五十五分出门，六时五十分回来。遇云秀女、养［鸟人］八人、谭、衣等，计6700步。看报，找旧报，写信，出街。晚看电视，《新闻联播》《一代风流》《春江令》。明雷雨，22—29［摄氏］度。

五月二十二日

晨三时三十分雷雨，六点出门，六时五十分回来。没上山，遇叶、荪、淳、吴等，计5050步。看报，查旧报（十时李椿芳来，新安会馆资料拿去，坐二十分钟即去）。晚看电视，《新闻联播》。九时息，九时三十分寝。明雷阵雨22—28［摄氏］度。

五月二十三日

晨在札记中查到［资料］。五时五十分出门，六时五十分回来。遇邵、养［鸟人］八人、谭、科、沈、衣、汪等，计6450步。看报，札资。晚看电视，《新闻联播》、天津文艺晚会（老名甲演唱）。八时五十分息，九时二十分寝。明雷雨，23—31［摄氏］度。

五月二十四日

晨五时五十分出门，六时四十分回来。遇何会计、香女、养［鸟人］七人、谭、袁、文、衣、云、孙七、钟等，计6600步。富［阳］宾馆开馆五周年，影剧院上披红幅。［有］晚会23—24日二晚。看报，札资。八婺［灯会］。莹说周说不用［票］。晚看电视，《新闻联播》。八时五十分息，九时二十分寝，用席。明晴，24—34［摄氏］度。

五月二十五日

晨［写］稿。五时五十分出门，六时四十分回来。遇养［鸟人］十人、谭、衣、袁、李、史等，计6150步。看报，札资，八婺灯会。晚对门结婚。明多云，雷雨，18—32［摄氏］度。晚看电视，《新闻联播》。八时五十分息，九时二十分寝。

五月二十六日

晨五时五十分出门，六时五十分回来。清风徐来，遇养［鸟人］十人、谭、袁（说凉爽）、何香、蒋母、云、衣等，门前遇钱。计6700步。理发，看报，写信。莹今日自炊云。晚我、玄、蓉去影剧院看《风流乾隆》电影，七时至八时四十五分。九时三十分寝。

五月二十七日

晨五时四十五分出门，小雨，六时四十五分回来。凉，遇谭、云衣、陶等，计8450步。八时除下。看报、旧信。晚看电视，《新闻联播》、世界四强女排赛。八时五十分息，九时二十分寝。明阴，［有］雷雨，16—23［摄氏］度。

五月二十八日

晨五时五十分出门，毛毛雨，六时五十分回来。遇养［鸟人］十人、谭、衣、邱、詹、王、龙羊、芽、龙羊周立（51年在新县委工作），计6750步。看报，札资。晚看电视，《新闻联播》。八时五十分息，九时二十分寝。明17—23［摄氏］度，阴有雨。

五月二十九日

晨五时五十分出门，六时五十分回来，遇台、养［鸟人］十人、谭、陶、邱、赵等，计6000步。看报，写信，札资。（旅游大楼启功题）。晚看电视，《新闻联播》等。八时五十分息，九时二十分寝。明阴雨，17—23［摄氏］度。

五月三十日

晨五时五十分出门，六时五十分回来。遇赵志新、云、衣、养［鸟人］十人、谭、王等，计6250步。看报，札资，写信。晚看电视，《新闻联播》《杨乃武与小白菜》。八时五十分息，九时二十分寝。明阴，21—31［摄氏］度。

五月三十一日

晨五时五十分出门，六时五十分回来。遇养［鸟人］八人、谭、王（说看过谁，很好）、张、郎、邵、夏等，计7400步。看报。写信，核月收支。广玉兰花开，惜不多。晚看电视，《新闻联播》等。明多云，20—31［摄氏］度。

六月一日

晨五时五十五分出门，六时五十分回来，遇周、养［鸟人］十人、谭、衣、沈等，计6000步。牛奶停，看书、报，旧信。晚看电视，《新闻联播》。八时五十分息，九时二十分寝。明多云，20—31［摄氏］度。

六月二日

晨五时五十分出门，六时四十五分回来。遇养、谭、周、袁、李、陶、邱、邵、沈等，计6450步。看报，旧信，札资。霞、政四时来，十分钟回新登。政来晚饭，蓉晚去杭看灯会。晚看电视，《新闻联播》。八时四十分息，九时十分寝。明阴雨，21—26［摄氏］度。

六月三日

晨雨，五时五十分出门，六时五十分回来。足疾，遇熟人少。计6350步。看报、旧信，札资。看县小窗廊。晚看电视，《新闻联播》、男女体操赛（在北京）。九时息，九时二十分寝。明阴雨，23—26［摄氏］度。

六月四日

晨五时五十五分出门，六时五十分回来。遇养［鸟人］五人、谭、袁、衣、王、文等，计6300步。上午八时庚来听报告（八时三十分中型会议室）。庚下午四时来坐了二十分钟，即回去。明阴雨，19—25［摄氏］度。晚电视，《新闻联播》。八时五十分息，九时二十分寝。

六月五日

晨写信，五时五十五分出门，六时五十分回来。未上山，看文化宫窗廊。遇邵、郎等。计4800步。看报，写信，札资，看旧信。政晚饭来，同看电视。七时三十分回去。晚看电视，《新闻联播》。八时五十分息，九时二十分寝。明阴雨，20—26［摄氏］度。

六月六日

晨雷阵雨，扶梯上下，未出门。七时早餐。欢发热。看报，旧信。莹家今下午三时失窃。晚电视，《新闻联播》。八时三十分息，九时十分寝。明20—26［摄氏］度，阴有雨。

六月七日

晨五时五十分出门，六时五十分回来。遇周、袁、百、何、香女等，计6000步。玄、蓉、莹、欢去杭给欢治病，下午四时三十分回来。看报、旧信。中午自煮面吃过后，［晚］再炒菜和吃面。政中午来看莹十分钟即去上班。晚六时三十分再来，坐二十分钟回去，她们房中亦失窃。晚看电视，《新闻联播》。八时五十分息，九时二十分寝。明阴雨，20—26［摄氏］度。

六月八日

晨五时五十五分吃面，六时五十分回来。小雨。遇王、养［鸟人］二人、谭、衣、徐、徐等。计5950步。蓉上午九时去新，下午二时回来。看报、旧信。晚看电视，新闻。八时三十分息，九时十分寝。明阴雨，20—28［摄氏］度。

六月九日

晨五时五十分出门，六时五十分回来。遇养［鸟人］二人、谭、衣、沈等，计6050步。看报、旧信。晚电视，《新闻联播》。八时四十五分息，九时十五分寝。20—32［摄氏］度，阴，［有］雷雨。

六月十日

晨五时五十分出门，六时五十分回来。遇耿、养［鸟人］十五、谭、水、衣等，计6450步。街道宣传计划生育，看报、旧信。晚看电视，《新闻联播》。八时三十分息，九点寝。

六月十一日

晨五时五十分出门。六时五十分回来。遇何、香女、袁、徐、衣、周、沈、治等，计6400步。看报、旧信。晚电视，《新闻联播》、越剧《回春情》。十一时三十分息，十一时三十分寝。

六月十二日

晨六时起床，七时早餐，未出门。上午中雨。札资。晚看电视，《新闻联播》。八时三十分息，九时寝。明雨，20—28［摄氏］度。

六月十三日

晨五时五十分出门，六时四十五分回来。遇费、谢等，未上山。计5400步。看报，杰兄，札资。晚看电视，《新闻联播》。八时五十分息，九时二十分寝。明雨，20—30［摄氏］度。

六月十四日

晨五时五十分出门，六时五十分回来，遇李、养［鸟人］八人、谭、周、衣、水、生、袁等，计6050步。雾重，看报，札资。晚看《新闻联播》。八时五十分息，九时二十分寝。明雷雨，24—30［摄氏］度。

六月十五日

晨五时五十分出门，六时五十分回来。遇养［鸟人］八人、袁、李、治、衣、夏等，计6350步。看报，写信，札资。中午政来欲谈未尽，说明日去新。晚看电视，《新闻联播》《正大剧场》《人约黄昏后》《正大综艺》。八点五十分息，九时二十分寝。

六月十六日

晨五时五十分出门，六时五十分回来。遇养［鸟人］八人、谭、周、衣、詹等，计7350步。"整理治安"有这样标语，各人管好自己的人，各人管好自己门，各人做好自己的事。看报，札资。晚看电视，《新闻联播》、世界友谊杯第二届全国交际舞竞赛。九时息，九时三十分寝。明雨，20—24［摄氏］度。

六月十七日

晨五时五十分出门，六时五十分回来。遇养［鸟人］六人、谭、周、袁、衣、等，计6500步。看报，札资，看《孟子译注》。晚看电视，《新闻联播》。江西、江苏洪水。八时三十分息，九时十分寝。明雨，20—24［摄氏］度。

六月十八日

晨五时五十分出门，六时五十分回来。遇养［鸟人］八人、谭、衣、袁等，计7150步。中雨。看报，札资。晚看电视，《新闻联播》。八时三十分息，九点寝。明大雨，22—24［摄氏］度。

六月十九日

晨雨，五时五十分出门，六时五十分回来。遇养［鸟人］六人、衣等，有的回(因雨)。计6800步。看报，札资。政来，我、玄、莹四人五时三十分去琪家吃方亦超周岁酒。八时三十分志忠叫来车子，蓉、欢、政先回，我们五人回宿舍，洗涮后九时二十分寝。电视未看。

六月二十日

晨五时五十分出门，六时五十分回来。遇养［鸟人］四人，青、衣、谭、沈，计4600步。上午八时三十分出门，去虎山取信。下楼在门口遇椿芳老师，上楼将件交他，再去取信。适贤亦有挂号信，今取来，免明日再去一趟。看报，写信。晚看电视，《新闻联播》《梁山伯与祝英台》《富阳新闻》。八时五十分息，九时三十分寝。明雨20—24［摄氏］度。

六月二十一日

晨五时五十分出门，六时五十分回来。遇物、衣、养［鸟人］七人、谭、周、李、袁、治、新等。计6500步。看报，写信。晚看电视，《新闻联播》《开天辟地》等。八时五十分息，九时二十分寝。明雨，20—26［摄氏］度。

六月二十二日

晨五时五十分出门，六时五十分回来。遇百、袁、周、新、衣、夏、周等，有雾。计6450步。看报，札资。霞下午六时五十分到，宿政处。蓉去杭看灯会。晚看电视，《新闻联播》《正大综艺》。八时五十分息，九时二十分寝。明多云，20—28［摄氏］度。

六月二十三日

晨五时五十分出门，六时五十分回来。遇养［鸟人］八人、谭、周、衣等，计6200步。看报，札资等。霞、政来此中饭。霞下午四时十分回去。晚看电视，《新闻联播》。八时四十分息，九时十分寝。

六月二十四日

晨五时五十分出门，六时五十分回来。遇杏、何、香、治、养［鸟人］七人、谭等，计6400步。看报，看《孟子》。天晴，晒毛衣。晚看电视，《新闻联播》。八时三十分息，九时寝。明多云，20—31［摄氏］度。

六月二十五日

晨写信，未出门，七时去寄信。看报、旧信，札资。下午六时五十分，我、玄、蓉、莹、欢去影剧院看《江湖八好汉》。九时三十分寝。

六月二十六日

晨五时五十分出门，遇郑、沈。未上山，从走廊至老街、电影院、市场，回来六时五十五分。6000步。看报、旧信，札资。晚看电视，《新闻联播》等。八时四十分息，九时十分寝。明阴、多云，20—30［摄氏］度。

六月二十七日

晨五时五十分出门，六时五十分回来。遇养［鸟人］八人、沈、衣、邱、沈等，6550步。看《一千零一夜》一段。看报、旧信札。晚电视，《新闻联播》。八时四十分息，九时十分寝。明多云，23—31［摄氏］度。

六月二十八日

车五时五十分出门，遇何、香、汪、衣、治、沈等，计6350步。和欢玩一小时。福建女飞车队今日装车离富。看报、旧信，札资。晚电视，《新闻联播》、民间音乐大奖赛颁奖。八时四［分］息，九时十分寝。明多云，23—35［摄氏］度。

六月二十九日

晨五时五十分出门，六时四十五分回来。未上山。南门旧县府前一间木结构小屋失火，据说五时十五分邻居见冒烟，呼救火。火警车尚停着，说有一老妪（夫理发、早已去世）有否逃出，不知，正在清场。计5300步。上午理发。晚电视，《新闻联播》。九时十分息，九时五十分寝。明29—36［摄氏］度，晴。

六月三十日

晨五时五十分出门，六时四十五分回来，遇养［鸟人］十人、衣、汪。计6500步。昨老妪回去抢箱子，烧死。今晨有数花圈摆着。看报、旧信。晚电视，《新闻联播》、庆祝建党七十周年歌咏大会。九时十五分息，九时四十五分寝。明晴，27—36［摄氏］度。

七月一日

星期一，旧农历五月十二日。晨四时三十分起床看书，五时五十五分出门，六时五十分回来，遇方、郎、邵等，没上山。计5100步。富、临安、建德三县书画展于文化馆十天，7月1日起。下午四时二十分蓉来。看电视“七一”纪念大会，四时四十五分息。其他各省小品，五时息。看报。晚看电视，《新闻联播》、“七一”联欢晚会（重演当初有名艺术家演、当时名歌、名剧角色、各处“七一”情况）。九时二十分息，莹、欢、小蒋来宿，而后，玄、蓉观富阳“七一”歌咏晚会归来。

七月二日

晨五时五十分出门，六时五十分回来，遇何香女，银行陈、养［鸟人］八人、王、衣、沈、邮李等，计7150步。看报、旧信，札资。晚电视，《新闻联播》、世界体育比赛（游泳、自行车、跑步三连比赛）。九时息，九时三十分寝。明雨，23—27［摄氏］度。

七月三日

晨五时五十分出门，六时五十分回来，遇周、何、禾、养［鸟人］八人、谭、衣、张等，计6350步。看报、旧信，札资。晚电视，《新闻联播》。八时三十分息，九时寝。明23—27［摄氏］度，雨。

七月四日

晨五时五十分出门，六时五十分回来。风凉快，未上山。去文化局门面折回。计5650步。看报、旧信。晚看电视，《新闻联播》、上海台“七一”晚会。八时五十分息，九时二十分寝。明雨，23—29［摄氏］度。

七月五日

五时五十分出门，六时二十分回来。因雨大，马路水要浸入套鞋，折回，计3750步。看报，札资。上午八时，玄、琳去杭，中午十二时回来。看报。札资。政出差苏返，沪转遇壬云。晚看电视，“七一”晚会。政八时五十分回厂。晚玄生日餐，我十时十分寝。

七月六日

晨五时五十分出门，六时五十分回来。遇养［鸟人］八人、谭、周、袁、汪、衣、赵、沈、钱等，计6450步。看报，九时去文化局看富阳、建德、临安三县政协、文化局等主办的画展，展出八十余幅字画。晚看电视,《综艺大观》《正大剧场》《新闻联播》。九时息，九时三十分寝。明中雨转大雨，23—26［摄氏］度。

七月七日

晨五时五十分出门，六时四十五分回来。未上山，在医院前，遇养［鸟人］、柔、费、淳等，5250步。看报，札资。晚看电视，《新闻联播》、“七一”晚会。八时五十分息，九时二十分寝。明雨，23—26［摄氏］度。

七月八日

晨五时五十分出门，六时五十分回来。遇何、香、养［鸟人］八人、谭、张、衣、物等，计6000步，看报，札资。晚看电视,《新闻联播》、小品。八时四十分息，九时十分寝。明23—29［摄氏］度，雨。

七月九日

晨五时五十分出门，遇中百、陈、袁、养［鸟人］二人、谭、衣物、陈、沈、垣等，计6450步。看报，看《名人录——孟子》等。晚看电视，《新闻联播》。八时五十分息，九时二十分寝。

七月十日

晨五时五十分出门，六时五十分回来。遇养［鸟人］六人、谭、沈、衣、陈、沈、孙七、柔、百等，计6600步。看报。晚电视，《新闻联播》。八时五十分息，九时二十分寝。明晴，25—35［摄氏］度。

七月十一日

晨五时五十分出门，遇银、沈、郑、张等，六时五十分回来，计7050步。看报，札资。政晚饭来，看电视后，八点四十分回厂。看《新闻联播》。八时三十分息，九点寝。明25—35［摄氏］度。

七月十二日

晨五时五十分出门，六时五十分回来。遇沈二次，袁、衣、徐、陈等，计6300步。看报。上午八时十分炜到，去检查身体，中午来此吃面。下午一时三十分去看政，二时去体检。下午四时三十分政来，知她一时三十分上班，因牙病，请假来检查，知炜未去，也可能已上班。五时政回厂。晚看电视，《新闻联播》（各处水灾）。八时三十分息，九点寝。明24—28［摄氏］度。

七月十三日

晨五时五十分出门，六时五十分回来，遇养［鸟人］六人、谭、衣、沈等，计6850步。中百大楼改装自动电梯，在门外搭棚，设摊营业。看报、书。午后洗浴，更衣。晚看《新闻联播》《正大综艺》、“为了孩子”义演晚会。九时三十分息，十时寝。明25—35［摄氏］度。

七月十四日

晨五时五十分出门，六时五十分回来。遇养［鸟人］五人、谭、周、沈、治、邵、方等，计6800步。看报，写信，札资。晚看电视，《新闻联播》（各处灾情、东北某地旱情）、《动物世界》。八时三十分息，九时寝。明26—36［摄氏］度。

七月十五日

晨五时五十五分出门，六时五十分回来。遇周、徐、袁、养［鸟人］三人、谭、衣、沈、李等，计7000步。象棋赛、卡拉OK，文化局、洞桥某厂联合办。霞下午七点到九点去政处，十二点来宿此。晚看电视，《新闻联播》（灾情）。九时三十分息，九时五十分寝。明26—36［摄氏］度。

七月十六日

晨五时五十分，霞回新。我五时五十五分出门，六时五十分回来。遇顾嫂、中百、汪、徐、养［鸟人］三人、谭、陈、袁等，计6250步。看报，写信。明26—36［摄氏］度。晚电视，《新闻联播》。八时三十分息，九点寝。

七月十七日

晨五时五十分出门，袁、养、徐、汪等，计6550步。看报书。晚看电视，《新闻联播》（灾情）。八时三十分息，九点寝。明26—36［摄氏］度。

七月十八日

晨五时五十分出门，六时五十分回来，遇汪、养［鸟人］三人、谭、周、袁、衣等，计7050步。罪犯公布在税务局前墙壁上，观众甚多，没细看。看报。晚看电视，《新闻联播》《岭南风情》。八时三十分息，九点寝。

七月十九日

晨五时五十分出门，想去看罪犯展，今日未展出。到鹳山，沿石栏，树荫很好。遇粮站某、周、义实等，计7500步。上午八时三十分仙花来谈谈，看报，看书。晚看电视，《新闻联播》（灾情、商情、体操等）。八时三十分息，九时寝，27—36［摄氏］度。

七月二十日

晨五时五十分出门，六时五十分回来，遇谭、养［鸟人］四人、周、徐、林、袁等，计8050步。玄七时二十分送仙花去车站，八时二十分回来。政来晚饭后回厂。明27—36［摄氏］度。晚看电视，《新闻联播》《正大剧场》《综艺大观》等。八时三十分息，九时十分寝。

七月二十一日

晨五时五十五分出门，六时五十分回来，遇周、徐、杏、孙七、耿等。7750步。星期日，看报书。九时玄陪我去买鞋子，十时回来。晚《新闻联播》（灾情、外交、杂技）。八时三十分息，九时十分寝。明27—36［摄氏］度。

七月二十二日

晨五时五十五分出门，六时五十分回来。遇养［鸟人］八人、周、徐、林等，计6550步。看报，看书。蓉去琳处宿。晚电视，《新闻联播》、《焦裕禄》（［第］一、二集）。八时三十分息，九时寝。明27—37［摄氏］度。

七月二十三日

晨五时五十分出门，六时五十分回来。遇养［鸟人］、林、衣、福等，计7350步。看犯罪伏法照片展。看报书，写信。明晴，27—37［摄氏］度。晚电视，《新闻联播》（水灾情况）、世界大学生运动会。八时三十分息，九点寝。

七月二十四日

晨五时五十分出门，六时五十分回来，遇李（培任友，供职银行，年78岁）、养［鸟人］八人、治、李、衣、林、孙、美等，计6600步。上午九时政协金木标、余润根、叶小松、吴后才四同志，送来绿豆、白糖、乐口福、香蕉，略坐闲谈，请他们用冷饮，送他们到楼梯口。晚六时十分，玄、蓉陪我去影剧院看《开天辟地》。八时四十分息，到宿舍九时，九时三十分寝。

七月二十五日

晨起写信，五时五十分出门，六时四十分回来。未上山，遇郎、衣、沈等，计5000步。庚上午八时三十分到，十时去看政，十一时来吃饭，下午一时回去。晚看电视，《新闻联播》（灾情）。中央电台表演慰问，华东四省一市来参加。八时三十分息，九时寝。明28—36［摄氏］度。

七月二十六日

晨五时五十分出门，六时五十分回来。遇何、香、周、李、汪、邱、邵等，计7700步。看书报。政晚饭后来，同看电视，未谈什么，将雨即去。九时雷阵雨，约半小时。晚看电视，《新闻联播》。八时三十分息，九点寝。明28—36［摄氏］度。

七月二十七日

晨五时五十分出门，六时五十分回来。遇谭、林、物、衣、汪、治等，计6900步。因昨晚雨，今晨清凉。政下午五时来，将去新，知炜高考530多分云。明25—34［摄氏］度，多云。晚看电视，《新闻联播》（灾情）。八时三十分息，九点寝。有线录像接通。

七月二十八日

晨五时五十分出门，六时五十分回来。遇养［鸟人］四人、云、詹、夏等，计7500步。未上山，沿江。看书报。政晚饭后七时来，知炜高考536分，他班级上线有4人，九时回去。我七时看《新闻联播》。八时三十分息，九时十分寝。明26—34［摄氏］度（晴、雷雨）。

七月二十九日

晨五时五十分出门，邮钟差七分，以为我表有坏，回来它七时零七分，打钟，知是它错，八点更正。八时十五分去理发。九时三十分回来，遇剧院张、谭、养［鸟人］三人、袁、云、邵、郎、衣、林等，计6250步。去买物，看报书。晚看电视，《新闻联播》（灾情捐款）、浙江台灾情募捐文艺演出。八时三十分息，九时寝。

七月三十日

晨五时五十五分出门，六时五十分回来。遇沈、谭、养[鸟人]三人、李、汪、云、钟、周等，计5900步。看报、书。炜中午饭后来，一点去看政。晚七点政、炜来，去看电影。炜十一时来此宿。晚看电视，《新闻联播》(灾情募捐)。八时三十分息，九时寝。明25—34[摄氏]度，晴。

七月三十一日

晨六时出门，六时五十分回来。未上山，有风，凉快。遇骆嫂、银、沈等，5200步。看报书。炜饭后十二时三十分去政处，后回新。晚看电视，《新闻联播》(“八一”，灾情)。八时三十分息，九时寝。明25—34[摄氏]度，阴，多云。

八月一日

星期四晨五时五十分出门，六时五十分回来，遇徐、林、汪、衣、养[鸟人]四人等，计6300步。遇过云雨，赵、韩。看报、书。中午庚从杭来，坐半小时去二轻局，后回新。晚看电视,《新闻联播》，只有浙一台。八时三十分看有线录像《茉莉花》。九时三十分息，十点十分寝。明27—37[摄氏]度，晴、有雷阵雨。

八月二日

晨五时五十分出门，六时五十分回来。遇养[鸟人]四人、谭、汪、邱、耿、云、沈、林、周等，计6350步。看报书。晚在有线看《新闻联播》(舰队潜水)。八时三十分息，九时寝。明27—35[摄氏]度，有雨。

八月三日

晨五时五十分出门，六时五十分回来。遇叶、荪、周二、小楼等，未上山，计5100步。晚六时二十分，《富阳新闻》《茉莉花》([第]十一集)。八时三十分息，九时寝。

八月四日

晨五时五十分出门，六时五十分回来。遇谭、周、云、史、沈、林、袁等，计7250步。看报、书，星期日 包饺子。晚七时雷阵雨。晚看电视，《新闻联播》。八时十五分息，八时四十五分寝。明25—34[摄氏]度，雷阵雨。

八月五日

晨五时五十分出门，晴，回来六时五十分。中雨。江水不大，遇史、夏，未上山，走廊折回。计6100步。看报，写信。明雷雨，25—34[摄氏]度。晚看电视，《新闻联播》、武打《吴一刀》。八时五十分息，九时二十分寝。

八月六日

晨五时五十分出门，六时五十分回来。遇养[鸟人]三人、谭、周、李、徐等，计6950步。看书报。听说新登某镇长车误身亡，何人未悉。晚看《新闻联播》《吴一刀》。八时三十分息，九时寝。明25—34[摄氏]度，雷雨。

八月七日

晨写信，五时五十分出门，六时五十分回来。未上山，少遇熟人，计4500步。看报，写信。玄说韩长春秘书问起我，说问问好(在新疆疗养院疗养)。晚看《新闻联播》《吴一刀》。八时三十分息，九时寝。明24—28[摄氏]度，雨。

八月八日

晨五时五十分出门，六时五十分回来，遇养[鸟人]五人、谭、周、徐、李等，计6550步。看书、报，写信。莹今日下午二时三十分去杭，赴庐山旅游。医院组织去十余人。晚电视，七至八时三十分，武术片《雪山飞狐》。八时三十分息，九时寝。

八月九日

晨五时五十分出门，六时五十分回来，遇养[鸟人]三人(据说分二处了)、沈、袁、水等，计6150步。看报。政下午四时四十分来，知她去新过，即去晚饭云。晚电视《雪山飞狐》。八时三十分息，九时寝。明23—33[摄氏]度，晴、多云。

八月十日

旧历7月初一日，晨五时五十分出门，六时五十分回来。遇养鸟人三人、谭、衣、邵等，计6550步。看书报。霞、政中午十二时四十分来，知他们将去杭。晚看电视，《新闻联播》(日本首相海部到京)、《雪山飞狐》。八时三十分息，洗浴，九时十分寝。

八月十一日

晨五时五十分出门，六时五十分回来，遇养［鸟人］四人、袁、谭等，6600步。今日星期日，澂约玄同去看韩长春，秘书说8日已返杭，约休养一月。霞九时来说昨晚7时回富，即出外。十时来，饭后12时返新。政来问妈外出，她即去，说再来。晚看《新闻联播》《雪山飞狐》。八时五十分息，九时二十分寝。

八月十二日

晨五时五十分出门，小雨，六时五十分回来，遇郎、友、徐、史、周、文等，未上山，计6200步。看《历史在这里沉思》(三卷)。晚看电视,《新闻联播》《雪山飞狐》。八时十分息，九时寝。

八月十三日

晨五时五十分出门，六时四十五分回来。未上山。遇政、何、香、福等，计5700步。看报。晚看电视,《雪山飞狐》。八时三十分息，九点寝。

八月十四日

晨五时五十分出门，六时五十分回来，遇［鸟人］四人、谭、周、衣、金梅(说女在医院生一子)、谢等，计6050步。看报。晚看电视,《新闻联播》《雪山飞狐》(［第］二十八、二十九集)。九时息，九时三十分寝。明24—34［摄氏］度。

八月十五日

晨五时五十分出门，六时五十分回来。遇养人四人，谭、李、衣、张等，计6200步。莹上午六时三十分从庐山回来。看报。听说十八日富阳举行书画义卖赈灾，杭富艺术家。晚看电视，篮球教练事(实片名不知)。八时三十分息，九时寝。

八月十六日

晨五时五十分出门，六时五十分回来，遇养6、谭、袁、王科长、沈、蒋、赵新谈韩秘书来过。计6600步。邱君说政协联谊定21日(半天)去大浦闸水稻研究所(国际投资)，大树下敬老院(办得比较好)去参观，问我去否，我说谢谢，他说这样通知不发给你了，我说可以。晚电视,《新闻联播》。看到八时三十分息，九点寝。

八月十七日

晨五时五十分出门，六时五十分回来。遇养［鸟人］二人、谭、何、招、方、衣、邵、郎等，计6450步。杭州西冷，富阳书画师18日开书画义卖展(影剧院布红)，小方七时三十分来，知他去杭，明去沪，他妹18日下午从日本回来，他去沪接。政下午来说去新登。我四时起床，蓉告知。晚电视,《新闻联播》。八时三十五分息，九时十分寝。

八月十八日

晨五时五十分出门，六时五十分回来，遇养［鸟人］二人，在筑公园后门，袁、衣、邵、邱等，计6100步。今晨义卖。晚玄叫看电视,《新闻联播》。八时三十分我息，九时寝。琪宿此，小方晚去沪。

八月十九日

晨五时五十分出门，六时五十分回来。未上山，计4200步。看书报。晚看电视,《新闻联播》《陆小凤》。八时三十分息，九时寝。

八月二十日

晨五时五十分出门，六时五十分回来。遇养［鸟人］四人、谭、口母、邵、邱、衣等，计6200步。看报，写信。下午四时知玄去电澂，知小方接妹，上午八时离沪，知林滨录取浙大。晚看电视,《新闻联播》《陆小凤》。八时三十分息，九时寝。

八月二十一日

晨五时五十分出门，六时五十分回来，遇养［鸟人］四人、谭、袁、袁、兰母、依、沈、光等，计6550步。看报、《名人名言》、词典，查旧信。政晚饭后来，知她去过新登。项炜尚未发表。琪、政富晚八时三十分来，九点回去。晚看电视,《新闻联播》《陆小凤》。八时三十分息，九点寝。

八月二十二日

晨五时五十分出门，六时五十分回来。遇养鸟人四人、谭、洪、衣、袁等，殷广洪等，6550步。玄谈永富妹遇步文。政晚饭后来，知项炜录取浙江丝绸工学院。晚看《新闻联播》即息，写信。

九时息，九时三十分寝。

八月二十三日

晨写信复信，未去鹳山。看报书。晚看电视，《新闻联播》。八时二十分玄、我去影剧院看《大决战》第一集。十二点息，十二时四十分寝。

八月二十四日

六时五十分起床，未出门，写信，去邮局。看报，写信，遇吴友三，知他大哥友平于去年去世(职高)，吴老师77岁去世云。晚看电视，《新闻联播》《陆小凤》。八时三十分息，九时寝。

八月二十五日

晨五时五十分出门，六时五十分回来。去二轻门市部看改门面，百货公司横临时营业棚拆。遇郎等，未上山，谢等，计6750步。看报书，写信。晚电视，《新闻联播》《陆小凤》。八时三十分息，九时寝。明24—34[摄氏]度，晴。

八月二十六日

晨五时五十分出门，六时五十分回来，遇养[鸟人]四人、谭、袁、李、赵、等，计7300步。看报书，写信。晚看电视，《新闻联播》《陆小凤》。八时三十分息，九点寝。

八月二十七日

晨五时五十分出门，六时五十分回来。遇养[鸟人]四人、谭、杏、物、兰母、衣等，6750步。看报书。项炜下午四时四十五分来，五时回去。晚看电视，《新闻联播》《陆小凤》。八时三十分息，九时寝。

八月二十八日

晨五时五十分出门，六时五十分回来。遇养[鸟人]七人、谭、俞、衣等，计6600步。听俞说，知陆九畴在，在开书画展。八时三十分去理发，九时去看画展。遇俞、陆、李、周、吴等，书画近百幅。友人赠送八旬寿联对等约二十幅。杰兄、朱正有信件。十时回来，遇朱秀云在楼梯边看报、书。晚看《新闻联播》《陆小凤》([第]四十集完)。九时十分息，九时四十分寝。

八月二十九日

晨五时五十分出门，六时五十分回来。遇养[鸟人]七人、谭、周、袁、李、衣等，计6250步。富剧院开审判大会。晚看电视，《新闻联播》《枭雄》。八时三十分息，洗浴，九时二十分寝。

八月三十日

晨六时出门，七时回来。遇养[鸟人]四人、谭、光、衣、郎。看昨公判布告。计6800步。玄、欢亦早出，七时三十分回来。晚看《新闻联播》，完全与昨日同，定是屏(频)道错误，后改才是，已近尾声。《枭雄》。八时三十分息，九时寝。

八月三十一日

晨五时五十分出门，六时五十分回来。遇养[鸟人]七人、周、衣、物、姨、杏等，计7520步。看报，核月结。晚电视，《新闻联播》《枭雄》《富阳新闻》(陆九时书画展、审判大会)。八时三十分息，九点寝。

九月一日

星期日。晨五时五十分出门，六时五十分回来，后门上山，仍由后门下，出邮局门前已有食品临时营业所。中百门前有工程车放着布盖着。计7250步。明24—34[摄氏]度。晚看《新闻联播》《富阳新闻》(与昨日同)、《枭雄》。八时三十分息，九点寝。

九月二日

晨五时五十分出门，六时五十分回来，遇养六[鸟人]人、谭、物、衣、柔、沈、新等，计6800步。有雾。看书、报。方亦超发热，宿此。晚《新闻联播》《大上海》《枭雄》。八时三十分息，九时寝。明24—34[摄氏]度。

九月三日

晨五时五十分出门，六时五十分回来。遇养[鸟人]四人、谭、衣、郎、邵、袁、李、新等，计7050步。看书、报，写信。晚看《新闻联播》《枭雄》。八时三十分息，洗浴，九时十分寝。明26—34[摄氏]度，晴，[有]雷阵雨。

九月四日

晨五时五十分出门，六时五十分回来。遇养[鸟人]六人、谭、袁、兰、衣等，计7200步。看书报，晚晓晓公公来看他(约在八时四十分)，九时三十分回去。晓晓已于八时十分回去。看电视，《新闻联播》。九时四十五分息。《意乱情迷》。十时十五分寝。明晴，25—35［摄氏］度。

九月五日

晨五时五十分出门，六时五十分回来。遇养［鸟人］五人、谭、袁、袁、衣、兰等，计5700步。上午看书报，札资。晚看电视，《新闻联播》《意乱情迷》。八时三十分息，九时十分寝。

九月六日

晨五时五十分出门，六时五十分回来。中雨，山上人少，计6350步余。在上鹳山脚，铁门未开。政晚饭来说厂停产三天，去新一次，说炜九日去校，欲雨，七点即去。晚看电视，《新闻联播》《意乱情迷》(台片)。八时三十分息，九时二十分寝。明23—27［摄氏］度，雨阴。

九月七日

晨五时五十分出门，六时五十分回来。天雨，遇方、杏、谭、新等，计7400步。吃富阳豆沙月饼。看书、报。庚中午十一时来，知到影剧院听时事报告。饭后十二时四十分去乘车返新。晚看电视，《新闻联播》《意乱情迷》。九时二十五分息，十时十分寝。明24—29［摄氏］度，多云。

九月八日

晨五时五十分出门，六时五十分回来。雨。到园门遇二小朋友，告我没修好，我问通吗，回说通。这两小孩不错，有礼貌。遇谭、方、衣等，计8000步。中百西二楼试营业20天，用红布横幅告顾客。看报、书，札资。晚看电视，《新闻联播》《意乱情迷》(末一集完)。八时四十分息，九时二十分寝。

九月九日

晨五时五十分出门，六时五十分回来。遇何香、百、养［鸟人］九人、谭、周、袁、兰等，计7650步。一招有杭州市工商银行储蓄外勤会议召开。看书、报，札资。玄晚去友人家晚餐。晚看电视，《新闻联播》《四大名捕》。八时三十分息，洗浴，九时十分寝。明22—31［摄氏］度，晴。

九月十日

晨五时五十分出门，六时五十分回来。遇养［鸟人］五人、谭、徐、衣等，计6450步。看书报，札资。傍晚政来谈及炜和爵。回信，六时四十五分回去。晚看电视，《新闻联播》《四大名捕》。八时三十分息，九时十分寝。明多云，23—29［摄氏］度。

九月十一日

晨五时四十五分出门，六时四十五分回来，遇养［鸟人］五人、谭、姊、杏、袁、张等，计6750步。看报，札资。政晚饭后信，“有礼”“大方”“高尚”“智慧”。晚看电视，《新闻联播》《四大名捕》。八时十五分息，九时寝。

九月十二日

晨五时四十五分出门，天寒，微雨点，天黑，洒水车未出。回家取伞，向北行至镇中后，大桥折回，少青宫门前有画展，玻［璃］廊有蒸汽水，看不清。计4550步。遇文治，在影剧院边。晚电视，《新闻联播》《四大名捕》。八时十五分息，九时十五分寝。明阴雨，20—27［摄氏］度。

九月十三日

晨五时五十分出门，六时四十五分回来。遇养［鸟人］五人、谭、傅、沈、赵、衣等，计6800步。看书、报，札资。晚看电视，《新闻联播》《四大名捕》。八时十五分息，九时寝。明22—31［摄氏］度，雨、多云。

九月十四日

晨五时四十五分出门，六时四十五分回来。遇治、养［鸟人］四人、谭、傅爱人吴、姨等，6450步。看书、报，札资。晚看电视，《新闻联播》。八时十五分息，九点寝。17—29［摄氏］度，晴。

九月十五日

五时三十分出门，六时三十分回来。遇养［鸟人］四人、谭、袁、元、李、傅、吴、郎、邵等略谈。计6500步。看书、报，札资。晚看电视，《新闻联播》《今夜相思雨》。八时十五分息，九点寝。

九月十六日

晨五时三十分出门，六时三十分回来。遇杏、郎、邵、袁等，未上山，计 5050 步。看书、报，晓晓青果核入肚，拟去杭，后来喜笑如常，未去。晚看电视，《新闻联播》。后即写信。八时二十分息，九点寝。

九月十七日

晨写信，七时去寄。行至建设银行转角，大雨止。立十五分钟，稍小，还是中雨。回到八时三十分去寄。看书、报，札资。笑笑未来，不知如何。全日有雨。晚看电视，《新闻联播》《今夜相思雨》。八时三十分息，九时十分寝。明 20—25［摄氏］度，雨。

九月十八日

晨五时五十分出门，六时五十分回来。未上山。看画廊，知武术馆前三字是“次本孝”。遇方、徐等，计 5800 步。星期三玄学习。看报，札资。笑笑来，据说尚未取出(核)。政来说自行车子被盗。晚看电视，《新闻联播》《今夜相思雨》。八时二十五分息，九时十分寝。20—28［摄氏］度，阴、多云。

九月十九日

晨五时五十分出门，看中百二轻自动电梯在建设中。六时四十分回来，计 4550 步。看书、报，札资。《富阳新闻》(新登、三溪、南新大雨受灾，屋坍稻倒，人畜有死伤)。晚看电视，《新闻联播》《今夜相思雨》。八时三十分息，九点十分寝。明 20—28［摄氏］度。

九月二十日

晨五时四十分出门，日出，六时四十分回来。遇养［鸟人］十人、谭、邱、郎、袁、烈等，计 6550 步。今日启用石勇送我的英雄金笔。看报，札资。下午一时三十分去工商联(在龙山饭店内)，听报告，中秋联欢二十余人，茶、水果招待，并各人二盒月饼。四时三十分散。金阿娥、何会计送来月饼、荔干。晚看电视，《新闻联播》《今夜相思雨》。八时三十分息，九时寝。

九月二十一日

晨五时四十分出门，六时十分回来。遇养［鸟人］十人、袁、王、金、徐、邱、邵、新等，计 6450 步。看书报。玄、蓉欢。八时三十分看林滨，去杭下午六时三十分回来。贤六时四十分到富，带来壬委带月饼。晚看电视，《新闻联播》《富阳新闻》(水灾，新登、三溪、南津、龙羊、南新)。八时三十分息，九点寝。

九月二十二日

晨五时四十五分出门，六时四十五分回来。未上山，遇徐、林，计 5000 步。玄电话，庚告贤来明日回沪。庚上午九点到富，下午二时回去。晚看电视，《新闻联播》《今夜相思雨》《富阳新闻》。八时三十分息，九点寝。

九月二十三日

晨五时四十五分出门，六时四十五分回来。徐、孙，计 5000 步。贤乘八时二十分车去沪，玄送他上车。我八点去中型会议室听报告，十一时十五分散。晚看电视，《新闻联播》。八点息，九时四十分寝。明 20—27［摄氏］度，阴。

九月二十四日

晨五时四十分出门，六时四十分回来。遇养［鸟人］八人、谭、詹、冰等，计 6800 步。看书、报，札资，写信。玄和我去影剧院。六时十分，《毛泽东和儿子》。八时十分散，九时寝。

九月二十五日

晨五时五十分出门，六时五十分回来。遇金梅，她去新参观。新中百新街，中百商场开业，新屋落成。遇养七、谭、袁、李、徐、林等。鹳山在筑池，旁有人在议论，此处筑鱼池不适宜，不如搞几只猴子，看客多，小朋友乐，能赚钱。计 5400 步。玄学习，蓉去琪、笑笑家。看书、报，写信。晚看，《新闻联播》《狙击神探》。八时三十分息，九时寝。明 17—24［摄氏］度，阴。

九月二十六日

晨五时四十五分出门，六时四十五分回来，遇养［鸟人］十人、谭、袁、徐、林、新等，计 6650 步。看书报，札资。晚看电视，《新闻联播》《狙击神探》。八时三十分息，九点寝。明阴雨，17—26［摄氏］度。

九月二十七日

晨五时四十五分出门，六时四十五分回来，

飞雨点。遇养［鸟人］八人、物、姨、黄等，罪犯布告二，杭、余杭。计5150步。看书、报，札资。晚看电视,《新闻联播》《狙击神探》。八时三十分息，九时寝。明多云，19—26［摄氏］度。

九月二十八日

晨五时四十五分出门，六时四十五分回来。中百大幅宣传标语从屋顶挂下20余幅，遇菜、百，从市心南路到鹳山脚、桂花路回来，5050步。莹、忠、欢去杭，过二周岁。晚七时二十分回。中百夜市据云人山人海，自动电梯坏。晚看电视，《新闻联播》。八时三十分息，九时寝。明19—26［摄氏］度，多云。

九月二十九日

晨五时四十五分出门，六时四十五分回来，遇邬继福、谭、养［鸟人］八人、兰、吕、洪等，计6950步。看书、报。晚看电视，《新闻联播》。八时三十分息，九时寝。明19—26［摄氏］度，阴、多云。

九月三十日

晨五时四十五分出门，六时四十五分回来，遇钱正义（初在新登县人民政府工作，后在双清城区）、养［鸟人］八人、谭、袁、袁、银行新农王科长、沈等，计6550步。寄信，核月结。林滨九时四十分到，项炜十时十分到。炜陪滨去两街走走。晚看电视，《新闻联播》。八时三十分息，九时寝。明17—24［摄氏］度，阴、多云。

十月一日

国庆四十二周年。晨五时四十五分出门，六时四十五分。旧历。遇云、袁、袁、洪、李、杏、詹、云、兰等，计6250步。去取牛奶。炜、滨八时十五分去看中百开幕。九时二十分炜回来说，他九时三十分车回新，滨尚在玩。下午二时霞来说已买就四点车，约滨去新登，明日下午炜、滨同回杭，各返原校。晚看电视，《新闻联播》《恶梦方醒》。八时二十分息，九点寝。明18—26［摄氏］度。

十月二日

晨五时四十分出门，六时四十分回来，遇养［鸟人］十人、谭、兰、林、沈周、李、袁等新。计7650步。今日欢二周岁，晚共叙（聚）餐。富中百晚放烟火。晚看电视《新闻联播》《恶梦方醒》。八时三十分息，九点寝。明阴，19—26［摄氏］度。

十月三日

晨五时四十分出门，六时四十分回来。遇梅、袁、谭、养［鸟人］十人、郎。邵、徐、林等，计7150步。看报，札资。晚看电视,《新闻联播》《富阳新闻》《恶梦方醒》。八时三十分息，九点寝。明17—24［摄氏］度，阴。

十月四日

晨五时四十分出门，六时四十分回来，遇新登人某，她叫我，我面熟，记不起是何人。养［鸟人］八人、谭、袁、李、等，计7550步。上午政七时五十分从新登来，带来粮票和药垫款。看报，札资。明18—26［摄氏］度，阴。晚看电视《新闻联播》（金日成来访、大学生健美操大奖赛）。九时息，九时四十分寝。

十月五日

晨五时四十分出门，六时四十分回来。遇杏、养［鸟人］十人、谭、孙、詹、子文、顾金京，知徐玉兰来新拍录像（故居），岘口余去世等。计7050步。看报，札资。晚看电视，《新闻联播》。八时三十分息，九点寝。明阴，17—22［摄氏］度。

十月六日

晨五时四十五分出门，六时四十五分回来。遇养［鸟人］十人、谭、徐、郎、陶、詹、顾、新等，计6600步。日出，早过云雨。看报，札资。下午二时捷、小蒋、超宇到谈谈。项捷、建国、超宇来。三时午睡，五时起来。晚看电视，《新闻联播》《富阳新闻》。七时四十五分息，谈谈，九时寝。16—24［摄氏］度。

十月七日

晨五时四十五分出门，六时五十分回来，遇周、方、徐、养［鸟人］十人、谭、郎、邵等，计6300步。听说新登中百开幕，业务不忙。国庆富阳中百营业到十二时，营业额12万。看报。晚看电视，《新闻联播》。七时四十分息，与捷、建国闲谈，九时息，九时三十分寝。明阴，多云，15—

26［摄氏］度。

十月八日

晨五时起床，六时三十分去取牛乳。赴杭返沪。捷、建、宇由玄、蓉送上车，乘八时汽车去杭。写信，看报。晚六时十分，玄、蓉、我去影剧院看《五虎闯天桥》。八时十分散，九时寝。

十月九日

晨五时五十分出门，六时五十分回来。遇云、养、谭、袁、袁、郎、邵、徐等，计7050步。看报，札资，写信。晚六时四十分吴会计、蓉、我三人去文化宫看电影。十时四十分散，九时三十分寝。

十月十日

因少寝，迟起，六时二十分去取牛奶，未去鹳山。写信，寄信，去中百走一圈即回。晚看电视，《新闻联播》《新西螺七剑》。莹、玄看电影。八时三十分息，九时寝。明16—25［摄氏］度，晴、多云。

十月十一日

五时四十五分出门，六时四十五分回来。遇养［鸟人］七人、谭、袁、袁、李、徐、林等，计6200步福。看书报，写信。晚看《新闻联播》《新西螺七剑》。八时三十分息，九时寝。明晴、多云，15—25［摄氏］度。

十月十二日

晨五时三十分出门，朝西方向至苋浦桥，回来六时三十分，没有熟人。计6350步。看报，写信，看书。晚《新闻联播》《新西螺七剑》《富阳新闻》。八时三十分息，九时寝。明阴、多云，15—25［摄氏］度。

十月十三日

晨五时四十五分出门，六时四十五分回来。遇云儿、徐、袁等，计6550步。上午去影剧院看电影（票价上午1.20元，下午1.70元，晚1.90元），八时四十分至十一时四十分。看报、书。晚看电视，《新闻联播》《新西螺七剑》《富阳新闻》。八时四十五分息，九时二十分寝。明阴、多云，16—23［摄氏］度。

十月十四日

晨周、云、徐、养［鸟人］七人、谭、衣、赵、李、陶、素绢，解放后第一次会面福等，计6800步。晨五时五十分出门，六时五十分回来。看书、报。政晚饭后来。七点回来。晚看电视，《新闻联播》《新西螺七剑》。八时五十分息，九时二十分寝。明晴、多云，15—24［摄氏］度。

十月十五日

四时三十分起床，五时三十分写信，《名人成功揭秘》有时间看一段。今日看毕，看《孙子兵法》，看报。晚看电视，《新闻联播》《新西螺七剑》。八时四十分息，九时十分寝。明阴，15—20［摄氏］度。

十月十六日

晨六时十分出门，未上山，六时四十分回来，遇银、採山堂老人等，5000步。看书、报。晚看电视，《新闻联播》《新西螺七剑》。八时四十分息，九时十五寝。14—21［摄氏］度，阴。

十月十七日

五时五十分出门，六时五十分回来，遇徐、云、徐子安谈，计5850步。看报、书。晚看电视，《新闻联播》《新西螺七剑》。八时四十分息，九时十分寝。明14—20［摄氏］度，阴。

十月十八日

晨五时五十分出门，六点五十分回来，遇周、百、周等，到县中外景处折回，未上山，计6000步。晨蓉去杭，下午回。看报书。下午三时志娟来，据玄说宜宝、立亨来，十月10日沈阳动身云。晚看电视，《新闻联播》《银剑杀手》。八时十五分息，九时十五分寝。明14—21［摄氏］度，阴。

十月十九日

晨六时出门，六时五十五分回来。县府前有一人卧在门前，谅是请愿（兄妹吵架）。遇巇垣、关锡、詹［玉英］、韩子等，计6700步。看报。晚看电视，《新闻联播》《银剑杀手》。八时三十分息，九时十分寝。明14—21［摄氏］度，晴、多云。

十月二十日

晨五时四十五分出门，六时四十五分回来。

遇叶、孙、袁百胜、陶。昨睡县府前，今睡公安局边[之人]，听说昨日送回家，[今天]仍来。鹳山上有沙孟海题字“富阳县书画院”。第一楼边有二块双烈园碑，纪念郁曼陀、郁达夫弟兄，双烈文物保护，有黎元洪、郭沫若、茅盾、于右任、马叙伦等题字，是省级重点保护处。计7000步。看书、报，札资。霞下午三时来，我午睡未遇，带来镇慰问老人节送的白糖等。晚电视《新闻联播》《银剑杀手》。八时四十五分息，九时十五分寝。明9—20[摄氏]度，阴、多云。

十月二十一日

晨五时四十五分出门，六时四十五分回来。遇云儿、阿和、何维清、养[鸟人]七人、谭、孙浩生、徐亚英、袁百胜、徐连生、赵新、冯步义、银行二、詹玉英等。计6450步。上午九时，余厚丰来说：我信爸收到，他去窄未遇，知已来镜侬姊处。少顷，志娟和她二姐小锦陪立亨、宜宝到。十时玄回，十一时蓉回，二姐十一时三十分回受降。宜宝、立亨来此午膳，当日去镜侬家，志娟陪来。饭后去龙山饭店拍照。蓉陪宜、亨去看外甥(在食用菌单位)。二点三十分午睡。看报、书。晚看电视，《新闻联播》《银剑杀手》。八时三十分息，九时十分寝。明阴，多云，14—23[摄氏]度。

十月二十二日

晨五时五十分出门，六时五十分回来。遇宗烈、何、金、谭、水、衣、周、玉、养[鸟人]六人等，计6500步。旅游大酒店开张。看报、书，札资。去寄信，遇顾、汪、玄成子、汪。晚电视，《新闻联播》《银剑杀手》。八时四十五分息，九时十五分寝。明11—20[摄氏]度，阴。

十月二十三日

晨五时四十五分出门，遇何娥、金、水、养[鸟人]六人、谭，孙、陈、徽等，计7000步。看报，札资。晚看电视，《新闻联播》《无双谱》。八时四十五分息，九时十五分寝。明12—22[摄氏]度，晴。

十月二十四日

晨五时四十五分出门，六时四十五分回来。未上山，遇养[鸟人]六人、谭、张、詹、王等。看报，札资。晚看《新闻联播》《无双谱》。八时三十分息，九点寝。明12—20[摄氏]度，阴多云。

十月二十五日

晨五时五十分出门，家明六时五十分回来，遇孙、养[鸟人]七人、孙、詹、邱、水等，计6150步。看书报，札资。晚看电视，《新闻联播》《无双谱》。八时四十五分息，九时十五分寝。明晴，15—25[摄氏]度。

十月二十六日

晨五时四十五分出门，六时四十五分回来，遇养[鸟人]七人、谭、周、袁、郎、邵等，去县中荷花池，荷茂盛，水杉行列整齐冲天，尚在建设。计7400步。看书、报，札资。晚电视，《新闻联播》《谍海迷踪》。八时四十五分息，九时十五分寝。明晴，15—27[摄氏]度。

十月二十七日

晨六时零五分出门，六时五十分回来，未上山，遇小方、老周、邱、邵等，计4700步。看报、书，札资。晚看电视，《新闻联播》《谍海迷踪》。八时五十分息，九时二十分寝。明晴，7—16[摄氏]度。

十月二十八日

晨五时五十分出门，六时五十分回来，遇养[鸟人]二人、谭、孙、俞、邱、邵等。计5700步。上午去理发，看报、书，札资。晚电视，《新闻联播》《名剑风流》。八时五十分息，九时二十分寝。8—17[摄氏]度，晴。

十月二十九日

晨五时四十五分出门，六时四十五分回来。遇养[鸟人]八人、谭、周、袁、李、詹等孙七，计6350步。看书、报，《两情相依》(台湾严沁著)。晚电视，《新闻联播》《名剑风流》。八时四十五分息，九时十五分寝。8—19[摄氏]度，晴。

十月三十日

晨六时出门，六时五十五分回来。遇袁、袁、李、水、云儿等，计6100步，有北风。看书、报。晚看电视，《新闻联播》《名剑风流》。八时三十分息，九时十分寝。8—16［摄氏］度，晴。

十月三十一日

晨六时出门，六时五十分回来。未上山，遇邱、邵、玉、孙、陈等，计4750步。看书报，《两相》看完。晚看《新闻联播》《名剑风流》。八时十五分息，八时五十五分寝。明晴，9—17［摄氏］度。

十一月一日

晨六时十分出门，六时五十分回来。未上山，到人医折回，遇福、银、衣、徐等，计4050步。商业局长李昇平于10月30日去世，时年83岁。雾重。看书报，札资。晚看电视，《新闻联播》《笑傲公门》(天下第一快捕)。八时五十分息，九时二十分寝。明晴，10—20［摄氏］度。

十一月二日

晨五时五十分出门，六时五十分回来，上山，从北门路回，遇周、孙、谭、夏、等，计6300步。看书、报，札资。晚电视，《新闻联播》《笑傲公门》。八时五十分息，九时二十分寝。明晴，10—22［摄氏］度。

十一月三日

晨五时四十五分出门，六时四十五分回来。遇养［鸟人］四人、谭、孙、邵、郎、水、七、沈等，由北门路回，计6700步。看报、书《郭沫若简史》。新登中学“五十周年校庆”，富阳大桥今日合龙。晚电视，《新闻联播》《笑傲公门》。八时三十分息，九时十分寝。明晴，10—23［摄氏］度。

十一月四日

晨五时五十分出门，六时四十五分回来。遇周、养、谭、徐、袁、郎、邵等，计5950步。看《历史在这里沉思》三集，看《人权》(一、二)。晚看电视，《新闻联播》《几度夕阳红》。八时二十分息，九时十分寝。明晴。10—23［摄氏］度。

十一月五日

晨五时四十五分出门，六时四十五分回来，遇福寿、周、养、谭、袁、李、郎、邵等，计7550步。看报，札资。晚电视，《新闻联播》、中央二台。八时三十分息，九时十分寝。明晴，12—24［摄氏］度。

十一月六日

晨五时五十分出门，六时五十分回来。从北前路去鹳山脚市心北路回来，遇孙七、建姐、陶、陈等，计6250步。看报，札资。晚看电视，《新闻联播》。晚会八时五十分息，九时三十分寝。明阴雨，14—24［摄氏］度。

十一月七日

晨五时五十分出门，小雨，六时五十分回来。山上行人少，遇亚、陈等，6150步(40天未下雨)。看书、报，《长征故事》。晚看《新闻联播》。八时三十分息，九时十分寝。明阴雨，8—18［摄氏］度。

十一月八日

晨五时四十分出门，六时四十分回来，遇周、寿、赵、俞、徐等，计7050步。天阴，将下雨状。看书、报，《长征故事》。晚看电视，《新闻联播》。八时三时十分息，九时十分寝。明晴，7—14［摄氏］度。

十一月九日

晨五时四十五分出门，六时四十五分回来。遇养［鸟人］七人、谭、周、袁、寿、周等，计6400步。雾浓。看书报。今日旧历十月初四日，七十年前是我和虆祁结婚日期。整理照片。晚看电视，《新闻联播》。八时三十分息，九时十分寝。明6—14［摄氏］度。

十一月十日

晨五时五十分出门，六时五十分回来，遇养［鸟人］七人、谭、袁、寿、周、陈、孙、詹等，计6500步。看书报，去看二轻场一转(今日新商场开业)。晚看电视，《新闻联播》《富阳新闻》。八时三十分息，九时十分寝。明晴，5—16［摄氏］度。

十一月十一日

晨五时四十分出门，六时四十分回来。遇郎仕天、孙七寿、周、袁、谭、徐等，计6200步。看报、书，中午洗澡更衣。晚看电视，《新闻联播》。八时三十分息，九时十分寝。明3—16［摄氏］度，晴。

十一月十二日

晨五时四十分出门，六时四十分回来。遇养［鸟人］五人、孙、谭、袁、李、赵文寿、周等，计6300步。看书、报，札资。下午庚四时来，四时十五分回新。晚看电视《新闻联播》。八时四十五分息，九点寝。明晴，7—16［摄氏］度。

十一月十三日

晨五时四十五分出门，六时四十五分回来，遇养［鸟人］八人、谭、孙、徐、李、寿、周等，计6350步。看报、书，札资。晚电视，《新闻联播》。八时十五分息，八时五十分寝。明晴，7—16［摄氏］度。

十一月十四日

晨五时四十分出门，六时四十五分回来。遇养、孙、徐、谭等，计6400步。看书、报，札资。晚电视，《新闻联播》。八时四十五分息，八时五十五分寝。明富4—18［摄氏］度，晴；杭8—16［摄氏］度，晴。

十一月十五日

晨六时出门，六时五十分回来。遇费嫂、养［鸟人］八人、沈、孙、谭、袁、李、郎、邵等，计5950步。看报书。八时三十分李椿芳同志来，交来新登镇志初稿，谈40分钟去。先看稿本，晚看《新闻联播》。八时四十分息，看志本，八时四十分寝。明晴，7—18［摄氏］度。

十一月十六日

晨六时出门，六时五十分回来。遇养［鸟人］八人、孙、谭、周、袁、张、邵、郎、詹等，计6250步。看书报志。政晚饭后来，七时去。晚看电视，《新闻联播》。八时十五分息，八时五十分寝。明晴，7—18［摄氏］度。

十一月十七日

晨五时五十分出门，六时五十分回来。遇养［鸟人］八人、孙、谭、孙七等，计6350步。看书、报，看资。晚电视《新闻联播》。八时十五分息，八时五十五分寝。明晴，8—19［摄氏］度。

十一月十八日

电子表停，久醒，但起床已六时。六时二十分出门，六时五十分回来。从北门路、市心路回来。计2550步。看书、报，镇志。洗浴，更衣。晚电视，《新闻联播》。八时十五分息，八时五十分寝。明晴，6—19［摄氏］度。

十一月十九日

晨五时五十分出门，六时五十分回来。走纪念碑路，遇衣、张、詹、王等，富春江乘风啤酒获省优奖。计6600步。看书、报，阅资。晚电视，《新闻联播》。八时二十分息，九时寝。明5—19［摄氏］度，晴。

十一月二十日

晨五时五十分出门，六时四十五分回来。从前门上，后门下山，遇徐、王、谭、李、孙、李等，计6350步。看书报，阅志。晚电视，《新闻联播》。九时十分息，九时五十分寝。明晴，4—16［摄氏］度。富，明晴，2—16［摄氏］度。

十一月二十一日

晨五时五十分出门，六时五十分回来。遇养［鸟人］七人、谭、孙、周、袁、袁、李、徐、林、沈、赵等，计6350步。看报，札资。上街买零物。晚电视，《新闻联播》。八时三十分息，九时十分寝。明晴，7—17［摄氏］度。

十一月二十二日

晨五时五十分出门，六时五十分回来，遇养［鸟人］七人、谭、孙、周、林、袁等，计6750步。看报，搞卫生，札志。蓉生日，大家叙(聚)餐。晚电视，《新闻联播》。八时三十分息，九时十分寝。明雨阴，8—18［摄氏］度。

十一月二十三日

晨六时十分出门，七时零五分回来。未上山，遇李、周金新等，计5250步。看报、书，阅志。霞下午四时来，带来《中学纪念册》即去。晚看电视，《新闻联播》。八时三十分息，九时十分寝。明阴，多云，7—16［摄氏］度。

十一月二十四日

晨五时五十分出门，六时五十分回来。遇周、养、孙、谭、徐等，计5300步。有风，看报，札志。傍晚听说花灯已在桂花路南街面挂上。晚看电视，《新闻联播》。八时十五分息，九点寝。7—13［摄氏］度，阴雨。

十一月二十五日

晨五时五十分出门，从市心街口去鹳山，医

院折回。鹳山饭店弄内有小花灯，约二百五六十盏，服装厂—汽车站有大灯，约三百二三十盏。在小雨中淋。计 7400 步。晚看电视，《新闻联播》。八时三十分息，九时十分寝。明阴雨，6—12［摄氏］度。

十一月二十六日

晨五时四十五分出门，六时四十五分回来。遇谭知、邵来、沈、养［鸟人］七人。徐、沈、李、邱、郎、陶等，计 7000 步。看书报，阅志。下午一时叶振宇和他的孙女来坐，谈四十分钟返新。晚看电视，《新闻联播》。九时息，十时四十分寝。明阴雨，6—14［摄氏］度。

十一月二十七日

晨五时四十五分出门，六时五十分回来。遇周、孙、徐，从龙山路回，知昨日影剧院是南京军区前线文工团歌唱家来演出（听说票价十六元）。计 7850 步。看书、报。晚看电视，《新闻联播》《富阳新闻》。八时四十五分息，九时四十五分寝。明阴雨，9—12［摄氏］度。

十一月二十八日

晨五时四十五分出门，六时四十五分回来。看彩灯，上鹳山，遇养［鸟人］七人、杏等，计 6200 步。“猪八戒吃西瓜”倒地，杭州厂家送来“九龙彩灯顶”。富阳高架金桥二旁口纸文化艺术，新登高峰商品大展销，万市兴隆，含富阳三地名（我看）很好。晚电视，《新闻联播》。八时四十分息，九时十分寝。明阴、多云，7—12［摄氏］度。

十一月二十九日

晨六时二十分出门，寄信，到人医转羊裕路从龙山路回来。遇移、赵等，计 3300 步。有雾，看书、报，阅资。旅游［大楼］二楼今天开始晨舞会，六至八点。明晴，6—14［摄氏］度。晚电视，《新闻联播》《富阳新闻》（马经理上任）。八时五十分息，九时二十分寝。

十一月三十日

晨五时四十分出门，六时五十分回来。大雾，遇养［鸟人］八人、耿、钟、洪、李、夏等。彩灯有些息光，影剧以东仍放光。计 7000 步。遇钟姐妹。看书报，阅志。晚电视，《新闻联播》《富阳新闻》。八时三十分息，九时十分寝。明阴多云，6—15［摄氏］度。

十二月一日

晨五时四十分出门，六时五十分回来，遇养［鸟人］二人，我未上山，遇孙七、谢、张，灯有些尚未收去。船码头门下有四、五人护被睡觉。计 6300 步。看重庆师院 77 级中外格言，看书、报，阅志。旅游大楼晨灯火通明，有音乐声。晚看电视，《新闻联播》《富阳新闻》。九时十分息，九时五十分寝。明晴、多云，8—16［摄氏］度。

十二月二日

晨五时四十五分出门，六时四十五分回来，遇养［鸟人］十人、孙、谭、徐、李、徐等，计 6800 步。看书、报，杭报。欢上幼儿班，玄去友人企业帮忙。晚看《新闻联播》《富阳新闻》《封神榜》。八时五十分息，九时二十分寝。明晴、多云，7—14［摄氏］度。

十二月三日

晨五时四十五分出门，六时四十五分回来。遇养［鸟人］十人、孙、谭、衣、徐等，计 6800 步。有雾，大楼灯火通明。看书、报，旧报。晚看电视，《新闻联播》《富阳新闻》《封神榜》。八时三十五分息，九时十分寝。明晴，6—16［摄氏］度。

十二月四日

晨五时四十五分出门，六时四十五分回来。遇养［鸟人］七人，孙、谭、李、赵老、郎、邵等，计 5500 步。雾浓，看书、报，阅志。政下午五时来看志，饭后去。晚看电视，《新闻联播》《富阳新闻》《封神榜》。八时四十分息，九时二十分寝。明晴，8—16［摄氏］度。

十二月五日

晨五时四十五分出门，六时四十五分回来。遇杏、二百、养、孙、谭、李、衣等，计 6650 步。雾浓，看书、报，阅志。晚看电视，《新闻联播》《富阳新闻》《封神榜》。八时三十分息，九时十分寝。明晴，6—12［摄氏］度。

十二月六日

晨六时起床，六时三十分出门。遇杏、社、袁等。七时回来，计2250步。看书、报，查资。晚电视，《新闻联播》《富阳新闻》《封神榜》。八时四十五分息，九时二十分寝。明晴，11—20[摄氏]度。

十二月七日

晨六时起床，六时三十分出门，七时回来。到影院回转，计3000步。看书、报，查资。晚看电视，《新闻联播》《富阳新闻》《封神榜》。八时三十分息，九时十分寝。明阴雨，6—12[摄氏]度。

十二月八日

晨五时四十分出门，六时五十分回来。遇周、衣、养、孙、谭、郎、邵、陶、李、孙七等，计6750步。看报、书，札资。上午九时三十分文治来，交来敦信和魔针止痛器。看旧日记。晚看电视，《新闻联播》《富阳新闻》《封神榜》。九时息，九时四十分寝。明多云阴，1—12［摄氏］度。

十二月九日

晨五时四十五分出门，六时五十分回来。遇郎、陶、邵、徐、养、孙、谭、周等，计6950步。看书报(上午休息九时—十时三十分)。下午一时三十分在一招开富阳人大常委(会成立)十周年座谈会，大约到七八十人。刘鸿主持会议，县书记、县长讲谈，三代常委(会)主任讲谈，新登陈区长讲话，三时三十分拍照。五时晚饭，我回来吃。六时看电影。在电影院分来票子二张，莹陪我去看。六时至七时四十分。回来再看《封神榜》。八时三十分息，九时十分寝。明3—12［摄氏］度。

十二月十日

晨五时四十五分出门，六时四十五分回来，有风、无雾。遇谭、孙、张老、衣等，计6000步。看书、报，旧记。傍晚洗浴，更内衣。晚看电视，《新闻联播》《富阳新闻》《封神榜》。八时三十分息，九时十分寝。明阴雨，5—12［摄氏］度。

十二月十一日

晨五时四十五分出门，行至人医，天雨折回，走北门路回来，六时三十分，计5150步。看书、报。晚看电视,《新闻联播》《富阳新闻》《封神榜》。八时四十五分息，九时三十分寝。明阴，0—8［摄氏］度。

十二月十二日

晨五时五十分出门，七点回来。遇孙、谭、养［鸟人］六人、衣、林等、郎、邵、陶，计6150步。看报，写信。晚看电视,《新闻联播》《封神榜》。八时三十分息，九时十分寝。明阴，3—9［摄氏］度。

十二月十三日

晨六时出门，七时回来。遇养、谭、孙、袁、詹、云、兰、徐、郎、邵、陶、衣等陈、孙，计6550步。找材料，看书报。晚电视，《新闻联播》《富阳新闻》《封神榜》。九时十分息，九时四十分寝。明晴，阴，1—11［摄氏］度。

十二月十四日

晨五时四十五分出门，六时四十五分回来，遇袁、袁、李、依、邵、郎、陶、詹、养7等，计6550步。鹳(山)后门有一九头蜂巢，胆形，长约12寸，直径8寸左右，色黄。看书、报，格言，写信。上午十时，庚儿来说他今天休息，问我新登去不去，我说好，今天天又好，同你同去。中午玄回家，告知他。政亦来说明日星期日，我陪你去，我说我今日(去)，你明来，乘十二时二十五分车来新。玄送我上车，人挤，车破烂不堪。一时二十五分到站。庚协助搞卫生，我三时三十分息，四时三十分去庚家。饭后敏送我回宿舍。六时三十分庚、霞谈，七时三十分回去，我点寝。

十二月十五日

晨五时三十分起床，七时吃早餐。八时去邮局寄信，托她给袁玉珍带信未遇。遇老骆，去中百与曹子坤等谈故事。去看陈经理，要我去批发部看看，映衬孙、吴等老同事。给我老年节礼物—江西茶杯八只。回来已十一点，遇政，同去进士弄。霞去买菜，未遇。十一时十五分庚到，十一时二十分霞到，吃面。和政回宿舍，略谈。十一时三十分政回，我和标去拍照。十二时回来，十二时十五分午睡。四时三十分吃晚饭。庚送我回。看杂志。八时十分寝。

十二月十六日

晨五时三十分起床，七点早餐，去补鞋。九点去看杰兄，遇崑山夫妇(杨)。十时同杰去去看俊兄，谈至十时四十五分回来。十一时十分庚来叫。中饭后去取鞋，遇红儿，知长育、梅冰去渌渚吃喜酒。遇詹素贞、洪学俭爱人严等。晚饭后庚送来看报。八时三十分寝。

十二月十七日

晨五时三十分起床，八点出门去邮局，袁同志未来，说20日来上班。九时去看元将，遇项中南。去中学遇吴国胜(新)老校长，又遇朱华廷老师，到朱处坐谈，吴来，说有一本纪念送我，说请你登主席台未来。我说我已八个月没出门，这次老三来陪，我立即来了。看天要下雪，几处来走走，立即回去。十时元将来，谈至十时四十五分告别。中饭后早，午睡三时起床，即去长育家，知长育已回去红儿家，即回渌渚。路上遇到，知宜宝已于十五日离窄回沈阳。再去朱善庆处，坐谈三十分钟，回来遇邵、吴，立即回来拿了电筒，去吃晚饭。应乃文略谈新疆，途遇治琴，硬要给我橘子。五时三十分庚送我来。略看杂志，八时寝。

十二月十八日

晨五时三十分起床，八点出门，从老街到塔山烈士陵园，去看龙虎嫂，知王炳荣已于正月初十去世，他妻子由女儿陪来，回来过端午节住一个多月。他女儿在银行工作，送到即回，停了三天云。晚庚送我回宿舍。去后陪桂惜华来，谈到八时三十分去，敏陪五峰来，八时四十五分回去，九时三十分寝。

十二月十九日

晨四时三十分起床，写信，七时十五分庚来陪我。晨七时三十分车来富，到站八时十分。庚八时三十分下楼去乘车赴杭。看报。晚看电视，《新闻联播》《封神榜》(最后一集[第]十八集)。九时息，九时四十分寝。明多云，3—11[摄氏]度。

十二月二十日

晨六时出门，六时五十分回来。遇袁、谭、孙、方、养[鸟人]八人等，计6350步。孙、陈谈新况。看报，写信。晚看电视，《新闻联播》《鳄鱼潭》(第一集)。九时息，九时三十分寝。明晴，阴，4—12[摄氏]度。

十二月二十一日

晨六时出门，七时回来。遇养[鸟人]八人、谭、孙、孙七、下、衣、赵等，6780步。八时十分，志娟谈至八时四十五分去乘车回。大树下看报，写信。钱江二桥今日通车典礼。晚看电视，《新闻联播》《鳄鱼潭》。八时五十分息，九时二十分寝。明晴，阴，6—14[摄氏]度。钱江二桥于今日上午十时建成典礼隆重举行，万里参加庆典，为大桥建成剪彩。

十二月二十二日

晨五时五十分出门，六时五十分回来，遇谭、孙、养[鸟人]八人，衣、郎、陶等，计6500步(今日冬至)。看报，写信。政六时来(从新)，庚要她带来小袋饼干四袋。晚看电视，《新闻联播》《富阳新闻》《鳄鱼潭》([第]五集)。八时三十分息，九时十分寝。明晴，阴，6—11[摄氏]度。

十二月二十三日

晨五时五十分出门，六时五十分回来。遇养、孙、谭、养[鸟人]五人、亚、周、袁、郎、邵、陶等，计6750步。看报，写信。晚电视，《新闻联播》《鳄鱼潭》。八时十五分息，九点寝。明阴雨，5—7[摄氏]度。

十二月二十四日

晨六点出门，六时五十分回来。细细雨，到二招门前折回，遇养[鸟人]四人、唐、方、周等，计5650步。看报，写信。晚电视，《新闻联播》。八时三十分息，九时寝。明阴雨，3—5[摄氏]度。

十二月二十五日

晨五时五十五分出门，六时四十五分回来。小雨，未上山，遇淳分等，计6000步。看报，《镇志》。晚看电视，《新闻联播》。八时三十分息，九时十分寝。1—4[摄氏]度，阴雨。

十二月二十六日

晨五时五十分出门，六时五十分回来，遇袁、沈、李、陶、衣，淳、徐等。计6600步。遇天尧，看报。晚看电视，《新闻联播》《富阳新闻》《鳄鱼潭》。八时十五分息，九时寝。明 –2—1[摄氏]度，雨一雪。

十二月二十七日

晨五时五十五分出门，六时五十五分回。下雪，行至影剧院折回，遇谢闲谈，遇天尧，计4500步。看报，阅资。夜下雪。晚看电视，《新闻联播》《鳄鱼潭》。八时二十五分息，九时零五分寝。明 –4—1[摄氏] 度。

十二月二十八日

晨五时五十分出门，六时四十五分回来。雪厚6寸左右，遇玉安一位妇女，通知我门未开，到山过走廊。遇袁、袁，途遇李、定、陈子等，计6500步。阅资、报。晚看电视，《新闻联播》《富阳新闻》(中百一屋服装节展)。八时二十五分息，《鳄鱼潭》。九点寝。明 –7—1 [摄氏] 度。

十二月二十九日

晨五时四十五分出门，六时四十五分回来。踏冰，路遇袁、邮、谢，计645步。寄信，遇裕、吴等。找原子笔弹簧，计6000步。看报，阅资，今日报未到。政出差去杭。下午三时回来，六时到富，来此吃晚饭，托她带新信物。明 3—5 [摄氏] 度。

十二月三十日

晨五时五十分出门，六时五十分回来。遇谢、袁，到鹳山嘴折回，计7000步。看报，阅资。中午政来，送来月历，饭后去新。明阴，–4—1 [摄氏] 度。晚电视，《新闻联播》(中央台)、《猛女复仇》。八时十分息，八时五十分寝。

十二月三十一日

晨六时出门，踏雪，到停车场折回，遇老张，计5600步。看报，旧报。晚电视《新闻联播》、广告、《猛女复仇》。八点息，八时四十分寝。–4—1[摄氏] 度。

一九九二年

一月一日

星期三，旧历辛未十一月二十七日，天阴。六点出门，七点回来。雪融，途(路上)行人甚少，遇二人，山上十人，前[山]上三人，管理一人。在房内遇李、吴、徐、杨等，计7000步。看报。莹、琪等均来。晚看电视，《新闻联播》《猛女复仇》。七时五十分息，八时二十分寝。明雨，0—7[摄氏]度。

一月二日

晨五时五十分出门，六点回来。遇袁、袁、李、徐、詹等，篮球场已披红挂灯，报载。计6000步。看报。下午五时十五分政从新到。晚五时三十分政陪我去电影院看《阿福哥的桃花运》(上影制片)。七时零五分息，政陪我回来，她回厂。我八点寝。明阴雨，1—7[摄氏]度。

一月三日

晨六点出门，七点回来。新登老妇林，人少，有小雨。计7250步。看书、报，写信。晚看电视，《新闻联播》。八时十分息，八时四十分寝。明阴雨，4—7[摄氏]度。

一月四日

晨六点出门，七点回来。遇沈、徐、詹、衣等，计6850步。看报、书。下午五时五十分林滨到，正好将开晚饭。晚七时看电视，《新闻联播》《富阳新闻》(灯光篮球场落成，四省篮球队比赛录像。大乐坞水灾重建家园情况)。七时五十分息，八时二十分寝。明雨，4—7[摄氏]度。

一月五日

今日是我88岁生日。晨六时出门，七时回来。天下中雨。今日星期日，没遇熟人。我未上山，到旅游大楼折回。计5650步。旧历是十二月初一日，提早10天。中午十二时二十分霞、炜到。政上午十时来。晚饭我、玄、蓉、霞、莹、小蒋、欢、琪、小方、晓晓、琳、小石、政、炜共13人分别拍了照。看《新闻联播》。七时五十分息，八时五十分寝。明阴雨，4—7[摄氏]度。

一月六日

晨四时三十分起床。炜五时四十分赴杭滨，八时十五分离此，由玄陪他上车。玄去上班。霞中饭后十二时三十分离此回新登。看旧《杭报》。晚看电视，《新闻联播》。九时息，九时四十分寝。明阴雨，3—8[摄氏]度。

一月七日

晨六时出门，七时零五分回来。雾大，遇杏、百，计6650步。阅讣言知县来访来信办室沃费良去世(去12月2日)。庚下午二时来，二时三十分回去。明阴雨，1—5[摄氏]度。看报，《新闻联播》。八时三十分息，九时十分寝。

一月八日

晨六时出门，半路下小雨，到人医折回，遇养在路旁。遇夏、李，计4450步。看旧《杭报》《人报》。看报，写信。政晚饭后来说星期六下午去新登，写来信。晚看电视，《新闻联播》《富阳新闻》。八时五十五分息，九时三十分寝。明1—7[摄氏]度，阴、多云。

一月九日

晨六时出门，网袋破，上楼取袋再去。未上山，回七点。雾大，遇谭、李等，计5900步。牛奶取四袋，破漏一瓶，打碎。看报，《肥猫流浪记》。

晚看电视,《新闻联播》。八时三十分息,九时十分寝。2—7[摄氏]度,晴转多云。

一月十日

晨六时出门,七时回来。遇养、孙、陶、沈等计6700步。看报,写信。晚看电视,《新闻联播》。七时四十分息,写信。九时息,九时四十分寝。明阴,2—7[摄氏]度。

一月十一日

晨六时十分出门,七点回来。到人医院折回。影剧院楼沿红布“祝贺中外合资富隆皮革公司成(立)三周年”。计4500步。看报,写信。政下午四时二十分,来说乘五时去新。晚看电视,《新闻联播》。八时十五分息,九点寝。明多云,2—10[摄氏]度。

一月十二日

晨六时十分出门,七点回来。有雾,遇陶、衣、孙,计6350步。看报,写信。庚下午四时会到。晚看电视,《新闻联播》。八时三十分息,九时十分寝。明阴雨,2—4[摄氏]度。

一月十三日

晨六时出门,有雨回,再去,七点回来。遇衣等,计5950步。天暗,未上山,有小雨。看报,写信。庚晚饭后来。八时四十分回旅馆宿。政晚饭后来一转即去,知她去新回来。晚七时看电视,《新闻联播》。八时三十分息,九时三十分寝。明晴[转]阴,2—7[摄氏]度。

一月十四日

晨六时出门,有薄冰,七时回来。遇沈、养、王、谭、衣,沿江折市心街回,计5850步。看报,写信,[阅]旧报。晚看电视,《新闻联播》(中央台)。八时三十分息,九时十分寝。明晴,4—12[摄氏]度。

一月十五日

晨五时五十分出门,六时五十分回来。遇周二、沈、养、孙等。计6400步。路水荡积冰。旧历12月11日。阅报。政下午五时来问他爸有没来。他是十二时四十五分到,一时零五分下楼回新(他妈来电话询问她)。叶振宁中午来问,是否在新登还是在富阳。我说新登。晚看电视,《新闻联播》。八时三十分息,九时十分寝。明晴,4—12[摄氏]度。

一月十六日

晨五时五十分出门,北面水荡,冰冻未化。遇移周三,遇袁、詹、孙七等。六时五十分回来,计6350步。有风,冷。札资,看报。晚看电视,《新闻联播》(中央台)。八时三十分息,九时三十分寝。明晴,1—12[摄氏]度。

一月十七日

晚六时零五分出门,六时五十分回来。未上山,遇移、沈、徐等,计5000步。道冰冻。看报,札资。晚看电视,《新闻联播》。八时五十分息,九时三十分寝。明晴,0—9[摄氏]度。

一月十八日

晨五时五十分出门,六时五十分回来,遇胥口王某、周、衣、郎等,计6400步。蓉、政协琳于八时四十分将去杭。政协四人来慰问,坐了30分钟去。十时长育来谈一小时回去。下午退休教师会。下午四时蓉回。晚看电视,《新闻联播》、中央台《正大综艺》(赵忠祥)。八时三十分息,九时十分寝。明阴,1—4[摄氏]度。

一月十九日

晨五时五十分出门,六时五十分回来。遇郎、王、袁、养、孙等。计6600步。林滨下午二时到。晚看电视,《新闻联播》《富阳新闻》。八点息,九时寝。明阴,多云,1—6[摄氏]度。

一月二十日

晨五时五十分出门,小雨转小雪。六时五十分回来,计5750步。未上山,从沿江回。看报。林滨于今日下午四时四十五分离此去杭回校,赶夜自修,已买就24日下午四时火车回武汉。晚停电,七时十五分才来,正拟预备睡了。看《新闻联播》《富阳新闻》,美片《东方快车》《罗曼史》。我八时十分息,九时寝。明1—5[摄氏]度,阴。

一月二十一日

晨五时五十分出门,有雾,六时五十分回来。遇袁、徐等,计6350步。看报,整理。晚看《新闻联播》(中央台)。八时二十分息,九时寝。明晴,

1—10［摄氏］度。

一月二十二日

晨六时出门，七时回来。雾大，霜白。遇郎、袁、王等，计6500步。看报，札翊沅资料。政晚饭后来，知已去过新登。她母在鞋厂管仓库，业务不错。电视《新闻联播》(中央台)、《韩信》(第三集)。玄、蓉整理房间。八时四十分息，九时二十分寝。明晴、多云，1—12［摄氏］度。

一月二十三日

晨五时五十分出门，遇淳、袁、林等，六时五十分回来，计6700步。鹳山第一楼边独脚石桌被练武者打碎。看报，札翊沅资料。玄、蓉整理房间。晚看电视，《新闻联播》《韩信》(第六集)。八时二十五分息，九点寝。明晴、多云，3—12［摄氏］度。

一月二十四日

晨六时十分出门，到一招门前，折回六时四十五分。等牛奶卸，七点到楼上。玄说地震(我估计大约在六时三十分左右)，计4700步。看报，札翊沅资料。玄整理房间。晚看电视，《新闻联播》《韩信》(第七集)。八时五十分息，九时三十分寝。明阴多云，2—11［摄氏］度。

一月二十五日

晨五时五十五分出门。六时五十五分回来。遇有礼貌女人，我对她说谢谢。养［鸟人］四人、孙、衣、李、沈等，计6800步。沪车有狗叫，去杭方向。看报。上午九时三十分工商联谢国瑞、许同志来慰问，坐三十分钟去。札翊沅资料，看报。玄整理房间。晚看电视，《新闻联播》《正大剧场》。八时三十分息，九时十分寝。明晴转多云，1—11［摄氏］度。

一月二十六日

晨六时出门，七时回来。去明月，上山雾浓，遇袁、养［鸟人］五人、谭、衣、李、郎、邵等，计6900步。金融楼前有五六十人等车，大约是团旅或比赛。看报。明晴，3—11［摄氏］度。项炜下午一时到，二时四十五分去乘三时十五分车回新。玄购来电视机。晚看电视，《新闻联播》。八时五十分息，九时三十分寝。

一月二十七日

晨五时五十分出门，六时四十五分回来。今天雾特浓，洒水车不出来，行人车辆极少。我旅游楼折回，计5350步。牛奶到在八时后。下午一时二十分项炜来，二时五十分去乘三时十五分车去新。午睡三时十五分至五点。我寝后政来，拿来饼干。晚看电视，《新闻联播》。七时四十五分息，八时二十分寝。明晨，3—12［摄氏］度。

一月二十八日

晨五时五十五分出门，月当头，七点回来。牛奶未来，未上山。遇徐，计5400步。看报，札翊沅资料。政饭后来调电视机。晚八时五十分回去，我催她。看电视，《新闻联播》，新机看。八时息，九时寝。明晴，4—18［摄氏］度。

一月二十九日

晨五时五十五分出门，月当头，六时五十分回来。取牛奶，回遇长育，同上楼，托他带礼给镜侬。途遇袁、养、孙、衣等，计6700步。看报，札翊沅资料。政来此吃晚饭，即去上日文班，带来信。晚看电视，《新闻联播》。八点息，八时四十分寝。明雨，4—9［摄氏］度。长育下午一时回坐40分钟，即去新登。

一月三十日

晨六时十分出门，中雨。七点回来到车场折回。遇淳，计5400步。看书、报，札翊沅资料。天阴暗，开灯。庚来购优惠年货。十时到，下午十二时四十分由小蒋陪去。政十一时来，一时去。看报，札翊沅资料。晚看电视，《新闻联播》《富阳新闻》(春江照相馆装修开业)、《富贵逼人》。八时息，八时五十分寝。明雨，4—7［摄氏］度。

一月三十一日

晨五时五十五分出门，小雨，六时四十五分回来。遇淳。影院门前无人，练车场折回。七时三十分雨兼雪，天寒。计5350步。看报，札翊沅资料。政中午来。晚看电视，《新闻联播》《富阳新闻》《富贵再逼人》。八点息，八时四十分寝。明雨晴，3—7［摄氏］度。

二月一日（旧十二月二十八日）

五时五十分出门，冰冻天青（晴）。上午遇谭、孙、养［鸟人］五人、袁、袁，从走廊回来。计6500步。看报。政中午来，一时回厂。三时三十分来，四时十分去乘四时三十分车回信新。札翊沅资料。晚看电视，《新闻联播》。八时十分息，看报（五点到临睡前下楼去取），九时十分寝。

二月二日

晨五时五十五分出门，六时五十五分回来，遇袁、王、沈、詹等，计6500步。塑龙停在鹳（山）池边。看报，整理寻件。晚看电视，《新闻联播》。八时二十分息，九时寝。明雨，3—5［摄氏］度。

二月三日

五时五十五分出门，六时四十五分回来，中雨。小吃点心店只有1/3开业。到场回，没遇熟人。计5450步。看报，找寻。晚年夜饭我、玄、容、莹、小蒋建新、琳、小石。晚七时看《新闻联播》，八时看《春节晚会》至十二时三十分。我十时十五分息，十时四十五分寝。共八人。明阴，多云，4—6［摄氏］度。

二月四日

新春春节，旧历一月初一日。六时二十五分出门，七时二十五分回来。鹳山前后均不开，从车场折回，遇袁、徐，谭。计6050步。（今日二十一时四十九分立春）。看报，札翊沅资料。玉娟送物，琪送物来。晚看电视，《新闻联播》等。八时十分息，九时寝。明阴雨，0—5［摄氏］度。

二月五日

晨六时出门，七时回来。今日小吃店全休息。遇袁、夏，练人极少，计7050步。看报，札翊沅资料。上午九时和玄去玉娟家，谈至十时二十分回来。晚看电视，《新闻联播》。八时五十分息，九时二十分寝。明1—5［摄氏］度，阴多云。

二月六日

晨六时出门，停车场折回，六时五十分回来。遇袁、詹，计5600步。看报，札资。晚看电视，《新闻联播》。八时二十分息，九时寝。多云，1—5［摄氏］度。

二月七日

晨六时出门，七时回来。遇陶、詹、谭、孙、养［鸟人］六人，计6600步。看报，中午十二时三十分李大鹏和他的小女儿同来，带来他爸爸［李秉成］的［生平］事迹和上海铁道学院院史的简介。谈至二时三十分，玄陪从桂花路至车站，乘三时面包车返杭，送来水果、蛋糕等。晚看电视，《新闻联播》。琪今日不顺心，中饭不吃，下午五时回去。八时三十分息，莹调不好电视，九时寝。明小雨，阴0—5［摄氏］度。

二月八日

晨五时五十五分出门，六时五十分回来。遇袁去县中。折回，计6500步。九时上街，陆家村龙灯百货公司接上二楼，十时回来。札李资。晚看电视，《新闻联播》。七时五十分息，九时寝。明1—5［摄氏］度，阴，小雨。

二月九日

晨四时三十分起床，写。九时去王看邻居，说不应走去，上班和玄同去，他去小方家。晚饭六时三十分。看彩电，《新闻联播》《动物世界》。八时三十分息，九时寝。明小雨、阴，0—5［摄氏］度。

二月十日

晨五时五十分出门，六时五十分回来，遇詹、王、袁、史等，计6600步。看报。寻有奖贺卡，今日找到。看报知18日中奖号码在报上发表。晚饭后六时我和玄去老师王家，座谈至七点回来。看电视，七时十五分起到八时三十分，《新闻联播》。九时十分寝。明阴雨，1—5［摄氏］度。

二月十一日

晨五时五十五分出门，六时五十分会回来。遇袁、养，孙等，计6300步。看报。玄今日上班，不久回来说请同事吃饭。玄、蓉忙开了。十一时政来。炜下午一时到。晚电视。七时前英语，六时五十五分毕。我八时三十分寝。气温不知。

二月十二日

遇养、孙、袁、王、孙、七等，计6750步。遇刘、炜。八时四十五分给政送衣被去。九时去理发。中午洗浴。午睡起床，蓉说炜已回新登。上午下午上图狮子来跳这里，炮竹迎接，送红包。晚看电视，《新闻联播》。八时三十分息。政来，我洗脚。九时寝。政回厂。明晴，2—12［摄氏］度。

二月十三日

晨五时五十分出门，六时五十五分回来。遇袁、养［鸟人］六人、孙、孙七等，6850步。看报，写信。晚看电视，《新闻联播》。八时十分息，九时寝。明晴阴，2—11［摄氏］度。

二月十四日

晨六点出门，七点回来。遇谭、孙、养［鸟人］六人、孙七等，计6400步。上午九时去看望陈七美、孙玉远。十时三十分去看周京新房屋在修理，难我遇他儿子声宏，由他陪至二楼。他爸下来，坐谈三十分钟，回来看报。晚看电视，《新闻联播》。八时二十分息，九时寝。明阴有小雨。

二月十五日

晨六时出门，七时回来。遇养［鸟人］六人、孙、袁、徐、王、耿、邵等，计7000步。看报。上午九时去看赵新韩，十时三十分回来。去新华书店，十一时十五分回来。晚看《新闻联播》。八时二十分息，九时寝。明晴，2—11［摄氏］度。

二月十六日

晨六时出门，七时回来。遇袁、邵、孙、养［鸟人］五人等，计6200步。看报，写信。晚饭后玉娟来问汪洁，六时五十分回去。看电视，《新闻联播》。八时二十分息，九时寝。明晴［转］多云，2—11［摄氏］度。

二月十七日

晨六时出门，七时回来。遇袁、养［鸟人］四人、孙、詹、孙七、王等，计6950步。看报，给七美剪报，关于散步有益她病的。中午政交来给我阅《蔡志忠漫画》23册。据说明日元宵去新登过元宵节，看灯彩。晚看《新闻联播》。八时十分息，九时寝。明4—11［摄氏］度。

二月十八日

今日旧元宵节六点出门，七点回来。遇袁、李、孙、养［鸟人］四人、徐连生、谈周京新、孙七、王、詹、洪等，计6600步。看报，札资。今日不时有爆竹声。玄九时三十分去杭。十时三十分记起今日中国第三届文化艺术节在云南昆明开幕，打开电视看到十一时三十分告结束（已是第三个节目）。晚看电视，《新闻联播》。八时十分息，九点寝。明4—11［摄氏］度，阴有雨。

二月十九日

晨六时出门，七时回来。有中雨，没遇熟人。蓉在鹳山脚遇到，计6000步，看报，札翊沅资料。晚看电视，《新闻联播》。八时二十分息，九时寝。明多云［转］小雨，4—11［摄氏］度。

二月二十日

六点二十分出门，七时回来。去环山路，至无线电厂折回。计4150步。看报，写信。上午八时三十分仙花来。日来吃荠菜春卷、细沙汤圆、荠菜馄饨。晚看电视，《新闻联播》。八时三十分息，九时十分寝。明晴，0—11［摄氏］度。

二月二十一日

晨五时五十分出门，六时五十分回来。遇袁、詹、徐等，计6500步。看报，札翊沅资料。写信，找报导。晚看《新闻联播》。八时十分息，九点寝。明晴，2—11［摄氏］度。

二月二十二日

晨六点出门，七点回来。遇詹、王、孙、养六、寿、周、邵、郎等，计6500步。仙花乘九时轮船回去，玄陪他到轮埠。看报，札翊沅资料。晚六时五十分志娟来谈，说要鹩鹩通信（她妈）。我婉言暂缓，因她有病，情绪不好。谈至八时三十分，我上厕所，她才云去。洗面、脚，九时十分寝。明晴，3—15［摄氏］度。

二月二十三日

晨六时十分出门，七点回来。遇谭、养［鸟人］六人、沈、袁、王、邵、郎、孙七、寿、周等，计6500步。看报，札翊沅资料。政晚饭后来看电视，八时十五分回去。晚看《新闻联播》《新元宵灯会》。八时三十分息，九时十分寝。明晴，3—14［摄氏］度。

二月二十四日

晨五时五十分出门，六时五十分回来。遇袁、袁、徐、王、詹、养［鸟人］六人、孙，计6500步。

昨晚风，树叶落，似有薄霜。晨寒，看书、报。厚丰来，知育梅已去过章村。晚看电视,《新闻联播》。八时二十分息，九时寝。明晴，1—15［摄氏］度。

二月二十五日

晨五时五十分出门，七点回来。遇袁、袁、王、寿、周、养[鸟人]五人、孙等，计6500步。看书、报，写信，札资。晚看电视,《新闻联播》。八时十分息，九时寝。明晴转多云，7—18［摄氏］度。

二月二十六日

晨六点出门，七点回来。遇养[鸟人]九人、袁、孙七、詹，计6550步。看书、报，札资。晚看电视,《新闻联播》。八时三十分息，九时十分寝。明晴［转］多云，9—19［摄氏］度。

二月二十七日

晨六点出门，七点回来。遇汪、李、袁、孙、养[鸟人］六人、谭、周、寿等。计6350步。早报告最高22［摄氏］度。看报，札资。晚看电视,《新闻联播》。八时十分息，九时寝。明晴，15—22［摄氏］度。

二月二十八日

晨五时五十分出门，六时五十分回来。遇养［鸟人］六人、孙、谭、王、袁、李、王、郎、邵、詹、寿、周、赵文光。计6400步。看报，札资。晚看电视,《新闻联播》。八时三十分息，九时十分寝。明晴，多云，15—23［摄氏］度。

二月二十九日

晨五时五十分出门，六时五十分回来。遇盛略谈。王、邵、郎、孙七、寿、周等，计6600步。看报，札资。庚下午四时三十分到，从杭回。晚看电视,《新闻联播》。八时二十分息，九时寝。明阴有雨，14—22［摄氏］度。

三月一日

晨五时五十分出门，六时五十分回来。遇养［鸟人］、袁、王、郎、邵、陶、寿、周、张薇垣、赵文光等，计6500步。天阴欲雨。看报，札资。庚上午十时离此，回新。玄去莹处打针。晚看电视,《新闻联播》。八时三十分息，九时十分寝。明阴，阵雨，4—8［摄氏］度。

三月二日

晨五时五十分出门，有雨，六时五十分回来。与袁、张、王、谭、等，计6650步。看报，札资。蓉给我抄本9本。下午三时三十分李椿芳、丁智慧夫妇来谈至四时十五分回去，说去接外孙女。晚看电视,《新闻联播》。八时二十分息，九点寝。明雨，3—7［摄氏］度，浙4—8［摄氏］度。

三月三日

晨五时五十分出门，中雨，六时五十分回来。遇王一，熟人大都在走廊，计6850步。看报，札资。晚看电视,《新闻联播》。八时三十分息，九时十分寝。明6—11［摄氏］度，雨。

三月四日

晨五时五十分出门，六时五十分回来。中雨，两袖湿。遇徐连生，熟人今日在走廊亦极少，计6650步。看报，札资。晚看电视,《新闻联播》等。八时三十分息，九时十分寝。明雨，5—9［摄氏］度。

三月五日

车五时五十分出门，六时五十分回来。雨有风。山上人少，走廊约三十人。遇徐连生，说周京新出来过。及6800步。看报，札资。晚看电视,《新闻联播》。八时二十分息，九点寝。明晴，1—9［摄氏］度。

三月六日

晨五时五十五分出门，六时五十分回来。遇李，到富中折回，市心街回。计6500步。看报，札资。写信，寄信。遇范福方等。晚看电视,《新闻联播》。八时三十分息，九时十分寝。明多云，1—9［摄氏］度。

三月七日

晨五时五十分出门，六时五十分回来。遇周、袁、李，沈正清(鹳山脚去冬因滑跤，去杭脑科开了二刀，在杭住院十一天)。计6450步。看报，札资。晚看电视,《新闻联播》。八时三十分息，九时十分寝。明阴［转］多云，3—11［摄氏］度。

三月八日

晨五时五十分出门，六时五十分回来。遇养五、孙、谭、袁、王、沈、寿、周姊等，及6550步。看报。玄七时三十分离此去沪出差。政去新回富，下午五时三十分来。晚看电视，《新闻联播》。电视剧《牵情》。八时三十分息，九时十分寝。明阴［转］多云，6—14［摄氏］度。

三月九日

晨五时五十分出门，六时五十分回来。遇袁、汪、邵、詹、谭、孙等，计6250步。看报。八时四十五分蓉、莹去杭，八时五十五分琪去赶赴，晚六时三十分回。看报，札资。中午吃面。晚饭小蒋来烧。晚看电视，《新闻联播》《牵情》。八时三十分息，九时十分寝。明晴［转］多云，6—15［摄氏］度。

三月十日

晨五时五十分出门，六时五十分回。遇袁、养、谭、王、徐、余等，计6200步。看报，走廊和董公祠连接处竖立一座仿石牌坊，名“大学士”三字，有联正反面共八付(副)。看报，札资。晚看电视，《新闻联播》《牵情》。八时十分息，九点寝。明晴［转］多云，5—18［摄氏］度。

三月十一日

昨夜少睡，晨六时出门，七时回来。遇小蒋、莹、罗医生。计6000步。上午再睡，看报。玄中午十二时到，知沪上一些情况。晚看电视老机，《新闻联播》。八时三十分息，《牵情》。九点十分寝。明5—14［摄氏］度，阴［转］多云。

三月十二日

晨六点出门，七点回来。未上山，遇姊等，计5500步。理发，去拍照，看报、书。晚看电视，《新闻联播》《牵情》。八时三十分息，九时十分寝，明多云，12—18［摄氏］度。

三月十三日

晨六点出门，六时五十五分回来，遇杏远。未上山，计6050步。看报，札资。晚电视，《新闻联播》《牵情》。八时三十分息，九时十分寝。明阴、阵雨，12—21［摄氏］度。

三月十四日

晨五时五十分出门，六时五十分回来。与袁、王、寿、周，关心鞋带散，塘边养［鸟人］五人，计6550步。看报，札资。政晚饭后来说明日去杭春游，八时五十分去。晚看电视，《新闻联播》。八时看《牵情》。八时三十分息，九时十分寝。明雷阵雨，12—18［摄氏］度。

三月十五日

晨六时出门，七时回来。养［鸟人］四人、孙、谭、王等，计7400步。看报，札资。晚看电视，《新闻联播》《牵情》(十一集)。八时三十分息，九时十分寝。明大雨［转］中雨，14—18［摄氏］度。

三月十六日

晨五时五十分出门，六时五十分到家。中雨，遇王、徐妇等，未上山。计5850步。蓉七时去义乌。看报，札资。晚看电视，《新闻联播》《牵情》(［第］十二集)。八时三十分息，九时十分寝。明雨，3—6［摄氏］度。

三月十七日

晨微雨即止。六时出门，七点回来。未上山，姊、百等。计5100步。蓉下午七时回来。看报，札资。晚看电视，《新闻联播》《牵情》(［第］二十七集)。八时三十分息，九时十分寝。明雨2—5［摄氏］度。

三月十八日

晨五时五十分出门，六时五十分回来。遇沈、科、赵、治等，计6900步。治说要子女简历，找资料，写信。晚看电视，《新闻联播》。八时息，写信。九时四十分寝。明雨，3—6［摄氏］度。

三月十九日

晨五时五十分出门，六时五十分回来。中雨，有风，遇沈、徐，人少，走廊有二十人左右。计6550步。看报，札资，写信。下午四时三十分立成和林滨到翌中，委他带来肉松。晚看电视，《新闻联播》。八时三十分息，九时十分寝。明雨，4—7［摄氏］度。

三月二十日

晨六点出门，六时五十分回来。中雨，遇姊、吴等，计5800步。未上山。立成、滨七时四十分由玄送他们上车。看报，札资。晚看电视，《新闻联播》。八时三十分息，九时十分寝。明阴［转］多云，5—11［摄氏］度。

三月二十一日

晨六时出门，六时五十分回来，遇昌姊，一路未遇熟人。计6050步。看报，札资。下午二时去工商局四楼会议室，政协联谊会一届三次会议，会员大会四时散。晚看电视，《新闻联播》。八时三十分息，九时十分寝。明雨4—7［摄氏］度。

三月二十二日

晨五时五十分出门，六时四十分回来。遇杏、淳、姊等，计5500步，未上山。看报，札资。晚看电视，《新闻联播》。八时二十分息，九时十分寝。明阴，下雨，4—8［摄氏］度。

三月二十三日

晨五时五十分出门，六时五十分回来。上山遇养［鸟人］四人、谭、孙、李、袁、徐、科等，计6300步。看报，札资，上老街。晚看电视，《新闻联播》。八点息，八时三十分息，九时十分寝。明雨4—7［摄氏］度。

三月二十四日

晨五时五十分出门，小大雨，六时五十分回来。上山路上到处水，有一寸。遇王、徐、袁等，汪家老大略谈，多年未见。计6150步。看报，札录。晚看《新闻联播》。我八时三十分息，九时二十分寝。

三月二十五日

晨五时五十分出门，六时五十分回来。中雨，遇谭、徐、夏、范等，计6450步。看报，札资。晚看电视，《新闻联播》。八时四十分息，九时二十分寝，明阴转雨，4—7［摄氏］度。

三月二十六日

晨五时五十五分出门，六时五十分回来，小雨，遇谭、王、徐、赵等。深圳歌舞团来，价7—8元。计6800步。看报，札资。晚看电视，《新闻联播》。八时十分息，九时十分寝。明小雨［转］多云，5—9［摄氏］度。

三月二十七日

晨五时五十分出门，六时五十分回来。遇袁、定、王、郎、史新、范等，计6400步。看报，札资。晚看电视，《新闻联播》。八时二十分息，写信。九时四十分寝。明雨，5—7［摄氏］度。中午洗浴，更衣。

三月二十八日

写信。晨六时二十分出门，人医回，遇姊等，计4500步。雨。看报，札资。中午政来即去。霞晚七时十五分从新来，七时三十分去政处未回。晚电视，《新闻联播》。八时二十分息，九时十分寝。明雨，5—12［摄氏］度。

三月二十九日

星期日。五时五十分出门，六时五十分回来。上山人少，小雨。遇沈、王、亚新等，计6800步。江水［水］位略降，仍黄。看报，札资。上午九时政来寄提包，说陪妈去杭玩。下午四时三十分政来说妈不来了，她送妈上车。晚电视，《新闻联播》。八时四十分息，九时二十分寝。明多云，9—18［摄氏］度。

三月三十日

晨五时五十分出门，六时五十分回来。遇袁、李、养［鸟人］五人、谭、孙、王、邱、孙等，计6300步。看报，札资。晚看电视，《新闻联播》。八时三十分息，九时十分寝。明雨，6—8［摄氏］度。

三月三十一日

晨六点去人医门前即回。看报，札资。城乡建房管会讣告徐文波去世，文用激光印影机印出，我是第一次看到这种讣告。下午二时三十分庚从杭来，交简历，来谈二十分钟即去新。晚看电视，《新闻联播》。八时三十分息，九时十分寝。明雨［转］多云，8—12［摄氏］度。

四月一日

星期三，旧历2月29日。晨六时出门，六时三十分回来。到影剧院折回，计3550步。蓉、琪、晓七时四十分车去宜兴。看报，札资。天阴，核账。晚看电视，《新闻联播》。八时三十分息，九时十分寝。明小雨，8—16［摄氏］度。

四月二日

晨五时五十分出门，雾重，六时五十分回来。遇养[鸟人]五人、沈、孙、谭、李、厦、俞、孙七等，计6100步。看报，札资。晚电视，《新闻联播》。八时四十分息，九时三十分寝。明阴雨，12—18[摄氏]度。

四月三日

晨五时五十分出门，六时五十分回来。遇养[鸟人]四人、孙、谭、李、孙七等，计6200步。看报，札资。炜上午五时到，去姐处，晚来宿。晚看电视，《新闻联播》。八时四十分息，九时三十分寝。明雨[转]多云，10—18[摄氏]度。

四月四日

晨五时五十分出门，六时五十分回来。遇养[鸟人]四人、孙、谭、李、徐、孙七、王、詹，计6300步。四日、五日晚上有篮球赛。看报，札资。炜下午四时十分和政一起去新。晚电视，《新闻联播》等。八时四十分息，九时三十分寝。明多云，10—22[摄氏]度。

四月五日

晨五时五十分出门，到钟楼六时正，东方日出在二层的屋顶上。遇养、孙、沈、谭、徐、郎、邵、孙七等，计5850步。赵看报，札资。蓉、琪、晓下午七时十五分到。晚看电视，《新闻联播》。八时三十五分息，九时十五分寝。明阴有雨，14—21[摄氏]度。

四月六日

昨晚今晨小雨。五时五十分出门，六时五十分回来。遇杏、养在前门，老太、姊等，计6650步。中百门上有纳税红布标语十条。看报，札资。晚电视，《新闻联播》。八时三十五分息，九时十分寝。明阴雨，11—20[摄氏]度。

四月七日

晨五时五十分出门，六时五十分回来。停车场折回，遇琳、新，计5050步。看报，札资。玄下午六时去江苏。晚看电视，《新闻联播》。八时三十分息，九时十分寝。明雨，12—18[摄氏]度。

四月八日

晨五时五十分出门，六时五十分回来。影剧有气球“人民城乡人民建，人民城乡人民管”等样。遇周、寿等，计5000步，车场折回。看报，札资。篮球赛5—11日。计5000步。看报，札资。晚看电视，《新闻联播》。八时三十分息，九时三十分寝。明雨，11—18[摄氏]度。

四月九日

晨寄信，取牛奶，未去散步。看报，札资。晚看电视，《新闻联播》。八时三十分息，九时十分寝。明雨，12—18[摄氏]度。

四月十日

晨五时五十分出门，上山，遇养、谭、袁、王、徐、方、杏等，计6250步。今日看到第二次钟楼，前日在屋顶。看报，札资。日本皇宫园中一株多年大樱花花多色艳。晚看电视，《新闻联播》、越剧《竺水娟》。八时三十分息，九时十分寝。明阴，9—19[摄氏]度。

四月十一日

晨雨。五时五十分出门，良月，六时五十分回来。遇谭、王、徐等，6050步。叶振宁中午十二时三十分来坐15分钟即去。日本美浓市上牧小学版画与富阳镇一小联展。晚电视，《新闻联播》《综艺大会》。八时三十分息，九时十分寝。明晴，8—18[摄氏]度。

四月十二日

晨五时五十分出门，六时五十分回来。邮局挂出四条标语，大约将要落成。遇养[鸟人]、谭、孙、袁、袁、徐、王爱人和小蒋、田、詹、王等，6650步。看报。玄上午九时到。郎准备去新，同行。玄、蓉、莹、小蒋、欢欢、琪、晓、琳、勇于十时四十五分车车去，十二时十五分回到宿舍。我因脚病难[走]、眼痛，未去。晚电视，《新闻联播》《猎鲨行动》。八时十分息，我、玄谈脚，贴鸡睛膏，九时三十分寝。明晴，11—23[摄氏]度。

四月十三日

写信。未去散步，取牛乳即回。看报，札资。晚电视，《新闻联播》《猎鲨行动》。八时三十分息，九时十分寝。明晴，10—21［摄氏］度。

四月十四日

晨五时五十分出门，六时五十分回来。养［鸟人］、谭、孙、沈、袁、袁、陈等，计6700步。看报，札资。晚电视，《新闻联播》《猎鲨行动》(［第］十七集)。我八时息，九时寝。明晴，12—24［摄氏］度。

四月十五日

晨五时五十分出门，六时四十五分回来。遇养［鸟人］七人、谭、孙等，李、寿、周、陈，谈盛关林［19］85年车祸死情况。计6200步。对面自来水厂六块预制板在前日下午一时失窃云。看报，札资。长育下午一时来，二时三十分回去。晚电视，《新闻联播》《猎鲨行动》。八时三十分息，九时十分寝。明8—17［摄氏］度，晴。玄九时三十分回来。

四月十六日

晨五时四十五分出门，六时四十五分回来。遇福、养［鸟人］、谭、孙、袁、京、新(节后遇到第一次)，计6350步。去饭店看玄，遇谢、袁女。玄上午八时去黄山。晚电视，《新闻联播》。八时息，九时寝。明晴［转］多云，10—22［摄氏］度。

四月十七日

晨五时五十分出门，遇京、新在邮局处，同去富阳宾馆折回，遇小方等小蒋。计6800步。看报，札资。午后洗浴，更衣。晚看电视，《新闻联播》。八时三十分息，九时十分寝。明多云、雷阵雨，18—23［摄氏］度。

四月十八日

夜微雨，晨雨。五时五十分出门，六时五十分回来。遇韩、郎、李、养、兑等，计7200步。看报，札资。晚看电视，《新闻联播》。八时息，看报，九时三十分寝。玄晚六时黄山回。政七时二十分来，八时三十分回去。明多云［转］晴，12—25［摄氏］度。

四月十九日

晨五时五十分出门，六时五十分回来。遇养、谭、孙、林等，詹、王、李、袁等，计6750步。看报，札资。晚七时十分敏来，七时二十分政和女同事来。七时四十分政、女同事、敏去。敏对玄说宿旅馆。晚看《新闻联播》。八点息，九时寝。明晴、多云，12—25［摄氏］度。

四月二十日

晨五时四十五分出门，六时四十五分回来。遇周、孙、七、沈、柔、连、徐、王、袁等，计6750步。看报，札资。走路要小心，宁可让人，不要争先，切记切记。晚看电视，《新闻联播》。电视。八时三十分息，九时十分寝。明晴、雷雨，17—26［摄氏］度。

四月二十一日

晨五时四十分出门，六时四十分回来。遇养［鸟人］、谭、孙(知朱阿三来过)袁、杏、王、孙七、柔、寿(知周去杭检查，知陈、吴有病在杭)、赵。计7000步。看报，札资。晚看电视，《新闻联播》。八时三十分息，九时十分寝。明晴［转］多云。11—22［摄氏］度。

四月二十二日

五时四十分出门，六时四十分回来。遇杏、养、谭、孙、李、郎、邵、谢、沈、周、林等，计6850步。全省邮电篮球赛在富阳举行，篮赛(21日—28日)。看报，札资。晚看电视，《新闻联播》，浙假商品满大街。八时三十分息，九时十分寝。晴多云，12—24［摄氏］度。

四月二十三日

晨五时四十分出门，六时四十分回来。遇杏、李、王、徐、寿、詹等，计6750步。看报札资。晚看电视，《新闻联播》。八时三十分息，九时十分寝。明多云［转］雨，15—20［摄氏］度。

四月二十四日

晨五时五十分出门，六时五十分回来。遇养［鸟人］、谭、孙、徐、袁、王等，旅游大楼一层设商店。计6450步。吴元娜在市东弄二轻处遇到。看报，札资。晚看电视，《新闻联播》。八时三十分息，九时十分寝。明雨［转］多云，12—25［摄氏］度。

四月二十五日

晨五时四十分出门，六时四十分回来。遇新缝纫、养[鸟人]、谭、孙等，陶、郎、谢、詹等，计6050步。家家乐房屋奖14万元标出(是建行的)。看报，札资。晚看《新闻联播》。八时三十分息，九时十分寝。明阴雨，12—19[摄氏]度。

四月二十六日

晨五时四十分出门，六时四十分回来。遇养[鸟人]七人、谭、孙、王、汪、沈等，6450步。看报，札资。下午三时五十分叶振宇来，四时十分去，明去萧山参观。晚看电视，《新闻联播》、足球赛。八时三十分息，九时十分寝。明12—24[摄氏]度。

四月二十七日

晨五时四十分出门，六时四十分回来。遇养[鸟人]、谭、孙、李、王、汪、袁等，计6350步。标游艇[绕]一周50元。看报，札资。政中午来说后天去黄山。晚电视，《新闻联播》、辽宁李宁杯男女体操赛。九时息，九时四十分寝。明多云，11—26[摄氏]度。

四月二十八日

晨五时四十分出门，六时四十分回来。遇谭、孙、养[鸟人]七人、张、孙子、王、林、谢、郎等。外客旅游人多，计6600步(去黄山、萧山航民村，游人多)。霞上午十一时，下午三时去新云。政晚七时来，八时去。晚电视，《新闻联播》。八时三十分息，九时十分寝。明阴，雷雨，17—26[摄氏]度。

四月二十九日

晨小雨。五时四十五分出门，六时四十五分回来。遇养[鸟人]、谭、孙、李、王、詹、袁等，计7300步。看报，札资。政今日去黄山。人医对面姑苏商店挂牌。晚电视，《新闻联播》。滑稽，冰箱在车上[做]广告。八时三十分息，九时十分寝。明雨，多云，15—25[摄氏]度。

四月三十日

晨五时四十分出门，邮[政大楼]钟停，六时四十分回来。遇致李、徐、亚、李、桂、陶、养、谭、孙、袁、李、郎等，计6150步。看报，札资。晚电视，《新闻联播》。八时三十分息，九时十分寝。明晴，15—25[摄氏]度。

五月一日

晨五时四十分出门，六时四十分回来。遇养、谭、孙、徐、王、袁、邱、邵等，计6400步。看报，札资。[林]滨上午十一时到。晚看电视，《新闻联播》。八时三十分息，九时十分寝。明雷雨，15—25[摄氏]度。

五月二日

晨五时四十分出门，小雨，六时四十分回来。遇谭、王、徐、赵。计6150步。篮球场“五·四”青年节、有纪念70周年文艺晚会。看报。[林]滨四时十五分离富去杭回校。今日上午休息2小时。晚看电视，《新闻联播》。八时三十分息，九时十分寝。明多云[转]雨12—24[摄氏]度。

五月三日

晨五时四十分出门，六时四十分回来。遇养[鸟人]七人、孙、谭、陶、双李、杏、周、王、徐等，计6350步。看报，札资。下午六点俊三女来，她说她爸知我清明节没去新登，特来看看我。承他们关怀，谢谢，她坐二十分钟回去。晚看电视，《新闻联播》。八时三十分息，九时十分寝。明雨[转]阴，17—25[摄氏]度。

五月四日

晨六时十五分出门，七时回来。到人医回转，经龙山路，计3550步。小雨。札资。晚六时政来，知黄山回。从新来富，带来黄山地图、茶叶。晚电视，《新闻联播》。八时三十分息，九时十分寝。明阴有雨，19—26[摄氏]度。

五月五日

晨五时四十分出门，六时四十分回来。遇淳、周、养、谭、孙、徐、郎、邵等。计6400步。看报，札资。晚看电视，《新闻联播》。八时三十分息，九时十分寝。明阴雨，17—25[摄氏]度。

五月六日

晨五时四十分出门，六时四十分回。县委门内有青年节事迹牌约十幅。遇养、谭、孙、徐、王等。计6350步。夏衣理出来。晚看电视，《新闻联播》。八时三十分息，九时十分寝。明雷阵雨，

17—26［摄氏］度。

五月七日

晨去寄信，六点出门，有小雨，不去，六时三十分回来，计3000步。居民会在拆造。看报，札资。晚看电视，《新闻联播》。八时三十分息，九时十分寝。明阴雨，18—26［摄氏］度。

五月八日

晨微雨，有风。五时四十分出门，六时四十分回来。遇养、孙、徐、王、陶、姊等，计6500步。看书、报，札资。政下午五时五十分来，知她厂一位科长因车祸死亡，明日火葬，开追悼会。六点回厂。晚看电视，《新闻联播》。八时三十分息，九时十分寝。明阴雨，17—26［摄氏］度。

五月九日

晨五时四十分出门，六时四十分回来。中雨。遇王、徐、沈，走廊人多。计6100步。看报，札资。晚看电视，《新闻联播》。八时三十分息，九时十分寝。明阴多云，14—21［摄氏］度。

五月十日

晨五时四十分出门，六时四十分回来。遇周、养、孙、谭、徐、林、袁等，计7100步。寒。看报，札资。玄去宜兴。晚看电视，《新闻联播》。八时三十分息，九时十分寝。明多云［转］阴，11—23［摄氏］度。

五月十一日

晨五时四十分出门，六时四十分回来。遇周、白、韩、陈、养、谭、孙、李等，计6050步。看报，札资。蓉去杭。中饭莹来做。蓉下午三时三十分回来。玄下午五点从宜兴回。洗浴更衣。晚看电视，《新闻联播》。八时二十五分息，九时十分寝。明阴雨，13—21［摄氏］度。

五月十二日

晨五时四十分出门，六时四十分回来。遇柔、周、养、谭、孙、刘、陈等，计5950步。看报，札资。晚看电视，《新闻联播》。八时三十分息，九时十五分寝。明阴雨，17—24［摄氏］度。

五月十三日

晨五时四十五分出门，六时四十五分回来。遇养、谭、孙、汪、徐等，计6700步。影剧前有喷泉舞会广告（每票5元），有“朱莹妈有病，速回”广告。政接信，晚饭后来，略坐，即去上夜校学日语。晚《新闻联播》。八时二十五分息，九时二十分寝。明阴雨，17—26［摄氏］度。

五月十四日

晨五时四十五分出门，再上楼取伞，六时五十分回来。雨途中大雨二次，回来衣裤半湿。蓉要玄送伞，适出门，蓉已回。我遇养［鸟人］四人、郎、洪、韩、徐等，计7550步。札养心修身语，看报，札资。晚看电视，《新闻联播》。八时三十分息，九时二十分寝。明阴雨，14—21［摄氏］度。

五月十五日

昨夜雨。晨五时四十分出门，六时四十分回。遇顾、养［鸟人］、谭、孙、杏等，计6550步。玄七时四十分车去江苏。看报，札资。晚看电视，《新闻联播》。八时三十分息，九时十分寝。明阴雨。14—22［摄氏］度。

五月十六日

晨五时四十分出门，六时四十分回来。去富中走走。有新植许多塔柏和雪松。看学生画廊。操场已新建（铺煤沙）跑道。计5400步。看报，札资。玄下午五时到家。晚看电视，《新闻联播》。八时三十分息，九时十分寝。明中大雨，14—18［摄氏］度。

五月十七日

晨五时四十分出门，小雨，六时四十分回来。山上人少，淳、吴，熟人不多。今日星期日有雨。计5900步。看报，札资。晚看电视，《新闻联播》。八时三十分息，九时十分寝。明阴多云，14—21［摄氏］度。

五月十八日

晨五时四十分出门，六时四十分回来。遇周、夏、袁、袁、周妻、吴等，计6000步。富镇小、镇中、新镇中有“毛泽东延安文艺讲话纪念书画摄影展”，在镇小画廊。看报，札资。晚看电视，《新闻联播》《上海风云》。八时五十分息，九时四十分寝。明阴雨，16—25［摄氏］度。

五月十九日

晨五时四十分出门，六时四十分回来。小雨。遇养、谭、孙、袁、袁、张、詹、查、吴等，计6050步。看报，札资。晚看电视，《新闻联播》《上海风云》。八时四十分息，九时二十分寝。明阴［转］多云，15—25［摄氏］度。

五月二十日

晨五时四十五分出门，六时四十五分回来，遇孙、七、邬［在邮电大楼］、钟、养、谭、孙、徐、夏、袁、詹等，计5500步。看报，札资。庭前广玉兰开。晚看电视，《新闻联播》《上海风云》。八时三十分息，九点寝。明晴［转］多云，15—25［摄氏］度。

五月二十一日

晨五时三十分出门，六时四十分回来，遇养、谭、徐、治、兰、詹、新、吴等，计5850步。小菜市场6月1日迁拆。看报，札资。晚看电视，《新闻联播》。八时三十分息，九时十分寝。明晴［转］多云，15—25［摄氏］度。

五月二十二日

晨五时三十分出门，看少年宫画廊，环山路无线电厂折回，去邮局从城北路回。遇县、远等，计5350步。看报，札资。玄上午八时去绍兴，下午六时十分到家。看报，札资。洗浴。晚看电视，《新闻联播》。九时五十分息，十时二十分寝。明晴［转］多云，21—31［摄氏］度。

五月二十三日

晨五时三十分出门，六时三十分回来。遇周、袁、王、养、谭、孙、徐、詹、王等计6300步。有人说迷宫太小如30人游，要碰鼻子。上午八时三十分，去青年宫参观苍（温州）与富阳书画会联合书画展，各有三十余幅，分二室陈列。苍室无人值班，富室2人在谈笑。巧遇周玉安同志，她带一约三四岁小孩，略谈，她即回去。晚看电视，《新闻联播》《综艺大观》。八时三十分息，九时十分寝。明晴［转］多云，21—30［摄氏］度。

五月二十四日

晨五时五十五分出门，六时五十分回来，遇剧院老章、新银行陈、章、养、谭、孙、徐等，计6350步。看报，札资。晚电视，《新闻联播》。八时三十分息，九时十分寝。明晴，17—30［摄氏］度。

五月二十五日

晨五时三十分出门，六时三十分回来。遇养、孙、谭、詹、史、韩、梅、吴等，计6500步。农行建房头奖15万（高建行1万）。上午去老街，八—九时回来。九时三十分彦章和聪聪到来。蓉十时回来，打电话不通。十一时莹来再去打通。玄十一时三十分回来，彦章已下午二时三十分离此回杭。晚看电视，《新闻联播》。九时五十分息，十时四十分寝。明晴，17—31［摄氏］度。广玉兰第二批开。

五月二十六日

晨五时三十分出门，六时三十分回来。遇养、谭、孙、周、袁、李、韩姊，寿。周去杭医回。工人文化宫前，吴光裕书展三十余幅（新中老师）。计6950步。看报，札资。晚看电视，《新闻联播》。八时三十分息，九时十分寝。明晴。

五月二十七日

晨五时三十分出门，六时三十分回来。遇养、谭、孙、徐、袁、袁、郎、邵、詹、沈等，计6050步。有雾。看报，札资。晚看电视，《新闻联播》。八时三十分息，九时十分寝。

五月二十八日

晨五时三十分出门，六时三十分回来，遇吴、李、养、谭、孙云兰、王、孙、七、徐等，计5700步。看报，札资。晚看电视，《新闻联播》、日本片。八时三十分息，九时十分寝。明阴有雨，17—29［摄氏］度。

五月二十九日

晨五时三十分出门，六时十分回来。去环山路到无线电厂，过桥回来。计4200步。未遇熟人，看报，札资。晚电视，《新闻联播》、日本剧。八时二十分息，九时十分寝。明阴［转］多云，20—30［摄氏］度。

五月三十一日

晨五时三十分出门，六点回来。环山路东段，计3700步。遇镇中老师。鹳山脚八卦宫，称“江南第一”，“六一”试开业，票1.5元。看报，札资。晚看电视，《新闻联播》、外国片、羽球赛。八时二十分息，九时十分寝。明多云[转]阴，20—31[摄氏]度。

六月一日

旧五月初一日，星期一。五时二十分出门，六时二十分回来，遇养、谭、孙、李、袁、李、袁杏芬等，计6850步。听说迷宫门票1.5元。县府前兴建的是综合办公楼，今建筑[公示]牌亮出楼层数。玄晨六时三十分去宜兴云。看报，札资。晚看电视，《新闻联播》。八时三十分息，九时十分寝。明晴[转]多云，19—30[摄氏]度。

六月二日

晨五时三十分出门，六时十分回来。人[民]医[院]折回，遇徐、周。江苏白天鹅歌舞团在影剧[院门口]广告。计4350步。搞扶梯卫生。上午九时庚来体检，九时三十分回医院。玄下午三时三十分回来。看报，札资。晚庚来。看电视，《新闻联播》。八时息，庚八时十五分回院，九时寝。明晴，19—31[摄氏]度。

六月三日

晨写信，七时出门，七时三十分回来。计2000步。蓉去瑶琳，下午二时回来。庚下午二时三十分回新。看报，札资。晚看电视，《新闻联播》。八点息，九时三十分寝。明晴有雨，21—31[摄氏]度。

六月四日

晨六点出门，人医折回。六时三十分到家，计2500步。晚看电视，《新闻联播》。八时十分息，九点寝。明18—30[摄氏]度。

六月五日

晨室内活动，未出门。八时三十分去寄信，九点回来。计2000步。看报，札资，写信。晚电视，《新闻联播》。八时二十分息，九点寝。明23—33[摄氏]度，晴、雷雨。

六月六日

晨五时三十分出门，六时三十分回来。遇周、养、谭、孙、徐、袁、詹、郎、邵等。计7000步。二招[建]喷泉。县府南门总办公楼五层。看报，札资。建德建市在《人民日报》有半版广告。晚电视，《新闻联播》。八时二十分息，九时十分寝。明晴、雷雨，20—30[摄氏]度。

六月七日

晨五时三十分出门，去环山路亚林所折回，计4150步。遇费嫂。一不熟人招呼“你走走”。镇中处一粪池有缺，臭气五十米。看报，札资。去老街一小时。晚看电视，《新闻联播》。八时三十分息，九时十分寝。明晴[转]多云。19—28[摄氏]度。

六月八日

晨五时三十分出门，六时三十分回来。遇银行陈、史、养、谭、沈、孙、分、沈、李等。计6370步。影剧有《白毛女》8—11日电影海报(门前)。晚看电视，《新闻联播》。八时二十分息，九时十分寝。明晴，21—31[摄氏]度。

六月九日

晨五时三十分出门，遇姨、亮、百、周、寿等，至旅[游大]楼[返]回，计4800步。看报，札资。晚电视，《新闻联播》。八时二十五分息，九时十分寝。明晴[转]多云，20—33[摄氏]度。

六月十日

晨五时十五分出门，六时二十分回来。遇方、姨、养、谭、孙、王、袁。从正门出，沿江、市心街回。计6300步。上午理发。晚看电视，《新闻联播》、杭语话剧。八时二十分息，九时十分寝。明晴，多云，22—34[摄氏]度。

六月十一日

晨五时十五分出门，六时十五分回来。遇詹、方、姨、养、谭、孙、王、陆家徐深浦、郑，他们认识我。计5650步。看报，札资。政下午五时来，八时四十五分回去。晚看电视，《新闻联播》。八时三十分息，九时十分寝。明20—30[摄氏]度，多云[转]晴。

六月十二日

晨五时二十分出门，六时二十分回来。遇孙、七、养、谭、孙、徐、林等，计6300步。看报，札资。去寄信，到车场折回。慎言。晚看《新闻联播》《魔剑》。八时二十分息，九时寝。明晴[转]多云，22—34[摄氏]度。

六月十三日

晨四时三十分起床，六时二十分出门，到影剧院折回。遇李、洋白人，计3200步。

六月十四日

晨五时十五分起床。项龙和徐晔到来，同吃饭后，六时十五分同去鹳山—老街—电影院、二轻、中百折回，到家九时十五分。玄和欢在[鹳山顶]纪念堂相遇，我们再去郁达夫、郁华纪念馆，旅游大楼等处。十一时林滨到来。十二时三十分庚、霞、敏(由政去电话)到来。滨下午四时十五分去杭州。庚、霞、敏四时三十分去新登。政晚八时四十五分回厂。下雨。我和龙简言后，我九时三十分寝(同看电视,《新闻联播》)。明23—28[摄氏]度，阴有雷雨。

六月十五日

晨四时三十分起，龙、晔五时三十分小车去杭，乘八时三十分火车去上海。看报，札资。晚看电视,《新闻联播》。八时二十分息，九时十分寝。明阴有雨，23—28[摄氏]度。

六月十六日

晨四时三十分起床，写信。六时三十分去寄信，六时五十分回来。天雨，2000步。看报，札资。晚看电视,《新闻联播》《魔剑》。八时二十分息，九时十分寝。明阴有雨，24—28[摄氏]度。

六月十七日

晨五时三十分出门，六时三十分回来。小雨。遇养、谭、孙、郎、邵、汪、沈等。省文艺演出安排会议在富召开(影剧上有红布宣传)。计6750步。看报，札资。晚电视,《新闻联播》《魔剑》。八时三十分息，九时十分寝。明晴，18—24[摄氏]度。

六月十八日

晨五时三十分出门，六点回来。去环山路[小垅]桥折回，计2950步。看报，写信，札资。晚电视,《新闻联播》。八时二十分息，九时十分寝。明晴[转]多云，17—24[摄氏]度。

六月十九日

晨五时三十分出门，六月三十分回来。遇周、养、谭、孙、徐、林、袁、袁、张等，陈云等，计6050步。看报，札资。莹、欢、琪、笑、永富去杭。笑生日。晚看电视,《新闻联播》。明多云[转]阴，16—24[摄氏]度。

六月二十日

晨写信，去寄，遇俞师母、新区徐。看报，札资。一郇在广州来电，琪转，知晓星期三去报到。晚看电视,《新闻联播》。八时三十分息，九时十分寝。明晴有雨，20—25[摄氏]度。

六月二十一日

晨五时三十分出门，六时四十分回来。遇钟、周、养、谭、孙、徐、詹、嶶、垣等，计7050步。司法处前有犯罪法办布告。看报，札资。晚看电视,《新闻联播》。八时二十分息，九时十分寝。明雨，20—25[摄氏]度。

六月二十二日

晨五时四十分出门，中雨，忽大雨，到影剧院折回。计3750步。看报，札资。晚看电视,《新闻联播》。八时二十分息，九时十分寝。明雨，20—25[摄氏]度。

六月二十三日

晨五时三十分出门，六时三十分回来。遇养、谭、孙、徐等，袁、袁、周、詹、王、孙七等，计6350步，看报，札资。晚看电视,《新闻联播》。八时三十分息，九时十分寝。明阴雨，20—24[摄氏]度。

六月二十四日

晨五时二十分出门，六时二十分回来。遇王、邱、谢、袁、袁、养、谭、孙、沈、方本四。计6650步。看报，札资。长育上午六时四十五分到，谈至八时四十五分去校开会。晚看电视,《新闻联播》。八时二十五分息，九时十分寝。明阴雨，20—25[摄氏]度。

六月二十五日

晨五时二十分出门，六时三十分回来。中雨，遇养、孙、徐、王，走廊人多。“红太阳”北方歌团在影剧[院前]广告。遇徽垣，谈二个月不运动，脚硬，现在走走又好啦。计7550步。江水黄。晚六时三十分与玄去影剧看电影《鬼楼》，琳送来票，六时三十分至八时十分。晚九时十分寝。

六月二十六日

晨五时三十分出门，中雨，风大。寄信，到人医回转。遇福、祥等。计4350步。看报，札资。晚看电视，《新闻联播》。八时三十分息，九时十分寝。明雨，18—23［摄氏］度。

六月二十七日

五时三十分出门，六时三十分回来。遇周、张、周、养、孙、徐、沈等。计6150步(毛毛雨，到家门)。下午二时三十分，知政她去新，委件托她带去。晚看电视，《新闻联播》《正大综艺》。八时二十分息，九时十分寝。明阴雨，19—23［摄氏］度。听到邮局大钟报九点。

六月二十八日

晨五时十五分出门，六点回来。听打钟六点。遇周、邵，县招回转。计4300步。看报，札资。晚《新闻联播》。八时三十分息，九时二十分寝。明阴雨，20—28［摄氏］度。

六月二十九日

晨五时五十五分出门，六时三十分回来。遇小方二次，邵、谢、陈、朱岫云等，车场折回。计4350步。看报，札资。下午四时四十五分去王老师家等，五时十分师母归，件交她转，即回。晚看电视，《新闻联播》。八时三十分息，九时十分寝。明20—28［摄氏］度，阴有雨。

六月三十日

晨五时三十分出，六时四十分回来。遇福、方、谢去县中折回，郎、邵、连等，计6500步。下午浴。午睡后去老街。晚看电视，《新闻联播》。八时三十分息，九时十分寝。明阴雨，20—24［摄氏］度。

七月一日

星期三，旧历六月初二日。五时三十分出门，六时三十分回来。小雨。遇养在桂花路。今日起鹳山门票(涨)，要一元一张。计6600步。月结，找资料，看报。晚看电视，《新闻联播》。八时三十分息，九时二十分寝。明阴有雨，20—24［摄氏］度。

七月二日

晨五时三十分出门，六时三十分回来。小雨，遇芳、袁、王等，计6400步。看报，札资。晚看电视，《新闻联播》。八时三十分息，九时二十分寝。政来，知存单错。明雨，20—24［摄氏］度。

七月三日

晨五时三十分出门，六时三十分回来。遇养、谭、孙、王、朱女、方家等，计5950步。小雨。看报，札资。晚看电视，《新闻联播》。八时三十分息，九时二十分寝。明雨，20—25［摄氏］度。

七月四日

晨大雨，未出门。看报，札资。莹、琪去杭接一郇于下午七时到富。晚看电视，《新闻联播》。八时三十分息，九时二十分寝。21—24［摄氏］度。

七月五日

晨五时四十五分出门，六时四十五分回来。遇周、袁、养、谭、孙、徐等，计6550步。看报，札资。和一郇略谈晤鹣情况。敏下午六时来说晚饭已吃，来给政搬宿舍，即要回新。政六时十五分来，同吃晚饭。玄生日。政八时五十分回去。晚看电视，《新闻联播》。八时三十分息，九时二十分寝。明雨，20—24［摄氏］度。

七月六日

晨五时三十分出门，六时三十分回来。江水大，色黄，有油桶等随水流来。县[府]前踏步(台阶)，有人说昨日只剩一档，今日[剩]三档。遇谭、王等，熟人不多，练功也有。在长廊亦只有过小雨天的一半。计6450步。兰溪桐庐大水。晚看电视，《新闻联播》《灰网》。八时三十分息，九时十分寝。明有雨，21—27［摄氏］度。

七月七日

晨未出门。一郇、蓉八时三十分离此去新，下午四时三十分回来。看报，札资。晚看电视，《新闻联播》《灰网》。八时二十分息，九时十分寝。多云，20—28［摄氏］度。

七月八日

晨五时三十分出门，六时三十分回来。遇王、养、谭、孙、费、朱、袁、朱等，计6150步。富春湾[开发区成立的]红布在县府前过街挂着。霞上午六时四十分来。蓉、霞陪一郇于七时三十分离此去杭游览。上午八时去理发。蓉、郇下午四时回来。有小雨即止。晚看电视，《新闻联播》《灰网》。八时三十分息，九时二十分寝。明阴[转]多云，20—30[摄氏]度。

七月九日

晨五时十五分出门，六时十五分回来。遇养、孙、谭、袁、郎、王、陶等。计6200步。看报，札资。玄、蓉、一郇去灵山洞玩，下午六时三十分到。晚看电视，《新闻联播》。八时三十分息，九时二十分寝。多云[转]有雨，22—28[摄氏]度。

七月十日

晨五时十五分出门，六时十五分回来。遇陶、养、谭、孙、王、郎、邵、朱等，计6250步。县府前"学习工会法"红幅。县委副县长王去世，82岁。看报，今日停电，上午去大桥。晚七时五十分回来。电视不看。八时三十分寝。

七月十一日

晨四时三十分起床。一郇、蓉、琳今日上午八时五十分乘汽车去上海。中午我、玄二人吃面。上午八时长育来，送来饼干，九时回去。下午政来，药发票交她，照片三张交她(北京寄来)。今日未去鹳山，写信。晚看电视，《新闻联播》。八时三十分息。中南子开诚与小南子来即去。我九点寝。明阴[转]多云，22—28[摄氏]度。

七月十二日

晨五时起床，五时三十分出门，寄信到影剧院折回。计2750步。遇杨克明和她女儿，尚有二人，面熟不知名。写信。晚看电视，《新闻联播》《天网》。八时二十分息，九时十分寝。明多云，晴，23—33[摄氏]度。

七月十三日

晨五时三十分出门，六时三十分回来。遇方、刘、李、崴垣等，旅楼回。计5100步。整理，写信。莹、欢宿此。玄晚去打电话。晚八时五十分大雷雨。晚看电视，《新闻联播》《灰网》。八时二十分息，九时十分寝。明日有雷雨，24—34[摄氏]度。

七月十四日

晨五时三十分出门，六时三十分回来。遇养、孙、谭、袁、袁、李、王、赵等。计6950步。看报，札资。炜八时三十分到，午饭后一时三十分去看他姐。后未来，谅已回新。洗浴，更衣。晚看电视，《新闻联播》。八时三十分息，九时十分寝。明雷雨，23—33[摄氏]度。

七月十五日

晨五时三十分出门，六时三十分回来。回周、养、孙、袁、袁、李、谢、王等，计6500步。看报，札资。下午五时二十分政来，知这二天她在宏福山庄工作，庚、炜均未会到云。晚看电视，《新闻联播》。八时三十分息，九时十分寝。明雷雨，24—36[摄氏]度。

七月十六日

晨五时十五分出门，六时十五分回来。遇养、孙、谭、袁、袁、李、王、谢、陶、骆妻。知骆于4月间肾脏病去世。计7050步。看报，札资。政下午五时三十分来，饭后去。晚看电视，《新闻联播》。八时三十分息，九时二十分寝。晴多云，22—34[摄氏]度。

七月十七日

晨五时三十分出门，遇中柳夫妇、养、孙、汪、文治、袁、王，人多走堂后，杏、孙、七、周、吴、会等。计6650步。看报，札资。琪来知蓉、琳明日来。晚莹、欢、忠来。晚看电视，《新闻联播》。八时三十分息，九时二十分寝。明24—34[摄氏]度，晴。

七月十八日

晨五时十五分出门，六时十五分回来。遇物、治、养、孙、谭、养、袁、李、王、孙、七等。烧香老太特多(旧历6月19日观音上天日)。鹳山大樟树在施虫药。计7450步。中午十二时十五分勇接蓉、琳沪返到。晚洗浴，更衣。蓉买来汗衫。晚看电视，

《新闻联播》。八时二十分息，九时十分寝。明晴，26—36[摄氏]度。

七月十九日

晨五时四十五分出门，停车场折回。遇文治、王、袁、夏等。计4350步。看书、报。晚看电视，《新闻联播》。八时三十分息，九时十分寝。明晴，有雷雨，26—36[摄氏]度。

七月二十日

晨五时十五分出门，六时十五分回来。遇文龙、养、孙、谭、李、周、寿、向嫂等，计6050步。看法制刊物。晚看电视，《新闻联播》。八点息，洗浴，更衣。九时十分寝。明晴，26—36[摄氏]度。

七月二十一日

晨五时十五分出门，六时十五分回来。遇治、养、孙、谭、王、林、袁、钱美儿等，沈、陶，计6250步。看报。晚看电视，《新闻联播》。八点息，九时寝。明晴，27—36[摄氏]度。

七月二十二日

晨五时出门，六时回来。遇养、谭、孙、袁、袁、周东宜、舅母等沈文明，计6450步。中国银行省行外资座谈在富阳召开(影剧门前宣)。看书、报。晚看电视，《新闻联播》。八时三十分息，九时十分寝。27—36[摄氏]度，晴。

七月二十三日

晨五时二十分出门，六点正回来。环山路亚林所折回，计4550步。遇费、王、小方等。惜乎垃圾堆处有蝇绕。玄出差去(武汉40度)，我看《西花厅纪闻》。晚看电视，《新闻联播》。八点息，九点寝。27—36[摄氏]度，晴、少云。

七月二十四日

晨五时三十分出门，六时三十分回到南无(无线电厂南门)回。遇王、詹、克明、袁等，计6850步。看杂刊、《西花厅纪闻》。晚看电视，《新闻联播》《包公奇案》(狸猫换太子)。八时四十分息，九时三十分寝。明晴，27—37[摄氏]度。

七月二十五日

晨五时三十分出门，六时三十分回来。遇薇垣、王、沈、养、孙、汪、王等，到江滨公园横门上首回转。计6000步。晚看电视，《新闻联播》。八时十分息，洗脚，抹身，九时寝。

七月二十六日

玄上午八时去杭接澂、玲、谦，中午十二时四十五分到。政晚八时三十分来，八时四十五分回去。今晨三时起床看第25届奥运会入场式。五时十五分息，再睡。六时三十分起来，上午九时又看了一段，可称全面。

七月二十七日

晨无时四十五分出门，六时四十分回来。遇福祥、玉娟、养、谭、孙、周、袁、徐、谢等，计6250步。看报。晚看电视，《新闻联播》。八时十分息，九时寝。明26—38[摄氏]度。

七月二十八日

晨去人医即返，遇袁、王、詹等，6000步。庚下午二时到，六时三十分回去。霞六点七时去再来，宿政处。晚看《新闻联播》，庚、霞书。八时二十分息，九点寝。27—38[摄氏]度。

七月二十九日

晨五时十分出门，六时十分回来。遇吴奶奶等，袁、王、孙、谭、等。大樟树路已修好。计6300步。下午二时三十分玄陪澂、玲、谦去杭，乘火车回沪。霞上午八时十分离此回新。晚电视，《新闻联播》。八时息，九时寝。明27—38[摄氏]度，晴。

七月三十日

晨五时二十分出门，六时二十分回来。遇伯初嫂和她八岁的孙女，养、谭、孙、徐、小方、县委90岁老李、陶、薇垣、小周等，计6200步。晚看电视，《新闻联播》。八时十分息，九点寝。明晴，27—39[摄氏]度。

七月三十一日

晨六点出门，六时三十分回来。到影剧回。计2550步。看书、报。晚看电视，《新闻联播》。八时十分息，九点寝。明晴，27—39[摄氏]度。

八月一日

晨五时三十分出门，六时三十分回来。遇伯

初嫂和她孙女、养、谭、孙、汪、王、詹、徽垣、小方等。计7200步。写信，看报。晚看电视，《新闻联播》《正大综艺》。八时十分息，九点抹身寝。明27—37［摄氏］度，别处有雷阵雨，有风。

八月二日

晨五时十五分出门，六点回来。去环山路，遇小钟、费、王等，计4350步。看报、书。上午十时政来谈三十分钟回去。晚看电视，《新闻联播》。八时十分息，九时寝。明26—36［摄氏］度。

八月三日

晨五时十五分出门，遇小钟、王、养、谭、孙等，沈、方等。6750步。看报告。晚看电视，《新闻联播》。八时十分息，九时十分寝。明26—36［摄氏］度。

八月四日

晨五时二十分出门，六时二十分回来。遇养、谭、孙、徐、林、李、王、徽等，计6600步。天闷，无风，不清凉。看报，月结。晚看电视，《新闻联播》。八时十分息，九点寝。明26—36［摄氏］度，晴。

八月五日

晨五时十五分出门，六时十五分回来。遇养、谭、孙、徐、赵、詹、袁、李等，计6650步。到鹳山后门上踏步，看见大桥已装上大灯，再看即熄（五时二十分），看报、书。晚看电视，《新闻联播》。八时十分息，九时寝。明晴，24—34［摄氏］度。

八月六日

晨五时十五分出门，遇陈（银）、詹、养、孙、谭、袁、王、周等，6350步。邮局在影剧院开"大哥大"开业号码拍卖［会］，听说大哥大开价1.5万元，拍最高4万元云。

八月七日

遇养、谭、孙、袁、袁、王、詹等，计6750步。玄、莹陪欢去杭治病。看报。晚看电视，《新闻联播》。八时二十分息，九时十分寝。明晴［转］雷雨，25—34［摄氏］度。

八月八日

晨五时十分出门，六时十分回来。姨、养、谭、孙、王、袁、和钟亮等，7150步。剧院前门有画廊。这几天气功拳大多在此处。影剧标出杭州富春江电讯器材公司成立。看报，看杂志。上午去理发，洗浴。晚看电视，《新闻联播》。八时二十分息，九时十分寝。

八月九日

晨五时四十五分出门，六时四十五分回来。遇福祥、寿，车场折回，寿、郎、邵等，4700步。看报，杂志。晚看电视，《新闻联播》、奥运会。八时十分息，九时寝。明雷雨［转］晴，25—34［摄氏］度。

八月十日

晨三时四十分起床，三时五十分奥运闭幕式至六时完，休息。六时二十分起床，未出外散步。看报，杂志。下午五时三十分看见小成、黄河陪舅母去新。下午六时政来即去。晚电视，《新闻联播》。八时十分息，洗浴，九时二十分寝。明雷雨［转］晴，24—34［摄氏］度。

八月十一日

五时二十分出门，六时二十分回来。遇养、谭、孙、汪、袁、王、周、詹等，计7400步。看报，杂志。晚看电视，《新闻联播》（第二批运动员凯旋）。八点息，九点寝。明25—34［摄氏］度，晴［转］雷雨。

八月十二日

五时二十分出门，六时二十分回，车场折回。遇周，计5450步。看报。滤水器水小，去修复。晚电视，《新闻联播》。八时息，洗浴，九时寝。明雷雨晴，27—34［摄氏］度。

八月十三日

晨五时十五分出门，六时十分回来。遇福、祥等，计4750步。看报。晚看电视，《新闻联播》。八时十分息，九时寝。明大雨、中雨，26—30［摄氏］度。

八月十四日

晨四时五十分起床，蓉六时十五分陪莹、欢去杭治病。玄七时十五分出差去江苏。八时去散步，至鹳山饭店横路至春江路回来。遇志成、云兰、徐又成、小方、山东李等，计4560步。看报。下午三时庚来，三时三十分去站回新。蓉等下午三时十分回来。琪来，中午为我煮面。晚看电视，《新闻联播》（运动员归来庆功大会）。八时息，洗浴，九时寝。明雨，24—28［摄氏］度。

八月十五日

晨五时三十分出门，六时三十分回来。遇水、连、费等，计5800步。车场折回，中雨。看报，杂志。晚看电视，《新闻联播》。九时十分息，九时三十分寝。明雨，24—26［摄氏］度。

八月十六日

晨六时出门，六时四十分回来，影剧院折回。计4350步。遇三五熟人。八时三十分政来，蓉去接欢来。十一时我、蓉、政正在吃面，昂如丈夫汤亦新和他三弟陈凡胜三人同来。蓉烧饭，政去买菜。饭后看照片。下午一时由政陪他们去富阳大桥、鹳山看她的学生，在食用菌公司工作。政送他们上汽车回杭（下午四时多点）。政来此吃晚饭，晚八时三十分回厂。玄去溧阳，下午四时到。晚看电视，《新闻联播》。八时十分息，九时寝。明雨。24—26［摄氏］度。

八月十七日

晨五时四十分出门，六时四十分回来。小雨，遇养。小雨均回，独谭一人尚在，说没有大雨。遇袁、王、陈、寿、周等，计7250步。看报，札资。晚看电视，《新闻联播》。八时十分息，九点寝。明雨，23—28［摄氏］度。

八月十八日

晨五时三十分出门，六时三十分回来。遇贸、养、谭、孙、汪、袁、袁、李、继、顾、詹、郎、方等，计6450步。看报，写信。晚看电视，《新闻联播》。八时十分息，九点寝。明雨，24—28［摄氏］度。

八月十九日

晨五时十五分出门，六时三十分回来。遇孙、七、养、袁、袁、李、王、科、汪、冯步文、周东水、陈迟（陈超子），看报。计6050步。晚看电视，《新闻联播》。八时十分息，九点寝。明阴雨，24—30［摄氏］度。

八月二十日

晨五时三十分出门，去寄信，遇徐又成，后遇李桂英，折回。计4100步。六时四十分回。看报。晚看电视，《新闻联播》。八时十分息，九时寝。明晴，22—30［摄氏］度。

八月二十一日

晨五时十五分出门，淳、治二、养、谭、孙、徐、王等。计6580步。大青友说仁山昨来鹳山，由他扶下山云。看报。晚看电视，《新闻联播》。八时十分息，九时寝。明阴［转］晴，20—30［摄氏］度。

八月二十二日

晨五时三十分出门，六时三十分回来。遇陈、养、谭、孙、徐、袁、李、王、玉等，计6900步。看报。“华宝斋”，赵朴初题，富阳旅游大楼内书画室。看报。上午十时看电视，奥运会凯旋报告会。玄上午六时四十分离此去慈溪。政上午来谈工作。晚看电视，《新闻联播》。八时十分息，九时十五分寝。明晴有雷雨，24—30［摄氏］度。

八月二十三日

晨五时三十分出门，六时三十分回来。遇来、云、养、谭、孙、徐、汪、王、柏、郎等，计6500步。看报，写信。晚看电视，《新闻联播》。八时十分息，九时寝。明晴有雨，24—28［摄氏］度。

八月二十四日

晨五时三十分出门，六时四十分回来。遇物养、谭、孙、徐、王、袁、李、赵、詹、等郎、谢。计6600步。阴，看报。玄下午二时回来。晚电视，《新闻联播》。八点息，九时寝。明晴有雨，24—30［摄氏］度。

八月二十五日

晨五时三十分出门，六时三十分回来。遇养、谭、孙、徐、詹、李等，计6850步。看报。上午十时三十分玉娟问做寿何时，我说不举动，如举动，一定通知你。问蓉、琳何日结婚，蓉回说还未确定。晚看电视，《新闻联播》。八时十五分息，九时十分寝。明阴有雨，24—28［摄氏］度。

八月二十六日

晨五时三十分出门，六时二十分回来。去环山路，到新桥(去汽车站)。计5200步。沿途已没有水泥沙、小石磴作栏杆。飞细雨，即止。看报，札录。晚看电视，《新闻联播》。八时十分息，九时寝。明阴雨，24—28［摄氏］度。

八月二十七日

晨五时三十分出门，六时三十分回来。遇陈、夏、伯等，车场折回。出门有毛毛雨，取伞下楼，雨止。计5000步。札旧报。晚看电视，《新闻联播》。八点息，九时十分寝。明，阴有雨，22—27［摄氏］度。

八月二十八日

晨五时二十分出门，六时二十分回来。车场折回，遇顾，有二位新登人招呼我，面熟记不起是谁(少妇)。计5100步。札旧报。晚看电视，《新闻联播》。八点息，九时寝。明雷雨，23—27［摄氏］度。

八月二十九日

晨五时二十分出门，六时三十分回来。风有六七级，遇徐、费等。水厂回，从走廊回来。计5250步。王嶶垣说常要腰痛。看报，札旧报纸。政晚七时四十分去。晚看电视，《新闻联播》。八时十分息，九点寝。明中雨、大雨，24—27［摄氏］度。16号台风。

八月三十日

晨有6—8级台风。蓉出门折回，我未去。看报，札旧报。晚看电视，《新闻联播》。八点息，九点寝。明中到大雨，23—27［摄氏］度。

八月三十一日

晨五时三十分出门，遇移、杏芳等。风大，到县府前无法撑伞，折回，计2600步。风6—8级，雨中等。看报，札旧报。琳脚受盘子扣伤，幸盘是先倒在脚落下。晚看电视，《新闻联播》。八点息，九时寝。明中雨—大雨，23—27［摄氏］度。

九月一日

晨五时二十分出门，六时二十分回来。遇物耿、袁、养、孙、谭、汪、袁、袁、李、郎、邵、谢等。江水退黄，天闷无风。计6550步。看报，札旧报。晚看电视，《新闻联播》。八时十分息，九点寝。明阴，多云，24—32［摄氏］度。

九月二日

晨五时三十分出门，六时三十分回来。遇物、养、谭、孙、汪、袁、袁、李等，从长廊船埠回。计7150步。看报。政中午来说到招商管理部工作，已办好。下午厂里开欢送会云。晚看电视，《新闻联播》。八时二十分息，九时十分寝。明多云，24—32［摄氏］度。

九月三日

晨五时三十分出门，六时三十分回来。遇物、养、谭、孙、徐、袁、袁、李、王等，计6500步。看报，札记。晚看电视，《新闻联播》。八时二十分息，九点寝。明多云，24—32［摄氏］度。

九月四日

晨五时二十分出门，六时二十分回来。遇物、养、谭、孙、徐、王、袁、李、郎、詹、沈等，计6700步。看报，写信。晚看电视，《新闻联播》。八时十分息，九时寝。［林］滨下午五时三十分到。明阴雨，24—32［摄氏］度。

九月五日

晨四时三十分起，中雨，风大，至六时二十分去寄信，取牛奶，下楼。计3270步。玄、小方去宜兴，晚十时三十分回来。晚看电视，《新闻联播》。八时十分息，九时寝。明24—32［摄氏］度，多云。

九月六日

晨五时二十分出门，去环山路向东，路宽溪有水，柴油运沙拖拉机烟气逼人。现在虽有山有水，空气太差。计5150步。六时二十分回来。镇中改郁达夫中学。滨上午九时离此去杭赴校。看书、报，札记。晚看电视，《新闻联播》。八时十分息，九点寝。明阴，24—32［摄氏］度。

九月七日

晨五时三十分出门，六时三十分回来。车场折回。青年运动会在篮球场举行。遇熟人不多。计5700步。看报，写信。晚看电视，《新闻联播》。

八时十分息，九时寝。明26—33［摄氏］度。

九月八日

晨五时十五分出门，遇物、养、谭、孙、袁、李、李医生、金梅、颜物、亚英、周等。计6500步。上午八时三十分去理发，十时十五分朱乘龙、金乔荣(正中同学，在亚林所)来，半小时回去，说正中来时通知他大家会会云。看报，札资。晚看电视，《新闻联播》。明24—27［摄氏］度，中雨。

九月九日

晨五时三十分出门，六时三十分回来。遇物、养、孙、谭、袁、袁、李、王、亚、沈、孙、七、朱、云等，计7000步。小雨(下午一时三十分工商联中秋茶话会，四时十五分散回来。汝霞来，晚去工人［文化宫］教师节联欢会，十时回来。)下午二时三十分，政协开联谊中秋茶会。晚看《新闻联播》。八点息，九时寝。明24—32［摄氏］度，有雾。

九月十日

晨五时三十分出门，去环山路向东，小拖拉机在运沙，柴油烟熏浓。下午去工商联。汝霞来在。晚看电视，《新闻联播》。八点息，九点寝。明24—32［摄氏］度。

九月十一日

晨七时四十分出门，玄送我们上车，霞陪我同行，乘八时零五分车来新。搞卫生。十一时庚来，去吃中饭。午睡。晚敏、政、霞侄子来坐谈，八时回去。我八时四十分寝。

九月十二日

晨八点去曹家，适乙润在闲谈，约我吃中饭。十一时三十分敏来寻。饭后去俊兄处谈四十五分钟回来。下午一时午睡，不能成寐。略睡约四十分钟。晚饭后敏送我来，七时三十分回去，八时二十分寝。

九月十三日

昨夜雨。六时四十五分去买点心。去晴，回来时有阵雨，二十分钟息。八时三十分去新登中学，和自强、华达闲谈至十时三十分回来。晚敏送我回来。八时三十分寝。

九月十四日

晨新街南津桥去看梅冰。去买菜，遇红儿，知长育在六川。一路遇熟人不少。去中百遇郑文发、陈土根，略谈。十时三十分回来。庚昨下午四时去杭，今日中午十二时到家。晚庚送我来。关妹、小南、孝真、霞来，八时回去。九时寝。

九月十五日

八时三十分去新街批发所和大楼，在二楼遇根华、吴子坤、琴玉、来根。今日晨县长等在新借中百大楼开会。批发所遇连根、小袁、小骆、小罗等，来爱儿等。十时回来。

九月十六日

晨去塔山烈士陵墓，遇张学山、培囡、海泉，金宝同去塔山(他去油厂要菜饼养花)。袁宝书、林国良、杨阿虎、朱善庆、吴□□、老吴、正大嫂、大园、林雨福女培囡谈傅春树在桐庆。五金公司里进洋房被拆掉，造高楼。供销社内进走马堂已全部被拆掉，听说建小商品市场。在塔山，知龙虎［嫂］已有病，卧在楼，一位富阳亲戚约五十余妇女，说来看看她，见她病倒，一时不能回去云。当时我以为是王炳荣嫂，富阳口音，知是富阳娘家亲人。俊杰于下午三时三十分来谈，后来志标亦参加，谈至四时四十分回去。我送他到南门分水桥回来。九时寝。

九月十七日

晨四时三十分起床。庚七时来。敏七时二十分陪我乘七时三十分车到站，八时十五分到宿舍。八时三十分敏即离此去杭。晚洗浴更衣。中午十一时三十分长育来，十二时十五分去校开会。晚看电视，《新闻联播》。八时十分息，九时寝。

九月十八日

晨六时出门，七时回来。遇金梅、文广、养、孙、李、寿、伯初嫂等，计6100步。看报，写信。晚看电视,《新闻联播》。八时十分息，九时寝。阴、多云，20—27［摄氏］度。

九月十九日

晨五时五十分出门，六时五十分回来。遇养、孙、凌、袁、王、沈、姊、陈等，计6900步。看报，写信。晚看电视，《新闻联播》。八时十分息，九时寝。小方晚九时离此。明阴、多云，22—27［摄氏］度。

九月二十日

晨写信。小方爸六时十分来说，小方昨晚未到家。玄即出去查看。七时三十分玄回来，知他宿石勇处，一场虚惊。晚玄去小方家。晚看电视，《新闻联播》。八时十分息，九时寝。明小雨，20—27［摄氏］度。

九月二十一日

五时四十分出门，玄归，我寄信，六时二十分回来。计2500步。看报，札资。玄得通电，澂和爵旧病复发，中君亦欠佳。贤出差，月底回。晚看电视，《新闻联播》。八时二十分息，九时十分寝。明22—27［摄氏］度，阴、小雨。

九月二十二日

晨取牛奶，未出门。蓉去杭游览，下午四时三十分回来。看报，札资，写信。晚看电视，《新闻联播》。八时十分息，九点寝。明中雨、大雨，22—24［摄氏］度。

九月二十三日

中雨，风6—7级，未去取牛奶。整理，看报，札资。晚看电视，《新闻联播》。八点息，九点寝。

九月二十四日

晨五时三十分出门，到影剧院，微雨，折回。遇韩、邵等，计3600步，看报，札资。晚电视，《新闻联播》。八点息，九点寝。明20—27［摄氏］度，阴多云。

九月二十五日

晨五时十五分出门，六时二十分回来。遇养、孙、李、李、袁、袁、洪、孙、七、姊等，计7250步。向沿江市心回。大水退，推来垃圾，积满江边。看报。晚看电视，《新闻联播》。八时十分息，九点寝。明22—24［摄氏］度。

九月二十六日

五时起床。玄出差，我去山上。看报。晚电视，《新闻联播》。晚八时息，九时寝。多云、阴，16—24［摄氏］度。

九月二十七日

五时四十分出门，去环山路，六时五十分回来。遇费、王等，计6050步。上午十时玄陪我去买眼镜二双。整理。晚看电视，《新闻联播》。八点息，九点寝。明阴、小雨，18—24［摄氏］度。

九月二十八日

晨五时四十分去环山路，东段至义路塌方，去折回六时三十分。计5200步。看报，札资。晚看电视，《新闻联播》。八点息，九点寝。明阴、有小雨，18—24［摄氏］度。

九月二十九日

晨五时四十分出门，六时四十分回来。遇周、养、谭、孙、袁、袁、李、王、孙、七、王、詹等，计7700步。看报，札资。晚看电视，《新闻联播》。八点息，九点寝。明阴、多云，16—27［摄氏］度。

九月三十日

晨五时三十分出门，六时三十分回来。遇孙、七、陈、姜等，去富中折回。计7350步。整理，札资，看报。玄去杭接澂、铮，下午八时十分到。晚看电视，《新闻联播》。八时十分息，九时寝。明阴、多云，16—28［摄氏］度。

十月一日

星期四，旧历九月初六日，国庆节。晨五时三十分出门，六时三十分回来。遇养、谭、孙、袁、袁、李、王、小王等，计6500步。霞七时四十五分到富，去杭，下午二时回来。晚六时，项琳与石勇在杭富旅馆餐厅婚宴。七时三十分到新房参观。八时三十分回宿舍。九时三十分寝。

十月二日

晨五时三十分去鹳山，遇养、谭、孙、袁、袁、凌、徐、詹、初等，六时四十分回来。计7250步。上午看录像，看照片（琳与勇）。晚看电视，《新闻联播》。八时息，九时寝。

十月三日

晨四时三十分起床。我、玄、蓉、澂、铮、玮、庚、霞等8人乘五时四十五分车去杭，乘七时四十分旅游车来沪。十一时十七分到（因交车迟开五分点，迟到五分钟）。我、蓉、庚、霞先至四川路，澂、铮、玮、玄去肇家浜路。我们到壬处，万、丽、贤、林、湘、滨、敦均已先到。晚家宴三席（8、9、10人），拍照。我对壬们（弟兄、姐妹、妹夫10人）分纪念品。大家谈谈已四时三十分，分三处宿。我十一时三十分寝。

10月3日晚家宴：

1号桌8人：墨、方、翌、敦、庚、霞、玄、蓉

2号桌10人：翢、丽、正、潘、建、平、刘、捷、国、康

3号桌9人：卓、晓、滨、迅、宇、超、玮、玲、谦

（大名乳名有交叉，方即壬，翢即万，正即贤，敦即在，庚即又，玄即允。）

十月四日

晨七时十五分起床。湘、林要我去武汉，我婉言明年去。玄来晚饭。明晨回富。我八点息（看电视），九时寝。

十月五日

贤今日购徐州去西安机票，会后回新疆。玄今日返富。

上午壬、敦、湘陪我去购毛衣、登云鞋。去拍登记（纪念）照。又买西裤。晚看电视，《新闻联播》。八时息，九时寝。

十月六日

上午八时三十分，我、壬、敦、庚、霞、建、湘、宇、阿姊九人专车去洋浦大桥、外滩参观。敦、庚、霞、蓉去南京路，我们五人参观友谊商场。车回宿舍迟，十一时。晚看电视。八时息，九时寝。

十月七日

我、壬去虹口公园参观山西煤矿灯会，有云岗大佛、矿工青年男女二塑像，及生产数字、花篮、各种花灯。有部分有艺术性，有部分山西气氛。惜乎草地受损，惟鲁迅墓前安全未损。晚看电视，庚、霞来，明日回新。我八时息，九时寝。

十月八日

庚、霞今日返新。看报，看电视。八时息，九时寝。万未同吃晚饭。

十月九日

湘、林八时厂车来接去机场，乘十时机去武汉。据说去机场上车约九十分钟，乘机约一小时多点。出站和回到武汉约两小时多点云。

十月十日

上午和敦谈谈，他乘下午五时特快回北京。二时三十分壬送他，在门口上车去火车站。上午九时与壬去虹口公园散步。小蒋给我理发。晚看电视，《新闻联播》。八点息，九时寝。

十月十一日

六时我一个人去虹口公园，七时回来。壬、翌六时去医院体检。九时蓉、琳、勇来在此吃午饭。正要开饭，壬、翌回，同吃中饭。计去公园7750步。晚饭后蓉、琳、勇去澂处宿。晓十时来，饭后一时去万处云。晚六时三十分一郇来电询问晓和我。我看电视。八时息，九时寝。平午饭后来，晚饭后未知是否宿此。明阴［转］多云，16—21［摄氏］度。

十月十二日

晨五时五十五分壬、我去公园，七时回来。计7450步。蓉下午三点来。琳、勇三时三十分到。壬、翌请他俩吃晚饭。约建来，平已于一日遇到。过晚饭后放琳、勇结婚录像，八时三十分回澂处宿，说是14日晨回富，不再来辞行。我九时二十分寝。上午九时与壬同看十四大会议召开现场直播，八时三十至十一点。明16—22［摄氏］度。

十月十三日

晨壬五时五十分出门，我失足一跤。六时十分出门，七点回来。计6700步，（到云岗大佛处）折回（山西大同煤矿灯会在虹口公园展出）。中共十四大在12日召开。看报。晚看电视，《新闻联播》。八时息，九时寝。明阴，多云，16—21［摄氏］度。

十月十四日

晨五时五十分与壬同去公园，七时回来，计7550步。看报，写信。晚看电视，《新闻联播》。八时息，九时寝。明16—21［摄氏］度。蓉等在

澂处离沪。

十月十五日

晨五时五十分出门，六时五十分回来。计7500步。九时去四川北路群众剧院折回，去邮局文具店折回。十时四十分到家。晚看电视，《新闻联播》。八时息，九时寝。明阴[转]多云，16—21[摄氏]度。

十月十六日

晨五时五十分出门，七点回来。计7300步。看报，写信。晚看电视，《新闻联播》。八时息，九时寝。明12—22[摄氏]度，晴、多云。

十月十七日

看错表，早一小时出门，知错返回。五时五十分出门，六时五十分回来。计7500步。看报，《解放报》，今日三大张加刊。写信。上午十时澂、邱玲、之谦来，下午二时三十分回去。晚看电视，《新闻联播》。八时息，九时寝。明晴，9—21[摄氏]度。

十月十八日

晨五时五十分去公园，七时回来，计7000步。看报。晚看电视，《新闻联播》。八时息，九时寝。明10—22[摄氏]度，晴。

十月十九日

晨去公园，6—7时回来，计7000步。八时三十分壬陪我去吴良才配眼镜，定远光、近光两付。验光3元，近光用39元，远用19.78元。买金笔二枝，回来十一时三十分。晚看电视，《新闻联播》。八时息，九时寝。明12—22[摄氏]度，晴。

十月二十日

晨五时五十分出门，七点回来。计7100步。看报。晚看电视《新闻联播》。八点息，九时寝。明晴，14—23[摄氏]度。

十月二十一日

晨五时五十分出门，六时五十分回来，计7350步。去寄信，买物。晚看电视，《新闻联播》。八时息，九时寝。明晴，15—22[摄氏]度。

十月二十二日

八时三十分与壬去虹口公园参观鲁迅纪念馆，日本有关鲁迅部分同时展出。十时三十分回来。晚看电视，《新闻联播》。八时息，九时寝。明晴，12—17[摄氏]度。

十月二十三日

晨五时五十分出门，六时五十分回来。壬、翌去老干部活动室双周会。计6280步。看报。项下午来。日本天皇今日来中国。晚看电视，《新闻联播》。八点息，九时寝。明多云[转]阴，10—15[摄氏]度。

十月二十四日

晨六时出门，七时十分回来。计7750步。下午五时三十分万来，在此晚饭。同看电视，《新闻联播》《正大综艺》。八时三十分息，万回去。万拿了一件茄克衫。我九时三十分寝。

十月二十五日

晨五时五十分出门，七点回来。晓上午九点三十分到来，饭后十二时三十分去。晚看电视《新闻联播》。八点息，九时寝。明晴，7—19[摄氏]度。

十月二十六日

晨五时五十五分出门，621路车阻后面13辆，前面十余辆在公园前交叉分路处出问题，我们前门已通，后面还有部分停着。七时十分回来。计7600步。宇[超]因感冒在家休息。看报。晚看电视，《新闻联播》。八时息，九时寝。明晴。9—19[摄氏]度。壬右脚大拇指痛风发，说明晨不去公园。

十月二十七日

五时四十五分出门，七点回来。到鲁迅墓折回，计6350步。上午八时维澈和定毅来。宇超正要去托儿所，她以糖果敬客，客赞她有礼貌。谈至十时，他们坚要回去。因澈下车时脚扭了一下，我约他们吃过便饭，再送他们回去。他们说尚可，不妨碍走回去。他们拿来西洋参口服液二盒、苹果一袋、合家欢一张（有她父母、我母亲、舅父等，在上次她借去，这次还回）。翌去学字未遇。晚看电视，《新闻联播》（今日日本天皇与[皇]后到上海）。我八时息，九时寝。明13—19[摄氏]度，晴。

十月二十八日

五月四十五分出门，七时回来。壬因痛风未

去。计7700步。下午五时爵从丹东来电话，知他23日去看鹣鹣，于24日即回丹东。他拟十一月再去，可能有时间来上海。此行[看鹣鹣的]大略情况，[会]写信和我谈谈。晚看电视，《新闻联播》。八时息，九时寝。明晴，14—21[摄氏]度。

十月二十九日

晨五时十五分出门，七时回来。计7700步。看报。晚看电视，《新闻联播》。八点息，九时寝。明12—19[摄氏]度，晴。

十月三十日

晨五时四十五分出门，七时回来。计7500步。看报。晚看电视，《新闻联播》。八时息，九时寝。明晴，9—22[摄氏]度。

十月三十一日

晨六时出门，七时十分回来。计7450步。看报。晚项卓说赵立明由爱人姜克昌去探望，知安好，可勿念。我要卓去道谢。项政在下午三时四十五分来电问近况。晚看电视，《新闻联播》。八时息，九时寝。明晴，10—20[摄氏]度。

十一月一日

晨五时五十五分起，六时出门，七时十分回来。壬同去，痛风已愈好走。他乘车(上旬月票)回来。我步行，计7150步。海军411医院门诊部今日在新建门面，露出字样。项平下午来，明晨上班去。晓十二时来，二时三十分去。明晴，10—20[摄氏]度。晚看电视，《新闻联播》(知大同灯会今晚结束)。八点息，九时寝。

十一月二日

晨五时五十五分出门，七时十分回来。计7550步，看报。晚看电视，《新闻联播》。八时息，九时寝。明阴晴，12—22[摄氏]度。

十一月三日

晨五时五十五分出门，七时零五分回来。计7250步。看报。今晚吃蟹。大同灯展在拆除。晚看电视，《新闻联播》。八时三十分息，九时三十分寝。明多云，有雨，12—18[摄氏]度。

十一月四日

晨五时五十五分出门，七时十分回来。马路湿，小雨止。计7000步。英雄金笔今日拔不出，今生第一次，晚上要小蒋给我拔出。晚看电视，《新闻联播》(美国大总统克林顿当选第42届总统，布什落选)。晚八时四十分息，九时二十分寝。因气温迟报，明多云10—19[摄氏]度。

十一月五日

晨五时五十五分出门有小雨，回取伞。一路停停雨雨，七时十分回来。计8100步。看报，阴，小雨连绵。晚看电视，《新闻联播》。八点息，九点寝。明多云，13—22[摄氏]度。

十一月六日

晨五时五十五分出门，七时零五分回来，计7600步。看报，《解放军报》。看报。晚看电视，《新闻联播》。八时十分息，九时寝。明多云，13—22[摄氏]度。

十一月七日

晨五时五十五分出门，七时十分回来。计7900步。公园木桥拆除，走原水泥桥，较远一点，八时三十分去理发。看报，洗浴，更衣。看报、杂志。晚看电视，《新闻联播》。八时“国际第四届艺术节”在上海举行，八时开始，十时三十分息。我十时息，十时三十分寝。明12—15[摄氏]度。

十一月八日

晨五时五十五分出门，七时十分回来，计7750步。看报、杂志。[项]晓来电话，天雨不来。捷、蒋、超，昨去常青岛，今下午回，买回金钱蟹等(过去崇明金钱蟹和卤有名的)。晚看电视，《新闻联播》。八时三十分息，九时十分寝。贤下午三时来电，壬答晓因天雨未来。问我，答安好。明气温2—10[摄氏]度，晴、多云。

十一月九日

晨五时五十五分出门，七时十分回来。有西北风，计7500步。看报。晚看电视，《新闻联播》。八点息，九时寝。明0—10[摄氏]度，阴、多云。

十一月十日

晨五时五十分出门，七时十分回来，走7450步。翌七时三十分去参加老干部活动。壬上午九时应邀出席。至九时十五分车未到，去电话，要他们自叫车去，报销[车费]。看《曼哈顿的中国女人》，旅美作家周励著，北京出版社出版。看报。晚看电视，《新闻联播》。八点息，九时寝。明晴，1—12［摄氏］度。

十一月十一日

晨五时五十五分出门，七时十分回来。大同灯会已拆除，基本迁出。计7400步。翌于今日中午去南京开会。晚看电视，《新闻联播》。七时五十分息，八时二十分寝。明晴，5—14［摄氏］度。

十一月十二日

晨五时五十分出门，我一人去到鲁迅墓折回，计6350步。到家正七时。壬七时三十分去大众汽车厂参观。看书、报。壬兼去嘉定看菊展。下午三时多回来。晚看电视，《新闻联播》。八时至十时，第四届电视艺术节闭幕给奖。我九时息，九时十分寝。明晴，7—17［摄氏］度。

十一月十三日

晨五时五十五分出门，我一人去。七时回来，计6450步。看书、报。晚看电视，《新闻联播》。七时五十分息，八时二十分寝。明晴，7—20［摄氏］度。

十一月十四日

晨六时正出门，壬同去，七时到家，计7050步。看报、书。晚看电视，《新闻联播》《正大综艺》。八时二十分息，九时十分寝。明晴，10—20［摄氏］度。

十一月十五日

晨六时零五分出门，七时十分回来，计7800步。星期天。晓上午九时三十分来，下午二时三十分回去。翌中午一时回来。晚看电视，《新闻联播》《正大综艺》。八时十分息，九时寝。明5—15［摄氏］度，晴。

十一月十六日

晨六时出门，鲁迅墓折回。回看二处黑板报，药房买不到的良药，按摩足板的健身[器]。行至四川路理发店处，壬亦回程，同回。到家七时十分。计6350步。邮包，翌给我去取来。晚看电视，《新闻联播》和一部西片(外国片)，不知片名，[一个人]游泳得风瘫，十四个月完好，[充满]欢乐和忧愁。我看到八时息，九时寝。明晴，7—17［摄氏］度。今日洗浴用红外线。

十一月十七日

晨六时出门，七时十分回来。计8050步。看书、报。晚看电视，《新闻联播》。八时二十分息，九时寝。明9—19［摄氏］度，晴。

十一月十八日

晨五时五十五分出门，六时十分回来。今晨没有21路，231站排长队。看报。晚看电视，《新闻联播》。八时息，九时三十分寝。明阴有小雨，14—22［摄氏］度。

十一月十九日

八时壬陪我去南京路取眼镜。八时三十分到，有小雨。配好出来雨止。再去笔店买笔，回家。上午十时项平来有事出差。下午五时四十分停电，用矿烛。早洗脚。七时四十分寝，电视没有看(无电)。

十一月二十日

晨六时出门，听说气温5—12［摄氏］度，有风。八时十分回来。计8000步。中午一时三十分，项政来电话，知爵介绍来杭开会。政去杭会晤，说北方气候和生活起居、饮食不及南方，恐不适应等等。壬、翌上午九时去开会，下午二时回来。我中山装一套和夏西裤一条取来，惜呼有机[玻璃钮]扣没有。晚看电视，《新闻联播》。吃暖锅菜。八时息，九时寝。明2—12［摄氏］度。

十一月二十一日

晨六时出门，七时回来。计8000步。想抄公园黑板(报)，抄《文汇报》(一则药房中买不到的良药)，读摘《老年报》，主要[讲]养生修身、达观、气宽、量大，抄《古今中外》数则。晚看电视，《新闻联播》。八时息，九时寝。明2—12［摄氏］度。

十一月二十二日

星期日。六时出门，七时十分回来。计8000步。看书报。项晓九时三十分来，下午二时三十分回去。项平下午来，小潘、建迟下午三时来，五时回去，送来奶粉康尔富。晚看电视，《新闻联播》。七时五十分息，八时四十分寝。明5—15［摄氏］度。

十一月二十三日

晨六时出门，七时零五分回来。计6500步，壬、翌上午八时去活动室，中午十二时才回来。晚看电视，《新闻联播》。七时五十分息，八时四十分寝。明晴，5—18［摄氏］度。

十一月二十四日

旧历十一月初一日。用新配眼镜。六时出门摔一跤，双手落在行人路树边泥地，手套沾污，手脚不痛。计8000步。看报。晚看电视，《新闻联播》。八点息，九点寝。明晴［转］多云，5—15［摄氏］度。

十一月二十五日

晨六时出门，七时十分回来。计7400步。看报。晚看电视，《新闻联播》。七时五十分息，八时四十分寝。明晴，5—13［摄氏］度，风5—6级。

十一月二十六日

晨六时十五分出门，一人去，七时十五分回。壬后去，先我回来，去乘车。我计6200步。看报信。晚看电视，《新闻联播》。七时五十分息，八时四十分寝。明晴，0—15［摄氏］度。

十一月二十七日

晨六时十分出门，门前沙石堆不平，滑一脚，幸未跌倒。七时十分回来。壬同去，计7900步。看报信。晚看电视，《新闻联播》。七时五十分息，八时二十分寝。仲阿姨身体不适。明晴，5—12［摄氏］度。

十一月二十八日

晨六时十五分出门，七时十五分回来。计7850步。看报。修化粪池，说不能用厕所，阿姨给我帮忙解决。晚看电视，《新闻联播》。8点息，9点寝。

十一月二十九日

晨五时五十五分出门，七时十分回来。计7900步。八时三十分再去大便。沿公园门前四川北路，回到家十时。项晓九时四十五分来。下午三时一郇来电，知贤已去穗。项晓晚饭后七点去。晚八时贤从广州来电，捷接，知他已到广东，拟12月8日来沪。晚看电视，《新闻联播》。七时五十分息，八时二十分寝。明7—17［摄氏］度，晴。

十一月三十日

今日早饭后去公园。七时四十五分出门，壬同去，他八时三十分乘车回。我沿车漫步回，去长春小市场看了一回。十时回来，洗头。午后洗浴更衣。晚看电视，《新闻联播》。八点息，九时寝。明7—14［摄氏］度，晴。

十二月一日

我于上午八时步行至塘沽路口，七百商店新装修，在减价有奖期间（大约在11月下旬至春节）。九时开门，人挤，营业好。到上海书店、新华书店想买的书没有，只有月历、声带及小孩书和贺年卡、圣诞卡等，业务清淡。独多服装小门店、面店、食品店等，装修门面生意热闹，看似不如北段。十一时十分回到家。不到五分钟，澂、玲、陈之谦来同吃中饭。谦睡，玲去逛马路。下午三时三十分回来（去二小时）。三时四十五分回去。项建今日乘车，腰扭了一下，痛，下午不上班，休息。我四时午睡，五时起床。晚看电视，《新闻联播》。七时五十分休息，八时二十分寝。明5—12［摄氏］度，晴。

十二月二日

晨六时十分出门，壬同去，七时十五分回来。计7800步。看报，说上海复兴中学、少年宫和人民广场拆墙开店。卓献血，在家休息。晚看电视，《新闻联播》。七时五十分息，八时二十分寝。明5—14［摄氏］度，晴。

十二月三日

晨六时十分出门，七时十分回来。计8200步。看报、书。建中午来，今日上班，腰病好些。晚看电视，《新闻联播》。中午十二时三十分政来电话问好。晚看电视，《新闻联播》。七时五十分息，八时三十分寝。明晴，5—15［摄氏］度。

十二月四日

晨六时十五分出门，七时十五分回来，计8000步。看书、报。晚看电视，《新闻联播》。因电线断，停约五十分钟。

十二月五日

晨六时十五分出门，七时十五分回来。计

8050 步。看书、报、杂志。晚八时下雨，明 7—12 度。晚看电视，《新闻联播》。七时五十分息，八时四十分寝。明有雨，12—16［摄氏］度。

十二月六日

晨六时十分出门，带伞，七时十五分回来。六时三十分下雨，壬乘车回。计 8050 步。晓九时三十分来。晚饭后六时五十分去。晚看电视，《新闻联播》。七时四十分息，八时四十分寝。明 14—17［摄氏］度，阴有小雨。

十二月七日

晨六时十五分出门，今晨路灯不亮，天又暗。到公园小圈折回，7050 步，看报、杂志。天暗，开灯看（听翌说昨晚有雷电闪闪）。晚看电视，《新闻联播》。七时四十分息，八时十分寝。明阴［转］多云，8—14［摄氏］度。

十二月八日

晨六时十分出门，七时十分回来。计 8250 步。壬、翌去老干部活动（八时去）。看报。晚看电视，《新闻联播》及“浦东拆迁搬入新居”新闻。八时二十分息，九时寝。明 7—14［摄氏］度。

十二月九日

晨六时十五分出门，七时十五分回来。计 8200 步。翌、卓、捷上午出去拿物。壬下午出去。晚看电视，《新闻联播》。敦来信，知徐晔已于 12 月 2 日乘机去美，龙到机场接云。晚看电视，《新闻联播》。七时五十分息，八时二十分寝。明阴有雾，5—13［摄氏］度。

十二月十日

晨六时十分出门，七时十分回来。雾大。计 8100 步。玄、翌去挂号受检查医治目病。搞搞卫生，更衣（昨日中午洗浴）。看报，写信。下午五时三十分万来，送来糖果、挂历。饭后七时三十分回去。看《浦东记录（下）》。八时息，九时寝。明 2—9［摄氏］度，晴。

十二月十一日

晨六时十分出门，七时十五分回来。有雾。去邮局、文具店。计 8050 步。九点回来。贤已到，在和壬、翌闲谈。下午去购火车票，明日去富。晚看电视。八点息，八时四十分寝。明 1—9［摄氏］度。

十二月十二日

晨六时十分出门，七时二十分回来。计 8000 步。贤八时三十分离此，乘车去富。看报。晚看电视，《新闻联播》《正大综艺》。八时二十分息，九时寝。明 1—7［摄氏］度，晴。

十二月十三日

星期日。晨六时零五分出门，七时十五分回来。计 8650 步。我计 8250 步。晓九时十五分来，晚报饭后六时零五分回去。晚看电视，《新闻联播》。七时四十分息，八时二十分寝。明 1—7［摄氏］度。

十二月十四日

晨六时十分出门，七时十五分回来。计 8700 步。穿套鞋，有小雨（五时中雨）。看报，写信。晚看电视，《新闻联播》。八点息，八时四十分寝。明晴，1—9［摄氏］度。

十二月十五日

晨六时二十分出门，过桥折回七时二十分。计 6880 步。翌去。看报，札报。晚看电视，《新闻联播》。八点息，九点寝。明 1—9［摄氏］度，晴［转］多云。

十二月十六日

晨六时十五分出门，七时十五分回来。7900 步。贤说今日回沪，至晚九时三十分未到。晚看电视，《新闻联播》。八点息，九点寝。明 1—10［摄氏］度。

十二月十七日

晨六时十分出门，七时二十分回来。计 7800 步。壬乘车回。晚八时壬致电铮，知贤已于晚同事三人住他单位招待所，说明下午来。晚看电视，《新闻联播》。七时五十分息，八时二十分寝。明 5—14［摄氏］度，晴。

十二月十八日

晨六时十分出门，七时二十分回来。计 8150 步。看报。用计算机核收支。贤来电话说下午来。中午广州李某来电话问贤，壬回答他下午来。贤下午五时来。六时李来电话，约他回旅馆，再照单复他。贤晚八时十五分回。玄要贤带来齐［白石］画，新登中学纪念册并帽、手套、信纸。我看电视《新闻联播》后，八时二十分息，九时寝。明小雨，7—10［摄氏］度。

十二月十九日

晨六时十五分出门，七时二十分回来，计7950步。看报，札记。中午项政来电话。晚看电视，《新闻联播》等。八时二十分我息，九点寝。明有小雨，8—10［摄氏］度。

十二月二十日

今日星期日。晨六时十五分出门，有小雨，气温低，七时二十分回来，计8200步。今日来园人最少，途中有二人在对话，但空气是最好的。看报。上午九时三十分澂、贤、晓到，大家谈谈。澂说我头上是毛囊炎。贤和晓下午二时三十分去看一郇的姑母（姑父于上月去世）。澂三时三十分回去。三时四十分邱玲来电问。晚看电视，《新闻联播》。七时五十分息，八时二十分寝。明5—10［摄氏］度。

十二月二十一日

晨六时十五分出门，七时二十分回来。计8250步。看报，写信。晚看电视，《新闻联播》。七时五十分息，八时二十分寝。明1—7［摄氏］度，多云，阴。

十二月二十二日

晨六时二十分出门，七时二十分回来，过桥折回。计7100步。看报，札录。晚看电视，《新闻联播》。七时四十分息，九时十分寝。明阴［转］多云，2—8［摄氏］度。

十二月二十三日

晨六时十五分出门，七时二十分回来。计8200步。看报。晚看电视，《新闻联播》。七时四十分息，八时二十分寝。明晴，5—8［摄氏］度。

十二月二十四日

我一人去。六点出门，七点十分回来。遇项捷。计8200步。公园路旁草地水沟有薄冰。看报。壬去开会。晚看电视，《新闻联播》。七时五十分息，八时二十分寝，明1—10［摄氏］度，晴。

十二月二十五日

晨六时十五分出门，七时二十分回来。公园仅中广场有一处有冰。计8200步。看报，写信。徐玉兰今日签名出售她剧本。晚看电视，《新闻联播》。七时四十分息，八时二十分寝。明多云［转］阴，有雨，4—10［摄氏］度。

十二月二十六日

晨六时二十分出门，一人去，七时十五分回来。计6650步。壬亦乘车来，后我一步到家。九时去买文具，看报。晚看电视，《新闻联播》等。七时四十分息，八时二十分寝。明阴有雨，8—10［摄氏］度。晚九时三十分来。

十二月二十七日

晨六时十分出门，七时二十分回来。有小雨，计8200步。星期天。晓九时三十分来，下午三时多去。徐玉兰舞台小生（越剧）60年。晚看电视，《新闻联播》。七时四十分息，八时二十分寝。明多云［转］阴，5—10［摄氏］度。

十二月二十八日

晨六时十分出门，有风，七时二十分回来。到四川中［路］药房，有狂风，似飞沙到。停电，上午九时十五分电来。计8200步。看报。晚看电视，《新闻联播》。七时四十分息，八时二十分寝。明阴［转］多云，1—10［摄氏］度。

十二月二十九日

晨六时十分出门，七时二十分回来。计8200步。看报。晚看电视，《新闻联播》等。七时四十分息，八时二十分寝。表不知何故，迟三十分钟仍走。睡时借一小摆钟。明多云，2—10［摄氏］度。

十二月三十日

晨六时十分出门，七时十五分回来。计7950步。九时去邮局。看报，写信。晚看电视，《新闻联播》《世界各地——瑞士》，赵忠祥［配音］。八点息，九时四十分寝。明3—9［摄氏］度，阴［转］多云。

十二月三十一日

晨六时十分出门，七时二十分回来。计8000步。看报。晚看电视，《新闻联播》、中央电视台《新年晚会》。我八时三十分息，九时十分寝。明2—12［摄氏］度，晴。

一九九三年

一月一日

元旦，星期五，旧历十二月初九日。昨晚报气温晴，2—12［摄氏］度。六时十分我、壬一同去虹口公园，经鲁迅墓前后回来，到家七时二十分。看报。龙华寺钟声在凌晨零点开始108响。我们回来在收音机声（听）到钟声。看报知每人打一响（100元，108位善男信［女］各打一下，早已满额，到寺人有一千余人云）。上午九时三十分爵来长途电话，我和壬均对了话。晚看电视，《新闻联播》（香港，人们在凌晨上街欢呼，娱乐场散，人挤在［台］阶下，跌入深窖，有四人死，20人重伤，60多人［受伤］）。七时四十分息，八时二十分寝。明晴，6—12［摄氏］度。

一月二日

晨六时二十分出门，一人去，七时二十分回来。计8100步。看报。上午项平、刘必华、刘之菁、项建、潘显宜、潘建迅来。小蒋因值班工作晚来。12人同吃午饭。晚十人同吃晚饭。看电视，《新闻联播》。八点息，八时三十分寝。明晴，6—12［摄氏］度。

一月三日

晨六时十分出门，七时二十分回来。计8100步。看报。上午九时三十分万来。十时瀓、玲、谦来。十时三十分晓来。11人同吃中饭，谈谈。下午二时四十分万、瀓、邱、玲、谦、晓他们回去。晚看电视，《新闻联播》等。七时四十分息，八时二十分寝。明阴雨，3—7［摄氏］度。

一月四日

晨六时十分出门，七时二十分回来，小雨转中雨，计7500步。看报。上海在建的海底皇宫失火，死伤十余人，详情未悉。看报，写信。晚看电视，《新闻联播》。七时五十分息，八时二十分寝。明阴，0—7［摄氏］度。

一月五日

晨六时十分出门，七时二十分回来。计7700步。看报。晚看电视《新闻联播》。七时五十分息，八时二十分寝。明阴雨，3—7［摄氏］度。

一月六日

晨六时十分出门，七时二十分回来。计8050步。看报，核去年12月收支，看报。晚看电视，《新闻联播》。七时四十分息，八时三十分寝。明阴雨，3—7［摄氏］度。

一月七日

晨六时十分出门，雨，壬折回，七时二十分回来。有风，微雨，计8250步。游人少。看报。晚看电视，《新闻联播》。七时五十分息，八时三十分寝。明阴雨，3—6［摄氏］度。

一月八日

晨未去公园。八时三十分去配电子（手表），说不能配，坏了。看报，整理。晚看电视，《新闻联播》。七时五十分息，八时二十分寝。明阴有雨，5—9［摄氏］度。

一月九日

晨有雨，我一人去。六时十五分出门，七时二十分回来。计8300步。人少。看报。瀓来电话说明阴、小雨，决定来接我。我说好，早点来，我们乘公共交通可以。她说再看，决星期日来，平日玲要上班。晚看电视，《新闻联播》。七时五十分息，八时三十分寝。明阴有雨，3—6［摄氏］度。

一月十日

我说今晨公园不去。壬乘车去，回来有雨，又乘车。到家雨止。到十时澂、玲、谦到。饭后十二时三十分玲去门前叫小车，四十五分钟到肇家浜路（车费22元）。晓开门接。晚饭后看《新闻联播》。八时息，八时三十分寝。玮六点回来。晚宿陈伟康家。明阴有雨，2—4［摄氏］度。静、铮我睡后归，未晤谈。

一月十一日

晨七时三十分起床，玲、谦、晓已出门上学上班。晚看电视，《新闻联播》。八点息，八时三十分寝。明阴有雨，2—5［摄氏］度。

一月十二日

七时三十分起床，铮去理发，我修面洗头。阴雨。中午十二时澂陪我去六百联华超级市场走一圈。小雨，回来雨止。二时午睡。晚看电视，《新闻联播》。八时息，九时寝。明阴雨，3—7［摄氏］度。

一月十三日

晨七时三十分起床，八时壬来电话，知彦章有信，来问要否转来，不必，改日要晓带来即可。晚看电视，《新闻联播》。七时四十分息，八时二十分寝。明有雨，2—4［摄氏］度。

一月十四日

晨七时三十分起床，澂、铮八时四十五分去医院看望定毅，因血压高住院。看报。十二时十五分回来，知定血压已稳定好转。晚看电视，《新闻联播》。七时五十分息，八时三十分寝。明有雨兼雪，1—3［摄氏］度。

一月十五日

晨没有雪，温度在零［摄氏］度左右。看报，写信。上午八时壬来电说庚有信来。晚上看电视，《新闻联播》。七时四十分息，八时二十分寝。明晴，1—3［摄氏］度。

一月十六日

晨七时三十分起床，澂给我买来棉鞋。看报，札记。晚看电视，《新闻联播》。七时四十分息，八时二十分寝。明晴，1—5［摄氏］度。

一月十七日

晨七时二十分起床，看报。中午饭后十二时十五分去商厦参观，二时三十分回来，是世界超级商品。项晓上午十时去四川北路，下午五时到家。说二时三十分回来路上二个半小时，给我取来信两封，报九份，驼毛大衣（壬）一件。晚电视《新闻联播》。七时五十分息，八时二十分寝。明2—5［摄氏］度。不是“世界”是“东方商厦”。

一月十八日

晨七时三十分起床，看报、信。晚看电视，《新闻联播》。七时五十分息，八时三十分寝。明晴，–4—4［摄氏］度。

一月十九日

晨七时三十分起床，看《参考消息》《报刊文摘》。澂要玲给我羽绒衣，袖子缝好。晚看电视，《新闻联播》。八时息，正拟洗脚，丽明、项明来，即同坐，谈过十分钟。澂、铮去叙（聚）餐回。万有来，谈至八时五十分，他们、晓同回去。我九时二十分寝。明–3—4［摄氏］度，晴阴。

一月二十日

晨七时三十分起床，看报，写信。上午九时三十分晓在家，趁机和她谈谈心，问她好吗，她说好。我先说：“你看上海大家都很忙，对学习工作都很认真，才有今日情况。你遇到他们，最好向他们学习，问问如何学习，如何工作，对你工作学习有帮助。没有专长，没有学识和技能，在现在的社会优胜劣汰，你说对吗？有工作机会，要珍惜工作。如何把工作搞得更好，有学习机会要好好学习，把学习搞好。一个人一生在15岁—30岁是学习工作最好阶段，可以是定形阶段。当然10岁—15岁也是学习基础。你自己认为这5年学习，你认为怎样？”她说：“不好”。我说：“不能说不好，我说你很聪明，记忆也好，学习也好，就是应学的书、打基础的书看得少了，精力时间花得可惜，应改变方针。对工作学习、事业，目前形势趋势如何要了解。你过去对这方面没有尽自己的最大努力，太可惜了。我对子女在十岁后就常常对他们说，我培养你们大学毕业，就是给你们一张大学文凭，别的一点也没有。文凭的分数要你们自己填写，这意思你懂吗？”“我爸也说，只培养读书，不给遗产。”“是呀，我讲我的出身和想读书、爸不让我远去。我向他申请了十年，[直到他]遇内战的财产损失和精神痛苦，才允许我去上海法学院念法律四年。在最后的一年10月他因病去世，店里同仁一定要我立即回来。我向他们要求让我毕业回来再接手，这几个月拜托大家同心协力支持过渡。我幸在法学院四年，看了不少进步书籍和[得了]进步老师的指导，思想转变，知农民和职工的辛苦，深[知]剥削压迫是不人道的，对农民与职工有感情。之后得到人民与政府的宽大，才有今日。”谈了一个半小时，她认为很是。我说：“好，十一点了，下次再谈。”她起立去打电话，说今天不来（四川北路）了。我问谁接电话，她说小蒋，又说大伯伯、大嬷嬷不在家。我怀疑。到下午一时，壬来电话我接，知他们北京不去了。因[翌]侄女要五月回国，到无锡等处。亦信。决改期。[壬]问我是否即回四川路。我说在这里，二月上旬星期日来。知项捷胃出血，故小蒋在家。今晚邱、玲、谦谦回家，玮未回。晓在万处。晚看电视《新闻联播》。八时息，八时三十分寝。明阴转多云，0—4[摄氏]度。

一月二十一日

七时三十分起床。八点小林来电话，知林滨于16日到家，彦章他们春节到他家，初四去三泰家云。九时我去电话，壬知项捷去医院医治，回家住。小林先电至他处，后知在澂处，故再打来。晓上午十一时去玄处。晚看电视，《新闻联播》。八时息，八时四十分寝。明阴转多云，0—5[摄氏]度（洗浴更衣，下午二时）。晚六时壬又电来，敦有信来。

一月二十二日

今天是旧历除夕。七时三十分起床，八时三十分澂买菜回来，知春饼皮子平日1.5元，今日2.5元每斤。这方式比限价好。节日加班加码，从前的投机倒把是会无货见面。上午十时爵来电话，祝新春节好。今日澂、邱、小陈忙。司厨分岁，有澂、铮、邱玲、小陈、邱玮、谦谦、我7人一圆桌，菜肴非常丰盛可口。六时三十分吃到七点。看《新闻联播》。八时后看中央台《春节联欢》《邓小平在上海》，我看中央台《群丑争春》一幕。九时寝，明阴[转]多云，0—5[摄氏]度。

一月二十三日

今日旧历春节，星期六。我七时三十分起床，吃鸡蛋、牛乳、桂园、莲子羹粥。十时看昨日中央台和上海台联欢重播。十二时吃午饭，铮、澂、玮、玲、小陈、谦、我。他们饭后去小陈妹妹处。铮去他三弟家。玮去会友。家中我和澂。上午十一时贤从义务市来电话问好。十二时三十分澂去电话，与壬联系，明日在万家午饭。十二时五十分湘从武汉来电，彦章一家在湘处。大家问好。下午四时三十分富、玄来长途电话，和欢欢、晓晓、项琪、项琳等祝新年好。晚看电视，《新闻联播》。我看到九时息，九时三十分寝。明阴[转]多云，2—6[摄氏]度。

一月二十四日

晨七时三十分起床。九时三十分澂、我、铮去邱玲家。邱玮去浦东友人家，要他给[拍]结婚照。我们到十一时去万家，壬、项平、项建、建迅、项晓已先到。我们到了看电视。午饭后二时三十分小陈陪我回澂处休息。三时三十分晓、建、迅到。三时四十分他们去壬家。三时四十分壬、平、建到来，四时三十分回去。我五时二十分起床吃晚饭。看电视，《新闻联播》。七时五十分息，八时二十分寝。明1—7[摄氏]度。

一月二十五日

晨七时三十分起床，看书、报。晚铮、澂请邱老夫妇子、铮继父的子媳、铮老五的子和侄媳及小孩玲、小陈、谦谦、玮、我共13人。小陈、玮、玲上厨服务。吃好晚上八时。我九时息，九时三十分寝。明1—8[摄氏]度。

一月二十六日

晨七时三十分起床，九时四十五分出门。澂、我去看四姨竹萍，走三十分钟。谈谈，她[老]大、

［老］二，［两］个女儿在家。我们吃了中饭，一时三十分回来，一时四十五分到家。二时三十分午睡，五时起床。今晚只有我、澂二人吃晚饭。六时三十分打电话给壬，要他将敦函寄来。说于昨日即寄出。晚六时五十分看《上海新闻》，七时《新闻联播》，唱［歌］、［跳］舞。在体［育］馆与外宾联合武术［表演］。八时五十五分息。明阴［转］多云，2—5［摄氏］度。

一月二十七日

晨七时四十分起床，看报，写信。项晓到，带回我身份证和印章。晓再下楼，信箱内壬转寄敦信到。饭后去单位洗浴，仍回四川路。着手写回信。晚看电视，《新闻联播》。七时五十分息，八时三十分寝。明晴［转］多云，2—5［摄氏］度。

一月二十九日

晨七时三十分起床。看报，写信。晚看电视，《新闻联播》。七时五十分息，八时二十分寝。明晴［转］多云，3—4［摄氏］度。

一月二十九日

晨七时三十分起床，澂去看晨练，女友骨折。九时三十分回。早餐铮做。看书、报。晚看电视，《新闻联播》《皇城根儿》。八时三十分息，九时十分寝。明晴，2—9［摄氏］度。

一月三十日

晨七时三十分起床。看报，札报。晚看电视，《新闻联播》等。七时四十分息，八时二十分寝。明晴，1—10［摄氏］度。

一月三十一日

晨七时三十分起床，看书、报，札录。中午与方中通话。项晓中午来，要她带《参考消息》与文摘来。晓下午五时三十分到，宿万处。电视，徐玉兰清唱《笑林妹妹》。晚看《新闻联播》等。八点息，八点四十分寝。明阴转晴，2—7［摄氏］度。

二月一日

晨七时三十分起床。上午九时，澂陪我去华山路及东方商厦二楼，走了一圈。从肇家浜路后门回宿舍，已十一时。［项］晓先在家，说工厂待料，要迟一周开工。看报，札录。玲给我旅行中号提包。晚看《新闻联播》。八点息。项捷电话来，说要项晓去夜校学学会计。我八时三十分寝。明晴，2—10［摄氏］度。

二月二日

晨七时三十分起床。澂给我洗外衣。玲又给我袖珍收音机。看报，札录。我和澂、晓谈要学一门专技。她去索报名简章。晚看电视，《新闻联播》。七时五十分息，八时三十分寝。明0—12［摄氏］度，晴。

二月三日

晨七时三十分起床。看书、报，写信。晚看电视，《新闻联播》。七时五十分息，八时三十分寝。明晴，2—14［摄氏］度。

二月四日

晨七时三十分起床。九时铮、澂、我去淮海一带，回到家十二时二十五分，出去1元车票。到重庆路口回来，乘42路到万宿舍门口走回。晓下午五时从方中处回，知她决去学会计。晚七时五十分去万家。我、晓看电视，《新闻联播》。八点息，八时四十分寝。明晴4—19［摄氏］度。

二月五日

晨七时三十分起床。试刮胡子，尚可。九时澂陪我去华山路、六百、汇联，十一时三十分到家。晚饭等到六时四十六分吃。七时看电视，七时三十分息，洗浴，八点寝。澂说项政来电话，说我睡。明4—12［摄氏］度。

二月六日

我七时三十分起床。澂、铮九时去沃门路陈伯伯家慰问，他去世。十一时项政来电话，说项炜明日去校接她回家过春节。我又和晓谈了一个半小时。整理，准［备］明日去壬处。晚看电视，《新闻联播》。八时息，八时四十分寝。明2—11［摄氏］度。

二月七日

晨七时三十分起床。九时十五分澂、玲、谦谦陪我来壬处。铮协助提物送上车。九时四十五分到。小潘、项建、建迅等同吃午饭。澂午后二时半回家。项晓、项明十二时三十分到后吃中饭。二时三十分出去买物后回家。项平下午四时来，同吃晚饭。我八点息(看电视)，八时四十分寝。

二月八日

晨五时三十分起床。六点出门，去公园(壬八点要去老干部活动室，未去)。我七时十五分回来。计7850步。翌、壬同去，不回来吃饭。我写信。十时无锡来三位亲属。一位在[19]83年会到过，还有一位女的，说是他姐姐(在天津)，还有一位是他姐的女儿。十二时五十分壬、翌回来。下午客人去南浦大桥、外滩看看，回来吃晚饭。他们送无锡产酱烧排骨。晚看电视，《新闻联播》。八点息，八时四十分寝。明1—11[摄氏]度。

二月九日

晨六时十分出门，壬同行。七时十五分回来。计7800步。八点壬去局开会，客去城隍庙游览，我写信。晚看电视，《新闻联播》。八点息，八时四十分寝。明1—11[摄氏]度。

二月十日

晨六时二十分出门，七时三十分回来。计7650步。客人十时去火车站，回无锡。中午十二时溦来电话，知她已给我去看望凤弟，予赵定毅儿童歌谣已买到。晚看电视，《新闻联播》。八时息，八时四十分寝。明2—12[摄氏]度。

二月十一日

晨六时十五分出门，七时二十五分回来。计7750步。看报，写信。说今日中午停水(大约是整修管道)，但到晚仍有水，有时小一点。晚看电视，《新闻联播》。八点息，八时四十分寝。明多云，1—12[摄氏]度。

二月十二日

晨六时十五分出门，走中圈，计7750步。到家六时二十分。水仍未停，恐要推后了。写信。晚看电视，《新闻联播》。八时息，八时四十分寝。明2—16[摄氏]度，晴。

二月十三日

晨六时十分出门，我去寄信，壬回头寻我，后乘车，同到园门，七时二十分回来。计7200步。下午四时凤弟来电话，说明日下午她女婿来看我。晚看电视，《新闻联播》。八时息，八时四十分寝。明4—16[摄氏]度，晴。

二月十四日

晨六时十分去公园，七时二十分回来。看报。晓十时四十五分来。她妈下午一时来电话，她已回去。凤弟女婿我虽对她说不要来，但恐他来，不得不备点东西。翌中很好说，她有瓜子、糖等，还备了细沙汤圆，结果没来。不知她对我的善意能了解否。晚看电视，《新闻联播》。八点息，八时四十五分寝。明阴有雨，9—11[摄氏]度。

二月十五日

晨有雨。我一人去公园。六时十分去，七时三十分回来。计7700步。看《绿茶的利弊》《解放报》1992年7月11日报。上午半天小雨不止，未去理发。写信。晚看电视，《新闻联播》。八时息，八时四十分寝。明阴有雨，6—11[摄氏]度。

二月十六日

晨六时十分出门，我一人去，七时三十分回来。有风，小中雨，鲁迅墓转。计8100步。风五级。我、壬看公园前樱花酒家今日开幕营业。晚看电视，《新闻联播》。八时息，八时四十分寝。明阴[转]多云，3—11[摄氏]度。

二月十七日

晨六时二十五分出门，一人去，七时二十五分回来。7700步。壬后亦去，乘车去。七时三十分回来。九时去理发，二十分钟，手艺亦不错。看报，札记。晚看电视，《新闻联播》。八时息，八时四十分寝。明4—11[摄氏]度，阴[转]小雨。晚项政来电话，男友姓夏。

二月十八日

晨六时十五分出门，七时二十五分回来。计6900步。九时三十分溦来电话，说凤弟家已装电话。不让他女婿来，认为不是，倘下次来，让他来。看报，写信。晚看电视，《新闻联播》。八时息，八时四十分寝。明阴有雨，6—10[摄氏]度。

二月十九日

晨六时十五分出门，回来有中雨。七时二十五分到家，计7250步。看报，写信。晚看电视，《新闻联播》。八时息，八时四十分寝，明阴有雨，6—10［摄氏］度。

二月二十日

晨六时二十五分出门，小雨。壬取牛乳回。七时二十五分回。计7400步。查旧报，札录。项晓上午十时三十分到，下午一时三十分回去，说明日不来。晚看电视，《新闻联播》。八时息，八时四十分寝。

二月二十一日

晨六时十五分出门，风大，七时二十五分回来。计8000步。上午九时十五分立成来电话，知北京一点情况。看报，札录。午后十二时三十分一郇来电话，捷不在，由方中回话。下午一时得允中来信，知琳于二月16日晨五时分娩得一女，名珍雨（乳名珍珍）。母女均安，女重6.8市斤。晚看电视，《新闻联播》。八时息，八时四十分寝。明0—6［摄氏］度。

二月二十二日

晨六时十五分出门，七时二十五分回来，5级风，计7950步。写信，看杂志，看报。晚看电视，《新闻联播》。八时息，八时四十分寝。明阴［转］多云，2—8［摄氏］度。

二月二十三日

晨六时二十分出门，七时二十五分回来，冷，路上有一二处薄冰。计6780步。壬、翌老干部开会（例）。十时才看书、报。壬十二时三十分回来。今日有太阳。晚看电视，《新闻联播》。八时息，八时四十分寝。明2—8［摄氏］度。

二月二十四日

晨六时二十五分出门，七时三十分回来，过桥折回。计6950步。天阴。看报，札报。晚看电视，《新闻联播》等。八时息，八时四十分寝。明2—8［摄氏］度。

二月二十五日

晨六时十五分出门，七时二十五分回来。计7950步。看报，札报。晚看电视《新闻联播》。八时息，八时四十分寝。明多云转阴，1—8［摄氏］度。

二月二十六日

晨六时二十五分出门，七时二十五分回来。过桥回。计7450步。天好，日出。札报。晚看电视，《新闻联播》。八时息，八时四十分寝。明多云转阴，4—8［摄氏］度。

二月二十七日

晨有中雨，六时二十分出门，一人去，七时三十分回来，到鲁迅墓折回。计6500步。雨，看报。晚看电视，《新闻联播》等。八时息，八时四十分寝。明多云，2—8［摄氏］度。

二月二十八日

晨六时二十分出门，七时三十分回来，计8000步。看报，札报。翌中身体不适。晚看电视，《新闻联播》等，八时息，八时四十分寝。明阴［转］多云，1—12［摄氏］度。

三月一日

晨六时十五分出门，过桥，从正门江湾路回来。计7100步。到家七时三十分。九时三十分看报，写信，札报。晚看电视，《新闻联播》。八时息，八时四十分寝。明晴［转］多云，0—13［摄氏］度。

三月二日

晨六时十五分出门，七时二十五分回来。园中水面有雾。计8250步。看报，写信。晚看电视，《新闻联播》等。八时息，八时四十分寝。明1—12［摄氏］度，多云［转］晴。

三月三日

晨六时二十分出门，七时三十分回来。今日到公园右手，去江湾路一体育场看兴建情况。到游泳池广中路进公园后门出，前门回来。计9000步。看报。下午三时瀓来电话，翌接，说爵来电话，他出差，将于10日过沪，同行项力。晚看电视，《新闻联播》。八时息，八时四十分寝。明1—13［摄氏］度，晴。

三月四日

晨六时二十分出门，七时三十分回来。计8100步。看报。十时政来电话。看报。晚看电视《新闻联播》其他。八点息，八时四十分寝。明晴，4—19［摄氏］度。

三月五日

今天公园没去。八点零五分出门，八时五十分到七百折回。和壬一同去，十一点正到家。计20050步。饭后看报，午睡。晚看电视，《新闻联播》等。八时息，八时四十分寝。明6—9［摄氏］度，阴有雨。

三月六日

晨六时十五分出门，有小雨，壬取牛乳即回，我过桥，鲁迅墓折回。计7850步。看报。晚看电视，《新闻联播》等。八时息，八时四十分寝。明4—14［摄氏］度。

三月七日

晨六时十五分出门，七时二十五分回来。计8000步。看报，札报。项晓九时三十分来，下午三时去。看报，札记。晚看电视，《新闻联播》及其他。八时息，八时四十分寝。明晴，1—14［摄氏］度。

三月八日

晨六时十七分出门，七时二十分回来。计6650步。十时看报，札记。壬、翌去干部室。晚看电视，《新闻联播》等。八时息，八时四十分寝。明阴［转］多云，4—12［摄氏］度。

三月九日

晨六时十五分出门，七时二十五分回来。计8350步。有毛毛雨(回来)。看报。门前水泥平地分批浇到门前。看报。晚看电视，《新闻联播》等。八时息，八时四十分寝。明4—17［摄氏］度，晴。

三月十日

晨六时十五分出门，过桥回，七时二十分回来。计6790步。壬八时零五分去开会。看报。太阳出，晴。公园、鲁迅纪念馆侧二株白玉堂(兰)盛开。晚看电视，《新闻联播》等。八时息，八时四十分寝。明阴［转］多云，4—10［摄氏］度。

三月十一日

晨有雨，六时二十五分出门，我一人去，七时三十分回来，到鲁迅墓折回。705步。上午九时爵、项力同来。晚饭后七时回徐汇招待所宿。晚看电视，《新闻联播》。八时息，八时四十分寝。明4—14［摄氏］度。

三月十二日

晨六时十五分出门，七时二十五分回来。壬去局开会。札报，看报。晚看电视，《新闻联播》等，八时息，八时四十分寝。明晴，4—14［摄氏］度。

三月十三日

晨六时二十分出门，七时二十分回来。计8200步。看报，札报。晚看电视，《新闻联播》等。八时息，去洗脚出来，阿姊说六叔叔来电话，说他明去杭州、黄山。八时四十分寝。明7—12［摄氏］度，阴有雨。

三月十四日

晨六时十五分出门，有雨。壬取牛乳折回，我去公园，过桥，鲁迅墓后回来。七时二十分到家，计7600步。看报，札报。晓十一时五十分到，下午二时回去。晚看电视，《新闻联播》等。八时息，八时四十分寝。明7—12［摄氏］度，阴有雨。

三月十五日

晨六时十五分出门，风4—5级，七时二十分回来，过桥回。计6880步。看报，札报。晚看电视，《新闻联播》等。八时息，八时四十分寝。

三月十六日

晨出门有小雨，回来雨停。我一人去，过桥，鲁迅墓折回。计7500步。彦章九时十五分到，大家谈。午饭后三时十五分去八仙桥，回静铮处，知铮于3月1日又回单位咨询处工作云。晚八时四十五分爵来电话，壬接，知他去富、新。我已寝，起床电话已止。我看《新闻联播》。八时息，八时四十五分寝。明8—12［摄氏］度，多云转阴。

三月十七日

晨六时二十分一人出门，六时四十分进园。壬已先我在纪念馆前过桥折回。6790步。看报，札报。晚看电视，《新闻联播》其他。八点息，八时四十分寝。明多云［转］晴，7—12［摄氏］度。

三月十八日

晨六时十五分出门，从溧阳路、四平路小菜场—四川北路。计6500步。九时三十分阿姊陪我去买滁卡。看报。晚看电视，《新闻联播》等。八点息，八时四十分寝。明晴，4—12［摄氏］度。

三月十九日

要去七百公园未去。八时十五分出门，十一时二十五分回来。计20050步。下午四时同壬去天鹅商厦买棉布衫裤。看报。晚看电视,《新闻联播》等。八点息，八时四十分寝。晴，1—11［摄氏］度。

三月二十日

晨六时十五分出门，壬去开会，不过桥即折回。他乘车回，我七时十分回。计6100步。看报。夜九时四十五分项政来电，卓接，大哥大可直通试话。我晚看《新闻联播》等。八点息，八时四十分寝。明1—12［摄氏］度。

三月二十一日

晨六时十五分出门。壬要去开会，不过桥，小圈即回。到家七时十五分。今日星期日，晓来十一时三十分，回去二时十五分。三时三十分玄在澂处来电话，知他到沪，说明日来四川路。晚看《新闻联播》其他。八点息，八时四十分寝。明6—12［摄氏］度，多云。

三月二十二日

晨六时十五分出门，七时二十五分回来。天阴，计8050步。看报，玄上午十一时三十分来。下午他去七百看看。下雨。同吃晚饭，和我谈谈。九时息，看《新闻联播》后，大家谈谈。九时四十分寝。明有雨，6—11［摄氏］度。

三月二十三日

晨六时二十分出门，小雨、中雨，过桥，鲁迅墓折回。金陵中学一年级师生有花圈献在墓前。回，中雨、大雨。七时二十五分到家。计8300步。玄九时三十分去澂处。我看报，札报。上午十时凤弟的女儿来电话，十时四十分来电，不知何人。玄晚七时十五分来电话，说爵来电话，说明日中午三时到沪。晚看电视，《新闻联播》。八时二十分息，九点寝。明阴有雨，7—11［摄氏］度。

三月二十四日

晨中雨。六时二十分出门，我一人去，七时二十五分回来。计7610步。过桥折回。翌去学字看报。八时三十分壬去电问澂，知爵已到沪。晚看电视，《新闻联播》［及］其他。八时息，八时四十分寝。明7—12［摄氏］度，阴有雨。

三月二十五日

晨六时十五分出门，雨很大，到四医院门口，衣袖裤脚已湿，即回，未去公园。十一时三十分澂到。十二时三十分玄到。一时爵到。大家谈谈，他们三时回去。我午睡。壬五时去会友。晚看电视,《新闻联播》。八时息，八时四十分寝。明小雨［转］多云，7—12［摄氏］度。

三月二十六日

晨六时十五分出门，七时二十五分回。计8100步。看报，整行装。玄十一时来，下午去买物，我同去。晚看电视,《新闻联播》。八点息，八时四十分寝。一郇八时五十分来电话，玄接。

三月二十七日

爵、项力七时三十分到，八时去叫车。八时十五分开，八时三十二分到，05次车九时五十一分晚至十时零六分(实际到)，十时十七分开到。中午一时十五分到站，坐三轮车富阳汽车站。一时四十五分上车，二时十分开，到富三时二十分，到宿舍三时四十分。晚七时二十分项政男友夏君来，八时五十分回去。我九时二十分寝。明7—14［摄氏］度，阴，有时有雨。

三月二十八日

五时起床，六时出门，登鹳山。北门已改。从新门上，前门下。到家七时二十分。计6900步。遇韩桂英、徐亚英、陈仁文等。八时三十分去理发(玄陪我去)，等半小时，理三十分钟。十时项琳、石勇来，珍珍来。晚因电视在修理，没看。写信。八点息，八时四十分寝。

三月二十九日

五时起床，六时出门，去鹳山，遇韩桂英、沈炳生、老谭、老袁、袁柏舟、李定国、李福祥等。七时十五分回到家。计8000步。写信，看报。汝霞晚七时十分到，说饭已吃。我在看《新闻联播》。七时三十分谈至八时五十分，她去政处宿。我九时三十分寝。明4—13［摄氏］度。阴［转］

多云。

三月三十日

晨六时零五分出门，七时十五分回来。遇孙、谭、袁、李、郎、邵、陶、周京生、孙玉远、陈七美等。计8050步。天阴。晚看电视，七时五十分息，八时四十分寝。明7—19［摄氏］度，晴。

三月三十一日

晨六时十五分出门，七时三十分回来。去县中大操场，县教育基金会纪念碑折回。计8050步。遇新登某妇女，她认识我，我记不得她是谁。老周同学夏，在停车处会到邱、邵等。整理，写信。晚看电视，《新闻联播》。八时二十分息，我九时十分寝。明8—24［摄氏］度，晴。

四月一日

星期四，农历三月初十日。晨六时十分出门，往北走环山路到［花坞］桥折回。计6050步。到宿舍七时零五分。下午六时政来，六时三十分回去。晚看电视，《新闻联播》。八时二十分息，九时寝。晴有小雨，8—24［摄氏］度。

四月二日

晨六时出门，七时回来。烈士墓侧遇张、嶶垣(95岁)。计7050步。八时三十分去看七美，十时三十分回来。晚看电视，《新闻联播》等。八时二十分息，九时寝。明8—18［摄氏］度。

四月三日

晨六时十五分出门，小雨不停，遇周、沈、孙、七美、老孙等。计7100步。九时去七美家，［同］老孙闲谈至十一时回来。整理收支。午睡，四时起床。玄说林滨来，项政来说去新登。晚看电视，《新闻联播》等。八时息，八时五十分寝。明12—18［摄氏］度，有雨。

四月四日

晨五时五十分出门，有小雨，上山人很少。走廊有些在舞剑。我回，琪来。计7500步。九时去看王老师，家中无人。去桂花路商店看看。十时回来。晚饭去看舅母，卧床不起。与小成、阿芳谈谈，至六时五十五分回来。看电视，《新闻联播》。八时息，八时四十分寝。明阴有雨，7—12［摄氏］度。滨三时四十五分去杭回校。我中午洗浴。

四月五日

今日清明。晨有雾。我五时五十分出门，七时十分回来。遇谭、孙、杏等，计7600步。今天大好，天晴，整理。下午五时蒋珈出差，顺利(便)来富阳参观。晚看电视，珈去莹处宿。明晨去她们医院。晚看电视，《新闻联播》等。八时三十分息，电视剧《茶馆》。九时十分寝。明小雨转阴，7—11［摄氏］度。

四月六日

晨五时五十分出门，遇新登市桥老吴妻和香，谈谈我你近况。遇老周、谭、孙、李等。7650步。回来七时零五分。整理，看报，札记。晚看电视，《新闻联播》等。九点息，九时四十分寝。明阴［转］多云，7—12［摄氏］度。珈上午十时回杭，我送上车。

四月七日

晨五时五十分出门，遇和香、谭、孙、李、王、杏等。七时到宿舍，计7600步。看报，整理。晚看电视，《新闻联播》等。八时息，八时四十分寝。明7—11［摄氏］度，阴［转］晴。

四月八日

晨五时三十分起床，整理，看报。未去散步。晚看电视，《新闻联播》等。八时息，八时四十分寝。明6—12［摄氏］度，阴［转］晴。

四月九日

晨允陪我来新，莹、欢欢、琳、珍珍乘八时车到新。九时又中、敏同去。九时三十分去石桥头坟上一转。到竹笙、水松两家略坐，回来十一时三十分。庚处吃中饭。允等去老街，乘二点三十分车回富。我留下。晚饭后，又中陪我来。八时寝。

四月十日

晨八时三十分去俊、杰两家闲谈。在杰处同吃中饭。谈至下午一时四十五分离去。看长育，途遇沈建华，要我谈五分钟天，到他家一坐，知他接二连三不幸。我劝他达观一些，身体要紧，痛心伤气无益。古语说“留得青山在，不愁没柴烧”。育晚六时三十分来。霞七点来，八点去。育至九时三十分去。我十时十分寝，小雨即止。

四月十一日

上午八时去南津桥，一路看看，十时回来。

四月十二日

晨八时三十分去中学看项自强、陈瑞良同在门房。谈至十一时，回来吃中饭。下午正拟查资料，十二时十分罗自强、朱华延到，谈至二时三十分他们回去。晚八时寝。

四月十三日

上午七时四十分，智标三女满金陪我去医院看望智标。吴镇长亦在。同室疗养夫人陪着我，趋前（走上前去）略谈。智标闻声目（眼睛）发（睁开），我趋前（走上前去）略谈。安慰他要和医生配合，好好治疗，会好起来，不要着急，要心宽静养。略坐，辞别。满金一定要陪我回来，她再吃早饭休息。我再去看袁杰三医生。他去购药，未遇到。中百小商品门市部郑文发看到我，出来招呼，坐谈。遇老陈、小孙、朱红珍等。再到中百大楼看小张，他们在开会，新经理何中德即出来招呼。我说你忙开会。到会计处坐坐，遇二人熟、二人新。略谈二十分钟告别出来，和小张告别。何经理出来说：你80岁以上老人来报销，药费现在一律包干15元。曹已不在室，郑一直陪我到老街看项辉，不在，说出外。去看陈经理师母，安慰她一番。她说陈病情及子女受业受学情况，一定要送我下楼到门口。去看朱善庆（十时），他正在起床，谈至十一时告别，回来吃中饭。下午睡觉。天雨，气温降。晚庚六时送来，谈至七时回去。我八时寝。

四月十四日

晨八时去看李老师，遇金南炊事（大伯之子）。到老镇委、区委，到老城阳公所、红卫广场居住区，遇到李师母，正一人在锻炼入座。送我到路口（花一小时），知李老师在上课，要我十点去城阳公社（旧址）。未遇，再去城阳南路75号，叫无人应，回来已十一时。到十一时三十分去吃中饭。庚来叫，遇李老师正出来遇到，我和李谈约15分钟。庚有内弟来，又来叫我，再去吃饭。晚饭后庚送我来，敏去临安。庚七时回去。我到八时正要睡觉，金南和他爱人来看我。谈四十分钟，他们回去。我洗面、脚。九时二十分寝。

四月十五日

我于八点去中百买长柄伞，只有一把柄，石膏没拆。我对小李说我去看看，没有再来买。到合作社、新街供销社都没有。我回到中百，［伞］已卖掉了。说你下午来看。我说四时来买。到三时四十五分去，她已提一打，比上午的大60公分，说贵4角。买了一把。为这一把伞，跑了三个小时。不过，我也能看到各店情况。虽费时倒也有似参观。晚七时息，八时寝。

四月十六日

晨五时三十分起床，中雨。今日不出门，整理。晚八时项金南夫妇来，谈四十分钟回去。我九时寝。

四月十七日

今日放晴，整理。准［备］明日回富。中午知项敏回来，去医院换手上伤药，饭后十二时即去江苏。晚六时，项政星期日回家休息。庚送我回宿舍。约七时三十分政来，同谈至八时三十分，回去整理，到九时四十分息，十时十分寝。

四月十八日

晨七时十五分庚陪我回富。八时十五分到玄宿舍。庚九时回去。晚看电视，《新闻联播》《八仙过海》。八时五十分息，九时二十分寝。明阴［转］多云，13—23［摄氏］度。

四月十九日

晨五时四十五分出门，七时回来。遇伯初嫂、陈成文、谢某、袁、孙、谭等，计7000步。看报，写信。晚看电视，《新闻联播》，徐玉兰《追鱼》。九时息，九时四十分寝。明阴有雨，15—24［摄氏］度。晚邮局放烟火，庆祝万门程控电话开通和127寻呼启用。

四月二十日

晨五时四十五分出门，七时零五分回来。遇成文、张、孙、谭、孙、林、周等，计7200步。看报，写信。晚看电视，《新闻联播》和《八仙过海》一集。八时二十分息，九时寝。明阴［转］多云，15—20［摄氏］度。

四月二十一日

晨六时十五分出门，七时零五分到舍。到走廊至市心街回来，计7000步。遇陈仁文、陶、孙、姨等。看报，写信。晚看电视，《新闻联播》《唐明皇》（第八集）。八时四十分息，九时二十分寝。明多云［转］晴，15—24［摄氏］度。

四月二十二日

晨五时五十分出门，上山遇文、孙、周、学、张、孙、傅夫妇等，计7050步。看报，写信。晚看电视，《新闻联播》《唐明皇》（［第］九集）。九时息，九时四十分寝。明晴，18—32［摄氏］度。

四月二十三日

晨五时四十五分出门，七点整回来。遇周、柴的女儿、孙、谭、袁、袁、李、张等，计6600步。上午八时三十分仙花来，下午一时回去。允中送她至大桥边，乘三卡回去，因带一周岁孙女，晚间亦由她带。晚看电视，《新闻联播》《唐明皇》（第十集）。九时息，九时四十分寝。明20—30［摄氏］度。

四月二十四日

晨六时十分出门，未上山，经旅游大楼、市心街折回。遇成文、张等，计6700步。回来七时零五分。看报，算收支。晚八时，项政、夏来，九时回去。看富阳镇小小学生书法比赛栏。晚看电视，《新闻联播》。中央台以圆明园为背景开展百年历史问答竞赛，有名歌唱家舞蹈家参加、主持报台。九时结束，我十时寝。明5—15［摄氏］度。

四月二十五日

晨六时出门，今日因星期日，去县中看墙报，有些写得很好，有一篇周恩来答美国记者派克笔的故事。晚看电视，《新闻联播》后，富阳台出故障。七点五十分息，八点二十分寝。明15—22［摄氏］度。

四月二十六日

晨五时四十五分出门，先到镇一小抄《硬笔书法选刊》，后去鹳山脚尖，遇耿、夏、周、李等，计6900步。八时去理发。后看报，写信。晚看电视，《新闻联播》其他。八时二十分息，九时寝。明15—24［摄氏］度。

四月二十七日

晨五时四十五分出门，遇刘鸿、邵、郎、陶、袁、袁、李等，谭知邬来富。未遇柔等。计6620步。看报。长育来开会，中午十一时三十分到，十二时三十分去，他饭已吃过。有一小时休息，来此谈，再去开会。明晴，19—30［摄氏］度。晚看电视，《新闻联播》《唐明皇》（［第］十三集）。八时三十分息，九时十分寝。

四月二十八日

晨五时三十五分出门，六时四十五分回来。计7620步。遇孙、谭、袁、袁、陈等。看报，札录。上午九时去书店、文具店，邮局去一回。十时三十分回来。下午四时有雷阵雨。晚看电视，《新闻联播》《唐明皇》（第十四集）。九点息，九时三十分寝。明阴有阵雨，17—27［摄氏］度。

四月二十九日

晨五时三十五分出，六时三十五分回来。计7000步。遇陶、陈、孙、袁、袁、福等。看报。晚看电视，《新闻联播》《唐明皇》。八时二十分息，项政和小夏同来，约十五分钟即回去，说明日去千岛湖游览。九时二十分寝。明19—28［摄氏］度。

四月三十日

晨雾重。五时四十分出门，六时四十分回来。遇周、谭、孙、陈、陶、袁、袁、邱、邵等，计6750步。核四月份收支。晚看电视，《新闻联播》，中央台"五一"晚会有新意。九时息，十时寝。日来左大拇脚趾痛风。明15—24［摄氏］度。

五月一日

晨五时三十分出门，到运动场纪念塔遇到刘同志，一路谈。回来，计6700步。遇五六熟人。六时三十分回来。看《名人格言》和《老年病的防治》等书。下午四时项炜来。他饭后七时去看政、夏，未遇。回来宿。我看电视，青年庆祝"五一"晚会，小品有新意，有虎劲。九时息，我十时寝。

五月二日

晨中雨。五时三十分出门，上山，六时三十分回来。遇玲、王君、孙君、阿姊等，计7250步。

炜九时去新登。整理旧报。晚看电视，《新闻联播》《唐明皇》([第]十七集)。九时息，九时四十分寝。明阴，有小雨，15—22[摄氏]度。

五月三日

五时四十分出门，遇周、王、邬、袁、袁、张褫垣、孙玉远等，计7250步。看报。晚看电视，《新闻联播》《唐明皇》([第]十八集，据说四十集)。九时息，九时四十分寝。明15—22[摄氏]度，晴[转]阴。

五月四日

晨五时四十分出门，六时四十分回来，遇阿姨、谭、孙、袁、袁、张、李福祥、徐金梅、王等，计7400步。晴，日出，看报。晚看电视，《新闻联播》《唐明皇》([第]十九集)。九时息，九时四十分寝。明晴，有雷雨，15—24[摄氏]度。

五月五日

晨五时四十分出门，遇刘鸿夫妇、仁文、孙、邬、周、徐亚英、袁、袁、姨、张等。计6600步。看报，札录。政下午五时来，饭后即去。晚看电视，《新闻联播》《唐明皇》([第]第十九集)。九时息，九时四十分寝。明多云，15—22[摄氏]度。

五月六日

晨五时四十分出门，六时四十分回来。遇褫垣、孙七、邱、邵、陶等，到山脚，未上山。计7000步。看报，札录。晚看电视,《新闻联播》《唐明皇》(第二十集)。九时息，九时四十分寝。明阴，有雨，13—22[摄氏]度。

五月七日

晨六点出门，七时十分回来。遇顾、仁、孙、谭、金、夏、治、陈、赵等，计6650步。看报。晚看电视,《新闻联播》《唐明皇》([第]二十一集，华清池浴)。九时息，九时四十分寝。阴多云，17—22[摄氏]度。

五月八日

晨五时三十五分出门，六时三十五分回来。遇周、仁文、文光、谭、孙、谭、邵亚民等。影剧院墙上有约八十幅白布红字祝贺条。看其他横幅，可能是全国乡村中医代表会议(试点)在富阳召开。计6750步。看报，札报。下午二时到工商局出席政协联谊会(大约到六七十人)。俊、杰、叶振宇等均到，分《孙权》《黄公望》《郁达夫》、历史小丛书一册。下午四时散，备晚餐。我爱清淡，故向总干事辞谢。据俊、杰云当晚即回新登六组共五人，共出席79人。晚看电视,《新闻联播》《综艺大观》《今日世界》。九时息，九时四十分寝。明小雨[转]多云，17—23[摄氏]度。

五月九日

晨五时四十分出门，有小雨，六时四十分回来。遇淳、姨、福祥，人少，走廊有数十人。计6950步。上午九时，中央电视没有。下午四时中央(4)有“摩托车表演”(王子)创纪录。晚新闻及播出《新闻联播》后，七时五十五分“东亚运动会开幕”，到九时五十五分结束，一、团体操;二、来宾运动员入场，各队有各队特色，小节目在进行中;三、中国艺术表演(一)水好(二)山好(三)人更美;四、放烟火;五、一千辆自行车入场，表示申请2000年办奥运会。十时四十分寝。

五月十日

晨五时三十五分出门，六时三十五分回来。天大好，遇和香、孙、谭、袁、袁、李、王、林、孙七等，计6750步。看报。晚看电视，《新闻联播》。七时三十五分东亚第一届运动会，举重、游泳给奖。九时息，九时四十分寝。明晴[转]多云，16—29[摄氏]度。

五月十一日

晨五时三十分出门，六时三十五分回来。遇中百陈、谭、孙、袁、袁、李等，计7200步。看报，札报，写信。九时三十分寝。晚看《新闻联播》。九时息。明沪17—32[摄氏]度，杭20—33[摄氏]度。

五月十二日

晨五时三十分出门，遇严月仙、谭、孙、周、林、袁、李、张、沈、吴关尧等，计6660步。八时三十分有小雨。看报，札报。晚看电视，《新闻联播》。九时息，九时四十分寝。俊[生]的女儿来送物。明沪21—25[摄氏]度，杭24—28[摄氏]度。

五月十三日

晨五时三十分出门，六时四十分回来。遇骆师母，知志标已回家，手脚半边风，他女儿拟将他搬来富医治、住看云。上四乡女56岁(可能是元囡的女儿)。遇谭、孙、周、袁、张、陈等，计7100步。看报，札报。晚看电视,《新闻联播》。九时息，九时四十分寝。明沪阴有雨，15—20［摄氏］度。杭阴有雷雨。

五月十四日

晨五时起床，有中雨，未出门。看信，札报。晚看电视,《新闻联播》。九时息，九时五十分寝。政八时三十分来，九时三十分回去，介南借书已通知她。有时有雨。明阴［转］晴，沪15—24［摄氏］度，杭13—23［摄氏］度。

五月十五日

晨五时三十分出门，六时三十分回来。遇农姨、分姨、陈年、谭、孙、袁、袁、李、邱、邵、周等，计7050步。看报。十时三十分彦章到。饭后一时三十分回杭。说林滨下午下午四时三十分到，带来她妈要他带来东西。晚电视,《新闻联播》、女排比赛。九时息，九时三十分。东亚会田径赛又看了半个小时。十时寝。明沪小雨，16—22［摄氏］度。杭小雨，16—24［摄氏］度。

五月十六日

晨六时出门，七时回来。到二招看喷泉。遇郎、邵、陶、陶等24人，计6500步。晨似有雾。滨下午四时三十分离此，去杭返校。晚看电视,《新闻联播》《唐明皇》。九时息，九时四十分寝。明沪，16—23［摄氏］度，杭16—22［摄氏］度，阴有小雨。

五月十七日

晨六时出门，七时回来。有小雨。遇洪生、汪遇二次。计6700步。看报，写信，札报。晚看电视,《新闻联播》。九时息，十时寝。明沪16—24［摄氏］度，杭18—24［摄氏］度。

五月十八日

晨五时三十分出门，淳姨、仁文、林、福、谭，孙云兰二次，贸姨等，7200步。小雨，六时三十分回来。看报，札报。晚看电视,《新闻联播》等。十时息，十时三十分寝。明沪17—22［摄氏］度，杭18—23［摄氏］度。阴［转］小雨。

五月十九日

晨六时出门，七时回来。有小雨。遇仁文、福祥、林、淳女、贸女、郎、陶、邵等，计6500步。吃早餐，下假牙，断，玄陪我去，说可补。晚看电视,《新闻联播》《唐明皇》(［第］三十集)，东亚会会外电视。九时息，十时二十分寝。明沪13—17［摄氏］度，杭16—19［摄氏］度。阴［转］小雨。

五月二十日

晨醒来六时，没有出去。看报。富房改在开始。早餐吃六谷糊，有霉变气(因无假牙)，难吃。看报，富阳单位已在开始(房改)。政上午十时三十分来，午餐回去上班。洗浴。晚看电视,《新闻联播》《唐明皇》(［第］三十一集)。九时息，九时五十分寝。明杭小雨，17—21［摄氏］度。

五月二十一日

五时起床，有小雷雨，未出门。散步，富阳利波花园公寓奠基。看报，札报。上午十时玄给我补牙取来，可用。晚看电视,《新闻联播》《唐明皇》(［第］三十二集)。九时息，九时四十分寝。明杭多云，有小雨，16—23［摄氏］度。

五月二十二日

晨五时三十分出门，六时三十多分回来。遇孙、谭、袁、袁、郎、邵、王等。计6700步。看报，札报。晚看电视,《新闻联播》《综艺大观》。九点息，九时四十分寝。明多云，18—28［摄氏］度。

五月二十三日

晨五时三十分出门，去车站，向外江至市心路回来。计5600步。看报，札报，听收音机。晚看电视,《新闻联播》《综艺大观》，江苏台乒球双打、女双打。九时三十分息，十时十分寝。明小雨［转］多云。杭17—27［摄氏］度。

五月二十四日

晨五时三十分出门，去富中看到校窗栏，富阳三区开发富春湾、银湖宏福山庄、浙江杭州高尔夫球场三处奠基典礼。遇刘同到集资纪念塔，计

6050步。听收音机，看报，札报。影剧院门前出现折扇舞（全是女的）。晚看电视，《新闻联播》（美国费城交响乐队来中国，五天演奏在北京、上海室内，北京，二小时演奏中间休息半小时，有国内歌舞和澳门琵琶队约百人，男女老青少全有）。十时息，十时四十分寝。明［天气预报］没有收看。

五月二十五日

晨五时三十分出门，六时三十分回来。6500步。遇杨福树嫂（她说她老头是在新登酿造厂工作），周、袁、袁、谭、孙、张、郎、邵等。看报，札报。气温18—28［摄氏］度（收音机报道）。晚报20—29［摄氏］度。政、夏于八点来，九点回去。晚看电视，《新闻联播》《唐明皇》（［第］三十五集）。九时息，九时四十分寝。

五月二十六日

晨五时三十分出门，六时三十分回来。上山遇谭、孙、袁、袁、汪、陈、仁、邵、郎等。计6250步。看报，听收音机，札报。晚看电视，《新闻联播》。政、夏来，玄他们去琳家。《唐明皇》（［第］三十六集）。九时息，九时四十分寝。明小雨，19—25［摄氏］度。

五月二十七日

晨五时四十分出门，小雨，六时四十分回来，计6350步。遇孙、郎、邵、陶、淳姨等。看报，札报。门前广玉兰开。晚看电视，《新闻联播》《唐明皇》（［第］三十七集）。九时息，九时四十分寝。杭明多云，［有］中雨，17—24［摄氏］度。

五月二十八日

晨五时四十分出门，六时四十分回来。遇杏花、孙、袁、郎、邵、关尧、徐等，计6300步。看报，札报。小雨。看到江苏企业、学校改革发展是务实长远打算。晚看电视，《新闻联播》《唐明皇》（［第］三十八集）。九时息，九时四十分寝。明杭多云，［有］小雨，14—22［摄氏］度。

五月二十九日

晨五时四十分出门，六时四十分回来。遇杨嫂、谭、孙、汪、袁、袁、郎、邵等，计6400步。上午去理发。中午洗浴。晚看电视，《新闻联播》。九点息，九时四十分寝。明杭州晴，15—29［摄氏］度。

五月三十日

晨五时三十分出门，六时三十分回来。遇医、王、颜、费等，到集资纪念塔折回。塔座有“创新、乐群、求实、勤奋”八个大字。计5750步。看报，听新闻。晚看电视，《新闻联播》《唐明皇》（［第］三十九、四十集）。九时息，九时四十分寝。明多云，有小雨。20—27［摄氏］度。

五月三十一日

五时五十分出门，六时五十分回来。遇淳嫂，有小雨，计6250步。核月收支。看报。晚看《新闻联播》（希望工程、沿海农村、红石小学）。九时息，九时四十分寝。明多云，［有］小雨，19—24［摄氏］度。

六月一日

晨五时三十分出门，六时三十分回来。遇孙、谭、周、袁、谢等，计6200步。听音［乐］，看报。晚看电视，《新闻联播》、中央台“六一”儿童联欢会。十时息，十时四十分寝。明多云，晴，15—27［摄氏］度。

六月二日

晨五时三十分出门，六时三十分回来。今日去环山路至桥折回。计5650步。到亚林边桥头，风有六七级。听音［乐］，看报。晚看电视，《新闻联播》。九时息，九时四十分寝。明多云［转］晴，19—31［摄氏］度。写信。

六月三日

晨六时三十分出门，七时四十分回来。遇谭、孙、周、耿、淳、周。富春宾馆门前有十六七辆汽车，跨马路横幅，知召开教学研究会。计6500步。遇文治、亚民、谢、郎、邵。听音乐《黄河》。看报。晚看电视，《新闻联播》。九时息，九时四十分寝。明杭小雨［转］多云，20—28［摄氏］度。少《人民日报》，错投《新民晚报》。

六月四日

晨五时四十分出门，六时四十分回来。遇孙、周、汪、德生、郎、邵、谢、杨嫂等。旅游大楼下设啤酒厅，题字（宋涛）。计6900步。听音［乐］，看报。在菜市遇昆山夫妇。看报，札旧。晚看电视，《新闻联播》。九时息，九时四十分寝。明小雨［转］多云，19—28［摄氏］度。

六月五日

晨五时四十分出门，小雨，有风，遇李、冯、谢等，看报。下午五时政来，又拿来食物。我早对她说，不要拿东西给我，钱留着今后用的方面很多呢。我看电视，她与玄、蓉谈到八时回去。晚看电视，《新闻联播》《综艺大观》。九时息，九时四十分寝。明多云［转］阴，17—26［摄氏］度。

六月六日

晨五时四十分出门，六时五十分回来。遇杏花，我到南无阿弥陀佛回来(庙门关，据说初一、月半佛爷生日开放，平时庙门关)。玄晨谈，知政昨概况。看报，札旧。计6650步。晚看电视,《新闻联播》《正大剧场》。九时息，九时四十分寝。明阴［转］多云，18—26［摄氏］度。

六月七日

晨五时四十分出门，遇谭、孙、汪、金梅、淳嫂、文治。东方饭店停业装修，铁矿贸易管理公司挂红横幅(“变变变七十二变”最新奉献)，北京啤酒小旗宣传上市(瓶型如海鸥洗发膏矮装)。计6750步。看报，札旧。晚看电视，《新闻联播》。九时息，九时四十分寝。明阴［转］多云，19—28［摄氏］度。

六月八日

晨五时三十分出门，六时四十分回来。遇谭、孙、汪、周、袁、李、郎、邵、王、孙、陈、杨嫂等。计6250步。看报，札旧。晚看电视,《新闻联播》。九时息，九时四十分寝。明多云，19—31［摄氏］度。

六月九日

晨五时三十分出门，六时四十分回来。遇杨嫂、谭、汪、周、柏定。计6950步。淳啤酒馆已于昨日开业。晚看电视，《新闻联播》。九时息，九时三十分寝。明多云，20—29［摄氏］度。

六月十日

晨五时三十分出门，六时三十分回来。遇谭、孙、周柏定、淳、杏等。计6250步。昨上午警车两次吹警声，谅是往返，何事未知。看报，札记。今日《人民日报》《参考消息》没有，只有一份《浙江日报》。晚看电视，《新闻联播》《欢乐家庭》(过早谈恋爱，家人劝不听，只有外公说，听了回心转意，到大学再谈爱结婚)。九时息，九时四十分寝。明多云转小雨，21—28［摄氏］度。

六月十一日

晨五时四十五分出门，六时四十五分回来。遇陶科长、孙、江、定、柏、淳。出前门回来。计6600步。看报，上午九时有警车声。晚看电视，《新闻联播》《动物世界》。九时息，九时四十分寝。明多云，24—34［摄氏］度。

六月十二日

晨五时三十分出门，杏、郎、谭、汪、周、梅、淳、孙七、尧、施等，计7050步。看报,［札］旧报。政下午四时十五分来，去新登。晚电视,《新闻联播》《动物世界》，八时十分《东西南北中》。九时息，九时四十分寝。明小雨，有雷阵雨，24—29［摄氏］度。

六月十三日

晨五时三十分出门，遇谭、孙、周、钱、英、柏、定、淳等，谢、邵，六时三十五分回到。计6850步。看报。晚看电视,《新闻联播》。九时息，九时四十分寝。明日有雷阵雨，25—31［摄氏］度。

六月十四日

晨五时三十分出门，六时四十分回来。遇谭、汪、周、柏定等，计6650步。看报。晚看电视，《新闻联播》、贵州台歌泳赛、《黑槐树》(［第］二集)。九时息，九时四十分寝。明阵雨，23—30［摄氏］度。

六月十五日

晨五时三十分出门，遇段其发。到医院门前，有大雨点，西方乌云，即回。六时零五分到家，继续有雨。计2500步。看报。晚七时三十分政、夏来，八时三十分回来。玄要甲(爵)通讯电话。晚看电视，《新闻联播》《黑槐树》(第三集)。九时息，九时四十分寝。明多云，有小雨，23—32［摄氏］度。

六月十六日

晨五时三十分出门，遇杨嫂、袁、周、谭、

孙、淳等，六时三十分回来。计6850步。浦江国术拳术开馆招生1年至4年各种。看报。晚看电视，《新闻联播》《黑槐树》(第四集)。九时息，九时四十分寝。多云，[有]雷雨，24—30[摄氏]度。

六月十七日

晨五时三十分出门，淳夫妇、仁文、柏、袁、定、邵、张、刘、谢等。六时三十分回来。计7000步。看报。晚看电视，《新闻联播》《中国商人》。九时息，九时四十分寝。明有雷雨，24—29[摄氏]度。

六月十八日

晨五时四十分出门，遇大蒋俩、小张、谭、孙、汪、陈、袁、定、柔、谢等，计7400步。到家六时四十分。有小雨。看报，札报。晚看电视，《新闻联播》《中国商人》。九时息，九时四十分寝。明多云，[有]小雨，24—28[摄氏]度。

六月十九日

晨五时三十分出门，六时三十分回来。遇孙、谭、柏、袁、定、邵、谢等，计6850步。看报，札报、杂志。晚看电视，《新闻联播》《综艺大观》。九时息，九时四十分寝。明多云,[有]雷雨，24—30[摄氏]度。

六月二十日

晨五时三十分出门，去富中，有许多钢管，不知建什么，荷花[池]未见有花苞。江西上饶招武打生。景泰装潢公司庆祝在富开设一周年。计7710步。看报纸、杂志。政十时三十分来，午膳后一时去，说昨陪客户去瑶琳，门票20元。晚看电视，《新闻联播》《正大剧场》。九时息，九时四十分寝。明小雨、雷雨，24—30[摄氏]度。

六月二十一日

晨五时三十五分出门，淳杨、仁文、袁、蓉、凌、孙、谭、史、德、谢等，计7750步，看报、杂志。晚七时十五分杰着亲人送来。晚看电视,《新闻联播》《中国商人》(第三集)。九时息，九时四十分寝。明雷雨，24—29[摄氏]度。

六月二十二日

晨五时三十五分出门，寄信，有中雨。遇孙、谭、凌、吉等，计7600步。看报，杂志。杰送来韩产参、荣建产野菇。晚看电视，《新闻联播》《中国商人》([第]四集)。九时息，九时四十分寝。明阴多云，24—30[摄氏]度。

六月二十三日

晨五时三十分出门，遇段其发、张徽垣、孙(64岁，谈了几句)。遇周、袁、柏、定、杏、淳、亚等，六时三十分回来，计6800步。看报，听音[乐]。晚看电视，《新闻联播》。十时息，十时四十分寝。明阴有小雨，21—27[摄氏]度。

六月二十四日

晨五时三十分出门，六时四十分回来。遇段，山后门守门同志说，昨晚有小偷来撬门，他拉亮电灯，用竹竿在地上重拄(敲打)，小偷就跑了。一位游客和他搭讪说，他们是五层楼，垃圾箱的铁门均被窃。遇仁文、袁、谭、袁、定、淳、詹、尧、陈等。计8300步。杭中级法院镇压二犯人。影剧院披红，富阳全县建筑公司祝贺富阳建筑业协会成立五周年。看报，听音[乐]，写信(今日端午农贸市场出售菖蒲叶)。晚电视《新闻联播》《七巧板》《中国商人》([第]五集)。九时息，九时四十分寝。明多云[有]小雨，23—29[摄氏]度。

六月二十五日

晨五时三十分出门，遇文光、建春、孙、谭、凌、淳、杏、尧、谢等，计7850步。看报，札报。晚看电视，《新闻联播》《中国商人》([第]六集)。九时息，九时四十分寝。明雷雨、多云，23—31[摄氏]度。

六月二十六日

晨五时五十分出门，到影剧院看到周乘自行车，有人呼“爷爷”。周说你介早。遇罗爱，她问我，略谈。到停车场折回，遇淳、尧回来，谢等。共5700步。看报，札报。晚看电视，《新闻联播》《七巧板》《东西南北中》。九时息，九时四十分寝。明多云，23—31[摄氏]度。

六月二十七日

晨五时三十分出门，遇耿、舜、孙、谭、

袁、郎、定、尧等，六时三十分回来。计8000步。看报。晚看电视,《新闻联播》《中国商人》(第七集)。九时息，九时四十分寝。笑笑因病和琪晚宿此。明晴[转]多云，24—34[摄氏]度。

六月二十八日

晨五时四十五分出门，六时五十分回来。遇谭、孙、凌、袁、袁、建春、邵等，计6250步。看报，听音[乐]。八时三十分去理发，九时三十分回来。下午四时洗浴。晚看电视,《世界各地》(草坪、绿叶、短垣很多很好，不知是否是意大利)《中国商人》(第七集)。九时息，九时四十分寝。明多云，[有]雷雨，26—34[摄氏]度。

六月二十九日

晨五时三十分出门，六时四十分回来。遇仁文、谭、孙、凌、袁、袁、定、淳、口。杨嫂，适在她门前遇到，一定约我去坐坐。说她老头(名杨福树)，在家常提起项老伯。即去坐谈十余分钟。他说在工商联开会遇到多次。新登，他于[19]67年也去过。富阳雪鋆、雪鹏、阿焕，他都知悉。我告别出来，他一定要老伴送我到家。计8350步。计8350步(名杨福树)。晚看电视,《新闻联播》《中国商人》(第九集)。九时息，九时四十分寝。明中雨、雷雨，23—28[摄氏]度。

六月三十日

晨五时起床，下中雨，未出门。六时三十分早餐后看报，札报。信未写成。晚看电视,《新闻联播》《中国商人》(第十集)。九时息，九时四十分寝。明小雨、大雨，21—29[摄氏]度。

七月一日

星期四，农历五月十二日。晨五点起床，小雨。五时三十分中雨，未出门。写信，看报。政七时二十分来，八时去。晚看电视,《新闻联播》《中国商人》([第]十一集)。九时息，九时四十分寝。阴[有]小雨，21—27[摄氏]度。

七月二日

晨五时五十分出门，遇汪、谭、凌、仁文、袁、李、梅、光、史、范等，计7450步。看报，札报。晚看电视,《新闻联播》《中国商人》([第]十一集)。九时息，九时四十分寝。明阴[转]多云。

七月三日

晨五时三十分出门，小雨，遇代二、仁、袁、谭、孙、李、淳、周等，计8300步。看报，札报。晚《新闻联播》《综艺大观》(河南台豫剧联唱，常香玉坐轮椅来参加，还唱一曲，嗓音如前)。九时息，九时四十分寝。明大雨、暴雨，20—23[摄氏]度。

七月四日

晨五时起床，中雨(有时大雨)。未出门，看报，写信。晚看电视,《新闻联播》《中国商人》(第十三集)。九时息，九时四十分寝。明大雨，21—24[摄氏]度。

七月五日

五时三十分出门，去县中看池荷花开，三三两两，不多，遇洋白人。中百电脑广告牌示保险公司广告，影剧院上空有二个气球，不长标语，因风看不清。看一条横幅知黄金大酒店老板名斯晓夫。遇费嫂、费代等。计7050步。看报。晚看电视,《新闻联播》《中国商人》([第]十四集)。九时息，九时四十分寝。明大雨、中雨，21—24[摄氏]度。

七月六日

晨五时三十分出门，到医院，有小雨，下山中雨，到市心北路大雨，到家。遇仁文、孙、谭、袁、袁、定、淳嫂等。8000步。看报，听音[乐]。晚看电视,《新闻联播》《动物世界》《中国商人》(第十五集)。九时息，九时四十分寝。明多云，大雨[转]中雨。

七月七日

晨西方月未落。五时三十分出门，晴，遇建母、柔、仁文、袁、梅、谭、孙、凌、周、张、孙等。计7200步。听音[乐]，看报，写信，洗浴。晚看电视,《新闻联播》《动物世界》《妈妈》(八时十分)。九时息，九时四十分寝。明，多云，[有]雷雨，25—31[摄氏]度。

七月八日

五时起床，大雨，五时三十分出门，雨止，遇仁文、孙、谭、凌、袁、定、史等。计8500

步。看报，听闻长育十一时三十分饭后来，闲谈至下午一时三十分回校。据说可能今日回新。晚看电视，《新闻联播》《动物世界》《妈妈》（第二集）。九点息，九时四十分寝。明多云，[有]雷雨，26—34［摄氏］度。

七月九日

晨五时三十分出门，日月相对。遇张、孙、仁文、袁、袁、定、杏、史、尧、凌等。计7350步。看报，听音[乐]，写信。明多云，有雷雨。27—35［摄氏］度。晚看电视，《新闻联播》《妈妈》（[第]三集完）。九时息，九时四十分寝。

七月十日

晨五时三十分出门，六时三十分回来。遇仁文、袁、袁、定、谭、孙、凌、周、小张、淳、杏等，7800步。看报，听音[乐]，写信。政下午二时来，我未遇，说明日去新。晚看电视，《新闻联播》《东西南北中》。九时息，九时四十分寝。明晴26—36［摄氏］度。

七月十一日

晨五时二十分出门，六时三十分回来。遇谭、孙、袁、袁、定、淳等，计7050步。听音[乐]，看报。政下午七时十五分从新登来，说同夏同去，夏下午回富。晚看电视，《新闻联播》《李贵三》（第一集，计划生育）。九点息。政回去，九时四十分寝。明晴[转]多云，26—36［摄氏］度。

七月十二日

晨五时二十分出门，六时三十分回来。遇仁文、袁、袁、定、谭、孙、凌、周、淳等，计7500步。听音。笑八时来，珍来。遇吴友三回家。晚看电视，《新闻联播》。七时十五分政、夏拿西瓜来，即去。《李贵三》（第二集，计划生育）。九时息，九时四十分寝。明晴[转]多云，27—37［摄氏］度。

七月十三日

晨五时二十分出门，遇新登老白、陈、仁文、谭、孙、凌、周、袁、张等，计7500步。六时三十分到家。玄出门，煤炉生着，知停电。看报。晚看电视，《新闻联播》，《李贵三》看二十分钟息，洗浴。九时四十分寝。明多云，28—37［摄氏］度。

七月十四日

晨五时三十分出门，六时三十分回来。遇石门、袁某、仁文、袁、袁、定、詹，文治新登出差。皮匠八时十五分去新华。九时十五分回来，计7500步。晚看电视，《新闻联播》《动物世界》《李师师》《陈圆圆》等。九时息，九时四十分寝。

七月十五日

晨五时四十分出门，六时四十分回来，遇仁文、袁、袁、定、蒋妈、史、丝某等，计7850步。听音[乐]，看报札。昨报今晴多云，27—36［摄氏］度。晚看电视，《新闻联播》。十时息，十时四十分寝。明晴[转]多云，27—36［摄氏］度。琳买来鲜荔枝吃。

七月十六日

晨五时三十分出门，七时四十分回来。遇仁文、柔、谭、孙、袁、袁、定、丝、淳、凌、陈、张、孙等，7850步。听音[乐]，看报，洗浴。今报未到，可能工作半天。晚看电视，《新闻联播》，港武打（大眼睛精似，不知什么名，暂如此记）。八时三十分息，九时十分寝。明晴[转]多云，27—36［摄氏］度。

七月十七日

晨五时二十分出门，六时三十分回来。遇柔，仁、孙、谭、周、袁、凌、詹、杏、淳俩、邵、谢等。计6750步（不准，少动）。听音[乐]，看报。十一时到15日报。听说部分半日工作。晚看电视，《新闻联播》《世界各地》《综艺大观》。九时息，九时四十分寝。明多云[转]晴，27—35[摄氏]度。

七月十八日

晨五时二十分出门，遇耿去县中。想看看池荷，一如前次，只有三朵荷花，绿叶甚茂。回遇仁文。六时三十分到家，遇仁文（菜场）。听音[乐]，看报。政十时三十分来，下午四时回去。明有雨，雷阵[雨]，24—29［摄氏］度。计8000步。晚看电视，《新闻联播》。九时息，九时四十分寝。

七月十九日

晨五时五十分出门，六时四十分回来。车

场折回，遇冯、邵、陈、张、陈等，计5500步。听音，看报，札报。晚看电视，《新闻联播》《誓不低头》([第]二集)。九时二十分息，九时五十分寝。明雨，[有]雷阵[雨]，25—29[摄氏]度。

七月二十日

晨五时三十分起床，雷雨，未出门。六时看报。晚看电视，《新闻联播》《誓不低头》([第]三、四集)。九时三十分息，十点寝。明大雨、中雨，22—26[摄氏]度。

七月二十一日

晨五时四十分出门，六时四十分回来。有风，穿雨用衫。遇孙、谭、仁文、袁、袁、詹、淳、郭等，计7300步。听音[乐]，看报，札报。晚看电视，《新闻联播》《誓不低头》([第]五、六集)。九时三十分息，十时十分寝。明阴有雨，22—27[摄氏]度。

七月二十二日

晨五时三十分出门，遇仁文、谭、孙、袁、袁、金、定、张、蔡等，计6500步。听音[乐]，看报，札报。明小雨[转]多云，22—28[摄氏]度。晚看电视，《新闻联播》《誓不低头》([第]七、八集)。九时三十分息，十时十分寝。

七月二十三日

晨五时四十分出门，六时四十分回来。遇谭、孙、袁、袁、定、春妈、淳、昌、谢等，6700步。听音，看报。晚看电视，《新闻联播》《誓不低头》([第]九、十集)。九时三十分息，十时十分寝。明多云，有雷雨，25—30[摄氏]度。

七月二十四日

晨五时三十分出门，六时四十分回来。遇孙、袁、袁、定、杏、蔡、费、谢、谢等，计7850步。听音[乐]，看报，札报。晚看电视，《新闻联播》《誓不低头》([第]十一、十二集)。九时三十分息，十时十分寝。明有雨，23—29[摄氏]度。

七月二十五日

晨五时四十分出门，遇邵、赵、詹、谢、费、洪等，计5850步。到鹳山脚折回。富春宾馆门前有许多花篮和汽车。听音[乐]，看报。有日在邮局前看到三张讣告，富[阳]幼儿园主任姚招琴57岁，棉织厂汪为民40岁，文化局申为义62岁。看报，札报。晚看电视，《新闻联播》《综艺大观》《誓不低头》([第]十五、十六集)。九时三十分息，十时十分寝。杨丽报气象。明有雷雨，23—29[摄氏]度。

七月二十六日

晨五时三十分出门，有过云雨。上楼取伞后雨止。到停车场折回。遇杨嫂、徐、蒋父、蔡、费、淳夫妇、费、周等，计6050步。听音[乐]，看报，札报。晚看电视，《新闻联播》《誓不低头》([第]十五、十六集)。九时三十分息，十时十分寝。明多云，[有]雷雨，25—32[摄氏]度。

七月二十七日

晨五时三十分出门，六时五十分回来。遇仁文、谭、孙、袁、袁。定国问我几岁，谈了几句。过堂后杏、俞忠烈约去坐，看他写的正楷七律诗及照片，各处给他函件。约看谈二十分钟，回来。计7300步。看报，听音[乐]，札报。菁菁印刷社夏雪青。政十九时来坐二十分钟，带来书给我们看。明多云，雷雨，24—31[摄氏]度。晚看电视，《新闻联播》《誓不低头》。九时三十分息，十时十分寝。

七月二十八日

晨五时三十分出门，六时三十分回来。遇谭、孙、仁文、袁、袁、陈、詹、淳夫妇、百友、蔡、文治等，6750步。听音[乐]，看报，札报。晚看电视，《新闻联播》《誓不低头》([第]二十一、二十二集)。九时三十分息，十点十分寝。明多云，有阵雨，25—31[摄氏]度。

七月二十九日

晨五时三十分出门，六时三十分回来。遇张、質、甫子、谭、孙、仁文、袁、袁、定、金梅、淳、詹、陈、费等，计7100步。听音，去理发，看报。晚看电视，《新闻联播》、女篮比赛、《誓不低头》([第]二十三、二十四集)。九时三十分息，十时十分寝。明多云，有雷雨，25—32[摄氏]度。

上午宣判抢盗犯。

七月三十日

晨五时四十分出门，六时三十分回来，遇耿、沈，车场折回。遇孙、七美、淳等，计5350步。听音。玄为我室搞卫生。看报，札报。晚看电视，《新闻联播》《誓不低头》。九时开始，二十五、二十六集。十时三十分息，十一点寝。明雷雨，25—32［摄氏］度。

七月三十一日

五时二十分起床，五时四十分出门，遇金福泉(新登仁文、得生小儿)、阿姐、淳、金梅、柔、赵等。看拳师教练功打拳、搁脚。六时五十分到宿舍。计7200步。听音［乐］，看报，结月结。晚看电视，《新闻联播》《正大剧场》《誓不低头》(［第］二十七、二十八集，完)。晚［新］闻后《徐玉兰》［第］七、八集，太迟不看。明多云，［有］雷雨，26—35［摄氏］度。

八月一日

晨五时三十分出门，遇新中老师，问湘近况，略谈别。遇袁、袁、定、徐、孙、谭、淳等，计7600步。听音［乐］，看报，札报。晚看电视，《新闻联播》、赵［忠祥］主持《正大剧场》。八时三十分息，九时寝。炜晚七时十分来，宿此。政八时来，八时五十分回去。明多云［有］雷雨，26—35［摄氏］度。

八月二日

晨五时二十分出门，六时三十分回来。遇孙、谭、陈、梅、詹、王、淳、两、陈、仁文、文治等，计7200步。听音［乐］，看报，和炜谈谈。晚八时三十分政、夏来，九时和炜一同去。明雷雨，多云，26—36［摄氏］度。晚七时看《新闻联播》。八时三十分息，九时十分寝。

八月三日

晨五时三十五分出门，遇费、许鉴良，在县府门前谈。段其发又说不知志标患小中风。［遇］陈、仁文、袁、袁、定、梅、陈、淳等，计7300步。听音［乐］，看报，札报。炜晚七时来，九时去，宿政处。明多云，［有］雷雨，25—36［摄氏］度。晚看电视，《新闻联播》《上海滩》(［第］五集)，其他。八时三十分息，九时寝。

八月四日

晨五时二十五分出门，六时四十分回来。遇袁、袁、定、梅、詹、阿二嫂、兰母等，计7450步。炜七时五十分来闲谈，九时五十分去新。看报。政、夏四时三十分坐二十分钟，说炜已到家。明雷雨，25—32［摄氏］度。晚看电视，《新闻联播》《离别广岛的日子》(［第］一、二集)。九时三十分息，十时十分寝。

八月五日

晨五时二十五分出门，遇酱、谭，孙、陈、袁、袁、定、梅、仁文、德生、大蒋、陶、邵、段等，计7400步。听音，看报。明多云，雷雨，25—35［摄氏］度。晚看电视，《新闻联播》《离别广岛的日子》(［第］三、四集)。十时息，十时三十分寝。

八月六日

晨五时三十分出门，六时四十分回来。遇游客问，略回答。遇袁、袁、定、陈、孙、谭、税、百、银等，计7200步。听音［乐］，看报。看《四小龙》。明雷雨，26—32［摄氏］度。晚看电视，《新闻联播》《离别广岛的日子》(［第］五、六集)。九时三十分息，十时十分寝。

八月七日

晨五时三十分出门，六时三十分回来。遇谢、新、孙、谭、袁、袁、定、梅、淳、双等，段。计7200步。听音［乐］，看《四小龙》。明雷雨，25—31［摄氏］多云。晚看电视，《新闻联播》《动物世界》《离别广岛的日子》(［第］七、八集)。九时三十分息，十时十分寝。

八月八日

晨五时三十分出门，六时三十分回。到富中看荷花，今日可称满池花开，约二百朵左右，含苞不计。遇熟人六七人，费、谢等，计6600步。看《四小龙》。晨来回有小雨，看报。晚看电视，《新闻联播》《正大剧场》(赵)。九时三十分息，十时寝。明小雨转阴，25—30［摄氏］度。

八月九日

晨五时二十分出门，遇孙、谭、袁、袁、定、沈女、孙七、文治、谭等，计7200步。听音[乐]，看报，札《四小龙》。下午交琳托勇带沪。明多云，[有]小雨，23—29[摄氏]度。晚看电视，《新闻联播》。九时三十分息，十时十分寝。

八月十日

晨五时三十分出门，去亚林所，至大桥折回，市北路违章建筑拆去。达夫中学在造新校门。计5950步。听音[乐]。昨报八时三十分取来，下午再取今日应到报。明多云，24—31[摄氏]度。晚看电视，《新闻联播》[后]即洗浴。八时二十息，九时寝。陈玉娟下午四时来谈，一时去。

八月十一日

晨五时二十分出门，寄信，去鹳山，遇仁文、谭、孙、袁、袁、定、陶科等，计7550步。明多云，[有]雷雨，25—32[摄氏]度。晚看电视，《新闻联播》《正大综艺》《离别广岛的日子》([第]九集，大约完)。九时息，九时三十分寝。

八月十二日

晨五时四十分出门，从走廊市心路回。遇王利成、费等。计6100步。听音[乐]，看报。中百告高考生文理专各前三名。下午四时三十分政、夏来，说炜钥匙丢失，坐半小时去。晚看电视，《新闻联播》《离别广岛的日子》([第]十、十一集)。九时二十分息，十时寝。明26—34[摄氏]度，有雷雨。

八月十三日

晨五时二十分出门，六时三十分回来。遇谢、定、仁、袁、袁、梅、吴、凌、谭、孙等，计7700步。中宣32字。听音[乐]，看报。明雷雨，26—35[摄氏]度。晚看电视，《新闻联播》、第25届奥运会片段、《离别广岛的日子》([第]十二、十三集)。九时三十分息，十时寝。

八月十四日

晨五时二十分出门，六时三十分回来。遇谭、孙、袁、袁、定。走堂后，陈、凌、师母、罗桂儿俩等。计7700步。听音[乐]，看报。明多云，[有]雷雨，26—34[摄氏]度。晚看电视，《新闻联播》、球赛、《离别广岛的日子》([第]十四集完)。九时三十分息，十时二十分寝。

八月十五日

晨五时二十分出门，去中学看池荷，如上周大放(如郑句，池荷看再红)。遇大蒋、淳俩、蒋父、费，计7200步。上街，遇施、李、段、琳、阿婆。后来琳、勇、珍来会。听音[乐]，看报。天闷，要雨。明雷雨。晚看电视，《新闻联播》，8至10时全运会在四川开幕，现场直播，盼2000年奥运会在北京召开。十时三十分寝，25—34[摄氏]度。

八月十六日

晨五时四十分出门，六时四十分回来。遇谭、孙、袁、袁、定、夏，计7200步。听音[乐]，看报。炜下午四时三十分从天目来，晚九时五十分去他姐处宿。晚看电视，《新闻联播》，韩国世界博览会，两年一次，很精彩，据说花20亿美元。韩国[世博会]花扎各种象形马在车上行驶，非常文雅夺目。“印度庆祝独立46周年”亦非常好。《正大综艺》、女排赛(四川—上海)。我九时三十分息，十时二十分寝。明雷雨，26—30[摄氏]度。

八月十七日

晨五时二十分出门，六时三十分回来。计8150步。遇孙、谭、陈、袁、袁、定、费等。听音[乐]，看报。晚看电视，《新闻联播》、花样游泳(只宣布北京队得金牌，银、铜牌未宣布)。九时三十分息，十时寝。明多云，[有]小雨，23—28[摄氏]度。

八月十八日

晨五时二十分出门，遇福祥俩孙、谭、袁、袁、定、费等。因撑伞，仍走桂花路，计8320步。听音[乐]，看报。富电视“湖源山洪暴发，伤亡二人”云。晚《新闻联播》。九时二十分息，十时寝。明19—23[摄氏]度，多云，[有]小雨。

八月十九日

晨五时二十分出门，小雨，遇袁、定、杏等，计7550步。听音[乐]，看报。晚看电视，《新闻联播》、武术。炜七时三十分来，十时十分回政处。九时三十分息，十时二十分寝。明阴有雨，23—29［摄氏］度。

八月二十日

晨五时二十分出门，六时三十分回来。遇谭、袁、定、孙七、邵、陶、税俩等，计6720步（不准）。听音［乐］，看报，札报。明中雨，22—26［摄氏］度。晚看电视，《新闻联播》和跳水、球赛等。九时三十分息，十时寝。

八月二十一日

晨六时出门，到车场折回，遇百年、百理、蔡等，计6400步。八时炜来，早饭后即去乘车返新。看报，听音［乐］，札报。明小雨、雷阵［雨］，23—29［摄氏］度。晚看电视，《新闻联播》和跳水、球赛等。九时三十分息，十时寝。

八月二十二日

晨五时三十分出门，六时三十分回来。去富中看荷花，已开始花落，仅上周1/5。遇耿、夏、费、警等，计6200步。听音［乐］，看报，札报。政拿来紫云山庄画册，刘海粟题字。明多云，有雷雨，24—34［摄氏］度。晚看电视，《新闻联播》《正大综艺》。九时三十分息，十时十分寝。

八月二十三日

晨五时三十分出门，六时三十分回来。［雾］多浓如毛毛雨。遇杏、仁文、孙、谭、袁、袁、定、夏、谢、陈等，计6250步。听音［乐］，看报，札报。晚八时二十分政与立忠妹妹来，略坐，去看电影。明晴［转］多云，26—35［摄氏］度。晚看电视，《新闻联播》、羽毛球赛、《大雪小雪又一年》（片段）。九时息，九时四十分寝。

八月二十四日

晨五时二十五分出门，六时三十分回来。遇谭、孙、袁、定、杨嫂、初嫂、周、邵等，计7200步。听音［乐］，看报，札报。政晚八时来，八时半去。晚看电视，《新闻联播》。明晴［转］多云，26—35［摄氏］度。今日报未到。

八月二十五日

晨五时四十五分出门，六时五十分回来。遇孙、谭、袁、袁、定、缫、骆嫂。周金生说病月余，去买甲鱼，不知有没有。计7650步。向春江路市心街回。听音［乐］，看报，札报。明多云，雷雨，24—34［摄氏］度。晚看《新闻联播》《大雪小雪又一年》。九时息，九时四十分寝。今日报未到。

八月二十六日

晨五时三十分出门，六时四十分回来。遇孙、谭、袁、袁、定、陈金水等。忽然天黑，下一二小时雨，后又开朗。计7260步。听音［乐］，看陈报。下午四时，两天报均到。晚看电视，《新闻联播》，八时十分《大雪小雪又一年》（［第］十七集）。九时息，九时四十分寝。明小雨［转］多云，21—29［摄氏］度。

八月二十七日

晨五时三十分出门，六时四十分回来。遇孙、谭、袁、袁、定、陈、仁文等。计7350步。听音［乐］，看报，札报。我午睡，三时三十分起。霞已在客堂和玄、蓉、莹、琳等谈，给我带来退休金。七时出去，九时回来。政七点来，知妈来即回去，霞回去政处宿。明晴［转］多云，24—31［摄氏］度。晚看电视，《新闻联播》。十时息，十时四十分寝。

八月二十八日

晨五时二十分出门，六时三十分回来。遇孙、谭、大蒋、袁、袁、定、蔡等。计8250步。听音［乐］，看报。霞十一时五十分到，饭后一时五十分回新。晚看电视，《新闻联播》《正大综艺》。九点息，九时四十分寝。明多云［转］阴，24—30［摄氏］度。

八月二十九日

晨五时三十分出门，六时四十分回来。遇孙、谭、袁、袁、定、淳、双、台。计7500步。听音［乐］，看报，札报。晚看电视，《新闻联播》（中央东北联合讲东北虎皮毛）、《大雪小雪又一年》（［第］十八集）。九点息，九时四十分寝。明多云，［有］小雨，23—29［摄氏］度。

八月三十日

晨五时二十五分出门，六时三十五分回来。遇孙、谭、袁、袁、定、汪、淳、双、费等，计7850步。听音［乐］，看报，札报。去理发。晚八点政、夏来，玄、我个别谈，九时三十分回去。

明多云，23—29［摄氏］度。晚看电视，《新闻联播》《大雪小雪又一年》(［第］十九集)，看一半息，十时寝。

八月三十一日

晨五时三十分出门，六时四十分回来。遇袁、袁、定、淳、杏、陈等，计8000步。听音［乐］，核月结。［林］滨上午十一时四十分到来。看报，听音。晚看电视，《新闻联播》《大雪小雪又一年》(二十集终)。九时息，九时四十分寝。明多云，23—30［摄氏］度。

九月一日

晨五时十五分出门，六时三十分回来。鹳山公园门票调整为2元(年票为12元)。遇孙、谭、袁、袁、定、陈、淳、双、周、文光等。计7000步。听音［乐］，看报。［林］滨饭后去莹家看看，后回校。晚电视，《新闻联播》，八时中央电视台35周年庆祝晚会。九时三十分息，十时寝。明多云，20—29［摄氏］度。

九月二日

晨五时三十分出门，六时四十分回来。遇孙、谭、蒋、袁、袁、定、陈、文光等，桂花路折回，知影剧院前是萧山少林寺武术团来富演。华联公司建基前有霓虹灯广告。计6600步。听音［乐］，看报，札报。晚看电视，《新闻联播》。九时息，九时四十分寝。明晴［转］多云，20—30［摄氏］度。

九月三日

晨五时二十分出门，六时三十分回来，遇谭、孙、袁、袁、定、梅、淳、双，等，沿江回。计6500步。听音［乐］，看报，札报。明晴，20—30［摄氏］度。晚看电视，《新闻联播》、球赛。九时息，九时四十分寝。

九月四日

晨五时二十分出门，六时三十分回来。遇孙、谭、袁、袁、定、林、林助、周、淳、双、徐、亚等。计8000步。听音［乐］，看报。门前花坛草已拔去。晚看电视，《新闻联播》，七时五十分七届运动会在北京开幕。八时五十分息，九时四十分寝。明多云［转］晴，21—31［摄氏］度。

九月五日

晨五时三十分出门，龙山路至桂花路，半条马路已加修路面。遇杏、孙、谭、仁文、袁、袁、定、亚、助、钱、英、孙、美等。计7100步。听音［乐］，看报。晚看《新闻联播》。八时三十分息，九时十分寝。明多云，22—32［摄氏］度。

九月六日

晨五时二十五分出门，六时三十五分回来。遇老寿，知他住院，孙、谭、陈、淳、双、助等。计7950步。听浙闻，看报，札报。晚看《新闻联播》，女子体操、跳马、双杠。十点息，十时二十分寝。明多云，20—30［摄氏］度。

九月七日

晨五时二十五分出门，遇孙、谭、仁、梅。陈、丝、蔡、孙、美。计7900步。市心南路马路铺半条。听音［乐］，看报，札报。明多云，20—29［摄氏］度。晚看电视，《新闻联播》，女子跳马、吊环、体操。九时三十分息，十时十分寝。

九月八日

晨五时二十分出门，遇孙、谭、仁、陈、淳等，市心南路全部铺好。计7870步。听音［乐］，看报，札报。晚看电视，《新闻联播》，女子体操、男子体操，《大雪小雪又一年》。九时三十分息，十时十分寝。明多云，19—28［摄氏］度。

九月九日

晨五时二十分出门，六时三十分回来。遇李来云白头毛，到富阳宾馆。［19］94年全省叉车机械零件订货会在县委第二招待所召开。到县中，荷池只［剩］荷叶，折回。计7910步。听音［乐］，看报，札报。教师节。晚八时二十分政、夏来，九点回去。晚看电视，《新闻联播》、男女游泳、《儒商》。九时息，九时四十分寝。明多云，19—28［摄氏］度。

九月十日

晨五时二十分出门，六时三十分回来。遇孙、谭、袁、袁、定、淳、蔡、丝等，问略谈。计7150步。听音［乐］，看报，札报。明阴［转］多云，20—

39［摄氏］度。晚看电视,《新闻联播》《儒商》、游泳。九时三十分息，十时寝。

九月十一日

晨五时二十分出门，六时三十分回来。影剧院［门口］有教师节红标示，昨晚开会。遇孙、谭、杨、吴等。计7380步。听音［乐］，看报，札报。晚看电视,《新闻联播》、田径、举重、《综艺大观》等。九时息，九时四十分寝。明阴有小雨，20—28［摄氏］度。

九月十二日

晨五时二十分出门，六时三十分回来。到鹳山脚，从前门市心南路回来，遇杏、张嶶垣媳、李医生等。计7100步。有小雨。听音［乐］，看报，札报。明小雨［转］多云，20—28［摄氏］度。晚看电视,《新闻联播》《正大综艺》《儒商》。九时息，十时寝。

九月十三日

晨五时二十五分出门，六时四十分回来。二招开94订货会，汽车停到门十余辆，公园白墙贴满广告。遇袁、袁、陈、蒋、蔡等。计7900步。有小雨。听音［乐］。八时四十分停电(何时复电没注意)。听音［乐］，看报，札报。晚七时四十分政、夏来，八时二十分回去。晚看电视,《新闻联播》、乒乓赛、国际马拉松赛。九时三十分息，十时寝。明多云，［有］小雨，20—28［摄氏］度。

九月十四日

晨五时三十分出门，六时二十分回来。到医院门前有小雨，从车场折回。遇凌嫂、费等。计6300步。听音［乐］，看报，札报。晚看电视,《新闻联播》，男女游泳，男篮：解放军—辽宁。九时三十分息，十时十分寝。明阴，［有］小雨，21—27［摄氏］度。

九月十五日

晨五时二十五分出门，六时三十分回来。遇仁文、大蒋、谭、孙、袁、袁、定、汪、寿等。计8300步。听音［乐］，看报，札报。庚上午十一时三十分来，知他参加老年大学毕业典礼。饭后下午二时回新登。晚看电视,《新闻联播》《儒商》(部分)等,《天梦》(发射卫星)。九时息，十时寝。明阴［转］多云，23—32［摄氏］度。

九月十六日

晨五时四十分出门，有雾。遇谭、孙、陈、汪、淳、费等。计7500步。公园沿江段在布置一条龙。晚看电视,《新闻联播》。看至九时息，九时四十分寝，洗浴。明多云，有雷雨，23—34［摄氏］度。

九月十七日

晨五时五十五分出门，车场折回，六时四十分到家。遇区长洪德、费、淳等谈，项自竑。计5400步。听音［乐］，看报，札报。晚看电视,《新闻联播》《儒商》。九时三十分息，十时十分寝。晚雷雨，24—32［摄氏］度。

九月十八日

晨五时二十五分出门，六时三十五分回来。遇孙、谭、仁、袁、袁、定、蔡俩、费、吴、捷等，计7800步。听音［乐］，看报，札报。晚看电视,《新闻联播》(盼奥运)、《东西南北中》等。九时息，十时寝。明多云，［有］雷雨，22—29［摄氏］度。

九月十九日

晨五时二十五分出门，六时三十分回来。遇孙、谭、蒋、袁、袁、定、费、淳。计7800步。听音［乐］，看报，札报。晚看电视,《新闻联播》《正大综艺》《儒商》(［第］十八集)等。九时三十分息，十时十分寝。明阴［有］雷雨，22—29［摄氏］度。

九月二十日

晨五时三十分出门，食品门面昨日一天初具规模，现代商场、现代商厦字样已出现。遇孙、谭、蒋、袁、袁、定、耿、费、谢等。计8050步。听音［乐］，看报，札报。晚看电视,《新闻联播》(大型音乐晚会)、《儒商》(［第］十七集)。九时息，九时四十分寝。明阴［有］小雨，20—26［摄氏］度。

九月二十一日

晨五时三十分出门，六时四十分回来。有小雨。遇谭、袁、袁、定、文光、淳等。计8050步。听音［乐］，看报，札报。长育下午三时十五分来，四时十五分回新。晚看电视,《新闻联播》《儒商》(［第］十八集)。我九时三十分息，洗脚后看到十一时二十分寝。明小雨，20—26［摄氏］度。

九月二十二日

晨六时起床，散步不去，听音［乐］，看报。小雨。晚看电视，《新闻联播》《中央电视台35周年庆祝晚会》(各界名流参加演出)、《儒商》([第]十九集)。九时息，九时四十分寝。明阴［转］多云，气温20—28［摄氏］度。

九月二十三日

晨五时四十分出门，中百宣：七运成功、众盼奥运。遇黄锡钧嫂(大约去烧香，同另一妇人)、孙、袁、袁、定、文治、淳、区、费等。计7350步。听音［乐］，看报，札报。晚七时看电视《新闻联播》(八时二十分至凌晨二时二十七分奥运会选举实况录像，24日二时二十七分萨马兰奇宣布悉尼获得2000年奥运会、第27届夏季运动会举办权)。

九月二十四日

零点看电视，二时二十七分萨马兰奇宣布2000年夏季运动会悉尼得举办权。三点寝。七时起床，听音［乐］，进早餐。八时四十五分继续再睡二小时。看电［视］，札资。晚看电视，《新闻联播》、世界大学生运动会等。九时息，九时四十分寝。明多云，20—28［摄氏］度。

十月一日

星期五，农历八月十六日，星期五，国庆四十四周年。晨五时三十分出门，六时四十分回来。今日鹳山公园后门未开，据说日间门票3元，晚间5元。我去县中看墙报，从镇一小外江走，遇仁文、云儿、杨嫂、费、凌等，8000步。听音［乐］，看报，札报。晚看电视，《新闻联播》、"中秋""十一"晚会、《北京人在纽约》(第五集)。九时息，十时寝。明多云［转］阴14—24［摄氏］度。

十月二日

晨五时三十分出门，至教基塔处折回，遇仁文、张、定、沈、淳、费等，计7400步。听音［乐］，看报，札报。晚看电视，《新闻联播》、"中秋""十一"各处联欢晚会、《北京人在纽约》(第六集)。九时息，十时寝。明多云［转］晴，15—24［摄氏］度。

十月三日

晨五时三十分出门，去环山路至县二中前公路桥折回，遇对面行走不便，携杖行，问我今日到这面去走，答对。计6750步。到宿六时三十分。听音［乐］，看报，札报。晚看电视，《新闻联播》《北京人在纽约》([第]七集)。九时息，十时寝。明晴［转］多云，15—25［摄氏］度。看报，札报，少《参考消息》。

十月四日

晨五时三十分出门，到教基塔折回，遇张、定、孙、七、淳、杨、费、杏等，计6700步。听音［乐］，看报。上午彦章来，十时到，下午二时玄送他上车回杭。晚看电视，《新闻联播》《北京人在纽约》(第八集)。九时息，十时寝。明多云，15—24［摄氏］度。

十月五日

晨五时四十分出门，六时四十分回来，到鹳山前门，知已开放，即进去。黄龙已改成淡蓝色龙，二颗螺蛳中有二仙女，小戏台已在拆除，游人比平时少一半(有些人不知已开放)。遇仁文、费等，计6700步。听音［乐］，看报，札报。晚看电视，《新闻联播》《北京人在纽约》(第［九］集)。九时息，十时寝。明多云，15—24［摄氏］度。

十月六日

晨五时三十分出门，六时四十分回来。今日从北上山，遇袁、定、周、孙、谭、周京新、张、费、吴等，计7900步。刘等。听音(乐)，看报，札报。今日《人民日报》有三张。明多云［转］晴，15—24［摄氏］度。晚看电视，《新闻联播》《北京人在纽约》(第十集)。

十月七日

晨五时三十五分出门，六时四十分回来。遇分水妇、孙、谭、周、袁、王、林、晨、杏、詹、费、谢等，计7200步。听音，看报，札报。明多云［转］晴，15—25［摄氏］度。晚看电视，《新闻联播》《北京人在纽约》(第十一集)。九时息，十时寝。

十月八日

五时三十分起床，六时出门，七时回来。遇阿香次女和她爱人去新登周景生。我从车场折回，遇费，计6050步。听音[乐]，看报，札报。晚看电视，《新闻联播》《北京人在纽约》([第]十二集)。九时息，十时寝。明晴，15—26[摄氏]度。

十月九日

晨五时三十分出门，遇小张，问及张徽垣，他说于8月11日在淐岭去世，属鸡，年97岁。孙、谭、袁、王、林、淳、汪、赵、光、费等，计7500步。听音[乐]，看报，札报。晚政、夏来，八时—九时回去，知她们国庆去过新登，只有庚一人在家。明晴多云，15—25[摄氏]度。晚看电视，《新闻联播》、《综艺大观》与安徽台联播。九时息，十时寝。

十月十日

晨五时三十分出门，六时三十分回来。遇袁、定、淳、福、费、谢等，计7200步。听音[乐]，看报，札报。明晴[转]多云，15—26[摄氏]度。晚看电视，《新闻联播》《北京人在纽约》(第十三集)。九时息，十时寝。

十月十一日

晨五时三十五分出门，六时三十分回来。车场折回。遇昨日问我年纪的夫妇、费、杏等。计6050步。听音，看报，札报(明多云)。晚看电视，《新闻联播》、男乒、《北京人在纽约》([第]十四集)。九时息。洗脚时，看昆剧，我又看四十分钟寝，十时十分寝(说17—25[摄氏]度)。

十月十二日

晨五时四十分出门，六时三十分回来。有小雾。遇凌师母、谢、吴、费等，从走廊回。计6200步。看报，札报。晚看电视，《新闻联播》、球赛、《北京人在纽约》([第]十五集)。九时息，十时寝。明多云，16—25[摄氏]度。

十月十三日

晨五时三十分出门，六时三十分回来。遇孙、谭、蒋、袁、定、陈、林、淳等，费、谢。计7200步。听音[乐]，看报，札报。有雾。晚看电视，《新闻联播》(运动员回家)、《北京人在纽约》([第]十六集)。九时息，十时寝。明有时有小雨，19—22[摄氏]度。

十月十四日

晨五时三十五分出门，遇汪、淳、詹、费、谢、定等，计8050步。听音[乐]，看报，札报。晚看电视，《新闻联播》《火玫瑰》(片段)、《北京人在纽约》([第]十七集，宁宁变坏)。九时息，九时五十分寝。明，阴有小雨，17—22[摄氏]度。

十月十五日

晨五时四十五分出门，六时三十分回来，到教基塔折回，遇费、谢等，龙山路回。计6050步。中雨。听音[乐]，看报。玄今日左眼患痛，牙碎去拔。晚看电视，《新闻联播》《火玫瑰》(片段)、《北京人在纽约》([第]十八集)。九时息，十时寝。明小雨，17—21[摄氏]度。气温下降报导。

十月十六日

晨五时起床，天黑，有雨。至六时二十分出门，至鹳山返店，至《杭州日报》《富阳日报》发行处折回。见富春宾馆有汽车十余辆，飘有红布。浙江省轻化总公司召开订货会，中百宣传屏宣。《浙报》《人民日报》可向当地邮局支行预定宣传。有小雨，没有熟人。有一干部在县府前向我说你早，我答说你好。计4050步。听音[乐]，看报。下午四时敦到，去严中。晚看电视，《新闻联播》《东西南北中》。九时息，十时寝。明多云，[有]小雨，16—18[摄氏]度。

十月十七日

晨五时三十分起床，敦来，七时二十分车去白沙。玄送他上车。停电，看报。小雨，未出门。看报，整理。明多云，[有]小雨，14—18[摄氏]度。晚看电视，《新闻联播》《火玫瑰》《北京人在纽约》(第十九集)。九时息，十时寝。

十月十八日

晨六时出门，七时回来。遇杏、凌、定、詹、淳、陈、费等，计7050步。听音[乐]，小雨。政下午五时三十分来，八时回去。晚看电视，《新闻联播》《火玫瑰》《北京人在纽约》(二十集完)。九时息，十时寝。明多云，13—20［摄氏］度。

十月十九日

晨六时出门，七时回来。遇孙、谭、袁、定、陈、凌、罗桂儿、淳、信昌、洪德等。计7350步。听音［乐］，多雾，看报。政下午十时来，七时回去，知敦、庚已会到，和王峰同去千岛湖。明晴［转］多云，12—23［摄氏］度。晚看电视，《新闻联播》《北京人在纽约》（［第］二十一集）。九时息，十时寝。敦、庚下午四时三十分到，饭后去政处宿。

十月二十日

晨五时五十分晨出门，六时五十五分回来。遇大蒋、孙、谭、袁、袁、定、詹、费等，计7500步。有小雾。庚六时二十五分到，六时三十分去乘车回新。晚看电视，《新闻联播》。七时三十分政、小夏来，知她赛跑得第三名，得奖，八时三十分回去。九时息，十时寝。明未记。

十月二十一日

晨五时三十分起床，到八时我、敦、玄、琳、珍5人去县招拍照。上鹳山，买门票3张。上山，说承包，过七十岁也要票。后到纪念堂参观，知文物已大多搬走。商店女职员认识，谈一下，说管门的临时雇工素质差，谈到永昌有唐寅画。下山，又拍照，十一时回家。晚饭后我、敦、玄谈谈家中情况。看电视，《新闻联播》，京剧优秀老生、小生、旦等表演。八时三十分息，九时十分寝。明晴，12—36［摄氏］度。

十月二十二日

晨六时三十分出门，玄陪敦去乘八点车。我六时四十分出门，八时三十分回来。遇周、袁、定、徐、凌、徐，正安一定要我去他位处看看，又遇白乃昌。计8800步。听音［乐］。晚看电视，《新闻联播》《北京人在纽约》（［第］七至九集）。九时四十分息，十时寝。晴［转］多云，13—25［摄氏］度。

十月二十三日

晨五时五十五分出门，六时三十分回来。到剧院回转，计4000步。遇耿、蒋、费、周、京等。听音说“这是项墨庄、项墨庄”在背后。上午九时四十分郎仕天、朱□□、政协联谊会来看我，送来蛋糕、苹果。略坐即去。十时四十分炜从杭校来，午饭后外出，二时三十分去新登。杰兄送来茶杯、台灯。晚看电视，《新闻联播》《综艺大观》（片段）、《北京人在纽约》（［第］十至十二集）。九时二十分息，九时五十分寝。明晴［转］多云，13—23［摄氏］度。

十月二十四日

晨五时五十五分出门，七时正回来。遇大蒋、周、京、孙、谭、凌、詹、凌嫂、费等。计6950步。听音［乐］，看报，札报。陈福海，杰外孙女婿。晚看电视，《新闻联播》《北京人在纽约》（［第］十三至十五集）。九时二十分息，十时寝。明晴［转］多云，12—22［摄氏］度。

十月二十五日

晨五时五十分出门，六时五十分回来。遇耿、云儿、袁、定、孙、陈、徐等，计6800步（走廊回）。听音［乐］，看报，札报。晚看电视，《新闻联播》（一台）、《北京人在纽约》（三台）。有雪花点，多时雪白一片，到十七集至十八集始清晰。约十余分钟。九时二十分息，十时十分寝。明小雨14—16［摄氏］度。

十月二十六日

晨六时起，早餐后，八时二十分去桂花路，到花坞路，至龙山路回，5000步。听音［乐］，看报，札报。明小雨，多云，14—18［摄氏］度。晚看电视，《新闻联播》《北京人在纽约》（［第］十九、二十、二十一集完）。九时三十分息，十时二十分寝。

十月二十七日

晨五时五十分出门，小雨，遇朱云、杏花、捷捷等，计7300步。沿江市心街回。小雨，听音，看报，札报。明小雨，14—16［摄氏］度。晚看电视，《新闻联播》、京剧竞赛。九时息，九时四十分寝。

十月二十八日

晨五时五十五分出门，六时四十分回来。小雨。养、乌、孙等三人回，陶、淳等，计6400步（车场回）。听音［乐］，看报，札报。晚看电视，《新闻联播》。九时息，九时四十寝。明小雨，11—15［摄氏］度。

十月二十九日

晨五时五十分出门，遇淳、谢、冯俩、朱、云、费等，六时四十分回到走廊回。计6500步。听音［乐］，看报，札报。洗浴。明阴晴，7—13［摄氏］度。晚看电视，《新闻联播》、京剧赛。九时息，九时四十分寝。

十月三十日

五时五十五分出门，回来六时五十分，遇凌师母、孙、袁、袁、定、徐、费等。计7500步。听音［乐］，看报，札报。明晴，6—18［摄氏］度。晚电视，《新闻联播》。九时三十分息，十时十分寝。

十月三十一日

晨五时五十五分出门，去中学，知自学，中学考试富阳试点在富中，考场有二十余教室，宣布考场规则，条例尚存。遇谢、淳、双、家明等，计6700步。回来七时十五分。听音［乐］，看报，札报，核月付收。明晴，8—20［摄氏］度。晚看电视，《新闻联播》《综艺大观》。九时三十分息，十时十分寝。

十一月一日

晨六时起床，未出门。听音［乐］，看报，札报。晚看电视，《新闻联播》。九时三十分息，十时十分寝。明晴，多云，8—12［摄氏］度。政、夏下午六时来，七点回去。

十一月二日

晨五时四十五分出门，遇锡钧嫂、耿、袁、詹、淳、杨嫂、永、费等。六时四十五分到。计7600步。听音［乐］，看报，札报。晚看电视，《新闻联播》、京剧大奖赛。九时二十分息，十时十分寝。明晴［转］多云，10—22［摄氏］度。

十一月三日

晨五时五十分出门，遇谭、孙、袁、定、张、蒋母、赵、费等，七时十分回来。计7400步。有雷。听音［乐］，看报，札报。晚看电视，《新闻联播》。九时二十分息，十时十分寝。明多云，12—22［摄氏］度。

十一月四日

晨六时起床，没去鹳山。八时十二分去新华书店及买零物，九时十二分回来。听音［乐］，看报。晚看电视，《新闻联播》等。九时二十分息，十时十分寝。明多云，16—24［摄氏］度。

十一月五日

晨五时五十五分出门，七时十分到宿舍，遇孙、谭、袁、定、淳、蒋、徐、来、费等。计7500步。听音［乐］，看报，札报。晚看电视，《新闻联播》。九时二十分息，十时二十分寝。明阴［有］小雨，19—25［摄氏］度。晨有雾，遇沈居。

十一月六日

晨五时五十五分出门，七时到家。遇谭、孙、袁、李、周、京、孙、七等。计7200步。听音，看报，札报。有雾，政下午三时来，四时回去，说她妈明日去小夏家云。明小雨，18—22［摄氏］度。晚看电视，《新闻联播》《正大综艺》。九时二十分息，十时十分寝。

十一月七日

晨五时五十五分出门，到剧院折回，走龙山路，遇钟有（以）亮（略谈）、段其发、费、孙等，计7000步。听音［乐］，看报，札报。晚看电视，《新闻联播》《正大剧场》。九时息，十时十分寝。明阴［有］小雨，16—20［摄氏］度。

十一月八日

晨六时出门，七时十分回来，遇孙、谭、袁、袁、郭师母、定、云儿、周京、大蒋、费等。计8200步。听音［乐］，看报，札报。晚看电视，《新闻联播》。九时息，九时五十分寝。

十一月九日

晨有中雨，六时未出门，看报。六时三十分出门，至影剧院折回，中百转，大雨。约2500步。听音［乐］，看报，札报。晚看电视《新闻联播》。九时息，十时寝。明中雨、小雨，17—21［摄氏］度。

十一月十日

晨六时出门，六时五十分回来。有雨，到停车场折回，计7200步。听音［乐］，看报，札报。晚看电视，《新闻联播》、京剧《清风亭》（老夫妇做不好，事实和传统有出入）。九点息，十时十分寝。明小雨，16—20［摄氏］度。

十一月十一日

晨六时出门，廊沿江回。计6100步。中国银行人民币储蓄超1000亿元。遇张徽垣在走廊练拳。他、我均打招呼。今传闻有误。夏雪菁门前招牌被人丢在地。遇杏、吴、会、费、明等。弄口有出售菊花摊。听音［乐］，看报，札报。明小雨，16—19［摄氏］度。晚看电视，《新闻联播》（宰客不正之风）。九时息，十时寝。

十一月十二日

晨六时出门，小雨，六时五十分回，中雨。遇孙三在中百门前，凌师母。某人熟，名不知。计6700步。听音［乐］，看报，札报。明阴［转］多云，晚看电视，《新闻联播》。九时息，十时十分寝。10—18［摄氏］度。

十一月十三日

晨五时五十分出门，六时四十分回来。遇孙、谭、定、袁、袁、凌师母、大蒋、赵等，计7300步。啤酒店推出“火锅节”。听音［乐］，看报，札报。晚看电视，《新闻联播》《东西南北中》、拳击。九时息，十时寝。明晴［转］多云，10—21［摄氏］度。

十一月十四日

晨五时五十分出门，六时五十分回来。去富中，遇邵农代、美玲等，计6400步。听音［乐］，看报，札报。晴［转］多云，12—24［摄氏］度。晚看电视，《新闻联播》《综艺大观》《动物世界》等。九时息，九时五十五分寝。

十一月十五日

晨六点出门，七时零五分回来。遇孙、谭、袁、顺、定、汪、张老、沈、凌、费、蒋等，下山，桂花路回。计7500步。有雾，玄去取寄来件。听音［乐］，看报，札报。明晴［转］多云，12—25［摄氏］度。晚看电视，《新闻联播》、中央4台《京剧大奖赛》（梅葆玖、杜新芳、袁世海出台清唱今晚青衣组）。九时三十分息，十时四十分寝。

十一月十六日

晨六时出门，从山拐，桂花路回来。计7950步。遇谭、孙、耿、袁、顺、定、汪、淳、沈、蒋、费等。听音［乐］，看报，札报。下午五时蓉君大弟到。外婆今日生活异常，常起床外坐，到深夜还起来外坐，看望儿子（小名狗狗），大概非常激动，夜不成寐，我也受点影响。晚看电视。王振华的儿子建明和爱人同来，由小蒋妈陪，来谈了约二十分钟天回去。九时息，九时三十分寝。明多云［有］小雨，12—19［摄氏］度。

十一月十七日

昨晚少睡，晨六点起床，六时三十分出门，七时回来。遇三四熟人。到影剧院折回。县府前悬“人才交流会”红横幅。计2300步。听音［乐］，看报，札报。蓉大弟今晨八点由蓉陪到车站乘车，去杭返宜。晚看电视，《新闻联播》。九点息，九时四十分寝。明小雨，7—19［摄氏］度。

十一月十八日

晨五时五十分出门，遇杏、周、沈、费、淳、甲等，计6800步。停车场折回。听音［乐］，看报，札报。赵老师七时至八时回去。晚看电视，《新闻联播》。九时息，九时四十分寝。明小雨，5—8［摄氏］度。

十一月十九日

晨五时五十五分出门，六时四十分回到，遇三四熟人，姓名不知。计7050步。听音［乐］，看报，札报。小雨。晚看电视，《新闻联播》。九时息，九时四十分寝。明小雨，8—12［摄氏］度。

十一月二十日

晨五时起床，看报。六时三十分出门，小雨，六时五十分回来。阳城大酒店昨开业，不知在何处。遇熟人三四，计3750步（到人医折回）。听收音机，知深圳大火死80多人，重伤20多人云。看报，札报。志娟上午十一时来，饭后去母处。五时来取包，回萧山。晚看电视，《新闻联播》《综艺大观》。九时三十分息，十时寝。明多云［转］小雨，4—7［摄氏］度。

十一月二十一日

晨五时三十分起床，六点出门，人医经龙山路回。六时四十五分到舍。遇三四熟人，计3500步。听音［乐］，看报，札报。晚看电视，《新闻联播》。九时息，九时四十分寝。明多云[转]晴，2—7[摄氏]度。

十一月二十二日

晨五时起床，五时五十五分出门，六时四十分回来，遇熟人三四，洪德等，计5450步(车场折回)。今日菜场只有2/10。看报，札报。晚《新闻联播》。九时二十分息，十时寝。明1—7[摄氏]度，晴[转]多云。

十一月二十三日

晨五时五十五分出门，遇凌师母、冯夫妇俩，到车场折回。六时四十分到舍。听音[乐]，看报，札报。计5400步。晚看电视，《新闻联播》。九时息，九时四十分寝。明晴[转]多云，1—8[摄氏]度。

十一月二十四日

晨五时五十五分出门，六时四十分回来。遇熟人三五，徐、亚等。计5400步。到教基塔折回。看报，札报，听音[乐]。下午四时二十分湘、立成从温到杭来，五时霞去杭回来，晚饭后去新登。湘送她上车。晚看电视，《新闻联播》。九时二十分息，十时寝。湘、立成宿项琳家。2—9[摄氏]度，晴。

十一月二十五日

晨五时五十五分出门，六时五十分回来，车场折回，计5000步。遇熟人二三。上午十时湘、小林去老街，龙山路回来吃饭。下午二时玄、蓉陪湘、小林、珍珍去莹家。庚来，亦同去。下午四时回来。晚七时政、小夏来，八时去，庚亦去。晚[看]电视,《新闻联播》《戏说慈禧》(片段)。九时息，九时四十分寝。明阴[转]多云，2—12[摄氏]度。

十一月二十六日

晨六时出门，六时四十分回，到影剧院就回，计4500步。遇谢、徐、亚等。湘、小林八时二十分和石勇同去杭。庚九时三十分去新。勇下午来说一路堵塞车，还好。听音[乐]，看报，札报。政下班来后，莹邀她共餐。晚看电视，《新闻联播》。九点息，九时四十分寝。明多云，6—11[摄氏]度。

十一月二十七日

晨五时二十分起床，六时三十分出门，七点回来。遇费、姊等。计2500步。到中百折回。晚看电视，《新闻联播》《东西南北中》。九时三十分息，十时十分寝。明晴[转]多云，6—13[摄氏]度。

十一月二十八日

晨六时十分出门，遇周、邵、陶、耿、赵、费等，七时到舍。计5050步。听音[乐]，看报，札报。晚看电视，《新闻联播》《正大剧场》《动物世界》《女强人》(下集)。九时三十分息，十时十分寝。明晴[有]小雨，7—14[摄氏]度。

十一月二十九日

晨六时十五分出门，七点回来。到人医折回。遇张薇垣，说她将过95岁生日。三个儿子，三个女儿都来。会了一会，要我有空去他家坐坐。遇中百、大蒋等。计4500步。听音[乐]，看报，札报。晚看电视，《新闻联播》(报界开座谈会，[针]对国有文艺滑坡、外来电视录像泛烂)。九点息，九时四十分寝。明小雨[转]阴，8—12[摄氏]度。

十一月三十日

晨六时十分出门，六时五十分回来。有中雨。大蒋、王、杏等。计4900步。人医回。听音[乐]，看报，札报，核支收。晚看电视，《新闻联播》，二套节目《解放云南》[第]五集。九时息，九时四十分寝。明阴[转]多云，9—13[摄氏]度。今晚蓉生日，叙(聚)家庆。

十二月一日

晨五时起床，六时出门，天暗，有小雨。到车场折回，六时五十分到舍。计6200步。听音[乐]，看报，札报。晚看电视，《新闻联播》《戏说慈禧》(差，没调)。九时息，九时四十分寝。明阴，9—13[摄氏]度。

十二月二日

晨起已六时十五分，六时二十分出门，到中百折回七点整，计2100步。听音[乐]，看报，札报。上午十时工商联来人，要填表。晚看电视，《新闻联播》《解放云南》(第七集)。九时息，九时四十分寝(蓉给母搞卫生二次)。明多云，有小雨。

十二月三日

晨五时三十分起床，六时出门，六时五十分回来。有雨，只遇面熟人，叫不出姓名。听音[乐]，札资，天寒有风，小雨，到人医折回，计5200步。晚看电视，《新闻联播》《解放云南》(第八集)。九时息，九时四十分寝。明阴[转]多云，0—6[摄氏]度。

十二月四日

晨六时二十分出门，去亚林所，折回，到家正七时，计5050步。听音[乐]，去理发，看报，札资。晚看电视，《新闻联播》《综艺大观》。九时息，九时四十分寝。明晴[转]多云，1—9[摄氏]度。

十二月五日

晨六时三十分出门，七时回来。到人医—八百回来，计3900步。听音[乐]，上午九时八百兴商店开业。晚看电视，《新闻联播》《解放云南》([第]九集)。九时息，九时四十分寝。明晴[转]多云，3—12[摄氏]度。

十二月六日

晨五时五十五分出门，六时五十五分回来，遇小詹，从轮埠走廊回。计6050步。听音[乐]。七时三十分停电，看报，札资。晚看电视，《新闻联播》《解放云南》第十集完。明晴，3—12[摄氏]度。九时息，九时四十分寝(昨《人民日报》今不到)。

十二月七日

晨六时出门，到车场，沿江折回，六时四十五分到舍。计5000步。听音[乐]，看报，札报。晚看电视，《新闻联播》、儿童节目、《戏说慈禧》(第三集，俗气)。九时三十分息，十时十分寝。明晴[转]多云，2—12[摄氏]度。

十二月八日

晨雾重，六时三十分出门，七点回来。到影剧院折回，计2800步。华联在续工。听音[乐]，看报，写信。晚看电视，《新闻联播》。九时息，九时四十五分寝。明多云，4—13[摄氏]度。长育下午一时来，二时回去 。

十二月九日

晨六时出门，遇仁文、杨嫂、老沈、陈，到走廊老街折回。计6050步。到家六时五十分。听音乐。九时去八百兴看看，经老街回来。十一点遇许鉴良、袁昆山、汪丽娟，邮局、中百等熟人，今日《人民日报》不到。晚看电视，《新闻联播》。《神圣的军旗》[第]二集，西方丘吉尔第一次世界大战败退后重振旗鼓，五年后大获全胜。《神圣的军旗》第三集。九时息，九时四十分寝。明小雨[转]阴，6—12[摄氏]度。

十二月十日

晨六时出门，遇谢、杏、和香、老周等，六时五十五分到舍，计6400步。听音[乐]。晚看电视，《新闻联播》《神圣的军旗》(五集完，在瑞士)。明多云[转]晴，3—12[摄氏]度。

十二月十一日

晨六时起床，六时三十分出门，七时回来。到中百折回，遇家明、邵君。计2500步。看报，写信。晚看电视，《新闻联播》《东西南北中》。九时息，九时四十分寝。明多云[转]阴，4—11[摄氏]度。

十二月十二日

晨六时出门，到富中，七时回来。窗栏“毛主席100周年特刊”，两次老陶，计7050步。上午九时看电视“丰田杯”足球赛。中午洗浴，三时三十分汝霞来，王峰送来西洋参片、雄鸡胖子面，回白酒、小孩吃糖果。要她带回。她四时三十分回去。晚看电视，《新闻联播》。九时息，九时四十分寝。明小雨，3—7[摄氏]度(送去鸡胖子面给玉娟)。

十二月十三日

五时起床，有小雨，六时出门，七时回来。到文化宫、桂花路回，遇杨嫂、捷捷等，计4750步。听音[乐]，看报，札报。晚看电视，《新闻联播》。九时息，九时四十分寝。明雨[有]小雪，2—5[摄氏]度。

十二月十四日

晨六时出门，六时五十五分回来。遇陶、老周，从车场回。计5500步。十一时三十分政来(饭已吃过)，她谈至一时四十分回去。据说下午休息。看陶件。晚看电视，《新闻联播》《中国出了个毛泽东》([第]二集)。九时息，九时四十分寝。明零[摄氏]度左右，雨加雪。

十二月十五日

晨六时出门，遇福祥，小雨，六时五十分回来。计6250步。看报。晚看电视，《新闻联播》《中国出了个毛泽东》(第三集)等。九时息，九时四十分寝。明1—4[摄氏]度，雨加雪。

十二月十六日

晨六时出门，下中雪。六时五十五分回来。计6350步。六时三十分停电，看报。九时电来。晚玄陪我去影剧院看《重庆谈判》(上、下集)。六时四十分开演，九时完，十时寝。

十二月十七日

晨六时十五分出门，到影剧北门路回来。遇陈、仁。计4300步。晚看电视，《新闻联播》《中国出了个毛泽东》(第五集)。九时息，九时四十分寝。明晴，晴[转]多云。

十二月十八日

晨五时五十五分出门，六时五十分回来。路边水洼成冰。到影剧院、花月楼、北门路回来。计6000步。看报。晚看电视，《新闻联播》《综艺大观》(中央台和重庆台联播)。九时息，九时四十分寝。明1—4[摄氏]度，阴[转]多云。

十二月十九日

晨六时出门，到八百兴转车场回来。计5400步。遇陈仁文，知县志55元一本。听音[乐]，看报，札报。晚看电视，《综艺大观》(中央台、陕西台)、《中国出了个毛泽东》([第]七集，胸中百万兵)。九时息，九时四十分寝。明2—12[摄氏]度，晴[转]多云。

十二月二十日

晨六时出门，六时五十分回来。有霜。听音[乐]。下午去购《富阳县志》。晚看《新闻联播》《中国出了个毛泽东》(第七集)。十时三十分息，十一时十分寝。明晴[转]多云，1—6[摄氏]度。政、小夏来，八时来，十时去。

十二月二十一日

晨六时出门，六时五十分回来。遇耿、谢、杏等。计5800步。车场回，看县志。晚看电视，《新闻联播》《中国出了个毛泽东》(第十集)。九时息，九时四十分寝。明-3—6[摄氏]度，晴。

十二月二十二日

晨六时三十分起床，六时五十分出门，至中百即回，七时二十分。计2500步。写信，听音[乐]，看报。晚看电视，《新闻联播》《中国出了个毛泽东》(第十集)。九时息，九时四十分寝。明晴[转]多云，-3—6[摄氏]度。

十二月二十三日

晨六时出门，六时五十分回来，遇[渌渚]夫妇、分[水]妇等，车场折回。6850步。南小菜[场]菜少。中午立忠送县志来。晚上政、立忠来，为蓉复印件来，即去，均未谈什么。晚看电视，《新闻联播》《中国出了个毛泽东》(第十一集)。九时息，九时五十分寝。明晴[转]多云，2—9[摄氏]度。

十二月二十四日

晨六时出门，六时五十分回到车场折回。计6200步。听音[乐]，看报，写信。晚看电视，《新闻联播》《中国出了个毛泽东》(晚年岁月，第十二集完)。九时息，十时寝。晴，2—14[摄氏]度。

十二月二十五日

晨六时出门，六时五十分回来。遇庚、老周等，计6200步。车场折回，看报，写信。明晴，多云，4—13[摄氏]度。晚电视，《新闻联播》、纪念毛泽东节目(八时十五分今日韶山纪念会、联欢会，中央台和长沙台合播)。九时五十五分息，十时四十分寝。

十二月二十六日

晨六时五十五分出门，七时五十五分回来。遇沈、谭、袁、袁、李、耿、王、淳、沈、定国等多人。计8000步。携杖上鹳山。上午去看文治未遇。听音[乐]，搞卫生，看报。晚看电视，《新闻联播》。至十时息，十时四十分寝。明晴，2—12[摄氏]度。

十二月二十七日

晨六时十分出门，到人医折回，遇耿、淳、谢等。5100步。听音[乐]。晚看电视，《新闻联播》

《中国出了个毛泽东》。九时息，十时寝。明 1—10［摄氏］度，晴［转］多云。

十二月二十八日

晨六时三十分出门，中百、八百兴折回。计 2500 步。六时五十五分听音［乐］，看报。晚看电视，《新闻联播》（火炮工厂爆炸，死伤人数财产损失等，屡禁不止）。《中国出了个毛泽东》。九时息，十时寝。明晴［转］多云，2—12［摄氏］度。

十二月二十九日

六时出门，七时回来。遇杏、淳、耿，停车场折回。金新说手足硬，出血。看判刑布告。计 6100 步。金新说手足硬，出血。听音乐。今晨寄出昨写的信，壬、爵、鹣。晚上由蓉同事交来壬、爵、鹣三人信，二封难得奇遇。晚看电视，《新闻联播》，广告时看信，《动物世界》《中国出了个毛泽东》（困难年代，毛泽东古月饰，周恩来苏林饰）。九时息，十时寝。明 4—14［摄氏］度，晴［转］多云。

十二月三十日

晨五时起床，六时十分出门，月当头，有雾，七点回来。遇杏、舜年、耿等。计 6200 步。听音［乐］，看报，写信。晚看电视，《新闻联播》《中国出了个毛泽东》。九时息，十时寝。明阴［转］多云，2—7［摄氏］度。

十二月三十一日

晨六时十分出门，至中百，先后有两辆消防车出发，不知何处发生火警。遇捷，捷至人医折回。计 6100 步。到家七时十分。听音［乐］，看报，写信。晚看电视，《新闻联播》，《春节联欢青年歌唱晚会》（有独奏、独唱）。八时十分至十点息，十时四十分寝。明晴［转］多云，–3—7［摄氏］度。

一九九四年

一月一日

星期六，农历癸酉年11月20日。晨六时十分起床，六时三十分出门，到影剧院折回，遇吴经理、费师傅等，计3100步。今日百合大厦落成营业，有七个气球，50多条祝贺条幅。上午八时三十分开业，放火炮。晚七时放烟火。林滨下午一时四十分到，据说上午九时上车，路堵塞，共花5个小时，本来一时二十分或一时十分可达。晚看电视，《新闻联播》(粤、闽环翠新姿，房屋整齐，绿化遍地，街道清洁卫生，渔船排列整齐，建设、政治确实不错)。十时息寝。明0—10[摄氏]度，晴[转]多云。

一月二日

七时三十分出门，八时十分回来。到影剧院，遇文光、淳、余等，计6100步。林滨上午十时乘车去杭回校。下午二时庚、政来拿鸡一只、又鲜猪腿一只，约重[十多斤]，说是汝霞爸爸送的。四时庚回新，政亦去。晚看电视，《新闻联播》。九时息，九时四十分寝。明多云，2—12[摄氏]度。

一月三日

晨六时十分出门，七时十分回来。遇余、谢等，计5700步。车场回，看报，《新民》。写信。晚看电视，《新闻联播》。九时息，十时寝。明晴[转]多云，3—14[摄氏]度。

一月四日

晨六时出门，七时零五分回来，险失足。遇杏、夏，车场回，遇王关钰在中百前略谈回。计6100步。看报，写信。晚看电视，《新闻联播》等。九时息，十时寝。明阴，5—9[摄氏]度。

一月五日

晨六时三十分出门，到人医回来，3000步。庚陪章青木、苏姣来。晚新、庚、霞、政、夏、炜、敏6人全到，玄、蓉、莹、琪、琳、欢、晓、珍、蒋方面共11人，章、苏2人，我共20人。内桌10人：我、章、苏、玄、蓉、庚、霞、炜、莹、欢。外桌10人：方、蒋、石、琪、琳、敏、晓、夏、政、珍。六至八时，富、新两家人和淳安来客二人，新年叙(聚)餐。九时小石要来车子送庚、霞、章、苏、敏五人回新登。炜宿政处，次晨回校。电视陆陆续续看了一点，不记。九时息，十时寝。

一月六日

晨六时三十分出门，到影剧院回，遇王兆国、许鉴良、李福祥、陈仁文、耿、周、杏等，计2500步。晚看电视，《新闻联播》《情满珠江》(三十五集片，第一集)。明阴，6—12[摄氏]度。

一月七日

晨六时三十分出门，七时回来。到影剧院，计2500步。核账。晚看电视，《英雄本色》《情满珠江》(第二集)、《新闻联播》。九时息，十时寝。明小雨，5—8[摄氏]度。

一月八日

晨六时十分出门，车场回，遇费、吴、孙、谢等，计5400步，七时二十分回来。听音[乐]，玄给我去取汇款，写信。晚看电视，《新闻联播》、新年晚会领奖大会(对唱、独唱)、《情满珠江》(第三集)。九时息，十时寝。明多云，4—12[摄氏]度。

一月九日

晨六时四十分出门，七时二十分回来。到影剧院折回，遇政、法俩，荷香说她爱人名金明善(音)。计4500步。写信。晚看电视，《新闻联播》《情满珠江》(第四集)。九时息，十时寝。明晴[转]多云，6—12[摄氏]度。

一月十日

晨六时三十分出门，七时二十分回来。遇荷香，任天取来《联谊报》，至车场折回(食品)。现代[商厦]挂出“哇哈哈酸奶200万助学金”。看《联谊报》。晚电视，《新闻联播》《情满珠江》(第五集)。九时息，十时寝。明多云，4—12[摄氏]度。

一月十一日

晨六时二十分起床，七时出门，八百折回。七时三十分计2200步。看报。晚看电视，《新闻联播》《情满珠江》(第六集)。九时息，十时寝。明多云[有]小雨，5—7[摄氏]度。

一月十二日

晨六时十分出门，七时十分回来，有中雨。遇郎任天，问年龄。计6100步，车场回，看报，札资。晚电视，《新闻联播》《情满珠江》(第七集)。九时息，十时寝。明小雨[转]阴，4—7[摄氏]度。

一月十三日

晨六时三十分，七时二十分回来，车场回。中百遇袁百顺、杨嫂等，计6350步。富春江啤酒厂熊胆酒，说：“服了熊胆酒，全身是胆。”看报，备札本。晚看电视，《新闻联播》，陈锐、袁玫[主演]的《情满珠江》第八集等。九时息，十时寝。明多云，3—9[摄氏]度。

一月十四日

晨六时出门，七时十分回来。长廊回，遇张巘垣，谈二十分钟。遇老陶谈十分钟，计7050步。今日晴朗，理发，洗浴，整理。晚看电视，《新闻联播》《情满珠江》(第九集)。九时息，十时寝。明晴[转]多云，2—11[摄氏]度。

一月十五日

晨六时二十五分，七时十分回来，遇郎仕天、夏等，车场回，计6100步。玄给我虎山邮局取件，上海、北京有款。下午四时蓉君两个弟弟(小龙、□□)到来，一宿此，一宿石勇处。晚看电视，《新闻联播》《综艺大观》。九时息，十时寝。明多云[有]小雨，3—11[摄氏]度。

一月十六日

晨五时五十五分出门，七点回来。遇淳、费、陶、邵等，计6700步。车场回。看报，写信。蓉二位弟弟十时回宜兴。写信，看报。晚看电视，《新闻联播》(李正海在广西及邻省发现金矿)。《情满珠江》(第十集)。九时息，十时寝。明多云，[有]小雨，3—9[摄氏]度。

一月十七日

晨六时二十分出门，七时十分回来。遇吴父、家明，到影剧院回，计2800步。九时去工商联报到，九时三十分回来。下午二时开预备会，三时回来。遇新登一些熟人，何经理、虞荣泉、许□□、元将女婿等。晚看电视，《新闻联播》《京都纪事》《情满珠江》(第十一集)。九时息，十时寝。明雨夹雪[转]小雪，1—3[摄氏]度。

一月十八日

五时起床，五时五十五分出门，六时三十分回，到影剧院回，计2500步。八时大会开幕，门前有欢迎队和乐队，县长周宝法、王□□等代表100名。领导、来宾、列席代表、记者、摄影约100名。十一时息，下午二时开会，至四时五十分息。晚看电影，我不去。看电视，《新闻联播》《京都纪事》(片段)、《情满珠江》([第]十二集)。九时息，十时寝。晨起雪厚2寸。明阴[转]多云。富–5—3[摄氏]度，杭州–3—2[摄氏]度。

一月十九日

晨五时起床，六时二十分出门，七时十分回来。到文化宫后，从原路回。计5000步。八时三十分去开会，十时十五分回。富县工商联五届大会，民间商会召开，17日报到(上午)，19日上午十时闭幕。同杨福如并坐。四娘姨女婿寿关煜、元将女婿、中百经理何忠德、虞荣泉、徐福根等，十一时回来。下午看报。晚《新闻联播》《情满珠江》(第十三集)。九时息，十时寝。明雨，有小雪，-3—1［摄氏］度。

一月二十日

晨七时起床，七时三十分出门，七时三十分回来。遇杏、费等，计2500步。至影剧院回。写信。下午三时三十分，念慈来，送来礼物。四时到女儿家去，今日要回新登。晚看电视，《新闻联播》《军事天地》（廉颇，战国时［名将］。兵器王国。潜艇）。《情满珠江》第十四集。九时息，十时寝。明3—4［摄氏］度，多云［转］晴。

一月二十一日

六时三十分起床，未出门，听音［乐］，十时十分去老街，十一时十分回来。庚上午八时来，九时去开会，十二时来说有便车即回新（下午二时）。晚看电视，《新闻联播》。《情满珠江》第十五集。九时息，十时寝。明晴，3—6［摄氏］度。

一月二十二日

晨未出门，写信，听音［乐］。晚看电视，《新闻联播》《综艺大观》《东西南北中》（吉林和桂林）。九时我息，十时寝（今天旧历12月11日）。明晴，-1—11［摄氏］度。

一月二十三日

晨六时三十分起床，听音［乐］，写信，札资，未出门。晚看电视，《新闻联播》《情满珠江》。九时息，十时寝。明晴，1—10［摄氏］度。中午洗浴。

一月二十四日

晨七时起床，未出门，听音［乐］，看报，札报，去寄信。晚看电视，《新闻联播》《京都纪事》《情满珠江》（第十七集）。明晴［转］多云，1—12［摄氏］度。九时息，十时寝。

一月二十五日

七时起床，八时二十分早餐，札报。晚看电视，《新闻联播》。《情满珠江》第十八集。九时息，十时寝。明3—13［摄氏］度，晴到多云。玄说看电视富阳已改富阳市，我息，未看到。

一月二十六日

晨七时起床，整理旧报，报寻不到（《渴望》《我的父亲邓小平》）。晚看电视，《新闻联播》《情满珠江》（第十九集）。明晴［转］多云，1—8［摄氏］度。

一月二十七日

晨七时起床，上午十时去街，十一时回。遇周友、徐连生、叶复华。晚看电视，《新闻联播》《情满珠江》（第二十集）。明多云［转］晴，0—9［摄氏］度。

一月二十八日

晨七时起床，未出门，看报，札报。晚看电视，《新闻联播》《情满珠江》。九时息，十时寝。明晴［转］多云，1—10［摄氏］度。下午二时三十分庚由杭返，带来小兰送来的母鸡一只，肉约七八斤。四时回来，万［有信］件他带去。

一月二十九日

晨七时起床，听音［乐］，看报。玄给去政协取来福建九湖芦柑一箱拾斤（赠）。晚看电视，《情满珠江》（第二十二集）。九时息，十时寝。明1—6［摄氏］度，多云［转］阴。

一月三十日

晨七时起床，听音［乐］，未出门，看报，札报。晚看电视，《新闻联播》《情满珠江》（第二十三集）。明小雨、雪，1—5［摄氏］度。

一月三十一日

晨七时起床，有小雨雪，未出门，核月结。晚看电视，《新闻联播》《情满珠江》（第二十四集）。九时息，十时寝。明小雨，2—5［摄氏］度。

二月一日

晨七时起床，听音［乐］，看报，札报，写信。晚七时政、小夏来，八时回去。晚看电视，《新闻联播》。八时十五分《情满珠江》第二十五集。九时息，十时寝，多云，1—5［摄氏］度。

二月二日

晨七时起床，九时玄给我去虎山取武汉湘汇款。下午四时炜来宿此，去看他姐未遇。晨七时十五分又去会姐，午时回来。晚看电视，《新闻联播》《情满珠江》（第二十六集）。九时息，十时寝。明晴［转］多云，0—9［摄氏］度。

二月三日

晨七时起床，炜七时十五分去会他姐，至深

夜九时来。晚看电视，《新闻联播》《情满珠江》。明小雨，3—6［摄氏］度。

二月四日

晨七时三十分起床，整理，寻英雄笔无着。晚看电视，《新闻联播》《情满珠江》。霞来信，催项炜回去。下午托小蒋电项政，知项炜今日上午已回新。晚看电视《丝绸之路》(青海管道石油)。九时息，十时寝。明3—8［摄氏］度，阴。

二月五日

晨七时起床，有雨，中［到］小雨。晚看电视，《新闻联播》《情满珠江》。九时息，十时寝。明小雨［转］阴，4—7［摄氏］度。

二月六日

晨七时起床，上午去理发，看报，整理。项敏九时二十分晚来宿此，说从安徽来。我去买物，遇玄，给我提回二次。晚看电视，《新闻联播》《情满珠江》。九时息，十时寝。明4—8［摄氏］度，阴晴。

二月七日

晨七时起床，敏亦七时起床，七时十五分即去新登，说工人等他回来。息。上午饭后十二时三十分玄陪我去看文治，坐谈约40分钟，我去买零物。晚饭后玄陪我去看舅母，她睡在床上，未去打扰，与小成略谈，正在与瑞典合资兴建自来水厂。来二客，我们约坐半小时回。晚《新闻联播》《情满珠江》。九时息，十时寝。明多云［转］阴，4—9度。庚下午三时三十分去看政，即回新登云。电视，"15年气象、广州核电站、凤阳中都城、朱元璋"。

二月八日

晨七时起床，上午整理，略看报即中午。下午二时午睡，四时蓉的弟弟来。晚七时小夏来，知政和他今日去新，他下午回富回家，明日去新过春节。他初三上班，政初六上班云。晚看电视，《新闻联播》(钱之光2月5日逝世，终年95岁)。《解放军文艺晚会》(一小时三十分钟)。十时息，十时三十分寝。明4—15［摄氏］度，晴［转］多云。

二月九日

晨七时起床，十时看电视《包青天》第二、三集。我饭在机前吃。晚除夕餐，玄、蓉、蓉的弟弟、小蒋、项莹、欢、我共七人。晚看电视，《新闻联播》。春节晚会至十时，息，十时三十分寝。明晴［转］多云，2—10［摄氏］度。

二月十日

阴历正月初一日。七时起床，十时看电视，人民大会堂春节团拜会，李鹏讲话15分钟息，到会四千余人。十时电视《包青天》［第］二、三集。我午饭在［电视］机前吃。下午三时赵文光来，送来杭州(新登)同春和240克酥糖吉祥包、北京东海新通县250克荔枝一袋、湖州震远同厂椒桃片450克。晚玄、三女、女婿、三小孩、蓉、程行、我共13人，吃春节晚饭。晚看电视，《新闻联播》《中央电视台春节联欢晚会》。九时息，九时三十分寝。明晴转多云，2—10［摄氏］度。

二月十一日

晨七时三十分起床。下午二时三十分彦章来，我起床开门。三时三十分蓉回来。四时玄、珍来(去院打针、输液)。晚看电视，《新闻联播》(各省市春节情况)。九时息，九时三十分寝。明多云［转］阴，2—8［摄氏］度。

二月十二日

晨七时起床，彦章八时离此，玄陪他去菜场一转。九时回杭，玄送他上车。程行八时十五分回宜兴，写信，看报。晚看电视，《新闻联播》《针眼警官》(贼的儿子)。九时息，九时四十分寝。明1—5［摄氏］度，阴［转］小雨。上午十时电视，服装厂的时装练习，大约是在绍兴，不雅。

二月十三日

晨七时起床，写信，玉娟上午九时三十分来，十时回去。晚看电视，《新闻联播》。九时息。明小雨，3—5［摄氏］度。

二月十四日

晨七时三十分起床，玄去回年送礼。晚看电视，《新闻联播》《神州大地》《春节联欢晚会》。今晚［节目］很好，色彩文雅，动作快捷，歌声不俗。十时息，十时三十分寝。明2—7［摄氏］度，小雨［转］阴。

二月十五日

七时三十分起床，九时十五分出门购物，十时到赵家去，十一时十五分离赵处回来，十一时四十五分宿舍。晚看电视，《新闻联播》《春节联欢晚会》（歌舞、小品、杂技等）。十时息，十时三十分寝。明阴，3—8［摄氏］度。

二月十六日

晨七时起床，九时三十分上街，十时去七美家，孙玉远在家，谈至十一时三十分，回宿舍。有客，十二时三十分午膳。晚看电视，《新闻联播》《针眼警官》。梅兰芳（小型邮票）。明阴3—7［摄氏］度，富报2—7［摄氏］度。一郇来电话，已买就19日七时三十分票。

二月十七日

晨七时起床，搞卫生，整理。下午三时昆山和爱人来，四时回去，送来鳖膏、蛋糕。晚看电视，《新闻联播》《针眼警官》（流氓假仗义）。明多云，有雨，2—6［摄氏］度。

二月十八日

晨七时起床，搞卫生，看报。晚看电视，《新闻联播》（钱之光遗体告别）、《针眼警官》（白四留学）。明阴有小雨，3—8［摄氏］度。

二月十九日

晨七时起床，玄、莹、欢八时三十分去杭接壬、翌、郇、晓。壬、翌、郇、晓乘七时三十分特快，十时十五分到站，乘汽车到富，十一时五十分壬等宿项琳处（他们自己宿老宿舍）。中午去休息。我午睡一小时，去公司买物。六时吃晚饭，七时项政、夏立忠来，黄小成来谈，八时三十分他们回去，我十时寝，明4—7［摄氏］度，阴［有］小雨。

二月二十日

七时起床，玄陪壬、翌、贤、郇、晓八时五十分六人去新扫墓，并会亲友俊［生］、杰［生］、标嫂、［元］将、五［丰］、［长］育，玄叫面包车，九时十分去，下午四时三十分到，与俊、杰会到并拍照，呼五、育同吃中饭。晚壬等五人、玄蓉三女儿等共11人，政、夏、我共19人吃饭（二人醉）。九时三十分散，我十时二十分寝。胃口不好，蔬菜泡饭吃一碗。

二月二十一日

八时起床，贤、郇、晓八时二十分去杭，壬、翌、玄、我四人闲谈至十一时三十分，莹、蓉、欢陪壬、翌去小蒋家。莹、小蒋十一时四十五分先来。蓉、玄、壬、翌于四时三十分回。玄、蓉、壬、翌、莹、蒋、琪、欢、笑吃晚饭。七时看《新闻联播》。七时三十分看照相。九时三十分壬、翌去琳家宿。我略事整理。十时三十分寝。午睡一小时很舒服，想有事即起来（气温明阴［转］晴，5—12［摄氏］度）。

二月二十二日

七时起床，打扫。八时玄、莹、翌来，知今晨二时左右失窃，偷去照相机一架、身份证二张、离休证明二张及零物等。写了报告，由莹去公安局报案，写明失物，贼是从窗户进入，人安全，如不必现场踏看，我们是否可以清扫收拾现场？［办事民警回复说］："你们去收拾吧，本局立即立案侦查。"壬、翌答应。我五人在门前拍了一张照。他们去鹳山游览，拍照。我没去，即回宿舍。壬、翌十二时四十五分离此，玄、琳、勇送上车，一时开，二时到杭。贤、郇、晓亦到。彦去买票，被窃身份证，币8元零款。玄下午五时二十分到宿。娟五时三十分来邀，我说："卧在床，因日来脚病得厉害，下楼取报都他们代取，无病但神经痛，只想睡觉。谢谢，实在对不起，你这样忙，还要再跑来。恭喜你大好喜事。"我到八时起来，洗脚，刷牙，寝。

二月二十三日

晨七时起床，大便又泻一次，知这是精神所致，不是食物和风寒。写信。晚看电视，《新闻联播》（304部队向徐洪刚学习）、《康熙大帝》。九时息，十时寝。明小雨，3—6［摄氏］度。

二月二十四日

晨七时三十分起床。昨晚、今晨小雨，有时中雨。上午九时三十分玉娟又送来沙川上海蛋糕

（有台）一只、桂园一盒，坐半小时去。写信，看报。晚看电视，《康熙大帝》，初看一般。九时息，十时寝。明0—4［摄氏］度，小雨［转］阴。

二月二十五日

晨七点起床，整理。中午洗浴，与玄说送小孩物，决不送。写信。晚看电视，《新闻联播》，冬奥赛中国张艳梅，在女子短道速滑500米决赛中一直领先，在300米处被美国选手拉住右腿失利，获银牌。《康熙大帝》，比昨日好些。九时息，十时寝。明1—9［摄氏］度，多云［转］阴。

二月二十六日

七时起床。珍珍阿婆上午八时四十五分来看珍珍，九时十五分蓉回，她回去。写信。晚看电视，《新闻联播》《康熙大帝》。九时息，十时寝。明阴，2—7［摄氏］度。

二月二十七日

晨七时起床，十时开始写信。上午十一时三十分霞、小夏来，下午一时五十分去给阿婶带来礼物。除家有外，又付点钱买另外东西回送。莹送来奶粉三袋、山楂片二斤。我收粉一半、片一半，余交玄，大家吃。晚看电视，《新闻联播》（蛋壳雕）《康熙大帝》。九时息，十时寝。明1—6［摄氏］度，阴［转］多云。

二月二十八日

晨七时起床，停电，九时十五分去看赵新指导员。十一时十五分到家，谈九十分钟闲天，小韩在家。晚看电视，《新闻联播》（溥杰逝世）、《神州大地》（高州农民画展）。《康熙大帝》（玄烨夺宫，第八集）。明阴［转］多云，2—8［摄氏］度。

三月一日

晨七时起床，九时写信。晚看电视，《新闻联播》《康熙大帝》。九时息，十时寝。明阴［转］多云，1—8［摄氏］度。

三月二日

晨七时起床，天晴，玄给我洗被套和毯子，写信。晚看电视，《新闻联播》（北京大学生学习徐洪刚）、《神州大地》。十时三十分寝。明阴［转］多云，1—10［摄氏］度。

三月三日

晨六时写信，七时三十分去寄。晚看电视，《新闻联播》《康熙大帝》（玄烨夺权）。九时息，十时寝。明晴，4—15［摄氏］度。

三月四日

晨七时起床，核上月收支。晚看电视，《新闻联播》（黑龙江考古主任袁定一）、《神州大地》《康熙大帝》。九时息，十时寝。

三月五日

七时起床。欢今日得第一名。七时五十分珍来，下午五时林滨来。晚看电视，《新闻联播》。十时息，十一时寝。滨十二时寝。政、夏来一小时，晚九时去。明晴［转］多云，6—18［摄氏］度。

三月六日

晨七时起床，整理旧报。晚珍珍周岁叙（聚）餐，我因足疾，谢谢未去。玄为我下面，吃了看报，《新闻联播》《康熙大帝》。明多云，有小雨，7—15［摄氏］度。

三月七日

昨夜有小雨。七时起床，整旧报。晚看电视，《新闻联播》（两会委员陆续到来，开新闻发布会），《康熙大帝》。九时息，十时寝。明小雨，7—13［摄氏］度。

三月八日

晨七时起床，九时三十分札资。晚看电视，《新闻联播》（政协八届二次会议开幕。"三八"妇女节大会，陈慕华讲话，庆祝妇女节）。晚会十时息，十时三十分寝。明小雨，6—9［摄氏］度。

三月九日

晨七时起床。写信。九时去寄，看报，下雪珠，写信，看报。晚看电视，《新闻联播》《康熙大帝》。九时息，十时寝。明雨加雪，1—7［摄氏］度。

三月十日

晨七时起床，天晴。蓉母神疲。玄去打电话，致宜兴说，下午来。晚又去电，说明日上午来。上午十时庚来，下午一时去影剧院，开离退休人员听报告。庚会后回新。晚看电视，《新闻联播》（人大专题)、《康熙大帝》。九时息，十时寝。明多云，有小雨，3—9［摄氏］度。

三月十一日

晨七时起床，阴，看报，札资。中午蓉二个弟弟、一个妹妹、一个妹夫四人到。晚看电视，《新闻联播》(人大专题报导)、《康熙大帝》。九时息，十时寝。明中雨，3—6［摄氏］度。

三月十二日

七时起床，有雨，看报，找富阳地图，看报。晚看电视，《新闻联播》《富阳新闻》(定3月28日撤县建市大会及一些准备情况)。九时息，十时寝。

三月十三日

晨六时四十五分起床。蓉、弟、妹、姐夫四人今晨七时离此回宜兴。看报，札资。晚看电视，《新闻联播》(泰山雾凇)、《凤凰琴》(第一集)。明阴［转］多云。

三月十四日

晨七时起床，札资。晚看电视，《新闻联播》(山沟里赶大集、中俄边境)、《凤凰琴》(第二集)。九时息，十时寝。明阴，4—10［摄氏］度。

三月十五日

七时三十分起床。蓉弟、小尤、大姐夫和小妹的儿子驾驶员，又另请了一位驾驶员。八时去借担架，九时开车去琳处取东西，车停，驾驶执照被扣。玄十时回来取钥匙，说尚未开出，等执照。玄归，知是十时开车去。莹亦来。晚看电视，《新闻联播》(两会讨论情况、新闻发布会)、《凤凰琴》(第三集)。九时息，十时十分寝。明阴有小雨，4—11［摄氏］度。

三月十六日

晨有中雨。七时十五分起。看报，札资。晚看电视，《新闻联播》(罗马尼亚教堂和皇宫)、《凤凰琴》(第四集)。明小雨［转］阴，5—10［摄氏］度。

三月十七日

晨七时起床，看报，札资。晚看电视，《新闻联播》。明多云，6—16［摄氏］度。

三月十八日

晨七时起床，玄为我用甘油疳大便下。看报，札资。晚看电视，《新闻联播》。九时息，十时寝。明多云［转］阴，8—16［摄氏］度。

三月十九日

晨六时三十分起床，大便下，约有二天大便。因晚饭后下面假牙断。九时玄给我去问是否可接。看报，札资。晚七时五十分小方来说，宜兴来电说外婆已去世，火葬毕。蓉明后日回。晚看电视，《新闻联播》《综艺大观》。明阴［转］多云，8—18［摄氏］度。

三月二十日

晨七时起床，九时三十分开始，看报，札资。下午午睡，三时三十分起床，知蓉于下午二时前到富。庚下午三时到富，为敏商标登记(要三五个月才能取得)。知新登房改已开始登记，与庚、玄商量第一步申请登记，购买。玄即去为我身份复印。四时庚去政处，回新，后和蓉、玄谈，知玄岳母是去年10月20日来富，今年3月15日回宜兴，住此养病一年零五个月。蓉陪她妈去宜兴，下午四时二十分到宜兴，因医院不肯收救，下榻小龙家，于17日下午四时病逝。到宜兴正二昼夜，大都仍是蓉与小狗值陪，他们都上班或回家转转。18日火化，安葬。蓉20日回富，一切顺利，安排得也很好。晚看电视，《新闻联播》(人大会小组讨论专题报告)。八时息，九时寝。明多云［转］阴，9—18［摄氏］度。

三月二十一日

晨六时三十分起床，停水，大便下不多。看报。上午十一时玄陪我去修补假牙，遇张明奎嫂，知她女儿做产，来帮帮。中午仍吃面，有假牙，味就不同。大小便有正常感。晚看电视，《新闻联播》，人大小组讨论，港澳代表发言非常踊跃。八时息，九时寝。明阴有小雨，9—14［摄氏］度。

三月二十二日

晨七时起床。玄七时二十分陪琳去杭购织衣机。下午六时三十分到家，看报，札资。晚看电视，《新闻联播》。八时息，九时寝。

三月二十三日

晨七时起床（大便在晨二时下，觉舒畅）。玄去给琳安装织衣机。九时开始，查旧报。晚看电视，《新闻联播》（今日是“世界气象日”）、《动物世界》（小动物贴近人身）。八时息，九时寝。明晴，6—18［摄氏］度。

三月二十四日

晨七时起床，九时起看报，整报（晴）。晚看电视，《新闻联播》。八时息，九时寝。富报导明阴［转］多云，8—20［摄氏］度。

三月二十五日

晨七时起床，洗裤。八时四十五分看报、信。晨听说上水门广大隆处昨晚八时失火，7家遇难全失（救火车虽到，因缺水，无法救云）。整报。晚看电视，《新闻联播》（缪云台100周年诞辰纪念。主播李瑞英、罗京。赵红艳：明晴，8—18［摄氏］度）。富晴［转］多云，6—20［摄氏］度。

三月二十六日

晨七时起床，门前有搭架毛竹，听说是宿舍加一层，为六层楼。整报，政下午五时来略谈，回去吃晚饭。晚看电视，《新闻联播》（确保小麦、菜篮子。主播李志斌、张宏文。赵红艳：明晴［转］多云，2—15［摄氏］度）。

三月二十七日

晨七时起床，九时看书、报。晚看电视，《新闻联播》《富阳新闻》（宣布将现场直播庆祝富阳撤县设市庆祝大会）。七时开始，看到十点息，十时三十分寝。明阴［转］多云，6—16［摄氏］度，富气报。

三月二十八日

晨七时三十分起床，九时李老师来，谈到十时。听说［富阳撤县设市］庆祝大会现场直播，李辞去。留他吃便饭，说另有事，告辞去。送来干鲜、水果。政昨说霞明下午一时来到文化宫看越剧表演，到一时霞不到。蓉、玄、欢去看，小方、笑笑在打游戏机。晚霞、政、夏来，知霞下午二时多来，小方开门，知蓉已去，她即去政处，晚六时四十分来，近七时，三人即去。我看《新闻联播》，八时息，八时四十分寝。

三月二十九日

晨小雨，七点起床。九时看报，整旧报。晚看电视，《新闻联播》《军事天地》。宋世杰：明小雨，8—12［摄氏］度。今晨玄对欢进行说服教育。八时三十分息，九时十分寝。

三月三十日

晨七时起床，八时大便。九时看报，札报。小雨。今日欢去幼儿园，比往日早，八时十分去。晚电视《新闻联播》（主播李瑞英、王宁、李英杰。北方青海冬少雨雪干旱）。《动物世界》。八时二十分息，明小雨，7—12［摄氏］度。九时十分寝。

三月三十一日

晨七时起床，八时三十分看报，核月收支。晚看电视，《新闻联播》。八时息，九时寝。明小雨［转］多云，8—15［摄氏］度。

四月一日

晨七时起床，星期五，旧历二月二十一日。核上月收支。晚看电视，《新闻联播》。小节速录在1990年小札本空白上。明多云，8—21［摄氏］度。八时三十分息，九时十分寝。

四月二日

晨时起床，有雾。看报。听蓉说遇芳，知舅母去新登大儿处。晚电视，《新闻联播》（北京植树造林），星期六《正大剧场》（天津台、中央台合办）。九时息，我十时寝。明多云，［有］小雨，12—20［摄氏］度。

四月三日

晨七时起床，八时三十分看报。晚看电视，《新闻联播》（山东、湖北、安徽重视春耕）。八时四十五分息。明小雨［转］阴，12—18［摄氏］度。九时二十分寝。

四月四日

晨七时起床，八时三十分停电，九时看报。晚看电视，《新闻联播》《大进攻序曲》（第十集）。八时三十五分息，明小雨，17—23［摄氏］度。九时十分寝。

四月五日

晨七时起床。九时看报。晚看《新闻联播》（国库券在北京、山东、湖北、湖南[发行]。江苏人口下降）。明阴[有]小雨，15—21[摄氏]度。《焦点访谈》（上海、北京）。八时十五分《大进攻序曲》。八时三十分息，九时三十分寝。

四月六日

晨七时起床，大便畅。八时三十分看报。晚看《新闻联播》（孙占元烈士纪念馆、防治霍乱流行）、《焦点访谈》（南非）、《神州大地》（中华一条街）。明雷阵雨，16—25[摄氏]度。

四月七日

晨七时起床。四时雷雨大作，八时三十分札报。晚看《新闻联播》（刘志艳救出六个孩子，南京雨花台18岁青年在宣誓，海南[宣传]口腔卫生，重庆最大企业工厂破产后情况）。明多云[转]阴，15—20[摄氏]度。

四月八日

晨七时汽车，八时二十分札记，看报。晚电视，《新闻联播》。明雷雨转小雨，9—14[摄氏]度。《乱世香港》。八时三十分息，九时二十分寝。

四月九日

晨七时起床，八时三十分记、看报札。有小雨，天寒。看报札。晚看《新闻联播》《东西南北中》。明阴[有]小雨，10—13[摄氏]度。吃核桃肉。政在此晚饭，七时回去。九时息，九时四十分寝。

四月十日

晨七时起床，看报札。晚《新闻联播》（纺织品非法进口。广东假农药）。新登镇长潘建平。明小雨，10—14[摄氏]度。八时三十分息，九时三十分寝。

四月十一日

晨七时起床，八时三十分看报札。晚看《新闻联播》（物价检查工作展开）。《神州大地》（汉口历史）。八时三十分息。明小雨，10—14[摄氏]度。

四月十二日

晨七时起床，天晴。八时起风，八时十五分看报札。政、夏晚七时来，八时去。晚看电视，《新闻联播》（人民法院宣判重犯等）。八时息，明多云[转]晴，7—17[摄氏]度，九时寝。

四月十三日

晨七时起床，旧历3月3日，韾生日。上午八时玄、蓉、琳、珍去新登。看报，札报。玄等下午四时三十分到家，知庚同去。玄看过长育。晚看电视，《新闻联播》（国家开发银行成立，行长姚振炎）。《焦点访谈》（海狸鼠卖2000多元每对，养出仅售20元每对，广告害人）。八时三十分息，九时三十分寝。

四月十四日

七时起床，九时看报札。下午四时去寄信，遇朱岫云，来去均遇到。谈约15分钟。晚看《新闻联播》（国库券发行已完成四分之一。电视今晚播音员贺红梅、罗京）。明阴，13—20[摄氏]度。八时十五分息，九时四十分寝。

四月十五日

晨七时起床，九时看报札。晚看《新闻联播》（广州广交会开幕）。明多云，11—24[摄氏]度。八时二十分息，九时十分寝。

四月十六日

七时起床，八时二十分去理发，九时十分看报。晚看《新闻联播》（辽宁、湖北、陕西、云南、福州春耕积极，山西重菜篮子，日本投资建四大建筑，淮河治理，重庆保野生植物，江苏为教育办实事，杭州保护蔬菜供应，中国消防）。《富阳新闻》新登元村福光小学（原茹口福光中学）。九时息，九时四十分寝。明多云，有雷雨。

四月十七日

晨七时起床，有雨，九时看报。晚电视，《新闻联播》（山西赵雪芳获"白求恩奖章"。美国大通银行在天津设分行。千岛湖游船捉到罪犯）。八时三十分我息，九时十分寝。明多云，15—19[摄氏]度。

四月十八日

晨七时起床，前雨，后日出。八时三十分看报。晚电视，《新闻联播》（四川小春收，浙江种早稻，江西奔农业，植柳摆擂台。三峡重点工程开始。天津商展会）。明雷雨，16—22［摄氏］度。八时十五分息，九时寝。

四月十九日

晨七时起床，八时三十分看报，札记。上午十时彦章来，并带来湘物。下午一时，玄送他到车站回杭。晚政、夏来知结婚日期已定5月15日，七时来，八时回去。看电视，《新闻联播》（广东扶贫）。明雷雨，阴，16—20［摄氏］度。八时十五分息，九时寝。

四月二十日

晨七时起床，八时三十分看报。有中雨，闷。晚《新闻联播》（川藏公路、沿海十四个开发区）、《富阳新闻》。明阴，15—23［摄氏］度。八时三十分息，九时十分寝。

四月二十一日

晨七时起，有小雨，九时看报。晚看电视，《新闻联播》（潍坊风筝。内蒙古发生森林火灾）。明小雨［转］阴，15—20［摄氏］度。八时三十分息，九时十分寝。

四月二十三日

七时起床，九时看报，小雨。晚电视，《新闻联播》（红十字会成立九十周年。尼克松逝世）。《东西南北中》（陕西电视台）。九时息，九时四十分寝。明小雨，15—21［摄氏］度。

四月二十四日

七时起床，小雨。九时看报，札报。晚看《新闻联播》（“白求恩”式医生赵雪芳）。《天气预报》明小雨，16—21［摄氏］度。《焦点访谈》（主播肖晓琳。贵州贵阳女子外流，去年1800人，今年略减）。《潮起潮落》第二集。九时息，十时寝。

四月二十五日

晨七时起床，九时看报札。霞傍晚六时三十分和政同来，我的身份拿去（提款）。六时五十分回新。出去不到三五分钟，下午六时五十分电断，七时十分来。《潮起潮落》第三集。明阴［有］小雨，14—20［摄氏］度。九时息，九时四十分寝。

四月二十六日

晨七时起床。九时看报25日《人民日报》八版刊登“富阳撤县设市”广告。看报，写信。下午四时三十分叶振宇来谈十五分钟回去，我说天钟山我不能去，他说二曹亦不去。晚电视，《新闻联播》（安徽在京开展销会24—26日。沂蒙山六位老姐妹支前模范。今年高考）。《焦点访谈》（问病、医药、医药保险，都是难而不易）。《潮起潮落》第四集。九时息，九时四十分寝。明小雨［转］阴，14—20［摄氏］度。

四月二十七日

七时起床，九时看报。晚《新闻联播》（蒙古森林救火功臣。造船女能手郭玲华。辽宁表彰救灾人员）。《潮起朝落》第五集。九时息，九时四十分寝。明阴［转］多云，15—21［摄氏］度。

四月二十八日

晨七时起床，九时整报，看报。今日政协联谊会去天钟山考察。《新闻联播》（九省市举办五一节庆祝活动）。《焦点访谈》（尼克松葬礼）。《潮起潮落》第六集。九时息，九时四十分寝。明晴［转］多云，15—27［摄氏］度。

四月二十九日

七时起床，九时看报札。晚《新闻联播》（国库券销售情况。全国37所高校收自费生）。《潮起潮落》第七集。九时息，九时五十分寝。明晴，18—31［摄氏］度。

四月三十日

七时起床，九时看报，核收支。晚看电视，《新闻联播》（山东等省抓小麦培育。第75次广交会落幕）。九时息，九时四十分寝。明晴［转］多云，19—33［摄氏］度。

五月一日

晨七时起床，看报。晚看电视《新闻联播》（全国歌舞联欢评选揭晓，在“五一”举行颁奖表演）。十时结束，息，明有雷雨，20—32［摄氏］度。

五月二日

七时起床，八时三十分看报，整理。晚看《新闻联播》。《潮起潮落》第八集。明多云，［有］雷雨，19—29［摄氏］度。九时息，九时五十分寝。

五月三日

晨六时三十分起床，看报。晚看《新闻联播》(长江走向新世纪。《人民日报》发表“五四”社论。湖北、海南、河南青年团员学雷锋)。《焦点访谈》(南非大选曼德拉当选)。九时息，九时四十分寝。政、夏晚七点来，八点回去。明晴，16—26［摄氏］度。

五月四日

晨六时三十分起，八时三十分看报。晚看《新闻联播》(南非［总统］曼德拉)。明晴［转］多云，17—26［摄氏］度。八时三十分息，九时十分寝。

五月五日

晨六时三十分起床，八点看报，札写信。晚看《新闻联播》(马克思5月5日出生。1963年5月5日好八连进驻南京路。北京对碘缺乏宣传。残疾人运动会)。《潮起潮落》第十集。明晴［转］多云，12—26［摄氏］度。九时息，九时四十分寝。

五月六日

晨六时三十分起床，八时看报札，写信。晚看《新闻联播》(1840年英国发行第一张邮票)《焦点访谈》。《潮起潮落》第十一集。明晴［转］多云。九时息，十时寝。

五月七日

六时三十分起床，八点看报札。滨下午六时五十分到。据说二时开车。晚看《新闻联播》(北京开展第4个全国助残日主题活动。西班牙在北京开博览会。铁路快讯)《焦点访谈》《东西南北中》。九时息，十时寝。明多云［转］晴，18—29［摄氏］度。

五月八日

晨六时三十分起床，八时看报札，写信。晚《新闻联播》(北京儿童图书馆。贵州养牛出口。安徽物价回落。杭州庆春路。青海省百花园。黑龙江、广东、天津、河南近况。日本法务大臣辞职)。明晴［转］多云，18—33［摄氏］度。九时息，《潮起潮落》看了一半，十时寝。滨下午二时去杭回校。

五月九日

晨六时三十分起床，八时看报，札录。晚看电视，《新闻联播》《潮起潮落》第十三集。明晴［有］雷雨，20—30［摄氏］度。九时息，十时寝。

五月十日

晨六时十五分起床，八时看报札。晚看电视，《新闻联播》(《汉语大词典》出版，奖有功人员。浙残运会［将于］9月［举行］。南非［总统］曼德拉)。明阴，多云，17—26［摄氏］度。《潮起潮落》［第］十四集。九时息，政、夏八时三十分来，九时去，十时寝。

五月十一日

晨六时十五分起床，八点看报。中午正在开始吃饭，长育与次子厚丰来。他们已吃过，谈至下午一时三十分，厚丰去谈业务。四时回来，陪长育回新。他来富看病(小中风，在新已看三次，有效，价高，不能报销，来富医)。晚看电视，《新闻联播》(国库券在云南、深圳、湖南发行。农业部检查粮油工作)。《焦点访谈》。明晴［转］多云19—31［摄氏］度。《潮起潮落》。九时息，十时寝。

五月十二日

晨六时十五分起床，八时看报札。看电视，《新闻联播》(今天是护士节。第八届七次人大常委会闭幕)。明多云，［有］雷雨，20—28［摄氏］度。《潮起潮落》第十六集。九时息，十时寝。

五月十三日

晨六时三十分起床，八时去理发，九时看报札，有小雨。晚看《新闻联播》(北京电视塔落成。宝钢近况。炎帝园陵海外侨胞来行礼)。明雷雨，多云，20—27［摄氏］度。《潮起潮落》［第］十七集，九时息，十时寝。

五月十四日

晨六时三十分起床，八时看报札。政下午四时去新登，来此转。下午二时来装电话。下午五时，笑笑第一个来电话。晚七时二十分又来电话，问外婆，回说出外。八时归，蓉回复电话。晚看《新闻联播》(纪念焦裕禄逝世30周年［42岁逝世］。关贸委员会委员关于中国复关问题)。《综艺大观》。《藏王的使者》。明晴［转］多云，19—30［摄氏］度。九时息，十时寝。

五月十五日

晨六时起床，八时看报。今日政、夏举行婚礼。玄八时去帮忙，往新登。下午四时三十分到富。五时三十分玄、莹、琪、琳、林滨去春城饭店，吃政、夏结婚酒。我脚行走不便，未去。下午五时蓉给我煮面后，我吃面。休息、看报。七时看《新闻联播》(残运会在北京开幕，重庆、湖北、江西、青海、吉林，全国残疾人有5000万名。四川农民开镰，贵州干部下乡。今年“世界家庭年”，中国定今日为“家庭日”，各省市活动情况。北京《四库全书》开始编纂，定1995年完成)。晚八时庚、霞、敏女友[张小莲]、炜来坐，谈三十分钟，回新登。庚他们来停看，到外室晤谈。炜宿此。我九时息，九时三十分寝。

五月十六日

六时起床，七时玄、我、滨、炜共进早餐。闲谈到八时，滨去杭返校，炜回新，是后回校。玄去取来杭四中(杭初)1995年校庆纪念册。十时看报札。十二时午餐，爵十二时四十分到，他饭已吃过。大家谈谈。三时三十分下楼取报，没有。四时三十分又去，没有。午睡。六时三十分晚看《新闻联播》，其他没看。[玄、爵]又谈我听。九时三十分息，十时三十分寝，不成寐。玄、爵大约谈到一时，玄又看报，又一时寝。睡得不好。

五月十七日

晨七时起床，有小雨。玄、爵去看政、夏，知庚、霞适回新。玄十一时三十分回来。我十时再睡，十一时三十分起来。下午一时再睡，四时起来，未睡。看《新闻联播》。放政、夏录像，九时三十分息。明晴[转]多云，15—27[摄氏]度。今日九时零五分始,《潮起潮落》第二十集。十时息，十时四十分寝。

五月十八日

六点起床，玄、爵八点去新登扫墓。八时四十分停电。爵在新吃晚饭来富，到晚上8点。晚看电视,《新闻联播》。明晴[转]多云，15—29[摄氏]度。《焦点访谈》。九时息，十时寝。爵从珠海带来泰国芒果，沪三家、新、富得每人一只，二曹一余，亦送一点。

五月十九日

晨六时十五分起床，上午闲谈，去龙山饭店拍照，回家又拍了几张。午睡后写信四封。晚看《新闻联播》(安徽希望工程第一所学校)。八时零五分《神禾塬》第一集。明晴[转]多云，17—30[摄氏]度。九时息，十时寝。

五月二十日

晨六时起床，爵七时二十分离此去沪，玄送他到车站。八时三十分看报，写信。下午五时，政、夏婚后第一次来，八时回去。俊生的女儿和她的女儿来，代他爸送来泰国燕窝一盒、羊毛背心一件，六时来，六时三十分回去。看《新闻联播》。明多云，21—25[摄氏]度。《神禾塬》第二集，毛阿敏演唱、作词。九时息，十时寝。

五月二十一日

晨六时三十分起床，八时三十分看报，写信。晚看《新闻联播》(今日是武汉“马日事变”纪念日)。明阴[转]多云，17—25[摄氏]度。《东西南北中》，主持朱军。

五月二十二日

晨六时十五分起床，八时看报札。晚看《新闻联播》(瑞典摄影在吉林展出)。明多云[转]阴，20—26[摄氏]度。《神禾塬》第三集(卖花女当道)。九时息，十时寝。

五月二十三日

晨六时起床，八时看报。晚看《新闻联播》(西藏建两所希望小学。辽宁纪念“5·23”。纪念毛主席在延安文艺座谈会上的讲话文艺活动。魏紫熙在北京开画展)。《富阳新闻》。明小雨，21—26[摄氏]度。九时五十分息，十时四十分寝。

五月二十四日

晨六时起，小雨。八时看报札。晚六时四十分政、夏来，知今日从沪归，知他们于二十日去沪，下午五时到沪，至大伯处，去大姑家，宿五叔家。去路上花九小时，回花六小时。七时三十分回去，说很累。我说还有四天假，好好休息休息。晚看电视,《新闻联播》(天津保税区。国际食品标准。

赖少其画展)。明小雨转多云，22—27［摄氏］度。《焦点访谈》。《神禾塬》(今知共十一集)。九时息，十时寝。

五月二十五日

晨六时起床，八时看报。捷送来挪威糖、爵海南岛糖分食。晚电视，《新闻联播》(长江纸张博览会在京开展)。明小雨［转］多云，22—28［摄氏］度。《神禾塬》第五集。九时息，十时寝。

五月二十六日

晨六时起床，八时看报札。晚看《新闻联播》。《焦点访谈》。《神禾塬》第六集。九时息，十时寝。

五月二十七日

晨六时起床，小雨，八时看报札。下午四时三十分知爵已到家。晚看《新闻联播》(上海大学成立。白雪洁事迹报告会。黄河开发，防汛刻不容缓)。明多云，19—30［摄氏］度。《神禾塬》第七集。九时息，十时寝。

五月二十八日

晨六时起床，八时看报札。玄去虎山，给我取来湘款。晚看《新闻联播》。明晴［转］多云，20—31［摄氏］度。《综艺大观》［第］84期。九时息，十时寝。

五月二十九日

晨六时起床，扶梯卫生，八时看报札。下午四时蓉说有一位姓曹［的人］要来看我，不识路，她和莹去接。四时三十分到，是曹乙润和他的侄女，互谈一小时回去(他来医牙)，送来蛋片和细笋干(回新登)。晚看《新闻联播》(山东、广州两件极大走私案，香烟、各种家电。访贵州书记。世界妇女大会，陈慕华［致辞］)。《神禾塬》［第］八集。九时息，十时寝。

五月三十日

晨六时起床，听新闻，八时三十分看报札。下午去寄信，遇李福祥、罗俊。晚看《新闻联播》。明多云转阴，23—32［摄氏］度。政晚七时带照相本来，八时回去。《神禾塬》第九集。十时寝。

五月三十一日

晨六时起床，听收音机。下午四时三十分振宇听人说我久未去鹳山，特来看，我谢谢他对我的关心。晚《新闻联播》(湖北借东风)。明阴［转］多云，22—31［摄氏］度。《神禾塬》第十集。九时息，十时寝。

六月一日

晨六时起床，八时看报札。门前广玉兰开三五朵。晚看《新闻联播》。十时息，十时三十分寝。

六月二日

晨六时起床，八时看报札。晚看《新闻联播》(物价检查今日结束。浙江爱国主义教育)。明晴［转］多云，21—30［摄氏］度。《神禾塬》十一集完。九时三十分息，十时十分寝。

六月三日

晨六时起床，八时看报札。晚看《新闻联播》。《焦点访谈》(孙连芳，远亲不如近邻，常常关心帮助他人，对就业、治安很有效。吴桥杂技团，说中国杂技团上千个，没有一个没有吴桥人)。《豫东之战》第一集，主演有古月。九时息，十时寝。

六月四日

晨六时起，八时看报札。晚看《新闻联播》(世界环卫日于1992年6月4日成立。上海世界博览会开幕。四川、山东、河南小麦开镰。七月一日实行全国统一发票。访湖北省书记。西藏人和汉人结婚。篮球比赛。中国各界妇女在京讨论《［中国妇女的状况］白皮书》。第十一届世界不结盟国家［会议］在京闭幕。印尼发生地震和海啸)。明阴［转］多云，22—32［摄氏］度。九时二十分息，十时寝。

六月五日

晨六点起床，八时看报札。晚看《新闻联播》(“世界环境保护日”扩大会议在北京召开。陕西、山东停止一些不合理厂矿［开采］。访辽宁书记。)。明多云，22—32［摄氏］度。《焦点访谈》(未来乡人须要磨练)。《豫东之战》(二，共八集)。九时息，十时寝。

六月六日

晨六时起床，七时十分电停至下午四时，八时到外室看报。晚看《新闻联播》。明多云［转］阴22—29［摄氏］度。《豫东之战》(［第］三集)。

九时息，十时寝。

六月七日

晨六时起床，听收音机，八时看报，札报。晚看电视(访福建书记。人民银行要重点保收购夏粮资金)。明多云,[有]小雨，23—28[摄氏]度。外国杂技驯象、马、狗。《豫东之战》后半集。九时息，十时寝。

六月八日

晨六时起床，八时看报，八时三十分去买物，遇高磡上罗京、福祥、老洪等，九时三十分回。晚电视，《新闻联播》。明雷雨、小雨，20—28[摄氏]度。《豫东之战》第五集。九时息，十时寝。政、夏七时来，八时回去。

六月九日

晨六时起床，昨夜雷雨，小雨一夜。八时看报。晚看《新闻联播》(我国1—5月外贸。访青海书记。全国市长在西安开会。四川旱情，四十年未有之情况。欧洲12国同盟会议)。明多云，[有]大雨，19—23[摄氏]度。《豫东之战》第六集(白玉兰收养子)。九时息，十时寝。

六月十日

一夜有雨。晨六时晚餐。小房墙角漏。八时看报札。晚看《新闻联播》。明小雨[转]多云，12—15[摄氏]度。《焦点访谈》(王家小院，白鹳为患)。《豫东之战》[第]七集。九时息，九时五十分寝。

六月十一日

晨六时起床，八时看报，札报。政、夏上午九时来，将去新，委她带物给爸，送育饼干、罐头鱼、参，九时三十分去新。九时三十分看报，札报。晚看《新闻联播》(北京绿化、杭州审判千岛湖案)、《神州大地》(北国风光哈尔滨)、《富阳新闻》。九时二十分息，十时寝。明阴有雨，23—28[摄氏]度。

六月十二日

晨六时起床，小雨。八时看电视三十分钟。九时看报。政、夏下午五时从杭州去拍照回来。知她昨日去新、今晨去杭，给我带来6月退休金。饭后八时回去。晚电视，《新闻联播》(北京人艺馆成立。东方电视集团兴旺情况。访湖北书记。千岛湖案一审判决，千岛湖案详情。黑龙江、海南、重庆、浙江、广东夏收和抗汛)。明大雨转小雨，20—23[摄氏]度。《神州大地》(摄影，老年摄影协会叶盛高)。《豫东之战》第八集(完)。九时息，九时五十分寝。

六月十三日

晨六时起床，小雨，听收音机。八时看报，札报。下午四时去寄信，遇小周。承他问我日记有没有还你，我说没有，可否托你问问？承他点头。遇中百大蒋、老谢，大家点点头。晚看《新闻联播》《侨魂陈嘉庚》(共八集)。明阴，21—27[摄氏]度。九时息，十时寝。

六月十四日

晨六时起床，八时看报，札报。九时三十分去理发。晚看《新闻联播》《焦点访谈》。明多云[转]阴。21—28[摄氏]度。《侨魂陈嘉庚》第二集(1894年开店，子替父还债)。九时息，九时五十分寝。洗浴。

六月十五日

晨六时起床，八时看报。晚看《新闻联播》。明多云[转]中雨，21—26[摄氏]度。《焦点访谈》。《侨魂陈嘉庚》第三集。九时息，九时四十分寝。

六月十六日

晨六点起床，八时三十分看报，札报，写信。晚看《新闻联播》《侨魂陈嘉庚》(第四集)，九时息，十时寝。

六月十七日

晨六时起床，中雨，听收音机。八时看报，札报。晚看《新闻联播》。明小雨[转]阴，18—24[摄氏]度。《侨魂陈嘉庚》第五集。九时息，十时寝。

六月十八日

六时十五分起床，听收音机。八时十五分看报，札报。晚看《新闻联播》(瞿秋白烈士1935年的今日就义。浙江秦山核电站运行两年多。南昆铁路。云南保护区)。《东西南北中》山西鼓舞，小品《时事》《见义勇为》。九时息。政、夏来，有件收费单交项敏。十时玄回来。十时三十分寝。

六月十九日

晨五时四十分起床，七时三十分早餐。蓉八时二十分去杭，八时三十分看报札。蓉下午六时回来。政、夏中午在此吃面后回去，下午敏来取件。我已午睡，未遇。晚看电视，《新闻联播》(温饱工程，河北、安徽。黑龙江开展销会。千岛湖案今日执法。我国冰箱跨入世界领先行列)。《侨魂陈嘉庚》今第六集。明多云，20—29[摄氏]度。九时息，九时五十分寝。

六月二十日

晨六时起床，听收音机。八时看报，札报。晚看《新闻联播》(浙江防汛。河北小麦丰收。中国妇女杂志社，1939年在延安创刊。武汉交通道路整顿。外国长篇小说重版)。《焦点访谈》(非洲难民日)。《侨魂陈嘉庚》第七集。九时息，明小雨[转]中雨，20—24[摄氏]度。九时息，十时寝。

六月二十一日

晨六时起床，听收音机。八时看报，札报。晚看《新闻联播》(江苏轻工业。上海、武汉近况。中英会谈。广东灾情。安徽绿化造林。辽宁音响。甘肃保护野生动物)。明多云，小雨，20—24[摄氏]度。《侨魂陈嘉庚》第八集完。九时息，十时寝。

六月二十二日

晨六时十五分起床，听收音机。八时看报，札报。晚看《新闻联播》。明多云，[有]小雨，21—30[摄氏]度。八时十分至九点三十分息，十时二十分寝。

六月二十三日

晨六时起床，中雨[转]大雨。八时看报，札报。晚看《新闻联播》(1894年6月23日，国际奥林匹克委员会正式成立，至今已100周年。"和平共处五项原则"创立四十周年。湖南灾情。《中国冠军录》出版。日本承认强迫劳工。朝鲜同意南北对话)。明多云，[有]雷雨，22—30[摄氏]度。《上海大风暴》第一集。

六月二十四日

晨六时起床，听收音机，八时看报，札报。晚看电视，《新闻联播》(1954年"和平共处五项原则"创立，至今已40年。全国棉花会议在绍兴召开。宝钢、抚顺钢铁厂扭亏为盈。国际医疗先进器材展。农民农画展在海南。1972年美国总统尼克松访华)。明晴，[有]雷雨，26—36[摄氏]度。《上海大风暴》第二集。九时息，十时寝。

六月二十五日

晨六时器起床，八时看报，札报。庚下午三时去杭返，四时三十分回。晚《新闻联播》(6月25日为"土地日"。广东雕刻在京展出)。《焦点访谈》(羽田内阁总辞职，驻京记者通话)。《神州大地》蓉芙洞。《综艺大观》中央台与陕西台联办。明[有]雷雨，多云，26—36[摄氏]度。九时息，十时寝。《人民日报》未到。

六月二十六日

晨六时起床，听收音机，八时看报，札报。晚九时小林来电话，我说你们武钢公司已改革，他说向耘已考取，我说很好。林滨开始到厂实习，要三周(我说回家好，再会。晚看《新闻联播》《正大综艺》《上海大风暴》(第三集)。明阴[有]雷雨，26—35[摄氏]度。寄信。十时寝。

六月二十七日

晨六时起床，玄七时去代小蒋工作(蒋去绍兴)，七时三十分电停。到外室看报。九时三十分听说电来，到内室看。十时李老师来，携来《新登镇志》，成本费不肯收。十一时回去。晚看《新闻联播》(广西青年投入抗洪。湖南收到捐款，香港踊跃捐款，慰问祖国灾区。法国第十六届世界足球赛第十天)。明多云[转]晴，27—36[摄氏]度。《焦点访谈》(伪飞机票)。《上海大风景》第四集。九时息，十时寝。

六月二十八日

晨六时起床，听收音机，八时看报，札报。蓉大弟下午四时到。晚看《新闻联播》("七一"表彰优秀党员。新加坡在四川投资)。明多云[转]晴，28—36[摄氏]度。《神州大地》(金山黑陶)。

《上海大风景》第五集。九时息，十时寝。浴。

六月二十九日

晨六时起床，去搞卫生。八时看报。九时蓉弟回去。政晚七时带来鲜荔枝，八时回去，小夏值班未来。《新闻联播》（北京毕业大学生去边疆工作。俄歌舞团在京演出）。《上海大风景》第六集。九时息。明晴，28—37［摄氏］度。十时寝。

六月三十日

晨六时起床，七时二十分电停，八时重换到小间（据说中午热，空调不足，换变压器）。晚电视，《新闻联播》（谢觉哉铜像揭幕。西藏布达拉宫［修复］全部竣工。日本新首相村山富士。“七一”，为人民谋幸福）。明晴，28—38［摄氏］度。九时四十五分息，十时二十分寝。

七月一日

晨六时起床，听收音机，八时看报。星期五。旧历五月三十日。晚看电视，《新闻联播》《神州大地》（红船，嘉兴南湖革命馆“七一”纪念）。明晴，28—38［摄氏］度。九时四十五分息，十时四十五分寝。

七月二日

晨六时起床，八时看报。十时林滨来，饭后去莹家午休，回来吃晚饭。晚看《新闻联播》《神州大地》。嘉兴台和中央台联合庆“七一”晚会（南湖景观，惊险奇观。老演员李双江、郭兰英最后登台共唱革命歌曲）。《卓别林》《七品芝麻官》《洛桑学艺》。九时零五分息，九时三十分寝。政六时五十分来，八点回去，我说要优生优育。

七月三日

晨六时起床，看报。滨下午四时回杭返校。晚看《新闻联播》（池艺璇：1984 年 7 月 3 日汽车工艺改造试验在上海西区进行。青岛填海造集装箱码头。汕头大桥落成。山东、海南、武汉查获大批贩毒罪人。朝鲜南北会谈）。《天气预报》《焦点访谈》（云南破贩毒案，重犯枪决）。《神州大地》《上海大风暴》（第七集）。九时息，十时寝。明晴，27—36［摄氏］度。

七月四日

晨六时起床，八时看报。晚看电视，《新闻联播》《上海大风暴》（第八集）。九时息，十时寝。明晴，27—36［摄氏］度。

七月五日

晨六时起床，八时看到十时看电视。《杨乃武》京剧、梅剧排演，十一时息。晚看《新闻联播》《神州大地》。《上海大风暴》（第九集）。九时息，十时寝。明晴，28—37［摄氏］度。

七月六日

晨六时起床，听收音机。七时装修工人来工作。看报。晚看《新闻联播》《神州大地》《上海大风暴》（第十集）。九时息，九时三十分寝。

七月七日

晨五时五十分起床，听收音机，七时三十分看报。晚看《新闻联播》。晚七时三十分有［装修］工作人［员］来，我停看，八时三十分洗脚。玄在外室放电视，说新登消息，南津南四幼儿园遇流氓强奸幼女。九时寝。工人一时三十分息，我二时入寝。

七月八日

晨六时起床，有小雨。听收音机。有时看看报。今日灶间［装修］工作。晚只计划，未开工。

晚看《新闻联播》。八时息，浴，八时三十分寝。明多云，27—35［摄氏］度。

七月九日

晨五时四十五分起床，听收音机，八时看报。今日灶间（厨房）、做起间（客厅），走廊铺地砖，临龙山路阳台改装蓝玻璃窗。有时看电视，看报，但没有札记。

七月十日至十三日

晨六时起床。听收音机。有时看看报。

七月十四日

晨六时起床，室内略搞卫生。玉娟十时来略谈，说他儿子考取新加坡招考，但没地址、电话号码，说到杭州报到，缴费可前去。谈到十一时回去。晚看电视《新闻联播》。明晴，29—38［摄氏］度。《焦点访谈》《好男好女》，今晚六时开始。九时息，九时四十分寝。

七月十五日

晨六时起床，八时去理发。到各百货店走一转。九时三十分回来。搞卫生，洗浴，更衣。晚八时五十分政、夏来，九时二十分回去。晚看《新闻联播》《好男好女》。九时息，九时四十分寝。明[有]雷雨，多云，28—35[摄氏]度。

七月十六日

晨六时起床，听收音机。七时三十分看报。下午四时二十分政来，要她带给小兰(手臂骨折)太阳神二盒、币50元交叉中，方便时带给小兰。下午四时发风、动雷，入夜下小雨。晚凉快，降至20[摄氏]度。七时看《新闻联播》(河南节电。广东军区扶贫捐款。河北大雨。辽宁破特大盗案。彗星碰木星。1995年世界妇女大会将在北京召开)。明雷雨，27—35[摄氏]度。《东西南北中》(介绍秦皇岛)、《男儿当自强》。九时息，九时四十分寝。

七月十七日

晨五时四十五分起床，七时听收音机。八时看报。中午十二时湘来电，知彦章亦在她处，通话问好。晚看《新闻联播》(1935年的今日聂耳逝世。浙江、湖南、陕西棉丰收，四川重菜篮子)。《好男好女》第八集。九时息，九时四十分寝。明雷雨，27—36[摄氏]度。

七月十八日

五时四十五分起床，七时三十分听收音机。八时看报。政下午四时来，带来7月退休金等。炜下午七时二十分到，来说六时开车，晚饭吃过，九时去他姐处宿。晚看《新闻联播》(一批大学生毕业生进藏工作。张鸣岐在锦州光荣牺牲。广西灾后自救见效。中央扶贫会议)。《好男好女》第九集。九时息，九时三十分寝。

七月十九日

晨六时起床，听收音机，八时整理报。晚看《新闻联播》(安徽抗旱。中国与美日联合通讯事业。全[国]妇联捐款)明27—36[摄氏]度，晴[转]多云。《好男好女》第十集。九时息，九时四十分寝。

七月二十日

晨五时四十五分起床，去寄信。八时看报。晚看《新闻联播》(西藏大学1985年今日成立)。明晴[转]多云，26—35[摄氏]度。《好男好女》第十一集。九时息，九时四十分寝。

七月二十一日

晨五时四十五分，听收音机，七时三十分看报。晚看《新闻联播》。明晴，26—36[摄氏]度。《好男好女》第十二集。九时息，九时四十分寝。

七月二十二日

晨六时起床，听收音机，七时三十分看报。晚《新闻联播》(国际财团向中投资。湖北农民收入上升。浙江现种田大户。湖南灾后价格平稳)。明多云，27—36[摄氏]度。《神州大地》(日照印象，云海山岚小港)。《好男好女》第十三集。九时息，九时四十分寝。

七月二十三日

晨六时汽车，七时三十分看报。晚看《新闻联播》(1952年今天，埃及国庆。我电力工业发展情况。海洋石油扭亏为盈会议结束)。明晴[转]多云，26—35[摄氏]度。《神州大地》(京北名潭：黑龙潭)、《综艺大观》。九时息，九时四十分寝。

七月二十四日

晨六时起床，八时看报，札报。浴。晚看电视《新闻联播》。明晴[转]多云，27—36[摄氏]度。《好男好女》[第]十四集。晚九时息，九时四十分寝。炜八时来，九时回去。

七月二十五日

晨六时起床，听音，八时看报。晚看电视，《新闻联播》。明晴，27—36[摄氏]度。《雪震》第一集。九时息，九时四十分寝。

七月二十六日

晨六时起床，八时看报。晚看《新闻联播》菲律宾山体滑坡。明晴[转]多云，27—36[摄氏]度。《神州大地》陵水、南宁。《雪震》第二集。九时息，九时四十分寝。

七月二十七日

6时起床，八时看报。晚看《新闻联播》（1953年今日抗美援朝签字停战。伪劣商品严禁进口）。明雷雨，多云。27—36［摄氏］度。《神州大地》。《雪震》第三集。九时息，九时四十分寝。

七月二十八日

玄、欢亦去鹳山。五时四十五分起床，七时三十分看报。晚看《新闻联播》（1914年今日，第一次世界大战日。西班牙展销会）。明多云，［有］雷雨，27—36［摄氏］度。政、小夏来，七时三十分来，八时二十分回去。看《雪震》［第四集］。九时息，九时四十分寝。

七月二十九日

晨六时起床，七时三十分看报。晚看《新闻联播》（辽宁大麦丰收。湖北、湖南大雨。北方军区大型歌舞大会）。明多云，［有］雷雨，27—35［摄氏］度。《雪震》第五集。九时息，九时四十分寝。

七月三十日

晨五时四十五分起床，七时三十分看报。上午十时，王求真夫妇来，送来长白参、银耳各一盒，香蕉。我对他说，你们来看看我，很欢迎，但不要带东西来。谈家常，知他目前桐庐摆夜小吃摊。吃过中饭，一时三十分去看他们亲家母。我对他说，现在东西很贵，我不吃补品，饮食只求清洁、卫生、新鲜。你们花了许多钱［买］，我不吃这些，要你带回去你一定不高兴，以后来千万不要带东西来。他说高消费。我说是呀，高消费要有高收入，你我都只有一般收入，要算了用，要勤俭节约等等。晚看电视《新闻联播》（内蒙古水灾）。明多云，有雷雨。26—35［摄氏］度。九时息，九时四十分寝。

七月三十一日

晨六时起床，八时看报。玄去虎山取。核月收支。晚七时十五分看《新闻联播》（12号台风）。明多云，［有］雷雨，26—36［摄氏］度。九时息。再看新闻五分钟。十时寝。

八月一日

六时起床，八时看报（昨未看）。今日寝室装修，我在外室看报。午睡在隔壁。晚看《新闻联播》，没带札记。明晴［转］多云，27—37［摄氏］度。九时息。九时四十分在原处寝。

八月二日

晨五时四十五分起床，八时看报。晚看《新闻联播》（江苏、宁夏夏收夏种完成。云南、河南棉花良好。世界妇女界号召倡导母乳喂养[1]。凉山火把节，四川。黄山国际旅游节。美西部森林火警）。明雷雨、晴，28—38［摄氏］度。《雪震》第六集。九时息，九时三十分寝。浴。

八月三日

晨五时四十五分起床，八时看报，札记。晚看《新闻联播》。明多云。28—38［摄氏］度。《焦点访谈》《神州大地》（清溪）。《雪震》第七集。九时息，九时三十分寝。

八月四日

晨五时四十五分起床，八时看报。晚看《新闻联播》（扬州发展快。河北、湖北棉花案。海南、山东近况）。明小雨［转］多云，27—36［摄氏］度。《神州大地》泉乡玉溪。《雪震》第八集。九时息，九时四十分寝。

八月五日

五时四十五分起床，七时三十分看报，活动右膝。晚看《新闻联播》（恩格斯是1895年的今日逝世的。1982年今日中国儿童少年活动中心正式开放）。明晴，多云，27—37［摄氏］度。《神州大地》四川窦圌山。《雪震》［第］九集。九时息，九时三十分寝。浴。

八月六日

六时起床，玄、欢去鹳山。八时看报。晚看《新闻联播》（1935年今日是方志敏烈士逝世日）。明晴［转］多云，27—36［摄氏］度。《神州大地》（颐和园）。中央台《综艺大观》［第］88期。九时息，九时四十分寝。

---

1. 国际母乳喂养行动联盟确定每年8月1日至7日为“世界母乳喂养周”。

八月七日

晨五时四十五分起床，听收音机。七时三十分看报。晚看电视《新闻联播》《雪震》第十集。九时息，九时四十分寝。

八月八日

晨五时起床，写信，八时看报。晚看《新闻联播》(梅兰芳 1961 年的今日逝世)。明大雨，25—30［摄氏］度。《雪震》第十一集。八时三十分敦来电，亮 10 日去美。政七点来，八点回去。九时息，十时寝。

八月九日

晨六时起床，八时蓉、欢、我来莹处。玄自行车装旅行袋同来。他回去。今日［工人］来铺地板。晚来，说要明日来。晚看电视，七至九时。庚下午杭返，带来 8 月退休金，与玄会谈。玄晚饭来知悉。

八月十日

复庚信。同不记。

八月九日

上午八时至八月十八日下午六时在项莹家。

八月十一日

在项莹家。

八月十二日

在项莹家。

八月十三日

在项莹家。

八月十四日

在项莹家。

八月十五日

在项莹家。

八月十六日

在项莹家。

八月十七日

在项莹家。

八月十八日

［白天］在项莹家。下午晚饭后六时出发，六时二十分到项琳家宿。凌晨二时至四时有二次雷雨，气温下降，22—32［摄氏］度。

八月十九日

［在项琳家。］

八月二十日

上午八时蓉、我去宿舍，下午理发，连等玄陪我去看装修，回琳家，已上午十时，下午浴。

八月二十一日

上午九时三十分玄陪庚来晤谈。我什物家具已搬放在进士弄 3 号。谈一小时余，即回新登。

八月二十四日

放大镜碎裂。

八月三十日

晚政七时至八时回去。

九月一日

住项琳家。

九月八日

滨下午七时十分到。

九月九日

滨上午七时五十分回校。

九月十五日

晚七时政、小夏来，送来月饼，水果(梨、苹果)。八时回去。

九月十六日

上午八时回宿舍。

九月十七日

庚下午二时来，三时三十分回去。

九月二十日

中午孚中来电话。晚上八时三十分正中来电话。下午二时去富工商联，工商联会友(13—14 人)中秋座谈，5 时回来，每人给月饼二盒。

九月二十三日

晨大雾。

九月二十八日

蓉去杭。上午十时敏来。夏十二时来，十二时三十分去。长育、梅冰来，一时十分去，晚七时三十分回渌渚。

九月三十日

结月收支。

十月一日

星期六，旧历八月二十六日，中华人民共和国成立四十五周年(1949—1994)。晨六时起床，蓉、莹、琳、石勇、欢欢、珍珍上午八时去新登，项敏结婚，赴晚宴。我因病足，精力也差，不能去。中饭、晚饭小蒋来搞炊事。玄、蓉晚十时到。下午四时笑笑来电话问外公外婆在否，我说去新登吃喜酒。问妈妈有没有来过，我说来过。晚九时息。三泰来电话，说今日彦章、[翊]湘他们到他家谈了，送礼，谢谢。十时三十分寝。

十月二日

晨六时起床，八时三十分湘来，电话问邮件有没有取来，说滨回家过国庆。下午一时彦章来电话，说今日他们在小林处过节日，相互问好。晚看电视，7—9时。九时三十分寝。

十月三日

晨六时起床，八时二十分寄信。遇关祥。玄今日协助小方管摊。吃欢欢生日蛋糕。晚看电视，《新闻联播》。九时息，九时四十分寝。

十月四日

晨六时起床，十时琳叫来[林]滨，昨日送到她[那里]去[宿]。下午五时，滨即回杭。晚看《新闻联播》《解放军庆国庆文艺晚会》。九时二十分息，十时十分寝。

十月五日

晨六时起床，八时看书、报。今日去邮[局]两次，遇李来云、李春芳等五六人。晚看电视，《新闻联播》。九时息，湘来电，玄接。九时四十分寝。

十月六日

晨六时起床，八时看书、报。九时项敏、张小莲新婚夫妇来。下午去政处吃晚饭，宿她处。七时看《新闻联播》。九时息，九时四十分寝。

十月七日

晨六时起床，八时看报。上午九时来，要莹打电话问政，政说她上班，他们在吃午餐，没说。中午玄打电话问小夏，亦说同样。晚看电视。九时息，九时四十分寝。今日上午看陶旧事。

十月八日

晨六时起床，八时看报，札报。十时杭州吴月中来电话问好多年不见，难得，知他们近况很好。晚看电视《新闻联播》。九时息，九时四十分寝。

十月九日

晨六时起床，八时看报，写信。晚看新闻。九时息，九时四十分寝。

十月十日

晨六时起床，雨。八时三十分去寄信(邮局遇袁、百、蒋等)。九时看报。下午三时庚来，四时三十分去政处。湘给敏挂历拿去。晚看《新闻联播》。九时息，九时四十分寝。

十月十一日

下雨。六时起床，八时看报，札报。晚看《新闻联播》。九时息，九时四十分寝。

十月十二日

晨六时起床，八时看报。八时湘来电话。看报，札报。晚看《新闻联播》。九时息，九时四十分寝。

十月十三日

晨六时起床，看报，休息。下午一时十五分，叶同志来陪我去开老年节会。玄同行，到遇小夏，同乘电梯至5楼。在接待室等，二时十分会议室开，至二时三十分开会。九十、八十、七十岁有六人，共约二十余人，不到三十，有约四十座。会至四时十分散。九十岁仅我一人，叶陪我[走到]食品公司门前，玄在帮小方设衣摊，要叶回去，我回来。晚看《新闻联播》。九时息，九时四十分寝。

十月十四日

晨六时起床，八时去理发。九时政来电话，说小夏说你昨日来参加老人节。我说是，幸遇他，乘电梯至五楼，二时至四时十五分散。她说这礼拜星期六去新，星期日回富，问我有事否，我说10月退休金已带来，没别的事。看报，札报。晚看新闻(各处的爱国主义教育)。九时息，九时四十分寝。洗浴。

十月十五日

晨六时起床，八时看报。晚看《新闻联播》

《综艺大观》。九时息，九时四十分寝。

十月十六日

晨六时起床，八时看报，写信，九时去寄。晚玄说中午二哥来电话。晚看电视，《新闻联播》。政协联谊会敬老电视播出，玄同看。亚运会今日下午闭幕。电视看到九时息，九时四十分寝。明小雨，17—25［摄氏］度。

十月十七日

晨六时起床，八时看报，札报。晚看新闻（为贫困地区送衣被）。《法官潘火中》八集之四。九时五十分息，十时二十分寝。

十月十八日

晨六时起床，八时看报。晚看《新闻联播》。电视剧《法官潘火中》第五集。九时息。明17—21［摄氏］度，小雨。九时四十分寝。

十月十九日

晨六时起床，八时看报，玄去取款来。晚看新闻（庆祝亚运健儿胜利归来）。《焦点访谈》（希望工程）。《法官潘火中》（第六集）。九时息，九时四十分寝。

十月二十日

晨六时起床，八时看报。写信，寄信。晚看下午讯息（高速公路，西藏、新疆繁荣情况）。电视剧《法官潘火中》（第七集）。九时息，九时四十分寝。明晴多云，9—19［摄氏］度。

十月二十一日

晨六时起床，八时三十分去老街。十时回来。遇刘鸿。下午四时去寄信。晚看电视，新闻。电视剧《法官潘火中》（第八集）。政、立忠七时二十分来，八时三十分回去。九时息，九时四十分寝。明晴［转］多云，19—24［摄氏］度。

十月二十二日

晨六时起床，八时看报。晚看电视，《新闻联播》《综艺大观》。九时息，九时四十分寝。明晨11—19［摄氏］度。

十月二十三日

晨六时起床，八时看报。整报。1994年6月前报出清。晚看《新闻联播》（各工厂情况）。《焦点访谈》（路旁饭店）。《神州大地》（云南开发）。电视剧《三国演义》（第一集）。九时息，九时四十分寝。明晴，12—22［摄氏］度。

十月二十四日

晨六时起床，八时看报。晚看电视，新闻。《焦点访谈》（不失青山真面目，湖北毁林造窑后改革，拆大窑造林）。《神州大地》（深圳计算机创新）。电视剧《三国演义》（第二集）。九时息，九时四十分寝。

十月二十五日

晨六时起床，八时看报，纸板箱整整。洗浴。晚看新闻、《三国演义》（第三集）。九时息，九时四十分寝。

十月二十六日

晨六时起床，八时看报札报。明多云12—21［摄氏］度。晚看电视，新闻。《富阳新闻》，电视机看不清。七时五十分息，八时四十分寝。

十月二十七日

晨六时起床，八时看报，理报。明阴，11—22［摄氏］度。晚看新闻，七时十五分，《焦点访谈》《神州大地》（贵州水电）。电视剧《三国演义》第五集。

十月二十八日

晨六时起床，八时看报，整理札记。晚看电视，新闻（报气温裴新华，女，明10—18［摄氏］度，阴［转］多云）。《焦点访谈》《神州大地》（凉山水电站）、《三国演义》（第六集）。九时息，九时四十分寝。

十月二十九日

晨六时起床，八时看报，札报。晚看电视，新闻（天气播报裴新华，明晴［转］多云，8—20［摄氏］度）。《焦点访谈》（人民币印刷发行、防伪辨真）、《神州大地》（广西天湖水电站）、《综艺大观》（93期，董文华唱，倪萍主持）。宋世雄（球赛报导老将）。九时息，九时四十分寝。

十月三十日

六时起床，八时看报，札报。晚看电视，新闻（播报裴新华，气温8—20［摄氏］度，晴）。《焦点访谈》《神州大地》(井冈山)。《三国》第七集，凤仪亭。九时息，九时四十分寝。

十月三十一日

晨六时起床，八时看报，核月结，洗浴。晚看电视，新闻(播音裴新华，明晴[转]多云，8—22[摄氏]度。棉花，山西、安徽好，其他省如山东等地差)。《神州大地》(西安)、《三国演义》(第八集，三让徐州)。九时息，九时四十分寝。

十一月一日

晨六时起床，八时看报。晚看电视，新闻(播音赵红艳，明晴，10—21[摄氏]度)。《焦点访谈》(出版业盗版严重)、《神州大地》(杂交水稻之父袁隆平)。电视剧《三国演义》(第九集)。九时息，九时四十分寝。

十一月二日

六时起床，八时看报。玄为我去虎山邮局，玄陪欢欢去杭看咳病，下午四时三十分回来。晚看电视，新闻(播音赵红艳，明多云[转]晴，11—23[摄氏]度)。《焦点访谈》(东盟四国的崛起:新加坡、泰国、马来西亚、印度尼西亚)、《神州大地》。《三国演义》辕门射戟(10)。九时息，九时四十分寝。

十一月三日

六时二十五分起床，八点看报，札报。下午四时霞从杭过此，五时回新。晚看电视，新闻(明晨多云，11—23[摄氏]度)。《富阳新闻》《焦点访谈》(治贪污、反腐败)、《神州大地》。电视剧《三国演义》宛城之战，第十一集。九时息，九时四十分寝。欢欢幼儿园到亚林所秋游半天。

十一月四日

晨六时起床，八时看报(星期五)。十时去老街，十一时回来。晚看电视，新闻(宋世杰，明晴[转]多云，11—22[摄氏]度。堵黄有漏点，黄录像带邮递)。《三国演义》第十二集，百门楼上。九时息，九时四十分寝。

十一月五日

六时起床，八时看报，写信。中午去投信(方)。晚看电视，新闻(赵红艳，明晴[转]多云，11—24[摄氏]度)。《东西南北中》唱歌曲。九时息，九时四十分寝。政、夏八点二十分来，九时回去。

十一月六日

晨六时十分起床，八点看报。晚看电视，新闻(播音赵红艳，明晴，12—23[摄氏]度)。《三国演义》(白门楼下集，第十三集)。九时息，九时四十分寝。

十一月七日

晨六时起床，八时看报。晚看新闻。明晴，11—23[摄氏]度。《三国演义》(第十四集，煮酒论英雄，曹操、刘备)。九时息，九时四十分寝。洗浴。

十一月八日

晨六时起床，八时看报，札报。今日穿壬给我涤纶中装，玄给我羽毛袖口接好。晚看电视，新闻(江泽民今日去新加坡等国访问，为期二周。明晴，10—23[摄氏]度)。《焦点访谈》《神州大地》《三国演义》(第十五集，袁曹起兵)。九时息，九时四十分寝。

十一月九日

晨六时起床，八时看报。中午十二时激来电话，说星期六来杭。约上午十时到，下午来富，星期一上午离富。下午到，回沪车票希代买4张。玄接下午七时二十分小林来电，将出差江浙，先此告(上虞、江阴)。裴[世杰播天气预报]，明晴[转]多云，11—24[摄氏]度。晚电视，新闻(还本销售)。《神州大地》([内]蒙古赤峰沙漠变绿洲)、《三国演义》(第十六集，关羽约三事)。九时息，九时四十分寝。

十一月十日

晨六时起床。玄说[昨晚]小林来电说湘已到杭，同行有数人，给他们安排好宿舍，后来富。八时看报。晚小林来电，据玄说，湘星期六同激同来。晚看电视。明晴，12—25[摄氏]度，多云。《焦点访谈》。第八届全国电视节“飞天奖”，中央和江苏在南京合办，歌曲歌舞、小歌舞、京剧表演。九时二十分息，十时寝。

十一月十一日

晨六时起床，八时看报。晚看电视，新闻。《焦点访谈》《神州大地》(海南岛大特区)、《三国》([第]十七集，封金挂印)。九时息，九时四十分寝。

十一月十二日

六时起床，扫楼梯，八时看报。八时三十分莹去杭接澂。中午十二时三十分澂、铮、玲、陈、谦、湘到。我一至三时午睡。晚闲谈，没看电视。九时寝，澂等由政、夏陪他们去玩。玲、陈、谦宿琳处。

十一月十三日

晨七时起床，据玄说昨晚[庚]来电说房已买下。八时看报。敏十一时三十分到，霞十二时到。十二时三十分午膳，二时到楼下门前拍照。三时他去鹳山去莹家。玲、陈、谦四时去莹处。晚餐莹、琪、琳三家来，又拍了室内照。七时三十分至九时，与澂、湘谈，有时铮参加。九时息，九时四十分寝。

十一月十四日

晨六时起床，八时看报，与澂、湘话别。他们下午二时，玄、蓉送他们到杭州火车站。四时回来，五时四十分到富。晚看电视，新闻(播音邢质斌、王宁、宋世杰。明小雨，13—16[摄氏]度)。《焦点访谈》《神州大地》《三国演义》(古城会)。九时息，九时四十分寝。九时十五分玄去澂来电说，正好到家，安好。晚九时三十分小林来电说湘到沪安好，住木材旅馆。

十一月十五日

晨六时起床，八时看报。政来电问床罩，下午四时来拿去。晚看电视，新闻(播音宋世杰，明小雨，11—14[摄氏]度)。《焦点访谈》《神州大地》《三国演义》([第]二十集，孙策之死)。九时息，九时四十分寝。

十一月十六日

晨六时起床，八时看报。晚看电视，新闻，七时十分始，播音裴新华，明小雨，13—17[摄氏]度。《焦点访谈》《神州大地》(飞跃天险，藏—京—广通航)。《三国演义》[第]二十一集官渡之战，上集孙卓—曹操。九时息，九时四十分寝。

十一月十七日

晨六时起床。晚看电视，《新闻联播》(明小雨，阴，12—16[摄氏]度)、《焦点访谈》《神州大地》(北国纸城佳木斯造纸厂)。电视剧《三国演义》第二十二集，官渡之战下集。九时息，九时四十分寝。湘八时来电告平安到家。

十一月十八日

晨六时起床，八时看报。晚电视，新闻(播音赵红艳，明阴[转]多云，9—17[摄氏]度。《富阳新闻》《焦点访谈》《神州大地》《三国演义》(第二十三集，大破袁绍)。九时息，九时四十分寝。

十一月十九日

晨六时起床，八时看报。政八时来，八时四十分回去。晚看电视《新闻联播》(台湾青年化学家胡纪如获世界十大杰出青年。吉林博物馆大火，惜哉文物。山东曹州牡丹园可称中国第一)。《东西南北中》(贵州)。明多云，9—15[摄氏]度。九时息，九时四十分寝。

十一月二十日

晨六时二十分晚餐，七时五十分看报。晚看电视，明阴[有]小雨，10—15[摄氏]度。《三国演义》(赤壁之战，第二十四集)。九时息，九时四十分寝。

十一月二十一日

晨六时起床，小雨，八时看报，札记。晚电视，《新闻联播》，七时零七分开始，明小雨[转]阴，10—16[摄氏]度。《三国演义》(赤壁之战下集，第二十五集)。九时息，十时十分寝。

十一月二十二日

晨六时汽车，八点看报。晚看《新闻联播》。九时息，九时五十分寝。

十一月二十三日

晨六时十五分汽车，八时看报，札报，和珍珍玩。下午一时四十分霞来，给我带来退休工资和补发工资。我问她是否专为我来，她说去医院问问项莹。下午四时莹来，未遇。五时霞来说到政处去，可能去杭。晚电视，新闻（明小雨[转]阴，10—13[摄氏]度）。《富阳新闻》《焦点访谈》《神州大地》《三国演义》（第二十六集）。九时息，十时寝。今日下午琪家失窃。

十一月二十四日

六时起床，八时看报，八时十五分来问，莹说霞未来。晚看电视（播音赵。明阴[有]小雨，11—15[摄氏]度。《焦点访谈》《神州大地》《三国演义》（三顾茅庐，第二十七集）。九时息，十时寝。

十一月二十五日

六时起床，八时三十分去理发。对蓉说我去，走到医院，往前走，经春江路、市心南路回来，遇定国、伯初嫂等五六人。回来十时十五分。中午洗浴。晚看电视（明小雨，10—15[摄氏]度）。《富阳新闻》《焦点访谈》《神州大地》《三国演义》（火烧八望坡）。九时息，九时四十分寝。

十一月二十六日

晨六时十五分起床，八时看半小时电视，洪（宏）福山庄后不知什么，糊涂，不看，看报。晚看电视，新闻，七时十五分开始，宋世杰播天气预报，明阴，11—14[摄氏]度。《焦点访谈》《神州大地》（郑州铁路站从零到最大）、《综艺大观》。九时息，九时四十分寝。

十一月二十七日

晨六时十分起床，八时看报。下午一时三十分庚到，三时三十分回新。晚看电视，《新闻联播》。明小雨，11—14[摄氏]度。《焦点访谈》（假冒香烟何时了）、《神州大地》（乐哉河口）、《三国演义》（第二十九集）。九时息，九时四十分寝。

十一月二十八日

晨六时起床，八时看报。晚七时十五分看《新闻联播》（播音李修平、杨柳、裴新华，明阴[有]小雨，11—14[摄氏]度）。《焦点访谈》《神州大地》（上海西南的明珠徐家汇）、《三国演义》（第三十集，舌战群雄）。九时息，九时四十分寝。

十一月二十九日

晨六时三十分起床，八点看报。晚看电视，新闻（播音李瑞英、张宏民。播气象赵红艳，明小雨，多云，11—15[摄氏]度）。《焦点访谈》《神州大地》（先行一步金牛区，四川）。《三国演义》（智激周瑜，第三十一集）。九时息，九时五十分寝。

十一月三十日

晨六时起床，搞梯洁。八时看报。晚看电视，七时新闻（播音邢质斌、王宁。明小雨[转]阴，13—16[摄氏]度）。《焦点访谈》（自行车被盗，黑市现场透视），《神州大地》（青山永翠，黑龙江），《三国演义》（第三十二集，周瑜空设计）。九时息，九时五十分寝。月中晚八时三十分来电话，明或后来富（玄接）。

十二月一日

晨六时起床，八时看报。星期四，知月中要来，把她妈的照片给我看看，长得相像否？我也做点准备。[月中]十一时到。我、玄、月三人谈谈。到十二时请她吃碗鸡蛋面，请她看了几张照片。谈到四时她回杭，玄送到她到车站。她送来香港嘉美礼盒（燕窝、花旗参片、洋参丸、洋参冲剂合一盒），无锡排骨二盒，颐香斋酥糖一盒，芝麻糊一袋，糖果一袋。我手边有可回的东西。我谢谢，送她到楼梯边。她很善交际，临行对蓉说，娘舅在你们家里，你们照顾很好，你们辛苦了。我午休一时后起来，吃晚饭。晚看电视，七时十分开始，播音李修平，罗京，宋世杰。明小雨，9—14[摄氏]度。《焦点访谈》《神州大地》《三国演义》（第三十三集，群英会）。九时息，九时五十分寝。

十二月二日

晨六时十五分起床，八时看报。晚看《新闻联播》（播音宋世杰，明小雨[转]阴，6—12[摄氏]度）。《焦点访谈》（烟民给你一个忠告）、《神州大地》（白云绿水，长白山）。《三国演义》（第三十四集，草船借箭）。九时息，九时四十五分寝。

十二月三日

晨六时十五分起床，八时看报。晚看电视，新闻（裴新华，明阴[转]多云，5—10[摄氏]度）。《焦点访谈》（波黑，牵一发而全身动）。《神州大地》（宁德市三都镇，世界良港，后兴香港而衰败，今又复兴)。《东西南北中》(中央台，深圳锦绣中华，“94 民族节”，主持人朱军，新华)。九时息，九时四十分寝。

十二月四日

晨六时十五分起床，八时看报，写信。晚看电视，新闻。明，多云[转]晴，3—15[摄氏]度。《焦点访谈》《神州大地》《三国演义》(第三十五集苦肉计——周瑜打黄盖)。九时息，九时四十分寝。

十二月五日

晨六时十五分起床，有雾，八点看报，札、整。晚电视，《新闻联播》《焦点访谈》(广州零钞缘何缺)、《神州大地》《三国演义》(庞统献连环计)。九时息，九时四十分寝。

十二月六日

晨六时 30 分起床，八点看札整报。(雾浓)。晚电视，《新闻联播》(攀钢近况。播音邢质斌、王宁、赵红艳)。明 8—17[摄氏]度，晴[转]多云)。《焦点访谈》《三国演义》(横槊赋诗)。九时息，九时四十分寝。今日《人民日报》不到。

十二月七日

晨六时起床，八时看报，整札。晚看《新闻联播》。明小雨[转]多云，10—14[摄氏]度。九时息，九时四十分寝。

十二月八日

晨六时十五分起床，八时看报。小菜市场今日正式开业。晚电视，新闻、《神州大地》。《三国演义》(火烧赤壁)。九时息，九时五十分寝。政下午四时来，八时回去。

十二月九日

晨六时十五分起床，八时看报。晚看电视，新闻，播音王宁、李红梅。气象赵红艳。明阴[有]小雨，13—16[摄氏]度。《焦点访谈》《三国演义》(第四十集，智取南郡)。九时息，九时五十分寝。立忠上午九时来，[稍坐]即去。

十二月十日

晨六时起床，八时看报，整报。爵九时来电。庚十时来，十二时去政处，说在新登区委大院刚刚买的房屋要限期拆迁。晚政、夏七时来，八时去。晚看电视，新闻。香港迎接新曙光，共呼祖国好。播音李瑞英、罗京。气象预报赵红艳，明 12—15[摄氏]度，小雨。《综艺大观》(第 97 期)，主持人倪萍。王景愚[表演哑剧]。九时息，九时五十分寝。

十二月十一日

晨六时十五分起床，有雨，看报。晚电视因线路坏，没看。写信，看报。九时息，九时五十分寝。

十二月十二日

晨六时三十分起床，八时三十分去寄信。九时整报。晚看电视，新闻，播音邢质斌、王宁、宋世杰。明小雨[转]阴，5—8[摄氏]度。《焦点访谈》(南通东星皮革厂水污染，已警告四次，三次罚款)。《三国演义》。九时息，九时五十分寝。张小莲于今晚分娩，产一男孩，重 5.4 斤。

十二月十三日

晨六时三十分起床，八时看报，整报。欢八时三十分去园，中午寄信。晚七时看电视，新闻。《焦点访谈》(古都安阳)、《三国演义》(甘露寺刘备成亲)。九时息，九时五十分寝。

十二月十四日

六时三十分起床，有雾，八点看报，整报。晚看《新闻联播》《焦点访谈》《神州大地》《三国演义》(第四十四集，回荆州，孙夫人气死孙权)。九时息，九时五十分寝。

十二月十五日

晨六时三十分晚餐，八时看报，整报。中午吃饭时听莹说小莲已于 12 日在新登医院产一男孩。政亦已进医院，将分娩云。晚看电视，《新闻联播》报导新疆克拉玛依友谊馆三百多名看文艺演出的中小学生被烧死或窒息而死，100 多人受伤，事故正在调查，部分有关人员已进行处理。播音：李修平、王宁、赵红艳。明多云，2—10[摄氏]度。我息，九时五十分寝。

十二月十六日

晨六时三十分起床，八时看报，札整报。玄胃痛，珍未来。晚看电视，《新闻联播》《焦点访谈》《神州大地》《三国演义》(三气周瑜)。九时息，九时五十分寝。

十二月十七日

晨六时三十分起床，八时看报，札、整。下午玄说庚三时来，转转即去。晚看电视。播音：李瑞英、张宏民、赵红艳。明雨雪[转]阴，1—5[摄氏]度。《富阳新闻》《焦点访谈》《东西南北中》，看至八时四十分息，九时二十分寝。莹下午七时三十分来说政已分娩，得一男孩，重6.4斤。

十二月十八日

晨六时三十分起床，八时看报，札报。晚看电视，《焦点访谈》《神州大地》(神农李时珍采药，湖北)。《三国演义》(孔明吊孝周瑜)。九时息，九时三十分寝。

十二月十九日

晨六时三十分起床，八时看报，玄下午去医院治胃病。晚看《新闻联播》《三国演义》(第四十七集，割须弃袍)。九时息，九时四十分寝。

十二月二十日

晨六时三十分起床，小雨，八时看报。晚看电视，《新闻联播》《焦点访谈》《神州大地》(新安江水电站)。九时二十分息，十时寝。

十二月二十一日

晨六时三十分起床，八时看报。晚看电视，新闻。《神州大地》(中国第一化纤城江苏仪征)。九时五十分息，十时二十分寝。

十二月二十二日

晨六时三十分起床，八时看报，整报。晚看电视《新闻联播》《焦点访谈》《征服大渡河》、电视剧《住别墅的女人》(第一集)。九时息，九时四十分寝。

十二月二十三日

晨六时三十分起床，八时看报。晚看电视，《新闻联播》，到《焦点访谈》后电视停，看报。八时息，八时四十分寝。炜晚十时来，玄今晚住院，明日动手术。

十二月二十四日

晨六时三十分起床，八时看报，整报。中午十二时回杭。玄今日上午八时从病房进手术室，十二时三十分手术顺利完成，回病房。晚看电视，《新闻联播》。二十时十分《综艺大观》[第]98期，倪萍主持。八时五十分蓉回，即息，九时三十分寝。

十二月二十五日

晨七时起床，八时五十分看报。晚看电视，《新闻联播》《焦点访谈》。二十时十分电视剧《住别墅的女人》第三集，看到二十时三十分。蓉来，我息。九时小蒋来，我寝。

十二月二十六日

晨六时三十分起床，八时看报，整报。晚看电视，《新闻联播》《焦点访谈》，《住别墅的女人》第四、五集(今晚二集)，我看半集息，十时寝。宋世杰：明多云，7—10[摄氏]度。

十二月二十七日

晨六时四十分起床，八时三十分看报，整报，写信。晚莹和澂通电话，叫我谈谈。莹明日上班，蓉去[医]院陪。晚看电视，《新闻联播》《神州大地》(杭州)。《住别墅的女人》[第]七集，看至八时四十分息，九时十分寝。裴新华：明多云，5—11[摄氏]度。

十二月二十八日

六时三十分起床，八时看报。晚看电视，《新闻联播》。《住别墅的女人》[第]九集，我看半集。蓉归，息，十时二十分寝。裴新华：明日气温6—9[摄氏]度，阴。

十二月二十九日

晨六时四十五分起床，八时三十分看报。晚看电视，《新闻联播》([播音]李瑞英、罗京。辽宁劳教所情况)。《住别墅的女人》[第]十一集，看半[第]息，九时十分寝。明阴，6—10[摄氏]度。

十二月三十日

晨六时四十五分起床。八时三十分看报。《住别墅的女人》[第]十三集，看半集息。蓉归。九时二十分寝。赵红艳播报：明小雨，6—8[摄氏]度。

十二月三十一日

电视，新闻。我八时三十分息。蓉归。九时十分寝。中午孚中来电。晚八时三十分湘来电问好及允中情况。宋世杰：明阴，3—6[摄氏]度。

一九九五年

一月一日

星期日，旧历十二月初一日。晨六时三十分起床，七时四十分又中从新登来，去杭有公事，并拟去沪，3日回来云。九时去寄信。晚看电视，预报孙小梅（女）。《新闻联播》（李瑞英、张宏民播报得很好。气象宋世杰：明阴［有］小雨，2—6［摄氏］度）。《焦点访谈》。八时五十分我息，蓉归。我九时三十分寝。

一月二日

晨六时五十分起床，八时三十分看报，写信。上午玄出院回来。晚看电视，预报孙小梅，新闻（播音李瑞英、杨柳。气象裴新华：明阴，有雨雪）。《神州大地》（"京城第一塔"底层高22米，中央塔高405米，设计马家骏），《综艺大观》（董文华唱《春天的故事》）。《新年音乐会》中央台与深圳台［联办］，韩磊唱《走四方》，宋祖英《小背篓》，孙国庆《雄鹰》，于文华、尹相杰、王国军、那英、陈思思等。九时十分我息，九时四十分寝。

一月三日

晨六时三十分起床，看报。八时起预报孙小梅，山东、吉林《新春乐》。［新闻播报］李瑞英、杨柳。［气象］裴新华：明阴［转］多云，0—7［摄氏］度。《富阳新闻》（一小女子离家23年，回到富阳），《秋菊打官司》（一项事，关系到千家万户的课题），《三国故地行》（刘、关、张纪念庙等）。二十时十分《住别墅的女人》第十五集，不看，息，九时十分寝。

一月四日

晨六时三十分起床，八时看报。上午写信，去遇楼亚娟。下午四时又中从沪回来，带来翀中与项明信和款。晚七时看电视，《新闻联播》（韩素云爱国拥军，评为"劳动模范""青年红旗手"。［播音］贺红梅、王宁。气象赵红艳，明晴，2—8［摄氏］度）。《住别墅的女人》共十九集，今晚第十八、十九集。我息，九时二十分寝。

一月五日

晨六时三十分起床，八时吃早餐。十时林滨来，我们和湘通了话。［林］滨和他爸通话二次。滨下午一时回杭去校。晚吃面，莹、琪、琳等均来。八时小夏来，八时五十分回去。电视《新闻联播》《徐霞客游记》《三国故地行》《焦点访谈》（"飞虎队"覆灭）。八时息，九时寝。

一月六日

晨六时三十分起床，八时看报。陈毅1972年的今日逝世。［播音］李瑞英、王宁。明晴，2—14［摄氏］度。谈判需要诚意。《三国故地行》《三国演义》（［第］四十八集，鼎足三分）。九时息，九时四十分寝。

一月七日

晨六时三十分起床，八时看报，写信。晚看电视，《新闻联播》《三国故地行》《东南西北中》。九时息，九时四十分寝。

一月八日

晨六时三十分起床，八时看报，九时去老街。十时三十分回来。晚看电视，《三国故地行》毓秀台，《三国演义》［第］四十九集鼎足三分。九时息，九时三十分寝。

一月九日

晨六时三十分起床，八时看报。长育、梅冰

来。晚看电视，《新闻联播》《三国故地行》。《三国演义》（三足鼎立，庞统）。

一月十日

晨六时四十五分起床，八时看报。九时去理发，写信。晚看电视，1949年今日淮海战役结束。［播音］李瑞英、罗京。中日友好40年纪念会。明雨，［有］小雪，2—5［摄氏］度。梅兰芳、周信芳诞辰纪念会在上海举行。十时息，十时三十分寝。

一月十一日

今日旧历12月11日。据历书说19年有一次公历1月、农历12月同行，但不是每19年一次。今日六时三十分起，屋顶有小雪，到下午九时未停。晚看电视，《新闻联播》［播音］李修平、罗京。［气象］赵红艳：明1—3［摄氏］度，小雪。《三国故地行》。《三国演义》［第］五十一集，三足鼎立，张飞义释严颜。九时息，九时四十分寝。

一月十二日

晨六时三十分起床，今日穿棉衣。八时看报，写信。晚看电视，新闻（［播音］李修平、杨柳。［气象］宋世杰：明多云，2—6［摄氏］度）。《三国故地行》（九江港），《三国演义》［第］五十二集。九时息。九时四十分寝。

一月十三日

晨六时三十分起床，八时看报。预报孙小梅，长江源头。《新闻联播》贺红梅、张宏民。气［象］裴新华：明晴［转］多云，1—7［摄氏］度。《焦点访谈》（“教鞭下的思考”）。《三国故地行》，《三国演义》［第］五十三集（云长单刀赴宴）。九时息，九时四十分寝。

一月十四日

晨六时三十分起床，看报。晚看电视，［播音］李瑞英、王宁，［气象］赵红艳，明阴［转］多云，1—7［摄氏］度。《三国故地行》，当阳县长坂坡。《东南西北中》，深圳台与中央台［联办］。九时息，九时四十分寝。

一月十五日

晨六时三十分起床，看报，札资。晚看电视，新闻（［播音］邢质斌、王宁。明多云，1—7［摄氏］度。全国第八届运动会在吉林［举行］，今晚开幕式。九时十分息，十时寝。

一月十六日

晨六时四十五分起床，八时看报，写信，整理。晚看电视，新闻（［播音］邢质斌、杨柳。［气象］赵红艳：多云［转］晴，0—10［摄氏］度）。《三国故地行》，《三国演义》第五十五集，立嗣之争。九时息，九时四十分寝。

一月十七日

晨六时三十分起床，八点看报，整理。晚看电视，新闻（［播音］贺红梅、王宁。［气象］赵红艳：明晴［转］阴，2—7［摄氏］度。上海驱逐最差商店）。《三国故地行》，《三国演义》第五十六集，定军山。九时息，九时四十分寝。

一月十八日

晨六时三十分起床，八点早餐，后看报，写信。下午三时政、夏小孩来，拍了照，四时三十分回去。晚看电视，［播音］邢质斌、王宁。明小雨，有雪。《三国故地行》，今晚《三国演义》第五十七集，巧取汉中，前64人。九时息，九时四十分寝。

一月十九日

晨六时三十分起床，八时早餐，看报。八时三十分去邮局，等十时回来。有小雨。看报。八时三十分去邮局买物，十时回来整理。晚看电视，新闻（［播音］李修平、罗京。［气象］裴新华：明2—6［摄氏］度，小雨［转］阴）。《三国故地行》，蜀地怀古忆忠良。《三国演义》第五十八集，水淹七军，华佗神医，替关羽刮骨治医［病］。《焦点访谈》。九时息，九时四十分寝。

一月二十日

七点起床，八点早餐，看报等。晚看电视，《新闻联播》［播音］李瑞英、张宏民。明晚小雨，2—7［摄氏］度。《三国故地行》今日最后一集（这本）。《三国演义》第五十九集，关公走麦城。九时息，九时四十分寝。

一月二十一日

晨六时三十分起床，七时三十分早餐。九时玄去虎山，石勇去取来敦信（附大昌照片）。下午二时炜来，我午睡未遇。晚八时来此睡。晚看电视。"广东张雪峰。棉花大户16万棉花获16万收获"。[播音]李瑞英、罗京，气象赵红艳：明5—8[摄氏]度，小雨[转]中雨。《焦点访谈》（火灾不防即是患）《神州大地》（德州烧鸡香酥三百年）。《三国演义》第六十集，曹操之死。九时息，九时四十分寝。

一月二十二日

晨六时三十分起床，八时早餐。看报，写信。炜早餐后说，去姐那里转一下回杭。晚看电视，新闻（[播音]李修平、张宏民。气象宋世杰：明2—5[摄氏]度，小雨[转]雨夹雪）。《综艺大观》（中央台、深圳台）。九时息，九时四十分寝。

一月二十三日

晨六时三十分起床，八点早餐，看报，写信。晚看电视，新闻（[播音]李瑞英、罗京）。《三国演义》第六十二集，兴兵伐吴。九时息，九时四十分寝。明1—8[摄氏]度，多云。

一月二十四日

晨六时三十分起床，八时早餐，看报。晚看电视，新闻（[播音]邢质斌，王宁。[气象]宋世杰：明多云，0—8[摄氏]度）。《三国演义》第六十三集，火烧连营。九时息，九时四十分寝。

一月二十五日

晨六时三十分起床，八点早餐，八时三十分看报。晚看电视，新闻"社会在行动"。[播音]贺红梅、张宏民。[气象]宋世杰：明多云，[有]小雨，4—8[摄氏]度。《三国演义》第六十三集，刘备去世托孤，诸葛亮安居平五路。九时息，九时四十分寝。

一月二十六日

晨六时三十分起床，八时十五分早餐，后看报。小雨。汝霞下午四时三十分来，带来中百年礼物，五时三十分回新。晚看电视。[播音]李修平、张宏民。[气象]宋世杰：明2—7[摄氏]度，小雨[转]多云。《焦点访谈》。九时息，九时四十分寝。

一月二十七日

晨七时起床，八时早餐，看报。晚看电视，新闻（宋庆龄于1893年今日生，1981年去世。军民春节联欢晚会。[播音]李修平、罗京。明日0—9[摄氏]度）。九时息，九时四十分寝。

一月二十八日

晨六时三十分起床，八时早餐，看报。晚看电视《新闻联播》（上海1932年今日被日军侵占，即现"1·28"事变。[播音]李瑞英、张宏民。赵红艳：明0—10[摄氏]度，晴[转]多云）。《三国演义》第六十七集，孟获起义投诚，七擒孟获。九时息，九时四十分寝。

一月二十九日

晨六时三十分起床，八时早餐。允给我去虎山取来在中和大昌信，给我照片二张。看报。上午十时炜来取回巾即去，蓉说他来购货。晚看电视，1899年今日瞿秋白诞生。[广西台]"春天与我们同行，社会在呼唤行动"。解放军、各公安部门在京[表演]《95春节联欢晚会》。赵红艳：明晴[转]多云，1—9[摄氏]度。九时三十分息，十时二十分寝。

一月三十日

晨六时三十分起床，八点早餐。玄八时三十分去虎山取信，十时回来。写信未尽，看报。中午十一时三十分龙在美打来[电话]：祝新年好！玄接电话，后我谈。晚看电视，溦来电、郇来电。《新闻联播》[播音]邢质斌、张宏民。[赵红艳]：明晴[转]多云，1—10[摄氏]度。春风进万家，山区渐小康。《[19]95年春节军民联欢晚会》解放军、武警等[参演]。我看到九时四十分息，十时二十分寝。时有烟火鞭炮声。到十一时三十分后，十二时四十分大放。

一月三十一日

今日旧历乙亥年正月初一日，春节，五九（寒天）第五天。晨七时起床，八时三十分早餐。湘、彦章来电，小林上班。九时三十分爵、中君来电，互祝新年好。贤十时五十分来电问安好。饭后允、蓉、我去亚林所公园走走，拍了几张照。下午二时回来午睡。晚莹、小蒋、欢欢、琳、石勇、珍和我们同吃晚餐。看电视，《新闻联播》（上海三年大变样，北京风光，领导和留在北京、上海民工同吃饺子。各领导到农村访老人)。《[19]95年春节军民联欢晚会》先各名人歌唱，名人舞蹈，质高有新意。九时三十分我息，十时寝。今晚睡得特别好，一觉醒来三时三十分，二觉醒来六时三十分。

二月一日(年初二)

晨七时起床，八时三十分早餐。万来电话，九时庚来电话问好。看报。敏、小莲、圣凯上午十一时三十分至，下午一时三十分回新。晚莹、琪、琳三姐妹和小孩都来叙(聚)餐。晚七时我看电视，新闻([播音]邢质斌、张宏民。赵红艳：明阴[转]多云，1—3[摄氏]度)。送往迎来话拜年，[19]95年春节，文化部主办联欢晚会，有迎春篇、星光篇、华彩篇、祝愿篇，四大篇。我九时息，九时四十分寝。

二月二日

晨六时三十分起床，八点早餐。看报，核收支。晚项琪约我去吃晚饭。我晚间行走更不方便[不去]，心意感激谢谢，你们宽喝一杯。允中为我煮好晚餐，再去吃。晚七时看电视，《新闻联播》(1943年今日斯大林[格勒战役结束]。云南、海南等省市十余处春节欢乐盛况。安徽农机供不应求。[播音]李瑞英、罗京。赵红艳：明晴，1—7[摄氏]度)。《三国演义》第六十八集，出师北伐。八时三十分允、蓉回来。我九时息，十时十分寝。

二月三日

晨六时四十五分起床，八时早餐，九时看报。叶振宁上午九时三十分来(贺新年)，十时三十分回去。下午陈玉娟一时三十分来(贺新年)，二时三十分回去。庚上午九时来电话，说舅母去世，明日出丧。决定允中去新，同又中去送丧。晚看电视《新闻联播》(老舍1899年今日诞生，1966年在北京逝世。国家古森林。京郊农村新风貌。[播音]贺红梅、杨柳。宋世杰[天气预报]：明阴[转]多云，0—6[摄氏]度)。《三国演义》第六十九集，出师北伐收姜维。九时息，九时四十分寝。

二月四日

晨六时三十分起床，八时早餐。允中八点去新送舅母丧。我看报，札报。允下午二时回来。晚看电视，《新闻联播》([播音]李修平、王宁。宋世杰：明晴[转]多云)。《东南西北中》，各处歌舞新春晚会。九时息，九时四十分寝。

二月五日

晨六时四十五分起床，八时早餐，九时看报。晚看电视，《新闻联播》(浙江、山西、安徽、吉林、辽宁、内蒙古春节欢乐。[播音]李修平、王宁。赵红艳：明晴，多云，-3—8[摄氏]度)。《三国演义》第七十集，南征北战，司马懿复出。九时息，九时四十分寝。

二月六日

六时四十五分起床，八时早餐，八时三十分去理发，稍等，十时回来，看报。晚看电视(夏衍于2月6日在北京去世，享年95岁。[播音]邢质斌、杨柳。[天气预报]明日多云，-1—13[摄氏]度。四川广安协兴是邓小平同志故乡。《新桃换旧符》今日惠安女)。《三国演义》第七十一集，南征北战，空城制敌。九时息，九时四十分寝。

二月七日

晨六时四十五分起床，八时早餐，九时看报。晚七时小夏来，七时三十分回去。看《新闻联播》([播音]李修平、王宁。明阴[转]多云，3—14[摄氏]度。大上海小吃街热气腾腾，中外顾客均赞味美好吃，生意大好)。滚滚长江东逝水……《三国演义》(第七十二集，司马取印)。九时息，十时寝。

二月八日

六时五十分起床，八时早餐。正拟出门，陈仁文同志来，坐谈约三十分钟回去。晚看电视，《新闻联播》[播音]李瑞英、罗京。[气象]宋世杰：明阴，多云，4—11[摄氏]度。《焦点访谈》《神州大地》。《三国演义》第七十三集，祁山斗智。九时息，九时五十分寝。

二月九日

六时三十分起床，八点早餐，九点去向赵指导员贺新年，他外出。与小韩谈半小时，告别。启门，赵正立在门前，回坐谈半小时告别，到寓处正十时。看报。晚看电视，播报池艺璇。《三国演义》第七十四集。黄小成来，不看电视，我、允、黄谈至九时，他回去。我于九时四十分寝。与小成谈回忆。

二月十日

晨六时三十分起床，八时早餐，九时看报。晚看电视，《新闻联播》(预告池艺璇：1940年2月10日大生产运动。[播音]李瑞英、罗京。[气象]赵红艳：明多云，有小雨。西安人勤业，西安人好口福，小吃多样，热气腾腾，菜香扑鼻，也颇受外客欢迎)。《三国演义》第七十五集，出祁山。九时息，九时五十分寝。

二月十一日

晨六时四十五分起床，八时十五分早餐，九时看报，写信。晚看电视，《新闻联播》(预告池艺璇。[播音]李修平、张宏民。[气象]赵红艳：明小雨[转]多云，6—12[摄氏]度。看《在希望的田野上》羊城迎春花市，有特等奖名花确是美丽，清新少见)。《三国演义》第七十六集，火烧上方谷。九时息，九时五十分寝。

二月十二日

晨七时起床，八时二十分早餐，九时看报，写信。下午三时俊兄的二个女儿来回年，四时俊女说今日要回新登。晚看电视(预告池艺璇：杜甫712年今日诞生。[播音]邢质斌、王宁。[气象]赵红艳：明小雨[转]阴，7—12[摄氏]度。新疆、江西、湖北、贵州等省市春节热闹，春耕抓紧。精神文明，大家讲安定)。《三国演义》第七十七集，孔明求寿。九时息，九时四十分寝。

二月十三日

晨小雨，六时三十分起床，八时十分早餐，九时看报。晚看电视《新闻联播》(闽南元宵节。[天气预报]裴新华：明小雨[转]多云，3—10[摄氏]度)。《三国演义》第五部分三分归一，第七十八集，肃清万里，统一八荒，司马懿归天。九时息，十时寝。

二月十四日

晨六时四十五分起床，八时十分早餐。欢欢幼儿园昨日开学报到，今日上学。九时看报。今日旧历元宵节。晚看电视，《新闻联播》[播音]李瑞英、王宁。裴新华：明晴，3—13[摄氏]度。九时五十分寝。

二月十五日

晨六时三十分起床，八时早餐，看报。中午洗浴。下午四时叶超宇来电话说(阿贞已去世)。晚看电视新闻([播音]贺红梅、罗京。赵红艳：明多云，4—13[摄氏]度。北京[妇产]医院接生一男孩，说今日是“12亿人口日”。天津王月英老太今年九十四岁，四代同堂，五个儿子，一个教师、一个钱币收藏家、一个花卉培植家、一个篆刻印章家、一个声乐研究家，孙子、玄孙一大班，共吃元宵团子)。《三国演义》姜维。九时息，九时四十分寝。

二月十六日

晨六时三十分起床，八时早餐。十时霞来电说他们要去送礼。下午六时曹乃人来电说阿贞妹于十四日去世，他爸要他打电话，我说知道。明日上午要又中、允中来新。晚看电视([播音]李瑞英、张宏民。[气象]赵红艳：明多云[转]阴，3—12[摄氏]度)。《神州大地》边城万家美食香，乌鲁木齐市。《三国演义》三分归一，第八十集，围困司马昭，铁笼山。九时息，九时五十分寝。

二月十七日

晨六时三十分起床，写信，八时玄去新登。八时二十分早餐，九时看报。玄下午二时三十分到富，我三时三十分起床，谈情况。晚看电视《新闻联播》([播音]李修平、杨柳。宋世杰：明中雨，4—8[摄氏]度)，《焦点访谈》([1月17日]日本阪神大地震震灾)，《神州大地》(夜桂林，中外游客不减，小吃、大饭店、舞厅盛况)。《三国演义》第八十一集司马昭刺君。九时息，九时四十分寝。

二月十八日

晨六时三十分起床，八时早餐，九时看报。晚看电视，《新闻联播》(1745年今日[意大利物理学家]伏特[1745—1827]诞生，电池是他发明的。[播音]李修平、张宏民。宋世杰：明阴[转]

多云，3—9［摄氏］度）。《焦点访谈》（长江三峡游轮亏损严重）、《神州大地》（大都市自行车变奏曲）。《三国演义》第八十二集，姜维被祸。九时息，九时四十分寝。

二月十九日

晨六时三十分起床，八时早餐，九时看报，写信。晚看电视，《新闻联播》（预报池艺璇。［播音］邢质斌、王宁。［气象］裴新华：明小雨，5—7［摄氏］度）。《焦点访谈》（救救鳗苗）、《神州大地》（上海冬天里的哈尔滨人）。《三国演义》第八十三集，暗度陈仓。九时息，九时五十分寝。

二月二十日

晨六时三十分起床，小雨。八时早餐，九时看报。玄九时三十分去新登，十时四十五分到新登送葬贞表妹，下午二时三十分到富。晚看电视，《新闻联播》（大清邮政1897年今日创立。［播音］李修平、罗京。裴新华：明阴［有］小雨，5—8［摄氏］度。各地春耕、筑路等）。《三国演义》第五部，第八十四集，今晚最后一集。九时息，九时五十分寝。电力（信号）不足画面显白。

二月二十一日

晨六时三十分起床，七时五十分早餐。九时看报，写信。晚看电视，新闻（1972年今日美尼克松来中国正式访问。［播音］李瑞英、罗京。赵红艳：明阴［有］小雨，3—6［摄氏］度。电力［信号］不足［黑白］。《焦点访谈》《洋行里的中国小姐》（第一集）。九时息，九时四十分寝。今晚他们吃饺子，我吃饭，我不爱吃饺子。

二月二十二日

晨六时三十分起床，八点早餐，九时看报，写信。晚看电视，［播音］邢质斌、王宁。宋世杰：明阴，3—8［摄氏］度。八时三十分息，九时十分寝。

二月二十三日

晨六时三十分起床，八时早餐，九时看报。晚看电视，《新闻联播》（1940年今日杨靖宇［牺牲］。［播音］李修平、王宁。宋世杰：明阴，4—8［摄氏］度）。二台相声滑稽。八时十分我息，九时寝。

二月二十四日

晨六时三十分起床，八时早餐，九时看报。庚下午从杭返。我四时与他谈半小时，他回新。晚看电视，新闻（1881年中俄《伊犁条约》今日签订。1935年今日何叔衡牺牲。［播音］贺红梅、王宁。宋世杰：明多云，5—12［摄氏］度）。《焦点访谈》（漏洞何在？湖北孝感冬虫夏草价高达50元至100元，甚至更多，广告与事实不符）。中央二台滑稽歌唱家“破汗衫”。我八时十分息，九时寝。

二月二十五日

晨六时三十分起床，七时三十分早餐，八时二十分看报。上午九时项政、嘉禾来，下午四时三十分夏立忠来接回去。下午四时去寄信，遇福祥，问我岁，我也问了他几岁，说68岁。晚看电视，《新闻联播》（［播音］邢质斌、张宏民。赵红艳：明多云，5—15［摄氏］度，晴）。《焦点访谈》。我八时息，九时寝。

二月二十六日

晨六时三十分起床，八时早餐，九时和玄去看［王］文治，他去买菜，师母在家，坐约半小时回来。谈一刻，赵文光来，再坐约半小时回来。到宿舍已十时三十分。看报。晚看电视，《新闻联播》（池艺璇预报：“三八”妇女节中外万人长跑。［播音］李瑞英、张宏民。裴新华：明晴，3—15［摄氏］度）。八时我息，九时寝。

二月二十七日

晨六时四十分起床，八时早餐。玄、莹八时二十分去杭。八时停电。九时整理报。玄下午三时回来，买来电动按摩器。三时三十分沈文波来看我，谈谈家常。四时多回去，约四十分钟左右。玄用马蹄形电动按摩器为我运动十分钟。晚看电视（［播音］邢质斌、王宁。赵红艳：明晴［转］多云，4—23［摄氏］度）。《焦点访谈》（中美会谈，外交部吴仪）。八时我息，九时寝。

二月二十八日

晨六时三十分起床，八时早餐。八时五十分

玄、莹陪我去医院拍片。十时十分回来。莹在院等片。十时三十分莹持放射诊断书回。十一时庚来，十一时三十分去开会云（说下午开会）。庚下午四时会散来，五时三十分回新。晚看电视，《新闻联播》（[播音]李瑞英、王宁。宋世杰：明晴[转]多云，2—12[摄氏]度）。八时我息，九时寝。

三月一日

晨六时三十分起床，八时早餐，九时看报，写信。晚看电视（1895年今日邓演达诞辰。怎样办好国营企业？未雨绸缪天地宽。[播音]李修平、杨柳。宋世杰：明多云，4—12[摄氏]度）。《焦点访谈》。八点我息，九点寝。

三月二日

晨六时三十分起床，八时早餐，九时看报，写信。午睡起身，项炜在和允中、蓉君三人谈。我问他回杭否，我去取报，他已下楼在梯间，别后即去。晚八时三十分来此宿。晚看电视，《新闻联播》（[播音]贺红梅、张宏民。宋世杰：明小雨，6—10[摄氏]度）。《京九情》第一集。我九时息，九时四十分寝。

三月三日

晨六时三十分起床，八时早餐，九时看报。炜八时三十分出去。汝霞下午不知何时到，我在午睡。三时十五分起床，她听声进来。我说：你外面坐坐，让我更衣。我随即下楼取报，上楼。她到外室，我亦在外室坐下。我问她来富啥事，她说给项政带点衣服来。说中百经理名叫何忠德。她说要回去了。我说：你千万不要对人说我有病，脚痛腰痛是老年人应发病。我怕人家费事花钱花力。我没有能力回报人家人情。她说，我晓得。人问你，只要说爸爸好的，谢谢你们关心。她即去，亦没别的[事]。晚看电视，《新闻联播》（预报孙小梅，[播音]李修平、罗京。裴新华：明5—12[摄氏]度，多云[转]晴。英国巴林银行倒闭风波）。《神州大地》（江西灯板龙，内装电池、电灯，说有千余节。一旦周围灯熄灭，宛如灯龙在游，四周灯开，灯亮则显是各色各样的花灯，确是新鲜有特色）。《焦点访谈》（全国政协八届三次会议补播要点）。我八时息，九时寝。

三月四日

晨六时三十分起床，八时早餐，九时看报。晚看电视（白求恩1890年的今日生，1939年11月12日逝世。[播音]邢质斌、罗京。裴新华：明晴，2—13[摄氏]度）。《焦点访谈》（海峡两岸往来情）、《神州大地》。我八时三十分息，九时十分寝。

三月五日

今日多云。晨六时三十分起床，八时早餐。莹去参加胡会计追悼会。莹六时出去。我八时三十分看电视。王德顺的造型哑剧。八时五十分革命歌曲开始，九时现场直播全国政协八届三次会议在京开幕。林滨下午一时到，说十时动身。晚看电视，新闻[播音]李瑞英、张宏民。赵红艳：明晴，4—16[摄氏]度。《焦点访谈》（政府[19]94年）重点工作报告。八时十分我息，九时二十分寝。

三月六日

晨六时三十分起床，八时早餐。滨九时二十分回杭。我九时十分去理发，等十时二十分上手，十一时回来。午饭后洗浴更衣（看到门前富阳市饮食公司讣告，知女老会计名胡娇英于3月3日逝世，享年75岁，在三山殡仪馆火化）。晚看电视（雕塑家米开朗琪罗1475年今日诞生）。《焦点访谈》大会专题，七时三十八分至七时五十三分。《神州大地》铜雀桥。八点我息，九点寝。

三月七日

晨六时三十分起床，七时五十分早餐，八时理报。九时政、嘉禾来，饭后一时随莹去她家。晚看电视，新闻（竺可桢1890年今日出生。[播音]邢质斌、张宏民。裴新华：小雨[转]阴，8—12[摄氏]度）。《焦点访谈》。八时我息，九时寝。

三月八日

我六时三十分起床。蓉[与]欢今日上午七时四十分去宜兴为她母亲上坟。我八时早餐，九时看报，写信。章志娟来，十一时回去，我亦会见。蓉下午二时来电话告已到。晚看电视，《新闻联播》（1909年今日妇女"三八节"产生。[19]95年"三八"妇女节联欢晚会，迎接世界妇女大会9月在中国召开。

［播音］李瑞英、王宁。赵红艳：明有中雨，5—12［摄氏］度）。《焦点访谈》大会专题。《神州大地》友谊关。十时息，我十时四十分寝。

三月九日

晨六时三十分起床，八时早餐。九时看报，札报。晚看电视《新闻联播》（预报孙小梅：1946年今日抗日英雄李兆麟牺牲。［播音］贺红梅、罗京。裴新华：明小雨［转］多云，4—10［摄氏］度）。《焦点访谈》。九时息，十时寝。

三月十日

晨六时三十分起床，八时早餐，九时看报，札报。晚看电视，新闻（预报孙小梅：谭嗣同1865年今日诞辰。1876年今日贝尔发明电话。［播音］李瑞英、罗京。裴新华：明多云［有］小雨，5—13［摄氏］度）。我八时息，九时寝。

三月十一日

晨六时三十分起床，八时早餐，看报，写信。下午三时王文治来，四时回去。庚三时三十分来，晚饭后五时去政处，八时来宿此。我晚看电视，新闻（大会。［播音］李修平、张宏民。赵红艳：明小雨［转］多云，6—14［摄氏］度）。《焦点访谈》（会议专题）。《上海幻想曲》。八时息，九时寝。

三月十二日

晨六时三十分起床，八时早餐。庚八时十五分离此去新。看报札。晚看电视，预报孙小梅，［播音］邢质斌、罗京。赵红艳：明多云［转］阴，7—13［摄氏］度。1925年的今日孙中山逝世。"反腐倡廉，人心所向"，史来贺，农民的儿子，共产党员的故事。八时三十五分电出故障，我息。炜来宿此。九时二十分寝。

三月十三日

晨六时三十分起床，七时三十分早餐。八时炜去，说去杭。我八时三十分看报。晚看电视，《新闻联播》（1781年今日发现天王星。［播音］李瑞英、罗京。裴新华：明小雨，6—13［摄氏］度）。距离1997年7月1日尚有841天。八时我息，九时寝。

三月十四日

晨六时三十分起床，七时三十分早餐，八时三十分看报，札报。晚电视，《新闻联播》（马克思1883年3月14日逝世，生日1818年5月5日。［播音］邢质斌、张宏民、裴新华。政协会议今日闭幕）。八时息，九时十分寝。

三月十五日

晨六时二十分起床，七时五十分早餐，八时三十分看报。中午洗浴。晚看电视，［播音］贺红梅、罗京。赵红艳：明小雨［转］多云，9—15［摄氏］度。今天是"世界消费者权益日"。公款吃喝有新规定出台，有禁区。新中国第一，重庆高速公路。八时我息，九时寝。

三月十六日

六时三十分起床，七时三十分早餐，八时三十分看报。九时叶超宇来，十时三十分去。政九时三十分来，饭后夏来接，十二时四十分回去。今日续吃中药。晚看电视（陈赓将军1961年今日逝世。［播音］李修平、杨柳。赵红艳：明小雨，5—10［摄氏］度。八时息，九时寝。

三月十七日

晨六时三十分起床，七时三十分早餐，八时三十分看报。上午十一时湘来电话，她说信收到。我说不要来。晚看电视，《新闻联播》。九时四十分息，十时二十分寝。

三月十八日

晨六时三十分起床，七时三十分早餐。八时三十分看报。晚看电视，《新闻联播》（1871年今日巴黎公社成立，1883年3月14日马克思逝世。人大八届大会今日闭幕。［播音］邢质斌、张宏民。裴新华：明晴［转］多云，3—15［摄氏］度）。《神州大地》美哉，天鹅湖。《焦点访谈》大会专题。我八时二十分息，九时十分寝。

三月十九日

晨六时三十分起床，七时四十分早餐。九时去老街，十时三十分回来。蓉来电话，明日回富。我途遇百顺、中柳、老章、关祥、老费等。晚电视，新闻（1858年康有为今日诞辰。三届人大会讨论计划生育工作。[播音] 李瑞英、王宁。赵红艳：明晴[转] 多云，5—19 [摄氏] 度)。八时息，九时十分寝。

三月二十日

晨六时三十分起床，七时三十分早餐。八时十五分看报。八时三十分允、莹去杭接蓉、欢回富，下午三时到。晚看电视新闻，[播音] 李瑞英、王宁。赵红艳：明晴[转]多云，9—22 [摄氏]度。八时我息，九时十分寝。

三月二十一日

晨六时三十分起床，八时早餐，八时三十分看报。晚看电视，新闻(预报孙小梅：1971 年将每年的 3 月 21 日定为世界林业节。[播音] 邢质斌、张宏民)。明晴[转] 多云，14—26 [摄氏] 度。八时我息，九时十分寝。

三月二十二日

晨六时三十分起床，七时四十分早餐，整旧报。晚看电视(贺龙将军 1896 年今日诞辰。袁世凯 1916 年今日帝制毁灭。四川绿化全国第一。全国企业盼望兴航。[播音] 贺红梅、罗京。裴新华：明多云,[有] 小雨，16—20 [摄氏] 度)。八时息，九时十分寝。

三月二十三日

晨六时三十分起床，七时三十分早餐。六时动雷，有小雨。八时三十分看报，札报。晚看电视，《 新闻联播 》。九时四十分息，十时三十分寝。

三月二十四日

晨六时三十分起床，七时三十分早餐，八时三十分看报。晚看电视，《 新闻联播 》《 焦点访谈 》。八时二十分息，九时二十分寝。

三月二十五日

晨小雨。我六时三十分起床，七时三十分早餐，八时四十五分看报，扎、整。晚看电视，新闻([播音] 李瑞英、罗京)。别台八时十分《 综艺大观 》[第] 100 期。我九时息，十时寝。知明阴晴，2—10 [摄氏] 度。

三月二十六日

晨六时三十分起床，七时三十分早餐，九时看报，札、整。晚电视，新闻。一台《 综艺大观 》，各国风情。我八时三十分息，九时二十分寝。中午曹匡仁和他表兄来，杰兄要他们带来礼物、水果，十时三十分来，十一时二十分去。石勇外婆于昨日中午去世，享年 84 岁。

三月二十七日

晨六时三十分起床，七时三十分早餐，八时三十分看报，整、札。晚看电视，作协在上海会议。北京军区支援北京绿化。[播音]李修平、王宁。裴新华：明晴[转] 多云，9—21 [摄氏] 度。《 焦点访谈 》“ 这家福利院为何不办 ”。《 天路 》(七集连续剧今晚放[第] 五集)，我未看。八时息，九时二十分寝。

三月二十八日

晨六时三十分起床，七时三十分早餐。八时三十分看报，整理照片。晚看电视，新闻，《 天路 》第七集。我八时息，九时二十分寝。

三月二十九日

晨六时三十分起床，七时二十分早餐，八时三十分看报，整理照片。晚看电视连续剧《 周总理在大连 》，共四集，孙维民演周总理。九时息，十时寝。

三月三十日

晨六时三十分起床，七时三十分早餐，八时三十分整理。九时三十分政与嘉禾来。四时三十分立忠来接回去。邹克下午五时三十分来电话，知在中今日来沪。晚看电视。孙小梅预报说 1895 年老革命家蔡和森今日诞辰。邓小平 1979 年谈论四项基本原则。[播音] 贺红梅、王宁。赵红艳：明阴[转] 多云，2—11 [摄氏] 度。《 焦点访谈 》美元下跌。《 周恩来在大连 》第二集，周恩来孙维民演。九时息，十时寝。

三月三十一日

晨六时三十分起床，七时三十分早餐。八时去理发。九时看报，整照。在中下午二时到，我三时三十分起来，会到。晚看电视，《 新闻联播 》《 焦点访谈 》(北极的呼唤)、《 神州大地 》(云南大理石制品)、《 周恩来在大连 》(第三集)。九时息，十时寝。

四月一日

旧历三月初二日，星期六。我晨六时三十分起床，七时三十分与在中、允中同进早餐，八时三十分看札报，整照片。晚看电视，《新闻联播》《神州大地》。八时万有、爵有从沪到杭，来富。九点三十分息，十二时入寝。

四月二日

晨六时三十分起床，七时三十分与万、爵、敦、玄同进早餐。八时三十分看报。中午十二时三十分壬、贤、澂、谦、林、湘到，说恐明日天雨，临时决定今日下午去新登。当即打电话给庚。他们一时三十分出发。晚上八点回来（在新庚处吃晚饭）。七时我看电视，八时息，九时寝。

四月三日

晨六时三十分起床，九时同去鹳山游览，拍照回来到家十一时三十分。二时午睡。庚、霞、政、小夏五时三十分来，七时三十分叙（聚）晚餐。八时三十分大家谈往事，讲结婚。十时三十分息，十一时三十分寝。

四月四日

晨六时三十分起床，玄、庚同他们一起去杭，到翊沅坟上去看看。玄、贤、霞三人回富，霞去新登。庚在杭有事，七时回来宿此。晚看电视新闻。《焦点访谈》《神州大地》。八时息，我九时寝。

四月五日

晨六时十五分起床，七时四十五分早餐。八时三十分看自拍《新登扫墓、游富阳鹳山录像》。九时三十分看录像。澂来电，知邹克将来沪。十时看报。庚、政、嘉去新，由此转。贤去大源办事，下午四时三十分回来。晚看电视新闻。贤、玄去莹家。八时三十分回来。我八时息，九时寝。

四月六日

六时三十分起床，七时三十分早餐，八时闲谈，九时在室内拍照。贤中午十二时三十分，玄送他上车去杭办公。中午洗浴。晚看电视，八时十五分息，九时十五分寝。

四月七日

晨六时三十分起床，七时三十分早餐，八时三十分看报。晚看电视新闻。我八时息，九时寝。今日澂来电话，知敦、克星期日从沪来富。

四月八日

晨六时三十分起床，七时三十分早餐，八时三十分看报。晚看电视，《新闻联播》。我八时十分息，九时十分寝。今晚《综艺大观》[第]101期未看。

四月九日

晨六时三十分起床，七时三十分早餐，八时三十分看报。下午一时三十分敦有、邹克到来，我休息。玄陪敦、邹外面走走，到莹家去看看。晚看电视。八时我息，九时寝。

四月十日

晨六时三十分起床，七时三十分早餐，八时三十分看报。上午和敦、邹、玄闲谈，看照片。下午敦、邹去看看市容。晚看电视，《大老板程长庚》。我八点息，九时寝。

四月十一日

晨六时三十分起床，七时三十分早餐。和敦、邹闲谈。九时去龙山饭店拍照。九时三十分敦、玄等去鹳山，我回来看报。敦等十一时三十分回来，午饭后休息。庚、霞一时三十分到，四时我、敦、庚等拍照。后玄去接欢回来。庚、霞五时回新。晚看电视，因线路有问题不通，出来和敦、邹、玄大家谈谈，后来放映也不看。八时息，九时寝。

四月十二日

晨六时起床，七时早餐。玄送欢上学。七时三十分玄、蓉送敦、邹去杭。敦、邹下午三时乘火车去沪。玄、蓉到家是下午五时。今午、晚餐琳来炊事。晚看电视。八点十分我息，九时十分寝。

四月十三日

晨六时二十分起床，七时二十分早餐，八时看报。晚看电视，《焦点访谈》《神州大地》。八时十分我息，九时十分寝。

四月十四日

晨六时三十分起床，七时三十分早餐。八时三十分看报，写信。晚看电视，《焦点访谈》《神州大地》《大老板程长庚》（九集完）。我八时十分息，九点十分寝。叶超宇在下午三时半送来文件和赠被票，由玄蓉去取来。

四月十五日

晨六时二十分起床，七时二十分早餐，八时二十分看报。晚看电视新闻。《神州大地》。电视剧《中国商人》第一集。我八时五十分息，九时五十分寝。

四月十六日

六时二十分起床，七时二十分早餐，八时二十分看报。上午十时三十分看电视。晚上我八时三十五分息，九时四十分寝。莹去南方今晚回来。

四月十七日

晨六时三十分起床，七时三十五分早餐，八时三十五分看报。八时知停电，中午电通。晚看电视。我看到八时三十分息，九时三十分寝。

四月十八日

晨六时十五分起床，七时十五分早餐。八时十五分看报。十时叶组长来谈了半小时回去（叶谈，知杰已去杭女儿家）。午休起床三时三十分，知项政和嘉嘉来。四时三十分夏来电话说今日要晚点下班。政五点回去，夏六点半来，她已回去。晚看电视。我看到八时三十分息，九时三十分寝。吃莹买来芒果。

四月十九日

晨六时二十分起床，七时二十分早餐，八时二十分看报。晚看电视。我看到八时三十分息，九点三十分寝（今日洗浴）。小钟昨晚一时十五分因无电停，玄为我在19日上午九时复动。

四月二十日

晨六时十五分起床，七时十五分早餐。八时十五分看报，整理。晚看电视。我八时四十分息，九时三十分寝。[补记]玄说立成来电话问相册如何？玄答如何如何。立成说录像分五部：一、上鹳山；二、去新登上黄山岭；三、团叙（聚）；四、去西湖南山；五、去温州。——玄于二十一日告诉我。

四月二十一日

晨六时十五分起床，七时十五分早餐，八时十五分看报，札报。晚看电视。八时三十五分息，九时二十分寝。

四月二十二日

晨六时十五分起床，七时十五分早餐，八时十五分看报，整理。晚看电视。我八时四十分息，九时十分寝。

四月二十三日

晨六时十五分起床，七时十五分早餐，八时十五分看报。晚看电视。我八时三十五分息，九时二十分寝。

四月二十四日

晨六时四十五分起床，七时二十分早餐，七时五十分看报。因昨晚缺睡眠，九时三十分至十一时补休息。晚看电视。我八时四十分息，九时二十分寝。

四月二十五日

晨六时二十分起床，七时二十分早餐，写信，看报。九时三十分政、嘉嘉来，大约在十一时三十分回去。我在十一时四十分出来午饭才知道。晚看电视。我八时四十分息，九时二十分寝。

四月二十六日

晨六时十五分起床，七时十五分早餐，八时十五分看报。晚《新闻联播》。我八时五十分息，九时四十分寝。

四月二十七日

晨六时三十分起床，七时三十分早餐，八时三十分看报。八时三十分玄去虎山取北京来件。敦寄来信、照片、剪报，抄来广州流行《新三字经》。晚看电视。我看到八时四十五分息，九时二十分寝。

四月二十八日

晨六时十五分起床，七时十五分早餐，八时十五分看报。[有]小雨。晚看电视。我八时五十分息，九时三十分寝。

四月二十九日

晨六时十五分起床，七时十五分早餐，八时十五分看报。汝霞九时来，十时回政处，说下午回新。晚看电视，《新闻联播》。九时息，十时寝。

四月三十日

晨六时十五分起床，七时十五分早餐，八时

十五分看报，核月收支。九时三十分政、嘉来，午饭后回去。晚看电视新闻。九时，我息，十时寝。

五月一日

劳动节。我六时十五分起床，七时十五分早餐。八时允中去电话问广播站，说我的电视昨晚九时信源绝，今晨八时亦未有信源，何故？八时看报，札记。午休后三时起床。蓉说，三哥来过，有一张圣凯照片给你，他还要来。晚他七时来，我正在看新闻。同看电视，九时四十五分完。他说宿项政处，明日上午回新。没说什么，匆匆而去。我洗脚后，十时二十五分寝。

五月二日

晨六时十五分起床，七时十五分早餐，八时十五分看报。琳家在装房间，昨起玄去协助。晚看电视。我八点四十分息，九时二十分寝。

五月三日

晨六时起床，七时早餐，八时看报，整札记。晚看电视。我九时息，九时四十分寝。

五月四日

晨六点起床，七点早餐，八点看报，整理笔记。晚看电视。我八时三十分息，九时十分寝。

五月五日

晨六时起床，七时早餐。八时三十分去理发，等一时二十分，回来十时三十分。洗浴，午睡。晚看电视新闻。八时三十分息，九时十分寝。

五月六日

晨五时五十分起床，七时早餐，八时看报。晚看电视新闻。我八时四十分息，九时十分寝。

五月七日

晨五时五十分起床，七时早餐，八时看报。十时林滨来，饭后十二时三十分离此返校。晚看电视新闻。七时三十分至八时五十五分我看天津乒乓球赛。我八时五十五分息，九时四十分寝。

五月八日

晨五时四十分起床，六时四十分早餐。玄、莹、琪等去杭。蓉去鹳山未回。我问玄：蓉是否因我不能去。玄说不是，她畏热不去。玄等七时三十分去。我八时看报。玄等下午五时三十分回来。我晚看电视。乒乓球赛看到八时三十分我息，九时二十分寝。

五月九日

晨五时三十分起床，六时三十分早餐，七时三十分看报。晚看电视新闻。我八时四十分息，九时二十分寝。

五月十日

晨六时三十分起床，七时十分早餐，八时看报。小雨，札资。晚看电视新闻。我八时四十分息，九时二十分寝。政上午十时约我去赴“乔迁宴”，我心领，说谢谢，我方便时会和你四叔来看你们新居。

五月十一日

晨五时四十分起床，七时十五分早餐，八时看报。下午三时三十分又中从新去杭回，略谈。四时三十分去新登。晚看电视新闻。九时息，九时四十分寝。

五月十二日

晨五时四十五分起床，六时三十分早餐，八时看报。晚看电视。我九时息，九时五十分寝。

五月十三日

晨五时三十分起床，七时早餐，八时看报。我九时寝，九时五十分寝。

五月十四日

晨六时起床，七时二十分早餐。八时看报。中午、傍晚看单打决赛。晚看电视新闻。八时五十分息，九时三十分寝。

五月十五日

晨五时四十五分起床，七时三十分早餐，八时三十分看报。晚看电视新闻。九时息，我十时寝。门前广玉兰开五朵。

五月十六日

晨五时四十五分起床，六时五十分早餐。七时三十分看报。八时去老街，书大盘点。遇政、沈、邵、费。十时回来。晚看电视。九时息，九时四十分寝。

五月十七日

晨五时五十分起床，六时五十分早餐。扶梯

有妇敲木梆，人家睡觉，她即去。广玉兰开约十朵。晚看电视新闻。九时息，九时四十分寝。

五月十八日

晨五时四十五分起床，七时二十五分早餐，八时看报，查志书。晚看电视新闻。九时息，九时五十分寝。广玉兰约十五六朵，经雨打失色。

五月十九日

晨六时起床，七时早餐，八时看报，整资。晚看电视。九时息，九时四十分寝。

五月二十日

晨五时四十五分起床，六时五十分早餐，八时看报。晚电视新闻。九时息，十时寝。

五月二十一日

晨五时四十五分起床，七时早餐，八时看报。晚电视新闻。九时息，九时五十分寝。洗浴。

五月二十二日

晨五时四十五分起床，七时早餐，八时看报。晚看电视新闻。九时息，九时五十分寝。今日整理纸板箱。

五月二十三日

晨五时四十五分起床，六时三十分早餐，七时三十五分看报。晚看电视新闻。九时息，我九时五十分寝。项炜八时来，九时去他姐处。

五月二十四日

晨五时五十分起床，七时早餐，八时写信去寄。九时看报。项政、嘉嘉、项炜十时来。中午他们吃豆饭（我吃米饭）后一时回去。晚看电视新闻。九时息。

五月二十五日

晨五时四十分起床，六时五十分早餐。八时看报。上午九时政、嘉嘉来说下午和爸爸去新登住一段时间。九时三十分赵文光来谈，约四十分钟回去，说新登将庆祝解放45周年活动。我[告知]因身体原因不能参加盛会。下午三时朱老师托何国林（富春诗社副社长兼秘书长）送来《富春诗词选》一本。上午九时三十分曹秀敏代父送来一瓶蜂皇浆，与玄、蓉谈约一小时，我亦参加。晚看电视。九时息，九时四十分寝。

五月二十六日

晨五时四十分起，七时早餐，八时写信，寄信。十时三十分看报。晚看电视新闻。九时息，我九时四十分寝。

五月二十七日

晨五时五十分起床，七时早餐，八时看报。晚看电视。九时息，九时五十分寝。

五月二十八日

晨五时五十分起床，七时早餐，八时写信，九时整相片。晚看电视。九时息，九时五十分寝。

五月二十九日

晨五时五十分起床，七时早餐，八时看报。晚看电视。九时息，九时五十分寝。

五月三十日

晨五时四十分起床，六时四十分早餐，八[时]看报，拟《我的回忆》稿。晚看电视。九时息。

五月三十一日

晨六时起床，七时早餐，八时看报。晚看电视新闻。九时息，九时四十分寝。

六月一日

晨五时四十五分起床，七时早餐，八时看报。晚电视"六一"儿童[节]，各地盛况。十时息，十时四十分寝。

六月二日

晨六时起床，七时早餐，八时看报。九时三十分爵来电问大姊处邮政编码，拟信稿。晚看电视。九时息，九时四十分寝。

六月三日

晨五时四十五分起床，七时早餐，八时看报。晚看电视新闻。九时息，九时四十分寝。今日下午四时项莹陪陈医师来为我量血压，上118，下□□，正常，听内脏均佳，惟脚、腰要多休息。嘱验血，验小便。

六月四日

晨六时起床，莹来为我抽血样，八时三十分去。我九时去理发，十时三十分寄信。中午洗浴。晚看电视，《新闻联播》。我八时三十分息，九时十分寝。

六月五日

晨五时四十五分起床，七时早餐，八时整物，核5月份收支账。晚看电视。我八时四十分息，九时四十分寝。

六月六日

晨五时五十分起床，七时早餐，八时看报。下午一时莹送玄去杭乘车赴沪，贺邱玮结婚。莹下午四时三十分到富。晚看电视新闻。我八时五十分息，九时二十分寝。莹、蒋宿此。

六月七日

晨五时五十分起床，七时早餐，莹、蒋七时三十分去上班。八时三十分琳来电话，十时琳、珍来。十时十分政、嘉、敏、圣来，十一时二十分回去。莹来，琳、珍回去。单位送来通知，关于购房问题，即告知莹、蒋，要他们打电话给玄(庚照相册由敏带去)。晚看电视。九时息，九时十分寝。

六月八日

晨五时五十分起床，项莹打电话给她爸，说单位对房改有通知来。我写一信，通知照抄，十一时由琳去寄挂号信。晚看电视。我八时四十分息，九时二十分寝。

六月九日

晨五时三十分起床。想要莹再打电话，写了一条待她起来。她看了条子，拿出她已向青云供销社取保证明，今日去交。七时早餐，八时看报。晚看电视新闻。九时息，九时四十分寝。

六月十日

今日琳来为我烧早餐，午餐。十时琪、晓来同吃中餐。十时三十分庚、霞、政、嘉、凯来。十二时回去吃中饭。晚看电视。九时息，我九时四十分寝。日来广玉兰全树开放，花约五六十朵。

六月十一日

晨六时起床。琳来炊早餐。七时十五分她回去，八时看报。琳十时四十分她下班来看看。莹没来，我说煮碗面好了。她正准备，莹来，她即回去。晚看电视新闻。九时息，九时四十分寝。

六月十二日

晨六时起床。琳七时买来豆沙包，煮牛奶。今日早上又缺水。中午琳来转看。莹来，她即回去。晚看电视。九时息，九时四十分寝。

六月十三日

晨六时起床，七时三十分早餐，八时三十分看报。琳来炊早餐。中、晚莹来烧。晚看电视。九时息，我九时四十分寝。莹宿此。

六月十四日

晨六时起床，七时早餐，八时看报。十时三十分政来电话问项莹。项莹十一时三十五分回来烧饭。她打电话给夏没接。莹十二时二十分即去医院。晚七时三十分政、夏、嘉来。莹、小蒋将出门，未遇。政到八时四十五分告辞。莹来略谈，政去，莹亦回去。我八时四十五分息，九点三十分寝。晚看电视。九时二十分寝。

六月十五日

六时起床。琳来炊早餐，七时三十分就餐。九时三十分看报。小蒋来做中饭。稍待莹来，两人一起干。晚看电视。九时息，九时四十分寝。

六月十六日

晨六时起床。琳七时三十分来做早餐。八时三十分看报。中午琳来煮面。下午约三时前，项敏和同学来，给我带来6月份退休金。适项莹回来休息。我三时起床，莹说敏来过，带来你退休金。晚看电视。九时息，九时四十分寝。

六月十七日

晨六时起床。琳七时二十分来为我做早餐。莹来即去。八时看报。中午琳来为我煮面后，石勇、珍亦来，即去。晚七时三十分庚、政、嘉来，八时三十分回去。莹来做晚饭。晚看电视新闻。嘉欲睡，我说你们回去，明日来。九时十分寝。晚十二时电话铃响起，我起床，已无声断。我想定是小蒋他们司机来电，没接。

六月十八日

晨五时电话来，知玄来电询车有没有接洽好。我说我问莹，明日你去杭接她，说是乘上海七点开车，她没说今晨六时。六时起床，琳七时来为我炊早餐。七时十五分去上学，说她今日下午考试。中饭由琳来烧。我七时三十分早餐，八时三十分看报。莹上午六时三十分乘车去沪接玄、蓉、欢，回来到家下午六时三十分。晚看电视。九时息，我九时四十分寝。庚八时来，九时去宿政处，明晨回新。

六月十九日

晨六时起床，七时早餐，八时玄谈在沪情况。九时看报，写信。晚看电视新闻。九时息，九时四十分寝。

六月二十日

五时四十五分起床，七时十五分早餐，七时五十分看报。下午四时长育来富。蓉君开门，我即便衣出迎，谈约40分钟。厚丰来，略坐即回去。晚看电视。九时息，九时四十分寝。

六月二十一日

晨五时四十五分起床，七时三十分早餐，八时看报。晚看电视新闻。九时息，九时四十分寝。

六月二十二日

晨五时五十五分起床，七时三十分早餐，看报，写信。晚看电视新闻。九时息，九时四十分寝。

六月二十三日

晨五时五十分起床，七时三十分早餐，八时三十分看报。晚看电视新闻。九时息，九时四十分寝。

六月二十四日

五时五十分起床，七时十分早餐，八时看报。晚看电视。九时息，九时四十分寝。

六月二十五日

晨六时起床，七时早餐，八时看报。晚看电视新闻。九时息，我九时四十分寝。

六月二十六日

晨六时起床，七时早餐，八时看报。晚看电视新闻。

六月二十七日

晨六时起床，七时早餐，八月看报。晚看电视新闻。九时息，九时四十分寝。

六月二十八日

晨五时四十五分起床，七时二十分早餐，八时看报。晚看电视新闻。九时息，九时四十分寝。

六月二十九日

晨五时五十分起床，七时早餐，八时看报。广玉兰花谢尽。晚看电视新闻。九时息，我九时四十分寝。

六月三十日

晨五时五十分完成，七时十分早餐，八时看报。下午二时三十分玄去杭接林滨，下午五时到家。晚看电视。九时息，九时四十分寝。

七月一日

星期六，旧历六月初四，乙亥年。晨六时起床，七时三十分早餐，八时三十分看报。晚看电视新闻。我九时息，九时四十分寝。

七月二日

晨六时起床，七时早餐，八时看报。晚看电视新闻。九时四十分息，我十时二十分寝。

七月三日

晨六时起床，七时早餐，八时看报。玄陪林滨去新登。玄下午二时三十分到。滨六时四十五分到(购去杭车票)。政、嘉下午四时来，四时三十分回去。晚看电视。十时息，我十时四十分寝。

七月四日

晨六时起床，七时早餐，写字(影集题签)。晚看电视新闻。九时息，九时四十分寝。

七月五日

晨六时起床，七时早餐，八时看报，整札。晚看电视新闻。九时息，九时四十分寝。湘九时四十分来电，知滨已平安到家。

七月六日

晨六时三十分起床，七时二十分早餐，八时二十分看报，整札。九时息，九时四十分寝。

七月七日

五时四十五分起床，七时五十分早餐，八时十分去理发，等一人，九时四十分回来。玄谈供销社老干部贫病老小之苦。十时二十分看报。晚看电视新闻。九时息，九时四十分寝。

七月八日

晨五时四十五分起床，大雾。七时二十分早

餐，八时看报。八时三十分去，十时三十分回来。遇费、袁、徐亚英、钟永亮、毕亚男等。天晴，日出。晚看电视新闻。我九时息，十时寝。

七月九日

晨六时起床，洗鞋。七时二十分早餐。八时二十分看报，札资。晚看电视新闻。九时息，九时四十分寝。

七月十日

晨五时五十分起床，七时二十分早餐，八时看报。上午八时停电，十二时复电。六月底广玉兰曾二度开花一二朵，进小暑即先后谢去。全日太阳，高温。札资。晚看电视新闻。九时息，九时四十分寝。

七月十一日

晨六时起床，七时早餐，八时看报，整理资料。午餐吃了一半时，下颚假牙断，改吃面包，半餐。晚看电视新闻。九时息，九时四十分寝。

七月十二日

晨六点起床，七点早餐，九点去傅牙医生处，量断假牙说可接，说 14 日去上。我与允中去参观鹳山饭店和中国银行，之间一家书店比较多旧版书。书店遇费师傅、万市柴某、项金南、章志娟、俞忠烈等。十时三十分到家。今日天阴。下午政、嘉、炜三时来，四时三十分回去。晚看电视。九时息，九时十分寝。

七月十三日

六时起床，七时早餐，八时寻照片。晚看电视。九时息，九时五十分寝。

七月十四日

晨六时起床，七时电停。莹来电说停水。八时三十分电通。七时三十分早餐，上午九时玄陪我傅牙医师处上假牙，回来九时四十分。晚看电视。九时息，我九时五十分寝。

七月十五日

晨五时四十五分起床，七时三十分早餐，八时三十分看报。晚上，我九时息，九时五十分寝。

七月十六日

晨五时五十分起床，七时五十分早餐，写信。下午四时我去取报，上楼。彦章在立成处来电话。我上楼接，说“你好、我好”结束。晚看电视。九时息。霞晚上八时来，九时去政处。我九时五十分寝。

七月十七日

晨五时五十分起床，七时三十分早餐，八时三十分看报，写信。晚看电视。九时息，九时五十分寝。

七月十八日

晨六时起床，七时三十分早餐，八时三十分看报。晚看电视，到七时四十分。九时息，九时四十分寝。明气温没看到。

七月十九日

晨五时五十分起床，七时三十分早餐，八时理冬衣，要允中、蓉君为我洗晒。晚看电视。九时息，九时五十分寝。

七月二十日

晨五时五十分起床，六时二十分去扶梯。今日扶梯畅通无阻第一天。七时三十分早餐，八时看报。晚看电视。九时息，九时五十分寝。

七月二十一日

晨五时五十分起床，七时十分早餐。旧沙发、旧冰箱已处理。莹处拿来藤座椅二张。晚看电视。九时息，九时五十分寝。

七月二十二日

晨五时五十分起床，七时三十分早餐，八时三十分看报。晚看电视。九时息，九时五十分寝。

七月二十三日

晨五时四十五分起床，七时三十分看报。晚看电视。九时息，九时五十分寝。

七月二十四日

晨五时五十分起床，看报，七时四十分早餐。晚看电视。九时息，九时四十分寝。

七月二十五日

晨五时五十分起床，七时看报，七时四十分早餐。炜、政、嘉上午九时三十分来，下午四时三十分回去。晚看电视。九时息，九时五十分寝。

七月二十六日

晨五时五十分起床，七时看报，七时四十分

早餐。晚看电视。九时息，九时四十分寝。

七月二十七日

晨五时五十分起床，六时四五十分看报，七时四十分早餐。晚看电视。九时息，九时三十分寝。

七月二十八日

晨五时五十分起床，七时四十分早餐，八时看报，写信。晚看电视。九时息，九时五十分寝。

七月二十九日

六时起床，七时看报，八时早餐，七时四十分写信。晚看电视。九时息，九时四十分寝。

七月三十日

五时五十分起床，七时看报，七时三十分早餐，写信。晚看电视。九时息，九时四十分寝。

七月三十一日

晨五时五十分起床，六时五十分看报，七时四十分早餐，核月收支。晚看电视。九时息，九时四十分寝。

八月一日

晨五时五十分起，六时五十分札记，看报。七时三十分早餐，写信。晚看电视。九时四十分寝。

八月二日

晨六时起床，七时看报，七时四十分早餐，八时写信。晚看电视。九时息，九时四十分寝。

八月三日

五时五十分起床，六时五十分看报，七时三十分早餐，八时三十分去理发，九时三十分回来整理札记。晚看电视。九时息，九时四十分寝。

八月四日

晨六时起床，七时看报，七时四十分早餐，写信。晚看电视。九时息，九时四十分寝。

八月五日

晨五时五十分起床，七时看报，七时三十分早餐，八时三十分写信。晚看电视。九时息，九时五十分寝。

八月六日

晨五时五十分起床，六时五十分看报，七时四十分早餐。晚看电视。九时息，九时四十分寝。下午四时垃圾管道冒烟。

八月七日

五时三十分起床，六时到底层看看垃圾管道。七时早餐，八时看报，写信。晚看电视。九时息，九时四十分寝。

八月八日

晨五时五十分起床，六时五十分看报，七时五十分早餐，整理札记。晚看电视。九时息，九时四十分寝。

八月九日

晨六时起床，七时看报，七时二十分早餐，写信。晚看电视。九时息，九时四十分寝。

八月十日

六时起床，七时看报，七时三十分早餐，八时去邮局、商场。九时回来。十时□□。晚看电视新闻。九时息。

八月十一日

六时起床，七时看报，七时十五分早餐整报。晚看电视新闻。九时息，九时四十分寝。政、夏、嘉七时三十分来，九时去。

八月十二日

六时起床，七时看报，七时三十分早餐，写信。晚看电视。九时息，九时四十分寝。

八月十三日

六时起床，七时札报，七时三十分早餐，写信。庚、嘉上午九时三十分来，十一时回去，下午庚下午四时至五时回新。晚看电视。九时息，九时四十分寝。

八月十四日

晨六时起床，七时看报，七时三十分早餐，拟复信。晚看电视。九时息，九时四十分寝。

八月十五日

晨六时起床，七时看报，八时早餐，九时写信。晚看电视。十时息，十时三十分寝。

八月十六日

晨五时五十分起，六时五十分看报，七时三十分早餐。晚看电视。九时息，九时四十分寝。

八月十七日

六时起床，七时看报，叶振宇来，送来会议

报告书二本。七时二十分去上班，七时四十分早餐，看报。晚看电视。九时息，九时四十分寝。小林晚七时三十分来电，说明日去新疆。

八月十八日

五时五十分起，六时五十分看报，七时三十分早餐。写信。政、嘉上午九时来，下午四时回去。晚看电视。九时息，九时四十分寝。

八月十九日

晨六时起床，七时看报，七时三十分早餐。汝霞晚六时四十分来，八时三十分去政处。晚看电视。九时息，九时四十分寝。门前花坛柏树红，花满树怒放。

八月二十日

六时起床，七时看报，七时三十分早餐，八时写信。晚看电视。九时息，九时五十分寝。

八月二十一日

6时起床，七时看报，七时五十分早餐，写信。晚看电视。九时息，九时四十分寝。

八月二十二日

晨六时起床，七时看报，七时四十分早餐。晚雷雨。七时看电视。九时息，九时四十分寝。

八月二十三日

晚看电视。停电。前后均有电，独饮食公司宿舍无电，定是保险丝断。八时二十分点矿烛。九时寝。十二时起来小便，开灯，电来。

八月二十四日

晚看电视。九时息，九时三十分寝。

八月二十五日

晨五时五十分起床，七时二十分早餐，八时看报，整报。政九时来，十时三十分和嘉回去，知敏、炜工作情况。晚看电视。九时息，九时四十分寝。

八月二十六日

晨五时五十分起床，六时五十分看报，七时二十分早餐。项炜今晚七时三十分，九时十分去政处，知他自昨日起在现代商场工作。晚看电视。九时息，九时四十分寝。

八月二十七日

晨六时起床，七时看报，七时四十五分早餐，札报。晚看电视。九时息，九时四十分寝。

八月二十八日

晨五时五十分起床，七点看报，七时四十分早餐。八时看报。九时五十分玄、蓉、琳、珍去影剧院看电影《南京大屠杀》。十二时完，回家吃中饭。晚看电视。九时息，九时四十分寝。听说项敏于8月28日去沪工作，[在]富驻浦东的沙石销售处工作。

八月二十九日

五月十四分起床，六时四十分看报，七时四十分早餐，八点写信。晚看电视。九时二十分寝。

八月三十日

晨五时五十分起床，六时五十分看报。欢来，七时五十分早餐。九时三十分贤来电话，知帆已就学。政、嘉下午四时来，五时回去。炜晚七时三十分来，九时三十分回去，说单位发给他一箱苹果。晚看电视。九时息，九时四十分寝。

八月三十一日

晨五时五十分起床，六时五十分看报，早餐七时四十分。核月结。晚看电视。九时息，九时四十分寝。

九月一日

晨五时四十分起床，六时四十分看报，七时四十分早餐。晚看电视。九时息，九时四十分寝。

九月二日

晨五时五十分起床，抹栏杆。七时看看，八时早餐。八时三十分去理发。九时三十分回来。晚看电视。九时三十分息，十时十分寝。

九月三日

六时起床，七时看报，七时三十分早餐。晚上，九时息，九时四十分寝。

九月四日

晨六时起床，七时看报，七时五十分早餐。上午七时二十分敦来电话，说丽明9月5日要来纽约，要玄打电话给丽明照片带来。玄即电丽明，要她将照片二份都带去，照相夹可不带去。敦说因龙搬住，他计划9月8日回国。下午四时三十分爵来电话说辽宁大水，中君10月退休，与我略谈。上午八时富阳各机关团体游行，庆祝世妇四届会议在京召开。我们后阳台看。晚在电视看半小时。晚看电视。九时三十分息，十时十分寝。

九月五日

晨五时五十分起床，六时五十分札记，七时五十分早餐，听收音机。晚看电视。九时息，九时四十分寝。

九月六日

晨五时五十分起床，六时五十分看报，札记。七时三十分早餐。政、嘉上午九时来，下午四时回去。工商联来通知，9月8日下午二时中秋联欢。晚看电视。九时息，九时四十分寝。

九月七日

晨六时起床，七时三十分早餐，8月看报，札录。晚看电视。九时息，九时四十分寝。

九月八日

晨六时起床，七时看报，札录。八时早餐。晚看电视。九时息，九时四十分寝。中秋联欢，高温未去。下午五时送来月饼。

九月九日

(今日中秋)晨六时起床，七时看报札。七时四十分早餐。九时三十分政、嘉来，送来月饼，说她仍去上班。嘉要去新，由爸妈带，十时回去，要去烧饭。夏、炜今日都加班。晚看电视。九时息，九时五十分寝。

九月十日

晨六时起床，七时看报，札记，七时五十分早餐。晚看电视。九时息，九时四十分寝。

九月十一日

晨六时起床，七时早餐，八时看报札录。晚看电视。九时息，九时四十分寝。

九月十二日

晨六时起床，七时三十分早餐，八时看报，札记。晚看电视。九时息，九时四十分寝。

九月十三日

晨六时起床，七时看报札，七时五十分早餐。晚看电视。九时息，九时四十分寝。

九月十四日

晨六时起床，七时看报，七时三十分早餐。小雨。上午搞卫生。下午玄为我抹玻璃窗。晚看电视。九时息，九时四十分寝。

九月十五日

晨六时起床，七时看报。七时三十分早餐，八时搞卫生，整理书架。晚看电视。九时息，九时五十分寝。

九月十六日

晨六时起床，七时早餐，八时看报札，九时整书架卫生等。晚看电视。九时息，九时五十分寝。

九月十七日

晨六时起床，七时二十分早餐，七时五十分看报札。晚看电视。九时息，九时四十分寝。

九月十八日

晨五时五十分起床，七时看报，七时三十分早餐。八时二十分去三联新华百货买书、物等，十时二十分回来。晚看电视。九时息，九时四十分寝。

九月十九日

晨五时五十分起床，六时五十分看报，七时三十分早餐。晚看电视。九时息，九时五十分寝。

九月二十日

晨五时五十分起床，七时二十分早餐。八点看报札。晚看电视。九时息，九时五十分寝。

九月二十一日

晨五时五十分起床，七时早餐，八时看报札。晚政、嘉来，约一小时回去。晚看电视。九时三十分息，九时五十分寝。

九月二十二日

晨五时五十分起床，七时二十分早餐，八时看报札。晚庚、嘉来。晚看电视。九时息，九时五十分寝。

九月二十三日

晨六时起床，七时十五分早餐，七时三十分看报札。晚看电视。九时息，九点五十分寝。

九月二十四日

晨五时五十分起床，七时早餐，七时三十分看报札，写信。晚看电视。九时息，九时四十分寝。

九月二十五日

晨六时起床，七时早餐，八时看报，写信。晚看电视。九时息，九时五十分寝。

九月二十六日

晨六时十分起床，七时二十分早餐，七时四十分看报札，写信。晚看电视。八时十分息，九时四十分寝。

九月二十七日

晨五时四十分起床，七时早餐，七时三十分看报，写信。晚看电视。我八时息，九时寝。

九月二十八日

晨六时起床，七时二十分早餐，八时看报札。晚看电视。八时息，九时寝。

九月二十九日

政中午来电说去新登过节，有无事要办。晚七时二十分政、夏、嘉来，八时四十分回去。晚看电视。八时息，九时寝。

九月三十日

晨六时起床，七时早点，八时陈福海送来请吃寿酒柬，这次谈半小时去。看报札。晚看电视。九时五十五分息，十时三十分寝。

十月一日

晨六时起床，七时早餐，八时三十分去理发，九时十分回来。念慈上午十时送物来，坐半小时回去。晚看电视。九时五十分息，十时三十分寝。

十月二日

晨六时起床，七时看报札，八时早餐。下午六时玄、蓉去杭看灯会。十一时回来。琪来，等笑笑同回家。晚看电视。九时息，我九时四十分寝。

十月三日

晨六时起床，七时看报札。早餐七时三十分。晚看电视。九时四十分寝。

十月四日

晨六时起床，七时看报札录，七时三十分早餐。晚看电视。我八时三十分息，九时十分寝。

十月五日

晨六时二十分起，七时二十分早餐，八时看报札报。晚看电视。我八时三十分息，九时二十分寝。

十月六日

晨六时起床，七时十分早餐，八时看报札。晚看电视。九时息，九时四十分寝。

十月七日

晨六时起床，七时四十分早餐，八时十分看报札。叶振宇来，项政、嘉来。晚看电视。九时息，九时四十分寝。

十月八日

晨六时起床，七时早餐。玄七时四十分去新登，祝杰兄90岁生日。八时看报札。小雨。玄上午七时四十分去新，下午四时回来。晚看电视。八时五十五分息，九时五十分寝。

十月九日

晨六时起床，七时三十分早餐，八时三十分玄给我去取邮件，九时回来。九时二十分去新，送人俊女士殡。八时看报，玄下午三时回来。八时三十分看报札。晚看电视。九时息，九时四十分寝。

十月十日

晨六时起床，七时二十分早餐，八时看报札。晚看电视。我九时十分寝。

十月十一日

六时起床，七时二十分早餐，七时十分看报札。晚看电视。我八时三十分息，九时十分寝。

十月十二日

晨六时起床，七时二十分早餐，八时看报札。晚看电视。

十月十三日

晨六时起床，七时十分早餐，玄七时五十分去杭接中君。我八时看报札。玄、中君中午十二时四十分到。晚项政等五人来，八时三十分回去。晚看电视。八点息，与中君、政等看照片，八时三十分他们回去，我九时二十分寝。

十月十四日

晨六时起床，七时三十分早餐，八时看报札。中君、蓉等去政家，十时三十分回来。庚晚上七时三十分来，九时去政处。晚看电视。九时息，九时四十分寝。

十月十五日

晨六时二十分起床，七时二十分早餐，八时看报札。晚看电视。八时息，八时四十分寝。

十月十六日

晨六时起床，七时二十分早餐，八时看报，札整照片。晚看电视。八时息，八时五十分寝。

十月十七日

晨六时起床，七时三十分早餐，八时十分看报。晚看电视。八时息，八时五十分寝。

十月十八日

晨六时起床，七时三十分早餐，八时看报札，九时蓉君陪中君去新。下午六时回来，说长育外出未遇。晚看电视。十时四十分寝。

十月十九日

晨六时起床，七时三十分早餐。八时看报札。晚看电视。八时息，我九点寝。蓉君头晕早睡。

十月二十日

晨六时起床，七时二十分早餐，八时看报札。晚看电视。八时息，九时寝。政、嘉晚来。

十月二十一日

晨六时起床，七时二十分早餐。八时看报札，八时十分玄、蓉陪中君去杭游览。下午五时四十五分回来。晚看电视。我九时二十分息，十时寝。

十月二十二日

晨六时起床，七时二十分早餐，八时看报札。晚看电视。十时息，十时四十分寝。

十月二十三日

晨六时起床，七时四十分早餐，八时看报札。下午五时玄说一郇来电话，说她已到沪。晚看电视。八时息，九时寝。

十月二十四日

晨六时起床，七时早餐，八时看报札。玄、琳七时四十分去杭接一郇，下午一时四十分到。晚看电视。八时息，九时寝。

十月二十五日

晨六时起床。蓉中君六时十五分去绍兴(单位组织)，下午七时三十分回来。欢七时二十分上学。我七时三十分早餐，八时看报札。晚看电视。八时息，九时寝。一郇，项莹陪她到家睡。

十月二十六日

晨六时起床，七时三十分早餐，八时看报札，九时与玄、中君、一郇谈谈。汝霞、圣凯十时来，晚七时三十分回政处。政下午五时来，五时三十分回去。晚看电视。八时息，九时寝。

十月二十七日

六时起床，蓉陪郇，中君于六时三十分去杭游览。七时早餐。八时看报札。蓉等五时四十分到富，中君晕车，未吃晚饭。让中君好好休息。电视不看，看报。八时三十分息，九时十分寝。

十月二十八日

晨六时起床，七时二十分早餐，八时看报札，十时下楼，与中君、一郇、蓉等拍照。下午一时中君、一郇乘车去杭，乘三时车去沪。一郇已订好十一月五日机票返回新疆乌鲁木齐。晚看电视。九时息，十时寝。八时邱玮来电话，知一郇、中君已平安到沪。

十月二十九日

晨六时起床，七时三十分早餐，八时看报札。晚看电视。九时十分息，九时四十分寝。

十月三十日

晨六时起床，七时二十分早餐，八时看报札。晚看电视。八时息，九时寝。

十月三十一日

晨六时起床，七时二十分早餐，八时看报札。下午三时，郎仕天和叶振宇代表政协送来蛋糕和床单。我正在午睡，我听声起床，他们已与允中告别回去，抱歉。晚看电视。九时息，九时四十分寝。

十一月一日

星期三，旧历九月初九日。晨六时起床，七时二十分早餐，八时看报札记。晚看电视。九时息，十时寝。

十一月二日

晨六时起床，七时二十分早餐，八时看报札。晚看电视。九时息，九时五十分寝。

十一月三日

晨六时起床，七时二十分早餐。八时看报札。

上午九时市商业局政工科方金水、郑永康，新登中百商店张琴玉、朱红珍、驾驶员等同志来祝老人节，坐谈，看照片约一小时回去。邀他们吃饺子，没吃即去。晚看电视。八时二十分息，九时寝。

十一月四日

晨六时起床，七时二十分早餐，八时看报札。晚因表电池将罄，慢 15 分钟。幸欢欢叫我看电视，联播已放十分钟。九时息，九时五十分寝。

十一月五日

晨六时起床，七时三十分早餐，八时看报札。八时三十分玄陪我去项政家，立忠、炜上班，庚在，谈谈，十时回来。下午十二时四十五分庚、嘉来。我、庚、玄三人谈了两个问题。他二时回政处，说今日回新。晚看电视。八时二十分息，九时寝。

十一月六日

晨六时起床，七时二十分早餐，八时看报札，写信。[晚看电视]。九时息，九时四十分寝。

十一月七日

晨六时起床，七时三十分早餐，八时看报札报。晚看电视。

十一月八日

六时起床，七时四十分早餐，八时看报，札报。晚看电视。九时息，九时四十分寝。

十一月九日

晨六时起床，七时三十分早餐，八时看报，札报。莹来，玄、蓉三人八时三十分去杭。十一时三十分琳做中餐，下面。玄等下午六时回来。晚看电视，《新闻联播》。九时息，九时四十分寝。

十一月十日

晨六时十五分起，七时三十分早餐，八时看报、札报。晚看电视。九时息，九时四十分寝。

十一月十一日

晨六时二十分起床，七时二十分早餐。八点看报札。晚看电视。九时息，九时四十分寝。

十一月十二日

晨六时十五分起床，七时三十分早餐，八时写信，看报札。晚七时政、夏、嘉来，七时四十分回去。晚看电视《新闻联播》。九时息，九时四十分寝。

十一月十三日

晨六时三十分起床，七时二十分早餐，八点看报札，写信。晚看电视。九时息，九时四十分寝。

十一月十四日

晨六时起床，七时二十分早餐，八时看报札。晚看电视。九时息，九时四十分寝。

十一月十五日

晨六时十五分起床，七时三十分早餐，看报。八时三十分上街买零物。十时回来，遇许多新登人和富阳人。晚九时息，九时四十分寝。

十一月十六日

晨六时起床，七时三十分早餐，八时看报札。下午七时二十分政来。晚看电视。九时三十分息，十时十分寝。

十一月十七日

晨六时起床，七时三十分早餐，八时看报札。晚看电视。九时五十分息，十时三十分寝。

十一月十八日

晨六时起床，七时三十分早餐，八时看报札。晚看电视。九时息，九时四十分寝。

十一月十九日

晨六时十五分起床，七时四十分早餐，八时二十分看报札，理书架。晚看电视。九时息，九时四十分寝。

十一月二十日

六时起床，七时三十分早餐，八时看报札，找本子。晚看电视。八时五十分息，九时四十分寝。

十一月二十一日

晨六时起床，七时三十分早餐，八时看报札。晚看电视。八时三十分息，九时二十分寝。

十一月二十二日

晨六时起床，七时四十分早餐，八时二十分看报札，写信。晚看电视。九时息，九时四十分寝。

十一月二十三日

晨六时起床，七时三十分早餐，八时看报札。晚看电视。

十一月二十四日

晨六时起床，七时三十分早餐，八点看报札。晚看电视。九时息，九时四十分寝。

十一月二十五日

晨六时起床，七时五十分早餐，八时三十分看报札。晚看电视。九时五十分息，十时三十分寝。

十一月二十六日

晨六时四十分起床，七时四十分早餐，八时看报札。又中上午八时二十分到，下午一时前去政处回新。晚看电视。九时息，九时四十分寝。

十一月二十七日

晨六时二十分起床，七时二十分早餐，八时看报札。晚看电视。九时息，九时四十分寝。

十一月二十八日

晨六时起，七时四十分早餐，八时看报札。两枝原珠写不出，我要他去给我配芯，他自修好了尚可用。晚看电视。九时息，九时四十分寝。

十一月二十九日

晨六时起床，七时四十分早餐，八时十分看报札。晚看电视。八时五十分息，九时三十分寝。

十一月三十日

晨六时十五分起，七时三十分早餐，八时看报札。晚看电视。九时息，九时四十分寝。

十二月一日

星期五，旧历十月初十日。晨六时十分起床，七时四分早餐，八时十分看报札。晚看电视。九时息，九时四十分寝。

十二月二日

晨六时起床，七时三十分早餐，八时看报札。晚看电视。九时息，九时四十分寝室。

十二月三日

晨六时起床，七时四十分早餐，八时看报札。晚看电视。九时息，九时四十分寝。

十二月四日

晨六时起床，七时四十分早餐。八时二十分看报札。八时五十分去理发。十时十分回来午睡，起来看茶几上有两杯茶。问玄客人谁来，玄说汝霞陪一女同学来。晚看电视。九时三十分息，十时二十分寝。

十二月五日

六时二十分起床，七时五十分早餐，八时二十分看报摘，十时三十分爵来电，中君昨日平安到丹东。玄上午八时去杭州，下午三时回。晚看电视。九时息，九时四十分寝。

十二月六日

晨六时十分起床，七时四十分早餐，八时十分看报札。晚看电视。九时息，九时四十分寝。

十二月七日

晨六时起床，七时四十分早餐，八时二十分看报札。晚看电视。九时息，九时四十分寝。

十二月八日

晨六时起床，七时四十分早餐，八时十分看报札。八时二十分玄去虎山邮，八时四十五分回。今晚莹等三姐妹为她妈庆祝生日快乐。晚看电视。九时息，九时四十分寝。

十二月九日

晨六时十分起床，八时早餐，八时三十分看报札。晚看电视 。九时息，九时四十分寝。

十二月十日

晨六时起床，七时四十分早餐，八时看报札，八时三十分又中来，十时回新屋[取]件。晚看电视。九时息，九时四十寝。

十二月十一日

晨六时起床，七时看报札，八时早餐。晚看电视。九时息，九时四十分寝。

十二月十二日

晨六时十五分起床，七时五十分早餐，八时三十分看报札。晚看电视。九时息，十时寝。

十二月十三日

晨六时十五分起床，七时四十分看报札，八时早餐。晚看电视。九时息，十时寝。

十二月十四日

晨六时十分期，七时三十分看报，八时早餐。晚看电视。九时息，十时寝。

十二月十五日

晨六时十五分起床，七时十五分看电视，八时早餐。蓉上午十一时和琪去杭，八时回来。晚看电视。九时息，十时寝。

十二月十六日

晨六时三十分起床，八时早餐，八时三十分看报札。小雨。晚看电视。八时五十分寝。

十二月十七日

晨六时三十分起床，七时三十分看报札，八时早餐。晚看电视。九时息，十时寝。

十二月十八日

晨六时二十分起床，七时二十分看报札，八时早餐。晚看电视。九时息，我十时寝。

十二月十九日

晨六时起床，七时看报札，八时早餐。晨雾，冷。晚看电视。九时息，十时寝。

十二月二十日

晨六时十分起床，七时三十分看报札，八时早餐。晚看电视。九时息，十时寝。

十二月二十一日

晨六时起床，七时三十分看报札，八时早餐。晚看电视。十时息，十时四十分寝。

十二月二十二日

晨六时三十分起床，七时三十分看报札。八时早餐。今晨有雾。晚看电视。九时息，十时寝。

十二月二十三日

陈六时起床，七时三十分看报札。八时早餐。下午二时洗浴。晚看电视新闻。十时息，十时四十分寝。

十二月二十四日

晨六时起床，七时三十分看报，八时早餐。晚看电视。晚看电视。九时息，十时寝。

十二月二十五日

晨六时起床，七时二十分看报札，八时早餐。晚看电视。九时息，十时寝。今日上午九时停电，十一时后通。

十二月二十六日

晨六时起床，七时三十分看报札，八时早餐。晚看电视。九时息，十时寝。

十二月二十七日

晨六时起床，七时二十分看报，八时早餐。七时五十分看报札。晚看电视。九时十分息，十时寝。

十二月二十八日

六时三十分起床，七时三十分早餐，八时看报，扎报。十时政来即去。晚看电视。九时三十分息，十时十分寝。

十二月二十九日

晨六时十分汽车，七时十分看报札，八时早餐。晚看电视。九时息，十时寝。

十二月三十日

晨七时起床，八时早餐，八时三十分看报札。玄去虎山取件。

一九九六年

一月一日

元旦，星期一，旧历乙亥年十一月十一日。晨六时起，七时五十分早餐，八时十分看报、札报、写信。中午吃馄饨、荠菜面。

一月二日

晨六时起床。

一月三日

晨。

一月四日

晨。

一月五日

晨六时起床，星期五，旧历乙亥年十一月十五日。猪年，八时早餐。

一月六日

晨。

一月七日

今日星期日。晨六时起床，七时看报札，八时早餐。

一月八日

晨六时起床，七时看报札，八时早餐。早上地湿，有小雨。七时日出。

一月九日

晨六时起床，七时看报札，七时三十分早餐。

一月十日

晨六时十分起床，七时二十分看报札，七时四十分早餐。

一月十一日

七时起床，八时二十分早餐，九时看报札。下午一时三十分政来说他爸去杭，下午二时来允处转。又[中]二点十五分到，二时三十分回新。我二时五十分午睡。晚电视。明多云，2—7[摄氏]度。

一月十二日

晨六时起床，七时看报，八时十五分早餐。

一月十三日

六时起床，七时三十分看报札记。七时四十五分早餐。

一月十四日

晨六时起床，七时五十分早餐，八时三十分蓉陪我理发，十时回来看报、札[记]，小雨。

一月十五日

晨。

一月十六日

晨。

一月十七日

我八时二十分息，九时寝。

一月十八日

晨六时起床，见有雪。自去年至今第一次下雪。我八时息，九时寝。允五时五十分去，七时三十五分回来，因车坏迟到，其他已在吃了。

一月十九日

晨六时四十分起床，七时四十分早餐，八时十分看报札。晚看电视。八时息，九时寝。

一月二十日

起床六时二十分，有雾，八时早餐，八时三十分看报札。

一月二十一日

晨六时起床，七时四十分早餐。下午三时多项敏来，晚七时三十分敏、政来，八时五十分回去。

一月二十二日

晨六时三十分起床，八时早餐，八时三十分看报札。上午九时庚来，九时三十分敏来，十时三十分回新登。

一月二十三日

晨六时三十分起床，七时三十分看报札。八时早餐，与玄［谈］富市情况。八时三十分停电。我八时息，九时寝。

一月二十四日

晨六时三十分起床，七时三十分早餐，八时看报札。下午三时三十分去买零物，四时三十分回来。邢质斌，张宏民，杨丹。明阴［有］小雨、雪，0—5［摄氏］度。

一月二十五日

晨六时起床，七时三十分看报札。八时四十分早餐。昨晚第二次下雪，屋顶树头白铁杆，雪融积水。

一月二十六日

晨六时三十分起，七时四十分看报札，八时二十分早餐。晚九时息，十时寝。

一月二十七日

晨六时起床，八时早餐，八时三十分看报札。

一月二十八日

晨六时三十分起床，八时早餐，八时三十分看报札。下午四时又中来，我身份证、印章、稿件、合同未交，放在又中处，我已关照他某些问题。允中在座，知悉又中四时三十分回新。下午十二时三十分新登应乃武来，想来推销新登运动鞋，过去来推销过。允中、蓉君不在家，我说现沿街鞋店、鞋摊多是，走弄串巷的个人叫卖人没有生意，坐谈半小时回去（说是带便来问问）。

一月二十九日

晨六时三十分起床，八点早餐，八时三十分看报札，八时五十分玄、蓉去杭。下午四时四十五分回来。九时寝。

一月三十日

晨六时起床，八时二十分早餐，八时四十分看报札。今日旧历是 12 月 11 日，星期二。

二月一日

星期四，旧历十二月十三日。晨六时三十分起床。八时十分早餐。八时三十分看报札。

二月二日

晨六时三十分起床。八时早餐。八时三十分看报。八时十五分又中来富开会。八时三十分去报到开会，十二时来，一时回新。

二月三日

晨六时三十分起床，七时五十分早餐，八时三十分看报札。孚中上午十时来电话，知他学习已回来。八时息，九时三十分寝。

二月四日

晨六时起床，八时早餐，八时三十分看报札。上午十时富阳工商联、新登百货商店章琴玉、朱红珍来贺春节，［新登百货商店］送来精油大瓶、白糖十斤、味精两斤。工商联送来荔枝一袋、参一枚。［分别］坐一小时和一小时多点。留吃便饭，他们坚辞谢谢。送到楼梯边，托小章向经理、同事致谢，不能回拜，请谅。

二月五日

晨六时起床，八时早餐，八时三十分看报札。十一时四十五分洗浴，十二时十五分毕。统战部副部长来贺春节并送来精菜油、白糖。坐谈四十分钟离去，送至楼梯边。

二月六日

空白。

二月七日

晨六时二十分起床，七时五十分早餐，八时三十分看报札。上午八时三十分政协郎仕天、叶振宇来贺年，送来苹果一箱(券)。九时四十五分回去。晚看电视。

二月八日

晨六时起床，八时早餐，八时三十分看报札，有小雨。

二月九日

晨六时二十分起床，八时十分早餐，八时四十分看报札。下午十二时三十分去大街走一回，一时三十分回来。

二月十日

晨六时二十分起床，七时五十分早餐，八时看报札。十一时项政、嘉禾来，在此午餐，一时三十分回去。我一时四十五分去车站饭店，买茶杯六只，走北门回来，走过了头。路高高低低，不好走，跌倒了，幸遇王加木来扶我。我说，让我坐坐，休息一下，麻烦你叫一辆人力车拉我回去，很快。我说，不能跑，坐一下休息休息，麻烦你叫一部人力车回去。他问[我家人]电话号码，我说这时他们都不在家，打电话也没有用。后来他叫来人力车，陪我到宿舍。项莹正在门前陪欢欢学自行车。我付车资，他说不要。我说，照章二元，给你三元，还要谢谢你。项莹陪他上楼，请他吃杯茶。蓉君下楼来陪我。我说，我能，你去泡杯茶请客人。等我上楼，项莹已削了苹果。王加木同志是富阳市太平无机化工厂事务主办。我上楼对他说，现在到处有好人，没事。他在对允中说经过。允中说："爸爸，你去休息，我再陪客人谈谈。"我拿出纸笔，请他留名。他拿出名片给[我]，知他名字。我去拿出一条纸头，写了项墨庄三个字。我还略看报纸大标题再休息。我手里拿了五份报。我说这份《联谊报》是富阳市政协会给我看的。我四时休息，五时起，五时三十分晚餐，胃口如常，吃得有味。

二月十一日

晨六时二十分起床，七时五十分早餐，八时三十分看报札。上午八时三十分庚来，买优惠年节物。九时十分买。允八时四十分去虎山。庚下午一时回新。晚看电视。我八时息，九时二十分寝。

二月十二日

晨六时起床，八时早餐，八时三十分看报札。晚看电视。我八时息，九时二十分寝。

二月十三日

晨六时起床，窗前月当头。八时十五分早餐，八时四十五分看报札。我八时息，九时十分寝。

二月十四日

晨六时起床，八时十分早餐，八时四十分看报札。晚看电视。我八时息，九时十分寝。

二月十五日

晨六时四十分玄说他去杭州，泡饭已烧好，中饭蓉君知道。我六时五十分起床，七时五十分早餐，八时十分蓉回来。八时五十分看报札。晚看电视。八时息。九时三十分寝。

二月十六日

晨六时起床，八时十分早餐，九时看报札。又中上午十时三十分来，给我带来大小手提箱3只，中百茶杯4只。十一时十五分去项政处。晚六时三十分黄小成来，送来桂荔，谈到七时回去。七时十五分看电视。八时息，九时三十分寝。

二月十七日

晨六时三十分起床，小雨。七时三十分早餐，九时三十分看报札。

二月十八日

旧历十二月三十日，乙亥年，除夕。晚允中、蓉、志忠、项莹、欢欢、我六人吃年夜饭。

二月十九日

旧历丙子年正月初一日，春节，星期一。上午八时爵来电，和爵、中君互问新年好。十一时长育来电话，互说新年好。十一时一刻，三泰来电互道新年好。晚六时五十分湘来电谈，蒋珈亦通话。七时零五分我看电话，玄、蓉再谈。晚六时允中、蓉君和项莹、琪、琳三小家庭、我共12人欢叙(聚)年夜饭。他们先吃饮料或酒，我到五时三十分吃饭菜时再同吃。小蒋忙到六点才来吃。晚七时零五分我看电视。我看到九时息，十时二十分寝。

二月二十日

晨六时三十分起床，七时四十分早餐，十时开太阳。十时允说澂来电，等我接方中电话。今晚三人晚餐。七时看新闻。我看晚会至九时三十分息，十时十分寝。

二月二十一日(初三)

晨七时十五分起床，八时十五分早餐，九时四十五分看报札。玄说昨晚彦章来电，定初六和静铮、湘、澂同来富阳。

二月二十二日

初四，上午小雪。晨七时起床，八时早餐，

九时看报札。九时陈玉娟来电话，九时十分来拜年，送来桂圆、荔枝，谈五十分回去。今日三次大便，二次好，第三次溏薄。晚吃蒸蛋，饭一平碗。晚八时电视不看。玄给我汤婆子暖脚，很好。

二月二十三日

晨七时起床，八时二十分早餐。玄说昨晚气候0—3［摄氏］度，小雨兼小雪。八时下小雪。

二月二十四日

晨七时起床，八时早餐，九时翊澂、邱静铮、蒋彦章、喻桂珍到。十时他们去鹳山看雪景拍照回来。十二时三十分午餐。我们分别在室内拍了照。下午二时他们去项政家玩。至四时，［章、珍］他俩回杭。六时我们吃晚饭，莹一家、允、我们、澂、铮共7人吃晚饭。我八时寝。

二月二十五日

晨七时起床，八时早餐。九时三十分澂、铮去项莹家。上午又中、我、允中谈。十二时三十分午餐。饭后又中去政处，二时回新。晚看电视。八时息，九时三十分寝。

二月二十六日

晨七时三十分起床，八时三十分早餐。客来，谈至九时三十分，他们回去。我们五人谈各人经历，至十一时。琳、勇、珍三人十时来，十一时回去。我们十二时三十分午餐。

二月二十七日

晨七时四十分起床，八时二十分早餐。九时和澂个人谈话至十一时息。十二时午餐。十二时四十分，允送澂、铮上车去杭。允回来说，澂、铮乘一时车去杭。二时四十分彦章来电话，说澂、铮已到杭。晚看电视。明阴，0—9［摄氏］度。七时三十分息，休息，九时三十分寝。

二月二十八日

霜露白。晨六时四十分起床，八时二十分早餐，八时三十分看报札。

三月一日

晨六时三十分起。

三月二日

晨六时二十分起床，七时四十分早餐，和允中闲谈。十一时看报札。我打电话给澂："你和铮来，意义重大，还我钞票，我知你们用意，决定丢掉包袱。大家若无其事。因你俩，我知道为我而来。没有得到你平安到沪，故特电询问，这样才放心。"晚六时三十分允中代我去给黄小成回年，约三刻钟回来。我临睡，允说大姊有信来。我前札［信］她，回送介清礼，介已收，别话没有。我到明日再问详情。晚看电视。八时三十分我息，九时三十分寝。

三月三日

晨七时起床，八时早餐，九时和允中闲谈，并给他一点零款。十一时休息一小时，十二时我三人午餐。下午二时正拟午睡，蓉君说，爸爸未睡，你们坐一坐。我即去和黄后成、黄小成闲谈，到四时他俩回去。我四时三十分午睡，五时二十分起床后，成说相册借去看看，我即应允(是允中的一本)，去时没有拿(没借)。晚看电视新闻。八时息，九时二十分寝。

三月四日

晨七时起床，八时二十分早餐，九点看报札。

三月五日

阴［转］晴。晨六时三十分起床，八时二十分早餐。上午八时四十五分看电视，开幕式十时五十分毕。十二时午餐。晚看电视。八时五十分息，九时二十分寝。

三月六日

晨六时十分起，七时三十分早餐。允去给欢起床洗漱，感冒，不去学校。八时三十分看报札。晚看电视。

三月七日

阴。晨四时后有电话声。允接，即起床。大约五时与蓉同出门。我在床上按摩活动。大约六时我起床，衣着好，开灯正六时。七时吃了一小碗牛奶。七时五十分允回来，知蓉去杭(大约四时后到来)。下午三时玉娟来，允三时十五分回，三人共谈。娟到四时回去。我房内看报、看信。我五时去厨房。我说，蓉，你回来啦。她说，早已回来。晚看电视。八时我息，九时二十分寝。

三月八日

晨六时三十分起床，七时三十分早餐，八时看报札。下小雨。晚看电视。八时三十分息，九时五十分寝。

三月九日

晨六时二十分起床，七时三十分早餐，八时二十分看报札。晚七时政、夏、嘉来，八时回去，照片加透明膜。晚看电视。我八时十五分息，九时四十五分寝。

三月十日

晨六时起床，七时三十分看报札。八时三十分早餐。上午十时三十分允中去新登看望长育、元将，遇天成。后成、天成、五峰，由庚儿去[看望]。允下午五时三十分回到家。晚看电视。我八时三十分息，九时五十分寝。

三月十一日

晨六时起床，八时看报札，八时二十分早餐。晚看电视。我八时二十分息，九时四十分寝。

三月十二日

晨六时十分起床，七时四十分看报札。八时十分早餐，续看报。晚看电视。八时十分息，九时五十分寝。

三月十三日

晨六时起床，七时三十分看报札，八时十分早餐，八时四十分看报。晚看电视。八时零五分息，九时三十分寝。

三月十四日

晨六时起床，六时十分下雨，七时二十分看报札，七时四十分早餐，八时十五分续看报札。“八五”报道各组领导代表发言，讨论监察、法院报告。晚看电视。我八时息，九时三十分寝。

三月十五日

晨六时起床，七时早餐，八时看报札。晚看电视。八时息，九时二十分寝。

三月十六日

晨六时起床，七时三十分早餐，九时十分看报札，写信。上午十时孚中来电话，知他已到上海。晚看电视。

三月十七日

晨六时起床，七时三十分早餐，八时看报札。十时汝霞抱嘉嘉来。十时十分项政来。允中去车站接孚中，一时到，坐谈至一时三十分。我拟午睡，元将妻念慈来。政先回去烧午饭。汝霞二时抱嘉回政处，说下午回新。念慈二时三十分回去。我午睡，四时三十分起床。晚看电视。八时息，我九时四十分寝。

三月十八日

六时二十分起，七时五十分早餐，八时三十分看报札。

三月十九日

晨六时起床，八时早餐，九时看报札。晚看电视。明多云[转]小雨，3—8[摄氏]度。我八时息。政、夏、嘉八时二十分回去。我九时二十分寝。

三月二十日

晨六时起床，七时早餐，七时十五分，允中陪孚中去车站回沪，他乘七时三十分车，下午一时三十分到沪澂家。晚看电视。我八时息，九时三十分寝。

三月二十一日

小雨，晨六时起床，八时早餐，八时三十分看报札。晚我八时息，九时四十分寝。

三月二十二日

晨六时起床，八时早餐，九时看报札。白鱼今日蓉买到。允八时五十分即去新登送白鱼去，十二时三十分回来吃中饭(我、蓉十一时三十分吃)。晚看电视。八时二十分我息，九时四十分寝。

三月二十三日

晨六时起床，七时三十分早餐，八时看报札。晚看电视。我八时三十分息，九时四十分寝。

三月二十四日

晨六时三十分起，七时三十分早餐，八时三十分看报札。庚九时三十分来，十一时去政家。下午一时庚、政、夏、嘉来。庚一时三十分回新。我二时午睡，政、夏、嘉二时多回去。晚看电视。

三月二十五日

小雨。晨六时十五分起床，八时早餐，七时

三十分看报札。晚看电视。

三月二十六日

晨六时起床，七时二十分早餐，七时五十分看报札。

三月二十七日

晨六时起床，七时三十分早餐，八时看报札。

三月二十八日

六时二十分起床，七时三十分早餐，八时四十分看报札。晚看电视。

三月二十九日

晨六时起床，允说小林昨晚十时十分到来，在上海开会，今日休，来富转。小林六时三十分起床，对我说，今天休息，来富转，明天继续开会，参观。七时三十分早餐，八时看报札。

三月三十日

晨六时起床，七时三十分早餐。蓉君上午乘八时三十分车宜兴。回电十二时三十分到宜兴。上午八时三十分去理发，十一时三十分回来，下午一时三十分洗浴，二时三十分午睡，四时三十分起床。

三月三十一日

晨六时起床，七时小方来带笑笑去扫墓。七时三十分早餐。八时整理。十时核月收支。

四月一日

星期一，旧历二月十四日。晨六时起床，七时三十分早餐，八点看报、整理、札报。

四月二日

晨六时十分起床。晚看电视。八时息，九时二十分寝。

四月三日

晨六时起床，晴，七时四十分看报札。七时五十分早餐。晚看电视。

四月四日

晴。今日清明节。晨五时五十分起床，七时二十分早餐，八时二十分看报札。晚看电视。八时息，九时三十分寝。

四月五日

晨五时五十分起床，七时十分看报，写作，七时五十分早餐。今日上午八时停电，换电杆，加线路。下午六时三十分电来。

四月六日

晨五时五十分起床，七时二十分早餐，九时三十分看报札。今日中午洗浴。二至四时午睡。雄飞来看我，允中接待，没有叫醒我，抱歉。下午五时四十分小林来电话，说他已回到武汉。晚看电视。我八时三十分息，十时三十分寝。

四月七日

星期日。晨五时五十分起床，七时三十分看报札，七时十分早餐。八时续看报札。

四月八日

小雨。晨六时二十分起床。七时二十分早餐，八时二十分允中去邮局，取在中信和照片。八时看报札。

四月九日

晨六时起床，七时三十分早餐，八时三十分看报札。晚看电视。

四月十日

风，小雨。晨五时四十分起床，七时早餐。十时看报札。十一时午餐。项政晚七时来，拿来《陈香梅文集》，九时回去。嘉嘉随公公去夏家。上午八时开灯无电，十二时开灯，电来(何时来，不知悉)。晚看电视。我八时息，十时寝。

四月十一日

晴。晨五时我起，七时早餐，七时五十分允中去接蓉君。八时三十分看报札，写信。中午项琪做午餐，十一时吃。允中、项琳去杭接蓉君，下午一时到。我二时午睡。

四月十二日

阴。晨五时四十分起床，六时五十分早餐。九时看报札，写信。七时允中偕项琪、亦超、项琳、珍雨去新登，同又中等去黄山岭扫墓。下午三时回来。项敏下午三时来，四时回新。晚看电视，。八时息，九时四十分寝。

四月十三日

阴。晨五时四十五分起床，七时四十分看报札，八时十分早餐。九时政陪她外婆和嘉嘉来，十时回政处吃饭。我八时息，九时四十分寝。

四月十四日

小雨。晨五时四十分起床，七时二十分早餐。八点看报札。晚看电视。八点息，九时四十分寝。

四月十五日

晨六点起床，七时四十分早餐，八时看报札。晚，我八时息，九时四十分寝。

四月十六日

晴。晨五时四十分起床，七时二十分早餐，八时看报札。晚，我八时息，九时四十分寝。

四月十七日

晴。晨五时四十五分起床，七时十分看报札，七时四十分早餐，八时看报札。晚看电视。八时息，九时四十分寝。

四月十八日

晴。晨五时四十分起床，七时二十分早餐，七时五十分看报札。

四月十九日

阴[有]小雨。晨五时五十分起，七时十分早餐，八时三十分看报札。

四月二十日

农历三月初三日。晨五时三十分起床，七时早餐。晚看电视。我八时三十分息，九时五十分寝。

四月二十一日

晨六时二十分起床，七时三十分早餐，八点看报札。蓉君她去晨练队，六时出门去杭州训练，下午六时十五分到家，六时三十分晚餐。

四月二十二日

晨六时起床，七时十分早餐。八时看报札。玄、蓉八时五十分去杭，中餐琪做。玄下午四时前到。政、夏晚七时来，八时回去。晚看电视。

四月二十三日

晨五时四十分起床，七时十五分洗整毕，休息十五分[钟]，七时三十分写作。八时早餐，整报出售。晚看电视。八时息，九时四十分寝。

四月二十四日

晴。五时三十分起床，七时早餐，八时十分写作。晚看电视。八时息，九时四十分寝。

四月二十五日

晴。晨五时四十分起床，七时四十分早餐，八时二十分看报札。上午看从[新登书橱]带来的物品。晚七时政、夏来，八时回去。晚看电视。八时我息，九时四十分寝。今晚不用热水温脚。

四月二十六日

晴。晨六时三十分起，七时二十分早餐，九时札报、看报等。下午四时庚、圣凯来，四时五十分回新。晚看电视。八时息，九时四十分寝。

四月二十七日

晨五时四十分起床，七时二十分看报札。晚六时五十分项政、嘉嘉、小夏来，七时五十分回去。晚看电视。我八时息，洗浴。九时四十分寝。

四月二十八日

星期日。五时五十分起床，七时二十分早餐，八时写作。七时五十分玄对我说，昨晚大哥来电话说和项卓30日来富阳，项捷30日到杭州开会，如会散后有时间，来富转转，没时间不来了，因“五一”上海要开会。晚看电视。八时息，九时四十分寝。

四月二十九日

晨五时五十分起床，七时二十分早餐，八时三十分看报札。晚看电视。八时息，九时四十分寝。

四月三十日

晨五时三十分起床，七时四十分早餐，八时二十分开始抄写。下午一时三十分允中去新客站接方中、项卓，而方中、项卓于一点五十五分已到允中宿舍。等到十二时四十分打电话来问，项卓接说已到宿舍。我三时三十分起来，与方中谈谈。六时吃晚饭。七时看电视，《新闻联播》。八时息，九时四十分寝。

五月一日

晨五时三十分起床，蓉、允中、方中已去鹳山。七时允中、方中回。七时三十分早餐，十时项捷从杭州来。十时三十分政、小夏、琳、石勇、珍珍来，十一时回去。一时五十分汝霞、凯凯、小张、项炜来，二时项捷、卓离富去杭。捷继续开会至5月3日上午，3日下午和她爸爸一同回沪。二时后我午睡。霞和小张何时去，未知。张拿来香蕉、苹果一袋放在我寝室，随身小手包取去，水果放下。我要允中分食。晚看电视。八时息，九时四十分寝。十二时起来小便，跌了一跤。允中、蓉君即来扶我，方中亦起来。我休息二十分钟，没事，要他们去休息。我一晚安好。

五月二日

晨六时二十分起床，七时二十分早餐。八时二十分，允中说：今天我同大哥方中要对爸爸讲话。谈了一小时，我说好，休息时候到了，休息后再谈吧。十一时三人又谈一小时。十二时吃午饭。又谈了四十五分钟。二时午睡，四时起床，看报纲要。政、小夏七时十分来，七时五十分回去。晚看电视。我八时息，九时四十分寝。

五月三日

晨五时五十分起床，七点三十分早餐，八时看报札。九时和方中谈四十五分钟。十二时吃中饭。下午再和方中谈四十五分钟。二时十分我到外间坐了十五分钟。允中陪方中二时二十五分出门。允中下午六时整回到家。晚看电视。我八时息，九时四十分寝。

五月四月

六时二十分起床，七时三十分早餐。八时与允中闲谈半小时。十时看报札。下午五时三泰来电话说照片收到，说行走不便，要去看医生，有病要治，说俊生不肯吃药治病，[听]他的劝说，今吃药治病，已完全愈好，云云。晚看电视。我八时十四分息，九时四十分寝。

五月五日

星期日，农历三月十八日。今日立夏。晨我五时三十分起床，六时四十分早餐。七时十五分蓉君和项莹、欢欢乘九时五十分快车去北京游览。允中、小蒋送到杭州上车。琪十一时来烧中餐。允中十一时十分到家。十一时四十分吃面。下午一时三十分洗浴，三时午睡，四时起床，五时看报。政、夏、嘉七时十分来，八时回去。晚看电视。八时息，九时四十分寝。

五月六日

晨五时四十分起床，七时二十分看报札，七时四十五分早餐。晚看电视。九时零五分息，十时二十分寝。

五月七日

阴[有]小雨。晨五时四十分起床，七时二十分早餐，九时三十分看报札。晚看电视。八时息，九时四十分寝。

五月八日

五时三十分起床，六时三十分吃早餐，七时二十分看报札。晚政、嘉七时来，八时回去。昨晚我打电话给庚，问他腰疼，他说好了。我说病要医，病要治。我问上海大嫂今年阳历5月16是她70岁生日，知道吗？不知道。92年，你们大哥70岁，都有表示，我未去。故要带钱去给你大哥。你大哥来，我对他说这是对你们俩70岁双庆祝贺。晚看电视。八点息，九时四十分寝。

五月九日

晨五时五十分起床，六时五十分开始写信，六时五十分早餐，七时三十分写作。晚看电视。我八时息，九时四十分寝。

五月十日

晨五时三十分起，六时四十分开始看信和写信。七时十分早餐，七时三十分继续看信写信。晚看电视。八时十分息，九时四十分寝。

五月十一日

阴。晨五时三十分起床，七时二十分开始写、札、看。八时早餐，八时三十分继续看写。庚上午十时来，十一时去政处，下午五时零五分来，五时二十分回新登。晚看电视。我八时息。九时四十分寝。

五月十二日

五时三十分起床，七时开始看信、写信。早餐八时。七时十分理发。九时三十分续写看。晚看电视。我八时息，九时四十分寝。

五月十三日

晨五时三十分起床，六时五十分开始作看、写。七时早餐，七时三十分续写札。晚看电视。八时息，九时四十分寝。

五月十四日

晨五时三十分起床，七时开始看札写。七时十分早餐，七时三十分开始看、札、写。晚看电视，八时息，九时四十分寝。

五月十五日

阴。晨五时三十分起床，六时四十分开始作看写。七时早餐，八时续看写。晚看电视。我八时息，九时二十分寝。

五月十六日

今日翌中七十岁生日。我晨五时三十分起床。七时早餐，八时开始看、写工作。晚看电视。八时息，九时四十分寝。

五月十七日

晨五时三十分起床，七时早餐，八时十分开始看信、写信。晚七时小夏、嘉嘉来，八时回去。晚看电视。

五月十八日

晨五时三十分起床，七时二十分开始看信、写信。七时四十分早餐，八时续看、写。下午二时十五分蓉、莹、欢由小蒋去杭接，顺利到家。晚看电视。八时息，九时四十分寝。

五月十九日

今日星期日，阴。晨五时五十分起床，六时三十分开始看、写，七时早餐，八时续看、写。晚看电视。八时息，九时四十分寝。

五月二十日

晴。晨五时三十分起床，七时开始看、写。七时二十分早餐，八时续看、写。晚看电视。八时息，九时四十分寝。

五月二十一日

晴。晨五时四十分起床，六时五十分开始作看、写。七时十五分早餐，续写、看。晚看电视。

五月二十二日

晴。晨五时三十分起床，七时开始看报、写信。七时二十分早餐，七时五十分看报、写信。晚看电视。八时息，九时四十分寝。

五月二十三日

晴。晨五时三十分起床，六时三十分开始看、写。八时息，九时四十分寝。晚看电视。

五月二十四日

晨五时三十分起床，七时早餐，八时开始作看、写。晚看电视 。我八时十八分息，九时四十分寝。

五月二十五日

晨五时三十分起床，六时五十分早餐，七时二十分开始看、写。上午十时政、霞、嘉、凯来，十一时回政处。晚看电视。八时十五分息，九时四十分寝。

五月二十六日

阴。五时二十分起床，七时开始看、写，七时二十分早餐，八时五十分续作。十时熊飞来看我，闲谈十一时回去。今晨起来看到第一朵广玉兰开放。晚看电视。八时息，九时四十分寝。

五月二十七日

阴。晨五时三十分起床，七时开始看、写，七时四十分早餐，八时二十分续作。庚上午九时到，说通知上午开会去报到，说是下午开会。故午饭后二时去开会。下午四时来，四时三十分回新。谈起5月24日《联谊报》，报道新登科技兴镇马弓村的肉兔养殖武某即武长兴，月梅的儿子，他们四弟兄，大哥玉谦现在在杭州，还有两个也在新登。晚看电视。八时息，我九时十分寝。

五月二十八日

晨五时四十分起床，七时开始看、写。七时十分早餐，七时三十分续看、写。晚看电视。八时息，九时四十分寝。

五月二十九日

晨五时三十分起床，七时开始看、写，七时二十分早餐，八时续看、写。晚看电视。八时息，九时四十分寝。

五月三十日

晨五时三十分起床，七时作看、写，七时三十分早餐，八时续看、写。晚看电视。我八时息，九时四十分寝。

五月三十一日

晨五时二十分起床，六时三十分作看、写。广玉兰盛开。晚看电视。我八时二十分息，九时二十分寝。

六月一日

晨六时十五分起床，七时三十分开始看、写。七时四十分早餐，八时续看、写。下午三时四十分起来。允中说他送木马给嘉嘉。三哥将铁油桶及零物带来，即整理。五时允中即做晚饭，我看报。晚看电视。八时息，我九时四十分寝。

六月二日

星期日。五时三十分起床，七时开始看、读写工作。七时四十分早餐，八时续看、读、写。晚八时息，九时四十分寝。

六月三日

晨五时二十五分起床，七点开始看、写。小雨。七时三十分早餐，八点续看、写。晚看电视。八时息，九时四十分寝。

六月四日

小雨。晨五时三十分起床，六时三十分早餐，七时三十分开始看、写。晚看电视。八时息，九时二十分寝。

六月五日

晨五时三十分起床，七时早餐，八时三十分开始看、抄工作。晚看电视。八时息，九时四十分寝。

六月六日

五时三十分起床，七时开始看札，七时十五分早餐，七时四十五分续看。政、夏、嘉晚七时来，八时二十分回去。晚看电视。八时息，十时寝。

六月七日

晨五时三十分起床，七时二十分早餐，八时开始看报，抄写。晚看电视。八时二十分息，九时四十分寝。

六月八日

晨五时三十分起床，六时五十分开始看报、写信。七时三十分早餐，八时续。晚看电视。八时息，九时四十分寝。

六月九日

晨五时二十分起床，七时二十分开始看写作，七时四十分早餐，八时续。晚看电视。八时息，九时四十分寝。

六月十日

晨五时二十分起床，七时看写札，七时三十分早餐。晚看电视。八时息，九时四十分寝。

六月十一日

晨五时二十五分起床，七时十五分开始看札，七时三十分早餐，八时续[札]。今晚没有看电视，两个小孩都回家。我看报至八时十五分，洗脚，九时二十分寝。

六月十二日

晨五时二十分起床，七时十分开始看、扎、写。七时三十分早餐。晚七时十分汝霞、项炜来，八时十分回去。晚看电视。八时息，九时四十分寝。

六月十三日

晨五时十分起床，七时十五分开始看、写、作。晚看电视。八时息，九时四十分寝。

六月十四日

晨五时二十分起床，七时开始看札抄。曹一顺、曹煦煦等三人下午三时三十分来，四时十分回去，乙润送来花旗参罐。

六月十五日

晨五时二十分起床，七时开始作看札抄。

六月十六日

晨五时二十分起床，六时五十分开始看、札、抄工作。上午十时政、夏、嘉来，十一时回去。知政胃出血，医院住六天。晚看电视。八时息，我九时三十分寝。

六月十七日

晴。晨五时二十分起床，七时二十分开始看、札、抄。七时四十分早餐。晚看电视。八时息，九时四十分寝。

六月十八日

晨五时二十分起床，七时三十分早餐。八时开始看、札、抄。晚看电视。

六月十九日

晨五时二十分起床，六时五十分开始看、抄。七时理发。袁森泉和夫人上午十时四十分到，十一点原车去杭。

六月二十日

晨五时五十分起床，七时早餐，七时三十分开始看抄札事。

六月二十一

晨五时二十五分起床，七时十分开始看、抄、札，七时二十分早餐。七时四十五分续看、抄、札。

六月二十二日

晨五时三十分起床，七时十五分开始看、札、写。七时三十分早餐，八时三十分续看、抄、札。晚看电视。八时息，九时四十分寝。

六月二十三日

晴。晨五时二十分起床，七时三十分早餐，八时三十分开始看、抄、札。上午九时许，五峰、桂雪华夫妇来。十时四十五分去曹季敏吃中饭，送来水蜜桃、鲜荔枝。晚看电视。八时息，九时四十分寝。

六月二十四日

晨五时二十分起床，七时三十分早餐，八时三十分看报、摘抄。晚看电视。八时息，九时四十分寝。玄晚归。

六月二十五日

小雨。晨五时二十分起床，七时四十分早餐，八点二十分开始看、抄、札。

六月二十六日

晨五时二十分起，七时二十分早餐，八时开始看、札、抄。下午七时十分庚送身份证、印章来。因武汉有挂号件来，允中去电话，他才送来，知退休金每月增27元。因肩左手提不高，有病，今晚电视不看，躺休息至八时，洗脚，九时十分寝。

六月二十七日

五时三十分起床，六时三十分洗面，折被。七时三十分早餐。允中八时三十分去邮局，九时款取来。晚躺着休息，至八时洗面、洗脚。九时三十分寝。

六月二十八日

六时起床，七时三十分早餐，八时四十分开始看抄札。下午三时停水，五时三十分来，七时电停，八时来。躺休息。八时洗面、脚。九时三十分寝。

六月二十九日

晨五时二十分起床。天泛海大红。六时转阴。今日温度24—35［摄氏］度。七时三十分早餐。八时三十分开始写抄札。项政晚七时十分来，小夏、嘉嘉八时回去。晚七时躺着休息。八时洗面、洗脚毕。九时二十分寝。

六月三十日

晨五时二十分起床。昨晚睡得不好，多次醒来，不能入睡。昨晚有小雨，晨亦同。

七月一日

晨五时二十分起床，七时早餐，八时开始看抄录。有小雨。晚七时看电视，《新闻联播》。我七时五十分息，九时五十分寝。

七月二日

晨五时三十分起床，七时三十分早餐，八时三十分开始看札抄。小雨。

七月三日

晨五时三十分起床，七时三十分早餐。八时四十分开始作看札抄。晚看电视。七时四十分息，九时二十分寝。

七月四日

晨五时二十分起床，七时四十分早餐，八时三十分开始看札抄。晚看电视。

七月五日

晨五时二十分起床，七点开始看札抄。七时四十分早餐，八时三十分续［抄札］。晚看电视新闻。八时息，九时四十分寝。

七月六日

晨五时二十分起床，六时五十分洗面毕，七时三十分早餐，八时三十分开始看札抄，左下腿膀1.1市尺，右下腿膀1.25市尺，左脚背0.85市尺，右脚背0.85市尺。今日中午洗浴。晚看电视。八时息，九时四十分寝。

七月七日

晨五时零五分起床，穿洗毕。六时三十分开始看札抄。早餐七时三十分。八时三十分开始看札抄。午睡四时起床，吃西瓜。晚看电视。八时息，九时四十分寝。

七月八日

五时十分起床，七时更衣、洗面等毕，开始看札抄。七时四十分早餐，八时三十分续作。晚看电视。

七月九日

晨五时十分起床，七时四十分开始看札抄事。七时四十分早餐，九时开始整报。政、夏、嘉晚七时二十分来，八时三十分回去。晚看电视。八时息，九时五十分寝。

七月十日

五时十分起床，洗面，整被。七时四十分开始看报、札抄等，七时二十分早餐。

七月十一日

晨五时二十分起床，七点开会看札抄作。七时十分早餐，七时三十分续。晚看电视。

七月十二日

阴[有]小雨。晨五时二十分起床，七时洗面、折被毕，七时三十分早餐。晚看电视。

七月十三日

阴[转]晴。晨五时三十分起床，七时三十分早餐，八时开始看札抄作。晚看电视。我八时三十分息，十时寝。

七月十四日

晨雨五时三十分起，七时洗面、折被毕。七时三十分早餐。又中八时三十分来，九时三十分去政处。晚看电视。八时息，九时四十分寝。

七月十五日

晨五时二十分起床，七时十五分开始看抄札。七时四十分早餐，八时二十分续看，大约七时三十分停电，下午五时三十分来电。晚看电视。

七月十六日

阴，夜雨。晨五时二十分起床，七时三十分开始看札抄工作。七时三十分早餐。晚看电视。八时息，九时四十分寝。

七月十七日

晨五时二十分起床，洗面折被，七时毕，七时三十分早餐。晚看电视。八点息，九时四十分寝。

七月十八日

晨五时二十分起床，洗面、折被毕七时十分。七时三十分早餐。八时三十分何维清在天马帮忙云。金招弟(阿香次女)来，何即去上班。今谈到九时三十分回去，说阿香88岁，尚健。她一月三次去新登看她母亲。子一中在杭州铁路工作。晚看电视。八点息，九时四十分寝。

七月十九日

晨五时二十分起床，七时三十分早餐，八时二十分开始看札抄。晚看电视。八时息，九时四十分寝。

七月二十日

晨五时二十分起床，洗面折被毕六时三十分，七时四十分早餐，八时四十分看奥运会开幕式，至十二时午餐。政、小夏、嘉嘉晚七时十分来，八时四十分回去。晚看电视。八时息，十时寝。

七月二十一日

晨五时二十分起床，七时洗面，折被，七时十分开始看札抄。七时三十分早餐。晚看电视。

七月二十二日

晨五时三十分起床，早事毕。七时十分开始看札抄。七时三十分早餐。

七月二十三日

晨五时三十分起，七时十分早事毕，七时二十分开始看札抄。七时四十分理发，师陈宝庆来理发。八时三十分早餐，九时续看札。晚看电视。八时息，九点四十分寝。

七月二十四日

晨五时二十分起。三时后停电，七时洗[面]、折[被]毕，七时二十分早餐，九时续。晚看电视。

七月二十五日

晨五时二十分起床，洗[面]折[被]毕七时十分，开始看札。七时二十分早餐。晚看电视。八时息，九时四十分寝。

七月二十六日

晨五时二十分起，七时二十分早餐。八时开始看札抄。晚看电视。

七月二十七日

晨五时二十分起，七时毕，开始看札抄，七时十分早餐，八时续看。晚看电视。我八时三十分息，十时十分寝。

七月二十八日

晨五时二十分起床，七时二十分早餐，八时三十分开始看札抄、写作。晚看电视。八时息，九时二十分寝。

七月二十九日

晨五时二十分起床，七点开始看札抄，七时二十分早餐，八时二十分开始看札抄。晚看电视。八时息，九时四十分寝。

七月三十日

晨五时二十分起床，七时二十分毕，七时三十分早餐，八时三十分续看札等。晚看电视。

七月三十一日

晨五时二十分起，七时十分洗[面]、折[被]毕。七时三十分早餐，八点三十分看札抄、写作。

八月一日

晨五时二十分起床，七点开始看札抄。七时三十分早餐。晚看电视。

八月二日

晨五时二十分起床，七时开始看抄札。七时早餐。昨晚吃饭时一郇来电话说她今日到沪，明日来富阳。晚看电视。八时三十分息，十时寝。

八月三日

晨五时二十分起床，七时十分事毕，七时三十分早餐。一郇和项帆下午四时到富。方中委她带来信和丹麦曲奇，潋委她带来款，均收。

八月四日

晨五时二十分起床。蓉君陪一郇、项帆六时三十分离此，去新安江千岛湖游览。七时早餐，八时开始看抄札写。九时三十分袁宝书来谈，十时三十分去，他女儿在小菜市场粮站工作。知智标嫂今年去世，袁仁山去世，艾生发不在了。晚七时十分项炜来，知嘉嘉在新有病。炜八时三十分回去。晚看电视。

八月五日

晨五时二十分起床，七时十分事毕，开始看札抄是七时十分，早餐七时三十分。八时二十分续。蓉君、项莹、欢欢、一郇、项帆下午四时三十分到家。晚七时二十分项政、小夏来，八时三十分回去。晚看电视。八时息，九时五十分寝。

八月六日

晨五时二十分起床，七时二十分毕。七时三十分早餐，八时二十分续。晚看电视。八时息。玄说一郇说拍张照，我说早点说嘛，好照。十时三十分寝。

八月七日

晨五时十分起床，六时三十分开始看扎记。一郇、项帆去鹳山，八时回来。八时三十分一郇、项帆去新登，允中送他们上车。晚看电视。八时息，九时四十分寝。

八月八日

晨五时十五分起床，七时十五分开始看札记。七时二十分早餐，八时二十分续。下午五时三十分晚餐。一郇未到，我问，大概要吃了晚饭来。玄说要明日来。晚看电视。八时息，九时五十分寝。

八月九日

晨五时起床，六时五十分事毕。开始看札。七时三十分早餐，八时三十分续。一郇、项帆九时三十分从新登回来。晚看电视。我八时三十分息，十时寝。

八月十日

晨蓉君陪一郇八时去杭游览，项帆未去。我五时二十分起床，六时四十分开始看抄写。蓉君、一郇下午七时到。我们六时十五分晚餐。晚七时十分看电视。八时息，九时四十分寝。

八月十一日

晨厕电灯亮，到八时起床，灯还是未关。六时五十五分毕。又中给我送退休金来，去看项炜后八时二十分回新。今日取出照片写给一郇、项帆看看。晚看电视。八时息，十时寝。

八月十二日

晨五时二十分起床，六时四十分毕，七时四十分早餐，九时给一郇、项帆看《富阳县志》《新登镇志》和(父六十岁时)征文启示、书画目录、家

［史］记［事］等。下午允中送她们乘三时三十分汽车去杭，今晚赴沪。晚看电视。八时息，九时四十分寝。

八月十三日

晨五时三十分起床，七时毕开始看札。七时二十分早餐，八时二十分续看。允说一郇昨晚九时半来电话，已顺利到沪。晚看电视。八时息，九时五十分寝。

八月十四日

晨五时三十分起床，七点开始看札抄。七时二十分早餐。晚看电视。八时息，九时四十分寝。

八月十五日

晨五时十五分起床，六时四十分事毕，七时三十分早餐。晚汝霞、凯凯、项政、嘉嘉、立忠晚七时十分来，八时三十分回去。晚看电视。七时零五分息，与项政略谈。［她］八时三十分去，［我］十时寝。

八月十六日

五时十五分起床，七时毕，七时三十分早餐。下午四时二十分允中、项莹请医院外科医生陈医师来诊治。诊治开始。晚七时至九时莹给我挂盐水，允中十时，我十一时寝。晚七时在看电视。八时移至卧室。

八月十七日

晨五时二十分起床，七时毕，七时二十分早餐，八时三十分开始看札。下午十二时二十分挂盐水。下午四时毕。五时吃晚饭。今晚休息，搁脚。七时三十分开始洗脚，九时寝。明25—32［摄氏］度，雷阵雨。

八月十八日

晨五时十五分起床，早事毕六时五十分，早餐七时三十分。上午九时三十分挂盐水，十二时毕。章孝仁子清木来，送来二盒金日牌美国西洋参液补品。一再［跟他说］不要送东西不听，如下次再如此，要他带回去。他笑笑点头。上午十时来，下午三时回平畈（据说来售茶叶，每斤20元，在平畈出售云）。晚七时平卧，略看《人民日报》大字。八时开始睡，九时三十分寝。

八月十九日

晨五时十五分起床，七时早事毕。七时十分早餐。饭后挂盐水。下午三时毕。晚项莹又请陈医师（女）来看伤腿，说脚要高搁。晚不看电视。报看半小时息，九时三十分寝。每天饭后服（甲硝唑片）二片，一日三次，共六片。

八月二十日

五时十分起。上午九时五十分挂盐水，十二时毕。晚《新闻联播》停看。七时三十分准备睡，忽停电，八时电来，九时寝。蓉说：明阴，雷雨，25—35［摄氏］度。

八月二十一日

晨五时十分起床，早餐七时二十分。政下午六时五十分来，七点去。上午十一时五十分挂盐水，二时二十分毕。鲜桂圆（第二次吃）。

八月二十二日

晨五时二十分起床，七时三十分早餐。十一时五十分给挂盐水，二时十分毕。晚玄有给我脚上敷药，是北京光明中医院徐荣祥研究发明，创伤研究所（独家）监制生产的药。疗效特点：1. 早期减轻、阻止烧伤烫伤进一步的损伤。2. 止痛、预防和抗感染。3. 促进愈合，一般不留疤痕。4. 无毒副作用，使用方便。这一说明很好，如烧伤面大或其他有疾病，应即去烧伤医院。九时二十分寝。

八月二十三日

晨五时十分起床，早餐七时四十分。昨晚上雨。上午阴，下午晴。下午二时十分莹来挂盐水，四时四十分毕。项毅下午四时到。

八月二十四日

晨五点起床写信。早餐七时四十分。午餐十一时。项毅十二时离此乘车去沪回丹东。下午二时莹来打针，挂盐水。三时十分毕。上午阴，下午晴。明多云，［有］雷雨，23—32［摄氏］度。晚八时息，九时四十分寝。今日又请来医生开中药方。

八月二十五日

阴。晨五时十五分起床。早餐七时四十分。今日服中药。明多云，［有］雷雨，22—33［摄氏］度。

八月二十六日

晨五时三十分起。七点四十分早餐。今日吃中药、鲜荔枝。明日雷雨，25—35［摄氏］度。搁脚，洗脚。九时十分寝。

八月二十七日

晨五时五十分起床。早餐七时四十分。吃中药、鲜荔枝。理发，七时五十分去，八时五十分毕。医师程琅琅［开方子］：七叶一枝花、赤石、川牛雪、地龙、车前草、双宝花、连翘、蒲九芝、生地。明雷雨，25—34［摄氏］度。八时四十分寝。

八月二十八日

晨五时二十分起床。天阴，早餐七时五十分。吃中药、葡萄。晚八时零五分项毅来电说平安到丹东，谢谢。蓉君的大弟（小苟）晚八时来。明雷雨，23—29［摄氏］度。

八月二十九日

晨五时二十分起床，七时三十分早餐。吃中药。今天整日阴，［有］小雨。蓉君大弟今晨八时回去。宜兴至杭州（汽车售票员，47岁）。明日雷雨，22—26［摄氏］度。晚九时二十分寝。

八月三十日

晨五时三十五分起床。七时四十分早餐。天未明，小雨，现阴。明暴雨，22—27［摄氏］度。

八月三十一日

晨五时二十分起床。八点早餐。吃中药。晚天气［预报，明］小雨，20—26［摄氏］度。晚九时二十分寝。

九月一日

晨起床五时二十分。早餐七时四十分。项政、嘉嘉上午十时来，十一时回去。又中、凯凯上午十时来，十二时去政处，下午四时三十分来，五点回新。要又中带给中百医药费的保销。明阴，22—26［摄氏］度。八时二十分息，九时二十分寝。

九月二日

起床五时十分。早餐七时四十分。天阴，十二时三十分日出。蓉告。晚七时三十分项炜进室，与谈半小时。他去政家。我九时三十分寝。明多云，20—25［摄氏］度。

九月三日

晨五时三十分起床，早餐七时四十分。吃中药。允中晨练，遇俊生的女儿雷敏，说她爸爸牙龈涨，不肯去医院，后同意在新登人民医院看了几次，好了。叔叔患心脏病，高血压，影响脑子，去浙一医院治愈已回来。明多云，23—30［摄氏］度。晚九时二十分寝。

九月四日

早时阴［转］多云。晨五时十五分起床。早餐七时三十分。吃中药。十二时日出。明晴，23—30［摄氏］度。九时十五分寝。

九月五日

晨五时十五分起，七时事毕，七时四十分早餐。吃中药。明晴［转］多云，20—32［摄氏］度。晚九时二十分寝。

九月六日

晨五时十五分起床，晴。六时四十五分事毕。早餐七时四十分。今日中药停。吃药片。上午十一时日出。晚七时二十分政、嘉来，八时三十分回去。我一看已八时二十五分，准备寝。八时三十分息灯，不洗牙、足，即寝。允拿热水瓶，问身体好呀。我说过迟，恐不能入眠，说项政明日去新登。明晴［转］多云，22—32［摄氏］度。

九月七日

晨五时二十分起床，阴。六时三十分早事毕。七时三十分早餐。允中说退休工资是加23，不是27，庚听错。中药停。明多云，23—31［摄氏］度。九时二十分寝。

九月八日

晨五时三十分起床，七时事毕。七时四十分早餐。允中为我按摩敷药，八时二十分至九时。搁脚九至十时。中药停，服药片。上午十一时日［光］从床射入。明晴，23—34［摄氏］度。九时四十分寝。

九月九日

晨五时三十分起床，阴。七时事毕。早餐七时四十分。明多云转阴，23—28［摄氏］度。晚七时二十分政、嘉嘉来，交来医药费 825 元（我当即交允中去医院收账），临去小夏进来告别。政八点回去。九时四十分寝。

九月十日

晨五时二十分起床，阴。七点事毕。七时四十分早餐。明多云，23—28［摄氏］度。十时寝。

九月十一日

晨五时二十分起床，七时二十分事毕。七时四十分早餐。九时十分至十时四十分洗浴洗头。明晴［转］多云，23—31［摄氏］度。八时四十分寝。

九月十二日

晨五时二十分起床，阴。七点事毕，七时十分早餐。九时十五分稍作看报等一小时，超时二十分，日出。搁脚一小时。十一时三十分午餐。下午一时午睡，三时起来。明晴［转］多云，24—32［摄氏］度。晚九时四十分寝。

九月十三日

阴。晨五时二十分起床。六时事毕（部分）。六时三十分早餐，欢七时十五分上学。七时四十分事毕。十一时三十分中餐。十二时三十分日出。一点午睡。明多云，24—31［摄氏］度。九时十分寝。

九月十四日

晨五时零五分起床，七时早事毕。早餐七时四十分。八时十分搁脚至九时十分。九时三十分再谒与元将女（桂花商场），十一时二十分，回元将女家。应培仁两个女儿来会他，竑、敏即去。十二时三十分项莹和允来，为我敷药膏。我二时三十分午睡，三时三十分起床。晚餐五时三十分。明多云，24—31［摄氏］度。九时十分寝。日［里］竑送来天麻、杜仲胶丸二盒、芬必得一盒、七厘胶丸一盒。

九月十五日

晨五时十五分起床，阴。早事毕七时，便畅。早餐七点四十分。八时按摩。八时二十分至九时二十分搁脚。九时二十分至十时二十分做点事。下午三时三十分下雷雨。四时二十分雨止。看报五时息。五时四十分晚餐。明雷阵雨，27—31［摄氏］度。九时十分就寝。

九月十六日

晨五时零五分起床。阴（昨夜雨）。早事毕七时整。早餐七时三十分。敷药八时三十分至九时三十分，搁脚九时三十分至十时三十分。十时三十至十一时三十分看报等。十一时四十分午餐。一点三十分午睡。五时三十分晚餐。明气温，多云，24—32［摄氏］度。九时十分寝。

九月十七日

晨五时二十分起床，阴。早事七时毕。早餐七时二十分。中餐十一时三十分，搁脚一小时。午睡下午一时。起床下午三时三十分，搁脚一小时。晚餐五时三十分。项政、嘉嘉于七时二十分来，七时三十分回去。明气温阴［转］晴，24—32［摄氏］度。搁脚一小时多。九时寝。

九月十八日

晴，有日光。晨五时十分床。五时五十分早事毕。六时早餐。七时十分搁脚。允送欢上学。九时四十分看抄等。十时孙玉运来电话我。我即电话问："你们是孙玉运家吗？"七美回答："是。"我问："你们都好呀，我是墨庄，久别了。""大家都好，很好。"十时四十分搁脚。十一时五十分午餐。一时午睡，三时三十分起，三时五十分看报，五时息。五时三十分晚餐，六时五十五分停电。七时零五分电来。明多云，［有］雷雨，23—30［摄氏］度。九时十五分寝。

九月十九日

晨五时四十分起床，阴。七时事毕。七时二十分早餐。八时按摩开始，电停。八时十分洗小腿，敷药。八时四十分搁脚。九时四十分做点写、看、抄，十时四十五分息。十时五十分又开始搁脚，十一时三十分停。十一时三十分午餐，十一时五十分续搁脚。十二时四十五分日照入窗。下午一时午睡，三时起床。用电知有电。三时十五分看报，欲雨，已下过。抄报看报。五时二十分息，继续搁脚。五时三十分晚餐，续看报三十分钟。六时搁脚。七时五十分洗脚。九时二十分寝。明小雨［转］阴，21—28［摄氏］度。

九月二十日

晨五时二十分起，天阴[转]晴。七时早事毕。七点三十分早餐。七时十分搁脚开始。七时二十分万[有]来电话，他和丽明21日来富阳。星期日停一天，星期一回沪。八点搁脚一小时，十时三十分再搁。九点做点看、抄。再谔十时来电话。下午一时午睡，三时起来。三时三十分看报，五时二十分息。五时三十分晚餐，六时搁脚。晚九时二十分寝，月当头在西方。明阴[转]多云，22—27[摄氏]度。

九月二十一日

晨五时十分起床，晴。六时五十分早事毕，日出。七时二十分早餐。八时三十分开始看札等。十时三十分搁脚。十二时午餐。下午一时万和丽到富，谈至二时三十分午睡，四时三十分起来。四时五十分看报，六时晚餐。九时二十分寝。

九月二十二日

晨五时三十分起床，小雨。七时早事毕。七时二十分早餐。七时三十分搁脚。九时至十时三十分与万有、丽明互谈往事。十时四十分至十一时四十分搁脚。十二时午餐。一时三十分午睡，三时三十分起来。政、嘉来，接着又中[来]。又中、允中、翊中、丽明同略谈，大家看报，六时三十分晚餐。八时庚来略谈。他再去和万有、允中谈。我说庚九点半你好去，免政等门。九时三十分寝。

九月二十三日

晨五时十五分起床，庚五时二十五分来，一转即去，六时车回新，七时到上班。早事七时毕。七时五十分早餐。万、丽八点回来。八时十分按摩，八时三十分搁脚。九时又找一些信给万、丽看看。十时太阳射窗入。十一时拍照。十一时三十分午餐。十二时整允中陪万、丽去乘汽车赴杭，乘火车回沪。我下午一时午睡，三时起来。四时看报札。六时三十分晚餐。七时至七时三十分按摩。明多云，18—28[摄氏]度。万、丽八时四十分来电说已顺利到家。九时寝。

九月二十四日

阴。晨五时四十分起床。七时三十分早事毕。七时三十分早餐。八点按摩。八时二十分搁脚。九时二十分做点写、抄。十时二十分搁脚。玄问我今天有没有搁脚，我回说二次。十一时二十分续写作。十一时五十分午饭。下午一点午睡，三点起来。三时三十分看报。四时三十分搁脚。五时三十分晚饭。六时搁脚。七时按摩。七时二十分搁脚。明日多云，18—27[摄氏]度。九时三十五分寝。

九月二十五日

阴。晨五时二十分起床。七时早事毕。六时三十分早餐。六时五十分搁脚。七点欢去上学。九点开始写抄。十时搁脚，日出。十一时续抄写。十二点午饭。十二时三十分午睡。下午三时五十分起床。下午四时二十分看报。五时三十分晚饭。六点搁脚。明日阴天，22—28[摄氏]度。七时四十分开始准备睡。八时四十分寝。

九月二十六日

阴。晨五时十五分起床。七时早事毕。搁脚。七时二十分早餐。七时四十分按摩敷药。九时搁脚。十时做点写、抄。十一时三十分午餐。十二时三十分午睡。下午二时四十分起来，搁脚。三时四十分看报。四时四十分搁脚。五时四十分晚饭。六时五十分按摩搁脚。七时三十分气象预报。明多云，阴，21—28[摄氏]度。九时十分寝。

九月二十七日(中秋节)

晨五时零五分起床，阴。六时五十分早事毕。七时二十分早餐。七时四十分按摩。八时九时搁脚。九点开始看抄写，看《文摘报》。十时再搁脚。十一时续看《文摘报》。十一时三十分午饭。下午一时午睡。日从窗射入。三时三十分起来看报。五点休息，搁脚。五时三十分晚饭。六时按摩。六时三十分搁脚。七时三十分，明小雨，21—27[摄氏]度。九时十分寝。政、嘉、小夏七时二十分来，九点去。

九月二十八日

阴小雨。晨五时四十分起床。七时二十分早事毕，早餐。七时四十分理发。八时二十分休息。八时四十分按摩。八时搁脚。九时五十分开始看写。十时五十分搁脚。十一时三十分午饭。一时午睡。下午三时十五分起床。四时二十分看报。五时二十分搁脚。五时四十分晚饭。六时搁脚。六时四十分按摩。七时三十分预报明阴［转］多云，21—25［摄氏］度。九时寝。

九月二十九日

星期日，阴。五时三十分起床。六时三十分早事毕，小雨。六时五十分早餐。七时三十分按摩。八时搁脚。九时看、扎。十时搁脚。十一时看扎。十一时三十分午餐。下午一时午睡。三时起来，看报。四时搁脚。五时看报。五时三十分晚饭。六时搁脚。六时十分按摩，六时三十分搁脚。明阴［转］多云，19—27［摄氏］度。九时寝。

九月三十日

阴。五时二十五分起床。七时早事毕，晴。七时二十分早餐。七时四十分按摩。八时搁脚。八时三十分搽药。九时搁脚。日出。十时做点月结。十一时三十分午餐，下午一时午睡。下午三时起床。四时看报，五时息，搁脚。六时吃晚饭。六时四十分按摩。玄说昨晚［湘］有电话来，说蒋［彦章］三家在她［家］，今日去三泰家吃喜酒。七时看《新闻联播》，国庆庆祝盛况。明晴［转］多云，18—32［摄氏］度。晚九时十分寝。

十月一日

国庆日。星期二，旧历八月十九日。晨五时十五分起。天晴。早事七时毕，开始写、抄等。八时按摩。九时三十分搁脚。十一时三十分中餐。下午一时午睡。三时起来，看报一小时，做些杂事。六时晚餐，叙（聚）餐。七时《新闻联播》。明多云，19—27［摄氏］度。七时三十五分息，八时三十五分散。九时三十五分寝。

十月二日

晨五时四十五分起床，早事六时四十分草毕，开始写信。七时三十分早餐。八时按摩。九时搁脚。十时写信。十一时休息，十一时三十分午餐。下午一时午睡，三时起来。三时三十分做点抄写，四时三十分搁脚。下午五时五十分晚饭。欢欢今日生日。七时至七时三十分看《新闻联播》。明晴［转］多云，19—28［摄氏］度。九时寝。

十月三日

晴。晨五时十分起床，六时三十分早餐，六时四十五分按摩。七时搁脚至八时。八时四十分看报。九时四十分搁脚。今日十时开始服活络丸。十一时三十分午饭。十二时三十分午睡。下午三时三十分起床，整铺。四时看报，五时息。六时晚饭。七时《新闻联播》。明气温19—30［摄氏］度，晴。七时三十八分息，九点寝。

十月四日

阴。晨五时十五分起床。早事七时毕，搁脚。七时二十五分早餐。七时五十分按摩。八时零五分搁脚。八时十分洗涂药。九时服西药二粒。十时略看写作。十一时三十分午餐。下午一时午睡，三时起来，三时三十分搁脚。四点至五点看报，五时吃晚饭。五时四十分搁脚。六时三十分按摩。政、夏、嘉来，八时半去。七时至七时四十分《新闻联播》。明晴［转］多云，17—28［摄氏］度。十时寝。

十月五日

晨五时十五分起床，六时四十分早事毕，开始写、抄、整。七时二十分早餐，七时四十分按摩。八时开始搁脚。九时开始写、看。十时搁脚。十一时三十分午饭。下午一时二十分午睡，三时二十分起床看报，看方中、翊澂信。四时二十分搁脚。四时五十分看报，五时三十分晚饭。六时搁脚，六时四十分按摩。七时《新闻联播》。明多云，［有］小雨，17—27［摄氏］度。七时四十分息，九时十分寝。

十月六日

阴。晨五时起，七时早事毕。七时二十分早餐。七时四十分按摩。八时搁脚。八时三十分开始抄作。九时三十分搁脚。十时三十分看报。十一时三十分午饭。十二时四十分午睡。下午阴，三时三十分起床。四时看报。五时十五分晚饭。五时四十分续看报。六时三十分按摩。《新闻联播》七时至七时四十分。明小雨，15—19［摄氏］度。九时十分寝。

十月七日

晨五时三十分起床，小雨。七时早事毕。小

米突尺(然)今晨归来。七时二十分早餐，七时四十分按摩。八时服药后搁脚。九时开始看写作。十时休息(搁脚)。十一时三十分午饭。下午十二时三十分午睡。三时三十分起床。四时看报。五时十五分晚饭。六时四十分按摩。七时至七时四十分看电视。明多云，[有]小雨，13—16[摄氏]度。九时二十分寝。

十月八日

小雨。六时起床，七时早餐。八时搁脚，九时做些事。十时搁脚，十一时三十分莹、欢来。莹做饭，十二时零五分中饭。下午小雨，一点二十分午睡。雨，三时三十分起床。琳来电话。三时四十分莹来做晚饭。我四时搁脚，四时三十分看报。五时五十分晚饭，莹来做。她们没吃，去做客。明小雨转阴，14—17[摄氏]度。九时四十五寝。

十月九日

晨五时三十分起床，阴。七时二十分早餐。七时四十五分按摩。八时十五分搁脚。小雨。九时开始看写作。十时搁脚。十一时三十分午饭。下午一时午睡，三时三十分起来。四时看报，四时三十分搁脚。五时五十分晚饭。七时看电视。七时四十分小雨，14—19[摄氏]度。七时五十分—八时十分按摩。九时三十分寝。

十月十日

晨五时五十分起床。小雨。七时早事毕。七时五十分早餐。八时三十分按摩。九时搁脚。十时看、抄。十一时搁脚。十二时午饭。下午一时午睡，三时起床，四时看报，五时休息，五时三十分晚饭，六时三十分按摩。七时至七时四十分看电视。[播音]李瑞英、罗京。赵红艳：明小雨，16—20[摄氏]度。七时四十分息，九时十五分寝。

十月十一日

小雨。晨六时三十分起，七时二十分早餐。七时四十分按摩，八时开始写、抄。九时搁脚，服活络丸。十时看报。十一时休息，搁脚。十一时三十分午饭。下午十二时三十分洗浴，二时允给我洗肿了的小腿，擦膏药。三时午睡，四时五十分起来。五时四十分看报。时有小雨。五时五十分晚饭。七时至七时四十分电视。政、夏、嘉七时二十分来，八时三十分回去。九时五十分寝。明阴，16—20[摄氏]度。

十月十二日

晨五时五十分起床，七时四十分早餐，七时五十分按摩器坏，八时开始工作。九时息，十时工作。十一时搁脚。十一时十五分午饭。下午十二时三十分午睡。三时三十分起床，四时看报。五时十分晚饭。五时三十分搁脚。七时—七时三十七分电视。明阴，16—22[摄氏]度。七时三十七分息，九时十分寝。

十月十三日

晨六时起床，阴。早事未毕。七时四十分早餐。八时五十分早事毕。九时搁脚。十时五十分中饭。十一时十分，鱼。中午小蒋来吃，说允中可能去杭。十一时至十二时写信。允中上午九时去为我修按摩器，没有修理处，买了一个新的。下午一时午睡。三时三十分起床。四时看报，五时二十五分晚饭。电视六时五十分至七时三十八分。明晴[转]多云，18—24[摄氏]度。九时二十分寝。

十月十四日

小雨。五时十五分起床，七时二十分早事未毕，服丸药。七时四十分早餐(晴)。八时按摩。八时二十分开始搁脚。九时四十分开始看、写。十时四十分休息。十一时三十分午饭。下午一时十五分午睡。三时十五分起床，四时十五分看报。五时三十分晚报。六时二十分按摩。七时至七时四十分看电视。明多云，17—26[摄氏]度。九时三十分寝。

十月十五日

晨五时十分起床，有雾。六时三十分早事未毕。七时二十分早餐。七时五十分按摩。八时二十分看札，九时二十分休。搁脚。十时二十分续看，十一时三十分午饭，我、允二人。下午一时午睡，三时来。三时三十分看报。四时三十分休息。五时三十分看报。六时晚饭。六时三十分按摩。七时至七时四十分看电视。明晴，16—26[摄氏]度。九时三十分寝。

十月十六日

有雾。六时起床，七时二十分早餐，七时四十分按摩。八时三十分允中去新登中百报销药费。下午二时回来，款缺，改日给。九时三十分看查往事。十时三十分休息，搁脚。十一时四十分午膳。下午三时三十分起来。四时看报。五时休息搁脚。五时三十分晚饭。六时二十分按摩。七时至七时四十分电视。(今日是)世界粮食日。[播音]李瑞英、罗京、杨丹。明多云[转]阴，15—23[摄氏]度。九时三十分寝。

十月十七日

晨六时零五分起床，有雾。七时二十分早餐，七时四十分按摩，八时十五分休息。九时十五分做点动作。十时零五分搁脚。十一时三十分午饭。风送桂花香，日[光]射入室。下午一时午睡，三时三十分起来。三时五十分看报。四时五十分休息。五时二十五分晚饭。六时三十分按摩。七时至七时四十分看电视。九时三十分寝。明晴[转]多云，16—24[摄氏]度。[播音]池艺璇、贺红梅、王宁、杨丹。

十月十八日

阴。六时起床。昨晚、黎明雨。开窗桂花香。早事未毕。七时二十分早餐。七时四十五分按摩。八时十分搁脚。九时十分休息。十时十分整报。十一时三十分午饭。下午一时午睡，四时起来。郎仁天和叶振宇来坐月二十分钟。四时三十分看报。六时晚饭。六时三十分按摩。七时至七时三十五分看电视。十时寝。

十月十九日

晨六时起，早事未毕。七时二十分早餐，吃蛋糕。八点按摩。八时三十分搁脚，休息。八时五十分擦病足。九时三十分续休息搁脚。一时午睡，三时三十分起来。四时写信。五时三十分晚饭。七时至七时三十五分看电视。七时至七时三十五分息。九时二十分寝。

十月二十日

重阳，晴。晨六时十五起床。七时二十分早餐，七时四十分按摩。八时看报。九时搁脚。十时休息，十一时看札。十一时三十分午饭。下午十二时三十分洗浴。二时三十分午睡。四时起来。四时二十分看报。五时三十分晚饭。八时跌跤没[法爬起来]。九时三十分寝。

十月二十一日

阴。晨六时起床，七时三十分早事未毕。七时五十分早餐。七时四十分按摩。九时搁脚。九时三十分整报。十时三十分休息。十一时三十分午饭。下午晴。一时半午睡，三时三十分起床，四时看报。五时休息，五时三十分晚饭。六时三十分按摩。七时至七时四十分看电视，九时三十五分寝。

十月二十二日

昨夜雨，阴。晨五时四十分起床。七时早事未了。七时二十分早餐，七时四十分按摩。八时搁脚，九时整报。十时休息，十一时日射入窗。十一时三十分午饭。下午一时午睡，三时三十分起来，四时看报。五时搁脚，五时三十分晚饭。政、嘉、夏七时零五分来，八时十分回。六时三十分按摩。七时至七时三十五分看电视，十时十分寝。

十月二十三日

阴。晨五时四十分起床，早事七时未完。早餐七时三十分，八时按摩。八时三十分搁脚，八时五十分早事续。九时项敏来，十时离此。十时二十分休息，十一时三十分午饭。下午一时午睡，三时三十分起来。四时看报，五时休息。五时三十分晚饭，六时三十分按摩。七时至七时三十五分看电视，九时五十分寝。

十月二十四日

多云。晨五时四十分起床，早事未完。七时四十分早餐，七时五十分按摩，八时四十五分搁脚，九时二十分整报，十时二十分休息，十一时二十分午饭。下午十二时四十分午睡，三时三十分起来，四时看书、报。五时息，五时三十分晚饭。六时四十分按摩。七时至七时三十五分看电视。七时至七时三十五分息，九时四十分寝。

十月二十五日

小雨。晨六时二十五分起床。早事未毕。七时四十分早餐。八时十分按摩，八时二十分搁脚。

九时二十分整报。九时五十分休息，十一时三十分午饭。下午一时十分午睡，三时三十分起床，四时看报，五时晚饭。六时按摩。七时至七时三十五分看电视。七时三十五分息，九时三十五分寝。

十月二十六日

晨五时三十五分起床，七时十分早事未毕。七时三十分早餐，七时五十分理发。八时三十分搁脚。九时三十分看、札。十时三十分休息，十一时午饭。下午一时午睡。三时三十五分起床，四时看报。五时十五分晚饭。六时十五分按摩。七时至七时三十五分看电视。九时四十分寝。

十月二十七日

晨六时十分起床，阴。七时二十分早餐，七时四十分按摩。八时二十分早事毕。八时四十分整报寻件。九时四十分休息。十时五十分整报。晴日出。十一时三十分中饭。下午一时寻报。二时四十五分午睡，四时起来。四时三十分看报，五时四十分晚饭。六时看报。七时至七时三十五分看电视。十时正寝。

十月二十八日

黎[明]雨，阴。晨六时十五起床，[有]风。七时二十分早事未毕。七时三十分早餐，七时五十分按摩。八时二十分续早事。八时四十分作写看作。九时四十分休息，搁脚。十时四十分整报。日照窗内。十一时三十分午饭。下午一时三十分洗浴，洗头。二时三十分午睡，四时零五分起床。四时二十分看报，五时二十五分晚报。五时三十分按摩。七时至七时三十五分看电视。九时五十分寝。

十月二十九日

晨六时十五分起床，阴。七时二十分早事未完。七时四十分早餐。八时三十分按摩。九时搁脚。十时看《文摘报》。十一时三十分午饭。下午一时午睡。日光照。三时三十分起来。四时看报，五时休息，五时三十分晚饭。六时二十分按摩。七时至七时三十五分看电视。九时四十分寝。

十月三十日

阴。晨五时四十分起床，七时早事未完。七时四十分早餐，八时按摩。八时三十分早事毕，整报。九时三十分搁脚，十时准备下月[日记]本。十一时三十分午饭。下午一时十五分午睡。三时四十分起来。四时看报，五时休息，五时三十分晚饭，六时四十分按摩。七时零五分至七时三十五分看电视。七时三十五分息，十时十分寝。

十月三十一日

星期四，阴。晨五时四十分起床，七时早事未毕。七时四十分早餐。八时早事毕。九时看抄写。十时月结。日出。十一时三十分午饭。一时午睡。三时三十分起来，三时四十分孚中来电话，知他 10 月 1 日起忙至今日下午结束。故电话问好。三时四十分看报。四时四十分休息，五时三十分晚饭，六时三十分按摩，晚七时至七时三十五分看电视。七时三十五分息，九时四十分寝。

十一月一日

星期五，下午。晨五时四十分起床。阴[有]小雨。七时二十分早事未毕。七时四十分早餐。八时按摩，早事毕。九时看、写、札。十时搁脚，十一时看、写。十一时三十分午饭。下午一时午睡，三时十五分起床。三时四十分看报，四时四十分搁脚，五时三十分晚饭。六时二十分按摩。晚七时至七时三十五分看电视。七时三十五分息，九时五十分寝。

十一月二日

昨夜小雨[转]阴。晨五时五十分起床，七时十分早事未毕。七时三十分早餐，八时按摩。八时三十分续早事。九时搁脚。十时看报，十一时休息。十一时三十分午饭。下午一时午睡，三时三十分起来。四时看报，五时休息。六时晚饭，六时三十分按摩。七时至七时三十五分看电视。七时三十五分息，九时四十分寝。

十一月三日

阴。晨五时五十五分起床，七时早事未毕，七时二十分早餐。七时三十分按摩。八时早事毕。八时三十五分搁脚。九时三十分整报。十时十分休息。十一时三十分午饭。政、小夏、嘉十二时来，一时回去。下午一时午睡，日射入窗。三时三十分起床。四时看报。五时三十分晚饭。六时二十分按摩。七时至七时三十五分电视。十时三十分寝。

十一月四日

晴。晨五时五十分起床，七时早事未毕，日(阳光)已上协作办高楼。七时二十分早餐。七时四十五分按摩。八时十分剪根数则，续早事新物。十时抄格言。十一时三十分午饭。下午一时洗浴。二时二十分午睡。四时起床，四时三十分看报。五时三十分晚饭。七时至七时三十五分看电视。十时寝。

十一月五日

阴。晨五时四十分起床。七时早事未毕。日出，札昨日报。七时二十分早餐，七时五十分按摩，日出。八时二十分看报札。九时四十分搁脚，十时至十一时看报。十一时至十一时三十分休息。十一时三十分午饭。下午一时二十分午睡。三时四十分起床，四时看报，五时休息。五时三十分晚饭，六时四十分按摩。七时至七时三十五分看电视。七时三十五分息，十时四十五分寝。

十一月六日

小雨。四时后恍恍惚惚不能入睡。七时起床，七时二十分早餐。七时四十分按摩。八时三十分脱衣再睡。九时至十时起来。精神很好，才作纪事。十至十一时看报。十一时三十分午饭。小雨。下午一时三十分午睡。四时起床，小雨。四时三十分看报。五时三十分晚饭，六时三十分按摩。七时至七时三十五分看电视。七时三十五分息，十时十分寝。

十一月七日

今日立冬，阴。晨五时十五分起床，七时三十分早事未毕。七时四十分早餐，八时按摩。八时十五分搁脚。八时四十五分看报。九时四十五分搁脚。十时三十分午饭。下午看报、书。二时午睡，三时三十分起床。四时看报。五时息。五时三十分晚饭。六时五十分至七时三十五分看电视。七时三十五分息，九时五十五分寝。

十一月八日

阴。晨五时五十分起，七时早事未毕。七时二十分早餐。八时按摩。八时二十分搁脚。八时三十分—九时三十分札录。九时四十分搁脚。十时四十分札录。十一时三十分午饭。上午看精神、物质、卫生、文化(四要全书)。下午一时二十分午睡，三时二十分起床。三时五十分看报。四时五十分休息。五时三十分晚饭。六时三十分按摩。七时至七时三十五分看电视。明阴，15—21［摄氏］度。

十一月九日

阴。晨五时四十分起，七时早事未了。七时二十分早餐，七时四十分按摩。八时与允谈富阳幼儿，去年到北京赛得［第］一名，今年去赛得第二名。老师蒙长本人确花精力不少。欢欢今年也在重点培养。八时四十分整报等。十时三十分搁脚。十一时三十分午饭。下午小雨，一时午睡，三时三十分起床，四时三十分看报。五时三十分晚饭。六时按摩。七时至七时三十五分看电视。十时寝。

十一月十日

小雨。晨五时五十分起床，七时三十分事完。七时五十分早餐，八点按摩。八时三十分看报。九时五十分搁脚一小时。十时五十分后再看、写。十一时三十分午饭。下午一时二十分午睡。小雨。三时三十分起床，四时十五分看报。五时三十分晚饭，六时三十分按摩。七时至七时三十五分看电视。九时四十分寝。

十一月十一日

阴［有］小雨。晨六时二十分起床，七时三十分早事毕。七时四十分早餐。八时按摩。八时三十分搁脚。九时理信。十时三十分搁脚。十一时三十分午饭。下午小雨。一时三十分洗浴。三时午睡。四时三十分起床，五时看报。五时三十分晚报，六时二十分按摩。七时至七时三十五分看电视。九时四十分寝。

十一月十二日

晨五时十五分起床，七时十五分早事完毕。七时四十分早餐。八时按摩。八时三十分搁脚。九时三十分理报。十时三十分搁脚。十一时三十分午饭。下午一时十五分睡，三时五十分起床。小雨。四时十分看报。五时三十分停电。六时四十分电来。六时五十分电来，按摩。七时至七时三十五分看电视。九时四十分寝。

十一月十三日

阴。晨五时五十五分起床，七时二十分早餐。七时四十分按摩。八时二十分早事毕，做了些杂事。九时四十分搁脚。十时四十分做些杂事。日出。十一时三十分午饭。下午十二时三十分午睡。三时起床，三时三十分看报，四时三十分搁脚。五时三十分晚饭。六时三十分按摩。七时至七时三十五分看电视。十时十分寝。

十一月十四日

阴。晨六时起床，七时四十分早餐。八时二十分按摩，早事毕。九时十分搁脚。九时四十分看写。十时四十分休息，日照窗。十一时三十分午饭。下午一点午睡，三时三十分起床。阴。四时看报。五时息，五时十分政来。五时二十分即去寄信，来转转。五时三十分晚饭。六时十五分，六时三十分按摩。项炜六时四十分来，八时十分回去。七时至七时三十五分看电视。九时二十分寝。

十一月十五日

阴。晨六时十五分起床。七时二十分早事未了。七时四十分早餐。八时按摩。八时三十分续早事。九时看报、札记、整理。九时四十分搁脚。十一时三十分午饭。下午阴。一时午睡，三时三十分起床。四时看报札。五时三十分晚饭。六时三十分按摩。七时至七时三十五分看电视。

十一月十六日

阴。晨五时三十分起床，七时二十分早事未毕，七时四十分早餐。八时二十分按摩。八时四十分搁脚。九时三十分看、札、写。十一时三十分政、嘉来，在此午饭，一时二十分回去。十一时三十分午饭。下午一时三十分午睡，三时三十分起床。四时看报，五时休息。阴。五时三十分晚饭，六时按摩，七时至七时三十五分看电视。九时五十分寝。晚饭后允中说湘来电话，今日出差，大约月底如可能，来富转转。

十一月十七日

阴。晨五时二十分起床，补昨看报一小时。到七时二十分早事未毕。七时四十分早餐，八时二十分续早事。八时三十分按摩。八时五十分看报。九时十分搁脚。十时活动。十一时三十分午饭。下午阴。一时十五分午睡，三时起床，三时三十分看报，四时三十分搁脚。五时三十分晚饭。六时三十分按摩。七时至七时三十五分看电视。九时四十分寝。

十一月十八日

阴。晨五时四十分起床，七时十五分事未毕。七时二十分早餐。七时四十分按摩。八时十分搁脚。十时休息，十时三十分整。日出。十一时三十分午饭。下午洗浴。二时三十分午睡。日照室内，晴。三时三十分起床，更衣等，四时四十分看报，日已下。五时三十分晚饭。六时三十分按摩。七时至七时三十五分看电视。七时三十五分息，十时三十分寝。

十一月十九日

阴。晨五时四十分起床，七时三十分早事未完。七时三十分早餐，停电，搁脚半小时。八时三十分动。九时允中来给我房改一改摆法，将樟箱搬出，食橱移脚橱上，方便多了。十时搁脚，看保大险杂志。十一时三十分午饭。十时日光射入室内。下午一时午睡，日射室内。三时三十分起床，四时看报。五时三十分晚饭，六时三十分按摩。七时至七时三十五分看电视。九时五十分寝。

十一月二十日

阴。晨五时二十分起床。七时二十分早事未毕。七时四十分早餐。八时十分按摩。八时三十分抄札。九时三十分休息，搁脚。十时三十分札。十一时三十分午饭。晴。下午一时四十分午睡。三时三十分起床。在四时看报。五时三十分晚饭。六时十分按摩。七时至七时三十五分看电视。十时寝。

十一月二十一日

晨五时五十分起床，阴。七时十分早事未了。七时四十分早餐。八时按摩，搁脚。晴。十时搁脚。十一时三十分午饭。下午一时十分午睡，三时三十分起床。晴。四时五十分看报。五时三十分晚饭，五时五十分看报。六时。七时至七时三十五分看电视。九时五十分寝。

十一月二十二日

阴。晨五时四十五分起床，七时四十分早事毕。七时四十分早餐，八时按摩。允、云、湘沪来电话，明后日来。八时三十分至九时搁脚。日［光］射室。九时至十一时整一年信［件］。十一时三十分午饭。下午一时三十分午睡，三时三十分起来。四时看报，五时十五分看报。七时至七时三十五分看电视。十时寝。

十一月二十三日

下雨。晨五时三十三分起床，七时四十分早事未完。七时四十分早餐。小林来电话知湘今日来富。七时五十分按摩。八时二十分早事毕，搁脚。九时二十分看昨日报。十一时五十分午饭。下午七时十分午睡。三时三十分起来。湘三时四十分到富，政、嘉七时十分来，九时回。湘到，大家谈谈。七时至七时三十五分我看电视。九时三十分寝。

十一月二十四日

晨五时二十分起床。七时四十分早未完。七时四十分早餐。八时十分按摩。八时三十分作看抄。十时休息。十一时三十分午饭。下午一时四十分午睡。三时三十分起床看报。五时晚饭，五时三十分看报札。七时至七时三十五分看电视。晚九时三十分寝。晚饭湘、允去项政家吃。又中、凯凯下午四时来，五时和湘回。八时汝霞、又中、凯凯同来，九时回去。九时三十分小林来电给湘。

十一月二十五日

阴。晨五时五十分起床。七时三十分小林来电话，湘去鹳山。早事七时四十分未完。八点早餐。八时三十分按摩。九点湘看照片，找集［邮册］她看。十一时午饭，［有］白鱼。阴。一时五十分拍照。二时十分午睡。四时十分起床。五时十分看报，六时晚饭。七时至七时三十五分看电视。九时四十分寝。

十一月二十六日

晨六时二十分起床。湘今晨七时蓉君、项莹送她到杭乘火车去沪。蓉、莹下午五时十五分到家。七时三十分早餐，八时十分按摩。九时十分早事毕，做点整理工作。十时三十分搁脚。十一时三十分午饭。下午一时洗浴，洗头。二时三十分午睡。四时三十分起床。五时看报。五时三十分晚饭。六时三十分按摩。七时至七时三十五分看电视。七时三十五分息。九时五十分寝。

十一月二十七日

晨五时三十分起床。小雨［转］阴。七时四十分早餐。八时按摩。八时四十分杂务。九时搁脚。十点杂务。十一时三十分午饭。下午一时四十五分午睡。三时五十分起床。四时五十分看报。六时搁脚。六时三十分晚饭。七时至七时三十五分看电视。十时三十分寝。

十一月二十八日

阴［有］小雨。晨六时起床。七时四十分早餐。八时二十分搁脚。九时二十分整理。十时二十分息。十一时三十分午饭。下午一时三十分午睡。阴［有］小雨。三时三十分起来，四时看报。五时休息。五时三十分晚饭。六时三十分按摩。七时至七时三十五分电视。九点五十分寝。

十一月二十九日

阴［有］小雨。晨五时五十五分起床。七时四十五分早餐。八时十分按摩。八时三十分杂务。十一时休息。十一时三十分午饭。下午一时三十分午睡。三时三十分起来。四时三十分看信、报纸。五时三十分晚饭。六时二十分按摩。七时至七时三十五分看电视。九时四十分寝。

十一月三十日

阴。晨五时二十分起床。七时三十分早餐。八点按摩。八时三十分搁脚。十点休息。十一时三十分午饭。下午一时十分午睡。三时三十分起来。四时十分月结。五时十五分晚饭。六时折衣。七时至七时三十五分看电视。九时五十分寝。

十二月一日

晨五时五十分起床。七时四十分早餐。八时

四十分按摩。九时搁脚。十时整理。十一时十五分午饭。下午一时午睡，三时三十分起来。四时看报。五时休息，五时十五分晚饭。六时二十分按摩。七时至七时三十五分看电视。十时寝。

十二月二日

晨五时五十分起床。七时三十分早事未。完七时四十分早餐。八时按摩。十一时三十分午饭。下午一时四十分午睡，三时三十分起来。四时二十分看报。五时五十分晚饭。六时三十分按摩。七时至七时三十五分看电视。晚九时五十分寝。

十二月三日

阴。晨五时四十分起床。七时四十分早事未了。七时四十五分早餐，八时二十分按摩，九时搁脚，十时整理，十一时休息，十一时十五分中饭。下午阴。一时洗浴，洗烫。二时午睡。四时起来。五时看报。晚九时四十分寝。小雨[转]阴。

十二月四日

小雨[转]阴。晨六时起床，八时理发。八时四十分早餐，九时三十分搁脚。十时做整理，十一时三十分吃中饭。下午一时看报，一时三十分午睡。三时三十分起床，四时五十分看报。五时十五分晚饭。七时至七时三十五分看电视。晚九时五十分寝。

十二月五日

阴。晨六时三十分起床。七时四十分早餐。八时三十分按摩。九时搁脚，九时三十分早事未毕。十点整理。十一时三十分午饭。下午十二时十分日出，谈，少顷光入窗。一时午睡，三时三十分起来。四时三十分看报，五时五十分晚饭。六时三十分按摩。七时至七时三十五分看电视。九时五十分寝。

十二月六日

阴。五时四十分起床，早事七时三十分未完。七时二十分看报，七时三十分早餐，八时四十分续早事。八时四十分按摩。日出。九时搁脚。九时三十分整物。十一时四十五分午饭。下午一时午睡。三时三十分起来，日射室内。四时三十分看报。晚十时寝。

十二月七日

阴。晨五时五十分起床。七时四十分早餐。八时四十分蓉君的回去，他给我做两件绒布小衫。九时三十分至十一时三十分做了一点搁脚和看报。晴，日射窗内。十一时三十分午饭。下午一时二十分午睡。三时三十分起床，四时三十分看报，五时三十分晚饭。六时三十分[按摩]。七时至七时三十五分看电视。

十二月八日

晴日出。晨五点四十分起床，八时早餐。八时十分按摩。八时三十分按摩，八时四十分搁脚，八时五十分庚来。九时彦章来。九时三十分与玄谈，谈至十一时三十分解决。十二点午饭。十二时二十分庚回新。一时三十分我午睡准备。下午二时十五分我午睡。四时起来。彦章已回杭。当时我服的两药，他对允中说，此药可服，每天一次，各一粒，服二天停二天，恐忘，特记之。我五时看报，六时晚饭，六时十五分按摩。七时至七时三十五分看电视。晚九点五十分寝。

十二月九日

晴阴。晨五时五十五分起床。七时四十分早事粗了(草草结束)。照彦章说我的足疾医[治]和疗养都不错，药也对。今后可停二日，服二日，仍每种药一粒，今日开始停药。日出。八时按摩，八时三十分搁脚。九时看报，十时休息，十时三十分整报，十一时三十分午饭。下午大好晴。一时洗浴，二时二十分午睡，四时二十分起床，四时三十分看报。五时三十分晚饭。七时至七时三十五分电视。晚九时五十分寝。

十二月十日

阴。晨五时五十分起床，七时四十分早餐，八时二十分按摩。八时四十分早事毕。九时十分开始整理，允中集出二只纸箱给我装书集影等。十一时毕。搁脚。十一时三十分午饭。下午一时关妹和她女儿来看我，二时回新。二时三十分午睡。五时起床，五时十五分看报。关妹送来香蕉、广柑、小方蛋糕。五时三十分晚饭，看报。七时至七时三十五分看电视。晚九时五十分寝。

十二月十一日

服药。晴。晨五时五十分起床。七时四十五分早餐，八时按摩。八时五十分整报，十时搁脚。日出。十一时三十分午膳。下午十二时三十分看报。一时三十分午睡。四时起床，四时四十五分看富阳 12 月 7 日报《郁达夫 100 年诞辰纪念大会胜利召开》和其他报纸。六时晚饭。六时四十分按摩。七时至七时三十八分看电视。政、夏、嘉七时零五分来，八时三十分回去。我与政、夏略谈。九时五十分寝。

十二月十二日

阴。晨五时三十分起，七时三十分早事粗了。七时五十分早餐，八时十分按摩。八时三十分搁脚，日出。九时三十分整报，十时三十分休息，十一时三十分午饭。下午晴。一时三十分午睡，三时三十分起床，四时三十分看报。五时三十分晚饭，六时按摩。七时至七时三十五分看电视。晚九时五十分寝。

十二月十三日

停药。晴。晨六时起，八时早餐，八时三十分按摩，九时十五分整报等。十时二十分休息。十一时三十分午饭。下午一时四十分午睡。三时四十分起来，四时二十分看报，五时三十分晚饭，六时三十分按摩。七时至七时三十五分看电视。九时五十五分寝。

十二月十四日

晴。晨五时四十分起床，七时四十分早餐，八时二十分按摩。八时四十分早事粗了。九时搁脚，九时十分休息，好太阳。十时三十分午饭。下午一时三十分洗浴，洗头。二时四十分午睡，三时五十分起来，四时四十分看报。五时三十分晚饭，六时十分按摩。七时至七时三十五分看电视。晚九点五十分寝。

十二月十五日

服药。阴。晨五时五十分起床，七时四十分早事毕。七时五十分早餐，八时二十分按摩，八时四十分搁脚。九时作整作。十时休息，十时三十分续整报。十一时三十分午饭，十二时看报。下午一点午睡。三时三十分起来。四时三十分看报，五时三十分晚饭。六时三十分按摩，七时至七时三十五分看电视。晚九时五十分寝。

十二月十六日

晴。晨五时五十分起床，七时四十分早餐。八时十分按摩，八时三十分搁脚。九时整报，十时休息。十一时三十分午饭。下午一时四十五分午睡。四时起床，五时看报。五时二十分晚饭。六时十分按摩。七时至七时三十五分看电视。晚九时五十分寝。

十二月十七日

停药。阴。晨五时起来小便，似要大便。通整室内外事及报，床上事毕。七时四十分早餐。八时十分按摩，八时三十分搁脚，九时整信，十时休息。十时三十分再整。十一时三十分午饭。下午阴，将雨，可能没下。一时二十分午睡。三时二十分起来。四时看报，五时三十分晚饭。六时看报，六时十分按摩，六时三十分休息。七时至七时三十五分看电视。晚九时五十分寝。

十二月十八日

阴。晨五时三十分起床，七时三十分早事未了。七时四十分早餐，八时按摩。八时四十分扎报。九时二十分大便穿衣，十时二十分搁脚。十一时三十分午饭，十二时补录《人民日报》简录。下午一时四十分午睡，三时四十分起来，四时二十分看报。五时四十分晚饭，六时二十分按摩。七时至七时三十五分看电视。晚九时四十分寝。

十二月十九日

服药。晴。晨五时五十分起床，七时二十分尚未完了早动作。七时四十分早餐，八时二十分按摩，整内务。九时搁脚，九时三十分写信。下午三时午睡，四时起来。五时看报，五时三十分晚饭，六时三十分按摩。七时至七时三十五分看电视。晚九时五十分寝。

十二月二十日

晴。晨六时起床，七时四十分早事粗了，早餐。八时三十分按摩。九时写信。十一时休息。十一时三十分午饭。下午看《文摘报》。一时三十分午睡，四时起来。五时看报。五时三十分晚饭。六时十分按摩。七时至七时三十五分看电视。晚九时五十分寝。

十二月二十一日

六点起床，七时四十分早餐。八时十五分按摩。十一时休息三十分钟吃午饭。下午十二时十分看报。一时息，一时五十分午睡。三时三十分起来，四时三十分再看报札。五时三十分晚饭。六时三十分按摩。七时至七时三十五分看电视。晚九时五十分寝。

十二月二十二日

晨六时十五分起床，七时四十分早餐。八时二十分按摩。八时三十分寻物。九时查报。十时休息。十一时再查。政、嘉十时三十分来，十一时回去。十一时三十分午饭。下午洗浴，洗头。二时四十分午睡。三时五十分起来。五点看报，五时十五分晚饭。六时二十分按摩。七时至七时三十五分看电视，晚九时五十分寝。

十二月二十三日

晴。晨五时二十分起床，七时四十分早餐。八时二十分按摩。九时早事草毕。九时至十时查报纸。十时至十一时休息，十一时十五分午饭。下午晴。一时三十分午睡。三时三十分起来，四时四十五分看报。五时三十分晚饭。六时十五分按摩。七时至七时三十五分看电视。我晚十一时二十分寝。晚七时三十五分允中说项敏拿了四份优惠购房[协议]来要我签字，章已盖好，只得或上、或下、或左、或右签。他九时到他妹妹处。

十二月二十四日

晴。晨六时四十分起床，八时十分早餐(早上学)。九时搁脚。九时四十分整理。十时写信。十一时十五分午膳。下午写信。晴，日照。二时三十分午睡，三时四十分起来。五时十分看报，五时三十分晚饭。六时四十分按摩。七时至七时三十五分看电视。晚九时五十分就寝。

十二月二十五日

晴。晨六时三十分起床，早上学。七时五十五分早餐。八时二十五分按摩。八时四十五分看报。十时搁脚。十一时休息，十一时三十分午饭。十一时四十至十二点看报。下午晴。十二时至十二时四十分报札。项敏十二时十分来。一时三十分午睡。三时三十分起来。四时三十分衣着才毕。四时四十五分看报。五时二十分晚饭。六时三十分按摩。七时至七时三十五分看电视。晚九时五十五分寝。

十二月二十六日

晴。晨五时四十分起床。七时五十分早餐，早事未了。九时允中代我去仙花家。九时三十分搁脚。十时蓉去看项莹，她感不适，去看看。蓉回来做午饭。天阴。十二时吃午餐。一时日出，阴。允下午四时回来。下午二时午睡。一时至二时整报。四时起来又卧被。中到，起来五时三十分晚饭，六时三十分按摩。七时至七时三十五分看电视。晚九点三十分寝。

十二月二十七日

阴。晨六时十分起床，八时早餐。八时二十分按摩。八时五十分整报。日出。十一时三十分午饭。下午阴。十二时—十二时十分—一时三十分整报。一时四十分午睡。三时四十分起来。五时看报。七时至七时三十五分看电视。晚九时五十分寝。

十二月二十八日

晴阴。晨六时十分起床。七时五十分早餐，八时二十分按摩。九时搁脚，九时三十分找记，十时三十分得。十一时三十分午饭。下午十二时十分靠休息，阴，日出。一时三十分午睡。三时三十分起来。五时看报。五时三十分晚饭。六时三十分按摩。七时至八时看《新闻联播》。八时二十分息。晚十时二十分息。

十二月二十九日

阴。晨五时五十分起床，七时衣着毕。七时五十分早餐。八时三十分早事毕。八时三十分按摩。九时搁脚。九时三十分查报。十时三十分休息，十一时三十分午饭。(上午九时富阳百货总公司新装修竣工，开幕)。下午一时洗浴，洗头。二时五十分午睡，三时三十分起来。五时看报。五时四十五分晚饭。六时四十分按摩。七时至七时五十分看电视。晚十时十分寝。

十二月三十日

雾。晨五时三十分起床。七时五十分早餐。八时三十分按摩。九时搁脚。九时三十分报纸找一则报导。核账。十时日出。十一时四十五分午饭。蓉上午九时去。下午我午睡，出来倒开水，她已回来。下午续核。一时三十分午睡，三时三十分起来。四时二十分看报。五时四十分晚饭。六时二十分按摩。七至八时看电视新闻。晚十时三十分寝。

十二月三十一日

晴。晨六时起床，八时早餐。八时二十分按摩，九时理发。九时五十分整理。十一时二十分息。十一点日出。十一时三十分午饭。下午十二时十分整理，日射入室内。一时三十分午睡。三时三十分起来。四时三十分看报信，五时五十分晚饭。六时三十分按摩。七时至八时看电视，《新闻联播》。十时三十五分寝。

一九九七年

一月一日

元旦，星期三，旧历十一月二十二日，丙壬年。晨五时二十分起床。八时早餐。八时三十分按摩，九时晴，日出。今日起用新日记本和阅读札录。十二时午饭，十二时十分看报。十二时三十分写信，二时午睡。日射入窗内，三时三十分起来。四时三十分看报，五时四十分休息。六时晚饭。六时三十分按摩。七时至九时看电视。晚九时息，十一时二十分寝。

一月二日

晴。日出。晨六时五十分起床，八时早餐，八时三十分按摩，九时休息。九时三十分看看昨天的报。十时三十分搁脚。十一时又看看报，十一时三十分午饭。下午晴。十二时十分看看报。一时五十分午睡，三时三十分起来，四时四十分看报等。五时三十分休息，六时晚饭。六时三十分按摩。七时至九时看新闻。九时息，十一时三十分寝。

一月三日

阴。晨六时五十分起床，八时早餐，八时三十分按摩。九时搁脚。九时三十分看报。十时三十分休息。十一时三十分午饭。日出。彦章上午三时来，下午三时回杭。因母乳癌去电，1月1日、2日动手术顺利，3日来此。下午十二时十分看报。一时开始脱衣。一时三十分午睡，三时三十分起来。四时三十分又中来，允说他送来蛋糕。他四时四十分回新登，去杭州回来。阴。四时五十分看报，五时五十分休息。六时十分晚饭，六时三十分按摩。七时至九时看电视。十时五十分寝。

一月四日

阴。晨五时五十分起床，七时四十分早事粗了。八时早餐，八时三十分按摩二十分钟。九时十五分开始写信。十时十五分休息三十分钟。十时四十五分再写，到十一时十五分休息。小雨。十一时四十五分午饭，十二时十五分毕。下午阴。一时三十分午睡，三时三十分起床，五时开始看报，五时十分晚饭。五时四十分看报。小雨。六时三十分按摩。七时至八时看电视。晚十一点四十分寝。

一月五日　星期日

旧历丙子年十一月二十六日。我国自辛亥革命后改［为］生日一律改公历日历定生日。我是光绪三十一年乙壬年十二月十一日，午时查公元历是1906年1月5日12时生。今年的1月5日12时。今日晨六时五十分起来，七时五十分早事粗了。八时零零分早餐，八时三十分按摩。九时写信。十时息，十时三十分休息。十二时十五分午饭。下午十二时五十分孚中来电话。一时五十分午睡，三时三十分起来。庚、圣凯来，政、小夏来，霞、炜来。六时二家老幼共18人。五时三十分澂来电话问，我答。今晚电视只看气象，中央台宋世杰报：杭州–5—7［摄氏］度，明晴，–2—7［摄氏］度。晚十时三十分寝。

一月六日

阴。晨五时五十分起床。天冷，没做什么。上月份报收起。八时三十分按摩。九时休息半小时。九时三十分续整。十时三十分休息。十一时十五分午饭，十一时四十五分再整至十二时。下午十二时十分再整。一时十分开始准备午睡。二时三十分日出，午睡。日又阴。三时四十分起来。四时四十五分看报，还是阴冷。

一月七日

阴。晨三时至五时睡得很好，再睡醒来已八时。衣着等完毕已十时。八时起床，十时早餐，十一时四十五分午饭。下午阴，二时午睡。大便畅。日出。湘来照，在富印。我五[张]，允三张。明晴，4—5[摄氏]度。睡十一时十五分。

一月八日

冷，日出。五点醒后再睡，醒八时，起来大便。吃早餐十时。十时二十分按摩，休息四十分，做零星小事。十一时二十分休息。十一时三十分午饭。二时四十分午睡，四时四十分起来。

一月二十三日

今晚中雪，1—2[摄氏]度。

一月二十四日

多云[转]晴，3—4[摄氏]度。

一月二十五日

晴[转]多云，4—10[摄氏]度。

一月二十七日

晴[转]多云，1—9[摄氏]度。

一月二十八日

林向耘与颜奕在武钢东华园结婚，旧历12月20日，晴，4—17[摄氏]度。

一月二十九日

多云，[有]小雨，5—14[摄氏]度。

一月三十日

晨六时起床。大便五时。六时靠坐，七时至八时同。十时起床晒太阳，记日记等，写信。十一时吃牛奶。十二时午饭。

一月三十一日

阴[有]小雨，5—9[摄氏]度。

二月一日

小雨，4—6[摄氏]度。

二月二日

小雨，2—5[摄氏]度。

二月四日

雨夹雪，1—4[摄氏]度。

二月五日

晨四时起床，五时吃苞米糊。允中七时三十分起来吃早餐。小雪[转]雨，0—5[摄氏]度。

二月六日

晨四时起床，五时早餐。七时三十分玄回来，再早餐。九时向耘、颜奕去杭游览。九时三十分项政、嘉嘉来，十时回去。

二月七日

旧历正月初一日，春节。晨五时起床，六时大便，七时休息，八时早餐。向耘、颜奕去杭游览。湘、贤送他们到车站，同去桐庐。瑶琳钓台。下午五时四十分回来。雨夹雪，1—4[摄氏]度。

二月八日

阴，1—5[摄氏]度。

二月九日

阴，2—6[摄氏]度。

二月十日

多云，2—9[摄氏]度。

二月十一日

晨四时起床大便，六时吃牛奶。八时早餐泡饭。日出，多云，2—10[摄氏]度。

二月十二日

晨四时起床、大便，六时吃牛奶，八时早餐泡饭。日出。十时项炜来。

二月十三日

晨四时起床大便，六时吃牛奶，八时早餐泡饭。看报。七时陈七美来电话贺年，允中接。八时续看报。十一时息。

二月十四日

晨四时起床大便。六时吃牛奶，八时早餐泡饭。九时允中谈，知正中回沪尚无电话来。小兰要来过元宵节，后来因节前要在家待客。今日核账。晴[转]阴，1—9[摄氏]度。

二月十五日

阴[有]小雨。晨四时起床，五时大便。六时吃牛奶，八时早餐。九时三十分起来，写信看报。多云[转]小雨，4—7[摄氏]度。

二月十六日

晨四时醒，五时起床，即大便。六时吃牛奶，八时吃早餐泡饭，十时开始整书、报。晚八时湘来电话，知她们已到武钢。阴[转]多云，1—6[摄氏]度。

二月十七日

晨四时起床，五时大便。六时吃牛奶，八时三十分早餐。十时看报，札记。晴[转]多云，0—10[摄氏]度。

二月十八日

晨四时二十分起床，五时大便。六时吃牛奶。八时二十分早餐。九时三十分看报，札记。晴，1—13[摄氏]度。

二月十九日

晴。晨四时起床，五时大便。六时吃牛奶。七时十五分早餐泡饭，整理。十时三十分搁脚。明晴，2—16[摄氏]度。

二月二十日

晴。晨四时起床，五时大便。六时吃牛奶。八时早餐泡饭。允中七时四十分回来，听到邓小平同志昨晚病逝。我们即打开收音机听消息，九时三十分起来，搁脚。十一时三十分午饭。下午一时午睡，四时起来。晴[转]多云，3—14[摄氏]度。

二月二十一日

晴。元宵节。晨五时二十分起床，五时四时四十分大便。吃牛奶。收音机不搞(好)，高低音听不清。八时二十分早餐泡饭。理出些报纸。十时二十分搁脚。十一时三十分午饭。今日报不到。下午一时午睡，四时起来。五时三十分晚饭。九时四十分晚睡。晚电视。允说邓小平遗体告别。(晚八时允中接湘武汉来电话，说她已到武汉)。阴[转]多云，4—16[摄氏]度。

二月二十二日

阴。四时三十分起床。五时三十分大便。吃玉米糊。八时吃早餐泡饭。整理糖果、奶粉等。十时四十分吃牛奶。搁脚。下午一时三十分睡，四时三十分起来。(晚八时正中来电话，允中说他已到新疆，他于24日去广州云)。明阴[转]多云，4—11[摄氏]度。

二月二十三日

阴。晨四时三十分起床。五时大便。六时吃牛乳。八时吃早餐泡饭。九时三十分看富阳市政协委员风采录。十时十分搁脚。十二时午饭。下午一时三十分午睡。四时起来。五时十五分晚餐。九时睡。允、蓉去琪家吃晚饭。

二月二十四日

阴。晨四时二十分起床。五时大便。六时三十分吃牛乳。八时早餐泡饭。八时十分理发。九时整理。十时搁脚。十一时看报。十一时三十分午饭。下午一时三十分午睡。四时起来，看报。五时五十分晚饭。九时睡。明阴[转]多云，9—18[摄氏]度。

二月二十五日

阴。晨五时二十分起床，五时四十分大便，五时三十分吃蛋、饼干、桂圆。六时三十分吃牛奶。八时早餐泡饭。九时按摩，九时三十分记事。十时看电视，邓小平同志追悼大会十时开始，十一时十分完毕。下午阴。一时三十分午睡。四时三十分起来看报一小时。五时三十分休息，六时晚饭。九时麦乳精、水果。明阴[有]小雨，12—18[摄氏]度。

二月二十六日

阴。五时起床，吃麦片。五时四十分大便。六时三十分吃牛乳。八时早餐泡饭。九时起来看报。十时三十分牛奶。十时三十分搁脚。十二时午饭。下午阴。一时三十分午睡，四时起来看报。五时休息，六时晚饭。九时休息，九时三十分寝。明阴[转]多云，9—19[摄氏]度。

二月二十七日

阴。晨五时起床，五时四十分大便。六时吃牛奶。八时早餐泡饭。九时四十分札记，开来信。十一时十分搁脚。十二时午饭。下午一时三十分午睡。四时起来看报。五时休息。六时晚饭。七时休息。九时靠休息。十时睡。明阴[转]多云，9—17[摄氏]度。

二月二十八日

阴。五时起床，五时二十分吃麦乳精、饼干。

五时四十分大便。六时二十分吃牛乳、鸡蛋。八时二十分吃泡饭。十时写、札。陈玉娟来，拿来奶粉、豆奶粉，只(这次)收了，言明:“下次千万不要拿来。时间久了没见面，来清谈谈最好，下次拿来决不收，要你自己拿回去。”十一时午饭。下午一时三十分午睡。四时起来看报。五时休息，六时晚饭。六时三十分休息。八时吃点麦乳、饼干。九时二十分睡。明阴[有]小雨，5—9[摄氏]度。

三月一日

阴。晨五时十分起床，吃麦片、饼干。五时五十分大便。六时三十分吃牛奶。八时二十分吃早餐泡饭。十时三十分记事札录。十一时三十分搁脚。十二时午饭。明阴[有]小雨。5—9[摄氏]度。下午一时三十分午睡。四时起来看报。五时休息。六时晚饭。六时三十分闭目养神。八时吃点麦乳、饼干。九时三十分寝。八时允中打电话，[问]柴场近日[有]没有去过，回说去过。小兰近日身体不大好，安慰她好好静养，身体好些，天晴再定日子去富阳，她说好。

三月二日

阴。五时十五分起，六时十五分大便。吃麦[片]、饼干。八时吃牛奶、饼干、泡饭，按摩。九时三十分记事札。下午。明，阴[有]小雨，5—10[摄氏]度。

三月三日

阴。晨五时十五分起床，五时三十分吃麦乳、饼干。五时五十分大便。六时十分吃牛乳、鸡蛋。八时二十分早餐泡饭、按摩。九时看报札。下午一时三十分午睡。四时起来看大字。五时休息。六时晚饭。九时开始睡，十时寝。允中去琳家晚饭。八时五十分为我回来睡，九时五十分寝。

三月四日

阴。晨五时十五分起床，五时三十分吃麦乳饼干。五时五十分大便。六时十分吃牛奶、鸡蛋。八时二十分吃泡饭，按摩。九时看报札。十一时休息三十分钟。十二时午饭。下午阴。一时三十分午睡。四时起来看报。五时休息，六时晚饭，休息。八时准备睡。十时寝。明日晴[转]多云，6—19[摄氏]度。

三月五日

阴。晨四时十分醒，五时二十分起床，五时四十分吃桂格片饼干。六时大便，六时三十分吃乳粉、鸡蛋。八时二十分早餐、泡饭，按摩。九时四十分看写作。十时四十分搁脚。十一时三十分吃午饭、吃面。允、欢、我三人换内衣。下午阴。一时三十分午睡。四时起来看报，五时休息，六时晚饭。九时三十分政、嘉来，八时回去。八时三十分准睡，九时三十分寝。

三月六日

阴。四时二十分醒，五时二十分起床吃麦片、蛋、牛奶。六时大便。牛乳、饼干。八[时]早餐泡饭，按摩。九时二十分开始写札等事，[整理]照片，写字。十一时休息，十二时午饭。下午阴。一时三十分午睡。四时起来看报。今日、昨日《人民日报》今日同到。六时晚饭。六时三十分休息。八时三十分准备睡。九时四十分寝。

三月七日

阴。晨四时十分醒。五时十分起床。五时四十分吃桂蛋饼。六时大便。六时二十分奶粉、鸡蛋。八时吃泡饭、饺子，按摩。九时整理照片，写字。九时三十分，项自强爱人钟念慈来看望我，送来桂圆、荔枝、鲜草莓、保龄参，十时[她]去女儿处。允中十时回来。下午一时三十分午睡。四时起来看报。五时休息，六时晚饭。八时准备睡，九时四十分寝。明小雨[转]多云，10—18[摄氏]度。

三月八日

阴。晨四时醒，五时二十分起来，吃麦片、蛋、饼干。六时大便。六时二十分休息。七时四十分早餐。八时按摩，休息十五分钟，照片题名。十一时三十分息，搁脚。十二时午饭。下午有时有小雨。下午一时三十分午睡。四时起来看报。五时息。六时晚饭。八时准备睡，九时五十分寝。多云，12—22[摄氏]度。

三月九日

晴。晨四时醒，五时起床。五时三十分吃桂格麦片、鸡蛋。六时大便，休息。七时五十分早餐泡饭、面包，按摩。十时［整理］照片，写字。十一时休息，十二时午饭。下午一时三十分午睡，三时四十分起来看报。四时四十分休息，六时晚饭。休息八时十分准备睡，九时五十分寝。明小雨［转］多云，15—23［摄氏］度。

三月十日

晴。阴历二月二。晨四时醒。五时二十分起床，吃桂［格］麦［片］、牛奶。六时大便。六时五十分休息。七时五十分早餐泡饭，按摩。九时四十分照片写字。十时四十分休息。十一时四十分午饭。下午一时三十分午睡，三时四十分起来看报。四时四十分息，休息。六时晚饭。六时三十分休息。八时三十分准备睡，九时五十分寝。明多云，［有］小雨，17—24［摄氏］度。

三月十一日

阴。晨四时醒，五时十分起床，五时三十分吃桂［格］麦［片］、蛋。五时五十分大便。六时吃牛奶、蛋，休息。八时吃早餐泡饭。八时四十分按摩。十时题字。十一时三十分息，十二点午饭。下午一时五十分午睡。四时起床看报，《人民日报》一版未到。五时息，六时晚饭。六时三十分休息。九时准备睡，十时十分寝。明小雨，10—15［摄氏］度。

三月十二日

阴。晨四时醒。五时十分起床，五时三十分吃奶粉、蛋。五时五十分大便，六时十分休息。八时早餐，按摩。九时三十分写照片字。十一时二十分午饭。十二时休息。下午一时三十分午睡。三时三十分起来，看报。四时三十分息，休息。六时晚饭。六时三十分休息。到七时三十分我对允说气象预报看看，他回说今天至少要迟半小时。七时十五分莹来给我体检。她说［血压］上120，下90，很好。允到七时四十五分。八时三十分预备睡，九时五十分寝。气温预报：明阴［转］多云，13—21［摄氏］度。

三月十三日

阴。晨四时十分醒，五时二十分起床。五时四十分吃蛋、牛奶。六时大便。六时三十分休息。八点起床，八时四十分早餐泡饭。九时十分按摩，九时三十分写信。十时四十分休息。十一时三十分午饭。下午一时三十分午睡。仙花又拿来桂圆、荔枝、酥糖。三时回去。据允说今日她儿子（中南）车子来的。三时三十分起来看报，四时三十分息。明多云，［有］小雨，12—16［摄氏］度。

三月十四日

阴。晨四时十分醒。五时十分起来，六时吃牛奶、蛋。六时十分大便。六时四十分休息。七时五十分早餐泡饭、面包。九时十分按摩。九时三十分整报。十一时十分毕，十二时午饭。下午一时三十分午睡。三时三十分起来看报。四时三十分休息，六时晚饭。政、嘉六时三十分来，知她“三八”妇女节单位给她们去上海参观东方明珠塔。嘉戴上给他的纪念章，很高兴给我。到七时三十分，我叫允看气象预报。我说已七时二十八分。玄去看气象，她亦即去。明小雨［转］阴，8—15［摄氏］度。今晚没有睡好，因空肚，上厕不畅，到次日要多次。

三月十五日

阴。晨四时十分醒。五时四十分起床，六时要大便，即上厕所，大便量极少。上床吃牛奶、蛋、饼干，即解衣睡。八时早餐泡饭，按摩，又上厕所又少量。九时五十分上厕所，又少量。因第一次空肚上厕所，休息到十时三十分又上厕所，还是少量。十一时休息，十二时午饭。下午阴［有］小雨。一时三十分午睡。四时起来。允说，又中一时即来，你在午睡。知小兰是胃病，有时饭不能吃。略谈半小时，他即回新。六时晚饭。六时三十分休息。八时准备睡。十时寝。明小雨［有］阴，8—11［摄氏］度。

三月十六日

阴［有］小雨。晨四时十分醒。五时三十分起床，吃牛奶、蛋、饼干。六时大便，六时三十分休息。八时早餐，按摩。九时半搁脚。十时写澂信。十一时搁脚，十二时午饭。下午阴［有］小雨。一时三十分午睡，三时三十分起来看报。四时三十分休息。六时晚饭，失手打破碗。六时三十分闭目休息，到八时准备睡，九时四十分寝。

三月十七日

阴。晨四时十分醒。五时十分起，五时四十分吃牛奶、蛋、饼干。六时大便。六时三十分休息。七时三十分早餐泡饭。八时按摩。九时三十分写抄作。十时三十分刮胡子。十一点搁脚。十一时三十分吃午饭。下午小雨。一时三十分午睡。明，小雨[转]阴，6—11[摄氏]度。

三月十八日

小雨[转]阴。早四时十五分醒。四时四十分起床，吃牛奶、蛋。五时十五分大便。五时三十分休息。七时五十分早餐。八时二十按摩。十一时三十分午饭。下午一时三十分午睡，三时三十分起来，看报。四时三十分休息。六时晚饭。八时四十分准备睡，九时三十分寝。

三月十九日

阴[有]小雨。晨四时十分醒。六时起，六时十五分吃牛奶、蛋。六时三十分大便，七时早餐泡饭、面包。八时按摩，休息十五分钟，写照片。事毕要允中去挂号寄。十一时休息，十一时三十分午饭。下午一时三十分午睡。三时三十分起来，看报。五时休息。六时晚饭，六时三十分休息。八时二十分准备休息，九时三十分寝。今晚睡得很好。明小雨，7—10[摄氏]度。

三月二十日

阴。晨四时十分醒。四时三十分起床。四时五十分吃牛奶、蛋、饼干。五时十分大便。五时三十分休息。七时四十分早餐，吃泡饭。八时三十分按摩。九时看报写札。下午一时三十分午睡，三时三十分起来，看报一小时，休息三十分钟。开灯，再看报三十分。六时吃晚饭，六时三十分休息。八时三十分预备睡，九时三十分寝。明，小雨，6—10[摄氏]度。

三月二十一日

阴。晨四时十分醒来，五时吃牛乳、饼干。五时二十分大便，五时四十分休息。七时三十分吃早餐泡饭。八时按摩。九时三十分写信。十一时搁脚。十一时三十分午饭。下午午睡一时三十分，三时三十分起床。四时看报至五时。五时三十分休息，六时晚饭。六时三十分休息，八时三十分预备睡，九时三十分寝。明小雨，7—10[摄氏]度。

三月二十二日

小雨。晨四时十分醒。五时吃牛奶、饼干。五时五十分大便。六时三十分休息。八时起来。八时三十分早饭。八时五十分按摩。九时十分写信。十一点搁脚。十一时三十分午饭。下午一时三十分午睡，三时三十分起来。四时看报，五时休息，六时晚饭。六时三十分休息。八时三十分准备睡，九时三十分寝。香港回归还有100天。明阴[有]小雨，6—10[摄氏]度。

三月二十三日

阴。晨四时十分醒。五时二十分起，吃牛奶、饼干。五时三十分大便。六时休息。八时起来，九时早餐，九时三十分按摩。十时写信。十一时三十分吃午饭。下午一时三十分午睡，三时三十分起来。四时看报，五时息，休息。六时晚饭，六时三十分休息。八时三十分准备睡，九时四十分寝。明多云，6—16[摄氏]度。

三月二十四日

阴[转]多云。晨四时十分醒，五时二十分起床，五时四十分吃牛奶、蛋。六时大便。六时三十分休息。七时早餐，七时三十分按摩。八时日出，允给我晒被，整床铺。八时二十分开始写札、通信录。九时二十分搁脚三十分钟，九时五十分续写。十时五十分休息。十一时三十分午饭。下午一时三十分睡，三时三十分起来，看报。四时三十分休息，六时晚饭。六时三十分休息，八时三十分准备睡。九时三十分寝。明多云[转]阴，6—13[摄氏]度。醒来凌晨二时三十分[睡得好]。

三月二十五日

阴[有]小雨。晨四时十分醒，五时十五分起床，五时四十分吃牛奶、饼干。六时大便。六时三十分休息。八时早餐，八时三十分按摩。九时写、札。下午一时午睡，三时三十分起来。四时看报。五时息后开灯，再看三十分钟。六时吃晚饭，六时三十分休息。七时政、小夏、嘉嘉来，八时十分回去。八时二十分准备睡，九时三十分寝。明阴

［转］多云，7—14［摄氏］度。醒来凌晨三时。

三月二十六日

多云。晨四时十分醒。四时五十分起床。五时三十分吃牛奶、蛋、饼干。六时大便，六时三十分休息。七时五十分早餐，吃泡饭。八时二十分按摩，休息二十分钟。写信。十一时三十分吃中饭。下午一时三十分午睡，三时三十分起来。四时看报至五时，五时三十分至六时开灯续看，五时至五时三十分休息。六时晚餐。六时三十分至八时三十分休息。八时三十分准备睡，九时五十分寝。醒来凌晨三时三十分。明阴［转］多云，9—7［摄氏］度。

三月二十七日

阴［转］多云。晨四时十分醒，四时五十分起床。五时四十分吃牛奶、蛋、饼干。六时大便。六时三十分休息。八时早餐。八时三十分按摩。九时写信。十时三十分休息。十二时午饭。下午一时三十分午睡。三时三十分起来。四时看报，五时息。五时三十分开灯再看。六时晚饭。六时三十分休息。八时三十分准备睡，九时三十分寝。明阴［有］小雨，8—15［摄氏］度。

三月二十八日

小雨。晨四时十分醒。六时起床。六时三十分大便。蓉、珍珍今日七时三十分去杭到宜兴扫墓。八时理发，八时五十分允去取信(是3月22日这封信)。下午一时三十分午睡，三时三十分起来看报。四时至五时休息，五时三十分开灯续看报三十分钟。六时晚饭。六时三十分休息。八时三十分准备睡，九时三十分寝。明多云,［有］小雨，8—16［摄氏］度。

三月二十九日

多云，小雨。晨四时十分醒，五时十分起床。五时三十分吃牛奶、蛋糕。六时大便。六时三十分休息。八时起床，洗面。八时二十分吃早餐泡饭。八时四十分按摩，写、札。下午一时三十分午睡，三时三十分起来。四时看报，五时息，五时三十分开灯看报三十分钟。六时晚饭。六时三十分休息。八时三十分准备睡，九时三十分寝。明晴［转］多云，11—24［摄氏］度。

三月三十日

阴有雾。晨四时十分醒。五时起床。五时二十分吃牛奶、饼干。五时五十分大便。六时三十分休息，七时五十分起床。八时三十分早餐，九时按摩。九时三十分搁脚二十分钟，写信。下午一时三十分午睡，三时三十分起来看报。四时三十分息，五时三十分续看，五时二十分息。六时晚饭。六时三十分息。八时三十分准备睡，九时三十分寝。明多云［转］阴，8—18［摄氏］度。

三月三十一日

晨四时十分醒，五时起床。五时二十分吃牛乳、饼干。五时三十分大便。六时休息。允去看有白鱼否，没有。八时早餐，八时三十分按摩。九时休息，九时三十分作写作。十一时三十分息，午饭。下午一点午睡，三时三十分起来。四时看报一小时。五时息，开灯续看二十分钟晚饭。六时三十分休息。八时准备睡。九时三十分寝。明，多云，11—20［摄氏］度。

四月一日

星期二。旧历二月二十四日。晨四时十分醒。五点起床，五时二十分吃牛奶、饼干。五时四十分大便。六时休息。允去看白鱼，未有。八时早餐，八时三十分按摩。九时三十分休息，十时做月末工作。十一时休息。十一时三十分午餐。下午一时三十分午睡，三时三十分起来。四时看报，五时息，开灯续看二十分钟。吃晚饭，六时林滨到，吃晚饭。八时准备休息，九时三十分寝。明阴［有］小雨，15—23［摄氏］度。

四月二日

阴。晨四时十分醒。五时起床，五时二十分吃牛奶、饼干，五时四十分大便。六时休息。允去看白鱼，有。八时早餐，允中八时四十分去新登俊、杰兄家，元将处。八时三十分项莹来协助。九时三十分项莹去。十时三十分小方来。林滨十时三十五分来。允中十一时二十五分回来。一时三十分午睡，三时三十分起来。四时看报，五时息。五时三十分开灯续看。六时吃晚饭。八时准备休息，九时三十分寝。林立成下午四时到，给我进口笔二枝。晚饭后略谈。厂车随行去杭。六时立成、林滨乘车参加浙大百年校庆。明中雨[转]小雨，13—17[摄氏]度。

四月三日

阴[有]小雨。晨四时十分醒，四时四十分起来。五时吃奶粉、蛋。五时十分大便。六时休息。我们十二时午饭。下午一时三十分午睡。三时三十分起来，四时看报。我五时休息，五时三十分点开灯，看二十分钟。晚饭六时。允中说他看电视知浙大百年校庆有国内外[校友]、在校教师等五万余人参加(百年全校师生共有15万多人云)。八点准备睡，九时三十分寝。明小雨，8—14[摄氏]度。

四月四日

小雨[转]阴。晨四时十分醒。允中四时四十分起来，问这样早起来做什么。我说和平日一样，四时十分叫[早]，没有早，和平日一样。你说太早，今晚你通知我一声，明日何时，照你行。五时吃奶粉、蛋。五时十分大便，六时休息，七时三十分起。八时早餐，八时三十分按摩。九时写作，到十时休息。下午一时三十分午睡，三时三十分起来。四时看报，五时息，开灯续看二十分钟。六时晚饭，六时三十分休息。八时三十分准备睡，九时三十分寝。明阴[转]多云，8—16[摄氏]度。

四月五日

晨四时十分醒。五时十分起床。五时三十分吃牛奶、饼干。五时五十分大便。六时二十分休息。八时早餐。多云[转]晴，8—20[摄氏]度。

四月六日

明晴，10—22[摄氏]度。

四月七日

晴。晨四时醒。允中二时二十分起，一看回去。我看钟才二时二十分，续再睡。五时十分起，吃牛奶、蛋。五时三十分大便。六时休息。六时五十分起来，七时三十分起床。八时二十分早餐。八时四十分新登袁宝书来谈至九时三十分，去他女小菜市场。允去领退休金，十时五十分回来。十二时吃午饭。下午一时三十分午睡，三时三十分起床。四时看报，五时息，开灯后续看二十分钟。六时晚饭，六时三十分休息。八时三十分准备睡，九时三十分寝。明阴[有]阵雨，7—11[摄氏]度。

四月八日

下雨，阴。四时醒，四时五十分起。五时十分早餐，奶粉、饼干。五时三十分大便。六时靠坐。七时五十分早餐。八时二十分按摩。八时四十分开始写、札。十时袁宝书来闲谈。，他、允、我三人吃中饭。饭后谈到一时三十分，他回女儿处去。下午一时四十分午睡，三时三十分起来看报，四时三十分息。五时开灯，续看二十分钟。六时晚饭，六时三十分休息。八时四十分准备睡，九时三十分寝。明阴[转]多云，12—18[摄氏]度。

四月九日

晨四时十分醒。五时二十分起床，五时四十分吃牛奶、蛋、饼干。六时大便。六时三十分休息。八时起床。八时四十分早餐。九时按摩。九时四十分看、抄。明阴[转]多云，8—17[摄氏]度。

四月十日

晨四时十分醒，五时二十分起床。五时四十分吃牛乳、饼干。六时大便。六时三十分休息。九时起来，知石勇去杭接蓉、琳、珍。下午十二时三十分到家。十一时三十分吃午饭。下午一时午睡。三时三十分起来看报，四至五时，休息二十分钟，开灯续看二十分钟，休息。六时二十分吃晚饭，六时五十分休息。八时四十分准备睡，九时三十分寝。明晴[转]多云，8—21[摄氏]度。

四月十一日

阴。晨四时十五分醒。五时二十分起床。五时四十分吃牛奶、饼干。六时大便。六时二十分休息。八时早饭。八时三十分按摩。九时十分看写作。九时日出。明晴[转]多云，12—25[摄氏]度。

四月十二日

晴。晨四时醒来。五时十分起床。五时三十分吃牛奶、饼干。五时三十分大便。六时休息。七时三十分起床。八时早餐。八时三十分按摩。九时开始看、写、札，写信，看4月10日4版报刊、文摘，叙(聚)焦香港交接仪式。十一时三十分息。

四月十三日

晴，雨。晨四时十二分醒，五时四十分起床，六时吃牛奶、饼干。六时二十分大便。六时四十分穿衣，七时吃早餐。允中七时三十分去新登长育、元将处回礼。七时晴，日出雨止。七时搁脚三十分钟。蓉君问早饭吃过啦？我说我吃后允中去新登。八时三十分开始写、札、看工作。九时写信。十一时三十分吃午饭。下午晴。一时三十分午睡。三时三十分起靠［床］休息。五时允中到，略看报，略谈。六时吃晚饭。六时三十分项炜来，说去江苏。谈了约十几分钟，我对他说有事去和你叔叔谈谈。他今日去新登扫墓及回亲友谢礼，很辛苦。把(赶)紧谈，让他好休息。他即去。可能事前也谈些，他不久即去。在项炜去后，允即为我准备睡。九时二十分寝。谈了些扫墓会亲友情况。

四月十四日

下午六时三十分项政、小夏、嘉嘉来，我说炜昨日来过，说去江苏。允说我听错。我不多说，政约八时三十分回去。我即准备睡。九时三十分寝。明中雨［转］阴，14—19［摄氏］度。

四月十五日

阴雨。晨四时十分醒。五时十分起床。五时三十分吃牛奶、饼干。五时五十分大便。六时二十分休息靠。七时五十分起来，八时十分吃早饭。允八时三十分为我按摩。九时为我剃须，九时三十分搁脚。十时看、札。明晴［转］多云，12—23［摄氏］度。

四月十六日

晴［转］阴。晨四时十分醒，五时十分起来。五时三十分吃牛奶、饼干。六时大便。六时二十分休息靠，七时四十分起来。八时二十分早餐。八时四十分按摩。九时休息，搁脚二十分钟。九时三十分，政协联谊会新登组组长叶振宇来，送来文件及慰问品，被套。十二时午饭。下午一时三十分午睡，三时三十分起来。四时看报，五时息。五时十分开灯续看二十分钟。六时晚饭。明晴［转］多云，14—26［摄氏］度。

四月十七日

晴［转］阴。晨四时十分醒。五时二十分起床，吃牛奶、饼干。六时大便。六时四十分休息靠。七时四十分起来，八时十分早餐。八时三十分按摩。八时五十分搁脚。九时二十分开始看、札、写。十一时休息十五分钟，十一时三十分吃中饭。下午有时日出，晴。下午一时三十分午睡，三时三十分起来。四时看报一小时。五时休息二十分钟，开灯续看。六时吃晚饭，六时三十分后休息。八时三十分准备睡，九时三十分寝。明小雨［转］多云，12—24［摄氏］度。

四月十八日

晨四时十分醒，五时十分起床，五时二十分吃牛奶、饼干。五时四十分大便，六时十分休息靠。七时四十分起来，八时十分早餐。八时三十分按摩。九时休息十五分钟。开始略看昨报。九时二十五分开始看、写、札。明阴［转］多云，11—19［摄氏］度。

四月十九日

晨四时十分醒，五时二十分起床，五时四十分吃牛奶、饼干。六时大便。六时三十分靠休息。七时四十分起来。八时四十分早餐。九时按摩。九时二十分叶超宇组长来，知新登俊兄在家，杰弟去杭，俊说二位去杭，另一位谅指(相信是指)他家老大乃人。谈二十分钟回去。九时四十分按摩。下午一时三十分睡，三时三十分起来，看报五时止。未开灯，没看报。六时二十分吃晚饭，后休息。八时四十分准备睡，九时二十分寝。明多云［转］小雨，12—20［摄氏］度。

四月二十日

小雨。晨四时十分醒，五时十分起床，五时三十分吃牛奶、饼干。五时五十分大便。六时十分休息。七时三十分起床，八时吃早餐。八时二十分按摩。八时四十分剃须。九时看报，十时二十五分停，吃奶粉。十一时三十分吃午饭乌米饭，十二时毕。下午一时三十分午睡，三时三十分起来。四时看报，五时息。开灯，读看二十分钟。六时晚饭，六时三十分靠床休息。八时三十分准备睡，九时十分寝。明小雨，15—19［摄氏］度。

四月二十一日

小雨。晨四时十分醒。五时二十分起床，五时四十分吃牛奶、饼干。六时靠床休息。七时四十分起床。八时二十分吃早餐，八时四十分按摩。九时看报，札、写等[至十时]十分，搁脚三十分钟续。下午一时三十分午睡。三时三十分起来。四时看报。五时息。六时吃晚饭。六时三十分靠休息。八时四十分准备睡，九时三十分寝。明阴[转]多云，11—20[摄氏]度。

四月二十二日

日出，多云。晨四时十分醒。五时二十分起床。五时四十分吃牛奶、饼干。六时大便。六时二十分休息靠。七时四十五分起床。七时三十分早餐。八点十分早餐。八时三十分按摩。九时开始看写札。十时休息十五分钟，续看报十一时。下午一时三十分午睡。明晴[转]多云，13—24[摄氏]度。

四月二十三日

晴，多云。晨四时十分醒，五时二十分起来，五时四十分吃牛奶饼干。六时大便。六时二十分休息靠。七时三十分起来。八时早餐。八时二十分按摩。八时四十分搁脚。九时看报，札、写。十时休息二十分钟，十时四十分钟续看札写，至十一时三十分吃午饭。下午一时三十分午睡。明阴[转]多云，12—21[摄氏]度。

四月二十四日

下午一时三十分午睡。明阴[转]多云，13—20[摄氏]度。

四月二十五日

日出，阴。晨四时十分醒，五时十分起来。五时三十分吃牛奶、饼干。五时五十分大便。六时十分休息靠。七时三十分起来。八时早餐，八时三十分按摩。八时五十分靠休息。九时十分开始写作札。十时十分搁脚。十时三十分续作，吃牛奶。十一时三十分午饭。下午一时三十分午睡。三时三十分起来。四时看报。五时休息。开灯后续看报二十分钟。六时吃晚饭。八时四十分准备睡，九时三十分寝。明晴[转]多云，12—23[摄氏]度。

四月二十六日

晴[转]阴。晨四时十分醒，五时十分起来。五时二十分吃牛奶，饼干。五时四十分大便。六时靠休息。七时三十分起来。八时十分吃早餐。八时三十分按摩。九时休息二十分钟。十时看、札、抄。十时三十分吃牛奶，搁脚靠二十分钟。十一时三十分钟吃中饭。我说今天有太阳，把被多晒一会，我迟点午睡。晒被。下午二时午睡，四时起来看报，五时休息。六时晚饭。八时四十分准备睡，九时二十分寝。十时二十分醒，太热，被打开取凉。到十二时太热，打开被让气通一通，人疲。明，小雨[转]多云，13—23[摄氏]度。

四月二十七日

雨。到四时坐起，五时穿衣起来，五时二十分吃奶粉。少点，不要太多。五时四十分大便。六时靠[床]休息。七时三十分大雨，吃早饭。八时按摩。八时四十分靠[床]，搁脚。九时十五分看札写。下午一时三十分午睡。三时三十分，玄说三哥来，同时政、小夏、嘉嘉、凯凯一同，进不到十分钟，庚说回新登去。后来我问允，庚是从新登来，还是从杭返。他说星期休息，下午一时三十分来，你正睡着，他们去亚林所玩一息，再来此。四时看报，五时息，六时吃晚饭。明小雨，13—23[摄氏]度。

四月二十八日

明多云[转]晴，11—25[摄氏]度。

四月二十九日

晴。晨四时十分醒，五时十分起来，五时三十分吃牛乳、饼干。五时四十分大便。六点靠床休息。七时三十分起来。八时吃早饭。八时十五分按摩。八时三十分靠[床]休息。九时起来看、写、札。十时三十分吃牛奶，休息。十一时三十分吃中饭。下午一时三十分午睡。三时三十分起来看报。五时息，休息二十分钟。六时吃晚饭。六时三十分靠[床]休息。八时四十分准备睡。九时二十分寝。明多雷雨，18—29[摄氏]度。

四月三十日

晨四时醒，五时十分起来。五时三十分吃牛

奶、饼干。六时上厕所，六时三十分靠[床]休息。七时三十分起来，洗面，吃早饭，按摩，靠[床]休息。九时开始看、写、札，核月底账。十时三十分吃牛奶，休息。十一时三十分吃中饭。下午一时三十分午睡。三时三十分起来看报。五时休息二十分钟，开灯续看二十分钟。六时吃晚饭。六时三十分靠休息。八时四十分准备睡，九时二十分寝。明阴[转]多云，15—26[摄氏]度。

五月一日

星期四，旧历三月25日，国际劳动节(1889年)。晨四时醒，五时起床，五时二十分洗面，吃牛奶、饼干。五时三十分上厕所。六时靠[床]休息。七时四十五分起床。八时十分吃早餐，按摩。九时搁脚，九时三十分开看扎写信。十时三十分吃牛奶，十二时午饭。下午一时三十分午睡，三时三十分起来，四时看报，五时息，开灯续看二十分钟。五时四十分吃晚饭。六时三十分休息靠。八时四十分准备睡，九时二十分寝。明，多云，18—30[摄氏]度。

五月二日

晨四点醒，五时起床，时二十分吃赤豆、花生银耳羹。五时四十分上厕所。六时休息靠。七时三十分起来。八时三十分吃早餐。八时五十分按摩，九时二十分搁脚。九时四十分开始看、札，写给在中信。十时四十分吃牛乳、饼干。十一时三十分吃午饭。下午一时三十分午睡。下午一时三十分至三时三十分起来看报。五时息，开灯续看二十分钟。吃晚饭，靠[床]休息。八时四十分准备睡，九时二十分寝。明日小雨[转]多云，20—28[摄氏]度。

五月三日

晴。晨四时醒，五时二十分起来，五时四十分吃赤豆花生羹。六时上厕所。六时二十分靠[床]休息。七时三十分起来。八时吃早餐。八时三十分按摩，八时五十分休息靠。九时十分开始看、札、写。下午一时三十分午睡。明多云[转]晴，18—29[摄氏]度。

五月四日

晴。下午一时三十分午睡。明多云[转]晴。

五月五日

晴。晨四时醒。五时二十分起床。五时四十分吃赤豆汤。六时上厕所。下午一时三十分午睡。三时三十分午睡。三时三十分起来，三时四十分看报一小时。四时四十分休息。五点开灯。续看二十分钟。六时晚饭。八时四十分准备睡，九时二十分寝。明晴[有]雨雷，20—33[摄氏]度。

五月六日

多云。晨四时醒，五时十分起床，五时二十分吃赤豆汤。五时四十分上厕所。六时靠床休息。七时三十分起来吃早饭，按摩。八时三十分休息，九时三十分看《长寿之乡革命老红军》札抄。十一时休息。明多云，[有]阵雨，24—34[摄氏]度。

五月七日

晨五时起床。明雷雨，20—27[摄氏]度。

五月八日

晨五时起床，五时二十分吃牛奶、饼干。五时四十分上厕所。六时靠[床]休息，七时三十分早餐，八时起床，八时三十分早餐。九时按摩。九时三十分搁脚十时写信。十时三十分写信。庭前广玉兰初开三五朵。下午一时午睡。三时起来，三时三十分看，四时三十分休息。五时续看二十分钟。六时晚饭，六时三十分靠休息。八时四十分准备睡，九时二十分寝。明有雷雨，多云，20—26[摄氏]度。

五月九日

阴。晨四时醒。五时起床，似有雾。五时十分吃牛奶，饼干。五时三十分上厕所。五时五十分靠床休息。七时三十分起来，八时三十分早餐。八时五十分按摩。九时十分(晴，日出)整理看报。十时三十分吃牛奶。十一时三十分吃午饭。下午一时午睡，三时三十分起床。四时看报，五时息，开灯后看报二十分钟，休息。六时吃晚饭。六时三十分休息。政、嘉六时三十分来，八时十分回去，准备休息睡，九时二十分寝。明阴，多云，11—21[摄氏]度。

五月十日

小雨，阴。晨四时醒。五时起，五时二十分吃牛奶、饼干。五时四十分上厕所。六时靠床休息。七时三十分起床，七时四十分理发来，八时五十分早餐。九时五十分按摩。十时十分开始看、写、札。十一时三十分午饭。下午一时睡。明多云[转]小雨，13—23[摄氏]度。

五月十一日

阴。晨四时醒，五时起床，五时十分吃牛奶、饼干。五时三十分上厕所。五时五十分靠[床]休息。七时三十分起床。八时洗面。八时二十分早餐。八时四十分按摩。九时靠，搁脚。下午一时午睡。三时三十分起来看报。四时三十分休息二十分钟，续看报半小时。休息二十分钟，开灯续看半小时。六时吃晚饭，六时三十分靠[床]休息。八时四十分准备睡。九时四十分寝。明小雨[转]多云，13—20[摄氏]度。

五月十二日

阴。晨四时醒，五时起床。五时十分吃牛奶，饼干。五时三十分上厕所。六时休息。七时三十分起床，八时早餐。八时三十分按摩，九时十分看写作。下午一时三十分午睡。三时三十分起来看报，四时三十分休息三十分钟。五时开灯续看。六时吃晚饭。六时四十分靠床休息。八时四十分准备睡，九时四十分寝。明多云，[有]雷雨，20—27[摄氏]度。

五月十三日

晨四时醒。五时起来吃赤豆汤。五时二十五分上厕所。五时四十五分靠[床]休息。七时三十分早餐起来。等按摩毕已九时三十分，看报到十时三十分搁脚。十二时午饭。下午一时午睡，三时三十分起来看报。六时吃晚饭。六时三十分靠床休息。八时政、嘉嘉来，八时三十分回去，给我买来英雄墨水二瓶。问她何价，说二块多点，不肯收钱（作五元记账）。九时准备睡，十时三十分寝。政说[爸]要她带毛巾毯，因抱有嘉嘉不能带。明雷阵雨。22—30[摄氏]度。

五月十四日

晴。晨四时醒，五时起床。五时十分吃牛奶，饼干。五时三十分厕所，五时五十分靠[床]休息。七时四十分起床，八时三十分早餐后按摩二十分钟，看报。十二时午饭。下午一时三十分午睡。三时三十分来看报，四时三十分休息二十分钟，续看开灯。六时晚饭，六时三十分靠[床]休息。七时听到开会声，问允中，说东亚运动会在南朝鲜拉开序幕。富阳表示欢庆大会。九时准备睡，九时十分寝。明雷阵雨，23—30[摄氏]度。

五月十五日

阴。晨四时醒来，四时五十分起来。五时吃赤豆汤。五时二十分上厕所。五时四十分靠[床]休息。七时三十分起来，八时十分吃早餐。八时三十分按摩。九时休息，搁脚二十分钟。九时三十分看报写信。十时在中、邹克到，送来奶粉双罐、冬梨膏二瓶、饼干一包、墨囊一袋。下午一时三十分午睡。三时三十分起来，看报一小时，休息二十分，开灯续看三十分钟。吃晚饭六时三十分，靠[床]休息。九时准备睡，九时三十分寝。明，雷阵雨，23—31[摄氏]度。

五月十六日

晨四时醒来。五时起床吃牛奶、饼干。五时三十分上厕所。六时靠床休息。七时三十分起来。八时早餐。八时三十分按摩。九时开始写、札、看。九时三十分和在中谈谈，十时保姆来，在中去接谈。十时三十分吃牛乳。下午一时十五分午睡，三时三十分起来。四时看报一小时，五时休息，开灯续看三十分钟，吃晚饭。九时准备睡，九时四十分寝。明多云，[有]雷雨，22—27[摄氏]度。

五月十七日

晨四时醒，五时起来。五时十分吃赤豆汤、蛋。五时三十分上厕所。六时靠[床]休息。七时三十分起来。八时二十分吃早餐。庚有九时到，毛巾毯带来。下午四时回新，给小兰、冬梅物带去，他方便时送去。下午一时三十分午睡。午睡三时三十分起来略看报。整理在中历年来信交给他去看看往事。他说接受，拿去。晚天气预报未看。

五月十八日

阴。晨四时醒来。四时五十分起来。五时吃牛奶、饼干。五时二十分上厕所。五时四十分靠

［床］休息。七时三十分起床。八时吃早餐。九时三十分按摩。九时五十分再作理在中信。下午。明晴［转］多云，19—30［摄氏］度。

五月十九日

晨四时醒。四时五十分起来吃牛奶、饼干。五时十分上厕所。五时三十分靠［床］休息。七时三十分起来。八时三十分吃早饭。十时和在中谈谈。下午一时三十分午睡。三时三十分起看报。四时三十分休息。五时开灯续看半小时，吃晚饭后与在［中］、［邹］克言别，保姆同去。六时蓉君、项莹送他们到杭州车站，回来八时三十分。我九时准备睡，十时三十分寝。明多云［转］晴，17—30［摄氏］度。

五月二十日

晨四时醒。五时起来吃早点，牛奶、饼干。五时三十分上厕所。五时五十分靠休息。七时三十分起床。八时三十分吃早餐。九时三十分按摩。十点作看报写作。十时三十分搁脚三十分钟。十一时三十分吃中饭。下午一时午睡。三时三十分起来看报，四时三十分休息，五时开灯续看三十分钟。吃晚饭，六时三十分靠［床］休息。八时三十分准备睡，十时寝。十一时在中来电话说顺利到家。明晴［转］多云，17—30［摄氏］度。

五月二十一日

晨四时醒来。四时四十分起来吃牛奶、饼干。五时上厕所。五时二十分靠休息。七时三十分起来。八时吃早餐，九时开始写、看、札。十时看报。十时三十分吃牛奶，续看。十一时三十分吃午饭。十二点休息。下午十二时三十分午睡。三时三十分起来，看报一小时，休息。五时开灯续看报。五时三十分吃晚饭，六时靠［床］休息。八时四十分准备睡，九时五十分寝。明晴［转］多云，18—29［摄氏］度。

五月二十二日

晨四时十分醒。四时五十分起来，洗面，吃牛奶、饼干。五时二十分上厕所。五时四十分靠［床］休息。七时十五分起来。七时四十五分吃早餐。八时二十分按摩。八时四十分靠［床］，搁脚。九点看、札、写。彦章和孙女斯玥、依依来。下午我一时二十分午睡，三时三十分起，他已回杭。十二时午饭。下午一时二十分午睡，三时三十分起来。四时看报，五时休息，六时晚饭。六时三十分靠［床］休息。八时四十分准备睡，九时五十分寝。明阴［有］小雨，19—16［摄氏］度。

五月二十三日

晨四点醒。四时五十分起来吃牛奶、饼干。五时十五分上厕所。五时三十五分上床靠。七时三十分起，洗面、吃早饭、按摩。八时四十五分靠［床］搁脚，休息二十分钟看、写。下午一时三十分午睡。三时三十分起来。四时看报，五时息，五时二十分开灯续看报三十分钟。六时吃晚饭，六时三十分靠［床］休息。八时四十分准备睡，九时三十分寝。明阴［转］多云，18—26［摄氏］度。

五月二十四日

晨四时醒，五时十分起来，五时三十分吃牛奶、饼干。五时五十分上厕所。六时十分靠床休息。七时四十分起来。八时四十分吃早饭。九时按摩。九时四十分写、看、札。十时三十分吃牛奶。十一时四十分吃午饭。明晴［转］多云，18—30［摄氏］度。

五月二十五日

晨四时醒。四时五十分起来，五时十分吃牛奶、饼干。五时三十分靠［床］休息。七时三十分起来吃早餐。八时三十分按摩。允中准备给我看电视，忙至十一时才息，吃牛奶。搁脚，休息。十二时吃午饭。下午十二时三十分午睡。三时三十分起来，四时看报至五时息。七时看电视。八时十分息，准备睡。九时四十分寝。明晴［转］多云，18—30［摄氏］度。

五月二十六日

晨四时醒。四时四十分起来，四时五十分洗面，五时吃牛乳、饼干。五时十分起床，五时二十分上厕所。五时四十分靠［床］休息。七时十五分起来，八时十五分吃早餐。八时三十分按摩。八时五十分允中给我整理衣橱。十时三十分才息，吃牛奶。十一时动笔记事，搁脚。十一时三十分吃午饭。下午一时三十分午睡，三时三十分起来。四时看报。明日晴[转]多云，19—32[摄氏]度。

五月二十七日

晨四时醒。四时五十分起来。五时吃牛奶、饼干。五时二十分上厕所。五时四十分靠[床]休息。七时十五分起来，八时吃早餐。八时三十分按摩，九时开始看、扎、写工作。十时三十分吃牛乳。十一时三十分吃午饭。下午一时五十分午睡。明晴[转]多云，23—33[摄氏]度。

五月二十八日

下午一时三十分午睡。三时三十分起来看报。明多云，[有]雷雨，23—31[摄氏]度。

五月二十九日

晨四时醒。四时五十分起吃牛奶、饼干。五时十分起床，五时三十分上厕所。六时靠[床]休息。七时三十分起床。八时二十分吃早饭，按摩(八时四十分)。九时至十时闭目养神。十时看、抄，吃牛奶。十一时三十分吃中饭。下午一时三十分午睡。明有雷雨，多云，21—29[摄氏]度。

五月三十日

晨四时醒。四时五十分起来，五点吃牛奶。五时二十分起，上厕所五时四十分靠休息。七时十五分起来。八点吃早饭。八时二十分按摩，八时四十分靠休息。九时十分整报。十时十分息，搁脚休息。十一时三十分午饭。下午。明多云，19—29[摄氏]度。

五月三十一日

晨四时醒，四时五十分起来吃牛奶、饼干。五时十分上厕所。五时三十分靠[床]休息。七时十五分起床。八时吃早餐。八时二十分按摩。八时四十分靠[床]搁脚。九时核5月份收付账。十时三十分吃牛奶。十一时靠[床]搁脚三十分。十一时三十分续核账。十二时吃午饭。下午一时三十分午睡。三时三十分起来。四时看报，五时息二十分钟。六时吃晚饭，休息。七时看电视，《新闻联播》《焦点访谈》《东西南北中》。九时息。允中说孚来电话，说明晨七时从沪来富。我九时三十分准备睡，十时寝。明晴，21—33[摄氏]度。

六月一日

阴。晨四时醒，四时五十分起来吃牛奶、饼干，五时二十分上厕所。五时四十分靠休息。七时三十分起来，八时吃早餐。八时三十分按摩。九时靠[床]搁脚二十分钟。整换桌上报纸。十时三十分吃牛奶。十二时吃中饭。下午十二时四十分孚中到。下午二时五十分午睡，四时起来看报，四时五十分息。六时十五分吃晚饭。七时看《新闻联播》《焦点访谈》。九时息，吃孚中带来芒果。九时十分准备睡，十时寝。明日气温21—33[摄氏]度，晴[转]多云。

六月二日

阴。晨四时醒。五时起来。五时十分大便，上厕所不正常。五时三十分回床上。吃牛奶、饼干。六时靠[床]休息。七时十五分起床，七时五十分吃早饭。八时二十分按摩。玄为[欢欢]寻玩具上丢失的小[零]件，欢欢为我按摩，孚中为我用手按摩。九点上厕所。九时三十分与孚中谈谈。十一时三十分中饭。下午一时三十分午睡。三时三十分起来看报，四时三十分息，休息二十分钟，四时五十分开始续看报。六时吃晚饭。七时看电视。七时三十分政、忠、嘉来，八时三十分回去。八时四十分钟准备睡，十点寝。明日雷雨，多云，20—30[摄氏]度。

六月三日

阴。晨四时醒。五时起来吃牛奶、饼干，上厕所。五时五十分起床，洗面。六时五十分孚中去新登扫墓。我七时三十分吃早饭。八时按摩。八时二十分搁脚休息。八时四十分看、札、写。十一时三十分午饭。下午一时三十分午睡，二时四十五分起，三时看报。四时息。开灯。四时三十分续看。五时息。孚中新登回来，六时三十分吃晚饭。六时五十分休息。七时即看电视，八时三十分息，九时准备睡，十时寝。明多云，21—30[摄氏]度。

六月四日

阴。四时四十分醒，五时起来。孚中说明日

去沪。允说要看《余庆堂本支百世》，我九时至十时三十分找[这份资料]，未找到。吃牛奶。略靠[床]休息。十一时三十分吃午饭。十二时休息。下午一时三十分午睡。三时三十分起来。四时看报。政来叫孚中去吃晚饭。我在六时吃晚饭。七时看电视。九时息。九时政送孚中回来，九时三十分政、忠、嘉回去。九时四十分准备睡，十时四十分寝。庭前夏广玉兰开。天气预告未记。

六月五日

农历五月初一日。晨四时五十分醒来，吃牛奶、饼干。五时三十分上厕所。六时靠[床]。七时五十分起来。八时三十分按摩，吃早饭。八时五十分孚中、允中为我拍照、写信等。十时二十分允中陪孚中乘车去杭。允中到桂花路送孚中上车。十一时四十分回来。十二时吃午饭。下午一时三十分午睡，三时三十分起来看报。四时三十分息，五时开灯，续看。五时三十分息，六时吃晚饭。七时看电视。八时四十分准备睡，九时四十分寝。晚孚中来电，八时三十分到澂家。明日天气晴[转]多云，22—33[摄氏]度。

六月六日

晨四时醒，五时十分起来，五时二十分吃牛奶、饼干，五时三十分上厕所，五时五十分靠[床]休息。七时十五分起床。八时吃早饭，按摩。九时看、写。十时三十分吃牛奶。十时四十分搁脚休息。十一时三十分吃午饭。今日午饭后，允中让我到接[待]室后的大房间午睡，说我原来的卧室很热。我下午一时上十分午睡，二时起来看报。晚饭前去看，还热。饭后看电视，才回原室。坐定后，电视七时开始播《新闻联播》和《焦点访谈》。八时息，八时四十分准备睡，九时四十分寝。明多云，23—36[摄氏]度。

六月七日

晨四时醒，四时五十分起来吃牛奶、饼干。五时二十分上厕所。五时四十分靠休息。七时十五分起床。七时四十五分吃早饭。八时零五分开始看札写。下午一时三十分午睡。三时三十分起来看报一小时，休息二十分钟，续看三十分钟。六时吃晚饭。七时看电视。八时三十分息，九时准备睡，九时三十分寝。明日多云，[有]雷雨，25—32[摄氏]度。

六月八日

晨四时醒。四时四十分起，五时十分吃牛奶、饼干。五时二十分上厕所。五时四十分上床靠休息。七时三十分起来。八时吃早饭，按摩。八时三十分袁宝书来，曹季敏来，珍珍、项琳、石勇来。九时袁、曹回去。袁送来粽子。曹送来酥糖。十时三十分吃牛奶。十一时三十分吃饭。十一时三十分项敏从新登来。他一时二十分去政处。我和[他]二次谈："送来给我的东西你拿回去，给你四叔的交给他。"后允中说："上次公公和你说不要送东西，再送来，自己拿回去。"下午一时三十分午睡，三时三十分起来。四时看报。五时休息二十分钟，开灯续看三十分。六时吃晚饭。七时看电视，八时息。八时四十分开始准备休息，九时四十分寝。明日雷阵雨，24—30[摄氏]度。

六月九日

阴。晨四时醒，四时五十分起来，洗面，吃牛奶、饼干。五时二十分上厕所。五时四十分靠床休息。七时三十分起来，洗面，吃早饭，按摩。九时开始看、扎、写。十时三十分吃牛乳。十一时三十分吃午饭。下午阴。一时三十分午睡。三时三十分起来看报。四时四十分休息。五时开灯续看，六时吃晚饭。六时三十分休息。七时看电视。八时息，八时四十分准备休息睡。十时寝。明日多云，21—30[摄氏]度。

六月十日

雨。晨四时醒。五时三十分起来吃牛乳、饼干。五时四十分、五时五十分上厕所。六时十分休息靠床。八时起床，八时三十分吃早饭，按摩，九时开始搁脚。九时二十分开始看、写、抄。十时三十分吃牛奶，后搁脚。十一时三十分吃中饭。下午阴。一点午睡，三时起来看报。四时休息十五分钟。开灯续看报至五时十五分休息。六时吃晚饭。七时看电视到八时五十分息。九时准备睡，十时寝。明小雨，21—27[摄氏]度。

六月十一日

日出，阴。晨四时醒。四时四十分起来，四时五十分吃牛奶、饼干。五时上厕所，五时四十分上床靠床休息。七时十五分起床，八时吃早饭。八时二十分整床铺等。八时五十分开始看、抄、札等(日出)。九时三十分按摩。九时四十分续札看。十时三十分吃牛奶。十一时三十分吃午饭。下午一点十分午睡，三时十分起来，看报一小时休息。休息半小时，续看开灯。六时吃晚饭。七时看电视。九时准备睡，九时三十分寝。明阴［转］多云，16—25［摄氏］度。

六月十二日

晴。晨四时醒。四时五十分起来，吃牛奶，饼干。五时二十分上厕所。五时四十分靠床休息。七时三十分起床，洗面，吃饭。八时四十分毕，按摩毕。九时开始看报，抄、写等。十时三十分吃牛奶。太阳露面。十一时三十分吃中饭。下午一时十分午睡。三时十分起来，三时三十分看报一小时。休息二十分，续看报。四时五十分至五时三十分休息。六时吃晚饭。七时看电视，《新闻联播》《焦点访谈》。九时四十分准备睡，十点寝。明晴［转］多云，22—32［摄氏］度。

六月十三日

晨四点醒，五时起床吃牛奶、蛋。五时三十分上厕所，靠床休息。七时十五分起来，八时十五分吃早饭，八时二十分整内务，看报。十时十分吃牛奶。十时四十五分按摩。十一时［三十］分吃午饭。下午一时三十分午睡，三时三十分起来。四时看报，五时休息。五时三十分续看，开灯。六时吃晚饭。六时三十分再看报。七时至八时五十分看电视，《新闻联播》《焦点访谈》。九时准备睡，十点寝。明多云，［有］小雨，21—30［摄氏］度。

六月十四日

多云。晨四时醒，四时五十分起，五时吃牛奶，饼干。五时十分上厕所。五时三十分上床休息靠。七时更衣，七时三十分起床，洗面。八时三十分吃早饭。九时写信。十时按摩。十二时吃午饭。下午一时三十分午睡。三时三十分起来，四时看报。五时休息二十分钟，续看。六时吃晚饭。七时看电视，《新闻联播》《焦点访谈》《东西南北中》。政、嘉、忠七时三十分来，八时三十分回去。九点准备睡，九时五十分寝。明小雨［转］多云，22—30［摄氏］度。

六月十五日

多云。晨四时醒。五时起来，吃牛奶、饼干。五时二十分上厕所。五时四十分上床，靠［床］休息。七时三十分起床，洗面，整内部。八时三十分吃早饭，刮胡子。九时写信，十一时三十分吃牛乳，食物分了。十一时五十分吃午饭。日出。下午一时三十分午睡，三时三十分起来。四时看报，五时息，休息十分钟续看报。六时吃晚饭。七时至八时三十分看电视，《新闻联播》《焦点访谈》《正大剧场》。八时五十分息，准备睡，十时寝。明［有］雷雨，多云，22—32［摄氏］度。

六月十六日

多云。晨四时醒。四时五十分起来吃牛奶、饼干。五时十分上厕所。五时三十分上床靠休息。七时三十分起床，洗面，吃早饭，休息二十分钟，按摩。九时看、抄、札、写。十时三十分吃牛奶。十一时三十分吃午饭，整内部。一时息。下午一时三十分午睡，三时三十分起来看报一小时，休息二十分钟续看报。五时三十分休息。六时吃晚饭后休息。七时至八时五十分看电视，《新闻联播》《焦点访谈》《飞越黄河》。八时五十分息，准备睡，九时五十分寝。明晴［转］多云，20—31［摄氏］度。

六月十七日

日出，阴。晨四时醒，四时五十分起来吃牛奶、饼干。五时上厕所。五时三十分靠休息。七时十五分起来洗面，整内务。八时吃早饭，按摩。九点开始查《哲人名言》。十时三十分吃牛奶、酥糖。十一时札记。十一时三十分吃午饭。下午一时三十分午睡。三时三十分起来看报。四时三十分息，休息十五分钟，开灯续看。五时四十分吃晚饭。六时二十分续看报。七时至八时五十分看电视。九时准备睡，十时寝。明晴［转］多云，

23—33［摄氏］度。

六月十八日

多云。晨四时醒，四时五十分起来吃牛奶、饼干。五时十分上厕所。五时三十分靠［床］休息。七点起。七时三十分理发，八时十分洗面，吃早饭。八时四十五分按摩，九点开始看、札、写。日出。十一时三十分吃午饭（写牛宝彤《孔子格言一百条》给澂）。下午一时三十分午睡，三时三十分起来看报一小时，休息十五分钟，续看。五时三十分钟吃晚饭。六时续看三十分。七时至八时三十分看电视。八时三十分息，准备睡，九时三十分寝。明晴［转］多云，21—32［摄氏］度。

六月十九日

多云。晨四时醒。四时四十分起来吃鸡蛋、饼干。五时十分上厕所，五时三十分上床，靠［床］休息。七时二十分起，整内部，洗面，吃早饭，按摩。八时四十五分看、写。九时三十分扎报。十一时三十分吃午饭。下午一时三十分午睡。三时三十分起来看报一小时，休息二十分钟。五时续看，五时三十分休息。七时至八时五十分看电视新闻。《焦点访谈》。九时二十分准备睡，十时寝。明阴［转］多云，21—32［摄氏］度。

六月二十日

阴。晨四时醒，四时五十分起来吃牛奶、饼干。五时上厕所。五时三十分上床休息靠。七时三十分起床，整内部。八时二十分吃早饭。项政八时十五分至八时三十分去新登。八时三十分叶组长来，八时五十分回去。按摩。九时十分看札抄《香港回归》。十时吃牛奶，休息二十分，看昨报札。十一时三十分吃午饭，后扎报。十二时息。下午一时三十分午睡。三时三十分起来。四时看报。五时休息十分钟，开灯续看三十分钟，休息二十分钟。吃晚饭，续看。六时吃晚饭续看二十分钟休息。六时五十分看电视新闻，《焦点访谈》。八时四十分息，准备休息睡。九时四十分寝。

六月二十一日

小雨。晨四时醒。四时五十分起来，五时吃牛奶、饼干。五时十分上厕所。五时三十分靠床休息。七时起来整内务。七时二十分洗面。七时四十分吃早饭，按摩。十时三十分吃牛奶，搁脚。小雨不停。下午一时三十分午睡，三时三十分起来，四时看报，五时休息二十分钟，开灯续看二十分钟。五时四十分吃晚饭，续看到七时看电视新闻，《香港今昔》《综艺大观》。到九时息，准备睡，十时寝。明小雨［转］阴，22—28［摄氏］度。

六月二十二日

小雨。晨四时晴，四时五十分起来吃牛奶、饼干。五时十分上厕所，五时三十分上床，靠［床］休息。七时十分起来整内务，七时二十分洗面，八时吃早饭，按摩，休息。九时休息十五分钟，开始看、抄、札。十时三十分吃牛奶，十一时三十分吃中饭。小雨不停。下午一时三十分午睡，三时三十分起来。允中说三哥来，陪他岳父来看你。庚和岳父、项政、嘉嘉、凯凯一起进来。我对庚岳父说难得的。他岳父说："好是还是好，近三四年来也不如前了。""你还能劳动，算好了。在富阳嬉几天去。"允说："这里好睡。"他笑笑，是呀。谈半小时，庚说："他要回去，让他回去，我也和小孩一起来。政亦同来同去。"我看报一小时又三十分钟，息半小时，吃晚饭。六时二十分至八时五十分看电视。九时十分准备睡。十时寝。明小雨［转］中雨，21—26［摄氏］度。

六月二十三日

小雨。晨四时醒。四时零五分起来吃牛奶、饼干。五时十分上厕所，五时三十分上床休息靠。七时起来，整内务。八时洗面，吃早饭，按摩。九时二十分看报札。十时三十分吃牛奶。十一时三十分午饭。日出。下午一时三十分午睡。夜八时多爵来电话说才回沪。明小雨，21—27［摄氏］度。

六月二十四日

晨四点醒。四时五十分起来吃牛奶、饼干后，五时二十分至五时四十分上床，靠［床］休息。七时三十分起来整内务，洗面吃早饭。后按摩，刮须。九时开始整［内务］，十一点吃牛奶。十一时三十分吃中饭。下午一时三十分午睡。明日可能是阴［有］小雨。

六月二十五日

小雨。晨七时起来整内务。八时十五洗面。八时四十分吃早饭，整报，看报。十时三十分吃牛乳。十一时三十分吃中饭，续看报札。小雨整日不停。续看报至一时。雨不停。下午一时三十分午睡。明日中雨[转]小雨，22—29［摄氏］度。

六月二十六日

小雨。晨七点起来整内务。八时起来洗面，吃早点，早饭，按摩。九时三十分开始看报，札抄。十时三十分吃牛奶。十一时三十分吃中饭。日出，热。写信，一时息。下午日出热。一时三十分午睡。明阴[有]中雨，23—28［摄氏］度。

六月二十七日

阴。晨七点起床整内务。八时起来洗面，吃早饭，按摩。九时进内室。允说有人来看我，原广生弄18号老同乡詹子良，他先和允谈约一小时告别。我还没有谈呢。面对面谈约半小时。他回到富阳儿女家吃中饭(詹女云兰)。我回室吃牛奶，已十一时三十分。昨未记十一时五十分吃中饭。下午一时三十分午睡。

六月二十八日

晨六时三十分起来，更衣，整内务。七时三十分洗面，吃早餐，按摩。九时开始看报。九时二十分开始看、札、抄。十时三十分吃牛奶。十一时三十分吃中饭。十二时至一时续看札抄。下午一时三十分午睡。昨晚报[有]雷雨，多云，28—31［摄氏］度。

六月二十九日

七时三十分起床，洗面，吃早饭。八时四十分吃早餐，按摩。九时开始看报，札抄。十一时三十分吃中饭，续再看。下午一时三十分午睡。三时三十分起来看报一小时，休息二十分钟，再开灯看至六时三十分。七时看电视至八时五十分准备睡，九时二十分寝。明多云，23—32［摄氏］度。

六月三十日

晨五时醒，起来吃牛奶、饼干。五时二十分上厕所。五时四十分上床。六时看电[视]至七时。十二时吃午饭。下午一时三十分午睡。明多云，24—32［摄氏］度。

七月六日

多云，25—32［摄氏］度。

七月七日

中雨，23—27［摄氏］度。

七月八日

大雨，21—25［摄氏］度。

七月九日

小雨，22—26［摄氏］度。

七月十日

多云[转]小雨，21—25［摄氏］度。

七月十一日

大雨[转]中雨，21—26［摄氏］度。

七月十二日

中雨[转]小雨，22—26［摄氏］度。

七月十三日

小雨、雷雨，24—29［摄氏］度。

七月十四日

多云，[有]小雨，24—30［摄氏］度。晨四时醒，四时五十分起床吃牛奶，上厕所。五时三十分上床，靠[床]休息。五时三十五分允中说他去杭州。我七时起来，洗面，吃早饭。七时五十分蓉君回来。下午一时三十分午睡，三时三十分起来。四时三十分看报，五时四十分息，六时吃晚饭。多云，[有]小雨，24—30［摄氏］度。

七月十五日

晨四时醒。下午一时三十分起来。小雨、雷雨，25—35［摄氏］度。

七月十六日

今日出(打)雷，阴[转]晴。晨四时醒，四时五十分起来吃牛奶、饼干。五时二十分上厕所。五时四十分上床休息。七时起来，洗面，整内务。八时三十分云飞、沈文波来闲谈一小时回去。九时三十分吃早饭，按摩。休息三十分钟，看报，写作。十一时吃中饭，十一时三十分看报。十二时休息。下午一时三十分午睡，三时三十分起来。四时看报，五时休息二十分钟，开灯续看报。五时三十分休息。六时吃晚饭，休息。六时五十分—八时三十分看电视。九时二十分准备睡，十时寝。小雨，19—20［摄氏］度时雷雨大作。

七月十七日

阴［转］晴。晨四时醒，五时起来吃蛋奶粉。五时二十分上厕所。五时四十分上床，靠［床］休息。七时起来穿衣整内务。八时起来洗面。九时吃早饭，按摩。九时四十五分开始看报写作。十时三十分吃牛奶。十二时吃午饭。续写。下午一时三十分午睡。多云，26—35［摄氏］度。

七月十八日

小雨。晨四时醒，四时五十分起来吃牛奶、饼干。五时十分上厕所。六时起上床，靠床休息。允中说："先吃早饭好不好？"［我说］："方才吃，吃不下。"允说："石勇住医院，我要去杭看看。"［我说］："那你去就是。我七点起来，冷会热一热再吃。"他接了一个电话，"现在吃好不好？"我一看表六时三十分，说现在吃可以。到六点四十分吃好，碗收去。项莹在下面叫，他与项莹六时五十分去杭。蓉君七时三十分回来。我对她说，早饭我已吃过，真的。我继续休息。八时起来看报，札录。蓉君出去买菜。十时她回来。我起来洗面，札录。十二时吃中饭。下午一时三十分午睡。［明］阴［有］小雨，23—35［摄氏］度。

七月十九日

多云。晨三时醒，五时起来吃牛乳、饼干。五时三十分上床休息靠。七时起整内务，八时洗面，吃早饭。要允中给我靠壁，脚搁方凳上。八时三十分要允中和庚谈。八时庚有到，八时三十分要他谈谈情况。他非常气急激昂，理由十足。要他不要急，慢慢谈。我叫允中来传话。我说，我、你大哥、大姊、二哥、五弟、六弟、七弟都谈过了，独你和你四弟没谈。有时也参加听，独你没有谈过。今日谈谈借钱办手工业烘干机，买新区房究［竟］用谁的名字，他说项敏名字。为何对我不说，究竟借了多少，现已还了多少，尚欠多少？他说弟兄姊妹都晓得。允中你知道，为何不同我说？他不作声。他都不知道，其他弟兄姊妹能知道吗？责任不要推到别人，说话要一是一，二是二才好。已十一时快到了，他到项政处去转一转。你回去时来转一转。他头向天空一看，大约要太阳落山回去。你如要迟去，最好二时以前来一转，让我好在二时午睡。我对允说，二时快到，庚还不来（允大约打了电话），庚来了。我对庚说，元旦时给凯的食物玄代交了，我不知钱未交。我对庚说今补上。庚才说汝霞同来到。四时三十分庚上楼来，她回去了，她们不上楼来。雷雨，多云，25—26［摄氏］度。

七月二十日

多云。晨四时醒。四时三十分起来，吃牛奶、饼干。五时十分上厕所。五时三十分上床，靠床休息。七时起来更衣，整内务。八时略休息。八时三十分起来吃早饭。按摩已九时四十分。十时十分看报札。十一时三十分吃早饭，后剃须，洗头，剪脚趾甲。下午一时三十分午睡。三时三十分起来。四时三十分看报。五时三十分息。六时吃晚饭。七时［至］九时看电视。九时十分准备睡，九时四十分寝。［明］雷雨，多云，27—35［摄氏］度。

七月二十一日

晴。晨四时五十分起来吃牛奶、饼干。五时十分上厕所。五时三十分上床，靠［床］休息，睡着。八时起，洗面，吃早饭。按摩，再上厕所。看报写字已十点了。十时三十分吃牛奶。十一时三十分吃中饭。十二时后续扎报刊。一时息。下午一时三十分午睡。［明］多云，25—35［摄氏］度。

七月二十二日

晴。十二时吃午饭。下午一时三十分睡。政、夏、嘉嘉七时三十分来，八时三十分回去。略坐，因我在［看］电视，她也没谈。［明］多云，27—36［摄氏］度。

七月二十三日

日出，晴。晨四时醒。四时五十分起来吃牛奶、饼干。五时十分上厕所。五时四十分上床休息。五时五十分蓉君、珍珍去杭。七时起来整内务，洗面，吃早餐，按摩时已九时。略休息，整报至七月十五日后留在机上。十一时三十分吃中饭。下午一时三十分午睡。［明］多云，［有］雷雨。

七月二十四日

晨四时醒，五时起来，抹面，吃牛奶、面包。五时三十分上厕所。六[时]上床，靠[床]休息。允中交来方中信，略看。六时四十分至八时五十分洗面，吃早饭，按摩。九时看扎报。十一时三十分吃中饭后再略[看]报纸。一时息。下午一时三十分午睡。三时三十分起来。四时看报，五时息三十分钟，吃晚饭。六时四十分看电视。九时三十分息，九时四十分准备睡。十时寝。[明]多云,[有]雷雨，26—33[摄氏]度。

七月二十五日

晨四时醒，四时五十分起来，热毛巾抹面。五时吃牛奶、饼干。五时二十分上厕所。五时四十分上床休息靠。七时起来整内务。八时到厨房间洗面，吃早饭，按摩。九时三十分看报札。十时三十分休息二十分钟，吃牛奶。十一时四十五分吃中饭。整内务一时息。下午一时三十分午睡。[明]雷雨，25—32[摄氏]度。

七月二十六日

晨四时醒，四时五十分起来。热巾抹面，吃牛奶、饼干。五时二十分上厕所。五时四十分上床休息靠。七时起来[穿]衣。允中说被单衣服全换一换。八时洗面，吃早饭，按摩。九时看报，札录。十时三十分吃牛奶。十一时时三十分休息。十二时吃午饭，写信。一时息。下午一时三十分午睡。多云，24—32[摄氏]度。

七月二十七日

上午十一时项政、汝霞来。十一时三十分回政处去。上午一时三十分午睡。[明]多云，26—35[摄氏]度。

七月二十八日

晴。中午十二时吃中饭。下午一时三十分午睡。[明]晴多云，26—36[摄氏]度。

七月二十九日

晴。下午一时三十分午睡。[明]晴，27—37[摄氏]度。

七月三十日

晨四时三十分醒来。昨晚十时轰轰二响，知是打雷。电停，亦朦朦睡着，约二小时小便一次，无电已朦朦睡着。醒来开灯亮，小便又急需大便，马上去上厕所。开灯亮即大便。大约五时允起来，协助上床，抹洗。六时休息。七时起，洗面，吃早饭。[明]多云，26—35[摄氏]度。

七月三十一日

允中上午六时去杭。下午一时三十分午睡。[明]雷雨25—35[摄氏]度。

八月一日

下午一时三十分午睡。晚七时三十分项炜来。又中交他交来亲友旧信数封。八时三十分去项政处。[明]多云，[有]雷雨，25—36[摄氏]度。

八月二日

晨四时五十分起床，吃牛奶、饼干。上厕所，五时四十分上床休息靠。六时四十五分起来洗面，吃早饭，按摩。八时休息靠。又中来，十一时去项政处，十二时吃中饭。一时写、抄等。一时二十分息。下午一时三十分午睡。[明]多云，[有]雷雨，25—35[摄氏]度。

八月三日

多云[转]阴。晨四时醒。四时五十分起来吃牛奶、饼干。五时二十分上厕所。五时四十分上床休息靠。七时起来整衣被。八时洗面，吃早饭，按摩。九时看报、札。十时吃牛奶。十一时写、札。十二时吃午饭，吃鸭肉。下午雨。下午一时三十分午睡。[明]雷阵雨，25—35[摄氏]度。

八月四日

晨四时醒。四时五十分吃牛奶、饼干。五时二十分上厕所。五时四十分上床休息靠。七时起来整衣被。八时起来洗面，吃早饭，按摩。九时三十分看报札。下午一时三十分午睡。[明]小雨[转]多云，25—31[摄氏]度。

八月五日

多云[转]晴。晨四时五十分起来，吃牛奶、饼干。五时十分上厕所，五时三十分上床，靠[床]休息。六时四十五分起来穿衣，抹面，吃早饭馒头，按摩已九时。休息二十分钟，看报札。十时三十分吃牛奶，看报札记。章志娟来，下午一时回去。十二时吃午饭。下午一时三十分午睡，三时三十分起来。四时看报。五时息。六时吃晚饭。七时—八点四十分看电视。九时二十分准备睡。九时四十分寝。[明]气温没记。

八月六日

多云晴。晨四时五十分起来吃牛奶、饼干。于五时二十分上厕所，五时四十分休息靠。六时四十分起来整衣被、信，吃早饭，更衣服时已九点。看报札记，十时三十分吃牛乳。十一时三十分吃中饭。续看报，一时息。下午一时三十分午睡，三时三十分起来。四时看报，五时三十分息，六时吃晚饭。六时四十分至八时四十分看电视。九时十分准备睡，九时四十分寝。蓉、珍珍今晨六时去杭，下午六时回。项政、小夏、嘉嘉晚七时三十分来，八时三十分回去。

八月七日

阴[转]多云。晨四时五十分醒，起来吃牛奶、饼干。六时上厕所，六时二十分上床休息靠。七时起来整衣被。八时吃早饭。九时按摩后，休息二十分钟，看报札。十时三十分吃牛奶。十一时三十分吃中饭。十二至一时续看报。一时息。下午一时三十分午睡。

八月八日

晴[转]阴。晨四时三十分醒。十一时三十分吃午饭。续看报，杂务。一时息。下午一时三十分午睡。[明]雷雨，26—34[摄氏]度。

八月九日

晴[转]阴。晨四时四十分醒，吃牛奶、饼干。下午十时三十分吃午饭后续写、札。下午一时三十分午睡，三时三十分起来。四时看报。蓉、珍去杭下午六时回。

八月十日

晴[转]阴。晨四时二十分醒，四时五十分起来吃牛奶、饼干。五时上厕所。五时二十分上床，靠[床]休息。六时三十分起整内务。七时三十分起床，洗面，吃早饭，按摩。八时三十分看报札，十时三十分吃牛奶。续休息二十分钟，续看报札。十一时三十分吃中饭，休息，续看札至一时。下午一时三十分午睡。三时三十分起来，四时看报。五时息，开灯续看，六时吃晚饭。[明]雷雨，26—33[摄氏]度。

八月十一日

多云。晨四时三十分醒。五时起来抹面，吃牛奶、饼干。五时二十分上厕所。五时四十分上床休息靠。六时四十分起来，更衣，洗面，吃早餐，按摩。八时看报札。十时三十分吃牛奶。十一时三十分吃中饭。十二时续写、札。一时息，中午日出。下午一时三十分午睡。三时三十分起来，四时看报。[明]多云，25—34[摄氏]度。

八月十二日

多云。晨四时醒，四时五十分起来吃牛奶饼干。五时十分上厕所。五时三十分上床，靠[床]休息。六时三十分起来整内务。下床洗面，吃早饭，按摩，剃须。九时休息二十分钟。看报札。看崔[东伯]信。十时三十分吃牛奶。十一时三十分吃中饭。到一时续写札。下午一时三十分午睡。三时三十分起来。四时看报，五时息，开灯看三十分钟，吃晚饭。六时四十分至九时看电视。九时四十分准备睡。十时寝。[明]雷雨，多云，25—34[摄氏]度。

八月十三日

小雨。晨四时三十分醒，五时起来，抹面，吃牛奶、饼干。五时十五分上厕所。五时三十五分上床休息靠。六时三十分起来整衣被，洗面，吃吃早饭，按摩。八时三十分休息十分钟，看报札。十时三十分吃牛奶，十一时三十分吃中饭后再续写作至一时息。下午一时三十分午睡。三时三十分起来。四时看报。五时息，开灯续看。六时吃晚饭。六时四十分至八时五十分看电视。九时十分准备睡，九时四十分寝。[明]雷雨，多云，24—33[摄氏]度。

八月十四日

阴多云。晨四时三十分醒，四时五十分起来吃牛奶、饼干。五时十五分上厕所，五时三十五分上床休息靠。允中，珍珍六时去杭，下午五时三十分回来。我六时四十分起来整衣被。七时十分起来洗面，吃早饭。蓉君七时三十分回来。九时我开始看报札写。十时三十分吃牛奶。十一时吃中饭后续看写。一时息。下午一时三十分午睡。三时三十分起来。四时看报，《参考消息》未到。四时看报，五点息，五时三十分玄来开灯。六时四十分至八时五十分看电视。九时二十分准备睡。九时五十分寝。项政、小夏、嘉嘉七时三十分来，八时三十分回去。［明］小到中雨，25—29［摄氏］度。

八月十五日

阴多云。晨四时五十分醒。五时吃牛奶、饼干，五时二十分上厕所。五时四十分上床休息靠。六时四十分起来整衣被。七时三十分起，洗面，吃早饭，按摩已九时。休息二十分钟，看报札写。十时三十分吃牛奶。十一时三十分吃中饭面，续看报札，一时息。下午一时三十分午睡，三时三十分起来。四时看报。五时休息，开灯续看。六时吃晚饭。六时四十分至八时五十分看电视。九时十分准备睡。九时五十分寝。［明］多云，25—30［摄氏］度。

八月十六日

小雨。晨四时四十分醒。五时起抹面，吃牛奶、饼干。五时十分上厕所。五时三十分上床休息靠。六时三十分起整衣被。七时十五分起来，洗面，吃早饭，按摩。九时休息二十分钟，看报札。十时三十分吃牛乳。十一时三十分吃中饭。续看一时息。下午一时三十分午睡。三时三十分起来。四时看报。五时息，开灯续看。五时五十分晚饭。六时四十分—八时五十分看电视。九时十分准备睡。九时四十分寝。［明］小雨［转］多云，24—31［摄氏］度。

八月十七日

多云［转］阴。晨四时三十分醒。五时起来吃牛乳、饼干。五时十分上厕所。五时三十分靠休息。六时起来洗面，整衣被。今日更衣。九时剃须。九时二十分庚来，十时回去。十时三十分吃牛奶。十一时三十分吃中饭。旧历今天七月半，十二时续写札，一时息。下午一时三十分午睡。三时三十分起来。四时看报五时息。五时开灯续看报。六时吃晚饭。六时四十分至八时五十分看电视。九时十分准备睡，九时五十分寝。［明］多云，［有］雷雨，25—34［摄氏］度。

八月十八日

小雨。晨四时四十分醒，五时起来，吃桂格麦片。五时十分上厕所。五时三十分上床，靠［床］休息。允中、珍珍六时送琳去杭。我七时起来整衣被。八点允、珍珍回。吃早饭，洗面，按摩。九时休息二十分钟后看报札。十时三十分吃牛奶。十一时三十分吃中饭后续看报。一时息。下午一时三十分午睡。三时三十分起来。四时看报，五时息。五时十分开灯续看。六时吃晚饭。六时四十分至七时四十分看电视。七时四十分因台风过浙江，气象未报，即停播休息。九时准备睡，十时寝。［明］大雨［转］小雨，24—28［摄氏］度。

八月十九日

小雨［转］阴。晨五时醒，起来吃牛奶、麦乳精。六时十分上厕所。六时四十分上床休息。七时起来，洗面，吃早餐，按摩。八时四十分毕。休息二十分钟，九时开始看报，写、札。十时三十分吃牛奶。十一时三十分吃中饭。续看扎，一时息。下午阴［有］小雨。下午一时三十分午睡。下午三时三十分起来。四时看报，五时息。五时开灯，续看。六时吃晚饭。六时四十分至八时四十分看电视。九时十分准备睡。九时五十分寝。台风过浙江，正气象报告，电视屏幕出花点，即停未看。

八月二十日

中午日出。阴。晨四时三十分醒。五时起来吃牛奶、麦片。五时十分上厕所。五时三十五分上床休息靠。六时五十分起来整衣被。七时三十分洗面吃早饭，按摩。九时看、写、札。十时三十分吃牛奶。十二时吃中饭，续写作，一时息。下午阴，中午日出。下午一时三十分午睡。三时三十分起来。四时看报，五时息。开灯续看报。六时吃晚饭。六时四十分至八时五十分看电视。九时十分准备睡，九时四十分寝。［明］中雨［转］小雨，24—30［摄氏］度。

八月二十一日

晨四时四十分醒，五时四十分起来，抹面，

吃牛奶，饼干。六时上厕所。六时三十分上床休息靠。七时十五分起来整被，洗面，吃早饭，按摩。九时看报札。十时三十分吃牛奶。十二时吃中饭后，续看报。一时息。下午一时三十分午睡。下午三时三十分起来。四时看报，五时息。五时开灯续看。六时吃晚饭。六时四十分至八时五十分看电视。九时十分准备睡。九时四十分寝。［明］多云［转］小雨，24—32［摄氏］度。

八月二十二日

多云。晨四时三十分醒。五点抹面，吃牛奶、饼干。五时十分上厕所。五时三十分上床，靠［床］休息。六时四十分起来整衣被。七时二十分洗面，更衣，吃早饭，按摩。九时毕，九时休息二十分钟，准备写信。十时三十分吃牛乳。琳回富。十二时吃中饭，续写、札。十二时后续写等。一时息。气温升，日出。下午一时三十分午睡。下午三时三十分起来。四点看报，五点息。五点开灯，续看。六时吃晚饭。知琳来富。六时四十分至八时四十分看电视。九时十分准备睡。九时五十分寝。［明］多云，［有］雷雨，24—33［摄氏］度。

八月二十三日

多云。晨四时三十分醒。五时起来吃牛奶、饼干。五时二十分上厕所。五时四十分上床休息靠。六时四十分起来整衣被，七时三十分起来洗面，吃早饭，按摩。九时十分开始札记，看报。十时三十分吃中饭。十二至一时续整息。下午一时三十分午睡。三时三十分起来。四时看报，五时息。五时开灯，续看，五时三十分息。六时的晚饭，六时四十分看电视（上海夜市热闹非凡，定点销售约十张小桌，放一只塑料大浴盆，放吃过碗筷，火热，顾客非常满意）。至八时四十分准备睡。九时十分寝。十时熄灯。［明］多云25—33［摄氏］度。

八月二十四日

晴［转］阴。晨四时三十分醒，五时起抹面，吃牛奶、饼干。五时十分上厕所。五时三十分上床休息靠。大便不下。六时三十分起来洗面，更衣，刮须已九时。十时三十分上厕所，通畅。十一时吃牛奶，续看、札、写。上午还凉快。十一时三十分吃中饭，续看，收拾。一时息。下午日照热。一时三十分午睡，下午三时三十分起来。四时看报，五时息。五时关灯，续看。五时三十分息。五时四十分看电视至八时五十分息。九时十分准备睡，九时五十分寝。政、夏、嘉七时三十分来，八时三十分回去。［明］阴，［有］雷雨，25—34［摄氏］度。

八月二十五日。

多云［转］阴。晨四时三十分醒，起来抹面，吃牛奶、饼干。五时二十分上厕所。五时四十分上床休息靠。六时四十分起来整被布，洗面，吃早餐，更衣，按摩。九时看报，写、札。陈百昂信找到部分。十时三十分吃牛奶。十一时三十分吃中饭。续看札一时息。下午多云，比上午热，［有］小雨。下午一时三十分午睡。三时三十分起来。四时看报。

八月二十六日

晨四时三十分醒，五时起来，抹面，吃牛奶、饼干。五时二十分上厕所。五时四十分上床休息。六时允中、珍珍去杭，下午五时回来。七时三十分起来吃早餐。十时三十分吃牛奶。十一时吃中饭。今日到外室写作，到一时三十分息。下午一时三十分午睡。三时三十分起来冲茶，风来，茶杯和报纸吹地上，将茶杯打碎。蓉来给我收拾。我继续上床看报。六时吃晚饭。六时四十分看电视，至八时四十分息。九时十分准备睡，九时四十分寝。

八月二十七日

晨四时三十分醒，五时起来。抹面，吃牛奶、饼干。五时二十分上厕所。五时四十分上床，靠［床］休息。七时起来整衣被。八时洗面，吃早饭，按摩。九时看报札。十时三十分吃牛乳。十一时三十分吃中饭。饭后看报，一时息。下午一时三十分午睡。三时三十分起来。四时至五时看报。五时开灯，续看，五时五十分息。六时吃晚饭。六时四十分至八时四十分看电视。九时十分准备睡，九时四十分寝。［明］小雨，25—31［摄氏］度。

二月二十八日

多云［转］阴。晨四时三十分醒。五时上厕所。

五时四十分上床休息靠。六时四十分洗面，更衣，整室内、床上。八时吃早饭，按摩。略休息，寻一则消息。十时三十分吃牛奶。十二时吃中饭。续寻，不得。目前指导青少年如何学习，如何生活，做父母如何指导，如何管教。饭后续找。不知当时有没有记某报某日，真是大海捞针，毫无影子。一时息。下午多云，日出。一时三十分午睡，三时三十分起来。四时至五时看报。五时开灯续看报。五时四十分息。六时吃晚饭。六时四十分至八时五十分看电视。九时十分准备睡，九时五十分寝。昨晚未记今日气温。[明]上午多云，下午日出，大约在24—34[摄氏]度。

八月二十九日

多云。晨四时醒。五时起，吃牛奶、麦片。五时二十分上厕所。五时四十分上床休息。六时四十分起来，穿衣，整内务。七时三十分允中回来。理发来即理发，然后洗，吃早饭。按摩后已九点。看报札。十时三十分吃牛奶。十一时三十分吃中饭。续看，一时息。下午日出。下午一时三十分午睡。三时三十分起来。四时至五时看报。开灯续看，五时三十分息。六时吃晚饭。六时四十分至八时五十分看电视。九时十分准备睡，九时四十分寝。[明]晴[转]多云，25—35[摄氏]度。

八月三十日

多云。五时醒。五时二十分起来，抹面，吃牛奶、麦片。五时四十分上厕所。因小便多次，一时难解。六时上床。七时起来，洗面，晓晓已来，在吃早点。到允中房内看电视。七时三十分允中回。八时四十分吃早饭，按摩。九时三十分看报札。十时三十分吃牛奶。十二时吃中饭。琪买来食堂菜，看报札。一时息。下午一时三十分午睡。日照。三时三十分起来。四至五时看报。五时开灯续看。六时吃晚饭。六时四十分至八时四十分看电视，《东南西北中》。九时十分准备睡，九时四十分寝。[明]多云[有]小雨，25—32[摄氏]度。

八月三十一日

多云。晨四时三十分醒。五时起来吃牛奶、饼干。五时二十分上厕所。五时四十分上床，靠[床]休息。六时四十分起，洗面，整内务。七时五十分吃早饭，按摩。九时三十分写报札。十时三十分吃牛奶。十一时三十分吃中饭。续札。一时息(核月结)。下午多云，日照。下午一时三十分午睡。三时三十分起来。[明]多云，25—34[摄氏]度。

九月一日

多云。晨五时起来吃牛奶、饼干。五时二十分上厕所。五时四十分上床，靠[床]休息。六时四十分起来整内务，洗面，更衣，吃早餐。按摩已有九时。核月结。十时三十分吃牛奶，扎报。下午一时三十分午睡。[明]小雨[转]多云，25—34[摄氏]度。

九月二日

多云。晨四时三十分醒。五点起来吃牛奶、饼干。五时二十分上厕所。五时四十分上床休息靠。七时起来整内务。起来洗面刷牙，吃早饭，按摩，略息。八时四十分开始看报札，写信。十时三十分吃牛奶。十一时三十分午饭，写作。一时息。日出。下午一时三十分午睡。[明]多云，[有]雷雨，20—31[摄氏]度。

九月三日

晨四时醒。下午一时三十分午睡。三时三十分起来。四时至五时看[报札]。

九月四日

阴。晨四时三十分醒。五时起床抹面，吃牛奶、麦片。五时二十分上厕所。五时四十分上床休息靠。六时四十分起整内务。七时四十分洗面，吃早饭，更衣，按摩。略休息已九时。看报札。十时三十分吃牛奶。十一时三十分吃中饭，后续看报札。一时息。阴[有]小雨。下午一时三十分午睡。三时三十分起来。[明]阴[有]小雨，20—36[摄氏]度。

九月五日

日出，阴。晨四时三十分醒。五时三十分起来，抹面，吃牛奶、麦片。五时四十分上厕所。六点上床休息靠。七时起来整内务。七时四十分洗面，吃早饭，刮须，剪脚趾甲。九时开始看写作。十时三十分吃牛奶。十一时三十分吃中饭，后续看息。一时止日出。下午一时三十分午睡。三时三十分起来。四时至五时看报。五时开灯续看。六时四十分至八时四十分看电视。九时十分准备睡，九时五十分寝。[明] 小雨[转] 阴，19—24 [摄氏] 度。

九月六日

阴。晨四时三十分醒。五时起来，抹面，吃牛奶、麦片。五时二十分上厕所。五时四十分上床休息靠。六时四十分起来整内务，衣被。七时二十分起洗面(蓉、珍珍六时去杭)，吃早饭。按摩时已九时。看报，札记。十一时三十分吃中饭，后续看报札。一时息。下午多云，日出。小林下午一时到，略谈。我二时午睡。他送来月饼，我四时起来，他也进来，谈了二小时后，他外出走走。六时吃晚饭。六时四十分至八时四十分我看电视。九时十分准备睡。九时五十分寝。小林和允中外面走走回来谈谈，明阴[转] 多云，22—28 [摄氏] 度。

九月七日

多云，晨四时三十分醒。五时起来抹面，吃牛奶。五时二十分上厕所。五时四十分上床略休息。即洗面，更衣，七时小林去江边鹳山，回来同吃早饭。写信，托小林带给湘，为我代送。允送小林往杭，下午五时回来。十一时三十分吃中饭。下午一时三十分午睡，三时三十分起来，没有报，未看。五时三十分准备吃晚饭。报有，来不及看。六时吃晚饭。六时四十分至八时四十分看电视。九时十分准备睡，九时四十分寝。[明] 多云，21—31 [摄氏] 度。

九月八日

多云。晨四时醒，五时起来吃牛乳、饼干。五时二十分上厕所，五时四十分上床休息。七时起来整内务。八时吃早餐。九时看报。十时三十分吃牛乳。十一时三十分吃中饭后看报到一时。下午一时三十分午睡。三时三十分起来。报因迟没看。六时四十分至八时五十分看电视。九时二十分准备睡，九时四十分寝。琳晚饭后对我说，石勇已回来，我说好，大家欣慰。

九月九日

阴[转] 多云。晨四时三十分醒。五时起床，抹面，吃牛奶、饼干。五时二十分上厕所。五时四十分上床，靠[床] 休息。六时四十分起来整内务。七时起到厨房洗面，吃早饭，按摩已八时五十分。看报。十时三十分吃牛奶，看报札。十一时三十分吃午饭后看报。一时息。下午一时三十分午睡。没记气温。

九月十日

晨四时三十分醒。五时起来抹面，吃牛乳、饼干。五时三十分上厕所。六时上床，靠[床] 休息。七时起整内务。八时吃早餐，按摩。九时找资料。九时三十分开始工作。十时三十分吃牛乳。十一时三十分吃中饭，略休息。十二时准备午睡。下午一时三十分午睡。三时三十分起来。四时看报，五时息。六时吃晚饭。六时四十分至九时看电视,《新闻联播》(庆祝教师节)。九时三十分准备睡。十时寝。[明] 小雨，23—30 [摄氏] 度。

九月十一日

多云。晨四时三十分醒。五时起来，五时二十分抹面，吃牛奶、饼干。五时三十分上厕所，五时五十分上床休息靠。六时五十分起来整内务。七时五十分出洗面，吃早饭，剃须，更衣。九时开始看报札，找了很久才找到。十时三十分吃牛奶。十二时吃中饭、整理，一时息。一时三十分午睡。三时三十分起来，四时看报至五时。六时吃晚饭。六时四十分至八时四十分看电视。九时十分准备睡，九时五十分寝。项政、小夏、嘉嘉八时说回去了(早已来过，半时回去)。[明]多云，22—30 [摄氏] 度。

九月十二日

多云。晨四时三十分醒。五时起来，抹面，吃牛奶、饼干。五时二十分上厕所。五时四十分上床休息靠。七时起来整内务。七时五十分出外洗面，吃早餐，按摩。八时五十分，我说:“今日有香港回归纪念邮票卖，允你去看看，有买来。”他说:“纪念票买不到的。”我说:“这与往常[一样] 都是五角的可用邮票。”他说:“你怎么晓得？”我说:

“报上看到。什么报？何时登的？”我说：“没有算了。”我看报札，《联谊报》有几篇好文章，我就看看札。十时三十分吃牛乳。十二时吃中饭。下午一时三十分午睡。晚七时小成来，谈到八时，他到外室和允中略谈即回去。［明］多云［转］阴，22—30［摄氏］度。

九月十三日

多云［转］阴。晨四时三十分醒，五时起来抹面，吃牛奶。五时三十分上厕所。六时十分上床休息靠。七时十分起来整内务，吃早餐，按摩，看报札。十时三十分吃牛奶。政送来月饼（太甜）。十一时三十分吃中饭，续看报，一时息。日出。下午一时三十分午睡，三时三十分起来。今日报不到。六点吃晚饭。六时四十分看电视至九时。九时二十分准备睡，十时寝。［明］阴［转］多云，23—30［摄氏］度。

九月十四日

多云，晨四时三十分醒，五时起床，抹面，吃牛奶、饼干。五时二十分上厕所。五时四十分上床休息靠。六时四十分起来整内务。七时洗面，吃中饭，吃小成送来月饼，广东趣园产品。按摩，更衣。十时三十分吃牛奶。十一时三十分吃中饭后续看报，写信，一时息。报早晨允交给我看。下午阴，阳光照。下午一时三十分午睡。［明］多云，22—30［摄氏］度。

九月十五日

多云。晨四时三十分醒。五时二十分起来抹面，吃牛奶、麦片。五时四十五分上厕所。六时零五分上床休息靠。七时起来洗面吃早饭，广式月饼。按摩。八时四十分看报札。［明］日出，多云，气温22—26［摄氏］度。

九月十六日

晨四时三十分醒。五时起床，即上厕所。五时三十分上床吃牛奶、饼干。六时三十分起来整内务。七时三十分洗面，吃早饭。工商联送来月饼。按摩。略休息，札（摘录）崔老（指崔东伯校长）前信（之前的信件）。十时三十分吃牛奶。十一时三十分吃中饭。十二点续整内务，一时息。下午日出。下午一时三十分午睡。［明］多云，19—28［摄氏］度。

九月十七日

晴，日出。晨四时三十分醒，五时起，吃牛奶、饼干。五时二十分上厕所。五时四十分上床休息靠。六时四十五分起来整内务。昨晚开始盖被。七时三十分洗面，吃早饭，按摩。八时四十分毕。略息，开始看报札。十一时三十分吃牛奶，写信。十二点吃中饭后续写。日照入窗，一时息。下午一时三十分午睡，三时三十分起来。四时至五时看报。六时吃晚饭。六时五十分至八时五十分看电视。九时二十分准备睡。九时五十分寝。［明］晴［转］多云，19—28［摄氏］度。

九月十八日

阴。晨四时三十分醒。六时允起床，我六时开灯亦起，即上厕所。六时二十分回室休息靠。七时起来洗面，吃早餐。允送欢、晓上学。整内务，更内衣。八时四十五分开始看写札，写鹣鹣信。十时三十分吃牛奶。十一时三十分吃中饭。十二时续写，一时完成。休息。下午一时三十分午睡，三时三十分起来。三时四十分看报。［明］阴，18—27［摄氏］度。

九月十九日

晨四时三十分醒。五时三十分起来抹面，吃牛奶、麦片。五时五十分上厕所。六时十分上床休息靠。七时起来整内务。八时吃早饭，按摩。九时开始看报写札。下午一时三十分午睡。［明］多云，18—28［摄氏］度。

九月二十日

下午二时午睡。［明］多云，［有］小雨，18—24［摄氏］度。

九月二十一日

多云。晨四时三十分醒。五时三十分起来抹面，吃牛乳、饼干。五时五十分上厕所。六时十分上床靠休息。七时起来洗面，吃早饭，按摩，整床铺。九时三十分开始看报札写。十一时三十分吃牛奶。日照入窗。十二时吃中饭，续看，一时息。下午一时三十分午睡。九时三十分［寝］。［明］阴，18—23［摄氏］度。

九月二十二日

晴[转]多云。晨四时三十分醒。五点起来抹面，吃牛奶。五时二十分上厕所。五时四十分上床休息靠。六时四十分起来整内务。七时三十分洗面，吃早餐，按摩。八时三十分看报，札、写。十时三十分吃牛奶。稍休息，十二时吃中饭。后续看至一时息。日出，照入窗。下午一时三十分睡。[明]晴[转]多云，17—26[摄氏]度。

九月二十三日

多云。晨四时三十分醒。下午一时三十分午睡，三时三十分起来，四时看报至五时。开灯后略看，五时三十分息。六时吃晚饭。六时五十分至八时四十分看电视。九时[寝]。[明]晴[转]多云，16—25[摄氏]度。

九月二十四日

多云。晨五时醒。六时起来。十时三十分吃牛奶。十二时吃中饭。下午一时三十分午睡。日照入窗。三时三十分起来。四时至五时看报。五时开灯，略看，五时三十分息。六时吃晚饭。六时四十分至八时四十分看电视。[明]晴[转]多云，16—25[摄氏]度。九时[寝]。

九月二十五日

小雨。晨五时醒。六时起床吃牛奶、饼干。六时二十分上厕所。六时四十分上床休息。七时起来整内务，吃早饭。洗面，按摩已九时三十分。开始看报札。十时三十分吃牛奶。续看写。十一时三十分吃中饭，续看札。一时息，小雨。下午小雨。下午一时三十分午睡，三时三十分起来。四时看报至五时三十分晚饭。[明]下雨，16—23[摄氏]度。九时三十分[寝]。

九月二十六日

阴。晨四时三十分醒。五点起来抹面，吃牛奶、饼干。五时二十分上厕所。五时四十分上床休息靠。六时四十分起来抹身，更衣。七时三十分洗面、更衣、刮须，吃早餐已九时。看报，札、抄、写。十一时三十分吃中饭。写信一时息。日淡淡出现。下午一点三十分午睡。[明]阴[转]多云，17—24[摄氏]度。九时[寝]。

九月二十七日

多云。晨四时三十分醒。五时三十分起抹面，吃牛乳。五时四十分上厕所。六时上床，靠[床]休息。八时才起来整内务。八时三十分洗面，吃早饭，按摩已九时。看报，写信。十一时三十分吃中饭到一时息。下午一时三十分午睡。三时三十分起来。四时至五时看报。六时四十分至八时四十分看电视。九时二十分准备睡，九时四十分寝。[明]多云，13—22[摄氏]度。

九月二十八日

阴。晨四时三十分醒。五时起来抹面，吃牛奶。五时四十分上厕所。六时上休息靠。六时允中为我去曹家。他外面看看，八时左右去新，下午三时三十分回来。我七时三十分起来，洗面，吃早饭。九时开始写信。十时三十分吃牛奶。十一时三十分吃中饭，续写，一时息。午睡。下午十二时四十分日从窗照入。下午一时三十分午睡，三时二十分起来。三时四十分看报，五时息。六时吃晚饭。六时四十分看电视，八时四十分息。九时十分准备睡，九时四十分宿。[明]多云[转]阴，16—23[摄氏]度。

九月二十九日

多云。晨四时三十分醒。五时起来抹面，吃牛奶、饼干。五时四十分上床，靠[床]休息。七时整内务，洗面，吃早饭。八时三十分找十月用信纸和练习本。十一时三十分吃牛乳。休息半小时。十一点日从窗中射入。八时三十分。下午一时三十分午睡。三时三十分起来。四时至五时看报。五时三十分吃晚饭。五时四十分至八时四十分看电视。九时二十分准备睡，九时五十分寝。[明]多云，15—24[摄氏]度。

九月三十日

多云。晨四时三十分醒，五时起来吃牛乳、饼干。五时三十分上厕所。五时五十分上床休息靠。七时起来听电话，不及去接。八时有电话，正在洗面，铃二声即止。八时三十分允回。又有电话，接。我吃早饭后看报。国栋、阿薇、阿熙、乙润四人来。九时三十分来，十时三十分乙润、阿熙去。十一时三十分他们二人下楼。去瑶琳车已到，他们四人乘车去新[登]，中饭不吃。我们十二时吃午饭。下午有阳光，多云。一时三十分午睡，三时三十分起来。四时至五时看报。

十月一日

晨四时三十分醒，五时起来抹面，吃牛奶、饼干。五时三十分上厕所。五时五十分上床休息靠。七时起来，整衣被七时四十分。八时三十分洗面，吃早饭，按摩。九时三十分开始看、札、抄工作。十时三十分吃牛奶。十一时三十分吃中饭。十二时续看、札、抄。一时息。下午一时三十分午睡。小雨，18—23［摄氏］度。九时[寝]。

十月二日

项炜于晚八时来谈约二十分钟。他欲开电视看，我说，迟，大家休息吧。九时十分他去外室。允中为我准备，我睡。次日晨七时我来整内务。八时回房中。炜从大房间出，知他昨晚睡这里。炜等我去拿毛巾。大约他洗过，等早饭吃后去。我说你等等在外面买点吃的后去(1997年10月1日记)。十月二日欢欢生日，吃鲜乳生日蛋糕。

十月三日

多云[转]阴，20—25［摄氏］度。九时寝。

十月四日

昨晚十二时湘来电说，国庆日他去三泰家，他们都来。晚六时石勇来叫我。我说，你回来啦，好呀。他回说好。下午一时三十分午睡，三时三十分起来。今日《人民日报》《参考消息》未到，看其他报。

十月五日

多云。上午九时吃早饭，按摩已九时三十分，将日历报纸包换一换。看到一则遇事能忍一下，想想不要急即动，但这一事翻阅找不到，也只有忍一忍息下，但已十时了。十一时吃牛奶。十一时三十分吃午饭，续整，一时息，日出。下午日射窗入。下午一时三十分午睡。多云，[有]小雨，17—21［摄氏］度。

十月六日

多云。我手表挂表(电池表)坏了，修不好。允中的一只借我用(自动表)。下午一时三十分午睡。晴[转]多云，13—23［摄氏］度。

十月七日

日出，多云。晨五时三十分起床上厕所。五时五十分起来靠[床]休息。七时起来洗面，吃牛奶、饼干。理发师来理发。八时吃早餐，整内务。九时开始看、抄、写。十时三十分吃牛奶。十一时钟念慈来，在此便饭。十二时吃中饭。十二时三十分回去。十二时日出。下午十二时阳光射窗入，甚亮，如夏天。下午一时三十分午睡。三时三十分起来看报，至四时三十分休息。五时开灯，续看半小时。六时四十分看电视至八时四十分。多云，15—23［摄氏］度。九时十分准备睡，九时五十分寝。

十月八日

多云。晨五时起来，抹面，吃牛乳、饼干。五时三十分上厕所。五时五十分上床，靠[床]休息。七点起来，洗面，吃早餐，牛奶、饼干，整内务，按摩。九时开始扎报等。十时三十分吃牛奶。十二点吃中饭，后续看。一时息。下午一时三十分午睡。下午二时三十分起来。政协联谊会总干事郎任天同志和叶振宇同志为政协会送来蛋糕，坐谈约半小时，回去三时。看报至四时休息。五时三十分开灯续看。六时四十分至八时四十分看电视。晴［转］多云，15—26［摄氏］度。九时十分准备睡，九时五十分寝。

十月九日

晴。五时起来抹面，吃牛奶、饼干。五时三十分上厕所。五时五十分上床休息靠。七时起洗面，整内务，吃早饭，按摩。允中。八时三十分看报札。十时三十分长育、梅冰来，十一时三十分回去。十一时五十分吃中饭。十二时续札，整内务。下午日出又云遮。一时三十分午睡。三时三十分起来。四时看报，至五时息。开灯续看，五时三十分息。六时吃晚饭。六时四十分至八时四十分看电视。晴，15—27［摄氏］度。九时二十分准备睡，九时四十分寝。

十月十日

多云，阴。晨五时起来吃牛奶、饼干。五时三十分上厕所。五时五十分上床休息。七时起找抄无着，整内务。七时三十分洗面，吃早饭，按摩。八时三十分看报札。八时四十分庚、凯凯来说开二个会，明日回去。十时三十分吃牛奶。十二时吃中饭。下午四时庚、凯去政处。八时三十分。下午一时三十分午睡。阴[转]多云，18—25[摄氏]度。

十月十一日

多云。晨四时三十分醒。五时起来抹面，吃牛奶、饼干。五时三十分上厕所，五时五十分起上床休息。七时起来整内务。七时三十分洗面，吃早餐，按摩。九时开始看报札。日出，多云。到十一时三十分如夏日。十一时三十分吃中饭。下午续整一时息。十一时三十分日从窗中射入。下午一时三十分午睡。三时三十分起来看报。四时三十分息。五时开灯续看。六时五十分至八时五十分看电视。政、夏、嘉、庚、凯晚八时来，八时三十分回去。九时二十分准备睡，九时四十分寝。晴多云，16—27[摄氏]度。

十月十二日

阴。晨四时三十分醒。五时起来抹面，吃牛奶、饼干。五时四十五分上厕所。六时零五分在床上休息靠，更内衣，整内务。七时十分起来洗面，吃早饭，按摩。八时四十五分看报札。十时三十分吃牛奶。允中没有回来吃中饭，一时回来。十二时吃中饭。一时息。下午十二时日从窗中射入。一时三十分午睡。庚九时五十分来，十时十分回去。多云[转]阴，17—27[摄氏]度。八时四十五分[寝]。

十月十三日

多云。四时三十分醒。五时起来吃牛奶、饼干。五时五十分上厕所。六时十分上床休息。七点起来洗面，整内务。允中外出，蓉君回来为我安排吃早饭。八时四十五分开始看报，札录。十时三十分吃牛奶。十二时吃中饭。一时息。下午日照窗入强烈。下午一时三十分午睡。多云，18—29[摄氏]度。八时四十五分[寝]。

十月十四日

晴[转]多云。晨四时三十分醒。五时起来抹面吃牛奶、饼干。五时四十分上厕所。六时上床休息靠。七时起来整内务，洗面，吃早餐。九时看报札。九时三十分百货公司朱红珍同志来送礼物，老年节(水果)，说以后工资在百货公司去取还是到劳动局去取，问我。我是百货公司的退休老职工，当然到百货公司领。政策法规定到劳动局领，我照政策。你们以后便有时来看看我，非常感激，不要送礼物。这次望代谢谢领导。同事们约谈二十分钟回去。九时五十分续看报札。十时四十分程国栋来电话，我听不清，要蓉君代听。她(程国栋)说到宁波去，不来了，她会写信来。十一时三十分玄回来吃饭，为我刮须。十一时三十分吃中饭。一时三十分午睡。日出隐隐有日光。晴[转]多云，19—29[摄氏]度。八时五十五分[寝]。

十月十五日

小雨。晨四时三十分醒。五时起来小便，欲大便，立即上厕所。事毕，五时四十五分上床休息靠。七时起来洗面，吃早饭，按摩，上床休息已九时三十分，起来看报札。十时三十分吃牛奶。十时五十分吃中饭。红圆珠笔，在[19]94年前买的一笔芯，今日找到，试如前，非常高兴。下午一时三十分午睡。二时三十分起来小便。三时三十分至四时三十分看报，休息半小时。五时开灯续看，五时三十分息。六时三十分至八时四十分看电视。九时二十分准备睡，九时四十分寝。小雨[转]多云，18—27[摄氏]度。

十月十六日

多云。晨四时三十分醒，五时上厕所。五时二十分回室休息靠。七时起来整内务，吃牛奶，早餐，按摩。八时四十五分起，看报，札、写。十时三十分吃牛奶，十一时吃中饭。续整、札。下午一时息。下午十二时日从窗射入如夏。一时三十分午睡。三时三十分起，四时三十分看报。靠六时吃晚饭。六时四十分至八时四十分看电视。八时四十五分[息]。九时二十分起准备睡，九时四十分寝。小雨[转]多云。

十月十七日

多云。晨四点起来大便。四时二十分上床休息。五时三十分起整内务，更内衣。七时起来洗面，吃早饭，牛奶、饼干，按摩。八时四十分开始看报，抄、札、写等。十时三十分吃牛奶。十一时四十分吃中饭。十二时二十分续写，一时息下午一时日从窗射入。一时三十分午睡。三时三十分起来。四时至五时看报。五时开灯看三十分钟。五时三十分休息。六时吃晚饭。六时四十分至八时四十分看电视。晴［转］多云，12—29［摄氏］度。八时四十分［息］。九时二十分准备睡，九时五十分寝。

十月十八日

晴。晨四时三十分醒。五时坐起，而后允中来，我又睡着。六时醒，即上厕所。六时二十分上床休息靠。七时起来整内务。八时洗面，吃早饭，按摩已八时三十分。看报，十时吃牛奶。十一时吃中饭，续看报。一时息。下午多云，十一时日从窗射入。下午一时三十分午睡。晴，17—29［摄氏］度。八时三十分［息］。

十月十九日

多云。晨四时三十分醒。五时起来，抹面，吃牛奶、饼干。五时三十分上厕所。五时五十分上床休息靠。七时起来穿衣，整内务。七时三十分洗面，吃早饭，按摩。九时看报，札、写。十时三十分吃牛奶。十一时三十分吃中饭，续看报。一时息，日从窗射入。下午一时三十分午睡。二时三十分起来小便。三时三十分看报，四时三十分。五时开灯，续看至五时三十分。六时吃晚饭。六时三十分至八时四十分看电视。九时二十分准备睡，九时五十分寝。下午二时三十分醒来起来，允中陪武钢焦化厂王向前同志到（他杭州出差，顺便来看看我们云）。晴［转］多云，15—29［摄氏］度。九时［寝］。

十月二十日

多云。晨四时三十分醒，五时起床抹面，吃牛奶、饼干。五时三十分上厕所。六时上床休息。七时起来整内务。更衣，吃早饭。按摩。九时开始看报札。十时三十分吃牛奶。十一时三十分吃中饭。日光从窗中射入。十二时续做点准备午睡。下午一时息。一时三十分午睡。二时三十分起小便。三时三十分至四时三十分看报。五时开灯续看三十分钟。五时三十分吃晚饭。六时四十分至八时四十分看电视。晴［转］多云，15—29［摄氏］度。九时［息］。九时二十分准备睡，九时四十分寝。

十月二十一日

多云。晨四时三十分醒，五时起来，到五时三十分起来上厕所。五时五十分上床，靠［床］休息。到六时五十分起来整内务，洗面，吃牛奶、饼干、早饭。允接电话出去。八时四十分看报札。十时三十分吃牛奶。十一时三十分吃中饭。十一时日从窗射入甚热。一时准备午睡。下午太阳照窗入，甚热。一时三十分午睡。二时三十分起来小便，休息。三时三十分至四时三十分看报。五时开灯续看三十分钟。六时吃晚饭。六时四十分至八时四十分看电视。多云，17—28［摄氏］度。八时四十分［息］。九时二十分准备睡，九时五十分寝。

十月二十二日

多云。晨四时三十分醒。五时三十分他们出门，我五时四十分起来上厕所。六时零五分上床休息靠。七时起来整衣被。七时三十分洗面，刷牙，吃早饭、蛋、饼干，刮须已九时四十分，扎报，写、看。十时三十分吃牛奶。十一时三十分吃中饭。十二时准备午睡。太阳射入窗内。一时息。上午允中为我做内衣裤。下午太阳热。一时三十分午睡。二时三十分起来小便。三时三十分至四时三十分看报。五时开灯续看三十分。六时四十分至八时四十分看电视。多云，18—29［摄氏］度。九时四十分息。九时二十分准备睡，九时四十分寝。

十月二十三日

多云。晨四时三十分醒，五时起来靠，六时起来上厕所。六时三十分上床休息。七时起，整内务，洗面。吃早饭。九时看报，写作。十时三十分吃牛奶，续写、札。十一时三十分准备。十二时吃中饭。日照窗入。一时准备午睡。下午一时三十分午睡。日从窗照热。二时三十分起来小便。三时三十分至四时三十分看报，休息。五时开灯续看三十分钟。六时吃晚饭。六时四十分至八时四十分看电视。晴［转］多云，18—29［摄氏］度。九时

［息］。九时二十分准备睡，九时四十分寝。

十月二十四日

多云。晨四时三十分醒。五时起来靠。六时起来靠［床］。整内务。七时起洗面，吃早饭，按摩。九时看报札。十时三十分吃牛奶，看报札。十一时十五分休息。十二时吃午饭，石勇同吃。十一时五十分日从窗入热。一时准备午睡。十一时日出从窗中射入。下午一时三十分午睡。多云［转］阴，17—23［摄氏］度。九时［息］。

十月二十五日

多云。晨四时三十分醒。六时起来上厕所。六时二十分上床休息十分钟，起来整衣被。七时洗面吃早饭、饼干，按摩。允说杰生他们宗谱做好，问我二叔婶合家照有没，宗谱上要一张他们一家合家欢。我说没有，只有家父六十岁四家人一起照的全家欢，并二婶娘。和他说了原因，四家合家欢上有照上二婶婶、荣根兄嫂、元姊、杏儿、杏弟、元将、再谔等。休息十分钟，开始看报，札、抄。多云，［有］今日虽无雨，阴凉。中饭吃饺子。十二时吃中饭。一时三十分午睡。二时三十分起来小便，三时三十分起来看报至四时三十分。五时开灯续看三十分钟，吃晚饭。六时四十分至八时四十分看电视。多云，［有］小雨，13—18［摄氏］度。九时［息］。九时二十分准备睡，九时四十分寝。据允说，昨日下午二时半到今晨四时雨点不停。

十月二十六日

阴。晨四时三十分醒。六时起来上厕所。今日特别，第一声响，似很多，二声只放一屁，抹时毫无污渍。上床休息。七时起来整衣被，洗面，吃牛奶、蛋、粥，按摩。我问允中，杰生昨日问题是否要复他一声，允说，是五峰来问，复印时他已有了，故不必复，你说的情况我已和五峰［说］了。九时开始看报札。十时三十分吃牛奶。十一时三十分吃中饭，看报札。一时息。下午一时三十分午睡。多云，［有］小雨，10—15［摄氏］度。九时［息］。

十月二十七日

多云［转］阴，5—19［摄氏］度。

十月二十八日

多云。晨五时醒。五时四十分上厕所。六时上床休息。七时起来洗面，吃早餐，牛奶、饼干。八时回房整衣被，看允中在看三峡、黄河小龙口截流。问我要不要看。要看，他来开电视。八时三十分至十一时三十分，看电视三小时。吃中饭。看报，札昨日报纸。上午十时日出。下午一时三十分午睡。多云，11—19［摄氏］度。

十月二十九日

晴［转］多云。晨三时三十分醒，四时二十分上厕所，四时四十分上床休息靠。六时整衣被，洗面。七时起来吃牛奶、饼干。允为我刮须，协助整纸板箱物分类。八至十时我再将部分分类放好已十一时十分。上午十一时十分，日照入窗内。十一时三十分吃中饭。一时札、写停，准备午睡。下午一时三十分午睡。二时三十分起来小便。三时三十分至四时三十分看报。五时开灯续看三时分钟。五时四十分吃晚饭。六时四十分至八时四十分看电视。九时二十分准备睡，九时五十分寝。晴［转］多云，9—20［摄氏］度。

十月三十日

多云。晨四时三十分醒，四时五十分起来上厕所。五时十分上床，靠［床］休息。七时起来整衣被。八时洗面，吃蛋、牛奶、泡饭，按摩。八时五十分开始看报，札、写。十时十五分停，吃牛奶。东方日上升。十一时三十分休息。十一时四十分吃中饭。续收整，一时息。下午一时三十分午睡。多云，10—20度。九时［息］。

十月三十一日

晴。晨四时三十分醒，即上厕所。四时五十分上床休息。六时五十分起来整衣被，换小衫、裤，洗面。八时二十分开始看报，札、写。十时三十分吃牛奶。十一时三十分吃中饭。日从窗入。十二时三十分息。下午晴，日从窗射入。下午一时三十分午睡。晴，8—19［摄氏］度。八时十五分［息］。

十一月一日

晨四时三十分起来上厕所，五时上床休息。

六时三十分起来整衣被。七时洗面，吃早饭，牛奶、饼干。允给我去［领］退休金，九时回来。整冬衣。昨日蓉为我毛衣加袖口，又劳她为我及时添衣。开始看报，抄、札，已九时三十分。下午一至三时札报。三时至五时午睡。五时四十五分至六时十五分吃晚饭。六时三十分至九靠看电视。和允谈司马相如。九时二十分准备睡，九时四十分寝。多云［转］晴，7—18［摄氏］度。

十一月二日

晨四时醒，四时十分上厕所。四时三十分上床靠休息。六时四十五分起，整衣被。出外洗面，吃饼干、牛乳，早餐，按摩八时。八时二十分开始看报札，抄写。晴［转］多云，5—17［摄氏］度。八时二十分［息］。

十一月三日

多云。晨三时三十分醒，四时上厕所。四时二十五分上床，靠［床］休息。六时二十五分起来整衣被。七点洗面，吃早饭，牛奶、饼干，按摩。允为我换床上被褥。十时开始看报，抄、札、写。十时三十分吃牛奶。十一时三十分吃中饭。十二时至一时看报札。一时息，准备午睡。下午一时三十分午睡。二时三十分起来小便。三时三十分至四时三十分看报。五时三十分息，五时三十分至五时五十分开灯续看。六时至六时三十分吃晚饭。十时十分准备睡，十时四十分寝。晚七时十分看电视。七时四十分看中央联合舞剧“心连心”联欢晚会，在香港演出，十时下幕。据允说，政和小孩七时来，送来二袋乳粉、一袋一百克豆浆及老年防衰粉。晴［转］多云，7—20［摄氏］度。十时［寝］。

十一月四日

晨后一次醒时已五时。五时十分即上厕所。五时三十分上床休息，六时三十分再上厕所。六时五十分至七时二十分起整衣被，洗面。八时洗面，吃牛乳、饼干、粥，按摩。开始看报，札、抄。十时三十分吃牛奶。十二时吃中饭。续看报，一时息。下午一时午睡。二时三十分起来小便。三时三十分至四时三十分看报。五时开灯，续看三十分钟。六时吃晚［饭］。六时十分至八时四十分看电视。九时息。九时二十分准备睡，九时五十分寝。晴［转］多云，10—22［摄氏］度。

十一月五日

晴。晨四时醒。四时二十分上厕所。四时四十分上床休息。六时四十分起来，整衣被。七时允说他去杭州，［问他］何时回来，他说下午。蓉君七时三十分回来。我们吃牛奶、饼干。八时允中车过门前。我八时三十分看报札，太阳已在东方屋顶。十时三十分吃牛奶。十二时续看报。一时息。下午一时三十分午睡。二时三十分起来小便。三时三十分至四时三十分看报。五时开灯续看三十分钟。五时四十分至六时十分吃晚饭。九时［息］。九时十分准备睡。九时四十分寝。晴，10—20［摄氏］度。

十一月六日

多云。晨三时三十分醒。四时上厕所。四时三十分上床休息靠。六时起来整衣被。七时三十分洗面，吃牛奶、饼干，按摩。九时看报札。十时三十分吃牛奶。今日对崔信找到些，明日可致信方、骃。太阳在十一时直射室内，很有劲。十一时三十分吃中饭。续写作、抄。下午十二时三十分准备午睡。一时息。一时三十分午睡。二时三十分起来小便。三时三十分至四时三十分看报。五时开灯看三十分钟。晚六时四十分至八时四十分看电视。九时二十分准备睡，九时四十分寝。晴［转］多云，5—20［摄氏］度。

十一月七日

晴。晨三时三十分醒。四时上厕所。四时三十分上床休息靠。六时三十分起来整内务，衣被。七时三十分洗面，吃牛奶、饼干，泡饭。按摩时已九点。开始记日记等，找崔老信件事。十时三十分吃午饭。下午十一点太阳射窗内。一时写作息。一时三十分午睡。今日立冬。晴，5—20［摄氏］度。九时［寝］。

十一月八日

多云［转］晴。晨三时五十分醒，四时起来。四时十分上厕所。四时三十分上床休息靠。六时起来整内务，衣被。七时洗面，吃牛奶、饼干、蛋、早饭。八时至十一时看电视。三峡伟大工程竣工庆功大会。十时三十分吃牛奶。十一时三十分吃中饭。日照窗入(十时)。一时息。下午一时三十分午睡。二时三十分起来小便。三时三十分至四时三十分看报。休息。五时开灯续看报。五时五十分至六时二十分吃晚饭。六时四十分至八时四十分电视。八时五十[息]。九时二十分准备睡，九时四十分寝。这三天看三峡工程圆满成功。我这三天起居、睡眠、看报、看电视非常按时，醒睡从来没有[这么]好。晴[转]多云，7—20[摄氏]度。

十一月九日

多云。晨三时四十分醒，四时起来上厕所。四时三十分上床，靠[床]休息。七时起来整衣被，洗面，吃牛奶、饼干、粥，按摩。九时开始看札，写、抄至十时二十分。有雾。吃牛奶。晴[转]多云，9—20[摄氏]度。九时息。

十一月十日

多云。晨三时三十分醒，三时五十分起来。四点上厕所。四时三十分上床，靠[床]休息。六时起来整内务、衣被。七时洗面，吃牛奶、饼干、蛋、汤、早饭，按摩。九时开始看报札写。下午一时三十分午睡。二时三十分起来小便。项政、嘉嘉晚饭后七时十五分来，八时十五分回去。晴[转]多云，10—24[摄氏]度。九时[息]。

十一月十一日

多云。晨三时三十分醒。四时上厕所。四时二十分上床休息没[靠]。五时三十分续上厕，一点点。六时三十分再上，下。七时洗面，吃牛奶、蛋、饼干、泡饭，按摩。九时三十分开始看、抄、写、札。下午九时三十分[寝]。多云 14—27[摄氏]度。

十一月十二日

多云。今日是孙中山诞辰[纪念日]。晨三时三十分醒。四点上厕所，开灯不亮，后开顶上无日光灯，因灯头不连之故。七时起来洗面，吃牛奶、蛋、饼干，按摩已八时十五分。开始看报札，理出些报纸，留出一处[地方]，放崔信[件]。十时三十分吃牛奶。十一时三十分吃中饭。下午多云[转]阴。一时三十分午睡。三时三十分起来看报一小时。五时开灯，续看三十分钟。六时吃晚饭。六时三十分看电视。八时四十分电视不看，吃牛乳、橘子。八时五十分息，九时二十分准备睡，九时四十分寝。多云[转]小雨，12—23[摄氏]度。

十一月十三日

小雨[转]阴。晨三时三十分醒。四时起来，四时十分上厕所。四时三十分上床，靠[床]休息。七时起来整衣被，洗面，吃牛奶、蛋、饼干。按摩已八时三十分。八时三十五分开始看报札等，开始找寻，九时二十分准备写信。下午八时三十五分[息]。小雨，17—20[摄氏]度。

十一月十四日

阴[有]小雨。晨三时三十分醒。四时上厕所。四时二十分上床靠休息。六时二十分起来洗面，吃牛奶、蛋、饼干、泡饭。剃须时已八时四十分，看报札。十时三十分吃牛乳。十一时三十分吃中饭，包子夹肉。整报。下午一时休息。下午阴雨。下午一时三十分午睡。二时三十分起来小便。三时三十分起来看报，四时三十分息。五时开灯续看三十分钟。六时吃晚饭。六时四十分看电视，八时四十分[息]。今晚八时方中来电，知我于 11 月 11 日寄他挂号信，告崔老信已找到[数]封，说明先影印寄去。九时二十分准备睡，九时四十分寝。今晚外面在十时至今晨二时约一小时有很热闹欢乐声。阴[有]小雨，13—16[摄氏]度。

十一月十五日

小雨。晨七时起来洗面，吃牛奶、蛋、饼干、粥，修须。八时再休息二时。十时起精神复原。十时三十分吃牛奶，看报札。十一时三十分吃馒头、红烧鱼块。整理。一时三十分息。下午一时三十分午睡。十时[寝]。小雨，11—14[摄氏]度。

十一月十六日

小雨。晨三时三十分醒，四时上厕所。四时三十分上床休息靠。六时四十五分起整内务、衣被。六时三十分起来洗面，吃牛奶、蛋、饼干。七时三十分和允中整崔老信，至十时三十分。十一时吃中饭，收拾等。一时息。下午小雨不停。一时三十分午睡。三时三十分起来小便。四时至五时看报。五时开灯，续看三十分钟。六时至六时三十分吃晚饭。六时四十分至八时四十分看电视。九时二十分准备睡，九时五十分寝。小雨转中雨，7—12［摄氏］度。

十一月十七日

多云。四时起来，四时十分上厕所。四时三十分上床休息，靠至六时三十分。七时起来整内务、衣被、报纸。七时三十分洗面，吃牛奶、蛋、饼干、泡饭，按摩。九时三十分开始看报札，抄写。十一时吃牛乳。十一时三十分吃中饭，续看报。一时息。多云。八时日出。下午多云。下午一时三十分午睡。三时三十分起来小便。四时至五时看报。五时开灯看报三十分钟休息。六时吃晚饭。六时至九时二十分看电视。九时二十分准备睡，九时五十分寝。允中给我棉外衣，绒小衫。小雨［转］多云，5—9［摄氏］度。

十一月十八日

多云。晨四时起床，四时十分上厕所。四时三十分上床靠。六时三十分起来整内务、衣被。六时四十五分洗面，吃牛奶、蛋、饼干、泡饭，按摩。开始看报札，抄写。十时三十分吃牛奶。十一时三十分吃中饭。收拾，一时息。十时太阳送南窗射入，如春。下午日上升在高楼外，以前在高楼内，证明日倾斜入南窗。下午一时三十分午睡。二时三十分起来小便。三时三十分至四时三十分看报。五时开灯，续看三十分钟。六时吃晚饭。六时三十分至九点看电视。九时十五分［息］。九时二十分准备睡。九时五十分寝。睡［后］多［次］醒［来］，不踏实。晴［转］多云，2—10［摄氏］度。

十一月十九日

晨四时起来，四时十分上厕所。四时三十分上床休息，靠［床］睡。六时三十分起来整内务、衣被。七时［洗］面，吃早饭，按摩。八时理发。九时开始看报抄，札写等。十时三十分吃牛奶。十一时三十分吃中饭。十二时至一时续看报。下午一时三十分午睡。九时［息］。晴转多云，2—12［摄氏］度。

十一月二十二日

阴多云。晨三时三十分醒，四时上厕所。四时三十分上床，靠［床］休息。六时三十分起来整内务、衣被。七时四十分洗面，吃牛奶、蛋糕，按摩。九时开始看报，札、抄。十时三十分息，吃牛奶。下午多云，略有日光。一时三十分午睡。二时三十分起来小便。三时三十分至四时三十分看报。五时开灯，续看报三十分钟。六时吃晚饭。六时十分至八时三十分电视。允说之江、之谦和他同学呀。我说，你早说，我就不会误说是叔侄，多谈有益，少差错。九时息，九时二十分准备睡，九时四十分寝。小雨［转］多云，9—13［摄氏］度。

十一月二十三日

多云，阴。晨三时三十分醒，四时起来，厕所至四时三十分未解，上床。七时起来洗面，吃牛奶、饼干、早饭。允中已去杭。蓉君给我吃早饭，牛奶、饼干、蛋。九时孚中在丹东打来电话，蓉君接，两家说大家好，可勿念。看报札。十时三十分吃牛奶。十一时三十分吃中饭。十一时五十分政、嘉来即去。上午十一时三十分日出射入窗内有力。一时息。下午一时三十分午睡。八时三十分［息］。多云，7—10［摄氏］度。

十一月二十四日

晨四时起来上厕所。四时三十分上床休息靠。七点起来洗面，吃早饭。蓉君给我。我问，允中没回来？她说他去杭州。八时蓉君说爵有电话来问安好。我说，好的。爵你现在哪里打来？他：丹东，坐在办公桌边打的。我说，我也问问你们大家好。有些话由蓉君代听。因我有时听不清。我讲的你们也听不清由蓉转达吧。今日我再找崔老信，得。十时三十分吃牛奶。十一时三十分吃中饭。下午一时三十分午睡。三时三十分起来小便。四时三十分至五时三十分看报。六时吃晚饭。六时三十分至八时三十分看电视。允中八时多回来。八时三十分允来帮我睡事。我说，你今天忙了一天，我自来。不用他协助。九时二十分准备睡，九时四十分寝。多云，(有)小雨。9—13［摄氏］度。

十一月二十五日

阴［有］小雨。晨五时起来上厕所。五时三十分上床休息。六时四十五分起来再休息。八时三十五分开始看报札。吃中饭，一时息。准备午睡。下午阴［有］小雨。下午一时三十分午睡。三时三十分起来小便。四时至五时看报。五时三十分开灯续看三十分钟。六时至八时四十分看电视。八时五十分［息］。九时二十分准备睡，九时四十分寝。多云，［有］小雨。

十一月二十六日

七时日出，阴。晨三时三十分醒，四时上厕所。四时三十分上床休息靠。六时入睡。八时三十分才醒，吃牛奶、蛋、饼干、泡饭，按摩。九时才开始看、抄、札、写。十时三十分吃牛奶。十一时三十分吃中饭后，十二时至一时续看、札，息。准备午睡。多云，日露光。下午阴［有］小雨。下午一时三十分午睡。九时十五分息。中雨［转］小雨，13—16［摄氏］度。

十一月二十七日

小雨［转］阴。三时三十分醒。四时上厕所，不下。到六时三十分，小少量。七时三十分上厕下。洗面，吃牛奶、饼干、蛋，按摩已八时三十分。找崔信等事。十时三十分吃牛奶。十一时三十分吃中饭。再找，一时息。事毕午睡。下午阴［有］小雨。下午一时三十分午睡。八时三十分［息］。阴［有］小雨，10—15［摄氏］度。

十一月二十八日

大雨［转］小雨。晨二时醒来。口不渴，小便后即睡。四时醒来，吃了一口开水，即上厕所，畅。四时三十分上床休息靠。再睡，醒来已六时五十分。整内务、衣被。七时起来洗面，吃蛋、奶、饼干、泡饭。已八时按摩。八时四十分看彦章信和翊沅、崔老给我信。十时三十分吃牛奶。十一时三十分吃中饭。续看报札，一时息。下午大雨［转］小雨。下午一时三十分午睡。八时四十分［息］。中雨［转］大雨，7—11［摄氏］度。

十一月二十九日

晨三时五十分醒，四时十分上厕所。四时二十分上床休息靠。六时三十分起来。八时洗面，吃早饭、蛋、奶、饼干、泡饭，按摩，修须。九时三十分开始看报，抄、札。中雨［转］大雨，10—15［摄氏］度。九时三十分［寝］。

十一月三十日

阴。昨夜十时至十二时恍惚不成寝。今晨一至二时睡得很好。三［时］至三时四十分亦很好。四时二十分上床再睡，至六时三十分起，整内务，衣被。寻了陈年的两根球鞋白带作札裤脚用。七时三十分起来，洗面。庚和凯凯来。我吃早饭，蛋、奶、饼干、泡饭。按摩八时四十分。上午九时四十分看报札，抄。庚十时三十分去政处。庚十时二十分对我说下午两时回新，说项敏有事，要他管凯凯数天，即回新。这时我已上床，准备午睡。他说了即去，我即睡下。四时起来小便，四时二十分至五时三十分看报。［晚］八时［息］。明多云，6—13［摄氏］度。

十二月一日

阴［有］小雨。晨四时醒，即起来上厕。四时二十分上床休息靠，再睡至七时起来，整内务、衣被。八点洗面，吃蛋、奶、饼干，按摩。九时三十分开始看报札写等，至十时四十分吃牛奶。下午二点午睡。四时起来小便。四时三十分至五时三十分看报。休息十分。六时至六时三十分吃晚饭。六时四十分至八时五十分看电视。九时二十分准备睡，九时四十分寝。阴［有］小雨，5—10［摄氏］度。

十二月二日

多云。晨三时四十分醒。四时上厕［所］，四时三十分上床休息靠。六时起来整内务衣被。七时洗面，做零活。八时吃蛋、奶、饼干，按摩。九时开始看报札，写、抄。上午九时日出，在东首高楼前，照向桥西。十时射入窗。十时三十分遮西面窗布。十时三十分吃牛奶。十一时三十分吃中饭，看报札，抄、札、写。一时三十分息。下午二时午睡。四时起来小便。蓉的大弟来，对我说。我说，你来啦。五时三十分看报，六时吃晚饭。六时三十分至八时四十分看电视。九时［息］。九时二十分准备睡。九时四十分寝。小雨[转]多云，3—8[摄氏]度。

十二月三日

多云[转]，阴。晨三时五十分醒。四时上厕大便。四时三十分上床。因进房适遇蓉君大弟起来。我对他说:“我好了，电灯开着，你好了我关。”我上床休息。七时我起来，允亦起来，说:“你内衣换换。”我说:“好，早饭吃后即换。”八时换内衣。找找崔老、翊沅信，还有存否。到十时没有找到。略录报，吃牛奶。蓉大弟同吃中饭。十一时三十分看报。一时息。下午一时有小雨。一时三十分午睡。多云，2—8[摄氏]度。十时[寝]。

十二月五日

晨四时醒，又睡着。五时醒即上厕。五时五十分才上床休息靠。七时起来洗面，吃早饭，蛋、奶、饼干、泡饭，按摩。八时开始看报札、写抄。十时三十分吃牛奶。十一时三十分吃中饭，续看报。一时息。下午一时三十分午睡。小雨，3—8[摄氏]度。八点[息]。

十二月六日

晨醒复睡，五点上厕。五时四十分上床休息。下午一时三十分午睡。阴[有]小雨，9—13[摄氏]度。

十二月七日

晨五时十分醒，上厕。五时二十分上床休息。下午一时三十分午睡。阴[有]中雨，5—9[摄氏]度。

十二月八日

晨。下午三时午睡。阴[有]多云，2—5[摄氏]度。八时四十五分[息]。

十二月九日

七至八日两天大便未下。今晨四时三十分、五时下，有二日的。上床，靠[床]休息。六时三十分起来，似还有，再上，又有四时三十分的一半。幸衣被未染。允说今天天好，床上被单等换洗一下。七时起来吃早饭，牛奶、饼干、蛋汤。一切整好时已十时，略看报。十时三十分吃牛奶。十一时三十分吃中饭。下午一时息。下午日出。一时三十分午睡。三时三十分起来小便。四时至五时看报。休息三十分钟续看二十分钟。五时五十分—六时二十分吃晚饭。六时三十分至八时三十分电视。八时三十分息。九时二十分准备睡。九时四十分寝。晴[转]多云，4—11[摄氏]度。

十二月十日

晨三时三十分醒，四时上厕。四时三十分上床休息靠。六时三十分起来整内务。八时洗面，吃蛋、奶、饼干、泡饭。八时五十分允去杭。蓉九时回来。十时三十分吃牛奶。十一时吃中饭。十一时三十分至一时三十分看报札。略休息午睡。阴，日露面。下午二时三十分午睡。四时起来小便。四时三十分至五时三十分看报。六时至六时三十分吃晚饭。六时五十分至九时看电视。九时二十分准备睡，九时五十分寝。允中五时多回来。给我深色毛织裤一条、花生酥、一口酥。晴[转]多云，2—8[摄氏]度。九时[寝]。

十二月十一日

晴[转]多云。晨三时至四时常醒。四时至六时二次上厕均未通。七时起来洗面，吃牛奶、蛋、饼干。允为我修面，电不足，未修。再整理七八包，要的未得，不过清楚了一些，真所谓“温故知新”。十时扎报、提纲。十一时三十分吃牛奶。下午晴[转]多云。[明]晴[转]多云，1—7[摄氏]度。十时[寝]。

十二月十二日

晨四时起来大便，四时三十分上床休息。下午一时三十分午睡。三时三十分起来小便。四时至五点看报，休息三时分钟。五时五十分至六时二十分晚饭。六时四十分至九时看电视。九时二十分准备睡，九时四十分寝。今晚小便器漏，幸事先发觉。阴，1—9[摄氏]度。

十二月十三日

阴多云。晨四点起来大便，收拾小便器漏，收拾好。八时吃牛奶、蛋、饼干、泡饭。整抽斗，准备写信。因看报，一来时间过去了。十时日出。十时十分吃牛乳、芝麻糕。十一时三十分吃中饭，看报札和整理，又没时间写信。下午一时息。下午一时三十分午睡。阴[转]多云，2—7[摄氏]度。

十二月十四日

今日小便器又漏，幸未污衣被。三时三十分一次，四时三十分一次，六时三十分一次。七时起来吃蛋、牛奶、饼干。八时三十分开始写信。晴［转］多云，3—11［摄氏］度。晚八时三十分息。

十二月十五日

晨先恍惚难入睡，到后半夜酣睡。醒来二钟表均在六时。急忙上厕。上二十分钟即告完毕。尿瓶想了一个办法，很成功。一觉醒来，已八时吃早饭，洗面，按摩已九时。想做事，一开头，见到许多事，又想把欠事完了，再接须要的事。可一干，已十时三十分。马上吃牛奶、小便。已叫吃中饭。之后了陈欠，搞到一时三十分，快午睡。今日阴，朦朦虽不雨，有寒意。时已二时，速午睡。晴［转］多云，3—13［摄氏］度。八时三十分［息］。

十二月十六日

晨三时至四时常醒。到四时急于要解，即上厕［所］，四时四时三十分毕。上床休息睡，回到床休息靠。七时起来吃牛奶、饼干、蛋花、泡饭，按摩。九时想找的来信找到。十时三十分没找到，吃牛奶。十一时三十分吃中饭，扎报。天阴，多云，有小雨。时已一时息，扎报，午睡。下午一时三十分午睡。小雨。［明］阴［有］小雨，5—12［摄氏］度。九时［息］。

十二月十七日

晨，梦中允叫我爸爸，七点钟了，好起来了。他很快出房门。我立即起开灯，看表，在三时，小钟也在三时。出房看面钟也三时。时间错了，是梦。但大便去上厕下了一点点。再睡到六时三十分起来，也只下了一点点。洗面，起来吃过早饭。按摩时已八时三十分。看报，札要。看表十一时，速准备白糖、蛋、奶粉。叫吃中饭，毕已十二时。有要札的新闻。一时二十五分，京大葡萄不吃了。阴［转］多云，二时日照房东角。下午二时午睡。小雨［转］阴，7—12［摄氏］度。

十二月十八日

晨前半夜恍恍惚惚不入睡。后半夜入睡。醒来已六时三十分。急穿衣上厕［所］，大便下。七时回房，即穿衣，洗面，吃牛奶、蛋、饼干、泡饭。允为我按摩。他八时说要去杭。我说："好，你去。"我即开始札报，又不能下笔写信。一看已十时三十分急吃牛奶。欢、笑叫我吃中饭，立即出去洗手，吃中饭。允中已吃好，给我玄色毛袜一双。到十二时二十分我想写信，日已正当中窗射来。十二时后日从中窗射入。下午二时午睡。多云，5—15［摄氏］度。八点［息］。

十二月十九日

晨前半夜恍恍惚惚，夜半疲倦入睡。醒来小便急，恐大便即下，立即起床。小便器正储有小便，忙取出，不慎倒入小块垫及小便巾，虽大便未染被褥，但小块垫已倒有小便。待四时二十分大便毕，回来换小垫、小巾，再上床休息时已七时三十分。即洗面，吃牛奶、蛋、饼干，按摩。将日记笔笺整一下，到十时三十分忙吃牛奶。十一时吃中饭。下大雨。在二时午睡。四时起来小便。四时三十分至五时三十分看报。五时四十分至六时十分吃晚饭。六时四十分至九时看电视。九时二十分准备睡。九时五十分寝。

十二月二十日

小雨［转］阴。晨四时起床，上厕不通。六时三十分上厕［所］通。写至方中信稿。时在早上八时我吃牛奶、蛋、饼干、泡饭。八时按摩。八时三十分看报札。十时三十分吃牛奶。十一时三十分吃中饭。十一时五十分政、嘉嘉来。因起早，多靠［床］休息。下午二时午睡。阴［有］小雨。四时起来。四时三十分至五时三十分看报。六时二十分至九点看电视。政、嘉七时来闲谈，我看电视。八时三十分［息］。九时二十分准备睡，九时四十分寝。小雨［转］阴，9—13［摄氏］度。

十二月二十一日

阴。昨夜有雨，今日阴［转］多云。晨三至四时醒，四时上厕［所］，便下不多。四时二十分上床，靠［床］休息。六时三十分起来，整内务，换内衣裤。今日给我穿的毛裤、毛袜很暖和。重整书架上的书报札记，关于翊沅的又找不到。不过，熟悉一下何物在何包内，并[重]新注明内物，[也好]。这样一看，时已十一时十五分。赶快收场，准备吃中饭。十二时十分吃毕。看报，札至一时。下午二时午睡。阴[有]小雨，9—11[摄氏]度。十一时寝。

十二月二十二日

阴[有]小雨。三至四时醒，四时要小便，而便器发生故障。将小便留在器杯中，又急忙要大便，立即上厕[所]，下不多。到六时三十分又要下，通了。八时吃牛奶、蛋、饼干、泡饭。九时看报札。一忽又是十时三十分。小雨，6—8[摄氏]度。九时[寝]。

十二月二十五日

阴[转]多云。晨三至四时醒。四时起来。四时二十分上厕通。四时四十分上床休息。今日星期四。换裤和脚布。七时起来整床铺。八时出房到厨房来洗面，吃牛奶、蛋、饼干，按摩等。回房已十时。十时三十分吃牛奶。十一时三十分吃中饭。十二时至二时看报札。下午三时午睡。阴[转]多云。五时起来，略看报。五时四十分至六时三十分吃晚饭。阴[转]多云，8—11[摄氏]度。十时[寝]。

十二月二十六日

阴[转]多云。三时、四时开灯不亮，我想一定电源不通。起来开外室亮，才二时。我即回房取出矿烛点看，才二时。熄灯再睡。再起点矿烛，知已三时五十分。立即穿衣上厕所，通。四时三十分上床，熄烛再睡。到七时起来，穿衣，整内务，已八时。吃牛奶、饼干、泡饭，按摩时已十时。阴[转]多云。5—9[摄氏]度。十时[寝]。

十二月二十七日

阴[转]多云。下午一时三十分午睡。[明]阴[转]多云，6—12[摄氏]度。八时三十分[准备寝]。

十二月二十八日

小雨[转]阴。晨三时至四时醒，后一次醒五时，上厕[所]不下。五时三十分回上床再休息，后来醒已八时。起来洗面，吃牛奶、饼干、蛋、泡饭，按摩。拟去信湘，最后决定未去信时已十时四十分。再吃牛奶。十一时三十分吃中饭。看报。下午一时息，下午一时三十分午睡。阴[有]小雨，7—11[摄氏]度。十时四十五分[寝]。

十二月二十九日

阴[有]小雨。晨三、四时醒。四时起来上厕[所]，不通。四时四十分上床休息，靠至七时起来，再上厕[所]，不多。整内务，穿衣裤。八时吃蛋、奶、饼干、泡饭，按摩。九时三十分看报札。十时三十分吃牛奶。十一时三十分吃中饭。一时准备午睡。下午一时三十分午睡。多云，7—10[摄氏]度。九时三十分[寝]。

十二月三十日

阴[转]多云。八时理发。八时二十分吃早餐。下午一时三十分午睡。路面回潮。[明]阴[转]多云，8—12[摄氏]度。九时三十分[寝]。

十二月三十一日

空白。

一九九八年

一月一日

元旦。阴[转]多云，7—13[摄氏]度。

一月二日

阴[转]多云，7—13[摄氏]度。

一月三日

下午二时三十分午睡。

一月四日

昨夜睡得很好。早上四时起上厕。四时三十分上床休息，靠到六时四十五分起来。整内务（衣服、被褥）。出外洗面，刷牙，吃牛奶、蛋、饼干。允中为[我]刮鬓，按摩。八时三十分看报札。

一月五日

今天是我生日。农历十二月初七日。古语云："黎明即起，洒扫庭宇，要内外整洁。"多少年来到今天还是，很是要坚持，要经常如是。孔子说："三人行，必有我师焉。"（意思是自己不要称大，三人中必有胜我者）孟子说："老吾老以及人之老，幼吾幼以及人之幼。"略录格言数则，自勉自励。谚语说："人只怕自己倒，别人骂不倒。"萨克雷说："如果一个人受恩，而后来又和恩人反目的话，他要顾全自己的体面，一定比不相干的陌生路人更加恶毒。"人是动物，禽兽也是动物，只知"吃和生育"而无义，人有气、有生、有知，但有些人也只知吃和生育，与禽兽无异。香港一颗镶嵌在世界东方的明珠，在饱经百年的噩梦后回到祖国的怀抱。

一月六日

晨醒已六时，上厕[所]通，六时四十分上床休息三十分钟。穿衣，整被褥。八时洗面，吃蛋糕、蛋、牛奶、泡饭。按摩已八时三十分。略整一下，已十时三十分才开始看报，札、写（扫尾）。吃牛奶后续搞。十一时三十分吃中饭后续至下午一时休息，十二时准备午睡。下午二时三十分午睡，四时三十分起来小便。晴[转]多云，-1—7[摄氏]度。十时寝。

一月七日

晨醒四时上厕[所]，不解。四时四十分上床休息。六时又上，不解。六时五十分又不解。洗面。吃蛋糕、牛奶、蛋、泡饭。按摩。整内务，换内衣裤。九时三十分才开始看报札。下午二时午睡，四时起来小便。看报一小时。五时四十分至六时二十分吃晚饭。六时五十分至八时五十分看电视。九时二十分准备睡，十时三十分寝。阴[有]小雨，3—8[摄氏]度。

一月八日

晨四时醒，五时上厕，五时四十分回上床休息。六时五十分再上厕[所]，二通。穿衣裤，整内务。七时五十分洗面。吃牛奶、蛋、饼干。按摩等已九时三十分，因路湿，可能是早雨。拟今天写信了，可准备未周，一稿一看，十时三十分。吃牛奶、豆粉，已十一时，即札报。十一时三十分吃中饭。一点看报，札至三时息。下午三时午睡。阴，下雨，3—8[摄氏]度。

一月九日

阴[转]晴。晨四时起来，四时三十分上厕[所]，下不多。上床休息，靠到六时起来，上厕[所]，下通。饥，吃豆粉、奶粉一包。七时起来洗面，刷牙。吃奶粉、蛋、饼干（如泰康家油饼干）、泡饭。按摩已九时十五分。今天拟写信答方中等。

允中要我穿圆领的棉毛衫，羊毛衫洗一洗(全部)。农历十二月十一日。我生日，公历农历只差四天。晴[转]多云，4—13[摄氏]度。

一月十日

晨四时醒，五时上厕[所]，五时三十分上床。六时三十分二次大便通。七时起来，洗面，吃牛奶、饼干、蛋。八时吃泡饭。按摩十时三十分开始看报札。十一时吃奶粉。十一时三十分吃中饭。下午一点三十分午睡。阴[有]小雨，5—7[摄氏]度。

一月十一日

阴，小雨，6—11[摄氏]度。

一月十三日

晨醒，看钟已四时，即起来吃了饼干、开水，即上厕所，有尿无粪。四时三十分回房，上床休息。六时上厕，少量。六时三十分上床，七时三十分上厕，无。八时洗面，吃蛋、奶、饼干、泡饭。整内务(衣被)。按摩时十时三十分。上厕无。十一点吃中饭。

一月十四日

阴[有]小雨。晨三至四时醒。四时十分上厕[所]不通。五时四十分再上同，六时同，七时三十分上通。八时洗面，吃牛奶、蛋、饼干、泡饭，通。按摩后小便。九时开始看报札至九时五十分，给一小时。工商联老同志谢国材同志来，正十时，谈及张任天，原新登医院院长，后任富阳县医院院长故事。约谈二十分钟，我说："谢谢，不能恭迎恭送。"他也说谢谢。二时午睡。小雨[转]多云，5—9[摄氏]度。

一月十五日

晨四时上厕有声，五时上厕通。六时三十分起来整内务，着好衣裤，洗面，吃饼干、牛奶、泡饭，按摩，刮鬓。九时三十分开始写作。路湿。下午二时午睡。

一月十六日

晨四时起床，上厕[所]不通。下午二时午睡。

一月十七日

雨。晨四时醒，四时三十分上厕[所]，五时通。上床休息，靠到七时起来整内务，被褥。八时起，洗面，吃牛奶、蛋、饼干时已十时，札报。下午二时三十分午睡。雨雪，1—3[摄氏]度。夜录，十时[寝]。

一月十八日

晨四时醒，上厕[所]不通。五时又上，仍不通，七时上厕通。整内务，穿棉衣针织裤。八时吃牛奶、蛋、饼干，泡饭。按摩时已八时三十分。整内务。十时三十分才开始札报，看报。太阳已开始射入窗桌。十一时三十分吃中饭。十二时又中来，说来开会，饭已吃过。他问我，我说已吃。他拿出500元，说他给我用。下午，我问他钱从哪里来，他说项敏向他借，还他的。我说他尚欠人房子款，外债未清，先还内债不好。等项敏[把外债]还清了，再还你才是。[钱]你拿回去吧。一时三十分他回家。我上厕[所]。二点中百陈书记兼经理和财务科长朱红珍来，春节慰问送来白糖、宝龄参。谈一小时，说还要去看七美，告别。我要允中代我送到楼下。我午睡已四时三十分。五时三十分吃晚饭。六时五十分至八时五十分看电视。九时五十分睡，寝已十一时。

一月十九日

晨四时上厕[所]不通，五时又上，不通，六时三十分又上，不通。七时起来，穿好衣裤，再上还是不通。八时通。九时吃牛奶、饼干、蛋、泡饭。十时写信。十一时三十分吃中饭。之后看《参考消息》一段已二时十分，尚八小行未看完，立即开始午睡。下午二时三十分午睡。多云，-3—3[摄氏]度。

一月二十日

晴[转]多云，2—5[摄氏]度。十时三十分寝。

一月二十一日

下午一时四十五分准备午睡。十时三十分，□□。下午二时二十一分开始午睡。小雪[转]多云，1—3[摄氏]度。

一月二十二日

农历十二月二十四日，初八日立春。今日起床四时，立即上厕[所]，大便通。六时五十分再上，少量通。饥甚，吃牛奶、杭酥糖一小包。略休息，即穿衣着。洗面，同吃八宝粥。十一时三十分吃中饭。十一时三十分。雨雪连降不息。下午二时三十分午睡。允中说杭州台报雨转雪，1—3［摄氏］度。

一月二十三日

晨醒来［时、分、秒］三支针连在一起，五时左右。我想一定是五至六时了，急忙穿衣，上厕［所］。不通，回床。才吃点开水。看钟饮开水，吃牛奶一杯、饼干四片。整五时，再［上］厕［所］，通，似未尽，再上，少许通。穿好衣服，整衣装内务，洗面。吃八宝粥，照旧吃牛奶、饼干、蛋泡饭，按摩。刚欲睡则吃开水，振作精神，写作，已十时，到十一时吃牛奶。十二时十分叫吃中饭。十二时三十分开始写抄作。［上午］一时至十时大雪纷纷不断。十二时后补写，一时三十分准备午睡。收拾到二时午睡。

一月二十四日

晨一时起，朦朦胧胧。时钟没看，开水也没吃，即穿衣上厕［所］，幸未污染衣被。回房时针五时，吃口开水即上床休息。八时听他们回来声音。出外间吃早餐。上午十时日出。我回床，整内衣等。一看已十一时，吃中饭。十一时三十分开始看陈报，报已二天没到，大约三天下雨，路车不能开。下午二时三分准备午睡。没霜，晴［转］多云，3—5［摄氏］度。

一月二十五日

昨晚到二时才上床。四时才入睡。五时似有声吃早饭。开灯看钟，三支针都在4—5左右。马上厕［所］坐一小时，不通。上床睡，朦朦胧胧。在熟睡中似听到吃早饭，立即起来穿衣。欲大便，立即起床上厕［所］。到五时若无其事。回床到七时，似有门声响起来。九时洗面，整内室、衣被。允说先早饭。我回说你们先吃。即上厕［所］。坐一小时，到后半［小］时才通。十时晴，日出射入窗，吃早饭，牛奶、泡饭。洗，按摩。我说泡饭还有吗，添点。允说不要添了，中饭已好，就要吃中饭了。中饭十一时三十分，吃喝平时一样。我饭吃好，回房，补日记。十二时开始写日记，看报，札录。看一月五日照的照片。准备寝已二时。二十四日晚报天气，报气温，当日3—5［摄氏］度。二十五日3—4［摄氏］度，晴［转］多云。

一月二十六日

十二时才开始看报，札录。一看已一时，立即准备午睡。二时午睡。

一月二十七日

今日晨三时三十分开灯，知厕所灯亮有人，我熄灯。四时起，灯仍亮。五时开，六时开，七时三十分上，蓉君开房门。我上完后，退一步开［房］门。我说，你先上。走入外室，向厨房走去。知她不上。允中在开门。我问，你哪里来？杭州接湘。湘叫我，知允说他去杭接湘。我说你们坐坐，让我先上厕所。我八时出，霞亦到。我问霞，你早，哪里来？她说新登。我洗面。允中叫先吃饭。我说不饥。让我先吃早饭。吃好，我坐了一会，回房休息，记这段日记。外室去坐了一刻。和霞、湘略（谈）。记这日记。允叫我吃饭，让我洗把面。略谈片刻，回房记日记。霞亦进房，向我告别。没有谈天。［我说］不急，我即放下笔，出外和湘、霞谈。吃中饭，添饭吃。允饭少点，加开水。吃好，我把茶杯放杯垫上。等和湘、霞谈，已十二时三十分。霞又告别，我回说慢去。允说，爸爸休息，我们工作。我说好。我和湘谈谈。将饭碗放［下］，睡不着。湘问："爸爸几点午睡？""平时二点。"和湘谈到二时。好，我睡，我休息。写这段日记，记到二时，准备午睡。下午□时□分起来。